日照市公安志

（1989—2018）

（下卷）

日照市公安志编纂委员会 编

方志出版社
Publishing House of Local Records

图书在版编目（CIP）数据

日照市公安志 ：1989—2018 / 日照市公安志编纂委员会编. -- 北京 ：方志出版社，2020.6
ISBN 978-7-5144-4243-4

Ⅰ. ①日… Ⅱ. ①日… Ⅲ. ①公安工作—概况—日照—1989-2018 Ⅳ. ①D631

中国版本图书馆 CIP 数据核字（2020）第 119479 号

日照市公安志（1989—2018）

编　　者：日照市公安志编纂委员会
责任编辑：程　倩
出 版 者：方志出版社
地址　北京市朝阳区潘家园东里9号（国家方志馆4层）
邮编　100021
网址　http://www.fzph.org
发　　行：方志出版社图书经销中心
电话（010）67110500
经　　销：各地新华书店
印　　刷：山东黄氏印务有限公司
开　　本：889×1194　1/16
印　　张：95.75
字　　数：2840千字
版　　次：2020年6月第1版　2020年6月第1次印刷
印　　数：0001～3500册
ISBN 978-7-5144-4243-4　定价：1180.00元

总目录

（上 卷）

（下　卷）

下卷目录

第十四章 网络安全保卫

第十五章 反恐怖工作

第十六章 警 卫

第十七章 禁毒工作

第十八章　食品药品与环境犯罪侦查

第十九章　公安法制和行政审批服务

第二十章　信息化建设

第二十一章　公安信访

第二十二章　公安宣传

第二十三章 警务保障

第二十四章 政治工作

第二十五章 纪检 督察 审计

第二十六章 重大警务创新

第二十七章　区域警务

公安人物

附　录

RI ZHAO SHI
GONG AN
ZHI

第十四章

网络安全保卫

WANG LUO AN QUAN BAO WEI

20世纪90年代，计算机、网络技术快速发展，互联网在丰富人民群众生活、改变生产方式、推动经济快速发展的同时，也滋生出网络安全威胁和网络违法犯罪等诸多问题，成为影响经济建设、社会安定和政治稳定的重要因素之一。1994年2月28日，国务院第147号令颁布实施《中华人民共和国计算机信息系统安全管理保护条例》，明确规定公安部主管全国计算机信息系统安全保护工作，自此确立公安机关在网络安全保卫领域的监管职能和执法地位。

1989年地级市公安局成立初期，日照市计算机信息系统安全监察业务由市公安局通信部门负责。2001年8月，独立设置公共信息网络安全监察科。2004年1月改为公共信息网络安全监察处。2008年10月改为网络警察支队。2011年11月，根据市政府办公室印发的《日照市公安局主要职责内设机构和人员编制规定》，改为网络安全保卫支队（简称网安支队），主要承担全市网络安全管理、网络违法犯罪查处、信息安全等级保护等工作。

第一节 网络安全管理

一、互联网上网服务营业场所管理

互联网上网服务营业场所管理是网络安全管理的基础工作，主要任务是管理面向社会开放的互联网上网服务营业场所。

1999 年，日照市第一家互联网上网服务营业场所“您好网吧”开业。2007 年，全市互联网上网服务营业场所达 500 余家。随着家用宽带业务和移动互联网的普及，全市互联网上网服务营业场所数量逐年下降。2018 年底，全市登记在册运营互联网上网服务营业场所 105 家。

2001 年 5—9 月，根据公安部、省公安厅统一部署，会同通信、文化、工商等部门组织开展互联网上网服务营业场所清理整顿专项行动。全市共清查互联网上网服务营业场所 300 余家，查处证照不全或无证经营的 7 家，责令整改 36 家，并认真落实安全技术防范措施，加强对网吧经营业主的安全教育，取得明显成效。

2002 年，全市出动警力 400 余人次，检查互联网上网服务营业场所 300 余家，查处违法违规经营网吧 150 余家，处罚 20 人，下发安全隐患整改通知书 100 余份。年内，按照“完善制度、健全机制、严格审核、加强管理”的思路和“政务提速”的要求，进一步规范网吧审批条件，严格发证程序，认真落实各项技术管理措施，同时缩短审批时限，简化办事程序，实行政务公开，逐步建立互联网上网服务营业场所长效管理机制。

2003 年，根据省公安厅《关于进一步规范互联网上网服务营业场所安全管理工作的通知》和《互联网上网服务营业场所实名制 ID 卡管理系统建设方案》，对全市 300 余家网吧开展以实名上网为主要内容的“一卡通”安全管理系统建设，进一步完善安全管理技术措施，规范互联网上网服务营业场所的行政执法工作。12 月，市公安局自主研发的“一短信报警系统”获省公安厅科技进步三等奖。

2004 年，按照省公安厅统一部署，积极配合文化、工商等部门开展网吧等互联网上网服务营业场所专项整治行动，并将网吧专项整治纳入平安建设的重要内容，不断加大安全监督、检查和管理力度，严厉打击利用网吧进行的各类违法犯罪活动。年内共清查网吧 260 余家，查处违法违规网吧 37 家。

2005 年，根据省公安厅《关于进一步落实互联网上网服务营业场所安全技术措施的通知》要求，对全市网吧 ID 卡实名制上网管理系统进行全面升级，并对系统运行情况进行集中整治检查，全面落实实名上网制度，及时查处违规经营行为，严厉打击违法犯罪活动，推动网吧安全管理步入法制化、规范化轨道。

2006 年，按照“互联网延伸到哪里，网监工作就要延伸到哪里”的要求，将部分职能下放到县（区）公安机关和基层派出所，建立市公安局、分（县）局、派出所三级网吧管理机制。

2007 年，全市网监部门认真落实上网服务营业场所日常巡查、突击检查制度，根据上级要求，推进网吧视频监控系统建设和安全管理系统升级工作，开展网吧专项整治行动，及时清理整顿违法违规网吧。

2008 年，组织开展以落实实名上网、日志留存为重点的网吧专项整治。市公安局成立由“一把手”任组长、分管局领导任副组长，网监、治安、消防、法制、督察等单位为成员的专项整治领导小组，印发《日照市公安机关集中治理整顿网吧实施方案》。共出动警力 5000 余人次，检查网吧 2000 余家次，依法处罚网吧 192 家，停业整顿 53 家，取缔“黑网吧”（未经审批许可、无证无照经营的网吧）5 家，收缴公用卡 8000 余张，注销公用卡 4 万余张，整改安全隐患 308 处，从中查获违法犯罪嫌疑人 39 名（包括网上命案在逃嫌疑人 2 名）。日照专项整治经验被省公安厅推广。

2009 年，会同工商、文化、通信管理等部门，持续开展“黑网吧”专项整治工作。年内，全市共出动警力 2000 余人次，检查网吧 2000 余次，依法处罚网吧 192 家，停业整顿 5 家，取缔“黑网吧”4 家，收缴公用卡 5000 余张，注销公用卡 10000 余张，整改安全隐患 36 处。

2010 年，全面落实网吧实名上网制度，细化技术防控措施，完善日志留存、上网记录等功能，推进全市网吧二代身份证实名上网管理系统、视频监控系统建设，网吧在线率、管控率始终保持 90% 以上。年内，全市共出动警力 2600 余人次，检查网吧 2200 余次，依法处罚网吧 211 家，停业整顿 7 家，取缔黑网吧 1 家，收缴公用卡 3000 余张，注销公用卡 2000 余张，整改安全隐患 19 处。

2011 年，继续完善网吧管理系统，在线率进一步提升，推进网吧视频监控系统，并在城乡信息服务站落实实名上网制度和安全管理措施，切实增强对经营性上网服务场所的管控能力。年内，共出动警力 1500 余人次，检查网吧 50 余次，依法处罚网吧 13 家，停业整顿 2 家，取缔“黑网吧”1 家，查扣网吧自备公用上网身份证 20 余张，整改安全隐患 6 处。

图 14-1 2011 年 4 月 6 日，召开全市公安机关网络安全保卫工作会议

2012 年，切实加强网吧管理，全面落实网吧实名制上网制度，网吧系统在线率和查控率均达 95% 以上；推进全市网吧视频监控系统升级改造。

2013 年，全面落实网吧实名制上网制度，按照省公安厅《关于改进和加强网吧安全管理系统建设工作的通知》，完成网吧二代身份证实名上网管理系统和视频监控系统建设，进一步完善日志留存等功能，网吧系统在线率和查控率达到 97% 以上。

2014 年，根据中央和省、市有关文件精神，按照方便群众、快捷高效的工作原则，结合实际，把互联网上网服务营业场所信息网络安全审核工作下放至各分县局，由各分县局依法受理辖区内互联网上网服务营业场所信息网络安全审核工作。

2015—2017 年，在市公安局统一组织下，各分县局网安部门积极履行属地管理责任，围绕落实实名上网登记和日志留存制度，采取实地检查、联合检查以及网上巡视等方式，对辖区网吧进行严格管理，并通过组织举办网络安全继续教育培训等，进一步增强网吧从业人员的安全意识，提升网络技能，确保互联网上网服务营业场所信息网络安全。2018 年，进一步强化上网实名制管理，在全市网吧全面推行建设人证比对验证系统。

二、网站安全管理

网站安全管理是公安机关维护网络安全的一项基础工作。全市公安机关网安部门按照上级部署，全面加强对市内网站的安全管理工作。

1999 年，根据公安部《计算机信息网络国际联网安全保护管理办法》要求，市公安局建立计算机国际互联网二级管控点，对全市计算机国际互联网的信息港进行全天候管控。

2001 年，市公安局组织对全市网站特别是带有交互式栏目的网站，进行摸底排查，督促网站落实管理制度，确保不出现违法信息。2002 年，为落实全省互联网有害信息专项清理整治工作电视电话会议精神和市委、市政府要求，市公安、教育、国家安全、文化、工商、保密六部门联合制定《日照市互联网有害信息专项清理整治工作方案》，市公安局牵头，组成联合检查组，大力开展网上有害信息专项清理整治工作。对提供电子公告栏、留言板、聊天室、个人主页和电子邮件服务的网站进行专项清理整治，清理网上有害信息600余条。2004年，根据省公安厅统一部署，组织开展互联网网站清理整顿，对当地数据中心、托管主机等进行调查摸底和全面清查，建立详细的电子台账，督促服务单位和管理人员建立健全安全管理制度，落实安全保护技术措施。共出动警力50余人次，摸排互联网网站200余家。2007年，开展基础数据库建设，对全市互联网网站进行备案。是年，共完成备案网站500余个。2008年，建设开通互联网报警服务网站，并在全市主要网站上挂接报警岗亭和“虚拟警察”。2009年，以整治互联网低俗之风专项行动为契机，全面清理整治网上低俗有害信息，及时制止和查处网上违法犯罪行为。督促本地运营网站单位积极落实安全管理制度、安全保护技术措施，全面净化网络环境。

2011年，市公安局梳理带有交互式栏目网站30余个。2016年，市公安局建成互联网网站安全监测平台，对全市230余家重点门户网站进行实时监测，及时发现安全漏洞隐患、通报整改。2016—2018年，按照公安部、省公安厅部署安排，组织对全市重点网站开展网络安全执法检查。

三、信息安全等级保护

依照《中华人民共和国计算机信息系统安全保护条例》《信息安全等级保护管理办法》等法规，公安机关对党政机关、金融、交通、电信、电力等重点行业重要信息系统实施监督、检查、指导，督导运营重要信息系统的单位部门开展信息安全等级保护工作，确保计算机信息系统安全。

1999年5月，按照公安部《关于监控有关第二代“CIH”病毒信息的紧急通知》要求，市公安局迅速组织力量，研究防治方案，组织指导全市各级公安部门和社会重要部门，加强防范措施，有效避免“CIH”病毒对市内信息系统的侵害。

2000年，市公安局组织举办培训班，对全市金融系统等重点单位管理人员进行计算机网络安全知识、计算机病毒及防范、法律法规知识培训，提高各单位网络安全防护能力，防止网络安全案（事）件发生。

2001年，市公安局与气象局联合，对全市40家计算机联网单位信息系统防雷设备进行安全检查，发现整改安全隐患20余起，落实信息系统防雷安全物防、技防措施。

2002年4月，市公安局组织开展计算机病毒疫情调查活动，通过互联网发布计算机病毒疫情信息，普及计算机病毒防治知识。按照“谁主管、谁负责”的原则，对重要信息系统使用单位，特别是金融部门、互联网接入单位、信息服务等单位，加大督导检查力度，健全安全组织，完善管理制度，落实技术防范措施，整改安全隐患，保障全市重要领域信息系统安全。

2003年，根据公安部、省公安厅统一部署，组织全市认真开展第三次计算机病毒疫情暨网络安全状况调查活动，充分利用新闻媒体和重要网站加强宣传，全面掌握全市网络安全管理现状，推动计算机病毒防治和网络安全防范知识的普及。

2004年，根据公安部、省公安厅统一部署，组织全市认真开展第四次计算机病毒疫情暨网络安全状况调查活动。在全国、全省“两会”、十六届四中全会、国庆55周年等重要敏感时期，按照上级要求，结合日照实际，进一步加强对联网单位、接入服务和信息服务单位的检查力度，确保网络运行安全。

2005年，认真开展信息网络安全宣传、安全状况和计算机病毒疫情调查活动，利用新闻媒体和网站加强宣传，发动信息网络用户积极填报调查问卷，掌握全市网络安全管理现状，推动计算机病毒防治和网络安全防范知识的普及。同时，与重点互联网信息服务单位签订安全责任书，建立联系通报制度，进一步加大安全管理工作力度。

2006年，为确保国家基础信息网络和信息系统的安全，按照省公安厅统一部署，市公安局组织对全市100余家计算机信息系统使用单位进行调查，全面摸清电信、金融、党政机关等重点单位的计算机信息系统安全状况，为进一步加强安全监督管理奠定基础。

2007年，为切实加强信息系统保护工作的组织领导，日照市建立“信息安全等级保护工作协调小组”，在市公安局公共信息网络安全监察处设立协调小组办公室，负责工作指导、组织和协调全市重要信息系统安全等级保护工作。9月17日，市信息安全等级保护工作协调小组办公室召开信息系统安全等级保护定级工作会议，市直机关、直属机构、网络运营单位、各大企业、重要网站等单位80余名负责人参加会议。会后对参会单位人员进行业务培训，及时完成定级备案工作。

2008年，围绕北京奥运会，以信息安全等级保护工作为抓手，切实加强对重要信息系统和重点网站的安全监督管理，市、县两级公安机关通过开展走访调查、安全检查、上门指导、技术人员培训等方式，督促重要信息系统运营单位落实安全管理制度和安全保护技术措施，先后检查重要信息系统运营单位23家。

2009年，以金融、电力等重要信息系统为重点，强化信息网络安全检查和系统安全检测，督促重点单位建立健全信息网络安全管理制度，严格落实防黑客攻击、防计算机病毒、日志留存、数据备份等技术防范措施。

2010年，认真督导涉及国计民生的重要信息系统全面落实等级保护备案制度，开展为期3个月的等级保护检查工作，全力推进等级保护安全建设整改和等级测评工作。

图 14-2 网安民警对关键信息基础设施开展网络安全检查

2011年，进一步推动当地重要信息系统的定级备案工作，重点督促金融、证券、保险、广电、电力、卫生、教育等重点行业部门和单位，尽快全部完成二级（含）以上信息系统的备案工作，尽快开展等级评测和安全建设整改工作。加强对定级备案安全建设整改的监督检查，建立等级保护联络员制度，组织开展信息安全等级保护专业培训，做好重要信息系统的信息网络安全通报工作。推动重要信息系统全面落实安全保护制度和安全技术措施，确保重要信息系统不发生问题。

2012年，以党的十八大网上安保工作为中心，强力推进全市政府网站及金融、保险、广电、电力、卫生、教育等重点行业部门信息安全等级保护工作。年内，对50余家单位重要信息系统开展等级保护工作，完成二级信息系统备案81个，三级信息系统备案10个，在全省率先完成省公安厅下达的备案指标。

2013年，按照信息安全等级保护工作要求，进一步加强全市重要信息系统和政府网站的监管。组织开展信息安全等级保护专业培训，推动重要信息系统全面落实安全保护制度和安全技术措施。截至年底，全市60余家单位重要信息系统开展等级保护工作，完成二级信息系统备案165个，3级信息系统备案30个。

2014年，积极推动重点行业、重要部门开展信息安全等级保护工作，加强与各行业主管部门协调沟通，进一步深化重要信息系统定级备案、等级测评及建设整改工作，提高重要信息系统的安全保障能力。截至年底，全市共备案二级信息系统 215 个，三级信息系统 30 个。

2015 年 5—8 月，根据上级部署，全市组织开展重要信息系统和重点网站安全执法检查，现场检查重点单位 26 家，对 136 家党政机关、事业单位等政府网站实施远程扫描，发现整改安全隐患 187 处。

2016 年，进一步加强与各行业主管部门的沟通协调，深入推动重点行业、部门、单位主动开展信息安全等级保护工作。截至年底，全市共定级备案二级信息系统 227 个，三级信息系统 31 个。同时，按照上级部署要求，积极开展执法检查工作。共检查重要信息系统 23 个、重点联网单位 35 家，检测政府网站 136 家，发现整改安全隐患 187 处。

2017 年 6 月 1 日，《中华人民共和国网络安全法》施行，对关键信息基础设施等级保护工作作出明确规定。按照法律规定和全省公安机关基层基础建设三年攻坚战部署，市公安局对全市重要网络信息系统进一步梳理，推进落实网络安全等级保护测评工作。为切实做好党的十九大安保工作，市公安局及各分县局网安部门认真组织开展网络安全执法检查，先后对市云计算中心、日照电信等 13 家重点联网单位以及山东钢铁、五征集团等 23 个重要信息系统进行实地检查，发现整改隐患 61 处。

2018 年，为切实做好上合组织青岛峰会等重大活动安保工作，按照省公安厅统一部署要求，在全市组织开展网络安全“基础大排查、隐患大整治”工作，先后与重点行业、重点单位签订网络安全责任承诺书 100 余份，组织开展网络安全“红蓝对抗”模拟攻防演练 2 次、现场执法检查 50 余次，及时发现整改安全漏洞隐患 53 处。至 2018 年底，全市共定级备案二级信息系统 237 个，三级信息系统 46 个，三级以上重要信息系统等级保护测评达 96.7%。

第二节　网上公开巡查执法

2006 年，按照公安部、省公安厅部署要求，市公安局网监处开始承担责任区互联网违法有害信息的巡查处置工作。

2007 年，按照上级部署，围绕党的十七大安保工作，做好网上安全保卫工作，及时发现、妥善处置单条有害信息 2000 余条。组织开展有害信息专项治理，删除网上违法有害信息 300 余条，对存在安全隐患的单位提出整改措施 30 次。

2008 年，将北京奥运会网上安保作为全年工作的重中之重，对网民关注、违法信息突出的当地网站、栏目，分解任务、固定专人，坚持 24 小时全天候网上巡查，及时发现处置各类违法有害信息。年内，共发现处置各类网上有害信息 2000 余条，对网上造谣的 6 名人员进行警告或行政处罚，编报《互联网信息》120 期，为领导和有关部门掌握情况、制定决策提供重要参考。

2009 年，全市公安网安部门以国庆 60 周年和十一届全运会网上安保工作为主线，坚持 24 小时网上巡查，对违法信息、网站及时发现，迅速处置。年内，开展专项巡查任务 71 次，发现处置网上有害信息 2000 余条，整理编报《互联网信息》130 期，呈报市领导参阅件 8 份。

2010 年，围绕上海世博会、广州亚运会及日照水运会等重大活动，开展 24 小时网上巡查工作。年内，开展专项巡查任务 73 次，发现处置网上有害信息 2000 余条，整理编报《互联网信息》150 余期，提供有价值线索 50 余条。

2011 年，按照省公安厅部署要求，积极推进市、县互联网信息监控中心建设。市公安局及东港、岚山分局建成互联网信息监控中心。同时，深入落实“双责任制”，进一步强化对属地网站、论坛、博客等日常巡查。年内，共开展网上专项巡查工作 32 次，发现、处置网上有害信息 2000 余条，编报

《互联网信息》120余期。

图14-3 2012年，市公安局互联网信息监控中心

2012年，市公安局互联网信息监控中心通过公安部三级互联网信息监控中心验收。年内，全市网安部门以党的十八大安保为中心，全力做好网上巡查执法各项工作，及时发现、迅速处置网上违法有害信息5000余条，通报异地有害信息1万余条，上报《互联网信息》211期，完成上级下达专项任务54次，发布帖文2.5万余条。

2013年，5个分县局全部完成互联网信息监控中心硬件建设，其中东港分局通过省公安厅达标验收。年内，市、县两级互联网信息监控中心围绕重要敏感节点、重要案事件和重大活动，以维护网上政治安全和社会稳定为目标，全力开展网上有害信息巡查处置。共发现处置网上违法有害信息4000余条，通报异地有害信息9730余条，上报《互联网信息》290期，发布帖文3.2万余条。

2014年，市、县两级网安部门进一步深化完善业务工作机制和队伍建设，强化值班值守，围绕重要敏感节点、重要案事件和重大活动，全力做好互联网巡查和有害信息处置各项工作。年内，共发现处置有害信息4000余条，上报《互联网信息》247期，发布帖文2万余条。

2015年8月7日,“日照网警巡查执法”账号在“新浪微博”“百度贴吧”“微信公众号”“今日头条”4家网络平台上线。年内，共发现处置各类违法有害信息2650条；公开警示违法网民35人次，行政处罚6人；发布宣传帖文3336条，发展粉丝556人，阅读量3万余次；与网民交流互动1125人次，接受群众报警求助116次。

2016年，“日照网警巡查执法”共发现处置各类违法有害信息7962条；公开警示违法网民64人次，行政处罚12人；发布宣传帖文2956条，累计发展粉丝5028人、阅读量332万次；与网民交流互动1130人次，接受群众报警求助359次。是年7月，“日照网警巡查执法”头条号被评为全省最具影响力网警头条号；8月，在全国政务头条号总榜中排名第二十一位，位居全国网警榜第二位。

2017年，以“三个不发生”为目标，完成党的十九大网上安保任务。1月，“日照网警巡查执法”头条号被评为2016年度全国最具影响力网警头条号。年内，共发现处置各类违法有害信息1716条；公开警示违法网民336人次，行政处罚13人；发布宣传帖文1125条，累计发展粉丝45万余人、阅读量超过1400万次；与网民交流互动1592人次，接受群众报警求助261次。

图14-4 2018年，市公安局互联网信息监控中心

2018年，围绕上合组织青岛峰会等重大活动，按照“巡查发现处置、精准研判推送、提高防范意识、警民互动沟通”的工作思路，进一步强化“日照网警巡查执法”工作。年内，共发现处置各类违法有害信息209条；公开警示违法网民370人次，行政处罚16人；发布宣传帖文5178条，累计发展粉丝超过139万余人、阅读量超过1.5亿次；与网民交流互动2525人次，接受群众报警求助275次。9月，“日照网警巡查执法”账号在抖音上线。10

图 14-5　2018 年 10 月，网安支队建立以民警庞尊玺个人名字命名的“尊玺工作室”

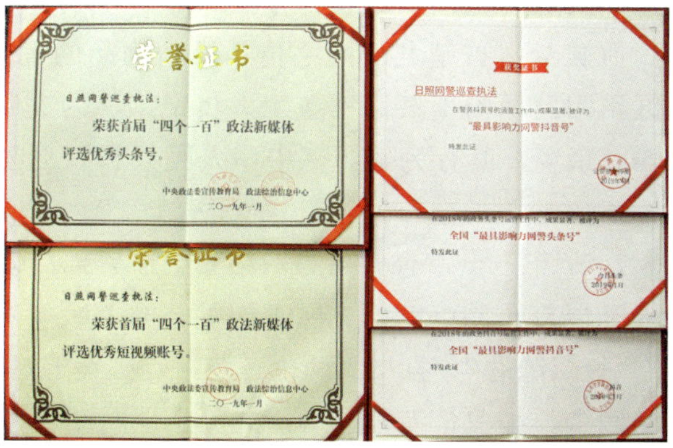

图 14-6　市公安局网警巡查执法账号获奖证书

月，市公安局网安支队设立以网警庞尊玺的名字命名的“尊玺工作室”。是年 5—12 月，“日照网警巡查执法”头条号连续 8 个月入围全国网警十强榜，先后 5 次位居第一名，被评为 2018 年度创新型政法新媒体。

第三节　网络案件查处

随着计算机信息系统应用的快速发展，全市计算机违法犯罪案件从无到有，并呈逐年上升趋势。

2000 年，全市公安机关共查处涉及计算机信息安全管理方面的违法犯罪案件 10 余起。2002 年，公安部下发《关于计算机犯罪案件管辖分工问题的通知》，明确赋予公共信息网络安全监察部门侦办计算机领域违法犯罪案件的独立办案职能。市公安局按照公安部、省公安厅统一部署，不断加大对违法犯罪活动的打击力度，加强非法入侵、破坏计算机信息系统和利用信息网络泄露国家机密、传播有害信息等违法犯罪的侦办工作，逐步建立起打防计算机信息网络违法犯罪案件工作机制。11 月，市公安局公共信息网络安全监察科在东港分局配合下，将利用互联网传播色情内容的犯罪嫌疑人王某查获。经查，王某于 2001 年建立名为“王子之家”的个人网站，为增加访问量，将其网站链接到黄色网站上，通过发展网站会员非法获取经济利益。

2003 年，按照上级部署要求，组织深入开展网上线索追查，大力加强网络案件侦查工作。11 月，根据省公安厅通报，市公安局公共信息网络安全监察科与东港分局密切配合，精心组织部署，将犯罪嫌疑人刘某在东港区抓获。经查，刘某在连云港市内某网吧上网，利用夜间网吧上网人员少、管理人员疏忽大意之机，盗窃网吧内数十台计算机硬盘、内存条、CPU 及其他物品 1 宗。

2004 年，全市公共信息网络安全监察部门充分发挥自身优势，与其他警种密切配合，开展打击淫秽色情网站、侦破命案、打击利用手机短信和网络诈骗犯罪等专项行动，严厉打击各类涉网违法犯罪活动。8 月，市公安局公共信息网络安全监察处根据青岛网通公司提供的线索，经过认真排查，将“黑客”系列攻击案犯罪嫌疑人韩某查获。经查，韩某自 2004 年 6 月开始，先后对日照信息网、日照大地信息港及日照经济开发区等单位共 12 家网站（服务器）进行攻击，并将网站内容全部删除。

2005 年，全市公共信息网络安全监察部门积极配合有关部门，开展打击利用互联网从事淫秽色情活动专项行动，与治安部门通力协作开展打击网络赌博专项行动，协助刑侦部门开展侦破命案专项行动等，严厉打击涉网违法犯罪活动。

2006 年，全市公共信息网络安全监察部门与有关部门密切配合，先后组织开展和参与打击网络赌博、网上侵犯知识产权、打黑除恶等专项行动，保持对网上多发性违法犯罪活动的高压态势。年内，侦破全省首起利用网络传播淫秽物品的刑事案件“宁某利用网络传播淫秽物品案”。经查，东港区正阳路西沿街某商铺务工人员宁某，为提升自己在某色情网站的阅读权限，短期内发布色情文章500余篇，其行为触犯《中华人民共和国刑法》关于传播淫秽物品罪的规定，最终被判处有期徒刑1年。

2007年，全市公共信息网络安全监察部门以群众反映突出的多发性违法犯罪和治安问题为重点，深入开展打击网络赌博、网上诈骗、网上贩卖考题等专项行动，并积极协助有关部门开展“命案侦破”“打黑除恶”、打击“两抢一盗”等破案追逃工作。联合工商、文化、教育、宣传等部门组织开展打击网上淫秽色情专项行动，关闭当地网站3家，删除色情信息20多条，行政处罚2人。年内，共查处各类计算机违法犯罪案件200余起，行政处罚100余人。协助其他部门查处涉网违法犯罪案件26起，抓获犯罪嫌疑人29名。

2008年，全市网警部门综合运用监督管理、巡查监控、侦察调查等手段，重点整治和打击网上赌博、诈骗、盗窃、扰乱公共秩序、黑客攻击等群众反映突出的多发性违法犯罪和治安问题，先后抓获网上在逃犯罪嫌疑人64名，其中CCIC网上在逃犯罪嫌疑人53名。同时，充分发挥网侦技术手段优势，不断拓宽案源渠道，深入挖掘摸排情报线索，积极协助有关部门侦破部督（公安部督办案件）“日照滕某非法买卖氰化物”等一批案件。

2009年，深入开展打击网上淫秽色情“09亮剑”和打击网上贩卖枪支等专项行动，主动拓宽案件线索来源，积极受理群众举报、其他警种部门通报移交等，查处一批违法人员，关停一批网站。同时，进一步加大涉网案件的侦办力度，坚持传统侦查与网络侦查相结合，积极开展破案追逃工作。年内，共抓获各类网上在逃犯罪嫌疑人86名，其中CCIC网上在逃犯罪嫌疑人23名。

2010年，全市网警部门坚持多破案、破大案、打团伙，重点打击整治网络赌博、网络淫秽色情、网络诈骗、黑客攻击破坏等违法犯罪活动。年内，共破获各类涉网刑事案件53起，抓获违法犯罪嫌疑人64名。其中，主侦案件6起，抓获嫌疑人3名；配侦案件47起，抓获嫌疑人61名，其中协助抓获CCIC网上在逃犯罪嫌疑人26名，网警部门直接抓获撤控15人。3月11日，市内网民关注度较高的某论坛栏目中有人发表帖文并附淫秽色情图片13张。网警支队取证后立即联系删除帖文并展开调查，于3月17日在东港区某小区内将违法嫌疑人潘某抓获。潘某对其违法事实供认不讳，被依法行政拘留。

图14-7 2011年7月，全省县级公安机关网侦工作推进会议在日照召开

2011年，按照省公安厅统一部署，以开展打击网络违法犯罪集中会战为抓手，组织全市网警部门深入开展“清网行动”，严厉打击网络诈骗、黑客攻击等各类涉网违法犯罪活动。年内，共破获各类网络违法犯罪案件61起，抓获犯罪嫌疑人75名。其中，主侦2起，抓获4人；协助抓获CCIC网上逃犯26名，网警部门直接抓获撤控17名。

2012年，积极开展网络违法犯罪案件侦查，进一步深化严打网络违法犯罪“集中会战”。年内，全市共侦破各类涉网案件69起，抓获违法犯罪嫌疑人81名。同时，针对网上违法犯罪活动日益猖獗的实际，定期组织开展打击“网络淫秽色情”“网络赌博”“净网灭枪”等专项行动，破获部督“MM公寓”色情网站案、胡某传播淫秽色情案、董某侵犯知识产权案等案件21起，抓获违法犯罪嫌疑人31名，扣押、收缴涉案资金200余万元。在各侦查办案业务单位建立网侦联络员队伍，落实“四侦”同步上案机制，确保重大案件提前介入并全程跟进。是年，破获部督“研究生考试泄题案”“白某非法集资”等配合侦查案件67起，抓获违法犯罪嫌疑人73名，其中抓获CCIC网上在逃犯罪嫌疑人29名。

2013年，在全市组织开展打击整治网络违法犯罪专项行动，成立由分管局领导任组长，国保、经侦、治安、技侦、法制、网安、宣传、警务保障、情报、刑侦等部门负责人为成员的领导小组，制定《日照市公安机关集中打击整治网络违法犯罪专项行动实施方案》。年内，共侦破各类涉网案件62起，抓获犯罪嫌疑人82名。其中，主侦“金某被非法侵入计算机信息系统”“范某等人被诈骗”等案件15起，抓获违法犯罪嫌疑人31名，扣押、收缴涉案资金300余万元；配合侦查“朱某贩卖毒品”等案件47起，抓获违法犯罪嫌疑人51名，其中抓获CCIC网上在逃犯罪嫌疑人27名。

2014年，组织开展打击整治非法生产销售和使用“伪基站”违法犯罪活动专项行动，破获“伪基站”案件6起，抓获嫌疑人10名，打掉生产销售“伪基站”设备的犯罪团伙6个，摧毁“伪基站”生产窝点1处，缴获“伪基站”设备15套、零部件300余个。组织对网络诈骗犯罪开展专项打击，侦破利用QQ视频诈骗案件3起，抓获犯罪嫌疑人3名，缴获作案用笔记本3台，挽回经济损失60余万元。严厉打击网络淫秽色情违法犯罪，破获“东港QQ群传播淫秽信息案”“五莲QQ群传播淫秽信息案”，抓获犯罪嫌疑人5名。全力开展“打黑恶、反盗抢、防诈骗、扫毒害、追逃犯”安民行动，协助侦破案件68起，抓获犯罪嫌疑人125名。协助黑龙江七台河市公安局侦破部督重点案件“段某被绑架”案，抓获犯罪嫌疑人2名。进一步加强与有关警种部门的协作配合，先后抓获网上在逃犯罪嫌疑人20余名，其中网安部门直接抓获撤控网上在逃犯罪嫌疑人14名。

2015年，坚持以打开路、重拳出击，深入开展打击整治网络赌博、网络诈骗、黑客攻击、侵害公民个人信息网络等违法犯罪专项行动。市公安局制定《集中打击整治网络违法犯罪专项行动实施方案》，成立分管局领导任组长，相关部门负责同志为成员的专项行动领导小组，统筹、协调和指挥整治网络违法犯罪专项行动。年内，全市网安部门共立案139起，破案35起，抓获犯罪嫌疑人51名，CCIC网上在逃犯罪嫌疑人10名，挽回经济损失2400余万元；配合其他警种部门抓获犯罪嫌疑人56名，挽回经济损失260余万元。

2016年，积极践行“新型犯罪、首案必破”理念，开展严打网络电信诈骗等专项行动。全市公安网安部门共立案156起，破案23起。其中，网安部门发挥主导作用办理网络贩毒案件1起，被公安部列为督办案件；办理全市首起侵犯公民个人信息案和首起非法侵入计算机信息系统案，共抓获犯罪嫌疑人47名，拦截、扣押涉案资金1400余万元；积极开展信息化合成化作战，配合其他警种部门抓获犯罪嫌疑人47名，挽回经济损失240

图14-8 2016年4月20日，网安民警追回被骗钱款

余万元。

2017 年，坚持“情报导侦”，精准服务实战打击。进一步强化与其他警种部门的融合协同，以信息合成为纽带，完善与国保、经侦、刑侦、治安、反恐、禁毒、反诈等警种网上网下一体化打击模式，积极发现、梳理、串并案件情报线索，实时开展打击整治，协助破案追逃工作。是年，全市网安部门侦破涉网案件 16 起，抓获嫌疑人 23 名；先后参与配合其他警种部门开展各类案件侦察 100 余起，抓获违法犯罪嫌疑人 38 名。

2018 年，认真践行“精准警务”理念，大力推进打击网络违法犯罪“四快一体化”机制建设，协同有关警种部门开展“缉枪治爆”“三打击一整治”“云端行动”“禁毒人民战争”等专项打击行动。是年，全市网安部门共受理各类涉网案件线索 262 条，主侦案件 10 起，抓获违法犯罪嫌疑人 29 名，涉案金额 306 万余元；办理配侦案件 133 起，抓获违法犯罪嫌疑人 82 名，涉案金额 4113 万余元。其中，侦破全市网安部门首起部督“穆某等人侵犯公民个人信息案”，先后抓获涉案嫌疑人 14 名，其中包括多地公安机关重点追捕、长期潜伏境外的马氏兄弟二人，扣押作案电脑 4 台、手机 50 部、银行卡 26 张、车辆 4 台，查获涉案资金 200 余万元，缴获各类公民个人信息约 200 万条，带破案件 30 余起，从源头上摧毁这一条大肆买卖公民个人信息的犯罪链条。同时，配合禁毒部门侦办 1 起部督专案，缴获冰毒 70 公斤，为山东省多年来一案缴获冰毒数量最多的案件。

第四节　电子数据取证

一、市公安局电子数据检验鉴定中心建设

2003 年，按照上级业务部门统一部署，市公安局采购第一套计算机现场勘察箱，配备只读接口、硬盘复制机、取证分析软件等必要的软硬件装备，开展针对计算机硬盘、U 盘等介质的电子数据取证工作。

2011 年，争取市财政投资 50 余万元，初步建成具有实战效能的市公安局电子物证检验鉴定实验室，主要承担全市公安机关送检的计算机、存储设备等电子数据的取证和检验、鉴定等工作。

图 14-9 2014 年，网安支队民警开展电子数据取证工作

2014 年，对市公安局电子物证检验鉴定实验室进行升级改造，进一步加强规范化建设。8 月，市公安局实验室顺利通过公安部实验室等级评定，并获得三级实验室证书。有效整合检验鉴定基础设施和资源，积极推进电子数据取证手段向基层延伸，建成综合性电子数据检验鉴定云平台，并实现全市联网，为基层办案提供有力的电子数据支持。

2015 年，市公安局综合业务楼搬迁，新建电子物证鉴定实验室同步启用，更名为“日照市公安局电子数据检验鉴定中心”。年内，市公安局网安支队 3 名业务民警获得鉴定人资格；市公安局电子数据检验鉴定中心自 2011 年实验室建成至 2015 年，共受理电子数据

检验鉴定案件 1000 余起，出具勘查笔录 700 余份。

2016 年，全年共开展电子数据检验鉴定 960 件次，出具现场勘查笔录 720 余份、鉴定材料 400 余份。加强电子数据采集、录入，加快推进网络犯罪取证信息化，建成功能齐全、互联互通、资源共享的电子数据勘验取证综合信息系统，采集手机、电脑等设备 1820 余部，采集电子数据 3800 余万条。

2017 年，先后实施数据搜索分析、恢复取证等 200 余件次，为全市重点案件侦办工作提供有力支撑；同时，按照省公安厅基层基础建设 3 年攻坚战的部署要求，市公安局电子数据检验鉴定中心启动 CNAS 认可工作，进一步加大投入力度，严格按照标准建立运行科学管理体系，规范开展检验鉴定工作。

图 14-10 2018 年，网安支队民警开展电子数据取证工作

2018 年，共受理电子数据鉴定申请 100 余起，分析涉案存储介质 300 余个，远程勘验分析涉案网站 20 个，提供涉案线索 10 万余条，出具检查报告 30 余份。8 月，市公安局电子数据检验鉴定中心通过国家实验室认可（CNAS）现场评审，获得中国合格评定国家认可委员会颁发的实验室认可证书，日照市公安局电子数据检验鉴定中心具备国际司法认可资质。

二、分县局电子数据取证实验室建设

2011 年，市公安局积极争取中央转移支付资金 140 余万元，为各分县局全部配备电子物证取证勘查箱、远程数字化设备检验专用主机、电子介质分析工具、手机移动终端取证分析工具，全市县级公安机关陆续建成具备基本功能的县级电子数据取证实验室。

2014 年，各分县局基层所队配备移动智能终端取证设备配备。年内，涉案手机电子数据取证率达 95% 以上，各区县均已建设完成电子数据取证实验室，其中岚山、五莲对实验室进行升级改造，达到三级实验室的功能要求。

2017 年，按照基层基础建设 3 年攻坚战的部署要求，进一步规范县级网安电子数据取证实验室建设，全市基层所队共配备移动智能取证终端设备 103 台，采集的数据同步上传省、市电子数据取证系统。

2018 年，全市移动智能取证终端取证工作延伸至 109 个基层所队，覆盖率达 100%，累计采集电子数据 2 亿条。东港、岚山、五莲、莒县 4 个分县局的电子数据取证实验室通过公安部实验室等级评定（县级），标志着全市县级电子数据勘查取证能力和规范化建设迈上新台阶。

银河公园

RI ZHAO SHI
GONG AN
ZHI

第十五章

15

反恐怖工作

FAN KONG BU GONG ZUO

进入21世纪后，恐怖主义成为中国面临的最大现实威胁之一。反恐怖斗争事关国家安全、事关人民群众切身利益、事关改革发展稳定大局。日照作为沿海开放城市，反恐防暴形势日益严峻。2002年，日照市成立反恐怖工作协调小组，2015年5月，更名为日照市反恐怖工作领导小组。2015年12月11日，日照市公安局反恐怖支队正式成立，与市公安局刑侦支队合署办公。

2017年8月3日，市公安局反恐怖支队不再与刑侦支队合署办公，成为独立建制的反恐怖专职队伍。是年，东港分局反恐大队、岚山分局反恐大队相继成立，其他分县局也进一步明确相关警种部门反恐防暴职责。30年间，全市公安机关根据反恐怖工作的需要，围绕牢牢守住不发生涉恐案事件的底线和目标，坚持齐抓共管、社会参与，“管、防、训、演、教、宣”一体化，不断探索反恐专业化、信息化、社会化的路子，打好反恐人民战争，完善处置机制、提升处置能力，形成反恐工作合力，确保全市反恐形势始终平稳。

第一节　反恐机制与基层基础建设

一、反恐机制建设

2002 年，日照市反恐怖工作协调小组成立，下设办公室在市公安局（简称市反恐办），具体业务由市公安局刑侦支队负责。

2010 年 8 月 17 日，市反恐怖工作协调小组召开全市反恐怖暨武警执勤目标安全工作会议，会议印发《日照市反恐怖防范工作责任制（试行）》。

2011 年始，按照“明确职责、建设力量、争取主动、重点防范、立足实战、确保安全”的工作思路，坚持“情报先导、预防为主、应急为重、安全至上”的工作原则，不断强化情报、侦察打击、防范、应急“四位一体”反恐怖体制和机制建设。2011 年，联合全市多部门共同开展 2 次重点部位反恐怖防范工作督导检查，根据省公安厅统一部署联合临沂市开展“2011 全省城市间反恐怖对抗演习工作”，并在侦破涉恐案件中做出突出贡献。2012 年 2 月 11 日，全省反恐怖工作会议在济南召开。日照市反恐怖工作协调小组被山东省反恐怖工作协调小组表彰为 2011 年度全省反恐怖工作先进单位。

图 15-1 2011 年 6 月，城市间反恐对抗演习

北京“2013·10·28”和昆明“2014·3·1”等暴恐案事件接连发生后，内地面临的暴恐威胁日渐突出，加强反恐怖防范工作成为平安建设的新常态。2014 年 3 月 27 日，市反恐怖工作协调小组召开全体会议，重新公布调整后的市反恐怖工作协调小组成员名单，小组成员由 34 个增加到 43 个。全市各级反恐成员单位牢牢把握维护国家安全和社会稳定的总要求，坚持打早打小、露头就打、积极预防、综合治理的工作方针，主动超前工作，最大限度地消除暴力恐怖主义的现实威胁，切实担负起保一方平安、维护一方稳定的重大政治责任。树立底线思维，提升以主动发现为前提的情报预警能力、以主动进攻为重点的侦控打击能力、以动态监管为基础的摸排管控能力、以标准体系为支撑的安全防范能力、以应急处突为核心的综合实战能力“五个能力”，严密防范和坚决打击暴力恐怖活动。5 月 23 日，市公安局召开专门会议，研究部署反恐怖工作。按照省、市统一部署，全市各级公安机关强化情报信息收集研判、加大街面巡逻防控力度、加大重点人员管控力度、加大危化物品管控力度、加

大暴恐案件侦查打击力度、切实提高应急处置能力和水平，全面做好各项反恐维稳工作。

2015 年 5 月 20 日，日照召开全市反恐怖工作会议，对构建党委、政府领导下部门负责、社会协同、公众参与、专群结合的反恐怖工作格局，作出全面部署。加强反恐力量建设，逐步建立以公安特警、武警部队反恐专业力量为主体，以公安消防、卫生计生等力量为支援的反恐维稳应急处置力量体系。增强工作保障水平，加大对反恐实战演练和装备建设的经费支持力度。严格落实工作责任，地方各级党委和政府主要负责人担任本地区反恐怖工作第一责任人，分管负责人承担直接责任，坚持一级抓一级，层层抓落实，确保反恐怖工作责任落实到位。各级反恐办认真履行协调服务、督促检查等职能，确保各项反恐怖工作措施抓实抓细，取得实效。会议将日照市反恐怖工作协调小组更名为日照市反恐怖工作领导小组，成员单位调整充实到 44 个，印发《日照市贯彻落实〈山东省 2014—2016 年反恐维稳行动计划〉目标任务分解方案》。是年，针对恐怖袭击的新特点新变化，市公安局进一步细化完善相关工作方案。

图 15-2 2017 年 7 月，全省反恐怖实战对抗演习日照战场指挥大厅

2017 年 9 月 21 日，日照召开全市反恐怖工作专题会议，要求各级党委、政府切实履行好维护稳定第一责任，主要领导研究、部署，统筹抓好反恐怖工作决策部署的落实。各级各部门发挥好各自职能作用，严格落实属地责任、部门责任、单位责任和领导责任、岗位责任，逐级压实责任，层层传导压力，确保各项措施不折不扣地落到实处。严格查处不履行反恐怖工作责任的有关单位，真正把“党政同责、一岗双责、失职追责”的工作责任制落到实处。是年，市、县两级反恐办组织反恐防范约谈 10 余次，约谈单位 20 余家，基本上形成齐抓共管局面，管控工作合力进一步加强。

2018 年，市委、市政府调整充实市反恐怖工作领导小组成员，6 月 1 日、11 月 15 日先后 2 次召开全市反恐怖工作领导小组会议，加大对反恐怖工作的组织领导力度，制定出台《日照市反恐怖响应实施办法》《日照市反恐怖工作领导小组规则》，反恐怖工作制度化规范化水平进一步提升。

二、反恐专业队伍建设

2014 年 10 月 16—17 日，市公安局举办《当前我国的反恐怖斗争形势和反恐怖工作》专题讲座，邀请省公安厅反恐总队负责同志分三批次为全市公安机关中青年干部理论与研讨班、全市公安机关和日照港公安局全体民警授课。通过翔实的案例，围绕当前中国恐怖活动的主要特点、常见恐怖袭击手段以及公安机关反恐工作的具体措施等方面进行系统深入的阐述，普及反恐常识，讲授反恐防恐的基本方法和技巧，为基层一线民警答疑解惑。

2016 年，针对基层民警反恐专业知识缺乏、工作经验少等情况，加强对基层民警的业务培训和指导。自 3 月 3 日起，组织业务骨干深入各区县特别是重点派出所，与反恐民警和社区民警进行座谈交流，传授反恐知识和管控方法。5 月 9 日，组织区县反恐骨干参加省公安厅反恐业务培训班，着力提升基层民警的反恐知识和管控能力。2017 年 12 月 14 日，市公安局反恐支队派员到山海天分局举办业务培训。2018 年 4 月 17 日，组织全市反恐情报信息员平台培训。5 月 11 日，派员对莒县派出所民警进行专题培训。上合组织青岛峰会前夕，对全市基层民警和治安检查站执勤力量进行 5 期反恐专题培训。

三、反恐基层基础工作

2002—2013 年，市公安局逐步建立完善涉恐情报信息会商研判例会制度，先后召开信息研判例会 80 余次，重要节点、重大活动前夕组织有关警种开展情报会商 60 余次。

2014 年起，市公安局牢固树立情报引领实战理念，深入推进涉恐情报归口处理工作，强化有关业务警种部门的协作配合。不定期组织市级反恐成员单位、工作联系单位和公安机关有关警种部门召开涉恐情报研判会商例会，通过建章立制明确部门反恐情报工作职责，建立顺畅完备的反恐情报工作体系，不断提升主动发现和提前预警的能力。

2018 年，市公安局印发《日照公安机关反恐基础摸排工作流程》，组织各区县公安机关、辖区派出所对本地反恐防范重点目标单位信息进行全面采集，不断整合社会力量与资源，全面加强与相关部门以及公安机关内部警种的情报信息共享和互通交流，扩大搜集主体，积极开展情报搜集，最大限度挖掘情报资源价值。反恐情报搜集由原来反恐部门单打独斗，发展到多警种联合搜集，并初步实现社会相关单位主体、不同行业群众共同参与的情报信息搜集工作格局。是年 9 月，按照省反恐办关于开展重点目标单位三维建模的要求，启动 8 处重点目标单位三维图像建模。

2015—2018 年，市公安局共整理上报省反恐办涉恐情报线索 114 条。

第二节　反恐防范

反恐怖工作重在防范，全市公安机关通过不断强化源头管控，提升重点目标单位防范能力，增强从业人员及人民群众防范意识，最大限度地挤压暴恐分子活动空间，最大限度地预防暴力恐怖活动发生。

一、反恐重点目标单位防范

2002—2011 年，市公安局按照国家、省、市部署要求，逐步加强对反恐重点目标的防范工作。

2012 年，市公安局按照《山东省重要目标反恐怖防范等级标准实施规范》，对全市党政军首脑机关驻地、国家重要基础设施、重要民生设施及国家重点工程等重要目标进行全面梳理，依据各类目标的恐怖袭击风险程度，确定重要目标名单和等级。是年 3 月 5 日，省反恐办公布第一批重要目标名单，日照 5 个单位被确定为省级反恐怖防范重要目标。

2013 年 8 月 30 日，省反恐办公布第二批重要目标名单，日照 6 个单位被确定为反恐怖防范重要目标。

2014 年，市公安局充分发挥反恐办职能，推动全市相关行业系统贯彻落实省反恐办制定的重点行业系统 23 项反恐怖防范标准，提升整体防范水平。5 月 13 日，市公安局与日照检验检疫局、日照市政府口岸办等单位联合印发《日照口岸突发公共卫生事件及口岸反恐怖联防联控合作机制》，明确各部门职责。5 月 23 日，市反恐办组织召开日照火车站反恐维稳工作联席会议，明确由东港分局牵头负责与济南铁路公安处日照站派出所建立联勤联动机制，在火车站设立联勤联动办公室，武警日照支队、特警支队共同参与武装巡逻。11 月 28 日，市公安局组织召开全市铁路与地方公安机关反恐联防工作会议，传达全省路地联防工作会议精神，对路地联防工作进行全面部署，明确在全市范围内实施“115”工程，打造“四位一体”路地协作配合工作机制。

2016 年，督促目标单位制定反恐怖防范工作方案，加强人防、物防、技防措施落实，提升整体防范能力。5月6日，与市交通运输局进行座谈交流，研究加强长途车站、公交车、物流等目标的反恐防范工作。5月31日，市反恐办到日照机场检查督导反恐工作。

2017年，对全市重点目标单位进行摸底排查，共发现通报整改各类隐患162处。3月15日，市反恐办下发《关于公布省级、市级反恐怖防范重点目标管理单位的通知》，对全市11处省级反恐怖防范重要目标、306处市级反恐怖防范重点目标予以公布，明确重点目标单位的防范主体责任，持续推进防范责任书签订工作，督导严格落实人防、物防、技防措施，制定完善反恐防范工作方案和应急预案，推动反恐防范标准体系在重点目标单位落地落实，提升整体防范意识和防范能力。

二、反恐督导检查

2002—2007年，市公安局按照国家、省、市部署要求，在重大活动和敏感节点期间，全面加强反恐防范、督导检查工作，及时发现问题，堵塞漏洞，促进全市反恐防范能力提升。

2008年，为确保奥运会圣火传递、青岛奥帆赛、北京奥运会的顺利举办，市反恐办专门召开会议，部署集中开展重点要害部位和安全隐患排查整治活动。全市公安机关进一步加强对口岸、人员聚集区、城市水源地、危化品存储区、奥运圣火传递路线等安保工作，认真排查全市反恐重点部位和隐患，落实防范责任和防范措施。

2009年，市公安局紧紧围绕为新中国成立60周年大庆和第十一届全国运动会安全顺利举办营造和谐稳定社会环境，把重要机关、重点部位和重要设施以及公共复杂场所作为反恐防范的重点，采取有针对性措施，努力消除各种安全隐患。10月，市综治办、市反恐办组成联合检查组，到重点要害部门和场所进行检查督导，通过听取汇报、实地查看等形式，及时发现、提出存在的隐患问题，严密防范恐怖袭击活动，确保全市社会治安稳定。

2010年，市反恐办以上海世博会、中国水上运动会等重大活动安保为重点，全面加强反恐怖防范工作，印发《日照市反恐怖防范工作责任制（试行）》和《日照市反恐怖防范督导检查工作办法》，明确反恐怖防范督导检查工作责任主体、职责划分、责任追究，规范组织形式、检查内容、检查程序。3月15—16日，省公安厅反恐怖总队一行到日照检查督导上海世博会反恐怖工作，检查组先后对有关单位进行暗访。16日下午，检查组反馈暗访情况，听取日照上海世博会反恐怖工作情况汇报。

2011年7月28日至8月15日，市反恐办牵头组成5个检查组，在全市范围内开展反恐防范督导检查，指导重点单位要害部门开展反恐怖防范工作。各区县反恐办先后开展4次重点目标防范督导检查。同时，对全市出租房屋、旅馆业、洗浴中心等场所加大清查、管理力度，逐一落实责任，不定期组织有关警种开展专项整治活动，打压恐怖分子藏身空间，全力保障在日照举行的全国游泳锦标赛和“2011日照海洋迷笛音乐季”系列大型演出活动安全顺利。

2012年，围绕党的十八大、各级“两会”安保，市反恐办在全市范围内开展2次反恐防范督导检查，组织各区县反恐办开展5次重点目标防范督导检查。其间，检查组根据《山东省反恐怖防范督导检查工作规定》有关检查重点和工作要求，通过听取工作汇报、查阅相关档案资料、实地检查等方式，对人员流动性大、密集性强的车站、大型超市落实反恐怖防范工作情况进行专项督导检查，对检查中发现的问题及时进行反馈，提出整改要求和建议。

2013年，全市公安机关先后组织开展反恐防范督导检查32次，检查单位227家，整改问题隐患72处。2月7日、6月30日、11月7日，市反恐办在全市范围内开展3次全面反恐防范督导检查，各区县反恐办开展15次重点目标防范督导检查，指导重点单位要害部门进一步增强反恐怖防范意识，健全相关防范机制，开展常规演练，完善硬件设施，消除安全隐患，坚决防止发生恐怖性案（事）件。

2014年5月1日，市反恐办组成工作组深入日照火车站、日照银座商城、新玛特购物广场等人员密集场所开展反恐怖防范督导检查。督导组采取“四不两直”方式，直奔基层、直播现场，重点检查各单位安保工作措施是否落实、应急力量是否到位、防护处置装备设施是否齐全管用，值班备勤和应急联动机制是否进入临战状态等。检查中发现安全薄弱环节和隐患共4处，对相关单位下达反恐怖防范暗访问题整改通知书，严格督促落实整改。5月27日至6月5日，市反恐办组成2个督导组，分别会同市卫生、教育、交通、建委等部门和公安机关有关警种，开展反恐怖防范工作督导检查，共检查市政府广场、商场、医院、中小学、幼儿园、车站、水厂、电厂、液化气公司等相关重点单位37家，发现指出反恐怖防范工作隐患14处，下达限期整改通知书4份。

2015年，围绕“中国—中亚合作论坛”等重大活动安保，常态组织各分县局、治安、消防等警种加强重点目标、重要单位、重点场所的督导检查，重点针对全市的旗帜店、印刷厂、管制刀具、射钉枪弹和散装汽油、硫磺、硝酸铵、高锰酸钾等易制爆物品开展整治活动，及时发现堵塞安全漏洞，提升防范能力。是年，共组织开展反恐怖防范督导检查40余次，检查重点单位、场所202家，发现整改隐患160余处。是年，与市交通局组成联合检查组，对市区36家汽车租赁公司上门进行检查和开展反恐宣传教育，签订安全防范责任书，落实可疑情况及时报告制度。会同商务部门对市区9家二手车交易市场开展反恐宣传教育，张贴《涉恐线索有奖举报通告》，布建情报信息员。

2016年，全市共组织各种形式的反恐防范督导检查26次，检查单位167家，发现整改隐患98处。

2017年，围绕党的十九大安保维稳这一主线，深入开展涉恐隐患排查整治。4月28日，召开全市反恐怖专项工作会议，部署全市涉恐隐患排查整治、“三个专项治理”和反恐对抗演习工作。5月11—25日，组成暗访组，检查单位61家，共发现整改问题隐患98处，下达暗访问题整改通知书20份。8月15—30日，督导检查暗访场所98处，发现问题隐患60处。9月19日，召集市交通局、市商务局、日照运总集团、东港区反恐办召开会议，专门研究省反恐办暗访检查发现问题整改措施。9月21日，召开全市反恐怖工作专题会议，播放市反恐办制作的暗访视频资料，针对发现的问题隐患，查找原因，研究措施，对十九大安保进行安排部署。9月24日，市反恐办下发《关于市反恐办暗访督导检查情况的通报》，对发现问题和隐患督促限期整改。9月25日，与市经信委就暗访发现的加油站存在问题隐患进行座谈交流。9月26日，市反恐办印发《日照市反恐怖防范督导检查工作机制（试行）的通知》，明确行业主管部门在反恐防范工作中的职责任务。10月9日，组织市商务局、经信委、工商局、质监局、中石油、中石化召开涉恐情报会商研判会，专题研究加强散装汽油销售管控工作。

2018年，以上合青岛峰会安保反恐工作为中心，深入践行“精准警务”理念，坚持问题导向、大事推动，创新推出“红蓝对抗演练”。抽调专门人员组成“蓝方”，按照“不通知、不提示、分组实施、事后通报”的方式，对全市各区县进行模拟攻击，客观真实地检验相关行业防范意识是否充分、安全检查是否严密、相关防范措施是否落实，检验行业主管部门和公安机关的主管、监管责任是否到位，应急处置是否及时、规范，真实检验测试社会面管控措施落实情况和抗压能力。并以“红蓝对抗演练”为抓手，实行“双通报”（通报辖区反恐办

图15-3　2018年6月，国家反恐办到日照站督导检查反恐工作

和市级行业主管部门)、"责任双查"(既追究辖区公安机关监管责任，又追究属地行业主管部门责任)，紧盯问题隐患不放松，坚持问题不整改不放过，通过挂图作战、限期销号、定期开展"回头看"，及时补齐短板、加固底板，推动反恐工作水平整体提升。年内，开展"红蓝对抗演练"2次、组织10余家成员单位开展暗访检查3次，共排查重点目标、场所756处，督促整改问题隐患261个。

三、沿海反恐防范

2015年，针对非法出境人员"南打北逃"的形势，加强渔船民教育管理，严防恐怖分子在日照潜藏蛰伏、伺机偷渡出境。9月中旬，市反恐办会同边防支队组成联合检查组，对各边防派出所落实反恐防范措施进行督导，对沿海码头、游艇、造船厂等开展实地检查，当场发现整改隐患10余处。

2016年，对沿海73个渔村、19个码头、16930名渔民进行宣传反恐防恐知识和有奖举报通报。2017年3月20日，市公安局启动"防回流防入境"专项行动，印发《日照市防回流防入境专项行动工作方案》，从日照港公安局、日照边防支队、日照边检站、岚山边检站共抽调6名业务骨干实体化办公，对沿海一线反恐基础工作开展"踏查"，将反恐宣传、信息员物建、追逃、打黑举报等工作融入其中。共走访沿海43个渔村、26家危化品企业级重点单位、15个渔船码头，对2856艘渔船、7126名渔民全部建档。

图15-4 2017年12月，全市首次对沿海一线组织开展反恐怖基础工作"踏查"

2018年，深入开展沿海口岸反恐防恐宣传。6月19日，市反恐办牵头组织召开港口反恐防范工作座谈会，强化船舶动态管控，筑牢防范屏障。11月13日，市反恐办印发《日照市港口船舶及船舶服务反恐防范联勤联动工作方案》。

四、反恐宣传培训

2014年，市公安局专门印制反恐宣传手册、制作宣传栏，在全市范围内开展反恐防范宣传进校园、进社区活动，进一步增强群众反恐应急意识，提高识别可疑人员、可疑物品的能力。9月13日，市公安局在市政府广场举行"日照市公安机关反恐防范宣传周启动仪式暨反恐专业装备力量展示"活动，市公安局刑侦、特警、消防支队，武警日照支队等反恐处突专业力量参加，展示警容警姿和武器装备，现场发放《公民防范恐怖袭击手册》和《山东省公安机关关于有奖举报暴力恐怖犯罪活动线索的通报》，接受群众现场咨询。

2016年4月15日，积极参与首个"全民国家安全教育日"宣传活动，广泛宣传《中华人民共和国反恐怖主义法》和反恐防范知识，张贴有奖举报通告200余份，发放《公民防范恐怖袭击手册》和宣传册300余份。6月19日，在火车站广场组织开展学习贯彻《中华人民共和国反恐怖主义法》宣传周集中宣传活动，通过宣传，进一步增强群众的法制意识、防范意识和自救互救能力。

2017年4月14日，应市国家安全局邀请，反恐怖支队在市政府广场参加国家安全日宣传活动，宣传反恐防恐知识。活动中，共展出反恐宣传展板4个，发放各类反恐宣传资料500余份，民警现场向群众讲解反恐防恐知识，解答《中华人民共和国反恐怖主义法》和有奖举报涉恐线索等有关问题。8月18日，反恐怖支队应邀派员到日照机场开展《中华人民共和国反恐怖主义法》专题解读培训。10月15日，联合市交通运输局举办全市客运企业和汽车客运站安保安检人员业务培训会。是年12月27日，参加全市《中华人民共和国反恐怖主义法》普法宣传活动。宣传期间，通过发放《公民预防恐怖活动行为指南》《反恐怖主义法条摘编》《有奖举报暴力恐怖活动线索通告》，播放反恐法宣传动画片等方式，广泛宣传法律知识和公民反恐防范识别常识。该次反恐宣传活动共在全市设置宣传点 11 处，发放反恐宣传册 9000 余份，播放宣传片 800 余次。

2018 年 5 月 8 日，以强化重点单位反恐意识和防范能力为主题，组织部分反恐怖防范重点目标单位开展培训。

第三节　反恐演练及应急处置

一、反恐应急处置

2002 年 10 月 10 日，日照市反恐怖工作协调小组印发《日照市防范和处置恐怖性事件工作方案》。

2008 年，市公安局牵头制定并逐步完善市级处置大规模恐怖袭击预案，以及处置爆炸、生化、核和辐射、劫持人质、大规模恐怖袭击等六类恐怖袭击预案，举办应对各类恐怖袭击“桌面推演”2 次，组织各成员单位参与的市级综合反恐演练 1 次。制定反恐怖专家库建设和管理办法，建立包括谈判、反劫持、搜排爆、消防、卫生、生化、环保、气象、核和辐射、市政等 10 类专家在内的反恐怖专案库。

2011 年，市公安局结合“2011 全省城市间反恐怖对抗演习”，健全完善六类反恐应急预案，充实完善反恐怖工作专家组机制。

2014 年，市公安局将“完善常态化维稳处突体系建设”放在完善“八大体系”建设任务首位，从预案建设、安全检查、特勤力量建设、实战演练等方面强化反恐应急处突工作。是年，建立完善市级层面和公安机关内部处置突发事件应急预案 10 余部，编制《日照市处置劫持人质恐怖事件预案操作手册》《日照市防范和处置恐怖性事件预案操作手册》，增强应急预案的可操作性和实战性。各区县公安机关全部建立 50 人的应急处置力量。市公安局依托特警支队，成立 2 支武装机动小分队和武装处突小分队，实行 24 小时武装配枪巡逻，遇到突发事件第一时间进行处置。市反恐办加强指导，督促市反恐怖工作领导小组有关成员单位加强应急力量建设。是年 5 月，按照省公安厅反恐总队统一部署，市反恐办积极会同民政、住建、卫生、安监、武警、经信委、环保、气象、交通、出入境检验检疫等部门以及公安机关内部有关警种部门，对全市反恐应急物资装备情况进行全面摸底，督导有关成员单位配齐配强专业应急装备器材，为突发应急事件的处置工作提供有力的物资装备支持。7 月，启动“半小时封城”机制建设，制定完善工作预案，强化协作配合，提高民警设卡堵截能力，切实保障在遇到紧急情况时，根据指挥部统一指挥，高效完成“半小时封城”任务。

图 15-5 2011 年 9 月，城市间反恐对抗演习抓获涉恐分子

2015 年，特警支队针对重点区域、部位，开展常态化武装巡逻和武装执勤。重大活动、重要会议、敏感节点期间，武警支队在火车站设点驻守、动中备勤，开展武装巡逻和武装执勤，对可疑人员、可疑车辆严加盘查。

2018年5月27日，市反恐办召集市民政、住建、卫计委、环保、气象、水务、供电等成员单位应急力量会议，部署市级反恐应急力量建设，并进行应急工作专题培训。

二、反恐演练

2009年，进一步完善各项反恐预案和措施，统筹各方面力量和资源，加强反恐应急指挥和实战演练，精心筹备并组织开展“泰山2号”反恐演习活动，切实增强应对和处置突发事件的能力。

2011年9月16日，2011年全省城市间反恐怖对抗演习（临沂—日照）在日照举行。省公安厅反恐总队组织省反恐办专家组现场观摩演习。市公安局投入演习经费8万余元，先后组织反恐怖专家会商1次，桌面推演2次，实战演练3次。此次演习由市反恐办具体组织，市委常委、政法委书记、市反恐怖工作协调小组组长黄金华，副市长、市反恐怖协调小组副组长孙雨，市政府党组成员、市反恐怖协调小组副组长、市公安局局长槐国栋坐镇指挥，公安、武警、卫生、环保等部门的应急处置队伍、市反恐怖工作专家组成员参加，共出动警力350余人，各类车辆60余台。经过近2个小时的紧张工作，完成处置多点连环爆炸恐怖袭击事件的课目。2012年4月23—25日，全省反恐怖实战对抗演习动员部署会议在济南举行，日照因工作成效突出，在会上做典型发言，重点汇报开展2011年全省城市间反恐怖对抗演习的经验做法，汇报内容在会上印发学习交流。

图15-6 2012年8月，反恐实战对抗演习

2012年8月22日，根据《2012年全省反恐怖实战对抗演习工作方案》要求，组织重点目标恐怖爆炸袭击实战对抗演习，省公安厅反恐总队组织现场观摩。演习由市委常委、政法委书记、市反恐怖工作协调小组组长高杰任总指挥，市反恐怖工作协调小组副组长、市政府党组成员、市公安局局长从培浩，市反恐怖工作协调小组副组长、日照军分区副司令员徐树良担任副总指挥，市反恐办主任、市公安局副局长李海防担任现场指挥。刑侦、治安、交警、特警、东港分局、开发区分局等警种部门，武警、消防、卫生、环保、气象、供水、民政、供电等单位200余人、42部车辆参加演练。为保障演习顺利进行、确保演习实效，市反恐办多次召集有关警种和反恐怖成员单位进行桌面推演和实地演练。演习中，各成员单位和有关警种协同配合，根据《日照市处置大规模爆炸恐怖袭击事件工作预案》，模拟开展情报、侦察、防范、外围交通管制、抓捕、现场封控、疏散、警戒、调查、搜排爆、堵截查控、现场勘查等工作，在1小时内抓获全部4名“恐怖分子”，成功排除爆炸装置2枚，缴获作案车辆2辆。

2013年11月11日，市反恐办组织开展应急力量拉动演练。在不提前通知的情况下，对公安机关指挥调度、装备配备、人员集结、现场处置等实战能力水平进行集中检验。

2014年，市、县两级公安机关和市反恐办多次开展实战演练和区域增援调动拉练。市公安局指挥中心牵头，每月不定期开展不设预案的市区涉枪暴力警情处置演练。6月4日，市反恐办在不提前通知的情况下，以火车站广场发生砍人事件为假想警情开展反恐应急力量拉动演练，对火车站派出所、辖区分局、刑警、治安、交警、特警、武警、消防等单位的快速反应情况进行实地考评。全年各区县反恐办、特警支队开展各种形式的应急演练20余次。

2016年，坚持以练代战，常态化开展应急演练。3月15日，组织开展一次不设预案、不打招呼的全要素应急演练，通过现场点评演练中存在的问题，进一步明确警种部门职责，规范处置流程和战术动作。是年，制定《2016年全市反恐怖演习工作方案》，明确各警种部门在反恐应急处置中的职责任务，确定年内由东港分局、岚山分局组织开展本级反恐演习，通过检验区县应急处置水平，磨合锻炼区县应急队伍，提高应对突发事件的能力。

2017年，市公安局立足于暴恐威胁就在身边、就在眼前的实际，固化由反恐牵头，指挥中心调度，督察、人民警察培训学校共同参与的反恐应急演练机制，坚持不设预案、不提前通知，每月开展一次实战化的应急演练。7月25日，完成省反恐办组织的2017年全省反恐怖实战对抗演习。10月9日，市反恐办会同市交通运输局组织开展全市交通系统防恐反恐应急救援演练。年内，市反恐办组织开展各种形式的应急拉动演练20余次。

2018年，组织各区县针对学校、商场等人员密集场所开展反恐应急演练29次。

第四节　打击涉恐违法犯罪

全市公安机关以《中华人民共和国反恐怖主义法》颁布实施为契机，坚持露头就打，深入推进严打暴恐专项行动，对各类涉恐案件线索查清查透、快侦快办、动态清零、不留隐患，始终保持对涉恐违法犯罪的严打高压态势。

暴力恐怖音视频是指含有宣扬暴力恐怖、宗教极端、民族分裂等内容的视听资料或电子数据。在信息技术飞速发展时代背景下，网络空间、移动终端、可移动存储设备广泛应用，制作、传播、持有暴力恐怖音视频行为的生存空间不断拓展。《中华人民共和国反恐怖主义法》正式实施之前，对情节轻微、尚不构成犯罪的涉暴力恐怖音视频违法人员，公安机关因法律法规分散、概括性较低、可操作性差，绝大部分只能口头批评教育，处罚力度与震慑效果明显不足。2016年，《中华人民共和国反恐怖主义法》正式实施，首次明确将制作、传播、非法持有上述物品但尚不构成犯罪的行为纳入行政处罚范围，全市公安机关随即开展有针对性打击整治工作。

2016年6月11日，岚山分局对乔某非法持有暴恐音视频行为作出行政拘留十日的处罚。经查，乔某先后下载4部暴恐音视频保存到手机内观看。

2017年，市公安局反恐支队先后会同各分县局依法查处持有或传播暴恐音视频的嫌疑人12名。

2018年，市公安局反恐支队会同各分县局查处转发血腥暴力视频案件3起。

城市夜景

RI ZHAO SHI
GONG AN
ZHI

第十六章

16

警　卫

jing wei

警卫工作作为公安工作的重要组成部分，是警卫部门运用国家赋予的权利保卫警卫对象、警卫目标和重大活动安全的专门业务，也是维护社会政治稳定的重要手段。1989 年地级日照市建立后，警卫工作由市公安局经文保部门负责。1995 年 2 月，市公安局设立警卫处。此后，警卫工作机构名称几次变更，职责任务一直未变。2011 年 11 月，警卫处改为警卫支队，主要负责组织实施列入警卫范围的党和国家领导人、重要外宾到日照以及重要会议、重大活动的安全警卫工作。

30 年间，随着形势的不断发展变化，市公安局警卫部门坚持专门工作与群众路线相结合，认真总结固化警卫工作经验，不断健全完善警卫工作机制，加强对警卫人员的教育培训，在历次警卫任务中未发生差错，完成各项警卫任务。

第一节　警卫基层基础

自1989年地级日照市建立初期，该时期的警卫基层基础相对薄弱，警卫基层基础建设重点围绕抓好安全基础，落实安全措施，加强内外协作，为完成警（保）卫工作任务提供基础保障。

1993年8月7日，召开全市公安警卫工作会议，结合日照市治安形势和警卫工作实际，明确警卫工作的原则、方针、指导思想，提出警卫工作“六个必须”：必须有高度的警惕性、必须打总体战、必须按照警卫工作原则办事、必须注意保密、必须领导亲自抓、必须搞好警卫工作总结。

1994年2月，中央办公厅、国务院办公厅印发《警卫工作规定》，市公安局在警卫任务中严格落实警卫工作方针、原则、界限、规格和基本措施，督促警卫人员认真履行工作职权，指导社会有关方面落实警卫工作的责任和义务。

1995年2月18日，召开全市公安局局长暨全市警卫工作会议，要求各级在当时面临建立社会主义市场经济体制的新形势下，保持清醒头脑，克服麻痹思想，建设一支过硬的警卫队伍；适应新情况新变化，探索发动群众的新办法、改进警卫形式的新途径；对重大警卫任务，各有关部门要一切以警卫任务为重，加强协作配合，共同做好警卫工作。

1996年，贯彻落实全省暑期警卫工作会议要求，一是对接待、服务、新闻、医疗保健等工作人员和参加警卫任务的公安民警、武警战士，进行严格的政治审查；二是加强警卫对象住地的安全防范措施；三是严密警卫对象行动路线和活动现场的勘察和控制；四是鉴于全市警卫工作基础薄弱，装备、器材落后的现状，以市公安局党委的名义向市委、市政府提出请示，解决警卫用车、通信器材等急需的警卫装备。

1997年，加强对接待服务人员管理，设计印制接待服务人员政审表，到4家宾馆和4家新闻单位填写政审表368份，为参加新闻采访的记者、接待服务人员发放工作证283份；加强警卫队伍建设，落实市公安局“禁酒令”，严格执行警卫工作中禁酒制度。是年，市公安局警卫科配备1辆日产“三菱”轿车用作前卫车，各分、县局均装备用于执行警卫任务的警车，警卫工作日趋规范化。

1998年，落实全市警卫工作会议精神，市公安局和各分县局警卫部门重新修订警卫方案和应急预案，对住地、场所、路线重新勘察并绘制路线图和现场图，对有关人员进行政审并发放工作证。加强警卫业务培训，要求减少警卫用车，少用警灯、警笛。交警支队学习青岛交警支队做法，对全市驾驶员普遍进行一次警卫知识培训和考核。是年，东港分局成立警卫科。

1999年，中央、省市举办新中国成立50周年、澳门回归、建市10周年等多项大型活动，警卫安保任务艰巨。全市公安警卫部门围绕重大警卫任务，严格落实警卫保卫措施，制定完善警卫方案和预案、绘制警卫方案路线示意图和住地安全保卫方位图，对有关人员逐一进行政审和警卫工作常识培训。开展岗位大练兵，组织民警学习《警卫工作教程》和警卫工作相关法律法规。加强装备建设，配备微机和打印机、通信工具若干。

进入21世纪后，日照市进一步扩大开放，经济社会不断发展，城市知名度逐年提升，高规格、大规模的安全警卫任务日益增多。市公安局坚持以警卫任务为中心，准确把握形势变化，加强基层基础调研和工作经验总结，优化完善警卫方案和应急预案，不断提高警卫业务能力和水平。2000—2002年，制定警卫方案和应急预案、绘制警卫路线示意图等463份，填写政审表1760份，发放警卫标记、工作证4369份；围绕警卫业务建设，对一线民警开展警卫工作常识、警卫勤务规定、警卫勤务战术等相关警卫业务的培训，落实勤思考、勤查问、勤检查、勤落实、勤协调、勤总结“六勤工作法”和随卫、外围、社会面“三个警卫圈”战术，严格落实上级《警卫工作26条规定》，政治素质、业务能力和勤务水平不断提升。

图16-1 2003年新购置的警卫车辆

2003年，重点加强警卫工作规范化、制度化建设，牵头以市委、市政府名义印发《关于进一步加强安全警卫工作的通知》。积极开展岗位练兵，采取以会代训的方式对参与警卫工作的人员进行业务培训。加强学术研究，撰写《加强警卫队伍建设 提高警卫人员素质是完成警卫任务的决定性因素》学术文章。加强装备建设，市公安局购置沃尔沃牌警卫用车1辆。

2004年，根据公安部《关于进一步加强中央领导同志赴各地调研考察安全警卫工作的通知》，省委办公厅、省政府办公厅及市委办公室、市政府办公室《关于进一步加强安全警卫工作的通知》，对有关道路及沿线情况进行重点勘察，完善路线警卫方案和安全措施。

2005—2006年，以全面推进公安警卫队伍“四个能力”建设为目标，持续深入开展大练兵活动。2005年，坚持全警参与，重在一线，立足岗位，注重实效的原则，强化警卫技能训练，强化射击、擒拿格斗、近身制敌等技能训练，提高警卫人员的业务技能和处置突发事件的能力。2006年，印发《全市警卫系统2006年度训练实施方案》，采取以会代训的形式对全市警卫专职民警进行培训，把各种图标的绘制、方案的制定，从形式到内容进行统一，制定完善路线、住地、现场警卫方案和预案26份，绘制各种警卫用图36份，警卫工作逐步走向正规化。加强装备建设，市公安局新购置“沃尔沃”型警卫用车1辆。

2007年，把警卫信息化作为“三基”建设的关键环节，部署开展基础资料数据的调研采集和补充完善工作，大力开展“熟记百条法规，掌握十项岗位技能，练就一个岗位特长”苦练基本功活动，警卫信息化水平和警卫执勤能力不断提升。

2008年，以奥运警卫工作为重点，围绕奥运火炬传递路线、庆典仪式现场、火炬接力团队用餐场所等进行详细勘查，制定安保方案和应急预案12个。11月13日，举办全市公安警卫部门基层基础工作资料数据采集培训班，就做好全市警卫基层基础工作资料数据采集工作进行培训部署。

2009年，投资20余万元，为各区县警卫部门配备笔记本电脑，开发警卫基层基础数据采集软件，对常备住地、现场、路线基础信息进行数据采集、更新，全市警卫基础工作的正规化、规范化水平进一步提升。

2010年，交警支队设立专门的警卫科，县（区）级公安机关、各派出所及警务工作室等设有负责警卫工作的人员，警卫工作“四位一体”工作模式基本形成。依托全市公安机关民警轮值轮训，对全市警卫专职人员进行警卫业务培训。开展警卫基础信息系统的录入及实际应用工作，完成境内2条高速公路更名后的数据校对和补充。加强装备建设，市公安局购置奥迪A6型警卫用车1辆。

2011年，根据省公安厅《关于加强公安警卫基层基础工作的意见》和市级警卫机构、警卫队伍建设的有关要求，在市公安局警卫处设立警卫勤务大队，在各分县局治安大队设立专职警卫机构或警卫办公室，选配专职警卫民警。制定《县级公安机关警卫工作考核标准》，是年起，开始对各分县局警卫工作进行考核。加强警卫业务培训，结合公安民警“三个必训”，依托市公安局“轮值轮训”，实现基层科所队长和一线执勤民警全员警卫业务培训。

2012年5月15日，印发《日照市公安局警卫基层基础建设实施意见》，将警卫基层基础建设纳入市公安局公安基础建设整体规划，对加快警卫专业机构和专门力量建设作出规定：一是在县级公安机关设立专职警卫机构，警卫工作职能统一归口在治安部门，内设警卫中队或警卫办公室，警卫中队或警卫办公室至少配备1名专职警卫民警；二是明确派出所所长是辖区警卫工作第一责任人，并明确1名所领导具体负责警卫工作。是年8月，举办全市警卫基层基础信息采集、录入培训会，集中为各分县局警卫部门专用计算机、照相机等装备进行更新换代。规范警卫勤务部署，按照“三级五类”警卫规格完善警卫方案和预案，严格落实定人、定岗、定职责。

图16-2 2012年5月，召开全市公安警卫工作会议

2013年，严格落实中央“八项规定”改进警卫工作要求，全面改进警卫形式，加强警卫基础建设。印发《日照市公安局改进警卫工作实施意见》，从布警方式、疏导方式、车队行进方式以及警卫工作组织领导体系、情报信息综合研判机制、警卫基层基础建设、警卫勤务模拟演练、警卫业务培训、警卫保障能力建设等九个方面，对改进和加强警卫工作做出系统部署。印发《关于在特警支队组建警卫预备队的通知》，在市公安局特警支队一大队、二大队整体建制的基础上，选拔特警队员组建市级警卫预备队，承担重大警卫勤务中住地、现场、随卫及应急处突等警卫任务。是年，各分县局根据警卫工作任务需要，着手组建警卫预备队。4月，围绕推广固化济南样板模式，连续5次开展警卫模拟演练。加强警卫装备保障，协调有关部门对城区约62公里警卫常备道路安装隔离护栏；购置警卫用车2辆，调配警卫用车1辆；执行警卫任务时，执勤民警达到人手一部350兆无线对讲机。

2014年，按照市公安局部署，狠抓警卫业务和队伍建设。创新路面管控模式，通过交通信号控制平台，缩短交通管制时间和管控范围，不封路、不腾道，实行警卫车队“绿波”放行。组建警卫伴护车队，组织集中培训，反复合成演练。8月，组织警卫支队、交警支队、特警支队、东港分局警卫专职民警赴济宁市公安局考察学习警卫工作先进经验。加强警卫基础信息系统的实战应用，二级以上警卫方案和警力部署可实现系统生成。

2015年，第三届中国—中亚合作论坛在日照举行，这是日照市承办的规模最大、规格最高的一次重要国际会议。市公安局警卫部门根据警卫工作需要，牵头制定完善活动安保总方案和分方案11个，指导各有关警种部门制定分方案、预案50余套。加强警卫业务培训，以日常普训、骨干培训、专勤专训等训练模式，对一线执勤民警、交警、武装随卫人员、伴护车队驾驶员进行警卫业务专项培训，4次组织模拟实战演练。加强警卫装备保障，扩大350兆无线对讲系统网络覆盖面，实现重要警卫场所以及通行路线的网络覆盖。

图16-3 2015年，完成第三届中国—中亚合作论坛警卫任务

2016年，规范警卫业务标准，健全勤务受领、分析研判、方案制定、任务部署、执行实施、督导检查、收尾讲评等各个阶段流

程规范，提升勤务运行的标准化和系统化。组织3批次9人参加全省警卫防爆安检和警卫专项业务培训。3月，到机场公安分局就专机警卫、停机坪安保等进行实地调研。

2017年，围绕党的十九大安保主线，加强警卫工作研究，科学改进警卫形式，逐步建立“市公安局统一领导，警卫部门为主，参勤单位配合”的联勤精准指挥模式。2月，在日照市第十三次党代会主会场首次启用安检门、X光机等智能验证设备，对进入主会场的工作人员及携带物品实施全面安全检查，是山东省除济南、青岛外第一个在重要会议安保中使用该系统的地级市，会议安保水平迈入全省先进行列。

图16-4 日照市第十三次党代会主会场安保

2018年，践行“精准警务”理念，强化警卫基层基础建设，制定《重大警卫安保勤务工作程序》，固化完善警卫安保指挥体系，多警种联合会商研判、核查体系，警卫安保反恐应急处突体系，精细化、动态化警卫勤务体系。5月，抽调3名警卫民警参加上海合作组织青岛峰会核心区安保任务。是年，各类重大安保活动共完成证件制作2300余个，实施人身安检9700人次、物品安检7900件次，完成搜排爆检查246场次，查获各类违禁物品56件。

第二节　重大警卫任务

1989—2018年，市公安局完成三级以上警卫任务77批次，确保中央领导人到日照考察以及德国前总理施罗德、乌兹别克斯坦第一副总理阿齐莫夫、吉尔吉斯斯坦副总理季利等重要外宾在日照期间的安全。

附：

第三届中国—中亚合作论坛安全警卫

2015年6月15—17日，第三届中国—中亚合作论坛在日照市举办。中共中央政治局委员、中央政法委书记孟建柱，乌兹别克斯坦第一副总理阿齐莫夫，吉尔吉斯斯坦副总理季利出席论坛活动，中方国家有关部委、地方、企业、智库专家、社团组织以及中亚五国政要、政府部门官员、工商界负责人、上海合作组织秘书处官员、驻华使节等共500多人出席论坛。

作为日照市建市后承办的规模最大、规格最高的一次重要国际会议，市公安局按照省、市统一部署，把论坛安全警卫作为首要政治任务，成立由局长任组长的安全警卫工作领导小组，下设住地安保、现场安保等10个组，并在市公安局指挥中心设立安保总指挥部、在住地设立现场指挥部。该次警卫安保任务涉及现场11个、会场1个、住地1个，道路（含高速、国省道）14条。市公安局按照“严之又严、细之又细、实之又实”的要求，制定完善活动安保总方案和10个分方案，明确职责、量化任务、细化措施、责任到人，并先后4次进行桌面推演。各级公安机关负责同志靠前指挥，发挥带头作用，确保各项安保工作扎实有序开展。各有关警种部门制定分项科目预案50余套。在多次组织专项拉动、分组演练的基础上，连续开展3次全警“实兵、实战、全要素”演练，进一步磨炼安保队伍、积累经验、完善预案，为安保实战夯实基础。

任务期间，全市共部署警力1500余名，辅警、保安力量1000余人，广大参勤公安民警、武警官兵、辅警保安队员日夜奋战在安保工作的最前线，其间恰逢高考、中考，全体参勤人员舍小家、为大家，服从命令、听从指挥，顽强拼搏、连续奋战。加强专题培训，印发《执勤民警注意事项》，开展礼仪、民俗、应对外籍记者采访、现场处置非访等培训，规范执勤行为，执法执勤工作实现零投诉。认真贯彻落实中央"八项规定"，积极改进警卫方式，优化交通疏导，对安保任务行进路线实行"绿波"通行，最大限度减少安保活动对社会秩序和群众生活的影响。

万平口平流雾

第十七章

17

禁毒工作

JIN DU GONG ZUO

毒品是全人类共同面对的世界性公害。市公安局作为市禁毒委员会重要成员单位，承担禁毒委员会办公室的日常工作，依法履行开展禁毒宣传教育，依法管理、管制麻醉药品、精神药品和易制毒化学品，有效防范和打击各类毒品违法犯罪活动，配合政府开展戒毒治疗和康复工作，矫治挽救吸毒人员等职责。

市公安局升格后，禁毒工作为刑侦部门业务范畴。1999 年，日照市成立禁毒工作领导小组，领导小组办公室设在市公安局。2002 年 5 月，市公安局在刑侦支队下设缉毒缉私大队，专门负责全市禁毒工作，是日照市第一支专职禁毒队伍。2004 年，日照市禁毒委员会成立，在市公安局设立市禁毒委员会办公室（简称市禁毒办）。2015 年 12 月，市公安局单独设立禁毒支队，负责组织、指导和协调全市禁毒工作，同时承担市禁毒办日常工作。是年，各区县公安机关全部单独设立禁毒大队，全市禁毒专业队伍不断加强。

30 年间，全市公安机关坚持禁种、禁吸、禁贩、禁制“四禁”并举，加强禁毒宣传教育工作，全面落实常态化、社会化毒品预防教育措施，持续开展易制毒化学品专项整治，全面落实吸毒人员登记排查、收戒帮教等综合管控措施，强力开展“扫毒”攻坚战役，严厉打击涉毒违法犯罪活动。全市公安禁毒部门 1 个单位被省公安厅记集体二等功，先后有 1 名民警立个人一等功，5 名民警立个人二等功。

第一节　毒品预防教育

市公安局根据《中华人民共和国禁毒法》规定，采取多种形式开展全面禁毒宣传教育，普及毒品预防知识，增强公民的禁毒意识，提高公民自觉抵制毒品的能力。

一、禁毒宣传活动

1989—1991 年，日照市基本没有吸毒、贩毒现象，仅在偏僻农村有以观赏花或偏方治病为目的零星种植罂粟的情况。市公安局通过电视、报刊、广播等宣传媒介，开展禁种罂粟宣传教育活动，鼓励广大群众积极举报非法种植罂粟线索。

1992 年，联合宣传部门印制张贴《关于禁毒的决定》，向广大市民宣传毒品的危害性。9 月，根据国家禁毒委、国家教委部署要求，将《禁毒教育读本》列为全市中学生推荐课外读物。

1993—1995 年，结合农村社会主义教育和“二五”普法教育活动，深入村庄、社区开展禁毒宣传活动，出动禁毒宣传车辆 50 余次，广播宣传 30 余场次，张贴宣传标语 60 余幅。

1996 年，下发《关于开展禁毒宣传活动的通知》，结合“严打”专项斗争，组织开展禁毒宣传教育活动，发放禁毒宣传资料 2000 余份。

1997 年，日照流动人口中发现个别携带少量毒品和吸食毒品的问题，“摇头丸”、杜冷丁等毒品开始在全市娱乐场所发展蔓延。为遏制蔓延势头，市公安局加大对全市歌舞娱乐场所禁毒宣传力度，张贴禁毒宣传画、警示标语 1000 余份。

1998 年，市公安局与市教委联合召开全市毒品预防教育工作动员会，传达学习国家禁毒委《关于对大中小学生开展毒品预防教育的通知》文件精神，在全市各学校部署开展以参观一次禁毒展览、观看一部禁毒影片、上一堂禁毒课、开展一次禁毒征文比赛、开展一次主题班会为主要内容的“五个一工程”禁毒教育活动。6 月，召开全市县（区）禁毒工作成员单位负责人会议，部署开展以“珍爱生命、拒绝毒品”为主题的禁毒宣传工作。

1999 年，把搞好宣传教育、发动组织群众作为禁毒工作的治本工程，以青少年和“高危人群”为重点，不断扩大禁毒宣传教育的覆盖面。5 月，在全市大中专学校组织开展禁毒知识征文活动，共收到学生报送禁毒文章 500 余篇。6 月，组织开展以“亲近音乐，远离毒品”为主题的集中宣传活动。

2000 年，以青少年毒品预防教育为重点，推动禁毒教育工作进学校、家庭和社区。6 月，联合市妇联开展“不让毒品进我家”活动，针对青少年等涉毒高危人群，以“无吸毒、无贩毒、无种毒、无制毒”为目标，开展“致家庭的一封信”、关爱大走访等禁毒宣传活动。8 月，在全市中小学校开展“禁毒知识一堂课”活动，建立禁毒教育联系点，开展禁毒专题讲座、集体签名活动。

2001 年，把禁毒宣传教育融入“文明社区、无毒社区”创建活动。6 月，牵头召开全市禁毒工作座谈会，部署开展禁毒宣传教育活动，6 月 26 日，在日照百货大楼以“体育拒绝毒品”为主题，通过法律咨询、毒品展示和集体签名等形式，开展“6·26”国际禁毒日集中宣传活动。

2002 年，针对日照市吸毒群体逐渐蔓延，吸食、贩卖冰毒、“摇头丸”等新型毒品违法犯罪活动增多的势头，市公安局以禁毒严打整治专项斗争为主线，以青少年、娱乐场所从业人员和流动人口为重点，持续开展禁毒预防宣传活动。6 月，在日照电视台晚黄金时段连续播出《世纪之患——新型毒品》专题片，在日照百货大楼、海纳商城等地举办以“吸毒与艾滋病”为主题的禁毒日宣传活动，展示禁毒宣传图片 80 余幅，解答群众咨询 100 余次，散发宣传资料 400 余份，受教育群众上千名。

2003 年，联合工、青、妇等群众团体，发动基层社会组织力量，在做好日常禁毒宣传的基础上，突出抓好吸毒重点群体的禁毒预防教育工作。4月，联合教育部门开展“中学生毒品预防教育活动示范学校”创建活动，日照新营中学被评为“全省禁毒教育示范学校”。6月，联合市妇联、团市委组织开展“不让毒品进我家”“社区青少年远离毒品”等系列禁毒宣传活动，围绕“远离毒品，关爱未来”的活动主题，组织开展“6·26”国际禁毒日宣传活动，社会各界群众3000余人参加活动。

2004年，为进一步深化禁毒宣传工作力度，市禁毒委将每年6月定为全市禁毒宣传月。联合相关职能部门以“抵制毒品，参与禁毒”为主题，围绕全社会、青少年、“高危人群”三个层面，开展禁毒宣传进校园、开学禁毒第一课等系列禁毒宣传活动。6月26日，市、县两级公安机关通过编印禁毒宣传画、手册和挂图，录制电视访谈，发送手机短信等形式，开展“6·26”禁毒宣传活动，受教育群众5万余人次。

图17-1 2005年6月，组织民警走上街头开展“6·26”禁毒宣传活动

2005年，按照《关于进一步加强中小学生预防艾滋病和毒品预防教育工作的通知》要求，突出抓好青少年毒品预防教育。5月，联合市教育部门召开专题会议，评选5所市级中学生毒品预防教育示范学校，在日照电大、新营中学、铁路实验小学等学校开展毒品预防宣传活动，通过演讲比赛、主题班会、黑板报比赛等形式，提高青少年学生抵制毒品诱惑能力。6月，联合民政、工商等部门深入社区、市场等场所，开展以“珍爱生命，远离毒品”为主题的禁毒宣传活动，悬挂宣传横幅20余条、发放禁毒宣传单页2000余份。

2006年，全面落实《全民禁毒教育实施意见》，积极动员和依靠教育、文化以及工、青、妇等社会各界力量，利用禁毒文化下基层、禁毒社会实践等形式，开展禁毒宣传进农村、进学校、进场所、进企业、进家庭、进社区等禁毒宣传“六进”活动。6月，在百货大楼和海纳商场广场举办“日照市禁毒成果展”，制作展出宣传板20余块，发放禁毒宣传材料1万余份。

2007年，将禁毒工作纳入构建和谐社会、创建“平安日照”的重要内容，以青少年、农民、城市无业人员和娱乐场所从业人员为重点，联合民政、工会、妇联、共青团等部门积极开展“无毒社区”创建、职工拒绝毒品“零计划”活动、“平安家庭”创建、“社区青少年远离毒品行动”等禁毒宣传教育活动，努力扩大禁毒教育覆盖面。6月，在东港区政府广场开展以“参与禁毒斗争，构建和谐社会”为主题的“6·26”国际禁毒日宣传活动，展出禁毒宣传展板10块，发放禁毒宣传资料2000余份，3000余名社会各界群众参与活动。

2008年，贯彻落实全省禁毒工作电视电话会议精神，围绕“依法禁毒、构建和谐”的宣传主题，利用“6·26”国际禁毒日、迎奥运一百天等有利时机，通过举办禁毒展览、以案释法、禁毒咨询、散发传单等形式，集中宣传《中华人民共和国禁毒法》，提高全民禁毒意识。

2009年，结合“五五”普法规划，将《中华人民共和国禁毒法》作为全民法制宣传教育的重要内容，围绕“平安日照”建设和全运会安保工作大局，开展毒品预防教育工作。6月，开展以“你的生活，你的社区，拒绝毒品”为主题的“6·26”国际禁毒日宣传活动，通过张贴标语、发放公开信和禁毒手册等形式，宣传新型毒品违法犯罪的现状、规律、危害性和发展趋势。

2010年，以宣传新型毒品危害为重点，坚持“面向全民、突出重点、常抓不懈、注重实效”的方针，积极开展禁毒宣传教育活动。6月，联合东港分局开展禁毒教育进渔港、进校园活动，先后到桃花岛渔港、日照一中宣传法律知识和禁毒常识。“6·26”国际禁毒日当天，在东港区政府广场开展集中宣传活动，展示禁毒宣传板6个，发放宣传单页5000余份，为群众答疑解惑100余人次。

2011年，深入实施国家禁毒办等18部门印发的《深化全面禁毒宣传教育工作指导意见》，以“远离毒品，珍爱生命”为主题，以青少年和防范合成毒品危害为重点，掀起禁毒预防宣传教育新高潮。5月，在市拘留所、看守所等特殊场所内开展禁毒教育，防止“高危人群”染毒。9月，联合曲阜师范大学组建全市首支禁毒志愿者队伍，发展禁毒志愿者370人，广泛开展禁毒宣传教育工作。

2012年，围绕“三项重点工作”和“四大建设”，不断创新预防宣传模式，全市禁毒预防宣传工作逐步阵地化、常态化、社会化。3月，在市长途汽车站开展《中华人民共和国禁毒法》集中宣传活动，为务工青年讲述禁毒法律法规。6月，开展以“禁毒战争为大家，和谐社会靠大家”为主题的“6·26”国际禁毒日宣传活动。7—12月，东港分局、岚山分局、莒县公安局先后开展“禁毒宣传进校园”活动，向学生讲解毒品知识，展示毒品样品和常见吸毒工具，通过公安微博进行现场直播。

图17-2　2012年6月，禁毒志愿者走上街头开展禁毒宣传活动

2013年，贯彻落实《中华人民共和国禁毒法》预防为本的工作方针，以青少年、特殊群体和合成毒品为重点，深入学校驻地、公共场所、流动人口聚居地、歌舞娱乐场所，连续组织开展“6·26”集中宣传、文艺演出、校园禁毒报告会等禁毒宣传活动，发放宣传材料5万余份，发动禁毒宣传员和禁毒宣传志愿者400多人，受教育群众累计30余万人。

2014年，贯彻国家禁毒委《关于进一步加强毒品预防教育工作的意见的通知》，结合公安机关“社区六进”工作，积极创新禁毒宣传形式和方法。6月，组织全市开展以“远离毒品，健康生活，拥抱美好人生”为主题的禁毒宣传月活动，深入会展中心、政府广场、渔港码头、大学城等人员密集场所，广泛开展禁毒成果巡回展、禁毒课堂等宣传活动，印制张贴禁毒宣传画报8000余份，发放禁毒宣传册、宣传单2万余份。

2015年，按照《全国青少年毒品预防教育规划（2016—2018）》部署要求，印发《关于进一步加强中小学生毒品预防教育和创建禁毒教育示范学校的通知》，推动落实“6·27”青少年毒品预防教育工程，以青少年学生为宣传重点，利用禁毒宣传月、新生入学季、艾滋病宣传日等重要节点，广泛开展“禁毒进校园”征文比赛、禁毒示范学校创建等禁毒宣传活动，积极构建家庭、学校、社会三级预防教育体系。是年，全市创建市、县级禁毒预防示范学校6所，新招募禁毒志愿者300余人，发放“共同的责任”宣传光盘500余张、各类宣传资料3000余份，受教育群众10万余人。

2016年，以宣传《山东省毒品违法犯罪举报奖励办法》为重点，深入开展毒品预防教育工作。1月，联合市财政局召开新闻发布会，通报《山东省毒品违法犯罪举报奖励办法》内容和实施情况。2—6月，利用春运高峰、“6·26”国际禁毒日等重要节点，在全市商场超市、汽车站、火车站等人员密集场所开展集中宣传活动，共设立禁毒宣传展板60余块，发放宣传材料2万余份、购物袋、挂历等宣传品1万余件，接受群众举报线索近100条，抓获涉毒人员23人，兑现举报奖励5万元。7月，制定出台《关于明确派出所禁毒工作职责的通知》，要求派出所每个学期在辖区学校至少开展两次以“识毒防毒拒毒”为主题的教育活动。

2017年，全力实施青少年毒品预防教育“6·27”工程，按照国家禁毒办《关于对18岁以下青少年吸毒人员情况开展调查的通知》要求，对全市青少年吸毒情况开展摸底调查，针对青少年涉毒群体蔓延的趋势，先后开展禁毒专题讲座、“小手牵大手”等活动10余场，2万余名青少年学生到禁毒宣传教育基地参观学习，8万余名在校学生参与全国青少年禁毒知识竞赛答题，全市未发生在校学生吸毒情况。是年，联合市妇联、团市委等部门先后开展“双十佳”禁毒女工作者评选、“不让毒品进我家·巾帼在行动”“禁毒宣传进社区”“舞动齐鲁·全民禁毒”等宣传活动，发放禁毒宣传资料5万余份、禁毒宣传品8000余件，受教育群众20余万人。

图17-3 2018年6月25日，市禁毒委员会在市政府广场举行纪念《中华人民共和国禁毒法》颁布十周年暨日照市禁毒志愿者服务团成立仪式

2018年，以贯彻实施《山东省禁毒条例》为重点，积极构建全市禁毒预防宣传工作新格局。1—3月，抓住“110宣传日”、务工人员返乡、国际社工日等时间节点，开展《山东省禁毒条例》集中宣传活动。6月，在市政府广场举行纪念《禁毒法》颁布十周年暨日照市禁毒志愿者服务团成立仪式，成立8支禁毒志愿者服务团队，招募禁毒志愿者1000余人。联合市教育局、团市委等部门先后开展禁毒社会实践、演讲比赛、征文比赛、示范学校创建、知识竞赛答题等特色禁毒教育活动，全市共征集禁毒主题短文100余篇，禁毒演讲比赛视频20余部，336所学校、19万在校学生参与竞赛答题，岚山区实验中学被评为省级毒品预防教育示范学校。

二、禁毒宣传阵地建设

20世纪90年代至21世纪初，日照毒情相对较轻，全市禁毒宣传阵地建设没有系统的规划，仅在部分单位、场所、村居显著位置张贴禁毒公告、粉刷禁毒宣传标语。

2004年，按照国家禁毒办《全民禁毒教育实施意见》部署要求，逐步加强毒品预防教育阵地建设，通过在乡村、社区部分群众性活动场所的宣传橱窗、宣传栏内设置禁毒宣传挂图，把禁毒宣传融入普法、科普、教育内容。

2007年，以市禁毒办名义下发《全市禁毒工作要点》，对全市禁毒宣传阵地建设工作进行谋划和部署，要求各区县以禁毒宣传“六进”为切入点，进一步扩大禁毒宣传阵地的数量和规模，充分利用禁毒宣传角、宣传窗、警示牌、公益广告等宣传阵地，深入开展经常性的禁毒预防宣传教育。

2009年，进一步扩大宣传阵地建设，在社区、村庄、居民楼院单位、场所设置禁毒宣传橱窗、展板、标牌等固定宣传设施，依托社区服务中心、农村文化室，建设禁毒宣传教育室等固定宣传阵地。

2012年，深入贯彻落实国家禁毒办、中宣部、教育部等18个部门联合下发的《关于深化全民禁毒宣传教育工作的指导意见》，对全市禁毒宣传教育阵地建设进行统一规划部署，要求每个区县建立一所小型禁毒教育基地或园地，城市社区、农村行政村和中小学校建立固定的禁毒宣传教育橱窗，形成因地制宜、规模适当的禁毒教育基地（园地）和阵地网络。

2013 年，依托日照市公共安全宣传教育基地，加快推动市级禁毒预防宣传教育基地建设。

2014 年 6 月，市禁毒委召开全体成员会议，对建设毒品预防教育示范学校、禁毒预防宣传教育基地等工作进行安排部署，要求各区县在 2016 年前至少建立一所毒品预防教育示范学校、一处禁毒预防宣传教育基地。

2015 年，以市禁毒办名义召开专题会议研究禁毒预防宣传教育基地建设工作，对各区县禁毒教育基地的功能定位提出指导意见，要求集中通过声光电等现代科技手段和 3D 动画、实物展示等形式，长期面向全社会尤其是青少年普及禁毒知识、宣传和防范毒品危害，开展日常和集中禁毒预防宣传教育活动，形成禁毒预防宣传教育示范辐射的主阵地效应。12 月，岚山区投资 10 万元，率先建成全市第一处禁毒宣传教育基地，其他区县也积极推动教育基地建设事宜。

2016 年，以市禁毒委名义召开全市禁毒工作电视电话会议，安排部署毒品预防教育基地和禁毒教育示范学校建设工作，要求进一步丰富宣传载体，开辟禁毒宣传阵地，发动更多社会力量开展禁毒宣传教育活动。3 月，日照市禁毒预防宣传教育基地公共安全教育基地 2015 年 11 月完工。5 月，日照市经济技术开发区投资 60 万元，建成 1 处禁毒宣传教育基地。

2017 年，按照全市三年禁毒人民战争整体部署，下发《关于开展全面创建“十个一”模式努力实现全市禁毒预防宣传全覆盖活动的通知》，在全市开展禁毒宣传“十个一”创建活动，要求各区县在乡镇街道、社区村居、公共场所等位置分别建设一处教育基地、大型公益广告牌、禁毒宣传栏、宣传园地和标语，形成社会面全覆盖的禁毒教育阵地网络。4 月，五莲县在市北开发区日照市科技学校建设 1 处禁毒宣传教育基地。6 月，岚山区在官山公园内建立全市首个禁毒宣传主题公园。9 月，东港区投资 50 万元，在河山镇建成禁毒宣传教育基地。

2018 年，认真贯彻落实《山东省禁毒条例》，在禁毒“六进”的基础上，推动禁毒宣传“进广场、进景区、进公共文化场所、进高速服务区”等“新四进”活动，先后在万平口、国家森林公园、多岛海、九仙山、浮来山等风景区内建设固定禁毒宣传长廊 5 处，在东港区、莒县、五莲县等地开通禁毒宣传公交专线 3 条，在汽车站、火车站、机场、码头等交通枢纽设置禁毒宣传栏 10 处，面向全市社会大众尤其是青少年常态化开展禁毒教育，发挥禁毒预防宣传教育示范辐射的主阵地效应。

至 2018 年底，全市建有市、县两级禁毒宣传教育基地 5 处，禁毒文化广场、主题公园、社区文化长廊 18 处，并在风景区、社区广场、高速路口、交通枢纽、公交站点建设大型禁毒公益广告牌、禁毒宣传长廊、固定宣传栏 200 余处，在全市酒店、宾馆、娱乐场所设置禁毒告示牌、警示标语 2000 余处，基本实现禁毒宣传全覆盖。

2018 年全市主要禁毒宣传阵地一览表

表 17–1

名称	建成时间	基本情况
日照市禁毒教育基地	2016 年 3 月	位于日照市东港区莒州路日照市公共安全宣传教育基地。禁毒宣传教育展厅占地 150 平方米，内设毒品仿真实物、预防宣传图片影像资料、禁毒法律宣传和毒品知识互动等多个模块，涉及毒品起源、禁毒历史回顾、禁毒法律、毒品种类、毒品危害、毒情形势和禁毒工作成果等内容
岚山区禁毒教育基地	2015 年 12 月	位于岚山区实验中学，展厅面积 108 平方米，内设图文宣传区、多媒体播放区、仿真毒品展示区等区域，每年接待参观学习人员 5000 余名

续表 17-1

名称	建成时间	基本情况
日照经济技术开发区 禁毒教育基地	2016 年 5 月	位于银川路小学，展厅面积 300 多平方米，分为东、西两个展览区，采用“图文介绍、实时展示、电子翻书，数字媒体、触摸查询、人机互动”等方式，普及毒品知识，展示毒品危害
五莲县 禁毒教育基地	2017 年 4 月	位于日照市科技学校实训基地，展厅面积 100 余平方米，采用宣传版面、实物展示、视频播放及艺术灯箱等形式，展示毒品知识和危害
东港区 禁毒教育基地	2017 年 9 月	位于日照市青少年综合实践基地，展厅面积 300 平方米，全馆分历史禁烟大事记、战果与毒情介绍、毒品预防教育、互动体验、视频教学室等 5 个功能区
岚山区 禁毒宣传主题公园	2017 年 6 月	位于岚山区官山公园，主题公园占地面积 150 余亩，内设 2 处大型石刻禁毒标语，8 个大型禁毒知识宣传栏，16 处禁毒警示宣传牌
莒县 禁毒主题文化广场	2017 年 12 月	位于沭河公园喷泉广场，广场内设置大型禁毒宣传版面、禁毒卡通画、提示牌、禁毒标语等 15 处，每年参观人数 3.5 万
五莲县 禁毒文化广场	2018 年 9 月	位于城北派出所南向阳公园，禁毒文化广场内设禁毒宣传长廊、禁毒标语墙、禁毒宣传栏 30 余处

第二节　禁毒管理

一、易制毒化学品管理

易制毒化学品是指国家规定管制的可用于制造麻醉药品和精神药品的原料与配剂，既广泛应用于工农业生产和群众日常生活，流入非法渠道又可用于制造毒品。中国对易制毒化学品的生产、销售、购买、运输、使用等环节实行严格管制。

20 世纪 90 年代中后期，易制毒化学品流弊风险不断上升，国家、省禁毒办对易制毒化学品管理逐渐重视，相继出台系列法律条例和管理办法，严格规范易制毒化学品管理。

1998 年 4 月，派员参加全省易制毒化学品培训班，学习易制毒化学品、苯丙胺类兴奋剂及麻黄素的查缉、管理知识，落实易制毒化学品购销、运输审批备案制度，易制毒化学品管理逐渐走上规范化的轨道。

1999—2000 年，联合工商、医药管理、海关等部门开展易制毒化学品管理专项行动，对全市易制毒化学品企业库存底数、使用管理状况、安全防范措施、安全管理制度落实等情况进行摸底调查，及时发现安全隐患并提出整改意见，督促各企业负责人加强内部管理，确保易制毒化学品在生产、经营、运输和使用各个环节不发生问题。

2001 年，随着国内毒品泛滥形势日趋严重，打击毒品非法贩运力度不断增强，不法分子将麻醉药品经营、使用单位作为索取毒品的重要目标，市公安局会同工商局、药监局等相关部门，开展易制毒化学品企业、精麻药品经营单位清理整顿行动，对发现问题、隐患的企业和单位限期登记备案，查获杜冷丁 351 支。

2002 年，贯彻《山东省易制毒化学品管理暂行规定》，进一步规范易制毒化学品管理。9 月，会同药监、卫生等部门对医药、化工企业生产、经营、使用易制毒化学品情况进行全面登记，建立基础台账，签订责任状 87 份。

2003 年，按照“平安日照”创建总体工作部署，在全市范围内开展打击骗购、盗抢杜冷丁专项斗争，严防杜冷丁等麻醉、精神药品流入非法渠道，全市共查获杜冷丁 30 余支。

2004 年，继续保持对易制毒化学品严管态势和对易制毒化学品犯罪严打高压态势，会同药监、外贸、农业等部门，开展麻黄素经营、使用企业专项核查行动，对全市 81 家麻黄素经营、使用单位和 6 家二类易制毒化学品使用单位进行检查备案。

2005 年，以贯彻实施《易制毒化学品管理条例》和《麻醉药品和精神药品管理条例》为契机，坚持预防为主的原则，深入易制毒化学品企业单位，宣传有关政策法规，告知易制毒化学品与毒品的联系和潜在危害，要求企业熟悉有关管理规定，自觉遵守有关法律法规。

2006 年，发挥构建“大防控”格局的优势，创新易制毒化学品管理模式，建立预警机制和情报信息奖励制度，在易制毒化学品购销、运输、使用等环节建立 200 余人的信息员队伍，强化易制毒化学品毒源截流工作，在全市设置 8 个堵截点、6 个警务工作站，对过往易制毒化学品运输车辆进行检查，共查获盐酸等易制毒化学品 1.63 吨。

2007 年，贯彻国务院《易制毒化学品管理条例》和公安部《易制毒化学品购销和运输管理办法》，严格规范易制毒化学品行政执法，联合安监局、工商局等部门组成联合检查组，到各区县易制毒化学品企业一线进行随机抽查，督促企业按规定时间向公安机关提交年度报告，责成企业落实相关管理人员和设备，全市共办理二、三类易制毒化学品购买、运输备案证明 57 份。

2008 年，全市化工产业逐渐兴盛，涉及易制毒化学品的企业有 100 余家，其中部分企业法律观念不强，内部管理混乱，存在安全隐患。是年，加强与药监、安监、海关、外经贸等部门协作配合，对各类麻醉、精神药品和易制毒化学品生产、经营、使用情况开展专项核查。奥运会期间，重点加强对高锰酸钾、硫酸、盐酸和丙酮等 4 种易制毒化学品的管控力度，宣传教育企业 90 余家，依法查处整治违法企业 3 家。

2009 年，认真贯彻公安部《关于进一步加强易制毒化学品管制工作的指导意见》，以推广使用山东省易制毒化学品管理信息系统为重点，积极探索建立易制毒化学品规范化、网络化、信息化管理工作机制。是年，开展 2 次全市易制毒化学品专管员业务培训会，指导 53 家易制毒化学品企业完成网上登记备案，网上受理审批易制毒化学品购买证 16 份。

图 17-4 2009 年 11 月 23 日，举办全市易制毒化学品信息管理系统培训班

2010 年，以世博会禁毒安保为主线，进一步加强易制毒化学品的规范化管理。4 月，会同工商、安监、药监等部门联合开展易制毒化学品集中宣传整治行动，举办易制毒化学品企业培训班 5 次，培训 300 余人。6 月，联合市食药监局下发《关于贯彻实施药品类易制毒化学品管理办法》，进一步规范和加强药品类易制毒化学品管理。是年，新增易制毒化学品网上登记备案企业 15 家，网上审批易制毒化学品购买证 176 份、运输证 25 份。

2011 年，依托信息化建设和网络平台技术，不断加强和规范易制毒化学品信息系统管理建设，至年底，全市易制毒化学品网上登记备案企业上升至 127 家，网上审批易制毒化学品购买证 217 份、运输证 32 份。5 月，五莲县公安局对两家非法运输、买卖易制毒化学品公司依法处罚，分别罚款 10 万元、6 万元。

2012 年，坚持打防并举、综合治理，初步形成多部门综合管控、日常化管理、联网动态化监督的易制毒化学品管制体系。5月，联合市食药监局召开含麻黄碱类复方制剂经营企业专题会议，组织开展含麻黄碱类复方制剂百日整治专项行动，对全市12家批发企业、5家零售企业麻黄碱复方制剂库存量、购买量、销售量进行全面检查，对204名含麻黄碱类复方制剂流通领域相关从业人员建立信息库，查获易制毒化学品67.61吨。8月，开展易制毒化学品管制专项行动，依法处罚违法企业2家。

2013年，结合“肃毒害、创平安”禁毒百日攻坚会战，开展易制毒化学品专项整治行动，严厉打击易制毒化学品违法犯罪，依托DQB、警务云等情报信息平台，对重点地区涉毒高危人员信息进行重点管控。是年，全市破获易制毒化学品刑事案件8起，行政案件9起，成功缴获或阻止各类易制毒化学品流入非法渠道100吨，实现侦办易制毒化学品刑事案件零突破。

2014年，不断健全堵源截流工作体系，强化阵地建设，最大限度遏制易制毒化学品流失，会同海关、监管部门在全市港口、码头常态开展公开查缉，严防易制毒化学品走私出境；进一步规范易制毒化学品管理，要求辖区内易制毒化学品企业在20家以下的区县公安机关至少确定1名专管民警，20家以上的至少确定2名专管民警。

2015年，贯彻落实全省百城禁毒会战暨易制毒化学品专项整治视频推进会议精神，全面落实易制毒化学品地毯式排查、网格化管理、全链条打击整治措施。会战期间，全市排查易制毒化学品企业215家，破获非法买卖易制毒化学品案件2起，查处犯罪嫌疑人8名，查获易制毒化学品45.34吨。是年，将一类易制毒化学品运输行政许可纳入市政务服务中心公安局窗口管理，并依照《易制毒化学品管理条例》等法律条例编写《易制毒化学品运输行政许可服务指南》和《易制毒化学品运输行政许可业务手册》，进一步明确审批条件、审批时限，规范审批流程，全市网上审批易制毒化学品购买证518份、运输证257份。

2016年，按照省公安厅“严打整治百日行动”部署要求，组织开展易制毒化学品专项整治行动，对辖区重点易制毒化学品企业、大型反应釜等制毒设备逐一核对、登记，强化情报信息研判，对制毒重点原料设备进行拉网排查，对全市300余家易制毒化学品企业进行实地检查，排查登记反应釜40台，离心机36台，压缩机10台，破获易制毒化学品案件2起，查处犯罪嫌疑人2名，查获易制毒化学品30.74吨。

图17-5 2017年3月16日，禁毒民警到辖区企业开展易制毒化学品和制毒设备摸底排查

2017年3—8月，部署开展联合打击制毒犯罪“4·14”专项行动，制定《日照市联合打击制毒犯罪“4·14”专项行动工作方案》，依托情报信息系统，对重点地域人员和车辆信息实时预警，对重点行业从业人员进行梳理排查，先后2次召开专项行动推进会，细化打击制毒犯罪的职责任务，共排查企业171家，破获易制毒化学品案件3起，查处违法犯罪嫌疑人14名，查获易制毒化学品4.75吨。

2018年，以深入推进“禁毒2018两打两控”和制毒物品清源整治专项行动为主线，强化重点制毒原料、仪器设备、重点人员的管控，加强对芬太尼类物质及其前体、入滇易制毒化学品和设备开展全面核查，对160家重点化工企业、高危部位开展常态化实地核查，排查登记反应釜等重点设备73台，强化查缉堵截力度，依托毒品检查站，不定期开展突击查缉行动，严格防范易制毒化学品和相关设备流失。是年，山东省易制毒化学品管理协会成立，市公安局推动全市50家易制毒化学品企业加入协会，通过加强行业自律，进一步规范易制毒化学品管理工作。截至2018年，全市易制毒化学品网上登记备案企业466家，全市公安机关累计网上审批易制毒化学品购买证10254份、运输证3285份。

二、禁种铲毒

罂粟，俗称大烟，是一年生草本植物，开花期为每年3—6月，属毒品原植物，是提取鸦片的主要原料。鸦片含有多达40种生物碱，具有镇静、止泻及止咳功效，但是其成分中的吗啡、可待因、蒂巴因等具有较强的成瘾性，属国家管制的麻醉药品。日照部分农村地区有个别村民零星种植罂粟，主要用途是食用嫩芽、用罂粟壳作调料，少有作为止痛药品使用者。

1991年，日照非法种植罂粟问题，由个别农村零星种植逐渐向多个乡镇蔓延。为有效遏制这一势头，市公安局认真贯彻全国禁毒工作领导小组《关于大力查禁非法种植罂粟的通知》，发动各乡镇基层组织大力开展查禁罂粟统一行动。

1992年，下发《关于开展集中铲除罂粟行动的通知》，联合检察院、法院、司法、农业、林业等部门开展铲除罂粟专项行动，组织公安干警、党政干部200余人，联防队员、治安积极分子500余人，铲除罂粟7000余株，缴获鸦片131克。

1993—1994年，组织开展“彻底铲除罂粟，严厉打击毒品犯罪分子”专项斗争，结合非法种植罂粟隐蔽、分散的特点，采取公密结合的方法，组织公安干警、乡村干部深入重点乡镇村队，通过深查细访，摸清种植地点和人员底数，深入开展集中铲除行动，铲除罂粟4700余株。

1995年5—6月，组织开展全市集中铲除罂粟统一行动，铲除罂粟2600余株。8月，根据群众举报线索，莒县公安局会同防疫部门对莒县城区20家餐馆羊肉锅进行突击检查，查获6家非法使用罂粟壳餐馆，对7名违法人员进行治安处罚。

1996—1997年，结合开展禁毒专项斗争，下发《关于开展集中铲除罂粟专项斗争的通知》，把禁种宣传和法制教育工作做在播种之前，在罂粟开花季节统一组织禁种铲毒行动，全市铲除罂粟4500余株。

1998年，坚持“深入基层、发动群众”，推动各级政府层层落实禁种责任制，把责任压到乡镇基层组织党政干部，发动群众力量，逐村逐户进行检查，铲除罂粟3200余株。

1999年，市禁毒办召开全市集中铲除非法种植罂粟专项斗争会议，部署开展铲除罂粟专项行动，抽调人员组成工作组对各区县铲除罂粟行动进行检查督导。各区县公安机关按照会议要求，组织派出所、村委会、治保会深入开展铲毒行动，全市铲除罂粟1200余株。

2000年4—6月，为巩固禁种铲毒成果，在全市范围内开展铲除罂粟集中行动，组织公安民警、民兵、护林员、治保干部深入基层村庄、城乡接合部、偏远山区、果园、林场、菜园、蔬菜大棚等重点部位，开展拉网式摸排踏查，铲除罂粟2100余株。

2001年，针对非法种植罂粟问题在个别乡镇出现反弹问题，4—6月，公安机关充分发挥禁毒主力军作用，与检察院、法院、农业、林业等职能部门开展联合行动，严厉打击非法种植毒品原植物违法犯罪活动，铲除罂粟3339株，查破案件9起，治安处罚违法人员17名。

2002年，将集中铲除非法种植罂粟专项行动列为禁毒严打整治专项行动的重要内容，继续保持对非法种植的高压态势。3月，下发《全市铲毒行动方案》，以区县为作战实体，层层发动部署，查处非法种植罂粟案件13起，查处违法人员13名，铲除罂粟5577株。

2003年，广泛发动群众检举揭发非法种植毒品原植物违法犯罪活动，全年接收群众举报线索15条，查处非法种植人员19名，铲除罂粟3194株。6月19日，市公安局根据群众举报线索，在五莲县洪凝镇后疃村一村民家院墙外铲除罂粟1309株，这是全市首起查处非法种植毒品原植物类刑事案件。

2004 年，按照省公安厅《全省禁种铲毒行动方案》部署要求，发动乡镇街道基层党委政府，逐级实行领导干部包乡、包村、包户责任制，对非法种植罂粟较为突出的村庄、农户等重点部位、区域，挨家逐户签订《禁种铲毒责任书》。是年，铲除罂粟 5521 株，刑事处理 1 人，治安处罚 31 人。

2005—2007 年，以打好禁毒人民战争“铲毒”战役为主线，大力开展禁种宣传、落实责任制和铲毒统一行动，组织专门人员深入各区县进行明察暗访和专项督导，确保禁种铲毒工作取得实效，共发现铲除罂粟 736 株，治安处罚 11 人，实现国家禁毒委提出的“基本禁绝种植罂粟”的目标。

2008—2009 年，落实“巩固扩大零种植，确保零产量”工作目标，坚持领导责任制和群防群治相结合、预防教育与实地踏查铲除相结合、教育与打击相结合，充分发挥乡镇、街道、社区等基层组织和共青团、妇联、工会等群众组织的作用，广泛开展禁种铲毒宣传，切实提高群众禁种意识，查处非法种植人员 1 人，共铲除罂粟 5600 余株。

2010 年，部分农村及城郊、城乡接合部零星种植罂粟出现回弹势头。市公安局深入贯彻全国、全省禁毒严打整治电视电话会议精神和全省禁毒工作会议精神，下发《全市禁种铲毒工作方案》，以“不让种子落地、落地不开花、开花不结果、结果不割浆”为目标，大力开展以“探院落、看荒地”为重点的禁种铲毒大踏查行动，共铲除罂粟 2000 余株，查获晒干的罂粟果 899 个，刑事处理非法种植人员 1 名。

图 17-6 2011 年 5 月，禁毒民警发现并铲除非法种植的罂粟

2011—2013 年，以深入推进禁毒严打整治斗争为主线，充分发挥禁毒主力军作用，按照“重点排查，全面踏查”原则，对种植前科人员、重点种植地块开展全方位摸底核查，加大对非法种植罂粟违法犯罪的查处打击力度，严肃处理二次种植和抗拒铲除人员，震慑非法种植毒品原植物活动，共铲除罂粟 17720 株，处罚非法种植罂粟人员 96 人。

2014—2015 年，深入贯彻国家禁毒委《禁毒工作责任制》和日照市《关于进一步加强禁毒工作的意见》，推动市、县、乡各级政府逐级签订禁种铲毒工作目标责任状，切实落实各级党委、政府主要领导第一责任人的责任，由党委、政府牵头，公安、林业、农业等职能部门齐抓共管，发动基层组织和社会力量共同参与，全市铲除罂粟 4344 株，处罚非法种植罂粟人员 94 人。

2016 年，针对临沂与日照交界地区发现大面积种植罂粟问题，迅速开展全市禁种铲毒集中行动，加大对省、市、县交界处踏查铲毒力度，发挥村委会、党员积极分子和信息员的作用，对疑似地块和重点部位落实监控措施，利用《山东省毒品违法犯罪举报奖励办法》实施的有利契机，发动乡镇、村居委会力量，接受群众举报种毒线索 100 余条，兑现群众举报奖励 5 万余元，铲除罂粟 1 万余株，处罚非法种植罂粟人员 84 人。

2017 年，日照市部分农村及城郊、城乡接合部零星种植罂粟仍屡禁不止，部分区县种植面积和种植数量呈现“双增长”。3—7 月，结合开展“三创三推”大会战，先后两次组织召开禁种铲毒推进会议，下发《关于进一步加强禁种铲毒专项工作的通知》，根据非法种植罂粟活动隐蔽性强的特点，多次组织基层民警、警务助理开展踏查铲毒专业培训，综合运用航测、情报等手段提高发现能力，全市共铲除罂粟5万余株，行政处罚非法种植罂粟人员376人，刑事处理9人。

2018年，国家禁毒办首次将日照列入卫星遥感监测和无人机航测的目标城市，市公安局以迎接国家、省禁毒办暗访检查为契机，以贯彻实施《山东省禁毒条例》为抓手，深入推进禁毒人民战争铲毒战役。3—7月，召开全市禁种铲毒推进会议，下发《全市“天目—18”铲毒行动实施方案》，落实各级党委、政府、村居禁毒工作责任，签订《禁种铲毒责任书》600余份，市公安局禁毒、督察等部门抽调专人组成督导组，先后对6个区县非法种植罂粟情况进行实地暗访，各区县发动基层民警、村干部、网格员、警务助理和群众2万余人次，主动铲除罂粟1.4万余株，行政处罚非法种植罂粟人员418名，刑事处理1人，顺利通过国家、省禁毒办航测验收。

第三节 禁吸戒毒

市公安局按照国家、省禁毒委和市委、市政府统一部署，坚持查处与管控不放松，积极推动禁吸戒毒工作，实现全市毒品形势持续好转，为建设平安日照贡献力量。

一、吸毒人员查处

1989—1996年，全市少有吸毒人员。1997年，受国际国内大环境影响，毒品问题开始向日照渗透、蔓延，市公安局按照省公安厅《全省禁毒专项斗争方案》要求，在全市范围部署开展禁毒专项斗争，主要通过对社会面上各人员复杂场所、治安重点场所开展清理排查，对可疑人员进行盘查询问，发现查处吸毒行为。9月，五莲县公安局在某迪厅查获1名吸食MDMA片剂（俗称“摇头丸”）的吸毒人员，对其作出行政拘留15天的处罚。

1998—2002年，吸毒行为在日照尚属罕见，数量极少，未出现吸毒问题明显苗头。在此期间，多次在全市范围部署开展查处吸毒人员行动，通过清理排查易藏匿吸毒人员治安复杂场所，核查检测相关从业人员，力争发现查处吸毒人员，净化社会治安环境，共对全市170余家治安复杂场所进行清理排查，并签订禁毒防毒责任状。

2003—2005年，吸毒行为在全市零星出现，市公安局组织全市公安机关集中开展4次查处吸贩“摇头丸”等毒品专项整治行动，对全市270余处中小旅馆、网吧、歌舞厅等场所进行涉毒突击检查、调查摸底、登记备案，核查业主和从业人员有无涉毒前科、有无吸毒行为，按照“谁经营，谁负责”原则，压实经营场所禁毒管理责任制，建立业主及从业人员管理档案，举办禁毒培训班，培训业主及从业人员300余人。查处吸毒人员3人，其中2004年查处的1名吸毒人员为全市首例吸食甲基苯丙胺（俗称冰毒）人员。

2006年，在全市组织开展集中查处涉毒违法犯罪专项行动，全市公安机关高密度开展路面巡逻盘查，检查被盘查对象是否携带毒品、吸毒用具、检查手机有无涉毒信息、检查随身手提包有无涉毒物品，对有嫌疑人员及时固定证据予以查处。是年，查处17名吸毒人员，吸食毒品种类呈现多样化，有冰毒、麻古（甲基苯丙胺片剂）、K粉（氯胺酮）3种，其中1人同时吸食3种毒品，6人吸食冰毒和氯胺酮，8人吸食冰毒，2人吸食麻古。

2007—2009年，多次部署对辖区洗浴场所、宾馆饭店、私人会所、KTV、出租屋、网吧等涉毒高危场所进行突击清查，通过系统核查相关人员有无吸毒记录、随身有无涉毒物品、访谈了解场所有无吸毒现象、现场检测从业人员、消费人员有无吸毒行为等方式，最大限度查处吸毒人员，严厉打击毒品违法犯罪活动。开展专项清查行动5次，清理排查各类场所200余家，查处吸毒人员161人，其中144人是新发现吸毒人员，除1人注射杜冷丁外，其他全部吸食冰毒。

2010 年，充分运用禁毒工作考评推动作用，大力推行全警禁毒、全警种特别是派出所参与打吸毒打零包贩毒工作模式，发动全市公安机关开展吸毒人员大排查专项行动，进行现场尿液或唾液检测，快速发现吸毒嫌疑人员，对查处的吸毒人员深入审查，查明其经常联系的其他吸毒人员，扩线深挖，及时查处隐藏在社会面的吸毒人员。是年，开展专项清查行动 4 次，查处吸毒人员 60 名，其中新发现 48 人。

2011 年，发动全市公安机关及司法行政等有关部门全面开展吸毒人员排查查处行动。各公安派出所联合司法行政等有关部门基层组织，发动辖区网格员、禁毒社工、禁毒专干等力量，深入社区、村居、学校、家庭、单位等各种场所，通过走访调查、集中清查、顺线追查、深挖细查等方式，广泛开展排查工作，最大化查处吸毒人员。市公安局协调司法行政、公安监管部门，组织拘留所、看守所等监管场所，通过对在所吸贩毒人员教育感化其提供涉毒线索等方式，发现查处吸毒人员。是年，查处吸毒人员 97 名，较上年增长 50% 以上，其中新发现吸毒人员 92 人。

2012 年，为迎接党的十八大胜利召开，创造和谐稳定的社会环境，部署全市公安机关大力加强吸毒人员查处工作：1. 设立举报电话、建立举报奖励制度，发动人民群众积极举报吸毒人员，敦促吸毒人员到公安机关自首主动登记，及时纳入管理，最大限度地减少社会隐患；2. 发动乡镇街道、公安派出所等基层组织，组织禁毒社工、综治网格员、警务助理等力量，梳理查找本地社会面上登记在册吸毒人员，逐人进行突击尿检，查处复吸人员；3. 清查外来务工人员集中地、流动人口聚居地等场所活动人员，进行吸毒检测，发现隐藏其中的吸毒人员。是年，查处吸毒人员 121 名，其中新发现 109 人。

图 17-7 2013 年，“肃毒害、创平安”部分战果

2013 年，组织开展“肃毒害、创平安”禁毒百日攻坚会战和“黄赌毒”集中整治行动，突出抓好吸毒人员查处工作，清查全市洗浴按摩、电子游戏厅、中小旅馆、歌舞厅、网吧、出租房屋等易染毒场所 3500 余家次，盘查嫌疑人员 2000 余人次。对查处的吸毒人员深挖细查，运用情报研判等多种资源和手段，查清其密切联系人、朋友圈，发现其中吸毒人员，扩大查处战果。是年，查处吸毒人员 176 名，其中新发现 154 人。

2014 年，结合开展百城禁毒会战，开展“逢嫌必检”查处吸毒人员，对所有行政、刑事案件到案的嫌疑人无一遗漏进行吸毒检测，对检测呈阳性人员立即进行进一步审查，查明有无吸毒行为。同时，运用公安 DQB 平台和全省核查核录系统预警信息，把“大数据”技术充分运用在吸毒人员查处工作中，准确研判分析吸毒人员现状，及时发现吸毒人员踪迹，提升发现查处吸毒人员的能力和水平。是年，查处吸毒人员 412 名，新发现 288 人。

2015 年，部署开展集中“扫毒”行动，采取重点人员排查、场所部位清查、街面巡逻盘查等措施，通过反复排查、逐户核对、系统查询、现场验尿等方式，对涉毒人员容易聚集的宾馆、旅店、KTV、洗浴中心、茶楼、棋牌室、游戏厅、出租房、车站周边等区域场所不间断开展清查检查。期间，组织集中清查行动 3 次，清查宾馆、小招待所 50 家、洗浴场所 14 家、茶楼棋牌室 9 家、出租房屋 40 余处，责令整改场所 2 家，治安处罚 2 家，取缔棋牌室 3 家，共查处吸毒人员 493 名，新发现 356 人。

2016 年，通过“逢嫌必检”、情报研判、群众举报、线索深挖、巡逻盘查等多种手段，最大限度发现查处“隐性”吸毒人员，依法予以处罚。各分县局在外来务工人员返乡期间，集中对社会面吸毒人员开展突击检测，全面查处毒瘾未戒除人员，对查处的吸贩毒案件组织专人研判分析，顺线追查其他吸毒人员，做到查贩毒必查吸毒、查吸毒必查毒友圈，深挖“隐性”吸毒人员，对667名社会面吸毒人员进行见面核查、现场吸毒检测，查处复吸人员。是年，查处吸毒人员577名，新发现362名。

2017年，围绕党的十九大安保工作，组织全市公安机关承担吸毒人员查处工作的民警参加吸毒检测和吸毒成瘾认定资格考试，全市公安机关613人取得吸毒成瘾认定工作资格，687人取得吸毒检测执法资格，大幅强化全市吸毒检测、吸毒查处执法力量。开展查处脱失吸毒人员、藏匿在社会面的吸毒人员专项行动，查处吸毒人员493名，新发现246人。

2018年，在全市开展“禁毒2018两打两控”专项行动，通过信息研判、群众举报、巡逻盘查、重点场所清查、案件嫌疑人尿检等方式主动出击，大力查处吸毒人员，并首次使用毛发验毒手段对登记在册吸毒人员开展检测，利用毛发验毒的独特优势发现查处在册吸毒人员中仍未戒除的人员。禁毒、交警部门联合开展“毒驾”专项治理，通过加强公开路面查缉、联合夜查、道路交通卡口人像识别、办证驾驶人毒品检测等手段查处“毒驾”行为、“毒驾”司机，严打“毒驾”违法犯罪。开展网上巡查，审查吸毒人员持有驾驶证情况，对于符合驾驶证注销标准的，及时通知交警部门依法注销驾驶证。是年，查处吸毒人员342名，新发现170人，注销驾驶证2本。在严打严管、高压禁毒态势下，日照市吸毒群体扩大趋势得到有效遏制，查处吸毒人员数量同比出现大幅度下降，降幅达到30%以上。

图17-8　2018年9月，禁毒民警在娱乐场所开展现场毛发检测

二、吸毒人员管控

1989—2005年，全市吸毒人员数量极少，在社会面上未构成大的安全隐患，吸毒人员参照一般违法前科人员管理，吸毒人员专门管控工作机制尚未形成。

2006年，公安部、省公安厅分别召开建立吸毒人员动态管控机制电视电话会议，对开展吸毒人员全面排查工作、建立吸毒人员动态管控机制作出全面部署。按照“见面核对、摸清现状、数据入库、动态维护”工作要求，对全市有吸毒前科的人员，逐一与吸毒者本人见面，与吸毒人员亲属见面，与知情人见面，摸清吸毒人员的现实表现，核实原有登记项目，清理相关工作台账，更正姓名、身份证号、违法记录等主要登记项目中的错误，全面采集吸毒人员信息，严格审核把关，规范录入禁毒信息系统，对吸毒人员落实管控、帮教措施，按照属地管理的原则，将吸毒人员后续管理纳入日常工作。

2009年，按照国家、省、市部署，为最大限度地增加和谐因素、最大限度地减少不和谐因素，为新中国成立60周年创造良好社会环境，大力开展吸毒人员排查登记和管控行动，充分利用全国禁毒信息系统的动态管控模块，对发现、登记、戒毒、康复、帮教、回归等各个环节全程管控，区分不同情况对吸毒人员采取强制隔离戒毒、社区戒毒、社区康复等措施。是年10月，对1名吸毒人员作出强制隔离戒毒决定，为全市首例强制隔离戒毒人员。

2010年，全市开始探索社区戒毒模式。3月，对1名吸毒人员责令社区戒毒，为全市首例社区戒毒人员。指定市公安局刑事科学技术研究所为全市吸毒检测的实验室检测机构，省公安厅物证鉴定中心为全市吸毒检测的实验室复检机构，一线禁毒民警对疑难复杂情况的吸毒认定难题得到解决，公安机关可直接根据检测和复检情况对吸毒人员采取相应管控措施。是年，全市决定强制隔离戒毒4人，责令社区戒毒5人。

图 17-9 2010 年 3 月，开展吸毒检测业务培训

2011 年，印发《日照市集中开展吸毒人员排查登记和管控专项行动方案》，在全市部署开展吸毒人员排查登记和管控专项行动，通过采取与吸毒人员本人、亲属或知情人见面等方法，对已经登记在册的206名吸毒人员逐一进行排查，核对登记信息，了解其现实状况，进行吸毒检测，行动中共核对更正吸毒人员登记信息80余条。

2012 年，以做好党的十八大安保工作为主线，全市公安机关大力加强吸毒人员管控，对登记在册吸毒人员开展见面核查、定期访谈、心理咨询、行为矫正等帮扶措施，促进其融入社会，摒弃毒品，巩固扩大戒毒效果。是年，见面核查吸毒人员327人次，实现在册吸毒人员全覆盖。

2013 年，启动社区戒毒社区康复点建设，会同市综治办印发《关于开展社区戒毒（康复）工作的通知》，要求各区县党委、政府加强对社区戒毒社区康复工作的组织领导，指导乡镇人民政府、城市街道办事处成立领导小组，设立社区戒毒社区康复工作办公室，落实办公用房，至少配备1名专兼职干部，按照辖区每30名实有吸毒人员配备1名专职工作人员的比例，配齐专职工作人员。10月，岚山区率先建成王家庄社区、轿顶山社区等社区禁毒服务中心，设立碑廓镇、安东卫街道等社区戒毒社区康复工作办公室。是年，全市决定强制隔离戒毒2人，责令社区戒毒4人。

2014 年，部署在全市开展涉毒管控战和百城禁毒会战，对辖区每名在册吸毒人员，采取上门入户的形式，当面核查了解其实际居住地、落脚地、工作单位等基础信息，全面掌握住、行轨迹信息，消费、娱乐活动信息，了解现实表现情况。是年，全市强制隔离戒毒吸毒人员18名，较上年增长8倍，社区戒毒社区康复50人，较上年增长10余倍，实现重大突破，创历史新高。

2015 年，在全市全面推进社区戒毒社区康复工作办公室建设，重点加强硬件建设和机构设置。7月，组织召开全市禁毒工作会议，要求将社区戒毒社区康复纳入社会治理、公共服务之中，健全管理机构，配备专业人员，推进工作开展，凡登记有吸毒人员的乡镇政府、街道办事处，都要成立社区戒毒社区康复工作领导小组，确定专兼职工作人员。8月，市政府召开第五十二次常务会议，再次对各区县社区戒毒社区康复机构建设提出要求。是月，莒县公安局对1名吸毒人员责令社区康复，为全市首例社区康复人员。是年，全市决定强制隔离戒毒41人，责令社区戒毒社区康复77人。

2016 年，做好省级社区戒毒社区康复工作示范单位示范点创建活动。5月，召开全市禁毒工作视频会议，对各区县、乡镇（街道）社区戒毒、社区康复场所建设和开展工作情况进行调度部署。12月17日，在东港分局召开社区戒毒社区康复现场会暨禁毒社工培训班，对新招录的禁毒社工和禁毒部门民警40余人进行毒品基本知识、社区康复社区戒毒工作有关法律法规、禁吸戒毒工作中常见问题及解决方案培训。是年，全市决定强制隔离戒毒51人，责令社区戒毒社区康复149人，莒县阎庄镇政府被省禁毒委命名为省级社区戒毒社区康复工作示范点。

2017 年，以加强专职禁毒社工招录、培训工作为抓手，提升吸毒人员动态管控效能。4月，落实国家禁毒办、中央综治办等12部门《关于加强禁毒社会工作者队伍建设的意见》要求，推动各区县乡镇（街道）将专职禁毒社工招录纳入政府预算，并完成专职禁毒社工招录工作。4月27日，在岚山分局举办禁毒业务培训班，组织禁毒民警、各镇街禁毒社工围绕“禁种铲毒、易制毒化学品管理、社区戒毒康复”等禁毒知识开展专题培训。9月，按照省公安厅、省禁毒办、省司法厅联合部署，会同青岛强制隔离戒毒所对全市37名强制隔离戒毒出所人员开展调查评估、见面核查。是年，全市决定强制隔离戒毒66人，责令社区戒毒社区康复168人。

2018年1月，落实省禁毒办《关于加强和规范病残吸毒人员收治工作的意见》，按照“依法收治、应收尽收、应治尽治”的原则，督促指导各分县局加强病残吸毒人员收戒收治工作，对符合强制隔离戒毒条件的病残吸毒人员，依法作出强戒决定，及时送强制隔离戒毒所执行，对吞食异物、自伤自残的吸毒成瘾人员，先送医院进行必要治疗，再据情投送强制隔离戒毒所。9月，为科学评估日照毒情形势，有针对性地开展吸毒人员管控工作，市禁毒办按照全省污水验毒工作会议部署要求，组织各区县开展生活污水抽样检测验毒工作，对全市20处污水处理厂进行生活污水样品采集。10月，印发《关于进一步加强禁吸戒毒工作的通知》，对社区戒毒社区康复工作办公室硬件建设、禁毒专职社工招录与培训、规范完善社区戒毒社区康复人员戒毒康复档案、加强吸毒人员查处工作和吸毒成瘾人员送戒等，做进一步明确规范。是年，全市决定强制隔离戒毒70人，责令社区戒毒社区康复128人，东港区秦楼街道办事处被省禁毒委命名为省级社区戒毒社区康复工作示范点。

第四节　查破毒品案件

1989年地级日照市建立之初，全市少有吸食、贩卖毒品等涉毒违法犯罪行为。随着改革开放深入推进，在国际毒潮的侵袭下，日照市开始零星出现涉毒犯罪案件。

1992年10月7日，根据群众举报，抓获1名贩毒分子，缴获鸦片131克。

1998年开始，根据省禁毒委统一部署，先后组织开展禁毒严打整治专项斗争、打击制贩和跨国走私苯丙胺类毒品犯罪等系列专项行动。2001年，打掉一个贩卖杜冷丁犯罪团伙，抓获犯罪嫌疑人4人，查获杜冷丁351支。

2003年，对毒品来源渠道、重点吸食人群、重点吸毒场所进行排查，严厉打击各类毒品犯罪。3月，五莲县公安局破获一起贩卖“摇头丸”案。是年，全市破获涉毒案件27起，打掉吸贩毒团伙2个，抓获各类涉毒违法犯罪嫌疑人43名，缴获摇头丸1粒，杜冷丁3克。

2004年，坚持“精心组织、深入经营、缜密侦查、适时破案”指导思想，综合运用各项侦查措施打击毒品违法犯罪活动。11月，破获一起非法持有毒品案，缴获“摇头丸”846粒。是年，全市破获涉毒案件41起，打掉吸贩毒团伙3个，抓获各类涉毒违法犯罪嫌疑人59名。

2005年，结合开展禁毒人民战争，对吸贩毒案件露头就打。是年，全市破获涉毒案件60余起，打掉吸贩毒团伙2个，抓获各类涉毒违法犯罪嫌疑人80名，缴获“摇头丸”27粒，冰毒11克，“麻古”24粒。

2006年，“摇头丸”逐渐被苯丙胺类合成毒品“冰毒”所取代。市公安局以打击吸食贩卖冰毒违法犯罪为重点，组织各区县公安机关开展百日攻坚行动。10月，开发区分局破获一起贩卖毒品案，缴获冰毒26.74克、K粉25.37克、“麻古”14.45克。是年，全市破获涉毒刑事案件2起，涉毒行政案件5起，缴获冰毒37.74克、K粉25.37克、“麻古”14.45克。

2007年，苯丙胺等新型毒品犯罪案件呈大幅上升趋势，市公安局深入推进禁毒人民战争，持续

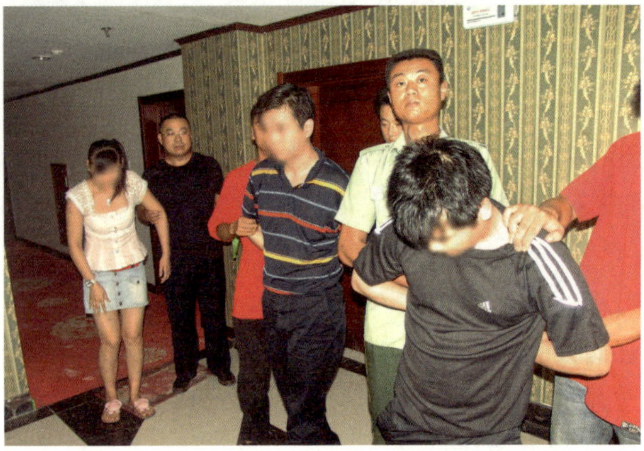

图 17-10 2007 年 7 月，抓获贩毒案犯罪嫌疑人

开展打击吸食贩卖冰毒攻坚行动。是年，全市破获涉毒案件 20 起，其中刑事案件 15 起，打掉吸贩毒团伙 15 个，抓获各类涉毒违法犯罪嫌疑人 40 名，缴获冰毒 257 克、“麻古”19.6 克。

2008 年，按照省公安厅部署，在全市开展缉毒破案专项行动，强化对娱乐场所阵地控制和情报收集，保持对各类毒品违法犯罪严打高压态势。是年，全市破获毒品刑事案件 11 起，打掉吸贩毒团伙 8 个，抓获各类涉毒违法犯罪嫌疑人 48 名，缴获冰毒 1026.21 克，其中莒县公安局破获一起贩卖毒品案件，一案缴获冰毒 932.54 克。

2009 年，日照市娱乐服务场所吸贩毒违法犯罪活动呈高发势态。7 月，开展娱乐服务场所涉毒问题专项治理行动，对娱乐场所涉毒违法犯罪活动进行严厉打击。是年，全市破获毒品刑事案件 17 起，抓获犯罪嫌疑人 35 名，缴获各类毒品共计 1134.58 克。

2010 年，针对毒品犯罪呈现网络隐蔽性、寄递业便捷性、反侦查意识越来越强等新特点，及时调整工作思路，强化情报信息收集，加大网上巡查和寄递物流业管控力度。是年，全市破获毒品刑事案件 10 起，抓获犯罪嫌疑人 22 名，缴获毒品 75.15 克，抓获吸毒人员 42 名。

2011 年，按照《全省公安禁毒部门开展安民行动实施方案》要求，认真践行“合成化”现代警务理念，强化涉毒重点人员摸排力度，完善重点涉毒场所阵地控制手段，拓展线索来源渠道，严打各类涉毒违法犯罪。是年，全市破获毒品刑事案件 24 起，抓获犯罪嫌疑人 48 名，缴获冰毒 3488.07 克、海洛因 1.8 克。

2012 年，以做好党的十八大禁毒安保为主线，组织各区县公安机关依托公安检查站加大对重点车辆、重点人员盘查力度，常态化开展网络涉毒巡查，强化重点涉毒场所控制。是年，全市破获毒品刑事案件 28 起，抓获犯罪嫌疑人 99 名，缴获冰毒 902.54 克。

2013 年，按照省公安厅部署，在全市部署开展“肃毒害、创平安，禁毒百日攻坚会战”，坚持“打毒枭、破大案”与“打零包、管小案”同步推进，加强信息化应用，创新缉毒技战法。4 月，东港分局破获一起贩卖毒品案，抓获犯罪嫌疑人 8 名，缴获冰毒 500 余克。是年，全市破获毒品刑事案件 58 起，抓获犯罪嫌疑人 113 名，缴获冰毒 1159.48 克、海洛因 24.35 克。

2014 年，集中开展百城禁毒会战，围绕打击制毒犯罪、开展堵源截流、查控吸毒人员、打击集散分销、整治外流贩毒、打击网络涉毒活动等六个主攻方向，对打击整治各类毒品问题进行分类推动、重点攻坚；制定《全市公安机关百城禁毒会战奖惩办法》，对各区县行动开展情况进行督导检查，加强对会战的奖惩、保障力度，不断提高缉毒打击效能。6 月，市公安局刑侦支队会同东港分局成功破获公安部“2014-399 号”毒品目标案件，打掉一个武装贩毒团伙，缴获冰毒 650 余克，枪支 4 支，作案车辆 4 台，该案是日照市破

图 17-11 2014 年 6 月，“2014-399”公安部毒品目标案件查获部分枪支、毒品

获的首起公安部毒品目标案件。是年，全市破获毒品刑事案件 64 起，抓获犯罪嫌疑人 146 名，缴获冰毒 3748.75 克、海洛因 8.7 克。

2015 年，贯彻《山东省公安机关毒品案件侦查协作规定》，完善多警联动、同步上案的缉毒合成作战机制，不断激发战斗活力；组织开展全市网络扫毒专项行动，加大网上巡查力度，全面清理网络涉毒有害信息，重点梳理研判网上涉毒聊天群组线索，对互联网上涉毒违法人员依法分类进行处置。9 月，破获山东省“2015-1338”毒品目标案件，打掉一跨省贩毒团伙，抓获犯罪嫌疑人 11 名，缴获冰毒 3 公斤，此案是禁毒支队成立后侦办的首起毒品目标案件。是年，全市破获毒品刑事案件 112 起，抓获犯罪嫌疑人 173 名，缴获冰毒 6232 克、海洛因 7 克。

2016 年，以“破大案、摧网络、缴毒品、追财产、抓毒枭”为主攻方向，连续组织开展县级公安机关缉毒会战、“网络扫毒”等系列攻坚行动，全面发起严打制贩毒、互联网涉毒、零包贩毒等战役，保持对毒品犯罪的高压态势。4 月，破获“2016-203”公安部目标案件，在公安部组织的“网络扫毒”专项行动中发起集群战役，抓获犯罪嫌疑人 13 名，缴获冰毒 5.2 公斤，毒资 100 余万元。是年，全市破获毒品刑事案件 153 起，其中公安部目标案件 2 起，抓获犯罪嫌疑人 169 名，缴获毒品 8.2 公斤。

2017 年，践行精准警务理念，全面落实三年禁毒人民战争和十九大禁毒安保维稳各项措施，在全市开展县级公安机关扫毒大比武，通过设置排行榜飘窗，定期排名通报，激发县级公安机关打击活力和潜力。8 月，破获“5·19”制造贩卖毒品案，捣毁 1 个隐蔽于东港区的制毒窝点，缴获冰毒 4 公斤、制毒原料 1000 余公斤，这是日照市首起本地制毒案件。9—10 月，破获“9·21”“10·7”2 起跨国走私可卡因案件，缴获冰毒 68 公斤，批捕境外贩毒团伙成员 2 名，创历史上全省缴获可卡因数量之最。是年，全市破获毒品刑事案件 105 起，抓获犯罪嫌疑人 123 名，缴获毒品 72.2 公斤。

图 17-12　2017 年，民警提取系列走私可卡因案毒品

2018 年，以推进三年禁毒人民战争为主线，深入践行“精准警务”理念，严格落实“局长挂帅办大案”制度，广辟线索来源，强化专案攻坚，组织多警种合成作战。8 月，破获“2018-175”公安部毒品目标案件，抓获涉毒违法犯罪嫌疑人 50 余名，缴获冰毒、氯胺酮等毒品共计 60 余公斤，被省公安厅列为 2018 年全省“1 号毒品大案”，案件侦办过程中带破 1 起洗钱案，是全省公安机关侦破的首起涉毒洗钱案。12 月 6—7 日，省禁毒办会同人民银行济南分行在日照召开全省涉毒反洗钱查处工作现场推进会。是年，全市破获毒品刑事案件 80 余起，抓获毒品犯罪嫌疑人 105 名，缴获毒品 71 公斤。

附：典型案例

【王某某等人贩卖毒品案】

2003 年 3 月，五莲县公安局在市公安局指挥下，深挖细查，连续作战，捣毁一吸贩“摇头丸”犯罪团伙，先后抓获王某某等 7 名违法犯罪嫌疑人。经查，2002 年 12 月至 2003 年 2 月，犯罪嫌疑人王某某伙同他人，多次前往青岛购买“摇头丸”，后带至五莲县电影院“摇摇酷”迪厅销售吸食，并从事组织卖淫、容留他人吸毒等犯罪活动。2003年9月，王某某被依法判处有期徒刑五年，罚金1.5万元，其他涉案人员也分别被依法追究刑事、行政责任。

【宿某、马某某非法持有毒品案件】

2004年11月18日，市公安局根据省公安厅刑侦局涉毒犯罪线索通报，组织警力开展秘密侦查、架网守候，11月19日，在临沂将前往取货的犯罪嫌疑人宿某、马某某当场抓获，在其邮递包裹中缴获“摇头丸”846粒，共241克。经审讯查明，犯罪嫌疑人宿某、马某某经中间人介绍，通过银行汇款从广州市购买“摇头丸”900粒，准备在日照贩卖。经公安机关顺线侦查，12月，将上线毒贩和中间人抓获归案。2005年4月，宿某、马某某等4名犯罪嫌疑人分别被依法判处有期徒刑七至十五年不等。

【陈某某、孙某等人贩卖毒品案】

2007年12月25日，莒县公安局抓获撬盗保险柜、汽车案件犯罪嫌疑人陈某某、崔某某，经讯问发现陈某某、崔某某等人有贩卖毒品的重大嫌疑。莒县公安局迅速成立专案组，对陈某某进一步审查深挖余罪，经过近两个月的侦查查明，自2007年9月起，犯罪嫌疑人孙某伙同陈某某、崔某某形成购买、运输、销售分工明确的贩毒团伙，多次窜至汕尾市购买冰毒10余公斤、“麻古”8000粒，带回青岛市贩卖。2008年1月8日，犯罪嫌疑人孙某被抓获归案。2008年12月，陈某某、孙某被依法判处无期徒刑，没收个人全部财产，崔某某被依法判处有期徒刑十九年，没收个人全部财产。

【黄某某等贩卖毒品案】

2011年5月12日，日照经济开发区分局在办理1起容留他人吸毒案过程中，发现犯罪嫌疑人孙某某、杨某等2人有重大贩毒嫌疑，遂立案侦查，并于6月27日将2名犯罪嫌疑人抓获，查获冰毒71.12克。经公安机关顺线侦办，7月19日，在深圳将上线黄某某抓获，从其身上及其驾驶的轿车内查获冰毒48.97克、麻古9.29克。经查，2011年4—6月，犯罪嫌疑人孙某某、杨某等2人共同预谋，先后3次到深圳购买冰毒，共计146.12克，杨某将其中50克分多次卖给多名吸毒人员，其余毒品尚未卖出即被公安机关查获。2012年6月18日，黄某某被判处有期徒刑九年，孙某某、杨某分别被判处有期徒刑十五年、十三年，其他犯罪嫌疑人被判处有期徒刑一至三年不等。

【公安部“2014-399”毒品目标案件】

2013年6月，市公安局在工作中获取线索，嫌疑人仲某某与其哥哥仲某多次从广东揭阳、汕尾通过物流、快递购买冰毒，在山东省日照、临沂、淄博和江苏省连云港等地大肆贩卖，且持有枪支。2014年6月12日，该案被列为公安部“2014-399号”毒品目标案件。获取线索后，市公安局成立由相关警种部门业务骨干组成的专案组，迅速立案开展侦查。6月6日，专案组在日照、临沂、连云港等地开展统一收网行动，抓获仲某某、仲某、鲁某某等主要犯罪嫌疑人15名，查获毒品冰毒600余克，收缴枪支4支，查获车辆4台。2015年11月，仲某某、鲁某某分别被判处无期徒刑，剥夺政治权利终身，仲某等其余13名犯罪嫌疑人分别被判处有期徒刑两至十五年不等。

【王某某等人武装贩毒案】

2014年5月，市公安局在工作中获取线索，嫌疑人王某某与其情妇李某某存在大宗毒品交易嫌疑，且持有枪支，子弹数量不详，遂成立专案组开展侦查工作。经侦查发现，犯罪嫌疑人王某某先后多次从广东惠州林某处购买大量冰毒，伙同李某某贩卖给他人吸食。10月17日，专案组抓住王某某再次从林某处购买冰毒返回日照的有利时机，在日照市抓获王某某、李某某2名主要犯罪嫌疑人，缴获冰毒2800克，仿64手枪一支，子弹5发，后林某也被日照公安机关抓获。2016年5月，林某、李某某被判处死刑，缓期二年执行，剥夺政治权利终身，王某某被判处无期徒刑，剥夺政治权利终身。

【公安部“2015-1062”毒品目标案件】

2015年4月，东港分局在办理1起吸毒案件中获取重要线索，一名叫王某军（另案处理）的男子有重大贩毒嫌疑，市公安局和东港分局遂成立专案组联合侦办，同时将案情逐级上报，2015年9月14日，该案被公安部列为2015-1062号毒品目标案件。经侦查发现，王某军的上线王某桂（绰号“大志”），伙同魏某某将毒品贩卖给庞某等人，庞某等人交叉结伙在日照城区、岚山、五莲县等地进行大肆贩卖，谋取暴利。10月10—11日，专案组经连续奋战、蹲点守候，先后在日照市东港区、新市区、涛雒镇等地抓获王某桂、魏某某、庞某等8名犯罪嫌疑人，当场缴获冰毒1公斤、气枪1把，匕首、砍刀、军刺各1把，扣押作案车辆2辆，破获“2015-1062”公安部毒品目标案件。2016年9月，王某桂被依法判处无期徒刑，剥夺政治权利终身，庞某被依法判处有期徒刑七年零六个月，其他人也被依法追究刑事责任。

【公安部“2015-1338”毒品目标案件】

2015年7月，市公安局在工作中获取线索，日照市东港区訾某某（绰号“祥祥”）与其妻子朱某某（绰号“草姐”）频繁往返日照市与连云港市两地，涉嫌毒品犯罪。2015年12月11日，该案被列为公安部“2015-1338”毒品目标案件。经侦查发现，朱某玲从其上线李某辉和李某祖兄弟二人处购买冰毒后，訾某生负责拓展下线，贩卖给日照、连云港等地10余名吸贩毒人员。9月15日，专案组在李某辉居住小区内，将李某祖、李某辉2人抓获，并在李某祖携带的月饼礼盒中查获冰毒3公斤。随后，专案组又先后在连云港、日照等地将嫌疑人朱某某、訾某某及其下线抓获。该案共抓获犯罪嫌疑人11名，缴获冰毒3公斤，仿64手枪一支。2017年3月，李某辉依法被判处死刑、缓期二年执行，剥夺政治权利终身，李某祖依法被判处无期徒刑，剥夺政治权利终身，朱某某、訾某某等分别被判处有期徒刑十二至十五年不等。

【公安部“2016-203”毒品目标案件】

2015年9月，五莲县公安局在工作中获取线索，吸毒人员唐某某利用网络贩卖毒品，涉案人员众多，毒品交易数量巨大。市公安局立即抽调市、县两级禁毒部门及相关警种业务骨干成立专案组开展案件侦办。经侦查发现，以嫌疑人杨某某为核心贩毒团伙骨干成员利用QQ发展下线，通过寄递物流方式大肆贩卖毒品，涉及山东、河北、河南、内蒙古、黑龙江、四川等10余个省市，贩卖冰毒累计数十公斤。2016年4月1日，该案被列为公安部2016-203毒品目标案件。为争取战果最大化，专案组决定从最底层打起，力争人赃并获。2016年2月，在五莲县抓获唐某某等3名犯罪嫌疑人。4月2日，专案组在河北省张家口将赵某某、杨某某等3名嫌疑人抓获归案，缴获冰毒1.5公斤。4月14日，专案组在广东省茂名市和河北省秦皇岛市两地同时组织收网，杨某某、刘某、贾某某等3名主要犯罪嫌疑人落网，缴获冰毒2公斤。4月14日，专案组又在临沂市将陈某、陈某洋抓获归案，缴获冰毒1.03公斤，一举打掉该跨省贩毒网络，破获该目标案件。2018年5月，该案一审判决，杨某某、赵某某分别依法被判处死刑，剥夺政治权利终身；刘某、杨某某分别依法被判处死刑，缓期二年执行，剥夺政治权利终身；陈某、陈某洋分别依法被判处无期徒刑，剥夺政治权利终身；其他被告人分别被判处有期徒刑三至十五年不等。该案是日照首起依法适用死刑的毒品犯罪案件。

【2017·5·19制造贩卖毒品案】

2017年，市公安局在对涉毒重点人员、重点场所进行排查管控时发现，黑龙江人张某多次在网上购买易制毒化学品原料、冒用他人身份收发快递、频繁更换联系方式，并与多名外省涉毒人员联系，存在重大制贩毒嫌疑。市公安局立即抽调精干力量组成专案组，经侦查发现，犯罪嫌疑人张某与其姐夫景某某（外号“索子”）在东港区一座山上以开办养鹅厂为掩护大肆制毒。河北省石家庄的肖某某等人是张某的主要买家，二人先后交易冰毒30余次，涉案金额近20万元。8月2日，专案组获悉，张某在网上购买大量制毒原料并联系肖某某到日照交易。8月9日，经过连续跟踪守候，专案组在日兰高速莒县服务区将完成毒品交易准备驾车返回的肖某某等二人抓获，当场缴获冰毒230余克；在东港区某小区抓获主要犯罪嫌疑人张某及其妻子李某某，在其家中缴获冰毒200余克，液态冰毒2000余毫升；在张某位于东港区的养鹅厂内抓获嫌疑人景某海，缴获制毒原料1000余公斤，制毒设备1宗。这是日照公安机关主动出击在当地打掉的首个制毒窝点。2018年9月，张某被依法判处无期徒刑，剥夺政治权利终身；肖某某被依法判处有期徒刑十五年；其他人也均被依法追究刑事责任。

【公安部“2017·7·20”走私可卡因案件】

2017年7月23日，市公安局接省公安厅线索通报，由公安部禁毒局统一指挥侦办的“7·20走私可卡因案件”，嫌疑船舶“SOUTHERN WISDOM”（南方智慧）号货轮运输可卡因1宗拟在日照市岚山港停泊，嫌疑人欲在日照市接货入境，并通报相关犯罪嫌疑人的基本情况。市公安局迅速组织力量成立专案组开展侦控工作。嫌疑人2次租船出海未能取货，7月24日下午，“SOUTHERN WISDOM”号货轮驶离岚山港前往河北京唐港。7月25日，为密切跟踪嫌疑人、进一步掌握犯罪信息，市公安局派员化妆为出租车司机将3名嫌疑人送往河北京唐港，案件交由河北警方继续侦控。犯罪嫌疑人在京唐港因故也未完成取货，8月1日，“SOUTHERN WISDOM”号货轮驶入上海港口，后上海警方在公安部禁毒局指挥下，一举缴获可卡因25公斤。该案犯罪嫌疑人虽然未在日照市抓获，但专案组全程掌握犯罪嫌疑人活动动向，并向上级禁毒部门提供重要线索，为上海警方侦破该案提供有力保证。

【2017·9·21特大走私可卡因案】

2017年9月21日，市公安局接省公安厅线索通报，巴拿马籍货轮“GREEN GALAXY”（银河）号拟在日照市日照港靠泊，船上疑似携带可卡因1宗。公安部禁毒局、省公安厅禁毒总队有关领导亲临日照市成立专案组指挥案件侦办。根据部局、总队确定的工作思路，专案组制定方案、严密部署，严防境内外嫌疑人登船取货，并准备择机登船检查。9月25日，公安部“7·20”走私可卡因案件的巴基斯坦籍嫌疑人YASIR和香港籍嫌疑人郑某在青岛市完成毒品交易后窜至深圳市，公安部禁毒局立即指挥深圳警方抓获嫌疑人6名（不含犯罪嫌疑人YASIR），缴获可卡因6公斤。10月1日，“GREEN GALAXY”号货轮提出离港申请，在排除嫌疑人到日照市接货的情况下，专案组对该船进行全面检查，最终在船尾舵机舱底下发现可疑包裹4个，发现包裹内装有毒品可卡因41块，共计62公斤，创山东省一案缴获毒品量之最。

【2017·10·7运输、贩卖可卡因案】

2017年10月7日，市公安局接省公安厅转公安部线索通报，巴拿马籍货轮VAN IMABARI（巴里）号疑似携带可卡因1宗，即将在日照港停靠，但考虑该船有可能在青岛停靠期间已经完成毒品交易，要求对该船进行一次例行检查，确认在青岛交易的嫌疑人是否为该船工作人员。10月8日，嫌疑船只“巴里”号直靠日照港，专案组遂对该船进行例行检查，同时对船员的通信工具进行取证，在对1名菲律宾籍船员COLOMA的手机进行查看时，发现其聊天工具中有可卡因照片以及准备在澳大利亚交易的聊天信息，遂立即将其控制，并对船上可能藏匿毒品的部位进行彻底检查，最终在该船的洗衣房内发现伪装成鞋垫状的可卡因12块，共6公斤。经讯问，犯罪嫌疑人COLOMA交代其曾于9月30日在青岛市与巴基斯坦籍男子YASIR进行毒品交易。专案组继续巡线侦查，11月18日在深圳市将在逃犯罪嫌疑人YASIR抓获归案。2017年11月，市公安局禁毒支队参加公安部禁毒局召开打击系列跨国走私可卡因案件联席会议，汇报案件有关情况并通报香港警方，为公安部禁毒局进一步开展国际合作、联合打击境外毒枭提供情报线索。据悉，香港警方和美国缉毒署根据公安部禁毒局反馈的情报线索分别对相关境外涉案嫌疑人进行收网，彻底摧毁该跨国走私、贩卖毒品犯罪集团。截至2018年底，该案仍在诉讼阶段，因涉及2名外籍犯罪嫌疑人，拟判决结果已报最高人民法院核准，尚待宣判。

【公安部“2018-175”毒品目标案件】

2017年9月，市公安局在梳理分析涉毒案件中发现，多名吸毒人员均反映从犯罪嫌疑人王某某处购买冰毒，遂即围绕王某某开展侦查。同时五莲县公安局侦办的一起贩卖毒品案上线亦指向嫌疑人王某某，遂决定联合成立专案组，对两案并案侦查。经过近7个月侦查发现，以境内犯罪嫌疑人潘某等3人为首，涉云南、江苏、山东三省的贩毒网络浮出水面。2018年3月，公安部将该案确立为“2018-175”毒品目标案件。4月27日，专案组抓住王某某上线刘某某到江苏盐城购买冰毒的时机，决定在日照、盐城等地同时收网。4月28日至5月2日，专案组先后在岚山区沈海高速收费站、东港区、江苏盐城市等地抓获王某某及其上线等10名主要犯罪嫌疑人，发现江苏盐城市、扬州市的藏毒窝点5处，缴获冰毒、氯胺酮约30公斤。8月8日，专案组在云南省临沧市警方配合下，抓获缅甸籍上线嫌疑人杨某某。案件侦办过程中，专案组发现犯罪嫌疑人刘某某明知其姐姐刘某华贩卖毒品，仍向其提供个人名下银行账户，协助其存取毒资50余万元，涉嫌洗钱犯罪，遂对其采取强制措施，破获山东省首起涉毒洗钱案。该案全链条抓获缅甸籍、江苏盐城籍及日照市吸贩毒人员58名，缴获冰毒、氯胺酮共约60公斤，被列为“2018年全省1号涉毒大案”。至2019年8月，该案仍在诉讼阶段，案件尚未判决。

第五节 禁毒人民战争

一、2005—2007三年禁毒人民战争

2005年，贯彻中央领导同志关于禁毒工作的重要批示精神，国家禁毒委在全国部署开展为期三年的禁毒人民战争，4月，以市禁毒办名义制发《2005年日照市禁毒人民战争实施方案》，部署“禁毒预防教育、禁吸戒毒、开展禁毒严打、严格禁毒管理”等四项重点工作，并在市公安局设立办公室，牵头负责全市禁毒人民战争工作情况的控制、调度和组织。7月28日，市公安局下发《公安机关各警种开展禁毒人民战争的工作方案》，进一步规范各警种、各部门参与禁毒人民战争的组织领导、任务目标、工作措施、考核奖惩等工作机制。

2006年，市公安局发挥禁毒人民战争主力军作用，认真打好预防宣传、禁吸戒毒、堵源截流、禁毒严打、禁毒严管“五大战役”，不断加强经费、装备、基础设施和队伍建设，深入基层一线定期开展督导、检查和调研。

2007年，市公安局先后2次召开禁毒人民战争调度会议，并制定《禁毒工作考核考评办法》，加强对各警种、部门深入推进禁毒人民战争的督促检查。全市公安机关坚持全民发动、全警参与，沉重打击毒品违法犯罪活动，在遏制毒品来源、遏制毒品危害、遏制新吸毒人员滋生方面取得明显成效。

二、2017—2019三年禁毒人民战争

2016年12月，贯彻落实习近平总书记关于加强禁毒工作的系列重要批示指示精神，按照国家、省禁毒委统一部署要求，召开全市三年禁毒人民战争动员部署会议，自2016年11月29日起，到

2019年底，在全市范围内开展为期三年的禁毒人民战争。制发《全市三年禁毒人民战争实施方案》，要求各级党委、政府主要负责人每年至少听取一次工作进展汇报，各区县禁毒委主任每季度到禁毒办“现场办公”，县级公安局局长每年当一个月“禁毒大队长”。以市禁毒办名义制发《全市三年禁毒人民战争绩效评估考核办法》，将工作责任和任务指标明确到具体警种、部门，并对各区县禁毒人民战争绩效情况实行“月排名、季通报”。

2017年，是全市三年禁毒人民战争开局之年，市禁毒办按照全省三年禁毒人民战争推进会议部署要求，全力打好三年禁毒人民战争“六大战役”和党的十九大禁毒安保攻坚战，先后制定《全市三年禁毒人民战争任务分解书》和《全市三年禁毒人民战争考评奖惩办法》，明确禁毒委成员单位责任，在市、县两级公安局网站主页设立禁毒人民战争绩效评估排行榜，半月一排名，每月一通报，充分调动全警参与禁毒工作的积极性，推动全市禁毒工作不断取得新成效，首次进入全省禁毒绩效综合考评优秀行列。

2018年，市禁毒办以贯彻实施《山东省禁毒条例》和《日照市禁毒重点整治工作责任考评实施细则》为抓手，全力推动禁毒人民战争向纵深发展，先后召开全市禁毒工作会议、专项工作推进会、新闻发布会，统筹推进“禁毒2018两打两控”、禁毒示范城市创建和重点整治“三项重点工作”，加快构建毒品治理体系，推动全市禁毒工作实现新提升，连续两年进入全省禁毒工作综合考评优秀等次。

RI ZHAO SHI
GONG AN
ZHI

第十八章

18

食品药品与环境犯罪侦查

SHI PIN YAO PIN YU HUAN JING
FAN ZUI ZHEN CHA

随着经济社会的快速发展和人民群众生活水平的不断提高，食品、药品安全和环境保护越来越成为社会关注、群众关心的重大民生问题。

全市各级公安机关食药环侦部门以对人民高度负责的态度，做到有警必接、有线必查、有案必侦、有罪必惩，坚持打早打小、打准打狠，严厉打击食药环领域的违法犯罪行为，以实际行动为保安全、护民生、促发展做贡献。

第一节　基层基础工作

一、专业机构建设

地级日照市公安局成立之初，食品、药品、环境领域犯罪并不突出，食品、药品安全和环境保护主要由政府相关行政主管部门承担，公安机关治安管理、经济犯罪侦查部门配合。随着食品、药品、环境领域违法犯罪活动日趋猖獗，打击食品、药品和环境领域犯罪的任务日益艰巨繁重，2011—2012年，全市公安机关查处“地沟油”“病死猪”、非法经营药品等食品药品违法犯罪案件17起、抓获涉案人员30余人，成立专业机构已是势在必行。

2012年，国务院、省政府、省公安厅先后下发《关于加强食品安全工作的决定》《关于贯彻落实国发〔2012〕20号文件加强食品安全工作的实施意见》《关于贯彻落实鲁政发〔2012〕38号文件加强食品安全犯罪侦查工作的通知》，对公安机关打击食品安全犯罪工作和队伍建设提出明确要求。市公安局根据上级要求，结合日照打击食品、药品犯罪的形势，向市机构编制委员会提出《关于设立市公安局食品药品犯罪侦查支队的请示》。2014年1月2日，日照市机构编制委员会批复设立日照市公安局食品药品与环境犯罪侦查支队（简称食药环侦支队），4月29日正式挂牌办公。

图18-1　2014年4月29日，市公安局食品药品与环境犯罪侦查支队成立授牌座谈会

2014年7月7日，市公安局印发《关于在各分局设立食品药品与环境犯罪侦查大队的通知》，在东港分局、岚山分局和日照经济技术开发区分局设立食品药品与环境犯罪侦查大队，股级建制，负责掌握辖区食品药品和环境犯罪动态，分析、研究犯罪信息和规律，拟定预防、打击对策；组织、指导、协调全区食品、药品、环境领域犯罪案件的侦办；组织开展区域性的食品药品安全和环境保护集中专项整治行动；组织、侦办上级交办的案件；配合相关部门开展行政监管及联合执法；承办上级领导交办的有关食品药品安全和环境保护方面的其他工作任务。2015年1月27日，经五莲县机构编制委员会批复，五莲县公安局设立食品药品与环境犯罪侦查大队，为县公安局股级内设机构。是年9月21日，经莒县机构编制委员会批复，莒县公安局食品药品环境犯罪侦查中队（2011年12月22日设立）更名为食品药品与环境犯罪侦查大队。2016年，山海天旅游度假区分局成立后，由刑事侦查大队承担打击食药环违法犯罪职能。截至2018年，全市公安机关食药环侦部门共有专职民警28人。

食品药品与环境犯罪侦查支队管辖案件一览表

表18-1

类别	管辖案件
食品	生产、销售不符合安全标准的食品罪，生产、销售有毒、有害食品罪，生产、销售伪劣农药、兽药、化肥、种子罪，假冒注册商标罪，销售假冒注册商标的商品罪，非法经营罪，生产、销售伪劣产品罪等

续表 18-1

类别	管辖案件
药品	生产、销售假药罪，生产、销售劣药罪，生产、销售不符合标准的医用器材罪，生产、销售不符合卫生标准的化妆品罪，生产、销售伪劣产品罪等
环境	污染环境罪，非法处置进口的固体废物罪，擅自进口固体废物罪，非法捕捞水产品罪，非法猎捕、杀害珍贵、濒危野生动物罪，非法收购、运输、出售珍贵、濒危野生动物、珍贵濒危野生动物制品罪，非法狩猎罪，非法占用农用田地罪，非法采矿罪，破坏性采矿罪，非法采伐、毁坏国家重点保护植物罪，非法收购、运输、加工、出售国家重点保护植物、国家重点保护植物制品罪，盗伐林木罪，滥伐林木罪，非法收购、运输盗伐、滥伐的林木罪等

二、专业队伍建设

食品药品与环境犯罪侦查专业机构成立后，市公安局始终注重加强相关专业知识培训，通过举办培训班、组织外出学习和在线学习等方式，不断提升办案民警专业水平。2014 年 11 月，派员参加全省环保检验检测知识培训班学习。2015 年 11 月 16 日，举办食药环侦实战应用平台推广应用培训班。2016 年 11 月，派员赴阿里巴巴集团学习数据作战。2017 年 2 月，组织参加最高人民法院、最高人民检察院相关司法解释视频培训会。3 月，组织参加省公安厅食药环侦总队举办的涉互联网食品药品犯罪大数据侦查视频培训。5 月 8 日、18 日，先后举办两期全市食药环侦专业知识培训班。2018 年，食药环侦支队先后印发《日照市打击食品犯罪办案指引》《食药环侦实战工作手册》《实战应用平台基础信息完善采集和日常工作规范》《日照市公安局食药环侦联络员工作制度》《日照市食药环侦部门行刑衔接工作规范》等一系列标准规范，规范基层执法活动。8 月下旬，举办全市典型案例评析活动，以讲代训，提炼固化办案经验，提升基层执法水平。11 月 29 日，邀请阿里巴巴集团打假专家座谈交流大数据侦查。

图 18-2 2017 年 5 月，全市第二期食药环侦专业知识培训班

2015—2018 年，市公安局食药环侦支队被评为全省环保公安联勤联动执法工作先进集体、全省打击涉盐犯罪先进单位、日照市“生态建设年”活动先进集体，先后有 4 名民警、5 人次被评为全省公安机关食药环侦部门破案能手。五莲县公安局食药环侦大队被评为全省优秀公安基层单位。

三、快检实验室建设

2015 年 11 月 25 日，市公安局投资 70 余万元建设的食药环快检实验室正式启用，配备便携式拉曼光谱仪、全波长食品药品有毒有害物质检测仪及其他实验用设备，能对 80 余种项目进行检验检测。2016 年，各区、县大队购置相应快检设备，全部建成食药环快检实验室。2017 年起，食药环侦支队和各分县局根据《全省市、县公安机关食药环快检实验室建设配备标准》，对全市公安机关食药环快检实验室用房、专业人员和仪器配备配置进行规范。

图 18-3 市公安局食药环快检实验室

截至2018年，全市公安机关食药环快检实验室全部达标。食药环快检实验室全面启用后，市公安局先后组织举办4次检验检测集中培训活动，截至2018年底，通过快检实验室检验检测先后帮助破获刑事案件19起，抓获犯罪嫌疑人56名。

四、食品药品与环境犯罪侦查实战应用平台

2014年7月起，市公安局食药环侦支队开始试用食品药品与环境犯罪侦查实战应用平台，并多次组织学习培训。2015年11月20日，开始在全市公安机关推广应用，初步实现平台报表、公文签收、鉴定委托等信息化流转。同年11月20日至12月20日，各分县局食药环侦部门与当地食药监、环保等行政监管部门协调，引进相关企业、场所数据并录入平台，完善平台数据。2016年1月1日起，平台正式运行，电子通知、案件督办、案件协查、移诉考核等功能全部通过实战平台办理。截至2018年底，全市食药环侦部门所有日常业务，包括统计分析和数据报送、工作考核等，均通过该平台运作。

五、信息员、联络员队伍建设

2014年，在全市物流快递行业、食药环领域相关企业建立信息员制度。2017年2月，制定《日照市公安局食药环侦派出所联络员工作制度》，在派出所设立专职食药环侦联络员，负责搜集违法犯罪情报信息，开展正面宣传教育、工作对象控管、阵地控制，办理行政案件，协助食药环侦部门打击犯罪、追捕逃犯及参与涉案维稳处置。为确保联络员发挥作用，建立例会制度、联合检查制度、信息报送制度、奖励制度等一系列工作机制。2018年，利用派出所民警大轮训的时机，市公安局食药环侦支队先后4次派业务骨干讲授食药环专业知识，增强派出所先期发现和协同作战能力。截至2018年底，全市共有信息员、联络员135人，帮助提供线索39条，抓获犯罪嫌疑人75名。

第二节 案件侦办

全市公安机关针对食药环领域案件侦办难度大、外界干扰多的特点，不断总结案件侦查规律特点，提炼侦查技战法，健全完善提级侦办、线索交办、挂牌督办、盯靠案件、提请检察机关提前介入等工作机制，不断提升侦查打击能力水平，全力稳定全市食品、药品和环境安全形势。

一、打击食品领域犯罪

1989—2011年期间，全市食品领域安全形势总体稳定，没有发生重大刑事案件。2003年，开展打击非法经营和假冒注册商标等犯罪专项行动，查获无碘劣质食盐21吨，抓获犯罪嫌疑人2名。2007年5月27日，五莲县公安局破获1起销售假冒白酒案，涉案价值7万余元。2010年4月，五莲县公安局破获一起生产、销售伪劣葡萄酒案，涉案价值12万余元。

图18-4 2011年，民警清点查扣的假冒茅台酒

2011年，食品领域安全问题日渐突出，全市公安机关通过持续开展“打四黑除四害”等专项行动，确保食品领域安全形势平稳。2月，东港分局破获一起销售假冒品牌名酒案件，涉案价值300余万元。5月，市公安局经侦支队查处一个生产、销售伪劣食品窝点，当场缴获用于修改食品生产日期的打码机3

台、封口机1台，伪造的发票专用章、公章6枚，已修改过生产日期的成品雪糕、羊肉卷等伪劣食品1宗。7月，五莲县公安局治安大队联合县质监、卫生、工商、防疫等部门，捣毁1个生产桶装纯净水的黑作坊。10月，东港分局捣毁1个加工、提炼“地沟油”50余吨的黑作坊。

2014年，市公安局食药环侦支队和各分县局专门机构成立后，加强与各级行政执法部门联勤联动，通过自行摸排、基层派出所摸排、公开接受群众举报等方式，主动收集破案线索，开展专项打击行动，深入推动食品领域犯罪打击工作。8月15日至10月15日，在全市开展打击食品犯罪夏秋季节集中行动，对肉制品、豆制品、调味品、酒类、火锅食品、蜂产品、水产品、桶装水等领域违法犯罪进行重点打击。11月5日起，开展全市打击食品安全违法犯罪“百日行动”。通过一系列专项行动的开展，年内，全市食药环侦部门共侦办食品领域刑事案件26起，抓获犯罪嫌疑人53名，打掉食品犯罪黑窝点22个，打掉团伙6个，涉案价值200余万元。

2015年，通过调研摸排，发现沿海水产品养殖过程中存在非法添加、使用禁用药物的违法犯罪线索，市公安局食药环侦支队及时牵头开展专项行动，查处生产、销售有毒有害食品案件10起，抓获犯罪嫌疑人22人，扣押、封存问题水产品20余吨。相关案例被省公安厅选入“2015年度全省公安机关打击食品犯罪10起典型案例”。

图18-5 2016年3月29日，阿胶生产企业向市公安局食药环侦支队赠送牌匾

2016年，开展打击食品安全违法犯罪“清源”行动，通过强化行刑衔接、集中摸排抽检，重拳打击整治肉制品、水产品、蔬菜瓜果茶叶、豆制品、调味品、酒类、蜂产品、保健食品等领域存在的安全隐患。是年1月，破获一起跨山东、河北、河南、北京等省市，利用工业明胶加工肉制品案件，先后抓获涉案犯罪嫌疑人14名，查扣工业明胶3000余公斤，问题猪肉冻成品、半成品共计5000余公斤，摧毁并清理非法加工户、黑窝点100余个，涉案总价值1000余万元。该案被公安部列为2016年“利剑”行动督办案件。2017年，在全市开展打击食药环犯罪专项行动，以打源头、端窝点、摧网络、斩链条为目标，对供、产、销、储、运等实施全环节、全链条打击。在食品领域，重点打击病死畜禽以及非法添加有毒有害物质等犯罪，对饲料非法添加药物进行集中整治。期间，连续查处3起生产、销售有毒有害食品案，抓获犯罪嫌疑人15名。是年，五莲县公安局破获“10·13”系列假种子案，涉及10余个省市，涉案假种子价值100余万元，通过案件侦办为本地农户挽回损失近10万元。

2018年，以开展“铁拳”行动为抓手，全力打击食品领域违法犯罪活动，相继破获刑事案件49起，其中公安部督办案件5起、省公安厅督办案件5起，涉案总金额2000余万元。在破获的案件中，涉及互联网的案件占比超过50%，食品领域犯罪向网络空间延伸趋势明显。是年，开展禁限用农药专项整治行动，破获“5·04”特大制售禁限用高毒农药案，打掉一个跨山东、河南等10余个省市的犯罪团伙，抓获犯罪嫌疑人8名，捣毁窝点3处，查扣问题农药6吨，涉案农药价值200余万元，副省长、省公安厅厅长孙立成专门作出批示予以肯定，该案被公安部列为督办案件。是年，五莲县公安局破获一起特大制售注水猪肉案，捣毁一个非法加工销售注水猪肉企业，当场抓获涉案人员20余名，现场查获注水生猪246头，约2.7万余公斤，涉案价值7900余万元，被公安部列为督办案件。是年，全市公安机关开展深化打击食品药品农资环境犯罪专项行动，重点打击农产品、水产品非法添加“地沟油”、瘦肉精，私屠滥宰，制售假劣肉制品、食用油、调味品、酒水饮料，保健品非法添加和虚假宣传等犯罪。行动期间，共立案侦办食品领域刑事案件 9 起，采取刑事强制措施 20 人。其中，东港分局破获一起销售有毒、有害保健食品案，抓获犯罪嫌疑人 4 名，案件涉及 31 个省份，涉案价值 1000 余万元。

2014—2018 年全市查处食品领域刑事案件统计表

表 18-2

年份	2014	2015	2016	2017	2018
破案数（起）	26	51	49	42	49
抓获人数（人）	53	74	125	70	122
打掉黑窝点（个）	22	27	21	11	13
打掉犯罪团伙（个）	6	19	14	14	17

2014—2018 年全市查处食品领域行政案件统计表

表 18-3

年份	2014	2015	2016	2017	2018
案件数（起）	0	0	3	2	0
抓获人数（人）	0	0	3	3	0

二、打击药品领域犯罪

地级日照市公安局成立后，与医药卫生等部门密切配合，严厉打击药品领域违法犯罪，保障人民群众生命安全与身心健康。1989—2010 年，先后与有关部门联合开展整顿医疗秩序、药品市场，打击制售假劣药品、医疗器械违法犯罪，打击制造邮售假药专项整治等专项活动，认真侦办医药卫生部门移交的案件。2002 年 12 月，东港分局破获 1 起非法经营药品案，非法经营数额 10 万余元。2003 年，接收药品管理部门移交案件 3 起，追究刑事责任 3 人。2009 年 12 月，治安支队破获 1 起非法经营药品案，查获非法经营的药品 100 余箱，涉案总价值 50 余万元。

2011—2013 年，深入开展打击利用互联网发布虚假药品信息非法销售药品专项行动、含麻黄碱类复方制剂百日整治专项行动及药品、医疗器械生产经营单位和医疗机构发票使用情况专项整治，侦办多起有影响的药品领域案件。2011 年 10 月 21 日，特警支队抓获 1 名非法经营药品的犯罪嫌疑人，涉案价值 140 余万元。11 月，治安支队会同食药监部门破获 1 起非法经营医疗器械案件，抓获犯罪嫌疑人 1 名，打掉非法经营医疗器械窝点 2 个，查缴非法经营的医疗器械 1 宗，涉案价值 40 余万元。

2014 年，市公安局食药环侦支队成立后，主动加强与食品药品监管等行政部门协作配合，组织开展打击药品犯罪健康保卫战和打击美容机构药品犯罪专项行动，侦办药品领域案件 8 起，抓获犯罪嫌疑人 12 人。5—6 月，东港分局经公安部批准，发起集群战役，捣毁 1 个涉及辽宁、吉林、黑龙江、江西、山东、河南、四川、湖北等 9 个省 20 个市的制售假药犯罪网络，抓获犯罪嫌疑人 9 名，捣毁制售假药窝点 3 个，缴获各类假药 50 余箱（10000 余盒），涉案价值 1000 余万元。

2015 年，市公安局食药环侦支队破获一起公安部督办的特大制售假药案，并在全国发起集群战役，全链条摧毁 1 个生产、包装、销售假药犯罪团伙，抓获犯罪嫌疑人 7 名，捣毁生产、销售、储存“黑窝点”5个，查扣假冒成品阿胶、半成品阿胶30余吨及制售生产设备1宗，涉案价值3亿余元。日照市委副书记、市长刘星泰，省公安厅副厅长、纪委书记任建军等先后作出批示予以肯定。是年，莒县公安局主动加强与食品药品监督管理局等部门联勤联动，对保健品专营店开展清理整顿专项行动，连续破获10起销售假药案件，抓获犯罪嫌疑人10名，查处扣押假药300余盒。

2016—2017年，重点打击网上销售假药、非法医疗美容等犯罪。2016年9月8日，市公安局食药环侦支队在上海浦东新区、吉林长春和日照等地同时收网，破获1起利用微信销售假药案，抓获犯罪嫌疑人8名，取缔销售假药黑窝点4处，查扣假药1000余盒，涉案价值1000余万元，该案被公安部列为督办案件。是年，开展打击非法经营疫苗专项行动，五莲县公安局破获1起非法经营疫苗案件。2017年，共侦办药品领域案件8起，抓获犯罪嫌疑人16名，打掉药品犯罪黑窝点2个、犯罪团伙1个，涉案价值100余万元。

2018年，市公安局食药环侦支队会同山海天分局破获“4·10”特大制售假药案，查扣假药鼻炎灵滴鼻液100余万支，捣毁制假黑窝点3处，查处涉案药品生产企业2家，抓获犯罪嫌疑人16名，涉案金额5000余万元。该案被列为公安部督办案件。

2014—2018年全市查处药品领域刑事案件统计表

表18-4

年份	2014	2015	2016	2017	2018
破案数（起）	8	21	13	8	9
抓获人数（人）	12	30	20	16	25
打掉黑窝点（个）	3	9	6	2	7
打掉犯罪团伙（个）	2	5	4	1	3

三、打击环境领域犯罪

地级日照市公安局成立之初，环境领域犯罪问题并不突出。随着人民群众环境保护意识不断增强，对打击环境领域犯罪的要求越来越强烈，全市公安机关积极回应群众新期待，逐步完善各项专项打击机制，不断加大案件侦办力度。

2010—2013年，极少数违法犯罪嫌疑人贪图经济利益铤而走险，盗伐、滥伐林木，非法盗采海砂、河砂，给环境带来很大破坏，全市公安机关高度重视，及时开展专项打击。

2010年11月，莒县公安局经过6个月的走访摸排和取证，打掉一个特大盗伐林木团伙，抓获团伙成员4人，涉案60余起，涉案价值30余万元。2012年4月，五莲县公安局治安大队抓获滥伐林木犯罪嫌疑人3名，嫌疑人非法砍伐树木2000余棵、100余立方米。

2010年9月，岚山分局开展打击盗采海砂犯罪专项行动，打掉1个特大盗采海砂犯罪团伙，抓获犯罪嫌疑人12名，查缴盗采海砂船只2艘。是年12月，东港分局打掉1个重大盗采海砂犯罪团伙，抓获犯罪嫌疑人6名，涉案价值60余万元。2012年11月，莒县公安局破获1起非法采矿案，嫌疑人盗采河砂2.4万余立方米，涉案价值50万余元。2013年1月、3月，莒县公安局接连破获2起盗采河砂案，涉案价值分别为11万余元、10万余元。

2014年，市公安局食药环侦支队成立后，与环保、国土等部门密切协作配合，严打污染环境和破坏资源违法犯罪。5月20日，破获日照市首起因污染环境被定罪的刑事案件，抓获犯罪嫌疑人15名，带破污染环境刑事案件10起，该案件被公安部列为督办案件，入选省公安厅“2014年度全省打击污染环境犯罪十大典型案例”。是年，东港分局集中整治非法采砂，打掉沙霸犯罪团伙 2 个，破获非法采矿案 8 起，刑事拘留 21 人，取保候审 19 人。

2015 年，经排查，部分违法犯罪嫌疑人在未办理任何手续、无环保防治措施的情况下，非法经营钢渣磁选厂、电镀加工点，生产过程中产生的强碱性、重金属严重超标的废水未经处理，直接通过管道排入厂房外的水沟、河流，造成严重污染。全市公安机关开展清理整治专项行动，共侦办此类刑事案件 30 起，抓获犯罪嫌疑人 32 名。

2016 年，联合环保部门开展集中排查整治非法排放、倾倒、处置危险废物违法犯罪专项行动，侦办环境领域刑事案件 46 起，其中省公安厅督办案件 3 起。3 月，莒县公安局破获 1 起污染环境案，捣毁 1 家非法排放废水、废渣、废气的化工厂，抓获犯罪嫌疑人 6 名。

2017 年，集中开展环境保护突出问题综合整治攻坚行动。3 月 21 日，五莲县公安局破获 1 起利用废旧电瓶非法炼铅污染环境案，捣毁非法窝点 2 处，当场查扣拆解好的废旧电瓶芯 34.37 吨、铅锭 18.85 吨、铅渣 44.86 吨、飞灰 174.62 吨，抓获犯罪嫌疑人 33 名，涉案总价值 3 亿余元。5 月 17 日，该案被省公安厅、省检察院和省环保厅列为联合重点督办案件。11 月 30 日，该案被公安部列为打假“利剑”行动和“清水蓝天”行动第三批督办案件。是年，全力服务保障中央环保督察工作，期间查处环境违法犯罪案件 11 起。年内，岚山分局破获“10·24”重大污染环境案，抓获犯罪嫌疑人 7 名，涉案金额 200 余万元。

2018 年，按照国务院打赢蓝天保卫战三年行动计划，积极开展严打整治行动。10 月 24 日，开展深化打击食品药品农资环境犯罪专项行动，在环境领域，重点打击非法排污、非法转移倾倒处置危险废物、非法采矿采砂、非法捕捞、搭建“大棚房”非法占用农用地等严重破坏生态环境的犯罪行为。行动期间，破获环境领域刑事案件 20 起，其中省公安厅督办案件 3 起，采取刑事强制措施 39 人。是年，岚山分局破获一起污染环境案，抓获犯罪嫌疑人 7 名；侦办某海域非法捕捞案，先后抓获犯罪嫌疑人 28 名。年内，山海天分局破获一起非法采矿案，抓获犯罪嫌疑人 4 名。

2014—2018 年全市查处环境领域刑事案件统计表

表 18-5

年份	2014	2015	2016	2017	2018
破案数（起）	28	49	38	45	54
抓获人数（个）	50	72	170	135	199
打掉黑窝点（个）	11	16	19	21	23
打掉犯罪团伙（个）	6	9	11	18	20

2014—2018 年全市查处环境领域行政案件统计表

表 18-6

年份	2014	2015	2016	2017	2018
案件数（起）	0	22	33	63	29
抓获人数（人）	0	22	39	70	29

四、专项行动

利剑行动。2015 年 5 月 20 日至 7 月 10 日，全市公安机关开展为期 50 天的“利剑 · Ⅰ号行动”。在食品领域，围绕与百姓日常生活息息相关的乳制品、肉制品、食用油、调味品、大桶水、酒类饮料等大宗食品，突出打击食品非法添加、以假充真、以次充好等犯罪；在药品领域，突出打击网上销售假药和跨国跨境制贩假药等犯罪。是年 11 月 10 日至 12 月 10 日，开展为期 30 天的“利剑·Ⅱ号行动”。重点打击保健食品方面的违法犯罪行为，尤其是针对广大慢性病患者、老年人等特殊群体的保健食品添加违禁物质、虚假宣传等犯罪行为，同时对制售假劣生鲜羊肉片（卷）、牛肉干（粒）、熟驴（狗）肉等违法犯罪行为开展摸排抽样、集中打击。市公安局先后与食药监局、海洋与渔业局、畜牧兽医局等行政执法部门开展联合执法检查 96 次，发放宣传材料 1000 余份，整治突出问题 12 个。行动期间，共侦破各类食品药品犯罪案件 46 起，抓获犯罪嫌疑人 121 名，逮捕 6 人，打掉食品药品犯罪黑窝点 61 个，打掉犯罪团伙 24 个，涉案价值 4520 余万元。

2015 年“利剑”行动打击战果统计表

表 18–7

联合执法（次）	刑事案件（起）	打击处理人员（人）		
96	立案	总数	刑事处理	行政处罚
	46	127	121	6
行政部门移送（起）	打掉犯罪团伙（个）	打掉黑窝点（个）	涉案总价值（余万元）	
6	24	61	4520	

“铁拳”专项行动。2017 年 12 月 1 日至 2018 年 6 月底，全市公安机关组织开展严打食药环违法犯罪“铁拳”专项行动。市公安局成立专项行动领导小组，由分管局领导任组长，相关部门主要负责人任副组长，领导小组办公室设在食药环侦支队，负责信息收集、工作协调、情况调度等日常工作，行动战果每两周一通报，作为对各分县局食药环侦工作年度考核的重要依据。行动期间，全市公安机关食药环侦部门主动加强与行政监管部门的协调联系，先后召开 6 次联勤联动工作会议。充分发挥派出所食药环侦工作信息联络员的作用，对食品集中产地、食品集散地等重点区域和农贸市场、批发市场、展促销会、出租房屋、诊所、药店、美容店、化妆品店等场所进行全面摸底。对城乡接合部、交界地区等管理空白区域，以及可能非法倾倒、处置危险废物的河道、沟渠、山谷、废弃房屋、矿坑、溶洞等目标场所进行重点排查。依托与阿里巴巴平台治理部建立的协作机制和“绿色通道”，加强大数据在线索摸排和案件侦查中的应用，对电商平台涉及的相关问题线索开展网上侦查，侦破了一批跨区域、团伙性、系列性、有影响的案件。

2017—2018 年铁拳行动打击战果统计表

表 18–8

单位	环境领域（起 / 人）				食品领域刑事案件（起 / 人）		药品领域刑事案件（起 / 人）		农资类刑事案件（起 / 人）		合计	
	刑事案件		行政案件									
	案件	人数	案件	人数	案件	人数	案件	人数	案件	人数	案件	人数
东港分局	5	12	1	1	5	11	0	0	0	0	11	24
岚山分局	9	31	1	1	0	0	3	3	0	0	13	35

续表 18-8

单位	环境领域（起 / 人）				食品领域刑事案件（起 / 人）		药品领域刑事案件（起 / 人）		农资类刑事案件（起 / 人）		合计	
	刑事案件		行政案件									
	案件	人数	案件	人数	案件	人数	案件	人数	案件	人数	案件	人数
开发区分局	1	7	0	0	0	0	0	0	0	0	1	7
莒县县局	4	12	10	10	2	5	3	5	1	2	20	34
五莲县局	1	1	0	0	2	14	0	0	0	0	3	15
山海天分局	0	0	0	0	0	0	1	8	0	0	1	8
合计	20	63	12	12	9	30	7	16	1	2	49	123

打击食品药品农资环境犯罪专项行动。2018 年 10 月 26 日起，全市公安机关开展为期 3 个月的深化打击食品药品农资环境犯罪专项行动，突出打击民生领域犯罪问题，切实维护广大人民群众生命财产安全和身体健康。行动期间，各地完善机制、多措并举，全力推进专项行动开展。东港分局、莒县、五莲县局食药环侦部门与网安、经侦、刑侦等警种建立多警联动、合成作战模式，山海天分局充分发挥基层派出所、信息员、网格员优势，借助“一村一警务助理”“一标三实”等工作延伸触角，开展信息采集、线索摸排。东港、岚山、开发区分局将快检技术应用于实战，组织开展专项抽检行动。东港、岚山分局优化打击模式，实行大案“经营深挖”、小案“快侦快诉”。东港分局抓获犯罪嫌疑人 10 名，岚山分局抓获犯罪嫌疑人 22 名。

2018 年各分县局深化打击食品药品农资和环境犯罪专项行动战果统计表

表 18-9

类别		食品领域				药品领域				环境领域			
序号	单位	立案（起）	破案（起）	取保（人）	拘留（人）	立案（起）	破案（起）	取保（人）	拘留（人）	立案（起）	破案（起）	取保（人）	拘留（人）
1	东港分局	3	2	1	3	0	0	0	0	3	3	2	1
2	岚山分局	2	2	3	1	0	0	0	0	7	5	15	3
3	开发区分局	2	1	1	0	0	0	0	0	0	0	0	0
4	莒县分局	5	2	0	4	1	1	1	0	2	1	0	1
5	五莲分局	1	1	1	0	2	0	0	0	0	0	0	0
6	山海天分局	0	0	0	0	0	0	0	0	2	2	3	2
	合计	13	8	6	8	3	1	1	0	14	11	20	7

附：典型案例

【高某、郭某等人制售有毒有害水产品系列案】

2015 年 8 月，市公安局食药环侦支队根据市海洋与渔业局移送线索，先后抓获高某、郭某等犯罪嫌疑人 20 名，查获问题多宝鱼 1 万余公斤。经查，高某、郭某等 18 人在养殖多宝鱼过程中违法使用硝基呋喃类药物，另 2 人违法出售该类违禁药物，均涉嫌生产、销售有毒有害食品犯罪。2015 年 12 月 23 日，东港区人民法院依法判决被告人高某、郭某、崔某等人犯生产有毒、有害食品罪，判处六个月到八个月不等的有期徒刑，六个月到一年不等的缓刑，并处人民币 1 万元到 2 万元不等的罚金。

【庄某等人生产、销售有毒、有害食品案】

2016年1月26日，市公安局食药环侦支队破获1起利用工业明胶加工肉制品的案件，查扣工业明胶3000余公斤，添加工业明胶的猪肉冻成品、半成品5000余公斤，先后抓获犯罪嫌疑人14名，摧毁并清理非法加工户、“黑窝点”100余个，涉案总金额1000余万元。经查，自2015年起，犯罪嫌疑人庄某通过林某从新泰市1家工业明胶厂进购工业明胶，冒充食用明胶销售给于某等人在加工猪肉冻过程中非法添加对外出售，产品销往省内外多个省市。2017年1月12日，经莒县人民法院依法审理判决，被告人庄某、林某、于某、王某等人犯生产、销售有毒、有害食品罪，判处六个月到一年不等的有期徒刑，并处人民币1万元到2万元不等的罚金。

【蒋某等人销售假冒注册商标的商品案】

2016年12月，市公安局食药环侦支队会同东港分局根据工作中获取的线索，全链条打掉1个加工、销售假酒犯罪团伙，先后抓获涉案犯罪嫌疑人16名，捣毁生产假酒黑窝点5个，查扣各类成品假酒3000余箱、制假设备1宗。经查，犯罪嫌疑人蒋某伙同他人在北京郊区租赁1所偏僻民宅，通过购买低劣散装白酒或者用食用酒精勾兑的方式灌装各类品牌白酒对外销售，产品销往北京、山东、河北等多个省市，涉案总价值600余万元。2018年1月19日，经东港区人民法院审理，被告人李某、李某某、吴某等犯生产、销售伪劣产品罪，判处一年零六个月到八年不等的有期徒刑，并处人民币20万元到80万元不等的罚金；被告人蒋某、张某等犯假冒注册商标罪，判处一年到一年零三个月不等的有期徒刑，并处罚金人民币8万元。2019年4月9日，东港区人民法院依法判决，被告人王某犯销售有毒、有害食品罪，判处有期徒刑一年，并处罚金人民币1万元；被告人刘某犯假冒注册商标罪，判处罚金人民币8万元；被告人陆某、宋某等犯非法制造注册商标标识罪，判处罚金人民币6万元。

【尹某等人生产、销售有毒、有害食品案】

2017年1月10日，莒县公安局食药环侦大队破获尹某等人生产、销售有毒、有害食品案，抓获犯罪嫌疑人11名，查获腐烂的狐狸、貉子等胴体约3吨，肉制品600余箱、工业盐约500公斤、工业明胶约250公斤，亚硝酸钠及其他物品1宗。经查，自2016年10月开始，尹某雇佣他人，利用狐狸肉、貉子肉冒充狗肉并添加工业明胶、工业盐等非食品原料制售“毒狗肉”对外出售。2017年10月27日，经莒县人民法院依法审理判决，被告人尹某犯生产销售有毒、有害食品罪，判处八个月有期徒刑并处罚金3万元，被告人马某等犯生产销售有毒有害食品罪，判处有期徒刑六个月，缓刑一年，并禁止在缓刑期内从事食品加工行业。

【“3·09”生产、销售有毒、有害食品案】

2018年3月9日，五莲县局食药环侦大队根据举报线索，对1起食品屠宰企业涉嫌制售有毒有害注水猪肉案进行立案侦查，于3月17日抓获犯罪嫌疑人24名，现场查扣问题生猪246头约2.7万公斤。经查，2017年起，犯罪嫌疑人王某雇佣犯罪嫌疑人郑某、刘某等人在生猪屠宰过程中注射肾上腺素、阿托品等违禁药品给生猪灌水增加重量，产品销往省内多个地市，涉案价值7900余万元。该案已移送起诉。

【司某等人生产、销售假药案】

2015年6月11日，市公安局食药环侦支队经过5个月的缜密侦查，破获司某等人制售假药（阿胶）案件，全链条打掉1个生产、包装、销售假药犯罪团伙，先后抓获司某、刘某等8名犯罪嫌疑人，捣毁制假黑窝点5处，查扣假冒成品东阿阿胶500余公斤、半成品阿胶30余吨及生产设备、包装材料等物品1宗，涉案价值3亿余元。经查，犯罪嫌疑人司某等人利用马皮、骡子皮等冒充驴皮，利用土法加工成所谓的阿胶出售给马某等人，再经过加工包装后最终以东阿阿胶对外销售。线索涉及全国20余个省份，发起全国打假集群战役。2017年1月24日，经日照市中级人民法院二审终审判决，被告人司某犯生产、销售假药罪、生产、销售伪劣产品罪判处有期徒刑七年，并处罚金人民币81万元；被告人马某杰、梁某兵、李某等犯生产、销售假药罪，判处一年零六个月至三年不等的有期徒刑，并处罚金人民币25万元。

【刘某等人非法经营药品案】

2015年1月，东港分局食药环侦大队根据群众举报，在东港区正阳路1个小区抓获涉嫌非法经营的刘某、丁某、薄某等3名犯罪嫌疑人，查获骨疏康颗粒等大量药物。经查，2009年2月起，犯罪嫌疑人刘某某伙同丁某、薄某在明知无药品经营许可证不允许私自经营药品的情况下，多次通过物流发货方式采购骨疏康颗粒和盐酸氨基葡萄糖胶囊等药品销往日照市城区部分医院及药店，金额400余万元，非法获利100余万元。2015年5月12日，经东港区人民法院审理判决，被告人刘某等犯非法经营罪，判处有期徒刑五年，并处罚金人民币80万元。

【许某等人利用网络销售假药案】

2016年3月，市公安局食药环侦支队及时破获许某等人利用网络销售假药案，全链条打掉1个网上销售假药犯罪团伙，先后抓获许某、张某等8名犯罪嫌疑人，取缔生产加工窝点1处，捣毁销售黑窝点4个，查扣假药1000余盒，摸清团伙成员500余人，涉案总价值1000余万元。经查，自2015年起，犯罪嫌疑人张某等人通过组建微信群发展下线等方式，向不特定人群销售自制假药朱氏药膏，案件线索涉及全国10余个省市，2016年11月，通过公安部发起集群战役。2017年，经岚山区人民法院依法判决，被告人张某某犯销售假药罪，判处有期徒刑十年，并处罚金人民币240万元；被告人徐某、许某等犯销售假药罪，判处六个月到三年不等的有期徒刑、缓刑一年到三年不等，并处人民币2万元到60万元不等的罚金。2018年12月5日，岚山区人民法院依法判决，被告人张某犯销售假药罪，判处有期徒刑二年，缓刑二年，并处罚金人民币20万元。

【“4·10”生产销售假药案】

2018年4月10日，市公安局食药环侦支队会同山海天分局治安大队破获“4·10”特大制售假药案，查扣假药鼻炎灵滴鼻液100余万支，捣毁制假黑窝点3个，查处涉案药品生产企业2家，先后抓获犯罪嫌疑人16名。经查，嫌疑人高某利用自制配方在未获得国家批准文号的情况下，雇佣张某等人自制某品牌鼻炎灵滴鼻液，通过网络和发展代理等方式对外销售，涉及全国10余个省市，涉案总金额5000余万元。该案已移送起诉。

【五莲“2017·3·21”污染环境案】

2017年3月21日，五莲县公安局破获“3·21”污染环境案，全链条打掉1个通过废旧电瓶非法炼铅污染环境犯罪团伙，先后抓获张某、吴某等33名犯罪嫌疑人，捣毁非法炼铅黑窝点2处，当场查扣拆解好的废旧电瓶芯34.37吨、铅锭18.85吨、铅渣44.86吨、飞灰174.62吨。经查，自2013年起，犯罪嫌疑人张某、吴某等人在未取得危险废物处置资质、未办理环保、工商等有关手续的情况下，在五莲县中至镇某村租赁厂房，私自购进废旧电瓶约10000余吨，雇佣民工拆解冶炼，将生产出的粗铅锭对外销售，涉案金额2.5亿余元。案件涉及山东、江苏、浙江等多个省市，通过公安部发起集群战役，共捣毁黑窝点12处。2018年8月3日，经五莲县人民法院依法审理，被告人张某、吴某犯污染环境罪，分别判处有期徒刑六年，并处罚金人民币500万元、100万元；被告人李某、郭某、高某、申某等犯污染环境罪，判处一年到三年不等的有期徒刑，并处人民币2万元到50万元不等的罚金；被告人李某某犯污染环境罪，判处拘役六个月，缓刑六个月，并处罚金人民币8000元。同时，依法追缴涉案违法所得共224万余元。

【徐某非法占用农用地案】

2017年7月，东港分局食药环侦大队破获徐某非法占用农用地案，抓获徐某、闫某等7名犯罪嫌疑人。经查，2016年3月起，徐某等人在未办理国土用地手续且明知所占地块为农用地的情况下，非法采石3万余立方米。后经农业部门鉴定，该处土地达到严重破坏程度，完全丧失耕种功能，已涉嫌犯罪。2018年5月15日，经东港区人民法院依法审理判决，被告人闫某犯非法占用农用地罪，判处有期徒刑九年，并处罚金人民币3万元；被告人徐某等人犯非法占用农用地罪，判处有期徒刑一年，并处罚金人民币5万元。

【张某污染环境案】

2017年6月24日，莒县公安局食药环侦大队破获张某等人非法倾倒废酸污染环境案，先后抓获犯罪嫌疑人9名。经查，自2015年起，犯罪嫌疑人张某经营的日照某商贸有限公司，在没有危险废物处置资质的情况下，从莒县某铁塔有限公司管理员郭某、厉某等手中收购废酸、废水等危险废物进行非法倾倒，涉嫌污染环境罪。2019年9月18日，经莒县人民法院依法审理，被告人郭某、潘某、厉某、张某等人犯污染环境罪，判处二年到三年不等的有期徒刑，缓刑二年零六个月到五年不等，并处人民币5万元到10万元不等的罚金。

【岚山某海域系列非法捕捞水产品案】

2018年，岚山分局食药环侦大队工作中发现在郭某养殖海虹的海域有10余艘船只从事非法捕捞作业。经缜密侦查，破获系列非法捕捞水产品案，先后抓获32名犯罪嫌疑人。经查，犯罪嫌疑人宋某等人于休渔期在岚山郭某承包的海域从事非法捕捞江瑶贝、鲅鱼等水产品，涉嫌非法捕捞水产品罪。案件涉及山东、江苏、上海等多个省市，涉案总价值500余万元。2019年8月6日，经岚山区人民法院依法审理判决，被告人宋某、宋某某等人犯非法捕捞水产品罪，判处六个月至一年不等的有期徒刑，对非法捕捞的违法所得，予以追缴。

【开发区某养殖区非法采矿案】

2018年1月，开发区分局食药环侦大队根据国土部门移交线索，破获某养殖区非法采矿案，抓获16名犯罪嫌疑人。经查，犯罪嫌疑人董某伙同犯罪嫌疑人尹某、郭某等人在该养殖区南侧虾池内，以清淤名义对泥沙进行采挖并销售牟利，涉案价值80余万元。该案部分嫌疑人同时涉嫌行贿及掩饰、隐瞒犯罪所得等多种罪名。2019年4月30日，经经济技术开发区人民法院依法判决，被告人董某、尹某等人犯非法采矿罪，判处六个月到三年零六个月不等的有期徒刑，并处人民币1万元到10万元不等的罚金，追缴违法所得人民币1.25万元到48.31万元不等；被告人尹某犯掩饰、隐瞒犯罪所得罪，判处有期徒刑一年零六个月，缓刑二年，并处罚金人民币5万元；被告人汪某犯掩饰、隐瞒犯罪所得罪，判处罚金人民币1万元；被告人汪某某、孙某犯窝藏罪，判处有期徒刑一年零六个月，缓刑两年；被告人许某犯窝藏罪，判处管制三个月。

第三节 部门联动机制建设

打击食药环领域违法犯罪需要各有关部门和全社会共同参与，市公安局持续强化与行政监管部门以及高校、企业、行业协会协作配合，健全联勤联动机制，多维度提升食药环侦工作效能，形成共建共治合力。

一、联动机制建设

地级日照市公安局成立后，市公安局不断密切与食品药品、环境保护、国土资源等相关部门的执法配合协作。2004年，市公安局与市药品监督管理局联合印发《日照市联合打击制售假劣药品医疗器械违法犯罪活动工作制度的通知》，针对制售假劣药品、医疗器械等违法犯罪行为，建立联席会议制度、重大案件督办制度、信息交流与宣传制度，明确双方工作职责，夯实药品领域协作打击的坚实基础。2011年，认真贯彻省公安厅等四部门《关于进一步加强行政执法与刑事司法衔接依法严厉打击危害食品药品安全犯罪的意见》等有关文件精神，进一步完善组织领导和协调机制，增强打击食品、药品领域犯罪的合力。2013年，按照省公安厅、环保厅部署，建立全市公安环保联勤联动执法工作机制，强化合作打击环境领域犯罪的能力。

2014年，食药环侦支队成立后，市公安局先后与市环保局、食药监局、海洋与渔业局、畜牧兽医局等行政执法部门以联合发文、起草相关会议纪要、建立协作制度等形式，加强“两法衔接”（行政执法与刑事司法衔接，下同），明确违法犯罪案件线索移送标准及工作规范。7月4日，会同市食品药品监督管理局联合下发《关于加强对物流寄递渠道查验及时发现打击涉药违法犯罪的通知》。8月12日，会同市畜牧兽医局联合下发《关于加强畜牧业行政执法与刑事司法衔接工作的意见》。12月10日，会同市食品药品监督管理局联合下发《关于进一步加强食品药品违法犯罪行政执法与刑事司法衔接工作的意见》《食品药品违法犯罪案件线索移送工作规范》和《涉嫌食品药品犯罪案件移送标准指南》等一系列制度规范。

2015年，结合新《中华人民共和国环境保护法》的贯彻实施，会同市环保局印发《关于建立打击环境违法犯罪活动联动机制的通知》，推动区县级建立“联打办”和联勤联动办公室，落实人员、经费、装备等各项保障措施，为公安环保联合治理环境污染、打击处理违法犯罪提供机制保障。

图 18-6 2015年，药品联合执法

2016年，推动在市、县级及乡镇、街道建立公安、环保、食药监部门联勤联动办公室，建立食安、农安、公安“三安联动”协作机制，提升工作合力和执法效能。会同市食品药品监督管理局印发《关于建立药品案件查处联动工作机制的意见》，做到快立案、快侦查、快破案。6月13日，会同市检察院、法院、盐务局印发《关于办理涉盐违法犯罪案件的联席会议纪要》，推动破解在打击涉盐犯罪工作中遇到的难题。

2017年，加强对有关行政部门“两法衔接”（行政执法与刑事司法衔接）培训，先后派民警对市环保局、海洋渔业局、食药监局等部门行政执法人员进行系统培训4次，提高行政执法人员对犯罪行为的先期发现和依法处置能力。

2018年，牵头建立《公安与行政部门联络员工作制度》，召开线索交办会8次。先后5次牵头召开公检法和有关行政部门联合会商会议，针对水产品、农产品非法用药和使用违禁药物制售有毒有害肉制品等犯罪案件，统一办案标准，达成执法共识。

二、联合执法活动

地级日照市公安局成立至2014年，先后联合有关行政执法部门开展多次联合执法活动。1996年，与市卫生局等部门联合整顿医疗秩序、药品市场。2004年，联合市药品监督管理局深入开展打击制售假劣药品医疗器械违法犯罪活动。2006年，在市政府统一组织下，以农村食品安全、初级农产品治理和监管、食品生产加工环节整治为重点，联合有关部门开展全市食品安全专项整治，促进食品生产经营秩序持续好转，保障人民群众饮食消费安全。2010年，与市食品药品监督管理局等部门联合开展集中治理利用互联网发布虚假药品信息非法销售药品专项行动。2012年，与市食品药品监督管理局、卫生局等部门联合，加强对含麻黄碱类复方制剂管理。2013年，与市环保局等部门联合开展整治违法排污企业保障群众健康环保专项行动。

2014年，市公安局食药环侦支队成立后，联合执法逐渐成为打击食药环领域违法犯罪的常态。至2018年，全市公安机关会同食药监、环保、农业、畜牧等行政监管部门共同开展联合执法500余次。

食品安全领域联合执法　2014年5月，市公安局食药环侦支队联合市食药监局、畜牧局，对生产、销售熟猪头肉、猪大肠等产品的企业进行检查，重点对企业是否取得营业执照、进货渠道是否正规、购进的货物是否经过检验检疫、加工过程是否添加非法添加物等进行检查。5月15日，按照群众路线教育实践活动整改方案要求和公安部开展“打击食品药品环境犯罪深化年”活动工作部署，市公安局食药环侦支队联合市食药监局对全市销售保健食品有关单位开展联合执法检查。6月起，联合市食药监局规范市区豆芽销售市场，对市区集贸市场销售黄豆芽、绿豆芽的商户开展执法检查，查看商户黄豆、绿豆进货渠道、生产豆芽环境等，并对销售的黄豆芽、绿豆芽抽样检测，期间，破获涉嫌生产销售有毒有害食品案6起。8月22日，市公安局食药环侦支队配合市食药稽查支队执法人员，对山海天旅游度假区内1家无证批发销售啤酒、白酒的商户进行清查，并对销售产品的10余家餐馆、超市进行检查。在该商户的仓库内发现私自印制的“青特啤酒”包装箱1000余件、“尧王特酿”白酒瓶盖800余个及宣传材料1宗，待售的青岛啤酒、青岛扎啤、扳倒井、尧王特酿、赖茅、红花瓷等酒水1300余件。9月，配合市食药稽查支队对东港区济南路1个小区内涉嫌无证经营某口服液的窝点进行查处，发现涉案线索1条。12月，与市食品药品稽查支队开展“百日行动”联合检查，重点对火锅店、蜂蜜生产厂家、食用油生产厂家等单位进行检查。

2015年，联合市食药稽查、畜牧兽医部门开展羊肉及其制品“规范整治打击”专项行动。同年，联合市海洋与渔业局重点对日照多宝鱼养殖行业进行专项整治，对东港区、开发区的多宝鱼养殖户100余户进行突击抽样检测。2017年1月24日凌晨，联合市食药稽查支队，对金阳市场部分肉制品批发业主进行突击检查，对一经营无中文标识的进口肉制品经营户进行立案查处。2018年，联合市农业局、商务局、食药监局、海洋与渔业局、供销合作社联合社等部门开展整治农村假冒伪劣食品专项行动。3月，市公安局食药环侦支队会同市食药稽查支队，根据群众举报线索深入市区1家食品生产企业，对该企业食品安全生产方面进行实地监督检查，并对该企业生产的蚕蛹进行集中抽样送检。6月11日，中考期间，市公安局食药环侦支队牵头，联合市、区两级食药监部门，对市区内校园周边食品从业单位进行安全检查。

药品安全领域联合执法　2014年8月，联合市食药监局、工商局等部门开展打击美容机构药品犯罪专项行动，对全市200余家美容机构进行摸底登记造册，掌握经营情况，规范美容行业市场经营秩序。2016年5月，会同市食药稽查支队对市区诊所开展突击大检查，发现1家无证经营诊所。2017年8月，会同市食药稽查支队，对全市牙科门诊进行联合执法检查，发现涉案线索3条。2018年4月，会同市食药稽查部门对市人民医院、市中医医院等市区大中型医院有关药品和医疗器械进行执法检查。

环境保护领域联合执法 2014年5月，在中、高考前夕，市公安局联合市综合行政执法局、教育局、住建委和环保局等部门启动“静音护考”行动，为考生营造良好的学习、生活和考试环境。行动期间，对建筑工地开展联合夜查监督，对夜间建筑工地施工状况进行督促和整改。5月29日，食药环侦支队会同莒县公安局治安大队，对莒县城西1家生产、加工酸化油的企业进行检查。6月，配合市环保局等有关部门，取缔1家排放污水导致农户种植花生死亡的塑料颗粒生产企业。6月11日，市公安局联合市监察部门，对东港区日照街道后山前村污水导致种植花生死亡问题进行调查，经实地勘查，同年，市环保局与东港区日照街道办事处依法对排放污水的东港区某塑料制品有限公司进行取缔。8月，会同市环保局对全市企业污染物排放情况开展联合检查，同时对莒县4家水泥熟料加工企业开展环保专项检查，对各企业排放废物、废水等进行抽样检查，对大气污染源自动监控设备进行检查，查看有关数据信息。2015年初，市公安局与市环保局联合开展集中排查整治非法排放、倾倒、处置危险废物违法犯罪专项行动。11月，与市环保监察部门成立联合执法检查组，以重金属企业、危险废物产生企业、放射源企业及小颗粒、小淀粉等土小企业为重点，从严打击超标排污、暗管偷排、非法转移倾倒危废、违规使用放射源等领域的环境违法犯罪行为，共检查企业33家，查封小造纸厂2家、小造粒企业1家、小电镀企业2家。是年，共配合环保部门联动执法83次。2016年6月，配合市环保局对沿海养殖业进行集中清查。11月，配合市环保局对开发区某化工企业开展夜间突击检查活动，现场发现并整改问题2处。2017年10月13日，配合市环保局对全市涉核辐射企业开展安全大检查。2015年后，食药环侦支队、岚山分局食药环侦大队、莒县公安局食药环侦大队、五莲县公安局食药环侦大队先后被评为年度全省环保公安联勤联动执法工作先进集体，6名民警、7人次被表彰为年度全省环保公安联勤联动执法工作先进个人。

第四节 工作宣传

一、食品安全宣传周

2011年起，全市公安机关积极参与全国食品安全宣传周活动，大力宣传公安机关打击食品药品领域违法犯罪取得的显著成果，提升食品生产经营者守法经营意识，发动群众参与群防群治。是年7月，开发区分局在全区进行为期3天的食品安全周宣传活动，共制作张贴海报100张，发放宣传册、宣传材料300份，清理检查生产加工企业21家、作坊26家、交易市场5家、销售商铺13家、销售摊点35个，查处各类违法违章经营活动10余起。

2012年6月11日，开发区分局会同区市场监管、工商、卫生等部门在开发区公园举行“食品安全宣传周”活动。民警向市民发放食品安全宣传材料，讲解食品识假辨假的基本知识，通过全面生动地向群众宣传法规和政策，进一步提高广大市民识别“瘦肉精”“地沟油”等假劣食品的防范常识，充分调动广大市民参与防范和打击危害食品安全违法犯罪的积极性、主动性。活动期间，共发放宣传资料2000余份，解答咨询70余人次。

2014年6月10日，市食品安全委员会办公室在市会展中心举办2014年食品安全宣传周活动启动仪式，市公安局20名民警参加仪式。活动期间，民警积极向群众介绍公安机关打击食品领域犯罪工作情况，宣传食品安全知识，发放安全知识宣传单600余份。6月19日，市公安局食药环侦支队通过《黄海晨刊》《半岛都市报》、齐鲁网、大众网、市公安局微博公众平台广泛宣传食品安全知识，联系中国电信日照分公司群发食品安全公益短信。同日，五莲县在新玛特购物广场举行食品安全宣传周活动启动仪式，县公安局参加活动。民警在现场通过发放宣传材料、讲解有关法律法规、接受咨询等形式向群众宣传食品安全防范知识，介绍公安机关打击危害食品安全违法犯罪成果，鼓励群众举报违法犯罪线索，动员全社会关心、支持、参与食品安全工作。

2015年6月16日上午，莒县县政府在日百新玛特广场举办“莒县2015年食品安全宣传周活动”启动仪式，县公安局主要负责人参加仪式并做表态发言，活动现场向群众宣传食品安全法律法规，为群众解答有关问题，增强群众的法律意识。6月18日，东港分局参加区政府食安组织开展的食品安全宣传周活动。活动期间，民警积极和群众交流互动，耐心答疑解惑，发放宣传材料，宣传相关法律法规知识，呼吁广大市民积极向公安机关举报危害食品安全的违法犯罪线索。

图18-7 2015年，莒县公安局参加食品安全宣传周活动

2017年7月11日，岚山分局在安东卫大集组织开展食品安全宣传周活动，通过悬挂宣传横幅、制作宣传栏、发放宣传彩页、开展法律咨询和宣讲等方式，让群众了解食品安全的概念、有毒有害食品的危害和识别方法及线索举报渠道。活动中，发放宣传材料1000余份，提供业务咨询200余人次。

2018年7月20日，开发区分局与市场监督管理局、农村发展局及社会事业局在连云港路农贸市场举办食品安全宣传周活动。通过向市民讲解专业知识、发放宣传材料等方式，全面讲解关于食品安全方面的注意事项及相关问题。7月28日，五莲县在银座商城广场举办食品安全宣传周宣传活动，县公安局参加启动仪式并开展宣传活动。8月2日，五莲县公安局潮河派出所联合潮河镇食品安全监督管理所、畜牧兽医站、市场监督管理所等单位开展食品安全宣传周法律宣传活动。活动中，民警向群众发放警民联系卡100余张，鼓励群众检举和揭发危害食品安全的违法犯罪行为。

二、工作经验推广

2016年，《山东公安》第4期以《强化专业攻坚能力，坚守群众“舌尖上的安全”》为题，刊发莒县公安局打击食品药品环境领域违法犯罪活动经验做法。

2017年4月10—12日，省公安厅在滕州市举办2017年全省公安机关食药环侦案例评析，市公安局食药环侦支队民警宣讲的司某等人生产销售假药案，获第三名。8月22日，《人民公安报》刊发市公安局建立“派出所民警兼任食药环侦工作联络员制度”的经验做法。

2018年7月，在省公安厅举办的全省公安机关食药环侦部门典型案例评析活动中，五莲县公安局破获的利用废旧电瓶非法炼铅污染环境案参加宣讲并荣获二等奖，食药环侦支队侦办的5·04制售禁限用高毒农药案参加宣讲并获三等奖，山海天旅游度假区分局侦办的4·10制售假药案参加宣讲并荣获三等奖。12月6—7日，省公安厅食药环侦总队在上海举办全省食品药品知识产权刑事保护培训交流会，会上，莒县公安局就成功侦破一起销售假冒注册商标的商品案作经验介绍。12月25日，《山东法制报》刊发《重拳出击打出“食药环”一片净土》，报道市公安局食药环侦支队亮点工作。

三、典型案例发布

2015年3月16日，市公安局通过新闻媒体对外发布全市食药“利剑”打假10大典型案例。

2016年1月20日，省政府新闻办公室召开新闻发布会，通报2015年度全省公安机关打击食品犯罪 10 起典型案例，其中市公安局食药环侦支队侦办的“日照高某、郭某等人制售有毒有害水产品系列案”入选 10 大典型案例，并入选山东省精品案例汇编。2 月 27 日，公安部治安管理局公布 12 起 2015 食药打假“利剑”行动典型案例（药品类），其中市公安局食药环侦支队侦办的“日照司某等人生产、销售假药案”入选。3 月 11 日，《黄海晨刊》等新闻媒体发布日照市 2015 年十大“要案”盘点，食药环侦支队侦办的“袁某某非法买卖制毒物品、污染环境案”和五莲县公安局侦办的“秦某某销售不符合安全标准的食品案”入选。4 月 26 日，市公安局通过新闻媒体对外发布 2016 年日照公安食药打假十大典型案例。

2017 年 3 月 16 日，省盐务局公布的 2016 年度全省十大涉盐违法犯罪案件，日照侦办的 3 起案件入选，其中东港、莒县、五莲各 1 起。

2017 年 7 月，省公安厅召开打击食品违法犯罪新闻发布会，通报 10 起食品违法犯罪典型案例，莒县公安局侦办的尹某等人生产、销售有毒、有害食品（毒狗肉）案入选 10 大典型案例。

2018 年 5 月 4 日，市公安局通过新闻媒体对外发布 2017 年度全市公安机关食药环领域 10 大典型案例。

灯塔风景区

RI ZHAO SHI
GONG AN
ZHI

第十九章

19
CHAPTER

公安法制和行政审批服务

GONG AN FA ZHI HE
XING ZHENG SHEN PI FU WU

1989年地级日照市公安局成立后，公安法制工作职能由政策法律研究室承担。1990年，日照市劳动教养管理委员会成立，在市公安局治安科设办事机构，具体承担劳动教养审批工作。1994年9月，市公安局政策法律研究室改称法制科，负责案件法制审核，行政复议应诉，法制宣传教育及咨询等。1997年3月，市公安局法制科开始承担日照市劳动教养管理委员会日常工作。2004年1月，市公安局法制科改称法制处。2011年11月，市公安局法制处改称法制支队，各区县公安机关法制科改称法制大队。2013年12月，落实全国人大常委会通过关于废止有关劳动教养法律规定的决定，市公安局法制支队劳动教养职能随之撤销。至2018年底，全市东港、岚山、日照经济技术开发区、山海天旅游度假区分局和莒县、五莲县公安局均设法制大队，交警支队设法制科。

2014年以前，市公安局没有成立专门的行政审批机构，除集会、游行、示威许可等11项业务在市行政服务中心集中办理外，大部分行政审批服务工作分散在各警种部门办理。2014年2月，为适应经济社会发展新形势，市公安局组建行政服务处，主要负责依法制定、实施各项政务服务的管理制度并进行监督检查；对进驻事项的办理进行组织协调、监督管理和指导服务；对窗口工作人员进行管理培训和日常考核；对下级窗口工作进行指导和监督。

2012—2016年，党的十八大后，全市各级公安机关紧紧围绕法治公安建设总目标，树立树牢“以人民为中心”思想和“规范执法是基本警务”理念，以省公安厅部署提出的规范执法标准化、流程化、要素化、精细化“四化”建设为主旨，不断加强执法制度建设，推进执法权力运行机制改革，强化执法主体能力建设，优化行政审批服务，执法规范化建设不断提档升级，队伍法治素养、执法能力显著增强，全市公安机关执法公信力和社会认可度持续提升。

2017年后，全市公安法制部门紧盯新时代公安工作发展方向，大力实施精准执法品牌战略，以大数据、智能化为支撑，加快执法理念、执法制度升级改造步伐，聚力打造具有日照公安特色的123N精准智慧执法体系，开启公安法制工作内涵式、高质量发展新篇章。

第一节　执法监督

执法监督是公安机关内部对执法活动的一种自我制约形式，主要包括执法检查、执法质量考核评议等。

一、执法检查

1989年后，市公安局要求各单位坚持每月开展一次执法检查，市公安局每季度进行一次检查督促，并进行讲评，半年进行一次小结，做到及早发现问题，把执法问题苗头消灭在萌芽状态。

1990年3—5月，按照上级统一部署，开展公安行政执法全面检查，把治安、刑警、交警、消防、外事等警种列入重点检查对象，坚持层层查、重点查，在检查方法上主要采取“三个为主”和“三个结合”：一是以科所队以上领导为主，二是以第一线干警为主，三是以本单位业务为主；组织各科室干警自查与互查相结合，单位集体查与领导小组抽查相结合，学习法律条文与对照检查相结合。

1991年7月，落实公安部公安机关内部执法监督工作座谈会精神，部署全市公安机关首次执法大检查，抽调人员组成检查组，对照标准分片对全局51个执法单位的上半年民警学法、用法和执法办案进行当场检查，全局达标单位达98%，平均分96.3分。11月，在全省普法执法大检查前，组织各单位开展自查。此后，市公安局一般每年开展1～2次全市公安机关执法大检查，从执法范围、执法权限、执法标准、执法程序等方面分级全面检查或抽查，纠正不规范行为，提高执法水平。

1992年6月13—18日，组织对派出所、日照港公安局、铁十四局一处公安科、坪岚铁路公安段以及石臼、岚山边防检查站等66个单位进行检查，围绕法律学习与实施、受理立案、侦查预审、强制措施、罚没扣押、收容审查等15个方面、46项内容进行全面检查，被检查单位都在达标以上，其中优秀单位占被检查单位总数的77.3%。

1993年11月，按照公安部、省公安厅统一部署，组织开展全市普法执法大检查，在各基层单位全面自查的基础上，由局长和四位副局长带队，从纪委、政治处、办公室、政研室等有关科、队、室抽调部分负责同志，分赴各分局、县局和市公安局机关有关科室支队、日照港公安局等单位进行现场检查，并首次增加行政执法等若干检查项目。其间，检查刑事案件903起、治安案件1399起。

1994年，继续抓好以季度、半年执法检查为载体的量化检查评比活动。是年，面向社会各界聘请执法执纪义务监督员682名，加强社会层面对公安执法工作的监督。

1995年4月，省公安厅印发《山东省公安机关内部执法监督暂行规定》，明确公安法制部门是主管内部执法监督工作的综合职能部门。

1996年，全市各级公安机关开展执法大检查17次，专项执法检查9次，普查单位118个，市公安局执法检查组抽查21个单位，抽查刑事卷宗209卷，行政处罚卷宗200卷，召开义务执法监督员座谈会6次，发现并整改问题76个。

1997年10月，五莲县公安局组织对全局办案单位1996年后执行《中华人民共和国行政处罚法》《治安管理处罚条例》《道路交通管理条例》《中华人民共和国国家赔偿法》等有关行政法律、法规的情况，进行执法检查。

1998年4月，市公安局成立由局长任组长的执法大检查领导小组，抽调有关人员组成3个检查组，对各分县局、支队1997年后的执法情况进行检查，共检查刑事案件132起，治安行政案件1126起，劳动教养案件31起；纠正执法问题283个，纠正执法不当案件165起，制定整改措施197条。

1999年6月，按照省公安厅部署要求，组织对各分局、县局、支队1998年后所有刑事涉案人员的处理情况、特别是责任追究情况进行集中检查。

2000年后，随着《山东省县级公安机关评议考核办法》实施，涵盖全局性的执法检查逐渐过渡为执法评议考核，此后的执法检查多为针对某一问题开展的专项检查和集中整治。

2003年7月20日至是年底，部署开展重点执法问题整治活动，重点整治7个方面的问题：刑讯逼供、滥用枪支警械、滥用强制措施；利用取保候审变相创收、交钱放人以及保证金缴纳、管理、退还、没收不规范；违法使用留置措施，留置场所管理不规范、不按照规定传唤、拘传、超期羁押；乱收费、乱罚款、乱扣押；办理卖淫嫖娼、赌博案件以罚款为主；越权办案，插手经济纠纷；公安行政管理不作为、不严格依法办事。

2004年4月中旬，按照省公安厅统一部署，开展"两个随意"（违法随意扣押、查封、冻结、没收财产，随意责令停业整顿、吊扣证照）专项清理整治活动。7月12日，开展"两个违规"（扣押涉案财物、取保候审两个方面的违规问题）专项治理活动。全年，共开展执法检查37次，查阅案卷980余件，纠正执法问题627个。

2005年，市公安局在全市范围内组织开展"规范执法行为、促进执法公正"专项整改、"两个违规"专项治理活动。2项专项活动主要围绕治安、刑警、经侦、交警等重点岗位和经济犯罪案件定性处理、刑事伤害案件伤情鉴定、治安案件处罚幅度等重点环节，重点整改执法思想不牢、法律素质不高、缺人权保护意识等问题。活动期间，开展执法检查56次，检查案卷1068件，防止和纠正执法不当案件32件，纠正执法问题552个。

2006年，联合市检察院开展逮捕工作专项检查，通过召开电视电话会议、下派工作组等，加强专题部署和情况调度。召开联席会议2次，开展专项执法检查12次，检查案件230余起。

2007年，随着全市统一启用网上办案流程暨执法监督系统（简称"网上办案系统"），对各单位案卷抽查由原来的实地抽查变为通过网上随机抽查，执法监督检查更加便捷高效。是年，通过"网上办案系统"随机抽查刑事案卷209个、行政案卷319个，从中发现刑事执法问题193个、行政执法问题206个。

2008年7月，在全市开展违反规定办理取保候审工作整顿，重点是整顿违反规定办理取保候审、违规收取、没收保证金、不及时退还保证金和保证金管理混乱，以及保而不侦、以保代处等问题，通过开展集中整顿活动，进一步规范取保候审工作。整顿期间，退还保证金69万余元，解除取保候审措施人员35名。

2009年9月，按照省公安厅统一部署，组织开展全市公安机关涉案财物专项审计，由法制、审计部门联合对办案扣押款、办案扣押款物去向和结余、保证金收取、罚没收入、扣押物品等情况进行联合审计检查，发现涉案财物管理问题142个，即时督促整改36个。

2010年2—11月，按照公安部、省公安厅统一部署，组织开展全市公安机关涉案车辆违规问题专项治理，重点整治违法扣留、扣押，挪用、未按照规定妥善保管涉案车辆，违反法定程序和要求处置涉案车辆等3种不规范行为，组织各办案单位开展涉案车辆数量及案由、承办人、审批等情况摸排、登记备案，对外公布专项治理举报投诉热线电话，安排专人24小时接受群众举报投诉，对发现的违规问题责令限期整改。是年，依法处置涉案车辆39辆。

2011年3—11月，按照公安部、省公安厅统一部署，组织开展全市公安机关涉案财物管理问题专项治理，重点整治执法办案中存在的违规扣押、查封、冻结财产、违规处理涉案财物、随意没收保证金等行为，组织所有执法办案单位围绕正在办理的行政和刑事案件、2010年后已经办结的行政和刑事案件、2010年以前已办结但当事人因涉案财物问题仍在信访投诉的案件3个方面，集中时间、集中力量逐案进行排查、清理、登记。印发《涉案财物管理问题专项治理工作量化考核方案》，逐月通报各单位专项治理情况。5 月，召开专门培训会，组织学习培训，对前期工作中发现的问题进行汇总讨论，提出解决的办法和措施。是年，实行涉案财物报备制度，要求涉案财物 24 小时上交保管并向督察部门报备。

2012 年，与市检察院联合开展另案处理专项检查活动，对全市公安机关提请逮捕、移送审查起诉案件中涉及另案处理的案件，收集、核实和统计相关数据并上报，对检查活动中发现的问题及时督促整改，规范“另案处理”案件台账管理工作。是年，市委政法委部署开展 2012 年度政法部门案件评查活动，在全市公安机关以信访、投诉案件为重点，抽取案件 270 起，逐一进行阅卷、考评，对评查中发现的相关执法问题，认真落实整改措施。

2013 年，启动执法场所网上巡查工作，通过安装在各基层单位办案区内的监控探头，对民警执法办案行为进行实时、动态、同步远程视频检查。视频检查巡查主要围绕是否存在设施安全隐患、监控画面是否清晰、是否存在单警询（讯）问的情形、民警是否对嫌疑人动手动脚以及打骂体罚等不符合执法规范的现象进行。7 月，印发《全市公安机关取保候审突出问题专项督察工作方案》，组织法制、督察部门联合开展取保候审突出问题专项督察，全年集中检查 3 次、交叉检查 3 轮，查阅各类台账、案卷 300 余份，上网核查各类信息 900 余条、回访取保当事人 30 余名。

图 19-1　通过网上巡查实时监督执法活动

2014 年，公安部提出规范使用办案区“四个一律”工作规定，要求违法犯罪嫌疑人被带至公安机关后，一律直接带入办案区，严禁违反规定带出办案区讯问询问；进入办案区后，一律先进行人身检查和信息采集；违法犯罪嫌疑人在办案区内，一律要有人负责看管；在办案区内开展执法活动，一律要有视频监控记录。5 月，组成 2 个督导组，对各分县局“四个一律”落实情况进行督导。是年，开展执法隐患、风险点和执法问题集中排查、执法检查“回头看”等专项检查 2 次，排查执法隐患风险 7296 个，组织整改 7273 个，占全部问题的 99.7%，对因不具备破案条件等原因无法整改的问题，列出具体可行的工作计划，并重点关注督导。

2015 年 4 月，按照公安部、省公安厅统一部署，组织开展立案突出问题专项治理。为确保治理实效，先期选取东港分局日照路派出所、南湖派出所、后村派出所、治安大队、刑侦大队二中队等五个具有代表性的基层所队进行试点，通过对试点单位立案突出问题进行清理排查和充分调研，建立并完善治理措施、工作流程和台账模板，绘制《立案突出问题专项治理流程图》。6 月 2 日，在东港分局召开现场观摩会议，总结推广试点单位经验做法，安排部署各分县局按照统一标准全面推进专项治理工作。专项治理期间，通过现场督察、交叉检查、网上抽查等方式，排查警情 11.24 万余起、刑事案件 6785 起、行政案件 1.29 万余起，发现整改问题 2802 个，制定出台《执法办案终身责任及跟踪追究过错办法》《日照市公安机关办理刑事案件告知服务规定（试行）》等规范性文件 17 个。7 月，按照省公安厅统一部署，组织开展执法质量巡查、法制员巡讲、精品案例巡展“三巡”活动，执法质量巡查以受立案、案件办理、执法办案场所使用管理为重点，通过案件评查、网上巡查与执法突击检查等形式进行，市、县两级公安机关保证每月至少组织 1 次对基层执法单位的执法突击检查。期间，共巡查案件3693起，检查警情分流1200余起，针对其中的突出问题进行通报、督导整改。

2016年，全市公安机关开始启用执法办案闭环管理系统（简称“闭环系统”），此后，执法检查主要依托闭环系统通过网上执法巡查进行。是年，按照《山东省公安机关执法巡查工作规定》，市公安局每季度组织至少1次对各分县局的网上执法巡查和实地检查，各分县局公安机关每月至少组织开展1次对基层执法办案单位的网上巡查和现场突击检查活动，实现市公安局对县级公安机关，县级公安机关对所属执法单位的年度执法巡查全覆盖，保证执法突出问题检查、发现、整改到位。

2017年6月，按照省公安厅统一部署，组织开展“十百千”执法大检查活动。采取“四不两直”方式（即不发通知、不打招呼、不听汇报、不用陪同，直奔基层、直插场所），深入开展执法突击检查，通过抽查卷宗、核对平台信息、回访当事人等方式，全面排查有警不接、有案不立、立案不查、查而不处等执法突出问题，督导跟进问题整改，坚决堵塞执法漏洞，提高整体执法水平。8月至是年底，按照省公安厅统一部署，组织开展执法突出问题“清障行动”，按照警种部门分工负责制，采取“四不两直”方式以及大数据等现代手段，对接处警、受立案、调查取证、强制措施、办案程序、涉案财物管理等易发生执法问题的重点环节，以及“十百千”执法大检查活动中整改不到位的执法问题和安全隐患进行重点检查，并建立滚动排查机制，实行执法问题实名通报公示制度，督促限期整改。是年，共检查基层所队56个、办案场所49个、涉案财物管理场所44个，抽查警情3036起、案件249起，发现问题301个，整改263个。

2018年3月，依托新建成的办案区智能管理系统和视音频资料集中管理系统，每日开展执法办案场所执法巡查，并将每日警情分流、受立案、办案区使用等巡查情况通过《执法提示》通报至各县级公安机关。12月，依托新研发的精准执法实战智能应用系统，将大数据技术运用到对执法问题多发环节、问题多发原因、问题多发案件类型等要素的检查中，通过精准监督发现执法普遍性问题。是年，将日常执法质量考评同省公安厅“五查一移交”（即通过查阅案卷、查看系统轨迹、核查音视频资料、调查受害人、审查违法犯罪嫌疑人“五查”方式，发现存在严重问题的，及时查明事实、查清责任，移交被检查单位所属公安机关依法依纪处理；问题严重的，依据有关规定向监察部门移交）、“执法质量巡查”“十百千”执法检查和“清障行动”等专项活动相结合，采取突击检查、网上巡查、案件评查等方式，深入发现基层执法工作薄弱环节并督导整改；按照省公安厅统一部署，依托闭环系统受立案监督模块和采取实地检查方式，对受立案工作“四统一”（统一外观标识、统一制式文书、统一公示内容、统一公开投诉电话）、亲临报警“五当场”（当场接报案登记、当场接受证据材料、当场出具接报案回执、当场使用执法记录仪同步录音录像、当场送达《报警人权利义务告知书》）等工作进行专项检查。全年深入基层一线开展执法巡查12次，实地检查基层派出所26个，发现并现场反馈问题32个。

二、执法质量考核评议

2000年以前，市公安局没有建立专门的执法质量考核评议机制，一般都是通过定期或不定期的执法检查，对各执法单位执法质量进行考核，借以掌握各级执法能力水平情况，促进执法质量提升。

2000年9月，省公安厅实施《山东省县级公安机关执法质量评议考核暂行办法》，基层执法质量考核评议开始步入制度化轨道。同月，市公安局印发《日照市县级公安机关执法质量评议考核（试点）工作实施方案》，首先在莒县公安局进行评议考核试点。11月15日至12月5日，组织对莒县公安局上半年执法办案、行政管理、复议诉讼等执法情况进行检查，走访当地党委、政府及有关部门，听取对县公安局执法工作的意见，并发放征求意见表500份，抽查刑事案卷和行政案卷各100卷，发现问题60余项。考评结束后，组织莒县公安局对检查发现的各类问题进行整改。12月，组成考核组对全市各分县局1999年10月至2000年9月期间办理案件进行考核评议，首次考核结果为莒县公安局83.5分、开发区分局78分、五莲县公安局70分、岚山分局69分、东港分局64分。

2001年10月，公安部《公安机关执法质量考核评议规定》发布实施。11月，省公安厅印发《山东省公安机关执法质量考核评议实施细则规定（试行）》。12月，市公安局印发《日照市公安局2001年度执法质量考核评议实施方案》，召开全市公安机关执法质量考核评议工作会议，对考评工作进行全面安排部署，并成立由局长任组长，政委、分管副局长任副组长，纪委、政工、督察、审计、法制、信访部门主要负责同志任成员的执法质量考核评议领导小组，加强对考评工作的组织领导。至此，执法质量考核评议工作成为加强执法监督、规范执法行为、提高执法质量的重要方式。通过执法质量考评，把全市公安机关实际执法办案状况、执法水平、执法办案中存在的突出性问题摸排梳理上来，并反馈被考评单位，由被考评单位有针对性地限期整改。

2002—2005年，市公安局每年都参照往年规程、程序、内容、标准开展执法质量考核评议。考评期间，听取各分县局和市公安局有关处室对全年执法情况、自我考评情况和上半年执法质量考评中发现问题的整改情况；查看执法责任、执法质量考评、违法责任追究、执法公开等制度的建立、执行情况；走访法院、检察院、区县政府法制办等有关部门。通过连续4年的执法质量考评，全市各级公安机关民警的业务素质不断提升，办案质量、执法水平逐年提高。

2006年，按照省公安厅《关于进一步加强和改进执法质量考评工作的指导意见》，市公安局开始对考评模式进行改革，在考评方式上，一改往年办案单位备好案卷接受考评的做法，由法制部门从全市检察院、法院、法制办、各办案单位及看守所、拘留所调取基础台账，在此基础上对检察机关不诉案件、增捕案件、立案监督案件、补充侦查案件、法院判决无罪案件、当事人申请国家赔偿案件、行政复议诉讼被撤销变更案件及公安机关内部采取强制措施后释放未作实体处理案件，作为重点考评案件，随机抽取卷宗进行考评，统一考核标准尺度，考评结果由被考评单位当场复核确认后签字；在考评顺序上，摒弃往年由考评组决定的做法，改为各被考评单位抽签决定，使整个考评过程更加公平、公正、客观、真实。

2007年，结合推广使用网上办案暨监督考评系统（简称网上办案系统），继续探索改革考评模式，开始通过网上办案系统从各被考评单位随机抽取案卷，考评对象涵盖全市公安机关包括派出所在内的所有办案部门。是年，考评刑事案卷94件、行政案卷150件，发现刑事执法问题131个、行政执法问题103个。

2008年，利用网上办案系统的执法监督功能，所有参评案件均从网上随机抽取。抽取案件按照《山东省公安机关执法质量考核评议实施细则》及《山东省公安机关执法质量考核评议评分标准》，逐一进行考评打分。考评期间，还抽取各分县局领导、中层负责人及民警参加法律能力闭卷考试。

2009年7月，成立日照市公安局执法质量考评委员会，由局长任委员会主任，分管副局长任副主任，纪委、政治部、督察、信访、监管、法制等

图19-2　2010年，组织全市公安机关执法考评法律能力测试

部门主要负责同志为成员，领导全市公安机关执法质量考核评议工作。

2011年，在往年执法考评工作基础上，进一步拓宽考评范围，将通过局长信箱、局长手机短信、电话投诉的刑事、治安案件，纪委、督察、信访部门受理的有关案件，群众通过110投诉的刑事、治安案件，已向人民检察院移送审查起诉但人民检察院尚未决定起诉的刑事案件纳入考评范围。

2012年2月，印发《日照市公安局案件质量考评规定》，全市案件质量动态考评工作由此启动。考评方式上，采取定期考评和随时考评相结合的方式进行；市公安局案件质量考评工作领导小组办公室每季度对各分县局、支队进行一次定期考评，按照办理刑事、行政案件数量的5%随机抽取案件，根据群众信访投诉情况进行随时考评。考评内容上，除对纸质案卷进行考评外，增加对网上办案和同步录音录像的考评。重点检查对不进行网上办案，不按规定将案卷信息材料录入执法办案系统等行为。同时，为确保考评公平公正，对通过网上系统随机抽出参加考评的案卷，根据办案单位地理位置的远近，限1或2个小时将案卷送达市公安局，尽量压缩或者不留给办案单位突击整卷的时间，阅卷评分工作由2名法制支队民警分别进行，不再组织分县局法制民警阅卷评分，杜绝互相恶意扣分现象和各种人情因素。

2013年，印发《日照市公安机关执法质量考核评议实施办法》，将执法质量考评细化为法律能力测试、案件办理、行政管理、执法安全、执法监督、社会矛盾化解、社会评价、警情处理、信息采集、现场必勘等十项指标，并分别赋予相应分值，突出对信访、投诉、举报、复议、复核、申请国家赔偿以及引发媒体曝光等群众不满意案件的考评。

2014年，优化执法质量考评考核体系，在考评方式上，实行网上抽查、不定时、不打招呼的随机考评；在考评内容上，将取保候审案件单独考评，对行政未结案件加大考评力度；在考评项目上，增加案件回访、法制业务等内容；在考评覆盖面上，增加对法院判决无罪、检察院不起诉和撤回起诉、公安机关终止侦查和撤销案件的考评。通过以上措施，建立以日常监督为主，分县局月度考评、市公安局季度考评和刑事案件“统一审核，统一出口”诉（捕）前考评相结合的全方位执法质量考评体系。

2015年，贯彻执行新修订的执法质量考核评议实施细则，做好新旧考评规定的使用衔接，采取老案老办法、新案新办法，使执法质量考评更科学、公平、贴近实际。依托警综平台，使用“选号系统”随机抽选案件，纪检、督察部门工作人员现场监督抽选案件的过程；向阅卷民警随机分配案件，实行网上阅卷考评，采取一人阅卷、一人复核、集体研究疑难问题的方式，确保考评结果的准确；突出对警情分流、取保候审、行政未办结案件、同步录音录像以及群众不满意案件的考评。

2016年，进一步优化执法质量考评考核体系，加大对行政未结案件、不如实受立案、警情分流不规范等执法突出问题整改力度，全年组织开展市、县两级公安机关执法质量考评工作29次，考评案件1630起，考评警情分流2.76万余起。

2017年，制定《日照市公安机关执法质量考核评议操作标准》，把历年全市公安机关考评中发现的带有普遍性的执法问题作为重点，同时将该标准搭建到执法办案闭环管理系统质量考评模块，市、县两级公安机关开始应用执法办案闭环管理系统开展执法质量考评。

2018年，将执法质量考核评议细化为接处警执法情况、案件办理、行政管理、执法基础保障、执法监督救济、法律能力测试等项目，加大日常考评所占比重，执法质量考核评议体系进一步科学完备。是年，考评案件2657起，考评警情2.57万余起，排查出执法问题1470个、清理整改1445个，督促整改率98.3%。

2000—2018 年全市各分县局执法质量考核评议名次一览表

表 19-1

年份	东港	岚山	开发区	莒县	五莲	山海天
2000	5	4	2	1	3	—
2001	1	2	4	5	3	—
2002	5	4	2	1	3	—
2003	1	4	5	3	2	—
2004	1	4	5	2	3	—
2005						—
2006	2	1	5	3	4	—
2007	1	4	3	2	5	—
2008	1	2	3	4	5	—
2009	2	3	5	4	1	—
2010	2	3	5	4	1	—
2011	2	4	3	5	1	—
2012	3	1	5	4	2	—
2013	3	4	5	2	1	—
2014	3	2	5	4	1	—
2015	2	4	5	3	1	—
2016	3	2	5	4	1	6
2017	3	5	6	4	1	2
2018	4	2	6	5	1	3

说明：山海天分局 2016 年成立

第二节　执法管理

一、制度建设

地级日照市公安局成立初期，全市公安法制工作处在机制运行初步探索阶段，主要以落实上级法律法规和规章制度为主，少有制度规定出台。

1994 年 7 月，印发《实施行政执法责任制方案》，落实全市实行执法责任制动员大会精神，在全市公安机关推行执法责任制。要求各执法单位对法律、法规、规定的权利和义务进行分解细化，逐条逐项明确执法机构、执法岗位和执法任务、执法范围等，健全执法证件制度，建立举报制度，强化监督约束机制。

1995 年 2 月，东港分局印发《关于开展案件审核把关工作的通知》，在全市率先实行案件审核把关制度，成立由政委、分管局长、法制、纪检等同志组成的法制工作领导小组，法制科负责对收容审查直接提请逮捕的案件和治安案件（50 元以上罚款、拘留、不予处罚案件）审核把关，全局 26 个派出所和刑警、预审、治安、保卫等部门均设立一名兼职法制员，承担本部门法制业务工作，对执法活动进行事前、事中监督，从事实、证据、定性、处罚、适用法律、办案程序等方面审核把关。6 月，五莲县公安局依据《中华人民共和国人民警察法》，制定《执法执纪连带责任制规定》《追究执法过错责任规定》，加强内部管理监督制约机制建设。

1996年10月1日，贯彻实施《中华人民共和国行政处罚法》。11月4日，印发《日照市公安机关错案责任追究暂行规定》，对公安民警违法办案的22种行为规定为应追究的错误责任，按责任大小，追究办案人、办案单位负责人、局领导的责任。是年，建立领导集体审批案件制度，对涉及全局性的重大、疑难案件，由局领导和法制、刑警、预审等部门共同研究分析案情。是年，全市公安机关的行政处罚罚款开始分警种由工商银行、中国银行、农业银行和商业银行代收。

1997年2月16日，市公安局错案责任追究委员会成立。6月10日，印发《日照市公安机关行政案件审核暂行规定》，法制部门开始承担行政案件审核职责。除派出所职权范围内50元以下罚款和警告案件外，警告、罚款、没收、吊扣、吊销、治安拘留等行政处罚案件，办案部门在报领导审批前，一律由法制部门审核。行政案件审核制度的实施，将行政案件的调查、审核、审批三个主要环节相分离，改变办案单位自己调查、自己审核、报领导批准的办法。8月，落实省公安厅统一规定，对取保候审保证金管理进行规范，取保候审保证金一律由农业银行统一代收，市公安局和各分县局分别在中国农业银行开立保证金专户，公安机关责令犯罪嫌疑人交纳保证金，均填写取保候审保证金交款通知书，由犯罪嫌疑人或者家属、单位或法定代理人持通知书到开户的农业银行交纳。

1998年7月16日，联合市城市信用合作社印发《实行罚款决定与罚款收缴分离的实施办法》，决定自7月20日起，全市公安机关的行政罚款实行罚款决定与罚款收缴分离（简称罚缴分离）制度，公安机关对符合罚缴分离制度的案件作出罚款决定后，由被处罚人（亲属）或单位持裁决书在法律规定的期限内到指定的银行储蓄所缴纳罚款。12月，印发《关于进一步完善执法责任制的实施方案》，在1994年实行执法责任制的基础上，对其后五年执法责任制任务进行分解，对全市公安机关所有机构的职责任务、执法依据、执法范围等进行明确，要求各执法部门按执法范围将执法权限、执法目标和执法任务量化分解，责任到人。通过实行执法责任制，做到执法主体规范、执法依据明确、目标责任到位、监督保障有力、执法责任增强，执法水平不断提高。

1999年1月，召开全市公安机关实行执法责任制工作动员大会，对实行执法责任制工作做进一步安排部署。4月，莒县公安局印发《执法责任制考评办法》，开始实行责任到人、下管一级的工作责任制。局长、政委对全局的执法责任负总责，分管局领导对自己分管单位的执法工作负责，各科、所、队、室负责人对本单位的执法责任负责，一般干警对执行的法律、法规、规范性文件和承办的案件负责。同时，制定百分制的量化考核标准，对执法责任落实情况进行考核。

2000年，落实推行警务公开有关要求，逐步推进执法活动公开，实行治安案件和交通事故公开处理，本着能公开全部公开的原则，将执法程序、工作要求、监督电话等全部向社会公开。

2002年，全面落实执法责任制，加强对执法质量考评结果运用，执法质量考评成绩达不到优秀的，不具备推荐为全国、全省优秀公安局候选单位的资格；连续两年考评成绩不达标的公安局，主要负责人一律引咎辞职或商请任免机关予以免职。由此，执法质量考评工作"指挥棒""风向标"地位得到确立。是年，东港分局印发《关于规范办案时间的通知》，对承办案件的办理时限、程序等做出明确规定。

2003年，落实规范性文件审核制度，与其他部门联合发布的涉法规范性文件，业务部门起草后，一律送法制部门审核，确保公安机关抽象行政行为符合法律规定，不与上位法相抵触。

2004年3月1日，联合市检察院、市审计局、市工商行政管理局等14个部门召开联席会议，形成并印发《关于进一步做好行政执法机关移送涉嫌犯罪案件工作的意见》，在全市相关单位建立行政执法和刑事司法相衔接工作机制。行政执法机关对所查处的违法行为中涉嫌犯罪案件及发现的犯罪案件线索，在24小时内依法移送公安机关，由公安机关审查作出立案或不予立案决定。10月1日，执行《公安机关适用继续盘问规定》，并启用新的《继续盘问法律文书格式》。

2006年3月，印发《日照市公安局推行执法责任制工作方案》，在全市公安机关全面推行执法责任制，明确执法单位的主要负责人是本单位执法的第一责任人，承担领导责任；执法单位内设机构负责人及分管该机构的领导人是执法主管负责人，对所管理的执法机构的执法行为承担主管责任；直接实施执法行为的执法人员是执法直接责任人，对本人的执法行为承担直接责任。

2007年，结合网上办案系统推广使用，出台《全市公安机关网上办案应用管理规定（试行）》，对网上办案运行管理、工作职责、保密管理、违规处理等内容进行明确，全面规范网上办案应用管理。

2008年4月，围绕保障公安民警正当执法权益，成立维护民警正当执法权益委员会（简称“维权委”），委员会由局长任主任，政委和分管副局长任副主任，督察、纪委、法制、信访等部门负责同志任委员，主要职责是研究制定有关保护民警正当执法权益的制度措施并提出相关意见建议，对严重侵犯民警执法权益的案件开展调查并作出处理等。“维权委”下设办公室在法制支队，负责维权工作的具体事务。是年，结合开展“取保候审两整顿两规范”专项治理活动，制定《日照市公安局整顿违反规定办理取保候审工作实施方案》《日照市公安机关关于取保候审保证金的规定》，进一步规范全市公安机关取保候审工作。

2009年8月，根据公安部统一要求，全市各级公安机关在执法办案过程中如果需对涉案人员采取继续盘问等措施的，要求报警务督察部门备案。9月，印发《日照市公安机关案件主办人制度（试行）》，在全市公安机关实行案件主办人制度。案件主办人制度按照“一案一主办”的原则，在办理刑事、行政案件中指定一名案件主办人，同时指定若干协办人组成办案组，依据法定程序查办案件。案件主办人对案件质量和执法责任终身负责，对事后可能引发的复议、诉讼、信访工作终身负责，不因岗位的变动而发生改变。10月，制定《日照市公安机关接处警现场处置操作规范（试行）》，对出警准备、现场处置、警械武器和警戒带使用等进行全流程规范。

2010年，印发《日照市公安机关执法规范化建设三年规划》，指导全市公安机关持续深入开展执法规范化建设。4月，印发《日照市公安机关执法执勤和队伍管理“十个严禁、十个不准”》，将刑讯逼供、滥用强制措施、执法作风等方面存在的问题以制度形式予以明令禁止，并对违反行为处罚措施予以明确，进一步规范民警执法执勤行为。8月，印发《日照市公安机关人民警察有责信访（投诉）案件责任追究实施办法》，明确44种执法不规范行为和处理规定，并成立由分管局领导任组长，纪委、督察、信访、法制等部门负责同志为成员的领导小组，负责有责信访案件的审核认定。12月，联合市检察院制定《关于建立逮捕必要性双向说明制度的暂行规定》，明确规定13项有逮捕必要的情形和8项无逮捕必要的情形以及逮捕必要性双向说明的范围、形式，统一执法标准，保证诉讼活动顺利进行。是年，五莲县公安局经侦大队被公安部命名为全国公安机关执法示范单位。

2011年2月，印发《日照市公安局关于进一步规范取保候审保证金的规定（试行）》，对保证金的收取、没收、退还的办理流程，适用范围等方面进行细化规范，详细列举“不没收保证金”的四种情形和没收保证金数额的两种情形，并对监督和责任追究进行规范，明确规定9种依法追究当事人责任的违法违纪情形，从根源上杜绝取保候审保证金管理混乱现象和违法违纪问题。是年，印发《涉案财物管理规定》《接处警现场处置操作规范》《日照市公安机关劳动教养所外执行管理办法（试行）》等工作规范30余项；结合推进执法规范化建设，要求办案部门必须在办案场所进行办案，在询（讯）问当事人时，必须同步进行录音录像。

2012年2月，制定《日照市公安局法律能力测试制度（试行）》，制度共6章26条，涉及考试内容、考试方式、参加人员范围、考场纪律、自组考试及备考、考试结果的运用等方面，以制度的形式将法律能力测试固化。是年，岚山交警大队被公安部命名为全国公安机关执法示范单位，东港分局、五莲县局和莒县县局夏庄派出所被省公安厅命名为全省公安机关执法示范单位。

2013年，落实《公安机关内部执法监督工作规定》，在各分县局推行案件集体审议制度，要求对疑难、复杂和强制措施适用等需集体审议的案件，提交案件审核委员会讨论，形成集体审议决议，提升疑难案件办案质量。3月8日，召开全市公安机关刑事案件办理“一个出口”现场会暨执法规范化建设推进工作会议，印发《日照市公安机关刑事案件办理“一个出口”规定（试行）》，推行刑事案件办理“一个出口”制度。此后，派出所办理刑事案件需要提请逮捕的，各级办案部门办理的刑事案件需要移送审查起诉的，统一由公安法制部门负责办理。同月，岚山分局实行公正执法责任联系卡制度，在全区各执法办案单位全面使用公正执法责任联系卡。7月，印发《日照市公安局案件回访实施方案（试行）》，实行市、县区两级公安机关法制部门分别参与三级回访工作机制。其中，各分县局法制部门参与一、二级回访的法律支持、化解工作，市公安局法制支队负责对二级回访不满意的案件当事人进行三级回访，从不同角度听取群众的意见和建议，并及时整改。11月，联合市法院、市检察院出台《关于当前办理轻伤害案件的意见》，对轻伤害案件的立案、自诉、和解、撤案做出明确规定。

2014年6月，印发《日照市公安局案件请示答复工作规定（试行）》，对分局、县局和市公安局有关警种部门办理案件过程中在案件性质、事实、证据、程序、处理等方面遇有疑难、争议，在提请市公安局研究答复时的范围、程序、结果运用等方面进行规范。12月，成立日照市公安局执法监督管理委员会，在全市公安机关建立推行执法监督委员会制度，负责部署内部执法监督工作、研究解决执法中存在的突出问题、研究重大、复杂、疑难案（事）件、研究执法过错责任追究事项、研究执法工作中的其他重大问题。是年，东港分局印发《接受移送涉嫌犯罪案件工作规定》，实施“一个入口”工作机制，外来单位移送的涉嫌犯罪案件统一由分局法制大队接收，法制大队根据案件管辖所属地，由包片法制民警对案件材料进行审查，并呈报分管局长审批，符合管辖等相关法律规定的，依法移交相关业务部门继续侦查，证据不足或不符合立案标准或不符合管辖规定的，依照规定退回移送单位。莒县公安局重新修订案件集体审议制度，扩大案件集体审议范围，将除刑事拘留之外需要采取其他强制措施的所有刑事案件、需要暂缓拘留、拘留期间临时出所的行政案件纳入审核范围，并实行执法质量末位约谈，对考核成绩排名后三位的，由县局纪委、督查室或局长约谈单位主要负责人，直至停职反省。是年，市公安局印发《日照市公安机关取保候审暂行规定》《关于规范办理强制医疗案件有关事项的通知》《日照市公安局规范网上办案的规定》等执法工作规范5个。是年，五莲县公安局被公安部命名为全国公安机关执法示范单位。

图19-3 标准化改造后的案件管理中心

2015年6月，印发《日照市公安局执法办案终身责任及跟踪追究过错办法》，明确范围、情形和追责程序启动的主体、时间、流程，全市公安机关办案质量终身负责制和错案责任倒查问责制进一步完善。9月，印发《日照市公安机关办理刑事案件告知服务规定（试行）》，首次明确规定刑事案件的立案、移交、破案、撤案、移送起诉等环节自动制作相应告知文件，未侦破刑事案件在立案后2个月第一次自动制作《刑事案件侦查进展情况告知书》，之后2年内每半年自动制作《刑事案件侦查进展情况告知书》，方便办案民警及时送达，方便受害人及其法定代理人、近亲属或控告人查询。

2016 年 3 月，印发《日照市公安局行政案件审核审批监督工作规定（试行）》，进一步明确审核范围、审核程序、执法监督、责任追究 4 个方面内容，首次对全市公安机关行政案件审核审批标准进行统一。5 月，印发《关于完善打防责任制的实施意见（试行）》，将打防责任制纳入执法考核体系，开始推行执法办案积分管理。一线执法所队和民警个人承办的在打防责任制考评范围内的案件，符合积分条件的，均可通过打防责任制平台进行自主申报，经逐级审核符合后，记入计分总成绩。民警个人积分实行即时滚动排名，达到 2000、5000、1 万分的可分别申请个人嘉奖、三等功、二等功。是年，岚山分局印发《关于规范“110”接处警行为严肃查处妨害民警执行公务案件工作规定》《强化和规范执法监督决定书使用暂行规定》等 10 余项内部规范性文件，进一步规范民警“110”接处警行为。莒县公安局实行每月网上巡查和执法质量抽查的案件考评双轨机制，将执法质量考核成绩与各单位绩效成绩和法制员考核成绩挂钩。是年，在新一轮执法示范单位创建活动中，五莲县公安局再次被命名为全国公安机关执法示范单位，东港分局法制大队被省公安厅命名为全省公安机关执法示范单位。

2017 年 2 月，印发《日照市公安局常见行政案件证据规格指导意见（试行）》，首次建立行政案件执法标准体系。5 月，印发《日照市公安局案件管理中心（室）标准化指引》，作为市、县两级公安机关及承担执法任务的内设机构和基层所队案件管理中心建设改造的指导性文件落实执行。6 月，印发《日照市公安局“精准执法”实施方案》，对打造具有日照公安特色的“精准执法”品牌作出系统规划。11 月，印发《日照市公安局信访法制融合发展工作机制实施意见（试行）》，信访部门在接访过程中发现信访事项可导入法制程序的，经分管局领导同意，法制部门参与接访，导入法制程序，并向当事人出具相关法律文书。信访部门与法制部门每季度至少进行一次信访案件联合评查，评查结果运用到各单位年度信访和执法质量考核中。此后，全市公安信访、法制工作步入融合发展时代。

图 19-4 2018 年 8 月 17 日，卢旺达警务执法研修班一行到市公安局参观考察执法规范化建设

2018 年 9 月，执行《山东省公安机关受立案工作“八条严禁”》，对全市公安机关贯彻落实提出要求，明确凡发生对群众报案态度恶劣、简单粗暴，对属于公安机关职责范围的群众报案以无管辖权等理由拒不接受，不落实首接责任制，对群众亲临报警不落实当场登记、当场接受证据材料、当场出具回执、当场同步录音录像、当场送达须知事项等 8 项明令禁止行为的，依法依纪从严处理、追究责任，构成犯罪的依法追究刑事责任。11 月，落实省委政法委《关于在认罪认罚从宽制度试点工作中加强协作配合的意见》，正式在全市公安机关刑事执法工作中实行认罪认罚制度，并结合自身实际提出认罪认罚告知、社会危险性调查、退赔履行等方面工作要求。

二、执法信息化建设

2006 年以前，全市公安机关执法办案均通过纸质文件流转。随着时代的发展和公安执法办案形势变化，执法办案程序线下流转已不能适应工作需要，特别是随着公安机关科技强警战略的深入实施，信息化建设应用逐渐提上全市公安机关执法工作重要日程。

2006年起，市公安局即着手开展网上办案系统建设筹备工作。10月，五莲县公安局在全市率先试运行“网上办案系统”。

2007年上半年，先后购置设备、安装软件、组织人员培训，全力做好“网上办案系统”应用筹备工作。7月1日，全市公安机关统一使用网上办案系统办理案件，一律停止使用纸质法律文书。市、县区两级公安机关（包括日照港公安局）全部实现联网。该系统运用信息技术，依托公安三、四级网络，将刑事案件、行政案件办案流程的全过程进行数字化处理。全面推行网上办案后，案件办理、审核、审批、监督、考评以及案件资料统计分析、查询等功能均可通过信息化实现。至12月31日，全市公安机关网上办理刑事案件5629件、行政案件2762件、劳教案件118件，执法工作效率得到极大提升。

2010年10月21日，按照省公安厅统一安排，全市公安机关正式启用警务信息综合应用平台（简称警综平台），原网上办案系统停止使用。公安机关执法信息化建设迈入新阶段。警综平台打破警种、部门界限，整合主要公安业务数据，实现各类公安信息资源和社会信息资源汇聚整合，为实施网上打击防控、网上执法办案、网上监督考评奠定基础。

2013年4月，按照省公安厅统一部署，开始建设法制视频监督信息系统。至6月，系统建成并投入使用，实现执法监督的全程化、实时化、无缝化。

2016年10月1日，按照省公安厅统一部署，开始启用执法办案闭环管理系统（简称闭环系统），停止使用警务信息综合应用平台，全市公安机关办理的所有案件（除涉密案件外）一律通过闭环系统办理，严禁网下办理、体外循环。闭环系统是依托省公安厅警务云平台开发，包含执法办案和闭环管理两大功能模块，是全省统一的执法办案和监督管理系统，可实现执法办案全过程管理，并通过对执法程序和执法实体设定规定动作和实施考核，实现对执法活动的全流程、全过程、全方位、全覆盖闭环式监督管理。是年，全市公安机关基层一线单位开始建设接处警视频采集工作站，实现对执法记录仪音视频数据的统一管理、集中存储、联网查询。

2017年，进一步提升执法办案闭环管理系统深度应用，完成案件管理系统研发，搭建受立案管理、案件管理、音视频管理、执法公开、电子卷宗5个模块，实现对执法办案可回溯式查询监管。其中，执法公开模块研发成功后，实现与执法办案公开查询系统“双轨并行”模式，累计公布案件信息1856条，处罚决定书919份。是年，全市共享的办案区智能管理系统、基于执法大数据的精准执法实战智能系统分别进入系统部署和实际研发阶段。

2018年，主动顺应新时代大数据发展与应用，加快人工智能、物联网、大数据、云计算等技术与公安执法办案的深度结合。完成手环远程登记APP模块研发应用，通过手机移动终端完成嫌疑人的身份信息采集工作，同步利用人像识别技术核验人员身份，并与办案中心管理系统对接，将采集的身份信息远程导入智能手环，使民警在进入执法办案中心前完成信息采集、身份核验、手环绑定等工作。完成智能语音笔录模块研发应用，民警制作一份笔录时间节约1/3；完成刑事案件证据体检模块研发应用，民警操作办案系统的时间节省1/3，法制民警审核案件的时间节省1/2。是年，创新研发应用证据体检、智能量罚、智慧调解、模拟法庭、智能语音笔录、手环远程登记、远程提审、精准执

图19-5 精准执法实战智能系统培训

法实战智能应用、远程庭审观摩等10余个贴近一线执法实战的智能模块，进一步提升公安执法效率的同时，实现减轻民警负担、提高执法精准度的目标。

三、法制员队伍建设

法制员是承担案件审核、执法监督、法律指导服务等职能的专门力量，是法制部门一线力量的延伸。

2006年以前，全市对法制员队伍建设没有统一规范，一线执法办案单位一般由单位负责人负责案件审核、执法监督工作。

2006年11月，印发《日照市公安局建立法制员工作制度实施方案》，部署在全市公安机关具有执法职能的大队、中队、科、所设法制员。同时，印发《日照市公安局法制员工作制度》，对法制员的选拔任用、岗位职责、工作制度进行明确，要求各单位选拔的民警由市公安局法制处组织培训，经考试合格后，颁发上岗资格证书，方可上岗履行职责。此后，各警种、派出所积极落实法制员制度，法制员队伍不断壮大，并发挥越来越重要作用。至2009年，全市公安机关法制员报备143人。

2010年6月，通过组织全市公安机关专职法制员选任考试，选拔、确定85名民警作为专职法制员人选。随后，组织各分县局对本单位专、兼职法制员开展岗前业务培训，经考核合格后，颁发聘任证书并上岗。7月，印发《日照市公安机关法制员考核实施细则（试行）》和《日照市公安机关优秀法制员评选办法》，全市法制员实行分级考核。其中，市公安局政治部、法制处负责对各支队专职法制员进行考核；市公安局法制处和各分县局政工、法制部门共同负责县级公安机关专、兼职法制员的考核。考核内容分为绩效考核和基础法律知识测试两项。基础法律知识测试成绩、年终法制员绩效考核成绩均为优秀等次的评为优秀法制员。至10月底，全市派出所、业务大队全部配备专职法制员。

2011年6月，组织全市法制员进行法律能力测试，对取得95分以上的优秀法制员进行全局通报表扬。7月，印发《关于开展法律知识练兵活动的通知》，在全市公安机关实施法制员每季度一考试制度。对考试成绩不理想、不适合担任法制员的，及时调整出法制员队伍。各分县局推行市公安局考试模式，对各单位法制员进行每月集中培训、每月一测试，督促法制员不断加强法律知识学习，提升自身法律素质。

2012年，公安部、省公安厅均部署开展以提升法制员业务技能为主要内容的竞赛、比武活动。9月，组织开展全市公安机关法制员业务技能比武竞赛，竞赛分为法律知识、案卷审核、案例点评3个单项竞赛，采取百分制，设个人奖6名，其中，一等奖1名、二等奖2名、三等奖3名。

图19-6 2012年，全市公安机关法制员暨新刑事诉讼法培训班

2013年，市、县两级公安机关积极采用灵活有效的方式，以“一法两规定”（新修订的《刑事诉讼法》和《公安机关办理刑事案件程序规定》《公安机关办理刑事案件程序规定》）为重点内容，加大对法制员和法制民警的教育培训力度。7月，举办全市公安机关法制民警及法制员培训班2期，邀请市法院、市检察院和市公安局有关支队、分县局业务骨干开展业务授课，培训法制民警130余人。

2014 年，东港分局开展法制员大课堂制度，组织各单位法制员利用业余时间，围绕各自法律学习中的心得体会、经验方法，为全局民警分期分批授课。11 月，东港分局制定《城区派出所专职法制员管理办法》，在执法工作任务较重、办案数量较多的日照路、昭阳路、望海路、泰安路、黄海路、秦楼、大学科技园派出所 7 个城区派出所推行专职法制员派驻制度，将专职法制员分别派驻至派出所，进入所领导班子，兼任党支部委员，更好地履行法制员职能。

2015 年，东港分局全面推进专职法制员派驻和法制民警包片制度，确定 42 名民警担任兼职法制员，为基层执法办案提供适时指导服务。11 月，五莲县公安局 1 名法制民警被选取参加全省法制员巡讲活动。

2017 年 7 月 20 日，举办全市公安机关法制系统比武竞赛，竞赛设置案件审核和法律能力测试两个竞赛科目，共有市公安局、东港、岚山、开发区、莒县、五莲、山海天等 7 个代表队 23 名法制民警参赛。五莲县公安局、山海天分局、东港分局分别取得团体成绩前三名，竞赛总成绩前 10 名的民警被评为日照市公安机关“十佳法制标兵”。

2018 年 11 月，省公安厅举办全省公安机关法制员业务技能比武竞赛暨“刑辩大赛”，市公安局提前选拔法制骨干开展练兵备战。比赛中，市公安局代表队从 18 支代表队中脱颖而出，取得初赛团体第二名、决赛三等奖（第四名）的优异成绩，4 名参赛民警分别获全省“法制员业务标兵”“法制员业务能手”称号。

图 19-7 2018 年，参加全省公安机关法制员业务技能比武竞赛暨“刑辩大赛”

四、执法改革与创新

公安机关执法工作，是随着社会法治化进程发展而不断改革、创新、发展的过程。地级日照市公安局成立至 20 世纪初期，全国公安机关执法工作正处在向社会主义法治轨道过渡关键时期。这一时期，公安机关落实一系列新出台的行政、刑事执法法律法规，不断完善执法流程、规范执法行为、提高民警执法素质，公安工作和公安队伍法制化、规范化建设雏形已经显现。

进入 21 世纪后，随着依法治国方略的深入实施，国家法律体系的不断完善，执法为民思想的进一步明确树立，全国全省公安机关执法工作的创新创造呈现多元化发展态势，日照公安执法工作在坚持中不断创新、在创新中不断发展，进入健康发展的快车道。

2007 年 7 月 1 日，全市公安机关统一使用网上办案暨监督考评系统，全面推行“网上办案”，公安执法工作正式迈入网络时代。

2009 年 5 月，印发《日照市公安局关于大力加强执法规范化建设的意见》，首次就全市公安机关执法规范化建设进行系统规划。是年，部署开展“执法规范化建设推进年”活动，组织全市公安机关围绕建立组织推动执法工作常态机制、规范日常执法执勤行为、规范行政处罚自由裁量权等 9 项内容开展查摆整改落实。

2010 年，按照执法规范化建设三年规划，开始在全市公安机关推进一线执法办案场所功能区建设改造工作。建设改造工作以保障执法安全管理为目标，对办案区与办公区实行功能分区，设置与外界相对隔离的专门办案场所，并在办案场所内安装安全防范装置和报警、监控设备。市公安局按照场所设置标准，通过经常性督导通报，督促各执法单位加快办案场所功能区建设改造。至 10 月，全市派出所全部完成执法办案场所功能区建设改造工作。是年，全市启用警综平台，实现网上办案系统的首次升级换代。

2011 年，继续落实执法规范化建设三年规划，进一步完善警综平台系统建设，要求所有 110 警情和亲临报警（含控告、举报、扭送等）、嫌疑人投案、工作中发现的违法犯罪行为等非 110 警情，都必须及时录入 110 接处警平台，接报案、受立案信息实现网上登记、流转，并与接处警、办案、结案等上下游流程信息整合贯通。年内，全市公安机关开始大规模为民警配备执法记录仪，市公安局党委积极筹措资金，购置 140 台具备录音录像功能的执法记录仪，配备到基层一线、窗口单位民警，全市一线单位执法记录仪配备率达到 100%。4 月，印发《全市公安机关执法记录仪管理使用规定》，对执法记录仪的日常管理、使用、维护、数据存储、违规追究等作详细规定，要求民警除特殊情况外，在执勤执法、办理业务、现场取证、警务督察等开展警务活动时须全程开启执法记录仪，保证执法记录仪处于良好工作状态，并及时按规定存储音像资料，对因未按规定开启执法记录仪致执法过程无录音录像，或未按规定保存音像资料致信息丢失的，在信访、投诉等事（案）件无法查清事实时，视为有效信访、投诉，对当事民警进行有责追究。

2012 年，按照省公安厅统一部署，组织全市派出所开展执法场所改造“扫尾行动”，对执法场所改造未完成的单位进行重点帮扶，至 5 月底，全市执法场所全部高标准完成改造任务。至此，公安执法工作基本达到硬件场所、软件制度、网上流程的规范化要求，日照公安工作步入执法规范化时期。

2013 年 3 月，全市推行刑事案件办理“一个出口”制度，公安机关刑事案件办理得到进一步规范。

2014 年，印发《全市公安机关深化执法规范化建设三年规划（2014—2016）》，对全市公安法治建设和执法规范化建设作出系统谋划。全市公安机关创新推行“大回访”工作后，在基层所队设置阳光警务查询系统，完善案件三级回访，三级回访群众满意率达 100%。

图 19-8　市公安局精准执法实战智能系统

2017 年，以市委办公室、市政府办公室名义印发《关于深化公安执法规范化建设的实施意见》，部署打造“精准执法”品牌，日照公安执法工作迈入高质量发展快车道。全面落实受立案、刑事案件统一审核统一出口制度，大力推进执法办案场所标准化、精细化、智能化升级改造，市公安局和各分县局分别建成高标准的执法办案管理中心，各派出所全部建成案件管理室、受立案窗口。8 月 31 日，省公安厅法制总队在日照召开受立案制度改革座谈会（东片），推广市公安局“精准执法”经验做法，并组织与会人员实地观摩东港分局、岚山分局受立案制度改革工作情况。是年，“精准执法”典型经验先后被公安部和省公安厅推广。

2018 年，全面启动基于智能化的执法规范化“升级版”建设。1 月，发布《2017 年全市公安机关执法白皮书》（简称《执法白皮书》），通过挂接在执法办案闭环管理系统的本地化开发应用，将日常执法办案过程中录入、生成的数据进行自动归类、组合、拆分，生成涵盖执法数据统计、分析、研判、预警等内容的综合性《执法白皮书》。此后，开始定期发布《执法白皮书》，是全国首个发布《执法白皮书》的市级公安机关。是年，主动顺应新时代大数据发展与应用，依托执法办案闭环管理系统，加强执法实战模块研发，自主建设智慧实战应用和智慧监督管理 2 大平台，研发应用证据体检、智能量罚、智慧调解、模拟法庭、智能语音笔录、手环远程登记、远程提审、精准执法实战智能应用、远程庭审观摩等 N 个智能模块，配套建设案件管理系统、案卷智能管理系统、办案中心信息管理系统、视音频管理系统、涉案财物管理系统等，实现现代科技应用与执法体制机制创新、执法运转流程再造有机结合，构建形成日照公安特色的“123N”精准智慧执法体系。

附：

创新警务理念　聚焦精准智慧
着力构建“123N”日照公安精准执法体系

2018 年起，日照市公安局深入贯彻落实中央、省、市关于深化公安执法规范化建设的部署要求，坚持以创新精准警务理念为引领，以大数据、智能化为支撑，聚力打造智慧实战应用和智慧监督管理两大平台，深化案件管理、执法办案、涉案财物管理三个中心建设，创新研发应用证据体检、智能量罚、智慧调解等 N 个智能模块，积极构建起“123N”精准执法体系，着力打造具有日照公安特色的执法规范化建设升级版。

一、紧扣一个理念，创建“精准执法”品牌

准确把脉警力不足、机制不健全、信息化应用不到位等现状，创新提出精准警务理念，围绕“理念＋机制＋科技”这一核心，以大数据应用为线，以案件管理、执法办案、涉案财物管理 3 个中心应用为点，从规范办案流程、配套智能应用、健全管理制度入手，实现对在办案件、在用措施、在管场所、在场人员、在控财物、在组卷宗等执法要素的全流程、闭环式、可回溯监督管理，形成“精准执法”规范警务品牌。

二、打造两个平台，激活智慧执法倍增器

（一）搭建智慧实战应用平台

1. 手环远程登记 APP 模块，方便人员信息流转。通过手机采集嫌疑人身份信息，同步利用人像识别技术核验身份，并将信息远程导入办案中心智能手环。

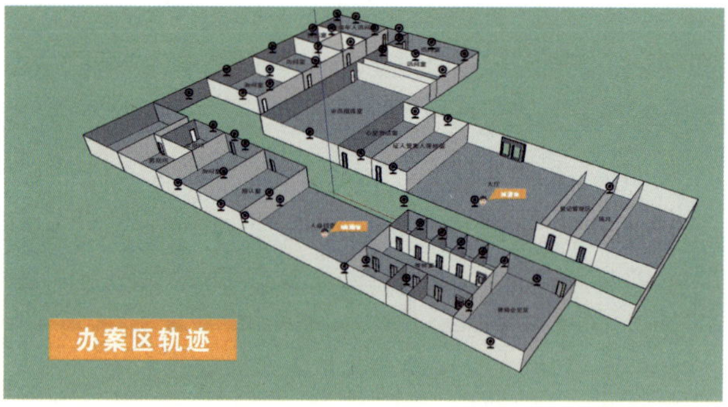

图 19-9　通过手环远程登记 APP 模块实现嫌疑人办案区轨迹全程跟踪

2. 远程询（讯）问模块，缩短执法时空距离。实现对在押嫌疑人的询问、讯问以及办案协作、远程会诊等功能。在社区实现群众就近报案，民警远程接案、制作询问笔录。

3. 智能语音笔录模块，提供专业服务保障。实时语音转写，并实现常用笔录制作、工作规范提醒、策略指引、笔录取证要点检查、数据云端存储等功能。

图 19-10　智慧调解模块

4. 案件快速办理模块，提升精准打防效能。一是与检、法、司联合制定关于轻微刑事案件快速办理机制的工作规定，配套建设刑事案件公检法快办平台，实现诉讼文书网上流转、工作建议网上反馈、材料案卷网上接收。二是简化现场取证、言词证据、异地取证、审核审批，印发行政案件快速办理实施办法，开发快速办理模块，配置案件快速办理告知书、自行书写材料、执法视音频接入等证据材料。

5. 智慧调解模块，大幅减轻基层民警负担。快速分析笔录关键信息，同时为民警推荐相似调解方案和涉及的标准，自动生成调解协议书。

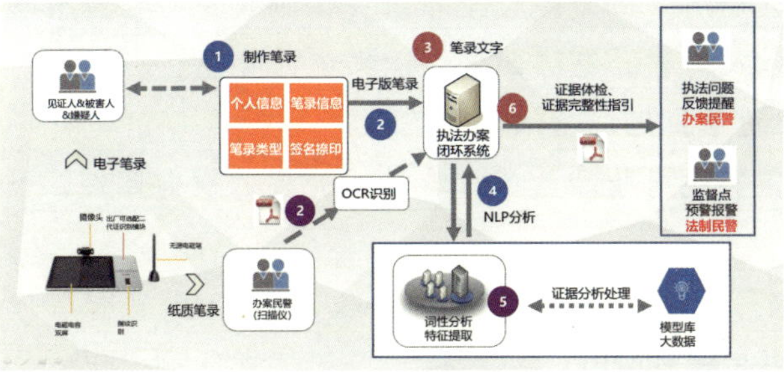

图 19-11 证据体检模块工作流程示意

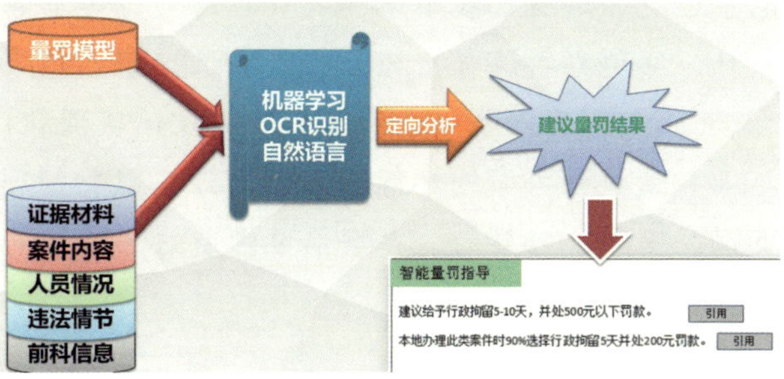

图 19-12 智能量罚模块工作流程示意

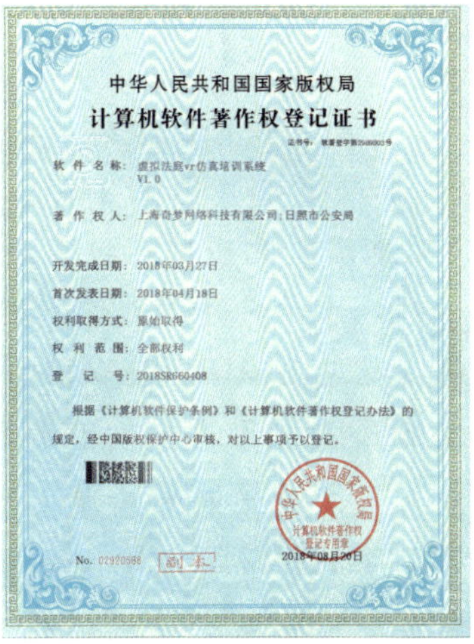

图 19-13 2018 年 8 月，模拟法庭取得计算机软件著作权

（二）搭建智慧监督管理平台建设

1. 刑事案件证据体检模块，提高证据采集质效。将刑事证据规格电子化植入系统；通过证据实况和证据预检功能检验证据有无缺项；通过图像识别技术自动提取和分析证据内容并归类；运用自然语言处理技术对笔录分析提炼。

2. 行政案件智能量罚模块，有效统一执法尺度。对案件数据定向分析，结合已处罚案件量罚幅度，生成处罚建议。

3. 精准执法实战智能应用模块，深化执法研判监督。一是预警提醒问题高发案件、高发环节、高发人员。二是针对执法短板推送客观学习题。三是自动生成执法白皮书。

4. 模拟法庭模块，创新执法培训模式。借助 VR、AR 技术，推行“对抗式”模拟法庭培训。

5. 远程庭审观摩模块，提升民警法制意识。与全市各级法院开通专线专网，将刑事审判、行政诉讼现场音视频接入公安机关案管中心。

三、深化三中心建设，叠加规范执法效应

（一）深化案件管理中心建设，实现执法监督的规范化、一体化

一是建设智能案件管理模块：对接办案系统实时获取执法数据，将执法过程中的各要素数据全面预警。二是建设智能案卷管理系统：将案卷、流程和责任人精准连接，实时同步案件办理进度，配置智能保管柜规范案卷存取，电子卷宗具备智能化编目、组卷、阅卷、标注、检索等功能。三是法制信访融合发展：制定信访法制融合发展工

图 19-14 案件管理系统

图 19-15 智能案卷管理系统

作机制实施意见，成立法制专家服务组对信访案件集中评查，将信访系统与闭环系统关联，即时推送信访信息。

（二）深化执法办案中心建设，实现执法流程的标准化、智能化

一是建设高标准、智能化的执法办案中心，拓展射频腕带跟踪、人脸自动比对、虹膜采集比对、电子巡更、远程无线审讯和人员自助登记等信息化手段应用。二是建设全市统一的办案中心信息管理系统，实现办案流程预警、智能审讯支撑、督导指挥介入、智能安防部署、运维统计管理。

（三）深化涉案财物管理中心建设，实现执法管理的专业化、精细化

打通执法办案闭环管理系统和涉案财物管理系统，实现对物品入库、流转、处置的横向监控，设置市公安局、分县局、办案单位贯通的三级纵向监督。

第三节　执法教育培训

地级日照市公安局成立后，市公安局围绕执法常用和基本法律法规，不间断地组织开展办案实务培训。

1990 年，举办《中华人民共和国行政诉讼法》培训班，分 2 期对市公安局机关部门负责人、全市 22 个派出所所长和指导员进行培训。8 月，组织开展《中华人民共和国行政诉讼法》考试。9 月，举办以《中华人民共和国行政诉讼法》和《中华人民共和国集会、游行、示威法》为主要内容的知识竞赛。

1991 年 8 月，将公安机关常用的 9 个方面 60 个刑事和行政法律法规进行汇总，编印《公安常用法律法规汇编》，并按照人手一册发放至全体民警，方便日常学习。11 月，根据市普法办统一要求，组织全局副科级以上干部开展法制考试，53 人参加考试，平均分数 97.7 分。

1992 年 3 月，组织科级干部学习《中华人民共和国宪法讲话》读本，并进行培训和考试，58 人参加考试，平均分数 97.3 分。是年，将 59 个法律法规选编印制成册，发至全体干警，方便日常学习、执法。

1994 年，组织全市公安机关开展《中华人民共和国国家赔偿法》学习培训，为正式实施做准备。岚山、莒县公安机关将《中华人民共和国国家赔偿法》印成便于携带学习的小册子，发给全体民警学习。

1995 年 5 月，组织局机关和交警支队、巡警支队副科级以上干部进行《中华人民共和国宪法》《中华人民共和国行政诉讼法》等“十五法二条例”的学习培训，组织开卷考试，93 人参加考试，平均分数 97.8 分。7 月，分 2 期在公安干校举办《中华人民共和国人民警察法》骨干培训班，并分级对全市公安民警进行考试，平均分数 98.1 分。

1996 年，把《中华人民共和国行政处罚法》《中华人民共和国刑事诉讼法》作为学习培训重点，先后举办股所队长、交警支队青年干警、全市公安机关业务骨干等培训班 18 期，培训干警 1246 人，经考核全部合格，实现全市公安干警普训目标。8 月 5 日，邀请省高级人民法院法官就“行政诉讼法与公安行政诉讼”为民警授课。

1997 年 4 月，组织对市公安局机关、交警支队、巡警支队、东港分局、岚山分局、开发区分局等直属机关在职民警进行法律考试。举办全市公安机关新《中华人民共和国刑法》师资骨干培训班，利用 2 周时间对市公安局机关全体民警进行集中培训。

1998 年，重点抓好《中华人民共和国刑法》《中华人民共和国刑事诉讼法》教育培训。通过召开座谈会、观摩会、模拟训练，对执法中可能遇到的问题进行研究探讨，组织民警脱产轮训，全年举办

图 19-16 1998 年 7 月，组织进行人民警察基本素质考试

各类培训班 16 期，培训民警 2000 余人。是年，要求新录用和到新警种工作的民警都要进行岗前培训，法律学习是培训的主要内容，“两法”是考试的重点。

1999 年，《中华人民共和国行政复议法》实施前，对民警进行全方位教育培训，并对全市公安机关从事行政执法的民警进行重点培训。上半年，举办培训班 4 期，培训民警 600 余人次，并全部进行考试。

2000—2001 年，结合“三项教育”活动，加强民警法制教育，举办 3 场专题法制讲座，对市公安局机关全体民警进行教育培训。针对违法犯罪活动呈现多样性的特点，组织民警重点学习《中华人民共和国合同法》《中华人民共和国产品质量法》《中华人民共和国土地管理法》《中华人民共和国预防未成年人犯罪法》以及《中华人民共和国村民委员会组织法》《中华人民共和国行政复议法》《山东省信访规定》等法律法规。特别是针对中国加入世界贸易组织（WTO）后执法需要，组织民警开展 WTO 相关法律规定学习。

2003 年 12 月，举办《公安机关办理行政案件程序规定》师资骨干培训班，组织全市 90 名执法骨干进行专题培训。

2004 年 7 月，按照省公安厅统一部署，组织开展全市法制民警岗位大练兵，组织法制民警开展法律法规及业务知识技能学习，建立集中练兵、岗位练兵、自学自练“三位一体”法制练兵模式。《公安机关适用继续盘问规定》实施前，指导各分县局分别举办培训班，对民警进行系统培训。是年，派员分别为日照边检站、岚山边检站就《公安机关办理行政案件程序规定》进行授课培训。

2005 年，围绕《中华人民共和国治安管理处罚法》颁布实施，分期分级开展学习培训，市公安局负责分县局法制、治安、网监、出入境、禁毒等部门负责人、派出所所长和师资力量的培训，分县局负责本单位全体民警的培训，至 2006 年 2 月下旬，全部民警整体培训一遍。是年，举办公安法制、治安部门民警参加的培训班 5 期，培训民警 1000 余名。

2006—2007 年，按照关于开展“三基”建设和“基本法律知识考试、执法办案卷宗考评、信访工作考查”为主要内容的“三考”工作总体部署，落实“三个必训”要求，强化法律练兵活动，加大民警学法情况考核力度，健全县级以上公安机关领导班子和中层干部定期学法制度，把法律知识考试作为领导干部培训的重要内容。累计组织全市民警法律能力测试 8 次，测试民警 1000 余名；举办各类法律培训 41 期，培训干警 2000 余人次。

2008 年，省公安厅举办全省公安法制系统大练兵暨“百十一”岗位技能比武竞赛，全省 22 支代表队参加。市公安局按照竞赛 10 项技能内容及考核标准、方式，选拔业务能力突出的民警进行集中法律培训，竞赛取得优异成绩，其中在全省模拟庭审辩论赛中，市公安局代表队获得第二名。

2009 年，落实“执法规范化建设推进年”要求，以一线民警关注的执法难点、热点问题和常见警情为重点，下发《基层公安机关常用执法操作规范指引》《公安民警常用执法手册》，全市民警人手 1 册。以《中华人民共和国刑法修正案》《中华人民共和国侵权责任法》等新法规为重点，举办培训班 5 期、专题讲座 9 次，培训民警 1000 余人次。

2010 年，在全市推行法律知识月考试制度，要求各分县局、支队及市公安局机关考试依托统一的网上考试平台，每月组织全体民警进行一次法律考试，月考成绩记入民警绩效档案，单位平均成绩计入本单位月执法质量考评成绩；对考试成绩低于65分的给予黄牌警告，不及格的民警离岗学习，对连续2次考试不及格的调离执法岗位。7月，举办全市公安机关学习贯彻《公安机关人民警察纪律条令》培训班。9月，公安部发布《公安机关人民警察执法资格等级考试办法》，自2011年起，公安机关定期组织开展执法资格等级考试。执法资格等级考试分为基本级、中级、高级3个等级，以及公共科目和警种专业科目2类科目。明确人民警察必须取得基本级执法资格，未取得基本级执法资格的，不得办理案件；担任县级、市级公安机关内设执法勤务类机构、公安派出所主要负责人的人民警察，必须取得中级以上执法资格；对取得高级执法资格的人民警察，纳入公安部和省级公安机关的人才库管理。市公安局围绕考试要求，组织全体民警开展学习备考。12月3日，举办"宋建波工作法"辅导报告会，邀请创始人宋建波为民警开展专题辅导授课。

2011年5月1日，在全市公安执法单位开展为期半年的法律知识练兵活动，由各分县局自行组织开展，市公安局根据活动开展情况，择机抽取分县局、支队的民警进行考试，抽考成绩纳入市公安局年终执法质量考核评议的范围。8月29日，根据公安部、省公安厅统一部署，组织全市公安民警参加首次全国公安机关基本级执法资格考试。全市设东港、岚山、莒县、五莲等4个考点，1900余名民警报名参加，是全市公安机关历次考试中人员最多、范围最广的一次，共有1812名民警通过考试首次取得基本执法资格，通过率达95.4%。

2012年，市公安局党委作出关于素质强警、培养"行家里手"的部署。2月，印发《日照市公安局法律能力测试制度（试行）》，此后，法律能力测试以制度的形式固化。法律能力测试区分工作岗位，明确组织方式、参考范围和人员比例，试卷由网上考试系统随机生成，并由系统自动阅卷评分。市公安局对定期抽考的考试成绩进行全市通报，并将各分县局和支队参加市公安局定期抽考的平均成绩折算后作为当年度执法质量考评法律能力测试的成绩。10月，在市公安局轮值轮训基地举办全市公安机关法制员暨修改后《中华人民共和国刑事诉讼法》培训班。同时，组织各分县局、支队法制员对修改后《中华人民共和国刑事诉讼法》开展系统培训学习。

2013年7月16日，举办《公安机关办理刑事案件程序规定》专题辅导讲座。同月，针对全市公安法制工作的特点和执法实际需求，举办全市公安机关法制民警及法制员培训班两期，邀请市法院、市检察院及公安系统业务骨干围绕刑事诉讼中注意事项和日常执法常见问题开展专题授课，培训民警130余人。9月，组织488名民警参加基本级、中级执法资格考试。至2013年底，全市共有2314名民警取得基本级执法资格，1037名民警取得中级执法资格。

图19-17 2013年，组织第一期执法安全知识考试

2015年，以基础信息化、警务实战化、执法规范化、队伍正规化"四项建设"为引领，落实人才强警战略部署，建立以基层所队每日例会点评、常态化警种业务培训、定期综合培训为主要内容的执法教育培训"三个机制"。3月24日，启动"送法下基层"系列法制教育培训活动，市公安局法制支队安排民警到莒县、五莲县公安局为一线民警开展现场授课。9月17—18日，组织各级执法办案单位民警开展执法办案闭环管理系统应用培训，首批共50名民警参加培训班。是年，落实在省、市、县行政机关开展宪法和公共法律知识学习活动部署，组织全市民警认真抓好宪法和公共法律知识学习，并分级组织能力测试。

2016 年 3 月，继续开展“送法下基层”系列法制教育培训活动，对《刑法修正案（九）》进行全面讲解。6 月 22—23 日，举办执法办案闭环系统培训班 2 期，培训民警近 100 人。是年，充分利用各级电视电话会议专题讲座加强执法教育培训，组织民警收听收看公安部举办的反恐怖主义法辅导讲座、刑事错案和国家赔偿辅导讲座、省公安厅“法制员巡讲”“精品案例巡展”活动巡讲团到日照巡回宣讲。

2017 年 1—2 月，围绕新修订的《公安机关执法细则》和《公安机关现场执法操作规程》等内容，派员到东港分局、五莲县局、山海天分局开展“送法下基层”系列法制教育培训活动。5 月 5 日，选派法制支队民警到市直行政执法人员培训班就深化执法规范化建设进行授课。是年，组织执法民警参加公安部第二期全国公安机关规范执法视频演示培训会、全省公安机关学习贯彻《公安机关执法细则（第三版）》专题讲座、伤害类案件办理专题讲座 6 场次。

图 19-18 2017 年，利用民警网上学习考试系统开展法律能力测试

2018 年，针对扫黑除恶专项行动需要，集中开展涉黑涉恶适用法律的学习培训。3 月 21 日，在五莲县公安局举办全市公安机关刑事模拟法庭培训会。10 月 19 日，邀请省公安厅法律顾问讲授《涉黑涉恶案件的特点和疑难问题处理》。11 月，编印《“扫黑除恶”专项斗争适用法律参考》，方便执法一线单位查阅参考。是年，组织收听收看公安部扫黑除恶专项斗争法律适用问题、《关于认真贯彻习近平总书记重要指示精神依法从严惩处枪支违法犯罪的通知》解读、扫黑除恶专项斗争案件办理等电视电话专题讲座 5 场次；举办第一期全市交警系统规范执法培训班。

图 19-19 2017 年 5 月，组织全市公安机关开展刑事执法培训

附：

公安普法工作

1986—1990 年，是第一个五年普法计划。

1989 年地级日照市建立之初，全市处在“一五”普法计划后期，市公安局重点围绕《中华人民共和国刑法》《中华人民共和国刑事诉讼法》和《治安管理处罚条例》开展集中普法宣传。

1991—1995 年，是第二个五年普法计划。

“二五”普法期间，制定《日照市公安系统开展法制宣传教育的第二个五年规划》，购置《山东省二五全民学习法律法规汇编》《执法手册》等发放至单位和民警；举办派出所所长、保卫干部和重点企业保卫人员法制教育培训班 3 期。开展社会治安综合治理宣传月活动和宪法颁布十周年座谈会，利用报纸、电台、电视台等舆论工具和宣传橱窗，开展普法宣传。落实公安部关于在县级以上公安机关法制部门建立公安法规资料室要求，1991 年开始筹建公安法规资料室，收集、编制公安执法常用法律法规、典型案例、法制研究等资料，供民警学习培训及日常执法使用。至 1993 年底，市公安局公安法规资料室有《公安法制建设》《法制资料汇编》《公检法办案指南》《公安机关执法须知》等各类资料 10 余种，《中华人民共和国法律资料》20 套近 200 册。

1996—2000 年，是第三个全民普法五年计划。

“三五”普法期间，全国经济建设进入蓬勃发展阶段，针对涉经济领域的法律相继出台。这一时期，市公安局有针对性地对企业进行与经济有关法律方面的宣传、宣讲，为重点企业发展提供法律保障。1998 年，组织 30 余次进企业，法律宣传普及企业人数 1000 余人。通过法律宣传，全市涉经济领域犯罪明显下降，法制宣传取得良好效果。2000 年 8 月，组织对市区居委会治保主任进行法律业务培训，培训治安主任 150 余人。组织全市公安干警开展普法考试 2 次，科以上干部“三五”普法考试 1 次。是年，因工作成绩突出，市公安局被市政府表彰为普法依法治理先进单位，2 名同志被表彰为“二五”普法先进个人，1 名同志被表彰为普法依法治理先进个人。

2001—2005 年，是第四个全民普法五年计划。

“四五”普法期间，全市公安机关举办普法活动 457 次，参加人数共 12.84 万人次；举办各种法制宣传 280 余场（次），发放《中华人民共和国道路交通安全法》《中华人民共和国消防安全法》《计算机信息网络国际联网安全保护管理办法》等宣传资料 1.56 万余册，发放专题宣传图片 1.13 万余份，法制宣传光盘 384 张；对全局副处级以上干部和全体公安民警分别进行普法考试。同时，建立公安新闻宣传制度，充分利用广播、电视、报刊等各级新闻媒体广泛开展公安机关执法和法制宣传。

2006—2010 年，是第五个全民普法五年计划。

2006 年，印发《中共日照市公安局委员会关于深入开展社会主义法治理念教育的实施方案》，举办社会主义法治理念教育辅导讲座。2008 年，开展第五个平安山东建设法制宣传月活动和“12·4”法制宣传日活动，发放宣传材料 500 余份，解答群众咨询的各类法律问题 40 余个，配合奥运安保、“百十一”练兵等活动，举办法制教育培训班 14 期，受教育民警 1600 余人。2009 年，在县级以上报刊、电台、电视台等新闻媒体开办法制宣传栏目 2 个，发表法制宣传作品 4 件，举办以案释法宣传会、法制课 11 场，开展法制宣传周（日）活动 3 次，受教育 2400 余人次。2010 年，开展法律教育进校园，举办普法维权知识讲座 26 场，共为 5000 余名在校学生进行法制宣传教育。

2011—2015 年，是第六个全民普法五年计划。

“六五”普法期间，市公安局以法治建设为主线，结合“大走访、创满意”“社区六进”等工作，积极开展法律“六进”等普法宣传教育系列活动。2013 年，推进法律教育进校园，举办普法维权知识讲座 25 场，宣传教育在校学生 5 万余人。联合交警、户政、禁毒、出入境等部门，借助“12·4”法制宣传日，开展法律宣传走进企业、社区和法制下乡等活动，发放宣传单 2 万余份。2014 年 12 月，组织开展“12·4”国家宪法日宣传教育活动，组织抓好第一个国家宪法宣传日教育活动，开展集中宣传活动 50

图 19-20 2015 年 4 月，在市政府广场联合开展《山东省行政执法监督条例》集中宣传活动

余场次，宣传教育群众达6万余人次。2015年，以共建平安社区为宗旨，联合交警、户籍、禁毒、出入境等部门，到社区接受群众法律咨询700余人次，发放宣传单2万余份。同年12月，深入农村集市开展“法制下乡”活动，借助农村赶集时段组织普法宣传活动，重点宣传与农民群众生产生活密切相关的法制法规，满足群众多样化法律需求，引导群众依法参与社会管理、依法表达利益诉求、依法解决矛盾纠纷。

2016—2020年，是第七个全民普法五年计划。

“七五”普法期间，市公安局紧紧围绕“七五”普法依法治理确定的任务目标，积极开展“法治机关”创建、加强普法阵地建设、落实重点对象学法用法宣传教育。借助“12·4”宪法日，组织民警和平安志愿者深入人员密集场所，通过悬挂横幅标语、发放宣传资料、播放宣传歌曲等形式，向群众集中宣传法律知识，增强群众学法、知法、守法的法律意识。同时，创新宣传方式，在路口电子屏幕等循环播放法治宣传标语，充分利用广播、电视、报纸等传统媒体和微信、微博等新媒体，对群众提出的法律疑问进行答疑，开展有奖问答等趣味活动，增强群众的参与意识。2016—2018年，组织开展各类普法活动60余场次，发放宣传资料3万余份，教育群众15万余人次。

第四节　行政复议、诉讼、国家赔偿

一、行政复议

1991年1月1日，《中华人民共和国行政复议条例》施行，标志着中国行政复议制度的正式实施。从此，将治安申诉案件和劳动教养申诉案件统一改称为“行政复议案件”。当时，市公安局的行政复议工作由治安科和政策法律研究室分工负责，治安科负责本科承办的治安案件和派出所案件的复议工作，政策研究室负责承办治安科以市政府劳动教养管理委员会名义决定的劳动教养案件的复查工作。

1992年，成立日照市公安局行政复议委员会，并对复议具体承办单位进行明确，凡治安科裁决的案件由政策法律研究室负责，其他单位裁决的案件仍由治安科负责。全年共受理行政复议案件3起，全部维持原裁决。

1994年，认真贯彻《中华人民共和国行政诉讼法》和《行政复议条例》，年初召开专门座谈会，要求本着严肃认真、高度负责的精神，积极慎重做好行政复议与诉讼工作。全年受理行政复议案件8起，全部维持原裁决。

1995年，复议应诉工作逐步归口，全市各级公安机关普遍注重抓好一裁办案与二裁复议相互制约，全年共受理行政复议案件37起，维持原裁决34起，变更裁决3起。是年，组织民警参加省公安厅行政复议应诉人员业务培训班，7名民警取得资格证书。

1997年3月，市公安局党委会研究决定，行政复议工作职责由治安科移交法制科，全市公安机关行政复议工作日趋规范。

1999年10月1日，《中华人民共和国行政复议法》正式实施，《行政复议条例》同时废止。市公安局按照《中华人民共和国行政复议法》和公安部《关于公安机关贯彻实施〈行政复议法〉若干问题的意见》，理顺复议案件的办案体制，要求所有公安行政复议案件由各级公安法制部门承办，其他业务部门不再承办复议案件。

2003年1月，开始执行公安部《公安机关办理行政复议案件程序规定》，全市公安机关行政复议案件的申请、受理、审查等程序不断规范。2月13日，成立《中华人民共和国行政复议法》实施后的日照市公安局行政复议委员会，负责集体讨论重大、复杂的行政复议案件。同时，在法制科设日照市公安局行政复议办公室，并专门下发通知，要求全市公安机关执法办案部门在案件处理时，要明确告知当事人具体的行政复议机关。2月17日，根据《公安机关办理行政复议案件程序规定》，对县公安局、区公安分局、交警支队、边防支队的行政复议权给予明确界定，取消消防支队的行政复议权，规范各类行政复议行为。

2004年，为充分发挥行政复议的监督职能，对行政复议办案程序进行规范，要求全市公安机关按一式二份提交行政复议案卷材料，复议结案后，原卷退回，复印卷长期备查。在审理方式上，实行主证复核与书面审理相结合，行政复议机关认真听取申请人、被申请人的意见，必要时开展实地调查取证，确保复议决定的公正性。7月，实行行政复议办案民警审核、法制处集体研究、法制处负责人签署意见、市公安局分管局长审批的四级复议审核把关制度，对重大、疑难、有分歧的行政复议案件，在四级审核把关的基础上，提交市公安局行政复议委员会作出复议结论。同时，探索利用协调手段解决行政争议、降低行政复议成本。是年，市公安局被省人事厅、省法制办表彰为全省行政复议应诉工作先进单位。

2005年，印发《关于严格执行行政拘留暂缓执行制度的通知》，明确：凡是被行政拘留人申请行政复议，按规定提出保证人或者交纳保证金，经审查符合法律要求的，基层公安机关一律依法暂缓执行；对送达行政复议决定书当时未申请行政复议的被行政拘留人，送交行政拘留所后再提出申请的，行政拘留所应当立即向市公安局报告，并通知原决定机关，原决定机关在被行政拘留人提出担保人或者交纳保证金后，立即释放被行政拘留人，被行政拘留人于被释放的2日内向市公安局申请行政复议。9月，市政府法制办公室在市公安局召开全市行政复议工作现场观摩交流会，推广介绍市公安局探索利用协调手段解决行政争议、降低行政复议成本的做法。是年，市公安局被市政府法制办公室表彰为全市行政复议应诉工作特别优秀单位。

2006年，设立专门的行政复议公开审理室，制作办理行政复议案件流程图，进一步规范行政复议案件办理工作，将行政复议诉讼被撤销、变更案件作为重点考评案件，纳入执法质量考评范围。

2007—2011年，继续利用协调手段解决行政争议，规范行政复议案件办理。各级公安机关受理的行政复议案件连续5年维持率100%。

2013年8月14日，市政府成立日照市人民政府行政复议委员会，日照市行政复议案件由原来的部门受理改为市政府集中受理。按照市政府统一部署，9月1日起，市公安局不再行使行政复议权；10月1日起，各分县局不再行使行政复议权。为更好地适应这一重大变化，市公安局提前下发专门通知，要求各级公安机关积极应对形势变化，提高案件办理质量，加强与政府行政复议委员会办公室的沟通联系，严格依法执行市政府的行政复议决定，并明确将所有复议案件纳入公安机关执法质量考评。

2016年，市政府行政复议委员会对受理范围进行调整，仅受理市公安局及直属单位（交警各大队）裁决的案件，各分县局裁决的案件均在各自行政区划内的复议委员会进行办理。

2017年，交警部门开始对机动车不礼让斑马线行人的行为进行处罚，部分驾驶人不服处罚申请复议，致公安机关行政复议案件数量同比大幅增加。市公安局及时发布执法提示，督促交警部门利用微博、微信平台、公众平台等媒体平台，对斑马线前不礼让行人行为开展广泛密集宣传，加强宣传法律和守法意识，对申请人明确提出复议申请的，积极与申请人沟通交流，释法说理，减少行政争议。同时，要求提高监控抓拍的准确性，确保处罚合法合理。通过不断努力，对交通违法处罚提起的复议申请数逐步下降。

若干年份全市公安机关行政复议情况统计表

表 19-2　　　　单位：起

年份	合计	维持原裁决	变更裁决	撤销	终止复议	驳回	责令履行法定职责	其他
1992	3	3	0	0	0	0	0	0
1994	8	8	0	0	0	0	0	0
1995	37	34	3	0	0	0	0	0
1996	42	37	5	0	0	0	0	0
1997	24	19	3	2	0	0	0	0
1998	53	42	5	6	0	0	0	0
2002	39	20	0	2	15	0	0	0
2004	52	39	0	1	9	0	0	0
2005	40	24	0	1	10	0	0	5
2006	44	27	0	0	16	0	0	1
2007—2011	123	92	0	0	14	0	0	17
2013	73	22	0	24	14	1	2	10
2014—2015	162	63	0	15	64	6	0	14
2016	73	25	0	2	33	2	0	11
2017	176	73	0	0	81	1	0	21
2018	171	89	0	1	75	6	0	0

二、行政诉讼

1990 年 10 月 1 日，《中华人民共和国行政诉讼法》实施后，公民、法人和其他组织起诉市公安局的行政案件以及被劳动教养人起诉市劳动教养管理委员会的行政案件，均由市公安局政策法律研究室负责出庭应诉。市公安局围绕《中华人民共和国行政诉讼法》举办培训班 2 期，对市公安局机关部门负责人、全市 22 个派出所所长和指导员进行培训。

1991 年 7 月 19 日，原告杨某某对裁决其劳动教养三年决定不服，向日照市城郊人民法院提起行政诉讼。市公安局派员出庭应诉，经过法庭调查和辩论，合议庭当庭判决维持原决定。该案为市公安局第一起劳动教养起诉案。

1994 年 12 月，组织各分局、县局分管负责人和法制民警到莒县观摩行政诉讼案件应诉活动。

2000 年 7 月，1 名当事人在深圳市罗湖区法院起诉市公安局违法扣押财物和非法限制人身自由，要求赔偿 80 余万元人民币。市公安局派员到深圳出庭应诉。庭审期间，出庭应诉人员以事实为依据，用专业的法律业务素质全力维护公安机关执法行为。最终，胜诉日照市公安局首起省外应诉案。

2004 年，出庭应诉行政案件 2 起，维持 1 起、终止 1 起。市公安局法制处被省人事厅、省政府法制办公室表彰为全省行政复议应诉工作先进单位。

2005 年，出庭应诉行政案件 8 起，维持 1 起、未结 7 起。市公安局法制处被市政府法制办表彰为全市行政复议应诉工作特别优秀单位。

2006 年 11 月 7—10 日，组织全市公安法制部门参加全市行政复议、应诉和听证主持人培训班，系统地学习有关法律、法规，参训人员全部顺利通过考试并取得行政复议、应诉和听证主持人资格证书。

2007年，出庭应诉行政案件一审9起、二审2起，维持率均100%。

2008年，共出庭应诉行政案件一审8起，维持5起、原告撤诉3起，维持率100%。市公安局法制处1名民警被省公安厅表彰为全省公安机关行政复议应诉工作先进个人。

2009年5月，印发《日照市县级公安机关主要负责人出庭应诉工作暂行规定》，建立负责人出庭应诉制度。要求以各分县局名义作出具体行政行为引起行政诉讼、国家赔偿诉讼的案件，县级公安机关主要负责人原则上应出庭应诉，特殊情况下可委托分管负责人或其他领导班子成员出庭应诉。

图19-21 负责人出庭应诉

2015年5月，结合落实新修改的《中华人民共和国行政诉讼法》，建立重大行政决策前行政诉讼风险研判评估机制，将行政诉讼风险降到最低；建立法律顾问制度，对重大行政决策提供咨询和指导，积极应诉行政诉讼案件。5月25日，组织收看全省公安机关贯彻实施新行政诉讼法暨执法危机应对视频会议。

2018年10月，组织学习落实《山东省公安机关行政诉讼指导手册》，认真做好庭前准备、出庭应诉等各项工作。

1994—2018年全市公安机关行政诉讼情况统计表

表19-3　　单位：起

年份	合计	维持	终止	撤诉	撤销	变更	应诉	直诉	不服	驳回	其他
1994	27	19	0	8	0	0	0	0	0	0	0
1995	76	42	0	32	2	0	0	0	0	0	0
1996	21	13	0	8	0	0	0	0	0	0	0
1997	23	16	0	5	1	1	0	0	0	0	0
1998	67	60	0	3	3	0	33	3	31	0	0
1999											
2000	5	0	0	3	0	0	0	0	0	0	2
2001											
2002	18	13	0	3	1	1	0	0	0	0	0
2003	5	5	0	0	0	0	0	0	0	0	0
2004	2	1	1	0	0	0	0	0	0	0	0
2005	8	1	0	0	0	0	0	0	0	0	7
2006	13	6	0	2	0	0	0	0	0	1	4
2007	9	5	0	2	0	0	0	0	0	1	1
2008	8	5	0	3	0	0	0	0	0	0	0
2009	3	2	0	1	0	0	0	0	0	0	0

续表 19-3

年份	合计	维持	终止	撤诉	撤销	变更	应诉	直诉	不服	驳回	其他
2010	2	2	0	0	0	0	0	0	0	0	0
2011	2	2	0	0	0	0	0	0	0	0	0
2012	41	7	0	27	2	0	0	0	0	1	4
2013	42	5	0	34	0	0	0	0	0	5	2
2014	39	5	0	2	3	0	0	0	0	8	0
2015	54	1	0	17	0	0	0	0	0	25	0
2016	40	0	0	17	0	0	0	0	0	22	8
2017	36	6	0	7	0	0	0	0	0	22	5
2018	40	0	0	9	0	0	0	0	0	14	10

三、国家赔偿

1995 年以前，公民、法人和其他组织的合法权益因国家机关和国家机关工作人员违法行使职权而受到侵犯的，由侵权机关按有关法律、法规进行赔偿。但赔偿范围、赔偿义务机关、赔偿程序、赔偿方式和计算标准等尚无专门法律加以规范。

1995 年 1 月 1 日，《中华人民共和国国家赔偿法》正式施行后，根据上级统一规定，公安机关同步开始受理国家赔偿案件，依法开展理赔和听证工作。3 月，公安部印发《公安赔偿法律文书（式样）》，对办理国家赔偿案件的法律文书进行规范统一，各级公安机关根据案件的不同情形和不同环节，选用相应的法律文书。

2010 年 12 月 1 日，落实十一届全国人大常委会第十四次会议《关于修改国家赔偿法的决定》，取消刑事赔偿中的确认程序，赔偿请求人向公安机关提出赔偿请求后，公安机关须在两个月内作出赔偿决定，对没有在法定期限内作出赔偿决定或当事人对赔偿决定有异议的，可以向上一级国家机关提出复议。同时，分别在国家赔偿程序、赔偿标准、赔偿费用支付等方面进行明确和提高，国家赔偿制度进一步完善。9 月，公安部结合《中华人民共和国国家赔偿法》的修改内容，印发新的《公安国家赔偿法律文书（式样）》，对办理国家赔偿案件的法律文书进行重新规范统一。

2014 年 6 月 1 日，落实公安部《公安机关办理国家赔偿案件程序规定》，明确县级以上公安机关法制部门是公安机关国家赔偿工作的主管部门，依法履行接收国家赔偿申请，提出初步审查意见，审查国家赔偿申请，提出是否予以赔偿的意见等 7 项职责。同时，对公安机关国家赔偿案件受理、审查决定、刑事赔偿复议、执行等方面程序作出规范。9 月 1 日，启用公安部新修订的《公安国家赔偿法律文书（式样）》。

2015—2016 年，围绕进一步规范执法、预防和减少国家赔偿案件，广泛利用各级资源抓好学习培训。2015 年 7 月，组织市、县两级公安机关法制部门主要负责同志参加全省公安法制系统领导干部培训班，围绕行政复议应诉、国家赔偿案例评析等内容进行系统学习。2016 年 7 月，组织收听收看公安部刑事错案和国家赔偿辅导讲座，对最高人民法院、最高人民检察院《关于办理刑事赔偿案件适用法律若干问题的解释》的主要内容及公安机关贯彻执行的基本要求进行系统学习。

至 2018 年，全市公安机关办理国家赔偿案件 24 起。经审理，不予受理 2 起，维持原决定 15 起，调解 2 起，作出赔偿决定 5 起。

第五节　劳动教养

劳动教养是一定历史时期内处理人民内部矛盾的一种方法，也是对被劳动教养的人实行强制性教育改造的行政措施。

1990 年，根据《国务院关于劳动教养问题的决定》《国务院关于劳动教养问题的补充规定》和《劳动教养试行办法》，市政府成立日照市劳动教养管理委员会，由市政府分管公安、司法的副市长任主任，市公安局、市民政局、市司法局、市劳动局负责人为成员，在市公安局设立办事机构，具体承担劳动教养审批工作。市公安局治安科作为劳动教养的具体审批部门，严格按照规定、规程审批。

1994 年 1 月，市公安局印发《关于进一步加强劳动教养工作的通知》，要求各级公安机关充分运用劳动教养手段，加大对违法犯罪、社会丑恶现象的打击力度，市公安局定期对各区县公安机关治安处罚案件进行复查，对发现的应当给予劳动教养而降格处罚的，坚决纠正。12 月，落实省高级人民法院、省人民检察院、省公安厅、省司法厅联合印发的《关于在集中整治农村社会治安斗争中办理劳动教养案件若干问题的意见》，适当放宽全省整治农村社会治安斗争期间劳动教养审批条件，服务工作需要。是年，全市审批劳动教养人员 33 名。

1996 年 6 月，落实省公安厅《关于对被劳动教养人员审批所外执行有关问题的通知》，在审批劳动教养案件时，对原系职工或城市居民（市区内非农业人口），确因单位工作需要，或家庭确有特殊困难，非本人照料或维持家庭生活不可的被劳教人员，认罪（错）态度好，有管教条件且不收教不致危害社会的，由被劳教人员原所在单位、家庭提出书面申请，单位主管部门或街道办事处签署意见，出具公函，并经原呈报劳动教养的区、县公安局审查同意，可以酌情批准所外执行，以充分体现教育与处罚相结合的原则。

1997 年 3 月，根据公安部关于劳动教养审批工作归口法制部门承办的文件精神，市劳动教养管理委员会相关职责由市公安局治安科移交至法制科。9 月，按照公安部、省公安厅统一部署，全市启用劳动教养审批信息管理系统，劳动教养、少年收容教养信息数据均通过公安计算机网络传输至省公安厅。

1999 年 1 月，落实《山东省公安机关办理劳动教养案件程序规定》，严格执行劳教案件移送、审核、呈报及审批程序，提高办案质量。这是劳动教养审批工作归口法制部门后，首个关于办理劳动教养案件的规范性文件。6 月，落实公安部关于审批劳动教养案件有关程序问题的批复，在审批劳动教养案件时，本人所在单位或者街道组织的意见不再作为是否决定劳动教养的依据，征求本人所在单位或者街道组织的意见不作为审批必经程序。

2002 年 6 月 1 日，公安部《公安机关办理劳动教养案件规定》开始施行。按照“违法犯罪嫌疑人决定劳动教养，必须经过集体审议，未经劳动教养审批委员会审议，不得对任何人作出劳动教养决定”之规定，市公安局成立由分管法制工作的副局长任主任，法制科主要负责人任副主任，警务督察、治安、刑警等部门负责人为成员的劳动教养审批委员会，负责对劳动教养案件审议和作出决定，委员会实行集体审议制度，2/3 以上的成员出席，方可对劳动教养案件进行审议并作出决定，劳动教养工作逐步走向规范化。此后，市公安局劳动教养审批委员会根据机构职责和人员变化，适时调整组成单位和人员。

2004 年 6 月，落实公安部、省公安厅关于严格执行劳动教养规定、进一步提高劳动教养案件质量的通知要求，要求各级公安机关在劳教审批工作中严把案件质量关，强化证据意识和程序意识，确保劳教案件办理质量。

2006年，逐步推行劳动教养聆询制度、律师代理制度，履行告知程序，要求县级公安机关在劳动教养案件呈报审批后，除涉密的案件外，都要先行告知拟劳教人员有申请聆询的权利。同时，扩大劳教所外执行范围，新增“确有悔改表现”和“不投送场所执行不致发生社会危险性”两种情形。

2007年，配合严打斗争、专项行动和治安巡逻防控工作，充分运用劳教手段打击违法犯罪，全年批准决定劳动教养190名。

2010年，结合全市社会治安状况，适当控制劳动教养数量，全年审批决定劳动教养人员298名。同时，贯彻宽严相济、人性化执法等政策，对违法情节轻微、确有悔改表现且符合法定条件的人员，依法决定所外执行，全年决定劳动教养所外执行人员63名，占劳教人数的21%。

2011年5月，市公安局印发《日照市公安机关劳动教养所外执行管理办法（试行）》，对劳动教养所外执行工作进行统一规范，要求对所外执行的被劳动教养人员，由居住地派出所的社区民警与其单位、街道办事处、家庭等组成帮教小组，建立帮教档案；所外执行人员的日常现实表现情况实行书面月考察报告制度。6月，莒县公安局印发《关于规范劳动教养案件办理程序的规定》，对办案程序和执行两个方面进行全面详尽的规定，规范案件办理程序。

2012年5月，印发《日照市公安机关办理劳动教养案件规范》，对劳动教养适用对象、呈报与初审、法律依据、合议等做进一步明确，助推公安机关执法规范化建设。

2013年初，根据上级统一要求，市劳动教养审批委员会原则上不再审批劳动教养案件，原适合劳教的人员均按照刑事、行政有关规定分流处理。12月，全国人大常委会通过关于废止有关劳动教养法律规定的决定，实施58年的劳教制度不再执行。

第六节 行政审批服务

全市各级公安机关坚持“以人民为中心”的理念，坚持围绕中心、服务大局，立足公安机关职责任务，按照行政事项法定职责和审批权限，以深化创满意活动、加强行风建设和“放管服”改革为载体，改进审批制度，精简审批事项，公开办事流程，简化办事程序，根据时代要求和自身业务需要，及时出台便民利民惠民措施，推动实施公安行政审批服务信息化、规范化，不断优化服务、提升质效，积极主动回应社会关切和人民群众期盼，为全市经济社会发展和广大群众提供更加优质、便捷、高效的服务。

一、行政审批服务事项集中办理

2004年，市政府设立市行政审批服务大厅，要求市直有行政审批事项的单位分批入驻大厅，逐步实现全市行政事项集中审批。9月，市公安局按照市政府统一部署，开设公安窗口，首次派出2名警力入驻，办理集会、游行、示威许可、公用上网服务业安全审核、边境地区通行证核发等11项业务。

2011年，新增道路交通安全电子监控1项业务。

2012年，减少公共安全技术防范产品生产、销售许可1项业务。

2014年，印发《日照市公安机关便民惠民服务十二项新措施》，新增公章刻制业特种行业许可证核发等5项业务，新增驾驶证到期换证等4项业务。是年，公安窗口共办理各类业务31331件。其中，办理治安业务712件，办理交警业务30522件，办理边防业务97件。

2015年，新增焰火燃放许可证核发等11项业务，新增核发6年内机动车检验合格标志等9项业务，新增一类易制毒化学品运输许可证核发1项业务，新增边防边境通行证异地申领1项业务；下放弩的

图 19-22 2015 年，日照市政务服务中心公安窗口

制造、销售、进口、运输、使用审批 1 项业务，下放公用上网服务业安全审核 1 项业务。是年，公安窗口共办理各类业务 42216 件。其中，办理治安业务 961 件，办理交警业务 41127 件，办理边防业务 128 件。

2016 年，围绕全市“突破园区、聚力招引”等工作大局，对行政审批事项进行全面清理，新增驾驶证转入等 3 项交警业务，新增全国居民身份证异地办理等 7 项业务；减少打印户籍证明等 2 项业务，下放公章刻制业特种行业许可证核发 1 项业务。是年，公安窗口共办理各类业务 66494 件。其中，办理治安业务 912 件，办理交警业务 59866 件，办理边防业务 146 件，办理户籍业务 5570 件。

2017 年 4 月，出台《关于提升公安行政服务工作水平　进一步“擦亮”公安窗口的意见》，要求全市公安机关具有行政审批、服务职责的部门警种，将行政审批项目分别按要求纳入市、区（县）政务服务大厅受理审批，因受条件制约无法统一纳入政务服务大厅的，要在本单位建立专门办事大厅，开展“一站式”集中审批服务。11 月，市行政服务中心消防、出入境、车辆管理分中心分别依托各警种驻地办公场所成立。是年，市行政服务中心新增机动车驾驶人安全驾驶信用情况等 2 项业务，下放典当业特种行业许可证核发 1 项业务，公安窗口共办理各类业务 64650 件。其中，办理治安业务 7052 件，办理交警业务 51811 件，办理边防业务 70 件，办理户籍业务 5717 件。

2018 年，深化“放管服”改革，深入推进“一次办好”，做好以提高行政效能、提升政务服务质量为主要内容的各项行政审批事项办理，减少申请机动车省外异地检验委托等 2 项业务。是年，市行政服务中心公安窗口共入驻 38 项公安行政审批服务业务，全年办理各类业务 100581 件，其中，治安管理业务 5437 件，办理交警业务 89725 件，办理边防业务 194 件，办理户籍业务 5225 件。

入驻市行政服务中心公安窗口业务一览表

表 19-4

时间	项目
2004	新增 11 项：1. 集会、游行、示威许可；2. 民用爆炸物品储存、购买、运输、使用许可证核发；3. 枪支（含军用弹药）运输许可；4. 公共安全技术防范产品生产、销售许可；5. 群众性文化体育活动安全审查；6. 特种行业（典当行）治安管理许可；7. 特种行业（拍卖行）治安管理许可；8. 公用上网服务业安全审核；9. 计算机信息系统安全专用产品销售许可；10. 计算机国际联网备案；11. 边境管理区通行证核发。之后减少 3 项：①特种行业（拍卖行）治安管理许可；②计算机信息系统安全专用产品销售许可；③计算机国际联网备案
2007	下放 1 项：大型群众性活动安全许可（预计参加人数 1000 人至 5000 人的）
2011	新增 1 项：道路交通安全电子监控业务
2012	减少 1 项：公共安全技术防范产品生产、销售许可
2014	新增 9 项：1. 公章刻制业特种行业许可证核发；2. 非营业性爆破作业单位许可证核发；3. 在城市、风景名胜区和重要工程设施附近实施爆破作业审批；4. 爆破作业人员许可证核发；5. 印章刻制备案；6. 驾驶证到期换证；7. 驾驶证丢失补证；8. 驾驶人审验；9. 驾驶证年度体检

续表 19-4

时间	项目
2015	新增 22 项：1. 焰火燃放许可证核发（限Ⅱ级以上）；2.（省内）枪支运输许可证件核发；3. 配置猎枪、麻醉注射枪审批（审核）；4. 金融机构营业场所、金库安全防范设施建设方案审批及工程验收；5. 保安员证核发；6. 保安服务（含从事武装守护押运服务）公司设立审核；7. 设立保安培训机构审核；8. 专职守护押运人员公务用枪持枪许可审核；9. 射击竞技体育枪支（弹药）携运许可；10. 放射性物品道路运输审批；11. 弩的制造、销售、进口、运输、使用审批；12. 核发六年内机动车检验合格标志；13. 驾驶证降级；14. 申请机动车省外异地检验委托；15. 在限制、禁止的区域或者路段通行、停靠机动车许可；16. 影响交通安全的占用、挖掘道路或者跨越、穿越、道路架设、增设管线设施的工程建设审批；17. 临时占用道路从事大型活动审批；18. 临时入境机动车牌证核发；19. 临时机动车驾驶许可；20. 跨省异地缴纳交通违法罚款；21. 一类易制毒化学品运输许可证核发；22. 边境通行证异地申领 下放 2 项：1. 弩的制造、销售、进口、运输、使用审批；2. 公用上网服务业安全审核
2016	新增 10 项：1. 驾驶证转入；2. 解除机动车抵押；3. 驾驶证信息变更；4. 全国居民身份证异地办理业务；5. 全市临时身份证办理业务；6. 居民身份证挂失申报和丢失招领业务；7. 新生儿取名提供重名查询服务；8. 打印户籍证明；9. 为急需人员提供身份证明服务；10. 信息查询及业务咨询。 减少 2 项：1. 打印户籍证明；2. 为急需人员提供身份证明服务。 下放 1 项：公章刻制业特种行业许可证核发
2017	新增 2 项：1. 机动车驾驶人安全驾驶信用情况；2. 机动车信息变更（仅限联系方式） 下放 1 项：典当业特种行业许可证核发
2018	减少 2 项：1. 申请机动车省外异地检验委托；2. 信息查询及业务咨询

2014—2018 年市行政服务中心公安窗口业务办理量一览表

表 19-5

时间	业务				总数（件）
	治安业务（件）	交警业务（件）	边防业务（件）	户政业务（件）	
2014	712	30522	97	—	31331
2015	961	41127	128	—	42216
2016	912	59866	146	5570	66494
2017	7052	51811	70	5717	64650
2018	5437	89725	194	5225	100581

说明：户政业务 2016 年起入驻市行政服务中心

二、行政审批服务事项改革

2014 年，回应群众对公安机关的新要求新期待，探索实行企业注册“多证联办”新机制，与市工商局、质监局、人社局和地税局联合，企业注册实行窗口之间内部流转、限时运作、链条办理，全部办结最多需要 2 个工作日，比以往分散办理压缩 6 个工作日。

2015 年，贯彻落实上级关于行政审批提速增效部署要求，推进全市公安机关窗口规范化建设，围绕工作理念、服务理念、管理理念三个方面，提升服务水平。5 月，完善《行政审批项目办事指南》，公开行政审批项目法定依据、申请条件、申报材料、办理程序、办理时限、办理职责、收费依据和标准、联系方式等，向社会和群众作出承诺，自觉接受群众和舆论监督。

2016年8月，配合市人社局、统计局、质监局、国税局、地税局等部门，将公安部门“印章刻制证明”并入集中办理业务，率先在全省推出“六证合一、一照一码”注册登记制度，实行“一套材料、一表登记、一窗受理”工作模式，推进信息共享互认，降低企业办事成本。

2017年，落实市委办公室、市政府办公室《关于深化放管服改革进一步优化政务环境的实施意见》，实行“一窗受理”，精简要件、优化流程、细化标准和服务指南，推行“前台统一受理、后台分类审批、统一窗口出件”的窗口服务模式。落实《山东省行政权力清单动态管理办法》和《关于在全市开展公共服务事项目录编制等工作的通知》，对全市公安机关公共服务事项进行全面梳理，编制公共服务事项目录；对依申请提供的公共服务事项，编制服务指南；对行政权力事项、公共服务事项办事流程进行全面审核，对申请人办理过程中需提交的各类证明、盖章材料逐项研究，提出取消或保留的意见。公布第一批119报警、应急救援2项“零跑腿”事项清单和消防技术咨询1项“只跑一次”事项清单。

2018年，落实《日照市深化“一次办好”改革深入推进审批服务便民化工作方案》，深化“一次办好”改革、深入推进审批服务便民化：1. 公布79项“一次办好”权力事项清单，16项“一次办好”公共服务事项清单，将已公布的“零跑腿”“只跑一次”事项规范为“一次办好”事项。2. 完善行政审批首席代表制度，推行“容缺办理＋并联审批”服务机制，认真落实申报材料“补、换、欠”等工作法，打破原申请材料齐全且符合法定形式后再受理的传统审批模式。

三、行政审批服务窗口建设

自2004年入驻市行政服务中心后，严格按照市行政服务中心窗口建设规范和服务流程，加强对窗口工作人员的素质教育，开展经常性的业务知识培训和思想道德教育，提高工作人员综合操作能力和素质。

2014年，市公安局行政服务处成立后，以打造市行政审批大厅最亮窗口为目标，进一步规范窗口建设，提升服务水平。1. 开展行政审批业务培训，提高行政审批人员业务素质；2. 制定《市政务服务大厅公安局窗口考核办法》，明确岗位承办人、审核人、审批人的责任，把行政审批责任分解、落实到每一个业务办理。3. 推行警务大回访，通过人工和信息化手段，对窗口服务对象进行100%全回访，查找、发现、整改工作中的不足，不断提高群众满意度。4. 将服务工作进行延伸，凡是群众到窗口咨询公安业务的一律接受提供帮助。是年，对市行政服务中心公安窗口业3.13万余项务进行回访，群众满意率100%，公安服务窗口多次被市政务服务管理办公室评为“优质服务红旗窗口”。

2015年，落实《日照市公安机关简政放权促进经济发展服务群众五十条措施》要求，推行细节服务、亲情服务：1. 公安窗口为群众提供无偿打字复印服务；2. 公开窗口周末业务咨询电话，保持咨询电话畅通；3. 对于急于审车却未带银行卡无法处理违法的群众，在窗口准备备用银行卡，方便群众及时缴费；4. 在群众等候时，逐人检查表格填写、证件材料是否规范齐全，提升受理速度，减少群众等候时间；5. 摆放各警种宣传资料20余种，开展法律知识、安防常识，深入宣传非法集资诈骗、网络电信诈骗等新型犯罪的发案规律及特点等宣传，提高群众自我防范能力。是年，市行政服务中心公安窗口多次被评为优质服务红旗窗口、文明科室。

2016年，创新服务举措，加大宣传力度，提升窗口服务水平。1. 对窗口人员行为举止和警容风纪进行规范，要求为群众办理业务使用统一规范的服务用语；2. 组织开展行政服务业务培训，通过模拟教学、案例指导、网上培训等方式，帮助窗口人员熟练掌握行政审批标准、网上审批流程和各项礼仪规范；3. 把40项集中审批事项，通过市公安局门户网站、微博、微信以及各类新闻媒体广泛宣传，扩大群众知晓度，方便群众办理业务。是年，市行政服务中心公安窗口被命名为巾帼文明岗，多次被评为“优秀红旗窗口”。

2017 年，加强窗口建设，创新服务方式，推行贴心服务。1. 针对工作量增多的实际，采取延时服务、24 小时咨询答疑、开辟绿色通道等措施；2. 设立便民设施服务大全，增添充电器等便民设施 30 余件；3. 出台《政务服务窗口工作制度》和《公安服务窗口工作人员行为规范》，明确首问负责制、一次性告知制、限时办结制等 10 项工作制度，从服务用语、仪表形象、工作态度、工作纪律 4 个方面对窗口服务人员行为进行规范。是年，公安局窗口被市行政服务中心评为年度“市级政务服务优秀窗口”，1 人在市政务服务大厅年度考核中被评为优秀等次，2 人获评市政务服务大厅“优质服务标兵”。

2018 年，严格监督考核，加强窗口人员工作作风建设，提升工作效能。1. 采取书面检查、实地检查、定期检查、抽样检查、群众回访、网上网下相结合等方式，对行政审批、服务项目办理的全流程进行检查和评估；2. 行政服务处会同警务督察部门对全市公安机关各级行政服务窗口履行职责、行使职权和遵守纪律情况进行督察；3. 开展市直政务服务大厅作风评议活动，围绕纪律作风、政务效能评议内容，对部分窗口单位开展专项督察；4. 开展公安机关“十佳窗口”和“服务标兵”创建活动。是年，公安服务窗口多次被市政务服务管理办公室评为“优质服务红旗窗口”。

海上瞰日照

RI ZHAO SHI
GONG AN
ZHI

第二十章

20

信息化建设

XIN XI HUA JIAN SHE

公安信息化是促进公安机关战斗力生成的重要途径，也是实现公安工作现代化、提升公安工作效能的重要载体。

市公安局升格后，设立机要通信科、信息通信处等职能部门，承担全市公安信息化建设和管理工作。1989—2018年间，全市公安机关以实施“科技强警”战略为主线，不断加大科技投入，开展各类有线、无线通信基础设施和信息化项目建设，推进“金盾工程”实施，丰富通信手段，为各项警务工作提供公安通信保障，研发并推出一批科技成果应用于公安实战和警务工作，现代信息技术在公安工作中的作用日显突出。特别是党的十八大、十九大后，紧跟公安工作业务发展需要和人民群众的新期待新要求，把大数据作为推动公安信息化建设创新发展工作的大引擎、培育战斗力生成新的增长点，着力打造智能公安、智慧警务、精准警务新模式新机制，不断提升公安工作的核心战斗力，全面助推新时代公安工作质量变革、效率变革、动力变革。

第一节　信息通信建设

一、信息网络建设

公安综合数字通信网是为各种与公安业务有关的应用系统提供信息交流与共享的平台。公安信息通信网分为一级网、二级网、三级网、四级接入网。一级网是公安部到各省公安厅信息通信网络，二级网是实现省公安厅与市公安局之间联接的骨干网络，三级网是实现市公安局与分、县局联接的骨干网络，四级接入网是实现县公安局（分局）与基层所队联接的骨干网络。

日照市公安信息网络建设从 20 世纪 90 年代初期起步。当时，全市公安机关计算机通过 modem 联网，初步实现计算机远程通信。

1996 年 7 月，配置飞利浦 1000 数字式程控交换机，与全国公安有线专网联网，实现长途自动拨号；建成市公安局通信机房直流电源系统，为关键通信设备提供 –48V 直流电源。

1997 年，开通至省公安厅的二级综合数字通信网，以拨号方式拨入省公安厅，从而进入全国公安计算机网络，网络业务只限于传输一些低字节的数据文件，速率为 19.2K/ 秒，应用较为单一。

1998 年，在省公安厅统一部署下，采用专线方式开通公安计算机网，初期配备思科 2511 路由器、3com16 端口网络交换机，通过专用信道上联省公安厅，联入公安计算机骨干网。

1999 年，开通市公安局到各分县局的全市公安 DDN 综合数字通信三级专网，传输速率为 256kbps，主要用于传输语音、数据、传真、无线、指挥调度等业务；配置 2 台 IBM Netfinity5000 服务器，配以 Windows NT 操作系统、数据库软件、网页制作软件，用于建设日照市公安局信息中心主页；存放人口、车辆、驾驶员、犯罪信息、公安信息等公用信息，实现信息的跨地区、跨部门查询、查证、交换和共享。8 月，交警支队开始广域网网络布线，共设 145 个信息点（含车管所 2 个同轴电缆点）。

2000 年，开展程控交换机扩容，进行市公安局机关综合布线、局域网建设和各分县局、支队局域网建设。市公安局购置 1 台中心交换机，5 台二级交换机，1 台路由器；各县局、支队购置 9 台二级交换机，9 台路由器，市公安局机关局域网和各分县局、支队局域网得到逐步完善。开通交警支队办公区域及宿舍区域公安专线。

2001 年，按照公安部要求，开展“信息通信运行管理质量年”活动，印发《信息通信运行管理质量年实施方案》，成立“信息通信运行管理质量年”领导小组，按照公安信息通信运行管理考评指标体系及权重进行考评，确保各类公安信息通信系统运行管理正常。是年，市公安局至各分、县局密码通信全部开通。

2002 年，购置公安计算机数据网华为 6506 三层交换机和 3680 路由器，区县端为 3526 三层交换机和 3680 路由器；开通刑警支队、治安巡逻支队办公楼公安信息网和公安专用电话网，为国保支队、政治部、信访科等单位联入公安信息网，为刑侦技术楼安装电话 30 部、设置信息点 30 个。是年，市公安局到分县局的全市公安综合数字通信三级专网扩容到 10Mbps。

2003 年 7 月，召开全市公安三级综合数字通信专网建设工作会议，部署升级公安综合数字通信三级专网工作，对全年数字通信网络作出安排部署：一是 9 月底前完成公安三级网一期建设工程，市公安局至东港、开发区分局通过自建城域网联网，网络带宽为千兆；至莒县公安局、五莲县公安局和岚山分局通过租用联通公司 2 兆电路联网，网络带宽 4 兆，初步建成一个以市公安局为中心，链接城区主要公安业务单位和主要路口的公安宽带城域网，融数据、语音、视频为一体的宽带 IP 网络平台。

二是加快公安四级网建设，年内以全市公安综合数字通信三级网为依托，建成至派出所、看守所、刑警中队等公安基层单位的四级信息通信网络，实现语音、数据、图像等公安业务的传输、交换和信息共享，提高公安机关的整体作战和快速反应能力。9月，全市公安城域网一期光缆传输工程竣工，共铺设光缆1330芯公里。

图 20-1　2003 年 11 月 20 日，日照市公安局公安三级综合数字通信专网系统集成竞争性谈判会议现场

2004年，根据省公安厅部署，开展公安二级网扩容改造工程，省公安厅至市公安局带宽升至155兆；完成市公安局机房避雷网、局外基站、接地体和地阻，通信电源的三级避雷工程建设。

2005年，印发《公安信息通信四级网运行管理规定》，进一步完善三级主干网和各分县局公安四级网建设。7月，在省公安厅支持下，完成83个公安通信四级网接入点建设任务，全市公安信息通信基础网络平台正式运行，并逐步开始为人口信息、派出所综合信息系统的公安信息化应用提供保障。

2006年，完成市公安局至市看守所、经侦支队（在外租房办公）及市政府等部分治安监控点的光纤城域网二期工程建设，实现市公安局与上述单位语音、数据、视频及监控图像等多媒体传输需求和社会治安监控联网需求。是年，改建市公安局电子邮局、市公安局门户网站，建立网上公安通信录，开发文件签收系统，实现公文网上传输，节约办公经费，提高办公效率。

2007年，开通市公安局至市拘留所公安网络，实现语音、数据、视频及监控图像传输等多媒体传输需求；完成市公安局至日照港公安局电视电话会议系统建设。

2009年，按照省公安厅要求，开展公安信息二级网千兆扩容，结合全市公安信息化发展综合需求和电路资源现状，采购华为9系列核心交换机，上联省公安厅交换机，下联三级网路由设备，二级网宽带由原155兆改变为155兆和1000兆共存公用。是年，印发《日照公安信息网站管理规定》；安装电子政务系统并与省公安厅及其他地市互联；根据全运会安保任务需求，完成市公安局到全运会现场指挥部的城域网建设。

2010年，为增强网上办公效能，按照省公安厅相关要求，本着科学、实用、经济的原则，完成市公安局至岚山、五莲、莒县3个分县局三级网千兆扩容，至东港、开发区2个分局中心设备更换升级工作，扩容后，三级网带宽由原2兆升至1000兆，市公安局与分县局之间网络传输的可靠性、安全性、网络传输速度和质量得到提高。是年，对通信电源进行改造，安装50kV伏安稳压电源一套，对原UPS不间断电源更换主板，添置楼层间可承载大功率电缆；东港分局、开发区分局、交警支队网络提速到千兆，其他分县局接入网提速到百兆。

2011年，加大资金投入，筹措50余万元对原有UPS供电系统进行扩容改造，新建40平方米供电室，安装新UPS供电系统。是年，开通市公安局至森林公安局的公安网；交警支队至各大队公安信息网网速提高到1000兆；依托公安网安全接入平台，建设全市机动车查验检测监管VPN网络，并开通至网监部门。

2013 年，交警支队网络再次进行升级扩容，支队、大队、中队三级网络均达到千兆传输。

2015 年，按照省公安厅部署要求，进一步完善信息化网络基础设施建设，优化三级网建设，实现三级网双链路、双设备建设；完善市县级公安机关核心交换机升级和冗余备份建设。是年，完成新办公楼搬迁信息化服务保障和公安网、互联网、公安专线电话的开通调试工作，开通电话 512 门，开通信息点 587 个。

2016 年，按照《山东省公安机关基层基础建设三年攻坚战信息化工作方案》和《山东省公安机关基层基础建设三年攻坚战实施意见》，筹划部署基础网络建设升级相关工作。

2017 年，购置接入网路由器，开展公安二、三级主干网络、数据中心局域网络设备和链路 100% 双链路、双设备建设，实现冗余备份、负载均衡；配备具有“大二层”功能（利用虚拟化技术，实现虚拟机动态迁移，确保系统业务运行状态不中断，提高设备可靠性）的核心网络设备，实现与省公安厅大数据警务云中心的无缝对接。

2018 年，根据省公安厅基层基础建设要求，开展公安三级网升万兆、四级网升千兆扩容建设，东港分局、岚山分局、开发区分局采用自建光缆建设，山海天分局、五莲县局、莒县县局协调租用运营商万兆传输线路，全市 113 个科所队完成接入。

二、音视频通信建设

日照市音视频通信建设始建于 20 世纪 80 年代中期，至 2018 年，主要经历公安有线专网、电视电话会议系统、电视会议专线等建设阶段。

图 20-2　民警维护通信器材

1989 年，下发《关于通信工作的有关规定》，对有线市话、公安专线电话、传真等使用作出规定，明确凡有直拨市话单机的科室，不得通过市公安局总机挂拨电话，以缓解总机线路紧张状况，保证没有直拨电话科室的通信联络；非本局人员严禁使用公安专线，外地公安人员因公使用的必须持单位介绍信，家庭专线非工作需要不得使用，并严禁转接市话网。下发《关于加强有线和无线电话值班的通知》，要求进一步加强无线和有线电话的值机，指定专人负责无线电话使用、维护，确保随时能开得了机、联络得上、通得好。

1990 年后，全市公安机关开始电话会议系统建设。东港、莒县、五莲等区县公安机关陆续通过购置供电式交换机、电话终端机、传真机等设备，开通电话会议系统、公安有线传真和市话业务，并定期进行设备更新，对公安专网的数字化、光纤化进行改造，将模拟载波电路更换为数字语音电路，会议质量不断提高。制定相关规章制度和通信工作纪律，坚持 24 小时值班制度。

1994 年，开通长途专网自动拨号。按照省公安厅要求，在原拨号设备的基础上挖潜改造，用人工开通自动拨号；落实省公安厅通信建设规划，各县局在财力非常紧张地情况下购买程控交换机，开通程控电话，解决有线设备落后的问题。

1996 年，以市公安局新办公楼启用为契机，在省公安厅通信处和市邮电局的支持下，加强有线通信系统建设，使用荷兰菲利浦生产的数字式分程控交换机，电源及备用电源均采用较为先进的开关电源和免维护电池，初装 70 门左右，开通 6 条长途语音话路，每条话路带宽为 64K。

1998 年，按照《关于山东省公安系统数据通信网利用邮电公用数字数据网（DDN）组网的通知》要求，统一组建全市公安有线专网，从市邮电局租用四条 64Kb/s（DDN）专线，分别到东港、岚山分局和莒县、五莲县公安局，各分、县局用自购的复用器通过数字压缩方式，以 4WE/M 接口方式向专用网程控机提供语音信道。

2000 年 10 月，开通市公安局至省公安厅电视电话会议系统，使用全省公安综合数字通信二级网信道，电话会议专线，带宽为 64K，速率为 768Kbps；与区县局原有电话会议系统组成电视电话会议系统，并调整部分 110、119 报警电话线路，提高图像信息传输保障能力。

2003 年，根据全市公安三级电视会议系统建设方案，开展全市公安三级会议电视系统建设，改造市公安局、各分县局电视会议室，建设控制机房。8 月，市公安局程控交换机升级到飞利浦 3050。10 月，开展电视会议系统设备采购招标及三级会议电视建设试点工作，完成设备安装调试及技术培训工作。是年，采用四线 E/M 中继方式与省公安厅及各区县组成公安长途电话专网，开通市话中继线 20 条，至省公安厅专线 6 条，至各区县专线 8 条，市公安局交换机可装机容量 288 门，已装机 270 门。

2004 年 7 月，开通市公安局至各区县的公安电视电话会议三级网，实现召开三级电视电话会议、图像传输、数据共享等功能。是月，印发《日照市公安局电视电话会议系统使用管理暂行规定》，明确电视电话会议系统使用范围、使用程序、保障和使用要求，进一步加强全市公安电视电话会议系统的使用管理，保障公安图像和电视电话会议系统的安全运行。

2005 年，开展图像传输和电视电话会议系统应用建设，建立图像综合传输控制平台，实现多种图像业务传输和查询；结合市公安局指挥中心建设，补充城区道路、重点部位、堵截点、警务工作站的图像监控设备建设，利用公安三、四级网把全市已建成的图像监控信息汇接到市公安局，并通过电视会议系统上传省公安厅指挥中心。

2006 年，完善会议电视和图像传输系统建设，配合省公安厅做好公安二级网可视指挥调度系统建设，继续完善三级网图像传输和电视会议系统，指导开展全市公安接入网视频系统建设；结合城市治安动态监控系统建设规划，设计全市公安图像信息综合控制平台，逐步整合多类图像资源，实现信息共享。

2007 年，按照省公安厅建设方案，开展市公安局公安二级网可视指挥会议系统建设。系统建成后，日常作为可视指挥调度工作使用，在电视会议图像保障任务中，传输会议声像信息和远程教学数据信号，同时可通过声像信息综合控制平台，汇集声像信息传输系统、公安二级网电视会议系统和交警电视会议系统，整合全市图像信息资源，对城市道路、重点部位、治安防控监控图像和电视会议图像进行集中处理并实现信息共享。是年，五莲县局在全市率先开通至基层派出所的视频会议系统，基层民警在单位内即可收听收看公安部、省公安厅、市公安局和县局电视电话会议，节省人力、物力资源。

2008 年，围绕北京奥运会安保工作，开展三级网视频指挥通信系统升级。是年，日照港公安局完成公安视频电视电话会议系统的安装调试。

2009 年，按照省公安厅要求，开展二级网可视指挥会议系统扩容，配置安装图像传输设备；在原有电视会议系统的基础上，改造建设集电视会议、可视指挥、信访接访三位一体的通信系统，实现市公安局至分县局的可视指挥调度。是年，开通省市公安机关之间全运会安保可视指挥系统，保证全运会场所图像监控和城市重要部位监控点图像实时传送到部、省、市公安机关指挥中心。

2010 年，各分县局和全市 66 个派出所全部开通接入网视频会议系统，开通率 100%。

2011 年，对市公安局电视电话会议室进行改造，投资 10 万元，更换会议终端、摄像头控制器及电视机等设备。是年，基层所队办案场所的音视频，同步录像并接入图像信息平台。

2015 年，对全局视频会议指挥调度系统进行升级改造，为节省资金原有标清设备继续使用，部分派出所更换高清终端设备，实现四级视频会议系统的高清改造。

2017 年，按照省公安厅“全省各级公安机关打破警种界限，整合现有视频会议设备资源，杜绝重复建设”的要求，开展视频会议系统整合和可视指挥系统升级改造，新增视频会议终端，提升摄像头档次，满足不同系统之间音视频信号切换和互通。

2018 年，落实公安部加快推进公安机关视频会议加密系统建设的要求，开展市县公安视频会议加密系统建设，依托公安信息网，基于现有的公安二级和三级高清视频会议系统，通过增加密码设备和安全设备构建加密通道，实现视频会议信息加密。是年，完成至东港、岚山、莒县、五莲等 4 个已开通机要密码的区县公安机关视频会议加密系统建设。

三、无线通信

日照公安机关无线通信建设于 20 世纪 80 年代中后期，主要经历 350 兆模拟通信系统、350 兆数字通信系统和公安应急通信系统等发展阶段。至 1989 年底，市公安局（筒子市）已累计投入资金 18 万元，购置电台 100 余部，建成较完整的通信网；莒县县局、五莲县局均开通 150 兆无线通信业务。

1990 年 1 月 1 日，下发《关于加强公安系统电台管理的意见》，进一步规范无线电台使用管理，对电台的配发、使用频率进行明确，要求各单位必须有 1 部电台对市公安局中心台，24 小时昼夜开机，市公安局中心台从 1 月 1 日起对各值班电台定时不定时点名，并将开机情况纳入目标岗位责任制考核；将电台责任到人，像保管枪支一样保管电台，丢失损坏必须追究责任。6 月 1 日，下发《关于无线电台开机情况的通报》，对各单位无线电台开机点名情况进行讲评。

1991 年 4 月，市公安局成立无线电管委会，管委会下设办公室在通信科，具体处理日常事务。6 月，下发《日照市公安局无线电通信网管理意见》，将多年工作形成的无线电通信网管理使用规定以制度的形式予以固化。

1992 年 7 月，下发《关于进一步加强无线通信联络的通知》，要求各单位提高对通信工作重要性的认识，切实把通信工作当作大事来抓，市公安局值班局长每晚对电台开机情况进行讲评。

1993 年，下发《关于搞好九三年通信建设项目的通知》，要求莒县、五莲县公安局建立通信机构，无线通信除使用原工作信道保证县局的通信联络外，再购置单工基地台、高架天线，与市公安局保持通信联络，并将公安通用信道值守台接入无线控制台，配备专门值班人员，保证昼夜 24 小时有人值班。

1994 年，岚山分局筹措资金，安装无线基地台，购置手持台，开通无线通信网。

1996 年 9 月，下发《关于收缴电台的通知》，将原各科室使用的 150 兆无线对讲机全部收缴，维修后根据工作需要重新配发使用，共收回 150 兆无线对讲机 36 台。

1997 年，开始建设公安无线寻呼系统，寻呼系统发射台设在市公安局机要通信科，初期为民警配发寻呼机 200 余部，配备专职寻呼值班人员 3 人，可覆盖市区及东港区的大部分区域。

2001 年，开展全市公安 350 兆无线集群通信网建设。8 月，日照港公安局购买 350 兆公安专用网络对讲机。9 月，完成全市公安 350 兆无线集群通信网一期工程建设，建成 350 兆无线集群网基站 1 处、信道 6 个，在网用户 146 个，基本覆盖东港区、开发区和岚山部分区域。是年，为全市公安机关和民警配置手持台 178 部、车载台 36 部，将无线通信由常规开放方式发展为集群拨号方式，公安无线通信设备落后、手段原始、干扰严重的问题得到缓解，加上区县在原 150 兆基本网上运行的移动台，初步形成以集群通信为主、常规通信为辅的无线通信格局。

2003 年，根据省公安厅要求，开展 350 兆集群机房建设，铺设防静电地板，采购室内空调和通风设备、UPS 电源等，配备无线集群与有线专网联接所需程控交换机和无线扩频、音频、数据联网链路，全市 350 兆无线通信网络进一步完善。是年，建成莒县、五莲、岚山 350 兆集群系统延伸站，实现全市联网。10 月，全市公安机关不再使用无线寻呼系统。

2005 年，根据公安保卫任务需要，进一步加大警用应急无线通信建设力度，增配 350 兆警用手持对讲机 75 部，智能常规转信台 1 对，集群车台 3 部；配合省公安厅完成扶贫县——莒县县局 350 兆集群基站建设，全市覆盖面积达 60%。是年，开启无线移动数据查询系统及 GPS 卫星定位系统应用工作。

2006 年，根据大型活动安全保卫需要，新购应急通信指挥车 1 辆，350 兆常规基站 2 处，配备 350 兆移动手持台车载台 338 台，450 兆常规移动手持台、车载台 75 台，150 兆常规移动手持台车载台 7 台，完成“动感地带”大型演出活动、世帆赛等大型活动安保通信保障任务。

2007 年，完善 350 兆警用无线指挥调度系统，开通启用警用 350 兆巡逻专用频道，建立“日点名”制度，购置对讲机 206 部，全市公安机关对讲机 621 部；新建无线基站 5 处，无线信号城区覆盖率达 97%。是年，配合省公安厅完成扶贫县——五莲县局 350 兆集群基站建设，建成 1 个主基站，3 个分基站。

2008 年，围绕加强奥运安保无线通信保障工作，投资 150 万元购置多功能通信指挥车 1 台，配备单兵数字图像传输系统、车载图像传输系统、车载升降云台及摄像设备、350 兆无线现场组网设备等，奥运火炬接力现场监控图像可实时上传省公安厅，途经区域路段无线通信实现无缝覆盖；投资 126 万元，对全市警用 350 兆模拟无线集群系统进行改造，改建基站 5 个（市公安局、东港、岚山、莒县、五莲各 1 个），初步实现全市公安机关无线联网指挥调度。是年，下发《关于进一步加强 350 兆无线通信和 GPS 定位系统使用管理的通知》，加强 350 兆无线通信和 GPS 定位系统的维护管理，规范无线通信设备使用，明确有关纪律要求；在有巡逻任务的单位推广使用车载台。

图 20-3 利用 350 兆无线通信和 GPS 定位系统，实现警力准确调度

2009 年，市公安局完善 GPS 指挥调度系统建设，扩大 GPS 终端安装覆盖面，将各分县局在中国移动平台已建系统和待建系统全部挂接公用无线通信平台，实现全市公安机关警车及保安押运车辆在同一界面统一显示，在同一平台统一指挥调度。

2010 年，开展通信指挥车改造，在通信指挥车和市公安局分别安装常规中继台，实现应急现场常规对讲机与市公安局指挥中心常规对讲机互联；在通信指挥车安装三信道集群基站，在市公安局安装一信道信号跟踪设备，实现通信指挥车基站和市公安局基站链接。

2011 年，开展 350 兆集群系统二期工程建设，在日东高速、五莲县叩官镇、东港区奎山择址修建三个基站，将师范岭基站移往黄山电视塔，市公安局基站移往丝山。

2014 年，制定《日照市公安局应对处置重大突发事件信息通信保障方案》，成立重大突发事件应对处置信息通信保障工作领导小组，组建图像、无线、网络、信息化应用、综合保障组和应急机动通信队，完成春节、元宵节、各级“两会”、第十届中国艺术节、日照机场开工等安全保卫通信保障任务。

2015 年，根据省公安厅要求，推进 350M 数字集群系统建设，全市建设完成集体系统控制中心和 5 个基站（市公安局 2 个，岚山 1 个，开发区 1 个，东港 1 个），市公安局 350M 数字集群系统实现与省公安厅联网、互联互通，无线信号基本覆盖市区和重要道路、重点部位。

2016 年，开展警用 350 兆数字集群无线通信网建设，建设固定基站 17 个、移动基站 1 个，市县主城区、高速公路、国道、省道无线信号覆盖率达 98%，郊区覆盖达 95%，实现全市公安无线通信“一张网”指挥调度。是年，按照省公安厅要求，搭建 4G 视频传输系统联网建设，开展应急通信保障训练，定期检修无线基站、通信指挥车，保障信息通信安全畅通。

2017 年 3 月，开展卫星通信系统建设，组合连通“动中通”、移动指挥中心和卫星地面站，配备 350 兆数字集群、4G 视频回传系统、高清视频会议系统、无人机航拍系统。系统建成后可通过卫星通信不间断传输语音、数据、高清视频图像等信息，实现指挥调度、通信保障等功能。

2018 年，加强 350 兆数字集群系统建设，在岚山区虎山镇、五莲县潮河镇补点建设 2 个数字基站，拓宽数字信号覆盖范围；建设 350 兆数字集群 GPS 警力定位模块，实现对街面警力的精准指挥调度。10 月，卫星通信系统建成并投入使用。

图 20-4 2018 年 10 月，信通民警在移动指挥中心内进行通信保障

四、信息网络安全建设

21 世纪初，公安机关开始加强公安信息网络安全管理和计算机安全防范工作，启用“一机两用”安全管理系统，防范“一机两用”及其他违规事件的发生。

2000 年，制定《日照市公安局综合信息网操作守则》《计算机信息系统保密管理规定》等，对公安信息网使用和涉密系统、信息、媒体、场所使用等方面提出要求，进一步强化保密技术检查和防范措施，确保全市公安信息、网上信息安全。

2003 年，完成“一机两用”入侵检测系统、网络防病毒系统和“违规联网检测系统”建设，使影响公安网络和信息安全的突出问题得到有效控制。11 月，承办全省公安信息网络安全技术培训班，对“一机两用”检测系统、入侵检测系统、VRV 网络防病毒系统、防火墙技术、安全隔离网闸技术及网络安全防护体系建设等开展系统培训。

2005 年，根据《公安计算机信息系统安全保护规定》，按照“谁管理、谁负责”“谁使用、谁负责”的原则，对市公安局各单位所属网络、系统和设备进行划分，将责任具体落实到单位和个人，加强对网上计算机的监测管理，规范民警上网行为，坚决杜绝“一机两用”违规现象。是年，根据省公安厅统一部署，结合金盾工程建设，完成“三建三防一保障”安全技术保护体系建设，开展身份认证和访问控制系统建设、公安信息网络安全系统建设；在网络及系统关键部位部署防火墙，防止黑客、病毒入侵；建设容灾备份系统，对公安信息网中重要的信息系统和数据进行防灾备份，提高网络安全监控预警和防范能力。

2006 年 4 月，购置联入互联网服务器、外网监控报警软件，部署建设全市“一机两用”外网检测报警系统。5 月，启动新版“一机两用”监控系统安全策略，涉密计算机信息系统与互联网实行物理隔离，严禁使用连接互联网的计算机处理密级文件及涉及国家秘密信息；建立上网信息保密审批领导责任制，通过“一机两用”监控系统对所有联网机器进行“户口式”登记管理，确保信息安全。6 月，公安信息网网站监控系统正式投入运行，实现对公安信息网软件下载、聊天室、游戏、BBS 等违规行为的监控管理。8 月，完成 PKI/PMI 系统平台建设，筹集资金购置数字证书介质，审核数字证书申请表 300 余个。10 月，举办全市公安网络和信息安全保密检查培训班，讲解网络安全保密措施，普及网络和信息安全保密知识，做好各项网络和信息安全保密检查工作。

2007年，印发《日照市公安网络和信息安全保密管理规定》，制定单位领导、主管部门、使用单位三方责任制度，全体民警及每名使用公安网人员按要求与单位主管领导签订网络和信息安全保密责任书，与项目设计、建设公司签订保密安全协议，以制度保障网络和信息保密落实。是年，对全市网络联网设备注册信息逐一进行核对，全部实名注册，完成全市1349台入网设备注册更新工作，注册率达到100%；制定实施网络边界管理，对各级公安信息网与非公安网络（或终端）的应用接入严格实行登记备案及上报审批制度，严禁超范围使用；加强PKI/PMI系统建设，完成公安综合信息系统挂接改造，全市公安数字证书发放率达到90%。

2008年，下发《关于进一步加强公安信息通信网日常安全管理工作机制建设的通知》和《关于进一步加强计算机和移动存储介质保密安全工作的通知》，强化日常巡检工作机制落实和接入公安网计算机注册工作，定期开展入侵攻击监测、防范和关键部位主机、服务器漏洞扫描工作，对公安信息网注册计算机粘贴“警示标签”，加强全市公安机关计算机和移动存储介质保密安全工作，确保公安信息通信网安全，严防失泄密问题发生。

2009年，出台《日照市公安局涉密计算机及移动存储介质管理规定》等5项制度和《上网信息审批流程》，严格上网信息审批审查和保密管理，对全局公安机关1700余台计算机实行保密管理登记；建立计算机分类管理机制，对全局连接互联网的计算机逐机登记备案。是年，购置网络版杀毒及补丁升级系统。

2010年，根据公安部统一部署，在市公安局信息中心建设公安信息通信网边界接入平台，印发《日照市公安局信息通信网边界接入平台安全管理规定》，实现对公安机关从公安信息通信网外采集信息和对外提供信息服务业务的安全监控与审计要求。

2012年，制定《网络安全约谈警示制度》，对发生网络违规事件的单位及个人，除市公安局通报批评，按有关规定对负责人、责任人处理外，发生违规事件的单位负责人、责任人到市公安局说明情况，市公安局督察部门组织学习相关警令、禁令，通信部门进行安全警示教育。

2013—2016年，严格落实安全巡检制度，严密监测PKI/PMI系统、“一机两用”监控系统、补丁分发系统、入侵检测系统、漏洞扫描系统、应用系统运行平台和DNS系统等运行情况，每月按时扫描服务器漏洞，及时安装漏洞补丁。开展公安网络保密安全专项检查，落实“物理隔离”措施，做到专网专用，落实“分类管理”措施，做到专机专用，落实“审批检查”措施，做到专事专管，对检查中发现的问题进行及时整改，有效确保信息安全。做好公安网网络安全加固工作，核心交换机区域部署硬件防火墙，对服务器前置网络防火墙进行加固，购置第三方网站防篡改系统，进一步提高公安网防御病毒及攻击能力。

2017年，开展公安网安全防护升级建设，在市公安局至省公安厅链路之间配置防毒墙，加强公安网安全防护；在网站服务器前端部署安全网关，加固市公安局网站服务器。

2018年，按照省公安厅、市公安局基层基础建设三年攻坚战任务要求，开展安全接入平台互联网链路、视频边界接入平台升级扩容；完成市公安局机关公安网准入系统建设、电子邮件系统、视频专网视频电子水印加密建设等工作，统一用户管理系统人员注册，确保民警正常登录使用各应用系统。

第二节 信息系统建设

一、金盾工程

金盾工程作为国务院批准、国家发改委审批立项的国家信息化重点建设项目，是加快公安信息化建设、实施科技强警战略的重要工程。主要包括全国公安综合业务通信网、全国违法犯罪信息中心、全国公安指挥调度系统工程、全国公共网络安全监控中心 4 个方面。

（一）金盾工程一期

2003 年，公安部在全国范围内正式启动金盾工程建设。根据公安部、省公安厅的统一部署，市公安局多次召开党委会、局长办公会，专题研究部署金盾工程建设，科学规划编制《日照市“金盾工程”总体方案》，并积极向市委、市政府汇报，在政策上和资金上争取有力支持。

至 2005 年底，完成金盾工程一期建设任务。一期工程累计投入资金 1720 万元，分别采取自建、协助公安部和省公安厅建设方式，先后完成 8 大资源库、一类和二类应用系统建设、保密安全基础项目等 32 项金盾工程建设项目；完成执法办案流程管理暨监督考评信息系统的推广应用工作；以公安综合信息查询系统和派出所综合信息管理系统建设为切入点，推进公安综合信息管理系统建设，以“三合一”指挥中心系统建设为龙头，加强社会治安防控体系建设。在全市初步建成信息化基础设施比较完善，信息应用种类比较齐全，部分公安业务工作在全市范围内实现流程信息化，基本满足当前需要的公安工作信息化框架体系。

（二）金盾工程二期

2006 年，市公安局分批次开展金盾工程二期项目建设，主要任务为进一步优化完善“三类基础设施”（网络基础设施、安全技术设施和信息中心技术系统），开发推广“三大应用平台”（公安情报信息综合应用、警用地理信息基础应用和部门间信息共享与服务平台）、建设扩展“四类应用系统”（对在一期建设中取得较大规模效益的部分基础性应用系统进行完善、对涉及国家安全和维护稳定的部分应用系统进行扩展、新建少量急需的业务信息系统、自行建设完善部分应用系统）。2010 年，建设完成情报信息综合应用平台。2012 年，完成警用地理信息系统建设。2013 年，完成部门间信息共享与服务平台。

金盾工程二期建设完成后，全市公安信息化建设与应用进一步推进，公安信息通信二级、三级及接入网网络已覆盖基层单位；覆盖各警种警务工作的各类应用系统初步建成；公安信息中心技术架构体系初步形成；公安信息化安全管理机制、公安信息化运行维护机制逐步完善，全市各级公安机关工作效能、网上作战和队伍管理水平得到提升。

二、应用信息系统建设

日照公安信息化自 20 世纪 90 年代起步，初期应用较为简单。从 2003 年金盾工程一期建设工程，开始逐步迈入快速发展阶段。至 2010 年，全市应用信息系统主要围绕金盾工程一期、二期规划进行建设，保障各项公安业务和队伍建设正常开展，不断提升打、防、管、控、建等警务工作效能。

2011 年，围绕提升街面犯罪精确化打击，推进民生警务，保障“清网”行动等公安业务工作，研发复式治安检查站智能检测系统、公开评判系统等 8 个。复式治安检查站智能检测系统创造性地将交警电子警察系统与治安检查站进行有机结合，可实现车辆信息与全国被盗抢机动车数据库自动比对、自动报警，获评日照市科学技术奖三等奖。

2012 年，围绕党的十八大安保，研发“警的”联动系统、信息作战平台等 9 个信息化应用平台系统。

8 月，莒县公安局成立科技创新研发团队，负责小科技、小创新、小发明等研发工作。

2013 年，加强部门间信息融合平台建设，研发公安信息系统应用日志安全审计平台、部门间信息共享服务平台等 22 个信息化应用平台系统。

2014 年，围绕提升指挥调度效能，研发指挥调度平台、重大活动安保高清视频研判会商系统等 25 个信息化应用平台系统。是年，莒县公安局研发的“110 监控报警双路联动系统”获评 2014 年度山东公安科学技术进步奖三等奖，智能实战平台、视频浓缩模块入选 2014 年度全省公安基层技术创新项目展。

2015 年，建设全市公安高清视频会议系统，研发办案中心讯（询）问管理系统，完成应用信息系统项目 27 个。是年，莒县公安局研发“扁平化可视综合指挥平台”获评 2015 年度山东公安科学技术进步奖三等奖。

2016 年，配合打击利用伪基站实施电信诈骗犯罪行动，自主研发小哨兵伪基站预警系统；结合重大活动安保，自主研发视频快速布控系统、条幅打印机监控系统等。是年，建设应用信息系统平台 44 个。

2017 年，围绕提升重大活动安保、处置各类群体性事件应急通信保障能力，研发应急通信保障系统；借助信息化手段，强化执法办案管理中心对关键要素管控力度，研发执法办案管理中心监督管理综合平台。是年，建设应用信息系统项目 31 个。是年，莒县公安局研发的“智能身份证核查手环”在 2017 年全省基层技术创新竞赛和展示活动中获最受欢迎的创新成果奖。

2018 年，为应对日照国际马拉松赛事期间社会治安和恐怖事件的威胁，研发国际马拉松 AR 安保实景指挥系统；依托 OCR 技术，研发基于机器学习的智能调解辅助系统。是年，建设应用信息系统平台 46 个，市公安局研发的基于机器学习的智能调解辅助系统、莒县公安局研发的基于 AR 智能眼镜的警务应用平台分别获评 2018 年度山东公安科学技术进步奖应用技术类二等奖。

至 2018 年底，市公安局建成各类业务应用系统和综合应用平台 258 个。

第三节　公安科技创新与应用

一、大数据警务云中心建设

2012 年，省公安厅在全国率先启动省级大数据警务云计算建设，并列为山东公安机关“1 号工程”强力推进。

2014 年，借鉴吸收省公安厅大数据警务云计算建设经验，多次与浪潮、华为、联想、IBM、威睿等专业云计算公司交流沟通，组织专人专班开展信息化论证工作，制定《大数据警务云计算总体方案》。8 月 6 日，召开大数据警务云计算建设专家论证会，研究确定全市公安大数据警务云项目规划，市公安局大数据警务云建设项目正式启动。

2015 年 2 月，组织召开大数据警务云建设应用和情报工作座谈会，围绕云基础、云数据、云平台、云应用 4 个层次开展顶层设计规划。10 月，市公安局新综合业务楼正式启用后，总建筑面积 2100 平方米、符合国家 A 类标准的大数据云计算中心投入使用。是年，完成大数据警务云项目一期（云基础平台和大数据警务云中心）建设，计算资源池达到 544 核 CPU、8.5TB 内存、63.4TB 高速存储；整合公安内部数据 9 个大类 50 个小类，12.8 亿余条数据资源；整合市人社局、交通局等 21 个单位的社会数据，17 亿余条数据资源。

2016 年，开展大数据警务云二期项目建设，对计算资源进行扩容、升级，计算资源池总量达到

图 20-5 大数据警务云计算中心机房

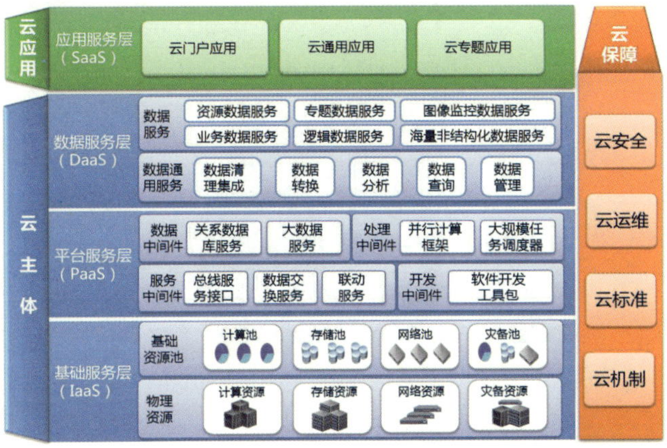

图 20-6 日照公安警务云计算总体架构图

800 核 CPU、11.06TB 内存、5PB 海量存储。是年，开展大数据服务 110 接处警、大数据服务全程化侦查破案、大数据服务立体化大型活动安保研判、大数据服务常态化重点数据分析等具有日照特色的云应用建设，建成精准数据作战系统；部署安全设备，建成完善的云安全体系。

2017 年，开展大数据警务云三期项目建设，推进社会数据标准化清理，开展情报系统、反恐维稳、犯罪空间分析等应用系统建设；开展大数据云计算中心机房升级建设。

2018 年，完成云基础、云安全 2 个平台建设，中心机房物理主机数量 29 台，计算资源池总量达到 1000 核 CPU、12TB 内存、420TB 光纤存储，5PB 海量存储，为指挥调度平台、社会化视频监控平台、办公自动化系统、警务云平台、舆情云系统等提供 362 台虚拟机，建成基础网络“大二层”功能的核心网络，实现与省公安厅云中心的无缝对接。是年，建成具有日照特色的大数据警务云实战应用平台，包括“一个门户”和 110 接处警服务平台、侦查办案服务平台、重大活动安保平台、大数据常态化分析平台等，并投入市公安局合成作战中心实战应用。

二、精准警务智创中心建设

2017 年 10 月，落实基层基础建设三年攻坚战的整体部署，启动市公安局“精准警务智创中心”建设项目，围绕推动人工智能与警务工作深度融合的指导思想，建设无人机应用与管控实验室、微警务实验室、云计算和大数据实验室等六大实验室。2018 年，精准警务智创中心被省公安厅评为全省公安机关基层基础建设示范点。

（一）无人机应用与管控实验室

无人机应用与管控实验室由市公安局与深圳大疆创新科技有限公司、山东盛彩通信工程有限公司联合建设。实验室汲取国内外先进的理念和经验，深挖反恐、维稳处突、侦查取证、禁毒、交通管理、刑事技术、抢险救灾、公共宣传以及非法无人机管控等多个公共安全领域的警务应用。

图 20-7 无人机应用与管控实验室

2017 年 10 月，实验室正式成立。11 月，实验室结合日照公安工作实际，依托大疆既有产品，围绕空中侦查、大型活动安保、反恐处突、交通事故快处、消防灭火、社区警务等工作，配合相关警种开展“无人机 +”工作模式研发。12 月，制定“一加一（专业飞手 + 业务民警）”执行飞行任务模式，提升警用无人机使用频率及效能。

2018 年 1 月，研发无人机禁毒侦查系统、高速巡查系统、交通事故快处系统、大型活动安保系统、火场侦查系统、野外热成像搜捕系统和第一代无人机监测系统——云哨系统。3 月，自主研发第二代无人机监测反制系统——天猎系统，系统可利用白名单、窄带、跳频等技术，实现直径 6 公里的防护罩，里面的无人机无法起飞，外边的无人机无法进入，白名单无人机不受影响。

是年，无人机系统开始应用于各项安保实战。在 2018 年全市元宵节灯会安保中，首次应用并成功迫降黑飞无人机 9 架。在 2018 年日照国际马拉松赛事安保中，实现黑飞无人机零起飞的战果。

至 2018 年底，实验室内有各类型无人机 6 架、无人机操作民警 1 人、驻场工作人员 2 人。

（二）微警务实验室

微警务实验室由市公安局与中国联通日照分公司、腾讯公司联合建设，依托中国联通丰富的网络资源和高速 4G 及宽带网络能力和腾讯公司的移动端技术应用，推动互联网新理念、新技术、新应用与市公安局警务工作的融合发展。

2018 年 5 月，实验室正式成立，并同步开展微信访、微督办、微处警等应用研发工作。11 月，微信访建成并上线使用。

至 2018 年底，通过“微信访”收集群众诉求 24 件，全部反馈办理意见，满意率达 100%。

图 20-8 微警务实验室工作人员操作身份证核查设备

图 20-9 民警与技术人员讨论平台建设架构

（三）云计算和大数据实验室

云计算和大数据实验室由市公安局与浪潮集团联合建设，以云计算、大数据为研究方向，以硬件基础平台、警务大数据、智慧城市应用为核心，辅助完成数据接入、数据处理、数据组织、数据服务、数据治理等工作。

（四）重点人员管控实验室

重点人员管控实验室由市公安局与济南诚方网络科技有限公司联合建设，以“数据警务、精准警务”为导向，依托千亿级互联网数据资源，结合视频资源分析、先进算法，研发实战平台应用。

2018 年 3 月，项目正式启动。至 2018 年底，日照公安智脑平台协助研判、侦办经济案件 12 起；服务破获涉黑专案、网络电信诈骗、食药环侦等案件 120 余起，抓获各类网上在逃犯罪嫌疑人 26 名，违法犯罪嫌疑人 70 余名。

（五）AI+ 视频联合实验室

AI+ 视频联合实验室由市公安局与杭州海康威视数字技术股份有限公司联合建设，以云边融合理念为基础，以视频为核心，运用云计算、边缘计算等技术，结合公安业务需求特点，将 AI 智能算法注入视频监控领域，开展智能视频应用建设，为民警现场指挥调度、案件侦破、维护社会治安提供技术支撑。

2018年6月，项目正式启动。7月，实验室建成并投入使用。是年，开展日照国际马拉松赛事沿线AR安保指挥系统、视频结构化解析系统、日照市“十网合一”综合平台、慧眼人像研判系统等课题的研究建设工作，并应用于多部门警务工作。

（六）智慧警务实验室

智慧警务实验室由市公安局与北京睿企科技有限公司联合建设，基于省公安厅“三个一”的总体要求，构建统一的大数据平台，以统一的人工智能平台保证应用破垒整合、数据破壁共享，以统一的门户保证门户增效减负，打造满足各警种需求的智能产品，辅助公安机关智慧警务、精准警务建设。

图20-10 民警与AI+视频联合实验室技术人员讨论视频监控平台建设

2018年5月，项目正式启动。6月，实验室建成并投入使用。7月，实验室通过深度学习、自然语言理解、知识图谱、搜索引擎等人工智能技术辅助公安机关智慧警务、精准警务建设。

三、“社区智慧警务+”工程建设

“社区智慧警务+”项目是市公安局承担的公安部技术研究计划项目。该项目自2018年8月开始筹备参加遴选，10月初步启动，本着“先试点后推开，先社区后全市覆盖”的思路，分为开展试点、自行验收、公安部验收、全面推开、完善提升等5个阶段，计划2年内完成。

2018年8月，公安部科技信息化局下发通知，部署开展2018年度公安部技术研究计划项目竞争性遴选工作。是月9—15日，市公安局根据通知要求，积极联系中国人民公安大学、公安部第一研究所、北京睿企信息科技有限公司、济南诚方网络科技有限公司等单位，共同研究选定申报“基于大数据智能应用的社区智慧警务关键技术研究与应用示范”课题（以下简称“社区智慧警务+”项目），编写完成可行性研究报告等项目研究内容。同月24日，项目团队共同在北京参加竞争性遴选项目专家评审答辩会。经公安部遴选，日照“基于大数据智能应用的社区智慧警务关键技术研究与应用示范”成功申报2018年度公安部技术研究计划竞争性遴选项目，市公安局“社区智慧警务+”工程正式启动。

9月10日，市公安局下发通知，组织报送基于大数据智能应用的社区智慧警务试点社区。经分县局提报，初步遴选确定东港区沙墩社区、莒县沭韵家园等12个社区为“社区智慧警务+”项目试点社区。

图20-11 民警与技术人员讨论社区智慧警务建设

10月17日，召开“社区智慧警务+”项目建设推进座谈会，与公安部第一研究所、北京睿企信息科技有限公司座谈“社区智慧警务+”项目建设。26日，以市政府名义组织召开《日照市“社区智慧警务+”项目实施方案》征求意见座谈会，邀请民政、司法、信访等24个项目参与单位和各区县政府办公室一同研究讨论项目架构、组织实施及接入项目服务需求，进一步明确各项目参与单位任务分工。

11月2日，召开“社区智慧警务+”项目试点座谈会，邀请综合执法、安监、信访等部门座谈交流，进一步梳理相关单位社区智慧警务业务需求。22日，公安部科技信息化局下发通知，正式确定日照市为2018年度公安部技术研究计划竞争性遴选项目中的“基于大数据智能应用的社区智慧警务关键技术研究与应用示范”项目8个试点城市之一，并批准部拨支持经费35万元。23日，组织分县局、相关警种部门召开“社区智慧警务+”项目应用需求座谈会，结合项目技术建设要求、相关单位应用需求及意见建议，形成《日照市“社区智慧警务+”项目实施方案》。同月，按照兼顾城市社区与农村社区的原则，将“社区智慧警务+”项目试点数量增加至40个；组织技术合作单位开始推进社区智慧警务前端感知设备、社区智慧警务管理平台的研发建设。

12月12日，“社区智慧警务+”项目经市政府第三十一次常务会议审议通过。20日，根据公安部要求，市公安局作为应用示范单位与公安部签订《公安部技术研究计划项目合同书》。

至2018年底，“社区智慧警务+”项目正在按计划开展试点推广。该项目被写入2018年度《市政府工作报告》，列为市委深化改革重点项目。

图 20-12 2018年，日照社区智慧警务管理平台运行界面

全市“社区智慧警务+”项目试点社区（小区）一览表

表 20-1

序号	社区（小区）名称	序号	社区（小区）名称
1	东港区日照街道沙墩社区	21	岚山区海屋社区
2	东港区秦楼街道银河社区	22	日照经济技术开发区大连花园小区
3	东港区石臼街道银海社区	23	日照经济技术开发区盛和家园小区
4	东港区南湖镇弓山社区	24	日照经济技术开发区大唐华府小区
5	东港区兴业东升花园	25	日照经济技术开发区天津路社区
6	东港区日照街道生活二区	26	山海天旅游度假区教授花园三期
7	东港区富和二区	27	山海天旅游度假区观澜天地
8	东港区兴业金海学府	28	山海天旅游度假区天诚华尔兹
9	东港区东辰智慧城	29	山海天旅游度假区滨海花园
10	东港区中盛幸福海岸	30	莒县岳家村社区沭韵家园
11	东港区滨海佳园社区	31	莒县杏林苑
12	东港区日照港第一生活区	32	莒县理想城
13	东港区日照港第四生活区	33	莒县东方城
14	东港区日照港第五生活区	34	莒县润景华庭
15	岚山区轿顶山生活区	35	莒县卢浮公馆
16	岚山区北街社区	36	五莲县白鹭湾社区
17	岚山区北门外社区	37	五莲县御景东方城
18	岚山区官山社区	38	五莲县逸城山景
19	岚山区海州湾社区	39	五莲县弘丰花园
20	岚山区锦绣花园	40	五莲县名仕佳苑

RI ZHAO SHI
GONG AN
ZHI

第二十一章

21
CHAPTER

公安信访

GONG AN XIN FANG

1989年，地级日照市公安局成立，设信访科。此后，几经变迁，各级信访机构不断完善，信访队伍不断壮大。至2018年底，市公安局设有信访处，各分县局和警种部门均设有专门信访机构或专兼职信访民警办理信访业务。

20世纪90年代，全市公安机关牢固树立“大信访”观念，全面贯彻《信访条例》《公安机关受理控告申诉暂行规定》和《山东省信访处理暂行规定》，进一步加强对信访工作的组织领导，完善以派出所为基础的三级信访网络，积极推动信访规范化、法制化建设。21世纪初，全面推行信访责任制，深入开展“大接访”活动，畅通信访渠道，及时受理群众来信来访，及时查处解决群众信访问题。党的十八大后，全市公安机关把信访工作作为掌握社情民意的重要渠道，逐步建立健全信访工作机制，运用法治思维、法治方式，认真办信、接访，统筹用好情、理、法相关措施，抓创新、用智慧，高质量地调处纠纷、化解矛盾、清理积案，最大限度地做到案结事了，为群众解决实际问题，为密切警民关系、促进社会和谐、维护社会稳定发挥重要作用。

第一节　信访机制建设

一、信访规范化建设

1990 年，制定《信访科岗位责任制》，明确 3 项具体工作任务：认真处理群众来信、接待群众来访，并做好信访老户和上级交办案件的查处工作；定期向领导报告来信来访情况，及时反映带有普遍性、倾向性、政策性的重大问题，并会同有关业务部门研究提出解决意见；对重大信访案件和问题，及时请示报告，按照领导意见和实际情况，抓紧开展工作，及时妥善处理。1995 年，重点抓好《信访条例》《公安机关受理控告申诉暂行规定》和《山东省信访处理暂行规定》的贯彻落实，严格按法定程序处结信访案件。同时，结合学习《中华人民共和国人民警察法》，采取以会代训的方式进行学习宣传，并把该条例、规定作为专职信访干警岗位练兵的重要内容，组织学习考核。1996 年，调整市公安局和各区、县局的公安信访工作领导小组，加强对信访工作的组织领导，完善以派出所为基础的三级信访网络，狠抓初信初访的查处，使一些信访苗头不出乡镇，较大而复杂的信访案件不出区、县，杜绝越级上访现象，推动全市公安信访工作逐步纳入法制化、制度化、规范化轨道。1997 年，将有关信访的法律法规编印成小册子，各级领导班子成员及基层科所队室人手一册，并对专职和兼职信访民警采用以会代训的形式进行培训，使其不断掌握有关信访工作的法律依据和信访工作知识，用于实践，在全局专职信访民警信访法律知识测试中均取得良好以上成绩。

2002 年，严格执行《公安信访工作八项制度》《关于几种特殊信访问题的处理办法》等规章制度，建立来信回复、限时接访、限期办结、月通报和领导公开接访、领导包案、责任追究、案件督查等工作机制，信访工作规范化水平进一步提高。截至 2003 年，初步建立起信访督查、信访户回访、信访调研、领导包案、局长接访、责任追究、一岗双责、逐级上访、办信“三见面”（与责任单位领导见面、与信访人见面、与相关其他当事人见面）等 16 项规章制度。2007 年，制定《全市公安机关“三考”信访考查工作实施意见》，建立领导小组，设立办公室，具体组织实施信访考查工作。全市公安机关共整理信访案卷 138 宗，从东港分局和莒县公安局各抽出 10 本信访案卷，参加省公安厅组织的集体阅卷考评。

2012 年，充实完善《领导干部接访、回访、下访工作机制》，以制度促规范，以规范促发展，积极推动公安信访工作规范化建设。2013 年，制定出台《关于深入推进领导干部接访下访工作的实施意见（试行）》，从制度建设、机制保障等方面，进一步规范信访工作制度。2014 年 7 月，印发《涉法涉诉信访内部导入工作实施办法》，对信访事项导入警种部门以后的办理、沟通、回访、答复工作做详细规定，进一步明确警种部门办理涉法涉诉信访事项的主体责任。2017 年，出台《信访法制融合发展工作机制（试行）》，全市公安机关强化信访风险责任意识，切实规范办案程序和执法行为，做好案件的信访风险评估工作，力争办理的每一起案件经得起法律和历史的检验，努力从执法源头上预防和减少初信初访问题的发生。2018 年，制定出台《信访部门执法执勤业务标准》，从法定职责、履职标准、行为规范三个方面，规定信访部门办信、接访及信访事项复查、复核、督办、终结等各个环节业务流程、岗位标准，推动全市公安信访工作法治化、精细化，从粗放型到规范化、标准化转型。

二、信访工作责任制

1991 年，市公安局信访科牵头，刑警大队、交警支队建立信访领导小组，机关各科室、各派出所设立 1 名信访员，认真落实“分级负责，归口办理”的原则，层层实行信访工作责任制，如因工作失职发生问题，首先追究单位领导的责任。1999 年，在全市公安机关推行“信访评警”活动，把公安信访纳入各业务部门目标量化考核，促使办案单位从案件介入就树立信访意识，增强工作责任心，狠抓办案质量，从源头上控制信访案件的产生，增强信访工作的主动性。同年，在莒县公安局推行信访工作责任制试点工作。

2001年，制定《全市公安信访工作责任制实施办法》，实行“信访考警”、目标化管理，信访工作责任领导分担、具体工作量化到基层，评先树优时信访工作“一票否决”。在是年进行的两次执法执纪检查考核中，把信访工作作为检查考核的重要内容进行验收，对发现有问题的案件，一律实行案件倒查制度，对执法不公、不严而形成有影响的信访案件，按规定追究有关人员的责任。2002年，对信访案件普遍落实定人员、定措施、定期限、包查处、包息访和巩固查处效果的“三定二包一巩固”责任制，不断加大对信访案件的督办、查办力度。2003年，市公安局同各单位签订《信访工作责任书》，把任务和责任层层分解，落实到基层。在此基础上，进一步完善信访工作领导责任制，建立健全信访网络，形成“一把手”负总责、分管领导具体抓、其他领导一岗双责，一级抓一级、层层抓落实的“大信访”工作格局。2007年，市公安局制定《领导批示信访件办理责任制》，健全完善“一把手”负责制、限时查结制、报告签署制、跟踪督导制、责任倒查制等五项制度。对重点信访案件，明确处理信访案件的责任主体，逐案落实专办责任，实行“四定四包”责任制，即定包案领导、定责任单位、定责任人员、定查处措施和包查处、包做思想工作、包稳控、包息访。凡因工作措施不到位造成上访人越级非访的，实行责任倒查，严肃追究包案领导和具体责任人的责任。2008年，制定《信访工作考核暨责任倒查追究办法》，把办理信访事项情况纳入对各单位绩效考核范围，列为对各单位负责人政绩考核的重要内容。对因工作不力、发生有影响的涉法信访案件的责任人和责任单位实行“一票否决”，并倒查追究责任。

2010年，把信访责任倒查追究与领导班子、领导干部和办案民警绩效考核挂钩，直接纳入评先树优、立功授奖、晋级晋职考评体系，每月通报、考评，实行奖优罚劣、一票否决制。2011年，严格落实责任倒查追究制度，对不依法履行职责，不作为、乱作为、不及时作为、违法违规办案等执法过错及执法不公、方法简单、作风粗暴等行为引发的信访案件，严肃追究相关人员的责任。2012年，制定《日照市公安机关有责信访（投诉）案件责任追究实施办法》，对重点信访案件，逐一进行分析，总结经验，提出改进措施和意见，落实整改措施。对因民警个人或单位领导责任造成的有责信访问题，对责任人约谈、问责，从源头上杜绝类似问题再次发生。是年，完善与法制、纪检、政工部门联动对接机制，将信访责任查究与执法质量考评、党风廉政建设、年度绩效考核有机结合起来，建立信访工作动态考评机制，实行每月一通报、一排名，把考评结果作为评先树优的重要依据。对因执法瑕疵、执法过错引发有责信访案件，及办理信访事项过程中失职渎职造成不良影响的，随时启动有责信访案件倒查追究机制，严肃追究有关人员的责任，对责任单位实行“一票否决”。

图21-1 市公安局信访处集中调度各单位积案化解进度

2017年，市公安局不定期抽查初信初访首接首办责任落实、初信初访问题办理效率和质量等情况，定期抽查初信初访登记录入、受理告知、回访、答复等情况，建立初信初访问题定期通报制度，通报办理初信初访案件过程中存在的不规范、不到位、不作为等问题，严格落实奖惩，指导和推动初信初访问题依法妥善处理。

2018 年，适应信访工作新形势，修订《日照市公安局信访工作责任制实施办法》，统一明确信访工作中信访部门及各分县局、各警种部门的责任，明确有责信访的情形及责任追究实施办法，保障信访案件能够依法及时就地解决，杜绝推诿扯皮，提高效率、方便群众。

三、信访法制融合发展机制

2017 年，市公安局制定出台《日照市公安局信访法制融合发展工作机制实施意见》，创新建立涉法信访案件联合接访机制，信访、法制案件联合评查机制，信访、法制信息系统和问题数据融合使用机制，信访、法制纠正补错、责任倒查联合机制。充分运用法治思维和法治手段解决信访问题，推进依法办访、依法治访，最大限度地减少和消除因执法不规范引发的信访问题。

第二节　信访事项办理

一、办信、接访

1990 年，以“大信访”理念为指导，着力加强基层信访工作网络建设，落实各项信访工作措施，妥善处理信访案件，坚持做到受理群众来信来访随来随办，对一时办不完的或暂时无法办的，向来访群众说明原因。

1991 年，实行定日挂牌接访。局领导按规定的接访日接访，直接倾听来访群众的意见和要求，一般性的问题，当场签发拍板定案，重大问题接访后报局党组研究决定。

1995 年，制定领导批阅来信和接待来访制度，做到每月定期接访，遇有特殊情况随时接访。凡是群众写给领导的来信或上级批转的重要来信，局领导都要亲自批阅。全年，市公安局领导批阅来信 78 件次，接待群众来访 15 人次。是年，市公安局参加市委政法委组织的市直政法机关领导干部公开接访活动，市公安局局长带领刑警、治安、出入境管理、户政、信访等部门负责人和民警现场接访。

1996 年，坚持局长接访制度和信件批阅制度，做到各级领导及时了解信访动态，掌握第一手材料，果断处置一些重大信访案件。是年“严打”期间，市公安局分管领导通过接访获取 1 个重大犯罪线索，立即组织市公安局信访科、莒县公安局专题研究部署，经莒县刑警、治安、信访部门联合查处，破获 1 个盗窃、抢劫、伤害他人的犯罪团伙，抓获犯罪嫌疑人 4 名，收缴赃款赃物数万元，并在当地召开公开处理大会。

1997 年，利用报纸、电视向社会公布局长公开接访电话，方便群众，保证信访案件及时、准确地查处，共接到投诉、举报、求助、咨询、感谢等电话 40 余个。

1998 年，印发《关于从速办理公开接访受理上访案件的通知》，对公开接访案件办理提出快速办理、提高服务群众效率的要求。是年，市公安局组织参加市直政法机关领导干部公开接访活动，接待来访群众 28 起 79 人次，当场答复 22 起，限期结案 6 起。

1999 年，坚持领导批阅信件和公开接访制度，进一步规范接访时间、办理程序和办结时限，抓好对案件承办单位的督办，提高工作效率。10 月，全市公安信访民警参加接访语言特点及政策运用学习培训，提升接访水平。

2001 年，市公安局参加市直政法机关领导干部公开接访活动，自制宣传牌 50 块，发放宣传材料 5000 余份，接待人民群众 33 起 61 人次，当场答复解决 21 起，其余限期解决。

2002 年，加强初信初访工作，热情接待每位来访群众，兑现提速承诺，深化警务公开，实行信访问题首问责任制，做到群众来信当天拆阅不过夜；对需要有关部门接访的，做到在20分钟之内与群众面谈；对坚持无理上访的人员，耐心说服，讲明政策，依法办理。坚持公开接访制度，及时解决群众提出的问题。将每月10日定为市公安局领导接访日，分县局领导每周接访一次，全市共接访群众273人次。是年，市公安局参加市直政法机关领导干部公开接访活动，接访群众190人次，解答、落实解决群众提出的实际问题132件。

2003年非典时期，主要采取电话预约接访、写信征求意见、重点信访人员回访等形式，主动接受群众监督，听取社会各界的意见和建议。根据省公安厅要求，在全市范围内推行人民群众来信答复制度，本着慎重负责、分类处理的原则，对有实质内容的署名初信及时作出答复。全市共答复群众来信120封，共受理上级机关和领导交办重点信访案件59件，全部按时办结。

2005年5月18日至8月11日，全市公安机关按照公安部、省公安厅的统一部署，开展“大接访”活动，各分县局公安局局长共计接待群众来访145起，办结125起，其中息诉罢访115起。

2006年，坚持实施群众来信“绿色邮政”“阳光办信”和“办信三见面”制度，全年共收到群众来信361件，其中领导阅批177件，通过“绿色邮政”收到来信33件，全部实行“三见面”。

2007—2008年，实行“一二四”（省公安厅厅长周一、市公安局局长周二、分县局局长周四）接访制度，市公安局局长和各分县局局长每月固定接访日接访，有关部门负责人陪访，耐心听取每一位来访群众反映的问题，尤其是初次来访群众。除正常接访日以外，只要群众来访，局长一律抽出时间接待，能一次解决的不让群众再跑第二趟。

2009—2010年，进一步畅通信访渠道，及时受理群众来信来访，及时查处解决群众信访问题。在认真落实“一二四”定期接访制度的基础上，将“三长”（市公安局局长、分县局局长、派出所所长）定期接访改为随时接访，局长、政委等局领导随时接待群众来访，局领导因故一时不能接访的，由市公安局信访部门约定接访时间，或将局领导电话号码告知上访人，上访人可随时打电话或发短信反映情况。重大节日或重要活动期间，市公安局、分县局、派出所每天由1名负责人坐班接访，第一时间接待来访群众，随时办理群众反映的问题。

图21-2 2010年，莒县公安局派出所所长大接访

2011年，在全市公安机关实行市公安局、分县局、派出所三级领导干部随时接访、预约接访、带案回访制度。各级领导特别是主要负责人，严格落实市公安局接访规定，坚持随时开门接待来访群众，主动深入基层和问题较多的单位，帮助研究解决信访问题。各级各部门领导对每一封群众来信签批办理意见，限期反馈办理结果，真正做到事事有着落、件件有回音。开通互联网局长信箱和公安微博，及时倾听群众呼声，收集社情民意，改进工作作风，共收到群众发送电子邮件、留声4300余件。

2012年，继续组织开展领导干部大接访活动。将公开接访与重点约访、带案下访与上门回访有机结合起来，做到领导在一线接访、矛盾在一线化解、问题在一线解决，最大限度地将信访问题化解在当地。

2013—2014年，积极探索创新和改进公安信访工作，将涉公安信访问题纳入法治轨道，依法按照相关程序办理。对案件正在走法律程序的，继续依法按程序办理，督促有关警种部门在法定时限内办结；对已经结案，符合复议、诉讼条件的，引导信访人通过法律程序办理；对已穷尽法律程序的，及时依法提出处理意见，形成结论，确保信访事项有序退出，结果同时及时通报同级党委、人大、政府和纪委、信访部门备案，确保终结信访事项不再重复登记和交办；对因执法问题给当事人造成伤害或损失的，依法予以纠错、补偿；对因遭受犯罪侵害，无法通过诉讼途径获得有效赔偿，造成当事人及其亲属生活困难，符合司法救助规定的，及时报市委政法委审批，给予司法救助，帮助解决信访人的实际困难。

2017年，加强和规范初信初访办理，提出初信初访工作目标，明确初信初访责任分工，各单位“一把手”对初信初访工作负总责，各业务分管领导是初信初访工作的具体责任人，主管信访工作的领导负责抓好组织协调。对于上级转送、交办和本级直接受理的初信初访事项落实首办责任，明确信访事项承办单位主要负责人是直接责任人，承办民警是具体责任人，相关领导和人员承担初信初访的办理责任，做到“一办到底”，按时保质办结初信初访事项。同时，重视首办环节、明确受理告知、严格办理期限、规范信访答复，严格办理程序，依法及时就地解决初信初访问题。

2018年，在市公安局信访处设立咨询恳谈室，将心理疏导机制引入信访工作。全年，心理专家会同信访民警有针对性地对18名信访人制定接访、化解方案，进行精准心理疏导。是年，共接人民来信317件次，接待群众来访1276人次。

二、信访案件化解

1990年，对全市5名上访老户分片负责、分工到人，做好相关工作。对重点上访户登门做工作，对一些政策允许能够解决的问题尽快解决，促使息访。对上级交办的重点信访案件随收随办，按要求时间一一写出结案报告。是年，共受理人民来信来访183件（起），其中来信121件、来访62起，年内全部查结。其中，省公安厅和市委、市政府交办的11件（起），全部按时写出结案报告。

1991年，开展创建“二无”（即无上省、中央上访的老户）单位活动，各科、室、队、所把工作做在上访人上访之前，确保问题解决在基层。

1993年，设区带县后，全市公安机关涉公安上访老户由区划变动前的3户增至14户。涉及的问题时间长、情况复杂、涉及部门多，工作难度较大。对此，市公安局把查处信访老案作为做好信访工作、密切警民关系的主要措施来抓，针对14起信访老案，市公安局主要领导和分管领导分别召集办公室及刑侦、治安等科室业务骨干进行逐一“会诊”，逐一研究制定处结方案，本着先易后难的原则，集中时间认真查处，当年处结老案11起。

1995年，为及时清理疑难案件，采取领导分工负责，定期包查案件的做法，对排查出的上访老户，逐一复核、反复研究，做到专人专管、层层把关、限期查结，对立案的重点信访案件都经局领导亲自批阅，及时交有关业务部门查处。是年，解决信访老户6户，查结率为85.7%；查结省公安厅交办的信访案件7起，查结率为100%；查结市委、市府、市人大交办信访案件4起，查结率为100%。

1997年，市公安局对往年遗留上访案件逐一剖析，对5名长期上访老户，由市公安局分管领导带领信访科与案件管辖区分县局一起共同研究制定工作预案，推动处结息访。针对东港区一起长达4年的上访案，市公安局分管领导与分局局长研究案情，分析上访人提出的要求和心理状态，耐心做上访人的思想工作，分局分管领导多次与有关单位联系，取得社会各界和有关司法部门的支持，成功结案。

是年起，针对集访案件增多的形势，全市各级公安机关高度重视，要求业务部门依法高质量办案，减少信访案件的产生。对已发生的集体上访，全力以赴靠上做工作，根据上访人提出的问题，查找案件中的疑点，实事求是依法妥善处理。对集体上访的苗头，一经发现，靠上工作，使其息诉、息访。莒县公安局成立专门工作组，通过加大案件取证侦办力度，做耐心细致的思想工作，避免一起党的十五大期间集访案件的发生。

1999 年，市公安局以争创无去省进京上访、无越级集体上访、无信访积案的“三无”活动为抓手，对各单位的信访工作进行考核奖惩。

2000 年，开展全市公安机关重点信访问题专项治理。本着“分级负责，归口办理”“谁主管，谁负责”的原则，全局各级均实行领导包案责任制，重大案件由主要领导亲自包，一般案件归口包，涉及几个部门的案件由上级领导牵头、案发单位领导包，实行包案“台账式”管理，一案一包、一包到底，限期结案。坚持对每一起重点案件重新调查了解，吃透案情，弄清案件发生的原因、所处背景、初信初访的处理、上访人不满所在及心理状态，研究制定最佳处置方案，充分利用法律、经济、行政等手段，及时处结案件。同时，加强疏导教育，促使信访人息诉罢访，对无理纠缠的上访人员，落实专人进行重点帮教，做到以理服人，以情动人，促其思想转化。截至 9 月底，所受理的 38 起重点信访案件全部处结完毕，结案率为 100%，从中查破各类案件 25 起，为信访人解决实际问题 9 起，其他处理 1 起，停访息诉上访、写信老户 26 人。

2001 年，对原已查结的信访案件认真排查、逐案回访，出现反复的，立案督办、限期查结，巩固重点信访问题专项治理成果。对因案件未破、未处结引起当事人上访的案件实行“台账式”管理，管辖机关领导包案、限期破案。

2002 年，根据省公安厅和市信访部门的统一部署，先后组织开展“公安信访问题专项治理活动”“处理信访案件集中整治活动”等专项活动，查处重点信访案件 59 起，查结率 100%。通过开展集中整治活动，初信初访和疑难案件得到有效控制，越级上访明显减少，全年信访总量比上年减少 9.7%，其中到公安部上访量同比下降 71%。市公安局被评为全省公安系统和全市信访工作先进单位。

2003 年，根据省公安厅、市委政法委和市信访局统一部署，集中开展群众重复上访和信访积案专项清理工作。从 8 月中旬开始，全市各级公安机关对重复上访老户和信访积案展开全面摸排，逐人逐案建立台账，对每一起信访案件，全部实行市公安局、分县局（支队）、派出所、警区“四级”包案，层层签订责任状，将查办任务层层分解，落实到具体的责任单位和责任人。对经过调查核实，确实无政策可落实，经反复教育不服、仍然无理取闹、去省进京上访滋事的人员，按照法律规定依法处理。市公安局信访和督察部门深入各地加强督导检查，协助基层解决工作中遇到的实际困难，并采取调人调卷的方式，召集有关单位共同研究信访案件 6 起。截至年底，上级交办的 11 起重点信访案件查结 9 件，查结率为 85%；各级自排案件 31 起，查结 27 起，查结率为 80%。

2004 年，开展集中处理涉法上访和信访突出问题等专项治理活动，努力在查处解决群众信访问题、维护群众合法权益、化解社会矛盾上下功夫，全市没有涉公安问题到公安部上访人员，实现“无进京上访、无去省集体上访、无异常上访”的目标。市公安局被省公安厅和市委、市政府授予信访工作先进单位称号。

2005 年，岚山分局连续两年无进京非访、开发区分局全年无进京非访，2 个分局局长分别受到省公安厅表彰，分别立二等功、三等功。

2006 年，对 66 件重点信访事项提交信访领导小组研究，确定包案领导、包案单位和承办人，限期办理，信访部门进行指导督办。各单位接案后层层落实责任制，逐案研究工作方案，积极寻求突破口。法制部门把化解信访案件作为本职工作的重要组成部分，立足于严把事实和程序关，坚持“有错必纠”的原则，对接手的每一起疑难信访案件都调卷审查，对极个别的组织专人调查，确保办理的信访案件经得起法律和历史检验。治安部门对涉及本部门的信访案件专人负责，逐案建档、梳理、研究，并与分县局密切结合，共同协调解决。刑侦部门针对伤害案易产生信访案件的实际情况，组织人员分片包干，入乡驻村，重新调查，客观定论，用公正的事实给上访人一个满意的答复。各级公安信访部门跟踪调度情况，对涉及多部门、多警种案件，特别是集访和复杂疑难案件，及时提交市公安局信访领导小组研究，实行集体“会诊”，确定工作意见。各分县局、警种对市公安局交办的13件积压案件和自行排查掌握的21起案件，都层层落实责任，纳入民警业绩档案，全部结案息访。

2007年，因案施策，增强工作针对性，全力推进重点信访案件化解工作。对实体有问题的案件，原则上一律更换办案人员，调整办案思路，认真负责、实事求是地提出处理意见，该纠正的坚决纠正，真正做到对历史负责、对人民负责、对法律负责。对实体没问题，但在办案程序、法律文书、工作态度上存在瑕疵的案件，认真纠正失误，给上访人一个合乎情理的答复，取得谅解。对久侦未破的积压案件，调整思路、组织力量、抓紧侦破结案，尽快消除影响。省公安厅信访处专门发出表扬函，对日照公安信访部门圆满完成党的十七大信访安全保卫工作给予肯定表扬。

2011年，开展全市公安机关重点信访案件专项治理和“百日攻坚”活动，以解决公安部交办案件、规范信访工作程序为重点，推动信访案件源头治理。实行疑难信访案件专家会诊制，对上级交办的“骨头案”“钉子案”，采取“专家会诊”“集中会商”等做法，找准案件症结，对症施策，力求法律效果和社会效果的有机统一。加大重点信访案件督办力度，市公安局对各级领导批示交办的信访案件和自排自查的重点案件，实行挂牌督办制度，规定案件办理期限，定期通报案件办理进展情况，确保问题得到及时解决。是年，上级交办的26起重点信访案件全部实现息诉罢访目标，全市涉法信访总量在连续三年下降的基础上、又同比下降17.9%。

2012年，对全市涉法涉诉信访工作会议上交办的16起重点疑难信访案件，逐一甄别核实，摸清具体信访诉求，找准案件症结所在，采取超常规举措，全力开展化解息诉工作，确保在规定时间内完成化解任务。对所有交办案件实行领导包案，倒排进度，加大会诊、指导工作力度，千方百计寻求化解途径。对交办的“骨头案”“钉子案”，综合运用法律、政策、行政、教育、疏导等措施，紧紧围绕“案结事了、息诉罢访”的工作目标，全力推动“事要解决”。严格落实管辖地分县局、派出所的责任，按照“条块捆绑”原则，逐人逐案落实稳控措施。

2013年，开展全市公安机关重点信访积案攻坚专项活动，对省公安厅、市委政法委交办和市公安局自排自查的41起重点信访案件进行交办。各分县局按照市公安局部署要求，严格落实领导包案制和警种部门化解责任制，统筹各种资源，综合运用听证、会诊、教育、救助等各种办法，全力推动信访案件化解工作。截至10月底，省公安厅两批交办的15起、中央政法委两批交办的15起共30起重点信访案件全部化解息访。

2014年，集中开展信访积案攻坚行动，将中央巡视组、省委督导组、市信访局“百日清仓”活动交办和市公安局自排自查重点案件全部纳入攻坚范围，集中化解。当年，中央巡视组交办、转送信访件46起，全部办结；省委督导组交办信访案件28起，办结27起，化解18起，办结率和化解率为96.4%和64.3%；市信访局“百日清仓”活动交办12起，全部办结，化解9起，办结率和化解率分别为100%和75%；市公安局自排自查的10起重点信访案件全部办结，化解9起，化解率为90%。

图21-3 2015年，东港分局民警参加信访法制宣传教育活动

2015年，市公安局和东港分局开展律师参与处理涉法涉诉信访工作试点，下半年在全市公安机关信访窗口全部实行律师坐班接访和参与案件会商机

制。在信访接待场所建立“律师咨询室”，根据工作需要组织坐班律师参与来访接待、法制教育，引导上访群众依法反映诉求，为符合条件的信访人申请法律援助，并为公安机关化解信访案件提供参考意见和建议。

2017—2018年，全市公安机关开展信访积案“清库行动”集中攻坚化解会战，始终坚持“用心、用力、用智”，全力化解信访矛盾纠纷，对信访积案通过市公安局挂牌督办、各分县局“一把手”包案、签订《化解工作责任书》等方法限期化解。2017年，全市公安机关共化解信访案件108起，其中初信初访类60起，信访积案48起。2018年，共化解信访积案46起，信访积案存量由2017年63起减少到17起，实现涉法信访总量明显下降、信访秩序持续好转、重点敏感时期无涉公安重点信访人员去省进京信访滋事的工作目标。

图21-4 2018年，市公安局信访专家服务组对东港分局重点信访积案进行督导评查

2018年，全力开展到公安部信访案件化解行动，各单位成立“一把手”为组长，分管领导为副组长的攻坚化解领导小组，实行“一起案件、一名领导、一套班子、一个方案、一抓到底”的“五个一”机制，吃透案情，因案施策，强力攻坚。针对疑难复杂案件，组织信访、纪委、督察、法制等多警种部门力量，协调志愿者律师、心理专家等社会力量，依靠当地党委、政府，采用复议听证、行政救济、司法救助等多元渠道进行化解。充分运用“情、理、法”三件法宝，围绕“案结事了”，采用“帮、疏、调”的工作方法，本着事不避责的态度，依法律、讲政策，和信访群众面对面多次交流，以诚信换诚心，依法办结化解，48起到公安部信访案件全部办结，其中化解案件40起，化解率达到83%。是年，市公安局信访处联合市法治志愿者协会和律师协会，在市公安局信访功能区设立律师志愿服务室，加挂市律师志愿者协会驻市公安局志愿服务基地牌子，制定律师志愿者代理涉法涉诉信访问题工作规范，聘请专业律师及时帮助化解涉法涉诉信访问题。依托“网络＋科技”，将全省律师库载入触摸式显示屏，信访人可以根据需要自助选择自己信任的律师来提供法律咨询。该机制自是年6月建立运行至年底，共为信访群众提供法律咨询90余人次。是年，市公安局信访处联合法制支队、顾问律师组成“专家服务组”，对各分县局开展两次重点信访积案集中联合评查活动，通过专业力量上门会诊、集中评查，专家组对50起重点信访积案号脉会诊，提出建议80份。全年，中央巡视组、省信访局、省公安厅和市委、市政府交办的89起案件全部结案化解，到公安部信访量下降40%，全市8个分县局有5个实现信访积案“清零”的目标。

三、服务打击违法犯罪

1993年，对群众通过信访反映的案件线索，盯住不放、一查到底。全市公安机关通过信访渠道，获取违法犯罪线索117条，协助破获刑事案件34起、查处治安案件58起，查获违法犯罪分子69名。8月，根据1封匿名举报信提供的线索，市公安局办公室和市公安局、东港区刑侦部门联合作战，破获1个拐卖妇女团伙，抓获违法犯罪分子3名，解救妇女4名。

1994年，通过信访渠道提供法律咨询650次，获取案件线索331条，被采纳利用196条，从中破各类案件185起，抓获处理各类不法分子174名；解救被拐卖妇儿童12人，为群众排忧解难279起。

1995年，利用信访渠道获取有价值的违法犯罪线索89条，破获各类案件22起，抓获违法犯罪分子15名。8月，根据群众来信，打掉1个对市个体汽车站司机及车站周边摊点敲诈勒索犯罪团伙，抓获处理违法犯罪分子8人。

1996年，市公安局专门下发《“严打”斗争中加强来信来访工作的通知》，要求各级认真做好“严打”期间的信访工作，对群众通过信访提供的每一条意见、破案线索，都要组织专门力量查处，一查到底，做到件件有着落、事事有回音。是年，“严打”中，通过信访渠道获取案件线索170余条，协助破获各类案件66起，抓获处理违法犯罪人员70名。莒县公安局根据1封群众来信检举的线索，打掉1个拐卖妇女的犯罪团伙，抓获犯罪嫌疑人3名，解救被拐卖妇女2人。五莲县公安局利用群众来信提供的线索，打掉长期活动在206国道上的车匪路霸团伙2个，抓获处理违法犯罪分子20余名。

1997年，通过信访渠道获取各类案件线索200余条，协助破获各类案件101起（其中刑事案件48起、治安案件53起），抓获各类违法犯罪嫌疑人47名，解救被拐卖妇女17人，为群众提供法律咨询400余人次。5月，莒县公安局信访科根据群众举报，会同刑侦部门破获一个由四川、云南和莒县当地人贩子组成，拐、骗、运、转、卖一条龙的拐卖妇女犯罪团伙，抓获犯罪嫌疑人6名，解救被拐卖妇女13人。

1998年，通过信访渠道获取各类案件线索174条，协助破获案件70起，抓获处理违法犯罪嫌疑人55名，解救被拐卖妇女3人，收缴违禁枪支15支。

1999年，通过信访渠道获取各类案件线索195条，协助破获各类案件64起，抓获处理违法犯罪嫌疑人75名，解救被拐卖妇女2人，收缴违禁枪支13支。

2000年，通过信访渠道获取各类案件线索215条，协助破获各类案件71起，抓获处理违法犯罪嫌疑人83名（其中打掉团伙3个），其中逮捕6人，治安处罚49名，其他处理28名，解救被拐卖妇女15人，收缴违禁枪支17支，为群众提供法律咨询400余条。

2001年，贯彻公安部、省公安厅《关于公安信访积极参与配合严打整治斗争的通知》，充分发挥信访部门接触群众广、获取举报线索快等条件，及时反馈信息，协助抓获处理违法犯罪嫌疑人177名（团伙5个），解救被拐卖的妇女5人，收缴违禁枪支700余支。

2002年，进一步强化信息意识，定期分析来信来访情况，整理上报有价值的信息170余条。特别是对群众信访反映突出的、影响社会稳定的重要情况，做到及时报告，为领导决策和现实斗争提供重要的第一手资料。严打整治斗争中，通过信访渠道获取破案线索234条，协助查破案件79起，抓获违法犯罪嫌疑人56名。

2003—2008年，全市公安机关信访部门积极通过信访渠道获取破案线索，协助查破案件。

2009年3月，湖北省罗田县信访人雷某到市公安局信访，反映其女儿2008年10月到日照后失去联系，怀疑被害。市公安局主要领导接访后，安排东港分局加大侦办力度，案件侦破。

2010—2016年，全市公安机关信访部门加强与各警种、派出所信息共享，严格落实违法犯罪线索转办、督办机制，为侦查破案提供有力支撑。

2017—2018年，全市公安信访部门强化责任担当，全力强化线索核查，助推扫黑除恶工作，共提交、转办、督办各类涉黑恶线索60余条，助力市公安局刑侦部门及区县公安机关打掉黑恶犯罪团伙两个，为扫黑除恶工作作出“信访贡献”。是年4月23日，市公安局信访处接到莒县某村村民匿名举报信，举报该村“两委”成员杨某某利用手中权力，横行乡里、欺压群众。经莒县公安局侦查，打掉以杨某某为首的涉黑涉恶犯罪团伙。

第三节　信访基础工作

一、信访接待窗口建设

1989年，市公安局为信访科配备信件消毒箱、照相机等工作设备，添置吉普车、伏尔加轿车等交通工具。1996年，开展信访队伍学习济南交警活动和行业作风建设，对来访群众做到“一张笑脸，一把椅子，一杯开水”和“来有迎声，问有答声，走有送声”，真正使信访部门成为便民利民的服务台、化解矛盾的疏导站、获取线索的举报站和了解社情民意的信息站。

2003年，市公安局和各分县局、支队加强公安信访硬件建设，添置消毒柜等必备设备，开通公安信访信息计算机网络，实行正规化管理。2004年，市公安局指挥中心信访科设立候访室1间，室内安装固定座椅，配备茶具、暖瓶服务来访人员，制作“信访规定、来访须知、信访程序”等版面上墙，引导来访人依法依规信访。2005年，进一步规范信访接待场所，配齐空调、饮水机、便民服务箱等设施。

2010年，加强信访接待场所规范化建设，按照省公安厅规定，市公安局和各分县局分别建立20～40平方米的群众来访接待室，并统一制作版面，添置饮水机、卫生箱等便民设施。2016年，市公安局新综合业务楼启用后，市公安局信访处在综合业务楼一楼设置办公室3间，综合接访室3间，在院大门西门口设来访接待室2间。2018年，市公安局投资100万元，在市公安局综合业务楼东附楼二楼建设功能完备的信访功能区，设立综合视频接访室、咨询恳谈室、律师志愿服务室等功能室。至年底，东港分局、莒县公安局、岚山分局、五莲县公安局全部建成现代化信访功能区，信访业务全部实现信息化办理，信访工作迈入信息化、标准化、规范化轨道。

二、信访信息化建设

2006年，全国公安机关开展“三基”工程建设，市公安局和各分县局、支队信访部门全部配备计算机，市公安局开通与省公安厅信访信息系统联网，全市信访办公自动化硬件配备达标，初步实现信访信息化管理。2007年，市、县（区）两级公安机关全部开通信访信息管理系统，实行网上登录、受理、交办信访案件。是年，全市共录入信访信息200条，受理公安部网上交办信访案件3起，全部按时办结。2009年，完成市公安局、各分县局领导接访远程视频系统建设，制作市公安局信访处网页，实现信息资源共享。推广应用公安信访信息管理系统二期，信访民警使用率、来信来访数据录入率达到100%，最大限度地实现网上录入和办理信访事项。加强信息化建设软硬件投入，确保公安信访部门微机、传真机、打印机、扫描仪、录像机等设备适应信访工作需要，提高公安信访民警网上办公能力，加快公安信访办公自动化建设。

2013年，进一步完善局长信箱、信访信箱、公安微博等信访平台，不断提升信息化服务实战效能，最大限度实现让“数据多跑路、让群众少跑腿”。2014年，实现省市县三级接访系统互联互通。同年，“山东公安信访在线”上线运行，市公安局将日常来信来访案件全部录入信访在线系统，并逐步向部门警种和基层所队延伸，实现所有信访事项全部通过网上流转，信访事项办理进一步规范。同时，借助该系统分析研判功能，加强对信访情况实时汇总和分析研判，及时发现执法执纪和队伍建设中存在突出问题，掌握规律特点，超前预警防范，服务领导决策，提升信访维稳效能。2016年，依托公安内网，开通公安部、省公安厅、市公安局、分县局四级公安视频专线接访系统。公安部启用公安信访综合信息系统，信访案件办理全部实现网上登记、转办、办理、终结。

2018年，市公安局创新打造“智慧信访”“智慧调解”新模式，建立完善新时代公安信访工作新机制。先后建立公安视频接访系统，自主研发建设运行微信接访系统（“微信访”手机 APP），实现与信访群众、办案单位和相关法律、鉴定专家远程视频通话，全天候、无缝隙接访。6 月至是年底，通过微信接访 60 起，接受群众手机信访 300 余人次，信访人到市公安局走访量同比下降 35%。搭建“智慧调解”平台，利用大数据、人工智能等信息技术，自主创新研发建设具备类案检索、调解结果预判等功能的“智慧调解”系统，引导当事人对调解结果形成合理预期，调解因轻伤害引起的疑难复杂信访案件 15 起，全部化解。搭建“一网式”信息办理平台，信访网上投、事项网上办、结果网上评、问题网上督、形势网上判，实现网上信访过程和结果可查询、可跟踪、可督办、可评价。

三、信访队伍建设

1989 年，市公安局设信访科。1990 年，局党组把信访工作列入重要议事日程，充实信访力量，信访科由原来 2 名增加到 4 名专职信访干部。同时，在全市 22 个乡镇 25 处公安派出所设立专兼职信访员 25 人，初步形成公安信访工作网络。1993 年地级市设区带县后，各分县局逐步完善信访机构。至 1994 年，东港分局、莒县公安局设信访科，岚山分局、开发区分局信访工作由办公室兼管，五莲县公安局设有专职信访接待人员。2008 年，市公安局设立信访处，各分县局全部设立信访科，配备专门信访工作人员，各警种部门全部配备兼职信访民警，各派出所、警务室也设立信访信息员，全市公安机关初步形成四级互联互通的信访信息网络。2016 年，山海天旅游度假区分局成立，信访职能由政工监督室办理，设立兼职信访民警 1 人。2018 年，日照市港航公安局成立，信访职能由指挥中心办理，设专职信访民警 1 人。至年底，全市公安机关均设有信访专门机构或专兼职信访民警办理信访业务。

1990 年，严格按照省公安厅《一九九〇年评选公安信访工作先进单位的条件和计分标准》，开展争创全省公安信访先进单位活动，在全省 1990 年公安信访工作大检查评比中，市公安局取得第三名的成绩，被省公安厅评为公安信访工作先进单位。2000 年、2001 年、2004 年、2008 年、2011 年，市公安局先后被省公安厅评为信访工作先进单位。2009 年、2011 年、2013 年、2017 年，市公安局被市委、市政府办公室评为全市信访工作先进单位；2010 年、2012 年、2013 年，市公安局被市委政法委评为全市政法机关信访工作先进集体。2008 年，市公安局信访处在省公安厅组织的全省公安信访系统“百十一”岗位技能比武竞赛中获团体第三名，参赛选手个人总成绩、接访技能、方言技能全部进入前十名。2011 年，五莲县局被省公安厅评为全省公安机关信访工作先进集体。2012 年，五莲县局信访科被省公安厅评为“齐鲁先锋警队”。

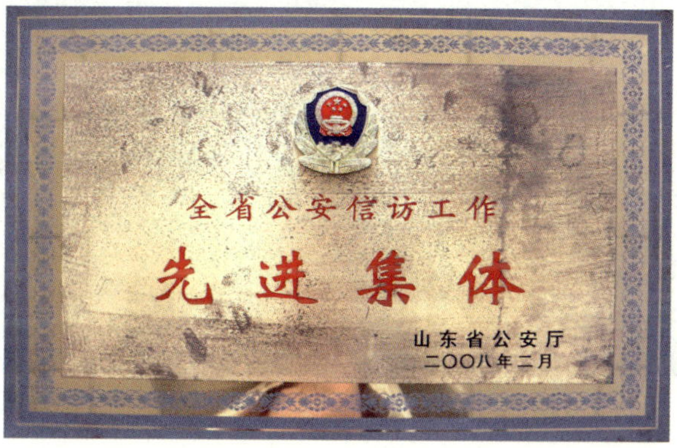

图 21-5 2008 年，市公安局信访处被省公安厅评为全省公安机关信访工作先进集体

高山云雾出好茶

RI ZHAO SHI
GONG AN
ZHI

第二十二章

22
CHAPTER

公安宣传

GONG AN XUAN CHUAN

公安宣传部门主要承担全市公安工作的新闻报道、涉警舆情发现处置、警营文化建设、安全防范宣传与平安志愿者建设等职能。

建市初期，日照公安宣传工作由办公室和政工部门负责。1996 年 6 月，市公安局设立宣传科，2004 年改称宣传处。东港分局、岚山分局、莒县公安局、五莲县公安局、市港航公安局、交警支队均设立宣传科，日照经济技术开发区分局、机场分局、山海天旅游度假区分局、坪岚铁路分局宣传职能设在指挥中心。

30 年间，全市公安宣传部门紧紧围绕中心、服务大局，准确把握公安工作和新闻传播规律，构建公安宣传新机制，发好公安声音、讲好警察故事，为推进公安工作、塑造公安机关良好形象、和谐警民关系发挥积极作用，为推动全市平安建设提供强大的舆论支持和精神动力。

第一节　新闻报道

新闻报道是公安宣传工作的核心业务，主要通过在各媒体平台发表新闻稿件的形式，宣传公安机关在打击犯罪、保障发展、服务民生等领域的创新举措、经验做法和工作成效。全市各级公安宣传力量深入实战一线采访创作，把公安机关丰富的题材通过文字、图片、影视、新媒体等形式直观地体现出来，以专业化的创作编辑推出一系列有影响力的公安新闻宣传精品。新华社、《人民日报》、中央电视台、《人民公安报》、山东电视台、《山东法制报》《日照日报》、日照电视台等主流媒体先后多次对日照市公安工作开展深入报道。

1989年3月31日，市公安局印发《关于印发统一审定公安宣传稿件的有关规定的通知》，规范对外宣传发布工作纪律。在严打斗争中，公安宣传职能部门协调新闻媒体对斗争情况进行大量报道。

1990年1月，制定实施公安宣传报道工作奖励办法，对在宣传工作中成绩突出的民警给予表扬奖励。

1991年，根据省公安厅和市委宣传部门对宣传工作实行奖励的规定，参照有关单位的经验做法，结合市公安局实际，制定出台《日照市公安局关于对公安宣传报道工作实行奖励的办法（试行）》，对干警向报纸、杂志、广播电台、电视台投递的与公安工作及队伍建设有关的稿件，一经采用，给予奖励。确定9月为社会治安综合治理宣传月，通过设置宣传站、出动宣传车、悬挂宣传标语、召开审判大会等方式，营造舆论声势。是年，全市公安宣传工作较往年有长足进步，全国和省、市级采用稿件467篇，比1990年增加51%，其中省级以上中稿率同比提高近2倍。

1992年，市公安局机关民警在媒体发表稿件507篇，省级以上稿件同比增加37%。在全局范围内评选出14名优秀宣传工作者，并给予通报表彰，鼓励全局民警增强宣传意识，人人动手写稿、人人参加宣传，树立公安民警良好形象，密切警民关系。

1993年，全市各级公安机关以多种形式和渠道宣传公安工作、展现民警精神风貌。共在各类媒体发表稿件1130篇，其中中央级26篇，省级205篇。《人民公安报》刊发日照公安深化“细胞”工程工作经验，《光明日报》《大众日报》《山东法制报》对日照公安破获千万元诈骗案、某大酒店港币被盗案、某单位宿舍被盗案进行报道。交警支队与日照电视台合作，开办《红绿灯·你我他》电视栏目。

1994年，会同日照电视台录制“9·23”特大杀人、抢劫案大围捕新闻专题，先后在中央和省、日照电视台播放，并就该案撰写通讯稿，在《法制日报》《大众日报》《山东法制报》等报纸登载，展现日照公安队伍雷厉风行的战斗作风和无私奉献的革命精神。在狠抓报刊文字宣传的同时，注重拓展广播与电视的声像宣传渠道。部分分县局、支队对所属各单位下达宣传稿件任务，列入年终工作目标考核；消防支队开设《消防园地》广播节目；交警支队为宣传科配备采访车，投入20万元购置电视节目编辑设备；莒县县局、五莲县局分别购置摄像机、照相机、录音机等，改善宣传工作条件。

1995年9月，江泽民总书记为济南交警题词后，市公安局成立市公安局学习济南交警办公室，负责对内、对外宣传报道全市公安队伍学习济南交警、重塑队伍形象的成果，在国家、省、市、级新闻媒体发表稿件100余篇。是年，《人民日报》《半月谈》《人民公安报》、山东电视台等十余家媒体报道日照公安以“禁酒令”为突破口、刹风整纪、改善队伍形象的做法；公安部影视中心拍摄专题片《禁酒令启示录》，重点宣传报道日照公安禁酒成效。

1996年，市公安局设立宣传科，召开全市公安宣传工作会议，提出逐步建立一支与公安工作相

新闻图片周报

NEWSPHOTO WEEKLY

国内统一刊号：CN 37—0079
邮发代号：23—204
1996年6月21日
星期五 总第130期

「禁酒令」效应在日照

近年来，由于社会上不正之风的影响，公安干警在执行公务时往往摆脱不了吃请喝酒的困扰，少数干警甚至酒后滥用警械、酒后驾车肇事、酒后失态现丑，严重损害了公安干警的形象，人民群众对此十分不满。

1995年6月，新上任的日照市公安局局长王献增，在调查研究中了解到，由于前任公安局主要领导嗜酒成性，以致全局上下喝酒成风，不仅导致干警素质低下，而且严重影响了公安机关的正常工作和办案的及时性、公正性与执法的严肃性；在近几年该局发生的数起违法违纪案件中，80%以上的都与喝酒有着直接或间接的关系；在全市连年进行的行业评比中，市公安局的位置总是排在倒数一二名。

针对这种状况，王献增与新组成的局领导班子经过反复讨论、研究，达成了共识：严肃警纪警风，树立人民警察的良好形象，加强公安队伍建设，必须化虚为实，从小事入手，抓出成效。基于这种认识，经过认真地摸查排比，他们决定从群众意见较大、直接影响公安队伍形象及执法严肃性、办案公正性的喝酒风入手，于1995年9月21日率先在公安系统发布了十条禁酒令，明令禁止干警在工作日及执行公务时喝酒，在任何场合、任何时间酗酒。

为保证禁酒令的实施，市局配套制定了严格的检查、惩诫制度，建立了社会监督网络。同时，为使干警随时警惕自省，为每位干警配发了印有禁酒令细则的禁酒卡。后来，此卡成为山东省公安厅在全省公安机关实施禁酒令的蓝本。

禁酒令既出，在公安机关内部及社会上都引起了强烈的反响。拍手赞成者有之，观望、担心者有之，认为公安局是出风头、想看笑话的也不乏其人。对此，王献增与其他局领导不为所动。采访中，王献增局长的一席话，便很好地反映出了当初他们推行禁酒令的想法："公安机关的工作具有高度的政治敏感性，一件事办不好、一句话说不好，都将直接影响到法律的公正及党和政府的形象。过去，群众之所以对公安机关有这样那样的看法，原因固然是多方面的，但因酒而自

图22-1 1996年6月21日，《新闻图片周报》发表《“禁酒令”效应在日照》

适应的公安宣传队伍的目标，要求尽快建立完善宣传机构。在全市各级公安机关设置兼职通讯报道员，扩大公安宣传队伍。同时，进一步严肃公安宣传工作纪律，明确对外宣传要牢牢把握正确的舆论导向，坚持以正面宣传为主、内外有别的宣传工作原则。5—7月全市“严打”集中统一行动期间，全市公安机关在各级新闻单位共刊发“严打”宣传稿件909篇，其中国家级40篇，省级184篇。10月，配合110主题宣传日活动，发表大量反映全市110接处警服务工作的稿件，举办110专题图片展览，在全市巡回展出，电视专题片《情洒110》被省公安厅评为二等奖。市委、市政府专门作出向日照公安学习的决定，号召全市各行各业向公安机关110报警服务系统学习。

1996—1997年，市公安局强化行风建设宣传工作，与日照电视台联合制作电视专题片《从倒数第一到正数第一的启示》，先后在日照电视台、山东有线新闻台“警方报道”栏目播出；组织采写《禁酒令冲击波—日照市公安局整顿警风纪实》《禁酒令最早从这里发出》《而今迈步从头越》《行评取得第一之后》等稿件，均由新华社发布通稿，并在国家、省级主流报刊上发表，产生良好社会反响。同时，在日照广播电台开辟栏目连续报道，进一步增强公安工作影响力。

1997年3月，市公安局成立局长任组长的公安宣传工作领导小组，印发《关于进一步加强公安宣传工作的意见》，进一步强化宣传工作。3月25日，出台《公安宣传工作奖惩暂行办法》，凡全市公安民警、武警官兵（含工勤人员、联防队员）撰写的有关公安工作和队伍建设内容，并在省公安厅宣传处明确的新闻单位发表的，按稿件发表级别分别给予作者原稿酬3倍、2倍、1倍奖励。凡完成市公安局下达的年度考核任务指标的单位，年终由市公安局对宣传工作成绩突出的集体和个人给予表彰奖励。当年，对全市公安机关4个宣传先进集体和20名宣传先进个人进行通报表彰。9月，由陈秀华采写的稿件《英勇善战赤诚为民》在第四届山东省社会治安综合治理好新闻评选活动中被评为三等奖。

1998年，围绕“创建人民满意派出所”警务改革主题，邀请省、市新闻媒体到东港分局望海路派出所实地调查采访，开展《满意在派出所，方便在服务车》宣传活动，录制电视专题片22部，连续播出新闻报道10余期，山东卫视、山东有线电视台先后播放，《光明日报》《大众日报》《法制日报》先后发表《让群众真正满意》等稿件，对望海路派出所“三满意”工作法（满意在所中、满意在家中、满意在心中）具体做法与成效作全面宣传，收到良好社会效果。年底，市公安局组织人员采写长篇通讯《血染的风采》，大力宣传东港分局巡警大队民警李伟身负重伤勇抓抢劫犯罪嫌疑人的事迹，先后在《大众日报》《山东法制报》《警界》杂志上发表。在跟踪报道中，市公安局录制《全市学英雄，英雄怎么办》等电视新闻和专题片，教育民警以英雄为榜样，立足本职，做好工作，树立公安机关良好形象。

2000年，市公安局设立日照市公安影视宣传中心，开办《日照警方》电视栏目，按照“唱响主

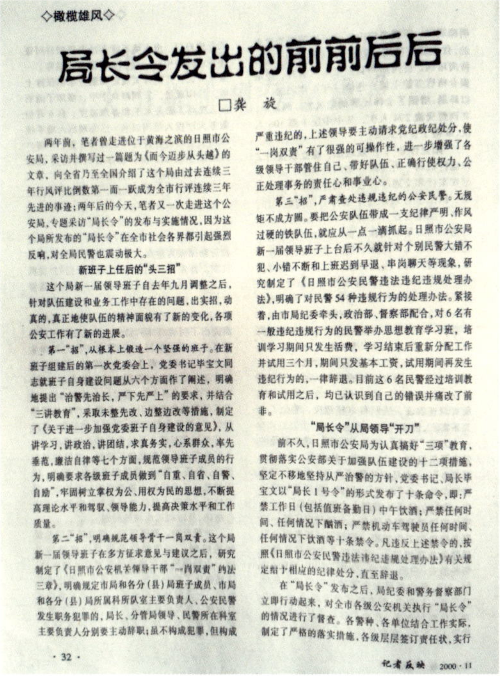

◇橄榄雄风◇

局长令发出的前前后后

□龚　旋

两年前，笔者曾走进位于黄海之滨的日照市公安局，采访并撰写过一篇题为《而今迈步从头越》的文章，向全省乃至全国介绍了这个局由过去连续三年行风评比倒数第一而一跃成为全市行评连续三年先进的事迹；两年后的今天，笔者又一次走进这个公安局，专题采访"局长令"的发布与实施情况，因为这个局所发布的"局长令"在全市社会各界都引起强烈反响，对全局民警也震动极大。

新班子上任后的"头三招"

这个局新一届领导班子自去年九月调整之后，针对队伍建设和业务工作中存在的问题，出实招，动真的，真正地使队伍的精神面貌有了新的变化，各项公安工作有了新的进展。

第一"招"，从根本上锻造一个坚强的班子。在新班子组建后的第一次党委会上，党委书记毕宝文同志就班子自身建设问题从六个方面作了阐述，明确地提出"治警先治长，严下先严上"的要求，并结合"三讲教育"，采取未整先改、边整边改等措施，制定了《关于进一步加强党委班子自身建设的意见》，从讲学习，讲政治，讲团结，求真务实，心系群众，率先垂范，廉洁自律等七个方面，规范领导班子成员的行为，明确要求各级班子成员做到"自重、自省、自警、自励"，牢固树立掌权为公、用权为民的思想，不断提高理论水平和驾驭、领导能力，提高决策水平和工作质量。

第二"招"，明确规范领导骨干一岗双责。这个局新一届领导班子在多方征求意见与建议之后，研究制定了《日照市公安机关领导干部"一岗双责"约法三章》，明确规定市局和各分（县）局班子成员、市局和各分（县）局所属科所队室主要负责人、公安民警发生职务犯罪的，局长、分管局领导、民警所在科室主要负责人分别要主动辞职；虽不构成犯罪，但构成严重违纪的，上述领导要主动请求党纪政纪处分，使"一岗双责"有了很强的可操作性，进一步增强了各级领导干部管住自己、带好队伍、正确行使权力、公正处理事务的责任心和事业心。

第三"招"，严肃查处违规违纪的公安民警。无规矩不成方圆。要把公安队伍带成一支纪律严明、作风过硬的铁队伍，就应从一点一滴抓起。日照市公安局新一届领导班子上台后不久就针对个别民警大错不犯、小错不断和上班迟到早退、串岗聊天等现象，研究制定了《日照市公安民警违法违纪违规处理办法》，明确了对民警54种违规行为的处理办法。紧接着，由市局纪委牵头，政治部、督察部配合，对6名有一般违纪违规行为的民警举办思想教育学习班，培训学习期间只发生活费，学习结束后重新分配工作并试用三个月，期间只发基本工资，试用期间再发生违纪行为的，一律辞退。目前这6名民警经过培训教育和试用之后，均已认识到自己的错误并痛改了前非。

"局长令"从局领导"开刀"

前不久，日照市公安局为认真搞好"三项"教育，贯彻落实公安部关于加强队伍建设的十二项措施，坚定不移地坚持从严治警的方针，党委书记、局长毕宝文以"局长1号令"的形式发布了十条命令，即：严禁工作日（包括值班备勤日）中午饮酒；严禁任何时间、任何情况下酗酒；严禁机动车驾驶员任何时间、任何情况下饮酒等十条禁令。凡违反上述禁令的，按照《日照市公安民警违法违纪违规处理办法》有关规定给予相应的纪律处分，直至辞退。

在"局长令"发布之后，局纪委和警务督察部门立即行动起来，对全市各级公安机关执行"局长令"的情况进行了督查。各警种、各单位结合工作实际，制定了严格的落实措施，各级层层签订责任状，实行

·32·　　记者反映　2000·11

图 22-2 2000 年第 11 期人民公安报山东记者站《记者反映》内参发表《局长令发出的前前后后》

旋律，打好主动仗”的宣传工作要求，与各新闻单位密切联系，组织采写大量宣传稿件，制作多部电视专题片，从不同侧面反映全市公安工作的新成果。《局长令发出的前前后后》一文在人民公安报山东记者站《记者反映》内参刊发。是年，与新闻部门配合，录制侦破“1·28”绑架人质案的纪录片，在日照电视台反复播放，收到良好社会效果。全市公安机关在各类报刊、电视、广播等媒体发表稿件 4426 篇。

2001 年 3 月 28 日，在《日照日报》头版头条发表长篇通讯《标尺的定位》。4 月，在《人民公安报·山东特刊》《警界》杂志刊发长篇报告文学《春天的喝彩》，系统介绍市公安局队伍建设、行风建设的经验做法。6 月，中纪委在日照召开全国民主评议行业作风工作会议，市公安局在会上作典型发言，山东卫视《关注》栏目记者进行采访报道。7 月，《人民公安报》发表新闻稿件《一片诚心为人民》，宣传日照市公安局从严治警、以德塑警、以情待警的队伍管理做法。是年 4 月起，围绕为期两年的打黑除恶专项斗争，对“2000·10·28”黑恶势力持枪械斗案件作重点跟踪报道，邀请山东卫视《关注》栏目记者采访，制作专题片《2000·10·28 大案纪实》《人民公安报·山东特刊》《日照日报》头版刊发《2000·10·28 案件侦破纪实》；围绕全市摧毁 14 个黑恶势力团伙的成果，采写新闻稿件《日照严打黑恶势力不手软》，先后在《人民公安报》《山东法制报》发表。全年发表“严打”专题稿件 255 篇，其中国家级 23 篇，省级 45 篇。同时，密切配合基层公安机关推进警务改革、深化创满意活动，加强对先进典型的发现、培养，先后制作反映警务改革、叩官派出所创人民满意活动等题材的电视专题片，在山东有线电视台《警方报道》栏目播出。围绕建党 80 周年，先后在《人民公安报·山东特刊》、《警界》杂志、《警界》画报刊发全面反映全市公安工作和队伍建设的综合性稿件。

2002 年，宣传工作以严打整治、公安管理工作提速、学习贯彻十六大会议精神以及行风建设、队伍建设等为重点，采写宣传稿件，制作电视专题片，从不同侧面反映全市公安工作成果。1 月，《人民公安报》整版刊发《公安局局长给绑匪“开车”》一文，介绍市公安局破获 1 起持刀劫持人质案始末。3 月，《日照警方果断处置一起绑架人质案》一文在省公安厅宣传处、省电视台新闻部组织的全省严打电视好新闻评选活动中获一等奖。4 月，市公安局召开公安管理工作全面提速新闻发布会，在《人民公安报》发表稿件《日照五项措施抓提速》，在《日照警方》栏目播放专题片《提速的关键是真抓实干》。10 月，制作电视专题片《超越自我》，采写通讯《百尺竿头，更进一步》，宣传市公安局行风建设各项举措。

2003 年 3 月，经市公安局党委研究，重新制定《日照市公安局宣传报道工作奖励规定》。是年，以行风建设、“全面建小康，公安怎么办”大讨论活动、出台实施 80 条便民利民措施等为重点，对先进事迹和典型人物开展宣传，营造良好舆论氛围。

2004 年，以市公安局在全市“行风在线”活动评比中获得第一名为契机，市公安局编印《忠诚卫士》宣传文集，设置警方论坛、警事写真、警界风采、警案追踪 4 个板块，集中展示公安工作成果。

2005 年，《平安建设显风流》《铸造辉煌——来自日照市公安局的报告》《利剑出鞘——全市公安

电波连着你我他

□黄旋　丁兆专

图 22-3 2005 年第 15 期《警界》杂志刊发市公安局文章《电波连着你我他》

机关“打霸治痞”、打击“两抢一盗”战果显著》《聚焦公安“大接访”》等一批反映平安日照建设的稿件在主流媒体发表，推出王宗保、田连增等典型人物。其中，反映市公安局通过加强行风建设促进整体公安工作效能的报道《电波连着你我他》一文在《警界》杂志刊发。

2006 年，在全国公安机关“三基”建设中，推出《全力打造一支正规化公安队伍》《强化“三基”建设，打造经侦品牌》《两手抓出“大”和“强”》《山城卫士展雄风》等一批稿件。为配合公安监管勤务改革，推出《深化监管改革、拓展创新之路》等稿件。

2007 年，贴近加强治安防控体系建设、严打街面“两抢”等侵财性犯罪等工作实际，宣传部门撰写《织密“五张防控网”，构建一方平安城》《警魂铸忠诚》《直挂云帆、让太阳微笑》《为了你我他平安出行》《便衣警务奏响平安曲》等稿件，在多家主流媒体发表。3 月，市公安局召开全市治理自行车被盗问题专项行动联席会议暨新闻发布会，并组织警力深入社区和农村开展防范宣传。

2008 年，围绕创建合成化现代警务体系，市公安局相继在主流媒体推出《创新防控机制、实现一线布警、着力满足人民群众对社会治安的新期待》《积极构建现代警务体系、推动社会和谐发展》《夜鹰翱翔——日照市公安局机关特别行动队夜间巡逻工作侧记》《五线工作法情系民生》《积极构建合成化 110 警务体系　不断提高公安机关维护治安稳定的能力》等稿件。

2009 年，全市公安宣传部门继续围绕合成化现代警务体系开展主题宣传，8 月，市委宣传部、省委宣传部先后确定市公安局为“迎接新中国成立 60 周年、维护社会稳定”先进典型，要求省市媒体加大对日照公安工作尤其是合成化现代警务体系的宣传报道，省公安厅宣传处把市公安局合成化现代警务体系的宣传报道列为全省公安宣传工作重点。《日照市公安局构建合成化现代警务体系》《日照公安全力打造港城“平安名片”》等文章见报。7 月 6 日，在省公安厅、省新闻工作者协会联合举办的第三届齐鲁金盾新闻奖评选活动中，由陈秀华、刘洪发采写的通讯稿件《釜底抽薪保平安》荣获报刊类一等奖，由丁兆专、胡大海、吴峰制作的电视专题片《利剑斩断“三只手”》荣获电视类三等奖。12 月，举办首届好新闻奖评选活动。12 月 7 日、14 日、21 日，《山东法制报》连续 3 个头版头条刊登《日照：警务革新、百姓叫好》《一位公安局局长的用人观》和《群众口碑重千钧》3 篇文章，从警务创新、机制保障、群众工作三个方面对市公安局创建实施合成化现代警务体系的经验做法进行全面报道。12 月 16 日，《人民日报》以《日照构建合成化警务体系破解警力不足难题》为主题文章，配发专家评论，整版详细报道、解析市公安局创建实施合成化现代警务体系、打造人民满意地区的经验做法和发展前景。市委、市政府主要领导先后作出批示，予以肯定。

2010 年，市公安局合成化现代警务体系宣传报道再掀热潮。3 月，中央学习贯彻科学发展观领导小组办公室确定日照市公安局为实践科学发展观的基层先进典型，安排中央媒体统一部署对系列基层先进典型进行报道。3 月 29 日晚，中央电视台《新闻联播》节目学习贯彻科学发展观专栏报道市公安局创新社会管理、构建合成化现代警务体系、提升警务效能、增强社会治安管控能力的经验做法，新华社、《人民日报》《光明日报》《法制日报》等中央主流媒体陆续进行报道。人民公安报社和省公

图 22-4 2010 年 10 月 10 日，全省公安宣传工作座谈会在日照召开

安厅宣传处分别组织宣传力量到日照公安机关提炼归纳素材，撰写出《现代警务机制的成功探索》《春风化雨润民心——广开信访渠道为民解难题》《创建合成化现代警务体系：全力保稳定、惠民生、促和谐、强作风》等一批高质量稿件。公安部宣传局安排《公安内参》记者深入日照公安机关实地采访，在《公安内参》连发 3 篇长篇通讯，集中报道日照公安机关实施合成化现代警务体系，盘活警力资源的经验做法和取得的良好成效。同时，市公安局宣传处创新推出多种有效形式，大力宣传公安队伍和业务工作取得的成效。与市委宣传部等单位组织大型图片展览，用大量翔实图片资料，真实生动地介绍合成化警务体系带来的重大改变。是年，围绕奥运安保、冬季严打、警官任村官、特警援疆等主题开展系列宣传报道。10 月 10 日，全省公安宣传工作座谈会在日照召开。

2011 年，紧扣“三力（执行力、创新力、公信力）建设年”、执法规范化建设、清网行动、创建文明城市、安民行动、合成化现代警务向基层延伸、公安信息化建设、走基层、六小警务等主题，《规范执法铸就民心丰碑》《推行“轮值轮训、战训合一”训练模式》《东港分局开门评出好警色》《市公安局车管所创新社会管理工作纪实》《全市公安机关“2011 春季攻势”战果累累》等报道见诸报端。

2012 年，根据市公安局党委“八项重点突破”工作安排，着眼利用本地媒体针对辖区群众开展法制和防范宣传的思路，市公安局与《黄海晨刊》合作，全年制作《日照警方超前护航民俗旅游》《警营里的半边天》《警方八个新突破如何破题》等日照公安专版 26 个，助力推广“社会化视频监控全覆盖”“110 与出租车联动”“特警全天候巡逻防控”“公安微博服务群众”“平安和谐民俗旅游品牌”“经侦破案会战”等亮点品牌，对全国优秀公安基层单位东港分局经侦大队，全国优秀人民警察孙金友、孙瑞昌，全国公安机关爱民模范董加岭等先进集体和人物进行重点宣传报道。是年 12 月 19 日，在全省公安系统优秀报刊评选活动中，市公安局《黄海晨刊》日照公安专版被评为“2012 年度全省公安十佳报刊”。

2013 年，服务于市公安局党委“八个能力提升”工作重心，市公安局与《日照日报》合作，全年刊登《6 个党委会为 36 个工作方案“把脉”》《市公安局“首案必破”亮剑新型犯罪》《一个派出所民警的一天》等头版头条、倒头条 26 篇，对市公安局“民生警务回访”“中青年干部培训班”“户房管理一体化”“社区六进”“刑事案件一个出口”“边防海上党旗红”等经验做法进行重点宣传报道。4 月，《现代世界警察》杂志到市公安局采访，并作《日照公安的“八项重点突破”》个人专访。12 月，《山东日照构建警务回访机制密切警民关系》一文在新华社《内部参考》杂志刊发。

2014年，在群众路线实践教育活动中，以公安机关服务群众作为重点宣传方向，警务大回访、交管服务、窗口宣传、退赃返还等主题稿件频见报端，发表多篇反映警务训练、反恐防范等实战的稿件。7月14日，在《人民公安报》头版头条发表反映“大回访”工作的稿件《山东日照把队伍管理权交给群众》，省委、省政府和省公安厅领导同志分别作出批示，肯定日照“警务大回访”工作。在《日照日报》《黄海晨刊》等主流媒体设置公安专版，全年头版头条共发表公安稿件30余篇。是年，日照公安宣传工作在省公安厅、市公安局年度考核中获得优秀等次。

区域观察 日照新闻 21

突破园区 聚力招引

营造投资者乐居“天鹅湖”

日照公安“五十条”为“突破园区 聚力招引”打造平安稳定公平投资环境

10部门拟联手划定生态红线

日照64公里金沙滩，被誉为“中国沿海仅存未被污染的黄金海岸”

守住金沙滩，才有“仙境海岸”

图22-5 2015年5月，《大众日报》刊发市公安局文章《营造投资者乐居天鹅湖》

2015年，紧贴“旅游警务”“平安志愿者”“心防建设”“百城禁毒会战”“打逃废银行债务”“荣膺全国文明单位”“创建文明城市”“三轮车整治”等典型做法开展宣传报道。全市公安机关在中央级主流媒体发稿305篇，在省级主流媒体发稿846篇，《人民日报》《人民公安报》、《人民公安》以及中央电视台、山东电视台等高端主流媒体先后编发反映日照公安工作的稿件。5月，大众日报社记者采写刊发《营造投资者乐居天鹅湖》一文，介绍市公安局简政放权50条措施。10月27日，《人民公安报》第四版头条刊登《深入推进立体化、多元化、社会化的社会治安管理服务工作——日照4.3万名平安志愿者成为平安建设新力量》一文，报道市公安局平安志愿者建设工作经验。

是年，市公安局宣传处牵头会同网安支队、指挥中心、法制支队，制定出台《公安机关快速处置涉警舆情工作方案（试行）》，首次对涉警舆情的领导机构、处置方案、信息汇总上报等工作进行细化，明确责任分工，进一步加强和规范涉警舆情处置工作。

2016年，继续围绕完善“八大体系”工作重心和践行“责任在我”理念，积极推介公安机关在服务“创城”、三轮车四轮代步车集中整治、服务“突破园区聚力招引”、包联村淘宝电商、信息合成警务、旅游警务等工作中的创新做法，推出齐鲁最美警察候选人法医刘召军、“面罩哥”马志鹏、赴利比里亚维和警察刘召海等典型人物。主动邀请《人民公安》、《人民公安报》等媒体到市公安局采访，3月25日，《人民公安》杂志刊登日照三轮车、四轮代步车整治经验做法。5月31日，人民公安报社在市公共安全教育基地举办“平安共建，关爱少儿安全健康”主题教育活动，并于6月10日刊发活动情况。是年，在《黄海晨刊》发表《8种常见电信网络诈骗术》等8个专版。

图22-6 2016年5月31日，由人民公安报社发起的“平安共建·关爱少儿安全”主题教育活动在日照举行

2017年，根据市公安局党委践行精准警务、打造阳光警队工作重心和基层基础建设三年攻坚战部署，先后推出“新春走基层”“全市大发展，公安怎么办”“学习十九

大，公安在行动”“迎接十九大，忠诚保平安”等多个宣传系列，召开新闻发布会 11 次，取得较好反响。进一步拓展提升与人民公安报、《大众日报》《山东法制报》等省级媒体的业务联系，全年邀请省级媒记者到市公安局采访 4 次，发表《倡树精准理念、夯实六个基础、创建一流警务》《实施精准警务、构筑全面发展坚实基础》《以五大品牌为抓手、开创公安工作新局面》《加强基础管控、推进资源整合、狠抓精准执法、“一号工程”催生日照公安多重效应》等专版、专题、内参、署名文章 6 篇。7 月 27 日，人民公安报山东周刊发表张培林署名文章《不忘初心　永葆四心　以习近平总书记重要讲话为指引不断开创公安工作新局面》。是年，宣传处处长列席市公安局党委会议。

2018 年，围绕上合青岛峰会安保、四百会战、服务和保障新旧动能转换等重点工作健全完善公安宣传工作机制，打造具有影响力的新媒体矩阵。在各类新闻媒体发稿 4106 篇，其中国家级 33 篇（公安部《公安内参》5 篇），省级 309 篇。4 月，人民公安报山东记者站《记者反映》内参单篇刊发《日照：现代警务开启服务新旧动能转换强力引擎》，此件呈送省委、省政府主要领导和分管领导同志。8 月，张培林同志署名文章《日照：“精准警务”推动公安工作高质量发展》一文在《人民公安报》发表；协调刊发《大众日报》日照公安专版一期，在日照公安宣传史上属首次。10 月，《43 个精准落实公安施工图》《日照：以做实为关键词谋求现代警务发展》等大型稿件相继在《人民公安报》《日照日报》发表。市委宣传部、市公安局、日照广播电视台共同组织开展首届“日照最美警察”评选活动，并通过社会主流媒体进行集中宣传，起到良好的社会宣传效果。年内，设计日照公安 logo，市公安局建成业务楼内及院内警察主题系列警营文化阵地，相声《新五官争功》荣获第四届全国公安系统相声小品大赛三等奖，东港分局成为全国 7 个参加“新时代‘枫桥经验’在公安”网络直播单位之一。

山东法制报
shandong legal newspaper
区域版·日照　3

精准引领　创新突破　做实攻坚
日照市公安机关开展“四百会战”助力基层基础建设攻坚战

“实战+”提升日照特警核心战斗力

重拳出击 打出“食药环”一片净土

日照交警用妙招迎战恶劣天气

打好禁毒人民战争“组合拳”

改革出实招　群众收实效
日照户政管理部门“放管服”改革工作纪实

图 22-7　2018 年 12 月，首次在《山东法制报》刊发日照公安专版

1994—2018 年全市公安机关（部分）发表稿件统计表

表 22-1

文章标题	发表媒体	发表时间	作者
《请君入瓮的把戏》	《人民公安报》	1994 年 3 月 1 日	卢爱农
《“气”的代价》	《民主与法制》	1994 年 7 月 25 日	卢爱农
《莒县摧毁一特大青少年犯罪团伙》	《新华社内参》	1995 年 7 月 1 日	李明高
《细微之处见真情——日照市重塑警察形象散记》	《大众日报》 《山东法制报》	1996 年 1 月 22 日	陈秀华 刘瑞金 杨继岷
《丹心映港城——日照市公安局巡警支队三大队侧记》	《山东法制报》 《新闻图片周报》	1996 年 6 月 5 日	陈秀华 刘瑞金
《日照——打流追逃　除霸治乱》	《大众日报》	1996 年 6 月 6 日	陈秀华 刘瑞金

续表 22-1

文章标题	发表媒体	发表时间	作者
《“禁酒令”效应在日照》	《新闻图片周报》	1996 年 6 月 21 日	陈秀华 杨继岷 刘瑞金
《莒县顺藤摸瓜端窝严惩非法造枪》	《人民日报》	1996 年 6 月 26 日	卢爱农
《日照严打退赃大会　百万物品退还失主》	《人民公安报》	1996 年 7 月 4 日	陈秀华 刘瑞金
《金色盾牌显神威——严打第一线剪影》	《人民日报》	1996 年 7 月 12 日	陈秀华 刘瑞金
《顶起后方半边天——记严打中的日照市公安干警家属》	《山东法制报》	1996 年 7 月 24 日	陈秀华 刘瑞金
《莒县公安局抓队伍有新招》	《人民公安报》	1996 年 8 月 1 日	侯永盛 吴佩利 李明高
《着眼长治久安，实行区域治理》	《法制经纬》	1996 年 10 月 10 日	卢爱农
《莒县逆向考核中层干警》	《人民日报》	1997 年 3 月 28 日	李明高 吴建东
《莒县年终考核群众唱主角》	《人民公安报》	1999 年 1 月 12 日	李明高 董爱民
《又到三月说“雷锋”》	《人民公安报》	2002 年 3 月 5 日	王守礼
《五莲片警“民情日记”》	《人民公安报》	2002 年 3 月 5 日	王孝旭
《山东莒县公安局在居民院中非法种植的 496 棵罂粟铲除》	《人民公安报》	2003 年 6 月 26 日	许秀燕
《莒县打掉一特大盗窃牲畜团伙》	《人民公安报》	2003 年 7 月 31 日	许秀燕
《复仇的茶壶》	《人民公安报》	2004 年 10 月 22 日	郭友奎
《十七岁少年为何纵火弑父》	《河南消防》	2004 年 12 月 1 日	郭友奎
《开出“心理处方”“安全系数”猛涨，日照对司机进行心理“体检”》	《人民公安报》	2006 年 1 月 11 日	刘　斌 潘月飞
《日照交警对驾驶人进行自救互助常识培训》	《道路交通管理》	2006 年 2 月 2 日	刘　斌 潘月飞
《日照交警引进多语言考试系统》	《道路交通管理》	2006 年 5 月 5 日	田　蕊 潘月飞
《日照警方把应对突发事件纳入日常警务工作》	新华社	2008 年 3 月 29 日	吕福明
《日照出台治安巡逻防控新举措》	《人民公安报》	2008 年 4 月 9 日	陈秀华 刘洪发
《日照春季严打整治斗争成效显著》	《人民公安报》	2008 年 4 月 22 日	时培玺
《倾情长治久安》	《人民公安报》	2008 年 4 月 23 日	陈秀华 刘洪发
《一枝一叶总关情——日照市公安局“局长信箱”纪事》	《山东公安》	2008 年 4 月	陈秀华 刘洪发
《日照市公安机关超前净化夏季治安旅游环境》	新华网	2008 年 4 月 29 日	陈秀华 刘洪发

续表 22-1

文章标题	发表媒体	发表时间	作者
《日照：冒充“日照银联”短信行骗　警方秘密调查》	新华网	2008 年 5 月 1 日	刘洪发 鹿传明
《釜底抽薪保平安——日照市公安局加强外来流动暂住人口管理》	《人民公安报》	2008 年 5 月 20 日	陈秀华 刘洪发
《市公安局“铁拳”出击打击“两抢一盗”犯罪》	《山东公安》	2008 年 6 月	陈秀华 刘洪发
《日照：“五线”工作法情系民生》	新华网	2008 年 6 月 13 日	陈秀华 刘洪发
《日照：“出租车警察”折射警务新理念》	新华网	2008 年 7 月 23 日	刘洪发
《创新理念引领警务工作》	《人民公安报》	2008 年 9 月 16 日	李嘉庆 陈秀华 刘洪发
《莒县公安局建立“五大机制”全力打造命案必破品牌》	《人民公安报》	2008 年 10 月 1 日	孔德华 宋时轮
《夜幕下闪烁着警惕的眼睛》	《人民公安报》	2009 年 2 月 20 日	时培玺
《日照公安的“合成化”警务之路》	《人民公安报》	2009 年 2 月 24 日	陈秀华 刘洪发
《日照：“小信箱”情系“大民生”》	《人民公安报》	2009 年 7 月 28 日	陈秀华 刘洪发
《构建服务发展的“民生警务体系”》	《人民公安报》	2009 年 9 月 3 日	槐国栋
《“零差错”赢得群众口碑》	人民网	2009 年 11 月 10 日	梁文凤 李　丽 刘洪发
《日照市公安局：合成利剑扬警威》	人民网	2009 年 11 月 13 日	梁文凤 李　丽 刘洪发
《日照市公安局深入学习实践科学发展观》	人民网	2009 年 11 月 16 日	槐国栋
《日照：警务革新　百姓叫好》	《山东法制报》	2009 年 12 月 7 日	滕世雷 陈秀华
《日照市公安局探索建立命案必破机制》	人民网	2009 年 12 月 11 日	梁文凤 时培玺 刘洪发
《一位公安局局长的用人观》	《山东法制报》	2009 年 12 月 14 日	滕世雷 陈秀华
《日照：创“合成化”警务体系　破警力不足难题》	《人民日报》	2009 年 12 月 16 日	秦佩华
《日照：群众满意度全省第一的背后》	《人民公安报》	2009 年 12 月 17 日	时培玺 刘洪发
《日照：深入开展冬季烟花爆竹专项整治行动》	人民网	2009 年 12 月 17 日	梁文凤 时培玺 刘洪发

续表 22-1

文章标题	发表媒体	发表时间	作者
《日照公安探索建立打黑除恶长效机制》	人民网	2009 年 12 月 18 日	梁文凤 时培玺 刘洪发
《日照公安：目标管理绩效考核群众满意度位居第一》	人民网	2009 年 12 月 19 日	梁文凤 刘洪发 李宜华
《群众口碑重千钧》	《山东法制报》	2009 年 12 月 21 日	滕世雷 陈秀华
《日照公安："三项建设"打造人民满意的 110》	人民网	2010 年 1 月 18 日	梁文凤 时培玺 刘洪发
《深入学习实践科学发展观活动——走基层看成效 日照市公安局　创新工作模式　取得显著成效》	中央电视台 新闻联播	2010 年 3 月 29 日	丁兆专 胡大海
《创建合成化现代警务体系》	《人民公安报》	2010 年 3 月 29 日	刘学刚 唐　琳 王文硕 赵曦荣
《不负重托，做合格局长》	《人民公安报》	2010 年 3 月 30 日	刘学刚 唐　琳 王文硕 赵曦荣
《日照构建合成化警务体系》	《人民日报》	2010 年 3 月 30 日	刘成友
《山东日照公安局：构建现代警务体系创造良好治安环境》	《经济日报》	2010 年 3 月 30 日	王海鹰
《山东日照：为基层解难题办实事》	《光明日报》	2010 年 3 月 30 日	邢兆远
《日照：民警兼任"村官"调处纠纷 2600 余起》	《人民公安报》	2010 年 3 月 31 日	时培玺 刘洪发
《新疆一中学师生致信山东公安厅长——日照援疆特警是我们心中的英雄》	《人民公安报》	2010 年 4 月 16 日	黄玉敏 孙丽丽
《天山脚下写忠诚》	《人民公安报》	2010 年 4 月 16 日	孙丽丽 时培玺 刘洪发
《日照公安：英雄本色在合成化现代警务体系中彰显》	《人民公安报》	2010 年 5 月 28 日	李嘉庆 刘洪发 王福中
《聚焦日照公安机关合成化现代警务体系（上）、（中）、（下）》	《人民公安报 公安内参》	2010 年 5 月 19 日	张　飞
《孙金友：英雄本色在合成化现代警务体系中彰显》	人民网	2010 年 5 月 28 日	李嘉庆 刘洪发 王福中
《走出窘境和怪圈、警务效能的倍增器、合成化警务前路正长》	《人民公安》	2010 年 7 月	张　飞 时培玺

续表 22-1

文章标题	发表媒体	发表时间	作者
《创新户籍管理模式　提升户籍管理水平　山东莒县公安局破解“外来媳妇”落户难题》	《人民日报内参》	2010 年 12 月 23 日	卢爱农
《万紫千红总是春》	《人民日报》	2011 年 1 月 18 日	李亚杰 卫敏丽
《对话公安厅局长》	山东电视台	2011 年 1 月 24 日	丁兆专 胡大海
《一安定“商心”——日照经济技术开发区公安平安警务擦亮招商名片》	《大众日报》	2011 年 3 月 25 日	孙　阳
《山东日照：推行民生警务建立群众满意公安信访新机制》	人民网	2011 年 4 月 8 日	刘洪发
《山东省日照市公安局开设网络信箱服务民生》	新华网	2011 年 4 月 17 日	李亚杰 时培玺
《日照公安将亲民融入警务实践》	《平安山东周刊》	2011 年 4 月 26 日	时培玺 许家绍
《日照市公安局：信息化给合成警务插上科技翅膀》	人民网	2011 年 5 月 19 日	刘洪发
《山东日照：信息化为公安发展提速增效》	人民网	2011 年 6 月 3 日	梁文凤 刘洪发
《日照公安开展三大行动严打经济领域犯罪为城市经济发展站好岗》	《平安周刊》	2011 年 8 月 9 日	时培玺 许家绍
《山东日照创新社会管理方式　以“下沉”促“提升”》	《人民日报》	2011 年 8 月 11 日	马跃峰
《日照“四大战役”推进“清网”》	《山东法制报》	2011 年 10 月 17 日	时培玺 许家绍
《确立理想信念　坚持执法为民——五莲县公安局主题教育时间活动实录（专刊）》	《山东法制报》	2011 年 10 月 31 日	王培武 王福中
《这里“阳光警务”温暖每位居民》	《山东法制报》	2012 年 3 月 14 日	孙　阳
《日照：信息化建设开启便民利民“新窗口”》	《人民公安报》	2012 年 9 月 8 日	刘瑞金 刘洪发
《日照市公安局：“八项重点突破”提升群众安全感和满意度》	人民网	2012 年 10 月 22 日	刘瑞金 刘洪发
《日照社会化联动让流动人口得实惠》	《山东法制报》	2012 年 8 月 20 日	刘瑞金 刘洪发
《激发凝聚力向心力战斗力　日照开发区警方创新队伍思想政治工作》	《人民公安报》	2012 年 9 月 20 日	马秀军
《加强智慧停车建设　推进交管工作精细化》	《人民公安报》	2012 年 11 月 5 日	韩帮理
《日照“八项突破”提升群众满意度》	《山东法制报》	2012 年 12 月 31 日	刘瑞金 刘洪发
《日照：提升“八个能力”做好公安工作》	《人民公安报》	2012 年 12 月 18 日	丛培浩
《警务创新　五网领航——莒县公安局多措并举全面推进公安工作创新》	《法制与正义》	2012 年第 7 期	宋时轮
《日照：专门破解群众心中的老大难问题》	《人民公安报 山东周刊》	2013 年 1 月 12 日	刘瑞金 刘洪发
《日照公安的“八项重点突破”》	《现代世界警察》	2013 年 4 月	刘瑞金

续表 22-1

文章标题	发表媒体	发表时间	作者
《日照公安：“八个不做”群众更满意》	《大众日报》	2013 年 5 月 1 日	孙　巍 刘瑞金 刘洪发
《日照“会诊”36 个方案提升能力建设》	《人民公安报 山东周刊》	2013 年 5 月 8 日	刘瑞金 刘洪发
《日照户籍制度改革：清理空挂户实施户房一体化》	人民网	2013 年 5 月 20 日	刘瑞金 刘洪发
《践行群众路线　打造民生警务》	《山东公安》	2013 年 10 月	刘　涛 王　芳
《“留美博士”编造网络投资神话》	《人民公安报 山东周刊》	2013 年 11 月 25 日	刘洪发 姚守明
《日照治安防控体系覆盖海陆空》	《人民公安报 山东周刊》	2013 年 12 月 3 日	刘　军 李宜华
《日照警方出台 16 项措施护航中小企业发展》	人民网	2014 年 4 月 24 日	尹鹏飞 刘洪发
《日照打造“升级版”民生警务品牌》	《山东法制报》	2014 年 6 月 17 日	尹鹏飞 刘洪发
《日照：“三联三访”提升群众安全感》	山东电视台 山东新闻联播	2014 年 11 月 24 日	胡大海
《山东日照数十人身陷传销，警方及时解救》	中央电视台 《朝闻天下》	2015 年 1 月 29 日	胡大海
《莒县公安创新“志愿者”模式　民生警务宣传呈燎原之势》	《山东青年报 平安山东周刊》	2015 年 6 月 17 日	宋时轮
《日照首起信用证诈骗案告破》	《大众日报》	2015 年 10 月 22 日	李振华
《改革法制双轮驱动　实现公安工作转型升级》	《法制与正义》	2015 年第 4 期	胡训立
《志愿者 + 模式深化民生警务宣传活动》	《法制与正义》	2015 年第 8 期	宋时轮
《山东日照：被困海上 10 小时　警民合力营救渔船》	中央电视台 《朝闻天下》	2015 年 12 月 21 日	王　芳
《日照：以“责任在我”理念营造良好软环境》	《人民公安报 山东周刊》	2016 年 1 月 12 日	王均章 李宜华 郭　峰
《莒县公安创新户政“四化服务”模式》	《山东青年报》	2016 年 3 月 31 日	陈常玲
《日照公安高速交警情洒春运路　酷寒中的坚守》	人民网	2016 年 3 月 4 日	徐　斐
《强化专业攻坚能力，坚守群众“舌尖上的安全”》	《山东公安》	2016 年 4 月	宋时梅
《莒县多措并举推进队伍正规化建设》	《人民公安报》	2016 年 4 月 18 日	张传东
《用生命牢记警徽承载的使命》	《山东法制报》	2016 年 5 月 24 日	徐传乐 宋时轮
《健全服务机制　创新管理模式》	《山东法制报》	2016 年 5 月 31 日	陈常玲
《浅谈新型犯罪的特点及打防对策》	《人民公安报》	2016 年 10 月 11 日	丛培浩
《“中国淘宝村”是怎样炼成的？》	《齐鲁晚报》	2016 年 11 月 3 日	尹鹏飞 王　猛

续表 22-1

文章标题	发表媒体	发表时间	作者
《实施“天网工程”助力平安建设》	《中国网山东版》	2016 年 12 月 19 日	许秀燕
《阳光户政　情暖无户口人员》	《大众日报》	2016 年 12 月 20 日	陈常玲
《倡树精准理念　夯实六个基础　创建一流警务——山东省公安机关基层基础三年攻坚战开局之日照篇》	《人民公安报山东周刊》	2017 年 5 月 23 日	刘　军 王　猛
《实施精准警务　构筑全面发展坚实基础》	《人民公安报山东周刊》	2017 年 6 月 8 日	张培林
《“阳光旅游警务”擦亮“港城”名片》	《人民公安报》	2017 年 6 月 20 日	胡安琪
《不忘初心　忠诚奉献　以习近平总书记重要讲话为指引不断开创公安工作新局面》	《人民公安报山东周刊》	2017 年 7 月 27 日	张培林
《日照警方破获特大虚开增值税发票案　涉案金额 9.2 亿元》	山东广播电视台	2017 年 9 月 22 日	尹鹏飞 胡大海
《莒县警务助理实行“望闻问切工作法”》	《人民公安报》	2017 年 11 月 14 日	张静静
《东港多机制激活农村警务》	《大众日报》	2017 年 12 月 5 日	杜光鹏
《立逃废银行债务案件 56 起　追回资金 49.5 亿元　日照：公安严打逃废银行债务犯罪建设良好金融生态》	《人民公安报公安内参》	2018 年 1 月 6 日	王若冰 李嘉庆 尹鹏飞
《以“五大品牌”为抓手　开创公安工作新局面》	《人民公安报山东周刊》	2018 年 1 月 16 日	张培林
《加强基础管控　推进资源整合　狠抓精准执法——“一号工程”催生日照公安多重效应》	《人民公安报山东周刊》	2018 年 1 月 30 日	尹鹏飞 王　猛
《日照开发区探索警务改革　提升实战效能》	《山东法制报》	2018 年 2 月 27 日	王　芳
《日照：为新时代公安工作扬帆起航注入新动力》	《人民公安报山东周刊》	2018 年 3 月 27 日	尹志勇
《出台“保障和服务新旧动能转换重大工程实施意见”日照：现代警务开启服务新旧动能转换强力引擎》	《人民公安报山东周刊》《记者反映》	2018 年 4 月 4 日	林　珊 尹鹏飞 王　猛
《日照：颁布“最严”禁酒令　阳光警队正气充盈》	《人民公安报公安内参》	2018 年 5 月 16 日	林　珊 王　猛
《聚焦“枫桥式东港”：“群众力量 + 互联网平台”，攻坚共享平安果》	《人民公安报》	2018 年 6 月 12 日	王　猛 杨　丽
《“拼命三郎”刘治峰：从门外汉到警界“多面手”》	《大众日报》	2018 年 6 月 19 日	张静静 杨玉烁
《山东省公安厅警务实战教官团到岚山开展岗位送教活动》	《大众日报》	2018 年 6 月 19 日	沙连成
《日照东港：互联网＋群众力量拓展社会治理新维度》	《人民公安报山东周刊》	2018 年 6 月 12 日	林　珊 王　猛 杨　丽
《新时代　新担当　新作为　张培林：守护平安为发展保驾护航》	山东电视台山东新闻联播	2018 年 7 月 13 日	尹鹏飞 胡大海
《莒县“精准党建”模式推动工作提档升级》	《山东法制报》	2018 年 7 月 31 日	杨善宝 张静静

续表 22-1

文章标题	发表媒体	发表时间	作者
《敢起“硬钉子” 善啃硬骨头 张培林带领日照公安系统当好党和人民的“刀把子”，该市群众安全感全省居首》	《大众日报》	2018年7月31日	杜辉升 丁兆霞
《“精准警务”提升核心战斗力》	《大众日报》	2018年8月7日	尹鹏飞 王　猛
《“阳光警队”成强劲动力源》	《大众日报》	2018年8月7日	刘　勇 于海龙
《数据助力日照公安执法规范化》	《大众日报》	2018年8月7日	刘　政
《日照创新启用“道交一体化处理”服务平台》	《大众日报》	2018年8月7日	丁兆专
《东港区可防性案件发案率持续降低》	《大众日报》	2018年8月7日	杨　丽
《警务助理全覆盖 打造村居治安新防线》	《大众日报》	2018年8月7日	王　芳
《两万余个探头织就天罗地网》	《大众日报》	2018年8月7日	张静静 何建秀
《3分钟出警开启乡村警务“新速度”》	《大众日报》	2018年8月7日	胡安琪
《日照：精准警务推动公安工作高质量发展》	《人民公安报》	2018年8月9日	王均章 郭　峰
《日照市举行“警保联动”启动仪式暨直升机救援模拟演练》	大众网山东版	2018年8月14日	丁兆专 牟海龙
《日照公安：“四百会战”筑牢基层基础》	《大众日报》	2018年8月17日	尹鹏飞 王　猛
《日照：“四百会战”助力基层基础建设跑出“加速度”》	《人民公安报》	2018年8月28日	李　娜 尹鹏飞
《给游客一个“宾至如归”的理由——日照公安创新旅游警务服务“旅游富市”》	《山东法制报》	2018年9月13日	尹鹏飞 王　猛
《聚力打造“儒警文心”文化品牌》	《齐鲁晚报》	2018年9月20日	王素洁
《山东省日照市东港区电子商务中心原主任梁某刚等人充当黑恶势力“保护伞”》	中央电视台 新闻联播	2018年10月19日	胡大海
《莒县：“三位一体”扎紧反诈“篱笆”》	《人民公安报》	2018年11月13日	张静静 杨善宝
《日照特警：“连发三箭”确保硬仗全胜》	《山东法制报》	2018年11月13日	许家绍
《日照开发区创新出警机制 实现上下共赢》	《山东法制报》	2018年11月20日	王　芳
《日照：见证警务发展的“四化”历程》	《人民公安报 山东周刊》	2018年11月27日	宋玉军 马秀军 魏玉成
《日照：以做实为关键词谋求现代警务发展》	《人民公安报 山东周刊》	2018年12月25日	李嘉庆 尹鹏飞 王　猛
《精准引领 做实攻坚——日照市公安机关开展“四百会战”助力基层基础攻坚》	《山东法制报》	2018年12月25日	尹鹏飞 王　猛
《“实战+”提升日照特警核心战斗力》	《山东法制报》	2018年12月25日	曾　湘 白晓青

续表 22-1

文章标题	发表媒体	发表时间	作者
《日照交警迎战恶劣天气用妙招》	《山东法制报》	2018 年 12 月 25 日	李继玲 张晓丽
《打好禁毒人民战争“组合拳”》	《山东法制报》	2018 年 12 月 25 日	王　超
《改革出实招　群众收实效——日照公安户政管理部门“放管服”改革工作纪实》	《山东法制报》	2018 年 12 月 25 日	于永红 陈祥鹏
《重拳出击打出“食药环”一片净土》	《山东法制报》	2018 年 12 月 25 日	张永庆

第二节　阵地建设

一、电视栏目

（一）《日照警方》

2000 年 6 月，市公安局设立日照市公安影视宣传中心，与日照广播电视台密切合作，开办《日照警方》电视栏目。《日照警方》电视栏目牢牢把握正确的舆论导向，围绕市公安局党委的中心工作展开宣传，坚持唱响主旋律、打好主动仗，坚持团结稳定鼓劲、正面宣传为主的方针，大力宣传全市公安机关和广大公安民警在打击犯罪、服务群众等方面做出的积极努力和无私奉献，进一步树立公安机关的良好形象、增强公安队伍凝聚力，栏目主持人多次获得“十佳主持人”称号。

图 22-8《日照警方》电视节目开播 100 期座谈会

2000 年 6 月至 2010 年 1 月，《日照警方》电视节目为每周 1 期，时长为每期 10 分钟，由市公安局宣传处和市公安局交警支队相互轮换编辑制作播出。2009 年，专题纪录片《合成利剑扬神威》在第六届中国纪录片国际选片会上获银奖，被评为全省优秀公安电视作品电视类一等奖。是年 7 月 6 日，在省公安厅、省新闻工作者协会联合举办的第三届齐鲁金盾新闻奖评选活动中，由丁兆专、胡大海、吴峰制作的《利剑斩断“三只手”》电视专题片荣获电视类三等奖。2010 年 1 月起，播出时长为每期 15 分钟。2017 年 2 月起，《日照警方》电视节目改为每周 1 期，由宣传处负责，交警支队单独开设另外一档电视节目。

2018 年底，《日照警方》节目主要设置以下几个子栏目：

警方要闻。及时报道上级领导考察指导公安工作、公安系统领导活动，召开重要会议及重大警务工作部署，公安工作和队伍建设中的重大活动、消息。

党建领航。及时报道全市公安机关在“党建领航”工程工作动态、重要部署、重要会议，涌现的先进单位和先进人物事迹。

基层风采。聚焦公安基层基础建设攻坚战，重点报道公安基层基础工作上水平、提能力、深应用、强素质、优服务过程中的好做法。

警察故事。重点报道全市公安民警践行“精准警务”理念和打造“阳光警队”中的感人事迹，有针对性地宣传、梳理公安系统先进人物、英雄群体，增加群众对公安工作的理解和支持，进一步密切警民关系。

案件聚焦。通过以案说法的形式，报道公安机关破获的案件，给群众以警示。重点宣传公安机关在扫黑除恶、打击电信网络诈骗、交通管理等工作中的举措和战果。此栏目可根据内容作专题报道、系列报道，力争通过对案例的深入报道来剖析案发的根源，给群众警示。

警方提示。宣传报道全市公安机关在治安防控体系建设、群防群治、治安管理、交通管理等方面的新举措，不断提高群众的安全防范意识。针对一段时间的宣传重点，提醒市民注意防范新型电信网络诈骗、防盗抢等。

《日照警方》每周日晚 8：30 在日照电视台新闻频道《社会零距离》栏目中首播，重播 4 次。节目播出后，视频同时上传日照警务网《日照警方》栏目和日照公安信息网《警务视频》栏目。主要由市公安局宣传处（影视宣传中心）负责节目的策划、撰稿、拍摄、编辑制作成片。每周周二前后，节目文稿交市公安局分管领导把关、电视台有关领导审核，经批准后，进行后期编辑制作。节目编辑制作完成后，经处领导审核把关后录制成片，送电视台审查，审查合格后按时播出。截至 2018 年底,《日照警方》电视节目共播出 887 期，收视率稳居日照广播电视台收视率前三名。

（二）《红绿灯·你我他》

1993 年，交警支队与日照电视台合办《红绿灯·你我他》栏目。1994 年，该电视专题栏目每两周播出一期，先后获省交警总队交通安全电视宣传栏目和省电视台法制宣传栏目 2 个一等奖。1995 年 3 月 5 日，与日照广播电台经济文艺台联办《港城红绿灯》栏目，每日午间播出。

图 22-9 民警在交警支队交通广播直播室上线

2011 年 3—5 月，在日照电视台《社会零距离》栏目开设《平安出行你我他》专栏，集中宣传道路交通安全法规，报道创建省级文明城市道路交通秩序集中整治行动的成果，曝光典型交通违法行为。

2014 年，全力提升《红绿灯·你我他》电视栏目的策划制作水平，全年播出 26 期，获全省第十届文明交通宣传作品评选电视专栏类二等奖。

2018 年，交警建成文化传媒中心，设置多功能电视演播室、导播室、编辑室，交通广播直播室，新媒体工作室、舆情研判室，整合报纸、杂志、广播、电视、微博、微信、视频直播等多种宣传于一体，打造融媒体广宣传模式。

（三）《山城警讯》

《山城警讯》电视栏目由五莲县公安局与五莲县电视台合作，围绕县局党委的中心工作展开宣传，坚持亲民风格和警方特色，把群众最关注、最关心的公安工作新思路、新举措和取得的新成效及时予以详细报道，第一时间让群众了解、知情，赢得理解、信任和支持，打造精品警务栏目。截至 2018 年底已播出 350 期。

自 2011 年开始，《山城警讯》电视节目每周 1 期，时长为每期 10 分钟。主要设置警方要闻、警察故事、以案说法、防范提示等栏目。《山城警讯》每周四 19：35 在县电视台综合频道播出，一周重播三次，节目播出后，视频同时上传县电视台微信。栏目主要由宣传科负责节目的策划、撰稿、拍摄、编辑制作成片，后期经过严格的审核按时播出。

（四）《莒州警方》

2013 年 4 月 19 日，莒县公安局与县电视台合作，依托县电视台《莒州纵横》栏目，专题开设《莒州警视》板块，时长为 5 分钟，节目内容包含专题播报、案件追踪、民生在线、警方提示等内容，主要立足于公安机关打击犯罪，服务人民的职能，反映公安民警在维护社会稳定，打击和预防各类犯罪采取的措施和取得的成效；聚焦奋战在执法一线的典型人物；宣传法律知识、增强百姓自我安全防范意识。

2016 年 3 月，《莒州警视》改版，在县电视台单独开设专栏《莒州警方》，节目总长由原来的 5 分钟扩展到 12 至 15 分钟，每两周一期，周二 19：40 在县电视台一套固定播出，重播 6 次，节目内设公安要闻、案件追踪、卫士风采、警方提示等专题，由宣传科负责节目策划，电视台拍摄制作后播出，视频同时上传莒县公安信息网《警务视频》，截至 2018 年底《莒州警方》栏目已开播 94 期。

二、警报警刊

（一）《日照公安》杂志

《日照公安》杂志是市公安局的内部期刊，面向市内免费赠阅，旨在展示公安队伍风采，让社会群众了解公安工作。作为市公安局自建宣传阵地，杂志编辑部设在宣传处，设置关注、深度报道、警务纪实、区县动态、利剑出鞘、经验交流、学习研究、金盾之光、卫士风采、探案、基层基础、警苑副刊等栏目。内容上多注重新闻纪实，反映市公安局党委中心工作和社会关注热点问题；题材上多从基层一线切入，讲述民警故事；形式上注重图文协调，文风朴实，增强可读性。

图 22-10 截至 2018 年底，《日照公安》杂志共刊发 51 期

1997 年，市公安局宣传部门编辑出版两期《港城 110 风采录》，印刷 1 万册，分发省、市有关党政机关、新闻单位和社会各界人民群众，普遍反映良好。在此基础上，市公安局宣传部门总结经验，集思广益，酝酿编辑杂志。

1998 年，《日照公安》杂志正式创刊，采用国际大 16 开本，64 页胶版纸骑马订，黑白印刷搭配彩色插页，每年 1 ～ 2 期不定期刊发，设立专题策划、争创满意、探索创新、警务纪实、利剑出鞘、刑案透视、卫士风采、警民风韵、警界短讯、警察文苑 11 个栏目。2003 年底，根据上级有关要求，杂志停办。5 年共发行 9 期 10 万册。

2005 年 6 月，杂志复刊，仍保持创刊时规格；2008 年升级为胶装 84 页，每年 2 期，每期印刷 2000 册；2010 年升级为铜版纸彩色印刷；2012 年 11 月，制作 16 寸 128 页画册特刊《喜迎十八大践行人民警察核心价值观摄影书画作品集》；2012 年起，页码减少为 56 页，刊发频率增加到每年 4 期，每期印刷 7000 册。

2017 年 11 月，制作画册特刊《实干·创新·突破》，介绍该年公安工作的“首次”；2018 年 6 月，制作画册特刊《上海合作组织青岛峰会安保》。2018 年 11 月，杂志改版，规格调整为书本小 16 开本（240×170mm）156 页，并制作特刊《四百会战纪实》，增加大事记栏目，印刷 3000 册。

（二）《日照交警》报纸

2012 年，交警支队创办《日照交警》专业报纸，大小规格为 4 开，双面彩色印刷，每两周出版发行一期（根据工作需要可随时调整出版周期）。报纸分四个版面，一版为工作要闻，主要宣传上级和交警支队关于公安交通管理工作的路线、方针、政策，报道支队领导活动。二版为综合新闻，主要宣传各交警大队、机关科室推出的便民利民新举措及工作中的好经验、好做法。三版为安全出行，通过前车之鉴、法律咨询、服务信息等小栏目，宣传交通安全知识。四版为警营文化。《日照交警》向市领导及市直各部门、企业，交警总队、市公安局领导及各处室、支队，各区县领导及各部门，支队领导及各科室、大队，社会各界呈（送）阅或邮寄。至 2018 年底，《日照交警》共印发 169 期。

（三）《莒州警方》报纸

2004 年春，莒县公安局筹办《莒州警方》报纸，划分四个版块：第一版为公安要闻，刊登公安大事、警方提示；第二版为警务报道，刊登侦破通讯、警务传真；第三版为警界博览，刊登法律法规、社会经纬；第四版为警方文苑，刊登诗歌散文、公安史话。

2004 年 3 月 16 日，第一期《莒州警方》正式创刊，印刷 1000 份，由县邮政局代发，免费向社会赠阅。此后，随着实践经验的积累，《莒州警方》组稿逐渐由手工修改稿件向直接在电脑上修改、排版过渡，实现组稿、修改、排版全部由民警在电脑上完成。

至 2018 年底，《莒州警方》共印发 208 期，在宣传公安成果、推介公安工作、加强社会沟通、争取社会理解、建设警营文化、和谐警民等方面发挥不可替代的作用，在社会上产生良好反响。

莒州警方
JUZHOUJINGFANG
莒县公安局指挥中心主办
2004 年 3 月 16 日
星期二
试刊第一期

标题新闻
※全县建设"平安莒县"动员大会召开。
※县公安局召开全县公安工作暨投入"平安莒县"建设动员大会。
※县公安局部署开展以侦破命案专项行动为重点的春季严打整治斗争。
※县公安局开展治安防范体系建设基础调查工作。
※省公安厅"两会"安全保卫检查组到县公安局检查全国"两会"安全保卫工作。
※全县政法委员扩大会召开，研究政法系统投入创建"平安莒县"的意见。
※全国"两会"安全保卫工作圆满结束。

县公安局召开投入"平安莒县"建设动员大会

县领导阎波、王洪彩、张守成、王金玉、刘学智出席会议

突出五个重点 全力投入"平安莒县"建设

相约警方

图 22-11 2004 年 3 月，《莒州警方》报纸创刊

（四）《东港公安报》

《东港公安报》于 2005 年 9 月 16 日创刊，报纸分为头版要闻、综合、专题板块，每期印 500 份，共印 107 期，2015 年 10 月刊发最后一期。

（五）《五莲公安》报纸

《五莲公安》报纸是五莲县公安局的内部出版资料，面向县内免费赠阅，旨在展示公安队伍风采，让社会群众了解公安工作，发挥交流工作经验、宣传工作亮点、普及法律知识、提高安全防范意识、鼓舞服务群众的作用。

作为县局自建宣传阵地，编辑部设在宣传科，设置公安要闻、综合新闻、专题报道、警营文化四大版面。

2011 年，五莲县公安局宣传科编辑出版《五莲公安》内部宣传材料，每期印刷 2000 份，以邮局递送和派出所自行发放为主，涵盖全县党政机关、规模以上企业、村居等，深受广大读者好评。

2017 年，根据上级有关要求，报纸停办，6 年共发行 72 期 14 余万份。

三、警务网站

（一）日照警务网

日照警务网是日照市公安局互联网门户网站，是全市公安机关认真贯彻落实"立警为公、执法为民"理念，搭建社会各界宣传公安形象、推行警务公开、服务人民群众的良好平台和窗口。

2007 年 12 月 14 日，市公安局举行互联网门户网站日照警务网开通仪式，市委、市政府分管领导

出席活动，日照警务网正式开通，网站域名为 www.rz110.gov.cn.com。市公安局成立日照警务网编辑委员会，负责网站全面工作。编辑委员会下设日照警务网编辑部，负责警务网业务工作和各分、县局和各部门相关工作的联系和监督考核，同时负责网站制作、数据库开发、信息资源汇集和有关人员培训等工作。宣传处安排专人担任网络信息管理员，负责网站信息更新、数据统计和日常维护工作。

图 22-12 2007 年 12 月 14 日，日照警务网正式开通

网站共设立 12 个栏目，36 个二级页面。具体包括警务时讯、警务咨询、案件追踪、区县警讯、警务视频、警方提示、协查通告、政策法规、境界风采、便民服务、法律援助等。网站开通后，在市公安局党委的正确领导下，在全方位、多角度推介日照公安、推进政务公开，宣传法律、法规，提高办事效率，展示公安机关廉洁、勤政、务实和高效的形象，建立公安机关与群众、与外界快捷沟通渠道，更好地为社会服务、为群众服务等方面，发挥重要作用。是年 12 月 17 日至 2008 年 3 月 30 日，网站共发布各类信息 2638 条。局长信箱栏目累计接收来信邮件 317 封，回复 247 人次。收到网民举报的犯罪线索 21 条，先后抓获各类违法犯罪嫌疑人 20 余名，破获案件 110 余起，调解矛盾纠纷 30 余起。

2008 年 3 月，市公安局出台《日照警务网管理规范》，对网站的组织领导、稿件报送、“局长信息”管理、考核奖惩等工作进行规范。至 2008 年 6 月 30 日，网站累计更新各类信息 2806 条。局长信箱接收来信邮件 338 封，均及时转送相关业务部门处理。收到网民举报的犯罪线索 37 条，抓获各类违法犯罪嫌疑人 20 余名，破获案件 90 余起。调解矛盾纠纷 30 余起，息访罢诉 20 余起。接收感谢信 39 封。是年 7 月 1 日至 9 月 30 日，网站累计更新各类信息 2300 条，其中警方要闻 88 条，警务视频 55 个，案件追踪 175 条，局长信箱接收、办理来信邮件 371 条。

2010 年 10 月，日照警务网网站融入民生内容。2012 年 2 月、2017 年 4 月，日照警务网先后历经两次大的升级改造，至 2018 年，设有公安要闻、信息公开、办事指南、互动交流等多样化信息发布与交流互动功能。

（二）莒州警务网

2012 年 6 月 7 日，莒县公安局开通官方网站莒州警务网。网站设有公安要闻、警务时讯、案件追踪、警营文苑、局长信箱等 12 个板块，涵盖户政、出入境、法制、经侦、刑警、禁毒等各项公安业务。为拓宽社情民意的沟通和交流渠道，网站设立《警民互动》“局长信箱”等栏目，为群众提供发表意见、表达诉求的渠道和途径，建立相应的工作机制，规范网友举报、投诉、咨询、建议办理程序，确保答复及时、准确、权威。开通期间，共发布各类公安资讯 5841 条，警方提示及防范常识 852 条，局长信箱收到信件 236 件，信件、咨询及评论回复率达到 100%。

2017 年 10 月，根据中央推进政府网站集约化建设的要求，为方便用户在一个政府网站平台集中办事查询，莒县公安局开办的莒州警务网注销域名并停止使用。

四、公安微博

2011 年，微博作为一种新兴网络媒体迅速普及。市公安局积极探索新形势下做好群众工作的新理念、新模式，坚持网上、网下同步运行，全方位搭建警民联系交流的新平台。

2012 年 2 月 2 日，在全市公安工作会议上，市公安局党委提出建设公安微博的理念，指出 ：“公安微博是最实时、最畅通的警民互动平台，可以第一时间发布警务信息，微距离与网民沟通交流。这是日照市的网上公安局，既是刑警队、又是治安队，还是信访处、宣传处。要及时解决群众的咨询、诉求、困难。”是年 2 月 7 日，日照公安微博正式开通运行，成为全市政府序列部门的第一个政务微博。市公安局党委多次召开会议进行研究探讨，将公安微博建设列为全局“八项重点突破”之一强力推进，要求各级机关将微博建设作为“一把手”工程，设立微博工作室，购置相关办公设备，优化警力配置，迅速开展工作，切实利用公安微博推动警民交流，提升公安管理和公安服务水平，提升群众的满意度。日照公安微博群创新宣传形式，采用“微直播”“微访谈”“微发布”等形式，全面展现公安工作、弘扬社会正能量，在拓展宣传阵地、服务民生、舆情引导方面发挥重要作用。

3 月 22 日，“日照公安”微博第一时间公布、通报关于五莲县潮河镇失踪小男孩案件进展和侦破情况，并解答网友疑问。公安部打拐办主任陈士渠先后在微博上就此事发布“孩子安全获救，表扬日照公安机关”“日照公安机关反应迅速，机智勇敢，不畏艰险，处置得当”。

黄海晨刊 日照公安 07
2012年5月30日 星期三
日照警方“八项重点突破”系列报道之一
“公安微博既是宣传处，也是‘信访处’，还是‘治安队’、‘交警队’、‘刑警队’，实质就是‘网上公安局’。”
从培浩在日照公安微博座谈会上强调——
以解决群众的实际问题为导向
着力打造民生工程和品牌工程
核心阅读

图 22-13 2012 年 5 月 30 日，市委主要领导对公安微博作出批示

5 月 25 日，市公安局举行全市公安微博座谈会，来自社会各界的日照公安微博粉丝、新闻媒体记者以及维护公安微博的民警参加会议，围绕如何建好、用好、管好日照公安微博问题，从不同角度、不同侧面畅谈想法和建议。5 月 28 日，“日照公安”微博被中国警察网推荐为明星政务微博前三名。5 月 30 日，《黄海晨刊》整版以《以解决群众的实际问题为导向、着力打造民生工程和品牌工程》为题，报道日照市公安局与时俱进开通“日照公安”微博关注民生相关做法。市委主要领导批示肯定。

6 月 21 日，为切实推动公安微博健康良性发展，规范公安微博管理，做到善用、会用微博，努力把公安微博打造成亲和、诚信、权威、高效的警民互动新载体和公安宣传新平台，市公安局出台《关于做好公安微博建设与管理工作的实施意见》（简称《意见》），建立完善严格规范、高效运转的公安微博长效工作机制，明确公安微博建设与管理的指导思想、基本原则和组织领导。《意见》确定公安微博的主要任务是 ：收集社情民意，加强警民沟通 ；发布警务信息，引导社会舆论 ；创新社会管理，真诚服务群众。就严格信息审核发布、及时反馈诉求受理情况、强化微博管理民警值守培训、完善考核机制、加强部门间联动协作、明确报备认证流程、规范民警个人微博应用等方面工作提出具体要求。同时，启用日照公安官方微博批办单，赋予管理员一定的权限，便于其根据微博工作要求，协调、调度、安排有关事宜。

8 月 19 日，“日照公安”微博采取措施引导网上相关微博贴，与不同地域的公安微博同气相求，滚动发出“理性爱国，合法表达”的舆论声音。

11 月 21 日至 12 月 19 日，“日照公安”微博分别策划组织市公安局领导和各分县局、各警种负责人上线和网友进行互动的活动，积极问政于民，主动接受社会监督和群众评议。

截至 2012 年底，日照公安政务微博群共开通官方微博 204 个，覆盖刑侦、治安、交警、出入境、户政等各警种以及所有分县局，粉丝 112.3 万，发布信息 5 万余条，解决群众诉求 2009 起，回复群

图 22-14 群众向“日照公安”微博赠送锦旗

众业务咨询 10.6 万次，救助群众 131 人次，通过微博粉丝提供线索抓获犯罪嫌疑人 46 名，接到粉丝锦旗和表扬贴 765 次。是年，“日照交警”公安微博入围全国政务微博百强，是全市唯一进入前百名的政务微博，也是全省 7 个入围的政务微博之一；“岚山警方”微博连续 23 周进入新浪微博政府影响力全国公安系统周排行榜百强，获 2012 年度全国政务机构微博“十大成长进步奖”；东港公安微博获评 2012 年度“山东公安系统十佳政务微博”。

2013 年，日照公安微博群吸引粉丝 115 余万，发布信息 9.1 万余条，采纳建议、意见 268 件，解决群众诉求 2300 余件，回复群众业务咨询 13.6 万人次，救助群众 131 人次，通过微博粉丝提供线索抓获犯罪嫌疑人 52 名，接到粉丝锦旗和表扬贴 2021 次。市公安局对各分县局及科、所、队、室微博管理员指导和培训 27 次。6 月 21 日，“日照公安”微博会同刑警支队就网民普遍关心的儿童安全问题，组织多名粉丝和志愿者举办幼儿园防拐骗教育活动。此次活动得到《人民日报》、公安部打四黑除四害办公室等中央级官方微博的关注、评论和转发，山东电视台、大众网、《齐鲁晚报》《黄海晨刊》等省市媒体进行大篇整版的报道转播。11 月 8 日，市政府市长公开电话受理中心和市政务服务中心管理办公室联合在市公安局召开“市长热线、人民网留言、政务微博”工作现场会。市公安局公安微博管理员就日照公安微博的建设和运行情况作典型发言。

截至 2014 年底，日照公安微博群共开通官方微博 209 个，涵盖多数警种及所有分县局，粉丝达 150 余万人（其中市公安局官方微博粉丝 70 余万人，交警支队粉丝 50 余万人，各分县局粉丝 30 余万人），累计发表各类信息 14 万余条，被粉丝转发和评论达 44 余万次。其中，回复群众业务咨询 14.4 万次，采纳建议、意见 312 件，受理群众投诉并转办 181 起，通过网友举报的线索抓获犯罪嫌疑人 55 名。

截至 2015 年底，日照公安微博群共开通官方微博 206 个，涵盖多数警种及所有分县局，粉丝 160 余万人，日照公安微博群累计发表各类信息 15 万余条，被粉丝转发和评论 45 万余次。其中，回复群众业务咨询 15.4 万次，采纳建议、意见 412 件，受理群众投诉并转办 212 起，通过网友举报的线索抓获犯罪嫌疑人 67 名。

2016 年，全面启动公安微博系列访谈活动，定期邀请各处室、业务大队相关负责人、骨干民警上线与网友进行互动，实时解答网友提问，宣传公安工作。2017 年起，公安网上宣传重心逐渐由微博向微信转移，微博阵地逐渐收缩。截至 2018 年底，全市共保留公安政务微博 23 个。

五、公安微信

（一）“日照市公安局”微信公众号

2013 年 7 月 1 日，市公安局主动适应新媒体时代信息传播发展的趋势和特点，在微博问政的基础上开通“日照市公安局”官方微信公众号，常态发布警务工作信息和警方提示等内容。随着党的群众路线教育实践活动不断深入，市公安局对“日照市公安局”官方微信公众平台进行功能升级。升级后的公众平台包括“信息发布”“业务查询”“便民服务”4 个板块。

“信息发布”板块及时播报公安动态，传递社会正能量。通过定期发布警务动态、一线传真，大

图 22-15 微信成为公安宣传新阵地

力宣传公安机关在维护稳定、打击犯罪、服务群众方面的成效。同时，结合社会治安形势和群众反映强烈的问题，及时发布防盗窃、防诈骗、防火灾、雨雪天气防范等预警信息，有效提升群众的法制意识和防范意识。

“业务查询”板块依托公安边界接入技术，实现内外网数据互通。在信通部门的大力支持下，建设完成公安边界接入平台，在保证内网安全的前提下，把内外网两个相互分割的系统交互连通。通过这种安全接入技术，群众在微信平台提出的诉求可以直接转到公安网民生警务平台办理，创新实现“老百姓外网申请，公安民警内网办理”的目标。有户籍、出入境、车驾管等部门业务指南和车辆违章查询、驾驶人信息查询等多项功能。

“便民服务”板块提供自助移车、便民电话、失物招领链接，方便群众联系车主移车、查询公安派出所电话和发布遗失或招领信息。后期该板块又增加验车计算和“微信访”功能。

“微博大厅”板块在全省率先实现微信微博双向联通，微信平台里汇聚日照公安、日照交警及各分县局等微博链接，点击就可以跳转浏览。通过“微博的信息微信用，微信的信息微博转”的资源共享模式，营造出依托网络新媒体开展收集情报信息、发布防范指南、服务群众的浓厚工作氛围，收到良好效果。

官方微信开通之初，微信的运营维护由市公安局警务回访中心管理，2017 年 10 月，转由宣传处管理运营。截至 2018 年底，全市公安机关共开通政务微信公众号 65 个。

（二）“莒县公安”微信公众号

2015 年 1 月 23 日，莒县公安局开通微信公众平台“莒县公安”，微信公众平台主要包括“莒县公安、业务办理、便民服务”3 大板块 11 个子栏目，安排专人在线答疑，倾听群众心声、解答群众疑问，每周以文字、图片、视频、音频等形式，向微信订阅用户推送 5 篇信息，及时报道县局重要活动、决策部署、专项整治、民生服务等信息，向公众及时传递最新的警务资讯、最温馨的安全防范常识、最权威的法律法规解读等，实时解答网民有关公安业务的疑问，倾听群众对于莒县公安工作和公安队伍建设的意见和建议。

为不断扩大微信关注率，县局将微信平台“搬”到服务窗口，让前往办理业务的群众在办理业务的过程中，通过扫二维码关注“莒县公安”微信公众平台，利用手机直接与微信管理人员咨询业务办理流程，有效提高办事效率，让“微互动”发挥“大作用”。截至 2018 年底，“莒县公安”微信公众平台共发表各类信息 7256 万条，关注人数 13 万余人，回复群众业务咨询 673 万余次，采纳意见、建议 70 余条，办实事 45 件。

（三）“五莲公安”微信公众号

2016 年，五莲县公安局开通“五莲公安”微信公众平台，安排专门民警靠上，平均每天编辑发布微信两条，内容包括警方出击、民生关注、安全防范、警民故事等子栏目，每周末精心编辑发布一篇“能量站”信息，受到五莲群众、民警、辅警的热烈欢迎，实现信息的精准推送和传播，对五莲公安队伍建设发挥积极的助推作用。截至 2018 年底，五莲公安微信公众号粉丝量为 4.22 万余人，共发布微信 2300 余条，解答群众咨询求助 1560 余条。

（四）“日照开发区公安”微信公众号

2017年5月2日，开发区分局开通官方微信平台，设立微提醒、微警务、民警原创等板块，及时发布分局警务动态、防范信息、原创文学作品。开通后，发布的动态被各媒体微信公众号予以积极转发，并受到各级领导、广大群众的一致好评。

六、新闻发布会

新闻发布会是全市公安机关直接向新闻界发布政策、公告或具有积极影响的事件的一种传播形式。

1996年3月25日，市公安局召开加强公安行风建设新闻发布会，向社会公布六项承诺，恳请社会各界和广大人民群众给予监督，促进全市公安机关行业作风转变。1997年6月24日，召开全市110报警服务系统联网开通新闻发布会，公布各项车管改革工作措施。1999年5月18日，市公安局召开警务公开新闻发布会，向社会通报全市公安机关警务公开情况，并提出下一步警务公开工作重点。10月27日，市公安局召开交警支队车管工作改革新闻发布会。

2000年6月23日，市公安局召开道路交通事故公开处理暨开通“生命绿色通道”新闻发布会。2001年3月20日上午，市公安局召开“打黑除恶”专项斗争暨“2000·10·28”案件侦破工作新闻发布会。2002年4月12日，市公安局召开全市公安管理工作全面提速新闻发布会，市公安局办公室、治安支队、交警支队、治安支队、边防支队、户政处、消防支队、出入境管理支队8个警种部门作表态发言。2004年7月，交警支队召开市区第一期交通指挥控制中心系统正式启用新闻发布会。2005年5月26日，市公安局召开“三台合一”接处警系统启动情况新闻发布会，向社会通报市公安局110、119、122“三台合一”有关情况，动员广大人民群众同违法犯罪行为作斗争，共同维护全市社会治安秩序。2007年1月，交警支队日照市实行“九二”式小型汽车自主选号新闻发布会。3月28日，市综治办、公安局、工商局、经贸委、建委、质监局等部门联合召开治理自行车被盗问题专项行动联席会议暨新闻发布会，总结专项行动第一阶段工作，就全市专项行动第二阶段工作进行安排部署。

2010年，市公安局对新闻发布会流程进行明确规范，确定市公安局新闻发言人，公安机关新闻发布工作制度化、规范化、专业化建设取得重要进展，在主动引导舆论、沟通服务群众、推动科学发展、构建和谐警民关系等方面发挥重要作用。12月25日，市公安局举行日照市“畅通安全行”暨“畅行中国—文明交通在行动”新闻发布，通报“畅通安全行”主题活动和交通安全突出问题集中整治行动的工作目标、意义、成效及下一步工作打算。

2011年11月25日，交警支队召开创新管理服务座谈会暨牵手品牌发布会，牵手服务品牌正式建立。2012年3月11日上午，市公安局召开媒体见面会，通报公安“2011·11·18”特大拐卖儿童专案日照收网行动情况。3月13日，市公安局召开主流媒体座谈会，对即将受理签发电子普通护照进行宣传。8月15日，市公安局召开“七治”工作新闻发布会，对机动车乱停乱放、超速、超员、超载、酒后驾驶、涉牌涉证等违法行为进行曝光。2014年5月8日，市公安局召开党的群众路线教育实践活动新闻媒体征求意见座谈会，邀请日照日报、日照电视台等12家媒体记者实地查看东港分局大学科技园派出所、黄海路派出所滨海社区警务室和市公安局警务回访中心并进行座谈，面对面征求对公安工作和队伍建设等方面的意见建议。9月1日，消防支队举行警务回访系统新闻发布会，对消防警务回访的重要意义和做法进行解读。9月11日，莒县公安局召开政务微博微信开通新闻发布会，通报2年来公安微博日常管理运行情况及下步微博工作打算。

2015年1月30日，市公安局召开全市百城禁毒会战新闻发布会，通报2014年日照市禁毒工作情况、百城禁毒会战阶段性战果和部分典型案例。4月10日，发布2014年全市社会治安状况和2015年公安工作安排。4月20日，东港分局举行新闻发布会，向省内外11家媒体记者通报“2015·4·1”

公交车司机被打案件情况。4月28日，市公安局召开“百城禁毒会战”新闻发布会，通报日照市“百城禁毒会战”总体工作情况和侦破的典型毒品案件。7月1日，东港分局举行打击和预防网络电信诈骗新闻发布会，通报当年多发的十类网络电信诈骗案件类型和全区公安机关打击网络电信诈骗战果情况，公布相应的防范和应对举措。7月6日上午，东港公安召开新闻发布会，通报6月系列砸车玻璃盗窃案侦破情况。8月11日下午，市公安局发布《日照市公安机关简政放权促进经济发展服务群众五十条措施》。8月14日，五莲县公安局召开简政放权服务群众四十五条措施新闻发布会。9月9日，莒县公安局召开公安改暨革简政放权新闻发布会。9月29日，莒县公安局召开新闻发布会，通报“2015·8·10”冒充军官诈骗案及人民商场系列扒窃案件侦破情况。

2016年1月21日，市公安局、市财政局联合召开新闻发布会，通报《山东省毒品违法犯罪举报奖励办法》(简称《办法》)内容和实施情况，对《办法》出台的背景、起草的依据和过程等进行解读，并对全市2015年度禁毒工作情况进行介绍。3月16日，东港分局召开“2016·2·5”特大盗窃案新闻发布会。4月7日，莒县公安局举行微电影《莒城卫士》新闻发布会，介绍微电影创作思路、拍摄过程及宣传预期。4月20日，东港分局召开新闻发布会，通报网安大队破获网络电信诈骗案件情况和刑警大队侦破的西部山区特大跨区域系列入室盗窃案件情况，发布会上向两名受害人退还赃款共108万元。4月25日上午，莒县公安局召开新闻发布会，宣传报道莒县公安局经侦民警周玉祥的个人事迹，通报破获的“2016·3·23”龙山故意杀人案件。5月5日，市公安局举办新闻发布会，发布日照市公安经侦部门2015年打击和防范经济犯罪工作情况、当前经济犯罪形势和2016年工作重点。11月9日，市环保局、市公安局联合召开新闻发布会，通报《规范机动车排放检验加强机动车环境监督管理工作要求》，对强化服务意识、优化检测流程、下放环检机构入网监管权、加强审核备案、强化监督管理、加强机动车排气污染防治联防联控等事项进行发布。12月15日，市公安局召开全市公安机关打击“盗抢骗”犯罪专项行动新闻发布会。12月30日，东港分局组织召开重点案件成果新闻发布会。发布通过“盗抢骗”专项行动破获的5起重点案件。

2017年3月9日，东港分局组织新闻发布会，发布“盗抢骗”专项行动破获的四起重点案件和防范提示。3月17日，莒县公安局召开新闻发布会，发布交警大队民警刘治峰的先进个人事迹。5月16日，市公安局召开全市公安机关打击治理电信网络诈骗犯罪新闻发布会，通报全市打击治理电信网络诈骗犯罪工作情况、发案规律特点和侦破的典型案例。5月19日，东港分局召开新闻发布会，面向社会公开通报近期分局为深入推进“三创三推”大会战取得的良好成绩。5月26日，交警支队召开创建全国文明城市交通秩序整治新闻发布会，通报前期创城交通秩序整治成果、面临的问题和下步工作措施，现场解答与会记者现场提出的问题。人民网、《大众日报》《齐鲁晚报》等国家、省、市新闻媒体记者及市民代表、支队部分民警40余人参加发布会。6月20日，东港分局组织召开新闻发布会，通报东港经侦侦办的冯某某特大集资诈骗案和“2017·6·12”特大传销案件。7月18日，莒县公安局召开新闻发布会，介绍打造指挥中心示范党支部、交通违法行为专项整治行动、研发智能身份证核查手环、破获网络诈骗案等群众关注较高的先进经验和案件。8月31日，召开日照交警部门全面推广应用12123快处平台推进轻微交通事故快处快赔工作新闻通报会，全面解读推广应用12123快处平台推进轻微交通事故快处快赔工作相关问题，对市区轻微道路交通事故快处快赔工作规范进行说明，解答参会记者针对快处快赔工作相关内容的提问。9月29日，交警支队召开交通安全整治“四大攻坚战”新闻通报会，向新闻媒体通报交警部门开展交通安全整治“四大攻坚战”工作进展情况、全市推行“交管12123”平台推进轻微交通事故快处快赔工作开展情况和国庆中秋期间“两公布一提示”内容。11月20日，市公安局举行公安出入境管理服务工作专题新闻发布会。通报全市公安机关出入境管理部门严厉打击涉外领域违法犯罪活动和开展提质增效便民服务工作情况，并对即日在日照开通赴港澳团队旅游自助签注业务进行介绍。11月21日，交警支队召开酒驾“零容忍”整治行动新闻通报会，会后媒体记者参加当晚的夜查统一行动。12月12日，东港分局召开新闻发布会，发布治安大队、大学科技园派出所联合侦破的庄某华私刻公章并伙同他人骗取大学生驾考培训费一案。12月27日，莒县公安局召开新闻发布会，介绍县局创建全国文明单位经验和群众关注度较高的案件办理情况，媒体记者分别就户政推出的便民利民十二条措施、智慧化“天网工程”助推信息化治安防控体系等事项进行提问。

图 22-16 2018年，联合举办“优化税收营商环境 服务新旧动能转换”新闻发布会

2018年1月5日，市公安局组织召开宣传贯彻《山东省禁毒条例》暨全市三年禁毒人民战争成效新闻发布会，介绍《条例》出台的背景意义和重点内容，通报2017年全市三年禁毒人民战争取得的显著成效。1月15日、16日、17日，岚山分局、五莲县、开发区分局分别在各自辖区召开《山东省禁毒条例》颁布实施新闻发布会。1月22日，交警支队召开新能源汽车号牌启用新闻发布会，通报有关新能源汽车号牌启用的政策法规及前期工作准备情况，现场解答与会记者的提问。人民网、《大众日报》《齐鲁晚报》等国家、省、市新闻媒体记者及市民代表、支队有关科室负责人共40余人参加发布会。1月31日，市公安局举行《日照市城乡消防水源设施管理规定》新闻发布会。4月3日，市公安局、市国税局、市地税局举办“日照市‘优化税收营商环境，服务新旧动能转换’”新闻发布会，发布公安机关上年打击涉税领域犯罪工作情况、部分典型案例、重点工作和税务部门有关业务工作。4月26日，莒县公安局召开新闻发布会，介绍破获群众关注度较高的案件和推出的窗口服务便民举措。5月8日，山海天分局召开打击电信网络新型违法犯罪新闻发布会，现场返还受害群众51150元人民币。5月23日，莒县召开扫黑除恶专项斗争新闻发布会，介绍浮来山街道田家店子村以杨某革为首的恶势力团伙案件侦破情况。5月24日，东港分局召开新闻发布会，通报一起针对在校大学生的涉众型诈骗案件破获情况。是日，交警支队召开进一步优化市区部分道路交通组织新闻通报会，通报支队对市区部分路段进行交通组织优化的举措，会后，媒体记者分别到润德路、青岛路与济南路路口、青岛路与太公岛一路路口、山海路与204国道路口等进行实地采访。6月22日，交警支队召开日照市“道交一体化处理工作”新闻通报会，中央、省、市驻日照的10余家新闻媒体记者参加通报会。是日，山东卫视《晚间新闻》以《日照在全省首推“道交一体化处理”工作》为题进行重点宣传；

山东电视台公共频道《政事面对面》栏目以《日照：首推“道交一体化处理” 实现全流程网上办理》为题进行报道。《大众日报》《齐鲁晚报》《日照日报》《黄海晨刊》、新华网、人民网、凤凰网、搜狐网、大众网、齐鲁网、日照新闻网、日照网、山东交通生活广播、日照交通生活广播及有关微博、微信分别对日照在全省首推“道交一体化处理”工作进行重点宣传。7 月 12 日，莒县公安局召开新闻发布会，介绍“精准党建”战略和三轮车、四轮代步车整治情况，通报群众关注度较高的几起涉财案件。12 月 28 日，莒县公安局召开新闻发布会，介绍深入推动“放管服”改革、维护道路交通安全、服务人民群众中取得的显著成果。

第三节 警营文化

警营文化是公安工作的重要组成部分，在凝聚警心、激励斗志、陶冶情操、展示形象、推动公安队伍建设方面发挥着重要作用。

一、公安文联

2017 年 2 月 16 日，省公安厅召开山东省公安文学艺术联合会成立大会，要求各地市尽快成立相应组织，开展工作。之后，市公安局党委就贯彻落实省公安厅会议精神作专题研究部署。是年 12 月 20 日，日照公安文联正式成立。市公安局召开日照市公安文学艺术联合会成立会议，宣读市民政局《关于同意成立日照市公安文学艺术联合会的批复》，选举日照公安文联首届主席、副主席、秘书长、理事。

图 22-17 2017 年 12 月，日照公安文联成立

2018 年 2 月，市公安局对公安文联进行内部优化组合，成立作家、书法、美术、摄影、朗诵等内设机构，并建立专门活动室，助力推动全市公安文化建设。是年，坚持以文育警、以文励警，发挥好公安文联作用，助力警营文化建设，更好地挖掘和培育公安文艺人才，公安文联面向全市公安民警、离退休干部、事业编、工勤、辅警等广泛吸收新会员。截至 2018 年 12 月，日照公安文联共有会员 124 人。是年，公安文联先后组织开展活动 30 余次。为做好重大活动安保期间战时思想政治宣传工作，充分记录各检查站执勤风采，及时做好战时典型选树工作，组织部分宣传骨干深入各检查站开展摄影采风活动，征集各类照片 200 余幅，优秀摄影作品在《日照日报》、《日照公安》杂志、市公安局微信公众号等媒体平台宣传刊发。12 月，公安文联首次举办民警个人画展，展出五莲县公安局民警陈忠收个人画展，展出绘画作品 20 余幅。

图 22-18 民警作品入选当代中国公安文学大系

（一）文化人才建设

在全市公安系统在职民警、离退休人员、在编职工、辅警当中，文化人才主要集中在书协、作协、摄协、音协、民间文艺协会 5 个领域，共有 71 人，其中国家级会员 13 人，省级会员 28 人。

2018 年日照市公安局省级以上文艺团体会员统计表

表 22-2

姓名	单位	文艺团体名称	职务
曾宪威	市公安局	中国书法家协会	会员
尹春明	莒县公安局	中国书法家协会	会员
高　波	东港分局	中国书法家协会	会员
来永庆	市公安局	中国摄影家协会	会员
孙运涛	市公安局	中国摄影家协会	会员
曾宪威	市公安局	中国摄影家协会	会员
秦树双	五莲县局	中国摄影家协会	会员
李学军	莒县公安局	中国女摄影家协会	会员
来永庆	市公安局	中国新闻摄影学会	会员
李希文	市公安局	中国美术家协会	会员
李明高	莒县公安局	中国文心雕龙学会	理事
房学经	五莲县局	全国公安文联	会员
李明高	莒县公安局	全国公安文联	会员
王福中	五莲县局	全国公安文联	会员
卢西成	东港分局	山东省书法家协会	会员
尹春明	莒县公安局	山东省书法家协会	会员
高保君	港航公安局	山东省书法家协会	会员
王晓锟	交警支队	山东省青年书法家协会	会员
王晓锟	交警支队	山东省硬笔书法家协会	会员
来永庆	市公安局	山东省摄影家协会	会员
史文明	市公安局	山东省摄影家协会	会员
主洪亮	市公安局	山东省摄影家协会	会员
孙志刚	市公安局	山东省摄影家协会	会员
陈秀华	市公安局	山东省摄影家协会	会员
刘　炜	交警支队	山东省摄影家协会	会员
丁兆专	交警支队	山东省摄影家协会	会员
纪现伟	交警支队	山东省摄影家协会	会员
秦绪宏	开发区分局	山东省摄影家协会	会员
宋时轮	莒县公安局	山东省摄影家协会	会员
郑学民	莒县公安局	山东省摄影家协会	会员
秦旭宏	莒县公安局	山东省摄影家协会	会员
房学经	五莲县公安局	山东省作家协会	会员

续表 22-2

姓名	单位	文艺团体名称	职务
王福中	五莲县公安局	山东省作家协会	会员
李明高	莒县公安局	山东省作家协会	会员
王清光	五莲县公安局	山东省作家协会	会员
王　猛	市公安局	山东省诗词学会	会员
陈忠收	五莲县公安局	山东省美术家协会	会员
李希文	刑侦支队	山东省美术家协会	会员
丁兆专	交警支队	山东省公安文联	会员
张文忠	交警支队	山东省公安文联	会员
高明强	交警支队	山东省公安文联	会员
宋玉军	交警支队	山东省公安文联	会员

1991—2018 年日照市公安民警发表论文统计表（部分）

表 22-3

作品	收录 / 发表	时间	作者
《浅谈对流窜扒窃犯罪的处罚问题》	《山东公安专科学校学报》	1991 年 6 月	孙运涛
《文心雕龙文本研究尚须深入》	《中国诗学研究》	2011 年 2 月	李明高
《博徒本义初探》	《百年龙学的会通与适变》	2011 年 12 月	李明高
《浅议讯问犯罪嫌疑人实施同步录音录像工作易出现的问题及对策》	《公安法制建设》	2012 年 7 月	金保贞
《从博徒本义看刘勰对楚辞的评价》	《莒文化与中华文明》	2012 年 12 月	李明高
《敦煌本文心雕龙抄写时间考论》	《文心雕龙研究》	2015 年 1 月	李明高
《浅议快递从业人员私自隐匿快件行为的定性》	《公安执法指导》	2015 年 7 月	金保贞
《公安机关办理网络销售管制刀具案件的法律适用研究》	《公安执法指导》	2016 年 7 月	金保贞
《文心雕龙本义》补诠	《中国文心雕龙学会第十三次年会论文集》	2017 年 7 月	李明高
《关于办理村居“两委”换届选举中违法犯罪案件的理解与法律适用》	《公安执法指导》	2018 年 7 月	金保贞

1996—2018 年日照市公安民警发表文学作品统计表（部分）

表 22-4

作品	媒体	时间	作者
《那轻摇的蒲扇》	《法制日报》	1996 年 1 月 29 日	李明高
《一路走好》	《现代交通报》	2005 年 12 月 22 日	郭友奎
《父亲的歌》	《时代文学》	2006 年第 3 期	郭友奎
《冷冷暖暖妈都管》	《人民公安报》	2008 年 5 月 1 日	李瑞娜

续表 22-4

作品	媒体	时间	作者
《我以我心读“文心”——一位基层民警的学术追求》	《人民公安报》	2010 年 6 月 18 日	李明高
《奔跑吧　辛巴》	《山东文学》	2011 年第 7 期	李志华
《日照，爱你就要理解你（组诗）》	《当代文苑》	2012 年 2 月 1 日	张文忠
《母亲的图腾》	《山东法制报》	2012 年 3 月 1 日	王晓锟
《雨中即“警”》	《人民公安报交通安全周刊》	2012 年 4 月 12 日	牟海龙
《毛头小伙与阳光女警》	《人民公安报交通安全周刊》	2012 年 5 月 24 日	牟海龙
《听百姓的烦心事　做群众的贴心人》	《人民公安报》	2013 年 5 月 28 日	郭友奎
《一一风举荷——我读张晓的温情世界》	《山东公安》	2013 年 11 期	王素洁
《谁念西凉风》	《警察》	2014 年第 1 期	刘芳华
《有一种创作叫做信仰》	《警察》	2015 年第 2 期	宋时轮
《最理想》	《山东公安》	2015 年第 1 期	卢立婷
《警徽》	《法制日报》	2015 年 1 月 11 日	王清光
《雪花，等你飘来》	《法制日报》	2015 年 4 月 5 日	王清光
《雾里看警》	《中国文艺》	2015 年第 12 期	牟海龙
《于亮：把派出所当成了自己的家》	《人民公安报山东周刊》	2016 年 5 月 12 日	王清光
《答案（外一章）》	《诗选刊》	2017 年 3 月 1 日	李志华
《烈日下的勇敢》	《人民公安报交通周刊》	2017 年 4 月 1 日	李瑞娜
《礼让斑马线赋》	《人民公安报》	2017 年 8 月 25 日	张文忠
《礼让斑马线赋》	《道路交通管理》	2017 年第 9 期	张文忠
《文明行路赋》	《人民公安报》	2017 年 9 月 12 日	张文忠
《气势》	《齐鲁交警杂志》	2018 年第 1 期	张文忠
《冷雪情暖》	《齐鲁交警》	2018 年 1 月 1 日	李瑞娜
《回首来处，润物无声》	《齐鲁交警》	2018 年 4 月 1 日	李瑞娜

1996—2018 年日照市公安民警著作文集统计表（部分）

表 22-5

类型	文集名	出版时间	出版社	作者	备注
中短篇小说集	《天边有片瑰丽的云》	1996 年 4 月	百花文艺出版社	刘敦波	
长篇小说	《红蜘蛛》	1996 年 10 月	春风文艺出版社	刘敦波	全市公安系统第一部长篇小说
中短篇小说集	《白蚂蚁》	1998 年 11 月	山东文艺出版社	刘敦波	
中短篇小说集	《秘密被她带走》	1999 年 10 月	中国戏剧出版社	房学经	
纪实文学集	《除夕夜的枪声》	2004 年 2 月	华文出版社	房学经	
散文集	《心里有梦》	2004 年 2 月	华文出版社	李明高	

续表 22-5

类型	文集名	出版时间	出版社	作者	备注
纪实作品集	《死生之地》	2004 年 2 月	华文出版社	李明高	
中短篇小说集	《一线生机》	2004 年 2 月	华文出版社	李明高	
散文集	《荒唐的年代》	2006 年 6 月	华文出版社	房学经	
学术专著	《文心雕龙译读》	2009 年 5 月	齐鲁书社	李明高	全市公安系统第一部学术专著
摄影集	《伊悟山水之一》	2009 年	香港摄影日报出版社	来永庆	全市公安系统第一部摄影作品集
摄影集	《伊悟山水之二》	2012 年 9 月	香港摄影日报出版社	来永庆	
长篇侦破小说	《白骨迷案》	2013 年 3 月	中国国际广播出报社	房学经	

1996—2017 年日照市公安民警书画摄影作品获奖情况统计表（部分）

表 22-6

类型	作品名称	时间	获奖或入展情况	作者
书法	鲁迅诗歌	1996 年 3 月	“先贤杯”全国书画大赛优秀奖	郭友奎
书法	毛主席诗词	1997 年 7 月	山东省“胜利杯”第二届硬笔书法大赛三等奖	刘佳友
书法	临摹兰亭序	1997 年 7 月	山东省“胜利杯”第二届硬笔书法大赛三等奖	王晓锟
书法	执法公正	2001 年 7 月	首届“交警杯”全国书法大赛优秀奖	郭友奎
绘画	观草木而察春秋	2005 年	“花苑杯”全国书画大赛一等奖	李希文
书法	苏轼词	2009 年 12 月	第二届山东公安系统“金盾之光”书法、美术、摄影作品展二等奖	郭友奎
绘画		2010 年 6 月	入选全国公安民警书法美术摄影成果展	李学军
书法		2010 年 6 月	入选全国公安民警书法美术摄影成果展	李明高
海报	保护生命、文明出行	2012 年	山东省第七届交通安全宣传作品挂图类三等奖	交警东港大队
绘画		2012 年 9 月	入选山东省公安系统“齐鲁卫士”书法美术摄影作品展	张志娟
绘画	春风得意	2013 年	参加海峡两岸孔孟文化书画展	李希文
书法	楷书	2013 年 2 月	全省公安系统“齐鲁卫士”书法美术摄影作品展二等奖	尹春明
绘画		2013 年 2 月	全省公安系统“齐鲁卫士”书法美术摄影作品展优秀奖	李学军
书法		2013 年 2 月	全省公安系统“齐鲁卫士”书法美术摄影作品展优秀奖	李明高
书法	楷书《书论》	2013 年 4 月	海峡两岸孔孟文化书画展——台北展	尹春明
书法	草书	2013 年 11 月	入选纪念毛泽东同志诞辰 120 周年全国书法展	尹春明
书法		2014 年 9 月	入展全国第十届刻字艺术作品艺术展	曾宪威

续表 22-6

类型	作品名称	时间	获奖或入展情况	作者
书法		2015 年 1 月	第二届中华妈祖文化全国书法篆刻大赛	曾宪威
绘画	剑胆琴心为人民	2015 年	全国剑魂出鞘国画展上获一等奖	陈忠收
微电影	大海的乐章	2015 年 4 月	山东省第二十七届电视艺术“牡丹奖”中获得微视频类二等奖	秦　旭
绘画		2015 年 9 月	全省公安机关庆“七一”廉政书画作品展中获三等奖	张志娟
绘画	山无俗路藏高士	2017 年	山东工艺美术博览会上荣获“神龙杯”银奖	陈忠收
摄影	金盾	2017 年 1 月	入展省公安厅举办“喜迎十九大　忠诚保平安”书法美术摄影作品展	王　猛
摄影	守护	2017 年 1 月	山东省政法系统“礼赞十九大”书法、美术、摄影作品大赛获中获优秀作品奖	王　宁
书法	录十九大报告	2017 年 1 月	山东政法委“礼赞十九大”书法、美术、摄影作品大赛优秀奖	郭友奎

1993—2018 年日照市公安民警文学类作品获奖情况统计表（部分）

表 22-7

作品类型	作品名称	时间	获奖情况	作者
文艺理论	《公安文艺在人民警察文化建设中的地位和作用》	1993 年 12 月	首届“全国公安文艺理论论文”三等奖	王福中
论文	《浅谈提高公安出入境管理人员素质之我见》	1999 年 6 月	山东省公安学报全省科教强警征文三等奖	王清光 王爱芹
论文	《切不可忽视会风》	2001 年 1 月	全国公安机关警风建设大讨论优秀奖	王清光
文学评论	《一部震撼人心的现代悲剧——评大型茂腔现代戏〈升天记〉》	2001 年 10 月	第八届“世纪风”全国文学艺术交流研讨会文艺评论一等奖	王福中
报告文学	《用人格树起来的丰碑——来自五莲县公安消防大队的报告》	2002 年 4 月	首届“西柏坡杯”全国文学艺术大赛报告文学组一等奖	王福中
诗歌	《杨柳》	2002 年 4 月	首届“西柏坡杯”全国文学艺术大赛中现代诗歌组二等奖	王清光
报告文学	《平凡之中见辉煌——五莲县公安局大要案侦破纪实》	2009 年	齐鲁金盾文学奖二等奖	王福中
散文	《所长的烟袋》	2012 年	入选《2012 年全国公安文学精选散文诗歌卷》	王清光
论文	《从英国警察执法理念看我国公安执法规范化建设》	2013 年	省公安厅比赛三等奖	孙永峰
诗歌	《雅安，我为你祈福》	2013 年 6 月	《大别山诗刊》情系雅安主题诗赛优秀奖	王清光
诗歌	《远去的叶赫那拉》	2013 年 8 月	“扎兰芬围杯”全国诗歌大赛三等奖	王清光

续表 22-7

作品类型	作品名称	时间	获奖情况	作者
论文	《程序正义：国家赔偿的完善路径》	2014 年	公安部比赛三等奖	孙永峰
诗歌	《秋之果子》	2014 年 3 月	四川省嫘祖文化促进会“酬蚕敬老恩”诗赛一等奖	王清光
诗歌	《乳香》	2014 年 5 月	全国公安文联首届“警察与爱”网络诗赛二等奖	王清光
诗歌	《守一杯浓酒等你月儿轻摇》	2014 年 10 月	国际华文诗人协会第二届世界华文诗杯佳作奖	王清光
诗歌	《枫叶，沧桑了艳阳》	2014 年 10 月	第一届“太阳杯”全国诗歌大奖二等奖	王清光
诗歌	《八月，来为你朝贺》	2015 年 2 月	大别山诗歌学会“桂花王”杯全国诗歌大赛优秀奖	王清光
诗歌	《母亲与炊烟》	2015 年 4 月	四川嫘祖文化促进会第三届《中华嫘祖母亲节》征文大赛三等奖	王清光
诗歌	《恰似故人来》	2015 年 5 月	中国微诗联盟首届道尚园杯全国诗歌大赛优秀奖	王清光
诗歌	《蝴蝶效应（外一首）》	2015 年 7 月	北京诗人论坛五周年全国诗赛优秀奖	王清光
诗歌	《甲午，大清悲壮的亮剑》	2015 年 8 月	全国公安文联纪念抗战胜利七十周年暨第二届全国公安网络诗赛优秀奖	王清光
诗歌	《媚娘啊，拜一下你大唐就倾斜了》	2015 年 8 月	首届中国剑门蜀道诗歌节“蜀道之光”诗歌大赛优秀奖	王清光
诗歌	《力拔山兮气盖世》	2015 年 8 月	全国“江苏蓝之蓝杯、英雄挽歌”征文大赛优秀奖	王清光
诗歌	《夜无眠（外二首）》	2015 年 8 月	首届“任氏剪纸杯”全国诗歌征文优秀奖	王清光
诗歌	《淇河，在诗经里读你》	2015 年 9 月	首届“中国诗河、鹤壁”全国诗歌大赛提名奖	王清光
诗歌	《清风竹韵》	2016 年 3 月	“大秦杯”画意诗情优秀奖	王清光
诗歌	《我愿意》	2016 年 4 月	第三届“相约北京”全国文学艺术大赛一等奖	王清光
诗歌	《芦花白了，河流也就老了》	2017 年 3 月	中国流歌流派网“华语网络诗歌大赛”优胜奖	王清光
组诗	《我眼里的春天就要溢出》	2017 年 11 月	“中国新诗百年”全球华语诗人诗作“百位最具潜力诗人”奖	王清光
组诗	《你是夕阳最美的一等（外六首）》	2017 年	全省公安机关“我为党徽添光彩”文学类三等奖	王清光
散文	《致党徽的一封信》	2017 年	公安部“我为党徽添光彩”主题征文活动中获公安部二等奖	李　超

附：

刘敦波获辽宁省“五个一工程”奖

刘敦波，笔名流波，1950 年 8 月出生，日照市人，1996—2006 年任市公安局宣传处处长。曾就读于中国人民公安大学文学硕士研究生班，曾任日照市作家协会副主席。1981 年开始发表文学作品，1998 年加入中国作家协会。著有长篇小说《红蜘蛛》，28 万字，1996 年 10 月由春风文艺出版社（沈阳）出版；《天边有片瑰丽的云》，28 万字，1996 年 4 月由百花文艺出版社（天津）出版；《白蚂蚁》，30 万字，1998 年 11 月山东文艺出版社出版；另著有诗集《流波抒情诗选》等，在报刊发表散文、报告文学多篇。其中，《红蜘蛛》获 1997 年度辽宁省“五个一工程”优秀图书奖，中篇小说《警官之死》与《说与大海听》分获全国首届和第二届金盾文学奖，纪实文学《归来吧，社会的良知》获省首届金盾文学一等奖。

二、文化展馆

（一）市公安局机关警营文化建设

2018 年，市公安局党委会专题研究，部署建设市公安局机关警营文化。市公安局警营文化建设布局分为室内、室外两个部分。

图 22-19 市公安局综合业务大楼一楼大厅部分展板

室内部分，在市公安局 21 楼建成公安亮点工作展；在市公安局 1 楼打造“精准警务”“阳光警队”“警心向党”“警营建功”四块展板，建成 LED 显示大屏，打造荣誉柜和休闲书吧；在 2 楼走廊悬挂日照风光展板、先进警务装备展板等，在东副楼走廊建设笑脸墙和“幸福家庭”照片墙，在西副楼走廊打造光荣榜和民警座右铭墙；在 2 楼东西侧分别设置民警书画作品和摄影作品展区等。

室外部分，为警察主题石刻文化建设系列，将警察文化与石刻、绿化等观念元素相融合，打造具有日照特色警营文化环境，充分展现市公安局“六型阳光警队”建设成果。室外部分共分三个主题，第一个主题为“忠诚履责”及“历史传承”，包括毛泽东、邓小平、江泽民、胡锦涛、习近平五位党和国家领导人关于公安工作的题词，日照公安历史大事记和获得的重要荣誉，以及忠诚石刻、石狮石刻、团结协作石刻，体现日照公安机关忠实践行初心使命、履职尽责打击违法犯罪、维护社会稳定，体现日照公安团结协作、继往开来的传承和发展。第二个主题为“公正执法”，内容包括宪法石刻、“法”字变革和公正廉洁石刻，体现公安机关严格公平公正执法、廉洁从警的阳光警

图 22-20 市公安局院内景观一角

队。第三个主题为“服务群众”，内容包括雷锋雕像、奉献石刻、实干石刻，体现公安机关践行“放管服”改革，服务群众。

（二）日照警察博物馆

2014年，根据市公安局党委研究，市公安局宣传处牵头，会同有关部门警种，建设日照警察博物馆。日照警察博物馆共投资200余万元，布展面积650平方米，展陈750平方米，收录日照市公安局1940年11月建局后的珍贵历史资料，展示日照公安发展历程。2015年10月23日，日照警察博物馆与市公安局新综合业务楼同步交付、正式启用。

日照警察博物馆分为领导关怀、警史丰碑、历史沿革、历届领导班子、各业务警种、荣誉展示、装备展示、宣传教育8个部分。馆内共展陈物品资料1300余份，其中照片560余张，书画及文史资料200余件，老式证件、奖章、印模等100余件，其他实物500余件。期间，省、市各级领导及各地相关单位先后到日照警察博物馆考察，给予较好评价。

日照警察博物馆收集内容包括：

一、党和国家领导人考察日照有关照片、材料。在抗日战争和解放战争时期日照县公安局重要工作材料挖掘、实物收集等。历任公安局局长、政委照片、采访录，及部分使用过的办公用品等。民警书、画、摄影作品、文体活动音像资料等警营文化方面的照片、实物。反映公安宣传有关杂志、报刊、光碟及国家、省级主流媒体刊发典型新闻稿件等。

二、反映日照市公安系统设立及各个时期内设机构变化的文件。被上级表彰记功的命令、授衔命令、证书等，省委省政府、公安部等部门表彰的先进集体及在上级组织的重大赛事获得的奖杯、奖状、奖牌、锦旗、荣誉证书等实物或照片。革命烈士、获个人一等功及二级英模以上荣誉称号，受全国表彰的先进个人或省级、国家级劳模等先进个人的证书、奖章、奖杯及获奖者简介、照片等。具有教育激励意义的烈士遗物。

三、公安部、省公安厅在市公安局召开现场会或市公安局在省级以上会议作典型发言的照片、实物及有关材料。各个时期的公章及印模。被上级转发的文件、材料、打印件及原手写稿。

四、各个时期的警服、警徽及其他警用标志、鞋帽、腰带等实物。公安机关使用过的办公、生活用品等。

五、镇压反革命、“一打三反”运动、取缔反动会道门、打击空漂活动及沿海特务活动，打击邪教组织的照片、案卷材料、实物，收缴的反动传单、书籍等实物。

六、严打整治斗争战果成效，破获的重大案件典型案例有关照片、材料，收缴的有代表性的涉案物品等。

七、各时期外管民警证件，签发的各类出入境证件，走访企业、台胞、服务照片。口岸签证授权申请、启动仪式、韩国推介照片等。

八、各个时期使用过的户口簿、门牌号、自行车牌、民警联系卡、户籍管理旧印章、身份证照相器材、第一第二代居民身份证样版等。

图 22-21 日照警察博物馆一角

九、反映执法规范化建设工作有关照片、实物。执法资格考试、执法办案场所建设等有关照片、实物、上级转发的材料等。

十、服务经济发展、保障民生方面的有关照片、实物、典型材料等。

十一、公安民警执法、办公使用过的老式对讲机、电话机、手机、BP机等通信器材实物，老式手铐、脚镣、取证相机等实物。20世纪公安机关执法办案中形成的老式传唤证、逮捕证、案卷等法律文书实物。执法办案使用过的警棍、警绳、警笛、警戒带、枪支及录像机、录音机等取证设备，收缴的自制枪支弹药、管制刀具、淫秽物品、赌博用具，收缴的毒品及吸毒用具等。

十二、重大安保维稳任务中，全市公安机关安保、维稳、执勤活动展示，参加维和等。

十三、道路交通安全管理工作展示。各时期使用过的车辆牌照，交通执勤使用的指挥棒、警笛、头盔、荧光衣、酒精测试仪等实物。

十四、各时期消防管理有关照片、实物。上级转发的材料。抢险救灾典型案例，灭火器等有代表性的消防装备。

十五、各时期边防工作的照片、实物，上级转发的材料，反偷渡等典型案例。

（三）日照市公共安全宣传教育基地

2016年3月，市政府“为民办实事”重点项目、市公安局民生警务服务体系重点工程、公安窗口防范宣传的载体——日照市公共安全宣传教育基地建成并面向社会试运行，是年8月对外开放。

图22-22 公安安全教育基地常态化开展宣传教育活动

基地以“展示最基本的公共安全知识、剖析最常见的事故案例原因”为主线，集实物展示、警示教育、体验互动的“大教育”于一体，内容涵盖交通、消防、禁毒、食药环、网络安全及自然灾害预防、侵财犯罪防范和青少年法治教育等。功能区分为内外两部分，外场为“交通安全主题文化公园”，市民可在微缩道路环境内学习、感受和体验交通安全文明知识。内场共有三层、一厅、七区。一层体现“行、骑、乘”，分为序厅与步行、骑车、乘车体验教育区，以16岁以下的青少年、儿童群体为主；二层突出“人、车、路”，分为普通驾驶人体验区、专业驾驶人体验区、3D影院，重点面向私家车和专业驾驶人、行人和非机动车驾乘者；三层追求“学、知、用”，以寓教于乐、学习体验、预防多发性案件和公共安全事故为主，面向全体市民。

至2018年底，基地累计接待全国38个地市考察团参观学习，接待教育部、公安部、省公安厅等各级领导检查指导92批次。累计为6万余人进行宣传教育，其中组织全市75所中小学生4.2万余人、7所高校大学生4500余人体验学习；组织45批次4510名驾驶员及驾驶学员进行培训，组织市委党校、中石油山东输油有限公司等38个单位机构1.5万余人进行成人公共安全主题教育。同时，定期组织授课人员进单位、进社区、进学校、进农村、进企业、进家庭，累计开展授课活动19次，宣教1万余人。

（四）区县警营文化建设

东港分局于2008年对分局办公楼大厅、各层走廊和楼梯两侧进行统一规划设计，在分局大门口建设宣传橱窗，介绍公安发展的历史和现状，宣传“三基”工程建设成果。在办公楼走廊悬挂从警廉句和民警的书画摄影作品，营造浓厚的警营文化氛围。2014年，在局机关建成文体活动中心，设置篮球羽毛球场馆、漂流书屋、荣誉室等。

图 22-23 莒县公安局文化长廊

莒县公安局于2016年6月建设公安文化长廊，位于莒县县局业务楼2、3楼走廊，全长201.6米，是集中展示莒县警营文化建设的重要载体。包括“我们的家、我们的建设、我们的文化、我们的榜样、我们的未来”五个部分，展示全县公安机关在团队风貌、四项建设、公安文化、警队荣誉等方面的成果。莒县公安文化中心位于办公楼四楼，以展厅展示为主体，场馆总面积1100平方米，包括警史陈列馆、党建廉政展厅、志愿者之家、书香阅读室、墨香创作室、心香舒缓室和民警书画长廊7个部分。其中，莒县警史馆陈展面积155.92平方米，分为莒国溯源、史海警政、金色记忆、辉煌历程、警务保障、闪光金盾、奋进扬帆等7个展区。

五莲县公安局在县局一楼大厅打造文化集中展示区，东、西分别为“莲山风警”和“多彩警营”展示区。“莲山风警”展示区，通过“风”元素展现县局的学习、训练、守护、服务、生活等整体工作，同时在门厅北墙制作各楼层文化体系展示图，便于了解县局文化建设情况。“多彩警营”展示区，建设读书角、窗口宣传区和民警及家属作品展示区，民警可在闲暇之余欣赏文化作品，放松心情，群众也可以通过宣传区了解公安工作和安全防范知识。并征集图书集中设置读书角，开展“书漂流”，民警可以根据爱好借阅学习。县局业务技术大楼警营文化以核心价值观和五莲公安精神为主线，着力打造“凝心警队、创新警营、优质警务”三个文化体系，根据楼层所在单位实际，展示传统文化和警务理念，在1～9楼分类打造九大文化。其中围绕“凝心警队”打造“忠诚”“团结”“廉洁”文化，围绕“创新警营”打造“公正”“信息”“科技”文化，围绕“优质警务”打造“民本”“服务”“为民”文化。2013年9月，建成五莲公安展馆，建筑面积近300平方米，展馆共分为前言、历史沿革、历任领导、组织机构沿革、领导关怀、大事记、辉煌的战斗历程、结束语等9大板块，以纪实的手法全面收录五莲公安自1947年建局后在维护国家安全和社会稳定及基础建设、公安队伍建设方面取得的业绩。展馆共收集照片资料400余幅，实物近200件，历史资料300余件，全面展现五莲公安沿革和发展历程。

图 22-24 五莲县公安局公安文化展馆

三、公安志书

《莒县公安志》2008年4月至2011年4月，历经三年时间编修而成。2008年4月，莒县公安局成立局长任主任、政委任副主任、其他局党组成员为委员的公安志编纂委员会，由1名副局长分管，1名科室负责人主持，5名退休民警参加编写。草稿形成后，召开老干部座谈会，到上海、烟台、济南等地，广泛征集照片及口碑资料。2010年7月印发征求意见稿，10月底印发评审稿，11月召开老干部座谈会、志稿评审会，经全面修改，2011 年 3 月完成送审稿，全书 120 余万字，2011 年 6 月由方志出版社出版。

《东港公安志简编》 2014 年 10 月至 2017 年 3 月，历经两年多编修而成。2014 年 10 月，东港分局成立局长任主任、政委任副主任、其他局党组成员为委员的公安志编纂委员会，抽调专人编写，2016 年 9 月印发征求意见稿，10 月印发评审稿，全书 30 余万字，2017 年 4 月由齐鲁电子音像出版社出版。

图 22-25《莒县公安志》《东港公安志简编》

四、文艺活动

1991 年 6 月 24 日，市公安局举行建党 70 周年演讲会，评出一等奖 1 名、二等奖 2 名、三等奖 4 名。8 月 28 日，市公安局举行授予人民警察荣誉章仪式，向公安战线上离退休的老同志颁发公安部授予的人民警察荣誉勋章。10 月 1 日，市公安局举行“做社会主义祖国忠诚卫士”演讲会。

1993 年 7 月 1 日，市公安局举行“为党旗增辉”庆“七一”演讲会。10 月 29 日，交警支队与市保险支公司联合举行全市交通安全保险曲艺小品会演，是年 11 月，组队参加省公安厅、省保险公司联合举办的“全省交通安全保险曲艺小品文艺会演”，被评为优秀组织奖。

1994 年 5 月，市公安局举办全市公安系统书法、绘画、摄影比赛。6 月 29 日，市公安局举行庆“七一”文艺晚会，庆祝中国共产党成立 73 周年。

1995 年 1 月 24 日，市公安局举办“卫士情”春节文艺演唱会。5 月，市公安局举办全市公安机关演讲比赛。8 月 4—13 日，全市公安系统第二届书画展在市书画院举行。

1996 年 6 月 25 日，市公安局举行庆“七一”文艺晚会。9 月 25 日，市公安局举办全市公安机关摄影书法绘画展览比赛。12 月，市公安局举办“学济南交警，树卫士形象”演讲比赛。

1997 年 7 月，举行全市公安系统“庆七一、迎回归”书法绘画摄影作品展。

1998 年 9 月 28 日，市公安局举行“凯莱杯”警官风采摄影展览及颁奖仪式。

图 22-26 1999 年，市公安局举办剑胆琴心书画展

1999 年 4 月，市公安局举办全市公安系统歌咏比赛。5 月，举办全市公安机关演讲比赛。9 月，举办剑胆琴心书画展。在是年 5 月省公安厅宣传处举办的全国首届公安民警歌手大赛山东赛区选拔赛中，莒县公安局王文成获通俗唱法二等奖、卢爱农获民族唱法三等奖。

2000 年 9 月 20 日，市公安局举办全市公安民警歌手大奖赛，来自全市公安机关的 20 余名民警参加比赛。

2002 年 6 月 27 日，交警支队举行庆“七一”文艺演唱会，共 300 余人在现场观看演出。

2003 年 12 月，市公安局、市美术家协会、市书法家协会、市青年摄影家协会联合举办全市公安机关打造平安日照“尧王醇杯”书画摄影大奖赛，共评选出书画、摄影获奖作品 34 幅。

2004 年 1 月，组成日照交警艺术团进行春节宣传慰问演出，同年 9 月，交警艺术团赴淄博慰问演出。9月25—27日，全省公安机关人民警察风采大赛复赛和决赛举行，来自全省各级公安机关的40余名公安民警参加比赛活动，市公安局出入境管理处陈延涛、五莲县局肖峰获得优秀奖。

2006年2月22日，市公安局在市会展中心举办“网通杯”人民警察之歌庆“七一”文艺晚会。6月29日，市公安局举办全市公安机关“社会主义法治理念在我心中”演讲比赛。9月28日，市公安局在市博物馆举行全市公安机关庆“十一”书画摄影展开展仪式。

图22-27 2006年，“网通杯”人民警察之歌庆“七一”文艺晚会

2007年8月15日，全市公安机关“加强作风建设、树立良好警风”演讲团在东港区举行首场演讲报告。10月27日，市公安局在市博物馆举办全市公安机关“金盾杯”摄影作品展。12月20日，市公安局举办全市机关迎新春文艺调演。

2008年，市公安局出台《从优待警构建和谐警营十条措施》，提出要活跃警营文化，陶冶民警情操，适时举办文艺演唱会、书画摄影展览、体育比赛、演讲比赛等丰富多彩的文体活动，形成团结紧张、严肃活泼的良好局面。市公安局组队参加日照市“纪念改革开放30周年”合唱艺术节，取得总决赛第一名的好成绩。组织承办全市政法系统纪念改革开放30周年文艺晚会，在丰富警营文化的同时，展示日照公安威武之师、文明之师的良好形象。

2009年9月14—16日，全省公安系统文艺调演暨汇报演出在菏泽举行，市公安局获优秀组织工作奖，其中歌舞《金盾情怀》获得一等奖，实现在全省公安系统文艺调演取得一等奖的突破，小品《对手》获得三等奖。9月26日，全市举行“庆祝新中国成立60周年”第二节合唱艺术节总决赛，全市32支代表队参加，市公安局代表队以9.97分的高分获第一名。12月26日，经济开发区分局举行建局15周年文艺晚会，现场200余人参加。

2010年，在全国交通公安机关演讲比赛中，日照港公安局朱峰以《蓝色的忠诚》荣获二等奖。

2011年6月，五莲县局《潇洒女兵》在日照市政法系统庆祝建党90周年红歌演唱会上获得一等奖。7月，市公安局合唱团在日照市庆祝中国共产党成立90周年文艺晚会中获得第一名，莒县公安局举办庆祝建党90周年民警书画展。是年，省公安厅举行全省十佳公安电视节目、电视主持人和全省公安电视作品评选活动，五莲县局报送的《构建现代体系、提高警务效能》《忠诚为民好警察》两部参赛作品分别获得全省优秀公安电视作品新闻类和专题类三等奖。

2012年1月18日，市公安局在会展中心举办全市公安机关“团结奋进·拥抱明天”迎春晚会。5月，五莲县局举办“青春，你好”庆五四联欢晚会10月，市公安局举行“喜迎十八大、践行人民警察核心价值观”全市公安系统书画摄影展，从1000余件书法、绘画、摄影作品中甄选出200余件在市博物馆展出。是年，东港分局被省公安厅表彰为全省公安机关警营文化建设工作先进集体，交警岚山大队巨峰中队和经济技术开发区分局北京路派出所被表彰为全省公安机关警营文化建设工作先进基层所队。12月，莒县公安局举办2013年新年团拜会，采用歌舞、书画表演、小品、乐器弹唱、诗朗诵等丰富多彩的舞台艺术形式，展现莒县公安民警执法为民、无悔奉献的精神面貌。

2013年1月29日，市公安局在市会展中心举行全市公安机关“共创和谐、守望平安”迎春晚会。12月，莒县公安局举办警民联欢会，晚会演出《警民合家欢》《暖流》等15个丰富多彩的节目，五莲县局举办“金盾铸辉煌”2014迎春联欢晚会。

2015年2月13日，莒县公安局创新采用卡拉OK比赛的方式举办迎新春联欢会。12月29日，莒县公安局举办“共筑平安”2016年元旦联欢会。

2016年7月17日、8月26日，东港分局分别在太阳公元广场、石臼临海社区举办“社区警民一家亲”平安消夏文艺晚会。7月，五莲县局组织平安志愿者联合五莲义工举行中国梦党旗红走进许孟庆“七一”文艺晚会。8月，莒县公安局组织举办2016年“平安之夜”消夏文艺晚会，在警民联欢的同时向群众进行平安宣传。12月，莒县公安局举办“奉献之歌”2017年元旦民警及家属慰问会。

图 22-28 书画进警营活动

2017年1月6日晚，东港分局举办“社区平安颂”新春晚会，晚会中，对“优秀社区警务中队、优秀警务室”“优秀社区民警、优秀社区辅警”“优秀网格长、优秀社区平安志愿者”进行表彰。1月13日晚，市公安局举行以“一路有你·共筑平安”为主题的全市公安机关2017年民警家属暨平安志愿者慰问会。慰问会紧扣“平安”主题，表彰2016年度为公安工作默默奉献和付出的10名优秀警嫂以及为平安建设做出贡献的10名优秀平安志愿者。11月10日，市公安局联合市文广新局、市文联，邀请全市30余名书画艺术家走进警营，举办“庆祝十九大·书画进警营”活动，现场创作80余幅书法、国画作品。是年，在公安边防部队华北地区演讲比赛中，边防支队戴陈铖以《我和376名孩子的故事》获二等奖。12月1日，由市公安局、市网信办、市文明办、市教育局、市司法局、市交通运输局、市安监局主办，交警支队承办的2017年日照市“全国交通安全日”主题宣传活动在日照广播电视台一千米演播大厅举行。本次主题活动以“一路同行·平安万家”为主题，突出新时代日照交警特色，倡导“尊法守规明礼·安全文明出行”，分《我们与时代同行》《奉法明礼　你我有责》《忠诚奉献铸辉煌》三个篇章。直播日照客户端对活动现场进行直播，在线观看人数13万余。

2018年1月31日，市公安局在日照广播电视台演播大厅举行“不忘初心、忠诚奉献”2018年全市公安机关优秀警嫂暨平安志愿者颁奖典礼。表彰2017年度为公安工作默默奉献的15名优秀警嫂，以及为平安日照建设做出贡献的10支优秀平安志愿服务队和15名优秀平安志愿者。2月1日，莒县公安局举办“启航2018”民警及家属慰问会。2月9日晚，东港分局在市会展中心举办“幸福东港迈进新时代”日照市公安局东港分局平安共建颁奖晚会，对2017年为东港社会治安综合治理工作贡献力量的“平安示范单位”“平安示范小区”以及优秀警务助理、优秀网格长、优秀志愿者和优秀警嫂颁发荣誉证书。10月25日，在全市“庆祝改革开放四十周年”合唱艺术节上，市公安局阳光警队合唱团获得第一名。11月30日，一路同行·平安万家2018年日照市“全国交通安全日”主题宣传活动在日照广播电视台千米演播大厅举行。主题宣传活动分交警力量、守护平安、热血担当、使命光荣等四个篇章，围绕“细节关乎生命、安全文明出行”主题，反映近年来日照公安交通管理工作及公安交警队伍建设成效，展示全市公安交警部门践行精准警务理念、打造“六型”阳光警队、深化“放管服”改革的亮点举措。同时，曝光一批交通违法犯罪行为，普及交通安全法律法规知识，提升广大群众的交通安全意识。当晚，日照电视公共频道进行网络现场直播，2万余名观众在线观看。是年，东港分局创作的群口相声《新五官争功》获第四届全国公安系统相声小品大赛三等奖。在山东省“中国梦·党在心中”百姓宣讲比赛中，莒县公安局高琳以《我是你的眼》获故事类二等奖。

五、“最美人民警察”宣传发布

为庆祝改革开放40周年，全面深入贯彻党的十九大精神，进一步讲好警察故事，树立日照公安队伍良好形象，更好地提升人民群众的安全感和满意度，2018年10月，市委宣传部、市公安局、日照广播电视台共同组织开展首届“日照最美警察”评选活动。经过内外发动、层层推选，评委会遴选出20名“日照最美警察”候选人，并通过日照电视台、《日照日报》、直播日照、日照公安微信等媒体进行宣传，集中展示公安民警忠诚奉献、服务群众、履职担当、清正廉洁的良好形象，赢得社会各界的关心、理解和支持，起到良好的社会宣传效果。经过评选，陈皓、高墩伟、刘治峰、戴陈铖、徐伟、冯展春、车进伟、李兆秋、冀协海、李明旭10名民警被评为首届“日照最美警察”，颁发奖杯、证书。张琦敏、秦飞、郑伟、姚守明、寇中炜、齐乃华、陈杰、赵连杰、庞尊玺、徐子海10名民警被授予首届“日照最美警察”提名奖荣誉称号，分别颁发证书。

第四节　平安志愿者建设

日照市公安机关警力占全市总人口的比例远远低于全国平均水平，长期存在警力紧张的问题。为有效缓解警力不足的难题，市公安局党委在深入推进科技强警、人才强警、创新强警的同时，坚持警力有限、民力无穷的理念，积极发展群众性志愿力量参与维护社会治安工作。

2003年1月，为充分调动和发挥广大群众尤其是团员青年维护社会治安的积极性，发展志愿服务事业，推动群防群治工作的深入开展，市公安局、团市委根据中央和山东省关于实施“维护社会治安志愿者筑城行动”的方案部署，制定专门实施意见，坚持专门工作与群众路线相结合的方针，以社区为依托，以公安机关全面实施社区警务战略为契机，动员、组织广大群众尤其是团员青年自愿参与维护社会治安的各项活动，及时发现、预防和控制违法犯罪活动，维护社会秩序，增强人民群众的安全感。实施意见确定东港、莒县为全市试点单位，试点时间从2003年1—5月，力争通过3～5年的努力，使维护社会治安志愿服务发展成为涉及面广、对象明确、内容具体、社会影响大、能长期坚持的志愿服务项目，为改革开放和人民群众安居乐业创造良好的治安环境。意见明确维护社会治安志愿者在公安民警的直接带领或具体指导下，依托社区基层组织和单位，以治安巡逻和看楼护院、邻里守望、法制宣传等为主要方式，参与维护社会治安秩序的活动。

2011年6月，为认真落实市委、市政府关于构建全方位、全天候、全员化“三全”维稳体系的部署要求，进一步发展壮大群防群治队伍，广泛发动和组织群众共同维护社会治安，筑牢社会治安防范基础，形成各方齐抓共管、群众积极参与、共同促进社会和谐稳定的良好局面。根据市综治委安排部署，市综治办、团市委、市公安局在全市开展平安志愿者“红袖标”工程。明确公安机关把平安志愿者建设成掌握治安动态、加强防范控制的“观察点”“流动哨”和“千里眼”“顺风耳”。各级综治委成员单位和志愿者协会是平安建设志愿者的业务指导和管理部门，在区县公安机关的指导下，负责建立本辖区平安建设志愿者基本台账，对平安建设志愿者工作进行指导和考核，对平安建设志愿者报告的重要情况及时查证处置。

2012年7月，根据省政府办公厅《关于加强应急志愿者队伍建设的意见》和省政府应急管理办公室《关于印发〈山东省省级应急志愿者队伍组建方案〉的通知》有关要求，市文明办、应急办、公安局、团市委、民政局联合决定，依托日照市应急救援支队，组织成立日照消防应急志愿者服务支队。支队下设 11 支服务大队，每个大队下设服务中队。同时，成立日照市消防应急志愿者协会，主要任务是组织、协调全市各系统、各行业应急志愿者开展应急志愿服务活动，负责与外市（区、县）应急志愿者协会建立联系交流机制，积极吸收市内各系统、各行业及市级应急志愿者组织成为其会员单位。

2015 年，为有效整合各类志愿服务资源，拓展公安工作新平台，营造全社会共同建设、人民群众广泛参与的局面，进一步深化“平安日照”建设，市公安局党委在全市公安工作会议上作出平安志愿者建设的部署，并作为全年重点工作之一，进行分解立项。市公安局宣传处牵头，会同有关警种部门，积极争取市委宣传部和团市委等部门支持，及时统一思想认识，理清工作思路，制定工作方案，明确任务分工。消防、交警支队提供大量经验做法。在全市公安机关的共同努力下，全市平安志愿者建设取得良好开局。

图 22-29 2015 年 9 月，召开全市平安志愿者工作交流会

市公安局确定全市平安志愿服务机构名称为“日照市平安志愿者服务队”，市公安局分管领导任队长，市公安局志愿者服务队办公室设在宣传处，安排专人负责。2015 年 4 月，日照平安志愿者网站开始运行，市公安局以“圆你一个警察梦”为口号，依托日照平安志愿者网站并通过报纸、电视、广播、微博、微信等媒体平台，进行平安志愿者招募宣传。截至 2015 年 8 月，全市平安志愿者 3.42 万人，除交警“牵手”志愿者、消防志愿者 3 万人外，新增平安志愿者 4270 人（市区 3000 人、岚山 200 人、莒县 400 人、五莲 670 人），全市 4 个片区志愿服务活动全部启动。是年 11 月，市公安局制定出台《日照平安志愿者队伍建设实施方案》，在市民政局注册成立日照平安志愿者协会，成为全国第一支由公安机关主导成立的志愿者组织。为便于开展工作，设计制作具有日照特色的志愿者帽子和胸牌，将全市平安志愿者组织划分为东港、岚山、山海天、开发区、莒县、五莲区域。市公安局有关警种部门、东港分局、开发区分局纳入市公安局平安志愿者服务范畴，由宣传处直接组织调度；岚山分局、莒县公安局、五莲县局以市公安局平安志愿服务网站为依托，开展适应本地区的服务活动。协会成立后，按照“创新推进社会治理主体多元化”的要求，大力加强平安志愿者队伍建设，形成“基层一线单位、警种部门、市公安局”“三级梯队式”志愿服务队伍常态框架体系。先后建立完善志愿服务常态化、规范化运行机制，进一步激发社会群众参与社会治理、维护社会治安的积极

图 22-30 2015 年 11 月 6 日，日照平安志愿者协会成立大会召开

性。同时，将平安志愿者队伍建设情况纳入绩效考核内容，由市公安局定期调度通报，有力推动工作开展。

截至2015年底，日照平安志愿者网站点击率19万次，平安志愿者4.4万余人，志愿服务次数达5000余次，累计服务时长4.5万小时。中国警察网、《大众日报》、《齐鲁晚报》、大众网、齐鲁网、《日照日报》、《黄海晨刊》等60余家媒体对平安志愿者活动报道300余次。2015年9月15—16日，《人民公安报》就日照平安志愿者建设工作作专访推广。10月19日，省公安厅常务副厅长毕宝文作出批示、给予肯定。

2016年，市公安局不断丰富活动形式，创新服务项目，积极会同区相关部门、街道、社区，全面开展广泛深入宣传发动，建立健全平安志愿者队伍建设的常态化、规范化运行机制。是年6月，为进一步推动平安志愿活动向纵深发展，影响和鼓励更多群众参加志愿服务，团市委、市公安决定，授予《消防演艺》《防诈骗宣讲》等10个项目"最佳志愿服务项目"称号，授予日照市消防志愿者协会、东港平安志愿服务队等10个组织"最佳志愿服务组织"称号，授予苗壮等120名同志"最美志愿者"称号。是年8月29日，东港分局"平安志愿者超市"志愿服务项目获第二届山东省青年志愿服务项目大赛金奖，并代表山东省参加全国志愿者服务项目大赛。截至2016年底，日照平安志愿者协会下设志愿服务分队162支，注册人数4.6万余人，累计开展各类志愿宣传服务活动6500余次，服务时长超过9.8万小时，发放宣传材料35万余份，举办平安文艺演出40台次，受教育群众达50余万人次。

2017年，紧密结合公安机关打击预防违法犯罪、保障发展服务群众等经常性公安工作和临时部署的阶段性工作，由各警种、部门针对各自工作实际，分别制定切实可行的志愿者活动配套方案，并做好协调调度，实行台账化管理，切实发挥好平安志愿者在公安工作中的"宣传员、信息员、战斗员、调解员"作用。在志愿者活动中，注重强化骨干培养，通过骨干的示范引领，快速提升志愿者的整体素质。莒县公安局陵阳派出所勇于创新，将预备党员和入党积极分子作为招募重点，为平安志愿者队伍引入红色基因，将志愿服务精神与党建工作紧密联系，优化志愿者综合素质，摸索出一条平安志愿者招募管理新路子。是年1月13日，市公安局举行平安志愿者慰问会，表彰2016年度为平安建设做出贡献的10名优秀平安志愿者。

图22-31 举办全市优秀平安志愿者颁奖典礼

2018年，针对志愿者注册量大、范围广等特点，坚持严把志愿者队伍“入口关”，围绕平安志愿者“做什么、怎么做、做得好”三个方面，针对每个人的爱好特长进行精准培训，力求人尽其才，切实把平安志愿者培养成“平安日照”建设的“生力军”，做到“招募一个成员辐射影响一家、建立一支队伍带动影响一圈、开展一次活动宣传影响一片”。在市公安局建设专门的“志愿者活动之家”，专门编发《平安志愿者工作指南》，通过民警座谈、集中授课、法制教育等多种方式，结合志愿岗位需要，对招募的志愿者进行分类教育培训，力争全面覆盖每一名平安志愿者。是年1月31日晚，市公安局举行“不忘初心　忠诚奉献”颁奖典礼，表彰2017年度为平安日照建设做出贡献的10支优秀平安志愿服务队和15名优秀平安志愿者，并对受表彰代表进行访谈。6月，为缓解交警处置事故压力，平安志愿者协会成立雷锋救援服务队，广泛开展道路救援、抗洪抢险工作。是年，雷锋救援队共招收正式队员192人，预备队员116人，累计出动9000余人次，开展道路救援3000余次，救援时间超过800小时。是年底，日照雷锋救援队被省委表彰为2018年抗灾救灾先进服务队。

截至2018年底，全市平安志愿者注册5.3万余人，下设志愿服务分队178支，开展培训活动1800余次；全市平安志愿者参加志愿服务活动17万余人次，参与微电影拍摄20余部，服务时间达5.6万小时，参与化解纠纷2300余起，协助抓获违法犯罪嫌疑人130余名、破案110起。

欧洲级帆船世界锦标赛暨世界帆板精英赛（日照）

RI ZHAO SHI
GONG AN
ZHI

第二十三章

23
CHAPTER

警务保障

JING WU BAO ZHANG

1989年后，市公安局先后设立行政科、行政装备科、计财装备科、计财装备处。2011年11月，计财装备处改为警务装备保障处。2014年1月，警务装备保障处改为警务保障处。

30年间，全市公安警务保障部门按照市公安局党委部署要求，紧紧围绕公安中心工作，立足业务功能和一线需要，抢抓改革契机，促进经费保障体制不断完善，推动公安基础设施建设统一规范，实现公安装备跨越式发展。特别是党的十八大后，牢固树立精准服务保障理念，始终坚持主动服务、精准高效保障，不断提高警务保障服务水平，构建现代化警务保障体系，为全市公安工作和队伍建设长足发展提供有力支撑和保障。

第一节　基本建设

一、市公安局机关基本建设

1989 年，地级日照市公安局成立时，市公安局机关仍在原县级日照市公安局办公楼办公（东港区兴海路 40 号）。该办公楼于 1986 年兴建，建筑面积 3200 余平方米，投资 120 余万元，1987 年 11 月投入使用。1994 年 8 月，投资 990 余万元，在新市区烟台路中段开工建设 10 层办公楼 1 座，建筑面积 9750 平方米。1996 年 6 月交付使用，市公安局机关迁入办公，原兴海路办公楼由东港分局继续使用。2013 年 3 月，市财政投资 2 亿余元，在新市区五莲路建设市公安局综合业务楼 1 幢，业务楼建筑面积 5.63 万平方米，用地 49.97 亩，高度 97.6 米，地上 26 层，地下 2 层，于 2015 年 10 月建成投入使用。其中，指挥中心大厅位于 23 层，为 3 层中空，400 平方米；刑警实验室位于 18、19 层，计 3000 平方米，按照国家标准实验室建设；出入境审批大厅位于西南侧附楼 1 层，计 350 平方米；市公安局执法办案中心位于东南侧附楼 1 层，计 450 平方米。2016 年 4 月 19 日，根据市政府安排，市公安局将烟台路办公楼（含前楼办公楼、刑警技术楼、东附楼）移交市政府，由市行政事务管理局安排使用。

1993 年，在兴海路 35 号市公安局行政拘留所院内建设民警宿舍楼一栋，建筑面积 2379 平方米，1994 年 10 月投入使用。1995 年，在兴海路 35 号市公安局行政拘留所院内建设民警宿舍楼一幢，建筑面积 2200 平方米，1997 年 1 月投入使用。1998 年，投资 750 余万元，在新市区市直机关第一生活区和枣庄路东侧，建设民警宿舍楼 4 幢，建筑面积 12960 平方米，于 1999 年建成投入使用。

2001 年 4 月 19 日，投资 150 万元，在烟台路市公安局办公楼后院内建设刑警技术楼，建筑面积 3500 平方米，2001 年 10 月 1 日投入使用。2016 年 4 月 19 日，随院内办公楼东附楼移交市政府，由市行政事务管理局安排使用。

2017 年 12 月，开工建设日照市人民警察训练基地，建筑面积 3.4 万余平方米，包括教学管理楼、综合训练馆、攀登楼、学员公寓、餐厅等。2019 年 11 月建成投入使用。

二、市公安局交通警察支队基本建设

1989 年前，交警支队机关办公场所位于兴海路 11 号，共有办公室 12 间，传达室 2 间，宿舍 24 间，占地 7.5 亩。1992 年 6 月 6 日，支队位于兴海路 68 号的新办公楼落成启用。2000 年 3 月，位于济南路 289 号的公安交通指挥控制中心大楼投入使用，交警支队机关正式迁入办公。1997 年，在昭阳路与潍坊路交会处，建设高速公路交警支队业务楼，占地面积 9.66 万平方米。

1998 年 9 月，位于日照街道沙墩村的交警直属大队办公楼建成启用。2004 年，在海曲中路建设交警直属大队业务楼，占地面积 3690 余平方米。

2003 年，在兴海路以南、东关南路东侧，建设交警东港大队业务楼，占地面积 1820 余平方米。2005 年，交警莒县大队投资 960 余万元建设业务楼，建筑面积 7100 余平方米。

2008 年 10 月，交警支队车辆管理所迁至日照市机动车驾驶人考试中心，并于 10 月 9 日举行新址启用仪式。日照市机动车驾驶人考试中心是集车管办公大楼、科目一、科目二考试场地和机动车查验、检测为一体的办公场所。市车管所办公大楼总建筑面积 7800 平方米，考试场地占地 100 亩。

2009 年 3 月，交警五莲大队投资 2420 余万元建设业务楼，建筑面积 1 万余平方米。2007 年 11 月，在 222 省道 175 公里西侧，建设交警五莲大队交通指挥检测监控项目，总占地面积 9462 平方米。

2011 年 4 月，交警岚山大队投资 5530 余万元建设业务楼，建筑面积 14090 平方米。

三、分局、县局业务用房基本建设

东港分局成立以后，分局机关一直在东港区兴海路40号原市公安局办公楼办公。2015年7月，在分局院内建成启用文体中心，建筑面积980余平方米，投资158万元。2018年5月，开工建设中心办案区，位于东港分局泰安路派出所北侧，建筑面积2250余平方米，投资480万元。同年7月，东港分局特巡警大队办公用房建成并启用，位于日照市兴海路25号，建筑面积650平方米，投资80万元。

1993年7月，岚山分局成立后，在圣岚路602号岚山头派出所二楼办公。1995年，分局在岚山区岚山中路15号，建设分局机关业务办公楼1栋及附属设施，投资227万元，建筑面积3700平方米。1996年12月，分局机关迁入办公。2013年9月，分局投资9500万元，在岚山区人武部西、轿顶山路北、玉泉三路东，建设分局机关业务技术用房，占地68.9亩，建筑面积2.7万平方米，于2017年5月建成投入使用。

1994年12月26日，开发区分局在黄海一路中段林海小区租房挂牌对外办公。1996年7月，分局在天津路北、郑州路东，建设分局机关业务办公楼，占地面积8800余平方米，分为办公室、业务技术用房、服务用房、设备用房和附属用房等61间，总建筑面积2678平方米。1997年8月，分局机关迁入办公。

1993年，日照设区带县后，莒县公安局在城阳中路办公楼办公。2016年7月，莒县公安局机关业务技术用房投入使用，面积1.44万平方米，投资6000余万元。2018年10月，在县公安局业务技术用房一侧建设禁毒情报中心，投资300余万元，面积900平方米。同年12月，投资1000余万元，在县公安局业务技术用房一侧建设莒县天网工程机房和智慧城市数据中心，面积5000平方米。

1993年，五莲公安局在解放路117号办公楼办公。2011年11月，投资2160余万元，在五莲县人民路建设五莲县公安局业务技术楼1座，占地30亩，总建筑面积15924平方米，于2013年1月建成投入使用。2003年，建设车管业务综合服务大厅，面积2500平方米，投资280万元。2004年12月投入使用。

第二节　交通工具

一、车辆配备

1989年，市公安局配备小型汽车10辆，三轮摩托车44辆，派出所配备车辆28辆，平均每所1辆车。至2003年底，全市公安机关共有办公用车401辆，包括小轿车175辆，面包车100辆，吉普车22辆，勘察车8辆，囚车42辆，大客车3辆，客货两用车10辆，摩托车41辆，总价值2100万元。

图23-1 20世纪90年代初，警车与警用三轮摩托车

2004年，按照公安部统一要求，全市公安机关实行警车外观制式涂装改制，共改制警车382辆。

2010年底，全市公安机关共有公务用车1036辆，其中警车806辆、鲁O号牌165辆、地方号牌65辆。另有摩托车46辆。

2013年2月，按照省公安厅、省财政厅《关于核定全省公安机关执法执勤用车编制的通知》，市公安局共核定执法执勤用车编制903辆，其中一般执法执勤用车编制 617 辆，特种专业技术用车编制 286 辆。

2014 年，按照省公安厅要求，实施鲁 O 号牌车辆改革，全市公安机关共取消鲁 O 号牌车辆 215 辆。

2016 年上半年，按照市委、市政府关于印发《日照市党政机关公务用车制度改革实施方案》及《日照市市级党政机关执法执勤用车制度改革办法》等有关文件要求，全市公安机关对公务用车进行改革。按照编制核定，全市公安机关保留执法执勤用车 668 辆，其中一般执法执勤用车编制 493 辆，特种专业技术用车 175 辆，上交车辆 167 辆。

图 23-2　2018 年，市公安局特种车辆

2017—2018 年，市公安局机关加大对特种装备资金的投入力度，共投资 1100 余万元，采购“动中通”卫星通信车、“静中通”卫星通信指挥车、排爆车、布障车、宣传照明车、装甲运兵车、防暴运兵车、攀登突击车等特种专业技术车辆，有效提高特警维稳处突实战能力。

二、车辆使用

1990 年 6 月，印发《关于加强车辆管理的暂行规定》，明确用车填写派车单，经业务分管局长签字批准，交车队安排；机关各单位有急办案件、急于处理的其他工作，方可申请派车；一般吉普车 3 人以上，面包车 5 人以上，否则车队可不予派车；无特殊情况禁止因私用车，确需用车时，本人到车队申请，审核批准用车后，按每公里 1 元的统一标准交费。加强和规范公务用车管理，确保机动车辆性能良好、行驶安全、用油节约，更好地为公安工作服务。

1993 年，进一步严格规范派车用车制度，继续实行派车签证制度。凡是单位用车，必须填写派车单，经办公室盖章、分管局长签字、交门卫验证后方能出车。严禁公车办私事。各单位车辆服从市公安局统一调度。

1996 年，印发《日照市公安局机关车辆管理规定》，加强市公安局机关公务车辆管理，降低油料消耗，减少技术故障，节约经费开支。明确车辆使用一律凭派车单，用车单位或个人填写派车单，按级签字后由车队派车。市外长途用车由分管行政装备工作的局领导签字；莒县、五莲、岚山由分管用车单位业务的局领导签字；市内（包括东港区）由车队或行政装备科负责人签字。办私事要求派车的、非紧急公务且距离不超过 2 公里的、到本市辖区之外参加会议且开会时间超过一天的，原则上不派车。

2002 年 5 月，修订印发《日照市公安局机关车辆管理使用暂行规定》，对机关车辆采取统一管理调度与各单位相对固定管理使用相结合的方式，严格管理，合理使用，确保安全。机关所有机动车辆，由计财装备科和配车单位实行双向管理，配车单位主要负责人为第一责任人。市辖区用车，由科室负责人调度使用，出日照市辖区的需填写派车单，科室负责人签字后，由分管业务局领导签批，并向车队备案。未经批准，严禁车辆在外过夜或私自带车上下班。节假日、遇重大活动及特殊情况，所属车辆由市公安局统一调度使用。

2010 年 3 月，修订印发《日照市公安局机关车辆管理使用规定》，严禁任何人使用机关车辆参与公务以外的婚丧嫁娶、旅游、休闲等活动。

2016 年，修订印发《日照市公安局机关车辆管理规定》，对公务用车，实行警务保障处和使用单位双向管理的模式，车辆必须按规定范围使用，推行用车派遣登记、审批制度，严格执行“谁审批谁负责，谁使用谁负责”的原则。因执法执勤活动及应急保障需要，申请在市内使用车辆的部门，填写派车单，由处室主要负责人签字，报分管局领导批准后，警务保障处统筹安排车辆；需到市外的，填写派车单，由处室主要负责人签字，经分管业务和警务保障工作的局领导分别审批后，由警务保障处统筹安排车辆。配备车辆的部门，必须严格执行车辆管理规章制度，建立完善车辆管理台账，对车辆定人、定车、定责，并做好本部门车辆的使用、调度、驾驶员的日常管理及安全教育等，及时纠正各种违反规定的行为，并定期将车辆使用情况向警务保障处报备，部门主要负责人对本部门车辆使用管理负全责。

2017—2018 年，市公安局督察支队会同警务保障处采取清点公务车辆、核对车辆档案、检查派车台账等方式，经常性开展公务用车管理使用检查，对督察发现的派车手续不完善、车辆管理台账不规范等情况提出督察建议，并督促整改完善。

三、车辆维护管理

1991 年 1 月，印发《关于公安、武、边、消警用车辆定点维修的通知》，所有警用车辆进厂维修必须凭本单位经费主管部门审批单（数额较大开支由单位主管领导审批），到日照市盛昌汽车修理厂修理。确实需要到其他厂家修理时，应有盛昌修理厂负责人在其审批单上签字证明，到指定厂家维修，否则各财务单位拒付修理等一切费用。

1993 年，对机关机动车辆燃修费实行包干分配责任制，将车辆燃修费按照车辆台数和车辆所属单位的业务性质、工作量大小，实行全年性包干使用。节支部分仍归本单位作燃修费使用，超支由本单位自行解决，解决机动车辆燃修费日益增长的问题，确保机动车辆正常运行和各项公安业务工作的开展。公用机动车辆一律实行定点维修、供油。加油定点为市直机关加油站，维修定点为市公安局盛昌修理厂。因技术、设备和配件问题，定点厂家无力承担的，到市直机关汽车修理厂。凡在本市内不执行定点规定的，所需经费一律不予报销。

1994 年 11 月，进一步加强用车管理，包干经费按季度由科室负责人掌握使用，由行政装备科审核，每季度到财务室结算一次。

2003 年 2 月，重新修订和完善《公务车辆维修、保养管理办法》，实行台账化管理，统一集中定点加油、维修保养。市公安局机关车辆维修须到警务保障处车队填写车辆维修审批单，经所在单位部门负责人、财务部门负责人、分管局领导审批后，方可到定点修理厂维修、保养。在市外执行公务的车辆发生故障，驾驶员须及时向警务保障处报告，急需修理的，可到就近维修企业修理，修理范围仅限于排除故障，恢复安全行驶。车辆加油，由警务保障处专人负责，统一到定点加油站加油，并及时汇总统计车辆油耗、维修等费用。长途出发途中确需加油的，凭正规发票报销。

2010 年以后，实行燃油 IC 卡管理制度，每月按指标对各单位燃油 IC 充值，由单位主要负责人统一掌握使用。因公需出本市辖区的车辆须事先到计财装备处填报派车单，凭该单到计财装备处报销燃油、过桥过路费等出差费用。车辆维修费由计财装备处与厂家统一核算、半年一结算，不准驾驶员个人结算。

四、驾驶员管理

1990 年，开展红旗车驾驶员安全竞赛活动，各单位每月一小结，市公安局半年总结一次、年终总评。1996 年，定期组织车勤人员学习公安业务、交通法规，定期进行业务考试或技术比武，要求驾驶员熟知所驾车辆的车况，并按规定进行检查、维修和保养，严格兑现奖励与处罚，提高驾驶员队伍的整体素质。

2002 年，对驾驶员实行定人定车制度。严禁无证驾车，未经局领导批准，严禁非专职驾驶员驾车，严禁驾驶员私自开车外出，严禁擅自将车交给他人驾驶，严禁将号牌私自借给他人使用，严禁私自借用外单位车辆。警务督察、计财装备部门不定期检查车辆的管理和使用情况，对落实好的给予通报表扬，差的给予通报批评。

2010 年，对专职驾驶员实行定人定岗制度，非专职驾驶员实行领导批准制度。发生交通事故时，同时向有关领导和指挥中心、计财装备处报告，市公安局督察部门参与事故调查。因发生责任交通事故，造成较大以上经济损失或恶劣影响的，视情给予当事人相应的纪律处分，同时与单位、本人绩效考核挂钩。发生交通事故的，当事人按责任划分进行经济赔偿，按照次要责任、同等责任、主要责任、全部责任，分别按费用开支的 4%、6%、8%、10% 的标准赔偿，当事人承担赔偿费用最高限为 1 万元。酒后开车发生交通事故者，一切费用自理。

2016 年，公务用车制度改革后，对车辆定人、定车、定责，做好驾驶员的日常管理及安全教育。

第三节　装备保障

一、武器警械

1989 年，市公安局主要配备有微型冲锋枪、手枪、警棍等武器警械。

1997 年 9 月，市公安局下发《关于严格公安机关枪支管理的紧急通知》，要求公安民警配发枪支，必须依工作需要为标准，由各级公安机关主要负责人审查同意。枪支主要配备至公安机关的中层干部和一线民警，持枪人员必须政治可靠，经过业务培训，懂得有关法规，熟悉枪支性能，经过考核合格，否则不得持有。加强对配枪民警的安全管理和教育，建立健全领取、使用、工作调动和岗位变动交回保管等制度；枪、弹要分设专库（柜）存放，并安装技术报警设备。所有配枪民警，严禁外出时将枪支放在提包内，严禁放在家中、办公室抽屉内，严禁休假、探亲访友和其他非公务活动携带枪支，严禁携带枪支在公共场所饮酒。

2000 年起，逐年添置警械、防暴和防护器材装备。

2006 年 7 月 24 日，公安部颁发《公安单警装备配备标准》，明确配备对象、配备项目、配备数量、附则等 5 章 25 条。12 月，市公安局按先市区、后区县、先基层、后机关原则，为全市一线执法执勤民警 1900 余人配备单警装备，具体包括警棍、手铐、强光手电、催泪喷射器、警用水壶、警用制式刀具、急救包、多功能腰带、防割手套。

2008 年 8 月 12 日，市公安局举行单警装备发放仪式，将 1800 套单警装备（包括多功能腰带、手铐、强光手电、急救包、伸缩警棍、警用制式刀具、催泪喷射器、防割手套等共 8 件）全部配发到各分县局和有关警种部门，进一步加强基层实战单位的装备建设，全面提高民警的综合战斗力和自身防护能力，为奥运安保和维护稳定工作提供装备保障。

2009 年 4 月，市公安局下发《关于执勤民警严格佩带单警装备的通知》，要求各分县局、交警、治安、特警支队等一线民警和市公安局特别行动队民警在执行治安巡逻、接处警、路面交通巡查、大型活动安全保卫等警务活动中，佩带手铐、伸缩警棍、强光手电、催泪喷射器、急救包、多功能腰带、防割手套等单警装备。其他装备根据实战需要，严格按规定佩带。各单位组织民警加强单警装备的使用培训，学习各种单警装备法律使用规定，掌握单警装备性能和保养知识，确保每一名配备单警装备的民警做到会正确使用、会正确佩带、会维护保养。严格实行“谁主管、谁负责；谁经手、谁负责；谁使用、谁负责”的原则，建立健全单警装备日常管理制度，确保不发生单警装备丢失、被盗、被抢或者其他事故。每季度对单警装备进行一次全面的盘点、检查，确保账、物相符。要求民警妥善管理单警装备，做好维护和保养，最大限度减少使用和管理中的非正常损耗，严格遵守操作和使用规程，严禁私自调换、转借、赠送、变卖、出租单警装备。非公安民警携带、使用单警装备的，一经发现，一律收缴并查清装备来源。

2015 年，增加防刺、防弹背心，防暑服、排爆服、防暴盾牌、橡皮警棍、防毒面具、强光电击器、电击棍、防暴钢盔等警械及防护器具。

2016 年 12 月，落实省公安厅重新修订印发的《山东省公安单警装备配备实施标准》，规定必配 8 个品种、选配 12 个品种。必配品种分别是伸缩警棍、金属手铐、多功能腰带、催泪器、执法记录仪、交通指挥棒、水壶、强光手电。

2018 年，配备武器数量和样式明显增多。枪支和防暴武器有近 20 个种类。

二、警服及警用标志符号

中华人民共和国成立后，人民警察先后着“五〇式”“五五式”“五八式”“六六式”“七二式”警服。1989 年初，着“八三式”警服”（不含公安现役，下同）。“八三式”警服冬夏装全部为橄榄色，夏装衬衣为米黄色。上衣有黄丝带镶边的肩绊，袖口上方有两道黄丝带为警容线。大檐帽呈马鞍形，帽顶边与帽墙相接处嵌红色牙线，帽墙围使用橄榄绿色丝带，丝带上织两道金黄色注目线，裤子两侧中缝镶红牙线。帽徽为蓝色盾牌，盾牌中上部为国徽，下部为金色长城，盾牌两侧簇拥着金色橄榄枝。领章为斜四边形红色平绒。臂章为蓝底红边盾形，上方为一大四小红色五角星，中部为白色中文“公安”二字和英文“POLICE”字样，下方图案区分警种，行政警察为黄色长城，铁路、交通、民航、工矿企业、林业公安分别为路徽、铁锚、机翼、齿轮、树木图案。肩绊缀金边蓝色盾牌，肩徽区分警种，蓝色盾牌中间行政民警为红五角星，铁道、交通、民航、林业、武装警察分别为路徽、铁锚、机翼、树木、步枪图案。

图 23-3 警服沿革

1989 年 10 月 1 日起，换着“八九式”警服，夏、冬警服颜色为橄榄绿。夏式警服为翻领式样，取消裤（裙）侧红色牙线。男警冬装为中山装式，上衣立翻领；女警冬装为列宁装式，上衣关领。夏、冬季分别戴大檐帽和栽绒帽，大檐帽取消黑色牛皮质饰带，更换为金黄色丝织饰带。帽徽、肩章、警号与“八三式”相同，领章改为领花，为铝质倒人字形金黄色橄榄枝衬托红色盾牌，内嵌凸形红五角图案。臂章仍为盾形，正面深藏青底金黄色丝绣边，有“中华人民共和国”“公安”中文字样和“POIICE”英文字母，及镶蓝边红五星、白色飘带风标、白色小盾、金黄色长城、金黄色橄榄枝等图案。参照军服实行号型管理，共 5 个号，每号 5 个型。为衔接服装供应，过渡期内，“八三式”与“八九式”可同时成套穿用，但不准混穿。

1990 年 5 月 1 日，女警改戴短筒檐帽（交警为白色），佩戴图案相同的小型帽徽。10 月起，配发黑色仿羊皮手套，停发绿绒手套。

1992 年 10 月起，开始配发公安绒里大衣，面料为仿毛华达呢，内衬白色涤纶滚球绒胆及橄榄色斜纹绸，大衣领套深棕色纯毛裁绒，其他与“八三式”相同。是年，警号改为硬塑料质蓝底银白色数字代码、编号。肩章（警种符号）改为橄榄色底的丝织面长条硬牌，上缀铝质金黄色盾牌，中间镶凸形红五星。取消领花，在衣领口两侧佩戴人民警察警衔等级标志。

1993 年 5 月，男、女警换着“八九式”长、短袖制式衬衣，分为开领和立领两种，男警长、短袖衬衣均为上方两只明贴兜；女警长袖衬衣上方两只明贴兜，短袖衬衣下摆两只明贴兜，颜色均改为浅橄榄色。领带改为深藏青色。1995 年，警衔标志改为佩戴在民警肩章上，恢复领花。

2000 年 10 月 1 日起，全市公安机关民警换着“九九”式警服。警服颜色选用国际上警察通用的藏青色，交警和普通民警的衬衣分别采用浅蓝色和铁灰色，高级警官衬衣采用白色。市公安局所有从事治安、户政、交通、巡逻、防暴、监管、出入境管理、督察、信访、指挥调度等工作的民警，按照着装规定定期配发警服；从事国内安全保卫、经济犯罪侦查、刑事侦查、计算机安全监察、行动技术、禁毒等工作的民警，每人一次性配发各季警服一套，从第三年起每年发放年均置装费 300 元；其他岗位的民警每人一次性配发各季警服，从第三年起每年发人均置装费 150 元。是年，开始实行“量体套裁”，对民警测量净体尺寸后再套穿国标号型样服。

男礼仪大檐帽　女礼仪卷沿帽　警察便帽

多功能服　常服　冬执勤服　夏执勤服　长袖衬衣　作训服

图 23-4 99 式警服

2004 年，实行警服“量体套号”，对民警测量净体尺寸后再套穿样服，“警服号型”为男女各 5 个号、每个号 8 个型，超出号型的仍按净体尺寸单量单裁。2007 年，普通民警由原来的铁灰色各类衬衣改为浅蓝色衬衣，颜色与交警相同。

2012 年起，民警可通过《全国公安被装管理信息系统》按需申领、申报被装，服装直接由厂家发送到市公安局及各分县局。

三、装备建设及装备管理创新

2017 年 12 月，市公安局成立装备建设委员会，定期召开装备论证会，进一步加强对全市公安装备建设工作的组织领导，推进装备建设科学发展，健全和优化组织体系，构建科学规范、上下协调、

图 23-5 2018 年，在全省率先实行装备、物资物联网管理

管理高效的工作格局。

2018 年 11 月，制定《警用装备仓库被装物资仓储管理规定》，被装物资按种类、号型分类建账，库存物资按性能、品种、型号，分类分库定位存放，堆垛整齐稳固，便于检查、清点，方便发放。被装物资入库前，按照被装订货计划及订货合同的具体要求、严格检查验收。被装物资出库时，根据开出的调拨单经检验后出库。遇到应急保障等特殊情况，急需调拨的，报警务保障处领导批准后，暂时开出借据予以办理，事后补办手续。每年 6 月底和 12 月底各清库一次，对所有物资清点数量、抽检质量、核对账目，查看库房设备，检查规章制度落实和执行情况。是年，在全省率先实行装备、物资物联网管理，全面提升警用装备仓储管理和调配科学化水平。

第四节　财务管理

一、经费保障

财务体制。公安经费分行政经费和公安业务经费。行政经费由地方财政拨款，公安业务经费由省公安厅直接拨款。公安行政事业性收费和罚没收入按规定统一上缴地方财政。1993 年日照市设区带县后，区县公安局行政经费均由各区县地方财政拨款。1995 年财政保障体制改革后，各分局行政经费均纳入市级预算，由市财政统一拨款。至 2018 年底，市公安局机关及分局行政经费均纳入市级预算，由市财政统一拨款；县局行政经费纳入县级预算，由县级财政拨款；交警支队、高速公路交警支队、市看守所、市拘留所财务独立核算，经费由市财政拨款。

市公安局经费保障。1989 年，市公安局行政经费收入 150 万元。至 2003 年，财政拨款 600 万元。至 2009 年，财政拨款 2463 万元，固定资产 6589 万元。2010 年以后，市公安局抓住重大项目建设、重大活动安保等契机，坚持大事推动，积极争取财政拨款支持，经费保障实现持续较快增长。2018 年，财政拨款 1.95 亿元，固定资产 2.01 亿元。

分县局经费保障。2006 年，市公安局联合市财政部门印发《关于落实县级公安机关公用经费保障标准的通知》，建立公用经费保障标准随经济发展水平逐年递增制度，公用经费提高到分局每人每年 1.5 万元，县局每人每年 1.2 万元。2014 年，印发《关于完善全市县级公安机关公用经费保障工作的指导意见》，公用经费提高到分局每人每年 2.3 万元，县局每人每年 1.5 万元。

二、经费管理

1989 年，地级市公安局成立，设立计财装备科，对局机关财务统一管理，并对财务独立的科室、支队进行监督、指导和检查，开始逐步建立健全涉及经费收支、财务职责、费用报销、固定资产等方面规章制度。

1991 年，印发《关于严格行政经费开支的通知》，发扬勤俭节约、艰苦奋斗的优良传统，坚持“一支笔、一个漏斗”，严格控制经费开支，管好用好经费。1995 年，印发《日照市公安局机关财务管理制度》，规定局机关正常业务性开支由计财装备科掌握控制，购置办公用品、维修车辆、差旅费等不超过 300 元的，由所在科室主要负责人签字后送计财装备科科长审核报销；超过 300 元及其他开支项目应事先申请，并经分管财务的局领导批准后报销，大额开支由分管财务的局领导提请局长办公会议研究。

2002 年，规定单位或个人因公需要借用公款的，一律填写统一制式的借款单，经分管财务的局领导批准后计财装备科方可借款。坚持“前账不清、后账不借”的原则，不按时结算的，财务部门从借款人工资中扣除。

2008 年，印发《关于加强全市公安机关财务管理的规定》，规定全市公安各单位经费由计财装备部门统一核算，严禁任何非财务独立部门私设“账外账”或“小金库”。严格按照“收支两条线”相关规定，加强对行政事业性收费和罚没收入的收缴管理，严禁乱收费、乱罚款，规范取保候审金和涉案财物的收缴管理。进一步规范和加强固定资产管理，由计财装备部门建立固定资产账册和资产卡片，对使用的固定资产每年进行抽查、清查。

2009 年，启用 GS 财务管理系统，将财务记账、固定资产管理、工资管理等业务纳入该系统，财务数据与省公安厅、分县局互联互通，实现财务管理信息化，精细化。

2014 年，出台《日照市公安局公务接待管理办法》《日照市公安局会议费管理办法》和《日照市公安局差旅费管理办法》三项制度。在公务接待管理方面，实行公务接待公函制度及审批制度，对有明确接待范围、对象和目的，经批准且符合规定的接待费用，凭财务票据、派出单位公函和《接待审批清单》予以报销。在会议费管理方面，要求提供会议审批文件、会议通知及实际参会人员名单、会议服务单位提供的费用原始明细单据、电子结算单等凭证予以报销。在差旅费管理方面，公务出差实行事前审批制度，从严控制出差人数和天数，严禁无实际内容、无明确公务目的差旅活动，严禁以任何名义和方式变相旅游，严禁异地部门间无实质内容的学习交流和考察调研。

2018 年，对《日照市公安局差旅费管理办法》有关问题作出补充规定。市内出差仅限岚山区、莒县、五莲县，到市内出差、开展公务活动确需就餐的，在区县公安机关吃工作餐，不发放伙食补助费。因纪委办案、督察、反恐暗访等特殊原因确需自行就餐的，每人每天发放 100 元伙食补助费，但须提供处室主要负责人签字的工作方案或者自行就餐情况说明。同时，因公出差推行公务卡结算，报销住宿费及机票时须附公务卡刷卡凭证，购买机票时应优先购买政府采购公务机票，不能提供刷卡凭证及公务机票购买凭证的，原则上不予报销，确有特殊情况的，需提供情况说明或相关证明。

第五节　机关服务

一、物业管理

1989—1997 年，市公安局机关在东港区兴海路 40 号办公，办公区域卫生按科室所在楼层划分，由科室负责卫生打扫，计财装备科牵头定期组织检查、评比。门卫雇用专人负责。1996 年 6 月，市公安局机关由兴海路办公楼迁到烟台路 29 号办公楼办公。成立卫生管理领导小组，办公区域卫生仍按照科室所在楼层划分，由科室负责，计财装备处牵头，会同督察、机关党委定期进行检查、评比。同时，加强院内绿化、硬化，做到一年四季“春有花、夏有荫、秋有果、冬有青”。机关办公楼水电维修保养由专人负责。门卫由武警战士负责。

2002 年，印发《加强水电管理，节约水电的管理规定》，要求各单位加强管理、节水节电。2003 年，印发《市公安局加强内部安全管理规章制度》和《门卫值班制度》，进出市公安局大门实行通行证制度。2007年2月起，市公安局门卫及大厅值班不再由武警战士负责，改由保安负责。是年，市公安局被评为全市机关绿化美化先进单位。

2015年11月，市公安局机关由烟台路办公楼迁到五莲路339号新综合业务楼办公，通过招标，由碧波物业服务有限公司负责综合业务楼的物业管理工作。制定出台《日照市公安局物业管理检查考核办法》，成立由警务保障处、机关党委等有关人员组成的物业管理卫生检查考核小组，每月对物业进行两次检查考核，按照物业系统管理标准和要求进行逐项检查考核，实行百分制，并与物业费支出挂钩，促进物业管理进一步规范化、制度化、精细化，为民警创造文明、舒适、整洁的办公环境。是年，通过招标，由日照市保安服务总公司负责综合业务楼内部安全工作，设立大门卫、大厅、地下车库东、西进出口4个值班岗位，并加强夜间巡逻、巡查。在大门口实行车辆识别系统进出识别，人员进出大门口和大厅实行通行证和人脸识别，确保内部安全。是年，成立单位绿化规划工作领导小组，制定《日照市公安局园林绿化工作管理制度》，加强院内绿化、美化，做到四季有花、四季有绿、秋季有果。2018年，市公安局被评为全市“花园式单位”。

2015年市公安局机关搬迁后，先后建立完善《日照市公安局业务楼内部安全暂行规定》《市公安局机关办公秩序管理规定》《市公安局机关值班制度》《值班室日常管理制度》《日照市公安局业务楼卫生管理规定》《日照市公安局业务楼人员进出管理规定》《日照市公安局业务楼车辆进出停放管理规定》《日照市公安局业务楼电梯使用规定》《关于进一步规范市公安局综合业务楼来访、会客的管理规定》《市公安局机关用水用电管理规定》《日照市公安局节能管理制度》等规章制度，加强机关规范化管理。

二、食堂接待

1989—1997年，市公安局在兴海路办公楼院内设有食堂，民警凭餐票就餐。1992年，市公安局制定《就餐接待审批规定》，各支队、科室接待需填写就餐接待审批表，经分管局领导审批后，由计财装备科负责安排。

市公安局机关搬迁至烟台路办公楼后，1998年1月，在院内建设住宿招待就餐一体化的银河世界餐厅，在保证民警就餐的基础上对外营业，对外营业称“银河世界”餐厅。民警刷卡就餐，接待需填写派餐、住宿审批表，经分管局领导同意后，由警务保障处负责安排。

2006年3月，银河世界餐厅交由市公安局指挥中心管理，警务保障处不再负责食宿安排。是年，对银河世界餐厅进行全面装修。

2015年3月，银河世界餐厅承包给日照市保安服务总公司经营，民警就餐及接待模式不变。是年10月，市公安局机关搬迁至五莲路新业务楼，在新业务楼东副楼建成机关生活服务中心，建筑面积3000平方米，共三层，一楼、二楼为餐厅，可容纳300人同时就餐，三层为住宿客房。餐厅实行门禁、就餐卡一体化，民警、辅警就餐刷卡。食堂日常运转由市保安服务总公司承包，不对外营业。

第二十四章

24

政治工作

ZHENG ZHI GONG ZUO

政治工作是公安工作的生命线，是推动公安工作、提升队伍战斗力、完成各项公安保卫任务的重要保证。1989年，地级日照市公安局成立后，市公安局党委（党组）坚持把公安政治工作摆到重要位置，广泛开展思想教育、专业训练、队伍管理、立功创模等一系列政治工作，推动全市公安工作和队伍建设持续健康发展。1999年9月，市公安局增设政治委员（政委）职务，从上到下配齐配强政工干部队伍，加强公安政治工作的组织领导，保障公安事业不断取得新的发展和进步。进入21世纪，全市公安机关担负的工作任务随着经济社会的不断发展日益繁重，公安队伍也得到快速发展壮大，市公安局党委更加重视公安政治工作。注重抓好队伍的思想政治建设，强化理论武装，旗帜鲜明讲政治，毫不动摇地坚持党对公安工作的绝对领导；注重建设过硬公安队伍，坚持政治建警、素质强警、文化育警和从严治警、从优待警要求，不断强化教育培训工作，深化和谐警民关系，完善队伍管理机制，加强干部队伍建设，树立公安机关和人民警察的良好形象，确保公安队伍绝对忠诚、绝对纯洁、绝对可靠，永葆忠于党、忠于祖国、忠于人民、忠于法律的政治本色。

第一节 思想政治教育

思想政治教育是为公安机关立心、为广大民警立魂的先导性、基础性工作。市公安局历来重视思想政治教育，积极引导广大民警坚定理想信念、坚持党的领导、坚持有中国特色社会主义道路、坚持全心全意为人民服务的宗旨，牢记人民公安为人民的初心使命，自觉把思想和行动统一到认真履行职责上来，把心思和精力用在保一方平安上来，自觉做到坚定理想信念、永葆忠诚本色、热爱公安事业、勤勉爱岗敬业。

一、宗旨教育

1990年，党的十三届六中全会通过《关于加强党同人民群众联系的决定》（简称《决定》）。市公安局专门下发通知提出要求，组织广大党员、民警原原本本学习《决定》，深刻领会精神，自觉增强群众观念，增进群众感情，践行全心全意为人民服务宗旨。7月，按照市委统一部署，组织开展党员重新登记工作，对照党员标准，在广大党员民警中开展理想信念、宗旨意识、党性觉悟、组织纪律教育。是年，市公安局印发《政治学习制度》，明确提高民警政治觉悟和政策水平的五项政治学习制度：（一）民警的政治学习，除按市委统一部署外，要严格按市公安局的年度学习计划，认真落实每周两个半天的时间，保证学习时间、内容、效果“三落实”；（二）认真学习马列主义毛泽东思想，学习党的路线、方针、政策，做到思想上、言论行动上与党中央保持高度一致；（三）学习要采取多种形式，做到集中学习与个人学习相结合，理论与实践相结合，有的放矢，严防形式主义；（四）学习要坚持单位有记录，个人有心得笔记，市公安局经常检查指导，并选择适当时间进行学习经验交流，不断把学习引向深入；（五）各单位要把政治学习作为队伍建设的重要内容，高度重视，纳入日程，认真组织。要与业务工作统筹兼顾，科学安排，以达到工作、学习两不误，共同推进，卓有成效。

1992年上半年，根据市委统一部署，组织广大党员民警学习领会邓小平南方谈话精神。3—6月，根据省公安厅部署，开展以提高思想、纯洁组织、严明纪律、整顿作风为主要内容的教育整顿活动。10月，市公安局下发《关于学习贯彻党的十四大精神的通知》，明确以学习党的十四大报告和十四大修改的党章为重点，按照“先党内后党外，从上到下，分三步把十四大精神传达到各级干部和广大党员群众”的要求，组织广大党员、民警认真学习党的十四大精神，自觉把思想认识统一到党的十四大精神上来。

1993年，组织学习《邓小平文选》第三卷活动。11月，学习党的十四届三中全会通过的《中共中央关于建立社会主义市场经济体制若干问题的决定》。市公安局分别下发通知，明确学习重点、方法步骤和目标要求，采取培训骨干、集中辅导、单位组织学习和个人自学相结合等办法，系统学习邓小平建设有中国特色社会主义理论，加深对“一个中心、两个基本点”基本路线的理解，增强为经济建设保驾护航的自觉性和主动性。

1997年2月，组织广大民警学习中共中央《告全党、全军、全国各族人民书》《在邓小平同志追悼大会上江泽民同志致悼词》和《邓小平伟大光辉的一生》，缅怀邓小平同志的丰功伟绩，加深对建设有中国特色社会主义理论的理解。6月，学习江泽民总书记《领导干部一定要讲政治》《建设一支高素质的干部队伍》等重要讲话精神，教育和引导广大干部牢固树立正确的人生观、世界观、价值观，把讲政治作为一项根本要求，切实增强贯彻落实的自觉性。11月，组织学习党的十五大精神，教育和引导广大民警深刻领会“高举邓小平理论伟大旗帜，把建设有中国特色社会主义事业全面推向二十一世纪”的大会主题，切实把思想认识统一到党的十五大精神上来。

1997年，为迎接香港回归，按照市委统一部署，开展“迎接香港回归，弘扬爱国主义精神”系列教育活动，以此激发民警的爱国意识、忠诚意识、担当意识。

1999年，按照中共中央和省、市统一部署，开展以“讲学习、讲政治、讲正气”为主要内容的“三讲”教育。下发《市公安局领导班子、领导干部“三讲”教育活动实施方案》，明确以中层以上领导班子和领导干部为重点，以整风精神解决党性党风等方面存在的问题，集中时间、集中精力，经过思想发动、学习提高；自我剖析、听取意见；交流思想、开展批评；认真整改、巩固成果四个阶段，认真组织开展“三讲”教育。通过开展学习教育，广大干部进一步增强理想信念、宗旨意识和思想政治素养，提高运用理论解决实际问题的能力。同时，采取自上而下、分期分批进行、党内的批评和自我批评相结合的方式，通过上级点、群众提、自己找，广泛听取意见，认真查摆和整改问题，收到预期成效。

2003年，开展以党的十六大修改的党章为主的“党章集中学习月”活动。市公安局采取集中学习与个人自学相结合、座谈讨论与集中辅导相结合等方法，组织广大党员、民警逐章逐条学习《党章》原文，加深对党的指导思想、党的性质宗旨任务等重点内容的学习理解，熟知党员权利、义务和组织原则、组织纪律。邀请市委党校教授进行宣讲辅导。各单位利用学习日，以学习大组和党支部为单位，组织民警认真讨论，人人谈学习体会，进一步增强尊崇党章、执行党章、落实党章的自觉性。

图24-1 保持共产党员先进性教育动员

2005年2月，按照市委统一部署，市公安局开展以实践“三个代表”重要思想为主要内容的保持共产党员先进性教育活动。市公安局成立教育活动领导小组，制定实施方案，对教育活动内容、方法步骤、时间安排及考核验收等工作进行具体部署，先后举办支部书记培训班2期，召开各单位协调会7次，编发教育活动简报12期，并在公安网开设专栏，推动教育活动深入开展。全市公安机关各级党组织和广大党员按照“五个对照”要求，形成党性分析材料，找准组织和个人存在的问题，确定“马上改、限期改、逐步改”的具体整改措施，基本实现党员队伍整体素质明显提高、党组织凝聚力明显增强的任务目标。

2006年，公安部党委印发《关于在全国公安机关组织开展社会主义荣辱观教育活动的通知》，省公安厅对教育活动提出具体要求。市公安局党委把开展社会主义荣辱观教育活动作为首要政治任务，组织全市各级公安机关深入开展教育活动，全面领会社会主义荣辱观的重要意义和深刻内涵，自觉按照“八荣八耻”的要求落实到公安工作的各个环节。

2009年3—8月，按照市委《关于开展全市第一批深入学习实践科学发展观活动的实施方案》部署，全市公安机关开展深入学习实践科学发展观活动。第二年，中央电视台新闻联播《深入学习实践科学发展观活动——走基层看成效》专栏播出反映市公安局深入学习实践科学发展观、推动社会管理创新的节目。

2011年4—10月，按照上级统一要求，组织全市各级公安机关深入学习贯彻党的十七大、十七届四中、五中全会精神。是年，日照市桃花岛爱国主义教育基地筹划建设，市公安局将桃花岛爱国主义教育基地定为全市公安机关开展爱国主义教育的主要阵地之一。

2012 年 11 月，根据省、市部署，市公安局党委把学习党的十八大精神作为首要政治任务，组织全市公安机关和广大民警认认真真、原原本本地研读十八大报告和党章，坚持领导干部带头学、市公安局机关立即学、全体民警认真学，通过学习笔记展评、心得体会交流、开展专题考试、演讲比赛等多种形式，提高学习效果，掀起学习贯彻热潮。同时，开展“贯彻十八大，开创公安工作新局面”专题调研活动，深入调研、谋划全市公安工作的新思路、新举措，提出具体的工作布局、主要措施、重点建设项目，不断推动全市公安工作和队伍建设取得新发展、实现新进步。

2014 年 3 月，根据中央、省委、市委的安排部署，深入开展党的群众路线教育实践活动。把“照镜子、正衣冠、洗洗澡、治治病”的总要求贯穿全过程，照镜子，主要是以党章为镜，对照党的纪律、群众期盼、先进典型，对照改进作风要求，在宗旨意识、工作作风、廉洁自律上摆问题、找差距、明方向；正衣冠，主要是按照为民务实清廉的要求，勇于正视缺点和不足，严明党的纪律特别是政治纪律，敢于触及思想、正视矛盾和问题，从自己做起，从现在改起，端正行为，自觉把党性修养正一正、把党员义务理一理、把党纪国法紧一紧，保持共产党人良好形象；洗洗澡，主要是以整风的精神开展批评和自我批评，深入分析发生问题的原因，清洗思想和行为上的灰尘，保持共产党人政治本色；治治病，主要是坚持惩前毖后、治病救人方针，区别情况、对症下药，对作风方面存在问题的党员、干部进行教育提醒，对问题严重的进行查处，对不正之风和突出问题进行专项治理。8 月 14 日，市公安局党委班子召开专题民主生活会，认真开展批评与自我批评。全市公安机关各级党组织分别召开专题民主生活会、组织生活会，并抓好问题整改落实，教育实践活动取得丰硕成果。11 月，为推动全市公安机关党的群众路线教育实践活动深入开展，市公安局组成先进事迹报告团分赴岚山、五莲、东港、莒县等地开展巡回报告，彰显新时期公安民警忠于职守的时代风采。

图 24-2　践行党的群众路线教育报告会

2015 年 4 月底起，全市公安机关各级党组织深入学习习近平总书记系列重要讲话精神和中央、省委部署要求，全面开展“三严三实”专题教育。坚持以习近平总书记系列重要讲话精神和“四个全面”战略布局为指导，认真贯彻落实中央、省委、市委部署要求，对照“严以修身、严以用权、严以律己，谋事要实、创业要实、做人要实”要求，聚焦对党忠诚、个人干净、敢于担当，高标准、高质量做好各项工作。市公安局党委成员深入基层开展调研，通过多种方式广泛征求社会各界意见建议，并主动收集群众到市公安局纪委、督察、信访、回访等部门和通过行风在线、市长热线反映的问题，逐一建立问题清单，为抓好下步整改工作打下坚实的基础。市公安局党委班子召开专题民主生活会，深刻查摆自身存在的问题，分析原因，明确下步努力方向，推动专题教育落实。

2016 年 4 月，根据上级部署要求，市公安局在全体党员民警中开展“学党章党规、学系列讲话，做合格党员”学习教育（简称“两学一做”），坚持以知促行，做讲政治、有信念，讲规矩、有纪律，讲道德、有品行，讲奉献、有作为的“四讲四有”合格党员，把“守本色、勇担当、争先锋、求突破”

作为具体实践要求，引导广大党员民警牢固树立“责任在我”理念，深入推进思想建设，细化完善“八大体系”，有效履行公安机关职责使命。按照“两学一做”学习教育常态化制度化的要求，进一步规范完善市公安局党委理论中心组学习制度，大力加强政治理论学习和理想信念教育，发挥市公安局党委成员表率作用，推动全市公安机关学习教育深入开展。

2017 年 10 月，市公安局召开市公安局党委（扩大）会议，传达学习党的十九大精神，要求全市公安机关深刻理解十九大的重大意义，努力推动全市公安工作创新发展。先后举办演讲比赛、知识竞赛、手抄党章评比、风采展示等系列活动，加深对十九大精神的理解，准确领会党的十九大提出的新理念、新论断和确定的新任务、新举措。

图 24-3 主题党建活动 传承红色基因

2018 年 1 月，根据省公安厅部署，市公安局深入学习领会习近平新时代中国特色社会主义思想，开展“不忘初心、牢记使命”主题党建活动。自 4 月始，按照省委、市委的部署要求，在全市公安机关开展“大学习、大调研、大改进”活动，教育引导全市公安机关和广大民警进一步加深对习近平新时代中国特色社会主义思想和党的十九大精神的认识和理解。

二、公安专项教育

全市公安机关围绕不断发展的新形势，聚焦时代赋予的新使命，适时开展具有公安特色的各项教育活动，筑根塑魂、凝心聚力，努力打造忠诚干净担当的过硬公安队伍。

1990 年 3 月，开展“文明在公安”行动。全市公安机关组织广大民警认真贯彻落实公安部关于加强职业道德教育的部署要求，学习毛泽东《为人民服务》《纪念白求恩》《愚公移山》等著作，增强职业道德素养，并结合学雷锋活动，开展岗位奉献，讲道德、守文明、树新风。

1991 年元旦、春节期间，根据公安部和省公安厅统一部署，下发《全市公安机关开展“爱民月”活动进一步加强和改善警民关系的通知》，动员和组织广大民警大力宣传爱民月活动的优良传统，积极投身爱民月活动。全市公安机关从解决对待群众“冷、横、硬”“门难进、脸难看、话难听、事难办”和“乱收费、乱罚款、乱摊派”等问题入手，制定各项为民、便民、利民措施，立足岗位爱民为民，切实转变工作作风。此后，元旦、春节期间，爱民月活动在全市公安机关广泛开展起来，成为进一步加强和改善警民关系的纽带和桥梁。

1993 年，全市公安机关开展向全省“十大杰出民警”学习活动。五莲县看守所所长孔祥梅为全省“十大杰出民警”之一。1994 年，根据上级要求，认真开展以“爱祖国、铸警魂、保平安”为主题的“做祖国忠诚卫士”活动，全市公安机关教育和引导广大民警自觉把爱党、爱国、爱人民融于爱岗敬业的实践中。是年元旦春节期间，开展以履职尽责、为民服务、密切警民关系为主要内容的爱民月活动，结合节日安保和解决群众关心的社会治安问题，集中开展 3 次治安清查统一行动。

1995 年 10 月 15 日，中共中央总书记、国家主席江泽民为济南市公安局交警支队题词：严格执法，热情服务。1995 年 8—10 月，公安部及省委、省政府、省公安厅先后作出向济南市公安局交警支队学习的决定。10 月 16 日，全国公安机关学习济南交警先进经验现场会在济南召开。为使“济南交警效应”迅速拓展为“公安效应”和“社会效应”，全市公安机关广泛开展向济南交警支队学习活动。活动中，各警种部门坚持密切联系实际，学习与实践结合，如刑警部门深化学习济南交警，加强刑侦基础建设，在提高办案能力和强化打击力度上进行深化；交警部门实行岗位轮换增强生机活力，对重点热点岗位的 15 个单位、17 名科队主要负责人实行岗位轮换；莒县公安局学习济南交警先进经验，组织“内强素质、外树形象”全员教育培训。

1997 年 4 月，制定《日照市公安局党委关于加强自身建设的规定》，加强党委班子建设，提高党委成员综合素质和领导水平，发挥党委核心领导作用。是年，继续深化学习济南交警活动，结合贯彻学习《中共中央关于加强社会主义精神文明建设若干重要问题的决议》，结合贯彻落实全国职业道德建设座谈会、表彰会精神，以职业道德建设为重点，以开展“为人民服务，树公安新风”活动为载体，全面落实“十条要求”，进一步加强全市公安队伍思想道德建设和作风建设。

1998 年 3 月，按照省公安厅和市委政法委的部署，深入进行思想、纪律、作风、组织教育整顿活动，市公安局制定教育整顿活动的实施方案，明确开展“三个大讨论”：一是人民警察形象大讨论。人民警察应当树立什么形象，在哪些方面丢了形象，怎样树立起人民警察的良好形象。二是换位思维大讨论。假如“我”是一名到公安机关办事的普通群众，希望民警以什么样的态度、什么样的言谈举止、什么样的工作效率来对待自己，将心比心，看民警的工作是否到位、服务是否到家。三是公安机关为什么要特别强调宗旨意识和服务观念大讨论。广大民警从思想深处解决与人民群众的感情问题，自觉增强宗旨意识和服务观念。正确处理“六个关系”，即大环境与小气候的关系；内因与外因的关系；内部监督与外部监督的关系；主流与支流的关系；领导班子与抓队伍的关系；管理与服务的关系。是年，开展“讲文明树新风”活动，全市各级公安机关和广大民警结合各自实际，扎扎实实地为群众办实事、办好事，对群众迫切要求解决的热点、难点问题，采取立项整改办法，立说立行、加以解决。

1999 年 7 月，按照公安部、省公安厅统一部署，全市公安机关紧紧抓住群众普遍关心的交通秩序、社会治安、服务质量等问题，广泛开展“讲文明、树新风”活动，各级公安机关把与人民群众联系最多、群众反映最大的窗口单位作为重点，努力克服门难进、脸难看、话难听、事难办等“四难”和办事态度“冷硬横推”现象，大力推进公安系统精神文明建设，警民关系进一步融洽。

2000 年下半年，按照公安部、省公安厅统一部署，在全体民警中开展以“全心全意为人民服务的宗旨教育、实事求是的思想路线教育、严格公正文明执法的法制教育”为主要内容的“三项教育”活动。引导全市公安机关和广大民警把学习理论、武装头脑与整顿思想、改进作风结合起来，围绕组织纪律、工作秩序、队伍管理、办事效率等方面摆查不足，看到差距，认真解决“冷横硬推”、执法不公、立案不实等突出问题，着力建立以严格、公正、文明执法为重点的队伍管理长效机制。同时，按照公安部分离培训以不少于 5% ～ 10% 的民警、每期 2 个月的要求，严格标准和程序，分离培训民警（工勤）72 人。广大民警的思想觉悟、纪律作风、执法水平空前提高，公安队伍进一步纯洁。2001 年 1 月始，开展为期 3 个月的“三个代表”重要思想学习教育活动，作为继续深化“三项教育”的一项重要措施，巩固和扩大“三项教育”成果。

2001 年，全市公安机关推行民警思想政治工作目标责任制。市公安局机关和直属单位普遍组织党员、民警开展学习活动，并结合市公安局《关于加强民警 8 小时以外活动情况监督管理规定》，落实“一岗双责”，把机关广大党员、民警的管理延伸到 8 小时以外，触角涉及每个人的生活圈、社交圈。

2002 年 4 月，根据市委政法委部署，市公安局开展以爱祖国、爱人民、爱劳动、爱科学、爱社会主义为基本要求，以社会公德、职业道德、家庭美德为着力点，以“公平、公正”为主题的公民道德建设集中教育活动。5 月，市公安局召开“革除障碍、跨越发展”主题教育活动动员大会，下决心革除我市加快发展的观念、体制、政策、社会风气等方面的障碍，为我市经济、社会实现跨越发展革除障碍、保驾护航。

2003年4月，根据公安部和省公安厅部署，开展“贯彻十六大，全面建小康，公安怎么办”大讨论活动。按照“发展要有新思路、改革要有新突破、开放要有新局面，各项工作要有新举措”和“体现时代性、把握规律性、富裕创造性”的讨论要求，与时俱进，开拓创新，全面探索公安发展新思路。

2005年3月，开展“爱民实践月”活动，拓展和丰富保持共产党员先进性和纯洁性教育活动的内容。广大党员、民警按照“爱民实践月”为民、便民、利民、惠民的活动要求，深入村庄、社区、学校、企业为民办实事、办好事，践行立警为公、执法为民要求，使党员宗旨观念在实践中进一步增强。是年，按照省公安厅统一部署，开展以警务公开、加强与群众联系沟通为主题的警营开放日活动。市公安局广泛听取人大代表、政协委员、执法执纪监督员和社会各界群众意见，就警营开放日活动的形式、内容倾听建言献策。各分县局和交警、消防、边防支队普遍确定开放点，邀请社会各界走进警营，参观、体验、感受警务工作，实现警民面对面沟通，互动式分享。此后，警营开放日不断创新形式，拓展内容，坚持经常，成为传播正能量和密切警民关系的新举措。

图24-4 集市走访沟通

2006年5月至是年底，全市公安机关深入开展社会主义法治理念教育活动。围绕依法治国、执法为民、公平正义、服务大局、党的领导五个专题，深化教育培训，强化检查整改。

2007年4月，在广大民警中倡导开展“读一本好书、记一本笔记、写一篇心得体会、作一次交流发言、提一条合理化建议”的“五个一”活动。

2008年7月，按照市委部署，开展“学先进、找差距、促发展”解放思想大讨论活动。是年，在全市公安机关部署开展“做勤廉表率，促科学发展”教育活动，编写《公安民警警示教育手册》，在全市公安机关发放，全面深入开展警示教育活动，进一步提升广大民警执法为民意识，推动工作开展。

2009年，围绕“科学发展、开放创新、富民强市”主题，以“构建合成化现代警务体系，提高执法和服务水平，全力保增长、惠民生、加快建设海洋特色的新兴城市”为实践载体，与“公安信息化、执法规范化、积极构建和谐警民关系”三大建设相结合，开展“保稳定、惠民生”主题实践活动，并针对在学习调研、分析检查阶段查摆出来的问题，制定整改落实方案，强力部署推进，取得明显效果。

2011年2月，开展“发扬传统、坚定信念、执法为民”主题教育实践活动。全市公安机关组织广大民警弘扬革命传统，坚定理想信念，践行执法为民要求，着力提升公正廉洁执法水平，着力打造政治坚定、业务精通、作风优良、执法公正的公安队伍。8月，开展“增强群众观念、强化法治意识、整顿纪律作风”专题教育活动。以开展群众观念、宗旨观念、执法理念、责任教育和敬业精神教育为载体，以查摆整改群众反映强烈的突出问题为重点，以健全完善队伍建设体制机制为目标，使广大公安民警政治立场更加坚定，政令、警令更加畅通，执法为民思想更加牢固，宗旨意识、服务意识进一步增强。是年，在党员领导干部中开展“以人为本、执政为民”教育活动，广大党员领导干部受到深刻教育。

2012 年，按照公安部、省公安厅统一部署，在全市公安机关深入开展以“忠诚、为民、公正、廉洁”为主要内容的人民警察核心价值观教育实践活动。这次教育实践活动，分为动员部署、教育实践阶段、查摆整改阶段、总结验收 4 个阶段，落实好全员参与、重点带动，正面引导、分类施教，依靠群众、开门整改，继承创新、形成特色，创先争优、务求实效的原则与要求。期间，为推动人民警察核心价值观教育实践活动深入开展，在全市公安机关迅速掀起向东港分局经济犯罪侦查大队和民警董加岭、孙金友同志学习热潮。6 月 28 日至 7 月 2 日，市公安局举办“庆祝建党 91 周年践行人民警察核心价值观先进事迹报告会”，在各分县局巡回演讲，在全市公安机关营造“学先进、赶先进、超先进”的浓厚氛围。通过人民警察核心价值观教育实践活动活动，实现“永葆忠诚的政治本色、践行为民的宗旨理念、恪守公正的价值追求、保持廉洁的职业操守、争创一流的工作品牌”的目标。

2013 年 4 月，在全市公安机关部署开展执行力建设专题活动，围绕执行力建设这个主题，以“八个能力提升”为目标，以增强广大民警“想执行”“会执行”“创新执行”能力为重点，解决不执行、执行标准不高、执行速度不快、执行力度不大、执行办法不多、执行能力不强等问题，努力营造风清气正、警令畅通、令行禁止，善于执行的良好氛围，全面建设过硬队伍。活动分为动员学习、查摆整改、总结检查 3 个阶段进行，全市公安机关执行力水平明显提升。10 月，市公安局就贯彻落实省公安厅会议精神，对深入推进全市公安机关“大讨论、大走访、创满意”活动进行安排部署，紧扣“为何从警、如何做警、为谁用警”主题，深入开展讨论活动，教育广大民警充分认清公安机关根基所在、职责使命和力量源泉。

2015 年 12 月，开展“秉公执法、人民公安为人民”主题教育活动。全市公安机关以党的十八大和十八届三中、四中、五中全会精神为指导，深入贯彻习近平总书记系列重要讲话、指示精神，积极适应全面推进依法治国、建设法治公安的新形势、新常态，坚持把人民满意作为根本标准，教育广大民警从群众满意的事情做起，从群众不满意的地方改起，确保严格规范公正文明执法，进一步树立日照公安机关的良好形象。

2017 年 6—12 月，开展“迎接十九大、忠诚保平安”主题教育实践活动。全市公安机关按照公安部和省公安厅统一部署，以“忠诚警魂更加牢固、士气斗志更加高昂、能力素质更加过硬、纪律作风更加严明、维护稳定更加有力”为目标，划分动员部署、推进深化、攻坚决战、总结提升四个阶段，深入推进主题教育实践活动。9 月 4 日，市公安局举行全市公安机关“迎接十九大、忠诚保平安”誓师动员大会。来自全市公安机关的 13 个人员方队、7 个车辆方队在现场进行警力快速集结，边防支队、海警大队的 4 艘船艇在日照港集结，与会人员代表全市广大民警、现役官兵和警辅人员进行集体宣誓，向党和人民作出庄严承诺，坚决完成十九大安保维稳任务。市五大班子领导出席誓师大会。

图 24-5 2017 年 9 月 4 日，市公安局组织召开全市公安机关“迎接十九大、忠诚保平安”誓师动员大会

2018年5月初，市公安局推广五莲县公安局成立重大活动安保检查站战时临时党支部的经验做法，下发《关于在重大活动安保期间成立临时党组织的通知》，要求在大型检查站、援青相关团队、在济执行任务的团队以及市公安局安保指挥部等建起战时临时党支部、党小组等党组织，加强党的十九大安保期间党的建设，明确以党建带动重大安保工作，充分发挥党组织的核心引领作用，为完成重大安保维稳任务奠定思想基础、组织基础，提供强大工作动力。中旬，各相关单位按照党员管理权限，严格履行相关组织程序，先后成立山海天分局两城检查站等7个临时党支部，加强战时管理，实现一线实战单位党组织全覆盖；对成立的临时性党组织，进一步深化党建引领，加强工作指导，与其他党组织一起进行管理，常态开展组织生活，切实发挥好党组织战斗堡垒和党员模范带头作用，推动重大活动安保工作扎实开展。

2018年5月，下发《日照市公安局党委理论学习中心组2018年理论学习安排意见》，明确2018年度党委理论学习“十一个专题”的学习要点、学习篇目以及达到的目标要求。是年，市公安局党委理论学习中心组科学制定年度学习计划，明确学习内容，健全各项制度，规范学习管理，确保各项学习要求得到长期坚持和有效执行。对每次集体学习报告等都及时报送市直机关工委备案，并做好所属党组织理论学习中心组学习的通报、巡听、督查等工作。各分县局、港航公安局、市公安局各处室、支队党组织坚持把学习习近平新时代中国特色社会主义思想作为首要任务，原原本本学、原汁原味学，研机析理、融会贯通，自觉学习、主动学习，着力在增进政治认同、思想认同、情感认同上下功夫，并结合“大学习、大调研、大改进”和“不忘初心、牢记使命”主题教育，对标思想和工作实际，明方向、找差距、定措施，促进思想的提高和工作的改进。学习中，注重把交流研讨作为中心组集体学习的主要形式，通过交流研讨鼓励和引导中心组成员深入研究思考，在交流互动中深化认识理解、凝聚思想共识、激发智慧火花；坚持把个人自学思考与集体学习研讨相结合、把理论学习与专题调研相结合、把常规学习与在线学习相结合，努力做到全面、全过程学习；结合党员干部学习需求，利用新型技术手段和网络平台，推出形式灵活的“微课程”，提供“菜单式”学习服务，推动中心组学习更具针对性、更有实效性；坚持理论与实践相统一原则，坚持问题导向，大兴调查研究之风，关注工作实践中的现实问题，善于发现问题、提出问题、直面问题，切实解决公安发展中的难点问题、人民群众反映的突出问题，在破解重点难点问题中增强能力，提高综合素质，真正把学习成果转化为推动公安事业发展的强大动力，转化为加快现代化海滨城市建设的具体举措，转化为实现走在前列目标的生动实践。

图24-6 2017年6月10日，市公安局党委中心组理论学习

2017—2018年，市公安局党委坚持把牢固树立“四个意识”、增强“四个自信”、坚决做到“两个维护”作为最大的政治，把“对党忠诚、服务人民、执法公正、纪律严明”作为建警治警的总方略，持续组织学习贯彻党的十九大精神，深入学习习近平新时代中国特色社会主义思想的科学内涵、精神实质和实践要求，切实打牢高举旗帜、听党指挥、忠诚使命的思想根基。习近平总书记每次发表重要讲话、作出重要指示，市公安局党委会都会及时跟进组织学习，并把政治理论学习作

为党委会的“规定动作”、第一项议题，做到理论学习常态长效。两年内，累计召开市公安局党委扩大会议28次，专题学习习近平总书记在会见全国公安系统英雄模范立功集体表彰大会代表时的讲话、在十八届中央纪委五次全会上的讲话、关于进一步纠正“四风”加强作风建设的重要批示精神、考察山东时重要讲话精神以及党的十九大会议精神、十九届一、二、三中全会精神、党的十九大通过的《中国共产党章程（修正案）》等，认真落实市委、市政府和省公安厅的各项决策部署，始终做到忠实履职、担当作为，确保上级部署在全市公安机关落地、见效。

附：

日照市公安局党委关于加强自身建设的规定

一、局党委成员要加强学习，讲政治。认真学习马列主义、毛泽东思想和邓小平同志建设有中国特色社会主义理论，学习党的基本理论、基本路线、方针、政策以及新时期党对公安工作的指示，学习法律知识、领导管理科学和文化业务知识。建立局党委中心组学习制度。采取集体学习与个人自学相结合的形式，平时以个人自学为主，每月集中学习讨论一次。学习要贯彻理论联系实际的原则，注重联系思想与工作实际。通过学习，加强世界观的改造，坚定政治方向，不断提高政策理论水平、依法行政水平和科学决策水平，提高领导、驾驭全市公安工作的能力。

二、局党委成员要勤奋工作，讲效率。紧紧围绕党的中心任务，坚持公安工作服从和服务于经济建设的指导思想。树立和发扬不怕困难、不甘落后、勇于实践、争创一流的开拓进取精神，增强时代感和历史责任感，把工作热情和务实态度结合起来，不搞形式主义，不做表面文章，真抓实干，讲求实效。集中精力议大事、抓大事。工作坚持高标准，严要求，努力做出新成绩。积极探索新思路，不断开创公安工作新局面。

三、局党委成员之间要赤诚相待，讲团结。要从大局出发，讲党性，讲原则，讲风格，顾全大局，光明磊落，紧密团结，对人对事公道正派，自觉维护领导集体的威信。成员之间工作多商量，多交流思想，多交流感情，相互关心，相互支持，相互信任，相互谅解。本着对党的事业负责的态度积极开展批评和自我批评，取长补短，齐心协力，形成合力，共同做好工作。

四、局党委成员要以身作则，讲纪律。自觉遵守党的纪律、国家法律和廉政建设的各项规定，严格要求自己，要求民警做到的自己首先做到，要求民警不做的，自己首先不做。加强对身边工作人员的教育、管理，不利用职权为个人和亲朋好友谋取私利，时时处处维护自己的形象。在公务活动中，不以任何名义和形式接受礼金或有价证券，不在企业或公司中兼任职务或接受酬金，不参与炒股。到基层检查指导工作，轻车简从，按规定食宿，除特殊情况外，一律在食堂就餐，杜绝奢侈浪费。

五、局党委成员要坚持“两手抓、两手都要硬”的方针。重视党的建设、思想政治工作和机关廉政建设。实行“一岗双责”，按照分工，在抓好业务工作的同时，搞好民警队伍的教育和管理，坚持每季度和分管科室负责人至少谈心一次的制度，了解民警的思想，关心民警的疾苦，有针对性做好深入细致的思想政治工作，帮助解决实际问题。党委成员要做到对分管科室负责人的家庭、思想状况了如指掌，对分管科室每一名民警的基本情况能全部了解，对分管下属单位中层以上负责人的基本情况能基本了解。要严格按照党的任人唯贤的干部路线和德才兼备的用人标准以及干部任用程序选拔任用干部。

六、局党委成员要认真贯彻民主集中制原则。坚持集体领导和个人分工负责制度，对重大问题，由局党委集体讨论，畅所欲言。按照少数服从多数的原则，进行决策。对局党委决定的事项，各委员要按照分工，认真贯彻执行，讲求效率，不得拖延或不办；对职权范围内，无须集体研究决定的事项，要积极、主动、认真、负责地抓好落实，创造性地开展工作。对党委讨论没有形成明确意见的内容，要严格保密，反对当面讨好。涉及重大问题及时请示报告。

七、局党委成员要改进领导作风，加强调查研究。减少会议、文件和事务性、礼节性活动，经常深入基层，深入实际，开展调查研究，帮助基层和群众排忧解难。要牢固树立全心全意依靠广大民警做好公安工作的思想，想方设法调动每个民警的工作积极性和创造性。党委成员不能只坐在办公室听汇报、作指示，各委员下基层调查研究的时间每年不得少于三个月，调查研究结束后，要写出有情况、有分析、有措施的调查报告。对党委成员下基层调查研究的情况，每年要向市委、市政府和省公安厅报告并向局机关全体党员民警通报。

八、局党委成员要参加双重组织生活。局党委每半年召开一次民主生活会，检查工作，交流思想，开展批评与自我批评，互相帮助，互相促进，知无不言，言无不尽，力求解决实际问题，不断提高民主生活会质量。局党委成员还要积极主动地参加所在党支部和党小组的组织生活，自觉接受党组织和群众的监督，摆正个人在组织中的位置，不做特殊党员。

1997 年 4 月 22 日

日照市公安局关于实行民警思想政治工作目标责任制试行办法

一、指导思想

以邓小平理论和江泽民总书记“三个代表”重要思想为指导，以“管好队伍不发生问题、干好工作让群众满意”为总目标，以落实各级“一岗双责”为依托，坚持“依法治警、以德塑警、从优待警”的思路和“以人为本、预防为主、防范在先”的原则，在对民警实行分类管理的基础上，建立领导干部对民警的思想政治工作目标责任制，通过目标分解、任务量化、责任到人、奖惩并举等措施，把深入细致的思想政治工作做到单位和人头，实现领导干部对民警思想政治工作的经常化、制度化、目标化，进一步激发调动民警的工作积极性，为圆满完成各项公安保卫工作任务提供强有力的思想组织保障。

二、工作目标

1．领导干部对单位政治理论学习和民警队伍思想教育有计划、有安排、有检查、有考核；逐级对民警思想政治工作实行分类管理，目标责任量化；通过重点帮教，较差等次民警得到明显转化并逐年减少。

2．领导干部做到经常与民警谈心交心，及时了解民警的思想状况，对责任范围内民警做到“八知”，即知政治品德、知性格特点、知自身修养、知业务技能、知家庭状况、知社会交往、知 8 小时以内的工作情况、知 8 小时以外的活动表现。发现苗头性问题能及时解决，民警精神面貌好，工作热情高，不发生因领导思想政治工作不到位引发的各类问题。

3．政策范围内的民警工资福利待遇、医疗人身保险、正常休息休假和正当执法权益等基本权利得到有效保护，住房条件基本得到改善。定期对民警进行健康查体，伤亡民警、患病民警和特困民警家庭得到及时看望、慰问、优抚、救助。民警家庭生活中的实际困难有人管、有人问，尽力帮助解决。民警对领导班子、领导干部满意率达 85% 以上。

4．民警职业道德水平明显提高，坚持全心全意为人民服务，工作责任心强，爱岗敬业，无私奉献。对待群众态度热情，服务周到，无冷横硬推被上级督查通报或造成一定影响的问题，无拒不履行职责造成的渎职、失职等责任事故。

5．民警能够自觉学法、懂法、守法，在警务活动中做到严格公正文明执法，不断增强法制观念，提高执法服务水平。严禁执法不公、越权办案、权钱交易、徇私枉法，无刑讯逼供、无滥用枪支警械、无滥用强制措施，不发生民警职务犯罪。

6．民警能够自觉遵守各项规章制度，“禁酒令”《公安民警十条禁令》《局长1号令》《公安民警违法违纪违规处理办法》等制度得到严格落实；民警8小时以外活动得到有效控制，不发生重大违规违纪问题，一般违纪现象明显减少，违规违纪民警及时查处率达100%；公安整体形象好，人民群众对民警满意率保持在90%以上。

三、职责任务

依据领导干部“一岗双责”的有关规定，全市公安民警思想政治工作目标责任制实行分级负责和分类管理联系制度。

领导干部联系民警的责任划分是市公安局局长负责做好市公安局班子成员和各分局、县公安局、支队“一把手”的思想政治工作；各分局、县公安局、支队“一把手”负责做好本级班子成员和分工部门（单位）主要负责人的思想政治工作；市公安局和各分局、县公安局、支队政委协助“一把手”抓好本级班子成员的思想政治工作，负责做好直接分管部门（单位）正副职领导干部的思想政治工作；市公安局和各分局、县公安局、支队的副职负责做好分管部门（单位）正副职领导干部的思想政治工作；机关科室和基层科所队负责人做好所属民警的思想政治工作。在此基础上，借鉴“三项教育”经验，根据平时表现、年度考核、民主评议和领导掌握情况，经党委（党组或总支）集体研究，每年对本级本单位管理联系的民警按优秀、一般、较差三个等级进行一次分类排队。对列入较差等次的民警由各级分管领导和所在单位主要负责人靠上帮教。

领导干部联系民警的主要任务是及时了解民警的思想状况，教育引导民警树立正确的世界观、人生观，发现问题及时解决；及时了解民警工作状况，教育引导民警爱岗敬业、无私奉献，完成本职工作任务；及时了解民警家庭状况，教育引导民警正确处理好事业与家庭的关系，帮助民警解决家庭生活中的实际困难；及时了解民警遵纪守法情况，教育引导民警增强法制观念，自觉遵纪守法，确保不出问题。通过领导干部联系民警，做好深入细致的思想政治工作，进一步调动广大民警积极性、主动性和创造性，使先进更先进，中间赶先进，较差等次民警得到转化提高。各级各单位领导干部联系民警的思想政治工作目标责任制要采取逐人签订责任书的形式，明确责任。

四、主要措施

（一）建立实行民警队伍思想状况定期分析制度。按照“真抓、早抓、主动抓”和“预防为主、防范在先”的要求，机关职能部门、基层科所队要坚持每月末讲评会制度，由每个民警在会上进行一月思想、工作、纪律作风情况汇报，机关职能部门、基层科所队负责人要对单位一月来民警思想、工作作风和遵纪守法情况进行综合讲评，提出具体要求，并形成书面材料，将民警思想状况分析、存在的问题及解决办法报政工部门，由政工部门进行汇总。各级党委（党组或总支）每季度召开一次民警思想状况分析例会，听取政工部门汇报，分析队伍思想状况，交流队伍管理经验教训，及时掌握民警思想脉搏和队伍动态，对反映的问题认真研究，提出解决的措施，按照领导干部联系民警责任制抓好落实。各级各单位定期分析民警思想状况例会要有记录、有报告，并逐级上报政工部门。

（二）建立实行谈心交心制度。各级领导干部要大力发扬密切联系群众的优良传统，掌握同民警谈心、交心的基本功，根据形势发展和任务需要，积极主动找民警谈心交朋友。特别是在民警立功授奖、提职晋级、工作调整变动、出现违法违纪苗头、受到上级或组织批评处分、领导误解、遭遇困难挫折及在执行急、难、险、重任务时，都要跟上耐心细致的思想政治工作，使民警端正思想，理顺情绪，正确对待，避免出现各种问题。按照分类管理的原则，对优秀民警，在表扬鼓励的同时，要明确指出缺点和不足，防骄破满；对中间民警，要加强教育引导，促其上进，形成争先创优的良好氛围；对较差等次民警，要逐级结对帮教，做好思想转化工作。市公安局及分县公安局支队领导班子成员与联系管理的民警谈心交心每季度不少于 1 次，基层科所队室负责人与单位每个民警谈心交心每月不少于 1 次，发现民警思想苗头要及时进行谈话帮助，解决好存在的问题。

（三）建立实行领导干部走访民警家庭制度。各级领导干部要按照民警思想政治工作联系管理责任制和“头脑里想着民警，感情上贴近民警，行动上走近民警”的要求，定期不定期地到民警家中走访。各单位领导班子成员每年对分管科所队室负责人和责任范围内民警家庭要进行一次普遍走访，中层科所室负责人对所属民警家庭要每半年进行一次走访，特殊情况随时走访。通过家访，与民警家属进行面对面交流，广泛征求对公安工作的意见建议，及时了解民警 8 小时以外活动情况、家庭状况和家属子女就业、孩子入学入托等实际困难和问题。各级政工部门要对民警家庭情况分别造册登记，对民警家庭存在的困难进行分类梳理，提出解决办法；协调有关单位，配合分工联系的领导抓好落实。要坚持从优待警，多为民警办好事、办实事。同时，结合三八妇女节、中秋节、元旦、春节等重大节日，积极组织召开家属联欢会、警民座谈会、评选五好家庭和十佳警嫂等活动，沟通交流感情，发挥家属的参谋、监督、后勤作用，当好公安机关密切联系群众的桥梁和纽带，动员家属子女全力支持公安工作，进一步增强队伍凝聚力。

（四）建立实行领导干部定期接访民警制度。坚持“群众有困难找民警、民警有困难找领导”的承诺，市公安局确定每月 25 日（遇星期天、节假日时间顺延）为领导接待日，由各单位主要领导（局长、支队长或政委）公开接访民警或民警家属，面对面地与民警（或民警家属）进行思想交流，及时了解民警思想动态、工作生活中遇到的实际困难和问题，听取他们的意见和建议。领导干部接访民警（或民警家属）要有制度、有记录。在各级政工部门设立民警意见箱，民警（或民警家属）遇到困难或对单位有意见，可通过信箱向党委领导反映，党委领导在 1 个月内给予答复或解决，以此加强领导与民警及其家属的联系沟通，拉近相互之间的距离，增强彼此理解信任，保证民警全身心干好工作。

（五）建立实行对民警 8 小时以外行为监督管理制度。在发挥 110 报警服务或接受群众监督投诉职能，发挥家属子女监督作用的同时，建立健全单位、社会、家庭三位一体防范网络，加强对民警 8 小时以外行为的监督管理，发现问题由分级管理责任人及时对其提醒或做工作。结合讲评会制度，每位民警每半年要将 8 小时以外活动情况在会上书面汇报一次。对 8 小时以外发生的各种有损于人民警察形象的问题，按规定分别予以组织谈话、通报批评、诫勉、免职或给予党政纪处分，同时追究有关包管领导的连带责任。

五、考核奖惩

全市公安机关领导干部对民警的思想政治工作目标责任制实行分级考核，即市公安局负责对各分局、县公安局、支队单位集体和领导班子成员的考核，各分局、县公安局、支队负责对所属科所队室负责人的考核。考核实行百分制（考核标准另行印发），90 分（含）以上为优秀，80 ~ 89 分为良好，70 ~ 79 分为合格，70 分以下为不合格。各科所队室每月自查考核一次，各分局、县公安局、支队每季度一考核，并报上一级政工部门备案。市公安局每半年进行一次抽查，每年年底组织一次全面综合考核评定。

（一）考核办法

考核坚持内部考核与听取群众意见相结合，集中考核与平时查验结果相结合，采取听看查评议和明察暗访办法进行。一是听取单位领导干部落实对民警思想政治工作目标责任制情况汇报；二是查看各种有关目标管理情况记录；三是通过召开民警座谈会、发放调查问卷等形式，了解思想政治工作目标责任制落实情况；四是征求当地党委、人大、政府、政协及群众代表意见，评议实行民警思想政治工作目标责任制的效果。

（二）加减分项目

1．凡年内在本单位召开国家或省、市级公安思想政治工作方面的现场会、经验交流会、座谈会的，1次分别加3分、2分、1分。

2．凡在国家，省、市级以上会议上介绍队伍建设、思想政治工作方面经验的，1次分别加3分、2分、1分。

3．凡领导干部履行对民警思想政治工作有特色、有创新、有成功经验，受到上级领导好评，并被国家、省、市肯定推广的（以简报、文件为准），分别加3分、2分、1分。

4．凡因思想政治工作不到位，受到省、市通报批评或被新闻媒体曝光，在社会上造成不良影响的，每次分别扣5分、3分。

5．凡因领导干部思想政治工作不力或处理不当，出现民警及家属子女越级上访的，每人次扣3分。

6．凡年内队伍发生严重违法违纪违规问题和重大责任事件的，实行一票否决。取消单位评先创优资格。

（三）奖惩措施

把领导干部落实对民警思想政治工作目标责任制情况作为干部考察考核的重要内容之一，本着政治荣誉和经济利益相挂钩、奖优罚劣的原则，在严格执行《全市公安机关领导干部“一岗双责”约法三章》《公安民警违法违纪违规处理办法》《日照市公安局局长令（1号令）》的基础上，执行以下奖惩规定：

1．凡因思想政治工作不到位，队伍发生重大违法违纪问题的，除处理当事人外，所在部门（单位）主要领导扣发2个月的岗位津贴，分管领导扣发1个月的岗位津贴，并扣发年终考核奖。

2．凡因思想政治工作不到位，市公安局及分局、县公安局、支队中层负责人发生违法违纪问题的，除处理当事人外，扣发分管领导3个月、主要领导2个月的岗位津贴，并扣发年终考核奖。

3．凡因思想政治工作不到位，队伍发生问题隐瞒不报或查处不力的，由上级对单位和分管领导给予通报批评，取消当年评先创优资格，并追究有关领导责任。

4．凡思想政治工作年终考评为较差的部门或基层科所队的主要领导，给予通报批评并责令限期整改。

5．凡连续2年落实领导干部思想政治工作目标责任制成绩突出、考评为优秀的单位主要领导（包括分县局、支队的局长、支队长、政委，科所队室负责人或教导员、指导员）分别给予记功或嘉奖。

6．每年在全市公安机关和各级领导干部中评选5个思想政治工作先进单位、10名“全市公安思想政治工作先进个人”，在全市公安工作会议上表彰奖励。

六、组织领导

为加强对这项工作的领导，市公安局成立全市公安民警思想政治工作目标责任制考评领导小组，由毕宝文局长任组长，刘银贤政委、来永庆副局长任副组长；其他局党委委员和办公室、督察部、装备科负责同志及各分局、县公安局、支队一把手为成员，下设办公室在政治部，由党委委员、政治部主任戴龙祥同志兼任办公室主任，具体负责考评工作的组织实施。

（一）加强领导，提高认识。各级要牢固树立两手抓、两手硬的思想，充分认识搞好民警思想政治工作目标责任制的重要性、必要性，把这项工作列入重要议事日程，定期听取工作汇报，研究分析民警队伍思想状况，并采取措施加以解决。市公安局和分局、县公安局、支队以上领导和班子成员要实行思想政治工作包片责任制，每人都要建立思想政治工作联系点，经常深入实际，加强调查研究，把握民警思想脉搏，找准思想政治工作的切入点，做到有的放矢。各级政工部门要加强综合协调调度，建立信息报送制度，及时反馈民警队伍思想动向，为领导掌握动态、指导工作提供决策依据。

（二）抓树典型，发挥示范带动作用。各级要注意发现、培养、宣传各个方面、各个层次的影响大、过得硬的先进典型，发挥典型在思想政治工作中的示范带动作用，用典型的先进事迹和高尚精神影响、带动民警。

（三）加强宣传，形成良好舆论氛围。根据形势发展和任务需要，坚持正面宣传为主、鼓劲加油的方针，不断调整思想政治工作宣传报道重点，大力宣传推广思想政治工作的好经验、好做法，宣传公安民警爱岗敬业、无私奉献精神，宣传民警关注的热点问题，使社会各界进一步了解支持公安工作，营造良好的舆论氛围。

（四）讲究方法，注重实效。要紧密联系公安队伍建设实际，不断探索思想政治工作的新形式、新方法，贴紧公安工作，做好结合文章。将落实领导干部对民警的思想政治工作目标责任制与搞好公安业务工作相结合，与学习“三个代表”重要思想相结合，与开展丰富多彩的警体、文体活动相结合，与为民警办实事、解难题相结合，切实把公安思想政治工作做深、做细、做活、做实、做出成效，稳定队伍，凝聚警心。

2001 年 6 月 28 日

第二节　组织人事管理

一、人员录用

1989 年市公安局升格后，人员录用主要有两个途径：一是根据组织、人事部门相关政策，直接接收高中等院校及公安院校的毕业生、军队转业干部、党政机关中适合从事公安工作的国家正式干部；二是根据地方公安机关录用人民警察相关文件规定，面向高、中等院校及公安院校毕业生公开招聘。

（一）政策依据

1994 年 1 月，省委组织部、省人事厅和省公安厅联合印发《关于公安机关补充人员有关问题的通知》，明确公安机关干部的主要来源是公安院校的毕业生、部队转业军官、党政机关中适合从事公安工作的国家正式干部。规定各级公安机关从现有国家机关工作人员以外补充人员，要按照《国家公务员暂行条例》的规定，坚持公开、平等、竞争、择优的原则，采取考试、考核的办法，严格政治审查，任职回避等情况审查和身体检查。考试考核办法按省委组织部、省人事厅有关规定执行。不符合条件的人员不能到公安机关工作。

1995 年 3 月，省委组织部、省人事厅、省公安厅联合印发《转发中央组织部、人事部、公安部〈关于从全国高等学校选拔部分优秀应届毕业生到基层公安机关锻炼培养的通知〉的通知》，明确选拔优秀大学毕业生到基层公安机关锻炼培养，加强县（市）公安机关领导班子后备队伍建设。

1998 年 3 月，省公安厅政治部印发《关于调任、转任人民警察有关问题的通知》，明确：（一）调任、转任人民警察要从严控制。拟调任、转任人民警察的单位必须有空编，满编或超编单位不得调任、转任人民警察。特殊情况需要调任、转任的，必须由市、地以上政府相应增加公安机关的编制。（二）拟调任、转任人民警察的人员，首先要有较高的政治素质。其次，必须具有较高的文化素质，一定的法律专业知识和良好的身体条件，文化程度必须大专以上。再次，拟任非领导职务的人员，科员不得超过25周岁，科级不得超过35周岁，处级不得超过45周岁；特殊工作需要的，年龄相应不得超过5周岁。（三）调任、转任人民警察，按照省委组织部、省人事厅、公安厅鲁公〔1994〕10号文件规定，必须先报省公安厅审核同意后，再按干部管理权限审批。

2001年，省人事厅、省公安厅转发人事部、公安部《关于印发〈关于地方公安机关录用人民警察实行省级统一招考的意见〉的通知》，明确：（一）今后我省各级公安机关录用主任科员以下非领导职务的人民警察，一律实行省级统一招考的办法。未经批准，各地不得自行组织考录人民警察工作。（二）各级公安机关如需录用人民警察，应以市地为单位，在省下达的增人计划内，编制专项录用计划，经省公安厅审核同意后，报省人事厅审批。（三）各级公安机关录用人民警察，应主要从公安警察院校大专以上学历的毕业生中择优录取。不足部分，面向社会公开招考。（四）录用人民警察公共科目笔试、专业科目考试、面试、体检、体能和心理素质测评，由省人事厅和省公安厅组织实施。经省人事厅、省公安厅授权，也可由市地人事局会同公安局组织实施。（五）经考试、考核合格，拟确定录用的人员，由市地人事局、公安局提出意见，经省公安厅审核同意后，报省人事厅审批或由省人事厅委托市地人事局办理录用手续。之后，日照市各级公安机关录用主任科员以下非领导职务的人民警察，一律实行统一招考的办法，由市公安局在省下达的增人计划内，编制专项录用计划，经省公安厅审核同意后，统一招聘录用。

（二）分配接收

接收高、中等院校及公安院校毕业生　2000年之前，高、中等院校及公安院校毕业生毕业后，可根据政策分配至公安机关工作。1989—2000年，市公安局接收高、中等院校及公安院校毕业生177人。

接收军转干部、复退军人（战士）、志愿兵　1995—2018年，全市公安机关接收军转干部349人，志愿兵4人，复退战士38人。

接收选调生　1995、1996年，市公安局每年分别接收选调生1人。1998年后选调生列入公开招录计划。是年，市公安局接收选调生1人。1999—2012年，全市公安机关接收选调生55人。

接收系统外调任、系统内转任人员　1995—2017年，全市公安机关接收系统外调任23人，系统内转任22人。

（三）公开招录

1997年，市公安局接收公开考录人员36人。2001年，市公安局公开招录人民警察5人。2003—2007年，市公安局机关及直属单位公开招考录用人员80人，莒县公安局接收公开考录人员12人，五莲县公安局接收公开考录人员24人。

2008—2015年，全市公安机关公开招考录用人员364人。其中，市公安局机关及直属单位284人，莒县公安局34人，五莲县公安局37人，市森林公安局2人，东港区森林公安局2人，莒县森林公安局2人，五莲县森林公安局3人。2016年市人民警察训练中心成立后，其事业编制民警招录采用公开招考方式。

2016—2018年，全市公安机关公开招考录用人员233人（行政编108人，事业编125人）。其中，市公安局直属单位招录公务员33人、事业编125人，莒县公安局招录公务员40人，五莲县公安局招录公务员34人，莒县森林公安局招录公务员1人。

二、干部管理

加强干部管理工作是市公安局党委的一项重要职责。全市公安机关坚持“党管干部”原则，严格落实干部队伍分级管理体制，严格按照标准和程序选拔任用干部，严格对各级干部的管理和监督。

（一）管理体制

管理权限　1990年5月，中央组织部、公安部党委下发《关于加强公安机关领导干部管理工作有关问题的通知》，重申公安机关领导干部的管理，继续执行过去的有关规定。之前，市公安局处级干部的任免由市委组织部考察，市政府公布任职命令；科级干部的任免、调动由市公安局党委考察决定，并报市委组织部备案。

1991年11月，中央组织部下发《关于干部双重管理工作若干问题的通知》，明确双重管理单位的领导干部管理工作，实行双重领导、以地方党委为主的体制。2006年11月，国务院《公安机关组织管理条例》规定，县级以上地方人民政府公安机关正职领导职务的提名，应当事先征得上一级公安机关的同意；副职领导职务的任免，应当事先征求上一级公安机关的意见。2010年10月，中央组织部、公安部党委联合印发《关于进一步做好县级公安机关领导干部管理有关工作的通知》，重申县级公安机关领导干部双重管理、异地任职、轮岗交流等有关制度。按照上述规定以及省公安厅和市委、市政府部署要求，市公安局严格执行干部队伍的管理和任免权限。

全市公安机关正、副处级领导干部及非领导干部由市委组织部门管理和任免。正、副科级领导干部及非领导干部，由市公安局党委任免并报市委组织部备案，其中对东港、岚山、日照经济技术开发区、山海天旅游度假区分局班子成员的任免，由市公安局党委考察并征求地方党委意见。

各分局党委按干部管理权限管理本单位民警。股级干部任免，由所在单位党委研究并报市公安局政治部门备案。对不设党委的机场分局，坪岚铁路分局股级干部由市公安局党委任免。港航公安局转制市公安局之前的干部管理工作，在原主管部门的指导下组织实施，处级领导干部任免以交通运输部公安局党组为主，日常管理工作以日照港集团公司党委为主；科级及以下干部任免管理均由港航公安局党委负责，干部任免情况同时报日照港集团公司备案。坪岚铁路分局在转制市公安局之前，干部管理工作由省公安厅统一领导并组织实施。

莒县、五莲县公安局领导干部的管理，实行地方党委与市公安局党委双重领导，以地方党委为主的体制。市公安局协助莒县、五莲县委管理所属公安机关的领导班子。两县县委在任免、调动县公安机关领导班子成员时，应事先征求市公安局党委的意见，并在充分考虑市公安局党委意见的基础上作出决定。县公安局局长职务任免由县政府县长提名，并征求市公安局党委意见。县公安局其他正、副科级领导干部及非领导干部由县委组织部管理和任免。本单位的股级干部，由县公安局党委任免后报县委组织部门备案。

管理制度　主要有干部交流任职制度、提拔干部试用期制度、辞职辞退制度等。

干部交流任职制度　1996年7月，中央组织部转发公安部党委《关于实行全国县级公安机关领导干部交流制度的意见》，明确县级公安机关正、副局长和正、副政委，年龄在55岁以下，符合在同一单位担任正副职满10年，或者担任正职5年以上的等情形的，一般应进行交流。2000年8月，莒县、五莲县公安局局长对调交流任职。2002年7月，中央组织部颁发的《党政领导干部选拔任用工作条例》规定，担任县（市）公安部门主要领导职务的，一般不得在本人成长地任职。此后，莒县、五莲县公安局局长均按照异地任职有关规定配备。

领导干部协管制度　1991年11月，中央组织部下发《关于干部双重管理工作若干问题的通知》，明确干部协管方和主管方工作职责和管理权限，理顺工作关系。2009年3月，省公安厅人事处就干部协管工作专门下发《关于进一步明确协管干部工作有关问题的通知》，明确公安机关领导干部的协管范围为党政领导班子全体成员（即局党委和局行政班子成员），干部协管制度日趋完善。目前，莒县公安局、五莲县公安局领导班子成员全部接受市公安局党委协管。同时，根据公安部政治部要求，将两县公安机关督察长、副督察长，纪检组长，国内安全保卫部门、技术侦察部门主要负责人纳入协管范围。

提拔干部试用期制度　2002 年 7 月，中央组织部印发《党政领导干部任职试用期暂行规定》，确定党委、政府工作部门（含派出机构）中非选举产生的副职和内设机构的领导职务执行任职试用期制度。领导干部任职试用期为 1 年，从任免机关发出试用任职通知时计算。按干部管理权限，需要办理备案手续的，应在发出试用任职通知前 1 个月办理备案手续。领导干部在试用期间，履行所任职务的职责，享受相应的政治和工资待遇。试用期满，按照干部管理权限，由组织（人事）部门对领导干部进行考核。考核可根据实际情况，采取适当方式进行。领导干部试用期满，经考核合格的，由组织（人事）部门办理正式任职手续。正式任职的，试用期计入任职时间。领导干部试用期满，经考核不合格的，按干部管理权限审批或备案后，免去试任职务，一般按试用前原职级安排适当工作。领导干部在试用期间工作出现重大失误或犯有严重错误，不宜继续试用的，按干部管理权限审批或备案后，提前结束试用期，并按有关规定予以处理。党委（党组）及组织（人事）部门按照干部管理权限，履行领导干部试用期间的教育、管理和监督职责。

辞职辞退制度　1995 年 9 月，公安部印发《公安机关人民警察辞职辞退暂行规定》，规定人民警察有下列情形之一的应当予以辞退：（一）在年度考核中，连续 2 年考核被确定为不称职的；（二）不能胜任现职工作，又不接受其他安排的；（三）因所在公安机关调整、撤销、合并或者缩减编制名额需要调整工作，本人拒绝合理安排的；（四）不履行人民警察义务，不遵守人民警察纪律，经教育仍无转变，不适合继续在公安机关工作，又不适宜给予开除处分的；（五）旷工或者因公外出、请假期满无正当理由逾期不归连续超过 15 天，或者 1 年内累计超过 30 天的。

（二）干部选拔任用

选拔干部标准　1995 年 2 月，中共中央颁发《党政领导干部选拔任用工作暂行条例》，明确选拔任用党政领导干部，必须坚持党管干部的原则；德才兼备、任人唯贤的原则；群众公认、注重实绩的原则；公开、平等、竞争、择优的原则；民主集中制的原则；依法办事的原则。之前，市公安局执行干部革命化、年轻化、知识化、专业化“四化”方针和德才兼备标准。

2002 年 7 月，中共中央正式颁布实施《党政干部选拔任用工作条例》。2013 年 12 月、2014 年 1 月，中共中央先后 2 次对《党政干部选拔任用工作条例》进行修订完善，对破格提拔进行从严把握，条例内容更加符合新时期干部选任工作，进一步明确党管干部；德才兼备、以德为先，五湖四海、任人唯贤；事业为上、人岗相适、人事相宜；公道正派、注重实绩、群众公认；民主集中制；依法依规办事的原则。《党政干部选拔任用工作条例》作为干部选拔任用工作的根本遵循，贯穿全市公安机关干部选拔任用工作始终。

调配任用干部　市公安局成立初期，以选拔培养德才兼备的领导干部为重点，着力配强配好全市公安机关各级领导班子。1993 年 4 月，根据组建东港分局的实际需要，经市公安局党委研究，一次性为东港分局配备干部 24 人，其中科级干部 19 人、股级干部 5 人，是年底陆续调整任免东港分局科级、股级干部 27 人。1995 年 7 月，市公安局印发《中共日照市公安局委员会议事规则》，规定市公安局党委按照民主集中制原则，施行党委集体领导下的分工负责制以及党委会议制度、文件审批制度。

1996 年，结合机构改革和公务员过渡，积极推行岗位转换、任职回避和竞争上岗，本着“选贤任能，因人择事”的原则，对交警、巡警支队、东港分局 148 名中层干部和热点岗位上的干警进行轮换，对市公安局直属单位中层骨干进行调整交流，对20名干警进行任职回避，对市公安局3个科室主要负责人实行竞争上岗。

1999年初，根据中共中央《关于进一步加强政法队伍建设的决定》，对市公安局科室、支队和各分局32名科级干部进行调整，提拔一批30岁左右的年轻干部。是年，争取派出所所长职级高配或进乡镇党委班子，解决派出所所长副科级待遇33人，其中东港19人、岚山3人、莒县6人、五莲5人，占派出所所长总数40%。

2002年8月，根据市政府办公室印发的市公安局“三定”方案和《日照市市级党政机关机构改革选配人员实行竞争上岗的意见》等有关规定，市公安局制定《日照市公安局关于科级职务实行竞争上岗的实施方案》，对空缺的科级领导职位和非领导职位按照公开报名、民主推荐、面试答辩、确定任职人选、组织考察、党委会决定的步骤，选拔科级干部98人。此后，选拔任用干部主要采取民主推荐和竞争上岗结合的方式进行。

2006年3月，市公安局根据市编制部门增设的科级机构和空缺领导干部职位，对空缺职位采取竞争上岗方式，提拔科级干部41人。

2011年11月，市政府办公室印发《日照市公安局主要职责内设机构和人员编制规定》，对市公安局机构编制和干部职数予以明确。是年底，干部调整到位后，除因工作需要的个别调整外，干部调整批次化特征明显。2012年12月至2014年6月，通过竞争上岗提拔副科级领导干部67人，通过民主推荐提拔正科级干部37人、主任科员19人、副主任科员22人，平职交流60人。

图24-7 市公安局副科级干部竞争上岗答辩考场

2016年8月至2018年，通过竞争上岗提拔副科级领导干部43人，通过民主推荐提拔正科级干部18人、主任科员7人，平职交流101人。配合市委组织部民主推荐处级干部6人。

2018年底，全市公安机关在任干部情况如下（不含日照市港航公安局、坪岚铁路分局在任干部）：

副厅级干部

张培林

正处级干部

熊桂登　曾宪威　任焕新　王　芳　李海防　杨乐清　相玉杰　王玉琛　孙运涛
周　波　孙世和

副处级干部

刘　军　史文明　陈占杰　安　军　卢成江　主洪亮　肖增华　宫　华　马宗忠　刘　炜
王洪木　解忠利　郭淑钦　孙志刚　李悦鹏　于卫东　王泽平　汉德平　聂玉良　王明华
刘瑞金　王　鹏　李廷伟　王龙森　时培玺　丁海成　于华杰　李秋霞　张建明　张　燕
陈秀华　焦安明　杨传伟　孙树平　贾天厚　胡训立　王　栋

正科级干部

市公安局（机关、直属单位、派出单位）（按姓氏笔画排序，以下同）：

丁　冰　丁　峰　丁卫东　丁兆专　丁明峰　丁明清　丁海平　丁淑滨　卜现堂　于永会
于永红　于治波　万　红　马先军　马秀军　王　允　王　磊　王文松　王玉安　王玉宝
王永宝　王永清　王廷斌　王均章　王言文　王建军　王梦廓　王常高　王清华　尹茂山
尹鹏飞　尹德芹　邓立志　厉　江　付文花　兰海涛　司玉清　邢　君　成永伦　吕江日
朱　凯　朱亚南　朱金波　任振义　刘　刚　刘　伟　刘　建　刘　涛　刘　斌　刘乃雨
刘召海　刘贤健　刘佳友　刘宝辉　刘祥一　刘祥玉　刘晨芳　安　亮　祁海滨　孙　天
孙运兵　纪现伟　苏照军　杜佃兴　李　虎　李　明　李　敏　李　斌　李乃超　李业军
李存叶　李玲娟　李高峰　李海生　李培河　李增剑　杨松依　吴金祥　邱光军　何建东
何昭君　何淑清　宋玉军　宋家祥　张　立　张　玲　张同亮　张传郭　张志峰　张丽梅
张佃雷　张陆青　张佰强　张治宽　陈　丽　陈　晓　陈　强　陈大方　陈建国　陈维芳
邰团泽　罗新辉　周连忠　郑　伟　郑成金　单修梓　赵春晖　柳瑞君　费洪建　姚永福
秦玉学　秦绪春　袁安民　徐　健　徐玉明　徐恩善　徐效军　徐道建　翁玉岭　高　雷
高丽华　郭长江　曹剑锋　崔为娟　梁　华　梁成浩　梁志萍　董加岭　蒋国华　韩　磊
惠希龙　惠希华　傅兵先　温炳华　管延卓　薛廷良　薄　峰　薄子山　薄文志　薄自化

莒县公安局：

卞德祥　王贵军　刘孝伟　李洪廷　李瑞武　杨西军　吴建东　吴洪涛　谷　伟
张坤吉　陈常亮　周文敏　郭润波　商玉春　董家法

五莲县公安局：

万仁峰　王太民　王海波　王锡臣　亓世诚　刘茂臣　张芳花　姚建国　秦　静　王富民
郭海春

副科级干部

市公安局（机关、直属单位、派出单位）：

丁　健　丁　涛　丁　鹏　丁　辉　丁兆华　丁明军　于　江　于　勃　于　军　于永水
万　群　万　勇　万修庆　马　玲　马成民　马学军　王　伟　王　君　王　波　王　彬
王　锋　王　斌　王冬净　王宁宁　王永志　王伟华　王守礼　王海东　王绪范　王增伟
方　程　尹　伟　孔令升　孔祥冰　邓　煜　艾　强　厉　华　卢君峰　卢培发　申延田
申家江　田乐湘　田成宇　田振宇　吕树君　吕洪振　朱　涛　朱　赫　朱世民　朱世涛
朱冠兰　朱晓燕　朱董涛　向　坚　庄　强　庄永健　刘　明　刘　炜　刘　勇　刘　娟
刘　巍　刘　健　刘元修　刘春玲　刘剑峰　刘洪发　刘恒杲　刘祥龙　安仲三　安茂礼
许　光　许传会　许京霞　许家苗　许家绍　孙　杰　孙　颖　孙　磊　孙开东　孙云波
孙永峰　孙成刚　孙福祥　牟文峰　牟敦宁　苏　恺　苏同民　苏同尚　杜祥林　李　伟
李　波　李　森　李　铁　李吉功　李光辉　李志政　李宜华　李宜章　李建斌　李昭福
李海峰　李继玲　李雪梅　李增瑞　杨　芳　杨　洋　杨传军　杨丽丽　杨祥臣　杨淑信
肖　沂　肖　峰　吴士博　吴献忠　何兴乐　辛　峰　辛崇江　沈　华　宋　涛　宋玉伦
宋代方　宋光胜　张　奎　张　涛　张　焱　张　雷　张开云　张凤生　张世伟　张成强
张传生　张兆玉　张庆国　张良胜　张明峰　张念敏　张建华　张绍利　张绪勇　陈　杰
陈　欣　陈卫红　邵泽明　武海涛　林凡中　林玉华　郁友军　金保贞　周东宁　周存南

周海波　周福增　郑世春　郑全军　单　杰　房继花　孟庆峰　赵　琳　赵　鹏　赵玉杰
赵世秀　赵有亮　赵伟伟　赵庆竹　赵明芹　赵春伟　赵洪德　赵善明　胡　峰　侯　亮
姜　昊　姚　顺　姚守明　贺　健　秦　洁　秦　锴　秦　磊　秦玉精　秦泗平　秦绪平
秦绪宏　袁　潇　顾　滨　徐　军　徐　斐　徐　源　徐从荣　徐庆迎　徐茂成　徐国文
徐春明　高华兵　高明强　郭长军　郭为勇　郭秋霞　唐　良　唐修斌　盛同俊　崔彦军
梁　艳　梁云刚　梁庆培　寇中炜　彭修华　蒋　林　韩　伟　韩　军　韩邦合　惠吉峰
惠希军　惠学文　覃来发　傅　军　傅　彬　傅仲先　鲁　华　曾　湘　曾召庭　窦宁波
滕　峰　潘　波　薛守军　薛树山　魏　军　魏本胜　魏雷波

莒县公安局：

于建忠　于录兵　王　岩　王友晨　王世光　王世安　王世杰　王立夫　王传省　王延涛
王志明　王奎元　王家海　王继胜　王常宝　尹向民　古南会　卢　欣　卢立成　卢永民
卢爱农　申传成　申传敬　田宝堂　田宗文　田宗泽　司志坚　吕明晓　伦志锦　庄肃源
刘光菊　刘延志　刘芳华　刘福照　许秀燕　孙仕鹏　孙运生　杜光礼　李枫梅　李明高
李海建　杨铁军　杨善军　来庆玉　吴佩利　何　强　宋广新　张开周　张玉涛　张永忠
张传东　张守峰　张瑞领　陈常国　陈常健　陈淑波　范文辉　周加海　庞遵秋　郑学民
胡开坤　相茂升　钟士滨　秦廷河　袁玉剑　贾庆琛　徐向东　高　峰　郭　伟　唐安合
唐富和　曹旭东　尉志勋　董世军　董继波　鲁绪亮　滕孝林　魏延楼

五莲县公安局：

丁兆福　丁孝江　于同洲　于德约　王　军　王在胜　王汝晖　王守伟　王作印　王泽芸
王建利　王厚团　王清光　王隆春　王增双　古全文　古暖光　厉　伟　厉永斌　厉复明
卢绪宝　白成友　冯　歌　冯展龙　邢玉林　曲洪伟　朱跃荣　向征兵　刘平明　刘兴强
刘祥伟　衣燕鸣　汤　瑜　安丰岩　安佰冰　孙金友　孙金彪　孙树勇　孙瑞昌　纪明成
李凤荣　李吉明　李志勇　李明光　李建平　吴启利　迟玉竹　迟庆国　张　阁　张加刚
张华强　张庆东　张继岩　张崇双　张穆华　陈忠收　陈学志　周加林　周扬军　郑　德
房　勇　赵永利　赵国强　赵恩平　胡宗光　钟希军　姜　泉　秦　军　袁宗龙　夏　刚
徐　伟　徐永亮　徐兴宾　徐连举　高月科　郭友奎　郭红霞　寇瑞兵　葛　伟　董建平
董顺宝　董德军　臧志国　潘曰东　魏本朋

（三）现役干部管理

消防干部管理　团职干部任免。公安消防部队正团职干部任免，由消防总队党委研究提出意见，厅政治部与消防总队共同组织考核，征求所在市公安局意见，其中消防总队机关及直属单位的正团职干部，由消防总队党委提名，厅政治部考核，经厅政治部审核并提出任职意见，报厅党委审批。副团职干部任免，由消防总队党委提出意见，厅政治部会同消防总队政治部门组织考核，征求所在市公安局意见，其中消防总队机关及直属单位的副团职干部，由消防总队党委提名，厅政治部考核，向厅长、分管副厅长汇报后，由政治部审批。营职干部任免。公安消防部队营职干部任免，由支队级党委考核提名，县、市、区消防大队的干部须征得所在县、市、区公安局的意见，报总队政治部审核、总队党委审批。总队机关及直属单位的营职以下干部由总队政治部考核提名并征求有关部门的意见后，报总队党委审批。连排职干部任免。公安消防部队连排职干部任免，由基层党组织推荐，支队政治处考核提名，报支队党委审批，并报总队政治部备案。

2013年6月，《公安消防部队政治机关工作规范》明确：正团职干部由公安厅（局）党委审批；

副团职干部由总队党委审批，公安厅（局）政治部备案同意；营职干部由总队党委审批；基层单位连职以下干部由有任免权限的支队级单位党委审批；总队机关（含直属单位）的连职以下干部职务任免有总队党委或总队机关党委、总队机关部门党委审批。

边防干部管理　1987 年，边防武警从武警总队中分离，划归各级公安机关领导，边防支队的干部管理工作由市公安局指导实施。2001 年 4 月，中央组织部、中央政法委、公安部党委联合下发《关于改进公安武警边防部队领导管理体制的通知》，公安武警边防部队领导管理体制改为双重领导、条块结合、以条为主的原则，将过去的分级管理分级指挥调整为公安部对武警边防部队的统一领导管理与地方党委、政府通过各级公安部门按规定权限对武警边防部队的分级指挥相结合，以条为主的集中统一领导的垂直管理体制。边防支队团职干部任免由公安厅边防局（总队）党委集体讨论提名，征求市公安局意见，其中支队军政主官任免须征得市公安局党委同意，同时征求市委组织部门意见，报省公安厅党委审批。营职干部由总队任免，其中正营职干部任免由支队党委讨论提名，征求市公安局意见后上报审批。正连职以下干部由支队任免。

消防、边防部队专业技术人员管理　对公安边防、消防部队专业技术人员的专业技术职务任免，高级专业技术职务由公安部审批，中级专业技术职务由省公安厅或公安部边防、消防局审批，初级专业技术职务由省公安厅边防、消防局（总队）党委审批。高级专业技术职务干部调整为专业技术九级以上，中级专业技术职务干部调整为专业技术七级以上，以及提前、越级调整专业技术等级的，由公安部政治部审批，其他按任免权限审批。

三、工资管理

1989 年，全市公安机关民警的工资待遇按中央、公安部和省、市组织人事部门有关政策规定执行。自 1989 年 10 月 1 日起，提高公安干警值勤岗位津贴，标准每人每天 1 元。1992 年 1 月，根据规定，适当调整机关、事业单位工作人员的工龄津贴标准，由原来的每年 0.5 元调整为每年 1 元。

1993 年，根据国务院《关于机关和事业单位工作人员工资制度改革问题的通知》、国务院办公厅《关于印发机关工资制度改革三个实施办法的通知》，机关工作人员（除工勤人员外）实行职级工资制，其工资按不同职能，分为职务工资、级别工资、基础工资和工龄工资 4 个部分，其中职务工资和级别工资是职级工资构成的主体。同时规定，在特殊岗位上工作的人员，仍实行岗位津贴。

自 1997 年 10 月 1 日起，对在编在职人民警察实行特殊岗位津贴，标准为每人每天 3 元。1998 年 2 月，根据规定，对机关事业单位在职工作人员现行的交通补贴、洗理费、粮价补贴、开放城市补贴、误餐补贴等津贴、补贴进行简化归并，合并后统一称为地方福利补贴，标准为每人每月 125 元。2000 年 5 月，将机关事业单位在职人员现行的 3 次职务补贴进行合并，合并后的职务补贴按原渠道列支。

自 2001 年 1 月 1 日起，机关行政人员基础工资标准由每人每月 180 元提高到 230 元，级别工资标准由十五级至一级每人每月 85 元至 720 元提高到 115 元至 1166 元。在调整机关行政人员工资标准的同时，适当调整机关工人的岗位工资和技术等级（职务）工资标准。机关工人的奖金部分按照其在工资构成中的比例相应提高。

2004 年 7 月，全省公安系统在编在职的人民警察特殊岗位津贴，调整为每人每月 150 元。2006 年 8 月，根据人事部、财政部《关于执行人民警察值勤岗位津贴有关问题的通知》规定，将公安干警的值勤岗位津贴名称变更为人民警察值勤岗位津贴。县级人民政府所属公安机关的人民警察值勤时，值勤岗位津贴标准为每人每天 10 元。人民警察值勤岗位津贴纳入工资统一发放范围，按值勤的实际天数计算，按月发放，自 2006 年 7 月 1 日起执行。

2007 年 6 月，根据中央文件规定，机关事业单位公务员实行“阳光工资”，全市公安民警除享受警衔津贴外，刑技人员保健津贴、派出所民警岗位津贴等被取消，津补贴发放进一步规范。

2007年1月，根据山东省人民政府办公厅《关于印发〈山东省公务员工资制度改革实施意见〉〈山东省事业单位工作人员收入分配制度改革实施意见〉和〈山东省机关事业单位离退休人员计发离退休费等问题的实施意见〉的通知》，日照市结合工作实际，制定实施《日照市公务员工资制度改革实施意见》《日照市事业单位工作人员收入分配制度改革实施意见》和《日照市机关事业单位离退休人员计发离退休费等问题的实施意见》，开展第四次工资制度改革。列入公务员法实施范围的机关和经批准参照公务员法管理的单位正式工作人员（工勤人员除外）实行职级工资制，基本工资由职务工资和级别工资构成。经县级以上党委、政府及机构编制部门批准成立的部分事业单位正式工作人员实施岗位绩效工资制度，岗位绩效工资由岗位工资、薪级工资、绩效工资和津贴补贴组成，其中岗位工资和薪级工资为基本工资。

2009年12月24日，人力资源和社会保障部下发《关于人民警察法定工作日之外加班发放补贴的通知》，自2010年1月1日起，对人民警察法定工作日加班不能补休的，发放加班补贴，正常休息日每加班一天80元，法定节假日每加班一天100元。是年，中央审议通过《关于全面深化公安改革若干重大问题的框架意见》，建立有别于其他公务员的人民警察管理制度和保障机制，贯彻落实人民警察生活待遇"高于地方，略低于军队"的原则，建立符合人民警察职业特点的工资待遇保障体系。

2009年12月16日，人力资源和社会保障部、公安部、国家公务员局印发实施《公安机关执法勤务机构人民警察警员职务套改方案》。2010年11月，市公安局对符合条件的700余名民警进行警员职务套改，并落实相应工资套改制度。

2013年11月18日，中共中央作出《关于进一步加强和改进公安工作的决定》。决定指出，贯彻落实公安民警生活待遇"高于地方，略低于军队"的原则，确立符合国情的、体现公安民警职业特点的工资待遇。根据国家经济和社会发展水平，不断提高公安民警的岗位津贴和警衔津贴。

2015年6月，根据《国务院办公厅转发人力资源和社会保障部、财政部关于调整机关事业单位工作人员基本工资标准和增加机关事业单位离退休人员离退休费三个实施方案的通知》和市人社局部署要求，自2014年10月1日起调整基本工资标准。

2015年7月1日，根据《省委办公厅省政府办公厅印发〈关于县以下机关建立公务员职务与职级并行制度的实施意见〉的通知》，自2015年1月起，全市各级公安机关执行职务职级并行制度。至2018年9月18日该制度停止执行，全市公安机关共有445人晋升上一职级（不含莒县、五莲县公安局、日照市港航公安局、坪岚铁路分局），其中晋升正处级25人，晋升副处级50人，晋升正科级67人，晋升副科级303人。

2016年11月，根据《国务院办公厅转发人力资源社会保障部财政部关于调整机关事业单位工作人员基本工资标准和增加机关事业单位离退休人员离退休费三个实施方案的通知》和市人社局部署要求，自2016年7月1日起调整基本工资标准，同时将部分规范津贴补贴纳入基本工资。

2017年6月，根据人力资源社会保障部财政部《关于执行人民警察法定工作日之外加班补贴有关问题的通知》，自2017年1月1日起调整人民警察法定工作日之外加班补贴政策，由国家统一规定标准调整为实行总量管理。各级人力资源社会保障、财政部门按照月人均710元和本级各相关单位的国家政法专项编制内人民警察实有人数，分别核定下达本级公安机关的年度法定工作日之外加班补贴总量。是年6月，根据《人力资源社会保障部财政部关于执行人民警察值勤岗位津贴有关问题的通知》，自2016年7月1日起，调整人民警察值勤岗位津贴政策。至此，按照"高于地方，略低于军队"建立的符合人民警察职业特点的"5+3+2津补贴政策"全面落实。

2018年12月，根据《国务院办公厅转发人力资源和社会保障部财政部关于调整机关事业单位工作人员基本工资标准和增加机关事业单位离退休人员离退休费三个实施方案的通知》和市人社局部署要求，自2018年7月1日起，调整机关事业单位工作人员基本工资标准，增加机关事业单位离休人员离休费。

四、警衔管理

警衔是区分人民警察等级、表明人民警察身份的称号和标志，是国家给予人民警察的荣誉。人民警察警衔管理工作由公安部主管。警衔管理的日常工作由政法各部门政工部门或主管部门负责。

（一）第一批警衔授予工作

1992年7月1日，第七届全国人大常委会第二十六次会议通过《中华人民共和国人民警察警衔条例》。日照市公安机关按照《中华人民共和国人民警察警衔条例》和国务院批转公安部《关于做好评定授予人民警察警衔工作的意见》以及省公安厅的统一部署要求，研究制定第一批授衔工作实施方案，明确评定授予警衔的范围、标准、步骤安排、组织实施等工作。市公安局成立警衔评授办公室，严格按政策标准审核把关、推进实施。

1993年1月15日，市政府在日照剧院隆重举行人民警察首次授衔仪式。第一批参加授衔的机关、交警支队、巡警支队和派出所民警，共318人。其中，授予三级警监警衔1人，授予一级警督警衔5人、二级警督警衔30人、三级警督警衔78人，授予一级警司警衔71人、二级警司警衔81人、三级警司警衔17人，授予一级警员警衔32人，二级警员警衔3人。

1993年3月30日，莒县公安局举行人民警察首次授衔仪式，全县公安机关第一批参加授衔的民警共211人。其中，授予一级警督警衔2人、二级警督警衔8人、三级警督警衔52人，授予一级警司警衔54人、二级警司警衔65人、三级警司警衔9人，授予一级警员警衔19人，二级警员警衔2人。

1993年10月6日，五莲县公安局举行人民警察首次授衔仪式，全县公安机关第一批参加授衔的民警共191人。其中，授予一级警督警衔1人、二级警督警衔10人、三级警督警衔33人，授予警司警衔及警员警衔147人。是年10月，全市公安机关第一批授衔工作结束。

（二）警衔微调

第一批人民警察评授警衔后，公安部和省公安厅及时安排部署开展警衔微调工作。市公安局对在首次评授警衔的衔级期间内，按照《首次评定授予人民警察警衔的标准》达到评授上一级警衔条件的，可在其职务等级编制警衔幅度内调整至上一级警衔。之后，警衔微调政策未能延续。

2013年3月12日，公安部再次下发《关于人民警察警衔微调及衔级时间合并计算两项政策规定的通知》，明确警衔微调工作的常态化。2013—2018年，全市公安机关共微调晋升警督警衔1人、一级警司警衔14人、二级警司警衔67人，三级警司警衔3人。

（三）警衔的首次授予及晋级、选升

首次授予人民警察警衔，按照规定权限批准授予：（一）总警监、副总警监、一级警监、二级警监由国务院总理批准授予；（二）三级警监、警督由公安部部长批准授予；（三）警司由省、自治区、直辖市公安厅（局）厅（局）长批准授予；（四）警员由省、自治区、直辖市公安厅（局）政治部主任批准授予。

1992—2018年，市公安局对从学校毕业分配和从社会招考等新录用的人民警察，以及从其他部门调任的人民警察，根据确定的职务，按照人民警察职务等级编制警衔，授予相应的警衔，共首次授予警衔2700余人。

1993年12月24日，公安部等5部门下发《人民警察警衔工作管理办法》，明确警衔期限和晋升条件

等。规定二级警督以下的人民警察晋升的期限：二级警员至一级警司，每晋升一级为3年；一级警司至一级警督，每晋升一级为4年。晋升的条件：（一）执行国家的法律、法规和政策，遵纪守法；（二）胜任本职工作；（三）联系群众，廉洁奉公，作风正派。晋升期限届满，经考核具备晋升条件的，应当逐级晋升；不具备晋升条件的，应当延期晋升。在工作中有突出功绩的，可以提前晋升。同时规定，一级警督以上的人民警察的警衔晋升，在职务等级编制警衔幅度内，根据其德才表现和工作实绩实行选升。人民警察由于职务提升，其警衔低于新任职务等级编制警衔的最低警衔的，应当晋升至新任职务等级编制警衔的最低警衔。根据《人民警察选升警衔的暂行办法》，市公安局对评授警监人员进行警衔选升工作。

1992—2018年，市公安局按照规定要求，每季度开展一次警衔晋升授予工作，共为2736名民警、8868人次晋升警衔。其中，2人次晋升二级警监警衔，22人次选升三级警监警衔，400人次晋升一级警督警衔，1180人次晋升二级警督警衔，2034人次晋升三级警督警衔，2315人次晋升一级警司警衔，2465人次晋升二级警司警衔，300人次晋升三级警司警衔，150人次晋升一级警员警衔。

（四）警衔保留、降级、取消

《中华人民共和国人民警察警衔条例》规定：（一）人民警察离休、退休的，其警衔予以保留，但不得佩带标志；人民警察调离警察工作岗位或者辞职、退职的，其警衔不予保留。（二）人民警察因不胜任现任职务被调任下级职务，其警衔高于新任职务等级编制警衔的最高警衔的应当调整至新任职务等级编制警衔的最高警衔；调整警衔的批准权限与原警衔的批准权限相同。（三）人民警察违犯警纪的，可以给予警衔降级的处分；警衔降级的批准权限与原警衔的批准权限相同；人民警察受警衔降级处分后，其警衔晋级的期限按照降级后的警衔等级重新计算；人民警察警衔降级不适用于二级警员。（四）人民警察被开除公职的，其警衔相应取消。人民警察犯罪，被依法判处剥夺政治权利或者有期徒刑以上刑罚的，其警衔相应取消。离休、退休的人民警察犯罪的，适用前款的规定。

1992—2018年，全市公安机关人民警察警衔保留525人，其中离休民警警衔保留9人、退休民警警衔保留516人。截至2018年底，全市公安机关授衔的民警共有2736人（含离退休529人，调出63人，去世39人），其中二级警监1人（已调出），三级警监20人（其中离退休12人，去世1人）；一级警督378人（其中离退休158人，调出2人，去世11人），二级警督783人（其中离退休180人，调出2人，去世9人），三级警督854人（其中离退休178人，调出13人，去世14人）；一级警司322人（其中离退休1人，调出14人，去世4人），二级警司185人（其中调出15人，去世1人），三级警司191人（其中调出15人）；一级警员2人，已调出。

（五）警衔津贴

1995年9月16日，人事部、财政部下发《关于人民警察实行警衔津贴问题的通知》，明确从1995年1月1日起执行警衔津贴，并明确各级警衔享受的津贴标准。人事部、财政部分别于1999年、2001年、2003年、2006年、2015年，前后共6次调整警衔津贴标准。市人力资源和社会保障局、市财政局对历次警衔津贴标准调整政策，均转发市公安局落实。

1995—2018年日照市公安局警衔津贴标准表

表24-1　　　　单位：元

执行时间	总警监	副总警监	警监			警督			警司			警员	
			一级	二级	三级	一级	二级	三级	一级	二级	三级	一级	二级
1995年1月	123	116	110	105	100	95	90	85	80	76	72	68	64
1999年10月	161	153	145	138	131	124	118	112	106	100	94	89	84

续表 24-1

执行时间	总警监	副总警监	警监			警督			警司			警员	
			一级	二级	三级	一级	二级	三级	一级	二级	三级	一级	二级
2001 年 1 月	189	179	169	161	153	145	138	131	124	117	110	104	98
2001 年 10 月	211	200	189	180	171	162	154	146	138	130	122	115	108
2003 年 7 月	228	216	204	194	184	174	165	156	147	138	129	121	113
2006 年 7 月	313	295	277	263	249	235	223	211	199	187	175	165	155
2015 年 1 月	2250	2000	1800	1600	1400	1250	1100	960	860	760	660	610	560

（六）人民警察警衔标志式样

1992 年 7 月 1 日实施的《中华人民共和国人民警察警衔条例》规定，人民警察警衔设五等十三级。担任专业技术职务的人民警察在警衔前冠以“专业技术”。1992 年 9 月 12 日，国务院发布《人民警察警衔标志式样和佩带办法》，规定人民警察警衔标志式样。后于 1995 年 5 月、2000 年 10 月 2 次进行修改。

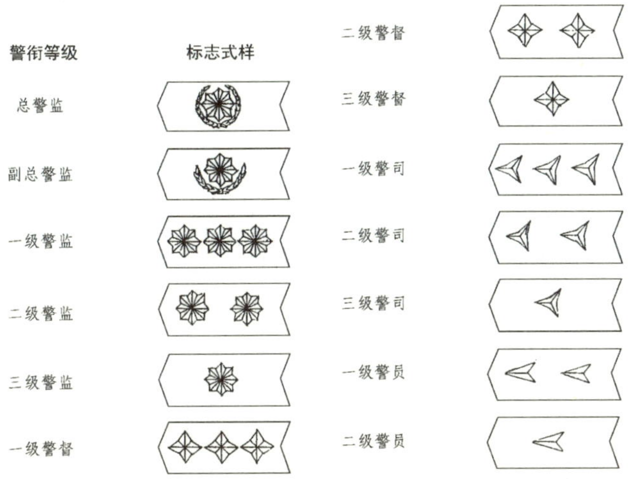

图 24-8 第一代警衔（1992 年 7 月至 1995 年 5 月）

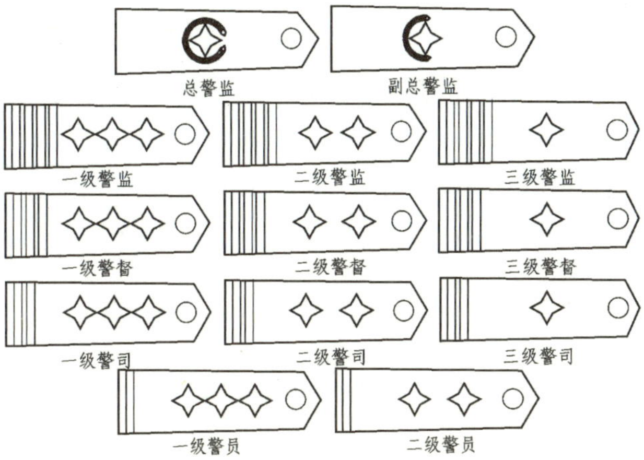

图 24-9 第二代警衔（1995 年 5 月至 2000 年 9 月）

五、警务技术职称

警务技术职称由专业技术职称转换而来。专业技术职称是指经国务院人事主管部门授权的部门、行业或中央企业、省级专业技术职称评审的系列专业技术职称。

（一）职称种类（范围）

市公安局升格后，专业技术职称主要有刑事技术和技术侦查专业两大类技术职称，职称评定主要根据《关于在全国公安机关刑事科学技术、技术侦察队伍试行专业技术职位任职制度的通知》（国人部发〔2004〕67 号）要求，开展相关专业职称评定工作。

2015 年后，逐步增加网络安全技术、警务信息通信技术、爆炸防控技术、警务交通技术等 4 类专业技术职称评审。至 2018 年，全市公安机关开展专业技术职称评定种类

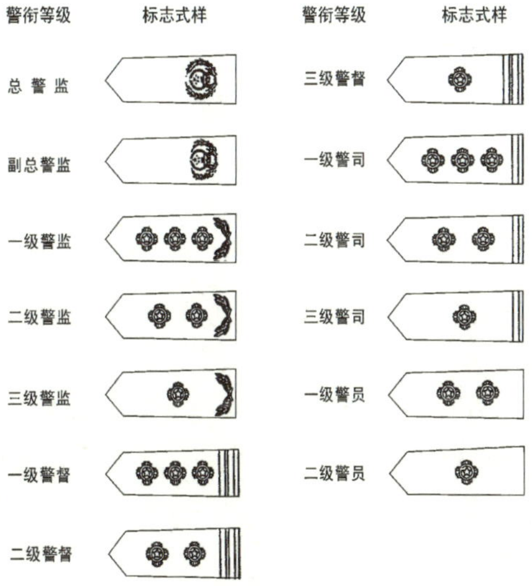

图 24-10 第三代警衔（2000 年 10 月—）

共6类32个专业。

刑事科学技术类　包括法医病理损伤检验、法医物证检验、痕迹检验、理化检验、文件检验、影像技术、声纹检验、电子物证检验、心理测试、警犬技术10个专业。技术侦查类　包括8个技术侦察专业。网络安全技术类　包括4个网安专业专业。警务信息通信技术类　包括警务信息侦控、警务通信指挥。爆炸防控技术类　包括搜排爆、爆破工程规划设计和技术评估、大型焰火工程规划设计和技术评估、特定爆炸物品销毁4个专业。警务交通技术类　包括交通组织规划、交通设施设置、交通监控指挥、车辆查验布控4个专业。

（二）专业技术职称评审

1998年，根据上级政策规定，全市各级公安机关在人事部门的配合下，对从事刑事科学技术、网络安全技术等业务工作的民警开展公安专业技术职称评审工作。是年，市公安局纪波等10人具备工程师任职资格，孙绪福等23人具备助理工程师任职资格，伦志锦等7人具备技术员任职资格，卢立成、王宗端等2人具备主检法医师任职资格，王冬净等4人具备法医师任职资格。

2000年3月，市公安局来永庆取得高级工程师职务任职资格。12月，市公安局秦玉精等4人取得文检专业助理工程师专业技术资格。2001年，朱世涛取得痕迹检验专业助理工程师专业技术资格。

2003年1月，市人事局和市公安局评审通过单杰等4人痕迹检验专业工程师专业技术资格。2月，刑警支队郭长江获得高级工程师职务任职资格。3月，确认东港分局李勇、开发区分局贺健为助理工程师任职资格，东港分局薄自山、岚山分局焦俊峰为技术员任职资格。7月，梁刚等3人取得痕迹检验专业助理工程师专业技术资格。

2004年4月，市刑警支队李志政等2人获得副主任法医师职务任职资格，交警支队陈玉君获得高级工程师任职资格，治安支队孙洪文等4人获得工程师任职资格，市看守所郭瑛等5人获得助理工程师任职资格。确认王晓黎等2人助理工程师专业技术任职资格，岚山分局许光技术员专业技术任职资格。

2005年，市公安局开展相关专业职称评定工作。其中，郭长江取得理化专业高级工程师专业技术资格，李希文等3人取得痕迹鉴定专业高级工程师专业技术资格，莒县公安局卢立成取得副主任法医师专业技术任职资格。2006年，东港分局王永清获得物证鉴定高级工程师专业技术资格，五莲县公安局孙昌伦取得文检检验工程师专业技术资格。

2007年，市公安局徐军、五莲县公安局秦静等2人取得痕迹检验专业高级工程师专业技术资格，市公安局葛长松取得主任法医师专业技术资格，李志政等2人取得副主任法医师专业技术资格，刘桂松取得主检法医师专业技术资格，东港分局张超取得法医师专业技术资格。

2009年12月，五莲县公安局刘祥伟取得副主任法医师任职资格，市公安局赵玉杰取得工程师任职资格。市公安局周正达等8人直接认定为刑事科学技术和技术侦察初级专业技术资格。

2010年3月3日，王世安获得副主任法医师专业技术资格，刘伟等2人取得法医师专业技术资格，闫世强等4人取得技术侦察助理工程师专业技术资格，郑帅等10人取得物证鉴定助理工程师专业技术资格。

2011—2014年，王伟取得技术侦察工程师专业技术资格，葛鹏等9人取得技术侦察助理工程师专业技术资格，张洁等4人取得主检法医师专业技术资格，孟雷（已调出日照市公安局）取得理化专业工程师专业技术资格，李贵法等4人取得法医师专业技术资格，邢其伟等11人取得物证鉴定助理工程师专业技术资格。

2015年10月28日，袁超等2人获得物证鉴定工程师专业技术资格，魏军获得技术侦察工程师专业技术资格。

2016 年 8 月 29 日，李志政等 2 人取得主任法医师专业技术资格，刘伟等 2 人取得主检法医师专业技术资格，郑帅等 6 人取得物证鉴定工程师专业技术资格，孙晓鹏等 7 人取得技术侦察工程师专业技术资格。12 月，根据市人力资源和社会保障局《关于做好 2016 年度专业技术职务资格评审工作的通知》精神，经市人力资源和社会保障局和市公安局评审，王善强等 28 人取得初级专业技术资格。2017 年 7 月 11 日，刘召军取得副主任法医师专业技术资格。

（三）警务技术任职资格转换、确认

2018 年 9 月，全国公安机关实施人民警察执法勤务警员职务序列和警务技术职务序列改革，其中纳入警务技术职务序列管理的人民警察需具备相应警务技术任职资格。要求对已经拥有专业技术资格的民警，需进行警务技术任职资格转换、确认。是年 11 月，根据中央组织部办公厅、公安部办公厅《关于开展公安机关警务技术职务任职资格首次评定工作的通知》和省委组织部、省公安厅《关于做好公安机关警务技术职务任职资格转换、确认以及副高级专业考试申报资格审核工作的通知》精神，市公安局在市公务员局等有关部门的配合下，对已经拥有专业技术资格的民警，开展警务技术职务序列人员的任职资格转换、确认工作。是年底，有 56 人完成任职资格转换，其中转换为初级任职资格的 17 人、中级任职资格的 28 人、副高级任职资格的 4 人、正高级任职资格的 7 人；有 16 人完成任职资格确认，其中确认为初级任职资格的 14 人、确认为中级任职资格的 2 人。另有 72 人上报待评定（审）警务技术任职资格，其中中级任职资格的 57 人、副高级任职资格的 13 人、正高级任职资格的 2 人。

2018 年日照市公安局专业技术资格转换为警务技术资格人员统计表

表 24-2

任职资格	姓名	籍贯	专业	所在单位名称
正高级	郭长江	日照市东港区	理化检验	市公安局刑侦支队
正高级	李玲娟（女）	山东省沂南县	痕迹检验	市公安局刑事科学技术研究所
正高级	李业军	日照市岚山区	痕迹检验	市公安局刑事科学技术研究所
正高级	李志政	日照市东港区	法医病理损伤检验	市公安局禁毒支队（在市公安局刑事科学技术研究所工作）
正高级	刘祥伟	山东省五莲县	法医病理损伤检验	五莲县公安局拘留所
正高级	卢立成	山东省莒县	法医病理损伤检验	莒县公安局棋山派出所
正高级	申家江	日照市东港区	法医病理损伤检验	东港分局刑事侦查大队
正高级	王世安	山东省莒县	法医病理损伤检验	莒县公安局长岭派出所
正高级	徐　军	山东省沂南县	痕迹检验	市公安局刑事科学技术研究所
副高级	丁　峰	日照市岚山区	交通监控指挥	市公安局高速公路交通警察支队（在交警支队指挥中心工作）
副高级	李海生	日照市岚山区	网安专业 3	市公安局网络安全保卫支队
副高级	刘桂松	日照市东港区	法医病理损伤检验	市公安局刑事科学技术研究所
副高级	刘召军	山东省五莲县	法医病理损伤检验	五莲县公安局刑事侦查大队
副高级	吕明晓	山东省莒县	痕迹检验	莒县公安局刑事侦查大队
副高级	马成民	日照市东港区	警务通信指挥	市公安局信息通信处

续表 24–2

任职资格	姓名	籍贯	专业	所在单位名称
副高级	孙昌伦	山东省五莲县	文件检验	五莲县公安局刑事侦查大队
副高级	孙树勇	山东省五莲县	痕迹检验	五莲县公安局监管大队
副高级	唐合平	山东省莒县	法医病理损伤检验	莒县公安局刑事侦查大队
副高级	王　伟	日照市岚山区	技侦专业 3	市公安局技术侦察支队
副高级	邢立学	河北省玉田县	法医病理损伤检验	岚山分局刑事侦查大队
副高级	张　洁（女）	日照市东港区	法医物证	市公安局刑事科学技术研究所
副高级	张陆青	日照市岚山区	警务信息侦控	市公安局信息通信处
副高级	赵玉杰	日照市东港区	文件检验	市公安局刑侦支队
副高级	赵中阳	山东省五莲县	法医病理损伤检验	市公安局刑事科学技术研究所
中级	陈世晓（女）	山东省莒县	文件检验	市公安局刑事科学技术研究所
中级	成荟文（女）	日照市东港区	网安专业 2	市公安局网络安全保卫支队
中级	崔玉杰	山东省五莲县	技侦专业 3	市公安局技术侦察支队
中级	崔中文	山东省莒南县	警务信息侦控	市公安局信息通信处
中级	丁明华	日照市东港区	网安专业 3	市公安局网络安全保卫支队
中级	董书昌	山东省莒县	网安专业 2	莒县公安局网络安全保卫大队
中级	杜祥林	山东省平度市	网安专业 2	市公安局国内安全保卫支队
中级	房　勇	山东省五莲县	网安专业 2	五莲县公安局国内安全保卫大队
中级	冯凯胜	山东省五莲县	痕迹检验	五莲县公安局刑事侦查大队
中级	高墩伟	日照市东港区	搜排爆	市公安局特警支队
中级	葛　鹏	山东省临沂市	技侦专业 6	市公安局技术侦察支队
中级	郭　杰（女）	日照市东港区	理化检验	市公安局刑事科学技术研究所
中级	贺　梅（女）	日照市东港区	痕迹检验	东港分局刑事侦查大队
中级	黄怡文（女）	日照市东港区	法医物证	市公安局刑事科学技术研究所
中级	惠希龙	日照市东港区	网安专业 3	市公安局网络安全保卫支队
中级	纪鹏春	日照市岚山区	车辆查验布控	市公安局车辆管理所
中级	焦广栋	日照市东港区	网安专业 3	岚山分局网络安全保卫大队
中级	李贵法	山东省沂水县	法医病理损伤检验	开发区分局刑侦大队
中级	李丽娜（女）	山东省五莲县	技侦专业 3	市公安局技术侦察支队
中级	李明光	山东省五莲县	警务通信指挥	五莲县公安局指挥中心
中级	李清宜	日照市东港区	网安专业 4	东港分局网络安全保卫大队
中级	李树杰	日照市东港区	技侦专业 5	市公安局技术侦察支队
中级	厉　霞（女）	日照市东港区	交通监控指挥	市公安局交通警察支队
中级	刘　雷	日照市东港区	痕迹检验	东港分局刑事侦查大队
中级	刘　伟	日照市东港区	警务信息侦控	市公安局信息通信处
中级	刘　伟	山东省蒙阴县	法医病理损伤检验	东港分局刑事侦查大队
中级	刘志鹏	日照市东港区	技侦专业 1	市公安局技术侦察支队

续表 24–2

任职资格	姓名	籍贯	专业	所在单位名称
中级	娄海霞（女）	山东省莒县	交通监控指挥	市公安局交通警察支队
中级	卢春光	山东省莒县	网安专业 2	市公安局网络安全保卫支队
中级	孟凡凯	日照市东港区	车辆查验布控	莒县公安局交警大队
中级	牟　楠	日照市东港区	网安专业 2	市公安局国内安全保卫支队
中级	秦国良	山东省五莲县	爆破工程规划设计和技术评估	五莲县公安局治安管理大队
中级	秦玉信	日照市东港区	警务通信指挥	市公安局信息通信处
中级	尚明建	日照市岚山区	网安专业 4	市公安局网络安全保卫支队
中级	申　扬	日照市岚山区	网安专业 4	五莲县公安局网络安全保卫大队
中级	石　辉（女）	山东省莒县	网安专业 4	莒县公安局网络安全保卫大队
中级	苏　健	日照市岚山区	影像技术	市公安局刑事科学技术研究所
中级	苏　荣（女）	日照市东港区	痕迹检验	东港分局刑事侦查大队
中级	孙名伟	山东省沂水县	法医物证	市公安局刑事科学技术研究所
中级	孙晓朋	山东省临沂市	技侦专业 3	市公安局技术侦察支队
中级	田朝霞（女）	日照市东港区	网安专业 2	市公安局国内安全保卫支队
中级	王　保	山东省临沭县	搜排爆	市公安局特警支队
中级	王洪明	山东省莒县	痕迹检验	莒县公安局刑事侦查大队
中级	王　雷	山东省莱西市	法医病理损伤检验	岚山分局刑事侦查大队
中级	王　亮	黑龙江省伊春市	网安专业 3	市公安局网络安全保卫支队
中级	王　娜（女）	日照市东港区	交通监控指挥	市公安局交通警察支队
中级	王　强	山东省莒县	警务信息侦控	市公安局信息通信处
中级	王泉修	山东省五莲县	交通监控指挥	五莲县公安局交通警察大队
中级	王善强	日照市东港区	网安专业 3	市公安局网络安全保卫支队
中级	王素娉（女）	山东省五莲县	网安专业 3	五莲县公安局网络安全保卫大队
中级	王新灵	山东省莒县	痕迹检验	莒县公安局刑事侦查大队
中级	王亚平	日照市岚山区	技侦专业 1	市公安局技术侦察支队
中级	魏　军	日照市东港区	技侦专业 3	机场分局刑事侦查大队（在市公安局技术侦察支队工作）
中级	邢其伟	山东省莒县	网安专业 2	市公安局国内安全保卫支队
中级	徐广庆	山东省莒南县	网安专业 3	东港分局网络安全保卫大队
中级	徐国鹏	山东省莒县	法医物证	市公安局刑事科学技术研究所
中级	许秀燕（女）	山东省莒县	警务通信指挥	莒县公安局机要通信科
中级	闫世强	山东省济南市	技侦专业 3	市公安局技术侦察支队
中级	严　伟	山东省莒县	痕迹检验	莒县公安局禁毒大队
中级	严孝海	山东省莒县	痕迹检验	东港分局刑事侦查大队
中级	杨尚辉	山东省五莲县	法医病理损伤检验	五莲县公安局刑事侦查大队

续表 24-2

任职资格	姓名	籍贯	专业	所在单位名称
中级	杨树山	山东省蒙阴县	技侦专业 3	市公安局技术侦察支队
中级	杨振宁	山东省济阳县	法医病理损伤检验	东港分局刑事侦查大队
中级	殷月芳（女）	日照市东港区	痕迹检验	东港分局刑事侦查大队
中级	于　慧（女）	山东省沂南县	痕迹检验	莒县公安局城西派出所
中级	于　磊	山东省五莲县	网安专业 2	开发区分局网安大队
中级	于永强	山东省莒县	警务通信指挥	市公安局指挥中心（机要密码）
中级	袁　超	日照市东港区	理化检验	市公安局刑事科学技术研究所
中级	张　兵	山东省兖州市	交通监控指挥	市公安局交通警察支队
中级	张　超	日照市东港区	法医病理损伤检验	东港分局刑事侦查大队
中级	张洪鹏	山东省莒县	技侦专业 3	市公安局技术侦察支队
中级	张继杰	日照市东港区	警务信息侦控	东港分局指挥中心机要通信科
中级	张加刚	山东省五莲县	网安专业 3	五莲县公安局网络安全保卫大队
中级	张建华（女）	日照市东港区	警务通信指挥	市公安局指挥中心（机要密码）
中级	张　凯	山东省莒南县	警务信息侦控	东港分局指挥中心
中级	张　涛	山东省临沭县	网安专业 2	市公安局网络安全保卫支队
中级	张　岩	日照市东港区	车辆查验布控	市公安局车辆管理所
中级	张翼翔	山东省微山县	痕迹检验	岚山分局刑事侦查大队
中级	郑　帅	日照市东港区	痕迹检验	市公安局刑事科学技术研究所
中级	郑　霞（女）	山东省五莲县	网安专业 2	五莲县公安局国内安全保卫大队
中级	郑召辉	山东省五莲县	警务通信指挥	岚山分局指挥中心
中级	周建涛	山东省莱芜市	网安专业 1	市公安局网络安全保卫支队
中级	周正达	山东省临沂市	技侦专业 3	市公安局技术侦察支队
中级	朱　赫	日照市东港区	警务信息侦控	岚山分局巨峰派出所 （在市公安局信息通信处工作）
中级	朱建国	日照市东港区	网安专业 2	市公安局网络安全保卫支队
中级	庄　蕾（女）	日照市东港区	车辆查验布控	市公安局车辆管理所
中级	庄晓雷（女）	山东省莒县	网安专业 2	市公安局国内安全保卫支队
初级	安恒达	山东省五莲县	痕迹检验	五莲县公安局汪湖派出所
初级	陈　妮（女）	山东省莒南县	车辆查验布控	市公安局交通警察支队
初级	丁　亮	山东省五莲县	痕迹检验 （事故处理方向）	五莲县公安局交通警察大队
初级	高伟程	日照市东港区	痕迹检验	岚山分局刑事侦查大队
初级	郭金鑫	山东省新泰市	技侦专业 5	市公安局技术侦察支队
初级	郭兆秀（女）	山东省沂水县	警务通信指挥	市公安局指挥中心（机要密码）
初级	韩　柳（女）	日照市东港区	网安专业 3	东港分局望海路派出所
初级	侯　妍（女）	山东省诸城市	痕迹检验	东港分局刑事侦查大队

续表 24–2

任职资格	姓名	籍贯	专业	所在单位名称
初级	焦玉波	日照市东港区	车辆查验布控	市公安局交通警察支队
初级	李兴连	山东省莒县	车辆查验布控	莒县公安局交警大队
初级	李　阳	日照市东港区	爆破工程规划设计和技术评估	五莲县公安局松柏派出所
初级	牟　兵	山东省五莲县	痕迹检验（事故处理方向）	五莲县公安局交通警察大队
初级	曲建峰	山东省沂水县	网安专业 3	市公安局网络安全保卫支队
初级	万泉策	日照市东港区	技侦专业 2	市公安局技术侦察支队
初级	王文霞（女）	山东省莒县	车辆查验布控	莒县公安局交警大队
初级	王学良	山东省莒县	痕迹检验	莒县公安局刑事侦查大队
初级	辛本德	日照市岚山区	警务信息侦控	东港分局指挥中心
初级	邢健业	山东省沂南县	技侦专业 3	市公安局技术侦察支队
初级	邢妍妍（女）	山东省莒县	法医病理损伤检验	莒县公安局长岭派出所
初级	杨子帆	山东省五莲县	痕迹检验	五莲县公安局刑事侦查大队
初级	尹守亮	山东省莒南县	网安专业 2	市公安局网络安全保卫支队
初级	尹　振	日照市东港区	警务通信指挥	五莲县公安局城北派出所
初级	于娇燕（女）	山东省乳山市	车辆查验布控	市公安局交通警察支队
初级	张丽娜（女）	山东省莒县	痕迹检验	东港分局刑事侦查大队
初级	张念霞（女）	日照市岚山区	网安专业 4	岚山分局网络安全保卫大队
初级	张文超	日照市东港区	网安专业 2	东港分局网络安全保卫大队
初级	周　晓（女）	日照市东港区	文件检验	东港分局刑事侦查大队

六、离退休干部管理

离退休干部工作是党的干部工作的重要组成部分。市公安局升格后，离退休干部管理工作机构并入政工部门，主要负责离退休干部的管理服务，落实政治和生活待遇，加强思想政治建设和党组织建设，维护离退休干部合法权益，组织开展有益于老年人身心健康的各类活动等工作。

（一）管理制度

市公安局机关的离退休干部，由政治部离退休干部科管理。2018 年 4 月 23 日，市公安局印发《关于进一步加强和改进市公安局机关离退休干部工作的意见》，明确市公安局机关离退休干部“统一领导，分级管理”原则，即在市公安局党委的统一领导下，各单位共同参与，齐抓共管，实行层级管理服务。政治部负责统筹局机关离退休干部的管理服务工作，指导、协调局机关各部门离退休干部工作，具体负责局机关离休和副处级以上退休干部的日常管理和生活服务工作；其他各单位负责本单位科级及以下退休干部的日常管理服务工作，落实有关生活待遇。交通警察支队、东港分局、岚山分局、日照经济技术开发区分局的离退休干部管理工作，由所在单位的政工部门负责。莒县、五莲县公安局离退休干部管理工作，在工会组织成立前或工会组织中断期间，由所在单位政工部门负责，在工会组织正常运行时归工会负责。2018 年底，全市公安机关有离休干部 9 人，退休干部 473 人，退休工勤 14 人（不含日照市港航公安局、坪岚铁路分局离退休人员）。

附：全市公安机关离退休干部名录

市公安局机关

离休干部5人（按姓氏笔画排序，以下同）：

厉建雷　安保佩　阮凤祥　郑世德　段玉德

退休干部99人：

于朝霞　马先智　尹世琛　王文斌　王安岭　王奎先　冯华利　厉复奎　厉彦君　史继波
宁贵邦　田立泉　白竹明　刘兆龙　刘丽玲　刘连清　刘顺梅　刘祥云　刘银贤　孙开平
孙开满　孙方怀　孙永春　巩建廷　庄文升　庄会增　庄建福　庄举坤　成之森　成荣恩
朱文武　毕立江　牟永玲　牟宗宝　牟善津　许家孝　闫富章　佘显界　吴家田　宋玉友
宋延芹　张　军　张传礼　张守春　张守柱　张守培　张庆东　张放明　张武廷　时培鑫
李业明　李功业　李希文　李社青　李其环　李树农　李清华　来永庆　杨继岷　苏照振
陆丽华　陈同金　陈常元　陈淑来　尚庆丽　庞立坤　范庆合　郑怀兰　姚廷修　胡启贵
赵修品　赵维新　凌思源　徐云功　徐永良　徐玉铎　徐延平　秦玉礼　秦玉明　秦洪双
秦洪团　秦洪喜　郭同华　顾世栋　高维志　梁永培　盛聚堂　舒瑞高　董云德　韩敬茂
韩邦义　韩敬坤　鲍德民　蔡世源　滕以竹　潘　云　薄自习　魏本岩　魏绪杰

退休行政工勤2人：

李友普　张传彩

交通警察支队

退休干部81人：

丁立友　丁立宝　于　军　马成德　王　立　王玉楼　王友乐　王先坤　王宗端　王修安
文　兰　厉保卓　卢　军　申世森　田光明　田继磊　付旭升　司云玲　吕其怀　吕洪乾
乔贞刚　乔祥伦　任宝善　刘树军　许中文　许传玮　孙开善　孙善忠　牟令善　牟宗连
严成淑　李乃许　李久成　李光臣　李宗述　李培岭　李维义　李维明　杨田华　杨志金
宋加敏　宋绍文　迟玉波　张文东　张龙贵　张永亮　张则勇　张仲来　张领传　陈玉君
陈同茂　陈常爱　陈鹏路　郑玉之　郑成果　郑明照　房克山　房克来　孟繁华　赵庆和
赵庆勇　赵　静　荆兆兴　姜少利　宫华庆　秦泗胜　贾秋昌　倪来和　徐东木　徐延生
徐茂波　高义常　郭京海　席　涛　黄会昌　梁　君　尉希增　韩培秋　戴龙祥　戴洪祥
魏绪国

退休工勤6人：

马德丙　王家堂　司朝善　刘立奎　孙　春　林清华

东港分局

退休干部70人：

丁海晨　马成田　马先恒　王万森　王元宁　王元成　王从华　王成云　王兆先　王明善
王金秋　王选民　王彦俊　尹世明　邓立友　厉彦江　石春和　成之修　吕　东　朱继礼
庄吉仁　刘世富　刘加祥　刘国亮　刘金德　刘振清　安丰亭　许传发　许崇江　许新民
孙玉安　孙玉梅　李　军　李志宜　李法贞　李笃海　李胜叶　李　祥　李　娟　杨宝清
杨淑明　吴家悦　谷竹元　辛公迎　迟拥军　张传公　张传进　张庆修　张迎传　陈常升
陈维业　邵乾世　金新国　郑祥玲　孟令武　孟　媛　赵龙义　段绍民　徐晓龙　高月海
高　波　郭振雨　董加深　董新平　焦自松　赖承金　翟富贵　滕以林　潘速远　魏本胜

岚山分局

退休干部 17 人：

王以顺　王玉新　王永昌　王其平　王群强　尹世荣　田玉军　毕泗胜　乔京平　辛崇秀
张树存　陈同伟　陈维宽　胡学祥　贺淑荣　梁全培　韩立云

日照经济技术开发区分局

退休干部 12 人：

丁立友　王维国　申作玉　庄廷永　许光友　李志亮　武玉成　段绍津　陶来平　寇相玲
彭贞美　葛长松

莒县公安局

离休干部 1 人：

刘锦俊

退休干部 116 人：

于西海　于家津　于翠敏　万志仁　王文松　王金楼　王均东　王全会　王常进　王贵平
王增群　王默青　王继华　王庆民　王瑞光　王子欣　王子尊　王崇展　白子乾　田英德
卢成兴　卢培香　申文良　史华春　史高堂　冯俊明　孙省三　孙成玉　孙世仁　孙明成
孙元孝　孙友谊　朱纪亮　刘海民　刘汉和　刘连发　刘希华　刘彦平　庄守帅　巩其三
许世国　许彦东　许家军　张子文　张安青　张茂福　张家贵　张书运　张文录　张传峰
张连胜　张连太　张守岩　张瑞余　张本田　张相惠　张德利　李　刚　李俊收　李瑞臻
李相宝　李德峰　李学军　李德正　李瑞武　陈树渭　陈玉志　陈志刚　陈淑勤　杨志城
杨克春　杨代岭　杨玉修　何明三　何永湘　何德亭　严宝存　严德秀　宋加武　吴修胜
佟法利　邵长睦　孟宪聪　孟庆振　胡宗山　胡宗琪　季光俊　季书忠　周备华　范卿修
岳秀发　罗凤喜　房克田　赵然仁　赵兴华　段玉敬　姜在生　郝永保　徐德秀　唐顺山
袁秀荣　宿桂玉　宿本科　盛云祥　盛云贵　曹新文　曹际欣　梁凤华　董怀玉　董学金
董玉雷　蒋学亮　鲁文刚　翟文法　薛喜宝　魏代营

五莲县公安局

离休干部 3 人：

白文秀　陈长利　高树德

退休干部 78 人：

于瑞荣　王玉武　王有忠　王守敏　王志勇　王茂增　王泽国　王承恩　王砧兴　王爱芹
王善明　王谦升　王德军　孔庆良　孔祥梅　厉建紫　田洪顺　冯志松　乔益升　任守基
庄培金　刘世远　刘浩贤　闫光礼　孙金昌　李　健　李曰德　李业平　李建廷　李修玉
杨宝爱　何茂良　何茂俊　迟玉锋　迟明楼　张更生　张　欣　张振超　张清泉　陈光荣
陈希清　陈　勇　陈淑弟　苗曰祥　苑方来　范作怀　林兆聘　林希卿　林宝贵　周绪香
郑泽银　郑昭山　郑培满　房学经　赵钦清　赵洪义　秦泗松　秦树双　秦绪全　侯　勇
徐连鹏　徐青海　徐茂法　徐宝传　徐建民　殷玉德　高竹兴　郭振波　曹德荣　寇仁理
葛宝聪　韩伯林　韩崇菊　韩德学　滕治清　戴方进　戴召军　魏茂利

退休行政工勤 1 人：

王成进

退休事业工勤5人：

王福中　林桂书　张安忠　胡兆雪　胡桂兰

（二）政治、生活待遇

1989年市公安局升格初期，有离退休干部6人。市公安局免费为离退休干部订阅《人民公安报》《老年报》《老干部之家》等报刊，落实离退休干部政治理论学习、阅读文件、参观考察、参加重要会议、重大活动以及健康查体、走访慰问、生病看望、生日祝贺等各项政治待遇和生活待遇。每逢春节、重阳节等重大节日，市公安局领导带队，分组走访慰问离退休干部及遗属。对特困离休干部及遗属，积极协助有关部门做好救助工作。按政策兑现离退休干部离休费、医疗费、生活补贴，对离退休干部重大节日的福利发放，均参照在职民警发放标准执行。

1995年6月28日，市公安局召开离退休干部座谈会，通报有关工作情况。之后每年至少召开一次离退休干部情况通报会，由市公安局主要负责同志向离退休干部通报全市公安工作情况。

1997年，市公安局制定《老干部管理工作计划》，开展8项工作。（一）坚持离退休干部每月5、15、25日“三个学习日”政治学习制度；（二）坚持离退休干部党支部的党内组织生活制度；（三）5月中旬，组织离退休老干部进行一次健康查体、组织一次外出参观学习活动；（四）组织离退休老干部过好“九九”重阳节等重大节日；（五）每月15日准时为离退休干部发送离退休工资，尽量为他们报销医药费提供方便，并对离退休干部患重病、家有大事等及时前去看望并组织慰问；（六）组织离退休干部开展提一项合理化建议，进行一次法制宣传教育活动，提供一条有价值的信息，做一件调解制止治安纠纷实事“四个一”活动；（七）及时处理离退休干部反映的各种问题，努力为他们排忧解难；（八）做好离休干部档案信息采集工作。是年，按照市委老干部局统一部署，在做好离休干部档案信息采集工作后，启用全省离休干部信息管理系统，将退休干部信息一并录入，实现全市公安机关离退休干部基本情况的信息化管理。

2010年始，市公安局机关、交警支队、各分县局普遍为离退休干部购买人身保险。2017年，落实精准化警务理念，积极探索落实离退休干部政治待遇和生活待遇的新途径、新办法，确保生活待遇得到全面落实并不断提高。是年，在市公安局“规范标准化建设年”活动中，政治部细化完善走访慰问、住院看望、健康体检、丧事办理等10项制度，开展离退休干部组织管理模式调研，对全市公安机关离退休干部的婚姻状况、身体健康状况、生活自理能力、子女照顾情况等内容进行详细调查，更新离退休干部的思想、健康、家庭等信息，特别是对“空巢”独居、特别困难的离退休干部、烈士遗属等给予特别关照，把敬老爱老落实到精准化、个性化之中，用心用情做好离退休干部工作。是年10月重阳节，组织离退休干部参观市公安局“迎接十九大，忠诚保平安”书画摄影展、岚山分局新建业务楼、巨峰镇茶园，感受日照经济社会和公安工作发展的新成就、新变化。

图24-11 走访慰问 敬老爱老

2018年，建立离退休干部人才库，并根据日照市关于编撰《山东省离休干部名录》日照分卷的通知，完成人事关系在市公安局（其中莒县公安局8人、五莲县公安局8人）

的33名离休干部（含去世）的信息采集工作。

（三）荣誉章授予

1991年，根据公安部《关于授予公安机关离退休干部人民警察荣誉章的通知》，市公安局为3名抗日战争时期参加工作的老干部申报一级金盾荣誉章、为7名新中国成立前参加工作的老干部申报二级金盾荣誉章、为9名参加公安工作30年以上的老干部申报蓝盾荣誉章。1993年，市公安局报批二级金盾荣誉章5人、蓝盾荣誉章2人。莒县、五莲县公安局也按文件精神进行授予公安机关离退休干部人民警察荣誉章的报批工作。全市公安机关共授予一级金盾荣誉章5人，分别为于所国、王秀生、阮凤祥、姜卫戍、刘广启。二级金盾荣誉章26人，分别为段玉德、厉建雷、安茂玺、牟宗条、郑世德、安保佩、梁立功、许培艾、丁立友、孙树祜、阚永殿、周元坤、白文秀、高树德、陈常利、张崇武、王振早、林子芳、刘继文、孟宪森、刘锦俊、林干、杜常信、李乐、陈相厚、刘锦深。蓝盾荣誉章18人，分别为夏全贞、匡增远、付承祯、沈清河、魏绪栋、徐毓铎、解寿岳、马先智、滕以竹、宋加军、韩永年、王继德、蒋桂庆、王忠智、王金楼、段玉敬、王占修、孙省三。

（四）文化养老

搭建离退休干部作用发挥平台 坚持定期组织离退休干部到市公安局机关、各分县公安局以及基层科所队考察指导，及时收集他们对公安业务和队伍建设的意见建议，充分利用离退休干部工作政治素质高、经验丰富等优势，建言献策、献智出力，帮助广大在职干部和年轻民警提升工作质量。组织开展老干部志愿服务活动，积极参与平安日照建设和关心下一代工作，继续为党的事业和公安工作建设发挥余热。2018年，市公安局被评为“全市关心下一代工作先进集体”，1名退休干部被评为“全市关心下一代优秀‘五老’志愿者”。

加强离退休干部活动场所建设 2000年前，市公安局建设黄海二路30号原石臼分局旧址和兴海路26号原治安拘留所2处离退休干部文体活动场所。2009年后，取消黄海二路30号原石臼分局旧址的离退休干部文体活动场所，又相继规划设立枣庄路公安局家属院、机关业务楼东附楼、治安支队家属院3处离退休干部活动场所，满足市公安局机关离退休干部就近学习、娱乐和健身活动。活动场所设党员学习室（会议室）、阅览室、乒乓球室、台球室、棋牌室，根据离退休干部精神文化需求，开展书画、摄影、声乐、舞蹈、棋牌、麻将等学习、活动项目，打造离退休干部的温馨家园。各区县公安局、支队也普遍注重离退休干部活动场所建设。

开展有益离退休干部身心健康的文体娱乐活动 市公安局积极创造条件，鼓励和支持离退休干部参加社会活动，使离退休干部的精神文化生活得到丰富和延伸。1995年，市公安局成立老年体育协会，组建门球队参加日照市第五届“长松杯”老年门球比赛。此后，每年组织老干部集中报名到老年大学学习，积极组织离退休干部参加市委老干部局、市体育局等部门组织的乒乓球、象棋、书画摄影比赛，均取得优异成绩。2002年9月，莒县公安局建成老干部活动中心，设置阅览室，图书超过1000册；购置台球桌、象棋、扑克等文体用品。2017年5月，在日照市第三届老年人运动会乒乓球比赛上，市公安局代表队分获男女团体二等奖。

（五）组织建设

1997年，市公安局机关成立离退休干部党支部，规范离退休干部党组织建设。1997年7月，五莲县公安局成立离退休干部党支部，按期组织换届。2002年1月，莒县公安局成立老干警党支部。2017年7月，交警支队成立离退休干部党支部。2018年10月，市公安局召开离退休干部党员大会，选举产生机关离退休干部党总支。党总支下设第一、二、三、四、五离退休干部党支部。

30年间，市公安局把离退休干部党组织建设纳入市公安局机关党建工作总体布局，完善和落实

图 24-12 离退休老干部党员大会暨情况通报会

离退休干部党员政治理论学习、阅读文件、参加会议活动等制度，保证离退休干部政治坚定、思想常新、理想永存；加强离退休干部党员教育管理，认真落实“三会一课”、组织生活会、民主评议党员、谈心谈话等组织生活制度；每月开展一次党日活动，为每名党员印发党员党费证，每月按时足额交纳党费；定期开展争创“五好”党支部、争做“五好”党员等评选表彰活动；加强离退休干部党组织班子建设，配齐配强支部班子成员，定期组织培训。根据《关于离退休干部党组织工作经费保障和党组织书记工作补助发放工作有关问题的通知》，落实离退休干部党组织工作经费保障制度。加强网上党支部建设，创新推出“互联网 + 党建工作”机制，建立离退休干部 e 支部，并通过党建网站、老干部工作网、微信群等平台，组织开展在线学习。推进精准化服务理念，明确将治安支队、刑侦支队、市看守所、市拘留所的离退休干部党员，以生活居住地为准，就近编入机关离退休干部各党支部，方便离退休干部的组织生活和文体生活。

2004 年 11 月，市公安局机关离退休干部党支部被省委组织部、省委老干部局评为全省先进离退休干部党支部。2018 年 6 月，市公安局机关离退休干部党支部被表彰为全市第一批离退休干部示范党支部。

2004—2018 年市公安局机关离退休干部工作获奖情况一览表

表 24-3

单位	荣誉名称或比赛奖项	授予单位	时间
市公安局离退休干部党支部	先进离退休干部党支部	市委组织部、市委老干部局、市委市直机关工委	2004.06
市公安局离退休干部党支部	先进离退休干部党支部	省委组织部、省委老干部局	2004.11
市公安局离退休干部党支部	先进离退休干部党支部	市委组织部、市委老干部局、市委市直机关工委	2006.06
市公安局离退休干部党支部	全市先进离退休干部党支部	市委组织部、市委老干部局	2008.06
市公安局	2009 年度全市老干部工作目标管理先进单位	市委老干部局	2010.03
市公安局	老干部活动场所建设市级示范点	市委老干部局	2010.03
市公安局离退休干部党支部	全市离退休干部党支部五好支部	市委组织部、市委老干部局	2010.06
市公安局	2010 年度全市老干部工作目标管理先进单位	市委老干部局	2011.03
市公安局离退休干部党支部	全市先进离退休干部党支部	市委组织部、市委老干部局	2011.06

续表 24-3

单位	荣誉名称或比赛奖项	授予单位	时间
市公安局	2011 年度全市老干部工作目标管理先进单位	市委老干部局	2012.02
市公安局	全市离退休干部学习党的十八大知识竞赛　优秀组织奖	市委老干部局	2013.03
市公安局	日照市第二届老年人运动会暨第三届全民健身运动会乒乓球比赛荣获男子团体二等奖	市体育局、市老年人体育协会	2013.05
市公安局	日照市第二届老年人运动会暨第三届全民健身运动会乒乓球比赛荣获女子团体二等奖	市体育局、市老年人体育协会	2013.05
市公安局	日照市第二届老年人运动会暨第三届全民健身运动会乒乓球比赛体育道德风尚奖	市体育局、市老年人体育协会	2013.05
市公安局	2013 年度全市老干部工作目标管理先进单位	市委老干部局	2014.03
市公安局离退休干部党支部	五好离退休干部党支部	市委组织部、市委老干部局	2014.03
市公安局离退休干部党支部	五好离退休干部党支部	市委组织部、市委老干部局、市委市直机关工委	2016.06
市公安局	2016 年度老年体育工作先进单位	市体育局、市老年人体育协会	2017.03
市公安局	日照市第三届老年人运动会象棋比赛二等奖	市体育局、市老年人体育协会	2017.08
市公安局	日照市第三届老年人运动会象棋比赛体育道德风尚奖	市第三届老年人运动会组委会	2017.08
市公安局离退休干部党支部	五好离退休干部党支部	市委组织部、市委老干部局、市委离退休干部工作委员会	2018.06
市公安局	全市关心下一代工作先进集体	市关心下一代工作委员会、市精神文明建设委员会办公室	2018.08
市公安局离退休干部党支部	日照市离退休干部示范支部	市委老干部局、市委离退休干部工作委员会	2018.06

七、辅警管理

辅警是指依法履行辅助性警务职责、纳入辅警用人额度、经费保障列入本级财政预算、由公安机关管理使用、不具有人民警察身份的工作人员。规范辅警管理工作，有利于依法合理使用警务辅助力量，充分发挥其在协助公安民警维护社会治安、打击违法犯罪、开展行政管理和服务人民群众等方面的积极作用。

2016 年 3 月，国务院办公厅印发《关于规范公安机关警务辅助人员管理工作的意见》。市公安局根据国务院办公厅《关于规范公安机关警务辅助人员管理工作的意见》和省政府办公厅《山东省公安机关警务辅助人员管理办法（试行）》《山东省公安机关辅警职级设置管理实施细则（试行）》《山东省公安机关辅员招聘工作实施细则（试行）》，以及市政府《关于贯彻鲁政办字〔2016〕221 号文件进一步规范全市公安机关警务辅助人员管理的实施意见》（日政办字〔2017〕67 号）文件，将辅警队伍建设上升到与民警队伍建设并重的地位，把规范辅警管理列为重点改革任务加以推进。全市公安机关辅警管理工作纳入制度化、规范化、法治化轨道。

（一）招聘

市公安局升格后，警务辅助力量由各级公安机关统一招聘或基层所队自行招聘，称谓有联防队员、巡防队员、协勤人员、辅警等。1998 年，市公安局巡逻警察支队招收巡防队员。2005 年 7 月，市公安局招聘 120 名联防队员，用于市区街面治安巡逻防控，市公安局机关和东港分局、日照经济开发区分局管理使用，财政保障由日照市和东港区、日照经济开发区两级财政承担。2007—2012 年，市公安局先后 3 次招聘警务辅助人员，共 212 人。各区县公安局、分局根据工作需要，各自招聘警务辅助人员。至 2017 年底，全市公安机关共招聘由财政保障、公安机关使用的在职警务辅助人员 3153 人。

2017—2018 年，辅警招聘工作推行县级以上公安机关在批准的用人额度内提出用人计划，经同级机构编制、人社部门、财政部门审核后，向市公安局提报招聘申请；市公安局对招聘申请进行把关审核，精准核算额度后，报请省公安厅审批。省公安厅同意招聘后，市公安局指导各单位组织开展招聘工作。其中，人员招聘重点把握两点：一是 30 周岁以下，具有高中以上文化程度和履行岗位职责所需的工作能力，其中文职辅警应具备大专以上文化程度；二是参照人民警察体能测评、体检标准条件，严格把关，严格政治考核，确保招聘人员素质。

市公安局机关及直属单位、交警支队和各分县局等用人单位各自采取劳务派遣方式，委托并指导、监督劳务派遣单位按照“面向社会、公平竞争、择优聘用”原则，通过发布招聘公告、自愿报名、资格审查、考试测评、体能测评、体检、毒检、政治考核、公示、聘用等程序，全程接受社会监督，严格选拔录用。在招聘对象上，同等条件下，优先招聘烈士和因公牺牲公安民警、辅警的配偶子女，在职公安民警配偶、退役军人、见义勇为积极分子和先进个人、警察类或政法院校毕业生，以及具有岗位所需专业资质或专门技能的人员。对特殊岗位和急需紧缺专业人才，可简化招聘程序，降低或提高招聘条件，也可从符合条件人选中实地考核测评、考察确定人选。2018 年 7 月，市公安局机关及直属单位委托日照力诚人力资源有限公司招聘辅警 96 人，其中勤务辅警 51 人，文职辅警 45 人。由日照力诚人力资源有限公司与辅警签订劳动合同，建立劳动关系，并与公安机关订立劳务派遣协议，派遣到公安机关相应岗位工作。对招聘担任大型车辆驾驶员的辅警，在面试的基础上，专门组织考生到市车管所，邀请考官按照大型车辆驾驶考试程序开展专业技能测试。五莲县公安局针对特巡警辅警岗位的体能要求，专门设定体能测试和面试两项内容，实行体能测试和面试各占一半分值方式，计算考核成绩，且体能测试、面试的分值分别需要达到规定的合格线，在报请市公安局批准和同级人社部门同意后，简化招聘程序。是年，全市公安机关招聘辅警 14 批次，招聘辅警 786 人。

2005—2018 年日照市公安局辅警招聘情况统计表

表 24-4

时间	招聘单位	招聘辅警人数（人）	批准机关	备注
2005	市公安局	120	市委、市政府	巡防队员
2007	市公安局	12	市政府	巡防队员
2008.02	市公安局	100	市委市政府	巡防队员
2012.03	市公安局	100	市政府	巡防队员
2018.02	岚山分局	45	省公安厅	
2018.02	东港分局	70	省公安厅	

续表 24-4

时间	招聘单位	招聘辅警人数	批准机关	备注
2018.02	交通警察支队	180	省公安厅	
2018.04	山海天旅游度假区分局	22	省公安厅	
2018.04	东港分局	33	省公安厅	
2018.04	岚山分局	43	省公安厅	
2018.05	莒县公安局	96	省公安厅	
2018.06	五莲县公安局	40	省公安厅	
2018.07	市公安局	96	省公安厅	
2018.07	日照经济技术开发区分局	8	省公安厅	
2018.08	东港分局	34	省公安厅	
2018.08	岚山分局	49	省公安厅	
2018.08	山海天旅游度假区分局	11	省公安厅	
2018.08	莒县公安局	62	省公安厅	

（二）考核过渡

2017 年 9 月，根据省政府办公厅《山东省公安机关警务辅助人员管理办法（试行）》和市政府办公室《关于全面深化公安改革暨加强公安基层基础工作的实施意见》，市公安局印发《日照市公安机关警务辅助人员考核过渡工作实施方案》，明确考核过渡范围为市公安局机关及直属单位、各分县局在职的警务辅助人员，不含公安机关招聘的从事膳食、保洁、保卫等工作的后勤服务人员，社会志愿者以及其他群防群治性质的社会治安辅助力量，规定考核过渡按照“谁使用、谁过渡、谁负责”原则，市公安局机关及直属单位、交警支队和各分县局等用人单位各自按程序、标准组织考核过渡。是年 12 月，市公安局机关及直属单位在市人力资源和社会保障局的监督指导下，对在职 160 名辅警通过个人申请、政审考察、单位评议、领导把关、人社局审核、公示、聘用等程序进行考核过渡，留用辅警 151 人。各分县局在同级人社部门的监督指导下，对在职辅警进行考核过渡。是年底，全市公安机关在职 3153 名辅警按程序全部完成考核过渡，淘汰 222 人，留用 2931 人。对留用辅警，分别由市公安局机关及直属单位、交警支队和各分县局等用人单位选用劳务派遣公司办理聘用手续，建立劳动关系，继续在原单位工作。

（三）管理

市公安局升格后，警务辅助人员由各用人单位自行管理。2013 年 3 月，市公安局印发《日照市公安机关协勤人员管理暂行规定》，明确协勤人员职责、纪律、招聘、管理、保障等规定。协勤人员日常管理使用工作仍由各用人单位负责。

2017 年 10 月，市政府印发《关于贯彻鲁政办字〔2016〕221 号文件进一步规范全市公安机关警务辅助人员管理的实施意见》，明确建立由市公安局统筹、各用人单位具体负责的分级管理机制。市公安局和各分县局分别成立辅警管理机构，形成上下“条块结合、以块为主”的辅警管理模式，落实“谁用人、谁管理、谁负责”的责任主体，理顺辅警管理内部关系。此后，市公安局依照国家工作人员和人民警察相关管理规定，进一步明确辅警日常管理、职级晋升、招聘程序等内容，按照分类管理、因岗施策原则，建立辅警层级指标体系、评价标准体系和辅警日常管理考核综合评价体系，将辅警管理纳入纪检、督察、法制等部门工作范畴，把辅警违规违纪违法情况纳入用人单位绩效考核和执法质量考评，完善辅警队伍分析研判、督察评估、处理追责等工作机制，层层压实责任，级级落实监管。

辅警队伍管理制度改革后，市公安局机关及直属单位推行辅警精准化管理措施，逐级落实辅警教育、管理、使用和监督责任，对辅警实行正规化管理、军事化约束，定期进行工作实绩、思想道德、工作态度、工作作风和廉洁自律考核。山海天旅游度假区分局根据上级文件精神，进一步明确辅警职能、职责、职权范围，推出定岗定员定职定责定制“五定”工作机制，把辅警岗位分为文职类（窗口接待咨询、对外宣传、办公室行政文秘等）和勤务类（通信、监控和计算机维护、刑事技术系统和治安系统操作、旅游骑行和巡逻队员、派出所户籍管理员、警务保障管理员、特种车辆驾驶员等）两类岗位，实行分类管理。交警支队强化考核评价、监督约束的结果运用，对违反有关法律法规、用工单位工作规定和纪律要求的，视情节给予批评教育、纪律处分；情节严重的，退回劳务派遣机构；构成违法犯罪的，依法追究法律责任。

（四）使用

辅警队伍管理制度改革后，市公安局积极探索队建模式，根据“因需设岗、合理配置、精简高效、参照民警、规范管理”的要求，坚持“像管理警察队伍一样管理辅警队伍”的原则，优化人员结构，落实管理措施，使辅警队伍建设走上正规化、规范化、职业化、科学化轨道。科学区分文职辅警与勤务辅警，明确各自的工作范围，对辅警不得从事的岗位和工作，建立负面清单，逐步实现定岗、定责、定员。辅警置换警力，将非执法、非涉密岗位的公安民警警力置换出来，充实到技侦、网安、刑侦、经侦、禁毒及基层派出所等执法岗位和勤务一线。实行派驻制，由用人单位提出意向，各级辅警管理机构根据工作任务，科学测算辅警需求，合理设置辅警岗位，制定分配计划，报经局党委批准后，将辅警派驻到用人单位。派驻的辅警实行双重管理，即辅警管理机构负责统一管理、考核、奖惩、检查、集中培训等工作，各用人单位负责辅警日常管理、使用、教育工作，及时调整不胜任、不适应岗位的辅警，确保辅警队伍的战斗力。

同时，进一步提高带勤民警依法管理、指挥、使用辅警能力，规定辅警依指令履行职责的法律后果，由发出指令的公安机关及其人民警察承担；对于违反法律法规的指令，辅警有权拒绝执行，同时向上级机关报告。五莲县公安局利用民警和辅警同岗同勤特点，建立辅警使用工作与带勤民警“捆绑”机制，在政治建警、素质强警、依法用警、廉洁从警等方面推行“一岗双责”责任制，对带勤民警与辅警实行同规范、同监管、同考核、同激励、同奖惩，对辅警发生的违规违纪问题，落实“一岗双责”追究措施，分别追究民警和辅警的责任。

图 24-13 开展安全防范宣传教育

（五）教育训练

市公安局每年下达辅警教育培训计划，将辅警培训分为岗前培训、年度培训和晋升培训 3 种。规定岗前培训是针对新入职辅警开展的专门训练，集中培训时间不少于15天，培训内容侧重上岗履职应具备的基本知识；年度培训是结合岗位需求，为在岗辅警提升职业技能水平开展的培训，时间累计不少于7天，培训内容侧重知识技能更新；晋升培训是针对晋升中等及以上层级辅警开展的培训，时间不少于7天，培训内容突出政治素质和业务要求。并规定，各级、各单位组织的政治教育活动，一并将辅警纳入，与民警同学习、同要求。

2017—2018年，市公安局特警支队和各分县局特巡警大队围绕实战化发展方向，探索建立民警、辅警协同训练机制，新增救护操作训练、防卫技术深度运用等技能课程，开展更加贴近实战的合成化演练，公安机关整体作战能力得到提升。东港分局从2017年始，采取集中培训与定期培训相结合、以岗代训与专题培训相结合的方式，针对不同警种设置不同培训内容，确定派出所岗位辅警以维稳处突、值班巡逻、治安管理、盘查车辆、协助救援、治安检查、信息采集录入等勤务为重点，各业务大队针对警种特点开展业务培训和岗位练兵，科室及窗口服务岗位辅警人员以文字材料、信息化建设、窗口服务技能为重点开展培训，满足胜任岗位工作需要。山海天旅游度假区分局以提高警辅职业能力和综合素质为重点，建立民警、辅警"双警一体"队建工作机制。强化党建引领，加强辅警思想教育、职业道德教育和纪律作风教育，注重辅警骨干培养，加强团队文化建设，定期开展文体活动，为辅警展示才华提供平台。

2018年，全市公安机关完成年度辅警全员培训计划，累计开展岗前培训14期共786人、年度培训70期共3427人。

（六）保障

全市公安机关建立市、县分级保障，归市区标准一体化的财政保障机制，将辅警招聘、工资福利、教育训练、装备购置、服装、奖励、保险、抚恤，以及保障工作运转等所需经费，列入本级财政预算予以保障。市公安局按照"财政保障、分级负担"的原则，会同各级人力资源社会保障、财政部门合理确定辅警薪酬结构、待遇项目，建立健全符合辅警队伍特点、体现岗位绩效和分类分级管理的警务辅助人员薪酬制度，并实行与全社会单位就业人员平均工资增幅同步动态调整。

2017—2018年，全市辅警平均工资每年较国务院办公厅《关于规范公安机关警务辅助人员管理工作的意见》出台前平均工资都有所增加，并不断完善辅警职业保障，依法为辅警办理社会保险，缴存住房公积金，并投保商业意外险，明确辅警享受健康查体、劳动安全、卫生保健等福利待遇，每年定期组织辅警开展健康查体。对因工（公）负伤辅警，按照"先行及时救治、事后补交费用"原则，卫生健康机构组织医疗力量实施快速救治；对因公牺牲、因工（公）死亡或受伤、致残的，其本人或近亲属享受法律规定的抚恤和受伤、伤残待遇，并及时获得优抚慰问；对评定为烈士的，其家属享受《烈士褒扬条例》规定的待遇。市公安局机关及直属单位、交警支队和各分县局等用人单位还普遍为一线执勤辅警配备执勤、交通、通信设备和安全防护装备，保障工作需要和辅警人身安全需要。2018年，全市公安机关辅警健康查体率达到100%。是年，全部辅警除值班、安保外，均落实"双休"制度。

（七）退出

按照积极稳妥、规范管理的原则，畅通辅警"出口"。对不适宜继续从事辅警工作的，由劳务派遣公司根据《劳务派遣协议》，另行妥善安置。对辅警符合法定退休条件的，劳动关系终止，由劳务派遣单位依法为辅警办理退休手续，使其依法享受企业职工社会保险待遇。对辅警触犯法律和违反公安机关纪律要求、规章制度的，依法依规追究相应责任。

八、从优待警

1989年后，市公安局按照上级政策部署，结合本地实际，认真落实一系列关于从优待警的政策措施，明确要求把从优待警与队伍正规化化建设结合起来，从政治上、工作上和生活上理解、关心、爱护民警，认真解决好民警的职级、住房、医疗、福利、抚恤、人身保险等。

1997年，全市基层派出所普遍完善“五小工程”（小健身房、小浴池、小图书室、小洗衣房、小食堂）设施，改善民警的工作和学习条件。1999年，市公安局争取各级党委、政府和组织人事部门的支持，逐步解决派出所所长职级高配和进乡镇、街道党委班子问题。是年，解决派出所所长副科级待遇33人，其中东港19人、岚山3人、莒县6人、五莲5人，占派出所所长总数40%。2006年，全市公安派出所所长均高配为副科级。2011年，全市派出所教导员全部高配为副科级。

2006年1月，公安部下发《关于进一步加强思想政治工作落实从优待警的若干意见》，要求各级公安机关特别是领导干部要进一步树立以人为本的理念，把解决民警的思想问题与解决实际问题结合起来，从关心、爱护、帮助民警的角度出发，深入基层一线，了解民警的思想、工作和生活状况，采取有效措施，真正为民警办好事、办实事、解难事。是年，市公安局争取各级党委、政府支持，建立民警人身意外伤害保险制度，自当年起为全市公安机关在职在编民警购买人身意外伤害险。全面落实乡镇派出所民警的岗位津贴。2008年3月，市公安局制定《从优待警构建和谐警营十条措施》，在民警休假、伤病、安全防护等方面，全面加强从优待警工作。2009年，市公安局建设开通日照公安民警心理健康服务中心，市公安局机关、支队和各分县局以及基层科所队普遍成立民警心理咨询小组，开展心理咨询服务活动。

2010年12月，市公安局对从优待警构建和谐警营十条措施予以修订完善，印发《日照市公安局从优待警十条措施》，具体内容为：(一）落实民警年休假制度。(二）落实民警人身保险制度。(三）实行民警年体检制度。(四）实行民警优抚制度。(五）实行民警伤病看望慰问制度。(六）实行民警、亲属亡故慰问制度。(七）实行民警婚嫁、生子、生日祝贺制度。(八）实行先进个人奖励、外出考察学习、休养制度，鼓励民警学习深造。(九）维护民警正当执法权益。(市）加强警营文化建设。2015年7月，根据省委办公厅省政府办公厅《关于县以下机关建立公务员职务与职级并行制度的实施意见》，组织开展驻县以下公安机关职务与职级并行制度实施工作，共计445人晋升上一级职级待遇。

2017年10月，协调市财政局、人社局等相关职能部门，将交警支队及各分局派（驻）城市建城区之外的乡镇交警中队、派出所在编在岗工作人员纳入乡镇补贴发放范围，共计92人享受乡镇工作补贴。全市公安机关享受乡镇工作补贴人数共计260余人，其中莒县公安局106人，五莲县公安局72人。2017年12月，市政府办公室印发实施《日照市关爱公安民警十项措施》，成为全市首部从优待警工作规范性文件，逐步建立起集伤残优抚、子女教育、津贴补贴、健康查体等多位一体的从优待警保障体系。2018年8月，成立日照市公安民警优抚专项基金管理委员会，开始募集建立民警优抚专项基金，按政策规定为从优待警工作提供有力保障。

第三节　教育训练

教育训练是公安队伍建设的重要组成部分，是提高队伍战斗力的根本途径。市公安局坚持把教育训练作为一项长期性、根本性任务常抓不懈，持续改进和完善公安民警适应新时期公安工作的知识结构与实战技能，全市公安机关队伍建设的整体素质和执法水平不断提高。

一、警校建设

1991年4月，日照市公安干部学校（简称警校。之后不同的更名，亦称警校）挂牌成立。1994年10月，更名为日照市公安局干部学校，址设黄海二路30号原石臼分局旧址。至2015年新建日照市人民警察训练中心，警校四易其名、五迁校址。警校建设，为全市公安机关开展教育训练工作提供教学组织和场所保障。

（一）管理体制

警校设立时为教育培训机构，承担全市公安队伍和企事业单位保卫干部的教育培训任务。后随工作任务需要，逐步调整为在职民警的业务培训、实战技能培训等培训任务。至2015年警校撤销，警校的职能性质和机构建制始终未变，实行市公安局领导、政治部（处）业务指导的管理体制。警校建设初期，配备行政管理人员4人，财务不独立。2002年9月，警校设办公室、教研室和财务室，编制10人。同年，规范学校管理，制订《人民警察培训学校教育管理工作规范》等制度。

2015年，新建日照市人民警察训练中心，为市财政全额拨款保障的公益一类正科级事业单位，核定编制120人，设1名主任、3名副主任，下设办公室、教务科、教研室、特训队、学员管理科、总务科等6个股级内设机构，实行的管理体制和承担的职能任务与警校建设时相同，全市公安机关在职民警的教育训练任务，转由日照市人民警察训练中心承担。

（二）教学组织

师资力量　警校没有专职的教师队伍，主要是通过聘任的方式保障教学，包括从市公安局各警种业务骨干中聘任和从社会相关机构部门中聘任。警校建设初期，从市公安局机关有关支队、处室聘请兼职教员10名。2010年，警校正式建立兼职教官聘任制度，开始从在职民警队伍中选聘兼职公安业务教官和警务实战教官。是年，按照教官评审标准，共有26名公安业务和警务实战初级教官通过考核。教官任期为4年，届满进行教官资格考核，重新评审确认。2018年，新增心理服务教官聘任制度，并委托公安部武汉人民警察训练基地对警校26名警务实战教官和心理服务教官进行专题培训。截至2018年底，警校共有73名在职民警聘用教官，其中警务实战教官20人、心理服务教官18人、公安业务教官35人。同时，警校借助市委党校、日照各高校师资力量保障教学，先后聘请8名专家教授为警校的客座教官。

教材教法　2005年，公安部根据初级、中级、高级警官各自应具备能力素质标准，编写训练大纲和教材，并按照警种、岗位工作要求，编写适用于民警每年实战必训和岗位练兵的训练大纲、教材，形成全国公安民警“三个必训”的统编教材，也成为警校培训所使用的基本教材。此前，警校一直使用中国人民公安大学出版社出版的公安机关人民警察训练系列教材。

开展送教到基层、到警务实战一线活动，提升公安民警安全执法理念、警务技战术水平，缓解一线民警心理压力。党的十九大、青岛上合峰会期间，市公安局抽调优秀警务实战教官和心理服务教官组成送教团，赴五莲县公安局潮河检查站、山海天分局两城检查站、火车站站前治安办公室等地开展送教活动。

图24-14　送教到一线

教学管理　实行封闭式、警务化管理。制定《学员手册》，参训民警对照落实作息时间、课堂纪律、着装卫生、出操就寝等规定，每日做到“三集合、三点名、三检查”。即出操前集合、上课前集合、开饭前集合，操课前点名、课后点名、课间点名，早查勤、课查纪、晚查铺，强化优良作风养成。严格请销假制度，要求学员请假必须凭专用请假条，由警校、政治部、市公安局领导逐级签字审核。严格考试考核，按照“以考促训”要求，警校对每期培训学员都组织体能测试、结业考试，并通过“排行榜”的形式公布成绩，学员及单位综合成绩纳入本单位目标管理绩效考核。每期培训考核，督察部门全程监督。每期培训班按10%的比例组织评选优秀学员，在全局通报表彰。

（三）训练场地建设

警校成立之初，在市公安局办公楼内设1间办公室，没有培训地点和教学设施，组织培训时临时租借场所。1994年3月，警校在原石臼分局旧址挂牌办学，有平房40间，其中15间为学校办公室、教室及学员宿舍。2002年9月，警校修缮校舍40间，沿街房17间，车库4间，新建洗浴室2间、开水房1间、储藏室4间及厨房、餐厅和教室，平垫训练场地2000余平方米，种植花草树木，形成能同时培训70人的培训能力。2009年1月，警校租赁迁至山海天海汇家园，与特警支队在同一大院内租借场地组织开展培训，设有训练场、电教室、会议室、器材装备库、餐厅、公安网电子阅览室，有各种教学台式机70台等配套的多媒体教学设施，有200米标准跑道等配套设施，能同时容纳70人培训。2018年，因海汇家园租赁合同到期，年度培训任务大部分安排在日照职业技术学院校友大厦，枪械训练借用日照军分区山海基地靶场开展。

2017年12月，市公安局启动人民警察训练基地建设工作。该基地占地101.95亩，建筑面积35043平方米、项目总投资近2亿元，规划建设教学行政楼、综合训练馆、400米标准跑道操场、特警攀登楼、学员公寓（含餐厅）、地下靶场、地下停车库，建设有1个200人的学术报告厅、多个小型多媒体教室、电教室，能同时满足200人培训任务。2018年11月23日，市人民警察训练基地项目主体封顶，完成教学行政楼、综合训练馆、学员公寓（含餐厅）、地下靶场、地下停车库、学术报告厅等场所的土建工程。

各区、县公安（分）局加快推进县级公安机关人民警察训练基地建设。2007年，按照省公安厅《山东省县级公安机关人民警察训练基地正规化建设暂行规定》，各区、县公安（分）局陆续建成不同规模的训练基地，基本满足各自战训工作需要。2008年，五莲县公安局、开发区分局民警训练基地在省公安厅开展的第一次训练基地达标建设复核评定中，分别被评定为二级民警训练基地；东港分局、岚山分局和莒县公安局民警训练基地分别被评定为三级民警训练基地。2015年2月，东港分局建成能同时容纳40名民警的电教室和2000平方米的室内警体训练馆。2017年，按照省公安厅基层基础建设三年攻坚工作部署，东港、岚山分局及莒县、五莲县公安局对民警训练基地进行功能升级。其中，莒县、五莲县公安局按二级民警训练基地进行达标建设，东港、岚山分局按三级民警训练基地进行达标建设。

二、业务培训

全市公安机关业务培训工作，坚持以提高民警岗位履职能力为重点，主要开展公安业务培训、基层民警轮训、警衔晋升培训和领导干部综合能力培训，在利用警校和各类训练基地组织培训的同时，积极参加公安部、省公安厅举办的各类培训学习活动，开展专业化、多样化、精准化训练。

（一）入警培训

新录用和调入人民民警培训 市公安局升格后，对新录用、调入民警依托警校或委托外地警校，进行4个半月的集中训练，训练期满经考试合格后，颁发公安部统一制作的初任培训合格证书，作为上岗资格证明。公安部印发《公安机关人民警察培训暂行规定》后，全市公安机关新录用、调入的民警入警训练，全部由省公安厅统一安排培训或委托外地警校施训。入警训练实行全封闭集中训练，日

图 24-15　进行队列训练

常考核由各训练单位负责，结业考试由省公安厅按照训考分离的原则统一组织。训练考核合格后，发给培训合格证书。训练时间统一安排为 4 个月。训练内容结合人民警察职业特点和不同时期的公安工作实际，设政治理论、法律法规、公安业务、公文写作、计算机知识、警务技能与体能训练等，突出基层，贴近实战。

军队转业干部培训　全市公安机关军队转业干部入警训练工作由省公安厅统一组织实施，市公安局将接收军转干部的人数上报省公安厅，由省公安厅安排承训单位统一教学计划、统一训练内容、统一训练时间、统一组织结业考试。1989—2018 年，全市公安机关共有 437 名军队转业干部进行入警训练。

（二）晋升培训

职务晋升培训　根据公安部关于“职务晋升集中培训时间不少于 1 个半月”的要求，全市公安机关领导干部职务晋升培训采取参加公安部、省公安厅举办的领导干部培训班和市公安局举办的基层所队领导骨干培训班、领导干部综合能力提升班等方式进行，市公安局主要负责科所队负责人的职务晋升培训。培训内容主要包括政治基础理论知识、法律基础知识、公安业务基础知识和警体训练，培训不合格者不准上岗、不予晋升。

警衔晋升培训　1992 年 8 月，按照省公安厅《关于授衔前对全体干警普遍进行培训的通知》，市公安局制定《关于授衔前进行干警培训的实施意见》，并在 9 月 7 日至 10 月 20 日，分三期对第一批授衔民警进行授衔前培训。培训方式为脱产集中学习、集中训练、集中考核。培训内容主要学习公安部、省公安厅第一批授衔工作文件和《人民警察警衔条例》《人民警察职业道德》《人民警察内务条令》《人民警察警容风纪管理办法》，同时进行警容仪表和队列训练。

1995 年 8 月，公安部下发《关于做好公安机关人民警察警衔晋升培训工作的通知》，规定警衔晋升前一律进行为期 40 天的培训，明确一级警司晋升三级警督人员训练工作由省公安厅负责，警司衔级内晋升训练工作由市级公安机关负责。2001 年，《公安机关人民警察训练条令》颁布后，全市公安机关警衔晋升实行“逢晋必训”，市公安局主要承担警督以下警衔的晋升培训工作。1995—2018 年，全市公安机关对晋升一级警员警衔至一级警司警衔的 4800 人次民警完成警衔晋升培训工作。2018 年，举办 1 期警司晋升警督培训班。

（三）重要阶段性专题培训

WTO 知识培训　2002 年，市公安局根据工作需要，组织全市 6 名县级公安局局长、政委以上领导干部参加全省公安机关领导骨干“WTO 与公安工作”专题研讨班轮训学习，并根据省公安厅党委的部署要求，对基层领导骨干开展“WTO 与公安工作”专项培训，共举办培训班 6 期，培训基层领导骨干 390 人。

端正执法思想轮训　2003 年 7 月，公安部部署在县级公安机关和科所队领导班子成员中开展端正执法思想轮训工作。8 月，省公安厅下发《关于在市、县两级公安部门和基层科（所、队）领导班子成员中开展端正执法思想轮训工作的通知》，明确省公安厅负责市、县（市、区）公安局领导班子成员、市级公安机关负责县级公安局科（所、队）领导班子成员，开展端正执法思想轮训工作。市公安局除组织53名市公安局、各分县局领导班子成员参加全省公安机关领导骨干端正执法思想轮训工作外，还依托警校教学场所，于10月至11月底，分5期，每期15天，对全市公安机关310名基层科所队长普遍进行端正执法思想培训。

（四）保卫干部、基层科所队长培训和中青年干部理论与实践研讨班

保卫干部和基层科所队长培训　1991年，举办内部单位保卫科长培训班1期，培训保卫干部40名。1992年5月1日至中旬，对38名行政、事业、企业保卫科正副科长进行业务培训。1993年，举办各类培训班5次，培训各类业务骨干150人，培训厂企单位保卫人员27人。1994年10月18日，以新形势下如何加强机关、厂矿、企事业、学校内部保卫工作为主要内容，对全市新从事保卫工作的50名骨干进行业务培训。

图24-16 进行擒敌技术训练

1995年4月12—17日，举办首期48名经济民警骨干培训班，培训内容为擒敌术、队列、消防知识和执勤业务。10月30日至11月11日，对38名民警进行公安业务培训，主要学习政治理论、公安法规、治安管理、刑事侦察、预审学、公安应用文等课程。1996年，举办专业岗位培训4期，培训民警156人。是年，举办保卫干部、经济民警骨干培训4期，参加培训人员101人。

1997年7月30日至8月6日，举办全市机关学习《中华人民共和国刑法》师资骨干培训班，各分县公安（分）局法制、刑侦、预审、经文保等部门负责同志及交警、巡警、边防、消防支队的业务骨干参加培训。9月，举办为期1个月的专兼职督察员培训班，集中学习《公安机关督察条例》（简称《条例》）、公安部关于《条例》的贯彻实施意见及有关法律、法规，并组织模拟督察训练。11月4—7日，举办由29名内勤参加的全市首期公安文秘培训，系统地学习简报、信息、领导讲话等各种文稿写作及办公室相关工作知识。

1998年，培训全市公安系统刑侦技术人员100人。1999年，培训全市公安机关派出所所长85人。2000年，对25名上岗工勤进行岗前培训，对100余名科所队长进行轮训。2002年，举办各类培训班36期，轮训科所队长264人，消防监督员87人，各警种专业骨干400余人。

从2003年起，警校培训工作转入以在职民警业务培训为主，其中基层科所队培训成为一项经常性工作，一般每2～3年举办一次。2009年7—9月，市公安局连续举办3期基层科所队长培训班，对全市公安机关基层科所队长（含副职）全部培训一遍。2012年4月至5月，新任职的派出所所长、教导员全部参加省公安厅举办的首任派出所所长（教导员）培训班。

中青年干部理论与实践研讨班　2013年4月，举办全市公安机关中青年干部理论与实践研讨班。研讨班由市公安局主要负责人担任班主任，利用业余时间开展教学活动，旨在把中青年干部的思想和行动进一步统一到市公安局党委的决策部署上来，把智慧和力量进一步凝聚到市公安局中心工作上，切实增强中青年领导干部理论水平和发现问题、解决问题的能力和水平，推动全市公安工作和队伍建设科学发展。研讨班主要呈现以下特点：一是研讨目的明确。研讨班坚持以实战需求为导向，以解决问题为目的，面向全体学员征集研讨需求，确定全局性、综合性、重点性课题进行研讨交流，进一步创新公安工作的思路和措施，提升中青年干部理论水平、调研能力和实践效果。二是研讨课题丰富。

围绕提升维稳处突、驾驭治安局势、保障发展、服务民生、公正执法、警务保障、警令执行、拒腐防变“八个能力”，从建立打防责任制、大回访工作机制、户房一体化工程、办理刑事案件“一个出口”制度等36件具体实事展开研讨。三是研讨形式多样。灵活运用座谈研讨、专题讲座、桌面推演、外出考察等形式，充分发挥学员的主观能动性，充分尊重学员的发言权，充分征集学员的锦囊妙计，充分开阔学员的思路和眼界。四是研讨安排灵活。研讨班坚持“时间服从质量”的原则，每期3个月，每周四晚间邀请专家进行专题辅导，利用周末外出考察，同时根据学员需求及时调整研讨课题和考察地点，既不影响正常工作，又注重调动学员参训的积极性和主动性。五是研讨纪律严格。研讨班学员是通过自愿报名、组织推荐程序，选拔既有良好理论与实践水平，又有过硬领导能力和纪律作风的中青年干部。要求学员在研讨期间，同时开展执行力建设专题教育活动，自觉做到服从命令、听从指挥，严格执行研讨班的各项纪律。六是注重成果运用。研讨班结束后，要求全体学员认真总结研讨交流的收获、外出考察的体会、专家授课的心得，撰写有目标、有措施、有创新、有前景的专题调研报告，把好思路、好做法固化起来，升华到理论高度。市公安局对优秀调研论文编辑成册，并通过多种形式推广应用，让研讨成果真正转化为现实战斗力。

至2016年，市公安局连续举办中青年干部研讨培训班5期，380名中青年干部参加研讨培训活动。期间，组织中青年干部学员赴潍坊市、威海市、青岛市、济南市公安局以及江苏省常州市公安局、浙江省湖州市、嘉兴市公安局实地学习。2016年4月，分两批组织中青年干部研讨培训班学员赴浙江大学学习。

（五）岗位培训、全员素质培训和“轮训轮值、战训合一”训练

岗位培训　1992年，公安部下发《关于在公安系统开展岗位培训的意见》，市公安局按照公安部关于“公安成人教育除学历培训和以知识更新为主要内容的短期培训外，逐步把重点放到岗位培训上来”要求，以及省公安厅部署在全省公安机关开展岗位培训工作的具体部署，制定民警岗位培训规划和年度培训实施计划，全面开展岗位培训工作。至1993年9月，全市公安机关986名民警全部完成岗位培训任务，全部获得岗位培训合格证书。之后，岗位培训工作以警种部门为主，在政工部门的指导下，持续深入开展。

全员素质培训　1999年初，省公安厅印发《全省公安民警教育培训实施意见》。3月19日，召开全省公安机关全员培训电话动员大会，部署在全省公安机关利用两年的时间集中开展以提高民警素质、建设高素质公安队伍为目标的全员培训活动。省公安厅编印下发《全省公安民警教育培训纲要》，民警人手一册。市公安局按照“应训民警不落一人参加集中脱产培训”的要求，分期分批组织全员素质培训工作。至2000年底，全市公安机关共举办全员素质培训班32期，培训民警1100人，其中参加省公安厅组织的培训96人。全员素质培训为专项工作，2000年底培训工作全部结束。

“轮训轮值、战训合一”训练　2010年4月，市公安局全面推行“轮训轮值、战训合一”训练模式，着力构建大教育、大培训工作体系。“轮训轮值、战训合一”训练模式是警务基础技能、警务实践与课堂教学相结合的综合训练，并在参训人员集中训练的同时，按照“以训强战、以战

图24-17　2010年4月12日，全市公安机关“轮训轮值、战训合一”训练班开学典礼

促练”的原则，战训基地作为一线执法执勤单位纳入市公安局机动备勤和应急调集系统，参训学员作为市公安局机动备勤力量纳入指挥调度序列，执行日常巡逻防控、清查堵截、应急处突、安全警卫、抢险救灾等实战任务。“轮训轮值、战训合一”参训对象为各分县局、支队50周岁以下在职民警，民警每年不少于15天的实战培训。培训内容涵盖警务技能、警察体能、实战技能、公安业务、专题讲座、研讨交流、警务实践等7个方面。实战培训实行军事化管理，内务管理严格按照正规化要求实行量化考核，所有考核项目均由战训基地组织安排、实施，学员考核成绩计入个人年终考核成绩，并作为单位培训成绩纳入单位年终考核。考核不合格的，自费复训，直到合格为止。自费复训者，年终不得立功授奖，不得评为优秀等次。至2012年底，共举办“轮训轮值”培训班76期，培训民警6000余人次。2011年8月29日，省公安厅召开全省公安教育训练工作会议，市公安局《以提高“一警多能、综合执法”能力为目标，构建战训合一教育训练体系》为题介绍经验。

（六）警务实战训练和演练

实战训练　1989年底，根据省公安厅《关于在全省公安干警中开展擒拿格斗训练的通知》要求，市公安局对45岁以下的民警以提高对敌斗争本领和防身自卫能力为重点，分期分批全部训练一遍。1998年6月，省公安厅举办各警校骨干参加的查缉战术师资培训班，市警校5名同志参加培训，取得查缉战术师资格。12月，按照公安部《关于切实加强教育训练努力减少民警伤亡事件的通知》要求，开展以枪支警械使用技能和查缉战术为主要内容的全员培训工作，相继举办枪支警械使用技能和查缉战术训练班12期，培训720人次，培训率达到86.3%。

图24-18 进行警务实战技能模拟演练

2001年，省公安厅举办全省公安系统武术散打骨干培训班，市公安局选派人员参加培训。2003年，市公安局组织擒拿格斗和警察军用手枪PPC射击训练班，省公安厅专业教练组进行现场指导，实行面对面示范演示、手把手教练。

2004年4月，省公安厅召开全省公安民警实战训练工作会议，对基层和一线民警警务实战技能训练工作作出具体部署。市公安局按照省公安厅部署，组织科所队长和基层一线民警开展警务实战技能训练，围绕正确处置各类突发事件、群体性事件和暴力恐怖案件等课题进行战术研究和模拟训练，并将警务实战训练工作与入警培训、晋升培训等结合起来，按照省公安厅规定的警务实战训练比例完善施教任务。之后，全市公安机关警务实战训练工作在各级政工部门的指导下，持续深入开展。至2018年，全市公安机关基层一线民警有3200人次参加警务实战技能训练。

处置群体性事件研讨培训　2001年至2002年上半年，省公安厅分期分批举办全省基层领导骨干处置群体性事件研讨培训。市公安局组织54名市、县公安局局长及科（所、队）参加培训，并依托警校开展以提高处置群体性治安事件能力和水平为主的研讨培训活动，共举办处置群体性事件研讨班5期，培训基层骨干和一线民警340人。其中，刑警、治安、巡警、交警领导班子成员，各分（县）局中层以上干部和治安、派出所全体民警全部轮训一遍。此后，处置群体性事件培训工作列为常规培训内容，并不断加强处置群体性事件战术队形、现场指挥、语言运用等方面的教学研究。

依法使用武器警械专项训练　2014年3月1日，云南昆明火车站发生严重暴力恐怖事件。是年，市公安局按照公安部和省公安厅部署要求，制定《全市公安机关依法使用武器警械专项训练活动实施方案》，开展依法使用武器警械专项训练活动，训练内容有三部分：（一）反恐维稳应对性训练；（二）武器警械使用规定学习；（三）武器警械使用操作技能，并在训练中突出单警装备使用技能、枪支基本操作、手枪近距离应用射击以及应对刀斧砍杀为重点的武器警械实战应用演练和训练。培训对象面向全警，重点是市公安局、各分县局领导干部以及参与街面执勤巡逻、一线警务活动的基层民警。培训方式为市公安局机关和各分县局分别组织实施。是年，市公安局机关集中举办专项训练班 3 期，培训民警 150 人；莒县、五莲县公安局举办 9 期，培训民警 360 人；东港、岚山、开发区分局联合举办 8 期培训班，培训民警 400 人左右。

基层基础攻坚实战化训练　2017 年，围绕基层基础建设三年攻坚工作任务开展实战化训练。市公安局主要负责同志出席轮训启动仪式并为全体参训学员讲授第一堂课，讲解三年攻坚战的任务目标及完成攻坚任务的工作路径，解疑释惑、明晰思路。治安、宣传、禁毒、信通、信访、情报、法制等部门主要负责同志也都结合各自攻坚目标任务，走上课堂，为参训人员授课。是年，举办 4 期基层所队负责人（含副职）实战化培训班、6 期派出所民警实战化培训班，培训基层所队领导干部 200 人、派出所民警 320 人。

图 24-19　进行专题教育培训

2018 年，结合基层基础攻坚实战化要求，举办 5 期交警实战技能培训班，培训一线交警 130 余人；举办 6 期环鲁、环青公安检查站安检专项轮训班，培训检查站安保执勤民警、辅警 450 余人；举办援青执勤民警、辅警专题培训班，培训 174 人；举办 8 期派出所一线民警轮训班，培训 543 人，派出所民警全部轮训一遍。

（七）计算机应用技能培训

2001 年初，省公安厅下发《关于在全省公安机关人民警察中开展计算机应用技能培训工作的通知》，明确年龄在 50 岁以下的民警均应参加计算机应用技能培训。2003 年，市公安局按照公安部《人民警察计算机应用技能培训教材》，采取脱产培训与业余培训相结合的方式，对全体民警开展计算机应用技能培训工作，并通过公安部计算机应用技能网上考试系统，严格把好民警计算机应用技能关。至 2005 年底，全市 1500 名民警达到计算机应用技能要求，占全市民警的 92.3%。此后，市公安局在各类晋升培训、专业训练中，增设计算机技能训练课程，相应增加教学课时及上机训练时间，力求受训民警掌握规定的计算机应用技能。

（八）警体训练

1990 年，响应全市体育工作“一年打基础、三年见成效、五年大发展、十年全面振兴”的号召，市公安局广泛开展群众性体育活动，并在活动中注重培养和选拔优秀警体人才，积极组建代表队参加各类体育竞技比赛活动。

1991 年 8 月中旬至 10 月下旬，全省公安系统举行体育达标比赛，16 个市（地）公安局（处）参加比赛，市公安局获团体总分第八名。1993 年 11 月，市公安局举办首届公安系统男子篮球比赛，各分县局、支队的 9 支代表队参加比赛。1997 年 5 月 30 日，省公安厅在泰安市举办全省公安系统军用手枪射击比赛，市公安局代表队参赛选手获个人手枪慢射第七名。2000年9月8日，市公安局举办全市公安系统“迎国庆、庆奥运”拔河比赛，各分县局、支队的12支代表队参加比赛。2011年8月8—12日，市公安局承办全省公安系统游泳比赛，市公安局代表队获男子抛绳救生第三名、女子抛绳救生第二名，市局并获体育道德风尚奖和优秀组织奖。是年9月26—27日，省公安厅在东营市举办全省公安系统武装越野比赛，23支代表队、157名选手参加比赛，市公安局代表队获团体总分第一名，并获女子甲组个人第一名、女子乙组个人第二名、男子甲组个人第三名。2015年11月20日，市公安局举办机关首届乒乓球比赛，机关组织6支代表队参加比赛。

1989—2018年，市公安局按照《公安机关人民警察体育锻炼达标标准》等有关标准要求，持续开展“警体达标”体能测试活动，提高公安民警和武警官兵的身体素质和警务实战技能。

三、练兵比武

岗位练兵　1992年，公安部下发《关于在全国公安系统开展岗位练兵活动的通知》。省公安厅召开全省公安机关岗位练兵工作电话会议，对全省公安机关深入开展岗位练兵活动进行动员部署。市公安局按照公安部和省公安厅工作部署，制定练兵方案和考核标准，明确在练兵岗位上以治安、交警、户籍、刑侦、预审等部门为重点，在练兵内容上以基础知识和基本技能为重点，在练兵形式上以自学自练为主，边干边练、以考促练，迅速掀起岗位练兵的热潮。是年，交警支队从有关业务科室抽调人员编写复习资料，下发民警学习使用；采取分散自学与集中辅导相结合的方式，分阶段进行考试，共组织9次；广泛开展政治理论、法律法规和岗位业务技能“大比武”活动，先后组织东港、莒县、五莲县和日照港4个交警大队民警开展指挥手势、纠正违章、礼节、交接岗等路面勤务科目的技能比赛，交通肇事处理岗位民警进行业务知识竞赛，重点业务岗位上的车管民警进行岗位练兵理论考试和技能比赛。是年11月，组织东港、莒县、五莲县等9个代表队39名干警进行理论考试和摩托车串桩、汽车移库等技能比赛。

1993年11月6日，市公安局刑警支队获全省现场勘验（手印显现）岗位练兵竞赛团体第四名，1名民警获全省现场勘验（手印显现）岗位练兵竞赛个人第十名。11月25日，市公安局组织全市公安机关治安、刑警岗位练兵知识竞赛，莒县公安局夺得治安、刑警岗位练兵知识竞赛两项第一名，东港分局夺得第二名，五莲县公安局和岚山分局夺得并列第三名。1994年1月31日，五莲县公安局看守所被省公安厅表彰为全省预审系统岗位练兵先进单位，东港分局预审科、五莲县看守所各1名民警被评为全省预审系统岗位练兵先进个人。1996年3月19日，省公安厅召开全省公安机关岗位练兵总结表彰大会，对岗位练兵成绩突出的先进单位和个人进行表彰奖励。至此，全国公安系统开展的3年岗位练兵活动结束。

大练兵活动　2004年，公安部和省公安厅部署开展大练兵活动。5月，市公安局印发《全市公安机关大练兵活动实施意见》，按照“全警参与、重在基层、立足岗位、注重实效”的原则，分别制定政工系统、派出所系统等24个业务系统的专业练兵方案，在全市公安机关迅速开展以济南交警为示范、以作风练兵为突破口、以实战技能练兵和法律、业务练兵为重点的全警大练兵活动。练兵内容:（一）理论练兵，

图24-20 情景模拟 实战练兵

以理论上的清醒，保持政治上的坚定；（二）思想练兵，打牢立警为公、执法为民的思想基础，不发生伤害群众感情、侵犯群众利益的事情；（三）作风练兵，增强服从命令、听从指挥的自觉性；（四）法律练兵，掌握省公安厅确定的法律练兵内容，民警法律考试合格率达到100%；（五）业务练兵，按照省公安厅业务部门制定的系统练兵方案，重点学习本职工作应知应会的政策规定、专业知识，强化工作技能和工作程序等练兵，95%以上民警通过本警种系统组织的专业考核；（六）技能练兵，重点加强警械使用、手枪射击、徒手防卫与控制、搜身带离、现场急救等民警个体技能训练和对犯罪嫌疑人的盘查、抓捕、犯罪嫌疑车辆查控、建筑物搜索等集体战术训练，基层和一线民警参加集中训练的比例达到80%以上；（七）科技练兵，熟练掌握计算机应用、网上办公、办案的基本知识和技能，45岁以下民警90%以上通过计算机应用技能考试，涉外民警外语水平达到工作应用会话要求；（八）体能练兵，重点加强100米、10米×4往返跑、400米障碍、3公里武装越野等项目的训练，45岁以下民警85%以上达到公安部规定标准。是年，市公安局先后组织召开大练兵活动动员大会、情况调度会、专题座谈会等多次会议，部署督导大练兵活动，并组织练兵考核比武活动。9月26日，全市公安机关开展警务实战大练兵汇报表演，汇报表演项目为紧急拉动与集结、分列式、警务技战术3项，19支分列式方队接受检阅。警务技战术包括团体徒手防卫攻击术、警犬跨越障碍、搜捕犯罪嫌疑人、防暴盾牌表演、团体交通指挥手势、团体擒敌技能表演、处置暴力突发事件模拟演练、棍术表演、飞针穿玻璃特技表演、消防救援表演、硬功击打技能表演。市五大班子领导、部分离退休市领导、省公安厅领导、武警总队领导应邀出席。是年10月10日，市公安局组织全市户政系统练兵考核，10名民警被评为全市公安户政系统岗位练兵先进个人。11月，交警支队1名民警被省公安厅评为全省公安机关审计系统大练兵比武竞赛标兵。

2005年，印发《全市公安机关继续深化大练兵工作的实施方案》，进一步开展以警务实战训练为主要内容的大练兵活动。2006年，印发《全市公安机关深化大练兵苦练基本功全员比武竞赛实施方案》，全市各级公安机关以开展比武竞赛为载体，推动大练兵苦练基本功不断向纵深发展。9月14—16日，省公安厅组织统计从业资格培训暨公安统计岗位练兵竞赛，市公安局指挥中心、五莲县公安局指挥中心各1名民警取得优异成绩，受到省公安厅通报表彰。

“百十一”苦练基本功　2007年10月，围绕公安部和省公安厅“三基”工程建设部署，全市公安机关以提高公安民警业务技能、法律素质和实战本领为目标，立足岗位业务，贴紧实战需求，广泛开展“熟记百条岗位法规、掌握十项岗位技能、练就一个岗位特长”的“百十一”苦练基本功活动。11月2日，市公安局再次召开专门会议，对“百十一练兵”活动做进一步安排部署，提出明确要求。2008年11月，有3名民警被省公安厅评为全省公安交警系统岗位技能比武竞赛先进个人。12

图24-21 练兵场上铸警魂

图24-22 比武点兵壮警威

月，市公安局经侦支队1名民警被省公安厅评为山东省公安经侦系统岗位练兵尖子标兵。至2008年底，“百十一”活动结束。

“严警容、强素质”队列考核　2009年12月，全市公安机关举行“严警容、强素质”队列考核。考核项目包括整理着装，立正、稍息、跨立、整齐报数、停止间转法、敬礼、礼毕，齐步、跑步与立定。考核活动结合队列训练分期分批进行，对各分局、县局、支队和市公安局各处室50岁以下在职民警普遍考核一遍。

看守所系统岗位练兵活动　2014年4—10月，全省看守所系统开展岗位练兵活动。练兵内容为：（一）基本知识学习，突出政治理论、法律法规、看守所工作有关规定的学习；（二）基本体能训练，从日常的警容着装，带犯人出、收工等管理中的规范；（三）基本技能训练，重点加强警械使用、徒手反擒等技能训练；（四）应急预案演练，突出对处置罪犯脱逃、暴狱和火灾等演练，通过学习观摩、熟悉预案、明确任务、情况推演；（五）实兵演练。各看守所组织民警立足岗位苦练基本功，市公安局监管部门组织日照、莒县、五莲县3个看守所民警进行业务知识竞赛，并通过省公安厅的考核验收。

1989—2018年日照市公安局练兵比武集体获奖项目一览表

表24-5

时间	获奖单位	比赛项目名称	比赛成绩	授奖单位
2007	东港分局	全省公安机关“百十一”练兵活动	先进单位	省公安厅
2008	东港分局	全省公安机关“百十一”练兵活动	先进单位	省公安厅
2008.07	交警支队宣传教育科	“迎奥运，文明出行”全国道路交通安全知识竞赛活动	地市级组织奖	中宣部宣传教育局、公安部交通管理局
2008.12	交警支队计划财务科	全省公安装财系统和交警财务系统岗位技能比武竞赛	优秀单位	省公安厅
2009.01	日照市拘留所	全国公安监管战线苦练基本功活动	先进集体	公安部
2011.09	日照市公安局	全省公安系统武装越野比赛	团体第一名	省公安厅
2013.01	日照市公安局	全省公安机关小案现场勘查技能比武竞赛	全省理论第一、综合成绩第二名	省公安厅
2013.11	交警支队	全省公安机关交警业务技能比武竞赛	优秀单位	省公安厅
2013.11	特警支队	全省公安特巡警技能比武竞赛	第三名	省公安厅
2017	东港分局	全省公安机关改革创新大赛	铜奖	省公安厅
2017	东港分局	全省公安机关基层技术优秀创新成果奖	优秀创新成果奖	省公安厅
2017	东港分局	第二届端午诗会	二等奖	市文明办、文广新局、文联
2017.07	日照市公安局	2016年度全省利用刑事技术手段破案典型案例评选	日照五莲“2016.8.12”卢继绪被害案被评为利用刑事技术手段破案十大典型案例	省公安厅
2018.05	日照市公安局	2017年度全省利用刑事技术手段破案典型案例评选	日照五莲孙友为故意杀人案被评为利用刑事技术手段破案十大典型案例	省公安厅

续表 24-5

时间	获奖单位	比赛项目名称	比赛成绩	授奖单位
2018.01	市公安局	全省情报信息追逃比武竞赛	优秀单位（C 小组第一）	省公安厅
2018.11	市公安局	全省公安机关法制员业务技能比武竞赛暨“刑辩大赛”	集体三等奖	省公安厅
2018.04	市公安局	全省疑难逃犯集中研判和攻坚会战	成绩突出集体（前五名）	省公安厅
2018.09	市公安局	全省疑难逃犯集中研判和攻坚会战典型案例评选活动	两个案例入选全省十大经典案例（第 4、第 5）	省公安厅

1989—2018 年日照市公安局练兵比武个人获奖项目一览表

表 24-6

时间	获奖人员	比赛项目名称	比赛成绩	授奖单位
1994.11	王　春（女）	全省公安机关治安岗位练兵竞赛	第十一名	省公安厅
1996.02	李雪梅（女）	全省公安系统岗位练兵	先进个人	省公安厅
2004.01	卜　峰	全国公安机关大练兵汇报演练	个人三等功	省公安厅
2004.1	代方军	全国公安机关大练兵汇报演练	个人嘉奖	省公安厅
2004.01	王　冰	全国公安机关大练兵汇报演练	个人嘉奖	省公安厅
2004.01	夏良健	全国公安机关大练兵汇报演练	个人嘉奖	省公安厅
2004.01	张宗方	全国公安机关大练兵汇报演练	个人嘉奖	省公安厅
2004.01	梁　刚	全国公安机关大练兵汇报演练	个人嘉奖	省公安厅
2004.01	刘　健	全国公安机关大练兵汇报演练	个人嘉奖	省公安厅
2004.01	唐修斌	全国公安机关大练兵汇报演练	个人嘉奖	省公安厅
2004.01	刘　伟	全国公安机关大练兵汇报演练	个人嘉奖	省公安厅
2004.01	刘洪刚	全国公安机关大练兵汇报演练	个人嘉奖	省公安厅
2004.01	赵世德	全国公安机关大练兵汇报演练	个人嘉奖	省公安厅
2004.11	单修梓	全省公安机关审计系统大练兵比武竞赛	标兵	省公安厅
2008.09	宋代方	全省公安指挥中心系统岗位技能比武	全省总分第六名，被省公安厅表彰为业务能手	省公安厅
2008.11	王　栋	全省公安法制系统“百十一”岗位练兵比武竞赛	庭审辩论第二名	省公安厅
2008.11	杨淑杰	全省公安交警系统岗位技能比武竞赛	先进个人	省公安厅
2008.11	庄　蕾（女）	全省公安交警系统岗位技能比武竞赛	先进个人	省公安厅
2008.11	李瑞娜（女）	全省公安交警系统岗位技能比武竞赛	先进个人	省公安厅
2008.12	庄晓雷	山东省公安经侦系统岗位练兵	尖子标兵	省公安厅
2008.12	单修梓	全省公安装财系统和交警财务系统岗位技能比武竞赛	先进个人	省公安厅
2009.01	张　焱（女）	省公安厅全省公安机关百十一练兵活动	先进个人	省公安厅
2011.01	娄海霞（女）	全省公安交通管理信息化应用比武竞赛	标兵	省公安厅
2011.01	毕纪儒	全省公安交通管理信息化应用比武竞赛	标兵	省公安厅

续表 24–6

时间	获奖人员	比赛项目名称	比赛成绩	授奖单位
2011.01	厉明艳	全省公安交通管理信息化应用比武竞赛	标兵	省公安厅
2011.01	苏晓青（女）	全省公安交通管理信息化应用比武竞赛	标兵	省公安厅
2011.01	张　洋	全省公安交通管理信息化应用比武竞赛	标兵	省公安厅
2012.07	邢　君	全省公安国保工作业务技能考核	第六名	省公安厅
2011.09	李立霞	全省公安系统武装越野比赛	第六名	省公安厅
2011.09	王　晓（女）	全省公安系统武装越野比赛	女子甲组第一名	省公安厅
2011.09	宓爱娟（女）	全省公安系统武装越野比赛	女子乙组第二名	省公安厅
2011.09	丁　健	全省公安系统武装越野比赛	男子甲组第三名	省公安厅
2011.11	郑　劲	全省治安系统信息化应用比武竞赛	标兵	省公安厅
2012.11	邢　君	全省公安国保工作业务技能考核线索核查项目	第二名	省公安厅
2012.11	孙成典（女）	全省公安车管业务大比武	标兵能手	省公安厅
2013.01	向　坚	2013年度全省拘留所业务技能比武竞赛理论考试	二等奖	省公安厅监所管理总队
2013.01	向　坚	2013年度全省拘留所业务技能比武竞赛信息平台操作	二等奖	省公安厅监所管理总队
2013.07	杨祥臣	山东省公安系统中国象棋比赛	第一名	省公安厅
2013.09	宓爱娟（女）	山东省公安系统武装越野比赛	第二名	省公安厅
2013.11	侯　斌	全省公安机关交警业务技能比武竞赛	优秀个人	省公安厅
2013.11	张　昆	全省公安机关交警业务技能比武竞赛	优秀个人	省公安厅
2013.12	贺　梅（女）	全省公安指纹破案比武竞赛	优秀个人	省公安厅
2016.07	徐　斐（女）	全省公安系统登山比赛	女子组冠军	省公安厅
2016.08	徐　斐（女）	全国公安系统第三届武装越野登山（救援搜救）比赛	女子组第九名	公安部
2017.05	安传旗	全省公安机关经侦部门信息化技能大比武—信息化案例展示	三等奖	省公安厅经侦总队
2018.01	周　晓	公安部刑事技术破案会战	优秀刑事技术民警	公安部
2018.01	陈　皓	全省情报信息追逃比武竞赛	成绩突出个人（市公安局成绩小组第一，全省四个优秀单位之一）	省公安厅
2018.12	马庆建	第四届日照市“技能之星”职业技能大赛暨日照高速公路职业技能竞赛（应急清障）	个人综合成绩一等奖	市总工会
2018.12	刘　易	第四届日照市“技能之星”职业技能大赛暨日照高速公路职业技能竞赛（应急清障）	个人综合成绩三等奖	市总工会

四、推进公安队伍正规化建设

2005 年，市公安局按照公安部和省公安厅部署，确定利用三年时间，以正规化建设为主线，全面加强全市公安队伍建设。8 月，制定《日照市公安队伍正规化建设实施意见》，明确“一二三四五”正规化建设布局和 2007 年底达到的目标要求。“一二三四五”正规化建设布局是：贯彻“一条方针”，即始终贯彻依法从严治警的方针；抓好“两个切入点”，即从最基本的行为准则抓起，从一线实战单位和基层窗口单位抓起；突出“三个重点”，即规范教育训练强素质、规范执法执勤促公正、规范内务管理树形象；落实“四项工作要求”，即“条块结合、上下互动，抓好示范、统筹全局，重点突破、整体推进，严格考核、兑现奖惩”；确保实现“五个方面明显进步”，即：在建立完善公安队伍人事管理、教育训练、执法执勤、内务管理、监督制约制度规范体系方面取得明显进步；在按照纪律条令要求，对队伍管理、纪律作风、民警行为举止“统一规范、整齐划一、令行禁止”上取得明显进步；在规范执法行为、促进执法公正，解决群众反映突出的问题上取得明显进步；在发扬“日照公安精神”，展示公安队伍崭新风貌上取得明显进步；在提高工作效率、提高执法水平、提高队伍战斗力上取得明显进步。召开全市公安队伍正规化建设动员部署会议，部署在全市公安机关迅速启动正规化建设。会议公布市公安局党委班子成员联系正规化建设示范单位名单，加强工作指导。明确工作职责，市公安局主要负责制定全市公安队伍正规化建设的标准规范体系，加强正规化建设的检查考核和总结推广经验；县级公安机关是正规化建设的主要实施者，具体抓好队伍正规化建设各项工作的落实。会后，全市各级公安机关普遍将正规化建设任务分解量化、责任到人，形成一把手亲自抓、分管领导靠上抓、上下协调配合、齐抓共管的工作格局。12月，召开全市派出所正规化建设现场会，推广东港分局正规化建设经验，以点带面、整体推进，迅速在全市掀起队伍正规化建设的新热潮。是月，全省公安队伍正规化建设流动现场会在东港分局召开，省公安厅和鲁南片区8地市公安局领导参加会议，听取全市公安机关开展队伍正规化建设情况汇报，实地观摩涛雒、黄海路、大学科技园派出所和分局综合服务大厅正规化建设情况。是年底，经市公安局组织考核验收，全市公安机关20%的派出所、30%的刑警责任区中队、交警中队、车管所、看守所、治安拘留所和40%的警务工作站、出入境办证大厅基本达到正规化建设要求，并确定一批基层一线实战单位和基层窗口单位为正规化建设基层示范单位。

图 24-23 2005 年 8 月 25 日，市公安局召开全市公安队伍正规化建设动员部署会议

2006年，全市公安机关继续以加强队伍正规化建设为主线，以规范教育训练强素质、规范执勤促公正、规范内务管理树形象为重点，进一步加强组织领导，强化工作措施，持续推动队伍正规化建设工作。3月，省公安厅下发《关于全省公安交警队伍正规化建设第一批达标单位的通报》，交警支队莒县大队、东港大队和交警支队车辆管理所及车辆管理所五莲分所、莒县分所跨入正规化建设达标单位行列。4月，市公安局按照县级公安机关以及基层所队的正规化建设综合考评标准，对2005年确定的44个正规化建设示范单位进行自下而上严格考评，有31个单位达到正规化建设基本要求。至年底，市公安局确定的东港分局等44个正规化建设示范单位基本实现正规化建设标准，圆满完成年度正规化建设任务，受到省公安厅的充分肯定。

2007年，全市各级公安机关按照市公安局党委确定的目标任务，进一步强化工作措施和力度，在巩固中提高、在发展中完善，不断提升队伍正规化建设水平。市公安局以突出实用、贴近实战、注重实效为目标，着力落实《公安机关人民警察训练条令》和“三个必训”制度，加大对警衔晋升、基层和一线民警实战训练及业务培训力度，进一步提高公安队伍的政治业务素质和警务实战能力。加强考核激励，勇于探索创新，年内，市公安局所有县级公安机关和基层所队全部达到正规化建设标准，并通过省公安厅三年正规化建设考核验收。此后，全市公安机关按照公安部、省公安厅部署要求，紧密结合日照公安工作和队伍建设实际，紧贴基层和实战需求，持之以恒、深入扎实推进队伍正规化建设，逐步健全完善公安队伍依法履行职责的组织体系、适应公安工作实战需要的民警职业训练体系、具有公安队伍特点的内务管理体系、完备的公安民警执法执勤规范体系、权威有效的监督制约体系和保证公安机关执法办案和民警正常工作生活的警务保障体系，推动实现公安工作和队伍建设的标准化、规范化、法制化。

2008 年 7 月，召开全市公安队伍建设工作会议，传达贯彻全省公安队伍建设工作会议精神，围绕迎奥运、树形象、鼓干劲，研究部署进一步加强公安队伍建设等各项工作。市公安局党委下发《关于认真落实市领导重要批示精神进一步加强队伍建设的通知》，要求全市公安机关认真学习贯彻党的十七大精神和胡锦涛总书记在全国政法工作会议上的重要讲话精神，牢牢把握人民群众对公安队伍的新期待、新要求，以科学发展观为指导，以开展大学习、大讨论活动为契机，以行风建设为切入点，以正规化建设为主线，以“三基”工程建设为重点，突出改革创新，狠抓工作落实，切实提高公安队伍整体素质和战斗力，为各项公安保卫任务的圆满完成提供强有力地思想组织保障。是年，全市各级公安机关组织民警认真学习党的十七大精神和胡锦涛总书记在全国政法工作会议上的重要讲话，进一步端正执法为民思想，切实解决队伍中存在的突出问题，队伍整体素质和战斗力进一步提高。

图 24-24 全市公安队伍建设会议

2014 年 2 月，召开全市公安队伍建设会议，部署加强队伍管理，深入推进队伍正规化建设，持之以恒、毫不放松抓好“中央八项规定”和各项警令禁令的贯彻执行等工作，会议要求全市公安机关各级领导干部要明确新形势下公安队伍建设的思路、方向，切实增强抓队伍建设的责任感和紧迫感。严格落实“一岗双责”，进一步落实责任、完善措施、常抓不懈，确保队伍不发生问题，为各项公安工作健康发展提供强有力保障。对有问题苗头的民警要严肃指出来，及时提醒、诫勉。要深入一线督导检查，切实通过严密的工作部署和细致的措施落实，确保全市社会大局持续稳定。纪委、督察等部门要加大督察、检查力度，对工作不落实、不到位、不负责任而发生问题的，要严肃追究当事人和相关负责人的责任。会后，全市各级公安机关特别是主要领导迅速把这次会议精神传达贯彻到每个民警，广大民警的职业认同感和荣誉感进一步增强。

2017 年 1 月 4 日，全市公安机关领导干部会议结束后，时任市政府党组成员、市公安局党委书记、局长张培林主持召开市公安局党委（扩大）会议，强调打造过硬队伍，坚决实现“三个保持”“五个强化”“六个防止发生”的目标。会议要求各级领导干部要把讲政治摆在首要位置，坚决服从市委、市政府、省公安厅和市公安局党委的决策部署，敢于担当、勇于负责、主动作为，静下心来，心无旁骛的抓队伍、抓业务，市公安局党委成员要率先垂范，中层干部要坚决执行落实，以自身的行动来带队伍，以干部的政治定力促进队伍的稳定。要强化纪律作风大建设，以打造政治过硬、业务过硬、责任过硬、纪律过硬、作风过硬“五个过硬”为目标，以忠诚、务实、规范、廉洁、担当为着力点，以严肃政治纪律、组织纪律、工作纪律、廉政纪律为重点，严纪律、明责任、建机制、提能力、转作风、树形象。要守纪律、讲规矩，严守党的政治纪律、组织纪律、工作纪律、廉政纪律，自觉按照党章、党内政治生活准则和各项规定办事。会议强调强调，全市各级公安机关要严格按照市公安局党委的部署要求，齐心协力、团结推进，高标准执行、高质量完成，切实做到守土有责、守土尽责，坚决实现“六个严防发生”的工作目标（严防发生影响政治安全的重大敏感事件，严防发生暴恐犯罪打响、炸响的案事件，严防发生影响社会治安秩序的重大群体性事件，严防发生社会反映强烈的系列重大恶性刑事案件，严防发生造成重大人员伤亡的治安安全事故，严防发生造成恶劣影响的队伍违法违纪问题和涉警舆情危机）。

第四节　党群组织

一、局机关党委建设

2002 年 10 月，市公安局设立机关党委，负责机关党的思想、组织和作风建设。2011 年 11 月，明确机关党委负责局机关的党群工作，指导直属单位的党群工作。30 年来，市公安局党委深化全面“从严治警、从严治党”，始终坚持从机关内部严起、从机关党建抓起。机关党委坚持走在前、作表率，与时俱进、改革创新，以一以贯之的态度和决心聚力主业主责抓党建，以担当作为的实干精神推动党的建设与公安业务深度融合，为全市公安机关党建工作起到重要风向标的作用，助力推动市公安局机关和直属单位各项工作的全面发展。

（一）机关思想建设

以党的政治建设为统领，强化理论武装　1991 年，对机关全体党员、民警系统进行社会主义思想教育和反和平演变教育。1994 年，开展以坚持“两手抓，两手都要硬”指导方针和党的宗旨、组织纪律、群众路线、优良传统为主要内容的思想政治教育。1995 年 4 月，开展向孔繁森、王廷江、韩素云等先进人物学习活动，鼓舞机关全体党员、民警斗志。1998 年 3 月，开展思想、纪律、作风、组织教育整顿活动，机关党员、民警围绕人民警察应当树立什么形象，在哪些方面丢了形象，怎样树立起人民警察的良好形象展开大讨论，弘扬正气、鼓舞士气，明确努力方向。1999 年 7 月，开展以“讲学习、讲政治、讲正气”为主要内容的党性党风教育。

2000 年下半年，开展以“全心全意为人民服务的宗旨教育、实事求是的思想路线教育、严格公正文明执法的法制教育”为主要内容的“三项教育”活动，机关全体党员、民警学习公安部规定的必读文章，人人写读书笔记和心得体会。户政、出入境、刑警、治安等窗口单位和执法办案单位采取开门评警等方式，虚心听取社会各界对公安工作的意见和建议，认真解决“冷横硬推”、执法不公、立案不实等突出问题。2001 年，市公安局制定《关于加强民警 8 小时以外活动情况监督管理规定》，机关中层以上领导干部落实“一岗双责”，把机关民警的管理延伸到 8 小时以外，触角涉及每个人的生活圈、社交圈。2002—2003 年，开展学习“三个代表”重要思想、坚持执法为民和“做新时期合格民警”大讨论，机关广大党员、民警通过演讲比赛和大讨论征文活动，丰富大讨论效果。2005 年上半年，开展保持共产党员先进性教育活动，举办机关及直属单位支部书记培训班 2 期，召开教育活动协调推进会 7 次，编发教育活动简报 12 期。机关党员、民警人人形成 2000 字左右的党性分析材料。对机关查摆出来的 42 个问题，马上整改 26 个，限期整改 11 个，向群众作出说明逐步解决的 5 个。2007 年 6 月，开展“防策反、防渗透、防泄密”教育活动，增强敌情观念，维护政治纪律。

2010 年，开展“加强党性修养、弘扬优良作风”主题教育活动，市公安局机关坚持把主题教育作为推动民警党性修养和作风建设的重要载体和举措，以自我教育、正面教育为主，结合民警不同职级层次、工作岗位、业务特点和思想状况，运用典型示范反面警示、交流研讨等形式，因人施教、因势利导，着力解决纪律作风“冷”“浮”“庸”“奢”“散”等问题。机关民警400余人次接受主题教育，人人写出心得体会，人均撰写学习笔记2万余字。

2012年，学习贯彻党的十八大精神，机关党员、民警自觉用科学理论武装头脑，指导工作。是年，开展人民警察核心价值观教育和争创“齐鲁先锋警队”、争当“齐鲁先锋警员”等主题实践活动，集中观看警示教育片《手莫伸2》。

2013年，党中央部署开展以县处级以上领导机关、领导班子和领导干部为重点的群众路线教育实践活动，市公安局党委按照党中央和省、市工作部署，将教育实践活动的范围拓展到全体党员、民警。机关党委围绕“为民、务实、清廉”主题，按照“照镜子、正衣冠、洗洗澡、治治病”总要求，组织机关全体党员、民警专题开展加强党的理论教育、革命传统教育、廉政警示教育，原原本本学习规定篇目、规定动作，观看规定电影，组织到日照市廉政教育基地参观学习，并结合所学内容围绕“我是谁、为了谁、依靠谁”“为何从警、如何做警、为谁用警”大讨论，达到人人受教育，覆盖面达100%。

2015年4月，组织机关党员、民警开展“三严三实”专题教育。市公安局机关党委深入机关各处室，对学习情况进行督导检查，重点督查“三严三实”专题教育开展情况、问题整改落实情况等，对各单位存在的问题提出意见建议。组织机关民警到市委党校日照党史展览馆开展“党史教育日”活动，到市烈士陵园缅怀革命先烈、播扬红色精神，丰富教育内容。

2016年4月，在机关全体党员民警中开展“学党章党规、学系列讲话，做合格党员”学习教育（简称“两学一做”），结合庆祝建党95周年、长征胜利80周年、十八届六中全会精神宣讲等，组织开展学习教育演讲比赛及“先锋党组织”“优秀共产党员”风采展示等学习活动。

2017年，市公安局机关深入推进“两学一做”学习教育常态化制度化，制定落实市公安局党员领导干部双重组织生活制度，以“三会一课”制度为抓手，提高党内组织生活的政治性、原则性、战斗性。11月，市公安局党委印发《关于认真学习贯彻党的十九大精神的通知》，组织全市公安机关和广大民警要原原本本学习党的十九大报告和《党章》（修正案），学深悟透、融会贯通，切实把思想统一到党的十九大精神上来，把力量凝聚到实现党的十九大确定的各项目标任务上来，自觉用党的十九大精神武装头脑、指导实践。机关党委组织机关处室和直属单位充分利用各类学习资料、报纸刊物、新媒体等，迅速掀起学习党的十九大报告、新修订的党章热潮。机关处室和直属单位主要负责人履行党建工作第一责任人职责，普遍上讲台辅导党的十九大精神和《党章》（修正案）学习工作。

图24-25 重温入党誓词 牢记初心使命

2018年，市公安局机关党委组织机关党员民警持之以恒抓好党的十九大精神学习，通过邀请专家讲课、外出学习接受党性教育、举行主题演讲、举办手抄宪法活动等形式，在全局掀起学习贯彻热潮。在全市“灯塔－党建在线”每月学习竞赛答题活动中，市公安局在党员参与度、答题准确率和得分方面，均位列市管党工委序列第一名，受到市委组织部通报表扬。

以党章为根本遵循，把学党章作为机关党员民警的必修课　机关党委注重拓展学习渠道，创新学习方式，引导机关党员、民警增强用党章规范言行和贯彻落实党的路线、方针、政策的自觉性。1990 年，开展“学党章、正党风”活动，组织机关党员、民警集中学习党的十三大党章。

1995 年，市公安局党委印发《关于在全体党员中广泛开展建设有中国特色社会主义理论和党章学习活动的实施方案》，明确以学习《邓小平文选》一、二、三卷和党的十四大党章为重点，解决中层以上领导干部过好政治关、名位关、权力关、金钱关、生活关、人情关和党员民警增强公仆意识、服务意识等问题。市公安局机关中层以上领导干部和全体党员民警坚持集体学习与自我学习相结合，以自学为主的学习方法，原原本本学习辅导教材，并在两年学习活动中，不断加深对建设有中国特色社会主义理论和党章的学习理解，始终坚持以建设有中国特色社会主义理论为指导，以党章为镜子，用整风的精神，对照检查个人在坚定信念、执行路线、坚持宗旨、联系群众、履行义务等方面的情况，找出差距，开展思想斗争，认真整改存在的问题。

2001 年 7—10 月，开展“学党章、守纪律、正党风”暨“三项教育”回头看活动，明确理论教育、示范教育、警示教育的内容，强化以党章为核心内容的党纪政纪条规学习。

2003 年，开展“党章集中学习月”活动，机关党委采取集中学习与个人自学相结合、座谈讨论与集中辅导相结合等方法，引导机关广大党员、民警逐章逐条学习党的十六大党章原文。1 月 8 日下午，市公安局邀请市委党校专家就十六大通过的《中国共产党章程》，为市公安局机关及交警支队机关民警进行宣讲辅导。辅导会后，机关各单位以学习大组或党支部为单位，组织民警认真讨论辅导内容，人人谈学习体会，增强尊崇党章、执行党章、落实党章自觉性。

2007 年，机关党员、民警集中学习党的十七大党章。2016 年 2 月至 2017 年，开展“学党章党规、学系列讲话，做合格党员”学习教育活动，机关党员、民警人人手抄党章、“佩戴党徽，亮明身份”、集中缴纳一次党费，丰富教育内容，深化教育效果。

图 24-26　开展“手抄党章”展示评比活动

2017 年，市公安局党委制定《“两学一做”学习教育督导检查方案》，机关党委会同纪委、监察、督察等部门以三张清单、七项重点工作、十二项党组织建设任务完成情况为主要内容，对机关和直属单位开展学习督导检查，累计开展督导活动 19 次，下发整改通知书 26 份。是年，机关科室普遍开展“手抄党章·党章在我心中”活动，全体党员人人建立手抄党章笔记。12 月 19 日，举办“手抄党章”笔记展示评比活动，市公安局各单位共报送笔记 420 件，其中筛选推荐参加展评的笔记共 102 本，通过对笔记是否跟上进度、字迹是否工整、页面是否整洁等等方面参观评审和现场打分，12 名党员民警获得一等奖，12 名党员民警获得二等奖，12 名党员民警获得三等奖。

2018 年，机关党委按照市公安局党委安排，在市公安局业务楼 20 楼建设市公安局党建文化展馆和廉政教育基地。展区设计以“不忘初心、牢记使命”为主旨、以习近平新时代中国特色社会主义思想为主线，以中国共产党党史和党章发展为脉络，结合全市公安工作实际，共分 14 个展厅，总面积近 1000 平方米，展示 800 余幅版面，建成后面向全市公安民警和市直单位部门开放。

（二）机关组织建设

领导班子建设　地级市公安局成立后，党的组织工作重点是根据机构设置健全基层党组织。1990年6月，设立交警支队党支部。7月，经市委市直机关工委批准，对市公安局机关内设机构和石臼、城郊分局的党组织合理设置为第一、第二、第三、第四、第五、第六、第七党支部。12月，设立老干部党支部。市公安局直管的27个派出所保持属地乡镇、街道党委管理不变。是年底，全市公安机关党组织健全率达到100%，各党支部书记均由单位一把手担任。

1996年，市委市直机关工委下发《基层党总支、支部设置、选举（改选、补选）程序》。6月，经市直机关工委批准，设立市公安局机关党总支。1997年4月，市公安局机关有党总支1个、党支部11个，民警140人，党员127人，党员占民警总数的91%。

1998年，贯彻中央《中国共产党党和国家机关基层组织工作条例》，通过举办培训班等形式组织机关党员、民警传达学习。是年，成立看守所党支部，预审监所党支部撤销。1999年，按照日照市《关于在市直机关实行党务工作目标管理责任制的意见》和《考核细则》，对市公安局机关党务工作按照机关党的思想、组织、作风及精神文明、机关群团等工作规范化和制度化的要求，逐一量化分解，落实党务工作目标管理责任制。2002年10月，机关党总支改为机关党委。2003年，市公安局机关党委配备专职副书记。

2005年8月，市公安局制定《关于进一步加强和改进机关党的建设的意见》，从加强党的组织建设、制度建设、党员管理教育、党务干部自身建设等8个方面，强调进一步加强机关各级党组织的思想、组织和作风建设，不断促进机关党的建设全面发展。确定对机关部分党支部设置，要按照便于管理、便于开展工作的原则，进行重新调整，原则上以业务处室为单位设置，个别单位成立联合党支部。机关党组织负责人的产生，要严格按照程序办理，各党总支、党支部书记原则上由一把手担任。党员人数较多的党支部，可根据实际情况划分为若干个党小组，党小组人数应在3人以上。重申党支部要严格“三会一课”制度，党员要按时缴纳党费。市公安局机关党的建设得到进一步加强。

2007年，市委市直机关工委编印下发《机关党务工作规范》，在市直各单位推行把“支部建在科室”。市公安局在党组织换届和成员调整时，以机关内设科室为单位划分党支部（党小组）的建设模式，由科室主要负责人兼任党支部书记，既管业务又抓党务，实行“一岗双责”。至2008年6月，“支部建在科室”党建任务全部完成，全市公安机关新增党支部58个。12月，设立市公安局特警支队援疆维稳临时党总支。

2012年始，按照市委统一安排，市公安局先后选派一批党员干部到村挂职“第一书记”，加强包联村党组织班子建设，以党建促工作。

2015年，开展机关“规范化党支部”创建活动。7月，技术侦察支队党支部、特警支队四大队党支部被市直机关工委表彰为“规范化党支部”。

2016年12月，根据《中国共产党章程》《中国共产党党和国家机关基层组织工作条例》，机关2个党总支、22个党支部完成换届选举工作。各党总支和党支部书记全部由部门主要负责人兼任，“一岗双责”的主体责任进一步落实。

2017年2月，制定《日照市公安局关于落实党员领导干部双重组织生活制度的实施方案》，明确党委委员要以一名普通党员的身份参加所在党支部的专题组织生活会，并对本党支部的组织生活会和民主评议党员工作进行点评。3月，市公安局机关启用党费专用账户，每名党员人手一份党员党费证，建立健全“党费缴纳日”制度和相关台账，形成“专人管、足额收、及时缴、定期查”的党费收缴使用工作局面。

2018年10月，机关离退休干部党支部改为党总支，明确将市公安局治安警察支队、刑侦支队、市看守所、市拘留所离退休干部党员纳入离退休干部党总支，划分党支部组织开展活动。市公安局机关离退休干部党总支下设第一、第二、第三、第四、第五5个党支部。是年11月，市公安局机关党委向市公安局党委会专题汇报关于机关党委换届、机关纪委设立的报告，经市公安局党委同意，提报市委市直机关工委批准后，举行市公安局机关暨直属单位党员代表大会选举产生。是年，修订完善《党支部规范化建设工作规范》《党支部“三会一课”工作规范》《发展党员工作规范》《党费交纳工作规范》《党组织和党员教育培训工作规范》《基层党组织换届选举（补选）工作规范》，规范机关党务工作。要求严格“三会一课”制度，支部党员大会每季度至少召开1次，支部委员会每月至少召开1次，党小组会每月至少召开1次，党课每季度至少开展1次，支部书记每年要在所在支部讲党课，党员领导干部定期为基层党员讲党课，党组（党委）书记每年至少讲1次党课，对缺席人员安排适当形式进行补课。确定各党支部每月相对固定1天时间开展主题党日，组织党员交纳党费、集中学习、过组织生活、进行民主议事或开展志愿服务活动。是年，在市公安局机关各级基层党组织中合理设置党小组64个，每个党小组设党小组长1人。明确党小组长在党支部委员会的领导下，组织本小组党员开展党内各项活动，保证支部的决议和任务的贯彻落实。

党员队伍建设 1990—1994年，按照中央关于发展党员工作“控制总量，优化结构，提高质量，发挥作用”的方针，市公安局机关共发展党员27人。加强对入党积极分子的培养，采取上党课、举办培训班、定期考察和挂职、包村锻炼等措施进行培养教育。1990—1994年，共培养入党积极分子66人，平均每年新增13人，保持党员发展的连续性。1994年，开展民主评议党员活动，评先树优，鞭策后进，促进党员队伍思想建设。是年，组织党员210人参加民主评议，评出优秀党员8人。此后，每年开展一次民主评议党员工作，组织党员对照合格党员标准、入党誓词，进行党性分析，对党员进行评议，确定评议等次，民主评议结果作为评先评优的重要依据。1996年始，落实《发展党员工作程序》，实现党员发展工作规范化。1995—2004年，市公安局机关共发展新党员132人，培训入党积极分子279人。

2005年，实行发展党员《“三公示”“三票决”制度》《责任追究制度》，严把党员发展质量关。2007年，实行党员发展“321”工作机制，发展新党员、预备党员转正、入党积极分子培训等工作有序开展。2008年5月12日，四川省汶川县发生强烈地震后，机关党委组织基层党组织开展党员民警交纳“特殊党费”活动，发动民警积极捐款捐物，共交纳抗震救灾“特殊党费”6.7万元，捐助衣物、被褥200余件。

2012年，按照“一推两选、全程公开”党员发展办法，注重在工作一线、业务骨干和优秀年轻民警中发展新党员。实行“一推一选”办法确定入党积极分子。2016年始，依托“灯塔－党建在线”系统、日照公安智慧党建平台、“学习强国”手机APP等信息化、科技化手段，加强党员学习教育和管理工作，推行使用党员组织关系网上转接。

2018年11月，制定《关于加强市公安局机关党员积分管理的实施办法》，推行党员民警积分制管理，进一步提升市公安局机关党员日常管理的精细化、规范化、科学化水平。是年，开展“在职党员进社区”活动，机关党员民警和入党积极分子到包联凯莱社区认领党建服务项目，配合做好区域内社会性、群众性、公益性工作，推进社区文明共建。市公安局机关在职党员民警到包联凯莱社区报到率达到100%，到本人居住地社区报到率达到98%。至2018年底，市公安局机关基层党组织有党委2个、党总支6个、党支部50个。分别是机关党委、交警支队党委；刑侦支队、治安支队、特警支队、交警支队机关、高速公路交警支队、局机关离退休干部党总支；市公安局指挥中心、机关直属第一

图 24-27 参加国家级文明城市创建工作

（政治部、机关党委）、第二（纪委监察室、审计处）、第三（宣传处、行政服务处）党支部、警务督察支队、国保支队、经侦支队、技术侦察支队、监所管理支队、出入境管理支队、户政管理处、法制支队、网络安全保卫支队、警务保障处、警卫支队、信访处、食药环侦支队、信息通信处、禁毒支队、市看守所、市拘留所、车管所党支部；刑侦支队第一、第二党支部，治安支队第一、第二党支部，特警支队警务科、一大队、二大队、三大队党支部，交警支队机关第一、第二、离退休干部党支部，交警支队东港大队、直属大队、岚山大队、开发区大队、山海天大队、培训大队党支部，高速公路交警支队机关第一、第二党支部，高速公路交警支队东港、岚山、莒县、五莲大队党支部，市公安局机关离退休干部第一、第二、第三、第四、第五党支部。共有党员 941 人，占全体民警的 93.5%。

1990—2018 年日照市公安局机关基层党组织和党员情况一览表

表 24–7

年份	基层党组织数量（个）			党员数量（人）			发展党员数量（人）
	党委	党总支	党支部	合计	男	女	
1990		1	15	265	253	12	1
1991		1	13	260	240	20	8
1992		1	13	262	240	22	4
1993		1	9	163	148	15	6
1994		2	11	210	190	20	8
1995		3	11	248	221	27	12
1996		3	11	278	249	29	11
1997		3	23	294	263	31	19
1998		3	23	306	271	35	27
1999		3	23	336	301	35	13
2000		2	24	380	346	34	16
2001		2	24	403	367	36	14
2002	1	2	26	437	394	43	9
2003	1	2	18	270	239	31	5
2004	1	2	20	306	268	38	6
2005	1	2	20	321	282	39	8
2006	1	2	25	334	292	42	15
2007	1	2	25	345	299	46	13

续表 24-7

年份	基层党组织数量（个）			党员数量（人）			发展党员数量（人）
	党委	党总支	党支部	合计	男	女	
2008	1	2	25	403	339	64	16
2009	1	2	25	450	368	82	16
2010	1	2	25	470	383	87	12
2011	2	3	38	819	669	150	6
2012	2	3	38	831	680	151	7
2013	2	3	38	849	693	156	10
2014	2	4	41	848	686	162	12
2015	2	4	41	911	741	170	3
2016	2	4	41	885	721	164	14
2017	2	4	44	927	752	175	6
2018	2	4	50	941	771	170	10

说明：2011 年起，交通警察支队党委相关信息统计在内

（三）机关作风建设

1989 年，市公安局开展公物还家和物资清查核对活动，动员机关个别民警将个人家中使用的公家的炉具、电风扇、钟表、烧水壶、钢丝床等物品退还所属单位。1990 年 8 月，市公安局针对部分民警占房不住或多占住房问题，下发《关于纠正多占住房的通知》。机关个别民警违规占房问题全部得到清理。1995 年，对市公安局机关超标准配备小汽车、公款宴请、公款旅游等问题进行专项治理。

1996 年，市公安局制定《全市公安民警廉洁自律规定》，机关单位和个人层层签订“无违法违纪责任书”，落实责任书内容和六项监督措施。1998 年 11 月，根据市纪委《关于制止奢侈浪费八条规定》，市公安局对所有移动电话和住宅电话进行登记，对个人使用、公款安装的进行清理。市公安局机关登记移动电话 36 部、住宅电话 34 部，对不符合使用规定的办理过户手续，成为个人移动电话或住宅电话。是年，市公安局制定《内部接待规定》，明确机关及城区各级公安机关在市内的公务活动，一律不安排公务用餐，严格接待费开支范围。

1999 年，根据中共中央《中国共产党党员领导干部廉洁从政若干准则（试行）》和《关于实行党风廉政建设责任制的规定》，市公安局机关进一步加强各级领导干部廉政情况的监督检查，建立领导干部廉政档案。2001 年，根据《中国共产党领导干部廉洁从政若干准则》，对局机关科级以上领导干部有无收受现金、有价证券和支付凭证的情况，领导干部配偶、子女从业是否符合上级规定，进行对照检查。

2002 年 4 月，市公安局制定《全市公安机关加强行业作风建设实施意见》，围绕推进转变工作作风，塑造廉洁、勤政、务实、高效的公安机关形象，要求市公安局领导和市公安局机关都要联系一定数量的单位和群众，定期走访，体察民情，帮困解忧。8 月，建立领导干部述廉报告制度，机关中层以上领导干部作述廉报告，内容分为单位廉政目标责任制落实情况和个人廉洁自律情况。是年，编发《机关作风建设活动动态》12 期，社会各界对公安机关机关作风满意率和基本满意率达到 98.89%。

2005 年，机关党委和交通警察支队、刑事警察支队、消防支队共 35 个党支部 608 名党员，参加市直单位第一批次保持共产党员先进性教育活动。全体党员对照党员义务和新时期保持共产党员先进

性的基本要求，深入查找在理想信念、宗旨意识、组织观念、思想作风、工作作风、廉洁自律和立足本职发挥作用等方面存在的问题。2006年，市公安局举办以“转变机关作风，树立良好形象”为主题的演讲比赛。

2010年，制定《关于实行党务公开的实施方案》，推进市公安局机关党务公开。2011年，制定《关于加强廉政风险防控管理的意见》，市公安局机关严格落实党风廉政建设责任制。2013年，开展“改进作风年”活动。是年9月，开展“廉政进家庭，争当贤内助”活动，廉政建设延伸到民警家庭。

2014年，组织机关党员民警学习省《来自铁窗内的忏悔》警示教育读本，以及《中华人民共和国人民警察法》《廉政准则》《纪律条令》和公安部“三项纪律”、省公安厅从严治警“十条铁规”，重温党纪政纪和铁规禁令，切实加强警规警纪和岗位廉政教育。2015年，组织机关全体民警观看警示教育片《手莫伸（四、五）》，开展座谈讨论11次，撰写心得体会911篇。

2015年，市公安局机关党委聚焦提高广大民警职工的思想道德素养和科学文化水平，不断完善工作机制，增强工作实效，进一步提升精神文明创建水平。是年2月，市公安局被中央文明委授予第四届全国文明单位。是年，为日照市创建全国文明城市决胜年。市公安局机关承担着东港区日照街道昭阳社区的包联工作任务，按照局党委部署，局机关全体民警以最大的决心、最高的标准，坚持全警动员、全力以赴，坚持对标创建、精准创建、务实创建，以实干担当迎创城决胜，圆满完成创城包联任务。是年，机关民警集中观看《打铁还需自身硬》《永不停歇的征程》《警钟》等系列警示教育片、专题片10余场次，观看民警900余人次。

2018年，机关民警观看《光环下的蜕变》《失控的“雅好”》等警示教育片，学习新版《中国共产党纪律处分条例》，增强纪律观念和廉洁意识，全力营造风清气正的良好警风。

二、工会建设

（一）组织建设

2003年之前，市公安局没有建立工会组织。2013年5月，向日照市总工会提交《关于建立市公安局工会工作委员会的报告》，7月10日，市总工会批复同意设立。2015年6月4日，市公安局召开工会一届一次会员代表大会，选举成立工会委员会并同步建立女职工委员会。市公安局工会的主要任务是组织开展宣传教育活动，维护干部职工的合法权益，组织干部职工对机关内部事务管理实行民主参与和监督，组织开展文化体育活动，建议并督促涉及干部职工切身利益的事项落实，协助局党委维护民警权益。2015年至2016年底，局机关、交警支队、市看守所、市拘留所、东港分局、岚山分局、日照经济开发区分局、机场分局、山海天旅游度假区分局相继设立市公安局工会分工会。2018年底，市公安局工会（含市公安局机关、交警支队、看守所、拘留所）有会员849人。

（二）工会活动

2003年，以“加入工会、保障权益”为主题，开展工会系列宣传活动。是年，开展创建“文明机关”和“倡树文明新风、共建美好家园”活动，组织民警职工对市公安局机关门前硬化绿化美化，更换门前广告牌4处，清除卫生死角和污染源26处。2004年9月，市公安局制定《关于组建工会和发展会员工作考核奖励办法（试行）》，加大各分工会组建和发展会员工作。2008年，机关党委、工会、妇联在“七一”“重阳节”“春节”联合走访慰问困难党员和困难民警，扶贫帮困。此后，坚持不断地开展走访慰问活动。

2012年，开展机关“文明科室”创建活动。2015年8月，市公安局工会根据《中华人民共和国工会法》等规定，制定《基层工会委员会换届选举流程办法》《日照市公安局工会经费收支和财务统一管理规定（试行）》，规范工会组织建设和财务管理工作。同时，市公安局工会在市公安局财务部门设立工会经费专用账户。此后，工会会员每年缴纳会费，按规定用于民警结婚、生育、生病住院、直属亲属去世等多方面走访慰问。是年，市公安局警务回访中心被市总工会授予五一劳动奖状，1 名民警被授予五一劳动奖章，1 名民警被表彰为 2015 年度全市优秀工会工作者。2016 年，市公安局工会被市总工会表彰为 2016 年度全市工会工作先进单位。1 人被表彰为 2016 年度全市优秀工会工作者。2017 年，1 人被市总工会授予日照市五一劳动奖章，1 人被表彰为日照市金牌职工。2018 年，1 人被省总工会表彰为山东省先进工作者。

图 24-28　市公安局组队参加比赛后合影

三、共青团建设

地级日照市公安局成立后，设立日照市公安局团总支，由政治处兼管共青团工作，主要职责是发展团员和健全团的组织、加强团员青年政治思想教育、开展争先创优活动、组织青年民警发挥生力军和突击队作用等。

1997 年 5 月，中国共产主义共青团日照市公安局委员会（简称市公安局团委）成立。月底，市公安局团委召开第一次团代会，选举产生团委班子组成人员，团委有团支部 6 个、团员近 200 人。2003 年 3 月，增设共青团日照市公安局交警支队总支委员会和治安巡逻警察支队总支委员会，增设机关团支部、防暴大队团支部、保安公司团支部 3 个团支部。

2015 年 8 月，市公安局党委印发《关于调整共青团日照市公安局委员会组成人员的通知》，下设 2 个团总支、5 个团支部，共有团员 300 人。1989—2018 年，推荐 320 名优秀团员加入党组织。

（一）政治思想教育

全市公安机关各级团组织坚持教育和引导广大团员青年学习贯彻党的路线、方针、政策，做到思想上、政治上、行动上与党中央保持高度一致。运用讲座研讨、辅导培训、演讲报告、征文笔谈等形式和采取参观考察、社会实践、组织学习等办法，进行生动活泼的爱国主义、集体主义和革命传统教育，增强广大团员青年民族自尊心和自信心，树立正确的人生观、世界观和价值观，努力培养社会主义事业接班人。各级团组织在加强思想教育中注重以榜样启迪和教育青年。

1990 年，组织开展“学雷锋、学赖宁、送温暖”“学雷锋精神、树时代新风、创文明岗位、做文明青年”等活动。1993 年，开展向雷锋式好青年刘加锋学习活动。1994 年，开展向见义勇为青年英雄徐洪刚学习活动。1995 年，开展学习孔繁森活动。2006 年，开展社会主义荣辱观学习教育活动。2007 年，开展“知荣辱、扬正气、树新风”活动。2008 年，组织开展向孙培杰学习活动。2011 年，为隆重纪念中国共产党成立 90 周年，进行爱国主义和革命理想信念教育。2013 年，深入开展中国特色社会主义和中国梦学习宣传活动。2016 年，组织广大团员青年立足岗位投入乡村振兴战略和脱贫攻坚战当中。

（二）争先创优

争创先进团组织和优秀团干部、优秀团员　2013 年 6 月，市公安局特警支队女民警白晓青作为日照市的 2 名代表之一和全国公安系统的 14 名代表之一，参加共青团第十七次全国代表大会，受到国务委员、公安部党委书记、部长郭声琨的亲切接见。2014年，行政服务处市政务服务大厅窗口、市公安局警务回访中心被评为青年示范岗，5名民警被评为日照市青年岗位能手。1995、1998、2000、2014、2016、2018年，市公安局团委分别被团市委表彰为先进团委。

岗位建功立业　1996年，交警支队牌证科1名民警、市公安局户政科1名民警被评为全省公安系统优秀青年干警。1997年，东港分局刑警大队、莒县公安局政工科各1名民警被评为全省公安系统优秀青年干警。1998年，莒县公安局刑警大队、巡警支队各1名民警被评为全省公安系统优秀青年民警。1999年，巡警支队、五莲刑警大队各1名民警被评为全省公安系统优秀青年民警。2000年，莒县公安局刑警大队、五莲县公安局各1名民警被评为全省公安系统优秀青年民警。2004年，东港分局党委书记、局长熊桂登被共青团省委、省人事厅等16部门联合表彰为“山东省优秀青年卫士”。2012年，市公安局特警支队青年突击队被共青团省委命名为山东省青年突击队。

创建青年文明号　1994年2月，团中央在全国启动创建青年文明号活动，市公安局团委根据团市委和省公安厅部署要求启动此项工作。经过2年的创建，1996年，五莲县公安局刑警大队被命名为全省公安系统青年文明号。1997年，市公安局巡警支队110报警服务台、交警支队百货大楼岗组被命名为全省公安系统青年文明号。2017年，山海天旅游度假区分局山海天边防派出所被命名为全国青年文明号。至2018年，全市公安机关共有国家级青年文明号集体1个，省级青年文明号集体17个，市级青年文明号集体23个。

附：

全国青年文明号：

山海天旅游度假区分局山海天边防派出所

省级青年文明号：

市公安局出入境管理分局接待服务大厅

市看守所女子看守中队

市公安局交警支队直属大队三中队

市公安局交警支队岚山大队巨峰中队

市公安局交警支队莒县大队夏庄中队

东港分局刑侦大队

东港分局南湖派出所

东港分局石臼边防派出所

岚山分局碑廓派出所

岚山分局中楼派出所

莒县公安局巡警大队

莒县公安局刑警大队四中队

五莲县公安局叩官派出所

五莲县公安局街头派出所

五莲县公安局指挥中心

市级青年文明号：

市公安局技侦支队综合办案一大队

市公安局指挥中心指挥调度科

市公安局警务回访中心
市公安局刑事科学技术研究所
市公安局特警支队二大队
市公安局交警支队直属大队车辆管理所
市公安局交警支队直属大队交通违法驻行政大厅服务站
市公安局交警支队岚山大队事故处理科
市公安局交警支队开发区大队车辆管理所
市公安边防支队勤务中队
东港分局小海边防派出所
岚山分局刑侦大队
岚山分局虎山派出所
岚山分局黄墩派出所
岚山分局韩家营子边防派出所
岚山分局王家海屋边防派出所
岚山分局岚山边防派出所
岚山分局安东卫边防派出所
日照经济技术开发区分局臧家荒边防派出所
日照经济技术开发区分局夹仓边防派出所
日照经济技术开发区分局中心渔港边防派出所
山海天旅游度假区分局王家滩边防派出所
山海天旅游度假区分局任家台边防派出所
山海天旅游度假区分局两城派出所
山海天旅游度假区分局治安管理大队

四、妇女组织建设

（一）组织建设

日照市公安局机关妇女委员会（简称妇委会）于2015年9月成立，有女民警82人，主要职责是协助党组织和行政部门做好妇女工作。至2018年底，东港分局、岚山分局、日照经济开发区分局、机场分局、山海天旅游度假区分局相继设立妇委会组织。港航公安局、坪岚铁路分局在改属市公安局前已建妇委会组织。莒县公安局妇委会组织于1993年3月成立。五莲县公安局妇委会组织于1992年7月成立。

（二）活动情况

2004年3月，交警支队车辆管理所车管大厅被全国妇联、公安部授予全国巾帼文明示范岗称号。2010年，市公安局被中华全国妇女联合会授予全国维护妇女儿童合法权益先进集体称号。2012年，市公安局出入境管理支队、车辆管理所分别被省妇联评为全省妇女创先争优先进集体、全省城乡妇女岗位建功先进集体。有3名女民警分别被市妇联评为全市妇女创先争优先进个人、全市巾帼建功先进个人、日照市女职工建功立业标兵。

2015年8月，制定《关于局机关民警职工婚姻管理、计划生育有关问题的规定》，对市公安局机关民警职工在婚姻、生育等方面的有关问题进行规范。组织开展献爱心活动。是年，市看守所女子中队被山东省妇联授予全省三八红旗集体称号。

图 24-29 妇委会开展献爱心活动

2016 年 3 月 1 日，市公安局警务回访中心、市公安局驻市政务服务中心窗口被市妇联表彰为日照市巾帼文明岗，高速公路交警支队 1 名民警被表彰为日照市巾帼建功十大标兵。3 月 4 日，市公安局刑警支队、治安支队被市妇联、市综治办等 6 部门联合表彰为日照市维护妇女儿童权益先进集体，3 名民警被表彰为日照市维护妇女儿童权益先进个人。

2017 年，开展日照市“文明家庭”“最美家庭”评选活动，至 2018 年，有 1 名女民警家庭被评为文明家庭，2 名女民警家庭被评为最美家庭。2018 年 3 月，为女民警、女辅警举行健康知识讲座，邀请市中医院主任医师以《盛世话养生》为题做健康知识讲座。5 月，举办“感恩母亲心系母爱”插花艺术交流活动。10 月，开展“日照好家风”故事评选活动，1 名女民警报送作品获一等奖。是年底，开展首届“日照最美警察”评选活动，有 2 名女民警获评“日照最美警察”。

五、民警优抚专项基金

2018 年 8 月 26 日，省公安民警优抚基金会下发《关于同意成立日照市公安民警优抚专项基金管理委员会的批复》，同意成立山东省公安民警优抚基金会日照市公安民警优抚专项基金管理委员会，管理委员会办公室设在市公安局政治部。

专项基金管理委员会职责为：（一）利用省基金会合法平台，动员企、事业单位和个人捐赠善款或实物；（二）对捐赠善款或实物的单位和个人进行考察，确保资金来源正当、合法；（三）与捐赠单位和个人签订捐赠协议或捐赠意向书，规定双方的权利和义务，明确基金的适用范围或意向；（四）开展省基金会宗旨范围内的各项优抚救助和公益活动；（五）按规定使用和管理公益活动的资金；（六）负责基础资料的收集、整理、统计、汇报等；（七）承办省基金会和市公安局领导交办的有关事项。

2018 年，共募集民警优抚专项基金 1000 万元。按规定支出用于举办民警健康休整活动，开展为因公牺牲、伤残、困难民警子女和患病民警阳光助学助困活动，看望慰问患病民警、因公牺牲民警家庭、因公负伤民警与武警官兵等。

六、警察协会

2009 年 4 月 27 日，根据市民政局《关于同意筹备成立日照市警察协会的批复》，日照市警察协会在市民政局注册登记，市公安局为协会主管单位。协会由日照市公安机关人民警察及其社团组织为主体组成的、具有独立法人地位的非营利性社会团体，接受市公安局业务指导和市民政局监督管理。当日，日照市警察协会召开成立大会暨第一届理事会，表决通过《日照市警察协会章程》，选举产生日照市警察协会第一届理事会成员和协会领导机构，选出协会名誉主席 3 人、常务理事 13 人、理事 35 人、荣誉理事 23 人。

日照市警察协会职能为：（一）开展公安理论研究和学术交流，组织评审和推广公安理论研究成果；（二）了解、反映人民警察的意见和诉求，依法维护人民警察的合法权益；（三）了解、反映社情民意，协调警察公共关系，促进警民关系和谐发展；（四）传播警察文化，弘扬警察精神，促进人民警察素质的提高；（五）利用公共资源，开展文化、体育活动，丰富人民警察生活，促进人民警察身心健康；（六）开展同有关单位、团体的交流与合作；（七）开展同省内外警察协会以及香港、澳门和台湾警察社团组织、国外警察社团组织的交流与合作，促进友好往来；（八）指导和协调单位会员的工作；（九）承办主管部门交办和政府有关部门委托的与本协会宗旨有关的其他事项。

日照市警察协会成立后，围绕“为公安工作服务、为人民群众服务、为广大民警服务”的工作目标，积极发挥社团组织作用，在研究警学理论、宣传日照公安、拓展警务交流、帮助民警维权等方面、凝聚公安机关内部和社会各方面力量，开展了大量工作，取得了显著成效，为推动公安事业发展进步做出了重要贡献。

七、计划生育工作

全市公安机关计划生育工作，主要是负责计划生育工作的宣传教育、婚育登记相关手续的办理、组织实施育龄妇女节育措施的落实等工作。市公安局党委历来重视计划生育工作，成立由局长为组长的计划生育领导小组，认真贯彻落实计划生育政策，实行人口目标管理责任制，层层签订责任书，积极推行计划生育和优生优育工作。

1990 年 3 月，中央办公厅、国务院办公厅转发中共中央宣传部、国家计划生育委员会《关于加强计划生育宣传教育工作的意见》，市公安局扎实进行计划生育宣传教育工作。1991 年 6 月，中共中央、国务院下发《关于加强计划生育工作严格控制人口增长的决定》，全市公安机关广大民警积极响应，带头自觉落实中央加强计划生育工作严格控制人口增长的决定。

1996 年始，市公安局按期组织育龄妇女进行健康查体，确保育龄妇女健康。2000 年，市公安局对 120 名育龄妇女建立育龄妇女生育档案卡，并对育龄户口进行清理，清理户口 36 人。

2003 年 5 月，制定《日照市公安局计划生育管理规定》，划分育龄妇女属地管理工作，对晚婚晚育和节制生育、优生和节育措施等作出具体规定。是年，全市公安机关有育龄妇女 356 人，无一例违反计划生育管理。

2004—2018 年，坚持以人为本、以计划生育优质服务服务为重点，大力普及优生科普知识，定期组织育龄妇女系统学习优婚、优孕、优生知识，督促落实优生健康检查、保健、节育等措施，全面提高服务水平，推进计划生育工作的健康开展。

第五节　立功创模与英烈

开展立功创模活动是公安机关的优良传统，是凝聚警心、鼓舞斗志，激发和调动广大民警积极性、主动性、创造性，推动各个历史时期公安工作和队伍建设的有效手段。全市公安机关坚持以基层一线为重点，评先树优、表彰奖励，大力开展立功创模活动，弘扬公安队伍的浩然正气，展示人民警察的良好形象，努力营造公安机关和人民警察“比、学、赶、帮、超”的良好氛围，涌现出一大批先进集体、先进个人和英烈人物，为全市公安机关和广大民警树立了学习的榜样。

一、立功创模

（一）奖励规定

地级市公安局成立后，全市公安机关人民警察立功创模活动，主要依据 1984 年颁布施行的《人民警察奖惩条例（试行）》予以表彰奖励。2003 年 7 月，公安部颁布《公安机关人民警察奖励条令》，明确公安机关人民警察奖励的目的、依据，奖励工作的任务、原则、组织管理，奖励的类别、对象、等级，奖励的审核审批程序，获奖的标志和待遇，获奖对象的教育管理以及奖励的撤销等内容。市公安局准确理解和把握《公安机关人民警察奖励条令》精神，认真抓好贯彻落实，全市公安机关人民警察立功创模和奖励工作步入规范化、制度化、法制化轨道。

2015 年 10 月，公安部、人力资源和社会保障部对《公安机关人民警察奖励条令》进行重新修订，确定公安机关奖励工作坚持实事求是，按绩及时施奖；发扬民主，贯彻群众路线；公开、公平、公正；以基层一线为重点，领导机关、领导干部从严；精神奖励与物质奖励相结合、以精神奖励为主原则，对在抢险救灾、重大突发事件处置、重大活动安全保卫、重大案件侦破等工作中成绩特别突出的集体和个人，在必要时可以简化程序，由奖励批准机关的政工部门提出奖励建议，奖励批准机关直接批准奖励。市公安局按照《公安机关人民警察奖励条令》精神和《山东省公安机关表彰奖励工作规范》，制定《日照市公安局即时表彰奖励实施办法（试行）》，明确规定：对在日常工作中作出突出成绩和贡献的集体或个人，即时开展个性化表彰奖励。

（二）奖励情况

争创优秀公安局和争当优秀人民警察活动　1991 年，公安部决定开展评选全国优秀县（市）公安局、城市公安分局和全国优秀人民警察的活动。市公安局按照公安部和省公安厅部署，在全市公安机关认真开展争创优秀公安局和争当优秀人民警察活动。1996 年 2 月，五莲县公安局被公安部表彰为全国优秀公安局。

1998 年 10 月 26 日，东港分局民警李伟和另两名民警在执行抓捕任务中，面对持刀行凶拒捕的歹徒，英勇顽强，舍生忘死，勇擒歹徒。是年，市委、市政府作出《关于向李伟同志学习活动的决定》，号召全市广大党员干部群众以李伟同志为榜样，敢于同坏人坏事作斗争，为日照市的两个文明建设作出贡献。公安部表彰李伟为全国优秀人民警察，并记个人一等功，省委、省政府授予李伟富民兴鲁劳动模范称号。2 名民警分别被省公安厅表彰为全省优秀人民警察，各记个人二等功。

1999 年 3 月，莒县公安局被公安部表彰为全国优秀公安局。2004 年 9 月，五莲县公安局城北派出所民警王宗宝因劳累过度，牺牲在出警途中，年内被公安部追记个人一等功。2005 年，东港分局刑警大队教导员田连增在侦破“12·10”抢劫杀人案过程中，因劳累过度突发疾病，经抢救无效以身殉职，年内被公安部表彰为全国优秀人民警察，追记个人一等功。

2010 年 4 月，五莲县公安局巡防大队孙金友在追击犯罪嫌疑人过程中，被持枪犯罪嫌疑人击伤左眼，他忍痛与其他队员将犯罪嫌疑人抓获。公安部表彰孙金友为全国优秀人民警察，授予全国公安系统二级英雄模范。2013 年，孙金友被评为“全省我最喜爱的十佳人民警察”，并记个人一等功。

2018 年 8 月 31 日晚，市公安局党委委员、交警支队支队长张仲武因连续工作，劳累过度突发疾病，经抢救无效不幸去世。公安部追授张仲武为全国公安系统二级英雄模范。

1989—2018 年，东港分局 9 次被省公安厅表彰为全省优秀公安局，市公安局 3 次被省公安厅表彰为全省市级优秀公安局。全市公安机关被公安部授予全国公安系统二级英雄模范 2 人，被公安部表彰为全国优秀人民警察 18 人。

年度评功评奖及其他立功创模活动　按照《公安机关人民警察奖励条令》等有关政策规定，全市公安机关年度开展总结表彰活动。1991 年 2 月，五莲县看守所被公安部记集体一等功。2001 年，全市公安机关有 3 个单位立集体三等功、58 个单位被评为先进集体，1 名个人立一等功。2013 年，全市公安机关有 145 个单位和 60 名个人受到表彰奖励。2017 年，全市公安机关全面践行“精准警务”理念，扎实开展安保维稳、基层基础、公安改革“三个攻坚战”，着力提升警务工作效能，有力维护全市社会治安政治稳定、治安秩序持续平稳。市公安局被市委市政府表彰为全市系列攻坚行动突出贡献集体，3 名民警被表彰为全市系列攻坚突出贡献个人，26 个（次）单位被表彰为全市系列攻坚先进集体，22 名民警被表彰为全市系列攻坚先进个人模范奖，97 名民警被表彰为全市系列攻坚先进个人优秀奖。

“严打”斗争和重大安保工作中的立功创模活动 2001年4月至2003年4月，全市公安机关深入开展声势浩大的“严打”整治斗争，广大公安干警连续作战，顽强拼搏，涌现出一大批先进典型。其中，全市公安机关6个单位被市委、市政府表彰为全市严打整治斗争先进集体，6名民警被市委、市政府表彰为全市严打整治斗争先进个人，并记个人二等功；4名民警被市委政法委、综治委、人事局表彰为全市严打整治斗争先进个人，并记个人三等功。2003年，抗击防治“非典”期间，先后有3名民警被省委、省政府表彰为全省防治“非典”工作先进个人，8名民警被市委、市政府表彰为全市防治“非典”工作先进个人，5个单位被市委、市政府表彰为全市防治“非典”工作先进单位。2015年，因成功处置石大科技化工有限公司储罐区爆炸燃烧事故，市公安消防支队岚山区大队被公安部记集体一等功，市公安消防支队被公安部记集体二等功，岚山分局局长王明华被公安部记个人一等功。2017年，党的十九大安保期间，全市公安机关即时记功4名，集体嘉奖5个，个人嘉奖57人，通报表彰集体35个、126人次，累计发放奖金12万余元，并开展送奖到一线活动，实现即时表彰工作常态化，营造争先创优的浓厚氛围。2018年，全市公安机关全面实施“精准警务”战略，完成上合青岛峰会安保等一系列重大任务，共有4人立一等功，5个单位立集体二等功，22人立二等功，126个单位和316人受到市级以上表彰。

图 24-30 送奖到一线

1989—2018年，全市公安机关有3个单位被公安部或省委、省政府记集体一等功、78个单位被省公安厅或市委、市政府记集体二等功；公安民警有28人次被公安部或省委、省政府记个人一等功、207人次被省公安厅或市委、市政府记个人二等功。

辅警表彰奖励活动 辅警奖励种类有通报表彰、评选优秀辅警（优秀联防队员）等。1997—2011年，全市公安机关在积极创建合成化治安巡防体系工作中，参战民警、辅警多人受到通报表彰，其中辅警表彰人数占30%以上。2017年4月，山海天分局制定《警务辅助人员奖惩办法（试行）》。

对因公牺牲的辅警（治安联防队员），生前有重大贡献或者突出事迹，符合奖励条件的，进行追授奖励。2002年11月25日凌晨3时许，莒县公安局城关派出所第一警区联防队员杜凤奎在巡逻中与正在实施盗窃的犯罪嫌疑人展开搏斗，英勇牺牲。2010年3月18日，省政府批准杜凤奎为烈士。

1989—2018年日照市公安局获集体二等功和省部级以上表彰一览表

表 24-8

单位	获奖项目	授奖单位	授奖时间
五莲县看守所	集体二等功	省公安厅	1989
五莲县看守所	集体一等功	公安部	1991
五莲县公安局秘书科	集体二等功	省公安厅	1993
东港分局刑警大队	集体二等功	省公安厅	1994
五莲县公安局刑警大队	集体二等功	省公安厅	1994
莒县公安局办公室	集体二等功	省公安厅	1995

续表 24-8

单位	获奖项目	授奖单位	授奖时间
交警支队直属大队	集体二等功	省公安厅	1995
交警支队	集体二等功	省公安厅	1996
莒县“5·12”专案组	集体二等功	省公安厅	1996
东港分局大沙洼林场派出所	全省林业公安严打先进集体	省公安厅、省林业厅	1996
日照港公安局第二派出所	集体二等功	交通部公安局	1996
交警支队	学习济南交警活动先进集体，集体二等功	省公安厅	1996
东港分局刑警大队	集体二等功	省公安厅	1997
东港分局大沙洼林场派出所	全国林业公安基层建设先进单位	公安部政治部、林业部公安局	1997
五莲县公安局	全国优秀公安局	公安部	1997
交警支队	全省治理公路“三乱”先进单位	省政府	1997
东港分局望海路派出所	全国创建“人民满意派出所”先进单位	公安部	1998
市公安局“5·22”特大绑架人质案专案组	集体二等功	市委、市政府	1999
莒县公安局浮来山派出所	人民满意先进单位，集体二等功	市委、市政府	1999
莒县公安局	全国优秀公安局	公安部	1999
莒县公安局浮来路派出所	集体二等功	省公安厅	1999
莒县公安局浮来山派出所	集体二等功	省公安厅	2000
五莲县公安局刑警大队	集体二等功	市委、市政府	2000
五莲县公安局	集体二等功	省公安厅	2000
政治侦察科“4·28”专案组	集体二等功	省公安厅	2000
莒县公安局巡警大队	人民满意基层单位	公安部	2000
东港分局	全省优秀公安局	省公安厅	2000
东港分局	全省优秀公安局	省公安厅	2001
市公安局“11·2”专案组	集体二等功	市委、市政府	2001
莒县公安局刑警四中队	全省优秀刑警中队，集体二等功	省公安厅	2001
莒县公安局城西派出所	集体二等功	省公安厅	2001
东港分局巡警大队	全国青年文明号	公安部、团中央	2001
交警支队车管所	全省人民满意基层单位	省公安厅	2001
东港分局两城派出所	全省人民满意基层单位	省公安厅	2001
岚山分局国保大队	集体二等功	省公安厅	2002
交警支队车管所	集体二等功	省公安厅	2002
岚山分局	集体二等功	省公安厅	2003
日照经济技术开发区分局刑警大队	集体二等功	省公安厅	2003
交警支队车管所	全国优秀公安基层单位	公安部	2003

续表 24-8

单位	获奖项目	授奖单位	授奖时间
莒县公安局巡警大队	全国青年文明号	公安部、团中央	2003
东港分局	全省严打整治斗争先进集体	省委、省政府	2003
岚山分局	集体二等功	省公安厅	2003
市公安局行动技术支队	集体二等功	省公安厅	2004
交警支队莒县大队	集体二等功	省公安厅	2004
莒县公安局刑警大队	集体二等功	省公安厅	2004
五莲县公安局经侦大队	集体二等功	省公安厅	2004
五莲县公安局松柏派出所	集体二等功	省公安厅	2004
日照港公安局铁路场区派出所	全国优秀公安基层单位	公安部	2004
日照港公安局交通警察大队	全国优秀公安基层单位	公安部	2004
交警支队莒县大队	集体二等功	省公安厅	2004
东港分局	全省优秀公安局	省公安厅	2004
东港分局	全省人民满意政法单位	省委、省政府	2005
东港分局	全省优秀公安局	省公安厅	2005
莒县“5·13”专案组	集体二等功	省公安厅	2005
东港分局	全省优秀公安局	省公安厅	2006
市公安局“3·17”专案组	集体二等功	省公安厅	2006
东港分局打霸治痞行动队	集体二等功	省公安厅	2006
交警支队直属大队	集体二等功	省公安厅	2006
莒县公安局“5·13 专案组”	集体二等功	省公安厅	2006
五莲县公安局刑警大队	集体二等功	省公安厅	2007
市公安局世帆赛安全保卫组	集体二等功	省公安厅	2007
东港分局刑警大队	全省优秀公安基层单位，集体二等功	省人事厅、省公安厅	2007
东港分局大沙洼林场派出所	全国优秀公安基层单位	公安部	2007
东港分局	全省优秀公安局	省公安厅	2007
东港分局	全省优秀公安局	省公安厅	2008
五莲县公安局经侦大队	集体二等功	省公安厅	2008
日照经济技术开发区分局经侦大队	集体二等功	省公安厅	2008
日照港公安局治安管理支队	集体二等功	交通部公安局	2008
市公安局	全省政风行风建设先进单位	省政府	2008
市公安局	全省双拥工作先进集体	省委、省政府、省军区	2008
市公安局	人民满意政法单位	省委、省政府	2008
交警支队	全省公安机关全运安保工作先进集体，集体二等功	省公安厅	2009
交警支队岚山大队	集体二等功	省公安厅	2009

续表 24–8

单位	获奖项目	授奖单位	授奖时间
东港分局	全省公安机关全运安保工作先进集体，集体二等功	省公安厅	2009
岚山分局刑侦大队	集体二等功	省公安厅	2009
莒县公安局刑侦大队	集体二等功	省公安厅	2009
莒县公安局刑侦大队	集体二等功	省公安厅	2010
五莲县公安局国保大队	集体二等功	省公安厅	2010
东港分局刑侦大队	集体二等功	省公安厅	2010
市公安局特警支队	集体一等功	公安部	2010
五莲县公安局刑侦大队	集体二等功	省公安厅	2011
东港分局	全省优秀公安局	省公安厅	2011
市公安局国保支队	集体二等功	省公安厅	2011
东港分局	全国公安机关东西合作素质强警行动计划工作成绩突出先进集体	公安部	2012
东港分局	全国公安机关严厉打击经济犯罪“破案会战”成绩突出集体	公安部	2012
东港分局	全国清剿火患成绩突出县级公安机关	公安部	2012
莒县公安局桑园派出所	全国公安机关严厉打击经济犯罪“破案会战”成绩突出集体	公安部	2012
东港分局经济犯罪侦查大队	全国优秀公安基层单位	公安部	2012
交警支队岚山大队	全国公安机关执法示范单位	公安部	2012
市公安消防支队东港大队	全国“清剿火患”战役成绩突出单位	公安部	2012
市公安消防支队五莲大队	全国“清剿火患”战役成绩突出单位	公安部	2012
交警支队	爱国拥军模范单位	省委、省政府、省军区	2012
交警支队莒县大队	全省公安机关“畅通安全行”主题活动暨预防重特大道路交通事故工作先进集体，集体二等功	省公安厅	2012
市公安局	十八大安保维稳工作先进集体，集体二等功	市委、市政府	2012
东港分局	取保候审突出问题专项督察行动成绩突出单位	公安部	2013
五莲县公安局	全省人民满意的公务员集体	公安部	2013
东港分局	全省优秀公安局	省公安厅	2013
五莲县公安局	2013 年度群众满意度成绩突出县级公安局，集体二等功	省公安厅	2013
交警支队直属大队	集体二等功	省公安厅	2013
市公安局出入境管理支队	集体二等功	省公安厅	2013
东港分局大学科技园派出所	集体二等功	省公安厅	2013
莒县公安局特警大队	集体二等功	省公安厅	2013
五莲县公安局	全国公安机关执法示范单位	公安部	2014

续表 24-8

单位	获奖项目	授奖单位	授奖时间
市公安局“2012·3·29”专案组	集体二等功	省公安厅	2014
交警支队莒县大队	集体二等功	省公安厅	2014
东港分局刑事侦查大队	集体二等功	省公安厅	2014
莒县公安局	全省人民满意政法单位	省委、省政府	2014
市公安局	全国文明单位	中央精神文明建设指导委员会	2015
岚山分局户政管理科	全国三八红旗集体	中华全国妇女联合会	2015
市公安局经济犯罪侦查支队	集体二等功	省公安厅	2015
东港分局法制大队	集体二等功	省公安厅	2015
五莲县公安局法制大队	集体二等功	省公安厅	2015
市公安局	全国维护妇女儿童权益先进集体	中华全国妇女联合会	2016
市公安局	山东省爱国拥军模范单位	省委、省政府、省军区	2016
市公安局	全省优秀市级公安局	省公安厅	2016
五莲县公安局	全国公安机关执法示范单位	公安部	2016
市公安消防支队岚山区大队	集体一等功	公安部	2016
市公安消防支队	集体二等功	公安部	2016
市公安边防支队	山东省拥政爱民模范单位	省委、省政府、省军区	2016
东港分局	山东省先进基层党组织	省委	2016
市公安局警务回访中心	集体二等功	省公安厅	2016
交警支队东港大队	集体二等功	省公安厅	2016
莒县公安局经侦大队	集体二等功	省公安厅	2016
交警支队岚山大队	集体二等功	市政府	2016
日照港公安局消防支队	集体二等功	交通运输部公安局	2016
交警支队直属大队	全国“工人先锋号”	中华全国总工会	2017
市公安局特警支队特警四大队	全国优秀公安基层单位	公安部	2017
山海天旅游度假区分局山海天边防派出所	2016—2017 全国青年文明号	团中央、公安部	2017
市公安局	全省十九大安保维稳工作先进集体	省委、省政府	2017
东港分局	全省十九大安保维稳工作先进集体	省委、省政府	2017
市公安局	全省安全生产工作先进单位	省委、省政府	2017
东港分局	全省社会治安综合治理先进单位	省委、省政府	2017
东港分局	全省公安系统先进集体	省人事厅、省公安厅、省公务员局	2017
市公安局车管所	集体二等功	省公安厅	2017
岚山分局治安大队	集体二等功	省公安厅	2017
日照经济技术开发区分局刑侦大队	集体二等功	省公安厅	2017

续表 24–8

单位	获奖项目	授奖单位	授奖时间
市公安局“9·21”特大走私毒品案专案组	集体二等功	省公安厅	2017
莒县公安局	全国文明单位	中央文明委	2017
莒县公安局交警大队车管所	全国优秀县级车辆管理所	公安部	2018
市公安局	全国“两会”安保维稳工作先进集体	省委、省政府	2018
莒县公安局	全国“两会”安保维稳工作先进集体	省委、省政府	2018
市公安局	上合组织青岛峰会山东服务保障工作先进集体	省委、省政府	2018
市公安局上合峰会安保援青队	全省公安机关上海合作组织青岛峰会安保工作先进集体，集体二等功	省公安厅	2018
五莲县公安局潮河公安检查站	全省公安机关上海合作组织青岛峰会安保工作先进集体，集体二等功	省公安厅	2018
市公安局指挥中心	集体二等功	省公安厅	2018
交警支队直属大队	集体二等功	省公安厅	2018
市公安局东港分局国保大队	集体二等功	省公安厅	2018
市公安局	全省优秀市级公安局	省公安厅	2018

1989—2018 年日照市公安局获个人一等功和省部级以上荣誉一览表

表 24–9

姓名	单位	获奖项目	授奖单位	授奖时间
田立泉	市公安局通信科	全国公安有线专网优秀值机员	公安部	1989
范卿修	莒县公安局闫庄派出所	人口普查国家级先进个人	国务院第四次全国人口普查领导小组	1990
周文敏	莒县公安局桑园派出所	人口普查国家级先进个人	国务院第四次全国人口普查领导小组	1990
王奎元	莒县公安局城关派出所	人口普查国家级先进个人	国务院第四次全国人口普查领导小组	1990
孔祥梅	五莲县公安局看守所	全国公安基层优秀科所队长	公安部	1990
盛云贵	莒县公安局国保大队	颁发居民身份证先进工作者	公安部	1991
刘银贤	市公安局	全国颁发居民身份证先进工作者	公安部	1991
王文松	莒县公安局刑警队	颁发居民身份证先进工作者	公安部	1991
周备华	莒县公安局治安科	颁发居民身份证先进工作者	公安部	1991
王占修	莒县公安局	颁发居民身份证先进工作者	公安部	1991
贺根林	日照市公安局石臼派出所	一等功	省公安厅	1991.12
高竹兴	五莲县公安局	全国优秀人民警察	公安部	1994.02
刘银贤	市委政法委	一等功	省委、省政府	1995

续表 24-9

姓名	单位	获奖项目	授奖单位	授奖时间
郭同华	岚山分局	全国优秀人民警察	公安部	1995.02
姜立道	五莲县公安局消防科	全国优秀人民警察	公安部	1995.02
张永善	五莲县公安局	一等功	省政府	1996
杨西军	莒县公安局浮来山派出所	全国优秀人民警察	公安部	1996.02
刘汉贵	市公安局审计科	全国学习济南交警先进个人	公安部	1997
田连增	东港分局刑侦大队二中队	全国优秀人民警察	公安部	1997.04
杨西军	莒县公安局浮来山派出所	一等功	省政府	1998
沙连成	岚山分局指挥中心	第三届“中华扫盲奖”	教育部	1998
葛长松	日照经济技术开发区分局（市公安局刑警支队）	全国优秀人民警察	公安部	1998.04
相振成	边防支队小海边防工作站	全国优秀人民警察	公安部	1998.04
李　伟	东港分局巡警大队	富民兴鲁劳动模范	省委、省政府	1998
李　伟	东港分局巡警大队	一等功	省公安厅	1998
李雪梅	东港分局日照路派出所	全国优秀户籍民警	公安部	1998
殷桂芝	岚山分局岚山头派出所	全国公安户政系统优秀民警	公安部	1999
李　伟	东港分局巡警大队	全国优秀人民警察	公安部	1999.03
蒋国华	市公安局治安支队	学题词创人民满意活动先进个人	省政府	2000
刘　军	市公安局办公室	全国优秀人民警察	公安部	2000.03
卢成江	市公安局国保支队	全省专项斗争先进个人	省政府	2001
赵修品	市公安局	一等功	省委、省政府	2001
秦玉和	东港分局治安科	一等功	省公安厅	2001
张连太	莒县公安局	全国优秀人民警察	公安部	2001.02
戴龙祥	市公安局	全国公安机关三项教育工作先进个人	公安部	2002
徐延平	市公安局国保支队	全国公安机关查处有害气功专项斗争先进个人	公安部	2002
王均功	日照港公安局国保科	全国公安机关反邪教先进个人	公安部	2002
任焕新	莒县公安局	全国严打整治斗争先进工作者	中央政法委、中央综治委	2003
杨乐清	五莲县公安局	全国优秀人民警察	公安部	2003.06
王　允	东港分局	全省防治“非典”工作先进个人称号	省政府	2003

续表 24-9

姓名	单位	获奖项目	授奖单位	授奖时间
薄文志	岚山分局汾水派出所	全省防治“非典”工作先进个人称号	省政府	2003
李廷伟	莒县公安局	全省防治“非典”工作先进个人称号	省政府	2003
滕　峰	岚山分局碑廓派出所	全国人口普查工作先进个人	国务院人口普查办公室	2003
王万起	市公安局	全国人口普查工作先进个人	国务院人口普查办公室	2003
陈维芳	东港分局黄海路派出所	全国人口信息纠错先进个人	公安部	2003
谷　伟	莒县公安局刑警大队	山东省模范公务员，一等功	省委、省政府	2004
严德秀	莒县公安局计财装备科	全国公安装备财务系统先进个人	公安部	2004
陈维宽	岚山分局岚山头派出所	一等功	省政府	2004
王宗宝	五莲县公安局城北派出所	一等功（追记）	省公安厅	2004
卞德祥	莒县公安局刑侦大队	全国维护妇女儿童权益贡献奖	中华妇女全国联合会	2005
王庆民	莒县公安局机要通信科	全国公安机关110接处警工作先进个人	公安部	2005
顾世栋	东港分局刑警大队	全国优秀人民警察	公安部	2005.08
赵修品	市公安局	一等功	国务院下设单位	2006
田连增	东港分局刑警大队	一等功（追记）	省公安厅	2006
刘召海	市公安局指挥中心	一等功	省公安厅	2006
刘召海	市公安局指挥中心	维和警察荣誉奖章	公安部	2006
沈　华	交警支队直属大队	全国预防重特大道路交通事故先进个人	公安部	2007
王宁宁	交警支队宣教科	“汇能杯”和谐之光公安民警摄影大赛三等奖	全国公安文学艺术联合会、中国摄影家协会	2007
董加岭	交警支队岚山大队	全国道路交通安全集中整治先进个人	公安部	2007
郑培宏	东港分局大沙洼林场派出所	全国优秀人民警察	公安部	2007
王善良	市公安边防支队	山东省拥政爱民先进个人，一等功	省公安厅	2007
丁卫东	交警支队莒县大队	全国公安机关创建平安畅通县区工作先进个人	公安部	2008
王允递	交警支队东港大队	全国公安机关奥运道路交通安全攻坚战先进个人	公安部	2008
尹鹏飞	市公安局治安警察支队	全国公安机关奥运安保工作先进个人	公安部	2008

续表 24–9

姓名	单位	获奖项目	授奖单位	授奖时间
惠学文	东港分局治安大队	全国治理自行车被盗问题专项行动先进个人	公安部	2008
丁　健	市公安局特警支队	山东省优秀共产党员	省委	2008
陈占杰	市公安局警务督察支队	全国公安机关专项治理工作先进个人	公安部	2009
陈　勇	高速公路交通警察支队莒县大队	全国公安机关创建平安畅通高速活动先进个人	公安部	2009
陈秀华	市公安局宣传处	全国公安宣传思想工作先进个人	公安部	2009
陆丽华	市公安局出入境管理分局	全国公安出入境暨外国人管理工作先进个人	公安部	2009
盛聚堂	市公安局	第十一届全国运动会筹办工作先进个人（享受省劳模待遇），并记个人一等功	省委、省政府	2009
来永庆	市公安局	全省公安机关全运会安保工作先进个人，一等功	省公安厅	2009
刘祥玉	市公安局信访处	全省信访工作先进个人	省委、省政府	2010
陈　杰	市公安局特警支队	山东省援疆特警队成绩突出先进个人	公安部	2010
罗亚宁	市公安局特警支队	山东省援疆特警队成绩突出先进个人	公安部	2010
白晓青	市公安局特警支队	山东省援疆特警队成绩突出先进个人	公安部	2010
王小龙	市公安局特警支队	山东省援疆特警队成绩突出先进个人	公安部	2010
罗梦熙	市公安局特警支队	山东省援疆特警队成绩突出先进个人	公安部	2010
董加岭	交警支队岚山大队	全国敬业奉献先进个人	中央文明办	2010
陈志府	日照港公安局北区派出所	世博交通运输安全保障先进个人	交通运输部	2010
刘　涛	日照港公安局岚山港区分局	世博交通运输安全保障先进个人	交通运输部	2010
丁　健	市公安局特警支队	全省公安机关援疆维稳先进个人一等功	省公安厅	2010
吕树君	市公安局特警支队	全省公安机关援疆维稳先进个人一等功	省公安厅	2010
张　亮	日照港公安局治安支队	全国扫黄打非先进个人	公安部	2010
陈志府	日照港公安局第一派出所	世博交通运输安全保障先进个人	交通运输部	2010
刘　涛	日照港公安局岚山港区分局	世博交通运输安全保障先进个人	交通运输部	2010

续表 24–9

姓名	单位	获奖项目	授奖单位	授奖时间
王世光	莒县公安局阎庄派出所	全国政法系统优秀党员干警	中央政法委	2011
葛长松	日照经济技术开发区分局	全国公安机关优秀专业技术人才一等奖金	公安部	2011
张　亮	日照港公安局装备财务科	全国扫黄打非先进个人	公安部	2011
秦玉精	东港分局国保大队	全国国保业务能手	公安部	2011
孙瑞昌	五莲县公安局城东派出所	山东省优秀共产党员	省委	2011
丁明军	岚山分局岚山头派出所	全省公安机关世博会安保工作先进个人，一等功	省公安厅	2011
任焕新	市公安局	全国“清剿火患”战役成绩突出个人	公安部	2012
魏玉成	东港分局大学科技园派出所	全国“清剿火患”战役成绩突出个人	公安部	2012
董加岭	交警支队岚山大队	全国优秀人民警察	公安部	2012
段现军	交警支队莒县大队	全国追逃先进个人	公安部	2012
高明强	市公安局警务督察支队	全国“清剿火患”战役成绩突出个人	公安部	2012
宋呈祥	日照经济技术开发区分局	全国“清剿火患”战役公安机关成绩突出个人	公安部	2012
牟文彬	东港分局经侦大队副大队长	全国公安机关经侦部门清网行动成绩突出个人	公安部	2012
孙金友	五莲县公安局监管大队	全国优秀人民警察	公安部	2012
孙金友	五莲县公安局巡防大队	全国公安系统二级英雄模范	公安部	2012
董新明	市公安消防支队	全国“清剿火患”战役成绩突出个人	公安部	2012
黄鲁博	日照港公安局消防支队	全国“清剿火患”战役成绩突出个人	公安部	2012
张　斌	日照港公安局	全国优秀人民警察	公安部	2012
王　岩	莒县公安局网安大队	全国维护妇女儿童权益先进个人	中华全国妇女联合会	2013
张芳花	五莲县公安局	党的十八大消防安全保卫战公安机关成绩突出个人	公安部	2013
秦国良	五莲县公安局治安管理大队	2012 年全国缉枪治爆专项行动成绩突出个人	公安部	2013
孙金友	五莲县公安局巡防大队	全省我最喜爱的十佳人民警察，一等功	省公安厅	2013
赵海波	市公安局特警支队	全省信访工作先进个人称号	省委、省政府	2013

续表 24–9

姓名	单位	获奖项目	授奖单位	授奖时间
张文忠	交警支队直属大队	全国模范军队转业干部	国务院军队转业干部安置工作小组、中组部、人社部、解放军总政治部	2014
张明峰	交警支队宣传教育科	全国公安机关警务督察工作成绩突出个人	公安部	2014
王世华	日照港公安局治安支队	一等功	交通运输部公安局	2014
李　虎	市公安局治安支队	“全国卷烟打假工作先进个人”	公安部、国家烟草总局	2015
姚守明	市公安局经侦支队	“猎狐 2014”专项行动成绩突出个人	公安部	2015
王明华	岚山分局	一等功	省公安厅	2015
魏　辉	市森林公安局	一等功	国家林业局森林公安局	2015
张　磊	市公安边防支队小海边防派出所	联合国和平勋章 维和警察荣誉奖章	联合国 公安部	2015
何召华	市公安边防支队臧家荒边防派出所	联合国和平勋章 维和警察荣誉奖章	联合国 公安部	2015
崔永岩	市公安边防支队勤务中队	联合国和平勋章 维和警察荣誉奖章	联合国 公安部	2015
刘祥玉	市公安局信访处	荣誉证书（从事信访工作 25 年）	国家信访局	2017
杨乐清	市公安局	一等功	省委、省政府	2017
滕孝林	莒县公安局陵阳派出所	第三届“关爱明天，普法先行”——青少年普法教育活动先进个人	中国关心下一代工作委员会、司法部、中央综治办	2017
聂　杰	五莲县公安局刑事侦查大队	2017 年刑事技术破案会战优秀刑事技术民警	公安部	2017
韩　伟	东港分局望海路派出所	2017 年“中国好人”	中央文明办	2017
韩　伟	东港分局望海路派出所	全国优秀人民警察	公安部	2017
丁淑滨	交警支队岚山大队	全国优秀人民警察	公安部	2017
王允递	交警支队山海天旅游度假区大队	2018 年全国春运“情满旅途”活动先进个人	交通部、公安部	2018
杨乐清	市公安局	山东省先进工作者	省委、省政府	2018
卞德祥	莒县公安局	山东省抗灾救灾优秀共产党员	省委	2018
刘治峰	莒县公安局经济犯罪侦查大队	一等功	省公安厅	2018
李廷伟	岚山分局	全省公安机关上海合作组织青岛峰会安保工作先进个人，一等功	省公安厅	2018
张治宽	市公安局禁毒支队	一等功	省公安厅	2018
兰海涛	市公安局警卫支队	一等功	省委省政府	2018
宋代方	市公安局指挥中心	上合组织青岛峰会山东服务保障工作先进个人，通报表扬	省委、省政府	2018

续表 24-9

姓名	单位	获奖项目	授奖单位	授奖时间
丁明清	市公安局国内安全保卫支队	上合组织青岛峰会山东服务保障工作先进个人，通报表扬	省委、省政府	2018
薄　涛	市公安局反恐怖支队	上合组织青岛峰会山东服务保障工作先进个人，通报表扬	省委、省政府	2018
张佰强	市公安局交通警察支队	上合组织青岛峰会山东服务保障工作先进个人，通报表扬	省委、省政府	2018
王允递	市公安局交通警察支队山海天旅游度假区大队	上合组织青岛峰会山东服务保障工作先进个人，通报表扬	省委、省政府	2018
周存南	市公安局交通警察支队岚山大队	上合组织青岛峰会山东服务保障工作先进个人，通报表扬	省委、省政府	2018
万　勇	市公安局治安警察支队	上合组织青岛峰会山东服务保障工作先进个人，通报表扬	省委、省政府	2018
王文举	市公安局治安警察支队	上合组织青岛峰会山东服务保障工作先进个人，通报表扬	省委、省政府	2018
李　超	市公安局特警支队	上合组织青岛峰会山东服务保障工作先进个人，通报表扬	省委、省政府	2018
高　媛	市看守所	上合组织青岛峰会山东服务保障工作先进个人，通报表扬	省委、省政府	2018
李宗峰	市拘留所	上合组织青岛峰会山东服务保障工作先进个人，通报表扬	省委、省政府	2018
厉　江	东港分局	上合组织青岛峰会山东服务保障工作先进个人，通报表扬	省委、省政府	2018
郑全军	东港分局日照路派出所	上合组织青岛峰会山东服务保障工作先进个人，通报表扬	省委、省政府	2018
厉彦田	东港分局高新技术产业开发区派出所	上合组织青岛峰会山东服务保障工作先进个人，通报表扬	省委、省政府	2018
韩建宏	东港分局治安大队	上合组织青岛峰会山东服务保障工作先进个人，通报表扬	省委、省政府	2018
刘佳友	岚山分局	上合组织青岛峰会山东服务保障工作先进个人，通报表扬	省委、省政府	2018
宋修明	岚山分局治安管理大队	上合组织青岛峰会山东服务保障工作先进个人，通报表扬	省委、省政府	2018
王光亮	岚山分局指挥中心	上合组织青岛峰会山东服务保障工作先进个人，通报表扬	省委、省政府	2018
刘剑峰	岚山分局碑廓派出所	上合组织青岛峰会山东服务保障工作先进个人，通报表扬	省委、省政府	2018
向　坚	日照经济技术开发区分局奎山派出所	上合组织青岛峰会山东服务保障工作先进个人，通报表扬	省委、省政府	2018
薛守军	山海天旅游度假区分局两城派出所	上合组织青岛峰会山东服务保障工作先进个人，通报表扬	省委、省政府	2018
丁北洋	机场分局指挥中心	上合组织青岛峰会山东服务保障工作先进个人，通报表扬	省委、省政府	2018

续表 24-9

姓名	单位	获奖项目	授奖单位	授奖时间
徐子强	市港航公安局消防支队	上合组织青岛峰会山东服务保障工作先进个人，通报表扬	省委、省政府	2018
何　波	市港航公安局南区派出所	上合组织青岛峰会山东服务保障工作先进个人，通报表扬	省委、省政府	2018
郑学民	莒县公安局刘官庄派出所	上合组织青岛峰会山东服务保障工作先进个人，通报表扬	省委、省政府	2018
李修德	莒县公安局特警大队	上合组织青岛峰会山东服务保障工作先进个人，通报表扬	省委、省政府	2018
杨善宝	莒县公安局指挥中心	上合组织青岛峰会山东服务保障工作先进个人，通报表扬	省委、省政府	2018
刘远南	莒县公安局刑侦大队	上合组织青岛峰会山东服务保障工作先进个人，通报表扬	省委、省政府	2018
郭海春	五莲县公安局	上合组织青岛峰会山东服务保障工作先进个人，通报表扬	省委、省政府	2018
王建利	五莲县公安局城建派出所	上合组织青岛峰会山东服务保障工作先进个人，通报表扬	省委、省政府	2018
古暖光	五莲县公安局潮河派出所	上合组织青岛峰会山东服务保障工作先进个人，通报表扬	省委、省政府	2018

1989—2018 年日照市公安局获个人二等功荣誉一览表

表 24-10

姓名	单位	获奖项目	授奖单位	授奖时间
孔祥梅	五莲县公安局	二等功	省公安厅	1989
张　燕	市公安局户政科	二等功	省公安厅	1994
李建福	交警支队莒县大队	二等功	省公安厅	1995
史文明	交警支队牌证科	二等功	团省委、省公安厅	1996
秦　静	五莲县公安局刑警大队	二等功	省公安厅	1996
丁海成	东港分局	二等功	市委、市政府	1997
李廷伟	莒县公安局	二等功	市委、市政府	1997
崔永来	五莲县公安局松柏派出所	二等功	省公安厅	1997
张永善	五莲县公安局	二等功	市政府	1997
王增双	五莲县公安局刑警大队	二等功	市委、市政府	1997
主洪亮	交警支队莒县大队	二等功	市委、市政府	1998
刘为平	东港分局巡警大队	二等功	省公安厅	1998
高松亭	东港分局巡警大队	二等功	省公安厅	1998
来永庆	市公安局	二等功	市委、市政府	1999
刘永慧	莒县公安局刑警大队	人民满意政法干警，二等功	省委政法委、省人事厅	1999
张坤吉	莒县公安局店子集派出所	人民满意政法干警，二等功	市委、市政府	1999

续表 24-10

姓名	单位	获奖项目	授奖单位	授奖时间
赵修品	市公安局	二等功	省公安厅	2000
蒋国华	市公安局治安巡警支队	人民满意政法干警，二等功	市委、市政府	2000
薄　峰	东港分局刑警大队	二等功	省公安厅	2000
王永清	东港分局刑警大队	二等功	省公安厅	2000
孟令武	东港分局望海路派出所	人民满意政法干警，二等功	市委、市政府	2000
王以顺	岚山分局政保科	二等功	市委、市政府	2000
窦晓峰	莒县公安局洛河派出所	二等功	省公安厅	2000
冯俊明	莒县公安局信访科	人民满意执法干警，二等功	省委政法委、省人事厅	2000
冯俊明	莒县公安局信访科	信访工作先进个人，二等功	市委、市政府	2000
庞遵秋	莒县公安局治安警察大队	人民满意政法干警，二等功	市委、市政府	2000
卢成江	市公安局监所管理处	二等功	省委、省政府	2001
徐延平	市公安局国保支队	全市专项斗争先进个人，二等功	市委、市政府	2001
刘祥云	市公安局刑警支队	二等功	市委、市政府	2001
张仲武	市公安局刑警支队	二等功	省公安厅	2001
李瑞武	莒县公安局	二等功	市委、市政府	2001
陈占杰	市公安局纪检委、监察室	全市专项斗争先进个人，二等功	市委、市政府	2002
秦绪春	市看守所	二等功	市委、市政府	2002
李玲娟	市公安局刑科所	日照市妇女儿童工作先进个人，二等功	市委、市政府	2002
郭润波	交警支队莒县大队	二等功	省公安厅	2002
戴龙祥	市公安局	二等功	省公安厅	2002
高　波	东港分局	二等功	市委、市政府	2002
袁　潇	东港分局出入境管理科	十大优秀政法干警，二等功	市委、市政府	2002
张文益	莒县公安局中楼派出所	创人民满意活动先进个人，二等功	省委政法委、省人事厅	2002
王均功	日照港公安局国保科	二等功	交通部公安局	2002
张　斌	日照港公安局刑警支队	二等功	交通部公安局	2002
袁玉剑	莒县公安局洛河派出所	人民满意政法干警，二等功	市委、市政府	2002
盛聚堂	市公安局	二等功	市委、市政府	2003
赵海波	市公安局治安巡警支队	人民满意政法干警，二等功	市委、市政府	2003
丁　冰	市公安局指挥中心	全市严打整治斗争先进个人，二等功	市委、市政府	2003
丁淑滨	交警支队东港大队	全市防治非典工作先进个人，二等功	市委、市政府	2003
王万起	市公安局	全市安全生产工作先进个人，二等功	市委、市政府	2003
姜少利	五莲县公安局	二等功	市委、市政府	2003

续表 24-10

姓名	单位	获奖项目	授奖单位	授奖时间
孙运兵	东港分局刑警大队	全市严打整治斗争先进个人，二等功	市委、市政府	2003
薄子山	东港分局刑警大队	全市十佳办案能手，二等功	市委、市政府	2003
薄自化	日照经济技术开发区分局刑警大队	全市严打斗争先进个人，二等功	市委、市政府	2003
王厚团	五莲县公安局经侦大队	全省严打整治斗争先进个人，二等功	省委政法委、省综治委、省人事厅	2003
田继磊	交警支队莒县大队	全市防治非典工作先进个人，二等功	市委、市政府	2003
王增双	五莲县公安局刑警大队	全省严打整治斗争先进个人，二等功	省委政法委、省综治委、省人事厅	2003
张佰强	岚山分局	全省严打整治斗争先进个人，二等功	省委政法委、省综治委、省人事厅	2003
郭　伟	莒县公安局龙山派出所	二等功	省公安厅	2003
潘为明	东港分局大沙洼林场派出所	二等功	国家林业局森林公安局	2003
王桂勇	日照港公安局	二等功	省人事厅、省政府防范和处理邪教问题办公室	2003
郭　伟	莒县公安局龙山派出所	全市严打整治斗争先进个人，二等功	市委、市政府	2003
陈鹏路	东港分局	二等功	省公安厅	2004
于　军	莒县公安局	二等功	省公安厅	2004
惠希龙	市公安局网安支队	二等功	省公安厅	2004
李海防	市公安局刑警支队	二等功	市委、市政府	2004
安　亮	日照经济技术开发区分局经侦大队	二等功	省公安厅	2004
严加军	交警支队莒县大队	二等功	省公安厅	2004
乔京平	岚山分局装备科	二等功	省公安厅	2004
公培元	市保安服务总公司	二等功	省公安厅	2004
张崇双	五莲县公安局治安大队	执法为民先进个人，二等功	省人事厅、省公安厅	2004
王厚团	五莲县公安局经侦大队	全市严打整治工作先进个人，二等功	市委、市政府	2004
王继胜	莒县公安局经侦大队	全市十佳办案能手，二等功	市委、市政府	2004
陈维宽	岚山分局岚山头派出所	二等功	市委、市政府	2004
王继胜	莒县公安局经济犯罪侦查大队	全市十佳办案能手，二等功	市委、市政府	2004
徐东木	交警支队直属大队	全市创建中国优秀旅游城市工作先进个人，二等功	市委、市政府	2004
相　斌	岚山分局安东卫派出所	二等功	省公安厅	2005
李廷伟	莒县公安局	人民满意政法干警，二等功	市委、市政府	2005

续表 24–10

姓名	单位	获奖项目	授奖单位	授奖时间
刘　军	市公安局指挥中心	人民满意政法干警，二等功	市委、市政府	2006
刘召海	市公安局指挥中心	二等功	市委、市政府	2006
秦玉学	东港分局户政科	人民满意政法干警，二等功	市委、市政府	2006
姜少利	五莲县公安局	平安日照建设先进个人，二等功	市委、市政府	2006
曾宪威	东港分局	全省公安机关执法质量考评工作先进个人，二等功	省公安厅	2006
于华杰	岚山分局局长	二等功	省公安厅	2006
史文明	市公安局指挥中心	全省金盾工程建设先进个人，并记二等功	省公安厅	2006
王隆森	市公安局刑警支队	二等功	省公安厅	2006
卜现堂	岚山分局治安大队	二等功	省公安厅	2006
秦　静	五莲县公安局	二等功	省公安厅	2006
秦玉波	日照经济技术开发区分局治安大队	二等功	省公安厅	2006
梁庆培	市公安局法制处	公正执法标兵，二等功	省公安厅、人事厅	2006
解忠利	莒县公安局	平安日照建设先进个人，二等功	市委、市政府	2006
郭同华	市公安局	全国水运会组织工作先进个人，二等功	市委、市政府	2007
刘　巍	市公安局户政管理处	二等功	省人事厅、省公安厅	2007
刘祥玉	市公安局信访处	全市信访工作先进个人，二等功	市委、市政府	2007
刘祥玉	市公安局信访处	公正执法标兵，二等功	省委政法委、省人事厅	2007
祁海滨	交警支队岚山大队	二等功	省人事厅、省公安厅	2007
丁　健	市公安局治安支队	平安山东建设先进个人，二等功	省综治委、省人事厅	2007
刘　斌	市公安局治安支队	二等功	市委、市政府	2007
庞遵秋	莒县公安局治安大队	人民满意执法干警，二等功	市委、市政府	2007
袁安民	岚山分局刑警大队	二等功	省人事厅、省公安厅	2007
王世安	莒县公安局刑警大队	二等功	省人事厅、省公安厅	2007
陈　晓	日照经济技术开发区分局奎山派出所	二等功	省人事厅、省公安厅	2007
王万起	市公安局	二等功	交通部公安局	2007
于华杰	岚山分局	二等功	省公安厅	2008
陆丽华	市公安局出入境管理分局	二等功	省公安厅	2008
宫　华	日照经济技术开发区分局	二等功	省公安厅	2008
杨传伟	市公安局治安支队	二等功	省公安厅	2008
刘　刚	东港分局刑侦大队	二等功	省公安厅	2008
姬庆雨	交警支队车管所	二等功	省公安厅	2008
宫　华	日照经济技术开发区分局	平安山东建设先进个人并记二等功	省综治委、省人事厅	2008

续表 24-10

姓名	单位	获奖项目	授奖单位	授奖时间
肖增华	市公安局户政管理处	全省奥运安保工作先进个人，二等功	省政府	2008
周连忠	市公安局计财装备处	人民满意政法干警，二等功	市委、市政府	2008
厉见波	市公安局治安支队	二等功	省广电总局	2008
张治宽	东港分局昭阳路派出所	全省公安机关奥运安保工作先进个人，二等功	省人事厅、省公安厅	2008
袁安民	岚山分局刑警大队	执法为民先进个人，二等功	省人事厅、省公安厅	2008
王富民	五莲县公安局刑警大队	二等功	市委、市政府	2008
王世华	日照港公安局第二派出所	二等功	交通运输部公安局	2008
王贵军	莒县公安局刑警大队	全市妇女儿童工作先进个人，二等功	市委、市政府	2008
郑成果	交警支队	全市平安建设先进个人，二等功	市委、市政府	2008
迟玉波	交警支队东港大队	人民满意政法干警，二等功	市委、市政府	2008
彭修华	市公安局信访处	人民满意政法干警，二等功	市委、市政府	2009
董加岭	交警支队岚山大队	二等功	省公安厅	2009
李廷伟	莒县公安局	平安山东建设先进个人，二等功	省委政法委、省人事厅	2009
宫　华	日照经济技术开发区分局	全省公安机关全运安保工作先进个人，二等功	省公安厅	2009
王善良	市公安边防支队	二等功	省公安厅	2009
葛长松	市公安局刑警支队法医鉴定中心	二等功	省公安厅	2009
张永宽	东港分局望海路派出所	二等功	省公安厅	2009
王锡臣	五莲县公安局经侦大队	二等功	省公安厅	2009
王玉安	日照经济技术开发区分局	二等功	省公安厅	2009
成永伦	东港分局	全省公安机关全运安保工作先进个人，二等功	省公安厅	2009
兰海涛	日照经济技术开发区分局	第十一届全国运动会日照赛区筹办组织工作先进个人，二等功	市委、市政府	2009
郑全军	东港分局刑警大队	全市人民满意政法干警，二等功	市委、市政府	2009
马先军	交警支队直属大队	十一届全运会筹备先进个人，二等功	市委、市政府	2009
刘瑞金	市公安局政治部	二等功	市委、市政府	2009
李悦鹏	市公安局治安支队	十一届全运会筹备先进个人，二等功	市委、市政府	2009
刘　刚	东港分局日照路派出所	创建“联合国人居奖”工作先进个人，二等功	市委、市政府	2009
万仁峰	五莲县公安局城北派出所	全市人民满意政法干警，二等功	市委、市政府	2009
尹鹏飞	市公安局特警支队	全省公安机关援疆维稳先进个人，二等功	省公安厅	2010

续表 24-10

姓名	单位	获奖项目	授奖单位	授奖时间
李海峰	市公安局特警支队	全省公安机关援疆维稳先进个人，二等功	省公安厅	2010
彭　璐	市公安局特警支队	全省公安机关援疆维稳先进个人，二等功	省公安厅	2010
薄　涛	市公安局特警支队	全省公安机关援疆维稳先进个人，二等功	省公安厅	2010
惠　鹏	市公安局特警支队	全省公安机关援疆维稳先进个人，二等功	省公安厅	2010
尹航正	市公安局特警支队	全省公安机关援疆维稳先进个人，二等功	省公安厅	2010
滕绪峰	市公安局特警支队	全省公安机关援疆维稳先进个人，二等功	省公安厅	2010
白晓青	市公安局特警支队	全省公安机关援疆维稳先进个人，二等功	省公安厅	2010
胡训立	市公安局经济犯罪侦查支队	二等功	省公安厅	2010
郭淑钦	市公安局刑警支队	二等功	省公安厅	2010
李　晨	岚山分局经侦大队	二等功	省公安厅	2010
史继波	市公安局	2007 年中国水上运动筹办组织工作先进个人，二等功	市委、市政府	2010
冯念东	市公安边防支队	2008 年中国水上运动筹办组织工作先进个人，二等功	市委、市政府	2010
郑　伟	市公安局治安支队	2009 年中国水上运动筹办组织工作先进个人，二等功	市委、市政府	2010
秦绪宏	日照经济技术开发区分局治安大队	2010 年中国水上运动筹办组织工作先进个人，二等功	市委、市政府	2010
陈　军	市公安消防支队	2011 年中国水上运动筹办组织工作先进个人，二等功	市委、市政府	2010
孙金友	五莲县公安局巡防大队	二等功	市委、市政府	2010
王富民	五莲县公安局	平安日照建设先进个人，二等功	市委、市政府	2010
杨传伟	市公安局治安支队	平安日照建设先进个人，二等功	市委、市政府	2010
董加岭	交警支队岚山大队	人民满意的公务员，二等功	市委、市政府	2010
魏　辉	市森林公安局	二等功	国家林业局森林公安局	2010
张华南	日照港公安局客运站派出所	二等功	交通运输部公安局	2010
王　兵	日照港公安局刑侦支队	二等功	交通运输部公安局	2010
陈　晓	日照经济技术开发区分局	二等功	省公安厅	2011
王世光	莒县公安局闫庄派出所	二等功	省公安厅	2011
许中文	交警支队	二等功	省公安厅	2011
王先坤	交警支队直属大队	文明城市创建工作先进个人，二等功	市委、市政府	2011

续表 24–10

姓名	单位	获奖项目	授奖单位	授奖时间
张放明	市公安局	文明城市创建工作先进个人，二等功	市委、市政府	2011
王　东	交警支队开发区大队	文明城市创建工作先进个人，二等功	市委、市政府	2011
杨祥臣	市公安局刑警支队	二等功	省公安厅	2011
张成强	岚山分局治安大队	二等功	省公安厅	2011
王　栋	市公安局法制处	全省公安教育训练工作先进个人，二等功	省公安厅	2011
卢　欣	莒县公安局刑警大队	全省公安机关网上追逃清网行动先进个人，二等功	省公安厅	2011
宫　华	日照经济技术开发区分局	2007—2010 年度公安信访工作中做出突出成绩，二等功	省公安厅	2011
杨　芳	东港分局指挥中心	全省公安机关推进信息化建设先进个人，二等功	省公安厅	2011
刘　巍	市公安局户政管理处	日照市第六次人口普查先进个人，二等功	市政府	2011
李雪梅	东港分局纪委督察室	全省公安机关世博安保工作个人，二等功	省公安厅	2011
孙　婕	日照经济技术开发区分局法制室	全省公安机关世博安保工作个人，二等功	省公安厅	2011
王玉琛	市公安局	全省公安机关警车和涉案车辆违规问题专项治理工作成绩突出个人，二等功	省公安厅	2011
苏同尚	岚山分局巨峰派出所	全省公安机关和谐警民关系建设暨“大走访”开门评警先进个人，二等功	省公安厅	2011
王世华	日照港公安局铁路场区派出所	二等功	交通运输部公安局	2011
孙小波	日照港公安局刑侦支队	二等功	交通运输部公安局	2011
夏敏敏	日照港公安局刑侦支队	二等功	交通运输部公安局	2011
鲍德民	市公安局刑侦支队	二等功	省公安厅	2012
孔祥冰	东港分局刑侦大队	二等功	省公安厅	2012
张坤吉	莒县公安局经侦大队	全省公安机关“破案会战”先进个人，二等功	省公安厅	2012
张穆华	五莲县公安局经侦大队	二等功	省公安厅	2012
陈　浩	市公安局政治部	小警务工作先进个人，二等功	省公安厅	2012
陈占杰	市公安局纪委副书记	全省公安机关治理涉案人员非正常死亡和涉案财物管理工作先进个人，二等功	省公安厅	2012

续表 24-10

姓名	单位	获奖项目	授奖单位	授奖时间
崔为娟	市看守所	“三访三评”暨“深化小警务、五访创满意”大走访活动先进个人	省公安厅	2012
王善强	市公安局网安支队	全省公安机关东西合作素质强警行动先进个人，二等功。	省公安厅	2012
宫　华	日照经济技术开发区分局	全市党的十八大安保维稳工作先进个人，二等功	市委、市政府	2012
彭修华	市公安局信访处	全市党的十八大安保维稳工作先进个人，二等功	市委、市政府	2012
王　亮	市公安局网安支队	全市党的十八大安保维稳工作先进个人，二等功	市委、市政府	2012
安　军	市公安局国保支队	全市党的十八大安保维稳工作先进个人，二等功	市委、市政府	2012
李树杰	市公安局技侦支队	全市党的十八大安保维稳工作先进个人，二等功	市委、市政府	2012
梁　华	市公安局治安支队	全市党的十八大安保维稳工作先进个人，二等功	市委、市政府	2012
孙　天	东港分局	全市党的十八大安保维稳工作先进个人，二等功	市委、市政府	2012
苏照军	岚山分局	全市党的十八大安保维稳工作先进个人，二等功	市委、市政府	2012
卞德祥	莒县公安局	全市党的十八大安保维稳工作先进个人，二等功	市委、市政府	2012
王泽平	五莲县公安局	全市党的十八大安保维稳工作先进个人，二等功	市委、市政府	2012
牟善伟	日照港公安局指挥中心	二等功	交通运输部公安局	2012
黄鲁博	日照港公安局消防支队	二等功	交通运输部公安局	2012
安　亮	市公安局出入境管理支队	平安日照建设先进个人，二等功	市委、市政府	2013
张　立	交警支队岚山大队	平安日照建设先进个人，二等功	市委、市政府	2013
吴运强	交警支队莒县大队	平安日照建设先进个人，二等功	市委、市政府	2013
丁明华	市公安局网安支队	平安日照建设先进个人，二等功	市委、市政府	2013
刘　磊	市公安局法制支队	平安日照建设先进个人，二等功	市委、市政府	2013
马宗忠	市公安局技侦支队	平安日照建设先进个人，二等功	市委、市政府	2013
李　虎	市公安局特警支队	平安日照建设先进个人，二等功	市委、市政府	2013
郭海春	五莲县公安局	平安日照建设先进个人，二等功	市委、市政府	2013
王恩峰	市公安局特警支队	二等功	省公安厅	2013
郑　峰	交警支队莒县大队	二等功	省公安厅	2013
赵青法	东港分局政工室	二等功	省公安厅	2013
袁　潇	东港分局治安大队	二等功	省公安厅	2013

续表 24-10

姓名	单位	获奖项目	授奖单位	授奖时间
李雪梅	东港分局纪委督察室	二等功	省公安厅	2013
朱董涛	日照经济技术开发区分局	二等功	省公安厅	2013
王常高	岚山分局刑侦大队	二等功	省公安厅	2013
孙运兵	日照经济技术开发区分局	二等功	省公安厅	2013
田宗泽	莒县公安局刑侦大队	二等功	省公安厅	2013
张仲武	五莲县委政法委、公安局	二等功	省公安厅	2013
于永红	市公安局户政管理处	全市新型农村和城镇居民社会养老保险工作先进个人，二等功	市委、市政府	2013
陈卫红	东港分局户政科	全市新型农村和城镇居民社会养老保险工作先进个人，二等功	市委、市政府	2013
丁卫东	交警支队莒县大队	全市防汛防台风先进个人，二等功	市委、市政府	2013
王泽平	五莲县公安局	二等功	市委、市政府	2013
申　山	日照港公安局	二等功	交通运输部公安局	2013
郭长江	市公安局刑侦支队	二等功	省公安厅	2014
朱亚南	市公安局刑侦支队	二等功	省公安厅	2014
徐子海	市公安局治安支队	二等功	省公安厅	2014
吕　昌	市公安局特警支队	二等功	省公安厅、省人社局、省公务员局	2014
张念敏	市公安局特警支队	二等功	省公安厅	2014
孙运兵	日照经济技术开发区分局	二等功	省公安厅	2014
王贵军	莒县公安局国保大队	二等功	省公安厅	2014
周扬军	五莲县公安局	二等功	省公安厅	2014
惠吉峰	岚山分局治安大队	二等功	省公安厅	2014
孙瑞昌	五莲县公安局巡防大队	二等功	省公安厅	2014
刘　刚	东港分局	二等功	市委、市政府	2014
崔为娟	市看守所	二等功	市委、市政府	2014
焦安源	交警支队岚山大队	二等功	省公安厅	2014
高　峰	交警支队莒县大队	二等功	省公安厅	2014
蒋国华	市公安局治安支队	二等功	省公安厅	2015
王　芳	市公安局	二等功	省委政法委、省人社厅	2015
朱　凯	日照经济技术开发区分局北京路派出所	二等功	省公安厅	2015
张传东	莒县公安局指挥中心	二等功	省公安厅	2015
徐　军	市公安局刑事科学技术研究所	二等功	省公安厅	2015
杨松依	交警支队莒县大队	二等功	省公安厅	2015
王　君	岚山分局刑侦大队	二等功	省公安厅	2015
张成强	岚山分局刑侦大队	我最喜爱的十佳人民警察提名奖，二等功	省公安厅	2015

续表 24-10

姓名	单位	获奖项目	授奖单位	授奖时间
牟敦宁	岚山分局工业区派出所	二等功	省公安厅	2015
纪现伟	交警支队岚山大队	二等功	省公安厅	2015
周连忠	市公安局警务保障处	二等功	省公安厅	2015
赵玉杰	市公安局禁毒支队	二等功	省公安厅	2015
梁成浩	市公安局特警支队	二等功	省公安厅	2015
王增伟	东港分局刑侦大队	二等功	省公安厅	2015
周加海	莒县公安局城东派出所	二等功	省公安厅	2015
郭海春	五莲县公安局	二等功	省公安厅	2015
孙彦林	日照港公安局刑侦支队	二等功	交通运输部公安局	2015
李增剑	交警支队直属大队	二等功	市委、市政府	2015
韩　伟	东港分局三庄派出所	二等功	市委、市政府	2015
孔祥冰	东港分局食药环侦大队	二等功	市委、市政府	2015
厉　江	东港分局副局长	二等功	市委、市政府	2015
张　奎	东港分局治安大队大队长	二等功	市委、市政府	2015
黄　箐	日照港公安局宣传教育科	二等功	交通运输部公安局	2015
郭海春	五莲县公安局	二等功	省公安厅	2016
王增伟	东港分局	二等功	省公安厅	2016
于兴波	市公安消防支队	二等功	公安部	2016
王　程	市公安消防支队	二等功	公安部	2016
许加文	市公安消防支队	二等功	公安部	2016
冀协海	岚山分局黄墩派出所	二等功	省公安厅、省公务员局	2016
陈　杰	市公安局刑侦支队	二等功	省公安厅、省公务员局	2016
张守春	日照港公安局水上巡警支队	二等功	交通运输部公安局	2016
杨松依	交警支队莒县大队	全省公安机关对生命负责向交通事故宣战工作先进个人，二等功	省公安厅	2016
柳瑞君	高速公路交警支队岚山大队	二等功	省公安厅	2017
魏玉成	东港分局政工室	二等功	省公安厅	2017
刘祥龙	山海天旅游度假区分局治安管理大队	二等功	省公安厅	2017
田宗文	莒县公安局治安大队	二等功	省公安厅	2017
夏　刚	五莲县公安局刑侦大队	二等功	省公安厅	2017
王　伟	市公安局技侦支队	二等功	省委、省政府	2017
安　军	市公安局国保支队	全省公安机关“迎接十九大忠诚保平安”主题活动先进个人，二等功	省公安厅	2017
焦　军	市公安局反恐支队	全省公安机关“迎接十九大忠诚保平安”主题活动先进个人，二等功	省公安厅	2017

续表 24-10

姓名	单位	获奖项目	授奖单位	授奖时间
赵海波	市公安局特警支队	全市信访工作先进个人，二等功	市委、市政府	2017
庄　强	东港分局治安大队	二等功	省人社厅、省公安厅、省司法厅	2018
牟　楠	市公安局国保支队	全省公安机关上海合作组织青岛峰会安保工作先进个人，二等功	省公安厅	2018
刘　建	交警支队	全省公安机关上海合作组织青岛峰会安保工作先进个人，二等功	省公安厅	2018
秦玉精	东港分局	全省公安机关上海合作组织青岛峰会安保工作先进个人，二等功	省公安厅	2018
陈　皓	市公安局指挥中心	二等功	省公安厅	2018
秦　飞	市公安局禁毒大队	二等功	省公安厅	2018
宋维讯	岚山分局	二等功	省公安厅	2018
辛崇暖	日照经济技术开发区分局	二等功	省公安厅	2018
丁　涛	山海天旅游度假区分局	二等功	省公安厅	2018
刘芳华	莒县公安局	二等功	省公安厅	2018
衣燕鸣	五莲县公安局经侦大队	二等功	省公安厅	2018
何　浩	五莲县公安局禁毒大队	二等功	省公安厅	2018
薄　峰	市公安局反恐支队	全市“防风险、化积案、保稳定”工作先进个人，二等功	市委、市政府	2018
辛　峰	市公安局治安支队	全市“防风险、化积案、保稳定”工作先进个人，二等功	市委、市政府	2018
宋玉军	东港分局	全市“防风险、化积案、保稳定”工作先进个人，二等功	市委、市政府	2018
孙　天	岚山分局	全市“防风险、化积案、保稳定”工作先进个人，二等功	市委、市政府	2018
王明华	日照经济技术开发区分局	全市“防风险、化积案、保稳定”工作先进个人，记二等功	市委、市政府	2018
王文松	山海天旅游度假区分局	全市“防风险、化积案、保稳定”工作先进个人，二等功	市委、市政府	2018
胡训立	莒县公安局	全市“防风险、化积案、保稳定”工作先进个人，二等功	市委、市政府	2018
王富民	五莲县公安局	全市“防风险、化积案、保稳定”工作先进个人，二等功	市委、市政府	2018
郭海春	五莲县公安局	全市“防风险、化积案、保稳定”工作先进个人，二等功	市委、市政府	2018
李兆秋	山海天旅游度假区分局	上合组织青岛峰会山东服务保障工作先进个人，二等功	市委、市政府	2018

续表 24-10

姓名	单位	获奖项目	授奖单位	授奖时间
王增伟	东港分局	二等功	市政府	2018
杨刘田	市森林公安局	二等功	国家林业局森林公安局	2018

二、英烈

(一) 烈士

1989—2018 年，全市公安机关共有 1 名公安民警、1 名联防队员被省政府评定为烈士。

1989—2018 年日照市公安机关民警（辅警）烈士名录表

表 24-11

姓名	出生时间	籍贯	参加工作时间	牺牲时间	牺牲地点	牺牲时单位职务
贺根林	1944.09	日照市东港区石臼街道	1965.12	1991.11	日照市公安局石臼派出所	日照市公安局石臼派出所所长
杜凤奎	1978.03	莒县阎庄镇爱国村	1998.12	2002.11	莒县人民商场	莒县公安局城关派出所第一警区治安联防队员

(二) 因公牺牲

1989—2018 年，全市公安机关共有 13 名民警、2 名现役干部、1 名工勤因公牺牲。

1989—2018 年日照市公安机关人民警察因公牺牲名录表

表 24-12

姓名	出生时间	籍贯	参加工作时间	牺牲时间	牺牲地点	牺牲时单位职务
庄聿金	1957.12	日照市东港区涛雒镇	1976.02	1990.09	日照城北	日照市公安局河山派出所办事员
郑德华	1964.03	山东省五莲县松柏镇前长城岭村	1984.10	1999.06	342 国道下水峪村路段	五莲县公安局行政装备科汽车驾驶员（行政工勤编制）
王兴杰	1962.03	山东省莒县	1999.09	2000.07	莒县公安局刑警大队二中队	莒县公安局刑警大队二中队科员
秦玉和	1944.07	日照市东港区秦楼街道	1964.12	2001.09	204 国道收费处	东港分局治安科副主任科员
秦泗海	1955.03	日照市东港区涛雒镇	1978.08	2003.07	日照市东港区日照路	东港分局望海路派出所指导员
郑　华	1962.03	日照市岚山区	1981.09	2003.11	青岛返回途中	日照港公安局行政装备科科长
王宗宝	1979.09	山东省五莲县洪凝街道同俗村	2003.07	2004.09	五莲县洪凝街道大郭村	五莲县公安局城北派出所科员
刘为成	1977.11	日照市岚山区黄墩镇	1996.11	2004.11	日照市东港区海曲中路	交警支队直属大队科员
田连增	1957.05	日照市东港区日照街道西安家庄子	1981.07	2005.08	东港分局刑警大队	东港分局刑警大队教导员

续表 24-12

姓名	出生时间	籍贯	参加工作时间	牺牲时间	牺牲地点	牺牲时单位职务
陈令聪	1966.10	日照市岚山区	1989.07	2007.02	日照市东港区海滨五路	日照港公安局岚山北港派出所所长
李　峰	1976.08	山东省五莲县	1998.07	2007.09	中国人民武装警察部队学院（廊坊）	日照市公安消防支队防火监督处工程师（专业技术10级）
郑召月	1972.01	山东省五莲县许孟镇宋家庄子村	1996.07	2009.05	342国道邱家店子村路段	五莲县公安局治安警察大队治安侦查中队中队长
孙绪敬	1959.05	莒县碁山镇	1992.06	2010.05	日照市东港区涛雒镇	交警支队东港大队涛雒中队指导员
文　博	1985.02	山东省郯城县	2007.06	2012.05	莒南县坪上镇	日照市公安边防支队岚山大队岚山边防派出所正连职干事
丁　博	1977.12	日照市岚山区	2001.10	2012.09	岚山港南作业区防波堤海域	日照港公安局岚山港区分局科员
刘雪峰	1982.06	河南省睢县	2005.09	2012.09	岚山港南作业区防波堤海域	日照港公安局岚山港区分局科员

日照奥林匹克水上运动公园

RI ZHAO SHI
GONG AN
ZHI

第二十五章

25

纪检 督察 审计

JIJIAN DUCHA SHENJI

地级日照市公安局成立后，设纪检组，后改为纪委，负责纪检监察、警务督察等工作。1998年12月，设立市公安局督察部，警务督察业务从纪委划出。2001年8月，市公安局设立纪检委、监察室，审计科划入纪检委、监察室，加大纪检监察工作的监督力度。2011年11月，审计工作机构从纪检监察部门划出设为审计处，独立行使审计监督职能。

1989—2018年，市公安局历届党委（党组）始终坚持党要管党、从严治党方针，不断完善适应新形势、新任务需要的监督工作机制，充分发挥纪检监察、督察、审计等部门的监督职能作用，提升监督工作的权威性、精准性和有效性。全市公安机关各级纪检监察、督察、审计部门认真履行职责，聚焦监督执纪同频共振、同向发力，持续推进党风廉政建设和全面从严治警向纵深发展。

第一节 纪检监察

纪检监察是党的纪律检查机关和政府监察部门的总称，是党和政府加强党风廉政建设的专门机构。全市公安机关历来重视纪检监察工作，始终坚持把思想和行动统一到党中央的决策部署上来，管好班子、带好队伍，上下齐心、攻坚克难，坚决防止和纠正损害群众利益的行为，坚定不移推进反腐倡廉工作。

1990—1993年，市公安局制定廉洁从警规定，划定违纪逾矩“红线”，立起从严治警“标尺”，狠抓领导干部和广大民警廉洁自律，加强党风廉政建设和反腐败斗争，开启全市各级公安机关铁纪塑铁军的新征程。1996年，开展行风评议工作，制定和完善社会监督、媒体监督、群众监督制度，狠刹各类不正之风，内强素质、外树形象。1999—2011年，全面落实领导干部“一岗双责”约法三章和党风廉政建设责任制，切实把党风廉政建设责任钉深压实，以铁的手腕问责、以铁的担当尽责。2006—2010年，全面构建惩治和预防腐败体系建设，落实标本兼治、惩防并举措施，建立廉政风险管理长效机制，注重从源头上加大预防和治理腐败力度。

2012—2018年，全市公安机关坚持把纪律规矩挺在前面，不断加强党纪条规学习和反腐倡廉警示教育，积极探索不敢腐、不能腐、不想腐的监督机制，以驰而不息、久久为功的韧劲，进一步加强党风廉政建设和反腐败斗争；开展纪律作风整顿，深入治理“四风”和突出警纪警风问题，持之以恒正风肃纪，确保纪律“带电”、作风生威，用铁一般的纪律锻造铁一般的队伍，全警凝聚力、向心力、战斗力不断增强。

一、党风廉政建设

（一）党风廉政教育

1989年12月，公安部和山东省纪委、公安厅相继下发通知，要求元旦、春节期间搞好廉政建设、党风建设，加强公安队伍纪律作风教育。市公安局根据上级通知精神，组织开展五项工作：一是学习贯彻中纪委十三届三中全会和省委五届三次扩大会议精神，深刻理解惩治腐败、清正廉洁的重要性；二是在各单位认真组织一次纪律作风整顿检查，纠正纪律作风方面存在的问题；三是要求各单位和全体干警都要廉洁勤政，严禁用公款请客送礼、大吃大喝、滥发钱物，严禁以任何理由向下级索要或接受土特产品，严禁以任何名义向上级机关和个人送礼；四是严格执行枪支、警械使用规定，重申严禁公安干警酗酒滋事的各项规定，公安干警不准在工作期间喝酒，更不准酒后驾车携带武器外出，严防在酒、车、枪、警械等方面发生问题；五是新年、春节期间，各级领导和广大公安干警坚守岗位，尽职尽责，不得擅离职守。

1991年4月26日，中纪委和省纪委领导同志到市公安局考察党风廉政建设情况。7—10月，针对领导干部思想、作风、纪律等方面存在的问题，市公安局组织开展“学党章、守纪律、正党风”教育活动。

1992年4月2—4日，中纪委、公安部、省公安厅党风和廉政建设联合检查组到市公安局检查指导工作。是年底，市公安局组织学习贯彻中纪委十四届全会和省纪委工作会议精神，增强做好反腐败工作的自觉性和坚定性。是年，开展“反腐防变”教育，围绕党内腐败现象和“和平演变”的现实危险，教育和引导广大党员、民警自觉增强反腐防变能力。

1995年，公安部相继下发《关于公安机关和公安干警十不准的规定》《关于贯彻执行不准接受可能影响公正执行公务的宴请的规定》《关于贯彻执行不准参加用公款支付的营业性娱乐场所活动的规定》。市公安局迅速将 3 个规定印发到各级公安机关开展学习教育，教育和引导广大民警清除麻痹思想，增强遵章守纪和拒腐防变意识，防止和纠正不正之风，维护国家法律的严肃性和公安机关的声誉。

1996 年，全市公安机关组织开展“学条规、守纪律、作表率”教育活动。通过学习党纪政纪条规，使广大党员民警知纪、懂纪，在自觉用党纪政纪条规约束、规范言行，做到自重、自省、自励。

1999 年 12 月 16 日，市公安局在开展“三讲”教育交流思想、开展批评阶段，党委班子成员集中一天召开专题民主生活会，对个人在党性党风方面，特别是执行廉政准则和制止奢侈浪费八项规定方面存在的问题开展批评与自我批评。自我批评查摆出的共性问题 9 条、个性问题 43 条，开展互相批评提出的批评意见 196 条。

2001 年 8 月，开展“学党章、守纪律、正党风”教育，针对领导干部和全体民警在思想、作风、纪律方面以及“三项教育”中尚未解决或没有解决好的问题，开展党纪政纪条规教育和回头看。市公安局党委和各分县局、支队组织民警采取集中学习与分组讨论相结合，观看录像与专题辅导相结合，撰写心得体会与大会交流相结合等方式分专题进行教育，并通过召开调度会、明察暗访、定期编发简报等形式，加强督促检查。各级领导班子普遍召开以作风建设为主题的民主生活会，认真开展批评与自我批评，带头查摆、整改问题。

2002 年，根据市委、市政府统一部署，全市公安机关开展“理想信念、廉政纪律”教育暨机关作风建设活动。市公安局印发《关于在全市公安干警中开展“理想信念、廉政纪律”教育活动的实施意见》，下发配档表，划分市公安局机关 8 个学习大组，固定每星期三、五各半天的学习时间，组织民警学习教育材料。各基层党支部建立集体学习记录和考勤制度，从领导干部到一般民警人手一本学习笔记，定期进行检查，并组织 2 次考试，做到“时间、人员、内容、效果”四落实。

2006 年 10 月，举行《中国公安廉政宣言》宣誓仪式，全市各级公安机关普遍组织全体民警在国旗、国徽面前宣誓。之后，将《廉政宣言》制作版面上墙，时刻警示全体民警铭记《廉政宣言》。

2008 年，开展“做勤廉表率、促科学发展”教育活动。印发《关于在全市公安机关开展“做勤廉表率、促科学发展”教育活动的实施意见》，教育引导广大民警坚持廉政建设与勤政建设相结合，使各项工作更加符合科学发展观的要求。

2010 年，根据省公安厅和市委、市政府部署，6 月，开展执法作风集中整顿活动；7 月，开展纪律作风集中教育整顿活动。市公安局结合实际，压茬落实省、市两项整顿活动内容，以“查理想、查纪律、查作风”为主要内容，进一步加强全市公安机关纪律作风建设。查思想，重点检查理想信念是否坚定，执法为民思想是否根植，对公安事业是否忠诚；查纪律，重点检查是否严格遵守执法办案纪律，是否严格执行制度规定；查作风，重点检查工作作风是否扎实，工作措施是否落实。东港、岚山、开发区分局将民警应知应会法律法规和各项警令、禁令挂公安网页，便于民警下载学习。五莲县公安局印发《纪律条令》“禁酒令”和市公安局《十个严禁、十个不准》合订本 300 余本，人手一册。莒县公安局围绕“从警为什么、立警干什么、身后留什么”讨论活动，开展正反两方面的学习教育。交警支队及所属单位通过设置学习专栏、开展笔记检查等形式促进整顿教育。

2011 年 8 月，开展“增强群众观念、强化法制意识、整顿纪律作风”专题教育活动。市公安局制定专题教育活动实施方案，组织全体民警深入开展时事政治教育、群众观点教育、反对特权思想教育和警风警纪教育。

2013 年，市纪委下发《关于在全市党员干部中开展德廉知识学习测试活动的通知》，明确在全市各级党政机关、事业单位中担任科级、处级职务的党员干部中开展德廉知识学习测试活动。第二年

2 月，市公安局机关处级干部 35 人、科级干部 151 人参加市纪委组织的以党章为主要内容的德廉知识测试。

2016 年，市纪委组织以“两学一做”、党章党规和习近平总书记系列重要讲话为主要内容的德廉知识测试。市公安局组织机关处级干部 35 人、科级干部 103 人参加测试。

2017 年，组织全体党员学习新修改的《中国共产党纪律处分条例》等党纪条规，1200 余名民警参加“学准则条例在线有奖答题”活动，正确率达 95%。东港分局组织 392 人参加东港区纪委清风微课堂教育学习活动。2017 年 5 月 17 日，市公安局召开全市公安机关党建工作暨党委中心组理论学习扩大会议，学习贯彻中央、省、市纪委全会和全国、全省公安机关党风廉政建设电视电话会议精神，动员全市公安机关进一步明确目标、统一思想，把全面从严治党各项要求落到实处，以实际行动迎接党的十九大胜利召开。副市长、市公安局党委书记、局长张培林同志总结党建、队建和业务工作情况，分析党建和队伍中存在的问题，要求把党风廉政建设放在突出位置，严格落实“两个责任”。各单位党委要履行主体责任，单位“一把手”作为第一责任人，对重要工作要亲自部署、重大问题要亲自过问、重要环节要亲自协调、重要案件要亲自督办，班子成员也要切实担负起“一岗双责”责任落实，当好表率、带好队伍，履行好分管部门党风廉政建设的领导责任；各级纪检监察部门要履行监督责任，主动协助党委加强党风廉政建设，执好纪、问好责、把好关。是年，全市公安机关各级领导干部不断强化“四个意识”，严守政治纪律和政治规矩，始终做到不忘党心、不忘警心、不忘民心、不忘廉心，以领导干部的率先垂范带动全警，打造令行禁止、作风优良的过硬队伍。各单位按照“谁主管、谁负责”的要求，把监督执纪的关口前移，进一步抓好建章立制工作，构建长效机制，堵塞制度漏洞，加强监督检查，推动作风建设向基层所队覆盖、向一线民警延伸，确保反腐倡廉各项工作落到实处。会上，部分单位与市公安局党委现场签订党风廉政建设目标责任书。

图 25-1 专题研究部署全面从严治党、全面从严治警工作

2018 年 9 月、11 月，市纪委先后 2 次组织以习近平新时代中国特色社会主义思想和党的十九大精神为主要内容的党纪法规和德廉知识测试。市公安局组织机关和直属单位科级以上干部 454 人分批参加测试。

（二）警示教育

2000 年 8 月，就河北省霸州市公安局康仙庄派出所原副所长杜书贵持枪杀人一案进行警示教育。市公安局局长致信全市公安基层所队负责人，要求剖析“杜案”，警示自己，接受教训。各级各警种高度重视，迅速展开“杜案警示”大讨论。交警支队先后 3 次召开会议分批组织民警学习局长“致信”要求，以交警大队为单位对各类违法违纪苗头进行认真排查，早发现、早预防、早控制。东港、岚山分局、莒县公安局科所队室负责人带头剖析“杜案”，以对组织负责和对个人负责的态度，管好自己、带好队伍，确保不发生问题。东港分局、五莲县公安局成立由纪委、督察、政工部门组成的督察小组，对警示教育的开展情况进行监督检查，并层层签订杜绝违法违纪责任状。岚山分局科所队长在警示教育中带头亮丑，勇于剖析自己，带头开展批评与自我批评，带头整改问题。消防支队深入开展

“当兵习武为什么”大讨论。巡警支队、边防支队、开发区分局以科所队室为单位，组织民警对照杜案认真摆查思想上是否存在个人主义、特权思想。

2003年，播放警示教育专题片《权力一旦失去监督》12场，受教育民警1000余人。是年，编印警示教育教材13期，下发500余份，并对30余名民警进行提醒教育。

2005年，组织全体民警观看反腐倡廉影片《信天游》，配合全市公安机关开展的“廉洁奉公、执法为民”教育，警示民警对违法违纪问题不想为、不能为、不敢为，时刻做到权为民所用、情为民所系、利为民所谋。是年，转发上级警示教育通报11期，播放警示教育片2次，对领导干部及民警廉政谈话230余人次。

2008年，组织民警观看警示教育片《你永不可逾越》。是年，市公安局摘录部分党纪、政纪、警纪条规和近年来全国公安机关民警违法违纪违规典型案例，编印《公安民警警示教育手册》，下发民警人手1册，随时对照学习，自警自省自励。

2011年，组织民警参观全国检察机关惩治和预防渎职侵权犯罪巡回展，通过直观的警示教育，强化对惩治和预防职务犯罪重要性和必要性的认识。是年，组织市公安局机关170余名民警参观日照市纪念建党90周年反腐倡廉书画展。

2013年4月，在市看守所建设全市公安机关警示教育基地，定期组织民警亲临现场进行警示教育。制定出台《日照市公安局警示教育基地管理暂行办法（试行）》，明确警示教育基地的开放时间、警示教育形式以及达到的教育目的。是年，组织民警500余人观看警示案例、视频、图片，参观看守所收押大厅、监控室、在押人员监室、医务室以及女子监区，并听取在押人员现身说法，现场感受在押人员犯罪的代价及失去自由的真实生活状况，增强警示教育效果。此后，每年利用警示教育基地开展警示教育活动。2014—2018年，公安民警及部分党政干部4000余人次到警示教育基地接受警示教育。

2014年9月，市公安局向民警发放《来自铁窗内的忏悔》警示教育读本，组织全体民警观看《刘贞坚腐败案件警示录》，运用“一书一片”开展警示教育。全市公安机关2000余名民警普遍受到教育。

2015年，召开全市公安机关党风廉政建设工作暨警示教育会议，组织观看警示教育片《手莫伸（四、五）》。会后，市公安局纪委抽调人员利用10天时间，逐个单位巡回播放警示教育片《手莫伸（四、五）》《民警违法违纪警示录》，共计播放15场次，观看人数2896人次。各播放单位普遍组织民警开展座谈讨论，从中吸取教训。其间，共召开座谈讨论87次，民警撰写警示感言和廉政体会2800余篇。是年，3名纪委书记因履行监督责任不力被诫勉谈话，18名基层单位负责人因主体责任落实不力被诫勉谈话，并对群众举报、投诉发现有违法违纪苗头性问题的57名民警进行诫勉谈话，约谈100余人。

图25-2 观看党风廉政建设警示教育片

2017年，播放《警钟》等系列警示教育片以及《打铁还需自身硬》《永不停歇的征程》等专题片100余场次，组织民警进行正面教育和反面警示，受教育民警1.8万余人次。

2018年，播放《光环下的蜕变》《失控的“雅好”》等系列警示教育片以及《利剑出鞘》等专题片，公安民警和消防、边防官兵5000余人次观看受教育。岚山分局结合观看警示教育片，组织全体民警学习各级纪委关于违纪违法案例及违反中央八项规定精神典型问题的通报，通过微信工作群学习公安民警违纪案例、涉公安舆情，从中汲取教训。港航公安局利用元旦、春节期间开展警示教育，并围绕执法执勤安全开展系列警示教育活动。是年，按照市公安局党委部署，规划建设市公安局廉政教育基地。市公安局纪委、机关党委等相关单位在外出考察学习借鉴的基础上，先后进行4次规划方案设计，反复修改调整完善。市公安局廉政教育基地建设在市公安局业务综合楼第20楼，规划面积500平方米，秉承日照地域文化，提炼廉政文化，充分融合日照公安阳光警队文化品牌，打造具有日照公安特色的教育基地。设置8个展厅，分为高屋建瓴·英明决策、以史为鉴·廉镜高悬、贪腐祸患·祸国殃民、害群之马·警营毒瘤、身陷囹圄·悔不当初、析因探源·防微杜渐、风险防控·筑牢底线、港城正气·警营清风等8个方面，注重结合日照公安反腐倡廉工作，阐述日照公安铁腕反腐的具体措施、实施过程以及取得的成果。教育基地当年施工建设，于2019年上半年建成启用，成为全市公安机关重要的廉政教育和警示教育阵地。

（三）党风廉政制度

1990年2月，市公安局根据公安部《公安人员八大纪律十项注意》《人民警察内务条令》等规定，制定《党组成员廉洁勤政规定》和《干警廉洁勤政守则》，促进公安队伍清正廉洁、恪尽职守、尽职尽责。《党组成员廉洁勤政规定》明确，党组成员要做到办事公道，不以权谋私，带头抵制和纠止不正之风，不做违背原则或超出规定的事，到基层出发，一律按规定交餐费、吃便饭，不接受馈赠；严格执行各项制度，不用公款请客送礼，不以工作之便游山玩水，不利用职权谋取私利，对自己的亲属好友和子女招工、入党、提干、住房等问题不搞特殊化，永远保持普通一兵本色，生活上艰苦朴素，待遇上不搞特殊，转变领导作风，改进工作方法，提高工作效率，把局党组建设成为团结、务实、民主、廉洁的领导班子。《干警廉洁勤政守则》规定，全体民警要牢记全心全意为人民服务的宗旨，提倡艰苦奋斗，反对讲排场、摆阔气、大手大脚、奢侈浪费的不良作风；自觉遵纪守法，不准打人、骂人，解决少数人“门难进、脸难看、话难听、事难办”的不良作风；借用公款要及时归还，最迟不得超过三个月；积极工作，恪尽职守，自觉出满勤、干满点；严格请销假，不准迟到、早退，不准脱岗、串岗；工作要认真细致，待人要礼貌，讲话要文明；不争功诿过，不推诿扯皮，同心协力、团结战斗，扎扎实实做好本职工作。是年，结合两个《规定》落实，开展两项廉洁活动：一是廉洁从警活动。以科所队室为单位组织民警学习上级廉洁从政要求和市公安局《干警廉洁勤政守则》规定，在提高思想认识的基础上，每名民警结合工作实际对照检查，找差距、摆问题，开展批评与自我批评，制定整改措施，并写出《廉洁从警保证书》送市公安局纪检组存档。二是公物还家和物资清查核对活动。凡属公家物品在民警个人家中的，例如电炉子、电扇、钟表、烧水壶、钢丝床等一律进行清理，对违反规定不上缴的同志进行批评教育并视情予以处理。同时，对各单位的公用物品、器械装备等所有物资进行清查核对、登记造册。是年，有10余人将在个人家中的公家物品交还单位。

1993年10月，根据公安部和省公安厅的有关规定，重新修订《市公安局党委成员廉洁自律规定》《全市公安机关和公安干警廉洁自律规定》。《市公安局党委成员廉洁自律规定》的内容是：（一）不准经商办企业；（二）不准在各类经济实体中兼职（包括名誉职务）；（三）不准买卖股票；（四）不准在公务活动中接受礼金、各种有价证券和信用卡；（五）不准用公款请客送礼；（六）不准用公款获取各种形式的俱乐部会员资格、参与高消费的娱乐活动；（七）不准向单位或个人索要钱物，不准接受下级公安机关和其他单位赠送的土特产品；（八）不准用公款出国或出境旅游，也不准利用开会或出差之机，携带家属、子女公费旅游；（九）不准超标准住房和搞室内装修，严格按规定用车；（十）不准贪赃枉法、徇私枉法、干涉公安干警秉公办案，不准以权谋私、搞权权交易、权钱交易，不准指示下属违反规定招收干警、办理户口、证件和牌照。《全市公安机关和公安干警廉洁自律规定》的内容是：不准徇私枉法，办人情案、关系案，更不准贪赃枉法，为违法犯罪人员通风报信或包庇纵容违法犯罪人员，凡是案件涉及本人和亲属的必须进行回避；不准违背国家和省、市规定乱罚款、乱没收；不准利用办案、办证、办照、办户口等职权，收礼受贿、吃拿卡要，不准利用工作之便，损公肥私，侵吞他人或公共财物；不准打击报复，欺压和打骂群众，不准利用职权强行推销社会公共安全产品；不准经商办企业，公安干警不准从事第二职业，不准停薪留职，不准兼职、入股，不准为家属、子女和亲友提供经商方便；不准巧立名目乱收费；不准参与旅馆、歌舞厅、饭店、发廊、录像放映点、按摩浴室、书摊的经营或充当保护人，更不准复制、传播、收看淫秽录像和其他淫秽物品；不准越权插手经济纠纷案件；不准买卖股票，不准利用职权索取和购买企业内部职工股，不准收受企业赠送的股票和股权证；不准利用公款吃喝送礼、旅游、装修住房和供子女上学，不准违反规定在企业单位报销各类费用，不准利用工作之便捞取个人好处；不准在公务活动中以任何名义接受礼金、有价证券及各种贵重礼品；不准为走私犯罪人员提供方便，更不准参与走私、贩私、护私活动。是年起，市公安局每年都与各分县局、机关科室支队签订《无违法违纪责任书》，落实两个《廉洁自律规定》。1996 年，东港分局制定《民警做到“十不发生”》，民警人人写出《杜绝违法违纪和责任事故保证书》。莒县公安局开展拒礼、拒贿、拒吃请、拒说情“四拒”活动。五莲县公安局推行《执法执纪连带责任制》，并被省公安厅在全省公安机关予以推广。

1999 年 11 月，印发《日照市公安局领导干部“一岗双责”约法三章》《日照市公安民警违法违纪违规处理办法》。《日照市公安局领导干部“一岗双责”约法三章》的内容是：（一）市公安局和县公安局、区公安分局领导班子成员发生职务犯罪，局长主动辞职；虽不构成犯罪，但构成严重违纪的，局长主动请求党政纪处分。（二）市公安局和县公安局、区公安分局所属各科、所、队、室主要负责人发生职务犯罪，分管局领导主动辞职；虽不构成犯罪，但构成严重违纪的，分管局领导主动请求党政纪处分。（三）公安民警发生职务犯罪，其所在的科、所、队、室主要负责人主动辞职；虽不构成犯罪，但构成严重违纪的，主要负责人主动请求党纪政纪处分。《日照市公安民警违法违纪违规处理办法》共分十条，专门列出应给予党纪政纪处分、构成犯罪追究刑事责任的行为十六项；应给予警戒、禁闭、停止执行职务或通报批评的行为二十三项。

2000 年 5 月，印发《全市公安机关实行党风廉政建设责任制的规定》，明确市公安局和分局、县局、支队的各级领导班子、党政领导干部对公安队伍建设、党风廉政建设必须履行的职责。规定全市公安系统各级领导班子的主要领导是第一责任人，对公安队伍建设、党风廉政建设负总责；领导班子其他成员根据工作分工，对分工范围内的公安队伍建设、党风廉政建设负直接领导责任。对不履行或者不正确履行职责，造成工作损失或不良影响的，应当追究责任并作相应处理。追究领导责任，按照干部管理权限分级负责。追究领导责任需要给予政纪处分的，比照给予的党纪处分，给予相应的政纪处分。党风廉政建设责任制的考核工作，每年进行一次，与工作岗位目标年度考核结合进行，必要时可单独进行。领导班子和领导干部执行党风廉政建设责任制的情况，列入民主生活会和年终述职报告的内容。公安机关党风廉政建设的考核情况，每年通报一次，对考核中发现的问题，各级领导班子要采取措施限期研究解决。

2003 年，全市各级公安机关严格落实纪委谈话制度，对新提拔任用的 143 名中层干部，均落实征求纪委意见、出示廉政证明等制度，并逐级进行岗前廉政谈话。是年，全市各级公安机关严格实行“一把手”亲自抓，分管领导靠上抓，党委成员分工包单位的党风廉政建设责任制；实行公安机关党委责任制报告制度，各分县局、支队党委（总支）将执行廉政责任制情况，每半年向市公安局党委、纪委报告一次；实行纪检、政工、督察等部门监督联动机制，既独立履行职责、行使职权，又相互支持、密切配合，充分发挥整体监督作用。

2004 年 3 月，市委召开反腐败工作联席会暨市直部门落实党风廉政建设责任制座谈会，市公安局在会上作《坚持五个创新、全面加强公安机关党风廉政建设》的典型发言。

2006 年 4 月，印发《关于贯彻落实〈建立健全教育、制度、监督并重的惩治和预防腐败体系实施纲要〉的实施意见》，市公安局落实标本兼治、惩防并举措施，全面构建惩治和预防腐败体系建设，强化和改进反腐倡廉教育，健全完善反腐倡廉制度，加强对权力运行的监督制约，严肃查处民警违法违纪问题，切实发挥纪律约束和法律制裁的作用。是年，全市各级公安机关纪委落实谈话制度，采用个别谈话、集体谈话等多种形式对领导干部及民警进行廉政谈话 330 余人次，其中对 10 名民警进行有针对性地诫勉谈话。

2007 年 4 月，印发《关于进一步加强全市公安机关领导干部作风建设的意见》，要求全市各级公安机关领导干部严格落实廉洁自律各项规定，做到秉公用权、廉洁从警。市公安局党委班子成员认真落实领导干部个人重大事项报告、民主生活会、经济责任审计等制度，有 6 名党委成员就个人重大事项向本级党委作出汇报。9 月，市公安局认真贯彻执行中央关于领导干部配偶、子女从业“五不准”规定，并加强对配偶、子女及身边工作人员的教育管理，对全市公安机关 42 名县处级领导干部配偶、子女从业情况进行调查登记，逐人填写《县处级领导干部配偶、子女从业情况申报登记表》，并进行为期 5 天的公示，接受民警监督。12 月，全市各级公安机关领导干部述职述廉，由领导干部本人书写述职述廉报告，详细总结该年度的业务工作和廉洁自律情况，并在大会上向全体民警进行述职述廉，由全体民警对其工作和廉政情况进行测评。

2008 年 5 月，印发《日照市公安局反腐倡廉建设联席会议制度》，规定联席会议工作职责、成员单位及职责分工、会议召开程序，要求联席会议在市公安局党委领导下，定期对全市公安机关反腐倡廉建设和行风建设进行分析评估，针对队伍中存在的突出问题及苗头性、倾向性问题，研究提出解决问题的建议和措施，着力预防和减少违法违纪问题发生，树立良好警风。是年，落实纪委谈话制度，对领导干部及民警进行廉政谈话 2100 余人次，对 6 名民警进行诫勉谈话。

2009 年 4 月，印发《日照市公安局关于进一步转变机关作风提高行政效能推动工作全面提速的意见》，明确全市公安机关从提高打防效能、继续推进行政审批制度改革、严格文明公正执法、强化执法监督检查等四个方面，转变机关作风，提高行政效能，着力解决降低行政效能和影响发展环境的突出问题，进一步清理、规范审批事项，提高审批效率，方便群众生产生活。是年，共精简、合并行政审批项目 23 项，进一步简化办事程序，转变工作作风，提高公安机关行政效能，推动工作全面提速。

2010 年 4 月，印发《日照市公安机关执法执勤和队伍管理“十个严禁、十个不准”》。“十个严禁”规定：（一）严禁刑讯逼供、变相刑讯逼供；（二）严禁因失职渎职导致涉案人员非正常死亡；（三）严禁滥用强制措施、超期羁押犯罪嫌疑人；（四）严禁为涉黑、涉恶、黄赌毒等违法犯罪活动充当保护伞；（五）严禁在执法和服务中作风简单、粗暴，不作为、乱作为；（六）严禁乱收费、乱罚款、下达或变相下达罚没款指标，违规收取、没收取保候审保证金；（七）严禁截留、私分、挪用公款和罚没、扣押款物，或利用职务之便收受当事人钱物；（八）严禁民警经商办企业或亲属经营娱乐场所；（九）严禁违反枪支管理使用规定，发生配备枪支丢失、被盗等问题；（十）严禁违反禁酒令规定。“十个不准”规定：（一）不准违反“警车上路即亮警灯、承担治安巡逻任务”制度；（二）不准违反民警值班、值勤和巡逻制度，不准发生对讲系统布警点名时本人不到位问题和发生无故脱离值班值勤岗位或不履行出警、巡逻职责问题；（三）不准违反负责人带班制度，发生负责人未按市公安局有关规定参加或督导治安巡逻、处置重大警情时未及时到位指挥问题；（四）不准违反治安查控制度，发生对现行违法犯罪活动不查不管问题，发生因行动迟缓、装备设施不到位、处置措施不当等造成嫌疑车辆、人员在其辖区逃脱问题；（五）不准违反战果统计制度，虚报巡逻防控、流动暂住人口和出租房屋整治等工作成果；（六）不准违反信访工作制度和领导批示件、文电办理规定发生接访制度不落实和迟办、漏办、敷衍塞责问题；（七）不准案件办理“网外循环”、规避监督；（八）不准违反公安专网管理规定，发生“一机两用”问题；（九）不准违反警车、警服管理规定，发生不按规定使用、停放警车和擅自赠送、出借、出卖人民警察制式服装及其标志问题；（十）不准发生因案（事）件处置不当或网上监控不力导致涉警负面舆情升级、恶化问题。

2010年9月，印发《日照市公安局廉政风险防范管理实施方案》，把风险管理理论和质量管理方法应用于惩防体系建设，按照“标本兼治、综合治理、惩防并举、注重预防”的反腐倡廉工作方针，围绕公安机关行政执法、刑事执法、队伍管理等方面，认真查找思想作风风险、制度机制风险、岗位职责风险等“三类风险”，制定防范措施，全面落实“更加注重治本、更加注重预防、更加注重制度建设”的总体要求，建立廉政风险管理长效机制，努力打造政治坚定、业务精通、作风优良、执法公正的公安队伍。是年，全市各级公安机关共划分岗位114个，梳理岗位职责113条，排查廉政风险点117个，制定防控措施63条，有效减少和遏制民警违法违纪问题的发生。

2011年5月，印发《日照市公安机关领导干部“一岗双责”问责办法（试行）》。具体明确领导干部“一岗双责”的问责范围、问责情形、问责程序、问责结果使用等规范。是年，全市各级公安纪检监察部门采用个别谈话、集体谈话等形式，对领导干部及民警进行廉政谈话1500余人次，其中任前廉政谈话200人次，对6名民警进行诫勉谈话。

2012年6月，印发《日照市公安局民警工作时间使用手机的规定（试行）》。规定民警使用手机时要注意形象、区分场合，不得因使用手机影响工作，严禁民警在工作时间使用手机上网聊天、玩游戏或进行其他娱乐活动。明确民警正在从事以下工作，非因工作需要或紧急情况不准使用手机：（一）110处警;（二）街面巡逻;（三）重大安保和警卫任务;（四）指挥、疏导交通;（五）交通事故现场处理;（六）在服务大厅（窗口）为群众办理业务；（七）调处矛盾纠纷；（八）接待群众咨询、投诉、来访。规定民警违反本规定的，一次批评教育，两次通报批评，凡被通报批评一次的民警，一年内不得提拔或重用；被通报批评两次的民警，停职检查七天。科所队年内两次被通报批评的，对主要负责人诫勉谈话。2012年6月，下发《关于完善市公安局纪委谈话制度的通知》，明确纪委谈话类型、谈话分工、谈话内容、谈话组织实施和具体要求。是年，全市各级公安纪检监察部门采用个别谈话、集体谈话等形式，对领导干部及民警进行廉政谈话1500余人次，其中任前廉政谈话29人次，对3名民警进行诫勉谈话。

2013年2月，印发《日照市公安局党委关于改进工作作风的十项规定》，规范调研工作、会议活动、文件简报、宣传报道、表彰考核、学习考察、接待工作、活动安排、廉洁自律、监督执行等10项工作。各级公安机关负责同志在每年的民主生活会上就十项规定执行情况作出说明。各分县局、支队、机关处室每年年底对十项规定执行本规定情况开展1次专项检查，向市公安局党委写出专题报告。是年4月，印发《日照市公安局主动型纪检监察案件查办工作机制（试行）》。明确全市公安机关主动性纪检监察案件查办工作，要从主动拓展案件渠道、规范办案流程、突出办案重点、推行分级办案责任制和联合办案工作制、试行公安民警违法违纪案件限时报告制度等五个方面建立工作机制，提高办案质量。是月，印发《日照市公安局常态化廉政风险防控管理机制（试行）》，明确全市各级公安机关要围绕制度监督和权力运行，运用自己找、群众帮、结合查“三种”风险排查方法，从单位、岗位、人员上，认真查找在岗位职责、业务流程、外部环境、理想信念、思想道德、执行警规、勤俭节约、廉洁自律等方面可能发生腐败行为的风险。规定廉政风险等级，设置三个可能发生腐败行为的风险预警等级，构筑前期预防、中期监控、后期处置“三道”防线，真正形成以岗位人员为点、程序为线、制度为面的覆盖各部门、各警种所有岗位的常态化廉政风险防控管理机制。8月，根据市委、市政府安排，市公安局集中开展会员卡专项清退工作。是年，市公安局机关科室支队共有属于清退对象范围内的民警、职工915人，全部作出会员卡零持有报告。

2014年6月，印发《日照市公安局民警违纪违法苗头问题约谈制度（试行）》。明确约谈目的、约谈范围、约谈程序、约谈结果运用等工作规范，要求通过实施约谈，及时教育提醒，加强管理监督，预防和减少违纪违法问题。12月，印发《日照市公安局党委廉政约谈制度》。明确对约谈人及约谈对象、应当约谈的情形、约谈程序及实施、责任追究等方面作出规定，提高约谈效果。

2015年5月，印发《县级公安机关落实党风廉政建设党委主体责任纪委监督责任检查考核办法》。明确全市县级公安机关落实党风廉政建设党委主体责任、纪委监督责任检查考核工作，要从党委组织部署和检查考核、选好用好干部、纪律作风建设、教育管理和监督制约、领导和支持查处违纪违法问题、带头廉洁从政、支持纪检监察部门转职能转方式转作风等主体责任，从纪委监督检查任务落实、查办民警违纪违法案件、基础工作和自身建设等监督责任，以及县区纪委评价、机关民警评价等满意度测评等方面组织实施考核。9月，省公安厅召开全省公安机关纪委书记座谈会，市公安局以《以惩开路　惩教结合　严格落实“两个责任”》为题作典型发言。

2017年4月，印发《日照市公安局党风廉政建设和反腐败工作联席会议制度》。明确联席会议在市公安局党委领导下，定期对全市公安机关党风廉政建设和反腐败工作进行分析评估，针对队伍中存在的突出问题及苗头性、倾向性问题，研究提出解决问题的建议和措施，着力预防和减少队伍违法违纪问题的发生。工作职责：（一）传达贯彻上级有关党风廉政建设和反腐败工作的部署、指示、精神；（二）通报全市公安队伍党风廉政建设和反腐败工作情况，研究加强队伍监督管理的具体措施和途径，总结推广基层单位队伍管理的有效做法和典型经验，协调指导全市公安机关党风廉政建设和反腐败工作；（三）摸排、分析公安队伍中存在的苗头性、倾向性问题，会商解决方法和应对措施，为党委决策提供依据。研究分析公安民警违法违纪重大疑难案件，协调多部门联合办案相关事宜；（四）围绕市公安局党委中心工作，加强沟通协作配合，形成监督合力，确保工作部署落到实处；（五）提交有关问题的讨论意见和方案；（六）研究其他有关事项。联席会议原则上半年召开一次，遇有党风廉政建设和反腐败工作的重要事项可随时召开。联席会议成员单位为纪委、政治部、指挥中心、督察支队、法制支队、审计处、信访处、宣传处，各成员单位根据工作需要可提出召开会议的要求，报联席会议召集人决定。联席会议制度还对各成员单位的职责分工、会议流程等进行详细规定。

2018年4月，根据《日照市纪委市监委派驻纪检监察机构监督执纪监察工作办法（试行），制定《市纪委市监委派驻第四纪检监察组与市公安局纪律审查协作机制》。明确：（一）派驻纪检监察组的监督对象是市公安局党委、党员和公职人员，监督重点是市公安局领导班子、市委管理干部和科级干部，对市公安局机关和直属单位的纪检机构进行业务指导和监督检查；（二）规定派驻纪检监察组可以参加或列席市公安局领导班子会议（不含业务工作会）、党风廉政建设会、民主生活会、研究“三重一大”事项专题会议，对市公安局重大事项的决策过程和主要环节行使监督权、询问权、建议权，市公安局会前要邀请派驻纪检监察组负责人参加，并就会议的主要内容通报派驻纪检监察组；（三）

派驻纪检监察组对反映市公安局市委管理以下党组织、党员干部、公职人员违纪问题或者职务违法问题的信访举报件，纳入问题线索管理。派驻纪检监察组根据信访举报件反映的内容，综合分析，按照“谈话函询、初步核实、暂存待查、予以了结”等四类方式进行分类处置；（四）市公安局各直属单位受理的信访举报件要及时报市公安局，由市公安局转派驻纪检监察组，按照《日照市纪委市监委派驻纪检监察机构监督执纪监察工作办法（试行）》规定办理；（五）市公安局应及时向派驻纪检监察组移送收到或发现的反映本部门单位科级及以上党员干部和公职人员的信访举报或问题线索；（六）对其他不属于派驻纪检监察组受理范围内的信访投诉举报件，派驻纪检监察组应按照规定程序及时移交市公安局相关单位办理；（七）市公安局经调查拟给予党纪处分的案件，由市公安局党委作出处分决定；市公安局党委对派驻纪检监察组经调查拟给予科级及以下干部党纪政务处分的案件没有异议的，由市公安局党委作出党纪处分决定，派驻纪检监察组作出政务处分决定；派驻纪检监察组经调查拟对科级及以下干部党纪政务重处分的，或者市公安局党委对轻处分案件有异议的，应报市纪委监委批准后，由市公安局党委作出党纪处分，派驻纪检监察组作出政务处分决定；（八）未尽事宜，派驻纪检监察组与市公安局应及时联系沟通，共同打造忠诚可靠、风清气正、干部清廉、作风优良的公安队伍。是年9月，对市公安局负责管理的科级以上干部建立“廉政档案”。纪检监察部门把建立廉政档案工作作为贯彻落实党风廉政建设责任制的一项重要内容，要求各级干部必须按照填报要求实事求是地填报廉政档案资料，不得隐瞒、弄虚作假，不得马虎大意；各建档单位及管理人员要对本单位廉政档案的完整性、保密性和时效性负责，严格执行保密规定，防止廉政档案失密、泄密等事故发生。是年，共组织各分局、港航公安局、市公安局各支队、处室共373名科级干部填报“廉政档案”材料，并对档案填报质量进行严格把控，确保档案内容从实、从细、从准，有效增加干部监督的透明度。

附：

日照市公安民警违法违纪违规处理办法

日公通字〔1999〕86号

第一条 为加强公安队伍建设，预防和减少民警违法违纪行为的发生，根据有关法律、法规和规定，制定本办法。

第二条 本办法适用于全市公安机关民警和其他工作人员。

第三条 凡有下列行为之一的，给予党纪政纪处分；构成犯罪的，追究刑事责任。

（一）散布有损国家声誉的言论，参加非法组织，参加旨在反对国家的集会、游行、示威等活动，参加罢工；

（二）对抗上级决议和命令；

（三）泄露国家秘密、警务工作秘密；

（四）弄虚作假，隐瞒案情，包庇、纵容违法犯罪行为；

（五）刑讯逼供或者体罚、虐待违法人员和犯罪嫌疑人；

（六）敲诈勒索、索贿受贿和利用职权为自己和他人谋取私利；

（七）违反规定使用武器、警械；

（八）非法剥夺、限制他人人身自由，非法搜查他人的身体、物品、住所或者场所；

（九）殴打他人或者唆使他人打人；

（十）违法实施处罚或者收取费用；

（十一）接受当事人及其代理人的请客送礼并造成不良影响的；

（十二）从事营利性经营活动或者受雇于任何人或者组织；

（十三）参与或者支持色情、吸毒、迷信、赌博等活动；

（十四）违反社会公德，或不履行法定义务造成不良影响的；

（十五）玩忽职守或工作失误，造成一定后果的；

（十六）其他违法乱纪的行为造成恶劣影响或严重后果的。

第四条 凡是有下列行为之一的，给予警戒、禁闭、停止执行职务或通报批评。

（一）违反工作纪律，无故不参加会议和集体活动，月内迟到、早退三次或旷工半天的；

（二）上班时间在工作场所打牌、下棋及干私活的；

（三）值班、值勤时间擅离职守，造成一定影响的；

（四）闹无原则纠纷，污辱他人，打人骂人，情节轻微的；

（五）对待群众态度生硬，语言粗鲁，耍特权，抖威风，故意刁难，情节轻微的；

（六）利用职权或执行公务之便，接受钱物，索要物品，情节轻微的；

（七）乱扣滥罚，截留、挪用、私分罚没款物和拾遗物品，数量较小，并能主动检讨、认错改正的；

（八）违反财务管理制度，弄虚作假，不经批准超标准开支，私设“小金库”，公款私存的；

（九）收罚没款不按规定出具正式票据的；

（十）违反保密规定，情节轻微的；

（十一）违反警容风纪规定，警容不整，举止不端，有损公安民警形象，造成不良影响的；

（十二）违反警用装备管理规定，私自将警服、警械、枪支借给他人，未造成严重后果的；

（十三）不执行组织决定或者在对犯罪分子、自然灾害作斗争以及执行紧急任务中，有令不行，有禁不止，未造成严重后果的；

（十四）不坚持原则，不秉公办案或者为案件当事人说情，干扰办案人员正常办案，未造成后果的；

（十五）违犯禁酒令规定，未造成其他后果的；

（十六）违反监所规定，私自批准犯罪嫌疑人亲属探视或转递物品，泄露案情，通风报信，情节轻微的；

（十七）违反车辆管理规定，未经批准私自开车，酒后开车，私自借车和随意拦车办私事的；

（十八）违章开车，发生一般责任事故，造成较小经济损失的；

（十九）违反规定，出具假证明，未造成严重后果的；

（二十）损坏、侵占、偷拿公私财物，数量较小的；

（二十一）生活作风不检点，造成不良影响的；

（二十二）本单位发生违纪行为，主要负责人知情不报的；

（二十三）有其他轻微违纪行为的。

第五条 对屡教不改已丧失公安民警基本条件的，在给予必要的党纪、政纪、警纪处分的同时，予以辞退或调离公安机关。

第六条 有下列情形之一的，从重处理。

（一）拒不认错，或屡教屡犯，对抗组织审查处理的；

（二）对控告、检举、揭发、申诉人打击报复的；

（三）受处分后两年内又重犯的。

第七条 有下列情形之一的，可从轻处理。

（一）组织发现问题前主动交代的；

（二）认错态度好，积极配合组织做好善后工作挽回影响的；

（三）有立功表现的。

第八条 凡有本办法第三条规定的行为之一的，必须参加由市公安局举办的学习班。学习班每年举办一期，参学人员由各分局、县局、支队党委（党总支）研究提出名单，由市公安局纪委主办，政治部、督察部协办，每期30天。参学人员学习期间，发生活费200元。学习结束后重新分配工作并考察试用三个月。考察试用期间，只发基本工资。在考察试用期内又违法违纪违规的，一律予以辞退。

第九条 本办法由市公安局纪委负责解释。

第十条 本办法自印发之日起执行。

1999年11月19日

日照市公安机关领导干部"一岗双责"问责办法（试行）

日公通字〔2011〕108号

第一章 总 则

第一条 为加强对全市公安机关领导干部的监督管理，增强领导干部"一岗双责"意识，确保各项工作责任到人、措施到位，进一步提高全市公安机关维护稳定、服务大局的能力和水平，根据《中国共产党纪律处分条例》《中华人民共和国公务员法》《中华人民共和国人民警察法》《公安机关人民警察纪律条令》《关于实行党政领导干部问责的暂行规定》《公安机关追究领导责任暂行规定》等有关法律、法规和规章，结合全市公安机关队伍管理实际，制定本办法。

第二条 除已明确被问责人的相关条款外，本办法所称的主要领导是指各支队、市公安局各处室主持全面工作的负责人；分管领导是指各支队、市公安局各处室的政委（教导员）、副职，主要负责人分管的工作需问责的，主要负责人即为分管领导；直接领导是指各支队、市公安局各处室下设科、室、所、队等内设机构主持全面工作的负责人。

其中，交警支队机关处室和各大队班子成员发生需问责问题，主要领导是指交警支队主持全面工作的负责人；分管领导是指交警支队政委、副职，主要负责人分管的工作需问责的，主要负责人即为分管领导；直接领导是指各交警大队、交警支队各科室主持全面工作的负责人。各交警大队中层干部及一般民警发生需问责问题的，主要领导是指交警大队主持全面工作的负责人；分管领导是指交警大队教导员、副职，主要负责人分管的工作需问责的，主要负责人即为分管领导；直接领导是指各交警大队科室队主持全面工作的负责人。

各分县局班子成员和各科所队室班子成员发生需问责问题，主要领导是指各分县局主持全面工作的负责人；分管领导是指各分县局政委、副职，主要负责人分管的工作需问责的，主要负责人即为分管领导；直接领导是指各科所队室主持全面工作的负责人。各分县局所属科所队室内设单位负责人及一般民警发生需问责问题的，主要领导是指科所队室主持全面工作的负责人；分管领导是指科所队室教导员（指导员）、副职，主要负责人分管的工作需问责的，主要负责人即为分管领导；直接领导是指科所队室内设单位主持全面工作的负责人。

边防、消防支队发生需问责问题，市公安局视情向省边防、消防总队提出问责建议。

第三条　按照实事求是、客观公正的原则，经调查对发生应问责问题但已经切实认真履行职责的领导干部可以从轻、减轻或免予问责。

第四条　因不可抗力无法履行职责的，应当免予问责。

第五条　分县局、支队、市公安局各处室发生被问责问题，除依照规定对主要领导、分管领导、直接领导进行问责外，根据市公安局绩效考核评分标准给予扣分或一票否决。

第六条　对公安机关领导干部履职实行问责的方式分为：诫勉谈话、责令作出书面检查、通报批评、停职检查、引咎辞职、责令辞职、免职或建议有关部门予以免职。

第七条　根据本办法受到问责的领导干部，需要追究纪律责任的，按照有关规定给予党纪政纪处分；涉嫌犯罪的，移送司法机关处理。

第二章　问责情形

第八条　对辖区内的黑恶势力没有及时发现或没有及时报告，被上级或其他公安机关以黑社会性质组织罪名打掉的，视情实行以下责任追究：

1．对主要领导诫勉谈话、全局通报批评；问题特别严重的，主要领导要引咎辞职或按程序免职；

2．对分管领导和刑警大队长、分管副大队长全局通报批评、停职检查；问题严重的要引咎辞职；

3．直接领导（辖区派出所所长、责任区刑警中队长）要引咎辞职或免职。

对辖区内的恶势力没有及时发现或没有及时报告，被上级或其他公安机关打掉的，视情实行以下责任追究：

1．对主要领导诫勉谈话；问题特别严重的，主要领导要停职检查；

2．对分管领导和刑警大队长、分管副大队长全局通报批评；问题严重的要停职检查；

3．对直接领导（辖区派出所所长、责任区刑警中队长）要引咎辞职或免职。

第九条　因工作失职、渎职导致辖区发生群死群伤治安灾害事故的，视情实行以下责任追究：

1．对辖区发生一次死亡5人以上、10人以下交通事故的，对交警支队支队长、分管支队长和相关分县局局长、分管副局长、路段承包人进行诫勉谈话、作出书面检查或全局通报批评；对辖区交警大队大队长、分管副大队长全局通报批评、停职检查或引咎辞职；对辖区交警中队长予以免职。

发生一次死亡10人以上交通事故的，按照《山东省公安机关调查追究特大道路交通事故管理责任暂行规定》，由省公安厅调查处理。

2．对辖区发生一次死亡3人以上火灾事故的，消防部门责任追究按照公安部消防局、省消防总队有关规定执行；对有管辖权的派出所所长予以免职，对分管该派出所的分县局领导通报批评或停职检查；对所在分县局局长进行诫勉谈话或通报批评；

3．对辖区发生一次死亡5人以上爆炸事故的，对所在分县局局长进行诫勉谈话、作出书面检查或通报批评；对分县局分管领导和治安大队长、分管副大队长通报批评或停职检查；对辖区派出所所长和所在分县局治安大队爆管中队长予以免职。

第十条　发生民警因涉嫌职务犯罪受到刑事处罚案件的，对该单位的主要领导、分管领导、直接领导实行问责。年内发生一起的，视情实行以下问责：

1．对主要领导诫勉谈话；

2．对分管领导责令作出书面检查或全局通报批评；

3．对直接领导停职检查、全局通报批评或责令辞职。

年内发生二起（含一起多人）的，视情实行以下问责：

1．对主要领导责令作出书面检查、全局通报批评或责令辞职、免职；

2．对分管领导停职检查、全局通报批评或责令辞职；

3．对直接领导责令辞职或予以免职。

年内发生三起以上的，主要领导、分管领导、直接领导一律免职。

第十一条 发生民警违反党纪政纪规定被给予党纪政纪处分的，对该单位的分管领导和直接领导，实行问责。年内发生一起的，视情实行以下问责：

1．对分管领导诫勉谈话；

2．对直接领导责令作出书面检查或全局通报批评。

年内发生二起以上（含二起或一起多人），视情实行以下问责：

1．对主要领导、分管领导责令作出书面检查或全局通报批评；

2．对直接领导停职检查、全局通报批评或责令辞职。

年内发生三起以上的，主要领导全局通报批评、分管领导停职检查、直接领导予以免职。

第三章　附　则

第十二条 对领导干部的问责由纪检监察或政工部门按照职责提出问责建议，报市公安局党委决定后做出问责决定。

对副处级以上领导的责任追究由市公安局党委研究后，上报有关部门按程序处理。

对各县局需要问责的科、室、所、队负责人，由县局自行按照本办法采取问责措施；对需问责的县局领导班子成员，由市公安局向县委、县政府提出问责建议。

第十三条 对经调查需要问责的，由负责调查的部门代为草拟《党政领导干部问责决定书》。

第十四条 《党政领导干部问责决定书》作出后，由纪检监察部门负责将决定书送达被问责的领导干部本人及其所在单位，并负责将被问责的有关材料归入其个人档案。

第十五条 被问责的领导干部对问责决定不服的，可以自收到决定书之日起15日内向问责决定机关提出书面申诉，问责决定机关应当在30日内作出申诉处理决定，并以书面形式告知申诉人及其所在单位。

申诉期间不停止原决定的执行。

第十六条 受到问责的领导干部，取消当年的评先树优资格。被通报批评的，一年内不得提拔或重用。

引咎辞职、责令辞职、免职的领导干部，一年内不得重新担任与其原任职务相当的领导职务，可根据工作需要，酌情安排适当岗位或者相应工作任务。

第十七条 本办法由日照市公安局纪委、政治部负责解释。

第十八条 本办法自下发之日起执行。

2011年5月26日

关于完善市公安局纪委谈话制度的通知

日公党字〔2012〕20 号

各分局、县局党委、各支队党委（总支）、机关党委：

为进一步加强对领导干部的教育、监督、管理，预防违法违纪，促进廉政勤政，加强党风廉政建设，根据《中国共产党党内监督条例（试行）》、中央纪委中央组织部《关于对党员领导干部进行诫勉谈话和函询的暂行办法》《关于党员领导干部述职述廉的暂行规定》和市委《关于建立市纪委常委同区县、市直部门党政主要领导同志谈话制度的意见》等有关规定，结合市公安局机关和直属单位实际，特通知如下。

一、谈话类型

（一）公安机关纪委负责同本级公安机关内设机构和下级公安机关主要负责人的谈话。谈话对象为本级公安机关内设机构、直属单位（包括派出机构，下同）和下一级公安机关的正、副职领导干部。

（二）廉政谈话。谈话对象为新提拔（交流）的领导干部、警衔晋升和新入警的干部。

（三）提醒谈话。谈话对象为在政治思想、履行职责、工作作风、选人用人、道德品质、廉政勤政等方面发现苗头性问题，有信访举报但无具体可查证线索的党员干部。

（四）诫勉谈话。谈话对象为在政治思想、履行职责、工作作风、选人用人、道德品质、廉政勤政等方面有轻微违纪事实，但不构成纪律处分的党员干部。

二、谈话分工

（一）市公安局纪委负责同市公安局机关内设机构、直属单位和各县（区）公安局（分局）主要负责同志及班子成员谈话。

（二）各县（区）公安局（分局）、支队纪委负责同本机关内设机构和直属单位主要负责同志及班子成员谈话。

（三）对其他民警的提醒谈话、诫勉谈话，由办理案件的纪检部门负责实施。必要时，可委托谈话对象所在单位的负责人进行谈话，受委托进行谈话的人员要及时将谈话情况报告纪委。

三、谈话内容

（一）公安机关纪委同本级公安机关内设机构和下级公安机关主要负责人的谈话，主要了解该部门警种贯彻落实科学发展观、执行党的路线、方针、政策、决议和国家法律、法规及上级公安机关决定、命令和工作部署的情况，坚持民主集中制、实施党内监督和领导班子及其成员廉政勤政情况，提出建议和要求。

谈话内容主要包括：1. 贯彻执行党的路线方针政策和上级决议、决定，我局重大决策部署落实情况；2. 落实党风廉政建设责任制，履行第一责任人职责，遵守党的政治纪律，组织本部门本警种党风廉政建设和反腐败工作，推进惩治和预防腐败体系建设情况；3. 坚持民主集中制，特别是重大决策、重要人事任免、重大项目安排和大额资金运作情况等；4. 严肃组织人事纪律，执行干部选拔任用和管理监督情况；5. 实行党务公开，保障党员权利，实施党内监督的情况；6. 贯彻落实市公安局党委年度党风廉政建设和反腐败工作任务情况；7. 领导班子及其成员贯彻《廉政准则》《公安机关领导干部五个严禁》《公安部五条禁令》、遵守“8 个禁止 52 个不准”、廉政勤政情况；8. 落实个人事项申报、配偶子女从业登记、公务用车管理、公款出国（境）备案、招待费报告、厉行节约等规定情况；9．对我局党风廉政建设工作的意见和建议。

（二）廉政谈话内容。目的是向谈话对象介绍党和国家有关党员干部廉洁从政要求及公安机关人民警察纪律规定，提出正确对待和行使权力、廉洁从警的要求。

谈话的内容主要包括：1．按照领导干部廉洁自律的规定，结合岗位工作实际，对新提拔（交流）领导干部提出正确对待和行使权力、廉洁从政的要求；2．根据新提拔（交流）领导干部的职责、分工，有针对性地提出落实党风廉政建设责任制和“一岗双责”的要求；3．听取谈话对象对反腐倡廉工作的意见和建议。

（三）提醒谈话内容。目的是提醒其应注意和防止的问题，教育其牢固树立廉洁自律意识，始终保持清醒头脑，自觉抵制和纠正不良倾向，防患于未然。

主要内容是：对信访举报反映领导干部存在轻微违纪违规问题，有针对性地进行以核实、提醒、训诫、警告等为主的监督谈话，使其及时认识错误，切实加以整改；经核实反映问题失实的，及时在一定范围内予以澄清，消除影响，保护领导干部干事创业的积极性。

（四）诫勉谈话内容。目的是向其指出存在的问题，认真听取其对有关问题的解释和说明，严肃认真地提出批评，有针对性地开展教育，帮助分析原因、认清危害，明确改进措施，把问题解决在初始状态。

谈话内容主要包括：1．不能严格遵守党的政治纪律，贯彻落实党的路线方针政策和上级党组织决议、决定以及工作部署不力；2．不认真执行民主集中制，作风专断，或者故意破坏领导班子团结；3．不认真履行职责，给工作造成被动损失；4．搞脱离实际的“形象工程”“政绩工程”、铺张浪费，造成不良影响；5．不严格执行《党政领导干部选拔任用工作条例》，用人失察失误；6．不严格执行廉洁自律规定，造成不良影响；7．其他需要进行诫勉谈话的情况。

四、谈话的组织实施

（一）组织领导

按照党风廉政建设责任制规定的责任范围和干部管理权限，采取下管一级的办法，逐级组织实施。各级公安机关都要建立党委统一领导，纪委组织协调，政工部门和基层党组织密切配合的工作机制，有计划、有步骤地进行。各级公安机关纪委书记是落实纪委谈话制度的第一责任人，各级公安机关纪检监察部门是组织实施纪委谈话的职能部门。谈话时，政工部门要派人参加。

（二）审批程序

1．纪委同本级公安机关内设机构、直属单位和下一级公安机关负责同志的谈话，由所在纪检监察部门提出计划和名单，报本级公安机关党委书记审批后实施。

2．对其他民警的提醒谈话、诫勉谈话，由办理案件的纪检监察部门提出意见，报本级公安机关纪委书记审批后实施。

（三）谈话方式、方法

谈话方式以个别谈话为主，必要时可组织集体谈话。谈话方法既可由上级公安机关纪委单独谈，也可由上级公安机关纪委与当地党委、纪委、组织部门共同谈，但不得互为代替。谈话可与年终考核、班子考察结合进行。要采取同志式、平等的方式进行，尊重和保障谈话对象的权利。

五、具体要求

（一）纪委要主动与政工部门加强联系和沟通，了解谈话对象的有关情况。政工部门要及时将新提拔（交流）领导干部情况通报纪委。

（二）谈话前，要认真收集、汇总谈话对象所在部门或地区开展党风廉政建设和反腐败工作以及领导班子成员遵守廉洁自律规定等方面的情况，研究拟定谈话提纲，并提前将谈话内容、时间、地点、谈话人等通知谈话对象所在单位，由所在单位转告谈话对象。

（三）谈话对象接到通知后，应按要求认真进行准备，按时参加谈话，如实汇报情况，自觉接受监督。

（四）谈话要做好记录，形成谈话纪要。谈话记录、纪要和有关材料要存档备查，注意保密。

（五）实施谈话的重要情况要及时报告本级公安机关党委，通报谈话对象所在单位及政工部门。

（六）对谈话对象汇报的执行党风廉政建设责任制、遵守廉洁自律规定、落实上级公安机关工作部署等方面的情况，特别是对整改措施的落实情况，纪检、监察、督察、政工等部门要加强跟踪检查，确保落实到位。

（七）对谈话中反映出来的违法违纪线索，要认真核查处理；对谈话对象提出的改进和加强工作的意见和建议，要认真对待和办理，及时反馈办理情况；对反映出来的带有倾向性、普遍性的问题，纪委要研究提出对策措施，协助党委并会同有关部门切实加以解决。

（八）诫勉谈话对象拒不参加谈话，拒不改正错误或谈话后继续违犯纪律的，纪检、监察和政工部门可视情给予党纪政纪处分或作出组织处理。

（九）各县（区）公安机关、各直属单位实施纪委谈话制度的情况要定期逐级上报，以分局、县局、支队为单位汇总后报告市公安局纪委，市公安局纪委汇总后报市公安局党委。

2012 年 6 月 7 日

日照市公安局党风廉政建设和反腐败工作联席会议制度

日公通〔2017〕63 号

第一条 为深入贯彻党的十八大和十八届三中、四中、五中、六中全会精神，以及习近平总书记系列重要讲话精神，全面落实中央、省、市和上级公安机关党委反腐倡廉建设的部署要求，深入推进全市公安机关党风廉政建设和反腐败工作，为圆满完成各项公安工作目标任务提供坚强的政治和纪律保证，制定本制度。

第二条 联席会议在市公安局党委领导下，定期对全市公安机关党风廉政建设和反腐败工作进行分析评估，针对队伍中存在的突出问题及苗头性、倾向性问题，研究提出解决问题的建议和措施，着力预防和减少队伍违法违纪问题的发生，树立良好警风，打造阳光警队。

第三条 联席会议工作职责：

1．传达贯彻上级有关党风廉政建设和反腐败工作的部署、指示、精神。

2．通报全市公安队伍党风廉政建设和反腐败工作情况，研究加强队伍监督管理的具体措施和途径，总结推广基层单位队伍管理的有效做法和典型经验，协调指导全市公安机关党风廉政建设和反腐败工作。

3．摸排、分析公安队伍中存在的苗头性、倾向性问题，会商解决方法和应对措施，为党委决策提供依据。研究分析公安民警违法违纪重大疑难案件，协调多部门联合办案相关事宜。

4．围绕市公安局党委中心工作，加强沟通协作配合，形成监督合力，确保工作部署落到实处。

5．提交有关问题的讨论意见和方案。

6．研究其他有关事项。

第四条 联席会议成员单位主要包括：纪委、政治部、指挥中心、督察支队、法制支队、审计处、信访处、宣传处。

参加联席会议的成员为以上单位主要负责同志。如工作需要，可吸收相关业务部门负责同志参加。

第五条 联席会议成员单位职责分工：

纪委：通报全市公安机关党风廉政建设和反腐败工作形势，分析研判民警违法违纪案件特点、规律；通报全市公安机关行风建设面临形势，分析研判行风建设中出现的新情况、新特点、新问题，提出建设性意见和建议。

政治部：分析研判民警不良思想动态和问题，把握队伍思想脉搏，提出加强和改进思想政治工作的对策、建议。

指挥中心：通报在接警过程中受理的群众报警、投诉、举报等反映民警110接处警、执法办案、服务群众等方面存在的问题，提出加强和改进相关工作的对策、建议。

督察支队：通报在现场督察中发现的公安机关及民警依法履行职责、行使职权和遵守纪律等方面存在的问题，提出强化督导管理的对策、建议。

法制支队：通报全市公安机关刑事执法、行政执法中存在的突出问题和典型案例，提出加强和改进执法监督的对策、建议。

审计处：通报在审计过程中发现的违反财经纪律特别是乱收滥罚、违规暂扣款物、私设小金库等问题及相关单位，提出预防和治理的措施、建议。

信访处：通报群众涉法信访、投诉情况及典型信访案件，分析队伍在执法执纪和服务群众等方面存在的突出问题，提出对策、建议。

宣传处：通报日照公安微博受理的群众监督、举报、投诉问题线索情况，提出进一步加强和改进执法办案、队伍管理、纪律作风方面的对策、建议。

其他有关部门：向联席会议通报涉及本部门、本警种在执法和队伍管理等方面存在的突出问题，提出对策、建议。

第六条 联席会议原则上半年召开一次，遇有重要事项可随时召开。各联席会议成员单位根据工作需要可提出召开会议的要求，报联席会议召集人决定。

第七条 联席会议的基本程序：

1．联席会议召开的时间、地点和研究议题，由联席会议办公室报经分管领导同意后通知各成员单位。

2．联席会议各成员单位根据会议确定的议题，按照职责分工准备书面材料。

3．联席会议研究讨论的事项，形成会议纪要，报市公安局党委，印发联席会议各成员单位及其他有关单位。

4．联席会议研究提出的措施、建议，各有关单位按照职责分工抓好落实，及时反馈。

第八条 联席会议办公室设在市公安局纪委，由市公安局纪委负责人兼任办公室主任。各成员单位确定一名同志担任联席会议联络员。

第九条 联席会议办公室承担以下主要任务：

负责联席会议的各项筹备工作；督促落实联席会议提出的有关事项；负责与联席会议成员单位的日常沟通协调；负责起草联席会议纪要、工作报告及其他有关文件材料；完成市公安局党委及联席会议交办的其他事项。

第十条　各分县局应参照本制度制定本级公安机关相应的联席会议制度，并报上级公安机关备案。

第十一条　本制度由日照市公安局纪委负责解释。

第十二条　本制度自下发之日起施行。

2017 年 4 月 27 日

（四）反“四风”

2013 年 11 月，结合开展党的群众路线教育实践活动，落实中央八项规定，解决“四风”问题，在全市公安机关开展以“治庸提能力、治懒增效率、治散正风气”为目标的专项治理活动，进一步正风肃纪，突出解决执行纪律不严、执行力不强、办事效率低下等问题。治理范围：全市各级公安机关各部门、警种全体民警、工勤人员、辅警协勤等工作人员。治理重点：（一）在警令执行方面是，落实中央八项规定、整治四风不到位，存在应付现象；警令不通、警令不畅、执行力不强；对部署的工作任务，措施不力，工作拖拉，确定的任务不能按期完成；不认真履行职责，不敢担当、扯皮推诿，工作没有进展，打不开局面；工作质量不高，绩效考核和年度考评处于后位，民主评议群众满意度较低等问题。（二）在执纪执法方面是，不严格贯彻落实公安部“五个严禁”“三项纪律”以及省公安厅“十条铁规”，存在侥幸心理；不认真落实行政审批改革措施，不依法依规办理行政审批和其他管理服务事项，不履行社会服务承诺；群众观念淡薄，对群众合理诉求置之不理，久拖不办，门难进、脸难看、事难办；服务意识差，不积极履行职责，应受理的事项不及时受理，应告知的事项不一次性告知，接待群众语气生硬、态度傲慢；违反规定滥用权力，乱检查、乱收费、乱罚款、乱查扣财物等问题。（三）在内部管理方面是，内部管理不规范，办事环节过多、周期过长；不遵守工作纪律，上班迟到早退，工作时间做与工作无关的事情，无正当理由脱岗、离岗、不坚守岗位等问题。全市各级公安机关按照专项治理活动的统一部署，把治庸治懒治散工作摆上重要议事日程，深化宗旨教育、政治纪律教育和职业道德教育，认真学习相关政策法规，加强案例教育，及时曝光反面典型和突出问题，发挥警示和震慑作用，营造转作风、优服务、提效能的良好氛围。坚持把“庸懒散”专项治理活动同群众路线教育实践活动，同落实中央八项规定、解决“四风”问题配套推进，立足职责分工，对照专项治理重点，边查边改、边改边建，围绕办事流程、办事效率，从工作职责、工作质量、工作态度、工作纪律等方面深入开展自查自纠，采取有力措施，集中整改落实，全市公安机关和广大民警纪律作风明显转变、工作效能明显提升、群众满意度明显提高。2014 年，纪委、督察等部门对“庸懒散”专项治理、落实中央八项规定、纠正“四风”问题开展明察暗访 20 余次，发现问题 50 余个，及时督促进行整改。2014 年 9 月，结合纠正“四风”专项治理活动，开展克服特权思想、树立良好警风活动。全市各级公安机关进一步深化作风、警风建设，集中整治队伍中存在的冷硬横推、吃拿卡要等损害群众利益的问题，特别是整治收送“红包”及购物卡等问题。其间，纪检部门收到匿名上交的购物卡 1 张。

2016 年 9 月，按照公安部和省公安厅部署，市公安局结合“两学一做”学习教育活动，持之以恒正风肃纪，严肃查处少数公安民警违规从事营利活动、利用职权或职务影响为家属及特定关系人的经营活动谋取利益的违纪行为，完善机制制度，强化教育管理，纯洁公安队伍，不断提升公安机关执法公信力和群众满意度。重点清理的问题：一是本人或以配偶、子女以及特定关系人名义违规投资入股、经商办企业；二是利用职权和职务影响经营或者变相经营娱乐服务场所等特种行业，或为娱乐服务场所违法从事黄赌毒活动提供保护、谋取利益等行为；三是利用职权和职务影响推销、指定消防、安保、交通、保险等产品；四是家属及特定关系人在本人负责的辖区或业务范围内从事可能影响公正执行公务的经营活动；五是利用职权和职务影响，受雇或变相受雇于他人，插手经济纠纷获取利益；六是其他违规从事营利活动、利用职权职务影响为家属及特定关系人的经营活动谋取利益问题。

2018年，进一步落实中央八项规定，纠正“四风”问题。2月，开展办公用房清理整顿工作，市公安局党委会决定：从市公安局机关做起，办公用房“一毫米的超标”也不允许使用。是年，市公安局机关科室支队按照“提倡市公安局支队、处室负责人合署办公”的要求，办公用房全部按规定使用。8月，根据市纪委通知要求，开展违规配备使用公车滥发津贴补贴违规公款吃喝违规收送礼品礼金专项治理工作。10月，根据市纪委统一部署，开展形式主义、官僚主义突出问题调研排查。全市公安机关紧密结合实际，围绕公安机关和人民警察在勤务警务、执法执勤过程中所表现出来的精神风貌，在政治、思想、学习、纪律、工作、生活、作风等方面，重点排查4个方面12类突出问题：（一）在贯彻落实党的路线方针政策、中央重大决策部署方面，重点整治严重影响党中央权威和集中统一领导、影响中央政令畅通的形式主义、官僚主义突出问题。特别是贯彻落实党的十九大精神，落实新发展理念，打好防范化解重大风险、精准脱贫、污染防治三大攻坚战，以及思想政治、舆论宣传和食品药品安全等工作和领域中发生的形式主义、官僚主义问题。（二）在联系群众、服务群众方面，重点整治群众身边特别是群众反映强烈的形式主义、官僚主义突出问题。（三）在履职尽责、服务经济社会发展方面，重点整治不担当、不作为、慢作为、乱作为、假作为等严重影响改革发展高质量的突出问题。（四）在学风会风文风及检查调研方面，重点整治频次过多过滥、浮于表面等突出问题。调研排查结束后，制定《日照市公安局形式主义、官僚主义突出问题整治方案》，明确以整风精神整治形式主义、官僚主义突出问题，正风强警、清风肃纪，坚决纠正“冷、横、硬、推”“吃、拿、卡、要”等作风问题，保持密切联系群众的好传统，争做忠诚卫士，树好人民警察的良好形象。

2018年，全市公安机关集中开展为期1年的“严纪律、强作风、树正气”专项整顿“清风”行动，进一步正风肃纪，推动全面从严治党、从严治警向纵深发展。1月31日，市公安局制定“清风”行动实施方案，明确在“严纪律”方面重点整治：政治纪律执行不严、组织纪律执行不严、工作纪律执行不严、群众纪律执行不严、廉洁纪律执行不严、生活纪律执行不严等6个突出问题；在“强作风”方面重点整治：大局意识不强、担当意识不强、创新意识不强、执行能力不强等4个突出问题；在“树正气”方面重点整治：政绩观不端正、不团结、风气不正等3个突出问题。市公安局成立“清风”行动领导小组，在市公安局纪委设立办公室，法制、督察等部门设立联络员，划分学习动员、查摆剖析、整改提高、建章立制4个步骤，强力推进专项整治“清风”行动。2月1日，市公安局召开全市公安机关“严纪律、强作风、树正气”专项整顿“清风”行动动员会议，分析当前队伍在纪律作风方面存在的突出问题，对开展专项整顿“清风”行动作出全面安排部署。2月12日，市公安局召开“清风”行动领导小组第一次联络员工作调度会议，听取各分县局、交警支队推进情况汇报，就全市公安机关进一步开展“清风”行动，做好下步推进工作作出安排部署。3月30日，市公安局“清风”行动领导小组办公室召开第二次工作调度会议，总结“清风”行动阶段性工作开展情况，安排部署下步工作。9月10—16日，派出工作组对全市各级公安机关专项整治“清风”行动开展情况进行检查，总结经验，分析存在的问题。11月1日，市公安局再次对“清风”行动作出部署，下发“清风”行动专项整顿通知，要求持之以恒正风肃纪，推进提质增效。全市各级公安机关进一步强化一把手“清风”行动第一责任人的责任，及时跟进、密切追踪违反政治纪律政治规矩表现新形式，针对存在问题细化完善整治措施，整治形式主义、官僚主义等“四风”问题不松动、不停步、再出发，推动纪律作风建设向纵深发展。组织全体民警认真学习新修订的《中国共产党纪律处分条例》，自查自纠单位和个人存在的形式主义、官僚主义突出问题，助力打造日照公安忠诚、学习、实干、创新、廉洁、团结协作

图 25-3 召开严纪律、强作风、树正气“清风”行动动员会议

“六型”公安队伍。大力倡树“六种风气”，即：大兴忠诚之风，树立坚定可靠形象；大兴学习之风，树立勤奋好学形象；大兴实干之风，树立勇于担当形象；大兴创新之风，树立开拓进取形象；大兴廉洁之风，树立刚正不阿形象；大兴团结协作之风，树立勤力同心形象。是年，市公安局“清风”行动领导小组组织人员采用明察暗访、随机检查和受理举报等形式，对各单位开展“清风”行动情况、整改落实情况进行反复检查。对开展工作“走过场”“做虚功”的，发现问题不落实整改的，改而复发出现反弹情况的，对单位一把手进行诫勉谈话，责成对存在问题进行整改。全市各级纪检、督察等部门联合检查窗口单位、基层所队 190 余个（次），发现问题 52 个，当场整改 45 个，跟踪落实整改 7 个。

二、警风行风建设

（一）制定和执行禁酒令

全市公安机关加强政风行风建设，坚持把纠治不正酒风作为一项重要内容，在管控饮酒上硬措施落实、强力度推进，令行禁止、令行长久，严防因酒影响公安机关和人民警察形象。

1995 年 9 月，市公安局针对一些因饮酒而引发的损害人民警察形象、破坏公安队伍建设、影响个人美好家庭生活的案事件，及时总结经验教训，首推“禁酒令”举措。“禁酒令”内容是：（一）禁止在工作期间、午餐时间喝酒；（二）禁止携带枪支、警械喝酒；（三）禁止着警服在饭店、酒店等公共场所喝酒；（四）禁止在发案单位喝酒；（五）禁止与案件有关的人在一起喝酒；（六）禁止与有不法行为的人一起喝酒；（七）禁止驾驶员在出车期间喝酒；（八）禁止在值班期间和其他有可能影响工作的时间喝酒；（九）禁止在任何场合、任何时间酗酒；（十）禁止参加影响执行公务的各类宴请。明确规定，全市公安民警凡违令者严惩不贷，发现一次进行警戒、二次进行通报批评、三次以上或造成严重影响和后果的，给予党纪、政纪处分，直至辞退或调离公安机关。发生问题的单位和个人，当年取消年度评选先进资格，所在单位领导当年不得提拔使用。是年，市公安局采取五项措施保证禁酒令的落实和执行：一是教育全体干警自觉执行“禁酒令”。市公安局和各分县局、支队及基层科所队普遍召开会议进行动员教育，层层签订执行“禁酒令”责任状。市公安局将“禁酒令”印制成塑封卡片，发给每个干警人手一张，随身携带、严格落实。二是广泛宣传“禁酒令”。全市各级公安机关充分利用报纸、电视、电台等新闻媒介向社会宣传公安禁酒令，并印发 15000 余张“禁酒令”，通过向群众发放、在各大宾馆、酒店和公共场所张贴等方式，由广大人民群众和社会各界支持、监督公安机关实行“禁酒令”。三是领导带头执行“禁酒令”。从市公安局领导到各级领导干部不搞特殊，不搞下不为例和变通执行，明确向民警提出“从我做起、向我看齐、对我监督”。四是跟踪检查、监督落实禁酒令。全市各级公安机关纪委和政工部门采取在办公楼门口设检查岗和在午饭、晚饭时间到各饭店、酒馆突击抽查，进行暗访，聘请社会义务执法监督员进行监督，向社会公布举报箱、举报电话，在内部设立违令人员曝光台等方法，促进禁酒令落实，提高监督检查力度。五是奖惩并举，保证严格执行

“禁酒令”。对执行好的单位和个人进行及时表扬，对违令人员不讲情面、不迁就，按规定给予严厉惩处，真正起到警示教育作用。至1996年6月，全市公安机关共处罚违令8起13人。其中，警戒1人、行政警告2人、通报批评6人、行政记过2人、免职调离1人、辞退1人。省公安厅、市委主要领导先后对日照公安机关推行禁酒令举措给予充分肯定。新华社和《人民日报》《半月谈》《人民公安报》及中央电视台等十余家媒体对此进行报道。

1996年4月，省公安厅制定“十条禁酒令”，市公安局将贯彻执行“十条禁令”纳入“一把手”工程，印发全市公安机关和广大民警，逐级签订责任状，开展多种形式的宣传教育，逐级加强监督检查，严肃查处违令行为，推进“十条禁令”落地、落实。

1997年12月，市公安局结合落实省公安厅“十条禁酒令”，制定《全市公安机关和广大民警“四不准”规定》，明确：（一）警车不准停在酒店门口；（二）庆功表彰会干警不准饮酒；（三）培训班结业不准饮酒；（四）下基层和到上级机关开会办事不准饮酒。至1998年春节前，市公安局先后组织明察暗访38次，查处违令干警13人，其中1名派出所副所长被免职，确保“四不准”规定落实。

2000年3月，市公安局结合落实公安部有关规定和省公安厅“十条禁酒令”，发布《局长第1号令》，内容是：（一）严禁工作日（包括值班备勤日）中午饮酒；（二）严禁任何时间、任何情况下酗酒；（三）严禁机动车驾驶员任何时间、任何情况下饮酒；（四）严禁无证驾驶、非专职驾驶员私自驾驶或酒后驾驶各种机动车辆；（五）严禁各级领导干部接受下属单位和个人各种名义的宴请；（六）严禁各单位、各警种之间相互宴请；（七）严禁为在本市公安系统内部调整工作岗位的人员设宴送迎；（八）严禁组织或参与带有赌博或变相赌博性质的娱乐活动；（九）严禁非公务原因涉足营利性歌舞厅等公共娱乐场所；（十）严禁各级领导干部未经批准购置、更换小汽车和手持移动电话。

图 25-4 抽查民警进行酒精测试

2018年1月10日，由督察支队牵头制定并组织实施《日照市公安机关“四个一律”禁酒规定》，紧扣打造新时代过硬公安队伍根本要求，持续加大从严治警力度，助推全市公安机关纪律作风专项整顿“清风”行动深入开展，强力推行日照公安机关要求最严、覆盖面最广、处罚最严厉的“四个一律”禁酒规定，全面带动警务效能和队伍形象进一步提升。全市各级公安机关迅速落实“四个一律”禁酒规定。东港分局制作“四个一律”禁酒规定专题屏保。岚山分局组织社会各界召开“四个一律”禁酒规定执行监督座谈会。五莲县公安局印制“拒酒卡”，民警随身携带。交警支队组织纪检督察部门到各大队重点检查清理食堂酒水、酒具，建立民警、辅警禁酒监督微信群。各单位还普遍印发致公安民警、武警官兵、工勤人员、辅警队员家属的《一封信》，诚邀家属参与监督，推进“四个一律”禁酒规定常态化、长效化落实。是年，市公安局纪委、督察、政工等部门联合对“四个一律”禁酒规定执行情况开展明察暗访和突击检查，共检查单位760余个次，抽查检测民警、工勤、辅警5370余人次，发现1名警辅人员存在涉酒问题，依照规定予以辞退。5月17日和6月21日，副省长、省公安厅厅长孙立成、市委书记齐家滨分别对市公安局推行“四个一律”禁酒令作出批示，给予充分肯定。

附：

日照市公安机关“四个一律”禁酒规定

日公发〔2018〕1号

为严格落实中央八项规定精神，深入推进作风建设，加大从严治警力度，强化公安队伍管理，结合本地实际，现就全市公安机关禁酒作如下规定：

一、工作日、工作时间一律不准饮酒；

二、重大安保活动期间一律不准饮酒；

三、公务接待一律不准上酒；

四、任何时间、任何场合一律不准酗酒。

公安机关在职工作人员违反上述规定的，依据《公安机关督察条例》一律先行予以禁闭、停止执行职务；违规饮酒引发事故案件的，对组织者、在场职务最高者和直接责任者，一律予以免职或建议免职。然后，严格按照《中国共产党纪律处分条例》《中华人民共和国行政监察法》《行政机关公务员处分条例》《公安机关人民警察纪律条令》等相关规定，给予相应的纪律处分。警务辅助人员违反规定的，依据有关法律法规，一律予以辞退。同时，一律取消违规人员及其所在单位本年度评先树优资格，并追究相关领导责任。

本规定面向社会公开，主动接受社会监督，群众举报投诉受理单位为各级警务督察部门。

本规定由市公安局警务督察支队负责解释。

本规定自2018年1月10日起施行。

2018年1月5日

日照市公安局关于“四个一律”禁酒规定有关问题的说明

日公传发〔2018〕4号

市公安局已于1月5日印发《日照市公安机关“四个一律”禁酒规定》，为便于全市各级公安机关及其在职工作人员、警务辅助人员正确理解并严格执行该规定，现将有关事项说明如下：

一、本规定所指的“酒”包括白酒、黄酒、啤酒、葡萄酒及其他各种含有酒精的饮料。

二、“工作日”是指除双休日、法定节假日以外的时间。“工作日不准饮酒”是指工作日昼夜24小时内均不得饮酒，按规定请假、休假的除外。

三、严禁以饮酒为由请假，严禁批准以饮酒为由的请假。所有请、休假必须有书面审批手续。

四、“工作时间”包含工作日上班时间、所在单位安排的加班时间、日常值班执勤备勤时间和因公出差、参加会议培训期间。

五、“重大安保活动”指公安部、省公安厅、市公安局及分局县局通知、指令执行的，在特定期间、特定范围内启动的安全保卫活动。

六、“公务接待”是指依据《党政机关国内公务接待管理规定》安排的公务活动。

外事接待确需饮酒的，必须严格执行相关规定，由本级公安机关主要领导批准，并报同级警务督察部门备案。

七、“酗酒”是指过量、无节制饮酒，酒后丢丑滋事，造成不良影响的。

八、因侦查、情报、联络等特殊工作需要，确需在工作日、工作时间饮酒的，由本级公安机关主要领导批准，并报市公安局警务督察支队备案。

九、赴少数民族地区执行公务期间，确需尊重当地风俗习惯饮酒的，由本级公安机关主要领导批准，并报同级警务督察部门备案。

2018年1月9日

深化纪律作风建设　打造阳光警队品牌
日照市公安局推行“最严”禁酒令

为严格落实中央八项规定精神，深入推进纪律作风建设，今年1月5日，市公安局党委印发2018年1号文件，强力推行日照公安机关要求最严、覆盖面最广、处罚最严厉的“四个一律”禁酒规定，持续加大从严治警力度，有效助推全市公安机关纪律作风专项整顿“清风”行动深入开展，着力打造阳光警队。

一、紧扣当前形势和面临任务，全面实施“四个一律”禁酒规定。中国特色社会主义进入新时代，人民群众对民主法治、公平正义等方面需求日益增长，对平安建设和公安工作提出了新要求。同时，公安保卫任务艰巨繁重，要求公安民警时刻保持良好精神状态，不容有丝毫懈怠。为积极回应人民群众新期盼、新要求，切实提高驾驭社会治安局势的能力和水平，市公安局党委着眼大局，进一步增强工作前瞻性、主动性，紧扣打造新时代过硬公安队伍根本要求，出台《日照市公安机关“四个一律”禁酒规定》，明确提出:(一)工作日、工作时间一律不准饮酒;(二)重大安保活动期间一律不准饮酒;(三)公务接待一律不准上酒;(四)任何时间、任何场合一律不准酗酒。该规定的出台，既是全市公安机关深入落实中央八项规定及省委、市委实施细则、进一步纠正“四风”的重要举措，也是推进全市公安队伍纪律作风建设、强化队伍管理的有力抓手，更是市公安局党委保护、关爱公安机关广大在职工作人员的有效措施。

二、紧扣责任落实，配套制定“四个一律”追责措施。在明确“四个一律”禁酒规定的同时，同步制定严厉的追责措施，明确规定：公安机关在职工作人员违反上述规定的，依据《公安机关督察条例》一律先行予以禁闭、停止执行职务；违规饮酒引发事故案件的，对组织者、在场职务最高者和直接责任者，一律予以免职或建议免职。然后，严格按照《行政机关公务员处分条例》《公安机关人民警察纪律条令》等相关规定，给予相应的纪律处分。警务辅助人员违反规定的，依据有关法律法规，一律予以辞退。同时，一律取消违规人员及其所在单位本年度评先树优资格，并追究相关领导责任。全市各级公安机关超前建设完善禁闭室设施，各级警务督察部门第一时间配齐配全酒精检测仪器，有效保障追责措施落实。

三、紧扣长效运转，跟进落实“四项强化”推进措施。一是强化组织领导。市公安局成立由主要负责同志任组长的领导小组，各单位主要负责同志为第一责任人，班子成员按照分工主动抓部署、抓检查、抓落实，推动形成一级抓一级、一级带一级、层层抓落实的责任体系，确保“四个一律”禁酒规定执行落实到位。二是强化学习解读。为便于全市公安机关在职人员、警辅人员正确理解“禁酒令”

规定，市公安局专门下发通知对有关事项进行逐项解读说明。全市各级各警种第一时间传达学习贯彻禁酒规定，层层签订责任状和承诺书，常打“预防针”，竖起“高压线”。三是强化无缝督察。各级警务督察部门采取暗访、突击检查、集中检测等多种形式，对禁酒规定执行情况开展现场督察，对发现的违规问题，坚持零容忍，坚决查处，决不姑息。至目前，共检查单位280余个，抽查检测2280余人次，发现1名警辅人员存在涉酒问题，依照规定予以辞退。四是强化社会监督。市公安局面向社会全面公开“四个一律”禁酒规定，公布市公安局、各分县局和交警支队24小时举报投诉电话，向社会郑重承诺，对发现的违规问题，严肃处理，坚决不打折扣，并通过聘请家属担任“监督员”、制作“拒酒卡”和专题电脑屏保等方式，营造了时时、事事、处处有监督的浓厚氛围，全市广大民警、警辅人员严守“禁酒令”、紧绷“纪律弦”，不敢、不想、不能违规的氛围初步形成。

四、紧扣作风建设，全面带动“四个方面”显著成效。实施“最严”禁酒令给全市公安队伍建设带来了新气象，全市公安队伍正气充盈，凝聚力、向心力不断增强，推动执行力、战斗力不断提升。一是公务接待进一步规范。坚持务实节俭、严格标准，公务接待一律不提供酒水，推进了接待制度化、规范化。市公安局到基层调研、检查，一律在基层公安机关食堂就餐。2018年起，市公安局机关公务接待费同比下降11.41%。二是警务效能进一步提升。全市公安机关轻装上阵，深入践行“精准警务”理念，创新打防机制，不断提升实战效能。创新完善精准合成作战机制，全力推进扫黑除恶专项斗争，2018年以来，共打掉涉黑团伙1个、恶势力团伙28个，抓获团伙成员195名；抓获漂白身份潜逃15年以上的命案在逃嫌疑人等重大在逃嫌疑人3名；全市刑事破案率同比提升2.71%；进一步做实城乡社区警务，全市可防性案件同比下降23.7%。三是队伍形象进一步提升。广大公安民警服务意识和工作质量进一步提升，主动融入大局，推行“项目警务”，建立完善消防服务重点工程、道路畅通、人才引进服务、集装箱疏港车辆、海上服务五个“绿色通道”，全力服务保障新旧动能转换重大工程。深化“放管服”改革，创新行政管理服务方式，努力实现“群众最多跑一次”。同时，深化警务大回访，共回访群众52.3万人次，一级回访满意率99.94%。四是辐射效应进一步扩大。全市公安机关通过实施最严“禁酒令”，有力地推动了队伍纪律作风建设，提升了整体工作水平，在社会各界引起良好反响，多个社会部门参照公安机关的做法启动“最严”禁酒机制，切实将“公安效应”扩大为“社会效应”。

（省公安厅2018年《公安简报》第五十一期刊登）

日照：颁布“最严”禁酒令　阳光警队正气充盈

【核心阅读】早在1995年9月，日照市公安局就在全国公安机关率先推出了“禁酒令”十项规定，当年查处15起违令问题，涉及16名民警。此后，日照广大民警严格执行禁令，队伍作风迅速转变。1998年6月，在公安部召开的公安队伍建设座谈会上，日照市公安局作为18个先进单位之一应邀参会，《强班子、带队伍、正行风，铸造公安新形象》的经验做法在会上进行了交流。23年后，日照公安将纪律作风整顿作为抓队伍建设的主线，再次聚焦“禁酒”，出台“史上最严”禁酒令，以清风促作风，以肃纪正形象。

找准“阳光警队”建设切入点，出台“史上最严”禁酒规定

近年来，日照市公安局在队伍管理上一直“严”字当头。2018新年伊始，局党委就提出以加强纪律作风建设为主线，推动队伍建设；以重大活动安保为主线，倒逼基层基础建设；以标准化、规范

化建设为主线，推动业务工作。围绕队伍建设这条主线，如何创建忠诚型、学习型、实干型、创新型、廉洁型、团结协作型“六型阳光警队”，成为日照公安纪律作风建设年的主要任务。

“感情深，一口闷；感情铁，喝吐血”。一段时间以来，社会上不良酒文化盛行，许多人把喝酒视为检验感情是否“真”、关系是否“铁”的试金石。对公安队伍来说，这“变味”的酒文化不仅导致了“舌尖上的浪费”“酒桌上的腐败”，还给队伍战斗力带来严重危害和影响。面对新时代对公安工作提出的新要求，建设一支忠诚、担当的过硬队伍是关键。日照公安将“禁酒”作为“阳光警队”建设的切入点，迈出了控制民警饮酒的坚实步伐。1月5日，日照市公安局以2018年1号文件形式印发实施了《日照市公安机关“四个一律”禁酒规定》(以下简称《规定》)，全面详细规定了禁酒的内容、时间和处罚措施。

据了解，此次发布的新规是日照公安机关禁酒规定中覆盖面最大、处罚最严厉的禁酒规定。相比23年前的第一部禁酒令，《规定》将适用人群覆盖到全体在职工作人员，包括警务辅助人员。《规定》要求，工作日、工作时间一律不准饮酒，周一到周五即使下班时间也不准饮酒；重大安保活动期间一律不准饮酒，即使周六、周日也不允许饮酒；公务接待一律不准上酒；任何时间、任何场合一律不准酗酒。

“管好队伍是干好工作的前提，喝酒喝垮的是战斗力。全市公安机关将以最严禁酒规定为切入点，进一步提升安保维稳、服务发展、践行精准警务、基层基础攻坚等公安工作水平，全力投身平安日照建设。”日照市副市长、公安局局长张培林说。

常打“预防针”，竖起“高压线”，禁令要求内化于心、外化于行

自《规定》出台后，从机关到基层所队，从领导到民警，日照公安机关闻令而动，坚持防治并举，狠刹违规饮酒陋习。全市各级公安机关层层签订责任状和承诺书，以多种行之有效的措施保证禁酒规定的落地生根。各分县局专门成立了保障禁酒规定落实的工作委员会，强化监督管理，建设完成禁闭室，并将“四个一律”检查列入当日带班领导和值班民警的常规任务，每日进行督察巡查。他们还印发了《致公安民警、武警官兵、工勤人员、辅警队员家属的一封信》，采取多种媒体渠道广泛宣传，全面接受家庭和社会监督。

东港分局设计了“四个一律”禁酒规定专题屏保，要求在所有工作电脑设置此屏保，起到时刻提醒、时刻谨记的作用；岚山分局对全区公安机关单位内部食堂酒具及酒水进行全面清理；五莲县公安局制作了“拒酒卡”和“致家属的一封信”，聘请家属担任“监督员”，在全局唱响“我饮酒，送禁闭”的口号；山海天分局建立每日自查自纠、每周汇报工作机制，实时掌握队伍动态，对可能违反规定的人员及时进行劝诫教育；交警支队建立了民警、辅警家属禁酒监督微信群，制作桌牌、群众监督举报信箱、宣传展板等摆放在办公场所，扩大了对民警、辅警的生活监督范围。

没有奖惩的规定如同虚设，而严厉的处罚措施如同“高压线”，让人望而却步。除了常打“预防针”，日照市公安局建立健全了严格的检查惩戒制度，切实让民警把《规定》要求内化于心、外化于行。公安机关在职工作人员违反规定的，依据《公安机关督察条例》一律先行予以禁闭、停止执行职务；因违规饮酒引发事故案件的，对组织者、在场职务最高者和直接责任者，一律予以免职或建议免职。警务辅助人员违反规定的，依据有关法律法规，一律予以辞退。同时，一律取消违规人员及其所在单位本年度评先树优资格，并追究相关领导责任。

1月19日上午，山海天分局督察工作专班到旅游警察大队开展“四个一律”日常专项督察时，利用酒精测试仪测试发现警务辅助人员安某血液中酒精浓度为26.3mg/100ml。为严肃纪律，按照《规

定》，山海天分局经查实后，决定对当事人作辞退处理，同时对大队主要负责同志进行批评教育，并责令加强全面整顿。

为全力确保规定执行到位，日照警务督察部门采取暗访、突击检查、集中检测等多种形式，常态化对《规定》实施情况开展现场督察，对发现的违规问题，坚持零容忍，坚决查处，决不姑息。在自我监督、明察暗访的同时，日照市公安局面向社会公开《规定》，并公布市公安局、各分县局、交警支队24小时举报投诉电话，用实际行动表明日照公安机关从严治警的决心、信心和勇气，并向社会郑重承诺，对发现的违规问题，将严肃处理，坚决不打折扣。截至目前，全市各级警务督察部门已检查各级公安机关单位50余个，抽查检测民警、工勤及警务辅助人员700余人次，发现1名警务辅助人员存在工作日涉酒情况，依照规定坚决予以辞退。

“少端酒杯多赢口碑，少坐酒桌多坐书桌”成为新风尚

“最严”禁酒规定的制定出台，既是日照公安机关严格落实中央八项规定精神、纠正“四风”的重要举措，同时也是深入推进全市公安队伍纪律作风建设、强化队伍管理的有力抓手，更是市公安局党委保护、关爱公安机关广大在职人员的有效措施。

不少民警由衷表示，《规定》看似严厉，实际上充满了对在职人员的保护和厚爱。饮酒不仅耽误工作，还常常伴随着丢丑失态、酒驾滋事、家庭矛盾等次生问题，严厉的禁酒措施不仅有利于广大民警、辅警身体健康、家庭和睦，更让整支队伍有更好的精力、体力投入公安工作。

《规定》的实施顺应了民警内心的真实意愿，得到了民警的真心拥护，大家纷纷点赞：“举杯应酬的少了，想事干事的多了；在外吃请的少了，钻研业务的多了。”如今，“滴酒不沾”已在日照公安机关形成共识，“接待酒”“庆功酒”“过节酒”不见了，“少端酒杯多赢口碑，少坐酒桌多坐书桌”成为新的风尚。

《规定》的实施给队伍建设带来了新气象。规定实施以来，日照市公安局突出民警素质能力建设，加强实战实训，分阶段分层级开展基层所队全员大培训，推动民警思想解放和理念创新。他们紧紧围绕大数据应用、规范执法、侦查破案、街面巡防等现实急需，健全教、学、练、战一体化教育培训机制，不断提升民警的专业素养和实战能力。日照公安机关通过邀请专家授课、开展模拟庭审等方式，提升民警规范执法水平，加强各类专家型人才和复合型人才的培养和储备，构筑专业结构合理、充满活力的人才梯队。

“饭桌上少了酒气，实战上多了底气。”日照市公安局政治部主任王芳说，严守“禁酒令”、紧绷“纪律弦”，我们的队伍正气充盈，凝聚力、向心力不断增强，大家干好工作的信心也越来越足！

□声音

日照市公安局特警支队支队长孙志刚：“禁酒规定太给力太及时了！岗位就是战场，执勤就是战斗，喝一点酒都有可能造成不良后果。我们特警支队民警辅警一共140余人，在市区有10个作战单元，分巡区、分时段开展街面巡逻管控工作。‘四个一律’禁酒规定实施以来，民警的精神状态变化很大，我们有信心也有能力时刻保证，有足够的执勤和备勤警力‘箭在弦上、一触即发’，应对好各类突发事件。”

日照市公安局东港分局大学科技园派出所所长许京霞：“以往碍于情面，工作、生活中的一些‘酒局’很难推掉，即使去了也还要动脑筋想各种拒酒的说辞，现在有了禁酒规定，就能做到在外不饮酒，说话做事更有分寸，平时也有更多的精力和时间投身到训练和钻研业务中去。”

日照市公安局开发区分局经侦大队大队长朱董涛家属杨楠：“老朱在专案组有时候出差两三个月

不回家，他们在外面走南闯北很辛苦，平时也少不了喝酒。自从局里开始严格禁酒，他们出差时，健康和安全都更有保障，我们家属在家里少了一份担心和牵挂。在家的时候，他有了更多的时间去锻炼身体，身体好了很多。禁酒规定的实施对民警的健康和家庭的和睦起到非常大的作用，作为家属一定要点赞。"

□短评

日照公安禁酒令缘何备受关注

今年1月5日，日照市公安局推出"史上最严""四个一律"禁酒规定。相关新闻稿件经报纸、电视、新媒体广泛发布后，在日照引起了广泛关注，全市主流媒体稿件阅读量超过30万，网友们纷纷点赞，众多留言寄托了人民群众对日照公安严管队伍的由衷赞许。

日照公安一纸禁酒令为什么受到如此关注?

这是群众对日照公安自我加压、奋勇超越的认可赞许。2017年，在全省公安机关群众安全感和满意度调查中，日照在全省17个地市中分别排名第一和第三，其中群众安全感得分连续两年全省第一。2017年，日照市连续第三次被评为全国社会治安综合治理优秀市，成功捧得全国综治最高奖"长安杯"。荣誉的背后离不开百姓的肯定与关爱。为了赢得群众的深度认可，日照公安机关不满足于已经取得的荣誉，不断自我加压。"最严"禁酒令正是这其中的加分项，大量的阅读量和点赞量代表了群众对日照公安的期许、赞许。

这是群众对日照公安全面从严治党治警的热切期待。今年日照公安机关提出，要重点打造精准警务和阳光警队，开展标准规范建设年、纪律作风建设年等活动。"最严"禁酒令正是开展纪律作风建设年活动的一个切入点。"最严"禁酒令既不是最高标准，更不是最终目的，这是日照公安改进纪律作风的第一步，更是日照公安人应该做到的基本要求。招待不再烦冗，不论是领导还是民警不再需要编造各类拒酒的借口，不再需要过量饮酒之后休息调整，可以时刻保持精神饱满，把更多的精力用在提升工作水平和自身素养上。

这是群众对日照公安服务发展、保障民生的更高要求。禁酒之后，公安机关高质量运行有了更加良好的内部环境。企业办理各类行政审批业务更阳光更高效，当事人在派出所、刑警队参与案（事）件处理更规范更透明，群众到出入境、户籍窗口办业务能感受到更多的温情和热情。让管理更有厚度、让服务更有温度，禁酒令实实在在改变着日照公安机关的"性格"。禁酒令还受到了民警和家属们的一致欢迎，远离酒桌之后，读书、学习、健身成为民警们业余时间的常态。

沉疴痼疾难以一朝治愈，清风正气不是一日养成。不容忽视的是，饮酒惯性已积累多年，监管稍有放松就可能反弹，必须做到长期的警醒。禁酒没有终点，转作风、提能力永远在路上，愿日照"四个一律"禁酒之路能够走得更远更好。

（2018年4月17日《人民公安报》山东周刊刊登）

（二）树行业新风

1992年，开展树行业新风"四查四看"活动。市公安局下发《一九九二年纠风目标和措施》，开展纠正行业不正之风大讨论，发动民警查思想，看实际存在哪些特权思想；查作风，看业务工作上存在哪些不正之风；查纪律，看存在哪些违法违纪现象；查制度，看各项规章制度执行情况。对存在的问题一一列出单子，制定措施边整边改。是年，对交通罚款147项、交通管理收费18项、治安罚款73项、治安管理收费21项、户口管理收费8项进行摆查整改，把不符合上级规定、收费偏高的机动车辆临检费、刻章手续费等17项罚款、收费全部予以纠正。

1993年，市公安局下发《内部行评实施方案》，规定对内部行评中连续两次优秀或倒数第一的，分别作出奖惩。市公安局纪委组织开展行风建设“月月评”活动，每月评选出一个最佳单位和一条最佳事迹；交警支队对中层干部实行岗位轮换；东港分局对派出所所长进行异地交流；交警支队制定《关于规范公安交通管理工作开展便民利民服务的规定》，广泛开展“规范化指挥岗”活动；巡警支队制定《加强行风建设实施细则》，推进内部行评工作开展。是年，市公安局坚持纠风肃纪，突出解决“三乱”和减轻农民负担、企业负担过重问题。

1995年10月，开展“学济南交警，树行业新风”活动。市公安局围绕“严格执法，热情服务”主线，确定解决“四个”重点问题：一是领导班子自身建设问题。二是转变服务态度，提高服务质量的问题。在全体干警特别是交警、巡警和派出所民警中全面推行文明用语和服务禁语，严格规范警务活动和民警言行，大力推行便民、利民措施，解决少数干警宗旨观念淡薄，特权思想严重，对待群众冷横硬的问题。三是切实解决整体素质不高的问题。四是着力解决干警的形象问题。是年，坚决纠正执法不严和有令不行、有禁不止等突出问题，持续抓好“禁酒令”的贯彻落实。

1996年10月，开展以“满意在公安”为主题的抓行风、树形象、创满意活动，全市公安机关以深化“学济南交警，树行业新风”为抓手，内强素质、外树形象。莒县公安局采取统一食宿、统一教学、封闭式管理、规范化训练、军事化要求的方法，对全局干警进行全员培训。五莲县公安局狠抓议事程序、领导责任、自身行为“三个规范”，加强领导班子自身建设。东港分局下发《公安干警违法违纪处理细则》。边防支队制定《部队建设规范》。交警支队印发《加强队伍正规化建设规章制度汇编》，做到交通事故处理赶赴现场、勘查现场、疏导交通、调查处理“四快”，开展“规范化指挥岗”活动，民警“上岗一分钟，规范六十秒”，在学校门口和繁忙路口设立交警助学岗，开通“122”交通事故报警服务电话，并走向街头为摩托车挂牌，在各岗亭配备便民服务箱。户政和外管部门组织开展创建文明窗口和争做优秀民警活动，一律实行挂牌服务，全天办理户口和出入境手续，并开展预约办理的业务。巡警支队加强夜间偏僻街道和重点区域巡察，主动护送女工上下班。城区各派出所实行24小时值班执勤，发放“警民联系卡”，随时接受群众的报警求助。是年，全市各级公安机关开展行风建设“月月评”活动，评选当月最佳单位和最佳事迹。年底开展评选“文明户籍室”“十佳民警”“规范化指挥岗”和行风建设先进单位、先进个人，进行大张旗鼓表彰奖励。

1998年，省委政法委制定《山东省政法干警十条禁令》，省公安厅颁布《山东省公安厅禁令》，对加强全省公安队伍纪律作风建设提出新要求。市公安局采取措施落实：（一）层层组织学习《山东省政法干警十条禁令》《山东省公安厅禁令》，使全体民警做到熟记于心，领会精神实质；（二）把落实《山东省政法干警十条禁令》《山东省公安厅禁令》同落实“一岗双责”结合起来，对违令者严格追究本人和单位负责人的责任；（三）制作“禁令卡”，人手一卡，随身携带，自我监督；（四）各窗口单位将“禁令”制作成版面上墙，随时接受广大群众和社会各界的监督；（五）向社会公布举报电话和举报信箱，凡举报情况一经查实，除严肃处理当事人外，还要对举报人进行重奖；（六）加强监督检查，由市公安局督察部抽调有关部门人员组成检查组，对落实两个“禁令”情况进行明察暗访。是年，全市各级公安机关一把手把落实两个“禁令”作为一项主要职责，从讲政治的高度牢牢抓在手上，认真抓好落实。是年6月，公安部在大连市召开全国公安队伍建设座谈会，市公安局作为全国18个先进单位之一应邀与会，并作“强班子、带队伍、正行风，铸造公安新形象”为题的典型发言。

2001年6月，全国民主评议行业作风经验交流会在日照召开。来自中央18个部委及各省、自治区、直辖市的132名部门负责同志和典型单位代表参加会议。市公安局在大会上作《把公安工作的标尺定位在人民满意上》的典型发言。会议期间，中纪委、省委、省政府等领导同志到日照公安机关基层单位考察调研、给予充分肯定。

2004 年 10 月，印发《日照市公安局处理“行风在线”反映问题制度》，明确:（一）局领导参加“行风在线”节目之后，市公安局宣传处要立即对群众通过热线电话所反映的问题予以整理、归类，及时将情况向纪委、督察部反馈，并填写《日照市公安局处理“行风在线”反映问题交办单》，报局领导批示。（二）根据局领导的批示意见，宣传处负责通知各承办单位于当日领回处理单或传到有关区县局。（三）各承办单位要高度重视群众反映的问题，认真研究处理问题的办法和方案，严禁出现推诿、扯皮现象。各承办单位主要负责人为处理问题的第一责任人，承办人为直接责任人。（四）对能够解决的问题，承办单位要立即安排专人负责，在五个工作日之内予以处理，处理完毕后填写办理落实情况，经承办人签字、单位盖章之后报宣传处。（五）对问题复杂、一时难以解决的问题，承办单位要在五个工作日之内向当事人说明原因、解释清楚，取得当事人的理解和信任，同时要做好当事人的工作。在五个工作日之内将解决群众所反映问题面临的困难、下一步的措施以及解决问题的时间书面报市公安局宣传处。待问题解决之后，再填写办理单，经承办人签字、单位盖章后按程序上报宣传处。（六）宣传处要将有关单位办理情况统一汇总后上报局领导，经局领导签发后报市“行风在线”办公室。（七）市公安局纪委、督察部将通过上门走访、电话询问等方式对各单位办理、落实情况进行督促检查，对问题久拖不决或因措施不力造成不良影响和后果的，将追究承办单位主要负责人和承办人的责任。2008 年 9 月，在市纠风办召开的全市“行风在线”开办五周年座谈会上，市公安局作题为《坚持以群众满意为标准，着力做好“行风在线”工作》的典型发言。

2006 年 6 月，全省公安机关行风建设座谈会在日照召开，市公安局从行风长效机制建设、创建平安日照目标、便捷及时高效服务群众、队伍建设四个方面，作题为《锲而不舍，求实创新，努力打造人民满意的公安行业作风》的典型发言，介绍日照市公安局加强行风建设工作的经验做法。12 月，省公安厅向全省公安机关发出《关于表彰日照市公安局在行风建设工作中取得优异成绩的通报》。通报指出，日照市公安局积极探索新形势下加强行风建设的工作做法，创造性地开展工作，在行风建设工作中取得显著成绩。

2013 年 11 月 19 日，公安部、省公安厅相继召开全国、全省公安机关纪律作风大检查视频会议，对开展纪律作风大检查工作提出要求。市公安局结合行风建设安排部署纪律作风大检查工作，认真梳理总结纪律作风建设、监督检查情况，学习、宣传、贯彻执行公安部“三项纪律”情况，落实部党委转变工作作风“十项规定”情况，全面深入地推进“三项纪律”和“十项规定”的贯彻执行，特别是严查严纠群众反映强烈的吃拿卡要、冷硬横推、乱收乱罚及违反“五个严禁”等方面问题。

图 25-5 安排部署纪律作风大检查工作

（三）树良好警风

1990 年 4 月，开展整顿警容、端正警风活动。市公安局下发《关于开展整顿警容、端正警风活动的通知》，明确利用 1 个月时间，在全局集中进行一次整顿警容、端正警风活动，重点解决：（一）在警容方面，民警存在的不按规定要求着装、警便服混穿、披衣敞怀、歪戴帽子、留长发等问题；（二）在警风方面，民警存在的作风拖拉、迟到早退、办事态度生硬、语言粗鲁以及个别民警滥用警械、枪支、嗜酒成习、酒后失态等问题。市公安局统一规定警容风纪、着装、办公秩序标准和队列、敬礼等训练内容，要求除节假日和执行特殊任务外，一律着警服，树立人民警察的良好形象。期间，全市各级公安机关组织民警开展整顿警容、端正警风重要性和必要性的大讨论，查找单位和个人存在的薄弱环节，采取有效措施进行整改提高。市公安局机关对部分民警集中4个半天进行仪表、队列、敬礼等基本动作训练，在办公楼一楼大厅设立警容镜，统一组织政治处、纪检组、办公室等部门对警容风纪、内务卫生、办公秩序每日进行检查，定期打分排名，颁发“警容风纪优胜流动红旗”。同时，组织上街纠察，由市公安局政治处、纪检组牵头成立警容风纪纠察队，纠察人员佩戴袖标，在市区主要街道实行严格纠察，对违反警容风纪规定的当场予以纠正，共纠察105人（次），发纠察通知书35份。此后，全市各级公安机关每季度普遍开展一次警容、警风检查活动，对警容、卫生、办公秩序等事项打分评比，开展流动红旗评比竞赛活动。市公安局纪委、政工等部门加强明察暗访，推进警容、警风建设。

1994年5月，市公安局决定将警容、警风纳入岗位目标责任制，落实月检查评比和不定期抽查制度，并以政治处、纪检组牵头成立由治安、武警、消防、交警等组成的纠察队，机关设值班纠察员，经常性开展警容、警风、上下班、办公秩序等方面的检查和纠察活动，严格教育、严格管理，持之以恒抓好警容、警风建设，促进广大民警良好习惯的养成。是年，市公安局在市区主要街道和各公共场所巡逻检查，出动巡警和武警纠察队警力40人次，现场纠正、清理警容不整和滥着警服人员14人，没收警服16件，陆军上衣2件，警用大檐帽5顶，警用领带1条，武警中尉警衔1副，陆军列兵、上等兵军衔各1副。

2003年10月，根据市纪委要求，在领导干部配偶中开展“廉政进家庭、争当廉内助”活动，要求领导干部的配偶做到既严格自律、廉洁持家，又积极协助组织搞好对领导干部的教育管理监督。是年，共有40名警嫂被评为“十佳”廉内助。

2004年7月，市公安局开展清理整顿民警个人用车专项活动。凡民警个人购买车辆的必须填写《公安民警个人购车情况登记表》，报同级公安机关纪委备案，严禁购买走私车，严禁驾驶无牌车、报废车，严禁利用职权私自借用车辆。

2007年2月，公安部在北京召开全国公安机关反腐倡廉工作会议，市公安局在会上作题为《兢兢业业保民安，扎扎实实创满意，努力打造新时期良好警风》的典型发言，从营造领导带头、全警参与、群众监督的警风建设长效机制，定位兢兢业业保民安、扎扎实实创满意的警风建设主线，强化队伍管理的警风建设根本和保障三个方面，介绍日照市公安局加强行风、警风建设的经验做法。4月，根据省公安厅关于加强警风建设的统一部署，全市公安机关开展“作风建设年、树立良好警风”活动，加强警风教育，深入查摆剖析整改警风问题。东港分局狠抓民警思想教育，开展争创“无违纪警队”活动。岚山分局提出“机关当样板、窗口做示范”口号，机关带头树立良好警风。交警支队开展创建无有效投诉、无进京上访、无违法违纪、无媒体曝光的“四无警队”活动。消防支队组织官兵开展岗位练兵活动。8月15日，全市公安机关“加强作风建设、树立良好警风”演讲团在东港区举行首场演讲报告，各分县局、支队推选的8名代表用声情并茂的语言表述全市公安民警在“加强作风建设、树立良好警风”活动中的感人事迹，之后，演讲团到岚山、莒县、五莲、开发区等区县进行巡回演讲。11月，全市作风建设年活动总结大会召开，市公安局作题为《坚持严管严治　培育真抓实干的良好警风》的典型发言。是月，省政府纠风工作领导小组办公室转发推广日照市公安局加强政风行风警风建设的做法。2008年6月，在全省公安队伍建设工作会议上，市公安局作题为《坚持求实创新、培育真抓实干的良好警风》的典型发言。

2014 年 12 月至 2015 年，针对有的基层单位和个别民警、工勤、协勤使用无牌、假牌、套牌车辆的问题，进行公安机关公务用车和工作人员私家车牌照清理工作。清理的标准要求是：全市各级公安机关公务用车和工作人员私家车必须按规定悬挂号牌，严禁悬挂假牌或挪用号牌；新购买的车辆须在规定时限内办理注册登记后方可上路行驶；公务用车确因工作需要（如侦查、抓捕违法犯罪嫌疑人等）使用临时号牌的，办案结束后应立即撤换；公务用车、私家车上路行驶时，必须严格遵守交通法规，严禁酒后驾车等交通违法行为；各单位不得购买未纳入国家机动车公告目录、不能办理机动车注册登记的电动车作为执法执勤车辆使用。已购买的此类车辆不允许上路行驶，更不允许贴上警用标识上路执法执勤。其间，对全市公安机关公务用车和民警私家车使用套牌假牌情况开展明察暗访监督检查 8 次，收回无信息和虚假车牌 10 余副。

三、专项治理

——“三乱”治理　1990 年 8 月，根据省委、省政府《关于制止向企业乱摊派、乱收费、乱罚款的通知》和市委、市政府工作部署，开展“三乱”治理活动。市公安局制定《“三乱”治理实施方案》，明确划分自清自查、市公安局检查、迎接市里统一组织检查“三个阶段”，对凡是未经市（地）以上人民政府批准的各种收费、摊派、罚款的项目、标准，以及乱摊派、乱收费、乱罚款“三乱”资金运用情况一律进行检查和清理。市公安局成立由局领导任组长，政治处、纪检、办公室、政研室、治安、交警、行政装备等有关科室负责人为成员的领导小组，组织召开全市公安机关电话会议动员部署，对摊派、收费、罚款进行一次全面认真的检查清理，对凡是没有经过市（地）以上人民政府批准的各种收费、罚款一律停止，对合理、合法收费项目和收费标准，由市公安局统一上报有关部门办理收费许可证和统一发票。期间，共整治有关问题 13 项，制定各项规定 36 条。1992 年 9 月，市委、市政府下发《关于严禁乱集资、乱收费的紧急通知》，市公安局迅速贯彻通知精神，派出由市公安局纪委牵头组成的联合调查组，对相关单位特别是有收费项目的科所队逐个检查，停收不合理收费 12 项。

——机关“思想、纪律、作风”整顿　1992 年 2 月，根据市委统一部署，进行为期半个月的机关“思想、纪律、作风”整顿活动。市公安局划分三个阶段开展整顿活动，教育和引导机关广大民警自觉在思想上同党中央保持一致，纪律上以党员标准要求、公安干警八大纪律十项注意约束自己，作风上做到雷厉风行，形成勇于拼搏、敢于创新、争创一流的氛围。

——警用车辆清理整顿　2005 年 5 月，印发《日照市警用车辆清理整顿工作方案》，明确对将盗抢车、走私车、非法拼装车和报废车改为警用车辆的，无牌、无证或牌证手续不齐全车辆，套挂、挪用警用车辆号牌的，将警用车辆外借、转卖给非公安机关或个人使用的，公安机关警车外观制式不符合“2004 式”警车外观制式标准或者未改制式的，违反规定喷涂警车标志和非警车安装警灯警报器的警用车辆，集中进行清理整顿。是年，对全市公安机关及法院、检察院、司法局、国家安全局等单位使用的 600 余辆警务用车进行登记清理，共清理出问题车 18 辆，全部督促整改落实。

——“三项排查”“三个专项治理”活动　2006 年 7—10 月，根据全省公安机关反腐倡廉会议及省公安厅“三项排查”“三个专项治理”电视电话会议部署，全市公安机关认真开展“三项排查”“三个专项治理”活动。“三项排查”的重点内容：一是排查、整治常见多发问题，重点解决基层公安机关和民警中存在的特权思想、特权作风、“冷硬横推”“吃拿卡要”等问题；二是排查、整治顽症痼疾，重点解决刑讯逼供、滥用枪支警械、滥用强制措施问题，违反规定扣押、查封、冻结、没收财产和违反规定责令停业、吊扣证照问题，乱收滥罚、插手经济纠纷、公路“三乱”问题；三是排查、整治职务犯罪，重点解决执法犯法、贪赃枉法、索贿受贿、执法不作为等犯罪问题。“三个专项治理”的重点内容：一是开展对商业贿赂的专项治理。重点解决个别民警违反规定参与经商办企业、参与经营娱乐场所、参与矿产投资入股和执法环节中单位受贿、个人受贿等问题，以及在行政审批、工程招投标、政府采购等过程中的商业贿赂行为。二是开展对违规办理牌证的专项治理。重点解决违规办理牌证，以权谋私，以及少数地方公安机关和民警利用职权，为盗抢机动车过户、上牌等问题。三是开展对滥用强制措施，或因监管不力致人伤残甚至死亡以及对涉黑、涉恶、涉毒、涉赌的专项治理。重点查处致人伤残死亡的案件和为黑恶势力充当“保护伞”、参与贩毒赌博和收取保护费、好处费等问题。市公安局印发“三项排查”“三个专项治理”实施方案，明确排查整治重点、方法步骤、目标要求等事项，与各分县局、各警种部门层层签订责任书，推进工作落实。各分县局、各警种部门按照先由民警自查、然后单位排查等方式，组织民警逐条对照排查、分析，深挖思想根源。市公安局纪委会同督察、法制等部门多次开展明察暗访。全市公安机关排查整治19个问题。

——“两整顿两规范”专项治理 2008年6—12月，按照公安部和省公安厅部署，全市公安机关开展“两整顿两规范”专项治理工作。“两整顿两规范”的内容是：（一）整顿违反规定办理取保候审、违规收取、没收保证金和保证金管理混乱，以及保而不侦、以保代处等问题，进一步规范取保候审工作；（二）整顿监管场所安全隐患，落实监管保障，坚决防范安全责任事故和侵害在押人员合法权益问题发生，加强监管场所软硬件建设；（三）规范道路交通技术监控设备的设置、使用和管理，着力解决道路交通技术监控设备的设置、取证、资料审核、违法信息告知、设备检定，以及公路“三乱”、兑现服务承诺等方面存在的问题；（四）规范公安机关公务枪支弹药的保管、领取和使用，切实解决基层领导干部枪支脱管、民警私存枪支弹药、执行枪支管理规定不严格等问题。市公安局印发《全市公安机关“两整顿两规范”工作实施意见》，明确“两整顿两规范”专项治理工作的治理内容、目标要求、方法步骤、组织领导等事项。根据“两整顿两规范”治理内容，确定法制处、监所管理处、交警支队、治安支队分别为相关专项治理工作的具体责任单位和牵头单位，分别制定切实可行的工作方案，细化各项整顿规范措施。市公安局专门建立“两整顿两规范”工作联席会议制度，市公安局纪委、督察部、经侦支队、监所管理处、法制处、计财装备处、刑警支队、治安支队、交警支队等单位负责同志为成员，各成员单位根据“谁主管谁负责”的原则，加强系统指导、检查和监督。联席会议办公室设在市公安局纪委，负责“两整顿两规范”工作的组织协调、调查研究和情况掌握。各分县局普遍成立专门机构，确定分管领导，明确任务，细化责任，落实“两整顿两规范”治理工作。7月15日，市公安局召开“两整顿两规范”专项治理开展情况调度会。市公安局纪委会同督察、法制等部门多次开展督导检查和明察暗访。12月上旬，市公安局组织工作组对各分县局和相关单位“两整顿两规范”专项治理情况，逐个单位、逐项整顿规范内容进行全面检查考核，月底通过省公安厅检查验收。全市公安机关取保候审工作进一步规范，打骂体罚在押人犯、交通技术监控设备安装使用不规范等一批苗头性问题得到根本解决。

——集中整治执法过程中涉案人员非正常死亡问题 2010年3月，根据公安部、省公安厅和市委政法委部署要求，开展集中整治执法过程中涉案人员非正常死亡问题专项活动。市公安局制定下发实施方案，明确专项整治活动的指导思想、方法步骤、目标要求等事项，成立集中整治工作领导小组，领导小组办公室设在纪委，具体负责集中整治工作的组织协调。划分组织发动、排查清理、整改建制、巩固提高四个阶段，深入开展警示教育和执法办案纪律教育，全面排查安全隐患和苗头性问题，强化检查指导和考核落实，推进执法办案场所功能区改造，完善与监察机关反渎职侵权、监所检察等部门联席会议制度，推进监督信息化建设，落实领导干部问责制，强力推进集中整治工作。各分县局高度重视执法过程中涉案人员非正常死亡问题，普遍成立由主要领导挂帅、相关部门负责人为成员的集中整治工作领导小组和办公室，逐级明确整治重点、目标要求、方法步骤和纪律要求，扎实开展整治工作。9月7日，市公安局在五莲县召开全市公安机关涉案人员非正常死亡专项整治现场会，现场观摩五莲县公安局监管大队、刑警大队等六个基层所队开展涉案人员非正常死亡问题集中整治专项治理情况，增强直观感觉，学习先进经验。之后各单位普遍开展一次大规模督导检查，对检查中存在的问题做到立即整改。10月20日，召开全市公安机关加快执法办案场所功能区改造建设电视电话会议，就进一步加快执法办案场所功能区改造建设，科学规划、合理设置办公、办案和生活区域工作进行安排部署。期间，市公安局纪委、法制、督察等部门组成联合工作组，采取突击检查、驻点督导、交叉暗访等形式，强化组织协调、分类指导和情况控制，保证整治工作全员覆盖、不留死角，措施要求一抓到底、不打折扣，纪律规定根植警心、付诸行动。

2011年，全市公安机关进一步巩固深化涉案人员非正常死亡问题专项治理。按照公安部“领导小组不撤、办公室照常办公”的要求，进一步强化措施、加大力度、跟踪监督，加强执法安全教育，排查整改安全隐患，加快推进执法办案场所、看守关押场所硬件设施改造，加强警务监督信息系统深度应用，全面推进讯（询）问编码登记和同步录音录像管理。3月，市公安局在制定下发的《全市公安机关执法执勤和队伍管理十个严禁十个不准》中，明确规定“严禁因失职渎职导致涉案人员非正常死亡”。凡发生执法过程中涉案人员非正常死亡案（事）的，将严肃追究有关领导责任。对由于领导不重视、工作不落实导致涉案人员非正常死亡的，直接领导、分管领导一律先停止执行职务，待查清事实后再依纪依法处理；因非正常死亡案（事）件处置不当，引发群体性事件、重大涉警舆情事件等严重后果的，涉案单位主要领导要引咎辞职或责令辞职。各分县局纪检、督察、法制部门也采取明察暗访、重点抽查等方式，深入基层和重点单位加强对办案场所以及监管场所的监督、检查、指导，针对容易发生涉案人员非正常死亡问题的部位、环节，组织开展执法监督检查，及时发现、消除安全隐患，有效、持续、深入地推进涉案人员非正常死亡问题专项治理工作的开展。

——*涉案财物专项治理*　2011年4月，按照公安部、省公安厅统一部署，全市公安机关开展涉案财物管理问题专项治理工作。市公安局印发《公安机关涉案财物管理问题专项治理工作实施方案》，成立全市公安机关涉案财物管理问题专项治理领导小组，分动员部署、排查清理、整改建制、总结验收四个阶段，重点治理三个方面的问题：一是违法扣押、扣留、收缴、追缴涉案财物，以及超范围查封、冻结、先行登记保存当事人财物，不按规定出具法律文书等问题；二是涉案财物保管措施不到位，未指定专人负责并实行财务专户管理，登记不详，不按规定将保证金交到指定银行，不按规定移交统一保管等问题；三是不按规定及时办理涉案财物的移交、返还、变卖、拍卖、销毁、上缴国库等工作，坐支、挪用、私分、贪污、调换扣押物品，违规没收或不及时退还保证金等问题。是年，共排查行政案件6963起，刑事案件2030起，发现并整改问题案件107件，建立规章制度23项。

——*“一治六查”集中教育整顿*　2011年4—12月，按照省公安厅统一部署要求，在全市公安机关开展“一治六查”集中教育整顿活动，着力解决制约公正廉洁执法的突出问题。“一治六查”的内容是：一是开展执法执纪隐患问题专项治理。着力解决有案不立、立而不侦、违规立案、越权管辖问题；违规采取取保候审、监视居住措施，超期羁押问题；以罚代刑、降格处理、滥收乱罚问题；刑讯逼供、徇私舞弊、失职渎职、通风报信问题；打骂体罚虐待被监管对象或者指定在押人员看管在押人员问题；办案场所、监管场所安全防范设施配置和监控设备使用中存在的隐患问题；违反《公安机关人民警察纪律条令》《公安机关领导干部五个严禁》《山东省公安机关八条严禁》《规范执法“十条严禁”》以及监管场所值班巡视、入所体检、出所管理各项监管制度规定等问题。二是开展六项排查。排查民警涉嫌黄、赌、毒或充当黑恶势力“保护伞”问题；排查民警以本人或他人名义参与、变相参与经商办企业、参与矿产投资入股问题；排查民警本人或近亲属参与或变相参与经营休闲娱乐场所问题；排查民警配偶、子女、亲属在其分管业务范围内从事可能影响公正执行公务的经营活动问题，特别是利用职权便利和影响，推销、指定消防、安保、交通、保险产品等问题；排查民警违规办理驾驶员考试、号牌发放、消除违章记录等问题；排查民警利用职权插手经济纠纷问题。

——纪律作风集中整顿活动　2017 年，市公安局针对群众来信来访、警务回访、报警投诉、案件办理、上级反馈等渠道了解和梳理出的 8 个方面问题，在全市公安机关组织开展纪律作风集中整顿活动。整顿解决的问题：（一）党风廉政建设主体责任意识不强，“两个责任”“一岗双责”落实不到位的问题；（二）违反中央八项规定的苗头性问题；（三）政令、警令执行不彻底，有令不行、有禁不止现象；（四）执法不严、执法不规范的问题；（五）不作为、慢作为、乱作为、伤害群众感情的问题；（六）服务态度不端正、服务意识不强，冷横硬推现象；（七）工作拖沓、消极懈怠、敷衍塞责，履职不认真的问题；（八）工作标准不高、不思进取，得过且过，开拓进取精神和争创一流意识不强。1 月 25 日，市公安局印发《日照市公安局纪律作风集中整顿工作实施方案》，明确这次整顿活动的目标要求、整改措施等事项，成立由市公安局局长任组长的纪律作风整治工作领导小组，下设办公室在市公安局纪委，负责日常组织协调、监督检查工作。各分县局、支队也成立相应纪律作风整治工作领导小组和办公室，加强组织领导。市公安局和各分县局、支队组织广大民警开展理想信念教育，强化执法培训，采取自查、互查、上下帮查、面向社会开门查等形式，重点查找和整改特权思想、冷横硬推等纪律作风和小事小节方面的突出问题，加强自我完善和提高。建立健全常态化检查监督机制，强化事前防范、事中监督，加强公安队伍纪律作风的日常监督和管理。是年，全市公安机关各级纪检监察部门开展明察暗访 82 次，发现问题 56 个，当场整改 46 个，通过受理群众信访投诉举报发现问题 25 个，约谈民警 30 人次，诫勉谈话 13 人次，查处民警及辅警违法违纪案件 8 起，给予党纪或政纪处分民警 7 人。

图 25-6 召开全市公安机关加强纪律作风建设会议

——问题党员干部纪律处分情况专项清查　2018 年 9 月，根据市纪委通知要求，以《关于在查办党员和国家工作人员涉嫌违纪违法犯罪案件中加强协作配合的实施意见》、《关于进一步规范对涉嫌违法犯罪党员作出纪律处分工作的意见》为依据，对 2016 年 5 月至 2018 年 9 月全市公安机关问题党员干部纪律处分情况开展专项清查。期间，全市各级公安机关严格按照《意见》要求，向同级纪检监察机关及时、规范通报、移送案件和案件线索。

四、社会监督

（一）警务公开

1989 年，市公安局围绕群众反映较为强烈的户口和交通管理问题，推行以公开办事制度、公开办事结果、加强群众监督为主要内容的“两公开一监督”警务公开工作。是年，市公安局户政科和交警支队对外公开办事制度和办事结果，受到群众的广泛好评，成为与社会和群众密切联系的执法单位和窗口服务单位。此后，全市公安机关不断总结经验，逐步推进警务公开工作。

1996 年，进一步规范户籍、车管、交通事故处理等热点岗位的警务公开工作，将有关规定、办事程序和收费标准上墙公示，实行挂牌服务，全面接受群众监督。是年，开展“开门评警”和“行业作风万人评”活动，设立监督岗、监督箱、监督电话，使民警的一言一行、一举一动置于人民群众的监督之下。

1999年5月4日，印发《全市公安机关警务公开实施意见》，对警务公开的内容、方式、推进步骤、组织要求等事项进行规范，规定凡属国家法律和政策允许公开的单位和警种都要实行警务公开，重点是与社会和群众密切联系的执法单位和窗口服务单位。公开形式是：（一）印发警务公开手册。将警务公开的内容、监督办法等分条列出，发给有关业务部门和办事群众。（二）印发明白纸。各窗口单位要将有关制度、规定、办事程序写明，放置办公场所，让群众一目了然，随时索取。有条件的设置触摸式电子显示屏。（三）制作上墙图板。各单位要将警务公开的有关内容，尤其是有关工作程序、工作标准等制成警务公开图板，悬挂在办公场所的醒目位置，给办事群众以直观、清晰的印象。（四）设立警务公开专栏。将有关警务公开工作动态、群众关心的“热点”“难点”问题的办理办法制作大型专栏性图板，设置于办公区、公共场所和交通要道。（五）开设警务公开专题栏目。与报纸、电台、电视台等新闻部门配合，设立警务公开专题宣传报道栏目。（六）挂牌上岗。实施警务公开的单位特别是窗口单位的一线执法人员都要按着装规定着警服挂牌上岗，牌上要有民警的姓名、单位、职务和照片。（七）设立警务监督台。户政、治安、出入境、派出所、车管所等窗口单位要在办公场所设立有民警姓名、职务、职责范围、投诉举报电话和民警照片在内的警务监督台。（八）公布警务公开投诉举报电话。各地各单位向社会公开举报电话，固定专人昼夜值班，负责接收群众举报和转办等工作。市公安局成立由主要领导任组长的推行警务公开制度工作领导小组，建立领导公开接访制度，规定每月10日为局长接待日，由市公安局、分县局领导亲自接待来访群众，对群众反映的问题作出处理。5月18日，市公安局召开警务公开新闻发布会，邀请市领导和社会有关部门及新闻媒体记者参加，通报全市公安机关推行警务公开的有关情况。此后，全市各级公安机关普遍成立警务公开专门工作班子，加强对此项工作的组织领导；设立举报电话，推行首问首案负责制，公开案件调解和道路交通事故轻微伤害公开认定，增强案件、事故处理的透明度，并将警务公开工作纳入岗位目标责任制，制定考核办法和违规处理办法，推动警务公开工作的健康开展。

2002年，按照省公安厅和市委、市政府部署，全市公安机关全面实施公安管理行政效能提速工程。4月26日，市公安局印发《日照市公安管理提速工作规范（试行）》，重新公布58项警务公开内容，以及违规处理的相关制度、措施，将群众最敏感、最关心的政务、警务问题和有关办事程序、时限、服务承诺，全部向社会公开。各分县局、户政、出入境以及基层窗口单位普遍设立综合警务服务大厅，实行“首问负责制”，推行“一站式”服务，以公开促公正、以公正创满意，促进公安工作和队伍建设，树立公安机关的良好形象。2003年11月，在全市“三务公开”现场经验交流会上，市公安局以题为《四抓并举，公开公正，深入扎实推进警务公开工作》，介绍经验做法。

2014年，根据省公安厅《关于进一步推进警务公开工作的意见》，市公安局积极适应法治建设进程和信息传播方式变革，增强主动公开意识，把深化警务公开置于公安工作的全过程，进一步拓展公开范围，拓宽公开渠道，创新公开形式，着力打造开放、动态、透明、便民的阳光警务。全市各级公安机关坚持公平公正、合法适度、互动有序、及时准确、便民利民原则，对涉及公共利益、公众普遍关注、需要社会知晓的警务信息，主动向社会公开；进一步完善权力清单制度，及时公开公安机关的非涉密任务和职责权限，人民警察纪律要求和职业道德规范，以及窗口单位办公地址、联系方式、举报投诉等监督途径。顺应信息化时代发展要求，构建公安微博、微信群、公安机关政府网站“两微一网”建设，对出台的重要政策法规或便民利民举措，针对公众关切及时发布解读信息；对涉警重要舆情和公众关注热点，积极予以回应，并采取设立领导信箱、公众问答、网上调查等方式，接受群众建言献策和情况反映，最大限度拓展政府网站互动功能。按照集约整合、快捷高效原则，归口承办网上信访、监督电话及民生警务服务，公开网上信访诉求办理流程，方便群众及时登录查询办理情况，实现办理全过程的可查询、可跟踪、可督办、可评价；进一步完善民生警务平台建设，汇集公安机关行政服务事项，实现警务服务功能的集约化、最大化。回应人民群众对公安工作的新期待、新要求，立体化多层面展示公安机关公开、公正、自信的法治形象。

至2018年底，全市公安机关警务主动公开意识明显增强，“两微一网”新媒体传播集群全部建成并形成规模效应，便民利民信息发布及与公众互动交流渠道更加畅通，警务公开内容不断丰富拓展，警务公开的权威性、时效性显著增强，公安机关执法公信力、警民亲和力进一步提升。

（二）行风评议

1996年，按照市委、市政府和市纠风办统一部署，市公安局开展民主评议政风行风活动。全市各级公安机关以实际行动转变工作作风，加强行风建设。是年，市公安局被评为1996年度全市行业作风建设先进单位。

1997年，市公安局按照市委、市政府和市纠风办的部署要求，坚持“两手抓、两手都要硬”的方针，牢固树立“行风正、事业兴”的指导思想，把行业作风建设当作“一把手工程”来抓，在为人民服务、为经济建设服务、为社会稳定服务方面作出不懈努力，走在市直机关的前列，赢得人民群众的信任和好评。1998年5月7日，市委、市政府召开1997年度市直部门目标管理岗位责任制行风评议工作总结表彰大会，市公安局再次被评为1997年度全市行业作风建设先进单位。

1999年7月20日，根据国务院及省委、省政府、省纠风办对行风工作的部署要求，以及市政府行风办等5个部门《关于积极参加全省公安、工商、国税和地税系统行风评议活动的实施意见》，印发《关于积极参加全省公安系统行风评议活动的实施意见》，进一步加强公安队伍建设和行风建设，切实开展好、组织好、领导好行风评议活动。是年，市公安局成立由主要领导任组长的全市公安系统行风建设工作领导小组，抽调专人专班成立办公室，具体负责行风建设工作。各分县局和机关科室支队普遍建立相应机构，形成一把手亲自抓、分管领导靠上抓、有关部门具体抓的工作局面。全市各级公安机关坚持把这次行风评议活动同“创满意”活动有机地结合起来，加强对全体民警的行风教育，大力宣传开展行风评议活动的重大意义，不断增强社会各界和广大人民群众对公安工作的理解和支持。根据评议的内容和要求，采取上下联动、内外结合、面向社会、群众参与等方式，认真开展行风评议工作。全市各级公安纪委、督察部门充分发挥职能作用，不断加大监督检查力度和查处力度。

2002年11月14日，市行风评议检查组一行11人到市公安局检查指导工作，听取全市公安机关行业作风建设情况汇报，观看市公安局行风建设录像片，查阅有关资料文件，深入到市公安局车管所和东港分局望海路、昭阳路派出所实地察看示范窗口建设、“一站式”服务和警务公开等工作情况，对全市公安机关行风建设给予高度评价。

2005年9月，印发《全市公安派出所开展“双述双评”工作的意见》，在全市公安派出所开展“双述双评”百日行风建设竞赛活动，推进行风评议工作。“双述”的内容是述职述廉，由派出所领导、责任区民警和户籍民警围绕“发案少、秩序好、群众满意”目标，开展执法执勤、服务群众、廉洁勤政等情况。“双评”的内容是评议派出所和民警述职情况与依法开展警务活动的情况，评议派出所和民警述廉情况和廉洁从警情况。“双述双评”方法是派出所领导和责任区民警、户籍民警普遍向辖区社会各界群众代表和区县以上人大代表、政协委员作述职述廉报告，接受群众监督；群众代表和人大代表、政协委员对派出所领导和责任区民警、户籍民警的述职述廉情况进行民主测评。评价意见分为“满意”“基本满意”和“不满意”，并附“意见和建议”，测评结果记入民警个人廉政档案，作为年终“评先创优”的依据。是年，全市公安派出所向辖区群众述职述廉，公开接受辖区群众对民警开展警务活动情况、廉洁从警情况的评议，先后召开“双述双评”会议 103 场，528 名民警进行述职述廉，5000 余名群众代表参加述评会，代表对派出所工作和民警满意率均达到 95% 以上。活动中，共发放和回收评议票 5019 份，收集各类意见和建议 329 条，分别制定整改措施，落实整改到位。此后，市公安局把派出所“双述双评”活动作为爱民亲民、执法为民的重要载体，坚持每半年开展一次，认真组织实施。同时，将“双述双评”的范围扩大到派出所全体民警，扩大辖区评议群众的参与面，强化警民互动交流，征求群众意见建议并认真进行整改，推动基层公安工作更加贴近百姓、贴近实际，公安队伍的职责意识、廉洁意识、纪律作风意识不断增强。

2009 年，市公安局在市直行政执法类单位行风评议中位居第一；在市委、市政府对各区县经济社会发展群众满意度测评中，社会治安工作位居各项指标第一。2010 年 3 月，市委、市政府召开全市 2009 年度市直行评工作总结表彰暨全市优化发展环境工作会议，市公安局被表彰为全市政风行风建设先进单位，并在会上作题为《创建“合成化”现代警务体系全力保稳定、惠民生、促和谐、强作风》的典型发言。

2017 年 7 月，制定《日照市公安局党风政风行风评议实施意见》。成立由市公安局局长任组长，其他党委委员任副组长，相关部门主要负责同志为成员的党风政风行风评议领导小组，下设办公室在市公安局纪委，各分县局成立相应的领导小组，加强组织领导和协调推进。是年，全市各级公安机关围绕打造“干部作风最好、办事效率最高”目标，以推进公安机关基层基础三年攻坚战为着力点，通过公开接访、官方微博、公布投诉举报电话、“行风在线”、警务回访以及走访、召开座谈会等多种渠道，广泛征求社会各界和人民群众对公安机关党风政风行风建设方面的意见和建议，确保人民群众对公安工作和公安队伍的满意度不断提升。各级公安机关纪检部门会同督察部门以服务场所和窗口单位为重点，反复督导检查服务质量和执法情况，对检查发现的问题实行内部曝光或通报，跟踪进行解决。

2018 年，进一步完善警务公开工作群众评议制度，邀请人大代表、政协委员、特邀监督员及社会各界群众代表评议警务公开工作。对评议中收集到的意见和建议，责成有关部门研究、整改并限期作出答复。以窗口单位、基层所队党风政风行风建设为重点，加强监督检查。是年，参加“行风在线”栏目 7 次，对群众反映的 96 个问题，认真进行整改。

1996—2018 年，市公安局连续 22 年被市委、市政府评为全市行风建设先进单位。2003—2005 年，市公安局连续 3 年被省政府纠风工作领导小组评为全省行风建设先进单位。

（三）媒体监督

1996 年，市公安局向社会各界和广大人民群众作出“六项承诺”。6 月 26 日，召开新闻发布会公布“六项承诺”，诚邀广播电台、电视台、报刊等媒体给予监督。“六项承诺”内容是：（一）公安机关的值班室，主要包括各级刑侦、巡警、消防、交通事故处理等部门及城区各派出所，实行昼夜 24 小时办公，随时接受群众的报警求助。（二）公安机关的治安、户政、外事、交警、边防、消防等管理工作，公开办事程序和收费标准。群众办理证、照或有关审批手续的，热情接待，不推诿刁难。凡符合规定的随到随办，工作人员不在时，约定时间办理。不能办的，解释清楚。（三）不以任何理由向村居、企事业单位和人民群众乱扣、乱罚、乱收费。（四）不得以权谋私侵害群众利益，不以任何理由接受发案单位、案件当事人及有可能妨碍公正执行公务的宴请和馈赠。（五）严格执行“禁酒令”，严禁违反规定饮酒。（六）公安派出所制发警民联系卡，公布干警姓名和联系电话，方便群众报警求助。为方便社会各界和全市人民群众监督，承诺设置六项监督事项：一是设立监督岗，监督干警办事效率和服务质量，征求群众意见；二是设立监督箱，便于群众提供建议和监督；三是设立监督台，注明干警姓名、警号、职务等，便于群众监督；四是设立监督栏，张贴群众意见和公安机关内部批评通报等；五是设立监督电话，接受群众举报；六是聘请行风建设工作顾问和执法执纪监督员，对公安机关的行风建设工作进行监督和指导。是年，全市公安机关共设立监督岗8个，监督箱76个，监督栏15个，监督电话52部。

1999年5月18日，召开警务公开新闻发布会，10余家新闻媒体记者应邀与会，通报全市公安机关警务公开情况，提出推进警务公开4项工作重点：(一）各级公安机关特别是公安机关的基层单位，要进一步细化警务公开的内容。采取多种形式广泛宣传，让群众真正了解公开的内容，明白公安机关该怎么做，达到什么标准。(二）进一步加强对全体公安民警严格执法、公正执法、爱岗敬业、服务群众、奉献社会的教育。引导全体公安民警充分认识肩负的重任，牢固树立全心全意为人民服务的思想，高质量、高效率地做好各项公安工作。(三）加大公安机关内部监督检查力度。有关部门要充分发挥职能作用，跟上检查督导，发现问题，及时整改。凡不按警务公开要求办，有诺不践的，要严肃查处。(四）切实加强组织领导。成立警务公开领导小组，设立监督举报电话，规定每月10日为局长接待日，由市公安局、分县局领导亲自接待来访群众，对群众反映的问题作出处理。

2002年4月12日，召开新闻发布会公布实施行政效能提速工程，推出110报警服务“城区5分钟、市郊10分钟、农村地区尽快到达现场”新举措，诚邀电台电视台、报刊媒体给予监督，承诺兑现、取信于民。

2005年5月26日，召开110、119、122“三台合一”新闻发布会，向与会新闻媒体记者通报110、119、122三个报警台进行系统整合情况以及运行模式、接处警范围、正确使用报警电话等情况，诚邀新闻媒体参与监督。此后，全市公安机关建立起集中、统一、权威、高效的指挥系统，实行一个中心集中接警、统一指挥、信息共享、快速反应的接处警机制，减少中间环节、实现快速反应，适应和满足全市社会治安的需要，群众的安全感和满意度明显上升。

2014—2016年，围绕例行新闻发布制度、完善新闻发言人制度和公安机关新闻中心建设，加强媒体监督工作。(一）采取新闻发布会、组织记者采访、答记者问、网上访谈等形式，进一步完善重要警务信息及热点问题定期有序发布机制，增强信息发布的主动性和权威性。此后，市公安局坚持定期举办新闻发布会，遇有重要政策法规解读、重大突发案事件及公众关注的重要舆情热点，根据工作需要适时举办，确保做到“先发声、早发声、我发声、发正声”。(二）加强新闻发言人团队建设，充实配备人员，强化业务培训，完善新闻发言人工作流程。推动新闻发言人制度向县级公安机关延伸。(三）统筹运用新闻发言人、政府网站、公安微博微信等渠道发布信息，充分发挥广播电视、报刊、新闻网站等媒体作用，并与党委宣传部门、互联网主管部门及各类新闻媒体加强沟通联系，形成警务公开的宣传合力，扩大媒体监督受众面。

图25-7　参加“行风在线”节目

2017—2018年，市公安局参加电视问政节目2次，对暴露的问题督促有关单位立即整改，并举一反三，在全市公安机关进行专项整治。参加“行风在线”节目11期，受理群众信访投诉举报96

件，对群众反映的问题，逐一核对，认真落实整改措施。

（四）聘请监督员

1994年2月，市公安局下发《关于聘请执法执纪监督员的决定》，从全市社会各界和知名人士以及群众代表中，聘请121名同志为市公安局执法执纪监督员，对全市公安工作和队伍执法执纪情况实施监督。各执法执纪监督员以认真负责的精神，及时反映情况、提出建议，为推动全市公安工作和队伍建设发挥积极作用。

1996年，结合行业作风建设评议工作，市公安局建立外部监督制度，聘请行风建设工作顾问50名、执法执纪监督员502人。1997年4月18日，市公安局召开行风监督员座谈会，虚心听取意见和建议，推动禁酒令、警民联系卡、民警包片和开门评警等各项工作的落实。此后，全市公安机关不断深化和完善特邀监督员制度，经常征求意见建议，加强对全市公安工作和队伍执法执纪情况的监督。

1998年，从社会各界聘请行风建设顾问、执法执纪监督员552人，通过采取召开座谈会、上门走访等多种形式，加强对全市各级公安机关和广大民警履行职责、执法执勤和遵纪守法等情况实施监督，反映、传递群众对公安机关和人民警察违法违纪行为的检举、控告，反映群众对公安工作和队伍建设的意见和建议。2002年7月2日，市公安局召开行风监督员会议，主动汇报工作、征求意见、接受监督。

2014年4月，印发《加强全市公安机关特邀监督员工作的实施意见》，进一步加强社会监督，强化对外宣传，增进社会了解，充分发挥特邀监督员社会宣传和桥梁纽带作用，通过邀请特邀监督员参加警务体验、调研走访、监督评议等系列活动，展示公安机关执法规范化、科技信息化建设成效，宣传全市公安工作和警风建设成果，彰显公安队伍的良好风采，促进全市公安机关作风转变、行风评议争先进位，推动公安机关执法公信力和作风形象实现新提升。

图25-8 2018年10月18日，市公安局召开特约监督员座谈会，向特约监督员颁发聘书

2018年10月，市公安局制定《日照市公安局特约监督员工作规定（试行）》，对特约监督员的基本条件、工作职责、权利义务、履职保障、聘任解聘和组织管理等事项进行规范，明确特约监督员主动了解公安工作，加强对公安业务知识的学习，为有效开展监督工作打下良好的基础；充分利用自己的工作岗位和生活环境条件，对专业性问题提供咨询，把人民群众的建议和呼声反映给公安机关，为公安机关做好宣传工作；充分行使好自己手中的监督权利，严于律己，严格依法办事，自觉遵守工作纪律，严守公安工作秘密，保证公平公正履行职责等职责要求。是月，市公安局聘任特约监督员9名。

五、查处违纪案件

市公安局党委始终坚持从严治警方针，秉承“严管就是厚爱”的理念，对发生的民警违纪违法案件，发现一起就查处一起，不姑息、不手软，确保队伍纯洁性。2018年，市公安局查办民警违纪案件4起，处分违纪民警4人。

第二节　警务督察

警务督察是公安机关的一项内部监督措施。市公安局高度重视警务督察工作，坚持把警务督察纳入公安工作大局中去谋划、去推进，全力支持警务督察部门对本级公安机关及其人民警察依法履行职责、行使职权和遵守纪律情况实施督察，推动全市公安机关落实决策部署、规范执法权力运行、保持政令警令畅通、强化队伍纪律作风建设。

1997 年 9 月，市公安局成立警务督察队，在各分县局、支队设兼职督察员 16 名，经督察专业技能培训后，全体督察民警持证上岗、履职尽责。此前，全市公安机关的督察工作由纪委承担。

1998 年 12 月，设立市公安局督察部，莒县、五莲县公安局各设督察室。至 2002 年 10 月东港、岚山、日照经济开发区分局分别设立警务督察大队，标志着全市公安机关警务督察体系全面建立。各级警务督察部门根据《公安机关督察条例》《公安机关督察条例实施办法》等有关规定，制定和完善一系列规章制度，使警务督察工作逐步走上规范化、法制化轨道。

2012 年 3 月，市公安局建成网上督察信息中心，网上督察工作全面启动运行。全市警务督察工作实现从人工现场督察向“现场 + 网络”督察的转变。

2017—2018 年，全市公安机关推行精准警务理念，坚持以问题为牵引，推动督察触角向各项执法领域、各个执法环节延伸；紧盯公安中心工作、重大警务部署、执法规范化建设和队伍纪律作风建设开展现场督察，不断强化督察无禁区；进一步做强网上督察系统升级改造和深度应用，大力推进集音频查听、图像监控、执法监督等功能于一体的综合性网上督察系统建设，充分发挥网上督察“发现问题、固定证据、全程监督”作用；进一步深化案件核查、受理处置群众投诉等工作，最大限度维护群众利益，维护民警合法权益。督察部门“督促落实、预警防范、减负增效、维权保障”的效能日益增强。

一、制度建设

1989—1997 年，全市警务督察工作主要依据《中华人民共和国警察内务条令》和执勤执法相关制度开展。1997 年 6 月 20 日，国务院颁布《公安机关督察条例》。9 月，市公安局下发《关于开展警务督察工作的通知》，启动全市公安机关督察工作。1998 年 12 月，出台《日照市公安局督察工作实施方案》《日照市公安局督察队伍内部管理规定》，明确开展督察工作的职责权限、工作纪律等内容。编发《日照市公安机关督察工作规章制度汇编》《督察过程中遇到不同情况的 50 个怎么办？》，下发督察人员熟练掌握、灵活运用。

2001 年 9 月，制定《日照市公安局关于警务督察暗访工作的实施办法》，对暗访原则、内容、批准权限、人员组成、工作方式、取证备案以及暗访过程中遇到紧急情况的处置做出明确规定。2003 年 2 月，制定《日照市公安机关现场督察工作规范（试行）》，明确市、县（区）督察机构对公安机关及其人民警察依法履行职责、行使职权和遵守纪律的 10 个事项，进行现场督察：(一) 重要警务部署、措施、活动的组织实施情况；(二) 重大社会活动的秩序维护和重点地区、场所治安管理的组织实施情况；(三) 治安突发事件的处置情况；(四) 刑事案件、治安案件的受理、立案、侦查、调查、处罚和强制措施的实施情况；(五) 治安、交通、户政、出入境、边防、消防、警卫等公安行政管理法律、法规的执行情况；(六) 使用武器、警械以及警用车辆、警用标志的情况；(七) 处置公民报警、请求救助和控告申诉的情况；(八) 文明执勤、文明执法和遵守警容风纪规定的情况；(九) 组织管理和警务保障的情况；(十) 公安机关及其人民警察依法履行职责、行使职权和遵守纪律的其他情况。是年，制定《关于进一步加强投诉案件受理核查工作的通知》《日照市公安机关保障民警权益工作规定（试行）》，规范案件核查和民警权益保障工作。

2012年3月，制定《全市公安机关实行派出督察制度实施方案》《关于设立督察专员、兼职督察员的实施意见》，在局属各执法勤务机构的副科级以上干部和业务骨干中选拔确定督察专员和专职督察民警26人，组建2支派出督察队，对全市公安机关实行巡回督察。4月，制定《派出督察队工作规范》，对派出督察队从组织领导、职责任务、职权行使、工作方式、勤务机制、后勤保障、奖惩考核等方面进行要求和规范。是年6月，制定《网上督察工作流程》《网上督察民警职责》《网上督察工作要求》《网上督察工作纪律》，明确网上督察范围、重点、处理流程及民警工作职责，规范网上督察工作。2014年10月，依据省公安厅《山东省县级公安机关警务督察工作规范》，制定具体落实措施，规范县级公安机关警务督察工作。

2016年5月30日，出台《日照市公安局保障民警依法履行职务工作规定》，明确全市公安机关维权工作组织领导、协作配合、安抚慰问、维权正名、责任追究等工作。2017年4月，制定《日照市公安机关警务督察部门办理举报投诉事项工作细则》，对办理举报、投诉事项法律依据，以及核查内容、核查结果、处理意见、结果反馈等作出明确规定。2018年1月，制定《日照市公安机关“四个一律”禁酒规定》，持续加大从严治警力度。4月，修订完善《日照市公安机关现场督察工作规范》《日照市公安机关网上督察工作规范》《日照市公安机关警务督察部门处理投诉工作规范》《日照市公安局保障民警依法履行职务工作规定》，进一步细化现场督察、网上督察、受理投诉、维护民警执法权威等职责权限、工作纪律、工作流程，逐步形成较为完备的警务督察制度体系，警务督察工作机制不断健全完善。

二、现场督察

（一）围绕正规化建设开展督察

1997年9月18—30日，根据《公安机关督察条例》，制定《督察人员培训计划》，对首批警务督察人员进行业务培训。是年，按照“边培训、边督察”的原则，市公安局督察部门与纪委、政工等部门配合，重点对市、县（区）公安机关及其人民警察依法履行职责、行使职权和遵守纪律情况等事项进行现场督察。1999年，围绕“管好队伍不发生问题，干好工作让群众满意”目标，对市公安局机关、交警、巡警支队、东港、开发区分局等单位的纪律作风、值班备勤、警容风纪等事项进行督察，督导检查单位90余个，整改问题23个，发通报5期。

2000年1月，对全市公安机关警务公开工作进行督察，检查督导基层单位78个，暗访窗口单位45个，组织考试7次。2月，组织各分县局开展异地交叉督察，暗访27个公安基层单位和90余家娱乐场所，检查督导民警156余人次，发现问题16处，提出督察建议21条。10月，结合民警换发“99式”警服，对民警警服着装、警容风纪等事项进行督察。11月，对基层单位工作服务态度进行暗访，暗访基层窗口单位26个，发现民警服务态度方面存在问题6处，提出整改建议6条。“三项教育”期间，制定督察实施方案，对各级公安机关“三项教育”开展情况实施不间断的现场督察，共出动警力200余人次，督导公安基层单位150余个次，并就民警学习情况当场提问，促进学习教育活动开展。

2002年4—5月，对窗口单位“一站式”服务进行督察，明察暗访公安基层窗口单位28处，走访群众248人，模拟报警9次。6月，对乱收费、乱罚款、乱摊派问题进行重点督察，督促各单位加强对行政收费和罚没款的管理控制，严格执行收支两条线规定。

2003年1月，根据省公安厅《关于对公安机关内务管理进行现场督察的通知》，开展内部管理秩序和内务管理工作督察，督察单位61个、配枪人员26人，警车169辆，留置室25个，纠正警容不整28人次。2月，对全市公安机关窗口服务单位落实提速工作进行现场督察，督导基层单位90余个次，提出督察建议13条。8月，对公安部《公安部30项便民利民措施》和省公安厅《厅长令》的贯彻落实情况开展现场督察，深入户政、交警、出入境、消防等窗口服务单位以及派出所户籍室，重点对各项便民服务措施的学习宣传、组织实施、内容公开以及兑现承诺、群众反馈等情况进行现场督察。

2004年8月，按照公安部《关于规范统一全国公安派出所外观标识的通知》和《关于全国公安机关启用2004式警车外观制式的通知》，对派出所和警车外观标识进行督察，规范设置公安派出所和警车的外观标识。

2006年，围绕民警遵守枪支管理规定、酒后严禁驾驶机动车、工作时间严禁饮酒、警容风纪习惯养成等事项，反复开展明察暗访，加大对基层科所队正规化建设的督察力度，提高贯彻落实《公安机关内务条令》的自觉性。

2007年，围绕队伍正规化建设开展现场督察，特别是在重大活动和重要节日期间，对各单位值班备勤、警容风纪、内部管理情况持续开展明察暗访，督察单位132个，查纠问题43个，下发通报7期。是年，开展纪念《公安机关督察条例》颁布实施10周年活动，对基层基础建设情况进行现场督察。

2013年，对贯彻落实《山东省公安机关从严治警十条铁规》和内务条令等事项，以警规警纪为重点开展明察暗访，市、县（区）两级督察部门共开展明察暗访活动84次，模拟设置警情46起，检查单位270余个次、警车320余辆、枪库43个次、民警620余人次，当场整改督察发现的问题142个，提出督察建议95条。

2015年，加强对窗口服务单位明察暗访，市公安局督察部门会同纪委对基层执法办案和窗口服务单位开展现场督察，重点查纠办事效率低、服务态度差和“庸懒散”等问题。是年，对全市公安机关贯彻执行“八项规定”“三项纪律”等事项，以落实警规警纪、转变工作作风为重点开展明察暗访5次，查纠违规使用假牌、套牌以及不正确使用警灯等违规行为6起。开展内部枪支管理集中督察，会同治安支队采取逐库逐枪逐弹清点核对、逐人逐档逐账核查的方法，对全市公安机关内部枪支管理工作普遍督察一遍，现场整改督察发现的问题11个，提出督察建议19条。

2016年，加强内务管理现场督察。一是突出窗口单位现场督察。结合“两学一做”教育实践活动和争创“全国文明城市”活动，对全市公安基层执法办案单位及窗口服务单位持续开展明察暗访，对“庸懒散”、办事效率低、服务态度差等问题进行督察。二是突出内务管理现场督察。深化对公务用枪、公务用车、警服、警械、警用标识管理使用情况和公安机关内部安全的专项督察，督促各级公安机关加强内部管理。

2018年，全市公安机关开展“严纪律、强作风、树正气”专项整顿“清风”行动，警务督察部门牵头制定并组织实施《日照市公安机关“四个一律”禁酒规定》，助推全市公安机关纪律作风专项整顿“清风”行动深入开展。是年，以解决队伍在纪律作风方面存在的突出问题为重点，对“四个一律”禁酒规定贯彻落实情况，以及机关工作秩序、警容风纪、会议秩序等事项，会同派驻纪检组、机关党委开展现场督察。同时，组织各分县局、支队不定期采取异地督察、交叉督察、指定督察等方式，用足用活督察警力，实现市、县督察部门常态化联动、互相协助、无缝对接。各单位兼职督察特派员经常性查内务、查考勤、查执法、问民警思想状况、问涉法涉诉案件、问重点工作落实，对民警、辅警履职遵纪情况进行明察暗访，形成“多岗位、全方位、立体化”督察工作新模式。期间，统一组织现场督察20余次。

（二）围绕中心工作开展督察

2000年3月，市公安局党委发布《局长1号令》，明确以落实《局长1号令》为推动，促进全年工作落实和“创满意、树形象”工作目标的实现。督察部门围绕《局长1号令》要求，对全市公安机关和民警遵守纪律、执行规章制度、文明执法执勤、执行警务公开制度、值班备勤、接处警以及窗口单位为民服务等情况进行明察暗访。4月5—20日，集中对全市公安机关60多个基层单位和88家宾馆、酒店有无停放警车、民警酒后驾驶等事项进行现场督察，对发现的违规停放在酒店附近的2辆警车，当场对涉及人员进行处理；对群众投诉的4起案件涉及的违法违纪人员，调查核实后根据有关规定进行严肃处理；对2起属于误报、漏报的案件调查核实后予以澄清。同时，督察部门会同纪委等部门在市区主要路段进行联合督察，共督察警用车辆100余辆，对发现的无证驾驶、公车私用等现象给予现场处理，并在内部予以通报曝光。

2001年，市公安局党委确定“五个突破”（在深挖黑恶势力、提高斗争质量上求突破；在维护社会稳定、服务经济建设上求突破；在提高攻坚克难能力和解决突出治安问题上求突破；在建立治爆缉枪长效管理机制上求突破；在加强公安队伍的思想作风建设，建立长效管理机制上求突破）年度工作目标后，督察部门根据目标任务落实分工，对机关单位、各分县局进行多轮督导，派出督察队伍督察20余次，督导单位90余个次，了解具体推进情况及时向局党委提出督察建议。

2004年，市公安局党委在全市公安机关部署开展全警大练兵活动。5月，警务督察部门对各分县局大练兵动员部署情况开展集中督导。6—9月，围绕落实训练计划及练兵成效开展督察。是年，出动警力73人次，检查单位110余个，发现问题32个。

2005年，市公安局党委将开展“大接访”和集中处理信访问题作为年度重点工作之一，在全市公安机关集中开展“大接访”活动，集中清理信访遗留问题。警务督察部门对接访现场秩序、交通疏导以及执勤民警履行职责、遵守纪律、警容风纪情况开展现场督察，督察基层单位65个，接访案件210件，提出督察建议230条。

2006年，市公安局大抓“三基”（抓基层、打基础、苦练基本功）工程建设和社会治安防控体系建设。警务督察部门分别下发专项督察行动的实施意见，集中2个月的时间，联合责任警种对推进落实情况定期开展现场督察，督促按时保质完成建设任务。是年，检查单位150余个，民警220余人，下发通报6期，发现问题90余个。

2007—2011年，市公安局党委部署以构筑“六张治安防控网”为重点，创建合成化现代警务体系。警务督察部门细化专项督察方案，联合相关警种，开展督导推进，通过随警督察、集中督察等方式开展明察暗访，并召开座谈会、调度会、下发督察文书等手段强力督导推进。

2012—2014年，市公安局党委逐年确定并分别推进实施“八项重点突破”“八个能力提升”“八大体系建设”。警务督察部门每年制定详细督察工作方案，有针对性地开展督察活动，强力督导“八项重点突破”“八个能力提升”“八大体系建设”推进。

2015—2016年，市公安局党委突出“四项建设”并继续推进“八大体系建设”。2015年，警务督察部门常态开展督察工作。2016年，牵头制定《2016年全市重点工作考评实施办法》，组织对全市公安机关重点工作进行督导考评。

2017—2018年，市公安局党委部署实施精准警务战略、深化“平安日照”建设、推进基层基础建设三年攻坚战、重大活动安保维稳、争创“长安杯”、扫黑除恶专项斗争、执法规范化建设等重要警务工作。警务督察部门制定针对性督察方案，抽调相关警种部门组成联合督导组，采取多种形式，加大现场督察力度，以现场督导助推各项重要警务部署落实落地。2017年，出动督察警力1400余人次，开展现场督察活动520余次，检查基层单位1090余个次，检查重点单位、场所930个次，查纠各类问题520余个，提出督察建议710余条，下发公安督察法律文书27份，制发《督察专报》12期。

2018年，围绕全市公安机关开展“四百会战”（基层基础攻坚、扫黑除恶、反电信网络诈骗、执法规范化建设）专项行动，制定专门督察方案，集中开展4轮次专项督导，推进“四百会战”措施落实、取得实效，期间检查单位210余个次，下发通报2期。

（三）围绕重大活动安保开展督察

1999年10月，市公安局警务督察部门对市委、市政府举办的新中国成立50周年、建市10周年庆祝活动安保工作进行现场督察，出动警力42人次，检查重点部位、场所56处，提出整改建议12条。

2001年，根据省公安厅《关于对做好全国全省“两会”安全保卫工作开展现场督察的通知》，研究制定现场督察方案，开展现场督察。是年，督察部门对上海APEC会议期间全市安全防范措施落实情况开展明察暗访，对劳动节、国庆节及元旦、春节期间安全保卫工作开展跟踪督察、随警督察，发现问题及时通报，限期整改。2003年6月，对日照至韩国平泽客船开通仪式的安全保卫工作进行现场督察，出动督察警力46人次，督察重点场所部位198处，提出督察建议78条，发现解决问题6处。2004年，对全市公安机关做好全国全省“两会”安保工作情况开展督察，督导单位80余个，检查执勤点140余个。

2007年，围绕党的十七大安保维稳“五个确保”任务目标，精心组织、周密部署，充分发挥督察部门的职能作用，确保警令政令畅通和各项警务部署的落实。期间，开展明察暗访170余次，查纠各类问题77个，提出督察建议100余条。2008年，突出奥运安保重点，制定《日照市公安局奥运会安全保卫工作督察方案》，先后派出7个督察组，持续加强“迎接奥运盛会、整肃警容风纪、规范执法服务、促进工作落实”活动的督察力度，保障奥运安保措施落实。2009年，全市公安机关开展为期6个月的“平安全运”安保工作。督察部门围绕安保工作措施落实，同步派出督察组反复开展明察暗访，出动督察警力90余人次，检查执勤点130余个次。

2010年，按照公安部和省公安厅统一部署，开展上海“世博会”安保活动现场督察，重点对各公安检查站工作开展情况进行暗访督察，对重点人员管控工作会同相关警种、部门进行督导，共出动督察警力360余人次，开展明察暗访170余次，查纠各类问题60余件。

图25-9 对安保执勤人员现场督察

2012年，围绕党的十八大安保维稳工作，制定《党的十八大安全保卫现场督察工作方案》《全市公安机关党的十八大安保工作集中督察实施方案》，开展现场督察85次，明察暗访289次，提出督察建议85条，下发督察文书62份，查纠相关人员责任2人。是年，对元旦、国庆、春节等重要节日，各级“两会”“党代会”和北京上合峰会以及创建文明城市等重大活动安全保卫工作开展现场督察。

图25-10 对消防执勤人员现场督察

2015年，围绕中国中亚合作论坛重大活动安保工作，制定专门督察工作方案，在市公安局统一组织的4次桌面推演安保、3次全警“实兵、实战、全要素”演练和全方位、立体化的住地、会场、现场安保工作中，全力以赴抓好督察工作，先后组织开展明察暗访800余次，查纠各类问题400余个，提出督察整改建议300余条，下发督察通知书17份。是年，围绕各级“两会”、元旦、春节、元宵节等重要节日，以及抗日战争胜利70周年纪念活动、十八届五中全会等重大活动安保，加强现场督察工作。

2016年，以G20杭州峰会安保督察为重点，对各公安检查站工作开展情况进行现场督察，出动督察警力60人次，开展明察暗访23次，查纠各类问题6个。

2017年，围绕做好党的十九大安保维稳现场督察工作，制定督察工作方案，组织百日维稳攻坚战、“三创三推大会战”、十九大安保决胜战，全力开展随警督察、明察暗访，并对交警支队、区县公安（分）局交叉督察、抽查督察，督促安保措施落实到位。是年，围绕日照国际马拉松赛安保工作反复开展现场督察。同时，加强对“一带一路”国际合作高峰论坛、金砖国家领导人会晤、香港回归20周年、建军90周年、各级“两会”以及在日照市举办的国际啦啦操、国际太极拳等重大安保的现场督察。是年，共出动督察警力1400余人次，开展现场督察活动520余次，检查基层单位1090余个次，检查重点单位、场所930个次，查纠各类问题630余个，提出督察建议710余条，下发公安督察法律文书27份，制发《督察专报》12期。

2018年，围绕上合青岛峰会安保工作“六个不发生”目标，针对社会面管控、检查站查控、重点人管控等安保措施落实，开展3轮次强度不同的“红蓝对抗”演习的现场督察以及随警督察、跟踪督察，先后出动督察警力160余人次，行程1万余公里，督导检查基层警种单位2510家、公安检查站360个次、社会面巡防400车次，询问民警1100余人次。

（四）围绕执法现场开展督察

1998年6—9月，围绕交警基层单位的执勤工作开展执法现场督察，对发现的3起查扣摩托车车主领车困难问题，进行督察整改。1999年7—12月，围绕公安检查站、堵截点执法执勤工作，出动督察警力200余人次，督察检查站、堵截点120余个次。

2000年，围绕落实《对110报警服务台接受群众监督投诉的规定》，自3月1日始，会同指挥中心联动出警，跟踪督导。5月，深入刑警、治安、经侦等部门开展办案质量督察活动，查阅案卷23册，倒查案件23件，发现问题2条，提出督察建议6条。6月，对交警部门“压事故、保畅通”“创平安大道”活动进行随警督察，出动警力45人次，实地督导重点路段42处，提出整改建议5条。7—9月，对“创安全环境，迎旅游旺季”夏季治安秩序整治活动随警督察，出动警力70余人次，对全市9处旅游景点的安全保卫、治安秩序整治等工作全面督察，提出督察建议16条。8月，对娱乐场所管理、打击卖淫嫖娼赌博等专项行动进行随警督察，提出建议12条。

2001年7月，对交警支队13处执勤点执勤情况进行跟踪督察和明察暗访，对12起交通事故处理不当情况进行倒查。11—12月，围绕“严打整治”斗争开展现场督察，随警督察100余人次，随案督察16次。2004年，围绕落实《关于对全省公安机关侦破命案专项行动加强督察工作的通知》精神，会同刑侦部门开展随案督察，检查执法办案单位14个，督察命案侦破23起，提出督察建议60余条。2005年3月，对打击赌博违法犯罪专项行动开展随警督察，对重大案件、重点区域进行跟踪督察，督察基层单位210余个，对正在办理的13起涉嫌赌博违法犯罪案件进行随案督察，提出督察整改建议34条。5月，对打击“两抢一盗”犯罪斗争情况开展现场督察12次，督导基层执法单位10个，提出督察整改建议14条。2006年，围绕“命案侦破”“打黑除恶”以及整治爆炸物品、枪支弹药、管制刀具专项行动、预防重特大火灾事故等警务部署，深入执法一线，开展实地督察，检查基层单位120余个，执勤点230余个，重点场所170余个，提出督察整改建议260余条。2007年9月，全市公安机关启动道路交通秩序整治“百日攻坚”行动，督察部门成立“百日攻坚”专项督察领导小组，统筹全市督察力量，开展随警作战督察，督察交警单位和执勤点 190 余个次，下发督察通知书 21 份。2009 年 2 月，对道路交通安全突出问题集中整治行动开展督察，出动警力 30 余人次，检查交警单位和执勤点 120 余个次，下发督察通知书 7 份。7 月，随警开展酒后驾车违法行为查处工作现场督察，加大对交警部门查处交通违法行为的督察力度，对发现的问题当场督促整改。是年，开展打击“两抢一盗”犯罪活动大会战现场督察，出动督察民警 142 人次，督察基层单位 47 个次，督办“两抢一盗”案件 9 件，下发整改通知书 17 份。

图 25-11　对交通执勤人员现场督察

2010 年，围绕全市巡逻防控工作、公务用枪管理使用开展督察，出动督察民警 88 人次，实地检查督导佩枪单位 48 个次、佩枪民警 92 人次，检查分县局及其派出所枪库、枪柜 15 个，发现问题 2 件，下发督察专报 19 期。2011 年，对城区治安防控等“六张网”建设、110 指挥中心接处警和基层单位处警工作情况、“亮剑”行动、清剿火患、道路交通安全隐患排查整治、“打黑恶、反盗抢”安民行动、涉案财物专项治理工作和公务用枪管理使用情况开展现场督察，开展明察暗访活动 150 余次，发现查纠问题 30 余个，提出督察建议 40 余条，下发督察通报 10 份。2012 年，对“三访三评”大走访、推行“小警务”、打击经济犯罪“破案会战”、缉枪治爆专项行动、“打黑恶、反盗抢”安民行动、“打四黑除四害”“清剿火患”战役、缉捕重大逃犯攻坚行动、公务用枪安全检查等重要部署、专项行动，先后组织开展督察活动 86 次、夜查行动 21 次，明察暗访基层单位 850 余个次、重点复杂场所 1100 余个次，检查警车 96 辆，查纠各类问题 216 个，提出督察建议 117 条。

图 25-12　对夜间执勤民警现场督察

2014 年，开展反恐及重要敏感期维稳随警督察，及时纠正消除问题隐患。是年，会同消防、治安、交警等部门组织开展“除火患、保平安”冬春行动、“清剿火患”战役、严厉打击黄赌违法犯罪、武器警械专项训练、整治机动车“四非”问题等督察活动，深入执勤点、重点场所 290 余个，查纠整改一批问题和隐患。2015 年，强化公共安全监管督察，围绕“对生命安全负责、向交通事故宣战”“五项整治”、严重违法驾驶人管理、危化品管理、火灾隐患排查整治等专项治理行动，对消防、道路交通、危爆物品管理工作深入开展督导检查，督促主体责任和安保措施落实，提升公共安全监管“四化”建设水平。

2017 年，会同刑侦、治安、禁毒、反恐、监管等警种部门，围绕反恐维稳、社会治安整治、公共安全监管等开展常态化督察，重点对维稳安保、严打整治、立体防控、安全监管等一线执法执勤单位开展专项督察，并予以现场指导。2018 年，围绕公安内部泄露公民个人信息问题专项治理工作，会同纪委、指挥中心、信通、法制等部门组成专项督察组，采取听汇报、询问民警辅警、检查台账、突击检查、抽查卷宗等方式开展督察，共开展集中督察8次，检查基层单位59个，询问民警196人、辅警201人，核查核对数字证书1676本，注销证书303本，发现存在问题123个，提出整改建议22条，对93名民警进行批评教育或诫勉谈话。

（五）围绕办案场所管理使用开展督察

2000年4月，根据公安部召开的全国治理刑讯逼供、滥用枪支警械和滥用强制措施电视电话会议精神，督察部门集中1个月时间，对各单位“三项治理”工作进行督察，督察53个留置室管理使用情况，取缔3个不合格留置室。2002年，围绕落实拘传、传唤、留置报督察备案制度的开展情况，每月抽取50起案件，及时发现不报备、不及时报备等问题，督促即时整改，并对留置室建设集中达标工作开展督察，取消设置不合格的留置室。2003年3月，持续开展留置室建设情况督察，对49个留置室登记造册，撤销留置室2个，检查留置备案登记记录500余份。2005年1—5月，按照省公安厅部署，对全市公安机关监管场所规章制度、业务建设、队伍管理以及打击牢头狱霸等8个方面情况开展集中督察，督察监管场所36个次，询问在押人员500余人，发放调查问卷1300余份，整改纠正问题31个。8月，围绕贯彻执行《继续盘问规定》情况，会同治安、法制等部门深入派出所逐一检查，检查候问室17个，查阅台账400余份，及时发现纠正建设不规范、报备制度不落实、台账登记、法律文书不规范等问题9个。2009年，全国、全省公安机关加强执法安全工作电视电话会议召开后，根据省公安厅《全省公安督察部门防止公安执法环节发生非正常死亡问题集中督察活动的实施方案》，督察部门集中2个月时间，对全市公安机关办案场所接处警和如实立案情况、强制措施适用情况进行督察，共检查留置室65个、被留置人员131名，查阅案卷、台账86份，查纠各类问题11件。

2011年，对全市执法办案场所建设应用情况开展集中督察，采取实地查看、抽阅案卷、座谈讨论、调取同步录音录像等方式，检查51个派出所，抽查刑事案件135起、行政案件260余起，提出督察建议310余条。2012年，启动网上督察，执法办案场所的管理使用情况纳入常态化网上巡查督察。11月26—27日，根据省公安厅部署，对临沂市公安局执法场所建设情况开展督察，提出针对性整改建议，并及时上报省公安厅。2015年，对监管场所各项制度措施落实情况开展常态化督察，对被行政拘留人员请假出所审批及行政拘留执行情况进行专项督察，查纠并督促整改问题10个。2016—2018年，重点围绕刑事案件“两统一”制度、执法办案场所“四个一律”等规定开展执法安全管理督察，每年都定期或不定期会同法制部门开展突击检查，对发现的问题编发通报，督导整改，严防违法违纪和执法事故发生。

（六）围绕专项工作开展督察

——警车警服警用标志专项治理　治理警车、警服、警用标志工作，一直是警务督察的重要内容。1998年11月，开展警服、警衔管理督察，共调查单位157个，查扣违规使用的警服132套、警衔77套、臂章310件、肩章138套。1999年4月，落实省公安厅关于开展警车专项治理整顿活动电话会议精神，路检路查16次，检查警车100余台次，收缴违规使用的警车牌照4副、警灯警报器12个。8—9月，开展警车、警服警用标志清理整治督察，收缴违规使用的警

图25-13 在街面督察民警警容风纪

服 145 件、警用标志 300 余件，检查警车 318 辆，收缴违规使用的号牌 23 副。2000 年 6 月，落实省公安厅关于清理整顿警用车辆专项行动会议精神，开展督察 4 次，检查警用车辆 300 余辆，对发现的问题现场进行整改。2001 年 8—10 月，对全市公安机关警车清理整顿工作进行督察，督察发现外单位挂靠公安机关车辆牌照 132 辆，查扣违规使用的警车 15 台、警灯警报器 23 件。2002 年 1—6 月，督察 148 个公安基层单位，检查 100 余台警车，暂扣违规使用的警车 6 台次，批评教育民警 7 人。2004 年 5 月，根据全国、全省公安机关警服“三乱”专项整顿工作电视电话会议精神，制定《全市公安机关内部警服专项整顿实施方案》，对内部违规着装和非法穿着警服、非法生产、销售警服问题开展督察，查处违规行为 8 个，收缴非法穿着的警服 11 套、警用标志 23 件。此后，警车、警服、警用标志治理成为督察部门常态化持续开展的工作。

——警车和涉案车辆违规问题专项治理　2010 年 2 月，根据公安部《全国公安机关警车和涉案车辆违规问题专项治理工作方案》，开展警车和涉案车辆违规问题专项治理工作。督察部门制定专项治理方案，走访基层科所队 220 余个次、停车场 40 余个次，路查警车 500 余辆，比对涉案车辆 800 余辆，喷涂警车外观标识 150 余辆，报废警车 154 辆，下发督察通知书 14 份，对违规驾驶、违规停放警车的 3 名民警予以通报批评。2011 年 3 月 1 日，省公安厅召开全省公安机关督察工作会议暨“两车”专项治理总结表彰会议，市公安局受到通报表彰。

图 25-14 对警车使用情况现场督察

——“清网”行动专项督察　2011 年 5 月 26 日，公安部召开全国公安机关网上追逃专项督察“清网行动”动员部署电视电话会议，部署 2011 年 6 月至 2012 年 6 月开展为期一年的网上追逃专项督察“清网行动”。市公安局成立主要负责人为组长、分管刑侦和督察的局领导为副组长的领导小组，先后召开动员部署、推进调度、百日攻坚、决战战役等系列会议 12 次，部署和推进网上追逃专项督察“清网行动”。会同刑侦、治安、经侦等部门开展专项督察 6 轮次，召开专题协调会 8 次，出动警力 98 人次，督察基层单位 105 个，编写简报 4 期，工作动态 57 篇，下发通知通报 80 份，通报行动战果 149 条，月度考核通报 5 份。

——取保候审突出问题专项督察　2013 年 6 月 5 日，公安部制定《全国公安机关取保候审突出问题专项督察工作方案》，部署从 6 月上旬至 11 月底，在全国公安机关集中开展取保候审突出问题专项督察。市公安局制定《全市公安机关取保候审突出问题专项督察工作方案》，配套出台《局领导包片工作制度》《领导小组成员单位联席会议制度》《月度工作量化考核办法》，抽调专门人员负责日常调度和督导检查工作。督察部门会同纪委、审计等部门开展不定期巡查 50 余次、开展专项督察 20 余次，抽调人员开展集中联合督察 3 次。重点督察各分县局、支队的办案单位对各类案件分类汇总，登记造册，实现案件数、人员数、保证金“三清”目标情况，以及对 2011 年后采取取保候审强制措施的所有刑事案件进行全面清理情况。其间，共清理排查取保候审案件 3188 起、取保候审嫌疑人 4831 人，发现 5 大类 1542 个突出问题。在全面查清存在问题的基础上，督察部门会同法制部门就当前取保候审工作中哪些环节容易出问题、出什么问题，进行全面分析和认真研究，深入剖析原因，实行分类指导，组织各分县局、支队及时落实整改措施，共撤销案件 48 起，终止侦查 15 人，移诉 30 人，转行政处罚 14 人，解除取保候审 748 人，变更强制措施 5 人，启动侦查、缉捕措施 4 人，抓获脱逃被取保候审人 1 人。2013 年 12 月 27 日，公安部下发《关于对全国公安机关取保候审突出问题专项督察行动成绩突出单位予以表扬的通报》，对日照市公安局东港分局予以通报表扬，另有 1 个单位、2 名民警受到省公安厅通报表扬。

——执法检查“回头看”专项督察　2014 年 3 月 14 日，公安部下发《关于全国公安机关组织开展执法检查“回头看”活动的通知》。市公安局按照公安部及省公安厅部署要求，深入开展执法检查“回头看”活动，先后开展交叉督导检查活动 15 次，对接处警、立案、侦查办案、涉案财物、执法办案场所管理使用、窗口服务、社会治安整治等方面的突出问题进行再梳理、再排查、再剖析，共排查警情 605 起、行政案件 173 起、刑事立案 113 起，及举报、投诉、信访与警务回访信息 29 条，查纠问题 6 个，推动问题整改 6 个。

——立案突出问题专项治理　2015 年 4 月 29 日，公安部召开全国公安机关立案突出问题专项治理动员部署电视电话会议，部署开展立案突出问题专项治理。按照公安部、省公安厅部署，市公安局成立专项治理领导小组，开展督导检查 221 次，检查基层所队 472 个次，检查各类台账 2068 本，发现存在问题 2468 个，提出督察建议 281 个，下发通报及督察文书 35 份。2016 年 2 月 16 日，省公安厅下发《关于对全省公安机关立案突出问题专项治理成绩突出集体和个人予以表扬的通报》，对日照市公安机关立案突出问题专项治理表现突出的 2 个单位、3 名个人予以通报表彰。

三、网上督察

2008 年，公安部下发《关于加强网上督察工作的指导意见》，要求在县级以上公安机关，以公安信息化网络为基础，运用信息技术手段，对公安机关及人民警察依法履行职权和遵守纪律情况开展实时、动态督察。2009 年，省公安厅下发《山东省公安机关网上督察信息系统建设任务书》，要求各单位依托公安网络和公安业务信息系统，按照“先进、安全、实用、拓展、经济”的原则，总体规划、统一设计、分步实施，建立集语音督察、视频督察、执法业务信息督察、卫星定位督察于一体的“山东省公安机关网上督察信息系统”，并逐步扩展到包括行政审批程序在内的全部公安业务工作，形成“逐点控制、按岗分类；分级授权、多级检索；后台强大、高度共享；关联性强、智能化高”的监督平台。2009 年 10 月底，省公安厅先期建立全省公安机关网上督察信息系统平台网站，在厅直部门建立语音督察、视频督察系统并试运行，并开发相应软件授权各市、县级公安机关使用。按照公安部和省公安厅部署要求，市公安局分别于 2011 年 4 月、6 月底完成市、县两级网上督察信息中心的建设和全部视频、音频前端设备的安装使用，共接入视频前端设备 1000 余路、语音前端设备 200 余路、GPS 定位车辆 240 余辆。

图 25-15 开展网上督察

2012 年 3 月，市公安局建成“网上督察信息中心”，网上督察业务全面启动运行。网上督察系统由视频督察、语音督察、执法业务督察、卫星定位督察、警务评议、可视化督察调度、综合应用等子系统组成，能够对公安机关及其民警执法执勤、服务群众和内部管理情况的网上实时、同步、动态监督，实现全市各级公安机关内部语音、视频点接入等各项基本执法监督体系，提升警务督察信息化水平。该系统通过使用公安数字证书的权限控制，实行统一登录、集中管理。4月，出台《网上督察工作纪律》《网上督察工作要求》《网上督察民警职责》和《网上督察工作流程》，建立刚性问责和考核通报机制，强力推进系统建设、管理、使用工作。市公安局督察支队安排专人负责网上督察工作，每周从各分县局、支队抽调1名督察民警到市公安局网上督察信息中心见习，实行“周轮训”，有效提高督察民警开展网上督察的能力和水平。是年，围绕市公安局“八项重点突破”等工作开展网上巡查，通过网上督察发现问题11件，提出督察建议9条，下发“督察通知书”2份。是年底，市公安局网上督察工作被省公安厅确定为“网上督察深度应用试点单位”，创新开展的网上“周巡查”工作模式被省公安厅转发推广。

2013年，进一步深化网上督察各子系统的功能拓展与实战应用，对前端视频点进行规范设置，严格落实“周巡查、月督察、季分析”制度，加强对基层单位办理案件、值班备勤、窗口服务等情况开展网上巡查督察。

2014年，建立全员网上督察工作机制，打破科室、业务分工，人人都是网上督察员，全体督察民警轮流排班，不间断开展网上督察工作。是年，对办案场所、窗口单位、重点执勤部门开展视频巡查，及时发现、整改一批问题。

2016年，以执法办案场所使用管理、受案登记制、立案时限、受立案监督制、采取刑事强制措施报备、规范涉案财物管理等执法工作为网上督察重点，结合市公安局重点工作部署，共开展网上督察600余小时，视频巡查前端监控点2.1万余个次，抽查电话录音120余个，抽查110警情4560起，查阅刑事、行政案件900余起，核查报备信息420余条，检查、调度巡逻警车200余台次，查纠各类问题400余件，提出督察建议200余条，编发督察通报5期，下发督察通知书6份。是年，按照公安部和省公安厅统一部署，扎实开展执法规范化网上专项督察行动，全年共发现执法环节存在问题200余处，提出督察建议160余条。

2017年，公安部警务督察局下发《2017年警务督察工作要点》，明确2017年为全国公安机关警务督察部门“网上督察系统应用年”。是年，市公安局督察部门坚持问题导向，依托网上督察，对执法环节、执法过程、执法场所和执法重点单位不断加大督察力度，助推全市公安机关执法规范化建设。同时，坚持以“四巡、三核、两检、一访”制度，圆满完成全国和省、市“两会”安保、十九大安保网上专项督察行动。年内，共开展网上督察1500余小时，查纠各类问题440余件，提出督察建议370余条。

2018年，根据公安部“网上督察深化应用年”的部署要求，开展网上督察系统升级改造和深度应用，顺应“互联网+”趋势，大力推进集音频查听、图像监控、执法监督等功能于一体的综合性网上督察系统建设，将所有执法场所内部视频升级联网，接入网上督察系统，建立网上督察与现场督察无缝对接、案件流程督察与网上报备督察有机结合等机制，提前全面巡查、现场重点复查，定期对接处警、受立案、法律适用、强制措施实行等情况进行抽查，提高警务督察工作的针对性和实效性。是年，以上合青岛峰会安保为主线开展专项网上督察，启动战时网上督察机制，24小时全覆盖、滚动式开展网上督察活动，不间断对科所队室值班备勤、窗口服务、执法执勤、执法办案场所使用等情况远程实时巡查，建立“即时预警、问题查究”机制，充分发挥网上督察“发现问题、固定证据、全程监督”作用，发现苗头问题及时提醒、跟踪督导整改。

2013—2018年日照市公安局开展网上督察情况统计表

表25-1

年份	网上巡查时间（小时）	巡查基层单位（个）	抽查电话录音（个）	查阅刑事、行政案件（起）	核查报备信息（件）	督察发现问题（条）	提出督察建议（条）	编发督察通报（期）
2013	510	33300	557	228	1435	349	446	4
2014	3000	30000	237	875	1494	970	297	3
2015	600	24600	205	1566	900	900	552	7
2016	600	21000	120	900	420	400	200	5
2017	1500	25600	500	900	510	440	370	4
2018	1120	3600	600	1100	670	230	270	4

四、综合考核

考核考评是实现公安机关规范、科学管理的重要手段，是激励并约束民警队伍的有效措施之一。地级市公安局升格后，相继推行目标管理责任制考核、等级化管理考核、绩效考核等考核模式、办法，由各级政工部门牵头，督察、纪检等部门配合推进综合考核。2018年，市公安局党委创新推行“督考一体”考核运行机制，综合考核工作由警务督察支队负责组织实施。

（一）考核机制

1992年5月，市公安局印发《派出所目标责任制考核标准》。1994年3月，印发《关于认真实行目标管理责任制的通知》，在全市公安机关推行目标管理责任制。各分县局、机关各科室建立岗位工作规范，完善岗位目标责任体系，把工作任务细化分解到每一个单位、每一名民警。此后，全市公安机关进入以目标管理责任制为主的考核阶段。1998年，省公安厅印发《全省市级公安机关综合考评实施方案》，明确对市级公安局进行以目标管理责任制为主的年度综合考核，对申报优秀公安局的相关县级公安（分）局进行考核验收。

2002年，省公安厅印发《关于在全省县级公安机关推行等级化管理的实施意见》。市公安局根据省公安厅部署，制定《日照市公安局等级化管理实施方案（试行）》《日照市公安局等级化管理考核办法（试行）》，明确岗位责任制目标和民警等级化管理考核内容。是年，全市公安机关各项业务工作和队伍建设实行量化管理，目标任务层层分解到各分县局、机关各科室、基层科所队以及每一名民警。2003年，省公安厅下发市、县级公安机关和派出所年度等级化管理考核标准和办法，在全省公安机关全面推行年度正规化建设综合考评工作。市公安局制定相关制度措施推进年度综合考评工作。2004年，修订《日照市公安局等级化管理实施方案》《日照市公安局等级化管理考核办法》，等级化管理考核工作进一步完善。

2005年，市委、市政府印发《关于实行目标管理绩效考核的意见》。市公安局把市委、市政府组织的目标管理绩效考核与公安机关开展的等级化管理有机结合起来，制定《2005年度市公安局各单位绩效考核实施方案》和《2005年度全市县级公安机关绩效考核实施意见》。此后，市公安局根据市委、市政府和省公安厅的部署要求，结合每年的重点工作任务推进情况，逐年制定考核实施方案和县级公安机关考核实施意见，将绩效考核任务量化分解，按责任分工抓好落实。

2009年，按照省公安厅统一要求，推行网上绩效考核工作。全市公安机关建立“日清、月评、年考”的考核系统，依托公安信息网对当日、当月、当年工作实行同体同步，网上考核。

2011年，结合“合成化现代警务体系”建设，推行“台账化”管理和“排行榜”制度，建立绩效考核档案，及时收集、保存参与“合成化现代警务体系”建设加、减分依据，消除虚报、瞒报问题的发生。民警绩效考核成绩除在网上公布外，还以科所队室为单位，每月上墙公布；对于巡逻防控、侦查破案、流动暂住人口管理等难以通过网上绩效考核系统产生排名的专项工作，坚持每周一调度，每半月或每月一通报，定期在网上公布战果“排行榜”。

2012年，制定《2012年度市公安局各单位绩效考核实施方案》和《2012年度全市县级公安机关绩效考核实施意见》，明确对市公安局机关各处室、支队的考核主要分为：党的建设、队伍管理、机关建设等工作的完成情况；业务目标、业务工作的完成情况。对各分县局主要考评“四大建设”“八项重点突破”完成情况，并结合群众安全感满意度、民警幸福感满意度进行综合考核。

2017年，结合省公安厅基层基础建设三年攻坚战的任务部署，制定总体考核方案，明确攻坚任务目标，推动基层基础攻坚任务完成。7月，按照省公安厅统一要求，市公安局下发《关于进一步规范派出所考核工作的通知》，明确为派出所考核减压减负，凡由县级公安机关统筹确定派出所的考核指标，一律不准对派出所实行专项行动排名和刑事破案数排名，一律取消专业警种对派出所的打击任务考核，阶段性、临时性任务一律不列入综合考核，规定派出所考核指标必须控制在30项以内。2018年，将派出所考核指标再次压减，控制在20项以内。

2018年，市公安局党委创新推行“督考一体化”考核体制。“督考一体化”考核体制是以强化平时督察和日常管理为切入点，以决策执行到位、工作有效落实、难题真正解决为出发点和落脚点，以实现督、考一体为标志，注重督实、考准，真督、实考，推动各项决策部署落地落实。主要推进措施是：（一）在警务督察支队设立市公安局考核工作办公室，确定专人专职负责考核事宜；在机关各支队、处室及各分县局设立督考联络员，负责本单位考核事项，构建专责督考、分线推进网络，改变以往督察、考核分部门组织实施模式，实现“多个指头”向“一个拳头”的转换。（二）聚焦全年重点工作，督大事、督要事、督难事，相继成立攻坚办、改革办等重点工作办公室对各项重点工作建立台账清单、细化任务分工、设定完成时限，环环相扣、步步盯紧、强化落实。（三）开通“分县局督考工作群”和“局直机关督考工作群”，借助微信群抓督考，实现线上线下有效互动、网上网下同步推进，形成督考工作合力。（四）注重考核减负，考“精”不考“繁”，考“实”不考“虚”，剔除各种日常性、考勤性以及易完成甚至已经完成的指标，为考核“瘦身”，保留能够凸显工作特色、亮点以及能够激发工作积极性、创新性的内容，践行“精准警务”，彰显“日照特色”，增强考核工作的活力和动力。（五）对督考结果及时挂网公示，解答疑问，接受监督，切实维护考核结果的真实性和公正性。（六）督考结果由年终考核与日常考核生成。其中，日常考核通过现场督察实现，督察的过程即产生考核的结果。（七）将督考结果与年度评先树优相挂钩、与队伍教育管理相挂钩、与队伍作风建设相挂钩，坚持靶向思维，突出目标导向、问题导向、结果导向，强化结果运用，奖勤罚懒，树起干事创业“指挥棒”。是年，累计开展各类督考行动180余次，督考各类工作200余项，发布督考通报50余期，整改消除各类问题隐患500余个。

附：

践行“精准警务” 实施“督考一体”
全面推动公安工作和队伍建设提档升级

——日照市公安局积极探索实施“督考一体化”机制成效显著

2018年，日照市公安局全面贯彻从严治党、从严治警要求，紧紧围绕健全科学考评体系这一关键问题，积极践行“精准警务”理念，以考准考实工作实绩为着力点，以强化平时督察，加强队伍日常管理为切入点，以引导民警奋发有为、真抓实干，助推公安工作和队伍建设提档升级为落脚点，切实完善考核方法，大胆探索创新，建立“督考一体化”工作机制，以考核抓落实促实效，积极推动各项工作再上新台阶。

一、以“合”为要，统筹资源，下好督考“一盘棋”

督考一体重点体现在督考资源“整合”上。为推进督考一体化机制顺利实施，市公安局加强组织领导，在人、财、物上给予大力支持，统筹机构、人员、职能设置，实现督考资源深层次整合。

（一）高点定位，切实加强组织领导。市公安局党委高度重视考核工作，切实加强对考核工作的领导。市政府副市长、市公安局局长张培林同志首先提出了“督考一体”的工作构想，并在今年的全市公安工作会议上对考核工作进行专门部署，要求全面实施“督考一体”，确保各项工作在全省“有位置”“走在前列”。聚焦全年重点工作，年内市公安局相继成立攻坚办、改革办等重点工作办公室，对各项重点工作细化分工，加强工作指导，强化工作落实，丰富了督考载体。

（二）整合力量，组建考核工作办公室。年初在警务督察支队成立了考核办公室，抽调专人专职负责重点工作督察、考核指标的设置、督促落实、考核评分等督考工作有关事宜。实现了督考机构、人员、职能的深层次整合，有效发挥督察工作的推动作用，避免以往考核重结果、轻过程，年终考核“一考定局”的弊端，为精细精准督考奠定了基础。

（三）协调联动，建立督考联络员队伍。在各分县局、局机关各支队、处室分别明确专人担任督考联络员，负责本单位工作落实情况的汇报，督考事项的联络、配合和综合上报；开通“分县局督考工作群”和“局直机关督考工作群”，加强工作协调沟通联络，形成了一级抓一级、层层抓落实的督考网络，优化了督考资源，拓宽了督考渠道，提高了督考效率。

二、以“实”为基，科学督考，打造工作“度量衡”

督考一体贵在以“做实”为关键词。市公安局着力在“实”字上下功夫，既在建立科学考核标准上用真招，又在甄别工作实绩上下实力，努力把考核工作打造成反映单位工作实绩及队伍建设情况的“度量衡”。

（一）标准“实”，践行“精准警务”，彰显“日照特色”。一是坚持争先进位思想，突出考核针对性。紧扣省公安厅、市委和市政府部署任务和市公安局年度重点工作，将省、市、局三级考核任务进行深度融合，省公安厅攻坚项目和市公安局立项重点工作列为“必考项”纳入考核标准，压紧压实责任；设置工作满意度评价、亮点工作加分、“一票否决”等项目，确保考核结果既突出工作实绩，又兼顾领导和群众评价，做到考其应为、促其能成。二是坚持求精务实的原则，考核指标尽可能做到细化量化、科学分解。指标中防止出现“不足”“不够”“不到位”等模糊不清、难以把握的词语，确实难以量化的要提出具体的标准、时限、责任等要求，由考核办统一评分标准和尺度，提高考核的操作性和实效性。三是注重为考核工作减负，考“精”不考“繁”，考“实”不考“虚”。注重精简、压减考核项目，剔除各种日常性、考勤性以及易完成甚至已经完成的指标，为考核“瘦身”，大项原则上设置3～5项，小项原则上不超过3项，保留能够凸显工作特色、亮点以及能够激发工作积极性、创新性的内容，增强考核工作的活力、动力。

（二）过程“实”，坚持靶向思维，多措精准“点穴”。一是把握形势，规范督考流程。每季度末和各专项考核前，专门召开考核会议专题部署，认真研究节点重点工作、工作进度和工作短板，结合考核对象实际情况，量身制定不同的考核方案和督察计划，推动督考工作更“接地气”和“精准实”。二是把握重点，丰富督考方法。除了做好常态化的考核工作外，我们结合各考核责任警种专业优势，创新“督察+X”工作模式，联合多警种网上网下同步推进，形成督考工作合力：围绕各类公安数据采集维护工作做好网上督考，组织情报、信通等部门通过网上抽取台账、远程数据扫描等方式，对有关业务工作进行突查；督察牵头有关警种围绕各项基础工作开展实地督考，灵活采取“听、查、看、访”等方式明察暗访，精准发力补短板，为各项工作的落实落地提供了“指南针”、注入了“强心剂”。

（三）结果“实”，补短板抓落实，真正考出“战斗力”。督考工作按照督察问题、结果反馈、考核评分、通报公示、跟踪督办、资料归档等步骤进行，确保每一督考事项有始有终，科学规范，每一步骤都有档案留存，可供追溯。督考结果及时挂网公示，解答疑问，接受监督，切实维护考核结果的真实性和公正性。今年共累计开展各类督考行动180余次，督考各类工作200余项，发布督考通报50余期，整改消除各类问题隐患500余个，全面推进各项公安工作实现良性发展。

三、以“用”为本，明确导向，树起干事创业“指挥棒”

督考一体的根本在于强化结果的“运用”。市公安局坚持督考结果“三个挂钩”，突出目标导向、问题导向、结果导向，在全局努力营造干事创业的良好氛围，为公安工作发展增添了强劲动力。

（一）督考结果与年度评先树优相挂钩。年度督考结果作为评选先进部门和先进个人的重要依据，对工作亮点突出，任务指标完成出色，列为优秀等次单位进行通报表彰，单位民警个人立功授奖名额比例增加5%，并在干部提拔使用、培训学习、功模休养中给予优先考虑。对列为较差等次的单位，民警个人立功授奖名额比例减少5%，责令单位向市公安局党委写出书面检查，并约谈主要负责人。连续两年被列为较差等次的单位，按照干部任免程序，对领导班子特别是主要负责同志进行组织调整。部门被“一票否决”的直接取消先进单位评选资格。通过评先树优、奖优惩劣，充分发挥督考工作的激励鞭策作用，有效提升了干部队伍干事创业的激情。

（二）督考结果与队伍教育管理相挂钩。认真分析督导考核情况，聚焦工作薄弱环节，整合资源，搭建平台，按照缺什么补什么的原则，有针对性地制定民警教育培训方案，采取重点培训与集中轮训相结合、“请进来”和“走出去”相结合、传统培训与拓展培训相结合的培训方式，先后开展兼职教官“送教上门”、赴重点高校举办综合素能提升培训班等活动，有效提升了队伍的整体素质。

（三）督考结果与队伍作风建设相挂钩。结合督考结果，对队伍中涌现出的先进典型，积极宣传推广，培育弘扬正能量；对容易发生问题的部门和个人，及时予以提示，警示在先，整治在前，有效防止和减少了民警违规违纪行为的发生；对队伍管理方面的漏洞和工作作风方面的问题，当场指出并实时通报，针对薄弱环节，督促制定对策措施，并跟踪督察问效，推动队伍作风持续改进。

（《人民公安报》刊发）

（二）综合考核及考核结果运用

市公安局层面　市委、市政府每年对市公安局目标管理责任制的落实情况进行考核。2005年，市公安局根据市委、市政府《日照市目标管理绩效考核办法》，明确《市直2005年机关党的建设主要考核目标》和工作创新成果推进，由政治部牵头，纪检委、机关党委配合；《市直2005年精神文明建设工作主要考核目标》推进，由机关党委牵头，计财装备处、宣传处配合；《市直2005年党风廉政建设工作主要考核目标》推进，由纪检委牵头，指挥中心、督察部配合；《市直2005年维护社会稳定工作主要考核目标》和职能工作目标推进，按市公安局等级化业务考核目标分工，各处室、支队抓好落实。经精心准备，市公安局绩效管理工作顺利通过检查考核，被市委、市政府表彰为2005年度目标管理绩效考核先进单位。之后，市公安局按照这一模式，不断优化完善迎考工作机制，扎实有效地做好目标管理绩效考核工作。2006年，《山东公安政治工作》（第78期）以《日照市公安局以绩效考核为抓手推动公安工作全面发展》为题，刊发日照市公安局综合考核工作的经验做法。此后，至2018

年，市公安局连续被市委、市政府表彰为年度目标管理绩效考核先进单位。

省公安厅对市级公安局的年度综合考核，起于1998年。是年，市公安局按照省公安厅《全省市级公安机关综合考评实施方案》，制定岗位目标管理考核共性目标分解表和职能工作目标任务分解表，将每项工作任务逐级、逐层分解，成立考核工作领导小组，认真组织目标管理绩效考核工作。经考核，市公安局被省公安厅确定为1998年度综合考核优秀等次。此后在对市公安局的综合考评中，省公安厅每年下发综合考评实施方案，派出检查组进行实地督导检查考核，并通过各市级公安机关量化自评、网上审核、公示复核、亮点加分等程序，结合当地年度群众安全感、满意度调查结果进行考评打分。市公安局每年都精心准备年度综合考核工作，接受省公安厅检查考核组实地督导和检查考核。2007年、2011年、2016年、2018年，市公安局被评为全省优秀市级公安局。

各分县局和市公安局机关支队科室等单位层面　1994年，市公安局对机关科室、支队的考核实行百分制，业务目标42分，共同目标28分，民主评议30分。每半年考核一次。1998年，省公安厅年度综合考核检查组在对市公安局考评中，同时对申报优秀公安局的相关县级公安（分）局进行考核验收。此后，凡申报的县（区）级优秀公安局每年随市级公安机关考核，接受省公安厅的考核验收。1998—2018年，莒县公安局、五莲县公安局先后被公安部表彰为全国优秀公安局，东港分局9次被省公安厅表彰为全省优秀县级公安局。

2004年，对市公安局机关各科室、支队考核为百分制，队伍建设30分，业务工作35分，综合工作15分，党委评议20分。对分县局考核，根据《山东省县级公安机关等级化管理综合考评标准和办法》组织实施。

2012年，市公安局制定《2012年度市公安局各单位绩效考核实施方案》和《2012年度全市县级公安机关绩效考核实施意见》，划分序列进行考核，其中，市公安局各处室支队按两个序列进行考核：A序列：纪委、政治部、机关党委、督察支队、指挥中心、法制支队、宣传处、警务保障处、信访处、监管支队、出入境管理支队、户政处、警卫支队、人民警察培训学校；B序列：国内安全保卫支队、经济犯罪侦查支队、刑事侦查支队、治安巡逻警察支队、交通警察支队、特警支队、技术侦查支队、网络警察支队、市看守所、市拘留所。对各处室、支队考核目标内容主要分两部分：一是共性目标，考核党的建设、队伍管理、机关建设等情况；二是业务目标，考核业务工作完成情况。考核中，根据各单位工作创新和取得成绩情况及有关专项工作，设定加分项目。对各分县局主要考评“四大建设”“八项重点突破”和群众安全感满意度、民警幸福感满意度等目标内容，总分为1000分，其中主要工作指标450分，群众安全感和满意度450分，民警幸福感和满意度30分，加分项目40分，各方面评议30分。是年，东港分局、交警支队、指挥中心、边防支队、消防支队5个单位被市公安局评为年度考核先进集体。

2014—2018年，根据先后新增设的机场、山海天分局和港航、坪岚铁路分局，审计处、行政服务处、信息通信处、食药环侦支队、高速公路交警支队、禁毒支队、反恐支队、旅游警察支队等单位，每年的考核序列亦相应改变。

2018年，设计三个序列、三个层次进行综合考核。

三个序列：（一）东港分局、岚山分局、日照经济技术开发区分局、山海天旅游度假区分局、莒县公安局、五莲县公安局；（二）政治部（人民警察训练中心）、机关党委、指挥中心（情报信息处）、警务督察支队、宣传处、警务保障处、信访处、信息通信处、审计处；（三）交通警察支队（高速公路交通警察支队、市车管所）、刑事侦查支队、治安警察支队、特警支队、市看守所、市拘留所、机场分局、国内安全保卫支队、经济犯罪侦查支队、出入境管理支队、技术侦察支队、网络安全保卫支队、法制支队、户政管理处、警卫支队、监所管理支队、行政服务处、禁毒支队、食品药品与环境犯罪侦查支队、反恐怖支队。三个层次：（一）市公安局对下考核各分县局和机关各支队、处室；（二）各分县局各自对下考核各派出所和局属各单位；（三）市公安局机关各支队、处室，分县局各局属单位、派出所，自行组织考核本单位民警和辅警。整个考核工作由市公安局考核办公室牵头，实行下考一级、分层次管理模式，市公安局管理所属单位，各单位管理所属内设机构及民警、辅警，层层设立专门考核小组。

考核工作落实“督考一体化”机制，采取各警种独立考核与督察随机抽查相结合的方式进行：对机关支队、处室的考核中，由各单位对照考核标准进行自评，逐项提报评分依据等相关证明材料，市公安局考核办结合日常督导检查情况及基层业务工作开展情况，进行统一审核把关，并深入各单位开展实地检查进行评定赋分；对各分县局采取网上考核、实地检查等方式进行，有关警种部门通过网上数据抽取等方式，对各分县局有关业务进行考核评估。同时，由督察牵头有关警种开展实地检查，深度发现问题。纪检、督察部门全程对考核工作进行监督。基层科所队层面和民警层面由各分县局根据实际自行组织实施。

综合考核依据考评分数划分等级，单位分为优秀、良好、合格、不达标四个等级，个人确定优秀、称职、基本称职、不称职四个等级。是年，指挥中心、交警支队、治安支队、东港分局、五莲县公安局、边防支队、港航公安局 7 个单位被市公安局评为年度考核先进集体，并在年度表彰奖励大会上分别受到表彰奖励。其中，指挥中心被省公安厅记集体二等功。

基层科所队层面。1992 年，对派出所考核分为两案查处与抓捕罪犯、其他各项工作、民主测评三部分，实行 300 分考核制，每部分各占 100 分，每半年组织考核一次。其中，民主测评由市公安局领导、机关部门根据队伍建设、业务工作、公安宣传、所容所貌等方面情况，分别为各派出所测评打分。各分县局建立后，基层科所队考核工作由各分县局、相关支队承担，市公安局对基层科所队考核给予工作指导。2017 年，按照市公安局为派出所考核减压减负的要求，各分县局统筹确定派出所考核指标，专项行动排名和刑事破案数排名一律不再进行考核打分。2018 年，推行各分县局和机关支队科室先向市公安局报批基层所队考核方案，经市公安局考核主管部门审核修改后，再行考核。考核方案注重科学设置考核内容，强化主责担当，推动主业归位。其中，机关科室考评方案突出决策执行、参谋助手、服务保障等内容，派出所考评方案突出发案少、秩序好、社会稳定、群众满意、队伍廉洁勤政等内容，确保考评项目事关稳定大局、事关打防效能、事关执法办案、事关队伍建设。

民警个人层面。由各科所队室负责从德、能、勤、绩四个方面考评民警个人，评出优秀、称职、基本称职、不称职四个等次。考核成绩与民警个人的立功评奖、干部选拔任用等相挂钩。2010 年，市公安局在组织竞争上岗选拔干部中，除笔试、民主测评、面试成绩各占 30% 外，还专门拿出 10% 的分值用作民警绩效考核加分，规定民警受市公安局通报表彰一次，加 0.5 分；民警在每月绩效考核中居优秀等次的，每次加 0.5 分，从而使在日常工作中勤勉敬业、真抓实干、成绩突出、考核优秀的民警真正得到实惠。

五、受理核查群众举报投诉

1989—1997 年，群众举报、投诉公安机关和人民警察的事项较少，对影响不大的事项，一般由相关的分县局及基层所队调查处理，对于情节较重、影响较大的群众举报、投诉事项，由市公安局纪检部门派出工作组进行调查处理。1998 年，全市公安机关督察机构组建后，督察部门承担受理群众举报、投诉事项。是年，市公安局向全社会公开警务督察电话，24 小时受理群众举报、投诉事项。此后，警务督察电话 24 小时有人值班值守，保持通信畅通。

1999—2006年，受理群众投诉477起，查证属实164起，查证不实313起。对查证属实的，根据公安部《公安机关实施停止执行职务和禁闭措施的规定》等相关规定，依法依纪做出相应处理，期间禁闭民警5人、停止执行职务7人。

2007年，市政府开通市长公开电话，受理群众投诉事项。至2010年，市长信箱、市长短信相继接受群众投诉事项。市公安局督察部门负责牵头统筹办理市长公开电话、市长信箱等转办的涉公安事项。2007—2010年，办理市长公开电话419件，市长信箱316件，市长短信32件。督察部门受理群众投诉298件（其中来访来信投诉50起，电话投诉126起），对查实事项作出相应处理。

2011年，受理各类群众投诉75件，办结75件，查实5件，对相关人员依法依纪做出相应处理，并澄清不实投诉70件；办理市长公开电话146件，处理市长信箱112件，市长短信8件，办理各级领导批示件15件。是年，在办理群众投诉过程中，加强对重点投诉件的督办，对投诉人反映某派出所违规使用警车的领导批办案件，在澄清事实的基础上，与该派出所负责人一起分析应当吸取的教训，研究并落实改进工作的具体措施。

2012年，受理群众投诉176件，办理市长公开电话238件、市长信箱168件、各级领导批示件5件。12月2日，根据群众投诉，对某派出所办理案件程序不规范的问题，下达督察通知书责令整改。

2013年，受理核查群众投诉481起，办理市长公开电话95件、市长信箱群众来信67件，办理各级领导批示件8件。4月8日，根据群众投诉，对存在态度不好引起投诉人反感的民警进行批评教育，并责成单位负责同志向投诉人登门道歉。

2014年10月13日，莒县某镇群众投诉辖区派出所不作为问题，经查实后，及时对涉事派出所提出督察建议，并跟踪整改。12月11日，查实某支队民警对事项后续事宜久拖不办问题，责成该民警主动联系当事人快速妥善办理，并向当事人赔礼道歉，有关责任人作出深刻检查。

2015年，根据省公安厅统一部署，落实公安部《关于做好全国公安机关12389举报电话职能移交工作的通知》要求，启用全省督察举报投诉系统，将原由市公安局纪委承担的12389举报电话受理、办理职能移交市公安局督察部门负责。是年，根据群众投诉，查实某派出所超期办案问题，责成该派出所即时整改。12月，查实交警某大队辅警在执勤中与投诉人发生言语冲突，对负有责任的单位领导和民警批评教育，提出督察整改意见并跟踪监督落实。

2016年2月，根据群众投诉，查实1起停车场违规收取停车费问题，责成该单位即时退还违规收费，并对负有责任的单位领导和民警进行批评教育。是月，互联网炒作“原配殴打小三”事件中案件嫌疑人公安网追逃信息被上传至互联网上，在查实投诉案件后，责成相关单位对某派出所涉事辅警作出开除处理，对负有责任的派出所领导和民警严肃追究责任。

2018年，受理、核查群众投诉168件，下发督察通知书3份，督察建议书1份。1月，根据群众投诉，查实某支队民警违规用数字证书查询投诉人个人信息情况，对负有责任的民警予以严肃批评，责成该支队领导上门道歉取得投诉人谅解。6月，查实某派出所辅警违规查询泄露公民个人身份信息，责成相关部门对该辅警作出辞退处理。

六、维护民警执法权威

1989—2004年，群众对人民警察恶意投诉较少，市公安局纪检部门对遭受恶意投诉、没有执法过错的民警予以权益维护，对诬赖民警妄想逃脱处罚的投诉人予以批评教育。1997年颁布的《公安机关督察条例》虽未赋予督察机构维护民警权益的职能，但在日常受理、核查群众投诉和现场处置110投诉案件时，督察部门对恶意投诉、诬赖民警的投诉人予以处理，维护民警的执法权益。2002年8月，督察部门受理孙某投诉派出所民警打人一事，经调查，系孙某诬陷，遂对孙某立案侦查。8月

29 日，孙某被检察机关以涉嫌妨碍公务罪批准逮捕。

2005 年 9 月，公安部在北京召开公安机关维护民警正当执法权益调研座谈会，要求各级公安机关建立维护民警权益机构。2008 年 4 月 17 日，市公安局下发《关于建立日照市公安局维护民警正当执法权益委员会的通知》，明确民警正当执法权益应受保护的范围是：（一）民警在正当执法和执行公务时遭受人身伤害的；（二）民警在正当执法和执行公务时，受到污言秽言谩骂、唾吐等人格侮辱的；（三）民警在正当执法和执行公务时，受到恶意阻碍、围攻的；（四）民警在正当执法和执行公务时，受到新闻舆论的片面报道，造成不良影响的；（五）民警在正当执法和执行公务时或之后，受到恶意投诉、诬告、陷害的。明确要求各级公安机关切实采取强有力措施，进一步维护民警正当执法权益，解除民警的后顾之忧，使其全身心地投入到公安执法工作中。对侵害民警正当执法权益的，坚决依法追究法律责任。是年，各分县局、交警支队相继建立维护公安民警正当执法权益组织，确定专门办事机构，开展公安民警维权日常工作。

2009 年 9 月，公安部警务督察局下发《公安机关保障民警依法履行职务工作规范》，明确督察部门督办维权事宜。督察部门对少数群众针对民警的恶意投诉及阻挠民警正常执法的案件，及时督办维权，依法查处。是年，共查处非法阻挠民警依法执行职务案件 10 起，依法决定劳动教养 2 人，治安处罚 8 人。

2011 年，国务院第 169 次常务会议修订通过《公安机关督察条例（新修订）》，第十五条新增“督察机构及其督察人员对于公安机关及其人民警察依法履行职责、行使职权的行为应当予以维护”。自此，民警维权成为督察机构工作职责之一。是年，全市共办理民警维权案（事）件 2 起，依法处理侵权人员 2 名，行政处罚 2 名。6 月 11 日 22 时 40 分许，交警直属大队三中队民警在海滨二路与海曲东路路口处执勤时，一辆无牌车逃避检查，在逃离过程中将执勤警车撞击。督察部门联合办案部门根据《治安管理处罚法》，以阻碍执行职务对该违法嫌疑人处以行政拘留 5 日处罚。

2012 年，查处侵害民警执法权益案件 47 起，依法处理侵害民警执法权益人员 65 人，其中刑事拘留 12 人、取保候审 1 人、行政处罚 26 人、责令赔偿经济损失 1 人、责令向民警赔礼道歉 25 人。9 月 2 日晚 9 时许，4 名违法嫌疑人在山东体育学院日照校区东门金果烧烤店酒后无故滋事，并对出警民警进行辱骂、推搡、威胁、纠缠，躺倒在地诬陷“警察打人了”。督察部门在接到东港分局大学科技园派出所维权申请后，立即启动民警维权机制，积极介入组织开展案件调查。经调查核实，认定处警民警依法履行职务，程序合法，采取措施得当。根据《中华人民共和国治安管理处罚法》，以阻碍执行职务对该 4 名违法嫌疑人依法予以行政拘留。

2013 年，全市共办理侵犯民警执法权益案件 46 起，依法为 67 名民警维权，依法追究侵权责任 54 人，其中刑拘 5 人、行政处罚 22 人、责令赔礼道歉 27 人。4 月 3 日 19 时许，五莲县一名派出所民警在调查处置辖区内一处火情时，依法对违法嫌疑人口头传唤，嫌疑人拒不配合，并对处警民警进行谩骂、殴打，将民警面部打伤。案件发生后，县局督察部门会同治安大队立即赶往进行处置，调取处警同步录音录像，对民警伤情进行检查，固定相关证据，根据《中华人民共和国治安管理处罚法》，对违法嫌疑人作出行政拘留 10 日、罚款 500 元的处罚。

2014 年，市公安局印发《公安民警执法安全指引》，开展维护民警执法权益专题调研活动，针对执法执勤活动特别是重大勤务活动的组织指挥、现场执法、携带和使用武器等关键环节，研究防止和减少因处置不当、民警执法执勤不规范、不文明而发生暴力抗法、袭警案件的具体措施。1 月 16 日 7 时 30 分，交警开发区大队一中队民警、辅警在北京路与大连路交会路口执勤时，要求一名违规行驶的摩托车驾驶人出示相关证件，该驾驶人拒不出示证件并辱骂、殴打执勤人员，致执勤人员受轻微伤。督察部门查明事实后，对违法行为人依法给予行政拘留5日并处罚款200元的处罚。7月5日21时许，山海天分局山海天边防派出所民警在出警过程中遭到现场酒后人员殴打，要求督察部门予以维权。督察部门会同办案人员对嫌疑人进行讯问，在核查事实清楚、证据确凿后，依法对涉嫌寻衅滋事犯罪嫌疑人予以刑事拘留。

2015年6月，省公安厅在威海召开全省公安机关保障民警依法履行职务工作现场会，要求各市公安局建设维权网站。市公安局督察支队按照省公安厅要求，立即启动日照公安维权网站建设，于当月底投入使用。2月26日21时许，莒县公安局峤山派出所2名民警、1名辅警在现场出警过程中，被嫌疑人荆某某打伤。市公安局督察部门会同莒县公安局在核查事实清楚、证据确凿后，依法将犯罪嫌疑人荆某某刑事拘留。是年，全市共查处侵害民警执法权益案件39起，其中属暴力抗法阻碍执行职务的25起，属恶意投诉诬告的12起，侮辱诽谤威胁的2起，依法处理侵害民警执法权益不法人员25人，其中追究刑事责任3人、行政处罚22人。

2016年，市公安局聘任2名维权律师、2名维权记者，加强民警维权工作。4月25日，交警东港大队民警在处理交通事故时遭到当事人无故殴打辱骂。督察部门启动民警维权机制，督导办案单位依法将妨害公务犯罪嫌疑人予以刑事拘留。

2017年，警务督察部门认真落实市公安局领导关于加强保障民警执法权益工作的批示要求，对全市公安机关保障民警执法权益情况进行梳理，总结经验教训，及时提出改善警用防护装备，增强民警执法中的自我防护能力；用足用好法律规定，依法加大对侵害民警正当执法权益行为的惩处力度；利用各种新闻媒体大张旗鼓宣传民警严格公正文明执法的先进典型，曝光一批案例，弘扬正气，打击歪风邪气等6条工作建议。是年，重新调整“日照市公安局维护民警执法权益委员会”组成人员，坚持“查纠与保护”并重，发挥维权办职能作用，明确“凡发生侵害民警权益造成民警受伤、牺牲以及冲击公安机关、围攻殴打民警等在社会上引起恶劣影响的袭警案件，要在案件发生后的4小时内上报市公安局”，全市公安机关维权工作得到进一步加强。年内，全市共办理侵害民警执法权益类案件39起，追究刑事责任5人，行政处罚33人。是年2月9日晚，交警东港大队在查处酒驾过程中，嫌疑人庄某拒不接受检查并驾车闯卡，致1名辅警颅脑损伤、多处软组织损伤。经调查处理，该庄被依法刑事拘留。2月17日上午，薛某无证驾驶套牌车辆被高速交警支队民警查处，其拒不服从检查，疯狂摇晃驾驶室车门将执勤民警甩倒在地，致民警头面部受伤，面颅多发骨折，身体多处软组织挫伤。该薛被依法刑事拘留。2月20日晚，交警莒县大队民警在查处酒驾过程中，被严某无证驾驶车辆冲卡撞伤，造成1名民警身体粉碎性骨折及多处创伤。该严被依法刑事拘留。11月3日14时许，莒县公安局安庄派出所民警在处警过程中，被嫌疑人徐某殴打致伤，两部执法记录仪被其故意损毁，该徐被依法刑事拘留。

2018年，全市共办理侵犯民警执法权益类案件56起，其中追究刑事责任18人，行政处罚30人。2月10日，郭某无证驾驶车辆，为逃避检查，将交警开发区大队执勤辅警顶在车辆引擎盖逃窜，致辅警受伤。市公安局督察部门主动介入，会同相关部门对办案部门进行督促指导，切实维护执法权威。该犯罪嫌疑人被依法刑事拘留，被检察院批准逮捕。2月11日，交警东港大队民警在执行路面执勤检查车辆任务时，1名“黑出租”司机拒不服从检查，将执勤人员撞倒后逃窜。督察部门对该案跟踪督办，协调各单位快侦快办，将犯罪嫌疑人依法刑事拘留，以涉嫌妨害公务罪提请检察机关予以批准逮捕。

2009—2018 年日照市公安局维护民警执法权威情况统计表

表 25-2

年份	维权起数(起)	维权保护人数		打击处理人数			
		民警（人）	辅警（人）	合计（人）	刑事处罚（人）	行政处罚（人）	其他处理（人）
2009	10	10	0	10	2	8	0
2010	—	—	—	—	—	—	—
2011	2	2	0	2	0	2	0
2012	47	27	20	65	13	26	26
2013	46	40	27	54	5	22	27
2014	40	25	15	51	9	25	17
2015	39	8	13	25	3	22	0
2016	22	17	5	20	4	16	0
2017	39	28	11	41	5	33	3
2018	52	30	21	54	17	35	2

第三节　审　计

审计工作是依照国家法规、审计准则和会计理论，运用专门方法，对单位、组织、个人的重大项目、经济责任、财物收支等进行审查的独立性经济监督活动。分为内部审计和外部审计两部分。公安审计工作是公安机关维护财经法纪、完善廉政建设机制不可或缺的重要组成部分。

市公安局党委历来重视审计监督工作。1992 年 10 月，公安部《公安内部审计工作规定》颁布后，市公安局在计财装备科配备专职审计人员。1996 年 10 月，市公安局设立审计科，各分县局、交警支队、看守所等单位和部门普遍配备专兼职审计人员，审计工作组织体系日趋完善。2001 年 8 月，市公安局将审计监督业务工作纳入全市公安机关各级纪检委、监察室，坚持把审计监督结果作为选拔使用各级干部的重要依据，全面落实领导干部“凡提必审”“凡离必审”“任前告知”“任中报告”制度，领导干部经济责任审计得到进一步加强；坚持把审计监督制约机制贯穿到执法办案的全过程，延伸到人、财、物管理的各方面，不断拓展审计监督的广度和深度，做到应审尽审、凡审必严、违纪必究，审计监督成为加强党风廉政建设的一项重要利器。2011 年 11 月，市公安局设立审计处，为独立行使职能的内设机构，审计监督工作得到进一步加强。审计部门依法独立行使审计监督职能，扎实开展财务收支审计、领导干部经济责任审计、执法活动财物审计、建设项目审计和其他专项审计调查等各项工作，逐步形成以经济责任审计为龙头、以执法活动财物审计为重点、以财务收支审计为基础的公安内部审计工作格局，基本实现公安审计工作的行为标准化、工作程序化，审计部门“强管理、出效益、促发展、保廉洁”的作用愈发凸显。

2017 年，市公安局制定《日照市公安机关建设项目审计管理办法》等 3 项制度。2018 年修订《日照市公安机关内部审计工作管理规定》《日照市公安机关审计整改工作暂行办法》等 7 项制度规定，使公安审计制度体系和内部审计监督机制得到进一步健全完善。全市公安机关紧紧围绕执法活动的重点领域和关键环节，全面推进审计监督工作全覆盖，相继开展执收执罚财政收入、扣押财物、取保候审保证金和交通事故处理押金等项目的专项审计，乱收滥罚、物品漏管失控等问题得到有效治理；全面加强对基本建设、信息工程、装备物资采购等警务保障项目全过程跟踪审计，及时查纠违法违纪问题，最大限度防止高估冒算、降低廉政风险；全面开展审计整改专项检查治理，制定审计问题清单、责任清单、成效清单，实现简单问题立审立改、复杂问题限时整改、长线问题挂牌督办、历史难题挂账销号，使以往审而不改等问题得到有效解决。全市公安机关内部审计工作步入崭新的历史阶段。

图 25-16 对审计事项进行研究探讨

1999—2018 年，审计处（科）多次被山东省审计厅、省公安厅政治部、日照市审计局表彰为年度内部审计工作先进单位、公安机关审计工作先进集体，有 3 人分别被山东省审计厅表彰为 2010 年、2015 年、2018 年度全省内部审计工作先进个人。

一、内部审计

（一）经济责任审计

1998 年，市纪委、市委组织部等五部门印发《关于实行领导干部离任审计制度的通知》。4 月，省公安厅印发《山东省公安机关干警离任审计规定》。市公安局根据省、市工作部署，制定《日照市公安机关干警离任审计规定》，明确各分县局、支队及其所属部门主要负责人，市公安局机关各部门主要负责人，经管财务、物资的民警，因工作变动，离任前对其任期内的经济责任、廉政情况进行审计。保安公司、职业据点和其他经营性机构的负责人，公安机关所属企事业单位法人代表，因工作变动，离任前对其任期内的经济责任、廉政情况进行审计。审计内容包括四个方面：一是财产责任。对所有交通工具、通信工具、技术器材、办公用品等，不论是本单位配发，还是外单位支援、赠送，均属审计之列。二是经济责任。1. 财政预算、决算执行情况及预算外资金的收支管理情况；2. 任职期内的经营效益情况；3. 资金活动的合法性，资产、负债、权益的真实性情况；4. 会计账簿、报表及有关财务资料的情况；5. 银行存款、库存现金、往来款项情况。三是财经法纪责任。有无将预算内资金转入预算外或私设“小金库”，以及将预算外资金截留、坐支不按规定上缴财政专户或有关部门的行为；有无编造假决算、虚报盈亏、挤占挪用各项专用资金的行为；有无贪污、行贿、挪用公款、以权谋私等违法违纪行为；有无利用公款请客送礼、游山玩水等挥霍浪费国家资产的行为；有无利用职权自立收费项目或提高收费标准，以及不按规定使用统一票据收费等违反法律规定滥罚款的行为；有无随意扩大开支范围，提高开支标准和滥发奖金、补贴、实物等，不按规定的标准提取专用基金，违反专款专用的行为；有无隐瞒、转移、截留、坐支挪用罚没款和收费收入的行为等。四是群众反映的有关经济和其他有关方面的行为。明确审计程序为：根据干部管理权限，由政工部门向同级审计部门出具干警离任审计委托书，由审计部门组成审计组实施审计。保安公司、职业据点和其他经营性机构的负责人，公安机关所属企事业单位的法人代表需要进行离任审计时，由其主管部门向同级审计部门出具《审计委托书》，由审计部门实施审计。此后，根据市公安局党委统一部署，受市公安局政治部等有关部门委托，市公安局审计部门对局机关各处室、各分局、支队、保安公司等单位的主要负责人进行任期内经济责任、廉政情况审计。1999 年，受市公安局政治部委托，审计部门对市公安局机关食堂、计财装备科、岚山分局、巡警支队的 6 名干警进行离任经济责任审计，审计金额 1082 万元，对审计出的问题逐一督促整改落实。

2002 年始，按照干部管理权限，市公安局将负有经济责任的领导干部全部纳入经济责任审计对象范围，实行任中审计和离任审计。是年底至 2003 年初，受市公安局政治部委托，审计部门对在落实“三定”方案中新调整职务的 47 名领导干部进行离任经济责任审计，审计金额 8720 万元，针对审计发现的问题，提出审计整改建议 130 条，并督促整改落实。

2004—2007 年，受市公安局政治部委托，审计部门先后对局机关、各分局、交警支队调整岗位的 31 名领导干部和莒县公安局调整岗位的 5 名所长、交警莒县大队大队长进行离任经济责任审计，审计金额 1.75 亿元，针对审计发现的问题，提出审计整改建议 41 条，并督促整改落实。

2008 年，受市公安局政治部委托，审计部门对计财装备处、网监处、户政管理处主要负责同志进行离任经济责任审计，审计总金额 2.27 亿元，发现问题 7 个，提出审计整改意见和建议 40 条。是年，对东港分局 17 名派出所所长进行离任经济责任审计，审计金额 2917 万元，查阅账簿 68 本、凭证 357 本、报表 41 份，调查 57 人次，对现金、银行存款、经费支出进行详细调查，针对发现的问题，分别向被审计的 17 名派出所所长提出审计整改意见和建议，并督促整改落实。

2009—2010 年，受市公安局政治部委托，审计部门对东港分局望海路、昭阳路派出所主要负责人进行离任经济责任审计，对交警支队支队长、特警支队支队长等 12 名领导干部进行任中经济责任审计，审计总金额 3432.2 万元，发现问题 16 个，提出审计整改建议 16 条，并督促整改落实。2010 年底，审计部门督促指导各分局对 9 名负有经济责任的领导和民警进行经济责任审计。

2011—2012 年，受市公安局政治部委托，审计部门对负有经济责任的 58 名科级干部进行离任审计，共查阅账簿 479 本、凭证 3573 本、报表 155 份，调查问卷 395 人次，审计金额 12.52 亿元，针对存在的问题提出审计整改建议 47 条，并按照“一审二帮三促进”的原则，逐条逐项提出纠正改进的意见措施。

2013 年，制定《日照市公安机关领导干部任期经济责任审计暂行办法》，进一步明确经济责任审计范围，界定领导干部任期责任。规定全市各级公安机关内设机构、部门、直属单位及所属企业中承担经济责任的正职领导干部（包括主持工作的副职）纳入经济责任审计范围。审计部门在接到党组织的指令或者政工部门的审计委托后，对局机关和各分县局、支队的审计工作实行分级组织实施，其中各分县局、交警支队的审计工作由市公安局审计部门进行业务指导，审计结果报送市公安局审计部门备案。未经审计不得解除领导干部的任期经济责任。是年，受市公安局政治部委托，审计部门采取审前公示，走访纪检、政工、督察部门了解情况，召集部分干部、民警进行座谈等方式，对负有经济责任的 5 名科级干部进行离任审计，对 6 名市公安局直管干部进行任中经济责任审计，共查阅账簿 162 本、凭证 670 本、报表 190 份，调查问卷 330 人次，审计金额 2.86 亿元，发现问题 103 个，现场立审立改问题 98 个，确定限时整改的复杂问题 5 个，在多方了解线索进行分析汇总、核实后，分别对被审计对象出具审计报告。

2014 年，受市公安局政治部委托，审计部门对 77 名在 2014 年度调整职务的原科级干部进行离任经济责任审计，共查阅账簿 462 本、凭证 2670 本、报表 290 份，调查问卷 2330 人次，审计金额 4.9 亿元，发现违规违纪问题 132 个，现场立审立改问题 128 个，确定限时整改的复杂问题 4 个。是年，审计部门督促指导各分县局、交警支队对 15 名负有经济责任的领导和民警进行经济责任审计。

2015—2016 年，受市公安局政治部委托，审计部门对 3 名交警大队大队长、6 名调整职务的科级干部进行离任经济责任审计，对 3 名市公安局直管的负有经济责任单位主要负责人进行任中审计，共查阅账簿 90 本、凭证 540 本、报表 756 份，调查问卷 131 人次，对被审单位提供的资料进行详细调查和认真核对，对存在的问题提出整改意见，并按照实事求是、客观公正的原则以及审计认定的事实，分别出具审计报告。2016年，审计部门指导东港、岚山、莒县、五莲、开发区5个分县局组织对5名干部进行任中经济责任审计。

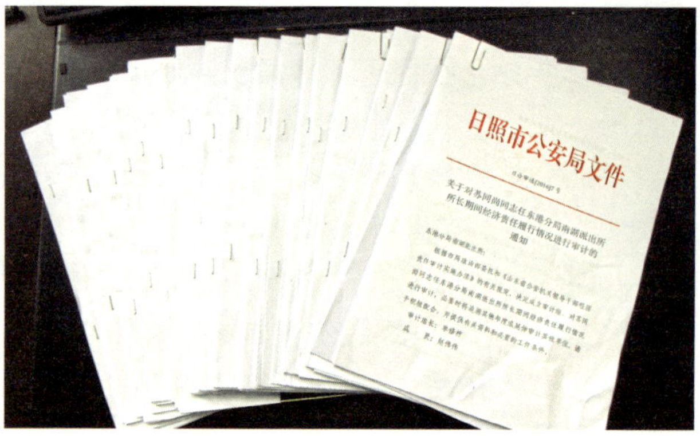

图 25-17 领导干部经济责任审计文书

2017年，制定《日照市公安局经济责任审计联席会议制度》，推行机关及直属单位领导干部经济责任审计工作联席会议制度，明确联席会议负责对市公安局所管干部进行经济责任审计的组织、协调，是市公安局经济责任审计的议事机构。主要职责是：贯彻落实有关经济责任审计的法规政策；研究制定经济责任审计制度和规范；确定经济责任审计计划；听取和审议经济责任审计工作开展情况、审计结果利用情况和审计发现问题处理情况的报告；研究、解决经济责任审计工作中出现的问题，协调经济责任审计工作中的有关事项；其他需要研究办理的工作。联席会议成员单位为市公安局纪委、政治部、警务督察支队、警务保障处、审计处。根据工作需要，会议可邀请相关部门负责人参加。市公安局成立经济责任审计工作领导小组，在审计处设立办公室，各成员单位确定1名联络员，加强组织协调和日常工作开展。联席会议由分管审计工作的局领导召集，每年至少召开1次，并可根据工作需要不定期召开。4月17日，市公安局召开第一次领导干部经济责任审计联席会议，通报2016年度全市公安机关领导干部经济责任审计工作情况，提出2017年度领导干部经济责任审计计划建议。会议要求：一要提高对审计工作重要性的认识，把审计工作作为加强队伍管理的重要抓手；二要强化经济责任审计工作监督职能，在开展好离任审计的前提下，加大任中审计力度，确保审计监督常态化；三要完善经济责任审计工作协作配合机制和结果运用，为党委选人用人提供重要参考依据。是年，受市公安局政治部委托，审计部门对97名调整职务的科级干部进行离任经济责任审计，审计金额4.77亿元，现场发现并立审立改问题92个，限时整改复杂问题4个，挂牌督办长线问题2个，并经市公安局经济责任审计联席会议通过综合分析报告1份，确认挂账销号的历史难题4个。

图 25-18 召开审计工作联席会议

2018年，修订完善《日照市公安机关领导干部经济责任审计管理办法》《日照市公安机关领导干部经济责任告知制度》，进一步规范领导干部经济责任审计范围，推行领导干部经济责任告知制度。领导干部经济责任审计范围包括：1. 全市各级公安机关的正职领导干部或者主持工作的副职领导干部，其他负有经济责任的副职领导干部；2. 全市各级公安机关内设部门、直属机构、派出机构的正职领导干部或者主持工作的副职领导干部，其他负有经济责任的副职领导干部；3. 全市各级公安机关主管、分管公安机关所属单位（含所属事业单位、掩护性企业、保障性企业、社会团体、基金会等各类财务独立核算单位）且负有经济责任的领导干部；4. 全市各级公安机关所属单位的正职领导干部或者主持工作的副职领导干部，其他负有经济责任的副职领导干部；5. 其他负有经济责任的领导干部。规定经济责任审计实行任中经济责任审计和离任经济责任审计相结合，领导干部任期满两年的，应当进行任中经济责任审计；领导干部办理调任、转任、轮岗、调整分工、降职免职、辞职、退休等事项时，应当进行离任经济责任审计。领导干部经济责任告知制度的内容是：由公安机关审计部门以书面形式通知领导干部在任期内应知并履行经济管理职责，领导干部应切实履行职责，加强本部门或本单位经济管理，严格遵守财经纪律，不得以不分管、不熟悉财务工作，或没有财务账目等为由推卸经济责任；新任领导干部正式任职 30 日内，组织人事部门应当将新任职干部情况通知审计部门；审计部门应在接到通知后 5 个工作日内将经济责任告知书送达干部本人；新任领导干部应在接到经济责任告知书后 5 个工作日内将告知书送达回执和履行经济责任承诺书签字并加盖公章后送交审计部门；由审计部门将新任领导干部履行经济责任承诺书转交组织人事部门，计入干部人事个人档案。是年 8 月，受市公安局政治部委托，审计部门对岚山分局、日照经济技术开发区分局、山海天旅游度假区分局的警务保障室主任进行任中经济责任审计，审计金额 6.76 亿元，发现并立审立改问题 22 个，形成领导岗位经济责任任职分析报告 1 份。有 2 名新任领导干部履行经济责任承诺书转交组织人事部门，计入干部人事个人档案。12 月，审计部门督促指导各分县局对 12 名负有经济责任的领导和民警进行经济责任审计。

（二）财务收支审计

1992 年始，全市公安机关财务收支审计工作逐步推进，审计监督的重点是市公安局机关、交警支队、各分县局以及各派出所等财务独立核算单位的经费管理情况。3 月，市公安局采取以会带训的形式，组织各派出所及各科室负责财务工作的内勤人员进行财务审计工作培训，把审计监督纳入财务管理工作之中。是年底，依据公安部《公安内部审计工作规定》和省公安厅有关文件，对市公安局机关、交警支队、各派出所等财务独立核算单位的经费管理情况进行审计。此后，全市公安机关把财务收支、经费管理情况纳入常态化审计监督。

1997 年始，全市公安机关财务收支审计工作以建章立制为重点，规范财务管理工作。6 月，市公安局下发《关于进一步加强财务管理工作的通知》，明确审计部门要定期对市公安局机关、交警支队、派出所以及各分县局等财务独立核算单位的财务管理情况进行审计监督，发现问题及时纠正和报告，并提出追究当事人责任的建议。

1998 年 5 月，印发《日照市公安机关审计工作规定》《日照市公安机关定期审计办法》《日照市公安机关审计工作程序》《日照市公安机关审计审签办法》《日照市公安机关审计工作纪律》《日照市公安机关审计档案管理规定》，规范全市公安机关审计工作范围、工作流程、档案管理以及审计纪律，明确公安经费、行政事业性收费、罚没款以及重点经费的审计工作实行分级审计监督。审计科负责市公安局机关及有财务收支的科、所、队、校和市公安局直属各单位的经费收支及重点经费的审计监督，以及市公安局领导和上级审计部门交办的审计事项，并向市公安局党委和上级审计机关作出审计工作报告和专题审计报告。各分县局、交警支队、看守所、拘留所的审计机构或专职审计人员负责对本单位和所属科、所、队、站的审计监督，按时向市公安局报告审计情况，并配合市公安局审计机构对本单位或所属单位进行审计监督。各级公安机关所属的企事业单位、职业据点、保安公司等单位的审计工作，由本级审计机构或专职审计人员负责审计监督。是年，审计科协助各分县局成立审计小组，建章立制，规范工作程序，统一审计通知书、审计报告、审计意见书、审计决定书等 5 种审计文书。全市公安机关内部审计工作步入法制化、规范化轨道。

1999 年，审计部门分期分批对全市专职审计人员和基层单位的 112 名专兼职会计进行审计业务培训。是年，对 77 个派出所普遍进行财务收支审计。

2000—2004 年，强化对行政事业单位预算执行情况及其财务收支情况进行审计监督。2000 年，对市公安局机关、交警支队、各分县局以及各派出所等单位的财务收支情况进行审计，审计单位 91 个，审改查纠一批问题。2004 年，对部分单位财务收支进行年度审计，审计金额 4470 万元，发现问题 8 个，全部落实现场立审立改。

2006—2010 年，以单位内控制度、财务管理制度、资产管理制度、货币资金及银行账户管理制度落实情况为重点，实行定期审计监督。2007 年，对交警支队（含五个大队）、市保安服务总公司、看守所、拘留所、刑警支队、治安巡警支队、开发区分局、东港分局、岚山分局开展财务收支审计、资产管理审计，审计金额 2.21 亿元，提出审计整改意见 8 条。2008 年，对东港分局、岚山分局、开发区分局、交警支队、治安巡警支队等 5 个单位的 2007 年度财政财务收支进行审计，审计金额 8359 万元，提出审计整改建议 26 条，形成具有建设性的审计报告 5 份。是年，指导各分县局对所属单位的公安业务费、行政经费及其他资金进行审计，审计行政经费 92 次，审计金额 1.9 亿元；审计保障性企业 2 个，审计金额 762 万元。2009 年，对东港分局、岚山分局、开发区分局、交警支队、治安巡警支队、刑警支队、市看守所、市拘留所等 8 个单位 2008 年度财政财务收支情况进行审计，审计金额 4.76 亿元，提出整改建议 14 条。是年，对市公安局生活服务中心（对外称银河世界酒店）、市保安服务公司等保留企业的经营效益和财务收支进行审计，审计金额 2613 万元，并分别出具审计报告，对资产管理使用、资金运用及内部控制制度状况作出客观评价。2010 年，对东港分局、岚山分局、开发区分局、交警支队、治安巡警支队、刑警支队、市看守所、市拘留所等 9 个单位 2010 年度财政财务收支进行审计，审计金额 4.73 亿元，提出审计整改建议 11 条。

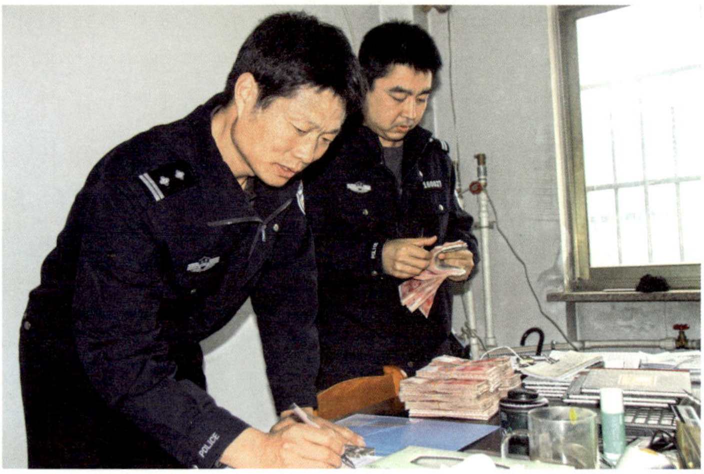

图 25-19 对财政财务收支情况进行审计

2011—2016 年，以预算执行情况及“三公”（因公出国、公车购置及运行、公务招待）经费为重点，加强经常性审计监督。全市公安机关各级审计部门牵头开展严肃财经纪律情况专项审计调查活动和行政事业性收费专项审计调查活动，对部门预算执行情况及“三公”经费进行审计监督，组织对公安机关所属企业单位和警务保障部门进行全面审计，同时加强对公安机关保障性企业经营情况的审计监督，促进有关单位财务管理规范和内控制度完善。2011 年，组织对本级财务管理部门和所属企业单位、公安机关保障性企业经营情况进行审计调查。2013 年，开展“三公”经费专项审计调查工作，共审计调查单位 19 个。

2014 年，根据公安部《关于加快推进公安机关保安企业脱钩改制工作的通知》及日照市相关工作部署，对市保安服务总公司和东港、岚山、开发区、莒县、五莲县 5 个保安服务分公司 2014 年 1—9 月经营情况，以及所涉及的武装押运业务等，实施从公安机关脱钩改制前的审计，指导和帮助市保安服务总公司及其 5 个分公司做好资产盘点和债权、债务清理等各项移交准备工作。此后，市公安局审计处配合市财政局委托的审计事务所对其资产状况进行评估审计。

2017 年，对刑侦支队、特警支队、治安支队、市拘留所、市看守所 2014 年 1 月至 2017 年 2 月财务收支进行审计。通过采取财务资料报送审计和现场审计等方式，共检查账本 99 本，查阅凭证 319 本，审核报表 32 份，审计金额 3.9 亿元，提出审计整改建议 22 条。

（三）建设项目审计

1996 年 4 月，审计署、建设部等联合制定《建设项目暂行规定》，明确对建设项目进行审计监督，加强投资与建设的管理工作。市公安局认真贯彻执行、落实相应措施，将全市公安机关建设项目纳入审计监督。

2003 年，对全市公安机关 1993—2001 年基建项目、资金及外欠款情况进行审计清理。审计 1993—2001 年基建金额 3360 万元；审计制证所装修、出入境管理科营业大厅装修、保安公司房屋维修等 3 个工程项目决算金额 46 万元。同时，加强基建工程项目清欠工作。市公安局纪委、督察、审计、计财装备等部门成立基建工程项目清欠小组，对已交付使用多年的 12 项基建工程项目外欠款进行清理审计，通过工程项目审计和竣工决算比对，审减金额 81 万余元。

2004 年 7 月，制定《日照市公安局工程建设项目审计制度》，明确全市公安机关内部所有新建、改建、扩建的工程项目，包括土木建筑工程、设备安装工程、水电暖等安装工程、装饰工程、修缮工程，工程建设项目的所有资金，包括财政拨款、市公安局拨款、各单位自筹资金，都要实施审计监督。审计监督的职责划分是：（一）市公安局机关及所属单位的工程项目，不论规模大小统一由市公安局纪委审计科组织安排实施审计。（二）分局、县局、支队建设的工程项目，有专门审计机构或专职审计人员的，由单位审计部门或专职审计人员组织安排实施审计，并把审计结果报市公安局纪委审计科备案；没有专门审计机构或专职审计人员的，由市公安局审计部门组织安排实施审计。是年，对市公安局“门前三包”绿化工程、门厅雨篷修缮工程、刑侦楼门厅装修工程、会议室装修工程、家属院警卫室、大门、院墙、技术侦查支队办公室等工程项目，进行决算审计。全程参与市公安局通信三级网建设及市公安局指挥中心大屏幕显示系统政府采购项目，审计金额 332 万元，审减 11 万余元。

2005 年，推行基建工程审计审签。是年，基建工程审计审签金额 300 余万元，审减 50 万元。参与市公安局“金盾工程”的政府采购及招投标活动，加强对公安信息通信网络的三级网建设、全市 110、122、119 三台合一综合接处警指挥调度系统、指挥中心大屏幕显示系统、户政“二代证”系统网络、公共信息网络安全监察系统、市公安局综合信息查询系统建设的审计监督，审计金额 1220 万元。

2006—2007 年，对建设项目及经济合同全过程进行审计监督。审计人员深入建设项目现场，采取实测实量核对工程量，审查和规范合同条款，踏勘工程进度，协助完善建设项目及经济合同管理，发挥事前、事中审计监督作用。2006 年，对市公安局接待室装饰工程、拘留所门头及宿舍楼的冷热水改造、各区县的派出所外墙装修及门头装修工程、保安公司房屋维修装饰工程、北京路派出所改造工程、市看守所改建装修工程、开发区刑警楼外墙装修工程等共 14 项工程建设项目及经济合同全过程进行审计监督，落实审计审签制度，共审计金额 214 万元，审减 64 万元，审减率 29%。2007 年，对市公安局接待室装饰工程、各区县的派出所装修工程等共 23 项工程建设项目及经济合同全过程进行审计监督，落实审计审签制度，共审计金额 285 万元，审减 76.9 万元，审减率 27%。

2008—2009 年，对建设项目及招投标进行审计监督。2008 年，东港分局审计部门参与“单警装备”项目招标采购，从论证计划、制作标书到发标、开标，装备质量验收等，全程进行跟踪审计，项目报价 113 万元，审定价 72 万元，审减 45 万元。2009 年，对 14 项政府招标项目进行审计监督，审计金额 465 万元，审减 19 万元。是年，完成建设项目竣工结算审计 11 个，跟踪审计 2 个，审计金额 300 余万元，审减 40 余万元。

2010年，开展“金盾工程”等信息工程审计6项，审计总金额416万元，节约资金95万元，综合核减率23%，提出意见建议7条。对8项建设工程和政府采购项目组织全程跟踪审计，审计覆盖面100%，审计总金额462万元，审减金额78万元，综合审减率17%，提出意见建议11条，全部得到落实整改。

2011—2013年，对26项政府招标项目进行审计监督，审计金额2602万余元，审减219万余元。并对市公安局机关、看守所、拘留所、刑侦支队零星工程进行审计，完成零星建设项目审计23个，审计金额572万元，审减31万元。

2013—2015年，加强信通、网络等信息化项目建设及合同审计。审计部门全程参与技侦、信通、网安等部门信息化项目的立项论证、政府采购、施工及验收的审计监督。2013年，参与信通、网络等信息化项目政府采购8项，审计金额741万元，审减144万元。2014年，参与信通、网络等信息化建设审计项目14个，审计金额1782万元，审减165万元，提出审计整改建议20条。2015年，参与信通、网络等信息化建设审计项目4个，审减165万元，提出审计整改建议20条。同时，审计部门对2014、2015年度的工程建设项目进行全过程跟踪审计，完成工程审计项目24个，审计金额8912万元，审减847万元。

加强市公安局综合业务楼建设项目的审计监督。2013年开始建设的市公安局综合业务楼建设项目，设计面积5.6万平方米，计划投资2.06亿元。是年5月，审计处组织人员进驻市公安局综合业务楼建设现场，协助有关部门对建筑相关合同把关，对采购材料质量、价格进行把关，对工程质量、隐蔽工程进行把关。是年，对建筑设计、监理两个环节的合同进行审计监督，建筑设计费由593万元审减至126万元，建筑监理费由149万元审减至79万元。此后，在市审计局对综合业务楼建设项目进行审计期间，审计处积极予以配合。

2016年，完成信通、网络等信息化项目审计37项，审计金额7086万元，审减897万元。其中，市级公安机关开展信通、网络等信息化审计项目28个，审计金额6188万元，审减569万元，审减率9.2%。审计采购文件28份，待签合同28份，参加招标26次，提出审计整改意见和建议合计72条，出具审计文书28份。

2017年，制定《日照市公安机关建设项目审计管理办法》《日照市公安机关信息化建设项目审计暂行办法》，进一步明确全市公安机关建设项目的涵盖范围和必审制度内容。公安机关建设项目是指使用财政性资金、银行贷款、所属单位投入资金、单位自筹资金等为来源的新建、改扩建工程项目，包括土建工程、装饰工程、安装工程、修缮工程、信息工程、网络工程等。必审制度是指全市各级公安机关所有工程建设项目、信息化建设项目的预算及采购文件未经审计，不得启动采购程序；项目待签合同未经审计，不得签订合同；未经竣工结算审计，不得办理竣工结算及财务决算手续，不得与施工单位结清余款。是年，全市各级公安机关推行所有建设项目必审制度，共完成土建、装饰等施工项目审计25个，审计金额1548万元，审减280万元；完成信通、网络等信息化建设项目审计30项，审计金额8948万元，审减804万元；审计采购文件30份，待签合同30份，参加招标26次，提出审计建议174条，出具审计文书116份。实现所有建设项目全部做到先审计后招标、先审计后开工、先审

图25-20 对信息化项目出具的审计报告

计后拨款、先审计后结算。

2018 年，制定《日照市公安机关政府采购审计管理办法》，明确全市公安机关审计部门根据相关法律法规，自行、聘用专家或委托社会中介机构，对政府采购预算、计划的编制和执行情况进行审计和审计调查。规定各级公安机关审计部门分别负责本单位的政府采购审计，上级审计部门对下级审计部门的政府采购审计工作进行指导和监督。《日照市公安机关政府采购审计管理办法》的实施进一步规范了建设项目的政府采购工作。是年，市公安局审计处完成建设项目审计 109 个，审计金额 1669 万元，审减 192 万元；完成信通、网络等信息化项目审计 80 项，审计金额 1.57 亿元，审减 113 万元；审计采购文件 33 份，待签合同 54 份，提出审计意见和建议合计 157 条，被采纳 157 条。

（四）专项审计

——中央和省级转移支付专项资金审计　2011 年，对 2010 年度市公安局及各分县局、基层所队中央和省级转移支付专项资金的到位、使用和管理情况进行专项审计。2012 年，省公安厅《全省公安机关中央和省级转移支付专项资金审计调查工作方案》下达后，市公安局成立专项审计调查工作小组，制定调查工作方案，对 2011 年市公安局本级以及各分县局中央转移支付专项资金的到位、使用和管理情况进行审计调查。2013 年，按照《全市公安机关中央和省级转移支付专项资金审计调查工作方案》，对 2012 年市公安局本级以及各分县局中央和省级转移支付专项资金的到位、使用和管理情况进行审计调查。2014 年，对 2013 年市公安局本级以及各分县局中央和省级转移支付专项资金的到位、使用和管理情况进行审计调查。经审计调查，全市公安机关中央和省级转移支付专项资金使用、管理手续完备，无挤占挪用、提高开支标准、滥发钱物、贪污私分等问题。

2017 年，开展 2014—2016 年度县级公安机关经费保障审计。省公安厅派出审计组对莒县、五莲进行直审，市公安局审计处对东港、岚山、开发区 3 个分局进行审计，全面了解和掌握莒县、五莲县、东港区、岚山区、开发区 5 个县级公安机关包括中央和省级转移支付专项资金在内的公用经费保障、资金到位、收支管理等情况。

——行政事业性收费和执法活动财物审计　1997 年 12 月，市公安局制定《派出所财务管理规定》，明确派出所的财务管理要统一账簿、统一会计科目、统一记账方式、统一票据使用管理、统一配备兼职会计和出纳员；规定对行政事业性收费实行“收支两条线”管理制度，严禁收费、罚款不开具单据或“打白条”，不准设账外账；要求对派出所的收费管理，由各分县局每年组织开展不少于 2 次的审计监督检查。是年底至 1998 年初，对全市 77 个派出所 1995—1997 年行政事业性收费情况进行审计，重点审计检查“收支两条线”管理制度的落实情况。此后，以派出所和交警大队为重点的财务独立核算单位的行政事业性收费实行经常性审计监督。

2000 年，制定《日照市公安局对行政事业性收费及罚没款统收统管办法》《日照市公安局实行罚款决定与罚款收缴分离的实施办法》，规范执收执罚，明确罚款决定与罚款收缴必须分离，严格落实“收支两条线”制度。是年，市公安局机关、交警支队及各大队、各分县局及各派出所均建立专门的收费室，规范收费制度，实行罚款决定与罚款收缴分离，落实“收支两条线”制度。2001 年，对行政事业性收费普遍进行审计核查，审计收费金额 6812 万元，提出审计整改建议 21 条，并督促整改落实。2002 年，对 10 个单位的行政事业性收费进行核查，审计金额 42 万元，督促上缴管理不规范资金 5.4 万元。

2003 年，根据省公安厅部署，对全市公安机关行政事业性收费、罚没款、道路交通事故押金、缉私缉毒专项经费、技侦装备专项经费进行审计，审计金额 4451 万元，提出审计整改建议 21 条。

2004 年，根据省公安厅《关于在全省公安机关开展办案扣押财物和保证金专项审计的工作方案》，指导各分县局、支队对2002年1月至2003年12月发生的案件扣押财物和保证金进行自查自纠，写出自查报告，覆盖面达到100%。随后，市公安局纪委、法制、督察、审计等部门组成专项审计联合检查小组，深入各基层办案单位进行审计检查，共审计检查涉案扣押财物391件，涉案扣押款233.18万元；取保候审保证金共收取592.63万元，退还286.09万元，没收45.86万元；交通事故押金共收取2636.34万元，退还2085.13万元。审计检查发现有问题的案件9起，问题26个，均整改落实。2005年，开展涉案扣押财物和保证金专项审计，审计清理2004年1月1日至2005年6月30日涉案扣押财物1635件，价值240.04万元，涉案扣押款970.52万元，涉案扣押汽车32辆，价值111.8万元，涉案扣押摩托车499辆，价值100.07万元;取保候审保证金共收取1290.11万元，退还78.5万元，没收63.1万元，未结案（取保未到期）1148.51万元。

2006年3—5月，配合省、市物价部门对2005年全市的行政事业性收费、罚没款进行审计，召开座谈会12次，抽查案卷130余卷，审计账本60本，查阅凭证1700余本。是年，市级、县级公安机关审计覆盖面达到100%，审计金额2360万元，提出审计意见和建议5条。

2007年，根据省公安厅统一部署，全市公安机关各级审计部门针对执法活动中的突出问题，积极组织开展公安机关涉案财物和取保候审保证金专项审计，审计覆盖面100%，审计金额7650万元，提出审计整改建议20条，全部落实立审立改。2008年，指导各分县局开展执法环节涉及财物专项审计，审计金额4872万元。

2009年，公安部下发《关于开展全国公安机关监管场所专项审计调查的紧急通知》。市公安局按照公安部通知要求和省公安厅统一部署，对全市6个监管场所2008年度财务收支、经费保障情况、代管财物和执法环节所涉财物管理等情况进行专项审计，审计覆盖面达到100%，审计金额968万元，并针对发现的经费收支管理不规范等问题，提出审计整改建议11条。

2010年，按照省公安厅统一部署，开展本级本年度涉案财物专项审计，审计金额2.06亿元，提出审计整改建议6条，均整改落实。2011年，采取查看办案单位立案登记台账确定涉案人员名单，抽查案件卷宗确定执收执罚人员名单和金额，回访涉案人员及其亲属确认执收执罚金额是否一致，与财会部门的会计资料相核对等方法，审计金额8614.88万元，罚款收入8491.3万元，取保候审保证金2627.6万元，审计检查扣押汽车863辆，摩托车765辆，扣押款121万元。

2012年，指导各分县局、有关支队审计部门采取审核涉案资金、实地查看各单位涉案物品保管室等方式，对涉案财物进行专项审计。市公安局按照省公安厅规定的抽审覆盖面不低于30%的要求，对开发区分局、东港分局进行专项审计抽审，共审计行政性收费8485.62万元，罚没款1.09亿元，办案扣押款1075.34万元，保证金1501.83万元。

2013年始，集中开展执法活动财物专项审计监督。是年，按照省公安厅《全省公安刑侦部门执法活动财物专项审计工作方案》要求，采取审核涉案资金、调取案卷、实地查看各单位涉案物品保管室等方式，对刑侦支队、开发区分局、五莲县局进行执法活动财物专项审计。各分县局对本级刑侦大队进行执法活动财物专项审计，共审计2012年度由刑侦部门直接立案刑事案件171起，扣押汽车38辆，摩托车22辆，其他交通工具19辆，电脑18台，移动电话35部，金银首饰2043克，红木家具25件，收取保证金322.4万元。2015年，对交警支队及6个大队、高速公路交警支队2014年度的执法活动财物进行专项审计。2016年，对刑侦、经侦、治安、国保、交警和莒县、五莲县公安局及派出所等126个执法办案单位进行执法活动财物专项审计，共审计2015年度由上述单位直接办理的案件86.43万起，其中涉及财物的案件1.56万起，罚没款6873.26万元，扣押款4148.88万元，扣押物品1.03万件，保证金856.48万元，行政事业性收费6209.91万元。

2017 年，审计监督涵盖全市公安机关刑侦、经侦、治安、国保、交警、派出所等全部执法办案单位，审计金额 10.15 亿元，包括罚没款 1.01 亿元、扣押款 1010.76 万元、行政性收费 5939.83 万元，扣押物品估价 7.95 亿元、保证金 1852.55 万元。

2018 年，修订完善《日照市公安机关涉案财物审计监督制度》，明确公安机关涉案财物审计内容包括：1. 涉案财物的取得、控制、管理、处置情况；2. 涉案财物内部管理制度的健全性、有效性和执行情况；3. 执收执罚票据的使用、管理情况。规定审计部门依据审计工作职权，可以采取专项审计、日常审计、审计巡查或进入执法办案系统抽查等方式，对公安机关涉案财物管理工作的真实性、合法性、有效性，独立开展监督、评价和咨询活动。

——大型安保活动专项经费审计

2017—2018 年，围绕党的十九大、上合组织青岛峰会重大活动安保，对新建或改建沈海高速鲁苏界公安检查站、岚山绣针河公安检查站、山海天旅游度假区两城公安检查站、五莲县潮河公安检查站以及大型安保活动的装备购置经费、执勤生活补助等，进行全程跟踪审计，共审计项目 52 个，审计金额 3030.94 万元，审减 103.86 万元，提出审计建议 59 条。

图 25-21 对警务装备物资的保障情况进行审计

二、外部审计

外部审计主要指政府审计机关对公安机关财务行政活动的审计。按照干部管理权限，政府审计机关依照相关干部管理部门委托，对公安机关负有经济责任的领导干部实行任中审计和离任审计。

1991 年，市审计局对公安系统和公安边防支队财务收支及收费管理情况进行审计。1998 年 5 月，《日照市公安机关审计工作规定》明确规定，市公安局审计科在进行公安内部审计的同时，配合国家审计机关对全市公安机关进行审计。是年 8 月 6 日至 9 月 4 日，市审计局对市公安局机关、东港分局、交警支队、巡警支队和交警岚山大队、交警东港大队、交警机动车驾驶员培训大队、车管所以及日照路、望海路、昭阳路、黄海路、秦楼、奎山、三庄、涛雒派出所等 16 个单位，分别进行 1996—1997 年财政财务收支情况审计，发现存在收费单据使用不规范、事故押金款项领取手续不规范等 13 个问题，提出整改建议 13 条。其间，市公安局审计科予以积极配合。

2003 年，配合协助市审计局对市公安局及直属单位 2002 年度财务收支情况开展审计工作，先后对市公安局机关、制证所、看守所、刑警支队、户政科、监管科、经济保卫侦察支队、信息监察管理中心、保安公司、治安巡警支队、东港分局、岚山分局、开发区分局、交警支队、出入境管理科等 15 个单位的财务收支情况进行审计和延伸审计。

2010 年，配合协助市审计局对市看守所、东港分局主要负责人的相关任期期间经济责任进行审计，对看守所、东港分局下属单位的有关经济事项进行延伸审计。2011 年，配合协助市审计局对市公安局主要负责人相关任中经济责任进行审计，审计范围及重点是 2008—2010 年度市公安局机关和下属日照市保安总公司，相关事项进行必要的延伸和追溯，对审计发现的问题提出相关整改建议。2012 年，配合协助市审计局对市公安局、特警支队、治安支队、刑侦支队、交警支队、岚山分局主要负责人的相关任期期间经济责任进行审计，对市公安局机关、特警支队、治安支队、刑侦支队、交警支队

（延伸审计下属7个大队和日照港大队以及车管所等13个部门）、岚山分局（延伸审计下属13个所队）财务及业务资料进行审计，对审计发现的问题提出相关整改建议。2016—2018年，配合协助市审计局先后对特警支队、东港分局、开发区分局、交警支队主要负责人的相关任期期间的经济责任进行审计，对上述单位财政财务收支和领导干部经济责任履行情况进行审计，对审计发现的问题提出相关整改建议。

第二十六章

26

重大警务创新

ZHONG DA JING WU CHUANG XIN

1989年地级日照市公安局成立后，市公安局党委历届班子始终把抓改革创新强警作为一项战略任务，精准把脉每一个时期、每一个发展阶段全市公安工作和队伍建设的现状，坚持问题导向，坚持向警务机制创新要战斗力、要活力，以改革的思维、创新的思路、发展的办法，有针对性地研究解决工作中存在的不适应问题，逐步建立完善适应形势发展、符合实战需要、满足人民群众期盼、切合日照实际的警务运行和队伍建设机制，不断提升公安机关驾驭社会治安局势的能力和水平，推动衡量社会政治稳定、治安平稳的重点指标持续向好，广大群众的安全感和对公安工作的满意度稳步提升，实现工作运行机制日趋完善、基层基础不断夯实、公安工作良性运转、社会大局持续平稳、党委政府满意、人民群众得实惠的目标。

第一节　公安队伍建设

1995年6月至1999年10月，新一届市公安局党委班子面对民警队伍思想混乱、士气低落，社会治安问题不少、发案率上升，人民群众对公安机关意见很大，公安机关行风评议连年倒数的严峻形势，按照“抓班子、带队伍、促工作、保平安”的思路，以行风建设为切入点，以实施“禁酒令”为突破口，加强行业作风建设；以改善“软环境”为突破口，加强队伍建设；以抓好“一把手”为突破口，加强班子建设，痛下决心铸造公安新形象，在短期内实现由乱到治，改变了后进面貌。1996年，在省市有关部门组织的社会治安问卷调查中，人民群众对日照市社会治安和公安民警的满意率分别由原来的56%和59%提高到98%和97%。在市直45个部门参加的行风评议中，市公安局一跃成为先进，名列第二，97年名列第一，被市委、市政府命名为行风建设先进单位和社会治安综合治理先进单位。省委政法委、省公安厅和市委、市政府先后总结推广市公安局强班子、带队伍、正行风的做法。

1998年6月9—12日，公安部在大连市召开为期4天的全国公安队伍建设座谈会，各省、市、自治区公安厅（局）分管厅（局）长或政治部主任、公安部有关司局负责人，及中央组织部、中央政法委、人事部、公安高等院校等单位负责同志和专家参加会议。日照市公安局作为全国18个先进单位之一参加会议，并作题为《强班子、带队伍、正行风，铸造公安新形象》典型发言。

附：

强班子带队伍正行风　铸造公安新形象

图26-1　市公安局局长王献增部署禁酒令工作

日照市地处山东东南沿海，全市辖三区两县，270万人口，共有公安干警、武警官兵近2000人。1995年6月，我们这届局党委班子刚组建时，面临的情况十分复杂：原市公安局主要负责人被逮捕判刑，干警队伍思想混乱，士气低落；社会治安问题不少，发案率呈上升趋势；社会上一些不法分子气焰十分嚣张，有的甚至写匿名信、打电话恐吓我们；人民群众对公安机关意见很大，行风评议连续三年倒数第一、二名。面对严峻形势，我们按照“抓班子、带队伍、促工作、保平安”的思路，以行风建设为切入点，坚持重点突破、整体推进，痛下决心，铸造公安新形象，在短期内实现了由乱到治，改变了后进面貌。1996年，在省市有关部门组织的社会治安问卷调查中，人民群众对社会治安和公安干警的满意率分别由原来的56%和59%提高到98%和97%。在市直45个部门参加的行风评议中，市公安局一跃成为先进，名列第二，1997年名列第一，被市委、市政府命名为行风建设先进单位、机关工作先进单位和社会治安综合治理先进单位。省委政法委、省公安厅和市委、市政府先后总结推广了我们强班子、带队伍、正行风的做法，并在全省政法队伍建设会和公安工作会上作了典型发言。我们的主要做法是：

一、以实施“禁酒令”为突破口，加强行业作风建设。行业作风直接关系队伍形象，而影响队伍形象的又往往是行业内部久治不愈、群众反感的恶劣作风。行风建设只有从群众反映强烈的突出问题抓起，才能事半功倍。过去，有些干警工作日喝酒误事，甚至酒后违纪打人、酒后驾车肇事致死人命；有的到办案单位大吃大喝，群众说：“丢了一只羊，吃了一头牛”。严重败坏了公安机关的形象。我们经过反复研究认为，这一问题是多年的顽症，虽然解决起来难度很大，但只要下决心根治，就会达到预期目的，并能为整个行风建设打开突破口。1995年9月，我们在全省率先推出了“禁酒令”，印发全体干警，局领导和各支队、分县局领导班子层层签订责任状，并组织纠察队明查暗访，对违令者从严查处，不搞下不为例，先后查处了10起15人。同时，充分利用报纸、电视、广播等新闻媒介向社会广泛宣传，印制“禁酒令”15000份在各大宾馆、酒店和公共场所广泛张贴，加强外部监督。全局上下齐努力，令行禁止，立即刹住了喝酒风。这一做法在社会上引起了轰动，市委、市政府和省公安厅给予充分肯定，并在全省、全市推广。干部群众反映，吃喝这个持续多年的老问题，一道“禁酒令”就治住了，公安局真不简单。3年来，全市公安干警一直是坚定不移地严格执行“禁酒令”，带动了各项制度的落实，实现了有令则行，有禁必止。一炮打响，信心大增。我们又趁热打铁，针对群众反映公安机关存在的“门难进、脸难看、话难听、事难办”的问题，在广大干警中广泛开展了“为人民服务，树公安新风”活动，将“禁酒令”延伸扩展为“四个一”工程，即：一道“禁酒令”、一套文明用语、一张“警民联系卡”、一场大练兵，以为民、便民、利民为宗旨，召开新闻发布会，公开向社会作出六项承诺，把职业责任和服务标准推向社会，并切实保证兑现承诺。结合业务工作开展各具特色的优质服务活动。对群众意见较大的交通肇事处理，要求干警坚决做到“四快”“五公开”“三满意”，开通“122”交通事故报警服务电话，制定限时办案标准；组织开展创建文明户籍室和争做优秀户籍员活动，推行了办理户口责任制，对户籍民警实行挂牌服务，全天办理户口业务并预约上门办理户口，不让群众跑第三趟；从改革派出所勤务制度入手，制定《执勤办案行为规范》，推出了便民流动服务车，开展“满意在派出所、方便在服务车”活动，实行民警包片，代捎代办预约服务，全市先后推出12个窗口示范单位、10个优秀派出所、10名优秀派出所所长和10个文明户籍室等先进典型，促进了窗口单位建设。1996年10月，在财力警力十分紧张的情况下，克服重重困难，学习漳州经验，在全省率先开通了城区110报警服务台，实行24小时值班备勤，坚持“四有四必服务”，有力地提高了动态治安管理控制能力。1997年以来，我们争取市委、市政府支持，投资150万元，新上一套现代化报警指挥系统，实现了110、122、119报警电话联网，达到了“两级接警、三方通话”，建立了交警、巡警、消防、刑警、派出所等处警机动队，并逐步向农村和海上延伸，与社会有关部门实行配套联动，受到社会各界和广大人民群众广泛赞誉，市委书记在考察110时称赞110是公安机关的一束精神文明之花，是公安局近几年抓班子、带队伍、正行风结出的丰硕成果。市委、市政府作出了《关于向日照公安110报警服务系统学习的决定》。

为加大各方面对公安行风建设的督导力度，我们在内部组织开展了行风建设“月月评”活动，评选当月最佳单位和最佳事迹，结合年度工作总结，通过各单位述职、民主测评，评选出行风建设先进单位和个人，进行大张旗鼓表彰奖励。对外落实了三条措施：一是对车管、肇事处理和户籍等热点岗位的有关规定、办事程序和收费标准实行警务公开、挂牌服务。二是聘请行风建设顾问、执法执纪监督员552名，采取召开座谈会、上门走访等多种形式，及时征求他们对公安工作和干警执法情况的意见和建议。三是开展了“开门评警”“行业作风万人评”等活动，设立了监督岗、监督箱、监督电话，使干警的一言一行、一举一动置于人民群众的监督之下，为行风建设强化了外部监督环境。

二、以改善“软环境”为突破口，加强队伍建设。干警队伍的战斗力取决于队伍的素质，素质的高低则体现在队伍的执法水平上。前几年，干警队伍战斗力不强、违纪现象多的问题，客观上是由于社会不正之风和人情关系影响公安机关严格执法；主观上则是由于部分干警执法能力和水平不高造成的。这一有碍于公安机关履行职责的“软环境”不改变，就很难增强队伍的战斗力。为此，我们以改善公安机关内部软环境为突破口，狠抓了干警队伍自身建设。首先，实行任职回避和岗位轮换，冲破“关系网”，砌起“防风墙”。多年来，我市公安队伍中父母子女、夫妻、兄弟姐妹和近姻亲关系同在一个机关工作的较多，有的长期在车管、牌证和预审办案等热点岗位工作，受人情关系束缚，影响了严格执法，群众有不少反映。仅1995年上半年，就发生违法违纪案件12起。为彻底改变这种局面，我们结合公务员过渡，在全市率先实行了任职回避和岗位轮换，对41名干警实行了任职回避，对43个热点岗位的148名干警进行了岗位轮换，从市公安局机关选派18名干部到基层任职或挂职，增添了队伍的生机和活力，改善了干警执法环境。市委、市政府、省公安厅先后转发了我们的做法。其次，加强教育培训，在提高干警队伍素质上狠下功夫。利用举办读书班、党团活动日，建立领导班子理论学习中心组等形式，组织广大干警系统学习邓小平理论、党的十五大报告和江泽民总书记《关于领导干部一定要讲政治》一系列重要讲话，大力加强队伍的思想政治建设。同时，强化以全心全意为人民服务为核心的职业道德建设。通过深入开展学习济南交警和学习孔繁森、邱娥国等先模，以及组织巡回演讲报告团、请离退休老干部讲传统、组织科级干部同农村贫困户结对子帮扶等活动，对干警进行爱岗敬业、艰苦奋斗、无私奉献的教育。以“三法一条例”为主要内容，分期分批对全体干警进行了轮训。为强化队伍素质建设，今年初，我们在第一次党委会上研究决定1998年为全市公安队伍素质建设年，以局党委一号文件下发了实施意见，提出了加强队伍思想政治素质、业务素质和科学文化素质建设的目标要求。以公正执法和解决群众反映强烈的问题为重点，集中3个月的时间，开展了教育整顿活动。在自查自纠、开门评警、广泛征求各方面意见的基础上，集中半个月时间，对全市公安机关的执法情况进行了大检查，进一步摸清了执法中存在的问题。执法检查结束后，局党委专门召集各单位“一把手”进行集体反馈，涉及哪个单位的问题，就由哪个单位限期解决。对重点违法违纪事项，市公安局立案督查，严肃追究有关人员的责任，已有15人受到处理。三是坚持以制治警，严格队伍管理。针对队伍暴露出来的问题，在治本上下功夫，从制度上堵塞产生腐败现象和违法违纪的漏洞。主要健全和完善了以《领导干部一岗双责责任制》《执法执纪连带责任制》为主要内容的领导责任制，以《人民警察基本素质考试考核》为主要内容的教育培训机制，以《岗位目标责任制》《年度考核、位次管理》为主要内容的竞争激励机制，以《民主评议党员、干部》《错案追究规定》《干警离岗离任审计》等为主要内容的监督制约机制，使干警的公务活动严格限制在法律和制度规定的范围以内。

内部“软环境”的改善，带来了干警队伍思想精神面貌的深刻变化，整个队伍的战斗力大大增强，执法水平明显提高。近两年来，全市公安干警无一人职务犯罪，人大代表、政协委员提案无一件涉及公安机关执法问题。现在干警下乡办案，自带行李炉灶，自己动手做饭，不给群众添麻烦，领导和干警一同吃住在现场，夜以继日地工作，大大提高了破案效率。1996年，全市发生的44起杀人案和市区发生的影响大的15起重大恶性案件全部侦破。1997年，全市又破获重特大案件364起，比1996年多破188起，是历史上破案最多的一年。特别是“6·23”和“7·30”劫车杀人案破获后，几百名出租车司机和群众自发地涌到公安局鸣放鞭炮，有的当场高呼“公安万岁”。

三、以抓好“一把手”为突破口，加强班子建设。实践使我们体会到，不怕有个烂摊子，就怕没个好班子；要带出一支好队伍，必须有个好班子，特别是要有一个好的“一把手”。我们把抓好“一把手”作为强班子、带队伍的突破口，进一步强化了正行风、树形象的组织保障措施。市公安局党委

“一班人”带头讲学习、讲政治，靠加强思想政治建设把握方向和大局；带头发扬民主，走群众路线，靠集体的智慧和力量增强班子战斗力；带头求实务实，靠真抓实干赢得群众的信赖和支持；带头反腐倡廉，靠党委“一班人”表率作用凝聚广大干警，为各级班子做出表率。对基层“一把手”队伍，我们一是坚持德才标准，选好“一把手”。在认真考察考核、广泛听取各方面意见的基础上，对中层科室、各支队分局的“一把手”和其他班子成员进行了调整。有18名党性强、业务精、政绩突出、群众公认的副职被提拔为正职。对主要业务科室和要害部位的“一把手”好中选优，选准配强；对6名工作平平、群众威信不高的“一把手”，不搞迁就照顾，坚决予以调整。对全市公安机关23个“一把手”职位，实行竞争上岗，使一批优秀年轻干部脱颖而出。二是加强教育培养，用好“一把手”。我们既大胆放手地支持“一把手”的工作，让他们在各自的岗位上施展才能，又坚持高标准、严要求，让他们在实践中锻炼提高。根据岗位责任制和年度目标责任制的要求，结合年度工作总结，拿出专门时间，在“一把手”述职的基础上，理清新一年的工作思路、工作重点和实现新目标的具体打算，然后让群众评议，增强他们的紧迫感和压力感。同时，我们建立了领导班子特别是“一把手”考察、谈话、诫勉制度，对有这样或那样缺点的干部及时打招呼，亮“红灯”。对品行端正、年轻有为、学历层次较高的青年干警作为后备干部培养，安排他们到基层锻炼成长，目前已有7名同志走上领导岗位，其中5名担任了“一把手”。第三，加强监督，管好“一把手”。我们通过建立《关于加强班子自身建设的规定》《领导干部十要八不准》《党内民主生活会》《党委会议事规则》《民主评议干部》等一系列规章制度，强化了包括自我监督、班子内部监督、上下级监督、法纪监督和社会监督的监督体系，局党委响亮地提出了“从我做起，向我看齐，对我监督”的口号，各级领导班子成员都能坚持做到自觉接受监督，正确行使手中权力，老老实实做人，清清白白为官，扎扎实实做事，为广大干警做出表率。全局上下形成了警令畅通、齐心合力、争先恐后、真抓实干的浓厚氛围，涌现出了一批优秀“一把手”和先进班子。近年来，有3名局长、支队长被评为全市优秀警官，1名局长被评为全国优秀人民警察，涌现出1个全国优秀公安局、1个全省优秀公安局。

第二节 政风行风建设

1999年10月—2006年12月，日照市公安局连续两届局党委班子都把行风建设作为业务工作和队伍管理的“重头戏”和“总抓手”，切实从实践“三个代表”重要思想、保障社会长治久安、密切党群关系的政治高度，始终把公安工作的标尺定位在人民满意上，根据人民群众在行评中提出的意见、建议，改进工作，转变作风，持之以恒，常抓不懈，不断取得新突破，实现公安业务工作与队伍建设的“双丰收”。围绕行风长效机制建设，牢固树立“人人是形象，事事关行风”的“大行风”观念，构筑起领导带头、全警参与、社会监督的行风建设工作格局；围绕“平安日照”建设，积极适应经济社会发展新形势，不断强化打防措施，确保了全市社会治安局势持续稳定；围绕便捷、及时、高效的原则，坚持以创新的理念不断推出服务群众、服务经济发展的新举措，努力营造便民、利民和亲商、安商的良好氛围；围绕队伍建设这个根本，切实把永恒的主题做细、做扎实。

1996—2018年，在全市政风行风建设民主评议中，市公安局连续22年被评为全市政风行风建设优秀单位。2003—2005年，市公安局连续3年被省政府纠风工作领导小组评全省行风建设先进单位。

附 1：

2001 年 6 月 21—22 日，全国民主评议行风经验交流会在日照市召开，会上，日照市公安局作题为《把公安工作的标尺定位在人民满意上》典型发言。

图 26-2 市公安局局长毕宝文在全国民主评议行风经验交流会上发言

把公安工作的标尺定位在人民满意上

日照市公安局曾经是行风建设的后进单位。从 1992 年参加行评到 1995 年，每年都在倒数第一、第二的位置。1995 年下半年，我们新的一届局领导班子组建后，痛下决心，真抓实干，狠抓行风建设，大打翻身仗，很快扭转了被动局面。从 1996 年开始，连年被评为行风建设先进单位，2000 年又获得市直政法系统行评第一名。我局行风建设之所以发生这么大的变化，关键在于局党委高度重视行评工作，虚心听取行评意见，调整工作思路，始终把公安工作的标尺定位在人民满意上，根据人民群众在行评中提出的意见、建议，改进工作，转变作风。下面，把我局根据行评意见抓行风建设的几件实实在在的事情，向各位领导做一简要汇报。

一、实施“禁酒令”，刹风整纪，重塑公安形象。过去，民警喝酒误事、酗酒失态、酒后驾车肇事等违纪现象屡见不鲜，严重败坏了警察形象，群众讽刺我们有句顺口溜，叫作“日照公安，举杯就干”。群众在行评中给我们提出了这一问题。对此，我们局党委高度重视，下决心从酒上开刀，并以此为突破口和切入点，全面加强行风建设，重塑公安形象。1995 年 9 月，我们发布了“禁酒令”，严格禁止民警在工作日中午饮酒等十种涉酒行为。局党委成员在全体民警大会上郑重承诺：从我做起，向我看齐，对我监督。违令者不论是谁，坚决查处，决不搞下不为例。从“禁酒令”发布到 1995 年底三个月的时间，严肃处理了违令饮酒 13 起 24 人，情节轻微的警诫，情节严重的记大过，屡教不改的坚决辞退。由于态度坚决，查处有力，一下刹住了喝酒风。紧接着我们又启动了以“一套文明用语、一张警民联系卡、一本群众留言簿、一辆便民服务车、一场岗位大练兵”为主要内容的“五个一”工程，收到明显社会效果，广大民警以崭新的形象展示在全市人民面前。

二、发扬优良传统，转变工作作风，以实际行动取信于民。侦查破案是公安机关的经常性工作。过去，民警办案吃住在发案单位，认为是天经地义的事情，发案单位负担重，群众说是“丢了一只羊，吃了一头牛”。行评中群众对此反映强烈。为解决这一严重影响警民关系和民警形象的问题，

1996年初，我们公开向社会承诺：今后公安机关侦破案件一律自带铺盖，自开炉灶，不给群众添麻烦。一开始，不少单位和群众对此半信半疑。这时，东港区奎山街道发生一起重大杀人案，参加侦破的40多名公安民警，在案发现场附近租借5间民房，架起折叠床，垒起锅灶，奋战二十多个昼夜，案件成功告破。群众看在眼里，服在心里。几年来，我们的侦查员就是冬天一床棉被，夏天一顶蚊帐，成功侦破了一大批大要案件。特别是一些有影响的杀人、抢劫、绑架案件侦破后，各界群众纷纷到公安机关赠送锦旗，鸣放鞭炮，表示祝贺和感谢。

三、实行警务公开，以公开促公正，以公正创满意。根据行评中群众的要求，我们本着能公开的事项全部公开的原则，把人民群众联系密切的12个警种的职责任务、办事程序、收费标准、投诉办法等全部向社会公开，实施“阳光工程”，以公开促公正，以公正创满意。针对群众对交通事故和治安案件处理意见较多的问题，我们制定了交通事故和治安案件公开调处规范，在各交警大队设立交通事故责任公开认定室和公开调处室，在各派出所设立治安案件公开调解室，对有一定影响的事故、案件，邀请人大代表、政协委员和各界群众列席旁听。自1999年实行这一制度以来，通过公开定则、公开调处的交通事故和治安案件，当事人满意率达96%。

四、以人为本，诚心为民，不断提高服务质量。2000年以来，我们根据行评意见，在提高服务质量上采取了一系列新的举措。为方便群众对车辆的挂牌办证，实行车管业务“一条龙”服务，并增设16处挂牌办证点。为杜绝“关系牌、人情号”，把所有待挂号牌全部输入微机，实行电脑选号，把选号权交给群众。为确保中小学生的交通安全，设立交警高峰岗、助学岗，定点定时护送中小学生过马路。为便于群众了解办事程序，各基层窗口单位普遍印制了办理各种手续的“明白纸”，办事群众一目了然，不让群众多跑一趟腿。各派出所还专门设置了便民留言簿，当民警出差在外时，群众可以把要办的事请写在留言簿上，待民警回来后，按群众要求主动上门服务。去年，我们又针对部分群众安全防范意识差，住宅被盗案件较多的问题，印制了“两分钟安全防范法”和“居民安全防范常识”，由辖区民警挨家挨户送到居民家中。广大群众说，我们想到的，警察想到了；我们没有想到的，警察也替我们想到了。

五、坚持从严治警和以德塑警，努力建设高素质的公安队伍。我们按照中央和省委、市委关于党风廉政建设和反腐败工作的一系列指示、要求，先后制定了《党风廉政建设责任制规定》《领导干部“一岗双责”约法三章》《公安民警违法违纪违规处理办法》等规章制度，在强化对民警思想政治教育、职业道德教育和纪律作风教育的同时，对队伍中出现的违法违纪问题不护短、不遮丑，坚决查处。1999年年底，我们对本年度发生一般违规违纪的6名民警举办了为期一个月的思想教育学习班，学习结束后试岗3个月，期间只发基本生活费，试岗期满后根据工作表现安排适当工作。去年年底，在公安部开展的“三项教育”活动中，我们又分离出72名民警进行素质培训，对全体民警起到了很大的警示作用。今年，我们根据公安队伍实际，又制定实施了《公安思想政治工作目标责任制》，建立民警思想状况定期分析、谈心交心、领导接访、8小时外活动监督管理等规章制度和工作机制，实现了民警思想政治工作的经常化、制度化、规范化。对于这些措施，群众在行评中给予了充分肯定。由于抓队伍建设措施得力，全市公安机关连续三年没有发生民警犯罪和严重违纪案件，省市有关部门社会问卷结果表明，我市人民群众对社会治安和公安民警的满意率达到95%以上。

我们在行风建设方面虽然做了一些工作，取得了一定成绩，但离党委、政府和人民群众的要求还有很大差距。我们要认真学习贯彻这次会议精神，继续虚心接受社会各界的民主评议，根据行评意见和群众要求，进一步加大行风建设的力度，努力把行风建设提高到一个新水平，让广大人民群众更加满意。

附 2：

2006 年 4 月，在全省公安机关行风建设座谈会上，日照市公安局作题为《锲而不舍、求实创新，努力打造人民满意的公安行业作风》典型发言。

图 26-3 市公安局局长张志华（左四）主持召开会议部署全市公安机关行风建设工作

锲而不舍、求实创新，努力打造人民满意的公安行业作风

多年来，日照市公安局历届党委都把行风建设作为业务工作和队伍管理的“重头戏”和“总抓手”，切实从实践“三个代表”重要思想、保障社会长治久安、密切党群关系的政治高度，持之以恒，常抓不懈，不断取得新突破，实现了公安业务工作与队伍建设的“双丰收”，为建设和谐日照做出了一定贡献。自 1996 年始，市公安局连续十年被市委、市政府表彰为“全市行风建设先进单位”，2003—2005 年连续三年被省政府纠风工作领导小组评为“全省行风建设先进单位”，先后在全国民主评议行业作风经验交流会和全国公安队伍教育管理长效机制研讨会上作典型发言。

一、围绕行风长效机制建设，积极构筑完善领导带头、全警参与、社会监督的大行风格局。多年的工作实践使我们充分认识到，群众评公安行风已不仅限于看纠风工作抓得如何，而是对每项工作、每名民警行为的综合评价。为此，我们教育广大民警破除“就行风抓行风”的片面认识，牢固树立“人人是形象，事事关行风”的“大行风”观念，构筑起领导带头、全警参与、社会监督的行风建设长效机制。一是严格落实各单位一把手责任，形成领导带头抓行风的良好局面。各级各警种均把行风建设列为“一把手工程”，层层成立领导小组，逐级签订责任状，切实把行风建设融入各项警务活动和队伍管理工作中。每月 3 号，市公安局张志华局长都通过《行风在线》广播栏目同群众进行公开交流，利用“直播间”倾听群众呼声、解决实际问题，深受社会各界欢迎。2004 年，张志华局长在京参加晋衔学习期间，为了不影响《行风在线》栏目播出，连夜赶回日照，直播结束后，又火速返京。2004 年和 2005 年，市里对《行风在线》上线单位进行评比表彰，市公安局均名列第一。二是严格落实各部门、各单位责任，形成了齐抓共管的良好局面。市公安局党委每年都要制定实施方案，把行风建设工作责任分解到各级各警种，把行风建设工作部署落实到每季、每月工作中，并纳入全市公安机关绩效考评范围，实现了行风建设制度化、规范化、经常化，形成了齐抓共管的良好局面。同时，严格兑现奖惩。市公安局被市委、市政府评为行风建设先进单位后，均对民警予以奖励。但对发生问题、影响公安机关整体形象的，均作严肃处理。近3年来，有十余个基层单位和个人被市公安局通报批评、录像曝光及不同程度地处分。三是坚持开门评警，主动接受群众监督。全面推行两个评议制度，即市县（区）两级公安机关每年向人大、政协报告工作接受评议、基层所队向人民群众报告工作接受评议制度，主动听取社会各界代表的建议、意见，做到“我的工作您评判，您的建议我来办”。2005年以来，全局上下共召开工作报告会、征求意见会107个、征求意见和建议478条，有力地促进了工作开展。认真办理人大代表建议、政协委员提案，满意率达到100%。去年，市政协专门在我局召开了提案办理工作现场会。大力推行市、县（区）两级公安局局长公开接受电话投诉制度和110报警服务台接受群众投诉制度，并从社会各界聘请400余名执法监督员，实现了监督社会化、监督渠道多元化，形成全社会关心公安工作的浓厚氛围。

二、围绕创建平安日照目标，不断提高打防效能。群众看公安，关键看治安。能否创造一个平安稳定的工作生活环境，直接关系到人民群众对公安工作和公安队伍的评价。对此，我们紧紧围绕“平安日照”建设，积极适应经济社会发展新形势，不断强化打防措施，确保了全市社会治安局势持续稳定。工作中，我们充分发挥110、119、122“三台合一”接处警系统和“四级网”作用，认真实行社会治安形势定期分析制度，及时针对发案情况调整警力投向，提高了精确打击和有效防范能力。同时，由局领导牵头搞调研，及时预测不同时期的治安形势，超前落实相应打防举措，牢牢把握了工作主动权。一是提高破案攻坚能力，快侦快破最易引发社会“热点”的大要案件。以命案侦破为龙头，持续不断地开展破案会战、区域性严打整治等集中打击行动，建立了相关部门协作配合、快速反应、攻防兼备的大刑侦格局，使全市重大刑事案件破案率保持在90%以上。对此，社会各界十分满意。二是坚持打防结合，严打最易使群众遭受不法侵害的“两抢一盗”犯罪。此类案件虽大多案值不大，但严重影响群众安全感，如打击不力，直接损害公安机关的形象和威信。对此，我们始终将其列为打击重点，成立打击专业队、保安化街面巡防队，并科学设立治安卡点、严密重点部位电视监控，有效压缩了犯罪空间，保持了主动进攻态势。此类违法犯罪在我市已连续3年大幅下降，其中今年前5个月同比下降达33.1%。三是坚持露头就打、除恶务尽，重拳严打最易使经济发展受阻碍的“霸痞”违法犯罪。针对个别区域、个别行业存在霸痞分子，寻衅滋事、强买强卖强揽，影响正常市场经济秩序和治安秩序的问题，组织各分县局深入摸底排查，不间断地对各类霸痞分子开展攻势凌厉的集中打击，使此类违法犯罪在我市一直没有形成气候。从省、市综治部门组织的社会调查情况看，群众对我市社会治安的满意和基本满意率一直保持在95%以上。浙江温州日照商会郑玉莲会长多次讲：温州日照商会会员已达1万余人，他们踊跃到日照投资经商，很重要的就是看中了日照的平安品牌。

三、围绕便捷、及时、高效的原则，不断推出服务群众、服务经济发展的新举措。搞好服务是公安机关加强行风建设的最直接体现。我们坚持以创新的理念推出品牌化服务，努力营造了便民、利民和亲商、安商的良好氛围。一是牢固树立“群众利益无小事”的理念，不断推出便民服务新品牌。坚持为民办实事，主动压减行政审批事项和收费项目，每年让利于民达400万元。推出“公安服务超市”，将各级车管、出入境管理、户政管理等与群众利益密切相关的公安业务，全部实行“一站式”审批，让群众少跑路、节约办事时间。市公安局车管所被公安部和全国妇联授予“巾帼文明示范岗”荣誉称号，被团中央授予“全国青年文明号”称号。不断擦亮110报警服务窗口，我们于1996年率先开通110报警服务台，去年又较早实现“110、119、122”三台合一，方便了群众报警求助，使110成为公安机关乃至党委、政府密切联系群众的桥梁和纽带。二是牢固树立“经济发展到哪里，警务工作就落实到哪里”的理念，不断推出服务经济发展的新品牌。大力推行“双赢型”警企共建，定期召开警企座谈会，向企业和外地客商作出“你们发展、我们服务”的承诺。各有关警种与企业都建立了热线电话联系制度，及时帮助企业和客商解决生产经营中遇到的治安问题。如：针对我市在建大项目多、使用工程车辆多，影响交通安全和群众休息的问题，我们主动会同有关单位划定了工程车行车路线和行车时段，既保证了工程施工进度，又维护了群众利益。针对一些生产企业存在重大火险隐患，但因资金问题整改不及时的问题，我们主动帮助企业制定最节约、最有效的整改方案，取得良好效果。积极推行项目建设跟踪服务制，对每个企业都确定一名民警跟踪服务，最大限度地为企业发展营造良好治安环境。三是牢固树立“加强经济犯罪侦查工作就是直接服务经济建设”的理念，不断推出维护经济安全的新品牌。市公安局面向社会作出“两个承诺”，即：最大限度地侦破经济犯罪案件，最大限度地挽回经济损失。多年来，我市经济犯罪案件结案率一直保持在96%以上。同时，着力当好“企业顾问”，帮助企业建立健全内部管理措施，建好预防经济犯罪的“防火墙”。多年来，日照市外资企业、重点企业治安秩序稳定，始终保持了良好的发展环境。

四、围绕队伍建设这个根本，切实把永恒的主题做细、做扎实。队伍管理水平和民警的作风、形象，是人民群众评判公安行风的最直接标准。我们始终抓住队伍建设这一永恒主题，紧紧围绕队伍中最容易发生问题的薄弱环节和群众最关注的方面，有针对性地建立起规范严格的队伍教育管理机制，取得明显成效。一是持之以恒地推行队伍状况定期分析制度，着力在抓早、抓小、抓苗头上下功夫。要求各级领导干部在加强自身建设的同时，定期对分管部门的队伍状况进行深入分析，超前调整队伍管理措施和抓纪律作风的力度，力求把问题解决在萌芽状态。1996年，我们针对当时队伍中存在的民警喝酒误事、失态等问题，率先推出“禁酒令”，整纪刹风，收到了明显社会效果，使公务禁酒成为广大民警的自觉行为，有力地促进了行风转变。2004年，我市一贫困山区派出所告别“平房办公”历史，由上级投资拨款建起了办公楼，辖区一村委会主动送去400元钱表示赞助和祝贺。市公安局了解这一情况后，从减轻农民负担、严抓严管队伍、维护公安形象的高度，责令该派出所立即将赞助款退回，并写出书面检查。这在各派出所引起很大震动，起到了很好的警示作用。同时，我们举一反三、一抓到底，着力在源头治理上下功夫，积极争取党委、政府支持，及时将派出所经费归口市财政或县财政，保障了日常经费开支。同时，集中有限财力向基层倾斜，仅去年市公安局就拨付近300万元支持派出所建设，给基层新配警用车辆21台，有效解决了个别基层派出所为缓解经费紧张“拉赞助”“乱罚款”等问题。二是强化队伍监督和公正执法机制，着力在解决群众关注的问题上下功夫。针对个别基层单位存在的对待群众“冷横硬推”等“顽疾”，我们定期从纪委、督察等部门抽调人员，组成联合督察组，对一线执法单位开展专项督察，并及时将督察情况在全市公安机关通报，巩固成果，常抓不懈。针对群众关注的公正执法问题，我们坚持“以公开促公正创满意”，不断完善警务公开机制，切实以程序的合法和结果的公正，实现严格执法与人民满意的双赢。针对群众十分关注案件侦破情况的实际，每当有影响的重大案件或系列案件得到破获，我们都适时向社会公布，鼓舞群众，震慑犯罪。三是严格队伍日常教育管理机制，着力在规范民警从警行为上下功夫。加强行风建设，教育是基础。我们在加强民警政治、业务培训的基础上，引导民警把取得的荣誉和成绩当过去看，认真解决不思进取的问题；把小的事情放大看，认真解决潜伏性问题，以此不断增强广大民警忠于职守、严守警纪意识。同时，先后制定了廉洁从警规定、领导干部述职述廉、绩效考核等11项相关制度，防微杜渐，有效规范约束了民警行为，激发了民警工作积极性。十年来，先后有6名同志因超负荷工作牺牲在岗位上，有12名同志在执行警务中负伤，有170个集体和345名民警荣立一、二、三等功，有16个基层所队在公安部、省公安厅组织的等级评定中被评为优秀等次。全市5个分县局参加当地行评，均连续多年名列前茅。

实践中我们体会到：做好新时期公安行风工作，必须坚持思想上实事求是，工作上真抓实干，作风上求真务实；必须时刻把群众的利益放在首位，心系群众，一心为民；只要决心大、思路清，锲而不舍抓落实，就一定能赢得广大群众的理解、支持和拥护。下一步，我们将以这次会议为契机，虚心学习各市的先进经验，与时俱进，开拓创新，努力把行风建设提高到一个新的水平。

第三节　合成化现代警务体系建设

自2007年始，针对社会治安形势日趋动态化、复杂化而全市警力严重不足的实际，市公安局党委按照省公安厅“干在实处、干出实效、走在前列”的要求和市委、市政府构筑“全方位、全天候、全员化”维稳体系的部署，以理念创新、警务创新应对新情况，以发案少、秩序好、群众满意为目标，以“一警多能、综合执法，多警联动、合成作战”为基本要求，以“六张防控网”为主要载体，以信息化建设为支撑，以责任明晰、奖惩兑现的激励机制为保障，充分运用现代警务理念、现代科技手段和现代管理机制，积极创建合成化现代警务体系，有效盘活警力资源、极大地提高了警务效能，有力地维护了社会稳定。2008年3月，全省公安机关“三基”工程建设经验交流会在日照市召开。是年，市公安局被省政府表彰为全省政风行风建设先进单位，被省公安厅评为全省优秀公安局。2009年，在省公安厅组织的全省群众安全感满意度调查中，日照市群众满意度位居全省第一。同年1月，市公安局被省委、省政府表彰为全省人民满意政法单位；同年5月，日照市被表彰为全国社会治安综合治理优秀市。新华社、《人民日报》、中央电视台等新闻媒体先后报道。

附：

创建合成化现代警务体系典型经验

一、整合警务资源，全力推进合成化现代警务体系建设。科学用警出效益。通过全面推行“一警多能、综合执法”，有效整合了警务资源，使许多工作实现了全警动员、全警参与。

（一）按照“一警多能、综合执法”的要求，充分发挥现有警力的最大效能。一是组织基层民警

图26-4　市政府党组成员、市公安局局长槐国栋（右二）深入一线指导巡逻盘查工作

开展“一体化”执勤。大力实行一专多能，确保基层民警在原有的工作时段内，能够发挥出最大作用。如：组织派出所民警集治安巡逻、交通管理、出租房屋检查、网吧检查、旅馆业管理、九小场所消防检查等于一体，做到巡逻到哪里，治安管控措施就落实到哪里。组织交通民警在查纠交通违法车辆时，同步检查车上是否有作案工具、有无违法犯罪嫌疑，既管交通又管治安。二是组织机关民警“常态化”参与实战。各级机关民警在做好本职工作的同时，利用夜间、节假日等时间参加治安巡逻防控，不仅充实了街面警力，也使机关民警经受锻炼、展示才华，实现“双赢”效果。市公安局机关以自愿报名的形式，组织办公室、政治部、计财处等非实战单位的45岁以下民警，成立特别行动队参与巡逻防控，使一大批民警成为既有指导能力又有实战经验的“复合型”人才。在刑警、治安、特警、交警支队和各区县公安机关，也层层组建了便衣巡逻力量。三是建立完善案件“归口办理”机制。针对综合执法后出现的案件移交等后续工作，民警发现违法犯罪问题后，一律依法先期处置，然后视情直接移交相关职能部门，或通过350M无线对讲系统实时向指挥中心汇报，由指挥中心指令相关职能部门依法查处，形成发现、抓获与调查处理的“链条化”衔接，确保了严格规范执法和各警种职责权限不乱。

（二）以“六张防控网”为主要载体，实现“多警联动、合成作战”常态化。在全面实行“一警多能、综合执法”、激发民警潜能的同时，在警种间则以完善“六张防控网”为主要载体，提升合成作战水平，努力实现对全市街面、村居、单位、公共复杂场所的“全方位覆盖”。一是构建起“攻防兼备”的公开和便衣巡逻防控网，全力遏制街面违法犯罪。其中以派出所、交警中队为单位实行公开巡逻、网格化布警，市公安局机关特别行动队和特警、治安、刑警、交警便衣行动力量，主要侧重旅游景点、治安复杂区域的便衣巡逻和守候。实行“警车上路即亮警灯、承担治安巡逻任务”制度，在不增加成本的前提下，进一步扩大了巡逻覆盖面，深受广大群众欢迎。通过以上措施，使警力最大限度地摆在街面上。全市每天有950余名公安民警和治安联防队员巡逻在城乡大街小巷，有效遏制了“两抢”等街面违法犯罪。二是构建起“管中有打”的易发案人群、场所管控网，有效查堵违法犯罪分子吃、住、行、销渠道。本着“以房管人”的思路，组织各级户政部门、派出所和街面巡逻力量，长效开展流动暂住人口和出租房屋治安管理，及时从中发现违法犯罪线索。2007—2010年，共登记暂住人口66万余人，注销35万余人，登记出租房屋9.3万余户。同时，加强旅馆、网吧、废旧物品收购等行业、场所的日常管理，全市旅（宾）馆已全部安装治安管理信息系统，通过旅馆、网吧治安管理抓获在逃犯罪嫌疑人300余名。三是构建起“查堵结合”的卡点堵控网，先后在省际、市际、县际交界处设立10个跨警种治安检查站，在进出市区、城区主要路口设立41个固定或流动治安卡点，组织交警和派出所民警联合行动，扎实开展经常性查堵工作，做到既查处交通违法，又查处其他各类违法犯罪，形成了严密的网络化堵控体系。四是构建起人防、物防、技防“三防合一”的单位、村居防范网，动员社会力量进一步强化“三防”建设，并狠抓社区警务建设，集中开展社区治安整治，使内部治安防范水平明显提升。2011年，五莲县、岚山区、经济开发区无刑事警情日累计分别达122天、61天、47天。五是构建起“快速联动、一呼百应”的科技防控网，有效提高了公安机关的快速反应能力。通过加强信息化建设，进一步完善了“三台合一”接处警系统、新建了GPS卫星定位系统和覆盖全市的350兆无线对讲系统，切实通过科技手段实现多警种一呼百应、快速联动。一些案件发生后，通过无线对讲机和GPS卫星定位系统就近布警，十几辆甚至几十辆巡逻车短时间内就会赶到现场，迅速形成严密的查控网络，使一些犯罪嫌疑人在实施抢劫、抢夺或盗窃等作案后，不到20分钟即被抓获。同时，依托“三台合一”接处警系统，市公安局每天发布一期警情通报、每周发布一期警情分析、每月发布一期警情研判，第一时间通报案件高发类型和时段、部位，指导各级各警种科学布警、精确打击，有效提高了警务效能。六是构建起网上网下相结合的虚拟社会防控网。针对当前网吧已成为一些违法犯罪分子“栖身地”的实际，市公安局及时将网吧管理纳入治安防控体系，多警种联动常态化开展网吧治安检查，及时从中发现可疑人员和破案线索。

（三）着力完善严打体系等工作载体，不断扩大合成化现代警务体系的覆盖面。一是着力完善合成化严打体系，始终保持严打高压态势。在构建起“六张防控网”，将街面巡逻盘查、卡点检查等严打措施纳入各级各警种日常工作，实现防中有打、管中有打的同时，充分发挥刑侦部门的尖刀作用，加强经常性侦查破案，适时开展多警种联动的集中打击行动，并本着“临时机构常态化运转”的思路，适时组建以刑警部门为主，治安、交警、行动技术、法制等警种参加的打击“两抢一盗”等专业行动队，负责随时受理、审查市公安局机关特别行动队等非刑侦力量查获、移交的案件，侦办重大“两抢一盗”犯罪案件和严重暴力犯罪案件，实现了从巡逻侦控、抓捕到嫌疑人员审查、案件审核“一体化运作”，使打击效能明显提升。二是完善“全警动员、常态运转”的反恐和重大活动安保体系，全力维护社会政治稳定。在充分发挥国保等部门作用的同时，将反恐和重大活动安保融入各警种日常工作，广大民警带着反恐意识、国保意识去开展治安盘查、暂住人口管理等工作，对可能影响重大活动安全的“人、地、物、事”，做到超前管控，对可能发生的群体性事件等做到超前预防、超前处置，确保了各项重大安保任务的圆满完成。三是完善民生警务体系，积极构建和谐警民关系。推出60余条促发展、惠民生的新措施。如，在服务群众方面，变信访部门“一家办信”为领导带头、齐抓共管，推行了主要负责同志随时接访、预约接访新机制。我们还通过互联网局长信箱、110和督察部门受理群众投诉、信访部门接访、“行风在线”等形式，广开接访渠道。同时，将有责信访问题纳入执法考评范围，制定了错案追究和执法办案“高压线”，规范执法行为，从源头上减少信访问题发生。全市公安信访量连年下降。在服务发展方面，进一步完善警企联系制度，特别是针对个别区域、个别行业存在霸痞恶势力人员从事抢占工地、寻衅滋事等违法犯罪活动，影响企业发展、影响群众安全感的问题，扎实开展多警种共同参与的打黑除恶、打霸治痞专项斗争，并通过推行大项目跟踪服务制和在建筑工地、工业园区、旅游景区设立警务室等措施，有效预防、打击各类违法犯罪活动，进一步优化了经济发展软环境。

二、健全保障机制，确保合成化现代警务体系长效运转。实践证明，如果没有完善的保障措施和监督制约机制，再好的工作思路和措施都难以落到实处。因此，市公安局不断健全完善工作运行保障机制，确保合成化现代警务体系持之以恒、高效运转。一是严格绩效考核、奖惩兑现。将大走访、信访接办、巡逻防控、反盗窃、交通管理、出租房屋整治、信息采集录入等各项警务工作，全部纳入台账化管理、排行榜制度和网上绩效考核，实现考核依据“实物化”、考核排名“阳光化”、考核工作“信息化”，并严格将考核结果与提职晋级、表彰奖励挂钩，严格奖惩兑现。二是推行全新的长效督察体系。为确保各项纪律措施落实到位，推动各项工作开展，市公安局狠抓了警务督察工作。市公安局值班局长、值班处室直接参加治安巡逻，深入一线检查督导；市公安局督察部门不定期抽查执勤单位值班备勤情况；同时，充分发挥市公安局机关特别行动队警力多、每天都上路巡逻的优势，组织他们“巡逻到哪里，督察工作就开展到哪里”。各分县局、支队也按照市公安局的模式，健全监督机制，切实把监督触角延伸到每一个执勤单位，增强了监督实效。三是充分发挥各级负责同志的模范带头作用。市公安局先后出台了《关于加强全市公安机关领导干部作风建设的意见》《领导干部带班值班巡逻制度》等制度规定，从市公安局党委成员到基层所队负责人带头真抓实干，与广大民警并肩战斗在巡逻防控、侦查破案等维护稳定第一线。四是狠抓了教育训练工作。组织50岁以下民警，每期50人、15天，不间断地进行轮训，期间边培训、边参加市区治安巡逻防控，并随时承担处突任务，使参训民警在提高执法素质的同时，成为维护治安的“生力军”和维稳处突的“机动队”。五是狠抓从优待警措施的落实。市公安局制定实施了《从优待警构建和谐警营十条措施》，认真实行民警体检、休假和住院探望等优抚制度，积极为民警解决家属子女就业、入托、上学等实际问题，落实了值班巡逻补贴、案件侦破奖励等措施，做到对民警政治上关心，工作上支持，生活上帮助。

三、促进工作、惠及群众，合成化现代警务体系取得明显成效。一是提高了警务效能、缓解了警力紧张难题。通过推行一警多能、综合执法，使各个警种的工作都由“独角戏”转变为“大合唱”，“大治安”“大刑侦”“大交通”等新格局得以形成，提高了查控违法犯罪能力。二是确保了社会稳定、消除了治安“顽疾”。通过创建合成化现代警务体系，无论从时间上还是从空间上，面对违法犯罪活动的，不再是单辆巡逻警车、某个派出所或警种，而是一个多警种合成作战、一呼百应、快速联动的强大警务体系，实现了集中优势警力严打、严防违法犯罪活动的既定目标，确保了社会治安持续平稳。三是锻炼了队伍，提高了整体战斗力。广大民警通过一警多能、综合执法，通过参加治安巡逻防控，在做好本职工作的同时，也学到了治安、交通管理等方面的知识，掌握了基本的查缉、抓捕等技能，还学会了做群众工作，真正在实战中得到了锻炼提高。四是展示了公安机关的良好形象，密切了警民关系。合成化现代警务体系的有效运转，使民警更加贴近群众、更好地服务群众，处处体现了亲民为民爱民的良好形象。不少群众和单位自发通过市长公开电话、网络发帖、写表扬信等形式，表达对公安机关的感激之情。

第四节　立体化治安防控体系建设

自2012年始，面对严峻复杂的反恐维稳形势和艰巨繁重的安保任务，市公安局党委以提升群众安全感、满意度为目标，紧紧围绕创新社会治理，探索推行一系列符合上级部署要求、顺应日照经济社会发展需要、切合日照公安工作实际的新理念、新举措，全面构建完善具有日照特色的立体化社会治安防控体系，有力地推动了平安日照、法治公安和过硬队伍建设，确保了全市社会政治稳定、治安平稳，群众安全感、满意度不断提升。

社会治安防控体系建设是一项综合性的社会公共安全管理系统工程。具体工作实践中，市公安局党委紧密结合本地实际，积极探索实行多赢警务理念、萌芽处置理念、新型犯罪“首案必破”理念、关联化的周边警务理念等“十大警务理念”，以推进“八项重点突破”、提升“八个能力”、完善“八大体系”为载体，坚持党委政府主导，实行科技引领，深化专群结合，注重优势互补，点线面兼顾，逐步构建形成打、防、管、控、建有机结合的立体化社会治安防控体系。2012年，强力推进社会化视频监控建设全覆盖工程、流动人口社会化管理机制、全天候巡逻防控机制、快速反应机制、警力建设、深化大走访、公安宣传工作服务群众、虚拟社会防控体系建设“八项重点突破”，着力完善社会治安防控布局，进一步提升了动态化信息化条件下驾驭社会治安局势的能力与水平，初步形成“群众得实惠、党委政府满意、社会各单位受益、公安机关效能提升”的多赢局面。2013年，聚力提升维稳处突能力、驾驭治安局势能力、保障发展能力、服务民生能力、公正执法能力、警务保障能力、警令执行能力、拒腐防变能力“八个能力”，以建立打防责任制和大回访机制为切入点，坚持科技强警、人才强警、创新强警，不断提升立体化治安防控能力水平，全面深化平安日照建设。2014年，着力完善常态化维稳处突、立体化治安防控、责任化侦查破案、精细化公共安全管理教育、阳光化公正执法、多元化服务民生、规范化队伍教育管理、科学化绩效考评“八大体系”，初步构建起地面地下空中一体、网上与网下一体、城乡海陆一体、人防物防技防心防一体的立体化治安防控体系。在2013

年省公安厅组织的全省群众安全感满意度调查中，日照市群众安全感位居全省第一。2013 年 5 月，日照市被表彰为全国社会治安综合治理优秀市。2016 年，在省公安厅组织的全省群众满意度调查测评中，日照市群众安全感位居全省第一，市公安局被表彰为全省优秀公安局。

附：

创建完善立体化社会治安防控体系典型经验

图 26-5 副市长、市公安局局长丛培浩（前排左一）与消防志愿者亲切交谈

一、着力推进网上与网下一体、地面与空中一体、城乡海陆一体“三个一体”，在治安防控体系的空间布局上实现由平面化向立体化转变。坚持网上与网下一体，做到依法管网、以人管网、以技管网，建立起多警种网上巡查、网下落地查控一体化长效机制。坚持地面与空中一体，在地面，着力完善网格化治安巡防体系，常态推行“警灯闪烁工程”和派出所民警、机关民警联合巡逻机制，充实加强特警巡逻力量，每月开展涉枪暴力警情处置演练，提升应急处置水平。在空中，着力加强视频网络建设，坚持“党政领导、综治协调、公安主导、社会参与”的原则，通过实行社会化运作模式，在企业事业单位、社区、村居、学校、公共复杂场所等，全面指导安装视频监控探头，并与公安机关联网，逐步实现视频监控村村联、厂厂联、校校联、网络化、全覆盖。其间，市公安局联合市综治办先后下发了《日照市社会治安动态监控系统建设工作两年规划》《关于进一步优化完善视频监控建设全覆盖工程的实施方案》等文件，积极争取党委、政府支持，将其列为全市重点综治工程，各区县党委、政府也都把视频监控工程建设作为重点综治工程和“为民办实事”“科技创安”项目，强力部署推进。2012—2016 年，全市共投入建设资金 2.08 亿余元，新增探头 3.78 万个，视频监控探头 6.63 万余个，已联入公安机关探头 8800 余个，全市一、二、三类目标视频监控覆盖率 100%；全市公安机关通过视频监控共破获案件 3400 余起，抓获各类违法犯罪嫌疑人 2150 余名。同时，视频监控体系建设在加强城市管理、服务群众等方面也发挥了积极作用。坚持城乡、海陆一体，深化社区和农村警务战略，覆盖率已达 100%，实现了城乡警务一体化、社区管理信息化、基层基础常态化，推动治安防范在社区全覆盖，构建起以社区、农村、企事业单位为主的网络化防控体系。在边防派出所安装渔港渔船进出港监管系统、渔业安全信息救助系统，有效提升了海上实时动态监控能力和港船管理水平。

二、坚持专群结合、人防物防技防结合、打防结合“三个结合”，在治安防控体系的措施手段上实现提档升级。积极推进专群结合，加强治保组织建设。至2016年底，全市共有2855个治保组织、1.4万余名治保人员，已成为社会治安防范重要力量。2014年，市公安局推动成立日照平安志愿者协会，组建日照市平安志愿者服务队，建设日照平安志愿者网站，搭建起平安志愿者活动平台，并将全市志愿者组织划分为市区、岚山区、莒县、五莲县4个区域，形成了“基层一线单位、警种部门、市公安局”的“三级梯队式”志愿服务队伍常态框架体系，积极组织发动和引导广大平安志愿者开展社会宣传、治安防范、安全监管等工作。至2016年底，全市平安志愿者队伍4.6万余人。在全市1403辆出租车上安装GPS卫星定位系统，与110指挥调度平台联网对接，使遍布城乡的出租车成为维护治安的辅助巡逻力量。做大做强社区警务，自2012年部署开展消防、车管、危管、外管、网管、物管“社区六进”工作，至2013年底，全市290个社区已全部完成“六进”。积极推动物业化、保安化防范，全市已发展承担小区治安防控的物业公司94家，保安队员4676人。同时，督促指导单位内部和居民小区安装防盗门、防盗窗，对开放式小区进行封闭式改造，重点推进楼房外管道防攀爬设施建设。积极推动物联网技术在治安防范中的作用，预防和减少可防性案件发生。积极推进打防结合，全市建立打防责任制，将每起案件的侦办责任明确到单位、明确到民警，对侦查终结的案件实行“一案一奖分，一案一追责”的积分奖惩制。同时，把每一起可防性案件的堵漏除患责任落实到基层民警，调动了全警参与打防工作的积极性，大大提高了案件侦破率特别是小案侦防效能。

三、推行更加注重情报先导、更加注重萌芽处置、更加注重源头治理“三个更加注重”，在治安防控体系运作机制上实现由被动防范向主动出击转变。牢固树立情报信息主导警务理念，搭建动态情报信息研判与警务指挥一体化平台，创新实行“情报+”战略，推行扁平化勤务指挥模式，最大限度提高公安机关快速反应、合成作战能力。建立常态化110警情研判机制，有针对性地指导各级各警种科学布警、精确打防，有针对性地深入辖区发案单位开展防范检查，督促加强人防、物防、技防建设，提升治安防范能力和水平。加强公安机关信息化建设，建立各类信息综合应用平台，充分依靠现代化信息手段，通过对各类治安信息的收集分析研判，实现情报与行动、基础与实战、打击与防控的快速转化和有机衔接，确保治安防控有针对性地开展。立足于抓早、抓小、抓苗头，积极配合党委、政府及有关部门做好矛盾纠纷调处化解工作。注重源头治理、建立宣传教育在前、人员管控在早、隐患发现在先、问题解决在初的主动型警务模式，从源头上提高预防水平，增强群众安全感。注重抓“心防”宣传教育，充分运用电视、广播、电台、报纸、网络等新闻媒体，开设法制宣传、心防宣传专栏以及召开新闻发布会等形式，大力宣传各种法律、法规，多渠道和多方式及时向社会发布预警信息，以案说防、以防说案，揭露违法犯罪手段，传授防范对策，使广大居民群众知法、懂法，自觉守法，提高群众的防范意识和能力。投资3000余万元，建成集交通、消防、禁毒、防震和日常治安防范宣传于一体的现代化公共安全宣传教育基地，不断提高了广大群众特别是中小学生的安全意识、法治意识和文明意识。建立危险路段滚动排查机制，重点车辆实行“户籍化”管理，启动市区网格化交通巡控机制；出台民俗旅游场所消防安全管理的标准化、规范化规定；建立完善民用爆炸物品一体化管理模式，最大限度减少民爆物品流失问题的发生。

第五节 “精准警务”战略建设

自2017年始，新一届市公安局党委着眼现代警务发展规律，精准把脉当前全市公安工作存在警力不足、机制不健全、信息化应用不到位的现状，坚持问题导向，主动向科技、机制创新要警力、要战斗力，创新提出践行“精准警务”理念，围绕实干、做实、落实三个年度关键词，推行切合日照实际的警务运行新体制，着力打造新时代日照公安特色“精准警务”，推动新时代日照公安工作内涵式、高质量发展。

市公安局党委基于工作实践和深入调研提出，精准警务是一种警务理念，要求每位民警、每项工作都要始终以“精准”为标尺，来衡量内外部形势判断是否精准、工作目标规划是否精准、工作措施和策略是否精准、工作质效评估是否精准、工作责任落实是否精准等等，事不厌精，干则一流，出则精品。精准警务是一种警务模式，核心是“理念＋机制＋科技”；特征就是高质量；关键是标准规范体系建设和科学技术应用；基础是坚实的基层基础支撑；根本是警务主体能力建设。精准警务是一种警务实践，是适应新时代公安工作发展需求的警务流程再造、警务资源再组、警务主体再塑。精准警务主要是解决当前存在的警务运行随意性、粗放式，警务结构松散性、倒置式，以及警务资源不足、配置不合理，警务主体主动性差、创新驱动力不足等问题。精准警务是一种警务战略，其总体布局包括四部分：一是精准警务理念，包括标准、规范、科学、合理、精细、高效六大理念；二是精准警务方式，包括精准感知、精准决策、精准指挥、精准实施、精准考评、精准保障六大内容；三是精准警务主体能力，包括研判能力、组织能力、执行能力、创新能力、学习能力、掌控能力六大能力；四是精准警务主要表现形式，包括平安警务、规范警务、数据警务、民生警务、合成警务、质效警务“六大警务”。

这一理念从提出到2018年底，在历时两年时间里，精准警务理念深入警心，深度改变着日照公安民警的思维方式和工作习惯，有力推动了各项机制制度进一步健全，警务工作效能进一步提升，确保了公安工作始终沿着集约、高效、精准的方向发展，为圆满完成各项重大安保维稳任务、维护社会治安大局持续平稳提供了有力的机制保障。2017年，在省公安厅组织的全省群众安全感满意度调查中，日照市群众安全感位列全省第一，群众满意度位列全省第三。是年5月，日照市被表彰为全国社会管理综合治理优秀市，连续三届获得这一荣誉，首次捧得全国综治最高奖“长安杯”。2018年，在省公安厅组织的全省群众安全感满意度调查中，日照市群众安全感得分95.38分，高于全省平均分2分，同比提升0.35分，连续3年位居全省第一，再创历史新高。市公安局被省委、省政府表彰为上合组织青岛峰会山东服务保障工作先进集体、全国“两会”安保工作先进集体，被省公安厅表彰为全省优秀公安局。

附：

创新实施“精准警务”战略典型经验

一、围绕“精确规范”下功夫、求突破，着力推动基础执法要素管理精准到位、基层执法行为规范高效

精准执法、流程再造，规范警务成为日照公安“亮点”。一方面，构建精准执法保障体系。推进执法办案场所升级改造，市、县两级公安机关全部建成高标准执法办案中心，所有派出所全部建成案件管理室、受立案窗口。紧紧围绕办案中心、案管中心、涉案财物管理中心“三个中心”，整合“警情、案情、人员、场所、卷宗、涉案财物”等执法要素，实现集约化、智能化、合成化执法管理。强化执法闭环系统应用，研发基于大数据技术的精准执法实战智能系统，实现智能量罚、远程讯问、模拟法庭等功能。加强执法动态数据实时监测，编纂执法白皮书，提升了执法数据信息预警研判效能。

图 26-6 副市长、市公安局局长张培林（右二）到十九大安保一线督导工作

另一方面，构建精准警务标准规范体系。部署开展标准规范建设年活动，引入质量管理、流程再造、绩效管理等理念，“清单化”“项目化”“智能化”推动每项业务、每个岗位细化完善工作标准和流程，实现全警触网、体系化运转。目前，健全完善涉及决策指挥、安保维稳、社会管控、执法办案、队伍建设、服务保障、基层基础等 7 个领域的标准、流程、规范 2000 余项，建立起覆盖全警种、全流程、全要素的标准规范体系。

二、围绕“精准制导”下功夫、求突破，着力推动基础要素管控扎实到位、基础科技支撑力明显增强

精准打防、靶向整治，平安警务成为日照公安“品牌”。一是在重大活动安保维稳方面靶向发力。创新推行情报信息搜集研判、指挥处置、督导整改一体化工作机制，最大限度实现预知预警预防，战时维稳能力进一步提升。“全市一盘棋”指挥调度，“市县一体化”高效融合，“海陆空网”安保体系，全面实现了安全绝对化、稳定常态化、民生最大化、效果最优化，圆满完成了历年全国“两会”、党的十九大、上海合作组织青岛峰会等重大活动安保维稳、重要警卫任务。二是在严打整治方面靶向发力。完善合成侦查打击机制，实行领导包案、挂牌督办制度，多警种同步上案，合成打击，快侦快破。不间断地叠加开展严打“铁拳”“净网”“清库”等系列专项行动，破获一系列重大刑事案件。以空前的决心和力度开展扫黑除恶专项斗争，创新专职民警 + 全员民警，单元攻坚 + 合成作战，属地管辖 + 异地用警，人力扫黑 + 智慧扫黑，专项斗争 + 人民战争“五 + 模式”，以雷霆之势“扫黑帮、打黑伞、挖黑财、断黑网、刨黑根”。2017 年、2018 年，打掉黑社会性质犯罪组织 5 个，打掉涉恶团伙 149 个，抓获团伙成员 901 名，首次打掉跨省恶势力集团。依法严厉打击网络违法犯罪，强力推进“净网”专项行动，严打群众反映强烈的侵犯公民个人信息、黑客攻击破坏等违法犯罪。三是在反恐防范方面靶向发力。创新推行反恐督导检查工作机制，运用重大安保活动倒逼力，充分发挥反恐办牵头作用，建立健全“暗访—通报—整改—再暗访—通报—整改—处罚”主体责任和监管责任落实链条，推动行业场所实名制落实到位，运用《中华人民共和国反恐怖主义法》接连开出大额反恐罚单，倒逼隐患整改落实，反恐责任落实能力进一步提升。四是在社会面管控方面靶向发力。创新推行查堵封控工作机制，结合全市路网布局、人车流量、实战需求等实际情况，重新规划建设 17 处公安检查站，高标准升级建设环鲁环青公安检查站，适时启动相应查控勤务等级，依托信息化手段和各类检查设备，突出对重点排查涉稳人员、可疑车辆的盘查，强化对危爆物品、“三非”物品检查力度，有效发挥“防火墙”和“过滤器”作用。创新推行等级化巡逻工作机制，将市区划分成若干网格，科学设置“10个战斗单元”，打造单元区域“一分钟处置圈”，形成网格布警、密集布防。根据社会面管控层级要求，适时启动社会面巡防等级勤务，严格落实公安武警联勤武装巡逻机制，最大限度屯警街面，始终保持严密布防、高压震慑的街面维稳态势。创新推行精准视频巡逻工作机制，在指挥调度大厅设立3个专职视频巡逻岗位，坚持24小时数据化、精准化、实战化视频巡逻，把3684个路面监控打造成为永远在岗的“电子警察”，精准巡防能力进一步提升。

精准智创、科技强警，数据警务智慧警务成为日照公安“动力”。随着全球科技创新空前密集活跃，以人工智能、量子信息、移动通信、物联网为代表的新一代信息技术加速突破应用，利用高科技手段实施的新型犯罪不断增多，一些传统犯罪也在借助新技术手段不断升级，带来了新的安全风险，社会治理难度空前加大。2017年始，市公安局按照上级公安机关部署，结合日照实际，大力实施公安大数据战略，着力建设智慧公安、打造数据警务，不断推进公安机关社会治理能力的跨越式发展。一方面，以新技术打造“智慧决策”，提升精准决策水平。创新推行信息化、装备建设专家论证工作机制，专门成立由局长挂帅的市公安局科技信息化委员会和装备建设委员会，定期召开论证会，对拟建设的项目进行专业论证。创新推行数据整合复用工作机制，全力推进数据兼容共享复用，做到数据整合与智能应用同步发力，着力以科技强警推动警务变革，推动传统警务向信息警务、数据警务、科技警务转型升级。完成警务云基础平台、安全平台建设，打造“公安智脑”，整合社会部门和公安内部数据5200多亿条，依托全网数据实现对人、事、物、地、组织的全维度分析。提升指挥决策信息化水平，建设实战指挥应用平台、海上执法指挥调度平台、卫星应急通信系统，购买应急指挥车，配备具备夜视功能的无人机，实现可视化指挥调度。推进“天网”智能化建设，整合10个部门视频监控资源，全市11万余个探头联网联控，形成视频建设、管理运行、数据应用“三网合一”。另一方面，以新手段打造“数据作战”，提升精准打防能力。研发精准数据作战系统，涵盖110接处警服务、侦查办案服务、重大活动安保、大数据常态化分析等4大模块，实现数据分析刻画、数据预测预警。搭建基于“三维建模＋”和标准地址的精准数字应用系统，实现一标三实采集、反恐防范、城市管道应急处置等应用，使民警抛开了80%的重复工作量，切实变人海战术为精准作战。在车站、机场、码头、检查站布建人证核验、人脸识别、虹膜身份核查系统，加强社会面感知系统建设，实时追踪重点人员、车辆轨迹。探索开展“警企”合作新模式，联合浪潮、诚方、睿企、海康等知名互联网企业开展深度合作，建设了市公安局“精准警务智创中心”，引入机器学习等人工智能技术，开展智能刻画、智能调解、智能搜索等智能研发，有效提升公安机关核心战斗力。经公安部对全国28个申报城市进行评审，日照成为全国社区智慧警务模式建设应用4个示范单位之一，“社区智慧警务＋”项目列为市委深化改革重点项目，写入《市政府工作报告》，至2018年底，已在全市40个社区开展试点工作，着力为全省乃至全国提供“日照方案”，打造“日照样板”。依托科技手段加强新业态管控，会同达因公司研发智能手机拍系统，让业主“零投资”实现旅客信息上传；将共享单车管理客户端数据接入公安机关，实现实时轨迹查询；会同大疆公司研发无人机反制系统，并建立相关部门联动机制，实现“低慢小”飞行器处置资源有机融合；建立行业管理＋治安查控管理模式，配合交通部门依法办结涉网约车案件21起；规范488处日租房经营管理，取缔非法日租房172处；指导43家寺庙落实“三防”设施建设，消除寺庙留宿管理盲区。

精准指挥、联合作战，合成警务成为日照公安“利剑”。做优实战化指挥中心。建强市公安局、分县局实战型指挥中心，在特警、边防等警种和19个城区派出所设立勤务指挥室，形成上下联动的实战指挥体系。做强合成作战中心。整合全警资源、聚焦一线实战，形成“情报＋打击”“情报＋防范”“情报＋巡逻”新机制。建立完善市公安局、分县局、基层所队三级联动的信息合成作战机制，与指挥中心一体化运行，实行110刑事警情实时研判和未破案件深度研判，抓获漂白身份潜逃14年以上的命案逃犯等重大逃犯9名。做专反诈骗中心。推进“四位一体”实战化反电信网络诈骗中心建设，完善快速冻结止付、精准落地阻断、合成侦查打击、快速通报防范等机制，2018年，紧急止付被骗资金5728万元，冻结涉案被骗资金4.6亿元，冻结资金总额和单笔冻结资金额位居全省第一。2018年，全市八类主要案件同比下降34%，“两抢”案件同比下降58.2%。做实“组团式”功能区。按照“1+1＞2”的组团式融合发展模式，打造信访、法制功能区，集合成作战、反电信网络诈骗于一体的数据作战功能区，成立以优秀民警姓名命名的工作室10个，组建有刑侦、技侦、网安、情报民警参与的打黑、反诈、追逃作战单元，有效拓宽合成警务的外延。创新智侦智防模式。围绕实战需求，探索推行基于大数据、智能化的信息集成侦防模式。在智侦方面，综合运用互联网、物联网、云计算、智能感测等技术手段，深度挖掘社会运行中的各类数据，对与案件相关的人、事、物、空间、行为等要素进行智能关联串并、智慧分析研判，实现快速破案、精准打击。2018年，通过智侦模式共破获各类案件470余起，抓获网上在逃犯罪嫌疑人42人，其中破获一起12年前命案积案，抓获潜逃2年的邪教组织骨干1名。在智防方面，以推进“社区智慧警务+”项目为牵引，统筹信息化支撑、网格化管理、组团式服务，实现社区警务与社区政务、社区事务、社区服务深度融合，着力构建智能化、网格化、社会化治安防控网络。2018年，全市可防性案件同比下降19.5%。

三、围绕“精益求精”下功夫、求突破，着力推动人人工作精益求精、事事做到精致精彩

精准服务、常态长效，民生警务树立日照公安“新形象”。创新打造互联网“微警务”，将报警求助、政策咨询、群众信访、防范宣传等多项服务从窗口延伸到网上、连接到掌上。出台《深化户籍制度改革加快提高户籍人口城镇化率服务人民群众四项措施》，进一步方便群众。健全完善大回访工作机制，紧盯群众不满意的“小数字”，实时分析改进群众不满意事项,2018年，回访群众256.1万人次，一级回访满意率99.26%。深化平安志愿者队伍建设，推动平安志愿服务向治安防范、治安调解、应急处置等领域延伸，平安志愿者5.3万人。东港分局以“枫桥式东港”建设为抓手，借力大数据的深度融合与运用，创新建立“警司联调”机制，统筹各方力量、整合各类资源，及时为群众化解矛盾纠纷，真正实现“小事不出村、大事不出镇、矛盾不上交”；交警部门通过推行“一站式、一体化、一网办”等便民新举措，推进了道路交通事故处理流程再造和机制创新，精心打造了让群众按照自己意愿自主选择、网上全流程一体化运行的事故处理和矛盾纠纷化解“日照模式”。

精准保障、履职尽责，质效警务保障改革发展。牢固树立“跳出公安看公安”理念，自觉把公安工作放在全市经济发展大局去谋划，紧紧围绕日照“五大战略”实施和争创“长安杯”、创建全国文明城市，持续发力、攻坚克难，全力打头阵、当先锋、做表率，为服务保障经济发展提供新动能和强有力的“公安支持”，被市委、市政府表彰为日照市系列攻坚行动突出贡献奖。聚力保障全市经济发展改革整顿，开展日照港集团整顿“利剑1号”行动，2017年、2018年，共抓获“蛀虫”23名，清欠70亿元，推动日照港集团由连续十年亏损转为盈利，实现“浴火重生”；开展打击逃废银行债务“利剑2号”行动，坚持全市统一用警、以打开路，合力唱好“快、准、狠、稳”四字诀，实现“打击、挽损、化解、维稳”四个并重，集中警力打“歼灭战”，坚决将转移、藏匿资产、逃废银行债务的不法分子绳之以法。推动相关部门和区县形成统一战线，依法处置涉案财产，建立完善打击化解金融风险长效机制，打出了挽救金融危局的组合拳。2017年、2018年，共抓获犯罪嫌疑人183名，挽回经济损失69.4亿元，敦促银行企业达成还款协议30.56亿元，直接带动金融风险化解，推动全市金融回稳向好，公安部、省公安厅推广经验做法。聚力服务新旧动能转化重大工程，围绕“突破园区、聚力招引”大局和重点项目建设，在全省公安机关率先出台服务保障新旧动能转换重大工程28条举措，进一步深化警务前置机制，推行“项目警务”，组建服务团队，设立相关事项审批“绿色通道”，落实矛盾纠纷排查、重大经济隐患预警措施，确保重点项目顺利落地、投产。聚力服务乡村振兴战略，选任农村警务助理2883人，实现行政村全覆盖，同步研发“警信通”警务助理APP软件，以此加强对农村警务助理的任务派发和管理考核，确保充分发挥其应有作用。聚力服务海洋经济建设，深入推动“平安海区”创建，牵头开展为期7个月的创建“平安海区”专项整治行动，清理违规养殖用海16.8万亩，整治问题海域近11万亩，查获、拆解涉渔“三无”船舶60艘，查获盗采海砂船2艘，打掉7个涉嫌寻衅滋事、敲诈勒索的海上恶势力犯罪团伙，抓获犯罪嫌疑人43名。同时，推动市政府出台管理办法、建立长效工作机制，推行海陆一体护海警务模式，开展海上联合执法行动，全力维护良好的海上治安秩序，创出了“平安海区”建设“日照经验”。聚力服务旅游城市建设，在全省率先建立专职旅游警察队伍，主动对接铁路部门建立联动联勤机制，超前做好“高铁旅游”治安保障工作，部署开展日照西综合客运站安全隐患大排查大整治活动。规范旅游警察专业化队伍建设，健全完善旅游纠纷快速调解、外地旅游车辆快速通行等“绿色通道”，着力做强旅游警务品牌。同时，开展“严纪律、强作风、树正气”专项整顿“清风”行动，推行最严“四个一律”禁酒规定，加强党建、廉政、警营文化中心建设，着力打造忠诚型、学习型、实干型、创新型、廉洁型、团结协作型“六型阳光警队”，为精准警务战略实施提供有力队伍保障。

RI ZHAO SHI
GONG AN
ZHI

第二十七章

27

区域警务

QU YU JING WU

1989年地级日照市建立后，市公安局直辖27个公安派出所。1992年日照市设区带县后，随着行政区划调整，市公安局相继增设公安（分）局。至2018年底，市公安局共辖公安（分）局9个。

各公安（分）局设立（划入）后，结合各自辖区实际和工作重点，大抓基层基础工作，严格队伍建设管理，注重和加强警务实践创新，先后创造出许多特色鲜明、切合区域实际的经验做法，为维护国家安全和社会治安秩序稳定、预防和惩治违法犯罪活动、服务保障驻地经济发展、密切警政警民关系起到积极推动作用，公安工作和公安队伍建设在实践中不断创新、在创新中不断发展。

第一节 东港分局

日照市公安局东港分局（以下简称“东港分局”或“分局”）成立于1993年4月10日，与市公安局在兴海路40号办公场所同址办公，治安管辖区域为东港区全部行政区域。随着岚山区、日照经济技术开发区、山海天旅游度假区的设立，分局治安管辖区域相应进行调整。截至2018年底，辖区面积997平方公里，常住人口74.18万，流动人口11万，共设置公安派出机构20个，其中建制派出所18个、非建制派出所2个。

图27-1 2017年，东港分局合成作战指挥中心

一、业务工作

1993—1995年，全区公安机关认真贯彻落实全国第十八次公安会议精神，围绕服务经济建设这一主线，大力推进社会治安综合治理，严厉打击各类刑事犯罪活动，努力为全区经济社会发展创造良好社会环境。大力推进社会治安综合治理。1993、1994年，在全区农村推行社会治安综合治理“细胞工程”建设，各村划分治保小组，小组包户，层层签订治安承包责任书，明确每个小组、每个人在社会治安综合治理中的权利、义务和所承担的责任。1993年5月，全市公安工作会议组织与会人员参观东港区尹家河乡（今属东港区南湖镇）社会治安综合治理“细胞工程”建设情况，推广分局工作经验。1995年4月，市公安局在东港区日照街道昭阳小区召开动员会议，推进细胞工程从农村延伸到城区。

严厉打击严重刑事犯罪。1994年，全区组织开展以挖团伙、打流窜、破大案、追逃犯为主要内容的打击行动和破案会战。5月25日，开展集中收捕行动，全区共组织党政干部、公安民警、保卫干部、民兵2841人参战，出动车辆455台次，抓获各类违法犯罪分子77名，破获案件112起。9月30日，全区举办公捕、公判大会，分局对9名犯有伤害、抢劫、诈骗、强奸、盗窃罪行的案犯依法宣布逮捕，实验中学部分学生、区直企事业单位干部职工等居民、群众1500余人参加大会。是年，全局共破获刑事案件219起，带破往年积案、隐漏案件113起，其中大要案74起，抓获犯罪分子297名，摧毁犯罪团伙20个，查获团伙成员101人。1995年1月，分局刑警大队因在维护社会治安秩序、打击刑事犯罪斗争中做出突出成绩，被省公安厅记集体二等功。

1996—2000年，按照市公安局“抓班子、带队伍、促工作、保平安”总体思路，持续深入开展严打斗争，推行110接处警机制，深化派出所及刑侦改革，建立完善与市场经济相适应警务机制。1997年，被市委、市政府表彰为全市社会治安综合治理模范单位。2000年，被省公安厅表彰为全省优秀公安局。

图27-2 1997年，召开案件庆功表彰大会

持续深入开展严打斗争。1996年，按照全国和省、市统一部署，组织动员全体民警，全力以赴投入严打斗争，共破获刑事案件538起（其中年内案件235起），全年发生的20起杀人案件全部侦破；查获刑事犯罪嫌疑人405名，其中批捕负案逃犯88名；收缴非法枪支5230支；缴获汽车5辆、摩托车64辆、拖拉机5辆，电视机、放像机41部，现金290万元，赃款赃物总价值500余万元。1997年，共侦破杀人、抢劫、绑架、重大盗窃等有影响恶性案件106起，其中当年发生的5起劫车杀人案侦破4起，并带破1996年外地劫车杀人案1起，分局刑警大队再次被省公安厅记集体二等功。1998年，在强化侦破现行案件的同时，分局先后组织开展三次破案会战和四次集中统一行动。全年共侦破刑事案件349起，抓获犯罪嫌疑人438名。

推行110接处警机制。1997年5月，东港分局设立指挥中心（对外称办公室），下设指挥调度科，负责组织指挥110报警工作。6月12日，东港区委、区政府办公室联合发出通知，要求进一步加强和完善“110”报警服务系统建设，动员全区各级各部门齐心协力共建东港“110”，推动全区社会主义精神文明建设。10月7日，东港区政府召开110报警服务系统联动会，推动共建“110”活动开展。1998年10月，市公安局巡警支队二大队整建制划归东港分局，成立日照市公安局东港分局治安巡逻警察大队（以下简称“分局巡警大队”），其所担负的日照市区老城区110接处警工作同时移交东港分局。10月26日，分局巡警大队民警刘为平、李伟、高松亭在处警中奋勇抓捕歹徒，李伟、高松亭负伤，行凶歹徒全部落网。李伟被公安部记个人一等功、表彰为全国优秀人民警察，高松亭与刘为平被省公安厅记个人二等功。2000年，分局巡警大队被共青团中央表彰为全国公安系统青年文明号。

推进派出所及刑侦工作改革。1997年，将预审科并入刑警大队，实行侦审一体化，人均破案数由1996年的8.1起提高到9.3起。同年，深化派出所工作改革，将辖区划分为98个责任区，推行民警包片，包片民警在工作中共发现违法犯罪线索320条，破获刑事案件62起，查处治安案件206起，调处各类纠纷272起，抓获犯罪嫌疑人56名；为居民代办户口变动手续、居民证等2500余次，为群众做好事226件次；收到表扬信112封，锦旗、镜匾67块。分局

图27-3 1997年，派出所民警走访辖区老人

黄海路派出所被省公安厅表彰为全省优秀派出所。是年，提出把“让群众从心里满意”作为派出所工作最高目标，分局望海路派出所推出让群众满意在派出所、满意在家中、满意在心中“三满意工作法”，工作经验被市公安局《日照公安简报》刊发推广。分局涛雒派出所推出“流动服务车”巡回到各村上门服务，全年为群众办理户口手续13626份，拍摄身份证照片6256份，挂自行车牌照8923个，居民身份证办证率、自行车审验率同比分别提升17%和19%。1998年6月，市公安局在东港分局召开全市深化派出所工作改革经验交流会，推广2个派出所相关工作经验。1999年3月，望海路派出所被省委政法委表彰为人民满意政法单位。

2001—2005年，围绕为经济建设提供良好发展环境，以严打整治斗争为龙头，推动公安管理工作全面提速，推进派出所正规化建设，全面提升公安业务工作和队伍建设水平，分局先后被评为全省严打整治斗争先进集体、全省人民满意政法单位、全省人民满意公安基层单位、全省优秀公安局、全市社会治安综合治理先进集体。

开展“严打整治”斗争。2001年起，开展为期三年的“严打整治”斗争，全区公安机关坚持打黑除恶、治爆缉枪、打击经济领域犯罪“三条战线”全面出击，相继组织开展百日破案会战、追逃专项行动、严打整治“冬季行动”“春季攻势”，以及集中打击抢劫、抢夺等多发性犯罪专项斗争，不断纵深推进“严打整治”斗争。期间，共破获刑事案件2999起，抓获犯罪嫌疑人1823人；查获犯罪集团166个，抓获团伙成员605人；缴获赃款及赃物折款768万余元。

推进命案攻坚。2004年，分局以“命案必破”为导向，突破原有工作模式，建立起以保障机制、攻坚机制、协作机制、激励机制和科技强侦为主要内容的命案侦破新机制，全力开展命案攻坚专项行动，当年发生的14起命案全部告破。经验做法被省公安厅、市公安局转发，受到公安部通报表彰。

图 27-4　2004年9月，东港分局召开案件侦破表彰大会

推进公安管理工作全面提速。2002年，以公安提速工作为契机，开展集中治理发展环境活动，要求对各类公安行政审批和服务事项，能当场审核的事项当场办结，材料不全的告知补充材料，并填写《补充材料清单》交给当事人，保证两次办结，不让群众跑第三趟。印发《关于规范办案时间的通知》，对各类案件的受理、治安案件查结、刑事案件立案侦查等，都作出明确具体的时限规定。2003年，研究出台《关于改革公安工作服务跨越发展的意见》，制定20条举措，对公安审批项目精简50%，同时对各类行政性收费进行清理和压缩。2004年，牢固树立“群众利益无小事”理念，对户政管理、出入境管理、治安管理等与群众利益密切相关的业务，全部实现“一站式”“一条龙”服务。2005年，新建分局综合警务大厅，深化“面对面”“一站式”服务和首问负责制。2002—2005年，分局连续4年在全区行业作风评比中名列第二。

推进派出所正规化建设。2005年，投资300万元用于基层派出所改建、扩建和新建，统一派出所外观标识，全部建成“五小工程”和综合警务厅，规范派出所制度建设、绩效考核、执法执勤、内务管理、行为举止和窗口服务。是年4月，被省公安厅确定为公安队伍正规化建设示范公安局，在全市公安机关等级化管理和执法质量考评中名列第一。12月9日，全市派出所正规化建设现场会在东港分局召开，推广分局相关工作经验。是年，分局南湖派出所被表彰为全省公安派出所工作先进单位，黄海路派出所被表彰为全省优秀公安派出所。

2006—2010年，以“平安东港”建设为主线，围绕人民群众反映强烈的“两抢一盗”（抢夺、抢劫、入室盗窃和盗窃机动车）等违法犯罪案件，开展专项打击，强化社会面巡逻防控，不断提升公安机关快速反应、掌控社会治安局势的能力水平。分局先后被表彰为全省践行社会主义法治理念先进单位、全省优秀公安局、全省公安机关治安防控工作先进单位、全省公安机关执法质量先进集体、全市人民满意政法单位、“平安日照”建设先进单位。

打击“两抢一盗”。针对“两抢一盗”违法犯罪案件高发，严重影响群众安全感和满意度的新情况，本着“打现行、抓逃犯、控源头”的要求，通过加强信息研判、科学指挥调度、主动强化巡逻、组织并案侦查、跟踪架网守候等多项措施，全力抓现行、压发案，有效打击防范市区街面“两抢”犯罪。2005年，集中开展打击“两抢一盗”专项行动，共破获案件1179起，抓获犯罪嫌疑人349名，市区抢劫、抢夺、盗窃发案同比分别下降14.1%、59.8%、11.7%。2006年，组织力量集中开展为期100天的打击盗抢汽车“百日破案会战”专项行动，共破获盗窃汽车案件40余起，摧毁盗抢汽车犯罪团伙2个，抓获犯罪嫌疑人10名，缴获被盗汽车15辆。2007年，针对旅游旺季抢劫、抢夺、撬盗机动车等侵财类案件多发问题，分局组织成立2个专业行动队，加大便衣守候和专案侦查力度，共破获案件500余起，抓获犯罪嫌疑人110余名。2007年，分局刑事警察大队被省公安厅表彰为全省公安机关优秀基层单位。

打击非法传销。2006年5月，按照“查找源头、端掉窝点、摧毁网络”的要求，端掉一非法传销授课点，一次抓获10名传销头目，遣散参与传销人员126名，涉案非法经营额80余万元。2007年，深入开展打击非法传销专项行动，破获案件7起，端掉传销窝点16处，逮捕传销头目11人。2008年，组织开展打击非法传销和变相传销专项行动，以情报信息为主导，坚持“追源头、抓头目、破大案”指导思想，依法严厉打击传销组织中组织者、策划者和骨干分子，切断中层分子骗人的生存土壤，教育挽救最底层受骗人员，促进传销组织分化瓦解，共摧毁非法传销团伙36个、取缔传销窝点53处、端掉授课点24个，刑事拘留72人、劳动教养57人、行政拘留35人，依法遣散传销人员900余人。2008年3月，分局经济犯罪侦查大队被省治综委表彰为山东省打击传销工作先进集体。

强化街面巡逻防控。2006年，分局招聘巡防队员120人，组建巡防大队，担负市区主要街面、路段、公共复杂场所等区域巡逻任务，加强对案件易发路段、部位、时段巡逻管控。2007年起，将城区划分为11个巡区、33条重点巡逻路段和35处移动守候点，实施“网格化”布警，每天有50辆警车、13辆便车、400余名民警和巡防队员昼夜巡逻在大街小巷。在市区周边和治安复杂地段设立7处治安查报站，每天22时至次日凌晨7时，对进出城区车辆、人员进行盘查。推行“警车上路即亮警灯、承担治安巡逻任务”制度，让群众“白天见警察，晚上见警灯”，提升街面见警率。推行“一警多能、综合执法”，组织基层民警开展治安盘查、交通管理、人口管理等治安管控工作“一体化”执勤，有效解决“两抢一盗”案件多发、非法传销和无牌无证摩托车、大货车违章行驶等

图 27-5 2006年，为巡防队员配发警用摩托车

多年来难以根本解决的“三大治安顽疾”，压减可防性案件发生。2007、2008、2009 年，辖区接报刑事警情同比分别下降 11%、12%、9%，街面“两抢”警情同比分别下降 40%、28%、14%。2008 年，分局治安巡逻警察大队被省公安厅表彰为全省公安机关治安防控工作先进单位。

2011—2015 年，充分发挥公安职能作用，一手抓社会治安防控，一手抓服务经济建设，实现职责内涵、职能外延、警务效能、队伍合成、社会效果“五个最大化”。先后被表彰为全国公安机关东西合作素质强警行动计划工作成绩突出先进集体、全国“破案会战”成绩突出集体、全国清剿火患成绩突出县级机关、全国公安机关取保候审突出问题专项督察行动成绩突出单位、全省人民满意政法单位、省级文明单位、全省安全生产先进单位。

全力维护社会政治稳定。2011 年，分局在指挥中心设立情报信息科，组建情报专班，推行情报信息归口管理，组织研判会商，强化情报平台建设应用，大力加强情报信息控制，牢牢把握斗争主动权。2014 年，组建特勤大队，布警于重点要害部位，提升反恐制暴和应急处突能力，妥善处置各类突发事件。建立健全网络安全监察机制，密切关注互联网快速发展带来的新情况、新问题，网上公开巡查，网下落地查处，有效封堵、删除各类有害信息，依法打击各类网上违法犯罪活动。2015 年 6 月，分局出动 630 余人参加第三届中国—中亚合作论坛安保工作，完成这次规格空前的安保任务。

图 27-6 2015 年，特勤大队街面巡控

构建立体化社会治安防控体系。2012、2013 年，全区推进视频监控两年建设规划，基本实现村村联、校校联、厂厂联，无盲区、全覆盖。2014、2015 年，将市区和沿海旅游区划分为 13 个防区，依托 9 个警银亭、57 个社区警务室、4 个流动警务室，通过人力防控、视频巡查等方式，构筑警银亭互联、警务室并联警务站、警务站串联各小区单位的“三联”网格化动态巡防机制，形成以情报信息为基础，扁平指挥为龙头，视频监控等科技应用为支撑，职责明晰、分工协作、合成联动的大巡防格局。

开展经济犯罪“破案会战”。2012 年，围绕“多破案、破大案、办好案”，成立经济犯罪案件举报中心，开展打击经济犯罪“破案会战”。经济犯罪侦查大队与派出所上下联动，对金融领域的银行卡犯罪、财税领域的发票犯罪、商贸领域的商业贿赂、合同诈骗、职务侵占、非法吸收公众存款、集资诈骗等经济犯罪行为进行重点打击。全年破获经济犯罪案件 71 起，其中公安部督办案件 1 起，移送起诉 204 人，挽回经济损失 1600 余万元。是年，经济犯罪侦查大队被表彰为全国优秀公安基层单位。

推进执法规范化建设。2011 年，筹集资金 450 余万元，完成分局办案中心和全区 18 个派出所、1 个治安检查站办案区改建，设立分局涉案财物保管中心，各派出所、大队设立涉案财物保管室。印制 2600 余套法律法规汇编，全部配发到一线民警。2013 年，全面推行刑事案件办理“一个出口”工作机制，明确派出所办理刑事案件需要提请逮捕、各级办案部门办理的刑事案件需要移送审查起诉，统一由法制部门负责办理，提升提请逮捕、移送起诉成功率。扎实开展取保候审突出问题专项治理工作，通过领导包单位、民警包案、法制员阅卷、疑难案件集体研究等有效措施，排查整改不规范问题 322 处。建成法制视频监督信息中心，建立日常考评与阶段考评相结合的动态执法考评机制，严格落实每季考评、考试和通报制度。是年，分局被评定为全省公安机关执法示范单位。

图 27-7 2013 年，社区民警讨论工作

深入推进实施社区警务战略。2012 年，以“改造基本建设、突破警务机制、巩固保障机制”为重点，强力推进城乡社区警务。东港区政府将农村警务列为 12 项为民工程之一，新建 37 处农村警务室，拨付专项资金 200 余万元，用于人员工资及设施配置。2013 年，50 个城市警务室建设被东港区委、区政府列为为民办实事项目，并于当年全部建成，全面推行消防、物管、车管、危管、网管、外管等业务“社区六进”。2014 年，重点推进 50 处城市社区和校园警务室建设。2015 年，分局全面强化社区警务工作，设立专职社区民警岗位，农村派出所固定 1 名民警，城市警务室至少固定 1 名专职社区民警、2 名辅警，形成一支由 55 名民警、232 名辅警组成的社区警务专职工作队伍。建立“三个捆绑”机制，即社区警务与社区政务、物业事务、保安服务捆绑，及时掌握出租房屋租户基本信息、重点人员动态轨迹和人员变更情况，排查化解矛盾纠纷，发动群众组建护村队、护校队、联防队、“红袖标”等治安志愿者队伍，形成严密群防群治网络，守住后街背巷和居民小区。是年，各社区警务室调处化解各类矛盾纠纷 500 余起，辖区盗窃摩托车、入室盗窃案件同比分别下降 24%、17%。

2016—2018 年，以精准警务为引领，以建设“枫桥式东港”为载体，以推进工作标准化、流程化、规范化、智能化为导向，围绕重大活动安保、扫黑除恶专项斗争、基层基础攻坚、服务保障发展、执法规范化建设、智慧警务建设“六项重点工作”，打造精准维稳、精准严打、精准攻坚、精准服务保障、精准执法执勤、精准创新驱动“六大精准体系”，全面推进东港公安工作内涵式、高质量发展，先后被表彰为全省十九大安保先进单位、山东省先进基层党组织、全省社会治安综合治理先进单位、全省公安系统先进集体。持续加强火车站、汽车站等重要目标、部位安全防护和巡防，高标准完成党的十九大、上海合作组织青岛峰会、二十国集团民间社会（C20）会议、各级“两会”、日照国际马拉松等重大活动安保任务。为提升防恐制暴水平，共组织集中反恐防暴演练 3 次、重点单位反恐应急演练 400 次，举办反恐培训班 15 场次，累计培训反恐重点单位及场所人员 3000 余人次，先后开出全省首张客运行业反恐“罚单”、全市首例巨额“反恐罚单”。

图 27-8 2016 年 7 月 2 日，执勤人员冒雨检查车辆

严厉打击黑恶势力。2016、2017 年，深入开展“打黑除恶、打霸治痞”专项行动，打掉恶势力团伙 18 个。2018 年，深入推进扫黑除恶专项斗争，充分发挥扫黑除恶主力军作用，成立扫黑办与扫黑专业队，推进完善“三长负责制”和线索核查清零机制，破获全省扫黑除恶第一案，打掉黑社会性质犯罪组织 2 个、铲除恶势力犯罪团伙 21 个，抓获涉黑涉恶人员 324 人，破获涉黑涉恶类案件 308 起，查封、冻结、扣押涉案资产 3750 余万元。

全力稳控社会治安局势。成立图侦专班，推行图侦辅警派驻，依托“合成侦查实战平台”，强化小案侦防打击合力，破获盗窃等传统侵财类案件 1520 起。成立电信网络违法犯罪打防中心，深入开展打击治理电信网络诈骗专项行动，破获案件 109 起，拦截、冻结资金 2.1 亿余元。深入开展禁毒人民战争，破获涉毒刑事案件 76 起，抓获犯罪嫌疑人 97 名，查获吸毒人员 375 人次。集中整治治安混乱区域，抓获涉黄违法犯罪嫌疑人 539 名。

全面推进基层基础建设攻坚。2017 年，积极推动东港区委、区政府下发《关于打造"枫桥式东港"推进大综治大维稳平安建设的实施意见》，41 处城市社区警务室全部按"1（社区民警）+2（社区辅警）+N（网格长、网格员、平安志愿者）"模式配备警力，7 个镇 407 个村居全部实现"一村一警务助理"。发展平安志愿者 5000 余名，深入社区、村居、学校开展防范宣传活动，夯实网格化管理基础。截至 2018 年，全区共创建无命案村居（社区）593 个，无刑事案件村居（社区）505 个、无毒村居（社区）538 个、无信访村居（社区）336 个。2018 年，分局业务技术用房建设及城区公安派出所改造被列为全区新旧动能转换重点工程，建成分局执法办案中心、特巡警临时用房，完成河山派出所、高新技术产业开发区派出所迁建和大学科技园派出所扩建。

图 27-9 2018 年，公安与司法民警联和调解纠纷

全力服务保障发展。围绕"突破园区、聚力招引""旅游富市"、城中村改造、创建全国文明城市等重点工作，牢固树立"保项目"理念，分别成立工作专班，严厉打击阻碍重点项目建设的各类违法犯罪活动，服务辖区经济发展和新旧动能转换，相关工作经验被市委政法委和区政府先后转发推广。聚焦深入推进"放管服"，将户口市内迁移、临时居民身份证制作等业务下放到派出所，推动 18 项公安服务项目和 17 项公安审批项目进驻东港区和各镇街道政务服务大厅。依托"东港警民 e 家"微信公众平台，不断完善"互联网 + 公安政务"，保障"一次办好"改革顺利推进。聚焦防控金融风险，深入推进"打逃"（打击逃废银行债务）专项行动，共立案 49 起，抓获犯罪嫌疑人 47 名，为金融机构挽回损失 3.62 亿元。聚焦保障民生，破获食品、药品及环保领域案件 95 起，抓获犯罪嫌疑人 220 名。

继续深化执法规范化建设。2016 年，在全市公安机关率先成立案管中心，依托现场 4G 回传，与合成作战中心、派出所处警车组同步接警，与刑侦可防性案件侦办中心同步上案，对接处警、案件侦破过程实施全程化监督。2018 年，编写印发《精准执法管理手册》，针对 36 个多发、易发问题执法事项出台工作指引，建立覆盖执法全流程的标准规范体系，明确标准规定动作，让民警在执法执勤中有规可依、有章可循。在确保办案质量的前提下，推行繁简分流的刑事案件、行政案件快速办理"双快办"机制，简化工作流程，缩短办案期限。

扎实推进智慧警务建设。2016 年，投资 1200 余万元，全面实施视频监控再造工程。同年，投资 600 余万元，建成分局信息合成作战中心和各派出所信息合成作战室，自主研发实战化、智能化信息合成作战平台。2017 年，建成 56 个环区边界视频卡口，市区重点道路监控点更换超星光探头 50 个。是年，为基层所队配备网安电子数据智能终端取证设备和执法车辆 4G 车载回传系统，为派出所处警人员配备 4G 回传执法记录仪和核录设备。2018 年，主导搭建"6+N"社会综合治理平台，将智慧党建、社区服务、社区警务、信访维稳、综合执法、司法行政等 6 大平台融合对接，打造统一指挥、五级联动的"航母级"社会治理平台。受区政府委托完成"雪亮工程"招标，4000 多路小区、村居视频监控已经联入公安机关。强化与市公安局智创中心对接，全面推进智慧社区、智慧扫黑、智慧调解等大数据人工智能平台在基层警务工作中应用。

二、队伍建设

东港分局成立后，始终坚持政治建警、文化育警、素质强警、从严治警、从优待警，积极创新队伍管理体制，不断强化组织管理、思想政治工作、教育训练、作风建设，确保公安队伍始终置于党的绝对领导之下，始终保持忠于党、忠于祖国、忠于人民、忠于法律的政治本色，打造一支对党忠诚、服务人民、执法公正、纪律严明的“阳光警队”，培育“忠诚、廉洁、担当、善学”的东港公安精神。

党建工作 1995年，对所属各基层党组织进行全面检查和分析，对工作不力、缺乏威信的，派出工作组予以整顿、调整。1999—2000年，对分局党委成员提出讲学习、讲政治、讲团结、求真务实、心系群众、率先垂范、廉洁自律等七项要求，分局领导班子和各科所队长分别向民警作出十项承诺。制定出台《集体议事议案制度》，严格落实民主集中制。2003年，开展“三级联创”活动，以建设一个好的领导班子、带出一支好的队伍、建立一套好的管理制度、培养一种好的作风、做出一番好的成绩“五个好”为目标，强化落实基层党组织建设责任。2005年，对党委班子建设提出把握大局、加强学习、认真履行职责、贯彻民主集中制原则、坚持群众路线、进一步转变作风、坚持廉洁勤政、加强班子团结等八项要求。印发《领导干部“一岗双责”管理规定》，加强队伍教育管理。2006—2007年，加强基层党组织建设，选拔和配强支部书记，建立完善支部书记工作责任制、支部目标管理考核、党员学习等各项规章制度。2011年起，分局各基层组织全面实行党务公开。2015年，分局开展“基层党建责任落实年”活动，强化党员干部教育培训，加强和改进党员队伍建设、基层组织建设，落实党群“双向直通”机制，强化基层党组织服务功能，增强基层党建工作针对性和实效性。2017—2018年，建立和完善战时党建机制，在党的十九大、上海合作组织青岛峰会安保期间，治安检查站、赴青增援队等作战单元全部成立战时临时党支部，发挥基层党组织战斗堡垒作用，教育激励党员民警在急难险重任务中建功立业。

思想政治建设 东港分局成立后，按照上级统一部署，相继认真开展“三讲”“三项教育”、“三个代表”重要思想学习教育、保持共产党员先进性教育、社会主义法治理念教育、深入学习实践科学发展观、党的群众路线教育实践活动、“三严三实”专题教育、“两学一做”学习教育等政治思想教育，结合公安工作特点和自身队伍建设需求，不断提升思想政治工作水平，增强队伍向心力和凝聚力。1994年3月，出台《加强思想作风建设实施方案》，重点解决中心意识、公仆意识、党性观念、宗旨观念不强以及精神不振、思想不适应等问题。2001年，出台《民警队伍思想状况定期分析制度》《领导干部走访民警家庭制度》《领导干部定期接访民警制度》《谈心交心制度》4个制度，推行民警思想政治工作目标责任制，局领导班子成员、中层科所队室负责人定期走访民警，各科所队室每月召开1次思想状况讲评例会。2014年，印发《谈心谈话制度》，组织分局党委委员、中层单位班子成员抓住民警提拔重用、轮岗交流、退职退休、家庭变故等重要节点，把握民警思想动态，适时靠上去谈心谈话，稳定民警思想，让民警第一时间感受组织的关注和温暖。2015年，开展功模休养活动，加大先进典型选树培养力度，营造队伍良好干事创业氛围。2016年起，以落实“党委主体责任、纪委监督责任、政工干部实体责任、分管领导具体责任”为抓手，构建“谈心为主线、温心为主题、舒心为目标”的“四责三心”队伍思想政治工作体系，夯实队伍思想基础，做法被市委政法委刊发简报推广。

队伍素质建设 1993年，组织开展岗位练兵活动，根据民警岗位特点，开展有针对性学习训练，在全市公安机关岗位练兵知识竞赛中，分局包揽前三名，2名民警在省公安厅组织的知识竞赛中进入前十名。2000年10月起，启动全员培训，用2年时间对全体公安民警轮训一遍。2004年起，扎实开展大练兵活动。2008年2月，被省公安厅评为全省公安机关“百十一”练兵活动先进单位。2011年5月，

图 27-10 2016 年，分局在中国刑警学院举办现场勘查痕迹检验培训班

创办“科所队长讲坛”，各科所队长陆续走上讲坛，就警务机制改革、业务工作经验、队伍建设等课题进行深入讲解，由政工室负责录制，在公安内网分局主页挂网供民警学习。2015 年起，通过打造“每周一文、两个讲坛（公安讲堂、法制讲堂）、五个微媒群（中层干部群、社区微警务群、社会微博群、民生警务群、警种单位群）、十个兴趣小组（摄影、写作、书画、文艺等）”“一二五十”工程，初步形成有东港公安特色的警营文化。同年 2 月，东港分局民警训练基地正式启用，内设民警训练馆、法制电教室、漂流书屋及篮球、乒乓球、羽毛球等健身活动场地。2016 年起，分局先后组织 300 余名民警到中国刑警学院、西南政法大学、复旦大学等高校，按照岗位需要进行轮训轮学，提升队伍综合素质。

作风建设 1993—1995 年，部署开展纪律作风整顿，联系容易发生的问题和以往教训，制定《杜绝干警违法违纪和责任事故保证书》，由干警个人、科所队室向分局党委分别签订保证书。1995 年，在全局严格执行市公安局“禁酒令”。1998 年，开展治理解决公安民警职务犯罪专项教育整顿活动。2001—2018 年，分局坚持每年开展纪律作风教育整顿活动，治标与治本相结合，持续整治在执法办案、服务态度、工作效率、纪律作风等方面存在的影响公安形象、警民关系的热点、难点问题。2014 年，分局在新警培训基地建成廉政文化室，在分局机关、大队、派出所办公楼建立廉政文化走廊，在文体中心设立廉政教育室，开展廉政文化建设。是年，分局被省公安厅评为 2014 年全省公安机关廉政文化建设示范单位。2017 年起，坚持廉政教育、监督检查、执纪问责三个常态化，开展现场及网上督察，及时发现整改问题，确保队伍风清气正。2018 年，在全局严格执行市公安局“四个一律”禁酒规定。

分局成立至 2018 年 12 月 31 日，先后 4 次受到公安部表彰，73 次受到省委、省政府及省直有关部门表彰，84 次受到市委、市政府表彰；分局所属单位 29 个次被评为全国、全省优秀基层单位；共有 4 名民警立一等功，39 人次立二等功，500 人次立三等功；5 名民警被公安部授予全国优秀人民警察称号，13 人次被公安部或部属单位表彰，12 名民警被省公安厅授予全省优秀人民警察称号，176 人次被省委、省政府或省直单位表彰。

三、争先创优

*在全市率先推行“满意在派出所，方便在服务车”。*1997 年起，东港分局望海路派出所以派出所勤务制度改革为契机，把“让群众真心满意”作为最高工作目标，不断探索新形势下群众工作的新路子，积极为群众办实事、做好事，人民群众满意度明显提升。是年，共收到群众表扬信、感谢信 68 封，锦旗、镜匾 29 面（块），群众对派出所工作满意率达 99%。一是规范窗口服务，让群众满意在派出所。制定工作规范，推行文明用语，民警、联防队员值班时自觉做到接好每一个电话、办好每一件事、接待好每一个群众。对来派出所办事的群众坚持做到“四个一”，即一张笑脸、一声问候、一个请字、一杯开水。实行限时办事制度，对群众要求办理的事项，能办的马上办理；手续不全的，书面告知需补办事项，保证第二次办结；情况不清或需要调查的，由包片民警代办，3 日内送到居民家中或交居委会转交；不能办理的，当面说明原因，耐心细致地做好解释工作。二是坚持上门服务，让

图 27-11 1997 年，流动服务车

群众满意在家中。改革勤务制度，实行民警、治安员包片责任制，包片民警、治安员每周下片工作不少于 30 小时，从代办户口、居民身份证、自行车牌照等一点一滴的小事做起，积极为群众办实事、做好事。三是倾听群众呼声，让群众满意在心中。印制发放警民联系卡 1.1 万份，方便居民和暂住人员及时向派出所报警求助。聘请 50 名执纪监督员，发放 570 份征求意见信，虚心听取群众对派出所和民警工作的意见，认真解决、答复群众反映的问题和求助。是年，涛雒派出所针对辖区面积大、警力少的实际，率先推出“流动服务车”，即由办案民警和户籍、自行车管理员组成工作小组，配备照相器材和通信工具，乘服务车巡回到各村上门服务，做到有隐患就排除、有案件就查处、有纠纷就调解、有困难就帮助，提供全方位管理与服务，被群众誉为“流动派出所”。1998 年 6 月，市公安局在东港分局召开全市深化派出所工作改革经验交流会，推广两个派出所相关工作经验，并在全市公安机关开展“满意在派出所，方便在服务车”活动。

建立命案攻坚新机制实现“命案全破”。2004 年，东港分局将杀人、伤害致死等严重危害人民群众生命安全、社会影响恶劣的刑事犯罪作为打击的重中之重，完善“三项制度”，建立命案攻坚新机制，全力开展命案侦破专项行动，当年发生的“1·11”抢劫杀人案、“7·25”强奸杀人碎尸案、“8·5”杀人案、“8·12”强奸杀人案等 11 起命案全部告破，经验做法被省公安厅、市公安局转发，受到公安部通报表彰。一是完善责任分工制度。明确各警种特别是刑警部门、派出所的任务和具体要求，确保快速处置、快速侦破。命案发生后，接到报警，案发地派出所在最短时间内赶赴现场做好现场保护工作，刑警大队侦技人员随后赶赴现场进行现场勘查、调查访问和追击堵截工作，并根据现场指挥员统一命令采取进一步侦查措施。同时，在侦查过程中，根据案件情况和进程需要，采取专门工作与大面积排查相结合的办法，适时调动其他警种，分片包干、各负其责，一旦发现重大线索，由专案组直接进行侦查，初步形成“多警联勤、快速反应”的整体作战格局。二是完善集中会诊、一案一议制度。适时组织召开命案研讨会，组织刑侦骨干对未破命案进行集中“会诊”，明确侦查主线，突出重点对象，逐一落实侦破缉捕责任。侦破过程中，在对案情适度保密的前提下，进行通报，让所有参战单位、民警熟悉案件情况，掌握摸排重点和工作方向。每起案件侦破后，及时组织全体参战民警召开总结会，对整个破案过程进行总结、反思，在找出破案成功经验与做法的同时，重点查摆、剖析存在的问题，不断积累破案经验，举一反三，提高破案水平。三是完善激励奖惩制度。为激发各责任区刑警中队和民警的侦查破案积极性，鼓励民警多破案、破大案特别是破命案，分局实行破案公开通报制度，在办公区设立公开栏，对各中队每月破案数进行统计、排出位次、每月通报。同时，实行破案奖励制度，对破获杀人、伤害致死等大要案的有功单位和个人，实行一案一奖，给予物质奖励，并提请上级部门记功嘉奖。是年，分局在侦破命案中，共有 4 个专案组、21 名民警受到奖励，其中集体三等功 4 个，个人三等功 12 人，嘉奖 9 人，奖励现金 8 万余元。9 月 7 日，东港区委、区政府召开大会，隆重表彰在侦破“7·25”强奸碎尸案、“8·5”杀人案、“8·12”强奸杀人案中涌现出的先进集体和先进个人，当场发放奖金 5 万元。

争创全省公安机关执法质量先进集体。2005 年，东港分局紧紧围绕严格公正文明执法主题，不断加强执法管理机制探索。成立法制工作领导小组，局长任组长，其他党委委员任成员，加强对法制工作的监督和服务。对民警的执法过错，本着对法律负责的态度，毫不姑息迁就，对执法问题坚持“三不放过”，即不查明原因不放过，不落实整改不放过，不追究责任不放过。先后制定《执法监督委员会案件催办制度》《执法质量考核办法》《执法过错责任追究规定》《法制科案件审核工作责任制》《110接处警工作规范》等制度以及《关于规范办案时间的通知》《几种常见治安案件的主要证据规格》等规定，使广大民警进一步明确了工作职责、目标、程序和要求，主动规范自身执法活动。通过剖析分局成立后发生的执法问题和外地典型案例，对民警进行法制教育，使民警从中总结经验，吸取教训，培养民警的证据意识、诉讼意识和时效意识。对重大、疑难案件适时召开案例分析会，党委成员、法制科人员以及办案民警参加会议，集思广益，共同分析问题，总结经验，研究方案。深入开展“大接访”活动，局长公开接访，现场办公，及时解决群众反映的问题，共接待群众来访163起、211人，查结156起，息访罢诉153起。是年，分局执法质量在全市公安机关执法质量考评中名列第一，被评为2005年度全省公安机关执法质量先进集体。

分局经侦大队获全国优秀公安基层单位。2011年，东港分局经济犯罪侦查大队充分发挥经侦部门“打击、服务、参谋”三大职能，以创建“平安东港”为载体，不断加强队伍建设，在全区23个派出所建设经侦工作室22个，强力打击各类经济犯罪，整肃辖区市场经济秩序，服务地方经济发展。年内，共破获各类经济案件86起，抓获犯罪嫌疑人152名，为企业和公民挽回经济损失5300余万元。2012年，在全国公安系统英雄模范立功集体表彰大会上，东港分局经侦大队被表彰为全国优秀公安基层单位。严厉打击各类经济犯罪。根据上级公安机关的统一部署，相继开展“亮剑”行动、“天网”行动、打击非法集资行动、打击假发票行动、反假币行动等一系列专项行动。在“亮剑”行动中，破获公安部督办的“2011·1·07专案”，查扣涉嫌假冒注册商标的53度飞天牌贵州茅台酒2400瓶，涉案金额400余万元，先后抓获犯罪嫌疑人2名，捣毁造假窝点1处，被《人民公安报》、大众网等多家媒体广泛报道。在“天网”行动中，加强与金融机构及检察院、法院等部门的联系，及时发现和掌握当地银行卡犯罪高危人员，以及为银行卡违规套现、转贷提供服务的中介机构情况，共抓获信用卡诈骗犯罪嫌疑人6名。在“清网”追逃工作中，不放过每一个在逃犯罪嫌疑人，追逃清网率达到100%，其中抓获在逃16年之久已漂白身份的犯罪嫌疑人吴某某，追逃经验和做法被公安部经侦局工作简报刊发。加强防范宣传，相继开展“5·15经侦宣传日”等活动，通过电视、报纸等媒体广泛宣传破获的典型案例，进一步加大对假发票、假币、银行卡、合同诈骗、非法经营、假冒伪劣产品等突出经济犯罪的防范宣传力度。加强队伍建设，大队领导班子统一认识，把自身的作风建设放在工作的首位，事事率先垂范，处处以身作则。通过“警民恳谈”“大走访”等形式，自觉接受外部监督，并要求民警相互监督，将民警管理延伸到八小时之外的日常生活和活动中。针对经侦业务专业性强、知识更新快，犯罪嫌疑人手法更加专业、狡猾、隐蔽的实际，推行每天一次班前会、每周一次集中学习、每月一次集中交流等练兵机制，组织民警学习业务知识。

践行新时代“枫桥经验”，推动社会治理创新。2014年起，把群众的需求作为工作决策的起点，学习借鉴新时代“枫桥经验”，构建“互联网+群众力量”新模式，统筹各方力量、整合各类资源、形成工作合力，推动社会治理创新。分局先后获得全省十九大安保先进单位、山东省先进基层党组织、全省社会治安综合治理先进单位、全省公安系统先进集体等多项荣誉称号。2018年11月16日，在公安部组织的《新时代“枫桥经验”在公安》系列网络直播中，分局作为全国选出的7个基层公安机关之一，展示“枫桥式东港”建设成果。实行“三绑四联”“打包组团”，推动社会综合治理网格化。在城市，以社区为网、网下设格，警务室与社区服务中心同址办公、一体运转，招聘社区辅警164人，物

图 27-12 2018 年 11 月，分局参加新时代“枫桥经验”在公安网络直播

建网格长 458 人，警务工作全部下沉到社区、网格，社区警务与“社区政务、物业事务、保安服务”捆绑运行，实现信息联采、纠纷联调、治安联防、服务联动。在农村，实行一镇一网、一村一格，进一步健全农村治保组织，形成以派出所管片民警为中心，警务助理、人民调解员、青年妇女组织等综治力量“打包组团”的工作体系，实现小事不出村、大事不出镇。实施三级调解维稳、三级应急处警，推动矛盾纠纷排除化解常态化。在村居，选聘警务助理 407 人，依托一级综合治理工作室，履行矛盾纠纷排查化解、警情先期处置、信息采集管理、法制防范宣传等职责，积极带动村两委成员、妇女青年干部、长者乡贤等参与综治维稳工作，不断壮大老党员“本色”平安志愿服务队、老兵调解室、大嫂调解员等民间综治调解队伍，先期处警 1600 余起，就地调解小矛盾纠纷 974 起，打好“阵地战”。在管区（社区），依托二级综治中心，社区民警、辅警与管区干部相互配合，指导村综合治理工作室和警务助理工作，做好村级无法解决的矛盾纠纷调解。依托“平安志愿者超市”，招募平安志愿者 5000 余名，让更多市场主体和社会主体参与治安工作，打好“运动战”。在镇（街道），依托三级社会综合治理中心，派出所与司法、信访等相关站、所、办全部入驻，轮值轮班，接待群众。邀请人大代表、政协委员等有影响的社会人士和法学、法律工作者担任义务调解员，及时、便捷、就地、有效地解决矛盾纠纷，打好“整体战”。实行信息融合共享、靶向施策，推动治安要素管控精准化。积极争取党委、政府支持，将智慧党建、社区服务、社区警务、信访维稳、司法行政等有关平台融合对接，搭建东港区社会综合治理管理平台，实行一个网站、一个门户、一站式登录，实现政府资源共建、共享、共用，社会要素管控与治安要素管控全面融合。

推进“社区智慧警务+”试点建设。2018 年起，东港分局按照市公安局统一部署，在日照街道沙墩社区开始试点建设“社区智慧警务+”，充分运用大数据、智能分析、物联网等新技术，实现节约警力、提升警务效能、群众满意的多赢。实现“一标六实”电子台账管理，在完成省公安厅“一标三实”任务要求的基础上，平台又采集录入实有安防设备、实有力量和装备、实有警情等数据，以“一标六实”推动实现基础数据全覆盖、底数清、情况明。实现信息智慧采集，在社区安装 600 路视频监控、66 个人脸识别卡口及楼道单元门禁、道闸、Wi-Fi 管控等前端感知设备，实现对进出社区的车辆、人员信息的非接触无感采集。日采集数据 38000 余条。实现智能分析预警。通过视频解析技术和人工智能算法，对平台对前端感知设备采集数据进行自动分析，可自动发现进入社区的重点人员，自动预警打架斗殴、老人及醉酒人员倒地等异常事件，自动预警昼伏夜出等异常行为。实现智慧管控，通过视频监控抓拍，对人员进出频次进行自动统计分析，连续 5 天感知的新增人员，自动推送社区民警核查，属于流动人口的进行登记。已登记的流动人口连续一个月在平台没有感知记录，由社区民警实地核查，确实已经迁离的，予以注销登记。实现智慧监管，通过井盖位移自动感知系统，可以远程感知井盖非法开启、位移、震动，避免出现落井事故，防止暴恐、破坏、盗窃。通过在室外消防栓安装压感装置，实时监测消防栓水量、压力是否充足，防止一旦发生火灾无法发挥应有作用。在社区建设电动车门禁系统2套、电动车车位1680个，为1500余辆电动车全部发放电子车牌。实现智慧服务，通过平台把噪音、城市管理、邻里纠纷等非警务警情，直接分流到社区有关部门，为群众提供组团式服务。布建独居老人关怀系统，在独居老人家里卧室、厨房和卫生间安装红外探测设备，如果3小时内不能探测到老人活动就会及时报警。

第二节　岚山分局

岚山区地处鲁苏两省交界，东临黄海，西邻临沂市莒南县和日照市莒县，北连东港区，南接江苏省连云港市赣榆区。1993年5月，市人民政府设立岚山办事处，独立行使区县级管理职能。2004年9月，国务院批准设立日照市岚山区。1993年6月，日照市公安局岚山分局（以下简称“岚山分局”或“分局”）成立，在圣岚路602号岚山头派出所二楼办公。1996年12月，分局机关迁入岚山中路15号办公楼。2017年5月，迁入轿顶山路505号新业务技术楼。截至2018年12月，岚山分局设“四室十二队五科两站”，辖14个公安、边防派出所；有民警191名，辅警211名。

图27-13 2017年8月22日，新警入警仪式

一、业务工作

岚山分局设立之初，盗窃、抢劫等案件多发，治安问题突出，分局提出“以打开路、严管树威”的工作思路，开展“百日破案会战”“春季严打攻势”等多波次严打整治专项行动，稳控社会治安局势。1994—1998年，集中整治公共复杂场所和治安落后村（居），打击处理“四霸”（车霸、路霸、市霸、渔霸）217名，治理整顿重点公共场所和治安落后单位39个。1994、1995年先后破获“1994·10·29”“1995·3·29”特大抢劫案，带破抢劫案52起，抢劫杀人案1起，涉案价值31.3万余元。1996年，历时7天破获“1996·11·22”故意杀人案。1997年，共组织4次严打整治集中统一行动，全年破获刑事案件134起，其中重大案件40起，抓获犯罪嫌疑人79人。

1997年6月，分局成立指挥中心，完成110报警服务系统与全市联网，抽调14名民警负责接处警工作，建立健全各项规章制度，至7月31日，共接处警113次，抓获违法犯罪嫌疑人19名，为群众做好事30余次，收到感谢信16封、镜匾4块、锦旗2面，分局接处警工作受到公安部和省公安厅通报表扬，岚山工委专门印发推广分局110工作经验和做法。1998年，重点推进110与卫生、电业、邮电、城建等部门的社会联动，推动110向农村、海上和内部单位的延伸。是年，试点推行办理户口责任制，对于群众申请办理农转非、非迁非、农迁农、收养子女、居民身份证内容变更更正等户籍业务，户籍员与其签订办理户口责任书，向群众作出承诺，接受群众监督。对申领居民身份证和办理"快证"，实行限期办理。是年4月30日，市公安局在岚山召开全市办理户口责任制试点经验交流会，推广分局试点经验。9月1日，省公安厅《户政管理工作》简报刊发分局相关经验。

图 27-14 1997 年，110 警务机制运行仪式

1999—2004 年，岚山分局在持续推进严打整治的同时，坚持业务、队伍、警务保障齐头并进，全力维护社会稳定、保障经济发展。2002 年，分局被省公安厅记集体二等功。

持续推进严打整治。2001 年 4 月起，在全区开展严打整治斗争，不间断地推进打霸治痞、打击盗窃、夏季治安秩序整治等一系列专项行动，强化侦查破案，完善治安防控措施。至 2013 年底，相继破获"6・18"强奸杀人案、"7・12"劫车杀人案、"10・7"特大持枪抢劫案、"10・25"特大诈骗案、"5・17"杀人案等一系列现行案件，打掉公安部认定的以李某某为首的黑恶势力团伙等 6 个团伙，缴获赃款赃物折款 630 余万元，收缴非法枪支 390 支、炸药 960 公斤、雷管 4066 枚、导火索 5300 米。2003 年，被市委、市政府表彰为全市严打整治斗争先进集体。

服务经济发展。这一时期，随着日照钢铁有限公司等大工业项目的落户，岚山进入社会转轨、经济转型期。岚山分局围绕全区发展大局，着力维护项目建设和企业正常生产秩序，为经济发展保驾护航。2000 年，大力加强安全教育，严格监督检查，持续强化企业内部安全防范，提高企业自防自卫能力，确保实现连续 5 年无重大刑事案件、治安灾害事故发生。是年 9 月 20 日，全市整治工矿企业及周边治安秩序经验交流会在岚山召开，与会人员现场观摩分局警企共建等工作，分局作题为《学习借鉴 开拓创新 努力探索企业安全防范新路子》的经验介绍。是年，在省政府纠风办开展的"万家企业评行风"活动中，岚山分局位列全区第一。2001 年，被省政府表彰为全省保护电力设施暨反窃电集中整治先进单位。2002 年，被表彰为全市社会治安综合治理先进单位、市级文明单位。2004 年，先后妥善处置"3・17""8・18"等群体性事件。

图 27-15 2000 年，碑廓派出所综合办公楼启用仪式

夯实基层基础建设。2000 年 1 月 18 日，安东卫派出所挂牌组建，正式对外办公，年内建成办公楼。2000 年、2001 年，碑廓派出所、虎山派出所相继建成新办公楼。至 2002 年，岚山分局所属派出所全部实现办公楼房化，交通、通信等装备配备均达到正规化建设标准。岚山头派出所被公安部命名为一级公安派出所、评为全国优秀基层单位，被共青团省委、省公安厅命名为全省青年文明号，先后被表彰为全省人民满意政法单位、全市人民满意政法单位。

2005—2011 年，抓住岚山设区的契机，以治安防控体系建设、执法规范化建设为重点，创平安、保稳定、促和谐，全面推进“平安岚山”建设。

强化治安防控体系建设。建立治安形势定期分析制度，完善经常性、区域性社会治安集中整治机制，密织巡逻防控网，最大限度“屯警街面”，持续提升精确打击、有效防范的能力。组建 20 人的城区治安巡逻队，开展巡逻防范、发现控制犯罪、扶危救困、参与处置突发事件。2006 年 1—7 月，共查破违法犯罪案件 32 起，协助抓获违法犯罪嫌疑人 123 名，扶危救困 69 起、救助伤员 51 人。2006 年 11 月，建成视频监控系统，初步形成“快速联动、一呼百应”的科技防控网。2008 年 6 月 24 日，根据北京奥运会安保要求和社会治安形势需要，成立反恐特警队，与城区治安巡逻队协同作战，强化社会面治安管控力度。是年，通过巡逻查破各类案件 323 起，抓获违法犯罪人员 287 名，全区可防性案件发案下降 46%，被评为全市奥运安保先进单位。2010 年，全区刑事发案同比下降 11%，全年无刑事警情日达 40 天，无“两抢”警情日 266 天，被表彰为全市平安建设先进单位。

图 27-16 2006 年，城区治安巡逻队

强力推进执法规范化建设。2006 年，推出以一级主办、二级考核、三级议案、四级把关、五级审核为主要内容的“一二三四五”执法工作机制，减少执法风险和漏洞。2010 年，创新建立动态化案件考评机制，分局办理的所有案件由法制室进行考核，考评结果建立电子档案，作为评价民警、办案单位绩效的重要依据。2011 年，按照管理规范、统一调配、服务实战的要求，进一步完善执法办案场所建设，严格工作操作规程，提升执法水平和执法公信力。是年 6 月 18 日，全省公安机关执法规范化建设检查组到岚山分局检查观摩，分局“规定动作”全部达标，创新亮点工作得到检查组充分肯定。是年，分局法制室被表彰为全省公安机关执法质量考评工作成绩突出集体。

扎实开展“大接访”。2004—2007 年，共处理群众信访问题 117 件次，处结率和结服率均达 100%，全区连续 3 年无群众涉法进京上访。2007 年，分局在原有工作基础上，实施《处理群众信访问题八项制度》，提炼总结《公安信访问题三字经》被省公安厅网站转发推广，分局被评为全省公安信访工作先进单位。2008 年，分局信访科被评为全省信访工作先进集体。

2012—2015 年，岚山分局全面推进社会管理创新，持续深化规范执法建设，进一步提升打防管控水平。2012 年，被表彰为全省公安机关贯彻实施执法规范化建设三年规划工作先进集体。2013 年，被表彰为全省公安机关“打黑恶、反盗抢、追逃犯”安民行动暨缉捕重大逃犯攻坚行动先进集体。2015 年 7 月，市考核办委托市社情民意调查中心对全市各区县群众满意度进行电话访问测评，岚山区社会治安项目得分 92.78 分，位列各区县第一名。

创新社会化视频监控建设模式。2012 年，分局高兴派出所把社会化视频监控建设融入“一线五通”农村综合信息网建设，由广电网络部门投资 600 余万元、安装摄像头 260 个，乡镇广播电视站负责日常维护，派出所值守使用。是年，安东卫街道、中楼镇与移动通信公司合作，其余乡镇与广电部门合作，借鉴高兴模式全面推开视频监控建设安装工作，全区社会治安防控水平显著提升。这一经验模式先后被中央电视台第四频道《中国新闻》栏目报道，《日照日报》《大众日报》刊发。

严打黑恶犯罪。2012 年，把“打黑恶、反盗抢”安民行动作为全年严打整治工作主线，先后打掉恶势力团伙4个，受到省、市打黑办表扬。2014年，扎实开展“海上打击”专项行动，打掉恶势力团伙3个，抓获团伙成员19人，破获各类刑事案件30余起。历时近两年，打掉以代某为首的黑社会性质犯罪组织，首犯代某以组织、领导黑社会性质组织罪等7项罪名被岚山区人民法院判处有期徒刑12年，其余15名被告人分别被判处刑期不等的有期徒刑。这是全市破获的第二例组织、领导黑社会性质组织案，实现建局20年来打黑工作新突破，省、市“打黑办”专门向岚山分局发出贺电。

图 27-17 2012年，高兴镇农村综合信息网视频监控中心

持续深化执法规范化建设。2012年，岚山分局在全市率先建立实施办理刑事案件“一个出口”工作机制，派出所办理刑事案件需要提请逮捕、各办案部门需要移送审查起诉的刑事案件，统一由法制部门负责办理。是年，法制部门共审查起诉刑事案件288起，发现并督促整改各类执法问题270项，其中含重大执法隐患3项，杜绝办案部门执法不作为、乱作为等问题，实现检察机关检察建议书、纠正违法通知书“零收到”。同年，制定出台《案件质量考评规定》《案件质量考评评分标准》《优秀卷宗和法制能力测试先进个人奖励办法（试行）》，推动考评工作常态化、科学化，以考评促提高、促规范，取得全市公安机关案件质量考评优秀卷宗数量第一名、全市公安机关法律能力测试平均成绩第一名。2013年3月8日，市公安局在岚山分局召开刑事案件办理“一个出口”现场会暨执法规范化建设推进工作会议，在全市推广分局做法。是年，分局被评为全省公安机关贯彻实施执法规范化建设三年规划工作先进集体。

妥善处置紧急重大突发事件。2015年7月16日，辖区山东石大科技化工有限公司发生液化石油气泄漏，引发爆炸燃烧，严重危及周边群众生命财产和化工企业安全。接到报警后，岚山分局根据市公安局指挥部署，迅速启动抢险救灾紧急预案，第一时间集结160余名民警、50余台车辆，成立现场指挥组、疏散群众组、安置群众组、交通管制组和巡逻维稳组等小组，分头快速深入到事故现场周边村居及日照钢铁等企业，紧急疏散群众并妥善安置，加强安全警戒、实行交通管制，确保抢险救援有序进行，避免重大灾难发生。第二年4月7日，市政府决定，为岚山分局和交警支队岚山大队记集体二等功。

2016—2018年，岚山分局以“精准警务”理念为引领，以科技强警为抓手，高标准推动警务创新和基层基础建设攻坚，深入推进扫黑除恶专项斗争，公安工作全面提档升级。强化检查站精准查控机制。筹措资金200余万元，新建、升级岚山绣针河、沈海高速两处省际公安检查站，碑廓、巨峰2处环市检查站，抽调8名精干民警、48名辅警专职到检查站工作，成立临时党支部，配齐动态人脸识别布控系统、移动式车底安全检查系统、便携式爆炸物毒品检测仪等装备设施，建立健全联勤指挥调度机制、联防联控机制，实施精准查堵封控，不断提升查控效能。2017年，通过检查站查控共抓获各类违法犯罪嫌疑人13名，查控违禁物品30余件。2018年，抓获各类违法犯罪嫌疑人17名，收缴管制器具38件，易燃易爆危化品12宗。岚山绣针河公安检查站被省公安厅评定为2018年全省公安机关基层基础建设示范点。

全面提升精准打击效能。深入推进扫黑除恶专项斗争，充分发挥“尖刀”作用，线索摸排、侦查

图 27-18 绣针河公安检查站

打击、集中收网、宣传发动多管齐下，打掉以韩某为首的黑社会性质犯罪组织 1 个，恶势力犯罪集团 6 个，恶势力犯罪团伙 10 个，破获霸痞犯罪案件 35 起，抓获各类黑恶霸痞分子 90 名，专项斗争成绩列全市第二名。深化三年禁毒人民战争，2017 年，抓获吸贩毒人员 109 名，强制戒毒 15 名，禁毒工作绩效在全省县级公安机关第三序列 52 个分县局中名列第三。2018 年，侦破涉毒行政案件 59 起，刑事案件 11 起，抓获违法犯罪嫌疑人 91 名。2017 年、2018 年，分局连续 2 年被评为全省公安机关 3 年禁毒人民战争成绩突出集体。以经侦大队为主，抽调精干警力，成立 3 个专案组，开展打击逃废银行债务专项行动，2017 年、2018 年共抓获犯罪嫌疑人 29 名，为相关金融机构挽回经济损失 15 亿元。全力保障民生，2018 年破获食药环领域刑事案件 34 起，抓获犯罪嫌疑人 110 名，考核成绩名列全市第一。

创新群防群治机制。2016 年起，推行“大调解”机制，排查调处各类矛盾纠纷，依法妥善处置因民间纠纷引发的轻伤害案件，防范各类“民转刑”案件发生。2017 年，岚山区被省委、省政府表彰为“无非访先进区县”。2017—2018 年，在全区聘用 450 名警务助理，实现“一村一警”，新建或升级改造警务助理办公室 232 处，配齐必要装备，严格落实轮值轮训制度，提升纠纷调解、治安基础信息采集等工作能力。截至 2018 年底，全区警务助理共采集基础信息 27000 余条，提供线索 4218 条，助力侦破案件 65 件，协助抓获吸毒人员 38 名，调解纠纷 670 余起，相关工作经验被省公安厅刊发推广。

创新治安要素精准管控机制。2017 年起，分局实施治安基础要素责任制管控“四三二一机制”，治安、消防、反恐、禁毒等业务大队与各派出所协同作战，整合反恐隐患访查、治安隐患清查、消防隐患检查、涉毒涉爆隐患排查“四项检查”，实施派出所、机关值班组、分局督察组“三级管控”，强化文明规范、全程留痕“两项措施”，坚持“一抓到底”，将全区 54 家重点单位、12 家人员密集场所、66 家公共娱乐场所、207 家宾馆、41 家加油站、72 家寄递物流业营业点、23 家网吧、39 家二手交易市场及重点人员全部建档，实行一次用警、综合管控，常态化、滚动式检查，动态化、台账式管理。2017 年，对存在违法行为的 1 家快递公司、2 家网吧、1 家酒店，分别处以 2 万元、1.5 万元、10 万元罚款；2018 年，对不落实实名登记制度的某商务酒店，处以 30 万元罚款。2017 年，岚山区被市委、市政府表彰为党的十九大安保先进县区。

推进执法规范化建设提档升级。2017 年，投资 200 余万元，建成 1000 余平方米、高标准的分局执法办案管理中心，升级 8 个派出所办案区，建成法院审判远程观摩系统，培训民警 120 余人次。编制《行政权力清单》《行政案件办理流程图》，推行执法办案公开，主动接受监督。对涉警信访投诉、市长热线转办事项、初信初访等，实行督办单制度，明确主办单位和办结时限，确保渠道顺畅、落地有声。是年，省公安厅受立案制度改革、市政府法制办“执法三项制度”、市公安局执法规范化建设 3 个现场会相继到分局现场观摩。2018 年，编制《常见警情处置指引》《重大执法活动工作预案》《公安机关安全监管责任一本通》，精准指导执法，降低执法风险，上半年涉警信访投诉 9 件，创历史新低。

推进科技强警。2016 年，推动区财政投资 8158 万元，建设“智慧岚山”项目，增设城区综合视频监控分析等三大系统，延伸“天网工程”触角。2018 年 9 月，投入 105 万元，组建视频侦查工作室，年内通过视频追踪破获系列案件 12 起，带破案件 116 起。研发“鲁苏监控大数据平台”，提升边界地区科技防控水平。组建技侦大队，为基层所队配齐智能终端取证设备，强化各项技术支撑。投入 620 余万元，建成刑事科学技术室、食品药品快检室、毒品试验室、电子证据实验室等 4 个专业实验室，刑事科学技术室通过省级资质认定。

二、队伍建设

岚山分局成立后，历届党委班子坚持强化自身建设，不断加强队伍管理，培育“忠诚担当、团结务实、创新高效、公正廉洁”的岚山公安精神，着力打造对党忠诚、服务人民、执法公正、纪律严明的公安队伍。1993—2018 年，有 4 人立一等功，18 人次立二等功，183 个单位和 327 名个人受到市级以上表彰和立功。

20 世纪 90 年代，根据分局初建时期条件相对艰苦的实际，以“艰苦创业、扎根岚山、献身事业”为主题，开展“三比三看”活动，即看一看谁的思想好，比一比谁的劲头足；看一看谁的本领大，比一比谁的贡献多；看一看谁的素质好，比一比谁的威信高。同时，充分发挥领导干部的“领头雁”作用、中层干部的骨干作用、党员民警的模范带头作用，引导民警端正思想认识，勇挑重担、无私奉献。深入开展学习济南交警、学习雷锋、学习徐洪刚等活动，倡导以先进模范为榜样，立足本职工作，提升民警服务意识和服务水平。组织开展“岗位练兵”活动，采取在岗自学、脱产培训、外出参观学习等形式快速提高民警政治、业务素质。着力推动建章立制，制定学习、值班、请销假、廉洁勤政、财务、车辆管理等制度，并汇编下发，人手一册，督促民警随时用制度约束自己的言行。结合落实“禁酒令”，层层签订责任状和保证书，责任连带、奖惩分明。1993—1995 年，实现民警、联防队员“零违纪”，工作经验被市公安局转发。

图 27-19 1995 年，纪律作风警示牌

2001—2010 年，随着分局民警队伍的不断壮大，围绕提高公安机关和公安队伍正规化建设水平，严抓严管严教，队伍建设取得新的发展。2002 年起，在全体民警中推行等级化管理，通过对不同警种单位、不同岗位民警的岗位职责进行量化分解，明确职责任务，定期考核记分，年终评定等级，按等级兑现奖惩，建立公平竞争的激励约束机制。是年 6 月 26 日，全市公安队伍管理工作现场会在岚山召开，推广相关经验做法。2004 年，坚持长效练兵，大力开展警务实战技能培训、岗位练兵活动，组织 3 期实战技能培训班，在市公安局组织的大练兵成果汇报演练中荣获优秀组织奖，户政民警在全市户政系统大练兵比赛中获第一名。2007 年，开展作风建设年活动，分局“机关当样板、窗口做示范”的做法被市公安局公安推广，虎山派出所被评为全市树立良好警风先进单位，消防大队、刑警大队一中队、安东卫派出所、工业区派出所被评为全市公安机关“五好”基层所队，分局和各派出所在行业作风评议中，均进入优秀或先进等次。2009 年，出台《全区公安机关反腐倡廉建设意见》。建立实施有责公安涉法信访倒查追究“四个一”机制，一案一总结、一案一析责、一案一奖惩、一案一通报，进一步规范公安执法活动，保障群众合法权益。建立实施《党委部署限时落实制度》，凡是分局党委作出的工作部署，传达贯彻落实的时间不能超过三天；贯彻落实要有措施、有记录、有结果，并要向党委办公室（政工科）书面报告备案。严格落实“一岗双责”和“责任连带制度”，各级负责人抓业务、带队伍，本单位民警受到党纪政纪处分的，对本单位主要负责人、分管负责人予以通报批评；中层干

部受到党纪政纪处分的，对分管局领导予以通报批评，局长、政委在分局党委会上做检讨。2010年起，实行各科所队室负责人述职述廉制度，分局党委与直属科所队室及交警、边防、消防各大队主要负责人签订党风廉政建设责任书。

2011—2018 年，特别是党的十八大后，以深入扎实开展党的群众路线教育实践活动、“三严三实”专题教育、“两学一做”学习教育等主题教育为主线，不断规范完善队伍教育管理体系，打造“阳光警队”。2012 年，分局组织开展以“排查一次廉政风险点、撰写一份廉政承诺书、设计一套情境案例、进行一次情景模拟、组织一次述职述廉、开展一次廉政谈话、建立一份廉政档案岗位”为主要内容的廉政风险防控“七个一”活动。2014 年，用活督察方式推进警令政令贯彻落实，以重大警务活动专项督察为重点，开展督察活动 20 余次，出动督察警力 100 余人次，检查基层单位 60 余个次、警车 60 余台次，提出督察建议 30 余条，制发督察通知书 7 份，维护民警合法权益 4 次。2015 年，建立完善家访谈心制度，民警思想发生波动、出现人际关系紧张、工作发生变动、接受重大工作任务和出现违纪违规苗头行为时必谈，在民警生病住院、家庭出现矛盾、家庭生活困难、家庭发生重大变故时必访。进一步完善从优待警举措，出台民警人身意外伤害保险制度等一整套救助、补助措施，将分局 63 名辅警全部纳入保安公司管理，缴纳“五险一金”。完善法制大队、治安大队、指挥中心、消防大队牵头的四大考核体系，全面推行网上台账化管理和排行榜制度，重点加大对群众安全感、满意度和民警幸福感的考核权重，突出省公安厅、市公安局党委部署确定重点工作的考核，调动广大民警工作积极性，提升公安队伍战斗力。2016 年起，创新实施《领导干部履职监督问责办法》，规定分局党委委员对分管单位党务全面负责，与分管单位责权捆绑，负主要责任；各基层单位主要负责人，对本单位带队伍抓党务、履职尽责情况，负直接责任。分局党委与 10 名党委委员、25 个科所队室主要负责人签订《党风廉政建设暨效能建设目标责任书》。是年，在全局推行《一日工作生活制度》，分局领导班子成员带头，带领全局民警抓日常习惯养成，按制度办事、守规矩做人，并以督查、通报为抓手，推进制度落实，规范民警日常行为，提升队伍执行力。制定出台《领导干部基层工作制度》，要求分局党委委员到联系点所在的乡镇、科所队室进行调研，每月到联系点至少工作一天。成立分局民警维权委员会，制定出台相关文件制度，对维权工作进行规范，畅通侵犯民警执法权益案（事）件的申诉、调查、处置、求助渠道，维护广大民警的合法权益。是年起，分批次组织全体民警到浙江大学、山东警察学院、复旦大学学习培训，提升综合能力。2017 年，经积极争取，为部分派出所民警发放乡镇补贴，举办民警荣休暨新警入警宣誓仪式，进一步增强民警的荣誉感、归属感。2018 年起，分局严格执行市公安局“禁酒令”，警务督察队采取“四不两直”的方式强化督导，全局未发生一起违规饮酒事件。在重大活动安保中，以落实责任、动员鼓劲、关心爱护、宣传表彰为重点，落实强化党建工作、强化纪律作风、落实从优待警、强化战时激励、送医送教上岗五项措施，发挥战时思想政治工作的激励、监督和引导作用，为完成各项重大活动安保维稳任务打下坚实思想政

图 27-20 2016 年 3 月，签订《党风廉政建设暨效能建设目标责任书》

治基础，工作经验被省公安厅政治部刊发。

三、争先创优

全面落实办理户口责任制　1998年，岚山分局全面落实办理户口责任制，提升服务水平，群众对办理户口满意率达98%以上。是年4月30日，市公安局在岚山召开全市办理户口责任制试点经验交流会，推广分局试点经验。公开户口政策和办事制度，分局对办理户口的程序、要求、政策规定、收费标准、责任制度等内容，分类整理，归纳综合，统一规格，制成《办理户口指南》张贴在户籍室醒目位置，并将《办理户口责任制度》制成版面上墙。派出所户籍室全部配置“便民服务条”“警民联系卡”及茶杯、墨水等便民利民用品。对群众申办的户口，不推诿、不扯皮，手续齐全的随到随办，保证10～20分钟以内办理完毕。加强培训，针对户政队伍政治、业务素质参差不齐的问题，狠抓户籍民警和微机管理员的政治思想和职业道德教育，加强微机技术和户政业务培训。分局户政科先后举办两期培训班，认真组织学习办理户口责任制及各项业务知识，确保工作人员熟知办理各项户籍业务程序、所需材料及应注意的事项。严格落实办理责任，对于群众申请办理农转非、非迁非、农迁农、收养子女、居民身份证内容变更更正等业务，户籍员与其签订办理户口责任书，向群众作出承诺，对申领居民身份证和办理快证，实行限期办理。四是坚持督查和回访制度。派出所门前设监督箱、户籍室设意见簿，接受群众意见建议。分局成立检查领导小组，通过明察暗访等形式，不定期对各派出所户籍工作进行检查考核，设举报电话，随时接受人民群众监督举报。每月底派出所所长必须对办理户口的群众查访3～5户，调查了解群众对办理户口的反映；分管局领导每月组织户政、政工、办公室等有关科室人员走访派出所辖区2～3户群众，虚心听取群众意见，接受群众监督。

图27-21　1998年4月，全市办理户口责任制试点经验交流会在岚山分局召开

派出所规范化建设　21世纪初，随着改革开放的不断深入，许多大工业项目相继落户岚山，公安工作特别是派出所面临的工作任务日趋繁重。各派出所工作场所和办公设施仍停留在20世纪90年代初期水平，原有基层基础工作机制滞后于形势的发展，无法适应现实工作需要。2000年起，岚山分局以大力推进派出所规范化建设为契机，出台《关于切实加强派出所基层基础工作的实施意见》，提出“一年打基础、两年上台阶、三年创一流”的奋斗目标，加大投入努力改善派出所办公条件，固本强基创立治安防控工作新机制，软件、硬件建设齐头并进，派出所规范化建设工作得到长足发展。2002年5月，在全市率先实现派出所办公楼房化，被市公安局评为规范化建设先进单位、基层基础工作先进单位。2003年7月，分局岚山头派出所被公安部评定为“一级公安派出所”（系日照市第一个“一级公安派出所”）。加大投入，努力改善派出所办公条件。分局成立派出所规范化建设领导小组，积极争取岚山工委、办事处和社会各界支持，自2000年开始，先后筹集资金280万元，建成安东卫、碑廓、虎山等3个派出所办公楼。2004年，分局投资180万元为汾水派出所新建高规格办公楼一座，成为全市公安派出所办公楼样板。创新机制夯实基层基础工作。2002年，分局针对辖区内“两抢一盗”等街面犯罪增多的实际，以治安防范为重点，对公共娱乐场所、特种行业、暂住人口、流动人口、重点人员、租赁房屋等实行层次化、动态化、规范化管理，做到底数清、情况明，确保“防得牢、控得

住、管得严”，实现“发案少、秩序好、群众分满意”的目标。2014 年，刑事案件发案下降 27.9%、治安案件发案下降 18.6%，其中街面抢夺案件实现零发案，群众安全感明显增强。科技强警，推进规范化建设。自 2000 年起，分局投入 228 万元为基层单位添置各类警务用车 20 辆。2003 年，分局投资 45 万元，开通公安三级网。2004 年，分局投入资金 10 万元，建成 400M 无线通信指挥系统，实现覆盖整个岚山区的无线群呼，提高信息传递速度，增强快速反应能力。投资 20 万元，为所有派出所安装全方位的电子监控系统，并配备必要的警用防护器材。

实行等级化管理　2002 年，随着经济发展和改革开放不断深入，公安事业全面推进，队伍建设得到加强，但部分公安基层单位工作质量低、效率不高以及“冷、横、硬、推”等问题仍然存在。对此，岚山分局在全局单位和全体民警中创新推行等级化管理，以建立岗位目标责任制为前提，以考核为手段，通过对不同警种单位、不同岗位民警工作目标任务进行量化分解，明确职责任务，定期考核记分，年终评定等级，按等级兑现奖惩，建立公平竞争的激励约束机制，激发队伍的生机和活力，调动广大民警的积极性，为队伍建设和各项业务工作的开展提供有力保障。是年 6 月 26 日，全市公安队伍管理工作现场会在岚山召开，推广相关经验做法。一是确保岗位目标考核标准科学合理。结合上级规定的指令性指标，参照上两年工作任务完成情况，在广泛征求意见的基础上，确定各单位、各岗位民警的工作目标和职责任务，做到定岗、定责、定任务，并逐一量化分解。无法用量化指标体现的，通过质量、时限要求，把无形抽象变具体，软任务变成硬指标，超标准完成任务加分，达不到标准的减分。二是确定考核方式和竞比序列。考核方式分为周自测、月考评、季考核、年总评，即每周由民警对照考核标准进行一次自我评定，并填写周自测表；每月由本单位结合自我评定和单位民警互评，进行月考评，考核结果张榜公布；每季度分局结合日常督察、抽查检查情况，对各单位进行一次全面考核，考核结果记入等级化管理档案；年度总评由分局领导小组负责，等级化管理办公室具体实施，对各单位进行全面细致的考核，核定分数，公布排序结果。同时，把派出所和机关科室划分为 2 个竞比序列，增强考核结果可比性。强化考核监督检查，建立多样化、科学化的考核体系，把定量考核与定性考核、量化考核与集体评议、日常考核与领导综合评定结合起来，把日常性抽查、暗访、倒查作为加减分的重要依据，对发现的问题，严格按考核标准，实事求是予以加减分。分局考核办、单位考核小组和考核员各司其职，坚持日常检查通知单制度，使考核工作公开透明、考核结果真实有效。四是严格兑现奖惩。把考核结果与单位民警的评先树优、任用提拔、离岗培训、福利补贴结合起来，充分体现考核结果的严肃性和实效性，营造公平竞争、奖勤罚懒、优胜劣汰的考评机制。分局先后对 5 个单位下发日常检查通知单，予以扣分；对 6 名民警扣发补贴。

图 27-22 2017 年，警务督察队现场督导

实施精准查堵封控　2008 年后，岚山分局立足形势任务需求，不断提升完善岚山绣针河公安检查站（环鲁公安检查站）软硬件设施，实施精准查堵封控，守住苏鲁边界防线，筑牢“环鲁护城河”，为重大活动安保维稳工作提供有力支撑。近年来，在查控工作中，先后有 1 人立一等功一次，1 人立

二等功、三等功各一次。夯实保障基础，分局先后投入100余万元，完善办公区、检查区建设等基础设施，配齐警务通、身份信息比对核录仪、金属探测仪、爆炸物品毒品探测仪、人脸识别系统、执法记录仪、车底检测仪、酒精测试仪等科技设备，接入公安专网、视频会议系统、指挥调度系统，提升查控勤务信息化水平。充分利用省公安厅、市公安局送教上岗的机会，全员参与、现场学习查控堵截战术、武器警械使用、现场应急处置等方面知识，开展冲卡堵截、勤务联动等实战演练，提升民警实战技能、安全意识和防范能力。成立临时党支部，对参战党员开展政治教育，以党建带队建，提升参战人员责任感和自觉性。提升执法水平，制定《公安检查站查控勤务工作规范》，明确任务目标、警力配置、查控要领、应急处突、警务保障、战时纪律等工作要求，组织执勤人员岗前学习，确保各项查控工作规范有序、压茬推进。在严格执法的同时，执勤人员通过“一个举手礼、一句暖心话”，最大程度赢得查控对象的理解支持，主动配合工作。完善便民设施，加注亲情服务，组织平安志愿者逐车发放“车辆绕行路线图”，给驾驶员提供精准指引，为过往驾乘人员提供便利。提升查控效能，在市公安局支持下，创新警力使用模式，重大活动安保一级查控勤务时，市公安局统一调配人员力量充实到检查站，混编成多个查控作战单元，交警前端分流、武警现场警戒、民警一线盘查、辅警后台登记，确保查控勤务规范化、流程化、快捷化运转。加强与交警、指挥中心、刑侦、治安及属地派出所的协作配合，实现信息共享和整体联动，及时通报信息，及时查控堵截，提高打击防范的精度和准度。2017—2018年，共抓获各类违法犯罪嫌疑人51名，查扣押肇事逃逸车辆2台，查获管制刀具、仿真枪支等违禁物品80余件。

推行刑事案件“一个出口”制度　2012年后，岚山分局创新推出刑事案件“一个出口”模式，实行分局办理的刑事案件，由法制室统一审核，并代表分局向检察机关提请批准逮捕和移送审查起诉，提高基层执法办案质量。规范流程，严格执法监督。制定《执法服务工作规定》，要求各单位办理的刑事案件，需要报捕和移送起诉的，均将案件移送分局法制室，法制室对案件进行认真审核，找出事实、证据、程序等方面存在的问题，制作书面建议，发回办案单位进行补充完善。办案单位按法制室意见整改完毕后，将全部材料扫描上传至警综平台，纸质卷宗则由法制室指派法制民警移送至检察院审查起诉。需退回补充侦查或作出其他处理的案件，办案单位在法制室监督下开展补查等后续工作。必要时，法制室派员前往指导、协助。分局成立案件审查委员会，法制部门在审核案件过程中，对重大、疑难、复杂案件及责任追究案件，提请委员会进行集体审议并形成最终处理意见，最大限度避免执法过错。2012年，分局全年未发生案件质量问题，无涉公安信访案件发生。加强培训，开展一线执法服务。为应对实行这一模式给法制部门带来的工作压力，并提高派出所民警的执法水平，分局制定《执法民警定期跟班轮训制度》，规定派出所及其他办案部门的执法民警分期分批到法制部门跟班轮训，每期2人，培训时间1个月。培训期间，法制民警与参训民警结对开展工作，并通过组织考评阅卷、旁听诉讼庭审、参与案件审核、到一线所队开展执法服务等多种形式，有针对性地开展法律知识和业务能力培训，充实法制部门力量，促进一线民警执法素质的不断提升。2012年，培训民警30余人，在市公安局执法质量考评和民警法律能力测试中，岚山分局均位居前列。落实保障，建立长效机制。定期召开党委会、局长办公会，专题听取法制部门汇报，研究解决法制工作面临的问题，先后出台法律审核、执法考评、执法培训、案件回访等制度，规范执法办案主要环节。组织编订《岚山分局执法考评常备手册》，将上级机关文件、常用法律条文汇编成册，印发一线执法办案单位人手一本，为一线执法民警规范执法提供便利。

创新社会管理推进治安防控社会化　岚山区临港产业密集，是鲁南临港产业带核心区、山东精品钢生产基地、江北最大的液体化工产品集散地、国家级木材贸易加工示范区，经济发展迅猛，治安情况复杂。2012 年，岚山分局充分借助科技和社会力量，创新社会管理，推进治安防控社会化。依托社会化视频监控构筑警技联防体系。在全区借鉴“党政夯基、广电搭台、公安唱戏、群众受益”的“高兴模式”，农村派出所与广电合作、城区派出所与移动合作，安装高清摄像头 2210 个。通过视频监控系统，共破获各类案件 120 余起，抓获各类违法犯罪嫌疑人 62 名，各类案件发案环比下降 66.3%。依靠人民群众创新警民联手机制。按照“全方位、多层次、广覆盖”的思路，在村居、企业广泛物建信息员，协助公安机关搜集破案线索、采集人口信息。与计划生育部门会商，将 911 名计生查访员“平移”到公安机关户政部门，作为暂住人口协管员，实行计生、公安双重管理、捆绑考核。通过该项工作，共破获刑事案件 4 起，抓获犯罪嫌疑人 10 名，其中网上逃犯 8 名；抓获伪造身份证、冒用他人身份证等违法嫌疑人 4 名，初步实现全区流动人口底数清楚、违法犯罪率降低、党委政府和群众满意、警民关系和谐的效果。发动出租司机建立“警的”联动模式。建立实施 110 与出租车联动机制，发挥出租车司机地域熟悉、接触面广、流动性强、信息量大等优势，聘用其为兼职巡逻队员，及时发现、控制、报告各类线索，服务公安机关破案打击。在全区 100 辆出租车和 26 辆大客车上，安装具备车内声音监听、照片抓拍、紧急报警、遥控断油电等功能的 GPS 卫星定位系统，并把系统终端接入分局指挥中心，实现信息共享、快速联动。年内，共收集各类案件线索 30 条，抓获违法犯罪嫌疑人 6 名。借助服务企业搭建警企联系平台。在工厂企业确定警企联络员，明确联络员职责及联系方式，逐步建立信息资源互联共享机制。派出所民警经常性地深入工厂企业走访调查，听取企业主的意见建议，定期在企业开展法制宣传活动，预防和减少苗头性、倾向性的违法犯罪；同时，充分运用 QQ、微博等新兴媒体，开展网上预警防范、案例警示、法律咨询等活动。2012 年，共向辖区企业提供法律咨询 400 余次，侦破各类涉厂企案件 50 余起，为企业挽回经济损失 1300 余万元。

户政管理科争创“全国三八红旗集体”　2014—2015 年，岚山分局户政管理科始终坚持“待群众如亲人、以满意为宗旨”的理念，不断创新服务模式、提升服务水平，开展争创“全国三八红旗集体”活动。2014 年，被山东省妇联命名为省三八红旗集体。2015 年，被中华全国妇女联合会命名为全国三八红旗集体。优化服务环境，让群众感到更“顺心”。在服务大厅推行柜台式办公、“一站式”服务，设置标准的业务窗口。配备饮水机、便民桌椅、空调、老花镜、便签本等便民利民服务设施，建立群众意见簿和群众留言簿，印制办理户口明白纸、警民联系卡、便民服务卡，民警一律按规定着装，挂牌上岗，公开接受群众监督，提供优质服务。提升服务质量，让群众感到更“贴心”。依托分局疑难户口集体审批领导小组，携带无户口“外来媳妇”户口材料，远赴云南、贵州、四川等地，积极与当地公安机关沟通、协调，帮助 200 余名“外来媳妇”妥善办理户口迁移，解除她们的后顾之忧。投资 7 万余元购置设备，在全区 13 个户籍派出所全面推广安装居民身份证人像采集“满意自主拍”系统，彻底解决群众对身份证照片不满意的实际问题。针对中楼、黄墩镇等偏远地区群众办理业务不方便的实际，及时调整工作时间，实行“错时工作制”，利用午休时间为偏远地区的群众办理业务，努力做到让群众少跑“冤枉路”。规范服务流程，让群众感到更“舒心”。设立并公开专门咨询电话，准确详尽的解答群众咨询。设置前台民警进行材料初审，缩短办理时间。严格按规定办理户口业务，对于符合政策、手续完备的群众，民警第一时间高效、准确办理。对于符合政策规定但手续材料不齐的，民警耐心解释，认真说明情况，提供书面清单，一次性告知需要补充的事项。不符合政策规定的，详细告知申请人不能办理理由和相关法规、政策。延伸服务触角，让群众感到更“暖心”。利用市公安局研发的“群众短信回访系统”，认真开展警务回访，听取群众意见建议，有针对性地改进服务方式，提升服务质量。中、高考期间，建立“绿色通道”，推行错时、延时弹性工作制，加班加点为学生提供“当天受理、当天办证、当天领取”的一站式服务，办理临时身份证 730 余人次。派出所户籍民警主动上门，为行动不便的群众采集照片、入户办证和送证上门，累计提供贴心服务5000余人次，收到群众锦旗330余面。

实施治安基础要素责任制管控 2017年后，岚山分局针对治安基础要素底数不清、情况不明、管控不住和重复劳动、效率低下等短板，不断创新社会管理，建立实施“四三二一”机制，实现精准用警，做到责任明晰，提高治安管控效能，为党的十九大、全国两会、上海合作组织峰会等重大活动安保工作夯实基础。2018年9月13日，省公安厅《山东公安简报》刊发分局相关工作经验。摸清底数，整合“四项检查”。治安、消防、反恐、禁毒等业务大队与各派出所协同作战，对全区应当列入管控的重点人员、重点行业、重点场所，开展拉网式排查，彻底摸清“家底”，全部建档管控。废除业务对口单线检查模式，将涉恐隐患访查、治安隐患清查、消防隐患检查、涉毒涉爆隐患排查整合起来，实行综合管控，做到一次用警、四重收获。明确责任，实行“三级管控”。在派出所层面，明确民警治安要素包联管控责任和所领导与包联民警的连带责任；在机关值班组层面，明确每名值班小组长对应派出所领导、包联民警捆绑管控责任，及值班局领导与值班长、值班小组长的连带责任；在分局督察组层面，通过明察暗访发现问题，顺线倒查追究包联民警、所领导、值班小组长、值班长、值班局领导的相关连带责任。每个治安要素，每个值班组、每月至少检查两次，各个值班组轮番上阵、梯次检查，确保滚动式检查的常态化，对检查出的问题，第一时间问责，追究层级责任，切实消除监管死角和安全隐患。倒逼推动，强化“两项措施”。督导检查工作全程使用执法记录仪，记录好第一手资料。各作战单元利用微信工作群，即时上传工作动态，通过“干没干、图上看”倒逼工作落实。四是常态长效，坚持“一抓到底”。始终坚持严字当头、红线兜底，通过常态长效的督导检查和问责处理，给经营业主上发条、紧螺丝，敦促其长记性、有怕头，依法经营、守法经营，并长期坚持、一抓到底，坚决治愈松一阵紧一阵的“冷热病”。

第三节　莒县公安局

莒县位于日照市西部，辖4个街道、15个镇、1个乡、1个开发区，面积1821平方千米，人口116.05万。1941年1月，莒中县公安局成立。1945年10月，莒中县公安局改为莒县公安局。1993年1月，

图27-23 2018年，莒县公安局警史馆

莒县由临沂地区划归日照市管辖，莒县公安局改隶日照市公安局。至 2018 年 12 月，莒县公安局下设 22 个科队室、27 个派出所，有民警 427 人、工勤 27 人，辅警 762 人。莒县公安局党委下设 17 个党（总）支部，共有党员 497 人。

一、业务工作

1989—1995 年，以保卫经济建设为中心，以维护社会稳定为重点，坚持“打、防、建”相结合的原则，维护治安秩序，为全县改革开放和经济建设创造良好的社会环境。

维护政治大局稳定。紧紧围绕稳定政治大局这一中心，狠抓反“心战”宣传教育、宗教调研、线索侦控和涉外管理工作。重点加强对青少年特别是在校学生的防腐教育，加强反动空飘物品的收缴。始终把情报信息工作放在首位，针对热点问题、敏感区域和单位，收集和筛选价值较高的敌社情信息，增强处置突发事件的灵敏度，为领导决策提供依据。

持续开展“严打”斗争。始终把严厉打击刑事犯罪作为发挥公安机关职能作用、推进社会治安综合治理、维护社会稳定的重要举措，组织开展“除‘六害’（指卖淫嫖娼，制作、贩卖、传播淫秽物品，拐卖妇女、儿童，私种、吸食、贩卖毒品，聚众赌博和利用封建迷信骗财害人等 6 种违法犯罪活动）、打团伙、挖窝子”“打击流窜犯罪，深挖犯罪团伙”、打击“车匪路霸”“打拐”（打击拐卖妇女儿童）、“禁娼”（严禁卖淫嫖娼）等专项行动，持续不断严厉打击各类违法犯罪分子。1990 年，全县就抓获各类违法犯罪分子 899 名，摧毁犯罪团伙 34 个，抓获团伙成员 137 名，破获各类刑事案件 536 起，其中重特大案件 91 起，缴获赃款及赃物折款 15.1 万元，破获桑园乡窦某某杀人案、寨里河乡马某某杀人案、陵阳乡项某某等抢劫强奸案、3·18 国际长途电缆被盗案等一系列大案、要案。

强化基层基础建设。加快派出所规范化建设步伐，强化办公、通信、交通、装备等“硬件”保障。18 处户籍派出所实现户口微机化管理。推进基层派出所档案工作规范化建设，在全省公安档案工作经验交流会上作典型发言。在城乡普遍建立各种形式的义务保安队、治安联防队，招募 6500 余名治安积极分子，昼夜巡逻站岗、维护治安。1990 年，盘查可疑人员 3250 人次，现场抓获违法犯罪分子 45 人。1995 年，针对县城驻地社情复杂、治安保卫任务繁重的实际，成立巡警大队，在城区增设车站、振兴路两个派出所，壮大城区治安力量。

图 27-24 登记收缴枪支

坚持社会治安从严管理。针对治安混乱重点乡镇、城区集贸市场、饭店，特别是车站、县城重要路段及公共复杂场所寻衅滋事、打架斗殴、欺行霸市等突出违法犯罪活动，先后开展“扫丑”（扫除社会现象）斗争和“打非”（打击制作、出售非法出版物）、“扫黄”（扫除有黄色内容的书刊、音像制品等文化垃圾）等专项行动，组织力量进行专项治理。积极开展枪支弹药、管制刀具等收缴工作，集中力量对全县特种行业进行专项清理整顿。开展推广自行车户口化管理工作，1995 年，在全县推广夏庄派出所对自行车实行户口化管理的经验做法，通过自行车户口化管理工作，当年破获自行车被盗案件 69 起，缴获自行车 107 辆，抓获嫌疑人 24 名，查出漏管漏挂自行车 13861 辆，做法被市公安局推广。

严抓消防和交通安全管理。1989 年，经县委县政府批准，从城镇待业青年中招收 32 名合同交警，进行严格教育训练，上岗指挥交通，在城区交通拥挤地段规划布设各类交通标志，改变城区道路交通混乱局面。积极开展“创安”活动，开展消防安全大检查、道路全封闭安全大检查等，堵塞漏洞、消除隐患，避免和减少案件、事故的发生。

1996—2000年，按照“抓班子、带队伍、促工作、保平安”的工作思路，紧紧围绕维护稳定和保卫经济建设的中心任务，开展全国优秀公安局创建活动，推进各项公安工作，实现“发案少、秩序好、社会稳定、群众满意”的目标。破获刑事案件2422起，抓获犯罪嫌疑人2481名；查处各类治安案件3146起，治安处罚3778人。县公安局1997年、1998年连续被评为全省优秀公安局。1999年3月，被公安部评为全国优秀公安局。

确保社会政治大局稳定。围绕全国两会、香港回归、党的十五大等系列重大敏感事件节点，把维护政治稳定置于各项业务的首要环节。1999年7月，全面取缔邪教组织，教育转化骨干分子8名、重点人员44名、普通参与人员255名。

深化刑侦工作改革。把刑侦工作摆在优先加强、优先发展的突出位置，深化刑侦工作改革，激发内部活力。实施刑事侦查责任区制度，刑侦中队分片包乡镇，形成以刑警大队为龙头、各派出所为依托的大刑侦格局。推行侦审合一，增强一线力量，提高综合作战能力，破案总量和办案质量逐步提高，侦破重大疑难案件的攻坚能力不断增强，先后破获省公安厅督办“5·12”绑架勒索故意杀人案，城区系列奸淫幼女案，龙山中楼片区系列抢劫案、孙国新为首的特大抢劫案，经验做法在全市推广。

强化社会治安防控。成立县公安局指挥中心，建成110报警服务台，建立配套联动的110机动队，在城区组建三级专职巡防队，调整充实村级治安巡逻队，形成以110为龙头，刑警、巡警、派出所、治安联防队为骨干的社会治安防控体系。改革派出所工作机制，全县共设立101个警区（后调整为72个），建立完善一警一区、一警多能、责任到人的派出所警务机制，深入开展创建“安全村、安全单位、安全小区”活动，积极开展区域治安联防，维护城乡社会治安秩序。提请县政府印发《烟花爆竹管理办法》，加强对烟花爆竹的经常性检查与指导，开展民用爆炸物品治理整顿，共收缴炸药6.7吨、雷管12000余枚、烟花爆竹220余吨。

图27-25 110接警服务台

强化执法监督。严格办案程序，刑事案件审核由办案民警、刑警中队、刑警大队、分管局领导四级把关。制定集体议案制度，重大疑难案件由局党委集体讨论决定。集中开展以治理刑讯逼供、滥用枪支和滥用强制措施为重点的“三项治理”活动，各科所队室落实责任、自查自纠、切实整改，杜绝民警违法违纪苗头，提升依法办案水平。

2001—2005年，持续推动警务工作创新，严厉打击各类违法犯罪活动，提升治安管理服务水平，为全县经济和社会各项事业发展创造良好的治安环境。

维护社会政治大局稳定。加强情报信息网络建设，及时为党委政府和上级公安机关提供预警性、深层次信息。在各派出所设立国保室，配备专门的国保信息员，紧紧抓住预防、教育、控制、打击四个环节，深化同邪教组织的斗争。2001年，市委在莒县召开邪教人员转化教育现场会，推广县公安局相关经验做法。充分发挥派出所和基层治保组织的作用，做好各类矛盾纠纷排查化解，正确把握政策界限和法律尺度，妥善处置多起群体性事件。通过摸底排查、领导挂帅、专案专办，化解多起涉法“老大难”信访案件，确保重大敏感节点不发生外出滋事事件。

保持对违法犯罪高压态势。建立“命案必破”工作机制，先后破获“2001·5·14”特大杀人焚尸案、“2003·5·22”李某某雇佣他人伤害案、“2001·8·10”绑架人质案等大要案。根据中央、省、市部署，开展声势浩大的严打整治斗争（2001—2002 年），破获刑事案件 8641 起，抓获违法犯罪人员 8505 名。2002 年，刑事案件发案比 2001 年下降 4.24%，被评为全省、全市严打整治斗争先进集体。认真开展追逃专项行动，严格落实追逃责任制，共抓获网上在逃犯罪嫌疑人 111 名。开展“打黑除恶”专项行动，先后打掉杨某某兄弟 4 人恶势力、城区四大“霸痞”等团伙。严厉打击经济犯罪，破获利用“丝纳尔布”进行合同诈骗系列案等案件，维护全县经济秩序的正常运行。

提升治安防范能力。依托内部单位和村街，新建城区警务区 5 处、农村警务区 9 处，新增联防队员 86 人。在重要部位设置治安卡点、治安岗亭，设立治安检查站。健全以 110 为龙头的快速反应机制，组建城区治安巡逻队和各类专兼职巡防队伍，打造以巡警、派出所为主力，城区治安巡逻队为骨干，群防群治力量为补充的治安巡逻队伍，开展 24 小时巡逻防控。市委政法委在莒县召开现场会推广县公安局加强城区治安防范经验。

提升治安管理和服务水平。加强对旅馆业、公共娱乐场所、网吧、流动人口、出租房屋的清理整顿，提高管理手段科技含量。2001 年 4 月，建成县局人口信息管理系统，实现市、县两级人口信息联网；2002 年，实现旅馆业治安信息系统联网管理；2004 年，完善暂住人口计算机管理系统，率先在全市实现出租房屋、暂住人口、重点人口、电子平面图等系统互访。各派出所普遍建立集接警、户政、出入境、车辆挂牌等业务为一体的综合服务大厅，进一步简化办证程序，提高工作效率，为群众提供优质高效服务，不断提升群众满意度。抽调人员组成派驻工作组，配合各乡镇党委、政府开展混乱区域集中整治工作，做法被省、市政法委转发。

加强安全监管。开展治爆缉枪专项斗争，打击取缔烟花爆竹非法生产，相关经验被全省爆炸危险物品安全管理工作会议推广。加强对公众聚集场所消防安全管理，建立消防教育基地，大力提高防火灭火能力，确保未发生重特大火灾事故。开展道路交通安全秩序集中整治活动，推进公安交通安全服务站试点工作，积极探索由派出所代管摩托车等“五小车辆”的新路子。2002 年，市公安局在莒县召开现场会推广相关经验做法。

图 27-26 登记收缴的烟花爆竹

加强公安科技建设。按照整合警力、快速反应、信息共享的要求，率先在全市实现 110、122 报警服务平台的整合。投资 2000 万元，建成集多功能于一体的“合成式”实战指挥中心。按照“市场化运作、多元化投入、社会化服务、产业化发展”的工作思路，大力推进防范科技化、智能化建设。建成四级公安网络，新添多波段光源、紫外照相系统、现场勘查车等刑事技术设备，使侦查破案技术含量进一步提高。投资建成 350 兆无线通信网络，缩短派警时间。县看守所筹资 17 万余元新上监控设备一套，提高监所管理的科技化水平。

加大基础设施建设投入。加快推进派出所正规化建设，改善基层派出所工作环境。新建刑事技术办公楼、保安培训楼，建成内部电话局域网，适应新形势下公安实战工作需要。加大拘留所规范化建设力度，县拘留所被评为达标拘留所。

2006—2011 年，以深化“平安莒县”建设为主线，按照合成化现代警务体系的要求，推进“一警多能、综合执法”工作模式，全警动员、全力以赴，全面落实严打、严管、严防、严治等措施，确保社会治安大局持续稳定。先后被省委政法委、省人事厅评为公正执法单位，被省公安厅记集体二等功，被市委、市政府评为平安日照建设先进单位。不断强化安保维稳。加强情报信息预警机制建设，将反恐维稳和重大活动安保融入日常警务工作中，对可能影响稳定的人、地、事、物等重点工作目标，开展经常性摸排管控，构建合成化维稳体系，做到底清目明，完成奥运会、新中国成立 60 周年、各级“两会”等重大安保维稳任务。深入开展反邪教斗争，抓获邪教违法犯罪嫌疑人 4 名，收缴非法宣传品 1450 余份。加强虚拟社会管控，删除网络不实言论、有害信息 3600 余条。

深入推进打击整治。把打击的锋芒对准影响群众安全感和具有广泛社会影响的案件，加强 DNA 数据、指纹信息、心理测谎等刑事科学技术应用，强化各警种合成作战，深入推进命案必破、“打黑恶、反盗抢”“清网”“亮剑”等系列专项斗争。破获刑事案件 4181 起，抓获犯罪嫌疑人 4432 名。其中，破获“5·09”长岭杀人案、“6·12”小店抢劫杀人抛尸案、“10·13”夏庄抢劫杀人案等重大命案 12 起，打掉涉黑涉恶犯罪团伙 8 个、抓获成员 72 名，省公安厅、市公安局 6 次下发贺电表示祝贺。突出信息化追逃，抓获网上在逃嫌疑人 505 名。严打经济犯罪，破获经济类犯罪案件 136 起，挽回损失 2500 余万元。

持续严密治安防控。改进巡防模式，构筑打防结合、点线面相联，全方位、全员化、全天候的治安巡防网络。在巡防力量上，扩建城区摩托车治安巡逻队，组建便衣巡逻队、机关巡逻队，将机关科室民警编成 10 个巡防小组，在局领导的带领下开展巡逻，推动巡防力量合成化。在巡防模式上，根据治安复杂程度和要害部位情况，设立重点巡防路线 10 条，治安卡点 10 处，实行 24 小时值守，构建多层布局、多警联动、快速反应的查堵网。通过巡逻，抓获现行违法犯罪嫌疑人 262 名，查处各类案件 1330 起。加大危爆物品管理力度，查处涉枪涉爆案件 21 起，查缴烟花爆竹 7.3 万头，烟火药 1750 公斤，雷管 14.1 万枚。

推进“三基工程”建设。推进“抓基层、打基础、苦练基本功”等“三基工程”建设，夯实公安工作基础。充实基层警力，实行机关民警下基层锻炼制度，新录用人员一律到派出所工作，一线所队警力达到总警力的 82.8%。改善基层设施，经侦大队、巡警大队、外事科等搬迁新址，7 个派出所启用新办公楼，在全市率先建成标准化的信息采集室，刑事技术室达到公安部一级标准。改善基层装备，为一线所队配置办公车辆 145 台、微机 400 余台。加强信息化建设，升级改造公安专网，开设县局公安信息网站，对现有信息系统进行整合，构建全局性综合信息平台，率先开展可视指挥、可视接访，办公自动化水平明显提高。加强执法规范化建设，举办网上办案培训班，全面推行网上执法办案，加强专兼职法制员队伍建设，坚持月评季考，强化执法监督，规范执法办案场所，执法质量明显提升。

促进警民关系和谐。开展大走访爱民实践活动，明确“七必访”(人大代表、政协委员，规模以上企业负责人；重大未破案件、侵财类案件当事人及其亲属；重点上访人员、受打击处理对象、刑释解教人员；困难群众、帮扶对象；治安问题突出地区、基层治保组织薄弱地区群众；户政、出入境、车管、行政审批等窗口单位办事群众；其他可能影响安全感和满意度调查的群众)，做到“四个不漏”(涉法涉访案件当事人，特困家庭，重点人员、重点工作对象，对现实或公安机关严重不满人员等一个不漏)，采取“五进”(进社区、农村、企业、家庭、学校)、“五送”(送平安、温暖、法律、服务、和谐)、“五讲”(讲防范、讲安全、讲违法犯罪算成本、讲警民携手保平安、讲邻里互助创平安)等措施，共走访群众 163625 户，为群众办实事、好事 6400 余件。采取上门走访、上网核查，简化程序等措施，着力破解外来媳妇（指嫁到莒县合法定居多年，并早已结婚生儿育女，但户口由于多种原因一直未能随之迁至的妇女）落户难题，共帮助530名外来媳妇办理落户手续。对521户特困家庭实行“一对一”重点帮扶，帮扶现金、物资共计13.2万元。开展派出所所长接访活动，在基层一线全力化解矛盾纠纷，共接待来访群众1582起、2137人次，化解矛盾纠纷1339起。

图 27-27 2014年7月，为外来媳妇解决户口难题

2012—2013年，统筹城乡治安防控一体化建设，创新巡防模式，优化完善多层布局的查堵网、多警联动的巡控网、快速反应的堵截网，推动巡防网络的系统化。坚持以打开路，打防并举，强力推进警务创新，全面构筑治安防控体系，构建和谐警民关系，切实提高群众的安全感和满意度，确保全县社会治安局势的持续稳定。县公安局先后被评为全省“打黑恶、反盗抢、追逃犯”安民行动暨缉捕重大逃犯攻坚行动先进集体、平安日照建设先进集体，被县委、县政府记三等功并授予年度“特别贡献奖”。

确保社会政治稳定。建立健全信访工作基础台账，严格落实局长接访、所长接访工作制度，规范信访工作流程，采取走访、约访、回访等有效方式，全力开展矛盾纠纷大排查、大调处活动，将矛盾纠纷化解在基层，共化解省公安厅督办的重大疑难信访案件10起，信访工作经验被《山东公安信访简报》和《山东信访》转发，被县委、县政府评为机关工作创新一等奖。2012年5—6月，根据县委、县政府部署，采取有力措施，配合开展青峰岭水库网箱清理工作，通过优良服务和真情实意打动群众，争取群众的支持和配合，共清理网箱27353个，实现零上访、零纠纷、零事故、快清理。

坚持严打整治。探索完善打防责任制，树立新型犯罪“首案必破”、“小案”侦破等工作理念，实行“一长四必”现场勘查新机制，大力推进信息合成作战工作机制，着力构建打击犯罪长效机制，精准打击各类违法犯罪，在全县部署开展“命案必破”“打黑恶、反盗抢”“清网”“亮剑”等一系列专项斗争，先后破获吴某某系列抢劫、强奸、杀人案，卢某某故意伤害致人死亡案、“2·2”夏庄杀人案、“7·7”库山杀人案、常某某交通肇事逃逸案、沭河系列抢劫案等一批有影响的重大案件。破获各类刑事案件5101起，抓获犯罪嫌疑人2333名；查处治安案件10993起，处罚违法嫌疑人10371名。破获经济犯罪案件206起，涉案金额2.1亿余元，为群众和企业挽回经济损失6500万元。

图 27-28 校园安保

强化社会治安动态管控。2012年启动视频监控建设一期工程，投资323万元，在城乡接合部、乡镇边界及县域边界建成101处乡镇卡口、安装720P摄像机175路，在县局及25个派出所搭建视频专网平台。2013年启动二期工程，投资328万元，在城区52处主要路口安装1080P摄像机64路，建立集中存储中心，保障监控数据2个月的存储。搭建“护校安园”监控平台，完成对全县57所学校的监控建设、上联任务。城区组建220余人、各乡镇组建6～10人的专

职巡防队伍，在全市率先组建视频巡查队伍，推行视频侦查与街面巡逻紧密结合，打防控一体化巡防模式，提高侦查破案效能和服务社会管理的水平。2012—2015年，通过图侦协助破获各类案件385起。设立“护校安园”治安岗亭26处，加强校园周边秩序整治。坚持情报信息主导警务战略，将110指挥大厅由交警大队搬迁回局，196辆出租车、143辆客车与110实行联动。研发人口地理信息管理平台，实有人口管理更加规范，重点人员管控更加到位。按照“巡逻到哪里，治安管控措施就落实到哪里”的要求，以常态化检查整治为手段，扎实推进旅馆业信息管理系统和网吧管理信息系统的深度应用，加强二手市场、废品收购业、开锁业、刻章业等重点行业的排查，拓清底数、统一备案、定期检查，对违规经营者限期整改，对藏污纳垢、为违法犯罪提供便利者依法严厉处罚。积极探索流动暂住人口管理新路子，逐步建立完善流动人口管理机制，有力夯实基层基础，经验做法被新华网及市委政法委刊发。

创新做好群众工作。结合“三访三评”大走访活动，积极开展“大回访”，变群众上访为领导下访、群众来访为民警回访、被动接访为主动走访，以案件回访为切入点，不间断地开展形式多样的警民互动活动，经验做法被省公安厅转发。扎实开展“社区六进”工作，建立“社区六进”服务站25个，积极探索实践国保、户政、禁毒进社区的“6+X”模式。开展“民生户政行”活动，推出服务重点工程项目警官制、张贴警民联系牌、身份证“满意拍”“境E通”等便民利民措施15项。开通《莒州警视》（后更名为《莒州警方》）电视栏目，开设莒州警务网、局长信箱、警务QQ、公安微博、网上服务大厅，利用网络平台为群众解答咨询1516起，办好事、实事1325件。

提升警务保障能力。规范54辆巡逻、处警车辆管理，研发合成对讲手机，快速反应能力大幅提升。创新派出所办案业务经费保障模式，实行办案业务经费“以奖代拨”机制。全力推进新业务大楼建设，完成加油加气站建设，莒州警营文体中心建成使用，陵阳、棋山、店子集、果庄等派出所搬迁新办公楼，派出所经费保障充足到位。

推进执法规范化建设。编制《执法规范》《执法保障》《岗位技能标准》等业务书籍近20册，建立起“覆盖全警、简明管用”的执法标准体系。先后投资200余万元，扎实推进执法场所功能区改造，实现执法办案同步录音、录像。加强执法办案和执法质量的信息化建设，实现执法信息网上录入、执法流程网上管理、执法活动网上监督、执法档案网上建立、执法绩效网上考核。推行案件回访、110处警回访、执法告知等“阳光执法”模式，主动接受社会监督，增强执法活动透明度。深入推进执法检查“回头看”和敏感案事件隐患排查整治活动，修订完善有责信访、执法过错责任追究制度，创新实行法制员派驻制度。

2014—2018年，以系列重大活动安保维稳为主线，深入实施“精准警务”战略，全面打响基层基础攻坚战役，维护全县政治、治安大局持续稳定。2014年，县公安局被省委、省政府表彰为全省人民满意政法单位。2015年，被省精神文明建设指导委员会命名为省级文明单位。2016年，登“全国政法英模榜”。2017年，被中央文明委命名为全国文明单位。2017、2018年，莒县群众满意度测评连续2年位居全市第一，连续获得全县建设“一强三名”特别贡献奖。

履行安保维稳首责。在县局信息合成作战中心成立安保维稳指挥部，充分运用“人力+科技”手段，严格落实情报信息搜集、研判、处置、督导一体化运作机制，全面收集掌握各类预警性、内幕性、行动性情报信息。成立应急处突机动队伍，完善应急处突机制，实行等级勤务和单元作战。收集研判情报信息11520条，开出反恐罚单9张，开展反恐应急演练18次，处置群体性事件35起，检查车辆5.2万余台、人员10.8万余名，完成党的十九大、上合组织青岛峰会、庆祝改革开放40周年系列活动、各级两会等一系列重大安保维稳任务。

推进扫黑除恶专项斗争。建立局领导包片督导机制，定期听取专项斗争进展情况汇报。成立扫黑除恶专业队，集中办公，并从人、财、物、装备等各方面予以全力保障，打造专业化扫黑除恶队伍。牢固树立“打早打小、露头就打”的思路，坚持有黑除黑、无黑除恶、无恶治乱，全力打好扫黑除恶专项斗争攻坚战，共接受、核查线索627条，打掉黑社会性质组织1个、恶势力犯罪集团1个、恶势力团伙6个，破获案件92起，抓获涉黑涉恶犯罪嫌疑人49名，相关做法被副省长、省公安厅厅长孙立成批示肯定。

推行合成作战。率先推出局领导主副班制度，主班局领导24小时坐镇110指挥中心，负责当天重大警情的指挥调度和群体性事件、突发事件现场处置工作，召集有关警种进行警情研判会商；副班局领导到局长接访室接访、处理涉法涉诉案件，深入基层单位实地督导检查各项工作落实情况，经验做法在全市推广。从情报、网安、图侦、法制等业务部门抽调5名经验丰富的民警组成专业研判队伍，建成情报主导、警种联动、手段集成、资源共享、运转高效的信息合成作战中心，构建“情报+打击”信息合成作战机制，快速破获“9·26”持枪杀人案、“9·27”强奸杀人案、“10·4”杀人案等重大案件，抓获变换身份潜逃27年的命案逃犯陈某某。坚持将影响群众安全感满意度的“小案”作为主攻目标，完善“一长四必”现场勘查新机制和考核办法，精准打击各类违法犯罪。破获各类刑事案件8372起，抓获犯罪嫌疑人4044名，其中在逃犯罪嫌疑人245名；查处治安案件17532起，行政拘留3748人。

提升治安防范能力。规范社区警务，县政府印发《关于整合网格化管理与基层警务推行“1+2+N”“一村一警务助理”警务模式的实施意见》，通过个人自荐、村两委推荐、考察审核等程序，选聘“本土化”农村警务助理1224名，城市社区全部按照“1+2+N”（即一社区1名民警、2名辅警、若干网格员）模式配齐力量，形成党委政府领导、政法综治协调、公安机关主导、相关部门共建的良好局面。开展“一标三实”信息采集，收集录入基础信息21.7万余条。坚持“网格化”巡防，统筹落实综合巡逻、分级巡逻和精准巡逻措施，提高见警率、管事率，全县“两抢一盗”发案同比下降32.56%。创新平安志愿者招募办法，以预备党员和入党积极分子为招募重点，会同各乡镇街道党委、政府制定管理办法，实行积分量化考核，激发预备党员和入党积极分子的志愿服务热情，为平安志愿者队伍注入了“红色基因”和“新鲜血液”，经验做法在《人民公安报》上刊发。2014年、2015年在深度应用上下功夫，自主研发建成“一键式综合智能运维管理平台”和“扁平化可视综合指挥平台”。2017年起启动第三期工程，争取县委、县政府支持，以PPP模式，投资5129万元，建成公安、交警、住建、行管等部门共1492路探头及配套设施；投资94万元，建成铁路沿线监控42处84路；投资61万元，协助县交通局完成全县100处公交站点的监控建设任务；协助县综治部门推进“雪亮工程”建设，投资1122万元，建成监控8118路。购置治安检查方舱和“空中哨兵”无人机。

保障发展和服务民生。主动融入经济发展大局，实施保障和服务新旧动能转换重大工程十六条措施，推出改进工作作风服务经济发展登门护航10条措施，“一对一”包联服务全县100个重点项目。深化“无否决权”工作机制，梳理公布“一次办好”事项86项。完善“互联网+莒县公安服务”，开通网上社区警务室、警务微信群、“莒县公安”微信公众号等警民沟通新渠道，推广使用“交管12123”交通事故快处平台，启用出入境证件微信和支付宝线上缴费系统，提升服务管理效能。创新打造“阳光户政”服务品牌，践行为民承诺，推行“四零”服务（服务方式“零距离”、服务受理“零推托”、服务事项“零积压”、服务目标“零投诉”）和户政便民利民十二条措施，明确户政功能区划分，自主研发“莒县公安局阳光户政综合服务系统”和“智能身份证识别系统”，“阳光户政”经验做法在全市公安机关推广。开展三轮车、四轮代步车集中禁行联合整治，道路交通亡人事故连续3年下降。自主研发完善烟花爆竹安全监管信息系统，烟花爆竹安全监管连续5年保持“不炸响、无伤亡”。

坚持科技强警。以机要通信科为技术骨干成立科技创新研发团队，先后研发多项科研成果。其中，

2014 年研发的“110 监控报警双路联动系统”，获“山东公安科学技术进步奖”三等奖；2015 年研发的“一键式综合智能运维管理平台”，经省公安厅专家鉴定达到国内先进水平；2015 年研发的“扁平化可视综合指挥平台”，获“山东公安科学技术进步奖”三等奖；2016 年研发的“公安网电脑运维管控平台”，经省公安厅专家鉴定达到国内先进水平；2017 年研发的“智能身份证核查手环”，在“全省基层技术创新竞赛和展示活动”中获“最受欢迎的创新成果奖”；2018 年研发的“基于 AR 智能眼镜的警务应用平台”，获“山东公安科学技术进步奖”二等奖。团队 2 次被省公安厅评为全省十大“优秀科研团队”，1 人被评为首批齐鲁公安英才标兵型人才，1 篇科技论文获公安部《警察技术》论文优秀奖，1 篇获日照市优秀科技论文三等奖，1 篇获日照市优秀科技论文优秀奖。

图 27-29 2018 年，莒县公安局刑事科学技术室

稳步推进基础建设。县公安局新业务大楼于 2016 年 7 月投入使用，新建县拘留所、城东派出所、寨里河派出所，刑事科学技术室、法医鉴定中心、电子数据取证实验室、食品快检实验室建成启用，尸体解剖室建设完工，大数据中心、民警生活中心、智能化执法办案管理中心、公安政务服务大厅建设等进展顺利。

二、队伍建设

莒县公安局成立后，逐步建立健全政治机构和工作机制，探索适应公安机关需要的政治工作方法和经验，不断加强公安队伍思想建设、组织建设和作风建设，保障各项公安任务顺利进行。

1989—1995 年，按照“带好队伍不发生问题、干好工作让群众满意”的总体目标，坚持政治建警、从严治警，密切警民关系，树立人民警察良好形象。1992 年，开展思想、纪律、作风整顿，局党委与各单位主要负责人签订单位负责人队伍建设目标责任书。在内部设立纪委，外部聘请 16 名社会知名人士作为执法执纪监督员，开监督门、亮队伍底、纠行业风，相关经验作法被公安部和省公安厅推广。1993—1994 年，结合业务工作实际，全面开展岗位练兵，提升民警整体素质。1993 年，在市公安局举办的治安、户籍、预审 3 个警种岗位练兵知识竞赛中均获得第一名。1994 年，县局民警在省公安厅举办的业务竞赛中取得前十名的好成绩，县公安局代表队夺得全市人民警察基本素质知识竞赛第一名。1994 年，成立党校，投资建设党员电教室，建立健全各项规章制度，与县电视台联合录制《党旗下闪光的金盾》等电教专题片，党员电教工作做法被市、县组织部门推广。是年 8 月，全县机关党建工作现场会在县公安局召开。

图 27-30 岗位练兵比赛

1996—2000 年，围绕政治建警，以制治警，狠抓领导班子建设这个龙头、中层班子建设这个关键、党员干警这个基础，推动队伍建设再上新台阶。认真开展“三讲”教育回头看、“三项教育”试点工作和警示教

育活动，建立健全党委民主议事、廉政建设等一系列规范化机制，强化党委的凝聚力、战斗力。各科所队室立足本职，开展创人民满意活动，对照人民满意的标准，从群众最关心的事情做起，自觉将利民、便民措施融入各项警务活动中。建立派出所民警岗位目标责任制和考核奖励竞争机制，把群众评说作为中层干部定职定位的重要依据，以工作实绩实施次位管理，凭综合实力选贤任能。深入开展“整顿纪律、整顿作风、整顿思想”活动，全局实施禁酒令，进一步落实廉政连带责任，实行民警廉政档案制度和事前提醒谈话制度，形成党委领导齐抓共管、全体民警自我约束、自我监督的良好局面。实施典型带动战略，开展立功创模活动，召开庆功表彰大会，对先进民警代表进行公开表彰，使广大干警学有榜样，赶有目标。组织民警和退休干部查体，建立民警个人健康档案，为警力调配、民警轮休及健康保健提供参考。争取县委、县政府支持，实现派出所民警工资由县财政逐月拨款、县公安局统一发放。多方协调，解决6座家属楼集中供暖问题，解除住户民警的后顾之忧。

2001—2005年，积极推行思想政治工作目标责任制，认真落实民警思想状况定期分析、与民警谈心交心、走访民警家庭等制度，把思想政治工作与解决民警实际困难相结合，帮助民警解决子女上学、家属就业等问题，集资建起2栋78户宿舍楼，进一步凝聚警心，在全市政法队伍建设会上作典型发言。扎实开展全警大练兵活动，通过举办实战技能培训班、执法办案质量大练兵、户政岗位大练兵等活动，掀起以政治练兵、业务练兵、体能练兵为重点的练兵高潮，全局民警整体素质得到明显提升，在全市警务实战技能成果汇报表演中，县公安局队列方队获得优胜奖，10名队员被授予大练兵标兵称号。大力推行警务公开，将能够向社会公开的警务工作内容全部用警务公开栏的形式向社会公开。深入走访人大代表、政协委员及各界群众，多层次、多渠道接受社会监督。制定并修订完善队伍等级化管理方案，对机关科室和派出所进行年终等级量化考核，等级评定结果与单位、个人评先创优、晋职晋级和待岗、辞退等直接挂钩，严格奖惩兑现，进一步激发广大民警的工作热情。

2006—2011年，加强思想政治建设，深入开展学习实践科学发展观和“大学习大讨论”活动，加强社会法治理念、党章、八荣八耻等教育学习，民警的政治素质和大局意识进一步增强。加强领导班子建设，领导班子人数增加到11人，配强局领导班子力量。加强队伍能力建设，以苦练基本功为核心，以“三懂四会”为主要内容，深化大练兵活动，开展“三考”和“百十一”岗位练兵，提高民警岗位工作技能。加强纪律作风建设，对内创新教育形式和方式，完善反腐倡廉“大宣教”格局；对外举行警营开放日活动，邀请社会各界群众到公安机关参观座谈，听取意见和建议。加强从优待警，新建宿舍楼，改善民警住房条件；参加市县举办的各类文体活动，活跃警营生活。

2012—2013年，扎实开展人民警察核心价值观主题教育活动，深入推进党风廉政建设，队伍建设又有新提升。开展系列教育实践活动，坚持真学、真查、真改、真抓，组织集中学习和专题讲座550余场次，走访企事业单位867家、服务对象3.2万余人次，帮扶群众2700余人次，征集征求意见建议556条。认真做好从优待警工作，立足人文关怀，加强从优待警，投资100余万元建成民警训练基地，提拔、重用科级干部33人，提拔、交流股级干部142人，轮岗交流民警119人，动工开建公安业务技术用房，保障民警休假并组织外出学习考察。组建警察协会、开展丰富多彩的文体活动，不断提升民警幸福感和满意度，在市公安局调查活动中，两项数据综合达到95.12%，同比增长51个百分点，增幅居全市第一。

2014—2018年，以群众路线教育实践活动、“三严三实”专题教育、“两学一做”学习教育为主线，开展“解放思想、进位争先、敢于担当”“大学习大调研大改进”“新时代新观念新跨越”“迎接十九大、忠诚保平安”等系列教育实践活动，实施“精准党建”战略，打造“六心”（即忠心向党、全心为民、公心执法、用心办案、清心律己、热心传承）党建品牌，充分发挥党支部的战斗堡垒作用和广大党员民警的先锋模范作用，以党建带队建、以队建促工作。印发《中共莒县公安局委员会关于实施党建领航工程的工作意见》《莒县公安局党建工作责任清单》，严格落实主体责任。规范开展主题党日、支部办讲堂等活动，建成党建教育长廊，推进建设道德讲堂、基层党校、党建工作室、党建会议室、支部活动室等党员活动场所，创建“莒县公安”微信公众号、“党建工作群”“党建在线”等微信群，组织党员民警参观红色教育基地，提高党员民警党性修养。打造基层党建示范点、党员民警示范岗等特色品牌，大力开展“莒警尖兵”“莒警玫瑰”“辅警之星”等推选培树工作，树立品牌，发挥模范带头作用，党建工作考核连续两年位列全县第一。创新警营文化建设的形式与载体，打造具有莒县公安特色的“儒警文心”文化长廊，编纂《莒县公安年鉴》《建局75周年纪念册》《莒县公安宣传稿件汇编》，组建10个文体兴趣小组，开展丰富多彩的文体活动。设立民警工作室4个，实行“警师制”传帮带机制，提升队伍整体素质。坚持关爱暖警，推动县政府出台《从优待警十条措施》，为民警全额发放文明单位奖金，按照最高档为490名在职及离退休人员办理人身保险，为优秀高考民警子女发放奖学金，举办退休民警荣休仪式、制作《光辉岁月》从警纪念册，实施战时表彰奖励机制，完成辅警过渡，不断提升民警、辅警职业荣誉感和认同感。

图 27-31 2018 年，“六心”党建品牌展示

三、争先创优

争创全国优秀公安局 1996—1998年，莒县公安局开展争创全国优秀公安局活动。1999年3月26日，在公安部召开的全国优秀公安局及全国优秀人民警察表彰会议上，莒县公安局被表彰为全国优秀公安局。坚持从严治警先治长的思路，从班子自身建设抓起，团结协作成活力、清正廉洁显威力、自我加压增动力，用班子成员的示范作用带动整个队伍建设，靠领导班子的凝聚力推动各项工作的深入开展。把队伍建设作为促进业务工作全面发展的总抓手，以开展“队伍素质年”活动为载体，政治建警抓教育、建章立制抓管理、严格执法抓监督、联系群众抓服务，在提高素质、建立制度、健全机制、强化内外监督等治本之策上下功夫，造就一支政治硬、业务精、作风正的一流队伍。三是创一流业绩。坚持服务大局的方针，加大刑侦改革、110建设、行政执法、基础工作力度，提升快速反应能力、打击犯罪能力、预防犯罪能力。1998年，破获各类刑事案件644起，抓获犯罪嫌疑人465名，发案比1997年下降2.96%。1996年、1997年，县公安局连续两年被评为全省优秀公安局。1997年，所属9个科所队受到省公安厅表彰。

异地办证做法在全省推广 2006年，莒县公安局经过调研发现，全县共有30余万人长期在外务工、经商，其中3万余人在辽宁省大连市，由于路途遥远、返乡花费高，部分长期在外人员一直未办理第二代居民身份证。县公安局成立以户政科为主的8人工作组，到大连为莒籍务工经商群众集中办理二代证。11月1—10日，历时10天，共办理二代证3500件，为群众节约费用上百万元，受到务工人员的一致称赞，并联名致信省公安厅表示感谢。这一异地办证的举措，被山东省电视台，山东政务信息及省、市、县的多家媒体宣传报道，省委政法委、省公安厅在全省予以推广。购置1台服务器，组装全县人口信息系统，并对系统进行备份，确保万无一失。对莒籍务工人员的居住地进行调查摸排，最终选择在地处大连市城乡接合部的甘井子区辛寨子镇设立工作服务站。通过电视、报纸、张贴明白信等形式广泛宣传，公布办证时间，办证地点、办证需知及咨询电话，提升群众知晓率。科学实

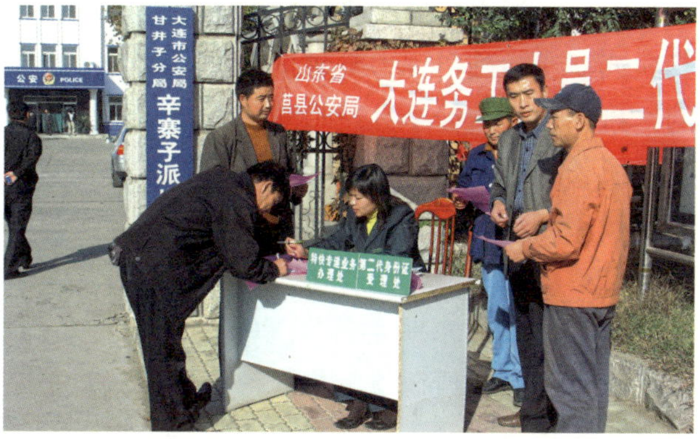

图 27-32　2006 年，赴大连为务工人员办理二代身份证

施，确保工作质量。针对人员分布不集中，工作不便长时间请假等情况，工作组打破作息常规，实行 24 小时工作制，简化受理程序，随到随办。坚持做到精心采集人像，保证相片质量，确保一次过关；精心核对人口信息数据，确保证件信息准确无误；精心与 CCIC 逃犯库比对，确保不放过一名在逃嫌疑人；精心填写特快邮寄地址，确保准确及时收到二代证。严格执行公安部和省公安厅关于二代证工本费收费标准，杜绝一切形式的超标收费、搭车收费。很多务工人员见工作人员奔赴千里，不分昼夜地工作，生活非常艰苦，主动提出多交一些费用作为福利补助，均被民警婉言谢绝，得到相关单位和莒县籍外出务工经商人员的一致好评。

破解外来媳妇落户难题　2009 年，莒县公安局通过走访调查发现，许多外来媳妇从千里之外嫁到莒县合法定居多年，并早已结婚生儿育女，但其户口由于多种原因一直未能随之迁至，给工作生活带来诸多不便，给社会管理增加诸多不稳定因素。为解民忧、排民难，更好地服务群众，县局部署开展集中为外来媳妇办理户口迁移手续的爱民实践活动。先后登记外来媳妇 1399 人，帮助 654 名外来媳妇办理准迁证手续，530 名外来媳妇办理落户手续。该项工作经验做法被人民日报内参、公安部治安管理局、省政务信息网、省公安厅转发，人民网、《山东公安》、《齐鲁晚报》等新闻媒体均进行深入跟踪报道，并入围人民网、国家行政学院联合征集的加强和创新社会管理典型案例，市委副书记、市长赵效为批示肯定。工作中，县局坚持做到全面摸清外来媳妇底数，全面调查个人情况，严格审核把关户口迁移手续，严防有人借机浑水摸鱼，避免被拐卖妇女等趁机落户。按照合法、简便为民、个人自愿、严谨细致、为民服务原则，只要法律手续齐全、不涉及违法犯罪、符合户口迁移规定、本人自愿迁移的，尽量简化办理程序，全力协助办理。对当事人不愿迁移户口的，尊重当事人的意愿，并纳入暂住人口管理。坚持具体问题具体分析，不同问题区别对待。

创新推行派出所所长大接访　2010 年，为从源头上预防和减少公安信访问题，全力维护基层稳定，莒县公安局以大接访、大走访活动为载体，将每周二定为“派出所所长接访日”，各派出所所长开门接访，主动倾听群众合理诉求，全力化解各类矛盾纠纷。这一全国首推举措，被公安部信访信息网、省公安厅信访处、市委政法委、市公安局相继转发推广。收集信息、建议 360 余条，接待来访群众 289 起、372 人次，调解纠纷 86 起，查处治安案件 42 起，帮助解决各类问题 170 余件；到县公安局信访案件同比下降 60%。其中，初信初访案件同比下降 56.3%。特别是化解张某某等 8 起疑难信访案件，被省公安厅分管厅领导批示肯定。其间各派出所所长热情接待群众，认真听取上访群众的诉求，详细询问有关情况。对群众反映的问题，用心听、细心记、真心答，对个别疑难案件的上访群众，认真宣传相关政策和法律法规，从关注民生、构建和谐社会的角度，努力为其排忧解难，切实把工作做到群众的心坎上，让群众真正感受到公安机关的真情实意。针对一些当事人“为气不为事”的

心理特点，派出所所长采取带案下访的方式，真情走访信访人、案件当事人，耐心听取群众诉求，认真研究解决措施，强力推进案结事了。对群众来访案件，能现场予以解决的现场解决，一时解决不了的，给来访群众一个办理时限，并及时向群众反馈办理信息。对已经办结和短期内无法办结的信访事项，所长和办案民警都采取上门回访的方式主动向信访人通报有关工作情况，耐心细致做好法制宣传和解释工作，让群众切实感受到在为其办实事，解难事。对生活困难的信访群众，各单位组织民警进行结对帮扶，力所能及的帮助解决实际困难。

创建“全国文明单位” 2017年11月，历经3年创建，莒县公安局被命名为“全国文明单位”。制作展板、桌牌，在各个角落制作遵德守礼、文明创建提示语，组织民警到本色教育基地、抗日战争胜利纪念馆等参观学习，举办“道德讲堂”，建立莒县公安先进典型库，开展四德榜先模人物评选和文明家庭创建活动。以“儒警文心”为主题，在县局业务楼建设“莒县公安文化中心”，在各基层所队打造各具特色的警营文化，提炼出“忠诚、责任、奉献、争先”的莒县公安精神，举办书香警营读书会、“机关最美党员民警”评选等活动，引导全体民警积极培育和践行社会主义核心价值观。面对科技化大趋势，圆满完成“天网工程”建设，研发扁平化可视化综合指挥管理平台，为基层单位增加信息装备，添购107台执法记录仪，安装信息采集终端。面对品牌化大环境，因地制宜，发挥特色特点，打造“阳光警队＋志愿服务”品牌，用品牌促创建。组建平安志愿者服务队伍，创新平安志愿者招募管理新模式，将志愿者活动与公安工作结合，打造特色志愿队伍，进一步延伸莒县公安服务经济发展和服务民生的触角。3年间，共注册平安志愿者2700余人，开展活动170余次。坚持以党建带队建促业务，深入开展纪律作风集中整顿活动，扎实抓好从严治党、从严治警各项工作，形成按制度办事、靠制度管人的工作机制。县局指挥中心党支部被县委组织部确定为全县示范党支部，县局在全市公安机关党建工作会议上做经验交流发言。打造培育干部人才的“孵化器”，建成民警综合训练基地，开设普训式大讲堂和专业小讲堂，实施优化民警队伍“阳光工程”，建立民警选拔任用、轮岗交流、培训学习、挂职锻炼等工作机制，坚持用工作实绩考察干部。组织开展中层干部竞争上岗，64名优秀民警走上中层领导岗位，103名民警轮岗交流。做好暖心工程的“压舱石”，将从优待警作为凝聚警心、稳定队伍、提升战斗力的一项重要工作，为全局民警全额发放省级文明单位奖金，为民警生日送祝福，为退休民警制作从警纪念册，举办新警入警仪式和民警荣休仪式等方式，进一步增强民警的职业认同感和自豪感。设立困难民警救助基金，对受伤、患病及家庭出现变故的民警，局领导第一时间看望慰问，最大限度帮助解决困难。

群众安全感满意度实现连续攀升 2017年度，在全省群众安全感满意度调查中，莒县群众安全感位列全省第六、全市第一。2018上半年，在全市群众安全感满意度调查中，莒县再次位居全市第一。坚持以重大活动安保为牵引，做优机制、聚力严打击，突出要素、竭力严管控，改革模式、全力严巡防，不断夯实业务基础，努力为人民群众提供更加安全稳定的社会环境，切实提升群众的安全指数。以标准规范体系建设为载体，不断夯实制度基础，建立起覆盖基层基础工作和队伍的制度体系，推动执法执勤工作在制度的规范中高效运行，提升执法公信力。积极推动视频监控“天网工程”建设，深入推进数据资源整合和大数据应用，提升打、防、服效能的同时，让广大群众感受到安全就在身边，提升群众对公安机关的信赖指数。坚持以群众期待为指引，深化警务回访“全覆盖”机制，做专做实社区警务，全力服务经济发展大局，扎实推进“放管服”改革，增进警民联系沟通，加强警民合作互动，让群众在理解、信任中增强安全感和满意度。认真落实“四句话十六字”总要求，坚持政治建警、深化素质强警、全面从严治警、落实从优待警，大力推进公安队伍正规化专业化职业化建设，努力打造阳光警队，提升社会认可指数。以服务实战为目标，抓经费保障、硬件设施建设、装备配备，不断夯实保障基础，展示公安机关实力，擦亮莒县公安名片，进一步赢得公众的印象分。

实施“精准党建”战略　2018 年起，莒县公安局党委把抓好党建作为最大的政绩，创新实施“精准党建”战略，全面提升公安机关党组织整体功能，不断推动公安工作和队伍建设提档升级。制定全局党建工作规划，强化顶层设计，成立由局党委书记任组长的党建工作领导小组，明确党委书记是抓党建第一责任人，进一步压实党委主体责任和领导干部“一岗双责”。在县局经费紧张的情况下，筹拨党建专款 200 余万元，保障党建工作健康发展。在办公楼一楼大厅制作党建宣传展板，在二至四楼打造具有莒县公安特色的“儒警文心”文化长廊和党建教育长廊，建成道德讲堂、基层党校、党建工作室、党建会议室、支部活动室等党员活动场所，创建“莒县公安”微信公众号、党建工作群、党建在线等微信群，加强党性教育、研究党建工作、传承优良传统，增强党员的荣誉感使命感。制定《党建工作责任清单》，探索建立党员分类管理、党员积分管理、民主评议等 14 项长效管理机制，明确各项制度要求、操作标准，制定党建工作考核办法，实行月考核、年总评，严格兑现奖惩，以考核倒逼各项工作落实。开展“六心”党建品牌创建工作，设计鲜明的“六心”品牌标识，同步开展争创“红旗支部”争做“红星党员”活动。

第四节　五莲县公安局

五莲县位于山东半岛鲁东南山区，成立于 1947 年 5 月，由原日照、莒县、诸城三县的边缘山区组划而成，是革命老区之一和全国林业大县。2018 年，全县辖 12 处乡镇（街道）和日照市北经济开发区、五莲山旅游度假区、五莲石材产业园，共 553 个村（居），总人口 51.3 万。1943 年，为适应抗战和斗争形势的需要，五莲山区成立日北县公安局，1945 年 9 月并入藏马县公安局。1947 年 5 月，成立五莲县人民政府公安局。1993 年 1 月，伴随日照市设区带县，五莲县公安局由潍坊市公安局改属日照市公安局。

自成立至 1992 年，五莲县公安局在维护政权稳定、打击与防范违法犯罪、服务人民群众等方面都取得突出成绩。1982 年 8 月被公安部通报表彰。1983 年被公安部记集体一等功一次，并授予“保障人民民主、保卫四化建设先进单位”锦旗。1993 年改属以后，五莲县公安局在历届县委、县政府

图 27-33 评先树优

和市公安局的领导下，坚持严打严管严治和从严治警方针，紧紧围绕不同时期全县的工作重点和中心任务，充分发挥职能作用，深入开展严打整治斗争，严密社会治安防控，狠抓治安行政管理，全力服务经济发展，全面加强队伍的正规化建设，公安工作和队伍建设取得长足发展。1996 年，被公安部表彰为全国优秀公安局。2014 年，被省委、省政府表彰为全省人民满意的公务员集体。2014 年、2016 年，被公安部命名为全国公安机关执法示范单位。

一、维护政治安全和社会稳定

20 世纪 90 年代后，全力做好各项重要警卫任务和重大活动安保维稳。1989—2018 年，先后完成三级以上警卫任务 29 次，其中一级警卫 4 次、二级警卫 3 次、三级警卫 22 次。1993 年后，先后完成全国山地自行车比赛、“爱立信”中国乒乓球擂台赛、济南军区“前卫—99”前卫战役演习、全国生态经济研讨会、华东地区生态保护现场会、北京亚运会、北京奥林匹克运动会、国庆 60 周年、世博会、党的十九大、二十国集团民间社会（C20）会议和“G20”峰会等一系列重大活动安保维稳工作任务。2018 年，按照当主场、打主战、尽主责的要求，出动 20 余名民警支援青岛，筑牢“环青护城河”，完成上海合作组织青岛峰会安保任务，有多名民警受到省市表彰。

1997 年，立足信息工作全警化、社会化，健全信息搜集、综合、分析、研判机制，围绕建县 50 周年、香港回归、党的十五大召开，对大中型企业稳定情况、企业改制情况、“三资”企业运营情况等开展专题调查，搜集上报情报信息。1999 年，在全县范围内开展邪教处置专项斗争，收缴邪教宣传品 2062 件。2008 年，开展专案侦查，摧毁 1 个全国性邪教团伙，缴获赃款 160 余万元，受到公安部、省公安厅领导表扬和肯定。2009 年，打掉省公安厅督办的组织利用邪教组织破坏法律实施犯罪团伙，侦破经验被省公安厅转发。2016 年，推出打击、转化、宣传“三位一体”五莲反邪教工作模式，工作经验被公安部、省公安厅、市委有关部门转发推广。同年 6 月 15 日，全市专项整治邪教现场推进会在五莲召开。

二、打击刑事犯罪

1993—2018 年，全局共破获各类刑事案件 15204 起，抓获各类犯罪嫌疑人 8100 名；摧毁犯罪团伙 630 个，抓获团伙成员 2377 名；抓获在逃犯罪嫌疑人 1913 名。1994 年，开展追捕逃犯专项行动，抓获批捕在逃和负案在逃犯罪嫌疑人 21 名，占全部在逃犯罪嫌疑人的 50%。

1995 年，开展“春季严打攻势”“打击车匪路霸、盗抢机动车犯罪”专项斗争和打击流窜犯罪团伙攻坚战，共查获外地流窜作案分子 126 名。1996 年，以“破案件、打团伙、追逃犯”为主攻方向，在全县范围内组织开展 4 次大规模集中收捕行动。1999 年 7 月中旬开始，按照全国和省、市统一部署，集中开展为期 3 个月的“追逃”专项斗争，抓获在逃犯罪嫌疑人 40 余名，追逃数位居全市第一。

图 27-34 1996 年 9 月，严打斗争总结表彰大会召开

2000 年，根据公安部统一部署，积极参与全国范围内的解救被拐卖妇女儿童、打击人贩子专项斗争，通过落实调查摸底、网上比对查询、进行打击解救等措施，先后破获拐卖妇女案件 612 起，抓获人贩子 56 名，解救被拐妇女 612 名，其中 107 名安全送回原籍，另有 505 名根据当事人意愿，依法妥善安置。2001 年 4 月开始，在全县范围内开

展为期两年半的严打整治斗争，共侦破各类刑事案件947起，抓获犯罪嫌疑人579名，抓获在逃犯罪嫌疑人112人，打掉犯罪团伙42个、抓获团伙成员176人，收缴手榴弹23枚、民用枪支526支，军用子弹300余发、炸药2435公斤、雷管2116枚，刑侦大队被省公安厅记集体二等功。2002年10月，成立经济犯罪侦查大队。2003—2018年，以打击涉众型经济犯罪和金融领域经济犯罪为重点，严打各类经济犯罪，共破获刑事案件511起，刑事拘留犯罪嫌疑人450名，取保候审188人，逮捕89人，移送起诉511人，涉案金额12.93亿元，挽回经济损失1.09亿元。2003年、2008年，县局经侦大队2次被省公安厅记集体二等功，2010年被评为全国公安机关执法示范单位、全省公安机关优秀基层单位。2007年，按照打早、打小的原则，开展打黑除恶专项行动，先后打掉被公安部认定的刘某某等8个黑恶势力犯罪团伙，抓获团伙成员37名。县公安局刑侦大队被省公安厅记集体二等功。

2010年，破获刑事案件824起，抓获犯罪嫌疑人568名，抓获潜逃17年的涉枪命案逃犯朱某某等在逃犯罪嫌疑人189名，侦破“4·28”持枪抢劫案、“5·13”系列强奸案等大要案，打掉刘某某等重大抢劫、强奸、盗窃团伙。2011年，共破获刑事案件852起，抓获犯罪嫌疑人206名，抓获潜逃13年的省督命案在逃犯罪嫌疑人唐某某、潜逃9年的命案在逃犯罪嫌疑人郝某某、潜逃8年的命案在逃犯罪嫌疑人管某某等114人。2012年4月，县公安局刑侦大队被省公安厅记集体二等功。2015年2月，县公安局成立食药环侦大队，专业打击食品、药品与环境领域犯罪。截至2018年底，破获刑事案件65起，抓获犯罪嫌疑人166人。2016年，深入开展百城禁毒会战和缉毒会战，破获公安部督办“2016–203”特大网络贩毒目标案等毒品案件11起，抓获嫌疑人16名，列全省县级公安机关打击毒品违法犯罪排行榜第三序列第4名。是年4月，县公安局成立“反诈骗中心”，集中打击治理电信网络诈骗违法犯罪。截至2018年底，共抓获犯罪嫌疑人40名，冻结资金800余万元，止付资金1600余万元。

图27-35 2015年，“6·29”特大网络诈骗案专案组凯旋

2017年，严密防控打击经济领域内的刑事犯罪。会同有关部门建立监测预警机制，深入开展“云端2017”专项行动和“猎狐2017”专项行动，全力推进打击逃废银行债务“利剑2号”专项行动。破获公安部督办的“2·22”特大虚开增值税专用发票案，彻底摧毁涉及全国15个省、直辖市的虚开增值税专用发票网络链条，共抓获犯罪嫌疑人77名，逮捕4人，涉及企业244家、发票8000余份、价税合计额9.2亿余元、税款1亿余元，追回税款及非法所得1400余万元。

2018年，按照上级统一部署，开展扫黑除恶专项斗争，以打击九大类犯罪为主线，破获案件17起，抓获犯罪嫌疑人45名。经过近7个月深入经营、缜密侦查，侦破“2018–175”公安部毒品目标案件，该案系全省1号大案，在山东和云南、江苏、湖北等6省份抓获涉毒人员57名，缴获从金三角地区入境的高纯度冰毒60余公斤，副省长、省公安厅厅长孙立成等省、市领导批示肯定。

三、强化社会治安防控

1992年，主抓内部单位“创安”工作，创建无刑事案件、无治安案件、无治安灾害事故、无民事案件、无犯罪人员的“五无”单位138个，占全县157个内部单位的81.8%。1995年，各乡镇派出所与农村治保主任签订责任书，在农村村庄开展“五星级文明户”评选。先后对260名保卫干部和乡镇专职联防队员进行集中培训。在周边乡镇的主要交通干线和路口设立流动岗哨堵截点，村庄完善联户联防、联村联防，城区落实单位自防，民警带领保安、联防队员划片设防昼夜巡逻，维护社会治安。通过巡逻防控抓获强奸杀人犯徐某某、盗窃犯孙某某等重大案犯。1996年，实施争创五星级光荣户为主要内容的社会治安综合治理“细胞工程”，全县639个治保会全部做到“有人员、有场所、有制度、有待遇”，全县22处乡镇设立专职联防队，昼夜值班巡逻。1997年，进一步健全县乡镇驻地、乡村结合部和村庄三级治安联防网络，全县90%以上的村庄未发生刑事案件和重大治安灾害事故，省公安厅、市公安局先后转发相关经验做法。是年，推进派出所警务制度改革，围绕“发案少、秩序好、群众满意”总体目标，按照“一区一警、一警多能、责任到人、一包到底”的要求，将城区划分为10个警务区，农村派出所划分责任区，明确职责任务、责任目标和考核标准，落实民警巡防责任制。

图 27-36 义务巡逻队夜间巡逻

2001年，坚持分类施治，扩充基层治安防范力量，有经济实力的村（居）、单位出资组织开展治安防范兑标承包，成立专业治安防范队伍；经济实力中等的，拿出一定的补贴报酬聘用本村、本单位人员组成治安联防队；经济实力中等以下的，组织义务联防队，全村范围内轮流值班巡逻。2004年，立足“护住院、巡住线、看住块、稳住片、堵住边”的工作目标，构建社区、街面路面、内部单位、农村、卡口“五张治安防控网”，狠抓基层防控体系建设，城区“两抢一盗”案件发案同比下降29%，农村发案率同比下降35%，60%以上的村庄实现“零发案”，相关做法先后被省委政法委、市公安局推广。2007年，将农村社区警务列入“三基”建设重点，将警务室建在农村群众的家门口，全县建成农村警务室23个。2008年，建成全县实有人口网络管控系统，全面推进实有人口网络管控，经验做法被《人民公安报》刊登，在全省社会治安综合治理工作会议上书面交流。是年，全面落实公共场所治安安全管理责任，推行等级化管理，建立场所管理信息系统，落实场所备案制度，全县21家娱乐场所全部安装监控系统，64家旅馆全部安装信息系统。2009年，推行以“一警多能、综合执法、合成作战、归口办理”为主要内容的合成化现代警务，全力构建城区5分钟快速反应圈、全县5分钟快速响应治安防控圈，提高动态条件下打击防范能力和水平，打造五莲治安防控品牌。年内，先后有52个跨省市流窜犯罪团伙、123名犯罪嫌疑人落入治安防控圈。

2010年，以提升群众安全感、满意度为目标，探索建立情报信息导控、科学布警防控、视频信息监控、严打整治管控、群防群治稳控“五网一体”立体化治安防控模式，全县刑事案件发案总量、“两抢”案件、盗窃案件同比分别下降11%、69%、14.1%，全县无“刑事警情日”达95天。2011年，推广“治安双保”“平安联合体”创建，设立治保会810个、治安联防组织60个，参与“治安双保”总户数7万户，提升全县社会治安防控能力，工作经验被市政府转发推广。2012年，积极争取把“天网工程”列入党政工程和智慧城市建设重要内容，立足五莲实际、创新方式方法推进社会治安动态监控系统建设，全县累计投入系统建设资金3760余万元，安装社会公共区域监控探头1.2万余个。是年，坚持源头预防、以打促防、多元联防“三防”一体，深入开展综治主题创建活动，五莲县在全省“两无”（无命案、无刑事案件）主题创建会议上作典型发言。

2013年，以搭建融合社会化监控系统、交通监控系统、数字化城市系统、森林防火指挥系统、水利防洪指挥系统五大系统为一体的全县公安110应急指挥中心视频监控系统平台为载体，优化完善视频监控建设全覆盖工程建设，初步形成以现代科技为支撑，案件预防、事件处置、现场指挥、综合调度等“一体化”的新型工作机制。省社会管理综合治理委员会办公室转发县公安局相关工作经验。同年，积极推进“社区六进”工作，全县55个已建社区全部实现工作目标。

2014年7月25日，全市公安机关“社区六进”工作现场推进会在五莲召开。8月5日，县公安局治安大队被评为“全省公安机关‘社区六进’工作成绩突出集体”。2014—2015年，持续推进视频监控系统建设，新安装探头15519个，建成一个监控中心、四个监控圈“五合一”监控系统，加强视频监控信息数据的处理、分析和研判，提高监控系统智能化水平。

2016年，采用政府与社会资本合作的PPP模式，总投资3亿元，分期推进智慧城市建设，其中一期项目投资8876万元，建设公安实战综合管理平台、交警智能交通综合管控平台、智慧城管平台。是年，用好农村治保员、社区网格长、企业保安队三支力量，发展平安志愿者2010人，组织平安志愿者活动50余次，通过微博、微信发布防范预警及各类消息1.17万余条，“五莲公安”微信公众号关注人员5万余人。

图27-37 2015年6月，五莲平安志愿者服务活动启动仪式

2017年，按照县委、县政府健全完善立体化、信息化社会治安防控体系部署要求，以城乡社区（村居）网格化管理为基础，整合基层力量，在城市社区推行“1+2+N”（即一社区1名民警、2名辅警、若干网格员）、在农村地区推行“一村一警务助理”警务模式，不断推进完善智慧城市、“雪亮工程”“天网工程”和技防示范村建设，全县刑事发案同比下降32.2%，全县89%以上的村居单位实现“零发案”。

2018年，认真践行“精准警务”理念，强化打防管控措施，全县无刑事警情日达181天。是年7月，五莲县社会治安综合治理委员会办公室、五莲县公安局联合印发《加快推进“雪亮工程”建设实施方案》，在公安机关“天网工程”现有建设成果的基础上，不断扩大、完善视频监控建设规模和覆盖领域，加快推进公共场所、公交站点、铁路沿线和农村地区视频监控建设，并逐步向高清化、卡口化、网络化、智能化发展，逐步实现全域覆盖、全网共享、全时可用。

四、强化公共安全管理和监所管理

1991年，开展防火安全百日竞赛活动，组织各类防火安全检查700余次，发现、整改各类隐患600余处，在全市考核评比中取得第一名。1998年，市消防支队在县公安局召开规范化建设现场会，推广县消防大队消防监督规范化建设经验。2001年，先后开展公众聚集场所、学校、易燃易爆化学物品等一系列专项治理活动，检查单位780家次，发现并督促整改火灾隐患1600处。2017年，以党的十九大消防安全为主线，分4批对全县145家消防安全重点单位的消防安全责任人、管理人进行约谈，并组织能力测试和培训。2003—2018年，扑救火灾576起，累积整改火灾隐患3.55万处。

1993年，配合争创省级卫生县城活动，开展城区交通秩序集中整治，全年纠正道路交通违章2.6万人次，处罚违章驾驶员8000人次，治安拘留8人。2001—2005年，购置数字式信号灯指挥设施12套，在城区更换旧式信号灯指挥设施7处，新增数字式信号灯指挥设施6处，新增太阳能黄闪警示灯2处。2001年，以大货车和客运车超载超员、机动车无牌无证、假牌假证、拼装改型、乱停乱放为主要内容，开展专项治理，全年共纠正各类道路交通违章3.89万人次，处罚1.96万人次。2016年起，开展智慧交通建设，重点加强交通卡口和电子警察建设，截至2018年12月底，城区交通标志总数量360面。2018年，将执法重点对准群众反映强烈的酒驾毒驾、超载超限、改型改装、闯红灯等重点违法行为，共查处各类交通违法17万余起，其中，酒驾694起（醉酒驾驶177起），无证2686起，违章停车21298起、闯红灯5563起，不礼让斑马线7285起，超载3271起。1989—2018年，共处置交通事故5584起。至2018年底，全县共有汽车驾驶员12万余人，机动车10万余辆。

图27-38 雪天保畅通

1994年，集中收缴各类非法枪支191支，其中钢珠枪87支、电击枪9支、自制火药枪95支、各种子弹200余发。1996年，通过调查摸底、检举揭发、集中收缴等措施，收缴各类土、猎枪4890支。2005年，严格烟花爆竹安全管理，共收缴烟火药1.5公斤，原材料40公斤，治安处罚3人，收缴鞭炮13万头。开展放射源、剧毒物品、易燃易爆场所单位大检查，对3家非法购买液氯剧毒化学品的厂家进行处罚。2008年，全面推行爆破作业配送“一条龙”服务，不间断地开展烟花爆竹大检查行动，共查处涉爆案件7起，刑事拘留2人，行政处罚5人。2013年，对17大矿区、200余处矿点和38处常年生产非花岗石矿点进行不间断检查，发现并整改隐患50条，对排查出手续不全的68处矿点，全部停止提供爆破服务。2015年，打响非法制贩烟花爆竹总攻战，通过深挖传统生产村“钉子户”，刑事处理4人，行政处罚3人，收缴鞭炮成品5万余响，半成品4万余响。2018年，以重大活动安保维稳为中心，以潮河检查站为依托，全面加强危险化学品管控，收缴烟花爆竹成品1万余响、手榴弹3枚、剧毒化学品500克。

图27-39 1996年8月，群众主动上缴的枪支

1996年6月至2018年底，健全规章制度，建立科学的勤务模式，完善的基础设施，充分运用现代的科技手段，建立人、技、物相结合的安全管理体系，县看守所连续23年实现监所安全无事故和队伍建设无违纪的“双无”目标，被公安部记集体一等功1次，先后有4人被评为全省优秀看守（监管）所长，2010年被省公安厅评定为二级看守所。1993年后，县治安拘留所先后两次被评为全省先进治安拘留所，2010年被省公安厅评定为三级拘留所。

五、服务保障发展

2000年，印发《关于为国有企业改革和发展服务的意见》。2001年，在全县“学胶南、赶胶南，解放思想促发展”中，创新实施百名民警联系企业活动，全局106名民警同全县53家企业开展结对服务活动。2009年，出台《五莲县公安局贯彻〈山东省公安机关服务经济社会发展便民利民二十条措施〉意见》。2013年，全力打造五莲旅游窗口名片，在旅游重要景点人员集中的场所建立流动执勤点，维护治安的同时，贴近群众搞好服务。同年，开展创建“最美丽窗口”活动，在所有公安行政服务审批窗口实行“一站式”“一条龙”服务。2016年，推出一系列服务扩大内需和保障企业发展的新措施，全面推行园区警务、项目警务和旅游警务，县公安局、交警大队被表彰为五莲县全域旅游工作先进单位。2018年，围绕乡村振兴、新旧动能转换和“对标先进、绿色发展、五莲先行”三年突破行动，加快推进公安机关“一次办好”改革，推行“互联网＋公安政务”服务模式，在行政审批制度、异地办证、户籍制度、居住证制度和“车驾管”改革等方面推出一系列举措，进一步方便群众办事、创业。

图 27-40　2018 年 9 月 8 日，全县户政业务暨“一次办好”工作培训会

六、推进执法规范化建设

1988年县公安局设立法制科。1990年开始，法制部门逐步承担行政复议、行政诉讼、国家赔偿、劳动教养、案件审核、执法规范化建设、执法监督管理、执法规范性文件制定、法律咨询等职能，法制工作逐步走上制度化、规范化道路。

2005年，在全市率先实行行政个案考评制度，每案一评分、分别建档，年底按单位汇总，计入该单位年度执法质量考评成绩，提高民警依法办案的自觉性。是年，在全市公安系统执法质量考评中取得第二名的好成绩。2006年，提高执法质量的经验做法被市委政法委转发，县公安局被省公安厅评为全省公安机关执法质量优秀单位。

2009年，深入实施执法质量月考核和法制员集体阅卷制度，共集体阅卷11次，考评行政案件759起、刑事案件248起，在全市公安机关执法质量考评中获全市第一名。执法规范化建设经验做法被省公安厅执法规范化建设办公室转发。

2010年，按照高投入、高效益和设备先进、功能齐全的原则，逐个派出所定规划、定措施，在全县派出所统一规范询（讯）问室、候问室、物证保管室、信息采集室等“八室”建设。是年，县局被评为全省公安机关执法质量先进单位。县局经侦大队被公安部命名为全国公安机关执法规范化示范单位。

2011年，推进公安派出所用房设置规范化建设，督导14处派出所和县公安局办案中心建设一体化、装备齐全的执法办案区，并在执法办案区和监管场所全部安装视频监控设施。是年，县公安局因在执法规范化建设工作中表现突出被省公安厅记集体二等功。

图 27-41　2018 年，执法监督巡查

2014年起，坚持执法主体、执法制度、执法监督、执法安全建设“四位一体”，着力打造执法规范化建设“升级版”，县局被公安部命名为全国公安机关执法示范单位。2016年，县局再次被命名为全国公安机关执法示范单位。

2017—2018年，投资1500余万元建成执法办案中心，实现一站式办案、合成化作战、全流程监督，县公安局《“四化一体”

一站式案管中心》入选全省十大规范警务品牌。

七、强化警务保障

1994年，在全局部署开展“基层基础工作建设年”活动，投资100万余元，装修指挥大厅、机房，安装110报警人工台管理系统，实现一级接警、三方通话；新安装250门数字程控交换机，启动城北派出所办公楼，消防大队办公楼和新看守所建设项目。2003年，县局机关和派出所共有办公大楼8座，平房100余间，局机关办公面积6688.26平方米，汽车66部，电话250部，微机46台，民警全部配备移动通信设备，新建职工宿舍楼5座。2004年，本着统一车型、统一外观标识的原则，投资170余万元，购买警车35台。投资180余万元，更换大型数字电话交换机，开通公安三级网和电视电话会议系统。筹集资金700余万元，统一设计、高标准建设10处派出所办公楼。建成后，全县派出所办公用房平均面积650平方米，派出所全部告别平房办公的历史。是年，市公安局在五莲县召开全市派出所规范化建设现场会。2005年，向县政府争取资金10万元，更新设备，实现110、122、119“三台合一”。多方争取资金45万元，推进公安四级网建设，在全市各区县率先开通公安信息网网站。2010年，完成公安接入网提速和办公自动化建设，建成与市公安局联网的350兆无线群呼系统，建成8大信息资源库，实现办公过程自动化、执法办案信息化、破案追逃精确化、为民服务便捷化。2013年，投资7000余万元的县局业务技术大楼建成投入使用。2016年9月，看守所、拘留所、武警中队迁建工程奠基。

图27-42 2016年9月，看守所、拘留所、武警中队建设工程奠基仪式

八、加强党的建设与思想政治工作

县公安局牢固树立“队伍建设是核心保障”理念，狠抓政治建警、素质强警、实绩评警、文化育警和从优待警等工作，全面加强公安队伍正规化建设，不断提高民警的职业认同感和满意度，提升队伍的凝聚力、向心力和战斗力，为全局工作提供坚强的队伍保障。1993年后，县公安局先后有15个单位被记集体一、二等功，30人次立个人一、二等功，4人被表彰为全国优秀人民警察，1人被评选为全省十大杰出民警，12人被表彰为全省优秀人民警察，60人被省公安厅及市委、市政府评为先进个人，涌现出全国公安系统二级英模、全国优秀人民警察孙金友，全省优秀共产党员、全省政法系统优秀党员干警孙瑞昌等一批先进典型人物。

20世纪90年代，按照公安部“抓班子、带队伍、促工作、保平安”的工作思路和省公安厅提出的“管好队伍不发生问题，干好工作让群众满意”的要求，全面加强民警的政治思想教育，进一步密切警民关系。1990年，县公安局党组改为党委，在局机关建立各党支部，建立健全党委“三会一课”、党委中心理论学习小组制度，组织为期4个多月的“学习党章、增强党性、端正党风”教育整顿活动和3个多月的“双纲”学习，通过全面系统地学习教育，进一步提高民警思想觉悟和政治素质，促进各项公安工作发展。在年终考核时，22个乡镇派出所中有11个被乡镇党委、政府评价为“在乡镇所有单位中工作最好、成绩一流”，有20名派出所所长被党委、政府评价为好所长、好干部。1994年，开展“学习刑警大队，学习高竹兴，争创全省优秀公安局，争创优秀民警”的“双学双争”活动，提出“单项工作争第一，全面工作创一流”的口号，全局形成奋发向上的良好风气。1995年，先后出台

《党委成员廉洁自律十项规定》《党委议事制度》《集体议案制度》，制定《五莲县公安局内部管理实时考核工作方案和扣分标准》等一系列规章制度，强化班子自身建设和公安队伍建设。1997年，坚持政治学习日制度，发挥各党支部的战斗堡垒作用，常态化系统性地在民警中开展宗旨理念、职业道德、敬业爱岗教育。是年，由于党风廉政建设成效显著，县局被县委、县政府评为纠风免评单位。

进入21世纪，先后开展“三项教育”、“三个代表”重要思想教育、“大讨论”、深入学习实践科学发展观活动、保持共产党员先进性教育、党的群众路线教育实践活动、“三严三实”专题教育、“两学一做”学习教育等专题教育活动，持续深入推进党的思想政治建设、组织建设和作风建设。2000年，开展“三项教育”的经验做法被公安部转发推广。2001年，出台《关于加强公安思想政治工作的意见》，全力推行民警思想政治工作责任制，层层签订以包教育、包管理、保证不发生问题为主要内容的责任书。2009年，在全县开展深入学习实践科学发展观活动考核验收中，以满分的成绩获得全县第一名，在全县第二批深入学习实践科学发展观动员大会上作典型发言。2010年5月，县委、县政府召开庆功表彰大会，表彰县公安局破案、抓获严重暴力犯罪有功人员，并在全县部署学习民警孙金友和县公安局活动。2011年，制定实施《从优待警构建和谐警营十条措施》，先后筹集资金500余万元用于落实各项从优待警措施，真正做到对民警政治上关心、工作上关怀、生活上关爱。2014年，按照上级统一部署，开展“党的群众路线教育实践活动”，3篇经验材料被《日照日报》刊发。2016年，在“两学一做”学习教育中，县局党委提早行动，灵活形式，做好结合，通过抓责任落实，抓学习效果，抓工作结合，各项工作有序推进，取得良好效果，《山东法制报》转发县局工作经验。同年，被省委政法委表彰为“全省政法系统先进基层党组织”。2017—2018年，按照“四句话、十六字”要求，全力打造“六型”阳光警队，确保全体民警在思想上行动上自觉与以习近平同志为核心的党中央保持绝对一致。在重大安保活动中，立足于提升政治站位、激发战斗精神，创新“党建+精准警务”、党建引领警务模式，为圆满完成一系列重大安保工作任务提供坚实保障。

图27-43　2018年5月5日，潮河公安检查站战时党支部成立仪式

九、加强队伍教育训练

1993年，本着“干什么、学什么、练什么”的原则，在全局开展岗位练兵活动，6名干警代表市公安局参加省公安厅的比赛，举行全县公安机关大练兵成果汇报表演。1998年，以开展队伍“素质建设年”活动为契机，狠抓政治、业务和法律知识的学习教育，先后两次在全局进行封闭式集中教育培训。分警种、分层次举办派出所所长、接处警人员、户籍员、档案员、财务管理人员培训班，加强对民警自学活动的督促检查，在全局形成浓厚的“讲学习”氛围。

图27-44　开展岗位练兵活动

2004年，进一步抓学习练兵，先后开展公正执法树新形象学习教育、执法和作风纪律整顿、建设学习型队伍、树正气立新功和大练兵活动。分期分批对全体公安民警、联防队员、保卫干部进行封闭式轮训，提高民警的政治业务素质和技战术水平，举行全县公安机关大练兵成果汇报表演。2006年，按照“三懂四会”的要求，建立完善练兵长效机制，做到练兵工作化、工作练兵化，努力建设学习型队伍。在全市治安系统组织的比武竞赛中，县局获团体总分第一名，个人取得三个第一名，1名民警在全省公安系统统计竞赛中进入前30名，受到省公安厅通报表彰。

2013年，组织优秀青年干部分期分批参加市公安局青干班培训，邀请市公安局、县法院、检察院专家，举办执法办案培训班。是年，13名民警通过高级执法资格考试，170名民警通过中级执法资格考试，32名民警在全市法律测试中名次靠前被通报表彰。是年，启用民警训练馆，体能训练馆建筑面积400平方米，配备高级健身车、跑步机、杠铃训练器、拉力器、拳击沙袋等器械及防爆处突训练器材。训练馆设有地下射击靶场，可开展实弹和激光模拟训练。2015年，贯彻落实新修订《训练条令》，全年共组织参加省公安厅、市公安局组织的各类培训20期，参训126人次；协调有关警种部门组织岗位业务培训班36期，参训660余人，培养出1名省级警务实战教官。2016年，加强训练基地和教官队伍建设，建立35人组成的教官队伍。县局把每周四晚定为集体学习时间，先后18次邀请专家教授举办专题辅导讲座。2018年，结合上合组织青岛峰会安保任务，举办维稳处突应急训练等警务实战技能培训班，组织法制、出入境、政工等部门送教上岗，规范一线执勤民警、辅警应急处突、查缉堵截的实战技能，增强民警自我保护意识，提升协同作战水平，为做好重大活动安保工作提供保障。

十、争先创优

推行“三制”加强烟花爆竹管理 2003年，五莲县公安局针对烟花爆竹非法生产活动隐蔽分散生产、反季节生产等新动态、新特点，推行“三制”工作法，进一步严密烟花爆竹安全管理，有效预防安全事故发生，相关经验做法被省公安厅转发推广。推行责任追究制。制定《烟花爆竹安全管理责任书》，重点村庄、责任户、村委会、派出所、县公安局治安大队层层签订责任状，要求责任户做到“三个严禁”，即严禁非法生产制作烟花爆竹，严禁非法买卖、定购、炒制原材料和半成品，严禁非法批发、储存、运输各类烟花爆竹。推行处罚公示制。以传统生产烟花爆竹村庄为重点，积极与当地党委、政府以及村委协调，对历年来因非法生产烟花爆竹受处理人员全部进行登记，并将其姓名、违法情况和受处罚情况张榜公示。对连续2年内不再私造鞭炮的，撤销公示；对在公示期间继续私制烟花爆竹及原材料的从重处罚，并列入长期公示对象。推行人员管理制。根据烟花爆竹由传统生产区向非传统生产区转移的特点，及时将掌握传统烟花爆竹生产工艺的人员，特别是外嫁人员以及外出务工人员300余人，全部纳入管理视线。对流出人员姓名、流入地村（居）、现实表现等情况逐一登记造册，通过上门走访、向流入地公安机关进行函查、落实流入地村居管理责任等措施。

实行“三快”工作法 2011年，五莲县公安局根据公安信访工作面临的新情况、新问题，推行信访“三快”工作法，提升信访工作水平，相关经验做法被省公安厅收入《基层公安民警群众工作法》丛书。快接访，多数群众上访是带着怨气而来，信访民警迅速进入角色，尽快接待来访群众，不让来访人久等或推脱不见。同时，接访民警态度和蔼，平易近人，让来访群众感觉到民警是最合适的倾诉对象，愿把心窝的话掏出来。快办理，在倾听来访群众诉求之后，及时受理。对不属公安机关管辖的问题，告知其到有关部门反映；对应该解决的问题，立即登记尽快汇报，能够现场解决的，现场提出解决方案，落实责任单位，搞好协调督办，让群众感到公安机关真心为他们解决问题。快回复，来访事项办结后，及时回复来访群众，让来访人看到所访事项得到公安机关的重视，解决圆满，提高群众对公安工作的满意度。

整治突出治安问题　2013年，五莲县公安局建立完善常态化情报预警研判机制、打防责任机制，进一步完善社会化视频警务运行机制、立体化防控机制，坚持“群众最痛恨什么犯罪就严厉打击什么犯罪、群众反映什么治安问题最突出就集中整治什么问题”，真正做到让犯罪分子最怕、让人民群众最亲。创新建立破案、追赃并重的新举措，先后多次召开公开退赃大会，返还群众赃款800余万元。分级扎实开展大回访工作，一级回访110报警群众、案件当事人、办事群众等15601人，满意率99.2%，开展二级回访255件，满意率98.8%。年内，“无刑事警情日”115天，街面“两抢”犯罪基本绝迹，无命案乡镇达100%，无刑事案件村（居）达80.8%。是年，在省公安厅组织的安全感、满意度调查中，取得群众安全感98.66%、满意度98.37%的成绩，位列全省166个区县公安机关第二名；在市公安局组织的区县群众安全感和满意度电话调查中，群众安全感98.38%、满意度97.82%，蝉联全市第一名；在县委组织的2013年各乡镇群众满意度电话调查中，以95.78%的成绩连续5年获全县8个测评项目第一名，被省委、省政府表彰为“全省人民满意的公务员集体”。

图27-45　2012年10月，公开退赃大会

打造执法规范化建设“升级版”　2014年起，五莲县公安局坚持执法主体、执法制度、执法监督、执法安全建设“四位一体”，扎实推进阳光化公正执法体系建设，着力打造与公安队伍正规化、专业化、职业化发展方向相适应的执法规范化建设“升级版”，全面提升公正执法能力，执法公信力显著增强，连续多年行政复议和行政诉讼案件无被撤销、变更情况，民警违法违纪、涉警有理投诉、有责涉法信访案件实现“三个零增长”，在市公安局组织的执法质量考评中连续10年名列全市第一。2014年、2016年，先后被公安部命名为全国公安机关执法示范单位。

推行“三位一体”工作模式　2015年起，五莲县公安局创新推行“打击、转化、宣传”“三位一体”反邪教工作模式，全力构筑打击防范邪教工作体系。2016年，相关经验做法先后被省公安厅、公安部国保部门转发。是年6月15日，市委、市政府在五莲召开现场会在全市推广相关经验做法。强打击，坚持情报服务实战，坚持触角向派出所延伸，坚持重大专案引领，多部门多警种参与，多措施多手段综合运用，探索建立合成化打击新机制。重转化，认真摸排确定对象，探索建立集中转化、社区就近转化、家庭教育转化等多元化帮教新机制。抓宣传，利用反邪教教育基地、平安志愿者队伍和新媒体进行宣传，建立社会化预防新机制。

规范警务辅助人员管理　2015年2月，中共中央审议通过《关于全面深化公安改革若干重大问题的框架意见》，规范警务辅助人员管理被列为七项改革任务之一。五莲县公安局按照上级部署，立足本地实际，积极探索，创造性地开展工作，在全市率先完成辅警改革任务，为全市推进这项改革积累经验、提供路径。2017年8月，相关经验做法被公安部《全国公安机关“四项建设”工作动态》转发。按需严把辅警数量、质量关，精准核定各警种辅警需求数量，确保切实发挥作用。在派出所层面，根据近三年各单位接处警和打击处理工作量、辖区面积和人口数等核定辅警数量。在业务大队层面，注重辅警专业能力素质，设定民警与辅警比约为1∶1。在科室层面，辅警主要配备到文秘、业务窗口等岗位，设定民警与辅警比约为1∶0.5。稳步推进原有辅警过渡，结合各警种辅警岗位的特点及要求，联合县人社局制定《五莲县公安局现有辅警改革工作方案》，通过个人申请、政审考察、单位评议、领导把关、人社局审核、公示、聘用等程序开展辅警过渡考核工作。经工作，留用优秀辅警387人。对不合格人员，提前掌握不稳定因素，实现平稳过渡。健全拴心留人机制。与县财政局积极沟通，全面落实各项待遇保障，为全体人员缴纳五险及人身意外伤害保险。对巡逻防控、维稳等警务工作中表现突出的即时进行通报表彰，每年举行十佳辅警评选，在全县公安工作会议上隆重表彰，增强辅警的职业归属感和认同感，确保辅警队伍整体稳定。

创新建立轻微刑事案件快速办理机制 2016年起，五莲县公安局创新建立轻微刑事案件快速办理机制，提高诉讼效率和精准打击能力。2017年10月，相关经验做法被公安部《全国公安机关“四项建设”工作动态》转发。明确适用案件范围，与县检察院、县法院会商制定《关于轻微刑事案件快速办理机制联席会议意见》，对案情简单、案件事实清楚、证据确实充分的，常见高发轻微刑事案件、具有从轻或者减轻情节的案件，全部落实快速办理机制。明确标识和流程，建立轻微刑事案办理公检法三部门快速“接龙运作”新通道，公安机关移送审查起诉时标示绿色“快速办理”案件标识，检察院案件管理部门在受理当日移送公诉部门，法院立案部门在收到案卷材料当日移送刑事审判庭。明确程序和时限，对符合条件的轻微刑事案件，公安机关立案侦查后在30日内完成证据收集工作，移送审查起诉；检察机关在3日内完成审查批准逮捕，20日内完成审查起诉；法院在20日内完成审判。适用普通程序简化审理的，在30日内完成审判。

推进110社会联动 2017年，五莲县公安局提请县政府印发《五莲县110社会联动工作规范（试行）》，在110应急指挥中心开通7900000平台端口，明确20个应急联动部门的职责任务，规范110社会联动工作流程，建立非警务警情—7900000—职能部门—办结反馈的基本工作模式，实现非警务警情有人接、有人管、有督办、有落实、有回音，精准分流，为基层松绑减负，提升群众满意度。对于开锁、修车等公共服务求助类警情，实行“电话处警”，接警员告知其服务电话，直接从110接警前端转走分流。对于职责界限明确的事务类警情，直接推送到7900000，转职能部门处理。对于紧急救助、可能激化升级的纠纷或突发事件警情，实行双轨制，一方面指挥中心立即派警到达现场先期处置，另一方面直接通知联动部门前往处置，通过社会联动，有效防止矛盾纠纷激化升级或造成更大社会危害。2017年12月，相关经验做法被省委政法委《山东政法综治简报》转发。2018年底，入选全省公安机关100个基层基础建设示范攻坚项目。

建设“四化一体”一站式案管中心 建成1200平方米的案管中心、办案中心，区域划分合理，各功能室齐全，办公设备高标准配置。统一制定《案管中心职责》《受立案工作规定（试行）》等制度，确保执法管理有章可循，规范运行。全力推进工作流程规范化，法制部门负责受立案监督管理工作，相关部门分工负责、密切配合，共同做好接报警、受案立案监督管理工作。对案件管辖权存在争议的，由首接单位提交意见，案管中心审核后报分管领导审批，重大复杂案件，提交执法监督委员会集体研究决定。全力推进执法管理智能化，规范应用智能存储保管系统，实行案卷“一案一码”管理。规范应用案管中心公安执法案卷管理系统，实现“定人定柜”管理。四是全力推进执法监督动态化。加强警情监控。严格落实警情24小时录入、分流的要求。加强案件管控，应用闭环管理系统中的受立案监督管理模块进行案件巡查，有效防止有案不立、降格受理、侦而不办等情形出现。加强人员管控，对违法犯罪嫌疑人进入办案区后各环节全程监督管理，保障视频监控全覆盖，确保执法安全。加强涉案财物管理，做到涉案物品一律在物证室有序保管。加强卷宗管理，按照“日入柜、周整改、月归档”的要求，对所有案件卷宗进行集中保管。2018年，五莲县公安局“四化一体”一站式案管中心被评为全省公安机关十大“规范警务”品牌。

第五节　日照经济技术开发区分局

日照经济技术开发区成立于 1991 年，2010 年 4 月升级为国家级开发区，辖 2 个街道、89 个村居（社区），面积 115.6 平方公里，常住人口 12.5 万。1994 年 11 月，日照市公安局组建日照开发区分局（以下简称开发区分局或分局）。是年 12 月 26 日，开发区分局在黄海一路中段林海小区租房挂牌对外办公。1997 年 8 月，分局机关迁入郑州路 78 号新址办公至今。分局成立之初，设办公室、治安科、户政科，共 7 名在职民警。2003 年，分局更名为日照市公安局日照经济开发区分局。2013 年，更名为日照市公安局日照经济技术开发区分局。2001 年 10 月，东港分局北京路派出所划归开发区分局。2003 年 4 月，东港分局奎山派出所、臧家荒边防派出所、夹仓边防派出所划归开发区分局。随着历史的发展，分局机构不断完善，队伍不断壮大。截至2018年12月，分局内设12个室、队，3个派出所，公安民警 86 人。

开发区分局自成立后，以队伍正规化建设为保障，以基层基础工作为载体，狠抓安保维稳、打击违法犯罪、治安防控体系建设、服务人民群众等各项工作，推动全区公安工作和队伍建设健康发展，确保全区社会治安大局持续稳定，为加快全区经济社会发展、争创国家一流开发区创造和谐稳定的社会环境。

图 27-46　日照高铁站武装巡逻

一、业务工作

1994—2000 年，克服队伍小、人员少等困难，坚持抓班子、带队伍、促业务、保平安的工作思路，持续推进“严打”斗争和社会治安整治。对摸排出的治安混乱村居、治安混乱部位，制定方案，派驻工作组，采取相应的措施进行重点整治。针对辖区内海滨六路、林海小区等处公共聚集场所，易发生营利性陪侍、卖淫嫖娼等案件的实际，开展不定期夜间突击检查，净化社会环境。大力开展暂住人口清理整顿工作，与各单位、村居负责人签订暂住人口治安管理责任书，层层落实管理责任；建立健全协管员制度，对全区协管员进行法律、业务培训；争取计生、劳动、工商、民政等有关部门共同参与、密切配合，深入各单位、居民小区、公共场所进行清查登记，避免漏管失控。开展严打整治专项行动、命案侦破、打霸治痞、打盗抢抓逃犯、打击经济犯罪专项斗争，持续不断地打击各类违法犯罪活动，共打掉犯罪团伙 14 个、抓获涉案成员 108 人；查处治安案件 965 起，处罚违法人员 1054 名。

2001—2005年，针对辖区企业多、开发项目多的实际，牢固树立“治安环境就是生产力”和“抓环境就是抓招商、抓发展”的观念，严厉打击各类违法犯罪，稳控社会治安局势，提供优质服务，全力优化经济发展环境。

深化严打整治斗争。2001、2002年，开展严打整治斗争，共破获各类刑事案件57起，抓获各类违法犯罪嫌疑人38名，打掉犯罪团伙2个，抓获成员6名，缴获赃款赃物折款20余万元。2001年10月，牵头开展整顿和规范歌舞娱乐服务场所秩序专项行动，公安、工商、监察、文化等4部门抽调12人组成专门工作组，对海滨六路和蓝天商业街等重点区域开展“拉网式”清理排查，对无证或违法违规经营的6处歌舞厅和30处按摩、美容美发厅、洗头洗脚房，依法予以取缔。分局成立打击卖淫嫖娼专项行动队，采取白天清查、夜间突击检查、蹲点守候等措施，查处卖淫嫖娼、容留介绍卖淫嫖娼案件9起，处罚违法人员26名，工作做法被市严打整治领导小组办公室转发。2003—2005年，坚持以“破大案、打流窜、追逃犯”为重点，加大案件侦办力度，先后破获“2003·10·4”日照电厂邮件爆炸案、“2004·10·2”绑架案、“2005·10·4”伤害案、“2005·10·14”盗窃案等大案要案。2004年，分局刑警大队立集体三等功。

积极服务项目建设。2002年起，随着辖区项目建设全面铺开，阻挠项目建设、侵害项目建设单位合法权益的案件时有发生，分局通过走访建设工地、召开单位负责人座谈会、开展典型案件剖析等方式深入调查研究，帮助破解拆迁难、征地难、开工难等突出问题，维护企业及其周边的治安秩序。2002年，分局强化措施，加大力度，依法处置群体性事件18起，使全区20多个受阻停工的开发建设项目得以顺利进行，市委政法委、市委政研室组成联合调研组，对分局预防和处置群体性事件的做法进行调研总结。2003年，开展“民警联系企业提供优质服务”活动，每名民警主动与辖区1家企业建立长期密切联系，上门开展法律宣传、提供法律咨询、进行安全防范教育、协助搞好内部治安防范，及时查处影响企业发展的违法犯罪案件。2005年，实施项目建设跟踪服务机制，成立大项目建设跟踪服务办公室，出台项目建设跟踪服务责任制，只要进区项目签约，分局就确定一名民警为责任人，负责对项目建设跟踪服务，服务成效纳入民警等级化考核，与评先树优、晋职晋级挂钩，及时兑现奖惩。通过各项服务机制实施，确保山东现代威亚发动机有限公司、华能日照电厂二期、青岛啤酒（日照）有限公司整体搬迁扩建、亚太森博浆纸二期工程、现代派沃泰自动变速箱等一批大项目陆续顺利竣工投产。其中，华能二期建设原计划工期为36个月，但仅用20个月时间就实现“双机双投”，创下建设最快的全国纪录，并节约投资约2亿元。青岛啤酒（日照）有限公司从奠基到投产用225天，创造了全国啤酒行业同规模工厂建设的最快纪录。

图27-47 2005年，民警到亚太森博浆纸二期工程工地现场办公

扎实开展基层基础工作。2002年，分局开始实施社区警务战略，开展警企、警校和警村共建活动，加强城市动态社会治安视频监控设施建设，推行农村治安承包责任制、义务巡逻制、专业巡逻制等各种有效的防范措施，完善治安防范网络。创新推行暂住人口分类管理机制，根据暂住人口、房屋承租人员的现实表现、就业状况等，确定有违法犯罪可能的重点管理对象和一般管理对象，重点管理对象每周走访1～2次，一般管理对象每月或每季度走访1次，提升管理效能。同时，以公安派出所

等级评定为契机，加强派出所规范化建设，把派出所建成集打防管控为一体的多功能战斗实体，实现“发案少、秩序好、社会稳定、群众满意”的目标。2003 年，北京路派出所、奎山派出所分别被省公安厅命名为全省二级派出所、三级派出所。

2006—2010 年，不断强化“有效的防范胜于强有力的打击”理念，坚持预防为主、防范在先，扎实推进治安防控体系建设，提升整体防控水平。分局先后被表彰为全省公正执法先进单位、全省治安防控工作优秀等次县级机关、全省治安防控工作先进集体、平安日照建设先进集体、全市人民满意政法单位。

强力推进社区和农村警务建设。2006 年，86 个村居逐一确定联系村居责任民警，由责任民警定期深入村居，宣传安全防范和法律知识，了解社情民意，收集情报信息，调解矛盾纠纷，维护村居治安秩序，全区刑事案件和可防性案件同比分别下降 31% 和 38%。2007 年，分局积极争取党工委、政府的重视与支持，筹集建设资金 230 余万元，建成标准化警务室 15 处。坚持警力下沉、保障基层的原则，向基层充实警力 14 名，配备社区和农村警务室专兼职民警 27 名。制定警务室勤务运行办法，明确社区和驻村民警的主要职责，定期对警务室民警工作进行考核，切实规范警务运作模式，提高警务工作效能。分局加强社区和农村警务建设的做法先后被《大众日报》、《日照日报》头版头条报道，省委常委、政法委书记柏继民，省长助理、省公安厅厅长吴鹏飞到分局调研指导工作，给予肯定。2007 年 6 月 4 日，市公安局在开发区召开全市公安机关加强社区和农村警务建设现场会，推广分局的经验做法。

深化治安防控体系建设。从 2006 年起，按照信息制导、动态布警、制度激励的思路，改进治安巡逻勤务模式，辖区可防性案件发案同比下降 25.8%。2007 年，提高巡逻防控工作现代化、科技化水平，投资 50 余万元为基层巡逻单位购买 6 台巡逻车，为巡逻车辆安装 GPS 卫星定位系统、配备对讲机，提高快速反应能力。投资 15 万元建设 2 处治安检查站，提升辖区治安查堵封控能力。加强区域报警系统建设，全区共建立视频监控平台 137 处、安装视频监控探头 1725 个，有 36 处平台、431 个探头纳入公安机关视频监控系统。其中，全区 44 个村居安装视频监控探头 360 个，村居技防设施覆盖率达 51.2%。2008 年起，分局立足全区社会治安实际，着力从措施落实、阵地拓宽、丰富提高上下功夫，完善公开和便衣巡逻防控网、治安卡点堵控网、村居单位防控网、易发案人群场所管控网、科技防控网“五张防控网”建设，加强社会治安的动态管理，进一步提高整体防控效能。全区刑事案件发案同比下降 12.9%，其中街面“两抢”等可防性案件发案同比下降 47.83%。在 2009 年度全市各区县目标管理绩效考核群众满意度调查访问中，开发区社会治安状况以 93% 的满意度位居榜首。

图 27-48 2009 年，卡点巡逻盘查

创新境外人员管理。2009 年，分局以警务室为依托，积极适应全区外国人管理形势，逐步构建“以企管人”“以房管人”“以旅馆业管人”的外国人管理基础网络，确保实现“底数清、情况明、服务好”的目标。5 月 8 日，市公安局在开发区召开全市公安机关外管工作现场会，推广分局的经验做法。

2011—2015 年，紧紧围绕维护社会稳定、服务经济发展这个中心，以服务项目建设、治安防控体系建设、严厉打击各类违法犯罪活动为重点，全力维护辖区社会政治和治安大局持续稳定。

优化项目服务机制。2011 年起，本着全覆盖、高标准的原则，全局民警与辖区 173 家企业建立长期固定联系，主动为企业提供优质服务。针对大型或综合性项目，成立由分局主要领导挂帅的大项目建设治安服务队；对建设工期较长的大项目，在项目建设工地设立警务室；对其他项目，由分局确定一名民警为跟踪服务责任人，实行全过程跟踪服务，切实做到“项目建设到哪里、警务工作就延伸到哪里”，为项目建设创造最优社会治安环境。2011 年 4 月 13 日，为感谢公安机关在项目建设、企业发展过程中提供的热情服务和有力保障，现代威亚株式会社向分局赠送警车 1 辆。2012 年，开展“三访三评”深化“大走访”活动，走访企业和项目建设工地 2720 余家（次），排查化解各类矛盾纠纷 240 余起。是年，在全区民主评议政风行风测评中，分局位居第一。

优化基层基础工作机制。2011 年起，积极协调各街道党工委，向辖区全部村居及 5 个社区派驻民警任“村官”，兼任村居、社区党支部副书记。民警“村官”携带警民联系卡、心防手册深入走访群众，全面掌握辖区村居治安状况尤其是影响稳定的突出治安问题，指导村居建立健全群防群治组织，排查化解各类矛盾纠纷，定期开展法律法规和安全防范知识宣传，最大限度减少可防性案件的发生。2012 年，紧紧围绕群众反映强烈的居民小区治安问题，分局党委成员“一对一”包联施工建设单位（房地产公司），民警“一对一”包联小区，深入开展居民小区治安秩序专项治理活动，共下发整改通知书 60 余份，指导开发商、物业管理公司整改安全隐患 150 余项。在 2012 年上半年全市公安机关群众安全感和满意度电话调查中，开发区群众安全感和满意度同比分别上升 3.07% 和 1.94%。是年 10 月 16 日，市综治办在开发区召开全市居民小区治安秩序集中整治现场会，开发区分局在会上作典型发言。

图 27-49 2011 年，民警“村官”走访群众

优化打击违法犯罪机制。针对辖区违法犯罪犯罪新形势和打击犯罪新要求，突出打好“合成战、科技战、信息战、证据战”，执法办案水平和攻坚克难能力显著提高。破获刑事案件 564 起，抓获各类违法犯罪嫌疑人 337 名，挽回经济损失 2800 余万元，分局刑警大队被评为全省优秀公安基层单位。2011 年，严打涉企犯罪活动，先后侦破“6・24”团伙盗窃案、“7・14”特大职务侵占案等涉企案件，为企业避免和挽回直接经济损失 1000 余万元。扎实开展“清网行动”，抓获在逃犯罪嫌疑人 23 名，网上逃犯下降率达 95%。2012 年，不断深化“打黑恶、反盗抢”安民行动、打击经济犯罪破案会战、缉捕重大逃犯攻坚行动、“打四黑除四害”等专项行动。2013 年，由省“打黑办”挂牌督办、分局为主侦办的姜某某黑社会性质组织犯罪案告破，首犯姜某某以组织、领导黑社会性质组织罪等 7 项罪名被判处有期徒刑 20 年，其余 13 名被告人分别被判处刑期不等的有期徒刑，该案为日照市破获的首例黑社会性质组织犯罪案。是年 10 月 18 日，在公安部统一指挥下，分局率先发起集群战役，对 1 起非法经营农药案进行收网，共抓获犯罪嫌疑人 10 名，涉案总价值 1038.6 万元，成为全市首起集群战役收网案件。2014 年，破获 1 起公安部督办的利用邪教组织破坏法律实施案，抓获犯罪嫌疑人 1 名，缴获作案车辆 1 台，“伪基站”设备 6 台、组装“伪基站”设备所需零件 1 宗，公安部给予通报表扬。2015 年，分局抓获的宋某某成为全市打击逃废银行债务专项行动中被批捕的首名犯罪嫌疑人，涉案金额达 1.1 亿余元。

2016—2018 年，践行“精准警务”理念，以重大活动安保维稳为主线，以打好公安机关基层基础建设三年攻坚战为载体，创新警务运行机制、夯实基层基础、强化警务保障，打造开发区公安工作升级版。

创新警务机制。针对分局警力分散、专项工作任务繁重的实际，探索推行大部门大警种制改革，整合刑侦、经侦、禁毒、食药环侦等侦查部门职能，设置案件侦查中心；整合治安、出入境、户政等治安管理部门职能，设置治安服务管理中心；打破警种壁垒，集约相关警力资源进入同一战场、同一循环，初步形成大侦查、大治安、大服务格局，实现常态化、程序化集约合成用警。在打击逃废银行债务专项行动中，通过案件侦查中心合成攻坚，共抓获犯罪嫌疑人 29 名，为金融单位挽回损失 10.7 亿余元。争取市公安局支持，推动市区一体信息合成作战，分局情报、网安、技侦民警上挂市公安局业务支队，充分利用市公安局资源为分局侦查破案提供支持，共开展案件深度研判服务 200 余次，协助破获刑事案件 26 起，抓获犯罪嫌疑人 30 名。针对基层派出所警力不足、接处警任务繁重的实际情况，改革分局机关值班模式，实施机关与派出所联合处警，最大限度为派出所减负、降压、增效，帮助派出所腾出警力开展街面精准巡逻防控，先后抓获犯罪嫌疑人 76 名、破获案件 75 起。同时，完善局务会、业务工作调度会、队伍建设分析会、绩效考核点评会等会议制度，进一步规范了警务运行。

夯实基层基础。全面推行“一村一警务助理”工作模式，辖区 84 个行政村配备 84 名警务助理，实现警务助理全覆盖，组织研发警务助理 APP 客户端，依托移动 4G 网络，实现非涉密信息现场采集、当场录入，提升村居社区基础工作效率。辖区警务助理借助 APP 走村入户 1380 余次、走访群众 1700 余人，采录信息 2800 条，为群众送证上门 600 余次，调解矛盾纠纷 700 余起。建好、用好平安志愿者队伍，发展平安志愿者 912 人，充分利用平安志愿者人熟、地熟、情况熟的优势，开展群防群治。投资 400 余万元，强力推进“天网工程”“雪亮工程”建设，共布建监控探头 1001 路，实现全区重点部位、区域、道路、村居、社区视频监控全覆盖，通过视频监控协助破获各类案件 132 起。

强化警务保障。分局拿出专门经费作为绩效考核奖金，根据每个单位业务考核的实绩实施奖励，把业务考核的“分数”换算成经费保障的“指标”，以奖代拨，打破“吃大锅饭”的思维定式，让先进的单位有实实在在的获得感，以“财务”推动“警务”。积极争取开发区工委、管委支持，收回分局机关沿街二层楼使用权，投入经费 100 余万元进行装修改造，建成户政、出入境服务大厅和标准规范的案件管理中心，执法办案单位业务用房紧张问题得到有效缓解。投资 170 万元，对奎山派出所进行扩建，新建 110 值班室、户籍大厅和生活用房共 12 间，改善基层民警办公和生活条件。

二、队伍建设

分局坚持从严治警、从优待警的方针，以提高公安队伍的整体素质和战斗力为目标，抓教育促管理，抓巩固促发展，全面加强队伍正规化建设，努力打造一支政治坚定、业务精通、作风优良、执法公正的高素质公安队伍。建局后，先后有 99 名民警受到省公安厅及以上表彰，188 名民警受到市委、市政府表彰。

图 27-50　2015 年，组织党员民警到红色教育实践基地接受革命传统教育

打造政治坚定的公安队伍　分局成立之初，组织民警学习党的路线方针政策和国家法律法规，不断加强人生观、世界观、职业道德教育。2001—2010 年，深入开展三

项教育、保持共产党员先进性教育、社会主义法制理念教育、学习实践科学发展观活动等主题教育活动，通过集体学习、座谈讨论、收看专题讲座等形式，夯实民警思想基础，进一步增强民警的政治意识、责任意识、表率意识和创新意识。2002 年，分局推行民警思想政治工作目标责任制，全面落实队伍思想状况定期分析、民警八小时以外行为监督管理、谈心交心、领导干部接访民警日和家访等五项制度。2009 年，以建局 15 周年为契机，通过举办传统教育报告会、提炼分局精神、举办文艺晚会等，进一步弘扬光荣传统，凝聚警心，鼓舞士气。2011—2018 年，特别是党的十八大后，分局加强领导班子建设，严格落实党委理论中心组学习制度和民主集中制，局党委成员带头严格执行中央“八项规定”等廉政规定，为全体民警作表率，在全局树立正气。先后深入开展党的群众路线教育实践活动、“三严三实”专题教育活动、“两学一做”专题教育，在理论学习、摆查剖析、整改提升的同时，通过组织民警观看红色影片、瞻仰烈士陵园、参观党性教育基地等，激励广大民警进一步加强党性修养、提升思想境界、坚定理想信念。

打造业务精通的公安队伍　2001—2010 年，深入开展大练兵活动。2001 年，设立专门的学习室，购置学习资料和电教设施，为民警利用业余时间“充电”提供场所。2003 年，分期分批开展计算机应用能力培训，全局 48 名民警通过全省计算机能力初级资格考试。2004 年，坚持“练兵先练长、严兵先严将”的原则，领导带头，率先垂范，狠抓警务实战技能和队列训练，提高广大民警的实战技能和体能素质。按照立足岗位、贴近实战的要求，狠抓岗位练兵活动，全面提高民警的业务素质和执法水平，臧家荒边防派出所在全市公安机关户政业务考核中获全市第一名。2005 年，坚持民警上岗必训、职务警衔晋升必训、一线民警每年必训的“三个必训”制度，加大教育培训力度。2006 年，以基层和一线实战单位民警为重点，制定民警培训工作计划，建立民警培训基地，不断规范民警教育培训工作。2007 年，组织民警立足本职岗位，熟记百条岗位法律、掌握十项岗位技能、练就一个岗位特长，提高民警的业务素质。2008 年，积极开展以“锤炼业务能力、提高服务质量”为内容的“业务知识大家讲”活动，每周集中学习一次，组织民警学深学透业务知识，分局 4 名民警代表市公安局参加省公安厅组织的岗位技能比武活动，取得优异成绩。2010 年，围绕建设“学习型机关”，开展“周五法律课堂”活动，由局领导带头领学，组织各科室主要负责人轮流讲解岗位法律业务知识，营造勤奋学习、善于思考的浓厚氛围。2011—2018 年，牢固树立“能本理念”，坚持向教育训练要战斗力，按照面向实战、讲究实用、注重实效的原则，通过集中培训、岗位练兵、学历教育、考试测评、竞技比武等各种方式，不断提升民警综合素质。2012 年，举办五期公安大讲堂，对公安机关执法规范化建设的相关问题进行深入解读，加强民警的素质培训，不断提升队伍建设的水平。2013 年起，开展学习教育培训周活动，邀请专家、学者为民警解读党的理论、讲授法律知识、传授业务技能。2015 年起，在分局各单位广泛开展警营“小讲堂”活动，丰富培训层次与内容。2016 年，分局民警训练基地被省公安厅评为二级基地。2017 年，组织全体民警到浙江大学参加综合能力提升研修班，全面提高民警综合素养。

图 27-51 2013 年，应急队伍警务技能训练

打造作风优良的公安队伍　分局成立之初，在认真贯彻市公安局制定的《公安干警十不准》《公

安干警廉政守则》“禁酒令”等制度的基础上，结合分局实际，制定《开发区分局工作制度和纪律》，对考勤、办理案件、车辆管理、财务管理、纪律作风、学习教育等内容作出详细规定，并装订成册、人手一份。民警人人写出遵纪守法保证书，不管是谁违法违纪，不护短，不迁就，不姑息。2001—2005年，通过签订责任书、开展专项督察、设立督察联络员等方式，充分发挥纪委、督察、法制等部门的内部监督作用；聘请民警家属担任义务监督员，强化社会监督，不断加大对民警执纪执规监督力度。2006年，加强制度建设，将《人民警察内务条令》《窗口单位服务规定》《110接处警工作规范》以及分局制定的规章制度，汇编成册发放到民警手中，以规章制度为指导，不断加强民警养成教育，进一步规范内部管理。开展派出所“双述双评”活动，加大对民警执法执纪和日常行为的监督力度。2007年，深入开展“作风建设年”、树立良好警风教育活动及“百日行风竞赛”活动，进一步增强广大民警遵纪守法的自觉性。2010年，开展争创“零违纪”“零信访”“零投诉”基层所队活动，严格执行纪律规定，预防和减少徇私枉法、乱收滥罚、吃拿卡要等违法违纪行为，保持队伍廉洁。2012年，深入推动“作风大转变、服务大提升、环境大优化”，加强作风建设，提升服务水平，优化发展环境。2013年，认真贯彻执行公安部“三项纪律”“十项规定”以及省公安厅“十条铁规”等从严治警规定，组织开展警示教育活动，进一步加强纪律作风建设。2014年，认真贯彻落实中央八项规定精神和省、市、区厉行节约、反对浪费、改进工作作风的有关规定要求，制定出台《分局公务接待管理规定》，将接待经费支出降至最低限度。2016年，加强队伍日常管理，建立局长办公例会、刑事案件调度会、治安案件调度会、情报信息研判会、队伍建设分析会、消防工作调度会等会议制度和分局领导干部考勤制度。2017—2018年，健全完善警务跟踪督办、考核评议、成果运用机制，补齐队伍短板，不断提升人民群众满意度。

打造执法公正的公安队伍　2001—2005年，扎实开展派出所执法工作教育整顿活动，推行主办侦查员制度和执法办案单位“一把手”负责制度，加大对执法办案单位的检查督导，认真查处侵犯群众利益、伤害群众感情的案件，规范执法行为、促进执法公正，切实纠正民警在执法过程中存在的不作为、乱作为和执法不公、执法不严的现象。2006—2009年，全面推行民警执法资格认证升级制度，建立民警执法档案，对民警的执法情况实行定期考核，实行承办单位审核、法制科审核、分管领导审核的“一案三审”制度，深入开展以基本法律知识考试、执法办案卷宗考评和信访案件考查为主要内容的“三考”活动，全面提升执法质量。2010—2012年，全面深化执法规范化建设，不断推动执法规范化建设提档升级，有效提升执法水平。2010年，以迎接省公安厅执法规范化建设现场观摩点评活动为契机，以执法场所功能分区和隔离改造为切入点和着力点，先后投入100余万元，改造执法办案区，推进执法标准化体系建设、信息化建设、监督体系建设。推行执法办案网上考评系统，全力打造“执法信息网上录入、执法流程网上管理、执法活动网上监督、执法档案网上建立、执法绩效网上考核”的执法管理模式，保障执法办案与考评工作的公平公正。2013—2014年，建立刑事案件办理“一个出口”制度，并进一步扩展外延，由法制大队对犯罪嫌疑人到案后的所有审讯环节、程序手续以及证据的收集整理承担预审职能，对案件质量全面负责。创新完善执法质量考评制度，重点对上访、投

图27-52　2015年，对重大、疑难案件进行集体研究讨论

诉、行政复议、行政诉讼等案件进行随时考核，将考评工作的重心向日常化考评转移，实现有责信访案件、复议诉讼案件“零发生”。2015年，建立完善重大、疑难、争议案件集体议案制度和执法监督委员会制度，加强执法问题定期会商研判和重大、疑难案件集体研究讨论，杜绝随意执法和升、降格处理等问题。2017年，积极推进受立案改革，建立案件受理厅、案件管理中心，实现全部警情和案件“统一入库、统一流程、统一标准、统一监管”。2018年，建成分局智能化执法办案管理中心，派出所办案区全部完成升级改造，在全市率先落实法律顾问制度，实行行政案件快速办理机制和轻微刑事案件速裁速办机制，实现执法规范化建设全面提档升级。

认真抓好从优待警工作　分局成立后，高度重视从优待警工作，真正做到对民警政治上关心、工作上支持、生活上帮助。2001年，设立民警接待室，分局主要领导每月25日接访民警，与民警面对面的交心谈心；设立民警家庭应急服务中心，民警因执行任务或其他工作原因不在家时，服务中心安排车辆和人员帮助民警家属解决灌煤气、修理水电等困难，解除民警的后顾之忧。2001年以后，组织全体民警进行健康查体，建立民警健康档案，适时安排部分功模民警休养，严格落实民警休假制度，为民警和警务辅助人员办理意外伤亡保险，保护广大民警的身心健康。开展各类文体活动，增强广大民警的身体素质，丰富民警的业余生活。成立执法权益保护委员会，加大对举报案件查办力度，澄清不实举报和诬告案件，依法维护民警执法权益。

三、争先创优

实行项目建设跟踪服务　2005年，随着全区开发建设速度的加快，阻挠项目建设、侵害项目建设单位合法权益的案件时有发生。分局通过深入项目建设工地走访、召开项目建设单位负责人座谈会、开展典型案件剖析等方式，确定“经济发展到哪里，警务工作就服务到哪里”的工作理念和超前工作、超前防范的思路，开始推行项目建设跟踪服务。建立民警联系企业制度。根据辖区内企业的布局，分局划片包干，民警每人联系一家企业、定期上门走访，当好企业“联络员、服务员、保卫员”，了解企业在生产过程中遇到的困难和治安防范中存在的问题，深入摸排化解影响企业发展的矛盾纠纷，指导企业加强治安防控工作，开展法制宣传教育。成立大项目建设跟踪服务办公室。主动加强与开发区大项目建设促进办公室、重点项目建设单位的联系，成立大项目建设跟踪服务办公室，及时了解掌握项目建设中遇到的治安问题，协调并指导各业务科室加强对重点项目的跟踪服务，对项目建设跟踪服务责任制的落实情况进行调度、考核、通报，保证项目跟踪服务工作取得实效。设立项目工地警务室。积极推行警企共建活动，先后在亚太森博浆纸有限公司二期工程、华能日照电厂二期工程、山东现代威亚发动机有限公司等重点项目的工地设立警务室，及时了解掌握项目建设进展情况、工地治安情况，更有针对性地开展防范工作，及时帮助企业解决生产经营中的治安问题，充分兑现“你发展、我服务”的承诺。在实际工作中，以警务室为基点，摸索出针对不同类型企业保卫工作的有偿服务式、保安服务式和警企共建式三种防范模式，在辖区企业中因地制宜、分别推广。

推进社区和农村警务建设　2007年，以警务室建设为切入点，创新思维方式，改革工作模式，积极破解困扰社区和农村警务建设的经费、警力、运行模式、管理体制方面的难题，强力推进社区和农村警务战略，进一步夯实公安基层基础工作。2007年6月4日，市公安局在开发区召开全市公安机关加强社区和农村警务建设现场会，推广分局经验做法。多方筹集资金，强力推进警务室建设。积极争取党委政府的重视与支持，管委会先后拨款90余万元用于社区和农村警务室建设，拨款70余万元购置10台警用面包车、20台笔记本电脑、40台对讲机及80台灭火器配发到警务室。分局专门建立警务室建设奖励基金，对按时完成建设任务的，按每个警务室2万元的标准进行奖励，鼓励派出所积极与社区、村居协调，争取社区、村居出资或出房，加快警务室建设。年内，共筹集建设资金230

余万元，建成标准化警务室15处。狠抓警力下沉，加强社区警务队伍建设。坚持警力下沉、保障基层的原则，配齐警务室民警，新分配的毕业生、转业干部，凡基层工作经历不满2年、40岁以下的，一律先分配基层派出所工作锻炼，2年之内不准调整工作岗位。2007年，共向基层充实警力14人，派出所的警力增加到45人，占分局总警力的比例由40%提高到50%以上，配备社区和农村警务室专兼职民警27人，占派出所总警力的60%。坚持基层高于机关的原则，提高社区、农村警务室民警的待遇，改善警务室民警工作生活条件，为基层警务室创造拴心留人的良好环境。规范警务运作模式，提高警务工作效能。制定警务室勤务运作制度，明确规定社区和驻村民警的主要职责就是掌握社情民意、管理实有人口、维护治安秩序、组织安全防范、服务辖区群众等五项工作。规范民警工作流程，建立10种业务台账，要求警务室民警进社区、下村庄必须携带各种治安检查记录及办证手续，及时记录工作情况，随时处理各种警务。建立健全以群众见警率、熟悉率、发案率、满意率、情报信息有效率为主要内容的考核制度，对警务室民警的工作进行考核，并将考核结果与工资福利、评先树优、晋职晋级挂钩，严格兑现奖惩。

图27-53 民警进社区宣传专项治理

居民小区治安秩序专项治理工作经验在全市推广　2012年，分局在区综治部门的组织指导下，以落实人防、物防、技防措施为重点，建立健全长效管理机制，牵头开展居民小区治安秩序专项治理活动，辖区居民小区入室盗窃等可防性案件发案同比下降62.26%。是年10月16日，市委政法委在开发区召开全市居民小区治安秩序集中整治现场会，推广总结分局的经验做法。11月3日，省公安厅治安总队《山东治安管理》（社区和农村警务专刊）第40期转发分局相关工作经验。突出综治部门主导作用，成立由区综治委主要领导挂帅的专项治理活动领导小组，印发《全区居民小区治安秩序专项治理活动实施方案》，对专项治理活动进行全面动员部署。强化公安机关主管功能，分局党委成员一对一地包联督导小区施工建设单位（房地产公司），50名民警一对一包联小区，协调推进专项治理。完善城建、社发、公安、街道办、开发商、物业公司、小区居民共同参与的居民小区治安防范联席会议制度，通报情况、分析问题、研究对策。通过电视、电台、报刊等传统媒体，采取喇叭巡回广播、张贴警方提示、悬挂横幅标语等方式，广泛宣传居民小区治安秩序专项治理活动的重要性和必要性。充分利用警务微博、网上警务室、民警QQ群等现代网络媒介，发布警情预报、防范知识、温馨提示等内容，增强青年居民的安全防范意识。在居民小区，以设立宣传展板、发放宣传材料、制作安全防盗窗等多样化形式，面对面地向广大居民尤其是中老年人宣传专项治理活动重要意义，传授各种安全防范知识。建立调整群防群治组织37个，健全保安队和义务巡逻队两支队伍，实行24小时门卫值班和巡逻看护。指导小区加大物防设施建设，新建值班岗亭11个，安装单元对讲防盗门228个、防盗窗4万余平方米、防护栅栏2万余米，防攀爬设施300余处，新建视频监控平台15个，安装视频监控探头190余个，全面完善人防、物防、技防“三防”建设。四是健全长效运行机制。提请区综治委制定出台《居民小区星级安全评定标准》，按人防标准、物防标准、技防标准、制度标准28项星级评定标准、45项考核内容，对小区逐一检查验收，共评定出四星级居民小区11个、三星级居民小区8个、二星级居民小区7个、基本合格小区9个、不合格

居民小区6个，下达《治安防范整改通知书》45份。

构建完善“心防工程” 2015年，分局开辟各类宣教阵地，创新宣传载体形式，在全区开展“心防工程”建设，建立警民共防、部门联动的防范体系，增强群众的安全防范意识和能力，遏制可防性案件的发生，全区刑事警情同比下降23.47%，特别是盗窃、“两抢”警情，降幅分别达到31.68%和50%。与公安窗口业务相结合，在户政、出入境、派出所户籍大厅、社区警务室等窗口单位，统一设立视频播放区、材料阅览区和图板展示区，通过播放防范诈骗犯罪系列微电影，摆放各类防骗、防盗、防火等宣传材料，向群众宣传公安机关亮点工作和各类警情提示，同时缓解群众排队等待的焦急心情。与“民警兼任村官”活动相结合，组织包联村居民警进社区、进工地、进学校、进企业、进广场，共发放“心防”手提袋3.1万个、“心防”手册1.3万份、宣传年历1.6万份、警方友情提示1.8万份。与公安专题宣传活动相结合，结合“警营开放日”“警民恳谈会”等活动，邀请社区居民代表走进警营，通过民警讲述接处警实例、组织观看案件侦破视频资料，使群众更加直观地认识犯罪分子的作案手法、发案规律以及社会危害，进一步筑牢心理“防火墙”。进一步加强与辖区金融单位的沟通协作，建立健全警银联动工作机制，不定期向营业网点通报网络电信诈骗发案情况，在银行门口放置“心防”宣传栏、在银行大厅设置公安宣传资料架、在营业厅显示屏滚动播放防范网络电信诈骗视频、在柜台上放置“防范网络电信诈骗宣传”信封，方便群众了解“防骗”知识。协调移动、联通、电信等通信运营商，建立警信联动机制，联合开展“防范网络电信诈骗进营业点”活动，在营业网点悬挂横幅标语、摆放宣传展板、发放宣传材料，进一步扩大宣传覆盖面。建立完善警校联动宣传教育模式，组织民警法制副校长深入辖区中、小学，组织法制讲座25次，发放《心防手册》《致学生家长的一封信》等宣传材料9000余份，实现“教育一个学生，带动一个家庭，辐射整个社会”的良好宣传效果。依托公安微博平台，发布安全防范原创图文微博、漫画微博432条，加强与微博粉丝的互动交流，第一时间传授防范技巧。依托工作QQ群，推送安全防范信息825条，同时鼓励民警用好个人QQ，分享防范诈骗宣传知识。依托广场、公园、商场公共电子显示屏，定期展播安全防范系列微电影，还原犯罪分子的作案手法，提高市民安全防范意识。

创新推行机关与派出所联合处警工作机制 2016年，分局针对基层派出所警力不足、接处警任务繁重的实际情况，改革分局机关值班模式，安排机关值班民警参与北京路派出所处警工作，使机关值班工作实战化，为基层派出所分担工作量，通过实战锻炼，提升机关民警应对复杂警情的能力和群众工作水平，实现派出所减负与机关增效的“双赢”目标。明确分工，通力协作，形成工作合力。分局机关设立110值班组，每天18：30～23：30参与北京路派出所的110处警工作，明确110警情移交、处置、配合的有关制度规定，确保警情在公安机关内部的流转处置顺畅。110值班组民警根据接处警情况，结合各自业务工作对辖区发生的案件进行研判，为派出所办理案件提出合理建议。规范管理，强化保障，提升处警质量。认真落实热心、爱心、细心、耐心、责任心“五心”服务承诺，规范接处警工作要求，做到快速出警、快速处警。在分局设立110接处警值班室，拨

图27-54 分局机关110值班组街面巡逻

出专门经费为值班民警配备单警装备、执法记录仪、警棍、防暴叉、执勤肩灯、反光背心，对出警车辆进行定时全面检修，确保车况良好，为处警工作机制安全运行提供有力保障。出台相关警情研判会议制度、警情通报制度以及接处警民警座谈会制度，每周召开一次警情研判会议，每月召开一次机关110值班民警座谈会，针对不同警情特征、规律及不同人员需要，总结研究最有效处置对策。严格考勤，按时调度，推动常态运行。在110接处警值班室安装考勤机，对参与110值班民警进行考勤，并要求值班民警到岗和值班结束后，用手机短信向局长和指挥中心报告工作情况，确保值班民警按时到位履职。指挥中心安排专人对110值班组民警的接处警情况进行调度汇总，每周在局长办公例会上进行通报，每月在座谈会上进行讲评，进一步调动民警的工作积极性。分局督察队以明查、暗访相结合的方式，不定时对接处警和值班备勤工作进行检查，及时督促整改接处警工作中存在的不足和薄弱环节，杜绝工作中不作为、乱作为等问题的发生。

探索“大部门大警种”制改革　2017年，分局以提升公安工作效能为目标，整合警种职能，科学再造警务流程，探索实行大部门大警种制改革，提升警务实战效能。强化分局领导指挥协调职责。按照改革的实际需要，调整局领导分工，明确班子成员履行统一指挥和协调调度职责，并负责联系基层派出所，强化分管局领导的业务指导和监督管理职能，形成领导权责分明、协调和帮带作用明显、服务保障给力的良好局面。优化合成作战机制。推行“业务室队联动”为主体的警力共享和集中攻坚模式，整合刑侦、经侦、禁毒、食药环侦等业务大队职能，设置案件侦查中心，集约所有警力资源进入同一战场、同一循环，实现常态化、程序化集约合成用警，解决遇有重大、突发案事件时的警力紧张问题，实现警力无增长式改善。优化管理服务机制。整合治安、出入境、户政等部门职能，设置治安服务管理中心，打破警种壁垒，集管理、服务于一体，统一管理、统一服务，促进大治安、大服务格局初步形成。打造“市区一体”信息合成作战机制。积极争取市公安局支持，安排情报、网安、技侦民警上挂市公安局业务支队，为一线侦防提供有力支持。

推进视频监控建设　2018年，分局以构建“全域覆盖、全网共享、全时可用、全程可控”的视频监控网络为目标，强力推进“天网工程”“雪亮工程”建设，提升动态化、信息化条件下驾驭社会治安局势的能力和水平。全年，共布建监控探头1001路，通过视频监控协助破获各类案件132起，全区可防性案件同比下降21.7%。加强组织领导，建立视频监控建设保障体系。积极争取工委、管委支持，将视频监控系统建设纳入全区经济社会建设总体规划，制定建设工作实施方案，投入资金700万元用于视频监控建设、运维。分局成立专项工作督导组，采取“锁定目标、挂图作战、倒逼时日、限期交验”的推进方式，跟进督导检查，强力推进工作落实。积极协调政府各职能部门和网络运营企业密切配合，主动解决系统建设中遇到的难题，给予最大优惠和政策支持。围绕实战需求，全面推进视频建设科学布局。在城区，加大公共区域视频监控全覆盖建设力度，进行补点扩面，将公交站点纳入建设计划，根据线路数量以及站台长度，划分为一级、二级、三级站点，分别按要求安装视频监控76个，在全市率先完成建设任务。在农村，在37个村（居）安装监控探头482个，通过分

图27-55 2018年，分局视频指挥大厅

局、派出所、村三级监控平台联网，建立联动处置机制，将监控、值守与巡逻结合起来，实现治安防控“全覆盖、无死角”。在社会单位，对全区公共区域视频监控资源进行拉网式调查摸底，逐步推进社会单位视频资源整合联网。目前，已接入重点单位监控363路。突出应用实效，全面服务警务实战。以服务基层、服务实战、提升效能为目标，将“精准警务”理念融入“视频监控+”，向视频要警力、要战斗力。建立视频巡逻机制，与派出所日常巡逻联动，实时动态监控，及时调度、指挥辖区巡防力量进行现场快速处置、打击现行。在服务侦查打击方面，将警情信息、图像查控等系统与视频监控系统捆绑应用，以打击侵财类、扰乱社会秩序类违法犯罪和破获系列案件为切入点，组织开展信息合成作战，提升精准打击犯罪的能力。

第六节　机场分局

日照山字河机场位于东港区后村镇山字河村北岭，2013年12月启动初期建设，2015年12月22日正式通航。机场自建成通航后，日均进出航班30架次、通航起降300余架次，日均进出港旅客2800余人，高峰期达3500余人。

机场动工建设后，市公安局按照“大项目发展到哪里，警务保障工作就延伸到哪里”的工作思路，先后设立机场治安办公室、东港分局机场派出所，保障机场各类建设项目顺利推进。2015年9月6日，结合机场开航需要和公安工作实际，设立市公安局机场分局（以下简称机场分局或分局）。截至2018年12月底，分局共有民警18人，警务辅助人员10人。分局自成立后，始终秉承“空防安全无小事”的工作理念，突出反恐防暴工作重心、强化各项安保维稳措施落实、强化应急处置机制建设、强化值班备勤、强化安全保障，深入推进民航公安各项工作，实现机场刑事案件“零”发案、执法办案“零”差错、文明执法“零”投诉、队伍管理“零”违纪。2017年4月28日，通过民航华东管理局组织的航空安保审计；2017年11月28日、2018年10月23日，通过山东地区平安民航建设年度考核。

图27-56　日照机场

一、做好安保维稳工作

机场分局成立后，探索建立健全动态灵敏的情报预警机制、关口前移的风险评估机制、处置及时的舆情引导机制、责任包保的重点人稳控机制、规范有效的现场处置机制，构建机场维稳联动体系，先后完成重大活动安保任务27次，参与保障要客警卫任务13次，完成其他各类警卫任务185次，实现零事故、零差错。完善《抓捕犯罪嫌疑人预案》《处置因航班延误引发的群体性事件预案》等工作预案，开展“不打招呼”拉练活动45次。经常性开展警务实战技能、警务实战技术和执法技能培训，不断提升应急反应能力。成立由公安执勤人员牵头，消防安保大队、安检护卫组成的应急小分队，配备单警装备、执法记录仪、防暴盾牌、防暴头盔、警棍等应急装备，根据突发状况发展阶段，分组、分批、梯次调派警力投入处置，妥善有效处置航班延误等各类突发性事件多起。2016年2月13日，因大连机场遭遇强冷寒流和暴雪天气，致使日照机场航班延误近10架次，滞留旅客1213人次，滞留时间近40小时。部分滞留旅客因节后急于返程上班，言辞激烈，情绪激动。分局主要领导靠前指挥，带领执勤警力对旅客进行劝解，引导旅客合理依法表达诉求，同时积极协调机场公司对滞留旅客提供必要的食宿保障，稳定旅客情绪，事件得到妥善处置。2017年10月27日，1名旅客乘坐中国联航5857次航班经停日照山字河机场，在候机厅休息时突发心脏病。分局第一时间组织值班执勤警力到达现场，协助市医院驻场医生开展紧急救助，维护现场秩序，航班和其他旅客按时出发、未受影响。

图27-57 2016年12月，开展消防应急演练

二、推动反恐防暴工作纵深开展

督促机场公司成立机场反恐怖工作领导小组，与各单位签订《反恐怖防范工作责任书》，落实工作责任，建立健全防范和应急工作机制。严格按照反恐怖一级重点目标标准，指导机场及相关责任单位对机场候机楼、航油站、加油站、货运站、道口等重点部位，落实人防、物防、技防措施。扎实开展《中华人民共和国反恐怖主义法》普法工作，邀请市公安局反恐支队授课6次，持续提升辖区企事业单位员工反恐怖意识。全面摸清机场辖区19栋建筑单体的建筑面积及分布状况，对所有重点部位、重点目标和基础硬件设施做到底数清、情况明，绘制机场安保网格图，明确各网格责任人员，组织开展不定期反恐防范检查28次，做实反恐基础要素管控。发挥公安机关反恐主力军作用，针对机场辖区可能发生的涉恐案（事）件，先后制定《日照机场公安分局反劫、炸机预案》《处置企图非法干扰事件预案》《处置虚假恐怖信息威胁民航飞行安全工作预案》，常态开展应急处置演练。2016年，开展反劫、炸机处置预案桌面推演2次、完成非法干扰演练任务2次、组织开展消防安保灭火应急救援演练1次；2017年，组织开展反恐防暴、应急处突实战培训1次，开展航站楼防爆排爆演练1次；2018年，分局联合市公安局特警支队，开展非法干扰处置演练桌面推演2次，实战演练1次，开展机舱内搜排爆演练2次。

图27-58 2018年9月，分局联合市公安局特警支队开展机场搜排爆演练

三、严密空防安全体系建设

坚持“预防为主、关口前移”的工作原则，汇总编发《日照市公安局机场分局航空安全保卫手册》，严把售票、值机、安检“三关”，组织空防安全检查督导186次、航空货运“四不两直”督导检查37次，整改隐患41处。促进与机场安检部门、航班机组移交案（事）件的衔接，共处理机组移交案件2起，审查机场安检移交旅客1087人，处罚违法人员6名，收缴管制刀具、打火机、催泪喷射器等各类航空禁运物品2315件。严格“净空”区管理，对经批准进入机场控制区的人员和车辆实行持证进入、持证上岗工作机制，经常性开展净空宣传保护工作。加强空中安全监管，在重大安保活动和执行重要警卫任务期间，确保辖区所有“低慢小”飞行器、飞行学校训练机一律停飞。规范出台《日照山字河机场控制区通行证管理办法》，成立分局控制区通行证管理办公室，严格背景调查材料审核及培训考试，共审核制发人员长期通行证477张、短期通行证588张、临时通行证1409张、车辆短期通行证17张、长期通行证42张、内场车辆驾驶证169本。

四、维护机场治安秩序

图27-59 2018年6月，航站楼武装联勤巡逻

实行警力跟着警情走、警力跟着航班走的“潮汐警务”模式，领导带班与民警值班相结合，最大限度将警力下沉一线、前置航站楼，严格值班备勤，提高见警率和管事率。根据辖区治安形势、道路状况、处警时限等实际情况，按照“1、3、5”分钟处置原则，科学设置三类巡区，统筹公安民警、机场安保和武警3支力量，以步巡、车巡、视频巡视等方式，加大对可疑人员和可疑车辆的盘查、检查力度，强化日常巡防。2016—2018年，分局共出动巡逻警力1.58万人次，警车8172台次，接报各类警情325起，检查各类车辆1763辆，盘查人员2581人次，抓获各类违法犯罪嫌疑人13名，其中网上在逃犯罪嫌疑人6人。主动“以打促防”，紧紧围绕打击违法犯罪这一主责主业，持续深入开展打击民航多发性侵财违法犯罪、行（托）货运专项整治、缉枪治爆、禁毒堵源截流等专项行动，始终对各类扰乱民航运输秩序的违法犯罪行为保持严打高压态势，先后查获移交涉毒人员29名，协助其他公安机关抓获犯罪嫌疑人12名。

五、推进科技信息化建设

2016年，投资30余万元对分局信息化合成作战室、视频会议室进行改造升级，建立信息化合成作战中心。提请机场公司按照“全覆盖、无死角”的要求，高标准建成583路视频监控，其中287路视频监控接入公安网，进一步织密织牢机场视频防控网。根据机场重点部位布局，搭建17套一键式智能报警系统，报警终端设置在候机楼公安值班室，方便机场工作人员快速报警。2018年，将视频存储进行扩容，达到90天存储标准。先后安装9套人脸识别、闸机核录等系统，布建3套4G应急视频传输设备和2套4G热点系统，按照应采尽采的原则，对所有进入机场候机楼的人员进行人证核录，每天核验人证信息1000余条。

六、建设过硬队伍

分局自成立后，始终抓住队伍建设这个根本任务不放松，以党建带队建，以队建促工作，抓牢抓实政治建警、从严治警、素质强警建设。2016—2018年，分局有1个单位立集体三等功，1个单位获集体嘉奖，5 名民警立个人三等功。

坚持以政治理论武装民警头脑，指导实践，推动工作，先后组织开展“三严三实”专题教育，常态化推进“两学一做”学习教育，组织党员到莒县本色教育基地、孟良崮、大青山等红色教育基地参观学习，夯实思想基础，强化宗旨意识。不断加强队伍纪律作风建设，深入开展“清风行动”，通过重温入党入警誓词、进行革命传统教育、剖析身边发生的违法违纪案件等正、反面教育相结合的形式，持续加强对党员民警的党性、党风、党纪教育，帮助民警铲除不良习惯的思想根源，涤荡各类不良习气。立足执法需要和基层实际，突出警种特点和实战要求，采取新警入警培训、“师带徒”岗位练兵、民警轮训等方式，促进基础训练普及化、体能训练常态化、专业训练岗位化，全面构建分层级、递进式、重实战的警务训练体系。2016—2018 年，参加省公安厅、省公安厅机场公安局、市公安局等组织的各类培训 13 次，培训 27 人次。先后开设分局民警阅览室和警体活动室，并推出“每月一本书”等文体活动。

图 27-60 2017 年 10 月，邀请市公安局警务实战教官团开展现场培训

七、争先创优

围绕“三个突出”做好安保警卫工作 机场建成通航后，吞吐量快速增长，各级重要宾客日益增多，机场成为安保警卫的重要阵地。机场分局在重大活动安保、要客警卫期间，坚持高站位部署，全员化落实，实行高等级勤务运行机制，确保万无一失。2016—2018 年，先后完成各级两会、党的十九大、博鳌亚洲论坛、上海合作组织青岛峰会、中非合作论坛、中国首届进博会等重大活动安保任务 27 次，参与保障要客警卫任务 13 次，完成其他各类警卫任务 185 次，实现零事故、零差错。统筹全局警力，实行一体化运作，严格落实每日情报信息研判制度，就高落实安保标准，严格审查安保人员身份背景，严查参与保障任务的各类车辆。细化分解任务，压实工作责任，做到定人、定岗、定责。积极与机场公司、市公安局警卫支队沟通联系，确定停机位、警卫现场、警卫路线、飞机监护等细节工作，督促场务部门、消防安保部门分别加强对跑道适应完好性检查和机场控制区安全巡视检查。分局主要负责同志上阵，实地检查督导。分管领导靠前指挥，各部门严格按照既定安保方案部署，分工负责，全程跟进，做到无缝衔接。

健全完善机场警务联动工作机制 日照机场距离市区、各区县以及日照港、日照西综合客运站均在半小时车程之内，周边高铁、高速、国道、省道及城市道路网四通八达。机场分局成立后，针对警力少、反恐维稳形势和社会治安局势复杂等实际，主动与市公安局相关警种、东港分局、武警日照支队、航空公司、空警等部门对接，构建一体化勤务、常态化运作、扁平化指挥、全方位响应的警务联动工作机制，有效提升机场社会治安整体防控水平和应急处突能力。构建重大突发事件应急增援工作机制。主动与市公安局特警支队、东港分局、武警日照支队等单位沟通协调，共同制定完善各类应急处置预案，经常性研判会商，定期开展拉动演练，确保一旦出现突发状况，能够做到快速联动，无缝衔接。重要敏感节点、重大活动安保期间，启动公安武警联勤联动工作机制，警力定点投放与武装巡逻相结合，形成强大震慑。分局成立后，与市公安局特警支队开展航空器劫持、机场非法干扰处置等演练 5 次，与东港分局、武警日照支队联勤联动 26 次。构建案件办理区域联动机制。与东港分局建立案件办理联动工作机制，分局候机楼派出所与东港分局后村派出所共用办案区，合力开展案件侦办工作，既解决了分局办公用房紧张、办案力量不足的困难，又有利于及时互通信息，协同维护辖区治安稳定。构建空地一体化协作联动机制。主动对接航空公司和空警部门，共同细化机上案（事）件移交处置预案，完善移交处置工作对接程序，明确各自职责任务，不断优化工作流程，完善工作机制，形成工作合力，实现空地工作有效衔接。

第七节　山海天分局

2016年9月9日，日照市公安局山海天旅游度假区分局（以下简称“山海天分局”或“分局”）挂牌成立。从建局之日起，分局紧紧围绕全市“旅游富市”战略实施工作大局，确立保障和服务旅游业发展主线，按照山海天旅游度假区党工委、管委会关于旅游业发展提档升级和市公安局关于实施精准警务战略、推进基层基础建设攻坚战等一系列部署要求，担当作为、奋力拼搏，全面落实打防管控措施，聚力打造全国“最安全旅游目的地”，确保全区社会政治稳定、治安持续平稳。2016—2018年，山海天分局先后被授予日照市党的十九大安保维稳工作先进集体、全市“防风险、化积案、保稳定”工作先进集体、日照市市级文明单位等称号。

图27-61　2017年9月，阳光旅游警务启动仪式

一、维护公共安全

山海天旅游度假区旅游景点多、流动人口多、住宿餐饮等公众聚集场所多，维护公共安全任务繁重。分局围绕打造全国“最安全旅游目的地”任务目标，不断完善强化各项管控措施，确保不发生危及公共安全事件。不断完善反恐处突机制，建立由警务室民警、辅警、保安、党政干部等组成的反恐处突工作网络，认真梳理各类安全风险因素，对旅游区域、重点要害部位、公共复杂场所强化安全防范责任制落实，开展公共安全教育，指导旅游景点责任单位建立反恐处突预案，配齐配强反恐防暴器材，有针对性地开展反恐应急处突训练、演练，不断提升安防水平。强化行业场所管理，2017年，开展浴场、沙滩设施和海上游乐设备安全监管检查32次，会同有关部门依法取缔存在安全隐患的海上自行车、沙滩摩托车以及空中飞伞等旅游项目。2018年，开展各类专项行动110余次，清查行业场所3200余家次，发现、整改隐患2100余处，下达整改通知书1610余份、行政处罚150余家次。是年，

强化日租房新业态管理，自主研发、自主运维日租房智能管控系统，通过无线传感网络等多项信息技术应用，辅以人防、物防、技防措施，完善“以房管人”工作机制，提升社会管理效能和公安警务实战效能，日租房智能管控系统项目被省公安厅评为2018年度山东公安科学技术进步奖应用技术类三等奖。始终保持火灾隐患排查整治不放松，2017年，对全区10个民俗旅游村开展逐户消防安全检查，整治消防通道46条；2018年，开展消防安全检查“回头看”行动，检查民俗旅游户1692家，督促整改火灾隐患2126处，临时查封18家，行政处罚20家。

图 27-62 2018年5月，开展校园反恐演练

二、严打违法犯罪

按照“打早打小、露头就打、除恶务尽”的原则，依法严厉打击黑恶势力和霸痞违法犯罪活动。2017年7月，打掉以王某某为首的把持基层政权、寻衅滋事、侵占集体财产的恶势力团伙，抓获犯罪嫌疑人6名，查破刑事案件10起。2018年，打掉2个恶势力犯罪集团和5个恶势力犯罪团伙，取得扫黑除恶专项斗争重大突破。加大对盗抢骗等犯罪活动的打击力度，制定《集中打击防范“盗抢骗”犯罪行动工作方案》，以旅游景点、高档居民小区等侵财犯罪高发区域为重点，明确现场勘查、科技应用、办案流程，提炼规律特点，评估发案态势，形成研判成果，实施落地侦查。坚持专业化打击、合成化作战，对跨区域系列团伙案件深挖源头、深度串并，先后侦破“10·6”跨区域入室盗窃团伙犯罪案、“1·3”特大系列盗割电缆案等一批案件。坚持综合施策、以打促防，对游客车玻璃被砸失窃案件快侦快破，犯罪嫌疑人迟某某、于某某等一批犯罪嫌疑人落入法网，发案势头得到有效遏制。2018年，此类案件全区仅发生1起。强力打击经济领域违法犯罪，在全国发起集群战役，破获涉及8个省24个市（区）共98家公司的“4·26”特大虚开增值税专用发票案件，涉案价税合计2.09亿余元，税额3553万元。严惩食药环领域犯罪，破获全市首例非法经营“烟弹”案件，涉案金额千万余元，查获万宝路等境外品牌不燃烧电子烟弹8万支；破获高某某等制售假药部督案件，捣毁生产窝点2处，涉案金额5000余万元。深入开展三年禁毒人民战争，推进“禁毒2018两打两控”专项行动，破获刘某、张某等特大贩卖、吸食毒品案，抓获嫌疑人7人，缴获冰毒266.9克。开展国保专项行动，通过“铁钳”等专项行动，打掉邪教窝点3个，抓获邪教骨干9名。强化刑事技术支撑，利用DNA破案14起，直接查获犯罪嫌疑人9名。

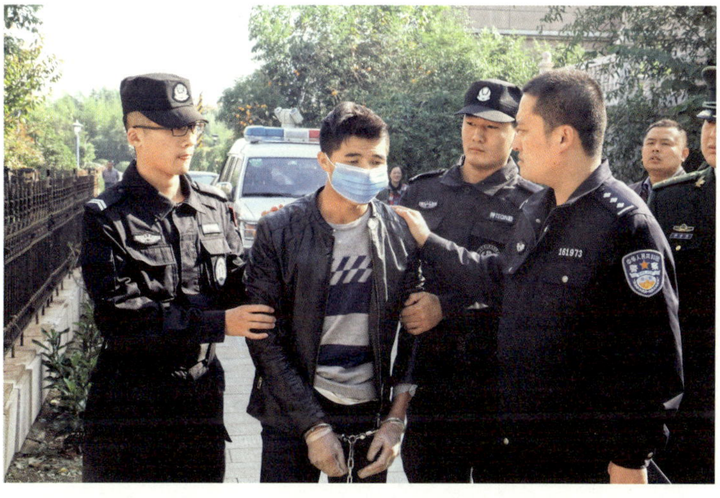

图 27-63 2017年1月，“10·6”跨区域入室盗窃团伙犯罪嫌疑人指认现场

三、强化治安防控

图 27-64 2017 年 7 月，分局民警现场指导安装监控设备

坚持把旅游区整体防控与重要节点管控结合起来，以巡防管控为重点，扎实做好旅游区治安秩序维护工作。2017年，山海天分局划分网格巡区，优化布警模式，明确界定旅游警察专业巡逻和派出所、警务室区域巡逻、交警路面巡查管控责任，主要警力布防到旅游一线，形成重点区域、重点时段巡防，交叉巡逻、错时补防，点面结合、整体布防，警种联动、无缝对接的巡防格局，扒窃、诈骗、敲诈勒索等侵害游客人身、财产安全的违法犯罪活动得到有效遏制。不断深化“天网工程”“雪亮工程”建设，提升辖区技防水平。2016 年，对“天网工程”升级改造，更换前端摄像机 168 台。2017 年，争取财政资金 216 万元，在沿海旅游一线建设高清摄像机 190 台、高空瞭望摄像机 5 台、球形摄像机 27 台。2018 年，辖区高铁、高速线路和沿海旅游区，国道、省道公路等重点部位均安装高清摄像机，实现山海天政务服务大厅、大沙洼林区、阳光海岸、教育局等 16 个单位的 1900 余路视频监控联网共享。强化视频侦查攻坚，先后利用视频侦查破获案件 56 起，其中包括日照市首起利用无人机破获的盗窃案件。

四、整治旅游市场秩序

主动融入现代旅游综合管理新模式，积极向区党工委、管委会提出工作建议，完善全区旅游工作联席会议、联勤联动机制，协同旅游局、市场监管局、行政执法局等单位加强对非法摊点、“黑出租”“黑导游”等问题的综合治理，全面提升联合执法、区域联动效能。积极参与旅游环境整治，通过联合巡查发现问题 700 余个，督促整改 600 余个。针对个别宾馆、饭店、摊点的涉旅从业人员随意上路揽客、拦截游客车辆、强买强卖、缺斤短两等问题，分局与市场监管局、旅游局等单位协同配合，发挥公安机关职能作用，坚持公正执法和灵活用法的有机统一，加大案件侦办力度，维护游客合法权益，提升旅游城市形象。对强买强卖的，坚持依法处罚经营业户，严禁适用调解程序处理；对拦截游客车辆、上路揽客构成违法的，一律依法给予行政处罚；对阻碍执行职务的，一律实行顶格处理。2016—2018 年，共抓获处理涉旅违法犯罪嫌疑人 210 名，其中刑事拘留 14 人，治安拘留 78 人，治安罚款 108 人，强买强卖、招手揽客等景区“痼疾顽症”得到有效治理。

五、开展服务游客和旅游纠纷调解工作

2017 年，抽调 50 人组建全省首支旅游警察队伍，专设女子骑警队 15 人、男子骑警队 35 人，组织学习《中华人民共和国旅游法》《中华人民共和国治安管理处罚法》等法律法规，聘请武警官兵、警校教员、高校教授、海上救援队专业人员等，进行队列警姿、形象礼仪、外语口语、救生技能等基本素质培训，旅游旺季期间开展常态化巡逻防控、应急处置、法律咨询、便民服务，真正做到服务游客零距离、服务时间零延误、服务态度零投诉。是年，先后服务游客群众 900 余人，其中救助遇险人员 53 人、找到走失儿童老人 121 人、帮助被困车辆 63 辆，收到锦旗及感谢信 30 件。2018 年 10 月，经编制部门批准，山海天分局正式设立旅游警察大队，旅游警务运行机制逐步实现规范化、实战化、常态化。先后在景区建立阳光海岸警务室、山海天餐饮一条街警务室、任家台旅游警务室，在

海水浴场及周边布建一键报警柱和报警箱15处，方便游客报警求助。开通山海天旅游警务公众微信号，通过微信群、公众号开展法治宣传和便民服务，提升服务游客的针对性和时效性。招募平安旅游志愿者2400余人，在海上救援、纠纷调处、巡逻救助、宣传防范等方面发挥重要作用。针对涉旅矛盾纠纷不同于一般治安案件的特点，创新推行“1+N”联动调解机制，以“处理不过夜”和“不耽误游客行程”为服务理念，简化调解流程，实施就近办案、智能化办案、远程办案等模式，实现繁简分流、简案快办、疑案精办，确保案结事了人和，让游客“高兴而来、满意而归”。2016—2018年，共调处涉旅矛盾纠纷789起，成功率100%，未发生涉警负面舆情。

图27-65 2017年4月，旅游警察服务游客

六、做好大型活动安保

本着“实战、精准、效能”原则，推行大型活动安保与日常秩序维护有机互动的安保工作机制，开展风险评估，完善安保预案，根据实战需求增设视频监控探头和安检辅助设施，着力强化检查站查控和治安要素管控，确保万无一失。2016年，出动警力820余人次，车辆460余车次，共盘查可疑人员600余人次，可疑车辆360台次，检查重点单位25家，整改各类隐患16处，完成第九届中国露营旅游论坛暨山海天露营装备大会、中秋节安保、日照国际美食节等活动的安保任务。2017—2018年，围绕党的十九大安保和日照国际马拉松赛安保，在全区加油站、反恐目标单位、大中小学幼儿园以及马拉松途经线路，建设高清摄像机121台。围绕上海合作组织青岛峰会安保，在环青路口卡口、两城治安检查站建设高清摄像机57台。升级改造两城公安检查站为公安机关综合性战斗实体，实现无遗漏、无死角、全覆盖查控封堵，严格人员、物品、交通工具安全检查。其中，上海合作组织青岛峰会安保期间，共检查车辆15.1万辆，核录人员26.3万人，查控各类重点人员782人，查缴各类违禁物品177件。

七、夯实基层基础

2017年，明确社区警务室建设规范，全面落实社区民警专职化，在全区推行“1+2+N”社区警务模式，依托党政工作管区设立中心警务室，以中心警务室辐射带动各村警务工作站，充实调整社区警务室专兼职民警和辅警力量，选聘村警务助理100人，实现社区警务工作网络化、全覆盖。是年，通过城乡社区警务工作，采集实有人口信息4.4万条，流动人口信息1.3万条，出租房屋5000余条，嫌疑人员标准信息3000余条。2018年，在全区公安机关推行卧龙山派出所“指尖派出所”警务模式，拓展建立涵盖民俗旅游户、日租房、寄递物流等行业场所的指尖派出所微信群，做实基层警务精准管控、精准采集、精准宣传、精准服务、精准互动、精准救助，破获案件9件，为群众预审办理各类业务1236件，采集基础信息2369条，救助群众538人次，发布各类正面宣传、警情通报、“心防”提示3600余条，受众人群达13万人。加强警务室和治安检查站建设，打造庙山和西黄庄2个农村中心警务室，构建全天候驻守的“1+4+N”工作模式，打造5分钟“快速处警圈”、10分钟“便民服务圈”和24小时“高效技防圈”。是年，以“一标三实”出租房屋和流动人口管理为重点，采集信息23.4万条；依托布建在旅游景区和闭环辖区的信息采集设备，整合各类社会数据资源20余万条，关联身份证、手机号和关系人信息6000余条。以“标准规范建设年”为抓手，制定《标准规范建设实施方案》，建立完善 5 大类 49 项警务工作机制的标准规范，围绕场所、标准、质量、信息（化）、能力五个方面，扎实推动执法标准规范化建设，行政结案率和处罚率同比分别上升 17.1% 和 27.9%。

八、强化警务运行保障

针对旅游警务季节性强、安全标准高等特点，创新推出旅游高峰勤务运行机制、快速应急指挥体系、旅游警务跟进保障机制、相关法律规范和物资装备保障等“五项措施”，支撑、保障旅游警务工作。2018 年 7 月，出台《旅游高峰勤务工作规定》，将每年 7 月 11 日至 8 月 31 日确定为旅游高峰期，明确勤务设置、组织指挥、时间安排、值班备勤、职责任务，期间全体民警、辅警取消休假及周末双休，保持足够警力，全力以赴应对和处置各类警情或救助活动。建立 110 与 12345、12306 旅游投诉热线联动机制，完善实战化指挥、视频化调度、动态化布警、扁平化用警等勤务指挥调度系统，着力改进用警模式，提升指挥处置能力。坚持“旅游发展到哪里，旅游警务就跟进到哪里，保障措施就落实到哪里”，主动延伸旅游警务触角，确保山海天“全域旅游”治安平稳。根据市委、市政府《关于促进旅游业改革发展的意见》《山海天旅游度假区全域旅游总体规划》，进一步研究、完善旅游治理的相关规范流程，先后制定《办理常见涉旅游行政案件指引（试行）》《执法执勤用语规范》《涉旅案件取证指引》等制度规范，为旅游警务活动提供法制支撑。统一旅游警察的标识和服装，统一配备旅游警务巡逻自行车、电动车，并在所有警车上配齐配全 350 兆电台、GPS 卫星定位系统、对讲机、核录仪以及防护、救生设备等设施器材，满足旅游警务活动需要。

九、强化队伍建设

2016 年，分局成立以后，先后出台《民警谈心谈话制度》《党委会议制度》等一系列规章制度，成立 4 个机关党支部，建立完善队伍教育管理体系。

2017 年起，突出党建领航这一主线，围绕践行精准警务、打造阳光警队两大主题，抓住学习教育、标准规范、考核激励三个重点，落实思想认识、组织领导、制度机制、平台载体四项保障，聚力聚焦“铁的信仰、铁的班子、铁的堡垒、铁的纪律、铁的担当”“五铁标准”，着力建设忠诚、学习、实干、创新、廉洁、团结协作“六型”公安队伍，为创建平安文明和谐旅游度假区提供坚实保障。

坚持政治建警，深入开展“两学一做”学习教育活动和“不忘初心、牢记使命”主题教育，深入学习党的十九大精神和习近平新时代中国特色社会主义思想，不断强化党的理论、形势政策教育的深度和广度，使广大民警始终保持头脑清醒、立场坚定、旗帜鲜明，打造忠诚可靠的公安队伍。深化素质强警，制定年度《公安教育训练实施计划》，启动“部门负责同志上讲台”，开设“机关专业岗位民警讲堂”，不断完善常态化教育训练机制；采取民警传帮带、民警带辅警等方式，广泛开展大数据应用、规范执法、反恐维稳、侦查破案、街面巡防、舆情应对、武器警械使用等方面在岗培训，提升队伍整体素质和战斗力。全面从严治警，2017 年，制定《纪律作风集中整顿工作实施方案》，以严肃政治纪律、组织纪律、工作纪律、廉政纪律为重点，集中整改解决思想作风、纪律作风、工作作风、执法执勤、党风廉政建设等方面存在的突出问题，落实上级各项规定和全市公安机关“四个一律”禁

图 27-66 2018 年 5 月，两城公安检查站全体参战人员重温入党誓词

酒规定，持之以恒正风肃纪，用铁的纪律打造铁的队伍；每逢重大安保和旅游旺季，启动战时机制，实行战时纪律，确保完成各项安保任务。落实从优待警，严格落实民警休假、调休制度，定期进行身体健康检查，激发民警工作热情；加大对办公设施和集体生活设施的投入，及时解决民警工作生活中的实际困难，为民警办理人身意外伤害保险和重大疾病医疗保险，实行民警婚丧喜庆慰问探访制度，用心用情关心爱护民警。成立阳光诗社，组建散打、骑行等兴趣小组，开展系列文体活动，提升队伍凝聚力和向心力。

印发《全区公安机关党建带队建促业务工作实施方案》，以打造“平安旅游先锋”党建品牌为引领，抓党建、带队建、促业务、保平安。2017 年，组织广大党员深入开展重温入党誓词、参观英雄纪念馆、党员过“政治生日”等系列活动，加强党性教育。2018 年，建设党建主题广场和诗词公园、支部党员活动室、警营文化走廊，开展“山海天利剑”“山海天之盾”“卧龙卫士”等“一支部一特色”活动，夯实基层党建。开通党建网络平台，推动党员政治理论学习常态化。制定党员积分管理办法，将积分管理、业务考核直接与党员民警立功授奖、创先评优挂钩，激励党员发挥带头作用。找准党建工作与公安业务融合发展的切入点，执行重要任务和重大活动安保期间，启动支部成立到一线、领导带头到一线、实战送教到一线，暖心慰问到一线、表彰激励到一线、后勤保障到一线、督导检查到一线“七个一”战时党建工作法。

十、争先创优

夯实基层基础工作 2017 年，山海天分局部署开展为期一个月的“进村大调查、入户大走访”行动，机关民警按照任务分配表，实行一对一走访，派出所民警对本辖区村居实现全覆盖走访，全面推行以访带察、以访带查、以访带宣、以访带建的“走访 +X”模式，力求“一访多效”，了解社情民意、密切警民关系、强化基础管控，进一步夯实基层基础工作根基。期间，共走访群众 3621 户、1.1 万余人，收集各类情报信息 430 条，发放宣传材料 1.1 万余份，排查化解矛盾纠纷 82 起，依法打击处理 5 人，为群众办实事 170 余件。“走访 + 体察”，以拉家常、促膝交谈等方式了解辖区群众的所思、所想、所急、所盼，对群众反映的突出问题，属于公安机关职责的，严格落实责任，及时有效整改；属于其他职能部门的，积极协调移交。同时，力所能及地为群众办好事、办实事、解难事，卧龙山派出所民警在走访中，为 1 名因历史原因 30 多年无户口的老人补录户口、办理身份证及户口本。走访 + 排查，通过走访认真排查辖区在城中村改造、征地拆迁、大项目建设等重点领域中存在的矛盾纠纷和不稳定因素，将收集到的信息进行汇总梳理，区分性质、分门别类建立台账，主动协调党委政府集中化解，积极稳妥地开展稳控工作。“走访 + 宣传”，在走访中，广泛宣传各类案件、事故的规律特点，及防火、防盗、防骗等安全防范常识，主动宣传便民、利民、惠民措施和公安工作新举措新成绩，赢得辖区群众的广泛认可。“走访 + 建群”，卧龙山派出所包村民警通过走访建立 18 个村居微信群，各村两委成员全部在群，村民每户至少有一人在群。民警在微信群内及时发布群众关注的热点事件、辖区内重大案事件、安全防范要点、警务动态等信息，与“微友”实时开展互动交流，将微信打造成信息发布、宣传教育、为民服务、获取违法犯罪线索的工作平台。

实施法制信访督察业务融合办理 2017 年，为破解公安内部执法监督工作碎片化、部门协同不力的问题，提升执法监督的效能，山海天公安分局实行法制、信访、督察融合办案制度，将负有公安内部执法监督职责的法制、信访和督察部门的业务融合办理。建立联合党支部，促进不同岗位民警团结协作。政工监督室、法制大队联合建立分局第二党支部，督察、信访、法制民警共同过组织生活、共同学习，从心理上破解部门和岗位不同带来的生疏感，促进团结协作意识的提高。加强业务联合办理，推动执法问题发现、研究和解决的一体化。信访、法制联合接访，督察、法制联合检查督导。对信访工作中发现

的执法问题，法制部门及时提出意见和建议，由信访部门推送主责部门办理，督察部门跟进督导问题及时解决，实现了变事后监督为事前、事中、事后全程监督，变部门单独监督为联合监督，变分段处置为法制、信访、督察一体化处置，变注重办理过程为处置过程和处置效果的统一。建立执法突出问题发现分析和联动精准培训机制。信访、督察部门将工作中发现的执法问题推送法制部门。法制部门结合本职工作，筛查具有普遍性的问题，进行深入分析研究，组织研发培训课题，向政工监督室提出培训计划。由政工监督室通过部门负责人上讲台、机关专业民警上讲堂、法制流动小课堂等多种形式，开展针对性强的业务培训，破解执法顽疾问题，提高执法质量。

构建“指尖派出所” 2017年起，山海天分局创新构建“指尖派出所”警务模式，以派出所为主体，以村居、社区及宾馆、加油站、民俗旅游户、寄递物流等行业场所为网格，社区民警担任群主，派出所负责人、户籍员（法制员）、责任辅警、警务助理（网格员）和家庭户代表（经营业主）入群，“一村（行业）一群、一群六员、四警在群”，根据目标、受众不同，精细化、类别化、特色化开展工作。通过资源整合、服务集成、业务联动，实现安防宣传、通知下发、数据统计等基层警务工作线上操作，变“脚板警务”为“指尖警务”，让人民群众“动动手指”就能办成事，实现公安业务与群众需求的精准对接、便民利民与惠警减负双赢。《人民公安报》刊发分局相关做法。做精“微管控”，针对辖区宾馆酒店多、寄递物流杂、民俗旅游户流动性大等实际，按照行业分类建立微信矩阵群，开展无身份证人员入住即时核查、外国人入住登记指导等工作。同时，开发“手机拍”APP，对游客和零散汽油购买者进行快速身份信息核录，通过实时比对及时发现高危重点人和违法犯罪分子，实现基础管控指尖化。做细“微采集”，借助微信群文件格式限制小、信息可一对一隐蔽发送等特点，在群内发布预警信息，鼓励群众用拍照、录音、拍摄视频等多种形式提供线索，将掌握案件信息与群众提供线索对比碰撞，快速锁定犯罪嫌疑人，撬开案件突破口。做优“微发布”，以“山海天公安”微信公众号为主体，制作辖区多发性案件安防提示，并结合各微信群不同特点“点对点”精准发布。配合打击欺客宰客、招手揽客、缺斤短两等侵害游客权益违法行为，在经营业主群内不间断精准投放典型案例、处罚结果，震慑非法经营者。做实“微服务”，群众可以通过微信群对户籍、出入境、渔船民管理等多种业务进行实时咨询、预约、材料预审和进度查询，在群民警第一时间在线解答反馈，将“让数据多跑路、让群众少跑腿”便民理念落到实处。做活“微互动”，民警通过“指尖派出所”微信群与群众零距离沟通，介绍公安机关的工作成效和最新工作动态，群众可以通过“指尖派出所”就分局社区警务、治安防范、窗口服务等工作与在线民警、辅警一对一交流，提意见、讲诉求、谈想法，警民通过便捷沟通加深感情、增进理解。做大“微救助”，开拓救助服务新思路，各派出所充分发挥指尖微信群信息传播速度快、受众广的优势，广泛发动群众参与社会救援。

图 27-67 2018年6月，夜间联合巡逻

卧龙山派出所打造枫桥式“农村警务圈” 2017年起，山海天分局卧龙山派出所积极践行精准警务理念，学习借鉴“枫桥经验”，本着便民高效的原则，着力夯实基层基础工作，精心打造庙山和西黄家庄中心警务室，高标准建设18个技防示范村，构建起以派出所为龙头，以中心警务室为支撑，辐射周边18个行政村警务工作站的枫桥式“民生警务圈”新模式。警力下沉，打造5分钟“快速处警圈”。为解决派出所出警半径大的难题，将警力下沉到两个中心

警务室，就近承担接处警任务，有效缩短处警时间，110 处警民警 5 分钟之内即可到达最远村居。通过快速反应、及时出击，先后破获“张某某系列打砸车玻璃盗窃”“费某某入室盗窃案”等多起侵财类案件。窗口前移，打造 10 分钟“便民服务圈”。创新用警模式，警务室按照“1+4+N”（即 1 名民警 +4 名辅警 + 若干警务助理、网格员）配置警力，在 24 小时值班备勤的同时，承担户籍办理、巡逻走访、矛盾纠纷排查化解、数据采集等职责，将户籍业务、纠纷调处等延伸到两个中心警务室，建立“老百姓家门口的派出所”，群众骑车不到 10 分钟，即可办理相关业务，申请调处矛盾纠纷。科技强警，打造 24 小时“高效技防圈”。按照“一村一防护圈，一村一监控网，一路一抓拍，一户一防范”的“四个一”建设标准，在庙山中心警务室打造 7 个“技防示范村”。按照“一二三”建设新标准（每个村中心位置安装一个“球形机”建成“一个中心防护点”；村庄出入口安装探头、辖区周边交通要道安装高清卡口，形成村、街道两级“防护圈”；所有视频监控全部连接到中心警务室、派出所、分局“三级”视频监控平台），在西黄家庄中心警务室辖区打造 11 个“技防示范村”。同时，推动高校智慧园区建设，利用人像识别技术建成“一体化校园安防访客系统”，结合警务室驻校巡逻警力及内部安保力量，形成立体化校园防控体系。

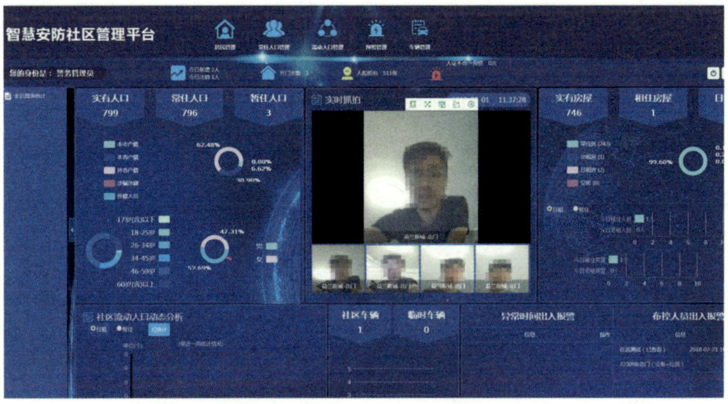

图 27-68　智慧安防社区管理平台

探索构建社区智慧安防体系　2018 年，山海天分局按照市公安局“让智慧警务进基层所队、进社区，积极抢占公安工作科技制高点”的部署要求，通过物联网技术实现“非接触”采集、“精准化”关联、“数据化”比对，形成“街不见警、处处有警”的智能警务格局，为精准打防管控提供有力支撑。该系统率先在辖区荷兰新城小区试点推行，短短半个月内就采集住户信息 897 个，登记流动人口 115 人、出租房屋 48 处、日租房 102 套。构建小区泛“宾馆”式日租房管理体系。跳出单一日租房思维局限，将整个小区视为一个大“宾馆”，在小区门口设立自助登记平台，模拟宾馆前台，“一站式”完成实名登记和人像比对。日租房统一安装警务智能门锁，对实名登记的游客授权使用身份证或手机扫码入住；对于已登记而未携带身份证的游客，借助智慧安防 APP，通知日租房房主远程开锁进入，实现“刷证留名、来访留踪、开门留痕”的效果。建立小区常住居民和临时访客分类管理机制。引入“用户体验”理念，在小区门口设有“VIP”和“访客”两种门禁方式，常住居民可以通过人脸识别、手机扫码、指纹识别任意方式方便快捷的进入小区；“访客”则只能通过“人证比对”方式进入小区，流动人口备案后能享受常住居民服务。通过差异化服务，让未备案流动人口心理上形成落差，倒逼其主动到小区物业登记备案，提高流动人口主动登记的积极性，推动人房基础信息采集全覆盖。搭建系统平台做实数据警务。分局自主研发社区智慧安防管理系统，导入“一标三实”系统数据，形成实有人口和实有房屋的基础数据库，与前端采集的游客身份信息和人像数据进行融合关联，建立起大社区人口房屋的结构化数据模型，从中获取人与人、人与房的关系，发现高危重点人员的轨迹信息，查找异常入住数据的蛛丝马迹，为治安防控和侦查破案提供准确的数据支撑。

推行“八个到一线”战时党建工作法　在重要任务和重大活动安保期间，山海天分局启动支部成立到一线、领导带头到一线、实战送教到一线，暖心慰问到一线、表彰激励到一线、后勤保障到一线、督导检查到一线“七个一”战时党建工作法，在全市公安机关上海合作组织青岛峰会安保“六个不发生”考核中，分局获得第一名。自 2018 年底起，分局坚持党建引领，规范战时思想政治工作，将“七个一”战时党建工作法进一步总结提炼为“八个到一线”战时党建工作法。组织建设到一线。成立临时党支部，将参与重要任务和重大活动安保的所有党员民警、辅警全部纳入组织管理，科学划分党小组，合理调整党员骨干分布，充分发挥支部战斗堡垒作用，凝聚力量、推动工作。政治动员到一线。组织全体参战人员重温入党誓词，签订“四个一律”禁酒责任书，切实抓好战时政治动员和部署。同时紧跟安保任务进程，灵活开展小动员、小教育、小讲评活动，持续进行思想发动，不断激发参战人员的战斗热情。领导带头到一线。分局班子成员严格落实“一岗双责”，充分发挥示范带头作用，自觉站排头、当标兵、作表率，坚持一线掌握情况、一线解决问题、一线推进工作，真正扑下身子为参战民警解决实际问题。督导检查到一线。按照“高于平时、严于平时”的战时标准，严格执行战时纪律，强化每日监督检查，政工部门牵头成立督察专班，对工作落实、值班备勤、“四个一律”执行及警容风纪等情况进行重点检查。实战送教到一线。结合安保任务实际，采取“师带徒”“一带多”等形式，现场传授实战技能，切实将执勤现场变教学课堂。同时，有针对性地开展送教到一线活动，最大限度地把防暴处突、应急拉动等急用急需的实战技能传授给一线执勤人员，提高参战民警安全意识和实战能力。表彰激励到一线。落实战时表彰奖励机制，简化程序、即时审批，第一时间表彰成绩突出的集体和个人。同时，在安保一线设立“党员先锋岗”，利用交接班例会评选每日“执勤标兵”，切实强化典型引领，全面提振队伍士气。后勤保障到一线。根据任务需要，打破部门警种界限，全员上岗、动态调配，满足实战一线警力需求。围绕“吃、穿、住、行、医”等日常保障工作，配齐配全单警装备、通信设备及安全防护装备，高质量定制营养套餐，购置必备药品器材和生活保障品，确保参战人员吃得舒心、用得放心。心理辅导到一线。围绕基层民警需求和安保现状，组建心理健康服务小分队，到一线进行心理辅导和咨询，以心理座谈、行为训练、趣味游戏、分享交流等形式向执勤人员普及心理健康知识，及时疏导心理压力，消除懈怠厌战苗头，充分调动工作和生活热情。

第八节　日照市港航公安局

日照港地处黄海之滨，其前身是石臼港，1982 年开工建设，1986 年开港开放，是国家重点规划建设的沿海主枢纽港、新亚欧大陆桥东方桥头堡。1983 年 6 月 2 日，经交通部批复，石臼建港指挥

图 27-69 港口武装巡逻

部组建石臼港公安局。1992 年 6 月 11 日，石臼港公安局改为日照港公安局。2018 年 3 月 30 日，港航公安体制改革，日照港公安局改为日照市港航公安局，港航公安开始新的航程。30 年来，日照港航公安机关持续打造对党忠诚、服务人民、执法公正、纪律严明的港航公安队伍，践行“忠诚、勤勉、精进、勇毅”的港航公安精神，不断推进“平安港航”建设，全力护航日照港口和航运经济发展。2000 年、2007 年，先后 2 次被交通部公安局表彰为全国交通公安系统优秀公安局。2002—2006 年，连续 5 年被交通部公安局评为全国交通公安系统执法质量优秀单位。

一、维护国家安全和社会稳定

建港初期，有日、美、英、法等十几个国家外宾常驻港口指导设备安装调试，或者短期到港口参观访问。港航公安成立国家安全小组和外国人户口管理小组，加强外国人管理和外宾警卫工作，确保港口建设和开放顺利进行。

1989—1999 年，根据国内外形势的变化和企业改革中出现的新情况，在加强反渗透、反颠覆、反和平演变斗争的同时，努力做好敌社情动态控制和情报信息搜集研判，扩大和完善多层次、多渠道的情报信息网络，提升情报信息搜集的广度、深度、灵敏度，针对港口深化改革进程中职工队伍中的热点问题，有针对性地开展专题调查 56 次，全力协助化解不安定因素，保障各项改革措施顺利推进。

2000—2004 年，围绕港口体制改革、薪酬分配机制改革等职工群众关心的热点、难点问题，适时推行纠纷排查、事前预报、事中法制宣传、事后总结分析四项措施，妥善处置群体性事件或苗头性矛盾纠纷多起。针对国际候船厅等重点部位、重点单位，有针对性地制定预案，完善应急处置措施。2004 年 12 月 14 日，日照—韩国平泽国际班轮“旭日”号因经济问题被我国海事法院封停，353 名韩籍旅客和大量货物滞留日照港国际候船厅，为防止群体性事件和哄抢事件发生，日照港公安局迅速启动处置群体性事件应急预案，连续 48 小时维持现场秩序，耐心安抚疏导滞留旅客，全部滞留人员均安全离境。不断加强防范和处理邪教工作，港口集团下属各单位均建立基层反邪教机构。

2005—2010 年，围绕港口跨越发展过程中征地、拆迁、环境污染、职工子女就业等影响稳定的因素，强化情报信息预警网络建设和应急处置能力建设，构建“预警灵敏、研判准确、宣传到位、处置妥当”的群体性事件预防处置工作机制，实施超前预警，对各类影响稳定的案事件做到早发现、早处置，妥善处置涉稳苗头事件 104 起。工作中，注意加强法律法规宣传和政策研究分析，找出解决问题的关键所在，努力预防和避免群体性事件的发生，维护港口生产建设。

2011—2018 年，针对港口系列改革、生活区回迁、水域治安管理、通韩航线带工政策变化等敏感问题，对可能影响港口稳定的事件、苗头、隐患，逐一研判，提前预警，有针对性地制定处置预案，强化各项稳控措施，开展涉港网络舆情引导，切实掌握维稳工作主动权，为党的十八大、党的十九大、上海合作组织青岛峰会等重大活动安保提供坚实保障。组织港口各单位以防范控制、打击处理、宣传揭批、教育转化为重点，做好港口防范和处理邪教工作，日照港公安局国保支队先后被表彰为平安山东建设先进基层单位、日照市防范和处理邪教工作先进单位。根据“党政同责、一岗双责、失职追责”的反恐责任要求，督促港口集团各单位落实反恐防范标准，修订反恐应急预案，与日照边防检查站签订《反恐维稳联勤联动协议书》，与市公安局反恐、出入境、边防等警种部门建立信息互通机制，强化反恐力量的互联互通、联勤联动，不断提升反恐信息汇聚和反恐应急处置能力，形成反恐合力。

二、完成警卫工作

1989—1999 年，日照港逐渐成为国家级重要能源、原材料中转大港，党和国家领导人多次莅临考察。在重大警卫工作中，港航公安积极配合省、市公安机关，根据“既要保证绝对安全，又要贯彻内紧外松、自然缓和、方便领导联系群众”的原则，制订详细的警卫工作方案和保卫计划，完善应急处置预案，设立警卫小组，每个区域和小组都派专人负责，做到定点、定位、定人、定责任，严密社会面控制和重点人管控。完成党和国家领导人考察警卫任务。

图 27-70 1998 年，执行警卫任务

2000—2018 年，随着日照港跨越发展，港口吞吐量增长迅猛，成为全球重要能源、原材料及集装箱中转基地，受到中外领导人的关注。港航公安机关提高政治站位，增强责任意识，不断夯实完善警卫基础工作，先后完成党和国家领导人考察日照港及其他重大警卫任务 42 次。特别是在 2015 年“中国—中亚合作论坛”与会各国领导人到日照港考察期间，港航公安机关在全局调配 150 余名警力、20 余辆警车，构建集制高点控制、交通管制、治安保卫、消防监护、信息研判、应急处突于一体的立体防控网络，完成建局后准备时间最长、工作措施最严密、实战演练最多、警卫对象最多的一次重大警卫工作。

三、打造港口良好治安秩序

港航公安机关成立后，根据港口治安形势变化，逐步壮大治安防控力量，努力构建完善群防群治网、流动人口管理服务网、科技防控网等治安防控网建设，确保港口社会秩序持续稳定。港航公安机关成立之初，指导港口各单位建立治保组织，充实治保力量。1986 年，全港有治保会 23 个共 119 人，治保小组 32 个共 107 人。1989—2000 年，充分发挥公安机关的龙头作用，成立 51 人的经济民警队，在辖区铁路沿线、码头普遍组织成立治安联防队，初步形成覆盖全港的群防群治网络。其中，经济民警队严格检查进出港人员、车辆，年均查缉私拿私带港口物资 400 余车次。2001—2010 年，争取日照港集团公司支持，把社会治安综合治理暨平安建设工作纳入各单位领导的任期目标和政绩考核，深入发动群众，广泛开展“创安”活动。各单位普遍成立综合治理领导机构和办事机构，建立完善治保、调解、普法、帮教等群防群治组织，构建全港社会治安综合治理暨平安建设责任体系，建设最稳定、最安全港口。2011—2018 年，定期组织召开全港治安保卫工作会议，促进港口各单位内部安全保卫工作交流协作，在港口大型企业派驻社区民警，物建警务助理、治安网格员，推动组建物业联防队、平安志愿者、楼长协防会、红袖标巡逻队等多支群防群治队伍，探索“一企一警”三级管控网络模式，动员社会面力量全面参与治安防控。

港口建设初期，流动人口主要是来自全国各地的施工人员，港航公安机关进行深入摸排，对重点人员开展管控帮教，确保建设顺利进行。1989—1999 年，港区生产规模不断扩大，外来务工和公共场所从业的流动人口增加，港航公安机关建立健全各类管理档案，制定完善各项防范措施，定期不定期地进行治安检查，多次开展“拉网式”的清理整顿，切实摸清全港流动人口和租赁房屋底数，严格落实“谁主管谁负责，谁出租谁负责，谁用工谁负责”的管理责任。2001—2007 年，推行责任区民警日查、派出所周查、治安科月查“三查”制度，推行“分类别、分层次、分行业”管理，对无固定收入、无固定住所、无身份证明“三无”人员逐一发函调查，对发现的重点人口落实管控措施，工作对象列管率达到 100%。2008—2012 年，建立流动暂住人口和出租房屋治安管理倒查制度，对因工作措施不落实导致流动暂住人口漏管失控、造成重大案件发生的，逐起倒查责任。全面开展港口生产单位用工和外来从业人员审查工作，初步建立进出港人员信息库。2013—2018 年，依托社区警务，严格落实用人单位、出租房主、房屋中介申报责任，进一步提高利用社会力量采集出租房屋流动人口能力，充分发挥科技、信息化手段，提高登记效率，年均排查流动人口 3 万余人，房屋 1000 余处。

2001 年，投资研发治安管理系统，将辖区内常住人口、暂住人口、公共场所、特种行业等全部实行微机管理。2004—2010 年，逐步建立完善覆盖全辖区的远程视频监控信息系统，视频图像接入市政府应急指挥平台。2008 年，建成全港 28 个出入港通道、重点单位电子门禁系统，实现车辆自动拍照、号牌图像数字转化、920 兆超高频射频读卡、关联生产检斤数据等功能，对出入港人员车辆信息即时采集、即时比对报警，并留存门禁通行历史数据。该系统荣获中国港口协会科技进步二等奖。研发公安基础信息管理应用系统，开展信息大采集、大录入。2009 年 7 月，交通运输部公安局通过简报刊发推广相关工作经验。2011—2018 年，推进“天网”工程建设，组织各派出所及岚山港区分局、交警大队对辖区视频监控分布及布建需求进行梳理排查，争取日照港集团公司投资 400 余万元，完善港区、生活区视频监控系统，扩大公共区域视频监控覆盖范围，在各派出所建立监控值班室，逐步建成全天候多方位立体监控报警系统。

四、打击涉港航违法犯罪

港航公安机关成立后，不断强化专业打击力量、完善专业打击机构体系，开展专项打击，有力震慑涉港航领域各类违法犯罪，保障港口发展。刑侦支队先后两次荣立集体二等功，7 人次荣立个人二等功，1 人被评为全国优秀人民警察，4 人被评为全国交通公安系统优秀人民警察。

图 27-71　打击港口违法犯罪

1990—1999 年，先后开展航运、口岸治安秩序整治，打击流窜、打击盗窃港口物资、“百日追逃”会战等专项斗争，组织实施统一行动 51 次，共立刑事案件 98 起，侦破 74 起，带破地方和隐、积案件 15 起，打掉犯罪团伙 13 个。

2001 年，在深入开展“打黑除恶”专项斗争、打击经济犯罪专项行动的同时，按照交通部公安局统一部署，开展“查缉堵截逃犯和打击流窜犯罪专项行动”（代号“江海行动”）。行动中，抓获逃犯 7 名，其中故意杀人犯罪嫌疑人 2 名；破获流窜作案刑事案件 41 起，抓获处理流窜违法犯罪嫌疑人 38 名，被交通部公安局评为“江海行动”先进单位。2002 年，开展“反偷渡反外逃”专项斗争，发挥港口公安行业优势，广泛收集各类情报信息，采取“岸上堵、水上查”的办法，加强对进出港车辆、人员的检查，严格来港船舶的治安管理，破获偷渡案件 5 起，抓获犯罪嫌疑人 23 名。开展打击“两抢”犯罪专项行动，破获骑摩托车抢夺案件 60 余起，包括打掉抢夺作案 14 起的抢夺团伙。2003 年，针对日照港第一生活区单身公寓附近小花园内“两抢”案件多发的实际，成立打击“两抢”专门行动小组，打掉作案 10 余起的高某某犯罪团伙。2004 年，盗窃港口运输物资违法犯罪有所抬头，港航公安机关刑侦部门加大工作力度，先后破获 800 吨铁矿砂被盗案、300 吨散装水泥被盗案等一批有影响的重特大案件，为港口和客户挽回经济损失 100 余万元。

2007—2008 年，物流领域违法犯罪突出，港航公安机关提出“物流案必破”的要求，适时组织开展针对性强、时间短、见效快的区域性打击整治行动，先后破获案件 168 起，抓获犯罪嫌疑人 102 名，打掉各类犯罪团伙 15 个，追缴赃款赃物折款 440 余万元，追缴运输物资 344 吨。

2009 年，港航公安集中部署开展“猎鹰”追逃专项行动，共抓获网上在逃犯罪嫌疑人 24 人，其中重特大案件逃犯 18 人，有 6 名逃犯迫于强大追逃压力主动投案自首，是建局后抓获逃犯人数最多的一年。

2010—2013 年，持续开展严厉打击港口物流领域犯罪斗争。2010、2011 年，共立物流领域犯罪案件 226 起，侦破 226 起，实现“物流案必破”的工作目标。2011 年，在交通部公安局“清网行动”表彰中，刑侦支队被记集体二等功，2 名民警被记个人二等功。2012 年，部分犯罪嫌疑人采取内外勾结、掺杂使假、调换货物、伪造集装箱铅封等犯罪手段，增强犯罪隐蔽性，港航公安机关以基础工作与网上作战为依托，实现侦查模式从“由案到人”向“由人到案”“由物到案”“由信息到案”的转变，提升侦破能力，先后打掉 1 个特大盗窃铁矿砂团伙，涉案价值 50 余万元；打掉 2 个特大诈骗铁矿砂团伙，涉案铁矿砂 1400 余吨。2013 年，深入开展物流犯罪风险评估和警示教育宣传防范，全年物流犯罪发案 3 起，较往年大幅度下降。

2017—2018 年，积极参与日照港集中整顿行动，会同市清欠专案组辗转 20 多个省市，参与破获多起重特大虚开增值税专用发票、伪造公司印章等案件，协助日照港集团公司清收欠款 58.2 亿元。成立专案组，破获 1 起特大诈骗案案，涉案价值 1143.7 万元。

五、强化公共安全监管

1986—1999 年，开港初期，在交通安全管理中重点加强建设车辆和运煤车辆交通秩序整治。制定《石臼港区交通管理暂行规定》，实行“三定一包”（定位、定责、定标准、包路段）制度和“三班四运转”工作法，重点整治港区运煤车辆乱停乱放、不按照规定路线行驶排队、超载等违法行为，打造交通安全“畅通”工程，实现港口煤炭疏港秩序良好及港区交通安全畅通目标。2000—2009 年，石臼港区东区和西区连通，港区道路增多，运煤、运矿砂的“短倒”车辆剧增，

图 27-72 2012 年 6 月，交警港口执勤

港口交警部门集中开展矿石和焦炭短倒车辆交通管理整治、危化品运输车辆专项整治等专项行动，确保交通安全。2010—2018 年，危化品、集装箱、矿砂、木材等运输专用车辆逐年大幅增加，交通秩序整治成为重要难题，港航公安机关积极协调港口有关部门，聘请国内顶尖交通管理专家团队，优化疏港道路设计方案，先后对石臼港区、岚山港区及周边疏港道路视频卡口系统进行技术升级改造，实现集抓拍、机动车缉查布控、重点车辆查询、应急指挥调度为一体的交通智能管理系统，实现疏港车辆、社会车辆通行顺畅，降低交通事故发生概率，解决港口交通堵塞难题。对全部来港生产施工车辆和港内短倒车辆进行月检，确保车辆技术安全状况符合要求。2014 年，日照港交警大队获评“全国公安机关优秀基层单位”。2018 年，交警大队开辟集卡车“绿色通道服务”，为来港卡车安放“绿色通道”通行证，提高疏港通行效率。

1985 年 2 月，石臼港公安局设立消防科，有 9 名消防民警担负港区消防监管职责。同年 3 月，成立消防大队，有消防队员 20 人。1986 年 4 月，石臼港公安局消防大队正式开始战备执勤，接受灭火救援求助。1997 年 5 月，消防大队升格为消防支队，继续担负港口消防监管和灭火救援职责。2017 年 3 月，消防支队机关南迁至危化品储运最集中的岚中港区，实现消防监管与企业消防救援力量无缝

对接。港航公安消防部门成立后，常态化开展消防监督检查和消防安全宣传，共排查督促整改消防安全隐患6500余项。针对港口危化品储运消防监管，提前介入港口危化品建设工程，推动科学规划审批；开展联合执法，加大装卸储运场所的检查力度、频次；整合区域消防救援力量，推动储运场所联防联动；多种形式开展危化品灾害事故消防演练，提升企业处置灾害事故能力。30年间，港航消防救援队伍先后参加“1989·8·12”黄岛油库储油罐特大火灾、“1993·12·30”日照港煤码头栈桥特大火灾、“2005·12·21”“金旺油2”油轮重大汽油泄漏事故、“2015·7·16”石大科技爆炸事故等重特大火灾扑救和应急救援80余次，安全监护危化品船舶1100余艘。1993年“12·30”日照港煤码头栈桥特大火灾扑救中，日照港公安局消防大队全警出动，第一时间奔赴火场，根据灭火指挥部“海陆配合、南北夹击、重点保护、逐片消灭”的战斗部署，陆地由2辆消防车封堵灭火，海上由2艘拖消两用船堵截火头，为火灾最终扑灭做出重要贡献。2000年，日照港公安局消防支队被交通部公安局评为全国交通公安系统人民满意单位，2016年立集体二等功。

图27-73 2018年6月，危化品罐区消防安全检查

六、建设一流港航公安队伍

港航公安成立后，坚持政治建警、素质强警、从优待警、从严治警，打造忠诚、干净、担当的过硬公安队伍，树立队伍良好形象，服务保障港口发展。1983—2018年，港航公安系统先后有6个单位立集体二、三等功，28个单位被评为市以上先进集体；1名民警立一等功，121人（次）立二、三等功，863名民警受到各级表彰，涌现出全国优秀人民警察、全国交通公安最美警察等一批先进模范人物。

秉承政治建警理念，先后开展“三讲”“三项教育”、“三个代表”重要思想学习教育活动、保持共产党员先进性教育、社会主义法治理念教育、学习实践科学发展观、学习习近平新时代中国特色社会主义思想等系列主题教育活动，组织民警撰写学习心得体会，查摆剖析自身存在的问题根源，制定落实整改措施，引领教育广大民警永葆忠诚本色。特别是党的十八大后，制定《基层党建工作目标管理考核细则》，以党的群众路线教育实践活动、“三严三实”专题教育、“两学一做”学习教育为载体，推动实施党建领航工程，推行党建工作与公安工作、队伍建设的深度融合，开展“一支部一特色”争创党建品牌活动，努力构建“大党建格局”，实现政治教育和思想政治工作常态化。

图27-74 1991年7月，参加庆祝建党七十周年歌咏比赛

倡导“港口公安为港口”的服务理念，围绕港口发展，开展特色教育，引导民警认清定位、找准节点、主动作为，不断提升服务保障水平。1992年3月11日，组织学习邓小平重要讲话精神，并就如何转变公安工作作风，为保障企业深化改革保驾护航、创

造安定的社会环境展开讨论。1998年，针对日照港生产形势严峻、企业内部深化改革艰巨任务，对全局民警开展形势任务教育，教育民警认清当前形势，谋求工作发展。2003—2010年，以服务港口跨越发展为主题，先后开展“围绕中心，服务大局，为实现港口跨越发展保驾护航”“尽职尽责、爱岗敬业”“我为港口跨越发展做什么”大讨论、“对比先进找差距、增强业绩促发展”解放思想大讨论、“港口跨双亿，我们怎么办”主题教育等系列活动，引导民警尽职尽责、爱岗敬业，为港口发展贡献力量。2011年后，先后在全体民警中开展“港口公安为港口”主题教育、“爱港如家、兴港有责、忠诚事业、服务发展”大讨论等活动，增强民警爱港兴港的责任感和使命感。

积极创造条件，选派优秀骨干民警到专业院校进行专项业务深造，让部分民警和中层干部参加各种业务技能培训，培养业务骨干，发挥传帮带作用，提高队伍整体业务水平和民警综合素质。研发网上执法考试系统，坚持每季“网上考试”和体能测试，增强民警学习训练积极性与主动性。常态化开展警营微课堂、师带徒、岗位竞赛等活动，实施岗位练兵，提升民警警务技能。出台《落实从优待警12条措施》，从定期体检、生病探望、结婚生日祝福等多个方面关心爱护民警，尽最大努力消除民警后顾之忧；为民警购置《警察健康手册》，举办民警心理健康讲座，尽可能解决公休矛盾、安排民警公休假，保护民警身心健康；通过民警座谈、工会主席接待日、上门家访等形式，及时了解并帮助解决民警的愿望和诉求，不断提升民警认同感和幸福感，打造健康活力警营。

编制《队伍正规化建设制度汇编》，建立健全队伍管理各项规章制度共48项。开展经常性的监督、检查、督察，规范民警的行为，强化民警良好工作习惯、过硬纪律作风养成。立足于精细化、规范化管理，实行“日清、周结、月考、年评”的全员绩效考核管理体系，建立公平竞争的激励约束机制，促进公安工作的健康有序发展。加大对违法违纪、工作落实不到位、违反警令等行为的执纪问责力度，确保队伍纪律严明、务实高效、严整规范。

七、争先创优

港口危化品装卸储运30年无事故 20世纪80年代末，日照港开始开展港口危化品周转装卸业务。截至2018年底，日照港危化品成为仅次于矿石的第二大货种。港航公安机关不断创新消防监管机制，强化落实各项监管措施，从1989年起，实现连续30年装卸储运无事故。推进全程监管，对港区危化品装卸储运在建改建工程，公安消防部门提前介入，提供消防技术咨询服务，听取图纸设计单位汇报，提出消防方面的要求，杜绝工程建设带病施工。在消防专项审核验

图27-75 1995年6月，危化品船舶水陆联合消防演练

收中，坚持依法严格把关，杜绝新建危化品码头、库区带病运营。对辖区危化品火灾高危单位，实行年度消防安全评估备案制度，确保健康运行。强化日常监管，联合市消防支队、市安监局、日照港集团安环部等单位、部门，对危化品火灾高危单位定期开展联合检查，多角度、多方面查找消防隐患。整合精干警力，不断增加对危化品装卸储运场所消防监督检查频次，做到全覆盖、不留死角。对检查出的重大隐患及时上报上级部门，必要时实施关停整顿，并跟踪消防隐患的整改落实，确保整改及时到位。提升应急处置水平，根据港口危化品储运实际，将消防支队机关南迁至危化品装卸储运最集中的岚中港区，实现一线就近监管，就近调度、指挥应急处置。采用一案多演、无脚本随机拉动、大型

水陆联合立体演练等多种形式，经常化开展灾害事故消防演练，积极推进危化品储运场所消防联防联战，不断提升应急处置能力。推动危化品库区消防远程供水系统设备建设、丰富消防物料储备、规划灭火救援车辆停放区域，确保应急保障到位。在危化品码头配备消防自动控制系统，积极推动消防控制室值班人员持证上岗，提升危化品消防安全监护能力。强化消防安全培训，每年组织中、高级消防工程师到辖区危化品企业授课，现场培训消防专业知识，提高员工应急处置技能。聘请省内外消防专家对企业负责人、安管部门负责人进行培训，培养消防管理明白人，为落实企业消防主体责任打好基础。

争创全国交通公安系统优秀公安局　2006年，日照港公安局以创建“平安港口”为目标，从强化队伍正规化建设入手，不断改革创新警务运行模式，稳步推进各项公安保卫工作。2007年，被交通部公安局表彰为全国交通公安系统优秀公安局。严厉打击涉港物流犯罪。按照“命案必破、物流案必破、危害水上交通安全案必破”的要求，先后组织开展打击物流领域犯罪、打击“两抢一盗”“打黑除恶”“破案追逃”等多项专项行动，先后破获“青州和顺工贸公司白糖被诈骗案”“临沂铁流厢式货运公司铁矿砂被诈骗案”“宋某玉等团伙诈骗矿砂案”等一批大案要案，打掉诈骗犯罪团伙5个，抓获犯罪嫌疑人18名；盗窃犯罪团伙4个，抓获犯罪嫌疑人13名；收购赃物犯罪团伙1个，抓获犯罪嫌疑人3名。通过严格门卫查堵，防止货物非正常流失3000余吨。改革警务模式，加强专业防范。在各派出所实行“倒班值勤”“三警（交警、消防警、治安警）联勤”警务模式，实现基层警务工作由“机关化”向“实战化”转变、由单警种作战向多警种协同作战转变、由执法管理型向执法服务型转变、公安装备由分散型应用向系统合成应用转变，确保派出所每天拿出1/4的警力在辖区巡逻值勤，把警力最大限度地摆到港区、路面，提高群众的见警率和安全感。年内共出动巡逻警力9216人次，累计巡逻里程8.79万公里，巡逻抓获违法人员1364名，整治各类治安隐患74项。提升队伍正规化水平。把“实现亿吨港，我们做什么”大讨论活动与社会主义荣辱观教育、社会主义法治理念教育活动有机结合，利用听报告、看警示教育片、撰写心得体会、出宣传栏等多种形式进行忠诚教育、执法为民教育、反腐倡廉教育和形势政策教育，进一步增强民警的政治意识、大局意识、法制意识、群众意识和服务意识。同时，把警务督察、法制执法监督与特邀警风警纪监督员制度密切结合，把民警的日常业务工作、执法活动、八小时以外的行为与年度等级化考核目标紧密挂钩，进一步健全完善监督制约机制，确保实现“服务零距离、执法零过错、重点部位零发案、队伍零违法违纪、港口治安持续稳定、职工居民安全感明显增强”的工作目标。

创新“一企一警”警务模式　2018年，港航公安局南区派出所根据辖区涉港企业密集的特点，创新推行“一企一警”的社区警务模式，为辖区每一个涉港企业及日照港集团二级单位派遣1名社区民警，在每个企业单位物建1名警务助理，在公安机关指导下开展情报搜集、政治维稳、隐患整改、矛盾调处等8项基础工作，并在各企业队、班、组层面配套设置多名治安网格员，实现警企共建的三级治安防控网。截至是年12月，南区派出所共设置企业社区民警11人、警务助理22人、治安网格员221人。助力企业自治。社区民警“随企作战”，主动靠前，加强与包联企业的沟通交流，通过走访、检查、参加企业安全会议等多种形式，及时了解企业需求，指导建立调解组织、治保组织等群防群治组织，最大限度提升基层组织在企业管理中的活力。开展“优秀警务助理”评选活动，辐射带动更多基层力量参与社会治理，形成规模效应。助力企业矛盾纠纷化解。充分发挥警务助理、网格员的“调解员”和“情报员”作用，小纠纷就地调解消化，大矛盾及时预警上报，调处矛盾纠纷500余起，上报预警维稳信息200余条。其中，日照港物业公司参与综合警务室社区矫治、法治宣传、纠纷调处工作，创邻里矛盾不上交120天的新纪录。助力企业安保。依托企业警务室，采集“一标三实”基础数据2万余条，做到底数清、情况明。积极开展警企联防联控，提高见警率和管事率，加强预警预判，有效防控治安风险。指导企业安装视频监控、红外报警、一键报警等安防设备，强化技防建设。其中，推动日照港国际候船厅、教育中心等反恐重点单位累计投入资金190余万元，及时升级安检设施，反恐处突组织能力受到省公安厅检查组的多次肯定。助力企业服务保障。在企业设立警务助理办公室，作为警务服务站，接受职工法律业务咨询、提供代捎代办服务，打通服务群众的“最后一公里”。依托“警企共建”有利条件，根据发案特点开展“送法进企业”“警官讲堂”“法制讲堂进企业”等安全防范宣传活动，提高职工群众的防范意识。同时将授课内容拍摄成视频短片，在企业电子宣传栏巡回播放，受众人数4万余人次。

第九节　坪岚铁路分局

坪岚铁路东起日照市岚山区岚山港、西至临沂市临港区坪上镇，正线全长35公里，于1986年10月开工建设，1990年7月运营通车，横跨2个市2个区6个镇街，沿线有童海港业、黄海粮油公司、孚宝仓储公司、日照港、日照钢铁、滨海石油、岚桥港等规模以上企业，有10条计30公里铁路专线，直达港口、厂区和物流基地，运输市场辐射新疆、山西、甘肃、宁夏等10余个省区市。经过扩能改造、列车提速、运输提效、服务升级，坪岚铁路已成为鲁东南运输的重要通道，年运输能力达2500万吨，连续多年位居全国地方铁路行业前列。

2000年1月，根据《山东省企事业单位公安机构体制改革实施意见》(鲁公发〔1999〕13号)，经省委组织部、省公安厅批准，成立山东省地方铁路公安局，下设坪岚、益羊、大莱龙分局共三个分局。2018年，山东省地方铁路公安局撤销。2018年11月21日，山东省地方铁路公安局坪岚分局整建制划归日照市公安局，更名为日照市公安局坪岚铁路分局，从省垂行业公安改为地方专业公安。坪岚铁路分局成立18年来，紧紧围绕服务保障铁路平安运营，不断夯实基层基础，持续开展严打整治，为驻企做了大量公安保卫工作，得到上级公安机关和历届铁路管理处党委的认可。

图22-76　护路法制宣传

一、严厉打击涉路违法犯罪

图 22-77 2004 年，清查沿路废品收购点

2002 年，分局深入开展严打整治斗争，结合铁路运输特点，建立健全以 110 为龙头，以派出所、治安警为基础力量，联络各警种及地方公安机关的快速反应机制，对危害铁路运输生产安全和破坏铁路设施的案件，做到快速出击、快查破、快追赃，最大限度挽回损失。是年，共发生刑事案件 3 起、查破 2 起，发生各类治安案件 14 起、查破 13 起，抓获违法犯罪嫌疑人 29 名，为企业挽回直接经济损失 8 万余元。2004 年，分局集中开展专项整治行动 5 次，破获刑事案件 6 起，抓获犯罪嫌疑人 9 名，查处治安案件 12 起，为企业挽回经济损失 10 万余元，被山东省地方铁路公安局记集体三等功。2005 年，先后查处碑巨道口抢越道口案、大庄道口非法拦截列车案、王家海屋道口“9 · 22”案等，破获刑事案件 8 起，查破治安案件 50 起，抓获各类违法犯罪嫌疑人 71 名。2007 年，通过及时侦破、查处各类案件，有效打击、震慑违法犯罪分子，遏制盗窃铁路运输物资和破坏铁路设施的各类违法犯罪行为。全年破获刑事案件 2 起、治安案件 54 起，为企业挽回经济损失 20 余万元。2008 年，克服涉案人员多、作案年限跨度大等困难，破获“2 · 28”系列团伙盗窃案，移送起诉犯罪嫌疑人 8 名、治安处罚 3 人，带破案件 20 多起。2009 年，破获“9·24”破坏交通设施案，分局被省公安厅记集体二等功。

2012 年，分局紧密结合辖区实际，以“保安全、保稳定、保畅通、促发展”为工作目标，坚持“长期工作抓防范，阶段工作抓整治，重点工作抓破案”的工作方法，全面开展严打整治年活动。年内，分局共接处警 180 余起，查处各类案件 39 起，抓获各类违法嫌疑人 40 余名。2015 年，扎实组织开展各类专项行动，严厉打击各类违法犯罪活动，全力维护铁路运输生产安全，共处置警情 120 余次，查处案件 16 起。2018 年，针对辖区治安实际，适时开展各类严打整治行动，严厉打击扰乱辖区治安秩序、盗窃铁路运输物资及破坏铁路设施等违法犯罪行为，对违法犯罪分子形成强烈震慑，全年共处置警情 100 余起，辖区未发生重大刑事案件。

二、强化护路基层基础工作

2002 年，抓好企业内部安全保卫工作，做到“三上门”：送法上门，积极组织人员通过广播、宣传车、法制报告会、印发法律宣传品等形式，对职工进行法制宣传；摸底上门，以派出所为主，加强信息控制工作，指导沿线村庄、各单位分别设立兼职信息员，对各类矛盾纠纷做到早发现、早化解、早控制；调解上门，本着治早、治小、治好的原则，把工作中的各类纠纷一律当大事办，做到随发生、随上门、随调解，使各类矛盾纠纷得到及时调解。同时，加强对流动人口管理，对流动人口逐一登记造册，严格审查，健全档案，全年流动人口登记率达 95% 以上。

图 27-78 2002 年，在铁路道口开展安全防范宣传

2003 年，组织召开座谈会 6 次，进一步加强同沿线 2.5 公里以内的村庄、企事业单

位、学校等部门联系沟通，充分发挥各级治保组织、联防队作用，真正做到互联互防，齐抓共管，收集有价值的信息线索 20 余条。深入管理处所属各单位、部门，进行安全防范宣传 12 次，检查督导 5 次，下发整改通知书 2 份，督促辖区共 21 处场所和部位落实技防措施，通过技防措施预防违法犯罪案件 4 起，提供破案线索 1 条，避免经济损失 3 万余元，年内未发生可防性侵财案件。严格消防管理，对易燃易爆危险化学品车辆停放、装卸以及岚山站沥青大库、机务段加油站等重点部位，会同当地消防部门进行专项监管检查，对存在的问题及时下发整改通知书，并指导制定落实具体整改措施，及时消除各类隐患，杜绝火灾、爆炸、中毒事故发生。

2005 年，坚持警力下沉、重心下移原则，建立汾水警区，推动警务工作前移，基层警力达到全局警力的 70%。在站、段建立 8 个治保会组织，专职巡逻人员增至 14 人。组织开展站区秩序整治会战行动，加大旅馆、文化娱乐等行业场所及出租房屋的检查、管理力度，暂住人口办证率达 98%。健全情报信息体系建设，扩展阵地控制的领域，预警和发现违法犯罪的能力进一步提升。严格消防管理，同处属各单位签订目标责任书，落实消防安全责任制，认真开展《中华人民共和国消防法》《山东省公共场所消防安全管理方法》宣传教育活动，先后 2 次邀请岚山消防大队干事对职工进行消防知识培训和消防演练，提高各单位义务消防队员的消防知识和实战水平；积极配合协调岚山消防大队对机务段油库工程进行消防检查验收，确保油库符合消防安全标准。

2006 年，加强道口管理，整治道口秩序，保障运输安全，杜绝各类灾害事故及重大治安事件的发生，为铁路运输生产安全和经济发展创造良好治安环境。

2010 年，推动在管理处重点部位、沿线 4 个重点道口安装视频监控系统，并与交警大队联网，提高技防水平。在此基础上，通过道口执勤、跟车上线等防控措施，密织人防、物防、技防相结合的治安防控网，全面预防各类案事件发生。2011 年，加大巡防力度，出动警力 3000 余人次，对重点要害部位累计巡查 700 余次；出动警力 2000 余人次，看护易燃易爆危险品列车 6000 余车次。2013 年，组织法制宣传 20 次，道口执勤、检查 400 余处次，制止抢越道口车辆 160 余车次，防止事故 21 起，疏导交通 60 余次，整治道口隐患 26 处，提出整改建议 39 条，督促整治线路治安隐患 31 处，看护危险物品列车 6 万余节次。2015 年，紧紧围绕“发案少、社会稳定，秩序良好、职工群众满意”的工作目标，坚持“打防并举、预防为主”方针，全力稳控辖区社会治安局势。组织法制宣传 11 次，发放宣传材料 6000 余份，参与跟车上线 6 次，整治重要区段（站）10 处，辖区全年无刑事案件。组织重点道口执勤 70 余次，督促整改消防安全隐患 10 处，组织开展消防培训 2 次，未发生各类灾害事故。

2017 年，积极推广“白天见警察、夜间见警灯”工作法，坚持“有警处警、无警巡查”，对铁路道口、桥涵重要部位进行反复巡查，全年巡查 1200 余处次。围绕“三个不发生”任务目标，按照“四个坚持”的要求，认真实施“六结合”工作措施，将全线 116 个涵洞、22 座大中小桥梁、19 处监护道口，划分成 5 个包点责任区，条块分割、包点到人，进行全天候 24 小时驻守、巡逻执勤，组织重点道口执勤 150 余人次，参与跟车上线 20 余次，完成党的十九大及各级两会安保维稳任务。

2018 年，按照“谁用工，谁负责”原则，与辖区用工管理人员签订治安责任书，明确用工管理者的责任和义务，督促其加强对用工人员教育管理，压降可防性案件（事件）发生。积极做好重点时段道口交通疏导工作，全年开展道口执勤 110 次，及时消除不安全因素，确保道口行车安全。坚持源头预防治理，配合铁路工务、安检及党办等部门，对内部职工进行法律法规培训 7 次，有效增强职工的安全生产和规范操作的意识与能力。先后组织安全大检查 10 余次、消防演练 2 次，督促更新消防设备 100 余套、整改各类隐患 20 余处，看护危险物品列车 1 万余列。

三、提升铁路公安队伍整体素质

坪岚分局成立后，认真组织开展“三个代表”重要思想学习教育、保持共产党员先进性教育、社会主义法治理念教育、学习科学发展观、群众路线教育实践活动、“两学一做”学习教育、学习习近平新时代中国特色社会主义思想等系列主题教育活动，常态开展各类警示教育，进一步坚定民警理想信念，强化纪律作风，提升民警党性修养和遵纪守法自觉性。扎实开展大接访、大走访、大回访，定期召开警民恳谈会，听取职工群众意见建议，开展行风评议、争先创优活动，夯实宗旨观念，不断密切警企、警民关系。

2000 年后，严格执行公安机关人民警察《训练条令》，坚持上岗和首任必训、职务和警衔晋升必训、基层一线民警每年实战必训“三个必训制度”，突出法治理念、公安业务、计算机知识、查缉战术等内容，开展警务实战培训和岗位练兵活动，并将岗位培训和实战演练、在职学习等结合起来，每年举办学习培训班 20 余期，年均培训民警 100 人次，民警业务能力不断提高。鼓励干警参加法律专业自学、成人教育等函授学习，优化队伍知识层次、知识结构，努力提升队伍整体素质。

2000—2018 年，分局及所属警种单位立集体二等功 2 次、集体三等功一次，18 次被评为市级以上先进集体。民警 6 人次立功，5 人次被评为全省优秀人民警察，31 人次受到上级表彰。2013 年，分局被省公安厅评为“齐鲁先锋警队”。

日照海岸

RI ZHAO SHI
GONG AN
ZHI

公安人物

GONG AN REN WU

本志收录的公安人物，有市公安局领导班子成员39人，先进人物50人，烈士及因公牺牲18人。领导班子成员，收录市公安局局长、政委以及其他局党委委员（党组成员）简介。先进人物，收录省委、省政府“新时代新担当新作为”先进典型1人，全国公安系统二级英雄模范2人，全国严打整治斗争先进工作者1人，全国模范军队转业干部1人，全国优秀人民警察18人，一等功荣立者27人（28人次）。其中，全国公安系统二级英雄模范、全国模范军队转业干部、全国优秀人民警察、一等功荣立者。烈士及因公牺牲，收录烈士2人，因公牺牲16人。

领导班子成员简介

历任局长

王献增 山东省新泰市人，1951年10月生，中共党员，大学本科学历。1976年7月参加工作。1976年7月至1979年3月，任山东省公安厅劳改局济南劳改支队技术员。1979年3月至1985年9月，任山东省公安厅治安处办事员，刑侦处办事员，刑侦处技术研究所办公室副主任兼刑侦处技术科副科长。1985年9月至1986年12月，任济南市公安局刑警队副队长（挂职）。1986年12月至1992年9月，任山东省公安厅刑侦处副处长。1992年9月至1995年6月，任山东省公安厅刑警总队副总队长、政委。1995年6月至1998年3月，任市公安局党委书记、局长，武警日照市支队第一政委。1998年3月至1999年7月，任市委政法委常务副书记，市公安局党委书记、局长，武警日照市支队第一政委（1998年8月享受副市级干部待遇），二级警监警衔。1999年7月调山东省公安厅工作。

毕宝文 山东省淄博市人，1960年7月生，中共党员，中央党校政法专业大学毕业。1980年7月参加工作。1980年7月至1989年5月，任山东省公安厅文化保卫处办事员、科员（1984年4月至1987年10月在山东省高等教育自学考试山东大学法律专业学习）。1989年5月至1995年6月，任山东省公安厅经济文化保卫处副科长、科长、副处长。1995年6月至1999年9月，任日照市公安局党委副书记、副局长。1999年9月至2001年9月，任市公安局党委书记、局长，三级警监警衔。2001年9月起，先后调滨州市公安局、山东省公安厅、黑龙江省公安厅工作。

张志华 山东省阳谷县人，1960年3月生，中共党员，研究生学历。1981年7月参加工作。1981年7月至1986年12月，任山东省公安厅保卫处二科办事员、科员。1986年12月至1989年5月，任山东省公安厅二处工业保卫科副科长。1989年5月至1997年2月，任山东省公安厅学保科副科长、科长。1997年2月至2001年2月，任山东省公安厅二处副处长。2001年2—9月，任山东省公安厅经济文化保卫处处长。2001年9月至2004年12月，任日照市公安局党委书记、局长，武警日照市支队第一政委。2004年12月至2006年12月，任市政府副市级干部，市公安局党委书记、局长，武警日照市支队第一政委，二级警监警衔。2006年12月起，先后调山东省公安厅、山东省委政法委工作。

槐国栋 山东省淄博市人，1964年10月生，中共党员，研究生学历。1986年7月参加工作。1986年7月至1992年4月，任山东省司法厅劳教处办事员、劳教局办公室科员。1992年4月至1992年12月，任山东省委政法委干部。1992年12月至1996年12月，任山东省委政法委综合治理处科员、副科级干事。1996年12月至2000年12月，任山东省委政法委综治办综合处副主任科员、主任科员。2000年12月至2006年12月，任山东省委政法委办公室副主任、执法

督察处处长。2006年12月至2007年11月，任日照市公安局党委书记、局长，武警日照市支队第一政委。2007年11月至2011年12月，任市政府副市级干部，市公安局党委书记、局长，武警日照市支队第一政委。2010年12月至2011年12月，任市政府党组成员、副市级干部，市公安局党委书记、局长，武警日照市支队第一政委，二级警监警衔。2011年12月起，先后调泰安市公安局、山东省公安厅工作。

丛培浩 山东省威海市人，1957年12月生，中共党员，大专学历。1980年2月参加工作。1980年2月至2011年12月历任威海市（县级）公安局温泉派出所内勤、副所长，威海市公安局环翠分局蒿泊派出所所长，分局党委委员、纪委书记，分局党委副书记、副局长、政委，党委书记、局长，副处级侦察员，威海市公安局党委委员、副局长，刑侦支队（分局）支队长（局长）。威海市公安局党委副书记、副局长、正处级侦察员，威海市公安局党委副书记、政委，威海市公安局党委副书记、政委、常务副局长等职。2011年12月至2015年5月，任日照市政府党组成员、副市级干部，市公安局党委书记、局长、督察长（2013年5月任市法学会副会长），武警日照市支队第一政委。2015年5月至2017年1月，任市政府副市长、党组成员，市公安局党委书记、局长、督察长，市法学会副会长，武警日照市支队第一政委，二级警监警衔。2017年1月离任。

张培林 山东省茌平县人，1964年7月生，中共党员，研究生学历。1987年7月参加工作。1987年7月至1993年12月，任山东省公安厅办公室办事员、科员。1993年12月至2001年3月，任山东省公安厅治安管理处一科科员、三科副科长。2001年3月至2005年10月，任山东省公安厅治安总队基层基础工作科科长。2005年10月至2005年12月，任山东省公安厅治安警察总队副总队长。2005年12月至2010年7月，任山东省公安厅治安警察总队副总队长、办公室主任。2010年7月至2013年6月，任山东省公安厅国内安全保卫总队综合处处长。2013年6月至2014年9月，任山东省公安厅国内安全保卫总队副总队长。2014年9月至2017年1月，任山东省公安厅法制总队总队长。2017年1月至2017年2月，任日照市政府党组成员，市公安局党委书记、局长、督察长，市法学会副会长，武警日照市支队第一政委。2017年2月，任市政府副市长、党组成员，市公安局党委书记、局长、督察长，市法学会副会长（兼任武警日照市支队第一政委至2017年12月），二级警监警衔。

历任政委

刘银贤 日照市东港区人，1945年3月生，中共党员，大专学历。1964年5月参加工作。1964年5月至1964年8月，任日照县水利局水利员。1964年8月至1965年4月，在日照县人委帮助工作。1965年4月至1979年9月，任日照县委办公室公务员、机要员。1979年9月至1983年2月，任涛雒公社党委常委、革委副主任，党委副书记。1983年2月至1984年5月，任丝山公社党委书记。1984年5月至1985年6月，任日照县公安局局长，县公安局党委书记、局长。1985年6月至1989年11月，任日照市（县级）委委员，市公安局党委书记、局长。1989

年 11 月至 1994 年 2 月，任日照市（地级）公安局党委（组）副书记、副局长。1994 年 2 月至 1997 年 8 月，任市委政法委副书记兼社会治安综合治理办公室主任。1997 年 8 月至 1999 年 9 月，任市公安局党委副书记、副局长（正处级）。1999 年 9 月至 2003 年 3 月，任市公安局党委副书记、政委。2003 年 3 月至 2008 年 4 月，任市公安局正处级侦察员，三级警监警衔。2008 年 4 月退休。

来永庆　山东省莒县人，1953 年 10 月生，中共党员，大学本科学历。1972 年 11 月入伍。1972 年 11 月至 1996 年 8 月，任某基地直属队战士、司令部卫生所医助，政治部保卫处见习干事、副连职干事、正连职干事、副营职干事兼派出所副所长、正营职干事兼派出所所长，山西省红旗场区公安处副处长兼治安科科长，某基地政治部保卫处副处长、处长，山西省红旗场区公安处处长。1996 年 8 月至 1996 年 12 月，任日照市公安局副局长。1996 年 12 月至 1999 年 9 月，任市公安局党委委员、副局长。1999 年 9 月至 2003 年 3 月，任市公安局党委副书记、副局长。2003 年 3 月至 2010 年 12 月，任市公安局党委副书记、政委。2010 年 12 月至 2013 年 11 月，任市公安局正处级侦察员，三级警监警衔。2013 年 11 月退休。

盛聚堂　山东省莒县人，1958 年 1 月生，中共党员，大学本科学历。1981 年 7 月参加工作。1981 年 7 月至 1992 年 4 月，任郯城县公安局刑警队技术员、副队长，县公安局副局长，党委委员、教导员。1992 年 4 月至 1993 年 5 月，任日照市公安局保卫科科长。1993 年 5 月至 1995 年 3 月，任市公安局党委委员（党组成员）、政治处主任。1995 年 3 月至 2003 年 8 月，任市公安局党委委员、副局长。2003 年 8 月至 2010 年 12 月，任市公安局党委委员、副局长，正处级侦察员。2010 年 12 月至 2016 年 12 月，任市公安局党委副书记、政委，三级警监警衔。2017 年 2 月调市人大工作。2018 年 5 月退休。

熊桂登　山东省蒙阴县人，1964 年 5 月生，中共党员，大学本科学历。1983 年 7 月参加工作。1983 年 7 月至 1989 年 3 月，任临沂地区广播局机务员。1989 年 3 月至 1992 年 8 月，任临沂市公安局车站派出所民警，治安科副科长。1992 年 8 月至 1994 年 5 月，任日照市公安局外事科科员、副科长。1994 年 5 月至 1997 年 2 月，任东港分局副局长。1997 年 2 月至 1999 年 2 月，任市公安局政治部副主任。1999 年 2 月至 2000 年 8 月，任东港分局党委副书记、政委。2000 年 8 月至 2000 年 9 月，任东港分局党委副书记、局长。2000 年 9 月至 2002 年 4 月，任东港分局党委书记、局长。2002 年 4 月至 2005 年 4 月，任市公安局副处级侦察员，东港分局党委书记、局长。2005 年 4 月至 2010 年 12 月，任市公安局党委委员、副局长。2010 年 12 月至 2016 年 12 月，任市公安局党委委员、副局长，正处级侦察员。2016 年 12 月，任市公安局党委副书记、政委，三级警监警衔。

其他局党委委员（党组成员）

顾法余　日照市东港区人，1941 年 5 月生，中共党员，中专学历。1959 年 12 月入伍。1959 年 12 月至 1968 年 3 月，任炮兵某部战士、班长、排长、参谋。1968 年 3 月至 1978 年 9 月，任步兵某

团参谋、副股长、股长、副团长。1978年9月至1980年1月，在石家庄高级步兵学校学习。1980年1月至1985年1月，任步兵某团副团长、团长。1985年1月至1985年6月，任临沂地区公安处石臼办事处公安局教导员。1985年6月至1989年11月，任日照市（县级）公安局党委副书记、教导员。1989年11月至1990年6月，任日照市（地级）公安局党组成员、副局长。1990年6月至1991年9月，任市公安局党组成员、副局长，交警支队支队长。1991年9月调市司法局工作。1993年2月去世。

赵修品 山东省莒县人，1949年10月生，中共党员，大学本科学历。1970年2月参加工作。1970年2月至1970年12月，任县农具厂技术员。1970年12月至1974年3月，任青岛警备区班长。1974年3月至1980年10月，任日照县公安局侦察员，边防股内勤。1980年10月至1983年6月，任莒县武警中队副中队长。1983年6月至1983年10月，任武警临沂支队消防科副连职参谋。1983年10月至1985年11月，任日照县公安局消防股副股长。1985年11月至1987年1月，任武警日照边防大队党委委员、副大队长。1987年1月至1990年3月，任临沂地区公安处边防保卫分局石臼工作站站长、临沂地区公安边防保卫分局党委委员、临沂地区公安边防保卫分局局长（现役）。1990年3月至1991年2月，任日照市公安局副局长、边防保卫分局局长（现役）。1991年3月至1997年8月，任市公安局党委委员、副局长、边防支队支队长（现役）。1997年8月至2006年12月，任市公安局党委委员、副局长，正处级领导干部。2006年12月至2009年11月，任正处级侦察员，三级警监警衔。2010年3月退休。

陈永山 山东省禹城市人，1945年6月生，中共党员，大专学历。1964年1月入伍。1964年1月至1970年3月，任公安部队济南市一大队一中队战士、排长。1970年3月至1976年6月，任临沂军分区独立营副连长、连长。1976年6月至1983年1月，任山东省军区独立第三营副营长、营长。1983年1月至1990年9月，任武警临沂地区支队大队长，后勤处副处长、处长，副支队长。1990年9月至1991年5月，任武警日照市支队支队长（现役）。1991年5月至1993年10月，任市公安局党委委员（党组成员），武警日照市支队支队长（现役）。1993年10月1994年7月，任市公安局党委委员、副局长，武警日照市支队支队长（现役）。1994年8月至1995年10月，任市公安局党委委员，东港分局党委书记、局长。1995年10月至2001年1月，任市公安局党委委员，巡警支队副支队长、支队长，一级警督警衔。2001年1月离岗任副处级干部。2005年7月退休。2009年12月去世。

李雅庭 辽宁省阜新市人，1949年11月生，中共党员，大专学历。1968年2月入伍。1968年2月至1991年9月，任某团三营七连战士、副班长、班长、排长，司令部作训股见习参谋，连长、副营长、营长，司令部副参谋长，副团长、团长。1991年9月至1993年5月，任市公安局党组成员、副局长，交警支队支队长。1993年5月至1994年8月，任市公安局党委委员（党组成员）、副局长，东港分局党委书记、局长。1994年8月至1995年6月，任市公安局党委委员、副局长，一级警督警衔。1995年6月调市交通委工作。

成之森 日照市东港区人，1947 年 1 月生，中共党员，大专学历。1968 年 3 月入伍。1968 年 3 月至 1977 年 2 月，任某团后勤处运输排战士、排长。1977 年 2 月至 1983 年 9 月，任某部运输科副科长、科长。1983 年 9 月至 1988 年 8 月，任某部后勤部副部长。1988 年 8 月至 1993 年 7 月，任日照市接待处副主任、党支部副书记，招待所副所长。1993 年 7 月至 2002 年 12 月，任市公安局党委委员、纪委书记。2002 年 12 月至 2007 年 2 月，任市公安局党委委员、纪委书记，副处级侦察员，一级警督警衔。2007 年 2 月退休。

王万起 山东省临朐县人，1956 年 11 月生，中共党员，大学本科学历。1976 年 3 月参加工作。1976 年 3 月至 1978 年 11 月，任临朐县治源公社双河片联中社办教师。1978 年 11 月至 1980 年 7 月，在山东省公安学校学习。1980 年 7 月至 1981 年 8 月，在五莲县公安局见习。1981 年 8 月至 1984 年 3 月，任五莲县公安局办事员。1984 年 3 月至 1985 年 6 月，任五莲县人民法院副院长。1985 年 6 月至 1987 年 6 月，任五莲县委政法委副书记。1987 年 6 月至 1995 年 2 月，任五莲县公安局党组（委）副书记、教导员，党委书记、局长。1995 年 2 月至 1995 年 6 月，任五莲县公安局党委书记、局长，副处级侦察员。1995 年 6 月至 2005 年 4 月，任市公安局党委委员、副局长。2005 年 4 月至 2012 年 2 月，任市公安局党委委员、副局长，日照港公安局党委书记、局长，正处级侦察员。2012 年 2 月至 2016 年 11 月，任日照港公安局调研员，三级警监警衔。2016 年 11 月退休。

戴龙祥 山东省五莲县人，1952 年 3 月生，中共党员，大专学历。1971 年 1 月参加工作。1971 年 1 月至 1989 年 12 月，任五莲县文艺宣传队办事员，县文化局文书，县委宣传部办事员、干事，县委组织员办公室副主任，县委纪律检查委员会委员。1989 年 12 月至 1996 年 6 月，任五莲县委组织部副部长，县委组织员办公室主任、正科级组织员。1996 年 7 月至 2005 年 4 月，任日照市公安局党委委员、政治处（部）主任。2005 年 4 月至 2005 年 5 月，任市公安局党委委员、交警支队政委。2005 年 5 月至 2007 年 8 月，任市公安局交警支队党委副书记、政委。2007 年 8 月至 2012 年 4 月，任市公安局副处级侦察员，一级警督警衔。2012 年 4 月退休。

孙运涛 山东省莒南县人，1959 年 5 月生，中共党员，大学本科学历。1976 年 12 月参加工作。1976 年 12 月至 1977 年 12 月，任莒南县电影公司放映员。1977 年 12 月至 1978 年 12 月，任临沂地区电影公司技术员。1978 年 12 月至 1982 年 1 月，任某部战士、班长。1982 年 1 月至 1993 年 12 月，任莒南县公安局板泉派出所民警，刑警大队民警、副大队长，办公室主任（副科级）。1993 年 12 月至 1997 年 5 月，任日照市公安局办公室副主任、主任。1997 年 5 月 1999 年 9 月，任市公安局党委委员、办公室主任。1999 年 9 月至 2004 年 11 月，任日照市岚山工委委员，岚山分局党委书记、局长。2004 年 11 月至 2005 年 4 月，任市公安局党委委员、局长助理，副处级侦察员。2005 年 4 月至 2006 年 10 月，任市公安局党委委员、政治部主任。2006 年 10 月至 2008 年 7 月，任市公安局党委委员、副局长，政治部主任。2008 年 7 月至 2010 年 12 月，任市公安局党委委员、副局长。2010 年 12 月至 2016 年 7 月，任市公安局党委委员、副局长，正处级侦察员。

2016年7月至2016年12月，任市公安局党委委员、副局长，正处级侦察员，市旅游发展委员会副主任（兼）。2016年12月，任市公安局正处级侦察员，三级警监警衔。

史继波 山东省莒南县人，1954年8月生，中共党员，研究生学历。1969年3月参加工作。1969年3月至1977年3月，任临沂市鲁光化工厂工人。1977年3月至1985年3月，任临沂地区标准计量处办事员、团支部书记。1985年3月至1990年6月，任临沂地区司法局秘书，办公室副主任、主任。1990年6月至1993年5月，任市公安局交警支队副支队长。1993年5月至1997年5月，任市公安局交警支队党总支书记、支队长。1997年5月至1999年9月，任市公安局党委委员，交警支队党委（总支）书记、支队长。1999年9月至2005年4月，任市公安局党委委员、副局长。2005年4月至2011年10月，任市公安局党委委员、副局长，正处级侦察员。2011年10月至2014年9月，任市公安局正处级侦察员，三级警监警衔。2014年9月退休。

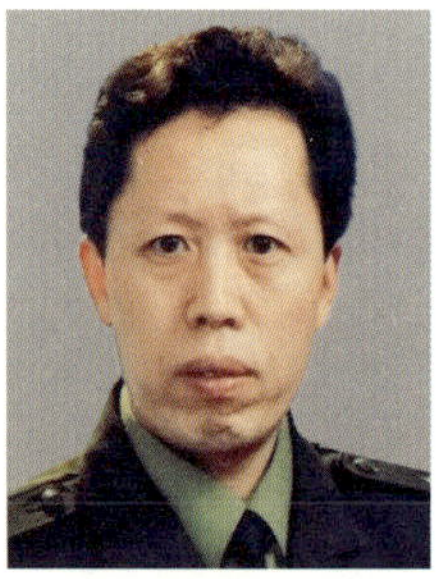

林　苍 公安部干部。1999年4月至2000年4月，挂职市公安局党委委员、副局长。

郭同华 日照市东港区人，1953年3月生，中共党员，大学本科学历。1968年8月参加工作。1968年8月至1977年1月，任沂南县粮食局木工，河北省宣化某部会计，沂南县化肥厂职工。1977年1月至1986年7月，任沂南县公安局治安股内勤、副股长、股长，县公安局副局长。1986年7月至1988年7月，在山东政法干部学院脱产学习。1988年7月至1990年5月，任沂南县公安局副局长（1989年4月至1990年5月挂职沂南县岸堤镇党委副书记）。1990年5月至1992年4月，任日照市公安局城郊分局副局长。1992年4月至1993年6月，任市公安局刑侦大队政委。1993年7月至1996年5月，任岚山分局局长兼政委。1996年5月至1999年9月，任市公安局副处级侦察员，岚山分局局长。1999年9月至2000年2月，任交警支队党委书记、支队长。2000年2月至2005年4月，任市公安局党委委员，交警支队党委书记、支队长。2005年4月至2006年9月，任市公安局党委委员、副局长。2006年9月至2010年7月，任市公安局党委委员、副局长，正处级侦察员。2010年7月至2013年3月，任市公安局正处级侦察员，三级警监警衔。2013年3月退休。

成荣恩 日照市东港区人，1950年10月生，中共党员，大学本科学历。1976年12月参加工作。1976年12月至1978年5月，任日照县广播局办事员。1978年5月至1982年12月，任日照县科委办事员。1982年12月至1985年6月，任日照县公安局办事员，办公室主任，局党委委员。1985年6月至1990年1月，任日照市（县级）公安局党委委员、办公室主任、副局长。1990年1月至1993年4月，任城郊分局局长（1990年5—12月兼任市公安局办公室主任）。1993年4

月至1994年12月，任东港分局政委。1994年12月至1995年10月，任开发区分局局长。1995年10月至1997年2月，任东港分局政委（主持工作）。1997年2月至2000年2月，任东港分局局长。2000年2—8月，任市公安局党委委员，东港分局党委书记、局长。2000年8月至2001年4月，任市公安局党委委员、东港分局党委副书记、政委。2001年4月至2002年4月，任市公安局党委委员、巡逻警察支队支队长。2002年4月至2006年4月，任市公安局党委委员、治安巡逻警察支队支队长。2006年4月至2010年11月，任市公安局副处级侦察员，一级警督警衔。2010年11月退休。

王　鹏　日照市岚山区人，1964年7月生，中共党员，研究生学历。1982年7月参加工作。1982年7月至1993年8月，任日照县（市）司法局会计、助理检查员，市直机关团委副书记。1993年8月至1997年12月，任日照市委团委办公室副主任、主任。1997年12月至2004年11月，任日照市东港区体改委主任，区委政法委副书记（2000年4月至2001年4月挂职市公安局党委委员、局长助理）。2004年11月至2006年4月，任市公安局政治部组织教育科正科级干部。2006年4月至2010年1月，任市公安局机关党委副书记。2010年1月至2011年12月，任市公安局政治部副主任、机关党委副书记。2011年12月至2013年4月，任东港分局政委、副处级侦察员。2013年4月，任东港分局党委副书记、政委、副处级侦察员，一级警督警衔。

王玉琛　女，日照市岚山区人，1959年3月生，中共党员，大学本科学历。1976年7月参加工作。1976年7月至1978年6月，在临沂郯城县重坊镇王场村插队。1978年6月至1981年1月，任临沂供销机械厂工人。1981年1月至1991年12月，任郯城县人民检察院打字员、书记员、助理检察员、检察员。1991年12月至1993年7月，任郯城县小埠乡党委副书记。1993年7月至1994年1月，任郯城县法制局副科级干部。1994年1月至1997年12月，任日照市政府法制办副科级秘书，法规科科长，法制局法规科科长，主任科员。1997年12月至2002年12月，任莒县县委常委、政法委书记。2002年12月至2006年10月，任市公安局党委委员、副政委，纪委书记。2006年10月至2010年12月，任市公安局党委委员、副政委，纪委书记，正处级侦察员。2010年12月至2014年12月，任市公安局党委委员、副局长，正处级侦察员。2014年12月至2016年12月，任市公安局党委副书记，正处级侦察员。2016年12月，任市公安局正处级侦察员，三级警监警衔。

曾宪威　山东省莒南县人，1964年3月生，中共党员，大学本科学历。1982年7月参加工作。1982年7至1993年12月，任莒南县公安局政保科侦察员，政工科干事，政工科副科长，刑警大队副大队长。1993年12月至1994年12月，任东港分局刑警大队副科级侦察员。1994年12月至1997年2月，任交警支队宣传科副科长、科长。1997年2月至1999年2月，任日照市公安局政治部人事教育科科长。1999年2月至2000年1月，任市公安局政治部副主任。2000年1月至2002年4月，任市公安局办公室主任。2002年4月至2004年4月，任市公安局指挥中心主任。2004年4月至2005年4月，任市公安局党委委员、指挥中心主任。2005年4月至2010年7月，任市公安局党委委员，东港分局党委书记、局长。2010年7月至2011年12月，任市公安局党委委员、副局长。2011年12

月至2012年2月，任市公安局党委委员、交警支队支队长。2012年2月至2013年6月，任市公安局党委委员，交警支队党委书记、支队长。2013年6月至2016年1月，任市公安局党委委员、副局长，交警支队党委书记、支队长。2016年1月至2017年10月，任市公安局党委委员、副局长（正处级）。2017年10月，任市公安局党委委员、副局长（正处级），市旅游发展委员会副主任，三级警监警衔。

任焕新 山东省莱州市人，1960年8月生，中共党员，大学本科学历。1977年12月参加工作。1977年12至1984年9月，任五莲县公安局民警。1984年9月至1988年8月，任五莲县委政法委办事员、干事。1988年8月至1989年12月，任五莲县公安局秘书科副科长。1989年12月至1991年6月，任五莲县纪委办公室主任，纪委常委、办公室主任。1991年6月至1992年12月，任五莲县委政法委副书记。1992年12月至1995年6月，任五莲县纪委副书记。1995年6月至2000年8月，任五莲县公安局党委副书记、政委（1999年9月起任副处级干部）。2000年8月至2005年4月，任莒县县政府党组成员，公安局党组书记、局长。2005年4—5月，任市公安局指挥中心主任，莒县公安局党组书记、局长。2005年5月至2010年12月，任市公安局党委委员、指挥中心主任。2010年12月至2011年11月，任市公安局党委委员、副政委，纪委书记。2011年11月，任市公安局党委委员、副局长，正处级侦察员，三级警监警衔。

王　芳 女，日照市东港区人，1975年9月生，中共党员，研究生学历。1991年12月参加工作。1991年12月至1993年4月，在铁道部第十四局工程局第一工程处工作。1993年4月至1994年6月，任铁道部第十四工程局第一工程处公安段民警。1994年6月至1998年11月，任东港分局城建派出所科员。1998年11月至1999年3月，任市公安局出入境管理科科员。1999年3月至2006年4月，任市公安局政治部人事教育科科员、科长。2006年4月至2008年7月，任交警支队东港大队教导员。2008年7月至2011年11月，任市公安局党委委员、政治部主任（2008年9月至2010年12月挂职日照经济开发区管委会副主任）。2011年11月至2015年1月，任市公安局党委委员、副政委，政治部主任。2015年1月至2019年6月，任市公安局党委委员、政治部主任，正处级侦察员，一级警督警衔。2019年6月调市委政法委工作（主持市公安局政治部工作至2019年10月）。

孙世和 山东省莒县人，1959年1月生，中共党员，大专学历。1980年7月参加工作。1980年7月至1990年7月，任莒县公安局办事员，办公室副主任、主任。1990年7月至1995年3月，任莒县公安局党委委员、副局长。1995年3月至2000年8月，任莒县公安局党委书记、局长。2000年8月至2003年8月，任五莲县公安局党委书记、局长。2003年8月至2005年4月，任交警支队党委副书记、政委。2005年4月至2009年2月，任交警支队党委书记、支队长。2009年2月至2011年12月，任市公安局党委委员，交警支队党委书记、支队长。2011年12月至2012年2月，任交警支队党委书记、政委。2012年2月至2016年12月，任交警支队党委副书记、政委。2016年12月，任交警支队正处级侦察员，三级警监警衔。

冯念东 山东省蒙阴县人，1964年8月生，中共党员，大专学历。1982年10月入伍。1982年10月至1985年9月，任日照县公安局石臼边防所战士。1985年9月至1987年7月，在武警济南指挥学校学习。1987年7月至1990年9月，任临沂公安局岚山头边防工作站正排职干事。1990年9月至1999年9月，任日照市边防支队岚山边防工作站正排职干事、副连职干事、正连职干事、副站长（副营职）。1999年9月至2003年3月，任日照市边防支队石臼边防工作站副政治指导员、政治指导员（正营职）、石臼边防派出所所长。2003年3月至2004年3月，任青岛市边防支队胶南大队政委（副团职）。2004年3月至2010年10月，任日照市边防支队参谋长、政委、支队长。2010年10月至2011年12月，任市公安局党委委员，日照市边防支队支队长（现役），武警上校警衔。2012年12月转业至日照贸促会工作。

周　波 日照市东港区人，1958年12月生，中共党员，高中文化。1975年9月参加工作。1975年9月至1976年12月，在岚山区后村镇草坡村知青下乡。1976年12月至1978年4月，任日照水产公司工人。1978年4月至1988年5月，任日照县（市）人民检察院打字员、书记员，县公安局政工科办事员、纪律检查员。1988年5月至1990年5月，任日照市（县级）公安局治安科科长。1990年5月至2001年6月，分别任日照市（地级）公安局治安科副科长，岚山分局政委。2001年6月至2011年12月，在市公安局治安巡逻警察支队主持工作，后任政委、支队长。2011年12月至2014年1月，任市公安局党委委员、纪委书记。2014年1月至2014年12月，任市公安局党委委员、纪委书记，正处级侦察员。2014年12月至2016年12月，任市公安局党委委员、副政委、纪委书记，正处级侦察员。2016年12月，任市公安局正处级侦察员，三级警监警衔。

李海防 山东省平邑县人，1959年8月生，中共党员，大学本科学历。1977年7月参加工作。1977年7月至1978年12月，在菏泽县小留公社前王楼大队知青下乡。1978年12月至1981年11月，任济南军区警卫营四连战士。1981年11月至1985年7月，任日照县公安局民警。1985年7月至1990年7月，任日照市（县级）公安局侦察员。1990年7月至1993年7月，任日照市（地级）公安局预审科副科长。1993年7月至1999年2月，任市公安局预审监管科科长。1999年2月至2011年11月，任市公安局刑警支队副支队长、支队长。2011年11月至2016年1月，任市公安局党委委员、副局长。2016年1月至2017年10月，任市公安局党委委员，交警支队党委书记、支队长。2017年10—11月，任市公安局党委委员、副政委（正处级），交警支队党委书记。2017年11月，任市公安局党委委员、副政委（正处级），三级警监警衔。

魏志峰 山东省寿光市人，1970年1月生，中共党员，大学本科学历。1990年7月入伍。1990年7—12月，任烟台边防检查站见习警官。1990年12月至1991年10月，任烟台市边防支队清泉寨边防派出所见习警官、干事。1991年10月至2002年6月，任山东省公安边防总队边境管理处参谋、代理副处长。2002年6月至2009年2月，任山东省公安边防总队司令部法制处副处长、处长。2009年2月至2012年5月，任烟台机场边防检查站代理政委、政委。2012年5—9月，

任日照市公安边防支队支队长。2012 年 9 月至 2016 年 9 月，任市公安局党委委员，市公安边防支队支队长（现役），武警上校警衔。2016 年 9 月离任。

刘　军　日照市岚山区人，1971 年 9 月生，中共党员，大学本科学历。1989 年 7 月参加工作。1989 年 7 月至 1994 年 8 月，任市公安局办公室工勤。1994 年 8 月至 2002 年 9 月，任市公安局户政科科员，指挥中心科员。2002 年 9 月至 2006 年 4 月，任市公安局指挥中心秘书科科长。2006 年 4 月至 2009 年 10 月，任市公安局指挥中心副主任。2009 年 10 月至 2010 年 1 月，任市公安局指挥中心副主任、副处级侦察员。2010 年 1 月至 2010 年 12 月，任市公安局副处级侦察员（协助指挥中心主任工作）。2010 年 12 月至 2013 年 9 月，任市公安局指挥中心主任。2013 年 9 月至 2017 年 10 月，任市公安局党委委员、指挥中心主任。2017 年 10 月至 2018 年 11 月，任市公安局党委委员、副局长，指挥中心主任。2018 年 11 月，任市公安局党委委员、副局长，东港分局党委书记、局长、督察长，一级警督警衔。

杨乐清　山东省五莲县人，1964 年 10 月生，中共党员，大学本科学历。1985 年 7 月参加工作。1985 年 7 月至 2000 年 8 月，任五莲县公安局汪湖派出所见习期民警、办事员，刑警队办事员、副队长，街头派出所所长，潮河派出所所长，刑警大队政治指导员。2000 年 8 月至 2002 年 8 月，任五莲县公安局党委委员、刑警大队大队长。2002 年 8 月至 2003 年 8 月，任五莲县公安局党委委员、副局长。2003 年 8 月至 2009 年 9 月，任五莲县公安局党委副书记、政委（2006 年 9 月起任县公安局党委副书记、政委、副县级干部）。2009 年 9 月至 2011 年 11 月，任日照市公安局经济犯罪侦查支队政委。2011 年 11 月至 2011 年 12 月，任莒县公安局副县级干部。2011 年 12 月至 2013 年 12 月，任莒县县政府党组成员，县公安局党委书记、局长。2013 年 12 月至 2014 年 12 月，任市公安局党委委员、副局长，东港分局党委书记、局长、督察长。2014 年 12 月至 2016 年 1 月，任市公安局党委委员，东港分局党委书记、局长、督察长。2016 年 1 月至 2018 年 11 月，任市公安局党委委员、副局长，东港分局党委书记、局长、督察长。2018 年 11 月，任市公安局党委委员，交警支队党委书记、支队长，三级警监警衔。

张仲武　山东省莒南县人，1963 年 10 月生，中共党员，中央党校大学毕业。1986年7月参加工作。1986年7月至1995年1月，任莒南县公安局刑警大队办事员、科员。1995 年 1 月至 1999 年 2 月，任岚山分局刑警大队副大队长、大队长。1999 年 2 月至 2006 年 4 月，任市公安局刑警支队侦察大队大队长，刑警支队副支队长。2006 年 4 月至 2009 年 2 月，任市公安局法制处处长。2009 年 2 月至 2011 年 12 月，任五莲县公安局党委书记、局长。2011 年 12 月至 2016 年 12 月，任五莲县委常委、政法委书记，县公安局党委书记、局长（2013 年 5 月起任县公安局督察长）。2016 年 12 月至 2017 年 10 月，任市公安局党委委员、副局长。2017 年 10 月至 2017 年 11 月，任市公安局党委委员，交警支队支队长。2017 年 11 月至 2018 年 8 月，任市公安局党委委员，交警支队党委书记、支队长，三级警监警衔。2018 年 8 月去世。

高　伟　山东省安丘市人，1978年6月生，中共党员，研究生学历。1999年7月入伍。1999年7月至2000年7月，任山东省公安边防总队见习警官。2000年7月至2002年11月，任青岛市公安边防支队岙山边防工作站（派出所）干事。2002年11月至2005年3月，任山东省公安边防总队后勤部军需生产处助理员。2005年3月至2009年3月，任青岛市公安边防支队八大峡边防派出所代理副所长、副所长。2009年3月至2012年5月，任青岛市公安边防支队营海边防派出所所长。2012年5月至2013年3月，任山东省公安边防总队司令部边境情报处副处长、参谋。2013年3月至2014年12月，任山东省公安边防总队指挥中心主任。2014年12月至2016年9月，任山东省公安边防总队司令部情报侦查处处长。2016年9月至2017年10月，任日照市公安边防支队支队长。2017年10月至2018年12月，任市公安局党委委员，市公安边防支队支队长（现役），武警上校警衔。2019年1月，任市公安局党委委员，边防支队支队长，二级警督警衔。

史文明　山东省莒县人，1971年11月生，中共党员，大学本科学历。1987年12月参加工作。1987年12月至1990年4月，任莒县政府办公室办事员。1990年4月至1993年1月，任莒县交警大队办事员。1993年1月至2002年9月，任交警支队牌证科科员、支队办公室副主任。2002年9月至2008年2月，任市公安局指挥中心机要通信科科长。2008年2—10月，任市公安局公共信息网络安全监察处处长。2008年10月至2011年11月，任市公安局网络警察支队支队长。2011年11月至2016年8月，任市公安局网络安全保卫支队支队长。2016年8—12月，任山海天旅游度假区分局局长、督察长。2016年12月至2018年11月，任五莲县政府副县长，县公安局党委书记、局长、督察长。2018年11月至2019年12月，任市公安局党委委员、指挥中心主任。2019年12月任市公安局党委委员、副局长，一级警督警衔。

胡训立　日照市岚山区人，1967年12月生，中共党员，研究生学历。1990年7月参加工作。1990年7月至1996年7月，任市公安局碑廓派出所、预审科办事员。1996年7月至1999年2月，任市公安局预审科、刑警支队科员。1999年2月至2002年9月，任市公安局刑警支队预审大队大队长。2002年9月至2011年11月，任市公安局经济犯罪侦查支队副支队长。2011年11月至2014年1月，任市公安局特警支队支队长。2014年1月至2017年1月，任莒县政府党组成员，县公安局党委书记、局长、督察长。2017年1月至2019年3月，任莒县政府副县长，县公安局党委书记、局长、督察长。2019年3月，任市公安局党委委员、副局长，一级警督警衔。

赵家峰　日照市岚山区人，1973年3月生，中共党员，省委党校研究生。1995年7月参加工作。1995年7月至2010年6月，任东港区政府办公室科员（1995年12月至1996年8月在区委组织部帮助工作），区委组织部办公室科员，区委组织部电教中心科员、主任，区委组织部办公室副主任。2010年6月至2011年12月，任东港区委组织部办公室副主任、区非公有制经济组织党工委副书记、区社会组织党工委副书记。2011年12月至2016年12月，任东港区南湖镇党委副书记、镇

长。2016年12月至2019年7月，任东港区后村镇党委书记。2019年7—10月，任市委政法委副书记。2019年10月，任市公安局党委委员、政治部主任，一级警督警衔。

杨茂亮 山东省五莲县人，1964年3月出生，中共党员，大学学历。1982年7月入伍。1982年7月至2002年8月，在空军某部服役。2002年8月至2004年3月，任五莲县审计局党组成员、副局长。2004年3月至2007年9月，任日照市行政投诉监察中心副科级检查员、正科级检查员。2007年9月至2019年6月，历任日照市纪委机关党办主任、案件申诉复查室副主任、案件监督管理室主任、纪检监察干部监督室主任。2019年6月，任日照市纪委监委第四监督检查室主任。2020年3月，任日照市纪委监委派驻市公安局纪检监察组组长、市公安局党委委员。

先进人物

省委、省政府“新时代新担当新作为”先进典型

张培林 （见领导班子成员简介）2017年，张培林任市政府副市长，主持市公安局工作，先后分管民政、司法、政府法制、民族宗教、仲裁、教育等工作。在市委、市政府的正确领导下，张培林牢牢把握新时代新征程下的职责使命，坚持“一张蓝图绘到底”，在保持工作连续性的基础上，开拓创新、砥砺前行，在短时间内迅速打开新局面，各项分管工作再上新台阶。勇于对危及经济健康发展的弊端问题敢啃硬骨头、善打攻坚战，为全市挽回直接经济损失110多亿元。是年，在全省群众安全感满意度调查中，日照市群众安全感位列全省第一，日照市首次捧得全国综治最高奖“长安杯”，首次迈入全省消防工作考核优秀市行列；在全省移风易俗农村群众满意度调查中，日照市首次位列全省第一。他主持分管的部门连获殊荣，市司法局获全国司法行政系统先进集体，市民政局首次获公益中国联盟最佳组织机构社会责任大奖，市公安局获评全国文明单位、全省优秀公安局。2018年，日照市群众安全感得分95.38分，高于全省平均分2分，连续3年蝉联全省第一，再创历史新高。是年，张培林被省委、省政府表彰为“新时代新担当新作为”先进典型。

全国公安系统二级英雄模范

孙金友 山东省五莲县人，1964年5月生，中共党员，大学本科学历。1981年10月入伍，1997年转业到五莲县公安局工作，历任巡警大队办事员、副大队长、指导员，松柏派出所指导员，监管大队教导员，二级警督警衔。2010年4月28日，孙金友带领队员巡逻执勤，在被犯罪嫌疑人开枪击伤左眼的情况下，仍带领队员将持枪严重暴力犯罪嫌疑人一举抓获，打掉1个流窜于全省多个地市持枪抢劫、抢夺、盗窃等疯狂作案近百起的严重暴力犯罪团伙。2012年，孙金友被公安部授予全国公安系统二级英模称号。

张仲武 （见领导班子成员简介）在公安刑侦、法制、交通及五莲政法、公安战线上做出突出成绩。2018年8月31日23时30分，张仲武因连续工作疲劳过度突发疾病，经全力抢救无效去世。2019年，张仲武被公安部追授为全国公安系统二级英模称号。

全国严打整治斗争先进工作者

任焕新 （见领导班子成员简介）2003年4月，任焕新被中央政法委、中央综治委表彰为全国严打整治斗争先进工作者。

全国模范军队转业干部

张文忠 山东省莒县人，1970年6月生，中共党员，大学学历。1987年11月入伍，2001年9月转业参加公安工作，历任日照市公安局交通警察支队直属大队交通事故处理科副科长、科长，办公室主任，交警支队宣传教育科公共安全教育基地主任，二级警督警衔。2014年5月，张文忠被国务院军队转业干部安置工作小组、中共中央组织部、人力资源和社会保障部、中国人民解放军总政治部授予全国模范军队转业干部荣誉称号。

全国优秀人民警察

高竹兴 山东省五莲县人，1934年10月生，中共党员，小学文化。1951年8月参加工作，历任洪凝派出所指导员、五莲县看守所指导员、山阳派出所指导员等职。1994年退休。1994年，高竹兴被公安部表彰为全国优秀人民警察。

郭同华 （见领导班子成员简介）1996年，郭同华被公安部表彰为全国优秀人民警察。

姜立道 山东省五莲县人，1948年1月生，中共党员。1968年毕业于青岛航空工业学校，同年4月应征入伍，1979年转业到五莲县公安局参加公安消防工作，历任五莲县公安局消防科副科长、科长，市公安消防支队五莲大队大队长等职。1998年退休。1994年，姜立道被公安部表彰为全国优秀人民警察。

杨西军 山东省费县人，1967年8月生，中共党员，大学本科学历。1985年12月参加公安工作，历任莒县公安局浮来山派出所副所长、所长，城东派出所所长，城西派出所所长，治安大队大队长，督查室主任，党委委员、正科级侦察员等职，一级警督警衔。1995年，杨西军被公安部表彰为全国优秀人民警察。

田连增 日照市东港区人，1957年5月生，中共党员，中专学历。1981年7月参加工作，1982年5月参加公安工作，生前系日照市公安局东港分局刑警大队教导员，二级警督警衔。2005年8月25日22时30分，田连增在侦破“12·10”抢劫杀人案过程中因劳累过度心脏病突发，经医院抢救无效，牺牲在工作岗位上。1997年，田连增被公安部表彰为全国优秀人民警察。

葛长松 日照市东港区人，1957年8月生，中共党员，大学本科学历。1977年8月参加工作，历任日照市公安局刑警支队主任科员，日照经济技术开发区分局副局长、主任科员等职，一级警督警衔。2017年9月退休。1998年，葛长松被公安部表彰为全国优秀人民警察。

相振成 日照市东港区人，1954年12月生，中共党员，大学本科学历。1974年12月入伍，历任沂水县武警中队战士、班长，莒县武警中队中队长，日照边防分局参谋，日照边防支队小海边防工作站站长，日照边防支队东港边防大队大队长等职，武警中校警衔。2001年8月退休。1998年4月，相振成被公安部表彰为全国优秀人民警察。

李　伟 日照市东港区人，1970年12月生，中共党员，大专学历。1988年12月参加工作，历任市公安局巡警支队二大队民警，东港分局巡警大队民警、昭阳路派出所科员等职，二级警督警衔。1998年10月26日，李伟和同事在东港区福海路附近围捕四名实施抢包作案歹徒时，被犯罪嫌疑人用刀刺成重伤，昏倒在抓捕现场。经4个多小时全力抢救，李伟脱离生命危险。1999年，李伟被公安部表彰为全国优秀人民警察。

刘　军 （见领导班子成员简介）2000年3月，刘军被公安部表彰为全国优秀人民警察。

张连太 山东省莒县人，1953年6月生，中共党员，大学本科学历。1973年1月参加工作，历任莒县公安局刑警队副队长、队长，县公安局党组成员、副局长，党组副书记、政委等职，副主任法医师，一级警督警衔。2012年6月退休。2001年2月，张连太被公安部表彰为全国优秀人民警察。

杨乐清 （见领导班子成员简介）2003年6月，杨乐清被公安部表彰为全国优秀人民警察。

顾世栋　日照市东港区人，1967年7月生，中共党员，大专学历。1984年11月参加工作，历任东港分局党委委员、副局长，市公安局监管处主任科员，市公安局督察支队副支队长，市公安局食药环侦支队支队长等职，一级警督。2018年2月退休。2005年，顾世栋被公安部表彰为全国优秀人民警察。

郑培宏　日照市东港区人，1958年5月生，中共党员，大学本科学历。1977年6月参加工作，历任大沙洼林场派出所指导员，东港区林业局局长兼大沙洼林场场长，市林业局调研员兼大沙洼林场场长等职，一级警督警衔。2018年6月退休。2007年，郑培宏被公安部表彰为全国优秀人民警察。

董加岭　日照市岚山区人，1975年5月生，中共党员，大学本科学历。1996年11月参加工作，历任交通警察支队岚山大队办事员、科员，巡查中队副指导员，巨峰中队中队长，岚山大队副大队长、教导员等职，一级警督警衔。2012年4月，董家岭被公安部表彰为全国优秀人民警察。

张　斌　日照市东港区人，1972年9月生，中共党员，大学本科学历。1994年7月年参加工作，历任日照港公安局第一派出所科员、岚山港区分局刑警大队大队长，日照港公安局刑侦支队副支队长、日照港公安局党委委员、副局长等职，一级警督警衔。2012年，张斌被公安部表彰为全国优秀人民警察。

孙金友　（见先进人物）2012年，孙金友被公安部表彰为全国优秀人民警察。

韩　伟　日照市东港区人，1971年12月生，中共党员，大学本科学历。1990年参加工作，历任东港分局泰安路派出所民警，陈疃派出所副所长、所长，望海路派出所所长等职，二级警督警衔。2017年，韩伟被公安部表彰为全国优秀人民警察。

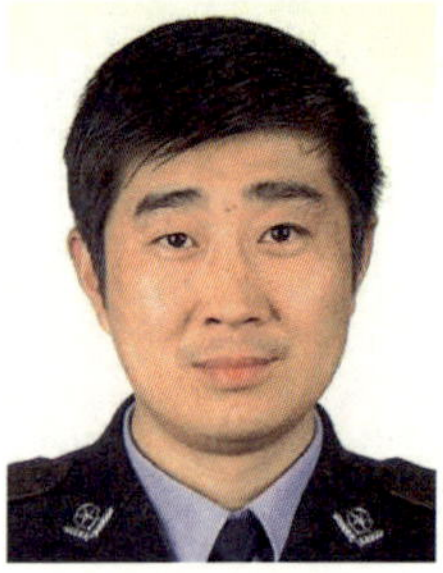

丁淑滨 日照市东港区人，1962 年 8 月生，中共党员，高中文化。1978 年 12 月参加工作，历任日照县公安局下湖派出所户籍员，日照市公安局治安科民警，交通警察支队法制科科长、东港大队教导员、高速公路大队教导员、日照经济开发区大队大队长、岚山大队大队长等职，一级警督警衔。2017 年，丁淑滨被公安部表彰为全国优秀人民警察。

一等功荣立者

贺根林 日照市东港区人，1944 年 9 月生，中共党员，高中文化。1965 年 12 月参加工作，1982 年 3 月参加公安工作，生前系日照市公安局石臼派出所所长。1991 年 11 月 26 日下午，贺根林发现日照石油分公司经济民警队队长刘某某酒后闹事，遂责令其到派出所。刘某某到所后不但不接受批评，还与派出所民警争执撕打，并窜至所长办公室闹事。在被贺根林指责后，刘某某恼羞成怒，掏出随身携带的手枪向贺根林和在场民警射击，致贺根林当场牺牲。1991 年 12 月，贺根林被省公安厅追记个人一等功。

刘银贤 （见领导班子成员简介）1995 年，刘银贤被山东省委、省政府记个人一等功。

张永善 山东省五莲县人，1948 年 12 月生，中共党员，大专学历。1968 年 8 月参加工作，历任五莲县公安局刑警队队长，县公安局副局长、政委、局长等职，一级警督警衔。2000 年 8 月调五莲县人大工作。2008 年退休。1996 年，张永善被山东省政府记个人一等功。

杨西军 （见先进人物）1998 年，杨西军被山东省政府记个人一等功。

李　伟 （见先进人物）1998 年，李伟被山东省委、省政府记个人一等功。

赵修品 （见领导班子成员简介）2001 年，赵修品被山东省委、省政府记个人一等功；2006 年，赵修品被国务院下设单位记个人一等功。

秦玉和 日照市东港区人，1944 年 7 月生，中共党员，高中文化。1964 年 12 月入伍，1982 年 4 月参加公安工作，生前任日照市公安局东港分局涛雒派出所所长（副科级），奎山派出所指导员，治安科副主任科员等职，二级警督警衔。2001 年 9 月 7 日 23 时许，秦玉和在 204 国道收费处堵截点执勤时，因劳累过度，突发心脏病殉职。2001 年，秦玉和被山东省公安厅追记个人一等功。

陈维宽 日照市岚山区人，1951 年 1 月生，中共党员，中专学历。1981 年 6 月参加工作，历任日照市公安局岚山分局岚山头派出所副所长、指导员、所长，一级警督警衔。2011 年 2 月退休。2004 年，陈维宽被山东省政府记个人一等功。

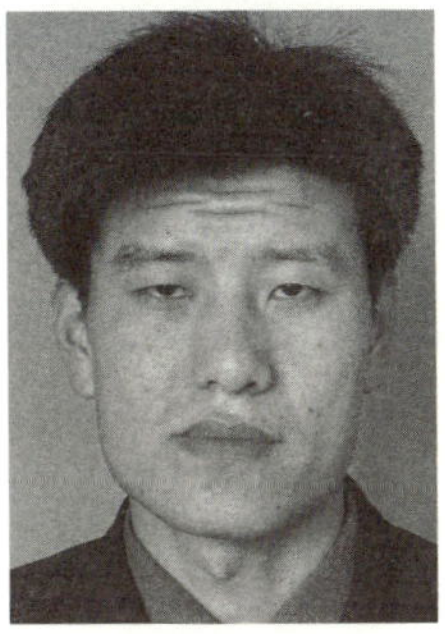

王宗宝 山东省五莲县人，1979 年 9 月生，大专学历。2003 年 7 月参加工作，生前系五莲县公安局城北派出所科员，一级警员警衔。2004 年 9 月 23 日 17 时 30 分，王宗宝按照县局指令到洪凝镇大郭村办理一起案件时，因劳累过度，致昏迷性休克，经抢救无效去世。2004 年 12 月，王宗宝被省公安厅追记个人一等功。

谷　伟 山东省莒县人，1969 年 7 月生，中共党员，大学本科学历。1991 年 7 月参加工作，历任莒县公安局预审科办事员、副科长，刑警大队二中队指导员、四中队中队长、副大队长、教导员，指挥中心主任，县公安局党委委员、正科级侦察员等职，一级警督警衔。2005 年，谷伟被省委、省政府表彰为山东省模范公务员，并记个人一等功。

田连增 （见先进人物）2006 年 11 月 28 日，田连增被山东省公安厅追记个人一等功。

刘召海 日照市东港区人，1975 年 6 月生，中共党员，大学本科学历。1996 年参加公安工作，历任交通警察支队宣传科科员，市公安局指挥中心秘书科科员，特警支队警务科科长、副支队长，市公安局信访处处长等职，一级警督警衔。2005 年，刘召海被派往利比里亚任务区执行联合国维和民事警察任务。2006 年，刘召海被公安部记个人一等功。

王善良 山东省费县人，1960 年 11 月生，中共党员，大学本科学历。1979 年 12 月入伍，历任日照市公安边防支队政治处主任、政委、支队长，山东省公安边防总队党委常委、政治部主任（副师职）等职务，武警大校军衔。2016 年退休。2007 年，王善良被省委、省政府表彰为山东省拥政爱民先进个人，并记个人一等功。

盛聚堂 （见领导班子成员简介）2009 年，盛聚堂被山东省委、省政府表彰为第十一届全国运动会筹办工作先进个人，并记个人一等功。

来永庆 （见领导班子成员简介）2009年，来永庆被省公安厅记个人一等功。

丁 健 日照市东港区人，1977年5月生，中共党员，大专学历。1997年参加公安工作，历任市公安局巡逻警察支队三大队办事员，巡逻警察支队治安防暴行动大队办事员，特警支队一大队大队长，岚山分局治安管理大队大队长、禁毒大队大队长等职，二级警督警衔。2010年，丁健被省公安厅表彰为全省公安机关援疆维稳先进个人，并记个人一等功。

吕树君 山东省济南市人，1969年8月生，中共党员，大专学历。1987年10月入伍，2003年8月参加公安工作，历任日照经济开发区分局刑警大队科员、市公安局特警支队二大队大队长、人民警察培训学校副校长、网络安全保卫支队副支队长等职，二级警督警衔。2010年，吕树君被省公安厅表彰为全省公安机关援疆维稳先进个人，并记个人一等功。

丁明军 日照市东港区人，1973年1月生，中共党员，大学本科学历。1995年7月参加工作，历任岚山分局装备科办事员，汾水派出所科员，安东卫派出所科员、副指导员，碑廓派出所指导员，岚山头派出所指导员，汾水派出所所长，分局经济犯罪侦查大队大队长，市公安局经侦支队副科级干部等职，二级警督警衔。2011年，丁明军被省公安厅表彰为全省世博安保先进个人，并记个人一等功。

孙金友 （见先进人物）2013年，孙金友被省公安厅评为“全省我最喜爱的十佳人民警察”，并记个人一等功。

王世华 日照市东港区人，1975年4月生，中共党员，大学本科学历。1996年参加工作，历任日照港公安局保卫科办事员、第二派出所科员、铁路场区派出所副所长、北区派出所副所长、日照市港航公安局治安支队副支队长等职，二级警督警衔。2014年，王世华被交通运输部公安局表彰为交通公安最美警察，并记个人一等功。

王明华 山东省莒县人，1962年1月生，中共党员，大学本科学历。1980年11月参加工作，历任市公安局行动技术支队主任科员、市看守所所长、东港分局政委、岚山分局局长、日照经济技术开发区分局党委书记、局长等职，一级警督警衔。2015年，王明华被省公安厅记个人一等功。

魏　辉　日照市东港区人，1956年3月生，中共党员，大专学历。1972年12月参加工作，历任日照市林业局公安科科长、林业公安分局局长，日照市森林公安局局长等职，一级警督警衔。2015年3月退休。2015年，魏辉被国家林业局森林公安局记个人一等功。

杨乐清　（见领导班子成员简介）2017年11月，杨乐清被山东省委、省政府表彰为全省十九大安保维稳工作先进个人，并记一等功。

刘治峰　山东省莒县人，1974年10月生，中共党员，大专学历。1996年8月参加工作，历任莒县公安局刑事侦查大队一中队科员、特警大队三中队副中队长、交警大队副中队长、经济犯罪侦查大队副中队长、中队长、峤山派出所所长等职，三级警督警衔。被省委宣传部、省公安厅表彰为“齐鲁最美警察”提名奖。2018年，刘治峰被省公安厅记一等功。

李廷伟　山东省莒县人，1965年8月生，中共党员，大学本科学历。1985年参加工作，历任莒县公安局巡逻警察大队大队长，县公安局副局长、政委，岚山区政府副区长兼岚山分局党委书记、局长、督察长等职，一级警督警衔。2018年，李廷伟被省公安厅表彰为全省公安机关上海合作组织青岛峰会安保工作先进个人，并记个人一等功。

张治宽　日照市东港区人，1975年12月生，中共党员，大学本科学历。1998年12月参加公安工作，历任市公安局巡警支队直属大队治安防暴行动大队科员，东港分局大学科技园派出所所长、昭阳路派出所所长，岚山分局副局长，东港分局副局长，市公安局指挥中心副主任（2011年7月至2013年12月为中组部第七批援疆干部，挂任新疆麦盖提县公安局副局长），禁毒支队支队长等职，一级警督警衔。2018年12月，张治宽被省公安厅记个人一等功。

兰海涛　山东省莒县人，1967年10月生，中共党员，研究生学历。1983年参加工作，历任莒县公安局刑警大队侦查员、东港分局刑警大队科员、市公安局经保科科员、市公安局经济犯罪侦查支队经济犯罪侦查大队大队长、日照经济开发区分局副局长、市公安局经济犯罪侦查支队副支队长、警卫支队支队长等职，一级警督。2018年，兰海涛被省委、省政府记个人一等功。

烈士及因公牺牲人员

烈士

贺根林 （见先进人物）1992年4月2日，贺根林被省政府评定为烈士。

杜凤奎 山东省莒县人，1978年3月生，高中文化。1998年12月参军，2000年12月复员退伍，2002年5月从事治安联防工作，为莒县公安局城关派出所第一警区治安联防队员。2002年11月25日凌晨3时许，杜凤奎和同事巡逻至莒县人民商场时，发现1家商铺门被撬开，同事留在商铺门口，杜凤奎1人进入被撬商铺，与正在实施盗窃的犯罪嫌疑人展开英勇搏斗，被用匕首刺中头部、颈部牺牲。2010年3月18日，杜凤奎被省政府评定为烈士。

因公牺牲人员

庄聿金 日照市东港区人，1957年12月生，中共党员，初中文化。1976年2月参加工作，1982年3月参加公安工作，后为日照市公安局河山派出所办事员。1990年9月30日晚，庄聿金在执行亚运会、国庆节安全保卫任务中，乘坐摩托车回河山派出所准备开展治安大清查，途经日照城北公路会车时，发生交通事故牺牲。1991年6月11日，庄聿金被市政府认定为因公牺牲。

郑德华 山东省五莲县人，1964年3月出生，高中文化。1984年10月入伍，1998年8月参加公安工作，后为五莲县公安局原行政装备科汽车驾驶员（行政工勤编制）。1999年6月5日，郑德华驾车与县局政保科民警到中至镇办案途中，因紧急避让1名横过马路的行人，造成交通事故，经抢救无效牺牲。1999年6月，郑德华被五莲县公安局认定为因公牺牲。

王兴杰 山东省莒县人，1962年3月出生，中共党员，中专学历。1999年9月参加公安工作，后为莒县公安局刑警大队二中队民警。2000年7月18日晚，王兴杰在单位加班过程中，因连日工作劳累，突发心肌梗塞，经抢救无效去世。2000年7月28日，王兴杰被莒县公安局认定为因公牺牲。

秦玉和 （见先进人物）2001年11月29日，秦玉和被市公安局认定为因公牺牲。

秦泗海 日照市东港区人，1955年3月生，中共党员，高中文化。1978年8月参加工作，1981年12月参加公安工作，后为日照市公安局东港分局望海路派出所指导员，三级警督警衔。2003年7月7日10时40分左右，秦泗海在外出执行公务途中，被1辆客货车撞伤，经抢救无效于7月14日去世。2003年7月14日，秦泗海被市公安局认定为因公牺牲。

郑　华 日照市岚山区人，1962年3月生，中共党员，大专学历。1981年9月参加工作，后为日照港公安局行政装备科科长，二级警督警衔。2003年11月28日，郑华因公赴广东出差，乘机返青岛，由青岛乘车返回日照途中发生交通事故，不幸因公殉职。2004年1月6日，郑华被日照港公安局认定为因公牺牲。

王宗宝 （见先进人物）2004年9月26日，王宗宝被五莲县公安局认定为因公牺牲。

刘为成 日照市岚山区人，1977年11月生，大专学历。1996年11月参加公安工作，后为日照市公安局交通警察支队直属大队科员，二级警司警衔。2004年11月5日，刘为成驾车行至海曲中路时不幸被凶手刺伤，后经抢救无效去世。2005年2月8日，刘为成被市公安局认定为因公牺牲。

田连增 （见先进人物）2005年9月16日，田连增被市公安局认定为因公牺牲。

陈令聪 日照市岚山区人，1966月10月生，中共党员，大专学历。1989年7月参加工作，后为日照港公安局岚山北港派出所所长，三级警督警衔。2007年2月12日，陈令聪在乘车下班回家途中发生交通事故，经抢救无效于次日去世。2007年3月1日，陈令聪被日照港公安局认定为因公牺牲。

李　峰 山东省五莲县人，1976年8月生，中共党员。1998年7月入伍，后为日照市公安消防支队防火监督处工程师（专业技术10级）。2007年9月28日下午，李峰因公在中国人民武装警察部队学院（廊坊）学习消防业务知识，由于长期学习劳累，突发肺栓塞，经抢救无效于当日18时许去世。2007年10月23日，李峰被公安部消防局政治部认定为因公牺牲。

郑召月　山东省五莲县人，1972年1月生，中共党员，大学学历。1996年7月参加工作，后为五莲县公安局治安警察大队治安侦查中队中队长，一级警司警衔。2009年5月27日21时许，郑召月带领同事到青岛胶南市海青镇、五莲县户部乡侦查办案返回途中发生交通事故，经抢救无效于当日23时40分去世。2009年6月15日，郑召月被五莲县政府认定为因公牺牲。

孙绪敬　山东省莒县人，1959年5月生，中共党员，高中文化。1992年6月参加公安工作，后为日照市公安局交警支队东港大队涛雒中队指导员，三级警督警衔。2010年5月6日下午，孙绪敬在执行任务中因突发心脏病，经抢救无效去世。2010年5月13日，孙绪敬被市公安局认定为因公牺牲。

文　博　回族，山东省郯城县人，1985年2月生，中共党员，大学学历。2007年6月入警，后为日照市公安边防支队岚山大队岚山边防派出所正连职干事，武警中尉警衔。2012年5月26日，文博在赶往单位工作途中发生交通事故，后经抢救无效殉职。2012年6月1日，文博被山东省公安边防总队认定为因公牺牲。

丁　博　日照市岚山区人，1977年12月生，中共党员，大学学历。2001年10月参加工作，后为日照港公安局岚山港区分局科员，一级警司警衔。2012年9月26日，丁博在执行海上爆破作业监护任务时，因突发性意外事故殉职。2012年12月25日，丁博被日照港公安局认定为因公牺牲。

刘雪峰　河南省商丘市人，1982年6月生，中共党员，大学学历。2005年9月参加工作，后为日照港公安局岚山港区分局科员，二级警司警衔。2012年9月26日，刘雪峰在执行海上爆破作业监护任务时，因突发性意外事故殉职。2012年12月25日，刘雪峰被日照港公安局认定为因公牺牲。

RI ZHAO SHI
GONG AN
ZHI

附 录

FU LU

1988 年（含）以前日照人民公安机关工作回顾

日照人民公安诞生于抗日烽火的1939年，至1988年地级日照市建立，市公安局升格为正处级，跨越时空50载。回顾半个世纪的工作，日照公安机关在各级党委、政府和上级公安机关的领导下，坚持党的领导，坚持社会主义道路，坚持公安机关专门工作与群众路线相结合方针，忠诚履行法律赋予的神圣职责，保护国家财产和人民生命财产安全，保卫社会主义建设事业。特别是党的十一届三中全会至1988年的十年间，日照公安机关充分发挥职能作用，严厉打击各类违法犯罪活动，全力维护政治稳定和社会安定，为日照政治、经济和社会各项事业发展创造良好的治安环境。广大公安民警恪尽职守、爱岗敬业、勇于牺牲、勇创佳绩，赢得党和人民的信赖。

锄奸反特和镇压反革命

武装斗争 抗日战争时期，日照公安机关在党的领导下，针对日本侵略军对抗日根据地进行的“清乡”“扫荡”行动，坚持武装斗争。1939—1941年，主要是配合根据地军民开展反蚕食、反伪化、反抢粮斗争，捉拿日伪汉奸，并配合滨海军区武工队深入敌后，打击敌伪。1942年夏末和1943年春初，县公安局先后2次参加收复甲子山的战斗。1944年1月，日照县公安局与县大队民兵配合滨海主力部队，一举打下土匪盘踞的石沟崖据点，活捉土匪头子朱信斋。解放战争时期，日照公安机关在配合主力部队对敌作战的同时，主动打击国民党地方武装、地主“还乡团”组织。1947年8月，县公安局公安队、武装工作队（便衣队）百余人，随同县大队一起开往巨峰、碑廓一带，配合驻日照县的主力部队，痛击国民党来犯之敌。1947年秋天，“还乡团”窜至丝山秦家楼（现东港区秦楼街道驻地）骚扰百姓，县公安局局长张济民得知后，立即带领公安干警换上国民党士兵的服装赶往秦家楼斗智斗勇，不费一枪一弹，收缴这伙匪徒的枪械，当场处死20多名匪徒。

锄奸反特 在抗日战争和解放战争时期，日伪以及国民党反动派一直不断地向革命根据地派遣汉奸、特务，从事策反、暗杀、刺探情报等活动，锄奸反特便成为公安机关在这一历史时期的重要任务。1939年7月，中共日照县委建立社会部，具体负责锄奸保卫等工作，各基层党组织普遍建立锄奸机构，从上到下形成一个锄奸网络。1940年，日照县公安局建立后，各区设公安特派员，部分村设公安员，组织和领导锄奸工作。至1944年底，共设村公安员185人。村公安员指导民兵、儿童团、识字班等组织，设置岗哨、路卡，实行路条制，盘查行人，配合锄奸反特工作。1943年春，县公安局选派24名侦察员，深夜奇袭栈子乡伪乡公所，活捉伪乡长周仙洲，把他的十大罪状布告贴在伪乡公所的大门上，并将其押到海滩执行枪决。1944年春，一个汉奸到巨峰区大官庄刺探情报，被民兵当即查获，将其押送县公安局。1946年6月26日，丝山区贾庄村联防队长张传汉在去各村下通知途中被杀害，侦察人员很快将杀人凶手、国民党特务王玉英、韩友廷抓捕归案。1946年春至1947年夏，县公安局先后在丝山、奎山、碑廓等地，破获一批特务暗杀、夺权等案件，镇压费华亭、于培菊等一批特务分子。其间，县公安局还组织千余名民兵，多次对潜伏在丝山、河山的武装匪特进行清剿。1947年1月17日夜，河山区高家沟看山户高大嫂，机智地稳住4名匪特，在民兵的帮助下，将这4名匪特全部抓获。1947年，县公安局根据上级的有关指示，在日照城南举办“反奸反特训练班”，把群众揭发出来得有问题的地主、恶霸、汉奸特务以及平时造谣破坏、威胁群众的地痞、流氓、坏分子等灰色人物集中起来进行教育训练，让他们反省交代问题。1948 年 3 月至 1949 年 10 月，共收押处理匪特罪犯 46 名。

1950 年 5 月 20 日，日照县公安局与法院在城北沙沟村召开公判大会，对在 1947 年杀害中共日照县委宣传部长尹仲岩的凶手刘嘉山、苏照乾及杀害村干部、民兵 7 人的主犯安维章公审后执行枪决。5 月 28 日，县公安局和法院在涛雒召开公判大会，对杀害革命干部群众 120 余人的伪县长陈成功公审后执行枪决。1952 年 5 月 22 日，县公安局召开治安防奸模范代表会议，10 名代表介绍经验，115 名代表受到表彰。

取缔反动会道门 抗日战争和解放战争时期，日照的会道门主要有“万仙会”“铁板会”“九宫道”“一贯道”“圣贤道”“后天道”“同善社”“九宫老母道”“甘珠尔瓦呼图克图”等 10 余种，分布在全县 590 多个村庄，有道首 333 人，办道人员 359 人，道众 2 万余人。这些道首常与恶霸地主、土匪沆瀣一气，狼狈为奸，传播封建迷信，成立反革命组织，进行反革命活动。“九宫道”道首房桂苓、厉玉洲，1939 年勾结日伪汉奸司令陈成功、土匪头子朱信斋、顽十六团团长李延修等人联合反共，公开配合日军残害抗日军民。“铁板会”道首陈善恩，1942 年充当土匪进行绑票活动，1947 年仿照特务刘世芹手章印制一部分特务证件，进行特务活动，1950 年 9 月 9 日密召五莲、藏马（现属青岛市黄岛区）、日照三县的道首，密谋动员会众准备在美蒋反攻大陆时举行暴动。“万仙会”道首迟兆红、陈爱民，1946 年在日照县城北阴谋组织 100 余人暴动。

1951 年春，遵照省人民政府关于取缔反动会道门的指示，日照县公安机关对反动道首进行登记。5 月 10 日，逮捕大、中道首 67 名，并在城关、安岚、涛雒、石臼、河山、沈疃 6 个区、镇设立登记具结点，对办道人员和道众进行登记、具结。对罪恶较轻的不够捕办的道首、盘主实行管制；对一般受骗的道众，只要坦白揭发同伙，具结后声明退道，保证不再重新活动的，一律从宽处理。至 1953 年，共处理道首 179 人，其中被镇压 7 人，判刑 80 人，判管制 92 人。公开活动的会道门组织基本上被摧毁。1958 年后，个别会道门头子不甘心失败，继续进行反革命活动。1959 年，“九宫老母道”头子郭某某先后在日照、五莲两县 6 个区 27 个村发展道众 157 人，继续进行反革命活动。1962 年，大道首宋某某、翟某某在巨峰、大坡组织发展道徒 99 人，公开集合 5 次。县公安局均及时予以取缔。经过多次取缔打击，至 1985 年 3 月，日照的反动会道门基本绝迹。

对反动党、团、特清查登记 解放后，原外逃的日伪军、政、警、宪、特人员，国民党党、团骨干分子陆续返回家乡，流散于城乡各地。1949 年春，根据鲁中南区党委的指示，日照县公安局组织对返乡的旧军、政、警、宪、特人员进行登记。明确对罪大恶极分子、继续捣乱和破坏的反革命分子，一律严惩不贷；对一般胁从者只要悔过自新，不再进行反革命活动，政府既往不咎。1951 年底，登记工作基本结束。1953 年 6 月，公安机关开始逐村逐人登记造册。至 1959 年 3 月，清查登记工作基本结束。

镇压反革命 中华人民共和国建立后，残存在日照的反革命分子不甘心失败，有的暗地造谣破坏，有的公开倒算，穷凶极恶地进行反革命复辟活动。1950 年 10 月，中共中央发出《大张旗鼓地镇压反革命》的指示。1951 年 2 月 21 日，中央人民政府公布《中华人民共和国惩治反革命条例》（简称《条例》），明确处理反革命案件的原则、方法和量刑标准。日照县公安局根据中央指示精神和《条例》规定，制定《为镇压反革命分子的工作计划》，提出：（一）集中力量加强侦破工作；（二）清理积案；（三）对地霸蒋党团散兵游勇等分子进行管制登记工作；（四）对反动会道门调侦准备处理；（五）开展反谣言斗争。5 月 1 日，县公安局和法院在城关、安岚、沈疃、两城、巨峰 5 处区镇分别设立会场，召开共6万余人参加的镇压反革命大会，集中公审1947年残杀干部群众200余名的反革命分子阮永安和杀人犯潘子林、葛世合等人，会后将20名反革命分子枪决。5月中旬，县公安局根据中共中央“自现在起，镇反工作采取谨慎收缩的方针，并集中力量处理积案”的指示精神，及时把镇压反革命运动转入清理和管制阶段。1952年10月21日，县公安局集中逮捕一批反革命分子和反动道首。至1953年9月30日，大规模的镇压反革命运动结束。

1956年7月25日，日照县公安局按照山东省公安厅、临沂地区公安处“开展政治攻势为中心，继续深入开展镇反斗争”的指示要求，在全县展开声势浩大的镇反政治攻势。9月，全县有128名反革命分子和其他刑事犯罪分子到公安机关投案自首。至1959年，经过两次大张旗鼓地镇压反革命运动打击，浮在社会面上和潜伏在内部的反革命分子基本肃清。

20世纪60年代后，公安机关镇压和打击的对象是敌视和破坏社会主义现代化建设的新生反革命分子。1970年2月，日照县公安局在打击反革命破坏活动，反对贪污盗窃、反对投机倒把、反对铺张浪费“一打三反”运动中，挖出49人的国民党特务组织“鲁东204侦查队”，该组织由奎山石场村金光提任排长，下设3个组，任务是暗杀干部、打入内部进行分化瓦解和刺探军政情报。8月，以岚山头一村张廷书和三村张宗治为首的5人小集团，阴谋策划劫船叛国投敌，被县公安局及时查获，张廷书、张宗治被依法逮捕。1975年1月9日，在碑廓公社二朱曹大队小学操场上，发现反革命传单59张，在省、地公安机关的帮助下，县公安局经过三昼夜奋战，将反革命分子王相利抓获归案。

群防群治和安全保卫

群防群治 在1951年镇压反革命运动中，公安机关着手抓安全预防工作，部分乡村成立治安保卫组织，发动群众揭发反革命分子的破坏活动。1955年，日照县公安局会同宣传部门，利用标语、板报、宣传栏、漫画、幻灯片、文艺演出等形式，在城镇、乡村进行防特、防盗、防火、防灾害事故的“四防”宣传教育，组织群众学习法律知识。1958年，省公安厅通报介绍日照县夹仓乡开展群众性安全预防创立安全乡的经验，全县范围内广泛开展群众性的安全预防运动。1963年，全县掀起学习“枫桥经验”热潮，党政动手、依靠群众，矛盾不上交就地解决，实现捕人少、治安好的目标，全县刑事案件发案率下降，治安灾害事故减少，社会风气明显好转。“文化大革命”期间，安全预防工作受到冲击。

20世纪70年代末，在开展群防群治工作中，部分厂矿、商店、银行在其重点部位安装报警器，到1982年11月，全县共安装报警器384台，有327个单位使用保险柜。1983年8月，公安机关配合有关单位对社会治安进行“综合治理”，城镇成立治安联防组，昼夜站岗巡逻。1985年，根据省政府关于实行安全保卫责任制的规定，公安局会同有关部门贯彻落实“领导负责、依靠群众、预防为主、管理从严、保障安全”的安全保卫工作方针，全市厂矿企业和机关团体成立保卫科（股），配备保卫干部，狠抓安全责任落实。农村普遍实行治安承包责任制。全市群防群治预防犯罪的治安网络基本形成。

海防保卫 日照地处沿海，海路交通便利。为加强海防安全保卫工作，1945年底，县公安局在沿海建立公安保卫组织。1947年1月，中共中央华东局设立日照海上公安局，加强海防保卫工作。之后，沿海保卫组织曾多次更名，几度变更隶属关系，但海防保卫任务一直未变。

打击海匪敌特骚扰破坏。1947年夏，日照先后有两股海匪袭扰获水口和东湖海口，强夺海上船只和物资。县公安局闻讯后，即组织安东卫分局公安武装与当地民兵一起投入战斗，经过激战，击毙海匪 7 名。

维护沿海边境安全。1951 年，根据全国边防保卫工作会议对边防辖区规定的原则，划定沿海向内陆延伸 3 ～ 5 公里的乡、村辖区和领海线以内海域、岛屿为边防辖区。从 1958 年起，日照县边防辖区各村居、街道普遍建立治保会组织，维护辖区治安稳定，控制边境地区敌社情，防范和打击国内外敌对势力的颠覆破坏活动。1960 年，边防部门在渔民中进行以保卫边防为主题的宣传教育，开展军警民联防演习。是年，查获可疑人员 210 名，破获流窜案件 20 起，抓获流窜犯 18 名，打掉以程以祥为首的边防地区流窜作案团伙。1962 年，边防部门重点对沿海船员违章操作和渔商船只私带旅客情况进行查处。1964 年，在渔民中开展对敌斗争教育，宣传教育 1253 次，受教育群众 6.5 万人次，占总人口的 60%。1974 年始，按照大机船、大风船成立 3 人治安小组，大网船设立 1 名治安委员的标准加强海上治安组织建设。至 1975 年，共建立海上治安小组 775 个，海上治安委员 1934 人，海上情报员 1183 人。1979 年 6 月，对边防辖区治保主任进行集中教育训练，狠抓整顿工作，基层边防治保组织得到进一步健全。

查破海防区域违法犯罪案件。1981 年，日照沿海发生政治案件 2 起，刑事案件 25 起，破获 17 起，破案率达 70%。石臼边防派出所破获 1 起散发反革命传单案件，臧家荒边防派出所破获 1 起强奸杀人案。1983 年，边防辖区共发生刑事案件 54 起，侦破 41 起，处理各种刑事犯罪分子 76 名，其中逮捕 65 人，刑事拘留 11 人；发生各类治安案件 43 起，破获 23 起，处理违法分子 46 人，其中行政拘留 3 人，罚款 27 人，警告 16 人；收缴反动“心战”物品 3 种 44 件，反动传单 9 种 361 张。

内部安全保卫　在抗日战争和解放战争期间，公安机关承担内部锄奸和保卫首长安全等任务。1949 年，日照县政府成立治安保卫委员会，各乡建立治安保卫组织，加强对内部保卫工作的组织领导。1952 年春，县公安局设立经保股，负责内部安全保卫工作，全县党政首脑机关、邮电通信、广播电台、重点企业等内部单位，列为安全保卫工作的对象。至 1988 年，安全保卫工作对象扩大到日照水库、高旺铁矿、五一石棉矿、第一机械厂、灯塔发电厂、化工厂、化肥厂、缫丝厂等一批骨干企业和曲阜师范大学日照教学点等单位。加强对日照港、兖石铁路、坪岚铁路等国家重点工程安全保卫工作的指导。加强经济民警队伍建设，指导山东第一机械厂于 1986 年建立全市第一支经济民警队伍。

安全警卫　日照解放后，特别是日照港规划、建设、投入使用过程中，前往考察、参观、指导工作的党和国家领导人、重要外宾以及重要会议，逐年增多。各级公安机关在党委、政府的领导下，按照“内紧外松、确保安全”的工作原则，精心组织、严密部署，完成各项警卫任务。1981—1988 年完成重要警卫任务 15 次。

社会治安和交通、消防管理

禁毒　鸦片战争以后，历代政府屡颁禁令，禁止贩卖和吸食鸦片。1940 年 11 月，日照县公安局在根据地贯彻《晋冀鲁豫边区毒品治罪暂行条例》，大力宣传吸食鸦片的危害，对吸毒成瘾者进行登记教育，对违法种植、炮制、贩卖毒品者依法处理。1948 年 3 月至 1950 年 2 月，全县共抓获贩卖烟毒者 6 人，予以严厉惩处。1950 年 2 月，政务院发布《严禁鸦片毒品的通令》，县公安局按照通令要求，重点打击制毒、贩毒犯罪分子。改革开放初期，吸贩毒活动有所抬头，全县各级公安机关在党委、政府的统一领导下，坚强禁毒宣传和打击处理，吸贩毒活动得到有效治理。

禁赌　赌博陋习由来已久。在战争年代，公安机关在大力宣传禁赌的同时，多次严厉打击聚赌分子。1948 年 3 月至 1949 年 10 月，抓获处理赌徒 59 人。新中国成立后，公安机关把禁止赌博作为社会治安管理的一项经常性工作来抓。1955 年，抓获 10 名赌徒。1957 年，南湖部分村庄赌博成风，县公安局将摸查的 58 名赌博分子集中起来进行教育，对少数屡教不改者予以打击处理，很快刹住这股赌博之风。1962 年，两城公社出现赌博现象，较大赌场 13 处，赌徒涉及临界的日照、五莲、胶南三县 7 个公社，每晚多时达 1000 人。县公安机关集中力量对此进行严厉打击，抓获为首者 35 人。1980 年后，根据农闲季节赌博现象多发的特点，大力进行禁赌宣传，严厉打击少数惯赌分子。1987 年 7 月 13 日，在虎山乡驻地召开群众大会，公开处理 195 名赌博分子，依法给予治安拘留和罚款。

禁娼和扫黄打非 旧社会日照地区有明娼或暗妓，新中国成立后县公安机关明令取缔娼妓。1951 年 12 月至 1952 年底，县政府组织民政、公安、妇联、卫生等部门统一行动，查封取缔全县所有妓院、乐户，娼妓现象基本杜绝。改革开放初期，受外来资本主义腐朽思想和生活方式影响，在城区及交通沿线的旅馆、饭店等场所，卖淫嫖宿活动又沉渣泛起。县公安机关结合严打整治斗争，在文教、工商、司法等部门的配合下，对治安问题较多的饭店、旅馆、舞厅、咖啡厅等场所进行多次集中整顿。1981 年，公安部印发《关于坚决制止卖淫活动的通知》。县公安机关根据通知要求，对卖淫嫖宿活动认真查处。1985 年，集中开展全面查禁淫秽物品活动，共查处和取缔淫秽录像放映点 15 处，收缴淫秽录像带 150 盘，淫秽书籍 200 本，淫秽图片 15 张，查获传播淫秽物品的违法犯罪分子 20 名。1987 年 7 月，开展为期 3 个月的以扫除赌博、卖淫、传播淫秽录像和物品为重点的专项行动。

特种行业管理 新中国成立前，县公安机关对特种行业没有列为管理范围，旅馆业、刻字业、旧货业、修理业、车行等处于无序和失控状态。1951 年，县公安局遵照公安部《城市旅栈业暂行管理办法》《印铸刻字业管理暂行规则》《无线电器材管理暂行办法》和《公共娱乐场所管理暂行规则》，对特种行业实行统一管理。是年，全县有特种行业 95 处，其中旅店和饭店 51 处，理发店 20 处，茶馆 14 处，车行 4 处，镶牙、修表、刻字各 1 处。1954 年 10 月，公安局对印铸、刻字业进行全面检查登记，并规定凡刻印机关、团体、首长、学校之公章，一定要有机关证明函件，否则一律不刻。1958 年后，公共娱乐场所和无线电器材不再列为特种行业管理范围。1964 年 11 月，县公安局根据山东省颁发的旅店业、修理业、旧货业和印铸刻字业管理等 4 个暂行办法，对 4 种行业进行整顿，重新换发营业证，并对 4 种行业的国家工作人员分别进行政治审查，对个体经营者分类排队，对违反规定的人员，根据不同情况予以处理。1982 年，县公安局会同工商部门，对特种行业全面整顿，进一步健全各项管理制度。规定（一）旅店业必须认真登记《旅店登记簿》，发现可疑情况及时报告；（二）废品收购业在收购生产性质的旧金属材料时，必须见到单位（卖方）证明；（三）修理业要执行登记制度；（四）刻字业要承制公章，必须经公安部门批准备案后，方能刻制。是年，依法取缔 16 处非法营业点。1985 年底，修理业不再列为特种行业管理范围。1986 年，《山东省旅馆、刻字、旧货业管理办法》实施。市公安局按照这一办法规定，对辖区特种行业进行多次集中整顿。1988 年，日照公安机关会同有关部门，集中对全市内的旧货收购业进行清理整顿，取缔非法收购点 50 个，查获大批非法收购的各类物资，为企事业单位挽回经济损失 320 余万元。

枪支、弹药、爆炸物品管理 中华人民共和国成立后，公安机关收缴散存在社会上的枪支弹药，并对配备枪支弹药的单位和个人，一律实行登记和检查制度。对民用枪支规定：凡个人购买猎枪、火药枪、能发射金属弹丸的气枪以及具有杀伤力的枪支，购买前必须经公安机关同意，发给购买证，购买后再办理持枪证。1957 年 12 月，公安部印发《爆炸物品管理规则》，对爆炸物品的制造、储存、运输、销售、购买、使用等加强管理。制造前，须经公安机关核准发给生产许可证；购买炸药，要到公安局办理采购手续；使用则需严格执行安全制度。1982 年夏，县公安局对全市的爆炸物品进行全面检查，共收缴、没收炸药 11317.4 公斤，雷管 4210 只，导火索 2700 米，灰药芯子 17500 根。1985

年6月，市公安局重新制定《爆炸物品管理的暂行规定》，明确爆炸物品为各类炸药、黑火药、雷管、导火索，管理范围为爆炸物品和烟花爆竹。全市爆炸物品实行定点供应制度，供应点为丝山高家岭炸药库和巨峰老龙窝炸药库。

自行车管理 从1975年开始，日照县公安局协助工商部门对自行车实行统一管理。1978年12月，县公安局接管自行车管理业务，各公社配备自行车管理人员，负责自行车的登记、挂牌、建档和年审。规定新车发牌照、发行车执照和打钢印，必须持购车单据和所在单位证明，方可办理。同时，每年对自行车进行一次年审，对不办执照和不参加年审的，轻者进行批评教育，重者予以罚款或扣车。1982年上半年，县公安局成立自行车管理所，进一步加强自行车管理，禁止黑市买卖自行车，配合刑侦部门查处被盗自行车案件。1985年底，全市登记自行车161463辆。

交通管理 中华人民共和国成立后，交通管理工作以城区为重点，先后由公路站、交通局下设交通监理站负责管理。1987年6月，根据国务院《关于改革道路交通管理体制的通知》，全县推行城乡交通体制改革，交通监理站由交通部门划归公安机关，改为交通警察队，负责城乡道路交通安全宣传教育、机动车与驾驶员管理、道路安全检查和事故处理等工作。

交通安全宣传。1988年，《中华人民共和国道路交通管理条例》颁布，交警部门广泛开展宣传教育。在《日照日报》连载道路交通管理条例内容，在公共场所宣讲道路交通管理条例80余场次，编印以道路交通管理条例为主要内容的《机动车驾驶员学习材料》1万册。是年，编发事故案例通报3期。

道路交通安全管理。1983—1985年，开展禁止打场晒粮和清除路障、压车速、反违章活动，将涛雒农贸大集迁离204国道。1986年，开展查违章、查隐患、查事故苗头活动，对违章驾驶员注重说服教育，情节严重的给予纪律或经济处罚。1987—1988年，加强道路现代化设备和交通通讯设施建设，改善交通管理手段，逐步提高科学管理水平。

车辆和驾驶员管理。1987年，除小型拖拉机和小型拖拉机驾驶员考核发证委托农机部门管理外，机动车牌证核发工作和机动车驾驶员的考核发证，由公安交通警察队车辆管理部门负责，是年全市驾驶员保有量为6870人。加强车辆检验工作，1988年检验各类机动车3147台，其中汽车1814台，拖拉机1187台，两轮和三轮摩托车146台。开展驾驶员培训工作，公安交通警察队设立专门机构，开办汽车驾驶员培训班。

交通安全设施建设。1985年5月1日，在日照路与海曲路交叉路口，建岗亭1处，并安装信号灯。至1988年，共建设海曲路日照百货大楼路口、人民商场路口、海曲公园路口3处红绿灯，各设岗亭1处，并建设3000米护栏和隔离墩。

交通事故处理。20世纪80年代，各种机动车辆增多，驾驶员成分复杂，各类事故呈上升趋势。1988年，全市发生各类交通事故114起，死亡40人，伤59人，经济损失21.63万元。

消防管理 1955年，全县部分单位开始建立义务消防组织。1956年，厂矿、企业单位建立义务消防队85个，499处高级农业社和752处初级社均建立季节性防火小组。1979年3月，县公安局设消防股，加强消防组织和消防制度建设，确定部分重点消防单位，强化防火检查和监督，消除火灾隐患，减少火灾事故发生。是年，成立日照消防中队，有指战员25人，配备消防指挥车、解放牌水罐车和泡沫车各1辆。1987年3月，设立石臼消防中队。1988年，全市拥有消防灭火车4辆、指挥车1辆，公安消防队2个，干警40人；厂矿、企业专职消防队2个，队员53人；市区安装消防栓4处。

侦查破案和严打斗争

中华人民共和国成立前及成立初期，惩治刑事犯罪工作由县公安局治安部门负责。1957年，县公安局设置刑侦股，专门建立同刑事犯罪作斗争的专门机构和专业侦查力量，担负起清查、搜捕、镇压历史反革命，打击会道门，侦破敌特组织为重点的侦查破案任务。

侦查破案 侦查破案是公安机关同各种犯罪活动作斗争的进攻性措施。1958年7月15日16时，在日照县城关公社后崮子村河崖南侧玉米地里，有一名盲人被伤害致重伤。县公安局接到报案后，立刻赶赴现场进行勘察，控制交通要道，进行围追堵截。当日22时，在通往五莲县的路途中，将犯罪分子聂发来抓获归案。1960年6月10日，城关公社城南管区主任荣保甲到小岭南头村途中，被杀害在麦田里。县公安局接到报案后，迅速侦查，仅用5天时间，就将杀人凶手冷西玉抓获归案。1962年9月28日，由北京到日照驻军某部探亲的徐某某母子二人，在丝山公社营子村前惨遭杀害。县公安局闻讯后，立即赶赴现场侦查、勘验，在有关市、县公安机关和人民群众的协助支持下，10月5日在青岛市将杀人犯范瑞三抓获归案。1963年12月29日，三庄区战家沟村治安员张某某夫妇及2个儿子晚饭后中毒,2个儿子（一个10岁，另一个4岁）当晚死亡，张某某夫妇经抢救脱险。经化验，食用面粉中被人投入砒霜。经公安机关连续7昼夜奋战，犯罪分子杨学梅落入法网。1976年5月3日，马庄公社水利营驻小邵疃大队的二连早饭后有104人中毒。6月6日，犯罪分子郑仁被抓获归案。1986年3月20日，丝山乡某村18岁的女青年阎某某被杀死抛尸至村西南的一个水塘内。8天后，犯罪分子王海军被抓获归案。1987年4月8日21时30分许，石臼办事处某村女青年秦某某在铁道部十四局一处露天电影场看电影时，被一陌生青年人诱骗至回家途中的一处沟坡上，遭3名犯罪分子轮奸。4月14日，犯罪分子张某某、荣某、魏某某被抓获归案。

现场勘查和技术鉴定工作 20世纪60年代，公安部先后制定《刑事侦查细则》《刑事案件现场勘查细则》，规范立案、现场勘查、调查访问、采取侦查措施、进行技术鉴定等工作，日照县公安机关刑事案件的现场勘查和技术鉴定工作走向正轨。“文化大革命”开始后，公安机关的一些刑侦专门工作和手段被取消。改革开放后，县公安机关拨乱反正，进行刑事侦查和刑事技术的专业培训，充实和加强刑事侦查队伍，全面恢复刑事技术和其他专门手段。1985年，刑警队成立技术室，设痕检、法医、照相3个专业，并成立警犬基地，有2名警犬训导员。1987年，组建特情专业队伍，刑侦基础业务工作发展顺利，刑警工作逐步形成现场勘查、调查访问、运用侦查措施和刑侦技术手段以及缉捕、讯问犯罪分子等一套完整的破案程序和方法。

专项打击和严打斗争 1946年春至1947年夏，日照县公安机关专项打击丝山、河山、奎山、碑廓等地发生的特务暗杀、潜伏、夺权等犯罪活动。1970年，专项打击“一打三反”运动挖出的历史反革命、现行反革命和其他犯罪分子。至12月底，全县共挖出历史反革命、现行反革命和其他犯罪分子2372人，破获反革命集团、反革命组织案件20起、233人；查获长短枪10支、子弹555发。挖出贪污盗窃分子1478人，贪污盗窃金额742069元，粮票120976斤，布票70990尺，煤票1123930斤，其中贪污盗窃1000元以上不足5000元的113人，5000元以上不足1万元的1人，1万元以上的2人。1975年9月20日凌晨3时至26日晨6时，集中对流窜犯进行专项清查，清查重点部位3492处，抓获流窜犯罪分子27名。1977年2月2日至5月20日，先后三次开展专项清查和打击流窜犯罪活动，抓获流窜犯5名、重大流窜嫌疑犯9名，逮捕犯罪嫌疑人10名。进入20世纪80年代，在改革开放新形势下，刑事犯罪分子特别是有些惯犯、累犯的作案手段、活动方式日趋隐蔽、狡猾。全县公安机关在全力抓好日常侦查破案工作的同时，经常有针对性地开展专项打击行动。

1983年8月25日，中共中央作出《关于严厉打击严重刑事犯罪活动的决定》。9月2日，全国人大常委会颁布《关于严惩严重危害社会治安的犯罪分子的决定》，要求从重从快、严厉打击严重刑事犯罪分子，保卫改革开放和经济建设的顺利进行。从1983年8月10日开始，至1987年1月31日，共进行3个阶段战役。第一战役，1983年8月10日至1984年7月31日，针对犯罪分子比较明显、活动嚣张的情况，全线出击，着重打击浮在面上的犯罪分子。第二战役，1984年8月至1986年1月31日，根据治安形势变化，有重点、有目标地组织集中打击，开展“打流窜、追逃犯、攻死角、破积案”的统一行动。1985年开展查禁淫秽物品、扫除社会丑恶现象的集中行动。第三战役，1986年2月至1987年1月，相继开展反盗窃、反破坏社会治安秩序的斗争，有重点、有计划地解决突出的社会治安问题。“严打”期间，共抓获各类违法犯罪人员881名，摧毁犯罪团伙44个，破获各类案件3142起，缴获枪支、匕首等凶器61件，子弹、手榴弹、雷管4746枚，炸药3584公斤。

案件预审和监所管理

案件预审 日照县公安的预审工作，是从1942年县公安局设立审讯股开始的。1944年初，八路军滨海主力部队在地方区中队、公安武装和民兵的配合下，一举打下石沟崖，活捉匪首朱信斋。之后，中共中央山东分局将所俘日伪人员409名分别交山东分局、日照县公安局、莒县公安局、莒南县公安局进行审理。日照县公安局在审理朱信斋的小老婆一案时，遵循上级关于“对被俘人员要根据其罪恶大小，该杀的杀掉，该放的放走”的指示精神，在她坦白交代出全部罪行后，因她是日本侵略军派往朱信斋处掌握其动向的学生，别无罪恶，经过教育将其释放。而对罪大恶极的朱信斋及其大小头目，经过审理，依法予以处决。1957年，公安部召开第一次全国预审工作会议，总结新中国成立后公安机关预审工作经验，确定预审工作任务。1962年12月，公安部颁布《预审工作细则》，规范预审工作，特别是规定对少年犯的审讯实行监护人参加的制度。1965年3月，公安部召开第二次全国预审工作会议，着重清除“逼供信”，就建立社会主义的预审原则进行讨论，规定预审工作必须实行“不枉不纵”方针，做到坚决打击敌人，坚定保护好人。1979年7月，《中华人民共和国刑法》《中华人民共和国刑事诉讼法》颁布实施，公安部依据“两法”制定《预审工作规则》，并召开第三次预审工作会议，明确实事求是、重证据、重调查研究、严禁刑讯逼供的预审工作方针。县公安机关按照公安部的多次部署，认真落实预审工作方针和各项规定要求。1983年“严打”开始后，预审部门贯彻“依法从重从快”的方针，及时提前批准逮捕人犯460名，占收审案犯总数的80%。是年，受理各类刑事案件216件，案犯335名，及时审结207起322人，及时结案率为96%。1988年，预审部门受理刑事案件13起219人。其中逮捕82起132人，取保候审3起4人，拘留案件51起87人。全部案件均在法定时限内审结，批捕率达98%。

监所管理 战争岁月，公安机关的驻地常常因为斗争形势的变化而随之不断变化，公安机关没有固定设置的监管场所，仅由武装队（后改称公安队）负责看守犯人。1967年，日照县公安局建立第一处看守所，址设今东港区兴海路25号，共有5间平房、60平方米，关押量为50人。1980年对看守所进行扩建，共建8间平房，90平方米，关押量为80人，延续使用到1989年。县治安拘留所建于1982年，与日照看守所相邻。

*严格落实监所管理制度。*1951年，山东省公安厅制定《看守工作规则》《提审、押解工作规则》《通信、接见规则》等看守所各项规章制度。1963年6月，根据临沂地区公安处关于整顿看守所的指

示，县公安局组织专人对看守所的物资、账目进行检查、整理，规范看守所的管理工作。1979年以后，随着《刑法》《刑事诉讼法》的颁布实施，公安部又进一步规范看守所工作制度，包括（1）必须凭逮捕证、拘留证以及追捕逃犯的证明文件入监，否则拒绝收押。（2）收押犯人时要进行讯问，填写押犯登记表。对女犯的人身检查，必须由女工作人员进行。（3）犯人入所时要宣布监规，责令遵守。监规的主要内容是：服从管教，遵守纪律制度，不准串通案情，发现同监犯人有企图逃跑、行凶、自杀、破坏等行为必须立即报告。（4）对同案犯、男女犯要分别关押。（5）看守所对按规定时限羁押即将到期的犯罪嫌疑人，要通知办案单位抓紧处理。县公安监管部门严格落实上述各项规定，加强监所安全管理，并与预审部门配合，对在押人员进行政策法律教育，开展有组织的坦白、检举活动。

认真做好治安拘留所管理工作。按照有关规定，治安拘留所制定并严格实行24小时双人值班和巡查制度，严格对拘留人员的教育管理。将《中华人民共和国治安处罚条例》《中华人民共和国民法通则》等有关法律法规印制成小册子，被拘留人员入所后人手一册，要求搞好自学的同时，每周组织被拘留人员集体学习教育2次。在此基础上，落实个别谈话教育制度，对被拘留人员在拘留期间至少进行谈话教育2次，特殊情况及时谈话教育，取得良好效果。

户口管理和出入境工作

户口管理 战争年代，公安机关对根据地和解放区城镇有固定住址的居民进行户口登记，重点对敌占区到解放区的人员进行登记审查，严格客栈、旅馆、商行、店铺登记审核和“通行证”“路条”查验，严防奸细、汉奸、特务混入解放区破坏捣乱。1945年12月，县公安局石臼、涛雒分局各自进行户口登记工作。1949年春，日照县公安局正式实行户口管理，规定“来往客当日报告，由户籍员打条子，方可迁入居住；迁出应先由村、乡向当地政府审核，批准迁出的，到公安机关办理手续。出生者一月后报告登记；死亡者当日报告方可埋”。1950年2月，县公安局首次召开由派出所负责人和户籍员参加的户口管理会议，研究部署户口管理工作。是年，遵照公安部《城市户口管理暂行条例》，县公安局对常住城镇人口实行出生、死亡、迁出、迁入4项登记，把“来客向户籍员打条子”，改为由户主或当事人直接到派出所口头申报或书面经单位、村委会加盖公章后申报。1956年始，按照省公安厅要求，对设有公安派出所和边防工作站的区、镇，户口管理工作由相应派出所或边防工作站负责；对未设派出所的区、镇，由各区、镇人民委员会的文书负责常住人口登记管理工作；对离区、镇驻地较远的村，将人口迁入、出生、死亡三项变动登记委托农村大队会计办理。1958年1月，全国人大常委会颁布实施《中华人民共和国户口登记条例》，县公安机关开始全面复查登记户口，发放全国统一的户口簿册，建立农村、城镇户口管理和人口统计报表制度，推行一系列户口管理措施。主要是：生产大队或行政村设不脱产的兼职户籍员；机关、团体、企事业单位单身职工，实行集体户口；现役军人和常住的外国人，分别由军事机关和外事部门负责户口登记；办理出生、死亡、迁出、迁入等户口手续，城镇居民直接到派出所随到随办，或由民警登门办理；机关、团体、企事业单位的集体户口由单位行政部门代为办理；农村由兼职户籍员或当事人到区、镇政府办理。是年，户口实行卡片管理。至1960年3月，共核对人口70万，户口卡档案建设等工作基本结束，全县的户口管理工作走向正轨。1964年，公安机关对农村户口建立变动登记制度，对居住在旅店、招待所的流动人口实行登记、注销制度。“文化大革命”期间，户口登记管理受到冲击，户口管理混乱。1981年12月，农村由区、镇兼职户籍员管理的户口业务，一律收回县公安局。1985年7月17日，省公安厅下发《关于边防派出所户口管理业务由地方派出所统一管理的通知》，是年8月，边防派出所开始向地方公安机关移交户口管理手续。至此，户口工作全部由公安机关管理。

居民身份证管理 1985年9月6日，国务院颁布《中华人民共和国居民身份证条例》，规定凡有常住户口、年满16周岁以上的公民，均为居民身份证发证对象。1987年5月，市公安局在日照路、昭阳路、望海路3个城区派出所开展居民身份证制、发证工作试点。是年，城区完成6万余人的制、发证任务，发证率达98.7%。此后，城乡居民身份证制、发证工作全面铺开。

户口统计 中华人民共和国成立初期，公安机关只对城区人口进行统计，民政部门负责统计农村人口。1953年7月，全国进行第一次人口普查。1955年，国务院决定将内务部主管的农村户口移交公安部门。是年，日照农村户口登记统计工作由民政部门移交县公安局，城乡户口登记、管理工作统一由公安机关负责。1988年，全市总户数281123户，总人口1019283人，其中男519966人、女499317人。

境外人员管理 抗日战争和解放战争时期，在抗日根据地、解放区，日照公安机关只对外国人居留比较集中的教堂、医院和慈善机关加强治安管理，保护外侨和临时来本地访问、采访的外国友好人士和新闻记者的安全。中华人民共和国成立后至20世纪70年代末，公安机关主要是进行外国侨民登记，摸清外国侨民底数，依法惩处外国侨民中的间谍、特务和其他犯罪分子。改革开放以后，国家对外国人进一步放宽入境审批手续和旅行限制。1981年，日照县公安局在县政府招待所设立外国人户口兼职管理员，负责对外国人临时住宿登记申报。是年，全县共接待境外人员38人次，其中外国代表团29人次，外籍华人2人次，港澳台居民7人次。1984年，针对到日照参与石臼港建设的外国技术人员逐渐增多的实际，县公安局印发《外国工程技术人员在港服务期间应注意的问题》《中国公民同外国人接触中应注意的问题》，对参与石臼港建设的外国人依法实行管理。是年，共接待外国人36人次，港澳台居民22人次，华侨5人次，外籍华人1人次；为外国人办理各类证件、签注30件次，其中居留证7件次，签证9件次，旅行证14件次；境外人员户口申报率98%以上。1986年，《中华人民共和国外国人入境出境管理法》颁布实施，公安机关认真贯彻落实。1987年11月，台湾当局放开普通民众回大陆探亲限制后，到日照探亲的台湾居民大幅增长。1988年，把华侨、台湾同胞、港澳同胞、外国人管理工作列为派出所考核内容，把到日照探亲台湾居民的户口申报和情况控制落实到村治安主任，实行责任制。5月，召开台胞接待管理工作情况交流会，对涉外单位进行调查摸底，建立涉外单位情况档案。10月，市对外供应公司友谊宾馆建立外国人户口管理小组，开始接待外籍船员就餐，并留宿部分港澳居民。是年，全市接待外国人1322人，港澳居民34人，台湾居民605人，华侨39人。

公民出入境管理 解放初期，公民因私出入境管理全国尚没有统一的具体规定。日照县作为偏僻小县城，极少有公民出入境。“文化大革命”期间，全县公安机关没有办理出境手续。1978年6月，按照国务院批转外交部、公安部、国务院侨办《关于放宽和改进归侨、侨眷出境审批意见》，放宽出国审批政策。党的十一届三中全会后，放开中国公民因私申请出国，凡国外有亲友要求出国，又有入境签证的就可以批准。公民申请出国旅游、探亲、访友、自费留学等开始增加。是年，受理公民因私出国9人次。1981—1983年，受理公民因私出国6人次，赴港澳1人次。1984年，公安部发布《关于改革现行入出境管理办法的若干规定》，简化审批项目和手续，规定办理时限。是年，受理公民因私出国6人次，赴港澳7人次。1986年2月1日，《中华人民共和国公民出境入境管理法》颁布实施。12月25日，执行公安部《中国公民因私事往来香港地区或澳门地区的暂行规定》，港澳同胞来本地凭港澳同胞回乡证或公民入出境通行证入出境。1987年，制定公安机关外事工作百分考核制，对日常管理、业务建设等实行全面考核。是年，受理公民因私出国（境）13人次。1988年，受理公民因私出国（境）4 人次，赴港澳台 15 人次。

综合服务保障

文秘工作 中华人民共和国成立前的文秘工作，受工作人员文化程度偏低、办公条件简陋、文秘制度不规范等因素限制，各种文书的行文格式不统一。1950 年 7 月，日照县公安局设立秘书股，履行文秘、人事管理、后勤保障等职能。是年，建立收、发文登记等制度，开展收、发文件及上传下达等工作；建立值班、作息、接待等日常工作制度，完善请示汇报、保密、档案、印章管理、民警工资发放等工作。1952 年 4 月，县公安局设政治协理室，人事管理业务从秘书部门划出。1963 年，秘书股承担文件起草、档案管理、资料统计、来信来访、敌情调查研究、房屋和车辆管理、日常行政事务等工作。1982 年，根据全国公安史资料征集工作会议精神，开展公安史资料征集工作，重点整理抗日战争和解放战争时期的日照公安史及大事记，编印日照公安机关始自 1949 年 10 月的《公安组织机构沿革》《典型案例选编》。1984 年 9 月，秘书股改为办公室，设立县公安局行政股，后勤保障业务从办公室划出，办公室的文秘工作职能保持未变。1988 年，办公室总结日照公安机关改革开放 10 年来的工作情况，形成《改革十年形势巨变——公安工作取得辉煌成就》文章。

加强不同时期情报信息收集工作，为领导决策提供依据，发挥好参谋、助手作用，是文秘工作的一项重要内容。战争年代主要是收集敌情，编写敌情汇报。新中国成立以后，围绕敌、政、社、民情动态，多方搜集信息，深入基层进行信息调查研究，千方百计掌握各类深层次预警性信息，对于有可能发生的影响社会稳定的问题和各类信息进行分析、研究上报，提出针对性工作措施或意见建议，为领导决策和完成各项重大安全保卫任务提供依据。

公安信访 中华人民共和国成立后，县公安局秘书股负责处理人民来信来访工作。1950 年镇压反革命运动开始后，检举、揭发反革命分子的来信大量增多，1950—1953 年，县公安局共受理人民来信 290 件，查处 270 件。通过办理信访案件，一批反革命分子受到打击处理。1954 年，信访工作由秘书股兼职人员对信件实行单独登记、单独收发，建立交办、查办、归档制度。1956 年 6 月，县公安局印发《关于制定人民来信来访暂行规定的通知》，明确规定：凡是人民群众来信（包括党、政、军、群、企业单位的工作人员）书面或口头向县公安局提出的，或上级交办的，或其他机关转来的检举、建议、批评、申诉、申请、查询、函谢、反映问题等均以人民来信来访处理。县公安局对人民来信来访做到案案有着落，件件有结果，查处结果反馈举报和检举人，并立卷归档。1958 年 10 月，制定《处理人民来信来访工作暂行办法》，理顺信访关系，领导干部实行分工负责，各单位确定人员办理来信来访。1963 年，受理人民来信、来访案件 105 件次，查处案件 34 起、65 人，逮捕 5 名，拘留 7 名，管制 2 名，纪律处分 37 名，其他处理 14 名。在查处信访案件中，县公安局主要采取三条措施：一是确定一名副局长分管信访工作，一名干部具体负责，做到有人管、有人抓；二是坚决执行“多办少转”的原则，除 7 起不属于公安处理范围而转出外，直接办理 98 起；三是认真贯彻执行信访工作制度，做到审阅、登记、批办、催办、检查、统计“六及时”。“文化大革命”期间，公安机关信访工作受到严重干扰和破坏。1978 年，党的十一届三中全会确定拨乱反正工作方针，全县反映落实政策和复查平反冤假错案的来信来访数量成倍增加。1981 年，县公安局确定 2 名专职信访人员，由局长亲自抓信访工作。是年，受理来信来访 116 件次，连同上一年度未结来信来访 14 件次，共 130 件次。除去重信重访 17 件次，实际受理 113 件次，查处办结 97 件次，查处办结率 86%。1987 年 12 月，市公安局设立信访科，主要负责受理控申和群众来信来访接待、办理、查处工作，信访工作实行“分级负责，归口办理”原则，各项信访制度逐步健全。

普法工作 1984年，日照县公安局在秘书科设立政策法律研究室，负责法律研究、公安宣传等工作。1985年11月，六届全国人大常委会第十三次会议通过《关于在公民中基本普及法律常识的决定》，市公安局在政策法律研究室设立全局普法办事机构，承担普法教育、法律咨询、法制宣传等工作。1986年，政策法律研究室在公共场所开展法律咨询24次，为群众解答法律政策问题140余个。“一五”普法开始后，公安机关根据全市普法工作的统一部署，组织民警学习《中华人民共和国宪法》《中华人民共和国刑法》《中华人民共和国刑事诉讼法》《中华人民共和国经济合同法》《中华人民共和国治安管理处罚条例》以及《法学基础理论》，提高民警法律素质。

后勤管理 1984年9月行政股成立之前，基建工程、计划财务、后勤装备管理等职责由秘书股（办公室）承担。1948年，日照县公安局在刘家当铺（现海曲西路商业银行东港支行院内）平房办公，对办公用房经常进行维修。20世纪80年代，县公安机关开始新建办公用房和民警宿舍，民警办公、居住条件逐步改善。1986年，市公安局投资129万元在兴海路建设办公楼，并于第二年迁入新址。在业务经费方面，实行经费垂直管理，确定专人或兼职管理公安业务经费，逐步建立起公安业务经费的预算、开支、审批和报销制度。在通信装备方面，新中国成立初期采用信件邮寄、人工传递和手摇电话完成信息传递。打长途电话，必须到邮电局经过长途台转接。1982年，县公安局租用长途专线一条，安装摇柄磁石电话一部，通过此电话可以要通全国公安系统，同时安装传真机，开通电话、传真业务及电话会议系统。1985年，购置供电式交换机，开通市话业务及150兆无线通信网。1986年，设立公安无线电管理领导小组。1988年5月，设立通信科，信息通信建设得到加强。在交通装备方面，1965年，县公安局配备自行车1辆。1968年11月，配备750型三轮摩托车1辆。

党建和政工

党的组织建设 日照县公安局成立初期，成立1个党小组。1942年初，县公安局由党小组改建为党支部。1948年，县公安局党支部设书记（由局长兼任）、组织委员、宣传委员、生活委员各1人，隶属县政府党组领导。1964年6月，县公安局党支部改建为党组，由5名委员组成。“文化大革命”期间，县公安机关党组织一度陷入瘫痪状态。1970年，县公安局党组织恢复设置，党员民警恢复组织生活。1975年7月，县公安局设党总支。1976年11月8日，经日照县委批准，县公安局党总支改建为党委，委员有5名。1985年3月，日照撤县建市，党组织设置相应改为日照市公安局党委，受市政府党组领导。市公安局局长刘银贤兼任党委书记。

纪律作风建设 在抗日战争和解放战争时期，要求公安人员必须坚持公安战线严明的组织纪律，严格遵守各项规章制度。1958年，公安部制定公安人员《八大纪律、十项注意》，各科所队室进行张贴，督促民警时刻牢记，严格照办。1960年7月，根据省公安厅制定的《加强全省公安机关民警纪律教育的意见》，全县公安机关开展教育活动。1978年，以贯彻第十七次全国公安工作会议为主题，整顿队伍、建章立制。1987年10月22日，市公安局制定《公安民警行为规范》26条，贯彻“从严治警”的方针，树立人民警察良好形象。是年12月25日，民警开始佩戴公安臂章，接受群众监督。1988年，集中开展“创清廉单位、做廉洁民警”活动，对全体民警提出10条标准和要求。

干部队伍建设 公安机关创建初期，干部来源先是在党政干部中物色抽调，或由县政府委派。对公安人员具体要求，则是培养和选拔“对党绝对忠实，绝对服从党的纪律，切实遵守党的秘密，在政治上、工作上、生活上具体地表现其为模范的”，同时又“具有丰富锄奸经验的干部与工作者”。1943

年，上级有关部门对挑选公安人员明确政治条件和身体条件："政治上要绝对可靠，体格上要高大健壮，年龄在18～30岁，胆量雄壮，工作安心积极，有一般的政治警觉性，有些军事常识"。对那些在职的"如不符合这些条件又无发展前途者，可在县、区武装中设法调换"，保证公安人员的政治素质和战斗力。1953—1955年，县公安局接收转业干部4人，学生3人，其他10人。1970年11月15日，根据省地军管会议精神，日照县军管小组报请县革委核心领导小组批准，从教师、工人和干部中挑选60余人充实公安队伍。是年，公安部对招收条件严格规定：（1）拥护中国共产党的领导，热爱社会主义，有良好的政治素质和品行。（2）遵纪守法，品行端正，具有为人民服务的思想。（3）身体健康，体形端正，非特体，面部无明显特征、缺陷，无残疾，无口吃，无重听，无色盲，无纹身，无重度扁平足；裸眼视力均在4.8以上，或裸眼视力均在4.6以上且矫正视力均在5.0以上；男性身高不低于1.70米、体重不低于50公斤，女性身高不低于1.60米、体重不低于45公斤。（4）年龄不超过25周岁。本科以上学历人员，可根据专业需要，在此基础上放宽5岁。1982年，县公安机关接收59人，其中军转干部50人，复退战士1人，中等院校毕业生2人，民警转干6人。

实行党管干部原则。1950年，执行中央组织部《关于公安干部统一管理制度的决定》，对公安干部实行分级管理，股、所长以上干部的提升、调动、奖惩，需事先呈请党委批准并征得上级公安机关同意。县公安局正、副局长的任免由省委批准，省人民政府下达命令，县人民政府公布。1964年，执行公安部《关于公安机关协助党委考察了解公安干部的试行办法》。1984年4月，全县公安机关落实干部革命化、年轻化、知识化、专业化"四化"标准，按照党管干部原则选拔任用干部。1988年，市公安局有局长、教导员、副局长（包括副局级调研员）13人，正、副科所队室组负责人102人。

严格队伍管理制度。1948年，根据《三大纪律、八项注意》和有关规定，建立生活、学习、工作总结报告和内勤工作制度，是年增设每星期一次检讨会制度。1960年7月，贯彻落实公安部制定的《十一条行为准则》。1981年，贯彻落实公安部制定的《公安人员五不准》。1984年7月，开始试行《中华人民共和国警察内务条令》《人民警察奖惩条例》和《人民警察基层单位政治指导员工作条例》。1987年，建立干警考勤和领导干部民主评议制度，将干部管理工作向前推进一步。1988年2月，贯彻落实公安部制定的《公安干警十个不准》，市公安局下发通知，要求全体干警严格遵守，违者根据《人民警察奖惩条例》和有关规定，严肃处理。

思想政治教育 公安机关成立初期，建立学习制度，利用开会、读上级通报和组织学习班，学习政治、时事，加强思想改造。1943年，日照县公安机关对公安人员要求：（1）加强政治学习，提高政治水平，不间断地研究时事；（2）不断地研究和了解敌人；（3）站稳党的立场，遵守党的纪律；（4）认真地进行整风，下决心检讨、反省自己；（5）学习一般的社会知识等。1944年，对村公安员分期分批进行培训，多则20天，少则7天，主要进行政治教育与业务学习。1948年3—7月，部分公安人员到渤海区参加集训，学习政治，开展"三查三整"活动，对思想作风方面的问题进行整顿。解放初期，针对少数党员出现的居功自傲、轻敌麻痹思想，组织广大党员学习毛泽东《论人民民主专政》，明确公安机关必须在党的绝对领导下，依靠群众，全心全意为人民服务。1951年，根据中共中央决定，开展以思想整顿为中心环节的整党，对照党纲、党章和党员标准条件开展教育，克服党内思想不纯和组织不纯的现象。20世纪50年代末至60年代初，进行社会主义、共产主义思想教育以及学习马列著作、毛泽东著作，引导党员正确树立社会主义和共产主义的远大理想，正确理解阶级斗争的特点和规律，正确区分和处理两类不同性质的矛盾；进行"奋发图强、自力更生、埋头苦干、勤俭建国"政治思想教育，并按照"重新教育干部、重新教育党员"要求，开展教育训练党员和整顿基层组织工作。1963年，对党员重新登记，进行政治面貌、思想品质和工作表现的认真审查，提高战斗力。其间，对党员进行阶级斗争教育和反修正主义教育，并开展学习雷锋、王杰等模范人物活动。1965年10月，学习毛泽东《人的正确思想是从哪里来的？》等4篇哲学著作。1966年2月，组织全体民警学习党的好干部焦裕禄的先进事迹。1978年3月，开展整党整风工作，解决由于“四人帮”的破坏而造成的思想、组织、作风不纯的问题，对“文化大革命”期间犯有错误和违纪的民警进行处理。开展“实践是检验真理的唯一标准”大讨论。党的十一届三中全会后，进行坚持四项基本原则和改革开放的教育，提高贯彻执行党的政治路线和思想路线的自觉性。1987年，市公安局下发《关于搞好政治和业务学习的通知》，布置自学书目，明确学习方法和要求。1988年7月至10月底，开展生产力标准学习讨论活动，进一步解放思想，激励广大民警担当作为。

立功创模 在抗日战争和解放战争时期，立功创模活动主要是鼓励公安人员杀敌立功。中华人民共和国成立后，日照县公安机关参照公安部《人民公安机关开展立功创模运动试行办法》和省公安厅转发青岛公安局在镇压反革命运动中所制定的“立功条例”，开展立功创模活动。1957年6月，立功创模改为评比先进工作者。1958年6月，根据《人民公安机关先进工作者评比试行办法》，半年初评，年终总评，开展评选先进集体、先进工作者活动。1962年，全县公安机关开展评选“四好单位”“五好民警”活动。1963年12月，公安部下发《公安机关四好单位、五好干警运动试行办法》，对“四好单位”颁发奖状，“五好干部”“五好民警”授予称号、颁发纪念章。“文化大革命”期间，各种评比活动中止。1976年，公安机关恢复评比先进集体和先进工作者活动。20世纪80年代，各项公安业务工作相继开展评先树优工作，公安机关立功创模活动更加活跃。

革命烈士 1940—1988年，日照市（县）因公牺牲的公安民警有16名被批准为革命烈士。

1940—1988年日照市（县）公安民警革命烈士名录表

表一

姓名	出生时间	籍贯	参加工作时间	牺牲时间	牺牲地点	牺牲时单位职务
孙德轩	1914	山东省沂水县	不详	1940年冬	日照市岚山区安东卫街道	日照县委社会部组织科科长
王士奎	1920	山东省莱芜市	不详	1941	日照市岚山区巨峰镇沟洼村	日照县公安局公安队指导员
庄建福（庄建业）	1923	日照市东港区涛雒镇涛雒二村	1939	1941	日照市东港区奎山街道付疃	日照县公安局公安队侦察班战士
杨友田	1914.10	日照市高兴镇南范家村	1939.05	1942	日照市岚山区巨峰镇崖下村	日照县公安局公安队侦察班战士
张传三（孙传田）	1923	日照市东港区涛雒镇大草坡村	1941.04	1942.09	日照市岚山区黄墩镇邵家村	日照县公安局公安队侦察班战士
苏寿荣	1900	日照市岚山区碑廓镇大朱曹村	1937.08	1943.11	日照市岚山区安东卫街道合庄	日照县公安局战士
王生义	1917	日照市东港区南湖镇大北湖	1941.04	1943	五莲县街头镇青山顶村	日照县公安局政治保卫队班长
薛纪瑞	1919	日照市岚山区汾水镇前合庄	1942	1944	日照市岚山区碑廓镇	日照县公安局政卫队班长
王明清	1920	四川省	不详	1944年春	日照市东港区涛雒镇	日照县公安局侦察股股长

续表一

姓名	出生时间	籍贯	参加工作时间	牺牲时间	牺牲地点	牺牲时单位职务
徐恒祥	1919	日照市岚山区巨峰镇大官庄	1941	1944.08	日照市岚山区黄墩镇邵家村	日照县公安局侦察队战士
崔照田	1915	日照市岚山区虎山镇梭罗树	1942	1945	日照市岚山区虎山镇连村	日照县圣岚区公安员
宋家提	1920	日照市岚山区高兴镇沈家村	1945	1945	日照市东港区南湖镇	日照县公安局侦察队战士
林祥安	1922.03	日照市东港区日照街道前十里铺村	不详	1947.10	日照市东港区石臼街道	日照县前十里铺村公安员
赵子兰（王明堂）	1920	日照市东港区南湖镇西沈马庄	不详	1947.12	日照市东港区石臼街道	日照县西沈马庄村公安员
薛明会	1920	山东省莒南县团林镇李家村	1942	1947	支前牺牲	日照县碑廓区公安员
孙成进	1945.02	日照市岚山区黄墩镇孙家蒲汪村	1964	1986.02	日照市公安局	日照市公安局治安股民警

文件辑存

日照市沿海旅游船艇管理办法

日照市人民政府令（第77号）

第一章　总　则

第一条　为加强沿海旅游船艇管理，规范经营行为，保障水上交通安全，维护经营者和乘客的合法权益，促进旅游事业健康发展，根据《中华人民共和国安全生产法》《中华人民共和国海上交通安全法》《中华人民共和国水路运输管理条例》等有关法律、法规的规定，结合本市实际，制定本办法。

第二条　本办法适用于在本市沿海水域内从事营业性运输的旅游客船、游艇和娱乐用帆船等各类机动旅游船艇。

经批准的休闲渔业船舶从事经营活动按有关规定执行，不适用本办法。

第三条　本办法所称旅游客船，是指乘客定额12人以上的较大型旅游船舶。

本办法所称游艇，是指乘客定额12人以下，具备机械推进动力装置的小型旅游船舶。

本办法所称娱乐用帆船，是指具备风帆动力的小型旅游船舶。

第四条　安监、港航、海事、公安边防、旅游等管理部门按照法律规定和各自的职责权限，对旅游船艇实施管理。

第二章　经营管理

第五条　旅游客船和游艇应当具备船检部门办理的船舶检验证书，海事管理部门办理的船舶所有权证书、船舶国籍证书，港航管理部门办理的水路运输许可证、船舶营业运输证。

现有娱乐用帆船从事营业性运输的，应当符合《日照市娱乐用帆船技术要求》，通过市安委会办公室牵头组织有关专家进行的安全技术评估，取得港航、海事等管理部门根据专家组意见签发的《帆船营运安全意见书》。

《日照市娱乐用帆船技术要求》由市安委会办公室牵头组织专家组制定。

第六条　旅游船艇应当按照规定向公安边防部门申请办理旅游船艇出海船舶户口簿或者出海船舶边防登记簿，为船员办理出海船民证，向公安边防和海事管理部门申请办理签证。

第七条　旅游船艇营运的水域、停靠码头（站、点）、航线由船舶经营人向港航管理部门申请核准，港航管理部门核准前应当征求海事管理部门和有关单位的意见。

第八条　旅游船艇停靠码头（站、点）应当配备供旅客上下船艇的安全防护设施。

码头管理单位不得将泊位出租给非法营运船艇，不得允许非法营运船艇停靠。

第九条　旅游船艇经营人应当在旅游船艇上及岸线以上主要服务场所明显位置设置服务标识。

第十条 旅游船艇应当按照旅游部门制定的服务标准提供服务，不得损害乘客的合法权益。

严禁旅行社安排乘客乘坐非法营运船艇。

第三章 航行安全

第十一条 旅游船艇应当持有相关证书和资料，保证航行安全和防污染等设备齐全有效，确保船舶处于适航状态。

第十二条 旅游船艇应当按照规定标示船名船号，并在明显位置标明核定载客人数及乘客安全注意事项。

第十三条 旅游船艇应当按照规定标准配备足以保证船艇安全的合格船员。

娱乐用帆船在船员配备标准出台前，应当配备至少两名船员，船员应当经培训并取得海事管理部门核发的证书。

第十四条 船员应当配合码头安全人员保护乘客安全上下船舶，按照船舶稳性要求正确安排乘客乘船秩序，乘客登船后，船岸双方应当清点并如实记录登船人数（包括儿童）备查。

船员应当在航行前指导乘客正确穿着救生衣，详细讲解乘船安全注意事项。敞开式旅游船艇应当要求乘客在航行前穿着救生衣，有乘客未穿着救生衣的，不得开航。

第十五条 旅游船艇应当遵守下列安全航行规定：

（一）严格遵守《1972 年国际海上避碰规则》等有关航行和避让规定，驾驶员应当谨慎驾驶，保持正规瞭望，采用安全航速，遵守限速规定，使用良好船艺，确保航行和靠离安全；

（二）在规定的水域从事经营活动，不得随意变更经营场点、经营航线，不得超航区航行，不得擅自进入禁航区、航道、锚地和海水浴场等限制进入的水域，不得非法从事采捕海洋水生物相关活动；

（三）按照船舶载客定额搭载乘客，严禁超过定额人数载客航行；

（四）严格遵守船舶抗风等级规定，旅游客船风力七级及以上禁止航行，游艇、娱乐用帆船风力五级及以上或者浪高 1.5 米及以上禁止航行；

（五）在白天且能见度不低于 1000 米时出海航行；

（六）严禁船员酒后或者疲劳驾驶。

第十六条 旅游船艇上含油污水、生活污水、垃圾等污染物应当集中到岸上处理，禁止向海里排放，加油等油类作业应当遵守安全与防污染管理有关规定。

第四章 应急救助

第十七条 旅游船艇发生水上险情或者交通事故，应当立即发出遇险求救信号，采取有效措施组织自救，尽一切可能救助遇险人员，并迅速向所属经营人、海上搜救机构和当地区政府（管委）、街道办事处报告。

报告内容应当包括事故或者险情发生的时间、地点、遇险人数及受损情况和原因等。

第十八条 旅游船艇经营人接到遇险报警后应当立即启动相应应急预案，组织救助，并全力配合搜救机构和当地区政府（管委）、街道办事处的救助活动。

事故现场及附近的船艇和人员在不危及自身安全的情况下，应当全力救助遇难人员，并服从搜救机构和当地区政府（管委）、街道办事处的指挥。

第十九条 海上搜救机构和当地区政府（管委）、街道办事处接到求救报告后，应当立即启动相应应急预案，协调和组织有关单位参加搜救。

有关单位和个人应当按照海上搜救指令，积极参加搜救工作。

第二十条 各级政府应当建立水上遇险应急救助机制，明确有关部门、街道办事处及景区管理单位的应急救助责任，配备相应救生、救助设备。

鼓励建立志愿者救助力量。

第五章 安全管理

第二十一条 旅游船艇安全管理遵循政府领导、部门监管、企业负责的原则。

第二十二条 各级政府应当加强对本行政区域内的旅游船艇安全工作的领导，支持、督促有关部门依法履行安全监管职责，对安全监管中存在的重大问题及时予以协调解决。

第二十三条 区政府（管委）、街道办事处应当建立健全安全管理责任制，根据乡镇船舶安全管理的有关规定，负责本行政区域内旅游船艇中乡镇船舶的安全管理，履行下列职责：

（一）组织水上交通安全宣传教育，贯彻实施水上交通安全管理法律、法规和规章；

（二）组织、督促旅游船艇所有人、经营人办理船舶检验、船舶登记等；

（三）组织或者参与水上交通事故救助，协助海事管理部门和有关部门进行事故调查、处理。

第二十四条 旅游船艇经营人应当履行企业安全管理主体责任：

（一）遵守有关安全管理法律、法规和安全技术操作规程，加强对所属船舶、人员的管理，落实岗位安全责任制；

（二）建立完善有效的管理制度，按照规定配备合格管理人员，其中至少有一名负责安全管理的专职或者兼职人员；

（三）按照规定办理船舶保险和乘客人身意外伤害保险；

（四）建立相关应急预案，并定期开展演练；

（五）法律、法规、规章和有关文件要求的其他安全责任。

第二十五条 各有关行政主管部门在市政府的统一领导下，按照谁审批、谁管理，谁发证、谁负责的原则，依照法律规定和职责权限对旅游船艇进行安全管理：

（一）安全生产监督管理部门负责对旅游船艇安全工作的监督指导协调；

（二）港航管理部门负责对旅游船艇及其经营人的行业安全监管；

（三）海事管理部门负责对旅游船艇的海上交通安全监管；

（四）旅游、公安边防、体育、海洋渔业等部门依据各自职责对旅游船艇安全工作实施相关行业管理。

各有关部门应当建立联动机制，形成监管合力。

第六章 法律责任

第二十六条 旅游船艇违反本办法规定，由有关行政主管部门依据相关法律、法规、规章实施行政强制或者给予行政处罚。

第二十七条 渔业船舶、体育运动船舶等非法从事海上旅游经营活动的，分别由海洋渔业和体育部门联合港航、公安边防、海事管理部门依法查处。

第二十八条 有关行政主管部门应当依法行使职权，公开办事程序，建立举报制度，接受社会监督。

行政主管部门工作人员玩忽职守、滥用职权、徇私舞弊的，由所在单位或者上级行政机关给予行政处分；构成犯罪的，依法追究刑事责任。

第七章 附 则

第二十九条 本办法所称现有娱乐用帆船，是指本办法施行前建造完工的帆船。

第三十条 在本市沿海水域内从事经营活动的跨骑式摩托艇应当遵守本办法中航行安全、应急救助和安全管理的有关规定。

第三十一条 本办法自发布之日起施行，有效期至2017年8月30日。

日照市城乡消防水源设施管理规定

日照市人民政府令（第117号）

第一条 为了加强城乡消防水源设施建设管理，减少火灾危害，维护公共安全和公民生命财产安全，保障经济社会健康发展，根据《中华人民共和国消防法》《山东省消防条例》等法律、法规，结合本市实际，制定本规定。

第二条 本市行政区域内消防水源设施的规划、建设、使用、维护和管理，适用本规定。

第三条 本规定所称消防水源设施，是指市政消火栓，公共消火栓、消防水池，居民住宅区室外消火栓，单位室外消火栓，消防供水管网以及用于取用海洋、河流、水库、塘坝等水源的消防取水平台（含码头、桥梁、涵洞、道路等，下同）。

第四条 各级人民政府应当加强对本行政区域内消防水源设施管理工作的领导，将消防水源设施建设纳入城乡规划，明确消防水源设施管理职责，协调解决消防水源设施建设、管理中的重大问题。

具有行政管理职能的人民政府派出机构在本辖区内承担消防水源设施管理政府职责。

第五条 市、县（区）人民政府住房城乡建设部门负责市政消火栓建设、维护的监督管理工作，发展改革、财政、规划、交通运输、水利、林业、公安消防等部门应当按照各自职责，共同做好消防水源设施规划、建设、管理工作。

具有行政管理职能的市人民政府派出机构根据授权，负责辖区消防水源设施管理，具体工作可以由有关内设机构负责。

第六条 市、县（区）人民政府应当将市政公共消防水源设施的建设、维护费用纳入本级财政预算，及时拨付建设或者管理单位；属于固定资产投资范围的，列入地方固定资产投资计划。

第七条 任何单位和个人不得损坏消防水源设施，发现损坏、挪用、妨害使用消防水源设施等行为的，有权制止并向公安消防部门或者有关部门举报。

第八条 对在消防水源设施建设、维护管理工作中有突出贡献的单位和个人，市、县（区）人民政府和有关部门、团体按照有关规定给予表彰和奖励。

第九条 发展改革部门应当将消防水源设施建设投资纳入政府投资项目计划，在办理项目审批、核准手续时，应当审查项目可行性研究报告或者项目申请报告中的消防水源设施建设内容。

市政消火栓应当与新建市政道路工程按照标准同步设计、同步安装、同步验收。住房城乡建设部门应当将市政消火栓新建、补建、改建纳入当年城市建设投资计划，将市政消火栓建设列为市政道路工程配套内容，纳入工程投资预算。

市政消火栓新建、补建、改建维护经费按照市人民政府与各县（区）人民政府分工分别负责。

第十条 供水企业应当按照规划、住房城乡建设部门制定的市政道路建设工程计划，与市政道路工程同步建设市政消火栓和消防供水管网。

已建道路的市政消火栓设置不符合有关技术标准的，住房城乡建设、规划、财政和公安消防部门应当组织编制补建、改建方案，供水企业负责组织实施。

市政消火栓建设完成后，应当经规划、住房城乡建设和公安消防部门验收合格。

第十一条 建设、改造供水管网时，应当按照国家有关技术标准规定的间距、设置要求等统一安装消火栓。供水管网不能满足消防用水需求的，应当修建消防水池等储水设施。

第十二条 居民住宅区室外消火栓等消防水源设施的建设资金，由开发单位或者投资单位承担。

居民住宅区消防水源设施，建筑保修期内的维修等费用由建设单位承担；建筑保修期满后，除物业服务合同约定范围内的日常维修和维护费用以外，维修、更新、改造费用纳入住宅专项维修资金开支范围，并优先保证。

未建立专项维修资金或者专项维修资金不足的，由有关业主按照约定承担。没有约定或者约定不明的，按照各自专有部分建筑面积所占比例承担。

第十三条 单位室外消火栓等消防水源设施的建设、维护资金由本单位承担；同一建筑物由两个以上单位使用或者管理的，参照本规定第十二条有关内容承担。法律、法规另有规定的，从其规定。

第十四条 供水企业应当按照有关技术标准和规范维护管理附属本单位供水管网的消防水源设施：

（一）配备专（兼）职人员，建立健全定期巡查、维护等管理制度；

（二）发现消火栓、消防供水管网损毁或者接到相关损毁报修电话以及有关部门通知后，应当立即抢修维护，24 小时之内恢复使用，修复情况及时反馈报修人或者通知部门；

（三）建立消火栓档案，登记设置地点、数量、编号、规格以及检查、维护等情况，每年向当地公安消防部门、城建档案管理机构报送一次档案资料。

改造供水管网可能影响灭火救援的，供水企业应当提前 24 小时通知当地公安消防部门。

第十五条 乡镇人民政府负责乡镇消防水源设施的建设、管理和维护。

村民委员会负责本村消防水源设施的建设、管理，乡镇人民政府应当给予指导、支持和帮助。

村庄消防水源设施的建设、维护资金通过村级公益事业经费的规定渠道解决；经费确有困难的，当地人民政府应当给予适当支持。

驻在农村的机关、团体、企业、事业等单位应当通过多种形式参与农村消防水源设施建设。

第十六条 建有集中供水管网的乡镇驻地、村庄，管道压力满足条件的，应当建设公共消火栓。

供水企业、村民委员会应当建立公共消火栓档案，明确负责检修单位和人员，每年定期检查、维护，保证消火栓完好有效。公共消火栓档案信息应当每年报送所在县（区）公安消防部门。

第十七条 乡镇人民政府应当根据区域大小、水源条件、道路条件、村庄分布、公共消火栓分布等，统筹规划建设公共消防取水平台，并将设置地点、数量等情况报当地公安消防部门。

鼓励具备条件的村庄，在当地水质、水量有保证的河流、水库、塘坝等水源地段，建设消防车取水设施或者配备机动消防水泵。

河流、水库整治工程建设、改造时，当地政府应当按照消防水源设施建设需求，统筹规划建设公共消防取水平台。

第十八条 没有消火栓和消防供水管网、消防给水不足以及没有保证消防车通行的道路的乡镇驻地、村庄，应当修建消防水池，配备消防水泵、消防水枪、水带等装备，保证火灾扑救需要。

第十九条 村民委员会、居民委员会应当将保护消防水源设施、保持消防通道畅通等要求纳入防火安全公约，并教育村民、居民自觉遵守。

鼓励村庄建立志愿消防队，开展火灾扑救，弥补消防水源条件对专业消防火灾扑救的限制。

第二十条 工业园区、大型商贸区等应当按照有关技术标准建设公共消火栓。未建设或者建设不足的，应当补建。

危化品工业园区所在地县（区）人民政府应当组织开展消防水源需求评估，综合考虑交通、水源等因素，合理规划建设能够满足重型消防车停靠和吸水条件的消防取水平台。

第二十一条 林区、含有林区的旅游景区等区域，应当因地制宜设置消防水源设施，林业、旅游主管部门应当进行监督。

第二十二条 公安消防部门可以将具备取水条件的河流、水库、塘坝作为灭火救援备用水源。

水行政主管部门应当配合公安消防部门对具备道路、水量条件的河流、水库、塘坝的取水位置进行普查。情况发生变化的，应当及时通报公安消防部门。

第二十三条 城乡消防水源设施应当设置安全防护设施或者明显的安全警示标志。

任何单位和个人不得损坏消防水源设施安全防护设施和安全警示标志。

第二十四条 公安消防部门应当定期组织开展消防水源设施检查，发现损坏或者不能正常使用的，应当立即通知管理单位维护、维修。

公安消防部门发现需要补建、改建消防水源设施的，应当及时提出书面意见，由所属公安机关报本级人民政府研究决定。

第二十五条 消火栓专供灭火救援和日常消防训练使用，其他任何单位和个人未经公安消防部门同意并通知当地供水企业，不得擅自使用。

拆除、迁移公共消防水源设施的，应当经当地公安消防部门同意。

第二十六条 供水企业、自建消防水源设施的村民委员会应当保证消防水源设施的水压和水量。

公安消防部门组织扑救火灾时，有权使用各种水源；需要加压供水的，供水企业或者其他管理单位应当按照火灾现场指挥员的命令加压供水。

第二十七条 市政消火栓纳入数字化城市管理系统，实现信息共享。

消防水源设施管理单位应当将保持消防水池、消防取水平台等正常使用，通往消防水源设施的消防通道畅通等纳入本单位目标责任管理内容，明确管理人员职责并督促落实。

消火栓、消防水池、消防取水平台等损坏的，管理单位应当及时维修，恢复使用。第三人损坏的，依法追究第三人的赔偿责任。

第二十八条 道路管理行政主管部门、管理单位应当保证通往消防水源设施的已建道路畅通，不得批准设置或者设置影响消防车通行的限宽、限高的固定设施。因道路损坏影响消防车通行的，应当及时维修。

第二十九条 市、县（区）人民政府应当定期对本级人民政府有关部门和下级人民政府履行消防水源设施建设和维护职责情况进行督查、考核。

各级人民政府应当每年将本行政区域内消防水源设施建设和维护管理年度工作情况向上一级人民政府报告。

第三十条 违反本规定的行为，依照有关法律、法规、规章给予处分或者行政处罚；构成犯罪的，依法追究刑事责任。

第三十一条 辖有村庄的街道，街道办事处履行本规定乡镇人民政府对村庄的管理职责。

实行社区管理的村庄，由社区居民委员会履行本规定村民委员会的职责。

第三十二条 本规定自2018年3月1日起施行。

日照市大型群众性活动安全管理办法

日照市人民政府令（第120号）

第一章 总 则

第一条 为了加强对大型群众性活动的安全管理，保护公民生命和财产安全，维护社会治安秩序和公共安全，根据《大型群众性活动安全管理条例》和有关法律、法规规定，结合本市实际，制定本办法。

第二条 本办法适用于在本市行政区域内举办大型群众性活动的安全管理。

第三条 本办法所称大型群众性活动，是指法人或者其他组织面向社会公众举办的每场次预计参加人数达到1000人以上的下列活动：

（一）体育比赛活动；

（二）演唱会、音乐会、歌舞表演等文艺演出活动；

（三）展览、展销、博览会等活动；

（四）游园、灯会、庙会、花会、焰火晚会等活动；

（五）人才招聘会、现场开奖的彩票销售等活动。

影剧院、音乐厅、公园、景区、娱乐场所等在其日常业务范围内举办的活动，不适用本办法的规定。

第四条 大型群众性活动的安全管理应当遵循安全第一、预防为主的方针，坚持承办者负责、政府监管的原则，实行社会化、市场化、专业化运作。

第五条 市、县（区）人民政府应当加强对大型群众性活动安全管理工作的领导，建立统筹协调工作机制，推进各部门之间的信息共享和执法联动，及时协调、解决大型群众性活动中存在的重大问题。

第六条 市、县（区）人民政府公安机关负责大型群众性活动的安全监督管理工作，对大型群众性活动的安全保卫进行指导、监督。

市、县（区）人民政府有关部门按照各自的职责，负责大型群众性活动的有关安全监督管理工作。

市人民政府派出机构应当按照职责做好本辖区内大型群众性活动的安全管理工作。

第七条 市、县（区）人民政府及其有关部门应当采取多种形式，宣传大型群众性活动安全管理法律、法规、规章和有关知识，增强公民、法人和其他组织的安全意识和防范能力。

第二章 安全责任

第八条 大型群众性活动的承办者（以下简称承办者）对其承办活动的安全负责，承办者的主要负责人为大型群众性活动的安全责任人。

大型群众性活动由两个以上承办者共同承办的，承办者应当签订承办安全协议，确定各自的安全责任，并明确一个承办者承担主要安全责任。

第九条 承办者应当在活动举办前，委托安全风险评估机构或者会同与安全管理有关的部门、单位，对大型群众性活动的合法性、合理性、可行性、安全性等方面进行评估，并出具安全风险评估报告。

承办者根据安全风险评估报告，制定、落实相应的安全工作措施和应急处置预案。

第十条 承办者具体负责下列安全事项：

（一）制订并落实大型群众性活动安全工作方案和安全责任制度，明确安全措施、安全工作人员岗位职责；

（二）落实医疗救护、灭火救援、应急疏散等应急救援措施并组织演练；

（三）配备与大型群众性活动安全工作需要相适应的专业保安人员及其他安全工作人员；

（四）配备必要的安全检查设备，对进入大型群众性活动场所的人员、物品和交通工具进行安全检查，对拒不接受检查的，有权拒绝其进入；发现违禁品和管制物品，应当予以扣留并立即向公安机关报告；发现涉嫌违法犯罪人员，应当立即向公安机关报告；

（五）活动举办前向有关部门报告活动举办时间、地点等情况，并配合开展安全检查；

（六）提前向参加活动人员宣传告知交通管制、现场秩序、票证管理、安全检查等方面的要求，劝阻和制止妨碍大型群众性活动秩序的行为，发现违法犯罪行为及时向公安机关报告；

（七）按照核准的活动场所容纳人员数量、划定的区域发放或者出售门票；

（八）保障临时搭建的设施、建（构）筑物的安全，组织巡查、检查，发现安全隐患及时消除；

（九）保持活动现场及周边环境卫生，采取有效措施，防止发生影响环境卫生以及损坏绿化、公用设施等的行为；

（十）为大型群众性活动的安全工作提供必要的保障；

（十一）法律、法规规定的其他职责。

第十一条 承办者应当综合考虑活动规模、场地情况、安全风险等因素，确定需要配备的专业保安人员数量。

承办者应当根据《保安服务管理条例》的规定，聘请或者招用符合法定条件的保安人员。聘请保安服务公司提供保安服务的，应当与其签订保安服务合同，明确规定服务的项目、内容以及双方的权利义务。

第十二条 鼓励承办者组织社会志愿者参与大型群众性活动安全服务工作。

承办者组织社会志愿者参与安全服务工作的，应当做好有关安全服务培训工作。

第十三条 大型群众性活动的场所管理者具体负责下列安全事项：

（一）配备专业工作人员，保证重点部位的安全和重要设施的正常运转；

（二）保障活动场所、设施符合国家安全标准、消防安全要求和有关安全规定，并向承办者提供场所人员核定容量、供电系统等涉及场所使用安全的资料；

（三）保障疏散通道、安全出口、消防车通道、应急广播、应急照明、疏散指示标志等符合法律、法规、技术标准的规定；

（四）保障监控设备和消防设施、器材配置齐全、完好有效；

（五）提供必要的停车场地，并维护安全秩序；

（六）配合承办者、有关安全监督管理部门开展安全检查，落实安全措施。

第十四条 参加大型群众性活动的人员应当遵守下列规定：

（一）遵守法律、法规和社会公德，不得妨碍社会治安、危害公共安全、影响社会秩序；

（二）遵守大型群众性活动场所治安、消防等管理制度，按照要求停放车辆、存放物品，接受安全检查，不得携带爆炸性、易燃性、放射性、毒害性、腐蚀性等危险物质或者非法携带枪支、弹药、管制器具，不得燃放烟花爆竹、放飞孔明灯；

（三）服从安全管理，按照指示、提示就座、退场、疏散，不得携带、展示侮辱性标语、条幅等物品，不得围攻活动组织者、参与者以及其他工作人员，不得投掷杂物；

（四）未经承办者同意，并经公安机关批准，不得在大型群众性活动现场及管制区域放飞无人机等小型航空器。

第十五条 公安机关在大型群众性活动安全管理中应当履行下列职责：

（一）审核承办者提交的大型群众性活动申请材料，实施安全许可；

（二）制订大型群众性活动安全监督方案和突发事件处置预案；

（三）对安全工作人员教育培训进行指导；

（四）对保安服务活动进行监督管理；

（五）在大型群众性活动举办前，对活动场所进行安全检查，发现安全隐患及时责令改正；

（六）在大型群众性活动举办过程中，对安全工作的落实情况实施指导、监督和检查，发现隐患及时责令改正；

（七）依法查处大型群众性活动中的违法犯罪行为，及时处置危害公共安全的突发事件。

第十六条 市、县（区）人民政府有关部门按照有关法律、法规、规章的规定和市、县（区）人民政府确定的职责，对大型群众性活动安全工作实施监督管理：

（一）应急管理部门负责指导协调、监督有关部门对大型群众性活动中生产经营单位的安全生产实施监督管理；

（二）住房城乡建设部门负责对大型群众性活动中涉及的住房城乡建设领域职责范围内事项实施监督管理；

（三）体育部门负责大型群众性体育比赛活动和所涉及体育设施的安全监督管理；

（四）文化和旅游部门负责对大型群众性活动中涉及的文化、旅游事项实施安全监督管理；

（五）市场监督管理部门负责大型群众性活动现场特种设备、食品药品的安全监督管理，以及活动商业广告的监督管理；

（六）城市管理部门负责对大型群众性活动周边市容环境进行整治等工作；

（七）交通运输部门负责协调大型群众性活动公共交通服务保障等工作；

（八）卫生健康部门负责大型群众性活动期间的公共卫生监督，安排或者指导医疗卫生保障和突发公共卫生事件医疗救援等服务；

（九）商务部门负责商贸展览展销活动的安全监督检查等工作；

（十）气象主管机构负责提供活动有关的气象信息，对升放无人驾驶自由气球或者系留气球活动进行安全监督管理；

（十一）其他有关部门按照各自职责，依法履行大型群众性活动安全监督管理职责。

供水、供电、供气、通信等单位负责大型群众性活动供水、供电、供气、通信等方面的保障工作，并加强活动现场及周边区域有关管道、线路设施的安全检查，确保安全。

第三章　安全许可

第十七条　公安机关对大型群众性活动实行安全许可制度。《营业性演出管理条例》对演出活动的安全管理另有规定的，从其规定。

举办大型群众性活动应当符合下列条件：

（一）承办者是依照法定程序成立的法人或者其他组织；

（二）活动内容不得违反宪法、法律、法规的规定，不得违反社会公德；

（三）具有符合本办法规定的安全工作方案，安全责任明确、措施有效；

（四）活动场所、设施符合安全要求。

第十八条　大型群众性活动按照下列规定实施安全许可：

（一）预计参加人数在1000人以上5000人以下的，由活动所在县（区）人民政府公安机关实施安全许可；

（二）预计参加人数在5000人以上的，由市人民政府公安机关实施安全许可；

（三）跨区县举办活动的，由市人民政府公安机关实施安全许可。

第十九条　承办者应当在活动举办日的20日前提出安全许可申请，并提交下列材料：

（一）大型群众性活动安全许可申请表；

（二）承办者合法成立的证明以及安全责任人的身份证明，二个以上承办者共同承办大型群众性活动的，还应当提交承办安全协议；

（三）大型群众性活动方案及其说明；

（四）大型群众性活动安全工作方案；

（五）活动场所管理者同意提供活动场所的协议或者证明。

依照法律、法规的规定，有关部门对承办者有资质、资格要求的，还应当提交有关资质、资格证明。

第二十条　大型群众性活动安全工作方案包括下列内容：

（一）活动的时间、地点、内容、组织方式；

（二）安全工作负责人、专业保安人员以及其他安全工作人员的数量、岗位设置、任务分配和识别标志；

（三）活动场所消防安全措施；

（四）活动场所可容纳的人员数量以及活动预计参加人数；

（五）现场平面图、观众座位图以及活动场所功能区域划分情况；

（六）治安缓冲区域的设定及其标识；

（七）配备的安全防范设施、设备；

（八）入场人员的票证查验和安全检查措施；

（九）交通安全组织措施及交通组织示意图，车辆停放、疏导措施；

（十）现场秩序维护、人员疏导措施；

（十一）应急救援预案；

（十二）与安全工作有关的其他内容。

搭建临时设施、建（构）筑物或者使用特种设备的，还应当提交搭建临时设施、建（构）筑物、特种设备的有关情况。

第二十一条 公安机关收到大型群众性活动申请材料之后，应当依法做出受理或者不予受理的决定。申请材料不齐全或者不符合法定形式的，公安机关应当一次性书面告知申请人需要补正的内容。

第二十二条 公安机关对受理的申请，应当自受理之日起七日内进行审查，并对活动场所进行查验，对符合条件的，做出许可的决定；对不符合条件的，做出不予许可的决定，并书面说明理由。

大型群众性活动有下列情形之一的，公安机关应当不予安全许可：

（一）可能危害国家安全和社会公共利益的；

（二）可能影响国事、外交、军事或者其他重大活动的；

（三）可能严重妨碍道路交通安全秩序和社会公共秩序的；

（四）不符合本办法第十七条规定条件的；

（五）法律、法规规定不予安全许可的其他情形的。

公安机关对大型群众性活动实施安全许可后，将许可信息书面通知本级人民政府有关部门。

第二十三条 对承办者申请同一年度内在相同地点举行相同内容、相同规模的多场次大型群众性活动的，公安机关可以采取一次许可的方式。

公安机关采取前款规定的方式作出许可决定的，在每场次活动举办前，应当对许可条件进行审查，并组织对活动场所进行检查。

第二十四条 经安全许可的大型群众性活动，承办者不得擅自变更活动的时间、地点、内容或者扩大活动的举办规模。安全工作方案中除时间、地点、内容和举办规模以外的其他情况发生变更的，应当在举办活动时间之前向做出许可决定的公安机关报告。

承办者变更活动时间的，应当在原定举办活动时间之前向做出许可决定的公安机关申请变更，经公安机关同意方可变更。

承办者变更活动地点、内容以及扩大活动举办规模的，应当依照规定重新申请安全许可。

承办者取消举办活动的，应当在原定举办活动时间之前书面告知做出安全许可决定的公安机关，并交回公安机关颁发的安全许可证件。

第四章　安全管理

第二十五条 市、县（区）人民政府直接举办的大型群众性活动的安全保卫工作，由举办活动的人民政府负责，不实行安全许可制度，应当有政府正式文件、政府会议纪要、政府活动方案等公文。

举办活动的人民政府应当明确具体承办部门，按照《大型群众性活动安全管理条例》和本办法规定，履行活动承办者的安全职责，落实安全工作措施，制订严格的安全工作方案，并组织实施。

市、县（区）人民政府指定企业、事业单位、社会团体、基金会、社会服务机构等法人或者其他组织承办的大型群众性活动，市、县（区）人民政府部门举办的大型群众性活动，乡镇人民政府、街道办事处举办的大型群众性活动，承办者应当按照《大型群众性活动安全管理条例》和本办法规定，向公安机关提出安全许可申请，履行安全许可程序。

第二十六条 市、县（区）人民政府应当规范直接举办的大型群众性活动行为，科学安排举办的活动数量，努力培育市场主体，优化大型群众性活动举办环境。

第二十七条 承办者需要搭建临时设施、建（构）筑物的，应当委托具有相应资质的单位进行设计、施工，并与场所管理者、施工单位签订搭建临时设施、建（构）筑物的安全协议。

施工单位在施工前应当根据有关规定和规范标准制定施工（搭建、拆除）方案，施工过程中应当严格按照施工方案和有关操作规程施工。施工完成后，承办者应当组织验收，经验收合格后方可投入使用。活动结束或者取消后，承办者应当组织安全拆除。

承办者搭建的大型群众性活动临时设施、建（构）筑物应当符合消防安全要求。搭建所使用的材料、照明灯具、电器设备、电气线路敷设等应当符合国家、本省的有关规定和标准，并保障使用安全。

第二十八条 大型群众性活动获得安全许可后，承办者方可进行广告宣传，发放、销售门票。

变更或者取消已向社会公布的大型群众性活动的，承办者应当及时通过报纸、电视、广播等媒体向社会予以公告，并做好善后工作。

第二十九条 承办者发现进入活动场所的人员达到核准数量时，应当立即停止验票；发现持有划定区域以外的门票或者持假票的人员，应当拒绝其入场并向活动现场的公安机关工作人员报告。

第三十条 公安机关和有关部门在大型群众性活动举办前，应当对活动现场组织安全检查。

安全检查中发现承办者未按照安全工作方案组织实施大型群众性活动，或者活动场所、设施存在安全隐患的，应当责令其立即或者限期整改，消除安全隐患。

承办者应当按照要求进行整改，并书面报告整改结果，公安机关和有关部门应当进行复查并督促落实。对拒不整改或者无法整改的，由公安机关依法责令停止举办活动。

第三十一条 消防救援机构应当在大型群众性活动举办前对活动现场进行消防安全检查。检查中发现火灾隐患的，应当通知承办者、场所管理者立即采取措施消除隐患。

消防救援机构应当在接到公安机关书面通知之日起三个工作日内进行检查，并将检查记录移交公安机关。

法律、法规对消防安全检查另有规定的，从其规定。

第三十二条 公安机关交通管理部门根据安全需要，可以对举办大型群众性活动有关区域、路段的机动车、非机动车、行人采取疏导、限制通行、禁止通行等措施。

对需要采取限制通行、禁止通行措施的，或者作出与公众的道路交通活动直接有关的决定，应当在大型群众性活动举办前向社会公告。

在大型群众性活动举办前，公安机关交通管理部门未采取限制通行、禁止通行措施的，在大型群众性活动举办期间，根据道路和交通流量的具体情况，可以临时采取限制通行、禁止通行措施。

第三十三条 在大型群众性活动举办过程中发生公共安全事故、治安案件的，安全责任人应当立即启动应急救援预案，并立即报告公安机关和有关部门。接到报告的公安机关应当及时向本级人民政府报告，并通报其他有关部门和单位。

负责事故应急救援的人民政府及其公安机关和有关部门、单位，应当按照应对突发事件的职责要求，采取应急救援措施，做好应急处置工作。

第五章 法律责任

第三十四条 大型群众性活动承办者未依照规定对进入大型群众性活动场所的人员、物品和交通工具进行安全检查的，公安机关应当依照《中华人民共和国反恐怖主义法》责令改正；拒不改正的，依法进行处罚。

第三十五条 参加大型群众性活动的人员有违反本办法第十四条规定行为的，由公安机关给予批评教育；有危害社会治安秩序、威胁公共安全行为的，公安机关可以将其强行带离现场，依法给予治安管理处罚；构成犯罪的，依法追究刑事责任。

第三十六条 承办者未获得安全许可，擅自进行广告宣传或者发放、销售门票的，公安机关应当责令其停止活动。

对变更或者取消已向社会公布的大型群众性活动，承办者未及时通过媒体向社会公告，未做好善后工作的，公安机关应当责令其立即履行。

违反本办法规定，承办者发现进入活动场所的人员达到核准数量时，不立即停止验票，或者发现持有划定区域以外的门票或者持假票的人员，未拒绝其入场并向活动现场的公安机关工作人员报告，有发生安全事故危险的，公安机关应当依照《中华人民共和国治安管理处罚法》进行处罚。

第三十七条 违反本办法其他规定的行为，依照《大型群众性活动安全管理条例》以及其他有关法律、法规、规章进行处罚。

第三十八条 有关主管部门的工作人员和直接负责的主管人员在履行大型群众性活动安全管理职责中，有滥用职权、玩忽职守、徇私舞弊行为的，依法给予处分；构成犯罪的，依法追究刑事责任。

第六章 附 则

第三十九条 本办法所称市、县（区）人民政府直接举办的大型群众性活动，是指市、县（区）人民政府和具有行政管理职能的市人民政府派出机构举办的大型群众性活动。

第四十条 本办法所称承办者，是指负责大型群众性活动组织、协调等工作，对活动安全工作负责的法人或者其他组织，包括主办单位、承办单位、协办单位、联办单位。

第四十一条 党委的工作部门和行政机关以外的其他国家机关举办的大型群众性活动，应当明确承办单位，履行本办法规定的安全职责。

第四十二条 本办法第三条规定类型的活动，预计参加人数在200人以上1000人以下的，承办者应当在活动举办日的十日前向所在县（区）人民政府公安机关备案，并参照本办法履行有关安全职责。

群众自发聚集的迎新、祈福等传统民俗活动和规模性促销等活动，场地管理者或者经营单位应当履行安全职责，维护现场秩序，并提前向所在县（区）人民政府公安机关和行业主管部门报告，公安机关和行业主管部门应当纳入日常公共安全管理。

第四十三条 本办法自2019年7月1日起施行。

（本办法2018年由市公安局起草完成）

中共日照市委 日照市人民政府
关于改革和加强公安派出所工作的意见

日发〔1997〕22 号

为加强公安基层基础工作，提高公安派出所预防、打击犯罪和管理、控制社会治安的能力，把派出所建设成为确保一方平安的战斗实体，根据上级部署要求，就改革和加强派出所工作，提出如下意见：

一、充分认识新形势下改革和加强派出所工作的重要意义

近年来，全市各级党委、政府大力加强派出所规范化建设，干警队伍素质有了较大提高，交通、通信工具和办公条件明显改善，各项业务工作逐步走向制度化、规范化建设轨道，整体战斗力进一步增强，为维护全市政治稳定和社会安定发挥了重要作用。但是，随着形势的发展，社会治安情况日趋复杂，派出所原有勤务制度、工作运行方式已不适应形势要求，管理防范工作相对薄弱，警力、经费不足，影响和制约了作用的发挥，亟待改革和加强。派出所处在维护社会治安的第一线，担负着保一方平安的重要任务。改革和加强派出所工作，充分发挥派出所的优势和作用，能够更加有效地开展各项公安工作，提高防范、控制和打击各类违法犯罪的能力，增强人民群众的安全感。同时，派出所又是党委、政府联系群众的桥梁和纽带，其工作的好坏，直接影响着党委、政府的形象。建设好派出所这个“窗口”，不仅能促进公安机关的自身建设，而且对全市精神文明建设也具有推动作用。各级党委、政府和各级公安机关一定要充分认识改革和加强派出所工作的重要意义，作为一项政治任务切实抓紧抓好，抓出成效。

二、积极推进派出所勤务制度、勤务方式改革

按照属地管理和管地、管人、管事相统一的原则，城市、城镇派出所和有条件的农村派出所要积极推行“一警一区、一警多能、责任到人、一包到底”的警务制度，切实担负起辖区治安管理、防范和打击犯罪的任务。全面实行派出所民警基本分制考核办法，建立报警案件登记、上报、投诉制度，重、特大刑事案件、重大治安事件案前管控情况考核查纠制度，进一步健全激励竞争机制。派出所所长、民警抓基础工作取得显著成绩的，在晋级、晋职和评功授奖中予以优先。实行“末位淘汰制”，凡连续两年考核居末位的所长予以调整，对年度考核不合格的民警实行离岗培训，经培训一年仍不合格的予以辞退。

三、大力加强派出所基础业务建设

（一）加强以暂住人口管理为重点的人口管理。进一步健全暂住人口管理网络（派出所设管理站、警区设管理分站、村居单位设协管员）和管理制度，做到人员、报酬、办公场所、职责、制度五落实。对重点人口实行建档分层次科学管理，列管率农村不低于 3‰，城市不低于 5‰，并逐步实行微机化管理，提高发现、控制、防范犯罪的能力。

（二）大力抓好安全文明小区和安全文明村居建设。继续按照“巩固人防、完善物防、突出技防”的工作思路，进一步健全和完善安全防范体系建设。在城镇居民区要有步骤地推行安装防盗门、防盗锁、防盗棂、看车棚等物防设施，重点要害部位安装报警器、电视监控等技防设备。同时，积极开展创安全文明小区、安全文明村居活动，力争年内安全文明小区、安全文明村居分别达到 80% 和 60%。

（三）依法严格各项治安管理。对路边店、录像厅、舞厅，美容美发厅等公共场所，认真落实治安责任制，严格检查监督，加大查禁、打击力度。扫除“六害”现象；对特种行业，要健全完善申报许可、登记备案、安全培训、监督检查等管理规章，逐步形成经常性的有效管理机制；对枪支弹药、爆炸物品，坚持“从严”原则，从源头抓起，从内部抓起，打击、收缴、管理三管齐下，消除隐患，确保辖区不发生涉枪涉爆案件、事故。

（四）加强群防群治组织建设。进一步加强治保、联防组织建设，做到人员、办公场所、制度、报酬四落实。符合条件的治保主任可进村两委班子，其报酬实行误工补助。本着有利治安防范和少而精的原则，以乡镇街道为单位，建立治安联防队（2万以下不低于6人，3万以上不低于10人），队员的工资在不增加农民额外负担的前提下，由乡镇妥善解决，有条件的可办理人身意外伤害保险。同时，大力加强护厂、护矿、护校、护村队等群防群治组织建设，搞好政治业务培训，提高队伍素质，发挥群众防范的作用。

（五）增强打击力度。认真受理群众报警案件和上级下达的处警指令，做好先期处置；积极主动提供破案线索，协助刑侦部门查破刑事案件；及时查处治安案件，调处民事纠纷；并做到材料完备，手续合法，证据确凿，处罚适当；适时组织开展治安整治，扫除各种社会丑恶现象。

（六）加强档案管理。对常住人口、暂住人口、重点人口、治安耳目、犯罪情报和文书档案等重要资料，随时整理、妥善保存、科学管理、方便使用，更好地服务于现实斗争。

四、大力加强派出所队伍建设

派出所干警必须政治上强、业务上精，纪律作风过硬，整体素质高，能够适应新形势要求。要配齐配强派出所领导班子，按照干部“四化”方针和德才兼备的原则，选拔政治、业务素质高，具有开拓进取精神和较强组织协调能力的优秀干部充实到派出所领导岗位。对优秀派出所所长经考察符合条件的，其职级可以高配到副科级，也可进乡镇党委班子。要加强教育培训。坚持政治学习制度，组织民警系统学习邓小平建设有中国特色社会主义理论，党的基本路线、方针、政策，深入开展学习济南交警和邱娥国等英模活动，引导广大基层干警树立正确的人生观、世界观、价值观和全心全意为人民服务的思想，大力倡导爱岗敬业、勤政为民、无私奉献、艰苦奋斗的优良作风。积极开展岗练兵活动，认真学习和掌握国家法律政策和各项业务技能，不断提高干警

业务素质，以适应形势发展和派出所工作需要。要广泛开展便民、利民活动，密切警民关系。要普遍推行所长接待日、警民联系卡、民警向群众报告工作、开门评警等制度。严格按照公安部十条要求，落实便民利民措施，进一步密切警民关系。要坚持从严治警，以制治警，强化队伍管理。严格执行《中华人民共和国人民警察法》及政法干警“三条禁令”“禁酒令”等法规、制度，确保政令、警令畅通，杜绝违法违纪问题发生。要调整壮大一线警力。鼓励和选配年富力强的干警到派出所任职、挂职，充实基层力量。根据工作需要，增加地方编制，定向充实到派出所，不断壮大基层警力。争取年内市区派出所干警人数要达到10人以上，城镇派出所达到5人以上，农村派出所一般要达到3人以上，坚决消除1人所。“九五”期间，力争市区派出所干警人数要达到辖区人口的万分之四，城镇派出所要达到万分之三，农村派出所要达到万分之二。

五、大力加强派出所基础设施建设

按照派出所装备标准，从实战出发，进一步加强和改善派出所装备。各级党委、政府，每年要适当增加财政预算，将公安经费和物资保障列入地方经济和社会发展规划，保证派出所办公、办案和设施建设经费。罚没款按照收支两条线的原则，全部返还用于公安工作。各级公安机关在经费使用上要向基层倾斜，切实为干警创造良好的工作生活环境。派出所要加强财务管理，发扬艰苦奋斗精神，尽量减轻国家和群众负担。

六、切实加强对派出所工作的领导

各级党委、政府要把加强派出所建设作为加强基层政权建设，维护社会治安稳定的一项重要工作，列入议事日程，落实领导责任制，做到一把手亲自抓，分管领导具体抓。凡涉及派出所基础建设中的重大问题，各级党委、政府都要给予关心和支持，及时帮助解决。要认真落实《派出所工作标准》《治保会规范化建设标准》等6项基层基础工作规范，争取年内取得明显成效。各级公安机关要真抓实干，深入基层搞好调查研究，为党委、政府当好参谋，及时研究解决派出所工作中的普遍性问题，并做好具体指导，不断促进公安基层基础工作的全面发展，为全市对外开放和经济建设创造更加良好的社会治安环境。

1997年7月7日

中共日照市委　日照市人民政府
关于向日照公安110报警服务系统学习的决定

日发〔1997〕27号

日照公安110报警服务系统自1996年10月开通，建立了接警、指挥、出警、处警为一体，各警种和社会各有关部门配套联动的快速反应机制。在不到一年的时间里，“公安110”干警大力弘扬日照精神，严格执法，热情服务，以快速反应的工作效率，甘愿吃苦、乐于奉献的工作态度，展现了人民警察的良好形象，密切了党群、干群、警民关系，为全市社会稳定、经济发展、人民群众安居乐业做出了突出贡献，得到了人民群众的高度赞扬。为深入贯彻党的十四届六中全会精神，促进全市二次创业的开展，加快两个文明建设步伐，市委、市政府决定，在全市广泛深入地开展向日照公安110报警服务系统学习的活动。

一要学习他们自我加压、敢于争先的进取意识。他们顺应治安形势的发展，学习外地经验，在无经费、无装备、无办公场所的情况下，不等不靠，本着先开通后完善的原则，于1996年10月1日在全省率先开通了110报警服务台。继而又购进先进的110报警指挥设备，在全省率先实现110、122、119联网。工作展开后，他们提出了全面工作争第一，单项业务创一流的奋斗目标，内强素质，外树形象，建立了一流的勤务管理机制，创出了一流的成绩。向“公安110”学习，就要像他们那样立足本职，从实际出发，找准位置，选准突破口，主动工作，积极探索，勇于改革，敢为人先，努力开创各项工作的新局面。

二要学习他们严明高效、雷厉风行的工作作风。公安110报警服务系统坚持从严治警，搞训练从难从严，学业务精益求精，抓管理动真抓实，以铁的纪律造就铁的队伍，练就了快速反应、速战、速决的过硬本领，成为一支召之即来、来之能战、战之能胜的坚强集体，成为人民喜爱、敌人惧怕的钢铁之师。要学习他们雷厉风行的工作作风，从我做起，从现在做起，向我看齐，不等不靠，立说立行，只争朝夕，为我市经济社会事业健康发展贡献力量。

三要学习他们赤诚为民、热情服务的高尚情操。他们把“群众的困难就是我们的困难，群众的满意就是我们最大的心愿”作为追求的目标，以密切党群、干群、警民关系为工作的出发点，讲政治，识大局，比贡献，坚持维护治安与服务群众并重，将“严格执法，热情服务”融为一体，落到实处，向全市人民郑重做出并以实际行动兑现了“有警必接、有难必帮、有险必救、有求必应”的承诺，充分体现出全心全意为人民服务的崇高思想境界，赢得了人民群众的拥护和爱戴。向他们学习，就要像他们那样，牢固树立全心全意为人民服务的思想，情系百姓，想群众之所想，急群众之所急，帮群众之所需，积极为群众排忧解难。

四要学习他们艰苦奋斗、无私奉献的敬业精神。他们大力弘扬“自我加压，负重奋进，顽强拼搏，真抓实干”的日照精神。克服工作条件差、生活待遇低等种种困难，对工作兢兢业业，任劳任怨，安于清贫，无私奉献，坚持24小时值班备勤，随时接受群众报警和求助，日日夜夜保平安，表现了崇高的敬业精神、吃苦精神和牺牲精神。向他们学习，就要像他们那样，热爱本职工作，立足现实，为了日照的安定与发展，艰苦奋斗，无私奉献，知难而进，勇挑重担，积极投身到二次创业的实践中去。

市委、市政府号召，全市各级各部门各单位，要迅速掀起向日照公安110报警服务系统学习的热潮。要把学习公安110报警服务系统与贯彻党的十四届六中全会精神结合起来，与开展二次创业结合起来，形成推动二次创业和精神文明建设开展的强大精神动力。特别是窗口行业要以日照公安110报警服务系统为榜样，加强对干部职工的爱岗敬业教育、职业道德教育，广泛开展规范化优质服务和志愿者服务活动，把为民、便民、利民的各项措施落到实处。全社会都要进一步加强社会公德教育，树立扶危济困、扶残助弱、关心公益事业的典型，大张旗鼓地表彰见义勇为、抑恶扬善的行为，开展争做“文明公民”活动。各级党政干部要进一步转变工作作风，提高工作效率，树立良好的公仆形象。特别是政法、城建、卫生、供电、邮电、交通、民政等有关部门要立足本职，积极主动地与“公安110”配合，协同行动，制定配套措施，建立起完善的社会联动服务体系。全市上下、各行各业、各个方面都要以学习公安110报警服务系统为动力，同心同德，扎实工作，拼搏进取，争创一流业绩，不断夺取我市两个文明建设的新胜利，以实际行动迎接党的十五大胜利召开。

附：日照公安110报警服务系统事迹介绍

日照公安110报警服务系统事迹介绍

日照公安110报警服务系统自1996年10月1日开通至今，在短短十个月的时间里，坚持以人民的困难就是我们的困难，人民的满意就是我们最大的心愿为追求回标，自我加压，开拓进取，始终做到有警必接、有难必帮、有险必救、有求必应，全心全意为人民服务，有效地遏制了犯罪，维护了社会安定，在社会上引起强烈反响，得到了人民群众的一致赞誉。

（一）

1996年9月，在全国掀起学习济南交警的热潮中，公安部又推出漳州110这个典型。市公安局党委认识到。漳州110模式超出了以往110仅为匪警电话的界定内涵，成为公安机关乃至党委、政府在新形势下密切联系群众的桥梁和纽带，能够强化公安队伍的宗旨意识，提高快速反应能力，推动公安工作的全面发展。为此，公安局党委决定以漳州为榜样，迅速开通110。

但是，因日照的经济状况所限，一下子把110所需设备和其他有关设施全部解决，绝非易事。在各方面条件比较困难特别是建设经费短缺的情况下，他们不等不靠，千方百计借来25万元人民币，购置了警车和部分设备。在警力紧张的情况下，从巡警抽出42名民警，于9月30日，在老城区和新市区同时设立了两个110报警服务台，实行24小时全天候值班，随时接受人民群众的报警和求助。就这样，日照城区110在全省率先开通。接着，莒县、五莲、岚山先后于年底也开通了各区县的110

报警服务台。从此，110以超常的工作范围和工作负荷，奔波于人民群众之间，在人民群众需要服务的关键时刻，人们都会看见港城110的身影出现，110走进了千家万户。

（二）

打击犯罪，维护治安，是110报警服务台的一项重要职责。110民警在这个岗位上，以勤勉的敬业精神，充分发挥着快速反应、快速出击的特殊优势，每次接警都以雷厉风行的作风，在短时间内迅速赶到现场，予以果断处置，不给犯罪分子以喘息之机，成为公安机关克敌制胜、打击犯罪的一把利剑。

去年10月29日上午9时50分，有一名犯罪嫌疑人携带炸药包在日照中级人民法院企图行凶作案。110民警接警后。仅用3分钟就赶到了现场，迅速制止了一起恶性案件的发生。

是年12月29日14时，有群众向110报警服务台举报，在日照开往石臼方向的公共汽车上有歹徒实施抢劫犯罪，他们接警后，一面派民警迅速赶到现场，一面通知有关单位联合行动，武警官兵和东港分局刑警大队民警也迅速赶到，迅速将犯罪嫌疑人擒获，打了一个漂亮战。次日13时5分，110报警服务台接1名群众报警，称1名盗窃分子正在其住宅内行窃被堵在屋内，请求速来擒获。3名110民警接报后仅3分钟就到达现场，将其住宅围住，经过一番紧张地搏斗，终将3名在城区流窜作案40余起、盗窃价值4万余元的盗窃嫌疑人擒获归案。

110闻警而动，以快制快，有效地打击了各类违法犯罪活动。十个月来，110报警服务系统抓获犯罪嫌疑人百余名，摧毁犯罪团伙8个。据统计，我市城区今年上半年的刑事犯罪案件与去年同期相比下降30%。与此同时，他们还及时制止了一批治安突发事件，最大限度地减少了社会危害。

110报警服务台在繁忙的出警中还担负着先期处置交通肇事的任务，一旦遇有情况，他们就快速赶到发事地点，疏散围观群众，保护现场，维护秩序，同时在送伤者去医院抢救的同时，通知交警有关单位前来处理现场。到目前为止，据不完全统计，已先后护送交通肇事伤员391人，抢救生命垂危伤员137人。人民群众一致称赞，110干警不仅是犯罪分子的克星，同时还是人民群众的保护神。

（三）

110民警始终牢记全心全意为人民服务的宗旨，视人民群众如父母，心中时刻装着群众，千方百计地为群众排忧解难，想群众之所想，急群众之所急，帮群众之所需，在接受人民群众的求助工作中。以实际行动谱写了一曲曲救危解困、赤诚为民的赞歌。

1996年10月6日13时10分，110报警服务台接到群众求助，一位老大娘的钥匙忘在了屋里，正当老人愁得无计可施的时候，其邻居抱着试试看的心理给110接警服务台打了电话，110民警2分钟赶到，一民警腰系安全绳，两民警在楼顶拽住，冒着生命危险，从阳台处攀壁进入老大娘家中，帮助取出了钥匙，将老大娘送进屋内，使她感动不已。

今年2月22日。陕西澄城少女刘明英，到日照寻友找工作，在寻友不着、分文全无的情况下，报警110求助。110民警连夜带其寻找到日照做生意的陕西老乡，找了七处地方均未找到。民警们便为其安排好食宿，次日又多处查询，终于在石臼二中找到了她的同学，之后又通过当地公安机关与其父母取得联系。从查找到她的同学到其父母来到日照，共食宿12天，均由110民警集资垫付，临走时刘明英感动得在110民警面前长跪不起。其家长于3月2日在返乡后给市公安局寄来一封热情洋溢的感谢信，表达了对日照110民警的感激之情。

110民警始终信守承诺，兑现承诺，无论大事小事，不分分内分外，只要群众拨打110求助，110从不推辞，竭尽全力为民服务，特别是在群众有危难的时候，110民警总是挺身而出，以实际行动树立了人民警察的良好形象。仅十个月的时间就为群众做好事近千件，其中接受群众救助750余起。他们就是用一件件一桩桩的实事，向人民群众播撒救危解困赤诚为民的爱心，使人民群众真正地感受到党和政府的温暖，使党群关系更加融洽和亲密起来。

（四）

日照公安110报警服务台是在条件极其困难的情况下开通运行的。城区两处报警服务台的办公与宿住房屋均是借用外单位的。他们找来几张双层木板床，几张旧桌椅，安装上两部电话，购置了吉普和大发警车，开始了服务。42名民警实施值班备勤。不管是风吹雨打，还是天寒地冻，不管是满地泥泞，还是烈日当头，110民警照常地每天平均工作15小时。他们为了出警快，从来车不离岗，枪不离人，衣不离身，长期过不上节假日、星期天，除每月每人二三百元的工资外，无任何额外报酬，但他们无怨无悔，在艰苦地工作着，无私奉献着自己辛勤的劳动和青春年华。

民警赵海波在参加封闭式强化训练时，软肋骨被战友在擒拿格斗训练中踢得下陷，他忍着疼痛让医生用手抠出来，继续操练。民警王文举妻子无工作，孩子不满周岁，110没家庭住户的宿舍，他自己又无房子，只有租民房住，一月光房租费水电费就将近300元，值夜班，实在饿了就啃两个煎饼。民警相斌昌是110汽车司机，在去年国庆节与中秋节期间，由于工作实在繁忙，竟四天四夜战斗在岗位上，他的妻子见节日丈夫不回家，便包了水饺送到110报警服务台。

110民警就是以这种舍小家顾大家，辛苦我一个幸福千万人的牺牲精神，务实的工作作风，热心为民的服务态度，塑造出了一支召之即来，来之能战，战之能胜的威武之师，为警徽增了光，添了彩。他们这种艰苦奋斗和无私奉献的高尚品德，赢得了上级领导和社会各界广大人民群众的普遍好评。民警赵海波被团省委授予青春立功一等功、山东省新长征突击手荣誉称号。110报警服务台被团省委和省公安厅分别评为青年文明号和荣立集体三等功，被市定为精神文明建设示范单位。同时，也得到了社会各界的回报，人民群众纷纷登门感谢110，以实际行动支援110。据不完全统计，110已收到表扬信300余封，感谢电话390余次，锦旗镜匾40余件。

1997年8月4日

日照市人民政府

日照市暂住人口管理办法

日政发〔1991〕77号

第一条 为了加强对暂住人口的管理，保障公民的合法权益，防范和打击各种犯罪活动，维护社会秩序，根据《中华人民共和国户口登记条例》和《山东省城镇暂住人口管理办法》，结合我市实际，特制定本办法。

第二条 凡年满十六周岁曲公民离开常住户口所在地来我市暂住或我市公民跨乡镇、办事处暂住的，都要依照本办法到暂住地公安派出所申请领取暂住证或申报暂住登记。其中，暂住时间在一个月以上的，须申请领取暂住证，暂住时间在一个月以内和寄宿学生及早出晚归的临时务工人员，须申报暂住登记。

第三条 下列人员需办理暂住证：

（一）企事业单位和机关团体雇佣的合同工、临时工以及其他务工暂住人员；

（二）从事建筑业和交通运输业以及承包专业队的人员；

（三）经营商业、服务业（饭店、理发、照相、修理、加工、缝纫、配眼镜等）及行医、从艺的暂住人员；

（四）工厂、企事业单位从外地招聘的专业技术人员及其家属子女；

（五）外地来我市联系业务在旅馆、招待所包房长住的人员；

（六）投靠配偶、父母、子女、亲属和就医、当保姆的暂住人员；

（七）其他原因暂住的人员。

第四条 凡需办理暂住证的外来人员，须经暂住地的村（居）委会同意，持本人居民身份证和常住户口所在地派出所的证明，以及近期一寸免冠照片二张，到当地公安派出所申领暂住证。

第五条 暂住证为一人一证，有效期一年。暂住期满或中途离开暂住地，须申报注销暂住户口，交还暂住证。期满需继续暂住的，交还旧证并换发新证。

第六条 暂住人口需租用房屋的，在办理暂住证的同时，由房主带领到所在村（居）委会或单位申报，经公安派出所审查批准领取房屋租赁证后，方可租赁。

房主应保证其出租的房屋使用正当、合法，发现房客有违法犯罪行为或嫌疑，应及时向公安派出所报告，知情不报或包庇、窝藏犯罪分子的，要严格追究法律责任。

第七条 暂住证为暂住人员的合法证件，必须严加保管，不得伪造、涂改、转借，并要随身携带，以便查验。如有遗失，须及时报告，以核实补发。

第八条 申领暂住证、房屋租赁证，应按规定交纳工本费和押金，押金在办理注销手续时退还本人。

第九条 旅馆、饭店及其他个体经营业户雇工必须向当地公安派出所申报，填写被雇人员基本情况表，交纳治安押金，否则不能录用。

第十条 暂住人口的管理工作，由公安机关统一负责，有关单位、村（居）民委员会具体管理。

（一）企事业单位和机关团体雇佣的合同工、临时工及聘用的技术人员，由用工单位指定专人负责，登记造册，主动到公安派出所办理有关手续。

（二）有组织的建筑、运输及各类承包队，根据人员的多少，由用工单位配备专职或兼职人员管理。

（三）外地常住机构的人员和从事经商、服务业的人员，由所在地的主管单位负责管理。

（四）居住在居民家中和租赁房屋的暂住人员，由所在单位或村（居）委会负责管理。

（五）工商、计生、卫生等部门在办理暂住人口的营业执照、准生证明以及卫生许可证等证件时，必须查验暂住证、房屋租赁证，无证的不予办理。个体户雇佣的服务人员，在领取暂住证的同时，应按照工商法规与雇主签订合同，并报工商部门备案。

（六）暂住人口的计划生育工作由暂住地的单位和村（居）委会统一负责。如发现暂住人口超计划生育，要追究所在村（居）委会和单位负责人的责任。

第十一条 公安、工商、税务、计生、技术监督、卫生防疫等部门要认真履行各自的职责，强化日常管理，及时解决发现的问题，需其他部门解决得及时通报情况。

第十二条 公安机关、单位保卫人员、治安联防队、村（居）委会及计划生育部门，有权检查暂住人员的《暂住证》、申报登记情况和计划生育情况，被查者不得拒绝。除公安机关外，其他单位和个人，无权扣押暂住证。

第十三条 各单位、城乡居民和暂住人员都应遵守本办法。对有下列行为之一者，视情节轻重，依照《治安管理处罚条例》予以处罚：

（一）不按照规定申报和办理暂住户口手续的；

（二）涂改、伪造、转借暂住证的；

（三）冒名顶替使用他人暂住证的；

（四）拒绝公安保卫人员查验暂住证的；

（五）出租房屋或者床铺供人住宿，不向派出所申报登记住宿人户口的。

第十四条　公安机关要加强对暂住人口的检查、管理，对无有效证件、无正当职业、无固定住所的人员，要会同有关部门，将其清退回原籍。

第十五条　对积极协助公安机关搞好暂住人口管理工作，并取得显著成绩的，要给予表彰和奖励。

第十六条　本办法由市公安局负责解释。

第十七条　本办法自颁布之日起施行。

日照市人民政府
关于办理地方城镇户口的通知

日政发〔1994〕21号

各区县人民政府、岚山办事处、日照开发区管委，市属各企事业单位，市政府各部门：

为切实做好我市地方城镇居民户口的审批管理工作，根据省政府《关于实施地方城镇户口有关问题的通知》（鲁政发〔1994〕3号）精神，现就有关问题，作如下通知：

一、地方城镇居民户口的性质

地方城镇居民户口是山东省规定的非农业户口，在粮油供应、劳动就业、子女上学、计划生育等方面与国家统一管理的非农业户口享有同等权利和义务，使用统一的非农业户口簿。地方城镇居民户口人员有正当理由需要迁移的，在本省境内县及县以下城镇可以迁移流动；迁往省外的，按全国城镇居民户口手续办理；自愿迁回农村落户的，准予落农业户口。

二、办理地方城镇居民户口的范围

除符合土地管理法规定的无地农民外，对符合下列条件之一的人员，如其自愿，可予以办理地方城镇居民户口。

（一）已符合国家“农转非”政策，因“农转非”指标所限不能办理“农转非”的人员；

（二）按市人事部门下达的计划，经区、县、岚山办事处、日照开发区组织、人事部门批准选聘的乡镇党政群机关任职满4年的干部及女干部的未成年子女；

（三）经劳动部门批准招收的、在城镇企事业单位工作满5年以上的农业户口职工及女职工的未成年子女；

（四）1985年登记在编并持有省教委颁发的“任教证书”的在职民办教师及女民办教师的未成年子女（包括已办理“农转非”的公办教师的未成年子女）；

（五）在乡镇以上计划生育部门工作满5年的农民合同制工人或专职计划生育工作人员以及女职工的未成年子女；

（六）经批准招收的农、林、牧、渔场原农场户口的职工以及女职工的未成年子女；

（七）原户口已被注销、在城镇居住10年以上、有住房并有稳定生活收入来源的户口待定人员；

（八）在县及县以下的小城镇、集镇购建住房、自己解决经营场地、经营资金、在工商行政管理部门注册登记、生产经营3年以上的业主及其配偶和未成年子女；

（九）经批准招收的农业户口的大中专自费生（含技工学校），毕业后被城镇企事业单位录用的；

（十）开发区内的企事业单位招收的在开发区连续工作5年以上的农业户口职工；引进的人才连续任职2年以上，并被用人单位认定作出贡献的人员及其配偶和未成年子女；

（十一）县及县以下城镇事业单位引进的具有大专学历或具有中级以上职称（含技师），在受聘单位工作2年以上并被用人单位认定作出贡献的人员及其配偶和未成年子女；

（十二）被分配在县以下城镇企事业单位工作5年以上的大专毕业生、工作7年以上的中专毕业生（含技校毕业生）的配偶及未成年子女；

（十三）被评聘为中级以上专业技术职务（含技师）的城镇企事业单位的农业户口职工；

（十四）外商、华侨和港、澳、台同胞在我市投资40万美元以上兴办实业所聘用的在投资所在地有固定住所的管理人员、生产技术骨干及投资者的市内亲属（只限5人）；

（十五）华侨和港、澳、台同胞用折合人民币20万元以上的侨汇在城镇购建房屋、需要照顾的大陆亲属（只限2人）。

三、地方墟镇居民户口的审批程序

（一）各区、县、岚山办事处、日照开发区管委对办理的地方械镇居民户口必须纳入计划管理，由市计委根据全市经济和社会发展水平以及城镇对人口的承受能力进行总量控制，每年下达年度计划指标。

（二）符合上述范围第一、七、八条规定的，由公安派出所审查，区、县公安（分）局审核，市公安局审批。

（三）符合上述范围第二、九、十一、十二条规定的，由市、县人事部门审查，区、县公安（分）局审核，市公安局审批。

（四）符合上述范围第三、十、十三条规定的，属中央、省属和市属单位的，由市劳动部门审查；属县属以下单位的，由县级劳动部门审查，均由区、县公安（分）局审核，市公安局审批。

（五）符合上述范围第四、五、六条规定的，分别由市、县教委、计生委、农委审查，区、县公安（分）局审核，市公安局审批。

（六）符合上述范围第十四、十五条规定的，由市侨办、对台办审查，区、县公安（分）局审核，市公安局审批。

（七）无地农民办理地方城镇居民户口的，由市公安局会同有关部门审查后，经市政府同意，报省政府审批。

（八）主管部门在办理地方城镇居民户口材料时，必须附有本人申请、转户人户口所在地公安派出所户籍证明及其他有关的材料。对批准转为地方城镇居民户口的人员，区、县公安（分）局及派出所凭市公安局的审批件办理入户手续，同时到粮食部门办理供粮手续。

四、收取城镇增容配套费的标准、办法及使用原则

为缓解城镇公共基础设施的压力，加强城镇基础设施建设，对办理地方城镇居民户口的人员，收取适当数量的城镇增容配套费。

（一）收费标准：

1．符合办理范围第一、二、三、七、八、九、十、十一、十一、十二、十四、十五条规定的，东港、岚山、日照开发区每人收取3000元，莒县、五莲每人收取2000元；

2．符合办理范围第四、五、六条规定的，东港、岚山、日照开发区每人收取1000元，莒县、五莲每人收取 600 元。

（二）收费办法：

办理地方城镇居民户口人员凭公安机关审批件到财政部门指定的银行交款，然后凭交款单到公安机关办理准迁证。市属企事业单位、东港区、日照开发区范围内办理地方城镇户口所交纳的城镇增容配套费，统一由市财政收取，各区县、办事处由当地财政统一收取。

对转为地方城镇居民户口的人员，其所生子女随母入户；农村户口的义务兵在服役期间其母亲已转为地方城镇户口的，退役时，可随母入户。上述两种人员不再收费。

（三）收费使用原则：

所收取的城市增容配套费主要用于城镇基础设施建设。除东港区、日照开发区外，莒县、五莲、岚山须上交市财政 20% 的城市增容配套费，与市财政收取的增容配套费捆在一起用于市区的基础设施建设，其余 80% 由当地自行安排用于城镇基础设施建设。

五、切实加强领导，严格把握政策

办理地方城镇居民户口，涉及面广，政策性强，各地、各部门要加强领导，严格按照本通知规定办理。根据省委、省政府办公厅《关于坚决制止买卖户口的紧急通知》（鲁办发第〔1993〕104 号）精神，各区、县、办事处、管委要对前段办理城镇居民户口情况进行认真清理。凡符合本通知规定范围的，逐级审查，办理转户手续，不再收费；不符合的，要做好工作，予以清退。同时，各有关部门要尽快根据各自的职责范围，制定详细周密的实施细则，以确保此项工作的顺利进行。在办理地方城镇居民户口工作中，各级、各部门要严格政策规定，坚持原则，秉公办理，任何单位不得以任何借口搭车收费．更不允许截留、挪用。对违反规定、弄虚作假、以权谋私的要严肃处理。

日照市人民政府
关于将部分无地农民的农业户口转为城镇居民户口的通知

日政发〔1998〕153 号

各区县人民政府，岚山办事处，市政府有关部门：

根据省政府鲁政字〔1998〕197 号《关于将五莲县、莒县部分无地农民的农村户口转为城镇居民户口的批复》和鲁政字〔1998〕323 号《关于同意日照市东港区部分无地农民的农村户口转为城镇居民户口的批复》精神，我市将为部分无地农民办理城镇居民户口。为认真做好这次无地农民“农转非”工作，切实解决无地农民的后顾之忧，维护社会稳定，促进经济和社会事业的发展，现就有关问题通知如下：

一、转户范围

根据省政府的批复要求，这次无地农民“农转非”的范围为：东港区日照街道办事处利民街居委、营子街居委、文化村、东关北路居委、迟家村、文华街居委，秦楼街道办事处东明望台村、西明望台村、高家村、沟南村，岚山办事处王家庄子村、王家海屋村、刘家海屋村、周家庄子村、戴家庄子村，五莲县洪凝镇莫家庄子村、却坡村、和子沟村、同俗村，莒县城阳镇护城官庄村、东关五街居委等 21 个村（居）的常住人口，共计 12853 户，38548 人。

二、审批办理程序

这次无地农民“农转非”以村（居）为单位成建制进行。由市公安局组织各区县公安（分）局及有关派出所，以村（居）为单位对转户人员进行认真细致的户口核对，确保底数清、情况明。凡不符合规定的人员，一律不予随同转户。拟转户人员按新老户分类别张榜公布，公布5日无异议后，以村（居）为单位组织工作人员分类别按落户时间依次填写《无地农民“农转非”户口呈批表》等转户材料。上述材料经户口所在地公安派出所审查，区县公安（分）局审核，市公安局审批后，办理无地农民“农转非”手续和城镇居民户口簿。转户人员以村（居）为单位凭《无地农民“农转非”户口呈批表》等材料统一到粮食部门办理供粮手续。

三、办理时间

这次无地农民“农转非”工作，总的要求于1999年1月31日前全部完成。具体时间安排：1998年12月底前，层层召开会议、安排部署、宣传发动、调查摸底、核对户口阶段；1999年1月上旬，填写转户材料、张榜公布转户人员名单、申报审核材料；1月中旬，交纳城镇增容配套费、市公安局审批材料；1月下旬，填写居民户口簿、办理供粮手续。

四、城镇增容配套费的收取标准、办法及使用原则

为缓解城镇公共基础设施压力，加快城镇基础设施建设，经市政府研究，对这次无地农民转为城镇居民户口的人员，收取适当数量的城镇增容配套费。

（一）收费标准

收费标准分为老户和新户两部分。1988年12月31日以前落户的视为老户，每人收取城镇增容配套费300元，1989年1月1日以后落户的视为新户，每人收取城镇增容配套费500元。残疾人、“五保户”以及年满55周岁以上的人员（1943年12月31日以前出生），一律不收取城镇增容配套费。残疾人凭残疾证或县级以上医院残疾证明，“五保户”凭村（居）出具的证明，经工作人员审核无误、张榜公布无异议后办理免费手续。对无地农民转为城镇居民户口的人员，其新出生子女随母落户；在服役期间其母亲已转为城镇居民户口的农村户口义务兵，退役时随母落户。上述两种人员在办理城镇居民户口入户手续时不再收取城镇增容配套费。

（二）收费办法

经批准的转户人员凭公安机关出具的手续到财政部门收费点交款，然后凭交款单到公安机关办理转户手续。各区县、办事处所缴纳的城镇增容配套费，由当地财政部门统一收取，待转户材料审核完毕，上报市公安局审批的同时，将上缴市财政部分足额交齐后再办理审批手续。

（三）收费使用原则

所收取的城镇增容配套费主要用于城镇基础设施建设。东港区收缴的城镇增容配套费，市直使用60%，东港区使用30%，转户村（居）使用10%；五莲、莒县、岚山办事处收取的城镇增容配套费上缴市财政30%。各级财政部门可从收取的城镇增容配套费中拿出一定比例作为办理无地农民“农转非”的办公经费和业务费。

五、加强组织领导，严格政策和手续

为加强对这次无地农民“农转非”工作的组织领导，市政府成立无地农民转户工作领导小组，下设办公室在市公安局。各级也要成立相应的领导组织，确保此项工作的顺利进行。工作中，各级各有关部门要严格执行政策，坚持原则，秉公办理，任何单位、个人不得违反规定，擅自扩大转户范围，私自提高收费标准，坚决杜绝“搭车进人”和截留、挪用增容费的问题发生。同时，要坚持“两公开一监督”制度，及时张榜公布转户人员名单和收费标准，自觉接受人民群众的监督。对弄虚作假、徇私舞弊的，除清退已转的城镇居民户口外，还要追究有关人员的责任。转户工作结束后，要及时将工作情况专题报告市公安局。

六、其他有关问题

（一）粮油供应问题。东港区范围内的粮油供应网点由市政府统一作出安排，五莲、莒县、岚山办事处范围内的由当地政府作出安排。

（二）土地管理问题。对无地农民“农转非”村（居）的现有集体土地要登记造册，由区县、办事处土地管理部门代政府收归国有，统一管理。国家、集体建设需要用地时，按法定程序办理审批手续。

一九九八年十二月十五日

日照市人民政府
关于进一步改革我市户籍管理制度的意见（试行）

日政发〔2004〕29号

各区县人民政府，岚山办事处，日照经济开发区、山海天旅游度假区管委，市政府各部门，各高等院校，市属各企事业单位，国家、省属驻日照各单位：

为进一步加快城市化进程，促进全市经济社会发展，根据国家、省有关政策规定和外市经验，结合实际，现就我市户籍管理制度改革提出如下意见。

一、改革的基本思路

我市户籍管理制度改革的基本思路是实行积极的人口迁移政策，推行政策条件准入制度，逐步放宽落户条件，大力引进适用人才，进一步优化人口结构，加快推进城市化进程。

二、改革的基本原则

考虑经济社会发展和城市综合承受能力，本着放宽政策、有序发展的原则，积极稳妥地推进户籍管理制度改革。

（一）创造条件，逐步取消我市居民原农业、非农业和地方城镇户口性质分类，实行统一的居民户口管理制度。

（二）坚持按实际居住地登记户口的原则，将非农业、地方城镇户口和按户口迁移政策迁入的城镇户口，统一登记为“居民户口”。

（三）鼓励本市剩余劳动力就近向城区或小城镇转移。

（四）对外地高素质人才及来我市投资经商办企业、购建住房的有关人员户口可积极迁入，对外地其他人员要求迁入户口的，进行适当控制，防止城市人口低层次膨胀。

三、实行积极的人口迁移政策

对符合下列条件之一的人员，如其自愿，可准予在城市或小城镇办理落户手续。对公民申请到我市落户的，由迁入地派出所审查，各区县和岚山办事处、日照经济开发区公安（分）局审批。

（一）投资经营落户。

1.公民在城市投资兴办企业，当年纳税额超过1万元、3年累计超过2万元，按时缴纳社会保险金的，准许投资人及其直系亲属到企业所在地落户。港澳台和国外人员符合上述条件的，可准许其内陆直系亲属到企业所在地落户。连续2年内每年接收10名以上劳动力就业，并能提供稳定工作岗位，按时缴纳社会保险金的，准许投资人及其直系亲属到企业所在地落户。

2. 在城市投资兴办企业，年纳税额达到10万元，其雇佣的高层管理人员、高级专业技术人员及其直系亲属，按时缴纳社会保险金的，可在企业所在地落户。其他职员居住满2年以上，按时缴纳社会保险金的，也可在企业所在地落户。

（二）购房落户。在我市购买商品住宅，城市房屋建筑面积达到80平方米以上，并取得房屋所有权证的市内公民，准许本人及其直系亲属在购房地落户。市外公民符合上述条件，实际居住1年以上，按时缴纳社会保险金，并有合法稳定收入的，准许本人及其直系亲属在购房地落户。港澳台和国外人员在我市购房的，可准许其实际居住的内地直系亲属在购房地落户。

（三）引进人才落户。

1. 被我市党政机关、人民团体、企事业单位合法聘用，具有本科以上学历或中级以上专业技术职务任职资格的人员，以及我市急需的高级技术工人、技师或其他在技术、管理等方面具有特殊才能的人员，本人及其直系亲属均可在工作所在地落户；具有大专学历且聘用期满1年，或具有中专学历且聘用期满2年，按时缴纳社会保险金的，本人及其直系亲属也可在工作所在地落户。同时，经组织、人事、劳动保障部门统一录用或调入的有关人员，应及时为其办理迁移落户手续。

2. 城市各类中高级科技人才和已在城市落户的大中专毕业生自愿到基层乡镇和农村工作的，实行户口来去自由的政策，其户口既可保留在原城市，也可迁往工作地区，也可以再由工作地区迁回原居住城市。

3. 凡属我市引进的人才，到日照工作而不愿在日照落户的，凭人事、劳动保障部门签发的山东省外来人才聘用证到公安机关办理山东省外来人才居住证，凭证享受当地居民同等待遇。

（四）投靠亲属落户。对到我市投靠亲属落户的，属夫妻投靠的，不受年龄、婚龄的限制；属父母投靠子女的，不受身边有无子女的限制；属子女投靠父母的，不受年龄限制，但必须是无业未婚子女。

（五）全面放开县域内户口迁移政策，实现县域内人口迁移自由。公民在县域内有合法固定住所并实际居住，准许本人及其直系亲属在居住地落户。虽无合法固定住所，但被国家机关、人民团体、企事业单位合法录用和聘用的大中专院校毕业生，或这些单位引进的人才，本人及其直系亲属可在单位所在地落户。

（六）改革大中专院校户口迁移政策。考取普通高等院校、普通中等专业学校的学生，入学时可以自愿选择是否办理户口迁移手续。考入我市大中专院校的学生，本人不迁移户口的，到学校所在地办理暂住户口登记，不发暂住证。学生毕业落实就业单位的，公安机关凭毕业证、报到证和就业协议书办理户口迁移手续。

四、认真执行户籍管理政策规定

公安机关作为户籍管理的主管机关，要在实行按实际居住地登记户口的同时，完善门楼牌管理制度。地方各级政府和有关部门不得对公民依法登记户口设置各种限制或附加条件。各级各有关部门要严格执行国家和省有关规定，严禁利用办理户口之机超标准、超范围收费。公安机关要充分发挥职能作用，按照简便、高效的原则，公开办事程序，简化审批手续，为公民落户提供便利条件。在户籍制度改革中，对在我市落户的人员，必须严格执行按实际居住地登记户口的原则。

五、加强领导，密切配合

户籍制度改革政策性强，涉及面广，关系到广大人民群众的切身利益。各级人事、劳动保障、建设、计生、教育、卫生，民政等部门，要在当地政府的统一领导下，与公安机关密切配合，通力协作，尽快制定与户籍制度改革相配套的措施，保证全市户籍制度改革的顺利进行。

本意见自2004年6月1日起试行，原有政策规定与本意见不一致的，以本意见为准。本意见由市公安局负责解释。

二〇〇四年五月九日

日照市人民政府
关于加强和改进消防工作的意见

日政发〔2013〕7号

各区县人民政府、管委，市政府各部门、单位，国家、省属驻日照各单位：

为贯彻落实国务院《关于加强和改进消防工作的意见》（国发〔2011〕46号）和省政府《关于贯彻国发〔2011〕46号文件进一步加强和改进消防工作的意见》（鲁政发〔2012〕18号）精神，结合我市实际，现就加强和改进消防工作提出以下意见。

一、强化组织领导，逐级落实消防安全工作责任制

（一）强化政府领导责任。要将消防工作纳入国民经济和社会发展总体规划以及平安建设体系统一部署，将公共消防设施和装备建设、社会消防力量发展、消防宣传教育、火灾隐患整治等纳入政府任期工作目标和社会管理综合治理内容，加强督导，严格考核。乡镇政府和街道办事处要成立消防安全委员会，并明确相关机构或专人负责，定期研究部署消防工作。

（二）加强部门监管措施落实。健全部门信息沟通和联合执法机制，建立建设工程消防设计、施工质量和消防审核验收终身负责制。新建、改建、扩建工程的外保温材料、室内装饰装修材料和建筑安装使用的消防设施、器材必须符合国家、行业标准和消防安全要求。凡不符合法定审批条件的，住房城乡规划建设部门不得核发建设工程相关许可证照，安全监管部门不得核发相关安全生产许可证照，工商部门不得核发营业执照，教育、民政、人力资源和社会保障、卫生、文广新等部门不得批准开办学校、幼儿园、托儿所、社会福利机构、人力资源市场、医院、博物馆和公共娱乐等场所。对不符合消防安全条件的宾馆、景区，旅游部门不得评定为星级宾馆、A级景区。质监、工商、公安消防部门要强化对消防产品市场准入、销售、使用等环节的监管。住房城乡规划建设、商务、文广新、旅游、教育、卫生、民政等部门要切实加强建设工程工地、宾馆、饭店、商场、市场、学校、医院、公共娱乐场所、社会福利机构、烈士纪念设施、旅游景区（点）、博物馆、文物保护单位等消防安全管理。安监、工商、质监、交通运输、铁路、公安等部门要加强危险化学品和烟花爆竹、压力容器的安全监管。公安机关及其消防机构要按照规定对消防安全形势进行分析研判和综合评估，及时报告当地政府。公安派出所和社区（农村）警务室要加强日常消防监督检查，开展消防安全宣传教育，督促整改火灾隐患。

（三）落实消防安全主体责任。单位法定代表人或主要负责人是本单位消防安全第一责任人，要切实加大消防投入，进一步提高火灾隐患排查排除、初起火灾扑救、人员疏散逃生和消防宣传教育培训的能力。消防控制室操作人员必须持证上岗，落实“户籍化”管理措施，积极推行消防安全经理人制度。建立消防安全自我评估机制，消防安全重点单位每季度、其他单位每半年自行或委托有资质的机构进行一次消防安全检查评估。

二、落实消防安全管理措施，加强火灾预防工作

（一）加强消防宣传教育培训。认真落实《全民消防安全宣传教育纲要（2011—2015）》，将消防安全教育纳入科普和普法教育、义务教育内容。深入开展“全民消防、生命至上”主题宣传进学校、进社区、进企业、进农村、进家庭活动，加强对老人、妇女和儿童、农民的消防安全教育。报刊、广播、电视、网络等新闻媒体要积极开展消防安全宣传，安排专门时段、版块刊播消防公益广告。壮大消防志愿者队伍，积极开展消防志愿服务活动，设立消防安全教育社会实践基地，鼓励、支持社会和公民参与消防宣传教育、消防公益捐赠等公益活动。组织实施“全员消防安全培训”工程，将消防知识纳入领导干部、公务员、教师培训和义务教育、素质教育内容；学校要每年开展不少于1次应急疏散演练；人力资源社会保障部门要将消防知识纳入务工人员和失业人员培训内容；各类技工院校、就业训练中心、驾校等培训机构要把消防安全技能纳入职业培训、考核的重要内容；居（村）委会和物业服务企业每年至少组织居民开展1次灭火应急疏散演练。加强对单位消防安全责任人、消防安全管理人、消防控制室操作人员和消防设计、施工、监理人员及保安、电（气）焊工、消防技术服务机构从业人员的消防安全培训，严格落实特种人员持证上岗制度；支持社会力量开展消防培训，积极培养社会消防专业人才。

（二）建立火灾隐患整治常态化机制。对存在影响公共消防安全的区域性火灾隐患，当地政府要制定并组织实施整治工作规划，及时督促消除火灾隐患；对存在严重威胁公共消防安全隐患的单位和场所，要督促采取改造、搬迁、停产、停用等措施加以整改。落实重大火灾隐患立案销案、专家论证、挂牌督办和公告制度，完善火灾隐患举报投诉奖励制度，及时查处受理的火灾隐患和消防违法行为。

（三）推行社会单位消防安全分级分类管理。推动社会单位委托有资质的社会消防技术服务机构对单位消防安全状况进行综合评估，公安机关消防机构根据评估结果对单位进行分级分类，评估结果向社会公开，作为单位信用评级的重要参考依据。推行重点区域重点监控制度，鼓励社会单位投保火灾公众责任保险。

三、加强基层基础建设，夯实火灾防控基础

（一）加强公共消防设施建设。要科学编制城乡消防规划，按照《城市消防站建设标准》和灭火救援工作需要，规划建设消防站、消火栓等公共消防设施，对公共消防设施不能满足灭火应急救援需要的，要及时增建、改建、配置或者进行技术改造。负责公共消防设施维护管理的部门和单位要落实维护资金和养护责任，保证其正常使用。商业步行街、集贸市场等公共场所和住宅区要保证消防车通道畅通。

（二）加强农村社区消防工作。乡镇人民政府、街道办事处要大力推行消防安全网格化管理，以街道、村庄和社区为基本单元逐级划分消防监管网格，明确网格监管责任人、监管职责和任务。公安、民政、农业等部门要加强配合，指导农村、社区积极开展消防标准化建设，配备专（兼）职消防管理人员。

（三）推广应用消防科技新成果。加大消防新产品、新技术的推广应用，不断提升各类场所防范火灾事故的技术水平和保障能力。高层住宅、老年公寓、寄宿制学校、幼儿园、福利院、小型人员密集场所等特殊场所设置独立式火灾探测报警器，推广建设城市消防安全远程监控系统，推进社会消防从业人员、职业化建设。

（四）推进社会消防技术服务。培育并规范发展消防安全评估、咨询、监测等消防技术服务机构，

探索试行社会技术服务机构从事建设工程消防设计施工图审查，逐步实现技术审查与行政许可分离的监督工作机制。完善消防从业人员职业资格证书制度，推进消防行业特有职业（工种）技能鉴定工作。

四、加强队伍装备建设，提升灭火救援能力

（一）推进多种形式消防队伍建设。城市消防站人员总数达不到30人的，应通过招聘政府专职消防员予以补齐。乡镇人民政府要根据需要单独或与邻近乡镇、有关单位联合建立专职消防队，专职消防员不少于15人。大型企事业单位必须建立规模适当的专职消防队，村民委员会、居民委员会及消防安全重点单位要根据实际需要建立志愿消防队。要切实加大资金投入，加强消防队伍培训、演练，提高队伍整体素质。

（二）加强消防装备物资储备。各级政府要不断提高消防装备建设水平，建立平战结合、遂行保障的战勤保障体系。着眼满足港口、海域、水上灭火救援工作需要，建设水上消防站，配备消防艇等专用灭火救援装备。强化城市主战消防车、多功能抢险救援消防车、重型泡沫消防车、举高消防车、火场远程供水系统和消防员防护装备配备。

（三）强化消防应急救援能力建设。建立区域性危险化学品、公路交通、铁路运输、水上搜救、地下救援和地震救援等专业应急救援队伍，依托乡镇消防力量建立基层应急救援队伍，积极发展消防应急救援志愿者队伍，完善灭火应急救援预案。

五、加强长效机制建设，落实各项保障措施

（一）完善经费保障机制。各级政府要着眼消防事业和消防部队建设发展需要，加大对消防工作的投入，建立健全与经济社会发展水平相适应的消防经费保障机制，积极支持消防事业发展。

（二）建立定期通报机制。公安机关每半年要将本地区消防工作情况向本级人民政府作出专题报告；各地每年要将本地区消防工作情况向上级人民政府作出专题报告，上级人民政府根据情况应适时进行检查督导。要建立行政执法通报制度，对消防安全条件不符合要求的单位，消防部门要通过书面方式通报相关部门，相关部门要依法做出相应的处理。要通过公告、新闻发布等方式，定期向社会通报本地的重大火灾隐患、消防专项检查情况和消防技术服务机构执业情况等，维护公众知情权。

（三）完善考评问责机制。要逐级签订消防工作目标责任书，严格年度消防工作考核。进一步加大问责力度，对不依法履行消防工作职责或在重大火灾隐患整改、公共消防设施建设和涉及消防安全行政许可等方面工作不力、失职渎职的，要依法依纪追究有关人员的责任；涉嫌犯罪的，移送司法机关处理。各单位因消防安全责任不落实、火灾防控措施不到位，发生人员伤亡火灾事故、重大火灾事故、特别重大火灾事故的，要按照国家和省有关规定，对相关责任人依法依纪进行严肃处理。

2013年3月20日

市委办公室　市政府办公室
关于印发市公安局《关于全市公安机关实行“禁酒令”情况的报告》的通知

日办普发〔1996〕16号

各区县党委、人民政府，岚山工委、办事处，日照开发区、山海天旅游度假区工委、管委，市委各部委，市政府各部门，各人民团体，市属各企事业单位，日照军分区，国家、省属驻日照各单位：

市公安局自去年9月21日在全市公安机关实行“禁酒令”以来，广大公安民警严格执行禁令，行业作风迅速转变，在人民群众中树立起了良好的形象，密切了警民关系，促进了公安队伍的自身建设和整个公安工作的开展，同时对树立日照良好的对外形象，促进全市两个文明建设产生了积极作用。按照市委主要负责同志的批示意见，现将市公安局《关于全市公安机关实行“禁酒令”情况的报告》印发给你们，望认真组织学习，并借鉴他们的经验做法，结合本单位实际，认真研究制定刹住吃喝风、转变部门和行业作风的制度、措施，并以此为切入点，进一步加强党风廉政建设，推动各项工作的开展。

1996年6月20日

日照市公安局关于全市公安机关实行“禁酒令”情况的报告

市委、市政府：

为转变行业作风，加强公安队伍建设，重树公安机关的形象，从去年9月份开始，我们在全市公安机关实行了“禁酒令”，现已取得了显著效果。现将有关情况报告如下：

（一）

去年6月份，市公安局领导班子进行调整之后，局党委对全市公安队伍现有素质、形象等情况进行了深入调研查，并广泛征求了社会各界对公安机关的反映。调查发现，少数干部喝酒影响形象的问题比较突出，酒后失态、误事、驾车肇事、打骂人犯、滥用警械和不能严格执法、秉公办事等问题时有发生，社会反映很大，严重影响了公安机关的形象。局党委对此进行认真分析研究后认为，全市公安队伍总体上是好的，“酒患”问题只是发生在少数人身上，但由于公安机关特殊的工作性质所决定，这已成为影响公安机关行风建设和外部形象的突出问题，必须采取坚决措施予以解决。为此，我们于去年9月21日，向全市公安干警下发了“禁酒令”，明令禁止干警在工作日和执行公务期间喝酒，禁止接受可能影响干警执行公务的各类宴请，禁止在办案单位和案件当事人家中喝酒，在任何期间、任何场合都不能酗酒。凡违令者，一次进行警戒，二次进行通报批评，三次以上或造成严重影响和后果的，给予党纪、政纪处分，直至辞退或调离公安机关。发生问题的单位和个人，当年取消年度评选先进资格，所在单位领导当年不得提拔使用。

（二）

“禁酒令”下达以后，局党委紧紧围绕“禁酒令”的执行落实采取了一系列的保障措施。一是加强内部教育。市公安局和各县局、分局、支队及基层派出所、队，层层召开会议进行动员部署，宣传实行“禁酒令”的重要性和必要性，教育干警明确实行“禁酒令”是新时期加强公安队伍建设的需要，是密切警民关系的需要，是树立公安机关良好形象的需要，也是进一步加强公安工作的需要。各级层层签订了执行“禁酒令”责任状，并明确了各级领导与所属干警的连带责任。同时，将“禁酒令”印制塑封卡片，每个干警人手一张，随身携带，提醒时刻注意遵守。二是加大宣传力度。“禁酒令”下发之后，我们充分利用报纸、电视、电台等新闻媒介向社会广泛宣传，并在各大宾馆、酒店和公共场所张贴公安“禁酒令”，以取得社会各界、广大人民群众的理解和支持，加大社会监督力度，为实行“禁酒令”创造良好的社会环境。三是领导率先垂范。从市公安局领导到各级领导干部都明确地向干警们提出“从我做起，向我看齐，对我监督”，官兵一致，不搞特殊。四是搞好跟踪督查落实。明确全市公安各级纪委和政治处负责“禁酒令”的督查和监察工作，采取在办公楼门口设检查岗，在午、晚饭时间到各饭店、酒馆突击检查，聘请社会义务执法监督员进行监督，向社会挂违令举报箱、公布举报电话，在内部设立违令人员曝光台等方法，促进“禁酒令”的落实。五是严格奖惩。对执行“禁酒令”好的单位和突出个人进行及时表扬，对违令人员严格按规定给予惩处。自实行“禁酒令”以来，全市公安机关共处罚违令8起、13人。六是不断深化延伸。实行“禁酒令”后，我们进一步向各级公安干警提出，要以实行“禁酒令”为突破口，进一步转变作风，扩大成果，促进整个行风廉政建设的全面开展。我们向各级办案人员提出，要发扬老八路作风，凡到基层和农村办案，必须食宿自理，不准向当地党委、政府索要钱物，不准给人民群众添麻烦，受到了各级的热烈欢迎。

（三）

“禁酒令”实施之后，在全市公安机关和社会各界引起了强烈反响，短期内收到了明显效果。今年3月中旬，省公安厅孟庆丰厅长来我市参加全市公安工作会议和听取学习济南交警工作汇报时，充分肯定了我市的做法。《人民日报》《半月谈》《人民公安报》《大众日报》《山东法制报》《齐鲁晚报》等省内外重要报刊都分别报道了我们实行“禁酒令”的情况。目前，我市实行“禁酒令”的做法已在全省公安系统得到推广。在我市，整个政法系统、国税系统和工商部门也都学习推行了我们的做法。“禁酒令”的社会效应在迅速扩大。在公安机关内部则出现了“三大变化、两大提高、一个理解”的明显效果。

“三大变化”：首先是公安干警个人和公安机关的整体形象发生了很大变化。过去那种喝得面红耳赤的“酒人参”不见了；到办案单位接受吃请，“酒杯一端，政策放宽”的现象没有了；酒后失态出丑的现象绝迹了；在公共场所警容不整和着警服喝酒的干警找不到了；办案人员“丢了一只羊，吃了一头牛”的反映听不到了。东港分局在侦破涛雒刘家湾“4·22”杀人焚尸案和“5·26”河山爆炸杀人案时，刑侦人员严格执行市公安局的办案要求，吃住自理，不打扰群众，受到了当地党委、政府和人民群众的赞扬，驻地单位和群众主动地向干警们提供案件线索，使案件很快得到侦破。今年以来，我市发生的重大现行刑事案件全部侦破，这与“禁酒令”产生的效应和广大人民群众的支持是分不开的。二是公安干警为人民服务的宗旨观念得到进一步增强，执行公务时的态度发生了很大变化。过去群众反映干警“冷、横、硬”的问题，多是由于个别干警酒后失态引起的。如今“禁酒令”明令干警在执行公务期间禁止喝酒，保持了干警头脑清醒，保证在执行公务时做到文明、公道、合法。三是警民关系发生了很大变化。实行“禁酒令”后，结合学习济南交警强素质、树形象活动，在短期内公安机关为群众服务的态度和对外形象变好了，几万张便民利民的“警民联系卡”走进了全市千家万户，成为密切警民关系的纽带和桥梁；干警一桩桩、一件件保平安、搞服务的感人事迹在社会中传颂。据不完全统计，自实行“禁酒令”以来，全市公安机关拒绝单位和个人吃请达3680余人次，拒贿82人次，14300余元，收到群众赠送的锦旗、镜匾126面、表扬感谢信385封，干警为群众办好事8640余件次。群众对公安机关的看法改变了，过去那些讽刺公安干警的顺口溜现在听不到了，许多单位和群众主动给值勤交警送饮料、修岗台，给办案的干警送粮、送肉，有的单位还协助为干警家属、子女安置工作，解决干警的后顾之忧。有些干警家属联名给局领导和报社写信，支持公安机关实施“禁酒令”。一些老干部反映，从现在的公安干警身上看到了当年的“老八路”传统，看到了搞好廉政建设的希望。

“两大提高”：一是办事效率有了很大提高。“禁酒令”的下达，使干警们摆脱了那些令人烦恼的酒场应付，头脑清醒，工作效率大大提高。干警们反映，“禁酒令”是我们廉洁勤政、严格执法的“护身符”。二是干警素质和执法水平有了很大提高。实行“禁酒令”后，干警们可以挤出更多的时间学习，进行必要的自我职能训练。同时，不喝人家的酒，不吃人家的饭，嘴不短、手不软，在办案时能够秉公办案，处理问题冷静、规范。因此，当事人心悦诚服，过去那种当面服从、事后告状的现象没有了，公安机关复议应诉的案件大为减少。

“一个理解”，就是全市公安干警用严格实行“禁酒令”、积极树立公安机关良好形象的实际行动，赢得了社会各界和广大人民群众的理解和支持，取得了良好的社会效应。

日照市社会治安综合治理委员会
关于加强流动人口管理工作的意见

日办发〔1996〕8号

在改革开放和建立社会主义市场经济体制的新形势下，人口流动特别是大量农村剩余劳动力跨区域流动，是社会经济发展的必然现象。我市是新兴对外开放港口城市，随着经济的发展，流动人口数量逐年增多。这一方面加强了我市同外部的联系，活跃了经济，加速了信息传递与文化交流，对经济发展和社会进步起到了积极的作用，另一方面，也带来了诸多社会不安定因素。近年来，虽然各地和有关部门在加强流动人口管理方面做了大量工作，但从总体上看，还远不适应形势发展的要求，特别是农村剩余劳动力，在很大程度上仍然处于盲目无序的流动状态。为了维护社会稳定，保障改革开放和经济建设的顺利进行，根据全国、全省流动人口管理工作会议和中共中央办公厅、国务院办公厅的通知精神，特提出以下意见：

一、流动人口管理工作的指导思想

从改革、发展、稳定的大局出发，坚持就地就近消化、合理有序流动的原则，加强对流动人口特别是农村剩余劳动力分流的引导和综合管理。通过加强农业综合开发、发展乡镇企业和加强小城镇建设，最大限度地就地就近消化和吸纳剩余劳动力。同时，根据经济发展的需要，组织一部分农村剩余劳动力有秩序地跨地区或进城镇就业，并建立健全相应的管理、教育、服务措施，逐步形成科学、完善的流动人口管理机制，做到输出有组织，输入有管理，流动有服务，调控有手段，切实掌握人口流动情况，控制流动规模，引导有序流动，逐步把这项工作纳入法律化、规范化的轨道。

二、流动人口管理工作的主要任务和目标

加强流动人口管理工作的主要任务是：在党委、政府的统一领导下，各有关部门要统一认识，齐抓共管；流出地与流入地互相配合，加强协作。要紧紧依靠基层组织和人民群众，大力加强对流动人口特别是离开农村常住户口所在地，跨区域务工经商人员的户籍管理、治安管理、流动就业管理和计划生育、民政、卫生、兵役等各项管理工作，并使之紧密衔接，逐步形成一套以户口管理为基础，治安管理为重点，劳动管理为抓手，其他管理相配套的流动人口管理机制，建立和完善有关的政策、规定和制度，加强宏观调控，适度控制流动人口的流量和流向，充分发挥人口流动的积极作用，保护流动人口的合法权益，预防和打击违法犯罪活动，维护社会秩序，服务于经济建设。

加强流动人口管理的近期目标是：1. 建立起以劳动部门为主体的跨地区就业服务网络，在保证农业生产的前提下，将外出务工经商人员纳入秩序化管理，达到有组织的输出，持流动就业证、卡率不低于80%；2. 建立起完善的流动人口户籍、治安管理组织，流动人口中暂住人口登记率达到95%，领证率达到90%；出租居屋治安责任保证书的签订率达到100%；暂住人口中的违法犯罪率得到有效控制；3．对无正当职业、无固定住所和无生活来源的流浪乞讨人员及时收容遣送；4．外来已婚育龄妇女持有其常住户口所在地乡（镇）街道办事处以上计划生育部门签发的流动人口计划生育证明率达90%，对所有外出已婚育龄妇女进行计划生育宣传教育和技术服务工作，同时签订计划生育合同，落实节育措施；5．建立健全有关流动人口的管理规定、管理制度和管理细则；6．加强对流动人口的法制教育，纳入全市年度普法规划。

三、加强流动人口管理工作的主要措施

（一）加强疏导，促进农村剩余劳动力就地就近转移。一是按照党中央、国务院及省委、省政府关于发展农业和加强农村工作的部署的要求，认真落实各项政策、措施，加强对农业深度和广度的开发。通过山区开发、造林绿化、荒地拍卖、开发经济作物种植、小型水利工程承包、发展庭院经济等多种经营，使农民的收入有较大提高，稳定大部分农村剩余劳动力在农村积极参加牧、林、副、渔等生产劳动；二是大力发展乡镇企业和村办企业，吸纳部分农村剩余劳动力；三是加快小城镇建设步伐。按照国家和省、市有关要求，在搞好我市8个小城镇建设试点镇的基础上，加大对小城镇开发建设的力度，不断扩大小城镇规模，膨胀小城镇人口，使其成为安置农村剩余劳动力的主要载体；四是做好山东省地方城镇居民户口制度的实施工作，鼓励农民到小城镇务工经商、投资办厂、兴办第三产业，对符合落户条件的，允许农民在小城镇落户，使部分农村人口转为城镇人口；五是根据我市经济和社会发展的需要，组织部分剩余劳动力进入市区和县城驻地工作，解决部分农村剩余劳动力的就业问题；六是组织经济发达地区和经济欠发达地区结对子，共同发展、互相支持，安置欠发达地区剩余劳动力，为经济发达地区补充劳动力资源。

（二）加强对流动人口中暂住人口的户籍管理，全面实行就业证卡和流动人口计划生育证明制度。流动人口到达暂住地拟居住三日以上的，必须申报暂住登记。对拟居住一个月以上的年满16周岁的公民，必须申领暂住证。对租赁房屋居住的，在办理租赁房屋许可证的同时，由出租人与公安派出所签订治安责任保证书，落实各项户籍管理措施。要采取定期检查与不定期检查相结合的方式，加强对暂住登记和暂住证的查验工作，切实做到情况明、底数清。对流动人口中的务工经商人员实行就业证卡制度，凡离开农村常住户口所在地的务工经商人员，必须到常住户口所在地的劳动就业服务机构开具“外出人员就业登记卡”，办卡时，要如实登记婚育、健康状况，查明近三年有无违法犯罪的情况。到达目的地后，须在当地公安机关和劳动部门办理“暂住证”和“外来人员就业证”。其中育龄妇女要先到当地计划生育部门审验《流动人口计划生育证明》。公安、劳动部门在为流动人口办理暂住登记、发放暂住证、办理就业证卡时，均要查验《流动人口计划生育证明》。任何单位和个人不准雇佣无暂住证、无就业证的外来人员。对申办工商登记的外来流动人口及异地经营的个体工商户、私营企业，要坚持查验暂住证、就业证、《流动人口计划生育证明》等有关证件，凡无上述证件的一律不予登记。

（三）加强对农村剩余劳动力跨地区流动就业的宏观调控和管理。要充分发挥劳动部门在组织农村剩余劳动力合理转移方面的主渠道作用，建立起连通城乡、覆盖全市、辐射全省及至国内外的劳动力信息服务网络，提高劳动力跨区域流动的组织化、有序化程度。进一步发展完善城乡劳动力市场，加强乡镇就业服务网络建设，逐步形成服务广泛、功能完备、制度健全、信息灵活的农村就业服务体系。同时，要搞好全市农村劳动力的余缺调剂，从宏观上把握好全市劳动力资源的优化配置。要加强对流动人口中务工经商人员的就业培训工作，逐步形成信息导向、按需流动、凭证管理、全程服务的流动就业制度。

（四）整顿劳动力市场。流动人口跨区域就业的中介服务由劳动部门归口管理，一般由劳动部门职业介绍机构承担。劳动部门要会同公安、工商等部门对非劳动部门兴办的职业介绍中介机构加强管理和监督检查，对不具备条件，未经批准的要予以关闭。对社会确实需要，而又具备国家规定条件、工作基础较好的，要纳入规范化管理范围，完善制度，加强监督。强化招工（招聘）广告的管理，用人单位和合法设立的各类民办职业介绍或劳务输出机构制作的招工（招聘）广告，须经县以上劳动就业服务机构审查批准，未经审查批准的，不得以各种形式向社会发布。用人单位跨区域招用农村劳动力，应按有关规定报批，由劳动就业服务机构签发跨区域招收许可证。公安、劳动等部门要密切配合，坚决取缔非法劳动力市场及非法职业介绍中介活动，严厉打击以介绍就业为幌子进行的各种违法犯罪活动。

（五）加强对外来人员落脚点和活动场所的管理。要按照社会治安综合治理“属地管理”和“谁主管谁负责”的原则，严格实行目标管理责任制。对旅馆、房屋出租户、用工单位、建筑工地、集贸市场、文化娱乐场所要落实治安、计划生育、卫生等承包责任制，出了问题，首先要追究所在场所、单位企业法人、经营者或主办单位的责任。要充分发挥群众治保组织的作用，把流动人口的管理列入群众自治工作范围之内。对经济开发区、城乡接合部、租赁房屋、施工工地、文化娱乐场所、废旧物资回收站（点）、大型集贸市场及商品集散地等流动人口居住较为集中的地域和场所的治安、卫生、计划生育、非法经营等问题要采取定期检查，不定期抽查和集中整顿相结合的方式进行重点治理。对铁路沿线、城乡接合部盲流人员违章搭建的各种房屋，要在做好宣传教育工作的基础上予以拆除，并劝返和遣送滞留不归的盲流人员。对已形成规模的外来人员聚居村落，由当地政府加强管理，严防出现非法地方势力和带有黑社会性质的行帮组织。

（六）严厉打击流窜犯罪活动。各级公安机关要认真调查研究外来人员犯罪的特点和规律，坚持专门工作与依靠群众相结合的方针，加强对外来人员违法犯罪活动的打击、防范和控制工作。要建立健全违法犯罪线索的协查和通报制度，沟通信息，互通情况。流出地公安机关对有犯罪前科或违法犯罪嫌疑的外流人员的情况，应及时通报给流入地公安机关。流出地公安机关对流入地公安机关的调查函件，要认真核实，迅速反馈，以便使流入地尽快掌握情况，采取相应措施。要树立全局观念，进一步发扬协作配合的优良传统，携手打击流窜作案的刑事犯罪分子和犯罪团伙，因地制宜地开展缉捕逃犯的专项斗争。要进一步加强城乡治安巡逻、巡查制度，及时处理各类治安问题，打击流窜犯罪活动，严密社会面的控制。

（七）改进和加强收容遣返工作。根据当前维护社会稳定的需要，收容遣送的对象主要是无合法证件、无正当职业、无固定住所和无生活来源的流浪乞讨人员、盲流人员。收容遣送工作由民政部门和公安机关共同承担。公安机关负责对影响社会治安的流浪乞讨人员的收容工作，民政部门协助。民政部门负责收容遣送站的管理和遣送工作，公安机关协助。根据需要，公安机关可在收容遣送站设立公安派出所，或者派出公安干警维护治安秩序，协助民政工作人员对收容对象进行审查、管理及遣送。对收容遣送站中直接接触收容遣送对象的工作人员，按规定给予适当补贴。为了方便工作，可给收容遣送工作人员制发统一的证件和标志。各级要关心和重视收容遣送工作，为这项工作的开展创造条件，提供必要的经费保障。对在社会上长期流浪、无家可归、有家难回，失去正常生活、学习条件和安全保障的少年儿童，应采取保护性的教育措施。流浪儿童较多的地区，可由民政部门牵头试办流浪儿童保护教育中心，教委、财政、妇联、共青团、公安、铁路等有关部门予以协助。

（八）加强对流动人口的宣传教育，切实保障其合法权益。劳动部门要加强农村就业培训工作，有针对性地对外出务工经商人员进行实用技术培训和必要的法律、法规、劳动纪律、安全生产、文明经营等常识的教育。律师、公证和乡镇（街道）法律服务机构，应运用法律咨询、代理、公证等手段对流动人口进行跟踪服务，促进外来务工经商人员依法经营，并维护其合法权益。聘用外来人员的企业和建筑施工单位，必须按照有关规定为外来务工人员提供生活和工作条件。有条件的地区可修建外来务工人员宿舍，实行公寓式管理，积极改善外来务工人员的工作生活环境。用人单位应与招收的外来务工人员依法订立劳务合同，并由当地劳动行政部门鉴证，实行合同管理。认真落实劳动报酬、工作时间、劳动安全、卫生措施，计划生育管理及保险福利等有关规定及基本劳动标准，劳动、计生部门对此要加强监督、检查工作。对于流动人口中务工经商人员发生的劳资争议案件，劳动部门应认真受理，抓紧予以解决。流入地党团组织要吸收外来人员中的党、团员参加组织生活，或在其中建立党团基层组织。要在外来务工经商人员中广泛开展评选“十佳青年”“优秀青年”“遵纪守法先进个人”“致富能手”“劳动模范”等活动，增强他们的荣誉感和遵纪守法意识。加大流动人口计划生育管理的力度，定期对流动人口中育龄妇女进行计划生育检查，提供技术服务，发现问题，早做工作，防止发生计划外生育问题。加强流动人口婚姻登记管理，保护婚姻当事人的合法权益，制止违法婚姻。各有关部门要及时受理流动人口的申诉，反映他们的意见，切实帮助他们解决工作、生活方面的困难。要加强对外来务工经商人员的政治思想和法制、道德、城市生活知识等方面的教育，切实将他们纳入普法教育的总体规划，大力宣传党的方针、政策，广泛开展普法教育，引导他们遵纪守法，共同维护社会秩序。

（九）加快流动人口管理方面的建章立制工作。各级各部门要根据国家法律法规和上级有关流动人口管理方面的规定，结合各自实际，按照规定的程序，尽快制定出台相配套的规范性文件，并抓好落实，以逐步把我市流动人口管理工作纳入法制化的轨道。

（十）大力推广流动人口微机化管理。各级各有关部门，要积极创造条件，引进和推广流动人口微机管理系统，充分发挥现代科技优势，适应当前流动人口管理的需要。公安、计生部门要在现有微机管理系统的基础上，增加流动人口管理系统，进一步提高工作质量和工作效率。劳动部门要建立起微机化的外来劳动力资源库和劳动力需求信息库，合理调配供求需要，逐步实现流动人口管理的科学化、现代化。

四、加强领导，完善组织，综合管理

（一）加强对流动人口管理工作的领导。各级党委、政府要从促进改革、发展、稳定的角度进一步提高认识，采取有力措施，把加强流动人口管理工作作为今后一个时期的重要任务列入议事日程，统筹规划，协调行动，精心组织，加强监督，认真抓好落实。流出地要把工作重点放在促进农村剩余劳动力的就地就近转移上，决不能片面，盲目地鼓励外出；流入地对外来务工经商人员要加强管理和教育，提供必要的服务，确保他们的合法权益。市，区（县）、乡三级在签订年度综合治理责任书时，要把加强流动人口管理作为一项重要内容，列入年度工作目标，严格实行工作责任制。

（二）加强流动人口管理工作的组织和协调工作。流动人口管理涉及公安、劳动等诸多部门，公安、劳动部门是主力军，民政、工商、卫生、计生、城建、铁路、交通、司法、人事等有关部门及各级党、团组织要通力协作，综合管理。为便于协调部门工作，市成立由分管副市长任组长，市综治办、公安局、劳动局负责同志任副组长，民政、工商、计生等部门负责同志为成员的“流动人口管理工作协调小组”，作为同级党委、政府领导流动人口管理工作的参谋和助手。协调小组下设办公室，承办协调小组的日常事务性工作。办公室设在市公安局，由分管局长兼任办公室主任。各区、县也要成立相应的领导机构和办事机构。随着经济的发展，流动人口日益增多，管理工作面广量大。各有关部门，特别是公安、劳动等部门肩负着更加直接的责任，要积极发挥职能作用，积极协助党委、政府，与有关部门密切配合，齐抓共管，共同做好流动人口管理工作。

（三）保障流动人口管理必要的经费。要按照《山东省暂住人口登记管理办法》和《山东省农村劳动力跨区域就业管理暂行规定》，收取暂住证工本费和暂住人口管理费时，要依照全省统一的收费办法和省物价、财政部门核定的标准，使用财政部门统一的行政事业性收费票据，并上缴同级财政，一律纳入财政预算内管理，实行收支两条线。对过去收费情况要进行认真清理，凡收费过高或不符合规定的，要坚决予以纠正。

各级各有关部门，要按照上述意见，制定进一步加强流动人口管理工作的具体措施，理顺关系，完善制度，改进工作，争取尽快在全市建立起科学有效的流动人口管理工作机制，更好地为改革开放和经济建设服务。

1996 年 4 月 20 日

市委办公室　市政府办公室
关于共建日照“110”推动全市精神文明建设的通知

日办发〔1997〕12 号

各区县委、人民政府，岚山工委、办事处，日照开发区、山海天旅游度假区工委、管委，市委各部委，市政府各部门，各人民团体，市属各企事业单位，日照军分区，国家、省属驻日照各单位：

去年以来，全市公安系统在市委、市政府和省公安厅的领导下，把学习济南交警和漳州“110”作为贯彻落实江总书记“严格执法、热情服务”的题词精神和便民、利民、为民的具体措施，按照“有警必接、有难必帮、有险必救、有求必应”的要求，坚持维护治安与服务群众并重，在全市建立了以公安指挥中心为龙头，以“110”报警为纽带，以巡警为骨干，公安内部各警种配合联动的快速反应机制。“110”报警服务台开通后，公安机关在社会有关部门的协同配合下，在打击犯罪、维护社会稳定和满足人民群众求助等方面发挥了重要作用，产生了良好的社会效应，赢得了人民群众和社会各界的广泛支持和赞誉，有力地推动了全市社会主义精神文明建设。为进一步加强和完善“110”报警服务系统建设，动员全市各级各部门齐心协力共建日照“110”，使其发挥更大作用，推动全市社会主义精神文明建设，特作如下通知：

一、充分认识共建日照“110”的重要意义

共建日照“110”，既是公安机关强化社会治安综合治理的重要工程，也是各级党委、政府推进精神文明建设的一项系统工程，是党和政府密切联系群众、全心全意为人民群众服务的具体体现，是当前认真贯彻党的十四届六中全会精神、加强社会主义精神文明建设的一件大事。加快完善“110”报警服务系统建设步伐，建立快速反应机制，更好地服务群众，打击犯罪，是党和政府对公安工作的要求，也是人民群众的迫切期望。做好这项工作，对于进一步密切党群、政群关系，维护社会政治稳定，保障经济建设顺利进行，促进社会风气的好转，从而带动各行各业的职业道德建设和促进承诺服务的更好开展，推动全市社会主义精神文明建设，具有重要意义。各级各部门各单位要进一步提高认识，切实增强责任感和紧迫感，加大工作力度，强化工作措施，大力支持并积极参与共建日照“110”活动，更好地为人民群众服务，为维护全市改革、发展、稳定大局服务。

二、强化措施，配合联动，共建日照“110”

“110”报警服务系统建设涉及社会生活的方方面面，特别是随着群众报警求助意识的增强，服务范围越来越广，工作量越来越大，仅靠公安机关自身力量难以承担，这就需要各有关部门和社会各界的大力支持，共同参与。城建、交通、卫生、民政、邮电、电业等部门要把与“110”配合联动作为“为人民服务、树行业新风”，落实承诺制度，推动精神文明建设的有效措施来抓，按部门、系统制定与“110”配合联动的具体实施方案。各有关部门、各行业要以此为契机，拓展服务领域，搞好文明服务活动，树立本系统、本行业、本单位的窗口形象。群众的报警求助无论涉及哪个职能部门，都要自觉接受“110”的调度，迅速赶赴现场处置。要逐步使“公安110”转变为“社会110”，形成一个以“110”为龙头，有关部门配合联动，辐射全社会的报警服务运作机制。

（一）公安机关要进一步加强和完善指挥中心及“110”报警服务系统建设，提高快速反应能力，健全快速反应机制。一要贯彻从严治警的方针，加强干警的政治思想教育和职业道德教育，树立爱岗敬业、无私奉献、全心全意为人民服务的思想。二要结合实际，建立健全一套完整的工作运行机制和报警、接警、出警、处警等各环节的规章制度，达到依制度治警、快速高效的目的。三要把现代化技术手段运用到“110”报警服务系统，尽快开通能够显示主叫号码和背景资料，利用计算机辅助决策的“110”报警服务台，实视市、区县二级接警，三方通话，并与“119”“122”联网，逐步与金融系统、重点要害部门的报警系统联网，逐步开设电视监控系统、GIS电子地图系统、GPS卫星定位系统等先进技术设备。各警种的“110”处警机动队要在原有基础上，装备必要的交通、通信工具和警械，以适应形势发展的需要。

（二）供电、供气、供水等部门要设立与“110”联网的抢救应急电话，制定应急方案，成立抢险修理小分队，接到群众报警求助后，要迅速赶赴现场，及时排除险情，确保国家和人民群众生命财产安全。

（三）卫生部门要在继续抓好“120”急救工作的同时，建立生命绿色通道，对“110”救助的急、危患者，采取先抢救、后收费的措施，及时进行抢救，避免发生拒收或因收费问题而贻误抢救的现象。

（四）邮电部门要为“110”提供报警及处警通讯线路和技术服务，抓好“112”电话障碍修理工作，随时接受群众求助。要在城区适当增设公用电话，合理布局，并设有免费拨打“110”的明显标志，方便群众拨打“110”电话。

（五）民政部门要及时接收并妥善安置“110”解救、抢救、收容的妇女儿童、残疾人或孤寡老人。

（六）电业部门要为全市公安指挥中心和“110”报警服务台解决双向线路供电问题，为城区出警解决照明用电，确保各级公安指挥中心和“110”报警服务系统的正常运转。

（七）金融、商业、交通等行业，要结合自身特点，各司其职，各负其责，进一步完善和规范服务内容，想群众所想，急群众所急，积极配合“110”做好对群众的服务工作。

（八）新闻宣传部门要加大对“110”的宣传力度，使人民群众了解“110”，正确使用“110”，并及时报道“110”报警服务系统打击犯罪、服务群众的典型事例，争取社会各界的理解和支持。

（九）各有关部门、单位要进一步强化管理措施，积极维护社会秩序，及时妥善处理各类民事纠纷，减轻“110”压力。

三、切实加强对共建日照“110”工作的领导

共建日照“110”是一项造福于民、事关千家万户的社会公益事业，也是全市社会主义精神文明建设的一项重要举措。各级党委、政府要把这项工作作为一件实实在在的为人民群众办好事、办实事和加强精神文明建设的具体措施来抓，摆上重要议事日程，进一步加强组织领导，采取有力措施，切实抓紧抓好。各部门、各行业必须从大局出发，积极配合公安机关做好本部门、本行业应做的工作，履行好自己的责任。为加强对这项工作的组织领导，市委、市政府决定成立以市委副书记、政协主席熊可山同志任组长，市委常委、常务副市长、政法委书记肖开富同志任副组长，市直有关部门负责同志为成员的日照市共建日照“110”工作领导小组。各区县、办事处也要成立相应的机构，以加强对这项工作的领导，并要加大投入，切实解决有关的实际困难，保证“110”报警服务系统正常运转，为推进全市的两个文明建设做出更大贡献。

1997 年 5 月 5 日

市委办公室　市政府办公室
关于推进“天网工程”建设　争创全国综治“长安杯”的实施意见

日办发〔2017〕31 号

“天网工程”是立体化社会治安防控体系的重要组成部分，是争创全国综治“长安杯”、深化“平安日照”建设的基础性工程。目前，我市“天网工程”已初步覆盖全市主要公共场所、交通要道、治安复杂区域，在维护社会稳定、推动经济发展、保障服务民生等方面发挥了重要作用，但从进展情况看，还存在覆盖不全整合不实、保障不足、联网不够、应用不深等问题。根据中共中央办公厅，国务院办公厅印发的《关于加强社会治安防控体系建设的意见》和中央九部委印发的《关于加强公共安全视频监控建设联网应用工作的若干意见》等相关文件要求，结合我市“天网工程”建设实际，现就进一步推进“天网工程”建设，争创全国综治“长安杯”提出以下实施意见。

一、指导思想和目标任务

（一）指导思想。深入贯彻党的十八大、十八届三中、四中、五中、六中全会和习近平总书记系列重要讲话精神，按照中央和省委、省政府部署要求，紧紧围绕“一、三、五”总体发展思路，突出公共安全基础建设这个重点，以科学规范建设为基础，以有效整合资源为手段，以安全共享应用为核心，全面推进“天网工程”建设联网应用，进一步提升城乡管理水平，全面深化“平安日照”建设，为创建全国文明城市，争创全国综治“长安杯”提供有力支撑。

（二）目标任务。在“天网工程”现有建设成果的基础上，不断扩大、完善视频监控建设规模和覆盖领域，加快推进公共场所、公交站点、铁路沿线和农村地区视频监控建设，并逐步向高清化、卡口化、网络化、智能化发展，争取实现全域覆盖、全网共享、全时可用。2017 年底，一类视频监控点覆盖率、联网率和高清摄像机比率达到 100%，前端摄像机完好率达到 98%；市区所有道路交叉口，大型商场，公园、广场、公共绿地等公共场所视频监控覆盖率达到 100%；市区及县城公交站点，铁路沿线涵洞、桥梁、隧道、主要道口视频监控覆盖率、联网率达到 100%；农村地区城镇主要道路、村居主要出入口视频监控覆盖率、联网率达到 100%。2019 年，二类视频监控点覆盖率、联网率和高清摄像机比率达到 100%，前端摄像机完好率达到 98%；农村地区城镇、村居主次干道，学校幼儿园、卫生室（诊所）、商店（市场）村委会等重点区域视频监控覆盖率、联网率达到 100%。大力实施农村地区“技防入户”工程，打造各具特色的技防乡镇、村居。2017 年、2018 年、2019 年，每个乡镇分别创建 1 个、2 个、3 个以视频监控为主体的技防示范村

二、建设原则和基本思路

坚持“党政领导、综治牵头、公安负责、部门配合、社会参与”的原则，按照依规建设、按需联网、整合资源、规范应用分级保障、安全可控的工作思路，根据法律法规、政策和技术标准，应用

安全可控的技术和产品，统筹“天网工程”建设，避免重复投资。按照维护国家安全、社会公共安全的实际需要，坚持规范管理、确保安全，整合各类视频图像资源，推动“天网工程”联网，促进和保障各级各部门对视频图像资源的共享应用。坚持权责明晰一致、分级分类投入、社会资金参与，加强“天网工程”建设联网应用工作的保障。

三、建设任务和职责分工

（一）建设任务

1.“天网工程”主要围绕以下目标进行建设，争取实现100%全覆盖：党政机关、重点科研机构、博物馆、档案馆和重点文物保护单位、广播电视等重点守卫单位；金融系统，包括金库、货币、票据等的制造和集中存放场所，金融机构的营业和信息运行储存场所等；水电油气热等涉及民生的重点单位以及大中专院校中小学幼儿园、医院等重点企事业单位；城市广场、运动场、火车站、汽车站、货运站、机场、码头等人员聚集场所以及商场超市、影剧院、网吧、公园、游乐场、停车场、宾馆、酒店、娱乐场所等公共场所；武器、弹药以及易燃、易爆、剧毒、放射性物品、易制毒化学品等危险物品生产经营使用单位；铁路、高速公路、国道、省道、城市主次干道、城区主要道路的立交桥、道口路口、出入口、收费站等关键部位以及主要路段；居住集中的社区，村庄、居民小区以及乡镇、村居主要出入口、主要道路路口主要路段；公安检查站、治安卡点、治安复杂区城、案件高发区域以及其他有必要的目标和部位。

2.“天网工程”建设采取市县（区）财政逐级投入，社区村居、单位、厂企包干，社会资金参与的多元化投入方式建设。

（1）对市区路口，公园、绿地、公交站点摸排出需新建的892个目标，2042台摄像机，由市财政投入建设，联网和运维。其中，市区路口由公安交警部门具体牵头负责；公园、绿地由园林部门具体牵头负责；公交站点由公交集团具体牵头负责。

（2）对铁路沿线桥梁、隧道、涵洞、道口摸排出需新建的206个目标，355台摄像机，由铁路部门、护路办和各区县投入建设联网和运维，由护路办具体牵头负责。

（3）对摸排出的需新建的1868个公共安全目标、6516台摄像机，2227个农村地区目标、6809台摄像机，由各区县按照多元化投入方式担负。

（4）农村地区视频监控建设，村庄主要出入口、主次干道等重要道路路口以及学校幼儿园、卫生室（诊所）、商店（市场）村委会等重点场所都要安装视频监控探头按照1000人以上的村监控探头数量不少于10个，500人以上的村监控探头数量不少于5个，500人以下的村监控探头数量不少于3个的标准进行建设。

（5）其他相关职能部门本系统内的视频监控按照本系统相关规定要求进行建设。莒县、五莲公交站点的视频监控可参照市区

模式进行建设。各级财政部门都要设立“天网工程”建设专项资金，根据城乡发展实际以及发展规划进行评估，确定专项资金每年递增额度，确保“天网工程”与城市规模配套建设。

（二）职责分工

各级各部门要各司其职、通力协作、齐抓共管，形成工作合力。

各级党委、政府要切实担负起“天网工程”建设的组织领导责任，当好“天网工程”的总工程师。

各级综治部门做好组织协调、监督指导和考核奖惩，推动各级各部门落实建设责任。

公安部门具体抓好规划、指导、管理、应用工作，明确应建视频监控目标点位，做好内部以及直接监管、管控部位的视频监控建设，并建设好联网共享应用平台，提供联网技术标准，为联网对接创

造条件。

财政部门合理规划调拨财政投入，确保“天网工程”建设、运维、联网资金得到及时足额保障。

经信部门做好统筹指导，协助做好建设方案、建设技术的可行性研究，并牵头做好成品油批发（仓储）企业、原油销售（仓储）企业和加油（气）站等场所、单位的视频监控建设、运维和联网。教育部门牵头负责学校、幼儿园等本系统单位视频监控的规划、建设、运维和联网。

住房城乡建设部门牵头负责与城市管理有关的公共建筑等场所视频监控的规划、建设、运维和联网，在线路管道、市容管理、绿化工程等施工过程中要将视频监控纳入配套工程建设。

交通运输部门牵头负责对汽车站，国省道重要路段、路口，大型桥梁的重要部位以及公共交通工具视频监控的规划、建设运维和联网，并负责协调高速公路重要路段、路口、桥梁、隧道视频监控的整合联网。

水利部门牵头负责对河道、水库、防潮堤、水闸等重要水利工程设施视频监控的规划、建设、运维和联网。

文化广电新闻出版部门牵头负责对公共文化馆、图书馆、美术馆、博物馆等场所单位视频监控的规划、建设、运维和联网。

卫生计生部门、医管部门牵头负责对医院、卫生院等单位视频监控的规划、建设、运维和联网。

供电部门负责为“天网工程”公共部分制定供电方案，确定统一施工方案并协助具体施工，牵头负责对电力传输、变电站等部位视频监控的规划、建设、运维和联网。

体育部门牵头负责对体育比赛场馆等部位视频监控的规划建设、运维和联网旅游部门牵头负责对大型酒店、重点景区视频监控的规划、建设、运维和联网。

日照广播电视台做好对电台、电视台重要部位视频监控的规划、建设、运维和联网。金融机构做好金库、营业场所等重点部位视频监控的规划、建设、运维和联网。

移动公司、联通公司、电信公司和广电网络等通信运营企业要将“天网工程”作为回报日照市民的公益工程，在视频传输上坚持“公益支持、保本经营、微利经营”相结合的原则，以实际行动支持“平安日照”建设。

四、共享联网和系统应用

按照标准统一、分级分类、安全可控的原则，以公安视频专网共享平台为依托进行“天网工程”共享联网，建立三级社会视频图像资源共享平台。在市公安局利用社会视频专网建立一级社会视频资源共享平台，汇集全市公安机关自建覆盖重点公共区域的社会面视频监控系统，具有对下级平台的资源调用和系统管理权限。市直其他部门单位在本部门单位，各区县在公安局（分局）建立二级社会视频资源共享平台，整合、存储本部门、本系统、本辖区重要的社会视频图像资源，实现为上级平台提供调用资源和对下级平台分配权限的功能。区县部门在本部门，乡镇（街道）在派出所建设三级社会视频图像资源共享平台，依据授权对本部门、本辖区监控资源实时调度和应用。三级社会视频资源共享平台安全对接，并实现互联互通，公安部门要充分发挥监控系统服务实战作用，把调用分析监控图像作为侦查破案、维稳处突、治安防控的基本手段和决策依据，不断提升“打、防、管、控”整体效能。交通运输部门利用监控平台加强对全市车站和重要路段路口、隧道、大型桥梁等重要部位以及公共交通工具的实时监控，及时发现排除安全隐患，确保交通安全，教育部门利用监控平台加强对全市学校、幼儿园的实时监控，及时发现处置影响教学秩序的各类问题和隐患，确保良好的教学环境。卫生计生部门、医管部门利用监控平台加强对全市医疗机构的实时监控，及时发现处置影响医疗秩序的各类问题和隐患，确保良好的医疗秩序。水利部门利用监控平台加强对河道、水库、防潮堤、水闸及其他重要水利工程设施的实时监控，严防各类破坏活动并及时处置各类汛期危情。金融机构利用监控平台加强对金库，货币、有价证券票据集中存放场所，票据、货币押运车辆及营业网点等公共区域的实时监控，提高自身安全防范能力水平，其他部门利用监控平台加强对本系统重点区域、部位的实时监控，确保安全，各乡镇（街道）、社区、村居依托视频监控系统对辖区重点部位进行全天候防控、对重点人群跟踪监测、对街面治安状况动态掌握，实现对基层事物的信息化、动态化、精细化管理。

五、队伍建设和运行维护

积极适应“天网工程”建设与应用快速发展的新形势、新要求，大力加强专业队伍建设。

（一）各级公安机关组建专职视频监控监看、应用、管理队伍。各级人力资源社会保障部门、财政部门、公安部门在人员、经费、场所、装备等方面予以支持和保障。2018 年，市县两级公安机关成立视频监看、应用、管理队伍；2019 年，市县两级公安机关成立视频侦查工作室，其他职能部门也要建立相应的视频监看，应用、管理队伍，担负起本行业，本领域视频监控巡查监看责任。

（二）加强对重点要害部位的视频巡查。各级各部门监控中心、监控分中心，监控室的值班人员要定时进行巡查，做到“前端设备 24 小时不眨眼，巡防值守 24 小时不断人”，各级公安机关要建立健全值守工作制度、信息调阅制度、视频研判制度、奖惩激励制度等一整套配套机制，把设备运转、警情处置，服务运用信息调阅、奖惩激励等各个环节纳入规范化管理，确保“天网工程”高效运转发挥作用。

（三）切实加强“天网工程”日常运维工作。新建视频监控项目，要在项目立项时将运维以及更新换代与建设、联网一同捆绑纳入到项目规划，通过公开招标，由中标商按照合同约定进行运维；已经建成的视频监控项目，原则上也要通过外包服务的形式进行运维，可以根据实际情况选择纯运维外包，也可以结合更新换代进行捆绑式外包。按照“谁建设谁管理”的原则，相关部门要切实担负起本行业、本领域视频监控建设运维主管责任，确保资金投入到位，系统运行良好。

六、组织保障和督导考核

（一）健全完善组织领导机制。各级党委、政府要充分认识“天网工程”建设的重要性，必要性和紧迫性，切实加强组织领导，加大工作推进力度，市委、市政府成立由市委副书记邹斌芳任组长，市委常委、政法委书记耿学伟，市政府副市长、市公安局局长张培林任副组长，各综治成员单位主要负责人为成员的“天网工程”建设领导小组，领导小组办公室设在市综治办，具体负责“天网工程”建设的组织实施、协调调度、督导检查、考核验收等工作各区县也要成立相应的组织领导机构，加强对“天网工程”建设的统一领导和组织协调，确保工作顺利进行。

（二）健全完善协作配合机制。各级各部门要各司其职、通力协作、齐抓共管，在经费保障、规划设计、实施建设等方面给予全力支持。各级各部门要把经费保障作为加快推进“天网工程”建设的首要任务，确保足额保障，专款专用。各相关部门要切实担负起各自工作职责，加强协作配合，保障“天网工程”建设顺利开展。

（三）健全完善督导考核机制。将“天网工程”建设纳入对区县和市直部门的社会治安综合治理考核。对工作推进力度大、成效显著的予以表彰宣传，并在全市推广经验。对领导不重视责任不落实、工作开展不力，影响全市整体工作成效的，要严格追究责任。

市政府办公室
关于日照市非农业户口迁移暂行管理办法

日政办发〔1993〕46 号

为使非农业户口迁移工作更好地为经济建设服务，使人口增长规模与城市基础设施建设的发展相适应，逐步提高人口素质，加快城市化发展步伐，特制定本办法：

第一条 “非农业户口迁移”是指市外非农业户口迁入我市（东港区、五莲县、莒县）落户的。凡经批准迁入我市的，与我市的非农业人口享有同等权利，履行同等义务。

第二条 凡符合下列条件之一者．可申请办理非农业户口迁移手续：

1．原籍系我市在外地离退休人员，不符合有关易地安置条件，现申请本人、配偶返回原籍携带子女 1 人的；

2．夫妻分居两地生活，申请将配偶及子女迁入我市的（年满 18 周岁的子女不可随迁）；

3．工作调动随迁的非直系亲属；

4．外地来日照经商、办企业的人员，固定设施投资在 10 万元以下（不含 10 万元），并在我市居住半年以上的人员及其直系亲属；

5．在外地落实政策农转非，要求返回原籍的；

6．本市居民申请直系或旁系亲属迁入的；

7．其他情况要求迁入的。

第三条 申请办理“非农业户口迁移”的人员，必须有固定居住场所，迁移手续完备（迁出地县以上公安机关出具非农业户口证明），并移至迁入地居住。

第四条 办理“非农业户口迁移”须由本人申请，所在单位（或居委会）和有关部门出具证明，县、区公安部门审查，报市公安局批准。

第五条 除按规定安置的复转军人、国家分配的大中专毕业生、人才交流中心引进的人才和经组织、人事、劳动部门调入人员，以及外地来日照经商、办企业的人员固定设施投资在 10 万元以上（含 10 万元人员）者外，凡符合本办法“第二条”条件之一者，申请办理“非农业户口迁移”的人员，每人收取城市增容配套费 3000 元。

第六条 “非农业户口迁移”人员缴纳的城市增容配套费，由公安机关统一收缴后上交同级财政，由政府用于城市基础设施建设和人口管理开支。

第七条 本办法自发布之日起实行。

第八条 本办法由市公安局负责解释。

市政府办公室
关于规范和加强企业专职消防队伍建设的通知

日政办字〔2017〕93号

各区县人民政府、管委，市政府有关部门，国家、省属驻日照有关单位：

为规范和加强全市企业专职消防队伍建设，根据《中华人民共和国消防法》《山东省消防条例》及省公安厅等13部门《关于规范和加强企业专职消防队伍建设的意见》（鲁公发〔2017〕76号），现就企业专职消防队伍建设有关事项通知如下：

一、指导思想和总体目标

深入贯彻党的十九大精神，牢固树立安全发展理念，全面落实企业依法建立专职消防队伍，保障自身消防安全的法律责任，加强企业专职消防队伍的规范化建设和管理，落实综合保障措施，提高企业的火灾防控能力。

2019年6月底前，全市所有符合建队条件的企业建成专职消防队并达到建设标准，所有危险性较大的中小型危化品生产企业建立消防管理机构。

二、建设标准

根据《中华人民共和国消防法》第39条规定，按照省公安厅等13部门《关于规范和加强企业专职消防队伍建设的意见》，结合有关企业可能发生的灾害事故特点及危险性，企业专职消防队按特勤、一级、二级3个类别划分。

应建立特勤消防队的企业为：山东钢铁日照有限公司、岚桥集团（含岚桥港务有限公司）、山东海右石化集团有限公司；

应建立一级消防队的企业为：日照钢铁控股集团有限公司、瀚坤能源发展有限公司、山东石大科技化工有限公司、亚太森博山东浆纸有限公司、新绿洲液化仓储服务有限公司；

应建立二级消防队的企业为：华能国际电力股份有限公司日照电厂、日照滨海石油化工有限公司、山东孚宝仓储股份有限公司、山东童海港业股份有限公司、山东金石股份有限公司、山东广信化工科技有限公司。

三、日常管理和执勤训练

（一）健全组织机构。企业应当建立健全专职消防队伍组织领导机构，明确隶属关系，按照有关规定建立健全党、团、工会等组织。

（二）依法规范用工。企业专职消防队实行队长负责制，队长应当为企业正式职工，并具备一定的灭火、防火知识和组织指挥能力。企业应当依法与专职消防队员订立书面劳动合同；符合《劳动合同法》有关规定的，应当签订无固定期限劳动合同。企业专职消防队员不应采取劳务派遣用工。专职消防队员宜采用标准工时制。企业应当制定科学合理的劳动定额定员标准，保障专职消防队员的休息休假等权利，通过职业技能培训、内部岗位交流等方式，拓展专职消防队员的离岗安置渠道。

（三）推动职业化建设。企业应当将专职消防队员纳入本单位人力资源管理体系和考核考评范围，结合消防工作特点制定标准，科学评价专职消防队及队员的工作绩效，积极推行专职消防队员持国家职业资格证上岗，组织专职消防队员参加职业技能鉴定，并将专职消防队员的职业资格与其岗位任职条件、薪酬、合同续签、职级调整晋升等挂钩，畅通职业上升通道。

（四）规范执勤战备。企业专职消防队实行24小时战备值班制度，设值班队长和各类执勤人员。应开展经常性战备教育，严格执勤战斗装备管理，保证随时处于完好状态。当班率应根据本单位的火灾危险性和灾害等级规模预警情况，满足当日执勤战斗匹配需要。

（五）加强业务训练。企业专职消防队应参照《公安消防部队灭火救援业务训练与考核大纲》的规定，根据本单位实际拟定教育训练计划并组织实施，编制灭火救援预案并开展不同时段、不同天气情况下的针对性熟悉演练。加强与公安消防队的联勤联训，每年分批组织专职消防队员到当地公安消防中队进行不少于15天的驻队轮训，提高协同作战能力。新入职的专职消防队员应进行不少于30天的岗前培训，经考核合格后上岗执勤。

（六）健全调度指挥体系。企业专职消防队纳入公安消防灭火救援指挥调度体系，并明确联勤联动通信方式，在灭火救援时接受公安消防部门的统一调动和组织指挥。企业专职消防队之间应当建立区域联勤联动机制。

（七）拓展队伍职能。鼓励企业依托专职消防队伍，结合国家危险化学品及油气管道应急救援基地等建设，建立专业特色突出、布局配置合理的应急救援力量体系，并参加企业消防安全管理、消防宣传教育培训、动火等危险作业现场监护等工作，发挥“一队多能、一专多用”的作用，积极参与社会应急救援，发挥火灾防控和应急救援的综合效能。

（八）加强规范化管理。企业专职消防队应当统一单位门牌，称谓统一为“××（企业名称）专职消防队”。消防员灭火救援服的背面、消防头盔的侧面统一喷涂“××（企业名称简称）消防”。企业专职消防队员工作期间应当着制式服装和标识，在执行火灾扑救和应急救援任务时应当统一佩戴消防标志、着灭火救援服。

四、综合保障措施

（一）加强经费保障。企业应当按照《中华人民共和国安全生产法》、《企业安全生产费用提取和使用管理办法》（财企〔2012〕16号）和《关于企业职工教育经费提取与使用管理的意见》（财建〔2006〕317号）等规定，将专职消防队伍建设经费纳入安全生产费用依法足额保障。企业实际发生的安全生产费用支出，可依法在计算应纳税所得额时扣除。高危行业企业应当将专职消防队建设、消防装备购置等纳入应急专项资金予以保障。企业专职消防队员参加职业培训和鉴定，可按照有关规定向当地人力资源社会保障部门申领补贴。

（二）合理确定工资待遇。企业应当按照《中华人民共和国劳动法》按劳分配、同工同酬的原则，结合专职消防队员工作环境高温、高空、地下、浓烟、粉尘、有毒、易燃、易爆、噪音的特点，参照本单位高危或特殊工种岗位，结合专职消防队员的职业技能等级，合理确定其工资、津贴及相关待遇。专职消防队员的工资水平应当不低于本单位职工平均工资水平，享受生产一线职工或者高危行业的福利待遇。

（三）完善保险制度。企业应当按照《中华人民共和国劳动法》《中华人民共和国公司法》《中华人民共和国社会保险法》《中华人民共和国突发事件应对法》等规定，为专职消防队员办理养老、医疗、工伤、失业等社会保险，缴纳各项社会保险费用和住房公积金；为专职消防队员购买意外伤害保险，提高专职消防队员职业伤害保障水平。

（四）强化职业健康保护。企业应当按照《中华人民共和国职业病防治法》、《职业病分类和目录》（国卫疾控发〔2013〕48号），落实《消防员职业健康标准》（GBZ211），组织专职消防队员参加岗前、在岗、离岗和应急职业健康检查，建立职业健康档案，积极预防、控制和消除专职消防队员因接触有毒、有害因素而引起的职业病。

（五）落实伤残抚恤待遇。专职消防队员在业务训练、火灾扑救或应急救援等工作中因工受伤、致残或死亡的，应当按照《工伤保险条例》等规定向社会保险行政部门申请工伤认定、劳动能力鉴定，并按照规定享受工伤保险待遇。符合烈士申报条件的，应当按照《烈士褒扬条例》规定的程序向民政部门申报。

（六）落实消防车辆优惠政策。税务部门应当按照《车辆购置税暂行条例》和公安部《关于规范和加强多种形式消防队伍车辆管理的通知》（公消〔2011〕203号）等规定，对企业购置列入国家税务总局《设有固定装置非运输车辆免税图册》的消防车免征车辆购置税。企业专职消防队的消防车（船）按照特种车（船）要求安装警示灯，设置专用标志，依法办理牌证。执行火灾扑救、应急救援和训练任务的企业专职消防队消防车辆免收往返途中的车辆通行费。

（七）落实灭火救援补偿。公安消防部门应当根据《中华人民共和国消防法》和财政部《地方消防经费管理办法》（财防〔2016〕336号）的规定，将调动企业专职消防队执行外单位灭火救援任务的物资损耗补偿纳入业务经费，每季度核定实际损耗并予以补偿。

（八）加强装备配备。企业应当根据生产经营特点和火灾危险性，按照国家有关标准为专职消防队配备消防车辆和个人防护装备等，并定期检查更新，报废超期服役车辆装备。应积极应用新技术、新装备，储备必要的灭火药剂，并纳入企业应急物资保障方案，确保数量充足、品种齐全、质量可靠、完整好用。

（九）综合运用行政、信用、保险等激励约束机制。根据《国务院关于进一步加强企业安全生产工作的通知》（国发〔2010〕23号）等规定，安监部门应当将依法建立专职消防队作为符合安全生产标准的重要内容，实行严格的安全标准核准制度。公安消防部门应当根据《中华人民共和国消防法》《重大火灾隐患判定方法》（GA653）等规定，对应建未建专职消防队的企业进行行政处罚，并将行政处罚信息归集到山东省公共信用信息平台，通过“信用山东”、国家企业信用信息公示系统（山东）向社会公示。鼓励商业保险企业按照风险厘定原则，采取差别化保险费率等手段，适当下调建有专职消防队的企业商业保险费率。

（十）建立奖励表彰制度。企业对在执勤训练中表现突出的专职消防队和队员，应当给予奖励。为符合条件的专职消防队员落实保障性住房（公租房）、子女入学入托等优惠待遇。各地公安消防部门、人力资源社会保障部门及工会组织应当积极开展企业专职消防队员职业技能竞赛，按照有关规定推荐优胜者申报先进工作者、劳动奖章、技术能手等，并适当推荐参加国家、省119消防奖评选。

五、有关要求

（一）提高思想认识，明确领导责任。各区县政府、管委要将企业专职消防队伍建设工作纳入本地区国民经济和社会发展规划，履行好属地监管责任，督导企业加强专职消防队建设；经信、安监等行业主管部门要履行好行业监管责任，对企业专职消防队建设进展情况进行检查；公安消防部门要加强监督，提供技术指导，组织考核验收，纳入调度指挥体系，指导企业专职消防队开展消防车辆装备统型，确保既满足企业火灾事故处置需要，又符合全市消防应急救援车辆装备结构配置。

（二）强化督导检查，狠抓工作落实。市政府把企业专职消防队伍建设情况纳入与各区县政府、管委年度消防工作目标责任书，每半年检查调度建设进度。对未履行消防工作职责、未按期完成建设任务的企业，予以通报批评和挂牌督办，责令切实履行职责，限期建成投入使用。

（三）强化执法力度，严格追责问责。各级政府对未落实建设、管理、调配要求，致使火灾发生后得不到有效扑救，造成重特大火灾事故的，根据情节轻重，依法依纪追究相关责任人的责任。

2017年12月30日

日照市人民政府办公室
关于建立日照市打击治理电信网络新型违法犯罪工作联席会议制度的通知

各区县人民政府、管委，市政府有关部门、单位，国家、省属驻日照有关单位：

为加强对打击治理电信网络新型违法犯罪工作的组织领导和统筹协调，市政府决定建立日照市打击治理电信网络新型违法犯罪工作联席会议（以下简称联席会议）制度。现就有关事宜通知如下：

一、联席会议主要职能

在市政府领导下，统筹协调全市打击治理电信网络新型违法犯罪工作。负责组织、协调和推进跨部门、跨区域打击治理工作，强化打击整治和源头防范，协调解决工作中遇到的问题；分析违法犯罪形势，主动开展通讯链封控、资金链封堵等各项工作，降低发案，挽回损失；指导和督促全市打击治理工作；组织各区县、各有关部门总结交流工作经验及相关成果，加强宣传防范工作。

二、联席会议成员单位

联席会议由市政府分管领导担任召集人，市公安局、市人大法工委、市委宣传部、市网信办、市中级人民法院、市检察院、市经信委、市司法局、市财政局、市文广新局、市工商局、市质监局、市法制办、市国家安全局、人民银行日照市中心支行、日照海关、日照银监分局、中国电信日照分公司、中国移动日照分公司、中国联通日照分公司等部门、单位负责人为成员。联席会议办公室设在市公安局，承担联席会议日常工作，办公室主任由市公安局分管负责人兼任。联席会议设联络员，由各成员单位相关职能部门负责同志担任。联络员同时为办公室成员。联络员需要调整的，由成员单位提出，报市公安局备案。

三、联席会议工作规则

联席会议原则上每年召开一次全体会议。根据上级统一部署或实际工作需要，可临时召开全体会议或部分成员单位会议。会议由召集人主持。联席会议以纪要形式明确会议议定事项，经与会单位同意后印发有关单位，同时抄报市政府。

四、工作要求

各成员单位要切实履行职责，积极参加联席会议，主动研究打击治理电信网络新型违法犯罪有关问题，认真落实联席会议议定事项。要加强沟通，密切配合，相互支持，形成合力，充分发挥联席会议作用，形成高效运行的长效工作机制，共同做好打击治理和防范工作。联席会议办公室要及时向各成员单位通报有关情况。

2016 年 4 月 7 日

日照市人民政府办公室
关于贯彻鲁政办字〔2016〕221号文件
进一步规范全市公安机关警务辅助人员管理的实施意见

日政办字〔2017〕67号

各区县人民政府、管委，市政府有关部门、单位：

为深入贯彻落实《山东省公安机关警务辅助人员管理办法（试行）》（以下简称《办法》）及相关实施细则，进一步规范我市公安机关警务辅助人员管理，确保依法合理使用警务辅助力量，保障警务辅助人员的合法权益，充分发挥其在公安工作中的协助作用，特制定本实施意见。

一、指导思想

1.统一思想认识。以全面深化公安改革和加强改进新形势下公安基层基础工作为契机，紧紧围绕全市“一、三、五”总体发展思路，坚持问题导向，创新社会治理，不断推动辅警队伍制度化、规范化、法治化建设，确保依法规范管理、合理使用警务辅助人员，充分发挥警务辅助人员在协助公安民警维护社会治安、打击违法犯罪、开展行政管理和服务人民群众等方面的积极作用，为全市改革发展稳定保驾护航。

二、工作目标

2.实现规范管理。按照“依法规范、分类管理、责权明晰合理使用、保障有力”的原则，理顺辅警队伍管理体制，明确辅警人员岗位职责，完善常态管理制度，落实职业待遇保障，逐步实现警务辅助人员管理的制度化、规范化，法治化。

3.实行分级保障。市，县（区）两级公安机关会同同级编制、民政、财政、人力资源和社会保障等部门，根据地方社会治安情况、经济发展需求、财力状况等实际，确定辅警用人额度、经费保障和招聘管理等事项。

4.缓解安置压力。在岗位设置、人员招聘过程中，科学设置一定比例，专门招聘退役士兵、国有企业下岗分流人员，提供就业岗位，缓解安置压力。

三、具体措施

5.核定用人额度。各级机构编制、财政、人力资源和社会保障部门综合考虑社会治安状况、经济发展水平，人口数量、地域面积、警力配备情况等因素，按程序核定同级公安机关辅警用人额度般不超过当地按全省万人拥警率应配备人民警察的数量，市级公安机关辅警配备比例一般不高于各区县平均水平，具体配备标准由同级人民政府审定。

6.明确专职机构。市、县（区）公安机关明确辅警管理机构，负责本级公安机关辅警规范管理工作，强化教育培训，组织过渡考核，严格加强管理。

7.确定薪酬标准。各级人力资源和社会保障、财政部门参照上年度我市在岗职工平均工资，结合当地经济社会发展水平和财力状况，逐步完善辅警工资结构，合理确定薪酬标准，并建立动态调整机制。薪酬水平随岗位和职级变化浮动。

8.提高福利待遇。公安机关或用人单位按规定为辅警办理社会保险，逐步完善各类保障措施，并按照相关政策规定，有效提高福利待遇。

9.加强经费保障。各级财政部门要加强保障力度，将辅警的薪酬福利、教育培训、装备配置、服装、奖励、保险、抚恤等相关经费列入本级财政预算予以保障。

10. 优化分级管理。公安机关按照辅长和辅员两个职级序列实行辅警分级管理。不断完善考核晋升机制，按照公开、公平公正，绩效优先，注重能力的原则，组织实施辅警职级竞聘、晋升工作。

11. 开展考核过渡。各级公安机关会同人力资源和社会保障部门，研究制定现有警务辅助人员考核过渡办法，规范开展考核过渡工作，确保队伍稳定，平稳过渡。

12. 规范辅警招聘。公安机关要按规定程序，范围提报用人计划，依据相关规定，按照公开、平等、竞争、择优的原则，通过考试考察、体测体检、政治考核等环节聘用人员，全面规范招聘工作。

13. 坚持教育培训。公安机关要健全辅警教育训练机制，围绕岗位需求，强化辅警教育训练基础工作，不断提高辅警的业务素质和工作能力。

14. 严格队伍管理。公安机关要建立健全辅警的岗位责任教育培训、考核考勤和保密管理等制度，制定警务辅助人员管理监督和退出机制，定期对辅警的工作绩效、遵章守纪等情况开展考核，奖优罚劣。

15. 完善优抚保障。公安机关要会同人力资源和社会保障部门为因工受伤、致残、死亡的辅警落实工伤保险条例相关规定；对因工死亡符合烈士评定条件的辅警，要会同民政部门做好烈士评定及烈属抚恤工作。

16. 明确用工形式。公安机关采取向社会力量购买服务、依法签订劳动合同、聘用合同等方式招聘、使用警务辅助人员，并由劳务派遣或用人单位，依法与警务辅助人员签订合同，办理各项社会保障服务

四、组织保障

17. 强化组织领导。成立规范警务辅助人员管理工作领导小组，由分管公安工作的副市长任组长，公安、编制、民政、财政、人力资源和社会保障部门负责人为成员，办公室设在市公安局，全面负责该项工作的推进落实

18. 严格落实责任。相关责任单位要各司其职、各负其责，齐抓共管、形成合力，稳步有序推进警务辅助人员规范管理工作；按照“谁用人、谁管理、谁负责”的原则，公安机关要切实加强警务辅助人员的日常管理工作。

2017 年 10 月 30 日

日照市人民政府办公室
关于整合社会联动服务资源 推动非警务求助事项分流工作的意见

日政办字〔2017〕79 号

各区县人民政府、管委，市政府各部门、单位，国家、省驻日照各单位：

为贯彻中央和省委、省政府关于加强和创新社会治理的决策部署，落实好《山东省人民政府办公厅关于整合社会联动服务资源推动非警务求助事项分流的意见》（鲁政办字〔2017〕35 号），有效整合政府职能部门社会服务力量和资源，推动非警务求助事项分流，建立规范高效的社会联动服务工作体系，进一步提高各级政府服务社会、服务民生、服务群众的能力水平，经市政府同意，现提出以下意见。

一、建立完善110报警服务平台与12345热线、民生服务中心等社会求助服务平台对接机制

各级公安机关要加强110报警服务平台建设，会同12345热线、民生服务中心等管理机构明确非警务求助事项的受理范围并向社会公开，加强对各类接报警情的即时甄别，对非警务类报警电话，要主动对接12345热线、民生服务中心等社会求助服务平台，确定“接、转、办”等工作流程，及时将群众非警务求助事项转交有关职能部门处置。110报警服务平台可采取与12345热线、民生服务中心等社会求助服务平台集中联席办公、平台对接和“三方通话”等形式，确保非警务求助事项及时流转。各级、各有关部门要加快12345热线平台、民生服务中心和110报警服务平台的技术改造和提质升级，保障110报警服务平台与12345热线、民生服务中心等社会求助服务平台及各联动单位实现数据网上实时双向流转、互联互通。

二、建立完善统一领导、分类处置的社会求助联动服务体系

各县区政府、管委会要按照属地管理原则，结合当地实际，全面构建“政府统一受理、分级分类交办、部门联动处置”的社会求助服务联动工作体系。以12345热线或民生服务中心为主体，加快整合非警务类政务服务热线，24小时受理群众咨询、求助、投诉、建议等事项，切实提高政府综合服务水平。110报警服务平台和其他职能部门接到非职权范围内的报警、求助，应及时转交12345热线、民生服务中心，由12345热线、民生服务中心确认后，按照职责分办、督办。尚未设立民生服务中心的区县，可依托公安机关110报警服务平台，建立服务群众求助社会联动工作机制，由110报警服务平台依据工作职能及时通报相关社会联动单位处理。有关部门要按照各自职责分工，建立应急服务机制，制定工作流程，完善内部管理规章制度，及时受理、处置群众求助。供水、供气、供电和医疗急救等涉及应急救援职能的部门和单位，要进一步加强与12345热线、民生服务中心的对接整合，以及与110报警服务平台的协同联动，重点加强节假日和非工作时间的应急处置能力保障，建立24小时值班备勤和应急响应机制，确保人民群众求助得到及时有效解决。严格实行首接责任制和办理反馈制度，对12345热线、民生服务中心和110报警服务平台转交的求助服务事项，要第一时间落实并跟踪调度，在规定的时限内反馈办理情况。

三、进一步明确社会联动服务单位的职责任务

（一）民政部门。负责对接报或人民群众发现送达的生活无着落流浪乞讨人员，以及向110报警求助并由公安机关引导、护送至救助管理机构的未成年人、残疾人、老年人和行动不便的其他人员，按照有关规定及时提供救助；对发现的弃婴，经公安机关确认无法查找其生父母，并出具弃婴捡拾证明后，按照有关规定及时予以安置。

（二）人力资源和社会保障部门。负责受理、处置劳动人事、工资分配、社会保险等方面的纠纷。

（三）住房城乡建设部门。负责受理、处置涉及城市供水、供气、供暖、市容环境卫生和市政基础设施维修、物业管理等方面的求助事项或突发事件，及时提供救助或服务措施。

（四）综合行政执法部门。负责受理、处置乱搭乱建、店外经营、违法违规户外广告等划入综合行政执法范围的事项。

（五）交通运输部门。负责受理、处置有关出租、公交等方面的失物求助、举报投诉以及有关道路、桥梁损毁等抢险抢修、应急服务事项。

（六）文化新闻出版广电、综合行政执法部门。负责受理、处置涉及娱乐场所、文化市场管理等方面的群众举报投诉；依法查处涉及书报刊市场、音像市场、电子出版市场中的非法出版活动。

（七）卫生计生部门。负责对接报的伤病患者等救助事项，及时派出救护车赶赴现场，进行现场紧急救治和转运。

（八）环保部门。负责受理、依法处理职责范围内涉及环境污染的群众投诉。

（九）工商、质监、食品药品监管部门。根据各自职责，负责受理、处置有关生产、经营、消费、服务等方面的举报投诉；依法打击制售假冒伪劣商品、食品药品、缺斤少两、质次价高等损害消费者权益的行为。

（十）其他部门。司法、税务、物价、海洋与渔业、通信、电力、水利、农业、旅游、文物等部门对 12345 热线、民生服务中心和 110 报警服务台通报的涉及本部门职责范围的群众求助，要及时提供救助或服务。

四、进一步做好涉多部门报警电话的联动处置工作

（一）经济纠纷。公安机关、司法行政部门要与法院建立纠纷报警求助的线上线下联动联调机制，既要做到 110、12348、12368 热线间相互顺畅转接，又要做到线下处置工作的有效对接。公安机关接到经济纠纷类报警求助后，对纠纷当事双方已引发违法犯罪行为，或当事双方正在对峙、存在治安隐患风险的，应及时派警到场制止；对当事双方均不在现场，或当事双方虽在现场但未引发违法犯罪行为且不存在治安隐患的，要动员当事双方协商解决，对协商不成的，引导报警人或帮助联系基层司法调解力量协助调解；对符合法院诉调条件的，公安机关要积极向当事人说明通过法院诉调机制解决经济纠纷的好处及具体途径、办法，告知相关法院诉调对接机构的办公地址、联系电话，引导当事双方通过法院诉调途径快速解决纠纷。司法行政部门要会同法院建立经济纠纷快调快处机制，明确专管部门和专管人员，实时与 110 联动，积极通过电话、到场等方式快速调解。

（二）旅游纠纷。公安机关接到涉旅游类纠纷报警后，对当事双方均在现场、形成对峙，需要现场调解处置的，要及时受理、出警，同时通报 12345 热线、民生服务中心，由 12345 热线、民生服务中心根据警情需要通知旅游、司法、物价、工商、卫生计生、税务、质监、食品药品监管等有关部门，开展联动处置工作；对旅游纠纷引发治安违法犯罪行为，公安机关要及时查处；对旅游公司、商家、小贩等存在其他违法行为，有关职能部门接到 12345 热线、民生服务中心情报通报后，要按职责分工及时查处；对有关职能部门在执法过程中遭到暴力阻碍执法的，要及时通报 12345 热线、民生服务中心或 110 报警服务台，通知公安机关及其他有关部门开展联动处置工作。

（三）噪声扰民。公安机关接到生活噪声和道路交通噪声扰民报警后，要及时受理、妥善处置；接到工业生产噪声扰民报警后，要及时通报 12345 热线、民生服务中心，通知环保部门及时受理、处置；接到建筑施工噪声扰民报警后，要及时通报 12345 热线、民生服务中心，由 12345 热线、民生服务中心视情通知住建、综合行政执法部门按照职责分工及时受理、处置；噪声扰民警情涉及其他治安违法犯罪行为，或有关职能部门在现场处置过程中遭到暴力阻碍执法的，要及时通报公安机关及其他有关部门开展联动处置工作。

（四）拆迁纠纷。公安机关接到拆迁类报警后，要第一时间赶赴现场，制止过激行为，控制现场事态发展，及时固定现场证据；辖区公安机关到达现场了解情况后，要及时通报 12345 热线、民生服务中心，由 12345 热线、民生服务中心视情通知相关职能部门、涉事单位加强协作配合，开展联动处置工作；各有关部门、单位要加强舆情关注，发现负面舆论倾向和苗头性信息，及时报告、通报情况。公安、网信等部门要在当地党委、政府的统一领导下，加强舆情引导，防止形成舆情热点，造成工作被动。

（五）农民工讨薪。公安机关接到农民工讨薪报警后，要主动引导其通过合法有效途径解决，及时通报 12345 热线、民生服务中心，由 12345 热线、民生服务中心视情通报住建、人社等相关职能部门认真调查、妥善解决；对采取过激行为，影响公共安全和单位生产、办公秩序的，公安机关要第一时间出警，会同住建、人社等相关职能部门开展联动处置工作，严防引发群体性事件和个人极端事件；对涉及恶意欠薪的，公安、人社部门要及时查处、严厉打击恶意欠薪违法犯罪行为。

五、加强对社会联动服务工作的保障机制

各级政府要高度重视社会联动服务工作，落实责任，明确分工，加强对非警务求助事项分流处置、联动处置工作的指导和管理，定期组织检查，定期通报，及时解决工作中遇到的问题，坚决杜绝有令不行、各行其是、联而不动、推诿扯皮等问题的发生。要加强12345热线、民生服务中心人员、装备建设，使之有能力承接转办的非警务业务。各级财政要落实专项经费，对平台整合、升级改造给予充分保障。各联动部门要强化服务观念和担当意识，在联动服务机制、应急队伍人员、装备等方面加大投入，确保人员、职责、措施、设备落实到位。市政府有关部门要加强对市、县社会联动服务工作的督导检查，对责任不落实、运行不规范、服务不到位并造成严重后果的，按照有关规定，严肃追究有关责任人的责任。

六、做好宣传和舆论引导工作

充分利用电视、报刊、互联网、微信等媒体平台，广泛宣传12345热线、民生服务中心、110报警服务平台及各类求助服务平台的受理范围、服务功能，引导人民群众正确使用社会求助服务平台，从源头上减少非警务报警数量，着力构建便民、利民的社会求助服务体系。

2017年12月4日

日照市人民政府办公室
关于整合网格化管理与基层警务
推行“1+2+N”“一村一警务助理”警务模式的实施意见

日政办发〔2017〕26号

各区县人民政府、管委，市政府各部门、单位，国家、省属驻日照各单位：

根据省委、省政府《关于加强和改进新形势下公安基层基础工作的意见》，按照市委、市政府健全完善立体化、信息化社会治安防控体系，加强城乡社区网格化管理的部署要求，以城乡社区（村居）网格化管理为基础，进一步整合基层维稳力量，在城市社区推行“1+2+N”（即一社区1名民警、2名辅警、若干网格员）、在农村地区推行“一村一警务助理”警务模式。为切实做好有关工作，提出如下实施意见：

一、指导思想、目标任务

（一）指导思想。深入贯彻党的十八大、十八届三中、四中、五中、六中全会和习近平总书记系列重要讲话精神，按照2017年省、市《政府工作报告》关于“建立一村一警务助理制度”的工作要求，以开展群众工作、掌握社情民意、管理实有人口、组织安全防范、维护治安秩序等为主要内容，推行“1+2+N”和“一村一警务助理”警务模式，形成“党委政府领导、政法综治协调、公安机关主导、相关部门共建”的警务工作新格局，进一步加强社会治安管控，提升群众安全感和满意度，为我市经济社会发展营造安全稳定的社会环境。

（二）目标任务。在城市社区，2017年底前，每名社区民警配备2名辅警人员和若干网格员，建立“1+2+N”模式并常态运行。在农村地区，2017年底前，全市所有农村均配备1名警务助理。农村警务助理的补贴、办公和开展工作所需装备采购等经费纳入财政预算，协助社区民警全面开展工作，建成运行高效的警务助理工作机制。

二、工作措施

（一）推行社区民警专职化。根据地理位置、人口数量等实际情况实行“一社区一民警”或“多社区一民警”，配齐配强社区民警，同时每社区配备 2 名专职辅警协助民警开展工作。保持社区民警的相对稳定，严格执行社区民警在同一社区工作一般不少于 3 年、每周在社区工作时间不少于 30 小时以及社区民警“三不准”等制度，保障社区民警有时间、有精力开展基层基础工作。同时，根据社区及网格划分、调整等情况，适时调整警务区布局，并主动将社区警务与社区政务、社区事务搞好结合，整合基层维稳力量有效开展服务管理工作。

（二）完善社会网格化管理体系建设。按照“规模适当、无缝覆盖、方便管理、权责清晰”的原则，根据地理状况、区域属性、人口分布等，以农村、居民小区等为基准单位，深化完善大、中、小网格划分，配齐配强各级网格员。按照资源整合的原则，由基层公安机关按照有关要求和标准，在城市每个社区从优选择配备 N 名网格员，在农村地区每个村配备 1 名警务助理。网格员、警务助理按照“专干不单干、分工不分家、一员全负责”的原则，在基层综治负责人、社区民警带领下，有效开展管控、服务、维稳等工作。

（三）切实做好农村警务助理选聘、日常管理和保障工作。农村警务助理选聘，由县级公安机关提出要求，会同有关乡镇（街道）对村（居）两委推荐的人选按有关程序进行考察聘用。由县级公安机关牵头，协调乡镇（街道）对警务助理的日常管理和年度考核，日常工作考核由派出所具体组织实施，考核结果作为补贴、奖励的发放依据。落实农村警务助理补贴，标准由县级公安机关按照当地经济发展水平、村民人数，参照村干部、辅警人员以及社会平均收入水平制定，实行动态调整。农村警务助理补贴、办公和开展工作所需装备采购等经费作为公安基层基础建设经费，纳入县（区）、乡（镇、街道）两级财政预算，由公安派出所管理和使用。警务助理办公室原则上设在村委会办公室，也可根据实际情况另行设立。

（四）明确警务助理职责。将公安机关“开展群众工作、掌握社情民意、管理实有人口、组织安全防范、维护治安秩序”五项工作职责任务统一纳入城乡社区（村居）治安网格管理职责。按照社区民警“走访调查、宣传发动、巡逻守护、实地检查、警情通报”五种工作方式，在社区民警指导下，警务助理担好“八大责”：即“掌握社情民意、采集基础信息、化解矛盾纠纷、协管实有人口、协控治安要素、组织群防群治、举报违法线索、服务人民群众”等工作职责。当好“八大员”：即“治安防范组织员、情报信息收集员、矛盾纠纷调解员、法律政策宣传员、交通安全协管员、消防监督协查员、警务下沉联络员、便民利民服务员”。

（五）建立治安网格化服务管理平台。加快网格信息化建设，推广应用数字社区治理服务综合信息平台，不断完善社区治理服务信息数据库。公安机关根据工作开展情况，依托公安内网搭建社区基础信息统一采集模块，有效融合有关基层单位信息数据。同时，通过开发警务助理 APP 等工作平台，规范警务助理（网格员）基础信息采集内容、标准，为网格化管理提供信息支撑。

三、实施步骤

（一）选择试点。各区县先确定 1 至 2 个乡镇（街道），开展“1+2+N”和“一村一警务助理”警务模式试点，同时启动农村警务助理补贴标准、经费保障以及管理使用、教育培训、绩效考核等配套制度制定等工作。各地要结合实际认真制定工作方案，确保“1+2+N”和“一村一警务助理”警务模式与网格化管理服务工作的有效对接。

（二）全面部署。在试点工作的基础上，总结经验得失，进一步完善推进措施，适时召开现场推进会，全面部署开展。各区县网格员选任、警务助理招聘、配备、培训等工作，于10月底前全面完成，各项管理制度完善、人员配备到位、保障工作到位并常态运行。

（三）检查验收。2017年底，由市综治办、市公安局组织对各区县社区网格化管理体系建设、“1+2+N”和“一村一警务助理”警务模式落实情况、经验做法、存在问题等开展督导考核。

四、有关要求

（一）提高认识，加强领导。各区县要把社会网格化管理模式和推行“1+2+N”“一村一警务助理”警务模式工作作为夯实基层基础的新载体，作为争创“长安杯”的重要工作举措来抓，进一步提高思想认识、切实摆上重要议事日程。市政府成立由分管领导同志任组长，市综治办、市公安局、市财政局、市人力资源和社会保障局、市民政局等部门负责同志任副组长的工作领导小组，办公室设在市公安局。各区县也要成立相应工作机构，出台具体实施办法，将工作纳入当地经济社会发展和平安建设总体规划，统筹协调解决网格员、警务助理的选聘、管理教育、经费保障、装备配备等问题，做好日常管理、指导协调、保障培训、督察考核等各项工作。

（二）目标管理，抓好落实。要按照实施意见要求，加强统筹协调，落实措施和责任，确保工作取得实效，工作落实情况将列为2017年度综治目标绩效考核内容。要挂图作战，稳步推进警务助理补贴、办公经费、选聘、考核等重点工作，制定完善配套管理制度，加强对网格员、警务助理的日常管理使用。要通过“奖勤罚懒、保优汰劣”，激发网格员、警务助理工作积极性，提高工作效率，保持工作机制的活力。要鼓励基层创新，结合实际、因地制宜，积极打造“1+2+N”和“一村一警务助理”警务模式日照升级版。

（三）明确职责，加强配合。各级综治部门负责督促有关部门落实工作责任，加大城乡网格化管理模式推进力度，协调解决工作中的问题，将此项工作纳入社会治安综合治理考核。公安部门要切实做好警力下沉、警务前移工作，特别是县级公安机关要强力推进警务模式创新，整合基层维稳力量，加强对辅警、网格员、警务助理的选任、日常管理和考核等工作。人力资源社会保障部门负责指导辅警招聘、薪酬确定和落实工伤保险等社会保障工作。财政部门要做好相关经费保障工作。民政（社区管理）部门负责协助开展网格划分、网格员选任，指导居（村）委会支持、配合网格员、警务助理开展工作。各有关部门、单位要加强配合，形成合力，确保网格化管理和警务模式创新落到实处、取得实效。

（四）强化培训，提升素质。新任网格员，尤其是农村警务助理必须由区县综治部门、公安机关进行集中岗前培训，系统学习工作纪律、保密规定、《刑法》《治安管理处罚法》《道路交通安全法》《消防法》等法律法规和调解矛盾纠纷、开展群众工作、组织巡逻防范、案件现场保护、基础信息采集、禁毒知识、交通管理、消防管理、人口管理等基本工作技能。集中培训不得少于5天，考试合格后方可上岗。加强对网格员、警务助理的日常培训，通过组织集中培训、以会代训、驻所培训、跟班作业、案例点评等方式，不断提高网格员、警务助理的政治素质和业务水平。日常培训每年不得少于10天。

（五）加强宣传，树立形象。“1+2+N”和“一村一警务助理”警务模式是一项解决基层警力不足、加强综治维稳基础工作的重要举措，涉及城乡千家万户，事关社会治安大局稳定。各区县综治部门和公安机关要注意总结经验，不断完善机制，注意发现典型，利用各种媒体大力宣传报道推行“1+2+N”和“一村一警务助理”警务模式在维护社会治安稳定，保障人民安居乐业方面发挥的重要作用。

2017年7月12日

日照市道路交通事故社会救助基金管理暂行办法

第一章 总 则

第一条 为规范我市道路交通事故社会救助基金管理，依法对道路交通事故受害人进行救助，保障受害人的合法权益，根据《中华人民共和国道路交通安全法》《机动车交通事故责任强制保险条例》《道路交通事故社会救助基金管理试行办法》和《山东省道路交通事故社会救助基金管理暂行办法》等有关规定，结合本市实际，制定本办法。

第二条 日照市辖区内道路交通事故社会救助基金的筹集、使用和管理，适用本办法。

第三条 本办法所称道路交通事故社会救助基金（以下简称救助基金）是指依法筹集用于垫付机动车道路交通事故受害人人身伤亡的丧葬费用、部分或者全部抢救费用的社会专项基金。

第四条 救助基金管理工作坚持责任、公平、高效、惠民的理念，遵循以人为本、依法救助、科学管理、有序运行的原则。

第二章 救助基金的组织体系及职责

第五条 建立救助基金管理工作领导协调机制，加强组织领导。市财政部门为市救助基金主管部门。市公安部门为市救助基金管理机构，下设救助基金管理办公室具体负责救助基金的运行管理工作，在县级公安部门设立救助基金工作站。

第六条 财政、公安、民政、卫生计生、农机、保险行业协会等部门单位按照职责分工，密切协作配合，形成工作合力。

（一）财政部门主要职责：

1. 负责向救助基金管理机构拨付救助基金，对救助基金管理机构筹集、垫付、追偿和管理救助基金情况实施监督检查，并定期予以公告；

2. 委托会计师事务所对救助基金管理机构救助基金年度财务会计报告进行审计，并予以公告；

3. 定期召集有关单位召开例会，研究分析工作情况，协调解决救助基金管理工作中存在的问题。

（二）公安部门主要职责：

1. 依法筹集本级救助基金；

2. 根据本办法制定救助基金管理操作规程，建立救助基金管理信息化系统平台；

3. 向社会公布申请救助基金的相关规定，以及救助基金管理办公室及工作站的办公地址、联系电话等信息；

4. 受理、审核垫付申请，并依法垫付、追偿垫付款；

5. 开立救助基金财政专户，单独核算、专户管理、专款专用，年终结余转入下一年度继续使用；

6. 对救助基金的各项资金来源及时入账，统一核算，统一管理，并定期向市财政部门报告救助基金筹集、使用、管理情况；

7. 每季度初 10 日内，将上季度救助基金的筹集、垫付、追偿等情况报送市财政部门和省救助基金管理机构；每年 1 月 20 日前，将上一年度救助基金的筹集、垫付、追偿等情况报送市财政部门和省救助基金管理机构；

8. 机构变更或终止时，应当依法进行审计、清算；

9. 依法为道路交通事故无主或者无法确认身份的未知名死者（以下简称“未知名死者”）或者明确无损害赔偿权利人的道路交通事故死者主张权利；

10. 定期召开工作例会，研究分析工作情况和存在的问题，并形成工作报告报送市财政部门和省救助基金管理机构，遇重大问题可以随时上报；

11. 救助基金管理机构的其他职责。

（三）民政部门主要职责：

负责监督殡葬服务机构及工作人员依法出具殡葬证明和按标准收取殡葬费用。

（四）卫生计生部门主要职责：

负责监督医疗机构按照《道路交通事故受伤人员临床诊疗指南》和国家基本医疗保险标准，及时抢救道路交通事故中的受害人及依法申请救助基金垫付抢救费用；监督医疗机构提供救助基金管理信息化系统平台所需的道路交通事故受害人的相关信息。

（五）农机部门主要职责：

负责申报涉及农业机械在道路以外的交通事故救助；协助救助基金管理机构向涉及农业机械的道路交通事故责任人追偿垫付费用。

（六）保险行业协会主要职责：

协调各保险公司按照《机动车交通事故责任强制保险条例》规定，在机动车交通事故责任强制保险责任限额范围内及时支付或者垫付抢救费用；协调各保险公司向公安机关交通管理部门、救助基金管理机构提供车辆保险资料。

第七条 成立由医学、法律、财会、保险、交通事故处理等领域的专家组成日照市道路交通事故社会救助基金专家委员会。负责提供专业领域的技术咨询和协调解决救助基金管理运行工作中因垫付费用等产生的争议问题。

第八条 救助基金管理机构的费用支出，纳入市级财政预算，不得在救助基金中列支。

救助基金管理机构的费用支出包括人员费用、办公费用、追偿费用、委托代理费用等，具体支出标准按照有关规定执行。

人员费用是指救助基金管理机构人员的工资、津贴、社会保障缴费、住房公积金等。

办公费用是指救助基金管理机构正常运转发生的办公、水电、邮电、交通、会议、物业管理等费用。

追偿费用是指救助基金管理机构按照规定垫付抢救费用、丧葬费用以后，向道路交通事故相关责任人追偿垫付款所发生的费用，包括追偿过程中发生的差旅、交通、查证等费用。

委托代理费用是指救助基金管理机构在筹集、垫付、追偿和管理救助基金过程中，在必要情况下发生的委托代理费用。

第三章　救助基金的来源、筹集

第九条 救助基金的来源包括：

（一）按照机动车交强险保险费的一定比例提取的资金；

（二）政府按照保险公司经营交强险缴纳营业税数额确定给予的财政补助；

（三）对未按照规定投保交强险的机动车所有人、管理人的罚款；

（四）救助基金孳息；

（五）救助基金管理机构依法向机动车道路交通事故责任人追偿的资金；

（六）社会捐款；

（七）其他资金。

第十条 对未投保交强险机动车的所有人和管理人的罚款，按规定分别缴入省、市级国库，其中县级罚款缴入市级国库。市财政部门应当于每季度终了10日内，将罚款全额划拨至救助基金财政专户。

第十一条 道路交通事故未知名死者或者明确无损害赔偿权利人的道路交通事故死者赔偿费用，由赔付人依法缴付救助基金管理机构，纳入救助基金管理。对道路交通事故未知名死者的赔偿费用应当登记备案，待明确损害赔偿权利人后依法处理。

第四章 救助基金的申请、垫付

第十二条 有下列情形之一，按属地原则，由事故发生所在地救助基金管理机构及时垫付道路交通事故中受害人人身伤亡的丧葬费用、部分或者全部抢救费用。

（一）抢救费用超过交强险责任限额的，垫付差额部分抢救费用；

（二）肇事机动车未参加交强险的，垫付全部抢救费用；

（三）机动车肇事后逃逸的，垫付全部抢救费用。

救助基金管理机构一般垫付受害人自接受抢救之时起72小时内的抢救费用；特殊情况下如需垫付超过72小时的抢救费用，应当由医疗机构提出书面理由，救助基金管理机构根据道路交通事故发生地物价部门核定的收费标准予以审核后，按照规定的程序予以拨付。

第十三条 救助基金垫付抢救费用：

（一）对属于救助基金救助情形且需要垫付部分或者全部抢救费用的，公安机关道路交通事故处理机构应当告知医疗机构提交县级以上卫生计生部门审核的抢救费用证明材料。公安机关道路交通事故处理机构在收到抢救费用证明材料3日内书面通知救助基金管理机构垫付抢救费用。

医疗机构在抢救受害人结束后，对尚未结算并需要救助基金垫付的抢救费用，由医疗机构向救助基金管理机构提出垫付申请，并提供经县级以上卫生计生部门审核的抢救费用证明材料。

（二）救助基金管理机构收到公安机关道路交通事故处理机构垫付通知和医疗机构垫付尚未结算抢救费用的申请及相关材料后，应当于5日内按照《道路交通事故受伤人员临床诊疗指南》、国家基本医疗保险标准、物价部门核定的收费标准和本办法有关规定，对下列内容进行审核，并将审核结果书面告知公安机关道路交通事故处理机构、相关卫生计生部门以及医疗机构。

1. 是否属于本办法第十二条规定的救助基金垫付情形；

2. 抢救费用是否真实、合理；

3. 需要审核的其他内容。

对符合垫付要求的，救助基金管理机构应当及时将相关费用划入医疗机构账户。对不符合垫付要求的，不予垫付，并向医疗机构和公安机关道路交通事故处理机构说明理由。

（三）救助基金管理机构与医疗机构因垫付抢救费用问题发生争议，由专家委员会进行复核，并将复核结果告知救助基金管理机构和相关医疗机构，复核一次为限。

第十四条 救助基金垫付丧葬费用：

（一）道路交通事故造成受害人死亡，符合救助基金救助情形的，由受害人法定继承人或者委托代理人凭公安机关道路交通事故处理机构出具的证明文件、《尸体处理通知书》和本人身份证明等相关材料向救助基金管理机构提出书面垫付申请。

（二）对未知名死者，公安机关道路交通事故处理机构在向殡葬服务机构送达《尸体处理通知书》的同时，应当告知殡葬服务机构书面申请当地救助基金管理机构垫付丧葬费用。

（三）救助基金管理机构收到丧葬费用垫付申请和有关证明材料后，对符合垫付要求的，应当在3日内按照有关标准垫付丧葬费用，并书面告知公安机关道路交通事故处理机构；对不符合垫付要求的，不予垫付，并向申请人说明理由。

第十五条 救助基金管理机构对抢救费用或者丧葬费用进行审核时，可以向公安机关道路交通事故处理机构、医疗机构和保险公司等有关单位核实情况，有关单位应当予以配合。

第五章 垫付费用的追偿、核销

第十六条 救助基金管理机构根据本办法垫付抢救费用和丧葬费用后，救助基金管理机构应当及时向机动车道路交通事故责任人发送《偿还道路交通事故垫付费用通知书》依法进行追偿，并明确偿还的方式、金额及期限。

对不偿还垫付费用的或者交通事故未知名死者人身损害赔偿的，救助基金管理机构可以向人民法院提起民事诉讼进行追偿。有关单位、受害人或者其继承人有义务协助救助基金管理机构进行追偿。

第十七条 对属于救助基金救助情形并且已经垫付抢救费用的，处理该道路交通事故的公安机关道路交通事故处理机构应当在道路交通事故责任认定生效后，及时通知救助基金管理机构依法追偿垫付费用。

第十八条 保险公司在办理保险赔付业务时，应及时与救助基金管理机构联系，并协助救助基金管理机构依法向机动车道路交通事故责任人进行追偿。

第十九条 相关责任人未偿还救助基金垫付费用的，公安机关交通管理机构、农机管理机构可以将责任人在该道路交通事故中涉及的车辆标注为未偿还救助基金垫付费用，在其办理年审、过户等相关业务时，督促相关责任人及时偿还救助基金垫付费用。

第二十条 道路交通事故责任人偿还救助基金垫付费用，应当缴入救助基金管理机构指定的账户，并注明偿还项目。

第二十一条 赔付人赔付交通事故未知名死者的人身损害赔偿，应当通过银行转账方式转入救助基金专户，注明赔付具体事故受害人，并保留银行转账凭证作为已支付证明。救助基金管理机构收到赔偿后，应当书面告知承办事故的公安机关道路交通事故处理机构。

第二十二条 对垫付时间超过两年而未追回的垫付费用，救助基金管理机构应当提出处理意见，报同级财政部门研究同意后予以核销，并保留垫付费用追偿权。

交通肇事逃逸案件在垫付费用核销后侦破的，救助基金管理机构应当按规定追偿垫付费用，追回的垫付费用纳入救助基金专户管理。

第六章 法律责任

第二十三条 受害人或者近亲属以提供伪造的交通事故事实，或者提交虚假资料等手段骗取救助基金垫付的，由救助基金管理机构责令其退回所骗取的款额；对涉嫌犯罪的，依法移送司法机关处理。

第二十四条 办理交强险业务的保险公司未按照《机动车交通事故责任强制保险条例》第二十二条的规定，及时垫付抢救费用的，由市保险行业协会向监管部门报告，给予相应处理。

第二十五条 卫生计生部门对推诿、拖延交通事故受伤人员抢救治疗，提供虚假医疗证明和医疗费用等的医疗机构，给予警告，并对直接责任人按照相关规定进行处理。

第二十六条 民政主管部门对出具虚假殡葬证明和违反规定收取殡葬费用的殡葬机构和人员，根据有关法律进行处理。

第二十七条 救助基金管理机构中出现下列情形之一的，由市财政部门根据《财政违法行为处罚处分条例》进行处理，并依法追究有关责任人的责任：

（一）未按照本办法规定受理、审核救助基金垫付申请并进行垫付的；

（二）提供虚假工作报告、财务会计报告的；

（三）违反本办法规定使用救助基金的；

（四）拒绝、妨碍主管部门或者其他有关部门依法实施监督检查的。

第二十八条 救助基金机构和有关部门工作人员，在工作中滥用职权、玩忽职守、徇私舞弊的，依法给予行政处分。涉嫌犯罪的，依法移送司法机关。

第七章 附 则

第二十九条 本办法所称受害人，是指机动车发生道路交通事故造成除被保险机动车本车人员、被保险人以外的受害人。

第三十条 本办法所称抢救费用，是指机动车发生道路交通事故致人员受伤时，医疗机构按照《道路交通事故受伤人员临床诊疗指南》，对生命体征不平稳和虽生命体征平稳但如果不采取处理措施会造成生命危险，或者导致残疾、器官功能障碍，或者导致病程明显延长的受伤人员，采取必要的处理措施所发生的医疗费用。

第三十一条 本办法所称丧葬费用，是指丧葬所必需的遗体运送、停放、冷藏、火化等服务费用。具体费用按照道路交通事故发生地上一年度职工平均工资标准，以6个月总额标准确定。

第三十二条 机动车在道路以外的地方通行时发生事故，造成人身伤亡的，参照本办法执行。

第三十三条 高速公路在日照段内发生的符合救助情形的道路交通事故，按省有关规定执行。

第三十四条 本办法所称“3日”“5日”“10日”是指工作日，不包括节假日。

第三十五条 本办法自2017年2月1日起施行，有效期至2019年1月31日。本办法实施以前，《山东省道路交通事故社会救助基金管理暂行办法》实施之后的交通事故受害人，符合社会救助基金垫付情形的，参照本办法办理。

日照市禁毒委员会社区戒毒（康复）工作实施细则

第一章 总 则

第一条 为认真贯彻实施《中华人民共和国禁毒法》和国务院《戒毒条例》，根据国家十部委《关于加强社区戒毒社区康复工作的意见》（禁毒办通〔2013〕5号）精神，为依法加强和规范我市社区戒毒（康复）工作，根据国家、省禁毒委员会工作要求，结合我市实际，制定本实施细则。

第二条 深入贯彻落实科学发展观，依法贯彻实施《中华人民共和国禁毒法》和国务院《戒毒条例》，坚持“以人为本、科学戒毒、综合矫治、关怀救助”的原则，逐步建立起政府统一领导，禁毒委员会组织、协调、指导，城市街道办事处和乡（镇）人民政府具体负责实施，公安、司法行政、卫生、民政、人力资源社会保障等部门齐抓共管，以社区为基础、家庭为依托、专业组织提供指导和服务，工会、共青团、妇联和志愿者等各种社会力量广泛参与的社区戒毒（康复）工作体制，最大限度地教育挽救吸毒人员，帮助吸毒人员戒除毒瘾并回归社会。

第二章 主体和职责

第三条 城市街道办事处、乡（镇）人民政府都应成立社区戒毒（康复）工作领导小组，由乡（镇）人民政府、城市街道办事处分管领导任组长，综治、公安、财政、卫生行政、民政、司法行政、人力资源和社会保障等部门负责人为成员，具体负责组织本辖区的社区戒毒社区康复工作。

第四条 主要职责：

（一）组织、协调本辖区公安、卫生、司法行政、民政、教育、人力资源社会保障等部门及工会、共青团、妇联等组织共同开展社区戒毒（康复）工作；

（二）与戒毒人员签订社区戒毒（康复）协议；

（三）研究制定社区戒毒（康复）工作规划，培训禁毒志愿者和社区义工，指导成立社区戒毒（康复）工作小组，落实对吸毒人员的帮教、监督和社区戒毒（康复）措施；

（四）对无职业且缺乏就业能力的戒毒人员，协调有关部门提供必要的职业技能培训、就业指导和就业援助等。

第五条 工作体系

（一）办公场所：社区戒毒（康复）工作领导小组应设社区戒毒（康复）工作办公室，配备能够连接外网的电脑等办公设备，落实办公用房、活动场地等基础设施，能够为社区戒毒社区康复人员提供心理辅导、职业技能培训、职业指导、社会支持网络重建、社会功能修复、社会融入服务以及就学、就业、就医援助。

（二）工作人员：乡（镇）人民政府、城市街道办事处应当至少配备 1 名专职或兼职干部，具体负责社区戒毒（康复）工作。负责女性社区戒毒（康复）人员的工作小组应当有女性工作人员参加。

（三）人员招聘：政府通过购买服务、提供公益性岗位、落实事业编制等方式，统一招聘社区戒毒（康复）专职工作人员和专业社会工作者，落实工资报酬、福利待遇和社会保险，加强业务培训，提升专业社会工作服务能力，确保专职人员队伍的稳定性和工作的连续性。

第三章 相关部门职责

第六条 各级禁毒委员会及其办事机构组织、指导、协调和督促相关部门和基层组织落实社区戒毒（康复）工作措施。

第七条 卫生行政部门负责指导医疗机构和社区卫生服务机构参与社区戒毒（康复）工作；会同公安机关开展药物维持治疗工作；组织开展戒毒科研工作和药物滥用监测工作。

第八条 司法行政部门负责对社区戒毒（康复）人员开展法制宣传教育，向社区戒毒（康复）人员提供法律援助。

第九条 民政部门负责指导基层组织将社区戒毒（康复）纳入社区建设和社区管理，将符合社会救助条件的戒毒人员家庭纳入低保救助范围。

第十条 人力资源和社会保障部门负责对社区戒毒（康复）人员提供必要的职业技能培训和就业服务。

第十一条 公安机关负责对吸毒人员进行检测和登记，实行动态管理；责令吸毒成瘾人员接受社区戒毒（康复）和决定强制隔离戒毒，参与社区戒毒（康复）人员的日常管理；配合卫生行政部门开展药物维持治疗工作。

第十二条 教育部门应当对社区戒毒（康复）人员的文化教育给予支持。

第十三条 工会、共青团、妇联等应当发挥自身优势，积极参与戒毒（康复）工作，其中，共青团配合相关职能部门负责做好禁毒志愿者的招募和管理工作。

第四章 适用范围

第十四条 社区戒毒（康复）是将吸毒人员安排在其生活的社区，由有关基层组织和机构帮助吸毒人员进行生理脱毒、身心康复的一种戒毒管理模式。

第十五条 根据《中华人民共和国禁毒法》、国务院《戒毒条例》规定和我市实际，社区戒毒（康复）由县级以上人民政府公安机关决定。

公安机关对以下情况之一的吸毒成瘾人员进行社区戒毒：

（一）因吸毒被公安机关初次查获，有固定住所和稳定的生活来源，具备家庭监护条件的；

（二）怀孕或者正在哺乳自己不满 1 周岁婴儿的妇女；

（三）不满 16 周岁或已满 70 周岁以上，并具备家庭监护条件的；

（四）因患有严重疾病或者残疾，生活不能自理的；

（五）其他不适宜强制隔离戒毒的。

公安机关对以下情况之一的吸毒成瘾人员进行社区康复：

有戒毒史的下列吸毒成瘾人员，公安机关原办案单位可以责令其接受不超过三年的社区康复。

1. 被解除强制隔离戒毒的吸毒成瘾严重人员。

2. 被采取强制性教育措施的实际管控时间在三年以下的吸毒成瘾严重人员。

（1）判处三年以下有期徒刑被刑满释放、假释的吸毒成瘾严重人员；

（2）实际执行有期徒刑在三年以下被保外就医的吸毒成瘾严重人员；

(3) 判处拘役被刑满释放的吸毒成瘾严重人员。

第五章 决 定

第十六条 对被责令接受社区戒毒（康复）的吸毒成瘾人员，由县级以上人民政府公安机关决定，并出具《责令社区戒毒 / 社区康复决定书》送达本人及其家属，并通知户籍所在地或现居住地的城市街道办事处、乡（镇）人民政府。

第十七条 社区戒毒（康复）人员应当自收到《责令社区戒毒 / 社区康复决定书》之日起 7 日内到户籍所在地或现居住地的城市街道办事处、乡（镇）人民政府报到；无正当理由逾期不报到的，视为拒绝接受社区戒毒。

第六章　执　行

第十八条　公安机关办案单位应当按照社区戒毒社区康复适用对象，对符合社区戒毒或社区康复的吸毒成瘾人员，报经县级公安机关批准开具《责令社区戒毒/社区康复决定书》。社区戒毒期限为三年，社区康复期限不超过三年。

第十九条　公安机关办案单位拟对吸毒成瘾人员开具《责令社区戒毒/社区康复决定书》时，应核实明确该吸毒成瘾人员的户籍地或常住地，并按照其户籍地或常住地开具《责令社区戒毒/社区康复决定书》。户籍地或常住地即为社区戒毒（康复）的执行地。

第二十条　公安机关办案单位对吸毒成瘾人员开具《责令社区戒毒/社区康复决定书》后，应及时将该吸毒成瘾人员被查获的处置情况告诉执行地派出所，并在24小时内将《责令社区戒毒/社区康复决定书》送到执行地社区戒毒（康复）办公室。

第二十一条　被责令社区戒毒（康复）的吸毒成瘾人员被采取强制性措施的，羁押场所应在其羁押期满前一天通知执行地派出所，释放时由执行地派出所将该吸毒成瘾人员送到执行地社区戒毒（康复）办公室报到并签订《社区戒毒/社区康复协议》；被责令社区戒毒（康复）的吸毒成瘾人员不适宜采取强制性措施被直接教放的，执行地派出所应在15日内将该吸毒成瘾人员带到执行地社区戒毒（康复）办公室报到并签订《社区戒毒/社区康复协议》。

第二十二条　执行地社区戒毒（康复）办公室与吸毒成瘾人员签订《社区戒毒/社区康复协议》后，应及时落实工作小组，将该吸毒成瘾人员纳入社区戒毒（康复）人员进行管理，建立社区戒毒（康复）人员档案，及时将其动态信息录入“山东省吸毒人员动态管控系统”。

第二十三条　社区戒毒（康复）人员的管理和帮助由执行地社区戒毒（康复）办公室负责。社区戒毒（康复）办公室应当对社区戒毒（康复）人员进行登记，通过检测、谈话、戒毒知识辅导、法律援助、就学就业援助、告诫、戒毒（康复）情况定期评估等方式和途径，对社区戒毒（康复）人员进行管理和帮助。

第二十四条　社区戒毒（康复）办公室应当制作《吸毒检测通知书》书面通知社区戒毒（康复）人员到执行地派出所接受定期检测。社区戒毒（康复）人员持社区戒毒（康复）办公室出具的《吸毒检测通知书》到执行地派出所进行定期检测，执行地派出所应当及时予以检测。

第二十五条　社区戒毒人员的定期检测第一年每月不少于1次，第二年每2个月不少于1次，第三年每3个月不少于1次；社区康复人员的定期检测第一年每2个月不少于1次，第二年每3个月不少于1次，第三年每6个月不少于1次。

第二十六条　执行地派出所对社区戒毒（康复）人员进行定期检测后，应在24小时内将检测结果送到执行地社区戒毒（康复）办公室。执行地社区戒毒（康复）办公室收到检测结果后，应在48小时之内将定期检测结果录入“吸毒人员动态管控系统”。

第二十七条　对查获的被依法收监执行刑罚、采取强制性教育措施或者依法被拘留、逮捕的吸毒成瘾人员，不符合强制隔离戒毒条件，拟予社区戒毒的，决定机关应及时联系法院、司法等相关部门，获取审判机关判决、监管场所羁押的最终时日后，及时开具《责令社区戒毒决定书》，起始时间按判决或羁押最终时日填写。

第二十八条　强制隔离戒毒决定机关收到被强制隔离戒毒人员即将解除强制隔离戒毒通知之日起

7 日内，应当作出是否对社区康复的决定。拟对解除强制隔离戒毒人员作出社区康复的，原办案单位应当核实明确其常住地，报经县级公安机关批准，按照其常住地开具《责令社区戒毒 / 社区康复决定书》，社区康复的起始时间按解除强制隔离戒毒之日填写。

第二十九条 对被释放的强制隔离戒毒人员作出社区康复的决定后，应及时通知执行地派出所，并在 24 小时内将《责令社区戒毒 / 社区康复决定书》送到执行地社区戒毒（康复）办公室。执行地派出所接到通知后，应在 15 日之内将被责令社区康复的人员送到执行地社区戒毒（康复）办公室报到，并签订《社区戒毒 / 社区康复协议》。

第三十条 公安机关对责令社区戒毒或社区康复的，应当制作《责令社区戒毒 / 社区康复决定书》和《责令社区戒毒 / 社区康复通知书》，并在作出决定后的 24 小时内送达吸毒人员本人、执行地社区戒毒（康复）办公室、执行地派出所和社区戒毒人员家属。

第三十一条 对于决定地与执行地不一致的，作出决定的公安机关可先期采取传真等方式通知执行地社区戒毒（康复）办公室，再将决定书的原件通过邮寄方式送达。

第三十二条 社区戒毒（康复）办公室每月找社区戒毒人员谈话（家访）不少于 1 次；每 2 个月找社区康复人员谈话（家访）不少于 1 次。

第三十三条 社区戒毒人员至少每月向社区戒毒（康复）办公室报告戒毒情况 1 次；社区康复人员至少每 2 个月报告 1 次。

第三十四条 社区戒毒（康复）人员在社区戒毒（康复）期间如需暂时离开社区戒毒（康复）地点 3 日以上的，须提前一天向社区戒毒（康复）办公室书面报告，填写《社区戒毒 / 社区康复人员外出请假审批表》。经社区戒毒（康复）办公室审批同意后，方能外出，且必须按时返回销假。请假外出时间累计不能超过 30 日。

第三十五条 社区戒毒（康复）人员被依法收监执行刑罚、采取强制性教育措施的，社区戒毒（康复）终止。社区戒毒人员被依法拘留、逮捕的，社区戒毒中止，由羁押场所给予必要的戒毒治疗，释放后继续接受社区戒毒。

第三十六条 收监执行刑罚是指依照《刑事诉讼法》和《监狱法》的有关规定，由监狱对被判处死刑缓期执行、无期徒刑、有期徒刑的罪犯执行刑罚；对被判处有期徒刑的罪犯，在被交付执行刑罚前，剩余刑期在一年以下，由看守所代为执行的，以及被判处拘役的罪犯在拘役所中执行刑罚的，也属于“收监执行刑罚”。强制性教育措施指的是劳动教养。社区戒毒（康复）终止无需出具解除社区戒毒通知书。

第三十七条 社区戒毒（康复）人员的常住地发生变化，需要变更社区戒毒（康复）执行地的，社区戒毒（康复）人员应当向执行地社区戒毒（康复）办公室书面申请，填写《变更社区戒毒（康复）地点申请书》。执行地社区戒毒（康复）办公室接到社区戒毒（康复）人员书面申请之后，应在 7 个工作日之内完成《社区戒毒（康复）人员变更戒毒地点审批表》的审批手续，并在 48 小时内将《社区戒毒（康复）地点变更通知书》送达社区戒毒（康复）人员本人。同时应将有关材料邮送至变更后的社区戒毒（康复）办公室，

第三十八条 社区戒毒（康复）人员收到社区戒毒（康复）地点变更通知书后应在 15 日内前往变更后的社区戒毒（康复）办公室报到。更后的社区戒毒（康复）办公室应当按规定，与社区戒毒（康复）人员签订新的社区戒毒（康复）协议，继续执行社区戒毒（康复）。社区戒毒（康复）时间自报到之日起连续计算。

第三十九条 社区戒毒（康复）人员戒毒（康复）期满，社区戒毒（康复）办公室应当制作《解

除社区戒毒（康复）审批表》，交执行地派出所报县级公安机关批准，开具《解除社区戒毒 / 社区康复通知书》，并将解除信息录入“吸毒人员动态管控系统”。同时通知社区戒毒（康复）本人、作出社区戒毒（康复）决定的公安机关。通知书复印件交社区戒毒（康复）办公室存档备查。

第四十条 社区戒毒（康复）人员可以申请并经决定社区戒毒（康复）的公安机关同意，到具有戒毒治疗资质的医疗机构接受戒毒治疗。戒毒医疗机构应当与其签订戒毒协议，就戒毒方法、戒毒期限、戒毒的个人信息保密、戒毒人员应当遵守的规章制度、终止戒毒治疗等情形作出约定，并应当载明戒毒疗效和风险；经社区康复人员同意，社区康复可以在戒毒康复场所执行。

第四十一条 社区戒毒（康复）人员应当遵守以下规定：

（1）自觉履行社区戒毒协议；

（2）定期向社区戒毒（康复）工作小组报告戒毒情况；

（3）根据公安机关的要求，定期接受检测；

（4）未向社区戒毒（康复）工作小组成员报告不得离开社区戒毒执行地所在县（市、区）。

第四十二条 社区戒毒（康复）人员有下列情形之一的，视为《禁毒法》规定的严重违反社区戒毒（康复）协议的行为：

（1）不按规定报告戒毒情况 3 次以上；

（2）逃避或者拒绝接受检测 3 次以上；

（3）擅自离开社区戒毒（康复）执行地所在县（市、区）3 次以上或者累计超过 15 日；

（4）在社区戒毒（康复）期间又吸食、注射毒品。

第四十三条 社区戒毒（康复）人员违反上述规定，社区戒毒（康复）工作小组及其他参与社区戒毒（康复）工作的人员应当及时向当地公安机关和乡（镇）人民政府、城市街道办事处报告。

第七章　解除和变更

第四十四条 社区戒毒（康复）自期满之日起解除。社区戒毒（康复）执行地乡（镇）人民政府、城市街道办事处应当将社区戒毒（康复）协议、社区戒毒（康复）过程中的有关材料报送原作出社区戒毒（康复）决定的公安机关，由社区戒毒（康复）执行地公安机关出具解除社区戒毒（康复）通知书送达社区戒毒（康复）人员本人及其家属，并通知社区戒毒（康复）执行地乡（镇）人民政府、城市街道办事处。

第四十五条 社区戒毒（康复）人员被依法决定行政处罚或者刑事强制措施的，社区戒毒（康复）中止。由羁押场所给予必要的戒毒治疗，释放后继续接受社区戒毒（康复）。

第四十六条 社区戒毒（康复）人员被依法收监执行刑罚、采取强制性教育措施的，社区戒毒（康复）终止。由监管场所给予必要的戒毒治疗。

第四十七条 社区戒毒（康复）人员的户籍所在地或者现居住地变更，社区戒毒（康复）执行地可以相应变更。原负责社区戒毒（康复）工作的乡（镇）人民政府、城市街道办事处或者其指定的村民委员会、居民委员会，应当将该社区戒毒（康复）人员有关材料转送至变更后的户籍所在地或者居住地乡（镇）人民政府、城市街道办事处，并应当将有关材料报原作出社区戒毒（康复）决定的公安机关和变更后的社区戒毒（康复）执行地公安机关备案。

第四十八条 社区戒毒（康复）人员转入变更后的社区戒毒（康复）执行地，当地乡（镇）人民政府、城市街道办事处或者其指定的村民委员会、居民委员会应当根据社区戒毒（康复）人员吸毒、戒毒情况，重新签订社区戒毒（康复）协议，继续落实社区戒毒（康复）措施。社区戒毒（康复）执行地变更的，社区戒毒（康复）人员应当在7日内及时前往变更后的社区戒毒（康复）执行地报到。

第八章 期 限

第四十九条 社区戒毒的期限为3年，自社区戒毒人员报到并签订社区戒毒协议之日起计算。社区戒毒人员变更社区戒毒执行地，符合社区戒毒协议各项规定的，社区戒毒时间合并连续计算。对于被解除强制隔离戒毒的人员，强制隔离戒毒的决定机关可以责令其接受不超过3年的社区康复。

第九章 组织保障

第五十条 县级以上人民政府应当结合本地禁毒工作实际，制定规范化、制度化、可操作性强的社区戒毒工作实施细则，明确社区戒毒工作人员，组织、协调和指导本地公安、司法行政、卫生、民政、财政、教育、人力资源和社会保障等部门开展工作，强化部门之间、地域之间的工作协作衔接，并将社区戒毒（康复）工作纳入社会治安综合治理考核的内容之一，有关部门要协同行动积极履行职责，确保社区戒毒（康复）工作稳步、顺利开展。

第十章 附 则

第五十一条 本办法由市禁毒委员会办公室负责解释。

第五十二条 本办法自发文之日起施行。

日照市司法局 日照市公安局
日照市道路交通事故纠纷人民调解工作规范（试行）

日司〔2018〕22号

第一章 总 则

第一条 为进一步加强道路交通事故纠纷人民调解工作，及时化解道路交通事故纠纷，维护当事人合法权益，促进社会和谐稳定，根据《中华人民共和国人民调解法》和公安部、司法部、中国保险监督管理委员会《关于推行人民调解委员会调解道路交通事故民事损害赔偿工作的通知》的有关规定，结合支队推行的《日照市道路交通事故处理服务平台》（以下简称《服务平台》），制定本规范。

第二条 全市辖区内开展道路交通事故纠纷人民调解工作适用本规范。本规范所称的“人民调解”，是指以日照市道路交通事故人民调解委员会名义参与调解的交警调解、人民调解、保险调解、仲裁调解、法庭诉前调解、救助调解、信访调解等各种调解形式的总称。

第三条 调解道路交通事故纠纷应当遵循下列原则：

（一）在当事人自愿、平等的基础上进行调解；

（二）不违背法律、法规和国家政策；

（三）尊重当事人的权利，不得因调解而阻止当事人依法通过其他途径维护自己的权利。

第四条 调解道路交通事故纠纷不收取任何费用。

第五条 各级公安机关、司法行政机关、保险监管部门应明确职责，加强协作，健全制度，规范流程，形成完善的道路交通事故人民调解工作机制。

第二章 调解组织和调解员

第六条 市区、区（县）各依法设立一处道路交通事故人民调解委员会（以下简称调委会），悬挂××市、区（县）道路交通事故纠纷人民调解委员会标牌。

第七条 调委会应当具有独立的办公场所，并保证必要的办公设施及办公用品。

第八条 调委会应当刻制和使用机构名称印章，用于对外联络、协调和制作调解协议书。

第九条 调委会设主任一人，副主任若干人。主任、副主任由调委会全体成员推选产生。

第十条 调委会应当设有调解员办公室和调解室。办公室应公示调解员简介、调解员职责、调解员纪律等。调解室应悬挂人民调解徽，并将调解工作流程、当事人权利义务等上墙公示。

第十一条 调委会履行下列职责：（一）调解道路交通事故纠纷；（二）在调解工作中宣传《人民调解法》和《中华人民共和国道路交通安全法》等法律法规；（三）定期总结调解工作开展情况，分析存在的问题，不断改进和完善各项工作措施。

第十二条 调解机构受理下列纠纷：

（一）公安机关按照简易程序处理的、责任认定已生效的道路交通事故纠纷；

（二）公安机关按照一般程序处理的、责任认定已生效的道路交通事故纠纷；

（三）公安机关无法认定事故责任，各方当事人自愿申请调委会调解的道路交通事故纠纷。

第十三条 道路交通事故纠纷人民调解员（以下简称调解员）是调解道路交通事故纠纷的专业工作人员。担任调解员应当具备下列条件：

（一）公道正派，有群众威信，热心人民调解工作；

（二）成年公民，身体健康；

（三）具有一定的法律、政策水平和文化水平，熟悉交通安全、人身损害赔偿等法律、法规，具备相应政策水平和群众工作能力。

第十四条 调解员实行持证上岗，聘期一般为3年，期满后可以续聘。

第十五条 县级司法行政机关应会同公安机关、保险监管部门，共同做好人民调解员的选聘、培训、日常管理、考核工作。

对于退休的交通警察、法官、检察官、司法行政工作人员，律师、基层法律服务工作者、保险理赔员等，可以优先聘任。

第三章 调解程序

第十六条 道路交通事故认定书（道路交通事故证明）送达时，公安机关应当告知各方当事人解决交通事故民事损害赔偿纠纷可以自主选择人民调解、行政调解或诉讼程序。

第十七条 道路交通事故处理服务中心调解受理岗接到事故处理民警通过《日照市道路交通事故

处理服务平台》（以下简称《服务平台》）推送过来的道路交通事故认定书（道路交通事故证明）的道路交通事故案件，或通过其他途径受理调解申请的道路交通事故案件，对具备调解条件的案件，要及时受理并向当事人发送短信通知，收集并完善案件调解所需材料。

第十八条 根据当事人的自主选择，并征得各方当事人的同意，调解受理岗民警引导当事人使用《服务平台》办理道路交通事故损害赔偿相关事宜。

第十九条 符合调解条件的案件，根据当事人的自主选择，调解受理岗民警使用《服务平台》将案件分流到相关调解机构进行调解。

第二十条 调解机构使用《服务平台》受理案件。根据当事人的预约，调解机构工作人员确定调解时间、调解方式，使用《服务平台》通知各方当事人，并在线收集损害赔偿所需材料，当事人使用《服务平台》提交相关材料。系统自动通知车辆承保保险公司参与调解。

第二十一条 调解机构调解纠纷案件时，应告知当事人享有的权利、义务，使用《服务平台》在线制作《调解笔录》。调解工作应在十五日内完成。对于复杂纠纷，经征得各方当事人同意后，可适当延长。

第二十二条 经调解达成调解协议的，调解机构工作人员使用《服务平台》在线制作调解文书，送达当事人。各方当事人认为有必要的，可在调解协议生效后，使用《服务平台》共同申请人民法院予以司法确认。审判人员使用《服务平台》及时受理，按时限将《确认裁定书》上传到平台。

第二十三条 未达成调解协议的，应当在《调解笔录》上载明。当事人可使用《服务平台》在线提起诉讼，人民法院使用《服务平台》及时受理，按时限将立案文书、判决书等上传到平台。

第二十四条 经调解达成协议或经司法确认、判决生效的，当事人可使用《服务平台》申请一键理赔。承保保险公司使用《服务平台》收集理赔材料后，三日内赔付款项，并将转账材料（赔付证明材料）通过《服务平台》通知当事人。

调解协议生效后，一方当事人不履行或不完全履行的，对方当事人可持司法确认书向人民法院申请强制执行。

第二十五条 各调解机构按照市中级人民法院、公安局、司法局、保险协会制定《日照市机动车交通事故责任纠纷赔偿标准参考意见》中确定的赔偿标准达成的调解协议可以作为保险理赔的依据，被保险人据此申请保险理赔的，保险人应当进行赔付。

第四章 工作保障

第二十六条 市、区（县）两级分别成立由政法委员会（综治办）为牵头单位，公安机关、司法行政机关和保险监管部门（保险行业协会）参加的道路交通事故矛盾纠纷多元化解工作领导小组（以下简称领导小组）及办公室，负责辖区内道路交通事故人民调解工作的组织、协调和指导。

第二十七条 领导小组及办公室的主要职责是：贯彻落实上级要求，开展调查研究，总结推广经验，研究解决实际困难和问题，推动道路交通事故人民调解工作顺利开展。

第二十八条 调委会的工作经费和调解员的补贴经费，由司法行政机关会同公安机关按照财政部、司法部《关于进一步加强人民调解工作经费保障的意见》（财行〔2007〕179 号）文件精神，共同商请当地财政部门解决。

第五章　工作制度

第二十九条　建立联席会议制度。领导小组定期召开联席会议，总结交流工作情况，分析查找存在问题，研究提出解决方法和对策。

如遇特殊情况，经领导小组组长同意，可随时召开工作会议。

第三十条　建立信息上报制度。各区县每季度要上报辖区道路交通事故纠纷人民调解工作开展情况和相关基础资料。

各地在工作中创造的经验与做法、遇到的重大纠纷和问题以及相关意见和建议，应随时上报。

第三十一条　建立检查考核制度。各级领导小组应当定期对道路交通事故人民调解工作进行检查督导，确保各项工作措施落实。所有的调解案件都要使用《服务平台》实行“线上运转”，此项内容作为一项重点考核内容纳入年度考评。

第三十二条　建立工作台账制度。调委会应当建立规范的工作台账，使用统一的案卷文书，实行一案一档（案卷文书式样附后），所有调解案卷均保存电子文档。

第六章　附　则

第三十三条　本规范所称的“三日”“十五日”是指工作日，不包括节假日。

第三十四条　本规范由市公安局交警支队和市道路交通事故人民调解委员会共同解释。

第三十五条　本规范自下发之日起实施。

日照市公安局派出所消防管理规定

日公通字〔1998〕88号

第一条　为明确派出所的消防职责权限，统一工作程序，正确执行国家有关消防法律、法规，保障国家和人民生命财产安全，根据《中华人民共和国消防法》及省公安厅有关规定，结合我市实际，制定本规定。

第二条　派出所实施消防管理主要任务是：开展消防法律法规和消防知识宣传教育；进行防火检查，督促消除火险隐患和不安全因素，落实消防安全措施；组织指导有关单位和村（居）民委员会建立健全消防安全组织；协助公安消防机构搞好化学危险物品管理、建筑工程消防管理、消防行政处罚和火灾原因调查，预防和减少火灾危害，保障辖区安全。

第三条　派出所实施消防管理，必须坚持“预防为主，防消结合”的方针，实行标本兼治、综合治理的原则，发动群众，消除各种火险隐患和不安全因素，做好消防安全工作。

第四条　派出所履行消防管理职责，实行所长负责制，并确定一名专兼职消防管理员，负责辖区内（一、二、三级消防重点单位除外）所有单位的消防管理工作。同时必须将下列单位纳入派出所消防管理的重点：

（一）乡镇政府、街道办事处；

（二）古建筑保护单位、博物馆、公共图书馆、档案馆、影剧院、歌舞厅及营业面积 100 平方米以上商店；

（三）邮电通讯枢纽、学校、医院、疗养院；

（四）接待旅客住宿的宾馆、饭店、招待所、客栈；

（五）码头、停车场、火车站、汽车站；

（六）生产、储存、经营、使用易燃易爆物品场所（仓库）；

（七）有火灾危险性的乡镇街道企业、个体工商户、高层居民住宅楼及居民棚户区。

第五条 派出所应协助公安消防机构加强对辖区单位的消防安全检查。消防检查可与治安检查同时进行。对列管的消防重点单位的检查每季度不少于一次，对一般单位及居（村）民委员会每半年不少于一次。重大节日和重要防火季节以及有重大保卫任务时应重点检查。

对检查发现的不安全因素，应作出详细记录，由被检查单位防火负责人和警区民警签字，一式两份，分别存档备查。发现火险隐患，应及时提请公安消防机构依法查处。

第六条 派出所应对辖区内建筑工程进行检查。发现未经公安消防机构审核批准擅自施工或未经验收合格擅自投用的新建、改建、扩建、内部装修和用途变更的建筑工程，应督促建设单位申报，并提请公安消防机构查处。

第七条 派出所辖区内生产、储存、经营、运输、使用易燃易爆化学物品单位的底数要清。对从事易燃易爆化学物品生产、储存、经营、运输、使用的，应督促其到公安消防机构办理有关手续，经督促而仍不办理的提请公安消防机构进行查处。

第八条 派出所对管辖范围内发生的火灾事故，应协助公安消防机构调查火灾原因。

第九条 派出所对管辖范围内发生的火灾事故，除应由公安消防机构直接处理的以外，应按月进行统计，上报所属公安（分）局消防机构。

第十条 派出所应根据本辖区实际，督促政府建立治安、消防于一体的治安消防联防队，并配备相应消防装备，以适应本辖区灭火需要。

派出所应定期进行训练，加强值班巡逻，及时发现并消除火灾隐患，迅速扑灭火灾。

第十一条 对违反消防管理秩序的行为，公安派出所应按照《治安管理处罚条例》有关规定依法予以处罚。

第十二条 派出所应按照《山东省公安派出所档案工作业务建设规范（试行）》建立治安消防联防队职责、消防管理员职责等相关制度和档案，并设立消防管理室。

第十三条 派出所应将消防管理工作纳入社会治安综合治理之中，与管辖单位签订消防安全责任状，并通过参与管理村镇规划，逐步改善城镇和农村防火条件。要定期向党委、政府汇报工作，针对消防工作的实际情况，及时提出合理化建议，推进社会化消防工作的开展。

第十四条 派出所民警应定期开展消防法律及业务知识培训，组织征订消防刊物，宣传消防法律法规和消防基本常识，接受公安消防机构的指导，不断提高消防管理业务素质。

市公安局将根据派出所履行消防管理职责情况，制定具体考核标准，与其他业务工作同考核、同评比、同总结。

第十五条 派出所及其工作人员认真履行消防管理职责，对工作认真负责，成绩显著的，上级公安机关应给予表彰、奖励；对滥用职权或玩忽职守、贻误工作的，按照有关规定给予纪律处分或行政处分；情节严重、构成犯罪的，依法追究刑事责任。

第十六条 本规定自印发之日起施行。

关于充分发挥公安机关职能作用保障和服务县域经济发展的意见

日公发〔2006〕5号

为认真贯彻全省县域经济现场会和市委理论学习中心组读书会精神，充分发挥公安机关职能作用，保障和促进全市县域经济更快更好地发展，特制定本意见。

一、提高认识，切实增强保障和服务县域经济发展的责任感和紧迫感

发展县域经济，对于提高全市经济整体实力，提高广大人民群众的生活水平，确保社会和谐稳定、长治久安有着极其重要的意义。公安机关作为维护稳定的主力军，在保障和服务县域经济发展方面责无旁贷、责任重大。各级各警种要充分认识加快县域经济发展的重要性，切实增强工作紧迫感和责任感，坚决摒弃一切与加快县域经济发展不相适应的观念、模式和工作方法，主动、虚心听取各方面对公安工作的意见、建议，切实找准公安工作服务县域经济发展的着力点、新路子，紧密结合“平安日照”建设和基层基础建设年活动，进一步创新警务机制，强化打防管控措施，努力为县域经济发展创造稳定的政治环境、安定的治安环境和良好的服务环境。

二、以服务县域经济发展为重点，强化基础工作，全力确保社会政治稳定

牢固树立“稳定压倒一切”的理念，不断强化各项维稳措施。一是要进一步完善情报信息机制。在各分县局构建起高效灵敏、覆盖面广的情报信息网络，全面提高基层公安机关的预警能力，逐步形成以信息化应用为支撑、以情报信息研判为主要内容、以服务警务决策、服务县域经济发展为目标的情报信息工作体系。二是要紧紧围绕“发现得早、控制得住、处置得好”的总目标，会同有关部门积极预防、妥善处置群体性事件，特别要及时掌握因企业征地施工、改建扩建、改制等引发的各类不安定因素，及时报告党委、政府，主动配合做好化解矛盾工作，确保防患于未然。三是要建立有效的网上控制手段和控制机制，配合、协同有关部门加强对网上舆情和敏感信息的分析、掌握和研判，掌握网上斗争主动权。四是要大力加强重要敏感时期的安全保卫工作，不断加强同“法轮功”等邪教组织的斗争，严厉打击危害国家安全和社会政治稳定的违法犯罪活动，有效保障县域经济健康深入发展。

三、强化打防措施，努力为县域经济发展创造稳定的治安环境

以推进和深化“平安日照”建设为主线，在全市建立起着眼实战、务实管用的经常性“严打”工作机制和治安防控体系，有效驾驭和掌控社会治安局势。一要进一步强化打击力度，全力创造稳定良好的治安环境。加强治安形势分析研判，认真研究县域经济发展过程中社会治安的新趋势、新动向，通过适时组织开展区域性专项整治、严打斗争等形式，及时解决突出治安问题。要把扎实开展“打黑除恶”专项斗争作为维护县域经济发展的重点工作，重拳严打寻衅滋事、阻挠企业正常生产建设以及强买强卖强揽等霸痞违法犯罪活动，做到“露头就打、除恶务尽”，决不使其形成气候。要坚持以“命案必破”为龙头，强化“攻坚”手段和措施，严厉打击杀人、爆炸、抢劫、绑架等重大有影响的刑事案件，有效震慑犯罪，及时消除影响。要强化经常性工作，严厉打击入室盗窃、街面抢夺、盗抢机动车等多发性侵财犯罪，决不允许这类犯罪形成治安“热点”，进一步增强人民群众安全感。二是强化治安防控体系建设，进一步提高发现、控制违法犯罪能力。紧密结合开展“基层基础建设年”活动，着力在整合警力、发动民力、运用科技力上下功夫，通过扎实有效的工作，建立起社区村居、内部单位、街面“三张防控网”，使治安巡逻队伍建设、治安卡点建设和科技监控系统建设“三大手段”有一个大的提升和发展。

四、创新治安管理和服务机制，努力创造良好的县域经济发展软环境

认真贯彻落实全市公安机关服务群众、服务经济发展的80条意见，并紧扣县域经济发展要求，不断推出服务新举措。一是牢固树立“经济发展到哪里，警务工作就落实到哪里”的理念，切实以实际行动优化县域经济发展环境。各级各警种要迅速摸清辖区经济服务对象的基本情况，主动上门征求意见，了解他们最想要公安机关解决什么问题，最需要公安机关提供哪些服务内容，进一步拉近与服务对象的距离，虚心听取意见，及时改进各项工作，不断提高警务效能。各分县局要积极推广项目建设跟踪服务制，对规模较大的企业都要确定一名民警跟踪服务，最大限度地为企业发展提供法律咨询和防范指导。各分县局和辖区派出所要通过定期召开警企座谈会、与企业建立热线电话等形式，及时帮助解决企业和客商生产经营中遇到的治安问题，严格兑现市公安局面向社会作出的“你们发展、我们服务”的承诺。要通过向企业派驻保安员及在园区和施工现场增设警务机构等措施，加大治安管控力度，努力为企业发展创造良好治安环境。同时，要主动帮助辖区企业建立健全安保制度，指导落实切实可行的防控措施，提高自防能力。二是简政放权，进一步提高工作效率和服务质量。在户籍管理方面，对各区县招商引资、投资兴办企业、聘用的高学历、高技术资格人员、急需的高级技术工人、技师或其他有特殊才能的人员，进一步放宽其本人及其亲属的落户条件。同时，实行人才户口城乡自由流动政策，对城市各类中高级科技人才和已在城市落户的大中专毕业生自愿到小城镇和农村工作的，实行户口来去自由的政策，其户口既可保留在原城市，也可迁往工作地区，也可以再由工作地区迁回原居住城市。全面放开县域内户口迁移政策，促进农村人口向小城镇集中。对偏远地区、交通不方便地区，要主动上门办理户口、居民身份证等手续，进一步方便群众。在出入境管理方面，要以深入开展“出入有境、服务无境”活动为载体，细化出入境审批办证预约服务、上门服务等多项便民“绿色服务”措施，全面取消外国人临时住宿定点限制，进一步方便外国人的工作生产。开通“招商引资直通车”绿色服务通道，对出国境开展招商引资、洽谈项目、签订合同、购买设备、引进技术和人才等活动的人员，以及来我市投资办厂、进行经济技术合作、从事经贸活动的外国人、华侨、港澳居民、台湾居民，优先办理出入境、居留等手续。单位企业申请护照延期、前港澳旅游、商务、探亲签注的，由10个工作日缩短为5个工作日；申请中华人民共和国因私出国护照、内地居民往来港澳通行证、大陆居民往来台湾通行证的，由15个工作日缩短到10个工作日，特殊情况需加急办理的，5个工作日内办结；特急件随到随办。对在我市申办签证、签注及居留许可证的外国人、港澳同胞、台胞等理由正当、材料齐全的，3个工作日办结证件，紧急情况随到随办。尽快开设出入境管理电子政务公共服务网站、证件自主申请系统、电话咨询服务系统、信息语音查询系统，全面实行通过邮政网点领取出入境证件，进一步提升服务涉外经济发展水平。在车辆管理方面，要通过开设“投资直通服务热线”、发放“直通服务卡”等有效措施，为各县域企业提供车管业务咨询、办事预约服务。在消防安全监督方面，要积极适应县域经济发展要求，按照“边设计、边整改、边审批”的方式，进一步提高建筑工程审核和验收时限。同时，充分发挥“9600119”消防服务热线作用，坚持24小时受理消防业务、群众咨询和举报投诉。三是强化安全生产监督检查，努力为县域经济发展创造安全的生产环境。以开展创建“平安畅通县区”为载体，深化交通安全进农村、进学校、进厂企等“五进”活动，加强路面行车秩序管理，加强重点路段、重点时段的管控，加强重点单位、重点车辆、重点驾驶人的监管，最大限度地预防和减少重特大交通事故，努力为县域经济发展创造安全畅通的交通秩序。大力抓好人员密集场所消防安全“十项标准”及“两个能力”建设的普及工作，加强消防安全监督检查，深入排查整治火灾隐患，严防发生群死群伤的火灾事故。要按照职责分工，切实加强民爆、烟花爆竹、剧毒等危险物品的安全管理，减少流失，防止事故。

五、严打经济犯罪，确保县域经济安全运行

在全市公安机关和民警中牢固树立“加强经济犯罪侦查工作就是直接服务经济建设”的理念，全面建立预防和打击经济犯罪的工作机制，不断提高侦查控制水平。一是增加区县公安机关经侦部门警力，强化专业培训，全面提高新时期打击查处各类严重经济犯罪的水平和能力。工作中，要及时查处合同诈骗、职务侵占、挪用资金、涉税、破坏企业生产、危害企业建设等经济犯罪案件，最大限度地避免和挽回经济损失。二是要正确处理好“严”与“宽”的关系，坚持法律效果与社会效果的一致性，全力确保正常的企业生产。三是要着力当好“企业顾问”，帮助企业建立健全内部管理措施，建好预防经济犯罪的“防火墙”。四是要加强与审计、税务、工商等部门的协作配合，积极开展打击制假贩假、虚假广告、非法经营等活动，依法保护知识产权和名优品牌。

六、进一步加强公安队伍正规化建设，努力为服务县域经济发展工作提供有力保障

保障和服务于县域经济更快更好地发展，需要一支政治坚定、业务过硬、纪律严明的公安队伍。要坚持政治建警、素质强警、从严治警、从优待警的方针，大力推进正规化建设，不断提高队伍整体素质和战斗力，不断提高人民群众对公安队伍的满意率。一是加强思想政治建设，确保全市公安队伍始终保持正确的政治方向。二是切实加强各级领导班子建设，努力提高领导水平。三是继续深化大练兵活动，增强队伍战斗力。四是深入开展社会主义法治理念教育活动和“规范执法行为，促进执法公正”专项整改活动，切实提高执法水平。五是坚持从严治警，严格要求、严格管理、严格监督、严格纪律。六是大力实施科技强警，培育公安机关战斗力新的增长点。七是坚持从优待警，创建良好的工作氛围。八是狠抓基层基础建设，坚持在警力上向基层倾斜，使基层一线单位实有警力逐步达到总警力的85%以上。坚持经费保障向基层倾斜，对基层一线民警优先配备必要的防护器材，确保工作和人身安全。

二〇〇六年七月二十七日

关于进一步加强侦破命案工作的意见

全国侦破命案专项行动开展以来，我市各级公安机关按照公安部和省公安厅的统一部署，强化领导，精心组织，多措并举，全力攻坚，相继破获了一大批案件，抓获了一批命案在逃人员，命案侦破率连创历史新高。为进一步完善和落实侦破命案工作机制，切实提高命案侦破水平，确保实现省公安厅、市公安局党委提出的命案现案破案率达到95%以上，未发命案和命案全破的县（市）区达到80%以上的工作目标，特制定工作以下意见：

一、切实加强组织领导，健全完善工作机制。一是全面落实工作责任制。要坚持落实“五长必到”制，发生命案后，分、县局局长、分管刑侦副局长、刑警大队长、刑警中队长、派出所所长要赶赴现场，组织开展侦破工作。要始终坚持“一长双责”制，各级公安机关的一把手对命案侦办工作负总责，是实现命案攻坚奋斗目标的第一责任人，专案组长对其承办的命案侦办工作负全责，刑事技术部门负责人对命案现场勘验、检查鉴定和有关技术工作负全责。二是建立命案经费保障机制。各级公安机关要及时将命案侦破情况向党委政府汇报，争取财政支持，凡是和命案侦破有关的经费和警力，想尽一切办法予以保障。侦破命案工作中要做到“四个统一”，即统一调度车辆，保证办案车辆随时调用；统一调度经费，保证有充足的经费用于调查、侦查、追逃工作；统一调度技术装备，保证技术装备随时听从安排；统一调度警力，各单位警力随时听从指挥，形成全局攻坚的态势。

二、高度重视现场勘查工作，充分发挥刑事技术的作用。在命案侦破工作中，现场勘查工作质量直接影响着案件的侦破进程和最后的认定处理。各级公安机关要把提高现场勘查质量作为侦破工作的重要一环，为侦查工作提供有力支撑。要严格落实现场勘查工作责任制，按照《刑事案件现场勘查规则》的要求，认真、细致地勘查好每一起命案现场，最大限度地发现和提取与犯罪有关的痕迹物证，充分发挥技术工作在侦破命案中的重要作用。要建立和完善责任明确、整体协作和快速反应的现场勘查工作机制，牢固树立证据意识、诉讼意识、时效意识和法律意识，认真做好命案的现场勘查和物证保管工作，为侦破命案提供科学依据。

三、突出五个工作重点，全面提高现案破案率。全市各级公安机关对于现行命案，要坚持快速反应，集中优势兵力，打好歼灭战，最大限度地减少私案发生，重点在五个环节上狠下功夫：一是在防逃上下功夫。要切实抓住案件新发的有利时机，坚持快速出警、快速反应，力争当场抓获犯罪分子。对于逃走不久的犯罪分子，要组织各警种在一定范围内加强围追堵截，力争在本地抓获；二是在现场勘查上下功夫。对命案现场的勘查，必须做到及时、全面、细致、客观、认真，案件不破，勘查不止；三是在案情分析上下功夫。在现场勘查后，要由局长或主管局长负责，及时组织召开案情分析会，要使技术员、侦查员充分发表意见，对重点问题要反复研究；四是在研究制定侦查措施上下功夫。要充分发挥阵地控制、刑嫌调控的作用，利用好指纹比对、技术监控、网络监察等科技手段，加快侦查速度，提高工作效率；五是在收集固定证据上下功夫。在现场勘查、调查访问、审讯等各个环节中，都要有强烈的证据意识，千方百计收集证据，努力提高办案质量。

四、全力以赴，坚决突破一批命案积案。各级公安机关在抓好现行案件侦破的同时，要舍得下力气、高投入地搞好私案攻坚。一是切实加强对挂牌督办案件的侦破工作。各分、县局要把侦破公安部、省公安厅和市公安局督办案件作为主攻方向，逐案成立专案组，做到领导到位、专案人员到位、工作措施到位、责任要求到位、后勤保障到位。二是大力加强刑侦基础业务建设，为命案侦破提供有力保障。要加强特种行业管理和公共娱乐复杂场所的控制，及时发现案件线索和逃犯踪迹。三是刑侦部门要主动与监管部门加强联系，和极开展狱内侦查和政治攻势，动员在押人员揭发检举命案线索，开辟深挖命案侦破的新战场。四是要认真落实侦破杀人案件工作新机制，做好发现、串并和侦破系列、流窜杀人案件的工作，从根本上提高公安机关侦破命案的能力和水平。

五、强化命案追逃工作，确保实现全案全结。各级公安机关要严格落实追逃责任制，强化对命案逃犯的追捕工作。要重点围绕命案逃犯特别是省、市级督捕逃犯，认真分析研究其潜逃的规律和方向，制定追捕方案，层层分解任务，落实到基层单位和民警。案发地单位和逃犯户籍地所在单位要密切配合，共同担负追逃责任。要进行深入调查，摸清其亲戚、朋友及社会关系，充分运用悬赏缉拿、技术侦查、架网守候等控制手段，力争发现线索，抓获在逃人员。对查获的所有违法犯罪人员都要与未破案件和全国逃犯信息网进行对比，从中发现和抓获逃犯。对获取在逃人员潜逃方向或确切地址的，要组织追捕小组开展定向追捕，不惜代价，坚决将命案逃犯追捕归案，确保全案全结。对日照籍在外省作案的命案逃犯，要从网上全部下载，列出单子，由户籍地所在公安机关逐一布控。对外地公安机关要求协查抓捕的命案逃犯，责任单位要全力配合，积极参与。

六、加强检查考核，确保各项措施落到实处。一要加大督导力度。为进一步强化全市侦破命案工作，市公安局成立由督察部、刑警支队及其他有关警种参与的联合督察组，对全市命案侦破工作适时开展检查督导，重点对案发地公安机关工作责任制落实情况、未破案件进展情况及办案民警在办案过程中遵纪守法情况的进行督察，以确保各项工作制度和措施落到实处。对持续半个月以上出现三起以上未破命案，或持续半个月以上命案破案率低于75%，或发生性质恶劣、社会影响较大的命案，市公安局要重点蹲点督导。二是加大惩诫力度。市公安局专门制定了《日照市公安局侦破命案考核办法》(附后)，对全市公安机关命案侦破工作进行考核。对命案破案率达标，并且全年侦破命案工作综合得分前两名及连续两年不发生命案或命案全破的分、县局，给局领导报请记功，对综合得分最后一名、命案总破案率未达到80%的分、县局，该局年度绩效考核直接定为较差单位，局长、分管刑侦的副局长、刑警大队长不能评为先进个人。三要加大奖惩力度。对全市侦破命案成绩突出的单位，市公安局将依照即将出台的大要案侦破奖励办法，逐案予以奖励。各分、县局要私极和极筹集资金，建立和完善奖惩制度，充分调动各单位及广大民警参与命案侦破的和极性。

二〇〇七年六月

关于保障和服务全市科学发展、跨越发展的意见

日公发〔2007〕4号

为认真贯彻市第十一次党代会精神，充分发挥公安机关职能作用，保障和促进全市科学发展、跨越发展，为实现我市争取早日跨入全省先进行列的奋斗目标做出更大贡献，特制定本意见。

一、提高认识，切实增强保障和服务全市科学发展、跨越发展的责任感和紧迫感

市第十一次党代会作出了关于推进全市科学发展、跨越发展，争取早日跨入全省先进行列的决定。公安机关作为维护稳定的主力军，在保障和服务全市科学发展、跨越发展方面责无旁贷、责任重大。各级各警种要充分认识加快推动全市科学发展、跨越发展的重要意义，切实增强工作紧迫感和责任感，坚决摒弃一切与科学发展、跨越发展不相适应的观念、模式和工作方法，主动、虚心听取各方面对公安工作的意见、建议，切实找准公安工作保障和服务科学发展、跨越发展的着力点，紧密结合“平安和谐日照”建设，进一步创新警务机制，强化打防管控措施，努力为全市科学发展、跨越发展创造稳定的政治环境、安定的治安环境、良好的服务环境和安全的生产环境。

二、以党的十七大、全国首届水运会等重大安全保卫工作为重点，全力维护社会政治稳定

一是精心筹划、扎实做好党的十七大和全国首届水运会等专项安保工作。按照“组织到位、人员到位、措施到位、责任到位”的要求，逐一制定、完善安保方案，从严管好重点人、重点物品、重点部位，确保万无一失。同时，配齐配强防暴、安检装备，搞好预案演练，不断提高做好大型活动安保工作的能力。二是严密防范、严厉打击境内外敌对势力的捣乱破坏活动。努力获取深层次、内幕性情报信息，牢牢掌握维稳工作的主动权。毫不放松地抓好同邪教组织的斗争，有效防范、打击其现实破坏活动。进一步完善网上舆情引导机制，及时发现、封堵和删除有害信息，严厉打击网上违法犯罪活动。三是深入排查调处矛盾纠纷，积极防范和妥善处置群体性事件。在党委、政府的领导下，广泛开展矛盾纠纷排查，切实把不稳定因素解决在当地，解决在萌芽状态。按照预防与应对并重的原则，进一步完善统一指挥、协调有序、反应灵敏、运转高效的处置群体性事件工作机制。对已经发生的群体性治安事件，始终坚持“三个慎用”原则，既要防止因使用警力和强制措施不当而激化矛盾，又要防止因警力和强制措施当用不用而导致事态进一步扩大。

三、强化打防措施，努力为全市科学发展、跨越发展创造安定的治安环境

在治安防控体系建设方面，以有效防范、打击“两抢一盗”等多发性、可防性案件为重点，狠抓公开巡逻防控、便衣巡逻防控、治安卡点堵控、单位内部防范、科技防控“五张网”建设。一是按照

专群结合的要求，狠抓公开巡逻防控网络建设。坚持一警多能、综合执法，坚持“警车上路即巡逻”制度，坚持最大限度地把警力摆在街面上，着力在提高“见警率、盘查率”上下功夫，在“发现犯罪、打击现行”上出成果。同时，大力推行社区和农村警务战略，以派出所为单位，依靠基层党政组织加强群众性治安巡逻工作，进一步压缩犯罪分子的作案空间。二是按照公秘结合的要求，狠抓便衣巡逻防控网络建设。继续大力推行便衣警务战略，组织各级便衣力量加强对小街小巷等治安复杂部位的便衣巡逻，严密对重点场所、特种行业的治安管控，全天候加大对疑人、疑车、疑事的盘查力度，在时间和空间上有效弥补街面公开巡逻力量的防控“盲区”。三是按照查堵结合要求，狠抓治安卡点堵控网络建设。充分发挥我市地处沿海、只需“三面设卡”就能实现有效设防的区位优势，由各分县局牵头，区县交警大队参与，在交通要道省际、市际、县际交界处和市区、城区周边，全部设立固定治安卡点，充实值班执勤力量，加大对过往可疑车辆、人员的盘查、堵控力度，及时发现违法犯罪线索、震慑违法犯罪分子。四是按照人防、物防、技防相结合的要求，狠抓内部单位防控网络建设。大力加强水电气热、国家机关和大型企事业单位“三防”建设，全面提升内部单位安全防范水平。五是按照科技强警的要求，狠抓科技防控网络建设。重点抓好警用GPS卫星定位系统的应用，逐步在所有处警车辆上安装使用GPS系统，与指挥中心联网运行，方便各级公安指挥中心就近调度警力快速处警。尽快建成手机短信报警系统，方便群众报警求助。加快治安动态监控系统建设步伐，科学整合社会各单位自建监控系统，进一步扩大监控覆盖面。在强化打击方面，一是狠抓大要案侦破，特别对各类严重暴力犯罪案件，要力争快侦快破，缩小影响，震慑犯罪。年内命案破案率争取达到95%以上，命案发生起数和死亡人数争取同比下降10%。对各类霸痞恶势力犯罪做到主动出击、露头就打，决不使其做大成势、形成气候。二是加大对多发性侵财犯罪的打击力度，严厉打击影响群众安全感的街头两抢、扒窃、盗窃机动车、偷盗自行车等侵财犯罪活动。特别要以控制收赃、销赃环节为切入点，全面强化行业场所的阵地控制，开辟打击犯罪的新战场，最大限度地为群众挽回损失，切实增强人民群众的满意度。三是严厉打击经济犯罪活动。进一步加强经济犯罪侦查力度，严厉打击涉税、合同诈骗、非法传销等经济犯罪活动，最大限度地为企业挽回经济损失。

四、创新治安管理和服务机制，努力为全市科学发展、跨越发展创造良好的服务环境

认真贯彻落实全市公安机关服务群众、服务经济发展的80条意见和《关于充分发挥公安机关职能作用 保障和服务县域经济发展的意见》，紧扣全市经济发展要求，不断推出服务新举措。一是牢固树立“经济发展到哪里，警务工作就落实到哪里”的理念，切实以实际行动优化经济发展环境。各级各警种要迅速摸清辖区经济服务对象的基本情况，主动上门征求意见，进一步拉近与服务对象的距离，虚心听取意见，及时改进各项工作。各分县局要积极推广项目建设跟踪服务制，对规模较大的企业都要确定一名民警跟踪服务，主动为企业发展提供法律咨询和防范指导。各分县局和辖区派出所要通过定期召开警企座谈会、与企业建立热线电话等形式，及时帮助解决企业和客商生产经营中遇到的治安问题，严格兑现市公安局面向社会作出的“你们发展、我们服务”的承诺。要通过向企业派驻保安员、帮助辖区企业建立健全安保制度、在园区和施工现场增设警务机构等措施，加大治安管控力度，努力为企业发展创造良好治安环境。二是简政放权，进一步提高工作效率和服务质量。在户籍管理方面，对各区县招商引资、投资兴办企业、聘用的高学历、高技术资格人员、急需的高级技术工人、技师或其他有特殊才能的人员，进一步放宽其本人及其亲属的落户条件。同时，实行人才户口城乡自由流动政策，对城市各类中高级科技人才和已在城市落户的大中专毕业生自愿到小城镇和农村工作的，实行户口来去自由的政策，其户口既可保留在原城市，也可迁往工作地区，也可以再由工作地区迁回原居住城市。对偏远地区、交通不方便地区，要主动上门办理户口、居民身份证等手续，进一步方便群众。在出入境管理方面，以深入开展“出入有境、服务无境”活动为载体，细化出入境审批办证预约服务、上门服务等多项便民“绿色服务”措施，全面取消外国人临时住宿定点限制，进一步方便外国人在日照期间的经商、旅游、居住活动。开通“招商引资直通车”绿色服务通道，对出国境开展招商引资、洽谈项目、签订合同、购买设备、引进技术和人才等活动的人员，以及来我市投资办厂、进行经济技术合作、从事经贸活动的外国人、华侨、港澳居民、台湾居民，优先办理出入境、居留等手续。单位企业申请护照延期、前往港澳旅游、商务、探亲签注的，由10个工作日缩短为5个工作日；申请中华人民共和国因私出国护照、内地居民往来港澳通行证、大陆居民往来台湾通行证的，由15个工作日缩短到10个工作日，特殊情况需加急办理的，5个工作日内办结；特急件随到随办。尽快开设出入境管理电子政务公共服务网站、证件自主申请系统、电话咨询服务系统、信息语音查询系统，全面实行通过邮政网点领取出入境证件，进一步提升服务涉外经济发展水平。在车辆管理方面，要通过开设“投资直通服务热线”、发放“直通服务卡”等有效措施，为企业单位及个人提供车管业务咨询、办事预约服务。在消防安全监督方面，要积极适应经济跨越发展要求，按照“边设计、边整改、边审批”的方式，进一步提高建筑工程审核和验收时限。同时，充分发挥“9600119”消防服务热线作用，坚持24小时受理消防业务、群众咨询和举报投诉。

五、强化安全生产监督检查，努力为全市科学发展、跨越发展创造安全的生产环境

以开展创建“平安畅通县区”为载体，深化交通安全进农村、进学校、进厂企等“五进”活动，加强路面交通秩序管理，加强重点路段、重点时段的管控，加强重点单位、重点车辆、重点驾驶人的监管，最大限度地预防和减少重特大交通事故，努力创造安全畅通的交通秩序。大力抓好人员密集场所消防安全“十项标准”及“两个能力”建设的普及工作，加强消防安全监督检查，深入排查整治火灾隐患，严防发生群死群伤的火灾事故。切实加强民爆、烟花爆竹、剧毒等危险物品的安全管理，减少流失，防止事故。

六、进一步加强队伍教育管理，努力建设高素质公安队伍

一是扎实开展“作风建设年”活动，紧紧围绕胡锦涛总书记倡导的八个方面良好风气的要求，通过摆问题、查原因、抓整改，大力弘扬新风正气，抵制歪风邪气，解决突出问题，使全市公安机关作风进一步转变、执法水平进一步提高，全面推进各项公安工作和队伍建设。二是继续深入开展社会主义法治理念教育活动，进一步打牢民警执法为民的思想基础。严格规范各项执法行为，认真落实执法办案责任制和错案追究制，开通网上办案系统，进一步完善执法监督机制。三是坚持从严治警，坚定不移地执行警令、禁令，严格执行市公安局《关于重申公安民警要严格执行有关法纪、禁令的通知》，对民警违反“五条禁令”、经商办企业、乱收费、乱罚款及发生其他违法违纪违规行为的，一律严肃处理，决不姑息迁就。四是加强监督考核，进一步完善绩效考核机制，严格执行市公安局《关于进一步加强作风建设、强化治安巡逻防控工作的通知》，进一步加大政务督查和警务督察力度，采用各种有效方式，有计划地、定期不定期地进行明察暗访，切实增强监督检查效果。同时，考核结果及时奖惩兑现，凡违反市公安局有关巡逻工作规定，被通报批评一次的民警，自通报之日起一年内不得提拔使用，未转正的延期一年转正。被通报批评二次的民警，待岗培训一年，期间只发基本生活费。民警两次被市公安局通报批评的，所在科所队主要负责人就地免职。五是坚持从优待警，积极争取党委、政府的支持，力争落实县级公安机关公用经费标准，落实基层一线防护装备标准，落实民警定期体检和年休假制度，及时帮助解决子女上学、就业方面的困难，解除他们的后顾之忧。加强基层所队五小工程建设，改善办公生活条件，切实从小事做起凝聚警心，最大限度地激发调动民警工作积极性。

二〇〇七年四月九日

日照市公安局社区和农村警务工作实施细则

日公通字〔2010〕15 号

第一章 总 则

第一条 为规范全市公安机关社区和农村警务工作，根据公安部《关于实施社区和农村警务战略的决定》和《山东省公安机关社区和农村警务工作规范》等有关规定，结合我市实际，制定本实施细则。

第二条 社区和农村警务工作是公安机关一项全局性、战略性、基础性工作。全市各级公安机关应当切实履行职责，以积极构建“合成化”现代警务体系为载体，努力构建适应新型城市社区和新农村建设的警务运行机制。

第三条 社区和农村警务工作的总体目标是“发案少，秩序好，社会稳定，群众满意”。

第四条 公安派出所是开展社区和农村警务工作的主力军。警务区民警应当牢固树立政权意识、大局意识和责任意识，通过扎实有效工作，夯实公安工作根基，将警务室建设成为维护稳定的第一道防线，服务群众的第一个平台，巩固基层政权的第一层基石。

第二章 警务室设置

第五条 市公安局治安、户政部门以及各分县局应当指导派出所根据治安状况、实有人口数量、社区规模和警力状况，科学划分警务区。原则上每个警务区设立 1 个中心警务室。

第六条 在城区，原则上以社区为单位划分警务区，依托社区居委会设立警务室。在农村，原则上按多个行政村划分警务区，警务室依托较大村庄村委会设立。

地处边远农村或其他具备条件的地方，提倡建立居家式警务室。工作突出、辖区治安状况良好、群众满意度高的警务区民警，经市公安局批准，可以用民警的名字命名警务室。

第七条 警务室建设应当符合下列标准：

（一）在区县范围内，统一标识，统一配置。

（二）门口悬挂带有人民警察警徽标志的“×× 派出所 ×× 警务室”标牌。

（三）室外醒目位置悬挂公示牌，公布民警照片、姓名、联系方式和在警务室定期办公的时间，设立警民联系箱。

（四）配备必要的交通、通信工具和办公用品、警用装备、防护装备。

第八条 警务区民警应当在警务室建立治保力量、纠纷调解、重点单位防范、场所行业管理、巡逻防控等基本台账，有条件的采用电子化管理。

警务区民警应当加强台账簿册管理，防止失、泄密。

第九条 警务区民警应当按照公示的时间定时到警务室开展工作，其他时间可安排警务辅助力量轮流值班。

第三章　警力配备

第十条　根据工作需要科学配置警务室的警力。警务室警力应占派出所总警力的 60% 以上。

第十一条　规模较小、治安平稳、居民户相对集中的警务区，实行一区一警，并以相邻警务区联勤的形式，加强协作配合；规模较大、治安比较复杂的警务区，实行一区两警或一区多警。

第十二条　警务区民警应当熟悉党的路线方针政策、熟悉相关法律法规、熟悉公安业务，接受相关警务培训，乐于并善于做群众工作，能够公正执法、清正廉洁，身体条件适合在社区、农村工作。

第十三条　警务区民警应当把群众工作作为一项基本功，做到懂群众心理、懂群众语言、懂沟通技巧，会化解矛盾、会调处纠纷、会主动服务、会宣传发动。

第十四条　警务区民警应保持相对稳定，一般在社区和农村工作不少于 3 年，提倡、鼓励民警长期在社区和农村警务区工作。

第十五条　各分县局机关民警，凡没有基层一线工作经历的，应到基层一线特别是社区、农村警务区工作。派出所新增警力原则上到社区和农村警务区工作。

第十六条　不得随意调动或借用警务区民警。确需调动和借用，应报经县级公安机关主管领导同意。调离警务区民警应按照“先进后出”的原则，新任民警到岗后，原任民警方能调离。

第十七条　原则上按照每社区 2 名、每行政村 1 名以上的标准，招聘警务辅助力量协助工作。

第十八条　警务区民警应当以警务室为平台，依靠社区和农村基层党政组织，动员、组织治保会、社区保安、物业保安、户口协管员、单位内部保卫力量等专职辅助力量和治安志愿者、治安信息员等义务力量共同维护社区、农村治安。

第四章　职责任务

第十九条　警务区民警主要承担开展群众工作、掌握社情民意、管理实有人口、组织安全防范、维护治安秩序等五项职责任务。

第二十条　开展群众工作。

（一）深入群众之中，倾听群众意见，了解群众疾苦，关心弱势群体，尽力为群众排忧解难，切实做好发动群众、组织群众、宣传群众、服务群众的工作。每月至少调查走访 50 户居民或单位。

（二）及时受理报警求助，在规定时限内办理群众申办事项。积极参与排查调处民间矛盾纠纷，努力把不稳定因素化解在基层、化解在萌芽状态。

（三）每月向辖区群众通报工作情况，自觉接受居民群众监督。建立“社区、农村警务议事会”制度，及时征求群众意见和建议。半年开展一次“警民相约警务室”活动。

（四）辖区群众对警务区民警工作满意率达到 95% 以上。

第二十一条　掌握社情民意。

（一）坚持情报信息主导警务，健全完善覆盖面广、布局合理、全方位、多层次的情报信息网络。每个社区、行政村应当按照辖区实有人口 3‰的比例物建信息员，公共复杂场所、特种行业至少物建 2 名以上信息员，及时收集、上报涉及社会政治稳定和治安稳定的各类信息。

（二）定期排查、分析社情动态和突出治安问题。

（三）将收集、掌握的各类情况信息录入相应公安信息系统，并进行分析、比对、研判，切实做到基础工作信息化。

（四）重大群体性事件预警率、重点人物控制率应当达到100%。

第二十二条 管理实有人口。

（一）全面准确登记辖区实有人口，了解、掌握基本情况，对重点年龄段（16周岁至45周岁的男性及有违法犯罪经历的女性）人口，掌握其现实表现。

（二）熟悉可能违法犯罪的高危人群，重点掌握列管重点人口和监管对象的现实表现。开展对重点人口、监管对象和有轻微违法人员的监督管理、帮教和考察工作，落实工作措施。

（三）全面采集辖区内出租、闲置房屋等基础性信息，严格暂住人口登记、办证制度。

第二十三条 组织安全防范。

（一）依靠基层组织，大力开展安全防范宣传教育，定期发布治安安全警示，增强群众自我防范意识和能力。

（二）指导群防群治力量开展治安巡逻和邻里守望活动，构建严密的群防群治网络。

（三）广泛利用辖区资源，动员群众使用技防、物防设施，提高安全防范水平，有效控制、减少辖区内发案总量。组织创建可防性案件“零发案”社区、村庄活动。

（四）指导社区、农村建立健全消防安全组织，督促履行消防安全职责，落实消防工作措施。

第二十四条 维护治安秩序。

（一）严格辖区公共娱乐场所、特种行业、商贸市场、出租房屋和危险物品的治安管理，按要求建立登记簿册及治安管理档案，开展经常性治安检查。

（二）指导、监督辖区机关、团体、企业、事业单位建立健全安全防范制度，落实治安保卫措施，预防、减少各类案件和治安灾害事故发生。

（三）办理或协助办理辖区各类治安案件。立足社区、村庄，通过人口管理、情报信息、巡逻防范等工作，为侦查破案提供线索。

第五章 工作方式

第二十五条 按照“弹性警务”工作模式要求，社区民警每周在辖区开展工作时间不少于20小时，驻村民警每周在辖区至少驻勤一次，开展工作时间不少于30小时。

第二十六条 主要工作方式：

（一）走访调查。走进社区、村庄，深入机关、学校、企事业单位和居民家中，详细登记、了解实有人口、行业场所、出租房屋等情况。物建信息员，建立群众性情报信息网络。掌握重点人员现实表现与动态。对发案单位、居民进行回访，了解最新线索，征求意见和建议。

（二）宣传发动。通过多种形式，宣传法律法规和安全防范常识等，提高辖区群众法制意识和安全防范意识。

（三）巡逻守护。组织辖区治保会、保安队、治安联防队、义务巡逻队等群防群治队伍，开展辖区治安巡逻，组织辖区群众开展护村、护厂、护校、护楼、护院活动，预防和减少案件发生。

（四）实地检查。对辖区内的行业、场所和单位等进行安全检查，及时发现安全隐患并督促整改，防止发生各类案件和治安灾害事故。

（五）警情通报。每月公开通报辖区发案类别、时间段、主要部位和作案手段、作案人行为特征等治安情况及可能危及辖区安全的周边警情动态，提出相应防范措施。重大案件、重要情况随时通报预警。

第二十七条 警务区民警一日勤务基本流程是：

（一）上岗后，应通过上网浏览、查看文件资料等形式，及时了解掌握近期工作重点、上级工作部署要求和本辖区及周边区域发案情况，对当日勤务作出安排。

（二）与治保干部、保安队员沟通交流情况，巡查一次重点部位，检查指导专职辅警力量工作。

（三）根据上级工作安排和本辖区实际，分别开展相应的警务工作。

（四）将当日工作内容和采集的情况信息及时、规范地录入相应公安信息系统。

（五）将当日工作过程详细记录于工作日志，并妥善保管，不得随意涂改污损或者撕页缺页。

第二十八条 警务区民警在辖区开展工作一般应穿着制式服装，携带工作记事簿、对讲机和警哨等必要警用装备。开展巡逻工作时，应佩带单警装备。

第六章 组织领导

第二十九条 实施社区和农村警务战略是公安机关警务理念、警务机制和警务方式改革的重大举措，各级公安机关主要领导应当深入社区和农村，了解、指导社区和农村警务工作，协调解决工作中遇到的重大问题。

第三十条 各级治安（户政）部门是社区和农村警务工作的业务主管部门，应确定专人加强对社区和农村警务工作的组织指导、检查考核等工作。

第三十一条 派出所所长是本所社区和农村警务工作的第一责任人，其他所领导应当结合自身业务，做好社区和农村警务工作。

所领导应当每周到警务室检查一次工作。派出所应当加强对警务区民警的日常教育管理，及时做好思想政治工作。

第三十二条 建立公安机关领导班子成员、机关各单位联系社区、农村警务区制度，县级公安机关的每名领导和机关各科队应当直接联系 1 ～ 2 个警务区，每名民警联系 1 个村庄或单位，经常到联系点配合警务区民警开展工作。

第三十三条 以见警率、熟悉率、发案率、满意率、情报信息有效率为主要内容，对警务区民警工作情况进行考核。

第三十四条 切实减轻派出所工作负担，一般不得抽调警务区民警离开辖区参加各类专项工作，严禁向警务区民警下达破案、抓人、罚款指标。与警务区民警工作无关的不列入考核内容。

第三十五条 社区和农村警务室实行等级管理（具体办法由市公安局另行制定下发）。

第七章 警务保障

第三十六条 严格执行民警基层所队经历、基层所队职务与警衔评授晋升挂钩的规定，坚持“干部从基层出”的原则，基层所队长优先从警务区优秀民警中提拔。

第三十七条 针对警务区民警工作特点，搞好民警基本功训练。警务区民警每年集中强化训练不少于 15 个工作日，使民警具备履行岗位职责的基本素质。

第三十八条 根据公安部“对在社区（农村）警务室连续工作 10 年、15 年和 20 年以上，符合职务晋升条件的民警，可以分别享受相当于副主任科员、主任科员和副处级层次的职务待遇”的要求，争取当地组织人事部门支持，落实相关待遇。

第三十九条 警务区民警每年评先评优的比例不少于 30%，年度立功授奖应当占到派出所民警奖励数的 70% 以上。预防或提供线索制止重大事件、破获重特大案件的，实行“一案一奖”。

在警务区工作累计满 20 年和 30 年的民警，分别颁发“基层工作银盾荣誉奖”和“基层工作金盾荣誉奖”。

第四十条 加强警务区协警人员的保障，逐年提高工资等待遇，落实养老保险、人身意外伤害保险，加强协警人员的教育培训和管理，预防和减少协警人员监守自盗等违法犯罪行为。

第四十一条 开展社区和农村警务工作所需经费应当纳入县级公安机关经费的年度预算，并按照高于县级公安机关公用经费保障标准，落实社区和农村警务室公用经费。

第四十二条 按照农村高于城区、基层高于机关的原则，落实从优待警的各项政策，改善其工作、生活条件。

第四十三条 优先为警务区民警配备必要的交通、通信工具和办公设备、警用装备以及防护装备。

第四十四条 全面落实警务区民警休假制度和定期体检制度，落实基层民警因公负伤快速救治制度、医疗保险制度和大病救治保障机制。

重视警务区民警心理健康，建立和完善民警心理疏导机制和心理危机干预机制。

第八章 附 则

第四十五条 公安边防派出所和港口、铁路、林业等系统公安派出所可参照本规范执行。

第四十六条 本规范由市公安局负责解释。

第四十七条 本实施细则自下发之日起试行。

日照市公安局社区和农村警务室分类规范化建设实施意见

日公通字〔2010〕160 号

为全面推进社区和农村警务战略的深入实施，进一步规范、完善我市社区和农村警务室建设，充分发挥警务室联系群众、服务群众、宣传群众的作用，根据省公安厅《关于深入推进社区和农村警务建设的意见》以及《全市公安机关深化基层基础工作三年规划》等有关要求，制定本意见。

一、工作目标

根据《山东省公安机关 2010 年深化基层基础工作实施意见》和《全市公安机关深化基层基础工作三年规划》等有关要求，坚持实事求是、因地制宜、积极推进、务求实效的原则，对我市社区和农村警务室开展分类规范化建设，2010 年底前在全市范围内实现警务室“布局设置、外观标识、制度牌匾、设施装备、工作台账”五统一的工作目标。

二、布局设置

警务室的建设，应当综合考虑辖区面积、人口及社会治安状况、地理环境等因素，既要方便群众，又要便于工作，统筹安排，合理布局。在城市，原则按“一社区一警务室”或按管理实有人口

3000人的标准建设；在农村，根据农村社区建设情况，及时对现有农村警务室进行整合，及时布局，将警务室基础建设和工作机制纳入农村社区建设的整体规划，一般要设置在社区的中心和治安复杂的行政村中。按照经济状况、人口分布以及治安复杂程度，各地警务室可按三类进行规范建设。

三、分类规范化建设及相关要求

1. 一类警务室。在人口密度较大，出租房屋、流动人口集中以及治安状况比较复杂的社区（村居）建设一类警务室（所有城市社区警务室要按一类警务室要求规范建设）。

装备配备：有独立的办公房、休息室，总面积不少于30平方米；有电话，有计算机并联入公安网，配备警棍、警绳、防刺背心、防割手套等警用装备以及入户访查所需的交通工具，有条件的可依托社区建立一个覆盖辖区的视频监控中心。

人员配备：按每管理实有人口3000人左右配备1名正式民警的标准配备，并按至少两倍于正式民警的数量配备协勤人员，协助民警开展工作。

2. 二类警务室。建在治安相对平稳的社区（村居）。

装备配备：有办公用房；有电话，拥有计算机，有条件的联入公安网，配备警棍、警绳、防刺背心、防割手套等警用装备以及入户访查所需的交通工具。

人员配备：按管理实有人口3000—5000人左右配备1名正式民警的标准配备，配备协勤人员，帮助民警开展工作。

3. 三类警务室。根据辖区人口及治安状况等实际情况进行规范建设，数量控制在分县局辖区警务室总量的20%以下。

装备配备：有办公用房或与村居委会及大型的厂矿保卫室合署办公；有电话，根据实际情况配备日常工作必需的警用装备。

人员配备：允许1名民警兼1至2个警务室工作。

四、外观标识

警务室外观标识参照公安部《公安派出所建设外观形象设计规划》要求，根据房屋建筑特征和实际情况进行规范建设，要与派出所外观标识统一字体、字号和颜色，确保标识美观、完整，功能齐全。门口悬挂带有人民警察警徽标志的“××派出所××警务室”标牌。工作突出、辖区治安状况良好、群众满意度高的警务区民警，经市公安局批准，可以用民警的姓名命名警务室，名称为“××派出所××（民警姓名）警务室”。

五、制度牌匾

各地要按照有关要求在警务室门口或内部规范设置民警公示牌、警务宣传（公开）栏、民警岗位职责及主要工作方式、警务区示意图、警民联系箱等，在全市范围内做到统一规范。

（一）警务公示牌。警务公示牌内容包括民警的姓名、警号、照片、联系方式、在警务室定期办公的时间等。悬挂在警务室门口醒目位置或张贴在警务宣传栏内。

（二）警务宣传栏。警务宣传栏应定期不定期宣传党的中心工作、重要警务工作成果、政策法律知识等，并定期更新治安警情预告和治安防范提示等内容。悬挂在警务室门口合适位置。

（三）民警岗位职责及主要工作方式。社区和驻村民警主要承担五项职责任务，即开展群众工作、掌握社情民意、管理实有人口、组织安全防范、维护治安秩序；五种主要工作方式，即走访调查、宣传发动、巡逻守护、实地检查、警情通报。悬挂在警务室内合适位置。

（四）警务区示意图。悬挂在警务室内合适位置。

（五）警民联系箱。悬挂在警务室外合适位置。

六、基础台账

警务室民警的基础台账应至少包含以下几种，各地可根据实际工作情况增加相应的工作台账。

1. 接处警登记簿；2. 暂住人口登记簿；3. 租赁房屋登记簿；4. 重点单位防范工作登记簿；5. 重点人口登记簿；6. 公共场所、特种行业管理登记簿；7. 巡访日记簿；8. 矛盾纠纷排查化解登记簿；9. 刑事案件登记簿；10. 治安案件登记簿；11. 治保组织登记簿；12. 安全防范宣传、治安情况通报、工作情况报告记录台账。

警务区民警应建立工作日记，详细记载社区民警每日从事警务活动情况，重点是信息收集查证、下警务区走访群众调查了解情况以及派出所工作部署、落实及其他需要记载的情况。

工作台账等内部资料须妥善保管，防止丢失、泄密。

七、工作要求

（一）提高思想认识。警务室是民警驻社区、村庄开展执法执勤活动的工作平台，是实施社区和农村警务战略的重要载体。各级公安机关对此要高度重视，提高思想认识，转变工作理念，采取切实有力措施，强力推进警务室分类规范建设工作，确保圆满完成任务。

（二）加强分类指导。各地要对本地警务室建设情况开展调查摸底的基础上，分类制定具体的规范化建设要求及完成时限。各地有关领导要深入到社区和农村，了解、指导社区和农村警务室规范建设工作，协调解决工作中遇到的问题。

（三）加强保障工作。县级公安机关要在警务室实施分类规范化建设经费需求等方面提供相应保障，按照分级管理、分级负担的办法，多渠道筹集建设经费，切实保障工作顺利开展。

日照市公安机关服务重点项目建设十五条措施

日公通字〔2012〕73号

为认真落实市委、市政府和省公安厅部署要求，推动我市“双轮驱动”“四大战略”等战略部署的顺利实施，进一步改善我市投资发展环境，保障重点项目建设顺利进行，市公安局推出服务重点项目建设十五条措施。

1. 主动与大型企业和重点建设项目联系沟通，特别是针对临港产业大项目、钢铁精品基地建设以及市属重点工程推进、落地、发展过程中可能出现的矛盾纠纷和利益冲突，进一步健全调处预警机制，坚持主动靠上，依法妥善化解。

2. 严厉打击强揽强占工程、无理阻挠施工、插手工程项目竞投标、采取暴力手段破坏企业生产经营的黑恶霸痞势力犯罪活动，坚决查处非法行业垄断、纠帮结伙对经营单位寻衅滋事、讨债逼债、强行推销等违法犯罪行为，保障重点项目建设顺利进行。

3. 完善警企联系制度，积极在工业园区、大项目建设工地增设警务室、治安办公室等公安派驻机构，加大重点工程、企业周边治安秩序整治力度，做到大项目建设到哪里、警务工作就落实到哪里，近距离维护企业和项目建设工地治安稳定。

4. 积极为重点建设项目、大型企业提供法律支持和帮助，有效开展经济风险预警，指导企业防范合同诈骗、金融诈骗等经济犯罪。指导企业完善内部安全防范制度和人防、物防、技防措施，维护正常的生产经营秩序。

5．组织开展经济犯罪“破案战役年”活动，严厉打击侵害大型企业、重点建设项目利益的合同诈骗、职务侵占、侵犯知识产权等经济犯罪，依法保障重点项目、企业的合法权益。

6．对当前在建及新开工的全市重点工程项目，涉及公安机关行政审批与许可事项的，提前介入，特事特办，开辟行政审批绿色通道，进一步简化程序，提高效率。

7．进一步拓展“日照公安民生服务在线”功能，大力推进“网上公安局”“网上派出所”“网上车管所”“网上服务窗口”“网上警务室”等网络服务平台建设，为企业提供法律咨询、行政审批等服务。

8．在大型厂企单位建立暂住人口信息管理系统，实时将暂住人口信息上传至公安机关，与在逃人员信息库等数据库进行自动比对，协助厂企单位对聘用的员工进行“审查”。

9．对重点建设项目雇用的外来务工人员需要办理第二代居民身份证、暂住证的，简化办理手续，实行预约或上门集中办理；对异地务工者等特殊群体，积极推行异地办证、上门服务、缩短期限、集中办理等便民举措。

10．全面推行电子护照签发工作，缩短出入境查验时间；对重点项目、大型企业的外国籍顾问、高级人才等申办签证或居留许可，提供快捷服务，实行预约一日办结制；对重点建设项目办理境外人员签证、居留许可，提前预约，特事特办，提高通行效率。

11．扩大“绿卡”签发对象，为在我市的外国籍高层次人才及其家属提供入境和居留便利；对在我市的外国籍高层次人才和投资者，可增加申请居留许可的期限。

12．保障重点工程建设运输、企业产品外运和生产、生活资料运输畅通，对国家和省、市重点项目等大宗货物五辆以上集中运输的车辆可提供交通引导服务。

13．在重点工程项目建设周边道路，推行事故处理权限下放交警中队工作机制和市区简易程序事故快速处理工作机制，提高事故处理效率，缓解道路交通拥堵。

14．对大型工程、重点工程、外商投资企业的建筑工程消防设计审核验收，工作时限普遍减半，并落实专人负责，实行跟踪，及时深入现场进行指导和服务。

15．对大型企业和重点建设项目及社会单位自身开展的消防安全培训教育，提供技术指导等上门服务；开通 96119 火灾隐患举报投诉电话，全天候受理火灾隐患举报投诉。

日照市公安局党委关于改进工作作风的十项规定

日公党〔2013〕5 号

为深入贯彻落实中央政治局关于改进工作作风、密切联系群众的八项规定和市委、市政府、省公安厅有关规定，结合全市公安机关实际，制定以下规定。

一、改进调研工作。市公安局党委委员围绕事关全市公安工作科学发展的全局性、战略性、前瞻性问题，结合分管业务工作，每年确定 1 至 2 个重点调研课题，深入基层调查研究，每人每年调研时间不少于 30 天。调研结束后要写出专题报告。完善联系点制度，市公安局党委委员每人联系 1 至 2 个警种部门或区县公安局，以点带面指导工作。注重调研实效，有针对性地安排调研内容，既要到工作开展好的地方去总结经验，更要到治安情况复杂、工作困难较多的地方去解决问题，听真话、察实情、求实效，力戒走马观花、形式主义。

二、改进会议活动。从严控制各类会议和参会人数，能不开的会不开，能合并的会合并，能开视频会议的开视频会议。全市公安工作会议原则上每年1次，时间不超过半天。市公安局支队、处室召开的本部门、警种全市性业务会议，原则上每年不超过2次，时间不超过半天。视频会议原则上不超过40分钟。会议讲话要简洁明了，讲短话、讲管用的话，注重解决实际问题。严格会议纪律，降低会议成本，做到“七个一律”：一律不扩大会议规模，一律不搞宴请，一律不提高会议用餐、住宿标准，一律不摆花草、果盘，一律不制作背景板和会标，一律不组织与会议内容无关的活动，一律不以任何名义发放礼品、纪念品和土特产。

三、改进文件简报。凡国家法律法规、党内法规和市委、市政府、省公安厅、市公安局已有明文规定的，一律不再印发文件。除主要负责同志在全市性会议上的讲话外，市公安局党委委员讲话原则上不以文件形式印发。除涉密文电外，其他各类文件、简报、信息一律通过电子政务传阅、流转，在公安内网发布，不再印发纸质文件。各类文件要突出针对性、可操作性，规范办文程序，提高文件质量，控制篇幅字数。除市公安局、各分县局和交警、边防、消防支队外，市公安局各处室、支队一律不再编发本部门、单位简报信息。工作简报和业务信息重点反映重要动态、经验、问题和工作意见、建议等内容，简报字数控制在2000字以内，信息字数控制在1000字以内。各处室、支队重要急办事项需市公安局领导阅示的，一律拟写呈阅件通过电子政务提交（涉密件除外），需要上报市公安局主要领导审阅的工作动态信息，一律由指挥中心统一审核、呈报。

四、改进宣传报道。抓好涉及全局性会议、活动的报道，压缩报道篇幅、字数。重大工作部署、重要会议活动，视情邀请市级及市级以上新闻媒体进行报道。在公安内网、日照警务网进行报道时，尽量压缩信息字数，标题和内容图片以体现活动内容为主，不突出领导个人。

五、规范表彰考核。从严控制表彰数量和规模。表彰奖励主要面向基层一线，从严控制领导机关和领导干部立功授奖。各部门、警种要科学制定对县级公安机关绩效考核标准，进一步减少考核项目，防止多头考核、重复考核，减轻基层负担。

六、规范学习考察。从严控制公务出国次数、时间，除涉及跨国办案、出国培训、警务协作等情况外，市公安局党委委员公务出国按上级有关规定执行，严格掌握警种部门负责人及以下干部出国。出国活动必须按照批准的内容、路线、日程执行。到市外学习、考察必须有实质性内容，考察结束后写出专题报告。

七、规范接待工作。市公安局党委委员下基层调研和检查指导工作，要轻车简从，减少陪同人员，谢绝地方党委、政府领导同志陪同，区县公安机关负责同志陪同不超过2人。市公安局党委委员和警种部门到基层调研、检查工作，一律在基层公安机关食堂就餐。市公安局机关处室、支队公务接待，原则上一律在市公安局机关食堂安排，从严控制陪餐人数和接待标准。严格要求和监督各级公安机关在公务接待中做到“十不”：不用警车开道，不安排边界迎送，不张贴悬挂标语横幅，不打电子屏幕，不组织民警列队迎送，不安排接见合影，不接受超标准接待，不接受纪念品和土特产，不接受宴请，自助餐也要节俭，不上高档菜肴。

八、规范活动安排。加强对开展全市性专项活动的谋划统筹，避免专项活动数量过多、频次过密或者多头部署。坚持各级负责同志接访和下访制度，密切联系群众，着力解决群众反映的突出问题。减少事务性活动，除上级统一安排或市公安局党委研究外，市公安局党委委员不出席各类庆祝会、纪念会、研讨会和首发式，不参加剪彩、奠基、揭幕活动，不发贺信、贺电。

九、加强廉洁自律。市公安局党委委员坚持“一岗双责”，带头改进工作作风，加强党性修养，严格遵守廉洁自律规定，管好配偶、子女和身边工作人员，带好管好队伍，自觉接受监督。严格执行车辆配备的规定。提倡勤俭节约，杜绝公款浪费。

十、加强监督执行。各级公安机关要充分认识加强作风建设、密切联系群众的重要性，结合中央、省、市关于厉行勤俭节约反对铺张浪费的部署要求，制定具体办法，不折不扣地贯彻执行。公安现役部队结合公安部政治部《公安现役部队领导机关和领导干部改进工作作风的规定》一并贯彻执行。各级公安机关负责同志要在每年的民主生活会上就执行情况作出说明。各分县局、支队、机关处室每年年底对执行本规定情况开展1次专项检查，向市公安局党委写出专题报告。各级公安机关指挥中心、政工、纪检、审计、督察、警务保障部门要充分发挥职能作用，把监督执行本规定作为一项经常性重要工作，发现问题，严肃查处，务求实效。

关于服务全市旅游经济发展的实施意见

日公发〔2014〕21号

为充分发挥公安机关职能作用，深入推进“三全”维稳体系建设，全面深化“平安和谐民俗旅游品牌”创建工作，努力为全市旅游经济发展创造更加和谐稳定的治安环境，特制定本意见。

一、进一步提高思想认识，努力做发展旅游经济的推动者、服务者和保障者

发展旅游经济，是落实科学发展观，推动全市经济率先创新优质发展，提升城市形象、增强城市竞争力、改善人居环境的重大举措。公安机关是维护社会稳定、推进经济建设的有力实践者，积极服务旅游经济发展是践行群众路线的实际行动，是大局所需、民心所望、职责所在。全市公安机关要始终坚持宗旨观念和“发展是第一要务”理念，牢固树立大局意识、服务意识和责任意识，明确自身职责定位，主动作为，努力做旅游经济发展的推动者、服务者和保障者，切实当好“东道主”，积极为全市旅游经济发展创造安全稳定的治安环境，以实际行动为加快海洋特色新兴城市建设做出更大贡献。

二、深入推进社会治理创新，努力为旅游经济发展创造便捷高效的服务环境

一是建立旅游治安纠纷快速调处“绿色通道”。进一步规范110接处警工作，第一时间受理群众的报警求助，及时受理、调处涉及外来游客的治安纠纷。各辖区派出所要与工商、旅游、食品、卫生等部门建立联动机制，积极协调配合、及时妥善处置发生在景点的各类旅游纠纷。积极构建由派出所民警、村委会干部、老党员和导游组成的多方联调机制，及时调解经营业主与游客之间的纠纷，维护和谐稳定的旅游治安秩序。同时，要坚持快查快办，尽量不耽误游客团队行程。要把握工作分寸，注意方式方法，按照“以人为本”和调解为主，强化经营业主的“东道主意识”，对涉案（事）外地游客依法、酌情从轻处理，有效维护游客权益。

二是建立旅游交通快速通行“绿色通道”。针对外地自驾游客对日照道路不熟等实际，组织执勤民警视情主动予以引导；对外地驾车游客违反机动车停放、城区禁行等规定但未影响道路通行的轻微交通违法行为，原则上只纠正教育、不实施处罚，以此进一步提升我市旅游城市的良好形象。

三是优化旅游景区交通管理。积极争取支持，进一步完善旅游景区道路交通信号灯、标志线、隔离护栏建设。协调有关部门、单位、村居，进一步增加民俗旅游村停车场和临时停车泊位。不断完善旅游旺季交通管理工作预案，着力加强沿海重点景区及周边道路的警力部署，常态化查纠各类交通违法行为，对交通流实行合理组织，科学疏导，最大限度地提高道路通行能力。组建景区“牵手”交通志愿者队伍，深入旅游景区开展志愿服务、交通引导工作。协调旅游部门通过各旅行社和导游人员，对旅游客车提前分流，有效形成多元化的景区交通管理工作新格局。

四是规范景区、民俗旅游村消防安全管理。争取党委、政府支持，不断加大消防投入，进一步完善旅游景区、民俗旅游村基础消防设施建设。认真贯彻执行《日照市民俗旅游村消防安全整治工作标准》，督促指导各民俗旅游村、民俗旅游户逐步按标准进行改造，引导民俗旅游场所消防安全健康发展。各派出所和消防部门要对景区宾馆、商场等人员密集场所及民俗旅游村，常态化开展消防安全隐患排查整治，及时督促整改火灾隐患。加强消防教育培训，指导制定灭火疏散预案，组织开展消防演练，不断提升小火自救和初起火灾扑救能力。组织消防志愿者上门开展消防安全知识宣传等志愿服务工作，不断提高群众的消防安全意识。

五是加强民俗旅馆治安管理。依托旅馆业信息管理系统，推进完善民俗旅游村房源发布系统，通过位于民俗旅游村沿路广场上的LED大型显示屏和互联网站，实时直观地显示各民俗旅馆的地理位置、总体床位数、剩余床位数、联系电话，以及该家庭旅馆是否文明户、党员户、诚信户等经营业主信息，方便游客查询、预订合适的民俗旅馆，进一步提升日照民俗旅游的影响力。

六是强化景区游艇和渔船管理。认真贯彻落实《日照市旅游船艇管理办法》，依托“旅游休闲类特殊船舶进出港管理信息系统”，对全市12客位以上的旅游休闲类船艇，推广安装RFID电子无线射频标签和北斗终端，实现对旅游类船艇的实时动态监控和进出港签证信息化、电子化，全面提升管控水平。加强海防监控站建设，努力形成对近海海域的监控全覆盖，及时发现查处各类违规船舶、救助遇险游客、处置各类海上险情。依托船舶管理平台，加强渔船管理，将警务服务触角由陆地延伸至近海区域。强化海上治安巡逻，及时规范引导旅游摩托艇按区域行驶，确保海上治安秩序稳定。

三、完善打防机制，努力为旅游经济发展创造平安稳定的安全环境

一是完善常态化信息预警研判机制。始终坚持警务跟着警情走，定期召开警情信息会商研判会，准确分析旅游景区治安形势，超前预测发案走势，有针对性地提出打防对策，指导各级各警种科学布警、精确打击，不断提升警务效能，全力维护平安和谐的旅游治安秩序。

二是完善网格化治安巡防体系。坚持一线布警，灵活采取车巡与步巡、武装与便衣、流动与定点相结合的方式，加强对景区、民俗旅游村及周边路段的巡逻防控，不断增强群众的安全感和满意度。针对节假日、双休日游客增多的实际，各分县局和边防、交警、特警等有关警种部门要积极调整勤务模式，推行弹性工作制和错时工作制，增加巡逻执勤力量。要充分发挥景区、民俗旅游村治保组织的作用，加大对景区保安人员的培训力度，督促指导落实防范措施，不断提高景区治安防范水平。

三是完善社会化视频警务运行机制。争取党委、政府支持，认真落实《全市进一步优化完善视频监控建设全覆盖工程实施方案》，指导旅游景区管理部门、村居、企业，在旅游景区广场、停车场、购物超市等重点部位、复杂地段，全部安装视频监控系统，不断加大探头建设密度、提高探头清晰度，并连入公安机关视频监控平台，努力实现全覆盖。组织辖区公安机关强化视频监控实战应用，组建、充实视频维护和视频侦查、巡控队伍，实行24小时全天候实时监控，并将视频巡控与街面巡防有机结合，不断提升精确防控和打击现行犯罪的能力。

四是完善经常性严打整治机制。始终坚持严打的民生导向，积极深化“打黑恶、反盗抢”安民行动，严厉打击黑恶势力欺行霸市等滋扰旅游秩序的行为，对发生在游客身边的扒窃、诈骗、撬盗车内物品、“两抢”等侵财犯罪，以及影响群众和游客健康的侵权假冒犯罪，坚持主动出击，组织专门力量快侦快破。充分发挥好打防责任制的杠杆作用，切实调动全警参与小案侦防的积极性，进一步提升打防能力，增强群众安全感和满意度。

四、进一步完善保障机制，确保各项工作措施落到实处

一是加强组织领导。各级公安机关主要负责同志要亲自抓、分管负责同志具体抓、其他负责同志共同抓。各级负责同志要以身作则，率先垂范，带头深入侦查破案、治安防范、矛盾纠纷调处等维护景区稳定第一线，与广大民警并肩战斗，切实以自身的模范带头作用，影响和带动广大民警全力投入到服务旅游经济发展中。二是加强执法教育培训，特别是针对旅游景区治安纠纷较多的实际，通过开展针对性强的短训、集训活动，不断提高民警调处矛盾、化解纠纷、服务群众的能力水平。三是进一步加强警务装备建设。旅游景区巡逻处警车辆要配齐配全必要的救援设备，确保一旦发生紧急突发情况，能够及时有效开展施救。加强对现有巡逻船艇的维护保养，确保处于良好状态。四是制定完善处置突发事件预案，加强实战演练。同时，各有关派出所要加强与景区管理部门及有关街道村居的沟通协调，有效整合应急救援的人力、物力等资源，确保紧急情况下统一调配，有效开展应急救援工作。五是加强督导检查，警务督察部门要超前部署，深入景区加大明察暗访力度，推动各项措施落实到位。

2014 年 4 月 24 日

日照市公安机关服务全市中小企业发展十六项措施

日公发〔2014〕18 号

中小企业在满足社会需求、增加就业、保障国民经济平稳较快发展等方面发挥着重要的作用，是国民经济和社会发展的重要力量。为充分发挥公安机关职能作用，努力为我市中小企业的发展提供便捷规范高效的服务、创造良好的社会治安环境，根据市委、市政府和省公安厅有关部署要求，制定全市公安机关服务中小企业发展十六项措施。

一、完善警企联系制度。根据工业园区、重点中小企业布局，适当设置企业警务室，实行警力下沉，推行警务前移。对全市中小企业实行民警包联责任制，以“做小事”“帮大忙”为目标，定期主动深入中小企业开展走访，了解企业对公安工作的需求，听取意见和建议，及时帮助企业解决实际困难和问题。特别是针对中小企业招商落地、项目建设、发展过程中可能出现的矛盾纠纷和利益冲突，进一步健全治安风险评估和调处预警机制，主动会同有关部门超前做好疏导化解工作。

二、重拳打击涉企黑恶违法犯罪活动。深入摸排涉中小企业的违法犯罪线索，严厉打击强揽强占工程、无理阻挠施工、采取暴力手段破坏企业生产经营的黑恶霸痞势力犯罪活动，坚决查处非法行业垄断、纠帮结伙对经营单位寻衅滋事、强行推销等违法犯罪行为，保障企业正常生产经营秩序。

三、全力侦破经济领域犯罪案件。公开经济犯罪报案电话，建立经济犯罪互联网举报邮箱，规范经济犯罪案件受理、立案工作。对发生的侵害中小企业利益的合同诈骗、职务侵占、侵犯知识产权等经济犯罪，坚持快侦、快办、快破，加大追赃力度，最大限度挽回经济损失，依法保障企业的合法权益。依法准确适用查封、扣押、冻结措施，尽量避免或降低侦查工作对正常生产经营活动的影响。

四、加大对中小企业知识产权刑事保护力度。常态化开展“侵权打假”等专项行动，严厉打击侵犯知识产权犯罪活动，依法保护知识产权权利人的合法权益。通过帮助中小企业完善保密制度、开展维权引导、提供培训等形式，帮助辖区内企业防范侵犯知识产权犯罪。

五、创新建立中小企业安全预警防范宣传体系。通过各种新闻媒体、公安微博、手机短信、制作播放微电影等形式，及时发布经济犯罪预警提示，积极为中小企业提供法律支持和帮助，指导中小企业防范合同诈骗、金融诈骗等经济犯罪。特别是对各类新型经济犯罪案件，认真分析犯罪规律特点及原因，及时发出防范建议书。适时组织开展企业安全知识培训和防范演练，提高企业员工的安全生产意识和自我防范能力。

六、指导加强中小企业内部安全防范。根据《企业事业单位内部治安保卫条例》，协助中小企业加强内部安全保卫工作，指导制定、完善值班、门卫、巡查等内部治安保卫制度，指导治安保卫机构和保卫人员队伍建设。督促企业安装视频监控系统，在重点部位推广安装必备物防设施，并组织开展经常性检查，及时督导整改治安隐患，全面提高企业的治安防范能力。

七、畅通“绿色服务”通道。根据民营以及中、小型企业的实际需要，对涉及公安机关行政审批与许可事项的，采取灵活多样的方式，开展上门、预约等便捷服务，开辟行政审批绿色通道，进一步简化程序，提高效率。

八、完善网上服务平台建设。积极以互联网思维改进公安行政管理，拓展日照公安民生警务平台功能，大力推进“网上公安局”“网上派出所”“网上车管所”“网上服务窗口”“网上警务室”等网络服务平台建设，为企业提供法律咨询、行政审批等服务。

九、加强企业用工服务管理。在全市中小企业逐一免费建设流动人口互联网自主申报系统，为企业培训流动人口协管员、信息录入员；企业实时将流动人口信息上传至公安机关，协助企业对聘用的员工进行“审查”，为企业节约行政管理成本，方便企业合理用工。

十、优化户籍业务服务。对企业雇用的外来务工人员需要办理居民身份证、居住证的，简化办理手续，实行预约或上门集中办理；对异地务工者等特殊群体，积极推行异地办证、上门服务、缩短期限、集中办理等便民举措。全面推广“满意自主拍”二代证人像采集系统，提高人性化服务水平。

十一、提供道路交通通行便利。对中小企业集中的工业园区和项目建设运输车辆路经的辖区，加大交通疏导力度，对轻微交通安全违法行为实行警告教育放行，不滞留车辆；对企业合法运输大型设备、产品等生产资料车辆提供交通通行便利，保障企业项目建设和生产。

十二、推动交通管理“牵手服务”品牌向中小企业延伸。制发警企联系卡，组织民警主动走进中小企业对接，指导企业加强内部车辆管理、指导厂区交通秩序规划，并积极开展交通安全法规知识宣传活动，提高企业职工的交通安全意识。协助企业发动员工建立交通志愿者队伍，义务疏导、维护企业内部及周边交通秩序。

十三、优化出入境服务。对涉及中小企业的出入境证件手续申办，从受理审批到签发领证，实行“跟踪、接力式”服务。对因紧急事由申请办理出入境证件的，一律加急办理，并视情实行非工作时间预约办理服务。对涉及中小企业的外国人申请办理签证和居留许可，一律缩短办理时限，并适当延长居留期限和放宽往来次数。实行证件到期提醒服务，定期筛查中小企业内外国人签证、居留许可即将到期情况，通过手机短信、发放提示单等形式及时提醒，防止发生非恶意非法居留违法问题。

十四、精简中小企业消防行政许可范围。1. 投资额在30万元以下或者建筑面积在300平方米以下的新建、改建（含内部装修）、扩建工程，无需办理建设工程消防设计备案及消防竣工验收备案。在此类工程开办的公众聚集场所，办理投入使用、营业前消防安全检查时，可不提供消防竣工验收备案手续。2. 建设工程需要办理投入使用、营业前消防安全检查的，原则上与其消防验收（备案）同时进行，法律文书同步发出。3. 设在单层、多层建筑首层且建筑面积在200平方米（含本数）以下的小商店、小饭店、小超市可以不办理投入使用、营业前消防安全检查。

十五、推动“消防志愿服务”向中小企业延伸。在有条件的中小企业建立消防志愿者服务大队、中队，及时发布消防安全提示，积极开展消防宣传教育培训，开展扑救初期火灾和人员疏散逃生演练，提高企业员工消防安全意识和小火预防、扑救能力。以县（区）公安消防部门为单位组建消防巡查服务队，定期轮流对中小企业开展消防巡查服务工作，及时发现、整改火灾隐患。

十六、开放消防站和消防科普教育馆。全市已经投入执勤的消防站和消防科普教育馆每周确定一天免费向社会开放，在“119”消防宣传日、安全生产月等主题活动期间，主动邀请中小企业员工参观学习。主动为中小企业举办消防安全知识讲座，指导开展灭火疏散演练活动。

日照市公安局实施道路交通安全管理“三长”负责制规定

日公通〔2017〕119号

第一章　总　则

第一条　为强化道路交通安全管理责任，建立道路交通安全管理长效机制，保障道路安全畅通有序，预防和减少道路交通事故，确保人民群众生命财产安全，依据《山东省道路交通安全责任制规定》《全省公安机关基层基础建设三年攻坚战实施意见》等规定，市公安局决定按照属地管理原则，在全市公安交通管理部门建立道路交通安全管理工作片长、路长、段长“三长”负责制，特制订本规定。

第二条　以落实全市公安机关道路交通安全管理工作责任制为抓手，突出高速公路、国道、省道、县乡道路等重点道路管控，严格落实片长、路长、段长“三长”负责制，加强责任区内的路面管控、宣传教育、源头管理、隐患排查、事故预防等各项工作，实现“有效遏制道路交通事故多发势头，明显减少较大事故，坚决杜绝重大事故”的目标。

第三条　市级公安机关交通管理部门结合辖区道路和交警中队设置、“1+2+N”的农村交通网格化管理模式，从实际出发，对“三长”责任管辖范围进行科学划分。按照行政区划和管辖范围，将全市各县（区）划分为责任区，县（区）公安机关“一把手”任责任区总负责人。根据辖区道路数量、里程，按区域方位划定若干责任片区，由分管领导、交警大队班子成员担任片长；以责任片区内的国道、省道、县乡道等重点道路为单位，由辖区交警中队长担任路长。根据道路里程、交通安全状况及警力情况，将道路划分若干路段，由管辖交警担任段长。片长、路长、段长的责任区域要在辖区内公示。同时，报市公安局备案。

高速公路交警支队根据管辖的高速公路划定责任片区，由高速公路交警大队长担任片长。以片区内的高速公路为单位，由交警大队其他负责同志担任路长。根据道路里程、交通安全状况及警力情况，将道路划分若干路段，由管辖交警担任段长。

第二章　职责任务

第四条　片长负责抓好责任区内所有道路的交通安全管理工作，抓好责任区范围内的区域联动、集中整治、督导检查等指挥调度工作；路长负责抓好所辖道路的交通安全管理工作，负责所辖道路的巡逻管控、隐患排查整治、宣传教育等工作；段长具体负责所辖路段的交通安全管理工作，负责交通违法查纠、交通宣传、交通安全隐患排查、查缉布控，落实恶劣天气、重大交通事故应急处置等工作。

（一）加强路面巡控。片长、路长按照责任分工，加强巡查督导，提高责任区域（路段）内道路管控见警率、交通违法查纠率。根据不同的季节特点、气候条件、交通违法等情况，及时调整勤务安排，采取有效措施，切实抓好路面巡逻管控。段长立足责任路段，按照上级要求，在抓好日常巡逻管控的基础上，特别突出午后、夜间和清晨等时段的管控力度，杜绝出现失控漏管问题。

（二）整治路面秩序。片长、路长根据辖区道路易发多发事故规律和交通违法特点，每周组织不少于一次的集中整治行动，坚持什么违法突出就重点整治什么，有效净化道路交通环境。片长、路长、段长在道路交通安全管控中，要及时发现和查处各类交通违法行为；对容易引发重特大交通事故的严重交通违法行为实行“零容忍”，严管重罚。

（三）强化源头监管。片长指导加强责任区内交通安全重点单位的监管，强化重点车辆的源头管理工作，定期分析研判，督导及时向安监、交通运输、教育行政等部门抄告情况，落实长效监管机制。路长完善重点车辆源头管理和定期检查机制，对违法问题突出、安全隐患大、事故多发的企业要重点监管，建立工作台账，督促运输企业落实主体责任，并及时抄告主管部门进行处理；组织警力对“两客一危”、校车等重点车辆进行检查，跟踪督促整改，及时排除各类交通安全隐患。段长加大路面检查力度，及时查纠重点车辆、驾驶人违法行为及其存在的安全隐患，定期向其单位抄告安全隐患，并督促整改。

（四）精准宣传教育。通过执法现场宣传和集中上门宣传等形式，突出对重点单位和重点群体的交通安全宣传教育，提高交通参与者及辖区单位人员的交通安全意识。结合辖区实际进行交通安全宣传，以“四个创建”和“五进”为契机，深入开展形式多样、丰富多彩的交通安全宣传教育活动。以重点单位、企业和危险品运输车、货车、校车驾驶人为重点群体，抓好源头交通安全教育管理。

（五）排除安全隐患。建立完善交通安全隐患动态排查整改制度，对路面存在的重点道路交通安全隐患、突出交通违法行为以及其他易导致发生道路交通事故的隐患，定期组织进行巡查，及时发现、报告，属于职责范围能够整改的，第一时间消除；对属于其他部门的，列出清单，及时提出报告，抄告有关部门限期整改。

（六）加强应急管理。遇有雨雪雾霾等恶劣天气，片长、路长、段长要深入所辖路段加强调度，主动联系协调气象等部门，加强信息研判，根据情况适时启动应急预案，并积极协调有关部门应对和处置路面交通情况，确保安全畅通。

第三章 运行机制

第五条 建立“三长”负责制常态运行机制。定期分析道路交通安全形势和道路交通事故发生的规律、特点，加强研判，实行每周勤务由分析研判确定工作重点制度，片长、路长、段长根据运行模式，做到定点、定岗、定时、定责、保安全“四定一保”，实现管理全覆盖、无盲区。

第六条 建立多警种联动合成作战警务机制。完善落实公安机关内部协同共治道路交通安全管理工作机制，发挥部门联动优势，把维护交通秩序、预防交通事故纳入各警种街面巡逻工作职责，实行巡逻防控网格化，执勤执法合成化。

第七条 建立完善道路交通秩序管理巡查机制。全面落实“三级巡查、逐级落实”巡查工作模式，上路疏拥堵、查违法、防事故、保安全，做到分工明确，责任到人。市公安局分管局长每月至少上路巡查一次，交警支队领导每周至少上路巡查两次，交警大队领导每周至少上路巡查三次。

第八条 片长、路长、段长要严格按照“三长”负责制要求，分工负责，互相配合，切实履行职责。同时，依托“一村（网格）一警”工作模式，进一步完善“1+2+N”的农村交通网格化管理模式，充分发挥乡镇道路交通安全管理员和协管员的作用，实现农村道路交通安全管理工作全覆盖、无盲区。

第四章　考核机制

第九条 坚持平时考核与年终评定相结合，建立健全奖惩机制和考核办法，在日常工作中对“三长”负责制开展情况进行定期与不定期督导检查。对责任不落实的单位，按情节分别给予通报批评、约谈、挂牌督办、责令作出书面检查等惩戒措施，并责令限期整改；对认真执行“三长”负责制规定的单位，在考核中给予加分奖励，并将做法加以推广。

第五章　附　则

第十条 本规定由日照市公安局交通警察支队负责解释。

第十一条 本规定自下发之日起正式实施。

关于开展“严纪律、强作风、树正气”专项整顿“清风”行动实施方案

日公党〔2018〕5号

为深入贯彻落实党的十九大精神和习近平总书记关于进一步纠正“四风”加强作风建设重要批示精神，有效解决全市公安队伍建设方面存在的突出问题，进一步正风肃纪，推动全面从严治党向纵深发展，着力打造忠诚、学习、实干、创新、廉洁、团结协作“六型”公安队伍，更好地推动全市公安机关各项工作任务目标圆满完成，经市公安局党委研究决定，自现在起在全市公安机关集中开展“严纪律、强作风、树正气”专项整顿“清风”行动（以下简称“清风”行动）。特制定方案如下：

一、指导思想

以习近平新时代中国特色社会主义思想和党的十九大精神为指导，认真落实“对党忠诚、服务人民、执法公正、纪律严明”的总要求，教育引导广大公安民警进一步强化政治意识、大局意识、核心意识、看齐意识，紧紧围绕做好2018年重大活动安保工作这条主线，对照当前形式主义、官僚主义的10种新的表现形式，以“严纪律、强作风、树正气”为目标，深入查找、整顿全市公安队伍在纪律、作风方面存在的不足，不断提高民警政治业务素质和职业道德素养，规范民警执法执勤行为和日常行为举止，进一步提升公安队伍执行力和战斗力，为圆满完成各项公安保卫任务提供强有力的纪律作风支撑。

二、组织领导

为确保“清风”行动顺利开展，市公安局成立由市政府副市长、市公安局局长张培林任组长，市公安局政委熊桂登任副组长，其他局领导为成员的“清风”行动领导小组，负责行动的组织领导、指挥协调。领导小组下设办公室，由市公安局副政委李海防兼任办公室主任，具体负责行动的组织实施。市公安局各处室、支队、各分县局主要负责同志为“清风”行动第一责任人，并明确1名负责同

志担任联络员，切实抓好“清风”行动的组织开展。

三、整顿重点

（一）在“严纪律”方面，着重解决六个方面的突出问题。

1．政治纪律执行不严。有的单位和负责同志政治敏锐性不强，对国家大政方针不关心、不了解；有的民警在公开场合口无遮拦，对党的路线方针政策随意解读，对一些政治谣言和错误言论不抵制或斗争不坚决；个别单位队伍管理偏松偏软，“一岗双责”履行不到位，“好人”思想严重，队伍管理失之于宽、失之于软。

2．组织纪律执行不严。个别单位对全面从严治党战略布局理解不够深刻，党建主体责任落实不到位，对党建工作的内涵、职责、作用等把握不够全面；个别基层党组织党内政治生活不严格，“三会一课”、民主评议党员、谈心谈话等制度落实不到位；有的民警拉拉扯扯，搞小圈子；有的民警工作态度不端正，心思不放在工作上，托关系、走门子，跑官要官。

3．工作纪律执行不严。有的民警执行“四个一律”禁酒规定认识不到位，存在打“擦边球”违令饮酒苗头；有的民警上班、值班时间迟到、早退，擅离职守，串岗聊天，上网购物、玩游戏等；有的民警不按规定着装；有的民警在案件办理过程中跑风漏风、通风报信；有的民警办关系案、人情案，插手经济纠纷；有的单位民警程序意识不强，受（立）案工作不规范，有案不立，立而不查，受（立）案后不立即开展工作，不及时调取、固定案件证据，影响案件处理；个别单位涉案财物处置不规范，查封、扣押等措施适用不当，导致滥用或不当使用；有的基层单位处警不及时、不规范，存在不作为、慢作为问题；有的单位使用辅警不规范，影响整体执法服务水平，损害执法形象。

4．群众纪律执行不严。有的民警利用工作之便，违规查询、泄露个人信息，造成不良影响；个别窗口单位民警服务群众意识不强，“冷、横、硬、推”现象仍然存在，工作拖沓，效率低下，用语不文明、不规范；有的单位“门好进、脸好看”，但就是“事难办”。

5．廉洁纪律执行不严。有的民警利用公车出差办案、办公事之际，中途办私事，抱有侥幸心理；有的民警廉洁自律意识较差，违规接受服务对象、当事人、犯罪嫌疑人亲属的宴请，有的违规收受礼品、礼金，影响执法公正。

6．生活纪律执行不严。有的民警与社会闲散人员吃吃喝喝、称兄道弟；有的民警生活不检点，受到党纪政纪处分；有的民警社会交往复杂，损害公安机关形象。

（二）在“强作风”方面，着重解决四个方面的突出问题。

1．大局意识不强。个别单位和负责同志对市公安局党委提出的“跳出公安看公安”“跳出公安干公安”，主动融入全市经济社会发展大局谋划工作的工作部署理解不深，把握不准，过多地考虑部门利益，推诿扯皮，影响整体工作开展。

2．担当意识不强。有的单位面对急难险重的任务一味畏难发愁，缺乏迎难而上、立说立行的实干作风。

3．创新意识不强。有的单位面对新情况、新任务、新问题，习惯用老思维、老套路、老办法抓工作，只求过得去、不求过得硬，工作平平淡淡，标准不高。

4．执行能力不强。有的单位政令、警令不通、“中梗阻”的问题依然存在，习惯于以文件落实文件、以会议落实会议，甚至不传达、不落实；有的单位工作主动性不强，不催不动，对本单位、本辖区存在的问题被上级指出了就改、没指出的也发现不了，责任心不强；有的领导干部工作沉不到基层，常年累月坐在办公室听汇报、等情况，缺乏主动工作、一抓到底的决心和激情；有的单位工作缺乏前瞻性，走一步看一步，对省公安厅、市公安局的部署要求搞变通、降标准，影响工作成效。

（三）在“树正气”方面，着重解决三个方面的突出问题。

1. 政绩观不端正。个别领导干部不能发挥模范带头作用，“官本位”思想严重，只想当“裁判员”，不想当“战斗员”，有的甚至自身不正、自身不硬，带散了队伍；有的民警工作作风漂浮，喜欢做表面文章，搞形式主义；有的单位人浮于事，存在警力使用、工作安排不科学、不到位、干多干少一个样的问题。

2. 不团结。个别单位班子不团结，“头雁”作用发挥不好，抓工作管队伍形不成合力，工作成效较差。

3. 风气不正。有的民警过分关心组织动向和干部问题，热衷于打听传播小道消息；有的民警不信马列信鬼神，热衷于看风水，搞迷信活动。

四、工作措施

倡树“六种风气”，努力打造具有日照公安特色的阳光警队。

（一）倡树“忠诚之风”。

1. 忠诚党的信念。要深化忠诚教育，教育广大民警忠诚于共产主义远大理想，强化“四个意识”，坚定“四个自信”，做到“四个服从”，自觉以习近平新时代中国特色社会主义思想和党的十九大精神指导实践、干事创业。要通过组织大讨论、演讲比赛、征文比赛和入党宣誓、入警宣誓等多种方式，教育引导广大民警始终不忘初心，牢记使命，自觉在思想上政治上行动上同以习近平同志为核心的党中央保持高度一致，做到对党忠诚、遵规守纪、清正廉洁、敢于担当，筑牢忠诚警魂。

2. 忠诚党的宗旨。要牢固树立马克思主义群众观点和以人民为中心的发展思想，始终把群众满意作为评判工作好坏的标准，把实现好、维护好、发展好最广大人民的根本利益，作为作决策、想问题、办事情的出发点和落脚点。要强化服务意识，牢固树立求真务实、精益求精、严谨细致的作风，对前来办事的群众态度和蔼，文明接待，坚决防止门难进、脸难看、事难办的事情发生。保持人民警察高尚的精神追求，反对低级趣味，严禁参与不健康的娱乐活动。

3. 忠诚党的组织。要时刻摆正个人在组织中的位置，自觉参与党内政治生活，自觉树立政治意识、大局意识、核心意识、看齐意识，对上级和市公安局党委的决策部署，不讲条件、不打折扣，坚决执行。要严守政治纪律和规矩，襟怀坦白、光明磊落，说老实话、办老实事、做老实人，坚决反对搞两面派、做两面人。

（二）倡树“学习之风”。

4. 强化理论学习。结合即将开展的“不忘初心、牢记使命”主题教育，认真学习党的十九大精神，深入组织开展“学党章党规、学系列讲话，做合格党员”学习教育，以学习尊崇践行党章党规为基本要求，以用习近平总书记系列重要讲话精神武装头脑、指导实践、推动工作为根本任务。

5. 强化业务学习。采取走出去与请进来相结合的方式，主动对标先进地市的好做法、亮点工作。组织多种形式的岗位练兵、技术比武和工作创新等竞赛活动，强化实践锻炼，提高全体民警的学习能力、执行能力、创新能力。围绕提升警务实战能力，分批次开展业务骨干培训班，增强专业素养，提升工作水平。

（三）倡树“实干之风”。

6. 强化担当意识。在任务艰巨繁重、当前警力保障一时难以解决的情况下，各级领导干部要发挥好关键少数和表率作用，强化责任担当，大力倡树“事不避难，责任在我”的工作理念，让“事不过夜、干就干好”成为每一名民警的工作习惯，让“干部作风最好、办事效率最高”成为日照公安机关最鲜明的标志。

7. 围绕重点工作贡献公安力量。要围绕保障和促进新旧动能转换，积极服务全市重点工作，在决胜建成小康社会、大项目建设和“五大战略”实施当中提供支持、贡献力量。要围绕2018年重大活动安保工作，周密部署、持续发力，打好组合拳，全力抓好维护稳定工作。

8. 加强绩效考核。跟进落实科学、常态的绩效考核机制，切实考出实绩、考出正气，让考核结果成为评价干部、衡量工作的重要依据。

9. 深化典型培树。倡树比实干、比实绩、争一流的良好风气，鼓励单位创一流业绩、民警做一流工作。发掘和选树一批先进典型，用身边事教育身边人，着力营造崇尚先进、学习先进的浓厚氛围。

10. 坚持正确的用人导向。树立“看品行、看业绩、看担当、看口碑”的用人导向，真正让忠诚、干净、担当的干部得到褒奖和重用。

11. 切实做好从优待警。严格执行《关爱民警十项措施》，营造拴心留人的良好环境。健全容错纠错机制，为基层单位减压降负，坚决打击不法侵害民警行为，维护广大民警的正当执法行为。

（四）倡树“创新之风”。

12. 继续深化公安改革。积极探索创新适合日照公安特点的警务运作模式，以打造“精准警务”为导向，以标准规范建设为载体，以提升效能为核心，以服务基层为重点，积极推动各项改革政策落地实施，创新打造执法规范化建设升级版。

13. 重视科技引领。紧盯大数据、云计算、人工智能等科技发展前沿，切实以新技术、新手段改造公安工作流程，提升服务工作效能，积极向科技要警力、要战斗力。

14. 大力推进公安基层基础工作改革创新。深入实施城乡社区警务战略，创新基层警务工作模式，完善公共安全管理机制，加强警务保障体系建设，着力打造共建共治共享的社会治理格局。

15. 加快推进创新机制建设。尊重基层首创精神，鼓励全警创新、个人创新；对于单位的重大创新成果要在资金、政策上予以支持，个人重大创新成果可以以个人名义成立工作室，予以通报表彰或记功奖励，树立鼓励创新的鲜明导向。

16. 加快推进创新人才队伍建设。组建日照公安人才库，加大高端人才引进培养力度，鼓励民警争创齐鲁英才、专家型人才，为公安工作发展提供源源不断的动力和智力支持。

17. 强化创新成果的运用。经过论证切实可行，并在实践中发挥效用的创新成果，要及时总结并在全市公安机关进行推广。

18. 强化服务意识。教育民警从群众满意的事情做起，从群众不满意的地方改起，牢固树立公安民警良好形象。优化窗口服务，分警种制定完善服务标准、工作规范。深化“放管服”改革，进一步简化办事流程，方便广大群众。市公安局机关要加大服务基层工作力度，做到心往基层想、劲往基层使、事为基层办，全力支持基层开展工作。

（五）倡树“廉洁之风”。

19. 强化纪律教育。组织学习《中共中央办公厅印发习近平总书记关于进一步纠正“四风”、加强作风建设重要批示的通知》《中国共产党章程》《中国共产党廉洁自律准则》及公安机关人民警察纪律条令、内务条令、着装管理规定等有关条令条例，公安部和省委省政府、省公安厅、市委和市政府、市公安局转变作风的各项规定、市公安局“四个一律”禁酒规定，同时加强警示教育，切实做到入耳、入脑、入心，内化于心、外化于行。

20. 严守工作纪律。认真执行请销假制度，不得迟到、早退，不得无故缺勤；上班时间不得从事与岗位工作无关的事情，非工作需要办公电脑不得安装各类聊天、视频、游戏、证券等程序，已安装的要及时卸载清除；严禁在工作时间进行网络聊天、买卖证券、网上购物、玩游戏、看电影、浏览与工作无关网站等行为。坚持开展不定期抽查，对不遵守工作纪律的情况核实后，通过公安内网予以通报，并按绩效考核规定予以扣分。

21．严格会议制度。严格按照要求参加会议，确保与会人员足额到位。与会民警要携带记录本，认真听会，记录要点。严格会场纪律，参会时要坐姿端正，精神饱满，不得吸烟、睡觉、交头接耳、接打电话，不得看报纸杂志或利用手机上网，无特殊情况不得中途退场。

22．加强车辆管理。严禁公车私用，严禁私自外借警用车辆，非公务活动警用车辆严禁在酒店、旅游景点、娱乐场所门前停放。自觉文明驾车，遵守道路交通安全法律法规，严禁耍特权、开“霸王车”。严格遵守市公安局机关院内车辆管理规定，凭出入证进出，按指定车位有序停放。

23．加强内务管理。自觉维护办公区、宿舍区环境卫生，严格执行着装规定，珍惜使用办公用品和交通、通信工具，下班后关闭房间内所有电器和楼道电灯，配合保安、物业做好安保工作。

24．规范辅警管理。按照“谁使用、谁管理、谁负责”原则，认真落实辅警管理规定，严肃工作要求，加强教育培训，发挥好应有作用。

25．加强责任追究。严格落实党风廉政建设责任制等规定，狠抓违法违纪问题的查处，对发生影响恶劣的民警重大违法违纪案件的单位，严肃追究主体责任、监督责任和相关领导责任。

（六）倡树“团结协作之风”。

26．强化大局意识。各单位要顾全大局，团结协作，维护公安机关集体荣誉。要坚持以诚相待，相互支持，相互配合，齐心协力做好工作。说话办事要出于公心，坚持原则。上下级之间、同志之间真诚相待，反对各种庸俗关系，反对拉帮结派。

五、方法步骤

第一阶段（2月1日—15日）：学习动员。各单位集中开展动员部署，深入进行思想发动，确保全体民警加深对开展“清风”行动重要性和紧迫性的认识，增强参与“清风”行动的主动性和自觉性。市公安局“清风”行动领导小组将组织对各单位的学习教育情况进行督导检查，通过检查会议记录、考勤记录和学习笔记等方式，检查各单位学习教育落实情况，并将检查结果进行通报。

第二阶段（2月16日—3月15日）：查摆剖析。实行开门整治，采取群众提、自己找、上级点、互相帮、集体议等方式，认真参考大回访反馈情况，广泛征求意见，并对照整顿重点，查找自身在思想上、工作上、纪律上存在的问题，列出单子，真正把自己摆进去。市公安局“清风”行动领导小组将根据民主测评、互查、举报投诉等方式获取的线索，与个人自查情况进行对照，对剖析不到位、不深刻、不全面的，要单独办班脱产学习，直到正视问题、查到根源、彻底改好。

第三阶段（3月16日—11月30日）：整改提高。要对照各自问题清单，明确责任，制定措施狠抓整改，做到责任单位、责任人、整改措施、整改时限“四个到位”。同时，坚持即知即改、立行立改，确保问题查找到位、责任全面落实、整改不折不扣。市公安局“清风”行动领导小组将组织人员对各单位进行明察暗访，发现问题不落实的，第一次将对该单位一把手进行诫勉谈话，第二次将对该单位一把手予以停职，责成其专门负责对该单位存在的问题进行整改。

第四阶段（12月1日—12月31日）：建章立制。要对“清风”行动进行认真总结，提炼好的经验做法，健全完善相关制度，以制度巩固行动成果，推动纪律作风建设由集中整治向常态治理、长效治理转变。要及时开展“回头看”活动，认真查漏补缺，对整改不到位的单位和个人进行“回炉返工”，对整改已见成效的巩固提高，对问题出现“反复”的进行通报，并对单位一把手进行诫勉谈话或组织处理。

六、工作要求

（一）统一思想，提高认识。各单位要提高政治站位，落实主体责任，强化大局意识，把开展“清风”行动作为全市公安机关学习十九大精神、贯彻落实习近平总书记纠正“四风”加强作风建设重要批示精神的一项重要内容，狠抓落实不放松。各单位主要负责同志要对整顿工作负起全面责任，主动抓部署、抓检查、抓落实；班子成员要抓好分管部门的整顿工作，推动形成一级抓一级、一级带一级、层层抓落实的整顿责任体系。

（二）领导带头，率先垂范。各级领导干部既是整顿工作的组织者、推动者，更是改进作风的参与者、践行者，首先必须把自己摆进去，用严格的尺度衡量自己，用更高标准要求自己，用无私无畏的勇气改造自己，带头查摆问题、带头整改落实，真正起到良好的带头表率作用。

（三）找准问题，从严整改。要有针对性地把问题找准找细找实，深刻剖析问题根源，高标准、高质量、高要求开展整改工作。同时，市公安局各相关职能部门要充分发挥作用，经常对各单位“清风”行动开展情况进行监督检查，对有令不行、有禁不止、顶风违规违纪的，发现一起、查处一起、问责一起，绝不手软。同时，严格执行“一案双查”“一案双究”制度，既追究直接责任人的责任，同时追究相关责任领导的责任。

（四）统筹兼顾，注重实效。要紧密结合深入践行“精准警务”和开展2018年重大活动安保，统筹推进、科学部署，突出重点、抓住关键，“做实”各项工作措施，切实以工作成果来检验“清风”行动实效，以优异的成绩树立日照公安良好形象，打造日照公安工作升级版。

日照市公安机关保障和服务新旧动能转换重大工程实施意见

日公发〔2018〕48号

为深入贯彻落实市委、市政府关于实施新旧动能转换重大工程的决策部署，充分发挥公安机关职能作用，主动融入大局，创新服务理念，完善警务机制，努力为全市新旧动能转换和“一三五”战略实施保驾护航，制定本实施意见。

一、指导思想和工作目标

全面贯彻党的十九大和十九届二中、三中全会精神，以习近平新时代中国特色社会主义思想为指引，牢固树立和贯彻落实新发展理念，坚持目标引领和问题导向、创新导向、市场导向，深入践行精准警务理念，积极履行公安机关职能作用，聚力保稳定这个首要任务、促发展这个第一要务、深改革这个第一动力，进一步完善警务机制，深化“放管服”改革，优化管理模式，提升服务效能，努力为保障和服务新旧动能转换重大工程实施创造平安稳定的社会环境、安全和谐的发展环境、精简高效的政务环境、优质快捷的服务环境、公平正义的法治环境，为加快建成美丽富饶、生态宜居、充满活力的现代化海滨城市提供强力“公安支持”。

二、工作措施

（一）深化严打整治行动，着力创造平安稳定的社会环境

1．深化打击逃废银行债务“利剑”行动，严厉打击各类经济犯罪。推动打击逃废银行债务“利剑”行动向纵深发展，坚持以打开路，形成震慑。总结提升“约谈工作机制”，助力约谈化解和资产查控，全力护航全市金融秩序稳定。紧紧围绕互联网金融、银行不良资产等重点领域，完善“监测关注、警示教育、熔断处置、立案查处”分级处置机制，严防发生涉案群体大规模集访事件。综合运用法律、行政、舆论手段，依法严厉打击非法吸收公众存款、集资诈骗、骗取贷款等涉及恶意逃废债务的违法

犯罪活动，保障企业和群众的合法权益。建立典型诚信“红名单”、严重失信“黑名单”，健全完善失信联合惩戒机制、巨额惩罚性赔偿机制，营造诚信经营环境。进一步完善与工商、税务、银监、知识产权等部门的协作机制，合力护航新旧动能转换重大工程实施。

2．扎实开展扫黑除恶专项斗争，严厉打击各类黑恶痞霸犯罪。加强扫黑除恶专业队伍建设，做优作战单元，始终聚焦涉黑涉恶重点地区、重点行业、重点领域，特别是对干扰阻碍重点项目建设、危害企业生产经营、破坏市场秩序、影响投资环境和经济发展的黑恶痞霸犯罪以及敲诈勒索、强迫交易、强揽工程、故意伤害等犯罪，坚持打早打小、重拳出击，坚决打掉现有黑恶势力团伙，着力铲除黑恶势力滋生土壤，决不允许黑恶势力在日照坐大成势，有效保障新旧动能转换重大工程顺利进行。

3．深化反诈骗中心战斗实体建设，严厉打击电信网络诈骗犯罪。加强反诈骗中心建设，健全市、县反诈中心运行机制，完善“快接报、快阻断、快止付、快破案”打击治理模式，实行打击遏制、技术反制、行业整治、宣传防范多管齐下，着力提高破案率、挽损率，着力降低发案数、群众损失数。对危害大、影响大、侦破和追赃难度大的案件，分级分类挂牌督办，快侦快办快结，加大依法追缴力度，最大限度地为企业挽回经济损失。

4．深化“三打击一整治”专项行动，严打各类侵财类违法犯罪。优化完善信息合成作战机制，不断提升破案攻坚能力，更加有效地服务侦查打击、管理防范工作。进一步深化打击“盗抢骗”犯罪、“三打击一整治”等专项行动，严打跨区域、流窜性、系列性侵财犯罪。特别是对涉及项目建设、涉及企业的重大侵财类案件，实行领导包案、挂牌督办，快侦快破，及时挽回损失，消除社会影响。

5．深入排查整治风险隐患，着力维护企业周边治安秩序。紧紧围绕项目征地拆迁、企业破产重组等重点领域，深入开展社会矛盾纠纷排查化解工作，健全完善社会风险研判评估机制，助力建设项目和企业及早消除可能影响发展的矛盾隐患。

6．健全完善产权保护机制，积极服务创新驱动战略。认真贯彻关于完善产权保护制度依法保护产权的意见，与工商、质检、知识产权等部门建立联席会议制度，定期交流知识产权保护的相关情况，部署开展保护知识产权的专项行动。对全市知名品牌摸底调查，建立档案，并开展上门服务，定期开展走访活动，了解企业意见建议。对获取的侵犯知识产权的案件线索，符合立案条件的快速立案，集中力量快侦快破，及时挽回企业损失。

7．坚持宽严相济的法律政策，依法保障企业的合法权益。牢固树立谦抑、审慎、善意、文明、规范办案理念，既要坚持严格执法、依法办事，又要坚持执法谦抑、注重效果，尽可能减少对经济的影响，不轻易关、停、封、查公安机关看不准、弄不明、有市场、受欢迎的新技术、新产品、新业态，不轻易对涉嫌一般违法行为的企业和人员采取强制措施，依法保障企业在经济活动中的合法权益。

（二）强化基层基础工作，着力创造安全和谐的发展环境

8．做实做活城乡社区警务。聚力推动乡村振兴，把“一村一警务助理”融入“乡村振兴”战略。进一步完善“1+2+N”“一村一警务助理”社区警务模式，在有条件的企业试点推行“一企一警务助理”警务模式，积极推动社区警务融入基层网格化治理。

9．着力深化平安志愿者建设。积极在新旧动能转换重大工程建设项目、企业内部物色发展平安志愿者，以此进一步扩大志愿服务覆盖面，助力建设项目严密内部安全防范。

10．深化完善联系企业制度。深入推进平安企业创建活动，组织各级公安机关指导辖区企业建立健全内部保卫组织，切实提高企业自防自卫能力。定期分析研判社会治安形势特别是经济领域违法犯罪活动，及时向党委政府报告、向有关部门通报经济管理漏洞和安全风险，主动为企业提供法律咨询、风险防控等指导服务。积极参与企业单位安全生产检查、安全生产例会，及时帮助企业单位发

现、解决问题。

11. 扎实推进平安网络建设。坚持依法管网、以人管网、技术管网，推进网络社会防控体系建设，严肃查处利用网络实施的违法犯罪活动。密切与网信部门、电子政务中心的协作配合，按照“三同步”原则，不断强化对网上违法有害信息和负面舆情发现处置工作，为全市经济社会发展营造干净、晴朗、安全的网络环境。主动对接相关部门、企业，指导和协助落实关键信息基础设施等级保护备案、安全防护等措施，保护重要信息系统、工控系统和重点网站运行安全。

12. 积极推进智慧公安建设。深化云计算、大数据应用，积极引入人工智能等前沿科技，着力推进智慧公安建设，不断提升大数据条件下公安机关核心战斗力和社会治理水平，助推智慧城市建设。积极争取党政支持，发动社会力量参与，深入开展“天网工程”建设，加大视频监控“扫盲”、补建力度，提高有效覆盖率、联网在线率、实战贡献率。推进“天网工程”与智能交通安全系统的融合建设，加大市区路口视频监控、卡口电警、流量检测等前端设备布建密度，完成市区“六纵六横”主干道联网优化配时，打造市区主干道通行“绿波带”。

13. 全面加强公共安全监管。深入推进安全隐患“清场”和违法行为打击整治集中行动，加强道路交通安全隐患、重大火灾隐患和区域性火灾隐患治理，持续常态开展民爆物品从业单位安全隐患排查整治，严防发生重大公共安全事故，确保企业生产经营和项目施工建设安全。

14. 加强驻外企业安全工作。加强与岚桥等驻外企业的沟通联系，及时了解企业现状和安全需求，指导落实安全防范措施，并及时向公安部、省公安厅汇报，依托国际执法安全合作机制，参与支持驻外企业重点项目安保工作，积极服务“一带一路”战略倡议。

（三）深化“放管服”改革，着力创造精简高效的政务环境

15. 深化公安行政审批制度改革。紧紧围绕打通联系服务企业和群众“最后一公里”，坚持应放则放、宜放尽放，积极推进“最多跑一次”改革，以更大力度推进简政放权。完善责任清单、权力清单，精简涉及投资、生产经营、高技术服务等领域的审批事项，简化审批前置环节，加强事中事后监管。积极推动市县区两级公安机关网上政务大厅与各级政府行政审批平台对接，构建“互联网＋公安政务服务”体系，把可拓展上线的窗口服务延伸到网上，加强“微警务”建设，努力“让数据多跑路、群众零跑腿”。梳理公布第二批、第三批“零跑腿”“只跑一次腿”事项清单，力争年底前90%以上政务服务事项“最多跑一次”。

16. 优化消防行政审批服务效能。缩短行政审批时限，凡申报资料齐全且符合法定形式的建设工程消防许可、备案抽查时限，由法定20个工作日缩短至10个工作日；公众聚集场所投入使用、营业前消防安全检查，符合法定条件的，审批时限由法定13个工作日缩短至7个工作日。开展建设工程“容缺受理”、投资建设项目模块化“并联审批”。凡申请办理建设工程消防设计审核（备案）、验收（备案）的，可在提供必备材料的情况下，予以容缺受理，一次告知需要补充材料和时限，提供“预审核、预验收”服务，预审、预验合格且容缺材料补齐后出具结果。对大型人员密集场所和重点工程参与政府组织的“并联审批”，指定专人负责，实行特事特办。

17. 优化交通管理审批服务效能。依托驻市行政审批服务大厅和各级交管服务窗口，对提交的占用挖掘道路和货车、教练车、剧毒化学品运输车通行路线审批手续，符合条件的、第一时间审批，手续不全的一次性全部告知并及时办结。增设临时通行证办理点，方便出入禁区车辆就近办理通行证。依托互联网交通安全综合服务管理平台、交管“12123”APP，打造“掌上车管所”“网上交警队”，让“数据多跑腿、让群众少跑路”。在交管大厅、车管窗口、大型社区等公共场所，增设交通管理业务自助办理终端、移动缴费设备，推广微信、支付宝、银联等第三方支付缴费功能，方便群众就近办

理业务。实行小型汽车和货车跨省异地检验，无需办理委托检验手续。深化号牌改革，全面推广应用新能源汽车专用号牌，助力我市新能源汽车工业发展。

18．优化危爆物品审批服务效能。下放民爆物品购买、运输审批许可，无等级和D级中不需要行政许可的爆破作业备案至县级公安机关；将民爆“三大员”作业证人员卡有效期延期改为市、县两级同时受理；民爆物品安全监管检查、随机抽查实行属地管理为主、分级管理制约。

（四）建立完善“绿色通道”，着力创造优质快捷的服务环境

19．建立消防服务重点工程“绿色通道”。探索实施重点工程消防预审预验、分阶段审验等制度，对已批准立项开工建设但未取得规划许可证的建设工程，提供消防设计文件预审技术服务，出具预审意见，待办理规划许可证后，即时受理办理行政许可文件；对规模较大、建设周期较长的工程，分阶段实施消防设计审核和消防验收；对尚未取得自动消防设施检测报告的重点工程，消防验收可与自动消防设施检测同步进行，待取得检测报告后出具验收意见。重点工程施工期间，组织对消防工程施工现场进行检查指导，及时发现和纠正不符合消防设计的问题，着力把问题解决在消防验收之前。

20．建立完善道路交通“绿色通道”。按照公路设计时速，合理设置、提高沈海高速、北京北路、青岛路、山海大道等重点道路的安全限速值，打通物流运输、旅游通道、群众出行“中梗阻”。对重点项目和生产经营企业运送大型设备物资的车辆，根据申请，在通行时间、行走路线、指挥疏导等方面提供便利服务，保障车辆及时、安全、顺畅通行。完善外地旅游车辆快速通行“绿色通道”，充分利用交警“双微”等平台，精准发布景区道路、停车场的适时交通信息，提供信息查询、挪车服务、报警求助等便民服务。

21．建立人才引进服务“绿色通道”。深化户籍制度改革，制定更具操作性、灵活性的落户政策，对高层次人才可实行先落户再就业，吸引高校毕业生、出国留学人员来日照就业创业，全力服务“人才兴市”战略。与企业建立人口服务协作制度，为企业免费安装流动人口自主申报终端，统一集中办理居住证、统一集中办理流动人口居住证明。认真贯彻执行《外国人才签证制度实施办法》和省市关于引进外国人才工作的最新要求，对来我市外国高端人才、“千人计划”引进人才及其家属、持R字签证入境人才、外籍华人，主动靠上，开通专门通道，量身定制延长居留期限，简化申请材料、先行“容缺”受理、缩短审批办证时限3个工作日内办结、送证上门等服务举措，充分保障其出入境、工作、生活居留最大便利。

22．建立集装箱疏港车辆“绿色通道”。联合港口企业以及集疏港车辆运营单位，建立来港车辆专项档案，设立集装箱疏港车辆违章处理窗口，及时向运输企业通报交通违法行为，便于企业有针对性地加强对车辆驾驶人的日常安全管理。对于车辆轻微违法行为以口头警告为主，对于在限时内能够予以改正的交通违法行为一般不予以扣车处理，进一步提高集装箱疏港车辆通行效率，保障港口做优做强“箱油商工金”中集装箱运输业务的发展。

23．建立完善海上服务“绿色通道”。探索推行陆海警务接力模式，优化船舶管理、应急救援、打击违法等功能，会同相关部门开展海上联合执法行动，严厉打击海上违法犯罪活动，打造海上防控圈，全力保障全市“海上粮仓”、海洋牧场建设和广大渔船民合法权益。依托手机和互联网载体，实时为渔船民群众提供电子海图、天气预报、在线咨询、预约办证等各类便捷服务。

24．深化警务前移“绿色通道”。围绕先进钢铁制造产业基地、中兴汽车、东方太阳城、莒国古城等重点项目，推行“项目警务”，坚持“一项目一专班”，建立公安机关负责同志包保责任制，组建服务团队，设立相关事项审批“绿色通道”，落实矛盾纠纷排查、重大经济隐患预警措施，保障项目建设顺利进行。创新建立高铁警务机制，着眼“高铁时代”，超前制定完善高铁开通运营过渡期、巩固期、

常态期安保方案，主动对接铁路部门，建立联防联控机制，加强高铁治安防控工作。合理调整交警中队布局，充实加强基层交警中队警力，全力做好日照机场及航空产业园、先进钢铁制造产业基地等重点建设项目周边道路交通安全管理、事故处理、路面秩序等工作，营造安全畅通的道路通行环境。

（五）推进法治公安建设，着力创造公平正义的法治环境

25. 加强执法办案管理。深化执法规范化建设，全面落实受立案、刑事案件统一审核统一出口制度，深化应用执法办案闭环管理系统，强化执法监督考评，始终严格、公正、规范、文明执法，最大限度降低侦查办案对企业正常生产经营的不利影响，实现法律效果和社会效果的有机统一。

26. 提升执法服务水平。推广完善“三统一、三明确”轻微刑事案件快速办理机制，试点推行行政案件快处机制，全面推行轻微交通事故快处快赔机制，探索推行110警情快处机制。严格规范执法服务，健全“三级窗口”为民办事服务体系，积极推行“马上就办”、限时办结等便民服务，“擦亮”公安窗口，努力打造一流执法服务软环境。扎实开展“严纪律、强作风、树正气”专项整顿“清风”行动，全力整治执法不公正、不严格、不规范和执法不作为、慢作为、乱作为等行为，重点解决“冷、横、硬、冲、拒、推”等问题，力促执法服务水平再提升。

27. 健全执法公开机制。严格落实政府信息公开和“双公示”要求，依法依规公开规范性文件、行政处罚、行政许可等信息。对各级公安机关产生的行政许可、行政处罚信息，7日内在日照警务网进行公开公示，并推送至全市社会信用信息公示系统平台。深化警务回访机制，常态推行不满意事项分析、改进机制，最大限度压缩群众“不满意”的小数字，巩固提升群众满意度。

28. 加大法制宣教力度。积极发挥全市公安新媒体矩阵作用，在全市公安微信微博和“日照公安”杂志、《日照警方》《红绿灯你我他》电视栏目上开设《服务新旧动能转换》专栏，用好用活窗口宣传和社会化宣传，引导群众增强法制观念、风险意识。围绕新旧能转换、民营经济及招商引资等可能出现的涉及公安工作的法律问题，研究制定应对措施，及时提供法律服务。

三、工作要求

（一）提高思想认识。新旧动能转换重大工程，是全市推进“一三五”总体发展思路、实现高质量发展的强力引擎。全市公安机关要从全局和战略角度，提高思想认识，切实增强工作责任感和使命感，按照主动服务、积极作为、改革创新的要求，进一步强化工作责任，完善警务机制，优化管理模式，提升服务质量，以实际成效保障服务新旧动能转换重大工程扎实开展。

（二）加强组织保障。市公安局成立保障和服务新旧动能转换重大工程领导小组，市政府副市长、市公安局局长张培林任组长，市公安局其他党委成员任副组长，有关警种部门主要负责同志任成员，并下设办公室在指挥中心，对各项重点任务进行分解落实，抓好组织协调和督导推进。各分县局和相关警种部门也要成立相应推进机构，结合实际制定具体工作方案，形成上下联动、统一高效的工作合力，推动各项工作顺利开展。

（三）严格责任落实。各级公安机关要拉出“任务认领清单”，明确各警种部门的工作任务，切实把任务分解到位、把责任传压到位，做到一级抓一级，层层抓落实。要坚持领导包片督导与督察部门专门督导相结合，定期通报各单位工作进展情况，强力推动各项措施落地见效。对工作力度大、成效突出的单位给予表彰，对工作推进不力的、政策落实不到位的单位严肃问责。

（四）强化统筹协调。各单位要牢固树立“一盘棋”思想，积极主动参与，明确工作重点，合力推进工作开展。要加强与市推进办以及上级业务主管部门的沟通衔接，及时了解掌握上级动态，准确把握工作契合点，确保保障和服务新旧动能转换重大工程工作与2018重大活动安保、基层基础攻坚战等重点工作同谋划、同推进、同落实，做到同频共振、互相促进。

关于进一步明确派出所职责任务
提升派出所基础工作水平的意见

日公通〔2018〕191号

为全面落实《山东省公安机关基层基础建设三年攻坚战实施意见》，认真贯彻省公安厅和市公安局党委的部署要求，进一步明确派出所应承担的主要职责任务和管辖刑事案件范围，深入推进派出所基层基础工作，引导派出所将更多精力投入到治安管理、基础防范和服务群众工作上来，根据《中华人民共和国人民警察法》、《公安部刑事案件管辖分工规定》及补充规定、《公安派出所正规化建设规范》、《公安机关执法细则（第三版）》等法律法规和文件，制定本意见。

一、进一步明确派出所主要职责任务的意义

派出所是公安机关的最基层单位，是维护社会政治稳定和治安稳定的第一道防线，是打击违法犯罪、维护社会治安、服务人民群众、保卫一方平安的基层综合性战斗实体，是密切联系群众的窗口和纽带，在整个公安工作中处于基础性、先导性地位。各级公安机关要切实提高认识，牢固树立科学发展、面向基层、强基固本的理念，进一步明确派出所的主要职责任务，进一步规范派出所与各警种部门的工作分工，进一步细化派出所与专业警种的案件管辖范围，进一步建立健全科学、高效的警务运行模式和领导指挥体系，真正减轻派出所工作负担，把派出所建成治安防范和动态管控的主力军。

二、进一步明确派出所的主要职责任务

各级公安机关要严格落实《公安派出所正规化建设规范》《公安派出所执法执勤工作规范》《省公安厅关于进一步规范社区警务工作的意见》等规范、文件，优化派出所现代勤务机制，指导派出所将社区和农村警务作为工作重点，以“一标三实”基础信息采集为抓手，深入开展基础防范和动态管控工作，为上级公安机关科学布警和各专业警种侦查破案提供强有力支撑，为公安机关提高发现、预防、控制和打击违法犯罪能力创造良好的基础条件。

派出所主要职责是人口管理、信息收集、防范打击、阵地控制、化解矛盾、服务群众。具体内容包括：

（一）收集、掌握、报告影响社会政治稳定和治安稳定的情报信息；

（二）管理辖区内的实有人口；

（三）管理辖区内的重点行业、公共娱乐场所和枪支、弹药、爆炸、剧毒等危险物品；

（四）指导、监督辖区内的机关、团体、企业、事业单位的内部治安保卫工作；

（五）宣传、发动、组织、指导群众开展安全防范工作；

（六）办理辖区内发生的因果关系明显、案情简单、一般无需专业侦查手段和跨县、市进行侦查的刑事案件，并协助侦查部门侦破其他案件；

（七）办理治安案件，调解治安纠纷；

（八）参与火灾、交通、爆炸、中毒等治安灾害事故的预防工作；

（九）接受群众报警、求助，为群众提供服务；

（十）法律、法规和规章规定的派出所其他职责。

三、进一步明确派出所的案件管辖范围

按照公安部《关于建立派出所和刑侦部门办理刑事案件工作机制的意见》《公安机关执法细则（第

三版）》等规定，派出所主要通过扎实有效的基础工作、防范工作、群众工作和治安管理工作，及时发现、依法打击辖区内的刑事犯罪活动。刑侦、经侦、治安、食药环、国保、禁毒等打击犯罪专业警种应当充分发挥侦查破案的主力军作用，加强对派出所侦查办案工作的业务指导，健全完善派出所与专业警队协作配合机制，形成打防互动、基础共建、资源共享、责任共担的工作格局。

（一）派出所负责办理辖区内发生的因果关系明显、案情简单、一般无需专业侦查手段和跨县、市进行侦查的下列刑事案件：

1. 犯罪嫌疑人被派出所民警当场抓获的；

2. 犯罪嫌疑人到派出所投案自首的；

3. 群众将犯罪嫌疑人扭送到派出所的；

4. 派出所民警获取线索可直接破案的；

5. 其他案情简单、派出所有能力侦办的刑事案件。

派出所在办理上述五类案件过程中，发现需要开展专门侦查工作的线索，应当及时将案件移交刑侦部门或其他专业警种办理。

（二）派出所不办理在辖区内发生的下列十二类刑事案件：

1. 故意杀人案；

2. 故意伤害致人重伤或者死亡案；

3. 强奸案；

4. 抢劫案；

5. 绑架案；

6. 贩卖毒品案；

7. 放火案；

8. 爆炸案；

9. 投放危险物质案；

10. 入户盗窃、盗窃汽车以及有系列作案、团伙作案和跨地区作案可能和其他需要开展专门侦查的盗窃案件；

11. 电信诈骗案件；

12. 其他案情复杂、需要专业侦查手段侦办的刑事案件。

对于派出所和专业警种在案件管辖上发生争议的，由县级以上公安机关指定管辖。

四、进一步明确派出所与专业警种部门的职责界限

（一）派出所与刑侦部门的职责分工

1. 县、市公安机关刑侦部门负责派出所办理刑事案件的业务指导。派出所与刑侦部门要在分工负责的基础上，搞好侦防衔接，以防强侦、以侦促防，真正在基层公安机关形成队所互补、打防联动的格局，从整体上提高公安机关发现、控制和打击犯罪的能力。

2. 对于公民扭送、报案、控告、举报或者犯罪嫌疑人自动投案的，以及在巡逻盘查等工作中发现的刑事犯罪线索和发现、抓获的刑事犯罪嫌疑人，派出所、刑侦部门都应当先行接受，不得以任何理由拒绝或推诿扯皮。对一时性质不明的案件，派出所和刑侦部门应开展先期调查，不属于自己管辖的，及时移交有管辖权的其他部门。

3. 派出所对发生在辖区内、已查明属于派出所不办理的十二类刑事案件的，应按照《公安派出所执法执勤工作规范》《公安机关执法细则（第三版）》之规定，进行现场先期处置后，立即移交有管辖权的其他部门办理，并积极协助、配合做好侦查调查工作。

4. 派出所对不属于自身管辖的案件，通过“执法办案闭环管理系统”进行移交，专业警种按照职责分工分别立案。派出所和专业警种依照规定办理刑事案件情况，由督察部门依照《公安机关督察条例》开展督察，及时发现、纠正不按规定立案问题。

5. 派出所和刑侦部门要加强基础信息的收集掌握，对各自掌握的重点人口和犯罪嫌疑人员的有关情况，在不违反保密规定的情况下，实行信息共享。对于对方要求协查的刑事案件，都要积极协助提供案件线索，核实犯罪嫌疑人情况，协助抓捕犯罪嫌疑人。

（二）派出所与禁毒部门的职责分工

（内容略）

（三）派出所与国保部门的职责分工

（内容略）

（四）派出所与出入境管理部门的职责分工

1. 根据公安部《公安派出所外国人住宿登记管理办法》等规定，派出所负责掌握辖区内境外人员的基本情况；督促并做好辖区内境外人员住宿登记工作；对发现的“三非人员”，及时报告出入境管理部门予以查处；承担法律、法规和相关文件规定派出所应承担的其他职责任务。

2. 出入境管理部门负责将办理签证、居留许可情况及时通报外国人居住地派出所；指导派出所办理涉外案件；会同有关警种部门负责对派出所外国人管理工作的培训、指导、检查、督促。

（五）派出所与经侦部门的职责分工

（内容略）

（六）派出所与特（巡）警部门的职责分工

1. 派出所按照“属地原则”，负责辖区内的巡逻工作；组织辖区群众开展护村、护厂、护校、护楼、护院等巡逻守护活动；维护巡逻区域特别是党政机关、重点要害部位、大型公共场所、校园周边、大型居民区等重点地区的治安秩序。

2. 特（巡）警部门负责城市主干道和重点部位、重点复杂区域的巡逻控制，担负市区内快速支援和围追堵截任务；负责发生在城市、县城区路面警情的处警工作，处置群众纠纷类警情；对属于案件的警情，根据案情及时移交相关警种；在特定时间负责对重点区域和路段进行武装巡逻，适时开展机动性专项打击；各级特（巡）警部门负责指导其他警种和部门的巡逻工作。

3. 建立以特巡警为主体的巡逻防控机制，科学合理划分巡逻区域，实行屯警街面、动中备勤，承担部分街面出警任务和对派出所接处警提供支援。

（七）派出所与户政部门的职责分工

1. 派出所负责做好户籍管理工作，对辖区内的户籍人口进行出生、死亡项目变更更正登记和管理，办理户口迁入迁出、分户立户等户籍业务；建立健全户籍档案管理，认真开展辖区人口统计年报工作；加强流动人口和出租房屋管理，建立健全流动人口和出租房屋信息的采集、录入、维护更新机制；负责辖区重点人口管理，做到底数清楚，建档率达到100%，每3个月对重点人口进行一次全面考察；开展“一标三实”基础信息采集，努力实现应核尽核、应录尽录、应采尽采；负责辖区居民身份证管理，做好居民身份证、临时身份证的申领、发证和核查查验工作，按照居民身份证“三项制度”等要求，做好异地居民身份证的受理、核验、信息上传工作。

2. 户政部门负责指导、检查派出所户政管理政策、法律、法规和市、县（区）公安机关决策部署的落实；指导、检查常住人口、流动人口及居民身份证日常管理，规范居民身份证、临时身份证、居住证的办理、申领工作；指导、查处违反户口、居民身份证管理案件；组织开展“一标三实”基础信息采集，指导派出所户籍窗口建设，组织人口统计工作；检查、指导重点人口管理工作。

（八）派出所与反恐部门的职责分工

（内容略）

（九）派出所与网安部门的职责分工

（内容略）

（十）派出所与各专业警种的接处警职责分工

1. 110报警服务台要完善政府牵头、公安主导、部门参与的110社会联动工作机制，推进非警务报警与12345、12319等公共服务平台分流对接，实现110社会应急联动机制常态化、实战化。建立非紧急警情公安内部分流机制，将业务咨询、行政服务类警情，及时流转到民生警务平台，减轻派出所民警接处警压力。

2. 110指挥中心应当严格按照派出所和各专业警种承担的职责任务派警，实行“一级处警”和“就近处警”“分类处警”相结合的处警原则，根据警情的不同类别和紧急程度，指令派出所或者专业警种直接出警，或者指令派出所与专业警种联合出警。

3. 派出所在接警后，应当在规定时间内到达现场。属于派出所管辖的案件，应当依法办理；经初步查明属于专业警种管辖的，要严格按照相关规定要求，及时移交有管辖权的公安机关或者有关部门处理，做好移交登记，并积极协助、配合做好侦查调查工作。有重大案情的，及时报告110指挥中心统一协调。

4. 现场局面难以控制，需要增援或者需要其他主管部门到场解决的，派出所现场处警民警应当向110指挥中心报告，由110指挥中心指令治安、刑侦、特（巡）警、交警等警种或者邻近派出所进行增援，视情协调其他职能部门、单位派员到现场参与处置。情报（图侦）、技侦、网安、信通等部门要加强值班备勤，随时为派出所处警民警提供必要的情报信息支持和技术支援。

五、进一步明确派出所承担警务活动的范围与原则

（一）统一行动和专项行动中的任务。各级公安机关要注重提高集中统一行动和专项行动的针对性和实效性，注重发挥专业警种职能作用和优势，以专业警种作为专项行动的主要力量开展行动。派出所作为辅助力量，要充分发挥人熟、地熟、情况熟的优势，立足本辖区开展工作，为专项行动提供情报线索和基础工作支撑。同时，各级各警种部门不得随意向派出所下达人、地、物管控、破案、追逃等基础工作职责之外的工作任务和指标，不得随意抽调社区民警参与临时性、应急性任务。如因工作需要，必须向派出所下达任务的，应当经县级公安机关主要负责人审批。

（二）应急处突和警卫安保任务。各级公安机关要进一步规范应急处突和警卫安保任务派警制度，安保、警卫等应急性、临时性任务应首先抽调专业警种和机关警力，充分发挥专业警队人员集中、装备集中、机动性强的特点和优势。任务所在地的派出所作为辅助力量，要加强辖区治安形势分析研判，积极提供各类线索和信息，为上级决策部署提供依据。各级公安机关要积极争取当地党委、政府支持，明确用警、调警原则和责任。除一级以上警卫任务、抢险救灾、重大群体性事件以外，原则上不得抽调派出所民警参与执行其辖区以外区域的应急处突和警卫安保任务。对规模较大的群体性事件和大型安保活动等，原则上以市公安局或分局、县局为主组织一定的应急机动力量进行处置，一般不动用非辖区派出所警力。

（三）精简会议活动和文件报表。各级公安机关要严格落实中央八项规定要求，切实转变会风、文风。省公安厅、市公安局召开的电视电话会议，一般不要求派出所民警参加；要求派出所必须参加的，凡是已经开通视频会议系统的派出所，要通过系统在派出所内参加。市、县级公安机关各警种部门下发给派出所的规章制度性文件和专项评比达标活动，要广泛征求政工、督察、考核、法制等部门和派出所的意见。除法律法规有明确规定外，警种部门在派出所设置的各类工作室一律取消。不得向派出所下达破案数、打击处理数等指标。不得以划拨编制、经费、装备等理由向派出所变相施压增加派出所的职责任务。除公安部规定上报的制式业务报表外，禁止向派出所下达报表，各警种全面取消需要派出所填报的纸质报表，能够通过信息系统抽取的数据不再要求派出所填报。

（四）社区警务基本职责任务。按照社区警务建设的要求，建立规范化的社区警务室，综合考虑辖区面积大小、人口数量、治安状况、警力数量等因素，科学划分、调整警务区布局。推行社区民警专职化，2019 年专职社区民警达到派出所民警总数的 40%，保证社区有足够的警力开展警务工作。以“发案少、秩序少、社会稳定、群众满意”为根本目标，深入推进完善农村地区“一村一警务助理”和城市社区“1+2+N”警务模式，社区民警以开展群众工作、掌握社情民意、管理实有人口、组织安全防范、维护治安秩序为基本职责任务，警务助理在社区民警指导下，担好“八大责”、当好“八大员”。推进城乡社区警务软硬件建设，推广警务助理信息平台和 APP 建设应用，加强对警务助理、辅警的日常管理考核，确保其充分履行职责。对社区民警实行三个“一律不准”，即：各级公安机关和警种部门一律不准给社区民警下达破案指标；一律不准抽调社区民警从事辖区外大型活动安保任务；一律不准随意调动社区民警岗位，确保社区民警每周不少于 20 小时沉在社区。

六、进一步规范对派出所的考核

1．大幅精减压缩对派出所的考核。按照省公安厅要求，保留基础信息采集、情报线索收集、实有人口管理、重点人员管控、行业场所管理、危爆物品管理、“黄赌毒”打击整治、社区警务工作机制、安全防范组织指导、企事业内部单位安全保卫、网格化巡逻、矛盾纠纷排查化解、警情处置、派出所案件办理、户籍办理等考核项目。各分局、县局和港航公安局结合工作实际，从上述项目中选择考核内容，也可在派出所主责主业范围内，自行设置不多于 4 项考核项目，总数控制在 20 项以内。严格实行考核归口管理，自上而下精简考核项目，取消专业警种转嫁到派出所的考核，取消打击处理指标，各警种部门不对派出所开展单一业务工作和阶段性工作考核，阶段性和临时性任务不列入综合考核。

2．建立健全科学合理、导向鲜明的派出所及派出所民警的考核奖励机制，严格落实奖惩措施，提高民警工作的积极性、主动性和创造性。按照公安部《公安派出所等级评定办法》和省公安厅《山东省公安派出所等级评定考核细则》标准，坚持年终评定和日常检查相结合，对派出所等级达标认真进行考核验收，真正形成创先争优的良好局面。对通过基础工作主动提供破案线索、协助侦破重大案件、缉捕重大逃犯的派出所民警，通过侦查破案发现防范薄弱环节和漏洞并及时提供给派出所的有关警种、部门民警，要给予同等表彰和奖励。

3．加强对派出所考核的统一部署和组织领导，通过采取各种有效措施，确保派出所有警力、有时间、有精力投入到社区警务工作之中，逐步把派出所工作重心引导和转移到基础工作上来。相关考核内容全部纳入派出所等级评定，严禁各部门、各警种对派出所多头考核、重复考评、随意考核，增强考核工作的权威性和公正性。市公安局考核部门要加强派出所考核工作的事前备案管理和事中监督指导，对各分局、县局和港航公安局考核派出所方案认真审核、从严把关，及时发现、督促整改考核过程中存在的问题。

重要经验

山东省日照市公安局构建治安防控体系五张网

近年来，日照市公安局紧扣人民群众盼平安和谐的要求，最大限度地整合警力、发动民力，运用科技手段，积极构筑“五张防控网”，形成了“屯警街面、专群结合、攻防兼备”的治安防控体系，达到了主动预防和打击违法犯罪的目的，确保了治安局势持续平稳。

一是“攻防兼备”的公开和便衣巡逻防控网络。在公开巡逻方面，一是大力推行网格化布警，屯警街面，科学划片分段、合理设置巡逻责任区域，提高发现犯罪、打击现行的能力。目前，仅在市区就设立巡逻点61处，每天近700名公安民警和专业治安联防队员巡逻在城乡大街小巷。二是严格实行“警车上路即巡逻”制度，要求所有警车上路行驶必须亮警灯，随时接受群众的报警求助，在不增加巡逻成本的前提下，进一步加大了巡逻密度，提高了见警率。三是坚持多警种联动、综合执法，边防部门和武警支队分别组建专门巡逻力量，加强对边防辖区和市区重要路段、重点部位的巡逻防控；交警部门在严密路面交通巡查的同时，加强对疑人疑车盘查。四是坚持专群结合、警民共建，构建起严密的警务区网络和群防群治网络，进一步压缩了违法犯罪空间。在便衣巡逻方面，组建市公安局机关特别行动队、便衣行动队、“出租车”巡警队、打击“两抢一盗”专业行动队和打流反扒专业行动队。

二是“管中有打”的易发案人群、场所管控网。一是主动开辟严打新战场，加强对流动暂住人口和出租房屋的集中整治，以派出所为单位，积极依靠社会力量建立专门的人口管理网络。二是推进信息化应用，进一步严密场所日常管理。依托派出所和警务区网络，大力推行旅馆业、废旧物品收购业、机动车维修业微机化管理，并实现与公安部网上追逃、被盗抢机动车系统自动比对。三是将网吧管理纳入治安防控体系，列为新的破案打击增长点，不间断地开展网吧治安检查，有重点地在网吧经营场所安装视频监控系统，加大监管力度，严密对虚拟社会的管控。

三是“查堵结合”的卡点堵控网。先后在省际、市际、县际交界处设立12个治安检查站和堵截点，形成维护治安的首道防线和末道屏障；由交警部门在国道、省道上设立10个警务工作站，承担紧急堵截、盘查任务，构筑起第二道防线；在进出市区、城区主要路口设立11个治安卡点，组织交警和派出所民警联合行动，开展经常性查堵工作，形成第三道防线；在未设固定卡点的市区、城区所有主要交通路口，全部设立流动治安卡点。

四是“三防合一”的单位、村居防范网。在城区，督促厂企单位建立自防自治队伍和职工轮流夜巡制度；大力发展保安服务业；对于经常发案的宾馆、外来人员较多的企业、商场等地，督促其建设监控系统；在金融营业网点全部安装报警系统，与110指挥中心联网。在农村，采取三种模式狠抓农村群防群治网络建设。对经济状况较好的村庄，动员他们人防、物防、技防多管齐下，全方位加强治安防控；对经济状况一般的村庄，重点抓好人防建设，建立健全专职巡逻队伍，提高自防自治能力；对经济条件差的村庄，大力开展义务巡逻活动，搞好十户联防，有效提高农村治安防范水平，促进农村治安状况的进一步好转。

五是“快速联动、一呼百应”的科技防控网。一是加强快速联动机制建设，进一步完善“三台合一”接处警系统。新建 GPS 卫星定位系统、统一市区各级公安机关的无线对讲系统，确保指挥中心直接指挥到街面巡逻车组、执勤民警，实现多警种一呼百应、快速联动，提高全市公安机关的快速反应和精确打击能力。二是依托接处警系统，加强警情分析研判，通过公安信息网每天发布一期警情通报，第一时间通报当日案件高发类型和时段、部位；每周发布一期警情分析，及时通报每周发案情况和发案特点、规律；每月发布一期警情研判，准确分析当月治安形势，预测发案走势，针对性地提出打防工作要求，指导各级各警种科学布警、精确打击，有效提高了警务效能。三是加强社会面监控系统建设，在市区、城区重点路口、公路收费站点建立道路监控、电子警察、电子治安卡口；按照“谁出资、谁受益”的原则，扎实开展“技防小区”“技防厂区”“技防乡镇”创建活动，组织动员社会力量大力发展技术防范，逐步扩大与公安机关监控系统的联网，有效延伸了治安管控视角。

（《全国公安机关基层基础建设工作简报》2007 年第 320 期刊载）

全程网上流转　群众自主选择　调判标准一致

日照：“互联网 +”实现交通事故处理“三大变化”

道路交通事故实现一网办理、“八调合一”构筑起道路交通事故复合型调解模式、标准统一使事故赔偿公正阳光透明……为促进道路交通事故处理工作从“传统型”向“信息化、集约化、多元化”转变，山东省日照市公安局交警支队全力推进“互联网 +”大数据背景下的道路交通事故处理信息化建设，创新运行日照市道路交通事故处理服务平台，构建了业务衔接流畅、部门配合密切、数据一体共享、群众少跑弯路的道路交通事故处理工作新机制。道路交通事故处理变“一站式”为“一网办”，变“被动式”为“主动选”，变“民警调”为“联合调”，今年以来，全市道路交通事故处理的群众满意率达 99.18%。

“道路交通事故处理事关群众的切身利益，稍有不慎，极易引发信访问题。我们深入践行“精准警务”理念，以‘互联网 +’推进道路交通事故处理流程再造和机制创新，还权于民、还利于民、还信于民，有效深化了公安交通管理的‘放管服’改革，精心打造了让群众按照自己意愿自主选择、网上全流程一体化运行的事故处理和矛盾纠纷化解新模式，在便民利民的同时，最大限度保证了交通事故处理的公正透明。”日照市副市长、公安局局长张培林说。

变“一站式”为“一网办”

为深化道路交通事故处理“一站式”服务理念，早在 2014 年 7 月，日照市公安局交警支队就积极争取党委、政府支持，建成综合性事故处理服务中心，市区 3 个交警大队事故处理科与法院、司法、保险等 30 余家单位集中办公，一站式为群众提供事故处理、诉讼、仲裁、法律服务、人民调解、保险理赔、价值认定、救援救助、检验鉴定等多方面的服务，实现了群众处理交通事故“走进一个门、办妥所有事”的目标。

“近年来，随着信息化手段的飞速发展，走进一个门、办妥所有事已远远不能满足群众的需求，我们积极推动道路交通事故处理工作转型升级，以科技信息化手段搭建便民利民平台，实现道路交通事故处理流程再造和机制创新，为群众提供更大便利。”日照市公安局交警支队支队长张仲武说。

日照公安交警部门确立了“线上线下一体化、执法办案信息化、数据标准一体化、矛盾化解多元化”的思路，全力推进“互联网 +”大数据背景下的事故处理信息化建设。2018 年 5 月，日照公安交警部门在山东率先研发运行“日照市道路交通事故处理服务平台”，打破公安、法院、保险、人民调解、仲裁等参与事故处理部门间的信息壁垒，实现了公安110、交警事故处理、法院道路交通事故法庭、司法人民调解、保险理赔岗位以及价格评估、司法鉴定、道路救援、车辆看管等各个单位间的数据共享与业务集成，“后台能做的，就绝不让群众再跑一趟”，最大限度为群众提供了便利，也有效节约了行政资源。

现在，日照城区的交通事故当事人在家中登录日照市道路交通事故处理服务平台，就可以自主查询事故文书、处理进程、车辆施救及停放状态，并可以在线办理调解预约、价值评估、检验鉴定、伤残评定、赔偿计算、在线调解、诉讼、一键理赔等业务，过去需要事故当事人来回跑的案件，现在一次就能办结，为当事人节省了大量时间、精力和成本。

交通事故处理数据多、系统间重复录入一直让民警很头疼。日照公安交警部门依托科技信息化手段，搭建了道路交通该事故综合管理平台，所有数据采集录入后，可一键同步至交警“六合一平台”，一键推送至道路交通事故处理服务平台，实现让数据多跑路、群众少跑腿、为民警减负担的目标。他们还为事故处理民警配备专用平板电脑，勘查现场时，平板电脑拍照功能可自动识别车辆号牌或身份证并录入信息，自动生成简易程序认定书，自动套印公章和民警签名，当场打印后交付当事人。民警通过系统将所有信息一键上传至全国版执法办案系统，全面优化了事故处理的工作流程。

变“被动办”为“主动选”

为改变传统单一的当事人被动接受执法的现状，日照公安交警部门首创“六项自主选择”体系，在道路交通事故处理服务平台上嵌入模块，将涉及交通事故各方利益的处理时间、调处方式、法律服务、鉴定评估、车辆维修等多类事项“一揽子”交由当事人自主选择，并将调解方式、人员、流程、政策标准、救济渠道向当事人公开，在放权于民的同时，也消除了权力设租寻租空间，剥离了执法人员手中的“私权”。

“在以往的道路交通事故处理中，当事人只能依照交警部门的安排一步步往下走，没有任何自主选择的权利。现在，我们将所有涉及事故各方利益的事项选择权全部交给群众，最大限度保证了事故处理的公正透明。”日照市公安局交警支队副支队长相玉杰说。

事故双方当事人在对调解机构、鉴定评估机构等选择达不成一致意见时，服务平台设置了摇号功能，由平台通过摇号的方式做出选择，摇号过程通过三方视频通话的方式进行，并对全过程自动进行录像留存。

今年6月27日，李某驾驶小轿车与王某驾驶的电动三轮车发生道路交通事故，王某受伤，车辆受损。王某选择了一家司法鉴定所进行伤残评定，但李某不同意。服务中心工作人员联系双方后，约定时间，三方实时视频通话，在线摇号选定了一家鉴定机构，李某说：“摇号过程我们全程能看见，这种方式选出的机构我们认可。”

变“民警调”为“联合调”

调解工作是道路交通事故处理的重要环节，一旦不慎，极易造成信访案件的发生。“原来事故民警是一案到底，警力很多纠缠在调解工作上，调解结果还经常得不到群众的认可。现在，我们将事故调解与事故处理分离，全面引进各类专业调解力量，让专业的人办专业的事。”张仲武说。

日照市公安局交警支队推出了集自行和解、交警调解、人民调解、保险调解、仲裁调解、法庭调解、救助调解、信访调解“八调合一”的交通事故复合型调解模式。当事人申请调解，由服务中心的多元调解受理岗一个窗口受理，根据当事人的自主选择，通过线上或线下多种方式将案件分流到不同的调解岗位进行调解，实现了一个窗口受理、多元调解跟进、一键理赔兜底，线上线下同步为群众提供便捷、高效的服务。

今年5月30日，在日照市经济技术开发区发生一起交通事故。案发后，开发区交警大队迅速开展调查并做出事故认定。事故信息被自动推送到了多元调解受理岗，受理后，民警根据当事各方的选择意见，把案件分流到人民调解单元进行调解。经调解，受害方梁某的亲属未与车主一方达成协议，人民调解单元调解员便点击道路交通事故处理服务平台的“一键诉讼”，案件的相关信息就被推送到法院诉前调解单元。通过诉前调解，各方当事人最终就赔偿金额达成一致意见。

多元调解模式推行以来，既解放了警力，又让老百姓得到了更加专业的服务。今年以来，由社会力量参与调解的道路交通事故占到总数的92%以上，处结率达97.62%，群众满意率达99.18%。全市交管部门因交通事故处理引发的上访信访案件由去年同期的33%降至11%，实现了民警工作减负、结案效率倍增、执法公正透明、群众更加满意的“多赢”局面。

为实现道路交通事故赔偿调解同案同价、类案同判，日照市中级人民法院、公安局、司法局、保险协会等部门联合制定了《日照市机动车交通事故责任纠纷赔偿标准参考意见》，明确各调解单位针对同一案件的适用证据标准相同，调判标准一致，杜绝自由裁量。各调解单元和法院审判统一使用“损害赔偿计算器”。“计算器”在日照交警微信公众号、自助查询触摸屏等平台发布，事故当事人可自行查询赔偿项目与标准，自行计算损害赔偿金额。

今年7月2日，张某驾驶小轿车与李某驾驶的电动自行车发生道路交通事故，李某受伤，车辆受损。双方均有调解意愿，但对损害赔偿的具体金额有分歧。在服务中心工作人员引导下，双方一同到事故调解处理自助服务区的“损害赔偿计算器”触屏前，邀请保险公司理赔人员参与，在双方的见证下，输入计算所需相关标准，点击“计算”后，“损害赔偿计算器”计算出了损害赔偿金额，保险公司的理赔人员表示认可，双方当事人也对金额表示认同。

（公安部《公安内参》2018年第32期—总第801期刊载）

实施“三位一体”户籍管理模式
服务经济发展　助推新型城镇化进程

日照市公安局

去年以来，日照市公安机关按照省、市部署要求，紧紧围绕全市经济社会发展中心任务，以深化户籍管理制度改革为主线，以“大回访”活动为保障，积极构建放宽户口迁移政策、实施“户房一体化”工程、开展流动人口网上自主申报“三位一体”的户籍管理模式，进一步降低居民落户城镇门槛，着力破解人户分离、户口空挂难题，建立完善流动人口社会化联动机制，为群众提供快捷、方便、高效、优质的户管服务，加快全市城镇化发展进程，提升户籍管理服务效能，取得了良好成效。

一、“三位一体”户籍管理模式出台的背景

（一）城镇化压力增大，原有的户籍政策不能适应当前经济社会发展需求。随着日照市经济的快速发展，城镇实有人口一直呈现逐年增长的态势，但受限制于户籍管理政策的约束，城市化水平偏低。截至2011年底，日照城市化率为47.89%；户籍城镇人口占总户籍人口的35.65%，低于全省平均水平，与当前经济、社会发展的战略目标不适应，膨胀城镇人口规模、推进城镇化进程，是摆在面前的重要任务。原有的户籍管理政策对于居民自建购买房屋、投资经营落户、人才引进等落户政策设置门槛过高。例如，过去投资经营落户的条件为：公民在城市投资兴办企业，当年纳税额超过1万元、3年累计超过2万元，按时缴纳社会保险金的，准许投资人及其直系亲属到企业所在地落户。在城市投资兴办企业，年纳税额达到10万元，其雇佣的高层管理人员、高级专业技术人员及其直系亲属，按时缴纳社会保险金的，可在企业所在地落户。以上户口迁移政策的限制，使得一些常年在本市居住，愿意落户本市的人员无法办理户口迁移，群众落户难的问题十分突出。

（二）单位集体户中存在家庭户，人户分离、户口空挂的问题明显。长期以来，受计划经济体制的影响，日照市一直实行单位管理家庭户口的模式，造成了大量的空挂户口、人户分离问题的发生，给社会管理及居民工作、生活带来诸多不便。特别是申请新落户城镇的人员，面临着符合户口迁移政策，却无处落户的尴尬情况。单位管理家庭户口的模式已严重制约了城镇化进程的脚步。

（三）流动人口动态化特征明显，管理难度大。近年来，由于市场经济体制改革的不断深化，到日照市务工、经商、求学、就业的外来人员规模不断攀升，流动人口服务管理成为公安机关的一项重要日常工作任务。流动人口服务管理工作一直是人口管理工作中的重点和难点。长期以来，流动人口的服务管理主要依靠基层民警的上门摸排、反复清查，不仅耗费大量的人力、物力、财力，而且容易造成底数不清、情况不明、信息不准确等问题。同时，日照市公安机关警力与实有人口的百分比远低于全省平均水平，基层警力紧张，造成了流动人口服务管理工作比较薄弱，对流动人口的掌握滞后于人员情况的变化。

针对以上情况，日照市公安局从实际出发，在深入调研和充分借鉴先进地市经验的基础上，创新户籍管理举措，深化户籍管理制度改革，提出了放宽户口迁移政策、实施“户房一体化”工程、开展流动人口网上自主申报“三位一体”的户籍改革模式，着力破解当前户政管理工作存在的难点问题，服务经济社会发展，提升户管服务群众效能，助推城镇化进程。

二、“三位一体”户籍管理模式的主要内容和做法

（一）出台配套措施，降低户口迁移门槛。认真贯彻落实鲁政办发〔2011〕40号文件精神，按照省公安厅和市政府的部署要求，日照市公安局结合实际，经深入调研、广泛征求意见，起草了《关于积极稳妥推进户籍管理制度改革加快新型城镇化进程的实施意见》，上报市政府第5次常务会议审议通过，2012年11月1日，经省政府审核通过后，《意见》（日政发〔2012〕35号）正式下发实施。随后，日照市公安局迅速制发了《关于认真贯彻日政发〔2012〕35号文件精神做好户籍管理制度改革配套服务工作的通知》，对《意见》进行了分解细化，提出具体户口迁移操作规定，整体降低户口迁移门槛，有效破解居民落户难的难题。一是降低购房落户政门槛。废除以往户籍管理规定对市外人员购房落户时房屋面积、一手房或二手房性质的限制，只要合法取得房屋所有权证或房地产权证的，就可以在相应的小区或者社区落户。二是降低人才引进户口迁移门槛。取消了人才引进户口迁移中关于具有大专学历且聘用期满1年，或具有中专学历且聘用期满2年的限制规定，明确大中专院校和技工院校毕业生申请在中心城区落户的只要与用工方签订劳动合同、缴纳社会保险金，就可以落户。三是降低投资经营户口迁移门槛。之前的户口迁移管理政策，对于投资经营落户条件比较复杂和严格。公民在城市投资兴办企业，当年纳税超过1万元、三年累计超过2万元，或者连续两年内每年接收10名以上劳动力就业，并能提供较稳定工作，按时缴纳社会保险金的，准许投资人及其直系亲属到企业所在地落户。过去由于户籍政策设置过高，使得在本市投资经营的小商户无法落户，新的户籍政策对于投资经营落户条件一律改为依法取得工商营业执照并通过年检，投资经营者本人及近亲属可以落户。四是鼓励农村务工人员向城镇迁移。新的户籍改革配套措施鼓励进城农民工将户口迁移到城镇，对于没有自有房屋，租赁房屋在城市生活的务工人员，提供房屋租赁合同和房屋租赁登记备案证明或者提供劳动合同、个体营业执照就可以在租住地落户城镇。

（二）实施“户房一体化”工程，建立以房管人、人房互动的户管格局。实施“户房一体化”工程，是要按照“实际居住地登记户口”的原则，建立和完善“以房管人”的工作新机制，实现在管理方式上逐步取消集体户中的家庭户，对本市范围内单位集体户中的家庭户口及户口登记地址与实际居住地址不一致的常住户口居民，澄清底数，集中规范登记，达到人户一致、户房一体的目标。集中清理人户分离、户口空挂、户在人不在等诸多难题，实现户口规范化、精确化管理。日照市公安局高度重视“户房一体化”工作，将其作为2013年“八个能力提升”的一项重点内容加以推进。一是强化领导部署，周密制定方案。日照市公安局成立了以分管副局长为组长，户政、治安、装财等部门负责人为成员的领导小组，制定印发了《日照市“户房一体化”工程实施方案》，整体部署推进。各分县局也成立相应机构，主要负责同志抓总揽、抓协调，分管负责同志抓落实、抓推进，户政部门强化业务指导，派出所发挥主力军作用，形成整体工作合力。二是强化宣传发动，营造浓厚氛围。通过网络、广播、电视、报刊、公开信等多种形式，向群众详解“户房一体化”工程的意义、步骤、方式，共发放“户房一体化”宣传材料3.2万余份，努力做到家喻户晓、尽人皆知，争取广大群众理解和支持。三是强化检查督导，严格考评奖惩。每月召开一次由各分县局户政科、部分基层派出所参加的“户房一体化”工作调度推进会，交流讨论基层单位在工作中遇到问题和困难，研究制定解决方法。将“户房一体化”工程纳入市公安局绩效考核，组织人员定期进行检查督导，完善考评机制，表彰先进，鞭策后进，有力地推动了工作开展。四是分步有序推进，妥善解决问题。“户房一体化”工程共分摸底动员、核实变动、集中清理空挂户口、考核验收等四个阶段分步实施，工作中，按照单位集中发放《“户房一体化”居住情况核对通知单》、居民个人核对确认、派出所工作人员调查核实、将居民户口调整至居住地派出所的流程进行，同时鼓励辖区居民主动到居住地派出所申请户口变更登记。

（三）开展流动人口网上自主申报，构建流动人口社会化服务管理联动机制。坚持“党委政府统抓总揽、职能部门分工合作、社会各界齐抓共管”的思路，搭建流动人口信息互联网申报和内网预警平台，由基层派出所在辖区厂企单位建立终端，厂企单位通过该终端对本单位的流动人口进行网上申报、自动比对，及时发现在逃人员，既为厂企单位务工人员进行了“网上政审”，又严密了公安机关实有人口管理。一是精心制定工作方案。制定了《日照市公安局关于建立暂住人口网上申报和预警平台的实施方案》，对建立流动人口服务管理社会化联动机制作出全面部署。将该项工作纳入绩效考核，对工作成绩突出的单位进行奖励，对开展不力的进行通报，真实客观地考量工作实绩。二是搭建系统平台实现自主申报。投入资金20余万元，购置了5台服务器用于平台建设。全市流动人口在10人以上的厂企单位通过互联网录入流动人口、出租房屋信息，数据通过边界转换到公安网络，与全国在逃人员信息库、吸毒人员信息库、全国人口信息库等同步比对碰撞，建立新型信息化应用模式。三是突出信息应用。利用系统自动比对碰撞功能，对发现的网上在逃人员进行抓捕，对高危人员进行列管，帮助企业对用工人员进行把关，使企业用放心人办放心事。通过系统平台管理流动人口信息，减少了中间环节，为企业节约了行政管理成本，方便了企业对流动务工人员的管理，受到了用工单位的欢迎和好评，增强了其参与流动人口服务管理工作的积极性和主动性，形成了良性互动局面。

三、建立“大回访”工作机制，确保“三位一体”户管模式健康顺利开展

人民群众的满意与否，是检验公安户政管理工作的根本标准，户政管理部门是联系群众最密切、涉及社会面最广、最能体现公安工作服务群众的一个警种，户政服务管理工作的好坏直接影响公安机关在人民群众中间的形象。日照市公安局在建立“三位一体”户籍管理模式的同时，将开展“大回访”工作作为各项工作顺利开展的支撑和保障。全市户政管理部门按照“大回访”活动要求，认真听取群众对户政服务工作的意见建议，积极整改自身存在的问题和不足，以群众评议倒逼户政服务管理水平的提升，以工作改进回应民生关切，释放警民关系“正能量”。一是完善工作流程，建立回访机制。明确“大回访”派出所、分县局、市公安局三级负责机制，初访由派出所负责，在群众办理业务后2个工作日回访，了解群众对公安机关办事效率、服务态度等情况。对于派出所回访不满意的，由分县局户政部门回访，详细了解不满意的原因，对于能够解决的，及时解决；对于不能解决的，向群众耐心解释，争取理解。市公安局采取抽样回访的方式，适时开展回访，掌握回访工作的真实性、有效性，并调查处理对于分县局回访不满意的案（事）件。二是创新回访形式，广辟回访途径。采取传统的上门访、现场访、问卷访与电话访、短信访、网络访等信息化手段相结合的方式，全面访查群众对于户籍业务办理的意见建议，掌握基层公安机关服务群众工作情况，确保回访率达100%。利用公安民生服务在线、公安微博、公安微信、警务QQ群众等自媒体传播平台的辐射扩散效应，对回访工作中群众反映比较集中的问题及时明确处理意见，在线解答群众疑问，预约受理业务，提升警务工作透明化、扁平化、信息化。三是注重回访实效，及时解决问题。破解就回访而回访的思维误区，将解决回访工作中发现问题作为“大回访”工作的落脚点和出发点，确保回访一人，满意一人。至目前共回访群众21000余人次，获取意见建议574条，为群众解决问题377件，受到了群众和社会各界的广泛好评。

四、建立“三位一体”户管模式取得的成效

（一）加快了城镇化进程。建立“三位一体”的户籍管理模式，降低了户口迁移门槛，大量有户口迁移意愿的人员符合了户口迁移条件，迁往城镇落户人员的增幅明显。放宽户口迁移政策以来，共办理落户城镇户口7908人，同比增加1436人。从新落户人员来源地看，市内迁移3287人，市外迁入4621人；从城镇迁入5426人，农村迁入2482人。从落户目的地看，落户市区6296人、县城1389人、镇驻地223人。从落户途径来看，“三投靠”（子女投靠父母、父母投靠子女、夫妻双方相互投靠）迁入3114人，投资购房迁入3367人，进城务工迁入339人，大中专学生分配迁入831人，其他途径迁入257人，有力地推动了城镇化进程，满足了广大群众落户需要。

（二）方便了群众办理业务。一是手续更加简洁。放宽户口迁移政策的同时，减少了审批环节和手续材料，取消了群众在办理户口迁移业务时需要社区、小区、村居出具的接收证明以及违法犯罪情况证明、计生手续等材料，群众准备的材料更为减少，环节更加紧凑，方便了群众办事。二是流动人口和出租房屋申报更加快捷。全市1406家厂企单位安装了流动人口信息社会化采集平台，录入流动人口信息242258条，出租房屋信息28102条，抓获网上在逃犯罪嫌疑人12名，列管高危人员64名。通过流动人口互联网申报平台，企业和个人足不出户就可以在互联网上自主申报流动人口和出租房屋信息，基层公安机关通过数据的比对碰撞及时掌握人员违法犯罪和是否在逃等情况，实现了“让数据多跑路，让群众少跑腿”的目标。三是户管服务更加方便。“户房一体化”工作中清查登记集体户中的家庭户135060户、人员297442人，填写核对通知单89587份，核实居民实际居住情况93647人，变动居民户口85228人。实施“户房一体化”工程后，居民户口与实际居住地捆绑，居民可以到居住地就近的社区警务室或者派出所办理户籍业务，避免了过去单位管理户口，群众办理户籍业务需要到单位开证明、介绍信的繁琐流程。

（三）规范了户政管理工作。一是准确掌握了实有人口的户数、人数及其分布情况。通过实施“户房一体化”工作，对单位集体户中的家庭户居民逐人进行清理核对，准确登记实际居住地和户口登记项目，解决了过去“人难找”等问题，为政府决策提供可靠的人口数据参考，服务了公安实战需求。二是严格了内部管理。依托“户房一体化”工程调查摸底登记，主动清理纠正户口登记管理漏洞，认真复查卷宗材料，规范完善户口档案，从源头上杜绝漏洞，坚决防止出现引起媒体炒作的户口热点案（事）件。至目前，共排查核实收养落户341人、无户口人员落户771人、出生登记6700人、死亡注销3864人。三是严密了业务办理。在放宽户口迁移政策的同时，为建立规范、统一、明确的户籍业务办理规程，杜绝户籍业务随意办理、选择性办理的困境，制定了《日照市公安机关办理户籍业务规范》，统一各类户籍业务的受理、审批、办理等环节，明确每项业务所需材料和办理期限，指导基层公安机关日常业务开展，促进户籍服务管理规范化、科学化、制度化。

（该报告获2013年度山东省政府系统优秀调研成果三等奖）

创新防控机制　实行一线布警
着力满足人民群众对社会治安的新期待

日照市公安局

（2008年3月27日）

去年以来，日照市公安局在省公安厅和市委、市政府的正确领导下，本着“通过全警动员强打击、严防范带动作风建设和整体公安工作”的思路，紧紧围绕改革、发展、稳定大局和广大人民群众对社会治安的新期待，坚持一线布警，狠抓“公开和便衣巡逻防控”“易发案人群、场所管控”“卡点堵控”“单位村居防范”“科技防控”五张网建设，有效解决了街面盗窃、抢劫、抢夺案件多发等突出治安问题，全市呈现出“发案少、秩序好、社会稳定、群众满意”的良好局面。2007年，刑事警情同比下降10.1%，其中市区街面违法犯罪同比下降40%以上，命案同比下降26.7%。道路交通事故、火灾事故起数同比分别下降17.3%、43.6%。逮捕数和起诉犯罪嫌疑人数增幅全省第一；劳动教养数增幅全省第二；今年1至2月份，刑事警情又同比下降19.3%，其中两抢警情同比下降43.8%。从省统计局问卷调查情况看，群众对我市社会治安的满意率达98%以上。在全市行风建设评议大会上，与会各界代表现场投票，市公安局取得第一名的好成绩。公安部、省公安厅先后转发了我局构筑“五张防控网”的工作做法。省公安厅和市委、市政府领导分别作出批示给予充分肯定。

一、树立更高目标追求，创新警务工作理念

经济转轨、社会转型的关键时期，往往也是犯罪高发期。近年来，随着经济社会的快速发展，我市外来人口激增，加之城区框架拉得较大、城中有村、村中有城，治安情况复杂，街面盗窃、抢劫、抢夺等治安、刑事案件曾一度呈多发态势，成为广大群众关注的焦点。如何顺应群众期望，建立基础扎实、控制严密的社会治安防控体系，成为公安机关面临的重要任务。对此，市公安局党委坚持求实创新、主动工作，深入调研剖析全市治安形势：一是从发案性质看，多数是“两抢一盗”等多发性、可防性案件；二是从防控模式看，多数基层所队习惯于“坐等报案”，缺少主动防范、主动打击措施，且警种之间各自为战，联动不紧、合力不够，难以形成一体化防范控制打击犯罪的格局；三是从警力配备看，全市总警力仅占人口总数的万分之六点八，远低于全国、全省平均水平，从市公安局到基层所队普遍存在警力紧张的问题，在很大程度上影响了治安防控力度。

面对警力紧张、防控力量薄弱与群众愿望和要求的矛盾，我们认为，警力紧张的情况不是一时可以解决的，而维护治安稳定的职责却一刻也不能放松。人民群众的期待就是我们的努力方向，人民群众的要求就是我们的工作重点。公安机关作为维护社会稳定、促进社会和谐的重要力量，只有树立更高的目标追求，切实用创新的理念应对新情况、解决新问题，才能从根本上解决新形势下的社会治安问题，满足人民群众对社会治安的新期待、新要求。为此，我们积极倡树治安防控工作新理念：一是摒弃“坐等群众报案”的观念和做法，树立“一线布警”的理念，将民警的工作地点由机关转向社区和街面，实现由机关化向实战化、由静态管理向动态防控的全面转变；二是摒弃“单一警种各自为战”的观念和做法，树立“全警动员、合成作战，一警多能、综合执法”的理念，在现有警力编制不变的情况下，切实将有限警力集中使用，发挥最大效益，破解警力紧张问题；三是摒弃“主要依靠专业力量实施治安防控”的观念和做法，推出“治安防控社会化”的理念，积极将治安防控工作向社区、向农村延伸，依靠社会力量扩大治安防控的覆盖面。在新的警务理念指导下，全市公安机关积极探索建立新的警务机制和治安防控体系，“全警动员、一线布警、快速联动、奖罚分明”的工作机制逐步形成。

二、坚持一线布警，构建治安防控新体系

紧扣人民群众盼平安和谐的根本要求，最大限度地整合警力、发动民力、运用科技手段，积极构筑起“公开和便衣巡逻防控”“易发案人群、场所管控”“治安卡点堵控”“村居单位内部防范”“科技防控”五张防控网，形成了“屯警街面、专群结合、攻防兼备”的治安防控新体系，努力提高群众见警率、安全感和对公安工作的满意度，

*一是构建起“攻防兼备”的公开和便衣巡逻防控网络。*这一网络的主要作用是压减街面违法犯罪，切实做到“对犯罪分子近距离打击，对人民群众零距离服务”。在公开巡逻方面，主要采取了四项措施：1. 屯警街面，大力推行网格化布警，组织各级各警种精心制定巡逻方案，以派出所、交警中队为单位划片分段、设置巡逻责任区域，提高发现犯罪、打击现行的能力。目前，仅在市区就设立巡逻点 61 处，每天全市有近 700 名公安民警和专业治安联防队员巡逻在城乡大街小巷。2. 严格实行了“警车上路即巡逻”制度，要求所有警车上路行驶必须亮警灯，承担治安巡逻任务，随时接受群众的报警求助，在不增加巡逻成本的前提下，进一步加大了巡逻密度，提高了见警率。3. 坚持多警种联动、综合执法，组织边防部门和武警支队分别组建专门巡逻力量，加强对边防辖区和市区重要路段、重点部位的巡逻防控。组织交警部门既要严密路面交通巡查，又要加强对疑人疑车的盘查。同时，针对我市城市化进程不断加快，人流量、车流量大幅增多，且不少群众城市意识不强，道路交通秩序相对混乱的问题，我们打破警种界限，实行各级各警种联合作战、综合执法，将查处交通违法行为也纳入街面治安巡逻力量的日常工作，并先后于去年 9 月份、今年 2 月份开展了多警种参与的交通秩序“百日攻坚”行动和为期 3 个月的交通秩序集中整治，使全市城乡道路交通秩序有了明显改观，无牌无证摩托车、大货车横冲直撞等问题基本杜绝，取得了优化交通环境、遏制街面违法犯罪的“双赢”效果。4. 坚持专群结合、警民共建，新规划建设 216 处社区、农村警务室，300 余名民警扎根基层，面对面地组织、发动村居单位开展群众性治安巡逻，构建起严密的警务区网络和群防群治网络，进一步压缩了违法犯罪空间。在便衣巡逻方面，主要是组建了 5 支队伍。1. 本着自愿报名的原则，从市公安局机关非实战单位抽调 45 岁以下民警组建了市公安局机关特别行动队，下辖 3 个大队、14 个中队，组织他们在做好本职工作的同时，灵活机动地开展便衣巡逻，同时承担警务督察任务，及时督导检查基层所队开展治安巡逻防控、履行职责和执行“五条禁令”等情况，促进局党委决策事项的贯彻落实。2. 在刑警、治安巡警、交警支队和各分县局、各派出所，也层层组建便衣行动力量开展工作，加强对小街小巷等治安复杂部位、重点场所、特种行业的便衣巡逻、管控。3. 将部分巡逻车改装成出租车，组成“出租车”巡警队，第一次行动就抓获 1 名盗窃犯罪团伙成员，带破各类案件 30 余起，充分显示了“出租车”巡逻的良好效果。4. 打破常规，从刑警、治安、行动技术、网监、法制、交

警等部门抽调精兵强将，跨警种组建起打击“两抢一盗”专业行动队，深入治安复杂、案件多发部位便衣守候，及时侦办发生在市区的重大“两抢一盗”犯罪案件和在全市影响较大的严重暴力犯罪、霸痞恶势力犯罪案件；同时，负责审查市公安局机关及各支队巡逻力量查获的违法犯罪嫌疑人员，实现从巡逻、侦控、抓捕到人犯审查、案件审核“一体化运作”，以此进一步巩固和扩大了治安防控成果，提高了实战效能。5. 针对市区几大集贸市场长期盘踞一些扒窃团伙，严重影响群众安全感的问题，我们又跨警种组建起“打流反扒”专业行动队，以便衣巡逻、守候的形式“定点清除”扒窃犯罪，成立不久就将危害一方的“哑巴帮”“新疆帮”“东北帮”等扒窃团伙一网打尽，有力地震慑了犯罪，增强了群众安全感。去年以来，全市公安机关通过公开和便衣巡逻共抓获违法犯罪嫌疑人900余名、破案1600余起，其中有100余名是在预谋作案时就被抓获。

二是构建起“管中有打”的易发案人群、场所管控网。易发案人群、场所管控网的主要作用是管住流动暂住人口等重点人群，管住出租房屋、旅馆、网吧等易于违法犯罪分子藏身落脚的场所，有效堵住容易滋生、隐匿违法犯罪活动的渠道。1. 主动开辟严打新战场，加强了对流动暂住人口和出租房屋的集中整治。我们以派出所为单位，积极依靠社会力量建立了专门的人口管理网络，本着“以房管人”的思路，在全市开展了为期一年的流动暂住人口和出租房屋集中整治，组织警力入户到人，逐村、逐单位摸清底数，逐一纳入微机化管理，并同步采集可疑人员指纹等信息，及时从中发现、打击违法犯罪分子。在过去登记暂住人口1.5万人的基础上，去年以来已新登记暂住人口近12万人，清理出租房屋30000余户，发现违法犯罪线索190余条，抓获违法犯罪人员102名，破获各类案件350余起。2. 推进信息化应用，进一步严密了场所日常管理。市、县两级治安等业务部门依托派出所和警务区网络，大力推行旅馆业、废旧物品收购业、机动车维修业微机化管理，并实现与公安部网上追逃、被盗抢机动车系统自动比对，提高了对混迹其中的违法犯罪人员的发现率、抓获率，堵塞了违法犯罪分子的销赃渠道。3. 从规范网吧管理入手，严密了对虚拟社会的管控。当前有不少的“两抢一盗”犯罪分子的活动路线是作案、“泡”网吧。针对这一新的治安特点，我们及时将网吧管理纳入治安防控体系，列为新的破案打击增长点，不间断地开展网吧治安检查，有重点地在网吧经营场所安装视频监控系统，并加大互联网监管力度，及时从中发现可疑人员和破案线索。去年以来，通过加强互联网管理共抓获各类违法犯罪人员130余名，及时删除、封堵不良信息600余条，保持了良好的网上舆论环境。

三是构建起“查堵结合”的卡点堵控网。卡点堵控网的主要作用是加强交通要道治安卡点建设，截断违法犯罪分子的进出通道。本着“多层次查堵、网络化布控”思路，我们先后在省际、市际、县际交界处设立12个治安检查站和堵截点，形成维护治安的首道防线和末道屏障。由交警部门在国道、省道上设立10个警务工作站，承担紧急堵截、盘查任务，构筑起第二道防线。在进出市区、城区主要路口设立11个治安卡点，组织交警和派出所民警联合行动，扎实开展经常性查堵工作，做到既查处交通违法，又查处其他各类违法犯罪，形成第三道防线。在未设固定卡点的市区、城区所有主要交通路口，全部设立流动治安卡点，根据警情及时开展查堵工作，形成严密的网络化堵控体系，力求“使犯罪分子不敢来日照，来了不敢作案，作了案也逃不了”。

四是构建起“三防合一”的单位、村居防范网。单位、村居防范网络的主要作用是提高单位、村居的治安防范能力，确保内部安全。在城区，督促有关厂企单位新建保卫科46个、自防自治队伍76支。按照“市场防范保安化”的要求，大力发展保安服务业，目前已发展保安力量2000余名，服务单位300余家。对于经常发案的宾馆、外来人员较多的企业、商场等地，督促建设监控系统，建立职工轮流夜巡制度。在金融营业网点全部安装报警系统，与110指挥中心联网。2007年，市区370余家小区、单位实现“零发案”。在农村，采取三种模式狠抓农村群防群治网络建设。1. 对经济状况较好的村庄，动员他们人防、物防、技防多管齐下，全方位加强治安防控；2. 对经济状况一般的村庄，重点抓好人防建设，建立健全专职巡逻队伍，提高自防自治能力；3. 对经济条件差的村庄，大力开展义务巡逻活动，搞好十户联防等，有效提高农村治安防范水平，促进了农村治安状况的进一步好转。

*五是构建起“快速联动、一呼百应”的科技防控网。*科技防控网的主要作用是通过科技手段提高公安机关的治安防控水平和快速反应、合成作战能力。1. 加强快速联动机制建设，进一步完善“三台合一”接处警系统、新建了GPS卫星定位系统、统一了市区各级公安机关的无线对讲系统，确保指挥中心直接指挥到街面巡逻车组、执勤民警，通过科技手段实现了多警种一呼百应、快速联动，提高了全市公安机关的快速反应和精确打击能力。去年以来，通过巡逻防控抓获的违法犯罪嫌疑人中，有90余名是实施抢劫、抢夺作案后不到20分钟即被抓获。去年9月11日20时40分，市区正阳路“大家唱”歌厅有人被捅伤致死。市公安局指挥中心迅速通过无线对讲系统将犯罪嫌疑人主要特征通报给市区巡逻力量，市公安局、东港分局几十辆巡逻车会同刑警和行动技术部门，迅速在发案现场周边布下天罗地网，短时间内即在城西路口将作案后正欲潜逃的犯罪嫌疑人李刚（男，22岁，日照街道兴海路居委人）抓获归案。2. 加强了社会面监控系统建设，在市区、城区重点路口、公路收费站点建立了道路监控、电子警察、电子治安卡口，并按照谁出资、谁受益的原则，扎实开展“技防小区”“技防厂区”“技防乡镇”创建活动，组织动员社会力量大力发展技术防范，逐步扩大与公安机关监控系统的联网，有效延伸了治安管控视角。

三、加强保障机制建设，确保新体系有效运转

实践证明，如果没有完善的保障措施和监督制约机制，再好的工作思路和措施都难以落到实处。因此，我们不断健全完善工作运行保障机制，确保新的治安防控模式持之以恒、高效运转、取得实效。一是推行了绩效考核新机制。市公安局专门下发了《关于进一步加强作风建设强化治安巡逻防控工作的通知》以及绩效考核实施意见等文件，各分县局、支队、派出所也都结合实际制定了切实可行的考核细则，将工作任务分解量化到每一名民警，有力地推动了工作的开展。市公安局明确规定：民警在巡逻中抓获现行、破获案件的，视情予以通报表彰。并将考核结果与提职晋级、表彰奖励挂钩。2007年先后有17个基层单位、206名民警、119名巡防队员被市公安局通报表彰，年内新提拔的7名基层单位负责人全部是表现突出或受表彰最多的民警。为严明纪律，确保警令畅通、确保各项工作措施落实到位，我们推行了全新的长效督察体系：1. 市公安局值班局长、值班处室直接参加治安巡逻，深入一线检查督导；市公安局督察部门定期不定期地抽查执勤单位值班备勤情况；同时，充分发挥市公安局机关特别行动队警力多、每天都上路巡逻的优势，组织他们“巡逻到哪里，督察工作就开展到哪里”；2. 各分县局、支队也按照市公安局的模式，健全监督机制，切实把监督触角延伸到每一个执勤单位，增强了监督实效。对违反市公安局巡逻值勤等规定和警令、禁令的，做到发现一起查处一起，并在全市予以通报批评。凡被通报批评一次的民警，一年内不得提拔使用，未转正的延期一年转正。被通报批评二次的民警，待岗培训一年，期间只发基本生活费。民警两次被市公安局通报批评的，所在科所队主要负责人就地免职。去年以来先后有27个单位和11人被通报批评，4名基层单位负责人被免职。通过实施奖罚严明的绩效考核机制，确保了警令畅通。二是实行警力下沉、保障下倾。市公安局明确规定，对新录用人员、没有基层工作经验的机关民警等，一律下沉到基层所队工作。去年以来，先后向基层一线和实战单位充实警力200余人。加强公安装备和后勤保障建设，去年争取各级财政支持同比增加了50%以上，其中投入巡逻防控经费达450余万元，为执勤单位配备了一大批巡逻器材、车辆和数码相机、笔记本电脑、指纹活体采集仪等流动暂住人口管理装备。县级公安机关公用经费保障标准全部达标，单警装备配备提前一年完成省公安厅规定的标准任务。“金盾工程”也取得很大进展，新建了110短信报警系统、金融联网报警系统，升级改造了行动技术、网监设备及刑警部门DNA库、指纹库，有力地服务了实战需要。我们还跨警种组织开展了治安查缉、纠纷处理、交通管理、法律法规、实弹射击等多种内容的轮训和演练，提高了队伍的实战水平。同时，狠抓从优待警措施的落实，制定实施了《从优待警构建和谐警营十条措施》，认真实行民警休假、人身保险、体检等优抚制度，并加强各级公安机关食堂建设，积极为民警解决家属子女就业、入托、上学等实际问题。凡是政策允许的从优待警措施，市公安局要求各级公安机关都要想方设法予以落实，真正做到对民警政治上关心，工作上支持，生活上帮助。三是坚持领导带头真抓实干。各级公安机关领导干部认真贯彻落实市公安局《关于加强全市公安机关领导干部作风建设的意见》《关于进一步规范领导干部带班值班巡逻制度的通知》等文件要求，带头参加巡逻工作。市公安局50岁以下的党委成员轮流带队参加市区夜间巡逻，各分县局、支队、派出所也每天安排一名负责同志参加治安巡逻，很好地发挥了表率作用。市公安局主要负责同志经常深入城乡与基层民警一起开展治安巡逻，多次抓获现行违法犯罪分子，带破各类案件30余起。领导干部的示范作用和严格地执行制度规范，极大地影响、带动了整个公安队伍。通过各种措施，较好地解决了干多干少一个样、干好干坏一个样的问题，在全市公安机关形成了变“要我干”为“我要干”的良好工作氛围，使广大民警始终保持了饱满的精神状态和昂扬的斗志，以实际行动维护了社会的和谐与稳定。

四、促进工作，惠及群众，警务创新取得明显成效

通过警务创新、构筑“五张防控网”，很好地适应了社会治安动态化的新形势，达到了主动预防和打击违法犯罪活动的目的，确保了社会治安局势持续平稳。

*一是扩大了治安防控体系的覆盖面，有效预防、减少了各类违法犯罪。*通过构筑“五张防控网”，形成了一个完整的防控体系。从地理位置上看，实现了对全市街面、公路、村居、单位、公共复杂场所等需设防区域的“全方位覆盖”；从措施手段上，实现了对流动暂住人口等重点人群、作案交通工具以及犯罪分子吃住行销场所的有效控制，切实以更加严密的治安防控体系压减了可防性案件的发生。

*二是实现了严打斗争的全警化、常态化，稳控了社会治安局势。*通过将街面巡逻盘查、卡点检查、快速联动抓现行等严打措施纳入各级各警种日常工作，做到了防中有打、管中有打，切实以严密的防控网络减少了犯罪得逞的机会，以快速反应的联动机制提高了打击的精度和效能，实现了防范与打击的紧密结合，初步建立起更加适合当地治安实际的全新的严打长效机制。

*三是盘活了警力资源，提高了警务效能。*科学用警出效益。我们通过推行一警多能、综合执法，有效打破了“警种界限”，充分发挥了现有警力的最大效能，收到了1＋1＞2的良好效果。特别在打击“两抢一盗”等多发性犯罪、交通秩序整治、流动暂住人口和出租房屋整治等方面，由过去的派出所和刑警、交警、户政等部门分别实行“警种化管理”、跳“独角戏”，转变为全警参与、齐抓共管，形成了“大治安”“大刑侦”“大交通”等新格局，使“两抢一盗”案件多发、无牌无证摩托车、大货车上路行驶等多年来难以根本解决的“顽疾”得到了有效整治。

*四是锻炼了队伍，提高了整体战斗力。*广大民警通过参加治安巡逻防控，在做好本职工作的同时，也学到了治安、交通管理等方面的知识，掌握了基本的查缉、抓捕等技能，还学会了做群众工作，真正在实战中得到了锻炼提高。

五是展示了公安机关的良好形象，密切了警民关系。“五张防控网”的有效运转，使民警更加贴近群众、更好地服务群众，促进了公安机关工作作风的转变。新的治安防控体系也成为处置突发事件

的载体、处理紧急警务的平台和便利服务群众的窗口，无论是在抗洪救灾斗争中还是在日常工作中，公安民警处处体现了亲民为民爱民的良好形象，赢得了社会各界群众的关爱与支持。对于民警付出的辛苦，广大群众看在眼里，记在心里，不少群众和单位自发开展了给值勤民警送水、送加班夜餐等拥警活动，通过市长公开电话、网络发帖等形式，表达对公安机关的感激之情。同时，这又进一步激励了广大民警的斗志，形成了民拥警、警爱民的良好局面。

（全省公安机关“三基”工程建设经验交流会发言材料）

日照市公安局
构建“合成化”现代警务体系成效明显

近年来，日照市公安局坚持以警务创新破解难题、开创新局面，积极构建“一警多能、综合执法”的合成化现代警务体系，有效解决了“两抢一盗”案件多发、非法传销和无牌无证摩托车、大货车上路行驶等“三大治安顽疾”，破解了经济增长、案件上升的社会治安“怪圈”。2009 年以来，全市刑事警情同比下降 19.3%，“两抢”等街面违法犯罪同比下降 15.3%，交通、火灾事故同比分别下降 53.4%、70%。

一、全面实行“一警多能、综合执法”，充分发挥现有警力的最大效能。一是组织机关民警“常态化”参与实战。抽调办公室、政治部、计财装备处等非实战单位的 45 岁以下民警组建特别行动队，利用业余时间驾乘便车开展巡逻、守候，使一大批机关民警成为既有指导能力又有实战经验的“复合型”人才。特别行动队自组建以来，先后抓获各类违法犯罪人员 340 名，破获各类案件 600 余起。刑警、治安巡警、交警支队和各区县公安局机关也层层组建了便衣行动力量，开展巡逻防控工作，并将部分巡逻车改装成出租车，增强了便衣巡逻的隐蔽性和实效性。二是组织基层民警开展“一体化”执勤。坚持一专多能，要求基层民警在日常工作中集治安巡逻、交通管理、出租房屋检查、网吧检查、旅馆业管理、九小场所消防监督检查等工作于一体，实现“巡逻到哪里，治安管控措施就落实到哪里”，最大限度地提高民警工作效能。同时，将查处交通违法行为也纳入街面治安巡逻力量的日常工作，弥补了交警部门因警力不足形成的交通管理“空白点”和“盲区”，有效治理了无牌无证大货车、摩托车上路行驶等突出交通违法行为，取得了优化交通环境、遏制街面违法犯罪的“双赢”效果。

二、大力推行“快速联动、合成作战”，提高各警种协作能力。一是统一指挥，提高多警种合成作战能力。在全市范围内实现 110、119、122 接警系统“三台合一”，构建起高效、合成的指挥调度体系，打破行政区划界限，明确由市公安局指挥中心直接指挥市区各分局、各警种巡逻处警力量，减少了中间环节，提高了多警种“快速联动、合成作战”能力。同时，依托接处警系统加强警情研判，每天发布一期警情通报、每周发布一期警情分析、每月发布一期警情研判，第一时间通报案件高发类型和时段、部位，指导各级各警种科学布警、精确打击，有效提高了警务效能。二是开展多警种联合整治行动，解决突出治安问题。相继开展了多警种参与的打击“两抢一盗”、流动暂住人口和出租房屋集中整治、交通秩序整治、农村治安整治、打黑除恶、集中整治非法传销等一系列专项行动，取得明显成效。三是组建多警种共同参与、强强联手的“最佳作战单元”，提高破案攻坚水平。不断强化主业意识，在强化经常性侦查破案的同时，本着“临时机构常态化运转”的思路，狠抓“合成化”严打力量建设，积极组建“最佳作战单元”。2007 年年底，市公安局从刑警、治安、行动技术、网监、交警、法制等部门抽调精兵强将，不占编制、未增加警力组建起跨警种打击“两抢一盗”专业行动队，深入案件多发部位便衣守候，及时侦办发生在市区的重大“两抢一盗”犯罪案件和影响较大的严重暴力犯罪、霸痞恶势力犯罪案件，并负责审查市公安局机关及各支队巡逻力量查获的违法犯罪嫌疑人员，实现从巡逻、侦控、抓捕到人犯审查、案件审核“一体化运作”，提高了严打实效。据统计，全市打击处理数2007年、2008年连续两年增幅全省第一，劳动教养数增幅2007年全省第二，2008年全省第一。

三、积极构建“全警参与、打防一体”的治安防控体系，提高群众安全感和对公安工作的满意度。紧扣人民群众盼平安和谐的要求，构建起全警参与、打防一体的五张“防控网”，有效盘活警力资源，实现对全市街面、公路、村居、单位、公共复杂场所的“全方位覆盖”，提高了群众见警率。一是构建攻防兼备的街面防控体系，遏制街面违法犯罪。以派出所、交警中队为单位实行网格化布警，做到有警处警、无警巡逻；严格实行“警车上路即巡逻”制度，要求所有警用车辆上路行驶必须亮警灯、承担治安巡逻任务，进一步扩大了巡逻覆盖面。2007年以来，全市公安机关通过公开和便衣巡逻共抓获违法犯罪嫌疑人2000余名、破案2600余起，其中有210余名是在预谋作案时就被抓获。二是构建易发案人群、场所管控体系，查堵违法犯罪分子吃、住、行、销渠道。不间断地开展流动暂住人口和出租房屋治安整治行动，组织警力入户到人，逐一采集信息纳入微机化管理，及时从中发现、打击违法犯罪分子。2007年以来，新登记暂住人口近21.9万人，注销18.5万人，查处违法犯罪人员1008名。大力推行旅馆业、废旧物品收购业、机动车维修业、网吧微机化管理，提高对违法犯罪分子的控制、发现能力。去年通过网吧管理抓获犯罪嫌疑人数同比增长230%。三是构建卡点堵控体系，堵住流窜犯罪分子的进出通道。先后在省际、市际、县际交界处设立10个跨警种治安检查站，在进出市区、城区主要路口设立41个固定或流动治安卡点，组织交警和派出所民警联合执勤，形成严密的网络化堵控体系。四是构建单位、村居防范体系，扩大平安单位、村居的覆盖面。会同综治部门召开专题会议、下发文件，动员社会力量进一步强化人防、物防、技防建设，督促有关厂企单位新建保卫科55个、自防自治队伍81支，进一步提高了城乡治安防范能力。五是构建“快速联动、一呼百应”的科技防控体系，提高快速反应能力。新建了GPS卫星定位系统和覆盖全市的无线对讲系统，实现了多警种一呼百应、快速联动。一旦发生案件，通过电台和GPS卫星定位系统就近布警，十几辆巡逻车短时间内就会赶到现场，使犯罪嫌疑人无路可逃。2007年以来，通过巡逻防控抓获的违法犯罪嫌疑人中，有210余名是实施抢劫、抢夺作案后不到20分钟即被抓获。

四、健全多元化保障体系，确保新的警务模式长效运转。一是建立完善案件“归口办理”机制。明确规定民警查获的违法犯罪问题，一律按照“归口办理”的要求，视情直接移交有管辖权的相关单位，或通过350M无线对讲系统实时向指挥中心汇报，由指挥中心第一时间指令相关单位依法查处，形成了发现、抓获环节与调查处理环节的“链条化”衔接。二是严格绩效考核、奖惩兑现。将治安防控体系建设、严打斗争等日常警务工作全部实行“台账化”管理和“排行榜”制度，坚持每日一调度，每周或每半月、每月一通报，激励先进，鞭策后进。该局明确规定，民警在巡逻中抓获现行、破获案件的，视情予以通报表彰。2007年以来，先后有23个基层单位、1100余名（人次）民警、510名（人次）巡防队员被市公安局通报表彰。对违反市公安局巡逻值勤等规定和警令、禁令的，发现一起查处一起，并在全市通报批评。2007年以来，先后有39个（次）单位和25人（次）因违反警令、禁令被通报批评，4名基层单位负责人被免职。三是充分发挥领导干部的表率作用。全市各级公安机关领导干部带头真抓实干，与广大民警并肩战斗在巡逻防控、侦查破案等维护稳定第一线。市公安局局长经常深入城乡与基层民警一起开展治安巡逻，多次成功抓获现行违法犯罪分子，带破各类案件50余起。

（《山东公安简报》2009年第19期刊载）

以群众满意为目标积极构建和谐警民关系

日照市公安局

（2011 年 1 月 7 日）

去年，我们在省公安厅和市委、市政府的正确领导下，按照省公安厅“干在实处、干出实效、走在前列”的要求和市委、市政府构筑“全方位、全天候、全员化”维稳体系的部署，以深化、完善合成化现代警务体系为主线，以提升群众安全感和满意度为目标，积极构建和谐警民关系，有力地推动了公安工作和队伍建设全面发展。全市刑事警情、“两抢”警情近三年连续下降 10.1% 和 40%、18.7% 和 33.8%、15.6% 和 15.5%，2010 年，“两抢”警情又同比下降 26.5%，全市无“两抢”等街面刑事警情日达 94 天。我们的工作做法，被公安部、省政府、省委政法委、省公安厅转发，公安部、省委、省政府、省委政法委、省公安厅领导同志先后作出批示或指示给予充分肯定，新华社、《人民日报》、中央电视台等主流媒体先后作深度报道。在全省满意度测评中，保持了较高的满意度。在全市行风评议中，市公安局连续三年位居行政执法类第一。在市委、市政府对各区县经济社会发展测评中，社会治安群众满意度连续两年位居第一。

一、以完善合成化现代警务体系为主线，努力创造群众满意的社会治安环境

在当前社会治安形势日趋动态化、复杂化而警力十分紧张的情况下，全市公安机关以“一警多能、综合执法”为基本要求，以“六张防控网”为主要载体，以信息化建设为支撑，以责任明晰、奖惩兑现的激励机制为保障，积极创建合成化现代警务体系，认真解决群众最关心的治安问题，实现了严打严防常态化和警务效能最大化，确保了社会治安局势持续稳定。去年，我们又狠抓了合成化现代警务体系的再延伸、再完善，使大国保、大刑侦等工作格局得到进一步强化，稳控社会治安局势的能力得到进一步提升。去年，我市五莲县、岚山区、经济开发区无刑事警情日累计分别达 95 天、52 天、71 天。一是不断完善反恐和重大活动安保体系，确保了社会政治稳定。全市国保部门仅有 38 名警力，难以独力承担当前国保维稳任务，我们及时把国保工作融入合成化现代警务体系，组织全体公安民警带着国保意识、反恐意识开展日常工作，切实变国保部门单打独斗为齐抓共管。去年先后查破“法轮功”等邪教组织案件 11 起，其中有 2 起“法轮功”宣传品案件是巡逻民警在治安盘查时发现线索而成功告破，使我市成为彻底清除法轮功明慧期刊的市之一，省 610 办公室、省公安厅专门在我市召开会议进行推广。在 2010 年中国水运会安保工作中，由于街面防控、卡点检查、重点人员管控措施已常态化落实，使我们能够更加专心地组织好现场安保、驻地警卫等工作，确保了水运会开、闭幕式和 227 个水上竞赛项目安全顺利举行。多年来，全市没有发生敌对势力、敌对分子和“法轮功”等邪教组织制造行动破坏的重大事件、案件，没有发生有规模的群体性事件，没有发生群死群伤治安灾害事故，基本实现了省公安厅提出的“五个不发生”。二是不断完善合成化治安防控体系，严密了社会面控制。通过完善工作机制，使公开和便衣巡逻防控网、易发案人群和场所管控网、单位村居防范网、卡点堵控网、科技防控网以及虚拟社会防控网这“六张网”运转更加高效、多警种联动更加紧密。如：通过完善一警多能、综合执法、归口办理机制，使广大民警始终在巡逻执勤状态下工作，实现工作到哪里，巡逻盘查、交通管理、消防安全检查等警务工作就落实到哪里。去年，全市登记和列管暂住人口约 60 万人，列管率达 98.5%；通过巡逻共抓获违法犯罪嫌疑人 510 名、破获案件 1300 余起，其中有 95 名是在预谋作案时就被盘查发现并抓获。通过完善快速联动机制，依托三台合一接处警系统、无线对讲系统、GPS 卫星定位系统和各类信息查询系统，实现六网一体，形成“信息化平台 + 合成警务”的快速查控圈。去年，有 126 名违法犯罪嫌疑人是实施抢劫、抢夺或盗窃等作案后，不到 20 分钟即被抓获。同时，狠抓合成化现代警务体系向社区村居、厂企单位、学校的再延伸，切实把警务室建在社区中心、田间地头、项目建设工地和校园周边，进一步提高了群众见警率。三是不断完善合成化严打体系，进一步提升了打击效能。通过创建实施合成化现代警务体系，使“两抢”等可防性案件大幅下降，刑侦部门能够有更多的精力组织开展大要案侦破和打黑除恶等专项行动。特别是通过深入开展命案侦破专项行动，破获五莲“94·4·27”故意杀人案等命案积案 3 起，命案侦破率达 100%。通过深化打黑除恶专项斗争，使抢占工地、强揽工程等违法犯罪在日照基本杜绝。同时，认真做好追逃、追赃工作。通过实施全警追逃，去年共缉捕各类逃犯 996 名，工作做法被省公安厅转发推广。两次举行全市严打整治斗争缴获赃物退还认领活动，现场返还被盗抢物品总价值近千万元，深受群众欢迎。

二、以加强执法规范化建设为载体，不断提高执法公信力

一是大力推行“轮训轮值、战训合一”训练模式，为加强执法规范化建设打牢素质基础。新警培训方面，明确新招录民警一律到特警支队工作两年，再按绩效考核成绩择优交流到其他警种单位。特警支队在日常工作中，始终保持三分之一的警力做好处突准备；三分之一的警力上街巡逻；三分之一的警力到交警、刑警、治安等部门协助工作，定期轮换，既保证了处突需要，又锻炼了队伍、加强了街面巡逻防控等工作，实现“多赢”效果。在职培训方面，组织 50 岁以下民警，每期 50 人、15 天，不间断地进行轮训，期间边培训、边参加市区治安巡逻防控，并随时承担处突任务，使参训民警在提高执法素质的同时，成为维护治安的“生力军”和维稳处突的“机动队”。二是扎实开展执法作风整顿，有效预防和减少执法不规范问题。在《纪律条令》颁布实施之际，紧密结合“两车”治理以及涉案人员非正常死亡问题专项治理，部署开展了为期一个月的执法作风整顿，达到了执法上有明显进步、作风上有明显转变的既定目标。三是完善内部执法监督，严格规范民警的执法行为。在硬件建设方面，基层所队全部实现办公区域与办案区域的物理隔离，办案区域、羁押场所全部安装了监控设施，并全面建成启用警综平台，依靠科技手段提高了执法办案水平。在制度建设方面，严格实行法制员派驻制度，严格落实执法过错责任追究，并将查处民警违纪违规情况作为对纪检、督察、法制、信访部门绩效考核的重要内容，确保执法问责常态化。同时，制定《执法执勤和队伍管理十个严禁、十个不准》，进一步明确了民警在执法执勤中的“禁区”和“高压线”。

三、以推行民生警务为平台，积极为群众、为企业办实事、做好事、解难题

一是拓宽警民联系渠道，推出群众满意的公安信访工作新机制。我们紧扣信访群众希望向负责同志反映诉求的迫切心理，大力推行负责同志随时接访、预约接访、电话接访、手机短信接访、互联网局长信箱接访等新机制，有时到了下班时间来了上访群众，也都及时接访。我们还通过 110 和督察部门受理群众投诉、信访部门接访、参加广播电台《行风在线》栏目与群众交流等形式，广开接访渠道，并变信访部门“一家办信”为指挥中心、纪检、督察、信访、法制等多个部门分线督办，合力为群众解决实际问题。同时，将有责信访案件纳入执法考评，并制定实施有责信访（投诉）案件责任追究办法，切实从源头上减少信访问题。目前，全市公安机关基本实现无信访积案，近四年信访量分别下降 32%、51%、23%、20.8%。二是努力实践“群众利益无小事”，推出方便群众的矛盾纠纷化解新机制。针对当前城市拆迁任务重，不安定因素大量存在的实际，紧密结合大走访活动，组织民警深入社区、村居走访群众，并在社区警务室设立警民联调室，及时为群众化解小矛盾、小纠纷。在各交警大队，设立交通事故法庭、法律服务中心和保险公司理赔点，通过多种调解手段提高交通事故处结效率，赢得了群众满意。去年 4 月 1 日，全省道路交通事故处理现场会在我市召开，推广了这一做法。三是严格安全监督管理，努力为群众提供良好的交通和消防环境。创新推行有交警部门和分县局、各派出所共同参与的路段交通安全管理承包责任制，去年交通事故起数同比下降 26.9%，连续多年没有发生一次死亡 5 人以上的重大交通事故。同时，依靠社会力量加强消防宣传和群众性消防演练，并率先将消防车配到乡镇，不断提高社会各单位小火自救能力，国务委员、公安部部长孟建柱作出批示给予充分肯定。

四、以建立完善激励机制为保障，确保各项工作长效发展

一是严格绩效考核。对治安巡逻、侦查破案、信访接办等各项警务工作，实行集台账化管理、排行榜制度、网上绩效考核于一体的常态化考核模式，实现考核依据“实物化”、考核排名“阳光化”、考核工作“信息化”，并严格将考核结果与提职晋级、表彰奖励挂钩。近期，我们对市公安局机关及各直属单位 113 个科级职位实行竞争上岗，在分值上既有笔试、面试、群众投票得分，又有民警受表彰和绩效考核情况得分，充分体现了“以实绩论英雄”的用人导向，进一步激发了民警斗志。同时，结合竞争上岗，大力进行岗位交流，全市科级以上干部岗位交流面达 90% 以上。二是充分发挥各级负责同志的模范带头作用。从市公安局党委成员到基层所队负责人，带头战斗在巡逻防控、侦查破案等第一线，许多负责同志以单位为家，一心扑在工作上，极大地影响、带动了整个公安队伍。三是狠抓从优待警措施的落实。认真实行民警体检、休假和住院探望等优抚制度，积极为民警解决家属子女就业、入托、上学等实际问题，落实了值班巡逻补贴、案件侦破奖励等措施，促进廉洁公正执法，做到对民警政治上关心，工作上支持，生活上帮助。四是不断提高警务保障水平。积极争取市委、市政府支持，将“道路交通安全监控设施建设”列为去年和今年政府为民办实事项目，市财政去年投资 800 余万元，今年还将投资 2000 余万元。去年仅市公安局用于信息化以及技侦、网监等科技强警方面的资金就达 3000 余万元。由市财政保障的占地面积 380 余亩的民警实战训练基地和市公安局综合业务楼项目，规划设计已经市政府城建专题会议通过。第二看守所建设项目已进入工程造价评审阶段，可望今年初破土动工。

（市公安局在 2011 年全省公安工作会议上的发言）

以夯实六大基础为抓手
强力推动公安基层基础建设提档升级

日照市公安局

（2018 年 8 月）

攻坚战开展以来，日照市公安局坚决贯彻落实厅党委决策部署，以强基础、提能力、保安全为主题，坚持精准警务引领，着力夯实制度、技术、业务、保障、群众、队伍这“六大基础”，为日照市首次捧得全国综治最高奖“长安杯”做出了“公安贡献”。

一、聚力夯实制度基础，实现警务机制运行更优。一是推动“公安工程”上升为“党政工程”。市委市政府将公安基层基础建设纳入经济社会发展大局统筹，市委书记齐家滨同志多次作出批示，市委常委会、市政府常务会议 10 次研究攻坚事项。一年多来，市县两级为公安基层基础建设投入了 13 亿多元。二是全面实施精准警务战略。针对警力不足等问题，积极向科技、机制要警力、战斗力，科学配置盘活警力资源，实现警务效能最大化，使“情报预警机制更加精准健全、街面巡防更加精准实效、打击违法犯罪更加精准有力、安全监管更加精准严密”。三是打造基于智能化的执法规范化“升级版”。研发基于大数据技术的精准执法实战智能系统，实现智能量罚、远程讯问、模拟法庭等功能。市公安局和各分县局分别建成高标准的执法办案管理中心，各派出所全部建成案件管理室、受立案窗口。探索推行轻微刑事案件、行政案件和轻微交通事故“快处”机制，进一步提升工作效能。编纂执法白皮书，充分发挥执法数据预警研判功能。部署开展“标准规范化建设年”活动，目前已建立覆盖各类重点业务工作的标准、流程、规范500余项。四是探索创新“组团式”融合警务模式。以集约、高效为目标，打造信访法制功能区、数据作战功能区等“组团式”功能区，组建有刑侦、网安、技侦、情报警力参与的反诈、扫黑、追逃等作战单元，进一步拓宽了合成警务的外延。

二、聚力夯实技术基础，实现科技强警发展更快。按照省公安厅“三个一”的部署，新建环鲁环青公安检查站实战应用平台、海上执法指挥调度平台、卫星应急通信系统，完成警务云基础平台、安全平台建设，整合公安内外部数据近2000亿条。在车站、机场、码头、检查站布建人证核验、人脸识别、虹膜身份核查系统，实现精准比对。依托自主研发的三维建模系统，实现一标三实采集、城市管道应急处置、消防预案等应用；加强社会面感知系统建设，实现全市10万个监控探头联网联控；与相关科技企业合作成立“精准警务智创中心”，开展智能刻画、智能调解、智能搜索等研发，不断提升公安机关核心战斗力。

三、聚力夯实业务基础，实现治安管控覆盖更广。一方面，围绕“人、事、物、地、组织”等传统基础要素，列项目、摸底数、建台账，全面加强旅馆业、寄递物流、加油站、手机卡、汽车租赁、网吧、汽车站七类行业场所的实名制管理工作。另一方面，及时将各类新兴行业纳入管控视线，配合交通部门依法办结涉网约车案件21起；在日租房逐一安装旅馆业管理系统，及时取缔非法日租房172处；针对日照渔家乐民俗旅游户多达2000余家，存在入住登记管控难的问题，研发智能手机拍系统，让业主“零投资”实现游客信息实时上传、比对；指导全市37家寺庙落实“三防”设施建设，安装旅馆业管理系统，消除寺庙留宿管理盲区；将共享单车客户端数据接入市公安局合成作战中心，实现轨迹实时查询；研发配备无人机反制系统，并建立军地联动机制，实现“低慢小”飞行器处置资源有机融合。

四、聚力夯实保障基础，实现装备设施建设更实。在基础设施建设方面，启动53个基建项目，目前完成近30个。市看守所迁建、警察训练基地等重点项目稳步推进。在基层经费、装备保障方面，将公安基层基础建设经费纳入了各级财政预算，新购置反恐突击车、大型排爆机器人、移动X光机等装备，全警配备双系统移动警务终端，提升了整体战斗力。在激励保障方面，创新督导考核方式，将考核办设在督察支队，实行督、考一体化。建立即时表彰机制，去年以来，共表彰在基层基础工作中表现优秀的单位88个、民警489人。

五、聚力夯实群众基础，实现专群结合更密。实现城区“1+2+N”和农村“一村一警务助理”全覆盖，并推动社区警务纳入社区事务，研发“警信通”警务助理APP软件，实现任务派发、管理考核、采集信息、法律查询四大功能，推动社区警务和农村警务助理发挥应有作用。今年以来，入室盗窃、盗窃机动车等可防性案件同比下降53.8%。创新警民互动方式，实行警务回访“全覆盖”，并实时分析、改进群众不满意事项，着力压缩“不满意”的小数字。深化平安志愿者建设，目前全市平安志愿者队伍已达5.3万人，在维护治安、服务群众方面发挥了重要作用。

六、聚力夯实队伍基础，实现基层一线活力更旺。一是减轻基层压力。坚持警力下沉，172名机关民警充实到基层所队。完成辅警考核过渡，完善辅警队伍招聘、考核等管理制度。制定派出所职责清单，推进非警务求助事项分流，分流量占总数的82.6%。二是落实从优待警政策。就高发放执勤岗位津贴、加班补贴，以及特殊岗位防毒、防尘补贴，为602人晋升职级待遇，提高民警体检标准，设立山东公安民警优抚基金会日照专项基金，募集资金1000万元。三是加强队伍纪律作风建设。开展以“严纪律、强作风、树正气”专项整顿为主要内容的纪律作风建设年活动，推行日照公安史上最严“四个一律”禁酒规定，加强警营文化建设，着力打造忠诚型、学习型、实干型、创新型、廉洁型、团结协作型“六型阳光警队”。

（全省公安局局长座谈会暨基层基础建设攻坚战推进会议交流发言）

日照市公安局换发第二代身份证中推出三项便民利民新举措

换发第二代身份证工作以来，日照市公安局主动想群众之所想、行群众之方便，先后推出上门办证、异地办证、春节办证等三项便民、利民新举措，把换发“二代证”工作做成“民心工程”，进一步密切了警民关系，促进了警民和谐。截至目前，全市已办理、发放“二代证”120余万张，群众对“二代证”换发工作普遍表示满意。

一、坚持上门服务、延时服务、特事特办。在不断改进完善换证工作流程、最大限度提高换证效率、缩短换证周期的同时，广泛了解群众需求，积极开展多种形式的上门服务工作。一是服务近前，将办证点设到偏远农村。针对一些偏远村庄交通不便的实际，各农村派出所主动将人像采集设备搬到村庄进行集中照相，解决了群众办证往返不便的问题。先后组织户籍民警深入企事业单位、村（居）现场办公368人次，办理“二代证”105899人次。二是实行弹性工作制，保证群众随到随办。针对一些群众平时忙，难以在8小时工作时间内到派出所办理“二代证”的实际，主动调整户籍民警值班制度，延长服务时段，保证早、中、晚饭时和节假日办证窗口“不断人”，使办证群众随到随办，不让群众跑第二趟。三是专为老人、残疾人开展接送办证服务。对行动不方便的老人、残疾人，协调各村委会集中接送到派出所办理。

二、推出“异地办证”新举措。针对该市在大连务工人员较多，返乡办证路途远、花费高的实际，专门派工作组到大连为日照籍务工经商群众集中办理“二代证”3500个，为群众节约路费近200万元。这一便民利民服务措施得到各级领导充分肯定和人民群众高度赞扬，公安部、省公安厅专门下发通知推广。

三、集中为外出返乡群众办理“二代证”。针对春节期间外出群众大多返乡的特点，节前充分利用电视、报刊等新闻媒体和农村有线广播、派出宣传车辆、在集贸市场悬挂宣传横幅、发放“明白纸”等形式，广泛宣传为返乡群众集中办理“二代证”的服务措施。节日期间，全市户籍民警平均每人累计加班40余小时，共接待群众4万余人次，受理“二代证”信息3万余条，发放二代证8618个，为群众办理其他各类户口手续3707人次。

（《山东公安简报》2007年刊载）

日照市强化流动人口管理成效显著

近年来，日照市在流动人口管理中，以科学发展观为指导，强化管理和服务措施，在管理中体现服务，在服务中实施管理，推动流动人口管理工作实现了新突破。

一、围绕建设“平安日照”，强化管理促防范

（一）明确管理目标。在全面掌握流动人口、出租房屋底数和基本情况的基础上，明确提出到2008年上半年，暂住人口和租赁房屋登记率分别达到95%以上，《流动人口婚育证明》查验率达到98%以上；同时，将流动人口纳入城乡公共服务体系，保障流动人口的合法权益，预防和减少流动人口违法犯罪的诱因，及时发现流动人口中违法犯罪线索，遏制流动人口违法犯罪、违法生育高发态势，形成动态化、信息化、规范化的城乡管理服务网络。

（二）突出工作重点。一是摸清底数。深入社区、村居，逐门、逐户、逐人走访调查，及时登记办证，确保流动人口和出租房屋信息的完整、准确和及时。二是拓宽信息采集渠道。在村（居）委会、用工单位和流动人口管理服务中心（站）开展暂住户口登记，依靠村（居）干部、社区保安、专（兼）职协管员做好暂住户口和出租房屋登记办证工作，提高办证率。三是严格旅馆业管理。认真执行住宿人员信息采集、报送制度，确保实名登记、实数统计、实时传输。四是查处违法犯罪。定期或不定期开展集中统一清查行动，排查整治流动人口违法犯罪突出区域和治安混乱区域。对流窜犯罪、流动人口中涉黑涉恶团伙犯罪，露头就打，决不让其坐大成势。加强对流动人口居住和活动的出租房屋、建筑工地、中小旅店、休闲洗浴服务场所以及旧货市场、手机市场、废品收购市场等场所的日常管理和控制，及时发现和打击藏匿其中的违法犯罪分子。通过上网比对和函查等手段，发现混迹在流动人口中的违法犯罪分子。

（三）严格考核奖惩。2007年6月，市公安局制定下发了《关于加强流动暂住人口和出租房屋治安管理工作的决定》，在全市范围内开展为期一年的流动人口和出租房屋集中整治活动。市公安局拿出20万元资金奖励先进单位，对工作成绩特别突出的单位和个人，予以表彰奖励；对考核为及格等级的，在全市范围内予以通报批评；对考核为不及格等级的，对派出所主要负责人予以组织处理。

二、围绕流动人口需求，优化服务促和谐

市综治委专门出台了《关于加强流动人口和出租房屋管理服务工作的意见》，变单一的治安管理为劳动就业、教育培训、利益保障、子女入学、卫生保健等全方位的系统工程，无论在服务内容，还是公共财政预算安排，都充分考虑到流动人口的需求，切实解决服务缺位或不到位问题。一是鼓励积极引进外来优秀人才。及时为符合条件的流动人口办理户口迁移手续，保护、促进人才交流和劳动力的合理有序转移。二是大力推行便民利民措施。各相关职能部门加强协作配合，简化办事程序，切实做好流动人口在劳动就业、生活居住、社会保障、卫生保健、义务教育等经济、政治、文化权益方面的服务保障工作。三是严厉打击侵害流动人口合法权益的违法犯罪活动。重点打击以暴力、胁迫等手段限制进城务工人员人身自由、强迫劳动，侮辱、体罚、殴打、非法搜查、拘禁、拐骗进城务工人员等违法犯罪行为，依法从严查处侵害农村留守妇女儿童人身财产安全和教唆、胁迫、引诱农村留守儿童违法犯罪的案件。四是促进流动人口自我管理、自我服务。支持、鼓励流动人口参与治安巡逻、看楼护院、调解纠纷等社区居民自治活动，引导流动人口在参与社区管理中实现自我服务、自我管理和自我提高。

三、围绕提高管理效能，整合管理资源

（一）整合管理资源。一是联合办公。以公安、计生、房管、地税、劳动保障、工商等部门为主体，依托派出所、社区或警区，组建流动人口和出租房屋管理服务中心（站），为辖区流动人口提供登记办证、房屋租赁、就业、计生、保障等“一站式”服务。二是工作联动。职能部门建立健全联合检查、联合执法、联合服务等联动工作制度。三是信息共享。以公安现有暂住人口信息系统为基础，整合计生、劳动保障、房管、民政等部门信息，建立和完善信息管理系统，实现流动人口信息资源跨

地区、跨部门、跨系统互联互通，提高综合效能。

（二）坚持属地管理。乡镇（街道）、村（居）、社区、企事业单位都成立管理组织，配备专兼职协管员，落实本辖区内流动人口和出租房屋管理的各项措施，公安、计生等职能部门各司其职，建立起党委、政府领导，综治部门牵头，基层单位和职能部门为主，各有关部门密切配合、齐抓共管的工作格局。

（三）规范管理办法。一是以业管人。各部门、单位和个体工商业主招聘、雇用流动人口，必须查验流动人口《暂住证》、婚育节育证明，签订劳动合同，认真登记流动人口详细信息并及时向有关部门申报，杜绝非法用工，不雇用无有效身份证明的外来人员。二是以房管人。出租房屋符合消防安全和治安管理规定，申领《房屋租赁证》，办理房屋租赁合同登记备案手续，出租人要向主管部门报告承租人基本情况，督促其办理《暂住证》，发现可疑情况要及时报告。加强对房屋租赁中介服务公司和物业公司的查验，督促做好房屋出租人和承租人的信息登记工作，及时向有关部门申报。三是以证管人。流动人口中符合条件的都要办理《暂住证》。对流动人口中无固定住所、无正当职业、无合法身份的“三无”人员，形成无证难行的严管氛围。

（《山东公安简报》2008 年第 6 期刊载）

积极构建“合成化”现代警务体系
有效解决非法传销治安“顽疾”

日照市公安局

（2009 年 5 月 26 日）

去年以来，针对非法传销活动长期打而不绝并且一些违法犯罪人员混迹其中、危害社会治安的实际，日照市公安局审时度势，适时提出“一警多能、综合执法、合成作战”的警务理念，举全警之力，积极构建起打击非法传销的长效机制，短时间内使非法传销活动在日照市基本绝迹，从根本上解决了这一多年来难以根治的治安“顽疾”，工作做法被省公安厅转发推广。市公安局被省委、省政府表彰为全省人民满意政法单位。省统计局抽样调查结果表明，群众对日照市社会治安的满意率达到 98.1%。在近日召开的全国社会治安综合治理表彰大会上，日照市被表彰为全国社会治安综合治理优秀市。

一、创新警务理念，积极构建打击非法传销新机制

日照市地处东南沿海鲁、苏两省交界处，系新兴沿海对外开放城市和旅游城市。近年来，随着经济社会的快速发展，日照市外来人口激增，同全国许多城市一样，外地非法传销人员大量涌入，非法传销活动一度猖獗，成为广大群众关注的焦点。而与之相对应的是，我市总警力占人口总数的比例远低于全国、全省平均水平，从市公安局到基层所队普遍存在警力严重不足的问题。承担打击非法传销职能的经侦部门警力更是紧张，靠单一警种的力量难以根治这一治安“顽疾”。对此，市公安局党委不等不靠，积极通过警务创新应对新情况，通过构建“一警多能，综合执法、合成作战”的现代警务体系，有效盘活现有警力资源，破解了警力紧张难题，切实变过去打击非法传销由经侦部门一家“单打独斗”为多警联动、合成作战，组织经侦、刑侦、治安、派出所、市公安局机关特别行动队、打击“两抢一盗”专业行动队及其他街面巡逻力量共同参与，形成了全警动员严打非法传销的良好态势。

具体工作中，市公安局制定了多警种合成作战打击非法传销工作实施意见，成立了由主要领导挂帅的打击非法传销领导小组，加强组织领导和督导协调。市公安局经侦支队发挥牵头作用，定期召集各警种、部门研究各个阶段的任务和措施，及时解决工作中的问题，有效推进工作开展。

二、组织多警种联合作战，始终保持对非法传销活动的严打高压态势

在充分发挥各级经侦部门打击非法传销主力军作用的基础上，切实将此项工作同奥运安保、全运会安保、治安巡逻防控、流动暂住人口和出租房屋集中整治等重点工作、专项行动搞好结合，形成了多警种围剿非法传销活动的整体合力。工作中，各级各警种按照“依法严惩策划、组织者，摧毁传销网络，教育解救受骗群众，维护社会稳定”和“归口办理”的要求，及时发现、抓获现行非法传销组织，及时移交有关部门深挖细查，确保了打击效果。2008 年以来，全市共打掉非法传销团伙 45 个，取缔传销窝点 72 处，打击处理违法犯罪嫌疑人 280 人，其中刑事拘留传销骨干 135 人，逮捕 21 人，追缴赃款 200 余万元；解救被骗参与传销人员 220 余人，驱散或教育遣返传销人员 1600 余人，使此类违法犯罪行为在日照已基本杜绝。一是创新流动暂住人口和出租房屋整治模式，积极开辟打击非法传销活动的新战场。日照市建市较晚，城中有村、村中有城。近年来，随着流动暂住人口大量增加，城区出租房屋也相应剧增，大量违法犯罪分子混迹其中。出租房屋也成为非法传销人员藏身落脚的主要场所。对此，我们本着“以房管人”的思路，将打击整治非法传销纳入流动暂住人口和出租房屋治安管理的重要内容，要求民警在入户调查、逐一开展暂住人口登记的同时，重点摸排有无非法传销活动线索，及时从中发现、打击违法犯罪分子。去年 4 月 28 日，东港分局泰安路派出所在辖区大卜家庵子村开展流动暂住人口和出租房屋集中整治时，发现村内一院落人员混杂、形迹可疑，随即开展调查，确定为一非法传销窝点，当场查获 24 名非法传销人员。2007 年以来，全市已新登记暂住人口 26.2 万人，注销 20 万人，新登记出租房屋 6.9 万户，查处违法犯罪人员 1136 名，其中查处非法传销人员 120 余名，端掉非法传销窝点 20 个。二是以严密的街面治安巡逻防控体系有效打击、压降非法传销活动。我们坚持一线布警，最大限度地把警力摆上街面，构建起“攻防兼备”的公开和便衣巡逻防控网，提高群众见警率和民警管事率。目前，全市每天有 900 余名公安民警和治安联防队员巡逻在城乡大街小巷。在治安巡逻防控中，我们将打击整治非法传销列为街面治安巡逻盘查的一项重要内容，加大对可疑人员的盘查力度，一旦发现非法传销等可疑线索，立即进行追踪盘查，力争一网打尽。同时，组织各级 110 指挥中心坚持 24 小时值班备勤，随时接处群众举报的非法传销线索，直接指派辖区派出所或街面巡逻力量就近出警，进一步提高了公安机关快速反应、抓获现行能力。2008 年以来，通过巡逻盘查端掉非法传销窝点 20 多个，查处非法传销人员 100 余名。三是强化专案侦查，提高打击效能。市公安局和各分县局分别从经侦、刑警部门抽调专门力量成立专案组，一方面，负责查处各级各警种在治安巡逻和流动暂住人口清查中发现、移交的线索与案件；另一方面，根据群众举报的线索，开展专案侦查。各专案组针对传销活动查证难度大、网络复杂的特点，注重经营每一条案件线索，在锁定犯罪嫌疑人后，根据其上下线关系，追根溯源，深挖挤透，切实摸清传销网络的体系结构和传销头目，继而按图索骥，将犯罪嫌疑人一网打尽，做到“抓一个、牵一串、摧一网”。同时，牢固树立“情报信息主导警务”理念，在各分县局经侦部门成立了专门的信息研判机构，将查获的非法传销人员业绩单、网络图、笔记本等书证统一归纳整理，实现信息共享，增强了打击的针对性。2008 年 4 月份，我们经工作，一举查获了被公安部列为专案的以传销名义在我市进行非法活动的邪教案件，此案涉及七个省市，35 名骨干分子落网，省公安厅予以充分肯定。四是用足用好各种法律手段，确保打击效果。牢固树立证据意识、程序意识和诉讼意识，综合运用刑事拘留、治安拘留、劳动教养、行政处罚等法律手段，对抓获的传销违法犯罪人员快速调查处理，有效避免了案件积压。市公安局印发《关于办理非法传销案件取证问题的通知》，进一步明确了打击非法传销活动的法律依据、措施要求、办理传销劳动教养案件的证据收集要点等，使案件的定性量处更为准确，提高了办案质量。同时，加强与法院、检察院等部门联系沟通，建立打击非法传销的联动机制，用足用活法律武器，对传销骨干分子从严、从重打击，确保每起重大案件都能进入司法程序，充分发挥刑罚的教育和震慑作用；对不够刑事处罚的，充分利用劳动教养和治安处罚等手段，加大对非法传销分子的打击力度。2008年以来，共依法劳动教养传销骨干分子76名。

三、建立完善激励奖惩机制，保障打击非法传销常态化

一是强化制度保障。先后制定了关于深入开展打击非法传销专项斗争的实施意见和工作制度，规范全市打击非法传销工作，切实将打击非法传销融入治安巡逻、侦查破案、流动暂住人口和出租房屋治安管理、信访接办、服务群众等日常警务工作，实行常态化运转。定期召开专案调度会议，及时通报情况，研判非法传销活动形势，制定打击对策，解决案侦工作难题。二是完善奖惩激励保障。制定了打击非法传销考核办法，纳入“台账化”管理，实行“排行榜”制度，每月定期对各单位工作战果“排行”并上网通报，激励先进、鞭策后进。对各单位侦破非法传销案件的，市公安局视情予以通报表彰，受表彰情况与年度绩效考核和干部使用直接挂钩。同时，建立责任倒查机制，对在流动暂住人口和出租房屋管理、治安巡逻中应发现而未发现非法传销活动的，一律实行责任倒查，对责任单位、责任人在全局予以通报批评。通过以上措施，有效激励了各级各警种参与打击非法传销斗争的积极性。

四、坚持社会联动、专群结合，不断巩固、扩大斗争成果

针对非法传销组织者、参与者绝大多数系外地人，发现难、查处难、反复性强这一实际，我们着力在专群结合、综合治理上下功夫，与工商等职能部门建立“全面铺网，部门联动，重点打击”的社会化工作机制，进一步扩大斗争成果，彻底消除滋生此类违法犯罪活动的“土壤”。一是在党委、政府的统一领导下，积极加强与工商、教育、宣传等部门的沟通交流，逐步完善联席会议制度，互通信息，进一步拓宽了协作的范围和领域，健全了打击传销活动的社会联动体系，形成了各负其责、齐抓共管的良好局面。二是积极争取党委、政府的支持，以政府名义专门发布通告，明确要求“任何单位和个人不得向传销人员出租房屋，不得提供聚集、培训场所”。在综治部门的支持下，与街道办事处、居委会签订了责任书，深入开展“创建无传销社区”活动，把社区（村居）内出租屋、商品集散地、宾馆饭店以及常住人员、外来人员等基本信息掌握起来，做到“四知”，即知道是什么人、在干什么工作、有什么资金来源、主要有什么活动，一旦发现传销人员及时控制，及时报告公安机关进行查处，有效挤压传销活动空间。三是加大宣传力度，充分利用电视、广播、报刊等媒体，深入宣传党和政府打击非法传销违法犯罪活动的坚定立场、方针政策和有关的法律法规，宣传各级开展打击非法传销行动的情况，营造严厉打击非法传销的浓厚氛围。特别是抓住典型案例，以案释法，深刻揭露传销违法犯罪活动的严重危害性、欺骗性及其违法犯罪本质，教育引导群众自觉远离传销，并坚决同各类传销违法犯罪活动作斗争。2008年以来，共开展专题宣传活动23次，印发《公开信》《通告》等宣传材料5000余份。同时，与工商部门联合建立了举报奖励机制，设立举报箱、公开举报电话，通过媒体公布举报奖励措施，鼓励人民群众积极检举揭发传销违法犯罪活动，形成了全社会共同参与的良好氛围。

（2009年全省创建“无传销社区（村）”工作现场经验交流会发言材料）

日照市公安局社区户籍管理改革工作成效显著

2009年以来，日照市公安局结合“大走访”爱民实践活动，落实以房管人的属地管理措施，先后在秦楼街道城建花园社区、日照街道荣华社区、北京路街道郑州路社区等17个单位开展了社区户籍管理改革工作，取得了明显成效。截至2009年5月份，全市已上门走访58661人，迁入社区常住人口668人，登记常住人口6067人、寄住人口42153人、暂住人口10441人、出租房屋2794户，抓获逃犯3名。

一、领导重视，组织有力。局长办公会专门对社区户籍管理改革工作作出安排部署，并组织人员赴济南对户口属地化管理工作进行考察学习。三次召开户政管理座谈会，对工作中存在的问题进行座谈讨论。出台《日照市社区户籍管理改革工作方案》，明确指导思想、方法步骤等。设计印制《日照市社区户籍改革入户调查工作证》以及《入户调查登记表》《核对户口预约通知单》《暂住人口登记表》《租赁房屋登记表》等各种表册，起草张贴了《致社区居民的一封信》。召开全市社区户籍管理改革改革现场会，实地参观北京路派出所郑州路社区、日照路派出所荣华社区户籍管理改革工作情况，传达《全市社区户籍管理改革工作检查验收标准》，推动工作开展。

二、广泛宣传发动，营造良好的舆论氛围。一是开展集中宣传咨询活动。在各社区举行社区户籍管理改革工作集中宣传咨询活动，广泛宣传改革工作的目的意义、方法步骤以及各项政策规定，解答群众咨询问题。期间，共张贴通告7500余份，发放各种宣传资料11800余份，解答群众咨询2150余人次。二是召开相关人员会议。通过召开社区管理人员和物业负责人等有关人员会议、举办社区工作人员培训班等形式，有针对性地宣传社区户籍管理改革工作的重要意义和对维护区域稳定的重要作用，赢得他们的支持与配合。三是利用新闻媒体造势。充分利用报纸、电台、电视台、网络等新闻媒体和社区电子显示屏滚动播出《致社区居民的公开信》，努力做到家喻户晓人人皆知。

三、多措并举，全力推进社区户籍管理改革工作。一是制定入户调查方案，明确工作职责。基层派出所组织警务室、各社区制定入户调查方案，绘制社区平面图，划分入户登记范围，对抽调的社区工作人员进行分工，明确工作职责。工作人员全部佩戴入户调查工作证，逐楼逐户逐人进行走访，逐一核对居民身份证、户口簿、房产证、结婚证等证件，摸清居住人员基本情况、房屋居住状况等，并认真填写《社区户籍管理改革调查摸底情况登记表》等表格，建立完善实有人口档案。同时，制定了社区工作人员六项工作制度和八项工作纪律，明确规定在入户调查、上下班、请销假、绩效考核等方面的具体要求。二是因地因情施策，深入开展入户调查。区别不同情况，采取“五种工作法”，努力做到户户查到、家家见人。实行弹性工作法，对白天不在家的居民，利用早上、中午、晚上的时间入户核查；实行预约工作法，对工作时间不稳定的居民，将预约登记通知单张贴在住户门上；实行电话调查登记法，对空户房，采取到物业部门查询户主或走访相邻住户等形式，了解其联系方式，进行电话调查登记；实行微机核对登记法，对人户分离、空挂户口和口袋户口，在入户调查的基础上，及时与户籍资料、人口信息进行微机比对，通过查验证件、电话查询等方法，认真填写各类表格；实行耐心细致工作法，对拒绝调查、回避调查的群众，通过与群众面对面沟通，宣传改革工作的重要意义及有关法律政策，赢得居民的支持与配合。三是建立和完善户口档案，规范实有人口管理。本着边调查边完善的原则，组织入户调查人员区别不同情况，建立和完善《常住人口登记表》《暂住人口登记表》《出租房屋登记表》和《境外人员临时住宿登记表》，同时登记备案社区暂时无人居住的空闲房屋。对已完成上门走访任务的社区办理迁移落户手续，建立健全实有人口档案。同时，将入户登记的流动暂住人口和出租房屋及时录入到市级人口信息系统，实现信息共享。截至目前，共建立实有人口档案1000余本。四是积极开展各种便民利民活动。结合学习实践科学发展观和“大走访”爱民实践活动，广泛听取社区群众对公安工作和公安队伍建设的意见与建议，主动为群众提供上门服务。通过开展入户走访，共答复社区群众咨询的问题8000余人次，为社区群众办理户口迁移502份，代捎代办户口189份、二代证300余个。

四、加大检查督导力度，确保工作顺利开展。明确市公安局、分局、派出所的工作职责，基层派出所具体组织公安民警和工作人员开展上门走访、调查核实等工作，市公安局、分局经常深入到社区进行监督检查和指导，对工作中好的做法和经验予以推广，对存在的问题及时予以纠正。市公安局印发《全市社区户籍管理改革工作检查验收标准》，定期进行考核通报，每周实地抽查一次，对工作不力、进展缓慢的单位，直接点名批评。

（《山东公安简报》2009年第32期刊载）

日照市流动暂住人口和出租房屋管理服务工作实现常态化

2010年以来，日照市公安局积极完善“合成化”现代警务体系，按照“一警多能，综合执法”的要求，不间断地开展多警种参与的流动暂住人口和出租房屋集中整治，推动管理服务工作常态化。截至今年9月底，全市共录入暂住人口信息331042人，注销暂住人口363952人，发现违法犯罪线索41条，抓获违法犯罪嫌疑人166名。

一、严管理，变“静态化”为“动态化”

（一）摸清工作底数。一是开展户口整顿，强化信息采集。全市各级公安机关结合开展的第六次全国人口普查工作，按照“以房管人”“以业管人”的原则，逐村居、逐单位、逐楼、逐户、逐人进行入户核对。针对“进门难”问题，采用灵活的勤务模式，利用中午、晚间和双休日等时间上门集中核对；针对“找人难”问题，通过张贴户口核对通知书、预约单及整合电信、房产等政府部门信息等办法，了解居民联系方式，开展预约核对。通过摸排，全市暂住人口、租赁房屋登记数分别创历史新高。二是多措并举，拓宽信息采集渠道。在村（居）委会、用工单位和流动人口管理服务中心（站）开展暂住户口登记，依靠村（居）干部、社区保安、专（兼）职协管员做好暂住户口和出租房屋登记办证工作，提高办证率。三是严格旅馆业住宿人员信息采集、报送制度，确保实名登记、实数统计、实时传输。

（二）查处违法犯罪。一是强化打击。定期或不定期开展集中统一清查行动，排查整治流动人口违法犯罪地域特点明显区域和流动人口治安混乱区域，对流窜犯罪、流动人口中涉黑涉恶犯罪和带有明显地缘、亲缘特征的团伙犯罪，露头就打，决不让其坐大成势。二是强化管控。加强对繁华商业区、车站码头、旅游风景区等人员集散地和休闲洗浴、废品收购市场等重点场所、行业地管理和控制，及时发现和打击违法犯罪。三是强化识别。通过上网比对和函查等手段，发现混迹其中的违法犯罪分子。

（三）实行动态管理。各城区派出所将现有暂住人口信息按村居或单位检索打印出清单，在入户摸底登记时，对照清单注意发现暂住人口的变动情况，经核对已经离开的暂住人口及时进行注销，对新来的暂住人口进行重新登记。截至9月底，全市已注销暂住人口36万余人。

（四）实现信息共享。建立完善市级暂住人口信息系统，实现了暂住人口信息共享。基层派出所根据信息采集情况，当日完成录入、变更、注销和网上比对工作，从中发现违法犯罪嫌疑人，并及时列为工作对象进行管理。城区派出所都配备了笔记本电脑、数码相机、指纹采集仪等相关器材，将暂住人口相关信息全部采集下来，并实时传输到市公安局信息管理系统。

二、严考核，变“短期化”为“常态化”

制定出台了《全市流动暂住人口和出租房屋治安管理工作考核办法》，并结合工作实际先后多次进行补充、完善，通过考核工作制度化，推动整治行动实现常态化。本着“公平、公正、便于操作”的原则，将全市基层派出所划分为城区和农村两大序列，制定了相应的考核标准分别实施。对城区派出所，由市公安局会同分局联合实施检查考核；对农村派出所，由各分县局负责检查考核，市公安局负责抽查。工作中，坚持做到“每周一抽查、每月一普查，每半年、年终一考核”，并实行“台账化”管理和“排行榜”制度，每次检查、考核，都按得分高低排出名次，在公安内部网页上进行通报。在综合考核过程中，市公安局集中整治领导小组办公室通过随机抽查的方式，本着“来有登记、走有注销”的要求，采取“不听取汇报、不查看档案、不用派出所带领”和“标准统一、方法统一、内容统一”的办法，按照国家1%抽样调查的标准进行抽查考核。同时，依托市级暂住人口信息管理系统，对各单位流动暂住人口录入、管理情况，实施动态检查、跟踪考核。

三、严奖惩，变“要我干”为“我要干”

市公安局在对集中整治行动实施常态化考核的基础上，将考核结果列入绩效考核的重要内容，并作为单位和个人争先创优、立功授奖和提拔使用干部的重要依据。通过刚性奖惩措施，推动整治行动扎实开展。明确规定：对年度考核中获得本序列前三名的单位，分别予以嘉奖，奖励工作经费5万元、3万元、1万元，并形成惯例；对工作不力、考核成绩倒数后三名的单位，取消其评先树优资格，并给予“黄牌警告”，限期整改；民警通过集中整治行动，抓获违法犯罪嫌疑人的，市公安局视情给予通报表彰或嘉奖。2010年以来，市公安局先后对工作成绩突出的6个派出所进行了奖金兑现，将2个派出所列为“重点督查”对象，予以黄牌警告，有力地调动了每一名基层民警的工作积极性。

四、严倒查，变“过得去”为“过得硬”

建立流动暂住人口和出租房屋治安管理责任倒查制度，通过严格的责任倒查、追究，堵塞了工作漏洞。工作中，对派出所、分县局户政科等单位的责任进行细化、量化，对因工作措施不落实导致流动暂住人口和出租房屋失控漏管、造成重大案件发生的（1个月未登记管理），采取“从案到人、从人到管理、从管理到问题”的办法逐起予以倒查，严肃追究相关责任人的责任，并视情进行通报批评、在年终考核中扣除相应的分值。截至目前，已累计追究责任单位10余次，进一步强化了各级各部门的责任意识。

五、严措施，变“管理型”为“服务型”

在全面做好流动暂住人口和出租房屋治安管理的基础上，充分考虑流动人口的需求，切实解决政府服务缺位或不到位问题。以综治委的名义下发了《关于加强流动人口和出租房屋管理服务工作的意见》，坚持做到：一是鼓励引进外来优秀人才。及时为符合条件的流动人口办理户口迁移手续，保护、促进人才交流和劳动力的合理有序转移。二是大力推行便民利民措施。各相关职能部门加强协作配合，简化办事程序，切实做好流动人口在劳动就业、生活居住、社会保障、卫生保健、义务教育等经济、政治、文化权益方面的服务保障工作。三是严厉打击侵害流动人口合法权益的违法犯罪活动。重点打击以暴力、胁迫等手段限制进城务工人员人身自由、强迫劳动，侮辱、体罚、殴打、非法搜查、拘禁、拐骗进城务工人员等违法犯罪行为，依法从严查处侵害农村留守妇女儿童人身财产安全和教唆、胁迫、引诱农村留守儿童违法犯罪的案件。四是支持、鼓励流动人口参与治安巡逻、看楼护院、调解纠纷等社区居民自治活动，引导流动人口在参与社区管理中实现自我服务、自我管理和自我提高。

（《山东公安简报》2010 年第 31 期刊载）

日照市公安局
扎实推进流动人口和出租房屋治安管理工作

2011 年以来，日照市公安机关加强基础信息动态采集录入，实施常态化管控，严格考核奖惩，强力推进了流动人口和出租房屋治安管理。

一、突出工作重点，强化基础信息采集比对。一是加强对流动暂住人口落脚场所的阵地控制。针对暂住人口流动性强的特点，以出租房屋、旅店宾馆和用工单位等流动暂住人口主要落脚场所为重点，以证管人、以房管人、以业管人相结合，常态化进行走访摸排，及时掌控流动暂住人口动态，确保“底数清、情况明”。二是强化对流动暂住人口中高危人员的管控。以重点行业和易发案地域为重点，对流动暂住人口开展动态性、循环式排查，做好日常登记、变更、注销等工作，做到“人来登记，人在管理，人走注销，人户一致”，确保轨迹跟踪到位。对工作中发现的有前科劣迹、有意逃避暂住登记、无固定职业和行踪不定等人员，将其列为重点高危人员及时落实管控措施，实时关注其现实表现和异动行为，确保严密有效控制。三是强化信息比对。及时将采集的流动暂住人口信息录入信息库进行上网比对，及时从中发现、查获各类违法犯罪人员，更加有效地服务现实斗争。

二、做好结合文章，实现流动暂住人口常态化管控。一是与大走访“开门评警”活动相结合。将流动暂住人口和出租房屋走访登记与大走访“开门评警”活动紧密结合，组织民警上门入户，与群众面对面交流，在广泛宣传流动暂住人口和出租房屋治安管理政策法规的同时，及时了解民意，听取民声，帮助解决群众生活中的实际困难，进一步拉近了警民距离，取得了严格管理与密切警民关系的双赢效果。二是与民俗旅游村治安秩序整治相结合。针对旅游旺季流动人口大量增多、一些流窜作案分子和在逃人员可能混迹其中的实际，超前将流动暂住人口和出租房屋治安管理作为民俗旅游村治安秩序整治的重点，组织治安、户政、派出所多警种联动、合成作战，强化对民俗旅游村内旅店宾馆、出租房屋的日常检查。同时，加强对旅店宾馆从业者和出租房屋业主培训教育，督促其认真查验住宿和承租人员身份证件，严格登记、上传制度，有效堵塞管理漏洞，严密了社会面控制。三是与门楼牌编制管理相结合。按照《山东省门楼牌编制管理办法》，以正式命名的地名为标准，将城市门楼牌依路、街、巷顺序编排号码；农村门楼牌以行政村或者自然村为单位，逐街、巷、胡同编排号码，并将编排完毕后的路牌信息及时更新至暂住人口管理系统中，有效解决了以往流动暂住人员暂住地详址表述不清、不规范的问题，实现了对流动暂住人口的精准定位、快捷查询。

三、严格考核奖惩、狠抓责任落实，确保流动暂住人口和出租房屋治安管理工作长效推进。制定出台《全市流动暂住人口和出租房屋治安管理工作考核办法》，不断完善相关工作规范和考核制度，确保了流动暂住人口和出租房屋治安管理工作长效运转。一是严格督导检查。创新督查方法，采取公开检查与暗访抽查相结合、网上巡查与网下实查相结合的方式，直接到各派出所辖区进行随机检查，实地查看各单位暂住人口、出租房屋登记、注销、变更等情况，并将检查结果现场反馈、限期整改，有力推动了工作开展。二是严格实行排名通报制度。以派出所为单位，分城区和农村两个序列，对流动暂住人口和出租房屋治安管理工作进展情况实行台账化管理和排行榜制度，坚持每周一检查、每月一通报、每季度一总结、每半年一考核。对考核中位居本序列前三名的派出所予以嘉奖，并分别奖励工作经费5万元、3万元、1万元；对工作不力、考核成绩倒数后三名的派出所，采取“一票否决制”，取消全年评先树优资格，并给予“黄牌警告”，限期整改。2011年以来，市公安局先后对工作成绩突出的6个派出所进行了奖金兑现；对3个派出所予以黄牌警告。三是严格责任倒查。全市公安户政部门与其他各警种部门密切配合，对抓获的违法犯罪嫌疑人进行筛查，并与全市暂住人口和出租房屋管理系统中的数据进行比对，对应当纳入流动暂住人口管理而失控漏管的，启动责任倒查机制，依次追究社区民警、派出所、分县局户政科相关人员的责任，形成“由案到人，由人到信息，由信息到管理，由管理到责任，由责任到问题整改”的链条化责任倒查机制。2011年以来，共倒查案件4起，先后有2名民警被追究责任。

（《山东公安简报》2011年第32期刊载）

构建“多破案、破大案、办好案”的长效机制
着力深化破案会战、提升经侦工作水平

（2012年5月11日）

严厉打击经济犯罪“破案会战”工作中，日照市公安局在省公安厅的领导下，紧紧围绕“多破案，破大案，办好案”的总体要求，着眼于提升经侦工作水平、提高服务经济社会发展的能力，积极探索建立“破案会战”长效机制，取得明显成效。截至5月9日，省公安厅“会战办”通报的我市战果是：立案117起，完成率是136.05%，破案84起，完成率是115.07%。现将工作情况汇报如下：

一、按照全警参战、社会参与的要求，建立健全组织领导机制

开展“破案会战”是公安部、省公安厅党委认真回应人民群众期待，充分履行公安机关职责，对经济犯罪开展全方位、全领域打击的重大部署；是努力维护市场经济秩序和国家经济安全，为党的十八大胜利召开营造良好环境的有力举措，意义重大。对此，日照市公安局高度重视，切实从讲政治、讲大局的高度，精心组织，周密部署。在公安机关内部：一是迅速成立由市政府党组成员、市公安局局长丛培浩为组长的“破案会战”领导小组，办公室设在经侦支队，抽调人员负责全市“破案会战”工作的组织、协调，并专门在市公安局公安网主页开辟了“破案会战”专栏，切实将“破案会战”提升到全局的高度来抓。各分县局也十分重视“破案会战”工作，分别为经侦部门调整充实了人员，加强了办案力量。二是逐级召开会议进行动员部署。市公安局召开专门会议，就扎实开展“破案会战”提出具体要求；各分县局也分别召开中层以上负责人会议，迅速安排部署相关工作。三是建立多警种参与“破案会战”联席会议制度。通过每月召开联席会议，明确了指挥中心、刑警、法制、计财、网安、技侦等相关警种的任务分工和参与“破案会战”的具体措施，形成了多警种联动、齐抓共管的良好局面。在外部：一是立即向市委、市政府作出专题汇报，将开展“破案会战”作为全市公安机关落实市党代会、市“两会”精神的重要举措，并列为《日照市公安机关服务重点项目建设十五条措施》之一，日照市委书记杨军专门作出批示，对我们的做法给予充分肯定。二是密切部门协作。积极与税务、金融等部门联系，先后于3月16日召开“警银合作”会议，于4月10日召开“警税合作”会议；并主动与纪委等部门沟通，建立联合办案等制度，从而形成“信息共享、优势互补”的社会化工作格局。

二、按照加快节奏、优化流程的要求，建立起快速高效的办案运转机制

为了做到“多破案”，我们不仅在广辟案源、协同作战等方面下功夫，而且着力在加快办案节奏、提高工作效率上作文章，认真研究分析办案流程中存在的延迟点和化解的切入点，建立了办案提速的七个“快车道”，使案件的平均办理周期缩短了近三分之一。

一是建立“拓展案源快车道”。组织经侦部门结合“三个延伸”和开展“三访三评”大走访活动，变坐家等案为主动找案。其中，对工商、税务、金融、烟草、质检、盐务等协作单位，建立经侦部门提前介入机制，要求上述部门发现案件线索及时通报，我们立即安排民警提前介入审查，一旦达到追诉标准，就可以迅速立案。目前，通过提前介入机制，我们已办理协作单位移交案件 15 起。对易发案公司企业，组织经侦部门上门走访，开展现场法律咨询，主动获取案件线索，经审查后尽快立案办理。3 月 26 日，经侦支队在走访日照钢铁有限公司时，获取了“近期公司效益有所下滑，部分中层人员收取客户好处”的线索，经顺线深挖，成功破获 3 起非国家工作人员受贿案，其中部分案件涉案金额近千万元。与相关警种建立案件线索实时移交制度。全市各级经侦部门实行 24 小时值班制度，随时受理刑警、治安、网警等警种移交的经济犯罪案件线索，随时接处 110 报警服务台接报的经济犯罪案件线索。

二是建立“立案审核快车道”。为加快立案审核节奏，节省时间，组织全市公安法制部门积极为“破案会战”开通“绿色通道”，各级公安法制部门均安排人员参与同级“破案会战”办公室，会同经侦部门执法监督民警现场开展立案审核、案件把关工作，在加快立案审核的同时，又加强了执法规范化建设。到目前为止，全市办理经济犯罪案件未出现任何执法质量问题，经侦系统多个单位被确定为全市执法规范化建设示范单位。

三是建立“技术侦查快车道”。（略）

四是建立“警银联动快车道”。组织经侦部门与人民银行、银监局和各专业银行召开联席会议，建立了快速查询、冻结机制，使我们办理的合同诈骗、集资诈骗、非法经营、信用卡诈骗等经济犯罪案件，在到银行查询资金流向、冻结存款和追赃控赃时，工作时间大为缩短。

五是建立“后勤保障快车道”。经济犯罪大多涉案范围广，案发后犯罪嫌疑人迅速潜逃外地，调查取证、追捕逃犯需要南征北战。对此，日照市公安局计财装备部门安排专人、专车为“破案会战”提供 24 小时的保障，对所需办案经费全额保障。

六是建立“收押提审快车道”。组织监管部门出台服务“破案会战”的新规定，放宽收押经济犯罪嫌疑人的时间限制，根据工作需要，经负责同志同意后，实行随时收押；简化收押检查程序，压缩收押时间，由原来的 40 分钟缩短为 15 分钟；为提讯经济犯罪嫌疑人提供便利，白天无特殊情况可随时提讯。

七是建立“提捕移诉快车道”。为确保取得“破案会战”执法质量、打击成果的双丰收，市公安局多次与市检察院召开座谈会，对如何确保破案增长情况下的执法质量和正常诉讼进行研讨。为支持“破案会战”，市检察院主动提出实行提前介入制度。对案件办理中案件定性、证据规格等不好把握及办理的大要案件，检察机关提前介入把关、审核，共同确定侦查方向、研究证据链条，避免走弯路，提高诉讼效率。

三、按照小案快办、大案专办的要求，建立起案件攻坚机制

对于案情较为简单的“小案”，各级经侦部门按照“小案快办”的要求，多措并举、多警联动。一是采取搭档制。组织各级经侦部门从负责同志到一般民警，人人参与办案，2 人一组搭建最小作战单元，抢时间、挤时间多破案，求实效。二是实行交叉办案制。在各级经侦部门实行集体议案制，让全体民警在互相学习提高的同时，人人都了解案情，实现人人都有主办案件，人人都能随时配合其他主办侦查员办案，使警力资源得到充分发挥，确保了案件侦办工作高效运作。三是指导派出所等警种办案。通过举办培训班和现场指导等形式，指导派出所和相关警种独立侦破案情简单、案值较小的经济犯罪案件，取得明显成效。

同时我们认识到，要打出声威，打出气势，更好地保障民生、维护正常经济秩序，必须强化“破大案”意识，加大破大案力度。通过成立专案组长期经营，深挖线索，目前已经办理大要案4起，其中经侦支队侦办的涉案价值10亿余元的薄福英等人非法经营案，已被《人民公安报》头版《破案会战》专栏刊发。在办理大要案过程中，按照“大案专办”的要求，注意运用各种技战法，探索建立多警种参与的专案组攻坚机制。今年4月，市公安局经侦支队破获一起利用修改邮箱账号后缀进行诈骗的案件，就充分发挥了经侦部门和网安、技侦部门联合作战的优势，综合运用了股市资料查询、网络定位、手机定位、视频监控、电子证据留存等多种技战法；同时，因为该案涉及广东、湖北、湖南等地，调查取证等工作量非常大，经市公安局研究，及时从刑警、治安、技侦、网安等部门抽调人员帮助工作，成立联合专案组，以优势警力确保了案件及时侦破。

四、按照督导严格、奖惩兑现的要求，建立起“破案会战”保障机制

*一是强化督导，鞭策后进。*3月16—21日，组织市公安局经侦支队班子成员分别前往五个区县经侦大队督导“破案会战”，提出具体工作要求；4月10日，组织市公安局督察支队与经侦支队召开座谈会，通报前期全市“破案会战”工作情况，结合《全省“破案会战”专项督察实施方案》，研究制定我市下一步督导工作重点。4月13日、5月4日，由市公安局分管局长带领督察支队、经侦支队主要负责人前往战果不理想的分县局进行重点督导，取得了明显成效。相关分县局立即为经侦大队增加了人员，在督导后的两天之内都分别破案5起以上。

*二是奖优罚劣，重在激励。*经研究，日照市公安局拿出30万元专项奖励经费，政工部门也制订了相应的表彰办法，对于在“破案会战”中涌现出的先进集体和先进个人进行物质奖励和精神鼓励；对于在“破案会战”中工作不力、成绩落后的，市公安局将在考核中实行“一票否决”。同时，市公安局“会战办”将全市各级各警种的破案战果列出明细表，挂在市公安局“破案会战”专栏中，激励带动更多警种、更多派出所投入到“破案会战”中来。

*三是充分发扬日照“破案会战”精神，形成加班加点，主动工作的良好氛围。*目前，全市各级各有关警种参与“破案会战”的积极性十分高涨，广大民警自觉践行“忠诚、为民、公正、廉洁”的人民警察核心价值观，积极倡树“特别能吃苦、特别能战斗，特别能奉献”的日照“破案会战”精神，加班加点，无私奉献。许多民警连续二十多天在外出差办案，一心扑在工作上；有的民警感冒发烧也不请假，始终坚守在工作岗位上；有的民警家属临产也顾不上照顾，仍然奋战在工作一线。正是这种始终如一的工作热情、旺盛斗志和无怨无悔的奉献精神，才确保了“破案会战”不断深入发展。

（在全省破案会战滨州推进会上的发言材料）

日照市公安交警部门创新推行“牵手”服务品牌

日照市公安交警部门把“以人为本、服务为先”理念贯穿警务工作创新的全过程，整合社会管理资源，创新推出以牵手斑马线、民俗村、小社区、重点人、重点企业和新闻媒体为主要内容的服务品牌，推动了和谐警民关系建设。

一、牵手斑马线，筑起校园周边交通安全屏障。针对辖区主干道中小学、幼儿园多，高峰时段接送学生车辆云集，校园周边交通秩序乱、安全隐患多，群众反应强烈等问题，交警支队首先从威海路、胶州路等中小学校集中的路段入手，与义工联在市新营小学启动“牵手斑马线”爱心护学行动，在学校周边设置专用乘车点，接送学生车辆即停即走，学生下车后由交警、义工护送过马路、进校园，缩短车辆停留时间，学校周边通行秩序明显好转。短时间内，部分学校纷纷加入。除义工外，学生家长、在校大学生和志愿者600余人参与，有的学校还组织教师轮流参与执勤，护学行动迅速由新营小学扩展到其他学校，形成以交警为主力、社会力量广泛参与的良好局面。今年3月份，日照交警支队主动与团市委、民政局等部门协调，成立“牵手”服务志愿者协会，目前已发展会员200余人。

二、牵手民俗村，打造安全畅通的旅游交通环境。随着日照市旅游资源的不断开发，沿海旅游业逐年升温，停车难、秩序乱、交通堵的问题经常发生。去年5月份，交警支队与景区沿线村居协作，招收14名协勤员，配备4台电动巡逻车负责景区道路巡逻，及时纠正、劝阻随意停车等违法行为，提醒驾驶人到就近停车场停车，并在高峰时段组织外围交通分流，实现停车资源充分利用、道路交通畅通有序、旅游环境显著改善、旅游收入明显增加的“四赢”效果。今年4月份，交警支队结合旅游环境综合整治，组织有关部门按照职责，在沿海景区路段增设15处视频监控和电子卡口、5处交通诱导屏，对主要道路实行调流，完善相关交通标志，提升道路通行能力，优化景区周边道路交通环境。

三、牵手社区，构建便捷高效的管理服务环境。协调社区建设网络专递系统，推出“三通四联”工作模式，通过交通安全联络员、社区交通引导员、交通安全志愿者三条联系群众渠道，社区车辆驾驶人管理系统、社区驾驶人短信联络系统、社区交通安全QQ家园、交通安全联络员系统四大网络信息系统，为交警部门与社区服务中心、社区居民互动交流搭建新平台。依托这种模式，更加便捷地为社区居民提供信息查询、证照转递、宣传教育等服务措施，真正做到管理更人性、服务更贴心、办事更便利。不断拓宽车管服务领域，组建流动车管服务车利用双休日、节假日走进社区、农村集市和田间地头，着力打造群众“家门口的交警队”。

四、牵手重点人，建立交通事故处理联调速裁机制。在不断完善道路交通事故法庭、保险理赔中心的基础上，积极与司法等部门协调，牵头挂牌成立交通事故处理联调速裁中心，探索实行行政（交警）调解、人民调解和司法调解三调合一，保险公司、律师提前介入的“五联调”工作模式，最大限度为当事人提供服务。联调速裁工作模式充分考虑当事人需求和不同案件的特点，综合采取联合调、个别调、法院裁的方式，解决损害赔偿。目前已接受群众咨询1200余件次，调处道路交通事故案件1130余起，涉案金额达到1980余万元，调解结案率高达85%。

五、牵手重点企业，拓展延伸道路交通管理触角。日照市港铁运公司职工多、内部车辆多，单位内部场区通行条件复杂。日照交警直属大队主动与该公司协调，本着“创新合作，资源共享、服务员工、奉献社会”的宗旨，警企合作联合组建交通安全管理队伍，铁运公司招聘8人，交警直属大队选派2人，由公司负责经费保障和日常管理使用，交警部门负责业务培训指导，工作任务是对进出场区的车辆进行交通疏导，发生突发情况和大型活动时，交警部门可以临时抽调使用。去年底，交警直属大队与铁运公司举行合作签字仪式，正式实现警企牵手合作。目前，全市已有20余家企业与交警部门签订了牵手共建协议，形成合作双赢的良好局面。

六、牵手媒体，赋予服务品牌更加持久的生命力。积极与媒体协调沟通，借力共同打造文化品牌，赋予品牌持久生命力。与日照日报社联合，在全国公开征集“牵手”LOGO和主题口号活动，社会各界广泛参与，最终确定以“牵手你我，平安万家”为主题口号，并确定立意鲜明、简洁明丽的LOGO标识，使“牵手”服务行为品牌化。交警部门与《黄海晨刊》编辑部策划制作“牵手”服务品牌文化手册，组织召开创新管理服务座谈会暨牵手品牌发布会，市委宣传部、市综治委、市文明办、市公安局、市教育局、市义工联等部门、单位和部分学校、村居、社区负责人及学生家长代表、志愿者代表200余人参加会议，日照广播电台、电视台、日照日报社等媒体跟踪报道，有效提升“牵手”服务品牌的社会影响力。

（《山东公安简报》2012年第16期刊载）

日照市公安局建立完善流动暂住人口信息化应用社会化联动管理机制

2012年以来，日照市公安局以信息化应用为载体，全面搭建流动人口信息网上申报平台和内网预警平台，强力推进暂住人口社会化联动机制建设。至目前，全市1095家单位通过平台实现了流动人口信息自行采集上报，共录入流动人口信息14.1万条，出租房屋信息1万余条，从中抓获网上逃犯10人，列管高危人员400人。

一、加强组织领导，精心部署实施。针对新形势下流动人口流动性强、人员成分复杂、难以有效管控的实际，日照市公安局将建立暂住人口管理社会化联动机制作为深化基层基础工作、推进社会管理创新的重要任务，强力推进。一是制定工作方案，成立领导机构。经深入调研、充分论证，印发《关于建立暂住人口网上申报和预警平台的实施方案》，成立领导小组，明确工作目标、措施和要求，多次召开专题会议部署推进。二是党委、政府主导，社会各界参与。坚持“党委政府统抓总揽、职能部门分工合作、社会各界齐抓共管”的思路，积极向党委、政府争取组织和政策上的支持，将流动暂住人口社会化服务管理工作纳入经济社会发展总体规划，由党委、政府、综治部门牵头，明确了各街道（镇）办、劳动、卫生、计生、民政、工商等16个部门的工作职责，形成流动人口服务管理“纵向贯通，横向联动”的社会化管理格局。三是强化检查督导，完善制度保障。市公安局将开展流动人口管理社会化联动机制建设工作纳入全市公安机关绩效考核体系，研究制定具体考核标准和实施细则，对工作成绩突出的单位进行奖励，对开展不力的进行通报，真实客观地考量工作实绩。各级党委、政府也将该工作纳入政府年度目标绩效考核和综治年度考核，实行倒查问责制度，对发生暂住人口违法犯罪等问题的，实行一票否决，取消年度评先选优资格。

二、搭建系统平台，开展网上录入。坚持“边建设，边应用，边推进”的原则，以建立系统平台为依托，以用工厂企单位为重点，结合“三访三评”大走访活动，组织分县局、各有关警种部门、派出所根据各自任务分工，同步推进。一是建立系统平台。市公安局户政、信通、装备、网监等部门通力协作，密切配合，投入资金20余万元，购置5台服务器用于平台建设，并积极联系系统供应商搭建了流动人口信息互联网申报和内网预警平台。指导社会厂企单位通过互联网录入流动人口、出租房屋信息，数据通过边界转换到公安网络，与全国在逃人员信息库、吸毒人员信息库、全国人口信息库等同步比对碰撞。二是广泛宣传发动。各分县局、派出所对辖区流动人口在30人以上的厂企、单位、社区、村居进行逐一走访，全面了解外来务工人员情况，广泛宣传法律法规及政策规定。争取理解和支持，督促符合条件的厂企单位配齐协管员和联入互联网的电脑，签订责任状，落实有关工作制度和管理规定，建立了覆盖全市厂企用工单位的协管员队伍。三是开展集中录入。采取以“以会代训”的形式，对户籍民警和协管员就使用平台录入、采集、管理、维护流动人口信息进行培训，并对流动人口服务管理知识进行讲解。组织民警深入厂企单位上门指导，督促进度，随时解决系统使用过程中遇到的问题。

三、整合社会资源，构建基础网络。为切实破解公安机关单打独斗的局面，缓解警力不足、经费紧张的实际，与计生、社区、厂企紧密合作，有效整合社会各类资源，构建广泛的流动人口服务管理网络，努力达到覆盖无盲区、管理无死角、服务无缝隙的目标。一是“警计联动”。发挥计生查访员队伍人员充足、工作触角广泛的优势，公安机关与计生部门达成合作协议，将计生查访员队伍作为流动人口协管员使用，实行计生、公安双重管理、捆绑考核，充实了力量，实现了公安机关、计生部门优势互补，互惠共赢。二是“警企联管”。发挥厂企单位对流动人口反应灵敏、情况掌握的优势，实行流动人口信息自行采集录入，加强业务指导，督促厂企单位制定内部管理制度，明确了本单位流动人口协管员的岗位制度、工作职责、考核指标等项目，定期对协管员进行评定，与工资、奖金相挂钩，有效调动了协管员的工作积极性。三是“警社联合”。在社区服务中心设立流动人口服务管理分站，将流动人口纳入社区劳动保障、医疗卫生、计划生育等一站式服务网点，使流动人口不出社区就能办理相关业务，方便了群众办事。

四、突出信息应用，提升服务效能。坚持信息引领警务的理念，在信息研判上下功夫，在信息化深度应用上求突破，促进流动人口数据信息转化为工作成果，服务公安工作实战需要。一是服务实战需求。对录入系统平台的人员信息进行实时碰撞比对，根据比对结果将流动人员进行分级管理，实现信息制导、精确打击、有效管控的目的。7 月 16 日，东港分局泰安路派出所民警根据流动人口信息网上申报平台报警提示，在海曲东路社区将网上在逃诈骗犯罪嫌疑人甘某某抓获。二是服务企业用工。厂企单位自行采集务工人员信息上报，即时、安全地完成与公安网的数据交换和碰撞比对，实现对流动人口的“安检”和“政审”，帮助企业对用工人员进行把关，使企业“用放心人、办放心事”。同时，通过系统平台管理流动人口信息，减少了中间环节，为企业节约了行政管理成本，方便了企业对流动务工人员的管理。三是服务外来务工人员。在厂企务工的流动人员可以根据自己的时间安排，在本单位即可完成流动人口的申报登记，改变以往来回到派出所咨询、申报、申领的状况。同时，公安机关通过系统平台的信息发布功能，普及流动暂住人口管理法律法规知识，及时提供有关务工、就业、租房等方面的信息，实现人性化管理与服务。

（《山东公安简报》2012 年第 24 期刊载）

日照市公安交警部门
探索建立事故处理民生服务新体系

日照市公安交警部门以解决群众反映较多的突出问题为切入点，创新机制，转变作风，变被动管理为主动服务，从事故快处快赔、纠纷诉调对接、逃逸案件侦办、当事人回访和多元社会化救助等五个方面入手，着力探索建立自主选择式道路交通事故处理民生服务新体系，有效提升了执法公信力和群众满意度。2013 年，通过简易程序处理的道路交通事故占事故总量 77.8% 以上，事故复核率、投诉率、信访率分别下降 32%、35% 和 39%，交通肇事逃逸案件侦破率达 100%。

一、权限下放，科技支撑，推行轻微事故快处快赔新机制。一是下放处理权限。为提高处警速度和就近处理交通事故，逐步将轻微事故处理权下放至交警中队，制定出台《日照市公安交警中队道路交通事故处理工作规范》，区别城区和乡镇交警中队的不同特点，赋予不同的处理权限，支队每半月汇总事故处理数据，每月考核评比，排名通报。目前，全市33个交警中队全部开展轻微事故处理工作，去年累计处理轻微事故4200余起，全市事故结案周期提高35%以上。二是健全机制保障。成立由公安交警、市金融工作办公室、市保险行业协会及驻日照17家财险公司参与的日照市道路交通事故快速理赔中心领导小组和管理委员会，印发《日照市机动车轻微道路交通事故快速处理办法》《日照市机动车轻微道路交通事故快速理赔中心运行实施意见》《关于加强市区道路交通事故保险理赔中心建设工作的实施意见》等指导性文件，交警、保险等部门集中办公，一站式服务，为推进快处快赔工作夯实了基础。三是重视科技支撑。研制开发交通事故简易程序处理平台，开通警情接报处置、现场信息采集、远程引导协助、办理情况查询、业务分流配置、电话短信引导、“彩信通”业务、手机客户端自助服务、保险联处等功能，并根据不同案情和群众的个性化需求，采取相应的引导处置方式，实现从报案到理赔的全程、快捷和“自助式”服务。四是强化宣传引导。充分发挥电视、广播、报纸等媒体的潜在优势，开辟宣传专栏，系统介绍交通事故快处快赔的重要意义、适用条件和方法流程，印制《日照市道路交通事故快速处理实用手册》《日照市机动车轻微道路交通事故当事人现场记录书》等宣传材料，免费向社会群众发放，让群众自觉运用和准确适用，实现了轻微事故的快处快结。

二、调解优先，诉调对接，推行专业化联调速裁工作新机制。按照市公安局“建设覆盖市区及各区县的道路交通事故处理服务中心”部署要求，着力打造集事故处理、诉讼仲裁、法律服务、人民调解、保险理赔、价值认定、检验鉴定、心理辅导、宣传教育、救援救助“十位一体”交通事故处理服务体系品牌。一是实行调解前置。在事故责任认定前，综合运用人民调解、保险公司、法律服务等各方力量，通过明事析理，阳光作业，对当事人进行政策宣讲和情绪疏导，并向当事人明确责任认定规则、事故处理程序、损害赔偿标准和法律救济渠道。通过调解前置，使问题早暴露、矛盾早发现，措施早跟进，实现了事故处理与矛盾化解的全程衔接。二是实行六调合一。建立了集自行协商、行政调解、司法调解、人民调解、保险调解、仲裁调解“六调合一”的矛盾纠纷化解综合服务体系，尊重群众的自主选择权，做到调解时机可选、调解方式可选、调解人员可选。积极拓展网上调解阵地，设立网上调解室，将网址及调解人员QQ号印制在联系卡上在事故现场向当事人发放，提供调解业务咨询和网上预约、调解服务。三是实行联调速裁。对重大、疑难案件的调解，由道路交通事故法庭、人民调解委员会、事故处理岗位以及仲裁、保险等机构分别派员组成联调速裁工作组，全面收集相关信息，综合研判各方诉求，为当事人量身打造个性化调处方案，提供民事调解、司法确认、保险理赔、裁决执行全方位、一站式服务，形成了多方共赢的良好局面。2013年以来调处案件4141起，涉案金额8100余万元，结案率达91.16%。

三、专案专办，合力攻坚，推行逃逸和信访案件侦办新机制。对交通肇事逃逸案件、信访投诉案件实行集中侦办。一是注重肇事逃逸案件侦办。支队从全市范围内抽调追逃业务骨干20人，成立追逃专业行动队，下设4个分队，一旦发生逃逸案件，由支队直接调度派遣专业行动队集中侦办。去年专业行动队侦破逃逸事故80起，侦破率达95.8%。同时，实行“温情追逃”，针对部分犯罪嫌疑人长期潜逃外地渴望返家的心理，安排专人到亲属家中做工作，晓之以理、动之以情，敦促11名犯罪嫌疑人投案自首。二是注重信访投诉案件侦办。高度重视信访投诉案件，作为送上门的群众工作，认真执行“一二四”领导接访规定，落实信访工作三个主体责任，健全完善以支队、大队两级为重点的领导干部定点接访、重点约访、专题接访、带案下访和包案化解等“四访一包”体系，进一步拓宽接访渠道，面对面地为群众解决实际问题，引导信访下行，防止矛盾上交。去年来信来访案件27起，群众投诉120起，结案率100%。三是注重办案中矛盾排查。在事故处理过程中提高矛盾纠纷排查主动性、预见性和科学性，特别在现场勘查、责任认定、赔偿调解等各个环节，密切关注事故各方利益诉求和思想动态，对形成分歧的原因认真分析，有针对性地开展说服教育、疏导化解工作，做到早发现、早介入、早控制，切实把纠纷解决在萌芽状态和初始阶段。

四、强化培训，规范执法，推行案件审批“一个出口”新机制。一是加强执法主体建设。按照“实战、实用、实效”的要求，组织对《中华人民共和国刑事诉讼法》《公安机关办理刑事案件程序规定》《公安机关办理行政案件程序规定》等“一法两规定”集中培训，举办了全市交警系统学法律学业务知识竞赛，提高民警执法素养和实战本领。二是加强执法制度建设。区别刑事、行政案件的不同特点，健全从立案到结案的操作规范，出台《基层办案单位执法记录工作规定》《交警大队执法办案场所管理使用规定》，规范执法行为。制订《日照市公安交警部门涉案财物管理规定》，明确涉案财物的登记、移交、保管、处置、监督、问责等规定，规范涉案财物管理工作。三是加强执法过程管控。加强法制员队伍和基层法制机构建设，落实案件审核、审批“一个出口”规定，规范事故现场处置、现场勘查、调查取证、证据运用、法律适用、损害赔偿调解等环节的执法程序和要求，完善交通事故处理执法告知、法制审核、集体通案制度，不断提高事故处理执法质量。

五、多方合力，应急联动，推行当事人回访和救助新机制。对因交通事故致残、致贫或无生活来源的困难家庭，主动承担社会责任，协调有关部门和社会力量，做好帮困解难工作。一是深化医疗救治“绿色通道”建设。在县级以上医院设立道路交通事故医疗救治协调办公室，建立了信息共享、应急联动和专家共享等机制，切实提高救治快速反应能力，降低道路交通事故死亡率和致残率。会同卫生局、民政局、金融办公室联合下发通知，对不能及时交纳抢救费用的交通事故伤员，实行先抢救、后缴费。肇事机动车未投保交强险或者肇事后逃逸，当事人无力支付医疗抢救费用的，由民政和医疗保险机构根据相关政策规定，给予先行垫付，累计垫付资金36万余元。二是畅通困难群众维权法律渠道。支队与司法局联合在全市7处事故处理中心设立“道路交通事故法律援助工作站”，为道路交通事故当事人免费提供法律咨询，依当事人要求参与事故调解或代理诉讼。对法律援助对象的委托鉴定、伤残评定、法院诉讼等费用，实施“减、免、缓”的弹性政策，确保困难群众打得起“官司”，通过法律手段维护自身的正当权益。三是积极开展当事人大回访。本着“化解纠纷、处理问题”的原则，定期开展集中走访交通事故当事人活动，通过对当事人讲理说法，以“零距离”促“零纠纷”。同时，对部分确有生活困难的当事人，积极开展帮扶工作，通过捐款捐物、定期走访等形式给予帮助，让人民群众感受到政府的温暖，去年共帮助18个家庭解决了实际困难。依托市公安局“大回访”民生警务平台，通过电话回访、短信回访、预约回访等形式，累计回访交通事故当事人6482人次，成功化解有信访苗头案件8起，息访3起重点信访积案，事故处理岗位大回访满意率达99.9%。

（《山东公安简报》2014年第4期刊载）

日照市公安局
大力推进“一长四必”勘查机制建设

日照市公安局结合实际，创新实践，大力推进“一长四必”现场勘查机制建设，现场“勘查率、提取率、录入率、比中率”明显提升。

一、强化组织领导，形成齐抓共管工作格局。市公安局党委高度重视“一长四必”新机制建设，作为加强刑事科学技术工作和全面采集警务云基础数据的突破口，作为建设责任化侦查破案体系的重要任务，由刑侦支队牵头，组织各有关警种和分县局推进落实。成立由“一把手”负责、相关警种部门主要负责人为成员的领导小组，召开动员部署会议、专题调度会议，全面推进落实。加强科学谋划，组织刑侦支队牵头对各分县局现有专业人才情况和实际发案数量进行专题调研，并根据全市警力、装备、队伍素质等情况，实行“分级分类和侦技一体化相结合”的工作模式。研究制定《全市公安机关“一长四必”现场勘查新机制建设工作实施方案》，细化实施内容、勘查分工和警种部门职责。各分县局也层层细化工作措施，形成局长总负责、分管局长具体抓和刑侦大队长、技术室主任各负其责、各司其职、齐抓共管的工作格局。

二、强化人才建设，夯实现场必勘的基础保障。一是强化人员保障，保证“必勘”警力。市公安局制定出台《关于进一步加强刑事科学技术工作的意见》，明确通过面向社会公开招考、内部选拔、调整专业人员回归技术岗位等途径，解决刑事技术人员缺口较大的问题。2015 年以来，市公安局刑科所调整充实民警 9 名。二是强化专业培训，保证“必勘”质量。市公安局将技术员培训纳入年度重点培训计划，安排专门培训经费，连续举办 3 期“一长四必”现场勘查培训班，培训基层技术员 140 余名，有效解决基层派出所和刑侦中队民警勘验能力不足、专业化水平不高的问题。各分县局普遍采取跟班轮训、以赛代训等形式加强基层技术员培训，有效提高了整体业务水平。三是强化经费保障，保证“必勘”装备。加大经费投入，完善软硬件建设，市公安局新建 3000 平方米刑事科学技术实验室和 400 平方米解剖室，投资 1000 余万元建设实验室、解剖室，进一步提高硬件条件。各分县局投入资金 360 万元，为基层办案单位配备了勘查箱、数码相机、现场快速录入系统、勘查灯等现场勘查装备，推动了现场勘查工作深入开展。

三、强化制度建设，构建考核激励的长效机制。一是纳入全年绩效考核。市公安局将“一长四必”机制建设列为全市公安机关重点工作，纳入年度绩效考评。对各分县局现场勘查率、痕迹物证提取率、物证比中率等项目，实行定期通报制度，推动形成“比、赶、超”的良好氛围。二是捆绑打防责任考核。市公安局将“一长四必”机制建设与打防责任制考核捆绑推进，利用打防责任制的破案积分奖励，对在现勘、采集、录入、比对环节发挥作用的民警给予积分奖励，发挥采录数据在侦查破案中的效能，有效提高技术民警的工作积极性。三是制定三年发展规划。市公安局党委制定出台《日照公安刑事科学技术发展三年规划》和督导方案，在职位设置、职数配备、职级晋升、立功授奖等方面向刑事科学技术部门和人员倾斜。加强教育培训，全市刑事技术人员每人每年培训时间不少于 15 天，每个专业培养在全省有影响力的拔尖人才 1 名。

四、强化科技支撑，提高了刑侦工作整体水平。一是提高了现场勘查率。2015 年以来，全市共勘验各类案件现场 5621 起，勘验率达到 96.1%，同比增长 40.6%；现场痕迹物证提取率达到 20%，同比增长 14.2%。二是提高了物证比中率。2015 年以来，通过现场勘查提取痕迹物证检验比对和利用 DNA 数据库、指纹自动识别系统分别破获案件 133 起、51 起，同比分别增长 429%、137.8%。三是提高了打击处理水平。现场勘验水平的提高带动了打击效能整体提升，尤其在破获系列性、流窜性、团伙性盗窃类案件方面发挥重要作用。2015 年以来，全市共破获刑事案件 2806 起，批准逮捕犯罪嫌疑人 492 名，同比分别增长 5.09% 和 43.02%。

（《山东公安简报》2015 年第 22 期刊载）

日照市公安局综合整治代步车交通安全违法行为有效维护市区交通秩序

2015年以来，日照市公安局坚持疏堵结合、综合施策，集中整治三轮车、四轮代步车交通安全违法行为，有效维护市区交通秩序。

一、加强组织部署，层层动员发动。深入开展调查研究，积极向市委、市政府主要领导汇报，把整治工作上升为党政工作层面。市委、市政府制发方案，成立由主要负责同志挂帅、市直有关部门负责同志为成员的集中整治工作领导小组，下设8个专项组，分工落实有关措施。牵头成立专项行动办公室，从有关单位抽调精干力量集中办公，负责综合协调和情况控制。主要负责同志每周召开协调会，研究新情况，解决新问题，带队组织现场督导或暗访检查。加强各成员单位、有关部门协作配合，认真细化措施，层层动员部署，推动整治工作有序开展。

二、坚持以人为本，落实补偿帮扶措施。从维护三轮车、四轮车客运从业人员合法权益出发，制定落实从业人员补偿保障措施。一是实行差别化补偿。按车辆购置年限、购置价格给予合理补偿，设立集中办理点，成立有关部门参与的流动工作站，深入社区办理相关手续。目前，已发放补偿资金668万元。二是推动转岗就业。协调20余家企业单位，调整350个就业岗位，优先安排符合条件的从业人员转岗就业。提请市政府给予就业技能培训、小额贷款、创业补贴等方面优惠，组织236人参加技能培训，协调帮助214人申请无息贷款。优先考虑特困和无生活来源的车主困难，组织摸排26个村居社区，协调帮助141名车主申请低保、54名残疾人申请助残政策。三是完善公共交通体系。提请市政府增购新能源公交车100辆，抽调公交车50辆，充实重点线路，增加发车班次，开通区间公交，方便市民出行。会同有关部门倡导“绿色出行”，规划建成公共自行车点500处，投放公共自行车6000辆，进一步完善公共交通体系。

三、坚持梯次推进，实现有序平稳整治。一是明确范围步骤。将禁区内电动、燃油三轮车和未列入工信部产品公告的四轮车，全部列为整治对象，坚持边整治边巩固成果、逐步向外推进，先期实行新市区禁行，后期实行老城区禁行，最终在整个建成区禁行，确保禁行政策稳步实施，扎实落地。二是强化摸排宣传。协调组织街道、社区干部上门入户登记信息，与车主签订承诺书，动员上缴车辆。通过媒体、网络、手机客户端连续推送补偿、保障政策，设计标语26条，制作悬挂横幅1290余条，张贴通告2万余份，营造浓厚舆论氛围。行动第一个月就收车654辆，其中营运三轮车155辆。三是加强源头堵控。协调配合有关部门抽查生产企业4家、三轮车、四轮代步车品牌67个，查封不合格企业2家。督促停止销售或转行经营业户49家，责令限期退货经营业户8户。联合邮政部门协调35家快递企业，通过自购、补贴等方式，更换电动车254辆。

四、坚持综合执法，加强路面巡逻管控。将市区禁行区分成三个责任区，从辖区分局、交警大队抽调160名警力，会同交通、综合执法部门执法人员和街道、社区工作人员，实行错时工作制，全天候上路巡查。在每个街道设置1至2处临时停车场，各配备2辆拖车，统一接收上缴或路面查扣车辆。协调物价、税务等部门派员在停车场现场办公，核对车辆牌证、购车发票等信息，办理车辆收缴补偿事宜。对完成收缴补偿程序的车辆，及时移送到回收公司报废销毁，目前已销毁三轮车、四轮代步车1738辆。

五、加强群众沟通，积极防范应对风险。充分预判可能出现的治安问题，制定路面执法维稳、群体性事件应急处置、网上舆情管控预案，严格落实风险应对处置责任，及时做好社会矛盾预防化解工作，全力维护社会稳定。配合有关部门专项评估社会稳定风险，针对可能引发的群体上访，落实相关措施积极化解风险。对涉及群众利益事项，提前通过多种渠道征集意见、建议，通过网络投票站、手机客户端吸引参与投票人数9475名，支持率达79.4%。对群众提出的意见、建议，逐一上门面办，无联系方式的，通过网络、邮箱反馈。对共性问题，发放综合整治12个问题答复，广泛宣传动员。以市政府名义建立信访、公安及有关区政府、管委会参加的联合接访制度，现场解决群众诉求。2016年以来，未发生一起群体性和个人上访事件。建立考核机制，加大暗访抽查力度，发现车辆闯禁区或非法载客的，扣除执勤人员考评分，超出一定分值的取消评优资格。发现有三轮车在村居停放的，扣除街道、社区考评分，扣满一定分值的予以通报批评。对辖区内治理成效明显，未被扣分或通报的单位和相关人员，给予表彰奖励。

（《山东公安简报》2016年第13期刊载）

日照市公安局发布执法“白皮书”制度
为提升民警执法水平奠定基础

基层基础建设三年攻坚战开展以来，日照市公安局按照省公安厅部署要求，坚持以“精准警务”理念为引领，围绕标准化、规范化要求，不断完善执法分析研判预警机制，探索建立发布执法“白皮书”制度，通报执法状况和风险隐患，防范化解执法突出问题，此项工作在全国市级公安机关走在前列。公安部法制局局长孙茂利对此专门作出批示：“培林同志，这项工作做得很好，望不断完善，成为分县局长们离不了的工作晴雨表。”

一、规范数据应用，突出执法白皮书的客观性、权威性。各项执法数据是执法白皮书的灵魂和核心，必须将数据的规范应用，作为执法白皮书制度的基础与前提。通过完善机制、制定标准等方式，确保执法白皮书数据统计规范、准确、全面、客观。一是规范数据统计口径。为防止因查询端口、查询条件不一致导致查询结果与执法实际存在误差的问题，专门制定《全市公安机关执法数据统计分析标准》，统一规范数据录入、数据运算和数据查询标准，确保结果统一、全面。二是扩大数据涵盖范围。为全面反映公安机关执法真实状况，打通内、外部数据流转渠道，对内通过警综平台、执法办案闭环管理系统等执法平台统计查询执法数据，扩大数据横向交互；对外借助全市检、法及政府法制部门数据通报，定期统计公安机关在逮捕、起诉、刑事判决、行政诉讼、行政复议等方面的数据，深挖数据纵向延伸。三是发挥数据引导示范作用。各类执法数据是执法状况的真实反映，通过选取特定时间段内具有代表性或指导意义的案例，将数字转化为鲜活的事例，指引或警示一线执法；同时，对新颁布的与公安业务相关的法律法规或规范性文件及时进行解读，深入分析对公安执法工作的影响，将现实中的执法实践引申到纸面上的执法数字，为一线民警提供预警、参考。

二、准确职能定位，有效提升执法白皮书的针对性、实用性。坚持突出执法白皮书作专业化和专项化要求，将其作为公安执法分析研判预警机制的一个新形式、新载体。一是明确界定发布范围。根据上级公安机关要求，公安机关执法白皮书不对外公开；如对外宣传，须履行保密审查手续。目前，2017年度、2018年一季度、2018年上半年的执法白皮书已印制分发到位。二是明确统计数据范围。执法白皮书中的统计数据，仅限于公安机关在办理行政、刑事案件中形成的受立案、强制措施、处罚裁决、多发性案件等数据，不包含行政审批、行政许可等其他公安工作数据，专门通报执法状况和风险隐患，防范化解执法突出问题。三是明确职能定位。执法白皮书通过客观总结一段时间内全市公安机关真实执法状况，对全市公安机关整体执法形势进行宏观把握和深入分析，提出改进工作的意见、建议，旨在为市公安局党委安排部署执法工作提供参考依据，为基层一线深化执法规范化建设提供宏观指引。

三、借助信息化手段，实现执法白皮书智能化生成。充分发挥信息化技术在执法活动的管理、控制、预警、评估、分析作用，借助大数据、云计算等信息化技术，优化查询、统计、分析模块，实现对执法实际的精准把握、精准分析。一是智能分析总体执法情况。通过对执法办案闭环管理系统的本地化开发应用，将日常执法办案过程中录入、生成的数据进行自动归类、组合、拆分，生成市公安局《执法白皮书》和各业务警种的《执法白皮书分册》以及复议应诉《执法白皮书专刊》等，满足多维度需要。二是智能剖析执法问题短板。市公安局围绕执法监督的重点环节、风险节点设置预警模块，在《执法白皮书》中分别从源头执法、审核机制、调查取证、执法安全等方面查找不足并剖析问题产生的原因，实现执法管理的智能化。三是智能应用反馈结果。从解决执法管理不精细的问题入手，将系统分析、发现的执法不规范等方面的问题数据接入市公安局配套建设应用的执法考核和执法考试系统，并以此为依据向民警自动推送学习题库，根据不同问题反馈开展针对性培训，实现精准支撑执法考核、靶向开展执法培训。

（省公安厅《基层基础建设三年攻坚战工作简报》2018 年第 65 期刊载）

日照市公安局着力打造执法规范化建设“升级版”

去年以来，日照市公安局紧紧围绕建设法治公安目标，按照省公安厅基层基础建设三年攻坚战和“规范警务”品牌建设工作部署，坚持以“精准警务”理念为引领，着力打造执法规范化建设“升级版”，执法管理智能化、精细化、规范化水平显著提升。

一、高标定位，集约运作，推动执法办案场所建设全面提升。深入开展实战实用的执法办案场所升级改造提升行动，高标准建设市公安局执法办案管理中心。一是场所建设集约化。投入 690 余万元，建设集案件管理中心、执法办案中心、涉案财物管理中心一体的市公安局执法办案管理中心，面积 1410 平方米，建设功能室 24 间，对外受理案件，对内办理案件、管理办案场所和涉案财物、审核案件等，实现对执法办案的全环节管理、全流程监督和全方位服务。各分县局也都分别新建高标准规范化的执法办案管理中心。二是硬件配备智能化。执法办案管理中心配备智能手环、信息采集一体机、电子防睡岗等智能化设备，依托办案中心智能管理系统，让嫌疑人在办案场所的活动节点全程留痕，并将监督提醒信息同步推送至督察部门，对违规、超期等问题第一时间介入。安装人脸识别、虹膜信息采集仪等设备，精准识别嫌疑人真实面目。建设无线审讯指挥系统、远程讯问室，方便审讯工作，提升执法效率。三是数据流转一体化。围绕“警情、案件、场所、财物、卷宗”五大核心要素，将执法办案闭环管理系统、办案中心管理系统、涉案财物管理系统全面打通互联，把不同执法阶段的数据流转、衔接起来，实现数据复用、信息共享、在线监督。

二、智能驱动，数据引领，推动精细执法水平全面提升。深入开展集成智能的执法信息化建设应用提升行动，深度应用人工智能、大数据和云计算等信息技术，实现证据体检、智能量罚和数据研判，全面提升精准执法水平。一是创新刑事案件证据体检。依托机器学习、自然语言处理、OCR 识别等新技术，建立刑事案件证据体检模型，对民警采集的证据按照证据体系标准自动归类，通过预先配置好的运算模型进行自动检查比对，并结合检、法部门起诉要求，让数据判断案件证据材料是否缺失，精准引导办案民警做好证据采集。二是创新行政案件智能辅助量罚。利用机器学习技术，对案件的证据材料、案件内容、嫌疑人信息、违法情节、处罚标准、裁量规则、前科信息等方面的数据进行定向分析，结合本地已处罚行政案件量罚幅度，智能化生成行政处罚建议，为行政处罚决定提供参考。三是创新执法研判白皮书。坚持问题导向，将信访涉法事项纳入执法数据统计、分析、研判、预警渠道，利用大数据分析统计方式，抓取对应项目数据，自动生成分析结果，按期发布执法白皮书，及时统计、分析、研判各级公安机关及业务警种部门执法数据，提高法制部门日常执法监督和服务的针对性，提升执法数据信息预警研判效能，为各级公安机关依法决策、精准指导提供精准服务。

三、优化机制，规范助力，推动规范执法水平全面提升。以“精准”为标尺，优化工作运行机制和警务资源配置，推动执法规范水平的全面提升。今年以来，创新建立、优化完善执法管理工作标准、工作机制 12 个。一是创新建立 110 警情远程法律研判工作机制。以全警情录入为抓手，将所有警情和接处警信息全部录入 110 接处警平台，与执法办案闭环管理系统无缝对接；对群众亲临报警的，严格落实“四个统一”“五个当场”要求；在以上两项措施的基础上，建立指挥中心、法制警种间的 110 警情远程法律研判工作机制，针对疑难、复杂、敏感警情，法制部门在接警过程中及时靠上支持，并借助执法现场 4G 回传音视频对处警过程提供法律监督和指导。二是创新建立推行行政案件快速办理机制和轻微刑事案件速裁速办机制。通过拓宽取证方式、明确证据规格、简化办案程序、缩短办案时限等措施，实现办案质量与办案效率双提升，相关经验做法在公安部网站发布。三是创新建立信访法制融合发展工作机制。为推进依法办访，依法治访，不断减少和消除因执法不规范引发的信访问题，制定《日照市公安局信访法制融合发展工作机制实施意见（试行）》，并成立法制专家服务组对信访案件进行集中评查，通过信访、法制信息系统和问题数据融合使用，建立起联合接访、联合评查、纠正补错、责任倒查等工作机制，使信访事项与法制程序合轨运转。

四、精准导训，实战实效，推动执法质量全面提升。通过信息化手段推动执法培训常态化、精准化、切实以民警执法能力的提升不断提高执法质量。一是搭建数字化模拟法庭。通过 VR、AR 技术，引进“虚拟法官”“虚拟律师”，推行“对抗式”模拟法庭培训，使执法培训实战化对接庭审，增强民警出庭应诉的技巧和能力。二是搭建数字化远程庭审观摩系统。在全市各级公安机关搭建数字化远程庭审观摩系统，与法院部门开通专线专网，通过数字庭审设备和远程音视频传输设备，将刑事审判、行政诉讼现场接入全市各级公安机关案管场所，通过实时组织民警远程观摩，提升民警的执法水平和证据意识、诉讼意识。三是搭建异常数据分析指导系统。通过自主研发的精准执法实战智能应用，整合全体执法民警的执法数据，进行多维度、多因素分析，从而知悉每一个执法个体的执法习惯，分析出问题高发案件、高发环节、高发人员等信息，通过“监督画像”等模块预警，同时将异常数据接入执法考核和执法考试系统，向民警自动推送针对性的整改建议，同时方便办案单位定向开展执法培训。

（省公安厅《基层基础建设三年攻坚战工作简报》2018 年第 80 期刊载）

坚持精准警务引领　聚焦智慧警务发力 以大数据智能化助推基层基础建设提档升级

今年以来，市公安局按照省公安厅推进基层基础建设攻坚战部署要求，坚持精准警务引领，强化科技创新，紧紧围绕基层所需、服务实战，高标准建设市公安局“精准警务智创中心”，大力推进人工智能与警务工作深度融合，警企结合着力打造智慧警务“孵化器”“生态园”，高效助推基层基础建设提档升级。

一、创新建设六大实验室，智慧警务成为加强基层基础建设的新动能。聚焦破解当前公安信息化建设应用中存在的“供需”难题，紧跟实战需求，积极创新推行警企合作新模式，高标准建立起市公安局“精准警务智创中心”，联合浪潮、腾讯、大疆、海康、诚方、睿企等知名互联网企业共同建设了“六大实验室”。一是重点人员管控实验室，与诚方公司合作建设，以“数据警务、精准警务”为导向，着力打造日照公安智脑实战平台应用。依托千亿级互联网数据资源，结合视频资源分析、先进算法，全面提升预警能力和水平。二是智能警务实验室，与北京睿企公司合作建设，通过利用机器学习、深度学习、知识图谱等先进的人工智能算法和自主学习循环反馈系统，以统一的人工智能平台为支撑，实现一个平台多个场景的大融合，提高民警办案效率，推动公安警务工作智能化升级。三是云计算大数据实验室，与浪潮集团合作建设，主要围绕警务云计算硬件基础平台、可信云平台和大数据软件应用层开展创新研发。其中可信云平台针对警务云平台、云主机进行整体防护，提供了基于可信服务器的软硬件一体化可信计算解决方案，保证警务云平台从硬件到软件的安全加固，防止已知和未知病毒的入侵，避免因人为因素造成数据丢失。同时，实验室正在研发经侦实战应用平台，实现与相关社会管理部门联网联线，从而破解经侦工作中“获取信息难、核实取证难”的问题。四是无人机应用和管控实验室，与大疆公司合作建设，主要在禁毒、大型活动安保、反恐处突、消防灭火、交通事故快处和无人机反制等方面开展建设应用。五是微警务实验室，与腾讯集团、中国联通公司共同合作建设，主要面向便民和利警两个层面，开发了微接访、微督办、微处警等创新应用。六是 AI+ 视频联合实验室，与海康威视公司合作建设，研发 AR 实景指挥联合作战系统、视频结构化解析系统、慧眼人像研判系统等应用，借助海量视频数据，利用 AI 人工智能技术，进行数据比对、分析研判。

二、实现四个直观转变，“智慧警务”助力基层基础建设初见成效。聚焦基层所需、实战所用，着眼数据偏“碎片化”等问题短板，按照“机器换人力、智能增效能”的思路，向智慧警务发力，全警战斗力不断增强。一是实现了数据总量由百亿级向千亿级的增长。随着信息化技术快速发展，大数据已成为公安基础建设的重要内容。2018 年以前，市公安局大数据中心各类数据总量仅为 100 亿条，每天数据增量不足 200 万条。自公安智脑实战平台建设以来，彻底打通了线上线下渠道，汇聚了电信、消费、快递、互联网等各类数据资源 4700 余亿条，并建立了数据信息实时更新机制，每天数据增量达到 40 亿条，为开展大数据分析研判、深化基层基础建设提供了强大的数据支撑和精准指导。二是实现了基层警务从传统化向科技化的转变。精准警务智创中心成立以来，以“传统 + 科技”为引领，以科技强警推动警务变革，深化智慧搜索、视频解析、笔录分析、智慧调解等应用研发，利用机器深度学习、后台运算及人工智能技术，抽取人物、案件、车辆、地点、行为、标签等信息进行快速线上处理，精准推送运算结果，让办案民警从大量繁杂琐碎的人工挖掘数据工作中解脱出来，缩短案件线索梳理时间，极大地提升了民警办案效率。目前相关应用已研发完成并在基层派出所展开试点，下步将全面推开。研发的公安智脑平台应用，借助平台强大的数据采集整合能力，变人海战术为数据作战，利用海量数据比对、细致分析研判，大大提高了智慧警务服务全市公安基层实战的能力和水平。“公安智脑平台”试运行短短2个月以来，通过数据分析直接破获案件7起，抓获在逃人员10人。三是实现了“黑飞”问题由难管难控向精准管制的转变。依托无人机应用和管控实验室，研发无人机反制系统，快速监测与定位禁飞区起飞的无人机，通过身份识别验证，利用精准对“黑飞”无人机进行驱离、迫降，实现了对未授权无人机的管制，在上合组织青岛峰会、2018日照国际马拉松等重大活动安保工作中发挥了积极作用，迫降黑飞无人机10架。四是实现了信访服务由低效向高效的转变。以日照市公安局便民服务微信公众号为载体，在集成腾讯实名核心技术的基础上，通过微信公众号提供的服务交互能力，帮助民警第一时间收集群众反映的问题和上传的信访材料，并及时反馈受理结果，建立起网上信访服务新模式，将群众反映诉求的渠道由“面对面”拓展到“键对键”，在群众和办案民警间建立起高效、及时、准确的沟通桥梁，使群众足不出户即可完成上访的诉求。

三、配套三项工作机制，智慧警务长效助力基层基础建设。按照市公安局标准规范化建设统一要求，建立完善相应的工作机制和流程规范，确保智慧警务长效助力基层基础建设。一是建立党政保障机制。紧紧抓住智慧城市建设地有力契机，积极争取党委、政府大力支持，将“智慧警务”建设纳入全市公安基层基础工作的龙头项目，融入智慧城市建设，在项目立项、资金保障等方面给予大力支持。经市公安局申报争取，我市成为公安部确定的全国8个社区智慧警务模式建设应用示范单位之一，市委将该项目列为全市深化改革重点项目，专门研究、重点推进。二是建立组织领导机制。成立了由分管局领导任组长，信通处及有关实战警种部门技术骨干为成员的“智慧警务”建设领导小组，全力推动重点项目落地。实行“一名民警负责一个项目”的一对一项目化管理机制，信通民警全流程参与项目的研发、建设；实行由分管局领导、信通民警、企业项目经理、涉及研发方向的有关警种负责人共同参加的周例会制度，及时通报项目进展情况、研究解决项目实施过程中存在的问题，促进研发成果转化应用。三是建立内部管理规范机制。先后制定了市公安局《科技信息化警企合作“约法三章”》《精准警务智创中心安全管理规定》《科技信息化警企合作管理办法》等相关制度规范，实行对驻场工程师进行政审制度，逐一与驻场企业、工程师签订保密责任书，确保有章可循、有规可依、运转顺畅。

（《日照公安简报》全市基层基础建设攻坚战专刊（二十七）2018年第98期刊载）

在全省扫黑除恶专项斗争推进会议上的发言

日照市公安局

（2018年6月）

扫黑除恶专项斗争开展以来，日照市公安机关在省公安厅和市委、市政府的正确领导下，主动进攻，敢于亮剑，迅速形成了对黑恶犯罪压倒性态势。有关工作汇报如下：

一、提升政治站位，强力推进落实。一是党委、政府高度重视。市委、市政府高度重视开展新一轮扫黑除恶专项斗争，主要领导旗帜鲜明，全市上下强势推进。今年以来，市委书记齐家滨多次听取扫黑除恶工作汇报，作出专门批示，市委常委会3次专题研究扫黑除恶专项斗争。二是公安机关强力推进。市公安局党委将专项斗争作为上合组织峰会安保的重要组成部分，纳入“铁拳”严打和“六个不发生”创建考核，市公安局“一把手”每周例会听取工作汇报。全市未发生造成影响的涉黑恶案件，未发生因涉黑恶违法犯罪引发的突出信访问题。三是注重专业化、规范化发展。5月份以来，市公安局党委研究通过了日照市公安机关《涉黑涉恶线索核查工作机制》《扫黑除恶特情工作机制》，市公安局扫黑除恶专业队建立了协作联动、线索核查、宣传发动、挂牌整治、责任倒查等工作规范，推行最小作战单元工作机制，双人捆绑、以老带新、优化组合，缓解了警力难题，形成了尖兵效应。

二、突出重拳严打，强化重点攻坚。一是坚持除恶务尽，打好歼灭战。聚焦涉黑恶问题突出的重点地区、重点行业、重点领域，把打击锋芒始终对准群众反映最强烈、最深恶痛绝的各类黑恶势力违法犯罪。截至目前，全市在侦涉黑团伙1个、移诉1个，打掉恶势力团伙29个，抓获涉黑恶团伙成员195人、刑事拘留160人，多项指标位居全省前列。二是围绕重点案件，打好攻坚战。张培林副市长亲任专案组长，扫黑除恶专业队全力靠上，东港分局投入精干力量，全力推进“张氏兄弟”涉黑团伙案件。该案于6月24日移送起诉，以涉黑罪名移诉33人，破获各类刑事案件17起，缴获枪支2支，扣押、冻结资产价值3368万元。近日，莒县公安局成功打掉以杨文革为首的重大涉黑恶犯罪团伙，抓获处理问题村干部3名，查明寻衅滋事、故意伤害等案件26起。三是政法部门协同，打好整体战。协调建立公、检、法联席会商会办机制，统一执法思想。6月15日，全市扫黑除恶工作案件协调推进会议召开，市委常委、政法委书记耿学伟，副市长张培林，检、法等部门主要负责同志参加会议，对建立工作会商、办案协作、案件会诊、联合培训等制度进行了研究部署。

三、强化线索摸排，限时通报移交。一方面，深入摸排核查。通过走访摸排、警情研判、案件梳理等方式，对黑恶犯罪线索开展滚动式不间断摸排。共梳理重点行业领域报警信息300余条，核查涉黑恶线索105条，其中省公安厅重点督办线索15条。另一方面，健全移交机制。提请市扫黑办牵头纪检监察机关和公安机关建立涉黑涉恶线索移交核查、部门齐抓共管、刑事司法和党纪政纪处分衔接“三项机制”，对相关线索限时5个工作日内移交。目前，全市共打击处理问题村干部7人，党员22人。市纪检监察部门已对为犯罪嫌疑人充当“保护伞”的原东港区电子商务中心主任梁志刚、原开发区奎山街道夹仓四村党原党支部书记张守松、原支部委员尹衍军立案审查、开除党籍。

四、抓好宣传发动，放大宣传效应。提请市扫黑办印发了《关于加强扫黑除恶专项斗争宣传工作的通知》，组织各级各部门充分利用报刊、广播、电视、网络等媒体宣传发动，鼓舞群众，震慑犯罪。目前，全市累计发放宣传资料2.7万余份，制作悬挂横幅1300余条，张贴各类通告2.1万余份。6月20日，新华网、《中国纪检监察报》等媒体以“山东日照打掉一非法盗砂卖砂团伙8000方河沙牵出多个保护伞”为题，对我市扫黑除恶战果进行宣传报道。

回忆录

亲历地级日照市公安局的建立与发展

刘银贤

一

1989年11月，地级日照市组建后，组织任命我为市公安局党组副书记、副局长，临时主持市公安局工作。党组成立三人班子，一位副局长、一位是边防分局局长（1990年初提任副局长）。

各级班子组建后，市委作出了在市直机关开展“思想、纪律、作风”三项整顿的决定，并召开全市动员大会做出了部署。会后市公安局立即行动，研究制定了公安机关开展“三项整顿”的实施方案并报到了市委、市政府。市委书记亲自作出批示“推广市公安局的做法”。方案制定后，召开了全市公安机关动员大会，明确提出了通过“三项整顿”要达到“思想上水平、工作上档次”的目标。由于整顿的目标明确，措施具体，工作细致，抓得有力，人人受到了教育，人人得到了提高，效果明显。三项整顿结束时市委召开了总结大会，在会上我代表市公安局做了经验介绍。

市直机关“三项整顿”过后，正处在年末岁首，元旦和春节两大节日。公安工作必须为全市人民创造一个政治安定、社会稳定的良好环境，让全市人民过一个安定、祥和、文明、喜庆的节日。为此，市公安局加大了社会治安管理防控力度，强化市区的治安巡逻，狠抓市直单位内部的人防物防技防措施的落实。在重要路段布点设卡、蹲坑守候、即时盘查，查获外来流窜不法人员，确保了社会的稳定。

1990年3月，新任局长到任，班子成员作了明确分工。我协助局长做好全面工作，分管办公室、纪委、治安、保卫、消防、后勤装备等。

根据市委的部署，市直单位中层班子的选配由各单位按照选人用人标准负责搞好配备。市公安局决定集中领导、集中精力、集中时间做好这项工作，组成专门班子抓落实。工作中采取民主推荐、组织考察、个别谈话、调查走访等方式，全面了解被考察人选的情况。本着德才兼备、好中选优的要求，党委研究确定了中层班子的人选，报请市委组织部、市人事部门批准，公布了中层干部的任职，为升格后全市公安工作奠定了良好基础。

我在局长的领导下，积极参与集体领导，同时努力抓好分管的各项工作。

办公室工作方面，一是严密信息控制，及时上传下达，当好参谋助手，为领导决策服务。二是抓好文秘工作，提供质量较高的文字材料。三是注意协调好部门工作，搞好配套联动。四是抓好接待服务工作，为全面工作服好务。

纪委工作方面，主要是坚持以防为主的原则，做好监督检查工作。严格管好队伍，遵章守纪、依法办事、为警清廉，杜绝问题的发生。

治安工作方面，贯彻“打防并重、以防为主”的原则，强化管理的力度。针对部分区域治安混乱案件易发多发的问题，组成整治小分队，实行驻一村包一乡（镇）、辐射一片的做法，进行集中整治，打击犯罪、整治混乱。同时帮助基层健全治安防控队伍，做到整治一个乡（镇），稳定一个区域。强化对社会面的治安防控，对复杂场所和地段严查严管，以整治促防范。对特殊行业以管为主，健全制度，以制促防。对涉枪涉爆单位设立专门场所，实行专人负责，严把使用关，严禁非法流出，杜绝问题发生。

消防工作方面，新组建的市消防支队，面临困难较多，当务之急需要建设办公场所，但一无资金二无场地。在省消防总队和市委、市政府的关心支持下，支队领导抓紧工作，边选址边设计建设，解决了办公场所的问题。针对市区消防设施十分薄弱的实际，争得了市政府的支持及有关单位的帮助，投入了资金，按照消防的区域布局建设一批设施——消防栓，由原来的只有几个点扩大到市区全覆盖。

在岚山工委、办事处、岚山港务局及省消防总队的关心支持下，组建了岚山消防站。为解决兵源问题，市公安局分管领导配合支队主官跑省进京，争得了省消防总队和公安部消防局的支持，解决了兵源编制，为岚山港口的消防安全提供了保障。

后勤装备，主要是搞好后勤装备的建设。如各类器材、仪器的装备要适应办案需要，车辆装备要适应日常工作的需要。严格财务管理，杜绝乱开支，防止铺张浪费，把有限的财力用在刀刃上。努力为干警搞好服务，让他们安心一线工作。

二

1994 年 3 月，我调到市委政法委任副书记、市综治办主任。在这里工作了三年，主要做了以下工作。

第一，深入基层，调查研究。进一步理清综治工作的思路，针对综治工作面广量大、情况复杂、发展不平衡的问题，带领有关人员到区县乡镇农村及基层单位调查研究。通过召开座谈会、个别走访、社会问卷等了解情况，听取基层的意见和建议。经过全面的综合分析、研究，明确了综合治理工作的突破口和着力点，理清了“抓领导，抓制度，抓基层，抓细胞，抓队伍”的工作思路。在全市综合治理工作会议上，市领导做出了全面部署，推动了综合治理工作的深入发展。

第二，典型引路，以点带面，全面推行“细胞工程”。我市率先在广大农村实施推广了“细胞工程”，所谓“细胞工程”就是把社会治安综合治理的工作要求，落实到每个家庭。此做法在先行试点的基础上，在全市推开。这一成功经验，各级党委、政府充分肯定，山东省首先在全省推广。中央综治委在来日照考察的基础上，把日照“细胞工程”的经验做法推广到了全国。之后，我市又把这一创举延伸到城市。市委、市政府做了决定，由综治办在城市先行试点，然后在市直单位全面推开。综治办组织专门班子，在市区进行了“细胞工程”试点工作，经过研究探索，抓出了三个典型。试点成功后，市委、市政府下发了实施城市“细胞工程”的文件，并召开了全市大型的现场会议，进行推广。这项工作由市直单位又延伸到学校，企事业单位，由陆地延伸到海上作业的船只，延伸到各行各业、各个领域，取得了明显的社会效果，并成为我市综合治理工作的一大特色。

第三，制定措施，完善制度，推进综治工作领导责任制的落实。综治工作的难点在综合，只有综合职能部门和社会的力量，形成齐抓共管的合力，才能有效地做好综合治理工作。为此，综治办深入到综治委各成员单位了解情况，搞好组织协调工作，各成员单位统筹兼顾，积极配合，形成了各负其责、齐抓共管的局面。在此基础上研究制定了“创建社会治安综合治理模范市”的意见，并提出了“完善一个制度，搞好两个建设，实现三个突破”的措施。“一个制度”即领导责任制，把维护治安的责任同各级领导的政治荣誉、经济利益、奖惩挂钩，实行“一票否决制”。“两个建设”，即基层基础建设和政法队伍建设。开展了机构建设年活动，争取实现了区县综治办专职人员四至七人，乡镇综治办专职人员二至三人；强化政法队伍建设，增强干警的中心意识和服务意识。“三个突破”，即综合治理在社会化、制度化、规范化上有新的突破。这些建议均被市委、市政府采纳，并在全市推开，从而把综合治理领导责任制落实到基层。

在这期间，因综合治理工作取得较好成绩，市委、市政府向省委、省政府上报了我的事迹材料，被省委、省政府荣记一等功。荣誉的取得，当然与市委政法委、综治办领导及同事们的关心支持帮助密不可分，荣誉也包含了他们的努力和汗水。

三

1997 年 8 月，我调回市公安局任党委副书记、副局长（正处级），分管治安、交警、户政、计财装备、制证所等。1999 年 9 月，我又调任政委，晋升为三级警监，分管办公室、政治部、纪委、督察等。期间，抓的主要工作有：

一是开展两项教育活动，增强人民警察的政治素质。

一项是“讲学习、讲政治、讲正气”三讲教育活动，一项是全心全意为人民服务的宗旨教育，实事求是的思想路线教育，严格公正文明执法的法制教育活动。首先召开会议进行动员，做出了部署。领导带头，引领广大民警按照“两项教育”活动规定的学习文件和必读书目，采取集中学与分散学相结合，做好学习笔记。定期召开学习小组会议，开展座谈讨论，人人发言，谈认识、讲体会，交流心得和收获。在小组座谈讨论的基础上，召开全局会议进行交流，启发引导广大民警把学习活动认真扎实地开展好，掌握理论、武装头脑、升华自己的政治素养。其次在学习交流的前提下，联系个人的思想、工作实际查摆问题，找出不足。对照党规党纪和政治纪律，看一看“讲学习、讲政治、讲正气”是不是切实做到了；宗旨观念是不是树立的牢固了；实事求是思想路线是不是一以贯之的贯彻了；公正文明执法是不是严格执行了。查一查不足的原因，论一论贯彻执行不力的危害，自我警醒。三是对照查摆出的问题和不足，制定整改措施，自我整改。对于问题较为严重的实行分离，参加局里统一举办的培训班，集中再学习，搞好整改，培训结束后再回到工作岗位。

通过“两项教育”活动，广大民警的政治思想面貌发生了明显的变化，纪律作风明显转变，工作积极性空前高涨。普遍认为，“两项教育”活动是近年来领导最重视、组织最严密、要求最严格、接受教育最深刻、取得效果最显著的教育活动。

二是以警务公开、创满意活动为载体，抓好行风建设。

根据市公安局《关于进一步加强行风建设的意见》，在行风建设中以推行警务公开为突破口，以创满意活动为载体，抓好行风建设，以人民赞成不赞成、答应不答应、满意不满意为标尺狠抓落实。

一是严格执行禁酒令。印制警示卡发给民警人手一份，局纪委靠上督察检查，发现一起曝光一起、查处一起，让执行禁酒令成为不可逾越的一条红线，督促民警严格自觉遵守。二是推行警务公开，凡不涉及秘密的警务一律对社会公开，包括警务工作的内容、办理程序及方法，所要求提交的材料或证明，以方便群众一次办结。将警务公开的内容制成宣传版面，设立摆放在醒目位置，或以宣传栏的形式架设在街头、道边，方便群众知晓和监督。三是设立低柜窗口，推行一站式服务。柜前安放座椅，配备引导员，热情接待，及时就办，一次办结，不让群众跑两趟。四是窗口单位都设立征求“意见簿”或挂“意见箱”，接受群众的意见和建议，以改进工作。五是检查督导、明察暗访，发现问题现场解决，或印发通报促其整改，从而推进了行风建设。

由于全市风行建设搞得比较好，国家监察部在日照市召开了全国行风建设现场会，参观现场、介绍经验。市长作了经验介绍，市公安局等四个单位作了典型发言，日照的行风建设经验推向了全国。

三是认真搞好公安机关机构改革，促进公安队伍正规化建设。

市委、市政府 2001 年对市直机关机构改革做出了部署。这次机构改革主要是压缩机构，整顿超编。市公安局因主要领导调整没有进行，公安机构改革2002年8月才启动。为搞好这项工作，市公安局派出由政治部领导带队的参观学习考察组，赴外地考察学习，主要是学习机构改革的思路、内设机构的设置和配备、缩编后的人员分流等。在学习考察的基础上，按照市里的统一部署，借鉴外地经验，研究制定了机关机构改革的方案并组织实施。第一步是动员学习、宣传教育。让广大民警充分认识机构改革的重要性和必要性，既要积极参与改革，又要尽职尽责干好自己的工作，自觉做到改革、工作两不误。第二步是报名、民主推荐。召开全体民警会议，动员广大民警自愿报名，积极参与竞争上岗。同时发放民主推荐表，填写推荐意见（允许会后填写直接投入专设的票箱内），然后集中点票，依照票数排出名次。第三步是面试答辩。聘请市委组织部、市纪委、市监察局、市人事局、市委政法委领导与市公安局班子成员组成竞争上岗评委，利用两周时间组织竞争上岗人员进行演讲、面试。规定参与竞争上岗人员演讲限五分钟以内，面试答辩三道题限十分钟以内，当场由评委宣布演讲、答辩的分数。第四步是组织考察、确定岗位人选。按照民主推荐、演讲答辩相加之和的分值和岗位职数依次确定考察人选。组成考察组逐人进行考察，广泛听取意见，综合平衡，确定上岗人选。市公安局党委研究、报请市委组织部审核批准后，任命公布。

市公安机关的机构改革，做法得当，措施有力，步子稳妥，效果较好，在全省公安机关队伍建设会上作了经验介绍。由于市公安局始终坚持严抓严管队伍的措施落实，有力地推进了队伍的正规化建设。

四是争取多方支持，搞好民警宿舍楼建设。

为适应公安工作的需要，市公安局决定在市直一区建设民警宿舍楼。为此专门成立了领导小组，抽调专门力量，分管领导亲自抓，专门力量靠上抓，下决心把这件事办好，力争让广大民警都能满意。

在建设中，首先加强多方协调，争取有关部门的支持。市建委设计院，以较快的速度设计出了宿舍楼的图纸。建委招标办支持帮助，通过公开招标确定了承建宿舍楼的四个建筑公司。市电业局支持帮助解决了两处建筑工地需要架设的大功率变压器。市自来水公司支持帮助铺设了管道，解决了建筑工地用水问题。

在工程一开工就遇到两个棘手的问题。一是33号楼座放线时遇到了一大口井，在此清理地基十分困难，势必加大投资。针对这一问题，局领导小组立即找到市建委和分管市长作了汇报。分管市长非常重视，当即决定派建委分管副主任及有关人员到工地进行现场办公，放弃了原定的放线规划。确定在原址处向前移五米，避开了大口井，仅此就减少十多万元的投入。遇到的第二个问题，如果四栋宿舍楼都在一区建设，民警集资的三百多万元的仅有资金（无其他资金），将有一半投到填石头塘的深坑内（坑深约10米以上），那么地面上的建设资金缺口很大。针对此问题，领导小组向市公安局作了汇报并提出建议，四栋楼只能在一区建两栋，另两栋须另选楼址，市公安局同意了领导小组提出的建议。通过与有关单位多次协商，确定了在枣庄路东侧建设两栋楼的计划。就此，遇到的两大问题解决了。

宿舍楼的建设中，专门班子在装备科长的带领下，认真负责，冒雨顶风、酷暑寒冬，不辞劳苦、努力拼搏，付出了心血，流淌了汗水。建设中，专班成员白天全力靠在工地上抓好监工，夜间浇灌同样加班加点靠在工地上。从头到尾他们严把建设每个环节，楼座放线关、所用设备的质量关、建筑材料的标号关、楼体混凝土的浇灌关、室内照明管道的选用和安装关等都严之又严，钢材用顶级的、水泥用标号高的、砖石用质量好的。宿舍楼建设竣工后，经过有关部门的检查验收均达到市级优良工程标准。

保卫建设抗日根据地

胡虹江

我是1943年5月至1945年8月任日照县公安局长的，当时日照的斗争形势正处于日伪顽割据混战时期。在我没到公安局任职前，我在抗大一分校一团任特派员，其间几次甲子山战斗我都参加了，战斗中的俘虏我也参加处理过。那时抗大在柳沟、坪上、十字路、板泉崖一带活动，主要是与日、伪顽及杂牌军队搞反磨擦斗争，我对这一带的敌、特情较为清楚，地形也比较熟悉，上级领导根据工作之需要和我所具备的有利工作的条件，便将我派到日照县公安局。

我到日照公安局工作时，敌我斗争形势仍然比较紧张，公安保卫任务也十分艰巨。从整个公安工作看，主要任务是坚持边缘区的对敌斗争，同时还要担负着保卫建设抗日根据地，发动群众坚决认真地贯彻中央规定的九条方针、深入细致地搞好群众性的防奸反特工作，以保证解放区的政权建设和生产运动的顺利进行。而在敌占区，我们还要发展和培养我公安工作的秘密耳目，与日、伪顽做秘密的隐蔽斗争。与此同时，我们还配合滨海行署公安局搞情报，搞派遣，主要是搞青岛敌特方面的。为此，我们在日照还搞了不少职业掩护点，如组建新华书店、大鸡卷烟厂等。这些店、厂，是我们的秘密活动的联络机构。我记得，烟厂由陈灼同志负责，陈的爱人叫徐飞，家住横沟南边，也是我们的一个秘密联络站，为我们的抗战投递了不少情报。

1944年，公安局的干部、战士已扩展到百余人，是一支有战斗力的抗日武装力量，经常跟随县府机关活动在土山、大岭一带，打击敌人，保卫县府的安全和抗日根据地的安全。当然，有时也打大仗。记得攻打石沟崖朱信斋的据点，就是一例。那时，朱匪对周围几个县（莒县、莒南、日照）的人民危害极大，干部群众无不恨之入骨。滨海主力接受了拿下石沟崖的任务，我们就配合着。不光打仗，打下石沟崖后，将俘虏大部交给了日照县公安局处理。上级决定朱匪班长以上人员全部处决（班长以上人员都是土匪大小头目）。经过审理，当时处决了约两百人。还有部分青年经过教育把他们争取过来了，安排在我们的大鸡烟厂工作（当工人）。这也充分说明，我们对党的宽严政策的正确把握和实施。

打下石沟崖后，我们的抗日根据地已逐步扩大，抗日的力量也日渐强大，解放区的政权也随之建立健全和巩固，建设和保卫抗日根据地的任务也愈加繁重起来。鉴于这种形势，我们的公安工作就必须更充分地发动和依靠群众，走群众路线，人民群众同我们一道自觉地起来保卫和建设家园。记得当时，为了更好地配合党的中心工作，宣传和发动群众，我们公安局还组织了一个文娱宣传队，有王玲（女）同志（公安局李特副局长的爱人）负责主办，自编自演，主要编演发动群众进行抗日武装斗争，反奸诉苦，参军拥军当中涌现出的模范人物……我们这支宣传队主要活跃在抗日根据地，经常深入到部队、机关、群众团体进行宣传演出，每到一处都深受当地机关干部和人民群众的欢迎。通过这种形式，使党的方针、政策，以及锄奸工作的若干规定都及时地同人民群众见面了，有力帮助指导了各项工作的开展。

在这期间，我们为了响应党中央毛主席的号召，减轻人民的负担，在安岚区荻水口一带开设了一片盐田，公安局干部、战士几乎大部参加了这项生产建设劳动。同时还组织在押犯人参加劳动。在艰苦的劳动中，由于我们公安局干部、战士积极努力、吃苦在前，曾受到县委和上级机关的表扬。

除此以外，公安工作主要还是配合党的中心任务，发动群众开展减租减息，做好锄奸防特，打破神秘化，使解放区的新政权得到巩固和发展。

总之，日照县公安局在保卫和建设抗日根据地的斗争中，不断发展和壮大起来，侦察审讯工作也开始破除神秘化，机构人员逐步充实完整，为迎接全国大反攻，夺取抗日战争的全面胜利创造了条件。

解放战争时期的日照县公安局

张济民

日照县公安局自一九四〇年成立以来，在党的领导下，经过了五年多艰苦卓绝的抗日斗争的锻炼，已经由弱小逐渐地壮大起来，组织机构基本健全，战斗力不断加强。武装连队和便衣队由原来的几人、几十人扩大到一百三十余人，武器装备也较齐全。再加上我们还有一支经受过战斗考验具有一定保卫工作经验的公安干部队伍，所以，在整个解放战争时期，不管是在城镇治安、土地改革，还是在控制沿海，发展通商工作中，都做出了显著成绩。特别是在国民党反动派进犯日照时，县公局在日照县委的统一指挥下，坚持边沿斗争，狠狠打击了敌人，为保卫红色政权和恢复生产迎接全国解放，做出了一定的贡献。

一、配合党的中心工作，建立和保卫红色政权

一九四五年八月，日本帝国主义宣布无条件投降，公安局随同地方部队一起夺回了日照城，收复了石臼所，在党的指示下，公安工作的重心也第一次由乡村转向了城镇和沿海，转向了新解放区。我们在城镇搞治安，在海口搞控制，在乡村搞反奸诉苦，清理几年来日军侵占时留下的残渣余孽，狠狠打击那些罪大恶极的汉奸、特务和地头蛇，建立和巩固农村政权，保卫了土地改革运动的顺利进行。

一九四五年底至一九四七年春，日照县全境是处于没有战争的和平环境。在这个时期，老解放区的人民，在当地政府的领导下，积极生产、拥军参军；新解放区的人民则同工作队一道反奸诉苦，减租减息大搞土改运动。村政权、群众组织、民兵组织、基层保卫组织都先后建立健全起来，同时还发动群众大搞生产运动。但是仍有些恶霸地主、汉奸特务，仍不甘心失败，他们造谣污蔑，以达到迷惑人心威胁群众的目的。有的基至组成集团，搞武装、搞暗杀，反攻倒算果实，企图干扰破坏土改运动。因此，打击汉奸特务和地头蛇嚣张气焰、保卫人民新生政权，便成了公安工作的一项重要任务。

一九四六年底，正是土改运动全面发动起来最红火的时候，丝山、河山、奎山等地连续发生了几起重大案件。先是滨海渔盐工会主席范崇仕同志被暗杀，接着双庙村政权被坏人篡夺，继之河山山里发现有武装便衣特务，奎山一带也发现有特务的活动行踪。一时，一些反动地主便嚣张起来，他们到处煽风点火，认为共产党长不了，不几天还得是他们的天下。这时有一部分群众，对土改运动不是那么积极，原来比较积极的积极分子也不敢再那么泼辣大胆了，因而个别地区的土改运动受到挫折。在这种情况下，县公安局根据县委的指示，抽调了一批侦察干部，组成了两个工作组，赶赴这些区、村，以土改工作组的名义，边抓宣传群众、发动群众、组织群众搞土改，边侦察破案，打击敌人。奎山组由便衣队指导员相克昌同志为主，带领几个便衣队员和区公安员，在奎山一带活动。丝山组是侦察股长刘瑞民、便衣队长牟敦鹤及区公安员周家斗等一块下去的。当时，由于以上那些地方是刚解放时间不久的新区、群众对我党的政策还不理解，同志们刚到地方，一些群众称呼我们为老总、顾问、长官。有些人不敢和我们说话，装哑巴。有的群众见了我们就跑。有的人不敢靠近我们，甚至晚间躲在山上睡觉。在这种情况下，大家对群众毫不埋怨，而是做深入细致的工作，逐渐地接近了他们，耐心地向他们宣传党的政策，因而群众都渐渐觉悟起来，组织起来，建立了自己的政权。与此同时，我们的同志一面开展土改工作；一面组织儿童团、识字班站岗放哨盘查可疑的行人，对武装特务活动之山区，则组织民兵清剿。由于工作积极主动，发现了线索，及时侦察破案，因而很快破获了一批特务案件（包括杀害范崇仕的那个家伙），狠狠地打击了破坏活动猖獗的“地下军”的嚣张气焰。就在这个时期，我们还根据县委的指示，分期举办了反奸反特训练班，把那些群众揭发出来得有问题的人物，集中起来，进行教育训练，让他们交代问题。对那些表现好的没有民愤的，则给予宽大释放，并给他们约法三章。回乡后要老实参加生产。对那些问题严重的，要认真调查，严肃处理，个别民愤极大，不杀不平民愤者，则坚决镇压。训练班在当时有力地配合了党的中心王作。在工作进行中，把一些典型案例，通过上下交流，大大促进了反奸反特工作的开展，这样就大长了人民的志气，大灭了敌人的威风。地委、县委总结了县公安局反奸反特的工作经验，并给予了肯定和鼓励。

二、建立海上公安局，加强控制沿海

一九四六年春，石臼、涛雒、安东卫、王家滩等海口，海上生意十分活跃。我内地各部队的后勤和其他单位，纷纷来海口建立商行。一些私人商户也在海口兴起。南方，一些商埠亦到以上各海口洽谈生意。当地的土特产品如土豆、花生之类，由海路运往外地，当地缺少的煤油、药品等，也由外地进入日照。这对活跃日照经济、互为贸易起到了极大的作用。

随着海口贸易的频繁与扩大，部分坏人乘机潜入，他们刺探情报，在解放区散布谣言，并大肆搞破坏活动。为了确保解放区人民的生命与财产安全，进一步促进生产贸易的发展，日照县委根据上级的指示，分别筹建了三个公安分局和一个派出所。

这些公安分局主要任务有四项，一是负责港口城镇的治安保卫；二是管理进出港口船只、人员登记检查；三是对船上可疑人物的侦察，加强海上保卫，打击海上匪特的破坏活动；四是保障军队后勤物资的发运和军事情报的传递。同时，我解放区可利用通商贸易之便向外地刺探情报和搞军火。

除了完成上述任务外，还有一项重要任务，就是保卫国际救济总署的物资的顺利运送。抗战以后，国际救济总署在石臼设立了物资救济站，把太平洋战争剩余的物资，如面粉、鸡蛋、罐头、药品、急救包等，以国际救济总署的名义送到解放区。运送物资的是国民党的轮船，船上有美国人和国际救济总署的工作人员，亦有国民党派遣的特务。当时接受这些物资由山东省政府和中共山东分局专门负责。我县公安局及分局，在卸运物资时，要妥善做好保卫和侦察控制工作。记得当时我们曾发现船上一个姓白的，他是国民党特务，家是日照大岭南头人。我们对他的行踪严密监视。由于我们工作细致，保证了物资的顺利装卸，特务的破坏企图没能得逞。

海上公安局开始时并不健全，全体干部战士总共才只有四五十人，可是武器配备却十分精良，有日本大盖、捷克式、加拿大、汤姆式等火器，所以从人员的精干及武器装备看，公安分局的武装排，战斗力是很强的。

一九四七年，滨海地委为了加强对沿海的领导，成立了海上公安局。至此，原沿海公安分局（所）归属于海上公安局和日照县公安局双层领导。

三、坚持边缘斗争，狠狠打击敌人

一九四七年，国民党反动派对解放区实行了重点进攻，秋季国民党军队从临沂方向朝东进犯，当敌人到达坪上时，目照县委在大岭南头村召开了紧急会议，对日照全县工作作了布置。县公安局除了少数老弱病残者和押解犯人的一个班需跟随县委、县政府撤到西北山里（五莲山一带）外，我和大部分同志留下来坚持对敌斗争。这时武装连、便衣队编入县自卫团，一起赶赴距敌最近的日照县西南乡

（涛雒石梁头、邓山一带）追击敌人，以保证后方军民有足够时间空室清野和安全转移。

这天中午，我们还没有来得及吃中午饭，侦察员回来报告说，前锋敌人已到巨峰，正沿公路向东进犯，已接近了石梁头附近。这时我立即召集公安局全体同志，迎头打击敌人。战斗一直打到天黑，完成了任务，我们转移到邓山山里与自卫团一部会合。

我们在邓山一带坚持了一个多星期的战斗，打击了敌人嚣张气焰。后来敌人占领了涛雒，继之进犯了县城，控制了石臼所。这时我们的主力和地方部队，大部分调到前线和支援胶东。日照的斗争形势显得十分紧张和残酷，鉴于这种情况，日照县委调整了对敌斗争指挥部，由叶金刚同志担任指挥；我为副指挥，统辖县的武装及民兵和各区中队公安武装。为了更有力地打击敌人，制定了斗争策略。当时我们在奎山、傅疃河等边沿区坚持斗争，经过了几次比较大的战斗。同时我们还采取突袭、夜袭，在公路线避开敌人正面主力，侧翼打击小股敌人，有时还狠狠严惩横行乡里的还乡团，为民除害。这样一搞，敌人一时摸不清头脑，认为我主力部队到处皆是，不敢轻举妄动。

一九四七年秋一天，据侦察员报告，丝山秦家楼有一股还乡团在当地骚扰百姓，为害甚大，于是我们就穿上国民党军队的服装，全副美式装备，以催给养的名义到了秦家楼。地主还乡团见“国军”到来，更加高兴，便主动向我们靠近。我们以开会的方式，召集还乡团全部武装训话。因而我们没费一枪一弹，将还乡团全部武装缴了械。接着，我们召开了群众大会，将罪大恶极者给予处决，并向其他胁从者讲明了我们的政策。这样一搞，大灭了敌人的威风，鼓舞了我们的士气，更加坚定了人民群众的斗争信心。

后来，我们从路南转移至路北，直到我们的部队打回来之前，敌人始终龟缩在石臼所，没敢大批出动进行骚扰。

一九四八年春，国民党反动派仓皇从石臼所乘船逃跑，我们重新收复了被敌人占领的各集镇、县城等地，重新恢复了日照石臼公安局。

以后的工作，主要是围绕党的中心工作，开展生产救灾、支援前线，各城镇建立了派出所。县建立了看守所，治安、侦察、审讯等项工作逐渐进入正常化。一九四八年秋，我奉调去鲁南凫山县公安局工作，从此离开了日照县。

今天，每当我忆起那段往事，不禁使我油然而产生对过去那些共同战斗过的同志的无限敬意，那些战友是多么好的同志啊！

日照县公安局具有光荣的革命传统，在战争年代，她英勇善战、密切联系群众，既有一套治安、侦察、破案、审讯、看押改造犯人的工作方法，又有严明的纪律，严格执行政策法令和科学的工作方法。这些优良传统，在今天的新形势下，必将继续发扬光大，为保卫和建设社会主义现代化的祖国而做出更大的贡献。

（选自《日照党史通讯》总第三期）

回忆录

李祥业

我一九二二年二月出生于山东省日照县西湖公社大石大队，一个富农家中，幼时上学曾就读本县县立中学。

一九三九年二月入党，是年五月转正，抗日战争时期曾历任过本村党支部书记、八路军情报站长，台石乡党总支委员，江苏赣榆县金山区公安特派员，公安局文书、股长、支部书记，滨北专署公安局股长，山东诸城县公安局副局长，解放战争时期于一九四七年四月任五莲县公安局局长，一九四八年二月至一九四八年七月在华东局建大二校学习，一九四八年七月至九月在昌潍保安司令部任科长，一九四八年九月至一九四九年一月在山东公安总局任秘书，后历任过徐州市总工会秘书，总工会私营企业工作委员会主任，贾汪煤矿工会组织部长，徐州市委工业部副部长，工交政治部副主任，市卫生局党委书记、主任，市民政局局长、书记，徐州市经委副主任。

五莲县地区公安保卫工作情况，我就从头说起吧。

回忆五莲地区公安保卫工作，最早接触到一个事就是一九四〇年听说的，当时我接触到一个女同志叫王新宇（原是徐州工会主席，已离休），是诸城人。那时正是国民党和万仙会向我们进攻的时候，她剃了光头，像个男同志一样。当时胡润洲（山东农林所副所长，“文化大革命”中去世）对我说：“大家背后喊她为小寡妇，其实她没有结婚，但有个对象在肃托匪时处决了。”胡润洲同志告诉我，因为这件事她的党员关系暂时停止受审查，所以我有个印象。五莲地区的锄奸保卫工作一九四〇年以前已经有了，因当时我没有参与锄奸保卫工作，具体情况我就不清楚了，只能提供点线索。以后我接触五莲地区工作已到了一九四四年，我从赣榆公安局调到了区党委党校学习，学习完了，校长白炎波就带我们到滨北开展“双减”工作。由莒南到五莲和区党委组织部长孙汉卿，走了一路，拉了一路。到洪凝区我就分到王家口子、窦家台子。我们两个同志还有一个邢俊良，他是赣榆欢墩区的农救会长，我们在这两个村子开展了“双减”，建立了党的组织。“双减”完了以后，分配工作，我就留到滨北专署公安局了，当三股长。这个时期我们大部分时间住到洪凝小丰堂和罗家丰台、石场、叩官庄，这个时候滨北专署公安局和滨北军分区政治部保卫股，是一个机构两个名字，当时局长侯铮石（后来任山东公安厅副厅长）、副局长是蒋学道。他俩人分工，侯铮石是抓全面侧重地方，蒋学道侧重于抓部队的工作（蒋学道是个老红军，原是福州军区副参谋长，现当顾问，副参谋长之前是39军军长，最近看到报纸上他又是福建省政协副主席）。当时康敬笃是一股长，其他同志有一个彭如生，还有一个姓吕的，还有一个姓彦的。老吕、老彦、彭如生都是从十三团部队上调来的，我和康敬笃是地方的。我到专署公安局不久，公安局驻叩官，领导让我去了解一下日北县公安局的工作情况，日北县公安局这时住在罗家丰台，现在我对这次去的印象记不太清楚了，只记得局长孙善英是个大个子、大胖子，还记得那个队长王坤先，为什么记住他来，我去时他和一个小孩斗着玩，他领我进去的，王坤先也是一个老红军，以后在这个时期我的印象深的，比较大的事记住这时我们滨北司令部里处决了一个骑兵班长，他从叩官出发到日照南湖给一营送信回来，在五莲山前边一个村子的山岭上碰见一个小女孩走姥娘家，他就把马拴下，把这个小女孩奸污了。奸污以后就走了。小女孩她姥娘家顺着马蹄子找到了司令部。这个时候处决了这一个骑兵班长。日本鬼子最后一次扫荡，在一九四五年的时候，当时我们的敌工股长杨斯德（现中央军委）做了张步云的工作。张步云准备起义。司令员梁兴初就带着部队待张步云起义后，解放诸城，以后清理这些敌特，到了诸城，晚上就住在离诸城很近的诸莒边的贾悦的一个村子，这天晚上准备张步云起义，以后呢去占诸城。还没等行动，梁兴初就下令撤退，说是日本鬼子扫荡已到了洪凝了，我当时任务带着侦查队伍，到了诸莒边积沟区，到那个地方以后就和民兵一起坚持反扫荡，当时和诸莒边县的公安局局长周美玺（周美玺原是徐州地区法院的院长，现在也离休了）有些接触，走的时候我们把一些情况做了汇报。我从诸莒边回来，专署公安局已经住在了小丰堂。洪凝区公安员党玉顺同志的牺牲，我的印象是很深的。因为我在赣榆当三股长的时候，他在赣榆的拓汪，被民兵抓住了。他是一个山西人，民兵认为他很可疑，就送到公安局来，我就审查他。审查以后呢，他是给日本鬼子抓去当劳工跑出来的，当时是这样的，审查审查没有问题，就留下当炊事员了，他当炊事员很能吃苦，每次行军挑很多东西，做饭呢也很好，所以我就舍不得再叫他当炊事员了，因为当时很不容易找一个战士，所以就叫他当战士了。当时赣榆杀人比较多，一九四一至一九四四年杀了约1000人，那时因子弹缺，打了一把刀。那个时候谷恒山（潍坊司法部部长）、李云我们几个是股长，打来刀，谷恒山就问我们谁先用这个刀，我说我先用，我用它杀了一个日特。从那以后这把刀一直是党玉顺背着，一直是他杀，一次就杀几个，所以后来眼确实红了。他的牺牲使我们失去一个好同志，我极为悲痛。这个时候我印象深的另一件事就是洪凝区却坡支部书记王兴端用纸糊了一个日本旗欢迎鬼子（整理人注：旗子是用白布剪贴上红纸做的），被我们处决了。日本人投降的时候，我们还是住在小丰堂，在小丰堂我们正在地里劳动，梁兴初的警卫员去找侯铮石开会，他去下通知。警卫员讲司令员、政委在哪里讲日本人投降了，我们几个股长还有几个战士就不相信，就说，你别在那里胡扯了。现在我们正在度过黎明前的黑暗，日本人为了防止美国来我们这个地方登陆正在海上加紧修筑工事，你说了我们大家松了劲了。他说是真的，司令员、政委能在那里胡说么，他还在那里辩解，结果侯铮石开会回来以后证实是真的。以后滨海行署公安局局长刘伟调东北，侯铮石调行署公安局，蒋学道调独立团当团长，张洪范调来滨北公安局任局长，我和康敬笃调到诸城公安局，他当局长，我当副局长，我没到诸城之前呢先执行了一个任务，就是管制俘虏，审查俘虏。当时成立了滨北军分区俘虏管制委员会，住在户部岭。我就背着背包到这里，这个时候老百姓都知道日本鬼子投降了，都很高兴。那个时候，我们都享受主力部队的待遇，所以穿着军装，一路上在地里干活的农民都吆呼叫我喝茶，都问你到哪里去，日本人都投降了吗？这个时候青岛这边胶县等都打下来了，俘虏也送来了，不久诸城解放，我又搬到诸城西南的孔戈庄，在孔戈庄我住在翰林院里，因为胶县解放得快，日本人来不及撤退到青岛，几百日本人也抓来了，当时山东反战同盟的支部长叫本桥，本桥是我们梁山战役俘虏来的，据说他是早稻田大学的一个学生，征兵入伍后他使用八二钢炮，连钢炮带他都抓来了，后来他跟我们当了山东日本反战同盟的支部长啦。除本桥还有一个日本人大喜，大喜比较活跃，他是骑兵，还教我们学马刀，他俩处理审查日本人。我的任务是审查伪军、政、宪、特人员，除应受到惩处的外，审查以后，凡是技术人员大部分都编到部队里去，如胶县伪侦查局司机关希纯，经过教育又去教我战士开汽车去了。因为当时我们急需技术兵，技术兵都输送到部队里去了，身体好的青壮年也都编到部队里去了，老、弱、病、残教育释放，这一段结束后，我就到诸城公安局了。

五莲县成立之前我到五莲去的消息就传出来了，不久张洪范同志和我正式谈话了，他说，诸城一分为二，一半留诸城，一半到五莲。并把成立五莲的意义概要地讲了，他说，五莲地区地理战略位置很重要，是一个老区，人民群众觉悟比较高，是比较巩固的老解放区，撤销日北以后，工作相对的放松了，国民党特务就利用了这一点，想着破坏、搞掉我们这个区，这个案子已经为当时藏马县破获了，因此从战略观点来看，成立五莲县是事关敌人进攻，我们可以有个依托，我们进攻可以支援前线的大事。在谈过以后，当时我就跟老康分家了，一分为二，当时呢，老康我争不过他，虽然一分为二，但实际上他分一半要多一点，因为这个事还跟张洪范告了一次状。张说："到了五莲叫县委再配吧，人少了再调就增多了。"这样实际上我带了一少半。一九四七年五月八日到了五莲钱家庄子，公安局也就成立了。这时，五莲人民虽然在政治上翻了身，但在经济条件上还是很苦的，老百姓当时连菜都吃不上，刚开始的时候，我们也是相当困难的，我记得我还和大家一块上钱家庄子两边山上挖野菜吃，县委还叫不与民争食。当时我只有两个干部。一个范玮琪，一个孙风先，警卫队当时就一个排长，王义顺当队长（现在上海劳改局农厂，是农厂的厂长）。还有一个副排长陈光发开展工作，干部不够，战士不够，力量不够。当时想，我在王家口子搞"双减"的时候，认识一个小青年识几个字，叫王概章，我就去王家口子把王概章找来了，这时范玮琪是一股长，孙风先是二股长，三股长没有个人，当时三股更重一点，积压了很多犯人，我跟辛玮讲你不给配个人，工作怎么开展？因此县委就决定把洪凝区的区长孟兆新调来，这样每一个股里就有一个人了，经过发展全局一百多人，警卫三个排，人员充足。为了补充主力部队作战，还拿出了一个排升了级，为巩固发展五莲这个解放区，县委狠抓土改复查，因为当时土改复查是中心，土改复查支援战争是有机联系在一起的。因此，我这个当局长的呢，县委也要分任务，除了完成本部门的任务外，还要进行土改复查的任务，开始我就分了仁里区，那个时候华东局机关搬来五莲，省民政厅派一个处长辛明在那里，我又到了高泽，这个时候开展土改复查，传达上级精神，扫地出门，乱棍打死，传达这个精神，历史证明这是“左”的错误。我在四一年保卫干部学习班上就学过，不能乱打乱杀，不能逼供信，讲宽大政策啊，这是在四一年学习反复强调的东西。当时这个传达很具体，说是薛暮桥路过晋绥，搞得很热烈，乱棍打死，扫地出门，华东局开的会在会议上传达的，又回来传达下来，这种情况我当时也没有这个水平，也没有这个胆量反对，有怀疑但在执行当中呢觉得这个问题大概是得慎重一点，因而我试点的村子光批判、光斗争，没有打死，以后才知道全县打死了五百多人。五莲试点县没等试完呢，人家其他县就全面开花了，后来还没有全面结束复查时就通知在仁里开会。

当时大众日报社住仁里，因此我们都被通知到了那个地方开会，会前我们不知道开什么会，我记得当时在三间通子屋，里边安了一溜小条桌，两边按了凳子大家围着坐下，其中有各个县里县委书记、地委书记，桌子头上有一个大太师椅子。等了一会一看，华东局秘书长郭子化来了，当时我记得他与他的警卫员一人骑着一个大白马，这时候他坐在桌子的角上，坐后从布袋里拿出一个小本本来翻、翻、翻，小本本就是中央复查指示，头几句话我还记得，他说：中央这个复查土改指示，我翻来覆去看，看了几十遍，这上边根本也没有扫地出门，乱棍打死啊。一开头这句已经把问题点清楚了，讲了以后就纠正，据我了解，五莲试点试的比较急，行动的比较缓，打死的还是比较少的，刹车又是最快的，因为他在五莲开的会。

这个时候，因华东局机关都住在五莲山区，因此当时保卫华东机关，也是我们公安局的一个重要任务之一。这里头有这么三个事还能记住啦。这三个事都是辛玮县委书记布置的。一次是给华东社会部副部长杨帆同志汇报情况，现在杨帆同志住的村子我已经记不清楚了，可能是香店，我现在记得他住在东南向西北的一道沟的头上，他当时做的也是现在上海式这样的车子，我一进村头他这个车用树枝子盖着，还有这个印象，那时看杨帆同志很累，很疲倦，脸黄的就像黄纸一样，我汇报五莲的这个情况汇报了半天以后，俩人吃了一只清蒸鸡，汇报的情况就是这个地区的历史，人民群众觉悟高，于学忠在这个地方搞得老百姓民不聊生，有一点粮食都叫国民党给抢去了，百姓吃观音土。地瓜秧子那是好的，所以现在老百姓拥护共产党，拥护八路军，说共产党、八路军是她的救命恩人。接着说明国民党怎么颠覆这个地区，又汇报我们的夏防会议工作怎样开展，怎样安排，给他汇报了以后，辛玮又通知我说给山东省武装部长朱则民汇报，朱则民我印象杨帆住在以东，他住在以西的村子里，可能为北山前，汇报的内容还是这些。第三个是给省民政厅三个厅长汇报，一个厅长宋日昌，现在是上海的政协主席，两个副厅长，我现在只记得一个就是梁竹航，梁竹航是山东国民党抗敌自卫军司令，是国民党进步人士，我在这儿汇报是他们三人听的，我记得民政厅住的是仁里（或长城岭），汇报的内容也是以上内容，夏防会议当时在五莲来说是一个比较大的事，当时县委书记和县长都是亲自参加的。会议记录我还有，驻地的一些医院、后勤机关负责人都亲自参加的。因为这个事当时党关心，行政关心，驻地的领导机关关心，因为看得很清楚那是国民党进攻的前夕，夏防搞得好，我们可以使五莲山区变成名副其实的铜墙铁壁，从党的基础上来说是有条件变成铜墙铁壁。再加上当时驻地单位比较多，外来力量也比较强，所以内在因素和外在条件使五莲县可以变成一个铜墙铁壁。这个夏防会议当时的重要性就在于领导的好，可以使五莲县变成一个粉碎国民党重点进攻的铜墙铁壁。因此负责人都参加了，这个会议由我把五莲县情况介绍了一下，然后展开了一番讨论。现在来看，讨论所采取的措施都是完全正确的。当时做了最坏的打算，国民党进攻，占领这个区域，做了封锁敌人、反特、锄奸这样一些周密的安排。如对内部的坏人怎么办，对外部可能派来的特务间谍怎么办？安排的都比较周到，同时，我们还有一个秘密的交通线，有一个秘密交通网。五莲县内部力量、民兵、干部、驻地机关的互相配合，力量的组织也是比较好的，敌人重点进攻前，我派了孙风先同志带领着侦察队到仁里去，当时仁里离诸之敌较近，敌人一从诸城出发我们就知道了，敌人前进的情况随时我们就知道，一直到敌人进占洪凝，我们都是掌握了的。在敌人没有进攻之前，主力部队都住得满满的，独立师师长，师政委没地方住就住在我那个屋子里，谭振林也在这里，找辛玮谈话，说什么“黎明前的黑暗，布袋战术，快反攻了”等。辛玮同志就回来传达传达。敌人进占洪凝以后，他们都转移了，当时主力已不在，我们也抗不了国民党大兵，当时还是我出的主张，我跟辛玮讲：“县委机关不能硬碰，一定要保住安全，保住安全我们以后才能开展工作，敌人既然已占领洪凝，他要过来一会就过来了，毛主席历来就主张敌进我退的，你不退不好，还是得转移。”最后辛玮同志同意了我的意见，就转移了，转移的时候还带着一部分犯人，第一步转移到鞠家西崖，我就决定将带的犯人处决了十五个。当时没敢用枪打，而是用镢头刨了，当时怕打枪被敌人发觉，在这个村子处决这几个犯人可能是王义顺、陈光发执行的，处决之后，我们就护送着县委机关上了街头的阎马庄，送到街头后，我就和辛玮同志说：县委临时就在这里，反正侦察队在前边，一有问题随时就通知，并留下一排保卫县委机关。当天晚上，我们从街头回来以后，在一个村子住了一夜，敌人撤退以后，我们就返回洪凝了。

这时区里汇报西楼村发生叛乱杀了我们的干部。当时我们了解敌人力量不太大，我与县大队李政委商量，我们公安局的武装和县大队的武装解决了吧。分工，县大队从村子北边打，我们从村子西南边，我就带着公安局的武装从村子的西南角顺一个小沟冲到村子边上，接近村子的时候，就发现了叛乱分子。我叫排长陈光发用机关枪打，机关枪哑了火，只好排步枪打，经射击后，叛乱分子就跑到围子里面去了。西楼当时有个西城门，当他们退进去以后，我就带着郝贵臣那个班，就顺着围墙西边一条南北路想到北面跟县大队李政委联系，经过西门的时候，叛乱分子就开了枪，这时天就黑了，很快我们一个班就冲过去了，过去以后，在他那个西门的北边城墙的外边是一群坟子。这时，我们都是武装整齐的。我还穿着一身特质的黄军装，他们可能认为我们是主力部队，我这个班一过来，都跑到围子里面去了，我就顺着这个城墙往前去，找不到县大队，也就撤出了战斗，撤出后，我住在西楼河东的西郭村时，十一师就来了，师部也住在这个村里，我就到师部汇报西楼叛乱的情况，师长、政委、参谋长三人听的，我讲西楼这个村发生了叛乱，我打了一下没打下来，需请部队支援，不然的话，他在这里还是一个祸害。师长即派参谋长去西楼西山观察了一下情况，我跟在参谋长后边，他用望远镜看的，参谋长回去向师长、政委汇报了说：“西楼不是土玩意，现在看他这个阵势，还不简单来，就从军事观点上来看，这里这家伙还是懂军事的，从他的兵力部署和防御上来看，不能轻视他。”师长说：“你把炮兵布置到西山，炮攻后，部队从东边进。”接着参谋长就带领部队打上了。师长、政委叫我在那里等着。后来战斗很快就结束了。战斗结束后，他们说：“李局长，再见了，我们有任务要出发。”战斗结束了，我就赶快上了西楼，西楼南边一个大汪，我看汪里有几具尸首，还有一个小孩的胳膊。那时炮是调到西山边上打的，打炮后部队又从旁边的围墙竖上梯子爬上去的。就在这个时候，牺牲了几个战士，部队一牺牲了战士就眼红。越打越有劲，进去就扫射，所以战斗很快就结束了。当时西楼地主有炮楼子，炮楼子里面的巷子里大概都是地主家，里面也是死尸，我就挨个搜查，在搜查中还记得有一个小猪正在伸嘴吃打碎头壳人的脑子。进去后才知道当时民兵去得也不少，当时村里的牛、驴都给弄光了。关于西楼叛乱总结当中都有这些情况，西楼这个总结，也是我说王概章记的，现在我留着这本还是王概章那个字，西楼事件有他的历史根源，也有当时我们执行政策的原因。历史原因。就是原来历史上这个地方，地主、土匪比较横行，用现在老百姓的话，这个村子比较野。所谓比较野，就是过去地主、土匪玩枪、玩炮的地方，这是历史原因，现实原因我们工作上违反政策，再加上敌人活动，这些家伙当时看到国民党要进攻了，他们又主动地跟国民党联系，国民党作了他们的工作，问题就是这些人，在这个战斗中叫主力都打死了。所以以后他内部活动的详细情况我们没搞到。西楼这一段，除那个总结外，我回忆就是这种情况。

西楼叛乱平息后，我们的武装又奉命围困诸城。当时我们和一个民兵营负责保卫诸城城南。县大队负责城西南孔戈庄这个地方。反正各个县大队、各个县公安局的武装全部都去诸城。这时王东年在那里指挥。这个时候，县委通知我去开会，我就跟辛玮讲：“现在我们武装全部打诸城去了，我在这里还有点不大安心。我还是到前面去吧！”辛玮同志说：“你不大安心，你就去吧。”我到诸城一看，我们这个地势是最好的一个地方。位于诸城城南大河边，被河水冲刷得一个大崖头很高、很陡，只有当中有一个水沟可以爬上来，其他地方敌人很难爬上来，我们就在这个沟两边，加上民兵一个营就负责这个地方。当时，这附近沟里有一个小屋子，我就在这间小屋子里，通过这几条小沟，又挖了几条壕沟。壕沟通到坟里，坟头平了平，机关枪就安在上面。当时敌人城里兵力不足但这里边敌人有几个射击手技术非常好，有几次我们通过沟底时牺牲了几个人。我们一抬头他就打我们，我们发现就打他们。这个时候发生了一件事，敌人发动了一次出击，向孔戈庄这个方向突击了一下，县大队撑不住了就跑了，敌人没追又撤回去了，这时我们这个连看到县大队跑了，也扛着枪撤了，我从屋里出来火了，我说谁跑就枪毙，叫我一咋呼，都回来了。但一跑，目标一暴露，敌人机枪打得地上就和雨点似的，都是尘土啦。后来，主力来打诸城，那个参谋长看地形，到我们那个坟子上，他一上坟子用望远镜看了一下很快就缩下来了。很快敌人的枪也就扫过来了。我说：“参谋长，你这太危险了。”他说：“他不知道我在这个地方出现，等他发觉的时候，我已经看完了，下来了，还有什么关系？”后来就跟他们打进去了。他们在前面，炮一响，机关枪一压，他们的梯子竖到城墙上，一个班一个班地往上爬。我们就跟着上去了。国民党来了两架小飞机，飞得很高很高，扫了一阵子，绕了一圈就走了。部队进去以后，很快一个院子一个院子的扫射，墙矮的站在墙上扫一阵子跳进去。这个时候，看到的就是国民党尸体横七竖八的，还有的打伤了的，叫：“救救我吧，行行好吧。”那时咱顾不得他们，我们的任务主要是清理暗藏的还乡团等。这次还乡团死的最多的是在城西那个壕沟里，我们一进西关，还乡团就往城里跑，国民党怕我们趁这个机会一下子打进去，他就不让他进，爬墙国民党也打，结果死了一壕沟，经过搜查，抓到了几百还乡团，我们就返回仁里区吴家庄，经过审查，处决了罪大恶极的家伙，又返回钱家庄子。

一九四七年还开了一个公安员会议，这在当时来说，我们公安局是一个比较重要的会议了。会议上将五莲县的公安总结了一下，交流了一下经验。另外，对上级写了个总结报告，这个工作总结，基本上是符合五莲县当时情况的，当时公安工作的全貌，在这个总结里面基本上反映出来了。反过来看，有些问题看得不准确，如对公安工作的专门性和群众性这个关系上，把专门性好像基本上否定了，好像只有群众性，没有专门性了，这不符合当时的情况。因为当时县委每次开会都安排我发一发言，那时候开会不光是区委书记，工青妇大部分都一起参加，一竿子到底。县委开会大部分都在白庙子一个树林子里一围，辛玮同志在当中，中心发言，把县委研究的问题传达以后，大家分开讨论，最后汇报汇报，他再总结总结，各个部门再发发言，所以在这个会议上就叫我发个言。辛玮同志也讲一下，这样，区委书记、全县干部都知道了，等于发动了全党、全民来干公安保卫工作。当时的公安保卫工作是关系自己的生死存亡的大事，大家都关心，都重视，打破了神秘化，发动了大家。公安保卫工作的群众性自然就解决了。但因当时各方干部少，中心工作靠全党干，公安保卫工作也靠全党干，只靠公安局和公安员是很难干好面广量大的公安工作的。我当时认为，公安局、公安员不是支前就是蹲点，不干业务了，认为县委只抓我们参加中心工作，不管我们业务，找他汇报就说："你干吧祥业，没有事。"因为这些就说，没有专门性，只有群众性，这是片面的，不科学的。实际上正是在群众性的基础上我们的专门工作才干出成绩。

以上是有关五莲地区的我的回忆的几件事。

一九八四年五月一日于徐州

莒县公安局的建立与锄奸反特斗争

王　健

一、莒县公安局在抗日战争最艰难的形势下建立

抗战前的老莒县，是一个大县。南北长360多华里，东西宽120多华里。在我去莒县的时候，就已划分了莒中、莒南两个县。我去莒中县以前，先在抗大山东分校学习，住沂水王庄。1940年11月份结业后，就分配到莒中县去，叫我组建县公安局，并任命我当公安局局长。和我一起在抗大毕业分配的，还有周美玺同志，他分配到莒南县公安局当局长。

我到莒中县县委报到后，交上了行政介绍信，公安局只有我一个"光杆司令"。县委从县大队的警卫队里调了两个班，交给我，有三四十个人，组成了一个政卫队，由王起任队长。他是一个大个子，很威武，也很能干。就这样，于1941年1月，莒中县公安局就正式成立了。

当时，莒中县政府称莒中行署，莒中行署主任是艾光楼，县委书记白炎波，到1941年7月份才改称为莒中县。接着，建立了各区特派员，根据村庄情况，设立了锄奸小组。

1941年1、2月份，县委又调来了马治明、王兴等几名同志到公安局工作。这年冬天，成立了一、二、三股，王兴任一股股长，薛增喜任二股股长，马治明任三股股长。这年夏天，我参加了省公安总局在莒县南部的三界首召开的第一次全省公安工作会议，会议是由省总局长刘居英同志主持召开的，在这次会议上，我向领导汇报了莒中县公安局的组建情况和工作的开展情况。根据当时的斗争形势，省局会议指出了工作的重点，这就是：深入敌占区进行侦察，建立侦察网和侦察线。会后回到县里，我将会议的精神向县的领导白炎波同志做了汇报。又在局里向王兴、王起、马治明等同志作了传达和研究。

当时，是抗日战争最艰难的阶段。整个滨海地区的敌、伪、顽合流一起，向我根据地进攻。日寇调动了五万大军，采用铁壁合围和蚕食战术进行沂蒙"大扫荡"，控制了整个台潍、泰石两条主要公路和占领了两边的广大乡村，在公路两边还挖了深宽各4米的壕沟。日寇通过"大扫荡"，四处抓捕杀害我抗日军民，侵略到哪里就把据点安到哪里，很快，由原来的28个据点增加到了56个，从而占领了莒中县的143个村镇。他们还在敌占区实行保甲制度，建立了爱护村，每村设伪自卫队，到处屠杀抗日干部群众。住在甲子山一带的顽57军，除消极抗日，还趁火打劫，与我多次闹摩擦，破坏抗战，以整团整营的兵力，蹿入我寨里青山一带，抢劫粮、财，残杀百姓。恶霸、地主、汉奸于经武，

指挥“万仙会”万余匪众，从泰石路以北侵犯我莒中县根据地，一度侵占到崮山、古迹崖一带。惯匪朱信斋，原是被我收编的一个营长，他恶性不改，乘机带领500余人叛变投敌，杀害了我军派去的政委董振才、中楼区五楼乡乡长于福忠、滨海情报总站站长马兴武等抗日干部和群众300多人。

在敌人的残酷进攻面前，莒中县的根据地由四百多个村庄缩小到了几十个，只剩下了前横山、后横山，一溜崮西、青山前那么一点点地方。我们局机关随同县委经常转移，今天在这个庄，明天又到那个庄，有时一个晚上挪三个地方。面对这种形势，我们公安局的工作重点主要是保卫县委，中心任务是在敌占区发展内部关系，及时掌握敌人的活动情报。公安局就在这样艰苦的斗争形势下，建立起来了。

二、组织沭河大戒严

1941年冬，县委调动了县大队、区中队和民兵的力量，由公安局配合，搞了个沭河大戒严。以县大队和区中队为主力，按照作战要求，组织了若干小组。如：战斗小组、瞭望小组、侦察小组、掩护小组等。具体分工是：战斗小组专门与敌人作战，瞭望小组专门观察敌人的活动，掩护小组专门负责群众转移，侦察小组以公安局为主，专门插到敌占区侦察敌情，随时掌握敌人的动态。从莒县城里起，顺台潍公路直至夏庄一线的马驹岭、令旗墩、夏庄各个据点，都派有我们的侦查员。由王兴带着5个人，活动在莒城一带。白天住在于家庄，夜间就在城里，通过内部关系，每天都用联络信号把情报送出去。那时，对联络信号规定的很严，接头时，不准说真名真事，只准用暗号代替，如说白布几丈几尺，表示敌人有多少；货物降价了，表示敌人减少了；敌人什么时间出动，就说什么时间去打猎等。有的利用物品代替文字，将情报按时送到规定的地点，由传递情报的人去取回，联系时见物不见人。同时，还规定，秘密文件不准随身携带，传递时只准单线联系，不准发生横的关系。王兴同志很能干，个子不高，做事特别机智，他在莒城活动时，就像看朋友、走亲戚那样随便。他每天都按时将情报通过于家庄情报站送到河东。敌人一出动，我们就马上知道，主力部队和民兵迅速做好战斗准备，埋设地雷，占领阵地，等待敌人的到来，准确地给予打击。在大戒严时，靠近敌占区的各个村庄，院墙都是全部打通的，户与户之间串通一起。各村之间，也都挖了交通壕，真有点像电影《地道战》那样，一有敌情，马上都知道，敌动我知。在村内，群众在掩护组的指挥下，按规定的路线，转移到安全地带。战斗组就转战街里，打击敌人。

在大戒严时期，由于我们侦察工作搞得活跃，情报准确，敌人每次出动，都受到了打击，减少了群众的损失。当时群众夸奖地说：“公安局的人真有能为，他们经常出入城里，鬼子汉奸见着他们都躲开，不敢动他们，要是捉个‘舌头’，马上就把汉奸逮来了。”

三、锄奸反特

锄奸工作是我们公安机关的一项重要任务，是一种隐蔽的斗争，也是一种与敌人斗智斗勇的斗争。通过这种斗争，目的是及时地打击敌人，保护自己。

在锄奸工作中，为搞到敌人的情报，我们采用了很多方法，动了很多脑筋。

那还是1942年夏天的时候，我参加了省公安总局召开的全省第二次公安工作会议。会议要求在敌占区建立点线工作，发展“内部”关系。当时敌人占领着县城，在四周鬼子汉奸安了不少据点。怎样开展这项工作，从哪里开头，怎样打开缺口，是件很麻烦的事情，弄不好，不仅搞不到敌人，还会被敌人吃掉。当时莒中县南北有台潍路，东西有泰石路贯通，公路沿线全部都是日本鬼子占领。日本指挥着汉奸莫正民一个大队3000多人，还有日伪警察所一个特务组织，所长薛爱众，有近百人的警察，下辖警务系、保安系、特别保安系、警察系和两个派出所，五个分所，一个分驻所。大汉奸头子于经武指挥着“万仙会”，他也受日寇的指挥。这几部分，既互相利用，又互相有矛盾。我们分析了这几部分的情况，就利用他们间的矛盾去搞他们，我当时与敌工部的胡玉才同志取得了联系，点线工作首先从莫正民的汉奸队入手，在莫的夏庄伪据点中，发展了几个“内部”关系，开展情报活动，对我们起到了很好的作用。我还记得有这样两件事：

第一件是在1942年秋天，通过莒中县城内莫正民部的一个“关系”，送出一份情报，说日本鬼子要到夏庄银行送款。得知这情报后，我决定要截取这笔款子，补充自己，削弱敌人，就把截款的任务交给了旺疃区的公安员来成贞去完成。来成贞同志是一个机智勇敢、胆大心细的好侦察员，他接受任务后，带领十几个民兵，在石屯一带公路上守候了三天三夜，终于将款子截到了手。他们打了个漂亮仗，打死日寇1人，俘虏5人，缴获手枪3支，大枪5支，自行车十几辆，日币十几万元，伪币5万元。后来，我们将这些战利品交给了滨海区公安局，做了特别费用，受到了滨海行署的表扬。

第二件事是我们打到敌人内部去，建立我们的“内部关系”，而敌人也在想法打到我们内部来，瓦解我们，搞我们的情报，进行破坏和捣乱。我们在夏庄汉奸据点内，有一个“关系”叫董振升，是汉奸小队长，曾为我们提供过情报。后来暴露了，日本鬼子已怀疑他，不能继续在据点了，要求到根据地来。我们研究了他的情况，为什么要到根据地来？是否有问题？决定答复他的要求，同意他到根据地来，但要提高警惕，进行考验。董来到根据地后，我们把他安排在公安局，有意让他知道一些我们的无关紧要的情况。经过一段考察，凡是让他知道的情况，敌方也就马上知道了。这就更加引起了我们的警惕。这时，我们采取了两种方法对他进行考验，一是通过“内部”关系了解敌人得知我情报的来源，二是派我的警卫员李新民同志经常接触他，监视他的行动。

假的总是假的，伪装是靠不住的。董振升自从到了我方后，虽然窃取了我们的一些“情报”，但是也充分暴露了他自己，我们通过“内部关系”得知，敌人所得到的一些情报，均属董提供的，我们决定，抓住证据，处理掉埋在我们身边的这颗定时炸弹。

董振升是一个狡猾的两面派老手，经过几次较量后，很快变换了手法，由搞我情报，而转为策反我们的人。我就让警卫员李新民经常与他接触，渐渐地董对李产生了好感。他认为，李年轻幼稚，重感情，好拉拢，便经常向小李讲一些在那边如何好，在这里如何受约束，吃不好，穿不好的话，看到小李不反感，便进一步向李发起进攻，并说：如果愿意到那边干，可以介绍过去。李反问：“我就这样过去能行吗？人家能相信吗？”董说：“这好办，找机会你把局长的枪带上，交给我，我和你装作执行任务，不就跑了吗？”于是，我故意给他们创造条件，一天早晨，我安排他俩人到于家庄了解莒城敌人的兵力变化情况，他俩就按商定好的“计划”，开始了投敌活动。在投敌路上被我抓获，经审讯，董交代了打入我内部后所犯下的一切罪行，后董被我们处决。

这是我记忆中，在莒中县公安局锄奸反特斗争中的几件事。

1982年11月

对五莲县镇反运动的回忆

任守基

我是1951年8月分配到五莲县公安局工作的，来到五莲时，轰轰烈烈的镇反运动高潮已经过去，全县的镇反工作正在根据中央关于谨慎收缩的方针和全国全省公安会议精神，暂时停止面上大逮捕，转向清理积案、处理在押犯的工作。同时对运动中漏网的反革命分子和现行反革命活动继续开展调查处理。

我当时年轻，又刚参加工作，没有具体安排到那个股所，哪里的活吃紧，就被临时指派到哪里，边学习边工作。我当年直接参战的主要有三项工作。

一是清理在押犯。那时没有正式监狱，犯人都押在群众腾出来的房子里（公安局驻集后），抽调民兵协助看押，由于在押犯多，场所简陋，厕所都在村外，每次放风看押人员都荷枪实弹，夹道站立，森严得很，稍有麻痹，就会发生意外，故清理在押犯任务很重。我在当时的预审股长林子芳（后任副局长，已故）带领和指导下，协助预审干部清理积案。那时没有刑法、刑事诉讼法等法律，对人犯处理只依据《中华人民共和国惩治反革命条例》进行，因此量刑轻重，只是比照而定。反革命分子王世君在高潮中没有办结，清理时才审结批准枪决的。刚从东北追捕回来的伪营长岳光文，经过教育，很快交代了全部罪行，并说："我早有思想准备，从东北抓回关里，就是来偿还血债的。"后根据其罪行和认罪态度，决定从宽处理，仅判了有期徒刑，当在预审室向他宣布处理结果时，他朝着墙上的毛主席像"扑通"跪下，磕了几个响头，并说："我做梦都没想到，政府还留我一条命，真是感恩不尽。"

二是排查追捕镇反高潮中漏网和外逃的反革命分子。这方面的工作主要是和治安股长刘世仕（已故）等同志一起进行。如追踪逮捕潮河区东石河伪区长徐某某等。高泽区西楼村1947年叛乱的遗漏骨干分子何茂常，查好材料后从东北追回，在西楼东河执行枪决。因他有严重的麻风病，怕闹传染，行刑后用一堆木柴将尸体就地焚烧。

三是参与1955年深入镇反斗争。1951年两次大逮捕后，虽然彻底粉碎了阶级敌人的破坏活动和复辟阴谋，但以后又一度出现一些和平麻痹思想，放松了对敌斗争的警惕性，放松了对敌人的监督管理措施。有些不甘心灭亡的反动派，又死灰复燃，企图卷土重来。如1952年春松柏区沙岭子村"红头军"暴动就是一例。再就是经过排队，我县尚有40多个村由于某些原因，镇反高潮中发动得不够彻底。所以根据全国全省公安会议精神，1955年又深入开展了一次继续清查漏网的残余反革命分子的斗争，当时叫深入镇反斗争。这次斗争，共查对批准逮捕反革命分子100名，为了大造声势，震慑犯罪，仍采取集中逮捕的办法。当时警力不足，县委又从机关、学校抽调一批干部，共组成200余人的抓捕班子，统一时间，统一行动。我和教师司正邦（后任民政局局长，已故）一个组，带领公安战士逮捕了街头区城仙村反革命分子毕某某。这次行动只有南回头村反革命分子徐某某闻风潜逃，全县共抓捕了99名。大规模的镇压反革命运动至此宣告结束。

这次镇反运动的成绩是伟大的，运动中也教育锻炼了公安队伍，我也是通过这场运动锻炼逐步成熟起来的。我觉得这次镇反运动公安机关确实镇出了气魄，镇出了声威。广大人民群众对公安干部更加爱戴，对公安工作更加支持，像检举揭发犯罪，见义勇为，扭送现行犯罪分子，大义灭亲的好事例屡见不鲜。公安干部在群众中树立了良好形象，我们下乡工作每到一地，干部群众就围拢上来问寒问暖，亲如家人。1952年我和侦保股长祝象济（后调兰州）在管帅区于里沟村调查死灰复燃的"九宫道"，住在陈大娘家，老人家对我们像儿女一样看待，有了好吃的快给我们送去，夜间怕我们蹬被感冒，经常半夜起来给我们盖被，鱼水之情，难以言表。管帅区团林乡乡长王相（已故），经常夜间给我们带路，还亲自送我们到五莲和莒县搭界的村庄接头调查情况。一次我与治安股干事郑树信徒步30里返回驻地住宿。到达后，郑树信同志在灯底一看，自己新做的棉大衣，被背着的匣子枪木套磨出了一个大窟窿，疼得直掉眼泪，翻来覆去一夜没有入睡。那时的公安队伍真的令行禁止，纪律严明，工作雷厉风行，是一支经得起考验的半军事化的战斗集体。

回忆那些往事至今仍觉得历历在目，不由得记起当年一曲镇压反革命的歌曲，由于年久又健忘，只能想起最后一段，唱出来作为结束语。

“……他手上沾鲜血，袋里装美金，破坏生产烧工厂，偷了情报送给美国人，抓得对来杀得准，不抓不杀不安心，大家快起来，坚决彻底，干干净净，全部肃清，肃清那反革命。”

我的刑侦岁月

陈占杰

陈占杰参加刑侦工作时使用过的相机

1981 年 7 月，我们 15 个人从警校毕业来到日照县公安局，我被分配到了刑侦股，1984 年刑侦股才改成刑警队。那时候出发看现场，近的地方骑自行车，把勘查箱绑在自行车腚上，稍远的地方就用两轮或三轮摩托车。刑侦股有两辆三轮摩托和一辆两轮摩托，那时候公安局的标准汽车配置就一台北京吉普，那是局领导坐的，谁去县委或者临沂地区开会就坐这个，一直到了 1984 年左右，才有了平头的那种上海轿子。

我来刑侦股后，跟着股里的老警察张明辉学犯罪现场痕迹检验。张明辉是我的启蒙老师，他是在临沂市公安局经侦支队长任上退休的。

现场照相主要是加比例尺，拍指纹、工具信息、细节特征。那时候扫指纹只有一个毛刷子，照相用的是海鸥牌 120 照相机，有个 135 相机但是我还捞不着用。让我记忆犹新的是，拍尸体照片的时候，需要把带子套脖子上往下拍，那时候没有变焦镜头，得站马步才能把比例尺调清楚，照片经常照不清楚。

1984 年，省公安厅办了一个痕检班，每个县局去一个人，2 月我们到警校报到，7 月警校升格为大专，改名叫山东公安专科学校。指纹、足迹、工具、枪弹等成体系地学了十个月之后，发了一张专科学校的肄业证，回来之后工作能力就整体提升了一个层次。郯城县局的盛聚堂、临沭县局的王玉安、五莲县局的宫华，我是日照的，我们都是痕检班的同学。

1984 年之后就开始普及 135 相机了，有珠江牌的和海鸥牌的。那时候照相机还没有测光表，看天气凭感觉调光圈，也没有感光度这个功能。冲洗照片都是自己操作，记得上课的时候第一次冲洗照片，老师还没进暗房，就有同学把胶卷扔在一边，却把长长的拷贝纸给冲洗了。

好多先进的地方到了 1986 年就开始上彩照了，那时候石臼工委成立公安分局，配了一台很好的照相机，比县级日照市公安局的好多了，梁成浩、马宗忠当时就在石臼分局，我当时还去借着用过。

一般遇到了大案子就用 135 相机拍彩色照片，尸体上的血和肉能够看得很清楚，曝光也准确得多。那时候有了大案子，现场勘察的同事得等着我们去照相馆把胶卷冲洗出来，没问题了才能去处理现场、火化尸体。

彩色照片公安局内部就冲洗不了了，必须到外面照相馆冲洗。照相馆洗一套得 100 块钱，而一套黑白胶卷几块钱，一盒相纸 30 来块，能用好几个月。当时日照两家照相馆，市政府对面一家，老人民商场斜对过路南一家，后来老牟、小胡单挑出来干，个人的小店服务好，能够随时来了随时洗。

1986 年单位新买了 135 照相机，有理光 7 和理光 10 还有美能达，相机上都有了测光表，可以给出加减曝光的提示。那时候现场照相硬件进步很大，但是也有短板，比如在聚光灯下，拍摄凹凸反光面的物体，比如拍不锈钢管上的指纹，效果就不理想，只能把物品拿到暗房拍摄。

1987 年县级市公安局搬到了新楼上，技术室就在兴海路现在的东港分局院里西南的位置，一排小平房，法医化验的实验室和冲洗暗房都在那里。1989 年，日照升级为筒子市，刑事技术要求从三级上升为二级，工作有了很大进步，那时候上大案子就要做三套现场记录，包括现场笔录、绘图、照片。

1994 年开发区分局成立，1997 年分局刑警大队升格为副科级，我去干教导员，那一年整个分局就 13 个人，那时候设备就进入换代高峰期了。

2002 年，市公安局刑警支队升格到副处级，组织让我去干副支队长，分管刑事技术。离开支队五年后我再回去的时候，支队的照相设备就全部换成数码相机了，照片电子版从存储卡直接拷贝到电脑上。

随后的 2005 年，刑警支队新上了 6 轨道 DNA 测序仪、立体显微镜、指纹分析系统用于提取检验 DNA、工具和枪弹痕迹，还接连考入几批大学生科班人才，整个刑事技术工作焕然一新。

2006 年我去了市公安局纪委、督查部，算是离开了工作 25 年的刑侦岗位。

我的第一张警装照

张　玲

这张照片摄于 1984 年的秋天。照片上的我，略带羞涩的微笑中，透着文静、秀气、青春和稚嫩，照片的背面有个数字：18，是我的年龄。那个时候的我，用 11 年的寒窗苦读换来了一张令全家人为之骄傲和自豪的大学入学通知书。带着全家人的期望，我来到了位于济南市历下区文化东路 30 号的山东公安专科学校。

能够进入这所令太多女孩子羡慕的学校，纯属偶然。我们那个年代的高考是考试之后、出成绩之前填报志愿，就在填报志愿的最后一天，志愿表都交上了，也不用上课了，炎热的午后，大家百无聊赖。我们几个女同学坐在教室外的山墙旁一棵伐倒的大树干上闲聊，有个同学问我："张玲，你个子这么高，体育又这么好，没去报军校？"对于高考报志愿，我们那个年代，信息没有这么通畅透明，家长也都不怎么关心，主要是不懂不会，自己更是搞不明白状况，报志愿也都是老师在讲台上怎么说，自己估摸着填填就行了，只大概记得最后都要填上同意调剂。我被同学问了一个愣怔："还可以报军校？"同学说："你快去找班主任问问去。"我在班里的学习成绩一直处于中下游，学生时代当然是以成绩论英雄，老师眼里大概也没我啥事，所以平时几乎不太与老师打交道，更不会主动去见老师。可能是那个时代女孩子对于军装警服的无限向往，让我壮起胆子走进了班主任的办公室，后来就拿到了一张军校的报名表。山东公安专科学校虽然是个专科，但警校是提前批次录取，我们 84 级又是第一届招生，我入学后才知道，我们这一届招收的学生成绩都在本科线以上。一向成绩一般般的我，那一年的高考却是超出了本科线好几分（好几分哪），好多平时成绩比我好的同学都没我分数高，嘿嘿！许是我与警服真的有缘吧。

因了这个缘分，我如愿来到了山东公安专科学校，首先迎接我的是一个月残酷的队列训练！天哪，9月初的济南，骄阳似火，大太阳底下，一天天的稍息、立正、向左、向右转、齐步、正步走。我在宿舍是住上铺的，一到晚上往上铺爬都很艰难。挨了无数的批评和训斥，好容易熬过了新生训练，终于迎来了发警服的日子。拿到警服，就赶紧抱着跑回宿舍套到身上，我们女生宿舍就像是炸开了锅，叽叽喳喳欢声笑语不停，一个个的对着镜子左照右照，再互相评判一番。臭美够了，接下来当然是去拍个照片寄回家，让爸妈兄弟姐妹都看看，顺便捎带着在邻居面前显摆一下。学校对面的省体工大队沿街有个小小的照相馆，在这里，我拍下了人生这第一张警服照。这张照片虽然有着特别的纪念意义，但是在后来的学习和工作生活中都没太用得到，因为平时用到的都是一寸免冠照！

要说这张照片有着特别的纪念意义，还有一层意思：这张照片上头发还是稍稍过肩一点的，算是我人生之中有记忆以来头发最长的一次。警服发下来，学校第一个要求就是女生要剪短发。对于女孩子来说，这可是件人生大事！人家剪短发都是要哭哭啼啼的，我却是没有半点的留恋和不舍，也许我生来就是适合穿上这身警服，适合留短发的吧。这次剪了短发，之后的30多年，我就再也没有留过长发。虽然作为一个女人，一生没有留过长发，不知道自己长发飘飘的样子是怎样的一种风情，会有些许的遗憾，但是，我觉得比起长发，我短发的样子，配上高高的个子，苗条的身材，穿上警服会更加的精神，更帅气一些！

对于警服的热爱，从这张照片开始，已经陪伴了我30多年。从上白下蓝，到代表和平的橄榄绿，再到现在的那一抹藏蓝，在我的心里，无论是哪一款哪一式，都不输给任何一款最时尚的时装。

身份证上记载的变迁

丁 冰

我国改革开放40年来，公安工作实现了巨大变革。从警33年，随着时代一起经历，一起成长，我真切感受到了变迁的点点滴滴。

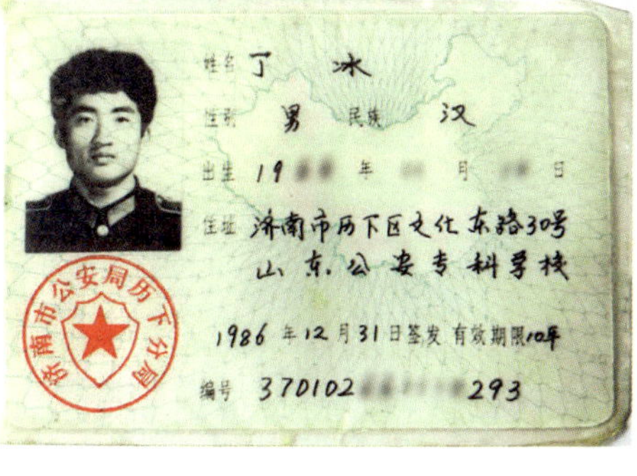

这是32年前我在山东公安专科学校上学时申领的首张身份证，也就是第一代居民身份证。身份证左上方是我着83式警服免冠黑白照片。住址是济南市历下区文化东路30号山东公安专科学校。1986年12月31日签发，有效期限10年，签发机关是济南市公安局历下分局，证件的左下侧，是圆形签发印章，签发机关名称按顺时针两侧排列，中间五角星由盾形围绕。

与现在不同的是，身份证照片对着装没有具体要求，可以是着带职业特点的服装，也可以是其他服装。家庭住址上写明工作单位。山东公安专科学校辖区派出所是历下分局文化东路派出所。当时，同学们按学校通知的时间，从文化东路与山大南路交界处往北走半里路左右，路西有个居民身份证照相办理点，照完相，还在办理登记表格上填写个人姓名、性别、民族和出生日期等情况。

今天，只要随身携带智能手机和身份证便可在国内随意出行，正在研发的电子居民身份证，甚至通过刷脸或虹膜识别等技术，便能识别身份。

可在30多年前，人们很长一段时间没有身份证，证明自己身份的时候，用的是户口簿和单位介绍信。城市居民即非农业人口家庭有户口簿，农村农民家庭没有单独户口簿，就需要到大队或村里找会计开具社员或村民介绍信，很多时候，因此耽搁出行。

1984年4月6日，国家正式实施居民身份证制度，开始颁发第一代居民身份证。1985年9月6日，国家主席李先念签署主席令，所有年满十六岁居住在中华人民共和国境内的中国公民都应当申领居民身份证。1986年11月28日，公安部公布了《中华人民共和国居民身份证条例实施细则》（简称《细则》），我的这张居民身份证是1986年12月31日签发的，距《细则》施行刚过33天，作为个人，非常有纪念意义。

第一代居民身份证为聚酯薄膜密封、单页卡式，15位编码。受当时的经济、技术条件限制，最初发放的身份证大多是用手工填写。即便是在省会济南，也只能是手工填写。我的这张身份证上漂亮工整的手写体就是最好的历史见证。

第一代身份证反面有持证人的黑白照片。1995年7月1日起启用新的防伪居民身份证，采用全息透视塑封套防伪。1999年10月1日，国务院批准建立了公民身份号码制度，把原本在申领居民身份证时才确立的15位居民身份证号码，替换为出生时编排的终身不变的唯一的18位代码，即公民身份号码。2004年1月1日，第二代居民身份证开始换发，第一代居民身份证于2013年1月1日正式停用。

作者曾穿着的83式警服领花、臂章等配饰

说到身份证上的着装，新中国成立后，公安机关警服先后经历了50式、55式、58式、66式、72式、83式、89式、99式八次换装，前四款警服和解放军大致相同，从72式开始区别于军服。1983年，人民警察体制由公安机关统一领导，转变为由几个部门分别管理，橄榄绿色的83式警服应运而生，警服上衣、大衣袖口均缝有两条黄色袖线，警裤及为女民警配发的裙服两侧均有红色裤线，领章为正红色平绒。

1993年4月，日照市公安局东港分局成立，刻制分局行政公章时，具体承办的同志到市公安局办公室开具单位刻章介绍信，因为新成立的分局是市公安局直属派出机构，不是区政府组成部门，分局名称究竟是东港区分局还是东港分局，领导们有不同意见。经了解，济南市公安局的分局由市公安局直管，潍坊市公安局的分局不是直管，是区政府组成部门。当时，我正好在市公安局办公室工作，我拿出了这张身份证，经办人员拿着我这张身份证样本，向市公安局领导请示后确认，公章刻为“日照市公安局东港分局”，也算是一段佳话。

记忆中的老照片

陈　浩

我是政治部的一名民警，2006年参加公安工作。2008年在东港分局秘书科工作的时候，有幸参与了公安史志的编纂工作，接触和收藏了一些老照片。这次市公安局组织“我们一起走过——日照公安护航改革开放40年40事”征稿活动，把我的回忆拉到了10年前。这些记忆中的老照片，不就是日照公安40年辉煌发展历史和一代又一代日照公安人无私奉献的见证吗？

110

“报警请拨110”。110报警电话的开通，是公安发展历史的一件大事。现在的人们，已经习惯了有困难找警察。1996年7月，公安部在福建省漳州市召开现场会，推广漳州110先进经验，并号召全国公安机关向“漳州110”学习，推动报警服务台规范建设。当年市公安局制定《关于组建110报警服务台的实施方案》，于年底开通110报警服务台，接受群众报警服务工作。从开始的单纯接受群众报警和求助，到后来陆续开通的火警119和交警122，再到后来的“三台合一”，日照110已经成为群众在危难之中最先想到的号码，在维护社会稳定、保障群众安居乐业方面，越来越发挥了重要的作用。

1997年7月，时任日照市委书记尹忠显（前排左一）、市长班开庆（前排左二），在市公安局局长王献增（前排左三）的陪同下，考察日照公安110

田连增

2004年12月10日，东港区河山镇发生一起抢劫出租车杀人案件，司机焦某被刀砍、棍击致颅脑严重损伤而死亡，其驾驶的车牌号为鲁LB05** 捷达出租车被抢。案发后，东港分局成立专案组，全力展开侦破工作。2005年6月9日，济南警方将被抢捷达出租车查获，并抓获一名犯罪嫌疑人。8月18日23时许，专案组民警在济南市历城区一装饰店内将另一犯罪嫌疑人路某抓获。8月25日，

社会各界送别田连增

全国优秀人民警察、时任东港分局刑警大队教导员的田连增同志在侦破“12·10”抢劫杀人案过程中因连续加班、劳累过度，导致心脏病突发，抢救无效牺牲在工作岗位上。2006年，田连增被省公安厅追记一等功。

负伤

这两张老照片，由于我参加公安工作的时间较短，不知道记录了哪年哪月侦破哪个案件时发生的事情。我也没有因为要写这篇稿子，专门去采访照片中的主人。因为人民警察是和平时期牺牲最大的群体，时时刻刻都有人在牺牲和负伤。对于照片的主人来说，这只是他们警察生涯当中短暂的一瞬，身上的每一道伤疤，都是这个职业授予的神圣勋章。

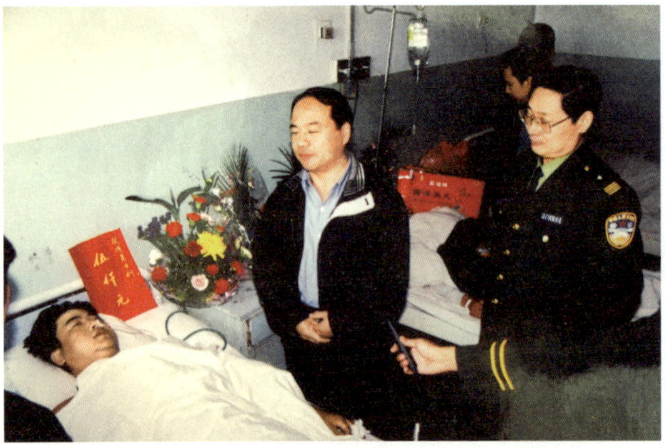

岁月静好，只是因为有人负重前行。群众危难的时候，是人民警察冲在前面，留下背影和最美的逆行；侦破案件的时候，是人民警察风餐露宿、勇往直前；抓捕犯罪嫌疑人的时候，是人民警察临危不惧、生死搏斗；服务百姓的时候，人民警察又是铁骨柔情、春风化雨。曾经有位警嫂说过，嫁给警察等于嫁给了谎言，每天听的最多的话就是谎言！今天我一定会回家，今天我一定陪你逛街，等过一段时间闲了我就陪你去看爸爸……但是，几乎从来没有实现过。作为警察，愧对家人，但是无愧于法律和人民。既然选择了这份职业，绝不会忘记入警时的铮铮誓词：我志愿成为中华人民共和国人民警察，献身于崇高的人民公安事业，坚决做到对党忠诚，服务人民，执法公正，纪律严明，矢志不渝做中国特色社会主义事业的建设者、捍卫者，为维护社会大局稳定，促进社会公平正义，保障人民安居乐业而努力奋斗！

赶　集

王守礼

1999年1月，我从部队转业到五莲县公安局上班不久，赶巧该局在洪凝大集摆了个摊，名曰民警“赶集”搞爱民活动，我有幸参加了这次赶集活动。

“赶集”民警把带来的几张办公桌一字长条排开，将印制的方便群众办事“明白纸”、严打整治通告、防范“妙招”挂历以及“窗口”业务单位的桌牌摆放在桌上，在集市中心地带恭候着群众的光临。起先群众问津者甚少，好像不适应这种形式的爱民活动，随后民警走进群众中间直接把宣传材料递到群众手上，警民距离瞬间缩小。群众边看资料边问这问那，话匣子一打开，“赶集”民警就忙活开了。

群众咨询的事儿，民警面带微笑、耐心解答；群众办理的证件，民警答复办妥后帮其捎到家中；群众报警求助的事项，民警仔细听，认真地记在笔记本上，答应为其排忧解难……一时间，那真叫“警民和谐一家亲”哪！入警前常听群众讲警察“脸难看、事难办”“冷横硬推”之说，顿时烟消云散。

二十年后的今天，我对那次“赶集”活动仍记忆犹新，给我的感觉和启示就是民警放下了架子，群众自然乐于接近；与群众多近，群众对你就多亲。这一感觉和启示，至今还激励着我、鞭策着我。

重要稿件

禁酒令冲击波①

——日照市公安局整顿警风纪实

南　方　陈秀华

1995年9月21日，对于山东省日照市公安机关的干警们来说是一个非同寻常的日子。就在这一天，市公安局党委下了一道命令——禁酒令，对公安干警何时、何地、何种情况下禁止、限制喝酒，下达了10条规定。转眼一年过去了。禁酒令给当地公安机关究竟带来了什么？

1995年6月，新上任的市公安局局长王献增在调查中发现，由于过去疏于教育管理，加之社会上不正之风的侵袭，公安干警执行公务喝酒所造成的负面影响非常突出。个别干警酒后滥用警械、驾车肇事、执法不公。群众反映，一些公安干警被酒“泡”得失去正气。

对此，市公安局党委经反复研究，决定从群众意见较大、直接影响公安队伍形象的喝酒风入手，整纪刹风。禁酒令明令禁止干警在工作时间、午餐时间喝酒；禁止携带枪支、警械喝酒；禁止着警服在饭店、酒店等公共场所喝酒；禁止在发案单位喝酒；禁止和与案件有关的人在一起喝酒；禁止酒后驾车；禁止在值班时间和其他有可能影响工作的时间喝酒；禁止在任何场合、任何时间酗酒；禁止参加影响执行公务的各类宴请。

配合禁酒令的实施，市公安局制定了严厉的惩戒措施，违反禁令之一者，发现一次警戒一次，发现两次进行通报批评，累计三次以上或造成严重影响和后果的，给予党纪、政纪处分，直至辞退或调离公安机关。发生问题的单位和个人，当年取消年度评选先进资格，所在单位领导当年不得提拔使用。配合禁酒令的实施，市公安局制定了严格的检查制度，建立了社会监督网络。同时，为让干警随时自警自省，还为每位干警配发了印有禁酒令细则的禁酒卡。此卡后来成为山东省公安厅在全省实施禁酒令的蓝本。

禁酒令在公安机关及社会上都引起了强烈反响。有的拍手称赞，有的观望、担心，也有的认为公安局是出风头。对此，王献增和其他局领导丝毫不动摇。

莒县天宝派出所民警何兆安多年来每餐必饮酒，就是回家忙农活，别人带水他带酒。戒酒的滋味只有他自己知道，一到吃饭时间，大家见老何满院子走，连着走了四五天。戒酒之后，老何负责的自行车年审工作从过去的位次倒数，今年一下子跃居全局第三名。

东港公安分局三庄派出所一名副所长怎么也没想到，过去喝了若干年的酒都没什么事，这次竟“栽”在小小的酒杯里。禁酒令发布后，分局领导责令曾多次酒后失态的他戒酒，他也表示接受。但不久又酒醉失态。4月11日，分局党委决定给予这名副所长行政警告处分，调离工作岗位。日照开发区公安分局3名干警在酒后执行公务时动手打人，事后，分别受到行政记过、行政警告和辞退处理。

① 此文获新华社和中国时事报道研究会主办的第八届中国时事报道一等奖，入选新华出版社1998年《时事报道精品选》。

自实施禁酒令以来，全市公安机关共处罚违令 8 起 13 人。当初不无强迫性的禁酒令，如今在全局上下，已蔚然成为自觉的行动。

据不完全统计，自实行禁酒令以来，全市公安机关好人好事层出不穷，其中拒绝吃请 3680 余人次，拒贿 82 人次 14300 余元，收到群众赠送锦旗、镜匾 126 面，表扬感谢信 385 封，干警为群众做好事 8640 余件次。

继全市公安系统实施禁酒令之后，日照市许多党政机关和企事业单位纷纷效仿公安机关的做法。禁酒令的带动辐射作用，引起了社会各界的一致好评。群众一致反映，党政机关实施禁酒令，不仅改善了干部的形象，而且增强了党在人民群众中的威信。莒县公安局的 3 位干警家属给报社写信，反映禁酒后丈夫对工作、对家庭的责任心增强了，家庭和睦了。许多干部、职工、酒店的服务员主动作公安禁酒的监督员。很多酒店、饭店、宾馆的吃喝队伍大为减少。

日照市公安局一纸禁酒令的实行，如一石击水，在全省甚至全国都引起了很大影响。目前，禁酒令已经在各地公安机关产生了巨大的政治和社会效应。

（新华社通稿，新华社北京 1996 年 9 月 23 日电）

局长令发出的前前后后

龚 旋

两年前，笔者曾走进位于黄海之滨的日照市公安局，采访并撰写过一篇题为《而今迈步从头越》的文章，向全省乃至全国介绍了这个局由过去连续三年行风评比倒数第一而一跃成为全市行评连续三年先进的事迹；两年后的今天，笔者又一次走进这个公安局，专题采访“局长令”的发布与实施情况，因为这个局所发布的“局长令”在全市社会各界都引起强烈反响，对全局民警也震动极大。

新班子上任后的“头三招”

这个局新一届领导班子自去年 9 月调整之后，针对队伍建设和业务工作中存在的问题，出实招，动真的，真正地使队伍的精神面貌有了新的变化，各项公安工作有了新的进展。

第一“招”，从根本上锻造一个坚强的班子。在新班子组建后的第一次党委会上，党委书记毕宝文同志就班子自身建设问题从六个方面作了阐述，明确地提出“治警先治长，严下先严上”的要求，并结合“三讲教育”，采取未整先改、边整边改等措施，制定了《关于进一步加强党委班子自身建设的意见》，从讲学习，讲政治，讲团结，求真务实，心系群众，率先垂范，廉洁自律等七个方面，规范领导班子成员的行为，明确要求各级班子成员做到“自重、自省、自警、自励”，牢固树立掌权为公、用权为民的思想，不断提高理论水平和驾驭、领导能力，提高决策水平和工作质量。

第二“招”，明确规范领导骨干一岗双责。这个局新一届领导班子在多方征求意见与建议之后，研究制定了《日照市公安机关领导干部“一岗双责”约法三章》，明确规定市公安局和各分（县）局班子成员、市公安局和各分（县）局所属科所队室主要负责人、公安民警发生职务犯罪的，局长、分管局领导、民警所在科室主要负责人分别要主动辞职；虽不构成犯罪，但构成严重违纪的，上述领导要主动请求党纪政纪处分，使“一岗双责”有了很强的可操作性，进一步增强了各级领导干部管住自己、带好队伍、正确行使权力、公正处理事务的责任心和事业心。

第三“招”，严肃查处违规违纪的公安民警。无规矩不成方圆。要把公安队伍带成一支纪律严明、作风过硬的铁队伍，就应从一点一滴抓起。日照市公安局新一届领导班子上台后不久就针对个别民警大错不犯、小错不断和上班迟到早退、串岗聊天等现象，研究制定了《日照市公安民警违法违纪违规处理办法》，明确了对民警54种违规行为的处理办法。紧接着，由市公安局纪委牵头，政治部、督察部配合，对6名有一般违纪违规行为的民警举办思想教育学习班，培训学习期间只发生活费，学习结束后重新分配工作并试用三个月，其间只发基本工资，试用期间再发生违纪行为的，一律辞退。目前这6名民警经过培训教育和试用之后，均已认识到自己的错误并痛改了前非。

"局长令"从局领导"开刀"

前不久，日照市公安局为认真搞好"三项"教育，贯彻落实公安部关于加强队伍建设的十二项措施坚定不移地坚持从严治警的方针，党委书记、局长毕宝文以"局长1号令"的形式发布了十条命令，即：严禁工作日（包括值班备勤日）中午饮酒；严禁任何时间、任何情况下酗酒；严禁机动车驾驶员任何时间、任何情况下饮酒等十条禁令。凡违反上述禁令的，按照《日照市公安民警违法违纪违规处理办法》有关规定给予相应的纪律处分，直至辞退。

在"局长令"发布之后，局纪委和警务督察部门立即行动起来，对全市各级公安机关执行"局长令"的情况进行了督查。各警种、各单位结合工作实际，制定了严格的落实措施，各级层层签订责任状，实行连带责任制，并将"局长令"印制成卡，人手一份，随身携带，严格执行。"局长令"产生的强大冲击波震动着每一个民警，以往个别民警中午喝酒的现象现在不见了，歌舞厅等娱乐场所内个别民警的身影也不见了。

然而，就在"局长令"发出后不久，市公安局领导两名司机未经批准擅自出车发生事故。毕宝文局长严肃指出，在这两起事故中，领导同志虽无直接责任，但负有失察责任，除对两名司机分别给予辞退和纪律处分外，两名局领导还主动承担经济损失1000元和600元，以实际行为维护了"局长令"的严肃性。这一做法在民警中着实起到以儆效尤的威力，使队伍受到了极大震动。

"创满意"从一件件实事抓起

日照市公安局在带好队伍不出问题方面，着实出了不少新点子，下了若干真功夫，也取得了许多好成效。然而，在做好工作让群众满意方面，他们照样费了许多心思，用了不少力气，做了若干实事。在采访中，我明确地理出了一班人的思路，即"创满意"就得从一件件实事抓起，并且要一抓到底，真正地抓出实效来，让人民群众从心坎上满意。

其一，让所有的窗口都亮起来。"满意在派出所，方便在服务车"活动，在这个局仍旧开展得如火如荼，并进一步延伸管理与服务触角，真正地使人民群众满意在家中。交警创满意活动办了七件实事。一是开办车管服务大厅，挂牌、年审一条龙办公；二是添置电子选号，做到公开、公正；三是把原"4"字开头的个体汽车号牌在车主自愿的原则上改换成"8"字开头；四是停止所谓吉祥号牌收费规定；五是收费项目一律实行公开制度；六是与医院、保险公司协调，开通"生命绿色通道"，实现了事故伤员免挂号、缓交治疗押金或由保险公司暂付3000元医疗费的办法。户政、外事、消防等所有窗口都推出了一套为民、便民、利民的"创满意"办法，真正地让群众满意在心中。

*其二，保一方平安是公安机关的天职。*从年初到现在，这个局除按公安部和省公安厅统一部署的开展"打拐"和打击制贩假币联合行动之外，还有针对性地开展了三次大的区域性集中打击和治安整顿行动。如：年初在城区开展了对暂住人口、流动人口和特种行业的治理整顿，从中发现和打击了一批市霸以及寻衅滋事流氓犯罪团伙，人们无不拍手称快，市委、市政府领导多次在会议上称赞这是一支敢于碰硬的公安队伍。又如，最近全局行动并发动群众和社会各界参与，用一个月的时间开展整治旅游秩序、创造安全环境、迎接旅游旺季的活动，为每一个到日照旅游的旅客都提供一个良好的治安环境。

其三，坚持局长接访日，实行领导包案责任制。这个局坚持每月10日为局长接访日，对一些重大和疑难信访案件实行领导包案责任制。据统计，仅4月、5月，市公安局机关、各分局、县局、支队领导接待上访人员85人（次），接待群众投诉18起。有19人（次）的上访问题当场解决或给予明确答复。5月15日交警支队长收到一封群众投诉信，反映去年挂的摩托车车牌到现在还领不到行驶证，支队长立即前往车管所调查，经查是因为车管所内部业务调整时将部分在服务点办理的摩托车挂牌手续遗漏。支队很快召开了会议，并严肃批评了有关的负责人，责令加班加点赶制行驶证，并按登记手续给每位办事群众发了一封道歉信，公开承认错误，不少群众对此不但给予了谅解，而且还称赞其是为群众办实事的好交警。

（人民公安报山东记者站《记者反映》内参2000年11期刊载）

电波连着你我他

一

6月3日早7时10分，我们跟随山东省日照市公安局局长张志华来到了日照广播电视台“行风在线”直播间。

时钟显示时间是7时20分，这时热线电话已经打进来了。

“听众朋友，大家好！欢迎大家收听这一期的‘行风在线’。今天上线的是市公安局张志华局长……”紧接着主持人的导语，张志华局长开始了与听众的交流。

第一个热线电话是一位徐姓女士打来的，她问张局长，她的姐姐是美国国籍，近期想从美国回日照探亲，她听说她姐姐回来后需要到公安局办手续而且很麻烦，现在想问问张局长她姐姐回来后该到公安机关办什么手续？张局长听完他的话后说：“按照有关规定，如果你们家住在城区，你姐姐需要在到达后的24小时内，由你或者你姐姐拿着她的护照和你的户口簿到当地派出所申报，填写临时住宿登记表；如果你们家住农村，需要在到达后的72小时内向当地派出所申报。所办手续十分简便并且不收任何费用。”

这位徐女士听完之后感激地说：“经张局长你这样一说，使我知道该怎样去办了，省得我跑冤枉腿。”

电话还在接听时，那边热线电话纷沓而至，从一些听众的口气里听出他们早已知道今天是张局长上线。电话有向张局长反映案件情况的，有反映民警执法态度的，有对如何搞好社会治安建言献策的……

对每一个电话，张局长都认真负责地予以回答，有些一时不好答复的他就承诺了解决的时间并让对方留下电话号码或其他联系方式。

短短的20分钟即将过去了，热线电话还是热度不减，我们从电话的声音里面仿佛看到拨打热线电话者那一张张充满信任和期待的脸庞。因为他们觉得公安局局长可以信赖，所以他们把困难和问题向他倾诉。

参与节目近20次了，张志华局长的体会很多。“每次上线，都像是进入考场。因为现场接听热线，直接回答群众提出的问题，有的问题政策性很强，涉及各个方面，回答好问题不仅要有丰富的工作经验，还要具备较高的理论水平和口头表达能力，这也促使我日常加强学习。”他接着说，“这种形式有利于化解矛盾，密切党群、干群关系，能够迅速地实现上情下达和下情上达，使一些群众关心的热点、难点、焦点问题得到及时妥善解决，拉近了上下之间的距离，维护了社会的和谐稳定。通过现场解答群众提出的问题，还可以宣传公安机关的政策、法规，向社会各界汇报我们执法为民的情况，全面展示公安形象。”

我们从全市行风建设的主管部门——市政府“纠风”办公室了解到，为了更好地传百姓心声、树行业新风，市委、市政府研究决定自2003年10月1日起开播热线直播交流性专题节目“行风在线”，节目由市政府纠风办主办、日照广播电视台承办，每逢单日早晨7：20至7：40，在日照人民广播电台新闻频道和交通生活频道同时直播。创办节目的目的是想利用现代化的传媒手段，在群众与党和政府之间架设一座“连心桥”，建立一处为群众办实事的“服务处”，设立一个纠正行业不正之风的“监督岗”。节目始终遵循“听取群众呼声接受社会监督，密切党群干群关系”的宗旨，先后得到中央纪委监察部国务院纠风办、省政府纠风办和市委、市政府领导的高度评价，还获得了2004年度政府创新奖，在全省广播电视栏目评比中被评为“十佳栏目”。

可以说，“行风在线”是全市乃至全省行风建设的一个品牌栏目。从某种意义上来说，“行风在线”为各级搞好行风建设提供了一个窗口和平台，是一次难得的机遇。

二

倾听群众的意见和建议并不难，难的是一以贯之地去解决、去落实、去整改，而日照市公安局却做到了。

翻开日照市公安局处理“行风在线”问题的档案，我们看到厚厚的一摞交办单，上面有拨打热线电话者的姓名、单位、住址、联系方式和所反映的问题，对群众反映的问题领导有批示，承办单位有办理情况，还有承办人的签字、承办单位的盖章。

令人惊喜的是，他们还根据《全市公安机关加强行业作风建设实施意见》，在全市第一个制定出台了《处理“行风在线”反映问题制度》，对如何处理问题进行了明确和规范。

制度规定，局领导参加“行风在线”节目之后，市公安局宣传处负责对群众所反映的问题予以整理、归类，填写《处理“行风在线”反映问题交办单》报局领导批示，并将局领导的批示通知有关分（县）局、支队纪委；由纪委牵头对群众反映的进行研究并确定解决的办法和方案，对能够解决的问题要在五个工作日之内处理完毕，对问题复杂、一时难以解决的要争取当事人的理解和信任，待问题解决后上报处理情况；市公安局纪委、督察部将通过上门走访、电话询问等方式对各单位办理、落实情况进行督促检查。

“基于这种认识，近年来我们坚持把行风建设作为转变执法理念的突破口来抓。特别是通过‘行风在线’这种载体，去了解涉及公安工作方方面面的问题，我们通过这些问题就可以体察社情民意，就可以从中发现一些带有苗头性的矛盾、隐患和不足，从而不断改进工作，提高队伍的正规化建设水平和执法水平，因为群众反映强烈的问题也正是我们急需改进的问题。”张志华局长对行风建设的认识可谓准确到位。

日照市公安局正是从“立警为公、执法为民”的高度，从构建一种人与人和谐融洽的关系入手，把参与“行风在线”看作是一种为民办实事、解难题的重要渠道，所以得到了群众的支持和信赖。

其实，日照市公安局在“行风在线”的成功并非是孤立的，近年来，他们一直在探索行风建设运行新机制并形成一套行之有效的新路子。他们把行风建设看作是公安机关服务经济和社会发展的一项新举措，是促进公安工作全面进步的总抓手。先后制定出台了《全市公安机关开展队伍突出问题专项整治暨作风建设年活动方案》《全市公安机关加强行业作风建设实施意见》《关于集中治理发展环境实施方案》。坚持“三抓一争”，即投入主要的领导精力抓行风建设，用最大的努力做实事，采取得力的措施抓落实，力争行风建设取得新成效。强化“四个一”活动，即每月走访一次行风监督员，每季度召开一次行风调度会，每半年召开一次工作汇报会，向行风监督员、人大代表和政协委员汇报工作，每年召开一次总结会。

在这种机制的引导激励下，全市公安机关各窗口单位竞相提高执法水平和服务质量，并成为一面面飘扬的旗帜。市公安局车管所在被公安部评为“全国公安机关优秀基层单位”后，去年又被全国妇联、公安部表彰为“巾帼文明示范岗”；市公安局出入境服务大厅大力推行预约服务、上门服务、限时服务，真正把为民，便民、利民的每一项措施落实到实处，去年被评为全省“公安机关执法为民先进集体”和全市“行风建设示范窗口单位”；各派出所设立综合服务大厅，不断拓宽服务范围，兑现服务承诺，实行户口、报案等多种业务一个窗口办理，一条龙审批，坚持微笑服务，做到来有迎声、走有送声，让群众高兴而来、满意而归，树立起“人民公安为人民”的良好形象。

综观近年来的日照公安工作，无论是侦查模式、警务运作、快速反应、服务机制、教育管理等措施的创新，还是打击实效、构建防控体系、处置突发事件、围绕中心服务大局和队伍正规化建设等方面所取得的新突破，哪一项不是体现了“权为民所用，情为民所系，利为民所谋”呢？“以人为本”的执法新理念又何止局限在这几方面呢？

桃李不言，下自成蹊。据统计资料显示，今年1至5月份，全市的治安局势保持着持续稳定的良好态势，群众对公安工作的满意率一直在98%以上。

（《警界》2005年15期刊载）

日照创“合成化”警务体系破警力不足难题

■警力不足是长期困扰公安工作的一大难题，已成为制约发挥职能的障碍之一

■警力推向街面巡逻只是第一步，打防结合的“五张防控网”才能标本兼治

如何破解难题

从“独角戏”到“大合唱”

11月23日，在山东省日照市黄海一路与海滨三路的路口，记者看到有一名交警在执勤，便以东西被盗为名向其报案，这名警号为160472的交警立即接待了记者，并询问相关情况，因不是第一发案现场，这位交警遂让记者上车与他一起去附近的派出所报案。此时，记者只好如实相告，这其实只是一次暗访，了解一下相关情况。这名警察叫王雪飞，他告诉记者，在日照市，只要老百姓报案无论交警还是其他警察，都会接受群众报案，绝不推诿。

警力不足是长期以来困扰公安工作的一大难题，警力紧缺是制约公安机关发挥职能的障碍之一。日照市位于山东省东南部，常住人口283万。近年来，随着旅游业的发展，外来人口激增，仅每年外地来日照旅游的就达2000万人，治安、刑事案件多发，但全市警力仅2000余名，比例仅为万分之六左右，远低于全国平均水平，警力严重不足。

“警力不足的问题不是一时可以解决的，但维护社会治安稳定的职责一刻也不能放松”，日照市公安局局长槐国栋表示。2007年初，日照市公安局党委研究决定，通过警务创新，创建“合成化”现代警务体系，提高警务效能，破解警力不足难题。

“合成化”现代警务模式从以下两个层面进行操作：在民警层面，实行“一警多能、综合执法、归口办理”，机关民警在做好本职工作的同时，利用夜间、节假日等工余时间参加治安巡逻防控，既充实街面警力又使机关民警在实战中得到锻炼提高；基层民警在日常工作中，集治安巡逻、交通管理、出租房屋检查、流动人口检查等于一体，做到巡逻到哪里、治安管控措施就落实到哪里，提高了基层民警工作效能。在警种层面，实行“多警种联动、合成作战”，特别是在打击“两抢一盗”等多发性犯罪、交通秩序整治、打击非法传销等方面，由过去的派出所和刑警、交警、经侦等部门分别唱“独角戏”，转变为全警参与的“大合唱”。

“面对违法犯罪分子和突出治安问题，我们不再是单辆巡逻警车、某个派出所或一个警种，而是一个全市公安机关全警参与、一呼百应、快速联动的强大警务体系。”槐国栋形象地道出了这种变化。

如何优化完善

从“一条线”到“五张网”

“合成化”现代警务体系，产生于实践中，并在实践中得到不断完善。

按照“合成化”现代警务体系的部署，日照市公安局坚持一线布警，把警力推向街面。2007年以来，日照市公安局抽调办公室、政治部、计财装备处等非实战单位的45岁以下民警组建特别行动队，利用夜间、节假日等工余时间参加治安巡逻防控。截至今年11月下旬，特别行动队共抓获各类违法犯罪人员340名，破获各类案件600余起。各区县公安机关也分别组织机关民警成立了便衣行动队，进行治安巡逻，与派出所、交警中队等一线警力协同作战，建成了公开和便衣巡逻防控网。

槐国栋告诉记者，在把警力推向街面过程中发现，巡逻中抓获犯罪嫌疑人的后续处理跟不上，影响了治安巡逻防控的效果。不仅如此，上街巡逻也只是治标，犯罪嫌疑人的其他活动仍然处于监管空白中，因此有必要构筑各个层面的网络。

2007年7月，市公安局在公开和便衣巡逻防控网的基础上，又建立了易发案人群场所管控网、“查堵结合”的卡点堵控网、人防物防技防“三防合一”的单位村居防范网和科技防控网。这样，标本兼治、打防结合的“五张防控网”便建立起来。

在采访中，出租车司机王培华告诉记者，以前街上难免会有打架斗殴的，他们在拉活中也经常碰到。现在治安情况好多了，即使是晚上也很少碰到打架的，街上巡逻警察比原来多，晚上开出租车比较踏实。他还告诉记者，社会治安好了后，出租车司机受益最大，再也不用担心被拦车抢劫了，打车不付钱的情况也不见了。

如何长效运转

多元化保障、监督措施到位

好的制度如何保证长效运转，在槐国栋看来，得有完善的保障措施和监督制约机制。

孙运兵，日照市公安局国保支队侦查大队队长。两年前，他是日照市东港区大学城派出所所长，由于所内有警车上街没有开警灯和没有正式干警带班上街巡逻被两次通报批评，根据规定，他这个所长被就地免职，调离派出所到刑警队，成了一名普通干警。截至今年3月，孙运兵一共破获重大案件、现行案件300多起，多次被通报表扬。今年3月，根据市公安局的考核制度，他重新获得提拔，被任命为日照市公安局国保支队侦查大队队长。

为了保障“合成化”现代警务体系的正常运转，并且持久高效，日照市公安局严格绩效考核、奖惩兑现。治安巡逻、侦查破案、流动暂住人口管理、信访接办等日常警务工作纳入了“台账化”管理，实行“排行榜”制度，并且每日一统计，每周一通报，激励先进，鞭策后进。对民警在巡逻中抓获现行、破获案件等13种情形，视情况予以通报表彰，并与年度考核、立功授奖、晋职晋级、经济待遇直接挂钩。凡被通报批评一次的民警，一年内不得提拔使用，被通报批评两次的民警，待岗培训一年，科所队中有两次被市公安局通报批评的，主要负责人就地免职。

2007 年到今年 10 月，先后有 34 个基层单位、1408 人次民警、636 人次巡防队员被日照市公安局通报表扬，新提拔的 46 名基层单位负责人全部是表现突出或受表彰最多的民警。同时，有 48 个单位和 39 人次因违反警令、禁令被通报批评，13 名基层单位负责人被免职。

有这样一组数据说明“合成化”警务体系创建以来的明显效果：2007 年，整个日照市刑事警情同比下降 10.1%，“两抢”等违法犯罪同比下降 40% 以上；2008 年又同比分别下降 18.7% 和 33.8%；今年 1—10 月在 2008 年的基础上又同比分别下降 16.6% 和 16.8%。在 2009 年山东全省公安机关群众满意度调查中，日照市公安局位居全省第一。

（《人民日报》2009 年 12 月 16 日 18 版刊载）

日照：“精准警务”推动公安工作高质量发展

如何破解公安工作面临的警力不足、机制不健全、信息化应用不到位等难题？去年以来，山东省日照市公安局党委坚持问题导向，主动向科技、机制创新要警力、要战斗力，着力打造以“平安警务、规范警务、数据警务、民生警务、合成警务、质效警务”为主要内容的精准警务，强力推进省公安厅部署的基层基础建设三年攻坚战，努力实现公安工作高质量发展。

“精准警务的核心是‘理念 + 机制 + 科技’，通过标准规范体系建设和科学技术应用，依托坚实的基层基础支撑，走集约式发展之路，实现警务流程再造、警务资源再组、警务主体再塑。”日照市副市长、公安局局长张培林表示。

“精确规范”提效能——

基础执法要素管理精准到位，基层执法行为规范高效

精准执法、流程再造，规范警务成为日照公安“亮点”。他们构建精准执法保障体系，推进执法办案场所升级改造，市、县两级公安机关全部建成高标准执法办案中心，所有派出所全部建成案件管理室、受立案窗口。紧紧围绕办案中心、案管中心、涉案财物管理中心“三个中心”，日照公安机关整合“警情、案情、人员、场所、卷宗、涉案财物”等执法要素，实现集约化、智能化、合成化执法管理。此外，他们研发了基于大数据技术的精准执法实战智能系统，实现智能量罚、远程讯问、模拟法庭等功能；加强执法动态数据实时监测，编纂执法白皮书，提升了执法数据信息预警研判效能。同时，日照公安机关积极构建精准警务标准规范体系，部署开展标准规范建设年活动，引入质量管理、流程再造、绩效管理等理念，“清单化”“项目化”“智能化”推动每项业务、每个岗位细化完善工作标准和流程，实现全警触网、体系化运转。目前，已建立覆盖各类重点业务工作的标准、流程、规范 500 余项。

“精准制导”护平安——

基础要素管控扎实到位，科技支撑力明显增强

精准打防、靶向整治，平安警务成为日照公安“品牌”。他们开展扫黑除恶“利剑”专项行动，层层组建专业行动队，打造最佳作战单元，去年以来共打掉涉黑团伙 2 个、恶势力团伙 100 个；不间断开展严打“铁拳”等系列专项行动，破获一系列重大刑事案件。日照公安机关建立“行业管理 + 治

安查控”管理模式，将共享单车管理客户端数据接入公安机关，实现实时轨迹查询；会同相关单位研发了无人机反制系统，并建立联动机制。

精准智创、科技强警，数据警务成为日照公安“动力”。他们以新技术打造“公安智脑”，整合社会部门数据近2000亿条、公安内部数据18亿条，依托全网数据实现对人、事、物、地、组织的全维度分析。同时，建设实战指挥应用平台、海上执法指挥调度平台、卫星应急通信系统，配备应急指挥车、无人机，实现可视化指挥调度，提升指挥决策信息化水平；推进“天网”智能化建设，整合10个部门视频监控资源，全市10万个探头联网联控，形成视频建设、管理运行、数据应用“三网合一”。为提升精准打防能力，日照公安机关研发精准数据作战系统，涵盖110接处警服务、侦查办案服务、重大活动安保、大数据常态化分析等4大模块，实现数据分析刻画、数据预测预警；搭建基于“三维建模+”和标准地址的精准数字应用系统，实现“一标三实”采集、反恐防范、城市管道应急处置等应用，切实变人海战术为精准作战。

精准指挥、联合作战，合成警务成为日照公安“利剑”。他们建强市公安局、分县局实战型指挥中心，在特警、边防等警种和19个城区派出所设立勤务指挥室，形成上下联动的实战指挥体系；整合全警资源、聚焦一线实战，形成“情报+打击”“情报+防范”“情报+巡逻”新机制，建立完善市公安局、分县局、基层所队三级联动的信息合成作战机制，与指挥中心一体化运行，实行110刑事警情实时研判和未破案件深度研判。同时，推进“四位一体”实战化反电信网络诈骗中心建设，完善快速冻结止付、精准落地阻断、合成侦查打击、快速通报防范等机制；按照“1+1>2”的组团式融合发展模式，打造集合成作战、反电信网络诈骗于一体的数据作战功能区，成立以优秀民警命名的工作室4个，组建打黑、反诈、追逃作战单元，有效拓宽合成警务的外延。

“精益求精”促发展——

精准服务做优民生警务，质效警务助力改革发展

精准服务、常态长效，民生警务树立日照公安“新形象”。他们创新打造“微警务”，将报警求助、政策咨询等多项服务从窗口延伸到网上、连接到掌上；出台《深化户籍制度改革加快提高户籍人口城镇化率服务人民群众四项措施》，进一步方便群众；健全完善大回访工作机制，实时分析改进群众不满意事项，去年以来回访群众256.1万人次；深化平安志愿者队伍建设，推动平安志愿服务向治安防范、治安调解、应急处置等领域延伸。

日照市公安局东港分局着力建设“枫桥式东港”，借力大数据深度融合与运用，统筹各方力量、整合各类资源形成工作合力，及时化解群众矛盾纠纷，真正实现“小事不出村、大事不出镇、矛盾不上交”。公安交管部门通过推行“一站式、一体化、一网办”等便民新举措，推进道路交通事故处理流程再造和机制创新，精心打造让群众可自主选择、网上全流程一体化运行的事故处理和矛盾纠纷化解“日照模式”。

精准保障、履职尽责，日照公安通过质效警务保障改革发展。他们聚力全市经济社会发展，开展日照港集团整顿“利剑1号”行动、打击逃废银行债务“利剑2号”行动；聚力服务新旧动能转换重大工程，出台28条举措，深化警务前移“绿色通道”，推行“项目警务”，持续深化“放管服”改革；聚力服务乡村振兴战略，选任农村警务助理2883名，实现行政村全覆盖，同步研发“警信通”警务助理APP软件，加强对农村警务助理的任务派发和管理考核；聚力服务海洋经济建设，牵头开展创建“平安海区”行动，推行海陆一体护海警务模式，开展海上联合执法行动；聚力服务旅游城市建设，规范旅游警察专业化队伍建设，健全完善旅游纠纷快速调解、外地旅游车辆快速通行等“绿色通道”。

为给精准警务战略实施提供有力队伍保障，日照公安开展“严纪律、强作风、树正气”专项整顿

"清风"行动，推行最严"四个一律"禁酒规定，加强党建、廉政、警营文化中心建设，着力打造忠诚型、学习型、实干型、创新型、廉洁型、团结协作型"六型阳光警队"。

（《人民公安报》2018年第8581期头版刊载）

日照东港：互联网+群众力量拓展社会治理新维度

2017年，日照市成功捧得全国综治最高奖"长安杯"，日照市群众安全感连续两年位居山东省第一。作为日照市政治、经济、文化中心的东港区，良好的治安环境与精心打造的"枫桥式东港"模式，与推进大综治大维稳平安建设密不可分。

20世纪60年代初，浙江枫桥干部群众创造了依靠群众就地化解矛盾的"枫桥经验"，成为全国政法综治战线的一面旗帜。山东公安机关基层基础建设三年攻坚战开展以来，日照市公安局东港分局以"枫桥式东港"建设为抓手，坚持把群众路线与法治建设结合起来，借力大数据的深度融合与运用，统筹各方力量、整合各类资源形成工作合力，真正实现"小事不出村、大事不出镇、矛盾不上交"。

新的内涵焕发新的生机活力，东港区社会治理体系不断完善，治理能力不断强化，去年以来共排查化解各类矛盾纠纷1247条，群体性事件和信访案件下降61%。

以社区综治中心为依托
"三绑四联"盘活社区资源

如何改善基层基础薄弱现状，带动综治维稳大整合？东港分局积极争取党委、政府支持，将"枫桥式东港"建设上升为党政工程。区委、区政府于2017年7月制定出台了《关于打造"枫桥式东港"推进大综治大维稳平安建设的实施意见》，进一步细化工作举措，形成了党委领导、政府负责、公安主办的工作机制。"'枫桥式东港'是实践党的群众路线的生动体现，我们密切联系群众、发动和依靠群众，推动共治共管、共建共享，形成大家事情大家管的良好局面，切实增强人民群众获得感、幸福感、安全感。"东港区委书记王世波说。

东港分局以深入实施城市社区警务战略为抓手，科学设置规范警务室，拓展网格化服务内涵，构建起"1（社区民警）+2（社区辅警）+N（各职能部门网格员、社区网格长、楼长、法律顾问等）"警务模式，社区民警进社区党政班子，既当好社区政务参谋助手，又当好社区警务指挥员。目前，日照街道芙蓉社区、石臼街道滨海社区、秦楼街道银河社区等33个社区建设了高标准的社区综治中心，设置公安、综合执法、司法等综合执法业务岗，整合资源、同址办公、一体运转。社区综治中心的建立，实现了警务、法律服务等社会服务资源向社区聚集，扩大社区工作外延。

"刚开始的时候，社区跟公安各干各的，很多都做了重复工作，有了'三绑四联'工作机制，我们可以统一组织进行信息采集，双方各取所需，极大地提高了办事效率。"在秦楼街道银河社区党委书记徐爱军看来，社区警务室实施的"三绑四联"工作机制，有力盘活了城市社区资源，整合了群防群治力量，实现了多方的互利共赢。

"三绑四联"是指社区警务与社区政务、物业事务、保安服务捆绑运行，实现信息联采、纠纷联调、治安联防、服务联动。社区民警按时参加社区早例会，组织召开警务联席会、警民议事会，警务工作全部纳入社区日常工作；社区民警与物业共同维护小区内的燃气、供暖、供电、供水秩序，物业人员在入户服务的同时，采集出租房屋、流动人口信息；社区民警定期对保安进行业务培训，充分利用保安员点多面广的特点，收集各类信息和违法犯罪线索，协同打击违法犯罪，形成了群防群治大格局。

为推动社区警务“三绑四联”机制落到实处，分局在社区创新推行网格长、楼长、街长、店长“四长联动”的网格化管理机制。他们以社区为网格，每个网格设一个警务室，网格设网格长，警务室有民警、辅警；网下设格，格中有警务助理、网格长、楼长、街长、店长，构建起以“人到格中去、事在网中办、难在格中解、情在格中结”为模式的网格运行机制。

秦楼派出所银河社区网格长杜晓川说：“我们网格长、网格员好比是社区民警的眼睛、耳朵、腿脚、传声筒，居民有事时，小事一格解决，大事全网联动。”今年 1 月至 5 月，银河社区可防性案件发案同比下降 23.08%。

创新三级调解维稳机制
推动综治分级组团式发展

“为这个事已经出警快 50 次了，最多的一天出警 5 次。”在东港区河山镇综治中心的大门口，河山派出所教导员梁艳讲述起一起棘手的家庭纠纷案。

河山镇个体工商户张某因家暴问题频繁报警，民警对其丈夫开展了多次训诫，但效果并不理想。在镇综治联席会上，梁艳与“大嫂调解员”司法所所长申艳艳、镇妇联主席费守芝一起研究解决方案，梁艳整理了历次处警调解记录和家暴训诫的情况，申艳艳为张某请来律师讲解相关的法律维权知识，费守芝找来心理咨询专家对夫妻 2 人进行心理评测，开出“药方”。经过她们 3 个黑脸白脸轮番登场，一起常年积案被彻底化解。

“我们平时走村串户比较多，更懂得农村妇女的心理，她们之间因鸡毛蒜皮的小事引起的纠纷我们更容易化解。公检法部门每个季度还会对我们进行培训，现在处理矛盾纠纷比以前顺手多了。”费守芝深有感触地说。

“大嫂调解员”是河山派出所基于分局三级调解维稳机制联合妇联、司法部门实行的创新举措。当前农村矛盾纠纷表现多样、原因复杂、解决难度大，东港分局在农村全面建立“一村一警务助理”的基础上，构建完善村居、管区（社区）和镇三级调解维稳机制，形成社会综治分级组团式发展新格局，打造合成化大综治队伍。

分局在村居建立一级综合治理工作室，与警务助理同址办公，履行矛盾纠纷排查化解、警情先期处置、实有人口信息采集管理、法制防范知识宣传等职责。目前，全区共选聘警务助理 407 名，全部按照“六个一”标准配备装备，由镇街道综治办和派出所共同管理考核。警务助理定期参加派出所组织的学习培训，同时，积极带动村两委成员、妇女青年干部、长者乡贤等参与综治维稳工作，打好“阵地战”。

在管区（社区）层面建立二级综合治理办公室，社区民警、辅警与管区干部相互配合，指导村综合治理工作室和警务助理工作，做好村级无法解决的矛盾纠纷调解，同时做好各类矛盾纠纷风险隐患排除工作，打好“运动战”。

在乡镇街道层面建立三级社会综合治理中心，派出所与司法、信访等相关站、所、办全部入驻，轮值轮班，接待群众。邀请人大代表、政协委员等有影响的社会人士和法学、法律工作者担任义务调解员，及时、便捷、就地、有效地解决矛盾纠纷，在此基础上，推动建立综治部门统一调度、职能单位分工协作的群众诉求流转机制，确保群众诉求及时得到高效处置，打好整体战。

今年以来，分局共排查化解各类涉农矛盾纠纷 245 条，涉农群体性事件和信访案件下降 57%，农村派出所各类违法犯罪发案率下降 35%。

深度融合

构建综治维稳新格局

面对信息化浪潮，互联网＋社会治理成为创新发展“枫桥式东港”经验的客观需要。东港分局充分运用大数据思维，研发了东港区社区综合治理平台、平安志愿者超市、出租房屋超市等一系列好用管用的系统，逐步实现指挥协调大统筹、信息资源大集成、多元化解大融合、社会服务大集中，构建起大数据时代全区共建共治共享的维稳新格局。

东港分局积极争取党委、政府支持，将智慧党建、社区服务、社区警务、信访维稳、司法行政等有关平台融合对接，搭建起东港区社会综合治理平台，实行一个网站、一个门户、一站式登录，实现了政府资源共建、共享、共用。

东港分局将线下社区搬迁到网上成为“社区 e 家”，人人都是采集员，全民均可参与提供信息。平台侧重于邻里和社区、街道相互沟通，并对信息进行分类、存储、查询、管理，采集的信息可汇总或流转到其他部门进行联合处置。平台打造了全区综治维稳工作一张图，人、地、事、物、组织实现可视化管理和动态稳控管理，形成大综治、协同治理的格局。

警力不足一直是困扰基层基础工作开展的一大难题，东港分局将目光瞄准了“可靠的民力”——平安志愿者，依托“东港警民 e 家”微信服务平台研发了社区平安志愿者超市系统。“超市”一方面将汇聚起来的志愿者资源根据社区警务工作实际需要和志愿者的兴趣爱好进行信息采集、治安巡逻、心防宣传、纠纷调解等服务类别的划分，群众可以在“超市”内自选所需。另一方面，收集群众的需求，将其“上架”为超市的“商品”，由志愿者自愿认领。“我想做的”和“你想要的”有效对接，使志愿活动真正贴近社区居民、志愿者和社区警务三者的需求。通过线上平安志愿者超市，志愿者丁兆英根据自己的文艺特长选择了心防宣传这个服务类别：“前阵子很多老人迷上了高价保健品，我们据此编排了一些小品、快板、相声类节目，以此宣传防骗知识，收到很好的效果。”目前，全区共有 5.1 万名志愿者，共组织反诈骗、禁毒系列宣传、志愿者进社区、大型活动秩序维护等各类志愿服务活动 200 余次。

针对流动人口流动性大、管理难度亦大的实际，分局瞄准出租房屋管理，创新推出出租房屋超市平台，将社区、房屋中介、物业等机构全部纳入互联网用户进行管理。通过该平台，房主和房屋中介等机构将房源以“货品”的形式对外展示，房屋成功出租后，房屋承租人、出租人信息通过平台即时上传，派出所及时将“超市”上报的数据进行实地核实后，录入社区警务平台进行比对，实现对实有人口的闭环管理效果。近日，昭阳路派出所接到上级指令，一网上在逃人员张某居住在沙墩六区，但具体位置不详。接到指令后，沙墩警务室社区民警迅速通过出租房屋超市平台进行查询比对，确定了张某的具体住所并将其抓获。

□声音

让“枫桥经验”落地生根

日照市政府副市长、市公安局局长　张培林

新的发展形势下，日照市东港区党委、政府提出建设“枫桥式东港”，构筑共建共治共享社会治理新格局的发展思路。如何学习、践行、创新“枫桥经验”，让“枫桥经验”在日照落地生根，对其中扮演重要角色的公安机关来说，具有重大的现实意义和指导意义。

公安群众工作规律和公安自身发展需要将“枫桥经验”上升到保障公安工作长远稳固发展的顶层

设计高度，通过开展基层基础攻坚，践行精准警务理念，不断挖掘发挥“枫桥经验”的价值观念与落地实践，以此推进全局工作，促进平安建设，这是我们当前也是今后一个时期相当重要的努力方向。

“枫桥式东港”经验讲求把群众的需求作为工作决策的起点，这极大地密切了党群关系和警民关系；“枫桥式东港”经验讲求主动防控、创新服务，这极大地提升了政府及公安机关的工作效能；“枫桥式东港”经验讲求党政领导、部门配合、科学发展、协调推进，这极大地凝聚了部门合力、稳固了执政根基。

“枫桥式东港”经验的落地重点在社区，这与公安机关基层基础攻坚任务和目标高度契合。在城市，警务工作下沉到社区、网格，警务室与社区服务中心同址办公、一体运转，社区警务与社区政务、物业事务、保安服务相捆绑，实现信息联采、纠纷联调、治安联防、服务联动；在农村，积极融入乡村振兴战略，进一步健全农村治保组织，形成以派出所管片民警为中心，警务助理、人民调解员为联络点的治安综治、矛盾排除体系。2017 年以来，通过启动警务带动战略，社区民警、辅警与网格长、警务助理、保安、社区、物业、平安志愿者等群防群治力量配备到位并常态化开展工作。

“枫桥式东港”经验的实效是让群众得实惠，关键靠瞄准基层群众自治与共治，坚持矛盾不上交、就地解决问题。调解中心进所、进社区，社区警务室和社区综治中心作为矛盾纠纷排查化解的末梢神经，发挥点多、面广、接地气、反应灵活的优势综合发力。依托“社区平安志愿者超市”，在社区集中投放一批社会关注、服务效果明显的志愿服务项目，不断壮大社区“和事佬”队伍和“护家院”民间调解队伍，让更多市场主体和社会主体参与到治安工作中来。“枫桥式东港”经验的创新突破点在信息化应用，大量的基层警务实战应用为警务信息平台提供了海量的可供分析的鲜活大数据，为公安机关更加精准高效的社会治理带来了极大便利，把社会治理的触角延伸到每一个角落，带给群众充实的幸福感。

建设“枫桥式东港” 构筑社会治理新格局

日照市东港区区委书记　王世波

去年以来，针对基层组织维稳作用弱化、综治部门工作力量分散、信息平台各自为战等新情况新问题，日照市东港区认真贯彻十九大“建立共建共治共享社会治理格局”的新部署新要求，突出“三个推动”，加强“三个治理”，着力促进社会治理体系和治理能力现代化，为日照夺取全国综治“长安杯”作出积极贡献。

推动力量下沉，加强综合治理。在区级层面，建设区信访接待大厅，18 名区级党政班子成员轮流值班，政法和住建、人社等 10 个单位集中办公，现场受理、解决群众诉求。在镇街道，压实 65 个区直部门的维稳包联责任，同步建立集中办公机制。在村居（社区），推广“1 + 2 + N”大综治联合办公模式，每村配备 1 个法律顾问、1 个警务助理、1 个调解员，将化解矛盾触角延伸到村户，确保小事不出村、大事不出镇、矛盾不上交。同时，注重发挥社会、村民自治、专业性调解等组织的作用，培育了“东港大嫂”等调解品牌，凝聚起社会综治的强大合力。

推动网格建设，加强源头治理。把网格化作为社会治理的重要抓手，在城区按 300 户左右的规模，规划建设 98 个社区、1120 个网格；在农村以自然村或村民小组为标准，建成 77 个社区、1713 个网格，同步配备网格长（员），做到网中有格、格中有人、人尽其责。坚持党建引领，在社区、网格、楼宇分别设立党总支、党支部、党小组，将区属部门维稳、安监、环保、城管等职能沉放网格，将有诉求人员、易肇事肇祸精神障碍患者、矫正人员等纳入网格化服务，实现人到格中去、事在格中办、难在格中解、情在格中结。

推动平台整合，加强智能治理。研发了整合6个单位、可扩展多个单位的社会治理“6＋X”大平台，纵向连接区、镇街道、村居（社区），横向打通党建、综治、公安、司法、社区、城管、消防等部门，实行一个网站、一个门户、一站式登录，所有网格员、警务助理配备集信息采录、事件处置、反馈考评于一体的手机APP，实现全区人、地、事、物、情、组织一盘棋管理。

（《人民公安报》2017年6月12日7版刊载）

文艺文学作品

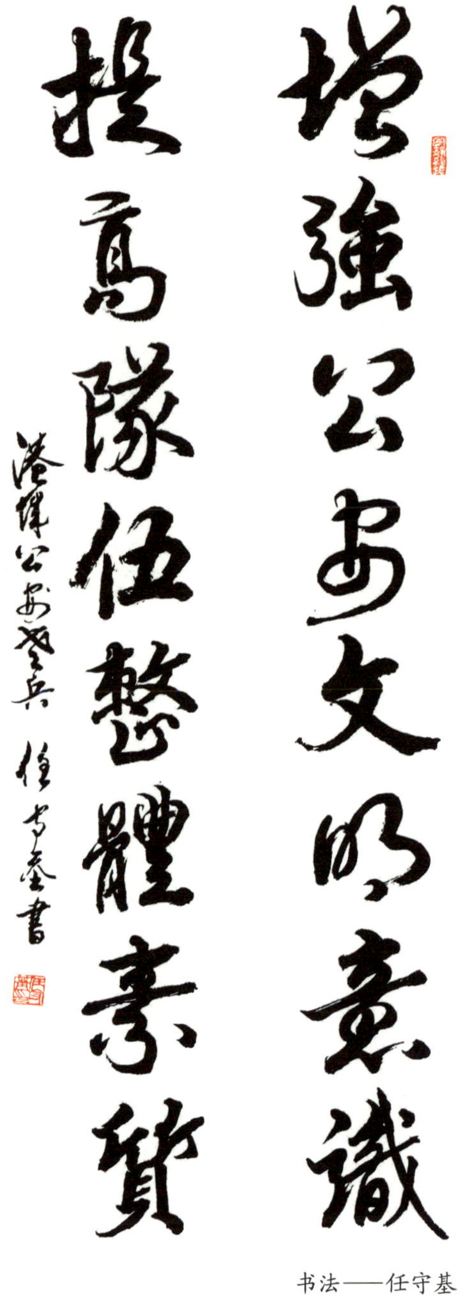

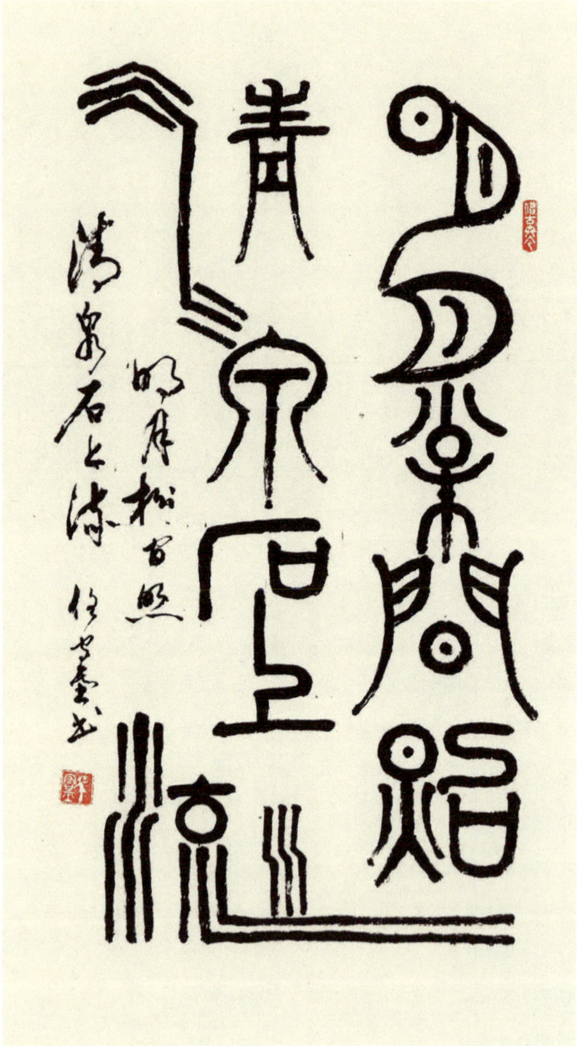

书法——任守基（作者系日照市公安局退休民警）

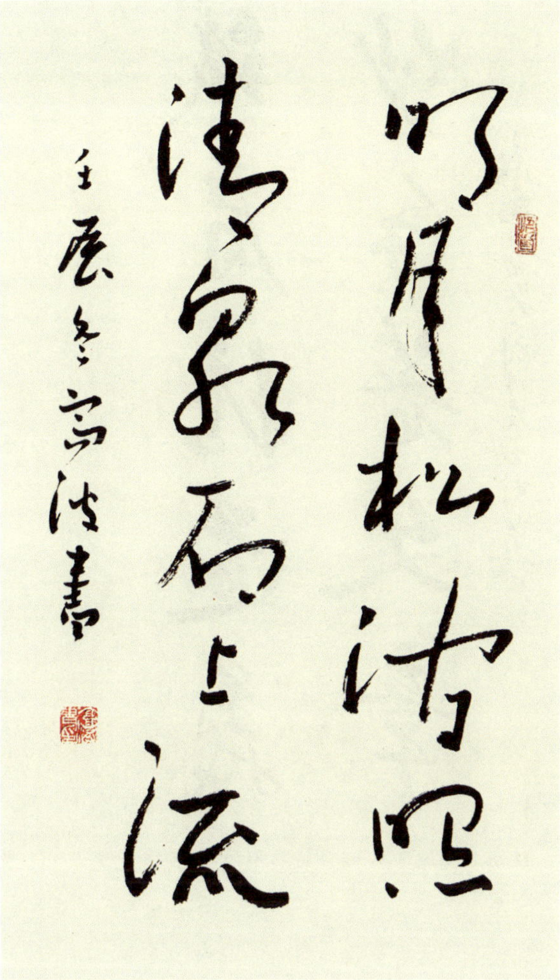

明月松间照　清泉石上流——日照市公安局高波（作者系中国书法家协会会员）

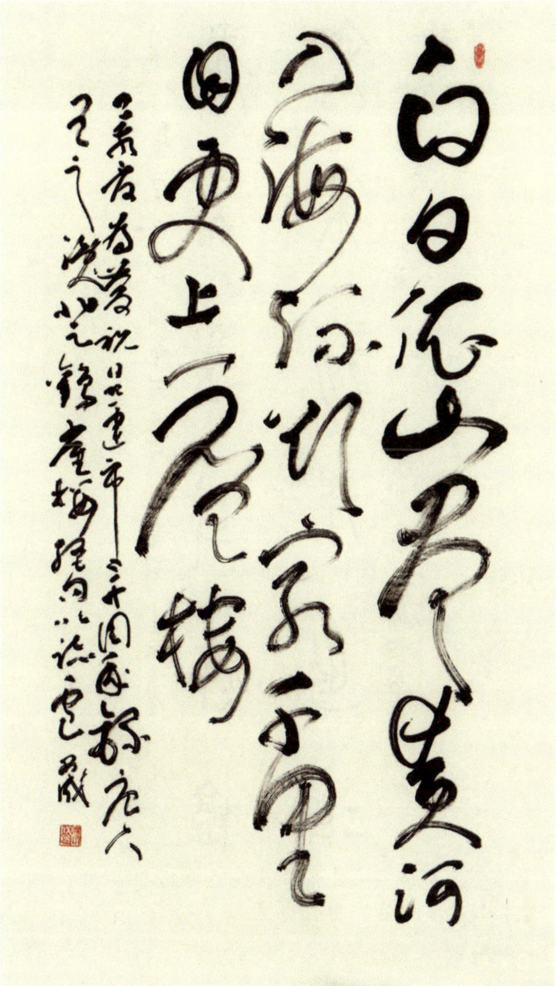

登鹳雀楼——东港分局卢西成（作者系山东省书法家协会会员）

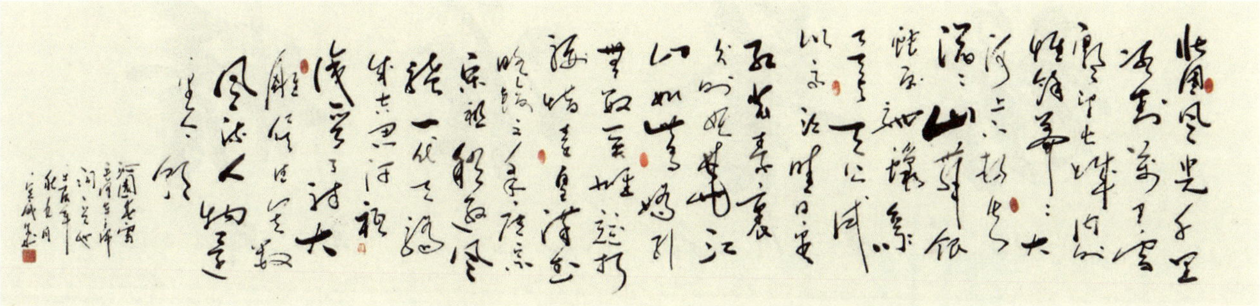

沁园春·雪——日照市公安局曾宪威（作者系中国书法家协会会员）

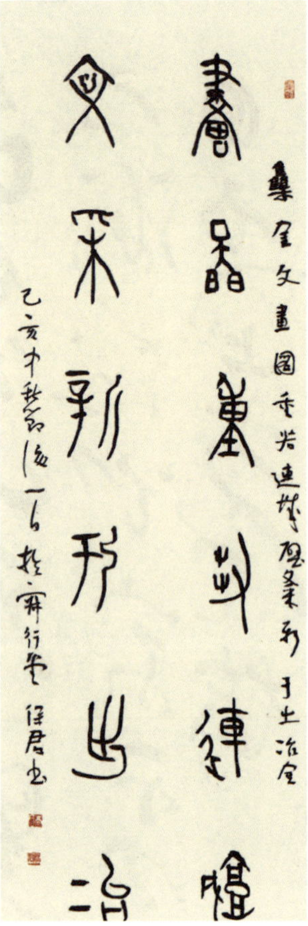

金文对联——日照市港航公安局高保君（作者系山东省书法家协会会员）

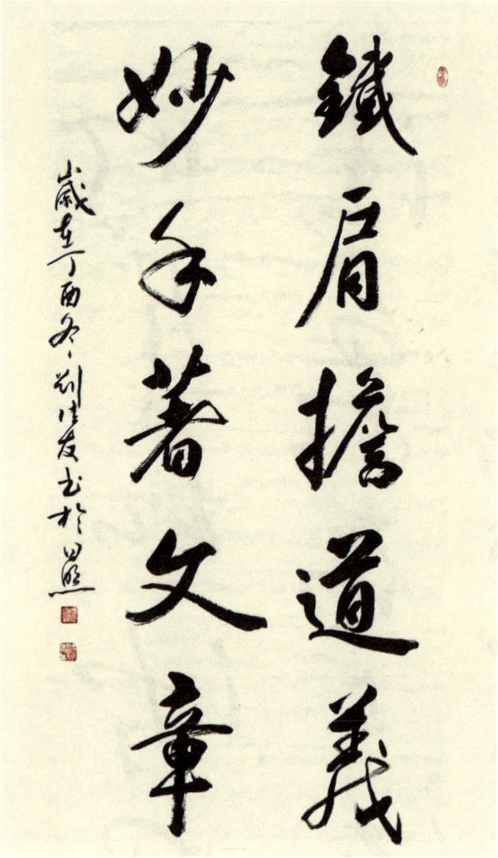

铁肩担道义——刘佳友（作者系高速交警支队民警）

精准警务——莒县公安局尹春明（作者系中国书法家协会会员）

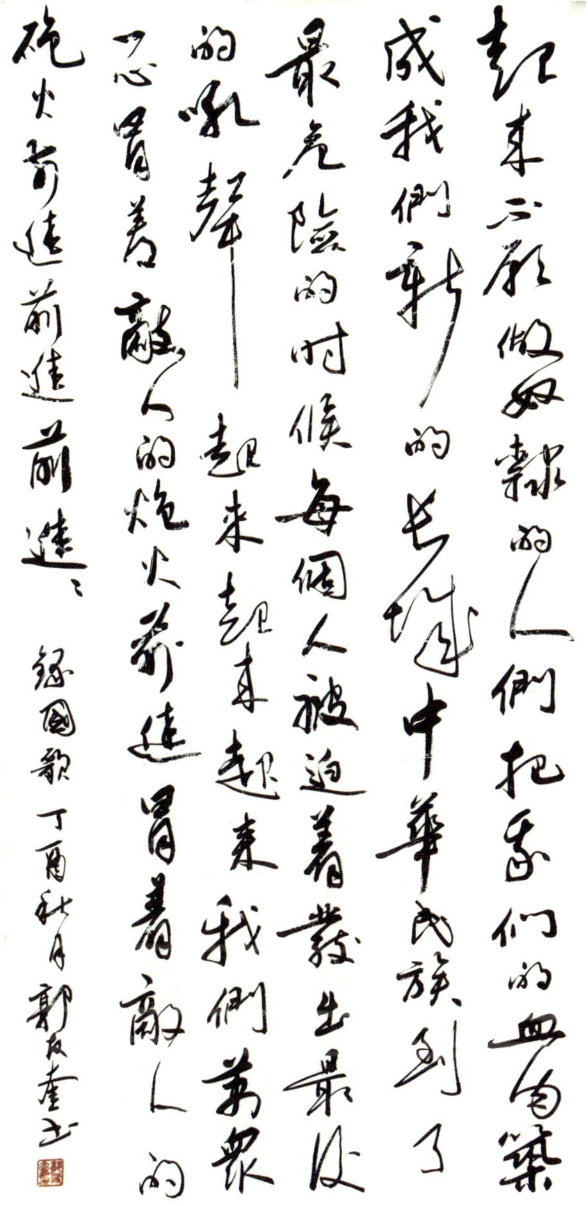

《中华人民共和国国歌》歌词——郭友奎（作者系五莲县公安局民警）

警魂——宋加敏（作者系交警支队退休民警）

出淤泥而不染——日照市公安局曾宪威（作者系中国书法家协会会员）

阳光警队——莒县公安局尹春明（作者系中国书法家协会会员）

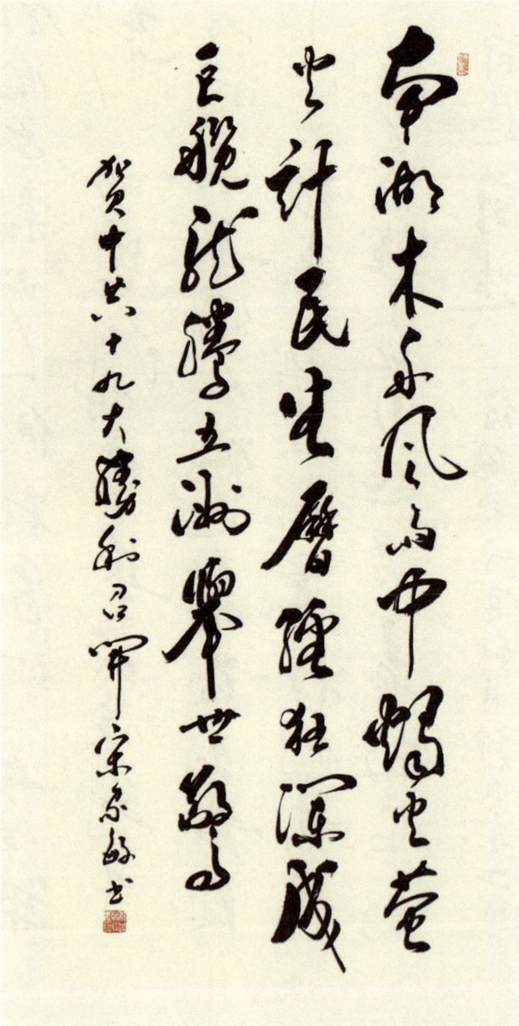

草书——宋加敏（作者系交警支队退休民警）

静水流深——郭友奎（作者系五莲县公安局民警）

国画——五莲县公安局陈忠收（作者系山东省美术家协会会员）

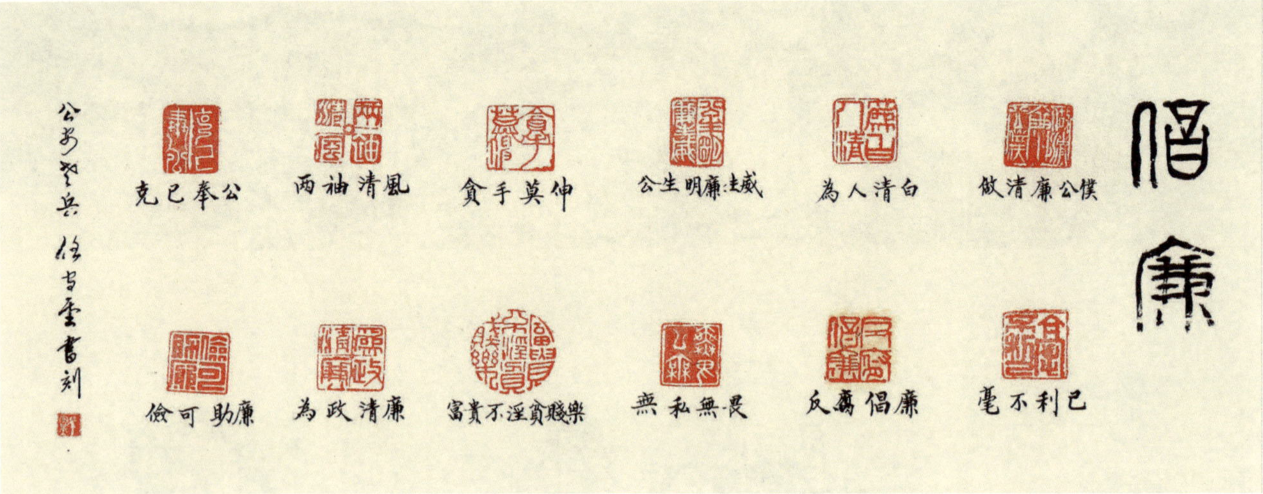

篆刻——任守基（作者系日照市公安局退休民警）

顺应天人　　守正出奇　　追梦人

篆刻——郑茹心（作者系交警支队民警）

东江晨渔——日照市公安局来永庆（作者系中国摄影家协会会员）

仙都雾境——日照市公安局孙运涛（作者系中国摄影家协会会员）

慈母——日照市公安局孙志刚（作者系山东省摄影家协会会员）

海上升明月——日照经济技术开发区分局秦绪宏（作者系山东省摄影家协会会员）

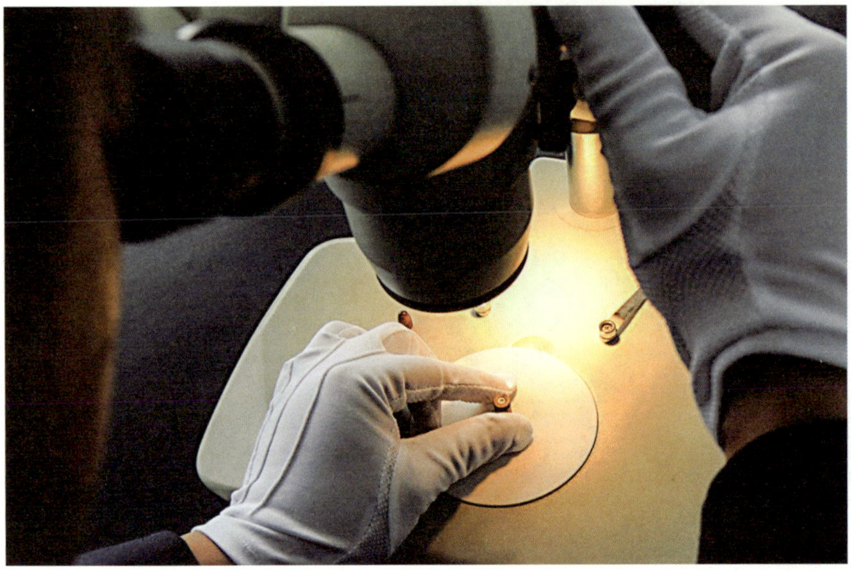

“弹”锁元凶——日照市公安局李希文（作者系中国美术家协会会员）

最后一道防线——韩晓东（作者系东港分局警辅人员）

坚守岗位保畅通——宋年升（作者系港航公安局警辅人员）

指引——宋年升（作者系港航公安局警辅人员）

铁骑出动——田博文（作者系交警支队警辅人员）

交通宣传——田博文（作者系交警支队警辅人员）

警体运动会开幕式——刘灏（作者系市公安局民警）

滑翔——刘灏（作者系市公安局民警）

那轻摇的蒲扇

莒县公安局　李明高

离开生我养我的乡村已经多年了，在那儿发生的许许多多的趣事，随着时光的流逝已变得模糊不再，唯独母亲摇着蒲扇为我驱蚊的慈母之情，仍镌刻在记忆深处，拂而不去，弥久更浓。

我永远忘不了，在我十四岁那年的夏天。那是个麦子已经抽穗的季节，父亲撇下待收的庄稼，去世了。那时，我有两个哥哥还没有完成学业，他俩远在他乡，家中无论重活还是轻活，都落在了母亲一个人肩上。三夏农忙到了，我顾不上考试将近，放下手中的书，回家帮母亲收庄稼。经过两个月的辛勤劳动，庄稼丰收了，我的学业却荒芜了。

那年暑假，母亲见我待在家中，整天愁眉苦脸，便开导说："你的两个哥哥快工作了，也能帮着我干点农活了，等学校一开学，你就安心去念书吧。"大学毕业在家的哥哥也劝我复读，以盼我能走上和他相似的路。

溽暑之夜，我在烛光下静静地读着课本，读着读着，不知不觉已至夜阑。蓦然，看见烛光摇曳，回过身，不知何时母亲已站在我身后，她用满攥锄把的手，轻轻地摇着蒲扇，为我驱蚊。望着母亲那饱经沧桑的脸，汗水涔涔的额头，我心头一热，不觉泪眼模糊。

一年后，我如愿以偿，免试升入县一中。

以后的几个暑假里，我在夜晚依然读书。不过，我不再穿背心短裤，生怕母亲再摇着蒲扇为我驱蚊。

见我常读书至深夜，母亲总是疼爱地劝我："早点睡吧。"就是近来，我警校毕业参加工作后，回家探亲，每每夜读晚了，母亲也总在一旁默默地陪伴着我。

如今，家乡已村村通了电，那段烛光相伴的情景已成为过去。可每当工作的沉重使我感到疲惫时，仰面便浮现出母亲用手轻摇着蒲扇为我驱蚊的情景，我就会感到轻松，又能精力充沛地投入工作。

（《法制日报》1996 年 1 月 29 日刊载）

我以我心读文心

——一位基层民警的学术追求

莒县公安局　李明高

2009 年 11 月，我应邀参加在安徽芜湖召开的"文心雕龙国际学术研讨会暨中国文心雕龙学术研讨会第十届年会"，这是我在参加南京召开的第九届年会之后，第二次参加文心雕龙学术研讨会。讨论结束后，安徽师范大学文学院副教授、南京大学文学院博士后张勇先生对我说："咱们组，你的发言最精彩。"

会上，根据安排，讨论分两组进行，每个人的发言控制在五分钟之内。如何将自己长达万言的论文高度浓缩在五分钟的发言里？我略加思考，利用午餐间隙，拿起随身携带的毛笔，在宣纸上写了几个字，轮到我发言时，我拿起写好的字，介绍他们由隶书到草书演变的轨迹，从而阐明利用书法学与文字学相结合的方法对研究文心雕龙特别是在校勘与字义注解方面的作用。

其实，我也知道，我的发言最精彩之处，在于书法学与文字学的糅合，为研究文心雕龙开辟了一条新的道路。如果没有书法学作基础，本身能够对草书、隶书的演变有一个清晰的把握，那么，不可能有这种独特的视觉，更不可能有较深的体会。对此，中国文心雕龙学会副会长、辽宁大学教授涂光社先生对我说：“你所采用的治学方法，文心雕龙学界在以前是没有用过的。唐宋以前多抄本，从书法角度破解疑点有其长处，合乎流传的历史，有此与众不同的视角，有可能获得一些突破。你的《译读》颇有可取。”

涂教授所言的《译读》，是指我所著的《文心雕龙译读》。这本书作为我对文心雕龙初期研究成果的集结，2009 年 5 月由齐鲁书社出版后，在文心雕龙学术界引起普遍关注。上海社科院研究员林其锬先生在拿到该书后第二天当即打电话对我说：“我刚看了《原道篇》，感觉你有许多地方超越了古人，有创新。”

这本书，是我 2007 年在济南学习期间利用晚上所写的。此前，早在 2004 年，我即着手原文的校勘，并做了大量准备工作。初稿写出后，我用一年多的业余时间进行了认真核对。核对的目的，主要是对所征引的资料进行分析，不是简单的校对。核对期间，我坚持每天晚上读写两三个小时左右，随时将查阅、核对的资料及相联系的思考记录下来，初次核对基本结束的时候，我发现随手记录了三个笔记本，现在已经积累到第五个本子。

写作过程中，我真切地体会到了什么是“书到用时方恨少”，感觉书读得越多越觉得知识贫乏，需要查阅的资料大大出乎我当初所料，仅文字方面的工具书摞起来就足有我个头般高。为了查阅、核对如此繁杂的资料，其间，我不得不几乎婉拒了所有应酬，努力使自己完全沉浸到查阅、核对资料之中。

考虑到敦煌唐写本文心雕龙即是行草书体，为了对文心雕龙早期抄本有更深的研究，我开始练习草书。“师法乎上，仅得其中，师法乎中，仅得其下。”练字要从名家起。我从当代草圣林散之先生的书法入手，上溯明清时期的王铎及唐代的怀素、张旭，渐悟笔墨相生、心手相应的道理，逐渐加深了对草书的认识。尽管我在读小学时就有写春联的经历，后来也曾练习过欧体、赵体，但对草书不熟悉。草书，是汉字的草写，也可以说是代字符，需要反复练习，反复记忆，是一项很强的实践活动。我就利用早起的时间，每天坚持练习半个小时左右。去年夏季，为了体验古人抄书的经历，我开始抄写《文心雕龙》，抄完全书三万七千多字，感觉尽管没有进入古人那种虚静的境界，但笔力与过去相比有了明显不同，这些变化，是在抄书用掉二斤墨水、用秃三支毛笔、写过三百余张宣纸的点滴之中进行的。对于我的书法，中国书法家协会会员廖亚辉先生评：“兄的大草融诸家之长而有自家面目、自家精神，格调高尚，在当今写草书家中已是上流。”

草书，仅是汉字演变中的一种写法。为了更全面地了解汉字的演变过程，我多方搜集较早的字书，如唐代、宋代的相关资料，特别是来自海外的影印字书，如《原本玉篇残卷》《篆隶万象名义》，更是我用心搜集的对象和不断查阅的宝典。我的研究，也正是在汲取这些古人的营养上开展的。

粗略估计，我个人在《文心雕龙译读》中明确作为论题提出来的，大约有百余条，除去前贤已经提出但悬而未决，我个人论证并有所得的外，个人发前贤所未发的，约在三十处之上，发现《汉语大字典》《汉语大词典》释例征引《文心雕龙》字、词值得商榷的释义，不下数十条。

也正是因为这些独特之处，才受到学术界的普遍关注。原陕西师范大学校长赵世超教授欣然为我题字：闻鸡起舞；北京大学教授吴荣增老先生满怀期待与激励而题：刘学后继在古莒。作家刘汉忠先生在京期间，为我撰诗一首云：

龙学似海深无涯，名家名注作舟达。为求真谛师千里，志发新义度万家。独辟蹊径得精微，自攀峰律收初霞。刘勰故里树一帜，警中有文绽奇花。

学无止境。文心学博大精深，书法学玄妙无穷。倘若说能够以个人微薄之力，在文心学、书法学的大舞台上，写个一星半点的音符，那么，当如刘勰所言："文果载心，余心有寄。"

（《人民公安报》2010 年 6 月 18 日刊载）

蓝色的忠诚 ①

市公安局港航公安局 朱 峰

自交通公安机关开展"忠诚事业、服务发展"核心价值观学习讨论活动以来，作为一名普通交通公安民警，我一直在思考这样一个问题，就是何为忠诚，怎样去忠诚？

经过静心的思考，我想人民警察的忠诚就是源于对党、对人民的忠诚。因为党代表了人民的利益、而人民是我们的衣食父母，这就是我们忠于党、忠于人民的理由！有了忠诚，我们就可以为之抛洒青春热血甚至以生命来担当。

发生在我身边的一段段看似平凡实则不平凡的事情，无不让我为我的战友们的忠诚而感动。

张华南，日照港公安局一名普通社区民警。2009 年底，在大走访中了解到，辖区一些物流企业的集装箱在运输途中屡屡发生货物短缺的现象，给企业造成不小的损失。为了尽快查明线索和证据，他主动请缨、乔妆打扮成集装箱司机多次深入到案发地进行调查。在秘密侦查的一个多月里，他躲在车厢里，冒着零下十几度的严寒，先后熬了 10 多个通宵，这期间冰冷刺骨的严寒冻得他身体几乎麻木，饥饿、劳累、困倦一次次向他的身体和意志作着极限挑战，然而就是这位平日看起来瘦弱单薄的他，凭着这种顽强的意志和作风掌握了该犯罪的全过程，为最终破获这起涉案价值 100 余万元的物流大案立下了头功！还是他，在年初省公安厅督办的"3・10"专案中再次展现出他的英勇和无畏。在对犯罪嫌疑人刘某进行传唤时，刘某的情绪十分激动，先是用水果刀顶住自己的咽喉以自杀来威胁，后又蹿至厨房的窗户欲跳楼自杀，紧急情况下，张华南不顾个人安危，一个箭步冲上去，抱住刘某硬是把他从窗外拉了回来，而刘某为了挣脱，疯狂地挥舞水果刀在张华南的手臂上连刺数刀，张华南强忍剧痛和流淌不止的鲜血，仍死死抱住刘某不放，并最终将其制服，成功避免了一起执法过程中的非正常伤亡事件。

这，就是我的战友张华南，一位被群众称之为机智勇敢、勇于牺牲奉献的好警察！

随着时代的发展，近年来我局执法越来越规范、越来越人性化。前不久，辖区发生一起矿砂盗窃案，作案的是一个有着亲戚关系的团伙，犯罪嫌疑人张某被抓获后，我们民警一直对他进行细致入微的教育和感化。在带领他到现场指认时，看到周围有许多群众，就在车上提前为他解下手铐，这一小小的举动让这名犯罪嫌疑人感觉到我们民警对他人格的尊重。看守期间，考虑他是回民，特意为他买来新餐具、顿顿给他买来可口的清真饭，这些举动无不深深感化着他，最终他不仅交代了自己的罪行还动员其他同伙投案自首。

这，就是我局民警转变执法理念、以人为本、规范文明执法的生动缩影。

"忠诚事业、服务发展"。服务是主题、创新是动力，我们以服务和创新践行交通公安核心价值

① 此文获 2010 年全国交通公安机关演讲比赛二等奖。

观。我局交警大队民警每天24小时维护成千上万台次车辆安全畅通，每当看到他们戴着防尘口罩在港区道路上执勤，夏天一身汗、冬天一身灰，我便明白了什么叫忠诚。为了服务港口发展，我局始终坚持“服务在先”的理念，专门制订了服务港口发展二十条，在打击犯罪、治安防控、消防和交通管理等方面推出一系列服务创新举措。为了不影响繁忙的港口生产，交警大队实行交通管理联勤制度，规定对与生产有关的车辆交通违法一般不现场扣车扣证，待月底再与生产单位召开联勤会通报相关违法和处罚情况，而交警廉政执法四项制度更体现了局党委对民警的关爱；全局18个社区警务民警，就是我局的“警务工作细胞”，他们从小案小事做起，积极搭建与群众心连心的桥梁。我局铁路场区派出所辖区有一位孤寡老人，已经80多岁，社区民警看到老人生活有困难，逢年过节就为她送去米面、隔三差五就帮她打扫房间、为老人拿药看病，老人被感动的逢人就讲:“社区民警就是俺的儿子！”今年以来，基层单位民警还开通了手机飞信群、网上警务室、警务微博平台等，这些创新和服务举措更拉近了我们与人民群众的距离。

一滴水可以折射太阳的光辉，一扇窗可以传递党和政府的温暖。为了群众的安宁、港口的发展和伟大的公安事业，我们创新服务无止境、忠诚奉献无止境！

当你走进日照港公安局办公楼时，你会看到在墙壁上用蓝色赫然书写着十六个大字——“忠诚奉献、敬业爱民、攻坚克难、务实创新”！这，就是我们全局240名民警对党、对人民和对事业的忠诚！

路漫漫其修远兮，吾将上下而求索！面对庄严的五星红旗，面对蔚蓝的大海，作为港口的忠诚卫士，我们立下了铮铮誓言：我们要永远忠于党、忠于人民、忠于我们伟大的公安事业！这，就是我们，蓝色的警队，蓝色的忠诚！

奔跑吧　辛巴①

市公安局港航公安局　李志华

在新城建设之前，淮海一路曾经是江川县最繁华的地方。几年前，我曾经在靠近淮海一路的某小区蜗居。

那时候，早晨八点出门，在流水一样涌动的上班车队中，常常会看到这样一个场景：一个身着红色T恤的少年，风一样地从路边跑出来，熟练地躲开行驶的车辆，跑到路中间的护栏前，双脚一蹦，腾空跳过去，又风一样地消失地马路对面。

那少年就是辛巴。

辛巴十九岁，高中毕业后没有找到工作，在父亲的资助下，在淮海一路开了一家小小的杂货店，名曰：辛巴超市。辛巴超市里还有一位营业员叫小米，真名叫米茜，大家都叫她小米，有时候，辛巴会故意拖着长长地尾音喊：小米粒——，又香又甜的小米粒——

每逢这时候，小米细长的眼睛就会跳啊跳啊，眯得更像一条线了。嗨，真是个惹人爱的姑娘。辛巴肯定也是这样想的。所以，不管晴天还是下雨，每天早晨，辛巴都会准时跑着跳着到马路对面的粥棚里去给小米买早餐。

可是不走人行道，横穿公路毕竟是很危险的一件事情。每次见到辛巴，我总是会说：辛巴，不要

---

① 此文获《当代小说》杂志建党90周年征文一等奖。

在公路上跑了，很危险的。辛巴也总是嘿嘿一笑：大眼睛姐姐，没事儿的，我跑得很快，汽车也追不上。不信，你看——他原地一蹦，羚羊似的，一窜老高。第二天，他照样跑过马路去买粥。每次看见我的车子开过来，还要故作潇洒地摆摆手。

辛巴叫我大眼睛姐姐，不是因为我的眼睛大得出色，而是因为我开了一辆米黄色的 QQ 车，两个车灯大大的，辛巴第一次见了就夸张地比划着说像两只呆呆的大眼睛，而且，也不管我的感受如何，对着我的车就喊大眼睛，我呢，顺便就成了他的大眼睛姐姐。

辛巴也有一辆车，是一辆乳白色的面包车，也不知道他是从哪儿淘来的，人一坐上去，就像有一群老鼠在嘎吱嘎吱地叫，小米戏称老爷，又云：老爷车。每天早晨八点，辛巴准时到公路对面给小米买早餐，然后再开着他的老爷车去城西进货。辛巴说，那叫老爷散步。

带着一群叫唤的老鼠，再装上满满的一垛货物，那车也只能算是老爷散步了。不过小米说，辛巴喜欢跑步，还是个高手。以前，他们读书的时候，每次学校开运动会，都是辛巴最得意的时候，因为 800 米的校记录上永远都是相同的两个字：辛巴。“辛巴跑步就像风一样，我们还没看清楚，他唰地一下就冲到终点了。”小米的小眼睛一闪一闪的。

我想这大概跟辛巴的经历有关。辛巴是从大山里走出来的孩子。记得有一次在店里遇见辛巴的父亲，老汉一边嗑着旱烟袋，一边吧嗒着嘴巴说，辛巴从小就跟着他上山耕地，开始是放在耙车上，由老牛拉着犁地。后来他在前面拉犁，辛巴挎着篮子在后面点种。再后来，就是辛巴在前面拉犁，他挎着篮子在后面点种。还有一回，辛巴的母亲病了，老汉忙着麦收，就让辛巴一个人去山外抓药。结果，回来的路上，辛巴迷了路。等到鸡叫三遍，还不见辛巴回来，老汉急了，赶到山坳里去找，黑魆魆的，老汉急得乱转，忽见一个黑影风一样地，一下子扑在他的身上，是辛巴。后面还有一对绿萤萤的小灯笼，俺的娘呀，那是狼啊，瞧瞧，多危险哪。老汉使劲地嗑烟袋锅子。

当然，这都是佚事，是不是真的，我不太清楚。因为比邻，我常常到辛巴超市里买些日常生活用品。有一回，我带女儿去买铅笔，5 岁的女儿听见小米喊：辛巴，收钱！大约有些奇怪，就问：辛巴？是《狮子王》里面的小狮子吗？小米笑得声音都跑到公路对面去了：对啊，对啊，真是个聪明的孩子。她送给我女儿一支花花绿绿的棒棒糖作为奖励。辛巴就在一旁拖着长长的尾音喊：小米粒——，又香又甜的小米粒——

小米笑得更厉害了，细长的眼睛又眯成了一条线。我故意逗她：小米，快看啊，有顾客来了。小米果然探身向门外看，看着，看着，小米就中了魔法，嘴巴张得大大的，笑容却不见了。

我顺着小米的视线望去，一位身着碎花布褂的妇人正一摇一摇地走进来，面色黢黑，倒也有些威严。小米慌慌张张地跑过去：娘，您怎么来了？那妇人白她一眼，也不说话。辛巴赶紧扯过一条板凳。屋子里的冷空气一点点地开始凝固。我带着女儿走开了。

再去辛巴超市，不见了小米。辛巴一个人焉头焉脑地靠在尽头的货架上，问他：小米呢？他也不吭声。再问，还是不吭声。我索性自己去挑选青菜。

过了一会儿，辛巴开口了。他说：大眼睛姐姐，你告诉我，一个人如果跑得足够快，就能够抓住想要的东西吗？我一愣，看来辛巴真的有心事了。

我转过身，听他继续唠叨。是为了小米。在学校时，因为不在一个班级，辛巴对小米并不了解。第一次听到米茜的名字，是学校组织的一次募捐活动。老师只是简单地介绍，学校里有个同学的父亲干农活时不小心弄伤了腰，急需医药费，请同学们发扬团结友爱的精神无私地捐献爱心予以帮助。后来知道，那位同学就是米茜。辛巴在出早操的时候，特地留意了一下米茜同学，一个瘦瘦弱弱眼睛细长的小姑娘，直到毕业，辛巴都没有和她说过一句话。后来，离开学校，大家各奔东西，听说米茜也没有读大学，而是去一家制衣厂做了一名车工。车工具体是干什么的，辛巴没问，反正大家都是留在这座小城淘金的，至于状态如何反而没人关心了。

对于辛巴，最重要的当然是赚银子，父亲身体不好，常年吃药，而且他还有一个宏伟的理想，就是有朝一日在淮海一路上开一家24小时灯火通明的大型超市。正当他为他的理想摇旗呐喊日夜培土施肥的时候，小米出现了。

辛巴说，一定是老天爷的安排。那天，因为进货耽搁了时间，辛巴在店里留宿。睡得正香时忽然被一阵哭声吵醒，辛巴有些烦，迷迷糊糊地却又睡不着，听那哭声好像就在门外，断断续续，压抑不住的哽咽。辛巴忍不住爬起来：唉，一定是遇到坎了。他打开了房门。

是小米。

原来，当年小米父亲受伤的时候，学校的捐款和左邻右舍微薄的资助只是杯火车薪，为了父亲，母亲答应了同村油坊家玉强的亲事。玉强拿钱为父亲治病，帮助母亲耕地，只等小米毕业了以后成亲。可是小米毕业了，却坚决不回村里去，她一个人跑到制衣厂白天晚上连轴干活，就是为了挣到足够的钱还清欠款。玉强可等不及，不断地敦促母亲，又不断地到制衣厂催促小米。小米终于崩溃了。她一个人在大街上游荡，毫无目的的，走啊走啊，不知走了多久，也不知走过多少大街小巷，终于累了，她靠着临街一扇紧闭的门，疲惫地捂上了眼睛。

门，冷不防打开了。小米一怔，转身想跑，眼前一黑，一头栽倒在地上。

等小米醒来，已是第二天的早上。阳光透过窗玻璃，洒得一地流金。小米迷迷糊糊地认出阳光中的男子，竟然是当年校园运动会上那个风一样奔跑的少年，她有些难为情了：辛巴！

辛巴也一怔，没想到她记得他的名字。他把一碗热气腾腾的米粥放到她的面前：呵呵，对面买的，趁热吃吧！

她的泪又来了。打工这几年，为了省钱，她没有吃过一次早餐。面前的粥，烫得她的心都疼了。

辛巴决定留下小米。一是超市里确实需要一名营业员；二是他天真地以为，只要玉强找不到小米，时间久了，那些枝枝蔓蔓自然也就断了。

可是，小米的母亲还是找来了。

她坚决地带走了小米。

怎么办呢？我看着眼前这个被心事困扰的大男孩，坚定地说：辛巴，只要你跑得足够快，就一定能够抓住想要的东西。然后，我离开，留他一个人在狂风搅乱的海洋里浮沉。

再次见到辛巴，是一个月以后，我出差回来，拎着大包小袋经过辛巴超市。辛巴大约看见了，连蹦带跳地跑出来：大眼睛姐姐，我帮你送过去吧。我乐了：辛巴，心情不错嘛！他不说话，朝店里呶呶嘴。我伸头一看，小米正倚在门槛上冲我摆手呢。

呵呵，日子又恢复到了以前，每天早上八点，走在淮海一路上，人们又会看到那个风一样的少年，熟练地躲开行驶的车辆，跑到路中间的护栏前，双脚一蹦，腾空跳过去……

略微不同的是，小米的手腕上不知何时多了一条暗红色的伤痕，辛巴超市少了整整三排货架，那辆进货的老爷车也不知去向。有时候，我也和辛巴开玩笑：辛巴，你的老爷车呢？他只是笑。或者又拖着长长地尾音喊：小米粒——，又香又甜的小米粒——

时光就这样一点点地滑走了。有时候，我常常恍惚，以为日子原本就是这样，一切都不会再改变，一切都会按照原有的规律继续向前走。可是，真的会这样吗？

又有一天，我做早饭的时候，忽然发现家里的煤气灶打不着火了，鼓捣了半天，还是不行，我决定到路口的辛巴超市买个打火机回来试试。

下了楼，院子里静悄悄的，看门的大爷像往常一样在楼前的空地上背着手踱来踱去。走到超市门口，刚想喊辛巴，却发现大门紧闭。咦？辛巴又到对面买粥去了？小米呢？

看门的大爷说，昨天夜里很晚了，听见辛巴超市里闹闹嚷嚷的，好像还有人在哭，也不知道发生了什么事情。有人说，辛巴一定是赚了大钱，另觅宝地开商场去了。还有人说，辛巴大约结婚了，说不准和小米正在哪个美丽的地方度蜜月呢。

可是，从此，我再也没见到辛巴和小米。

再后来，我搬离了淮海一路。

转眼又是三年，女儿读小学二年级了，依然喜欢看《狮子王》，她喜欢里面的这样一段话：你抬头看一看这些星星，过去那些伟大的君王正从这些星星上面俯视着我们。真的，当你感到孤独的时候，记住，我们的祖先一直在指引着你。我笑着问她：是什么意思啊？她只是乐，也不回答。我明白，她只是迷恋狮子王说话时的那种语调而已。

昨天，我带她到淮海一路附近刚开的一家大型超市买书包。刚进门，忽见迎面驶过一辆自行车，正纳闷：谁把自行车骑到超市里来了？一抬头，女儿先喊出了声：辛巴叔叔！

是的，是辛巴。原本19岁的辛巴长大了，脸上有了时光的印痕了。他依然穿着一件红色的T恤，一只脚踩在自行车踏板上，另一只，却是空空的裤管绾在车座上。看见我，踩在踏板上的那只脚轻巧地跳到地上。他轻轻地说：大眼睛姐姐！我一下子泪流满面。

“大眼睛姐姐，都怪我没有听你的话。我……”

辛巴后来说的什么，我没有听清楚。走出超市，开着米黄色QQ行驶在淮海一路上，我开得很慢。我多么希望再看见那个身着红色T恤的少年，风一样地从路边跑出来，躲开行驶的车辆，跑到路中间的护栏前，双脚一蹦，腾空跳过去——

两辆并排着的自行车呼啸着从车窗前驶过。

是辛巴和小米。仿佛不经意的，小米在辛巴的背上推了一把。而辛巴，看见我的车子，又如三年前的某个早晨，他故作潇洒地抬起手冲我摆动。

我看见，天空突然亮了，连路边的树叶都开始动起来。

（《山东文学》2011年第7期刊发）

雨中即“警”

市公安局交警支队　牟海龙

那是初春的一天早上，我从老家赶回奎山。当时，正是上班高峰期，15分钟了，可我的“宝马”刚刚挪到交通繁忙的海曲路路口。偏偏天公不作美，稀里哗啦地下起了雨。这就使得车多人多的日照路越发地拥堵。

我的情绪变得坏起来，郁闷着，缓缓地驾驶着车辆，跟在一辆由巡逻警车引领的长长的车队后边。终于，又一个绿灯，我的前面仅剩一辆车了。

可就在这时，由远及近，“哎哟哎哟”警报声响起，一辆120救护车正由东向西驶来。正打着直行手势，指挥南北向车辆行人快速通行的交警同志立即转过身来，一个果断的停止信号伴随着一声哨音，将我的车止在了路口的停车线外。

此时，我的注意力都集中在了执勤交警的身上。除了指挥台的交警，四个路口各有一名协勤人员在辅助做好交通的管制和疏导工作。也许是降雨太突然的原因，他们都没有来得及穿防雨执勤服。不过，雨中的他们依然警容严整、手势规范、从容不迫。就这样，任凭冷冷的风雨打在他们身上、脸上。

下一个绿灯到来之时，120 救护车已顺利地左转弯，急速地向南飞奔而去。

也许是第一次近距离地亲自感受了交警同志执法为民之无私、敢于冒雨执勤之不易，以及及时处置突发事件之果断的原因吧，虽然耽搁了一点时间，我却觉得非常值，心情也好转起来。

我不急不躁地通过了前面的两个十字路口。在即将越过酒厂路口时，猛然听到了身后警车的喇叭声。从车的后视镜，我清楚地看到，是一辆皮卡警车正急匆匆地赶了上来。我的直觉告诉我，这一定是交警部门的事故勘查车吧。我立即打开右转向灯，自觉地将警车让了过去。

果然，在 204 国道奎山汽车城路段，刚刚发生了一起致人受伤道路交通事故，驮了一垛柴火的电动车歪倒在路中央，肇事大货车亮着双闪灯停在路边，而严重受伤的瘦弱老人模样的男子被及时地抬上了 120 救护车……

雨，下得更大了。不过，两位交通事故处理民警并不怠慢，立即投入到事故的勘查和处理工作中。只见那位高个子民警给同事撑着雨伞，他们火速地对事发现场勘查、拍照、丈量、走访、询问、记录……接下来，干脆将雨伞仍在警车上，一同扶起了电动车。

此时，一直想打一把手、帮一下民警的我立即心领神会，马上从自己的车上找出了备用的雨伞。可是，我还是晚了一步，尽管事故勘查民警一再强调道路上危险，无关群众必须离开道路，到路边“关注”，却早有两位反应快的女青年主动上前，将自己的雨伞举到了事故勘查民警的头上。

我也不甘落后，干脆光着脑袋，拾捡着零乱满地、早已湿透的柴火。突然之间，我惊呆了，柴火的下面露出了一把破旧的熟识的电动车锁，它好像是经过父亲亲手修过的那把车锁啊！我猛地查验了电动车的车座、把套、车篮子……此时，我简直要疯掉了……

（《人民公安报交通安全周刊》2012 年 4 月 12 日刊载）

毛头小伙与阳光女警

（小小说）

市公安局交警支队　牟海龙

小牛今年 23 岁，是个地地道道的毛头小伙。他曾告诉我说，去年的春夏之交，他在日照酒厂那个五岔路口闯了红灯，被执勤的交警逮了个正着。当时，是他拿到驾驶证一年后第一次交通违法被交警查纠，他非常紧张。不过，随着那“请出示驾驶证、行驶证！”的柔美声音，他马上就镇定下来：

“交警同志，实在抱歉，给您添麻烦了，刚才我接了个电话，没注意就闯了红灯。”小牛一边给女交警递上驾驶证，一边自作聪明地解释起来。哪知，由于紧张，说走了嘴，起了反作用！

“您还接了个电话？”女交警面色白净、细眉细眼，一脸的青春阳光。她柔中带刚地说：“驾驶车辆不能接听或拨打手持电话的，难怪会闯红灯，这多危险啊！”说着，掏出本本，三下五除二，罚单写好了，拿给小牛签字。

看到已经写好的罚款单，小牛傻眼了。只见罚单上的内容是“违反交通信号规定”，罚 200 元、扣6分！面容清丽的女警下手竟然这么狠！这还不算完，人家还有交代呢，要他回去之后再温习下交通安全法规。小牛没好气地回应道："自从考完驾照，书本就找不到了！"

听到这话，女警犹豫了一下，马上从警车上找出了一本交通安全知识手册，面带微笑、郑重其事地递到了小牛的手中，开玩笑地说："记住了，下次见到了，我要给你考试哟！"

这时，小牛已被这位阳光女警的执着和热情所打动，火气顿消，他轻轻地说了一声谢谢，悄然离去了。

自此，那位阳光女警的美好形象一直深深地印在小牛的脑海中，她那柔中带刚、热情友善的话语一直牢牢地记在他的心里。

小牛把那本交通安全知识手册放在车上，一有时间就翻阅几页。这的确使他受益匪浅，由于牢牢掌握了交通安全法规和出行知识，他驾车时不再担心会被电子警察抓拍，更不会害怕交警的例行检查。相反，每次见到路口有交警在执勤时，总会刻意地扫描一圈，其实，这骨子里的真正意图就是搜寻那位阳光女警吧！

可是，昨天下午，尽管交通比较繁忙，不少路口有执勤交警正在指挥疏导交通，小牛却顾不上搜寻那位阳光女警了。他归心似箭，使出了浑身解数往老家赶。没想到，在城西烟墩岭，眼看就出城了，又闯红灯了。巧的是，查纠他的不是别人，正是那位阳光女警。

此时，小牛无心欣赏她的美，用最快的速度翻找着驾驶证、行驶证，只求快速处理，快速回家。可是，除了随车的行驶证外，身上、车上翻了个遍，就是不见驾驶证的踪影。不对呀，自己的驾驶证从不离身，一直放在外衣的口袋里的？哦，他猛然醒悟，是自己走得太急，忘了换衣服，身着车间的工作服就出来了。

小牛把车辆的行驶证递到了女交警手中，小心翼翼地说："我的父亲不行了，能不能通融一下，回头再找你处理？"此时，女交警也看到了他难看的脸色："特事特办，马上走吧！"同时，给他打了一个标准的敬礼："注意安全，回头您到交警大队交通管理科接受处理！"……

（《人民公安报交通安全周刊》2012年5月24日刊载）

雾里看警

市公安局交警支队　牟海龙

人们常说：冷暖交替，就会起雾。也许是"小雪"时节的原因吧，连续几天来，早晨的雾越来越浓，严重时能见度不足5米。

这时的你，如果是坐在行驶的公交车上，一定会感到危机四伏吧。我就没有这种感觉，因为从日照市区到五莲县城，我坐的是五莲交警的"通勤"车，驾驶此车的人名叫张勇，他就在交通管理科，几乎天天奔驰于此路段，总给人一种安全感。

从日照到五莲的路，车多人多。浓雾弥漫的天气，更是考验驾车人冷静沉着的时刻。在部队时就是个驾车好把式的张勇，此刻的脸上始终透出的是刚毅和自信。"通勤"车一直开着警灯，行驶得很慢。看来，这是张勇在主动地"压速引导"，实施着他应尽的义务。我下意识地回过头，果然发现警车后那隐隐约约闪烁着的车队，它们一直在默默地跟在后边。此时，交警的形象在我心中一下子变得伟大了！此时，若没有交警"压速引导"的交通状况真是难以预料的。

果然，在接近东港区陈疃镇的一个桥头，我们发现了早已在此救援的交警和一辆消防车。原来，一大早这里就发生了交通事故：浓雾下，一辆货车和一辆轿车相撞了！轿车被“挤”到了桥下，现场还残存着刚刚灭火的残痕。

车子慢慢地爬上了五莲县红泥崖。在洪凝中队不远处的十字路口，我们发现了几个正在执勤的民警，他们也开着警灯，用“喊话提醒”等方式维持着交通秩序，正忙得不亦乐乎呢。并且，喊话的内容是温馨的男中音：“前方十字路口，坡大雾浓，请谨慎驾驶，注意行车安全。”

笼罩在浓雾里的五莲县城的大小路口，随时可见交通民警们忙碌的身影。虽车多人多，却井然有序。

浓雾渐渐散去，山城五莲露出了初冬的暖阳，洪凝河畔，罗山路口，秀丽的城头，绿化带依然青翠。

人们常说：冷暖交替，就会起雾。雾里看花，会给人一种朦朦胧胧的美感；而在雾里看警，却恰能把“严格执法，热情服务”的执法理念体会得真真切切。

（《中国文艺》2015年第12期刊载）

答案（外一章）

——刑警手记

市港航公安局　李志华

无数个寂静的夜晚
我在数字堆成的货场上盘桓
寻找一条可以通向光明的道路

无数次
我的思路中断
影像变成一个个独立的点
我仿佛面对一个巨大的迷宫
找不到入口　也没有出口

迷茫中
有无数的面孔叠现
我的目光变得灼灼
我想在那一张张年轻的和不再年轻的脸上
读出坦然或者不安

可是
道路总是艰难

有人说　我像猎手
眼睛里只有老鹰和案犯
也有人说　我是个不成功的数学家
世上的事情怎么会只有一个正确答案
我好像没有听见
我只在乎我的爱人
她说　我在追寻答案的时候
更像一个傻瓜和负责任的男子汉

我很内疚
没有给她应有的平静和花束
当我在以毫米或者以千米计算的区域
埋头寻找着凌乱的痕迹
我自以为我更像一个苛刻的艺术家
决不允许有点点的黑斑出现在整洁的画面

是的
我爱整洁
那种没有霉块没有污染也没有机械故障的洁

这是个难题
所以我仍在丈量、求索和奔波

好了　现在
趁着曙光报晓夜色即将消散
让我们暂时放下所有的劳作
对着一面红色的旗
开始思索：
真正的答案到底在哪里？
是否　一切都已经了然？

救　赎

一本诗集
522 页
放进背包
如同放进了一头跌入陷阱的兽
片刻的惊呆之后
横冲直撞的吼声炸沸山谷

吼声与一场始料未及的雨混合
立刻有了子弹的速度和重量
穿过春水
穿过黑夜
穿过坚硬的城堡
穿过密不透风的旗帜
准确地击中我狂奔的脚步
我应声倒地
尘埃中　升腾起另一个自己
轻轻打开栅栏
归兽于原野
让自由去竞争自由
没有马也没有关系
从此种树　打铁
放牧诗歌和牛羊

群山远去
光明降临
我背起背包
像背起了所有开放的花朵

（《诗选刊》2017 年 3 月刊载）

礼让斑马线赋

市公安局交警支队　张文忠

巍巍中华，赫赫神州。人文荟萃，物象丰隆。五千年文明之史，九万里礼仪之邦。籍春秋而绵延，自百代而传承。孔子为圣，追贤思礼。唐宋大成，达礼为道。明清维续，教民遵礼。至于今日，礼又盛兴。礼者德之兴也，敬者身之基也。君子之行礼，不可不慎也。

时值繁荣盛世，祖国飞速向前。温饱昔时旧事，小康已历多年。蓦然回首兮，汽车时代悄然到临。不知不觉兮，熙熙攘攘成为常态。然则汽车文化未同步建立，故而交通文明仍滞后发展。路段之上，交通违法比比皆是。路口之中，交通乱象触目惊心。君可曾见，红绿灯前，车水马龙举步维艰。君可曾见，斑马线里，妇孺老幼踟蹰不前。交通拥挤行之困难，交通事故民之忧患。行不文明，小则失礼，大则失安。人不文明，轻则损己，重则损国。兹事体大，不可不察。兹事体重，不可不改。

嗟乎。红绿灯，最值付出等待。斑马线，最易跨越障碍。漫漫人生路，走好每一步。如要走快，轻装上阵。若想走远，与人同行。行之于途，路路期待畅通。而应于心，人人渴望安全。路口之交通，彰显城市文明程度。礼让之情怀，保障秩序安全规范。人之文明，首倡在礼。行之文明，让字为先。

促敦厚以礼让兮，国家层面倡言引导。改陋习以盛德兮，公安交警教罚并重。正视不足，致力改变。谋势而动，顺势而为。沐春风而化雨，施文明之甘露。任自然而浸润，共人文之厚养。宁夏银川，扶老过街双被礼让。云南普洱，谦谦少年鞠躬致谢。福建莆田，耄耋老人脱帽行礼。山东日照，我为让者举手点赞。赠人玫瑰，手留余香。礼在心中，让在路上。谁言法不责众，今朝点滴在变。文明交通之花，开遍华夏神州。

文以载道，唯陈言之务去。志以安邦，同日月而高悬。冰冻三尺，虽非一日之寒。滴水石穿，岂是一日之功。明妙药之所在，知沉疴之可除。交通文明，平安根本。礼让风范，大成表率。倡导文明行为，需从知礼做起。摒弃交通陋习，应置弘礼在前。有礼则安，做文明交通的崇尚者。礼让以兴，做文明交通的践行者。礼以行义，做文明交通的宣传者。和乎礼也，雅乎仪兮。

礼者，事之体也。法者，治之端也。奉法者强，知礼者安。上下一心，四方合力。倡一人守法而敬畏，导一人知礼而文明。法治中国，长治久安。奔梦路上，国富民强。

（《人民公安报》2017 年国家级优秀作品）

文明行路赋

市公安局交警支队　张文忠

衣食住行，人之基本需求。行走天下，均有交通目的。行字象形，本义道路。左右结构，从彳从亍。彳者，小步也。亍者，步止也。《诗经小雅》曰，“高山仰止，景行行之”。《诗经豳风》曰，“行阡行神，行路行街”。千里之行，始于足下。道乘人行，行必有道。

夏周时期，专设司险，掌九州地图，扼山川险阻。古代西方，单向通行，限车马入城，设跳石过路。此乃交管雏形，不复一一论述。而今大同之世，道路处处通达。二〇〇四五月，废旧例颁新法。行人通行规定，科学又兼细化。有人行道处，需在道内行走。无人行道处，需靠路边行走。通过路口，或横过道路，应走人行横道，或者过街设施。无信号灯，无过街设施，确认安全之后，健步快速通过。跨倚隔离设施，扒车强行拦车，均是明令不可。学龄之前儿童，智障精神患者，明确监管职责。盲人通行，需要导盲措施，车辆应当避让。铁路道口，严遵交通指挥，确认无误再过。以人为本在先，呵护生命安全。然则权利责任并重，依得规矩方成方圆。

嗟乎，曾几何时，中国式过马路，饱受世人诟病。不看红绿灯，凑够一堆人，说走就走。不走斑马线，管他什么路，说过就过。折返斜穿，交通顽疾四处可见。任意行走，交通事故屡见不鲜。诸多陋习之隐性成本，形成社会之长远隐患。不仅威胁生命安全，而且影响规则道德。亲身亲受，知荣知辱。沉疴不去，文明难树。公安交警部门，实施专项整治。倡导文明理念，营造宣传氛围。严管重罚，说理言法。教育为主，处罚为辅。人脸识别系统，彰显科技威力。列入征信体系，设置警示红线。从法不责众之心态，到抓一少一之改变。安全素质不断提高，规则意识逐步改善。

吾中华泱泱大国，人口十数亿之巨。行走陋习非一日之寒，剥茧抽丝需连年之功。欣喜之处，大多数人遵法率较高。无奈之余，一少部分习惯性漠然。被处罚者，言语恚恨。被劝导者，充耳不闻。

路段之上，各行其道仍难成风。路口之内，闯红越线依旧存在。礼让斑马线治后，机动车渐次向好。行人交通弊病，又成关注焦点。

礼仪兮文明之基，文明兮成功之本。文者明也，修于内而理于外。礼者敬人，发乎心而应之行。不学礼仪，无以为立。不讲文明，何以当存？缘何积习难改，交通文明不高。何为文明交通，说难做来也易。行停有序，相互礼让。敬畏规则，崇尚道德。择其善者从之，其不善者改之。车让人，让出一份安全。人让车，让出一份文明。车让车，让出一份秩序。人让人，让出一份友爱。文明行车，文明行路。同心文明礼让，共筑法治中国。

予做礼让斑马线赋，是谓由情入景。今做文明行路之赋，是谓由景入情。生乎此，长乎此。行乎此，关乎此。沧海桑田，长路漫漫。奉法者强，知礼者安。诚愿鄙陋之文，唤醒交通自觉。但得人人文明，幸福永远相伴。

（《人民公安报》2017年9月12日刊载）

日照交警赋

市公安局交警支队　张文忠

宜居胜地，东夷故土。天青云碧，初光先出。东瞰黄海之潮，西临沂蒙之要。南接苏北之埠，北连青胶之衢。旧时古道，路窄车稀。日月更迭，天翻地覆。建市三十周年，道路总程激增。万千阡陌里巷，人车熙攘而处。谁人一路同行，日照交警。只为平安万家，栉风沐雨。

盖乎日照交警，源自丁卯。一九八七之际，集体转隶。交通安全管理，斯有伟业之初。及至升格支队，已是农历庚午。从无到有，从弱到强。经霜傲雪，何计寒暑。担得神圣使命，铸就公德善行。常与道路为伴，常与人车为伍。防事故，保安全。保畅通，促和谐。头顶日月星辰，脚踏山川大地。立身茫茫人海，驻目东西南北。指挥疏导，飒爽威武。查违纠偏，彰法明度。呵护畅安大道，保障社会发展。洒下一路汗水，赢来百姓赞誉。

若夫。日照交警，阳光警队。精准警务，奋翼以举。创新治理模式，警力下沉社区。拨动最小琴弦，唱响为民乐曲。特勤尖兵，马路真神。立体防控，风雨无阻。汇集海量信息，多维感知社会。情指勤督一体，打通僻壤崎岖。车驾管改革，一窗式服务。只跑一次腿，群众得红利。聚焦流程再造，选择但凭自主。道交一体处理，全省首创先驱。坚持创意引领，立足深度触及。传媒宣传矩阵，传递莲花妙语。至于志愿劝导岗，或者礼让斑马线。警民同心共用力，已成文明交通树。

壮哉。日照交警，传承红色基因。奉献无悔，大义写就峥嵘。披星戴月，四季常态。烟尘尾气，早成习惯。不乏积劳成疾者，更有英年早逝人。披肝沥胆赤子情，冰心一片无忧惧。济困救危，扶老携幼。守夜护民，义无反顾。信念坚定行稳，绝对忠诚致远。心血耕耘通畅，只为点亮心路。

伟哉。日照交警，此心如月。忠廉担当，畅安为民。寂寞春秋谁体察，筑梦路上我为主。壮志常怀苍生情，青丝霜雪浑不顾。奋哉！日照交警，港城卫士。不忘初心，砥砺前行。熠熠警徽，迎接风雨洗礼。励志扬帆，开启全新征途。

我和376名孩子的故事①

市公安边防支队　戴陈铖

都说母爱像空气、阳光和水，拥有她就拥有了世界上的珍宝，什么也不能换取，母爱让平凡的生活充满色彩。作为一名80后女警官，日照公安边防支队山海天边防派出所一名干事，因为特殊的身份，我与376名孩子建立了短暂而久远的感情。短暂是共处的时间，久远是终生的难忘。

日照市山海天旅游景区总面积74平方公里，海岸线长17.5公里，这里沙软滩平，风轻浪缓，蓝天碧水，游人如织，是消夏避暑、洗浴健身的理想场所，每年接待中外游客2000万人左右。山海天边防派出所就驻守在这里，据不完全统计，我和战友们每年要帮助200多名在海边走失的儿童“找妈妈”。

我救助的第173个孩子才两岁，在海边巡逻时发现的一个小男孩，因为年龄小无法说出自己的姓名和其他信息，在周围寻找家人未果后，便将男孩带回派出所照看。我一边带着小孩玩耍，一边让同事在旅游区服务中心播放寻人启事广播。过了快一个小时，孩子的爸妈才焦急地赶到派出所，抱走了我哄睡着的孩子……

我救助的第274个孩子，与家人在海边走散。我在5分钟之内就帮助孩子找到了妈妈。

对于走失的孩子，我都当作自己的孩子悉心照料，孩子们亲切地喊我“兵妈妈”。为了缓解身处陌生环境下走失儿童害怕恐惧的心理，去年，我提议在位于山海天景区的阳光海岸旅游警务室设立“儿童看护区”，让孩子们在温馨的环境中等待与父母重逢。2013年至今，我一共救助376个孩子。

印象最深的，是我初为人母后的第一个工作日，一个电话让我多了一份牵挂。2015年2月10日，辖区一家超市老板报警称：他接到一个陌生号码打来的电话，一个小孩在电话里嚷嚷着找妈妈，老板想详细询问，孩子却在电话里哇哇大哭什么也不说。

了解情况后，我立即拨通了电话，可是电话那头的孩子号啕大哭，只是从只言片语中得知，小男孩一个人在家又冷又饿，除此之外没有其他信息。

随着孩子的哭声越来越微弱，我不愿再多想，只想赶紧找到这个孩子。于是，在我的提议下，全所官兵兵分三路，一组与孩子保持通话稳定情绪，一组申请技术定位，另外一组通过电话号码查找孩子家长的信息。

当通过电话定位到孩子在辖区大泉沟村后，我们挨家挨户跑着找、跑着问，最终根据线索找到了小男孩的家。但数次敲门和呼喊都没有任何回应，大家决定破门而入。当门被打开的一瞬间，只见一个孩子昏昏沉沉地倚靠在墙角。“小朋友，你怎么了？你怎么了？”我抱起小男孩摸了摸额头，“这么烫，一定是发烧了！”于是，我赶紧抱着孩子去医院。

路上，我本想联系所里是否找到了孩子的妈妈，掏出手机一看，竟有丈夫的11个未接来电，我怀着不祥的预感回了过去，原来我那才6个月大的女儿不知什么原因一直呕吐，想让我赶紧回去看看。可是，当我看到怀里额头滚烫的小男孩时，只是简单地说了句“你先辛苦一下，我正忙着”，就挂断了电话。

到了医院，我抱着小男孩找大夫，恰巧在走廊上遇到了抱着女儿的丈夫。那一刻，我看到了丈夫眼神里的焦急；看到了同样需要母爱的女儿正啼哭不已，我的心里五味杂陈。但是，我明白，和我一

① 此文获公安边防部队华东地区演讲比赛二等奖。

样普通又平凡的边防警察还有很多，虽然职责任务不同，却都在自己的岗位上以小爱聚大爱，舍小家顾大家！

曾经有人问我：“维护治安需要钢拳铁腕，打击犯罪更需雷霆霹雳，你一个柔弱女子，行吗？”我的回答坚定而自信：“我行！我一定行！”在边防警察“守护安宁”的天职里，没有性别之分，虽然没有惊天动地的壮举，但我们用女性的温婉和细致，用女警的坚韧和执着，为辖区群众撑起了一片天！

致党徽的一封信①

市公安局日照经济技术开发区分局　李　超

亲爱的党徽同志：

您好！

我是一名入警只有两年的党员民警。从我穿上这身藏蓝色警服的那天起，我就一直把您和警徽郑重地装进我的左右心房。因为，您是我的战友，更是我的信仰！

卞之琳曾在他的诗里这样写道：“你站在桥上看风景，看风景的人在楼上看你。”两年前的我曾把警察看作一道风景，殊不知两年后的我需要将自己站成这道风景。在过去的两年里，我一直在思考应该如何履行我的责任，怎样扛起我的担当。

我曾为自己找借口说，我的警龄尚短，所以无法创造太多的辉煌。两年的时光，也只不过是冬日的两季飞雪，只不过是桂子的两次飘香。可是，有人告诉我，两年的时间也可以很长。

你知道五天有多长？

五天五夜，是我们一次蹲点抓捕犯罪嫌疑人的时间。每一分、每一秒，都需要时刻保持高度的警惕和戒备，不管身在漆黑的深夜，还是头顶似火的骄阳。

三个月有多长？

三个月，是我们一次异地追捕逃犯的时间。三个月，却足以让一位爸爸错过孩子来到这个世界的第一声啼哭，也足以让稚嫩的孩子渐渐模糊记忆中爸爸的模样，甚至会心酸地换来孩子陌生又疏离的目光。

如此说来，两年的700多个日日夜夜，是不是也很长？

我们日复一日，穿梭在这个城市的大街小巷，用闪烁的警灯将黑暗照亮；我们年复一年，镇守一方安宁、护卫一方百姓，用一生的岁月来守护这片土地的春华秋实、寒来暑往。在如梭的岁月中，悄然缩短了时光。

你知道十年有多短？

十年，是每一位投身于公安工作的老民警转眼间的青丝白发；十年，是每一位扎根于基层的老党员不经意间春秋冬夏的时光。

一辈子有多短？

一辈子，是每一位退休民警回首往事时恍如昨日般鲜明的记忆；一辈子，是每一位新警对未来一生职责掷地有声的千金一诺。

---

① 此文获省公安厅“我为党徽添光彩”主题征文活动一等奖。

因为对党的忠诚和对人民的信仰，我们的从警岁月变得那么分秒必争，变得不那么漫长。从我们高高举起宣誓的拳头，志愿入党的那天起，我们的肩上就担负起了入党誓词中“为共产主义奋斗终身，随时准备为党和人民牺牲一切”的誓言；从我们穿上这身藏蓝的警服，光荣入警的那天起，我们就时刻在用生命践行入警誓词中“全心全意为人民服务，为实现自己的誓言而努力奋斗！”的诺言。因为我们曾郑重许下这双重的承诺，所以就毅然肩负起这双重的使命。

先贤有云：“人而不学，其犹正墙面而立。”就是说，人如果不学习，犹如面对一面墙站着，什么都看不到。开展“两学一做”学习教育，“学”与“做”须相融相长。“知者行之始，行者知之成。”学习党章党规和习近平同志系列讲话既要内化于心、更要外化于行。要以学促知，做到学而信、学而用、学而行，才能做一名懂规矩、守纪律、敢担当、善作为的合格共产党员。

2009年12月25日，按照山东省公安厅指令，一支队伍紧急拉动，千里驰援，远离家乡8000余里，赶赴新疆乌鲁木齐执行维稳任务，开始了长达112天的生死考验。这支队伍是由我们日照公安的50名队员组成的。按照上级部署，日照援疆民警驻守在乌鲁木齐市沙依巴克区雅山派出所辖区，该辖区是新疆“三股势力”活动猖獗地区之一，是违法犯罪人员的“集散地”，是乌鲁木齐社会稳定的“晴雨表”，被列为公安部一级国保阵地，治安状况十分复杂，维稳形势异常严峻。但是这支年轻的队伍不畏艰险，昼夜奋战，努力克服各种困难，累计出动警力9350人次，执行重大堵截、警卫任务11次，抓获违法犯罪嫌疑人9人，服务群众多达11000余人次，受到群众慰问33次，接收锦旗16面，感谢信27封，为维护新疆稳定、促进民族团结做出了积极贡献。

“衙斋卧听萧萧竹，疑是民间疾苦声。些小吾曹州县吏，一枝一叶总关情”。即使远在祖国的东西两端，为了人民的安宁与幸福，他们挥别家乡的山水，毅然踏上了新疆这片土地。目光尽头标识着爱的刻度，漫漫征程印满了情的表达。从此他们的双耳只用来聆听民间的苦难，从此他们的双眼只用来捕捉群众的危情。

诗人艾青曾在诗里这样写道：“为什么我的眼里常含泪水？因为我对这土地爱得深沉。”是啊，无怨无悔的心，坦荡；家国情长的爱，无疆。他们说：

“我们从遥远的烽烟中走来
被朴素而深情的老百姓亲手养大
我们都是共和国的儿女
生命的字典里只有两个字——报答”

自从我们穿上了这身警服，穿了就再也脱不下。穿上它，身后就站着千千万万老百姓，于是我们的生命中就再也不能允许退缩与害怕。因为，我们是对着警徽发过誓的一群人。“洪荒史册书血泪，铿锵儿女祭乾坤”，我们时刻用自己的健康，甚至是生命来践行自己的誓言，守护祖国的平安，责无旁贷，从无后悔。

在同事的办公桌上，摆放着他三岁孩子的照片，宝宝精神抖擞的样子，像极了他的爸爸。“陪孩子的时间比较少，一有时间，就想着多陪陪孩子。”同事不善言辞，但谈到孩子，他的脸上满是柔情。但是由于工作的关系，在家陪孩子的时间实在是太短。有一次久别回家，看到多日未见的爸爸，孩子脱口而出的一句话“爸爸，你到我家来了”让这位堂堂七尺男儿顿时怔在当场，心中五味杂陈。但是只要一声令下，他依然会义无反顾地回归岗位，一头扎进工作中去。他坚定地说：“选择了警察这个职业，就要对得起肩上的这枚肩章！”

因为，这是我们的责任。

还有一位同事，刚刚举行完婚礼，还没来得及享受新婚的甜蜜，便加入到市打黑除恶专案组的工作当中，在全封闭式办案组一待就是半年。两人婚假没休，蜜月没度，却从未有过任何微词。“选择了警察这个职业，我无怨无悔。虽然破案过程繁复艰辛，有时也会伴有危险，但是案件告破后，那种兴奋与成就感是旁人难以体会的。”同事自豪地说。

因为，这是我们的使命。

也许，我们会亏欠与家人团圆相聚的时光；也许，我们会错失孩子关键时期的成长。但是，我们更清楚的是：在社会的大家庭里，我们的身份首先是警察，其次才是父母的儿子、孩子的父亲，妻子的丈夫。

在如火如荼的小康之路上，也许我们无法直接去建造高楼大厦，但我们熟知每间房屋上的一砖一瓦；也许我们并不能时刻陪伴在家人身边，但是我们会时刻守护在人民身旁，不论春秋冬夏。这就是我们警察这个职业在构筑中国梦、全民小康情时特殊的行业表达。

我们只是全国8700万党员中的普通一员，我们只是全国200万民警中一抹不起眼的藏蓝，我们被庄严神圣的使命召集到麾下，血脉里奔腾着滚烫的忠诚，生命中跌宕着激情的迸发。三山五岳铸造了蓝盾，黄河长江打磨了警魂。我们扛起双肩的责任，将信仰融入藏蓝的警魂，再将警魂融入祖国的乾坤。共和国的忠诚卫士，信仰早已铸就了钢铁般的心脏。责任、担当，就是生命的重量！为此，我们时刻尽担当之责、为正义亮剑、为平安逐梦，在中国迈向全面小康社会的道路上与老百姓携手前行。

最后，请允许我用同僚的一首词来结尾：

“春寒也好，秋寒也好，盼今夜，能眠才好。警讯频来，总牵心，鬓斑人老。奈人间，不平未了。

春来先晓，秋来先晓，最难共，北风呼啸。抱冷提枪，几回巡，短长街道。有丹心，月来时照。”

此致

敬礼！

（公安部“我为党徽添光彩”主题征文活动二等奖）

乳　香①

五莲县公安局　王清光

一场大地震，掳掠了多少生命
和爱的召唤。汶川
这个地名，从此印上了岁月的痛

一座城堡，还有一个个鲜活的生命
被谁典当。丢弃的婴儿
用哭声。喊叫母亲的乳香

蒋敏来了。一名初为人母的女警
撇下自己幼小的婴儿
和牵挂

① 此文获全国公安文联首届“警察与爱”网络诗歌大赛二等奖。

面对，这些失去父母的婴儿
每一次心跃，都在眼角滴成爱
晶莹的心，喷薄爱的故事

矜持的美丽，洁白的双乳
还有吸奶的孤儿
定格的一张照片上

蒋敏啊。你用乳汁的芳香丰腴了警察的伟岸
抚平了汶川的创伤
一只蝴蝶死去了，另一只蝴蝶飞起来
看。在废墟上站起来的婴儿
在阳光里，留下新一代“红嫂”的影子
还有那些留守儿童……

你的美，是夕阳最美的一笔

（外六首）

五莲县公安局　王清光

你的美。乡村里的孤寡老人说过
大爷大妈说过
还有那些留守儿童说过
忘不了你为那些没有户口的老人和外来媳妇
走村串户调查取证补办户口
忘不了你为那些行动不便的残疾人
上门办理二代证
更忘不了你为那些失学的留守儿童捐款捐物
你的职位或许不高。但是
你的美高过白云
红过热血
也许，黄昏是一首诗。而你
就是夕阳最美的一笔

无名英雄

或许墓碑上没有你的名字，连给你庆功的大会都不能报道。
但在你保家卫国的战线上，祖国不会忘记你，人民不会忘记你——
缉毒战线上的无名英雄。你的任务父母不能告诉，妻子儿女不能告诉。
警服不能穿，枪支不能带。一身便依行走在城市、边疆、乡村的角落里。
或许是企业白领，或许是货车司机，或许是渔民还有船员。
在灯红酒绿面前，你初心不改。表面沉沦，内心坚强。
用睿智的大脑和双眼游离在邪恶之间，生命时刻都处在危险中，你面色不改。
正是靠着一份忠诚，一种勇敢，为一起起大案的侦破发挥着神奇的力量。
你是利箭，直击敌人要害。
有了你们，党旗才更红，《人民警察之歌》才更动听。
你们的名字叫无名英雄，电视剧里的故事是你们最精彩的表演。
足以胜过任何预演和彩排。每位英雄都是你，尽管都是化名……

警营，被激情燃烧的青春更红艳

花样年华是那样的靓丽，一首诗一首歌曾能碰出生命的火焰。
轻吟一口，也许就会醉在从警的路上。
站在党旗下，我们不会忘记无怨无悔选择的誓言。
更不会忘记党和人民的嘱托。
在风雨面前，我们迎难而上。哪里有危险，哪里就有我们。
救死扶伤，帮危济困，用一腔热血书写人民警察的高尚情怀。
在持枪歹徒面前，是谁不怕牺牲，用生命践行使命的忠诚。
即使倒下了，也要绽放青春的烟花。
这瞬间的图腾，虽然来不及回味，却永远闪亮着生命的芬芳。
在大案要案面前，多少次烟头点亮了黎明，黎明熬红了双眼。
是谁，高悬利剑祭奠正义的伟岸。
警营里也有歌声，被激情燃烧的青春更红艳。

在一页纸上温暖你的澎湃

我在一张纸上润色你，那些有着骨干的崇高
就有了血色的涌动
我把她们摆成镰刀、斧头，还有隐形的长城和盾牌
我试着从红船上走下来，在一阵红色的风里。我听到了

星星燎原的声音。也听到了
国际歌的澎湃。听着，听着
我就成了你的一枚借喻
我相信，我是你洪流中的一枚白细胞
左手持剑，右手持枪。黑猫警长是我的代词
一个我死了，还有千万个我
一张纸是苍白的，我的血却是热的
我在你的血脉里绝不会让一丝污垢，一个错词
来颠覆你的红艳，为了母亲的微笑无怨无悔

猎　手

山被林海淹没，山石成为暗礁
野草逐浪，随风飘摇。搜捕，步步包抄
一个洞口从草浪中露出头，黑暗已把遂洞吞食入口
嫌疑人，就隐藏在黑暗里
手枪、冲锋枪，枪口闪烁着丝丝的寒光
手电筒的光芒，在搜索中击穿遂洞两侧的掩体
照亮黑暗。步步搜索，背靠背前进
两个组前后交叉前行，搜捕。100 米、200 米、300 米……
突然，黑暗的前方传过手机铃声，嫌疑人显行
一组快如利电，闪击铃声处。手机还在响，疑犯却无踪
一个黑影，从另一方向闪出。狡猾，刚好撞上二组的枪口

入　戏

花角，生旦，青衣。穿上古装，我们的人生
就走在刀光剑影里。忠臣良将，保家卫国
无论是须眉还是巾帼，无不透出我们的血性
拿起刀枪，我们就是战士。我们就是
《满江红》里的歌者。怒发冲冠的豪气
会一代代传下去。人生是舞台，却没有彩排
我们不必化装，不必预演。只要怀揣一颗忠心
沿着先辈们的鼓点前进，我们的中国梦
就会走上光明和未来。只说喜剧，不误今生
让每一声警笛发出时代的最强音

稻草人的自叙

我已瘦成枯骨，发抖的皮囊，在一粒
鸟鸣中强打精神。是谁，强占了我的肉身
让我成为只有思想，没有表情的使者
但是我的使命是神圣的
风吹过来，雨打过去。还要经受鸟的俯冲
我每天 24 小时睁大眼睛来抵抗窃贼和入侵者
守着这一亩三分地，时不时地
还要经受风雨的侵蚀。丰收结束的时候
我的使命就走到了尽头。尽管
我的生命微不足道，甚至比一把炉灰还轻
但幸好，我没有活在懈怠的影子里
幸好我是为我忠诚而死去，为了天下苍生
而流血。我的生命是很轻
共和国的旗帜上，有我血染的寂寞……

（全省公安机关“我为党徽添光彩”文学类三等奖）

我是你的眼①

莒县公安局　高　琳

几度风雨几度春秋，风霜雪雨搏激流。历经苦难痴心不改，少年壮志不言愁。

大家好。我叫高琳，来自莒县公安局。今天，我要向大家介绍我的一名同事，他呀，是公安战线上的一名法医。就让我们来听一听法医唐和平的故事。

法医，是公安机关侦破案件的眼睛。他们侦查现场，解剖尸体，寻找与案情有关的蛛丝马迹，还原事实的真相。但这双眼睛呀，也要收到风吹日晒的考验，受到恶臭气味的熏染，还要见证无数犯罪现场的血腥与残忍。我的同事唐和平就需要经常接触高度腐败的尸体，长期接触有毒物体、气体和化学药剂，工作过程风险很高，如果死者生前患有传染病，风险更高。他曾经说过，以前办案时连防毒面具都没有，夏天遇到尸体高度腐败，一蹲就是三四个钟头，各种味道混合在一起，几天都洗不净。寒冬腊月，解剖尸体时手上冻得全是冰碴儿，手术刀都握不住。莒县是一个有着 110 万人口的大县，伤害案件多发，每年伤情鉴定 900 余起，尸体检验 260 余具，采集、录入 DNA 血样 2400 余份，但 14 年来，唐和平就是这样一直默默无闻地工作着。因为他知道这就是法医的职责与使命，他来自胸前的党徽和肩上的肩章，来自被害人及其家属信任与企盼。

---

① 此文获山东省“中国梦·党在心中”百姓宣讲比赛故事类二等奖；日照市“中国梦·党在心中”百姓宣讲比赛故事类一等奖。

2010年腊月二十四下午，正当人们忙碌着准备过小年时，刑警大队接到小店派出所报警，称该镇一独居老人王某在其家中失火烧死，村委要求公安机关勘验一下现场，如果不是刑事案件就去殡仪馆处理尸体。唐和平和同事们到达现场后，并没有因为家属没有提出疑点，就敷衍了事，而是本着负责的态度，认真仔细地检验尸体。经过初步检验，在死者枕部发现了打击伤，并且在烧剩下的半截马扎上发现了喷溅血迹，该案件被定性为杀人焚尸。一晃四天过去了，已是腊月二十八，案件依然毫无进展。傍晚时分，侦查员摸排有人看到邻村李某曾在王某家附近出现过，专案组了传唤李某，但李某来到派出所后，只说平时两人认识，其他一概不回答，审讯陷入了僵局。这时，法医大胆推测如果李某是嫌疑人的话，衣服上可能会有死者的血迹，但是李某身上是一身黑色衣服，少量血迹通过肉眼是看不见的。唐和平想到了鲁米诺试剂，这个鲁米诺试剂是一种在犯罪现场检测微量血液的专业试剂。通过试验，果然在李某的裤脚出现反应，意味着这上面有人的血迹。法医立即送检，经DNA检验，正是死者王某的血。铁证如山，李某不得不供述其因琐事对王某怀恨在心，翻墙入室杀死王某并点火焚尸的事实。破案后，死者99岁的老父亲老泪纵横，握着唐和平的手久久不愿松开。

法医的工作性质决定了唐和平长期过这种没有固定工作时间的生活，一年365天，手机24小时开机，随时待命，随时出发，十几年如一日，把美好的青春默默奉献给了公安事业。然而这背后牺牲的不仅仅是休息时间，更多的是对家人的亏欠。由于唐和平在家的时间几乎很少，而他的妻子又是一名医生，工作也很繁忙，女儿很小就经常自己一个人被锁在家里。一个周日的晚上，外面下着大雨，妻子在单位值班，唐和平陪着年幼的女儿在家，突然接到单位的电话，称龙山发生一起命案，需要他马上赶往现场。唐和平不敢耽搁，嘱咐一下女儿早点睡觉，就立马出门了。女儿睡着后被一道雷声惊醒，下意识地喊爸爸妈妈，却发现家里空荡荡的一个人也没有，她太害怕了，不敢一个人待着，就走出家门，冒着倾盆大雨走到了马路上，大哭着找爸爸找妈妈。幸好当天路上遇到有一位好心的老人，将孩子送到了小区的门卫室。当唐和平凌晨回到家时，看着女儿已经入睡，却满脸泪痕，手里还紧紧攥着自己的照片，不由得心如刀绞，知道自己不是一个好爸爸，眼泪也不由自主地流了下来……唐和平的妻子说，自己已经记不清有多少次，唐和平深夜带着一身的腐臭味回到家，不敢惊动已经入睡的妻儿，就随便卷个煎饼，糊弄着吃点，躺在沙发上就合衣睡着了。

这就是我的同事唐和平，一位普通的党员民警。他既平凡又，始终坚守在自己的工作岗位上，守一方百姓，保一方平安，用自己的热血铸成金色盾牌。

我的辅警兄弟——众人归队，独你缺席①

莒县公安局　史飞飞

一年一度的清明，有一种思念被轻轻唤起，有些人我们不应该忘记。

燕子来时新社，梨花落后清明，伴随着一树春景，细雨落花，清明节悄然而至。

春和景明，油菜花在田野间欢然舞蹈，垂柳羞怯地拂过初暖的河水，更有孩子们荡着秋千、划着小船的笑声泠泠飘向耳边……没有一丝阴郁气息，幕天席地扑面而来的，都是活泼泼的生命气象。

① 此文获山东省公安民警优抚基金会、人民公安报社山东记者站“缅怀英烈·砥砺前行”清明征文评选活动优秀奖。

仿佛一切都那么美好，但对于杜凤奎来说，时间永远定格在了2002年11月25日凌晨3时40分，这一天是他婚后的第75天，离他24岁生日还差31天。

那天，杜凤奎和战友杨玉山在莒县人民商场巡逻中，发现人民商场30号摊位下面有一被撬的窟窿十分可疑，便钻进去搜查，他还没忘叮嘱小杨注意警戒。躲在暗处的犯罪分子狗急跳墙，用随身携带的匕首向杜凤奎的头部、颈部、面部连刺八刀，其中一刀刺中了他的颈动脉，杜凤奎顿时倒在血泊里，但为了抓住犯罪分子，杜凤奎忍者剧痛爬了起来，为了报警，鲜血染红了他爬出去的40米的路。

“奎奎这是牺牲，是为了老百姓，咱应该为他骄傲。”杜凤奎的老母亲咬着牙把眼泪憋回去肚子里。

转眼，他已经离开了17年。17年来，他巡逻过的人民商场已经没有从前的样子，他奉献过的城关派出所也物是人非，他奋斗过的莒县大地正在进行一场新的城市建设。

众人归队，独你缺席……

人人都说，警察是和平年代最危险的职业，时时有流血，天天有牺牲；人人都说，人民警察是太平盛世最光荣的职业，因为他们肩负的是百姓的安康和天下的太平。我知道，他的牺牲是为了社会的和谐和稳定，在他背后还有千千万万的战友不畏死神、前仆后继，即使让他重生，再次面对歹徒丧心病狂的匕首时，他的选择也绝不会变。

据不完全统计，新中国成立以来，全国共有1.2万余名警察牺牲，17万余名警察负伤。仅2018年就有303名公安民警、141名辅警因公牺牲。

有同事和我描述过他自己的生死一瞬，在一个燥热的夏夜，在一个出租屋里，狭小的环境让人压抑，歹徒拿着水果刀突然向自己的胸膛刺过来，他一时没躲避过，眼睁睁地看着明晃晃的刀片离自己胸膛越来越近，突然刀片停住了，原来是左胸口袋的警察证挡住了刀片，就在这一秒钟，他回过神来，紧紧抓住歹徒的手臂，过肩摔之后牢牢地制服了歹徒。

又是一年清明时，目光所及，默默轻启，已是泪满襟。没有人愿意，在年纪轻轻时就永远睡去；没有人愿意，把自己过早地尘封；没有人愿意，让死亡阻隔在亲人之间永无法逾越。

逝者已矣，来者可追。

当我们沿着英雄的足迹追忆往昔，那些过往的历史在带给我们哀伤的同时，更砥砺我们不断前行！在英雄精神的激励下，我们对一切违法犯罪行为“露头就打、除恶务绝”，打出了昂扬正气，打出了朗朗乾坤。在英雄精神的激励下，我们全面深化放管服改革，开创了服务民生、保障大局新高度。在英雄精神的激励下，我们综合施策、精准发力，锻造了忠诚、干净、担当的公安队伍。

这，也是杜凤奎想要看到的吧。缅怀烈士，为的是不忘先烈的奉献，不忘自己的初心，是珍惜现在，更是为了开创未来。

2002年11月25日凌晨3时许，杜凤奎和同事巡逻至莒县人民商场时，发现一商铺门被撬开，杜凤奎钻进被撬商铺与正在实施盗窃的犯罪嫌疑人展开搏斗，被犯罪分子用匕首将头部、颈部连刺8刀，因伤势过重当场牺牲。2010年3月18日，经山东省人民政府批准：杜凤奎同志在对敌斗争中牺牲，评定为烈士。

各章节供稿人员名单

章节	供稿人
彩页区	罗亚宁　刘　灏
概述	王均章
大事记	王均章　秦玉龙
第一章　机构	李鲁平　尹志勇　谷玉东　杨　菲　刘忠光　陈升俊　厉进华　唐晓静　宋晓懿　秦绪辉　陈世鹏　余　莉　王　琦　郭　庆　李朝正　张玉志　冯　杰　李　月　陈婷婷　辛　晨　贺照红　孙　雨　郑世进　安成浩
第二章　指挥决策	李宜华　张茗科　潘月敏　王　春　张　翰
第三章　国内安全保卫工作	周东宁　田朝霞
第四章　刑事侦查	孙　磊　李　静　周豪杰　刘光一
第五章　经济犯罪侦查	李振华
第六章　治安行政管理	辛　峰　傅　军　万　勇　李晓华　张志强　柳军宝　郭中文
第七章　道路交通安全管理	张文忠　王宁宁　孙成典　付文花　何淑清　张晓丽　王锋平　杨淑杰
第八章　消防管理	李朝正　张　冉　裴天浩
第九章　边防管理	郭　庆
第十章　特巡警建设	白晓青　苏　亮
第十一章　户政管理	陈祥鹏
第十二章　预审与监所管理	张友军　王　红　王耀东　郭晓娟　刘晓丽　胡乃波　辛　秀
第十三章　出入境管理	张　婧
第十四章　网络安全保卫	庞尊玺
第十五章　反恐怖工作	焦　军　薄　涛　费兆洋
第十六章　警卫	张念峰
第十七章　禁毒工作	王　超　孙　起　侯　杰
第十八章　食品药品和环境犯罪侦查	张永庆
第十九章　公安法制和行政审批服务	梁庆培　刘　政　白晓周　杨　芳　王　静
第二十章　信息化建设	严丽丽

续表

章节	供稿人
第二十一章　公安信访	厉昌欣
第二十二章　公安宣传	罗亚宁　王　猛
第二十三章　警务保障	徐恩善　付鲁艳
第二十四章　政治工作	刘　勇　杨　洋　陈　浩　胡志亮　尹志勇　谷玉东　赵青法　于海龙　张　帆　李　红　王小龙
第二十五章　纪检　督察　审计	刘　勇　孙　莹　王春雷　许小敏　郭江伟　许文慧
第二十六章　重大警务创新	王均章
第二十七章　区域警务	徐加帅　李克明　王　芳　王杨慧　高　琳　王清光　刘恒杲　陈为良　余　莉　秦绪辉　李晓明
公安人物	杨　洋　尹志勇　于海龙　李青海

编后记

《日照市公安志（1989—2018）》即将交付印刷，面对眼前厚厚的一摞书稿，作为编者可谓五味杂陈。既有终点将至的兴奋，又有能否得到领导和同志们认同、经受得住时间考验的忐忑。在修志工作即将结束之际，作为亲身经历的编者，用文字记录修志工作的点点滴滴，将修志历程熔铸到每个参与者的记忆深处。

追忆修志历程的时间坐标。2019年初，在新中国成立70周年、地级日照市建立30周年之际，市局党委决定编纂《日照市公安志》，向盛世华诞献礼。作为第一部涵盖全市公安工作的专业志书，它在酝酿启动之日就显现出了非凡决心，受到了空前重视。编纂工作写入当年全市公安工作会议讲话、列为全年十项重点工作之一。其间，副市长、市公安局局长张培林先后多次听取专题汇报、5次专门批示，对志书编修工作予以肯定，提出总体与阶段性工作要求。

2019年4月1日，公安志编辑部正式组建运行，全体编辑第一时间转换角色、进入状态，分头分工拟定篇目设置方案、工作计划，筹备编纂工作动员部署会。4月14日，以编纂工作动员暨业务培训会议召开为标志，公安志编纂工作吹响了打造“高质量精品佳志”的冲锋号。各承编单位按照职责分工，迅速投入志书编纂各项工作。一时间，公安志成为全市公安民警普遍关注的话题，期望与企盼几乎无处不在。

4—5月承编单位分编阶段，针对绝大多数参编人员没有修志经历，修编知识不足的情况，市公安局编辑部连续组织2次编纂业务培训，围绕编纂工作急需的知识进行集中专题讲解。每位编辑还根据自己对口联系单位情况，分片召开小范围的业务培训会，并通过上门指导、通报点评等方式，对撰稿标准、语言风格等细节内容作进一步统一规范。5月底、6月底，编辑部先后2次收集各承编单位初稿，逐一审核、点评，反馈修改意见，及时发现纠正志稿站位、角度、内容、语言风格等方面存在的普遍性问题，避免承编人员走弯路。7月16日，结合贯彻落实张培林批示精神，在全市公安机关开展为期1个月的编纂工作集中攻坚。8月中旬集中攻坚工作结束后，编辑部根据各章节初稿质量，对仍有较大差距的单位，继续运用调度约谈、点对点指导等方式，开展重点帮扶。与此同时，压茬启动重要文件、回忆录、文艺文学作品等附录内容的征集工作，持续保持志书编纂工作的热度。

至9月初，承编单位初稿撰写任务基本完成，编纂工作转入编辑部精加工阶段。带着全警的关怀和期待，全体编辑一心扑在修志上，全面投入梳理汇总、修改完善、反复查补、精炼提升工作。执行主编王均章临时推掉指挥中心分管工作，全脱产到编辑部办公，与全体编辑并肩作战。通过连续3个月高标准、高强度的强力攻坚，至12月初完成全志170余万字的初稿，并从近2000张图片中筛选出700余张彩页图片和插图，迈出志书成书的关键一步。接着又马不下鞍、趁热打铁，排版、校对、修改一气呵成，2020年元旦、春节前，连续在不同层面开展两轮次的征求意见，800余名参与征求意见建议的公安系统（退休）民警、史志专家提出各类意见建议近2000条，增补和完善了大量内容，填补了部分章节内容的空缺。春节期间，受新冠疫情爆发影响，招标、评审、排版等环节工作节奏不得不放缓延期。3月底全国疫情防控工作取得阶段性胜利后，编纂后续工作应势启动，编辑部进入新一轮倒排工期、抢抓时间的攻坚行动。4月22日，召开《日照市公安志》专家评审会，顺利完成志书评审。6月，完成出版社审查修改工作。同月，志稿交付，第一部记述日照公安工作的专业志——《日照市公安志》终成定帙，成为日照公安发展史上的宝贵历史档案和精神财富。

分享修志历程的经验收获。回顾修志历程，我们觉得有几点经验值得总结与分享：一是坚持大事大抓、高效强力推动的编纂导向。市局主要领导高度重视，张培林同志在各个阶段先后多次对编纂工作作出批示指示，在市公安局党委会等多个场合听取工作汇报、过问工作进展；熊桂登亲自动员部署，多次听取工作汇报，提出指导意见；史文明、任焕新亲抓亲为，为编纂工作提供由始至终的关心支持。指挥中心作为牵头单位全程跟进、常态督导、压茬推动，各承编单位“一把手”普遍重视、亲自调度，为志书编纂高速度、高质量推进提供了坚实保障。二是坚持众人修志、分线推进的编纂路线。这次修志时间紧、任务重，面对千头万绪的编纂工作和资料匮乏、经验缺乏等困难，编辑部坚持众手成志不动摇，全程实行任务分工，包干到人、反复修改、直至定稿，全市公安机关共有100多人参与撰稿，可以说是一部“众手成志”的典范。三是坚持精耕细作、质量第一的编纂要求。立足于打造精品佳志，始终把质量贯穿编纂工作始终。全体参编人员按照责任分工，加班加点搜集资料，不厌其烦的反复修订，有的章节在征求意见环节还历经了大范围、大跨度的修改。执行主编对全书初稿逐段审核修改，对提高志书质量、保证志书风格统一、体例严谨起到了至关重要的作用。

难忘修志历程的细节感动。众志成城修佳志。修志过程中，我们得到警营内外许多热心人、老干部的关心关怀，在志书即将付印之际，我们要由衷地感谢评审委员会主任李世恩、副主任刘桂桐，委员崔慧敏、朱洪祥、辛崇法、魏本岩6位专家，他们对志书全稿作了详细深入的审修，提出了很多建设性的意见建议，让这部志书得以提档升级。感谢淄博市公安局单联国、常德功两位同仁，在撰稿阶段不辞辛苦来日照传经送宝，为我们的编纂工作提供了宝贵的借鉴。此外，有的承编单位主要领导专程到编辑部看望慰问全体人员；有的老干部主动为我们提供资料，为编纂工作献计献策；有的撰稿人为提供高质量的初稿，干脆把办公室搬到编辑部，利用一切时间与专职编辑反复切磋、精细修改；有的同仁专门为编辑部送来水果、饮料……不能一一列举，借此一并致谢。

编辑部作为此次修志工作的指挥部，在市公安局公安志编纂委员会领导下，把修志当己任，变压力为动力，有力有序地推动编纂各个阶段任务，确保修志工作高效运行。特别是进入精细加工阶段后，编辑部全体人员主动加班加点，位于14楼的编辑部办公室，每天晚上工作到八、九点钟是常态，有时到凌晨还是灯火通明，第一轮征求意见前几乎没有休过节假日和周末。本志王均章负责统稿，负责概述、大事记、重大警务创新等篇章；魏玉成负责经济犯罪侦查、治安行政管理、特巡警建设、防范和打击恐怖犯罪、食品药品和环境犯罪侦查、公安信访、警务保障、区域警务、编后记等篇章；李明高负责指挥决策、国内安全保卫、刑事犯罪侦查、网络安全管理、公安宣传、公安人物等篇章；王守礼负责凡例、机构、政治工作、纪检督察审计、日照市公安局成立前组织机构、旧制警政等篇章；曹现法负责序言、道路交通管理、消防管理、边防管理、户政管理、监所管理、出入境管理、警卫、禁毒工作、公安法制和行政审批服务、信息化建设等篇章和附录资料收集，协助负责编后记，协助志书编排设计，负责编辑部内勤事务；罗亚宁（兼）负责彩图区和内页插图搜集，协助负责公安宣传篇章。

最后，我们再次想起了张培林反复强调的：写出一部好的志书比建造一座大楼更重要、更有价值。对照这一标准，我们虽已经尽力而为，但也诚惶诚恐，受水平所限，难免有错误与不足之处，恳请领导和同志们以及专家、读者不吝赐教。

编者

2020年6月

对党忠诚

服务人民

执法公正

纪律严明

习近平

二〇一七年五月十九日

日照公安 LOGO 是日照公安的标识和象征。日照公安 LOGO 主要体现了“两个元素，两个品牌，五个理念”。

“两个元素”是警察元素和日照元素。警察元素是盾牌、橄榄枝、五星，盾牌代表人民警察保卫一方平安的神圣职责，橄榄枝象征着和平、友谊，五星是国旗和警徽的重要组成部分，包含人民警察忠于党、忠于祖国的寓意。日照元素是由“日、月、山”组成的“ ”字，“ ”是代表日照历史文化的最早象形文字，比甲骨文还早一千多年。“ ”分上中下三部分，上部为“海上日出”，体现日照“日出初光先照”之意，象征蒸蒸日上、朝气蓬勃；中部为大海，体现日照为海滨城市；同时，还是个月亮的象征，与上部构成日月同辉、生生不息；整体“ ”是太阳的象征，“ ”是“RI ZHAO”缩写字母，体现日照是世界上五大太阳文化发源地之一，突出日照地域文化特点。下部“ ”是山的象形，象征着稳定，稳如山岳。

“两个品牌”指日照公安机关积极倡导的“精准警务”理念和“阳光警队”建设。“ ”既是山形，又是剑尖，象征日照公安秉承集约精准、追求卓越的精准警务理念和敢于担当、冲锋在前的亮剑精神；“ ”太阳象征日照公安执法公正，纪律严明，奋发有为，积极向上的阳光警队。

“五个理念”，上方的五星“ ”代表日照公安的五个理念，即忠诚、为民、担当、精准、阳光。

日照公安 LOGO 为蓝、白、红三色圆形图案，警察元素和日照元素有机结合，图案主题鲜明，内涵丰富，具有日照公安特色，寓意日照公安实施精准警务，锻造阳光警队，践行“对党忠诚、服务人民、执法公正、纪律严明”总要求，体现全力履职担当、服务经济社会发展、保护一方平安的公安本色精神。

日照市公安志

（1989—2018）

（上卷）

日照市公安志编纂委员会 编

方志出版社
Publishing House of Local Records

图书在版编目（CIP）数据

日照市公安志 ：1989—2018 / 日照市公安志编纂委员会编. -- 北京 ：方志出版社，2020.6
ISBN 978-7-5144-4243-4

Ⅰ. ①日… Ⅱ. ①日… Ⅲ. ①公安工作—概况—日照—1989-2018 Ⅳ. ①D631

中国版本图书馆 CIP 数据核字（2020）第 119479 号

日照市公安志（1989—2018）

编　　者：日照市公安志编纂委员会
责任编辑：程　倩
出 版 者：方志出版社
地址　北京市朝阳区潘家园东里9号（国家方志馆4层）
邮编　100021
网址　http://www.fzph.org
发　　行：方志出版社图书经销中心
电话（010）67110500
经　　销：各地新华书店
印　　刷：山东黄氏印务有限公司
开　　本：889×1194　1/16
印　　张：95.75
字　　数：2840千字
版　　次：2020年6月第1版　2020年6月第1次印刷
印　　数：0001～3500册
ISBN 978-7-5144-4243-4　定价：1180.00元

《日照市公安志》编纂委员会

主　　　任： 张培林

常务副主任： 熊桂登

副　主　任： 曾宪威　王　芳　刘　军　杨乐清　高　伟
史文明　胡训立　赵家峰　杨茂亮　任焕新

委　　　员：（按姓氏笔画为序）
丁　冰　卜现堂　于卫东　于永红　王文松　王龙森　王均章　王明华
王　栋　王清华　王富民　尹鹏飞　厉　江　汉德平　成永伦　朱亚南
刘正贵　刘召海　刘　刚　刘　伟　安　军　安　亮　孙　天　孙成刚
孙志刚　李廷伟　李　虎　李　明　李宜华　李高峰　李海生　李敬坤
李　斌　宋代方　张志峰　张丽梅　张陆青　陈占杰　陈　强　周连忠
郑　伟　单修梓　相玉杰　秦玉伟　高　雷　薄　峰

评审委员会

主　　　任： 李世恩

副　主　任： 刘桂桐

委　　　员： 崔惠敏　朱洪祥　辛崇法　魏本岩

编纂人员

主　　　编： 史文明

执 行 主 编： 王均章

编　　　辑：（按姓氏笔画为序）
王守礼　李明高　罗亚宁　曹现法　魏玉成

文 史 顾 问： 李世恩　刘桂桐　单联国　常德功

专 业 校 对： 李正秀

序

百载春秋，今逢盛世。在中华人民共和国成立70周年、日照市建市30周年这一历史时刻，日照市公安局启动了志书编纂工作。

历经15个月艰辛努力，潜心纂稿，熟读校勘，第一部记述日照公安事业的专业志——《日照市公安志（1989—2018）》终成定帙，梓行在即，甚为可贺。这是日照市公安机关的一件大事，也是总结历史、开辟未来的一面镜子，功在当代、利在千秋。

《日照市公安志（1989—2018）》以时序为经、史实为纬，综合运用述、记、志、传、图、表、录等记述方式，真实记载日照公安诞生、起步、发展的历史沿革，详细记录各个历史时期公安工作的光辉业绩，是一部集史料性、知识性、可读性于一体的资料性著述。透过这本书，可以看到日照市公安机关的成长与变化、创新与发展。

历史是时代最忠诚的记录者。20世纪90年代，作为全省最年轻的地市公安局之一，日照市公安机关善用天时地利人和，抓住机遇，勇于突破，应势而起，在全国率先推出禁酒令，队伍建设经验在全国推广，在全省率先实现110、119、122报警联网……进入

21世纪，日照市公安机关不断放宽眼界，创新实践先进的工作理念，以发案少、秩序好、群众满意为目标，大抓政风行风建设，深化“严打”整治斗争，开展常态化巡逻防控，强化“一警多能、综合执法，多警联动、合成作战”，治安防控体系空间布局实现由平面化向立体化转变……2009年日照群众对社会治安满意度位居全省第一、2013年日照群众安全感位居全省第一。

近年来特别是党的十九大以来，日照市公安机关紧紧围绕增强群众获得感、幸福感、安全感总目标，创新推行“精准警务”战略，聚力构建平安警务、数据警务、规范警务、民生警务、合成警务、质效警务“六大精准警务”，深入实施“党建领航”工程，出台“四个一律”禁酒令，着力打造忠诚型、学习型、实干型、创新型、廉洁型、团结协作型“六型阳光警队”，全力保稳定、促发展、护民生、深改革、强队伍，圆满完成党和人民交给的一系列重大任务。日照市公安机关行风评议连续22年位居全市先进，日照群众安全感2016—2018年连续三年位居全省第一，日照市首次捧得全国综治最高奖“长安杯”……伴随着一项项“日照模式”“日照样板”“日照品牌”层见叠出，日照市公安机关社会治理能力实现跨越式发展，全面开启以高质量运行为主要特征的现代警务新征程。

传承是对历史最真的致敬。30年光阴匆匆，一代又一代日照公安人，从一头青丝到两鬓华发，从青葱岁月到步履蹒跚，他们用青春和热血，书写了日照公安的历史画卷，筑牢了平安日照的坚强基石。由衷希望此志的出版发行，能成为弘扬日照公安改革精神和创新文化的宝贵文献，成为社会各界了解日照公安、支持日照公安的“文化名片”。希望全市公安机关、广大民警和警辅人员学好用好这一众手成志的文化成果，以史为镜，深刻探究日照公安30年来的发展规律；以人为镜，主动对标日照公安30年来的先进典型；以事为镜，始终维系日照公安30年来的重大成就，不忘初心、躬耕当下、开拓未来。

功绩已成过往，事业未有穷期。让我们借助《日照市公安志（1989—2018）》这本历史档案、这份精神财富，传承忠诚担当基因，汲取勇往直前力量，靠前一步、精准突破，以奋斗的姿态、进取的精神、实干的作风、创新的成效，奋楫远航、再立新功！

日照市人民政府副市长
日照市公安局党委书记、局长
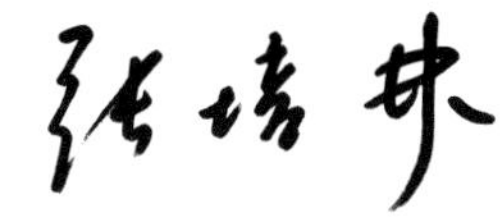
2020年6月

日照市公安机
全面掀起全
实 训

大练兵启动仪式
大练兵热潮

2006 年 11 月，公安部原副部长蒋先进（前排中）到日照检查指导公安工作

2007 年 4 月，公安部副部长张新枫（前排右一）到日照市看守所检查指导监管勤务改革工作

1994 年 12 月，公安部消防局局长刘式浦少将（前排中）到日照检查指导公安消防工作

1995 年 10 月，公安部政治部副主任祝春林（左二）到日照检查指导公安工作

2006年7月，公安部纪委副书记、监察局局长俞湧（右二）到日照市公安机关检查指导行风建设和“三基”建设工作

2008年10月，公安部边防局政委傅宏裕少将（左三）到日照检查指导公安边防工作

2010 年 7 月，公安部监所管理局局长赵春光（左二）到日照检查指导公安工作

2012 年 7 月，公安部消防局政委杨建民少将（左三）到日照检查指导公安消防志愿者建设工作

1998年8月，省委副书记、省长李春亭（前排中）考察日照

2005年10月，省委副书记、省长韩寓群（右二）考察日照

2015 年 7 月，省委副书记、省长郭树清（左三）到日照检查指导山东石大科技有限公司液化烃球罐泄漏爆燃事故救援工作

2019 年 5 月，省委副书记、省长龚正（左三）到日照调研扫黑除恶工作

2005 年 5 月，全省跨区域化学危险品灭火救援实战演习在日照举行，省委副书记高新亭（右三），副省长谢玉堂（右四）观看实战演习，并到市公安局指挥中心检查指导工作

2007 年 8 月，省委副书记刘伟（前排中）到日照检查指导公安工作

2013年11月，全省海防工作座谈会在日照召开，省委副书记、省海防委主任王军民（右一）出席会议

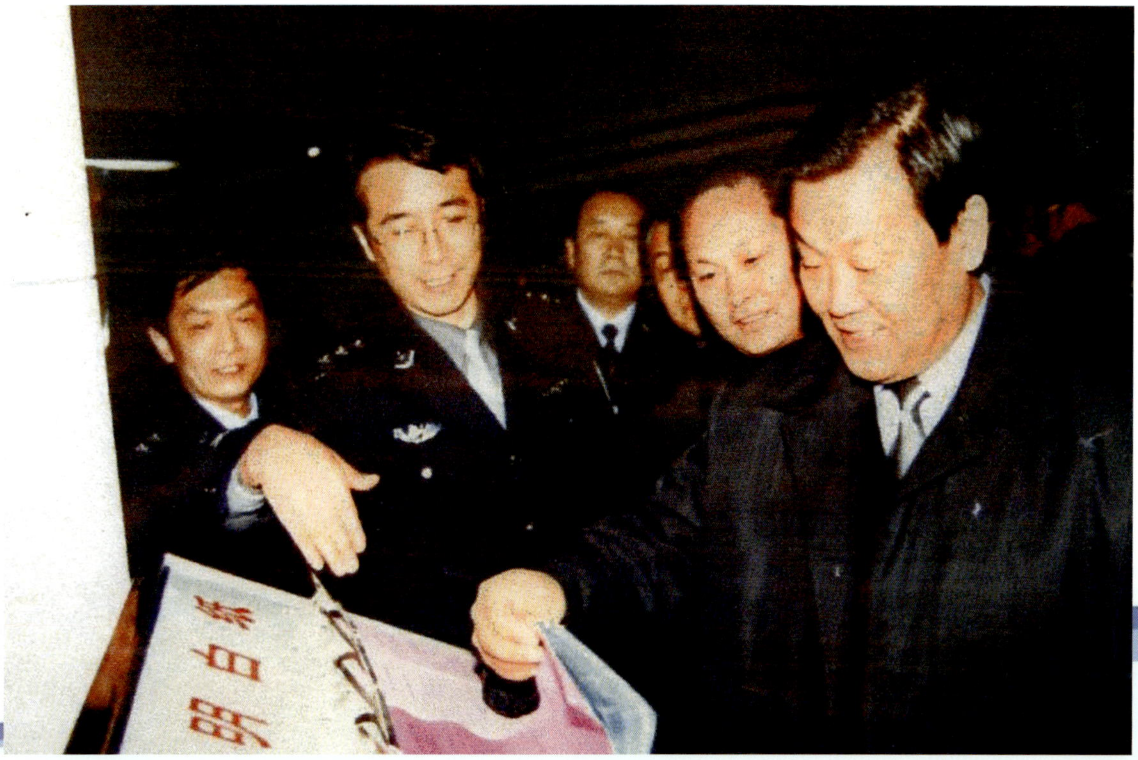

2002年12月，省委常委、宣传部部长朱正昌（右一）到日照检查指导公安机关窗口单位警务公开工作

2006年10月，省委常委、政法委书记闾启俊（前排右一）出席在日照召开的全省公安监管执勤改革现场会

2008年11月，省委常委、政法委书记柏继民（右二）到东港分局检查指导工作

2012 年 6 月，省委常委、政法委书记、副省长才利民（前排中）到日照检查指导公安工作

2014 年 2 月，省委常委、宣传部部长孙守刚（左二）到五莲县公安局检查指导工作

2020 年 5 月，省委常委、政法委书记林峰海（右二）到市公安局调研指导工作

1998 年 8 月，副省长林廷生（后排右二）调研指导日照公安 110 工作

2008年2月，副省长、日照市委书记、市人大常委会主任李兆前（前排中）到日照看望慰问一线公安民警、武警官兵

2018年2月，副省长、省公安厅厅长孙立成（前排中）到日照看望慰问基层公安民警

2018 年 12 月，副省长于国安（左二）到市公安局督导扫黑除恶工作

2019 年 8 月，副省长、省公安厅厅长范华平（前排右二）到日照调研指导公安工作

2019年8月，副省长孙继业（右四）到日照督导新中国成立70周年大庆安保维稳工作

1991年8月，省公安厅厅长李诚（左二）到莒县检查指导工作

1996 年 3 月，省公安厅厅长孟庆丰（右一）到日照检查指导公安工作

2001 年 8 月，省公安厅厅长曲植凡（左二）到日照检查指导公安工作

2009年6月，省长助理、省公安厅厅长吴鹏飞（前排中）到日照调研指导公安工作

2013年5月，省长助理、省公安厅厅长徐珠宝（右四）在省公安厅党委委员、指挥中心主任王金城（右三）陪同下，到日照调研指导公安工作

2014年3月，省公安厅党委副书记、副厅长毕宝文（前排左四）到日照检查指导全国两会安保及石油化工企业消防安全工作

1995年5月，省公安厅党委委员、副厅长孙克谦（中）到日照调研指导公安工作

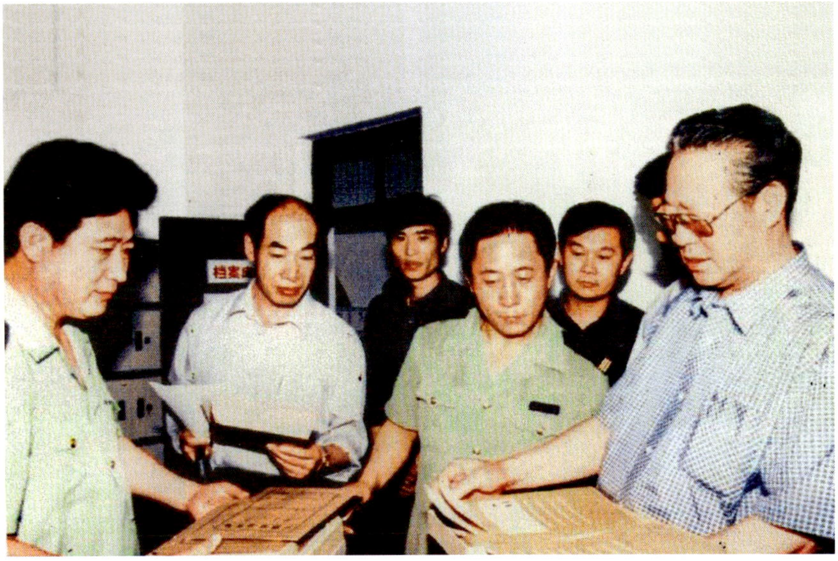

2000年6月，省公安厅党委委员、副厅长吕玉明（右一）到东港分局调研指导工作

2002 年 8 月，省公安厅党委委员、副厅长王献增（左三）到岚山分局调研指导工作

2006 年 8 月，省公安厅党委委员、副厅长秦黎（右二）到日照调研指导公安工作

2006 年 9 月，武警山东省总队总队长戴肃军（前排右二）、省公安厅党委委员、副厅长于长安（前排右一）到日照检查指导看守、武警勤务模式改革试点工作

2008年1月，省公安厅党委委员、副厅长任学增（前排右）带领综合考评组对日照市公安工作进行年度综合考评

2012年4月，省公安厅党委委员、副厅长张志华（中）到日照督导公安机关严厉打击经济犯罪“破案会战”工作

2013年2月，省公安厅党委委员、副厅长王兆玉（右一）到日照看望慰问困难群众

2013 年 8 月，省公安厅党委委员、副厅长吴德生（左四）到日照检查指导公安工作

2013 年 10 月，省公安厅党委委员、副厅长、纪委书记任建军（前排中）到日照调研指导公安工作

2014 年 4 月，省公安厅党委委员、政治部主任闫希军（前排右一）到日照调研指导公安工作

2016 年 2 月，省公安厅党委委员、副厅长槐国栋（右一）到日照走访慰问牺牲民警遗属

2018 年 3 月，省公安厅党委委员、政治部主任修春清（左一）到日照调研指导公安工作

1997 年 7 月，市委书记尹忠显（前排左一）、市长班开庆（前排左二）调研指导日照公安 110 工作

1998 年 12 月，市委书记焉荣竹（右一）慰问“10·26”抢劫案立功民警

2002 年 7 月，市委书记、市人大常委会主任夏耕（前排右一）看望慰问值勤公安民警

2015 年 2 月，市委书记、市人大常委会主任杨军（右一）看望慰问基层一线公安民警

2017年3月，市委书记刘星泰（左三）到市公安局检查指导工作

2018年9月，市委书记齐家滨（前排中）到市公安局检查指导工作

2020年1月，市委书记张惠（前排左）看望慰问节日坚守岗位的一线执勤民警

2003 年 12 月，市委副书记、市长于建成（左一）到东港分局检查指导工作

2011 年 5 月，市委副书记、代市长李同道（左三）到市公安局调研公安基建工作

2019 年 3 月，市委副书记、市长李永红（前排左二）到市公安局调研指导公安工作

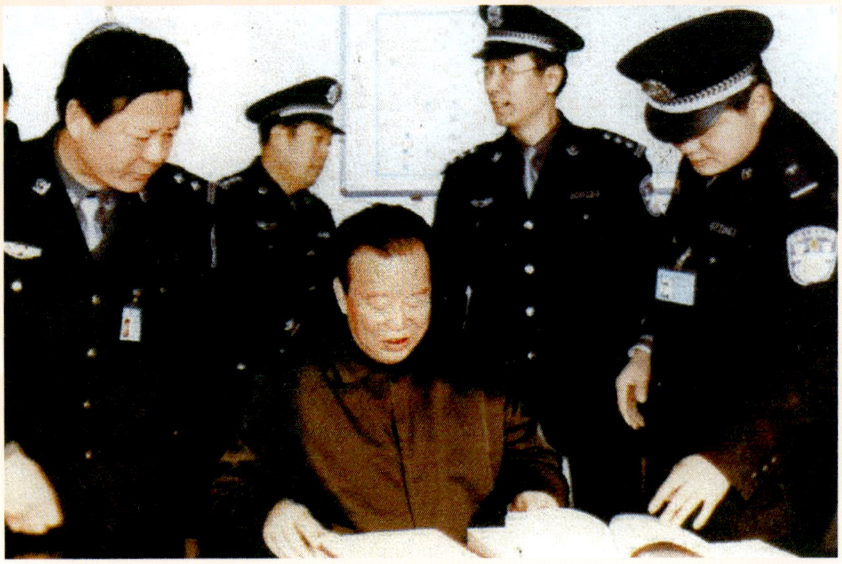

2002 年 12 月，市人大常委会主任熊可山（中）到岚山分局调研指导工作

2017 年 12 月，市人大常委会主任刘加顺（前排中）调研指导公安工作

2001 年 10 月，市政协主席王家政（前排中）调研指导公安工作

2006 年 11 月，市政协主席邵长福（前排中）调研指导公安工作

2010 年 12 月，市政协主席李守民（左四）调研指导公安工作

2019 年 8 月，市政协主席王斌（前排右二）调研指导公安工作

2019年3月，市委副书记李在武（中）到市公安局督导重大活动安保

1997年4月，市委常委、政法委书记肖开富（右一）参加交通安全宣传周活动

2010年8月，市委常委、政法委书记黄金华（中）检查指导水运会安保工作

2012年11月，市委常委、政法委书记高杰（前排右）到基层公安机关检查督导党的十八大安保工作

2015年6月，市委常委、政法委书记刘西良（前排中）到公安机关调研指导工作

2017年3月，市委常委、政法委书记耿学伟（前排左四）到公安机关检查指导工作

2007 年 6 月，副市长孙雨（右二）调研指导公安禁毒工作

2008 年 2 月，副市长解世增（前排中）到市公安局调研指导工作

2012 年 12 月，副市长马先侠（左二）到东港分局调研指导工作

2015年5月，副市长、市公安局局长丛培浩（前排左二）到开发区分局调研指导工作

2017年2月，副市长、市公安局局长张培林（左一）到东港分局调研指导工作

市公安局办公楼旧址（1987—1996 年，东港区兴海路 40 号）

市公安局办公楼旧址（1996—2015 年，东港区烟台路 29 号）

市公安局综合业务楼（2015 年启用，东港区五莲路 339 号）

东港分局业务技术用房及警务技能培训基地效果图（东港区迎宾路北正阳路东）

岚山分局业务技术用房（2017年5月启用，岚山区安东卫街道轿顶山路505号）

莒县公安局业务技术用房（2016 年 7 月启用，莒县北坛路 179 号）

五莲县公安局业务技术楼（2012 年启用，五莲县人民路 1 号）

日照经济技术开发区分局业务技术楼（1997年8月启用，日照经济技术开发区郑州路78号）

山海天旅游度假区分局业务技术楼效果图（山海天旅游度假区青岛路与山海天路交叉口东）

日照市港航公安局办公楼（2006 年 8 月启用，东港区新良路 6 号）

交警支队交通控制指挥中心（2000 年启用，东港区济南路 289 号）

市海防指挥中心（2019 年 11 月启用，日照高新技术产业开发区聚智路）

市公安局人民警察训练基地（2019 年 11 月启用，日照高新技术产业开发区聚智路 1 号）

日照市看守所效果图（东港区南湖镇彭家河村）

日照市拘留所（2007 年启用，东港区山东路 151 号）

1998 年，市公安局党委成员合影

2000 年，市公安局党委成员合影

2006 年 12 月，市公安局党委成员合影

2011 年 12 月，市公安局党委成员合影

2015 年 10 月，市公安局党委成员合影

2018 年 6 月，市公安局党委成员合影

2017年9月，日照市首次获得全国综治最高奖“长安杯”

2015年，市公安局被中央精神文明建设指导委员会命名为全国文明单位

2009年1月，市公安局被省委、省政府表彰为人民满意政法单位

2012年，市公安局被省公安厅表彰为2011年度全省市级优秀公安局

2019年，市公安局被省公安厅表彰为2018年度全省优秀市级公安局

2016 年，市公安局被中华全国妇女联合会表彰为全国维护妇女儿童权益先进集体

2013 年，市公安局被省维护稳定工作领导小组表彰为全省十八大安保维稳工作先进集体

2016 年，市公安局被省委、省政府、省军区表彰为山东省爱国拥军模范单位

2018 年，市公安局被市委、市政府表彰为系列攻坚行动突出贡献奖

1995年，五莲县公安局被公安部表彰为全国优秀公安局

1999年，莒县公安局被公安部表彰为1998年度全国优秀公安局

2012年，东港分局经济犯罪侦查大队被公安部表彰为全国优秀公安基层单位

2017年，市公安局特警支队特警四大队被公安部表彰为全国优秀公安基层单位

2004 年，市公安局车辆管理所被全国妇联、公安部联合命名为巾帼文明示范岗

2015 年，岚山分局户政管理科被全国妇联授予“全国三八红旗集体”称号

2016 年，日照市牵手志愿者协会被共青团中央评为“第十一届中国青年志愿者优秀组织奖”

2017 年，莒县公安局被中央精神文明建设指导委员会命名为全国文明单位

2017 年，市公安局交警支队直属大队被中华全国总工会授予“全国工人先锋号”称号

2017 年，市公安边防支队山海天边防派出所被团中央、公安部联合命名为 2015—2016 年度全国青年文明号

2012 年，市公安局交警支队岚山大队被公安部表彰为全国公安机关执法示范单位

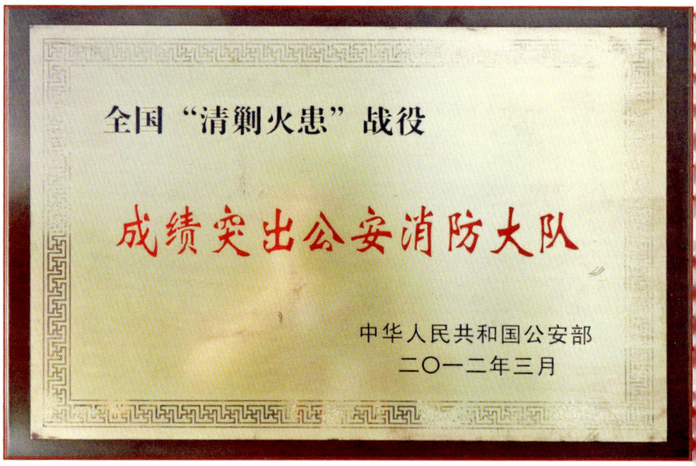

2012 年，市公安消防支队东港大队被公安部表彰为全国“清剿火患”战役成绩突出单位

2016 年，五莲县公安局被公安部表彰为全国公安机关执法示范单位

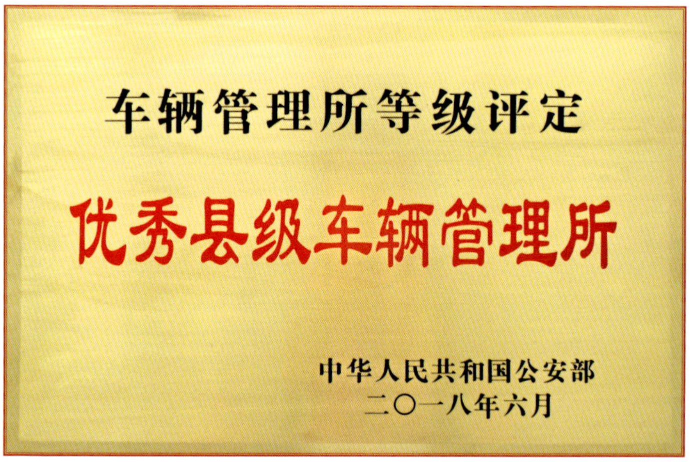

2018 年，莒县公安局交警大队车管所被公安部表彰为全国优秀县级车辆管理所

1997 年 10 月，解救被拐儿童后群众赠送镜匾

2001 年，严打集中统一行动

特警雪中演练

2011 年 12 月 13 日，抓获在逃 15 年抢劫杀人犯罪嫌疑人

2016 年 10 月 1 日，破获“9 · 21”特大走私贩卖可卡因案件

2018 年，破获东港区“张氏兄弟”黑社会性质组织案

2009 年，特警支队与武警支队在风景区联合巡逻

1995 年，巡逻民警执勤前整理警容

2017 年 8 月，民警与农村警务助理讨论工作

2018 年，牵头开展创建“平安海区”专项整治

服务群众

1993 年，户籍民警送户口簿上门

2006 年，消防官兵处置危险化学品泄漏事故

2006 年，出入境管理民警为国际 470 级帆船世界锦标赛运动员做好服务工作

2014 年，行政服务处民警向群众讲解办事流程

110民警出警

2011年，交通民警对小学生开展交通安全教育

守卫

保障发展

2016 年，服务港口建设

2015 年，走访大项目建设工地

2018 年，在日照机场航站楼开展武装联勤巡逻

2017 年，山海天旅游度假区分局组建阳光女警巡逻队

1992 年，组织法律知识学习考试

2015 年，市公安局执法办案管理中心建成并投入使用

2018 年，模拟法庭

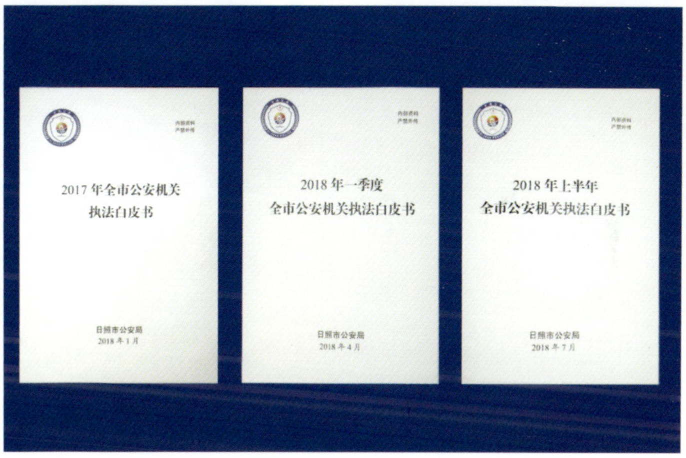

2018 年，发布全国首个市级公安机关执法白皮书

警务保障与科技信息化建设

2001 年，为巡逻队配发警用自行车

2013 年，市公安局交警支队新增警用摩托车

2018 年，精准警务智创中心

2018 年，特警特种车辆

2018 年，"社区指挥警务+"监控中心

2018 年，市公安局指挥调度中心

大型活动安保与应急处置

2009 年，“泰山 2 号”反恐演练

2008 年，日照消防官兵赶赴汶川参加抗震救灾

2015 年，参加第三支赴利比里亚维和警察防暴队队员出征前合影

市公安局交警支队铁骑队参加全警实战大练兵汇报演练

2018 年，重大活动安保指挥部

2018 年，检查站查控

2017 年，“迎接十九大 忠诚保平安”誓师大会

思想政治建设

2019 年，重温党史

2001 年，重温入党誓词

2018 年，在安保一线成立战时临时党支部

1993 年 1 月，市领导接见首次授衔人民警察合影

2004 年，全市公安机关警务实战大练兵成果汇报演练

2012 年，反恐应急分队实战训练

2017 年，战时送教到一线

2017 年，实战应用射击训练

纪律作风建设

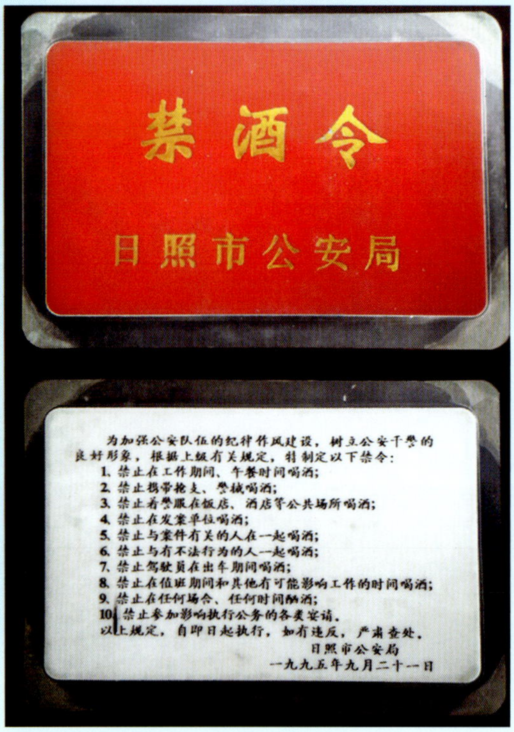

1995 年，在全国率先推出禁酒令

1998 年，现场督察

2018 年，对“四个一律”禁酒令执行情况进行督查

2017 年，落实《问政日照》群众意见建议

2001年，推行领导接访 现场听取诉求

2005年，领导干部开门大接访

2010年，多部门联合接访，现场解决问题

2013年，召开市长热线、人民网留言、政务微博、警务大回访办理工作现场会

2018 年，建立信访法制融合发展机制

2011 年，东港分局户籍民警街头开展大走访活动

2014 年，警务回访中心电话收集群众诉求

1991 年，市公安局获日照市职工篮球赛第一名

2015 年，日照警察博物馆建成启用

2008 年，市公安局警官合唱团在日照市“纪念改革开放 30 周年”合唱艺术节总决赛中取得总分第一名

2017 年，全市公安机关年度荣休暨新警入警宣誓仪式

2019年12月20日，副市长、市公安局局长张培林到《日照市公安志》编辑部调研指导编修工作

2019年4月14日，召开编纂工作动员暨业务培训会

2019年5月17日，召开编纂工作交流推进暨第二次业务培训会

《日照市公安志（1989—2018）》专家评审会议合影

第一排左起：魏本岩、辛崇法、刘桂桐、张培林、李世恩、崔惠敏、朱洪祥、史文明

第二排左起：曹现法、李明高、王均章、魏玉成、王守礼、罗亚宁

20年4月22日，召开《日照市公安志（1989—2018）》专家评审会

《日照市公安志》编修人员合影

凡 例

一、本志以马克思列宁主义、毛泽东思想、邓小平理论、“三个代表”重要思想、科学发展观、习近平新时代中国特色社会主义思想为指导，坚持辩证唯物主义和历史唯物主义的立场、观点和方法，遵循志书编纂体例和实事求是原则，体现时代特色、行业特色和地方特色，力求思想性、科学性、资料性的统一。

二、本志为章节体，分章、节、目、子目四个层次，采用述、记、志、图、表、附、录等体裁，只述不议、以志为主，随文插图、表随文附。首置概述、大事记，志文居中，附录殿后。

三、本志上限起自1989年地级日照市公安局成立，下限止于2018年12月31日。为保持事件、事物记述的连续性和完整性，概述、大事记、机构、图片和部分章节内容根据需要适当上溯或下延。重要文件、经验材料、文学作品等，收入附录。

四、本志记述地域，以2018年底日照市行政区区域为准，着重记述和反映地级日照市建立以后市级公安机关的发展历程，兼述市辖区、县公安机关和机场、港口、铁路公安机关机构发展状况和公安业务、队伍建设情况，兼及公安现役部队和驻日照其他公安机构发展状况等。

五、本志年份，1912年以前采用历史纪年，括注公元纪年；1912年以后采用公元纪年。年、月、日的书写，公历用阿拉伯数字，农历用汉字。本志称谓使用第三人称。文中人物一律直书其名。人物性别属于男性、民族属于汉族的均省略。

六、本志标点符号执行《标点符号用法》（GB / T15834—2011），数字用法执行《出版物上数字用法》（GB / T15835—2011）。计量单位原则上使用国家颁布的法定计量单位，个别地方保留当时的计量单位，一般不做换算，必要时加括号注明。数字统计使用相关公安机关指挥中心统计公布的数据。货币以人民币计。

七、本志法律术语依据当时政策和法规表述。如对犯罪嫌疑人的表述，1996年《中华人民共和国刑事诉讼法》修订前称“人犯”（1979—1996），后称“犯罪嫌疑人”。

八、各组织、机构、法律法规、文件、会议等专有名称，首次出现使用全称，其后在不产生歧义的情况下，使用规范化简称。如山东省公安厅简称“省公安厅”，日照市公安局简称“市公安局”。

九、本志资料，主要来源于日照市公安局和各分（县）局、港航公安局档案室资料。本志所用资料概不注明出处，不作注释。

十、本志的数据性表格中，缺失的数据用空格表示，无此内容用“—”表示。

机构全称与简称对照表

机构全称	机构简称
中国共产党中央委员会	党中央
中华人民共和国国务院	国务院
中国共产党中央军事委员会	中央军委
全国人民代表大会常务委员会	全国人大常委会
中国人民政治协商会议全国委员会	全国政协
中国共产党中央纪律检查委员会	中纪委
中国共产党第十八次全国代表大会	党的十八大
中国共产党第十一届中央委员会第三次会议	党的十一届三中全会
中国共产主义青年团中央委员会	团中央
中华全国总工会	全国总工会
中国共产党中央政法委员会	中央政法委
中央社会治安综合治理委员会办公室	中央综治办
中华人民共和国公安部	公安部
中国共产党山东省委员会	省委或山东省委
山东省人民政府	省政府
中国共产党山东省委员会政法委员会	省委政法委
山东省公安厅	省公安厅
中国人民武装警察部队山东省总队	武警山东省总队
山东省公安边防总队	省边防总队
山东省公安消防总队	省消防总队
中国共产党日照市委员会	市委
日照市人民政府	市政府
中国共产党日照市纪律检查委员会、日照市监察委员会	市纪委监委

续表

机构全称	机构简称
中国共产党日照市委员会组织部	市委组织部
中国共产党日照市委员会宣传部	市委宣传部
中国共产党日照市委员会政法委员会	市委政法委
日照市社会治安综合治理委员会	市综治委
日照市社会治安综合治理委员会办公室	市综治办
日照市机构编制委员会办公室	市编办
中国共产党日照市公安局委员会	市公安局党委
日照市公安局	市公安局
日照市人民法院	市法院
日照市人民检察院	市检察院
日照市城市管理行政执法局	市执法局
日照市工商行政管理局	市工商局
中国人民解放军日照军分区	日照军分区
中国人民武装警察部队日照市支队	武警日照市支队
日照市公安边防支队	市边防支队
日照市公安消防支队	市消防支队
中华人民共和国日照边防检查站	日照边检站
日照市公安局交通警察支队	交警支队
中国共产党日照市东港区委员会	东港区委
日照市东港区人民政府	东港区政府
日照市东港区人民代表大会常务委员会	东港区人大常委会
中国人民政治协商会议日照市东港区委员会	东港区政协
中国共产党日照市东港区委员会政法委员会	东港区委政法委
中国共产党日照市公安局东港分局委员会	东港分局党委

续表

机构全称	机构简称
日照市公安局东港分局	东港分局
中国共产党五莲县委员会	五莲县委
五莲县人民政府	五莲县政府
五莲县人民代表大会常务委员会	五莲县人大常委会
中国人民政治协商会议五莲县委员会	五莲县政协
中国共产党五莲县纪律检查委员会	五莲县纪委
中国共产党五莲县委员会政法委员会	五莲县委政法委
日照市公安消防支队五莲县大队	消防五莲县大队
中国人民武装警察部队日照市支队五莲县中队	武警五莲县中队

总目录

（上 卷）

（下　卷）

上卷目录

第一章 机构沿革

第二章 指挥决策

第三章 国内安全保卫工作

第四章　刑事侦查

第五章　经济犯罪侦查

第六章　治安行政管理

第七章　道路交通安全管理

第八章　消防管理

第九章　边防工作

第十章　特巡警工作

第十一章　户政管理

第十二章　预审与监所管理

第十三章　出入境管理

RI ZHAO SHI
GONG AN
ZHI

概　述

GAI SHU

日照因“日出初光先照”而得名，地处山东省东南部，东濒黄海，与日本、韩国隔海相望，南与江苏省连云港市接壤，西与临沂市毗连，北靠青岛、潍坊市，南与江苏省连云港市接壤。地理坐标为北纬 35° 04′ ～ 36° 04′ 、东经 118° 25′ ～ 119° 39′ ，陆域面积 5359 平方公里，海域面积 6000 平方公里。

日照，周为莒地，秦属琅琊郡，西汉置海曲县，三国魏时属城阳郡并于莒，北魏置梁乡县。隋时归莒县，属琅琊郡，唐、宋属密州。宋元祐二年（1087 年）置日照镇，属莒县。南宋淳熙十一年（1184 年）始设日照县，属益都府莒州。元明沿袭。清属沂州府。中华民国建立后，1913 年撤府，属胶东道。1928 年撤道直属省政府。1940 年 3 月，日照县抗日民主政府成立，先后属滨海行署、滨海专署和三专署。1950 年归沂水专署。1953 年归胶州专署。1956 年归临沂专署。1985 年 3 月，撤县设市（县级）。1989 年 6 月，升格为地级市。1992 年 12 月，日照市设区带县。现辖东港区、岚山区，莒县、五莲县，日照经济技术开发区、日照高新技术产业开发区、山海天旅游度假区。2018 年底，全市户籍人口 306.6 万，城镇人口 147.3 万。

日照黑陶有 5000 多年历史，出土的原始陶文是中国汉字的始祖，早于甲骨文 1000 多年。莒文化与齐文化、鲁文化并称山东三大文化。有树龄近 4000 年的“天下银杏第一树”。有“东方太阳城”美誉，与秘鲁的马丘比丘、印度的科纳拉克太阳神庙、埃及的阿布辛贝勒神庙、希腊的德尔菲—阿波罗圣殿，并称世界五大太阳文化起源地。西周时期伟大的军事家、政治家姜尚（姜子牙），南北朝时期杰出的文学评论家、《文心雕龙》作者刘勰，中共一大代表王尽美，当代著名物理学家、诺贝尔奖获得者丁肇中等，他们的故乡都是日照。日照相继获联合国人居奖，被评为全国文明城市、国家森林城市、国家生态保护与建设典型示范区、中国优秀旅游城市，摘取“长安杯”等桂冠。日照因港设市，日照港已与 100 多个国家和地区通航，吞吐量居全国沿海港口第七位。

日照最早的警察机构是清光绪三十三年（1907 年）设立的日照县巡警局。民国时期，巡警局改为警察所，后称民国日照县公安局、日照县警察局，随着日照地区推翻国民党的反动统治，旧制警察机构消亡。1940 年 11 月，中共日照县委、县政府在党内社会部的基础上成立日照县公安局，日照人民公安机关由此诞生。中华人民共和国成立后，日照县人民委员会设立日照县公安局。1985 年 3 月，随着日照县改市，日照县公安局改为日照市公安局。1989 年 6 月，国务院批准日照市升格为地级市，是年 11 月，日照市公安局升为正处级单位。随着日照市设区带县，市公安局先后设立东港分局、岚山分局，莒县公安局、五莲县公安局分别由临沂地区公安处、潍坊市公安局改属市公安局，后增设日照经济开发区分局、机场分局、山海天旅游度假区分局，中国铁道建筑公安驻日照机构、港航公安机关、坪岚铁路公安机关、公安边防部队先后转属或转隶市公安局。1989—2018 年，日照市走过建立地级市 30 年的波澜壮阔之路，经济社会发展取得重大成就。伴随着改革开放的浪潮，日照市公安机关经历了 30 个不平凡的春秋。

二

日照公安工作和队伍建设与党和国家的命运紧密相连，与改革开放后的经济社会同步发展。1989 年日照撤县改市 30 年来，全市公安机关在市委、市政府和上级公安机关的坚强领导下，在历届公安局党委班子的正确指挥下，在社会各界和广大人民群众的帮助支持下，主动融入社会发展大局，紧贴人民群众平安需求，坚持与时俱进、改革创新，成功应对并战胜各类风险挑战，持续深化平安日照、法治日照建设，推动传统体制下的公安工作不断发展、创新、完善，使日照公安工作和公安队伍建设发生翻天覆地的变化，为维护国家政治安全、确保社会大局稳定、促进社会公平正义、保障人民安居乐业创造了良好的社会环境。

1989年，面对新建地级日照市的总任务，日照市公安机关按照省公安厅党委提出的“抓好班子，带队伍，促工作，保平安”的总体思路，在持续开展、巩固、深化“严打”斗争成果，深入开展区域治理的同时，积极适应不断发展变化的社会治安形势，以改革创新的精神、以全面推行正规化建设和等级化管理为抓手，不断加强公安工作和队伍建设，有效地维护全市社会治安稳定。1992年召开的党的十四大确立社会主义市场经济体制的改革目标，为计划经济向市场经济转轨中的公安工作提出全新的课题。建立与社会主义市场经济相适应的公安工作运行机制、队伍管理体制和警务保障机制，成为新形势下公安工作的发展方向和队伍建设的新目标。

党的十七大后，我们党不断丰富和发展马克思列宁主义、毛泽东思想、邓小平理论和“三个代表”重要思想，大力推动理论创新和实践创新，形成中国特色社会主义理论体系。全市公安机关按照落实科学发展观、构建社会主义和谐社会的要求，紧密结合公安执法实践，集中开展社会主义法治理念教育活动，坚持以依法治国、执法为民、公平正义、服务大局、党的领导等社会主义法治理念武装头脑、指导实践，有力地推动新时期公安工作和公安队伍建设的发展进步。

党的十八大后，我们党从“两个一百年”奋斗目标的提出到“中国梦”的引领，从“五位一体”总体布局到“四个全面”战略布局，紧紧围绕推进国家治理体系和治理能力现代化，就加强和创新社会治理提出一系列新理念新思想新战略，为公安机关在新形势下加强和创新社会治安综合治理指明前进方向、提供根本遵循。日照公安机关坚持与时俱进、转变理念、创新机制，坚持把增进人民福祉作为出发点和落脚点，不断提升人民群众安全感和满意度；坚持把围绕中心、服务大局作为基本职责，为经济社会发展提供有力的“公安支持”；坚持以立体化、信息化社会治安防控体系建设为支撑，不断织密公共安全网络；坚持立足于预测预警预防，有效防范化解管控各类风险；坚持把现代科技应用作为强大动能，不断提高社会治理和警务工作智能化水平；坚持把建设过硬队伍作为重要保障，把思想政治建设摆在首位，把纪律和规矩挺在前面，把履职能力建设贯彻始终，不断提高公安队伍政治、业务素质，为开创公安工作新局面提供强有力思想组织保障。

2017年10月，党的十九大胜利召开，中国特色社会主义进入新时代，对公安工作提出新要求，必须以与时俱进的精神进一步加强和改进公安工作和队伍建设。日照公安机关以习近平新时代中国特色社会主义思想为指导，全面贯彻党的十九大和十九届二中、三中全会精神，牢固树立“四个意识”、坚定“四个自信”、坚决做到“两个维护”，始终把党的政治建设摆在首位，毫不动摇地坚持党对公安工作的绝对领导，实施“党建领航”工程，加强理想信念教育，铸牢忠诚警魂，切实把“对党忠诚、服务人民、执法公正、纪律严明”总要求熔铸入灵魂、融之于血脉，把共产党人的政治本色内化为广大公安民警的理想信念。积极适应国内外形势新变化，深化完善“精准警务”战略，全力以赴保稳定、护安全，坚定不移抓改革、促发展，战胜一个又一个挑战，打赢一场又一场硬仗，以维护国家政治安全、保持社会大局稳定的实际行动，为日照市首次捧得全国综治最高奖“长安杯”做出“公安贡献”，让“平安日照”这张名片更加亮丽。

近几年来，日照市公安机关在党的十八大、十九大精神指引下，与时俱进加强和改进公安工作和队伍建设，忠实履行维护大局稳定、保卫经济社会发展的历史使命，紧紧围绕增强群众获得感、幸福感、安全感总目标，创新推行“精准警务”战略，相继叠加围绕“实干、做实、落实”三个年度关键词，紧紧抓住基层基础攻坚、标准规范建设和纪律作风整顿“三条战线”，充分运用重大安保维稳攻坚倒逼力、标准规范建设牵引力、改革创新驱动力“三个引擎”，着力构建平安警务、数据警务、规范警务、民生警务、合成警务、质效警务“六大精准警务”，深入实施“党建领航”工程，着力打造忠诚型、学习型、实干型、创新型、廉洁型、团结协作型“六型阳光警队”，全力保稳定、促发展、护民生、深改革、强队伍，先后完成党和人民交给的一系列重大任务，全面开启以高质量运行为主要特征的现代警务新征程，着力打造新时代日照公安工作升级版。2016—2017 年，在全省群众安全感满意度调查中，日照市群众安全感连续两年位居全省第一，日照市首次捧得全国综治最高奖“长安杯”。2018 年，日照市群众安全感得分为 95.38 分，高于全省平均分 2 分，再次蝉联全省第一，再创历史新高，市公安局被表彰为全省优秀市级公安局。

二

进入 20 世纪 80 年代后，日照公安机关积极适应改革开放新形势和社会治安不断变化的新情况，对传统警务机制进行一系列大刀阔斧的改革，在创新完善打击犯罪机制、治安防控体系、精准警务运行机制、公安信息化智能化建设、基层基础建设等方面实现跨越式发展，逐步形成与社会主义市场经济体制相适应，与人民群众现实需求相协调，与公安机关职能职责相契合，与日照城市建设发展相匹配的现代警务机制，全市公安机关驾驭复杂治安形势的能力不断提升，人民群众的安全感和满意度不断攀升。

（一）不断创新完善严打整治机制

深化“严打”斗争。1983 年 8 月始，按照中央统一部署，按照“依法从重从快”的方针，在全市开展为期 3 年的“严打”。1989 年后，日照市公安机关把加强经常性的侦查破案同“除六害、打团伙”专项斗争、治安落后区域重点治理结合起来，始终保持对犯罪分子的凌厉攻势。随着改革开放带来的人财物大流动，犯罪形势复杂严峻，社会治安压力急剧增大。20 世纪 90 年代中期，针对车匪路霸、盗抢机动车等犯罪上升，拐卖妇女儿童、制贩毒品等犯罪活动猖獗，盗窃破坏铁路、通信、电力设备以及制贩假发票、侵害银行犯罪泛滥的情况，全市公安机关组织开展一系列专项行动和破案会战。在严打高压态势下，全市公安机关相继破获一大批重大案件，打掉一大批犯罪团伙，抓获一大批犯罪嫌疑人，确保社会治安局势持续稳定。1997 年，以全国公安刑事侦查工作会议召开为标志，提出建立打击犯罪整体作战格局的刑侦改革思路，各级公安机关逐步建立覆盖社会面的刑警队，落实破案责任制、实行侦审一体化。之后十余年间，历经 1999 年“网上追逃”、2000 年“网上打拐”、2001 年“打黑除恶”、2002 年打“两抢”（抢劫、抢夺）、2004 年“命案侦破专项行动”、2005 年起开展打击“两抢一盗”等系列专项斗争，先后建立完善网上追逃机制、DNA 查询比对机制、以“一岗双责”为核心的侦破命案工作机制以及办案质量检查考核等工作制度，侦查打击工作从粗放型向专业型转变，侦查破案科技含量大幅度提升，机制打法不断创新，源头防范治理不断完善。其间，自 2001 年 4 月始，按照中央部署，在全市开展为期两年的“严打整治”斗争。此后，“严打”逐步常态化。

健全完善精准打击机制。进入 21 世纪，日照公安机关以确保公共安全、提升群众安全感和满意度为目标，以解决突出治安问题和群众平安需求为导向，探索实施以“大案小案有人破、防范责任有人担、多警参与都有奖”为主要内容的打防责任制，工作模式向打击效率与打击质量并重、破案抓人与追赃挽损并重、侦查打击与推动社会治理并重转变。进一步建立健全分析研判和打击整治工作机制，健全完善全警追逃工作机制，完善对枪支弹药、易燃易爆物品和剧毒物品、管制刀具等重点物品的管控机制，持续开展“打黑恶、反盗抢、防诈骗、扫毒害、追逃犯”系列安民行动，加大对抢劫、抢夺、入室盗窃、网络电信诈骗等涉及群众切身利益的违法犯罪的专项整治和联合打击力度，依法严厉打击金融、财税、证券、期货等经济领域犯罪，严厉打击危害食品药品安全、餐桌安全、环境污染等犯罪，不断增强群众安全感，着力打造平安日照建设“升级版”。结合国际国内反恐怖斗争形势，完善反恐怖工作体系，加强反恐怖力量机制建设，强化反恐怖实战对抗演练，全面打好反恐“人民战争”，有效提升反恐怖工作能力水平，全市反恐形势持续平稳。特别是党的十九大后，全市公安机关落实推动侦查打击各类信息系统“整合归并”，实现资源数据“破垒共享”，着眼引入人工智能、大数据分析等新技术，推动业务流与信息流高度融合，大力推进“基因数据工程”“基础加固工程”“智慧磐石工程”刑事技术“三大工程”，建成“三合一”大数据作战平台，打造集反诈骗、打击犯罪合成作战、新型犯罪对策研究和社会专项治理协调“四位一体”的综合性中心，着力构建数据驱动、科技支撑、云上联动、协同作战的“数据侦查”体系，实现侦查理念、手段、思维、模式和机制等多维度转型升级，精准警务引领下的新时代“智侦”工作体系逐步形成。

深化扫黑除恶专项斗争。20 世纪末到 21 世纪初，日照市公安机关按照上级部署，结合日照治安实际，持续、分阶段开展打黑除恶、打霸治痞专项行动，有效净化社会治安环境。2017 年初，日照市委、市政府部署开展全市打黑除恶打霸治痞专项行动，日照公安机关列为“利剑 3 号”行动，充分发挥主力军、先锋队作用，共打掉恶势力犯罪集团4个，打掉恶势力团伙76个，团伙成员320名。2018年1月，中共中央、国务院发出《关于开展扫黑除恶专项斗争的通知》。新一轮扫黑除恶专项斗争开展后，日照公安把开展扫黑除恶专项斗争作为重大政治任务和检验树牢“四个意识”的试金石，提出“五必要求”（线索必查、一查到底；案件必办、严格规范；违法必究、绝不姑息；犯罪必惩、从快从重；黑恶必除、除恶务尽），创新“五 + 模式”（专职民警 + 全员民警、属地管辖 + 异地用警、人力扫黑 + 智慧扫黑、专项斗争 + 人民战争、单元攻坚 + 合成作战），结合开展扫黑除恶“山东战役”，广辟线索来源渠道，强化重点攻坚力度，迅速形成对黑恶势力的压倒性态势。至 2018 年 12 月，全市公安机关共打掉涉黑团伙 3 个，打掉涉恶犯罪集团 14 个、恶势力犯罪团伙 33 个，破获各类案件 483 起；打击处理“问题村干部”17 人、党员 25 人。市公安局 3 次在全省公安机关专题会议上作典型发言，省公安厅扫黑办 5 次推广市公安局经验做法。

（二）建立完善社会治安防控体系

建立人民警察巡逻制度。改革开放带来人财物大流动，面对动态社会环境下的流动人口犯罪和治安问题，1989 年，市公安局组建巡警大队；1994 年 1 月，组建巡警支队。巡警作为一个新的警种迅速发展壮大，并在防范和打击街面现行犯罪中发挥重要作用。1998 年，推动巡警警力下沉，之后持续深化巡防警务机制改革，将市、区两级巡警力量全部下沉到城区派出所，建立派出所巡逻中队，逐步完善优化市区街面巡防机制。进入 21 世纪，为适应反恐处突新的形势任务需要，2008 年 6 月，市公安局特警支队组建成立，除履行公安部规定的公安特警反恐处突 9 项职责任务外，还重点承担市区街面巡逻防控、市级机关综合办公大楼信访秩序维护、县级特巡警大队业务指导等任务。在巡防工作中，特警充分融合武器装备优良和灵活机动优势，坚持屯警街面、动中备勤，开展常态化巡逻防控，有效发挥街面巡防震慑打击作用。2018 年，进一步健全完善基层巡逻防控勤务、公安武警联勤武装巡逻等工作机制，东港、岚山、莒县、五莲均建立 100 人的特巡警力量，按照公安部标准要求配备大批特警装备设施，市、县两级特巡警力量体系初步建设完成。

建立 110 快速反应机制。1993 年 12 月，市公安局组建 110 指挥中心，开通三条 110 报警市话专线，实行 24 小时轮流值班，负责接处市区及东港区范围内的警情。各分县局和消防、交警支队及大队（中队）都相应成立指挥中心或指挥室，设立 110、119、122 报警服务台。1996 年公安部在全国推广漳州 110 报警台经验。1997 年，市公安局建立“三台合一”报警指挥系统，在全省率先实现 110、119、

122“三台合一”报警联网。此后，不断规范110接处警工作，形成以110指挥中心为龙头，以派出所、特警、交警、消防等警种为骨干，各警种密切配合的快速反应机制，公安机关动态环境下驾驭社会治安局势的能力不断提升。从20世纪90年代公安指挥中心初步建立，到2009年推进公安“DQB”体系建设，全市公安情报、指挥部门紧紧围绕“公安机关警务实战的指挥中枢”职能定位和情报分析、研判预警、指挥调度、应急值守等重要职责，在及时防范化解各类安全稳定风险、妥善应对处置各类重大突发事件、全力做好系列重大活动安保维稳工作中发挥了重要作用。2018年，市公安局创新推行“情报+”工作机制，汇集全警信息化应用、技术手段和大数据资源，着力打造以精准情报研判为支撑，集安保维稳、反恐维稳、群体性事件处置、治安灾害事件处置、突出舆情处置“五位一体”的实战型指挥中心，有力提升服务基层一线实战效能。2018年，市公安局110指挥中心接处警大厅共接报警18.27万余件，日均接报警500件。

*实施派出所工作改革和城乡社区警务战略。*1991年，按照省公安厅部署，在全市推行派出所规范化建设。1997年，贯彻公安部全国公安派出所工作会议精神，日照市委、市政府出台《关于进一步改革和加强公安派出所工作的意见》，制定《派出所六项标准和相应考核办法》，全面落实民警包片制度，推行派出所勤务制度改革，全市78个派出所共设立治安责任区256个，初步实现“发案少、秩序好、群众满意”的目标。1998年，部署推行东港分局望海路派出所“三满意工作法”（即让群众满意在所中、满意在家中、满意在心中）。2002年，按照公安部部署，市公安局、民政局联合下发《关于加强社区警务建设的意见》，推行社区警务战略，按照“一区一警、一区两警或一区多警”的警力配置模式，组建新的社区警务室。2003年，依据公安部《公安派出所等级评定办法》和《山东省公安派出所等级评定考核细则》，把等级评定工作标准要求贯穿于派出所工作的始终，开展派出所等级评定工作，促进基层所队的规范化建设。至2018年底，全市创建一级派出所10个、二级派出所36个。2006年始，根据公安部《关于实施社区和农村警务战略的决定》，全市各级公安机关大力实施社区和农村警务战略，努力构建与新型社区管理体制和社会主义新农村建设相适应的新型社区和农村警务机制。2012年，按照省公安厅统一部署，开展消防、车管、危管、外管、网管、物管进驻社区的“社区六进”工作。至2013年底，全市290个社区已全部完成“六进”。2014年，市公安局成立日照平安志愿者协会，此后全市平安志愿者队伍逐步壮大，至2018年底达到5.3万人，广大平安志愿者在开展法制宣传、治安防范、矛盾化解、安全监管等方面发挥积极作用。按照全省公安基层基础建设三年攻坚战总体部署，2017年7月，提请市政府办公室印发《关于整合网格化管理与基层警务推行“1+2+N”“一村一警务助理”警务模式的实施意见》，以城乡社区（村居）网格化管理为基础，进一步整合基层维稳力量，建立完善新时代社区警务工作新格局新机制。至2017年底，城市社区全部实现“1+2+N”配备，全市选任农村警务助理2883人，实现行政村全覆盖。

*创建合成化现代警务体系。*2007年，针对社会治安形势日趋动态化、复杂化而全市警力严重不足的实际，日照市公安机关以理念创新、警务创新应对新情况，以发案少、秩序好、群众满意为目标，以“一警多能、综合执法，多警联动、合成作战”为基本要求，以“六张防控网”为主要载体，以信息化建设为支撑，以责任明晰、奖惩兑现的激励机制为保障，充分运用现代警务理念、现代科技手段和现代管理机制，积极创建合成化现代警务体系，有效盘活警力资源、极大地提高警务效能。2009年，日照市群众对社会治安的满意度位居全省第一，日照市被表彰为全国社会治安综合治理优秀市。

*创建完善立体化社会治安防控体系。*自2012年始，日照市公安机关创新警务工作理念，围绕创新社会治理，强力推进社会化视频监控建设全覆盖工程、流动人口社会化管理机制、全天候巡逻防控

机制等“八项重点突破”，提升维稳处突、驾驭治安局势等“八个能力”，推进完善常态化维稳处突、责任化侦查破案、精细化公共安全管理教育等“八大体系”，着力推进网上与网下一体、地面与空中一体、城乡海陆一体“三个一体”，在治安防控体系的空间布局上实现由平面化向立体化转变；坚持专群结合、人防物防技防结合、打防结合“三个结合”，在治安防控体系的措施手段上实现提档升级；推行更加注重情报先导、更加注重萌芽处置、更加注重源头治理“三个更加注重”，在治安防控体系运作机制上实现由被动防范向主动出击转变，进一步提升社会治安防控体系建设的信息化、网络化、社会化、精细化水平，形成具有日照特色的立体化社会治安防控模式。2013 年，日照市群众安全感位居全省第一。是年，日照市被表彰为全国社会治安综合治理优秀市。

（三）加强公安信息化智能化建设

实施信息主导警务战略。1997—2000 年，相继开通省公安厅至市公安局、至各分县局二级三级综合数字通信网，建设开通至省公安厅电视电话会议系统。2001 年 9 月，完成全市公安 350 兆无线集群通信网一期工程建设。从 2003 年开始，全市公安机关紧紧依托“金盾工程”一期、二期建设，全面加快公安信息化建设步伐，不仅有效地降低警务运行成本，提高打击犯罪、侦查破案能力和行政管理效率，而且引领公安工作理念的更新和警务运行机制、队伍管理机制的变革。2008 年始，日照公安机关贯彻落实公安部关于进一步推进公安信息化建设的指导意见，坚持以信息主导警务，让警力部署始终跟着不断发展变化的警情走，积极探索调整基层勤务机制，基本实现信息主导下的主动型警务、效能型警务。2014 年 8 月，启动市公安局大数据警务云建设项目。2015 年 10 月，符合国家 A 类标准的市公安局大数据云计算中心投入使用，完成大数据警务云基础平台建设。2016 年、2017 年，相继完成大数据警务云二期、三期项目建设。

聚力打造智慧智能警务。2017 年后，日照公安机关坚定科技兴警之路，按照上级部署，大力实施公安大数据战略，着力建设智慧公安、打造数据警务，不断推进公安机关社会治理能力的跨越式发展。创新推行信息化、装备建设专家论证工作机制，科技支撑保障能力进一步提升。成立由局长挂帅的市公安局科技信息化委员会和装备建设委员会，定期召开论证会，对拟建设的项目进行专业论证。创新推行数据整合复用工作机制，全力推进数据兼容共享复用，做到数据整合与智能应用同步发力，着力以科技强警推动警务变革，实现传统警务向信息警务、数据警务、科技警务转型升级。通过搭建基于“三维建模 +”和标准地址的精准数字应用系统，缓解警力不足的弊端，实现“精准社区管理”。通过信息合成作战，变人海战术为数据作战，研发精准数据作战系统，让大数据融入实战，让视频作战成为常态，实现“精准打防”。通过数据挖掘，变人工研判预警为数据分析预警，先后建设条幅打印机监控系统、基于移动大数据的大型活动人流分布预警系统、客流统计 + 人脸识别系统、手机拍旅安通系统，有效实现精准预警。借助“互联网 + 公安政务”，以网络、APP、微信等多种载体，不断创新服务内容和方式，拓展便民利民渠道，提升服务效能。

探索“警企合作警务”新模式。2017 年 10 月，探索开展“警企”合作新模式，联合知名互联网企业建设市公安局“精准警务智创中心”，围绕推动人工智能与警务工作深度融合，先后建成无人机应用与管控实验室、微警务实验室、云计算和大数据实验室等六大实验室，引入机器学习等人工智能技术，开展智能调解、智能搜索等智能研发，有效提升公安机关核心战斗力。2018 年，新建环鲁环青公安检查站实战应用平台、海上执法指挥调度平台、卫星应急通信等信息化系统。完成警务云基础平台、安全平台建设，整合公安内外部数据 5200 多亿条。在车站、机场、码头、检查站布建人证核验、人脸识别、虹膜身份核查系统，加强社会面感知系统建设，实时追踪重点人员、车辆轨迹。是年，经公安部对全国 28 个申报城市进行评审，日照成为全国社区智慧警务模式建设应用 8 个试点城市之一，“社区智慧警务 +”项目列为全市深化改革重点项目，写入市政府《工作报告》，至2018年底，已在全市40个社区开展试点工作，着力为全省乃至全国提供“日照方案”，打造“日照样板”。

（四）创新实施“精准警务”战略

2017年，市公安局党委针对日照公安工作实际，坚持问题导向，创新提出践行“精准警务”理念，突出在补齐短板上下功夫，推行切合日照实际的警务运行新体制，全力打造新时代日照公安特色的平安警务、规范警务、数据警务、民生警务、合成警务、质效警务“六大精准警务”，有力推动各项机制进一步健全，警务工作效能进一步提升，确保公安工作始终沿着集约、高效、精准的方向发展，为圆满完成各项重大安保维稳任务、维护社会治安大局持续平稳提供有力的机制保障。

在精准安保上着力，反恐维稳工作机制进一步健全。创新推行情报信息搜集研判、指挥处置、督导整改一体化工作机制，最大限度实现预知预警预防，战时维稳能力进一步提升。创新推行反恐督导检查工作机制，建立“暗访—通报—整改—再暗访—通报—整改—处罚”主体责任落实链条，运用《中华人民共和国反恐怖主义法》接连开出大额反恐罚单，反恐责任落实能力进一步提升。“全市一盘棋”指挥调度，“市县一体化”高效融合，“海陆空网”安保体系，确保每一场大型活动万无一失，完成党的十九大、全国两会等重大安保维稳、警卫任务。特别是在2018年上海合作组织青岛峰会安保工作中，全市公安机关以持续近6个月的战时状态，全警全力打主场、当主力、尽主责，坚决守住青岛“南大门”，全面实现峰会安保全胜完胜。市公安局被省委、省政府表彰为上合组织青岛峰会山东服务保障工作先进集体和全国“两会”安保先进集体，被省公安厅表彰为上合峰会安保先进集体。

在精准管控上聚力，社会面巡防工作机制进一步健全。创新推行查堵封控工作机制，结合全市路网布局、人车流量、实战需求等实际情况，重新规划建设17处公安检查站，高标准升级建设环鲁环青公安检查站，适时启动相应查控勤务等级，依托信息化手段和各类检查设备，突出对重点涉稳人员、可疑车辆的盘查，强化对危爆物品、“三非”物品检查力度，有效发挥“防火墙”和“过滤器”作用。创新推行等级化巡逻工作机制，将市区划分成若干网格，科学设置“10个战斗单元”，打造单元区域“一分钟处置圈”，形成网格布警、密集布防。根据社会面管控层级要求，适时启动等级巡防勤务，严格落实公安武警联勤武装巡逻机制，最大限度屯警街面，始终保持严密布防、高压震慑的街面维稳态势。创新推行精准视频巡逻工作机制，在指挥调度大厅设立3个专职视频巡逻岗位，坚持24小时数据化、精准化、实战化视频巡逻，把3684个路面监控打造成为永远在岗的“电子警察”，精准巡防能力进一步提升。

在精准打击上发力，严打工作机制进一步健全。完善合成侦查打击机制，实行领导包案、挂牌督办制度，多警种同步上案，合成打击，快侦快破。特别是2017年后，全市公安机关紧密结合党的十九大、上合组织青岛峰会、全国两会安保维稳工作，强化精准打防、靶向整治、专案攻坚，打好组合拳，压茬、叠加部署开展基层基础建设、扫黑除恶、打击电信网络诈骗犯罪、执法规范化建设四个“百日会战”。以精准高效统一指挥为枢纽，坚持多警种联合作战，不断提升合成警务精确度和快捷性。其间，按照“优、强、专”的要求，着力做强“三个中心”。一是，做优实战化指挥中心，建强市公安局、分县局实战型指挥中心，在特警、边防、消防等警种和19个城区派出所设立勤务指挥室，形成上下联动的实战指挥体系。二是，做强合成作战中心，整合全警资源、聚焦一线实战，形成“情报 + 打击”“情报 + 防范”“情报 + 巡逻”新机制。建立完善市公安局、分县局、基层所队三级联动的信息合成作战机制，实行110刑事警情实时研判和未破案件深度研判，抓获潜逃14年以上的重大在逃嫌疑人9名。三是，做专反诈骗中心，针对网络电信诈骗犯罪多发的实际，推进“四位一体”实战化反电信网络诈骗中心建设，完善快速冻结止付、精准落地阻断、合成侦查打击、快速通报防范等机制，2018年，紧急止付被骗资金5728万元，冻结涉案被骗资金4.6亿元，位居全省第一。2018年，全市八类主要案件同比下降34%，“两抢”案件同比下降58.2%。依法严厉打击网络违法犯罪，强力推进“净网”专项行动，严打群众反映强烈的侵犯公民个人信息、黑客攻击破坏等违法犯罪。逐步建立完善禁毒工作责任制和领导体制、工作体系、保障机制，创新完善打击制毒专案和堵源截流机制，集中组织禁毒严打整治行动，深入开展毒品预防宣传教育，大力实施社区戒毒康复工程，打好禁毒“人民战争”。

（五）加强公安基层基础建设

2006年始，按照公安部统一部署，在全市公安机关组织开展为期三年的“三基”建设（抓基层、打基础、苦练基本功）。2008年3月，全省公安机关“三基”工程建设经验交流会在日照市召开。此后，全市公安机关持续加强基层基础建设，不断推动基层实力增强、基层警务保障条件改善、基础工作水平提高，促进公安机关维护社会稳定的能力不断提升。

2017年始，省公安厅部署在全省公安机关开展为期三年的基层基础建设攻坚战。日照公安机关以夯实制度基础、技术基础、业务基础、保障基础、群众基础、队伍基础“六大基础”为统领，将基层基础建设三年攻坚战提升为党政工程、列为全警“一号工程”强力推进，着力提升警务智能化、精细化、规范化水平，推动全市公安工作高质量发展。至2018年底，市委、市政府以“两办”名义下发7个市级层面文件，各级财政全面保障新建、在建、待建的53个基建项目，其中6个项目列为政府“交钥匙”工程，市人民警察训练基地、市看守所迁建等重点项目进展顺利，建成警犬训练基地，刑科所DNA实验室通过公安部验收，升级改造14个派出所，派出所民警休息用房建设达标。“天网工程”已建视频探头11.4万个。172名机关民警充实到基层所队，派出所警力达到县级公安机关总警力的50.7%。城区社区警务实现“1+2+N”全配备，农村警务助理配备实现行政村全覆盖。依托公共上网管控平台，列管重点公共上网场所907家，建成“网民档案”33.6万份。网约车、共享单车、无人机等新业态管控填补空白。推进110非警务警情分流，非警务求助事项分流量占比93.6%。稳妥推进警辅人员考核过渡工作，完善辅警队伍招聘、考核等管理制度，警务辅助人员规范管理工作列入市委深化改革项目。加强公安监管场所安全管理，全市看守所、拘留所连续20年零340天无事故。2018年，部署开展“标准规范化建设年”活动，建立覆盖各类重点业务工作的标准、流程、规范2000余项，基本建立起覆盖全警的标准规范体系。

三

始终坚持以人民为中心，积极适应经济社会发展的新形势，从群众普遍关心的户政、交通、出入境等服务管理着手，对传统的行政管理服务模式进行一系列改革创新，实现由重管理轻服务向管理与服务并重的转变，是日照公安机关30年发展历程中的又一突出“亮点”。

（一）改革户籍管理制度

从1985年开始，公安机关对户籍管理制度进行一系列改革，先后实施居民身份证制度、城镇暂住人口管理制度，制定调整专业技术干部家属“农转非”、留学生子女回国落户、大中专学生户口迁移等多项户籍政策。1988年，居民身份证集中颁发工作在全市范围内全面展开，1989年全部完成。1991年，市政府根据市公安局的报告，决定在全市农村地区推行农村户口城市管理，建立“一户一簿、一家一牌、一村一图”的管理模式。1993年5月，市政府办公室下发《日照市非农业户口迁移暂行管理办法》，规定市外非农业人口迁入日照市后，与该市非农业人口享有同等权利，履行同等义务。从 2001 年开始，以国务院批转公安部关于推进小城镇户籍管理制度改革的意见为契机，陆续开展小城镇户籍管理制度改革，允许在部分小城镇有合法固定住所、稳定职业或生活来源的农业人口申请办理城镇常住户口，促进农村剩余劳动力向小城镇转移。2004 年 1 月，《中华人民共和国居民身份证法》施行，日照市于 2004 年底正式启动第二代居民身份证的换发准备工作，至 2009 年底提前完成换发任务。2012 年，按照国务院、省政府部署，市政府出台《关于积极稳妥推进户籍管理制度改革加快新型城镇化进程的实施意见》，进一步降低购房落户、人才引进户口迁移、投资经营户口迁移门槛，鼓励农村务工人员向城镇迁移，全市落户城镇人员的数量逐年明显增加。2012 年 10 月 1 日，《山东省流动人口服务管理办法》施行，全市取消暂住证制度，流动人口服务管理进入居住登记和居住证时代。2012年，全市推行“户房一体化”工程，即按照“居住地登记户口”的原则，逐一集中规范登记，达到“人户一致”。2014 年 4 月，推出《日照市公安机关关于深化户籍管理制度改革便民利民服务六项措施》。年内，全市帮助“外来媳妇”办理户口迁移 178 人。2015 年 4 月，实施《日照市公安机关积极推进户籍制度改革便民利民九项新举措》，逐步推行省内跨地市受理居民身份证，陆续开通市内跨区县、区县内跨派出所异地办理居民身份证。2016 年 4 月，制发《日照市公安局关于切实做好无户口人员登记户口工作的通知》，全面彻底地根除无户口人员问题。

2017 年 1 月，《山东省流动人口服务管理暂行办法》施行，日照公安机关在全市建立居住证制度，推进城镇基本公共服务业向流动人口全覆盖。2018 年，出台《日照市人才落户政策实施办法》，实行“先落户后就业”，不再将缴纳社保证明作为落户的条件，进一步畅通人才落户通道；积极推进“放管服”改革，坚持“能放尽放、一放到底”原则，将大中专毕业生落户等 12 项户籍业务下放至派出所，实行“一次办好”；临时居民身份证办理时限由 3 个工作日缩短为 1 个工作日，特殊情况群众急需用证的承诺“立等可取”；将居住证由省公安厅制证中心统一制证调整为市内当场制发，将 10 个工作日的制证周期缩短为现场领证。2018 年底，全市户籍人口 3066460 人，其中城镇人口 1472993 人，户籍城镇化率达到 48.04%。

（二）改革道路交通安全管理工作

1987 年，根据国务院《关于改革道路交通管理体制的通知》，将日照市（县级）交通管理站（队）由交通局划归公安局管理，成立日照市公安交通警察队。1990 年 6 月，日照市公安交通警察队更名为日照市公安交通警察支队。1993 年，对东港、莒县、五莲交警大队实行人、财、物直管，形成全市道路交通统一管理体制，不断提高科学管理水平，更好地维护交通安全、畅通。1990 年，日照市汽车号牌开始由“山东 90*****”更换成“山东 11*****”。是年，日照市机动车保有量 16292 台，有机动车驾驶员 10387 人。1994 年，日照市汽车号牌更换为“鲁 L*****”。1995 年，开展学习济南交警活动，在规范化训练的基础上，大力推行文明执勤服务。2000 年，全面开展创建平安大道和实施畅通工程活动，市区海曲东路设立摩托车专用道，建成交通管理“严管示范街”。此后，每年新增不同数量的交通信号灯、视频监控、电子警察以及施划交通标线、安装交通标志，全市交通安全管理设施不断跃上新水平。2002 年，市区实施畅通工程工作经公安部、建设部复评达到 C 类城市三等管理水平。2003 年，实行车管工作首问负责制和电子选号等，推行限时、延时和预约上门服务。2007 年，在市车管所和五莲、莒县车管分所首次启动“九二式”小型汽车自选号牌工作。2008 年 6 月，启用新版驾驶证。2010 年，实行道路交通管理“包保责任制”，开展机动车涉牌涉证违法行为专项整治和道路交通安全突出问题集中整治行动。2010 年 10 月，日照“网上车管所”通过日照公安服务在线互联网平台正式启动运行。2013 年，全市 12 家小型汽车驾驶人科目二技能考试场通过验收；推进“车管进社区”工作，共设立社区车管服务站67 个。2014年，建成启用涵盖交通、消防、禁毒、自然灾害、食品安全、经济犯罪等教育内容的公共安全宣传教育基地。2015年，投资732万元的高速公路智能交通一期工程建成启用。

从2015年7月始，针对三轮车、四轮代步车在客运车站、商业中心聚集揽客，影响城市形象，影响交通安全的实际，按照市委、市政府的统一部署，由市公安局牵头，按照疏堵结合、梯次推进、平稳整治的思路，协同有关部门联合创造性开展“三轮车四轮代步车”集中整治行动，切实解决主城区“红三轮”聚成堆、满街跑这一城市顽疾，经验做法被公安部刊发推广，为其他城市解决同类问题提供样板。2017年、2018年，持续巩固成果、固化经验、常态整治，并逐步拓展禁行区域，健全完善长效机制。

2017年后，全市公安交警部门积极推动建立道路交通管理工作新机制，持续深化道路交通“平安行·你我他”行动，在全市辖区内构建起“政府统一领导、有关部门各司其职、齐抓共管、综合治理、标本兼治”的道路交通安全管理工作格局。组织隐患歼灭、路面防控、宣传攻势、共治合成“四场攻坚战”，强力推进以违停、不礼让斑马线为重点的交通秩序整治，使规范停车、文明礼让蔚然成风，市区交通秩序、通行环境明显改观。持续强化对“问题人、问题车、问题路、问题企业”的排查治理，查处各类交通违法行为166万起，其中酒驾6110起、醉驾2077起。累计建成1409公里重点县乡道、150公里高速公路智能交通安全系统。在全省首推道路交通事故网上数据一体化处理工作，省公安厅在日照召开全省事故处理重点工作暨“放管服”改革现场推进会。

（三）改革消防安全监督管理工作

新中国成立后，人民政府把消防交由公安部门统一管理。从1979—1989年，日照的消防工作由日照县公安局消防股实施。1990年，组建武警日照市消防大队。全市公安消防部队始终坚持“预防为主、防消结合”的工作方针，不断加强消防组织和制度建设，全力推动完善消防安全责任体系，深入实施消防安全“防火墙”工程，着力推进消防安全网格化管理，全面清剿火灾隐患，大力加强消防安全设施、装备建设，强化消防安全宣传，不间断开展防火灭火救援实战演练，有效提升消防安全管理水平，保持全市消防安全形势平稳。1993年，成立新一届防火安全委员会，日照市第一部以地方政府名义出台的《日照市建筑装饰工程消防安全管理规定》正式实施。市政府批准《日照市城市消防规划》并予以实施。1997年，开通运行支队火警调度指挥中心，实现全市统一接受、处理火警。2001年，新一轮《日照市城市消防规划》实施。2003年，精减消防审批项目，消防行政审批项目从过去的26项精减为6项；取消消防行政收费项目。2010年，市政府确定年度“一乡（镇）一站一车”的乡镇消防站建设标准，投入资金300余万元，配备42台农用消防车，全市有43个乡镇达到“一队一车”标准，走在全省前列。2017年，召开行业部门消防安全标准化管理现场推进会，创新消防安全“四级联防联治”监管模式，社会面火灾防控基础进一步夯实，省公安消防总队在日照召开现场会推广经验。2018年，制定出台《日照市新旧动能转换重大工程消防服务二十条措施》，打造“阳光执法·精准服务”优质消防服务品牌。2018年10月，公安消防部队集体退出现役，组建国家综合性消防救援队伍，成建制划归应急管理部门。

30年间，日照公安消防部门探索推动建立消防监督管理工作新机制，形成“党政统一领导、部门依法监管、单位全面负责、消防综合监督、公民主动参与”的社会化消防工作格局。1989年全市有33家消防安全重点单位，2018年底增加到1185家；20世纪90年代每年接出警40余起，到2018年达3700余起。从1989年全市有20个消火栓到2018年底有3929个，建成取水平台31处；从建队之初的2个消防站到2018年全市建成执勤消防站26个、微型消防站1256个，基本实现城乡消防站布点均衡。自2004年开展消防志愿服务，全市发展39个消防志愿服务大队、3万余名消防志愿者，被公安部表彰为第二届全国119消防奖先进集体，被团中央表彰为中国百个优秀志愿服务集体。

30年间，接警出动5.2万余起，营救、疏散被困遇险群众2.8万余人，抢救和保护人民群众财产损失102亿元。先后成功处置1993年“12·30”日照港煤码头特大火灾、2006年“7·12”同三高速大火、2008年增援汶川抗震救灾、2010年“10·12”华美酒店火灾、2011年岚桥石化“7·20”火灾、2015年日照“7·16”石大科技爆燃、2018年增援寿光抗洪抢险救灾等急难险重任务。2015年7月16日，在全省部分支队和江苏总队部分支队的增援下，日照公安消防部队历经近24个小时的艰苦奋战，成功处置日照石大科技有限公司液化烃储罐爆燃事故，创造零死亡的奇迹。

（四）改革出入境管理服务工作

对外开放后，到日照开设的“三资”（外国独资、中外合资、中外合作）企业不断增多，外来人员增加。为解决中国公民出境难、外国人入境难的问题，公安机关对出入境管理工作进行一系列改革，逐步放宽出入境限制。1993年，市公安局印发《日照市涉外单位、“三资”企业境外人员管理暂行规定》，逐步建立起多层次的管理网络。1998年，集中开展查处“三非”人员、打击拐卖外国妇女专项治理工作，依法遣送查处的15名朝鲜籍妇女。2000年，全面开展97版护照启用及新的《中华人民共和国普通护照审批、签发管理规范》实施工作，出入境管理综合信息系统全部开通，实现出入境管理各项业务受理、审核、审批、制证网上运行。2004年，在全市实施公民按需申领护照，成为全国率先实行公民按需申领护照的100个大中城市之一。2005年之后，为方便公民出国，先后推出取消中国公民再出国限制、取消出国境申请提交境外邀请函和签发护照时附发出境登记卡等规定，并在全市逐步推行凭户口簿、身份证按需申领护照办法。为方便公民往来港澳台，取消赴港澳限定通行口岸和短期往来港澳限额审批，简化台湾居民入出境和在大陆居留手续，扩大长期居留和多次入出境签注适用范围。对到日照的外国人、外籍华人、华侨、港澳同胞，依照外管法规及时进行管理。2005年，经公安部批准，为5名外籍侨民签发中国绿卡。2007年11月，国务院正式批复同意在日照港口岸开展口岸签证工作，至此，日照市成为全国第37个口岸签证城市。2012年5月，正式启用电子普通护照。此后，逐步开通招商引资直通车，放宽出入境条件，简化出入境程序，大力推行公民按需申领护照和中国“绿卡”制度，出入境管理工作效率、质量和服务水平不断提高。

2017年，启用新版电子往来台湾通行证，启用港澳旅游自助签注机和自助发证机；侦破全省首起提供虚假邀请函组织他人偷越国（边）境案；首次包租专机集中遣返97名缅甸人。是年，市公安局出入境管理支队被评为2017年度市直机关作风建设十佳科室，在市直执法类服务窗口名列第一。2018年，全面推行“只跑一次、一次办好”，推出日照公安出入境13项便利措施，并相继实行免费为65岁以上老年人邮寄证件、免费采集电子相片，提供周六办证服务等系列新的便民举措。年内，启用自助缴费和自助照相设备，出入境业务全面实现微信和支付宝线上支付缴费。是年，市公安局出入境管理支队被评为2018年度市直机关科室作风评议“优评科室”，在市直政府部门名列第二。

（五）探索建立服务发展、保障民生警务机制

进入21世纪后，日照公安机关紧紧围绕发展第一要务，强化服务职能，创新服务举措，市公安局先后制定出台《关于充分发挥公安机关职能作用保障和服务县域经济发展的意见》《关于保障和服务全市科学发展、跨越发展的意见》《日照市公安机关服务重点项目建设15条措施》《关于服务全市旅游经济发展的意见》《日照市公安机关服务全市中小企业发展十六条措施》《日照市公安机关优化营商环境20条措施》等，主动融入大局、服务发展、保障民生。

特别是2017年后，日照公安机关牢固树立“跳出公安看公安”理念，紧紧围绕日照“五大战略”实施和争创“长安杯”、创建全国文明城市，全力打头阵、当先锋、做表率，为服务保障经济发展提

供新动能和强有力的“公安支持”，被市委、市政府表彰为日照市系列攻坚行动突出贡献奖。

主动服务保障新旧动能转换，制定《全市公安机关保障和服务新旧动能转换重大工程工作的实施意见》，率先推出28条具体服务措施，进一步深化警务前置机制，推行“项目警务”，建立重大建设项目提前介入制度，增设公安派出机构，组建服务团队，设立相关事项审批“绿色通道”，落实矛盾纠纷排查、重大经济隐患预警措施，确保全市招商引资和重点项目建设顺利落地、投产。大力推进公安行政审批制度改革和“放管服”改革，按照“普惠均等、便捷高效、智能精准”的要求，围绕办事流程细化、申请材料精简、审批权限下放、窗口集中入驻等方面，优化完善“一次办好”事项流程，不断创新服务方式，推进一窗受理、一网通办、一次办结，落实好马上办、网上办、就近办、异地办。深化“互联网+公安政务”服务，深化公安民生警务平台功能应用，把可拓展上线的公安窗口服务移到网上、连到掌上，逐步实现功能“全覆盖”、业务“全网办”。开展警企、警邮、警银合作，全面推广微信、支付宝、网银等电子化支付，推广24小时自助办理。推进网上服务大厅和实体服务窗口相统一，在各级户政、出入境、车管、消防窗口单位及派出所普遍建立综合服务大厅，推行“一站式”便民服务和首问负责制，办事效率和服务质量明显提升。

围绕全市工作大局，全力开展日照港集团整顿专案“利剑1号”行动。2017—2018年，共抓获“蛀虫”23名，推动清欠70亿元，日照港由连续十年亏损转为盈利。创新推行打击逃废银行债务工作机制，全力开展打击逃废银行债务“利剑2号”专项行动，坚持全市统一用警、以打开路，合力唱好“快、准、狠、稳”四字诀，实现“打击、挽损、化解、维稳”四个并重，集中警力打“歼灭战”，坚决将转移、藏匿资产、逃废银行债务的不法分子绳之以法。推动相关部门和区县形成统一战线，依法处置涉案财产，建立完善打击化解金融风险长效机制。2017—2018年，共抓获犯罪嫌疑人183名，挽回经济损失69.4亿元，敦促银行企业达成还款协议30.56亿元，直接带动金融风险化解，公安部、省公安厅推广日照经验做法。

完善旅游警务机制，在全省率先建立专职旅游警察队伍，主动对接铁路部门建立联动联勤机制，超前做好“高铁旅游”治安保障工作，着力做强旅游警务品牌。扎实开展“平安海区”创建行动，牵头开展为期7个月的创建“平安海区”专项整治行动，清理整治问题海域27.8万亩，查获盗采海砂船2艘，打掉涉嫌寻衅滋事、敲诈勒索的海上恶势力犯罪团伙7个，并推动市政府出台管理办法、建立长效机制，创出“平安海区”建设“日照经验”。

四

在全部公安工作中，队伍建设是根本，也是保证。1989—2018年，一代又一代日照公安人坚持政治建警、改革强警、科技兴警、素质强警、从严治警、从优待警，在机构设置、队伍正规化、执法规范化、和谐警民关系、纪律作风建设等方面取得重大进步，逐步建立与形势任务、职能职责相适应的新型公安机关，日照公安发展之路在守正出新中行稳致远。

（一）加强队伍正规化、专业化建设

1989年建市后，市公安局以机构升格为契机，逐步加强和推进公安队伍正规化建设。2003年11月召开的第二十次全国公安会议，进一步明确“四统一五规范”的正规化建设要求。市公安局按照公安部、省公安厅统一部署，在全市公安机关持续扎实深入开展队伍正规化建设。在20多年的正规化建设进程中，《中华人民共和国人民警察法》《公安机关组织管理条例》《公安机关人民警察内务条令》等一系列法律法规和制度规范陆续颁布实施，人民警察录用、辞退、培训、考核、任用、晋升、奖

惩、抚恤以及警种岗位工作规范等一系列配套的具体制度和办法不断完善。特别是进入21世纪以后，日照公安把强化教育训练、加强专业化建设摆上队伍建设的重要日程，先后推行民警上岗和首任必训、职务和警衔晋升必训、基层和一线民警每年实战必训“三个必训”制度，组织开展全警大练兵和抓基层、打基础、苦练基本功活动，进一步健全人民警察“轮训轮值、战训合一”教育训练机制，公安民警的专业化素质能力不断提升。

2018年，日照市港航公安局、坪岚铁路分局先后转制地方公安机关，消防、边防部队退出现役，其中日照市公安边防支队整建制转隶到市公安局。截至2018年底，市公安局辖莒县、五莲2个县局，东港、岚山、经济技术开发区、山海天旅游度假区、机场、坪岚铁路6个分局和港航公安局，25个内设支队、处室，8个直属单位，管理一类公益事业单位1个；全市共有民警2273人，占全市总人口的万分之七点五。

（二）加强公安法制化建设

改革开放后，《中华人民共和国宪法》得到修正，基本法陆续颁布，国家法律体系逐步完善。与之相适应，公安法制工作得以迅速发展。进入新世纪，随着依法治国方略的深入实施，公安立法工作进程进一步加快，一批涉及公安工作的重要法律法规相继出台。日照公安机关按照“以法制建设统揽公安工作全局”的理念，不间断组织学习培训各项法律法规，不断增强广大民警的法律素质和依法履职能力，厚植法治思维，守护公平正义。自2008年始，日照公安机关按照公安部、省公安厅部署，制定推进公安机关执法规范化建设的意见，加强执法办案场所建设和执法装备标准化建设，开展民警执法培训和执法资格考试，依托警综平台建立网上办案、监督和考核的执法管理机制，逐步构建起覆盖各个执法领域和执法环节的执法规范体系。2013年12月，延续半个多世纪的劳教制度正式废除。自2015年开始，全面推动执法规范化建设提档升级。

2017年后，日照公安机关主动顺应人民对公平正义的新期待，坚持不懈加强执法规范化建设，推动市委办公室、市政府办公室印发《关于深化公安执法规范化建设的实施意见》，围绕“理念＋机制＋科技”这一核心，以大数据、智能化为支撑，完善智能实战应用和智慧监督管理两大平台，深化案件管理、执法办案、涉案财物管理三个中心建设，全面应用证据体检、智能量罚、智慧调解等N个智慧模块，着力构建完善“123N”日照公安特色精准智能执法体系，推动全市执法规范化建设走在全省前列。深化应用执法办案闭环管理系统，全面落实受立案、刑事案件统一审核统一出口制度，大力推进执法办案场所标准化、精细化、智能化升级改造，市公安局和各分县局分别建成高标准的执法办案管理中心，各派出所全部建成案件管理室、受立案窗口。建立健全发布执法“白皮书”制度，这项工作走在全国市级公安机关前列，公安部法制局局长孙茂利专门批示肯定。探索推行轻微刑事案件、行政案件和轻微交通事故“快处”机制，进一步提升工作效能。加强对公安机关基层一线民警执法主体的执法培训，突出现场执法能力建设，切实提高依法履职能力、规范执法能力，努力让人民群众在每一项执法活动、每一起案件办理中都能感受到社会公平正义。建立维护民警执法权威抚慰制度，落实依法履职免责、履行职责受到侵害保障救济、不实举报澄清等制度，依法严厉打击辱警、袭警等行为，旗帜鲜明地支持鼓励民警严格公正执法。

（三）加强和谐警民关系建设

面对改革开放和经济社会迅速发展的新形势，日照公安机关始终坚持全心全意为人民服务的宗旨、执法为民的原则和专门工作与群众路线相结合的方针，在各项公安工作中找准“严格执法与为民服务”的结合点，为人民群众解难事、办实事，切实维护好、实现好最广大人民的根本利益。通过实施社区和农村警务战略、推出便民利民措施、建立警风监督员、群众推选日照最美警察、表彰树立亲民爱民的先进典型等形式，不断巩固和扩大公安工作的群众基础。自2005年起，组织开展公安局局长大接访活动，并建立实施由“一把手”接访制度为核心的信访工作长效机制。2013年5月，市公安局以群众满意为目标，提出“警务回访全覆盖”理念，在全市公安机关创新推行“大回访”工作，依靠信息化手段对所有与公安机关打过交道、发生联系的群众进行回访，第一时间发现、整改问题。2014年10月，全省公安机关警务评议工作会议在日照市召开，推广市公安局经验做法。

2017年后，坚持和发展新时代“枫桥经验”，进一步推动警民互动，完善警务回访“全覆盖”，实时分析、改进群众不满意事项，着力压缩“不满意”的小数字。至2018年底，全市公安机关累计回访群众309.7万人次，有20581件不满意事项得到成功转化，一级回访满意率99.25%，根据群众反映的问题先后推出便民利民新措施170余项。自2018年始，围绕“枫桥式东港”建设，东港分局深化聚焦多元矛盾纠纷化解，创新建立公安机关与司法部门联合调解“警司联调”新机制，各镇、街道分别在派出所成立警司联调中心，搭建智能调解信息化平台，无缝衔接110接处警、人民调解、司法调解，推动矛盾纠纷化解工作由被动调处向主动调处与源头预警联动转变，实现新矛盾纠纷增量明显降低、老矛盾纠纷和信访存量明显减少。

（四）加强思想政治、纪律作风和廉政建设

1989年后，日照公安机关秉承政治建警的方针，先后组织开展以“讲学习、讲政治、讲正气”为主要内容的“三讲”教育、“三项教育”、保持共产党员先进性教育、社会主义法治理念教育、人民警察核心价值观教育实践、“三严三实”专题教育、“两学一做”学习教育活动，积极引导全市广大公安民警坚定理想信念，牢记人民公安为人民的初心使命，确保公安队伍绝对忠诚、绝对纯洁、绝对可靠，永葆忠于党、忠于祖国、忠于人民、忠于法律的政治本色。按照从严治警的要求，市公安局党委狠抓反腐倡廉各项工作措施的落实，在持续不断地组织对民警违法违纪问题专项整治的基础上，更加注重源头治理和制度建设，初步建立起具有公安特色的惩治和预防腐败体系。1995年9月，市公安局在全国、全省率先推出“禁酒令”十项规定，当年查处15起案件涉及16名民警，有效刹住“喝酒风”。省公安厅、公安部先后在全省、全国公安系统推广这一经验做法。1997年，国务院发布《公安机关督察条例》，公安机关督察制度和督察队伍应运而生，并相继建立健全警务督察、警务公开、派驻督察专员和督导组、特邀监督员等一系列配套的监督制约机制，有力提高公安队伍抓落实的执行力。1998年6月，公安部在大连市召开全国公安队伍建设座谈会，日照市公安局作为18个先进单位之一参加会议并作典型发言。2001年6月，全国民主评议行风经验交流会在日照市召开，市公安局在会上做题为《把公安工作的标尺定位在人民满意上》的典型发言。

党的十八大后，全市公安机关牢牢把握新时代党的建设新要求，紧紧围绕对党忠诚、服务人民、执法公正、纪律严明这一建警治警总方略，大力推进公安队伍正规化专业化职业化建设，着力创建忠诚型、学习型、实干型、创新型、廉洁型、团结协作型“六型阳光警队”。2017年，部署开展为期1年的以“严纪律、强作风、树正气”专项整顿“清风”行动为主要内容的纪律作风建设年活动，以清风促作风，以肃纪正形象。突出实战实训，加强市、县两级民警训练基地和教官队伍建设，健全教、学、练、战一体化教育培训机制，不断提升民警专业素养和实战能力。深入落实暖警励警措施，推动市政府出台落实日照市《关爱公安民警十项措施》，设立山东省公安民警优抚基金会日照专项基金，募集民警优抚基金1100万元，逐步建立起从优待警保障体系。强化“一事一奖、送奖上岗”的战时表彰激励，全面倡树“看品行、看业绩、看担当、看口碑”的用人导向，常态实行“一加一减”绩效考核办法，凸显实干导向，凝聚警心斗志。举行入警宣誓、光荣退休等职业荣誉仪式，开展首届“日照最美警察”评选活动。坚持以文化警、文化育警，成立公安文联，建设集文体中心、图书馆、心理

疏导于一体的警营文化中心建设。组织编纂《公安志》，打造日照公安历史文化名片。

2018年1月10日，市公安局党委紧扣打造新时代过硬公安队伍根本要求，制定出台《日照市公安机关“四个一律”禁酒规定》，明确提出：工作日、工作时间一律不准饮酒；重大安保活动期间一律不准饮酒；公务接待一律不准上酒；任何时间、任何场合一律不准酗酒，全面施行日照公安机关要求最严、覆盖面最广、处罚最严厉的“四个一律”禁酒规定，持续加大从严治警力度，有力地推动队伍纪律作风建设，提升整体工作水平，在社会各界引起良好反响。自日照市实行政风行风考核评议的1996—2018年，市公安局连续22年进入优秀位次。

忠诚如山，信仰如魂。30年来，面对严峻复杂的维稳形势和繁重艰巨的工作任务，面对血与火、生与死的考验，日照公安民警不畏艰险、不怕牺牲，用鲜血和汗水诠释人民警察对党和人民的忠诚与初心，用时间和青春谱写日照公安辉煌的历史篇章。

一段光阴岁月镌刻成长轨迹。30年来，日照公安机关共荣立集体一等功3次、集体二等功78次、集体三等功523次。市公安局被命名（表彰）为全国文明单位、全国维护妇女儿童权益先进集体；3个分局、县公安局多次被表彰为全国公安系统先进集体或示范单位；48个单位先后受到省部级以上表彰。

一群英雄人物铭记人民心中。30年来，全市共有16名民警、1名工勤人员、1名辅警因公牺牲，1000余名民警因公负伤。4人获联合国维持和平勋章，2人获公安系统二级英模荣誉称号，18人被评为全国优秀人民警察；29人次立一等功；108人次受到省部级以上表彰。

人民公安，国之重器；国家安危，系于一半。回顾历史，忠诚与热血，铸就了日照公安的昨日辉煌。实践表明，日照公安队伍是一支政治坚定、忠于职守、勇于创新、甘于奉献的队伍，不愧为党和人民可以信赖的忠诚卫士。展望未来，改革创新、锐意进取依然是推动日照公安工作发展进步的动力源泉。站在新中国成立70周年、日照建市30周年新的历史起点，日照公安机关和2200余名公安民警的“四个意识”更加强烈、“四个自信”更加坚定、“两个维护”更加坚决，将以习近平新时代中国特色社会主义思想为指导，不忘初心、牢记使命，锐意进取、扎实工作，全力以赴、坚决打赢维护国家政治安全和社会稳定的一系列硬仗，积极回应人民群众的新期待、不断满足人民群众对美好生活的向往和需求，努力在新的历史起点上推动新时代全市公安工作取得新发展、实现新跨越、创造新辉煌！

摩崖巨书——日照

RI ZHAO SHI
GONG AN
ZHI

大事记

DA SHI JI

1989 年

6 月 12 日 经国务院批复，日照市升格为地级市。

8 月下旬至 10 月上旬 根据中央、省、市统一部署，全市公安机关组织开展“扫黄打非”专项行动。

10 月 1 日起 全市公安民警统一换着“八九式”警服。

10 月中旬至 12 月中旬 全市开展以打击拐卖妇女儿童犯罪为重点的专项斗争。

11 月 地级日照市领导机关正式对外办公。市公安局升格为正处级，原公安机关机构设置整体归属市公安局（内设机构 23 个，直辖公安派出所 27 个，辖石臼分局）。市公安局机关在原址（东港区兴海路 40 号）办公。

12 月 设立市公安局党组。第二年 4 月，完成市公安局党组组建工作。

1990 年

1 月 31 日 完成省委书记姜春云到日照市考察工作期间的安保任务。

是月 市公安局城郊分局成立。日照市公安交通警察队更名为日照市公安交通警察支队。

2 月 11 日 按照公安部规定，日照市汽车号牌由“山东 90–*****”更换为“山东 11–*****”。

2 月 22 日 武警日照市支队成立。

3 月 边防保卫分局（现役）由临沂地区公安处划入，武警日照市边防支队成立。

4 月 朱士杰任市公安局党组书记、局长。

是月 市公安局进行机构调整，设办公室、政治处、政研室、信访科、刑警大队、治安科、保卫科、政保科、外事科、预审科、通信科、户政科、行政装备科、看守所、治安拘留所、巡警大队、纪检组等职能科室，并直管全市 27 个公安派出所。

是月 市公安局组织 500 余名公安民警、武警官兵和武装民兵，集中进行防暴训练。5 月 14 日，向市五大班子领导和全市政法工作会议与会人员作汇报表演。

5 月 30 日 省政府在日照市举办沿黄（河）省区经济技术协作会议。市公安局完成会议安保任务。

6 月 2 日 完成省委副书记、省长赵志浩到日照市考察期间的安保任务。

是月 完成日照市公安交通警察支队组建工作。

7 月 1 日始 在全市开展第四次全国人口普查。

7 月 18 日 完成全国人大常委会副委员长严济慈在日照市考察期间的警卫任务。

是月 按照市委统一部署，组织开展党员重新登记工作，对照党员标准，在广大党员民警中开展理想信念、宗旨意识、党性觉悟、组织纪律教育。

8 月 24 日 全国摩托艇比赛在日照市举行。市公安局完成赛事安保任务。

8 月 28 日 完成全国政协副主席谷牧在日照市考察期间的警卫任务。

是月 设立武警日照市消防大队。

是月 召开公安基层基础工作现场会，总结推广望海路派出所租赁房屋管理、石臼派出所暂住人口管理等经验做法。是年，全市登记、管理暂住人口 6283 人。

9 月 26 日 完成武警日照市支队组建工作，隶属武警山东省总队。

10 月 14 日　完成省人大常委会主任李振在日照市考察工作期间的安保任务。

11 月　消防科改为日照市公安消防分局（现役）。

12 月 12 日　武警日照市消防大队升格为武警日照市消防支队（现役，对内称日照市公安局消防分局），正团级建制。

是月　市公安局设立六科，负责技术侦察工作。

1991 年

1 月 23 日　市委书记王树文出席市公安局年度总结表彰大会。

1 月 29 日　组织开展春节前“严打”第二次集中打击统一行动。

1 月 31 日　召开 1990 年度工作报告会，邀请市委、市人大、市政府、市政协、市纪委和市直有关部门负责同志 90 余人出席会议。

是月　侦办日照市新中国成立后罕见的撬盗保险柜抢劫团伙案，共抓获犯罪嫌疑人 11 名。

是月　元旦、春节期间，根据公安部部署，全市公安机关首次开展“爱民月”活动。此后每年元旦、春节期间，开展爱民月活动。

2 月 29—31 日（正月十四至十七日）　市政府在望海路、正阳路举办“振兴日照元宵灯会”及焰火燃放活动。公安机关全力做好安保工作。

是月　完成武警日照市边防支队（对内称日照市公安局边防保卫分局，现役）组建工作，隶属于武警山东边防总队建制领导。

4 月 12 日　日照市公安交通警察支队更名为日照市公安局交通警察支队。

4 月 25—27 日　完成中纪委副书记王德瑛在日照市考察期间的警卫任务。

是月　设立日照市公安干部学校。

5 月 1 日　组织公安民警、武警官兵 400 余人，进行以处置突发事件为主要内容的紧急防暴行动演练。

5 月 5 日　公安部原副部长于桑到日照市调研公安工作。

6 月 1—3 日　省公安厅厅长李诚到日照市检查指导社会治安综合治理工作。

7 月 4 日　省委副书记高昌礼到市公安局石臼派出所检查指导工作。

7 月 31 日　首期派出所所长培训班在石臼派出所举行开学典礼。实行全日制脱产培训，时间 20 天，培训学员 32 人。

是月　印发《关于全市内部单位保卫组织规范化建设的暂行规定》。是年，市政府办公室批转市公安局《关于建立健全城镇居民住宅安全防范体系意见的报告》，印发《关于加强居民楼院安全防范工作意见》，并专门召开现场会，推广市医院等单位居民楼院看护经验做法。

8 月 5 日　市委政法委相关人员在东港区尹家河乡召开派出所规范化现场会议，参观尹家河及高兴、石臼派出所规范化建设典型情况。

8 月 18 日　吉林省浑江市（1994 年更名为白山市）公安局通缉的特大杀人碎尸案犯唐某某被市公安局抓获。

9 月 2 日　市公安局至省公安厅的公安专网电路开通。

9 月 9—12 日　完成在日照市召开的晋鲁豫三省政协联谊会安保任务。

10 月 30 日　完成中央政治局常委、国务院总理李鹏在日照市考察期间的警卫任务。

12月31日　在市机动车驾驶员培训队举办日照市第一期汽车驾驶员培训班。

是年　在全市农村地区开始推行社会治安综合治理“细胞工程”，逐步建立健全“治保、调解、帮教、普法、巡逻”五支队伍。

1992年

2月　市公安局机关开展为期半个月的“思想、纪律、作风”整顿活动。

3月　朱士杰任日照市委常委、政法委书记。

是月　市政府在日照剧院召开全市防火安全“双百”暨“百安赛”总结表彰大会，对10年来防火安全工作中涌现出的先进集体、先进个人进行表彰。

4月2日　市公安局查获一个特大盗窃渔网的犯罪团伙，挽回直接经济损失10余万元。

4月8日　中纪委、公安部、省公安厅党风廉政建设联合检查组到市公安局检查指导工作。

5月6日　安徽省省委常委、政法委书记、省公安厅厅长王胜俊到日照考察公安工作。

5月24—26日　完成最高人民检察院检察长刘复之到日照市考察期间的警卫任务。

6月1—4日　完成全国人大常委会副委员长费孝通在日照市考察期间的警卫任务。

6月8日　市公安局主要负责人召集奎山、大坡、黄墩、西湖、巨峰等5个乡镇的党委书记就派出所规范化建设问题进行座谈，参观7个派出所规范化建设情况。

6月9日　举行交警支队办公楼落成启用仪式暨公安交通管理工作座谈会，市五大领导班子领导，友邻地市、县交警部门及全市120余个单位的领导参加相关活动。

7月28日　完成中共中央总书记、中央军委主席江泽民在日照市考察期间的警卫任务。

是月　市公安局纪检组改为纪委。

8月25—29日　1992年全国摩托艇锦标赛在日照水库举行。市公安局完成赛事安保任务。

10月7日　根据群众举报，抓获1名贩毒分子，缴获鸦片131克。

12月12日　日照市碧波大酒店402房间1名港商被盗港币39.8万元，时为新中国成立后日照发生的被盗金额最大案件。接报后，市公安局不到10小时即破获这起案件，将犯罪分子刘某某抓获归案。

1993年

1月15日　日照市人民警察授衔仪式在日照剧院举行，318名人民警察分别被授予警监、警督、警司和警员警衔。

1月17日　省政府有关部门在日照市举行五莲、莒县分别由潍坊市、临沂地区划归日照市的交接仪式，两县公安局改属日照市公安局。

3月10日　市公安局在全省刑侦工作会议上作典型发言，介绍树立大刑侦意识，建立大刑侦格局，全面加强刑侦工作情况。

4月5日　全市刑侦工作会议召开，对建立大刑侦格局、全面加强刑侦工作进行安排部署。

4月10日　市公安局东港分局成立，市公安局巡警大队、治安拘留所、看守所和直管的27个公安派出所划归东港分局，同时撤销城郊分局和石臼分局，增设收审所。

4月26—28日　完成在日照市举办的全国女篮邀请赛安保任务。

5月 市公安局刑事侦察大队改为刑事警察支队。

6月11日 完成全国人大常委会副委员长王光英在日照市考察期间的警卫任务。

6月27—28日 完成中共中央政治局原常委宋平在日照市莒县考察期间的警卫任务。

是月 市公安局岚山分局成立。

7月 市公安局党组撤销，改建为市公安局党委。

9月18日 交警支队与日照电视台合办《红绿灯·你我他》电视专题栏目举行首播式，播出第1期。1994年，该栏目获山东省电视法制宣传栏目一等奖。

11月2日 日照市第一部以地方政府名义出台的《日照市建筑装饰工程消防安全管理规定》正式实施。

12月26—28日 完成省委副书记、省长赵志浩在日照市考察期间的安保任务。

12月27日 《日照市城市消防规划》实施，对消防管理体系和组织网络做出合理规划。

12月30日19时许 日照港煤炭码头发生特大火灾，市公安局调派消防支队、日照港公安局消防队等10余台消防车和260余名公安民警、武警官兵进行扑救。至22时35分，大火被扑灭。火灾烧毁栈桥1000余米及部分电缆、传送带等，直接经济损失214万元。

是月 市公安局组建110指挥中心，开通3条110报警市话专线，实行24小时轮流值班，负责接处市区及东港区范围内的警情。各分县局和消防、交警支队及大队相应成立指挥室，分别设立110、119、122报警电话。

1994年

1月 市公安局设立巡逻警察支队，东港分局巡警大队撤销。

2月 下发《关于聘请执法执纪监督员的决定》，从全市社会各界和知名人士以及群众代表中，聘请121名同志为市公安局执法执纪监督员。

3月9日 市公安局交警支队对莒县、五莲交警大队人、财、物实行统管、自管，并分别举行挂牌仪式。

是月 市政府印发《关于办理地方城镇户口的通知》，决定在全市实行地方城镇居民户口制度。

4月23—24日 完成全国政协副主席洪学智在日照市考察期间的警卫任务。

5月13日 市公安局开展千人、百车、多警种处置突发事件联合行动演练活动。

5月24日 日照市交通安全委员会成立。

6月30日 市人大常委会主任王家政带队到消防支队慰问。

7月1日 日照市首条机动车检测线启用。

是月 日照市汽车号牌改为“鲁L-*****”。

8月8日 在东港区烟台路举行新建办公大楼奠基仪式。

9月9日 全市农村社会治安综合治理工作会议召开。全市98%以上的村居建立起治安、调解、普法、帮教、巡逻“五支队伍”。

9月13日 召开全市派出所人口信息系统建设现场会。是年底，全市77个户籍派出所全部实现常住人口信息微机化管理。

是月 市公安局政研室改为法制科。

10月1日 市公安局巡逻警察支队正式执勤，实行24小时市区街面巡逻防范。

是月　日照市公安干部学校改为日照市公安局公安干部学校。

11 月　日照开发区分局设立。12 月 16 日，正式挂牌对外办公。

12 月 12 日　公安部消防局局长刘式浦到日照市检查指导消防工作。

12 月 16 日　完成省委书记、省长赵志浩在日照市考察调研工作期间的安保任务。

12 月 28 日　日照市日凯实业总公司被诈骗 80.25 万美元（折合人民币 700 万元）巨款案告破，追回全部被骗款。

1995 年

1 月 6 日　市委副书记、市长尹忠显等领导带队到日照港等单位进行防火安全检查。

1 月 18 日　市委副书记、市政协主席于学田到岚山分局检查指导工作。

2 月 18 日　召开全市公安局局长暨全市警卫工作会议。

是月　市公安局设立警卫处。

4 月 19—20 日　完成省委副书记、省长李春亭在日照市考察工作期间的安保任务。

5 月 29 日　市公安局举行全市公安机关多警种联合行动演练。1000 余名公安干警、武警官兵、经济民警、保安队员，210 辆机动车参加联合演练。

是月　东港分局管理的东港区看守所划回市公安局，改为日照市看守所。

6 月　王献增任市公安局党委书记、局长。

7 月 14 日　市人大常委会主任王家政到市公安局检查指导工作。

8 月 2 日　市委副书记、市政协主席于学田到市公安局调研指导工作。

9 月 25—26 日　德国、土耳其、马其顿、孟加拉国、秘鲁 5 国专家采访团到日照市参观采访。市公安局完成安保任务。

是月　市公安局在全国率先推出“禁酒令”十项规定。是年，查处违规民警 16 人。该做法受到公安部和省公安厅充分肯定。第二年 6 月 20 日，市委办公室、市政府办公室下发《关于印发市公安局〈关于全市公安机关实行“禁酒令”情况的报告〉的通知》，在全市推广市公安局纠治不正酒风的做法。

10 月 15 日　中共中央总书记、国家主席江泽民为济南市公安局交警支队题词：严格执法，热情服务。全市公安机关广泛开展向济南交警支队学习活动。

10 月 21 日　公安部政治部副主任祝春林到日照市检查指导公安工作。

11 月 7 日　日照市沿海 18 个乡镇遭受强风暴雨袭击。全市公安机关全力参与抢险救灾。

11 月 10 日　破获日照市自新中国成立后首例偷渡案，抓获预谋偷渡韩国的不法分子 6 名。

12 月　完成中共中央政治局委员、新疆维吾尔自治区党委书记王乐泉在日照市考察期间的警卫任务。

1996 年

2 月 3 日　市委副书记、代市长班开庆带队到市公安消防部队慰问。

2 月 8 日　五莲县公安局被公安部表彰为“全国优秀公安局”。

2 月 18 日　市委副书记、市政协主席熊可山带队到市公安消防部队慰问。

3月12日　省公安厅厅长孟庆丰到日照市检查指导公安工作。

3月24日　完成中共中央政治局常委、国务院副总理朱镕基在日照市考察期间的警卫任务。

3月26日　市公安局制定《关于改革和加强刑侦工作的意见》，理顺刑侦工作体制，加强刑侦专业软硬件建设。是年，为全市刑侦工作建设年。

4月1—7日　组织驻军、武警、消防官兵和部分职工、中学生“小交警”参与全国第一个“交通安全宣传周”活动。

4月9日　省委副书记李文全到五莲县公安局看守所检查指导工作。

4月23日　市委办公室、市政府办公室转发市综治委《关于加强流动人口管理工作的意见》，成立由分管副市长任组长、市综治办、公安局、劳动局等部门参与的全市流动人口管理协调领导小组，就做好流动暂住人口管理工作提出10个方面具体措施。

6月　市公安局机关迁入新市区烟台路29号新建业务楼办公。新建业务楼共10层，建筑面积9750平方米，投资990余万元。

是月　市公安局设立宣传科；落实公安消防部队新编制，公安消防部门保留市公安消防分局、市公安消防支队、武警日照市消防支队三个称谓。

7月9日　市委副书记、市政协主席熊可山看望“7·6”劫车杀人案侦破小组人员。

是月　市公安局配置数字式程控交换机，与全国公安有线专网联网，实现长途自动拨号。

是月　破获“5·12”绑架勒索杀人案。

8月16日　市人大常委会主任王家政到市公安局检查指导工作。

10月1日　《中华人民共和国枪支管理法》颁布实施。全市公安机关按照《中华人民共和国枪支管理法》和公安部有关规定，做好新持枪证件换发工作，加强枪支日常管理工作。是年，全市共收缴各类非法枪支7385支，破获涉枪案件21起。

10月10—11日　由市公安局主办的鲁苏豫皖四省十三市地公安交通管理协作会议在日照召开。

10月15—18日　完成全国政协副主席、中国社会科学院院长胡绳在日照市考察期间的警卫任务。

是月　市编委印发《日照市公安局职能配置、内设机构和人员编制方案》，市公安局设立审计科，政保科改为政治侦察科（对外称政治侦察支队），保卫科改为经济文化保卫科，治安科改为治安管理科（对外称治安警察支队），六科改为技术侦察科（对外称技术侦察支队），预审科改为预审监管科（市看守所并入该科），外事科改为出入境管理科，警卫处改为警卫科，户政科改为户政管理科，通讯科改为机要通信科（加挂计算机管理监察科牌子），行政装备科改为计财装备科；政治处改为政治部。

11月10日　破获一起利用外轮走私文物案，抓获走私分子2名，缴获价值9万余元的商代铜鼎。

12月30日　市公安局根据省公安厅通报，紧急拦截红色夏利轿车1辆，将在蓬莱抢劫3个密码箱（内装人民币11万元）的犯罪嫌疑人抓获。

1997年

1月27日　市人大常委会主任王家政带队到市公安消防部队慰问。

2月5日　市委书记尹忠显带队到市公安消防部队慰问。

是月　市公安局收审所撤销。

3月　市公安局设立居民身份证制作所。

4月10日　完成中共中央政治局委员、全国人大常委会副委员长田纪云在日照市考察期间的警卫任务。

4 月 30 日至 5 月 2 日　完成省委书记吴官正在日照市考察调研工作期间的安保任务。

是月　市政府组织召开 110 社会联动工作座谈会，专题研究部署 110 社会联动工作。

5 月 5 日　市委办公室、市政府办公室印发《关于共建日照“110”推动全市精神文明建设的通知》。

5 月 16 日　在岚山港东南 6 海里处，破获一起租用渔船偷渡韩国案件，抓获偷渡分子 29 人，抓获“蛇头”5 人。

5 月 19 日　省委政法委常务副书记、省公安厅厅长高新亭到日照市调研指导公安工作。

5 月 30 日　市人大常委会主任王家政到市公安局指挥中心和市区 110 报警服务台调研指导工作。

6 月 16 日　日照市在全省率先实现 110、119、122 报警电话全市联网。

6 月 20 日　国务院颁布《公安机关督察条例》。9 月，市公安局下发《关于开展警务督察工作的通知》，启动全市公安机关警务督察工作。

6 月 25 日　市委书记尹忠显，市委副书记、市长班开庆到市公安局调研指导 110 报警服务工作，观看 110 风采图片展。

是月　市公安局办公室加挂指挥中心牌子。

7 月 7 日　市委、市政府印发《关于改革和加强公安派出所工作的意见》，积极推进派出所勤务制度、勤务方式改革。

7 月 30 日　召开全市改革和加强刑侦工作会议，全面推开责任区刑警中队建设工作。

是月　开始建设公安无线寻呼系统，初期为民警配发寻呼机 200 余部。2003 年 10 月，不再使用无线寻呼系统。

8 月 4 日　市委、市政府作出《关于向日照公安 110 报警服务系统学习的决定》，部署在全市广泛深入开展向日照公安 110 报警服务系统学习活动。

8 月 15—19 日　完成全国人大常委会副委员长、全国妇联主席陈慕华在日照市考察期间的警卫任务。

8 月 19 日　日照遭受 11 号台风袭击。全市公安机关出动 500 余车次、2000 余人次投入抗洪抢险工作。

是月　破获市区“7·30”劫车杀人案，抓获犯罪嫌疑人郭某某、姜某某，并带破省公安厅督办的“11·24”虎山特大客车抢劫案。

9 月 10 日　完成在日照市召开的淮海经济区第十二届市长专员会安保任务。

9 月 24—26 日　完成省人大常委会主任赵志浩在日照市考察工作期间的安保任务。

10 月　市委、市政府召开全市城镇消防工作会议。

11 月　市公安局预审监管科改为监所管理科。预审工作职能移交刑警支队，实行“侦审合一”。

12 月 26 日　日照市海上 110 报警服务台正式开通。

是月　市公安局设立公路巡逻民警支队，与交通警察支队一个机构、两块牌子。

1998 年

1 月 10 日　省委、省政府确定 1 月 10 日为“110 宣传日”。全市公安机关采取多种形式深入开展相关活动。此后，将 110 宣传日活动固化为长效机制，每年度常态开展。

1月19日　市委副书记、代市长焉荣竹到市公安局检查指导工作。

2月18日　全市公安工作会议召开。

是月　查处张某侵犯日照市某设备厂软件开发技术案，这是日照市首例侵犯商业秘密案。

5月21日　市政协主席王家政到市公安局调研指导工作。

6月9—12日　公安部在大连市召开公安队伍建设座谈会，市公安局作为18个先进单位之一应邀与会，并作典型发言。

是月　召开全市深化派出所工作改革经验交流会，推广望海路派出所“三满意工作法”和涛雒派出所“流动服务车”经验做法。

7月21日　副省长林廷生到市公安局检查指导工作。

7月24日　日照市拥军慰问团到前三岛慰问边防部队官兵。

8月4—6日　完成省委副书记、省长李春亭在日照市考察工作期间的安保任务。

8月17日　在东港区巨峰镇前黄埠村南铁路道口，发生一起中型客车与火车相撞特大交通事故，造成9人死亡、8人受伤。

是月　王献增享受日照市副市级干部待遇。

9月1日　贯彻执行《中华人民共和国消防法》，派出所开始履行日常消防监督检查职责。

9月9日　省委常委、政法委书记、省公安厅厅长高新亭到日照市公安机关调研指导工作。

9月22日　市委副书记、代市长杨庆文到市公安消防支队调研指导工作。

10月18—19日　完成中共中央政治局委员、省委书记吴官正在日照市考察期间的警卫任务。

12月4日　省人大常委会副主任李文全到日照市公安机关检查指导工作。

12月9日　日照市机动车驾驶员协会成立。

12月26日　市委、市政府召开侦破“10·26”案立功人员表彰大会。10月26日，东港分局快速侦破一起重大抢劫犯罪团伙案，一举将7名犯罪嫌疑人全部抓获，东港巡警二中队民警李伟、刘为平、高松亭等同志临危不惧，与持刀拒捕歹徒展开殊死搏斗，身负重伤。11月25日，省公安厅给李伟记一等功，给刘为平、高松亭记二等功，并发函慰问。

是月　市公安局设立督察部、法医诊疗鉴定中心。

是月　经报请省政府批准，市政府印发《关于将部分无地农民的农业户口转为城镇居民户口的通知》，决定将东港区、岚山办事处、莒县、五莲县21个村（居）的常住人口共计12853户、38548人，转为地方城镇居民户口。这是日照市首次实施无地农民“农转非”工作。

是月　举办首期全市刑事技术员培训班，为基层刑侦部门培训技术员40余人。

是年　推动巡警警力下沉，巡警支队二大队、三大队分别整建制划属东港分局、开发区分局，在2个分局分别成立巡逻警察大队，优化市区街面巡逻机制。

是年　积极解决民警的职级待遇问题，部分派出所所长高配为副科级或进乡镇党委班子。2006年，全市公安派出所所长均高配为副科级。2011年，全市派出所教导员全部高配为副科级。

是年　东港分局望海路派出所被公安部表彰为全国创建“人民满意派出所”先进单位。

1999年

2月9日　市委书记焉荣竹带队到市公安局、东港分局、交警支队、边防支队看望慰问执勤民警和武警官兵。

2月28日　全市公安工作会议召开。

3月26日　莒县公安局被公安部表彰为“全国优秀公安局”。

是月　设立市保安服务总公司。

5月8日　日照市境内国道204线发生一起特大交通事故，7人死亡、10人受伤、2车严重损坏。

5—6月　按照市委统一部署，开展公安机关领导班子和领导干部“三讲”（讲学习、讲政治、讲正气）教育活动。

7月16日至8月3日　完成全国人大常委会副委员长许嘉璐在日照市考察期间的警卫任务。

7月30日　完成省人大常委会主任赵志浩在日照市考察工作期间的安保任务。

9月25日　日照市庆祝中华人民共和国成立50周年暨建立地级市10周年大会在市人民广场举行。公安机关完成庆祝大会及系列庆祝活动安保任务。

是月　毕宝文任市公安局党委书记，刘银贤任市公安局政委。

是月　查处全市首例非法传销案件。新疆籍蒋某某等人窜至日照开发区林滩小区，以招募工人为名，先后骗取300余人到日照参加非法传销，涉案金额60余万元。

10月　毕宝文任市公安局局长。

11月　全市第一个乡镇专职消防队在五莲县街头镇组建，并正式投入执勤。

是月　日照市第一家互联网上网服务营业场所“您好网吧”开业。自此，公安机关按职责依法加强互联网上网服务营业场所管理工作。

12月9—10日　完成全国政协副主席胡启立在日照市考察期间的警卫任务。

12月13日　市委副书记、市长杨庆文带队到岚山港务局等单位进行消防安全检查。

12月28日　全市第一次经济犯罪侦查工作会议召开。

是月　启动新居民身份证办理工作，原15位的居民身份证编号被18位数字公民身份号码所取代，日照市的身份证前四位数字为“3711”。

是年　印发《全市公安派出所正规化建设实施意见的通知》和《派出所工作考核办法》，进一步规范派出所队伍、业务建设，夯实基层基础。在1999年度行风评议中，全市79个派出所全部进入乡镇前5名，其中第一名的有46个派出所。

2000年

1月1日　日照市“迎新千年曙光”庆典活动在石臼海岸举行。公安机关完成活动安保任务。

2月1日　破获市区“1·28”绑架人质案，解救人质，抓获3名犯罪嫌疑人。

2月22日　全市公安工作会议召开。

3月21日　市委副书记、市长夏耕到市公安局检查指导工作。

4月2—3日　完成中共中央政治局委员、省委书记吴官正在日照市考察期间的警卫任务。

4月25日　市委副书记、市长夏耕到岚山区易燃易爆单位检查消防安全工作。

5月　印发《全市公安机关实行党风廉政建设责任制的规定》。

6月23日　召开全市道路交通事故公开处理暨“生命绿色通道”新闻发布会，向社会公布交通事故处理10项公开内容、6项保障措施和“生命绿色通道”相关内容。

是月　市政府办公室转发市公安局《关于做好全市门楼牌清理整顿工作的报告》，明确公安机关是全市门楼牌管理的主管部门。此后，市公安局统一门牌制作、编划、安装标准，集中人力和时间对全市门楼牌管理工作进行全面清理整顿。至2011年，全市门楼牌管理得到全面规范。

是月 市公安局与日照广播电视台合作，开办《日照警方》电视栏目。至2017年2月，栏目每周播出一期。

7月14—15日 完成省委副书记、省长李春亭在日照市考察工作期间的安保任务。

8月16日 市人大常委会主任熊可山到市公安局检查指导工作。

8月22日 市委副书记、市长夏耕主持召开交通设施建设工作会议，专题研究全市道路交通建设工作。

9月5日 市委副书记、市长夏耕在市公安局呈报的《关于海曲东路摩托车改道工作情况的汇报》上作出批示，给予肯定。

10月1日起 全市公安民警统一换着“九九”式警服。

10月22日 在北京、临沂等地公安机关配合下，破获“10·7”特大持枪抢劫案，将5名犯罪嫌疑人全部抓获归案。

是月 开通市公安局至省公安厅电视电话会议系统。

11月7日 市政协主席王家政到市公安局检查指导工作。

11月15日 省公安厅党委委员李安洲到日照市检查指导公安工作。

11月17日 召开公安消防部队抢险救援社会承诺新闻发布会。自当日起，全市公安消防部队在承担防火、灭火任务的同时，将抢险救援、社会救助和处置突发事件等任务纳入职能范围。

12月11日 全国打黑除恶专项斗争电视电话会议在北京召开，中央决定从2000年12月到2001年10月，组织在全国开展一场打黑除恶专项斗争。日照市印发《关于在全市开展打黑除恶专项斗争实施意见》，严厉打击黑恶势力犯罪团伙、黑恶霸痞犯罪分子。

12月27日 市委副书记、市长夏耕带队检查日照太阳城市场、蓝天批发市场重大火灾隐患整改工作。

是年 按照公安部统一部署，在全体民警中开展以“全心全意为人民服务的宗旨教育、实事求是的思想路线教育、严格公正文明执法的法制教育”为主要内容的“三项教育”活动。

是年 全市公安机关积极参与第五次全国人口普查，全市公安机关完成相关工作任务。

是年 莒县公安局巡警大队被公安部表彰为“人民满意基层单位”。

2001年

1月 市公安局经济文化保卫科挂经济犯罪侦查支队牌子。

2月20日 全市公安工作会议召开。

3月 中央组织部、中央政法委和公安部党委联合下发《关于改进公安武警边防部队领导管理体制的通知》，对边防部队领导管理体制进行改革，由“分级管理、分级指挥”调整为“统一领导管理与分级指挥相结合”的体制。市公安边防保卫分局改为市公安边防支队（保留武警日照市边防支队番号）。

4月6日 市委、市政府召开爆炸物品管理专题会议，市委副书记、市长夏耕出席会议，市公安局汇报全市爆炸物品管理工作。

4月20日 武警部队司令员吴双战到武警莒县中队考察工作。

4月29日 市委副书记、市长夏耕带队检查消防安全工作。

是月 全市公安机关组织开展为期两年的“严打整治”斗争。

5月14日 市委副书记、市长夏耕到市公安局检查指导严打整治工作。

6月12—13日 完成全国人大常委会副委员长曹志在日照考察期间的警卫任务。

6月17日 省委常委、政法委书记、省公安厅厅长高新亭到日照检查指导公安工作。

6月18—21日 完成全国政协副主席张思卿在日照市考察期间的警卫任务。

6月20日 完成省委副书记、省长李春亭在日照市考察工作期间的安保任务。

6月21—22日 中纪委、监察部在日照市召开全国民主评议行风经验交流会，市公安局局长毕宝文作题为《把公安工作的标尺定位在人民满意上》的典型发言。

7月12—16日 完成全国政协副主席、民盟中央名誉主席钱伟长在日照市考察期间的警卫任务。

8月17日 中共中央政治局委员、省委书记吴官正到市公安局车管所考察工作。

8月30日 省公安厅厅长曲植凡到市公安局车管所等单位检查指导工作。

是月 市政府办公室印发《日照市公安局职能配置内设机构和人员编制规定》，信访科、机要通信科并入指挥中心（挂办公室牌子），经济文化保卫科改为经济犯罪侦查支队，技术侦察科改为行动技术科（对外称行动技术支队），设立公共信息网络安全监察科，政治侦察支队改为国内安全保卫支队，设立纪检委、监察室，审计科并入纪检委、监察室，设立治安巡逻警察支队，公安干部学校改为人民警察培训学校。

是月 开展“学党章、守纪律、正党风”教育暨“三项教育”回头看活动。

9月25日 张志华任市公安局党委书记、局长。

是月 完成全市公安350兆无线集群通信网一期工程建设，建成350兆无线集群网基站1处、信道6个，基本覆盖东港区、开发区和岚山部分区域。2003年实现全市联网。

10月18日 完成中共中央政治局委员、国务院副总理吴邦国在日照市考察期间的警卫任务。

是年 市公安局在东港分局试点推行110警务运作机制改革，将东港分局巡警大队三个中队分别划归日照路、望海路、昭阳路3个派出所。2002年4月，将开发区分局巡警大队2个中队整建制划归东港分局，配置到黄海路、泰安路2个派出所。

是年 市公安局东港分局巡警大队被团中央、公安部命名为“全国青年文明号”。

2002年

1月29—30日 完成省委副书记、代省长张高丽在日照市考察工作期间的安保任务。

2月1日 全市公安工作会议召开。

3月14日 市政府批转市公安局《关于日照市“十五”期间消防工作的指导意见》。

4月26日 印发《日照市公安管理提速工作规范（试行）》，全面实施公安管理行政效能提速工程。

5月 市公安局召开动员大会，在全市公安机关部署开展“革除障碍、跨越发展”主题教育活动。

6月13—15日 物理学家、诺贝尔奖获得者丁肇中回故乡日照市参观考察。市公安局完成安保工作。

6月19日 市委书记夏耕到公安机关检查指导工作。

7月17日 市委书记夏耕，市委副书记、市长李兆前带队看望慰问一线执勤交警。

是日 完成全省海域勘界工作会议安保任务。

7月23—25日 中加城市生态保护与健康发展国际研讨会在日照市召开。市公安局完成安保工作。

8月10—12日 全省农业专家顾问团分团团长会议在日照市召开。公安机关完成相关安保工作。

8月21—24日 完成中共中央政治局委员、省委书记吴官正在日照市考察期间的警卫任务。

9月 市公安局巡逻警察支队与治安管理科（治安警察支队）合并，组建治安巡逻警察支队。东港、岚山、开发区分局治安管理科与巡警大队合并，改称治安巡逻警察大队，各派出所设立治安巡逻中队。

10月6—14日 完成“日照杯”2002全国乒乓球锦标赛安保任务。

10月15日 边防辖区的常住人口逐步由公安派出所移交边防派出所管理，公安边防派出所开始履行户口管理职能。

是月 与市民政局联合下发《关于加强社区警务建设的意见》。至2003年，全面实施社区警务，全市建立社区警务室36个，配备社区民警56人，为社区民警配备警用自行车82辆。

12月11日 市人大常委会主任熊可山到市公安局检查指导工作。

12月20日 省委常委、宣传部部长朱正昌到市公安局车管所等基层单位调研指导工作。

12月25日 市公安局在莒县中楼镇召开全市公安交通管理服务站推广现场会，推广在派出所设立交通管理服务站做法。

是年 根据市委、市政府统一部署，全市公安机关开展“理想信念、廉政纪律”教育暨机关作风建设活动。

2003年

1月2日 市委书记李兆前到市公安局检查指导工作。

1月18日 全市公安工作会议召开。

1月20日 市政协主席邵长福带队到市公安消防支队慰问官兵。

1月21日 省公安厅春节慰问团到日照市慰问演出。

是日 省公安厅党委委员、政治部主任姜永梅到市公安局车管所、东港分局黄海路派出所检查指导工作，走访慰问特困民警家庭。

是月 市公安局破获“1·15”特大绑架杀人案，将5名主要犯罪嫌疑人全部抓获，缴获五连发猎枪和小口径手枪各1支。

是月 日照开发区分局改为日照经济开发区分局。

2月 制定《日照市公安机关现场督察工作规范（试行）》，开展现场督察工作。随后制定《关于进一步加强投诉案件受理核查工作的通知》《日照市公安机关保障民警权益工作规定（试行）》，规范案件核查和民警权益保障工作。

3月 来永庆任市公安局政委。

4月 根据公安部和省公安厅部署，开展“贯彻十六大，全面建小康，公安怎么办”大讨论活动。

5月1日 市委书记李兆前到公安机关防治“非典”检查点督导检查工作。

6月19日 市公安局破获五莲县洪凝镇某村非法种植毒品原植物案件，铲除罂粟1309株。这是全市查处的首起非法种植毒品原植物类刑事案件。

6月23日 省公安厅党委委员、副厅长孙克谦到日照市检查指导公安工作。

7月1日 日照至韩国平泽客箱班轮航线正式开通并举行首航仪式。公安机关完成安保工作。

7月16日 市公安局在五莲县召开全市派出所规范化建设现场会，贯彻全国全省公安派出所工作会议精神，全面推进派出所规范化建设。

7月31日 全省公安经侦、经文保工作经验交流会在日照市召开。

是日 省公安厅党委委员、副厅长吕玉明到市公安局岚山分局检查指导工作。

8月25—28日 完成首届中国日照茶博会暨茶文化旅游节安全保卫任务。

9月9日 召开全市公安机关服务群众、服务经济发展汇报会，向社会各界汇报公安工作和落实公安部、省公安厅便民利民措施情况，发布《日照市公安机关服务群众、服务经济发展的意见》。

10月3—5日 完成全国政协副主席周铁农在五莲县考察期间的警卫任务。

10月11—14日 完成首届中韩（日照）投资贸易博览会安全保卫任务。

10月23—26日 山东省第五届农民运动会在日照市举行。公安机关完成相关安保工作。

11月18日 市政协主席邵长福到公安机关检查指导工作。

12月29日 全市实行公民按需申领护照，成为全国率先实行公民按需申领护照的100个大中城市之一。

是月 自主研发的“一短信报警系统”获省公安厅科技进步三等奖。

是年始 开展派出所等级评定工作。是年，岚山分局岚山头派出所被公安部命名为一级派出所，东港分局山海天边防派出所、五莲县局叩官派出所等7个派出所被省公安厅命名为二级派出所。

是年 市公安局组建市区、城区专职治安巡防队伍5支、290余人，构建以巡防、110巡警力量为主导的街面防控网。

是年 科学编制《日照市“金盾工程”总体方案》，正式启动“金盾工程”建设。至2005年底，累计投入资金1720万元，完成“金盾工程”一期建设任务，在全市初步建成公安工作信息化框架体系。

是年 建立信访督查、信访户回访、信访调研、领导包案、局长接访、责任追究、一岗双责、逐级上访、办信“三见面”等16项规章制度，信访工作规范化水平进一步提升。

是年 根据上级统一部署，本着“保留队伍，更改称谓，更新服装”的原则，始建于1986年的全市经济民警队伍撤销，统一更名为“护卫队”，成为内部单位保卫人员的组成部分。

是年 莒县公安局巡警大队被团中央、公安部命名为“全国青年文明号”。

2004年

1月1日 《中华人民共和国居民身份证法》施行。8月，市政府办公室印发《关于做好全市换发第二代居民身份证工作的通知》，部署开展换发第二代居民身份证工作。

1月13日 全市公安工作会议召开。

1月15日 市委副书记、市长于建成到公安机关检查指导工作，看望慰问公安民警。

1月18日 市委书记李兆前到基层公安机关检查指导工作，看望慰问一线公安民警。

是月 市公安局行动技术科、监所管理科、出入境管理科、户政管理科、法制科、公共信息网络安全监察科、宣传科、计财装备科、警卫科的称谓，由“科”改为“处”。

2月 东港分局治安拘留所划回市公安局，改为市公安局治安拘留所（加挂强制戒毒所牌子）。

4月2日 完成全国人大常委会副委员长铁木尔·达瓦买提在日照市考察期间的警卫任务。

4月18日 完成全国人大常委会副委员长周光召在日照市考察期间的警卫任务。

4月25日晚 羽泉演唱会在山东体育学院日照分院体育场举行。公安机关完成相关安保任务。

5月 市政府印发《关于进一步改革我市户籍管理制度的意见》，明确日照市逐步取消农业、非农业和地方城镇居民户口性质分类，实行统一的居民户口登记管理制度。原非农业家庭户口、非农业集体户口、地方城镇居民户口改为“城镇户口”；原农业家庭户口、农业集体户口改为“农村户口”。

6月27日 中国茶叶学会成立40周年暨“南茶北引”发展战略专家论坛在日照市举办。公安机关完成相关安保工作。

是月 日照市禁毒委员会成立，在市公安局设立市禁毒办公室。

7月11日 公安部咨询委委员、省公安厅咨询委主任孟庆丰到日照市调研指导公安工作。

是月 开通市公安局至各区县的公安电视电话会议三级网，实现召开三级电视电话会议、图像传输、数据共享等功能。

8月10日 省委副书记高新亭到日照市检查指导公安工作。

8月21日 中央电视台“东方时空”明星足球队日照义赛义演活动在山东体育学院日照分院体育场举办。公安机关完成相关安保任务。

9月10—17日 2004年全国帆船锦标赛在日照市举行。公安机关完成赛事安保任务。

是月 在市行政审批服务大厅首设公安窗口，办理11项公安业务。后陆续增设公安业务办理事项。

10月12日 省公安厅厅长曲植凡到东港分局黄海路、昭阳路、两城派出所等基层单位检查指导工作。

10月26日 市政协主席邵长福带队到公安机关调研“平安日照”建设工作。

是月 查处1名吸食甲基苯丙胺（俗称冰毒）人员。

12月3日 全市第二次经济犯罪侦查工作会议召开。

是月 张志华任日照市副市级干部。

是年 按照公安部统一要求，全市公安机关实行警车外观制式统一涂装改制，共改制警车382辆。

是年 国务院公布《企业事业单位内部治安保卫条例》。全市各级公安机关广泛宣传，深入贯彻落实，推动构建“单位负责、政府监管”的经文保工作新机制。同时，在全市推行治安防范承包责任制，由各村居治保会牵头，层层组建专兼职巡逻队伍，常态开展巡逻防范。

2005年

1月25日 全市公安工作会议召开。

1月26—27日 完成省委书记张高丽在日照市考察工作期间的安保任务。

2月5日 市委书记、市人大常委会主任李兆前带队到基层看望慰问春节期间坚守岗位的公安民警、武警官兵。

3月2日 召开全市公安机关动员大会，部署在全市公安机关集中开展以实践“三个代表”重要思想为主要内容的保持共产党员先进性教育活动。

5月16日 全省首次跨区域化学危险品灭火救援实战演习在日照市举行。省委副书记高新亭，副省长谢玉堂，省长助理、省公安厅厅长曲植凡观看实战演习，并到市公安局“三台合一”指挥大厅检查指导工作。

6月12—17日 2005年全国翻波板锦标赛及青少年帆板锦标赛在日照市举行。公安机关完成相关安保任务。

6月14日　举行全市换发第二代居民身份证首发仪式，为第一批申领第二代居民身份证的30名群众代表颁发证件。

是月　市公安消防支队成立日照市青年消防志愿者服务支队。2008年，日照市青年消防志愿者服务支队被共青团中央表彰为“中国百个优秀服务集体”。

7月21—22日　省委理论学习中心组读书会到日照市考察。公安机关完成相关安保任务。

8月6日　中国电影百年华诞暨“教授花园杯”第十届中国电影表演艺术学会奖（金凤凰奖）颁奖晚会在日照市举行。公安机关完成相关安保任务。

8月10日　省委副书记高新亭到日照市公安局东港分局黄海路派出所检查指导工作。

8月28日至9月9日　2005年欧洲级帆船世界锦标赛暨国际游艇展览交易会在日照世帆赛基地举行。公安机关完成相关安保任务。

9月　印发《全市公安派出所开展“双述双评”工作的意见》，部署在全市公安派出所开展“双述双评”百日行风建设竞赛活动。

10月3—5日　完成省委副书记、省长韩寓群在日照市考察工作期间的安保任务。

10月17—18日　完成中共中央政治局常委、全国政协主席贾庆林在日照市考察期间的警卫任务。

10月19日　市政协主席邵长福到市公安局调研指导政协提案办理工作。

10月28—29日　完成全国政协副主席、中央统战部部长刘延东在日照市考察期间的警卫任务。

是月　市公安局指挥中心加挂信息中心牌子，指挥中心机要通信科加挂科技处牌子。

11月10日　市委副书记、市长于建成到市看守所和新建市拘留所工地实地调研。

12月3日　武警山东省总队政委冯金安到日照市公安机关检查指导工作。

是年　中央机构编制委员会办公室印发《关于进一步明确民用爆炸物品安全监管部门职责分工的通知》，公安机关对烟花爆竹厂点四邻安全距离管理职能移交给安全生产监管部门，同时公安机关不再办理烟花爆竹销售许可证。至此，全市公安机关对烟花爆竹监管职能调整为负责烟花爆竹的公共安全管理。

是年始　部署开展以警务公开、加强与群众联系沟通为主题的警营开放日活动。此后，警营开放日不断创新形式，拓展内容，坚持经常，成为密切警民关系的新举措。

是年始　按照公安部统一部署，组织开展市、县（区）两级公安局局长大接访活动，并逐步建立由“一把手”接访制度为核心的公安信访工作长效机制。

2006年

1月1日始　日照市范围内的户口实行网上迁移。市内户口迁移签发纸质准迁证、迁移证的时代结束。

1月20日　全市公安工作会议召开。

2月5日　市委书记、市人大常委会主任李兆前带队到公安机关基层一线，看望慰问春节期间坚守岗位的公安民警、武警官兵。

3月30日　2006年千家旅行社（日照）会盟暨淮海经济区旅游新产品推介会、中国乡村游展示会在日照市会展中心开幕。公安机关完成相关安保工作。

4月28日　市政府召开全市预防道路交通事故工作会议。

5月 市公安局治安拘留所改为日照市拘留所。

6月15日 全省换发第二代居民身份证工作座谈会在日照市召开。

6月19日 2006年全国青少年帆板锦标赛在日照市举行。公安机关完成赛事安保任务。

6月21日 武警山东省总队总队长戴肃军到日照市看守所调研武警值勤模式改革及基础建设等工作。

6月26日 全省公安机关行风建设座谈会在日照市召开。市公安局作题为《锲而不舍、求实创新，努力打造人民满意的公安行业作风》的典型发言。

6月至11月底 全市公安系统开展社会主义法治理念教育活动。

7月6日 完成2006年全国沙滩排球冠军赛安保任务。

7月9日 公安部纪委副书记、监察局局长俞湧到日照市公安机关检查指导行风建设和“三基”建设工作。

7月12日 完成最高人民法院院长肖扬在日照市考察期间的警卫任务。

是日 同三高速305公里处发生一起4辆车连环相撞事故。一满载27吨液化气的槽车侧翻导致液化气大量泄漏并燃烧。经民警、消防官兵8小时艰苦鏖战，扑灭火灾并成功堵塞液化气泄漏。

7月17日 全市道路交通控制中心二期工程投入试运行。

7月27日 印发《关于充分发挥公安机关职能作用保障和服务县域经济发展的意见》。

是日 市公安局举行仪式，欢迎赴利比里亚执行维和任务的民警刘召海归建。

8月2日 完成全国人大常委会副委员长何鲁丽在日照市考察期间的警卫任务。

8月5—12日 2006年全国帆船锦标赛总决赛在日照世帆赛基地举行。公安机关圆满完成赛事安保任务。

8月10日 日照市治安防控体系建设现场观摩会召开。

9月6—13日 国际470级帆船世界锦标赛在日照举办。该赛事是国际帆船级别最高的比赛，赛事规格、规模以及参赛国家数量均创日照承办体育赛事之最。公安机关完成赛事安保任务。

9月11日 全国多种形式消防队伍建设工作现场会在日照市召开。

9月21日 完成第六次泛黄海中日韩经济技术交流会安全保卫任务。

9月25日 武警山东省总队总队长戴肃军到日照公安机关检查指导监管执勤改革试点工作。

是月 日照市拘留所新所在东港区山东路151号开工建设，2007年建成并投入使用。

10月11日 省长助理、省公安厅厅长曲植凡在《十年行风建设先进的背后——日照市公安局行风建设纪实》上作出批示，对市公安局行风建设工作给予肯定。

10月19日 全省监管执勤改革现场会在日照市召开，观摩日照市3个看守所勤务模式改革成果。公安部十三局副局长刘树根，武警部队副参谋长薛国强，省委副书记高新亭，省委常委、政法委书记阎启俊，副省长李玉妹，省长助理、省公安厅厅长曲植凡，武警山东省总队总队长戴肃军出席会议。

10月24日 全市公安机关举行中国公安廉政宣言宣誓仪式。

是月 市公安局抽调70余名警力成立专门行动队，专职打击和防范街面“两抢”犯罪。

11月10日 市委副书记、市长于建成到市拘留所检查指导工作。

11月30日 召开全市公安机关“三基”工程暨队伍正规化建设工作会议。

是月 完成中共中央政治局常委、国家副主席曾庆红考察途经莒县期间的警卫任务。

是月 莒县公安局成立工作组，赴大连为莒县籍务工经商群众集中办理第二代居民身份证。这一异地办证举措为开创县级公安机关异地办证的先河，被省、市媒体宣传报道，省委政法委、省公安厅在全省予以推广。

12月7日　全省公安机关赴海地维和警察防暴队事迹报告会在日照市举行。

12月30日　槐国栋任市公安局党委书记、局长。

是年　市公安局分批次开展“金盾工程”二期项目建设。至2013年，“金盾工程”二期项目建设基本完成。全市公安信息化建设与应用进一步推进，公安信息通信二级、三级及接入网网络覆盖基层单位；覆盖各警种警务工作的各类应用系统初步建成；公安信息中心技术架构体系初步形成。

是年　按照公安部统一部署，在全市公安机关开展为期3年的抓基层、打基础、苦练基本功“三基”工程建设。

2007年

1月19日　启动日照市“九二”式小型汽车自选号牌工作。

2月1日　市委副书记、市长杨军向技宝电子（日照）有限公司董事长、韩国商人全道学颁发经公安部审批的“外国人永久居留证”（俗称“绿卡”）。全道学成为日照市首位获得在华永久居留资格的外国人。

是日　市委副书记、市长杨军到市公安局交警支队检查指导工作。

2月9日　全市公安工作会议召开。

2月17日　市委书记、市人大常委会主任李兆前到公安机关检查指导工作，看望慰问节日期间坚守岗位的公安民警、武警官兵。

2月20日　完成省委书记、省人大常委会主任张高丽在日照市考察工作期间的安保任务。

是月　公安部在北京召开全国公安机关反腐倡廉工作会议。市公安局作题为《兢兢业业保民安，扎扎实实创满意，努力打造新时期良好警风》的典型发言。

3月18日　市委书记、市人大常委会主任李兆前到医院看望慰问在追捕持刀歹徒中负伤的东港分局日照路派出所巡防队员。

3月30—31日　完成省委书记李建国在日照市考察工作期间的安保任务。

4月5日　公安部副部长张新枫，武警部队副司令员霍毅，公安部监管局局长张卫航、副局长郭振久，武警部队副参谋长薛国强，省长助理、省公安厅厅长曲植凡等领导到日照市看守所、莒县看守所实地检查指导监管执勤改革工作。

4月9日　印发《关于保障和服务全市科学发展、跨越发展的意见》。

4月11日　召开专题会议，在全市公安机关部署开展“作风建设年、树立良好警风”活动。

是月　印发《关于进一步加强全市公安机关领导干部作风建设的意见》。

5月11日　联合市中级人民法院在交警岚山大队召开全市道路交通事故法庭建设现场会，在全省首推道路交通事故法庭进驻交通事故处理部门调处损害赔偿机制。至2018年底，各区县全部建立独立编制的道路交通事故法庭，专门审理道路交通事故案件。

5月18—19日　新丝绸之路——2007年黄河经济协作区旅游经济合作峰会暨千家旅行社会盟活动在日照市举行。公安机关完成相关安保工作。

5月30日　2007年中国意大利企业合作高层论坛在日照市举行。公安机关完成相关安保工作。

7月1日　全市公安机关统一使用网上办案暨监督考评系统，全面推行“网上办案”，公安规范化执法工作迈入信息化时代。

7月2—4日　以公安部督察专员邓明为组长的公安部第八督导组一行，到日照市督导公安“三基”工程建设。

7月12日　市政府召开会议，启动日照市道路交通安全联席会议制度并部署全市“平安畅通县区”创建工作。

7月23—24日　完成最高人民检察院检察长贾春旺在日照市考察期间的警卫任务。

8月1日　市委副书记、市长杨军带队到公安机关基层单位，看望慰问一线执勤民警。

8月10—11日　日照市沿海地区普降暴雨，市区低洼地区积水严重，部分村庄积水超过150厘米。市公安局第一时间调集警力510人、车辆78台，成功抢救、疏散受灾群众260余户528人。

8月23日至9月8日　首届中国水上运动会在日照市举行。时为日照建市后承办的规模最大、规格最高、影响最广的综合性体育赛事。公安机关完成赛事安保任务。

8月24日　省委副书记刘伟到日照基层公安机关检查指导工作。

8月30日　召开全市公安机关深化“三基”工程建设工作会议。

9月1—2日　完成省委书记李建国在日照市考察工作期间的安保任务。

9月29日　市委书记、市人大常委会主任李兆前到基层公安机关检查指导工作，看望慰问一线公安民警、武警官兵。

10月　全市公安机关完成党的十七大安保维稳任务。

11月13日　国务院正式批复同意在日照港口岸开展外国人口岸签证工作。日照市成为全国第37个、全省第5个口岸签证城市。

11月16日　完成中共中央政治局常委、中央纪委书记贺国强在日照市考察期间的警卫任务。

11月30日　全市作风建设年活动总结大会召开。市公安局作题为《坚持严管严治　培育真抓实干的良好警风》的典型发言。

是月　槐国栋任日照市副市级干部。

12月14日　市公安局互联网门户网站“日照警务网”正式开通。

是月　市公安局出入境管理处改为出入境管理分局。

是年　市公安局党委本着“通过全警动员严防范、强打击促进作风建设、带动整体公安工作”的思路，以深化“三基”工程建设、完善严打严防长效机制为重点，全面部署构建完善“合成化”现代警务体系。

2008年

1月11日　省公安厅党委委员、副厅长任学增带领综合考评组对日照公安工作进行年度综合考评。

1月31日　全市公安工作会议召开。

2月4日　副省长、市委书记李兆前到基层公安机关检查指导工作，看望慰问一线公安民警、武警官兵。

是日　市委副书记、市长杨军到消防支队特勤中队检查指导工作，看望慰问一线官兵。

是日　省公安厅党委委员、政治部主任王兆玉到日照市走访慰问因公牺牲民警家属。

3月11日　市政府在国际候船厅广场举行日照口岸签证启动仪式，正式启动口岸签证这一对外开放的“绿色通道”。市委副书记、代市长赵效为向第一位获得口岸签证的韩国入境人员颁发签证。

3月27日 全省公安机关“三基”工程建设经验交流会在日照市召开，省公安厅党委委员、副厅长于长安出席会议。市公安局作典型发言，全面介绍市公安局构建“五张防控网”的经验做法。

4月17日 市公安局建立维护民警正当执法权益委员会。之后，该组织根据人员变动，适时调整。

5月12日 四川省汶川县发生8.0级特大地震。16日，按照上级统一部署，市公安消防支队选派30名公安消防官兵紧急驰援抗震救灾。

6月11日 市委书记杨军到公安一线单位，检查指导“三基”工程建设、奥运安保和“平安日照”建设等工作。

6月19日 2008年全国沙滩排球冠军赛在日照市举行。公安机关完成赛事安保任务。

6月28—29日 2008年中日韩国际大帆船比赛在日照市举行。公安机关完成赛事安保任务。

6月28—29日 完成省委书记姜异康在日照市考察工作期间的安保任务。

是月 市公安局设立特警支队。

7月3日 日照市首次采用定向与微差分段控制方式，成功爆破拆除日照银海大厦。公安机关做好爆破指导与安保工作。

7月21日 按照省公安厅统一部署，市公安局抽调420名公安民警、消防官兵参加青岛奥运火炬传递安保工作，完成安保任务。

7月30日 首届中国（日照）国际工艺品博览会在日照会展中心举行。公安机关做好活动安保工作。

是月 按照市委部署，全市公安机关开展“学先进、找差距、促发展”解放思想大讨论活动。

8月7日 全市公安机关奥运安保动员大会召开。

8月12日 市公安局举行单警装备发放仪式。按照公安部《公安单警装备配备标准》，1800套单警装备全部配发到各分县局和有关警种部门的广大民警。

9月5—11日 2008年全国帆船帆板锦标赛在日照世帆赛基地举行。公安机关完成赛事安保任务。

9月10日 在全省抗震救灾英雄集体和抗震救灾模范表彰大会上，市公安消防支队赴川抗震救灾救援队被省委、省政府表彰为“抗震救灾英雄集体”。

9月18日 市委副书记、市长赵效为到市公安局基层一线调研指导公安工作。

10月18日 圆满完成中央电视台“倾国倾城”日照主题晚会安保任务。

10月29日 公安部边防局政委傅宏裕到日照一线基层边防派出所和日照边防检查站检查指导工作。

10月29—30日 “中国消防志愿者行动”推进会在贵州省召开，作为唯一一个与会的地级市消防单位，日照市公安消防支队在会议上介绍相关工作经验。

10月31日 市委副书记、市长赵效为到市中医院看望慰问因公负伤的东港分局望海路派出所民警。

是月 完成2008年北京奥运会、残奥会安全保卫任务。安保任务中，全市公安机关围绕“平安奥运”目标，全警动员合成作战，压茬开展打黑除恶，集中整治非法传销、治爆缉枪等系列专项行动，构筑覆盖全市街面、公路、村居、单位、公共复杂场所的“五张防控网”，奥运火炬转场途经日照和奥运、残奥会期间，全市社会大局安全稳定。

是月 市公安局指挥中心信访科单独设置改为信访处，公共信息网络安全监察处改为网络警察支队。

11 月 10 日 《日照民生手册》在各区县同时举行发放仪式。该手册向全市市民发放，公安机关所有与民生有关的基础公共服务事项包含其中。

11 月 16 日 日照市“纪念改革开放 30 周年”合唱艺术节总决赛在市会展中心举行，在 47 支参加总决赛的合唱队中，市公安局代表队获一等奖。

11 月 25 日 省委常委、政法委书记柏继民到日照市公安局东港分局大学科技园派出所调研指导工作。

是月 建设开通互联网报警服务网站，并在全市主要网站上挂接报警岗亭和虚拟警察。

12 月 11 日 淄博市一辆载重量为 29 吨的危险化学品邻二甲苯运输车，行至日照市老城区山东路与西环路路口时，因交通事故造成车辆侧翻，导致罐口开裂，发生泄漏事故。市公安局迅速调集警力第一时间赶赴现场，管控交通，疏散群众，妥善处置，未造成人员伤亡。

12 月 15 日 破获“4·7”特大虚开增值税专用发票案，抓获犯罪嫌疑人 36 名，为国家追回流失税款 4000 余万元，并带破临沂、烟台、连云港等地虚开增值税专用发票案件，涉案金额价税合计 2.88 亿元。时为建市后日照公安机关破获的最大虚开增值税专用发票案。

是月 市公安局法医诊疗鉴定中心撤销。

是年 市公安消防支队注册成立日照市青年消防志愿者协会，注册消防志愿者 1 万余名。省消防总队、共青团山东省委在日照联合召开“山东省消防志愿者行动推进会”，推广日照消防志愿者工作经验。2014 年，日照消防志愿者协会作为全省唯一获奖集体，被公安部表彰为“第二届全国 119 消防奖先进集体”。

是年 市公安局被省委、省政府表彰为全省人民满意政法单位；被省委、省政府、省军区表彰为全省双拥工作先进集体；被省政府表彰为全省政风行风建设先进单位。

2009 年

1 月 14 日 省公安厅党委委员、指挥中心主任吴德生到日照市看望慰问公安机关烈士家属和困难群众。

3 月 6 日 全市公安工作会议召开。

3—8 月 全市公安机关开展深入学习实践科学发展观活动。

4 月 29—30 日 完成德国前总理格哈德·施罗德在日照市考察访问期间的警卫任务。

5 月 7 日 第十一届全运会帆板预赛在日照奥林匹克水上公园开幕。公安机关完成赛事安保任务。

5 月 9 日 完成在日照召开的山东省党政代表团赴江苏考察学习总结会安保任务。

5 月 10 日 完成省委副书记、省长姜大明在日照市考察工作期间的安保任务。

同日 省公安厅党委委员、副厅长于长安到日照市检查指导第十一届全运会安全保卫工作。

5 月 18 日 在全国社会治安综合治理表彰大会上，日照市被表彰为“全国社会治安综合治理优秀市”。

是月 印发《日照市公安局关于大力加强执法规范化建设的意见》，部署开展“执法规范化建设推进年”活动。

6 月 1 日至 10 月 20 日 在全市开展第六次人口普查，全市公安机关完成相关工作任务。

6 月 3 日 省长助理、省公安厅厅长吴鹏飞到日照市调研指导公安工作。

6 月 9 日 省委常委、政法委书记柏继民到日照市调研政法综治工作及相关安保工作。

6月14日 完成全国政协副主席、全国工商联主席黄孟复在日照市考察期间的警卫任务。

6月15日 完成庆祝地级日照市建立20周年大型文艺焰火晚会安保任务。

7月10—11日 完成全国人大常委会副委员长、民进中央主席严隽琪在日照市考察期间的警卫任务。

7月13日 日照市应急救援支队成立并举行揭牌仪式。市应急救援支队依托市公安消防支队组建，主要承担突发灾害事故的应急救援任务。

是月 完成第三届中国（日照）国际海滩旅游文化节暨日照首届青岛啤酒节开幕式安保任务。

8月29日 日照市在日照奥林匹克水上公园太阳广场举行“泰山2号”反恐怖应急指挥与力量拉动演习。

9月15日 2009年中国东部沿海国际经贸论坛暨中国对外贸易理事会交流会在日照市举行。公安机关完成相关活动安保任务。

9月23日 完成第十一届全运会火炬传递（日照站）安保任务。

9月23—24日 省公安厅党委委员、副厅长任学增到市公安机关检查指导国庆暨全运会安保工作。

9月24日 日照市铁路护路协会成立大会暨第一届会员代表大会召开。

9月26日 日照市“庆祝新中国成立60周年红歌演唱大赛”第二届合唱艺术节总决赛在市会展中心举行。市公安局代表队以9.97分获第一名。

9月29日 市委书记、市人大常委会主任杨军到公安机关一线单位检查指导国庆暨全运会安保工作。

10月3日 市委副书记、市长赵效为带队到市公安局特警支队，看望慰问节日期间坚守岗位的一线公安民警。

10月10—24日 完成第十一届全运会日照赛区安保任务。

是月 制定《日照市公安机关接处警现场处置操作规范（试行)》，在全市公安机关推行110接处警工作规范化建设。

11月27日 市政协主席李守民带队到公安机关一线单位，检查指导公安机关维护稳定工作情况。

12月18日 《人民日报》法制建设专版刊登反映日照市公安局创建合成化警务体系的文章——《日照：创“合成化”警务体系　破警力不足难题》。

是日 在交警支队直属大队事故处理科院内举行日照市道路交通事故快速理赔中心启用揭牌仪式。

12月21日 市公安局在日照《行风在线》开播6周年庆祝活动中被表彰为“我最满意的上线单位”。

12月25日 市公安局举行公安特警赴疆维稳出征仪式。根据公安部统一部署，日照市公安局50名特警到新疆执行为期4个月的维稳任务。

是年 莒县公安局破解“外来媳妇”落户难题，集中为654名“外来媳妇”办理准迁证手续，为530名“外来媳妇”办理落户手续。该做法被中央、省、市主流媒体报道，入围人民网、国家行政学院联合征集的加强和创新社会管理典型案例。

是年 在省公安厅组织的全省群众安全感满意度调查中，日照市群众满意度位居全省第一。市公安局被省委、省政府表彰为“全省人民满意政法单位”。

2010年

1月17—18日 全省公安工作会议在济南召开。会上，市公安局局长槐国栋作题为《创建合成化现代警务体系 提高公安工作科学化水平》的典型发言。

2月5日 全市公安工作会议召开。

2月6日 省公安厅党委委员、政治部主任王兆玉到日照市看望慰问公安英烈家属，走访困难群众。

2月9日 市委副书记、市长赵效为带队到公安机关基层单位，看望慰问春节期间坚守岗位的一线公安民警、武警官兵。

2—11月 根据公安部统一部署，在全市公安机关开展警车和涉案车辆违规问题专项治理工作。

3月 根据公安部、省公安厅部署，在全市公安机关开展集中整治执法过程中涉案人员非正常死亡问题专项活动。

是月 对1名吸毒人员责令社区戒毒，为全市首例。是年，全市开始探索推行社区戒毒模式。

4月1—2日 全省道路交通事故处理现场会在日照市召开。

4月9日 市委副书记、市长赵效为到市中医医院看望慰问在抓捕犯罪嫌疑人中负伤的东港分局黄海路派出所民警。

4月15日 日照市50名赴新疆维稳公安特警凯旋归建。

4月16日始 全市公安局连续举办六期民警“轮训轮值、战训合一”训练班，全市公安机关股级以上干部全部轮训一遍。

4月28日 完成省委副书记、省长姜大明在日照市考察工作期间的安保任务。

是日 五莲县公安局巡防大队指导员孙金友带领巡逻人员追缉1个持枪严重暴力犯罪团伙，在左眼被枪弹击中的情况下，带领巡逻人员将2名犯罪嫌疑人当场抓获。经查，该犯罪团伙自2007年起结伙盗窃、持刀抢劫等多次，涉案价值近30万元。当日，该团伙预谋尾随抢劫银行提款人员，被巡逻人员发现并抓获。2012年，孙金友被公安部授予全国公安系统二级英雄模范荣誉称号。

是月 印发《日照市公安机关执法执勤和队伍管理“十个严禁、十个不准”》。

5月3日 市委副书记、市长赵效为代表市委、市政府到省立医院，看望慰问在抓捕持枪严重暴力犯罪嫌疑人过程中负伤的孙金友。

5月12日 召开专题会议，全面部署落实《全市公安机关深化基层基础工作三年规划（2010—2012年）》。

5月27日 山东省海外华商博士投资创业合作周日照推介洽谈会在日照市举行。公安机关做好相关活动安保工作。

6月7日 省委副书记、省政协主席刘伟到日照经济开发区分局北京路派出所郑州路社区警务室检查指导工作。

7月16日 公安部监管局局长赵春光到日照市检查指导公安监所管理工作。

7月21日 市委副书记、市长赵效为率“八一拥军慰问团”到边防支队走访慰问。

7月31日 山东电视台《直通书记·市长》栏目组专程到市公安局采访报道。

是月 完成2010年中国水上运动会火炬日照市区传递安保任务。

8月1日 市委书记、市人大常委会主任杨军带队到万平口风景区看望慰问一线执勤巡逻的公安民警、武警官兵。

8月22日　市委书记、市人大常委会主任杨军到水运会安保部检查指导工作。

8月18日至9月8日　2010年中国水上运动会在日照市奥林匹克水上公园举行。公安机关完成赛事安保任务。

是月　印发《日照市公安机关人民警察有责信访（投诉）案件责任追究实施办法》，明确44种执法不规范行为和处理规定。

9月21日　市委副书记、市长赵效为带队到海曲东路与青岛路路口，看望慰问执勤公安民警、武警官兵。

9月28日　市政府举行全市乡镇专职消防队成立暨消防车配发仪式。

9月29日　与市委宣传部、市文联在市档案馆联合举办"全市公安机关创建合成化现代警务体系成果展"。

是月　制定实施《日照市公安机关有责信访（投诉）案件责任追究实施办法》。是年，按照上级统一部署，在全市公安机关组织开展领导干部"大接访"活动。

10月7—9日　联合国人居署非洲办主任阿利翁·巴蒂安尼一行14人到日照市考察访问。公安机关做好相关安保工作。

10月10—11日　全省公安宣传工作座谈会在五莲县召开。

10月11日　全省转方式调结构现场观摩会在日照市现场观摩。公安机关做好会议活动安保工作。

10月28日　省委常委、政法委书记柏继民到五莲县公安局潮河派出所检查指导工作。

11月1日　省委常委、政法委书记柏继民在有关材料上作出批示，肯定日照公安建立合成化现代警务体系的做法。

11月9日　在山东外国语职业技术学院举行日照市"119"消防宣传周活动启动仪式暨万名大学生灭火疏散逃生演练。

11月15日　国务委员、公安部部长孟建柱在长篇通讯《"五推法"：助推山东夯实"防火墙"工程》上作出批示，对日照市成功扑救"10·12"华美大酒店火灾的经验做法给予肯定。

11月16日　市委书记、市人大常委会主任杨军到石臼商贸市场、日照百货大楼和市人民医院等人员密集场所，实地检查消防安全防火墙工程建设。

11月21日　完成省委副书记、省长姜大明在日照市考察工作期间的安保任务。

11月26日　市政府召开全市预防道路交通事故工作电视电话会议，部署开展全市道路交通安全大检查活动。

12月31日　市委副书记、市长赵效为带队到公安机关基层单位，看望慰问节日期间坚守岗位的一线公安民警、巡防队员。

是日　召开专题会议，部署在全市公安机关开展"执行力、创新力、公信力"建设年暨制度落实年活动。

是月　槐国栋任日照市人民政府党组成员，盛聚堂任市公安局政委。

是月　各分县局和全市66个派出所开通接入网视频会议系统，开通率达到100%。

是年　全市派出所全部完成执法办案场所功能区建设改造工作。

2011年

1月7—8日　全省公安工作会议在济南召开。市公安局局长槐国栋作题为《以群众满意为目标积极构建和谐警民关系》的典型发言。

1月24日　省公安厅党委委员、纪委书记任建军代表省公安厅党委，到日照看望慰问公安英烈亲属和生活困难民警，走访社会困难群众。

1月24日至2月22日　按照公安部、省公安厅统一部署，市公安局、武警日照市支队在市区首次启动公安特警、武警联合联勤武装巡逻工作。

1月31日　市委书记、市人大常委会主任杨军带队到基层公安机关街面巡逻执勤岗位，看望慰问节日期间奋战在一线的公安民警、武警官兵。

2月28日　市委副书记、代市长李同道到市公安局检查指导工作。

2月　查破王某某妨害信用卡管理案，公安部副部长刘金国对此案作出批示。

3月4日　全市公安工作会议召开。

3—11月　按照公安部、省公安厅统一部署，组织开展全市公安机关涉案财物管理问题专项治理。

4月12日　完成省委书记、省人大常委会主任姜异康在日照市考察工作期间的安保任务。

4月21日　市公安局召开贯彻第三次全国全省经侦工作会议暨派出所经侦基础工作观摩会。

4月24—30日　全省公安系统羽毛球比赛在烟台举行。市公安局代表队获得团体小组第三名。

4月26—27日　省公安厅党委委员、副厅长任学增一行到市公安机关检查指导工作。

是月　市公安局查破日钢公司“5·11”系列行、受贿案件，共立查非国家工作人员受贿、行贿犯罪案件38起，抓获犯罪嫌疑人42名，涉案金额2400余万元，追缴赃款及赃物折款2200余万元。

5月9日　市委副书记、代市长李同道到市公安局综合业务楼和特警支队及民警训练基地项目现场，检查指导公安基建工作。

是月　印发《日照市公安机关领导干部“一岗双责”问责办法（试行）》。

6月2日　召开全市公安机关深化执法规范化建设现场推进会。

6月17日　日照市庆祝中国共产党成立90周年第四届合唱艺术节在市会展中心举行。市公安局合唱团取得第一名的优异成绩。

6月25—26日　全省公安机关东西合作素质强警行动推进会在日照市召开。省公安厅党委委员、政治部主任王兆玉出席会议。

6月至次年6月　按照公安部、省公安厅统一部署，在全市公安机关开展为期一年的网上追逃专项督察“清网行动”。

7月20日　召开全市公安机关涉案财物管理问题专项治理工作典型示范单位现场会。

8月13—18日　中国日照第二届沙滩足球争霸赛在日照举行。市公安局代表队获季军。

8月23日　全市公安机关召开强力推进大走访工作电视电话会议，安排部署大走访工作。

9月15—18日　全省公安机关警务实战教官技能比赛在淄博举行。市公安局代表队在战术攻防对抗赛中获单项团体第四名，在教学训练法现场实训比武中获现场教学第四名的成绩。

9月16日　全省城市间反恐怖对抗演习（临沂—日照）在日照市举行。

9月26—27日　全省公安系统武装越野比赛在东营市举行。市公安局代表队取得团体总分第一名，实现在全省公安系统体育赛事上的历史性突破。

是月 市公安局联合曲阜师范大学组建全市首支禁毒志愿者队伍，招募禁毒志愿者370人。

10月14日 全省公安机关涉案财物管理信息系统座谈会在日照市召开。

10月27日 在中国人民公安大学参加培训的香港警察研修班一行28人到市公安局考察。

是月 完成全国政协副主席、致公党中央主席罗豪才在日照市考察期间的警卫任务。

11月6日 省长助理、省公安厅厅长吴鹏飞对市公安局“构建合成化现代警务体系”工作作出批示、给予肯定。

11月22—23日 省公安厅党委委员、副厅长张志华到日照市检查指导公安工作。

11月29—30日 全省公安电视宣传工作研讨会在济南召开。市公安局专题片《“合成”金盾筑平安》获全省公安电视作品一等奖。

是月 市政府办公室印发《日照市公安局主要职责内设机构和人员编制规定》，行动技术支队改为技术侦察支队，监所管理处改为监所管理支队，出入境管理分局改为出入境管理支队（加挂出入境管理分局牌子），法制处改为法制支队，指挥中心机要通信科改为信息通信处，网络警察支队改为网络安全保卫支队，计财装备处改为警务装备保障处，督察部改为警务督察支队，审计科改为审计处，警卫处改为警卫支队，设立情报信息处、行政服务处，纪检委、监察室改为纪委、监察室，设立机关党委。刑事警察支队改为刑事侦查支队（加挂禁毒支队、反恐怖支队牌子），治安巡逻警察支队改为治安警察支队，交警支队车辆管理所划归市公安局，改为市公安局车辆管理所。

12月6日 全省东片国保工作座谈会在日照市召开。

12月8日 市政协主席李守民带队调研指导公安机关加强治安防控体系建设、推动社会管理创新工作。

12月29日 从培浩任日照市人民政府党组成员、副市级干部，市公安局党委书记。

是月 市公安局自主研发复式治安检查站智能检测系统，获评日照市科学技术奖三等奖。

2012年

1月1日 中国·日照“迎日出，贺新年”庆典活动在日照万平口演艺广场举行。公安机关完成活动安保任务。

1月6日 从培浩任市公安局局长。

1月11—12日 全省公安工作会议在济南召开。市公安局被表彰为“全省市级优秀公安局”。

1月18日 以“团结奋进、拥抱明天”为主题的全市公安机关2012年迎春文艺晚会在日照会展中心举行。

1月19日 省公安厅党委委员、政治部主任王兆玉代表省公安厅党委，到日照走访慰问困难民警及特困群众家庭。

1月20日 市委书记、市人大常委会主任杨军带队到各巡逻执勤点，看望慰问节日期间奋战在安保一线的公安民警和武警官兵。

2月2日 全市公安工作会议召开。

2月7日 日照公安微博正式开通运行，成为市政府序列的第一个政务微博。

2月11日 市政府制定出台《关于积极稳妥推进户籍管理制度改革加快城镇化进程的实施意见》，在降低户口落户标准、简化办理程序、缩短办理时限等方面作出明确规定。

2月21日 公安部副部长刘金国在《深化消防安全“五大”活动“清剿火患”战役战报》上作

出批示，对市公安局消防宣传工作给予肯定。

2月24日　召开专题会议，部署开展“迎旅游旺季、创平安和谐民俗旅游品牌”活动。

3月1日至8月31日　全市公安机关开展打击经济犯罪“破案会战”。其间，共破案581起，移送起诉1078人，挽回经济损失6200余万元，发起2起全国性集群战役。市公安局在全省公安机关“破案会战”现场推进会上做典型发言。

3月14日　省公安厅党委委员、副厅长任学增到市公安局检查指导工作。

3月22日18时许　“宝贝回家”志愿者通过新浪微博发表《急寻五莲潮河镇失踪小男孩》，并@到“日照公安”官方微博。次日21时，“3·22”绑架儿童案成功告破。市公安局和五莲县公安局均在第一时间从公安微博上通报案件侦破情况，受到网民一致好评。公安部打拐办主任先后两次在微博上发布表扬、肯定信息。

3月28日　市公安局被市委、市政府表彰为“2011年度全市目标管理绩效考核先进单位”。

3月31日　召开全市公安队伍建设会议，部署推进社会主义核心价值观教育活动。

是日　日照市“牵手”志愿者协会成立。

是月　与市综治办联合印发《日照市社会治安动态监控系统建设工作二年规划（2012—2013年)》，部署开展视频监控“天网工程”全覆盖建设。

是月　建成“网上督察信息中心”，网上督察工作全面启动运行。

4月18日　制定出台《日照市公安机关服务重点项目建设15条措施》。

4月20日　省公安厅党委委员、副厅长张志华到日照检查督导“破案会战”工作。

是月　“日照交警”公安微博入围全国政务微博百强，是日照市唯一进入前百名的政务微博。

5月22—23日　省公安厅党委副书记、副厅长毕宝文到市公安局检查指导工作，看望慰问基层公安民警。

5月23日　山东省南片第三十次刑侦协作会议在五莲县召开。省公安厅党委副书记、副厅长毕宝文出席会议。

5月24日　市政府召开全市道路交通安全工作会议。

5月25日　举办日照公安微博建设座谈会。

5月28日　在市人民广场举行“特警全天候巡逻防控”警务模式启动仪式。

5月30日　市委书记、市人大常委会主任杨军对日照公安微博工作作出批示、给予肯定。

6月11日　印发《日照市公安局民警工作时间使用手机的规定（试行)》。

6月14日　省公安厅党委委员、纪委书记任建军到日照市检查指导公安工作。

6月29日　省委常委、政法委书记、副省长才利民到市公安局交警支队直属大队事故处理中心、东港分局秦楼派出所检查指导工作。

7月10日　日照市建成全国首个消防应急志愿者服务支队。

是日　“中国航海日”山东庆祝活动在日照市举行。公安机关做好活动安保工作。

7月11日　公安部副部长刘金国在《山东日照快侦快诉两名特大经济犯罪案件主犯》上作出批示、给予肯定。

7月17日　全市公安机关推进打黑除恶工作现场会在岚山区召开。

7月23—24日　召开全市公安工作会议，传达贯彻落实全省公安局处长会议精神。

8月19日　省长助理、省公安厅厅长徐珠宝到日照市调研指导公安工作。

8月22日　日照市组织开展重点目标恐怖爆炸袭击实战对抗演习。此次演习由山东省反恐怖黑豹突击队担任模拟攻击力量，采取背靠背攻防对抗形式，重点检验日照市反恐怖应急处置整体能力和水平。

8月27日 省委副书记王军民到东港分局秦楼派出所检查指导工作。

9月6日 全省深化打击整治网络违法犯罪专项行动推进会议在日照市召开。

9月14—16日 公安部科技信息化局局长厉剑到日照市检查指导公安信息化建设与应用工作。

9月20日 日照市举行公安派出所管理体制调整交接仪式。莒县公安局中楼派出所移交岚山分局，岚山分局后村派出所移交东港分局管理。

9月21日 完成中共中央政治局原常委、中央政法委原书记罗干在日照市考察调研期间的警卫任务。

10月1日始 市公安局贯彻落实《山东省流动人口服务管理办法》。取消暂住人口的称谓，统一称为“流动人口”；取消暂住证，改为居住证管理。流动人口服务管理进入居住登记和居住证时代。19日，日照市首批31张居住证，经省公安厅复核通过并制作完毕后发放到群众手中。

10月16日 市综治办在开发区召开全市居民小区治安秩序集中整治现场会。

10月19日 市综治办、市公安局联合在五莲县召开视频监控建设现场会。

10月22日 举行党的十八大社会面安保巡防机制启动仪式。

11月1日 市政府制定实施《关于积极稳妥推进户籍管理制度改革加快新型城镇化进程的实施意见》（日政发〔2012〕35）。市公安局印发《关于认真贯彻日政发〔2012〕35号文件精神做好户籍管理制度改革配套服务工作的通知》，制定户口迁移实施细则。

11月7—8日 省公安厅党委委员、政治部主任王兆玉到日照检查督导十八大安保工作。

11月9日 市公安消防支队举行新建消防指挥中心落成典礼。

11月28日 市政协主席刘加顺带队调研指导全市公安机关社会管理创新工作。

是月 全市公安机关完成党的十八大安保维稳任务。

是月 从培浩任市公安局督察长。

12月19日 在全省公安系统优秀报刊评选中，市公安局《黄海晨刊·日照公安专版》被评为2012年度全省公安十佳报刊。

12月22日 全市公安机关举行深化“打黑恶、反盗抢”安民行动成果展。市区、岚山区、莒县、五莲县统一行动，公开退赃、广泛宣传。

是年 按照公安部、省公安厅部署，在全市公安机关开展以“忠诚、为民、公正、廉洁”为主要内容的人民警察核心价值观教育实践活动。其间，组织开展向东港分局经济犯罪侦查大队和莒县公安局民警董加岭、五莲县公安局民警孙金友学习活动；举行“庆祝建党91周年践行人民警察核心价值观先进事迹报告会”，在各分县局巡回演讲。

是年 市公安局将治安支队行动大队整建制划归特警支队，新招聘100名巡防力量充实到特警支队，配发15辆巡逻警车，启动“特警全天候巡逻防控”警务模式。特警二、三大队设立12个中队，对应市区12个派出所，承担上半夜（17时30分至23时30分）辖区街面巡逻和下半夜（23时30分至次日6时）巡逻接处警工作，有警接警、无警巡逻。同时，成立特警支队便衣反扒中队，承担市区打流反扒任务。自2017年下半年起，特警支队不再担负市区下半夜110接处警任务。

是年 市公安边防支队以开展创建模范党组织生活活动作为创新船舶和渔船民管理的抓手，部署开展“海上党旗红”工程，建立“海上流动党支部”5个，划分“流动党小组”65个，建立“海上党员之家”5个。

是年 市公安局被省精神文明建设委员会命名为“省级文明单位”。交警支队岚山大队被公安部表彰为“全国公安机关执法示范单位”。

2013年

1月1日 2013“迎日出，贺新年”庆典暨“好客山东，多彩日照”贺年会启动仪式在日照万平口演艺广场举行。公安机关完成活动安保任务。

1月11日 召开全市公安工作汇报会。

1月29日 以“共创和谐 守望平安”为主题的全市公安机关2013年迎春文艺晚会在市会展中心举行。

2月4—5日 省公安厅党委委员、副厅长王兆玉代表省公安厅党委，到日照走访慰问。

2月6日 市委书记、市人大常委会主任杨军带队看望慰问节日期间奋战在安保一线的公安民警、巡防队员。

是日 市公安局党委制定《日照市公安局党委关于改进工作作风的十项规定》。

2月19日 全市公安交警系统举行警用摩托车配发暨市区网格化交通巡控机制启动仪式。

2月21日 全市公安工作会议召开。

3月7日 市公安局综合业务楼正式奠基开工。

3月8日 召开全市公安机关刑事案件办理“一个出口”现场会暨执法规范化建设推进工作会议，推行刑事案件办理“一个出口”制度。

3月27日 市政府召开全市消防工作现场会。

是月 印发《日照市“户房一体化”工程实施方案》，重点解决因单位、村居管理户口不善，造成大量空挂户口、人户分离问题，逐步取消集体户中的家庭户，按照居住地登记户口的原则，对本市范围内单位集体户中的家庭户口及户口登记地址与实际居住地址不一致的常住户口居民，开展集中规范登记。至2014年，“户房一体化”工程基本结束，全市核实居民实际居住情况28.5万余人，变动居民户口27.3万余人，“户房一体化”格局基本形成。

是月 市公安局、市综治办印发《全市进一步优化完善视频监控建设全覆盖工程实施方案》，将“天网工程”纳入综治工程推进。

4月7日 2013年全国群众登山健身大会开幕式暨“五征杯”全国登山比赛在五莲山风景区举行。公安机关做好活动安保工作。

是月 印发《市区涉枪暴力性突发警情处置演练机制》。此后，定期举行一次不设预案的涉枪暴力性突发警情处置演练。

是月 日照市消防科普教育馆建成并开馆。

是月始 在全市公安机关部署开展执行力建设专题活动。

5月2日 省长助理、省公安厅厅长徐珠宝到日照调研指导公安工作，看望慰问基层民警。

5月12日 完成全国政协副主席、全国工商联主席王钦敏在日照市考察期间的警卫任务。

5月21—22日 完成省委副书记、代省长郭树清在日照市考察工作期间的安保任务。

5月23日 市公安局刑科所正式获得中国合格评定国家认可委员会批准，成为全省第10个通过国家认可的市级公安机关刑科所。

5月30日 日照市道路交通安全综合治理委员会成立。

是日 日照市在岚桥港口石化有限公司举行石油化工火灾事故灭火救援大型综合演练，市消防支队、7支企业专职消防队以及医疗救护、交通运输、环保、气象、供电、供水、供气消防应急志愿服务大队300余人参加演练。

是月 从培浩任日照市法学会副会长。

6月6日 与市邮政管理局、市国家安全局等5部门联合印发《日照市邮政行业安全监管工作协调机制实施意见》，建立安全监督检查协调机制，推动联动执法，加强寄递行业安全监管工作。

6月28日 山东钢铁集团有限公司日照钢铁精品基地在岚山区举行开工仪式。此后，公安机关全力做好服务保障和安保工作，保障项目顺利落地开工。

是月 上旬至11月底，按照公安部统一部署，全市公安机关集中开展取保候审突出问题专项督察。

7月1日 开通“日照市公安局”官方微信公众号，常态发布警务工作信息和警方提示等内容。

7月2—4日 第十届全国舞蹈比赛在日照会展中心举行。公安机关做好赛事安保工作。

7月13日 市公安边防支队山海天边防派出所等部门闻警而动，成功营救1000余名被海水围困在太公岛上的外地游客。公安部、省公安厅等领导批示肯定，中央电视台《新闻直播间》等主流媒体集中宣传报道。

7月23—26日 2013年山东省公安系统象棋比赛在枣庄市举办。市公安局代表队1名民警获个人冠军。

8月11—12日 省公安厅党委委员、政治部主任闫希军到日照市督导夏秋社会治安整治“治安大扫除”集中行动。

9月5日 市委书记、市人大常委会主任杨军检查指导公安机关大回访、海防建设等工作。

9月13日 市委书记、市人大常委会主任杨军到世帆赛安保部检查指导工作。

9月25—27日 召开全市公安机关“八个能力提升”现场观摩会议。

是月 市公安局设立高速公路交通警察支队（加挂山东省公安厅高速公路交通警察总队日照支队牌子），日照经济开发区分局改为日照经济技术开发区分局。

10月1—7日 完成2013年激光雷迪尔级帆船世界锦标赛安保任务。

10月31日 省公安厅副厅长、纪委书记任建军到日照市调研指导公安工作。

是月 完成“第十届中国艺术节”在日照市系列演出活动安保任务。

11月21日 全省海防工作座谈会议在日照市召开。省委副书记、省海防委主任王军民，副省长、省海防委副主任邓向阳，省军区司令员、省海防委副主任荣森之，北海舰队副参谋长姜如国，省长助理、省公安厅厅长、省海防委副主任徐珠宝等领导出席会议。

11月28日 省政协常委、市政协特邀咨询李守民，市政协主席刘加顺一行9人，到公安机关调研全市户籍管理制度改革等工作。

是日 市委书记、市人大常委会主任杨军在市公安局呈报的《提升群众满意度的治本之策——市公安局以大回访为切入点积极践行群众路线》上作出批示。

是月 全市公安机关部署开展以“治庸提能力、治懒增效率、治散正风气”为目标的专项治理活动。

12月9日 省委副书记王军民对市公安边防支队深化警地党组织联创联建工作作出批示、给予肯定。

12月19日 新华社《内部参考》以《山东日照构建警务回访机制密切警民关系》为题，介绍日照市公安局警务大回访工作的创新做法。

是月 全国人大常委会通过关于废止有关劳动教养法律规定的决定，市公安局不再执行劳教制度。

是年 按照省公安厅统一部署，全面推进“社区六进”（消防管理、车辆管理、危爆物品管理、境外人员管理、网络安全管理、物业管理进社区）工作。至年底，全市276个社区完成“六进”工作，推进率为95.2%。

是年 在省公安厅组织的全省群众安全感满意度调查中，日照市群众安全感位居全省第一；日照市被表彰为“全国社会治安综合治理优秀市”“全省道路交通安全管理先进市”。五莲县公安局被公安部表彰为“全国公安机关执法示范单位”。

2014年

1月27日 省公安厅党委委员、政治部主任闫希军代表省公安厅党委，到市公安机关走访慰问。

1月29日 市委书记、市人大常委会主任杨军带队看望慰问节日期间奋战在安保一线的公安民警、巡防队员。

是月 市公安局设立食品药品与环境犯罪侦查支队，警务装备保障处改为警务保障处，禁毒支队由在刑事侦查支队加挂牌子，改为与其合署办公。

2月24日 省委常委、宣传部部长孙守刚到五莲县公安局考察指导工作。

3月5日 省公安厅党委副书记、副厅长毕宝文到日照检查指导全国两会安保及石油化工企业消防安全工作。

3月6日 全市公安工作会议召开。

是月 根据中央和省、市安排部署，全市公安机关深入开展党的群众路线教育实践活动。11月，市公安局组成践行党的群众路线先进事迹报告团分赴各区县开展巡回报告。

4月9日 印发《日照市公安机关服务全市中小企业发展十六条措施》。

4月23—24日 省公安厅党委委员、政治部主任闫希军到日照市公安机关调研指导党的群众路线教育实践活动。

4月24日 印发《关于服务全市旅游经济发展的意见》。

5月6日13时30分许 五莲县九仙山风景区因游客自驾车自燃引发山林火灾。至7日16时，明火全部被扑灭。火场过火面积13公顷，无人员伤亡。市消防支队先后调集5个消防支队、1个专职消防队参与处置，同时向省消防总队求援。

5月14—15日 完成省委副书记、省长郭树清在日照市考察工作期间的安保任务。

5月16日 省委常委、省委政法委书记才利民到日照市公安局警务回访中心检查指导工作。

5月19日 印发《日照市公安机关便民惠民服务十二项新措施》。

是月 市委、市政府印发《关于加强新形势下海防工作的意见》，将边防部队海上执法装备配备、党政军警民联防联控等工作纳入海防工作规划。市财政拨款2000万元，为市公安边防支队建造1艘巡逻艇。该巡逻艇2016年10月21日入列。

6月6日 市公安局破获公安部“2014-399号”毒品目标案件，打掉1个武装贩毒团伙，缴获冰毒650余克，枪支4支，作案车辆4台。该案是日照市破获的首起公安部毒品目标案件。

是月 市公安局与环保部门联合破获一起倾倒危废涉嫌环境污染犯罪案，抓获犯罪嫌疑人4人。

这是日照市侦破的首例环境污染犯罪案件。

7月9—11日 全省公安特警跨区域拉动演练活动在德州、东营市举行。市公安局特警支队30名民警赴德州、东营市参加演练活动。

7月10日 市委书记、市人大常委会主任杨军实地检查指导市区交通秩序整治工作。

7月10—12日 完成中国航海日论坛安保工作。

7月12—15日 第二十三届山东省运动会帆船帆板决赛在日照市举行。公安机关完成赛事安保任务。

7月15日 省公安厅副厅长、纪委书记任建军到日照督导检查南京青奥会环苏安保圈防控工作。

7月23日 省委常委、政法委书记才利民，省长助理、公安厅厅长徐珠宝分别在《人民公安报》公安动态清样《山东日照“大回访”把队伍管理权交给群众》上作出批示，对市公安局“大回访”工作给予肯定。

7月29日 省委副书记、省长郭树清等省领导对市公安局开展“大回访”工作作出批示、给予肯定。

是月 交警支队建设集事故处理、诉讼仲裁、法律服务等10项功能于一体的市区道路交通事故处理服务中心投入使用。

8月6日 召开大数据警务云计算建设专家论证会，正式启动大数据警务云建设项目。

8月13日 日照消防志愿服务十周年系列活动启动仪式在市政府广场举行。

8月14日 省公安消防总队在日照市组织青奥会环苏安保暨石油化工灭火救援战勤保障实战拉动演练。

8月31日 《人民公安报》头版头条刊发稿件《日照：“大回访”把队伍管理权交给群众》，介绍市公安局大回访工作经验。

是月 完成南京青奥会安保任务。

9月5日 省公安厅党委委员、副厅长王兆玉到市看守所、拘留所检查指导工作。

9月17日 召开全市公安机关打黑除恶工作会议。

9月21—23日 日照市举办“海外高层次人才日照行”活动。公安机关做好相关活动安保工作。

是月 市公安局刑侦支队首次通过人像比对抓获潜逃12年且已漂白身份的故意伤害致人死亡在逃人员董某某，开创全市公安机关图像比对追逃的先例。

10月17日 全省公安机关警务评议工作会议在日照市召开。会议推广日照市公安局“大回访”经验做法。

10月28日 召开全市公安机关“八大体系”建设现场督导总结视频会议。

是月 市保安服务总公司脱钩改制，移交市国资委。

11月8—9日 第四届新教育国际高峰论坛在日照市举办。公安机关做好相关活动安保工作。

11月10日 制定出台《日照市公安局公务接待管理办法》《日照市公安局会议费管理办法》和《日照市公安局差旅费管理办法》。

11月21日 市政协主席刘加顺带队检查指导全市公安机关立体化治安防控体系建设等工作。

12月12日 省公安厅党委委员、副厅长王兆玉到日照市检查指导公安工作。

是月 成立市公安局执法监督管理委员会。

是年 按照省公安厅要求，实施鲁O号牌车辆改革，全市公安机关共取消鲁O号牌车辆215辆。

是年 日照市被省政府表彰为全省道路交通“平安行·你我他”行动先进市。五莲县公安局被公安部表彰为“全国公安机关执法示范单位”。

2015年

1月7日 全市海防工作会议召开。

2月17日 市委书记、市人大常委会主任杨军检查指导节日安保工作。

是日 市委副书记、市长刘星泰到新玛特购物广场等大型人员密集场所，开展节日安全检查。

2月27日 全市公安工作会议召开。

3月27日 市政府召开道路交通“平安行·你我他”行动工作会议。

是月 市公安边防支队张磊、何召华、崔永岩参加中国第三支赴利比里亚维和警察防暴队，执行为期1年的维和任务。

4月23日始 在全市范围内部署开展“机动车礼让斑马线”专项整治行动。

4月29日始 根据公安部、省公安厅统一部署，全市公安机关开展立案突出问题专项治理。

是月始 全市公安机关各级党组织深入学习习近平总书记系列重要讲话精神和中央、省委、市委部署要求，全面开展“三严三实”专题教育。

5月7日 市委副书记、市长刘星泰调研公安工作，看望慰问基层一线公安民警。

5月8日 市公安局局长丛培浩任日照市人民政府副市长。

5月15日 全市公安机关完成中国—乌兹别克斯坦经贸合作论坛安保任务。

是月 岚山分局户政管理科被中华全国妇女联合会命名为全国三八红旗集体。

6月5日 组织重大活动安保任务模拟演练活动。

6月11日 市委办公室、市政府办公室印发《关于进一步完善立体化社会治安防控体系建设的意见》。

6月15—17日 第三届中国—中亚合作论坛在日照市举行。中亚合作论坛是中国与中亚国家间机制化交流的国家级高端合作平台，是日照市承办的规模最大、规格最高的国际会议。中央政治局委员、中央政法委书记孟建柱，乌兹别克斯坦第一副总理阿齐莫夫、吉尔吉斯斯坦副总理季利出席论坛活动，中亚五国政要及中外500余名代表参加论坛活动。全市公安机关完成会议活动安保任务。

是月 市公安局建成运行启动日照公安维权网站。

7月16日 7时40分左右，岚山区石大科技有限公司1000立方米液化烃球罐在倒罐作业过程中发生泄漏，起火爆燃。国务委员、公安部部长郭声琨，副部长李伟8次作出批示指示，省委副书记、省长郭树清，市委书记杨军等省、市领导到事故现场指导处置工作。经消防官兵奋力扑救，火灾于17日7时24分扑灭。事故直接经济损失2812万元，除两名消防官兵受轻伤外，无其他人员伤亡。

7月20日 市委书记、市人大常委会主任杨军带队到市公安消防支队和“7·16”石大科技爆燃事故现场看望慰问消防官兵，检查指导后续处置工作。

7月29日 市委副书记、市长刘星泰带队到市公安消防支队机关看望慰问消防官兵。

7月30日 市公安局制定出台《日照市公安机关简政放权促进经济发展服务群众五十条措施》。

8月7日 “日照网警巡查执法”账号在新浪微博、百度贴吧、微信公众号、今日头条4家网络平台上线。

是月 市公安局设立人民警察训练中心，为市公安局管理的公益一类事业单位。人民警察培训学校撤销。

是月 市政府印发《日照市人民政府关于进一步深化推进户籍制度改革的意见》，2015年底，全市户籍人口295.95余万，其中城镇人口135.52余万，户籍城镇化率达到45.79%。

9月25日 市委副书记、市长刘星泰到市公安局包联的东港区日照街道昭阳社区东区，参加卫生清扫义务劳动。

是月 完成抗战胜利70周年纪念活动等重大安保任务。

是月 机场分局设立。

是月 市政府办公室印发《关于进一步加强防范和打击经济违法犯罪协调会商机制建设的意见》。

9—11月 按照市委、市政府部署，全市公安机关立足职责，利用3个月时间分阶段打好创建全国文明城市突出问题综合整治攻坚战。

10月9日 市委书记、市人大常委会主任杨军调研指导政法综治工作。其间，到市公安局综合业务楼、石臼边防派出所、东港分局检查指导。

10月17日 山东省首届沿海骑行大奖赛在日照奥林匹克水上公园启动。公安机关完成赛事安保任务。

10月22日 市公安局机关搬迁至新建综合业务楼（东港区五莲路339号）。新建的业务楼建筑面积5.63万平方米，地上26层，地下2层，投资2亿余元。

10月23日 日照警察博物馆建成启用。日照警察博物馆位于新建业务楼21层，布展面积650平方米，展陈750平方米。

是月 市公安局大数据云计算中心投入使用。是年，完成大数据警务云项目一期（云基础平台和大数据警务云中心）建设。2016年、2017年，相继完成大数据警务云项目二期、三期建设。至2018年，建成具有日照特色的大数据警务云实战应用平台。

11月6日 市公安局召开日照平安志愿者协会成立大会。是月，注册成立日照平安志愿者协会，建立全市平安志愿者队伍。至2018年底，全市平安志愿者队伍已发展到5.3万余人。

是日 市公路智能防控体系建设第一期工程建成启用。

11月11日 市委副书记、市长刘星泰到市区调研三轮车、四轮代步车集中整治工作。次年12月13日，市委书记、市人大常委会主任刘星泰作出批示，对全市三轮车和四轮代步车综合整治工作给予肯定。

11月19日 市委书记杨军，市委副书记、市长刘星泰作出批示，对全市公安机关服务经济社会发展工作给予肯定。

11月20日 市综治委印发《日照市立体化社会治安防控体系建设三年规划（2015—2017年）》。

12月3日 全省交通秩序管理重点工作座谈会暨危化品运输管理现场推进会在岚山区召开。

12月22日 完成日照机场通航仪式各项安保任务。

12月25日 交警支队莒县大队、五莲大队分别划归莒县公安局、五莲县公安局管理，并更名为莒县公安局交通警察大队、五莲县公安局交通警察大队。

是月 市公安局禁毒支队由与刑事侦查支队合署办公，调整为单独设置。设立市公安局反恐怖支队。

是年 印发《日照市公安局信息合成作战工作规范（试行）》，建立市公安局信息合成作战中心和市、区（县）、所（队）三级信息合成作战工作机构，初步建立覆盖全市的信息合成作战体系。

是年 市公安局被中央精神文明建设指导委员会命名为“全国文明单位”。日照市被省政府表彰为全省深化道路交通“平安行·你我他”行动先进市。

2016年

1月1日 完成2016中国（日照）迎日祈福大典活动安保工作。

2月3日 全市公安工作会议召开。

2月5日 市委副书记、市长刘星泰带队到东港分局昭阳路派出所，看望慰问节日期间坚守安保一线的基层公安民警。

2月6日 市委书记、市人大常委会主任杨军到北京路与泰安路路口民警执勤点，看望慰问安保一线公安民警。

是日 省公安厅党委委员、副厅长槐国栋到日照走访慰问基层公安民警。

是月 在日照市第十三次党代会主会场首次启用安检门、X光机等智能验证设备，是全省继济南、青岛外在重要会议安保中使用该系统的第一个地级市。

3月16日 中国第三支赴利比里亚维和警察防暴队日照片区队员完成维和任务，载誉归建。

4月7日 日照市打击治理电信网络新型违法犯罪工作联席会议制度建立。10日，日照市反电信网络诈骗中心（反诈中心）成立。市反诈中心设在市公安局，承担全市打击治理电信网络诈骗职责。日照市是全省最早建立反诈中心的五个市之一。

4月8日 省公安消防总队在市公安消防支队举行日照“7·16”爆燃事故处置表彰大会。

4月22日 交警支队推出车驾管便民服务十条措施。

是月 在全市公安机关全体党员民警中开展“学党章党规、学系列讲话，做合格党员”学习教育（简称“两学一做”）。

5月19日 在交警支队设立日照市道路交通事故社会救助基金管理办公室。

5月12日 完成省委书记、省人大常委会主任姜异康在日照市考察期间的安保任务。

5月13日 印发《关于服务保障“旅游富市”战略实施的意见》。

5月27—29日 2016年中国工程机器人大赛暨国际公开赛在日照市举行。公安机关完成赛事活动安保任务。

5月31日 由人民公安报社发起的“平安共建·关爱少儿安全”教育活动（山东站）启动仪式在市公共安全宣传教育基地举行。

是月 印发《关于进一步改革和加强刑事侦查工作的实施意见》，推动建立完善“科学指挥、合成作战、现场必勘、专业研判、分类侦查、准确办案”打击犯罪新机制，着力构建数据驱动、科技支撑、云上联动、协同作战的“数据侦查”体系。至2018年，全市刑侦工作实现侦查理念、手段、思维、模式和机制等多维度转型升级，精准警务引领下的新时代“智侦”工作体系逐步形成。

是月 建成公安网非涉密档案信息查询利用系统和局域网涉密档案综合管理信息系统。至2017年5月，完成市公安局机关全部馆藏档案的数字化扫描加工。市公安局档案管理实现信息化、数字化。

6月2日 全省公安国保“6·2”会议在日照市召开。

6月4日 山东省第六届全民健身运动会万人登山健身大会（日照站）暨日照市乡镇体育总会特色健身项目展示——纪念毛泽东题词“发展体育运动，增强人民体质”发表64周年系列活动在五莲县九仙山举行。公安机关做好活动安保工作。

6月25—26日 2015—2016年全国啦啦操联赛（日照站）举办。公安机关做好赛事活动安保工作。

6月28—29日 省委常委、政法委书记张江汀到日照市调研指导基层公安工作。

是月 按照市委、市政府部署，全市公安机关对公务用车进行改革。

7月12日 市政府办公室印发《关于整合网格化管理与基层警务推行“1+2+N”“一村一警务助理”警务模式的实施意见》。

7月14—15日 全省多元化解矛盾纠纷工作会议在日照市召开，省委常委、政法委书记张江汀，省政府党组成员、省公安厅党委书记孙立成出席会议。其间，与会人员观摩市公安局“八调合一”交通事故复合型调解模式等工作。

7月15—16日 省政府党组成员、公安厅党委书记孙立成到日照市调研指导公安工作。

是月 完成二十国集团民间社会（C20）会议安保维稳任务。

是月 山海天旅游度假区分局设立。

是月 日照市首批开通天津、江苏、安徽、湖北、四川5省户籍人口的全国异地居民身份证办理服务，受理居民身份证挂失申报和丢失招领业务。至年底，除个别地区外，大多数省（市、区）在日照市工作和生活的公民符合受理条件的，均可在居住地公安机关受理窗口申领居民身份证。

8月21—25日 第十七届“我爱祖国海疆”全国青少年航海模型教育竞赛活动总决赛在日照奥林匹克水上公园举行。公安机关完成赛事安保任务。

8月29日 在第二届山东省青年志愿服务项目大赛上，日照平安志愿者协会服务项目获得全省青年志愿服务项目大赛金奖。

是月 日照市公共安全宣传教育基地建成并对外开放，以寓教于乐、学习体验的形式向市民尤其是广大中小学生开展交通安全等宣传教育。

8—9月 完成二十国集团（G20）峰会安保维稳任务。

9月始 在市、县两级公安机关实行值班局领导在指挥中心坐班指挥制度。

10月1日 按照省公安厅统一部署，全市公安机关开始启用执法办案闭环管理系统。

11月3—5日 完成中国日照—澳大利亚联邦北领地经贸合作交流会安保任务。

11月17日 市政协主席刘加顺带队调研指导全市公安机关社会治理创新工作。

11月18日 市反诈中心快速落地预警指令，成功避免1名市民被“冒充公检法”诈骗资金700余万元，创全省阻断单笔资金最高纪录。

12月1日 日照市召开全市打击治理电信网络新型违法犯罪工作联席会议。

12月2日 日照市召开全市三年禁毒人民战争动员部署会议，印发《全市三年禁毒人民战争实施方案》，部署到2019年底在全市范围内开展为期3年的禁毒人民战争。

12月29日 举行沙场点兵——2016年特警支队新警训练成果汇报演练。

是月 熊桂登任市公安局政委。

是月 “牵手斑马线”爱心护学项目被团中央评为第十一届全国优秀志愿者组织奖。

是年 市公安局居民身份证制作所撤销。

是年 开展警用350兆数字集群无线通信网建设，建设固定基站17个、移动基站1个，实现全市公安无线通信“一张网”指挥调度。

是年 在省公安厅组织的全省群众满意度调查测评中，日照市群众安全感位居全省第一。市公安局被中华全国妇女联合会表彰为“全国维护妇女儿童权益先进集体”；被省委、省政府、省军区表彰为“山东省爱国拥军模范示范单位”。

2017年

1月1日　完成2017中国（日照）迎日祈福大典活动安保工作。

1月4日　张培林任日照市人民政府党组成员，市公安局党委书记、督察长，市法学会副会长。

是日　市公安局召开党委（扩大）会议，部署开展“维稳百日攻坚战”。

1月9日　市政府下发《日照市公安边防支队营房基础设施建设方案》，确定市海防指挥中心等4处营房新建工程为政府“交钥匙”项目。至2018年底，市海防指挥中心主体建设项目竣工。

1月19日　市公安局被省公安厅表彰为“全省优秀市级公安局”。

1月20日　张培林任市公安局局长。

1月26日　市委书记刘星泰到青岛路和海曲东路执勤点、市公安局110指挥中心，看望慰问执勤民警，实地检查春节安保工作。

是月　“日照网警巡查执法”头条号被评为2016年度全国最具影响力网警头条号。

2月8日　全市公安工作会议召开。

2月28日　张培林当选为日照市人民政府副市长。

是月　市公安局转发省公安厅《关于进一步明确派出所职责任务切实为派出所减轻负担的意见》，明确派出所和专业警种刑事案件立案管辖分工，厘清派出所和专业警种职责界限，进一步为派出所减负。是年，进一步规范派出所考核工作，明确对派出所考核项目控制在20项以内。

3月8日　市委书记刘星泰到市公安局调研指导工作。

3月23日　全市部署开展打黑除恶、打霸治痞专项行动。市公安局将打黑除恶、打霸治痞专项行动列为“利剑3号”行动，其间先后打掉4个恶势力犯罪集团，抓获涉案成员34人。

3月29—30日　完成全国政协副主席陈晓光在日照市考察期间的警卫任务。

是月　市公安局印发《关于进一步加强等级化巡防工作的实施意见》，健全完善精准化、等级化巡防机制。

4月1—4日　完成在日照举办的2017机器人世界杯中国赛暨国家机器人发展论坛安保任务。

4月6—8日　完成全市“突破园区、聚力招引”暨科学发展现场观摩推进会安保任务。

4月13日　市委书记刘星泰到市区检查指导创城交通管理工作。

4月17日　平安日照建设大会召开。市委书记刘星泰出席会议并讲话，市委副书记、市长齐家滨主持会议。

4月20日　召开全市公安机关“三创三推”大会战部署推进会议，部署开展创建全国文明城市、创建“长安杯”、创建平安日照，推进基层基础建设、推进质效能力提升、推进队伍作风建设“三创三推”活动。

4月25日　市委书记刘星泰在市公安局呈报的《关于打击经济犯罪促进经济发展工作情况的报告》上作出批示、给予肯定。

4月26日　第四次全市经济犯罪侦查工作会议召开。市政府、省公安厅经侦总队领导出席会议。市纪委、市中级人民法院、市检察院、市国税局等23个单位分管领导，市公安局有关单位警种主要负责人参加会议。

4月27日　市委副书记、市长齐家滨检查旅游安全工作。

4月29日　山海天分局在全省率先组建首支旅游警察队伍，设女子骑警队15人、男子骑警队

35 人。

是月 大力推进“四位一体”实战化反电信网络诈骗中心建设，全市 3 家通信运营商、7 家商业银行全部派员进驻市反诈中心开展工作。

是月 市公安局党委印发《日照市公安局党风廉政建设和反腐败工作联席会议制度》。

4—10 月 全市公安机关开展“迎接十九大忠诚保平安”主题教育实践活动。

5 月 8 日 市委副书记、市长齐家滨到市区检查指导创城交通管理工作。

5 月 6—7 日 国务院消防工作第三考核组到日照对 2016 年度消防工作进行实地考核。

5 月 12 日 举行交警支队直属大队获全国“工人先锋号”授牌仪式。

5 月 19 日 市委常委会审议通过《关于全面深化公安改革暨加强公安基层基础工作的实施意见》。

是日 省公安消防总队在日照市召开全省公安消防部队后勤工作现场推进会，总结推广公安消防支队后勤建设经验做法。

5 月 21 日 “2017 中国·日照第二届捷安特全国单车耐力赛”活动在日照市举办。公安机关完成赛事安保任务。

是月 完成“一带一路”国际合作高峰论坛活动期间的安保维稳任务。

6 月 印发《日照市公安局“精准执法”实施方案》，对打造具有日照公安特色的“精准执法”品牌作出系统规划部署。

是月 按照省公安厅统一部署，组织开展“十百千”执法大检查活动。

是月 市公安局设立旅游警察支队。

7 月 12 日 市政府办公室印发《关于整合网格化管理与基层警务推行“1+2+N”“一村一警务助理”警务模式的实施意见》，以城乡社区（村居）网格化管理为基础，进一步整合基层维稳力量，建立完善新时代社区警务工作新格局新机制。至年底，城市社区全部实现“1+2+N”配备，全市选任农村警务助理 2883 名，实现行政村全覆盖。

7 月 26 日 全市公安机关基层基础建设三年攻坚战现场推进会召开。

7 月 26—27 日 完成 2017 年中国（日照）国际啦啦操精英赛安保任务。

7 月 29 日 市委副书记、市长齐家滨带队到市公安边防支队走访慰问。

8 月 14 日 市委办公室、市政府办公室印发《关于推进“天网工程”建设争创全国综治“长安杯”的实施意见》，将“天网工程”提升为“党政工程”强力推进。至 2018 年底，全市共投入建设资金 1.46 亿元，新建视频监控 2.78 万个，全市视频监控总数达 11 万余个，创建“技防村”526 个，创建比例达 35.1%。

8 月 15 日 印发《关于加强全市公安检查站规划建设工作的通知》，部署新建或升级改造重点防护圈（环鲁、环青）公安检查站 3 处、环市防护圈公安检查站 6 处、环城防护圈公安检查站 8 处，构建形成覆盖全市的治安查控网络，全面提升公安机关对社会面防控效能和封堵查控能力，为党的十九大顺利召开保驾护航。

8 月 16—17 日 “创泽信息杯”2017 年中国机器人大赛在日照市举行。公安机关做好赛事安保工作。

8 月 17—18 日 完成省委书记、省人大常委会主任刘家义在日照市考察调研期间的安保任务。

8 月 21—23 日 完成中共中央政治局原委员、中国法学会会长王乐泉在日照市调研期间的警卫任务。

8 月 31 日 省公安厅法制总队在日照市召开受立案制度改革座谈会（东片），推广市公安局“精准执法”经验做法。

是月 侦破1起特大组织他人偷越国（边）境案，抓获99名涉案人员，遣返97名缅甸籍人员。

是月 破获“5·19制造贩卖毒品案”，捣毁一个隐蔽于东港区的制毒窝点，缴获冰毒4公斤、制毒原料1000余公斤。这是日照市破获首起当地制毒案件。

9月4日 日照市举行全市公安机关“迎接十九大、忠诚保平安”誓师动员大会。市委书记刘星泰出席会议并讲话，市人大常委会主任刘加顺、市政协主席王斌等出席。

9月10日 2017年国家登山健身步道联赛（山东五莲站）在五莲县马耳山开赛。公安机关做好赛事安保工作。

9月19日 在北京召开的全国社会治安综合治理表彰大会上，日照市被中央综治委授予全国社会治安综合治理优秀市称号，实现“三连冠”，并首次获全国综治最高奖“长安杯”。

9月24日 完成2017日照国际马拉松比赛安全保卫任务。

9月26日 印发《日照市公安局经济责任审计联席会议制度》等3项制度规定。第二年8月，修订印发《日照市公安机关内部审计工作管理规定》等7项制度规定。

10月1日 市委书记刘星泰带队看望慰问党的十九大安保执勤民警和安保维稳指挥部全体成员。

10月13日 市委、市政府召开全市党的十九大安保维稳工作会议，对做好党的十九大安保维稳工作进行战前再动员、再部署。

10月17日 市委副书记、市长齐家滨带队看望慰问党的十九大安保维稳执勤人员。

10月21日 副省长、省公安厅厅长孙立成在市公安局呈报的《践行精准警务、创新安保模式——日照市公安机关强力推进十九大安保维稳工作》上作出批示、给予肯定。

10月30日 市政府办公室印发《关于贯彻鲁政办字〔2016〕221号文件进一步规范全市公安机关警务辅助人员管理的实施意见》。

是月 完成党的十九大安保维稳任务。

11月3日 山东省第三届沿海骑行大奖赛在日照奥林匹克水上公园举办。公安机关完成赛事安保任务。

11月10日 市政务服务中心消防、出入境、车辆管理等8个分中心同步举行挂牌仪式。

11月16日 制定出台《日照市公安局信访法制融合发展工作机制实施意见（试行）》，创新建立涉法信访案件联合接访、评查机制等融合机制。

11月26日 日照市第一届消防运动会在曲阜师范大学日照校区举办。

是月 市公安局纪委、监察室撤销。

是月 莒县公安局被中央文明委命名为全国文明单位。

12月4日 市政府办公室印发《关于整合社会联动服务资源推动非警务求助事项分流工作的意见》。

12月8日 市人大常委会主任刘加顺带队调研全市公安基层基础建设工作。

12月14日 举行全市公安机关2017年度荣休暨新警入警宣誓仪式。

12月20日 日照市公安文学艺术联合会成立。

12月28日 市委办公室、市政府办公室印发《日照市深化公安执法规范化建设的实施意见》。

是日 市人民警察训练基地正式开工建设。

12月29日 市政府办公室印发《日照市关爱民警十项措施》。

是月 成立市公安局装备建设委员会，定期召开装备论证会议，构建科学规范、上下协调、管理高效的装备建设工作格局。

是月 破获公安部督办的“2·22”特大虚开增值税专用发票案，摧毁涉及全国15个省、直辖市的虚开增值税专用发票网络链条，共抓获犯罪嫌疑人77人，逮捕4人，涉及企业244家、发票8000余份、价税合计额9.2亿余元、税款1亿余元，追回税款及非法所得1400余万元。

是年 围绕推动人工智能与警务工作深度融合，启动市公安局“精准警务智创中心”建设。至2018年，建成无人机应用与管控实验室、微警务实验室、云计算和大数据实验室等6大实验室。

是年 大力推进执法办案场所标准化、精细化、智能化升级改造，市公安局和各分县局分别建成高标准的执法办案管理中心，各派出所全部建成案件管理室、受立案窗口。

是年 在省公安厅组织的全省群众安全感满意度调查中，日照市群众安全感位列全省第一。市公安局被省委、省政府表彰为“全省党的十九大安保维稳工作先进集体”；被省委、省政府表彰为“全省安全生产工作先进单位”。山海天旅游度假区分局山海天边防派出所被团中央、公安部命名为“全国青年文明号”。

2018年

1月1日 完成“2018中国（日照）元旦迎日祈福大典”活动安保任务。

1月4日 副省长、省公安厅厅长孙立成在市公安局提报的《关于基层基础建设三年攻坚战2017年工作推进情况的报告》上作出批示、给予肯定。

1月5日 印发2018年1号文件《“四个一律”禁酒规定》，强力推行日照公安机关要求最严、覆盖面最广、处罚最严厉的“四个一律”禁酒规定（工作日、工作时间一律不准饮酒；重大安保活动期间一律不准饮酒；公务接待一律不准上酒；任何时间、任何场合一律不准酗酒）。5月17日，副省长、省公安厅厅长孙立成在市公安局呈报的《深化纪律作风建设打造阳光警队品牌——日照市公安局推行最严“禁酒令”》上作出批示，对日照公安推行最严禁酒令给予肯定。

1月11日 中共中央、国务院下发《关于开展扫黑除恶专项斗争的通知》，在全国部署开展为期3年的扫黑除恶专项斗争。按照中央和省、市部署要求，市公安局党委迅速成立专项斗争领导小组，研究制定实施方案，组建扫黑除恶专业队伍，按“五必要求”“5+模式”，以雷霆之势坚决打赢扫黑除恶专项斗争这场硬仗。至年底，全市共打掉各类黑恶势力犯罪团伙50个，抓获各类涉黑涉恶犯罪嫌疑人385人，破案500余起。其中，打掉黑社会性质组织3个、恶势力犯罪集团14个，打击处理“保护伞”“问题村干部”15人。

1月22—26日 全省特巡警跨区域增援应急处置日照协作区业务骨干培训班在日照市举办。4月24—26日，全省公安特巡警跨区域增援日照协作区（山东特警三支队）拉动演练活动在日照军分区山海基地举办。枣庄、济宁、日照、临沂、菏泽市公安局的680余名公安特巡警、81辆特种车辆，配装40余种660余件（套）特种装备，参加拉动演练。

1月24日 省公安厅党委副书记、常务副厅长王兆玉在《关于日照市公安局从新加坡追回巨额逃废金融债务涉案资金有关情况的报告》上作出批示、给予肯定。

1月30日 交警支队举行日照市新能源汽车专用号牌启用仪式。

是日 市政府在岚山区召开全市化工企业消防安全管理暨企业专职消防队伍建设现场推进会。

1月31日 “不忘初心·忠诚奉献”2018年全市公安机关优秀警嫂暨平安志愿者颁奖典礼，在日照广播电视台演播大厅举行。

是月 发布《2017年全市公安机关执法白皮书》。这是全国首个发布《执法白皮书》的市级公安机关。此后，按季度定期发布《执法白皮书》，建立执法数据统计、分析、研判、预警工作长效机制。

是月 武警日照市支队编成调整为武警日照支队。

2月1日 召开全市公安机关专题会议，部署开展为期1年的以“严纪律、强作风、树正气”为主题的纪律作风整顿“清风行动”。

2月4日 副省长、省公安厅厅长孙立成到日照市走访慰问困难民警、因公牺牲民警遗属、困难群众，并到两城公安检查站和五莲县公安局检查指导工作。

2月9日 省委书记刘家义在省公安厅呈报的《公安要闻专报》（第6期）上，对莒县公安局破获“军融国际”特大网络传销案作出批示、给予肯定。

2月13日 市委副书记、市长齐家滨到东港分局大学科技园派出所检查春节安保工作，看望慰问一线执勤民警。

2月26日 日照市全面展开新旧动能转换重大工程动员大会召开。市公安局被表彰为日照市系列攻坚行动突出贡献奖。

2月28日 全市公安工作会议召开。

3月1日 《日照市城乡消防水源设施管理规定》正式实施。这是日照市获得地方立法权后的第一部实体性政府规章。

3月3日 市委副书记、市长齐家滨到市全国两会安保指挥部检查指导工作。

3月13日 印发《日照市公安机关保障和服务新旧动能转换重大工程工作实施意见》。

3月15日 公安部督察专员石勇带领公安部全国两会安保督导组到日照公安机关检查督导。

3月30日 省公安厅党委委员、政治部主任修春清到日照市调研指导公安工作。

是日 日照港公安局转制市公安局，改为日照市港航公安局，并举行揭牌仪式。省公安厅党委委员、政治部主任修春清出席仪式。

4月9日 部署推进为期1年的“标准规范建设年”活动。

4月12日 省公安消防总队在日照市召开全省消防监督执法工作会议。

是月 修订完善《日照市公安机关现场督察工作规范》《日照市公安机关网上督察工作规范》《日照市公安机关警务督察部门处理投诉工作规范》《日照市公安局保障民警依法履行职务工作规定》，形成较为完备的警务督察制度体系。

是月 日照市启动海上流动治安检查站，市公安局牵头组成3支海上流动治安巡查编队，开展海域联合巡航。

是月 组建应急处突机动队伍，该机动队伍由全市各级公安机关1000名民警、辅警组成，编为5个大队，配备突击攻坚、防暴处置（重装/轻装）等作战单元，一旦发生大规模突发事件，随时集结应对处置。

是月 警犬训练基地（东港区南湖镇）建成并投入使用。

5月11日 市看守所迁建项目在东港区南湖镇正式开工建设。该项目规划用地6.61万余平方米，总建筑面积2.79万余平方米，设计押量960人。

5月13日 组织全市公安机关应急处突机动队首次拉动集结演练，500名应急处突力量携带必配装备参加演练。19日，开展第二次拉动集结演练，500名应急力量快速反应，全部按时拉动集结到位。

5月15日始 市公安局牵头利用4个月的时间，分三个阶段，开展以航道和锚地专项整治、海上养殖区专项整治、船舶专项整治、海上“扫黑除恶”等四大行动为重点的创建“平安海区”专项整治。至 2018 年底，全市共整治航道和锚地问题海域近 11 万亩，清理整治问题用海 16.8 万亩，查获涉渔“三无”船舶 60 艘，拆除非法矿石运输装卸点 10 处，打掉涉海恶势力犯罪团伙 7 个，依法打击处理犯罪嫌疑人 43 名。

5 月 18 日　市委书记、市长齐家滨到山海天分局两城公安检查站，实地调研指导上合组织青岛峰会安保维稳工作，看望慰问安保一线执勤民警。

5 月 24 日　召开进一步优化市区部分道路交通组织新闻通报会，向社会通报市区部分路段的交通组织优化举措。

5 月 30 日　市政府召开全市危化品企业应急救援综合演练暨消防安全标准化管理现场推进会。

5—12 月　“日照网警巡查执法”头条号连续 8 个月入围全国网警十强榜，先后 5 次斩获第一名，被评选为“2018 年度创新型政法新媒体”。

6 月 4 日　市委书记、市长齐家滨到市公安局重大活动安保指挥部检查指导工作。

6 月 25 日　日照市禁毒委员会举行纪念《中华人民共和国禁毒法》颁布十周年暨日照市禁毒志愿者服务团成立仪式。成立 8 支禁毒志愿者服务团队，招募禁毒志愿者 1000 余人。

6 月 28 日　为 1 名在日照的美籍专家颁发全市首张外籍高层次人才中国“绿卡”。

是月　完成上合组织青岛峰会安保维稳任务。

7 月 4 日　日照市“防风险、化积案、保稳定”工作总结会议召开。市公安局作典型发言。

7 月 12—22 日　中国体操节比赛在日照市举行。公安机关完成赛事安保任务。

8 月 3—13 日　分别完成全国政协副主席苏辉、万钢在日照市休养期间的警卫任务。

8 月 6—7 日　全省公安局局长座谈会暨基层基础建设攻坚战推进会议在青岛市召开。市政府副市长、市公安局局长张培林作题为《以夯实六大基础为抓手　强力推动公安基层基础建设提档升级》的典型发言。

8 月 14—15 日　全市公安机关基层基础建设暨“四百会战”（基层基础百日攻坚战、扫黑除恶百日会战、打击治理电信网络诈骗犯罪百日会战和执法规范化建设百日会战）现场观摩推进会召开。

8 月 17 日晚　“浪漫辉煌——理查德·克莱德曼全球纪念巡演日照站”演出活动在日照奥林匹克水上公园太阳广场举行。公安机关完成活动安保任务。

8 月 22 日　省公安厅在日照市召开全省道路交通事故处理重点工作暨“放管服”改革现场推进会，推广日照事故处理“道交一体化”工作经验做法。

8 月 31 日　市公安局党委委员、交警支队支队长张仲武因劳累过度，突发疾病，经抢救无效离世。张仲武被公安部追授全国公安系统二级英雄模范称号。

是月　经公安部对全国 28 个申报城市进行竞争性遴选评审，日照“基于大数据智能应用的社区智慧警务关键技术研究与应用示范”（即“社区智慧警务 +”）项目申报成功，成为 8 个建设示范城市之一。该项目经市政府常务会议审议通过，被写入 2018 年度市政府工作报告，列为市委深化改革重点项目。至 2018 年底，“社区智慧警务 +”项目按计划有序开展试点推广建设。

是月　市公安局侦破公安部“2018-175”毒品目标案件，抓获涉毒团伙成员 57 名，缴获冰毒 60 余公斤，摧毁一个自缅甸小勐拉为货源地，销往山东、江苏、江西、湖北、湖南、陕西、贵州、河南、广东等地的全链条涉毒网络。该案被省公安厅列为“全省 1 号毒品大案”。案件侦办过程中带破一起洗钱案，是全省公安机关侦破的首起涉毒洗钱案。副省长、省禁毒委主任、公安厅厅长孙立成对此作出批示、给予肯定。

是月　市公安局电子数据检验鉴定中心通过国家实验室认可（CNAS）现场评审，获得中国合格评定国家认可委员会颁发的实验室认可证书。

9月4日 市委书记齐家滨到市公安局调研指导扫黑除恶等工作。

是月 市公安局破获舒斯贝尔置业有限公司骗取贷款案，涉案金额882万元。这是全省首例判决的外籍人员骗取贷款案件。

10月1日 市委副书记、市长李永红到万平口交警执勤点检查督导国庆节旅游交通安全管理工作。

10月9日 市公安消防支队随着体制调整集体退出现役。支队及其所属部队番号撤销。

10月14日 完成2018日照国际马拉松比赛安全保卫任务。

10月18日 召开特约监督员座谈会，向9名聘任特约监督员现场颁发聘书。是月，《日照市公安局特约监督员工作规定（试行）》实施。

10月19日 市政府召开全市提高户籍人口城镇化率推进会议。

10月25日 日照市举办“庆祝改革开放四十周年”合唱艺术节。市公安局阳光警队合唱团获得第一名。

10月31日 全市公安机关“四百会战”总结表彰会议召开。

11月16日 在公安部组织的《新时代“枫桥经验”在公安》系列网络直播中，东港分局作为全国选出的7个基层公安机关之一，展播“枫桥式东港”建设成果。

11月23日 市人民警察训练基地项目主体封顶。基地位于日照高新技术产业开发区，建筑面积约3.4万平方米，包括教学管理楼、综合训练馆、攀登楼等设施。

11月28日 市看守所迁建项目主体竣工。新建看守所位于东港区南湖镇，规划用地6.61万平方米，总建筑面积2.79万平方米，包括监区、提审楼、办公综合楼等设施。

是月 山东省地方铁路公安局坪岚分局转制市公安局，改为市公安局坪岚铁路分局。

12月7日 副省长于国安到市公安局扫黑除恶专业队实地督导扫黑除恶工作。

12月25日 市公安边防支队随着体制调整集体退出现役。支队及其所属部队番号撤销。自2019年1月1日起，全市公安边防转改官兵正式换着人民警察警服、授予人民警察警衔。

12月26日 市政府召开“三轮车四轮代步车”扩大禁行区域部署会议。

是月 举行首届“日照最美警察”评选活动。共评选出10名“日照最美警察”、10名“日照最美警察”提名奖。

是月 组织完成《日照市大型群众性活动安全管理办法》立法筹备工作并形成会签稿。

是年 自主研发基于机器学习的智能调解辅助系统、微信接访系统（“微信访”手机APP），创新“智慧调解”“智慧信访”新模式。其中，智能调解辅助系统获评2018年度山东公安科学技术进步奖应用技术类二等奖。

是年底至2019年春节 研究施行日照市首次对烟花爆竹限制燃放措施。推动市政府发布《通告》，要求春节期间（农历腊月二十三至正月底），除规定时间段允许在专门设置的燃放点燃放外，其他时间段城市建成区内一律禁止燃放烟花爆竹。其间，全市公安机关共查处违法违规燃放烟花爆竹行为41起，处罚41人；劝阻拟违规燃放烟花爆竹行为3150余起，教育训诫390人。

是年 全面启动基于智能化的执法规范化“升级版”建设。围绕“理念＋机制＋科技”这一核心，完善智能实战应用和智慧监督管理两大平台，深化案件管理、执法办案、涉案财物管理3个中心建设，全面应用证据体检、智能量罚、智慧调解等N个智慧模块，着力构建日照公安特色的“123N”精准智能执法体系，推动全市执法规范化建设走在全省前列。

是年 创新推行“督考一体化”考核体制，将市公安局考核办公室设在督察支队，以强化平时督察和日常管理为切入点，注重督实考准、真督实考，推动各项决策部署落地落实。

是年 落实《日照市深化“一次办好”改革深入推进审批服务便民化工作方案》，深化公安机关“放管服”和“一次办好”改革，公布79项“一次办好”权力事项清单，16项“一次办好”公共服务事项清单。市行政服务中心公安窗口共入驻38项公安行政审批服务业务。

是年 在市公安局综合业务楼20楼，规划建设党建文化展馆和廉政教育基地。共规划14个展厅，总面积近1000平方米，展示版面800余幅。

是年 在省公安厅组织的全省群众安全感满意度调查中，日照市群众安全感得95.38分，高于全省平均分2分，同比提升0.35分，连续3年位居全省第一，再创历史新高。市公安局被省委、省政府表彰为“全国‘两会’安保维稳工作先进集体”；被省委、省政府表彰为“上合组织青岛峰会山东服务保障工作先进集体”；被省公安厅表彰为“全省优秀市级公安局”；被市委、市政府表彰为“全市经济社会发展综合考核先进单位”，成绩列市级政府部门第二名、政法部门第一名。日照市被表彰为“全省道路交通安全管理先进市”。

1996—2018年 市公安局连续22年被市委、市政府评为“全市行风建设先进单位”。

万平口全景图

第一章

1

机构沿革

JI GOU YAN GE

日照警察机构，起源于清末光绪年间。国民党统治时期和日伪占领时期，日照地区均有不同的警察机构设置。

日照人民公安在抗日烽火中诞生。中共日照县委社会部为日照县公安局的前身。1985 年 3 月，日照撤县建市，日照县公安局改为县级日照市公安局，行政正科级。1989 年 11 月，日照市公安局升格为正处级。随着地级日照市行政区划调整，全市公安机构设置为市、县（区）两级，履行国家法律规定的职责任务。至 2018 年底，全市公安机构主要由地级日照市公安局及其派出、管辖的 9 个公安（分）局组成。有公安现役部队机构，有中国人民武装警察部队驻日照机构，以及驻日照其他公安机构。

全市公安机关的机构设置科学合理，职能转变精准到位，为高效、便捷开展各项公安保卫工作创造了有利条件。

第一节 旧制警政

清光绪二十七年（1901 年），清政府推行新政，创设巡警机构。清光绪三十三年（1907 年），日照县始设巡警局，由知县兼任警务长主持，具体执行捕捉、缉拿、处罚罪犯，负全县的治安之责。

1913 年（民国 2 年），日照县巡警局改为日照县警察事务所。第二年 8 月，日照县警察事务所改称日照县警察所，址在县城天齐庙（现东港区海曲中路日照银行东港支行院内）。警察所主管户籍、治安、逮捕、拘押、刑罚以及执行查船、查栈、捕匪、缉奸等任务。

1928 年（民国 17 年），日照县警察所改为日照县公安局，内设 2 个科，一科管文牍，二科管经济。民国日照县公安局在石臼所、涛雒、安东卫分设一、二、三分局，负责维护驻地治安和沿海防范。1932 年（民国 21 年），各分局改为分驻所。

1939 年夏，日军侵占日照地区，民国日照县公安局解体。10 月，日伪日照县警察所成立，内设保安、警务、警法 3 个股和特务班（后改称特务股），下设城里、东关、涛雒、沈疃、石臼 5 个分所，其中城里、东关、涛雒分所又设 8 个分驻所。1940 年底，日伪日照县警察所改设警务、保安、经济、警法、特务 5 个系。特务系主要任务是刺探抗日军政情报，协助日军捕杀抗日军民。1944 年，特务系改为特高系，直接受日本宪兵队控制。1945 年 9 月 8 日，日照地区解放，日伪日照县警察所溃散。

1947 年秋，国民党军队进占日照地区。是年 11 月，成立日照县警察局。第二年 4 月，国民党军队从日照地区败逃，日照县警察局自行消亡。

第二节 日照县（县级日照市）人民公安机构

1939 年 7 月，中共日照县委设立社会部，内设组织科、社会科和武装队，担负惩处汉奸和保卫县委机关等任务。

1940 年 11 月，中共日照县委、县政府在党内社会部的基础上，建立日照县公安局。原武装队改为公安队。县公安局的主要任务为：一是警卫、保卫县党政领导机关和团体的安全；二是锄奸反特，纯洁内部，防止敌人潜入破坏；三是坚持武装对敌斗争，配合正规部队、地方武装打击日军，惩治汉奸；四是保卫抗日根据地民众发展生产，严禁烟毒，严查赌博，巩固和扩大根据地；五是看守押解犯人。

1942 年 5 月，设立县公安局审讯股。稍后，设立侦察股、宣教股。第二年初，宣教、侦察、审讯股分别改为一、二、三股，公安队改为政治保卫队。

1945 年 10 月，县公安局由农村根据地进驻日照县城，设立警保股（亦称四股），负责维护城区治安等任务。政治保卫队改回公安队。12 月，设立石臼、涛雒分局，不久设立安东卫分局和王家滩分驻所，负责维护海口区域社会治安，建立户口登记和船只进出海登记，打击海匪，保卫海上生产安全。

1947 年 7 月，中共中央华东局设立日照海上公安局。石臼、涛雒、安东卫分局和王家滩分驻所从县公安局划出，改属海上公安局。是年冬，国民党军队占据日照地区，日照海上公安局及其各分局（所）撤销。县公安局保护县委、县政府机关撤离日照县城转移至五莲山区，警保股随即撤销。

1948 年 10 月，石臼、涛雒、安东卫分局和王家滩分驻所恢复设置。12 月，石臼、涛雒、安东卫分局和王家滩分驻所整建制随军南下。第二年 3 月，恢复石臼、安东卫分局和涛雒派出所设置。不久，设立拘留所。至1949年10月1日中华人民共和国成立，日照县公安局设有一股、二股、三股、拘留所和公安队，辖石臼、安东卫分局及涛雒派出所。

1950年5月，日照县公安局由原滨海专署公安处改属沂水专署公安处。7月，县公安局一、二、三股分别改为秘书、侦察（后改为政保）、预审股。设立治安股。

1951年6月，石臼、安东卫分局和涛雒派出所从县公安局划出，改属山东省公安厅边防保卫局石臼分局。是年7月，建立劳改队。

1952年4月，劳改队从县公安局划出，改属沂水专署公安处。设立政治协理室、经保股。6月，石臼、安东卫分局和涛雒派出所划回县公安局。10月，设立城关派出所。

1953年8月，沂水专署撤销，日照县公安局改属胶州专署公安处。第二年6月，石臼、安岚分局（由安东卫分局改建）改为派出所，涛雒、城关派出所撤销。设立侦察股。

1956年3月，胶州专署撤销，日照县公安局改属临沂专署公安处。8月，设立户籍股。公安队改为武装警察队。

1957年6月，设立县公安局刑侦股。

1958年5月，涛雒、王家滩派出所恢复设置。12月，石臼、安岚、小海（由涛雒派出所改建）、王家滩4个派出所改为武装边防派出所。设立潘海、夹仓、韩家营子、臧家荒、张家台、任家台6个武装边防派出所。

1959年8月，设立县公安局边防股。

1961年8月，设立日照边防大队，10个武装边防派出所划归日照边防大队领导。边防股撤销。10月，城关派出所恢复设置。12月，户籍股撤销。

1966年12月，设立两城、丝山、石臼、奎山、涛雒、岚山、碑廓、巨峰、西湖、三庄、南湖11个派出所。

1968年3月，日照县公、检、法实行军事管制。中国人民解放军山东省日照县公安机关军事管制小组成立，下设政工、办事、审判、民事组。县公安局内设机构撤销。是年6月，日照边防大队及各武装边防派出所撤销，边防工作业务由县公安机关军事管制小组接管。第二年6月，除城关派出所保留外，其它各派出所撤销。

1971年4月，设立岚山、虎山、涛雒、奎山、石臼、丝山、两城7个边防派出所（属公安机构）。

1973年6月，日照县公安机关军事管制小组撤销。县公安局政治协理室、秘书股、政保股、治安股、预审股恢复设置。设立看守所、检察股。

1976年2月，县公安局刑侦股、边防股恢复设置。设立王家海屋、臧家荒、张家台3个边防派出所（属公安机构）。

1978年10月，县公安局检察股撤销。

1979年3月，在秘书股设立信访组。9月，设立消防股。12月，设立日照消防中队。

1980年1月，边防股及各边防派出所从县公安局划出，改为现役，改属临沂边防保卫分局（驻日照）。12月，设立户籍股、内保股，拘留所改为治安行政拘留所。

1982年3月，石臼分局恢复设置。6月，设立石臼派出所。

1983年1月，两城、涛雒、丝山、虎山、汾水、岚山、碑廓、巨峰、高兴、后村、黄墩、西湖、三庄、陈疃、奎山15个派出所恢复设置。设立武警日照县边防大队（现役），对内称临沂边防保卫分局（驻日照）。边防股和恢复设置的石臼、安东卫、小海、王家滩、王家海屋（由潘海边防派出所改建）、夹仓、韩家营子、臧家荒、张家台、任家台10个边防派出所改为现役。是年，消防股等消防机构改为现役。

1984 年 1 月，在秘书股设立政策法律研究室。7 月，石臼分局从县公安局划出，改为石臼港办事处公安局，改属临沂地区公安处。石臼、丝山、奎山 3 个派出所从县公安局划出，改属石臼港办事处公安局。9 月，秘书股改为办公室；户籍股改为户政股；政治协理室改为政工股；刑侦股改为刑警队；内保股改为保卫股。设立行政股、外事股和河山、南湖、下湖、大坡、竖旗 5 个派出所。

1985 年 1 月，设立县公安局治安巡逻队。3 月，日照撤县建市，日照县公安局改为日照市公安局，行政级别不变，正科级。6 月，石臼港办事处公安局改为石臼分局，石臼分局及其石臼、丝山、奎山 3 个派出所从临沂地区公安处划回日照市公安局。

1986 年 5 月，政策法律研究室从办公室划出，单独设置。6 月，设立日照水库派出所（属企业公安派出所）。

1987 年 4 月，设立大沙洼林场派出所（属企业公安派出所）。6 月，日照交通监理站从县交通部门改属市公安局，改为日照市公安交通警察队。10 月，政工、户政、治安、预审、政保、保卫、外事、行政、消防股的称谓，由股改为科。12 月，信访业务从办公室划出，单独设置信访科。城关派出所改为日照路派出所。

1988 年 1 月，设立望海路、昭阳路、石臼所西 3 个派出所。4 月，纪检组从政工科划出，单独设置。5 月，设立通讯科、老干科、车队。

1940—1988 年日照县（县级日照市）公安局历任行政领导名录表

表 1-1

职务	姓名	任职时间	备注
局　长	丁勋南	1940.11—1941.02	代理局长
	王元昌	1941.02—1943.05	
	胡虹江	1943.05—1945.09	
	张济民	1945.10—1948.09	
	李西夫	1948.09—1948.12	
	邱大江	1949.01—1950.10	
	王兴伦	1950.10—1952.09	
	李仲恩	1952.09—1953.05	
	杜友传	1953.05—1953.12	
	王绍敏	1954.07—1956.07	
	周家斗	1956.07—1960.03	
	刘广启	1960.04—1962.06	
	周家斗	1962.06—1969.11	
	刘广启	1973.06—1976.05	
	刘再兴	1976.05—1980.05	
	焦安善	1981.04—1983.02	
	刘银贤	1984.05—1989.11	
教导员	王汉敬	1961.07—1962.10	
	申仕宏	1962.10—1973.06	

续表 1-1

职务	姓名	任职时间	备注
教导员	焦安善	1978.06—1980.05	
		1980.05—1981.04	主持日照县公安局工作
	孙方怀	1982.08—1985.06	
	顾法余	1985.06—1989.11	
副局长	孙善英	1943.06—1943.10	
	李　特	1944.08—1945.10	
	王　奇	1945 年春—1946.05	
	孙琪英	1946 年夏—1947 年春	
	张学孟	1947.07—1948 年夏	
	薛燕堂	1951.01—1956.06	
	周家斗	1952.05—1956.07	
	李永甫	1952.09—1956.03	兼石臼分局局长
	温江洲	1954.12—1956.02	
	刘广启	1957.03—1960.04	
	王汉敬	1959.08—1959.12	
		1962.10—1963.03	
	崔成久	1959.08—1975.04	
	刘维亮	1960.02—1962.04	
	贾志远	1960.02—1960.06	
	段玉德	1965.03—1972.01	
		1975.04—1978.04	
	牟宗条	1975.04—1984.06	
	李乃松	1984.05—1988.04	
		1988.04—1989.11	兼石臼分局局长
	刘家宝	1977.06—1984.05	
	郑世德	1978.04—1987.06	
	解寿岳	1982.08—1984.05	兼石臼分局局长
	焦安南	1984.05—1984.07	兼石臼分局局长
	成荣恩	1987.07—1989.11	
	赵庆和	1987.07—1989.11	
副教导员	陈同永	1975.04—1984.05	

第三节　地级日照市公安局

1989 年 11 月 5 日，地级日照市正式对外办公，正处级市公安局（以下均为地级日照市公安局）挂牌成立，址设东港区兴海路 40 号。1996 年 6 月，市公安局迁址东港区烟台路 29 号。2015 年 10 月

22 日，市公安局迁址东港区五莲路 339 号。

日照市公安局，作为日照市政府的职能部门，是全市公安工作的领导机关和指挥机关。

一、行政机构

（一）行政领导

市公安局升格后，行政领导职位设置局长、副局长。1999 年 9 月，市公安局增设政治委员（政委）职位。间断设置副政治委员（副政委）、局长助理职位。

1989—2018 年，市公安局行政领导成员历经多次调整充实。朱士杰、王献增、毕宝文、张志华、槐国栋、丛培浩、张培林先后担任市公安局局长。其中，朱士杰任职后期为市委常委、政法委书记，市公安局局长；王献增任职后期享受副市级干部待遇，兼任市委政法委常务副书记，市公安局局长；张志华任职后期任副市级干部，市公安局局长；槐国栋任职一年后任副市级干部，后期任市政府党组成员、副市级干部，市公安局局长；丛培浩任职前期任市政府党组成员、副市级干部，后期任市政府副市长、党组成员，市公安局局长；张培林任市政府副市长、党组成员，市公安局局长。

1989—2018 年日照市公安局历任行政领导名录表

表 1-2

职务	姓名	籍贯	任职时间	备注
局　长	朱士杰	山东省费县	1990.04—1992.03	
			1992.03—1995.06	市委常委、政法委书记
	王献增	山东省新泰市	1995.06—1998.08	1998 年 3 月兼任市委政法委常务副书记
			1998.08—1999.10	享受副市级干部待遇。兼任市委政法委常务副书记至 1999 年 9 月
	毕宝文	山东省淄博市	1999.10—2001.09	
	张志华	山东省阳谷县	2001.09—2004.12	
			2004.12—2006.12	副市级干部
	槐国栋	山东省淄博市	2006.12—2007.11	
			2007.11—2010.12	副市级干部
			2010.12—2012.01	市政府党组成员、副市级干部
	丛培浩	山东省威海市	2012.01—2015.05	市政府党组成员、副市级干部
			2015.05—2017.01	市政府副市长、党组成员
	张培林	山东省茌平县	2017.01—2017.02	市政府党组成员
			2017.02—	市政府副市长、党组成员
政　委	刘银贤	日照市东港区	1999.09—2003.03	2003 年 3 月离任后，任正处级侦察员至退休
	来永庆	山东省莒县	2003.03—2010.12	2010 年 12 月离任后，任正处级侦察员至退休
	盛聚堂	山东省莒县	2010.12—2016.12	2017 年 2 月调市人大工作
	熊桂登	山东省蒙阴县	2016.12—	
副局长	刘银贤	日照市东港区	1989.11—1990.04	主持市公安局工作
			1990.04—1994.02	1994 年 2 月调市委政法委工作
			1997.09—1999.09	正处级
	顾法余	日照市东港区	1989.11—1990.06	

续表 1-2

职务	姓名	籍贯	任职时间	备注
副局长	顾法余	日照市东港区	1990.06—1991.09	交警支队支队长（兼）。1991 年 9 月调市司法局工作
	赵修品	山东省莒县	1990.01—1990.03	现役。临沂地区公安边防保卫分局局长
			1990.03—1991.02	现役。日照市公安边防保卫分局局长
			1991.02—1997.08	现役。武警日照市边防支队支队长
			1997.08—2001.02	
			2001.02—2006.12	另任正处级领导干部。2006 年 12 月离任后，任正处级侦察员至退休
	李雅庭	辽宁省阜新市	1991.08—1991.09	
			1991.09—1993.04	交警支队支队长（兼）
			1993.04—1993.05	交警支队支队长、东港分局局长（兼）
			1993.05—1994.08	东港分局局长（兼）
			1994.08—1995.06	
	陈永山	山东省禹城市	1993.10—1994.06	现役。武警日照市支队支队长
			1994.06—1994.07	转业待任职
	盛聚堂	山东省莒县	1995.03—2003.08	
			2003.08—2010.12	正处级侦察员
	毕宝文	山东省淄博市	1995.06—1999.10	
	王万起	山东省临朐县	1995.06—2005.04	
			2005.04—2012.02	正处级侦察员。日照港公安局党委书记、局长（兼）。2012 年 2 月离任后，任日照港公安局调研员至退休
	来永庆	山东省莒县	1996.12—2003.03	
	林　苍	福建省莆田市	1999.04—2000.04	公安部干部。挂职
	史继波	山东省莒南县	1999.09—2005.04	
			2005.04—2011.11	2011 年 11 月离任后，任正处级侦察员至退休
	熊桂登	山东省蒙阴县	2005.04—2010.12	
			2010.12—2016.12	正处级侦察员
	郭同华	日照市东港区	2005.04—2006.10	
			2006.10—2010.07	正处级侦察员。2010 年 7 月离任后，任正处级侦察员至退休
	孙运涛	山东省莒南县	2006.10—2008.07	政治部主任（兼）
			2008.07—2010.12	
			2010.12—2016.07	正处级侦察员
			2016.07—2016.12	正处级侦察员。市旅游发展委员会副主任（兼）。2016 年 12 月离任后，任正处级侦察员
	王玉琛（女）	日照市岚山区	2010.12—2014.12	正处级侦察员
	曾宪威	山东省莒南县	2010.07—2010.08	东港分局局长（兼）

续表 1-2

职务	姓名	籍贯	任职时间	备注
副局长	曾宪威	山东省莒南县	2010.08—2011.12	
			2013.06—2016.01	交警支队支队长（兼）
			2016.01—2017.10	正处级
			2017.10—	正处级。市旅游发展委员会副主任（兼）
	任焕新	山东省五莲县	2011.12—	正处级侦察员
	李海防	山东省平邑县	2011.12—2016.01	
	杨乐清	山东省五莲县	2013.12—2014.12	东港分局局长（兼）
			2016.01—2018.11	东港分局局长（兼）
	张仲武	山东省莒南县	2016.12—2017.10	
	刘　军	日照市岚山区	2017.10—2018.11	指挥中心主任（兼）
			2018.11—	东港分局局长（兼）
	胡训立	日照市岚山区	2019.03—	
	史文明	山东省莒县	2019.12—	
副政委	王玉琛（女）	日照市岚山区	2002.12—2006.10	纪委书记（兼）
			2006.10—2010.12	正处级侦察员。纪委书记（兼）
	任焕新	山东省五莲县	2010.12—2011.11	纪委书记（兼）
	王　芳（女）	日照市东港区	2011.11—2014.12	政治部主任（兼）
	周　波	日照市东港区	2014.12—2016.12	纪委书记（兼）
	李海防	山东省平邑县	2017.10—2018.12	正处级。2018 年 12 月离任后，任正处级干部
局长助理	王　鹏	日照市东港区	2000.04—2001.04	东港区委政法委干部。挂职
	孙运涛	山东省莒南县	2004.11—2005.04	

（二）职能配置

1996 年 10 月，市编委印发《日照市公安局职能配置、内设机构和人员编制方案》，明确市公安局职能为：强化对全市公安机关的宏观决策和指挥职能，加强对公安方面的重大行动、重大案件、重大事件和重大事故的协调处置；强化治安管理职能，加强调查研究，做好维护社会稳定和处置突发事件的工作；强化队伍管理职能，加强全市公安队伍及边防、消防部队的思想、组织、作风建设和执法监督；强化为基层服务职能，加强政策咨询、情报信息和对下级公安机关的业务指导。

2001 年 8 月，市政府办公室印发《日照市公安局职能配置、内设机构和人员编制规定》，明确市公安局职能为：进一步强化决策、指挥和协调职能，加强对下级公安工作的指导、监督、检查和公安队伍的管理，提高自身的实战能力，同时将一些可由下级公安机关承担的职能，交由区县公安机关承担。主要有：（一）经组织、人事、劳动部门调入人员及其随迁家属子女，军转干部、志愿兵及其家属子女，大中专毕业生的户口迁移；新建单位需要在派出所立户的审批权；居民身份证的变更、更正；临时居民身份证的办理工作。（二）台胞到大陆定居的受理和审核，境外人员居住点的受理、审查职能。

2011 年 11 月，市政府办公室印发《日照市公安局主要职责内设机构和人员编制规定》，明确市公安局主要职责是：(一）拟订全市公安工作的政策并组织实施，领导和指挥全市公安工作。(二）掌握影响全市社会稳定、危害国内安全和社会治安的情况，分析形势，制定对策。(三）负责全市公安队伍管理和建设工作，并按规定权限管理干部；实施对干部的监督，查处、督办公安队伍重大违纪案件；组织、指导全市公安机关督察工作。(四）组织、指导全市公安机关侦查工作，侦办重大刑事犯罪案件、危害国家安全的重大案件和重大经济犯罪案件。(五）负责全市治安管理工作并承担相应责任。组织、指导处置重大治安事故和群体性事件，组织、指导全市公安机关依法查处破坏社会治安秩序行为；依法开展治安行政管理工作；组织、指导全市公安机关治安保卫工作。(六）指导、监督全市公安机关依法承担的执行刑罚工作；指导、监督下级公安机关看守所、拘留所等管理工作；管理市看守所和市拘留所。(七）负责全市出入境管理有关工作和边防治安管理工作。按规定承担国籍、外国人永久居留、口岸签证、因私出入境中介管理事务；按规定承担出境、入境和持普通护照的外国人在市内居留、旅行有关管理工作；组织指导边防治安管理工作。(八）负责劳动教养、收容教养案件的有关审批工作。(九）组织实施全市公安科学技术工作；规划全市公安机关的指挥系统和信息技术、刑事技术建设。(十）组织、指导全市公安机关对公共信息网络的安全保护工作；监督、检查、指导信息安全等级保护工作。(十一）参与拟订全市公安机关装备和经费标准，拟订相关管理制度并组织实施。(十二）组织、指导全市公安机关开展禁毒、缉毒工作；承担市禁毒委员会的日常工作。(十三）组织、指导全市公安机关对恐怖活动的防范、侦察工作；承担市反恐怖工作协调小组的日常工作。(十四）负责全市道路交通安全管理工作并承担相应责任。按规定负责车辆、驾驶人登记管理工作。(十五）组织、指导公安机关对机关、团体、企业、事业单位和重要基础设施、重点建设工程的安全保卫工作。(十六）组织开展我市公安机关同外国及港澳台警方的交往与业务合作。(十七）负责消防工作并承担相应责任。指导、监督、协调全市消防监督、火灾预防、火灾扑救和公安应急抢险救援工作。(十八）负责到日照市的党和国家领导人、重要外宾以及重要会议、重大活动的安全警卫工作并承担相应责任。(十九）领导全市公安消防、边防部队，对武警部队执行公安任务实施领导和指挥。(二十）承办市委、市政府和省公安厅交办的其他事项。

（三）机构设置

1989 年市公安局升格为正处级，原县级日照市公安局机构整体归属地级日照市公安局。有内设机构 23 个，公安派出所 27 个，辖石臼分局。

1990 年 1 月，设立市公安局城郊分局。日照市公安交通警察队改为日照市公安交通警察支队。2 月，设立武警日照市支队。3 月，边防保卫分局（现役）由临沂地区公安处划入，设立武警日照市边防支队。4 月，市公安局机构调整，设置办公室、政治处、政策法律研究室、信访科、刑事侦察大队、治安科、保卫科、政保科、外事科、预审科、通信科、消防科、户政科、行政装备科、看守所、治安拘留所、巡逻警察大队、交通警察支队和纪检组，直管 27 个公安派出所，辖石臼分局、城郊分局。8 月，设立武警日照市消防大队。9 月，武警日照市支队完成组建工作，隶属武警山东省总队领导。11 月，消防科改为日照市公安消防分局（现役）。12 月，武警日照市消防大队升格为武警日照市消防支队（对内称日照市公安消防分局，现役）。是年底，设立市公安局六科。

1991 年 4 月，设立日照市公安干部学校。日照市公安交通警察支队改为日照市公安局交通警察支队。

1992 年 7 月，市公安局纪检组改为纪委。

1993 年 1 月，莒县公安局、五莲县公安局分别由临沂地区公安处、潍坊市公安局改属日照市公安局。4 月，设立市公安局东港分局、收审所。巡逻警察大队、治安拘留所、看守所和 27 个公安派出所划归东港分局。石臼分局、城郊分局撤销。5月，刑事侦察大队改为刑事警察支队。6月，设立市公安局岚山分局、计算机安全监察办公室。

1994年1月，设立市公安局巡逻警察支队。东港分局巡警大队撤销。9月，政策法律研究室改为法制科。10月，日照市公安干部学校改为日照市公安局公安干部学校。11月，设立市公安局日照开发区分局。

1995年2月，设立市公安局警卫处。5月，东港分局管理的东港区看守所划回市公安局，改为日照市看守所。

1996年6月，设立市公安局宣传科。武警日照市消防支队又称日照市公安消防支队（对内称日照市公安消防分局，现役）。10月，根据《日照市公安局职能配置、内设机构和人员编制方案》，政保科改为政治侦察科（对外称政治侦察支队）；治安科改为治安管理科（对外称治安警察支队）；六科改为技术侦察科（对外称技术侦察支队）；预审科改为预审监管科（市看守所并入该科）；保卫科改为经济文化保卫科；外事科改为出入境管理科；户政科改为户政管理科；通信科改为机要通信科（加挂计算机管理监察科牌子）；行政装备科改为计财装备科；警卫处改为警卫科；政治处改为政治部。设立市公安局审计科。

1997年2月，市公安局收审所、计算机安全监察办公室撤销。3月，设立市公安局居民身份证制作所。6月，办公室加挂指挥中心牌子。11月，预审监管科改为监所管理科。12月，设立市公安局公路巡逻民警支队，与交通警察支队一个机构、两块牌子。

1998年12月，设立市公安局督察部、法医诊疗鉴定中心。

1999年3月，设立日照市保安服务总公司，保安工作纳入市公安局管理范畴。

2001年1月，经济文化保卫科挂经济犯罪侦查支队牌子。3月，市公安边防保卫分局改为市公安边防支队（保留武警日照市边防支队番号，现役）。8月，根据《日照市公安局职能配置、内设机构和人员编制规定》，信访科、机要通信科并入指挥中心（挂办公室牌子）。经济文化保卫科改为经济犯罪侦查支队；技术侦察科改为行动技术科（对外称行动技术支队）；政治侦察支队改为国内安全保卫支队；公安干部学校改为人民警察培训学校。设立公共信息网络安全监察科；设立纪检委、监察室，审计科并入纪检委、监察室；设立治安巡逻警察支队，第二年9月巡逻警察支队与治安管理科（治安警察支队）合并，完成治安巡逻警察支队组建工作。

2003年1月，日照开发区分局改为日照经济开发区分局。

2004年1月，行动技术科、监所管理科、出入境管理科、户政管理科、法制科、公共信息网络安全监察科、宣传科、计财装备科、警卫科的称谓，均由科改为处。2月，东港分局治安拘留所划回市公安局，改为市公安局治安拘留所（加挂强制戒毒所牌子）。

2005年10月，指挥中心加挂信息中心牌子，指挥中心机要通信科加挂科技处牌子。

2006年5月，市公安局治安拘留所改为日照市拘留所。

2007年12月，出入境管理处改为出入境管理分局。

2008年6月，设立市公安局特警支队。10月，信访科从指挥中心划出单独设置，改为市公安局信访处。公共信息网络安全监察处改为网络警察支队。12月，法医诊疗鉴定中心撤销。

2011年11月，根据《日照市公安局主要职责、内设机构和人员编制规定》，行动技术支队改为技术侦察支队；监所管理处改为监所管理支队；出入境管理分局改为出入境管理支队（加挂出入境管理分局牌子）；法制处改为法制支队；机要通信科从指挥中心划出单独设置，改为信息通信处；网络警察支队改为网络安全保卫支队；计财装备处改为警务装备保障处；警卫处改为警卫支队；督察部改为警务督察支队；纪检委、监察室改为纪委、监察室；审计科从纪检监察部门划出单独设置，改为审计处；刑事警察支队改为刑事侦查支队（加挂禁毒支队、反恐怖支队牌子）；治安巡逻警察支队改为治安警察支队。设立情报信息处、行政服务处、机关党委。交通警察支队车辆管理所划归市公安局，改为市公安局车辆管理所。

2013 年 9 月，设立高速公路交通警察支队（加挂山东省公安厅高速公路交通警察总队日照支队牌子）。日照经济开发区分局改为日照经济技术开发区分局。

2014 年 1 月，设立市公安局食品药品与环境犯罪侦查支队。警务装备保障处改为警务保障处。禁毒支队由在刑事侦查支队加挂牌子，改为与其合署办公。10 月，市保安服务总公司脱钩改制，移交市国资委。

2015 年 8 月，设立市公安局人民警察训练中心，为市公安局管理的公益一类事业单位。人民警察培训学校撤销。9 月，设立市公安局机场分局。12 月，禁毒支队由与刑事侦查支队合署办公，调整为单独设置市公安局禁毒支队。反恐怖支队由在刑事侦查支队加挂牌子，改为单独设置市公安局反恐怖支队。

2016 年 7 月，设立市公安局山海天旅游度假区分局。是年，居民身份证制作所撤销。

2017 年 6 月，设立市公安局旅游警察支队。11 月，纪委、监察室撤销。

2018 年 1 月，武警日照市支队编成调整为武警日照支队。3 月，日照港公安局转制市公安局，改为日照市港航公安局。10 月，市公安消防支队随着体制调整退出现役，市公安消防支队撤销。11 月，山东省地方铁路公安局坪岚分局转制市公安局，改为市公安局坪岚铁路分局。12 月，市公安边防支队随着体制调整退出现役，武警日照市边防支队番号撤销。

2018 年日照市公安局机构设置示意图

图 1–1

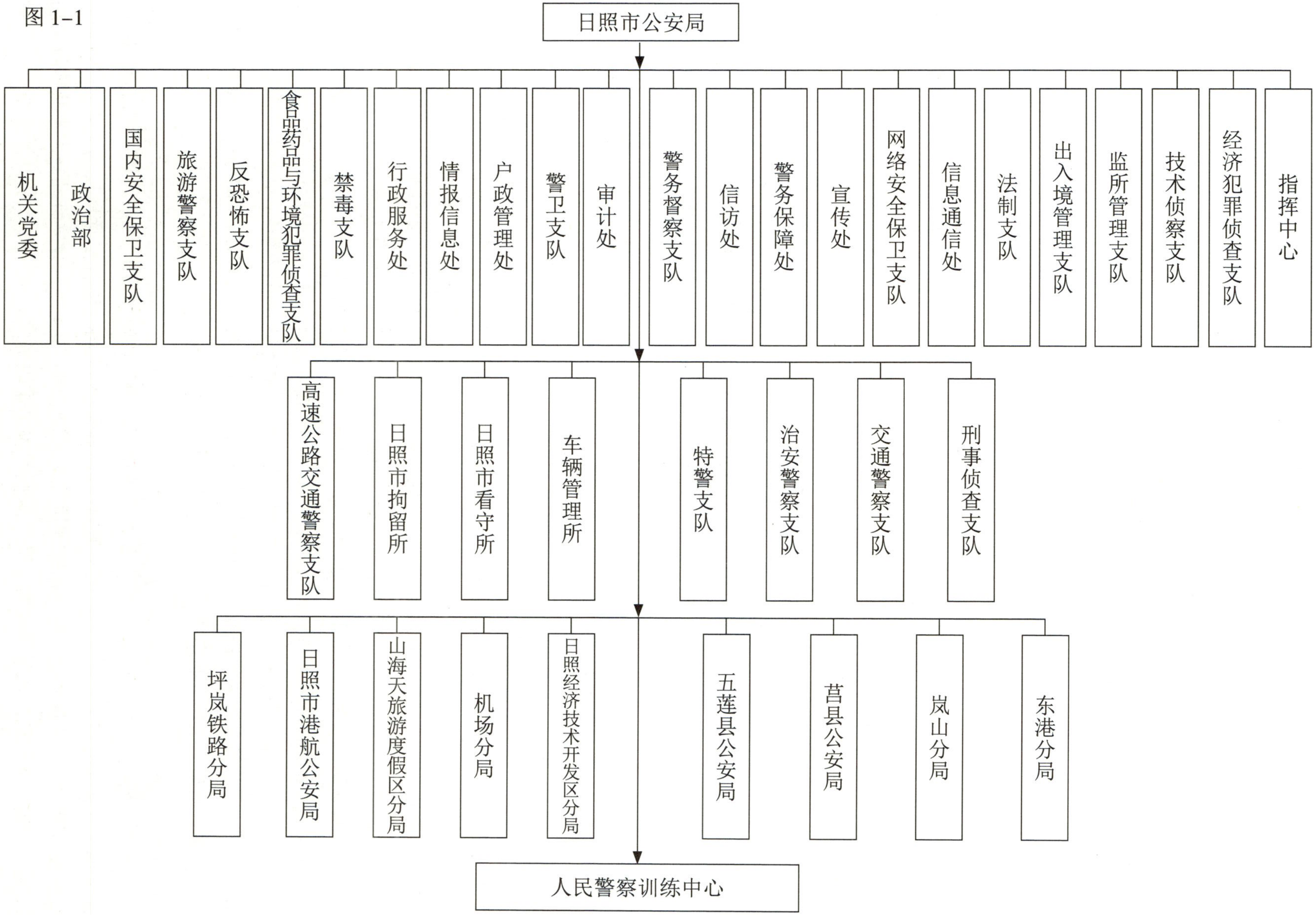

指挥中心

1989 年 11 月，办公室为市公安局内设职能科室，承担公文办理、文件拟定、调查研究、办理来信来访、上传下达、会务管理、档案管理、接待等工作任务。1993 年 12 月，市公安局在办公室建设 110 指挥大厅，办公室值班人员履行协助局领导处置突发事件、暴力犯罪案件和重大治安事件，根据局领导授权先期处置各类报警和群众求助等职责。1996 年 10 月，办公室职能调整为负责掌握全市公安工作情况，综合分析敌情和社会治安情况；收集、分析、反馈各类公安信息，协调处置紧急事务和突发事件；协助市公安局领导处理日常政务工作；负责重要文稿的审核、起草及文秘、档案、保密等工作。1997 年 6 月，办公室加挂指挥中心牌子，增加合成作战指挥、信息归口研判等职能，办公室工作从此由服务协调型向实战指挥型转变。2001 年 4 月，办公室（加挂指挥中心牌子）主任编制为副处级干部。8 月，市公安局信访科、机要通信科并入指挥中心（加挂办公室牌子）。指挥中心是市公安局行政领导的决策参谋机构，具体职能由下设指挥调度科、秘书科、机要通信科、信访科承担。2005 年 10 月，指挥中心加挂信息中心牌子，指挥中心机要通信科加挂科技处牌子，均实行一个机构、两块牌子，承担计财装备处划入指挥中心的公安科技有关职责。2006 年 10 月，设立指挥中心机要科，专门负责指导和检查全市公安机关的密码工作，承担全市公安机关密码、密码设备的管理和保障任务及明密电报译传办理工作；机要通信科改为通信科。2008 年 10 月，信访科从指挥中心划出。2011 年 11 月，通信科从指挥中心划出。指挥中心的主要职责调整为掌握全市公安工作情况，收集、分析、报告有关社情及公安信息；协调处理紧急警务和授权的有关指挥协调工作；组织、指导全市公安系统 110 报警服务工作，负责市公安局 110 报警服务台接处警工作；组织协调局机关日常工作，负责局机关文电、会务、督办、机要、档案、统计、信息、保密、外事和综合文稿的起草等工作。

经济犯罪侦查支队

1989 年 11 月，保卫科为市公安局内设职能科室。1996 年 10 月，保卫科改为经济文化保卫科，负责指导全市公安机关依法监督机关、团体和企事业单位的安全保卫工作，着重抓好重点要害部门的安全防范；掌握内部单位的敌情、治安情况及政治动向，并研究提出对策；指导和组织实施发生在金融、财税系统内的有关经济诈骗案件的侦破工作；指导和管理企事业单位保卫组织的建设工作。2001 年 1 月，经济文化保卫科加挂经济犯罪侦查支队牌子，可配副处级干部。8 月，经济文化保卫科改为经济犯罪侦查支队，负责全市经济犯罪案件侦查和经济文化保卫工作，支队长、政委编制为副处级干部，具体职能由内设经济犯罪侦查大队、经济文化保卫大队 2 个副科级机构承担。2009 年 10 月，经济犯罪侦查支队设立警务科、经济犯罪侦查二大队、三大队。2011 年 11 月，经济犯罪侦查三大队撤销，其职能并入经济犯罪侦查一大队和二大队。经济犯罪侦查支队的主要职责调整为：掌握全市经济犯罪的动态，分析、研究经济犯罪情况，拟订预防、打击对策并组织实施;负责侦破涉及金融、证券、财税等要害部门的重特大经济犯罪案件和上级直接交办的案件；组织、指导和监督下级公安机关对经济犯罪案件的侦查工作；负责跨区县经济犯罪案件的协调办理。

技术侦察支队

1990 年底，设立市公安局六科，负责技术侦察工作。1996 年 10 月，六科改为技术侦察科（对外称技术侦察支队）。2001 年 8 月，技术侦察科改为行动技术科（对外称行动技术支队）。2004 年 1 月，行动技术科改为行动技术处（对外称行动技术支队）。2011 年 4 月，设立行动技术支队情报信息大队。11 月，行动技术支队改为技术侦察支队，承担相应工作职责。

监所管理支队

1989 年 11 月，预审科为市公安局内设职能科室。1996 年 10 月，预审科改为预审监管科（市看守所并入该科），为市公安局内设机构，主要负责指导全市公安机关的预审工作和看守所、拘留所的监管工作，研究预审监管工作的对策，组织审理重大疑难案件，规划和指导全市看守所、拘留所的建设工作。1997 年 11 月，预审业务划归刑警部门，预审监管科改为监所管理科。2004 年 1 月，监所管理科改为监所管理处，职责任务不变。2011 年 11 月，监所管理处改为监所管理支队。监所管理支队的主要职责为：指导和监督全市公安机关看守所、拘留所的建设和被羁押人员的监管、教育工作，研究拟定有关规定和制度并监督检查落实情况；掌握羁押情况，检查指导收押场所安全防范工作。

出入境管理支队

1989 年 11 月，外事科为市公安局内设职能科室。1996 年 10 月，外事科改为出入境管理科，为市公安局内设机构，主要负责公民因私出入境的管理工作，负责华侨回国定居、港澳台胞回内地（大陆）定居的审核发证工作；组织指导查处非法移民活动，指导和组织实施持普通护照的外国人出入境、过境以及外国人居留、旅行等行政管理工作，指导处理外国人违章、违法等活动。2004 年 1 月，出入境管理科改为出入境管理处，职责任务不变。2007 年 12 月，出入境管理处改为出入境管理分局，内设受理审批科、外管签证科 2 个副科级机构。2011 年 11 月，出入境管理分局改为出入境管理支队（加挂出入境管理分局牌子），支队长编制为副处级干部。出入境管理支队的主要职责为：按规定承担国籍、外国人永久居留、口岸签证、因私出入境中介管理事务；按规定承担出境、入境和持普通护照的外国人在市内居留、旅行有关管理工作；依法查处人员出入境违法犯罪行为。

法制支队

1989 年 11 月，政策法律研究室为市公安局内设职能科室。1994 年 9 月，政策法律研究室改为法制科。1996 年 10 月，法制科为市公安局内设机构，负责指导全市公安机关的法制工作，审核起草与公安工作有关的规章，监督、检查公安机关的执法情况，指导全市公安机关的行政复议应诉和劳动教养审批工作，承办该局的行政复议应诉案件、国家赔偿案件和刑事赔偿复议案件，组织开展警察法学研究和普法教育活动。2004 年 1 月，法制科改为法制处，职责任务不变。2011 年 11 月，法制处改为法制支队。法制支队的主要职责为：指导、监督全市公安机关法制建设和执法工作；承办局机关并指导下级公安机关办理听证、行政复议、行政应诉、国家赔偿等工作。

信息通信处

1989 年 11 月，通讯科为市公安局内设职能科室。1990 年 4 月，通讯科改为通信科。1996 年 10 月，通信科改为机要通信科（加挂计算机管理监察科牌子），为市公安局内设机构，主要负责全市公安机关通信系统的规划和建设，承担局机关机要通信工作；负责全市计算机信息系统的安全监察和保卫工作，查处利用计算机犯罪的案件和利用计算机制造、传播有害数据的行为，规划和组织实施全市公安信息系统建设及其联网工作等。2001 年 8 月，机要通信科并入指挥中心，计算机管理监察业务工作从机要通信科划出，机要通信科不再挂计算机管理监察科牌子。2006 年 10 月，指挥中心机要科设立后，机要通信科改为通信科。2011 年 11 月，指挥中心通信科改为信息通信处，为市公安局内设机构。信息通信处的主要职责为：拟订全市公安通信和信息化发展规划并组织实施；负责全市公安信息网络、信息系统安全和信息资源管理；全市公安通信保障、公安通信设施运行和公安无线电管理；全市公安科技工作；市公安局“金盾工程”领导小组办公室的日常事务等工作。

网络安全保卫支队

2001 年 8 月，设立公共信息网络安全监察科，为市公安局内设机构，承接机要通信科负责的计算机管理监察业务工作，具体负责指导和组织实施公共信息网络和国际互联网的监察工作；查处重特大计算机违法犯罪案件和重要公共信息网络的安全事故；负责公用上网服务业许可证的审批工作（略）。2004 年 1 月，公共信息网络安全监察科改为公共信息网络安全监察处，职责任务不变。2008 年 10 月，公共信息网络安全监察处改为网络警察支队。2011 年 4 月，设立网络警察支队情报信息大队。2011 年 11 月，网络警察支队改为网络安全保卫支队。网络安全保卫支队的主要职责为组织实施全市公共信息网络安全保护工作等。

宣传处

1996 年 6 月，设立宣传科，为市公安局内设机构，负责组织实施并指导全市公安机关的社会宣传及新闻发布工作。2000 年 6 月，设立日照市公安影视宣传中心，与宣传科一个机构、两块牌子。2001 年 8 月，宣传科负责组织、指导全市公安机关社会宣传及新闻发布工作；宣传报道全市公安工作的重大事项；组织全市公安影视宣传工作；承办《日照警方》电视栏目，培训公安新闻、文化骨干；指导全市公安机关的文学艺术创作和文化建设工作。2004 年 1 月，宣传科改为宣传处，职责任务不变。2011 年 11 月，宣传处的主要职责调整为：拟订全市公安宣传工作规定并组织实施；组织、指导全市公安宣传和文化建设工作；组织新闻发布，协调全市公安舆情引导工作。

警务保障处

1989 年 11 月，行政科为市公安局内设科室。1990 年 1 月，行政科改为行政装备科。1996 年 10 月，行政装备科改为计财装备科，为市公安局内设机构，主要负责制订全市公安装备建设的长远规划、年度计划，组织分配装备物质，负责市公安局的财务、基本建设、国有资产管理及后勤服务工作。2001 年 8 月，调整计财装备科职能，增加承担大型公安保卫任务和应急突发事件的后勤保障工作；组织、指导和监督全市公安机关科学技术研究立项、工作规划、设备应用以及人才培训工作。2004 年 1 月，计财装备科改为计财装备处，职责任务不变。2005 年 10 月，计财装备处不再承担公安科技的有关职责。2011 年 11 月，计财装备处改为警务装备保障处。2014 年 1 月，警务装备保障处改为警务保障处。警务保障处的主要职责为：参与拟订全市公安机关装备和经费标准、管理制度，并组织实施；负责全市警用装备物资的配备、仓储、调运和应急警务装备保障工作；管理局机关财务和国有资产，监督直属单位财务和国有资产管理工作；按规定承担中央、省级、市级转移支付经费、配发装备的管理工作；负责局机关后勤管理工作。

信访处

1989 年 11 月，信访科为市公安局内设职能科室。1996 年 10 月，明确信访科负责接待人民群众的来信来访，查办该局立案的信访及控告、申诉案件，督促检查移送、交办的信访问题和控告、申诉案件的办理情况，指导全市公安机关的信访工作。2001 年 8 月，信访科并入指挥中心。2008 年 10 月，信访工作业务从指挥中心划出，设立信访处，为市公安局内设机构，职责任务不变。2011 年 11 月，信访处的主要职责调整为：掌握、分析全市公安信访工作动态，指导下级公安机关信访工作；受理群众来信来访，协调处理涉公安信访事项；指导、监督公安机关非正常上访处置工作。

警务督察支队

1998 年 12 月，设立市公安局督察部，内设督察指导协调科和警务督察队 2 个副科级机构。2001 年 8 月，督察部为市公安局内设机构，负责指导全市公安机关的警务督察工作，依法对公安机关及人民警察履行职责、执行公务、遵纪守法情况进行监督；处置公民报警、请求救助和控告申诉的情况。督察部督察长编制副处级干部。督察部警务督察队改为警务督察大队。2011 年 11 月，督察部改为警务督察支队，警务督察支队支队长编制为副处级干部。2012 年 10 月，按照中央组织部、公安部党委

《关于地方公安机关行政首长兼任督察长有关问题的通知》（组通字〔2011〕59号）要求，督察长由市公安局局长兼任。警务督察支队的主要职责为：负责本级并领导下级公安机关的警务督察工作；依法对全市公安机关及人民警察履行职责、行使职权和遵守纪律的情况进行监督；指导、协调全市公安机关维护人民警察正当执法权益工作。

审计处

1996年10月，设立审计科，为市公安局内设机构，主要负责市公安局机关和直属单位的内部审计工作。2001年8月，审计科并入纪检委、监察室。2011年11月，审计科改为审计处，为市公安局内设机构。审计处的主要职责为：负责对局机关、直属单位的财务收支情况进行监督检查；按规定对中央、省级、市级转移支付经费管理和使用情况进行监督检查；指导下级公安机关开展审计工作。

警卫支队

1995年2月，设立市公安局警卫处，与保卫科合署办公。1996年10月，警卫处改为警卫科，为市公安局内设机构，主要负责指导全市警卫业务，组织实施到日照市的党和国家领导人、重要外宾以及省领导人、重要会议的安全警卫工作。2004年1月，警卫科改为警卫处，职责任务不变。2011年11月，警卫处改为警卫支队。警卫支队的工作职责为：组织实施到日照市列入警卫范围的党和国家领导人、重要外宾以及重要会议、重大活动的安全警卫工作。

户政管理处

1989年11月，户政科为市公安局内设职能科室。1996年10月，户政科改为户政管理科，为市公安局内设机构，主要负责研究制订全市户籍管理的规定和方法；负责户籍、居民身份证件和流动人口的管理工作；负责人口统计工作。2004年1月，户政管理科改为户政管理处，职责任务不变。2011年11月，户政管理处的主要职责调整为：研究制定全市户籍管理的规定和办法；指导、监督下级公安机关管理户籍、居民身份证和流动人口、出租房屋；负责"二代身份证"信息传输审核、人口信息管理和人口统计工作。

情报信息处

2011年11月，设立情报信息处，为市公安局内设机构。情报信息处的主要职责为：负责综合研判情报信息，提出工作对策，指导下级公安机关情报信息工作。

行政服务处

2011年11月，设立行政服务处，为市公安局内设机构。行政服务处的主要职责为：负责该部门所有行政审批事项的咨询、受理、办理、证照发放以及行政许可法规定的听证、检验、鉴定等特殊许可程序的办理工作；负责部门办理行政审批、行政服务事项所涉及的有关规费的收缴工作；负责组织协调指导该部门管理的单位承担的审批项目办理工作。

禁毒支队

2011年11月，刑事侦查支队加挂禁毒支队牌子，由刑事侦查支队承担组织、指导、协调全市禁毒工作。2014年1月，禁毒支队由在刑事侦查支队加挂牌子改为与其合署。2015年12月，禁毒支队单独设置，为市公安局内设机构。禁毒支队的主要职责为：具体负责组织、指导全市公安机关开展禁毒、缉毒工作；侦办重特大毒品案件；查处麻醉药品、精神药品流入非法渠道行为，依法审批和管制易制毒化学品；协调区域间的禁毒合作；承担市禁毒委员会的日常工作。

食品药品与环境犯罪侦查支队

2014年1月，设立食品药品与环境犯罪侦查支队，为市公安局内设机构。食品药品与环境犯罪侦查支队的主要职责为：负责掌握全市食品药品和环境犯罪动态，分析、研究犯罪信息和规律，拟定预防、打击对策；组织、指导、协调全市食品药品、环境领域犯罪案件的侦办；组织开展区域性的食品药品安全和环境保护集中专项整治行动；组织、侦办上级领导交办以及社会反映强烈的大要案件；配合相关部门开展行政监管及联合执法；承办上级领导交办的有关食品药品安全和环境保护方面的其他工作任务。

反恐怖支队

2011 年 11 月，刑事侦查支队加挂反恐怖支队牌子，由刑事侦查支队负责反恐怖斗争相关工作。2015 年 12 月，设立反恐怖支队，为市公安局内设机构，承担相应的工作职责。

旅游警察支队

2017 年 6 月，设立旅游警察支队，为市公安局内设机构。旅游警察支队的主要职责为：负责掌握影响全市旅游秩序的治安纠纷和案件动态，拟订预防和打击对策；负责办理社会影响重大、涉及侵害旅游活动参与者人身和财产安全的违法犯罪案件；联合相关部门开展旅游执法，严厉打击破坏旅游市场秩序的违法犯罪案件；依法监督、指导旅游景区景点安保工作；指导基层公安机关对辖区内的景区景点开展秩序维护、巡逻防范等工作。

国内安全保卫支队

1989 年 11 月，政保科为市公安局内设职能科室。1996 年 10 月，政保科改为政治侦察科（对外称政治侦察支队）。2001 年 8 月，政治侦察科（对外称政治侦察支队）改为国内安全保卫支队，支队长、政委编制为副处级干部。2011 年 11 月，国内安全保卫支队的主要职责调整为：掌握影响国内安全和社会政治稳定的动态，拟订工作对策。

政治部

1989 年 11 月，政工科为市公安局内设职能科室。1990 年 4 月，政工科改为政治处，负责全市公安队伍管理和建设工作。1996 年 10 月，政治处改为政治部，是市公安局党委和行政领导主管政治工作的办事机构，政治部主任编制为副处级干部，内设人事教育科和老干部管理科。政治部职责调整为负责局机关及直属单位的人事、劳动工资管理等工作；按照有关规定协助各县组织部门管理县公安局领导干部；负责全市公安机关的警衔管理工作；按照有关规定，负责全市边防、消防部队的干部人事管理工作；组织、指导全市公安干警的教育训练工作；指导和组织实施全市公安队伍、边防、消防部队的思想、组织、纪律和作风建设；负责局机关及直属单位的党群工作；负责局机关和指导直属单位的离退休人员的服务工作。2001 年 8 月，政治部下设机构为人事科、组织教育科、离退休干部管理科。2011 年 11 月，政治部组织教育科改为基层教育科。政治部负责全市公安队伍管理和建设工作，具体工作由政治部下设 3 个科承担。其中，组织人事科负责局机关及直属单位的人事、劳动保障管理和公务员年度考核、表彰奖励等工作；按照有关规定管理现役干部，承办市公安局党委协助管理县公安局领导干部事宜；负责全市公安机关的警衔管理工作。基层教育科负责指导和组织实施全市公安队伍思想、组织、纪律和作风建设；指导和组织实施全市公安机关教育培训工作；指导人民警察培训学校的工作；负责与政治工作有关的重要文稿的起草、审核工作。离退休干部科负责局机关和指导直属单位的离退休人员的管理服务工作。2017 年 11 月，设立政治部辅警管理科，负责拟订全市公安机关辅警队伍教育培训、警务保障、考核奖惩、日常管理等制度规范并组织实施；指导、监督全市公安机关辅警队伍建设和管理工作，负责本级公安机关辅警管理等工作。

刑事侦查支队

1989 年 11 月，刑警队为市公安局内设职能机构。1990 年 4 月，刑警队改为刑事侦察大队。1993 年 5 月，刑事侦察大队改为刑事警察支队。1996 年 10 月，刑事警察支队为市公安局内设机构，主要负责掌握、分析全市刑事犯罪情况，指导刑事侦察工作，组织协调并参与重大刑事案件的侦破工作，组织和指导禁毒、反黑、反假、反走私等工作，为全市刑事侦察工作提供技术服务和情报资料。1997年11月，预审业务工作并入刑警部门，刑事警察支队内设侦察、技术、预审大队。2001年8月，刑事警察支队由市公安局内设机构调整为直属机构，副处级，内设大要案侦查大队、预审大队、技术大队、缉毒缉私大队4个副科级机构。2006年5月，刑事警察支队技术大队改为刑事科学技术研究所，加挂日照市公安局物证鉴定所牌子。2009年10月，设立刑事警察支队警务科。2011年4月，设立刑事警察支队情报信息大队。2011年11月，刑事警察支队改为刑事侦查支队，加挂禁毒支队、反恐怖支队牌子。刑事警察支队主要职责调整为：负责掌握全市刑事犯罪动态，分析研究刑事犯罪活动的规律特点，制订工作规划和打击对策；组织、指导、监督全市公安机关打击刑事犯罪工作；组织、侦办重特大案件和重要案犯的缉捕工作；为重大疑难刑事案件提供技术支援；组织、指导、协调全市禁毒工作；负责侦办重特大毒品案件；组织、指导对麻醉药品、精神药品流入非法渠道行为的查处工作；承担市禁毒委员会办公室的具体工作；负责研究分析反恐怖斗争的情报信息，提出反恐怖工作的意见建议；负责对恐怖组织、暴力恐怖案件的防范、侦察、调查和处置工作，侦办重大恐怖案件；承担市反恐怖工作协调小组办公室的具体工作。刑事警察支队内设警务科、大要案侦查大队、缉毒缉私大队、市公安局刑事科学技术研究所（加挂物证鉴定所牌子）。预审大队、情报信息大队撤销。2014年1月，刑事侦查支队与禁毒支队合署办公，缉毒缉私大队撤销。2015年12月，刑事侦查支队与禁毒支队不再合署办公，刑事侦查支队不再加挂反恐怖支队牌子，不再承担反恐怖相关工作。2018年3月，设立刑事侦查支队有组织犯罪侦查大队、情报信息研判大队。刑事侦查支队职责增加负责全市扫黑除恶专项斗争有关具体工作。

交通警察支队

1989年11月，日照市公安交通警察队为市公安局内设机构。1990年1月，日照市公安交通警察队改为日照市公安交通警察支队，副处级。6月，完成日照市公安交通警察支队组建工作。1991年4月，日照市公安交通警察支队改为日照市公安局交通警察支队。1993年3月，随着东港区设立、莒县和五莲县转隶，日照市人民政府《印发关于理顺交通警察管理体制的请示的批复》，市公安局交通警察支队对东港、莒县、五莲县大队实行人、财、物直管。是年，设立交通警察支队直属大队、岚山大队。1996年10月，明确交通警察支队职责为：组织实施全市城乡道路交通安全管理、交通安全宣传教育、交通指挥、维护交通秩序、处理交通事故和车辆安全检验、驾驶员考核与发证发牌等工作，参与全市道路建设和交通安全设施的规划，组织实施交通安全科学研究工作。交通警察下设车辆管理所1个正科级机构和直属大队、东港大队、岚山大队、莒县大队、五莲大队、纪检政工科、办公室、机动车驾驶员培训大队、车辆管理科、驾驶员管理科、牌证管理科、后勤装备科、宣传教育科、交通管理巡查大队、计划财务科、法制科、车辆检测站、人体检测站18个副科级机构。1997年11月，设立市公安局公路巡逻民警支队，与交通警察支队一个机构、两块牌子。2000年6月，设立交通警察支队日竹高速公路大队。2001年8月，交通警察支队由市公安局内设机构调整为直属机构。支队纪检政工科改为政工科和纪检委、监察室2个部门，办公室改为指挥中心，设立后勤装备科、交通事故处理科，交通管理巡查大队加挂交通管理科牌子。交通警察支队直属大队、东港大队、岚山大队、莒县大队、五莲大队、日竹高速公路大队调整为正科级机构。2002年9月，车管所、直属大队、东港大队、岚山大队、莒县大队、五莲大队、日竹高速公路大队、培训队由交通警察支队内设机构，调整为交通警察支队的直属机构。2004年2月，日竹高速公路大队改为高速公路大队，负责日照区域内高速公路的交通管理工作。2008年4月，设立交通警察支队日照经济开发区大队，正科级。2011年

11 月，市政府办公室印发《日照市公安局主要职责内设机构和人员编制规定》，明确交通警察支队支队长、政委编制为正处级干部，副支队长和副政委编制为副处级干部。交通警察支队指挥中心、政工科、宣传教育科、法制科、交通管理科、交通事故处理科、计划财务科、后勤装备科调整为正科级机构。交通警察支队的主要职责调整为：拟订全市道路交通安全管理的政策措施；依法查处道路交通违法行为和处理交通事故，维护交通秩序和公路治安秩序；实施对剧毒化学品道路运输审批；组织实施道路交通安全宣传教育工作；参与全市道路建设和交通安全设施的规划，组织实施交通安全科学研究工作。是月，交通警察支队车辆管理所划归市公安局管理，机动车驾驶员培训大队撤销。2012 年 12 月，交通警察支队高速公路大队撤销。2015 年 12 月，交通警察支队莒县大队、五莲大队分别划归莒县公安局、五莲县公安局管理。2016 年 5 月，设立市道路交通事故社会救助基金管理办公室。9 月，设立交通警察支队山海天旅游度假区大队。

治安警察支队

1989 年 11 月，治安科和巡逻警察队分别为市公安局内设职能机构。1993 年 4 月，治安巡逻大队划归东港分局管理。1994 年 1 月，设立市公安局巡逻警察支队，副处级。巡逻警察大队撤销。1996 年 10 月，治安科改为治安管理科，对外称治安警察支队，负责指导全市治安管理工作，指导查处违反治安管理的案件，组织、指导全市公安机关维护公共场所和大型群众性活动的治安秩序，指导民间保安服务公司、治安联防队、群众治保会的工作和建设，负责民用爆破器材的安全管理和安全技术防范管理工作。2000 年 12 月，设立治安警察支队治安行动队。2001 年 8 月，设立治安巡逻警察支队，为市公安局直属机构，副处级。2002 年 9 月巡逻警察支队与治安管理科（治安警察支队）合并，完成组建治安巡逻警察支队工作。治安巡逻警察支队内设治安防暴行动大队、爆炸物品管理大队、治安管理科、办公室 4 个副科级机构，其中治安防暴行动大队由治安行动队改建。治安巡逻警察支队的主要职责为：研究拟订实施治安行政管理的政策、规定；指导并参与实施对重点要害部门、城区道路、公共场所的治安巡逻，维护治安秩序；组织、指导和监督下级公安机关依法查处危害社会治安案件和治安部门管辖的刑事案件；指导治安警察巡逻大队、治安联防队、保安服务公司的建设和公安派出所的工作；组织、指导和监督实施大型活动的治安保卫工作；组织、指导和监督枪支弹药、危险物品、爆炸物品的管理和特种行业的管理工作；负责全市公共安全技术产品的鉴定和推广工作；参加群体性事件、突发性事件的处置工作。2004 年 2 月，设立治安巡逻警察支队城市管理大队。2008 年 6 月，治安巡逻警察支队治安防暴行动大队改为治安行动大队。2011 年 4 月，设立治安巡逻警察支队情报信息大队。2011 年 9 月，设立市公安局治安巡逻警察支队沈海高速公路鲁苏界公安检查站，主要负责查缉堵截通缉、通报的重大犯罪嫌疑人、流窜在逃犯罪嫌疑人，以及扰乱社会秩序人员、肇事肇祸精神病人等危害社会的重点人员；检查过往机动车辆（人员），发现被盗抢、交通肇事逃逸车辆，查处道路交通违法行为；查扣违法违规携带（运输）的枪支弹药、易燃易爆剧毒放射等危险物品，查缴管制刀具、淫秽物品等违禁物品，查缉毒品和易制毒化学品；接受群众报警和求助，提供便民服务；配合其他行政执法部门开展执法活动；承担法律、法规规定的其他职责任务。2011 年 11 月，治安巡逻警察支队改为治安警察支队，原内设机构改为警务科（加挂治安管理科牌子）和治安一、二、三、四大队 5 个副科级机构。治安警察支队的主要职责为：拟订治安行政管理工作的政策并组织实施；组织、指导和监督全市公安机关依法查处破坏社会治安秩序的行为；指导、侦办重大治安案件；组织、指导和监督枪支弹药、管制器具、剧毒化学品、特种行业的管理和公共娱乐场所治安管理工作；按规定负责对民用爆炸物品的公共安全管理工作；依法管理集会、游行、示威；处置重大群体性治安事件和治安事故工作；指导全市公安派出所和社区警务工作；组织、指导全市公安机关对机关、团体、有关企业、事业单位和重要基础设施、重点建设工程以及大型群众性活动的安全保卫工作；管理市级机关大楼保卫工作；指导、监督保安服务业的管理工作；指导群众性治安保卫组织的治安防范工作。2014年1月，治安警察支队治安四大队整建制划归特警支队管理。

特警支队

2008年6月，设立特警支队，为市公安局领导的直属机构，副处级，内设警务科和特警一、二、三大队。特警支队的主要职责为：负责反恐、防爆和处置突发事件，承担市区日常巡逻任务。2014年1月，设立特警支队四大队，为治安警察支队治安四大队整建制划转。2017年11月，特警支队四大队撤销。

车辆管理所

1989年11月，车辆管理所为市公安交通警察队内设机构。1996年10月，车辆管理所为市公安局交通警察支队内设机构，正科级。2002年9月，车辆管理所由市公安局交通警察支队内设机构调整为直属机构，内设办公室、机动车管理科、驾驶员管理科、机动车监测科、业务督导科等科室，负责全市的车辆与驾驶员管理工作，对各车管分所的业务进行检查、指导。2011年11月，车辆管理所由交通警察支队直属机构调整为市公安局领导的正科级直属机构。车辆管理所的主要职责为：负责全市机动车辆（不含拖拉机）、依法应当登记的非机动车、新能源车辆和驾驶人的管理工作；负责直接管理的市级机关机动车的登记管理工作。

市看守所

1989年11月，看守所为市公安局内设职能机构。1993年4月，看守所划归东港分局管理，改为东港区看守所。1995年5月，东港区看守所划回市公安局管理，改为日照市看守所。1996年10月，市看守所并入预审监管科。2001年8月，市看守所为市公安局领导的正科级直属机构。主要职责为：依法对羁押的犯罪嫌疑人进行警戒看守，保证诉讼、审判工作的顺利进行；有计划、有针对性地对犯罪嫌疑人进行法制、道德、形势教育；保障人犯在羁押期的居住、饮食供应和医疗需要，提供良好的监管环境，时刻提高警惕，消除不安全因素，保障刑事诉讼活动的顺利进行；负责对部分已决犯的监管和改造工作。2011年9月，设立日照市看守所女子看守中队，负责对女性在押人员的人身检查、教育管理工作，女子监区的巡视和监控等日常工作，维护和保障女性在押人员的合法权益。11月，市看守所所长、政委编制为副处级干部。看守所主要职责调整为：看押市直及东港区、岚山区、日照经济开发区公安机关、法院、检察院、国家安全机构以及日照港公安局办理案件中的犯罪嫌疑人；依法对留所服刑人员执行刑罚。

市拘留所

1989年11月，治安行政拘留所为市公安局内设职能机构。1990年4月，治安行政拘留所改为治安拘留所。1993年4月，治安拘留所划归东港分局管理。2004年2月，东港分局治安拘留所划回市公安局，改为市公安局治安拘留所，加挂市公安局强制戒毒所牌子。市公安局治安拘留所增加对吸毒人员的强制戒毒管理职能。2006年5月，市公安局治安拘留所改为日照市拘留所。2011年11月，市拘留所为市公安局直属机构，主要职责调整为：负责对市直、东港区、岚山区、日照经济开发区被裁决拘留的人员实行管理，对被拘留人员进行法制与道德教育，负责被劳教、少管人员的遣送工作。

高速公路交通警察支队

2013年9月，设立市公安局高速公路交通警察支队，加挂省公安厅高速公路交通警察总队日照支队牌子，为市公安局直属行政机构，副处级。内设综合科、业务指导大队和一、二、三大队。高速公路交通警察支队的主要职责为：研究、分析全市高速公路交通安全形势并制定对策；指挥、协调全市高速公路疏堵保畅工作；指导全市高速公路交警大队依法查处交通违法行为、处理交通事故、维护交通秩序；组织、协调全市高速公路交通警卫工作和跨区域机动执勤任务。2016年8月，设立高速公路交通警察支队五莲大队。高速公路交通警察支队一、二、三大队，分别改为高速公路交通警察支队东港大队、岚山大队、莒县大队。

人民警察训练中心

1991年4月，设立日照市公安干部学校。1994年10月，日照市公安干部学校改为日照市公安局公安干部学校，负责全市公安干警及保卫干部的教育培训。1996年10月，公安干部学校为市公安局内设机构，负责全市公安干警及保卫干部的教育培训工作。2001年8月，公安干部学校改为人民警察培训学校，并由市公安局内设机构改为直属机构。人民警察培训学校负责全市公安民警、保卫干部和经济民警骨干的教育培训工作。2011年11月，人民警察培训学校的主要职责调整为负责全市公安民警、保卫干部的教育培训工作。2015年8月，设立市公安局人民警察训练中心，为市公安局管理的公益一类事业单位，规格为正科级，主要承担全市人民警察专业训练以及相关业务训练等工作。人民警察培训学校撤销。

石臼分局

1989年11月，石臼分局为市公安局派出机构，是主管石臼区域公安工作的职能部门。1993年4月，石臼分局撤销。

城郊分局

1990年1月，设立日照市公安局城郊分局，为市公安局派出机构，是主管日照城郊区域公安工作的职能部门。1993年4月，城郊分局撤销。

巡逻警察大队

1989年夏，设立巡逻警察大队，主要担负城市治安巡逻任务。市公安局升格后，巡逻警察大队名称、职能保持不变。1993年4月，巡逻警察大队整建制划归东港分局。1994年1月，随着市公安局巡逻警察支队设立，城市治安巡逻职能转变，巡逻警察大队同时撤销。

巡逻警察支队

1994年1月，设立巡逻警察支队，副处级，内设办公室和一、二、三大队。1996年10月，设立巡逻警察支队政工科。巡逻警察支队为市公安局内设机构，负责组织实施在市区内的道路、公共广场的治安巡逻；协助交警维护道路交通秩序；监督、维护市容卫生、维护城区社会治安秩序和经济秩序；参加突发性灾害事故的救援工作；纠察人民警察的警容风纪。1998年7月，巡逻警察支队二、三大队分别划归东港分局、日照开发区分局管理，并加挂东港分局巡逻警察大队、日照开发区分局巡逻警察大队牌子，保留市公安局巡逻警察支队二大队、三大队名称。巡逻警察支队职能增加对全市公安机关巡逻警察工作进行业务指导；协调指导全市巡逻警察队伍建设；重大行动统一调集巡逻警察警力，进行组织、协调、指挥。2002年9月，巡逻警察支队与治安管理科（治安警察支队）合并，组建治安巡逻警察支队。巡逻警察支队撤销。

收审所

1993年4月，设立市公安局收审所。1997年2月，收审所撤销。

预审科

1989年11月，预审科为市公安局内设职能科室。1996年10月，预审科改为预审监管科（市看守所并入该科）。1997年11月，侦审合并，预审业务并入刑警部门，预审科撤销。

居民身份证制作所

1997年3月，设立市公安局居民身份证制作所，事业单位，正科级。2016年，根据日照市2014

年5月9日专题会议精神和《日照市事业单位清理规范工作方案》关于“原承担的特定工作任务已完成或履行职责的法定依据已消失的事业单位，已无在职人员或虽有少数在职人员但长期不开展工作的，予以撤销”之规定，居民身份证制作所撤销。

法医诊疗鉴定中心

1998年12月，设立市公安局法医诊疗鉴定中心，事业单位，正科级。2008年12月，法医诊疗鉴定中心撤销。

保安服务总公司

1999年3月，设立日照市保安服务总公司，并在东港区、岚山区、日照开发区、莒县、五莲县设立5个分公司，负责为全市内部治安重点单位、金融单位提供保安人防、武装守押和技术防范服务。保安工作纳入市公安局管理范畴。2014年10月，市保安服务总公司及其下属分公司整体进行脱钩改制，划转至国资监管部门。此后。市公安局不再履行管理保安工作职能，仅承担保安业务的监督、指导等工作。

计算机安全监察办公室

1993年6月，设立市公安局计算机安全监察办公室，正科级，未配备人员。1997年2月，计算机安全监察办公室撤销。

1989—2018年日照市公安局内设机构和直属机构历任行政正副职名录表

表1–3

单位名称		职务	姓名	籍贯	任职时间	备注
指挥中心	办公室	主　任	刘敦波	日照市东港区	1987.12—1990.05	
			成荣恩	日照市东港区	1990.05—1990.12	
			杨继岷	山东省临沂市	1990.12—1994.11	
			孙运涛	山东省莒南县	1995.05—1997.05	
					1997.05—1999.09	市公安局党委委员
			曾宪威	山东省莒南县	2000.01—2002.04	
		副主任	姜少利	山东省海阳市	1990.05—1993.04	
			尹小鹏	日照市东港区	1990.05—1994.11	
			孙运涛	山东省莒南县	1994.12—1995.05	主持工作
			陈秀华（女）	山东省莒县	1995.05—1997.02	
			张建明	山东省莒县	1997.02—1999.09	
					1999.09—2000.01	主持工作
					2000.01—2002.09	
			丁　冰	日照市岚山区	1997.02—1997.11	
	指挥中心	主　任	曾宪威	山东省莒南县	2002.04—2004.04	
					2004.04—2005.04	市公安局党委委员
			任焕新	山东省莱州市	2005.05—2010.12	市公安局党委委员
			刘　军	日照市岚山区	2010.12—2013.09	
					2013.09—2017.10	市公安局党委委员

续表 1-3

单位名称		职务	姓名	籍贯	任职时间	备注
指挥中心	指挥中心	主　任	刘　军	日照市岚山区	2017.10—2018.11	市公安局党委委员、副局长
			史文明	山东省莒县	2018.11—	市公安局党委委员
		副主任	田立泉	日照市东港区	2002.09—2006.04	
			丁　冰	日照市岚山区	2002.09—2006.04	
			任相明	山东省莒县	2006.04—2009.03	
			刘　军	日照市岚山区	2006.04—2010.01	
			张陆青	日照市岚山区	2010.01—2014.02	
			张治宽	日照市东港区	2011.07—2015.07	
			王均章	日照市岚山区	2014.02—	
			邢　君	山东省五莲县	2015.07—2018.08	
经济犯罪侦查支队	保卫科	科　长	时培鑫	日照市东港区	1987.10—1989.05	
			庄会增	日照市岚山区	1989.06—1990.05	
			盛聚堂	山东省莒县	1992.04—1993.05	
			李仁明	日照市东港区	1993.05—1994.04	
			牟善津	日照市东港区	1994.04—1997.02	
		副科长	庄会增	日照市岚山区	1987.10—1989.06	
					1990.05—1992.04	主持工作
					1992.04—1996.10	
			徐效军	山东省莱州市	1988.05—1990.11	
	经济文化保卫科	科　长	牟善津	日照市东港区	1997.02—2002.04	
		副科长	庄会增	日照市岚山区	1996.10—1997.02	
	经济犯罪侦查支队	支队长	许家孝	日照市东港区	2003.08—2011.11	
			主宏亮	山东省莒南县	2011.12—	
		政　委	白竹明	山东省莒县	2002.04—2003.08	主持工作
					2003.08—2009.09	
			杨乐清	山东省五莲县	2009.09—2011.11	
			丁海成	日照市东港区	2011.11—2016.12	
		副支队长	胡训立	日照市岚山区	2002.09—2011.11	
			兰海涛	山东省莒县	2010.12—2016.01	
			安　亮	日照市东港区	2016.01—	
技术侦察支队	六科	科　长	鲍德民	江苏省东海县	1990.12—1996.10	
	技术侦察科（技术侦察支队）	科　长（支队长）	鲍德民	江苏省东海县	1996.10—2002.09	
		政　委	时培鑫	日照市东港区	1997.02—2002.10	
	行动技术科（处）（行动技术支队）	科（处）长（支队长）	卢成江	日照市岚山区	2002.09—2006.04	

续表 1-3

单位名称		职务	姓名	籍贯	任职时间	备注
技术侦察支队	行动技术科（处）（行动技术支队）	科（处）长（支队长）	秦绪春	日照市东港区	2006.04—2010.12	
		政　委	郑怀兰（女）	山东省五莲县	2002.09—2006.04	
			马宗忠	山东省郯城县	2006.04—2010.12	
					2010.12—2011.12	主持工作
		副科（处）长（副支队长）	马宗忠	山东省郯城县	2002.09—2006.04	
			郭长军	山东省莒县	2006.04—2011.12	
			吴　颖（女）	山东省莒南县	2009.03—2011.10	
	技术侦察支队	支队长	马宗忠	山东省郯城县	2011.12—2014.02	
			王文松	日照市岚山区	2014.02—2016.08	
			卜现堂	日照市东港区	2016.08—	
		政　委	高　雷	山东省沂南县	2014.02—	
		副支队长	郭长军	山东省莒县	2011.12—2016.08	
			王　伟	日照市岚山区	2016.08—	
监所管理支队	预审科	科　长	秦洪双	日照市东港区	1987.10—1990.05	
			李海防	山东省平邑县	1993.05—1996.10	
		副科长	郑成泽	日照市东港区	1987.10—1990.10	
			丁兆云	日照市东港区	1987.10—1990.11	
			李海防	山东省平邑县	1990.05—1993.05	主持工作
	预审监管科	科　长	李海防	山东省平邑县	1996.10—1997.11	
	监所管理科	科　长	李海防	山东省平邑县	1997.11—1999.02	
			宁贵邦	山东省费县	2000.02—2001.05	副处级侦察员。主持工作
			徐云功	山东省五莲县	2001.05—2004.03	
		副科长	聂玉良	山东省莒县	1999.02—2000.02	主持工作
					2000.02—2002.09	
	监所管理处	处　长	徐云功	山东省五莲县	2004.03—2006.04	
			卢成江	日照市岚山区	2006.04—2011.11	
			汉德平	日照市东港区	2011.12—2012.09	市看守所所长。主持监管处工作
			顾世栋	日照市东港区	2012.09—2014.02	主任科员。主持工作
	监所管理支队	支队长	张丽梅（女）	山东省兰陵县	2014.02—	
		副支队长	孙成刚	山东省莒南县	2014.04—	
出入境管理支队	外事科	科　长	张守培	日照市东港区	1987.10—1990.05	
		副科长	张守培	日照市东港区	1990.05—1993.04	主持工作

续表 1-3

单位名称		职务	姓名	籍贯	任职时间	备注
出入境管理支队	外事科	副科长	冯华利（女）	山东省莒县	1993.04—1997.02	主持工作
			熊桂登	山东省蒙阴县	1993.10—1994.04	
	出入境管理科	科　长	冯华利（女）	山东省莒县	1997.02—2002.09	
			陆丽华（女）	山东省临沂市	2002.09—2004.03	
		副科长	冯华利（女）	山东省莒县	1996.10—1997.02	
			于永红（女）	山东省郯城县	2002.12—2004.03	
	出入境管理处	处　长	陆丽华（女）	山东省临沂市	2004.03—2007.12	
		副处长	于永红（女）	山东省郯城县	2004.03—2008.02	
	出入境管理分局	局　长	陆丽华（女）	山东省临沂市	2007.12—2010.01	
			孙志刚	日照市东港区	2010.01—2011.12	
		副局长	于永红（女）	山东省郯城县	2008.2—2011.12	
			李增剑	日照市东港区	2008.02—2010.12	
			王彦俊	山东省莒县	2010.12—2011.07	
	出入境管理支队	支队长	孙志刚	日照市东港区	2011.12—2014.01	
			肖增华	日照市东港区	2014.01—	
		副支队长	安　亮	日照市东港区	2014.02—2016.01	
			陈　强	日照市岚山区	2014.02—2016.08	
			丁　冰	日照市岚山区	2016.08—	
			李存业	日照市东港区	2016.08—	
法制支队	政策法律研究室	主　任	徐延平	日照市东港区	1988.05—1990.05	
			刘兆龙	日照市东港区	1994.04—1994.10	
		副主任	刘敦波	日照市东港区	1990.05—1994.04	主持工作
				日照市东港区	1994.04—1994.10	
	法制科	科　长	刘兆龙	日照市东港区	1994.10—1997.02	
			秦泗果	日照市东港区	1997.02—2002.09	
			李　军	日照市东港区	2002.09—2004.03	
		副科长	刘敦波	日照市东港区	1994.10—1997.02	
			李　军	日照市东港区	1997.02—2002.09	
			聂玉良	山东省莒县	2002.09—2004.03	
	法制处	处　长	李　军	日照市东港区	2004.03—2006.04	

续表 1–3

单位名称		职务	姓名	籍贯	任职时间	备注
法制支队	法制处	处　长	张仲武	山东省莒南县	2006.04—2009.02	
			王龙森	山东省诸城市	2009.03—2011.12	
		副处长	聂玉良	山东省莒县	2004.03—2008.09	
			王　栋	日照市岚山区	2009.03—2011.11	
			李高峰	日照市东港区	2010.12—2011.11	
	法制支队	支队长	王文松	日照市岚山区	2011.12—2014.02	
			王　栋	日照市岚山区	2015.01—2018.11	
		副支队长	王　栋	日照市岚山区	2011.11—2014.02	
					2014.02—2015.01	主持工作
			李高峰	日照市东港区	2011.11—2014.04	
			梁庆培	日照市岚山区	2014.04—2018.11	
				日照市岚山区	2018.11—	主持工作
信息通信处	通讯科	科　长	田立泉	日照市东港区	1988.05—1990.05	
	通信科	科　长	田立泉	日照市东港区	1993.05—1997.02	
		副科长	田立泉	日照市东港区	1990.05—1993.05	主持工作
			焦云峰	日照市东港区	1996.07—1996.11	
	机要通信科	科　长	田立泉	日照市东港区	1997.02—2002.09	
	信息通信处	处　长	张陆青	日照市岚山区	2014.02—	
		副处长	赵　琳	日照市岚山区	2014.04—2016.08	
网络安全保卫支队	公共信息网络安全监察科	科　长	张　燕（女）	日照市岚山区	2002.09—2004.03	
	公共信息网络安全监察处	处　长	张　燕（女）	日照市岚山区	2004.03—2008.02	
			史文明	山东省莒县	2008.02—2008.10	
	网络警察支队	支队长	史文明	山东省莒县	2008.10—2011.11	
		政　委	张志峰	日照市东港区	2010.12—2011.11	
		副支队长	惠希龙	日照市东港区	2009.03—2011.11	
	网络安全保卫支队	支队长	史文明	山东省莒县	2011.11—2016.08	
			李海生	日照市岚山区	2016.08—	
		政　委	张志峰	日照市东港区	2011.11—2016.01	
			惠希龙	日照市东港区	2016.08—	
		副支队长	惠希龙	日照市东港区	2011.11—2016.08	
			吕树君	山东省济南市	2016.08—	
宣传处	宣传科	科　长	刘敦波	日照市东港区	1997.02—2004.03	
		副科长	陈秀华（女）	山东省莒县	1997.02—2002.09	
			时培玺	日照市东港区	2002.09—2004.03	

续表 1–3

单位名称		职务	姓名	籍贯	任职时间	备注
宣传处	宣传处	处　长	刘敦波	日照市东港区	2004.03—2006.04	
			陈秀华（女）	山东省莒县	2006.04—2010.01	
			时培玺	日照市东港区	2010.01—2011.12	
			刘瑞金	山东省沂水县	2011.12—2014.02	
			尹鹏飞	日照市东港区	2014.02—	
		副处长	时培玺	日照市东港区	2004.03—2010.01	
			肖　峰（女）	山东省诸城市	2010.12—	
警务保障处	行政科	科　长	乔祥伦	山东省莒南县	1987.10—1990.05	
		副科长	安丰廷	日照市东港区	1987.10—1990.05	
			朱迪朋	日照市岚山区	1987.12—1990.05	
	行政装备科	科　长	乔祥伦	山东省莒南县	1993.05—1996.10	
		副科长	乔祥伦	山东省莒南县	1990.05—1993.05	主持工作
			安丰廷	日照市东港区	1990.05—1990.11	
			朱迪朋	日照市岚山区	1990.05—1993.04	
			张放明	山东省沂源县	1994.04—1996.10	
			孙开平	日照市东港区	1994.08—1996.10	
	计财装备科	科　长	乔祥伦	山东省莒南县	1996.10—1997.02	
			孙开平	日照市东港区	1997.02—2002.09	
			张传礼	日照市东港区	2002.09—2004.03	
		副科长	孙开平	日照市东港区	1996.10—1997.02	
			张放明	山东省沂源县	1996.10—2002.09	
			徐恩善	山东省招远市	2002.09—2004.03	
	计财装备处	处　长	张传礼	日照市东港区	2004.03—2008.02	
			周连忠	山东省莱芜市	2008.02—2011.11	
		副处长	徐恩善	山东省招远市	2004.03—2010.12	
			刘立钢	日照市东港区	2009.03—2010.12	
	警务装备保障处	处　长	周连忠	山东省莱芜市	2011.11—2014.01	
		副处长	吴献忠	山东省莒县	2010.12—2013.07	
			宋　涛	山东省乳山市	2013.01—2014.01	
	警务保障处	处　长	周连忠	山东省莱芜市	2014.01—	
		副处长	宋　涛	山东省乳山市	2014.01—2016.08	
			张庆国	山东省莒县	2016.08—	
信访处	信访科	科　长	付春玉	日照市东港区	1987.12—1990.01	
			王宗合	日照市东港区	1990.01—1993.01	
			杨继岷	山东省临沂市	1993.01—1994.11	办公室主任兼任

续表 1-3

单位名称		职务	姓名	籍贯	任职时间	备注
信访处	信访科	科　长	张守春	日照市东港区	1994.11—2002.09	
		副科长	张守春	日照市东港区	1994.09—1994.11	
	信访处	处　长	刘祥玉	日照市东港区	2009.03—2012.09	
			卜现堂	日照市东港区	2014.02—2016.08	2012 年 9 月至 2014 年 2 月，主持信访处工作
			刘召海	日照市东港区	2016.08—	
警务督察支队	督察部	督察长	宁贵邦	山东省费县	2001.05—2010.12	
		副督察长	陈鹏路	河北省邢台市	1999.02—2001.05	
			徐永良	江苏省如皋市	1999.02—2001.05	主持工作
					2001.05—2002.09	
			刘汉贵	日照市东港区	2002.09—2010.12	
			张放明	山东省沂源县	2002.09—2006.04	
			汉德平	日照市东港区	2006.04—2010.12	
					2010.12—2011.12	主持工作
	警务督察支队	支队长	陈占杰	日照市岚山区	2011.12—	
		副支队长	顾世栋	日照市东港区	2014.02—2015.01	
			赵春晖（女）	山东省莒县	2014.02—	
			李高峰	日照市东港区	2016.08—	
审计处	审计科	科　长	刘汉贵	日照市东港区	1997.02—2002.09	
			韩　磊（女）	日照市岚山区	2002.09—2010.12	
			单修梓	山东省莒县	2010.12—2014.02	
	审计处	处　长	单修梓	山东省莒县	2014.02—	
警卫支队	警卫科	科　长	蔡世源	辽宁省海城市	1997.02—2004.03	
	警卫处	处　长	蔡世源	辽宁省海城市	2004.03—2006.04	
			张放明	山东省沂源县	2006.04—2010.01	
			李悦鹏	日照市岚山区	2010.01—2014.02	
	警卫支队	支队长	孙　天	日照市岚山区	2014.02—2016.01	
			兰海涛	山东省莒县	2016.01—	
户政管理处	户政管理科	科　长	秦泗果	日照市东港区	1987.10—1989.05	
			张　燕（女）	日照市岚山区	1993.05—1995.06	
		负责人	徐云功	山东省五莲县	1997.02—1999.02	1995 年 6 月至 1997 年 2 月，主持户政管理科工作
		科　长	刘祥云	日照市东港区	1999.02—2002.04	

续表 1-3

单位名称		职务	姓名	籍贯	任职时间	备注
户政管理处	户政管理科	科　长	刘祥云	日照市东港区	2002.04—2002.09	主持工作
			主宏亮	山东省莒南县	2002.09—2004.03	
		副科长	秦泗果	日照市东港区	1989.05—1990.05	主持工作
			徐延平	日照市东港区	1990.05—1991.05	主持工作
			张　燕（女）	日照市岚山区	1991.05—1993.05	主持工作
			肖增华	日照市东港区	2002.09—2004.03	
	户政管理处	处　长	主宏亮	山东省莒南县	2004.03—2008.02	
			肖增华	日照市东港区	2008.02—2011.11	
			于永红（女）	山东省郯城县	2014.02—	
		副处长	肖增华	日照市东港区	2004.03—2008.01	
			王彦俊	山东省莒县	2009.03—2010.12	
			于永红（女）	山东省郯城县	2011.12—2014.02	主持工作
			刘　巍	山东省沂南县	2010.12—	
情报信息处	情报信息处	处　长	邢　君	山东省五莲县	2015.07—2018.08	指挥中心副主任兼任
行政服务处	行政服务处	处　长	潘　云（女）	日照市岚山区	2014.02—	
禁毒支队	禁毒支队	支队长	张治宽	日照市东港区	2015.07—	
		副支队长	赵玉杰	日照市东港区	2015.07—2016.08	
			贺　健	日照市东港区	2016.08—	
			李志政	日照市东港区	2017.03—	
食品药品与环境犯罪侦查支队	食品药品与环境犯罪侦查支队	支队长	顾世栋	日照市东港区	2015.01—2018.02	
			刘　刚	日照市东港区	2018.08—	
		副支队长	寇中炜	河北省安国市	2016.08—2018.02	
					2018.02—2018.08	主持工作
					2018.08—	
反恐怖支队	反恐怖支队	支队长	薄　峰	日照市东港区	2016.01—	
		副支队长	朱亚南	山东省莒县	2016.01—2016.08	
			郭长军	日照市东港区	2016.08—	
			赵玉杰	日照市东港区	2016.08—2017.08	
旅游警察支队	旅游警察支队	支队长	李　虎	山东省莒南县	2018.08—	
国内安全保卫支队	政保科	科　长	马成田	日照市东港区	1987.12—1990.05	
			秦泗果	日照市东港区	1990.05—1996.10	
		副科长	王元成	日照市东港区	1987.10—1990.11	

续表 1–3

单位名称		职务	姓名	籍贯	任职时间	备注
国内安全保卫支队	政保科	副科长	马成田	日照市东港区	1990.05—1993.04	
			卢成江	日照市岚山区	1988.05—1996.10	
	政治侦察科（政治侦察支队）	科长（支队长）	秦泗果	日照市东港区	1996.10—1997.02	
			闵献东	山东省兰陵县	1997.02—1999.05	
		政　委	徐延平	日照市东港区	1999.02—1999.05	
					1999.05—2002.04	主持工作
		副科长（副支队长）	卢成江	日照市岚山区	1996.10—1997.01	
	国内安全保卫支队	支队长	徐延平	日照市东港区	2002.04—2007.09	
			李业明	山东省五莲县	2008.11—2010.12	
			安　军	日照市东港区	2011.12—	
		政　委	李业明	山东省五莲县	2001.07—2007.09	
					2007.09—2008.11	主持工作
			安　军	日照市东港区	2008.11—2010.12	
					2010.12—2011.11	主持工作
			卢成江	日照市岚山区	2011.11—	
		副支队长	安　军	日照市东港区	2002.09—2008.10	
			丁明清	日照市东港区	2009.03—	
			邢　君	山东省五莲县	2010.11—2015.07	
政治部	政工科	科　长	刘兆龙	日照市东港区	1987.10—1990.01	
			赵庆和	日照市岚山区	1990.01—1990.05	
		副科长	姜少利	山东省海阳市	1988.05—1990.04	
	政治处	主　任	赵庆和	日照市岚山区	1990.05—1993.05	
			盛聚堂	山东省莒县	1993.05—1995.03	
			戴龙祥	山东省五莲县	1996.07—1997.02	市公安局党委委员
		副主任	刘兆龙	日照市东港区	1990.05—1991.05	
			魏本岩	日照市东港区	1991.05—1995.03	
					1995.03—1996.07	主持工作
					1996.07—1997.02	
	政治部	主　任	戴龙祥	山东省五莲县	1997.02—2005.04	市公安局党委委员
			孙运涛	山东省莒南县	2005.04—2006.10	市公安局党委委员
					2006.10—2008.07	市公安局党委委员、副局长
			王　芳（女）	日照市东港区	2008.07—2011.11	市公安局党委委员
					2011.11—2015.01	市公安局党委委员、副政委

续表 1-3

单位名称		职务	姓名	籍贯	任职时间	备注
政治部	政治部	主　任	王　芳（女）	日照市东港区	2015.01—2019.06	市公安局党委委员，正处级侦察员。主持政治部工作至 2019 年 10 月
			赵家峰	日照市岚山区	2019.10—	市公安局党委委员
		副主任	熊桂登	山东省蒙阴县	1997.02—1999.02	
			曾宪威	山东省莒南县	1999.02—2000.01	
			刘瑞金	山东省沂水县	2002.09—2011.12	
			孙志刚	日照市东港区	2002.09—2010.01	
			王　鹏	日照市岚山区	2010.01—2011.12	
			李海生	日照市岚山区	2010.12—2016.08	
			李　明	安徽省舒城县	2014.02—	
			王清华	日照市东港区	2016.08—	
刑事侦查支队	刑警队	队　长	李仁明	日照市东港区	1987.12—1990.05	
		指导员	徐永良	江苏省如皋市	1988.05—1990.05	
		副队长	刘祥云	日照市东港区	1984.09—1990.05	
			许家孝	日照市东港区	1987.12—1990.04	
			闵献东	山东省兰陵县	1987.12—1990.04	
			陈占杰	日照市岚山区	1988.05—1990.04	
	刑事侦察大队	大队长	李仁明	日照市东港区	1990.05—1993.05	
		政委	郭同华	日照市东港区	1992.04—1993.05	
		副大队长	闵献东	山东省兰陵县	1990.04—1993.04	
			陈占杰	日照市岚山区	1990.04—1993.04	
			相恒喜	日照市东港区	1990.05—1993.04	
			刘祥云	日照市东港区	1990.05—1993.04	
			张希平	山东省沂源县	1992.11—1993.05	
	刑事警察支队	支队长	张希平	山东省沂源县	1993.05—1999.04	
			李海防	山东省平邑县	2002.04—2011.12	
		政　委	郭同华	日照市东港区	1993.05—1993.06	
			李仁明	日照市东港区	1997.02—1999.01	
			刘祥云	日照市东港区	2002.04—2009.09	
			白竹明	山东省莒县	2009.09—2011.12	
		副支队长	时培鑫	日照市东港区	1993.04—1997.02	
			李仁明	日照市东港区	1994.04—1997.02	
			孙永春	日照市东港区	1997.02—1999.02	
			李海防	山东省平邑县	1999.02—1999.04	
					1999.04—2002.04	主持工作

续表 1–3

单位名称		职务	姓名	籍贯	任职时间	备注
刑事侦查支队	刑事警察支队	副支队长	许忠文	日照市东港区	1999.02—2001.05	
			陈占杰	日照市岚山区	2002.09—2006.04	
			张仲武	山东省莒南县	2002.09—2006.04	
			郭淑钦	山东省莒县	2006.04—2011.12	
			杨维成	四川省	2006.06—2006.08	青海省久治县公安局副局长。挂职
			王文松	日照市岚山区	2010.12—2011.12	
			郭长江	日照市东港区	2010.12—2011.11	
	刑事侦查支队	支队长	于华杰	山东省海阳市	2011.12—2014.02	
			李海防	山东省平邑县	20014.02—2016.01	市公安局党委委员、副局长。主持工作
		支队长	宫 华	山东省五莲县	2016.01—	
		政 委	白竹明	山东省莒县	2011.12—2012.10	
			马宗忠	山东省郯城县	2013.12—	
		副支队长	潘 云（女）	日照市岚山区	2011.05—2014.02	
			郭长江	日照市东港区	2011.11—	
			成永伦	日照市东港区	2011.12—2014.02	
			薄 峰	日照市东港区	2014.02—2017.08	
			朱亚南	山东省莒县	2018.08—	
交通警察支队	交通警察队	队 长	袁安民	日照市岚山区	1987.12—1990.06	
		指导员	徐善琛	日照市岚山区	1987.12—1990.06	
		副队长	韩培秋	日照市东港区	1987.12—1990.06	
			秦玉伦	日照市东港区	1987.12—1990.03	
			迟玉波	日照市东港区	1987.12—1990.06	
	交通警察支队	支队长	顾法余	日照市东港区	1990.06—1991.09	市公安局党组成员、副局长
			李雅庭	辽宁省阜新市	1991.09—1993.05	市公安局党组成员、副局长
			史继波	山东省莒南县	1993.05—1999.09	
			郭同华	日照市东港区	1999.09—2000.02	
					2000.02—2005.04	市公安局党委委员
			孙世和	山东省莒县	2005.04—2009.02	
					2009.02—2011.12	市公安局党委委员
			曾宪威	山东省莒南县	2011.12—2013.06	市公安局党委委员
					2013.06—2016.01	市公安局党委委员、副局长

续表 1-3

单位名称		职务	姓名	籍贯	任职时间	备注
交通警察支队	交通警察支队	支队长	李海防	山东省平邑县	2016.01—2017.10	市公安局党委委员
			张仲武	山东省莒南县	2017.10—2018.08	市公安局党委委员
			杨乐清	山东省五莲县	2018.11—	市公安局党委委员
		政　委	赵庆和	日照市岚山区	1993.05—2003.08	
			孙世和	山东省莒县	2003.08—2005.04	
					2011.12—2016.12	
			戴龙祥	山东省五莲县	2005.04—2007.09	
			姜少利	山东省海阳市	2009.02—2011.11	
			相玉杰	山东省沂水县	2018.11—	
		副支队长	史继波	山东省莒南县	1990.06—1993.05	
			袁安民	日照市岚山区	1990.06—1997.09	
			白竹明	山东省莒县	1990.06—1999.03	
			刘立奎	日照市东港区	1993.05—2002.10	
			乔祥伦	山东省莒南县	1997.02—2002.10	
			许家孝	日照市东港区	2001.05—2003.08	
			相玉杰	山东省沂水县	2002.09—2005.04	
					2011.12—2018.09	
					2018.09—2018.11	主持工作
			郑成果	日照市东港区	2002.09—2010.12	
			李秋霞（女）	山东省威海市	2003.04—2017.10	
			许中文	日照市东港区	2005.04—2011.07	
			刘　炜	山东省临沂市	2010.12—	
			王先坤	日照市东港区	2010.12—2011.07	
			成永伦	日照市东港区	2010.12—2011.12	
			王洪木	日照市东港区	2018.11—	
		副政委	徐善琛	日照市东港区	1990.06—1997.09	
			相玉杰	山东省沂水县	1999.03—2002.09	
			乔贞刚	日照市东港区	2002.09—2006.04	
			刘　炜	山东省临沂市	2006.04—2010.12	
			张建明	山东省莒县	2010.12—2017.12	
治安警察支队	治安科	科　长	周　波	日照市东港区	1988.05—1990.05	
			李乃松	日照市岚山区	1993.04—1994.04	
			徐永良	江苏省如皋市	1994.04—1996.10	
		副科长	徐东木	日照市东港区	1987.10—1990.12	
			王万森	日照市东港区	1987.10—1990.11	
			周　波	日照市东港区	1990.05—1993.04	主持工作

续表 1-3

单位名称		职务	姓名	籍贯	任职时间	备注
治安警察支队	治安科	副科长	周　波	日照市东港区	1993.04—1996.10	
			许家孝	日照市东港区	1990.05—1993.04	
	治安管理科（治安警察支队）	科　长（支队长）	徐永良	江苏省如皋市	1996.10—1999.02	
			姜少利	山东省海阳市	1999.02—2001.05	
		政　委	姜少利	山东省海阳市	1997.02—1999.02	
			徐云功	山东省五莲县	1999.02—2001.05	
		副科长（副支队长）	周　波	日照市东港区	1996.10—1997.02	
			孙永春	日照市东港区	1999.02—2002.09	
	治安巡逻队	队　长	范崇江	日照市东港区	1989.06—1990.05	
		副队长	高月海	日照市东港区	1988.05—1990.05	
			杨传伟	日照市岚山区	1988.05—1990.05	
	巡逻警察大队	副大队长	范崇江	日照市东港区	1990.05—1993.04	主持工作
		副政委	徐永良	江苏省如皋市	1990.05—1993.04	
	巡逻警察支队	支队长	陈永山	山东省禹城市	1996.07—2000.12	
			成荣恩	日照市东港区	2001.05—2002.04	
		政　委	白竹明	山东省莒县	1999.04—2002.04	
		副支队长	李乃松	日照市岚山区	1994.05—1995.09	主持工作
					1995.09—1996.11	
			陈鹏路	河北省邢台市	1994.08—1997.02	
			牟宗宝	日照市东港区	1995.03—2002.09	
			陈永山	山东省禹城市	1995.10—1996.05	主持工作
			徐延平	日照市东港区	1997.02—1999.02	
			张　燕（女）	日照市岚山区	1998.03—2000.05	
		副政委	杨继岷	山东省临沂市	1994.11—1997.02	
	治安巡逻警察支队	支队长	成荣恩	日照市东港区	2002.04—2006.05	
			周　波	日照市东港区	2006.10—2011.12	
		政　委	周　波	日照市东港区	2002.05—2006.09	2001 年 6 月至 2002 年 4 月，负责组建治安巡逻支队工作
			主宏亮	山东省莒南县	2006.09—2008.11	
			刘祥云	日照市东港区	2009.09—2011.10	
		副支队长	高　波	日照市岚山区	2002.09—2006.04	
			杨传伟	日照市岚山区	2002.09—2011.12	
			李悦鹏	日照市岚山区	2006.04—2010.01	
			杜永弘	甘肃省陇西县	2006.06—2006.08	青海省西宁市公安局城北分局副局长。挂职
			相　斌	日照市东港区	2010.12—2011.11	

续表 1-3

单位名称		职务	姓名	籍贯	任职时间	备注
治安警察支队	治安巡逻警察支队	副支队长	刘丽玲（女）	山东省青州市	2011.05—2011.11	
	治安警察支队	支队长	解忠利	山东省临沭县	2011.12—	
		政　委	郭淑钦	山东省莒县	2011.11—	
		副支队长	相　斌	日照市东港区	2011.11—2012.09	
			刘丽玲（女）	山东省青州市	2011.11—2016.12	
			李　虎	山东省莒南县	2014.02—2018.08	
特警支队	特警支队	支队长	主宏亮	山东省莒南县	2008.11—2011.11	
			胡训立	日照市岚山区	2011.11—2014.01	
			孙志刚	日照市东港区	2014.01—	
		政　委	任相明	山东省莒县	2009.01—2011.10	
			肖增华	日照市东港区	2011.11—2013.12	
			李悦鹏	日照市岚山区	2013.12—	
		副支队长	尹鹏飞	日照市东港区	2009.03—2010.12	
			薄　峰	日照市东港区	2010.12—2014.02	
			梁成浩	山东省郯城县	2010.12—	
			李　虎	山东省莒南县	2010.12—2014.02	
			刘召海	日照市东港区	2014.02—2016.08	
			于治波	日照市岚山区	2016.08—	
			朱亚南	山东省莒县	2016.08—2018.08	
车辆管理所	交警队（支队）车辆管理所	所　长	韩培秋	日照市东港区	1987.12—1990.06	
			白竹明	山东省莒县	1990.06—1994.04	
			李　珍	山东省莒县	1997.02—2001.03	
			郑成果	日照市东港区	2001.03—2002.09	
			刘　炜	山东省临沂市	2002.09—2006.04	
			姬庆雨	山东省济宁市	2006.04—2010.12	
		教导员	张领传	日照市东港区	1997.02—2002.09	
			陈秀华（女）	山东省莒县	2002.09—2006.04	
			丁　冰	日照市岚山区	2006.04—2010.12	
		副所长	郑成果	日照市东港区	1993.05—1993.10	
			姬庆雨	山东省济宁市	1994.04—1996.03	主持工作
			李　珍	山东省莒县	1996.03—1997.02	主持工作
			徐延生	日照市东港区	2002.09—2010.12	
		副教导员	张领传	日照市东港区	1996.03—1997.02	
	市公安局车辆管理所	所　长	尹鹏飞	日照市东港区	2010.12—2014.02	

续表 1-3

单位名称		职务	姓名	籍贯	任职时间	备注
车辆管理所	市公安局车辆管理所	所　长	丁卫东	日照市东港区	2014.02—	
		教导员	刘贤健	日照市岚山区	2010.12—2016.08	
			梁志萍（女）	日照市岚山区	2016.08—	
		副所长	柳瑞君（女）	山东省莒县	2010.12—2014.02	
			孙　颖（女）	日照市东港区	2014.04—	
			曹剑锋	日照市岚山区	2014.04—2016.08	
日照市看守所	看守所	所　长	张　军	日照市东港区	1988.05—1990.11	
		指导员	梁永培	日照市东港区	1987.12—1990.11	
			胡启贵	日照市东港区	1990.11—1993.04	主持工作
		副所长	庄会部	日照市东港区	1987.12—1990.12	
			胡启贵	日照市东港区	1988.05—1990.10	
			陶来平	日照市东港区	1990.05—1992.04	
			丁兆云	日照市东港区	1992.04—1993.04	
	东港区看守所	所　长	丁兆云	日照市东港区	1993.04—1995.05	
		指导员	胡启贵	日照市东港区	1993.04—1995.05	
	日照市看守所	所　长	丁兆云	日照市东港区	1995.05—1996.09	
			胡启贵	日照市东港区	1996.09—1997.12	
			孙开满	日照市东港区	1997.12—2002.09	
			孙永春	日照市东港区	2002.09—2004.05	
			徐晓龙	山东省临沂市	2004.05—2007.03	
			王明华	山东省莒县	2007.06—2010.07	
			汉德平	日照市东港区	2011.12—	
		指导员	胡启贵	日照市东港区	1995.05—1996.08	
		教导员	舒瑞高	日照市东港区	1996.09—2002.09	
			秦绪春	日照市东港区	2002.09—2006.04	
			郭　瑛（女）	日照市东港区	2006.04—2007.03	
					2007.03—2007.06	主持工作
					2007.06—2008.09	
			聂玉良	山东省莒县	2008.09—2010.07	
					2010.07—2011.12	主持工作
		政　委	聂玉良	山东省莒县	2011.12—2018.12	
		副所长	许新民	日照市东港区	1996.09—1997.12	
			张文东	日照市岚山区	1996.09—2002.09	

续表 1-3

单位名称		职务	姓名	籍贯	任职时间	备注
日照市看守所	日照市看守所	副所长	郭瑛（女）	日照市东港区	2000.01—2006.04	
			庄举坤	日照市东港区	2006.04—2010.12	
			张丽梅（女）	山东省兰陵县	2006.04—2010.12	
			韩军	日照市东港区	2008.09—2014.04	
			崔为娟（女）	日照市东港区	2010.12—2016.08	
			张良胜	日照市东港区	2010.12—2014.04	
			马先军	日照市东港区	2014.02—	
			郑伟	山东省五莲县	2016.08—	
日照市拘留所	治安拘留所	所长	孙永春	日照市东港区	2004.05—2006.05	
		教导员	王允	山东省莒南县	2004.05—2006.05	
		副所长	秦玉礼	日照市东港区	1988.12—1990.12	
			赵龙义	日照市东港区	1990.05—1993.04	
			庄举坤	日照市东港区	2004.07—2006.04	
			陈丽（女）	日照市东港区	2006.04—2010.12	
	日照市拘留所	所长	孙永春	日照市东港区	2006.05—2010.12	
			王允	山东省莒南县	2010.12—2014.02	
			成永伦	日照市东港区	2014.02—	
		教导员	王允	山东省莒南县	2006.05—2010.12	
			张丽梅（女）	山东省兰陵县	2010.12—2014.02	
			万红（女）	日照市东港区	2014.02—	
		副所长	韩军	日照市东港区	2014.04—	
			张良胜	日照市东港区	2014.04—	
高速公路交通警察支队	高速公路交通警察支队	支队长	相玉杰	山东省沂水县	2013.12—2016.01	
			于卫东	日照市岚山区	2016.01—	
		政委	于卫东	日照市岚山区	2013.12—2016.01	
			王泽平	山东省五莲县	2016.01—	
		副支队长	韩磊（女）	日照市岚山区	2014.02—2016.08	
			张传郭	日照市东港区	2014.02—	
			丁峰	日照市岚山区	2016.08—	
人民警察训练中心	公安干部学校	校长	孙方怀	日照市东港区	1993.04—1996.12	
			刘兆龙	日照市东港区	1997.02—2002.10	
		政委	韩邦义	日照市东港区	1994.11—2002.10	

续表 1-3

单位名称		职务	姓名	籍贯	任职时间	备注
人民警察训练中心	公安干部学校	副校长	徐延平	日照市东港区	1991.05—1997.02	
			刘兆龙	日照市东港区	1991.05—1994.04	
	人民警察培训学校	校　长	杨继岷	山东省临沂市	2002.09—2006.04	
			李　军	日照市东港区	2006.04—2011.07	
			李　明	日照市东港区	2014.02—2015.08	
		副校长	闫富章	日照市东港区	2002.09—2006.04	
			吴　颖（女）	山东省莒南县	2006.04—2009.03	
			吕树君	山东省济南市	2014.04—2015.08	
	人民警察训练中心		李　明	日照市东港区	2015.08—2017.02	主持工作
			吕树君	山东省济南市	2017.02—	主持工作
		副主任	吕树君	山东省济南市	2015.08—2016.08	
石臼分局	石臼分局	局　长	李乃松	日照市岚山区	1990.01—1993.04	
		政　委	孙方怀	日照市东港区	1990.01—1993.04	
		副局长	韩邦义	日照市东港区	1990.01—1993.04	
			牟善津	日照市东港区	1990.05—1993.04	
城郊分局	城郊分局	局　长	成荣恩	日照市东港区	1990.01—1993.04	
		政　委	时培鑫	日照市东港区	1990.05—1993.04	
		副局长	时培鑫	日照市东港区	1990.01—1990.05	
			郭同华	日照市东港区	1990.05—1992.04	
收审所	收审所	所　长	韩邦义	日照市东港区	1993.05—1994.11	
			张武亭	山东省莒南县	1995.03—1997.02	
		副所长	韩邦义	日照市东港区	1993.04—1993.05	
			陶来平	日照市东港区	1993.04—1997.02	
居民身份证制作所	居民身份证制作所	所　长	厉复奎	日照市东港区	1997.11—2000.05	
			张　燕	日照市岚山区	2000.05—2002.09	
			徐效军	山东省莱州市	2002.09—2008.09	
		副所长	秦玉明	日照市东港区	1997.11—2010.01	
法医诊疗鉴定中心	法医诊疗鉴定中心	主　任	葛长松	日照市东港区	2002.09—2011.06	
		副主任	葛长松	日照市东港区	1999.12—2002.09	
保安服务总公司	保安服务总公司	总经理	厉复奎	日照市东港区	2000.05—2002.09	
			魏绪杰	日照市岚山区	2002.09—2012.09	
			相　斌	日照市东港区	2012.09—2014.10	
		副总经理	魏绪杰	日照市岚山区	2000.05—2002.09	
			李法贞	山东省临朐县	2000.05—2014.10	
			公培元	山东省蒙阴县	2002.09—2014.10	
			刘国亮	山东省莱阳市	2005.04—2014.10	

1989—2018年日照市公安局副处职以上干部名录表

表1–4

职务	姓名	籍贯	任职时间	备注
副市（厅）级干部	朱士杰	山东省费县	1992.03—1995.06	
	王献增	山东省新泰市	1998.08—1999.10	享受副市级干部待遇
	张志华	山东省阳谷县	2004.12—2006.12	
	槐国栋	山东省淄博市	2007.11—2012.01	
	丛培浩	山东省威海市	2012.01—2017.01	
	张培林	山东省茌平县	2017.02—	
正处级领导干部	朱士杰	山东省费县	1990.04—1992.03	
	王献增	山东省新泰市	1995.06—1998.08	
	刘银贤	日照市东港区	1997.09—2003.03	
	毕宝文	山东省淄博市	1999.09—2001.09	
	赵修品	山东省莒县	2001.02—2009.11	
	张志华	山东省阳谷县	2001.09—2004.12	
	来永庆	山东省莒县	2003.03—2010.12	
	槐国栋	山东省淄博市	2006.12—2007.11	
	盛聚堂	山东省莒县	2010.12—2018.05	2017年2月至2018年5月，在市人大任职
	孙世和	山东省莒县	2011.12—2016.12	
	曾宪威	山东省莒南县	2011.12—	
	李海防	山东省平邑县	2016.01—	
	熊桂登	山东省蒙阴县	2016.12—	
	张培林	山东省茌平县	2017.01—2017.02	
	张仲武	山东省莒南县	2017.10—2018.08	
	杨乐清	山东省五莲县	2018.11—	
	相玉杰	山东省沂水县	2018.11—	
正处级侦察员	刘银贤	日照市东港区	2003.03—2008.04	
	盛聚堂	山东省莒县	2003.08—2010.12	
	史继波	山东省莒南县	2005.04—2014.09	
	王万起	山东省临朐县	2005.04—2016.10	
	郭同华	日照省东港区	2006.10—2013.03	
	王玉琛（女）	日照市岚山区	2006.10—	
	来永庆	山东省莒县	2010.12—2013.11	
	孙运涛	山东省莒南县	2010.12—	
	熊桂登	山东省蒙阴县	2010.12—2016.12	
	任焕新	山东省莱州市	2011.12—	
	姜少利	山东省海阳市	2011.12—2018.02	
	周　波	日照市东港区	2014.01—	

续表 1-4

职务	姓名	籍贯	任职时间	备注
正处级侦察员	王　芳（女）	日照市东港区	2015.01—	
	孙世和	山东省莒县	2016.12—	
副处级领导干部	刘银贤	日照市东港区	1989.11—1997.09	
	顾法余	日照市东港区	1989.11—1991.09	1991 年 9 月调市司法局工作
	厉建雷	山东省五莲县	1990.04—1990.11	
	李雅庭	辽宁省阜新市	1991.09—1995.06	
	史继波	山东省莒南县	1993.05—2005.04	
	赵庆和	日照市岚山区	1993.05—2003.08	
	成之森	日照市东港区	1993.07—2002.12	
	盛聚堂	山东省莒县	1995.02—2003.08	
	王万起	山东省临朐县	1995.06—2005.04	
	毕宝文	山东省淄博市	1995.06—1999.09	
	陈永山	山东省禹城市	1996.05—2005.07	
	来永庆	山东省莒县	1996.08—2003.03	
	戴龙祥	山东省五莲县	1996.12—2007.09	
	赵修品	山东省莒县	1997.08—2001.02	
	王玉琛（女）	日照市岚山区	1997.12—2006.10	
	孙世和	山东省莒县	1999.02—2011.12	
	薛喜宝	山东省莒县	1999.02—2007.01	
	白竹明	山东省莒县	1999.04—2012.11	
	张永善	山东省五莲县	1999.09—2000.08	2000 年 8 月调五莲县人大常委会工作
	任焕新	山东省莱州市	1999.09—2011.12	
	郭同华	日照市东港区	1999.09—2006.10	
	许家孝	日照市东港区	2000.07—2011.11	
	李树农	日照市东港区	2000.07—2001.05	
	周　波	日照市东港区	2000.07—2014.01	
	宁贵邦	山东省费县	2001.04—2010.12	
	成荣恩	日照市东港区	2001.04—2006.05	
	李业明	山东省五莲县	2001.07—2010.12	
	刘祥云	日照市东港区	2002.04—2011.10	
	李海防	山东省平邑县	2002.04—2016.01	
	徐延平	日照市东港区	2002.04—2007.09	
	孙运涛	山东省莒南县	2005.04—2010.12	
	姜少利	山东省海阳市	2005.04—2011.12	
	熊桂登	山东省蒙阴县	2005.04—2010.12	
	主宏亮	山东省莒南县	2006.09—	

续表 1-4

职务	姓名	籍贯	任职时间	备注
副处级领导干部	杨乐清	山东省五莲县	2006.09—2018.11	
	王　芳（女）	日照市东港区	2008.07—2015.01	
	安　军	日照市东港区	2008.10—	
	解忠利	山东省临沭县	2008.10—	
	任相明	山东省莒县	2009.03—2011.10	
	张仲武	山东省莒南县	2009.09—2017.10	
	曾宪威	山东省莒南县	2010.07—2011.12	
	刘　军	日照市岚山区	2010.12—	
	李廷伟	山东省莒县	2010.12—2016.01	
			2017.01—	
	丁海成	日照市东港区	2011.11—2016.12	
	卢成江	山东省莒县	2011.11—	
	张建明	山东省莒县	2011.11—2017.12	
	肖增华	日照市东港区	2011.11—	
	聂玉良	山东省莒县	2011.11—	
	郭淑钦	山东省莒县	2011.11—	
	于华杰	山东省海阳市	2011.12—2014.02	
	汉德平	日照市东港区	2011.12—	
	刘　炜	山东省临沂市	2011.12—	
	孙志刚	日照市东港区	2011.12—	
	李秋霞（女）	山东省威海市	2011.12—2017.10	
	陈占杰	日照市岚山区	2011.12—	
	相玉杰	山东省沂水县	2011.12—2018.11	
	胡训立	日照市岚山区	2011.12—	
	于卫东	日照市岚山区	2013.12—	
	马宗忠	山东省郯城县	2013.12—	
	刘瑞金	山东省沂水县	2013.12—	
	李悦鹏	日照市岚山区	2013.12—	
	宫　华	山东省五莲县	2014.01—	
	王明华	山东省莒县	2016.01—	
	王泽平	山东省五莲县	2016.01—	
	史文明	山东省莒县	2016.12—	
	王洪木	日照市东港区	2018.11—	
	王　栋	日照市岚山区	2018.11—	
副处级侦察员	吴家田	日照市岚山区	1994.05—1997.05	
	何明三	山东省莒县	1994.11—2003.11	
	王万起	山东省临朐县	1995.02—1995.06	

续表 1-4

职务	姓名	籍贯	任职时间	备注
副处级侦察员	牟宗连	日照市东港区	1996.04—2009.02	
	成荣恩	日照市东港区	1996.05—2001.04	
			2006.05—2010.11	
	郭同华	日照市东港区	1996.05—1999.09	
	李乃松	日照市岚山区	1996.12—2002.08	
	宁贵邦	山东省费县	1999.07—2001.04	
			2010.12—2015.10	
	李树农	日照市东港区	2001.05—2007.08	
	牟善津	日照市东港区	2002.04—2011.10	
	熊桂登	山东省蒙阴县	2002.04—2005.04	
	孙开平	日照市东港区	2002.07—2015.02	
	冯华利（女）	山东省莒县	2002.07—2013.09	
	徐永良	江苏省如皋市	2002.07—2010.10	
	鲍德民	江苏省东海县	2002.07—2015.06	
	魏本岩	日照市东港区	2002.07—2012.01	
	成之森	日照市东港区	2002.12—2007.01	
	赵庆和	日照市岚山区	2003.08—2008.11	
	孙运涛	山东省莒南县	2004.11—2005.04	
	于华杰	山东省海阳市	2005.04—2011.12	
			2014.02—	
	乔贞刚	日照市东港区	2005.04—2013.11	
	杨继岷	山东省临沂市	2005.04—2014.01	
	陈鹏路	河北省邢台市	2005.04—2014.04	
	宫　华	山东省五莲县	2005.04—2014.01	
	郑怀兰（女）	山东省五莲县	2005.04—2016.10	
	曾宪威	山东省莒南县	2005.04—2010.07	
	蔡世源	辽宁省海城市	2005.04—2013.06	
	丁海成	日照市东港区	2006.10—2011.11	
			2016.12—	
	张　燕（女）	日照市岚山区	2006.10—	
	张传礼	日照市东港区	2006.10—2015.06	
	戴龙祥	山东省五莲县	2007.09—2012.03	
	徐延平	日照市东港区	2007.09—2012.03	
	相玉杰	山东省沂水县	2008.11—2011.12	
	张仲武	山东省莒南县	2009.01—2009.09	
	高　波	日照市岚山区	2009.09—2018.11	
	刘　军	日照市岚山区	2009.10—2010.12	

续表 1-4

职务	姓名	籍贯	任职时间	备注
副处级侦察员	张放明	山东省沂源县	2009.10—2017.07	
	陈秀华（女）	山东省莒县	2009.10—	
	王明华	山东省莒县	2010.07—2016.01	
	李秋霞（女）	山东省威海市	2010.07—2011.12	
			2017.10—	
	孙树平	日照市东港区	2010.12—	
	李业明	山东省五莲县	2010.12—2015.11	
	宋绍文	山东省鄄城县	2011.08—2013.01	
	贾天厚	山东省阳谷县	2011.08—	
	焦安明	日照市东港区	2011.08—	
	任相明	山东省莒县	2011.11—2016.11	
	许家孝	日照市东港区	2011.11—2016.08	
	刘祥云	日照市东港区	2011.11—2016.11	
	王　鹏	日照市岚山区	2011.12—	
	杨传伟	日照市岚山区	2011.12—	
	白竹明	山东省莒县	2012.11—2017.08	
	王龙森	山东省诸城市	2016.01—	
	李廷伟	山东省莒县	2016.01—2017.01	
	时培玺	日照市东港区	2016.01—	
	张建明	山东省莒县	2017.12—	

二、党的机构

（一）中国共产党日照市公安局委员会

中国共产党日照市公安局委员会（简称市公安局党委）由市公安局党组改建。1989 年 12 月，市公安局设立党组，1990 年 4 月完成党组班子组建工作。1993 年 7 月，市公安局党组改建为党委。此后，市公安局党委机构名称延续未变。

市公安局党委（党组）是全市公安工作和队伍建设的领导核心，承担全市公安机关贯彻执行党的路线、方针、政策；加强全局党的建设，履行全面从严治党责任，讨论和决定本单位的重大问题；做好干部管理工作，讨论和决定基层党组织设置调整和党员发展、处分党员等重要事项；团结党外干部和群众，完成党和国家交给的任务；领导机关和直属单位党组织工作等职责。30 年来，市公安局党委（党组）坚持把政治建设放在首位，集中精力把方向、谋全局、抓大事，全面加强党的各项建设，确保党对公安工作的绝对领导，确保党的各项路线、方针、政策在全市公安机关全面贯彻落实，确保全面从严治党、从严治警方针在全市公安机关“落地生根”。市公安局党委（党组）领导全市公安工作和队伍建设不断发展进步。

1989—2018 年，市公安局党委（党组）班子历经多次调整充实。朱士杰、王献增、毕宝文、张志华、槐国栋、丛培浩、张培林先后担任市公安局党委（党组）书记。

1989—2018 年日照市公安局历届党委（党组）班子成员名录表

表 1–5

名称	职务	姓名	籍贯	任职时间	行政职务及任职时间		备注
市公安局党组（1989.12—1993.07）	书　记	朱士杰	山东省费县	1990.04—1993.07	局　长	1990.04—1992.03	
						1992.03—1993.07	市委常委、政法委书记
	副书记	刘银贤	日照市东港区	1989.12—1993.07	副局长	1989.11—1990.04	主持市公安局工作
						1990.04—1993.07	
	成　员	顾法余	日照市东港区	1989.12—1991.09	副局长	1989.11—1990.06	
					副局长，交通警察支队支队长	1990.06—1991.09	
		赵修品	山东省莒县	1991.03—1993.07	副局长	1990.01—1990.03	现役。临沂地区边防保卫分局局长
					副局长，边防保卫分局局长	1990.03—1991.02	现役
					副局长，武警日照市边防支队支队长（边防保卫分局局长）	1991.02—1993.07	现役
		陈永山	山东省禹城市	1991.05—1993.07	武警日照市支队支队长	1990.09—1993.07	现役
		李雅庭	辽宁省阜新市	1991.09—1993.07	副局长	1991.08—1991.09	
					副局长，交通警察支队支队长	1991.09—1993.04	
					副局长，交通警察支队支队长，东港分局局长	1993.04—1993.05	
					副局长，东港分局局长	1993.05—1993.07	
		盛聚堂	山东省莒县	1993.05—1993.07	政治处主任	1993.05—1993.07	
市公安局党委（1993.07—1995.06）	书　记	朱士杰	山东省费县	1993.07—1995.06	局　长	1993.07—1995.06	市委常委、政法委书记
	副书记	刘银贤	日照市东港区	1993.07—1994.02	副局长	1993.07—1994.02	1994 年 2 月调市委政法委工作

续表 1-5

名称	职务	姓名	籍贯	任职时间	行政职务及任职时间		备注
市公安局党委（1993.07—1995.06）	委　员	赵修品	山东省莒县	1993.07—1995.06	副局长，武警日照市边防支队支队长（边防保卫分局局长）	1993.07—1995.06	现役
		李雅庭	辽宁省阜新市	1993.07—1995.06	副局长，东港分局局长	1993.07—1994.08	
					副局长	1994.08—1995.06	
		陈永山	山东省禹城市	1993.07—1995.06	武警日照市支队支队长	1993.07—1993.10	现役
					副局长，武警日照市支队支队长	1993.10—1994.06	现役
					副局长	1994.06—1994.07	转业待任职
					东港分局局长	1994.08—1995.06	
		盛聚堂	山东省莒县	1993.07—1995.06	政治处主任	1993.07—1995.03	
					副局长	1995.03—1995.06	
	纪委书记	成之森	日照市东港区	1993.07—1995.06			
市公安局党委（1995.06—1999.09）	书　记	王献增	山东省新泰市	1995.06—1999.09	局　长	1995.06—1998.08	1998 年 3 月兼任市委政法委常务副书记
						1998.08—1999.10	享受副市级干部待遇。兼任市委政法委常务副书记至 1999 年 9 月
	副书记	毕宝文	山东省淄博市	1995.06—1999.09	副局长	1995.06—1999.10	
		刘银贤	日照市东港区	1997.08—1999.09	副局长（正处级）	1997.09—1999.09	
	委　员	赵修品	山东省莒县	1995.06—1999.09	副局长，武警日照市边防支队支队长	1995.06—1997.08	现役
					副局长	1997.08—1999.09	
		陈永山	山东省禹城市	1995.06—1999.09	东港分局局长	1995.06—1995.10	
					巡逻警察支队副支队长	1995.10—1996.06	

续表 1-5

名称	职务	姓名	籍贯	任职时间	行政职务及任职时间		备注
市公安局党委（1995.06—1999.09）	委　员	陈永山	山东省禹城市	1995.06—1999.09	巡逻警察支队支队长	1996.07—1999.09	
		盛聚堂	山东省莒县	1995.06—1999.09	副局长	1995.06—1999.09	
	纪委书记	成之森	日照市东港区	1995.06—1999.09			
	委　员	王万起	山东省临朐县	1995.06—1999.09	副局长	1995.06—1999.09	
		戴龙祥	山东省五莲县	1996.06—1999.09	政治处主任	1996.06—1997.02	
					政治部主任	1997.02—1999.09	
		来永庆	山东省莒县	1996.12—1999.09	副局长	1996.12—1999.09	
		孙运涛	山东省莒南县	1997.05—1999.09	办公室主任	1995.05—1999.09	
		史继波	山东省莒南县	1997.05—1999.09	交通警察支队支队长	1993.05—1999.09	
		林　苍	福建省莆田市	1999.04—1999.09	副局长	1999.04—1999.09	公安部干部。挂职
市公安局党委（1999.09—2001.09）	书　记	毕宝文	山东省淄博市	1999.09—2001.09	局　长	1999.10—2001.09	
	副书记	刘银贤	日照市东港区	1999.09—2001.09	政　委	1999.09—2001.09	
		来永庆	山东省莒县	1999.09—2001.09	副局长	1999.09—2001.09	
	委　员	赵修品	山东省莒县	1999.09—2001.09	副局长	1999.09—2001.02	
					副局长	2001.02—2001.09	另任正处级领导干部
		陈永山	山东省禹城市	1999.09—2000.12	巡逻警察支队支队长	1999.09—2000.12	2000 年 12 月离任后，任副处级干部至退休
		盛聚堂	山东省莒县	1999.09—2001.09	副局长	1999.09—2001.09	
	纪委书记	成之森	日照市东港区	1999.09—2001.09			
	委　员	王万起	山东省临朐县	1999.09—2001.09	副局长	1999.09—2001.09	
		戴龙祥	山东省五莲县	1999.09—2001.09	政治部主任	1999.09—2001.09	
		孙运涛	山东省莒南县	1999.09—1999.10	岚山分局局长	1999.09—1999.10	岚山区党工委委员

续表 1–5

<table>
<tr><th>名称</th><th>职务</th><th>姓名</th><th>籍贯</th><th>任职时间</th><th colspan="2">行政职务及任职时间</th><th>备注</th></tr>
<tr><td rowspan="7">市公安局党委（1999.09—2001.09）</td><td rowspan="7">委　员</td><td>史继波</td><td>山东省莒南县</td><td>1999.09—2001.09</td><td>副局长</td><td>1999.09—2001.09</td><td></td></tr>
<tr><td>林　苍</td><td>福建省莆田市</td><td>1999.09—2000.04</td><td>副局长</td><td>1999.09—2000.04</td><td>公安部干部。挂职</td></tr>
<tr><td>郭同华</td><td>日照市东港区</td><td>2000.02—2001.09</td><td>交通警察支队支队长</td><td>1999.09—2001.09</td><td></td></tr>
<tr><td rowspan="3">成荣恩</td><td rowspan="3">日照市东港区</td><td rowspan="3">2000.02—2001.09</td><td>东港分局局长</td><td>1997.02—2000.08</td><td></td></tr>
<tr><td>东港分局政委</td><td>2000.08—2001.04</td><td></td></tr>
<tr><td>巡逻警察支队支队长</td><td>2001.05—2001.09</td><td></td></tr>
<tr><td>王　鹏</td><td>日照市东港区</td><td>2000.04—2001.04</td><td>局长助理</td><td>2000.04—2001.04</td><td>东港区委政法委干部。挂职</td></tr>
<tr><td rowspan="11">市公安局党委（2001.09—2006.12）</td><td rowspan="2">书　记</td><td rowspan="2">张志华</td><td rowspan="2">山东省阳谷县</td><td rowspan="2">2001.09—2006.12</td><td rowspan="2">局　长</td><td>2001.09—2004.12</td><td></td></tr>
<tr><td>2004.12—2006.12</td><td>副市级干部</td></tr>
<tr><td rowspan="3">副书记</td><td>刘银贤</td><td>日照市东港区</td><td>2001.09—2003.03</td><td>政　委</td><td>2001.09—2003.03</td><td>2003 年 3 月离任后，任正处级侦察员至退休</td></tr>
<tr><td rowspan="2">来永庆</td><td rowspan="2">山东省莒县</td><td rowspan="2">2001.09—2006.12</td><td>副局长</td><td>2001.09—2003.03</td><td></td></tr>
<tr><td>政　委</td><td>2003.03—2006.12</td><td></td></tr>
<tr><td rowspan="6">委　员</td><td>赵修品</td><td>山东省莒县</td><td>2001.09—2006.12</td><td>副局长</td><td>2001.09—2006.12</td><td>另任正处级领导干部。2006 年 12 月离任后，任正处级侦察员至退休</td></tr>
<tr><td rowspan="2">盛聚堂</td><td rowspan="2">山东省莒县</td><td rowspan="2">2001.09—2006.12</td><td>副局长</td><td>2001.09—2003.08</td><td></td></tr>
<tr><td>副局长、正处级侦察员</td><td>2003.08—2006.12</td><td></td></tr>
<tr><td rowspan="2">王万起</td><td rowspan="2">山东省临朐县</td><td rowspan="2">2001.09—2006.12</td><td>副局长</td><td>2001.09—2005.04</td><td></td></tr>
<tr><td>副局长、正处级侦察员，日照港公安局局长</td><td>2005.04—2006.12</td><td></td></tr>
<tr><td>史继波</td><td>山东省莒南县</td><td>2001.09—2006.12</td><td>副局长</td><td>2001.09—2005.04</td><td></td></tr>
</table>

续表 1–5

名称	职务	姓名	籍贯	任职时间	行政职务及任职时间		备注
市公安局党委（2001.09—2006.12）	委　员	史继波	山东省莒南县	2001.09—2006.12	副局长、正处级侦察员	2005.04—2006.12	
	纪委书记	成之森	日照市东港区	2001.09—2002.12			
		王玉琛（女）	日照市岚山区	2002.12—2006.12	副政委	2002.12—2006.10	
					副政委、正处级侦察员	2006.10—2006.12	
	委　员	戴龙祥	山东省五莲县	2001.09—2005.05	政治部主任	2001.09—2005.04	
					交通警察支队政委	2005.04—2005.05	
		郭同华	日照市东港区	2001.09—2006.12	交通警察支队支队长	2001.09—2005.04	
					副局长	2005.04—2006.10	
					副局长、正处级侦察员	2006.10—2006.12	
		成荣恩	日照市东港区	2001.09—2006.04	巡逻警察支队支队长	2001.09—2002.04	
					治安巡逻警察支队支队长	2002.04—2006.05	
		曾宪威	山东省莒南县	2004.04—2006.12	指挥中心主任	2002.04—2005.04	
					东港分局局长	2005.04—2006.12	
		孙运涛	山东省莒南县	2004.11—2006.12	局长助理	2004.11—2005.04	
					政治部主任	2005.04—2006.10	
					副局长，政治部主任	2006.10—2006.12	
		熊桂登	山东省蒙阴县	2005.04—2006.12	副局长	2005.04—2006.12	
		任焕新	山东省莱州市	2005.05—2006.12	指挥中心主任	2005.04—2006.12	
市公安局党委（2006.12—2011.12）	书　记	槐国栋	山东省淄博市	2006.12—2011.12	局　长	2006.12—2007.11	
						2007.11—2010.12	副市级干部
						2010.12—2012.01	市政府党组成员、副市级干部

续表 1-5

名称	职务	姓名	籍贯	任职时间	行政职务及任职时间		备注
市公安局党委（2006.12—2011.12）	副书记	来永庆	山东省莒县	2006.12—2010.12	政　委	2006.12—2010.12	2010 年 12 月离任后，任正处级侦察员至退休
		盛聚堂	山东省莒县	2010.12—2011.12	政　委	2010.12—2011.12	
	委　员	盛聚堂	山东省莒县	2006.12—2010.12	副局长、正处级侦察员	2006.12—2010.12	
		王万起	山东省临朐县	2006.12—2011.12	副局长、正处级侦察员，日照港公安局局长	2006.12—2011.12	
		史继波	山东省莒南县	2006.12—2011.10	副局长、正处级侦察员	2006.12—2011.11	2011 年 11 月离任后，任正处级侦察员至退休
	纪委书记	王玉琛（女）	日照市岚山区	2006.12—2010.12	副政委、正处级侦察员	2006.12—2010.12	
	委　员	王玉琛（女）	日照市岚山区	2010.12—2011.12	副局长、正处级侦察员	2010.12—2011.12	
		郭同华	日照市东港区	2006.12—2010.06	副局长、正处级侦察员	2006.12—2010.07	2010 年 7 月离任后，任正处级侦察员至退休
		熊桂登	山东省蒙阴县	2006.12—2011.12	副局长	2006.12—2010.12	
					副局长、正处级侦察员	2010.12—2011.12	
		孙运涛	山东省莒南县	2006.12—2011.12	副局长，政治部主任	2006.12—2008.07	
					副局长	2008.07—2010.12	
					副局长、正处级侦察员	2010.12—2011.12	
		曾宪威	山东省莒南县	2006.12—2011.12	东港分局局长	2006.12—2010.07	
					副局长，东港分局局长	2010.07—2010.08	
					副局长	2010.08—2011.12	
		任焕新	山东省莱州市	2006.12—2010.12	指挥中心主任	2006.12—2010.12	
	纪委书记	任焕新	山东省莱州市	2010.12—2011.12	副政委	2010.12—2011.12	
	委　员	王　芳（女）	日照市东港区	2008.07—2011.12	政治部主任	2008.07—2011.11	

续表 1–5

名称	职务	姓名	籍贯	任职时间	行政职务及任职时间		备注
市公安局党委（2006.12—2011.12）	委　员	王　芳（女）	日照市东港区	2008.07—2011.12	副政委，政治部主任	2011.11—2011.12	
		孙世和	山东省莒县	2009.02—2011.12	交通警察支队支队长	2005.04—2011.12	
		冯念东	山东省蒙阴县	2010.10—2011.12	边防支队支队长	2010.05—2011.12	现役
	纪委书记	周　波	日照市东港区	2011.11—2011.12	治安警察支队支队长	2006.10—2011.12	
	委　员	李海防	山东省平邑县	2011.11—2011.12	刑事侦查支队支队长	2002.04—2011.12	
市公安局党委（2011.12—2017.01）	书　记	丛培浩	山东省威海市	2011.12—2017.01	局　长	2012.01—2015.05	市政府党组成员、副市级干部
						2015.05—2017.01	市政府副市长、党组成员
	副书记	盛聚堂	山东省莒县	2011.12—2016.12	政　委	2011.12—2016.12	2017 年 2 月调市人大工作
		王玉琛（女）	日照市岚山区	2014.12—2016.12	正处级侦察员	2014.12—2016.12	2016 年 12 月离任后，任正处级侦察员
		熊桂登	山东省蒙阴县	2016.12—2017.01	政　委	2016.12—2017.01	
	委　员	王万起	山东省临朐县	2011.12—2012.03	副局长、正处级侦察员，日照港公安局局长	2011.12—2012.02	2012 年 2 月调日照港公安局任调研员至退休
		王玉琛（女）	日照市岚山区	2011.12—2014.12	副局长、正处级侦察员	2011.12—2014.12	
		熊桂登	山东省蒙阴县	2011.12—2016.12	副局长、正处级侦察员	2011.12—2016.12	
		孙运涛	山东省莒南县	2011.12—2016.12	副局长、正处级侦察员	2011.12—2016.07	
						2016.07—2016.12	市旅游发展委员会副主任（兼）。2016 年 12 月离任后，任正处级侦察员
		曾宪威	山东省莒南县	2011.12—2017.01	交通警察支队支队长	2011.12—2013.06	
					副局长，交通警察支队支队长	2013.06—2016.01	
					副局长（正处级）	2016.01—2017.01	

续表 1–5

名称	职务	姓名	籍贯	任职时间	行政职务及任职时间		备注
市公安局党委（2011.12—2017.01）	委员	任焕新	山东省莱州市	2011.12—2017.01	副局长、正处级侦察员	2011.12—2017.01	
		王芳（女）	日照市东港区	2011.12—2017.01	副政委，政治部主任	2011.12—2014.12	
					政治部主任	2014.12—2015.01	
					政治部主任、正处级侦察员	2015.01—2017.01	
		冯念东	山东省蒙阴县	2011.12—2012.09	边防支队支队长	2011.12—2012.05	现役。2012年5月至9月转业待任职
	纪委书记	周波	日照市东港区	2011.12—2016.12			2014年1月任正处级侦察员
					副政委、正处级侦察员	2014.12—2016.12	2016年12月离任后，任正处级侦察员至退休
	委员	李海防	山东省平邑县	2011.12—2017.01	副局长	2011.12—2016.01	
					交通警察支队支队长	2016.01—2017.01	
		魏志峰	山东省寿光市	2012.09—2016.09	边防支队支队长	2012.05—2016.09	现役
		张仲武	山东省莒南县	2016.12—2017.01	副局长	2016.12—2017.01	
		刘军	日照市岚山区	2013.09—2017.01	指挥中心主任	2010.12—2017.01	
		杨乐清	山东省五莲县	2013.12—2017.01	副局长，东港分局局长	2013.12—2014.12	
					东港分局局长	2014.12—2016.01	
					副局长，东港分局局长	2016.01—2017.01	
市公安局党委（2017.01— ）	书记	张培林	山东省茌平县	2017.01—	局长	2017.01—2017.02	市政府党组成员
						2017.02—	市政府副市长、党组成员
	副书记	熊桂登	山东省蒙阴县	2017.01—	政委	2017.01—	
	委员	曾宪威	山东省莒南县	2017.01—	副局长（正处级）	2017.01—	2017年10月兼任市旅游发展委员会副主任

续表 1-5

名称	职务	姓名	籍贯	任职时间	行政职务及任职时间		备注
市公安局党委（2017.01— ）	委 员	任焕新	山东省莱州市	2017.01—2018.12	副局长、正处级侦察员	2017.01—2019.01	2019 年 1 月离任后，任正处级侦察员
		王 芳（女）	日照市东港区	2017.01—2019.06	政治部主任、正处级侦察员	2017.01—2019.06	2019 年 6 月调市委政法委工作。主持政治部工作至 2019 年 10 月
		李海防	山东省平邑县	2017.01—2018.12	交通警察支队支队长	2017.01—2017.10	
					副政委（正处级）	2017.10—2018.12	2018 年 12 月离任后，任正处级干部
		张仲武	山东省莒南县	2017.01—2018.08	副局长	2017.01—2017.10	
					交通警察支队支队长	2017.10—2018.08	
		刘 军	日照市岚山区	2017.01—	指挥中心主任	2017.01—2017.10	
					副局长，指挥中心主任	2017.10—2018.11	
					副局长，东港分局局长	2018.11—	
		杨乐清	山东省五莲县	2017.01—	副局长，东港分局局长	2017.01—2018.11	
					交通警察支队支队长	2018.11—	
		高 伟	山东省安丘市	2017.10—	边防支队支队长	2016.09—2018.12	现役
						2019.01—	
		史文明	山东省莒县	2018.11—	指挥中心主任	2018.11—2019.12	
					副局长	2019.12—	
		胡训立	日照市岚山区	2019.03—	副局长	2019.03—	
		赵家峰	日照市岚山区	2019.10—	政治部主任	2019.10—	
		杨茂亮	山东省五莲县	2020.03—			市纪委市监委派驻市公安局纪检监察组组长

（二）市公安局纪委、监察室

1989 年 11 月，纪检组为市公安局职能机构，主要承担监督党的路线方针政策贯彻实施，依照法规党纪查处违法违纪案件，组织开展党纪党规、反腐倡廉教育和纪律作风整顿。1992 年 7 月，纪检组改为纪委。2001 年 8 月，设立纪检委、监察室，审计科并入纪检委、监察室。纪检委、监察室负责局机关及直属单位的纪检监察及审计工作。2011 年 11 月，纪检委、监察室改为纪委、监察室，审计科从纪委、监察室划出。纪委、监察室的主要职责调整为：负责全市公安机关的纪律检查和行政监察工作。

2017 年，市纪委市监委派驻第四纪检监察组综合派驻市公安局。11 月，市公安局纪委、监察室撤销。2018 年，市公安局筹建机关纪委。

1989—2018 年，市公安局纪检监察工作领导班子历经多次调整充实。

1990—2018 年日照市公安局纪检监察工作历任负责人名录表

表 1-6

机构名称	职务	姓名	籍贯	任职时间	备注
纪检组（1990.01—1992.07）	副组长	吴家田	日照市岚山区	1990.01—1992.07	主持工作
纪委（1992.07—2002.09）	书　记	成之森	日照市东港区	1993.07—2002.09	市公安局党委委员
	副书记	吴家田	日照市岚山区	1992.07—1993.07	主持工作
				1993.07—1994.05	
		魏本岩	日照市岚山区	1997.02—2002.09	
纪检委、监察室（2002.09—2011.11）	书　记	成之森	日照市东港区	2002.09—2002.12	市公安局党委委员
		王玉琛（女）	日照市岚山区	2002.12—2010.12	市公安局党委委员、副政委
		任焕新	山东省莱州市	2010.12—2011.11	市公安局党委委员、副政委
	副书记	张守春	日照市岚山区	2002.09—2006.04	
		陈占杰	日照市岚山区	2006.04—2011.11	
纪委、监察室（2011.11—）	书　记	周　波	日照市东港区	2011.11—2011.12	市公安局党委委员、治安警察支队支队长
				2011.12—2014.01	市公安局党委委员
				2014.01—2014.12	市公安局党委委员、正处级侦察员
				2014.12—2016.12	市公安局党委委员、副政委、正处级侦察员
	副书记	陈占杰	日照市岚山区	2011.11—2011.12	
		秦绪春	日照市东港区	2011.12—	

基层纪检监察工作机构

交通警察支队纪检委、监察室　1990 年 8 月，交通警察支队在政工科设纪检组，1996 年 10 月改为纪检政工科。1998 年 11 月，设立交通警察支队纪委。2002 年 10 月，交通警察支队纪委改为纪检委、监察室。设立交通警察直属大队、东港大队、岚山大队、莒县大队、五莲大队和日竹高速公路大队纪检政工科，承担各自纪检监察工作。高速公路交通警察支队成立后，纪检监察工作由高速公路交通警察支队综合科承担。

东港分局纪委督察室 1993年7月，设立东港分局纪委。2002年10月，东港分局纪委改为纪检委、监察室。2009年12月，东港分局纪检委、监察室改为纪委督察室，内设警务督察队、审计科、信访科。

岚山分局纪委督察室 2002年10月，设立岚山分局纪检委、监察室。此前，岚山分局纪检监察工作由政工科承担。2009年12月，岚山分局纪检委、监察室改为纪委督察室，内设警务督察队、审计科、信访科。

莒县公安局纪委督察室 1993年1月，莒县公安局改属市公安局，设有纪检组。2008年11月，莒县公安局纪检组改为纪委督察室，内设警务督察队、审计科、信访科。

五莲县公安局纪委督察室 1993年1月，五莲县公安局改属市公安局，纪委只设书记。2010年10月，设立五莲县公安局纪委督察室，内设信访科。

日照经济技术开发区分局（以下简称开发区分局）纪委督察室 2002年10月，设立开发区分局纪检组、监察室。此前，开发区分局纪检工作由办公室承担。2009年12月，开发区分局纪检委、监察室改为纪委督察室，内设警务督察队、审计科、信访科。

机场分局指挥中心 2015年9月，市公安局设立机场分局，明确机场分局纪检监察工作由指挥中心承担。

山海天旅游度假区分局政工监督室 2016年7月，市公安局设立山海天旅游度假区分局，明确山海天旅游度假区分局纪检业务工作由政工监督室承担。

日照市港航公安局纪委 2018年3月，日照市港航公安局转制市公安局，设有纪委。

坪岚铁路分局党支部 2018年11月，坪岚铁路分局转制市公安局，纪检监察工作由坪岚铁路分局党支部承担。

（三）市公安局机关党委

市公安局升格后，局机关及直属单位的党群工作由政治处承担。1996年10月，局机关及直属单位的党群工作由政治部人事教育科承担。1999年，市公安局机关设立党总支。2002年10月，设立机关党委。2011年11月，明确机关党委负责局机关的党群工作，指导直属单位的党群工作。

2018年底，机关党委基层党组织有总支3个、支部31个。

2002—2018年日照市公安局机关党委历任负责人名录表

表1-7

机构名称	职务	姓名	籍贯	任职时间	备注
机关党委（2002.10—）	书 记	刘银贤	日照市东港区	2003.01—2003.03	市公安局党委副书记、政委
	副书记	张建明	山东省莒县	2002.10—2006.04	
		王 鹏	日照市岚山区	2006.04—2011.12	
		李存业	日照市东港区	2014.02—2016.08	
		陈 强	日照市岚山区	2016.08—	

第四节　地级日照市公安局派出和管辖各公安（分）局

地级日照市设区带县后，市公安局先后设立东港分局、岚山分局、日照经济技术开发区分局、机场分局、山海天旅游度假区分局5个直属分局。莒县公安局、五莲县公安局分别由临沂地区公安处、潍坊市公安局改属日照市公安局。2018年，日照市港航公安局、山东省地方铁路公安局坪岚分局转属市公安局。

一、日照市公安局东港分局

日照市公安局东港分局于1993年4月10日挂牌成立，行政建制，正科级，是主管东港区公安工作的职能部门，址设东港区兴海路40号，与市公安局同址办公。1997年市公安局迁址东港区烟台路办公场所后，东港分局独立使用兴海路40号办公场所。

（一）内设机构

东港分局成立后，内设办公室、纪检政工科、行政装备科、刑事警察大队、户政科、治安科、信访科、保卫科、政保科、预审科10个职能机构。接收市公安局划转的巡警大队、治安拘留所、看守所和直管的27个公安派出所。派出所是日照路、望海路、昭阳路、石臼、石臼所西、两城、丝山、河山、尹家河、南湖、陈疃、三庄、竖旗、黄墩、西湖、后村、大坡、巨峰、高兴、涛雒、奎山、虎山、碑廓、汾水、岚山头25个公安派出所和日照水库、大沙洼林场2个企业公安派出所。协管石臼、岚山、小海、臧家荒、任家台5个边防工作站和王家海屋、韩家营子、夹仓、张家台、王家滩5个边防派出所。

1993年6月，东港分局虎山、碑廓、汾水、岚山头4个派出所划转岚山分局，不再协管岚山边防工作站和王家海屋、韩家营子边防派出所。9月，设立城建派出所（非建制派出所）。

1994年1月，东港分局巡逻警察大队撤销。9月，设立保安大队。

1995年2月，设立东港分局自行车管理所。12月，东港分局管理的东港区看守所划回市公安局。

1996年1月，东港分局丝山派出所改为秦楼派出所。8月，设立东港分局机要通信科。

1997年5月，设立东港分局政工科、纪委，纪检政工科撤销；设立出入境管理科、警卫科、法制科。政保科改为政治侦察科（对外称政治侦察大队）；治安科改为治安管理科（对外称治安警察大队）；保卫科改为经济文化保卫科；行政装备科改为计财装备科。东港分局石臼派出所改为黄海路派出所，石臼所西派出所改为北京路派出所。6月，东港分局预审科并入刑事警察大队。

1998年8月，市公安局巡逻警察支队二大队整建制划归东港分局。10月，设立东港分局泰安路派出所。12月，设立东港分局督察室。第二年3月，设立日照市保安服务总公司东港分公司。

2001年10月，东港分局北京路派出所划转开发区分局。

2002年10月，办公室改为指挥中心（加挂办公室牌子）；纪委改为纪检委、监察室；督察室改为督察大队；政治侦察科改为国内安全保卫大队；经济文化保卫科改为经济犯罪侦查大队；治安管理科改为治安巡逻警察大队。设立公共信息网络安全监察科。东港分局大坡、竖旗、尹家河3个派出所撤销。次年5月，东港分局奎山派出所划转开发区分局。

2004年5月，东港分局行政拘留所划回市公安局。9月，东港分局高兴派出所、巨峰派出所、后村派出所、黄墩派出所划转岚山分局。11月，设立东港分局大学科技园派出所。

2007年7月，设立东港分局万平口风景区派出所。

2009年12月，东港分局刑事警察大队改为刑事侦查大队；治安巡逻警察大队改为治安管理大队

（加挂爆炸危险物品监管大队牌子）；法制科改为法制室；行政装备科改为警务保障室；政工科改为政工室；纪检委、监察室与督察大队合并为纪委督察室。

2011 年 4 月，设立东港分局指挥中心情报信息科。7 月，东港分局公共信息网络安全监察科改为网络安全保卫大队。

2012 年 9 月，东港分局接收岚山分局划入后村派出所。11 月，东港分局法制室改为法制大队。

2014 年 7 月，设立东港分局食品药品与环境犯罪侦查大队。10 月，设立东港分局禁毒大队。

2015 年 6 月，设立东港分局机场派出所。9 月，机场派出所撤销。

2016 年 6 月，设立东港分局高新技术产业开发区派出所、卧龙山派出所。9 月，东港分局两城派出所、卧龙山派出所划转山海天旅游度假区分局。

2017 年 8 月，设立东港分局反恐怖大队、辅警管理科。

2018 年 2 月，设立东港分局特巡警大队。

图 1-2

2018 年日照市公安局东港分局机构设置示意图

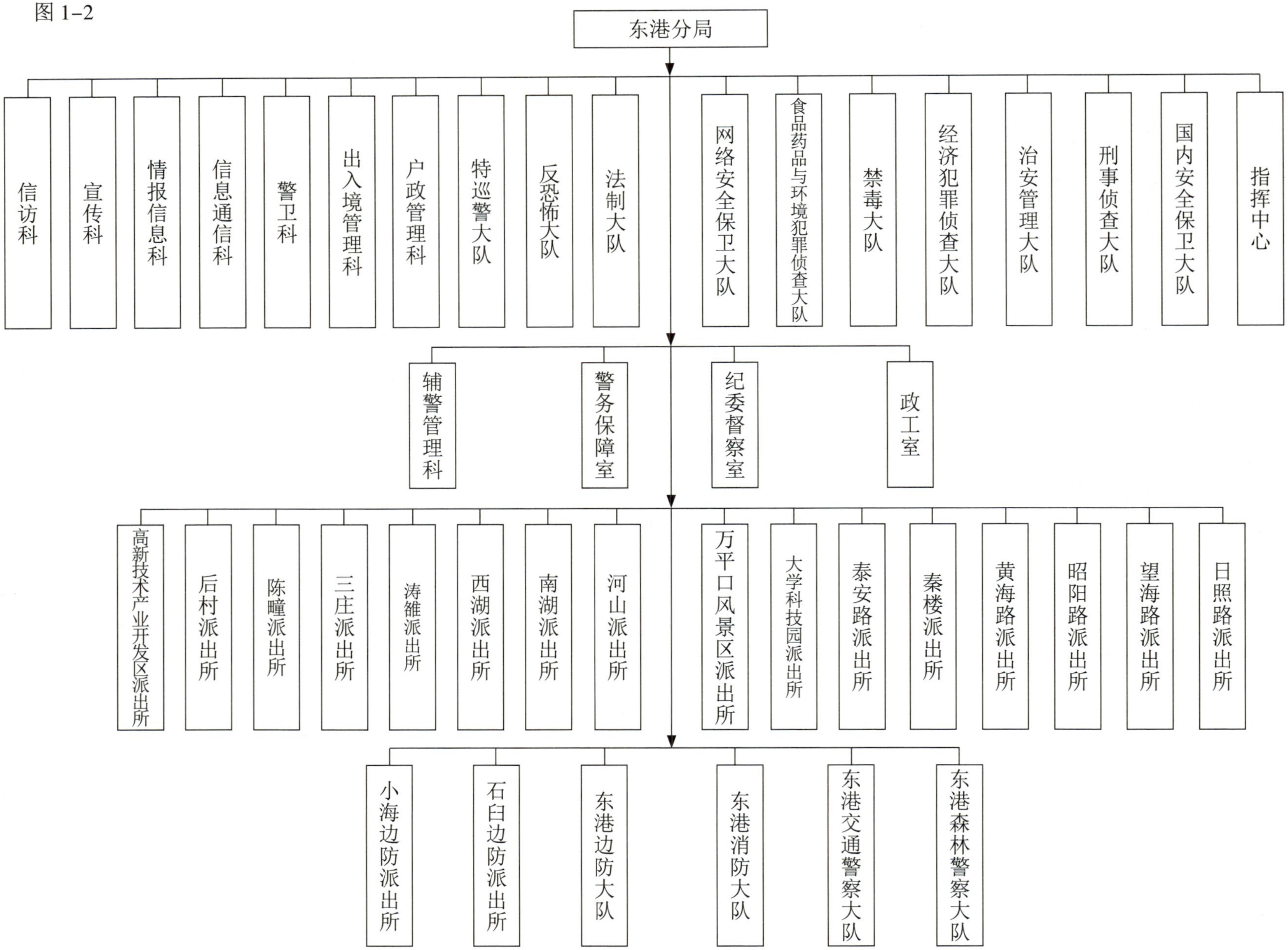

1993—2018 年日照市公安局东港分局历任行政领导名录表

表 1-8

职务	姓名	籍贯	任职时间	备注
局　长	李雅庭	辽宁省阜新市	1993.04—1993.07	市公安局党组成员、副局长
			1993.07—1994.08	市公安局党委委员、副局长
	陈永山	山东省禹城市	1994.08—1995.10	市公安局党委委员、副处级
	成荣恩	日照市东港区	1997.02—2000.02	副处级侦察员
			2000.02—2000.08	市公安局党委委员、副处级侦察员
	熊桂登	山东省蒙阴县	2000.08—2002.04	
			2002.04—2005.04	副处级侦察员
	曾宪威	山东省莒南县	2005.04—2010.08	市公安局党委委员、副处级侦察员
	高　波	日照市岚山区	2010.08—2013.04	副处级侦察员
			2013.04—2013.12	东港区政府党组成员、副处级侦察员
	杨乐清	山东省五莲县	2013.12—2014.12	市公安局党委委员、副局长
			2014.12—2016.01	市公安局党委委员、副处级
			2016.01—2017.01	市公安局党委委员、副局长
			2017.01—2018.11	市公安局党委委员、副局长，东港区政府党组成员
	刘　军	日照市岚山区	2018.11—	市公安局党委委员、副局长，东港区政府党组成员
政　委	成荣恩	日照市东港区	1993.04—1994.12	
			1995.10—1996.05	主持东港分局工作
			1996.05—1997.02	副处级侦察员。主持东港分局工作
			2000.08—2001.04	市公安局党委委员、副处级侦察员
	姜少利	山东省海阳市	1995.01—1995.10	
	刘祥云	日照市东港区	1997.02—1999.02	
	熊桂登	山东省蒙阴县	1999.02—2000.08	
	陈鹏路	河北省邢台市	2001.05—2005.04	
			2005.04—2006.04	副处级侦察员
	高　波	日照市岚山区	2006.04—2009.09	
			2009.09—2010.07	副处级侦察员
	王明华	山东省莒县	2010.07—2011.12	副处级侦察员
	王　鹏	日照市岚山区	2011.12—	副处级侦察员
副局长	姜少利	山东省海阳市	1993.04—1994.12	
	牟善津	日照市东港区	1993.04—1994.04	
	徐永良	江苏省如皋市	1993.04—1994.04	
	闵献东	山东省兰陵县	1994.04—1997.02	
	熊桂登	山东省蒙阴县	1994.04—1997.02	
	刘祥云	日照市东港区	1995.10—1997.02	
	丁海成	日照市东港区	1995.10—2001.05	
	卢成江	日照市岚山区	1997.02—2002.09	

续表 1-8

职务	姓名	籍贯	任职时间	备注
副局长	高　波	日照市岚山区	1997.02—2002.09	
	张俊兵	山西省浑源县	1999.03—2000.09	公安部统计处副处长。挂职
	金新国	日照市东港区	2002.09—2010.12	
	郭淑钦	山东省莒县	2002.09—2006.04	
	李悦鹏	日照市岚山区	2002.09—2006.04	
	成永伦	日照市东港区	2006.04—2010.12	
	顾世栋	日照市东港区	2006.04—2010.12	
	那麻玛	青海省乌兰县	2006.06—2006.08	青海省德令哈市公安局副局长。挂职
	张治宽	日照市东港区	2010.12—2011.07	
	孙　天	日照市岚山区	2010.12—2014.02	
	刘　刚	日照市东港区	2010.12—2014.02	
			2014.02—2016.08	交通警察支队岚山大队教导员。2016 年 4 月兼任东港区综合行政执法局党委书记、局长
	宋玉军	日照市东港区	2014.02—2016.08	高速公路交通警察支队业务指导大队教导员
			2016.08—	正科级
	厉　江	日照市东港区	2014.04—2016.08	
			2016.08—	正科级
	薄子山	日照市东港区	2016.08—	正科级
局长助理	徐晓龙	山东省临沂市	2002.09—2004.05	主任科员
	王　允	山东省莒南县	2002.09—2004.05	主任科员

（二）党的机构

1993 年 11 月 17 日，东港分局建立党委，隶属中共日照市东港区委员会领导。下设 8 个党支部，共有党员 143 人（男 125 人，女 18 人）。日照路、石臼、石臼所西、两城、丝山、河山、尹家河、南湖、陈疃、三庄、竖旗、黄墩、西湖、后村、大坡、巨峰、高兴、涛雒、奎山 20 个公安派出所和日照水库、大沙洼林场派出所 2 个企业公安派出所党支部，为属地党委支部。东港分局党委对属地党委支部进行党建业务指导。

2001 年 5 月、2003 年 5 月、2011 年 5 月、2015 年 1 月，东港分局党委根据工作需要，分别对基层党组织进行 4 次大的调整。至 2018 年底，东港分局党委基层党组织共有机关党总支 1 个，指挥中心、政工室、纪委督察室、警务保障室（含车队）、刑事侦查大队、治安管理大队、经济犯罪侦查大队、国内安全保卫大队、法制大队、网安大队、特巡警大队、户政管理科、出入境管理科、水库派出所、城建派出所、退休老干部党支部 16 个，属地党委管理并由东港分局党委指导党建工作的公安派出所党支部有 17 个，隶属边防部队党委并由东港分局党委指导党建工作的边防派出所党支部有 2 个。共有党员 265 人（不含边防官兵党员），其中党员民警 261 人，党员辅警 4 人。2016—2018 年，共发展党员 10 人。

1993—2018 年日照市公安局东港分局党委历任班子成员名录表

表 1-9

名称	职务	姓名	籍贯	任职时间	行政职务	备注
党委	书记	李雅庭	辽宁省阜新市	1993.11—1993.07	局长	市公安局党组成员、副局长
				1993.07—1994.08	局长	市公安局党委委员、副局长
		陈永山	山东省禹城市	1994.09—1995.10	局长	市公安局党委委员，副处级
		成荣恩	日照市东港区	1997.03—2000.02	局长	副处级侦察员
				2000.02—2000.08	局长	市公安局党委委员，副处级侦察员
		熊桂登	山东省蒙阴县	2000.08—2002.04	局长	
				2002.04—2005.05	局长	副处级侦察员
		曾宪威	山东省莒南县	2005.05—2010.08	局长	市公安局党委委员，副处级侦察员
		高　波	日照市岚山区	2010.08—2013.04	局长	
				2013.04—2014.01	局长	东港区政府党组成员，副处级侦察员
		杨乐清	山东省五莲县	2014.01—2014.12	局长	市公安局党委委员、副局长
				2014.12—2016.01	局长	市公安局党委委员，副处级
				2016.01—2017.01	局长	市公安局党委委员、副局长
				2017.01—2018.12	局长	市公安局党委委员、副局长，东港区政府党组成员
		刘　军	日照市岚山区	2018.12—	局长	市公安局党委委员、副局长，东港区政府党组成员
	副书记	成荣恩	日照市东港区	1993.04—1994.12	政委	
				1995.10—1996.05	政委	主持东港分局工作
				1996.05—1997.02	政委	副处级侦察员。主持东港分局工作
				2000.08—2001.04	政委	市公安局党委委员，副处级侦察员
		姜少利	山东省海阳市	1994.12—1995.10	政委	
		刘祥云	日照市东港区	1997.03—1999.02	政委	
		熊桂登	山东省蒙阴县	1999.02—2000.09	政委	
		陈鹏路	河北省邢台市	2001.05—2005.04	政委	
				2005.04—2006.04	政委	副处级侦察员
		高　波	日照市岚山区	2006.04—2009.09	政委	
				2009.09—2010.07	政委	副处级侦察员
		王明华	山东省莒县	2010.07—2013.04	政委	副处级侦察员

续表 1-9

名称	职务	姓名	籍贯	任职时间	行政职务	备注
党委	副书记	王　鹏	日照市岚山区	2013.04—	政委	副处级侦察员
		刘　刚	日照市东港区	2016.10—2018.08	主任科员	兼任东港区综合行政执法局党委书记、局长
		薄子山	日照市东港区	2018.08—	副局长	
	委　员	姜少利	山东省海阳市	1993.11—1994.12	副局长	
		牟善津	日照市东港区	1993.11—1994.04	副局长	
		徐永良	江苏省如皋市	1993.11—1994.04	副局长	
		闵献东	山东省兰陵县	1994.04—1997.02	副局长	
		熊桂登	山东省蒙阴县	1994.05—1997.02	副局长	
		高　波	日照市岚山区	1993.11—1997.02	政工科科长	
				1997.02—2002.09	副局长	
		刘祥云	日照市东港区	1995.10—1997.02	副局长	
		丁海成	日照市东港区	1995.10—2001.05	副局长	
		卢成江	日照市岚山区	1997.01—2002.09	副局长	
		娄洪德	山东省莒县	1997.08—2002.09	政工科科长	
				2002.09—2009.01	主任科员	
	纪委书记	徐晓龙	山东省临沂市	1997.07—2002.09		
	委　员	徐晓龙	山东省临沂市	2002.09—2004.05	局长助理，主任科员	
		孙志刚	日照市东港区	1999.03—2002.09	办公室主任	
		金新国	日照市东港区	2002.09—2010.12	副局长	
				2010.12—2013.04	主任科员	
		郭淑钦	山东省莒县	2002.09—2006.04	副局长	
		李悦鹏	日照市岚山区	2002.09—2006.04	副局长	
		王　允	山东省莒南县	2002.09—2004.05	局长助理，主任科员	
	纪委书记	刘加祥	日照市东港区	2002.10—2006.04		
	委　员	刘祥一	山东省莒南县	2002.09—2010.12	政工科科长	
		成永伦	日照市东港区	2002.10—2006.04	指挥中心主任	
				2006.04—2010.12	副局长	
		顾世栋	日照市东港区	2006.04—2010.12	副局长	
				2010.12—2012.09	主任科员	
	纪委书记	段绍民	山东省莒县	2006.04—2010.12		
	委　员	段绍民	山东省莒县	2010.12—2018.04	主任科员	
		迟玉波	日照市东港区	2002.09—2010.12	交通警察支队东港大队大队长	
		宋玉军	日照市东港区	2008.09—2014.02	指挥中心主任	

续表 1-9

名称	职务	姓名	籍贯	任职时间	行政职务	备注
党委	委员	宋玉军	日照市东港区	2014.02—2016.08	高速公路交通警察支队业务指导大队教导员	
				2016.08—	副局长	
		张治宽	日照市东港区	2010.12—2011.07	副局长	
		孙　天	日照市岚山区	2010.12—2014.05	副局长	
		刘　刚	日照市东港区	2010.12—2014.02	副局长	
				2014.02—2016.08	交通警察支队岚山大队教导员	2016年4月兼任东港区综合行政执法局党委书记、局长
				2016.08—2016.10	主任科员	兼任东港区综合行政执法局党委书记、局长
		王永清	日照市东港区	2010.12—	主任科员	
	纪委书记	丁海平	日照市东港区	2010.12—2014.03		
	委员	丁海平	日照市东港区	2014.03—	主任科员	
		李存叶	日照市东港区	2010.12—2014.05	政工室主任	
		惠希华	日照市东港区	2010.12—2016.10	交通警察支队东港大队大队长	
		刘洪刚	山东省临沭县	2010.11—2015.07	边防支队东港大队大队长	现役
		任柏青	日照市岚山区	2013.12—2016.10	消防支队东港大队教导员	现役
	纪委书记	马秀军（女）	山东省莒县	2014.05—		
	委员	厉　江	日照市东港区	2014.05—	副局长	
		陈维芳（女）	山东省莒南县	2014.05—	政工室主任	
		薄子山	日照市东港区	2014.05—2016.08	指挥中心主任	
				2016.08—2018.08	副局长	
		陈　仓	日照市岚山区	2015.07—	边防支队东港大队大队长	现役
		王增伟	日照市东港区	2016.10—	指挥中心主任	

二、日照市公安局岚山分局

日照市公安局岚山分局于1993年6月设立，1993年8月26日挂牌对外办公，行政建制，正科级，是主管岚山公安工作的职能部门，址设日照市岚山区圣岚路岚山头派出所二楼，后迁址岚山区岚山中路10号。2017年5月1日，岚山分局迁址岚山区轿顶山路505号新业务技术楼。

（一）内设机构

岚山分局成立后，内设人秘科、治安科、内保科，接收东港分局划入岚山头、汾水、碑廓、虎山4处派出所，协管岚山边防工作站和王家海屋、韩家营子边防派出所。

1994年10月，岚山分局人秘科改为办公室。是年底，设立岚山分局预审科。

1995年1月，设立岚山分局政工纪检科、刑事警察大队、户政科。

1996年3月，设立岚山消防大队（现役）。是年底，设立岚山分局政保科、计财装备科、法制科，内保科改为经文保科。

1997年3月，设立岚山分局巡警大队。7月，设立岚山分局安东卫派出所。9月，岚山分局预审业务工作并入刑事警察大队，预审科撤销。

1998年12月，设立岚山分局督察室。第二年3月，设立日照市保安服务总公司岚山分公司。

2002年10月，设立岚山分局纪委。是月，办公室改为指挥中心（加挂办公室牌子）；经文保科改为经济犯罪侦查大队；政保科改为国内安全保卫大队；督察室改为督察大队；外事科改为出入境管理科；计财装备科改为行政装备科；纪委改为纪检委、监察室。巡警大队、治安科合并为治安巡逻警察大队。设立政工科、法制科、公共信息网络安全监察科。

2004年2月，设立岚山分局工业区派出所。9月，岚山分局接收东港分局划入高兴、巨峰、后村、黄墩4处派出所。

2009年12月，岚山分局刑事警察大队改为刑事侦查大队；治安巡逻警察大队改为治安管理大队（加挂爆炸危险物品监管大队牌子）；法制科改为法制室；行政装备科改为警务保障室；政工科改为政工室；纪检委、监察室与督察大队合并为纪委督察室。

2011年4月，设立岚山分局指挥中心情报信息科。7月，岚山分局公共信息网络安全监察科改为网络安全保卫大队。

2012年9月，岚山分局后村派出所划转东港分局，接收莒县公安局划入中楼派出所。11月，岚山分局法制室改为法制大队。

2014年7月，设立岚山分局食品药品与环境犯罪侦查大队。

2015年12月，设立岚山分局禁毒大队。

2017年8月，设立岚山分局反恐怖大队、辅警管理科。11月，设立岚山分局特巡警大队。

2018年3月，设立岚山分局绣针河公安检查站。

2018年日照市公安局岚山分局机构设置示意图

图1-3

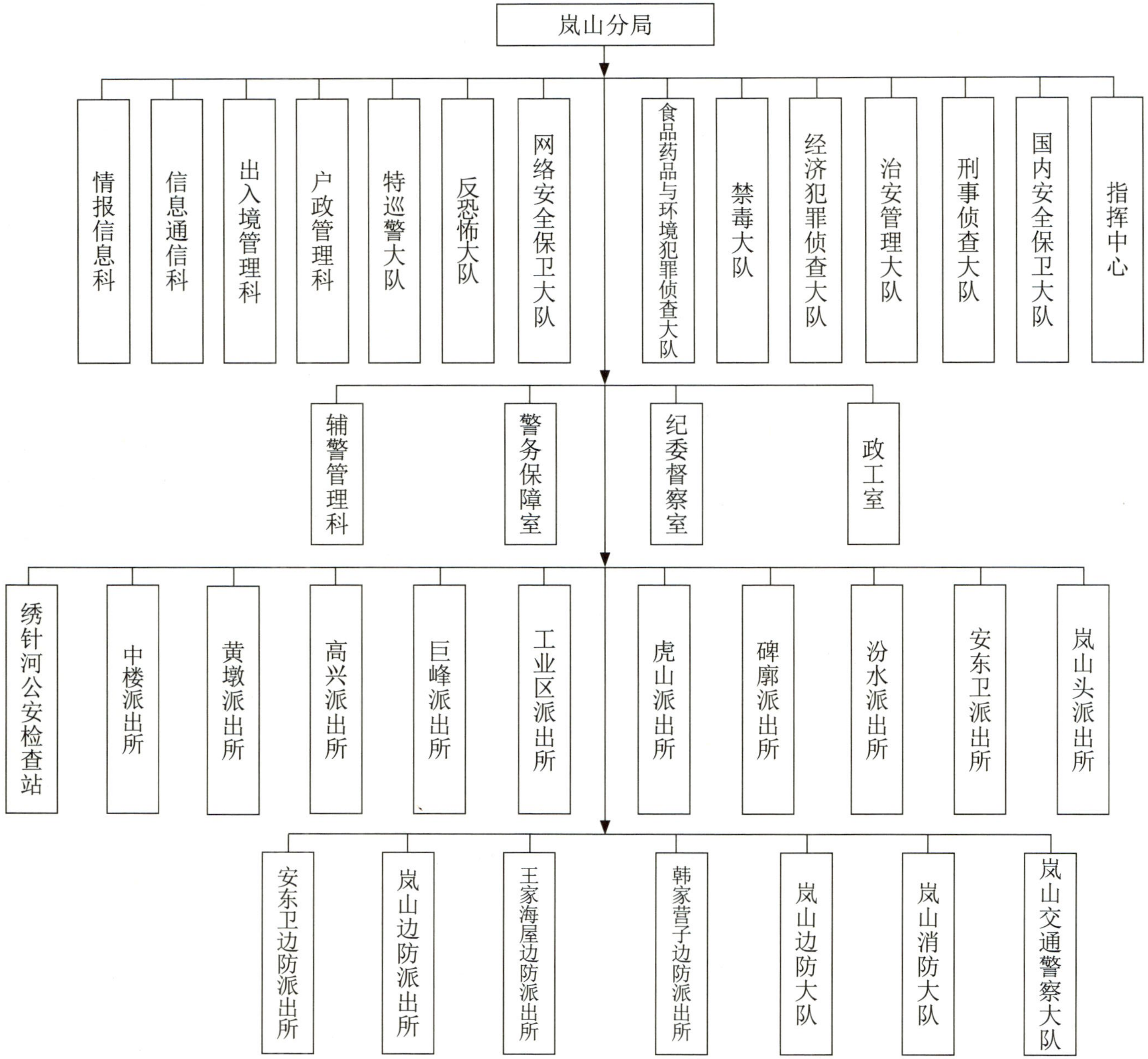

1993—2018 年日照市公安局岚山分局历任行政领导名录表

表 1-10

职务	姓名	籍贯	任职时间	备注
局　长	郭同华	日照市东港区	1993.07—1996.05	政委（兼）
			1996.05—1997.02	政委（兼），副处级侦察员
			1997.02—1999.09	副处级侦察员
	孙运涛	山东省莒南县	1999.09—2004.11	岚山工委委员
	于华杰	山东省海阳市	2004.11—2005.04	
			2005.04—2011.12	副处级侦察员
	王明华	山东省莒县	2011.12—2013.08	副处级侦察员
			2013.08—2016.01	岚山区政府党组成员，副处级侦察员
	李廷伟	山东省莒县	2016.01—2017.01	副处级侦察员
			2017.01—	岚山区政府副区长、党组成员
政　委	周　波	日照市东港区	1997.02—2000.07	
			2000.07—2001.06	副处级
	丁海成	日照市东港区	2002.09—2006.10	
			2006.10—2011.11	副处级侦察员
	王龙森	山东省诸城市	2011.12—2016.01	
	孙　天	日照市岚山区	2016.01—	
副局长	刘祥云	日照市东港区	1993.07—1995.10	
	梁全培	日照市东港区	1993.07—2002.10	
	韩立云	日照市东港区	1997.02—2006.11	
	王海洪	陕西省澄城县	1999.03—2000.04	公安部经济犯罪侦查局金融诈骗犯罪侦查处主任科员。挂职
	丁海成	日照市东港区	2001.05—2002.09	
	张佰强	黑龙江省望奎县	2002.09—2006.04	
	王龙森	山东省诸城市	2006.04—2009.03	
	王文松	日照市岚山区	2006.04—2010.12	
	相　斌	日照市岚山区	2006.04—2010.12	
	陈发恩	青海省湟中县	2006.06—2006.08	青海省天峻县公安局副局长。挂职
	刘佳友	日照市岚山区	2010.12—2014.03	
			2016.08—	正科级
	刘　伟	日照市东港区	2010.12—2014.03	
			2016.08—	正科级
	张治宽	日照市东港区	2009.03—2010.12	
	刘祥一	山东省莒南县	2010.12—2014.02	
	刘乃雨	日照市岚山区	2014.02—2016.08	高速公路交通警察支队二大队教导员
			2016.08—	正科级
	袁安民	日照市东港区	2014.02—2016.08	高速公路交通警察支队三大队教导员
	张绍利	日照市岚山区	2014.04—	

（二）党的机构

1993 年 6 月，岚山分局建立党支部，7 月完成党支部班子组建工作。1996 年 2 月，岚山分局党支部改建党委，隶属中共日照市岚山工作委员会领导。1997 年，岚山分局党委设机关第一、第二党支部。2004 年 9 月，中共日照市岚山工作委员会改建中共岚山区委员会，岚山分局党委隶属中共岚山区委员会。

至 2018 年底，岚山分局党委有基层党支部 7 个。属地党委管理并由岚山分局党委指导党建工作的派出所党支部有 10 个。隶属边防部队党委并由岚山分局党委指导党建工作的公安边防派出所党支部有 4 个。共有党员 130 人（不含边防官兵党员），其中党员民警 114 人，党员辅警 16 人。2016—2018 年，共发展党员 26 人。

1993—2018 年日照市公安局岚山分局党委（支部）历任班子成员名录表

表 1-11

名称	职务	姓名	籍贯	任职时间	行政职务	备注
党支部（1993.07—1996.02）	书　记	郭同华	日照市东港区	1993.07—1996.02	局长兼政委	
	委　员	刘祥云	日照市东港区	1993.07—1995.10	副局长	
		梁全培	日照市东港区	1993.07—1996.02	副局长	
党　委（1996.02—）	书　记	郭同华	日照市东港区	1996.02—1996.05	局长兼政委	
				1996.05—1997.02	局长兼政委	副处级侦察员
				1997.02—1999.09	局长	副处级侦察员
		孙运涛	山东省莒南县	1999.09—2004.11	局长	岚山工委委员
		于华杰	山东省莒县	2005.04—2012.01	局长	副处级侦察员
		王明华	山东省莒县	2012.01—2013.08	局长	副处级侦察员
				2013.08—2016.02	局长	岚山区政府党组成员，副处级侦察员
		李廷伟	山东省莒县	2016.02—2017.01	局长	副处级侦察员
				2017.01—	局长	岚山区政府副区长、党组成员
	副书记	周　波	日照市东港区	1997.02—2000.07	政委	
				2000.07—2001.06	政委	副处级
		丁海成	日照市东港区	2002.12—2006.10	政委	
				2006.10—2012.01	政委	副处级侦察员
		纪现伟	日照市岚山区	2011.12—2016.08	交通警察支队岚山大队大队长	
		王龙森	山东省诸城市	2012.01—2016.02	政委	
		孙　天	日照市岚山区	2016.02—	政委	
	委　员	梁全培	日照市东港区	1996.02—2002.11	副局长	
		韩立云	日照市东港区	1996.02—1997.02	政工纪检科科长	
				1997.02—2006.11	副局长	
		丁海成	日照市东港区	2001.05—2002.09	副局长	

续表 1-11

名称	职务	姓名	籍贯	任职时间	行政职务	备注
党委（1996.02—）	委　员	张佰强	山东省威海市	2002.11—2006.11	副局长	
	纪委书记	毕泗胜	山东省莱芜市	2002.09—2010.12		
	委　员	毕泗胜	山东省莱芜市	2010.12—2011.08	副科级	
		王龙森	山东省诸城市	2006.11—2009.06	副局长	
		王文松	日照市岚山区	2006.11—2010.12	副局长	
				2010.12—2011.08	市公安局刑事侦查支队副支队长	
		相　斌	日照市岚山区	2006.11—2010.12	副局长	
				2010.12—2011.08	市公安局治安巡逻警察支队副支队长	
		刘佳友	日照市岚山区	2006.11—2010.12	政工科科长	
				2010.12—2014.03	副局长	
				2014.03—2016.08	主任科员	
				2016.08—	正科级	
		刘　伟	日照市东港区	2006.11—2010.12	指挥中心主任	
				2010.12—2014.03	副局长	
				2014.03—2016.08	主任科员	
				2016.08—	正科级	
		卜现堂	日照市东港区	2006.11—2010.12	治安巡逻警察大队大队长	
				2010.12—2012.09	主任科员	
		张治宽	日照市东港区	2009.06—2011.08	副局长	
		刘　斌	日照市东港区	2008.09—2010.12	交通警察支队岚山大队大队长	
		刘乃雨	日照市岚山区	2011.08—2014.02	主任科员	
				2014.02—2016.08	高速公路交通警察支队二大队教导员	
				2016.08—	副局长	正科级
		袁安民	日照市东港区	2011.08—2014.02	主任科员	
				2014.02—2016.08	副局长，高速公路交通警察支队三大队教导员	
		刘祥一	山东省莒南县	2011.08—2014.04	副局长	
	纪委书记	苏照军	日照市岚山区	2010.12—2014.03		
	委　员	苏照军	日照市岚山区	2014.03—2016.08	主任科员	
		薄文志	山东省莒南县	2010.12—2014.04	政工室主任	
	纪委书记	薄文志	山东省莒南县	2014.04—2016.08		

续表 1-11

名称	职务	姓名	籍贯	任职时间	行政职务	备注
党委 （1996.02—）	委员	薄文志	山东省莒南县	2016.08—	主任科员	
		尹茂山	山东省蒙阴县	2011.08—2014.04	指挥中心主任	
				2014.04—	政工室主任	
		徐　栋	日照市东港区	2011.08—2013.07	边防支队岚山大队大队长	现役
		杜国强	山东省莒南县	2013.07—2014.04	边防支队岚山大队大队长	现役
		张绍利	日照市岚山区	2014.04—	副局长	
		王常高	日照市岚山区	2014.04—2016.08	指挥中心主任	
	纪委书记	王常高	日照市岚山区	2016.08—		
	委员	李华波	山东省青岛市	2014.04—2015.07	消防支队岚山大队教导员	现役
		周现武	山东省兰陵县	2014.04—2018.09	边防支队岚山大队大队长	现役
		周图书	安徽省濉溪县	2015.07—2016.07	消防支队岚山大队教导员	现役
		辛崇江	日照市岚山区	2018.09—	指挥中心主任	

三、莒县公安局

莒县公安局的前身是1941年1月成立的莒中县公安局。1945年10月，莒中县公安局改为莒县公安局，址设县城南关。1968年始，莒县公安局实行军事管制。1973年6月，撤销军事管制，恢复莒县公安局建制。

1993年1月，莒县公安局随行政区划调整，由临沂地区公安处改属日照市公安局。址设县城城阳中路369号。2016年7月，莒县公安局迁址县城城阳街道北坛路179号。

莒县公安局为县政府工作部门，是主管莒县公安工作的领导和指挥机关。实行双重领导体制，接受莒县县委、县政府和日照市公安局的领导。

（一）内设机构

1989年，莒县公安局内设政工股、办公室、政保股、户政股、政策法律研究室、行政装备管理股、刑事警察队、治安股、保卫股、预审股、通信股、公安交通警察队、看守所、行政拘留所、自行车管理所和行政监察室，中国人民武装警察部队莒县中队。下设城关、城阳、招贤、夏庄、东莞、龙山、安庄、桑园、刘官庄、浮来山、长岭、小店、陵阳、寨里、中楼、阎庄、洛河、棋山、峤山、库山、果庄、店子集、金墩、柏崖、大官庄、龙王庙、里庄、茅埠、二十里堡、墩头、孙由、青峰岭、兰官庄、定林寺、仕阳水库等35个派出所。

1991年3月，县公安局机关股改科，有政工科、通信科、行政装备科、户政科、信访科、保卫科、政保科、治安科、预审科。

1993年4月，莒县公安局金墩、柏崖、大官庄、龙王庙、里庄、孙由、茅埠7个派出所撤销。9月，莒县公安局刑事警察队改为刑事警察大队。

1994年10月，莒县公安局政策法律研究室改为法制科。是年，莒县公安局公安交通警察队划转日照市公安局交通警察支队；行政监察室改为纪委。

1995年5月，设立莒县公安局振兴路派出所（未设所址和开展工作）、车站派出所、巡警大队；城关派出所改为浮来路派出所；城阳派出所改为城阳路派出所。

1996年7月，设立莒县公安局工会。12月，设立莒县公安局110指挥中心。是年，设立莒县公安局外事科；预审业务工作并入刑事警察大队，预审科撤销；兰官庄派出所撤销。

1998年12月，设立莒县公安局督察科。1999年3月，设立日照市保安服务总公司莒县分公司。4月，设立莒县公安局城建派出所。

2000年，设立莒县公安局通信指挥科，110指挥中心和通信科撤销。

2001年3月，莒县公安局墩头、二十里堡派出所撤销。是年，莒县公安局督察科改为督察室；城建派出所撤销。

2002年9月，莒县公安局办公室加挂指挥中心牌子。政保科改为政治侦察科（挂国内安全保卫大队牌子）；行政装备科改为计财装备科；外事科改为出入境管理科；治安科改为治安警察大队；经文保科改为经济犯罪侦查大队；浮来路派出所改回城关派出所；城阳路派出所改为城东派出所；车站派出所改为城西派出所。振兴路派出所、自行车管理所撤销。

2003年11月，莒县公安局政治侦察科改为国内安全保卫大队；设立莒县公安局监管大队。

2004年8月，设立莒县公安局公共信息网络安全监管科。

2006年6月，设立莒县公安局防暴大队。

2008年11月，莒县公安局办公室改为指挥中心（加挂办公室牌子）；刑事警察大队改为刑事侦查大队（加挂县禁毒委员会办公室牌子）；治安警察大队改为治安管理大队（加挂爆炸危险物品监管大队牌子）；法制科改为法制室；计财装备科改为警务保障室；政工科改为政工室；纪委与督察室合并为纪委督察室。

2009年4月，莒县公安局防暴大队改为特警大队。

2011年11月，莒县公安局公共信息网络安全监察科改为网络安全保卫大队。12月，设立莒县森林公安局（莒县公安局森林警察大队），实行县林业和公安部门双重管理，列入同级公安机关序列，其机构规格按照县公安局所属大队的级别确定。

2013年3月，莒县公安局法制室改为法制大队。

2015年12月，莒县公安局刑事侦查大队禁毒中队改为禁毒大队，与刑事侦查大队合署办公。12月，莒县公安局禁毒大队由与刑事侦查大队合署办公调整为单独设置；莒县交通警察大队由日照市公安局交通警察支队下放莒县公安局管理，改为莒县公安局交通警察大队。

2017年12月，设立莒县园区政府专职消防队，为莒县公安局所属公益一类事业单位，接受县公安消防大队的业务指导。

图 1-4

2018年莒县公安局机构设置示意图

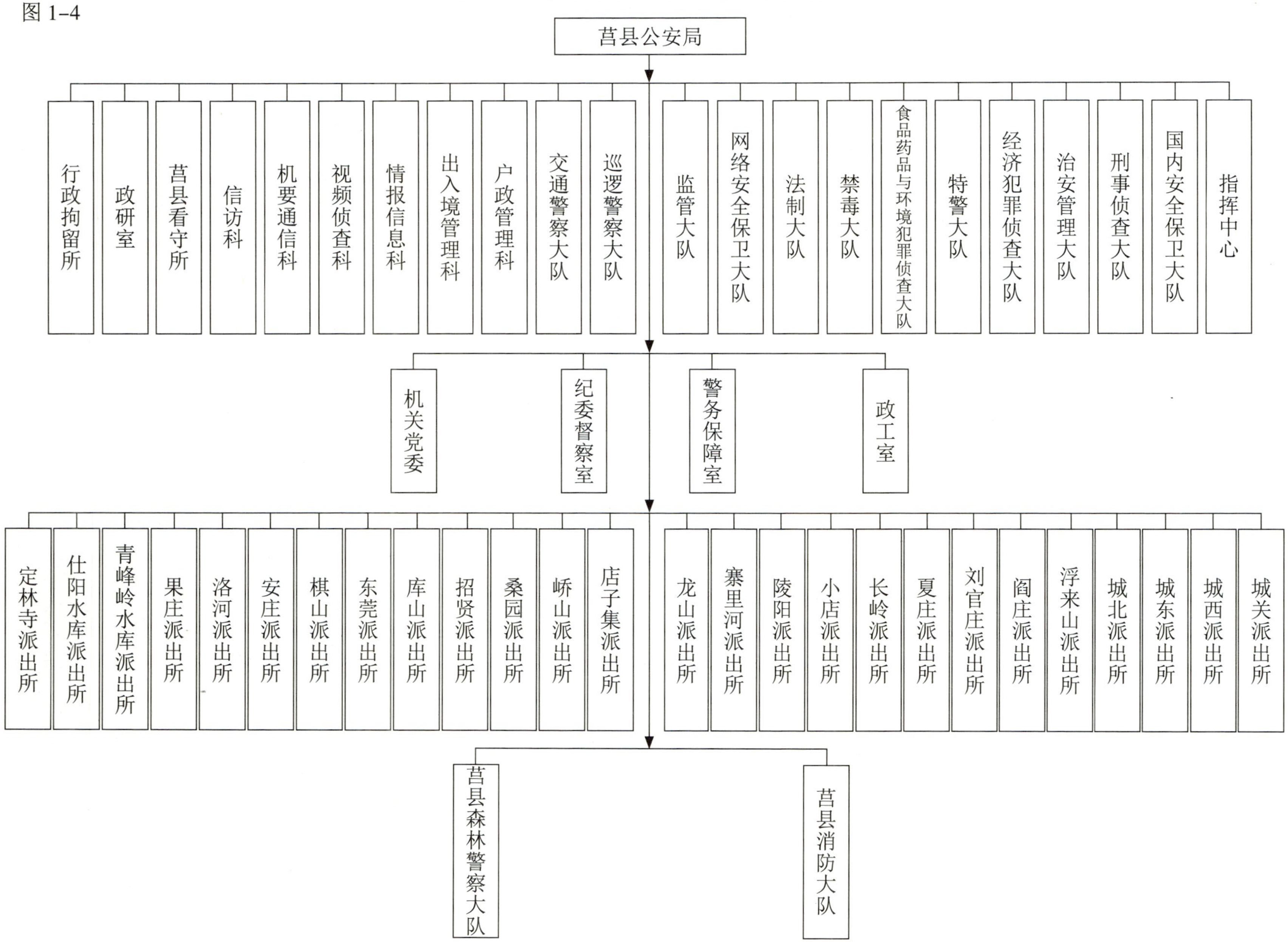

1989—2018 年莒县公安局历任行政领导名录表

表 1–12

职务	姓名	籍贯	任职时间	备注
局　长	何明三	日照市岚山区	1984.06—1994.11	
			1994.11—1995.03	副处级侦察员
	孙世和	山东省莒县	1995.03—1999.02	
			1999.02—2000.08	副处级
	任焕新	山东省莱州市	2000.08—2005.05	副处级
	解忠利	山东省临沭县	2005.07—2008.10	
			2008.10—2011.12	副处级
	杨乐清	山东省五莲县	2011.12—2013.12	副处级
	胡训立	日照市岚山区	2014.01—2014.03	副处级
			2014.03—2017.01	莒县政府党组成员、副处级
			2017.01—	莒县政府副县长、党组成员
教导员	薛喜宝	山东省莒县	1991.01—1993.12	
政　委	薛喜宝	山东省莒县	1993.12—1999.02	
			1999.02—2000.08	副处级
	于华杰	山东省海阳市	2000.08—2004.11	
	张连太	山东省莒县	2004.12—2007.08	
	李廷伟	山东省莒县	2007.08—2010.12	
			2010.12—2016.01	副处级
	卞德祥	山东省莒县	2016.08—	
副局长	鲁　志	山东省莒县	1984.06—1990.12	
	李福林	山东省莒县	1986.11—1990.09	
	孙世和	山东省莒县	1990.08—1995.03	
	张连太	山东省莒县	1990.08—2004.12	
	刘建全	山东省沂水县	1991.06—1992	临沂地区公安处干部。挂职
	于　军	山东省莒县	1993.12—2001.06	
			2001.06—2005.07	正科级侦察员
	于华杰	山东省海阳市	1993.12—2000.08	
	李海防	山东省平邑县	1997.11—1999.02	市公安局监管科科长。挂职
	李瑞武	山东省莒县	1998.09—2011.12	
	李廷伟	山东省莒县	2000.08—2004.01	
			2004.01—2007.08	正科级侦察员
	卞德祥	山东省莒县	2006.06—2009.07	
			2009.07—2016.08	正科级侦察员
	吴建东	山东省莒南县	2006.06—2010.08	
			2010.08—	正科级侦察员
	陈常亮	山东省莒县	2012.08—2015.07	

续表 1-12

职务	姓名	籍贯	任职时间	备注
副局长	张永江	山东省莒县	2012.08—2017.07	
	朱东烈	山东省沂南县	2015.07—	
	田宗泽	山东省莒县	2017.05—	
	张传东	山东省莒县	2017.05—	
副教导员	薛喜宝	山东省莒县	1988.07—1991.01	
副政委	刘永慧	山东省沂水县	2001.06—2006.06	
	李学军	山东省莒县	2009.07—2012.08	
	杨西军	山东省费县	2015.07—2017.05	
	王世光	山东省莒县	2017.05—	

（二）党的机构

1989 年，莒县公安局党委下设 2 个党支部，1994 年扩建为 5 个。

1998 年，莒县公安局党委下设机关、城区派出所、交通警察、巡警、刑警、看守所、行政拘留所 7 个党支部。

2001 年 6 月，莒县公安局党委改为党组。

2002 年，设立莒县公安局老干警党支部。

2007 年，设立防暴警察大队、经济犯罪侦查大队党支部，机关党支部扩建为督察室、指挥中心、国内安全保卫大队、治安警察大队 4 个党支部，城区派出所党支部扩建为城关派出所、城西派出所、城东派出所 3 个党支部。

2009 年，设立消防大队党支部。

2010 年 12 月，莒县公安局党组下设 15 个党支部。

2012 年 8 月，莒县公安局党组改建为党委。

至 2018 年底，莒县公安局党委下设党总支 1 个，党支部 19 个。属地党委管理并由莒县公安局党委指导党建工作的派出所党支部有 19 个。共有党员 497 人，其中党员民警 424 人，党员辅警 73 人。1989—2018 年，共发展党员 87 人。

1989—2018 年莒县公安局党委（党组）历任班子成员名录表

表 1-13

名称	职务	姓名	籍贯	任职时间	行政职务	备注
党委（1989.06—2001.06）	书　记	何明三	日照市岚山区	1989.06—1994.11	局长	
				1994.11—1995.03	局长	副处级侦察员
		孙世和	山东省莒县	1995.03—1999.02	局长	
				1999.02—2000.08	局长	副处级
		任焕新	山东省莱州市	2000.08—2001.06	局长	副处级
	副书记	薛喜宝	山东省莒县	1991.01—1993.12	教导员	
				1993.12—1999.02	政委	
				1999.02—2000.08	政委	副处级

续表 1-13

名称	职务	姓名	籍贯	任职时间	行政职务	备注
党委（1989.06—2001.06）	副书记	于华杰	山东省海阳市	2008.08—2001.06	政委	
	委　员	鲁　志	山东省莒县	1989.06—1990.12	副局长	
		李福林	山东省莒县	1989.06—1990.09	副局长	
		薛喜宝	山东省莒县	1989.06—1991.01	副教导员	
		白竹明	山东省莒县	1989.04—1990.05	县交通警察队队长	
		李　珍	山东省莒县	1990.07—1996.03	县交通警察大队（交通警察支队莒县大队）大队长	
		孙世和	山东省莒县	1990.12—1995.03	副局长	
		张廷秀	山东省莒县	1989.06—1994.04	政工科政治协理员	
	纪委书记	张廷秀	山东省莒县	1994.04—2000.02		
	委　员	张连太	山东省莒县	1990.12—2001.06	副局长	
		刘建全	山东省沂水县	1991.06—1992	副局长	临沂地区公安处干部。挂职
		于　军	山东省莒县	1993.12—2001.06	副局长	
		于华杰	山东省海阳市	1993.12—2000.08	副局长	
		李瑞武	山东省莒县	1998.08—2001.06	副局长	
	纪委书记	刘永慧（女）	山东省沂水县	2000.02—2001.06		
	委　员	李廷伟	山东省莒县	2000.08—2001.06	副局长	
		许加军	山东省莒县	2000.02—2001.06	工会主席	
党组（2001.06—2012.08）	书　记	任焕新	山东省莱州市	2001.06—2005.06	局长	副处级
		解忠利	山东省临沭县	2005.06—2008.10	局长	
				2008.10—2011.12	局长	副处级
		杨乐清	山东省五莲县	2011.12—2012.08	局长	副处级
	副书记	于华杰	山东省海阳市	2001.06—2004.12	政委	
		张连太	山东省莒县	2003.12—2007.08	政委	
		李廷伟	山东省莒县	2007.08—2010.12	政委	
				2010.12—2012.08	政委	副处级
	成　员	张连太	山东省莒县	2001.06—2003.12	副局长	
		于　军	山东省莒县	2001.06—2005.06	正科级侦察员	
		李瑞武	山东省莒县	2001.06—2011.12	副局长	
		李廷伟	山东省莒县	2001.06—2004.01	副局长	
				2004.01—2007.08	正科级侦察员	
		刘永慧（女）	山东省沂水县	2001.06—2006.06	副政委	
		王金波	山东省莒县	2001.06—2003.09	工会主席	

续表 1-13

名称	职务	姓名	籍贯	任职时间	行政职务	备注
党组（2001.06—2012.08）	纪检组长	许加军	山东省莒县	2001.06—2006.06		
		商玉春	山东省莒县	2006.06—2010.08		
	成　员	董家法	山东省莒县	2006.06—2010.08	政工科科长	
		李洪廷	河北省文安县	2006.06—2012.08	副科级干部	
		卞德祥	山东省莒县	2006.06—2009.07	副局长	
				2009.07—2012.08	副局长	正科级侦察员
		吴建东	山东省莒南县	2006.06—2010.08	副局长	
				2010.08—2012.08	副局长	正科级侦察员
		张永江	山东省莒县	2006.06—2006.12	城关派出所所长	
				2006.12—2012.08	副科级侦察员	
		陈常亮	山东省莒县	2006.06—2012.08	副科级干部	
		谷　伟	山东省莒县	2007.08—2012.08	指挥中心主任	
		李学军（女）	山东省莒县	2009.07—2012.08	副政委	
		朱东烈	山东省沂南县	2010.08—2012.08	刑事侦查大队大队长	
		刘俊岭	山东省莒县	2011.05—2012.08	政工科科长	
党委（2012.08—）	书　记	杨乐清	山东省五莲县	2012.08—2013.12	局长	副处级
		胡训立	日照市岚山区	2014.01—2014.03	局长	副处级
				2014.03—2017.01	局长	莒县政府党组成员，副处级
				2017.01—	局长	莒县政府副县长、党组成员
	副书记	李廷伟	山东省莒县	2012.08—2016.01	政委	副处级
		卞德祥	山东省莒县	2012.08—2016.08	正科级侦察员	
				2016.08—	政委	
		吴洪涛	山东省莒县	2017.05—	正科级侦察员	
	委　员	吴建东	山东省莒南县	2012.08—	副局长	
		丁卫东	日照市东港区	2012.08—2015.07	交通警察支队莒县大队大队长	
		张永江	山东省莒县	2012.08—2017.05	副局长	
		陈常亮	山东省莒县	2012.08—2015.07	副局长	
				2015.07—	正科级侦察员	
	纪委书记	谷　伟	山东省莒县	2012.08—2015.07		
	委　员	谷　伟	山东省莒县	2015.07—	正科级侦察员	
		朱东烈	山东省沂南县	2012.08—2015.07	县森林公安局局长（森林警察大队大队长）	
				2015.07—	副局长	

续表 1-13

名称	职务	姓名	籍贯	任职时间	行政职务	备注
党委（2012.08—）	委　员	周文敏	山东省莒县	2012.08—2015.02	政工科科长	
		钱善高	山东省菏泽市	2012.08—2015.07	消防支队莒县大队教导员	现役
		杨西军	山东省费县	2012.08—2015.07	督察室主任	
	纪委书记	杨西军	山东省费县	2015.07—2017.05	副政委	
	委　员	杨西军	山东省费县	2017.05—	正科级侦察员	
		张坤吉	山东省莒县	2012.08—2015.04		任莒县城阳街道党委副书记
				2015.04—2016.08	正科级侦察员	
				2016.08—	交通警察大队教导员	
		田宗泽	山东省莒县	2015.07—2017.05	刑事侦查大队大队长	
				2017.05—	副局长	
		张传东	山东省莒县	2015.07—2017.05	指挥中心主任	
				2017.05—	副局长	
		王世光	山东省莒县	2015.07—2017.05	政工室主任	
	纪委书记	王世光	山东省莒县	2017.05—	副政委	
	委　员	刘芳华（女）	山东省莒县	2015.07—2017.05	工会主席	
				2017.05—	政工室主任	

四、五莲县公安局

五莲县公安局由日北县公安局、藏马县公安局沿革而来。1943 年日北县建立，9 月设立日北县公安局。1945 年日北县撤销并入藏马县，9 月日北县公安局相应并入藏马县公安局。1947 年 4 月，藏马县撤销改建五莲县，5 月 12 日五莲县公安局在藏马县公安局的基础上建立，址设钱家庄子村（现属五莲县松柏镇）。1967 年 9 月，五莲县公安局实行军事管制。1973 年 7 月，撤销军事管制，恢复五莲县公安局建制。此后，五莲县公安局建制名称延续未变。

1993 年 1 月，五莲县公安局随行政区划调整，由潍坊市公安局改属日照市公安局，内有消防现役编制，址设县城解放路 177 号。2013 年 1 月 31 日，五莲县公安局迁址县城人民路 1 号。

五莲县公安局为县政府工作部门，是主管五莲县公安工作的领导和指挥机关。实行双重领导体制，接受五莲县委、县政府和日照市公安局的领导。

（一）内设机构

1989—1991 年，五莲县公安局内设机构没有增减变化。

1992 年 2 月，设立五莲县公安局纪检组，后改为纪委，只设纪委书记。10 月，设立五莲县保安服务公司。

1993 年 1 月，五莲县公安局改属日照市公安局，时设秘书科、政工科、法制科、行政科、政保科、内保科、治安科、刑事警察队、预审科、户政科、消防科、看守所、拘留所、交通警察队和纪委。下设城关、城北、城东、城西、市场、洪凝、王世疃、潮河、户部、松柏、高泽、许孟、管帅、中至、石场、山庄、街头、魏家、叩官、槎河、山阳、院西、于里、汪湖、七宝山、罗圈、杜家沟、五莲山、金矿派出所（企业派出所）等29个派出所。8月，企业专职消防队改为公安职业消防队。是年，刑事警察队改为刑事警察大队。

1994年8月，设立五莲县公安局巡警大队。是年，五莲县公安局公安交通警察队划转日照市公安局交通警察支队。

1997年7月，设立五莲县公安局通信科和出入境管理科，预审科和市场派出所撤销，刑警队改为刑警大队。五莲县公安局巡警大队改为五莲县公安巡警大队。

1998年12月，设立五莲县公安局督察室。

1999年3月，设立日照市保安服务总公司五莲分公司。

2001年4月，五莲县公安局王世疃、管帅、山庄、魏家、槎河、山阳、院西、七宝山、罗圈、杜家沟10个派出所撤销。5月，设立五莲山旅游风景区派出所。8月，设立反邪教侦察科。

2002年10月，五莲县公安局办公室加挂指挥中心牌子。政保科改为国内安全保卫大队（加挂反邪教侦察科牌子）；治安科改为治安警察大队；内保科改为经济犯罪侦查大队；行政科改为行政装备科。设立监管大队（加挂行政拘留所牌子）、五莲山旅游风景区公安分局。五莲山派出所、自行车管理所撤销。

2003年5月，设立五莲县公安局城建派出所。

2010年10月，五莲县公安局办公室改为指挥中心（加挂办公室牌子）；刑事警察大队改为刑事侦查大队（加挂县禁毒委员会办公室牌子）；法制科改为法制室；行政装备科改为警务保障室；政工科改为政工室。纪委和督察室合并为纪委督察室。设立公共信息网络安全监管科、信访科。治安警察大队改为治安管理大队，加挂爆炸危险物品监管大队牌子；看守所加挂监管大队牌子。

2015年1月，五莲县公安局治安管理大队下设食品药品与环境犯罪侦查大队，刑事侦查大队下设禁毒大队。12月，禁毒大队单独设置。

2016年1月，五莲县交通警察大队由日照市公安局交通警察支队下放五莲县公安局管理，改为五莲县公安局交通警察大队。

2017年9月，设立五莲县公安局特巡警大队。

2018年底，五莲县公安局有科室大队派出所35个。另有指挥中心下设的情报中心，纪委督察室下设的信访科，治安管理大队下设的户政管理科、出入境管理科、网络安全保卫大队、食品药品与环境犯罪侦查大队、行政审批科等7个科室，在县局视作独立科室。协管消防大队、森林警察大队。

2018年五莲县公安局机构设置示意图

图 1-5

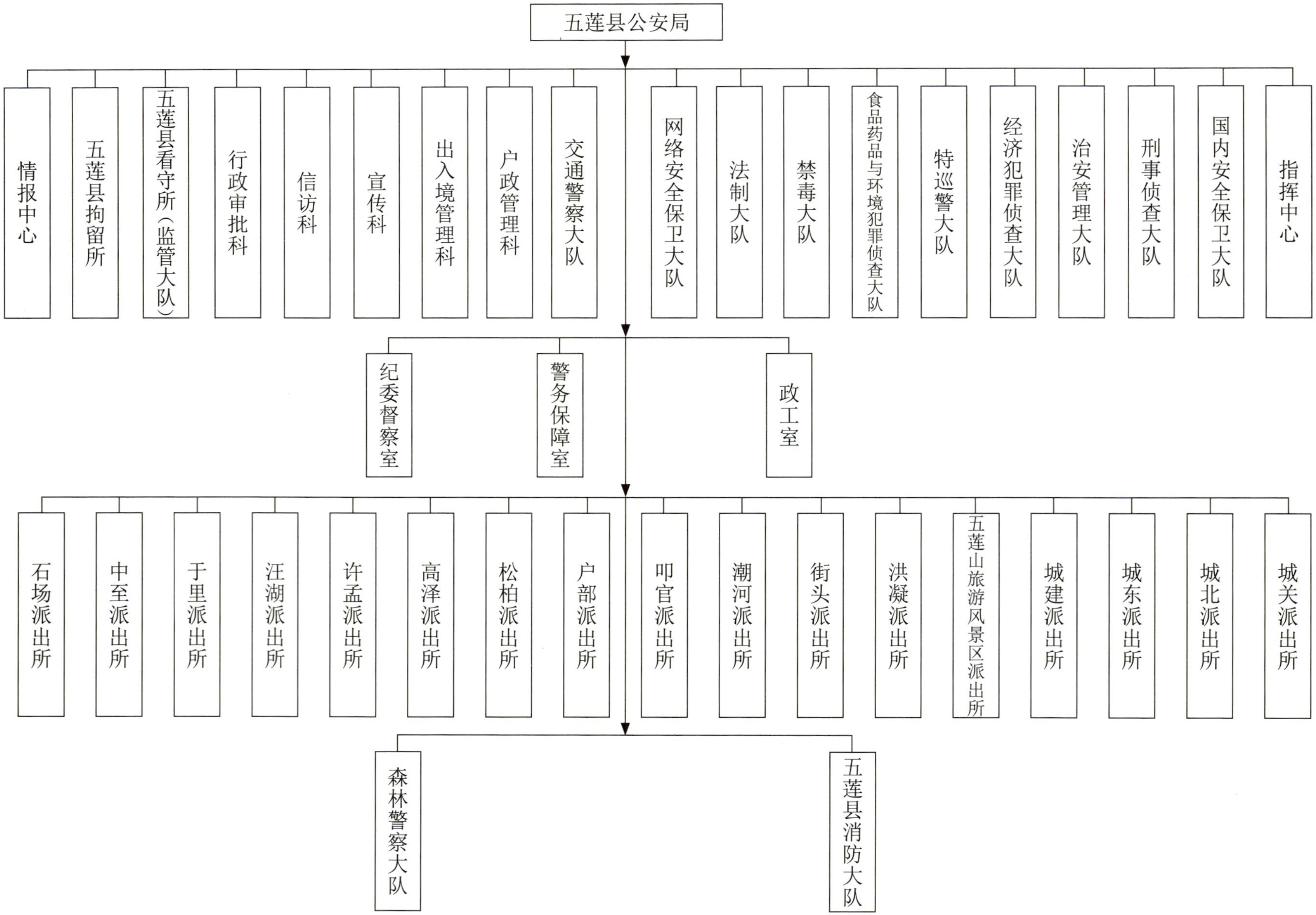

1989—2018 年五莲县公安局历任行政领导名录表

表 1-14

职务	姓名	籍贯	任职时间	备注
局　长	郑昭曦	山东省五莲县	1984.03—1991.04	
	王万起	山东省临朐县	1991.04—1995.02	
			1995.02—1995.06	副处级侦察员
	张永善	山东省五莲县	1995.06—1999.09	
			1999.09—2000.08	副处级
	孙世和	山东省莒县	2000.08—2003.08	副处级
	姜少利	山东省海阳市	2003.08—2005.04	
			2005.04—2009.02	副处级
	张仲武	山东省莒南县	2009.02—2009.09	副处级侦察员
			2009.09—2011.12	副处级
			2011.12—2016.12	五莲县委常委、政法委书记
	史文明	山东省莒县	2016.12—2018.11	五莲县政府副县长、党组成员
	王　栋	日照市岚山区	2018.11—	五莲县政府副县长、党组成员
教导员	王万起	山东省临朐县	1987.07—1991.04	
	张永善	山东省五莲县	1991.04—1992.03	
政　委	张永善	山东省五莲县	1992.03—1995.06	
	任焕新	山东省莱州市	1995.06—1999.09	
			1999.09—2000.08	副处级
	宫　华	山东省五莲县	2000.08—2003.08	
	杨乐清	山东省五莲县	2003.08—2006.09	
			2006.09—2009.09	副处级
	王泽平	山东省五莲县	2010.07—2016.01	
	王富民	山东省五莲县	2016.02—	
副局长	张更生	山东省莱州市	1990.05—1991.03	
	张永善	山东省五莲县	1990.05—1991.04	
	徐云功	山东省五莲县	1990.05—1997.02	
	李宗亮	山东省五莲县	1991.04—1993.12	
	宫　华	山东省五莲县	1992.01—2000.08	
	王茂宗	山东省五莲县	1993.12—2000.08	
			2000.08—2002.08	正科级侦察员
	孔祥梅（女）	山东省五莲县	1993.12—2000.08	
			2000.08—2002.08	正科级侦察员
	秦绪全	山东省五莲县	2000.08—2006.01	正科级
	王泽平	山东省五莲县	2000.08—2010.07	
	杨乐清	山东省五莲县	2002.08—2003.08	
	秦　静	山东省五莲县	2006.01—2010.09	
	张芳花（女）	山东省五莲县	2006.01—2010.12	
	刘茂臣	山东省五莲县	2008.05—2010.07	正科级
	王富民	山东省五莲县	2010.09—2015.09	

续表 1-14

职务	姓名	籍贯	任职时间	备注
副局长	郭海春	山东省高密市	2010.09—2013.01	
	王海波	山东省五莲县	2013.01—2017.10	
	丁兆福	山东省五莲县	2013.01—	
	周扬军	山东省五莲县	2013.01—	
	张穆华	山东省莒县	2017.10—	
副教导员	孙锡荣	山东省五莲县	1986.02—1990.05	
	张守珂	山东省五莲县	1988.01—1992.03	
副政委	张守珂	山东省五莲县	1992.03—1992.12	
	刘茂臣	山东省五莲县	1999.07—2006.01	
			2006.01—2008.05	五莲县综治办主任

（二）党的机构

1989 年，五莲县公安局设党组，有机关、交通警察队、刑事警察队、武警五莲县中队、城关派出所、城北派出所 6 个党支部，党员 144 人（男 136 人、女 8 人）。

1990 年 8 月，五莲县公安局党组改为党委。设立秘书科、政工科、治安科、行政科、预审科、消防科、看守所、政保科、内保科、行政拘留所、法制户籍科、家属等 12 个党支部，机关党支部撤销，保留刑事警察队、交通警察队、武警五莲县中队、城关派出所、城北派出所等 5 个党支部。共有党支部 17 个，党员 154 人（男 144 人、女 10 人）。

1991 年，政工科党支部撤销，并入秘书科党支部。1992 年，武警五莲县中队党支部组织关系划转武警日照市支队党委。

1992 年 12 月，城北派出所党支部撤销，城北、城东、城西、市场派出所并入城关派出所党支部。

1994 年 12 月，内保科、户政科党支部并入政保科党支部，城关派出所党支部改为城区派出所党支部，拘留所党支部并入治安科党支部，设立保安大队党支部、巡警大队党支部。

1998 年 9 月设立老干部党支部，家属党支部、预审科党支部撤销。

2000 年 3 月，行政装备科党支部撤销，行政科党支部并入办公室（原秘书科）党支部。

2003 年 5 月，五莲县公安局党委下设指挥中心、行政装备科、刑事警察大队、经济犯罪侦查大队、治安警察大队、监管大队、交通警察大队、城区派出所、老干部等 9 个党支部。

2006 年 5 月，城区派出所党支部改为城关派出所党支部，增设督察室、户政科、城北派出所、巡警大队、保安公司、押运公司等 6 个党支部，行政装备科党支部撤销。

至 2018 年底，五莲县公安局共有党员 390 人。其中，党员民警 354 人，党员辅警 20 人，公益性岗位党员 16 人。

1989—2018 年五莲县公安局党委（党组）历任班子成员名录表

表 1-15

名称	职务	姓名	籍贯	任职时间	行政职务	备注
党　组（1989.06—1990.05）	书　记	郑昭曦	山东省五莲县	1989.06—1990.05	局长	

续表 1-15

名称	职务	姓名	籍贯	任职时间	行政职务	备注
党组（1989.06—1990.05）	副书记	王万起	山东省临朐县	1989.06—1990.05	教导员	
	成员	张更生	山东省莱州市	1989.06—1990.05	副局长	
		张永善	山东省五莲县	1989.06—1990.05	副局长	
		孙锡荣	山东省五莲县	1989.06—1990.05	副教导员	
		张守珂	山东省五莲县	1989.06—1990.05	副教导员	
党委（1990.05—）	书记	郑昭曦	山东省五莲县	1990.05—1991.04	局长	
		王万起	山东省临朐县	1991.04—1995.02	局长	
				1995.02—1995.06	局长	副处级侦察员
		张永善	山东省五莲县	1995.06—1999.09	局长	
				1999.09—2000.08	局长	副处级
		孙世和	山东省莒县	2000.08—2003.08	局长	副处级
		姜少利	山东省海阳市	2003.08—2005.04	局长	
				2005.04—2009.02	局长	副处级
		张仲武	山东省莒南县	2009.02—2009.09	局长	副处级侦察员
				2009.09—2011.12	局长	副处级
				2011.12—2016.12	局长	五莲县委常委、政法委书记
		史文明	山东省莒县	2016.12—2018.11	局长	五莲县副县长、政府党组成员
		王栋	日照市岚山区	2018.11—	局长	五莲县副县长、政府党组成员
	副书记	王万起	山东省临朐县	1990.05—1991.04	教导员	
		张永善	山东省五莲县	1991.04—1992.03	教导员	
				1992.03—1995.06	政委	
		任焕新	山东省莱州市	1995.06—1999.09	政委	
				1999.09—2000.08	政委	副处级
		宫华	山东省五莲县	2000.08—2003.08	政委	
		杨乐清	山东省五莲县	2003.08—2006.09	政委	
				2006.09—2009.09	政委	副处级
	副书记、纪委书记	姚建国	山东省莒县	2008.05—2017.01		
	副书记	姚建国	山东省莒县	2017.01—	交通警察大队大队长	
		王泽平	山东省五莲县	2010.07—2016.01	政委	
		王富民	山东省五莲县	2016.02—	政委	
	委员	张更生	山东省莱州市	1990.05—1991.03	副局长	
		张永善	山东省五莲县	1990.05—1991.04	副局长	
	纪检书记	寇仁理	山东省五莲县	1990.05—1992.12	工会主席	

续表 1–15

名称	职务	姓名	籍贯	任职时间	行政职务	备注
党委（1990.05—）	委员	张守珂	山东省五莲县	1990.05—1992.03	副教导员	
				1992.03—1992.12	副政委	
		徐云功	山东省五莲县	1990.05—1997.02	副局长	
		李宗亮	山东省五莲县	1991.04—1993.12	副局长	
	纪委书记	孙善忠	山东省五莲县	1992.12—1993.12		
	委员	宫华	山东省五莲县	1992.01—2000.08	副局长	
		王茂宗	山东省五莲县	1993.12—2000.08	副局长	
				2000.08—2002.08	正科级侦察员	
		孔祥梅（女）	山东省五莲县	1993.12—2000.08	副局长	
				2000.08—2002.08	正科级侦察员	
	纪委书记	周家富	山东省五莲县	1994.09—1998.08		
	委员	房学经	山东省五莲县	1997.02—1998.12	工会主席	
				1998.12—2002.08	副科级调研员	
		刘茂臣	山东省五莲县	1999.07—2006.01	副政委	
				2006.01—2008.05	副政委	五莲县综治办主任
				2008.05—2010.07	副局长	正科级
		杨乐清	山东省五莲县	2000.08—2002.08	刑事警察大队大队长	
				2002.08—2003.08	副局长	
		秦绪全	山东省五莲县	2000.08—2006.01	副局长	
		王泽平	山东省五莲县	2000.08—2010.07	副局长	
	纪委书记	王泽国	山东省胶州市	2000.08—2005.03		
	委员	亓世诚	山东省安丘市	2000.08—2008.05	工会主席	
				2008.05—2010.09	主任科员	
		秦静	山东省五莲县	2002.08—2006.01	刑事警察大队大队长	
				2006.01—2010.09	副局长	
				2010.09—2013.01	主任科员	
		张芳花（女）	山东省五莲县	2002.08—2003.04	刑事警察大队教导员	
				2003.04—2006.01	经济犯罪侦查大队大队长	
				2006.01—2010.12	副局长	
				2010.12—	主任科员	
		王先坤	日照市东港区	2004.06—2006.04	交通警察支队五莲大队大队长	
	纪委书记	李慎锦	山东省五莲县	2006.01—2007.08		

续表 1-15

名称	职务	姓名	籍贯	任职时间	行政职务	备注
党　委（1990.05—）	委　员	王富民	山东省五莲县	2008.05—2010.09	刑事警察大队大队长	
				2010.09—2015.09	副局长	
				2015.09—2016.02		任五莲县街头镇党委副书记、镇长
		郭海春	山东省高密市	2008.05—2010.09	指挥中心主任	
				2010.09—2013.01	副局长	
				2013.01—	主任科员	
		于卫东	日照市东港区	2008.05—2010.12	交通警察支队五莲大队大队长	
		王锡臣	山东省诸城市	2010.09—2013.01	治安管理大队大队长	
				2013.01—	主任科员	
		王海波	山东省五莲县	2010.09—2013.01	街头派出所所长	
				2013.01—2017.10	副局长	
				2017.10—	主任科员	
		丁兆福	山东省五莲县	2010.09—2013.01	政工室主任	
				2013.01—	副局长	
		周扬军	山东省五莲县	2013.01—	副局长	
		刘丽江	山东省沂水县	2013.01—2013.10	消防支队五莲大队教导员	现役
		张穆华	山东省莒县	2013.01—2017.10	治安管理大队大队长	
				2017.10—	副局长	
		迟庆国	山东省五莲县	2013.01—2015.06	政工室主任	
				2015.06—	政工室主任，工会主席	
		万仁峰	山东省青岛市	2013.01—2017.01	指挥中心主任	
		刘　建	日照市东港区	2013.01—2014.02	交通警察支队五莲大队教导员	
				2014.02—2016.11	交通警察支队五莲大队大队长	
		王一华	山东省莒南县	2014.08—2015.03	消防支队五莲大队教导员	现役
		卜云波	日照市东港区	2015.09—2016.11	消防支队五莲大队教导员	现役
		徐永亮	山东省五莲县	2015.10—	县森林公安局局长（森林警察大队大队长）	
		王太民	山东省莒县	2016.12—	主任科员	

五、日照市公安局日照经济技术开发区分局

日照市公安局日照经济技术开发区分局（以下简称开发区分局）于1994年11月设立，1994年12月26日挂牌对外办公，行政建制，正科级，是主管开发区公安工作的职能部门，址设东港区黄海一路37号林海小区内。1997年8月，开发区分局迁址郑州路78号。

开发区分局建制名称进行3次更改。1994年11月为日照开发区分局，2003年1月改为日照经济开发区分局，2013年9月改为日照经济技术开发区分局。

（一）内设机构

开发区分局成立后，设办公室、治安科、户政科。

1996年，开发区分局内设指挥中心、刑事警察大队、纪检政工科、治安警察大队、经济文化保卫科、预审科、户政管理科。

1998年8月，市公安局巡警支队三大队隶属开发区分局管理，挂日照开发区分局巡警大队牌子。12月，设立开发区分局督察室。

1999年3月，设立日照市保安服务总公司开发区分公司。

2000年3月，设立开发区分局政保科、出入境管理科。12月，设立开发区分局政工科。

2001年10月，开发区分局接收东港分局划入北京路派出所。

2002年10月，设立开发区分局纪委。是月，开发区分局指挥中心加挂办公室牌子；政保科改为国内安全保卫大队；经济文化保卫科改为经济犯罪侦查大队；治安警察大队、巡警大队合并为治安巡逻警察大队；督查室改为督察大队；纪委改为纪检委、监察室。设立法制科、计财装备科。

2003年5月，开发区分局接收东港分局划入奎山派出所。

2009年12月，开发区分局刑事警察大队改为刑事侦查大队；治安巡逻警察大队改为治安管理大队（加挂爆炸危险物品监管大队牌子）；计财装备科改为警务保障室；政工科改为政工室；法制科改为法制室；纪检委、监察室与督察大队合并为纪委督察室。

2011年4月，设立开发区分局指挥中心情报信息科。7月，开发区分局公共信息网络安全监察科改为网络安全保卫大队。

2012年11月，开发区分局法制室改为法制大队。

2014年7月，设立开发区分局食品药品与环境犯罪侦查大队。10月，设立开发区分局禁毒大队，与刑事侦查大队合署办公。

2015年12月，开发区分局禁毒大队单独设置。

2017年8月，设立开发区分局辅警管理科。

2018年12月，设立开发区分局站前派出所。

图 1-6

2018 年日照市公安局日照经济技术开发区分局机构设置示意图

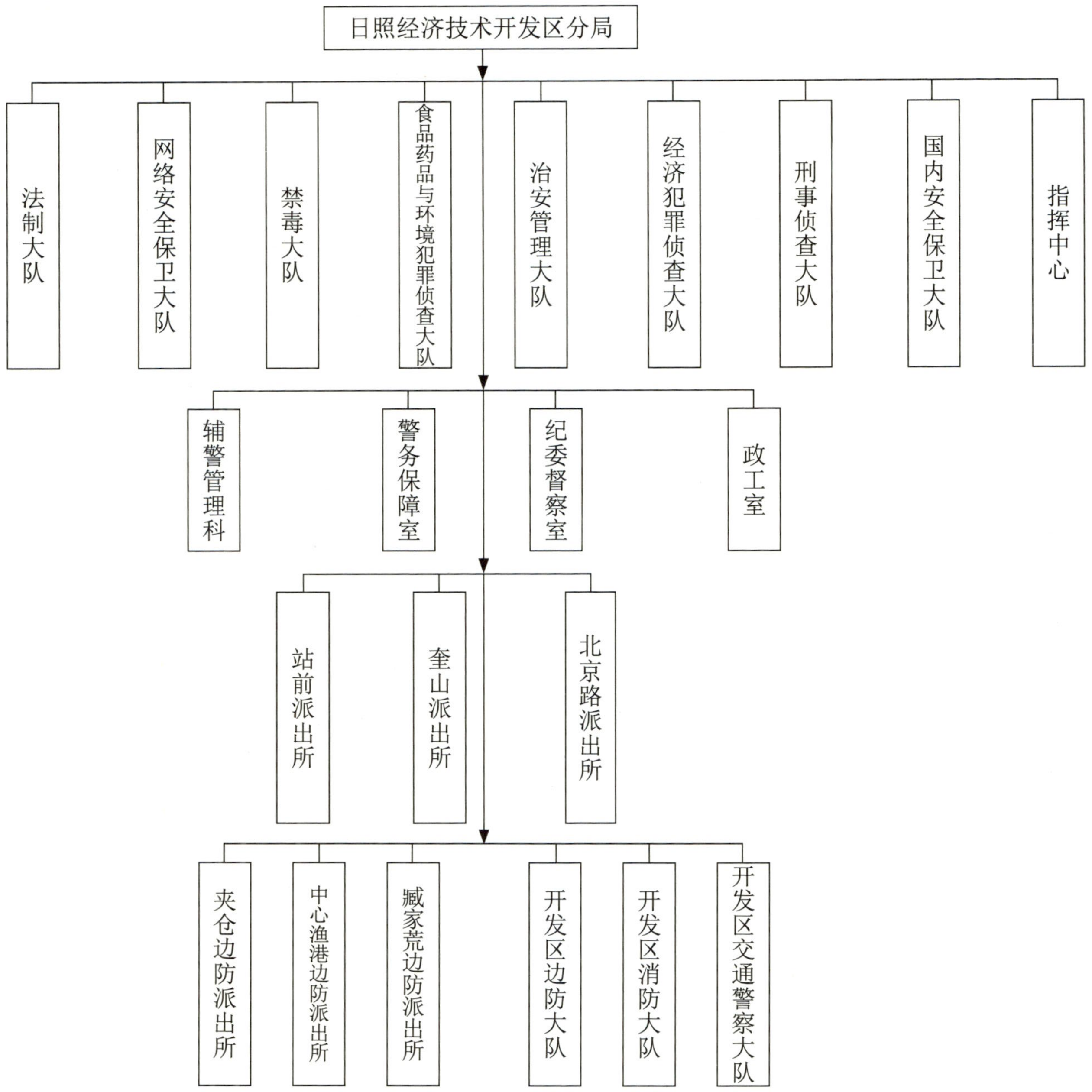

1994—2018 年日照市公安局日照经济技术开发区分局历任行政领导名录表

表 1–16

职务	姓名	籍贯	任职时间	备注
局　长	成荣恩	日照市东港区	1994.12—1995.10	
	许家孝	日照市东港区	1997.10—2000.07	
			2000.07—2001.05	副处级
	姜少利	山东省海阳市	2001.05—2003.08	
	宫　华	山东省五莲县	2003.08—2005.04	
			2005.04—2014.01	副处级侦察员
			2014.01—2016.01	副处级
	王明华	山东省莒县	2016.01—	副处级
政　委	李树农	日照市东港区	1994.11—2001.05	
	许中文	日照市东港区	2001.05—2005.04	
	相玉杰	山东省沂水县	2005.04—2008.11	
			2008.11—2011.12	副处级侦察员
	时培玺	日照市东港区	2011.12—2013.12	
	刘瑞金	山东省沂水县	2013.12—	副处级
副局长	许家孝	日照市东港区	1994.12—1995.10	
			1995.10—1997.10	主持工作
	徐效军	山东省莱州市	1997.02—2002.09	
	葛长松	日照市东港区	1997.11—1999.01	
	陈占杰	日照市岚山区	1999.02—2002.09	
	汉德平	日照市东港区	2002.09—2006.04	
	王玉安	山东省莒县	2002.09—2010.12	
	兰海涛	山东省莒县	2006.04—2010.12	
	俞永红	青海省海东市	2006.06—2006.08	青海省乐都县公安局副局长。挂职
	赵春晖（女）	山东省莒县	2010.12—2014.02	
	孙运兵	日照市岚山区	2010.12—2013.12	
			2013.12—	正科级
	薄自化	日照市岚山区	2014.02—	正科级
副政委	赵春晖（女）	山东省莒县	2006.04—2010.12	
	马秀军（女）	山东省莒县	2010.12—2014.04	
局长助理	成　磊	日照市东港区	2002.09—2006.08	

（二）党的机构

1994 年 12 月，开发区分局建立党支部，隶属中共日照市委日照开发区工委领导。2000 年 7 月，开发区分局党支部改为党总支，下设机关第一、第二、第三党支部。2001 年 7 月，开发区分局党总支改为党委。

至2018年底，开发区分局党委下设分局机关4个党支部和北京路、站前派出所党支部。属地党委管理并由开发区分局党委指导党建工作的有奎山派出所党支部。隶属边防部队党委并由开发区分局党委指导党建工作的有臧家荒、夹仓、中心渔港3个公安边防派出所党支部，共有党员97人（不含边防官兵党员），其中民警党员95人、辅警党员2人。1993—2018年，共发展党员21人。

1994—2018年日照市公安局日照经济技术开发区分局党委（支部、总支）历任班子成员名录表

表1–17

名称	职务	姓名	籍贯	任职时间	行政职务	备注
党支部（1994.12—2000.07）	书　记	成荣恩	日照市东港区	1994.12—1995.10	局长	
		许家孝	日照市东港区	1995.10—1997.10	副局长	主持工作
				1997.10—2000.07	局长	
	副书记	李树农	日照市东港区	1994.12—2000.07	政委	
	委　员	许家孝	日照市东港区	1994.12—1995.10	副局长	
		徐效军	日照市东港区	1997.02—2000.07	副局长	
		陈占杰	日照市岚山区	1999.02—2000.07	副局长	
党总支（2000.7—2002.10）	书　记	许家孝	日照市东港区	2000.07—2001.05	局长	副处级
		姜少利	山东省海阳市	2001.05—2002.10	局长	
	副书记	李树农	日照市东港区	2000.07—2001.05	政委	
		许中文	日照市东港区	2001.05—2002.10	政委	
	委　员	徐效军	日照市东港区	2000.07—2002.09	副局长	
		陈占杰	日照市岚山区	2000.07—2002.09	副局长	
党　委（2002.10—）	书　记	姜少利	山东省海阳市	2002.10—2003.08	局长	
		宫　华	山东省五莲县	2004.03—2005.04	局长	
				2005.04—2014.01	局长	副处级侦察员
				2014.01—2016.04	局长	副处级
		王明华	山东省莒县	2016.04—	局长	副处级
	副书记	许中文	日照市东港区	2002.10—2005.06	政委	
		相玉杰	山东省沂水县	2005.06—2008.11	政委	
				2008.11—2012.03	政委	副处级侦察员
		王玉安	日照市东港区	2011.01—2014.05	主任科员	
		时培玺	日照市东港区	2012.03—2014.05	政委	
		刘瑞金	山东省沂水县	2014.05—	政委	副处级
	委　员	王玉安	日照市东港区	2002.10—2010.12	副局长	
				2010.12—2011.01	主任科员	
		汉德平	日照市东港区	2002.10—2006.05	副局长	
		兰海涛	山东省莒县	2006.05—2011.01	副局长	
		薄自化	日照市岚山区	2011.01—2014.02	主任科员	
				2014.02—	副局长	正科级
		孙运兵	日照市岚山区	2011.01—2013.12	副局长	

续表 1–17

名称	职务	姓名	籍贯	任职时间	行政职务	备注
党委（2002.10—）	委　员	孙运兵	日照市岚山区	2013.12—	副局长	正科级
	纪委书记	王维国	日照市东港区	2002.09—2010.12		
	委　员	成　磊	日照市东港区	2002.10—2006.08	局长助理	
		赵春晖（女）	山东省莒县	2003.07—2006.04	政工科科长	
				2006.04—2010.12	副政委，政工科科长	
				2010.12—2014.05	副局长	
		马秀军（女）	山东省莒县	2010.08—2010.12	指挥中心主任	
				2010.12—2014.05	副政委，政工室主任	
	纪委书记	陈　晓	日照市东港区	2010.12—2014.02		
	委　员	陈　晓	日照市东港区	2014.02—	主任科员	
		丁淑滨	日照市东港区	2011.01—2016.08	交通警察支队开发区大队大队长	
		刘玉山	山东省沂水县	2011.08—2016.04	边防支队开发区大队大队长	现役
	纪委书记	刘祥一	山东省莒南县	2014.02—		
	委　员	傅兵先	日照市岚山区	2014.05—	政工室主任	
		刘　涛	山东省五莲县	2014.05—2016.08	指挥中心主任	
				2016.08—	指挥中心主任，主任科员	
		刘丽江	山东省沂水县	2014.05—2015.12	消防支队开发区大队教导员	现役
		唐光伟	日照市东港区	2015.12—2017.05	消防支队开发区大队教导员	现役
		李　姜	日照市东港区	2016.04—	边防支队开发区大队大队长	现役
		朱　凯	山东省费县	2016.08—	北京路派出所所长，主任科员	
		王统照	日照市东港区	2017.05—2018.10	消防支队开发区大队教导员	现役

六、日照市公安局机场分局

日照市公安局机场分局于 2015 年 9 月 6 日成立，2016 年 1 月 16 日挂牌对外办公，址设日照市东港区后村镇山字河机场办公区综合楼，正科级规格，业务上接受中国民航华东地区管理局公安局的指导。主要职责为：根据民用航空安全保卫方面法律、法规、指示、命令，制定机场安全保卫方案并督促执行；负责机场范围内的治安管理工作；维护机场控制区秩序，制发、管理机场控制区通行证件；对机场安检部门业务工作实施指导、监督，依法审查处理安检中查出的嫌疑人员；对机组移交的扰乱航空器内秩序的人员进行审查处理；预防及侦破危害民用航空安全犯罪和机场范围内的其他刑事犯罪案件；维护机场范围的道路交通（不含飞行区）和治安秩序；负责机场内的消防工作；参与对劫、炸机等非法干扰事件和飞行事故的应急处置和调查处理；承办上级民航公安机关交办的其他有关航空安全事宜。

（一）内设机构

机场分局成立后，设指挥中心（挂办公室牌子）、治安管理大队（挂空防警保大队牌子）、刑事侦查大队。机场建设期间设置的东港分局机场派出所撤销。2016 年 7 月，设立机场分局候机楼派出所。

2016—2018 年日照市公安局机场分局行政领导名录表

表 1–18

职务	姓名	籍贯	任职时间	备注
局　长	王龙森	山东省诸城市	2016.01—	副处级侦察员
政　委	时培玺	日照市东港区	2016.01—	副处级侦察员
副局长	于　勃	山东省五莲县	2016.08—	
	宋　涛	山东省乳山市	2016.08—	刑事侦查大队大队长（兼）

（二）党的机构

2016 年 4 月 19 日，机场分局成立党总支，隶属中共日照机场建设投资有限公司委员会领导，下设机关、刑侦治安、候机楼派出所 3 个党支部。

至 2018 年底，机场分局党组织机构和下设党支部数量、名称保持不变，共有党员 21 人，其中党员民警 16 人，党员辅警 5 人。

2016—2018 年日照市公安局机场分局党总支班子成员名录表

表 1–19

名称	职务	姓名	籍贯	任职时间	行政职务	备注
党总支	书　记	王龙森	山东省诸城市	2016.06—	局长	副处级侦察员
	副书记	时培玺	日照市东港区	2016.06—	政委	副处级侦察员
	委　员	于　勃	山东省五莲县	2016.06—2016.08	东港分局国保大队教导员	
				2016.08—	副局长	
		宋　涛	山东省乳山市	2016.09—	副局长，刑事侦查大队大队长	
		丁明军	日照市岚山区	2016.06—2016.10	指挥中心主任	
		秦绪辉	日照市岚山区	2018.11—	指挥中心负责人	

七、日照市公安局山海天旅游度假区分局

日照市公安局山海天旅游度假区分局（以下简称山海天分局）于 2016 年 7 月 12 日设立，是年 9 月 9 日挂牌对外办公，址设山海天旅游度假区卧龙山街道大泉沟村海汇家园院内，正科级规格，主管山海天旅游度假区的公安工作，实行山海天旅游度假区党工委、管委会和市公安局双重管理，以市公安局管理为主的管理体制。

（一）内设机构

山海天分局成立后，设执法勤务机构 5 个：指挥中心（加挂办公室牌子）、国内安全保卫大队、

刑事侦查大队（加挂经济犯罪侦查大队、禁毒大队牌子）、治安管理大队（加挂爆炸危险物品监管大队牌子）、法制大队。综合管理机构1个：政工监督室。派出所2个：卧龙山派出所、两城派出所。

2017年8月，设立山海天分局辅警管理科。

2018年3月，设立山海天分局两城公安检查站。10月，设立山海天分局旅游警察大队。

至2018年底，山海天分局内设机构8个、派出所2个、检查站1个。

2016—2018年日照市公安局山海天旅游度假区分局历任行政领导名录表

表1–20

职务	姓名	籍贯	任职时间	备注
局　长	史文明	山东省莒县	2016.08—2016.12	
	王文松	日照市岚山区	2018.08—	
政　委	王文松	日照市岚山区	2016.08—2016.12	
			2016.12—2018.08	主持工作
	邢　君	山东省五莲县	2018.08—	
副局长	赵　琳	日照市岚山区	2016.08—	
	张　奎	四川省安岳县	2016.08—	卧龙山派出所所长（兼）

（二）党的机构

2016年12月1日，山海天分局建立党委，隶属山海天旅游度假区党工委领导，下设机关第一（指挥中心、国保大队）党支部、第二（政工监督室、法制大队）党支部、第三（刑侦大队）党支部、第四（治安管理大队）党支部。属地党委管理并由山海天分局党委指导党建工作的有卧龙山、两城2个派出所党支部。隶属边防部队党委并由山海天旅游度假区分局党委指导党建工作的有山海天、任家台、王家滩3个公安边防派出所党支部。

至2018年底，山海天分局党组织机构和下设党支部数量、名称保持不变。属地党委管理并由山海天分局党委指导党建工作的2个派出所党支部，及其隶属边防部队党委并由山海天分局党委指导党建工作的3个公安边防派出所党支部，保持不变。共有党员71人（不含边防官兵党员），其中党员民警50人、党员辅警21人。2016—2018年，山海天分局党委共批准基层党组织发展党员3人。

2016—2018年日照市公安局山海天旅游度假区分局党委历任班子成员名录表

表1–21

名称	职务	姓名	籍贯	任职时间	行政职务	备注
党　委	书　记	史文明	山东省莒县	2016.12—2016.12	局长	
		王文松	日照市岚山区	2018.10—	局长	
	副书记	王文松	日照市岚山区	2016.12—2018.10	政委	主持工作
		邢　君	山东省五莲县	2018.10—	政委	
	委　员	魏代京	山东省莒县	2016.12—	主任科员	
		赵　琳	日照市岚山区	2016.12—	副局长	
		张　奎	四川省安岳县	2016.12—	副局长，卧龙山派出所所长	

续表 1-21

名称	职务	姓名	籍贯	任职时间	行政职务	备注
党　委	纪委书记	陈卫红（女）	四川省大竹县	2016.12—	政工监督室主任	
	委　员	徐　峰	江苏省如皋市	2016.12—	边防支队东港大队政委	现役

八、日照市港航公安局

日照市港航公安局由石臼港公安局、日照港公安局沿革而来。1983年6月，设立石臼港公安局，为国家派驻港口的行政执法机关，行政隶属石臼港务局领导，公安业务工作受交通部公安局和地方公安机关双重领导，行使县级公安局的职权，负责港区及所辖水域的安全保卫工作。石臼港公安局初设石臼港建港指挥部院内，后多次迁址。

1992年6月，石臼港改为日照港，公安机关相应改为日照港公安局。主要职责为：（一）贯彻执行国家法律法规和公安部、交通部有关公安保卫工作方针、政策；（二）负责日照港口陆域、水域（含在港口水域航行、停泊、作业的中外民用船舶、水上设施，以下称辖区）治安行政管理工作和治安保卫工作，查处治安案件，处置突发性事件，维护辖区治安秩序和稳定；（三）负责侦破发生在辖区的各类刑事案件，预防、制止和打击刑事犯罪活动；（四）负责维护港区道路交通安全和秩序，查处交通违法案件和交通事故，做好交通监理工作；（五）负责辖区消防监督管理工作，承担火灾扑救和协助抢险救援任务；（六）负责辖区警卫工作；（七）负责管理港口职工边境出入、外籍人员涉港的外事管理工作，查处涉外案件；（八）负责指导辖区单位内部保卫工作；（九）承担国家法律法规规定的其他职责；（十）承办上级交办的其他工作。

2018年3月，日照港公安局列入地方公安机关建制序列，改为日照市港航公安局，为日照市公安局派出机构，仍依法履行所辖区域内的公安管理事权和消防监督工作职责。行政建制，正处级。址设东港区新良路6号。

（一）内设机构

1989年，石臼港公安局内设办公室、政保科、治安科、消防科，下设铁路场区派出所和港区第一、第二派出所。

1991年11月，成立石臼港公安交通警察大队。次年，石臼港公安交通警察大队改为日照市公安局交通警察支队日照港大队。

1994年4月，设立日照港公安局行政装备科。7月，设立日照港公安局法制科和西港区派出所。11月，设立日照港公安局刑事侦查大队。

1998年1月，日照港公安局刑事侦查大队与预审科合并成立刑事侦查支队。6月，日照港公安局消防科改为消防支队。

1999年7月，日照港公安局政保科改为国内安全保卫科。

2000年3月，设立日照港公安局经济犯罪侦查支队，与刑事侦查支队实行一套班子，两块牌子。

2003年5月，设立日照港公安局客运站派出所，与西港区派出所实行一个机构，两块牌子。6月，设立日照港公安局岚山分局。

2005年6月，设立日照港公安局岚山北港派出所。

2008年3月，设立日照港公安局计算机网络安全监察科（信通科）；西港区派出所撤销（保留客运站派出所名称）；日照港公安局岚山分局改为日照港公安局岚山港区分局。10月，办公室改为指挥中心（挂办公室牌子）；国内安全保卫科改为国内安全保卫支队；治安科改为治安管理支队；行政装备科改为装备财务科；港区第一派出所改为水上派出所；港区第二派出所和铁路场区派出所合并为铁路场区派出所。

2009 年 9 月，日照港公安局岚山北港派出所撤销。

2012 年 8 月，设立日照港公安局水上巡逻警察支队（加挂船舶安全支队牌子）；水上派出所改为东区派出所；客运站派出所改为西区派出所；铁路场区派出所改为北区派出所。

2015 年 2 月，设立日照港公安局反恐怖支队，与治安管理支队实行一个机构两块牌子。

2017 年 4 月，日照港公安局法制科更名为法制支队。7 月，设立日照港公安局南区派出所。

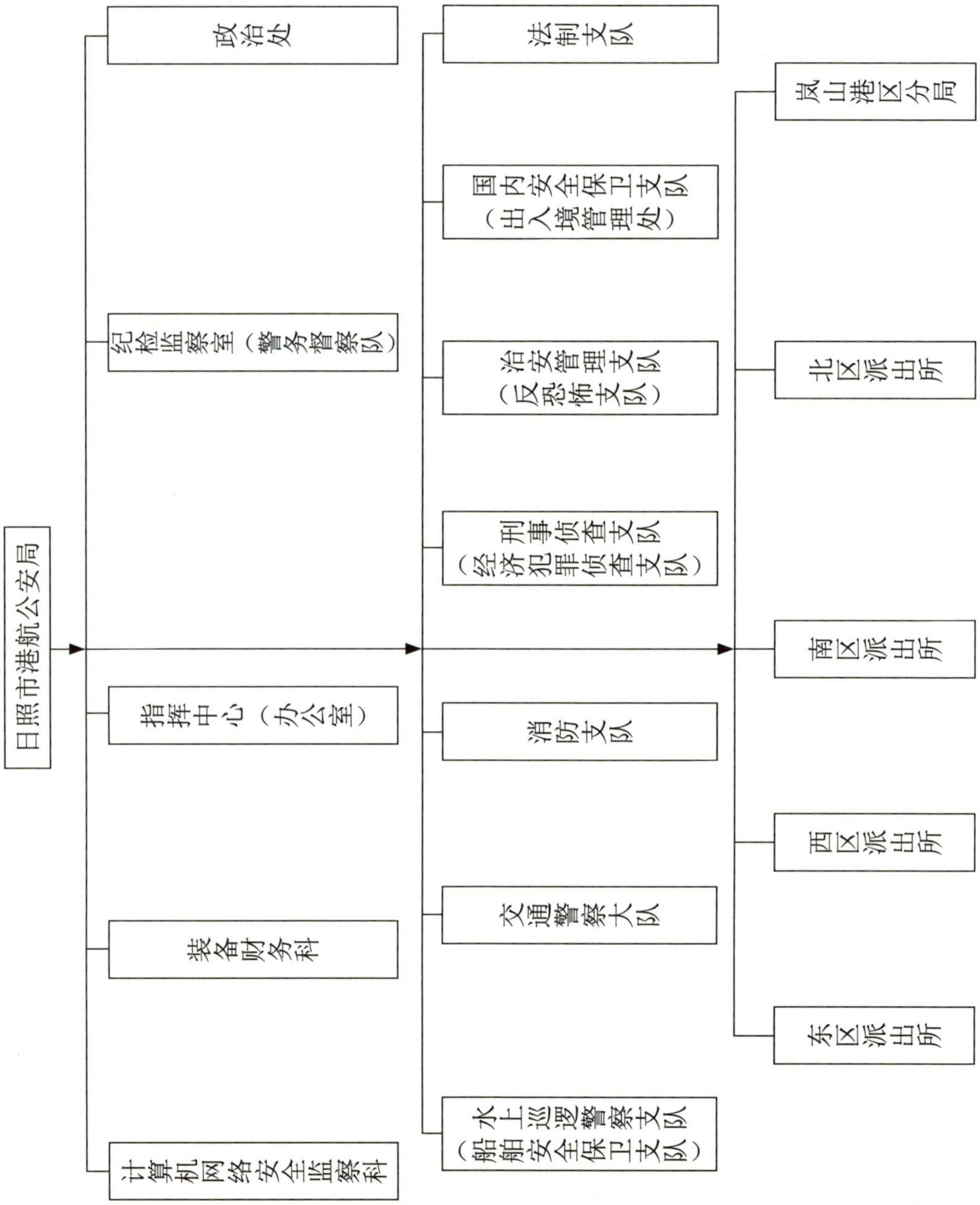

图 1-7 2018 年日照市港航公安局机构设置示意图

1989—2018 年日照市港航公安局历任行政领导名录表

表 1–22

单位名称	职务	姓名	籍贯	任职时间	备注
石臼港公安局（—1992.06）	局　长	李宝庆	山东省宁津县	1987.06—1990.02	石臼港务局武装部部长
		郁家志	山东省莒南县	1991.05—1992.06	
	政　委	郁家志	山东省莒南县	1988.06—1989.03	
	副局长	卫　东	山东省栖霞市	1985.05—1991.05	
		邴全顺	日照市岚山区	1989.08—1992.06	
日照港公安局（1992.06—2018.03）	局　长	郁家志	山东省莒南县	1992.06—1994.07	
		邴全顺	日照市岚山区	1994.07—2005.04	
		王万起	山东省临朐县	2005.04—2012.02	市公安局党委委员、副局长，正处级侦察员
		段洪波	山东省莒南县	2012.02—2017.02	
		秦玉伟	日照市东港区	2017.02—2018.03	
	政　委	王爱平	日照市东港区	2000.05—2001.05	
		邴全顺	日照市岚山区	2005.04—2008.08	
		段洪波	山东省莒南县	2008.08—2012.02	
		申　山	日照市东港区	2012.02—2018.03	
	副局长	王爱平	日照市东港区	1994.07—2001.05	
		刘太双	日照市东港区	1999.12—2008.09	
		王桂勇	日照市岚山区	2001.05—2008.09	
		申　山	日照市东港区	2008.09—2012.02	
		杜艳丽（女）	山东省青岛市	2011.09—2018.03	
		张　斌	日照市东港区	2013.04—2018.03	
日照市港航公安局（2018.03—）	局　长	秦玉伟	日照市东港区	2018.03—	
	政　委	申　山	日照市东港区	2018.03—	
	副局长	杜艳丽（女）	山东省青岛市	2018.03—	
		张　斌	日照市东港区	2018.03—	

（二）党的机构

1989 年 7 月，石臼港公安局建立党总支，1991 年 5 月党总支改为党委，隶属交通运输部公安局党组和石臼港务局党委双重领导。至 2018 年底，港航公安局党委下设机关、治安支队、刑侦支队、水警支队、消防支队、交警大队、北区派出所、南区派出所、岚山港区分局等 9 个党支部，共有党员民警 139 人。

1989—2018 年日照市港航公安局党委（总支）历任班子成员名录表

表 1–23

名称	职务	姓名	籍贯	任职时间	行政职务	备注
石臼港公安局党总支（1989.07—1991.05）	书　记	郝全顺	日照市岚山区	1989.07—1991.05	副局长	
	委　员	陈维青	日照市东港区	1989.07—1991.05	办公室主任	
		金新田	日照市东港区	1989.07—1991.05	第一派出所所长	
		张凤吉	日照市东港区	1989.07—1991.05	消防科科长、消防队队长	
		王桂勇	日照市岚山区	1989.07—1991.05	铁路场区派出所副所长	
日照港公安局党委（1991.05—2018.03）	书　记	郁家志	山东省莒南县	1991.05—1994.07	局长	
		郝全顺	日照市岚山区	1994.07—2005.04	局长	
		王万起	山东省临朐县	2005.04—2012.02	局长	市公安局党委委员、副局长，正处级侦察员
		段洪波	山东省莒县	2012.02—2017.02	局长	
		秦玉伟	日照市东港区	2017.02—2018.03	局长	
	副书记	郝全顺	日照市岚山区	2005.04—2008.08	政委	
	副书记、纪委书记	段洪波	山东省莒县	2008.08—2012.02	政委	
		申　山	日照市东港区	2012.02—2018.03	政委	
	委　员	郝全顺	日照市岚山区	1991.05—1994.07	副局长	
		陈维青	日照市东港区	1991.05—2001.05	政治处主任	
	纪委书记	陈维青	日照市东港区	2001.05—2003.09	政治处主任	
	委　员	金新田	日照市东港区	1991.12—1992.09	第二派出所所长	
	纪委书记	金新田	日照市东港区	1992.09—2001.01		
	委　员	王桂勇	日照市岚山区	1991.10—1995.03	治安刑侦科科长	
				1995.03—1998.03	治安科科长	
				1998.03—1999.12	三科科长	
				1999.12—2001.05	副处级侦察员	
				2001.05—2008.09	副局长	
				2008.08—2011.08	正处级侦察员	

续表 1-23

名称	职务	姓名	籍贯	任职时间	行政职务	备注
日照港公安局党委（1991.05—2018.03）	委 员	王爱平	日照市东港区	1994.07—2000.05	副局长	
				2000.05—2001.05	政委	
		刘太双	日照市东港区	1999.12—2008.08	副局长	
		马少林	山东省莱西市	2003.07—2008.08	岚山港区分局局长、政委	
				2008.08—2013.01	国保支队支队长	
		申 山	日照市东港区	2003.07—2003.09	刑事侦查支队支队长	
	纪委书记	申 山	日照市东港区	2003.09—2008.09	政治处主任	
	委 员	申 山	日照市东港区	2008.09—2012.02	副局长	
		许 梅（女）	日照市东港区	2008.08—2012.12	政治处主任	
		李志坚	日照市东港区	2008.08—2014.02	岚山港区分局局长	
				2014.02—2014.06	岚山港区分局负责人	
		杜艳丽（女）	山东省青岛市	2011.09—2014.07	副局长，指挥中心主任	
				2014.07—2018.03	副局长	
		张 斌	日照市东港区	2013.04—2018.03	副局长	
		宋 波	日照市岚山区	2013.04—2018.03	政治处主任	
		邵蔚然（女）	安徽省萧县	2014.07—2017.04	岚山港区分局局长	
		高华林	日照市东港区	2017.04—2018.03	岚山港区分局局长	
日照市港航公安局党委（2018.03—	书 记	秦玉伟	日照市东港区	2018.03—	局长	
	副书记、纪委书记	申 山	日照市东港区	2018.03—	政委	
	委 员	杜艳丽（女）	山东省青岛市	2018.03—	副局长	
		张 斌	日照市东港区	2018.03—	副局长	
		宋 波	日照市岚山区	2018.03—	政治处主任	
		高华林	日照市东港区	2018.03—	岚山港区分局局长	

九、坪岚铁路分局

坪岚铁路分局由山东省地方铁路公安局坪岚分局转属而来。2000 年 1 月，设立山东省地方铁路公安局坪岚分局，正科级建制，实行山东省地方铁路公安局和所在管理处双重领导体制，以山东省地方铁路公安局领导为主。址设日照市岚山区岚山东路东首。主要职责是管辖坪岚铁路的生产区、办公区、生活区的刑事案件、治安行政案件的侦破查处工作，保卫铁路运输安全畅通和人民生命财产安全。

2018 年 11 月 21 日，山东省地方铁路公安局坪岚分局转属日照市公安局，更名为日照市公安局坪岚铁路分局，行政建制，正科级。

（一）内设机构

坪岚铁路分局成立后，设综合室、刑侦大队 2 个内部科室和岚山车站、铁牛庙车站 2 个派出所。

2001—2018 年日照市公安局坪岚铁路分局历任行政领导名录表

表 1–24

单位名称	职务	姓名	籍贯	任职时间	备注
山东省地方铁路公安局坪岚分局	局　长	费立旺	日照市东港区	2001.03—2013.12	
	副局长	童良刚	日照市岚山区	2011.11—2013.12	
				2013.12—2018.11	主持工作
日照市公安局坪岚铁路分局	副局长	童良刚	日照市岚山区	2018.11—	主持工作

（二）党的机构

2004 年 6 月，坪岚铁路分局建立党支部，隶属山东省地方铁路公安局党委。至 2018 年底，坪岚铁路分局党组织机构名称延续未变，共有党员 8 人。2004—2018 年，坪岚分局党支部共发展党员 2 人。

2004—2018 年坪岚铁路分局党支部历任班子成员名录表

表 1–25

名称	职务	姓名	籍贯	任职时间	行政职务	备注
党支部	书　记	费立旺	日照市东港区	2004.06—2013.12	局长	
		童良刚	日照市岚山区	2013.12—	副局长	主持工作
	委　员	童良刚	日照市岚山区	2004.06—2008.08	治安科副科长、政工科副科长	
				2008.08—2010.02	侦查（治安警察）大队副主任科员	
				2010.02—2011.11	侦查（治安警察）大队大队长	
				2011.11—2013.12	副局长	
		丁　文	日照市东港区	2004.06—2011.11	侦查（治安警察）大队科员	
				2011.11—	岚山车站派出所所长	
		费立民	日照市东港区	2016.06—	侦查（治安警察）大队大队长	

第五节　公安现役部队

日照市公安现役部队机构，包括有武警消防、边防、海警驻日照部队。

一、日照市公安消防支队

日照市公安消防支队由日照县公安局消防股、消防科、武警日照市消防大队、消防支队沿革而来。1979 年，日照县公安局设立消防股。1987 年 10 月，县级日照市公安局消防股改为消防科。1990 年 8 月，设立武警日照市消防大队，副团级。12 月，武警日照市消防大队改为消防支队，正团级，对内称日照市公安消防分局，履行国家赋予的消防监督管理职能。址设日照市海曲路 11 号。1994 年 11 月，市公安消防支队迁址日照市艳阳路 17 号。1996 年 6 月，武警日照市消防支队又称日照市公安消防支队（对内称日照市公安消防分局）。2012 年 11 月，市公安消防支队迁址日照市山东路 639 号。2018 年 10 月，市公安消防支队随着体制调整退出现役，市公安消防支队及其所属部队番号撤销。

（一）内设机构

1989 年，消防机构有日照、石臼 2 个消防中队。

1990 年 8 月，武警日照市消防大队设政秘科、战训警务科、防火科、装备后勤科。12 月，战训警务科、政秘科、装备后勤科、防火科分别改为武警日照市消防支队司令部、政治处、后勤处、防火监督处，设立训练队。

1993 年 3 月，市消防支队分别从临沂地区公安处接收莒县公安局消防科、莒县公安消防队，从潍坊市公安局接收五莲县公安局消防科、五莲县公安消防队。6 月，设立岚山公安消防科。7 月，设立东港公安消防大队。

1994 年 4 月，设立日照市消防支队莒县大队、五莲消防大队。

1996 年 3 月，岚山公安消防科改为消防大队。6 月，设立调度指挥室、卫生所。

1997 年 7 月，设立日照经济技术开发区分局消防科。

2011 年 10 月，设立市消防支队作战指挥中心、战勤保障大队、培训基地。

2016 年 11 月，设立日照市公安消防支队山海天旅游度假区大队。

1990—2018 年日照市公安消防支队（大队）历任行政领导及部门领导名录表

表 1-26

名称	职务	姓名	籍贯	任职时间	备注
消防大队（1990.08—1990.12）	副大队长	薄洪武	日照市东港区	1990.08—1992.08	
	副政委	李庆福	山东省莒县	1990.08—1992.09	
消防支队（1990.12—2018.10）	支队长	薄洪武	日照市东港区	1994.10—2002.04	
		李庆福	山东省莒县	2002.10—2004.02	
		张仁庆	山东省蓬莱市	2004.02—2011.04	
		董新明	山东省垦利县	2012.06—2013.07	
		刘正贵	山东省鄄城县	2013.07—2017.12	市委政法委委员、市消防安全委员会副主任
		陈洪震	山东省泰安市	2017.12—2018.10	市消防安全委员会副主任

续表 1-26

名称	职务	姓名	籍贯	任职时间	备注
消防支队（1990.12—2018.10）	政　委	李庆福	山东省莒县	1994.10—2002.10	
		刘和金	山东省肥城市	2002.10—2004.02	
		田永胜	甘肃省民勤县	2004.02—2007.12	
		范永晶	山东省招远市	2007.12—2012.04	
		路　军	山东省齐河县	2012.10—2017.07	
		刘正贵	山东省鄄城县	2017.12—2018.10	
	副支队长	薄洪武	日照市东港区	1992.09—1994.09	
		刘永良	山东省沂水县	1997.06—2000.03	
		范开文	日照市东港区	2000.09—2004.03	
		张仁庆	山东省蓬莱市	2002.10—2004.02	
		张传相	日照市东港区	2004.06—2008.05	
		李其军	日照市东港区	2007.12—2010.04	
		许传升	日照市东港区	2008.05—2010.09	
		王从玉	山东省莒南县	2010.10—2012.04	
		张伯鲁	山东省新泰市	2010.10—2013.07	
		梁启军	日照市东港区	2012.11—2015.07	
		于兴波	山东省莱阳市	2013.09—2016.07	
		周　波	日照市岚山区	2015.07—2017.07	
		张传森	日照市东港区	2016.05—2017.07	
		王　程	山东省莱西市	2017.07—2018.10	
		郑自泉	山东省临沂市	2017.07—2018.10	
	副政委	李庆福	山东省莒县	1992.09—1994.09	
	参谋长	段丰田	山东省招远市	1997.06—2001.12	
		张传相	日照市东港区	2001.12—2004.06	
		管荣增	山东省莒县	2004.06—2006.04	
		张伯鲁	山东省新泰市	2006.04—2010.10	
		于兴波	山东省莱阳市	2010.10—2013.09	
		王　程	山东省莱西市	2013.09—2017.07	
		汪　勇	安徽省合肥市	2017.07—2018.10	
	副参谋长	赵立庆	山东省招远市	1995.07—1997.06	主持司令部工作
	政治处主任	赵立庆	山东省招远市	1997.06—2002.04	
		管荣增	山东省莒县	2002.10—2004.05	
		苑光军	山东省莒县	2004.05—2005.03	
		李其军	日照市东港区	2005.06—2007.12	
		梁启军	日照市东港区	2007.12—2012.11	
		周　波	日照市岚山区	2012.11—2015.05	
		李华波	山东省青岛市	2015.05—2017.07	

续表 1–26

名称	职务	姓名	籍贯	任职时间	备注
消防支队（1990.12—2018.10）	政治处主任	唐光伟	日照市东港区	2017.12—2018.10	
	后勤处处长	段丰田	山东省招远市	1995.07—1997.06	
		齐志利	山东省莒南县	1997.06—2001.08	
		苑光军	山东省莒县	2001.12—2004.05	
		王从玉	山东省莒南县	2004.05—2010.10	
		张传森	日照市东港区	2010.10—2016.05	
		郑自泉	山东省临沂市	2016.05—2017.07	
		卜云波	日照市东港区	2017.12—2018.10	
	防火监督处处长	刘永良	山东省沂水县	1994.10—1997.06	
		范开文	日照市东港区	1997.06—2000.09	
		宋业坤	山东省莒县	2000.09—2004.05	
		许传升	日照市东港区	2004.05—2008.05	
		许家成	山东省莒县	2008.06—2012.04	
		时培军	日照市东港区	2012.11—2017.07	
		辛本顺	日照市东港区	2017.07—2018.10	

（二）党的机构

1990 年 12 月，设立日照市公安消防支队党委，下设司令部、政治处、后勤处、防火监督处、训练队、卫生队 6 个党支部。

1993 年 7 月，设立东港公安消防大队机关、市公安消防支队第一中队 2 个党支部。

1994 年 4 月，设立莒县公安消防大队机关、五莲县公安消防大队机关 2 个党支部。

1996 年 6 月，设立日照市岚山区公安消防大队机关、市公安消防支队第三中队 2 个党支部。

1997 年 7 月，设立市公安消防支队第二中队党支部。

2001 年 3 月，设立市公安消防支队特勤中队党支部。

2002 年 8 月，设立市公安消防支队第五中队、第六中队 2 个党支部。

2008 年 8 月，设立市公安消防支队第七中队党支部。

2011 年 1 月，设立经济开发区大队党支部，市公安消防支队训练队、卫生队 2 个党支部撤销。

2013 年 7 月，将市公安消防支队第一、二、三、五、六、七中队和特勤中队党支部，改为东港区大队海曲路中队、岚山区大队轿顶山路中队、岚山区大队沿海路中队、岚山区大队化工园区中队、莒县大队城阳路中队、五莲县大队五莲山路中队、经济技术开发区大队深圳路中队党支部。

2016 年 6 月，设立东港区大队特勤中队、莒县大队招贤中队、五莲县大队白鹭湾中队、日照市公安消防支队战勤保障大队 4 个党支部。11 月，设立日照市公安消防支队山海天旅游度假区大队大队部、山海天旅游度假区大队山海天路中队 2 个党支部。

2017 年 12 月，设立机关党委。

至 2018 年 10 月，日照市公安消防支队党委基层党组织共有机关党委 1 个、党支部 22 个，共有党员 273 人，其中支队官兵党员 183 人，政府专职消防员党员 90 人。2013—2018 年，日照市消防支队共发展党员 199 人。

1991—2018年日照市公安消防支队党委历任班子成员名录表

表1-27

职务	姓名	籍贯	任职时间	备注
书　记	薄洪武	日照市东港区	1991.08—1995.02	
	李庆福	山东省莒县	1995.02—2004.02	
	张仁庆	山东省蓬莱市	2004.02—2011.04	
	范永晶	山东省招远市	2011.04—2012.04	
	路　军	山东省齐河县	2012.10—2017.07	
	刘正贵	山东省鄄城县	2017.12—2018.10	
副书记	薄洪武	日照市东港区	1995.02—2002.10	纪委书记
	刘和金	山东省肥城市	2002.10—2004.02	纪委书记
	田永胜	甘肃省民勤县	2004.02—2007.12	纪委书记
	范永晶	山东省招远市	2007.12—2012.04	纪委书记
	董新明	山东省东营市	2012.06—2013.08	纪委书记
	刘正贵	山东省鄄城县	2013.07—2017.12	纪委书记
	陈洪震	山东省泰安市	2017.12—2018.10	纪委书记
委　员	秦玉坤	山东省五莲县	1991.08—1994.09	
	刘永良	山东省沂水县	1995.02—1997.06	
	齐志利	山东省莒南县	1995.02—2001.08	
	段丰田	山东省招远市	1997.06—2001.12	
	赵立庆	山东省招远市	1997.06—2002.04	
	范开文	日照市东港区	1995.07—2004.02	
	宋业坤	山东省莒县	2000.07—2004.05	
	张仁庆	山东省蓬莱市	2002.10—2004.02	
	苑光军	山东省莒县	2001.12—2005.03	
	管荣增	山东省莒县	2002.10—2006.04	
	张传相	日照市东港区	2001.12—2008.05	
	李其军	日照市东港区	2005.06—2010.04	
	许传升	日照市东港区	2004.05—2010.09	
	王从玉	山东省莒南县	2004.05—2012.04	
	许家成	山东省莒县	2008.06—2012.04	
	张伯鲁	山东省新泰市	2006.04—2013.07	
	梁启军	日照市东港区	2007.12—2015.07	
	于兴波	山东省莱阳市	2010.10—2016.07	
	张传森	日照市东港区	2010.10—2017.07	
	周　波	日照市岚山区	2012.11—2017.07	
	时培军	日照市东港区	2012.11—2017.07	
	王　程	山东省莱西市	2013.09—2018.10	
	郑自泉	山东省临沂市	2016.05—2018.10	

续表 1-27

职务	姓名	籍贯	任职时间	备注
委　员	汪　勇	安徽省合肥市	2017.07—2018.10	
	唐光伟	日照市东港区	2017.12—2018.10	
	卜云波	日照市东港区	2017.12—2018.10	
	辛本顺	日照市东港区	2017.07—2018.10	

二、日照市公安边防支队

日照市公安边防支队由石臼边防保卫分局、日照县公安局边防股、公安部队日照大队、临沂地区公安处边防保卫分局、日照市公安边防保卫分局发展而来。1951 年 6 月，设立石臼边防保卫分局，现役，团级，隶属山东省公安厅边防保卫局建制领导。1959 年 8 月，设立日照县公安局边防股。1961 年 8 月，设立中国人民公安部队日照大队，营级，隶属临沂地区公安支队建制领导，县公安局边防股撤销。1976 年 2 月，县公安局边防股恢复设立。1980 年 1 月，设立临沂地区公安处边防保卫分局（驻日照），县公安局边防股并入临沂地区公安处边防保卫分局。1990 年 3 月，边防保卫分局由临沂地区公安处划入，改为日照市公安边防保卫分局。是月，设立中国人民武装警察部队日照市边防支队，正团级。1991 年 2 月，完成中国人民武装警察部队日照市边防支队（对内称日照市公安边防保卫分局）组建工作，隶属武警山东省边防总队建制领导。2001 年 3 月，日照市公安边防保卫分局改为日照市公安边防支队，保留中国人民武装警察部队日照市边防支队番号。2018 年 12 月 25 日，根据中央军委命令及公安部党委部署，公安边防部队集体退出现役，武警日照市边防支队及其所属部队番号撤销。

日照市公安边防支队在山东省公安边防总队党委和日照市公安局党委的领导下开展工作，既是一支执行警察任务的部队，又是按照部队条令条例要求管理和建设的人民警察，具有军事与地方双重属性的特点。从 1980 年起，日照市边防支队址设日照市东港区兴海路 5 号。

（一）内设机构

1989 年，边防支队下设王家海屋、韩家营子、小海、夹仓、臧家荒、张家台、任家台、王家滩 8 个边防哨所，石臼、岚山 2 个边防工作站。

1990 年 3 月，武警日照市边防支队下设司令部、政治处、后勤处。

1991 年 11 月，小海、臧家荒、任家台派出所改为边防工作站。

1996 年 6 月，王家滩、张家台、夹仓、韩家营子、王家海屋派出所改为边防工作站。

1997 年 12 月，设立市公安边防支队业务处，设立市公安边防支队东港大队、岚山大队（亦称日照市公安局东港分局边防科、日照市公安局岚山分局边防科）。

1999 年 9 月，设立市公安边防支队岚山大队，辖岚山、王家海屋、韩家营子 3 个边防派出所。

1999 年 10 月，设立直属船艇大队。

2001 年 3 月，全市 10 个边防工作站分别改为边防派出所。

2002 年 3 月，市公安边防支队业务处撤销。

2011 年 3 月，设立市公安边防支队日照经济技术开发区大队。

2012 年 8 月，设立市公安边防支队中心渔港边防派出所。11 月，设立市公安边防支队安东卫边防派出所。

1990—2018年日照市公安边防支队历任行政领导及部门领导名录表

表 1-28

职务	姓名	籍贯	任职时间	备注
支队长	赵修品	山东省莒县	1990.03—1991.02	市公安局副局长、边防保卫分局局长。主持边防支队工作
			1991.02—1991.03	市公安局副局长、边防保卫分局局长
			1991.03—1997.08	市公安局党委委员、副局长、边防保卫分局局长
	蔺洪昌	日照市东港区	1998.08—2002.01	
	王善良	山东省费县	2002.01—2010.05	
	冯念东	山东省蒙阴县	2010.05—2012.03	2010年5月至2012年9月，任市公安局党委委员
	魏志峰	山东省寿光市	2012.05—2016.07	2012年9月至2016年9月，任市公安局党委委员
	高　伟	山东省安丘市	2016.07—	2017年10月，任市公安局党委委员
政　委	蔺洪昌	日照市东港区	1995.10—1998.08	
	徐恩玉	日照市东港区	1998.08—2001.03	
	王善良	山东省费县	2001.09—2002.01	
	李建福	山东省潍坊市	2002.02—2003.05	
	程道杰	山东省沂南县	2003.05—2006.07	
	冯念东	山东省蒙阴县	2006.07—2010.05	
	陈志国	山东省安丘市	2010.05—2014.07	
	姜家渠	山东省海阳市	2014.07—2016.07	
	李敬坤	山东省郯城县	2016.07—	
副支队长	许　杰	日照市东港区	1998.12—2000.03	
	牟少波	日照市岚山区	2002.03—2003.06	
	李守兴	山东省沂南县	2003.06—2006.07	
	王忠强	山东省威海市	2006.03—2007.03	
	王　磊	山东省诸城市	2006.03—2009.07	
	丁明波	日照市东港区	2007.03—2010.05	
	韩晓光	山东省莱州市	2009.03—2010.03	
	赵怀武	山东省滕州市	2010.06—2011.12	
	成永刚	日照市东港区	2010.06—2011.12	
	张志刚	山东省郯城县	2012.05—2013.03	
	范连升	山东省安丘市	2012.05—2013.03	
	黄　海	浙江省温州市	2012.06—2013.06	公安部边防局干部。挂职
	程传刚	日照市东港区	2013.03—2014.12	
	王本峰	山东省蒙阴县	2014.12—2016.12	
	杜国强	山东省莒南县	2017.05—	

续表 1-28

职务	姓名	籍贯	任职时间	备注
副政委	廖高举	山东省郯城县	1990.12—1998.08	
参谋长	庄国锋	山东省莒县	1990.12—1994.04	
	许　杰	日照市东港区	1995.12—1997.06	
	崔　光	日照市东港区	1997.06—2001.12	
	赵庆贵	山东省沂南县	2001.12—2004.03	
	冯念东	山东省蒙阴县	2004.03—2006.01	
	韩晓光	山东省莱州市	2006.03—2009.03	
	赵怀武	山东省滕州市	2009.03—2010.03	
	程传刚	日照市东港区	2010.06—2013.03	
	徐　栋	日照市东港区	2013.03—2014.03	
	杜国强	山东省莒南县	2014.03—2017.05	
	张荣国	山东省费县县	2017.05—	
政治处主任	田光明	日照市东港区	1990.12—1996.06	
	许　杰	日照市东港区	1997.06—1998.12	
	王善良	山东省费县	1998.12—2001.09	
	李守兴	山东省沂南县	2001.09—2003.06	
	王　磊	山东省诸城市	2003.06—2004.03	
	代永红	山东省潍坊市	2004.03—2005.03	
	丁明波	日照市东港区	2005.03—2007.03	
	成永刚	日照市东港区	2007.03—2010.06	
	李敬坤	山东省郯城县	2011.03—2012.05	
	王本峰	山东省蒙阴县	2012.05—2014.12	
	刘玉山	山东省沂水县	2014.12—	
后勤处处长	何相华	山东省临沂市	1990.12—1995.08	
	吴桂州	山东省沂水县	1996.07—2001.12	
	谢木华	山东省沂源县	2001.12—2002.12	
	王忠强	山东省威海市	2002.12—2006.03	
	成永刚	日照市东港区	2006.03—2007.03	
	张志刚	山东省郯城县	2007.03—2012.05	
	李洪振	山东省济宁市	2012.05—2017.05	
	刘向一	日照市东港区	2017.06—	
业务处处长	牟少波	日照市岚山区	1998.08—2002.03	

（二）党的机构

日照市公安边防支队党委于 1990 年 4 月成立，下设机关党支部和岚山、王家海屋、韩家营子、小海、夹仓、臧家荒、石臼、张家台、任家台、王家滩 10 个边防派出所党支部。

2003 年 3 月，设立东港、岚山边防大队党委。

2010 年 6 月，设立日照经济技术开发区边防大队党支部。

2013 年 5 月，日照经济技术开发区边防大队党支部改建为党委。

2012 年 11 月，设立安东卫边防派出所党支部。

2013 年 7 月，设立中心渔港边防派出所党支部。同年 7 月，市公安边防支队党委设立党委会和常委会。常委会编制 6 人，由部门正职以上领导组成；党委会编制 14 人，由部门正职以上领导和大队级单位党委正副书记组成。

1990—2018 年日照市公安边防支队历任党委班子成员名录表

表 1-29

职务	姓名	籍贯	任职时间	备注
书　记	赵修品	山东省莒县	1990—1997.08	
	蔺洪昌	日照市东港区	1998.08—2002.02	
	王善良	山东省费县	2002.02—2010.05	
	冯念东	山东省蒙阴县	2010.05—2012.05	
	陈志国	山东省安丘市	2012.05—2014.07	
	姜家渠	山东省海阳市	2014.07—2016.07	
	李敬坤	山东省郯城县	2016.07—	
副书记	蔺洪昌	日照市东港区	1996.04—1998.09	
	徐恩玉	日照市东港区	1998.09—2001.03	
	王善良	山东省费县	2001.09—2002.02	
	李建福	山东省潍坊市	2002.02—2003.06	
	程道杰	山东省沂南县	2003.06—2006.01	
	冯念东	山东省蒙阴县	2006.01—2010.05	2010 年 5 月至 2012 年 9 月，任市公安局党委委员
	陈志国	山东省安丘市	2010.05—2012.05	
	魏志峰	山东省寿光市	2012.05—2016.07	2012 年 9 月至 2016 年 9 月，任市公安局党委委员
	高　伟	山东省安丘市	2016.07—	2017 年 10 月，任市公安局党委委员
委　员	廖高举	山东省郯城县	1990.12—1998.08	
	田光明	日照市东港区	1990.12—1996.06	
	何相华	山东省临沂市	1990.12—1995.08	
	庄国锋	山东省莒县	1991.06—1994.08	
	许　杰	日照市东港区	1995.02—2000.03	
	吴桂州	山东省沂水县	1995.02—2001.12	
	崔　光	日照市东港区	1997.07—2001.12	
	王善良	山东省费县	1999.01—2001.09	
	牟少波	日照市岚山区	1999.01—2003.06	
	李守兴	山东省沂南县	2001.12—2006.07	
	赵庆贵	山东省沂南县	2002.04—2004.03	

续表 1-29

职务	姓名	籍贯	任职时间	备注
委　员	谢木华	山东省沂源县	2002.04—2002.12	
	王忠强	山东省威海市	2003.02—2007.03	
	王　磊	山东省诸城市	2003.10—2009.07	
	冯念东	山东省蒙阴县	2004.03—2006.01	
	代永红	山东省潍坊市	2004.03—2005.03	
	丁明波	日照市东港区	2005.04—2010.05	
	韩晓光	山东省莱州市	2006.04—2010.05	
	成永刚	日照市东港区	2006.04—2011.12	
	张志刚	山东省郯城县	2007.03—2013.03	
	赵怀武	山东省滕州市	2009.03—2011.12	
	程传刚	日照市东港区	2010.07—2014.12	
	李敬坤	山东省郯城县	2011.04—2012.05	
	范连升	山东省安丘市	2012.05—2013.03	
	黄　海	浙江省温州市	2012.06—2013.06	
	王本峰	山东省蒙阴县	2012.05—2016.12	
	李洪振	山东省济宁市	2012.05—2017.05	
	徐　栋	日照市东港区	2013.03—2014.03	
	杜国强	山东省莒南县	2014.03—2018.12	
	刘玉山	山东省沂水县	2014.12—2018.12	
	张荣国	山东省费县	2017.05—2018.12	
	刘向一	日照市东港区	2017.06—	
纪委书记	廖高举	山东省郯城县	1993.03—1998.08	
	徐恩玉	日照市东港区	1998.08—2001.03	
	王善良	山东省费县	2001.09—2002.01	
	李建福	山东省潍坊市	2002.02—2003.05	
	程道杰	山东省沂南县	2003.05—2006.07	
	冯念东	山东省蒙阴县	2006.07—2007.04	
	丁明波	日照市东港区	2007.04—2010.05	
	陈志国	山东省安丘市	2010.05—2012.05	
	张志刚	山东省郯城县	2012.05—2013.03	
	程传刚	日照市东港区	2013.03—2014.12	
	王本峰	山东省蒙阴县	2014.12—2016.12	
	杜国强	山东省莒南县	2017.05—	
纪委副书记	吴桂州	山东省沂水县	1993.03—2001.12	
	丁明波	日照市东港区	2005.03—2007.03	
	成永刚	日照市东港区	2007.03—2010.06	
	李敬坤	山东省郯城县	2011.03—2012.05	

续表 1-29

职务	姓名	籍贯	任职时间	备注
纪委副书记	王本峰	山东省蒙阴县	2012.05—2014.12	
	刘玉山	山东省沂水县	2014.12—	

三、中华人民共和国日照边防检查站

中华人民共和国日照边防检查站的前身为中华人民共和国石臼边防检查站。1985 年 2 月，中华人民共和国石臼边防检查站成立，是国家设在日照港口岸的出入境边防检查机关，隶属中国人民武装警察部队山东省边防总队，正团级，一类检查站。1992 年 6 月，中华人民共和国石臼边防检查站改为中华人民共和国日照边防检查站，主要负责对出入日照口岸的人员及其护照或其他出入境证件、行李物品和出入境交通运输工具及其载运的物资，实施边防检查、监护，同时担负着对口岸限定区域实施警戒和边防查控、反偷渡等工作任务。

2018 年 12 月 25 日，根据中央军委命令及公安部党委部署，公安边防部队集体退出现役，中华人民共和国边防检查机构成建制划归公安机关，列入人民警察编制。中华人民共和国日照边防检查站改为中华人民共和国日照出入境边防检查站。

1989—2018 年中华人民共和国日照边防检查站历任行政领导名录表

表 1-30

职务	姓名	籍贯	任职时间	备注
站　长	杨占荣	山东省青岛市	1988.12—1991.12	
	孙正堂	日照市东港区	1991.12—1995.12	
	白宗平	日照市东港区	1997.06—2001.03	
	张继明	山东省肥城市	2001.03—2002.08	
	贺长江	山东省安丘市	2002.08—2002.11	
	王德全	山东省安丘市	2003.01—2008.02	
	马福有	黑龙江省巴彦县	2008.02—2010.03	
	李文胜	山东省烟台市	2010.05—2012.04	
	徐向杰	山东省招远市	2012.04—2014.08	
	任晓宁	山东省莒县	2014.08—2016.08	
	王　勇	日照市东港区	2016.08—	
政　委	王金昌	山东省禹城市	1988.12—1994.05	
	白宗平	日照市东港区	1994.05—1997.06	
	刘太双	日照市东港区	1997.06—1999.12	
	王宗素	山东省济宁市	2000.02—2001.12	
	姜传文	山东省莱芜市	2002.08—2006.01	
	马福有	黑龙江省巴彦县	2006.01—2008.02	
	张　健	山东省青州市	2008.02—2009.02	
	刘加文	日照市东港区	2009.02—2014.08	
	张金鹏	山东省淄博市	2014.08—2017.06	

续表 1-30

职务	姓名	籍贯	任职时间	备注
政　委	李鹏程	山东省济宁市	2017.06—	
副站长	孙正堂	日照市东港区	1989.12—1991.12	
	刘加利	日照市东港区	1989.12—1997.07	
	李志亮	日照市东港区	1998.08—1998.12	
	于月平	山东省莒县	1999.04—2000.12	
	程道杰	山东省沂南县	2000.10—2002.02	
	孙升田	山东省安丘市	2001.07—2002.10	
	杨德坤	山东省平度市	2002.02—2008.06	
	宋玉庆	山东省临朐县	2002.08—2003.04	
	谢木华	山东省沂源县	2002.02—2005.03	
	陈守存	山东省单县	2003.06—2007.03	
	宋家祥	日照市东港区	2005.03—2006.03	
	许新海	山东省临沂市	2006.03—2009.03	
	何圩友	山东省郯城县	2007.03—2010.12	
	张庆华	山东省费县	2008.02—2014.08	
	庄学友	山东省潍坊市	2009.03—2013.03	
	许　战	日照市东港区	2012.05—2017.06	
	谭思民	山东省章丘市	2013.03—2014.10	
	张燕德	安徽省阜南县	2014.08—	
	卢立敬	山东省莒县	2014.10—	
	王永超	山东省郓城县	2017.05—	
副政委	蔺洪昌	日照市东港区	1989.12—1993.08	
	徐恩玉	日照市东港区	1993.08—1998.08	
	伏广庭	山东省沂南县	1998.08—2001.10	
	马福有	黑龙江省巴彦县	2001.09—2001.12	
	初元志	山东省威海市	2002.08—2003.04	
	孙华烈	山东省安丘市	2003.03—2005.03	
	张宗成	日照市东港区	2005.03—2006.03	
	钟振洪	山东省莱阳市	2006.03—2009.03	
	李明霞	山东省济南市	2009.03—2012.05	
	鞠华强	日照市东港区	2012.05—2014.03	
	李文华	山东省莒南县	2014.03—2017.03	
	周云龙	山东省五莲县	2017.05—	

四、中华人民共和国岚山边防检查站

中华人民共和国岚山边防检查站于 1989 年 4 月 25 日设立，正团级，三类检查站，2013 年 3 月调整为二类检查站，隶属中国人民武装警察部队山东省边防总队，是国家设在岚山口岸的出入境边防

检查机关。主要担负对岚山港口岸出境、入境的人员及其行李物品、出入境交通运输工具及其载运的货物的边防检查及监护管理，对口岸限定区域实施警戒和边防查控、反偷渡等任务。

2018年12月25日，根据中央军委命令及公安部党委部署，公安边防部队集体退出现役，中华人民共和国边防检查机构成建制划归公安机关，列入人民警察编制。中华人民共和国岚山边防检查站改为中华人民共和国岚山出入境边防检查站。

1989—2018年中华人民共和国岚山边防检查站历任行政领导名录表

表1-31

职务	姓名	籍贯	任职时间	备注
站　长	李　飞	日照市东港区	1989.12—1994.08	
	刘太双	日照市东港区	1995.02—1997.07	
	赵树村	山东省莒南县	1997.07—2002.02	
	程道杰	山东省沂南县	2002.02—2003.05	
	伏广廷	山东省沂南县	2003.05—2005.03	
	于培光	山东省威海市	2005.03—2007.03	
	马明桥	山东省东明县	2007.03—2012.05	
	李文胜	山东省烟台市	2012.05—2013.12	
	邱　伟	山东省肥城市	2014.03—2015.01	
	刘全一	日照市东港区	2015.03—2016.03	
	王永春	山东省临沭县	2016.08—	
政　委	赵树村	山东省莒南县	1993.03—1997.07	
	刘加利	日照市东港区	1997.07—1999.08	
	许　杰	日照市东港区	2000.03—2001.03	
	伏广廷	山东省沂南县	2001.03—2003.05	
	牟少波	日照市东港区	2003.05—2006.02	
	戴庆国	四川省宣汉市	2006.02—2008.02	
	薛崇江	山东省青岛市	2008.02—2009.06	
	丁茂春	山东省诸城市	2009.06—2013.03	
	张培宽	山东省曹县	2013.03—2014.12	
	王永春	山东省临沭县	2015.03—2016.09	
	马世元	山东省平度市	2015.09—2017.06	
	常景利	内蒙古自治区通辽市	2017.06—	
副站长	刘太双	日照市东港区	1990.12—1995.02	
	万克福	日照市东港区	1996.06—2002.07	
	张正立	山东省莱芜市	2001.07—2003.07	
	孙升田	山东省安丘市	2002.08—2004.03	
	马金光	山东省安丘市	2002.12—2004.03	
	薛廷良	山东省费县	2004.03—2005.03	
	马明桥	山东省东明县	2004.03—2007.04	

续表 1-31

职务	姓名	籍贯	任职时间	备注
副站长	王保华	山东省诸城市	2005.03—2008.02	
	鞠华强	日照市东港区	2007.03—2009.03	
	何友忠	山东省平阴县	2008.02—2011.03	
	许新海	山东省临沂市	2009.03—2013.03	
	董　健	山东省莒南县	2011.03—2017.05	
	王海涛	山东省平度市	2013.03—2015.03	
	张同福	山东省巨野县	2015.03—	
	孙百泉	山东省莱州市	2017.05—	
副政委	赵树村	山东省潍坊市	1989.12—1993.03	
	刘忠良	山东省潍坊市	2005.03—2006.03	
	徐道建	山东省莒南县	2006.03—2009.03	
	鞠华强	日照市东港区	2009.03—2012.05	
	金光伟	日照市东港区	2012.05—2013.03	
	杨久鹏	山东省莒南县	2013.03—2015.03	
	庄绪华	山东省莒县	2015.03—	

五、中国人民武装警察部队山东海警第二支队第二大队

中国人民武装警察部队山东海警第二支队第二大队，组建于 2010 年 6 月，副团级，担负日照海区打击海上违法犯罪活动、维护海上治安和安全保卫等任务，履行海上维权执法等职责。

2018 年 7 月 1 日，中国人民武装警察部队山东海警第二支队第二大队编成调整为中国人民武装警察部队海警总队山东支队日照大队。

2010—2018 年中国人民武装警察部队山东海警第二支队第二大队历任行政领导名录表

表 1-32

职务	姓名	籍贯	任职时间	备注
大队长	赵龙刚	山东省安丘市	2010.06—2012.05	
	王广森	山东省济南市	2012.05—2014.03	
	张　军	山东省泰安市	2014.11—2016.07	
	沈献泉	河北省承德市	2016.08—2018.02	
	吕秀鹏	山东省蓬莱市	2018.02—2018.06	
政　委	郭常友	日照市东港区	2010.05—2016.01	
	韩怀站	山东省微山县	2016.01—2017.03	
	盖自华	山东省寿光市	2017.03—2018.06	

第六节　中国人民武装警察部队日照市支队

中国人民武装警察部队日照市支队于1990年2月22日设立，9月26日完成组建挂牌，正团级，内设司令部、政治处、后勤处，下设日照市中队和直属中队。中国人民武装警察部队日照市支队隶属中国人民武装警察部队山东省总队领导，担负全市固定目标执勤和处置突发事件为中心的各项任务，维护社会治安，开展城市武装巡逻，支援地方经济建设，参加抢险救灾。

1993年1月，中国人民武装警察部队临沂地区支队莒县中队、潍坊市支队五莲县中队，交接归属中国人民武装警察部队日照市支队。5月，日照市中队改为东港区中队。1995年12月，东港区中队改为第二中队。1996年2月，直属中队改为第一中队。2005年6月，设立中国人民武装警察部队日照市支队教导队和警通勤务汽车中队，第一中队改为直属中队，第二中队改为日照市中队。2014年1月，直属中队改为一中队，警通勤务汽车中队改为勤务保障中队，设立中国人民武装警察部队日照市支队二中队。

2018年1月1日零时起，中国人民武装警察部队由党中央、中央军委集中统一领导，归中央军委建制，不再列国务院序列。中国人民武装警察部队日照市支队编成调整为中国人民武装警察部队日照支队。

1990—2017年中国人民武装警察部队日照市支队历任行政领导及部门领导名录表

表1-33

职务	姓名	籍贯	任职时间	备注
第一政委	王献增	山东省新泰市	1995.06—1999.09	市公安局党委书记、局长。1995年9月兼任武警日照市支队党委第一书记
	毕宝文	山东省淄博市	1999.09—2002.03	市公安局党委书记、局长。1999年10月兼任武警日照市支队党委第一书记
	张志华	山东省阳谷县	2002.03—2007.02	市公安局党委书记、局长。2002年3月兼任武警日照市支队党委第一书记
	槐国栋	山东省淄博市	2007.02—2012.01	市公安局党委书记、局长。2007年3月兼任武警日照市支队党委第一书记
	丛培浩	山东省威海市	2012.02—2017.01	市公安局党委书记、局长。兼任武警日照市支队党委第一书记
	张培林	山东省茌平县	2017.01—2017.12	市公安局党委书记、局长。兼任武警日照市支队党委第一书记
支队长	陈永山	山东省禹城市	1990.09—1994.06	
	宁贵邦	山东省费县	1994.07—1998.12	
	童文田	山东省临朐县	1998.12—2001.12	
	崔士林	山东省临朐县	2001.12—2005.12	
	李　杰	山东省莱州市	2005.12—2007.12	
	曲永杰	山东省莱西市	2007.12—2010.04	
	袁　东	山东省邹平市	2010.04—2013.03	

续表 1-33

职务	姓名	籍贯	任职时间	备注
支队长	姜永亮	山东省昌邑市	2013.03—2016.04	
	刘连东	山东省高密市	2016.04—2017.12	
政委	张玉峰	山东省聊城市	1990.09—1993.03	
	徐学圣	山东省昌邑市	1993.04—1997.06	
	冷传宝	山东省青州市	1997.07—1999.12	
	刘云明	山东省临朐县	1999.12—2001.12	
	李祖洪	山东省安丘市	2001.12—2002.12	
	王玉祥	山东省无棣县	2002.12—2008.12	
	宫开庆	山东省平阴县	2008.12—2014.01	
	李自军	山东省济南市	2014.01—2016.04	
	王卫东	山东省栖霞市	2016.04—2017.12	
副支队长	宁贵邦	山东省费县	1993.12—1994.07	
	童文田	山东省临朐县	1996.06—1998.12	
	刘国亮	山东省莱阳市	1998.12—1999.12	
	任振义	山东省宁津县	1999.12—2002.12	
	刘西军	山东省临沂市	2002.12—2003.12	
	葛平	山东省济宁市	2003.12—2005.12	
	由旭东	山东省邹平市	2005.12—2009.01	
	郭政	山东省宁阳县	2009.01—2010.04	
	王伟	日照市东港区	2010.04—2013.03	
	南俊峰	山东省泗水县	2013.03—2014.01	
	朱振华	山东省威海市	2014.01—2015.01	
	王立强	山东省肥城市	2015.01—2017.05	
	于杰波	山东省莱阳市	2017.05—2017.12	
副政委	李洪义	山东省平阴县	1994.07—1995.01	
	郭宽海	山东省沂南县	2010.04—2012.03	
	姜成文	山东省莒南县	2012.03—2014.12	
参谋长	王广桐	山东省泰安市	1990.09—1994.06	
	刘国亮	山东省莱阳市	1997.05—1998.12	
	刘西军	山东省临沂市	1998.12—2002.12	
	葛平	山东省济宁市	2002.12—2003.12	
	李褚敏	山东省高密市	2003.12—2007.12	
	孙猛	山东省济宁市	2007.12—2012.03	
	赵加强	山东省微山县	2012.03—2013.03	
	刘斌	山东省鱼台县	2013.03—2014.12	
	朱振华	山东省威海市	2015.01—2017.05	
	王立强	山东省肥城市	2017.05—2017.12	

续表 1-33

职务	姓名	籍贯	任职时间	备注
政治处主任	张家才	山东省沂南县	1994.06—1996.12	
	刘云明	山东省临朐县	1997.05—1999.12	
	韩胜军	山东省海阳市	1999.12—2002.12	
	马先军	山东省莒县	2002.12—2003.12	
	王金民	山东省莒县	2003.12—2007.12	
	赵　剑	山东省青岛市	2007.12—2009.01	
	杨　林	山东省平邑县	2009.01—2010.04	
	张延峰	山东省平邑县	2010.04—2013.03	
	王彦群	山东省新泰市	2013.03—2017.05	
	唐卫洋	山东省高青县	2017.05—2017.12	
后勤处处长	李洪义	山东省平阴县	1994.07—1996.09	
	高洪山	山东省诸城市	1997.05—2001.12	
	徐春明	山东省五莲县	2001.12—2002.12	
	王金民	山东省莒县	2003.01—2003.12	
	徐德助	山东省莒县	2004.07—2005.12	
	杨洪琪	山东省莒县	2005.12—2007.02	
	王　伟	日照市东港区	2007.02—2010.04	
	高效伟	河南省叶县	2010.04—2014.01	
	于杰波	山东省莱阳市	2014.01—2017.05	
	夏川林	四川省岳池县	2017.05—2017.12	

第七节　驻日照其他公安机构

驻日照市其他公安机构，包括有青岛海关缉私局日照分局、日照森林公安局机构，济南铁路公安局济南公安处、青岛公安处下属分设机构，以及铁道建筑公安第十一公安处、十四公安处、十九公安处的下属分设机构。

一、中华人民共和国日照海关缉私分局

中华人民共和国日照海关缉私分局前身为中华人民共和国日照海关走私犯罪侦查支局。1999 年 4 月 16 日，日照海关走私犯罪侦查支局正式挂牌成立，正处级建制，隶属青岛海关走私犯罪侦查分局，是实行警务管理的海关内设机构，实行“联合缉私、统一处理、综合治理”的缉私体制，负责日照、临沂两市走私犯罪案件侦办工作，址设日照市黄海一路 103 号。2003 年 1 月 1 日，日照海关走私犯罪侦查支局改为日照海关缉私分局，隶属青岛海关缉私局，在原有的刑事执法职能基础上增加行政执法职能，负责日照市走私违规案件的查处工作。2005 年 7 月，日照海关缉私分局迁至泰安路 39 号。

至 2018 年底，日照海关缉私分局内设办公室、侦查科、法制科、情报技术科、查私科 5 个正科级机构，共有民警 21 人。主要职能为：一是在日照市、临沂市辖区内依法查缉涉税走私犯罪案件，对走私犯罪案件和走私犯罪嫌疑人依法进行侦查、拘留、执行逮捕和预审工作。二是对海关各业务部

门、地方公安机关和工商等行政执法部门查获移交的走私犯罪案件和走私犯罪嫌疑人，依法进行侦查、拘留、执行逮捕和预审工作。三是立案侦查发生在海关监管区内的走私武器、弹药、毒品、伪造的货币、淫秽物品、反动宣传品、文物等非涉税案件。四是对提请批准逮捕走私犯罪嫌疑人和侦查终结的走私犯罪案件，移送所在地的市级人民检察院审查起诉。五是负责日照海关各业务部门查发及社会其他部门移交的走私行为违规案件的调查、审理工作。

1999—2018 年中华人民共和国日照海关缉私分局历任行政领导名录表

表 1-34

职务	姓名	籍贯	任职时间	备注
局　长	于树模	山东省威海市	1999.06—2005.05	日照海关副关长
	张建强	山东省烟台市	2005.05—2008.04	日照海关副关长
	葛庆宽	山东省莱芜市	2008.04—2017.10	日照海关副关长
政　委	陈国强	福建省泉州市	1999.06—2004.07	
	李　明	山东省荣成市	2004.07—2007.03	
	费卫军	安徽省宣城市	2007.03—2013.11	
	张希平	山东省沂源县	2013.11—2016.12	
	常　青	山东省临邑县	2017.10—	主持工作
副局长	张希平	山东省沂源县	1999.06—2000.06	
	刘贤席	日照市东港区	1999.06—2007.06	
	金立省	日照市东港区	2007.03—2010.03	
	李　强	山东省淄博市	2010.03—2014.06	
	傅晓波	山东省胶州市	2014.06—	

二、日照市森林公安局

日照市森林公安机构始建于 1985 年。是年 12 月，设立日照市公安局大沙洼林场派出所。1990 年 3 月，市农委林业办公室设立森林防火指挥部办公室，与林业公安股同一套班子。1994 年 2 月，林业公安股改为市林业局公安科。1994 年 8 月，市林业局公安科、五莲县林业局公安科和国有大沙洼林场派出所 3 个机构列入各级公安机关序列，分别为日照市公安局林业公安科、五莲县公安局林业公安科、日照市公安局东港分局大沙洼林场派出所。2003 年 5 月，市林业局公安科改为森林公安科。2005 年 12 月，市林业局森林公安科改为市林业局森林公安分局，对外称日照市公安局森林公安分局。

2009 年 3 月，全市森林公安机构规范设置为：市森林公安局（市公安局森林警察支队）、五莲县森林公安局（五莲县公安局森林警察大队）、市森林公安局东港区分局（市公安局东港分局森林警察大队）、市森林公安局东港区分局大沙洼林区派出所。2011 年 12 月，设立莒县森林公安局（莒县公安局森林警察大队）。2017 年 8 月，市森林公安局东港区分局大沙洼林区派出所改为市森林公安局大沙洼林区派出所，由市森林公安局东港区分局的派出机构整建制调整为市森林公安局的派出机构。

至 2018 年底，全市森林公安机构 5 个，民警 38 人。

市森林公安局的主要职责为：负责研究部署全市森林公安工作，准确掌握全市林区治安动态，结合林区治安实际，及时制定工作计划；贯彻执行国家《中华人民共和国刑法》《中华人民共和国森林法》《中华人民共和国野生动物保护法》等有关法律法规和国务院、省政府颁布的有关法规和政策，维护全市林区治安秩序，保护全市的森林及野生动植物资源；承担全市森林和野生动植物刑事案件的调查、立案、侦查，采取强制措施、提请批准逮捕、移送审查起诉等工作；负责办理、查处全市涉林治安案件和林业行政案件处罚等工作；指导、监督全市各级森林公安机关查处各类涉林案件；协调、组织跨市、跨区县重特大案件的查处等相关工作；组织指导全市森林公安队伍建设和教育培训等工作；同时坚持一岗双责，承担市森林防火指挥部办公室的具体职责，包括森林火灾预警预报等监测信息发布，指导森林防火专兼职队伍建设，组织、协调森林火灾扑救，协调、指导森林防火设施的规划建设及管理等工作；完成市委、市政府和上级业务部门交办的其他工作。

1994—2018年日照市森林公安局历任行政领导名录表

表1-35

单位名称	职务	姓名	籍贯	任职时间	备注
日照市林业局林业公安科（日照市公安局林业公安科）（1994.08—2005.12）	科　长	孔照增	日照市东港区	1994.09—2001.06	
	科　长	魏　辉	日照市东港区	2001.06—2006.03	
日照市林业局森林公安局（日照市公安局森林公安分局）（2005.12—2009.03）	负责人	魏　辉	日照市东港区	2005.12—2006.03	
	局　长	魏　辉	日照市东港区	2006.03—2009.03	
日照市森林公安局（日照市公安局森林警察支队）（2009.03—）	局　长	魏　辉	日照市东港区	2009.03—2015.03	2015年3月至2016年2月，退休返聘。主持工作
		林世刚	日照市五莲县	2016.02—2018.12	市林业局副调研员
	政　委	杨刘田	日照市东港区	2010.04—2018.12	
				2018.12—	主持工作
	副局长	张　峰	日照市东港区	2010.04—2017.10	
		丁海林	日照市东港区	2017.10—	
		丁明杰	日照市五莲县	2017.10—	

三、铁路公安

日照市铁路公安机构，由济南铁路公安局济南公安处、青岛公安处的下属分设机构组成。

（一）济南铁路公安局济南公安处日照站派出所

日照站派出所的前身为临沂铁路公安段石臼所车站派出所。1985年9月，兖石铁路开通后，设立临沂铁路公安段石臼所车站派出所。1995年2月更名为临沂铁路公安段日照车站派出所，1996年12月改为济南铁路公安处日照站派出所，正科级建制。日照站派出所管辖兖石铁路K267+200—K307+900段，东西横跨东港区、日照经济技术开发区、岚山区3区，6个街道、乡镇，线路全长40.7公里，设有日照、日照西、巨峰3个车站。至2018年底，日照站派出所有民警25人。

主要职责为：（一）预防和制止违法犯罪活动，受理并调查群众报警案件，查缉通缉犯，抓获现行犯、潜逃犯。（二）处置治安事件、查处违反治安管理行为，维护公共秩序。（三）保卫国家警卫对象在车站乘坐车的安全。（四）接受、处理列车乘警交站事项。（五）领导车站治安委员会、义务消防队和治安联防组织的工作，会同地方和铁路有关部门，在车站和管内铁路沿线组织开展群众护路联防活动。（六）协同公安、司法和国家安全机关在车站执行侦查、逮捕、押解人犯任务和调犯工作。（七）

会同有关部门，做好军运、特运的安全保卫工作。（八）对旅客进行防爆炸、防火灾、防盗窃、防治安灾害事故和法制宣传教育。（九）协助车站领导，落实内部安全保卫责任制，负责车站内部安全保卫工作。（十）会同安全检察部门，调查、处理车辆肇事、路外伤亡等事故。（十一）配合车站客运部门查堵旅客非法携带、托运的危险品。（十二）管理与车站治安有关的其他工作。（十三）完成上级交办的其他任务。

1985—2018年济南铁路公安局济南公安处日照站派出所历任行政领导名录表

表1-36

职务	姓名	籍贯	任职时间	备注
代理所长	庄庆林	山东省济南市	1985.09—1986.10	
所　长	王玉生	山东省阳谷县	1986.10—1995.12	
	韩庆金	日照市东港区	1995.12—1997.11	
	石晓东	山东省费县	1999.12—2001.12	
	王笑静	山东省威海市	2001.12—2003.12	
	罗增津	山东省莒县	2003.12—2005.06	
	张　林	山东省青岛市	2005.06—2015.04	
	邱纪泉	山东省莒南县	2015.04—	
代理指导员	迟令敏	日照市东港区	1985.09—1986.10	
指导员	迟令敏	日照市东港区	1986.10—1995.12	
	王玉生	山东省阳谷县	1995.12—1999.12	
	王笑静	山东省威海市	1999.12—2001.12	
	尹德坤	山东省莒南县	2001.12—2003.12	
教导员	邱纪泉	山东省莒南县	2003.12—2015.04	
	吕镇江	日照市东港区	2015.04—2017.12	
	贺照红	日照市东港区	2018.01—	
副所长	王加法	日照市东港区	1985.12—1988.10	
	邸希贤	山东省商河县	1988.10—1996.01	
	孙世策	山东省阳谷县	1996.01—2017.09	
	刘玉宝	山东省临沂市	1997.11—1999.12	主持工作
	吕镇江	日照市东港区	1998.05—1999.12	
	张　林	山东省青岛市	1999.12—2001.12	
	高曰昕	日照市东港区	2003.12—2007.10	
	徐建伟	日照市东港区	2008.01—2014.05	
	贺照红	日照市东港区	2008.07—2016.03	
	李　琦	山东省邹城市	2015.01—2016.03	
	尚振龙	日照市东港区	2016.03—	
	刘贤海	日照市东港区	2017.08—	
	许　飞	日照市东港区	2018.08—	

（二）济南铁路公安局济南公安处日照西站派出所筹备组

青日连（青盐）铁路于2014年9月开工建设。为加强铁路沿线的治安保卫工作，济南铁路公安局济南公安处于2018年1月13日设立日照西站派出所筹建组。济南铁路公安局济南公安处已确定日照西站派出所的治安管辖范围为青盐线K115—K196+226段和青盐—兖石联络线3.06公里。该段有日照西站、岚山西站2个车站。至2018年底，日照西站派出所筹建组有民警17人。

2015—2018年济南铁路公安局济南公安处日照西站派出所筹备组领导名录表

表1–37

职务	姓名	籍贯	任职时间	备注
组　长	吕镇江	日照市东港区	2017.12—	
副组长	秦　韬	日照市东港区	2018.01—	

（三）济南铁路公安局济南公安处日照南站派出所

日照南站派出所于2014年6月成立筹备组，提前介入施工。2015年5月，日照南站派出所正式挂牌成立，正科级机构，隶属济南铁路公安局济南公安处，业务受当地公安机关指导，担负济南铁路局集团公司管内济南公安处辖区瓦日线巨峰站至日照南站间K1250+093至K1269+836.4段，全长19.6公里的沿线治安防控与刑事打击任务。辖区跨日照市岚山区、东港区、日照经济开发区和高兴镇、涛雒镇和奎山街道、北京路街道共4个乡镇街道办事处，铁路两侧五华里村庄22个、学校4所。

2017年7月，日照南站派出所迁址日照市日照经济技术开发区杭州南路与沿海路交会处西南200米处。2018年12月，日照南站派出所有民警4人。

2015—2018年济南铁路公安局济南公安处日照南站派出所行政领导名录表

表1–38

职务	姓名	籍贯	任职时间	备注
所　长	张　林	山东省青岛市	2015.05—	副处级
教导员	郑世进	日照市东港区	2015.05—	
副所长	窦　凯	日照市岚山区	2015.05—	

（四）济南铁路公安局济南公安处巨峰站派出所

巨峰站派出所成立于2015年4月，正科级机构，隶属济南铁路公安局济南公安处，业务受当地公安机关指导，担负着瓦日铁路K1176+681至K1250+093区段，东起日照市岚山区，西至日照市莒县，全长73.4公里的沿线治安防控与刑事打击任务。辖区有巨峰、文疃、莒县西3个车站。2018年12月，巨峰站派出所有民警7人、辅警21人。

2015—2018年济南铁路公安局济南公安处巨峰站派出所行政领导名录表

表1–39

职务	姓名	籍贯	任职时间
所　长	张　磊	日照市东港区	2015.04—
教导员	徐建伟	日照市东港区	2015.04—

续表 1-39

职务	姓名	籍贯	任职时间
副所长	刘贤海	日照市东港区	2015.08—2017.08
	秦　斌	日照市开发区	2016.01—
	崔国栋	日照市开发区	2018.01—

（五）济南铁路公安局青岛公安处莒县站派出所

莒县站派出所成立于 2003 年 12 月 8 日，正科级机构，隶属济南铁路公安局青岛公安处，业务受当地公安机关指导。2005 年 7 月 1 日，胶新线客运业务正式开通后，莒县站派出所管辖胶新线 K88+700 至 K145 线路，全长 56.3 公里，辖区有莒县、桑园、五莲、中至、峤山 5 个车站。

2003—2018 年济南铁路公安局青岛公安处莒县站派出所历任行政领导名录表

表 1-40

职务	姓名	籍贯	任职时间	备注
所　长	臧晓辉	山东省五莲县	2003.10—2006.12	
	滕　伟	日照市东港区	2006.12—2012.12	
	王京红	山东省青岛市	2012.12—2013.12	
	马　鹏	山东省青岛市	2013.12—2016.01	
	武　杰	山东省临沂市	2016.01—2017.05	
	姜方程	山东省青岛市	2017.05—2018.03	
	米永罡	山东省泰安市	2018.03—	
教导员	赵　勇	山东省淄博市	2003.12—2005.12	
	姜忠暖	山东省青岛市	2005.12—2013.01	
	魏先邦	山东省青岛市	2013.01—2015.07	
	姜方程	山东省青岛市	2015.07—2017.05	
	张　帆	山东省潍坊市	2017.09—	
副所长	孟繁胜	山东省沂水县	2013.10—2016.03	
	陈　颖	山东省青岛市	2016.01—2018.01	
	黄　隆	日照市岚山区	2016.08—	
	孙晓川	山东省淄博市	2018.04—	

四、铁道建筑公安

日照市铁道建筑公安机构，由铁道建筑公安局第十一公安处、十四公安处、十九公安处的下属分设机构组成。

（一）铁道建筑公安局第十四公安处第一分处

1984 年 10 月，成立铁道部第十四工程局第一工程处公安科，址设日照市黄海二路 65 号。1986 年 12 月，铁道部第十四工程局第一工程处公安科改为公安段，1994 年 3 月改为公安分处。1995 年 5 月，改为铁道建筑公安局第十四公安处第一分处，列入铁道部公安局的编制序列，担负第十四工程局第一工程处范围内的治安保卫工作。2011 年 7 月，铁道建筑公安局第十四公安处第一分处移交日照市公安局。铁道建筑公安局第十四公安处第一分处撤销。

1984—2011 年铁道建筑公安局第十四公安处第一分处历任行政领导名录表

表 1-41

单位名称	职务	姓名	籍贯	任职时间
公安科	科　长	宋绍文	山东省鄄城县	1984.10—1986.11
公安段	段　长	宋绍文	山东省鄄城县	1986.11—1994.02
	副段长	杨勤玉	山东省鄄城县	1991.12—1994.12
第一分处	分处长	宋绍文	山东省鄄城县	1994.02—1998.09
		李金鹏	山东省胶州市	1998.09—2001.03
		贾天厚	山东省阳谷县	2002.12—2011.06
	政　委	宋绍文	山东省鄄城县	2002.12—2011.06
	副分处长	贾天厚	山东省阳谷县	1995.03—2002.11
		翁玉岭	河北省永清县	2002.12—2011.06

（二）铁道建筑公安局第十一公安处七分处第三派出所

铁道建筑公安局第十一公安处七分处第三派出所成立于 1995 年 3 月，负责中铁十一局集团路桥分公司办公场所、家属基地、施工现场的治安、消防、危爆物品管理，对辖区重点人员进行监督教育，贯彻落实上级和地方公安机关指示精神，搞好路地联防工作。址设日照市黄海一路 49 号。2011 年 7 月，铁道建筑公安局第十一公安处第七分处第三派出所移交日照市公安局。铁道建筑公安局第十一公安处七分处第三派出所撤销。

1994—2011 年铁道建筑公安局第十一公安处七分处第三派出所行政领导名录表

表 1-42

职务	姓名	籍贯	任职时间
所　长	罗新辉	云南省凤庆县	1994.03—2011.06
教导员	司玉清	山东省兰陵县	1994.03—2011.06

（三）铁道建筑公安局第十九公安处一分处第二派出所

1984 年 1 月，经铁道部批准成立十九局公安处，隶属铁道部公安局。1995 年 4 月，铁道部十九局公安处改为铁道建筑公安局第十九公安处，下设 5 个公安分处，17 个派出所。其中，一分处第二派出所于 1995 年 3 月设立，负责中铁十九局集团公司一公司日照基地治安保卫工作，址设日照市秦皇岛路99号。2011年7月，铁道建筑公安局第十九公安处一分处第二派出所移交辽宁省辽阳市公安局。铁道建筑公安局第十九公安处一分处第二派出所撤销。

1995—2011 年铁道建筑公安局第十九公安处一分处第二派出所历任行政领导名录表

表 1-43

职务	姓名	籍贯	任职时间
所　长	鲍　伟	黑龙江伊春市	1994.06—1996.08
	吴双成	河南省驻马店市	1996.06—1999.07
	孙　沫	河南省驻马店市	1999.08—2002.04
	刘永成	辽宁省灯塔市	2002.05—2011.06
教导员	孙　沫	河南省驻马店市	2002.05—2011.06

RI ZHAO SHI
GONG AN
ZHI

第二章

2

指挥决策

ZHI HUI JUE CE

日照市公安局的决策指挥权属于局党委（党组），市公安局设立办公室（指挥中心），作为综合部门履行市公安局党委的信息耳目、决策参谋和指挥助手职能。各县（区）公安局设有相应的办事机构，从而在全市建立起上下贯通的公安信息调研决策指挥系统。1989年后，历届市公安局党委高度重视决策指挥系统的改革和建设，不断强化综合办事机构职能，理顺上下左右工作关系，做到信息灵通、决策科学、指挥畅通、反应迅速，领导和指挥全市公安机关为维护国家安全和社会稳定、保卫改革和经济建设，做出重大贡献。

公安机关指挥中心是在办公室的基础上发展而成的对内服务全局工作、对上服务领导机关、对外服务社会各界的综合服务部门和实战指挥枢纽，在公安工作、社会联动、应急处突、重大活动安保中处于龙头地位。

随着公安机关内部职能的不断调整，指挥中心从单纯的文秘、政务服务的传统机构，逐步发展到警务活动指挥调度、协调处置以及收集信息、情报研判、调查研究、服务决策等多功能兼备的实战综合体，在公安工作中发挥着不可替代的指挥协调作用。

第一节 文秘调研

文秘调研队伍是公安队伍的有机组成部分，肩负着决策参谋、宏观指导、收集、反映敌（社）情动态，预测趋势发展，提出决策根据和可行性方案，起草文件，上报下达，档案管理等重要职能。调研质量的好坏直接关系到领导决策的正确与否、指导能力强弱和机关效率的高低。

在不同的时期，全市公安机关都注重发挥文秘调研工作的决策服务导向作用，充分发挥公安机关点多线长面广的优势，围绕敌、社、政、民情动态，多层次开展调查研究工作，全面搜集掌握深层次预警性信息，及时研判、上报可能影响社会稳定的各类信息，并提出针对性措施建议，为指导做好各项公安保卫工作提供准确、翔实的资料，为领导决策提供参考依据。

一、调查研究

调查研究的课题大体分为三类：一是综合调研，对全市治安形势和年度公安工作要点、总结，通过调查研究，起草文稿，提交市公安局党委讨论、定稿。二是专题调研，针对公安工作涉及全局、政策、建议、导向性的重大课题，开展专题调研，制定调查报告，经局长审定下发文件，指导文件。三是理论调研，围绕影响和制约公安工作、队伍建设发展的问题，通过为上级领导机关的公安理论刊物撰写专题文章、为参加公安理论研讨会议撰写发言材料，提出加强工作和改革创新的意见、对策或建议。

1989 年地级日照市公安局成立后，市公安局办公室先后牵头组织创编《日照公安简报》《公安信息》《每日信息》《领导参阅》《每日警务动态》《警务动态周报》《呈阅件》《要情专报》等内部信息刊物，集中反映全市敌、社、政、民情动态和刑事、治安案件的发案、破案情况、处理情况，总结交流经验，为领导决策提供信息服务。各分局、县局均创编《公安简报》《公安信息》等内部刊物。

1991 年 4 月，市公安局下发《关于加强信息和情况控制工作的通知》，把信息和情况控制工作列入工作日程，明确信息工作重点，各单位确定 1 名兼职信息员，明确报送时限，每季度一通报，每年一评比。

1999 年 4 月，省公安厅对 1998 年度《山东公安简报》优质稿件进行通报，市公安局报送的《日照市开展“满意在派出所　方便在服务车”活动》获三等奖。

2000 年 3 月，市公安局成立由局领导任组长的信息报送考评工作领导小组，下设办公室在指挥中心。制发《日照市公安局信息报送工作规范》《日照市公安局信息报送工作考评办法》，对五大类、58 项信息的报送范围和时限作出明确规定，明确由市公安局指挥中心负责组织实施考评工作。通过制定完善工作制度，保证信息报送渠道畅通和信息传递规范、准确。

2001 年 6 月，市综治委下发《关于对全市严打整治工作进行督导和专题调研的实施方案》。指挥中心组织调研起草《“九五”期间全市社会治安动态分析及工作对策》，认真汇总 1996—2000 年全市社会治安基本情况，全面分析治安规律特点及原因，并对社会治安形势和刑事犯罪发展作出初步预测，有力服务严打整治工作。

2002 年 4 月，全省 110 报警服务暨信息工作调研座谈会在日照召开，市公安局以此为契机，全面加强和改进信息工作，健全完善一事一报告制度，发挥好指挥中心信息主渠道的作用，努力为领导决策提供服务。

2003 年初，针对城中村改造期间社会矛盾多发、到市集访增多的实际，组织开展专题调研，起草《关于旧城改造引发社会矛盾调查情况的报告》。7 月，市公安局以《领导参阅》件的形式，向市委、市政府提报《关于进一步加强市区交通秩序整治深化“双创”活动的调研》，市政府主要领导、分管领导分别作出批示，给予充分肯定。8月，根据全市公安机关“万名民警大调查、百万户大走访”活动总体要求，市公安局印发《市公安局机关民警大调研活动实施方案》，部署机关民警利用一个月的时间，深入调研影响制约公安工作和队伍建设发展的问题。

2004年4月，市公安局成立公安经费开支定额和装备配备标准课题研究组，认真开展县级公安经费调研工作，经一个多月的深入调研，形成全市县级公安机关经费开支定额和装备配备标准的第一手资料，研究制订经费、装备建设标准，向省公安厅提出可行性意见报告，为建立县级公安机关经费保障机制打下良好基础。

2006年3月，市公安局印发《关于进一步加强公安信息报送工作的通知》，进一步明确信息报送范围、时限、渠道，明确报送责任，落实考评制度，每两月通报一次，并将考评结果纳入市公安局正规化建设考评范畴。

2007年，市公安局围绕提升工作推动力、队伍执行力，在建立完善绩效考核机制方面积极探索，建立起职责明确、程序清晰、考评规范、奖罚有据的绩效考核机制，有力地促进队伍建设和各项业务工作。是年12月，中央政法委《政法动态》第27期以《山东省日照市公安局健全完善绩效考核机制》，转发市公安局推行绩效考核的经验做法。

公安部部署开展“三基”工程建设后，全市公安机关在持续加强基层基础建设，积极推进“抓基层、打基础、苦练基本功”的同时，紧紧围绕影响和制约“三基”建设的“瓶颈”问题，深入开展一系列专题调研。2008年2月，公安部指挥中心网站以《山东省日照市“三台合一”后治安防控威力进一步增强》为题转发日照公安机关做法。6月，全国公安机关基层基础建设领导小组办公室以《山东省日照市公安局扎实推进“三基”工程建设》为题，转发日照公安机关做法。10月，全国公安机关基层基础建设领导小组办公室以《山东省日照市公安消防支队通过“三基”工程建设实现消防工作和部队建设跨越式发展》为题，转发日照公安消防支队创新工作。

2008年奥运会安保期间，全市公安机关深入调研，专门制发通知，多次专题研究，依照有关法律法规，对长期积压未处理的18具非正常死亡人员尸体进行集中清理。是年8月，省委常委、省委政法委书记柏继民作出批示给予充分肯定，省综治委《山东社会治安综合治理》第29期专门刊发该经验做法。

全市公安机关坚持以警务创新破解公安工作难题，积极构建合成化现代警务体系，着力维护社会治安稳定、满足人民群众对社会治安新期待的做法，多次被上级转发推广。2008年，先后在全省公安“三基”工程建设经验交流会、全省社会治安综合治理工作会议上作典型发言。2009年3月，《山东政务信息专报》第22期以《日照市创建合成化现代警务体系全面提高社会治安工作科学化水平》为题，刊发市公安局创建“合成化”现代警务体系的经验做法，省政府主要领导姜大明作出批示、给予肯定。2009年5月，公安部《公安工作简报》第6期刊发；省委政法委《山东政法》第6期编发；省公安厅《山东公安简报》第19期转发推广。2010年1月，公安部《公安工作简报》第2期以《山东省日照市公安局建立打击街面“两抢”犯罪长效机制有效维护社会治安稳定》为题，专门刊发市公安局做法。2010年4月，公安部“三项重点工作”暨“三项建设”办公室《全国公安机关“三项重点工作”暨“三项建设”工作简报》第103期，专门刊发经验做法。是年5月，人民公安报社《公安内参》第20期，以《“经济持续发展必然案件高发”的怪圈可以打破》《不仅仅是“1+1 > 2”》《“我们还有很多工作要做”——聚焦日照公安机关“合成化”警务体系（上、中、下）》为题进行系列报道。

2012年，新一届市公安局领导班子深入开展调查研究工作，紧紧围绕工作中亟待解决的问题短板和薄弱环节，先后有针对性地部署开展“八项重点突破”、提升“八个能力”、完善“八大体系”建设，并提出“十大警务理念”，推动各项工作补短板、强长板。仅2012年，省公安厅《山东公安简报》14次、《山东公安简报》治安打防控工作专刊等17次转发市公安局经验做法。

2013年2月，市公安局党委印发《日照市公安局党委关于改进工作作风的十项规定》，对改进调研工作提出要求，市公安局党委委员围绕事关全市公安工作科学发展的全局性、战略性、前瞻性问题，结合分管工作，每年确定1～2个重点调研课题，深入基层调查研究，每人每年调研时间不少于30天，调研结束后写出专题报告。完善联系点制度，市公安局党委委员每人联系1～2个警种部门或区县公安局，以点带面指导工作。

2013年，市公安局深入调研全市户籍管理现状，部署推进户籍制度改革，推出放宽户口迁移政策、实施“户房一体化”工程、开展流动人口网上自主申报“三位一体”的户籍管理模式，进一步降低居民落户城镇门槛，加快全市城镇化发展进程，提升户籍管理服务效能。11月，《关于“三位一体”的户籍管理模式助推城镇化进程的调研报告》被编入《山东省重点领域改革典型材料选编》，并被省政府表彰为2013年度山东省政府系统优秀调研成果三等奖。

2014年4月，公安部办公厅调研室刊发市公安局《大案小案有人破　防范责任有人负　多警参与都有奖——关于创新推行打防责任制的实践与思考》。是年10月，市公安局制发通知，对进一步加强和改进公安调研工作提出要求。

2015年6月，在开展群众路线教育实践活动中，市公安局经调研发现，日照主城区有三轮车、四轮代步车超过1万辆，影响文明城市创建形象，群众要求整治的呼声强烈。市公安局专门向市委、市政府提交报告，建议以疏堵结合、梯次推进、平稳整治的思路对市区三轮车、四轮代步车开展集中整治。市政府主要领导对公安机关主动担当的作法给予充分肯定，并对集中整治工作提出要求。是年7月至2018年12月，本着边整治边巩固、逐步拓展、法治跟进的原则，逐步实现建成区全覆盖的整治步骤，有效解决这一城市顽疾，创建三轮车、四轮代步车整治“日照样板”，全国多个省市先后到日照考察学习。2016年5月，公安部研究室以《关于综合整治三轮车四轮代步车的实践与思考》为题，刊发市公安局经验做法。

针对公安机关在推进三轮车、四轮代步车集中整治和创建全国文明城市中发挥的重要作用、取得的显著成效，2015年10月，市公安局总结提炼出“责任在我”理念，市委、市政府主要领导分别批示肯定。是年12月，省公安厅《山东公安简报》第32期以《积极践行“责任在我”理念全力服务经济社会发展》转发推广。是月，公安部研究室刊发市公安局《关于公安机关积极践行“责任在我”理念全力助推经济社会发展的实践与探索》。

2017年初，新一届市公安局领导班子创新提出“精准警务”理念，推动市公安局公安信息网站改版，专门开设《调查研究》栏目，及时刊发各分县局、支队处室的调研文章，营造大调研氛围。局党委带头示范，把调查研究工作作为重中之重，针对全市公安工作现状，坚持问题导向，将践行“精准警务”更好地融合到基层基础建设攻坚战及各项公安工作中，着力突破制约公安工作长远发展的基础性、机制性、保障性难题，着力提升警务智能化、精细化、规范化水平，完成一系列重大活动安保任务，为全市首次捧得全国综治最高奖“长安杯”贡献“公安力量”。是年8月，《山东公安简报》刊发市政府副市长、市公安局局长张培林署名文章《实施精准警务　夯实全面发展坚实基础》。2017年、2018年，副省长、省公安厅厅长孙立成6次批示肯定日照公安工作。

在精准警务理念引领下，日照市公安机关深化完善平安警务、规范警务、数据警务、民生警务、合成警务、质效警务“六大精准警务”，公安机关驾驭治安局势的能力和服务经济社会发展的水平不断提升，在加快推进美丽富饶、生态宜居、充满活力的现代化海滨城市建设中发挥越来越重要的作用。2017年3月，市委、市政府部署开展贸易融资风险化解专项行动，市公安局充分发挥主力军作用，深入调研现状，坚持“打击、化解、挽损、维稳”并重，扎实开展打击逃废银行债务专项行动，打响化解贸易融资风险的攻坚战，打出挽救金融危局的组合拳，取得重大战果，短期内将不良贷款率控制在良性状态，一举化解贸易融资风险，成功防止风险外溢和“塌方式”爆发，守住不发生区域性、系统性风险的底线。打逃废“日照经验”被全省推广，多市公安机关到市公安局学习考察。

2018年3月，市公安局组织力量深入日照近海海域生产作业区开展调研，起草《我市海域生产作业现状调查报告》，并建议开展“平安海区”创建工作。市委主要领导对调查报告作出批示，对部署开展“平安海区”创建工作提出要求。市公安局主要领导主持研究“平安海区”创建工作方案。是年5月，“平安海区”创建工作正式启动，分四个阶段推进，取得显著成效。市委、市政府主要领导分别作出批示、给予充分肯定。是年，市公安局印发方案，在全市公安机关开展“大学习、大调研、大改进”活动，明确四大调研课题，组织各警种部门立足实际，坚持问题导向，确订调研题目，制订调研计划，开展全面调研，为局党委决策和推进各项重点工作提供参考依据。

2000年起，在市委政法委举行的历次全市政法系统信息调研工作会议上，市公安局均作为先进典型代表作汇报发言。市公安局指挥中心（办公室）连续多年被市委、市政府和市委政法委表彰为全市信息调研工作先进单位，多人被表彰为全市先进个人。

2006—2018年日照市公安局刊发、转发的信息简报统计表

表2-1　　单位：份

年份	市公安局刊发的简报数量	上级单位转发信息简报数量	年份	市公安局刊发的简报数量	上级单位转发信息简报数量
2006	77	17	2013	125	39
2007	106	20	2014	117	42
2008	158	36	2015	106	39
2009	172	47	2016	86	36
2010	136	48	2017	103	26
2011	106	41	2018	107	31
2012	161	52			

2007—2015年上级单位采用日照市公安局稿件统计表（部分）

表2-2

年份	日期	采用刊物或网站	题目	主办单位
2007	12.26	《政法动态》第27期	山东省日照市公安局健全完善绩效考核机制	中央政法委
2007	08.17	《全国公安机关基层基础建设工作简报》320期	山东省日照市公安局构建治安防控体系五张网	公安部
2008	02.21	公安部指挥中心网站	山东省日照市“三台合一”后防控威力进一步显现	公安部指挥中心
2008	06.13	《全国公安机关基层基础建设工作动态》436期	山东省日照市公安局扎实推进“三基”工程建设	公安部
2008	08.13	《山东社会治安综合治理》第29期	日照市公安局集中清理长期积压的非正常死亡人员尸体取得良好效果	山东省综治办

续表 2-2

年份	日期	采用刊物或网站	题目	主办单位
2008	10.31	《全国公安机关基层基础建设工作简报》410 期	山东省日照市公安消防支队通过“三基”工程建设实现消防工作和部队建设跨越式发展	公安部
2009	05.13	《公安工作简报》第 6 期	山东省日照市公安局积极构建合成化现代警务体系有效提升警务效能	公安部
2009	05.13	《山东政法》第 6 期	日照市公安局构建“合成化”现代警务体系有效破解基层警力不足难题	山东省委政法委
2010	01.26	《公安工作简报》第 2 期	山东省日照市公安局建立打击街面“两抢”犯罪长效机制有效维护社会治安稳定	公安部
2010	04.20	《全国公安机关“三项重点工作”暨“三项建设”工作简报》	山东省日照市公安局创建合成化警务机制大力推进社会治安防控体系建设	公安部
2010	08.31	《全国公安机关“三项重点工作”暨“三项建设”工作简报》171	山东省五莲县公安局深入推进信息化建设与应用	公安部
2010	09.03	《全国公安机关“三项重点工作”暨“三项建设”工作简报》274	山东省五莲县公安局积极参与大调处机制建设深入推进社会矛盾排查化解工作	公安部
2010	10.19	《纪检监察工作简报》8 期	山东日照市公安局监督工作坚持“三项创新”推动公安工作又好又快发展	公安部纪委
2010	06.07	全国公安政治工作信息网	山东日照市公安局围绕“一警多能综合执法”全面加强和改进公安队伍建设	公安部政治部
2010	07.20	公安部办公厅网站	山东省日照市公安局构建合成化 110 警务体系有效提升警务效能	公安部办公厅
2010	05.19	《公安内参》第 20 期	聚焦日照公安机关“合成化”警务体系（上、中、下）	人民公安报社
2010	03.18	《山东政务信息》特刊 11	日照市创建合成化现代警务体系全面提升社会治安工作科学化水平	省政府办公厅
2010	03.31	《山东社会治安综合治理》4 期	日照市扎实开展社会治安重点区域排查整治工作	省综治办
2014	04.20	公安部研究室网站	大案小案有人破　防范责任有人负　多警参与都有奖——关于创新推行打防责任制的实践与思考	公安部调研室
2015	08.17	公安部研究室网站	健全机制　优化服务　努力实现服务发展和公安工作双提升（东港分局）	公安部调研室
2015	11.24	公安部研究室网站	关于构建大巡防机制的探索与实践（东港分局）	公安部调研室
2015	12.10	公安部研究室网站	关于公安机关积极践行“责任在我”理念全力助推经济社会发展的实践与探索	公安部调研室

2006—2017 年《山东公安简报》采用日照市公安局稿件统计表（部分）

表 2-3

年份	日期	期数	栏目	题目
2006		30	经验交流	日照市公安局东港分局全力创建安全稳定的旅游环境
2006		41	经验交流	日照市公安局行风建设连续十年先进
2006		42	经验交流	五莲县公安局采取积极措施服务县域经济发展
2007	12.08	13	经验交流	日照市公安局以“五张防控网”压发案、保平安、促和谐

续表 2-3

年份	日期	期数	栏目	题目
2008	03.07	6	经验交流	日照市强化流动人口管理成效显著
2008	06.25	17	经验交流	日照市公安局构建治安防控体系五张网
2008	07.09	19	经验交流	五莲县公安局全面推行实有人口信息化管控办法
2008	07.09	20	经验交流	日照市公安局开展网吧集中治理整顿取得明显成效
2008	08.01	25	经验交流	莒县公安局建立五大机制打造“命案必破”品牌
2008	08.11	28	经验交流	日照市公安局集中整治非法传销专项行动取得显著成效
2009	05.27	19	经验交流	日照市公安局构建“合成化”现代警务体系成效明显
2009	07.03	32	经验交流	日照市公安局社区户籍管理改革工作成效显著
2009	08.21	37	经验交流	五莲县公安局四措并举推动平安和谐县城建设
2009	10.29	47	经验交流	日照市公安局东港分局围绕“小”字做文章积极构建和谐警民关系
2009	10.29	49	经验交流	日照市公安局推行四项机制促进信访工作良性发展
2009	12.21	67	经验交流	日照市公安局创新特警警务运作模式积极打造综合执法多功能作战实体
2010	08.12	24	经验交流	日照市公安局合成化追逃成效显著
2010	11.23	31	经验交流	日照市流动暂住人口和出租房屋管理服务工作实现常态化
2010	11.28	34	经验交流	五莲县公安局全力构建全县 5 分钟快速响应治安防控圈
2010	12.20	43	经验交流	日照市公安局东港分局推行“警官任村官”成效显著
2011	02.23	3	经验交流	五莲县公安局坚持“四抓四强”建设高素质公安队伍
2011	07.15	25	经验交流	五莲县公安局“四心”工程创满意
2011	08.12	27	经验交流	日照市公安局积极构建“大交通”管理新机制
2011	10.14	38	经验交流	五莲县公安局坚持“三到位”实行“三制法”“清网行动”取得显著成效
2011	11.18	48	经验交流	日照市公安局宣传部门多措并举推动公安宣传工作创新发展
2012	06.06	14	经验交流	莒县公安局以案件回访为突破口提升警民和谐指数
2012	06.15	16	经验交流	日照市公安交警部门创新推行“牵手”服务品牌
2012	08.31	23	经验交流	日照市公安局推行“特警全天候巡逻防控”模式提升社会治安防控水平
2012	09.19	24	经验交流	日照市公安局建立完善流动暂住人口信息化应用社会化联动管理机制
2012	10.30	32	经验交流	日照市公安局东港分局以“幸福文化”引领队伍建设
2012	11.22	37	领导论坛	以解决群众实际问题为导向构建常态化走访群众机制
2013	05.29	12	经验交流	日照市公安局“八项重点突破”创新社会管理
2013	11.18	27	经验交流	日照市公安局“三个围绕”着力构建立体化治安防控体系
2013	12.17	31	经验交流	日照市公安局开发区分局强化三项措施深入排查调处矛盾纠纷
2014	03.19	4	经验交流	日照市公安交警部门探索建立事故处理民生服务新体系
2014	11.18	20	经验交流	五莲县局创新“6+6”工作机制提升群众安全感和满意度
2015	12.30	32	领导论坛	积极践行“责任在我”理念全力服务经济社会发展
2016	06.07	13	经验交流	日照市公安局综合整治代步车交通安全违法行为有效维护市区交通秩序
2016	11.08	21	领导论坛	新型犯罪的特点及打防对策
2017	08.11	14	领导论坛	实施精准警务　夯实全面发展坚实基础

二、文电处理

文电处理工作，即文件收发、保管、督办、归档等工作。

日照公安机关建立之初，即安排专人负责文件收发、保管。

20 世纪 80—90 年代，日照公安机关逐步建立收发登记工作制度，将所有的文件、书籍予以编号，凡来文、发文首先做好登记，并在每月月底归档。地级市公安局建立后，市公安局逐步建立、完善相关规章制度，严格公文办理流程，规范文电管理工作。

2002 年 12 月，市公安局指挥中心制定《指挥中心工作规程》，明确指挥中心工作制度和相关管理规定，进一步明确指挥中心各科工作职责。其中，公文处理属秘书科职责之一，分收文办理、发文办理、公文归档、公文管理和非规范性公文制发等。之后，随着市公安局指挥中心机要科设立，市公安局文电的收发、办理工作由机要科负责。

2017—2018 年，市公安局指挥中心按照市公安局党委部署要求，以深化“标准规范年”建设为契机，结合当前新形势新任务新要求，对原有的标准规范进行修订完善，并制定出台新的标准规范，先后梳理、制修订文电处理相关工作流程、标准、制度和规范共 19 项。

文电种类

经过 30 年的发展，2018 年底，市公安局公文处理主要有六大类：一是省公安厅和市公安局 OA 系统（自动化办公系统）文件，包括省公安厅 OA 系统督办账号和市公安局在省公安厅 OA 系统的临时账号文件；市公安局 OA 系统文件；二是省公安厅公安网网站“省公安厅文件”和“网络传真”文件，市公安局公安网网站“市公安局文件”和“通知通报”文件；三是市委、市政府政务专网文件和市文件交换室报箱文件；四是省公安厅所发的明传电报和密码文件，市委、市政府及有关部门所发或取回的文件；五是上级机要信函类文件；六是局长批示件、“局长信箱”文件。

根据文电性质分类进行登记，密码文件使用专用登记本登记，其他类文件使用电子登记本登记，随时更新备查。

文电传阅

文电传阅流程，在实际公安工作中逐步完善，日趋规范。2018 年 10 月，指挥中心按照市公安局“标准规范建设年”部署，梳理制订文电传阅流程规范。

（一）市委机要文件，以及涉及国家和省委、省政府重要政策性和全局性的文件资料，经指挥中心领导批阅后，按局领导排序从前向后递送。

（二）市委、市政府和省公安厅政策规范类文件，需全体局领导阅并转相关部门阅知的，经指挥中心领导批阅后，按局领导排序从前向后递送，并转相关部门阅知。

（三）市委、市政府和省公安厅下发的需要本单位落实承办的文件，提出初拟意见并报指挥中心主任审阅，同意后按拟办意见报分管局领导审批，按局领导排序从后向前递送，并转发相关部门单位承办。

（四）市委、市政府及相关部门抄送或普发的一般性文件，由指挥中心负责同志批阅，按局领导排序从前向后递送。

（五）各支队、处室呈送给局领导的各类文件资料，须经分管局领导审阅签批，指挥中心根据批示意见，按局领导排序从后向前递送。

（六）各分县局报送给局领导的文件资料，由指挥中心统一受理，参照省公安厅和市委、市政府报送流程，经指挥中心主任审核把关后，直报局领导。

分类办理

对接收的各类文电，实行批办件、阅知件、综合传阅件分别办理。

批办件：对上级文件，有公安工作重要事项或有承办落实的重要工作的，统览全文，重点标注，提出初拟意见，填写《文件阅办单》，送指挥中心分管副主任拟写拟办意见，并报指挥中心主任审核同意后，按规定顺序传阅和转办。先由分管局领导阅示，再呈政委、局长阅批，根据局领导的批示意见，转相关部门单位落实。

阅知件：对中共中央、国务院、省委、省政府及其办公厅文件，省直、市直部门抄送市公安局的文件，作为阅知件办理，填写《文件传阅单》，按局领导排序由前向后递送，并转相关部门阅知。

综合传阅件：对市委、市政府普发类文件或相关部门抄送市公安局阅知的文件，填写《综合文件传阅单》，经指挥中心分管副主任拟写拟办意见、报指挥中心主任审核后，按局领导排序由前向后递送。

政务专网公文办理

市政务专网签收的公文，主要包括政务网《党政公文》《部门文件》《请示报告》《政务信息》《简报资料》等栏目的文件、信息、邮件等。指挥中心机要科负责市政务专网文件的日常签收、办理工作，做到专人签收、即签即办，坚决杜绝漏签漏办、延签延办。节假日、双休日期间，由机要科或秘书科当日值班人员负责文件的签收、办理工作。夜间，接到市委、市政府来电或短信通知，需要紧急登录政务专网签收办理文件的，由机要科负责落实。

建立签收登记制度，签收公文时，随签随登记，在政务网微机上建立电子登记表，注明签收公文标题、签收人、签收时间等事项。签收办理人员根据文件的轻重缓急，按照公文办理相关工作规范及时办理。对当日值班期间未能办结的公文，认真做好工作交接，确保文件办理无遗漏。秘书科值班人员签收办理的公文，需及时与机要科做好交接。交接文件需填写市政务专网签收办理文件交接表，详细填写文件签收、办理、落实情况。杜绝无关人员接触、登陆市政务专网微机。

局长批示件办理

主要包括各支队、处室、分县局自行汇报、办理的呈阅件，局长批示后转至指挥中心办理的；各支队、处室、分县局经指挥中心转呈局长的呈阅件；省公安厅、市委、市政府下发的文件，局长批示后转至指挥中心办理的。

接到局长批示件后，拟写批示件办理意见，经指挥中心主任审阅后，规范发送短信通报、列为督办件、挂公安网“领导批示”栏，并将批示件反馈呈报单位。编制“局长批示”短信内容，按发送范围通过“警信通”系统发局长、分管局领导、指挥中心主任、相关部门主要负责人。建立批示件登记台账，注明批示件序列号、督办单号、督办反馈时间及责任落实单位，制作《日公督办〔201*〕*号》督办单，连同局长批示内容发有关单位贯彻落实。编辑局长批示挂网信息，经指挥中心主任审阅后，挂市公安局公安网“领导批示”栏。建立跟踪督办制度，加强局长批示件的督办、落实，明确办理时限与具体要求，跟进督促、定期调度、一办到底、办结销号，定期整理汇总形成《督查督办专报》，确保件件有回音、事事有结果。

对“局长信箱”件办理，建立工作规范，定期登录查看“局长信箱”，及时签收，详细、准确地记录来信民警反映的内容。填写《日照公安网“局长信箱”批办单》，拟写办理建议，呈报局领导审阅，制作《日公信督办〔201*〕*号》督办单，发有关单位落实办理。明确办理时限，对紧急事项，承办单位应立即办理，并随时报告办理情况；属于自身职责的，反馈时间为3个工作日；需调查核实的，原则上不超过7个工作日；特殊情况的，及时反馈。整理汇总落实情况，形成书面回复材料，呈市公安局主要领导审阅后，按照局领导批示要求，及时回复来信民警，并存档。

2017年，共办理局长批示件431件，其中列督办344件，编辑《督查督办专报》专刊13期。2018年，共办理局长批示件576件，其中列督办476件，编辑《督查督办专报》专刊13期；办理群众访信81件；办理“厅长信箱”件1件、“局长信箱”件2件。

催办、督办、归档

催办。凡批转承办单位落实的文电，根据局领导批示要求和文件办理时限，定期或跟踪催办。对催办过程中了解到的重要情况和问题做好记录，并及时向指挥中心领导汇报。凡有明确办理时限的，督促有关部门在规定的时限内办理完毕。凡几个部门共同承办落实的，由指挥中心负责汇总或指定一个牵头部门负责汇总，呈局领导审阅。

督办。对有关责任单位明确反馈时限：属于自身职责的，反馈时间为3个工作日；需调查核实的，原则上不超过7个工作日；有特殊情况的，要及时反馈说明。及时跟进督办，对督办过程中了解到的重要情况和问题要做好记录，并及时向局领导汇报。一是凡有明确办理时限的，督促有关单位在规定的时限内办理完毕；需要一定时期内贯彻执行的，跟进督促，及时调度了解办理落实情况；二是对承办单位报送的办理结果或意见认真审核，不符合办理要求的，退回承办单位，并帮助和督促按要求办理；三是定期检查清理承办情况，对超过办理时限的督办件，重点催办，下发催办单要求承办单位及时反馈并书面说明原因。督办形式：向责任部门下发督办通知单、电话督办或到承办单位实地督办等形式进行督办。督办结果报告：每月10日调度、汇总上月督办事项落实情况，整理编发《督查督办专报》，报呈局长、局党委成员，发各支队、处室主要负责同志及各区县局主要负责同志；重要紧急事项实时专题汇报。局长对办理落实情况再次批示的，纳入批示件办理流程再次督办，如无督办要求，整理存档。

归档。可归档管理的文件、电报：需阅知的文件已送所有应阅知的人员和单位的；需传阅并承办落实的文件，已传所有传阅人阅示并发承办单位办结的；需传阅并转办落实的文件，已传所有传阅人阅示并转相关单位办理的。

三、档案管理

公安档案是公安机关公务活动的真实记录，通过档案可以再现不同时段公安工作的历史面貌。公安档案管理工作就是按照科学的方法，对公安档案进行收集、整理、归档和提供服务的业务工作。日照市公安档案管理工作经历了公安机关成立之初的文件保管、20世纪50年代的档案清理，到20世纪80年代的集中归档，再到数字化信息化建设，全市公安档案管理工作逐步规范化、信息化。

市公安局档案管理工作始于1945年8月，档案工作由文秘人员兼职。设备较为简陋，办公地点不固定。新中国成立后，办公条件逐步改善。

1988年，市公安局组织进行一次系统的、大规模的档案鉴定、整理工作。

1990年，市公安局组织编写机关机构沿革、大事记、文件汇集、基础数字汇编、基本制度汇编、档案利用实例汇编等资料，以服务现实斗争需要。是年底，市公安局档案室共有业务卷3897册、文书卷1087卷、财务卷245盒、基建档案30盒。市公安局被市档案局批准为机关档案管理省先进三级单位。

1996年，市公安局新档案室启用，档案室设在市公安局办公楼6楼，有档案库房2间，共45平方米；办公室、阅览室各1间，共45平方米。办公室设专职档案员管理档案。

1998年4月，市公安局在莒县召开全市公安派出所档案工作现场会，推广莒县公安局档案管理的先进经验做法，推动全市公安派出所档案管理的规范化。

1999—2001年，市公安局档案室连续被省公安厅表彰为全省公安机关档案管理规范化先进单位。

2002年，市公安局机关机构改革，市公安局档案室隶属指挥中心秘书科。

2004年，制定《日照市公安局公安档案大练兵方案》，组织档案民警开展练兵活动。4月，市公安局举办档案专题培训班。5月，组织档案人员参加省公安厅、市档案局组织的培训班。

2007—2009年，市公安局档案室克服人员少、任务重等困难，增强服务意识，创新服务举措，推进档案管理前移。市公安局档案室主动深入中国水上运动会、第十一届全运会等重大赛事活动现场，同安保人员一起整理大型活动安保档案。

2008—2010年，先后制定《日照市公安局机关归档文件整理操作办法》和《日照市公安局文书档案保管期限表》《机关纸质文书档案整理办法》《机关文件材料归档范围和文书档案保管期规定》《日照市公安局声像档案管理办法》《日照市公安局实物案管理办法》《日照市公安局家庭档案管理办法》等工作规范、制度，推动公安档案工作制度化建设。

2014年5月，市公安局档案室创新推行上门指导整档和协作整档工作举措，档案民警深入各单位上门指导、现场一对一帮助全方位开展资料的收集、整理和归档工作。工作做法得到省公安厅档案馆肯定。

2015年，省公安厅组织开展“忠诚履职·争创佳绩”主题征文、“记录精彩瞬间·留下难忘回忆”主题摄影、“创新警务机制·铸就辉煌业绩”主题录像“三项展评”活动。市公安局档案室组织报送的《档案员的酸甜苦辣》《档案——我最亲密的战友》分别获得主题征文三等奖和优秀奖，《风雨坚守》《鏖战》《弹锁元凶》《临危不惧》分别获得主题摄影一、二、三等奖和优秀奖；《刑事执法工作四个一机制》获得主题录像作品三等奖。

2016年3月，以市公安局搬进新综合业务楼为契机，高标准规划建设的档案室及3个档案库房全面启用，库房面积共660平方米，招标采购消磁柜、空调、消毒柜等标配设备，设置办公室、阅览室、档案整理编目室、数字档案整理室、消毒灭菌室、缩微摄影室以及拷贝复印室等，共280平方米。5月，按照省公安厅《关于加快推进公安档案信息化建设的意见》“一馆”“两网”“三化”建设思路和规划部署，同专业公司签订合同，安装完成公安网非涉密档案信息查询利用系统和局域网涉密档案综合管理信息系统，在5个分县局安装涉密档案综合管理信息系统单机版，并对市公安局各警种部门和各分县局的专兼职档案人员进行档案信息化业务培训。

图2-1 2016年启用的档案库房

图2-2 2016年12月，开展电子档案检查考核

是年8月，启动市公安局机关档案数字化建设工作。由指挥中心牵头，与信通处、警务保障处多次研究论证，向省公安厅档案馆请示，并多方与有关资质公司考察交流，制定项目建设的实施方案。经市政府招标采购中心统一进行公开竞争性磋商，确定专业公司实施档案数字化加工。是年，全市公安档案部门新增各类档案3235卷（件），编辑5种

3.1 万字的档案资料，检索目录 21 本，接待查档 331 人次，提供档案 395 卷（件）次。

2017 年，按照省公安厅《档案信息系统安全保护的管理要求》和《档案数字化外包安全管理规范》要求，全面开展档案数字化加工工作。市公安局档案室扫描加工档案 90 余万页，录入数据 20 多万条，对历史档案进行修复，完成全部馆藏档案的数字化加工，并在线存储系统实施多套备份，档案数据全部采用一次写光盘、硬磁盘等离线存储介质实行备份，公安网非涉密档案信息查询利用系统开始使用，提高查询档案查询利用时效。

是年，全市公安档案部门新增各类档案 2315 卷（件），编辑 5 种 2.1 万字的档案资料，检索目录 15 本，接待查档 315 人次，提供档案 334 卷（件）次。同时，把公安档案资源转化为现实战斗力，编撰大事记、组织机构沿革、公安志、公安档案志、专题材料汇编等编研资料 10 余种，深挖公安档案的实用价值，发挥公安档案的整体功能和社会效益。

2018 年，制定《日照市公安档案信息化、数字化管理使用规定》，在加强纸质档案归档收缴的同时，将收缴的档案按照相关标准要求数字化加工，实现利用“公安档案管理信息系统”对公安档案的管理、利用。是年，为丰富馆藏结构，同时在市公安局档案室建设实物档案陈列室 2 间，声像档案 1 间，共收集整理各类实物档案 96 件，归档声像档案 609 组（1746 张）。

至 2018 年底，市公安局档案室藏有文书档案 12234 卷（件），专业档案 5631 卷，会计档案 1430 卷，科技档案 79 卷，声像档案 5468 件，实物档案 231 件；累计接待查档 6335 人次，提供档案 7316 卷次。为向查档人员提供精准、快捷的服务，市公安局档案室积极编撰全宗指南、统计数据分析、专题材料汇编等编研资料 10 余种。2004—2018 年，市公安局档案室连年被评为省一级档案室。

四、印章管理

1989 年地级日照市公安局建立后，市公安局启用新印章。为加强印章管理，建立健全印章保管制度，存放公章的抽屉必须落锁，未经保管人员审核把关不得私自用印，不得将市公安局公章拿到科室使用。各科室凡是下发或上报公文，先由科室负责人批准，再经局领导把关签发后加印。

1997 年，市公安局下发通知，启用市公安局各科室印章。依据《日照市公安局职能配置、内设机构和人员编制方案》，根据工作需要，新刻制印章 24 枚。

2000 年，根据市政府通知要求，因市公安局原印章磨损严重，不便继续使用，刻制新印章 1 枚，自 2000 年 3 月 31 日起启用，原印章同时废止。

2018 年，制定《日照市公安局印章使用管理规范》，市公安局印鉴的使用必须履行严格的审批手续，用印需规范、及时、准确。市公安局行政公章、市公安局指挥中心、秘书科、机要科印鉴由机要科专人管理。印鉴未使用时，存放于专用保险柜内保管。印鉴管理人员用印时应认真审校审批手续是否完备。用印单位或科室对用印内容负责，并自觉履行用印审批手续，先审批后用印，印鉴管理人员对不符合用印规定的，拒绝用印，并说明理由退回。印鉴管理人员加盖印章，坚持一次审批一次使用，不得一次审批重复使用。明确用印审批权限：加盖市公安局印章的公文，一是由行文单位领导和分管局领导审批并报市公安局主要领导审阅同意后印发的；二是经市公安局党委会研究，并同意印发的；三是经市公安局党委委员审签同意的。加盖市公安局印章其他情况，民警个人收入证明须经市公安局警务保障处审核，填写具体经办人姓名并加盖工资审核章后用印；行政介绍信的出具需填写《出具行政介绍信审批单》，由分管局领导签字同意或经本单位主要负责人请示局领导后代签；各类报表业务工作，须经主管业务处室审核，并报经分管局领导同意后用印；其他特殊情况需加盖市公安局印章的，需填写《加盖市公安局印章审批单》，经局领导或指挥中心主任审核同意后用印。

1989—2000 年市公安局公章

2000—2015 年市公安局公章

1997 年市公安局治安管理科公章

1997 年市公安局办公室公章

1997 年市公安局刑事警察支队公章

1997 年市公安局治安警察支队公章

1997 年市公安局预审监管科公章

1997 年市公安局经济文化保卫科公章

1997 年市公安局出入境管理科公章

1997 年市公安局户政管理科公章

1992 年日照港公安局公章

2018 年日照市公安局岚山铁路分局公章

图 2-3 不同时期公安机关公章（部分）

日照市港航公安局印章管理

日照市港航公安局历经两次更名。1983 年 6 月成立石臼港公安局，是年 11 月 30 日，石臼港公安局印章启用。

1992 年 5 月 1 日，石臼港务局更名为日照港务局，日照港公安局印章启用，同时，相继启用日照港公安局办公室、日照港公安局治安科、日照港公安局消防监督专用章、日照港公安局边境通行证专用章等15枚印章。

2009年，为加强印章管理，建立健全印章保管使用制度，日照港公安局印发《日照港公安局印章管理规定》。局指挥中心负责全局的印章管理，承办印章的刻制、启用、发放、回收、作废、归档等工作。

2018年3月30日，日照港公安局更名为日照市港航公安局；因改制工作还未全部完成，至2018年底，日照市港航公安局印章未启用。

坪岚铁路分局印章管理

2018年11月21日，山东省地方铁路公安局坪岚分局整建制划归日照市公安局。2018年12月24日，启用日照市公安局坪岚铁路分局印章。

五、政务公开

1999年6月，公安部下发《关于在全国公安机关普遍实行警务公开制度的通知》。市公安局按照“除法律法规规定不能公开的事项外，都要予以公开”这一原则，在出入境、户政、交警、消防部门业务窗口设置警务公开专栏，公开工作人员工号、姓名、职务、照片，公布办理程序、办理时限、收费标准等各项办事制度，设立意见箱、投诉电话，接受社会各界和办证群众监督。

2007年4月，国务院颁布《中华人民共和国信息公开条例》。市公安局按照条例要求，逐步推动全市公安机关政务信息公开工作规范化。

2010年5月，《山东省政府信息公开办法》发布。自2012年开始，国家、省、市每年都通过印发年度工作要点的形式，对政府信息公开工作进行部署、推进。市公安局按照中央、省、市部署要求，以日照警务网（www.rz110.gov.cn）为依托，在网站专门开设信息公开板块，发布信息公开指南和年度信息公开工作要点，制作信息公开目录，对机构职能、人事信息、通知公告、法规文件、权责清单及民生特点和重点领域信息等内容依法进行公开。至2018年底，网站累计访问量达300万人次，居全市各政府门户网站前列。

随着新媒体技术的发展应用，微信、微博新兴社交媒体逐渐成为政府与群众沟通交流的新平台。2012年2月，日照公安微博正式开通运行。2013年7月，市公安局在微博问政的基础上开通“日照市公安局”官方微信公众号，常态发布警务工作信息和警方提示等内容，开通户籍、出入境、车驾管等部门业务指南和车辆违章查询、驾驶人信息查询等多项功能，并依托公安边界接入技术，实现内外网数据互通，实现“老百姓外网申请、公安民警内网办理”的目标，被百姓亲切称为“指尖上的警民对话”。

2017年，市政府办公室下发《关于印发日照市政务信息系统整合共享工作方案的通知》，在全市政府办公系统推进电子政务外网公共服务域建设，整合互联网出口，着力构建标准统一、功能完善、运行稳定、安全可靠、纵横互通、集中统一的电子政务网格。市公安局按照市政府办公室统一部署，积极推进日照警务网和市政府门户网站在政务外网公共服务域中的功能融合，不断提升政务信息公开水平。

信息安全是政务信息公开的重要前提，警务信息公开和公安保密工作都是公安机关的法定工作。在实践中，警务信息公开法律制度与《中华人民共和国保密法》相依相掣，共同规制着公安机关信息发布。市公安局坚持“两手抓”，把信息公开领导小组和保密工作领导小组办公室同设在指挥中心，由同一人起草、同一个领导审核，每年分别更新公安保密和信息公开工作要点，并由专人专司这两项工作的日常管理，确保信息公开和保密工作在最大的切合点上同时推进。

第二节 指挥调度

随着社会经济的发展，公安指挥调度成为公安机关更好履行职责的快速反应机构。从最初的110报警服务台，到“三台合一”的集约式建设，再到扁平化勤务实战指挥体系的形成，经过20余年的实践探索、创新发展，指挥调度已成为公安工作和公安机关快速反应的指挥枢纽，成为党和政府联系群众的重要窗口和主要桥梁。

一、110报警服务

1993年12月，市公安局组建110指挥中心，隶属市公安局办公室。开通3条110报警市话专线，配备4名民警，实行24小时轮流值班，负责接处市区及东港区范围内的警情。各分县局和消防、交警支队及大队（中队）都相应成立指挥中心或指挥室，分别设立110（负责受理治安报警）、119（负责受理消防报警）、122（负责受理交通事故报警）报警电话，共有值班人员44人。至1996年上半年，共接处报警1648次。

图2-4 20世纪90年代110接警台

1996年9月，按照全国城市110报警服务台建设漳州现场会精神和省公安厅菏泽、青岛会议精神，着手建设110报警服务台。在各方面条件比较困难特别是建设经费短缺的情况下，市公安局筹措资金25万元，购置警车和部分设备，从巡警支队抽调42名民警，于9月30日在日照老城区和新市区同时设立2个110报警服务台，在全省率先开展110报警服务。110报警服务台按照“有警必接、有难必帮、有灾必救、有求必应”的服务承诺，实行24小时全天候值班，随时接受群众的报警求助。莒县、五莲、岚山公安机关先后于是年底设立110报警服务台。

图2-5 20世纪90年代110处警车

1997年4月9日，印发《关于加强全市公安指挥中心110报警服务系统建设实施方案》，从指挥调度、硬件建设、工作流程、制度规范等方面在全市公安机关进一步建设完善110报警服务系统，推动公安业务改革，密切警民关系，提高公安机关快速反应能力，维护社会治安，服务人民群众。

是年6月，市公安局在市委、市政府支持下，投资100余万元，购置1套具有自动显示主叫号码和背景资料，自动录音，110、119、122自动分流等先进功能的TG110报警指挥系统，邮电部门无偿提供一个2兆口（30路终继线，其中20路呼入、10路呼出）、20条数据专线，在全省率先实现110、119、122报警联网。该系统在市公安局110指挥中心设有4个人工接警台，1个处理报警台；在各分局、县局、消防、交警支队及各大队各设 2 个人工接警台；在老城区、新市区 110 处警机动队和各消防大队、中队设报警电话。在全市任何一个地方拨打 110，市公安局、辖区所在地的分县局指挥中心均可同时接到报警；拨打 119（或 122）时，市公安局指挥中心、消防支队（或交警支队）及辖区所在的大队（中队）可同时接警，全面实现 110 二级接警、三方通话，119 与 122 三级接警、四方通话。

是年，《山东公安简报》以《日照市公安指挥中心和 110 报警服务系统建设落实“四个到位”实现重点突破》为题刊发推广日照市公安局的经验做法。

1998 年 2 月 13 日，市公安局印发《关于进一步巩固、深化、完善和提高全市 110 报警服务台工作的意见》，提出 110 建设要坚持“四有四必”承诺不动摇，坚持“两个联动、两个延伸”的发展方向不动摇，并加快 110 向海上、向农村延伸的步伐，努力构建起更为科学完备、辐射全社会的 110 综合报警服务体系。

2000 年 3 月 1 日，市公安局 110 报警服务系统增设接受群众投诉功能。

截至 2001 年 12 月，全市 110 报警服务系统（包括 122、119）共接处警 7.4 万余次，出动警力 20 余万人次，其中接处刑事、治安报警 1.8 万余次，交通事故报警 3.4 万余次，火警 2000 余次，紧急救助 5100 余次，其他 5000 余次。收到锦旗、镜匾 200 余面（块），感谢信、感谢电话 800 封（次）。

2003 年初，市公安局根据第二十次全国公安会议精神，针对“110、119、122”三台合一问题，开展专题调研，拟定优化提升建设方案。4 月 25—26 日，全省 110 报警服务暨信息工作调研座谈会在市公安局召开。

2005 年 5 月，市公安局对全市公安机关的接处警实行 110、119、122“三台合一”运作。是月，全市公安机关“三台合一”接处警系统割接成功。由此，全市公安机关快速反应、合成作战的能力明显提升。

2007 年起，进一步整合资源，完善以 110 为龙头、以社会面警力为依托、以“集约、高效、规范、合成”为主要形式的快速反应机制，构建合成化 110 警务体系，提高全市公安机关维护治安、打击现行的能力。

2008 年 8 月，建立“信息网络安全报警服务网站”，并在日照信息港、日照新闻网、日照在线等 30 余家互联网站设立“报警岗亭”，在 90 余家互联网站上设立“虚拟警察”，担负“出警”任务，及时打击处理各类网上违法犯罪活动。

2008 年 11 月，在全省公安机关 110 接处警规范化建设工作会议上，市公安局以《积极构建合成化 110 警务体系不断提高公安机关维护治安稳定的能力》为题作典型发言，介绍经验做法。

2016 年 5 月，市公安局下发《关于成立全市公安机关减轻基层公安机关 110 接处警工作负担专项治理领导小组的通知》，全面贯彻落实公安部、省公安厅关于开展减轻基层公安机关 110 接处警工作负担专项治理的重要部署，组织全市公安机关完善 110 警情处置工作机制，严厉打击恶意报警、扰警行为，积极推动建立社会应急联动机制，消减不合理考核评价项目。

二、规范接处警

1996 年，市公安局 110 报警服务台开通后，落实五项措施，提高快速处警能力：一是大力向社会宣传 110 报警服务台的职责、任务，增强群众使用 110 电话报警的意识，防止延误报警时间；二是进一步完善接处警程序，加快接警、指挥、出警、处置各个环节的工作节奏，干警昼夜值班、不空岗，确保处警迅速；三是坚持做到“三个一”，即一事一分析、一天情况一汇总、一周工作一小结，及时总结经验教训，不断提高工作质量；四是开展练兵活动，组织干警学习刑侦、治安、交警、消防等业务知识，真正做到一警多能；五是加强车辆、通信保障，为报警服务台配备车辆 4 台，对讲机

21部，确保110干警出警迅速，联络畅通。是年，日照电视台、日照人民广播电台、有线电视台和山东电视台等新闻单位先后对市公安局110报警服务台事迹进行报道。广大群众也纷纷以各种方式表示对110的支持和感谢。9月开通至年底，共收到表扬信37封，感谢电话168次，锦旗镜匾16件。

1997年初，为进一步规范110工作，印发《110报警服务台接警处警办法》《指挥中心110报警服务台及各机动队规章制度》，对报警、接警、出警、处警等环节进行规范。一般警情，市公安局指挥中心直接调度处警单位；重要紧急情况，先向局领导报告请示，根据局领导要求进行处警；特别紧急情况，先处警、后补报；遇到大规模群体性治安事件等关系全局的情况，市公安局领导直接在指挥中心坐镇指挥。初步形成以市公安局指挥中心为龙头，各单位110指挥室为纽带，基层实战单位为依托，集中、权威、高效、统一的指挥中心和110报警服务台快速反应机制。

6月25日，市委、市政府主要领导到市公安局考察110报警服务工作，在察看110接警台、出警点、指挥中心后，称赞“110是公安机关的一束精神文明之花，是近几年公安局抓班子、带队伍、强素质、树形象结出的丰硕果实”。8月14日，市委、市政府作出《关于向日照110报警服务系统学习的决定》，在全市广泛深入地开展向日照110报警服务系统学习活动。

1998年1月7日，市公安局召开会议，围绕进一步完善110工作运行机制，充实接处警力量、提高干警素质，完善管理机制、加强协作配合，提高快速反应能力，以及组织好110宣传日活动等作出具体部署。

2000年5月10日，市公安局印发《关于警务督察部门与110报警服务台联动处置群众投诉工作的意见》，对不严格履行承诺，发生群众投诉的若干情况作相应规定。

2001年9月，市公安局下发《关于进一步加强110报警服务工作的意见》，对110报警服务工作出现的问题提出整改要求。

2002年4月，市公安局下发《关于进一步理顺市区110接处警工作的通知》，调整市区110接处警任务分工，将110处警机动队下沉到城区各派出所，每所配备1辆依维柯警车和通信工具，屯警街面、有警处警、无警巡逻，进一步提升快速反应能力，严密社会面控制。

2004年8月，根据全国、全省公安机关进一步加强110接处警工作电视电话会议精神，市公安局进一步规范110接处警工作。加强对110接处警工作的领导，在解决实际问题上下功夫；提高接处警人员的认识，增强做好110接处警工作责任感和紧迫感；严格执行接处警工作规范，及时妥善处置各类警情；严格监督管理，坚决查处不作为行为；广泛开展大练兵活动，全面提高接处警人员的素质。

2005年，按照《全省公安110接处警队伍正规化建设实施意见》要求，全市公安机关全面加强110接处警队伍建设。

2006年3月，市公安局下发《关于进一步加强处警反馈工作的通知》，对全市公安机关接处警反馈工作进行再强调、再部署、再规范，以便及时掌握各单位的处警情况，同时便于对各类警情信息统计、分析和研判，更好地服务人民群众。

2007年7月，市公安局印发《全市公安110、119、122“三台合一”接处警系统基本功考核工作实施方案》，并于8月组织开展全市公安110接处警系统民警基本功集中考核。各分县局和交警、消防支队的部分接处警人员共38人参加集中考核，考核分为业务知识理论考试、体能测试和计算机操作技能考试三部分。通过考核，集中检验全市110接处警系统民警的业务水平和实战能力，摸准练兵方向，激发民警练兵热情，有力地推动110接处警系统队伍建设和业务工作的开展。

是年，按照“一警多能、综合执法”的要求，构建合成化处警体系。坚持屯警街面、网格化布警，以派出所、交警中队为单位划片分段、设置责任区域，大力推行巡防与处警一体化，做到“有警处警，无警巡逻”，进一步提高就近处警、打击现行的能力。严格绩效考核、奖惩兑现，将110接处警工作列为绩效考核的重要内容，实行“台账化”管理和“排行榜”制度，每日一调度，每周或每半月、每月一通报，激励先进，鞭策后进。市公安局明确规定，民警在巡逻处警中抓获现行、破获案件的，视情予以通报表彰。对接处警不力的，做到发现一起查处一起，并在全市予以通报批评。凡被通报批评1次的民警，1年内不得提拔使用。被通报批评2次的民警，待岗培训1年。民警2次被市公安局通报批评的，所在科所队主要负责人就地免职。

是年，认真贯彻落实公安部制定的公安机关指挥中心工作规范，组织市、县（区）两级公安机关大力推行准确接警、准确派警、准确处警“三个准确”工作法，并结合“百十一”岗位练兵活动，有针对性地强化对接警调度岗位民警的法律知识、公安业务和指挥调度艺术、水平的培训。同时，进一步明确各指挥层级的职责任务、指挥权限、处置规范，形成“接警快、派警快、出警快、处置快”的良好工作局面，有力地促进110警务工作的深入开展。

图2-6 2008年，召开全市公安机关接处警“三台合一”工作会议

2009年，在全市公安机关推行110接处警工作规范化建设，以规范110接警和调度处置、现场取证、着装携装、监督管理工作为重点，加强监督检查和考核，推进接处警工作程序化、标准化、制度化建设，提高110服务群众的质量和水平，树立110执法为民的良好形象，进一步促进警民关系和谐。按照地域管辖的原则，依法、规范、快速接处警情；确保处警警力执法主体合法，警容严整，单警装备、勘查取证设备齐全；对处警车辆、装备加强管理，责任到人，严格保管、移交等工作程序，确保随时安全正常使用。依法规范处置警情现场，遵循立即响应、核实警情、现场处置、汇报回告等基本程序，切实提高处警效率；按照理性、平和、文明、规范执法的要求，充分运用所学警体技能、法律知识和社会知识，根据警情性质妥善做好控制、移交、解释等工作；认真填写表格、作好记录，与当事人互留联系方式，方便群众联系和监督；利用现场取证仪器，记录整个处置过程的声音和图像，客观全面地固定好处警过程，有效避免恶意投诉；规范做好事后处理工作，及时反馈处警情况，做好证据保存、移交等工作，向当事人反馈处理意见，努力争取群众满意。同时规定，各基层处警单位都要设置专门的物证室，确保每台处警车辆上至少配备1部现场取证仪。

是年10月，印发《日照市公安机关接处警现场处置操作规范（试行）》，从出警准备、现场处置等方面对110接处警作出进一步规范，推进全市公安机关执法规范化建设，促进全市公安民警文明执法，规范执法，保障正确行使职权，有效打击违法犯罪。

2010年2月，下发《关于进一步加强110接处警工作的通知》，加强值班备勤、严格出警时限、规范现场取证、规范着装携装、严格实行二次反馈制度、加强对现场处置工作的组织指挥，同时严格落实处警回访、定期督察、责任追究制度，推动110接处警规范化建设深入开展。5月起，市公安局采取集中检查每季度1次、日常检查随时进行的方式，对全市公安机关110接处警规范化建设工作进行常态化督导检查。是年，五莲县公安局指挥中心指挥调度科、东港分局昭阳路派出所被评为全省公安机关110接处警规范化建设工作先进集体，受到省公安厅通报表彰。

2012年，东港分局在全区公安机关开展110接处警回访工作，实行“一次处警、三级回访”制度。

一是出警回访，110 出警民警在警情现场处置结束时，当场回访报警人对处置结果的满意度，及时解答群众对工作流程、处置结果等的疑问，消除工作误解，并将回访结果记录在《110 接处警登记簿》上，由当事人签名确认。二是电话回访，分局从市区派出所抽调 10 民警进行集中培训后，轮流到分局回访室，于群众报警后的第二天对当事人进行电话回访，对 110 民警出警速度、处警态度、处置结果、警容风纪等进行访查，征求群众对公安工作的意见建议，最大限度地让群众满意，严防发生涉法上访投诉事件。三是上门回访，指挥中心对电话回访不满意的警情，以《督办单》的形式派发责任单位，责成单位负责人或责任民警上门征求意见，对因处警民警工作不当引起报警人不满的，及时采取针对性措施予以解决；对非公安因素造成报警人不满意的，耐心做好宣传解释工作。整改工作由分局指挥中心全程监督，进行再次回访、跟踪问效，确保整改到位。

2014 年 5 月，组织成立市公安局 110 接处警执法专家组和外语专家组，对处置群众报警求助提供法律咨询，协助指挥中心受理外语报警，为基层处警单位处置涉外警情提供翻译服务，进一步提升 110 接处警工作水平，更好地服务群众。12 月，市公安局下发《关于完善三项机制进一步规范 110 处警工作的通知》，从完善 110 不满意警情每日讲评机制、完善快速处警机制、完善现场处置机制等方面对 110 处警工作做进一步规范，不断提升群众对 110 处警工作的满意度。

2015 年，莒县公安局以开展“110 再快一分钟”活动为载体，规范基本动作，创新工作机制，强化教育培训，提升 110 接处警工作水平，110 接处警回访满意率达 99%。12 月 25 日，《山东公安简报》以《莒县公安局进一步加强 110 接处警工作》刊发相关经验做法。

2016—2018 年，先后有 67 个基层单位、1200 余人次因快速接处 110 警情、及时抓获现行被市公安局通报表彰；先后有 34 个单位和 16 名个人因接处警不力被通报批评。通过实施奖罚严明的绩效考核机制，确保警令畅通和 110 接处警工作的落实。

1997—2018 年全市 110 接处警情况统计表

表 2-4

年份	接警量（起）	年份	接警量（起）
1997	7776	2008	83997
1998	15280	2009	86651
1999	20176	2010	109242
2000	24356	2011	112964
2001	27384	2012	125243
2002	37247	2013	144126
2003	40748	2014	159600
2004	45869	2015	162354
2005	54313	2016	177204
2006	59118	2017	184112
2007	75342	2018	182732

三、110 社会联动

全市公安机关积极推进 110 社会联动，实现非警务警情精准分流，最大限度地盘活社会资源和警务资源，提升警务效能，减轻基层民警处警负担。

1997年4月，市政府组织召开110社会联动工作座谈会，专题研究部署110社会联动工作，要求齐抓共管，尽快形成服务群众的社会运行机制。5月，市委办公室、市政府办公室联合下发《关于共建日照“110”推动全市精神文明建设的通知》，动员全市各级各部门齐心协力共建日照“110”，逐步使“公安110”转变为“社会110”，形成一个以“110”为龙头，有关部门配合联动，辐射全社会的报警服务运作体制，使其发挥更大作用，更好地为人民服务。10月，市委、市政府组织全市相关单位收听全省110报警服务社会联动工作电话会议，并于会后就加强110社会联动工作提出进一步要求，推动110社会联动工作全面开展。

1998年5月，市政府召开邮电、电业、城建、卫生、财政、人事等部门负责人参加的110社会联动工作调度会，就社会联动工作进行研究部署，明确各联动单位的职责任务和保障措施。市政府与21个联动部门签订责任状，市公安局与联动单位签订协议书，定期召开联席会议。各有关部门设立公开电话，成立抢险救灾、为民服务小分队，实行24小时值班，随时接受群众求助，形成110社会联动的良好态势。

2001年11月，市公安局和市盐务局联合下发《关于全市盐政执法部门统一加入110社会联动体系的通知》，进一步完善110社会联动体系，整顿和规范全市盐业市场经济秩序，严厉打击盐业违法犯罪活动。

2002年9月，市妇联和市公安局联合下发《关于在“110”报警服务台设立家庭暴力报警服务台的通知》，坚持依法维护社会治安与服务妇女群众并举的方针，全面贯彻执行保护妇女儿童合法权益的法律法规，预防和惩治家庭暴力违法犯罪行为，维护妇女儿童合法权益。

2011年11月15日，市公安局组织召开全市开锁业服务纳入“110”联动部署动员会，进一步加强全市开锁行业管理，有效遏制开锁虚假违法服务广告泛滥等问题，最大限度地减少非法开锁业的生存空间。会议采取以会代训的形式，组织与会的开锁行业从业人员认真学习开锁服务纳入“110”联动的工作流程以及相关证件的规范使用，并就有关工作提出具体要求。公安机关治安部门加强与工商、劳动和社会保障等相关部门的联系，严格从业人员入门条件，加强日常监管，规范经营行为，努力建立齐抓共管、联查联治的工作机制。治安部门联合辖区派出所开展开锁服务纳入“110”联动的宣传和推进工作。同时，进一步加强对开锁业从业人员的动态监管，加大治安检查力度，对违法行为从重从严处罚，特别是对非法销售万能钥匙和各类开锁工具的，一经发现依法从严打击处理。强化行业自律，全市开锁业户应尽快成立行业协会，以指导开锁业的建设和发展，提高行业自我约束、自我管理的能力和水平。

2012年3月23日，市公安局在五莲县局召开110与出租车联动机制建设现场会，强力推进110与出租车联动机制建设。会议要求，积极争取交通、综治部门的支持，主动宣传110与出租车联动“多赢”效果，快速推动工作开展。出台相关奖惩机制，提高广大出租车驾驶员的积极性，使他们真正成为公安机关的义务信息员、治安员。建立健全相关警务机制，确保对出租车驾驶员的报警能够准确、快速处置，以实际行动取信于民。研究推广利用出租车GPS轨迹侦查破案、抓获现行等新战法，充分发挥这一系统在服务实战方面的作用。3月31日，五莲县局通过110与出租车GPS联动系统，准确定位，快速反应，抓获1名抢夺犯罪嫌疑人。

2015年7月，市公安局指挥中心与市移动公司建立电信诈骗封堵协作机制，有效防范和打击网络电信诈骗违法犯罪。

2017年，五莲县局将警情分流作为推进基层基础建设的重点任务之一，主动对接县群众服务中心平台7900000，与县直20个部门高效联动，建立完善政府牵头、公安主导、部门参与的接处警工作机制，有效推动非警务警情精准分流，既实现派出所接处警明显减负，又赢得群众满意。全县接警总量、非警务警情分别同比下降20.3%、14.6%，全县无刑事警情日累计167天。

是年10月，岚山分局积极争取区委、区政府支持，启动110社会应急联动机制。区政府招聘25名专职人员，在分局110接警大厅设立岚山区综合应急指挥中心，与分局110接警大厅合署办公、并轨运行，对接报的一般非警务类警情，直接指令有关部门及时前往处置，公安机关不再处警和承担责任。对紧急或需要110联动的非警务类警情，实行双向指令，一方面指令辖区派出所或相关业务大队先期处警；另一方面指令有关部门立即前往处置，现场民警做好事态稳控等职责范围内工作，待职能部门到达后按规定进行移交或配合，减轻公安机关处警压力，降低越权处置风险。

2017年12月4日，市政府办公室印发《关于整合社会联动服务资源推动非警务求助事项分流工作的意见》。

2018年，市公安局全力推动110涉民生类警情分解落实为公共管理服务工作责任，推动相关职能部门加强水电气应急处置、矛盾纠纷调解、城市管理、环境保护等方面专业力量建设和应急值守，提升公共管理服务能力，大力推行五莲县局探索的政府牵头、公安主导、部门参与的接处警工作机制，有效推动非警务警情精准分流。

四、110宣传日活动

1998年，省委、省政府确定1月10日为“110宣传日”。

全市公安机关深入开展相关活动。重点突出宣传省委、省政府、公安部及省公安厅有关110报警服务工作的会议精神以及省、部领导的重要指示；大力宣传开展110报警服务工作的重要性、必要性；110打击犯罪、维护治安、服务群众的典型事例；110社会联动及为群众排忧解难的感人镜头；110、119、122全市联网情况，海上110的运转模式、使用方法等。同时，集中宣传110干警全心全意为人民服务的崇高思想和艰苦奋斗、无私奉献的敬业精神。是年1月9日晚，市政府分管副市长在日照电视台发表题为《抓好110社会联动工作，推动全市精神文明建设》的电视讲话，各县、区党委、政府领导也在本地电视台发表电视讲话。1月10日，全市城乡各主要街道设立固定宣传点，参加宣传的公安干警、武警官兵纷纷走上街头，散发宣传材料，现场解答群众反映的问题，提供法律咨询。各级党政领导同志到市区各宣传点，看望宣传干警，和干警们一起散发宣传材料。邮电、城建、电业、卫生等社会联动部门，根据各自业务特点，积极参加110宣传，向社会公布与110配套联动的措施和值班电话，张贴标语，悬挂横幅。日照电台、电视台、日照日报社等媒体单位到宣传现场跟踪采访，进一步扩大宣传规模。市公安局各支队、各分县局及各城乡派出所深入工厂、学校、农村进行多种形式的宣传活动。其间，全市共设固定宣传点47处，散发宣传材料6.5万份，张贴标语、悬挂过街横幅320条，制作宣传图片、版面5幅，出动宣传车65台。此后，将110宣传日活动固化为长效机制，每年度常态开展。

1999—2018年，每年1月10日前后，全市各级公安机关围绕上级公安机关确定的年度主题，有重点地开展110宣传日活动。主要形式有设立固定宣传点，张贴标语，悬挂横幅，散发宣传材料，现场解答群众法律咨询；邀请人大代表、民主人士召开座谈会，广泛征求意见；邀请新闻媒体采访报道等。2008年，在110宣传日活动中，全市公安机关共召开不同形式的座谈会、公安工作汇报会14场次，110宣传日成为警务公开的重要载体。2010年，将110宣传日活动与“大走访”相结合，组织110民警和基层派出所民警深入社区、校园和企事业单位等走访宣传110，以送温暖、送法律知识等方式，向广大群众面对面宣传110，帮助解决一些实际问题。同时，开始借助互联网发布110宣传资料，并通过移动运营商，分批次集中向广大手机用户发送安全防范短信20余万条。各分县局还开展多种形式的“警营开放日”活动，莒县公安局邀请来自单位、企业以及农村的50余名群众代表走进警营，参观110接处警指挥大厅，现场观看110民警接警、指挥调度及出警全过程，展示110民警精神风貌和执法规范化建设水平。2011年，开展主题为“开门评警、走进110”的110宣传日活动，全市各城乡派出所邀请群众对警务工作进行公开评议。自2016年起，在开展正面宣传的同时，公开曝光恶意骚扰、滥打110的典型案例，让人民群众更加理解110、支持110、关爱110。同时，充分利用微博、微信等新媒体，开启互动宣传新模式，平安志愿者等群防群治力量广泛参与宣传活动。

2005—2018年日照市110宣传日活动一览表

表2-5

年份	活动主题	主要活动情况
2005	完善110	通过电视台和广播电台，告知群众如何正确报警，呼吁全社会关心爱护110，减少110骚扰电话；组织民警深入到辖区学校、村组开展宣传，教育中小学生认识110的重要意义，争取群众对110工作的理解和支持；悬挂张贴横幅标语562条，营造浓厚宣传氛围。设立现场宣传地点10个，接受群众咨询3000余人次，向广大市民介绍110和报警常识；制作宣传展板8块，散发宣传资料5000余份，宣传110接警范围，弘扬公安民警在110接处警中的英雄事迹
2006	发展110	共设立集中宣传点8个，出动警力150人次，出动宣传车辆62台次，展示宣传版面50块，悬挂宣传横幅42条，张贴标语110条，散发宣传材料1.3万余份，接待群众咨询2300余人次
2007	三台合一，更快更好	共设立集中宣传点12个，出动警力256人次，出动宣传车辆27台次，展示宣传版面52块，悬挂宣传横幅36条，张贴标语157条，散发宣传材料1.5万余份，接待群众咨询3200余人次
2008	完善110，和谐警民情	全市公安机关共召开不同形式的座谈会、公安工作汇报会14场次，出动宣传车20余台次，设立集中宣传点6个，安装110报警提示牌50块，悬挂、张贴宣传横幅、标语20余条，发放各类宣传材料5000余份
2009	构建和谐警民关系	邀请日照电视台、日照日报、黄海晨报等新闻媒体进行专题报告，邀请部分人大代表、政协委员、行风监督员和群众代表召开座谈会，通报110情况，广泛听取意见，让社会各界了解110
2010	危难见真情、请拨110	共在城区繁华地段设立9处宣传台，制作内容丰富的宣传展板39面，悬挂宣传横幅62条，接待群众咨询1200余人次，散发110宣传单、安全防范手册1.5万余份，分三批次集中向广大手机用户发送安全防范短信20余万条
2011	开门评警，走进110	共出动警力190余人次，车辆30余台次，布设展台10处，发放各类宣传册、宣传单1.6万余份，现场为群众解答咨询2200余人次
2012	110开门评警，解民忧保民安	出动警力180余人次，车辆35余台次，布设展台9余处，发放各类宣传册、宣传单1.6万余份，现场为群众解答咨询2300余人次
2013	亲民、爱民、为民，110在您身边	共设立宣传点9个，出动警力198人次，出动宣传车辆62台次，展示宣传版面59块，悬挂宣传横幅41条，张贴标语126条，散发宣传材料1.2万余份，接待群众咨询2300余人次
2014	110，守护您的安全	共出动警力196人次，设立集中宣传点9处、流动宣传点11处，设置展板52块，悬挂条幅36条，散发宣传材料2.2万余份，接待群众咨询3000余人
2015	110，与您携手共创平安	共出动警力185人次、车辆63台次，设立宣传点10处，设立展板55块，悬挂条幅38条，散发宣传材料2.6万余份，接待群众咨询3500余人
2016	群众的110，你我的30年	共出动车辆72台次、警力226人次，设立宣传点8处，设置展板82块，悬挂条幅36条，散发宣传材料5万余份，接待群众咨询5000余人次

续表 2–5

年份	活动主题	主要活动情况
2017	公安 110，为民保安宁	共出动车辆 54 台次、警力 162 人次，设立集中宣传点 7 处、流动宣传点 12 处，设置展板 46 块，悬挂条幅 62 条，散发宣传材料 5 万余份，接待群众咨询 5000 余人次
2018	110，守护新时代美好生活	共派出警力 178 人次，设立集中宣传点 12 处、流动宣传点 18 处，设置展板 57 块，悬挂条幅 85 条，发放宣传材料 6 万余份，接待群众咨询 6000 余人次，并邀请日照电视台、日照日报等新闻媒体集中宣传报道

五、实战指挥

1994 年，按照公安部“关于尽快在大中城市、沿海开放城市建立公安指挥中心，设置巡逻体制和 110 报警求助电话”的部署要求及《山东省公安厅关于全省公安指挥中心建设规划意见》，市公安局建立指挥中心（挂靠在办公室），印发《日照市公安局指挥中心工作有关规定》。指挥中心实行 24 小时值班备勤，建立局领导带班值班制。值班分昼夜两种形式，值班员由办公室工作人员和部分科室负责人担任，随时接受处置各区、县公安机关和市区 110 报警电话，以及紧急警情、人民群众求助等，并及时准确地做好记录和上报下达等处置工作。协助局领导指挥处置突发事件、重特大案件和组织各种大型重要活动的治安保卫工作，并赋予指挥中心直接指挥权、先期处置权、越级指挥权、合成作战指挥权、调用公安装备器材权。

1996 年，建立健全集控制信息、受理报警、指挥作战为一体的统一、高效、权威的市、县（区）两级公安指挥体系，交警、巡警、消防、刑侦、治安等有关业务科室和派出所设值班室，全面、及时、准确地控制和反馈辖区内的治安情况，协助领导及时有效处置重大案件、事件、事故等。

2001 年 10 月，市公安局下发通知，实行每日警务动态报告制度，每日下午 4 时前，各分局、县局、支队和市公安局各科室将每日刑事案件发破案情况，治安案件发案、查处情况、发生群体性治安事件情况，重大警务部署，上级领导检查、指导工作情况等上报指挥中心，由指挥中心筛选汇总后，编发《每日警务动态》上报下发。

2003 年，印发《日照市公安局信息报送规范》《市公安局指挥调度工作规范》和《指挥调度民警日常行为规范》。市公安局指挥中心指挥调度科调整警力部署，实行弹性工作制，确保 24 小时有人在岗在位，杜绝发生空岗或延误工作的事件。将全市各堵截点、处警点、治安服务室的位置、负责人姓名和联系方式进行一次全面调度，以备紧急时刻使用。在指挥调度室内配备全国、山东省和日照市地图，并聘请技术人员绘制市区道路示意图，装裱成版面，做好各项应急准备。

2007 年 10 月 12 日，为确保党的十七大安全保卫工作指挥通信畅通，检验各地应急保障能力，省公安厅举行全省可视指挥系统和警务工作站监控系统通信演练，市公安局值班局领导通过指挥中心可视指挥系统向省公安厅汇报全市社会治安情况。

是年，构建起合成化指挥调度体系。新建覆盖全市的警用 350 兆集群系统、GPS 卫星定位系统，打破行政区划界限，变层级指挥为直接指挥，由市公安局指挥中心直接指挥市区各分局、各警种街面巡逻处警力量。

2008 年 11 月 10 日，印发《治安巡逻防控指挥调度工作规范》，进一步规范和完善治安巡逻防控有关工作，提高快速反应能力和水平。市公安局指挥中心负责对全市公安机关治安巡逻、处警、卡点值勤警力、车辆的统一指挥调度，每日对带班领导、巡逻车组进行不定时点名。每日夜间 23 时 30 分，对作战单元巡逻盘查工作战果进行汇总。遇到重大紧急警情时，指挥中心有权先期处置，调用必要巡逻执勤警力，进行先期布控查缉。根据警情需要，经请示带班局领导同意后，指挥中心可调用其他警力进行支援。各单位接到指挥中心指令后，必须安排警力第一时间赶赴现场，依法妥善快速处置各类警情。

是年，将国道、省道、市区主要路口的41个治安检查站、堵截点和警务工作站全部纳入市公安局指挥调度体系，拓宽市公安局指挥中心的直接指挥面，减少中间环节，为路面巡逻警力快速反应和对现行犯罪实施精确打击提供有力支持。建设覆盖全市各区县的警用350兆集群系统，由过去以电话为主的“点对点”指挥模式，转变为有线、无线相结合的合成指挥模式。同时，将350兆集群系统与GPS卫星定位系统、GIS地理信息系统、综合信息查询系统有机结合，提高精确指挥能力和信息共享水平。全市各巡逻处警车辆位置均实时显示在市公安局指挥中心大屏和各接警调度台上，遇有警情，指挥调度民警能通过350兆集群系统，第一时间通报到各街面巡逻车组、单位，并可根据GPS卫星定位系统、警用地理信息系统，准确指派附近巡逻车辆就近处警，实现多警种一呼百应、快速联动。一旦发生刑事案件、交通肇事逃逸案件，通过电台和GPS卫星定位系统就近布警，十几辆甚至几十辆巡逻车短时间内就会赶到现场，迅速形成严密的查控堵截网络。街面巡逻力量可以通过350兆集群系统，实时反馈现场情况，实时由指挥中心提供人口信息、在逃信息等网络查询服务，形成指挥中心与现场处置力量之间的良性互动、信息共享。

是年，依托“三台合一”接处警系统，以《每日警情》《110警情周报》《110警情月报》《110警情研判专报》和《呈阅件》等形式，通过公安网第一时间通报每日、每周、每月警情和突出治安问题，超前预测发案走势，有针对性地提出打防工作要求，指导各级各警种科学布警、精确打击。同时，通过手机短信的形式，将每日突出警情及时报给市公安局局长，局长视情转发给相关实战单位负责人，督促抓好案件的查处和治安防范措施的落实。通过加强警情信息分析研判，实现“警力跟着警情走”，进一步提高110精确指导能力，增强打防控工作的针对性和有效性。

2016年9月14日起，为深化实战指挥机制建设，强力推进打防工作，市公安局在市、县两级公安机关实行值班局领导指挥中心坐班指挥制度，刑侦、治安、特警等支队为联席指挥组成员单位，常态进驻指挥调度大厅坐班指挥，全面强化对警情处置、案件侦办和治安防范的实战指挥。值班局领导组织联席指挥组成员单位负责人对每天接报的刑事警情逐起提出办理意见，及时调度警情处置情况，并根据反馈情况开展二次深度研判，指导处警和案件侦破；组织对当日每起刑事警情和一周内突出刑事警情、多发案部位等进行分析研判，分析刑事警情的规律特点，对可串并案件，提出串并意见，对可防性案件，及时批示下发隐患通知单，并视情作出针对性打防部署；由指挥中心于每日上午12时前调度上个工作日刑事警情落实情况，值班局领导和联席指挥组成员单位负责人根据调度情况提出督办意见，指导案件侦办。开展视频督察。组织对全市公安机关监控视频联网情况进行抽查，及时督促有关单位维护更新，并通过视频对一线执勤情况进行督查。同时，对领导批示办理事项，指挥中心全程调度督办，督察部门跟进督察，确保工作实效。

是年，莒县公安局以业务技术大楼搬迁为契机，按照“满足实战，适度超前”的标准，投资800余万元，在新业务楼11、12层建成面积300平方米，集指挥调度、视频巡查、信息研判于一体的综合实战化指挥大厅，安装可视指挥系统，实现与市公安局指挥中心和各区县指挥中心的视频化互联互通；接入视频专网，上联监控探头1821路，通过大屏幕实时对党政机关、医院、学校、银行等重点场所和部位进行监控；建成使用350兆数字集群系统，在处警车辆安装GPS定位系统，初步实现周边警力“可视化”“点对点”的精确指挥，指挥作战能力明显提升。

2017—2018年，按照“精准警务”理念和“情报+”的工作思路，汇集全警信息化应用和大数据资源，着力打造以精准情报研判为支撑，集安保维稳、反恐、群体性事件处置、治安灾害事件处置、重大敏感舆情处置、“合成打击”等“六位一体”的综合实战指挥、信息合成作战平台，服务公安整体工作。在安保维稳战时，市公安局领导坐镇指挥，各警种主要负责人进驻信息合成作战中心，依托环鲁安保平台、智能海域管控系统、治安稳控陆海全域态势图沙盘、大数据智能预警系统等作战平台，实时同步研判，为领导决策提供科学依据。反恐维稳领域出现不稳定苗头时，市公安局领导坐镇指挥，反恐等部门进驻信息合成作战中心，及时调取反恐维稳平台、国保专门预警平台、全市精准数据作战系统等信息化应用平台，实时开展预警研判，服务领导决策和一线实战。发生灾害或事故时，市公安局领导坐镇指挥，交警、治安等相关警种进驻信息合成作战中心，依托“三维建模”消防模块、地下管道模块等，精准指导处警单位开展工作。发生群体性事件时，市公安局领导坐镇指挥，治安、交警、特警等警种进驻信息合成作战中心，通过“十网合一”视频实战应用平台、4G图传平台，实时回传现场的远、中、近景图像，服务领导科学决策、稳妥处置。出现网上重大敏感舆情时，市公安局领导坐镇指挥，网安、宣传、指挥中心和相关警种进驻，及时追溯舆情源头、跟踪舆情走势，落地核查相关人员，按照“三同步”原则，联合网信、市政府办电子政务中心做好舆情应对工作。日常警务工作中，按照“情指一体、合成作战”的工作思路，紧紧围绕全市警情和涉稳人员开展研判，服务实战。

附：

战时指挥

图 2-7 党的十九大安保指挥部

全市公安机关在党委、政府领导下，积极统筹各类资源，推动建立党政资源、公安政法资源、社会资源一体化的重大活动安保组织指挥机制，形成横向到边、纵向到底的精准组织指挥体系，为党的十九大、上合青岛峰会等一系列重大活动安保维稳提供坚实保障。

2017年，市委、市政府成立党的十九大安保维稳工作领导小组和战时安保维稳指挥部，指挥部设在市公安局，市直28个部门派员进驻指挥部集中办公。市公安局成立由市政府副市长、市公安局局长张培林挂帅的全市公安机关十九大安保维稳工作领导小组和安保维稳指挥部，每日当值局领导坐镇指挥，与市战时安保维稳指挥部一体化运作。其间，针对搜集到的982条情报信息，实时开展会商研判，实时将线索推送有关警种部门抓好落实，并同步以市安保维稳指挥部名义下发督办单278件，实时推送各区县党委、政府、政法委、公安局“四个一把手”，提高反馈核查力度。专门成立2个督导组，带着研判线索深入基层精准督导稳控措施落实情况，实现研判与督导首尾衔接，线索日清日结、即时清零。期间，刘星泰、齐家滨、邹斌芳、耿学伟、张培林等市领导多次到市指挥部和安保一线进行检查指导，并到指挥部现场办公、坐镇指挥，各成员单位履职尽责、整体联动，层层压实属地管理责任、主体责任，在全市形成安保维稳“一盘棋”的良好局面。各区县公安机关也成立相应组织指挥体系，形成市、县（区）两级公安机关统一高效、上下联动、反应迅速的指挥运行体系，为圆满完成十九大安保维稳工作提供强力保证。

2018年上合青岛峰会期间，市委、市政府专门成立由市委书记、市长齐家滨任指挥长，市委常委、政法委书记耿学伟和市政府副市长、市公安局局长张培林任副指挥长的市安保维稳指挥部，组织36个市直成员单位派员进驻市公安局、常态化集中办公，全面启动战时工作机制，推动形成党政领导主抓、各部门齐抓共管的安保工作格局。市公安局成立安保指挥部，下设“一办十八组”，细化任务、分线作战、压实责任。自1月18日起组建工作专班，实行每日例会、每周排名通报、制发工作督办单、实地督导等机制，同步实行“一把手”安保周例会制度。5月20日，进入决战阶段后，“一办十八组”集中办公，启动最高等级机制，与市指挥部双线同步、一体运行，每日上午一研判，晚间一调度，第一时间发现苗头性问题，落地核查不过夜、重要情况2小时反馈，实现重要情报线索预警率和核查稳控率均达到100%，核录工作居全省第一，有力保障实现安保维稳任务全胜完胜。

第三节　情报信息

一、机制建设

1993年5月，市公安局下发《关于进一步加强情报信息控制和统计报表工作的通知》，明确情报信息控制工作（包括情报信息传报范围、传报方法）和统计报表工作有关规定，确保及时准确掌握控制全市社会治安动态，随时为领导决策提供有价值的资料和建议。

1994年，市公安局印发《指挥中心工作规范》，明确由指挥中心负责搜集、掌握、处理全市各级公安机关上报的重要情况、治安动态以及其他各类情报和信息，及时向市委、市政府和上级公安机关报告。负责编写《指挥中心每日要情报告》《社会治安动态反映》等材料，综合掌握全市公安工作情况，反映存在的突出性治安问题，为领导实施宏观决策和指导工作当好参谋。

1995年12月，市公安局印发《日照市公安局关于违法犯罪情报资料工作的实施细则（试行）》，从违法犯罪情报资料的内容、对象和范围，搜集的过程，资料管理的规范等方面，对违法犯罪情报资料工作进一步细化和明确。

1996年4月，市公安局召开情报资料建设工作会议，要求坚持“狠抓搜集、加强管理、提高质量、边建边用”的原则，加大资料搜集量，扩大犯罪信息覆盖面，提高资料利用率，积极为侦查破案服务。4月20日至5月20日，市公安局在全市范围内开展集中搜集情报资料统一行动。

1997年3月，市公安局印发《日照市公安局关于违法犯罪情报资料工作的实施细则》，在试行办法的基础上，对此项工作进行深化和充实，进一步明确工作方向。8月，转发省公安厅通知，进一步强化情报意识，按照省公安厅确定的搜集重点，加大工作力度，严密控制敌社情动态，确保政治大局稳定。

2003 年 1 月，市公安局指挥中心实行信息报送、采用情况每月一通报制度，督促各部门各单位及时上报信息。举办信息员以干代训培训班 4 期，进一步提高信息员素质。同有关部门建立广泛的横向联系，通过多种途径主动收集信息。推行警务动态日报、周报制度，做好重点信息整理报送工作。1—4 月，共向省公安厅、市委、市政府、市委政法委等单位上报各类信息 100 余条，被上级采用 10 条。

2007 年，市公安局积极适应打击犯罪、维护稳定的新形势，树立情报信息主导警务理念，按照“服务决策、引领实战”的思路，依托 110、119、122“三台合一”指挥中心和公安计算机四级网，不断加强情报信息、研判工作。以市、县两级公安指挥中心和派出所为重点，其他各警种、各部门协调配合，组建专业研判队伍，建立起市公安局、分县局、派出所三级情报信息分析研判体系。各级公安指挥中心、派出所负责综合分析辖区内各类情报信息，有关警种、部门负责对本系统相关情报信息进行分析研判。建立日动态、周分析、月研判和突出警情随时分析的情报信息分析研判制度，通过各种渠道，及时发布每日、每周、每月的全市治安动态和突出治安问题，以准确及时的情报信息指导防范、引领实战。

图 2-8 2010 年 9 月 6 日，举办全市公安机关警务信息综合应用平台骨干培训班

2010 年 4 月，贯彻落实公安部部署，市公安局成立指挥中心情报中心，主要负责重点联动管控；综合研判情报信息，提出工作对策；指导下级公安机关情报中心工作。情报中心遵循“队伍专业化、机制规范化、应用实战化、成效最佳化”的总体思路，以综合应用平台等信息化资源为载体，以情报信息工作机制和运行模式为保障，形成市公安局统筹、上下互通、协调顺畅、整体运作的工作格局，将公安情报工作与合成化现代警务体系相结合，积极推动“多警联动、合成作战”的警务理念，进一步整合各类情报信息资源，科学分类汇总，深度分析研判，提高精准打击能力。

2011 年，市公安局设立情报信息处，各分县局、有关支队相继设立情报信息部门，专门负责本单位、本部门情报信息采集和信息研判应用等工作。是年，市公安局印发《日照市公安机关情报信息工作规范（试行）》和《日照市公安机关情报部门情报信息安全保密工作规定（试行）》，促进公安机关预警预测、精准打击、科学管理和应急处置能力的提高，确保全市公安情报信息工作安全有序开展。

是年 7 月，市公安局印发《日照市公安局情报信息研判会商工作规范（试行）》，成立情报会商领导小组，对会商研判内容、各警种部门分工、会商形式及流程等方面进行全面安排部署，全面提升情报会商的标准化、流程化、精细化水平。9 月，市公安局印发《日照市公安局情报工作奖惩办法》，激发广大民警在信息化应用工作中的主动性和积极性。11 月，市公安局印发考核暂行办法，按照“突出重点、分类指导、科学可行、注重实效”的原则，对分县局和相关业务警种实行量化计分的方式，以考核促建设、以考核促管理、以考核促应用，全面提升系统建设应用水平。

2012年5月，市公安局制定印发工作意见，成立保密工作领导小组，从组织领导、教育管理、健全制度、核查问责等方面进一步加强工作保密纪律。10月，市公安局印发《日照市公安局情报信息研判工作方案》，在《日照市公安局情报信息研判会商工作规范（试行）》的基础上，进一步对研判形式、分工协作、成果应用等进行细化，加强市公安局情报信息研判的精准化。

2013年2月，市公安局召开工作推进会，总结系统前期工作情况，分析存在的问题，从强力推进系统建设、推进深度应用、推进资源整合和建立情报信息收集网络、建立重点动态管控网络、健全工作规范和考核奖励机制等方面，对工作进行全面部署。是月，市公安局印发有关重点动态管控实施细则，进一步规范预警和情报指令处置反馈工作。7月，市公安局印发《日照市公安局警情、信息会商研判工作规范》，进一步明确职责分工，理顺工作流程。

2014年，市公安局情报信息部门牢固树立情报主导警务理念，以预警、管控和研判为工作重点，建立警情动态分析研判等系列机制，初步实现情报工作由“粗放型”到“专业型”的转变，重大事件预警工作由“参与者”到“牵头者”的转变，服务实战由“传统侦查”到“信息化侦查”的转变，职责任务由“先行者”到“拉动者”的转变。同时，市公安局先后建立健全重大活动安保维稳、平台值守、警情分析、预警通报、市区联动、情指联动、多侦联动等20余项情报工作机制，明晰各项工作职责，规范业务操作流程，确保各项业务工作常态化、规范化运作。

2015年3月，市公安局成立由刑侦、技侦、网侦、情报4部门组成的信息化特战队，集中人员、资源和手段，加强情报信息收集和应用，常态化服务于实战单位案件侦查工作。

二、合成作战建设

在2015年全市公安工作会议上，市公安局党委对信息合成作战作出专题部署，并列为重点工作强力推进，主要任务是重点抓好基于大数据警务云的情报实战化建设，推动情报研判大厅、情报研判软件和情报工作机制建设，组织相关警种部门警力进驻市公安局情报研判大厅开展常态研判，对每起110违法犯罪警情进行轨迹碰撞、分析研判，及时把研判结果推送至一线实战单位，更好地服务反恐维稳、侦查破案。

图2-9 信息合成作战

是年，市公安局印发《日照市公安局信息合成作战工作规范（试行）》，成立信息合成作战工作领导小组，建立市公安局信息合成作战中心和市、区（县）、所（队）三级信息合成作战工作机构。市公安局信息合成作战中心由市公安局刑侦、网安、技侦、情报部门常态进驻，定岗、定责，全天候值守运作；国保、经侦、治安、交警、特警、信通等部门和各分（县）局按需进驻，开展相关研判工作。各分县局建立由情报中心（科）牵头的信息合成作战中心；市公安局国保、经侦、治安、特警、刑侦、网安、技侦、反恐、禁毒等部门及各分县局相关大队、科室、各派出所，分级建立信息合成作战室。依托公安网搭建起连接市公安局、分县局、派出所的信息合成作战平台，与打防责任制平台相对接，实现需求提交、指令流转、结果反馈等各个环节网络化运行，初步建立起覆盖全市的信息合成作战体系。是年，先后举办信息合成作战培训班11期，深入65个派出所上门指导，有效提升基层信息合成作战能力。

2016年初，不断完善110警情实时研判机制、侦查破案深度研判机制、主动型数据分析研判机制及涉重点领域专题研判机制，创新构建一线民警+后台信息支援的新型实战体系、传统+科技的全域情报体系、重点管控体系等三个体系，着力打造主动型信息合成作战机制，全力推进合成作战向纵深发展。组织相关分县局、市公安局警种部门到市公安局信息合成作战中心观摩学习，系统介绍中心组织运行、资源整合、工作开展情况和取得的成果，并抽取警情，对110刑事警情实时研判流程及发挥作用情况进行现场演示，进一步提高各单位对合成作战工作的整体认识，推进合成作战体系的进一步完善。是年4月，市公安局信息合成作战中心编制《日照市公安局信息合成作战中心工作规范汇编》，对110警情实时研判警情案件深度研判操作、数据分析研判操作、视频研判操作等10项日常性工作进行规范，进一步从流程、规范等方面提升服务实战的能力。

2017—2018年，市公安局党委提出“精准警务”理念和“情报+”的工作思路，打造汇集全警信息化应用和大数据资源的信息合成作战平台。一是开展刑事警情实时研判，接到刑事警情后，信息合成作战中心随即开展研判，在处警民警到达现场前，向其推送研判成果，并根据需要随时提供强有力的信息支撑。二是开展案件深度研判，与办案单位同步上案、全程靠案、直至破案。三是开展重点数据分析研判，实现以人找案。四是开展涉重点领域常态预警研判，做到预防、预知、预警。五是开展涉黑涉恶专项研判，围绕110报警、“大回访”、民生诉求办理等渠道，深挖涉黑涉恶犯罪线索，强化合成研判，助力涉黑涉恶打击、追逃。

2018年7月，市公安局情报信息处在前期工作的基础上，总结提炼110刑事警情实时研判技战法、多轨联控技战法、“解方程”追逃技战法、COI技战法等24项技战法，并编制成册印发至各分县局、警种单位，供基层单位实战应用。

是年11月，市公安局组织举办全市公安机关信息合成作战系统应用培训班，结合信息合成作战实际，系统讲解14个常用信息化系统平台的操作应用和实战技巧，进一步提升各警种、单位相关信息化实战系统的应用水平。

附：重大战果

【海量查询查到一名漂白身份在逃人员】

2004年，刘某生因琐事在石臼将受害人捅伤后经抢救无效死亡，办案单位长期追逃未果。攻坚行动中，情报处民警对刘某生进行全面研判，发现其照片质量差，登记关系人只有1人，比对、关联难度极大。民警果断调整思路，积极创新方法，通过认真细致工作，发现黑龙江籍刘某某（男，39岁，黑龙江拜泉县）特征同刘某生十分接近，经进一步查询发现，该刘某生同其户籍地关系关联情况十分反常。

2018年4月1日，市公安局情报信息处经分析研判此刘某某应当为漂白身份后的刘某生，并第一时间形成研判分析报告同时提出相应工作建议。东港分局成立专案组并赶赴辽宁沈阳市开展工作。4月18日晚间，东港分局专案组民警在沈阳公安机关配合下将其抓获。

【比对锁定潜逃19年命案在逃人员】

市公安局信息合成作战中心民警在合成研判中发现，五莲县公安局侦办的1999年故意杀人命案在逃嫌疑人王某某（男，45岁，五莲县）潜逃多年，尚未发现有效线索，初步判断该在逃嫌疑人已经漂白身份。

通过对该在逃嫌疑人原始档案中存有两张彩色老照片分析，发现黑龙江籍男子王某（男，39岁，黑龙江省穆棱市河西乡）具有重大嫌疑。经对该王某分析发现，其独人独户，户籍地在黑龙江穆棱却从未在黑龙江活动，日常活动集中于河北省石家庄市，该王某系伪造身份的嫌疑度进一步上升。经对其综合分析研判，基本确定该王某即王某某。五莲县局专班民警遂赶赴河北省石家庄市长安区缜密侦查、周密布控，在石家庄市长安区一所民房内将王某抓获。到案后，该王承认自己就是王某某，并对其19年前故意杀人犯罪事实供认不讳。

【从关系人查到潜逃18年人员】

市公安局情报信息处民警在对抢劫潜逃18年的犯罪嫌疑人宋某某（男，46岁，户籍地址莒县城阳镇）分析研判中发现该宋某某信息系错误录入，其本人无照片信息。情报信息处民警开拓思路，检索发现其有一个弟弟宋某新（男，40岁，户籍地址莒县城阳镇）。

对该宋某新进行检索发现，该宋某新2017年7月至10月围绕河北张家口、北京、柴沟堡一带活动，行迹十分可疑。该宋某某同案人员李某顺（男，48岁，户籍地址莒县城阳镇，2001年被抓获）2012年左右刑满释放，经对其研判发现其2017年底后在内蒙古乌兰察布市、集宁区、乌拉特旗等地务工。

经对该宋某新、李某顺比较发现：判断该宋某某应当同两人有紧密联系，并且宋某某潜逃的方向就是内蒙古和河北两个地方之一，经研判李某顺活动信息在河北张家口，与在张家口的宋某功有关联。

进一步研判发现该宋某功在2017年1月14日已经死亡，并且不符合其在河北张家口做生意的现实表现，经联系调查发现：该宋某功19岁时已经瘫痪在床，本人一直在莒县活动，没有到河北张家口务工经商的可能性。但是经情报处民警研判发现该宋某功在2017年12月、2018年3月在内蒙古乌拉特旗多次活动。

据此民警判断：该宋某某利用宋某功身份进行活动，4月4日上午8时左右，莒县公安局在内蒙古当地警方的大力协助下，将宋某某在内蒙古乌拉特中旗抓获。

第四节 机要 保密

公安机要与保密工作是公安工作秘密的重要保障。公安机要，其工作主要是做好机要文件及密码电报的阅办，确保准确、及时、安全、保密；公安保密工作是为达到保守公安秘密的目的而对公安机关涉密文件及存储介质所采取的一切手段和措施。市公安局从完善规章制度入手，建立健全管理机制，强化监督检查，确保公安工作秘密的安全。

一、机要

1989年，市公安局成立机要通信科。1990年，市公安局机要传输业务更换为三类传真机，并配备密码机，建立密码机房。1994年11月，举办首期全市公安系统机要培训班，15名机要人员参加培训。

1995年1月，市公安局开通莒县公安局保密机。2月，开通五莲县公安局保密机。1996年，东港、岚山分局、莒县、五莲县局配置天津光电通信公司专用传真机。1998年1月，东港、岚山分局、莒县、五莲县局配置普通加密机1部。

2002年9月，市公安局机要通信科划归指挥中心。10月，东港、岚山分局、莒县、五莲县局分别成立指挥中心机要通信科，并开通密码电报机收发电报业务。

是年12月，市公安局指挥中心印发《日照市公安局指挥中心工作规程》，明确收文办理包括签收、登记、审核、拟办、批办、承办、催办等程序，详细制定公文归档、公文管理等工作规范。

2003年，市公安局制定《关于进一步加强电报传输和使用管理的通知》，规范电报撰写、电报发送规则、签发以及电报管理工作。11月，东港、岚山分局及莒县、五莲县局更换密码机。2005年11月，东港、岚山分局及莒县、五莲县局更换传真密码机。

2006年，市公安局机要室被公安部评定为三级机要室。

2007年，市公安局承办全省公安机关机要密码业务培训班，全省70余名机要干部参加传统保密、密码业务管理、涉密信息安全保障系统技术等相关知识培训。

2008年，公安部印发《关于加强新形势下公安密码工作意见》，具体规定密码配用和管理、通信系统建设、保障机制建设、密码干部队伍建设等事项。市公安局严格密码工作纪律，推行密码工作标准化管理，确保党和国家秘密安全。是年，东港分局机要室被公安部评定为三级机要室。

2012年2月，东港、岚山分局及莒县、五莲县局机要室被公安部评定为二级机要室。

2014年11月，东港、岚山分局及莒县、五莲县局启用新密码系统。

2015年，以市公安局新建综合业务楼为契机，按照公安部、省公安厅有关标准规范，高标准建成市公安局新机要机房、加密网机房、供电室、阅办室、机要值班室、机要休息室等。

2016年，进一步规范市公安局机要科职责及机要密码工作，机要科专司上级来文办理、机要信件收发、印鉴管理、批示督办、群众来信办理、警种部门呈阅件办理、报刊征订分发等工作。先后制修订《公文签收办理流程》《文件传阅流程》《印鉴管理使用规范》《局长批示件办理流程》《群众访信办理流程》《公安网〈局长信箱〉签办流程》《文件编号、文档整理规范》等制度，规范机要管理、公文办理等工作。

2018年7月，市公安局开通加密网公共服务平台，13个警种单位开通加密网业务。

至2018年底，指挥中心机要室实行24小时值班制度，配备4名专职机要密码工作人员（含1名专业技术人员）。严格落实岗前政审、岗前必训、持证上岗制度，对密码干部开展忠诚教育、保密教育和优良传统教育，打造政治思想过硬的机要干部队伍。日常工作中，实行日巡查、月检查管理制度，指挥中心分管领导定期召开工作例会，点评密码工作。密码电报由局领导签发，阅办电报严格履行登记签发手续，一律在阅报室进行。专人负责密码电报传阅、清退、销毁工作。传发密码电报坚持“密来密复”的原则，严禁通过电话和手机谈论密码电报。进一步修订完善《机要值班和交接班规定》《机要机房管理规定》《密码电报使用管理规定》《机要人员保密守则》等管理制度，并悬挂上墙。机要室配备监控和报警设施，严禁非机要人员随意进入机要室，确保密码通信绝对安全。

二、保密

保密工作历来是公安工作的重要内容。时代变革、公安改革，保密工作的重要性从未改变。日照公安机关历来十分重视保密工作，1956年，日照县公安局起草《关于省公安厅对情报材料的保密和管理情况指示的学习与检查报告》。1961年12月，日照县公安局会同中国人民银行日照县支行，联合发布《关于加强银行保卫、保密工作情况和意见的报告》。1989年市公安局升格后，是年在全市公安机关开展保密自查，并形成《关于1989年上半年保密工作自查情况报告》。

21世纪初，公安机关开始加强公安信息网络安全管理工作，“一机两用”事件多发，计算机信息网络安全问题日益凸显。2000年，制定《日照市公安局综合信息网操作守则》《日照市公安局计算机信息系统保密管理规定》，对公安信息网使用和涉密系统、信息、媒体、场所使用等方面提出要求，进一步强化保密技术检查和防范措施，确保全市公安机关信息安全。

2003年，完成“一机两用”入侵检测系统、网络防病毒系统和“违规联网检测系统”建设，使影响公安网络和信息安全的突出问题得到有效控制。

2006年4月，购置联入互联网服务器、外网监控报警软件，部署建设全市“一机两用”外网检测报警系统。5月，启动新版“一机两用”监控系统安全策略。6月，公安信息网网站监控系统正式投入运行，实现对公安信息网软件下载、聊天室、游戏、BBS等违规行为的监控管理。10月，举办全市公安网络和信息安全保密检查培训班，讲解网络安全保密措施，普及网络和信息安全保密知识，并印发《日照市公安网络和信息安全保密管理规定的通知》，对接入、退出公安网络、公安网计算机维修管理、计算机存储介质管理、数字身份证书使用管理、教育培训管理、违规处罚等作出明确规定。

2007年，印发《日照市公安网络和信息安全保密管理规定》，制定单位领导、主管部门、使用单位三方责任制度，全体民警及每名使用公安网人员按要求与单位主管领导签订网络和信息安全保密责任书。2007—2008年，全市公安机关发生5起“一机两用”事件，市公安局根据规定均对责任单位、责任人进行严肃处理。

2008年，重新调整市公安局保密工作领导小组和办公室，连续转发《关于〈山东省信息安全等级保护测评管理暂行规定〉的通知》等文件，下发《关于进一步加强计算机和移动存储介质保密安全工作的通知》，扎实推进计算机和存储介质保密管理工作。5月31日至6月1日，公安部保密检查组到市公安局检查计算机及移动存储介质安全保密工作，对市公安局保密相关工作给予肯定。

2009年7月，市公安局保密办集中梳理保密工作存在的堵点、漏点，系统推出一系列保密工作规章制度，下发《关于印发〈涉密计算机维修、更换、报废管理规定〉等保密管理制度的通知》，包括《涉密计算机维修、更换、报废管理规定》《涉密和非涉密计算机管理制度》《涉密和非涉密移动存储介质保密管理制度》《公共信息网络信息发布保密审批制度》《保密要害部门、部门管理制度》《定密及密级调整制度》《公安机关手机使用保密管理规定》《领导干部保密工作责任制》《涉密人员管理制度》《涉外工作保密管理制度》《重大涉密活动（会议）保密管理制度》《涉密网络保密管理制度》，全市公安机关保密工作制度化、规范化建设水平得到进一步提升。

随着第三代移动通信技术（3G）的迅速发展应用，3G手机等移动终端增加录音录像、宽带上网、视频通话、大容量数据存储及应用等功能，失泄密风险明显加大。2009年12月，市公安局转发国家保密局等4部门《关于加强3G移动终端使用保密管理的通知》，强调部署加强3G手机等移动终端使用保密管理工作。

2011年，先后转发《关于对机关、事业单位、国有企业信息化设备报废处理有关事项的通知》《关于进一步规范和加强涉密数据恢复和清除工作的通知》《山东省公安机关“六五”保密法制宣传教育规划》，并在全市公安机关开展保密学习教育培训。

2013年，市人社局、市保密局联合下发《关于表彰全市保密工作先进集体和先进个人的通报》，市公安局、五莲县局被表彰为全市保密工作先进集体，市公安局指挥中心1名民警被表彰为全市保密工作先进个人并记三等功。

2015年10月，省公安厅启动公安机关计算机信息系统保密技术防护项目建设。是年，市公安局机关大楼搬迁新址，向省公安厅争取开展试点工作。12月，市公安局被省公安厅确定为全省公安机关计算机信息系统保密技术防护项目的首批试点单位，并于2016年底正式立项，分两期推进建设，2018年底基本建成并投入使用。该项目共安装公安网计算机3196台，互联网计算机236台及一定数量的涉密单机，实现市公安局机关支队、处室与各分县局、交警支队全覆盖。同时，坚持边建设

图2-10 开展计算机保密技术防护系统培训

边规范，出台《保密技术监控中心安全管理制度》《保密技术监控中心值守工作规范》《日照市公安局计算机信息系统保密管理暂行规定》等规章制度，对市、县（区）两级公安机关公安网敏感信息、违规操作等安全问题进行实时监测，保障系统安全、有效运行。

第五节　警务回访

警务回访是以报警求助、来人来访、办理手续等到公安机关办理事务的群众为主要对象，电话回访，针对存在的问题登门回访，落实整改措施，确保当事人满意的举措。

2013 年 5 月，市公安局在坚持传统走访手段的基础上，分别在市公安局和各分县局、交警支队建立回访中心，开通民生警务热线、短信平台、微信平台，搭建以警务回访和民生诉求推送办理为主要功能的日照公安民生警务平台，启动警务回访工作。回访对象分为执法办案、报警服务、窗口服务、投诉建议、社会综合五类。坚持“谁办理，谁负责”的原则，实行“三级”回访模式。一级回访依托市公安局回访中心，通过自动发送短信的方式进行；二级回访由各分县局、支队、处室负责人负责，对一级回访不满意的群众进行再次回访，查明原因、督促整改。二级回访群众仍表示不满意的，启动会商研判机制，召开由市公安局相关业务处室负责人参加的专题研判会，分析不满意原因并上门进行回访；对确因民警工作失误或工作不到位引起的不满意事项，责令当事人立即整改，并做好解释说明工作，争取群众谅解。是年，在省公安厅组织的电话调查中，全市群众安全感达到 97.44%，同比提升 0.9 个百分点，并列全省第一；满意度达到 97.30%，同比提升 0.21 个百分点，并列全省第四。在日照市委、市政府组织的电话调查中，全市群众对社会治安的满意度位居八项测评指标之首。

2014 年 5 月 15 日，市公安局召开全市公安机关大回访工作总结推进会议，肯定大回访运行一年取得的成绩，分析运行过程中存在的问题，并对巩固回访成果，进一步提升群众安全感和满意度，构建完善科学、高效、规范的工作机制提出具体要求。5 月 16 日，省委常委、省委政法委书记才利民深入市公安局警务回访中心考察工作，对市公安局警务回访工作给予肯定。7 月 16 日，人民公安报公安动态清样以《循着民声找准工作“坐标”、顺着民意补齐队伍“短板”　山东日照“大回访”把队伍管理权交给群众》为题，对市公安局开展“大回访”工作的经验做法进行专题报道。省委副书记、省长郭树清，省委常委、政法委书记才利民，副省长邓向阳，省长助理、公安厅党委书记、厅长徐珠宝分别在人民公安报公安动态清样作出批示。10 月 17 日，省公安厅在日照召开全省公安机关警务评议工作会议，观摩学习市公安局警务回访工作经验，贯彻落实省领导对市公安局警务回访工作批示要求和全省市公安局局长座谈会精神。公安部警务督察局副巡视员丁颢，省公安厅党委委员、政治部主任闫希军出席会议并作重要讲话。

2015 年 11 月 18 日，市公安局警务评议系统正式运行，一级回访自动发送回访短信的任务将由该系统完成，二级、三级回访在民生警务平台进行。12 月 8 日，市公安局下发《关于进一步做好大回访有关工作的通知》，民生警务平台将 12345 市长热线、市长信箱、行风在线、微信平台、短信平台和 9600110 民生警务热线等渠道的民生诉求实现一网受理。

2016 年 5 月 17 日，召开全市公安机关大回访暨信息合成作战工作电视电话会议，全面总结 3 年来大回访、信息合成作战运行工作成效及存在的问题，对深入推进大回访和信息合成作战工作进行安排部署。7 月 15 日，省政府党组成员、公安厅党委书记孙立成到市公安局警务回访中心调研指导，高度评价日照公安机关创新警务理念、优化警务机制的做法。是年，印发《日照市公安局大回访工作考核办法（试行）》。

2018年1月2日，市公安局印发《日照市公安局警务回访中心精准回访工作规范》，推行精准回访，建立完善每周回访情况汇总分析、不满意事项分析研判和定期通报等工作制度，进一步提升回访的针对性，提升精确指导能力。7月3日，市公安局对警务回访中心进行改造，在市公安局综合业务楼22层设置专门工作区域，并在相邻区域设立不满意事项分析研判中心，定期召开警务回访不满意问题分析研判会，组织相关警种部门对群众反映比较强烈的突出问题进行集中分析研判，提出针对性工作建议。

附：

循着民声找准工作“坐标”　顺着民意补齐队伍“短板”
山东日照“大回访”把队伍管理权交给群众

怎样才能找准、摸透群众心理，真正把工作做到百姓心坎儿上？如何才能按照群众的要求管好队伍，塑造出让群众认可、信赖的队伍形象？在日照市公安局，以“三级回访”为内容的“大回访”成为工作开展的“风向标”、队伍管理的“指南针”。

“大回访”将报警人、案件当事人、窗口服务对象等所有与公安机关打过交道的群众全部纳入回访范围，让日照公安有了全方位的民意“接收器”，工作不再盲干蛮干，而是在根据民心民愿巧干实干。“三级回访”层层寻找问题、逐级解决不满意的做法“倒逼”民警不得不重视民意、千方百计赢得群众满意，渐渐养成了亲民爱民、规范执法的自觉习惯。

循着民声找准工作“坐标”，顺着民意补齐队伍“短板”。“大回访”把队伍的管理权交给了群众，让日照公安赢得了公安工作和队伍建设的“双丰收”。2013年，日照群众安全感和对公安工作的满意度达到了97.44%、97.30%，在全省17个市中居第1名、第4名。

从摸不透群众心理到准确掌握群众所思所想，“三级回访”层层指引，找出群众不满意的症结所在

2012年年底，一大一小两个数字引发了日照公安的思考：在山东省公安厅组织的全省安全感、满意度测评中，日照群众对公安工作满意度达到97.09%。群众满意的“大数字”背后是2.91%的不满意“小数字”。如何提升大数字、压缩小数字成为日照公安思考的问题。

要解决不满意问题，首先要找到不满意到底产生在哪里。经过反复调研论证，日照市公安局发现2.91%对公安工作不满意的群众主要存在于与公安机关打过交道的群众当中。为此，2013年5月，日照市公安局启动了以“三级回访”为内容的“大回访”工作机制，对报警人、案件当事人、场所管理对象、窗口服务对象、诉求群众等所有与公安机关打过交道的群众进行回访，通过广泛倾听民声、了解民意查找、发现工作不足。

怎样将找出来的“不满意”转化为“满意”？日照市公安局通过“三级回访”层层解决问题，做到群众不满意回访不停止、问题不解决工作不停歇。其中，“一级回访”是在接处警、户政、出入境、车驾管、案件等各项业务办理完毕后，依托山东公安民生警务平台自动抽取数据信息，通过手机短信对群众进行回访，群众通过手机短信对公安机关的执法和服务做出评价。“二级回访”是针对群众不满意的“一级回访”事项展开，由分（县）局回访中心负责，通过人工电话向群众了解不满意原因。如果因为群众对相关法律、政策存在误解或理解不透彻引发不满意，相关基层所队负责人会向群众做出耐心的解释说明。如果因为民警工作不力引发不满，基层所队立即开展整改。在整改工作结束后，由分县局回访中心再次询问当事人的意见。“三级回访”着力解决经过两级回访后当事人仍然不满意的事项，由市局回访中心负责回访。针对进入“三级回访”的事项，日照市公安局启动会商研判机制，组织召开由市局相关业务处室一把手参加的专题研判会，对其中的有责不满意事项展开调查，逐一制定回访方案和解决措施。

从摸不透群众心理、找不准问题在哪儿到摸清群众所思所想、准确查找、弥补工作不足，“三级回访”全力将“不满意”变为“满意”，成为日照公安赢得民心的“法宝”。2013年以来，日照市累计回访群众172.7万人次，“一级回访”满意率从回访初期的96.38%上升到现在的98.26%。其中，“一级回访”不满意件3253件，经过“二级回访”“三级回访”后有3175件转化为满意。

从“出力难讨好”到把事情办到群众心坎上，“大回访”让民意成为工作“指挥棒”

今年年初，日照市公安局东港分局昭阳路派出所在处理“二级回访”交办件中发现，有一半的不满意事项源自对派出所110出警速度不满意。派出所辖区是东港区区委、区政府驻地，且地处商贸聚集区，人车流量大，堵车现象严重。辖区东西主干道长约5公里，出警时若发生在交通高峰期，警车有时需要10分钟才能从东头行驶到西头。为了彻底解决这一群众反映的不满意问题，提高出警速度，今年4月，派出所在充分调研的基础上，在东西主干道上选取了三个人流量大、通行方便的重要位置建立了三个警务室。每个警务室配备1名民警、2名协警。遇到警情时，警务室民警就近出警，保证5分钟之内到达现场。这一作法实施以来，昭阳路派出所再没有发生过一起对出警时间不满意的回访事项。“‘大回访’让我们知道自己的毛病到底在哪里，工作方向一下明确了，不再盲干、蛮干，而是想办法干巧干实、干在群众心里。”昭阳路派出所教导员许京霞深有感触。

根据群众意见找准工作不足、依据群众所盼调整努力方向，“大回访”让民意成为工作的“指挥棒”。据了解，在日照市公安局的23个派出所，每天早上8点30分是固定的晨会时间。晨会上一项重要内容就是通报前一天单位进入“二级回访”的不满意事项以及处理情况。会上，大家一起分析群众不满意产生的原因，共同提出解决办法和今后的预防措施。

日照市公安局还把“大回访”数据进行日汇总、周分析、月研判，以便及时发现、整改群众反映的集中问题。针对很多群众反映的对自己身份证照片不满意的实际，日照公安推出了身份证满意自主拍，群众利用座椅上的遥控器自主拍摄，直到满意为止。在对车驾管业务的回访中，有群众提出车辆审验之前处理交通违法记录时，要到银行排队等候缴纳罚款，还要等3—5个工作日的对账时间结束后才能审车，至少需要跑两次才能办成。为了解决这一问题，日照市公安局在车驾管业务大厅、行政服务大厅和社区安装了10台自助缴费终端，实现了自助缴费、打印发票以及实时对账，群众缴费后可以立即办理后续业务，做到“群众少跑腿、数据多跑路”。针对部分群众反映的出行停车时经常遭遇车被堵开不出来的麻烦事，日照市公安局将日照公安微信公众平台进行了升级，新增了违章查询、自助移车等多项功能。如果有群众的车辆被其他车辆堵住开不出来，车主可以通过微信发送文字和照片，平台工作人员会在第一时间联系当事人及时将车移开。

从强制入轨到主动适应，亲民爱民、严格规范执法成为队伍的自觉习惯

2014年1月3日上午9点，一场由局长丛培浩主持、市局各业务部门一把手参加的特殊“会诊会”正在日照市公安局召开。会上，2013年5月至12月“大回访”中发现的81项进入“三级回访”的不满意事项被一件一件地区分有责、无责，其中的有责“不满意”事项被逐一制定回访方案和补救措施。一个月后，29件有责“不满意”事项全部得到有效解决，群众由“不满意”转变为“满意”。

群众不满意回访不停止，问题不解决工作不停歇。“大回访”中，日照市公安局实行回访工作每日一汇总、每周一分析、每月一通报，对回访工作成绩突出、满意度高的单位和民警，在评先选优、提拔重用方面优先考虑。对回访措施不力、效果不明显的单位全局通报，并进行限期整改。

在一条条“硬杠杠”的“倒逼”下，日照公安经历了从强制入轨到主动适应的过程。泰安路派出所民警庄丽说出了自己的感受：“刚实行‘大回访’的时候，觉得像戴上了‘紧箍咒’，工作压力大了很多，但渐渐发现和群众沟通多了、帮群众办事多了，群众对自己的信赖就多了，工作更好干了、更积极了！”渐渐地，尝到“甜头”的日照公安自觉地动脑子、想办法，千方百计让群众满意。为了让群众享受到更加贴心的服务，日照市公安局出台了便民惠民服务十二项新措施，从简化新生婴儿户口登记程序、降低市外返乡人员户口迁移门槛、简化出入境办事程序、精简消防行政许可等方面不断简化办事程序、提高服务质量。日照市公安机关还出台了服务全市中小企业发展十六项措施，通过完善警企联系制度、重拳打击涉企黑恶违法犯罪活动、全力侦破经济领域犯罪案件、创新建立中小企业安全预警防范宣传体系等措施为全市中小企业提供更加便捷、高效的服务，推动经济社会发展。

自觉地亲民爱民，主动地严格执法。将案件双方当事人纳入回访范畴是日照公安“大回访”的亮点之一。回访对象包括治安案件的被侵害人、违法嫌疑人以及刑事案件的被害人、犯罪嫌疑人家属。“大回访”中，办案民警在立案、侦查、采取强制措施等各个执法环节都会电话通知当事人，告知当事人案件办理进度，了解群众对执法工作的满意度。这一做法把民警的每一个执法环节都置于群众的监督之下，让群众成为民警执法活动的第一评价人，使民警时刻绷紧了规范执法的弦。今年以来，群众对日照公安民警执法投诉比去年同期下降了29.6%，涉法信访案件下降了13.9%。

（《人民公安报》公安动态清样总第91期刊载）

日照太阳圣钟

RI ZHAO SHI
GONG AN
ZHI

第三章

国内安全保卫工作

GUO NEI AN QUAN
BAO WEI GONG ZUO

国内安全保卫工作（原称政治保卫工作）是公安机关为维护社会政治稳定和国家安全、维护国家统一和民族团结、维护宪法确立的基本政治原则，依照宪法和法律，运用专门力量和专门手段开展的侦察、情报、保卫专门工作。

新中国成立初期，公安政治保卫工作的主要任务是开展敌情侦察、搜集情报、锄奸反特、镇压反革命，保卫和巩固新生的人民政权。20世纪80年代，公安政治保卫工作的重心开始由同外国和国民党特务间谍的斗争，逐步转移到维护国内安全和社会政治稳定上，转移到对敌情、政情、社情的掌握上。公安机关政治保卫部门坚持党的基本路线，切实加强隐蔽斗争工作，预防、制止、打击敌视和破坏社会主义制度的敌对势力和敌对分子的破坏活动，维护国家安全和社会政治稳定，维护国家统一和民族团结，保卫人民民主专政的政权和社会主义制度，保障改革开放和社会主义现代化建设的进行。

1998年9月22—23日，公安部在北京召开的第一次全国公安国保工作会议上，明确提出一个时期公安国保工作的总体思路是理顺业务体制，改进工作机制，深化专门工作，加强队伍建设，改善警务保障，并确立“长期打算，公私结合、主动进攻、防止危害”的工作方针。会议根据国务院批准的公安部机关机构设置方案，将原政治保卫局更名为国内安全保卫局。

2001年10月，根据省公安厅及市公安局下发的机构改革方案，日照市公安局政治侦察支队更名为日照市公安局国内安全保卫支队。

第一节 国保基础工作

加强国保（政保）基层基础工作，是国保（政保）工作实现专门工作与群众路线相结合的依托和根基。日照市公安国保基层基础工作是从1987年山东省公安机关政治侦察工作会议以后逐步全面开展的，主要抓手是派出所政保室建设。县级国保部门、派出所和各类治保组织是国保防范控制网络的骨干力量，各级公安机关按照省公安厅、市公安局部署，结合实际，大力加强国保基层基础工作，确保政保工作的触角广泛、反应灵敏。

1996年9月，省公安厅在临沂市召开全省政保基层基础工作座谈会，就加强派出所政保基层工作作出具体安排。日照市公安机关根据省公安厅会议精神，层层成立政保基层基础工作领导小组，推进派出所基层基础工作实施。之后，全市公安机关推进国保工作向社区警务延伸，不断加强和完善国保基层基础工作。

1998年10月21日，根据全国公安国保工作会议精神，公安部党委印发《关于加强国保工作的决定》，要求对地方各级国保工作实行统一指挥、分级负责。各级公安国保部门对该地区影响、危害或可能影响、危害国内社会政治稳定和国家安全的问题，要及时发现、妥善处置，解决在当地，解决在基层。明确省级以下国保部门及派出所、保卫组织的职责。1999年7月31日，市公安局印发《关于加强国内安全保卫工作的意见》，对加强国保及基层基础工作作出部署。

2002年6月28日，省公安厅召开全省国保工作对象基础调查工作会议，部署全省公安机关国保部门从2002—2004年开展国保工作对象基础调查工作。是年8月9日，市公安局召开国保基础调查工作会议，明确基础调查的指导思想、工作目标、调查范围与对象以及时间步骤和工作要求。

2003年7月4日，市公安局在莒县召开全市国保工作对象基础调查现场会，总结前段国保基础调查工作情况，分析存在的问题，进一步推动全市国保工作对象基础调查的深入开展。经过两年坚持不断、艰苦细致的工作，2004年4月，全市公安国保部门完成调查任务，建立高标准的国保基础工作数据库。

2006年6月，省公安厅召开全省公安国保基层基础建设会议，传达贯彻全国公安国保基层基础建设会议精神，安排部署开展国保基层基础建设。是年6月，市公安局印发《关于转发山东省公安厅关于加强国保基层基础建设的实施意见》，按照上级关于加强公安国保基层基础建设的部署，成立国保“三基”建设领导小组，制定“三基”工作实施意见。

2009年，公安部部署开展全国性国保工作战略支撑点建设，东港分局国保大队被确定为全国性国保战略支撑点。是年5月，市公安局党委印发《关于进一步加强和改进国内安全保卫工作的意见》，要求着力强化国保基层基础工作，加大国内安全保卫战略支撑点建设力度。

2009—2011年，市公安局持续推进国保战略支撑点建设工作，市公安局主要领导作出批示，对国保战略支撑点建设工作提出明确要求。分管局领导带领国保支队负责人深入基层，研究制定建设工作方案，认真部署国保战略支撑点建设三年规划，分阶段细化建设任务、目标，指导区县公安局开展国保战略支撑点建设工作。以夯实派出所国保基础工作为抓手，按照“六统一、四规范”标准，建设规范标准的国保工作站，依托国保工作站辐射作用，将国保工作触角进一步向基层延伸。全市公安机关进一步加强对国保基层基础及软、硬件建设，共投入经费120余万元，增加办公场所150余平方米，增配车辆4台，增加专用电脑、打印机等办公设备6套，现场勘查取证器材4套。在全市74个派出所全部建立国保工作站，实现“四个100%”，即派出所国保工作站覆盖率达100%，基础台账完善率达100%，重点阵地、信息联络员覆盖率达100%，业务骨干培训率达100%。2010年，莒县公安局国保大队被确定为全省性国保战略支撑点。

2012年2月6日，市公安局下发《转发省公安厅关于开展社区国保工作建设的意见的通知》，就国保工作进社区作出部署。2013年3月，市公安局在岚山召开全市公安机关社区国保工作现场会议，推广岚山分局开展社区国保工作的经验做法，部署推进全市公安机关社区国保工作。

2013—2016年，全市公安机关按照公安部、省公安厅部署要求，不断加强国保基层基础建设，组织开展国保基础调查、专项调查和专案攻坚，推行县级国保大队分片包所、国保工作进社区、反邪教工作进乡村（社区），建立起协调有效的国保工作机制。通过国保战略支撑点、国保工作站、社区国保工作建设，国保基层基础得到有力加强，公安机关维护国家政治安全工作水平得到有效提升。

2017—2018年，按照省公安厅部署开展全省公安机关基层基础建设3年攻坚战的总体要求，全市公安机关国保部门贯彻落实市公安局党委的具体部署，紧密结合国保工作实际，大力推进国保基层基础建设攻坚，进一步加强国保业务、制度、技术、保障、队伍等基础建设，健全国保基层基础工作机制，推进工作流程再造。通过开展国保基础调查、秘密力量建设、情报信息网络等基础工程建设，进一步夯实国保工作根基，推动国保工作发展。

第二节　查处非法宗教活动

1994年，全市公安机关依法取缔非法宗教聚会点5处，涉及400余人。1995年，依法取缔非法宗教聚会点25处，及时收缴境外宗教反动宣传品20余万份。1996年，取缔非法聚会点102处。依法查处非法宗教组织“同工会”，处理成员9人，取缔聚会点8处。

1997年，市公安局根据公安部、省公安厅通知要求，在全市范围内开展制止少数人进行非法活动的专项工作（以下简称“制非”专项工作）。以“制非”“打邪”为重点，取缔非法聚会点11处，收缴非法宗教宣传品300余份。1998年，取缔非法宗教聚会点15处，收缴非法宗教宣传品1700余份。2001年，破获境外非法宗教渗透案件2起。

2002—2008年，市公安局国保支队根据省公安厅部署，不间断开展抵御境外宗教渗透侦察调查专项工作。

2014年8月5日，市公安局国保支队查获参与非法宗教活动人员24名，其中境外人员8名，查获非法宗教书籍、宣传品200余份，分别对境外、境内人员做出处理。

2018年5月8日，市公安局国保支队组织东港分局、日照经济技术开发区分局，会同宗教管理部门依法查处一起境外人员组织宗教渗透活动，查获非法宗教组织成员13名，其中境外人员10名，境内人员3名，收缴用于非法活动的电脑、手机以及非法宗教资料一宗。

图3-1 缴获邪教书籍

第三节　查处邪教案件

1994 年，市公安政保部门从以往会道门复辟案件入手，经查证旧有基础台账，逐人核对，调查发现全市各类会道门道首骨干分子 68 人、复辟线索 4 起。经过公安机关的立案侦查、打击处理，20 世纪 90 年代后期，全市的会道门组织全部被取缔。

自 1998 年始，根据上级的统一部署，全市公安机关部署开展防范打击“全能神”邪教组织工作。

1999 年 8 月起，根据中央、省委关于危害社会的气功组织进行调查处理的指示精神，日照市由市委分管领导牵头，组织公安、民政、教育、体育、卫生等部门，对全市气功组织进行一次深入全面的调查摸底。经过调查，摸清底数，并区别情况进行处理，已经登记注册的自动注销，未经注册私自传播的劝退解散或自行解散，对从事违法活动的依法予以打击处理。

2013 年，全市公安机关共查破“全能神”邪教案件 40 余起，抓获非法成员 110 余人。

2014 年，全市共破获“全能神”邪教案件 50 余起，抓获邪教人员 140 名。

2017 年始，公安部部署开展打击“全能神”邪教组织三年攻坚战，按照上级部署，日照市公安机关至 2018 年底，共打掉窝点 9 处，抓获查处一大批邪教人员，收缴书籍等涉案物品若干。

第四节　文化保卫工作

一、高校保卫

1989 年，随着曲阜师范大学在日照市设立日照分部，日照广播电视大学、日照职业技术学院等高校陆续设立，日照市大学科技园管委成立。至 2018 年，日照市共驻有高校 8 所，分别是曲阜师范大学日照校区、山东体育学院日照校区、济宁医学院日照校区、山东水利职业学院、山东外国语职业技术大学、日照职业技术学院、日照航海工程职业学院，共有在校师生 7 万余人。高校保卫成为公安文化保卫的一项重要内容。

2003 年，全市公安机关经济文化保卫部门认真开展高校安全保卫工作，维护高校辖区的安全稳定。深入企业高校开展走访，搞好调研，共获取涉及稳定等有价值的信息 70 余条。

2004 年，全市公安机关开展“警校共建平安校园”活动。以创建“平安单位”为载体，会同教育部门开展“警校共建平安校园”活动。督导学校健全保卫组织力量，完备安全保卫规章制度，落实内部安全防范措施。在校园内开展法制教育，增强学生遵法、守法意识。会同教育、工商、文化等部门，对校园周边容易诱发治安问题的娱乐等公共场所进行清理整顿，进一步净化校园周边秩序。

2005 年，认真开展高校安全保卫，完成曲师大校庆等文化安全保卫任务。

2006—2009 年，以贯彻落实《企业事业单位内部治安保卫条例》为契机，强化高校保卫基层基础及机制建设，落实内部安全保卫措施，认真做好高校等文化保卫工作。2008，完成奥运安保期间高校文化领域安全保卫任务。

2010 年，按照公安部、省公安厅部署要求，市公安局印发《关于对全市公安经济犯罪侦查部门承担的经济文化保卫工作职能进行调整的通知》，将高校、文化领域安全保卫职能划入国内安全保卫支队。全市公安机关国保部门按照职责分工，以开展“平安高校”建设为主线，认真做好高校、文化领域安全保卫工作，守牢意识形态领域阵地。

2010—2018 年，市公安局按照上级部署，成立分管局长任组长，有关警种、部门组成的“平安高校”建设活动领导小组。同时，积极牵头建立党委、政府主导，综治、公安、教育、高校、驻地党政机关共同参与的高校保卫工作协作机制、高校稳定工作交流会商机制，定期召开成员单位会议，通报有关情况，共同落实高校安全稳定工作。

图 3-2 到高校检查校园内部安全工作

加强高校保卫基础建设。把加强高校保卫基础建设放在优先位置，指导东港分局国保部门、大学科技园派出所，积极协调各高校加强高校警务室建设，各高校全部建成校警务室，规范警务室建设标准，健全警务室规章制度，围绕重点部位、重点院系、重点领域物建信息员，搜集情报信息，超前预警、化解高校各类安全隐患。

加强高校校园安全防范工作。开展“法制进校园”活动，在开学季，利用发放法制宣传单、举办安全教育专题讲座等多种形式，向学生宣传法律知识和防范盗窃、抢劫、诈骗、抵制邪教等安全常识。累计举办安全教育讲座50余次，发放宣传材料几十万份。强化高校重点部位消防安全管理，协调消防部门加强对高校消防安全工作的监督检查，督促学校严格履行消防安全职责，进一步强化消防管理措施，严防发生火灾事故。强化高校交通安全管理，协调交警部门在学校门前及周边道路上设置完备的警告、限速、让行等交通标志，完善各类道路交通安全设施，确保高校及周边道路交通安全。强化高校互联网安全管理，公安机关国保、网安部门加强校园网和涉高校社会网站的监控工作，开展高校校园网舆情监测，有效应对和化解可能干扰和影响高校及社会稳定的网上突发事件和负面舆情。加强日常巡逻检查和治安秩序整治，组织辖区派出所等治安力量、高校保卫力量，加大对高校内部及周边的治安巡逻，遏制可防性案件发生，对突出治安问题开展专项整治，及时查处各类刑事、治安案件，确保高校及周边治安秩序良好。

加强高校重点领域安全保卫工作。组织开展高校相关少数民族学生基础调查，全面摸清底数，做好少数民族学生日常管理工作，防范高校涉暴恐、宗教极端活动发生。会同市民宗局、高校工委组织到高校开展宗教法规知识宣讲，强化专案侦察调查，防范宗教组织向高校渗透活动。2018 年，查处取缔大学组织非法宗教活动场所 1 处。

二、广播电视领域安全保卫

2006 年，根据省综治办、省广播电视局、省公安厅等 6 个部门联合下发的《关于在全省开展卫星电视传播秩序专项整治春季集中行动的通知》，配合有关部门整顿全市卫星电视传播秩序。

2008 年，省综治办、公安厅、新闻出版局和广电局等 10 个部门联合下发《关于在全省开展“迎奥运推动平安建设”卫星电视传播秩序专项整治集中行动的通知》，市公安局充分发挥职能作用，开展联合执法行动，排查、拆除非法安装卫星电视广播地面接收设施，有力地维护全市广播收视秩序。

2009 年，省综治办、公安厅、广电局、新闻出版局等 12 个部门联合下发《关于在全省开展“平安全运”卫星电视传播秩序专项整治集中行动暨创建“无小耳朵”县（市、区）活动的通知》，市公安局与相关部门密切配合，采取有力措施，大力开展卫星电视传播秩序专项整治活动，有效打击非法销售、安装和使用卫星设施的行为，取得明显成效。

2017—2018 年，开展新闻出版、社科领域基础调查和情报信息、侦查处置工作，及时掌握、处置意识形态领域突出问题。会同有关部门开展制售政治性非法出版物活动专项整治工作，有效维护文化意识形态领域的安全稳定。

RI ZHAO SHI
GONG AN
ZHI

第四章

刑事侦查

XING SHI ZHEN CHA

传统意义上的刑事侦查是指公安机关依据法律和国家赋予的权利，运用各种侦查措施、手段和刑事科学技术，同刑事犯罪作斗争的一项专门工作。刑事侦查工作的基本任务是通过侦查破案，揭露、打击和制止刑事犯罪分子的破坏活动，积极协同有关部门，维护社会秩序，保护公民的人身权利、民主权利和其他权利，保障社会主义现代化建设顺利进行。

第一节 刑事案件侦破

1983 年，公安部专设刑事案件侦察局，1989 年改称刑事侦察局，独立的刑事侦查系统开始确立。

20 世纪 80 年代，全市公安机关根据“依靠群众，抓住战机，积极侦查，及时破案”的刑事侦查工作方针，坚持“党委领导、群众路线、实事求是、遵守法制、综合治理”的基本原则，把打击和防范严重暴力犯罪作为同刑事犯罪作斗争的重点，对杀人、抢劫、爆炸以及驾车行凶、持枪作案、劫持人质等严重暴力犯罪“主动进攻，先发制敌；快速反应，速战速决”，充分发挥刑事侦查专门工作的职能作用，有效打击刑事犯罪分子的破坏活动，维护国家和人民生命财产安全。

20 世纪 90 年代，随着改革开放的全面深化，刑事犯罪活动呈现出新的情况和特点，表现为暴力犯罪、流窜犯罪、纠合犯罪日益突出；盗窃犯罪、诈骗犯罪、走私犯罪日益增多；犯罪手段向现代化发展，犯罪活动呈现职业化发展趋势，犯罪群体低龄化日益突出。全市各级公安机关始终坚持依法从重从快的方针，严厉打击严重刑事犯罪分子。各级刑侦部门调查访问、摸底排队、跟踪守候、公开搜查、追缉堵截等侦查措施进一步成熟，刑事技术、审讯、取证等破案手段、程序、方法日趋完善，先后破获一大批重特大案件，打掉一大批犯罪团伙，抓获一大批在逃人员，确保社会治安大局持续稳定。

进入 21 世纪，刑侦部门根据社会治安突出问题和违法犯罪规律特点，围绕党委政府的中心工作和经济社会发展大局，不断强化公安主业，充分发挥破案打击主力军作用，始终保持对命案、涉枪犯罪、黑恶犯罪、暴力犯罪、毒品犯罪、“两抢一盗”犯罪、跨区域流窜犯罪、拐卖妇女儿童犯罪的严打高压态势。历经 2000 年“网上打拐”、2001 年“打黑除恶”、2002 年打击“两抢”、2004 年“侦破命案专项行动”、2005 年打击“两抢一盗”犯罪专项斗争、2006 年“打黑除恶”专项斗争的锤炼，全市公安机关逐步建立命案侦破“一长双责”机制、网上追逃工作机制，以“多警联动、同步上案”“异地用警、挂牌督办”为核心的大要案侦破工作机制日趋成熟，办案质量考核、执法办案公开、破案追逃奖励等一系列制度不断完善，多警联动、协调作战的刑侦工作格局逐步构建，刑侦“三基”工程建设逐渐加强，刑侦工作开始从粗放型向专业型转变，侦查破案科技含量大幅度提升。2000—2006 年，全市公安机关共立各类刑事案件 35761 起，破案 30556 起，抓获犯罪嫌疑人 14170 名，刑拘犯罪嫌疑人 12869 名，逮捕犯罪嫌疑人 3409 名。

2007—2011 年，为适应打击犯罪工作的新要求和执法环境变化的新挑战，全市刑侦部门以合成化现代警务体系为引领，以“一警多能、综合执法”为基本要求，充分发挥多警联动、合成作战的优势，深化严打整治斗争，以深化“网上作战”为突破口，以命案侦破、打黑除恶、打击“两抢一盗”等多发性侵财犯罪、追逃、刑事技术、禁毒、反恐怖等专项工作为重点，拓展网上排查、网上比对、网上追逃、视频侦查等技战法，加强指纹、DNA 等刑事技术建设，进一步深化刑侦“三基”工程建设、刑侦信息化建设，规范刑事执法办案工作，深入开展刑警大练兵活动，刑事侦查整体工作水平再上新台阶。2007 年始，市公安局成立打击“两抢一盗”专业行动队，实行多警种合成作战，集中打击多发性侵财型犯罪，先后破获一批重大盗窃、抢劫刑事案件。2009 年，开展“打拐”专项行动，建立打拐“一长三包责任制”和失踪儿童快速查找机制，建立打拐 DNA 信息库。2010 年，以推进刑侦信息化为核心，以创建打击犯罪新机制为载体，以加强执法规范化建设为主线，打好“合成战、科技战、信息战、证据战”，刑侦工作全面提速发展。2007—2010 年，全市公安机关共立各类刑事案件 18663 起，破案 22731 起，抓获犯罪嫌疑人 9231 名，刑拘犯罪嫌疑人 7975 名，逮捕犯罪嫌疑人 3625 名。

2012—2016年，刑侦部门积极适应全面依法治国新要求，在工作模式上，逐步实现“打击效率与打击质量并重、破案抓人与追赃挽损并重、侦查打击与推动社会治理并重”的转变。围绕“三项重点工作”“四大建设”和市公安局党委“八项重点突破”“八个能力提升”“八大体系建设”，以“打黑恶、反盗抢”安民行动为主线，全面推动打黑除恶、小案侦防、信息应用、科技支撑、反恐禁毒、队伍实战“六个能力”实现新提升。2014年，全国刑事侦查工作会议召开。全市公安机关按照公安部、省公安厅要求，进一步加强和改进刑侦工作，实行打击犯罪新机制，切实提升侦查破案、执法办案和打击犯罪的能力和水平。全市各级公安刑侦部门牢固树立“打击是主业、破案是硬道理”的理念，以“更快破大案、更多破小案、更准办好案、更好控发案”为目标，以深化打防责任制建设和推进新型犯罪“首案必破”为切入点，以深化“打黑恶、反盗抢、防诈骗、扫毒害、追逃犯”系列安民行动为主线，大力推进大案攻坚、小案侦防、刑事技术、刑侦信息化、侦查破案新机制五项重点工作，开展刑事案件告知服务工作，刑侦队伍整体素质、打击效能、执法办案水平得到明显提升。2012—2016年，全市公安机关共立各类刑事案件37713起，破案35203起，抓获犯罪嫌疑人10828名，刑拘犯罪嫌疑人7509名，逮捕犯罪嫌疑人4137名。

2017—2018年，刑侦部门以精准警务战略为引领，积极推进侦查方式转变创新，坚持“打一仗解决一个问题，打一仗建立一套机制”，在打击“盗抢骗”犯罪、打击治理电信网络新型违法犯罪、命案积案攻坚行动、“三打击一整治”、打击网络贩枪等一系列专项行动中，以打带建、以建促打，建立“层报、研判、指令”制度，健全一系列工作规范和长效工作机制，刑侦部门实战化水平进一步提升。2017年，刑侦部门以党的十九大安保维稳为主线，全力投入百日维稳攻坚战、“三创三推大会战”、十九大安保决胜战，全面开展“打黑除恶、打霸治痞”利剑3号行动，做到命案必破、黑恶必除、枪案必查、逃犯必追、涉拐必打。是年，全市公安机关共立刑事案件6817起，破案5495起，抓获犯罪嫌疑人2067名；刑拘犯罪嫌疑人1795名，同比提升12.2%；批捕犯罪嫌疑人780名，同比提升2.23%。全市刑事警情同比下降11.9%，八类暴力犯罪发案320起，同比下降20%。2018年，刑侦部门突出上合组织青岛峰会安保这一重点，全面深入开展“扫黑除恶”专项斗争，打好“打现行、除枪患、追逃犯、治乱点”严打整治行动、推进基层基础建设、实施“数据侦查”战略三大攻坚战，重点打击电信网络诈骗、民族资产解冻、“套路贷”等新型犯罪，强力缉捕在逃人员。聚焦大数据融合共享、智能应用，实施“智慧侦查”战略，做大做强“三合一”大数据作战中心，全面推动市、县视频侦查实验室标准化建设。是年，全市公安机关共立刑事案件5716起，破案4279起，抓获犯罪嫌疑人2327名，刑拘犯罪嫌疑人1853名，批捕犯罪嫌疑人784名，全市八类案件、侵财案件、“两抢”案件发案同比分别下降34%、17.13%、58.2%。刑事基层基础建设工作在省公安厅考核中获得优秀成绩。

1989—2018年全市刑事案件立破案及抓获犯罪嫌疑人统计表

表4-1

年份	立案数（起）	破案数（起）	抓获犯罪嫌疑人（人）	刑拘（人）	逮捕（人）
1989	262	245			
1990	176	152			
1991	658	559			
1992	325	283			
1993	955	736	348		

续表 4-1

年份	立案数（起）	破案数（起）	抓获犯罪嫌疑人（人）	刑拘（人）	逮捕（人）
1994	921	737	920		
1995	986	1220	901		
1996	842	1373	955		
1997	1132	1821	976		555
1998	1197	1664	1142		606
1999	1187	1807	1572		824
2000	4555	3184	1603	1483	
2001	4663	3646	1931	1628	
2002	5381	3991	1946	1731	
2003	5447	4364	1896	1600	716
2004	5478	4764	2108	1917	823
2005	5179	4898	2262	2116	876
2006	5058	5709	2424	2394	994
2007	4862	6341	2346	2287	1045
2008	4555	5863	2734	2363	1233
2009	4462	5100	2195	1759	749
2010	4784	5427	1956	1566	598
2011	4629	4871	1739	1116	546
2012	7539	5874	2706	1478	960
2013	7348	7580	2068	1355	854
2014	7329	7724	1535	1263	657
2015	7753	7521	2258	1813	903
2016	7744	6504	2261	1600	763
2017	6817	5495	2067	1795	780
2018	5716	4279	2327	1853	784

说明：1.1989—1992 年立案数、破案数不含莒县、五莲数据

2. 破案数包含破当年案件数、往年案件数、外地案件数

附：典型案例

【五莲县“12·15”杀人案】

1993 年 12 月 15 日 8 时，五莲县公安局接报，在省道央赣路（潍坊央子镇至江苏省赣榆）五莲县街头镇西洪河村境内发现两具男尸。县局领导带领 20 名干警立即赶赴现场组织侦破，市公安局领导带领刑警技术人员迅速赶赴现场指导破案。经勘验确认为杀人抛尸案，当晚查明尸源。根据掌握的线索，五莲县局迅速派出 5 个办案小组分赴烟台、潍坊及江苏省张家港市、淮阴市等地展开侦查。16 日 19 时，在栖霞县金山乡将作案分子邹某某（男，28 岁，栖霞县人）抓获，缴获其抢劫的“长飞”牌豪华中巴客车一辆及现金 4650 元。

经查，犯罪嫌疑人邹某某于是年12月初前往张家港市做生意，在张家港市轻型客车厂住宿时结识到该厂提车的李某某（男，24岁，新疆哈密农场管理局某农场职工）、鲍某某（男，25岁，新疆吐哈石油管理局某公司职工），邹以高价为诱饵商定买下李、鲍刚提出的中巴客车，并让李、鲍将车从张家港市开往栖霞县。13日下午与李、鲍二人驾车奔栖霞县，14日上午行至南京时，邹趁二人不备，用手锤将其二人砸死后抛尸五莲县境内，之后自己驾车逃窜回栖霞家中。犯罪嫌疑人邹某某被判处死刑。

【莒县“5·12”绑架勒索杀人案】

1996年5月12日，莒县城阳镇土门首街个体旅店业主李某之次子李某某（男,12岁，小学学生）被绑架，犯罪分子以书信形式索要现金10万元。

这是莒县乃至全市改革开放后首起绑架勒索案。案发后，莒县公安局当即成立由局长任组长的“5·12”专案组，抽调精兵强将开展调查工作。56名参战干警苦战五天五夜，摸排2000余名有疑点的人，5月17日确认勒索信系刘家官庄镇于某某所写。抓捕时，发现于已潜逃。围绕嫌疑人于某某的主要社会关系、曾落脚的几个点，莒县公安局向四川、黑龙江派出2个追捕组。印发通缉令的同时，积极开展调查取证，在城阳镇大湖村麦地里的一口机井内找到李某某的尸体。7月5日，获悉于某某在刘官庄镇黄花沟村露面后，民警将手持匕首、企图顽抗的于某某抓获。经审讯，犯罪嫌疑人于某某供认因自己做生意亏本，欠债6万余元，将在一家电子游戏厅玩耍的李某某骗出勒死，投尸机井，然后写信勒索10万元现金的犯罪事实。8月6日，绑架勒索、故意杀人犯于某某被执行死刑。

【市区“1·28”绑架人质案】

2000年1月28日9时许，独自在家的李某（14岁，市实验中学学生）接到一个电话，来电人自称姓戴，说给李家送箱酒，让李10分钟后下楼拿。李即与其母郑电话联系，郑以为是熟人，同意李下楼取。9时50分，郑发现房门未锁，其子不在家，20时20分，接到匿名电话，声称孩子在他们手里，拿50万元现金赎人。

接报后，市公安局局长、分管副局长主持研究案情，分析认为作案分子躲藏在外地的可能性较大，专案组遂把工作重点放在周围市地。29日、30日，作案分子在临沂市打公用电话10余次催款。专案组兵分两路：一路赶赴临沂市，落实监控措施；一路继续加强对受害方住所的监控，让受害方以凑不足钱为由讨价还价。30日20时许，作案分子从泰安打电话让李、郑夫妇带20万元现金和一部手机，乘31日上午日照至济南的列车，听候联系。专案组迅即选派8名民警着便装随李、郑夫妇上车，与铁路沿线市、县公安机关联系，做好对沿线火车站的控制工作。

1月31日8时，李、郑夫妇携款上车，列车经过临沂路段，作案分子没有现身。16时许，作案分子打电话，让李、郑到兖州站下车。下车约半小时后，作案分子打电话，让他们乘出租车到曲阜汽车站等候交换。专案组民警在曲阜市公安局的配合下，迅速在该汽车站落实控制措施。18时许，作案分子又电话指令李、郑住进汽车站对面一家宾馆，让他们用宾馆房间电话拨打作案分子的手机。专案组民警同曲阜警方安排4名民警立即住进该宾馆，安排16名民警分乘4辆出租车在宾馆周围的4个路口进行监控；曲阜市公安局各堵截点民警上路搜查可疑车辆，封锁交通要道。21时30分，民警发现一辆曾在兖州火车站见过的无牌桑塔纳轿车先后三次在宾馆附近出现，十分可疑，及时将可疑车辆及乘车人石某（男，32岁，住邹城市兖州矿务局家属院，无业，有前科）、侯某某（男，37岁，邹城市西关居委人，司机）查获，搜出作案分子同受害方通话的手机。经就地突审，2名犯罪嫌疑人供述绑架作案的犯罪事实；并交待另一同伙徐某某（男，37岁，莒南县演马乡人）正挟持人质李在104国道曲阜市西外环路上等候消息。23时30分，两地民警乘4辆出租车火速前往，将徐某某一举抓获，人质安全获救。石某犯绑架罪，判处有期徒刑十五年，并处罚金2万元；徐某某犯绑架罪，判处有期徒刑八年，并处罚金1万元；侯某某犯绑架罪，判处有期徒刑四年，并处罚金5000元。

【岚山“10·7”特大持枪抢劫案】

2000年10月7日5时40分，由日照驶往临沂的依维柯客车，沿017省道行至岚山办事处碑廓镇大朱曹村路段时，车上5名犯罪嫌疑人突然取出2支单管猎枪、1支小口径手枪及随身携带的砍刀、匕首等凶器，抢劫乘客手机7部、现金2万余元、金银首饰及其他物品1宗，3名乘客受伤。随后5名犯罪嫌疑人搭乘桑塔纳轿车向临沂方向逃窜。

接警后，市、区两级公安机关高度重视，主要领导、分管领导坐镇指挥，迅速组织警力开展侦查。综合分析认为，该案是一起有预谋的暴力犯罪案件，犯罪分子可能系临沂人。市公安局与临沂市公安局协商，兵分三路开展调查。10月10日，专案组在日照市东港区武装部招待所查到。10月6日晚，一名持赵某某身份证的顾客登记入住，据群众反映，当晚赵的房间去过五六名男青年，驾驶一辆临沂牌照的桑塔纳轿车，10月7日凌晨5时许人车突然离开。

专案组在莒南县局的配合下，迅速查明：赵某某系莒南县石莲乡人，该赵于1992年到北京打工，并与石景山区八宝山地区居民李某结婚，住石景山区。赵某某于10月7日9时突然回家，10月8日又离开，形迹可疑。专案组找到赵某某照片，连夜组织受害人辨认，进一步证实赵某某犯罪嫌疑。10月10日，侦破组获取重要信息：在莒南县道口乡开个体路边饭店的李某某（男，22岁，临沂市河东区汤头镇人）有一辆鲁Q21*** 深蓝色桑塔纳轿车，车上有假牌照，时常在夜间外出，案发后去向不明。

专案组适时调整战略，兵分三路：由市公安局刑警支队侦技人员连夜赶往临沂对李某某实施侦查；由岚山分局刑警大队民警到莒南对赵某某实施布控缉捕；由市公安局刑警支队民警连夜赶往北京市追缉赵某某及其同案犯罪嫌疑人。

10月11日，追捕组抵达北京市后，迅速查找到赵某某居住的出租房。10月19日，北京市公安局反馈：赵某某曾在石景山区苹果园地区一个居民区内活动，追捕组随即与石景山分局联系，迅速查明该居民区居民常某某（有犯罪前科）住房于10月11日租给五男二女居住，形迹可疑。追捕组调整守候点，对该处出租楼房布控，10月21日20时许，赵某某与他人搭乘一辆出租车行至西井三区居民区，追捕组在北京市公安局刑警总队防暴大队特警队的支持配合下，迅速将犯罪嫌疑人赵某某、刘某某（男，28岁，莒南县道口乡人）、崔某某（男，23岁，沂南县葛沟乡人）、李某某（男，23岁，莒南县言边乡人）、陈某某（男，24岁，临沂市兰山区白沙埠镇人）、李某某（男，23岁，临沂市河东区汤头镇人）、王某某（男，30岁，临沂市河东区刘佃子乡人）、李某某（女，19岁，莒南县朱边镇人）、王某（女，17岁，枣庄市台儿庄区人）等8名犯罪嫌疑人一网打尽，缴获猎枪、手枪等作案工具及抢劫的物品。经审查，8名犯罪嫌疑人对持枪抢劫供认不讳。

【东港区西部乡镇系列“打闷棍”抢劫杀人案】

2002年冬季，东港区西部乡镇连续发生多起抢劫摩托车案件，作案手法都是用棍从后面击倒受害人，趁机抢走所骑摩托车。12月19日18时许，西湖镇又发生一起抢劫摩托车案，受害人被木棍击伤致死。接报后，分局立即成立“12·19”专案组开展工作。经串并案件发现自2001年12月始，东港区西部乡镇、五莲县街头镇等地先后发生抢劫摩托车案件20余起。通过对每起案件研判分析，专案组了解到陈疃镇有一个专门销售“黑”摩托车的叫张某某，并于2003年1月8日在日照西客站将张某某抓获。经审讯，陈疃镇的辛某某逐渐浮出水面，与其经常混在一起的孙某也存在较大嫌疑，至此“12·19”专案开始突破。2003年1月16日17时许，专案组根据线索，在正阳路邮政局南及东关南路一所出租房内抓获辛某某、商某某、孙某某，21时许，在沙墩抓获孙某。经查，自2000年起，辛某某伙同孙某、商某某、孙某某等人在东港区西部乡镇、五莲街头等地，以抢夺摩托车为目的，采取用木棍从后面打击头部的方式，抢劫作案42起。犯罪嫌疑人辛某某、孙某、孙某某、商某某犯抢劫罪，被判处死刑，剥夺政治权利终身；犯罪嫌疑人张某犯抢劫罪，判处有期徒刑三年；犯罪嫌疑人徐某某犯抢劫罪，判处有期徒刑二年，缓刑三年。

【市区“10·4”邮件爆炸案】

2003年10月4日9时许，日照某厂发生一起利用邮件爆炸报复伤害企业负责人的恶性案件。该厂党委书记王某某在办公室拆解一个邮件时发生爆炸，致其胸部皮肤挫伤，左手皮肤裂伤、无名指及小指末节骨折，右手伤残截除，构成重伤。“10·4”邮件爆炸案，是全市罕见的报复伤害企业负责人的恶性案件。案发后，公安部、省公安厅和市委、市政府领导分别作出批示，要求公安机关尽快破案。市公安局迅速成立专案组，全力开展侦破工作。市公安局主要领导、分管领导多次主持案情分析会，并靠案指挥。

专案组经严谨工作，在现场收集物证20余种，提取指纹2枚。根据作案因素排查和现场物证条件，果断将侦查范围锁定在该厂，先后排查重点人员200余名。11月7日，专案组民警了解到，该厂李某某（男，30岁，宣传干事）案发后言行反常，时常打探专案组工作情况，手机不明原因地丢失。专案组及时将其列为审查重点，通过正面接触，发现其神色慌张，遂果断将其留置审查。经对其住处搜查，查获多脚书钉、牛皮纸、胶水等，经检验比对，与现场物证认定同一。经外围调查，李多次散布对王不满言论。为确保审讯成功，专案组请临沂市公安局测谎专家对李进行心理测试，并根据其心理特点制订审讯计划，迫使其如实供述制作爆炸装置伤害王的犯罪事实，并根据其交代获取大量物证，成功侦破此案。李某某犯爆炸罪，被判处死刑，剥夺政治权利终身。

【东港“7·25”强奸杀人碎尸案】

2004年7月25日，东港分局接到报警称，在日照市东港区山东路营子河发现有被分解的尸体浮在水面。接到报警后分局立即成立专案组展开全面的勘查工作，打捞出被肢解的尸块20多块，唯独没有头颅。民警通过调取近期的接报警，发现7月23日日照某幼儿园老师邢某某失踪，怀疑该死者可能就是邢某某。4天后，经DNA检测证实，死者确是邢某某。8月4日、5日，日照市区内连续发生2起入室抢劫、强奸案。犯罪分子的作案手法与邢某某的被害极为相似。民警经过对该2起抢劫强奸案件的深入侦查，摸排出有抢劫、强奸、盗窃前科的王某某（青岛胶南市人）有重大作案嫌疑。8月10日，专案组民警在胶南一家饭店内，将其抓获。经突审，其供述7月22日将受害人邢某某劫持至出租房内强奸并杀人碎尸的犯罪事实。8月5日窜至另一所幼儿园宿舍内，采取持刀威胁、拳打、捆绑等手段，强奸2名女教师并抢走现金70元和小灵通手机一部。2004年11月26日，王某某被押赴刑场，执行死刑。

【开发区“2·3”故意杀人案】

2007年2月3日11时40分，开发区分局接到报警，某小区8号别墅楼有2人被杀死在室内。市公安局局长、分管副局长、刑警支队长迅速组织带领侦技人员赶到现场。经现场勘查及访问，确定死者为王某（女，51岁，青岛市人，某公司经理）、宋某某（男，22岁，莒县人，某公司司机）。经检验，二人系被钝器击打头部致死，被害时间为2月2日。市公安局抽调44名民警成立“2·3”杀人案专案组，迅速开展工作。

2月5日，专案组通过现场勘查、调查访问获取的证据，确定潜逃的夏某某（男，34岁，东港区人，住开发区碧海小区南区，经销建筑材料）、王某某（男，29岁，东港区涛雒镇人，刑释人员，夏的表弟）有重大作案嫌疑。2月14日，专案组获悉两犯罪嫌疑人在新疆出现，立即派员赴新疆，抓捕未果，遂在犯罪嫌疑人可能藏身落脚的地方架网布控。2月26日，在东港区日照街道相家庄将犯罪嫌疑人夏某某抓获。经初审获取线索、顺线追击，27日凌晨2时许，专案组赶赴菏泽市郓城县，将犯罪嫌疑人王某某抓获。经查，犯罪嫌疑人夏某某因借王某某高利贷发生纠纷，心生怨恨，遂产生杀人的恶念。2月2日上午，夏某某伙同其表弟王某某持单管猎枪、木棍等作案工具窜至被害人住处，将王及其司机杀害。

2008年，王某某、夏某某犯故意杀人罪，均被判处死刑，剥夺政治权利终身。

【莒县“2009·6·12”抢劫、强奸、杀人案】

2009年6月13日6时许，莒县公安局接到群众报案，在莒县小店镇蚕茧站附近一所空闲院内停有一辆黑色轿车，该轿车后备箱内传来女子的呼救声，同时发现该车内有一具男性尸体。接报后，莒县公安局民警迅速赶赴现场。经询问得知，该女子秦某与死亡男子类某系情人关系，12日21时许，二人在蒙阴县城郊一黑色轿车内约会时，4名男子手持铁棍、斧头等凶器将类某车门玻璃砸碎，后将二人劫持至莒南县境内一间小屋内，抢走两人现金5400余元、手机及银行卡等物品，同时采取棍棒殴打等手段威逼类某提供银行卡密码，并将秦某强奸。

6月14日，民警通过卡口录像确定嫌疑车辆行驶方向后顺线追踪发现3名嫌疑人殴打类某的地点和作案后被遗弃的黑色奇瑞轿车（鲁QEQ×××）。通过系统查询该车辆信息后确定该车系莒南县的杨某某和平邑的刘某某于案发当日在平邑县一家租车公司租借。通过对类某车辆勘验，提取到两枚指纹比中莒南县万某某左手拇指指纹，从而确定3名犯罪嫌疑人身份。

6月21日13时许，根据侦查线索，专案组在广东省佛山市三水区白坭镇将刘某某等4名犯罪嫌疑人抓获。经审讯，犯罪嫌疑人刘某某、杨某某、万某某、邹某某如实交代其抢劫、强奸、杀人的犯罪事实。自2007年起，该4名犯罪嫌疑人伙同沈某某、沈某华等人，交叉结伙作案，先后窜至临沂市河东区、莒南、平邑、蒙阴等地，采用砸车玻璃、棍棒殴打等手段，抢劫作案30余起，抢得现金、手机1部，涉案价值6万余元。6月23日15时许，专案组在莒南县将犯罪嫌疑人沈某某、沈某华抓获归案。至此，“2009·6·12”抢劫、强奸、杀人案告破，刘某某被判处死刑；杨某某、万某某、邹某某均被判处无期徒刑。

【东港“12·5”故意杀人案】

2015年12月5日下午，东港分局接到报案称，海滨三路养道按摩店内，发现一具尸体且已中度腐烂。分局成立专案组，全力投入侦破。经现场勘查和调查走访认为，死者系被窒息死亡；现场空间完好，门锁完整；极有可能是熟人作案。专案组充分发动群众提供线索，借助相关技术手段，很快锁定嫌疑人。12月6日23时许，专案组民警将潜逃至益阳市资阳区的王某抓获。经查，王某系其冒用他人身份，其真实姓名为刘某某（男，36岁，岚山区人）。刘几年前偶然认识吕某，因吕某按摩女的身份，刘不想和其投入感情，就利用打工捡来的身份证伪装为王某，11月18日22时许，因为吕某男女关系混乱，刘与吕发生争执，掐死吕某，而后逃往潍坊、浙江等多处躲藏。刘某某犯故意杀人罪，被判处死刑，剥夺政治权利终身。

【岚山“8·23”故意杀人案】

2018年8月23日9时30分，岚山分局110指挥中心接到群众报警，在圣岚路岚山头街道计生委以东路南垃圾箱内，发现一具尸体。经技术人员勘查，找到死者裤兜内被焚烧残缺的身份证，经上网查询，并派员赶赴烟台提取相关生物检材进行检验比对，认定死者是张某某（男，51岁，烟台市芝罘区人）。经技术提取，发现除死者之外的生物物证，后经鉴定系犯罪嫌疑人所留。通过走访，锁定在岚山头街道某扇贝养殖船上务工的李某某（男，46岁，山东省临沭县人）有重大作案嫌疑。

26日3时40分，专案组民警将犯罪嫌疑人李某某抓获，经突审，李供述，张某某经常找李某某喝酒，张不结账，还借钱不还。8月23日夜间，张又去李的住处借钱，李顿起杀心，借去室内取钱之机，拿起事先准备好的撬棍将张打死，用夏凉被包裹尸体，用电动车抛至垃圾箱内，点燃裹尸物后逃离。李某某犯故意杀人罪，被判处死刑，缓期二年执行，剥夺政治权利终身。

第二节　严打整治专项行动

一、严打斗争

根据中共中央《关于严厉打击严重刑事犯罪活动的决定》，1983年8月10日到1987年1月31日，全市公安机关按照“依法从重从快”的“严打”方针，开展为期3年的严厉打击严重刑事犯罪活动（简称“严打”），依法从重从快惩处一批严重刑事犯罪分子。在此基础上，先后开展“打击流窜犯”“追捕在逃人员”“三打一禁”（打击团伙犯罪嫌疑人、打击“车匪路霸”、打击拐卖妇女儿童，查禁卖淫嫖娼）等专项斗争，破获一批重大刑事案件，狠狠打击犯罪分子的嚣张气焰，全市社会治安形势明显好转。

1994年，根据中央和省委、省政府的统一部署，市委、市政府决定9—12月，在全市范围内集中开展严厉打击严重刑事犯罪、大力整治社会治安的斗争。成立以市委副书记任组长，全市各综治委成员单位负责人为成员的严打整治领导小组，下设办公室在市公安局。此次严打斗争确定八类重点打击目标，组织开展追捕逃犯百日会战，并于9月和12月分别组织两次集中收捕统一行动。斗争中，全市公安机关相继破获东港“9·23”特大抢劫杀人案、“12·22”竖旗山乡一次杀死4人命案，五莲“10·22”抢劫案和“12·3”特大抢劫保险柜案等一批大要案件。

1996年，按照中央和省委、省政府的统一部署，日照市公安局5—7月在全市范围内集中开展声势浩大的严打斗争。全市各级公安机关采取强有力的工作措施，攻坚克难，不断推进全市严打斗争的深入发展。严打期间，共破获各类刑事案件794起，抓获刑事犯罪嫌疑人517名，判决95名，逮捕175名，刑事拘留11名，收容审查44名，劳动教养29名，其他处理163名；摧毁犯罪团伙57个，成员238名；追回在逃人员129名，其中逮捕在逃人员22名，负案在逃人员107名，破获制贩枪支案件16起，处理制贩枪支人员29名，缴获非法枪支9000多支，在弹2700多发；整治重点村居51个，重点路段、重点区域28处，查处违法犯罪分子65名，其中村霸、路霸43名。经过三个多月的严打斗争，全市社会治安形势明显好转，重大案件上升的势头得到有效遏制，报警案件总量下降。1—7月，刑事案件发案数比上年同期下降5.3%。

图4-1 1996年9月，召开严打斗争总结表彰大会

2001年4月，中央作出在全国范围内开展为期两年“严打整治”斗争的重大决策部署。按照中央和省委的一系列指示和要求，全市上下认真贯彻全国、全省和全市社会治安工作会议精神，以“破

现案、打团伙、追逃犯、治混乱”为重点，坚持打黑除恶、治爆缉枪、打击经济犯罪“三条战线”齐头并进、全面出击，开展集中抓捕、百日破案会战、网上追逃等专项行动，加大现案侦破力度，成功破获一大批重大刑事案件。“严打”期间，召开大型公捕公判大会7场次，对107名严重刑事犯罪分子进行公开处理。东港“3·16”、五莲“4·5”、莒县“5·14”、岚山“5·17”杀人案和“3·15”市商业银行金店被劫案、“11·2”绑架人质案等一批重大刑事案件的成功侦破，在社会上引起很大反响，省、市领导分别作批示给予高度评价。截至2003年3月，全市共立刑事案件10872起，其中现行刑事案件10248起，年前案件624起；破获刑事案件8564起，其中现行案件5154起，年前案件2996起，带破外省区市案件298起；缴获赃款及赃物折款1183.7万元；抓获刑事犯罪嫌疑人3928名，其中刑拘3368名、其他处理560名，逮捕1427名，劳动教养133名；打掉犯罪团伙273个，成员1042名，涉案1827起。刑事立案数比“严打”前同期下降18.3%，破案数同比提高21%。

二、专项行动

1989年，全市公安机关相继开展4次专项斗争。通过组织开展打击破坏、盗窃电力通信设施、盗窃自行车和赌博等犯罪活动专项斗争，共抓获各类违法犯罪分子219名，挖出团伙6个，查获团伙成员36名；通过开展打击流窜犯罪、深挖犯罪团伙斗争，共抓获各类违法犯罪分子379名，挖出团伙29个，查获团伙成员157名；是年，莒县、五莲县公安局相继开展“打流窜、反扒窃、挖团伙”专项斗争及除“六害”（扫除卖淫嫖娼、传播复制淫秽物品、拐卖妇女儿童、聚众赌博、利用封建迷信骗财害人和吸食贩卖毒品）专项斗争，破获刑事案件232起，查获各类违法犯罪分子301名，缴获赃款赃物折款13.39万元。

1990年3月下旬到4月底，市公安局集中开展“除六害、打团伙”专项斗争。5月5日起，为确保“亚运会”安全，按照中央政法委部署，全市公安机关集中开展严厉打击刑事犯罪分子专项斗争。是年，先后组织集中打击统一行动15次，共抓获各类违法犯罪分子1295名，其中刑事处理154名，劳动教养30名，少年管教2名，治安处罚1109名。

1991年，深入开展打击拐卖妇女儿童犯罪活动专项斗争、反盗窃专项斗争，先后破获积案、隐案38起，其中重大案件3起，抓获一批隐藏较深的盗窃犯罪分子。莒县公安局开展打击流窜犯、盗窃犯、抢劫犯专项斗争，打击拦路抢劫、行凶杀人、重大盗窃犯罪活动，打击盗窃自行车、“三包”犯罪专项行动和打击拐卖妇女儿童犯罪专项行动。五莲县局在元旦、春节期间，开展以“打流窜、反扒窃”为重点的集中打击行动；4月10日至5月底，开展以“破案件、打流窜、追逃犯”为重点的集中统一行动；8月20日起，开展“反盗窃、促防范”专项斗争，共破获各类刑事案件255起，抓获违法犯罪分子209名，缴获赃款及赃物折款44万元。

1992年春，全市公安机关组织开展打击海上盗窃专项斗争，破获盗窃渔网案件160多起，查获违法犯罪分子2094名，追回被盗网具280条，责令赔偿损失15万余元。深入开展打击“车匪路霸”和反盗窃专项斗争，积极开展破案会战、跟车上线，抓获一批违法犯罪分子。8月11日至9月25日，开展清理路边店、打击卖淫嫖娼专项斗争；10月20日至12月20日，开展打击入室盗窃和偷窃自行车犯罪专项斗争，共破获刑事案件234起，打击处理犯罪嫌疑人155名，摧毁团伙10个，成员45名，收缴赃款及赃物折款11.64万元。

1993年，先后开展专项斗争和破案会战13次，其中全市范围的3次，区域性的10次，共破获刑事案件736起，抓获犯罪嫌疑人348名，摧毁犯罪团伙42个。年内，根据省委、省政府和市委、市政府统一部署，从春季开始积极开展打击走私犯罪专项斗争，通过落实“海上抓、岸上堵、路上查、市场管”的打击措施，共破获海上走私案件7起，查扣走私汽车75辆、香烟15件750条；抓获走私分子6名，其中逮捕1名，收审3名。

1994年，根据省公安厅统一部署，结合全市实际，适时组织开展“百日破案会战”“严打”集中统一行动、打击盗抢机动车、打击“车匪路霸”“追逃百日会战”等专项斗争，共破获刑事案件737起，抓获犯罪分子920名，摧毁犯罪团伙41个，查获成员142名，缴获赃款及赃物折款98万余元。

1995年，组织开展春季“严打”攻势、打击车匪路霸和盗抢机动车犯罪、“冬季严打攻势”等3次大规模的专项斗争，共破获各类刑事案件1220起，其中破历年积案隐案520起，抓获犯罪分子901名，抓获在逃人员69名，逮捕695名；摧毁犯罪团伙113个，成员466名；缴获赃款及赃物折款453万元。

1996年4月下旬至7月底，全市公安机关开展“严打”斗争，连续组织3次集中统一行动。年底，开展严打整治“冬季行动”，对犯罪分子始终保持凌厉攻势和高压态势，有效遏制刑事犯罪增长势头。年内，破获刑事案件1373起（含隐积案764起），其中重大案件225起，破案数同比增加12.5%，抓获刑事犯罪嫌疑人955名；摧毁犯罪团伙107个，成员431名；缴获赃款及赃物折款700余万元。

1997年，全市公安机关紧紧围绕香港回归和党的十五大召开两件大事，大力加强侦查破案，积极开展专项斗争。按照“破大案、打团伙、追逃犯、治混乱”的工作思路，相继开展春季严打攻势、夏季行动、冬季治安整治等活动，组织5次全市性大规模的集中统一行动，严厉打击杀人、抢劫、强奸、爆炸、伤害、盗窃等刑事犯罪分子，确保社会治安的持续稳定。自3月初至5月底，开展春季“严打整治”斗争，破获刑事案件400起，抓获犯罪嫌疑人266名，打掉犯罪团伙23个，查获团伙成员122名。4月19—22日，莒县桑园和五莲县石场路段连续发生袭击过路司乘人员的特大抢劫案件。市公安局党委高度重视，由刑警支队与莒县、五莲县局成立专案组开展专项打击整治，历经三个昼夜的奋战，摧毁以陈某某、赵某某为首的特大抢劫、盗窃团伙，破获案件30余起。省公安厅分管副厅长对此批示予以肯定。是年，全市公安机关共破获刑事案件1821起（含隐积案952起），其中重大案件426起，抓获犯罪嫌疑人976名；摧毁犯罪团伙73个，查获作案成员325名；追缴赃款及赃物折款355万元。

1998年，全市共组织“严打”斗争5次，开展集中行动8次，破获刑事案件279起，其中重特大案件89起，抓获违法犯罪嫌疑人285名，打掉犯罪团伙20个，查获成员66名，缴获赃款及赃物折款63万元。针对流窜犯罪上升的势头，开展为期3个月的“打流追逃”夏季专项斗争，共抓获流窜犯罪嫌疑人82名，抓获在逃人员40名。是年10月至1999年3月，开展“打击走私、盗抢机动车犯罪”专项斗争，共破获盗窃、抢劫机动车案件220起，抓获犯罪嫌疑人102名，打掉犯罪团伙10个，查获成员60名，追缴汽车17辆，摩托车151辆，挽回经济损失200余万元。是年，破获各类刑事案件1664起，抓获刑事犯罪嫌疑人1142名，现案破案率同比提高2%；摧毁犯罪团伙70个，查获成员270名；缴获赃款赃物折款240余万元。

1999年，按照省公安厅统一部署，全市公安机关针对不同季节的治安特点，持续开展严打斗争，先后组织开展冬季“严打整治”、打击走私盗抢机动车、反盗窃、“追逃”“打拐”、打击流窜犯罪等系列专项斗争，均取得良好效果。4月，开展为期一个月的“严打”集中统一行动。9月，组织开展“加强暂住人口管理，打击流窜犯罪”专项斗争，一举摧毁犯罪团伙16个，抓获成员60多名。是年，共集中开展严打统一行动8次，破获刑事案件1807起，抓获刑事犯罪嫌疑人1572名，打掉犯罪团伙113个、成员480名，缴获赃款赃物折款达450万元。

2000年，不断强化刑事侦查手段，采取严打与严防、严管、严治相结合的原则，有重点地开展“春季严打”“打击车匪路霸”“创安全环境，迎旅游旺季”社会治安综合整治、“打击盗抢摩托车”等一系列专项斗争，集中开展严打统一行动8次，保持对各类违法犯罪活动的主动进攻态势。是年，共立刑事案件4555起，破获3184起，批捕犯罪嫌疑人765名，省和市检查组调查问卷显示，人民群众对社会治安的满意率达90%以上。

2001年4月，按照中央和省委、市委统一部署，开展为期2年的“严打整治”斗争。7—9月，市公安局组织开展“百日破案会战”，共破获刑事案件705起，抓获犯罪嫌疑人594名，摧毁犯罪团伙41个，查获成员144名，缴获赃款及赃物折款200余万元。各分县局针对辖区多发性、突出性的犯罪问题，先后组织开展区域性破案会战10余次，保持“严打”高压态势。是年，全市公安机关共抓获刑事犯罪嫌疑人1931名，破获刑事案件3646起，摧毁犯罪集团124个，抓获成员498名，缴获赃款赃物折款575.5万元。

2002年，相继开展“春季攻势”、秋季“严打”、打击“两抢”、破案追逃等大规模的专项斗争和破案会战5次，把斗争的锋芒对准杀人、抢劫抢夺、伤害、盗窃等严重暴力犯罪、多发性侵财犯罪、流窜性犯罪。全年共立刑事案件5381起，抓获刑事犯罪嫌疑人1946名，破案3991起，打掉犯罪团伙151个，批捕764名，缴获赃款和赃物折款634.9万元。是年，人均破案、逮捕犯罪嫌疑人数分别位居全省第五位和第六位。

2003年，根据全市治安实际，不间断地开展季节性、区域性“严打”行动，继续突出“打黑除恶”重点，强化大要案的侦破，开展“春季攻势”、秋季“严打”、打“两抢”“破案追逃”等专项斗争和破案会战，始终保持“严打”高压态势。年内，全市共破获刑事案件4364起，抓获刑事犯罪嫌疑人1896名，城区“两抢”犯罪同比下降15.7%，破案绝对数同比提高10%。

2004年，组织开展夏季治安整治、冬季严打、打击盗抢机动车犯罪、打击治理利用手机短信诈骗犯罪以及打“两抢”暨反盗窃、打霸治痞等一系列专项斗争，开展电力通信以及广播电视设施保护等“三条线”的集中整治活动。是年，全市共破获刑事案件4764起，抓获犯罪嫌疑人2108名，缴获赃款及赃物折款606.2万元；破案绝对数同比提高9.2%；八类主要刑事案件破案率达93.6%，同比提高10.9%。

2005年，组织开展“春季严打”“侦破命案”、打击“两抢一盗”“打黑除恶”等专项行动，保持对刑事犯罪的严打高压态势。是年，共破获各类刑事案件4898起，抓获刑事犯罪嫌疑人2262名，同比分别提高2.8%、7.3%，逮捕876名。

2006年，以创建“平安和谐日照”为主线，牢固树立“主动出击、精确打击”的理念，完善经常性“严打”机制，逐级健全完善警情分析和治安形势研判制度，针对不同时期的治安特点，有针对性地组织开展春季严打行动、夏季治安整治、打击“两抢一盗”、命案侦破、打霸治痞等专项斗争。是年，共破获刑事案件5709起，抓获犯罪嫌疑人2424名，摧毁犯罪团伙150个，破案绝对数同比提高16.6%，命案侦破率、逮捕率位居全省前列。

2007年，相继组织开展打击“两抢一盗”“侦破命案”“打黑除恶”“法网一号”专项行动、打击盗抢汽车犯罪“百日会战”等一系列专项斗争，不间断地开展夏季、冬季严打、农村治安整治，破案打击效能不断提升。是年，共破获各类刑事案件6341起，刑事拘留1045名，逮捕犯罪嫌疑人542名，移送起诉951名，发生的有影响的重大刑事案件全部破获，逮捕数和起诉犯罪嫌疑人数增幅全省第一。

2008年，紧紧围绕奥运会和奥帆赛反恐安保任务，深入开展“打黑除恶、打霸治痞”、打击“两抢一盗”等严打整治行动，对流氓霸痞势力、杀人、绑架、盗窃、抢劫等严重刑事犯罪、多发性侵财犯罪保持高压态势，认真执行“多发性侵财案件跨区域办案协作机制”，切实提高打击流窜系列侵财犯罪的效能。刑警支队牵头破获公安部督办的胡某某、张某某非法买卖枪支案件和省公安厅督办的孙某某系列非法买卖危险物质案，得到省公安厅和市委领导的充分肯定。是年，全市共破获各类刑事案件5631件，刑事拘留2363名，批捕1523名。

2009年，围绕新中国成立60周年大庆和全运安保等中心任务，全市刑侦部门积极参与创建“合成化”现代警务体系，组织开展打“两抢”、盗抢机动车犯罪专项行动、“猎鹰三号”追逃专项行动等一系列行动，全市共立刑事案件4462起，同比下降2.1%，破获刑事案件5100起，抓获犯罪嫌疑人2195名；查获犯罪团伙132个，成员589名。

2010年，紧密结合上海世博会、广州亚运会、全国水运会安保等中心任务，积极开展“三项重点工作”“四大建设”和“三全”维稳体系建设，强化命案侦破、打黑除恶、打霸治痞、打击防范“两抢一盗”等专项斗争。是年，共破获各类刑事案件5427起，抓获犯罪嫌疑人1956名；查获犯罪团伙142个，成员568名。

2011年，建立起多警种共同参与的经常性严打机制。开展“打黑恶、反盗抢”安民行动，全力打好“攻坚战、追逃战、信息战、防控战、合成战、舆论战”，相继开展冬春季严打整治百日行动、集中打击整治“四车”犯罪专项行动和信息技术破案会战。坚持抓“大”不放“小”、“小案”不“小看”，全面开展小案侦防和刑事案件告知服务工作，集中整治影响群众安全感的突出问题。《日照市公安局刑侦部门狠抓“小案侦防”提升打防效能》的经验做法被《山东公安简报》刊发。是年，全市共破获刑事案件4871起，抓获犯罪嫌疑人1739名，摧毁犯罪团伙99个。东港分局被表彰为全省公安机关“打黑恶、反盗抢”安民行动先进集体。

2012年，践行“合成化”现代警务理念，充分发挥侦查破案主力军作用，重点打击以入室盗窃为代表的多发性侵财类犯罪，全面深化“打黑恶、反盗抢”安民行动、打黑除恶“飓风”行动、“打四黑除四害”专项行动、缉捕重大在逃人员攻坚行动。是年，全市共破获各类刑事案件5874起，同比增长20.6%；抓获犯罪嫌疑人2706名，同比增长55.6%。

图4-2 2012年7月15日，“打黑恶、反盗抢”安民行动退赃大会

2013年，相继组织开展“破案攻坚会战”和夏秋季社会治安整治系列行动，并将缉捕重大在逃人员攻坚行动、“打拐”“灭枪”等专项斗争贯穿始终，取得较大战果。全市共破获刑事案件2580起，抓获犯罪嫌疑人2068名，逮捕854名；破获涉枪案件13起，收缴枪支29支，查处涉枪违法犯罪嫌疑人24名。全市刑事破案总数增长29.04%，刑事破案率位列全省第3名。

2014年，相继组织开展全市社会治安综合整治行动、打击防范夏季突出刑事犯罪百日会战、打击“两抢一盗”专项斗争、打击整治农村黑恶势力专项行动等一系列行动。是年，全市破获各类刑事案件7724起，抓获犯罪嫌疑人1535名。

2015年，开展命案、涉枪、“打拐”、追逃等专项行动，组织开展打击“两盗一骗”犯罪和打击电信网络新型违法犯罪专项行动。全市共破获刑事案件7521起，其中年内案件5663起；抓获刑事作案成员2258名，同比提升47.1%，刑拘1813名，逮捕903名；破获涉枪案件6起，缴获各类枪支13把，弹药104发，通过运用“局长买枪”方案，破获全市购买仿制式枪支数量最多、性质最为严重的一起涉枪案件。

2016 年，深入开展命案攻坚、打黑除恶、打击“盗抢骗”“灭枪”、打拐、追逃等专项行动。全市共破获刑事案件 6504 起，刑事拘留 1600 名，逮捕 763 名。

2017 年，相继组织开展严厉打击农村黑恶势力违法犯罪专项行动，打黑除恶、打霸治痞“利剑3 号”专项行动，开展为期 3 年的打击“盗抢骗”犯罪专项行动、“三打击一整治”专项行动、刑事技术破案会战，集中打击入室盗窃、盗窃摩托车、电动车，盗窃旅客财物等多发性侵财犯罪。年内，共破获刑事案件 5495 起，其中侵财类案件 3551 起；刑拘犯罪嫌疑人 1795 名，同比提升 12.2%；批捕 780 名，同比提升 2.22%。18 起现行命案全部破获，抓获漂白身份、潜逃 20 年以上的命案在逃人员 2 名。

2018 年，以上合青岛峰会安保维稳攻坚战为引领，先后组织开展“铁拳”严打专项行动、扫黑除恶专项斗争、“打现行、除枪患、追在逃人员、治乱点”专项行动、扫黑反诈“双百”会战等。重点打击爆炸、绑架、放火、投毒、抢劫等严重暴力犯罪和有广泛社会影响的刑事案件，健全落实合成作战、集中攻坚等侦查破案机制，确保快侦快破，消除影响。是年，全市刑事立案 5716 起，同比下降 16.15%；八类主要案件立案 211 起，同比下降 34.06%；侵财类案件立案 4673 起，同比下降 17.13%；全市破获各类刑事案件 4279 起；刑拘 1853 名，同比提高 3.23%，批捕 784 名，同比提升 0.51%。

三、命案侦破

20 世纪 90 年代至 21 世纪初，全市命案发案数量在全省处于较低水平。这一时期，发生的命案以感情纠纷、抢劫杀人、强奸杀人、激情犯罪等类型居多，走访调查、摸底排队、刑事技术等常规措施是侦破命案的主要手段。此后，随着科学技术不断发展，现场勘查工作得到进一步重视和加强，现场物证的发现、提取、检验、鉴定逐步实现质的提升，刑侦部门命案侦破能力不断增强。

2004 年，全国侦破命案工作会议提出“命案必破，一抓三年”，部署全国公安机关开展命案侦破专项行动，到 2007 年底努力实现全国命案发案数下降、命案在逃人员数下降、命案破案率上升“两降一升”目标。为全面推进命案侦破专项行动，市公安局成立由局长任组长的侦破命案专项行动领导小组，下设办公室在刑警支队。全市公安机关按照公安部、省公安厅统一部署，紧紧围绕“两降一升”和“两个确保”目标（确保不因办案质量问题不能定罪、确保不发生一起冤假错案），以侦破现行命案为重点，逐步建立完善快速反应机制和现场勘查责任制度。其间，随着刑事技术、技术侦查手段的发展，各级公安机关主动探索新技术、新手段条件下的命案侦破新模式，从由案到人的传统模式逐步开始向由人到案、由物到案探索转变，推动全市命案破案率大幅度上升。2004 年命案破案率首次超过 90%，2006 年达到 95.7%，2007 年达到 97.4%。2006 年起，所有命案都制作 2 套卷宗，一套用于诉讼，一套用于存档备查和命案卷宗评比考核。2007 年起，“不起诉”“法院判决无罪”命案案件数逐步成为命案侦破工作年度考核的重要内容。是年 6 月，省公安厅刑侦局组织全省命案卷宗评比活动，对 18 个市级公安机关的 54 起命案卷宗进行集中评比，日照市公安局命案卷宗评比成绩排名全省第六名。

2008 年，全市命案发案呈现“拐点”。刑侦部门严格执行“一长双责”为主要内容的侦破命案工作机制，明确局长、专案组长、技术组长所担负的具体责任，坚持主要领导靠前指挥、挂牌督办、盯案指导工作制度，进一步健全快速反应、现场必勘、责任倒查、绩效考核等工作机制，强力推进命案侦破能力和办案质量的提升。是年，共破获现行命案 39 起、积案 7 起，抓获命案逃犯 18 名，侦破东港“2·22”故意杀人案、莒县“4·28”故意杀人案、岚山“9·18”故意杀人案、日照经济开发区“7·16”

故意杀人案等一批重大案件。莒县公安局实现命案全破。市公安局在全省命案卷宗评比中获得第四名，莒县“崔某某故意杀人案卷宗”被评为全省十大精品案卷。

2009年，深入开展侦破命案专项行动，全面实行局长领导下的“一长双责”制和命案侦破奖励机制，攻坚克难能力显著提升。是年，先后侦破东港“2007·10·8”故意杀人案、莒县“6·13”故意杀人强奸抢劫案、五莲“5·10”杀人抛尸案等一批重大案件，共侦破现行命案34起，抓获外省命案逃犯9名，破获积案7起，利用“失踪人员”“未知名尸体”两个系统破获命案3起，命案现案破案率达到97.1%。市公安局命案案卷质量连续3年被评为全省优秀等次，岚山分局王某某故意杀人案卷被评为全省十佳命案卷宗。

图4-3 2009年5月18日，五莲县局破获“2009·4·10”案表彰会后合影

2010年，全市共侦破现行命案34起，抓获外省命案在逃犯罪嫌疑人4名，破获积案3起。先后侦破东港“2010·5·27”故意杀人案、岚山“2010·3·16”强奸杀害幼女案、莒县“2010·3·15”白骨案等一批重大恶性案件。6月3日，五莲县局抓获潜逃17年的故意杀人犯罪嫌疑人朱某某（男，51岁，五莲县许孟镇人），破获一起公安部督办命案积案。7月13日，省公安厅专门发贺电，对岚山分局深挖线索带破黑龙江省双鸭山市“2009·4·27”杀人案表示祝贺。

2011年，各级刑侦部门强化主业意识，突出打击重点，不断完善“有广泛社会影响案件”和命案侦破合成作战机制、支队领导包区县责任制，东港“2011·1·26”杀人碎尸案、莒县“2011·1·28”杀人焚尸案等重大案件得以迅速破获，人民群众高度赞誉。全市共侦破现行命案29起，破案率达到100%，破获当地命案积案10起，破获外地命案8起，抓获外地命案逃犯9名。在全省命案卷宗评比活动中，市公安局参评的开发区张某抢劫案、五莲郑某某故意杀人案2件卷宗获得全省第四名的成绩。

2012年，全市共破获命案现案25起，积案4起，隐案1起。抓获缉捕重大逃犯攻坚行动命案逃犯4名，全省外市重大逃犯4名。侦破一次杀死2人案件4起。刑侦支队长达一年的主动侦查，深度经营，侦破一起案发两年之久的命案隐案，一并破获东港区郭某被害碎尸隐案。市公安局在全省命案卷宗评比活动中获得第六名。五莲县公安局参评的徐某某、马某某被杀案卷宗被评为全省十佳命案卷宗。

图4-4 2013年12月20日，东港分局破获“2013·12·9”故意杀人案民警凯旋欢迎仪式

2013—2015年，命案发案下降趋势明显，年平均发案数量降至15.3起。全市公安机关完善命案同步上案机制，集中优势警力，多种侦破措施并举，进一步加大投入保障力度，侦破命案侦破的针对性、主动性和时效性进一步增强，实现快侦快破、消除影响。2014年1月10日，东港分局侦办的“2013·5·6”李某故意杀人案被评为全省十佳命案卷宗。

2016年，命案发案数量上升，全市

公安机关严格落实命案侦破多长必到现场、多警同步上案机制，提高命案指挥、布控、抓捕、取证效率，确保命案现案破案率保持100%。全面推进刑事执法标准化、流程化、要素化、精细化建设，规范执法流程，严把办案质量。全市未出现“六类”犯罪因证据不足不起诉和无罪判决案件。莒县公安局“2015·10·8”强奸杀人案被评为2016年度全省十大命案精品案例。

2017—2018年，全市命案发案同比分别下降25%和38.9%，命案、八类暴力犯罪案件发案数量降至历史最低水平。全市公安机关强化科学指挥、合成作战、专群结合，快侦快破杀人、爆炸、涉枪、绑架、个人极端暴力等有广泛社会影响的重大恶性案件，保持“命案必破、大案快破”。其间，DNA、指纹、微量物证等刑事技术手段和刑侦情报研判、人像识别比对、资金流追踪等新技术手段发展迅速。在重大活动安保期间，刑侦部门深挖一批漂白身份潜逃藏匿的命案逃犯。市公安局对破获莒县“2018·3·14”杀人焚尸案、抓获漂白身份潜逃21年命案逃犯等一批案件给予战时表彰。五莲县“2016·8·12”故意杀人案、“2017·11·28”故意杀人案被评为全省利用刑事技术手段破案十大典型案例，省公安厅予以通报表扬。

附：典型案例

1993年7月20日，莒县峤山镇道沟村发生一起特大杀人案。该村村民魏某乾（男，39岁）将该村魏某某及其两个女儿当场杀死，将魏某某的侄子魏某及其父亲、妻子捅伤。公安机关快速出击，将犯罪嫌疑人魏某乾抓获。魏某乾被判处死刑。

1995年6月22日24时许，五莲县罗圈乡张家沟村张某某与其妻范某某被杀死在家中。23日接报后，罗圈乡派出所民警到现场查看，民警推开西卧室门时，将犯罪嫌疑人设置在门上的自动爆炸装置引爆。勘查中，在尸体旁一个小橱内又发现一个电动爆炸装置，内有1公斤炸药。经缜密侦查，公安机关将犯罪嫌疑人王某某（30岁，五莲县中至镇人，系死者的女婿）抓获。经查，犯罪嫌疑人王某某因其妻欲离婚带着孩子离家出走，便迁怒其岳父母家人。6月22日晚，王携菜刀、短土枪将其岳父母杀死后，又在室内安装了2个拉爆式炸药包，企图将其在外打工的内弟炸死。1996年9月10日，犯罪嫌疑人王某某被判处死刑，剥夺政治权利终身。

1997年3月14日，岚山区发生一起特大杀人案，碑廓镇付家官庄村村民王某某因封建迷信，将其次女、三女、次子杀死，岚山分局快速出击，将犯罪嫌疑人王某某抓获。

2000年8月19日，市区海曲东路一家瓷器店发生一起抢劫杀人案，店主李某某（男，54岁）被杀死在店内，身上被刺26刀，其手机、BP机及3000元现金被抢走。案发后，市公安局、东港分局迅速组织展开侦查工作，确定曾在该店打工、案发前十几天被辞退的姜某某（男，23岁，吉林省江源县孙家堡乡人）有重大嫌疑，专案组赶赴姜藏匿的靖宇县赤松乡，将犯罪嫌疑人姜某某抓获。姜某某犯抢劫罪，被判处死刑。

2000年11月26日，山东省（莒县）某服装厂职工肖某下夜班回家途中，在阎庄镇爱国村至孙家村路段被强奸杀害。接报后，市、县公安机关快速出击，于11月28日将犯罪嫌疑人徐某某（莒县阎庄镇人）抓获。经审讯，徐供述自2000年起强奸作案6起，并致2名女青年死亡的犯罪事实。2001年7月，徐被判处死刑。

2002年6月1日凌晨1时许，犯罪嫌疑人郭某某（男，25岁，东港区日照街道人）、郈某某（男，20岁，岚山区碑廓镇人，市电业局食堂临时工）窜至市电业局孙某某宿舍企图强奸孙，因其极力反抗，郭、郈二人将其杀死。6月2日将尸体投入小香店村西大口井内。6月13日，犯罪嫌疑人郭某某、郈某某被抓获归案。郈某某犯强奸罪，被判处死刑，并剥夺政治权利终身。郭某某犯强奸罪，判处无期徒刑，剥夺政治权利终身。

2003年4月22日6时许，五莲县局接报称，高泽镇长老庄村王某某被杀死在其经营的小卖部中。经侦查，发现王某民、王某兴有重大嫌疑。经审讯，2名犯罪嫌疑人对犯罪事实供认不讳：二人因赌博输钱，4月21日8时许，持手锤窜至小卖部，以买东西为由，趁王某某不备用铁锤将其杀死，抢得现金800余元。2003年8月18日，犯罪嫌疑人王某民被判处死刑，剥夺政治权利终身并没收全部财产；犯罪嫌疑人王某兴被判处有期徒刑十五年，并处罚金1000元。

2006年11月26日15时许，莒县碁山镇东毛家庄村西北岭水库发现尸块。接警后，县局迅速成立专案组，通过对抛尸现场勘查和周密细致的摸排工作，将该村村民张某某（女）纳入视线。27日，在张家中发现血迹。28日晚，犯罪嫌疑人张某某对杀人碎尸的作案事实供认不讳。经查11月23日18时许，该村村民王某某酒后窜至张家中，二人发生打斗，王先后两次将张摁倒在地上，并想占张的便宜，张持菜刀将王杀死、肢解，抛至该村西北岭水库等地。犯罪嫌疑人张某某于2007年8月31日被判处死刑，缓期执行。

2006年12月2日，五莲县局接群众报称，王某美（女，31岁，五莲某公司售货员）自11月29日晚9点下班后一直未回家。县局迅速组织力量沿线查找，在长青公园东洪凝河内发现王骑的自行车，从河内打捞出王的尸体，经检验系他杀。县局迅速成立专案组开展侦查，12月8日将涉嫌抢劫杀人的犯罪嫌疑人刘某（男，28岁，五莲县某纺织公司职工）抓获。经查，11月29日晚，犯罪嫌疑人刘某窜至长青公园附近准备实施抢劫作案，发现下班行至此处的王某美，即采用暴力手段实施抢劫、强奸，当场抢劫手机1部及部分现金，因强奸未遂将受害人推入路东洪凝河水中致使其溺水死亡。另外，刘还交待在五莲县城曾实施抢劫、强奸3起。2007年8月13日，犯罪嫌疑人刘某被判处死刑。

2008年1月20日11时许，五莲县中至镇葛庄村村民王某报案称，其女儿王某某（19岁）于1月19日上午放学后一直未回家，还接到一名陌生男子电话称王某香在其手中，让其准备10万元钱赎人。市、县两级公安机关成立专案组，经过一昼夜的摸排走访，于1月21日12时许，在五莲县城内将犯罪嫌疑人朱某某抓获。经查，1月19日12时许，犯罪嫌疑人朱某某携带绳子和匕首等作案工具，在中至镇南大桥西侧的土路上，持刀将王某某劫持至路边废弃的配电屋内，逼迫其说出家人的详细情况，后将王捆绑、殴打，用石头压身致其死亡。2009年2月14日，犯罪嫌疑人朱某某被判处死刑。

2010年3月21日16时许，莒县洛河镇大张宋村东南河滩沙塘内发现一具尸骨。莒县县局立即组织侦技人员赶赴现场，经尸体检验，颅骨塌陷骨折，系他杀。侦查人员通过组织辨认，确定死者是该村村民王某某。走访发现该村村民崔某某与死者之妻刘某某有重大作案嫌疑。经查，犯罪嫌疑人崔某某与刘某某有长期不正当关系。2001年12月4日21时许，王某某在家中因崔与刘通奸之事训责崔，后崔用砖块击打王的头部致其死亡，并将尸体移至村东南河底掩埋。崔某某犯故意杀人罪，被判处死刑，剥夺政治权利终身。

2011年1月24日晚，岚山区虎山镇一名出租车司机报案称，当晚其在日照市区搭载一名乘客，乘客下车后，在车后备箱内发现血迹，疑似人血。经鉴定，出租车内血迹DNA与1月20日日照某校失踪学生张某某认定同一。1月25日，市公安局刑警支队、技侦支队、岚山分局与东港分局协同作战，将涉嫌故意杀人犯罪嫌疑人唐某某（男，27岁，莒南县团林镇人）抓获，并在岚山碑廓镇起获被抛尸块。经审讯，犯罪嫌疑人唐某某因不满张某某与其妹恋爱，伙同他人将张杀害肢解并抛尸。唐某某犯故意杀人罪，被判处死刑。

2014年4月20日11时，岚山分局接群众报警称，一名女子在安东卫街道汾水村一间出租房内死亡。经勘验，该受害女子30岁左右，全身赤裸，头部、胸部有多处创口，系他杀。岚山分局成立专案组，经细致侦查，锁定犯罪嫌疑人王某某（男，37岁，莒南县十字路镇人），于21日在安东卫街道一间出租房内将其抓获。经审讯，犯罪嫌疑人王某某供述，4月19日23时许，在汾水村一家按摩店内与受害人庄某某进行性交易时，与庄某某发生争执，恼怒之下将庄杀死后潜逃。王某某犯故意杀人罪，被判处死刑。

2016年3月23日晚，莒县龙山镇柿子园村村民刘某报警称，发现纪某某（54岁）及其子（11岁）被杀死在家中。县局迅速成立专案组上马攻坚，市公安局刑侦、技侦、网安等部门派员指导。经现场勘验、走访摸排、视频侦查、信息研判、技术侦查等相关工作，于4月19日锁定犯罪嫌疑人刘某某（男，44岁）并将其抓获。经查，多年前，被害人纪某某任村妇女主任，刘某某因计划生育问题对其怀恨在心，3月22日晚，翻墙进入纪家中，采用拳打脚踢和扼颈等方式致纪母子窒息死亡。犯罪嫌疑人刘某某被判处死刑。

2018年6月7日13时许，东港分局接到许某报警称，其表妹孙某某（23岁，岚山区高兴镇人）在石臼一个小区出租房内被杀。东港分局通过海量视频研判，锁定嫌疑人陈某（男，22岁，济宁市邹城市人），当日17时许将乘火车外逃的陈某抓获。经查，陈某因沉迷网络赌博，负债累累，滋生抢劫钱财的念头。6月6日，陈某通过网上出租信息联系到孙某某，假借租房看房过程中，利用水果刀胁迫孙交出银行卡及密码，遭到反抗后用刀将孙捅死。

四、打击“两抢一盗”

“两抢”，是指抢劫和抢夺两种刑事犯罪；“一盗”，是指盗窃犯罪。“两抢一盗”犯罪是暴力性、多发性、侵财性犯罪，直接危害人民群众生命和财产，严重影响群众“安全感”。全市公安机关把打击治理“两抢一盗”等多发性侵财犯罪作为一项长期任务，本着“什么犯罪突出就集中打击什么犯罪，哪里问题严重就集中整治哪里，哪项工作薄弱就着重加强哪项工作”的原则，认真研究“两抢一盗”等侵财犯罪的规律特点，精心制定斗争方案，及时调整工作部署，坚持“打击、治理、建设”三管齐下，强化斗争措施，加大斗争力度，逐步建立起严密防控、快速反应、整体作战、严格执法、群众参与的长效工作机制，破获一批侵财案件，打掉一批犯罪团伙，抓获一批犯罪嫌疑人，在整个社会面上形成强大的严打氛围。

1989年，按照上级统一部署，从2月至4月底，用2个月的时间在全市开展春季治安专项斗争与专项治理，重点打击盗窃破坏电力通信设施的犯罪活动，打击盗窃自行车的犯罪活动，治理整顿旧货业。全局公安干警在工商、电业、邮电以及各乡镇街道办事处的党政干部和职工群众密切配合下，把打击惩处矛头指向盗窃破坏电力通信设施、盗窃自行车等违法犯罪分子。是年，共抓获各类违法犯罪分子219名，其中盗窃破坏电力通信设施犯罪分子24名，盗窃自行车犯罪分子66名，缴获通信铜线300余公斤，铝线3700余米，总价值1.1万元，缴获自行车162辆，摩托车1辆。

1990—1994年，全市公安机关先后组织“打流窜追逃犯”、打击团伙犯罪、“反盗窃”、打击破坏电力通信设备、打击车匪路霸、打击盗抢机动车辆等专项行动，五年累计摧毁犯罪团伙352个，抓获团伙成员1465名。1992年，破获全市新中国成立后被盗金额最大的“12·12”盗窃港币案，抓获犯罪嫌疑人刘某某。1994年7—10月，全市开展以打击盗抢机动车辆犯罪为重点的专项斗争，历时3个月，破案382起（盗窃机动车案36起）。其中，重特大案件51起，抓获犯罪分子304名；摧毁犯罪团伙32个，成员126名；缴获机动车34辆（汽车2辆，拖拉机3辆，摩托车29辆），其他赃款及赃物折款77.7万元。

1995年，根据新形势下刑事犯罪的规律和特点，因地制宜地开展以挖团伙、打流窜、破大案、追逃犯为主要内容的严打斗争、破案会战和区域治理行动，适时组织开展打击车匪路霸、打击盗抢机动车行动。3月，五莲县高泽、中至、汪湖、于里等乡镇连续发生多起盗窃、破坏变压器案件。五莲县公安局专案组经过一个月的艰苦奋战，打掉陈某某为首的特大盗窃破坏电力设施犯罪团伙，带破案件10余起，涉案价值近40万元。

1996年，市公安局确立为“刑侦建设年”，全体公安民警牢固树立大刑侦观念，快速反应，全力以赴，快侦快破刑事案件。1995年下半年至1996年上半年，莒县境内寨里河、陵阳等地销赃各种型号的摩托车频发。经过近3个月细致排查走访，侦查人员抓获人称“神偷小卞”即卞某某（1974年3月生，长岭镇人）的重大犯罪嫌疑人。经查，自1995年4月到1996年9月30日，其单独或伙同他人，先后窜至东港、莒县、五莲、临沂市区、沂水、沂南、莒南、江苏连云港等地盗窃作案46起，涉案价值19万余元。该卞被判处死刑。

1997—1999年，加强对刑事犯罪活动规律特点的研究，特别是认真研究盗抢等多发性侵财犯罪的动向和规律特点，及时组织开展针对性强、时间短、见效快的区域性专项打击行动，相继组织春季严打整治、打击盗抢机动车、反盗窃、追逃、打击流窜犯罪等一系列专项斗争。1997年，东港分局连续破获“6·23”抢劫杀人案和“7·30”劫车杀人案。1999年，岚山分局打掉以张某某为首的特大抢劫、盗窃团伙，带破东港、岚山、莒南、泗水、赣榆等地案件29起，涉案价值11万余元。

2000—2001年，不断强化刑事侦查手段，陆续开展各类集中统一行动，始终保持对侵财类违法犯罪活动主动进攻态势。2000年，在打击车匪路霸犯罪专项斗争中，专案组摧毁以惠某某为首、流窜016、048省道持刀疯狂抢劫作案13起的犯罪团伙。针对市区、城区盗窃摩托车、拎包、飞车抢夺等刑事案件多发实际，组织开展专项斗争，共破获刑事案件42起，查获犯罪团伙17个，抓获犯罪嫌疑人197名，缴获赃车150余辆，并于11月开展被盗抢摩托车公开认领活动，及时返还被盗抢的摩托车。2001年，东港分局破获“3·15”市某银行金店被劫案，抓获犯罪嫌疑人3名，追缴涉案金项链22条、金戒指11枚、金手链22条，此案的侦破在社会上引起很大反响，省、市领导分别作批示给予高度评价。

2002年7月24日，市公安局召开全市打击“两抢”犯罪工作会议，全市公安机关按照市公安局部署，迅速掀起打击“两抢”犯罪斗争的高潮，出重拳打击抢劫、抢夺等多发性犯罪。东港分局抽调100余名民警组成3个组，由局领导带队，在市区主要路段及案件多发地段昼夜巡逻守候，及时打击现行犯罪；加强110值班备勤，进一步提高快速反应、快速处置能力；加大对租赁房屋的检查力度，及时查处“三无”人员，严防外来人口犯罪。至8月20日，共破获抢劫、抢夺案件69起，抓获犯罪嫌疑人40名，摧毁犯罪团伙7个，缴获赃款赃物折款10万余元。莒县公安局成立由10名精干民警组成的打击“两抢”犯罪专案组，在城区，每天安排50名民警和100名群防力量，采取车巡步巡与设卡堵截相结合、着警服便服相结合、公开与秘密相结合的方法，展开拉网式巡逻清查；在农村，以派出所民警为主力，对案件多发区域、重要路段及乡镇驻地开展不间断的巡逻清查。8月20日上午，莒县公安局在县工人文化宫广场召开打击抢劫、抢夺公捕公判大会，对20名抢劫、抢夺犯罪分子公开宣布刑事拘留、逮捕和判刑。五莲县公安局成立3个清查小组，以城区为中心，对全县无牌无证机动车进行清理整顿，查缉违法犯罪嫌疑人，对重特大案件抽调精干民警成立专案组，责任落实到人，攻坚克难、快侦快破。9月19日，五莲县局摧毁一个抢劫、盗窃犯罪团伙，抓获郑某（男，28岁，高泽镇人）等6名犯罪嫌疑人，破获许孟、街头等地盗窃、抢劫案件多起。截至9月20日，五莲县共破获各类刑事案件186起，摧毁犯罪团伙7个，抓获犯罪嫌疑人76名，缴获赃款赃物折款5万余元。

2003年6—9月，各级公安机关以多发性侵财犯罪为主攻目标，共破获“两抢一盗”等刑事案件

1026起，打掉犯罪团伙25个，缴获赃款赃物折款160余万元。针对年末岁初侵财性犯罪多发的特点，开展破案追逃、冬季破案会战，遏制该类犯罪的多发势头。是年，全市街面“两抢”、盗窃摩托车案件同比分别下降15.6%和18.5%。

2004年，组织开展打击盗抢机动车犯罪专项行动，以街面“两抢”、入室盗窃等多发性案件为打击重点，采取整合警力集中打、组织专门队伍长期打、科技强警精确打、深挖挤透接力打“四种”打法，严打街面“两抢”犯罪，工作做法被省公安厅推广。在打击盗窃机动车犯罪方面，共破获刑事案件412起，抓获犯罪嫌疑人286名，缴获被盗赃车56辆。刑侦支队会同保险部门联手开展打击汽车消费贷款涉嫌诈骗犯罪活动，共追缴汽车消费贷款80余万元，处理违法犯罪人员11名。

2005年4月，公安部部署在全国组织开展打击“两抢一盗”犯罪专项斗争。4月28日，市公安局召开专题会议部署开展打击“两抢一盗”等专项行动，加大侦察立案、批捕起诉、审判执行等各项工作力度。是年，全市共破获侵财案件3807起，抓获犯罪嫌疑人2262名，打掉犯罪团伙200个，缴获赃款赃物折款305万余元，全市“两抢”案件得到有效控制，发案同比下降13.4%。刑警支队牵头组织开展打击撬盗汽车车内物品犯罪专项行动，打掉以王某某为首的特大盗窃犯罪团伙，破获撬盗轿车案件40余起，案值40余万元。

2006年，全市公安机关继续深入开展打击“两抢一盗”专项斗争。共破获“两抢一盗”犯罪案件4312起，抓获犯罪嫌疑人2424名，打掉“两抢一盗”等犯罪团伙155个，同比提高33.7%。

2007年，市公安局党委做出“最大限度地屯警街面，公秘结合、主动出击抓现行、压发案”的工作部署，狠抓以“五张防控网”（公开巡逻防控、便衣巡逻防控、治安卡点堵控、内部单位防控、科技防控“五张网”）为主体的治安防控体系建设，全面推行“警车上路即巡逻”和“便衣巡逻”制度。在充分发挥刑警部门作用、加强经常性侦查破案的同时，创新工作思路，从刑警、治安、交警、法制、网监、行动技术、宣传等警种及东港、开发区分局抽调精兵强将，跨警种组建市公安局打击“两抢一盗”专业行动队，综合运用多种侦查破案手段，重点侦办发生在市区的重大“两抢一盗”犯罪案件和在全市影响较大的严重暴力犯罪、霸痞恶势力犯罪案件；同时，负责做好市公安局机关特别行动队、治安巡警、交警支队便衣行动队等巡逻单位查获的违法犯罪嫌疑人员的审查工作。自2007年12月组建运行至2011年3月，共抓获审查各类违法犯罪嫌疑人3000余名，其中刑事处理750余名，行政处罚450余名，抓获网上在逃人员150余名，打掉涉恶犯罪团伙4个，办结各级领导批办案件线索150余件，破获各类刑事案件3300余起，挽回经济损失近1000万元。由于成绩突出，专业行动队被市公安局记集体三等功一次，个人二等功和三等功各2人次，有50人次被市公安局通报表彰。

2008年，全市刑侦部门按照市公安局构建合成化现代警务体系的统一部署，进一步完善以侦查需求为导向的合成作战工作制度，对多发性侵财案件等“小案”实行有关警种部门按需上案制度。是年，共破获“两抢一盗”案件4039起，抓获犯罪嫌疑人985名；打掉系列侵财犯罪团伙79个，抓获涉案成员303名；抓获盗抢汽车犯罪嫌疑人24名，打掉盗抢汽车犯罪团伙2个，追缴被盗抢汽车94辆。破获张某军特大盗窃、抢劫犯罪团伙等一批影响大、危害严重的刑事案件。

2009年，开展集中打击侵财犯罪专项行动，全市接报刑事警情同比下降15.6%，其中“两抢”警情同比下降15.5%。五莲县公安局打掉以郎某某为首的流窜撬盗保险柜犯罪团伙，带破广东、福建、浙江、贵州、山东、辽宁、江苏、云南及上海等十省一市撬盗保险柜作案70余起，涉案价值100余万元，在全省刑侦会议上作《高危分析法破获五莲郎某某撬盗保险柜犯罪团伙案件》的典型发言。

2010年，全市共破获各类刑事案件5427起，同比提高6.41%，处理“两抢一盗”违法犯罪嫌疑人833名。是年，全市“两抢”警情同比下降25.8%，全市无“两抢”等街面刑事警情日为84天。

开发区分局经缜密侦查，破获某电厂“8·30”特大盗窃煤炭案，抓获秦某某等8名犯罪嫌疑人，将45.89万余元的涉案赃款全部追回，并举行涉案赃款退还大会。

图4-5 2010年1月17日，日照市公安局冬季严打整治行动退赃认领大会

2011年4月，开展“打黑恶、反盗抢”安民行动，充分发挥合成化现代警务体系在预防和打击犯罪方面的优势，通过实行网格化布警，管控易发案人群、场所，构建卡点堵控机制，开展追逃追赃和集中查缉统一行动等五项措施，强力挤压犯罪空间。行动中，全市共破获“两抢一盗”等侵财类犯罪案件1781起，抓获刑事犯罪嫌疑人505名，打掉犯罪团伙77个，成员299名，缴获赃款赃物折款1200余万元。

图4-6 2011年11月4日，五莲县公安局退赃大会上群众赠送锦旗

是年，按照省公安厅统一部署，开展集中打击整治“四车”犯罪专项行动。行动期间，市公安局打击“四车”犯罪专业队赶赴淄博、枣庄、潍坊诸城、临沂苍山等地串并破案，共带破市内盗窃汽车案件7起，追回被盗帕萨特轿车2辆、面包车1辆。莒县公安局破获打击整治“四车”犯罪专项行动省公安厅督办案件2起，五莲县局一举抓获专项行动省公安厅督捕逃犯李某某。5月10—15日、6月10—15日，开展两次打击整治“四车”犯罪集中查缉行动，共出动警力2000余人次，车辆800余台次，设堵截卡点42处，组织清查组15个，治安巡逻组40个，集中抓捕组10个，先后检查清查各类场所325处，盘查过往车辆1100余台次、可疑人员1800余人次，对流窜犯罪分子进行拉网式清查。查缉行动期间，岚山分局一举破获省公安厅督办的系列盗窃摩托车案件，带破案件66起，追回被盗摩托车45辆。

2012年3月始，开展深化“打黑恶、反盗抢”安民行动，从解决群众最关心、反映最强烈的突出治安问题入手，全力“打团伙、破大案、抓整治、促防范”，始终保持严打严防严控态势。9月，针对全市社会治安实际，开展为期2个月的打击“两抢”犯罪专项行动，共破获“两抢”案件97起，打掉团伙2个，抓获处理“两抢”犯罪嫌疑人20余名，挽回经济损失30余万元。11月5日20时至6日20时，市公安局在全市范围部署开展声势浩大的“打黑恶、反盗抢”安民行动集中清查、抓捕行动，全市共抓获犯罪嫌疑人18名，打掉犯罪团伙2个，破获各类刑事案件65起，缴获赃款赃物折款4.5万元。12月22日，举行全市公安机关深化“打黑恶、反盗抢”安民行动成果展，共分为市区、岚山区、莒县、五莲县四大宣传活动区，采取公开退赃、制作宣传展板、发放宣传资料、现场咨询讲解、警用装备展示等方式，向社会广泛宣传安民行动取得的显著战果。是年，市公安局破获东港区“2012·5·4”抢劫金店案、打掉以陈某为首的特大盗窃矿砂犯罪团伙、以马某某为首的特大流窜盗窃变压器犯罪团伙、以夏某某为首的撬盗车内物品团伙。

2013年，全市共破获盗窃案件5398起，“两抢”案件145起。是年4月，莒县公安局民警辗转多地，打掉一流窜湖北、广东、江西以及山东滨州、德州、聊城等地，采取伪装购物分散超市店主注意力手段实施盗窃的犯罪团伙。

2014年，先后组织开展全市社会治安综合整治行动和打击防范夏季突出刑事犯罪百日会战，对夏季突出刑事犯罪、侵财型犯罪、涉众型经济犯罪和网络电信诈骗等新型犯罪发起凌厉攻势，取得明显成效。刑侦支队根据报案提供的线索，调查取证、顺线深挖，辗转河南、菏泽、济宁、临沂、莒县等地，抓获以张某某、何某某为首的2个采取“更换车牌、一部车多次过磅”的作案手法盗窃焦煤犯罪团伙，涉及运输车辆9台、车主司机及销赃人员14名，盗窃焦煤5000余吨，涉案价值800余万元。

2015年，从3月起集中开展打击“两盗一骗”犯罪专项行动，重点打击群众反映强烈的入室盗窃、盗窃“三车”（摩托车、电动车、自行车）和电信诈骗“两盗一骗”犯罪。通过加强针对案件的分析研判，全面梳理该类案件发案规律，并根据作案手段等行为特征进行串并破案，及时掌控高危地区流窜人员、“两盗一骗”前科人员以及其他可疑人员的活动轨迹，有针对性地开展打防工作。东港分局通过图像侦查和分析研判，破获市区山地车被盗系列案件，抓获犯罪嫌疑人丁某某（男，55岁，青岛市胶南市大场镇人），带破案件15起。岚山分局通过视频侦查和分析研判，加强案件串并，在岚山区银座商城附近将盗窃犯罪嫌疑人杨某（男，44岁，枣庄市山亭区人）当场抓获，在其租住处查获被盗电动自行车、高档自行车40余辆，涉案价值5万余元。

2016—2018年，在为期3年的打击“盗抢骗”犯罪专项行动总体框架下，全市相继部署开展“打现行、除枪患、追逃犯、治乱点”严打整治行动，“铁拳”专项行动、“四百”会战等系列专项行动。2017年，全市八类主要案件、街面“两抢”警情同比下降20%和30%以上。2018年，全市盗窃案件同比下降30%以上，抢劫案件同比下降56.9%，抢夺案件发案仅为个位数，同比下降64.3%。2016年，莒县公安局发挥合成作战优势，破获莒县北部乡镇系列撬车玻璃盗窃、入户盗窃案，抓获夏某某（男，44岁，五莲县汪湖人）等4名犯罪嫌疑人，破获案件80余起，涉案价值20余万元。是年，岚山分局打掉一个内外勾结盗窃电缆的盗窃犯罪团伙，抓获刘某某（男，23岁，临沂市莒南县人）等5名犯罪嫌疑人，涉案价值20余万元。东港分局破获市区系列技术开锁入室盗窃案，抓获犯罪嫌疑人刘某某（男，31岁，湖南省耒阳市人），带破案件9起，涉案价值10万余元。2018年，岚山分局破获省公安厅督办系列撬盗保险柜案，抓获犯罪嫌疑人申某某（男，33岁，岚山区虎山镇人），带破案件17起，涉案价值20余万元。

五、追逃

追逃是追捕负案在逃、批准刑事拘留和批准逮捕在逃的犯罪嫌疑人；通缉、协查尚未抓获归案的犯罪嫌疑人；从劳改、看守所关押场所脱逃的犯罪嫌疑人。

1983年开始的为期3年的严打斗争，抓获、惩处一大批犯罪分子。其间，部分犯罪嫌疑人畏罪潜逃、隐藏社会，成为危害社会治安稳定的一大隐患。为消除隐患，全市公安机关有组织、有领导、有计划、有目标地开展追逃专项斗争。

1994年9月，市公安局组织开展“严打整治”斗争。各级公安机关提早动手，认真备战，对各类在逃人员进行登记造册，基本查清“三逃”人员底数，抓获在册逃犯27名。东港分局开展“追逃犯百日会战”，将各类在逃人员情况打印成册，落实到所在辖区，各有关派出所深入调查访问，多方挖掘线索，采取主动出击与架网守候相结合的办法，全力组织追捕，共抓获逃犯11名；利用召开在逃犯家属恳谈会、印发公开信等形式，敦促犯罪分子投案自首，有8名批捕、负案在逃人员到分局投案自首。在开展追逃专项斗争中，东港分局因经费紧张，分局班子成员个人垫付经费2.4万元，民警自愿垫付经费3.6万元，确保专项斗争顺利开展。是年9月，莒县公安局组织46名干警成立12个追逃小分队，会同派出所民警逐村调查摸底，查清在逃人员的姓名、性别、年龄、体貌特征、案别、作案时间及本人的特长、嗜好等，登记造册，发至全县各派出所和友邻县、市公安局，以便协助追捕；各乡镇也都成立追逃领导小组，县委、县政府和乡镇党委、政府为追逃专项行动划拨专款。行动中，莒县公安局先后抓捕在逃人员30名。

1999年7月开始，全国公安机关首次部署开展网上追逃专项行动，全市公安机关于7—9月组织开展“网上追逃”专项斗争，共抓获在逃人员156名，其中上网在逃人员88名，及时消除一批社会隐患，为新中国成立50周年和建立地级日照市10周年“双庆”活动创造良好社会治安环境。12月7日，公安部下发《关于实行破案追逃新机制的通知》，网上追逃通过文件形式被界定。是年，各级公安机关理清在逃人员底数，明确重点督捕对象，积极开展“网上追逃”，共收集328名在逃人员信息并录入全国在逃人员数据库，通过网上比对抓获各类在逃人员163名，其中地市级督捕在逃人员5名。莒县公安局组织4人追逃小组到辽宁、吉林、黑龙江三省14个县、27个公社、42个大队、27个砖厂、3个林场、9个事业单位，在当地公安机关配合下，抓获14名在逃人员。

2000年，全市共列上网在逃人员219名，抓获在逃人员130名。

2001年9月20日至11月30日，组织开展“追逃”专项行动。其间，共抓获上网在逃人员138名，其中部级通缉在逃人员1名、省级督捕在逃人员1名，杀人、抢劫等严重刑事犯罪在逃人员68名。是年，全市共列上网在逃人员204名，抓获在逃人员168名，其中抓获当地在逃人员160名。

2002年，公安部下发《关于完善破案追逃新机制有关工作的通知》，对保证上网信息质量、落实缉捕奖金、规范移交抓获在逃人员作出具体规定。全市共列上网在逃人员76名，抓获在逃人员77名，其中抓获本地在逃人员74名。

2003年，组织开展为期2个月的对全市在逃人员信息集中清理，提高网上在逃人员信息质量，并就网上在逃人员数量、信息质量和抓获撤销情况进行每月通报，促进追逃工作开展。是年，全市共列上网在逃人员182名，抓获上网在逃人员135名，其中当地在逃人员119名，省级督捕在逃人员1名，追逃战绩列全省前十。

2004年，市公安局下发《关于进一步加强网上追逃工作的通知》，本着“谁办案，谁追逃”的原则，全方位开展“网上追逃”，形成整体作战的追逃格局。一是在侦查破案和日常治安管理中，对查获的违法犯罪嫌疑人和可疑人员，及时上网或利用在逃人员信息光盘，与全国在逃人员信息进行查询比对，看是否为网上在逃人员。二是加强暂住人口、流动人口管理，将暂住人口、流动人口信息及时查询比对，从中发现在逃人员。三是在开展调查摸底的基础上，对城区、林区、沿海养殖单位的暂住人口进行批量比对，从中发现在逃人员。四是各区县组织警力，到看守所、行政拘留所等监管场所，对所有在押人员利用网络或追逃光盘进行查询比对，通过审查扩大线索，抓获网上在逃人员。是年，全市共列上网在逃人员109名，抓获在逃人员116名，其中抓获当地在逃人员85名。

2005年3月，公安部下发《日常网上追逃工作考核评比办法（修订）》，开始对网上追逃进行日常考评，健全网上追逃长效机制，使网上追逃成为各警种、各部门日常性的工作。6月，交警支队开展追逃专项行动，集中围剿交通肇事逃逸犯罪嫌疑人。是年，全市共列上网在逃人员131名，抓获在逃人员93名，其中抓获当地在逃人员50名。

2006年，市公安局下发《关于建立全警追逃工作机制的实施意见》，转发省公安厅《山东省公安机关追逃工作岗位责任制实施意见（试行）》。市公安局成立局长任组长，各分管副局长任副组长，各警种负责人为成员的全市追逃工作领导小组，下设办公室在刑警支队。创新追逃举报奖励制度，对通过群众提供线索直接抓获外地在逃人员的，每抓获一名逃犯予以人民币200元以上的奖励。是年，全市共列上网在逃人员314名，抓获在逃人员193名，其中抓获当地在逃人员89名。莒县县局将潜逃

13 年之久的伤害致死犯罪嫌疑人穆某某抓获。岚山分局抓获 3 名部级通缉犯，破获“7·29”撞翻渔船故意杀人案。

2007 年，全市共列上网在逃人员 801 名，抓获在逃人员 432 名，其中外省在逃人员 140 名，同比分别提高 155.1% 和 119.2%，抓获在逃人员增长率居全省第六位。

2008 年，市公安局对派出所追逃工作实行月排名通报制度，落实奖惩和责任倒查追究，对通过巡逻防控抓获在逃人员的民警及时通报表扬，对在日常工作中通过查询比对抓获网上在逃人员的，立案单位兑现的奖金，原则上全部奖励抓获人，极大地调动各级各警种、部门的追逃积极性，全市追逃工作取得显著战果。6 月 26 日，省公安厅下发《关于对追逃成绩突出的济南、淄博、潍坊、日照等市公安机关进行表扬的通报》，对市公安局追逃工作予以表彰。7 月，市公安局印发《关于进一步加强派出所追逃工作的通知》。8 月 2 日 22 时至 8 月 4 日 22 时，在全市范围内组织开展“保奥运，抓在逃人员”专项行动。是年，全市共列上网在逃人员 1246 名，抓获在逃人员 1006 名，同比提高 132.9%。12 月 17 日，追捕小组在青岛警方协助下，将持枪杀死 2 人逃逸 14 年之久的丰某芝抓获。1994 年 8 月 12 日 21 时许，犯罪嫌疑人丰某芝（1952 年 10 月生，莒县人）酒后因语言不和在该村用土枪将上峪一村肖某某和上峪二村丰某某打死后潜逃。案发后，丰某芝被公安部列为部督在逃人员。2009 年 10 月 30 日，丰某芝被判处死刑。

2009 年，全市公安机关组织开展为期一个月的“猎鹰二号”追逃专项行动，制定《开展“猎鹰二号”追逃打流专项行动实施方案》，抓获省公安厅督捕在逃人员 1 名。开展为期 20 天的“猎鹰三号”追逃专项行动，抓获黑龙江省牡丹江市潜逃 17 年的命案在逃人员彭某某，该彭于 1993 年 3 月 24 日，将刁翎镇双发村村民王某某打死后潜逃。11 月 10 日，省公安厅刑侦局在新泰市召开全省命案积案追逃工作现场会，市公安局作题为《目标明确、措施有力　我市命案积案追逃工作取得显著成果》的典型发言。是年，全市共列上网在逃人员 1477 名，抓获在逃人员 1331 名，其中抓获当地在逃人员 969 名。

2010 年，市公安局下发《关于进一步加强打击防范“两抢一盗”犯罪大会战期间追逃工作的通知》。是年，全市共列上网在逃人员 1066 名，抓获在逃人员 996 名，其中抓获当地在逃人员 737 名。6 月 3 日，五莲县局在市公安局有关部门的大力配合下，在青岛市李沧区抓获潜逃 17 年的部督故意杀人网上在逃人员朱某某。

图 4-7　2010 年 6 月 3 日，五莲县局抓获部督在逃犯罪嫌疑人朱某某

2011 年，全市公安机关组织开展冬春季严打整治第二次集中清查暨“冬春季 2 号”追逃专项行动。5 月，公安部部署开展为期 1 年的网上追逃专项督察“清网行动”。市公安局先后制定《全市公安机关网上追逃专项督察“清网行动”工作方案》《全市公安机关网上追逃专项督察“清网行动”各警种部门职责分工》《日照市公安机关网上追逃专项督察“清网行动”表彰奖励办法》。9 月，市公安局发布《关于敦促在逃犯罪嫌疑人投案自首的通告》，通告明确，凡自《通告》发布之日起至 2011 年 12 月 31 日前，一切涉案在逃人员，自动向公安机关、人民检察院、人民法院投案，如实供述自己的罪行，以自首论，依法从轻、减轻或者免除处罚。涉案在逃人员自首后有揭发他人犯罪行为，查证属实，或者提供重要线索，从而得以侦破其他案件等立功表现的，依法从轻或者减轻处罚；有重大立功表现的，依

法减轻或者免除处罚。10月，市公安局召开全市公安机关决战“清网行动”推进会，贯彻落实公安部决战“清网行动”和省公安厅“清网行动”百日攻坚会战电视电话会议精神。11月，省公安厅召开全省公安机关决战“清网行动”视频推进会议，对全面推进决战“清网行动”进行再部署。

图 4-8 2011 年 10 月 25 日，召开全市公安机关决战“清网行动”推进会

2011年，全市共列上网在逃人员661名，抓获在逃人员877名，其中抓获当地在逃人员621名。市公安局将潜逃19年的北京命案网上在逃人员师某、潜逃14年的黑龙江伊春网上逃犯马某某抓获；东港分局将潜逃12年的命案网上在逃人员杨某、潜逃15年的命案在逃人员别某某、潜逃16年的网上在逃人员吴某某、潜逃17年的江苏省邳州抢劫上网在逃人员孟某某抓获，规劝涉嫌交通肇事罪潜逃16年的上网在逃人员赵某某自首；开发区分局抓获潜逃16年的黑龙江命案在逃人员李某；莒县县局将潜逃12年的命案在逃人员白某某、潜逃13年的命案在逃人员李某某、在逃13年的网上在逃人员陈某某、潜逃16年的省公安厅重点督办命案在逃人员孙某抓获，规劝在逃16年的抢劫在逃人员白某某、在逃12年的抢劫在逃人员魏某某、在逃16年的抢劫盗窃在逃人员唐某某自首；五莲县局将潜逃8年的抢劫杀人在逃人员管某某、潜逃9年的命案在逃人员郝某某、潜逃16年的浙江省富阳网上在逃人员丁某抓获，抓获省督在逃人员唐某某、李某某。

2011年，全市公安机关提前4个月完成公安部下达的“在逃人员总量下降50%”的任务目标；提前50天实现省公安厅下达的“在逃人员总量下降66%”的任务目标。用6个月的时间，全市行动前网上在逃人员下降率达85.8%。省公安厅专门发贺电。

图 4-9 2012 年 7 月，岚山分局举行“2004·11·13”命案追逃专案组凯旋欢迎仪式

2012年5月，市公安局召开全市追逃工作推进会。6月，省公安厅召开全省公安机关缉捕重大在逃人员攻坚行动动员部署电视电话会议，就开展缉捕重大在逃人员攻坚行动进行安排部署。7月16—17日，省公安厅督导组到日照市对深化安民行动和缉捕重大在逃人员攻坚行动工作进行检查督导。市公安局印发《全市公安机关缉捕重大在逃人员攻坚行动实施方案》，组织部署追逃攻坚。11月19日，刑侦支队将最后一名行动前上网在逃人员唐某某抓获，实现行动前网上在逃人员下降率达到100%，完成“清网行动”任务目标。是年，全市共列655名，抓获在逃人员463名，其中抓获当地在逃人员314名。清网行动中，潜逃6年的故意伤害致人死亡犯罪嫌疑人安某某，潜逃8年的故意杀人犯罪嫌疑人宋某，潜逃10年的命案在逃人员汤某某，省缉捕重大命案在逃人员康某某，潜逃10年的省缉捕重大涉枪命案在逃人员孙某某等一批重点在逃人员落入法网；东港分局抓获省督故意杀人在逃人员张某某，一举告破沉积21年之久的命案积案；抓获韩国籍在逃人员李某某，并将其遣送出境，由韩国警方押解回国。

2013年，市公安局组织开展全市公安机关缉捕重大在逃人员攻坚行动，印发《全市公安机关深化缉捕重大在逃人员攻坚行动实施方案》。是年，全市共列上网在逃人员538名，抓获在逃人员447

名，其中抓获当地在逃人员316名。其中，抓获跨省特大金融诈骗案上网在逃人员尤某某。

2014年，印发《全市公安机关“打黑恶、反盗抢、防诈骗、扫毒害、追逃犯”系列安民行动考核办法》，开展全市公安机关红色指令追逃比武竞赛。刑侦支队首次通过人像比对抓获潜逃12年并已漂白身份的故意伤害致人死亡在逃人员董某某，开创全局人像比对追逃的先例。是年，全市共列上网在逃人员653名，抓获在逃人员493名，其中抓获当地在逃人员334名。

2015年，市公安局组织收看全省公安机关视频会议，部署开展打孔盗油网上追逃专项行动。是年，全市共列上网在逃人员647名，抓获在逃人员428名，其中抓获当地在逃人员296名。其中，抓获隐瞒身份潜逃20年的故意杀人在逃人员卢某某，省公安厅分管副厅长作出批示予以肯定。7月29日，将全市“猎狐2015”专项行动名单中的在逃诈骗犯罪嫌疑人薛某某从朝鲜劝返。

2016年1月8—22日，省公安厅部署开展红色指令追逃比武竞赛活动。市公安局红色指令追逃合成研判工作专班和东港分局被省公安厅评为成绩突出集体，市公安局技侦支队1名民警被省公安厅评为成绩突出个人。是年，全市共列上网在逃人员667名，抓获在逃人员472名，其中抓获当地在逃人员341名。

2017年，市公安局下发《关于进一步加强全市公安机关百日维稳攻坚战期间网上追逃工作的通知》。12月4—23日，省公安厅组织开展2017年全省情报信息追逃比武竞赛，市公安局在比武竞赛中获得第四名，被评为全省情报信息追逃比武竞赛优秀单位。12月13日，全省公安机关刑事技术工作暨“打现行、除枪患、追逃犯、治乱点”严打整治行动动员部署会议在潍坊召开。12月26日，市公安局印发《全市公安机关“打现行、除枪患、追逃犯、治乱点”严打整治行动实施方案》，落实省公安厅会议精神，进行全面安排部署。是年，全市共列上网在逃人员692名，抓获在逃人员429名，其中抓获当地在逃人员243名。

是年，市公安局加大人像比对技术在追逃等实战中的应用，全市通过人像识别技术抓获一批漂白身份在逃人员。在全省“三打击一整治”专项行动人脸图像破案会战中，刑侦支队研判抓获漂白身份潜逃21年的辽宁省命案在逃人员金某某；抓获杀死二人漂白身份潜逃13年的外省命案在逃人员王某；抓获潜逃9年漂白身份的盗窃在逃人员葛某某；莒县公安局在黑龙江海林市抓获漂白身份潜逃27年的故意杀人命案在逃人员陈某某，该在逃人员系全市抓获在逃时间最长的命案在逃人员。

2018年5月，市公安局组织开展疑难在逃人员攻坚暨追逃“清库”专项行动，制定追逃“清库”专项行动方案，实行在逃人员集中攻坚“作战单元”工作机制。11月9日，市公安局召开全市公安机关信息合成追逃技战法研讨会。是年，全市共列上网在逃人员963名，抓获在逃人员375名，其中抓获当地在逃人员205名。市公安局情报处通过信息化技术和数据资源比对，指导抓获潜逃18年的抢劫在逃人员宋某某；抓获潜逃15年之久且已漂白身份的故意伤害致死犯罪嫌疑人刘某某；抓获漂白身份潜逃19年的故意杀人命案逃犯王某某；抓获漂白身份潜逃20年的重大挪用公款网上在逃人员尹某某。

六、打拐

20世纪80年代，拐卖妇女儿童犯罪活动不断出现，且有抬头、发展、蔓延趋势。1989年，全市公安机关在打击拐卖妇女儿童犯罪斗争中，抓获人贩子14名，解救妇女12名，缴获人贩子非法所得1.3万元。

1991年5月2日，日照市委下发《关于集中开展打击拐卖妇女儿童犯罪、查禁取缔卖淫嫖娼活动的实施方案》，部署至6月底在全市范围内集中开展打击拐卖妇女儿童犯罪的专项斗争，对“打拐”领导小组成员进行调整充实。6月14日，省委召开全省关于严厉打击拐卖妇女儿童犯罪活动的紧急会议。9月4日，全国人大常委会审议通过《关于严惩拐卖绑架妇女儿童的犯罪分子的决定》，公安部下发《关于进一步开展集中打击拐卖妇女儿童犯罪斗争的通知》。年底，全省“打拐”工作座谈会和全国“打拐”电话会议召开。为贯彻落实上级系列部署精神，日照市委召开常委会进行专题研究，提出要加强对打拐斗争的领导，各级各部门要树立长期作战的思想，在重视程度、力量组织、工作措施上，只能加强、不能削弱，做到人员不减，工作不松，切实把“打拐”斗争引向深入。

1992年，继续深入开展打击拐卖妇女儿童犯罪活动专项斗争。在全市农村广泛宣传全国人大常委会《关于严惩拐卖绑架妇女儿童的犯罪分子的决定》，市综治委组织57名副处级以上干部深入到乡镇、村（居）进行宣讲，印制《决定》重点乡镇和集市、村庄广泛张贴宣传，组织宣传车17台巡回宣传，并在重点乡镇召开打击拐卖人口犯罪的宣判大会。自1991年开展“打拐”专项斗争至1992年3月，全市共抓获拐卖人口犯罪分子64名，摧毁犯罪团伙12个，成员42名，破获拐卖人口案件32起，解救受害妇女儿童37名，摸清1983年后流入市内的外地妇女底数。

1993—1997年，将“打拐”融入每年度严打整治系列专项行动中，累计抓获拐卖妇女儿童犯罪分子66名，解救被拐卖妇女80名、儿童2名。

2000年，公安部在全国范围内组织开展声势浩大的网上打击拐卖妇女儿童专项斗争。斗争中，全市共抓获在逃人贩子100名，查处买主1299名，解救被拐卖妇女1435名、儿童6名，采集血样4份，破获被拐卖妇女儿童案件1441起。市公安局被评为全省“打拐”斗争先进单位。其中，莒县县局破获一起涉案人员30名，潜藏10年之久，拐卖妇女100余人的特大犯罪团伙，解救妇女98名，逮捕犯罪嫌疑人18名。

2007年，公安部刑事侦查局加挂“打击拐卖妇女儿童犯罪办公室”的牌子，宣告“打拐办”正式成立。2008年10月10日，省公安厅召开全省打击拐卖儿童犯罪专项行动电视电话会议。会后，日照市立即成立打击拐卖妇女儿童犯罪办公室，印发《全市打击拐卖妇女儿童犯罪专项行动方案》。为贯彻落实《中国反对拐卖妇女儿童行动计划（2008—2012）》，是月，全市召开联席会议，成立以市委常委、政法委书记任组长，公安、检察、法院、司法、计生、民政、卫生、妇联、宣传等部门分管负责人为成员的领导小组，下设办公室在市公安局。各区、县也层层成立相应领导协调机构，负责专项行动的组织协调和指导，确保各项工作措施落实。各级公安机关、检察院和法院作为“打拐”的主力军，忠实履行法律职责，坚持“严打”方针，在“两个基本”的前提下，快侦查、快起诉、快审判，依法从重从快打击拐卖儿童犯罪分子。

2009年，公安部、省公安厅部署开展“打拐”专项行动。是年，全市组织公安、计生、民政等300余名工作人员摸排重点村庄5处，收集违法犯罪线索20条，发放《山东省公安厅关于严厉打击拐卖儿童妇女犯罪活动的通告》2000余份，发布宣传报道8条。共抓获拐卖妇女犯罪嫌疑人5名，抓获处理拐卖收买儿童犯罪嫌疑人32名，破获案件35起，部督拐卖儿童在逃人员王某被抓获归案。是年，市公安局被省公安厅评为全省“打拐”工作先进单位。

2010年，全国、全省公安机关继续深化“打拐”专项行动。莒县公安局根据群众举报，组织精干力量成立专案组，经缜密侦查、连续奋战，辗转行程1万余公里，打掉一特大拐卖儿童犯罪团伙，先后抓获拐卖儿童犯罪嫌疑人8名，破获案件30起。6月25日，省公安厅分管副厅长在市公安局上报的《关于日照莒县公安局成功侦破卢某某特大拐卖儿童犯罪团伙的情况报告》上作出批示、给予肯定。是年，全市共抓获处理涉拐案件犯罪嫌疑人25名，破获案件60起，解救被拐儿童50名、妇女10名，市公安局被省公安厅评为“打拐”工作先进单位。

2011年，全市抓获处理涉拐犯罪嫌疑人22名，破获拐卖儿童、诱骗妇女案件15起，解救被拐卖妇女、儿童16名，核查公安部和省公安厅下发督办案件6起。

2012年，制定《日照市反对拐卖儿童、妇女行动计划实施细则》，采取一系列措施强化反拐工作，初步形成预防、宣传、打击、救助、康复为一体的反拐工作格局。全市各区、县也专门建立“反拐行动工作联席会议”，各成员单位对涉及拐卖妇女儿童的举报、投诉和发现来历不明人员、疑似被拐妇女儿童信息及时通报公安机关，公安机关接到通报后立即进行核查并将解救的被拐卖妇女儿童信息通报。此外，市公安局会同市民政部门，专门研究建立被拐卖妇女、儿童安置和救助机制，确保公安机关解救的妇女儿童全部得到及时的安置和救助。是年3月7日零时，公安部部督“2011·11·18”专案在全国14个省部署开展集中统一行动。全市公安机关周密组织部署，各警种部门和参战民警密切协同、合成作战，经过连续一夜的抓捕、解救工作，将辖区12名涉案犯罪嫌疑人全部抓获，解救被拐女婴3名，彻底摧毁辖区内以吕某某为首的贩卖儿童犯罪网络，完成公安部、省公安厅安排的任务。是年，全市共发放宣传资料700余份，在有关媒体宣传报道20条；共收集线索10条，摸排出来历不明儿童10名，DNA采集检测入库127名；抓获处理拐卖收买儿童犯罪嫌疑人22名，破获拐卖儿童、诱骗妇女案件16起，解救被拐卖妇女、儿童16名。

图4-10 2012年3月6日，公安部“2011·11·18”专案日照战场动员会

2012年3月22日18时许，“宝贝回家”志愿者通过新浪微博发表《急寻五莲潮河镇失踪小男孩》，并@到“日照公安”官方微博。市、县两级公安机关迅速开展侦查行动，23日21时，“3·22”绑架儿童案成功告破。市公安局和五莲县局均在第一时间从公安微博上通报破案过程，受到网民一致好评，通报发布3个小时内，“日照公安”收到网民好评达4000余条，公安部打拐办主任在微博上发布：“孩子安全获救，表扬日照公安机关”“日照公安机关反应迅速，机智勇敢，不畏艰险，处置得当”。

图4-11 2012年3月7日，解救被拐卖儿童

2013年6月初，“日照公安”微博以“微博话安全”为话题，在新浪和腾讯微博开展有800余名粉丝的问卷调查，从中发现，大多数网民对儿童的自身安全防范意识比较关注。6月21日，“日照公安”微博会同刑警支队就网民比较关心的儿童安全问题，组织多名粉丝和志愿者举办幼儿园防拐骗教育活动。是年，全市共发放宣传资料600余份，在有关媒体宣传报道6条；共收集线索18条，摸排出来历不明儿童18名，DNA采集检测入库65名；共立拐卖妇女儿童案件4起，破获拐卖妇女儿童案件4起，解救被拐卖妇女儿童4名，抓获处理拐卖收买妇女儿童犯罪嫌疑人6名。

2014年，全市共摸排出各类涉拐线索23条，其中摸排出来历不明儿童18名。通过摸排的线索，共立拐卖儿童犯罪犯罪案件5起，破案5起，解救被拐儿童5名，刑事拘留犯罪嫌疑人4名，DNA采集检测入库36名。打拐立案、破案、打击处理、解救、DNA采集入库数同比均上升超过20%。完成省打拐办转部督线索1条。在“三八”妇女节、“六一”儿童节等期间，共发放宣传资料1万余份，在有关媒体宣传报道6条。

2015年1月，省政府印发《山东省反对拐卖妇女儿童行动计划（2015—2020年）》。1月20日至4月20日，省公安厅部署在9个市（包括日照）开展为期3个月的打击拐卖儿童犯罪专项行动。市公安局召开动员部署会议，印发《全市集中打击拐卖儿童犯罪专项行动实施方案》，成立分管副局长任组长，刑侦支队负责同志任副组长的专门领导小组，指挥中心、技侦、网安、治安、宣传、户政、边防等成员单位全面推进涉拐线索摸排、涉拐案件打击和打拐宣传工作。先后开展“庆‘三八’，巾帼维权送法”宣传活动、“防拐骗，‘六一’反拐筑平安”宣传活动等较大规模的宣传发动工作。6月3日，莒县县局组织平安志愿者、打拐志愿者走上街头开展“宝贝回家”打拐宣传活动。11月1日，《刑法修正案（九）》正式施行，收买被拐妇女儿童的行为一律追究刑事责任，不能免除处罚，对于从源头上减少拐卖妇女儿童案件发生，震慑买方市场具有积极意义。是年，全市共立拐卖妇女案件3起，拐卖儿童案件10起，破案13起，打掉拐卖儿童犯罪团伙1个，抓获涉拐犯罪嫌疑人34名、在逃人员2名，解救疑似被拐儿童23名。全市共采集、检验、录入儿童血样50例，比中被拐卖儿童1名。打拐工作位居2015年度全省公安机关第五名。

2016年，全市共侦办公安部督办打拐案件1起，抓获犯罪嫌疑人16名，解救被拐卖儿童7名。在来历不明儿童摸排比对工作中，对未办理户籍登记的，非亲属关系申报办理户口的，街头流浪、乞讨、卖花、卖艺的，被强迫违法犯罪的，民政部门福利、救助机构收助的等13类儿童进行摸排，共摸排、采集、入库不明来历儿童血样533名。是年8月，莒县公安局获取线索，果庄镇张某某有拐卖儿童嫌疑。县局迅速成立专案组，围绕张某某展开调查，先后抓获犯罪嫌疑人16名，解救被拐卖儿童7名。经侦查，该团伙以犯罪嫌疑人沈阿某某为首，沈阿某某负责联系四川籍妇女，将被拐卖婴儿从四川带至山东省莒县后，经犯罪嫌疑人张某某等人拐卖至不同的收买家庭。

2017年，印发《关于在全市范围内开展打击拐卖妇女儿童犯罪的实施方案》。全市共破获涉拐案件5起，抓获犯罪嫌疑人5名，解救被拐卖儿童4名。

2018年，全市公安机关持续加强“打拐”专项斗争，共破获涉拐案件3起，抓获犯罪嫌疑人5名，解救被拐卖妇女、儿童3名。

第三节　扫黑除恶

改革开放之初，境外黑社会势力开始对内渗透，地方上开始出现黑恶势力，严重影响经济发展和社会安定。在历次严打斗争中，涉黑涉恶犯罪一直是公安机关重点打击的对象。

2000年12月11日，全国打黑除恶专项斗争电视电话会议在北京召开，中央决定从2000年12月到2001年10月，组织全国公安机关开展一场打黑除恶专项斗争。为切实加强对专项斗争的组织领导，市委成立由市委副书记任组长，市委常委、政法委书记，分管副市长和市公安局局长任副组长的打黑除恶专项斗争领导小组，下设办公室在市公安局。市公安局结合工作实际，印发《关于在全市开展打黑除恶专项斗争实施意见》，多次召开会议进行动员部署。全市公安机关将打黑除恶专项斗争作为重中之重，采取多种措施，推进斗争开展。通过召开会议、张贴标语、印发宣传材料、设立举报箱等形式大张旗鼓地宣传发动，在报纸、电视台分别开辟专栏，对打黑除恶斗争进行连续报道。打黑除恶领导小组办公室印发《关于严厉打击黑恶势力违法犯罪活动的通告》，公布举报电话。是年，侦破“10·28”恶势力聚众持枪斗殴案，抓获首要分子、骨干成员等35名，缴获枪支5支、子弹340余发及各类刀具、铁棍等凶器。五莲县局摧毁3个恶势力犯罪集团，抓获各类黑恶霸头20名。莒县县局铲除7名渔霸。截至2001年3月，全市共摧毁各类黑恶势力犯罪集团8个，抓获成员及各类霸头67名。

2001年4月，中央召开全国社会治安工作会议，将打黑除恶专项斗争的时间延长到2003年4月，将其并入为期2年的“严打”整治斗争。4月10日，全国公安机关“打黑除恶”暨严打整治斗争电视电话会议召开。会后，市委召开电话会议，就贯彻落实全国电视电话会议精神，开展好“打黑除恶”和严打整治斗争提出要求。是年，东港分局集中开展“打霸治痞”专项斗争，打掉霸痞团伙7个，抓获成员47名，经验做法被市委领导充分肯定并在全市推广。

2003年，全市各级公安机关积极开展创建无黑恶犯罪县市区活动，先后摧毁恶势力犯罪团伙13个，抓获犯罪嫌疑人89名，破获刑事案件120起。10月，全市开展“打黑除恶”问卷调查，人民群众满意率达到95%以上。

2004年，全国社会治安综合治理工作会议决定，将“严打”的方针贯穿于日常各项打击犯罪的工作中。全市继续深化打黑除恶工作，以创建“无黑恶犯罪县市区”活动为抓手，逐步建立起防范和打击黑恶势力犯罪的长效机制。全市公安机关在原打黑除恶专案组的基础上，从治安、刑警、派出所等部门抽调精干力量，分别组建专业队伍，分片包干，落实责任，强化措施，先后打掉恶势力团伙22个，查获成员224名。其间，东港分局打掉霸痞团伙16个，抓获成员90名。

2005年，全市公安机关持续深化打黑除恶斗争，以涉黑涉恶势力涉足较多的餐饮、娱乐、建筑、商贸等行业、场所及涉黑恶人员为重点，深入开展摸排调查，对历年群众举报线索进行重新梳理，认真分析研究，从中获取一批有价值的犯罪线索。2月，莒县公安局针对城区连续发生敲诈勒索、寻衅滋事等案件的实际，经梳理分析，发现作案嫌疑人彼此联系密切，遂循线追踪，一举打掉分别以绰号为“北霸天”“东霸天”“南霸天”“西霸天”为首的霸痞团伙，抓获团伙成员71名。该4个团伙以莒县城区为重点，划分各自势力范围，在建筑行业、建材市场实施敲诈勒索、强迫交易、寻衅滋事、故意伤害等作案60余起。4月，在市区物流业阵地管控中，市公安局打黑除恶专案组发现以赵某某为首的霸痞团伙为达到垄断日照某市场货运托运业之目的，不择手段、连续作案，致使多家托运站被迫停业的线索，遂展开秘密侦查、获取证据，彻底铲除这个以市场各托运站为目标，寻衅滋事、敲诈勒索、毁坏公私财物作案20余起的犯罪团伙。市委副书记、市长对此作出专门批示、予以肯定表扬。9月，东港分局经深入摸排，一举打掉以杨某某为首的霸痞团伙。2004—2005年，该团伙以攫取非法经济利益为目的，垄断西湖镇鸡蛋收购市场，插手农村基层选举，受他人雇佣报复作案从中收取好处费，先后实施故意伤害、抢劫、放火作案10余起，致2人重伤、3人轻伤，严重扰乱当地社会治安秩序。是年，全市共打掉恶势力团伙33个，抓获犯罪嫌疑人233名，破获刑事案件416起。

2006年2月，中央政法委部署全国开展打黑除恶专项斗争，成立全国打黑除恶专项斗争协调小组，设立全国“打黑办”。2月27日，山东召开全省打黑除恶专项斗争电视电话会议，对全省打黑除恶专项斗争进行全面部署。为贯彻中央、省、市部署，严厉打击黑恶势力犯罪活动，维护全市社会治安持续稳定，市公安局印发《日照市公安机关打黑除恶专项斗争实施方案》，决定在全市范围内深入组织开展打黑除恶专项斗争。6月27日，市公安局举办有组织犯罪侦查业务培训班，各分县局分管局长、刑警大队长、中队长和部分侦查业务骨干及市公安局法制处、治安支队业务骨干、刑警支队全体干警共80余人参加培训，邀请专家针对《刑法》294条、人大常委会的“立法解释”、办理黑社会性质组织犯罪案件中应注意的主要问题、基本要求等方面进行讲解培训。上半年，市公安局先后打掉以程某、赵某某、魏某、张某某为首的4个犯罪团伙，共审查违法犯罪人员87名，其中刑拘31名，逮捕14名，劳教15名，查破各类刑事、治安案件70余起。岚山分局打掉以许某某为首的霸痞团伙，将团伙成员15人全部抓获。该犯罪团伙自2004年在岚山区安东卫街道经营练歌房，笼络社会闲散人员为其“看场子”，并引诱、容留、介绍妇女卖淫，逐步形成霸痞团伙。5月，莒县公安局根据获取的线索，组织优势警力，对一音乐广场进行突击清查，抓获涉案成员10余名，当场缴获钢管、砍刀、匕首等作案工具30余件。经查，2005—2006年，犯罪嫌疑人陈某某、王某某等人在其经营的音乐广场内持钢管、长砍刀等凶器多次殴打顾客，致2人轻伤，10余人轻微伤。是年，全市公安机关先后打掉霸痞团伙15个，查获成员155名，破获刑事案件223起。

2007年，市公安局成立打黑除恶专项斗争领导小组，市公安局局长任组长，其他局党委成员任副组长，指挥中心、刑侦、治安、国保、出入境管理、行动技术、网监、经侦、监管、法制等警种部门为成员单位，下设办公室在刑警支队。各分县局均成立相应组织机构。至2007年底此次专项斗争结束，总体上分为调查摸底、集中打击和破案攻坚、深挖处理和建章立制三个阶段进行。8月，市公安局印发《日照市公安局侦破大要案和涉黑恶犯罪案件奖惩办法》，对全市打黑除恶专项斗争进行再动员，再部署。9月，市公安局转发《山东省公安机关打黑除恶暂行规定》，进一步推动提升公安机关发现、打击和防范黑恶势力犯罪的能力。是年，岚山分局打掉以苏某某为首的恶势力犯罪团伙，破获刑事案件4起；莒县县局打掉孙某恶势力犯罪团伙，破获刑事案件13起；五莲县局打掉乔某某恶势力团伙，破获刑事案件34起，打掉张某恶势力团伙，破获刑事案件4起。

2008年，按照上级统一部署，全市公安机关继续深入开展打黑除恶、打霸治痞专项斗争。是年，全市共摧毁恶势力团伙19个，查获成员106名，破获刑事案件110起。全市各区县平均打掉恶势力团伙成员数居全省第四位，案件线索查结率达100%。

2009年7月，中央政法委、省委政法委分别召开全国、全省深入推进打黑除恶专项斗争电视电话会议，回顾总结全国、全省打黑除恶专项斗争开展情况，深入分析当前面临的形势，对深入推进打黑除恶专项斗争做进一步动员部署。按照中央、省委和市委政法委的统一部署，7月，市公安局印发《日照市公安局关于深入开展打黑除恶、打霸治痞专项斗争的意见》。全市各级公安机关以优化完善“合成化”现代警务体系为切入点，广泛发动群众，深入摸排线索，全警动员，打掉15个强买强卖、寻衅滋事、欺行霸市和横行乡里、欺压群众的恶势力犯罪团伙，抓获涉案犯罪嫌疑人83名，破获故意伤害、敲诈勒索、非法拘禁、强迫交易、寻衅滋事等刑事案件203起。其中，有2个犯罪团伙被以涉嫌组织、领导、参加黑社会性质组织罪名起诉，彻底改变日照市侦办黑社会性质组织案件零起诉的局面。是年，东港分局共打掉牛某、白某某等7个恶势力犯罪团伙，抓获团伙成员33名，均被判处有期徒刑；打掉霸痞违法犯罪团伙7个、成员25名，霸痞分子9名，均被判刑、劳教。岚山分局共打掉张某、何某某等3个恶势力犯罪团伙，抓获团伙成员13名，均被判刑；抓获霸痞违法犯罪分子7名，均被劳教。开发区分局打掉董某某、张某和周某、申某某2个恶势力犯罪团伙，抓获团伙成员13名，7名成员被判处有期徒刑；抓获霸痞违法犯罪分子1名，被劳教。五莲县局共打掉张某、刘某、周某3个恶势力犯罪团伙，抓获团伙成员21名，均被判刑；抓获霸痞违法犯罪分子14名，均被劳教。市公安局专业行动队与东港分局联手打掉范某某恶势力犯罪团伙，抓获团伙成员4名，均被判刑；打掉牟某某恶势力犯罪团伙，抓获团伙成员7名，3名被判刑、4名被劳教；打掉万某某恶势力犯罪团伙，抓获团伙成员5名。

2010年1—3月，在全市范围内组织开展涉黑涉恶线索集中摸排工作，共摸排重点线索10余条。8月16日，按照省公安厅部署，市公安局在全市农村地区开展打黑恶反盗窃专项行动。全市公安机关以贯彻落实全省打黑除恶工作会议为契机，以优化完善合成化现代警务体系为切入点，坚持“打早打小、露头就打、除恶务尽”的方针，积极构建打黑除恶长效工作机制，领导重视、全警参战，与检、法各部门通力协作，深入发动群众，采取有力措施，推动打黑除恶专项斗争向纵深开展，有效维护全市社会治安稳定。是年，全市共打掉恶势力犯罪团伙 16 个，抓获涉案成员 144 名。经法院一审判决的犯罪团伙 12 个，成员 78 名。市公安局专案组连续打掉万某、刘某、陈某某 3 个欺行霸市、称霸一方的恶势力犯罪团伙。市公安局被省公安厅表彰为全省打黑除恶先进集体。

2011 年 4 月 11 日，省公安厅召开全省公安机关电视会议，对开展“打黑恶、反盗抢”安民行动进行动员部署。5 月，市公安局印发《全市公安机关“打黑恶、反盗抢”安民行动实施方案》，在全市范围内组织开展“打黑恶、反盗抢”安民行动。各级公安机关精心组织、周密部署，全警动员、合成作战，广泛发动群众，深入摸排线索，成功打掉敲诈勒索、寻衅滋事、欺行霸市和横行乡里、欺压群众的恶势力犯罪团伙 13 个，破获刑事案件 78 起，抓获涉案成员 114 名。市公安局专案组打掉王某涉嫌恶势力犯罪团伙，抓获涉案成员 8 名，破获刑事案件案件 15 起。刑警支队和岚山分局组成专案组一举打掉韩某等人涉黑恶性质犯罪团伙，抓获涉案成员 21 名，破获刑事案件 55 起。

图 4-12 2012 年 7 月 17 日，全市公安机关推进打黑除恶工作岚山现场会议

2012 年，进一步深化“打黑恶、反盗抢”安民行动和打黑除恶专项斗争，组织开展打黑除恶“飓风”行动。3 月下旬至 5 月底开展“飓风 1 号”行动，重点打击、整治垄断重点工程领域、霸占专业市场等黑恶势力及暴力讨债、“地下出警队”等新型黑恶犯罪活动，切实维护各级两会及农村春播期间的市场秩序和治安大局稳定；6 月上旬至 8 月底开展“飓风 2 号”行动，重点打击、整治插手、操纵娱乐行业，涉及“黄、赌、毒、枪”等违法犯罪活动的黑恶势力，深挖幕后组织者、操控者、经营者，打团伙、破大案，净化社会环境；9 月上旬至 12 月上旬开展“飓风 3 号”行动，重点打击、整治侵蚀基层政权、侵害群众利益、欺压残害百姓等干扰、破坏农村治安秩序的黑恶势力和霸痞分子，全力做好党的十八大安全保卫和社会稳定工作。4 月 10 日，市公安局制定《全市公安机关深化“打黑恶、反盗抢”安民行动实施方案》，组织全市公安机关继续深化“打黑恶、反盗抢”安民行动。期间，全市公安机关精心组织部署，在相继打掉 3 个恶势力犯罪团伙之后，又打掉以韩某为首的恶势力犯罪团伙，抓获犯罪嫌疑人 30 名，破获各类刑事案件 24 起。6 月 13 日，省“打黑办”专门发贺电。是年，全市共打掉恶势力犯罪团伙 12 个。

图 4-13 2013 年 12 月 24 日，代某等人黑社会性质组织案一审判决

2013 年，全市摧毁黑社会性质犯罪组织 1 个，实现打黑工作零的突破；共打掉恶势力犯罪团伙 30 个，抓获团伙成员 214 名，破获各类案件 407 起。以日照经济技术开发区“2012·12·28”聚众斗殴案件为突破口，紧抓线索，深挖细查，将姜某某犯罪团伙确立为“飓风行动”的重点案件，由市公安局刑侦支队牵头，从各区县局抽调精干力量成立专案组，集中食宿、集中办案、集中攻坚，最终铲除这一社会毒瘤，共抓获团伙成员 14 名，破获故意

伤害、敲诈勒索、聚众斗殴、寻衅滋事、容留他人吸毒、非法拘禁等刑事案件24起。7月1日，日照经济开发区人民法院作出一审判决。7月3日，省“打黑办”专门发贺电。以岚山区“2012·11·5”聚众斗殴案件为突破口，由市公安局刑侦支队牵头，从各区县局抽调精干力量成立专案组，集中攻坚，成功摧毁以代某为首的涉黑犯罪组织，抓获组织成员16名，破获故意伤害、敲诈勒索、聚众斗殴、寻衅滋事、诈骗等各类违法犯罪案件23起，实现全市打黑除恶工作新突破。是年，全市打黑除恶工作综合成绩位居全省第六名。

2014年，中央政法委印发《关于继续推进打黑除恶专项斗争的意见》，要求大力提升打黑除恶工作能力和水平，确保专项斗争向纵深发展、取得新的更大成效。为全面贯彻中央政法委省政法委关于深入推进全省打黑除恶专项斗争的部署要求，严厉打击整治黑恶犯罪活动，市公安局党委决定自2014年10月至2015年6月在全市范围内集中开展打黑除恶专项斗争行动，在把打击锋芒对准重大黑社会性质组织的同时，重点打击破坏社会秩序，危害人民群众正常生产、生活的“市霸、菜霸、渔霸、村霸”等各类涉黑涉恶犯罪团伙。4月，省公安厅召开全省深化打黑除恶专项斗争电视电话会议，部署开展打击整治农村黑恶势力专项行动，重点打击破坏农村发展、涉足基层政权、欺压残害百姓的黑恶势力和各类霸痞分子。按照上级部署，市公安局成立打击整治农村黑恶势力专项行动领导小组，全面部署、深入推进打击整治农村黑恶势力专项行动。9月17日，市公安局召开全市公安机关打黑除恶工作会议，对打黑除恶工作进行再强调再部署。是年，全市共打掉黑恶势力团伙25个，抓获团伙成员156名，破获各类案件103起。全市打黑除恶工作综合排名位居全省第三名，省“打黑办”专门发贺电；市公安局刑侦支队被省公安厅表彰为市级成绩突出集体，开发区分局刑侦大队、东港分局刑侦大队被表彰为县级成绩突出集体。

图4-14 2014年9月18日，召开全市公安机关打黑除恶工作会议

2015年，市公安局印发《全市公安机关打击建设工程领域黑恶势力专项行动实施方案》，在全市公安机关集中部署开展打击建设工程领域黑恶势力专项行动。是年，全市共打掉恶势力团伙47个，一审判决团伙19个、成员85名、案件31起。其中，打掉建设工程领域恶势力犯罪团伙5个，判决团伙成员23人、案件6起。其间，市公安局从各区县局抽调警力17名，由刑侦支队牵头，历时7个月，打掉东港区汤某某（男，53岁，黑龙江省鸡西市人）、汤某（男，43岁，籍贯同上）黑社会性质犯罪组织团伙，共抓获违法犯罪嫌疑人30名，查破聚众斗殴、寻衅滋事、故意伤害等案件76起。全市连续打掉3个黑社会性质犯罪组织，在全省打黑除恶工作推进会上做典型发言，姜某某黑社会性质犯罪组织案件被评为全省十大涉黑典型案例。

2016年，为净化农村治安环境，巩固基层政权，市公安局印发《日照市公安局严厉打击农村黑恶势力违法犯罪专项行动实施方案》，决定自2016年3月至2017年3月在全市范围内集中开展严厉打击农村黑恶势力违法犯罪专项行动。4月18日，东港区人民法院对汤某某黑社会性质组织案作出一审判决，省“打黑办”专门发贺电，市领导多次作出批示予以肯定，该案作为典型案例在全省打黑除恶工作培训班上进行经验交流。

2017年3月23日，全市打黑除恶、打霸治痞专项行动动员部署会议召开，印发《全市打黑除恶、打霸治痞专项行动实施方案》，动员部署在全市开展打黑除恶、打霸治痞专项行动。会后，各区县分别召开专门会议对打黑除恶、打霸治痞专项行动进行部署，细化行动方案，落实工作责任。市公安局将打黑除恶、打霸治痞专项行动统一命名为“利剑3号”行动，成立由市“打黑办”主任、市公安局分管副局长任组长，刑侦、治安、特警支队主要负责同志任副组长的专项行动领导小组。是年，全市公安机关共打掉鲁苏海域王某某为首的“渔霸”团伙、莒县唐某某为首的“麦霸”团伙、东港区明某为首的寻衅滋事团伙、山海天孙某为首的强迫卖淫团伙4个恶势力犯罪集团，抓获涉案成员34名，实现全市打击恶势力犯罪集团的历史性突破。市委书记4次作出专门批示予以肯定，省打黑除恶工作简报3次刊发市公安局经验做法。《日照日报》凤凰新闻手机网等媒体对日照打黑除恶、打霸治痞专项行动战果进行报道。

2018年1月11日，中共中央、国务院下发《关于开展扫黑除恶专项斗争的通知》（以下简称《通知》），要求深入贯彻习近平总书记重要指示精神，在全国部署开展为期三年的扫黑除恶专项斗争，坚决遏制黑恶势力违法犯罪问题特别是农村涉黑涉恶问题。1月23日，中央政法委召开全国扫黑除恶专项斗争电视电话会议，深入贯彻落实习近平总书记重要指示和中共中央、国务院《通知》精神，对开展扫黑除恶专项斗争作出全面部署。按照中央、省、市部署要求，市公安局党委把开展新一轮扫黑除恶专项斗争作为重大政治任务和检验树牢“四个意识”的试金石，迅速成立专项斗争领导小组，研究制定实施方案，抽调10名具有扫黑经验的民警，在全省较早组建市级扫黑除恶专业队伍，在各区县公安机关同步组建专业行动队。为打赢扫黑除恶专项斗争这场硬仗，市公安局党委提出“五必要求”，即线索必查、一查到底；案件必办、严格规范；违法必究、绝不姑息；犯罪必惩、从快从重；黑恶必除、除恶务尽。上半年，全市公安机关以上合峰会安保为统领，开展为期6个月的扫黑除恶严打“铁拳”专项行动。自7月5日起，压茬部署开展扫黑除恶“百日会战”“铁拳”“金剑”集中行动、“山东战役”日照会战、扫黑除恶“日照清剿战”。为打好扫黑除恶山东战役“攻坚战”，12月，叠加部署深化为期1个月的“清剿会战”，发起新一轮集中攻势。截至2018年12月底，全市共打掉各类黑恶势力犯罪团伙50个，抓获各类涉黑涉恶犯罪嫌疑人385名，破案500余起。其中，年内打掉张某某、韩某某黑社会性质组织3个，打击数量为全市历年之最；打掉恶势力犯罪集团14个，打击处理“保护伞”“问题村干部”15名。专项斗争中，市公安局先后2次在全省公安机关扫黑除恶专项会议上作典型发言，省公安厅“扫黑办”5次转发市公安局经验做法。省委、省政府、省公安厅及市委、市政府领导同志先后到日照市公安局实地调研督导扫黑除恶专项斗争，给予充分肯定。

附：典型案例

【姜某某等人黑社会性质组织案】

2011年12月28日8时许，犯罪嫌疑人姜某某（男，48岁，原籍黑龙江省）与穆某某（男，26岁，黑龙江嫩江县人）因在日照港从事非法“带车”业务发生利益冲突，双方分别纠集10余人持械在北京路南段聚众斗殴，致1人死亡，2人轻伤，4人轻微伤。案件侦破中，发现姜某某一方涉嫌大量违法犯罪，市公安局立即成立以分管副局长为组长、刑侦支队支队长、开发区分局局长为副组长的专案组。经过近7个月的工作，抓获犯罪嫌疑人19名。经查，犯罪嫌疑人姜某某于2004年开始纠集部分东北人在日照港非法“带车”谋利，逐渐形成以姜某某为首的黑社会性质犯罪组织。该组织长期盘踞在日照港区，对外地进出日照港区的超载车辆以每台次收取200～500元，包月每车每月收取3500～4000元不等的带车费，逃避、妨碍交通稽查部门正常执法，每年非法获利100余万元，严重妨害日照港正常的生产秩序。

2013年7月1日，日照经济开发区人民法院对姜某某涉黑犯罪组织作出一审判决，该组织头目姜某某以犯组织、领导黑社会性质组织罪、故意伤害罪、敲诈勒索罪、聚众斗殴罪、寻衅滋事罪、容留他人吸毒罪和非法拘禁罪，以“零口供”被判决执行有期徒刑20年，没收财产20万元、罚金3万元，没收丰田轿车1辆；9名骨干成员分别被判处1年零6个月至7年零3个月不等的有期徒刑，罚金2万～5万元不等；其余4名团伙成员分别被判处有期徒刑和缓刑。

【代某等人黑社会性质组织案】

2012年11月5日23时许，犯罪嫌疑人代某等人在岚山区安东卫街道一家烧烤城与犯罪嫌疑人陈某某等人持械斗殴，致2人轻伤、2人轻微伤。案发后，岚山分局快速反应，迅速将涉案双方当事人抓获。经工作发现，代某等人还涉嫌故意伤害、寻衅滋事、敲诈勒索、强迫交易等多起违法犯罪活动。市公安局从刑侦支队、各分县局抽调30余名精干民警成立专案组，历经3个多月的深入调查取证，抓获组织成员18名，最终查实代某等人的犯罪事实。2002年始，犯罪嫌疑人代某等人发现在岚山渔码头收购高利润鱼类能带来巨额经济利益，遂网罗部分社会闲散人员大肆对渔民、收购商进行暴力威胁等违法犯罪活动，逐步垄断岚山区3个鱼货码头高利润海产品的购销活动。2006年前后，该组织逐步形成以代某为组织者、领导者的黑社会性质组织，每年获利100余万元。2006—2012年底，该涉黑组织逐步插手岚山区的部分土石方工程，资本积累至2000余万元。该黑社会性质组织从2002—2012年，盘踞岚山涉案区域10年。

2014年8月19日，岚山区人民法院作出一审判决，首犯代某以组织、领导黑社会性质组织罪、聚众斗殴罪、敲诈勒索罪、寻衅滋事罪、包庇罪、诈骗罪、故意销毁会计凭证、会计账簿罪，被判处有期徒刑12年，追缴违法所得200万元并处罚金6万元；4名积极参加者分别被判处3至7年不等的有期徒刑；9名其他参与者分别被判处8个月至2年零6个月不等的有期徒刑。

【汤某某等人黑社会性质组织案】

2014年初，公安机关接连收到多封群众匿名来信及举报电话，称东北籍汤某某兄弟盘踞在石臼一带多年，刑满释放后仍不思悔改，逞强争霸，欺压百姓，受害群众均敢怒不敢言。市公安局立即安排专人梳理举报线索，开展秘密侦查。9月，汤某某因涉嫌寻衅滋事罪被开发区分局刑事拘留。经市公安局党委研究，迅速成立由分管局长为组长的打黑专案组，将该寻衅滋事案指定东港分局管辖，移交专案组并案侦查。经过长达10个月的艰苦奋战，抓获组织成员31名，查明该组织的犯罪事实。自2003年始，犯罪嫌疑人汤某某兄弟二人逞强斗狠，纠集数十名犯罪嫌疑人，通过经营洗头房容留妇女卖淫、非法带车、在游戏厅收取保护费、抢夺酒水经营市场等违法犯罪活动获取经济利益，逐步形成以汤某某为组织者、领导者的犯罪组织，先后实施聚众斗殴等刑事犯罪24起及随意殴打他人等违法行为54起，造成1人重伤、6人轻伤、15人轻微伤等极其严重的危害后果。

2016年4月18日，东港区人民法院对该案作出一审判决，首犯汤某某以组织、领导黑社会性质组织等罪名被判处有期徒刑16年；组织成员11人被判处2年6个月至7年不等的有期徒刑。

【张某某等人黑社会性质组织案】

2017年10月，东港区日照街道文化村发生一起纠集闲散人员故意殴打他人致轻伤的案件。侦办过程中，经秘密侦查，发现犯罪嫌疑人张某某兄弟等人十余年间经营实体经济的过程中，实施一系列违法犯罪活动。2018年1月11日，市公安局抽调精干力量，成立专案组进行核查，历时6个月，查明张某某等人违法犯罪事实，抓获违法犯罪嫌疑人36名。因案情重大复杂，涉案人员众多，被省委政法委、省公安厅列为督办案件。

经查，自1996年，犯罪嫌疑人张某某兄弟3人陆续由黑龙江省讷河县迁往日照市东港区，先后经营羊肉馆、旅社等生意，敲诈勒索旅客钱财。1999年后承包经营老果品市场、老八村市场，通过实施一系列违法犯罪活动，逐步形成以犯罪嫌疑人张某某为组织者、领导者的黑社会性质组织。该涉黑组织通过垄断控制生猪肉批发市场、岚山区部分干海货产品销售等手段大肆聚敛钱财，出资成立多家经济实体，获取的非法利益再用来支撑组织违法犯罪活动。

2019年7月19日，日照市中级人民法院对张某某等人黑社会性质组织案作出一审宣判。组织者、领导者张某某以组织、领导黑社会性质组织罪、故意伤害罪、强迫交易罪、运输等12项罪名被判处无期徒刑，剥夺政治权利终身，并处没收个人全部财产；另一名领导者张某以领导黑社会性质组织罪、故意伤害罪等11项罪名被判处有期徒刑21年，剥夺政治权利5年，并处没收个人全部财产；组织成员8人以参加黑社会性质组织罪等罪数罪并罚，分别判处有期徒刑9年至1年不等的刑罚，并处503万元至1.5万元不等的罚金；组织成员9人分别以寻衅滋事罪、敲诈勒索罪等不同罪名被判处有期徒刑3年6个月至拘役3个月不等的刑罚，并对其中部分被告人依法并处罚金。

【韩某某等人黑社会性质组织案】

2018年10月9日，市公安局接中央扫黑除恶第五督导组督办线索，反映岚山区虎山镇某村党支部书记、村委主任韩某某一系列涉黑涉恶违法犯罪问题。市公安局刑侦支队会同岚山分局对案件进行初查后，指定五莲县局管辖侦办。历时3个月的调查取证，查明韩某某等人违法犯罪事实，抓获违法犯罪嫌疑人52名。

经查，犯罪嫌疑人韩某某自2005年始主持岚山区虎山镇某村村委工作，2007—2018年10月任村党总支书记兼村主任。其间，在该村两委4次换届选举中，韩统一组织、指挥，采取串通投票的方式，选举对其忠心，为其效忠的人员，并通过带领村两委成员阻拦施工，将强揽的工程分包给村委成员的方式，笼络人心；将通过非法手段获得的工程分包给与其关系好的村民，以此来维护、巩固其地位；2007年6月，出资成立机械有限公司，领导、指挥组织人员以该村村委的名义，有组织的进行堵路、围堵施工设备、殴打等方式阻拦企业正常施工，强迫企业高价租赁其施工设备，大肆聚敛钱财；纠集社会闲散人员、刑满释放人员实施寻衅滋事、非法拘禁等一系列违法犯罪活动。2018年10月，犯罪嫌疑人韩辞职，推荐他人担任村党总支书记，继续在幕后把持、操控基层政权。逐步形成以犯罪嫌疑人韩某某为组织者、领导者的黑社会性质组织。

第四节 打击电信网络诈骗

电信网络诈骗，是指以非法占有为目的，以电信通信、互联网络等技术手段为传播方式或媒介，采用虚拟事实或者隐瞒事实真相的方法，对受害人实施远程、非接触式诈骗，诱使受害人给付钱财或网络转账而遭受损失的犯罪行为。

犯罪分子实施电信网络诈骗犯罪，通常冒充他人、利用各种合法外衣或伪造形式，对受害人发布虚假信息或设置骗局。如冒充公检法，冒充商家公司厂家，冒充国家机关工作人员、银行工作人员等各类机构工作人员，伪造和冒充招工，刷单，贷款，手机定位，招嫖等各种形式进行诈骗。

电信网络诈骗的前身是电话、短信诈骗。此类诈骗最早产生于台湾，2000年以后开始在台湾蔓延，逐渐成为诈骗犯罪的主流，2003年泛滥成灾。2004年始，台湾的诈骗分子开始将窝点转移至大陆福建地区。2005年前后，电信诈骗开始在福建省出现，2007年后发展至广东一带，2008年开始在全国辐射蔓延。此后，随着金融、通信、互联网行业的不断发展，电信网络诈骗犯罪来势汹汹，出现“短信中奖诈骗”“法院传票诈骗”等电信诈骗手法，逐步呈现出作案过程非接触、作案目标广泛化、赃款流动快速化、社会危害巨大化等特征。

自2008年开始，公安部刑侦局着手研究建立电信诈骗犯罪落地侦查机制。2009年6月12日，公安部召开专门电视电话会议，部署全国公安机关开展打击电信诈骗犯罪专项行动。是年，全市各级刑侦部门积极防范打击电信网络诈骗犯罪，刑警支队制作以《提高防范、远离电信诈骗》为题的防范宣传节目在日照电视台社会零距离播出，向市民宣传电信诈骗特点和手段，取得良好社会效果。

2010年始，借助于手机、网络等通信工具和现代网银技术的加速发展和广泛普及，以“远程非接触”为主要特征的电信网络诈骗犯罪日益多发高发。犯罪分子利用手机、固话、网络、短信实施诈骗犯罪活动，“QQ视频诈骗”“猜猜我是谁”“安全账户”等诈骗手段不断翻新、日趋泛滥，危害严重，日照市此类案件逐渐增多。是年5月6日，刑警支队预审大队民警接群众求助电话，称收到落款为日照邮政局的包裹派送短信，回电后对方自称“某某市刑侦大队民警，以包裹涉嫌贩毒、洗钱为名，要求其到附近的ATM机等待民警下步指示”。民警迅速作出解释，及时制止该群众去ATM机转账，为群众避免经济损失。当日，日照港二区刘某电话报警称，家中座机接到电话称其电话欠费2610元并涉嫌诈骗、洗钱等犯罪，以核实身份协助调查为名，让刘将家中存款汇入指定银行账户，被骗12.1万元。8月，刑警支队通过网上串并，将该案与公安部“10·1·1”专案比中，一举破获该涉案。针对电话、短信诈骗案件频发的情况，5月底，刑警支队首次会同移动、联通、电信三大运营商向全市手机用户发布电信诈骗防范短信：“日照警方提醒市民，遇有陌生电话、短信中涉及中奖、退税、办证、招聘、刷卡消费、邮包提醒等内容，请立即拨打110或向正规营业部门咨询，谨防电信诈骗。”

2010年6月18日，公安部、省公安厅召开打击电信诈骗犯罪专项行动动员部署电视电话会议。市公安局召开续会，通报2009年下半年后全市电信诈骗案件情况，对打击防范电信诈骗工作提出具体措施。会后，印制《提高防范意识、远离电信诈骗》宣传海报1万余份，分发至各区县公安局、各派出所广泛张贴，主动开展有针对性地宣传活动，扩大群众对电信诈骗的知晓度，对防范电话、短信诈骗起到积极作用。

2011年4月7日，最高人民法院、最高人民检察院发布《关于办理诈骗刑事案件具体应用法律若干问题的解释》（以下简称《解释》），将诈骗罪的最低入罪门槛由原来的2000元提高为3000元，进一步明确诈骗公私财物价值3000元至1万元以上为刑法规定的“数额较大”，3万元至10万元以上为“数额巨大”，50万元以上的为“数额特别巨大”。《解释》将电信诈骗行为规定为可酌情从严惩处的情节，规定5种情形酌情从严惩处：通过发送短信、拨打电话或者利用互联网、广播电视、报刊等发布虚假信息，对不特定多数人实施诈骗的；诈骗救灾、抢险、防汛、优抚、扶贫、移民、救济、医疗款物的；以赈灾募捐名义实施诈骗的；诈骗残疾人、老年人或者丧失劳动能力人的财物的；造成被害人自杀、精神失常或者其他严重后果的。《解释》规定，诈骗未遂，以数额巨大的财物为诈骗目标的，或者具有其他严重情节的，应当定罪处罚；明知他人实施诈骗犯罪，为其提供信用卡、手机卡、通信工具、通讯传输通道、网络技术支持、费用结算等帮助的，以共同犯罪论处。

是年5月28日，按照全省统一部署，刑警支队在全市范围内开展防范电信诈骗犯罪集中宣传日宣传活动，通过拍摄警示宣传片、设立展板、发放传单、民警答疑等形式，宣传打击电信诈骗犯罪成果和常见电信诈骗犯罪手法，营造公安机关打击防范电信诈骗犯罪的强大声势，进一步增强广大群众的自我防范意识。8月23日，市公安局与市人民银行联合召集9家商业银行召开座谈会，共同商讨封堵电信诈骗案涉案账号及开展电信诈骗防范工作。

2012年3月31日，刑侦支队举办全市刑侦情报信息员培训会，学习“电信诈骗犯罪案件侦查破案协作平台”应用，全市打击电信网络诈骗犯罪工作向“网上侦查”和“跨区域协作”方向拓展。6月4日，刑侦支队与东港分局、开发区分局联合，在东港区政府广场组织开展以“防范电信诈骗，从我做起”为主题的集中宣传周活动启动仪式。岚山分局、莒县县局、五莲县局于当日在本地同步启动集中宣传周活动。其间，全市共悬挂宣传横幅20幅，制作宣传展板12个，发放宣传资料5000余份。是年10月，省公安厅下发《全省打击电信诈骗犯罪工作考核方案》，对各地电信网络诈骗犯罪破案数、抓捕数、打窝点、端平台、追缴、冻结赃款数和机制制度建设进行全面考核。按照方案要求，全市公安机关进一步加强电信诈骗专案侦查工作，注重打击实效，推动长效机制建设，打击防范电信网络诈骗犯罪工作走上规范化、专业化发展道路。

2013年，针对电信网络诈骗犯罪活动持续高发，侵犯公民个人信息、扰乱无线电通信管理秩序等上下游关联犯罪不断蔓延的势头，全市公安机关坚持打击、防范两手抓，全面加强对电信网络诈骗的打防力度。在内部，组织民警通过进社区、进学校、进厂企等形式，同群众开展面对面宣传。在外部，参与组织全市性的以“预警防范诈骗犯罪”为主题的集中宣传活动，加强与主流媒体间的沟通协调，建立警媒互动机制，及时为新闻媒体提供有价值的宣传素材，适时邀请媒体记者深入一线随警作战，跟踪采访报道。是年5月15日，东港分局刑侦大队接到受害人报案，称其通过征婚交友广告认识一名张姓男子，该男子通过多种手段诈骗其钱财40余万元。分局抽调精干力量成立专案组上马攻坚。11月7日，专案组历经5个多月、行程近万公里的缜密侦查，在大连市、东营市两地同时收网，抓获诈骗犯罪嫌疑人李某、叶某、孙某等人，一举打掉这一个电信诈骗团伙。第二年6月，中央电视台法制频道《平安365》栏目以《“甜言蜜语”的背后》为题采编播出该案，收到良好社会效果。

2013年10月，市公安局宣传、刑侦部门邀请日照广播电视台、《黄海晨刊》、《齐鲁晚报》、《半岛都市报》、大众网、齐鲁网、齐鲁法制网等媒体记者，采访刑侦支队民警，通过以案说法的方式，介绍电信诈骗、网络诈骗犯罪的作案手法和防范措施，公开专门举报电话。创新宣传手段，利用日照公安微博、《日照警方》电视节目、《黄海晨刊·日照公安专版》《日照公安》杂志、日照警务网等宣传阵地，多层次、全方位对预防诈骗进行宣传，增强宣传效果。

是年11月5日，市公安局召开防范和打击网络电信诈骗犯罪专题会议，首次提出新型犯罪“首案必破”理念，全面探索建立完善打击防范电信网络诈骗犯罪新机制。此后，莒县公安局主动践行“首案必破”理念，对发生的新型电信网络诈骗案件及时开展专项打击，专案组民警远赴广西、广东、上海、南京等地，打掉2个跨省诈骗团伙，共抓获犯罪嫌疑人9名，破获电视购物诈骗案10起，涉案价值200余万元；破获QQ诈骗案20余起，缴获赃款50余万元及赃物1宗，扣押作案车辆2辆、作案笔记本电脑5台，涉案价值100余万元。11月14日，莒县公安局召开打击电信网络诈骗犯罪庆功大会，庆祝打击网络、电视购物诈骗犯罪首战告捷。11月底，莒县公安局再次组成专案组奔赴广东，历经一个月的缜密侦查，打掉一个QQ诈骗团伙，抓获团伙成员5名。12月12日凌晨3时，专案组民警将5名犯罪嫌疑人押解回莒县。经查，自2013年5月始，王某某等5名犯罪嫌疑人交叉结伙，通过QQ聊天、种植木马程序，盗取QQ密码，假冒他人身份对其家人好友实施诈骗20余起，诈骗金额30余万元。

2014年，全市公安机关刑侦支队印制《防范网络电信诈骗须知》，组织各级公安机关深入中小学校园宣传电信网络诈骗犯罪，实现“宣传一个学生、平安一户家庭”。4月30日，刑侦支队、东港分局民警到市新营小学开展宣传活动，日照公安微博进行图文直播和在线互动。8月3日，莒县公安局打掉一个冒充政法工作人员实施诈骗的电信诈骗犯罪团伙，抓获团伙成员14名，破案50余起，涉案金额近1000万元。11月27日，刑侦支队破获日照市首起“伪基站”案件，抓获冒充“10086”发送诈骗短信的犯罪嫌疑人纪某，经查，该纪利用伪基站设备在日照市区内发送诈骗短信111万条。

2014年10月24日，市公安局与市银监分局联合召开全市防范打击网络电信诈骗“警银联动”

图 4-15 2014 年 10 月 24 日，召开全市防范打击网络电信诈骗“警银联动”工作会议

工作会议，成立包括全市 15 家商业银行在内的防范打击网络电信诈骗“警银联动”工作领导小组，建立覆盖全市基层金融网点和公安派出所共 230 人的联络员队伍。全市各银行业金融机构全面落实“大堂首问、前台核查、保安巡查”和“三问二看一核对”防范工作机制，全市公安机关、银行业金融机构逐级建立电信网络诈骗案件快速通报、查询、冻结工作机制。12 月 19 日，中国银行开发区支行会同东港分局将遭受伪装邮箱诈骗受害人徐某汇入犯罪嫌疑人账户的 65 万余元现金冻结。是年，全市共侦破电信诈骗案件 59 起，打掉电信诈骗团伙 2 个，抓获违法犯罪嫌疑人 25 名，扣押电脑 12 台，手机 26 部，SIM 卡 21 张，涉案银行卡 43 张，挽回经济损失 104 万元。是年，通过“警银联动”阻断电信诈骗案件 2 起，案值 7 万元。

2015 年，经国务院批准，公安部、工业和信息化部、最高检、最高法等 23 个部门和单位，联合建立组成打击治理电信网络新型违法犯罪工作部际联席会议制度，加强对全国打击治理工作的组织领导和统筹协调。市公安局进一步完善“警银联动”工作机制，畅通区县公安机关与同级银行业金融机构联系渠道，充分发挥银行业金融机构“最后一道防线”作用。刑侦支队从源头上规范受案程序，细化询问录入要素，加强案件研判串并，及时组织跨警种的联合作战队伍，赴外地破案攻坚。6 月 29 日，受害人郑某报案称，当日被他人利用 QQ 冒充其公司老板诈骗 33.7 万元。五莲县局迅速整合精干力量组成专案组赶赴广西南宁开展工作，经缜密侦查，先后将犯罪嫌疑人李某某、其上线苏某某以及再上层犯罪嫌疑人抓获归案。除破获郑某被诈骗案外，带破多起外地案件，涉案金额 100 余万元。侦破过程中，10 余名专案组民警辗转多地，历时 10 余天，行程 5000 余公里，查阅监控资料 20 余小时，查询银行资料 1000 余条，扣押涉案资金 30 余万元、银行卡 200 余张、电脑 3 台、POS 机 20 余套、奥迪轿车 1 辆。7 月 16 日，人民网、《齐鲁晚报》《黄海晨刊》《半岛都市报》等多家媒体就五莲县局破获“6·29”特大网络诈骗案进行报道。

7 月 29 日 9 时许，叶某报案称，于当日被他人利用微信冒充其公司经理诈骗人民币 120 万元。五莲县局立即成立专案组，及时对嫌疑人的 5 个重点账户进行临时冻结，连夜赶赴济南市、北京市、福建龙岩市开展侦破工作。8 月 3 日，在福建省龙岩市将犯罪嫌疑人邱某、章某某、邱某某抓获，并当场扣押涉案银行卡 2 张，追回涉案资金 88 万元。

2015 年 10 月 9 日，国务院召开打击治理电信网络新型违法犯罪工作部际联席会议第一次视频会议，要求采取综合措施，严厉打击、全面治理，坚决遏制电信网络违法犯罪猖獗势头。同时，研究建立打击电信诈骗犯罪即时查询、紧急止付、快速冻结工作机制，提高涉案资金查控效率，维护人民群众的根本利益。会议部署自 11 月起至第二年 4 月，在全国范围内集中开展为期半年的打击治理电信网络新型违法犯罪专项行动。日照市随即召开续会，就深入贯彻落实公安部会议精神，扎实推进打击治理专项行动提出具体要求。12 月 14—20 日，全市各级刑侦部门会同银行、通信部门开展“防诈骗、保民安”集中宣传周活动。是年，全市先后破获东港区非法获取计算机信息系统数据案、岚山区“6·3”、开发区“6·26”、莒县“8·10”、五莲县“7·29”等一批案值和影响较大的电信网络诈骗案件，带破案件60余起，抓获违法犯罪嫌疑人50名。通过“警银联动”发现拦截诈骗案件30起，阻断被骗汇款300余万元，单笔最大金额近百万元。全市冻结、追回电信网络诈骗案件涉案资金540万元。

2016年2月25日，国务院召开打击治理电信网络新型违法犯罪工作部际联席会议第二次会议，对推进全国打击治理电信网络新型违法犯罪专项行动进行安排部署，将专项行动时间延长至是年年底。市公安局主要负责同志在全市续会上强调，要深入践行新型犯罪“首案必破”的工作理念，坚持刑侦牵头，技侦、网安、情报等部门同步上案，合成作战，捆绑作业，坚决打掉犯罪分子的嚣张气焰，遏制此类犯罪高发势头。会议对召开日照市打击治理电信网络新型违法犯罪工作联席会议，建立市级联席会议制度提出要求。

2016年4月7日，市政府办公室印发《关于建立日照市打击治理电信网络新型违法犯罪工作联席会议制度的通知》，市政府建立日照市打击治理电信网络新型违法犯罪工作联席会议制度，统筹协调全市打击治理电信网络新型违法犯罪工作。联席会议由市政府分管领导担任召集人。市公安局、市人大法工委、市委宣传部、市网信办、市中级人民法院、市检察院、日照银监分局等20余个部门负责人为成员。联席会议办公室设在市公安局，承担联席会议日常工作，办公室主任由市公安局分管局领导兼任。联席会议设联络员，由各成员单位相关职能部门负责同志担任，联络员同时为办公室成员。4月10，日照市反电信网络诈骗中心成立（设在市公安局），承担全市打击治理电信网络诈骗职责。刑侦支队3名民警进驻反电信网络诈骗中心，制定《日照市公安局办理电信诈骗案件工作流程》《反电信网络诈骗中心值班接警工作规定》《反电信网络诈骗工作流程》和《日照市公安机关进一步加强电信诈骗案件侦办工作的实施意见》，创新建立“两方接警、三方通话”反电信诈骗快速止付机制，实现“全员接警，24小时值班，随时处置”。

8月，临沂罗庄区徐某某被电信诈骗大学学费9900元，导致心脏骤停辞世。徐某某案件引发全国对电信网络诈骗案件的关注，也是国内打击电信网络诈骗犯罪的标志性案件。7月20日，公安部召开全国打击治理电信网络新型违法犯罪专项行动推进会，提出“四个一律”（一律立为刑事案件、一律录入侦办平台、一律确定犯罪窝点所在地、一律制作案件卷宗），成为公安机关办理电信网络诈骗案件的基本要求和规范。9月3日，市公安局召开打击治理电信网络新型违法犯罪工作调度推进会，贯彻落实全国、全省有关会议精神，部署深化打击治理电信网络新型违法犯罪专项行动，要求各区县在9月底前分别建立联席会议制度。

9月23日，国务院召开打击治理电信网络新型违法犯罪工作部际联席会议第三次会议暨专项行动推进工作电视电话会议，对进一步推进全国打击治理电信网络新型违法犯罪专项行动进行安排部署。会议要求，完善“统一组织指挥、快速接警止付、集中研判侦查、统一抓捕起诉”的侦办电信网络诈骗案件新机制。此后，全市各级通信、金融部门积极配合公安机关，发挥监管作用，推动源头治理，堵塞监管漏洞，挤压电信网络诈骗犯罪活动空间。电信企业全面落实电话用户真实身份信息登记制度，确保2016年10月底前全部电话实名率达到96%，年底前达到100%；各商业银行严格落实“同一客户在同一商业银行开立借记卡原则上不得超过4张”等规定，自12月1日起，个人通过银行自助柜员机向非同名账户转账的，资金24小时后到账。

12月1日，日照市召开全市打击治理电信网络新型违法犯罪工作联席会议，对提高整体破案打击水平、做强实战化反诈骗中心、畅通快速联动反应渠道、严格落实部门工作责任、建立全民化的防骗宣传机制进行进一步安排部署。是年，全市共破获电信网络诈骗案件91起，同比上升85.7%，抓获违法犯罪嫌疑人79人，同比上升139.4%。年内，市反诈骗中心运用“麒麟伪基站监测平台”打掉一家流窜至日照市冒充工商银行95588发送诈骗信息的伪基站，抓获犯罪嫌疑人2名，成为平台上线运行后全省首个运用该平台独立破案的成功案例。莒县公安局打掉一个特大电信诈骗团伙，抓获犯罪嫌疑人6名，缴获涉案电脑15台，汽车3辆，银行卡20余张，带破案件50余起，涉案金额300余万元。市反诈骗中心组织完成3起电信网络诈骗案件涉案冻结资金返还工作，返还冻结在大连、太原、日照相关银行的被骗资金10.9万美元、人民币12万元，开创全省先例。市反诈骗中心快速落地预警指令，避免一名市民被“冒充公检法”人员诈骗资金700余万元，创全省阻断单笔资金最高纪录。日照市是全省最早建立反电信诈骗中心的五个市之一，“警银联动”“警信联动”“两方接警，三方通话，以快制胜”的快速接警止付工作机制得到省反诈骗中心的充分肯定。东港分局构建反网络电信诈骗主动打防机制入选全省公安机关2015年度20项精品做法。

2017年1月19日，市公安局组织收看《最高人民法院、最高人民检察院、公安部关于办理电信网络诈骗等刑事案件适用法律若干问题的意见》视频培训会。2月9日，市公安局举办全市公安机关打击治理电信网络诈骗犯罪培训班，进一步提升对电信网络诈骗案件的破案技能。年初，市公安局经周密部署经营，破获“2016·12·16”石某某伪基站诈骗案，打掉犯罪窝点1个，抓获犯罪嫌疑人5人，缴获伪基站设备10套，作案手机8部，银行卡20余张，查扣作案车辆2台，并获取河南三门峡“2016·11·1”部督伪基站诈骗案件中的一条线索。5月16日，市政府新闻办公室召开全市公安机关打击治理电信网络诈骗犯罪新闻发布会，通报全市打击治理电信网络诈骗犯罪工作情况、发案规律特点和典型案例。

是年，大力推进“四位一体”实战化反电信网络诈骗中心建设。11月10日，市政府召开通信、金融部门实体进驻日照市反电信网络诈骗中心动员部署会议，全市3家通信运营商、7家商业银行已全部派员进驻市反诈骗中心开展工作。12月2日，市反诈骗中心组织多警种联合作战，在河南睢县打掉1个特大跨省电信诈骗犯罪团伙，当场抓获犯罪嫌疑人16人，缴获电脑、手机、银行卡若干，带破省内外案件数十起。该团伙系日照市首次打掉公司化运营的职业诈骗犯罪团伙，单次抓获人数、破案数刷新全市纪录。是年，全市共抓获电信网络诈骗违法犯罪嫌疑人79人，破获当地案件45起，带破外地案件56起；年内累计劝阻疑似被骗群众363人，紧急止付案件394起，占此类案件发案总数的25.49%；冻结涉案资金6455.26万元，依法返还群众资金229.36万元；先后破获“石某某伪基站诈骗案”“五莲县高某某被诈骗案”等省公安厅督办案件2起、区县公安局局长包办案件10起。

2018年1月30日，省公安厅联合市公安局在山东水利职业学院举行山东省打击治理电信网络诈骗冻结资金现场集中返还日照现场会，现场返还受害人被骗资金275万元。3月，市反诈骗中心制定《日照市公安机关打击电信网络新型违法犯罪作战单元工作机制》《日照市公安局反诈骗工作运行机制（试行）》《日照市打击治理电信网络新型违法犯罪考核通报机制（试行）》等12项规章制度，进一步明确反诈中心职责定位。3月27日，市公安局公布第一批作战单元局长分包案件，以2个月为周期，各分县局局长、分管副局长、刑侦大队长每人分包1起电信网络诈骗案件，对未破获的进行定期通报。4月17日，群众刘某某报警称：被人以办理扶贫款，须先交纳税金与公证费为由诈

图4-16 2018年1月30日，山东省打击治理电信网络诈骗冻结资金返还日照现场会

骗 1.96 万元。市反诈骗中心快速反应，立即组织展开初侦初查工作，通过对资金流、现金流及其他涉案信息的深入研判，很快锁定犯罪嫌疑人，并立即推送东港分局，启动案件作战单元机制，派员赶赴犯罪嫌疑人藏匿地实施抓捕，于 6 月 27 日在江西余干将犯罪嫌疑人卢某某、李某某抓获。6 月 26 日，群众郑某报警称：其被人冒充日照市某单位领导以采购军需品为由诈骗 10 万元。接报后，东港分局迅即派出精干力量组成专案组，6 月 29 日晚，在河南周口将葛某、罗某某、林某某、乔某 4 名嫌疑人抓获归案。

2018 年 7 月 5 日，市公安局召开全市公安机关扫黑除恶、打击电信网络诈骗犯罪“双百”会战动员部署视频会议，印发《全市公安机关打击治理电信网络诈骗犯罪百日会战实施方案》，部署开展百日会战攻坚行动。10 月 31 日，全市公安机关打击治理电信网络诈骗新型违法犯罪百日会战总结表彰会议召开，总结会战成效，交流经验做法，表彰先进，分析形势问题，安排部署工作。百日会战期间，全市刑侦部门充分发挥反诈骗“先锋团”“主力军”和“会战办”作用，打好主动仗，守好主阵地，全市共破获电信网络诈骗案件 48 起，抓获犯罪嫌疑人 73 人，主要战果指标创历史新高。11 月 29 日，市公安局迅速贯彻落实全国打击治理电信网络新型违法犯罪工作电视电话会议精神，对打击治理电信网络新型违法犯罪工作进行再强调再部署。

2018 年，全市共破获电信网络诈骗案件 182 起，同比上升 100%；抓获犯罪嫌疑人 161 人，同比上升 103.8%；预警、拦截汇款 800 人次、金额 800 万元，紧急止付被骗资金 962 笔、5700 万元；冻结涉案资金 4.58 亿元，位居全省第一。在全省市级“三合一”平台建设交叉检查中，市公安局以五项指标四项满分的成绩获得总分并列第一名，并在全省刑事情报工作座谈会上做经验介绍。年内，日照“9·25”系列盗刷银行卡案获评全省公安机关 2017 年度侦破电信网络诈骗案件十大精品案例，受到省公安厅通报表扬。

第五节　刑事科学技术

全市公安机关刑事技术工作从无到有、从弱到强，逐步配备完善技术装备，在打击犯罪、揭露证实犯罪和交通事故处理、突发性事件处理中发挥重要作用。

一、刑事技术

1985 年，市公安局刑警大队成立技术室，设痕检、法医、照相等 3 个专业，配备 5 名技术人员；成立警犬基地，配备 2 名警犬驯导员。

1990 年，市公安局刑警大队设立技术科、警犬基地，技术科机构设置为正股级，由法医、痕检、化验、照相、情报资料 5 个专业组成，配备 9 名民警，警犬基地配备警犬驯导员 3 人，驯养警犬 5 只（2001 年警犬基地交由东港分局管理）。是年，省公安厅批准市公安局刑警大队为二级技术点，并为市公安局刑警大队配备价值 10 万余元的仪器设备。

1993 年 8 月，市公安局刑警大队改为刑警支队，刑事技术专业设置和人员未发生变化。

1998 年 12 月，成立市公安局法医诊疗鉴定中心。针对刑侦改革和新《中华人民共和国刑法》《中华人民共和国刑事诉讼法》的颁布实施，市公安局刑警支队举办首期全市刑事技术员培训班，为基层刑侦部门培训技术员 40 余人。

1999 年 3 月，召开全市刑事技术工作会议，讨论制定全市刑事技术工作目标和三年发展规划；市公安局刑警支队设置技术大队，刑事技术工作由技术大队和法医鉴定中心负责。

2003 年，在全省现场勘查比武中，市公安局刑警支队手印显现取得团体第四名的优异成绩。

2004年，加强刑事技术硬件建设。刑警支队投资10余万元，购置心理测试仪等仪器设备，开展心理测试专业。加快指纹自动识别系统建设。提前建成市级指纹库，共录入十指指纹62474套、现场指纹291枚，并导入省公安厅大库。大力加强现场勘验和检验鉴定工作，刑警支队共指导、参与勘验重特大刑事案件现场52起，受理DNA检验、枪支鉴定、毒化检验等394起，为基层刑侦部门解决重大技术问题60余次。

2005年，全市共勘验刑事案件现场1613起，受理各类检验鉴定1931起。完成5个区县局指纹自动识别系统和刑侦综合信息系统建设，录入十指指纹4320份、现场指纹232枚、人员信息10012份、案件信息306起。

2006年，市公安局刑侦支队技术大队改称日照市公安局刑事科学技术研究所（以下简称“刑科所”），为全市各分县局、各警种提供现场勘查、检验鉴定等技术支持。是年，全市刑事科学技术人员共勘验刑事案件现场1999起，采集痕迹物证1481起，制作现场勘验记录1999起，建档管理1481起，对检材做出检验意见或鉴定结论1346起，鉴定结论在破获案件或处理作案人员中起关键作用的717起。全年入库十指指纹3438份、现场指纹826枚，录入违法犯罪人员信息3252人。

2007年，全市各级刑事科学技术部门投入资金140余万元，新增技术用房300余平方米，新增技术人员6人，全市4个刑事科学技术室两个一级、两个二级通过省公安厅验收。是年，全市勘验刑事案件现场2245起；采集痕迹物品1622起；制作现场勘查记录2245起；建档管理现场痕迹物品1622起；鉴定结论在破获案件或处理作案人员中起关键作用的818起。全市共入库十指指纹3669份、现场指纹449枚，利用指纹直接破案27起。年内，组织业务学习班5个，培训技术人员74人次。

2008年，全市共勘验刑事案件现场1747起，采集痕迹物证1413起，制作现场勘验记录1747起，建档管理1413起，对检材做出检验意见或鉴定结论643起，鉴定结论在破获案件或处理作案人员中起关键作用的436起。全年入库十指指纹5765份，现场指纹710枚，利用指纹自动识别系统破案42起。全年DNA检验256起，检材1230余份，检验录入犯罪前科人员DNA数据库信息2520余条，提前超额完成省公安厅下达的DNA建库任务，利用DNA数据库串并各类案件16串、43起，利用DNA检验结果直接破案14起，出具鉴定书、检验报告127份，无一出现差错，为多起案件的侦破、诉讼提供科学、客观、公正的证据。是年，在全市刑事技术室全部达到二级以上的基础上，继续加大资金与人员投入，各分县局分别投资2万余元建设使用法医网上办案系统；东港分局为技术室购买2台高配置电脑；开发区分局投资30余万元购买勘查车1台、技术设备1宗；五莲县局投资8万余元新购测谎仪，新增技术员2人。

2009年，全市共勘验刑事案件现场数1216起，采集痕迹物证949起，制作现场勘验记录1216起，建档管理1216起，对检材做出检验意见或鉴定结论883起，鉴定结论在破获案件或处理作案人员中起关键作用的319起。年内，各分县局投资170余万元，新购勘查车1台、技术设备一宗；刑科所新增技术员4名，各分县局共新增技术员4人。

2010年，撤销法医诊疗鉴定中心，法医人员、检验鉴定业务并入刑科所。是年，全市共勘验刑事案件现场1399起，采集痕迹物证1126起，制作现场勘验记录1399起，建档管理1126起，对检材做出检验意见或鉴定结论942起，鉴定结论在破获案件或处理作案人员中起关键作用的517起。年内，市公安局新增技术员1人，各分县局新增技术员2人。

2011年，市公安局刑科所启动实验室国家认可工作。对尸体检验中心进行改造。是年，全市共勘验刑事案件现场1653起，采集痕迹物证1101起，制作现场勘验记录1462起；建档管理痕迹物证1084起，对检材做出检验意见或鉴定结论1842起，鉴定结论在破获案件或处理作案人员中起关键作用的 1549 起。市公安局刑科所被评为全省刑事科学技术基础业务建设先进单位。年内，市公安局先后举办全市派出所技术员培训班、全市指纹活体采集仪应用培训班、全市心理测试（测谎）技术培训班、全市刑侦部门视频监控与模拟画像培训班等，分县局共举办各类技术培训班 11 次，培训技术人员 300 余人次。全市先后选派 20 人技术员，分别参加中国刑警学院刑事化验专业证书班、全国公安机关鞋样本数据库建设应用班、全省视频侦查技术班、法庭科学新技术等培训研讨班学习，进一步提高刑事科学技术队伍的整体素质。年内，市公安局新增技术人员 2 人，各分县局共新增技术员 6 人。

2012 年，全市共勘验刑事案件现场 4261 起，采集痕迹物证 657 起，制作现场勘验记录 4261 起，建档管理痕迹物证 657 起，对检材做出检验意见或鉴定结论 1342 起，鉴定结论在破获案件或处理作案人员中起关键作用的 1032 起。年内，全市刑事技术民警中共有 3 人被评为全省刑事科学技术工作先进个人，东港分局刑事科学技术室被省公安厅评为全省刑事科学技术工作先进集体，市公安局刑科所被共青团日照市委命名为全市青年文明号。全市先后举办派出所技术员培训班、现场勘验信息系统培训班、小案现场勘验培训班、新《中华人民共和国刑事诉讼法》学习培训班等，培训技术人员 300 余人次。全市先后选派 30 余名技术员，分别参加全省 DNA 专家组座谈会暨 DNA 检验技术培训班、全省公安机关气质联用仪应用培训班、全省视频侦查技术班、全国第六批刑事科学技术青年人才培训班、全省视听资料检验技术培训班、全省警犬技术培训班等培训学习。

2013 年，市公安局先后投入 300 余万元购置各类先进仪器设备，并新增、改造实验室 1500 平方米。市公安局刑科所全力冲刺实验室国家认可工作，编制符合工作实际的质量手册、39 个程序文件、132 个记录表格、49 份作业指导书、49 份制度类文件，覆盖所有检验鉴定活动，关键的工作流程均得到有效控制。经试运行，3 月 17 日，刑科所法医病理、法医临床检验、法医物证 DNA 检验、理化检验、痕迹检验、文件检验 5 个专业通过来自国内相关领域 5 名专家的现场评审，5 月 23 日，刑科所正式获得中国合格评定国家认可委员会批准，成为全省第十个通过国家认可的市级公安机关刑科所。是年，市公安局刑科所先后组织两期派出所技术员培训班、现场勘验系统培训班、全市公安司法鉴定机构鉴定人出庭培训班等，培训技术骨干 200 余人次，并选派 30 余名技术人员，分别参加全省电子数据及视听检验技术培训班、全省公安机关 DNA 检验技术培训班、全省公安机关刑事技术《中华人民共和国刑事诉讼法》专题师资培训班、全省公安机关法医鉴定人培训班等培训班学习。年内，全市共勘验刑事案件现场 4860 起，受理各类检验鉴定 4170 起，出具检验鉴定书 4170 份，无一出现差错。在公安部举办的 2012 年全国公安机关刑事技术实验室鉴定质量能力验证中，市公安局刑科所参加涉及死因、伤情鉴定、笔迹、印章鉴定和 DNA、毒物、毒品检测等 10 个盲测检验项目，全部创历史最好成绩，全市刑事技术检验鉴定工作迈上新的台阶。

图 4-17 2013 年 3 月 17 日，刑科所通过实验室国家认可现场评审

2013 年 4 月，山西医科大学法医学院与市公安局共建日照教学基地，开创市公安局刑事技术工作与高校合作的先河，在人才培养、业务交流等方面发挥重要作用。2013 年，根据公安部新修订的管理办法，对全市满足条件的 4 名刑事技术检验鉴定人进行申报登记，并对有效期限届满需要延续资格的市公安局刑科所及 9 名鉴定人资格进行申请资格延续，均得到省公安厅批准。全市共有市级鉴定机构 1 个，县级鉴定机构 4 个，鉴定人 56 人。

2013年，根据公安部、省公安厅关于现场必勘和设立派出所技术员的工作要求，市公安局刑科所积极转变现场勘查工作模式，认真落实分级分类现场必勘机制，强力推进派出所现场勘验检查工作。为进一步推进现场必勘，市公安局将现场必勘工作纳入执法质量考核，各分县局采取多种措施，下发派出所技术员勘验工作规范，建立考核机制，派出所技术员工作有序、规范开展。10月15日，市公安局派出5名派出所技术员参加全省公安机关小案现场勘查技能比武竞赛，最终获得全省理论第一、综合成绩第二名，三名民警分获个人一、二、三等奖。是年，全市共勘验各类现场4860起，同比增长114%，其中派出所勘验3843起，同比增长130%，占全部现场的79%，利用现场勘验系统串并案件20串85起。

2014年，为规范全市法医检验鉴定工作，解决鉴定资质和重新鉴定等问题，保障相关执法工作的顺利开展，市公安局下发《关于规范公安机关法医检验鉴定工作的通知》，对全市公安机关法医资源进行整合，组织成立日照市公安机关第二届法医鉴定专家组，参与全市重大疑难复杂案件的现场勘查、检验鉴定和技术指导等工作，进一步推动全市公安机关法医队伍正规化、专业化、规范化建设，提高检验鉴定水平和破案攻坚能力。充分发挥专家组作用，审查法医损伤重新鉴定材料32份，完成法医损伤鉴定案件13起，检验尸体13具，参与非法行医事故鉴定2起，全年未发生因鉴定信访案件。市公安局刑科所先后选派24人次参加公安部、省公安厅举办的全国疑难命案侦办能力提高班、法医损伤培训班、实验室国家认可提升班、全省公安机关DNA检验技术培训班、全省视听技术和电子数据检验技术培训班等18个培训班学习，人均参加培训课时15天，参加培训班数和参训人员数均为历史最高。

2014年，为有效解决基层派出所和刑侦中队民警勘验能力不足的问题，市公安局年初即制定培训计划，组织市公安局刑科所精心研究培训时间、内容、方式以及教员选调等，于4月7—24日，连续举办3期“一长四必”现场勘查培训班，培训基层技术员140余人。为检验各级技术人员专业素质和能力水平，努力提升刑事案件现场勘查质量和侦破效能，11月12—13日，市公安局组织开展全市公安机关刑事案件现场勘查比武竞赛活动，各分县局选派的15名派出所、侦查中队兼职技术员参加比武竞赛。是年，全市共勘验刑事案件现场4894起。

2014年，开展DNA亲子鉴定工作。为在办理落户登记、收养落户登记等业务中服务群众、方便群众，市公安局下发《关于开展亲子鉴定工作有关问题的通知》，决定由刑科所开展亲子鉴定工作。年内，市公安局刑科所共受理亲子鉴定委托104份，出具鉴定文书104份，进一步规范户籍落户中亲缘关系鉴定工作，受到群众普遍好评。

图4-18 2015年10月，在中国刑警学院举办全市现场勘查技术骨干培训班

2015年，全市共勘验各类案件现场8562起，同比增长2941起；全部案件中，现场痕迹物证提取率21.9%，同比增长12.8个百分点；利用DNA数据库、指纹自动识别系统分别破获案件244起、53起，同比分别增长78.1%、3.8%。是年，全市刑事技术部门共受理各类检验鉴定3947起，出具检验鉴定书3947份，为案件的顺利诉讼提供有力的科学证据。工作中，坚持命案现场必到、疑难案件必到，通过直接参与现场勘验、细致提取痕迹物证、准确进行检验鉴定，

积极为全市命案全破、大要案侦破提供现场勘验、检验鉴定等有力的技术支持。同时，充分发挥法医鉴定专家组作用，积极参与全市重大疑难复杂案件的现场勘查、检验鉴定和技术指导等工作，会诊疑难案件 17 次，审查法医损伤重新鉴定材料 42 份，完成法医损伤鉴定案件 20 起，检验尸体 13 具，全年未发生因鉴定信访案件。

2014 年初，根据公安部通报，市公安局刑科所参加的 10 个实验室能力验证项目再次取得全部满意成绩，连续 3 年保持参加项目取得全部满意。9 月，建筑面积 3000 余平方米、总投资 520 余万元的新实验室正式投入使用，标志市公安局刑科所实验室在功能区布局、建设质量标准和自动化程度等方面达到省内先进水平。刑侦支队筹资近 150 万元，为刑科所购置全光谱 CCD 照相系统、激光枪弹测速系统、超低温高速离心机、扩增仪等一批设备，全面增强刑事技术服务实战的能力。同时，市公安局抓住市殡仪馆搬迁之机，积极争取民政部门支持，在新殡仪馆划出 400 平方米区域，用于建设解剖室，并争取市财政支持拨付专款 100 万元，用于购置解剖设备。10 月 15—29 日，市公安局组织全市 59 名业务骨干到中国刑警学院参加现场勘查技术骨干培训班，进一步提升兼职技术员现场勘查水平。刑科所 4 名同志被评为齐鲁公安英才标兵型人才。

2016 年，全市共利用刑事技术信息系统破获案件 493 起，同比增长 66%，较 2015 年增幅提高 13.7 个百分点；利用系统串并案件 65 串 219 起，同比增长 195.5%、277.6%，较 2015 年增幅提高 112.2、216.5 个百分点。全市刑事技术部门共受理各类案件检验鉴定 4566 起，出具检验鉴定文书 4566 份，同比增长 15.7%；其中，市公安局刑科所受理检验鉴定 1357 起，出具鉴定文书 1357 份，同比增长 108.1%，较 2015 年增幅提高 96.5 个百分点。年内，全市共增加专职刑事技术人员 14 人，为历年来增加人员数量之最。全市刑事技术人员共在国内刊物发表论文 16 篇，1 人被评为齐鲁公安英才拔尖型人才，1 名技术人员晋升为高级职称，8 名技术人员晋升为中级职称，8 名技术人员取得鉴定人资格，6 名鉴定人新增检验鉴定项目，全市刑事技术人员技术水平及综合素质大幅度提升。全市刑事技术部门先后选派 40 余人次参加公安部、省公安厅举办的各类培训班，累计培训 500 余天。

市公安局以资质认定、DNA 实验室等级评定为抓手，从人员、装备、基础设施等方面向 DNA 工作大力倾斜，市公安局刑科所先后制定《日照市公安局刑科所 DNA 实验室管理规定》《日照市公安局刑科所 DNA 实验室质量控制制度》《日照市公安局刑科所 DNA 实验室内务管理制度》等规章制度，质量管理体系不断改进和完善，并得到有效执行。2016 年 12 月 6 日，公安部考核专家组对市公安局刑科所申报的二级 DNA 实验室进行实地考核验收，对实验室的人员装备、基础设施、科研成果、鉴定能力、技术管理、工作业绩、质量管理等进行全面细致的考核，通过现场评审。

2017 年，全市刑事技术部门共受理各类案件检验鉴定 4414 起，出具检验鉴定文书 4414 份。其中，市公安局刑科所受理检验鉴定 1727 起，出具鉴定文书 1727 份，同比增长 27.27%。是年，全市共利用刑事技术信息系统破获案件 829 起，同比增长 68.15%，较 2016 年增幅提高 2.15 个百分点；利用系统串并案件 113 串 360 起，同比增长 73.85%、64.38%。市公安局刑科所大力推动资质认定工作，编制 20 余万字的质量管理体系文件。4 月 28 日，刑科所通

图 4-19 2017 年 4 月 28 日，刑科所通过省级检验检测机构资质认定

过省资质认定现场评审，市公安局刑科所规范化、标准化管理水平再上新台阶。

2018 年 1 月 10 日，市公安局刑侦支队与济宁医学院合作，确定市公安局刑科所为该学院法医学专业实践教学基地，3 月 19 日举行揭牌仪式。12 月 3—7 日，岚山分局、莒县公安局刑事科学技术室顺利通过省公安厅、省质监局组织的刑事技术机构资质认定现场评审，全市辖区县级技术室全部通过资质认定，完成省公安厅基层基础建设三年攻坚战任务目标。是年，市公安局刑科所共受理各类检验鉴定 3794 起，出具鉴定文书 3794 份，同比增长 119.69%。

至 2018 年底，市公安局刑科所共有技术人员 20 人，其中高级职称 4 人，中级职称 4 人，初级职称 7 人；有全国刑事科学技术青年人才 4 人，齐鲁公安英才拔尖型人才 1 人，标兵型人才 3 人；开设痕迹检验、法医、DNA 检验、乙醇检验、毒品检验、毒物检验、文件检验、影像检验等 8 个专业。全市 4 个分县局刑侦大队设有技术中队，共有专职技术人员 41 人。

二、实验室建设

2002 年，市公安局建立 DNA 实验室，购买相关仪器设备，开展银染法检测技术，为基层刑侦部门提供技术支持。

2005 年，投资 140 余万元购置遗传分析仪、测序仪，建立起标准化 DNA 实验室，开展荧光测序技术，彻底改变 DNA 鉴定采用银染法的落后局面。是年，共检验刑事案件 30 余起，检材 180 余份，在侦破东港“9·18”和调查岚山“9·12”特大海难事故中发挥关键作用。加强刑事技术管理，组织开展现场勘验岗位练兵活动，受理痕迹、枪支、毒化、法医检验鉴定 370 起，心理测试 80 余次，为基层刑侦部门移送起诉案件提供科学依据。在市公安局有关警种部门配合下，完成枪支建档工作，共检验各式枪支 764 支。

2006 年，市公安局投资 60 余万元购置气质联用仪，建起标准化毒化实验室。莒县公安局投资 10 万余元购买测谎设备，投资 8 万余元购置笔记本电脑、数码照相机、多媒体汇报设备，投资 1 万余元购置指纹活体采集仪；东港分局筹集资金为技术室更换电脑、数码相机等技术器材；岚山分局投资 10 万余元购买数码相机、笔记本电脑等器材，科技化、办公自动化再上新台阶。

2010 年，市公安局投资 280 万元购置 16 道 DNA 测序仪、DNA 自动化工作站。各分县局累计投资 285 万元，先后添置紫外观察照相系统、物证激光搜索仪、真空熏显罐、大空间熏显等一批高精尖设备。

2011 年，市公安局投资 300 余万元完成 DNA 建库自动化工作站、尸体解剖室建设，并对现场勘验信息系统进行升级。各分县局充分利用中央转移支付资金，累计投资 335 万元，添置比较显微镜、警眼二向光纤内窥镜、疑难痕迹显现箱、多功能熏显箱、便携式夜视取证仪、宽幅足迹搜索光源等一批高精尖设备，并对技术室环境进行升级改造。东港分局、岚山分局分别完成一级示范、一级刑事科学技术室等级评定材料提报工作。

2012 年，市公安局投资 120 余万元购置熏显柜、视频检索系统、气相色谱仪等一批高精尖设备，并投资 50 余万元对刑科所实验室环境进行装修改造。市公安局刑科所按计划完成实验室国家认可人员培训、认可材料的制作以及质量体系的内部审核、管理评审等工作，于 11 月提交国家认可委审核。是年，东港分局刑事科学技术室、岚山分局刑事科学技术室分别被评为全国一级示范刑事科学技术室、全国一级刑事科学技术室，全市刑事科学技术室全部达到一级以上。

2014 年，市公安局筹资 40 余万元，为刑科所 DNA 实验室购置全自动法医疑难检材核酸纯化仪 1 台，投资 30 余万元购置模糊图像处理系统、视频检索系统等设备，建成视频检验实验室，为进一步提升刑事技术服务实战能力奠定坚实基础。

图 4-20　2015 年 9 月，市公安局业务楼刑事技术实验室投入使用

2015 年 9 月，市公安局投资 800 余万元建设的市公安局业务楼 3000 平方米新刑事技术实验室及 400 平方米尸体检验中心投入使用。

2016 年，刑侦支队筹资近 150 万元购置全光谱照相系统、激光枪弹测速系统、超低温高速离心机、扩增仪等设备。5 月，刑侦支队与交警支队协作，筹资 180 余万元购置气相色谱仪、气相质谱串联仪。12 月，刑侦支队争取市财政支持，通过分期付款的形式，筹资 220 余万元，购置 24 道 DNA 测序仪。

2017 年，市公安局先后投资近 500 万元，为市公安局刑科所购置固相萃取仪、紫外分光光度计、便携式 X 射线荧光光谱仪、肉类快速鉴别设备等高精尖设备，建成食药环快检实验室、毒品实验室。是年，岚山分局、莒县公安局对新建实验室进行规划、改造。东港分局、开发区分局、五莲县局共投资 100 余万元对现有实验室环境进行优化，对老化仪器设备进行更新。年内，各分县局技术室共计增加专职勘查人员 8 人，增加比例为 42.1%。人员、业务、设备、设施的优化整合，进一步提升刑事技术打击犯罪、服务实战的能力和水平。

2018 年 4 月，市公安局投资 350 余万元，为刑科所购置液质联用仪、微波衍生化仪，刑科所检验范围进一步拓宽、检验能力水平进一步提升。刑科所技术人员先后在各级刊物发表论文 8 篇。

三、信息化系统建设

2008 年，市公安局投资 10 余万元，建成现场勘验信息系统。3 月，刑侦支队选派 1 名民警参加公安部全国公安机关现场勘验信息系统应用软件培训班。5 月，对全市技术人员进行软件使用培训，6 月 1 日全市正式启动该系统。至年底，全市录入现场信息 388 起，利用该系统串并案件 11 串 29 起，破获案件 3 串 10 起。

2010 年，全市公安机关共利用现场勘验信息串并案件 92 串 304 起；采集违法犯罪嫌疑人 DNA 信息 5480 份，利用 DNA 信息破获案件 55 起，串并案件 2 起；采集十指指纹信息 5473 份，提取现场指纹 80 起 166 枚，利用指纹系统破案 14 起。

2011 年，全市公安机关共利用现场勘验信息系统串并案件 81 串 383 起；采集录入十指指纹信息 7478 份，提取录入现场指纹 172 起 332 枚，利用指纹自动识别系统破获案件 31 起；采集录入违法犯罪嫌疑人 DNA 数据 7319 条，占全年建库任务的 91.49%，完成任务比例位居全省第二位，利用 DNA 技术直接破获刑事案件 55 起，带破案件近 200 起，直接认定犯罪嫌疑人 82 名。

2012 年，认真总结 2011 年经验，及时下发 DNA 数据库建设考核方案，并加强日常指导与监督，提高 DNA 数据库的采集质量和数量。是年，共采集录入违法犯罪嫌疑人 DNA 数据 7700 条，利用 DNA 技术直接破获刑事案件 34 起。采取指纹信息工作月通报制度，对各分县局上报的捺印指纹和现场指纹信息质量、数量严格把关，加大各分县局指纹信息工作的管理和指导，保证全市指纹数据库采集数量和质量。是年，共采集录入十指指纹信息 14386 份，提取录入现场指纹 134 起 282 枚，利用指纹自动识别系统破获案件 43 起。

是年，为严格落实分级分类现场必勘机制，市公安局举办两期派出所技术员培训班，培训派出所技术骨干 80 余人，并将派出所现场勘查工作纳入执法质量考核，提升派出所现场勘查能力与积极性，现场必勘得到进一步落实。是年，全市共录入现场勘验信息 4261 起，其中派出所录入现场勘验信息

2962 起，共利用现场勘验信息系统串并案件 192 串 580 起，破获案件 5 串 48 起。

2013 年，继续坚持指纹信息工作月通报制度，对各分县局上报的捺印指纹和现场指纹信息质量、数量严格把关，加大指导力度，为全面提高全市指纹信息库容量，实现指纹信息资源共享打下良好的基础。截至年底，采集录入十指指纹信息 14863 份，提取录入现场指纹 88 起 175 枚，利用指纹自动识别系统破获各类案件 91 起，其中破获跨省协查案件 14 起。是年，共采集录入违法犯罪嫌疑人 DNA 数据 9453 条，完成省公安厅下达任务的 158%，利用 DNA 技术直接破获刑事案件 118 起，串并案件 13 串 39 起。

2014 年，全市刑事技术部门以刑事技术三年规划为契机，牢牢抓住信息化建设不放松，大力加强刑事技术三大数据库建设，不断提高信息录入的质量和数量。年内，DNA 数据库共采集录入违法犯罪嫌疑人血样 1.03 万条，同比增长 7.79%，创历史新高；采集录入两所（看守所、拘留所，下同）收押人员血样 2929 份，采集率 77.02%，利用 DNA 数据库破获案件 137 起，同比增长 26.85%；现场勘验信息系统录入各类案（事）件信息 4894 起，同比增长 0.7%，利用现场物证精确比中犯罪嫌疑人 8 起，串并案件 15 串 48 起；指纹自动识别系统共采集录入十指指纹信息 1.06 万份，现场指纹 199 起 454 枚，刑侦支队利用系统破获各类案件 16 起，同比增长 14.3%。

2015 年，采集录入两所收押人员血样 3406 份，采集率 89.66%，采集率较 2014 年上升 12.64 个百分点，利用 DNA 数据库破获案件 244 起，同比增长 78.1%，比 2014 年增幅提高 51.25 个百分点；现场勘验信息系统录入各类案（事）件信息 8562 起，同比增长 2941 起，现场痕迹物证提取率 21.9%，同比增长 12.8 个百分点；指纹自动识别系统共采集录入十指指纹信息 6864 份，现场指纹 113 起 247 枚，利用系统破获各类案件 53 起。

2016 年，全市共勘验各类案件现场 10552 起，各单位共在 7681 起各类案（事）件现场勘验中提取到痕迹物证，现场勘验信息系统总库容量为 3.93 万份。是年 10 月，为进一步提升打击效能、深挖余罪，加强对在押罪犯的身份核实和信息建档工作，市公安局刑侦支队联合监狱部门，对鲁南监狱在押人员信息采集情况进行比对，梳理出漏采人员名单，市公安局刑科所全员上阵，通力协作，出动警力 143 人次，历时 13 天，完成鲁南监狱在押人员信息采集工作，共采集 DNA 信息 2899 份，十指指纹信息 2913 份，均已录入信息库。是年，共检验录入两所收押人员血样 3640 份，同比增长 6.87%，采集率 93.4%，较 2015 年增长 3.74 个百分点，采集录入违法犯罪嫌疑人 DNA 数据 1.83 万条，同比增长 92.9%，受理检验送检案件 913 起，同比增长 186.2%，利用 DNA 数据库破获案件 459 起，同比增长 88.1%，串并案件 65 串 219 起，同比增长 195.5%、277.6%，DNA 数据库总库容量为 7.64 万份。

是年，继续加大指纹自动识别系统建设力度，全面提升十指指纹、现场指纹录入数量，严把信息录入质量关，提升指纹活体采集率和 24 小时内反馈率，加强指纹查询比对力度，全力服务支撑侦查破案实战。坚持每月通报制度，加大对各分县局的督导力度，全面提升指纹信息破案效能。是年，共采集录入十指指纹 1.13 万份，同比增长 64.8%，现场指纹 100 起 197 枚，利用指纹自动识别系统破获案件 34 起，指纹自动识别系统总库容量为 16.49 万份。

2017 年，全市共勘验各类案件现场 8160 起，现场指纹、DNA 采集率分别为 2.83%、6.85%，同比分别增长 1.93、4.04 个百分点，现场物证比中率为 4.72%，同比增长 4.09 个百分点，现场勘验信息系统总库容量为 4.74 万份。是年，市公安局持续加强 DNA 数据库建设力度，加强对两所人员、刑嫌人员 DNA 信息的采集力度，提高信息采集数量与质量；加强全市刑事技术人员培训工作，提高 DNA 微量物证的发现、提取能力和水平；提高受理检验鉴定数量，强化仪器设备建设及检验人员水平，提升现场物证检出率。共检验录入两所收押人员血样 4604 份，同比增长 26.48%，采集率 96.28%，较

2016年增长2.88个百分点，采集录入违法犯罪嫌疑人DNA数据19474条，同比增长6.4%，受理检验送检案件961起，同比增长5.26%，利用DNA数据库破获案件758起，同比增长65.14%，串并案件113串360起，同比增长73.85%、64.38%，DNA数据库总库容量为10.16万份。继续加大指纹自动识别系统建设力度，全面提升十指指纹、现场指纹录入数量，加强指纹查询比对力度，全面提升指纹信息破案效能。年内，共采集录入十指指纹10852份，现场指纹202起396枚，利用指纹自动识别系统破获案件71起，同比增长108.82%，指纹自动识别系统总库容量为24.36万份。

2017年，部署开展男性家族排查系统建设。8月16—17日，市公安局刑侦支队负责同志带领刑科所有关人员到枣庄、潍坊、青州等地学习考察专业数据库建设工作。11月15日，市公安局党委会研究通过《日照市公安局Y-STR DNA数据库建设工作方案》，决定在全市范围内正式开展Y-STR DNA数据库建设。12月8日，市公安局召开全市公安机关Y库建设动员部署会，成立全市Y库建设工作领导小组。各分县局均召开动员部署会，成立相应的领导机构，形成主要领导亲自抓、分管领导直接抓、业务部门具体抓的良好氛围，各项工作顺利启动、健康发展。

2018年，全市现场勘验信息系统录入盗抢类案件现场勘查信息2176起，勘验率98.28%，现场指纹、生物物证比中抓获嫌疑人数分别为5人、49人，比中率分别为0.23%、2.21%。年内，共采集录入违法犯罪嫌疑人DNA数据2.79万份，同比增长15.93%，其中两所收押人员血样5731份，同比增长24.48%，采集率99.58%，较2017年增长3.3个百分点，利用DNA数据库破获案件409起，串并案件57串169起；共采集录入十指指纹1.47万份，同比增长35.27%，录入两所在押人员十指指纹采集率82.12%，现场指纹137起614枚，盗抢类案件现场指纹采集率3.61%，利用指纹自动识别系统破获案件31起。

附：典型案例

【五莲“2007·1·20”冒充警察特大抢劫案】

2007年1月20日13时许，4名作案分子身着警察冬执勤服，驾驶一辆桑塔纳3000型轿车，尾随从银行取款的五莲一轮胎公司会计王某某至郊区僻静处，冒充警察并鸣警笛强行拦截受害人驾驶的轿车，将王蒙头、捆绑置于轿车后排座，搜出现金、银行卡、存折等物品，持刀威胁，逼迫受害人说出银行卡密码，并挟持王到日照市区的5个农行分理处取款19万元，后将王和轿车弃于胶南市逃跑。市、县两级公安机关立即成立专案组，技术人员全程参与。21日，技术人员从日照市5个银行储蓄网点提取作案分子用过的取款单，并利用技术显现一枚指纹，经过比对确定系犯罪嫌疑人所留，遂将指纹入指纹自动识别系统查询，结果显示，系临沂市费县李某某所留。专案组立即赶赴临沂，在临沂警方配合下，锁定莒县刘官庄镇刑释人员付某某参与作案。29日，专案组迅速将付某某抓获。经审讯，付交代伙同李某某、曹某某、梁某某（男，33岁，黑龙江省庆安县人）实施抢劫犯罪的事实。专案组连夜赴浙江省台州市，在当地警方的配合下将李某某、曹某某抓获。

【莒县“2008·6·14”强奸案】

2008年6月14日，莒县张某某在其租住房内被2名男青年强奸，办案人员提取检材，经DNA检验后，录入DNA数据库。9月，DNA数据库显示，该案现场DNA与违法犯罪人员李某某（男，33岁，临沂市罗庄区人，因盗窃被刑事拘留并羁押于莒县看守所）DNA分型完全一致。莒县公安局办案民警立即提审，李某某对伙同赵某某（男，27岁，临沂罗庄区人，与李同案被刑拘）强奸作案的犯罪事实供认不讳，并供述另外10余起盗窃、抢劫、强奸案件。

【岚山系列强奸、抢劫案】

2010年3月、8月，岚山区发生2起针对夜间下班女职工的强奸、抢劫案件。岚山分局刑警大队技术人员及时赶到现场，提取生物检材，送市公安局进行DNA检验。8月13日，办案人员在对岚山区陈某某（男，40岁）进行排查时，发现其发型及身高特征符合嫌疑人的特征，遂采集其血样送市公安局检验。经比对，与岚山城区强奸抢劫案现场提取的DNA吻合。经审讯，陈某某供述自2004年起酒后窜至苏鲁交界附近路段抢劫强奸作案20余起的犯罪事实。

【五莲“2011·5·9”颠覆列车（未遂）案】

2011年5月9日晚，一货物列车行至胶新铁路五莲县中至镇峨庄铁路桥与334省道交会处北侧时，发现道轨上设有障碍物，遂紧急制动，致使列车停止运行6分钟。道轨内遗留有用钢丝绳固定在轨道上的直径10厘米的圆木、钢丝绳等物品。经侦查，此案与2000年后发生在中至镇驻地的4起破坏国防通信光缆案串并。经检验，在现场物证上检出DNA分型。在刑科所的现场指导下，专案组以中至村为中心对周边6个村庄，利用DNA技术进行排查，最终认定村民王某某DNA与现场物证一致。经审讯，王某某供述先后4次破坏国防通信光缆给国家造成经济损失1000多万元和企图颠覆列车的犯罪事实。

【莒县“2011·1·08”故意杀人案】

2011年1月8日，莒县东莞镇玄武庵村王某某（女，75岁）在家中被杀。侦查人员提取相关物证送DNA实验室检验，检出1名男性DNA成分，确定为犯罪嫌疑人所留。经侦查，发现该村吴某某（男，27岁）有重大嫌疑，但吴下落不明。莒县公安局技术员在吴某某家中提取其遗留生物物证送检，结果DNA分型与现场物证完全一致，确定吴某某为该案犯罪嫌疑人。技术人员及时将该现场物证录入全国公安机关DNA数据库，结果比中青岛市四方区2009年5月30日张某某（女，82岁）被杀案现场物证，为青岛破获1起杀人积案。

【五莲“2012·1·17”故意杀人案】

2012年1月17日上午10时许，五莲县局接到报警，五莲县于里镇后逊峰村村民徐某某夫妇被烧死在家中。接报后，县局立即组织力量赶赴现场，民警赶到现场时房顶已经坍塌，受害人尸体已高度烧焦。法医人员在烧焦尸体残块的内脏及腹膜处发现数处破裂口，通过分析，认定该创伤属于生前锐器伤，技术人员对现场及现场周围进行细致的勘查，在房内提取到一封要挟信，在屋外提取到一枚烟蒂。经摸排走访，认为该村村民孙某有重大作案嫌疑，但孙某极力否认。文检人员通过比对孙某字迹，发现提取的字迹与孙某字迹完全相同。经突审，孙某对杀人焚尸的犯罪事实供认不讳。

【东港“2013·12·9”故意杀人案】

2013年12月9日13时许，东港分局接报案称：在日照街道文荟社区一所出租房内有2人死亡，疑似被害。东港分局经初步勘查，确定被害人刘某（女，30岁）、田某（男，31岁）均系被锐器捅伤致死。市、区抽调精干警力组成专案组开展侦查工作。经现场勘验，现场提取多处疑似嫌疑人所留血迹，市公安局刑科所连夜加班检验，结果与死者不一致，确定为嫌疑人所留，录入数据库查询比对，迅速确定吴某某有重大作案嫌疑。12月17日晚，在内蒙古满洲里警方的协助下，在当地一家洗浴中心将犯罪嫌疑人吴某某抓获，该吴对犯罪事实供认不讳。

【日照港“2014·10·14”爆炸（未遂）案】

2014年10月14日，日照港三公司办公楼内发现一处爆炸装置，虽未发生爆炸，但位置在办公区，涉及人员众多，一旦爆炸后果不堪设想。市公安局刑侦支队派员第一时间赶赴现场，参与现场处置。在排除爆炸危险后，技术员对装置组成逐一分析，在胶带粘面提取指纹，锁定嫌疑人韩某（男，

42 岁)。经突审，韩对犯罪事实供认不讳。

【五莲“2016·8·12”故意杀人案】

2016 年 8 月 12 日 12 时许，五莲县局接报，城区卫生局家属院卢某在家中被害。该案被害人身份敏感，社会交往复杂。案发后，各级领导高度重视，技术人员立即赶赴现场，精细勘查，在现场提取 30 余份血迹，通过血迹分布、形态分析，嫌疑人受伤遗留可能性极大。经 DNA 检验，在 2 处血迹中检出除受害人之外的男性 DNA 分型，判定此分型即为嫌疑人的 DNA 分型，随即录入全国公安机关 DNA 数据库和直查平台比对，未比中信息。综合技术员利用 DNA 排查技术、现场调查、视频侦查等手段，抓获犯罪嫌疑人盛某某。经查，盛某某为一名高中在校生，因学习压力大而产生打人发泄压力的想法，卢某成为其选择对象。该案例获评全省 2016 年度利用刑事技术手段破案十大典型案例。

【岚山“2016·9·23”盗窃案】

2016 年 9 月 23 日，日照某控股集团有限公司报案称，其公司内轴承被盗，价值 50 余万元。案发后，岚山分局成立专案组开展侦查。30 日，再次接到报案，公司内又有一批轴承被盗，经仔细勘查现场，发现嫌疑人逃跑时遗留的小推车及头盔等物品，DNA 实验室人员连夜检验，检出有效数据，并比中前科人员张某某（男,37 岁，岚山区虎山镇）、陈某某（男,27 岁，地址同上）。后经深入调查，发现两人均系吸毒人员，因资金需求量大，多次到该公司进行盗窃，总案值高达 500 余万元。经突审，2 名犯罪嫌疑人供认不讳。

【莒县“2018·3·14”故意杀人焚尸案】

2018 年 3 月 14 日，莒县夏庄镇王某某夫妇二人在家中被害、焚尸。市县两级公安机关成立专案组，全力攻坚。通过细致现场勘查，利用指纹、足迹精准判断出入口，分析犯罪过程，刻画嫌疑人特征，划定侦查范围；通过模糊图像的技术处理和检验，认定嫌疑车辆，打开案件的突破口；适时运用心理测试手段；经 DNA 技术最终认定，为案件侦破一锤定音，奠定诉讼证据基础。该案例获评全省 2018 年度利用刑事技术手段破案十大典型案例。

1989—2018 年全市公安机关发表刑事科学技术论文一览表（部分）

表 4–2

作者	论文标题	发表刊物	发表时间
张连太 卢立成	《月经与自杀浅析》	《刑事科学通讯》	1992
葛长松	《肇事致颈髓断裂和伸展创一例》	《全国首届法医损伤学术讨论会论文汇编》	1992
葛长松 董洪旺	《电击后逃离现场死亡 1 例》	《刑事技术》	1993.2
葛长松	《谈谈慢性硬脑膜下血肿的法医学鉴定》	《齐鲁法医实践》	1997.9
卢立成	《睾丸外伤引起急死一例》	《齐鲁法医实践》	1997
李玲娟	《新形势下如何更好地发挥违法犯罪人员资料的作用》	《山东刑事科学通讯》第 3 期	1997.7
王世安	《肺癌骨转移致椎体骨折一例分析》	《刑事科学通讯》	1998
葛长松 卢立成	《猪甲状腺食物中毒死亡检案分析》	《山东省第六届痕迹学术交流会论文集》	1998
卢立成	《非法行医造成就诊人员死亡一例的认定》	《山东省公安法医学术交流会论文集》	1998

续表 4–2

作者	论文标题	发表刊物	发表时间
来永庆	《论刑事犯罪信息在侦查破案、组织指挥中的地位与作用》	《山东省第六届痕迹学术交流会论文集》	1998.12
丁海成	《我区刑事犯罪的特点及控制对策》	《山东省第六届痕迹学术交流会论文集》	1998.12
于　军	《浅谈盗抢机动车犯罪案件的特点及侦查、防范对策》	《山东省第六届痕迹学术交流会论文集》	1998.12
宫　华	《爆炸案件现场勘查》	《山东省第六届痕迹学术交流会论文集》	1998.12
秦　静	《几类刑事案件现场的勘查要点》	《山东省第六届痕迹学术交流会论文集》	1998.12
孙树勇 王作印 王富民	《识别伪造现场，破获重大盗窃案》	《山东省第六届痕迹学术交流会论文集》	1998.12
田乃胜	《从一起特大爆炸案的侦破谈现场试验的方法及其对案件的侦破作用》	《山东省第六届痕迹学术交流会论文集》	1998.12
李海防	《新〈刑事诉讼法〉实施后刑事技术工作面临的问题与对策》	《山东省第六届痕迹学术交流会论文集》	1998.12
王永清 李业军 李玲娟	《关于手印特征评断的几点体会》	《山东省第六届痕迹学术交流会论文集》	1998.12
盛云翔 王瑞光 孙绪福	《石膏浇灌立体足迹、车辆印痕的新方法》	《山东省第六届痕迹学术交流会论文集》	1998.12
王宗端	《15 例枪弹创的分析》	《山东省第六届痕迹学术交流会论文集》	1998.12
王永清 徐　军	《拨动锁舌开锁的痕迹识别及应用》	《山东省第六届痕迹学术交流会论文集》	1998.12
葛长松 张希平	《脑外伤后精神障碍的法医学鉴定》	《中国法医论坛》	1999.3
王永清 徐　军 陈玉君	《对印泥手印检验的体会》	《第一届指纹学术研讨会论文汇编》	1999
王世安	《臀部注射引起急性蜂窝组织炎死亡一例》	《刑事科学通讯》	1999
刘祥伟 王泽平	《土造猎枪射击致死人命一例分析》	《中国法医文献集萃》	1999
刘祥伟 杨乐清	《钝器打击致颅骨整体变形两例浅析》	《中国法医文献集萃》	1999
徐　军 王永清	《浅谈宾馆房间被盗案的现场勘查》	《刑事科学论丛》	1999.06
王永清 徐　军 陈玉君 武海涛	《车辆拐弯痕迹的测量与计算》	《刑事技术》	1999.12
李玲娟	《对刑侦综合信息系统的建议》	《人民公安报》	1999.7

续表 4-2

作者	论文标题	发表刊物	发表时间
葛长松 李志政 王清华	《心脏、肝脏及膈肌穿通伤存活 1 例》	《全国第七次法医学术交流会论文选》	2000.3
王永清 陈玉君 徐　军	《对一起抢劫杀人案现场勘查工作的反思》	《第二届全国物证鉴定技术破案研讨会论文选》	2000
王永清 徐　军	《受热与击碎玻璃痕迹的区别及应用》	《第二届全国物证鉴定技术破案研讨会论文选》	2000
卢立成	《猪甲状腺中的法医临床分析》	《刑事技术》	2000
徐　军 王永清 王茂妮	《整体分离痕迹在侦查破案中的作用》	《第三届全国物证鉴定技术破案研讨会论文选》	2001
徐　军 王茂妮 王永清	《当前基层刑事技术工作存在的问题》	《第三届全国物证鉴定技术破案研讨会论文选》	2001
王永清 徐　军 苏照军	《钥匙被复制痕迹在实际工作中的应用》	《第三届全国物证鉴定技术破案研讨会论文选》	2001
王永清 苏照军 徐　军	《充分利用痕迹物证为侦查破案服务》	《第三届全国物证鉴定技术破案研讨会论文选》	2001
王世安	《眶部爆裂骨折的法医学鉴定（附 3 例报告）》	《山东省公安法医化验学术交流会论文集》	2001
王世安	《特殊方式自勒死亡一例》	《山东省公安法医化验学术交流会论文集》	2001
王世安	《溺水的法医临床学鉴定（附 1 例）》	《山东省公安法医化验学术交流会论文集》	2001
王世安	《颞骨岩部出血的法医学意义》	《山东省公安法医化验学术交流会论文集》	2001
王世安	《85 例涕灭威中毒分析》	《山东省公安法医化验学术交流会论文集》	2001
徐　军 王永清 王茂妮	《浅谈整体分离痕迹在侦查破案中的作用》	《山东省第七届痕迹学术交流会论文集》	2001.11
王永清 徐　军	《同一认定浅议》	《山东省第七届痕迹学术交流会论文集》	2001.11
李玲娟	《浅谈做好准备工作确保刑侦综合信息管理系统的顺利开通》	《山东刑事科学通讯》第 1 期	2001.3
王世安	《毒鼠强中毒鉴定分析》	《山东刑事科学》	2003
李志政 葛长松	《利用 DNA 技术认定尸源》	《第二届全国法医 DNA 经验技术交流会论文选》	2004

续表 4-2

作者	论文标题	发表刊物	发表时间
王世安 葛长安 李志政	《老年性慢性硬脑膜下血肿与损伤关系的探讨》	《刑事技术》	2004
刘祥伟	《一例面部特殊部位损伤程度的鉴定》	《第七次全国法医学术交流会论文选》	2004
葛长松 李志政 王世安	《眶壁骨折法医学鉴定的体会》	《刑事技术》	2004.2
葛长松 李志政 王清华	《损伤性脑梗塞的法医学鉴定分析》	《山东刑事科学》	2004.2
李玲娟	《浅谈 2003 年全国“指纹破案会战”体会》	《山东刑事科学》第 2 期	2004.6
李玲娟	《影响十指指纹采集质量的因素》	《山东刑事科学》第 2 期	2004.6
徐　军 陈占杰 郭长江 郑　伟	《刑事技术在侦破“10・4”爆炸案中的作用》	《第六届全国物证鉴定技术破案研讨会论文选》	2004.8
郭长江 徐　军 赵玉杰	《从“6・18”奸杀幼女案的侦破看利用案件现场痕迹物证等犯罪信息的重要作用》	《第六届全国物证鉴定技术破案研讨会论文选》	2004.8
葛长松 王世安	《升主动脉夹层动脉瘤破裂死亡 1 例》	《山东警察学院学报》	2005
刘祥伟 刘召军	《他杀谎报自杀 1 例》	《山东省公安首届法医命案现场分析研讨会论文集》	2005
刘召军 刘祥伟	《特殊溺水自杀死亡 1 例》	《中国新医学月刊》	2005
李志政 葛长松	《司法鉴定体制改革对公安检验鉴定工作造成的影响》	《全国第九次法医临床学学术研讨会论文选》	2006
刘召军 刘祥伟	《阑尾损伤法医学鉴定 1 例》	《中国法医学杂志》	2006
刘祥伟 刘召军	《一例颌面部穿透创的法医学鉴定》	《全国第九次法医临床学学术研讨会论文选》	2006
李志政 葛长松	《安全套外侧擦拭物 DNA 检验在一起强奸案中的应用》	《法医遗传学进展与应用》	2008
葛长松 李志政 徐　军	《王某华、宋某亮被杀案现场分析》	《山东警察学院学报》	2008
李志政 葛长松	《隐形眼镜护理液 DNA 检验 1 例》	《山东警察学院学报》	2008
唐合平 王世安 葛长松	《外伤性硬脑膜下积液发展为硬脑膜下血肿鉴定 3 例》	《山东警察学院学报》	2008

续表 4-2

作者	论文标题	发表刊物	发表时间
邢立学（第一作者）	《髌骨骨折外固定致下肢大静脉血栓形成造成心脏栓塞死亡 1 例》	《山东警察学院学报》	2008.12
徐　军 单　杰 李宗堂	《强化现场勘查，提高绑架案侦破效能》	《侦查前沿》	2008.6
李宗堂 徐　军 单　杰	《鞭炮引信快速干燥枪管内壁》	《侦查前沿》	2008.6
王世安 唐合平	《17 例妊娠期机械性窒息死亡分析》	《刑事技术》	2009
王朝虹 王志萍 王世安	《高效液相色谱—质谱联用法测定生物检材中吡虫啉》	《刑事技术》	2009
邢立学（第三作者）	《接触性 DNA 及其现场发现》	《法制与社会》	2009.12
邢立学（第五作者）	《鲁米诺在现场潜血发现中的应用研究》	《法制与社会》	2009.9
李志政 赵中阳	《法庭科学 DNA 数据库在日照市的应用与探讨》	《DNA 数据库建设应用成果与展望》	2010
袁　超	《室内环境质量检测中氨的实验结果影响因素》	《福建工程学院学报》	2010
袁　超	《室内空气检测所用 TENAX-TA 标准管的研究》	《福建工程学院学报》	2010
邵明强 唐合平	《外伤性硬脑膜下积液发展为硬脑膜下血肿 2 例分析》	《医学与护理》	2010
李志政 赵中阳 张　洁	《利用 DNA 数据库破获杀人积案 4 例》	《DNA 数据库建设应用成果与展望 II》	2011
李志政 赵中阳 张　洁	《综合利用 DNA 技术破获系列强奸案 1 例》	《DNA 数据库建设应用成果与展望 II》	2011
李志政 赵中阳 张　洁	《12 例伤病共存死亡法医鉴定分析》	《2011 年山东省刑事科学技术论文集》	2011
吕明晓 于　浩 李维吉	《复印法显现纸张上的立体钢印痕迹》	《2011 年山东省刑事科学技术论文集》	2011
徐　军 苏　健 吕明晓	《利用猫眼开锁案件的现场勘查及打防对策》	《2011 年山东省刑事科学技术论文集》	2011.11

续表 4-2

作者	论文标题	发表刊物	发表时间
徐　军 苏　健 许　光	《充分利用刑事技术信息破获系列盗窃》	《2011 年山东省刑事科学技术论文集》	2011.11
邢立学 王　雷	《一例疑似溺死的中毒死亡案例报道》	《2011 年山东省刑事科学技术论文集》	2011.11
许　光 张翼翔	《一起 CO 中毒死亡案的现场勘查》	《2011 年山东省刑事科学技术论文集》	2011.11
张翼翔 许　光	《一起火灾案的现场勘查和分析》	《2011 年山东省刑事科学技术论文集》	2011.11
陈世晓	《“大字报”类案件的笔迹检验》	《第八届全国文件检验学术交流会论文集》	2012
陈世晓	《犯罪主观方面心理信息的探查》	《刑警 & 科技》	2013
于　慧 王洪明 王新灵 严　伟 李学博	《爆炸案事件的现场分析与经验体会》	《重庆法医理论与实践》	2013
申家江 刘　伟 夏　鹏	《损伤特点法医学分析推断案件性质》	《重庆法医理论与实践》第二卷	2013.12
申家江 刘　伟 夏　鹏	《眶内侧壁骨折临床法医学鉴定问题探讨》	《重庆法医理论与实践》第二卷	2013.12
刘　伟 申家江 夏　鹏 张　超	《颅脑损伤合并吸入性窒息的法医学分析》	《重庆法医理论与实践》第二卷	2013.12
李学博 申家江 刘　伟 李　朴 莫耀南	《甲基苯丙胺在急性中毒家兔体内死后再分布研究》	《重庆法医理论与实践》第二卷	2013.12
刘　伟 李学博 张　镜 籍晓元	《伪装现场的法医学勘验与分析》	《命案现场重现：全国案例精选》第三卷	2013.4
陈世晓	《锡纸开锁法的原理及遗留痕迹的检验》	《第十四届全国物证鉴定技术破案研讨会论文选》	2013.6
陈世晓	《浅谈醉酒签名笔迹的特点与检验》	《文检学理论与实践精编》	2013.9
李志政	《自勒案件的法医学检验与分析》	《江西警察学院学报》	2014
李志政	《眼部伤病并存的法医学检验研究》	《江西警察学院学报》	2014
李志政 张　洁	《法医临床学重新鉴定 37 例分析》	《法医学理论创新与实践》	2014

续表 4–2

作者	论文标题	发表刊物	发表时间
袁　超	《丙酮超声浸出法检验罂粟原生物中成分》	《山东警察学院学报》	2014
袁　超	《理化检验过程中提高萃取效率的选择》	《山东警察学院学报》	2014
王世安 唐合平	《现代内科学临床应用进展》	《现代内科学临床应用进展》	2014
刘　钧 于　慧 王新灵 严　伟	《浅谈视频监控在案件中的应用》	《证据鉴识理论与实践》	2014
陈学国 王新灵	《滥用药物的液相色谱分析条件智能优化》	《广东化工》	2014
陈学国 王新灵 达　卉	《策划药物 MDPV 的研究进展》	《山东化工》	2014
张　洁	《浅谈死后伤的法医学检验》	《江西警察学院学报》	2014.1
苏　健	《利用 Photoshop 编排现场照片的做法》	《山东警察学院学报》	2014.12
邢立学 王　雷	《杀人抛尸案的法医学分析 1 例》	《法医学杂志》	2014.12
张　洁	《杀人碎尸案现场勘察与法医学检验研究》	《江西警察学院学报》	2014.2
刘召军 刘锡华	《1 例杀人焚尸案的法医学分析》	《第三届全国司法鉴定工作规范化管理与检验新技术应用研讨会论文集》	2015
马俊丽 刘召军	《多螺旋 CT 扫描及重建技术在多发肋骨骨折诊断中的应用 1 例》	《法医临床学专业理论与实践》（全国第十八届法医临床学学术研讨会论文集）	2015
刘　伟 张　超 申家江	《56 例鼓膜穿孔的法医学分析》	《证据鉴识理论与实践》第二卷	2015.12
张　超 刘　伟 王　伟 申家江	《浅谈法医鉴定的程序规范性和结论准确性》	《证据鉴识理论与实践》第二卷	2015.12
张　超 王　伟 刘　伟	《浅谈脓胸的法医学鉴定分析》	《证据鉴识理论与实践》第二卷	2015.12
刘　雷 苏　荣	《依据工具痕迹识别伪装现场》	《证据鉴识理论与实践》第二卷	2015.12
刘　雷 郑　帅	《盗窃案中保险诈骗案的发现与识别》	《证据鉴识理论与实践》第二卷	2015.12
袁　超	《AFS–9230 原子荧光光谱仪测定水中汞》	《化工管理》（中文核心期刊）	2016
王新灵 于　慧 严　伟	《基层刑事技术工作中遇到的几种常见指纹简便显现方法》	《2016 年山东省刑事科学技术论文集》	2016

续表 4–2

作者	论文标题	发表刊物	发表时间
刘召军 张　超	《外伤引发心脏破裂死亡的法医学分析》	《江西警察学院学报》	2016
刘召军 刘锡华	《胸腰椎压缩性骨折的法医学检验》	《江西警察学院学报》	2016
孙名伟 徐国鹏	《犯罪嫌疑人刻画分析一例》	《2016 年山东省刑事科学技术论文集》	2016.1
张　洁 黄怡文	《山东省日照市汉族群体 20 个 STR 基因座的遗传多态性分析》	《2016 年山东省刑事科学技术论文集》	2016.12
严孝海 侯　妍	《入室盗窃案件现场勘查中微量物证的发现与提取》	《2016 年山东省刑事科学技术论文集》(上册)	2016.12
王　雷 邢立学	《一例精神病故意杀人案法医学分析》	《第四届全国司法鉴定工作规范化管理与检验新技术应用研讨会论文集》	2016.4
王　雷 张翼翔 邢立学	《盗窃过程中猝死一例》	《第四届全国司法鉴定工作规范化管理与检验新技术应用研讨会论文集》	2016.4
孙名伟 徐国鹏	《生物检材在案发现场的发现与提取研究》	《社会科学》	2016.7
邢立学	《一例罕见拳击致重度颅脑损伤法医学分析》	《法医学临床学专业理论与实践》	2016.8
袁　超	《生物检材中 7 种有机磷农药的气质联用仪检测方法》	《环渤海色质谱绿色新技术》	2017
袁　超	《一起死亡案例中检出去痛片成分及对现场勘查的指导》	《刑警 & 科技》	2017
袁　超	《影响血液乙醇检验的几个因素》	《刑警 & 科技》	2017
袁　超	《固相微萃取和吸附—热脱附技术言语汽油燃烧残留物的比较研究》	《第一届全国爆炸和防火案件现场处置与勘验及检验鉴定技术研讨论文选》	2017
袁　超	《不同载体对固相微萃取—气质联用检验汽油燃烧残留物的影响》	《第一届全国爆炸和防火案件现场处置与勘验及检验鉴定技术研讨会》	2017
严　伟 王学良 于　慧	《对利用现场指纹破获“3·23”母子被害案的体会》	《2017 年山东省刑事科学技术论文集》	2017
张　洁 黄怡文	《两种方法检验单根毛囊的比较分析》	《DNA 数据库建设应用成果与展望》	2017.8
陈世晓 赵玉杰	《关于幼儿园打人事件后的几点思考》	《法制博览》	2018
王宝生 陈世晓 赵玉杰	《检材量大的变造文件典型案例一例及启发》	《法制博览》	2018
陈世晓 赵玉杰	《显微镜观察法判定朱墨时序的实验研究》	2018 法庭科学国际研讨会暨第十二届全国公安院校刑事科学技术教育论坛	2018
陈世晓 苏　建 王宝生	《浅谈工作中的证照检验》	2018 法庭科学国际研讨会暨第十二届全国公安院校刑事科学技术教育论坛	2018

续表 4-2

作者	论文标题	发表刊物	发表时间
袁　超	《毒物毒品分析前处理技术》	《2016年山东省刑事科学技术论文集》	2018
袁　超	《全血中东莨菪碱 GC-MS 检验方法》	《第一届全国公安机关重点司法鉴定专业实验室（山东）科研创新学术交流会论文选》	2018
袁　超	《GC-MS 分析全血中的多塞平》	《第一届全国公安机关重点司法鉴定专业实验室（山东）科研创新学术交流会论文选》	2018
王世安 唐合平 邢妍妍 杨　东 陈　婷	《掌骨骨折机制分析及鉴定体会》	《法医临床学专业理论与实践》	2018
王世安 唐合平 邢妍妍 杨　东 陈　婷	《预防因法医鉴定引发上访事件的思考》	《法医临床学专业理论与实践》	2018
王启团 王世安 邢妍妍 陈　婷	《30例山坡滑落伤的尸检分析》	《2018公共安全科学技术学术年会论文集》	2018
王新灵 马俊卿 严　伟	《一起运输豆粕发生爆炸的现场勘查及分析》	《2018年山东省刑事科学技术论文集》	2018

第六节　刑侦工作改革

20世纪90年代，为适应社会治安形势需要，全面推进依法治国，不断提高公安机关打击犯罪、维护稳定的能力，全市公安机关按照上级统一部署，以建设责任区刑警中队为支撑点，以实行侦审合一为突破口，以优化完善打击犯罪新机制为总抓手，大力改革和加强刑事侦查工作，全面提升侦查破案能力和执法办案水平。

1997年，全国刑事侦查工作会议召开，会议提出建立打击犯罪整体作战格局的刑侦改革总体思路，要求建立覆盖社会面的刑警队，落实破案责任制、实行侦审一体化，标志着刑侦工作进入全面发展的新阶段。

一、侦审合一

1997年6月，公安部在石家庄市召开全国刑事侦查工作会议，部署全国公安机关开展刑侦改革，提出撤销预审机构，实行刑事办案新模式的改革思路。7月25—28日，省公安厅召开全省刑侦工作会议，全省公安机关推行侦审合一，刑事案件侦查职能与预审职能合并，取消专门预审员，实现立案、侦查、审讯、提请批捕、移诉一体化。7月30日，市公安局召开全市改革和加强刑侦工作会议，对刑侦工作作出具体部署。按照会议要求，全市公安机关改革侦查、预审分设的工作体制，加速“一体化”进程，市、县两级公安机关预审职能全部合并到刑侦部门，实行侦审一体化，把立案、侦查、审讯、提请逮捕、移送起诉等环节紧密结合起来，提高办案实效，保证办案质量。各级公安机关通过举办培训班、旁听庭审、解剖案件、公检法联席会议，落实办案公开措施，使刑侦民警逐步成为既能破案又能办案的新型侦查员。

至1999年底，全市刑侦干警增至199人，是1997年的1.6倍。破案运行机制运作良好，内部活力明显增强，“侦审合一”的优势得到进一步发挥，平均办案时间缩短15天以上，批捕率、准诉率明显提高。

二、责任区刑警中队建设

1997年4月16日，省公安厅印发《关于进一步改革和加强刑侦工作的实施意见》，把建立覆盖社会面的责任区刑警中队作为刑侦改革的核心内容。

根据省公安厅统一部署，市公安局加快刑侦改革工作步伐，全面加强责任区刑警中队建设。新增刑警48人，刑警161人，占全市在编干警的13%，各分、县局刑警大队规格均为同级副职级。各刑警大队根据辖区面积、人口、治安状况等，按农村地区3～5个乡镇，城区3～5个派出所为一个责任区刑警队的标准，设置17个责任区，由驻片刑警中队承担破案任务和刑侦基础业务建设。建立健全以岗位目标责任制为中心的工作制度，把队伍管理、侦查破案、预审办案、刑侦基础工作、执法执纪等纳入考核，实行目标管理。市公安局制定《关于建立刑事案件侦破工作奖惩激励制约机制的暂行办法》，各分、县局建立健全竞争激励机制，分别出台《刑侦岗位目标责任考核办法》《侦破刑事案件奖惩办法》《刑侦干警竞争上岗实施办法》等规章制度，真正做到以制治警、优化管理。10月上旬，全市17个驻片中队全部到位启动运转。各责任区刑警中队全部实行24小时值班备勤制度，受理群众报案，侦办辖区内发生的各类刑事案件。10月20日，全市刑警中队驻片工作现场会在莒县召开。

1998年，市公安局印发《关于进一步深化刑侦工作改革的意见》，就年度刑侦工作改革提出具体目标和要求。6月中旬，市政府分管副市长深入到驻片刑警中队进行调研。是年，《山东公安简报》转发莒县公安局责任区刑警中队建设经验做法。

1999年12月15—16日，市公安局组织检查组对全市17个驻片责任区刑警中队进行检查。机构设置方面，全市共建立驻片责任区刑警中队17个，其中东港5个、岚山2个、莒县5个、五莲5个。基础建设方面，建设标准基本达到办公场所固定独立，办公室、值班室、审讯室、留置室、干警宿舍、伙房及洗澡间齐全标准的11个，其中东港4个、莒县4个、五莲3个；每个中队管辖城区3～5个派出所，农村3～5个乡镇，面积100～210平方公里，常住人口10万～25万。警力配备方面，全市17个驻片责任区刑警中队共配备正式干警90人，其中东港33人、岚山6人、莒县27人、五莲24人，每个中队配备干警3～6名（含1名兼职技术员），9个中队配齐中队长和指导员，其中东港5个、莒县3个、五莲1个，2个中队配备副中队长。设施装备方面，17个责任区刑警中队共配备汽车24辆，其中7个中队各配备汽车2辆，10个中队各配备汽车1辆；每个中队配备现场勘查箱1个，照相机1个；安装外线电话1部、移动电话1～2部、对讲机1～3部，每名干警配备BP机1个、1张床铺、1张办公桌；莒县为驻片责任区刑警中队购置电冰柜、彩电和组合音响；60%的干警配备枪支，办案经费基本得到保障。

12月17日，全市刑侦工作会议暨刑警中队规范化建设现场会在莒县召开，就改革和加强刑侦工作进行全面部署，推广莒县公安局刑警中队规范化建设的经验。是年1—11月，全市17个责任区刑警中队干警人均破案21起，其中破大案4起。如岚山分局刑警大队一中队，3名干警破获刑事案件85起，其中大案15起，人均破案28起，大案5起；东港分局刑警大队秦楼中队6名干警，破案132起，其中大案 56 起，人均破案 22 起，大案 9 起；五莲县局刑警大队城区中队 7 名干警破案 147 起，其中大案 46 起，人均破案 21 起，大案 6.5 起；莒县公安局刑警大队青峰岭水库中队 5 名干警破案 150 起，其中大案 28 起，人均破案 30 起，大案 5.6 起。同时，各中队积极开展追逃、外协以及各项刑侦基础工作，每项工作都建立登记备查制度。1—11 月，全市刑侦部门共组织业务理论学习班和专业培训班 27 期，培训干警 500 余人次，其中市公安局举办各类专业培训班 7 期，培训干警 100 余人次，刑侦干警业务素质和执法水平不断提高。是年，东港分局刑警三中队被评为全省刑侦系统先进中队。

2000 年 1 月，市公安局成立专门评定工作领导小组，按照公安部《刑警中队等级评定办法》，对全市责任区刑警中队进行首次初评。3 月 2—4 日，省公安厅刑警中队鲁南片审核组对全市申报的 1 个模范中队、6 个优秀中队和 5 个合格中队进行检查验收。8 月，市公安局召开全市提高办案质量工作会议，印发《刑侦部门办案质量把关责任制》《刑侦执法办案目标责任制》《刑侦执法办案目标责任制及检查考核办法》。年内，全市刑侦部门积极开展多层次、多形式的业务素质培训，全市 190 名刑警全部进行轮训，全部通过全国刑警任职资格考试。

2001 年 12 月 19—20 日，省公安厅专项检查组对东港分局、莒县、五莲县局所属责任区刑警中队和技术中队建设情况进行检查考核。检查组从机构设置、警力配置、办公用房、装备保障、技术器材、业务实绩等方面，抽查全市申报达标的 4 个责任区刑警中队和 3 个技术中队，认为几个责任区刑警中队均达到合格标准，有的具备争创模范、优秀中队的条件。全市责任区刑警中队队伍、业务和保障建设逐步走向规范化。

2002 年，全市公安机关认真贯彻省、市刑侦工作会议精神，进一步深化刑侦工作改革。鉴于警力过于分散、形不成拳头的实际，从工作实际需要出发，将原有的责任区刑警中队进行统一规划，合理撤并，全市责任区刑警中队调整为 9 个，经省公安厅检查考评，全部达到三级以上标准，其中 4 个中队达到二级以上标准，莒县公安局刑警四中队达到一级标准。结合县级公安机关等级化管理，市公安局制定《日照市刑事侦查工作考评办法》，对各级刑侦部门的考核及相关配套机制进一步细化量化，严格各项规章制度，办案质量得到有效提高。

2005 年，省公安厅制定《全省公安机关责任区刑警中队正规化建设规范》，对责任区中队的机构设置、外观标识、内部设施、业务工作、警务保障等提出具体要求。全市刑警中队均按要求统一外观标识，全面加强警务保障。

2009 年 3 月 31 日，公安部下发《关于命名全国一级责任区刑警队的通知》，东港分局刑警大队一中队、莒县公安局刑警大队一中队、莒县公安局刑警大队三中队被评为全国一级责任区刑警队。

三、打击犯罪新机制建设

打击犯罪新机制建设是刑侦改革的主线，是适应刑事犯罪形势不断发展变化，提高刑侦部门打击力度和打击效能，全面提升公安机关驾驭社会治安局势能力的重要举措。20 世纪 90 年代后，全市刑侦部门按照公安部、省公安厅关于打击犯罪新机制建设的一系列部署要求，转变侦查观念，创新侦查模式和侦查手段，主动构建打击犯罪新机制。

（一）构建“大刑侦”格局时期的打击犯罪新机制建设

20 世纪 90 年代，面对日趋严峻的刑事犯罪形势，各级公安机关坚持改革创新，积极构建以刑侦部门为主导，其他警种为依托，各所队业务联动，各警种优势互补，联打联动联防的“大刑侦”工作格局，提高打击刑事犯罪的整体效能。

1993 年 3 月 10 日，市公安局在全省刑事侦察工作会议上作典型发言，提出树立大刑侦意识，侦破工作要全局动员，各警种参与，以刑侦部门为主体，组成强大的破案阵营，全面出击，快侦快破，提高刑事侦查的整体作战能力。4月5日，全市刑侦工作会议召开，对树立大刑侦观念，建立大刑侦格局，全面加强刑侦工作进行安排部署。全市公安机关采取一系列有效措施，进一步改进和完善破案运行机制，推出探长制、侦查中队分片包干责任制两种破案组织形式，确立大刑侦格局，充实刑侦力量，提高刑侦队伍素质，增强刑侦工作的活力和后劲，破案攻坚能力大幅度提高。

1996年，市公安局确定为全市公安机关刑侦工作建设年。全体公安民警牢固树立大刑侦观念，快速反应，全力以赴，快侦快破刑事案件。3月26日，制定《关于改革和加强刑侦工作的意见》，从理顺刑侦工作体制到各项专业的硬件、软件建设，都制定具体明确的任务指标。同时，在全市建立刑侦破案奖惩办法和刑侦干警享受特殊岗位补贴制度（每人每月60元）。年内，东港、岚山、开发区3个分局刑警大队均升格为副科级单位。全市共投资100余万元，为刑侦部门购置新的交通、通信工具，改造扩建技术用房，添置技术器材和设备，刑档资料管理全部实现微机化。

1997年7月，公安部领导到山东检查指导刑侦工作，认为山东刑侦改革取得重大进展，已具备转换破案方式的条件，提出把探索新型侦查模式的重任交给山东公安机关。

1998年10月，为充分发挥公安机关各警种的打击职能，形成打击犯罪的合力和“打击全覆盖”的整体优势，省公安厅部署构建“大刑侦格局”，全市公安机关努力改变过去刑侦部门“单打一”“跳独舞”的现状，加强协同作战，形成合成打击体系。

（二）“网上作战”时期的打击犯罪新机制建设

“网上作战”是指公安机关利用信息网络开展防范、控制、打击违法犯罪的工作。随着刑侦工作改革进一步深化，各级刑侦部门不断探索“由人到案”“由信息网络到案”侦查破案模式的转变，刑侦信息化建设提上重要日程，“大刑侦”格局由网下向网上延伸发展，刑侦工作信息化、科技化水平不断提高。

1999年，全国公安机关开始建设“在逃人员信息网”，这是刑侦部门开展“网上作战”的初步尝试。此后，部、省、市刑侦部门先后建成重大刑事案件、盗抢车辆等信息系统，全面加强刑侦信息化建设，适应日趋严峻的刑事犯罪形势，逐步实现刑侦工作科学化管理。

2003年，大力加强刑侦信息化建设和应用，狠抓在逃人员、指纹自动识别系统、重大案件、被盗抢汽车、未知名尸体、失踪人员和DNA数据库等打击犯罪信息系统的建设、应用和管理。加强“网上作战”的研究，借鉴外地“网上作战”新战法，提高信息应用水平和“网上作战”能力。开展刑警大练兵，重点在侦破命案卷宗评比、模拟杀人案件现场勘查、刑警体能和抓捕技能、刑警电脑操作技能方面实现提升。是年，市公安局制定《关于进一步加强刑侦基础业务建设的实施意见》《全市刑事技术工作两年发展规划》《刑事案件装订顺序规定》《全市公安法医工作规范》等规范文件，刑警支队出台《刑警支队日常工作规范》等规章制度，先后举办刑侦基础业务、刑事技术、法律文书制作、追逃等培训班7期，培训干警200余人次。以侦破现行案件数、逮捕嫌疑人数、追逃数等基本指标，加强对刑警大（中）队、刑侦民警的业务考核，形成责任明确奖罚分明、富有活力、争先创优的氛围。

2008年，全市公安机关按照公安部、省公安厅统一部署要求，围绕创建打击犯罪新机制，进一步深化刑侦工作改革。通过刑侦改革的持续推进，刑事侦查工作逐步由传统的“从案到人”为主的侦查方式转变为“从人到案”为主的侦查方式，刑警队伍的政治素质、业务素质和攻坚克难能力逐年提升，打击犯罪力度不断增强。

2010年，全市刑侦部门围绕打好“合成战、科技战、信息战、证据战”，进一步加强“网上作战”，积极推进侦查方式转变创新。刑侦支队通过“走出去、请进来”的方式，先后组织赴国内、省内先进地区学习，邀请专家举办指纹、信息追逃等培训班，大力培养“网上作战”专业人才，创新战法和工作机制，“网上作战”成效越来越明显，同时带动刑侦理念、侦查方式、工作机制的变革。

2011年7月，市公安局刑侦支队正式组建股级建制的情报信息大队，负责组织开展“网上作战”、视频侦查、刑侦信息化建设等工作，各区县刑侦大队积极培养情报信息研判专业人员，各级刑侦部门信息导侦、科技强侦意识进一步增强，情报信息合成作战机制不断完善，情报研判、技术侦查、视频侦查、刑事科学技术成为侦查破案的重要手段，推动信息资源向情报产品转化、情报产品向打击成果转化，为侦查破案提供全方位信息支撑。

（三）大数据、智能化时期的打击犯罪新机制建设

2012年，全国刑侦信息专业应用系统开始建设，逐步整合全部刑侦专项业务系统，汇集各类信息资源。日照市公安局按照上级信息化建设统一布局，逐步开始整合有关公安信息资源，主动利用社会信息资源开展侦查破案。11月5日，市公安局主要负责同志在全市公安机关防范打击网络电信诈骗犯罪专题会议上提出新型犯罪“首案必破”理念，要求刑侦部门作为打击犯罪的主力军，必须叫响新型犯罪“首案必破”口号，加大对网络诈骗、电信诈骗、快递物流业犯罪等新型犯罪的研究，准确把握新特点新动向，实现从“被动侦查”到“主动打击”的转变。

2013年，公安部、省公安厅提出用3年的时间在全国建成“统一组织、现场必勘、情报研判、侦查经营、整体移诉”的打击新机制。日照市公安局以新型犯罪“首案必破”为导向，深入探索符合日照实际的打击犯罪新机制，实现集中打击、规模打击、高效打击。

2014年12月，针对犯罪形势发展变化以及刑侦工作面临的深层次问题，公安部召开全国刑事侦查工作会议，会议明确刑侦工作事关国家安全、事关司法公正、事关社会稳定“三个事关”的新定位，部署以“科学指挥、合成作战、现场必勘、专业研判、分类侦查、准确办案”为主要内容的打击犯罪新机制。

2015年12月，全省刑事侦查工作会议召开，贯彻全面深化公安改革部署和全国刑侦工作会议精神，加快推动全省刑侦工作转型升级，全面提升打击犯罪能力，为“十三五”时期全省经济社会发展创造良好环境。省公安厅印发《关于进一步改革和加强刑事侦查工作的意见》。次年5月，市公安局印发《关于进一步改革和加强刑事侦查工作的实施意见》，明确改革和加强刑事侦查工作的指导思想和任务目标，明确刑事侦查工作在公安工作中的基础性、核心性、全局性地位，坚持“科技强警、素质强警、创新强警”，建立完善“科学指挥、合成作战、现场必勘、专业研判、分类侦查、准确办案”打击犯罪新机制，认真践行打防责任制，全面改革和加强全市刑侦工作。

2017年是刑侦改革20周年。3月2日，市公安局召开全市公安机关刑事侦查暨反恐怖、打黑除恶工作会议，邀请省公安厅刑侦局局长到会指导。会议明确刑侦工作目标定位、工作主线和长期规划，确定：一要牢固树立“打击犯罪是主业”的理念，全面推动刑侦工作转型升级，主动适应刑事犯罪“新形势”，主动顺应人民群众“新期待”，主动构建打击犯罪“新机制”。二要牢固树立“主动进攻”的理念，始终保持对各类刑事犯罪的严打高压态势，打好破大案这个攻坚战，打好破小案这个持久战，打好破电信网络诈骗案这个升级战。三要牢固树立“情报主导侦查”的理念，推动实现对各类刑事犯罪的精准打击，不断强化情报信息研判预警，不断推进资源手段整合，不断深化作战机制合成。四要牢固树立“固本强基”的理念，打好基层基础三年攻坚战，解决刑事科学技术底气不足的问题，解决传统基础工作弱化的问题，解决专业队伍建设滞后的问题。五要牢固树立“以审判为中心”的理念，不断提升执法办案质量，强化证据意识，强化责任意识，强化底线意识。六要牢固树立“打铁必先自身硬”的理念，打造具有日照特色的“阳光警队”，做到铸造忠诚警魂不放松，锻造过硬本领不放松，打造廉洁警队不放松。围绕会议部署要求，各级刑侦部门以打“硬仗”来推动侦查破案方式变

革升级，坚持做强打击主业，夯实基层基础，补齐短板，提升效能，不断健全完善“科学指挥、合成作战、现场必勘、专业研判、分类侦查、准确办案”打击犯罪新机制，努力实现反恐怖工作主动发现能力、侦查打击能力、信息应用能力、防范应对能力、责任落实能力“五个新突破”。

2018年，全市刑侦部门按照“加固底板、做强长板、补齐短板、打造升级版”的要求，着力构建数据驱动、科技支撑、云上联动、协同作战的“数据侦查”体系，进一步推动刑侦工作转型升级、提升打击效能。刑侦支队着眼推进“三个一”侦查打击主题应用建设，落实推动侦查打击各类信息系统“整合归并”，实现资源数据“破垒共享”，着眼引入人工智能、大数据分析等新技术，推动业务流与信息流高度融合，大幅提高主战能力；大力推进“基因数据工程”“基础加固工程”“智慧磐石工程”刑事技术“三大工程”；创新应用大数据、云计算技术实施智慧扫黑，初步建成扫黑除恶大数据作战平台；建成“三合一”大数据作战平台，打造集反诈骗、打击犯罪合成作战、新型犯罪对策研究和社会专项治理协调“四位一体”的综合性中心，刑侦工作实现侦查理念、手段、思维、模式和机制等多维度转型升级，精准警务引领下的新时代“智侦”工作体系逐步形成。

第七节　技术侦察

技术侦察工作是公安机关依法综合运用现代科学技术保卫国家政治安全、侦查严重刑事犯罪、维护社会稳定的一项专门工作。

早在新民主主义革命时期保卫红色政权的革命斗争中，技术侦察就开始萌芽。

1989年，市公安局向日照市委请示拟成立技术侦察科。1990年2月，市委常委扩大会议研究同意设立市公安局技术侦察科，并作出批复。是年8月，省公安厅批复同意市公安局设置技术侦察机构。1990年8月，市公安局技术侦察科正式成立。1996年，技术侦察部门实行队建制，以技术侦察科为基础组建技术侦察支队。2002年，改称行动技术支队。2010年，恢复技术侦察支队名称。

一、业务建设

1997年8月，市公安局组织召开全市第一次技侦联络员会议，建立技侦联络员制度，作为技术侦察工作向基层延伸的有效方式。2001年，公安部召开第六次全国公安技侦工作会议，安排部署公安技侦正规化、现代化建设工作。2003年，市公安局召开全市技侦工作暨技侦联络员会议，针对形势任务需要，部署安排技术侦察工作重要事项。2006年，市公安局技侦工作通过公安部技侦“两化”建设达标验收组的检查验收，技侦支队被授予全国公安技侦正规化现代化建设三级达标单位。2008年，市公安局技侦工作通过公安部验收，技侦支队被授予全国公安技侦正规化现代化建设二级达标单位。2016年，市公安局“信息技侦”建设通过公安部验收，技侦工作随之迈入新阶段。

二、案件侦查

1990年市公安局技术侦察部门成立后，积极参与重特大刑事案件侦查，配合打击各类犯罪专项斗争，办案范围包括危害国家安全犯罪、恐怖活动犯罪、黑社会性质的组织犯罪、重大毒品犯罪，以及其他严重危害社会的犯罪案件。随着形势的发展，办案数量逐年增长，办案成效逐年提升，成为打击犯罪、维护稳定的重要技术支撑力量。

2000年后，技术侦察支队积极服务反恐怖斗争，全力配合扫黑除恶、禁毒全民战争、打击整治枪爆违法犯罪、打击电信网络诈骗、“猎狐行动”“云剑行动”“昆仑行动”等打击犯罪专项斗争，深度参与“利剑一号”日照港集中整治、“利剑二号”打击银行逃废债务等重点专案。

附：典型案例

【“娇妃”化妆品特大传销案】

2007年8月，行动技术支队经工作获取线索，顺线查证。2005—2007年，犯罪嫌疑人叶某等人打着营销“娇妃”化妆品的幌子，在山东、新疆、四川等地组织非法传销活动，层层发展下线1万余人，形成一个组织严密、涉案价值达4000余万元的特大非法传销组织。行动技术支队经3个多月连续作战，先后抓获涉案核心A级、B级传销头目申某某、段某某等15人，一举摧毁这一活跃多个省区的传销网络。

【廖某某系列诈骗案】

2004—2005年，犯罪嫌疑人廖某某（湖北仙桃人）伙同其湖北同乡陈某、廖某等人组成诈骗团伙，注册数家虚假公司，以生产销售“丝纳尔布”（实为类窗纱布工业废料）寻找销售代理商并给予丰厚利润回报为名，签订“代理经销合同”，再以山东莒县96958部队后勤处的名义向代理商紧急订购大量同类货物为诱饵，引诱代理商垫资经营，后利用银行汇兑渠道，提取代理商垫资款，达到诈骗目的。该团伙先后骗取黑龙江某经贸公司、哈尔滨市某进出口有限公司等7家公司人民币140余万元，诈骗得手后潜逃。2004年10月，行动技术支队会同莒县公安局侦办该案。经侦查，查清该诈骗团伙的作案流程和内部分工，掌握其作案规律和藏匿地点。12月31日，专案组在武汉将廖某等5名犯罪嫌疑人抓获归案；2005年4月10日，在武汉将主犯廖某某抓获归案。

【全市首起撬盗银行ATM机案】

2012年7月13日0时许，位于莒县浮来西路的农业银行商场分理处ATM机被盗。犯罪嫌疑人撬开银行窗子和钢筋，破坏ATM机后柜门密码锁，盗走现金19.64万元。该案系日照市首起撬盗银行ATM机案，在全国也属罕见。由于作案目标敏感，案件引起各级领导和社会各界的高度关注。案发后，技术侦察支队抽调力量集中攻坚，确定犯罪嫌疑人阚某某（临沂罗庄人），并于8月1日晚在临沂将其抓获归案。

【部督“2011·11·18”特大拐卖儿童案】

2011年12月23日，公安部、省公安厅通报“2011·11·18”特大拐卖儿童案涉及日照市的重要线索。按照市公安局安排，技术侦察支队会同刑侦支队、莒县公安局，经2个多月的严密侦查，基本查清以莒县吕某某为首、10余人参与的贩卖儿童犯罪网络，掌握吕某某与其丈夫李某某先后3次从云南贩卖婴儿，经莒县刘官庄镇许某等人层层介绍，以3.2万～3.5万元不等的价格贩卖至莒县的犯罪事实。2012年3月7日，专案组开展统一行动，抓获犯罪嫌疑人13名，解救被拐卖婴儿3名。

【“2012·3·22”绑架案】

2012年3月22日中午，五莲县潮河镇8岁男童徐某被绑架。23日中午，犯罪嫌疑人电话索要赎金300万元。技术侦察支队会同刑侦支队、五莲县局等单位迅速反应，通力协作，激战9小时，于23日21时许在五莲县潮河镇张家庄附近安全解救人质，将犯罪嫌疑人郭某（菏泽郓城人）、陈某（五莲潮河人）抓获。

【“2013·8·8”电信诈骗案】

2013年8月8日，云南临沧市赵某某等人冒充苏州市公安局工作人员，致电日照市某银行职工韩某，以韩某身份证办理的银行卡涉嫌犯罪、要求清算名下资金为由，要求其将现金转到指定账户，诈骗韩某现金119.1万元。经缜密侦查，12月12日，专案组在云南省昆明市、临沧市分别将赵某某、赵某等3名犯罪嫌疑人（均为云南省临沧市人）抓获归案。

【部督“2016-203”网络贩毒目标案】

2016年4月初，技术侦察支队在侦办1起普通贩毒案时，获取一个涉及全国多个省区的贩毒线索。经侦查，掌握1个网上通联、快递送货、网上转账，以河北张家口人赵某某、河南郑州人杨某某、广东茂名人杨某等人为主要环节，跨山东、河北、河南、广东等省的特大网络贩毒组织。该案被公安部列为部督“2016-203”毒品目标案件。4月中旬，专案组赴河北张家口、河南郑州、广东茂名、山东临沂、河北秦皇岛等地收网抓捕，抓获赵某某、杨某某等犯罪嫌疑人8名，缴获毒品4.5公斤，查扣毒资70万元，一举打掉这个贩毒网络。

【部督“2018-175”毒品目标案件】

2017年11月起，技术侦察支队会同禁毒支队，从侦办一条吸毒线索入手，经顺线追踪、层层梳理，查获出1个以江苏灌云人潘某某，江苏建湖人唐某、江某等人为首，结构严密、层级分明的特大贩毒团伙，该团伙贩毒通道涉及缅甸和中国大陆的云南、江苏、广东、山东等省。由于数量巨大，危害严重，公安部将该案列为“2018-175”毒品目标案件，为2018年山东省毒品犯罪头号案件。2018年4月底至5月初，专案组对该案境内目标集中收网，一举抓获主犯潘某某、唐某、江某、刘某某、陈某某等在内的吸贩毒团伙成员57人，缴获冰毒约60公斤、毒资20余万元、运毒车辆3部，斩断从“金三角”地区延伸至境内多个省区的贩毒通道。

RI ZHAO SHI
GONG AN
ZHI

第五章

经济犯罪侦查

JING JI FAN ZUI ZHEN CHA

经济犯罪是指违反国家经济行政管理法规，破坏社会主义市场经济秩序，应当受到刑事处罚的行为。伴随改革开放进程，我国经济体制逐步由单一集中的计划经济向有计划的商品经济、社会主义市场经济转变，各类经济主体和要素不断活跃，在推动经济高速发展的同时，部分单位和个人为谋取私利不惜铤而走险，经济犯罪从局部萌发滋长不断向各领域发展蔓延。

日照市公安局升格后，先后设立保卫科、经济文化保卫科（以下统称“经保部门”）。2001 年 8 月，设立市公安局经济犯罪侦查支队，第二年 9 月正式组建。2002 年 10 月至 2004 年 1 月，东港分局、岚山分局、日照经济技术开发区分局、五莲县公安局、莒县公安局先后成立经济犯罪侦查大队（以下统称“经侦部门”）。2016 年，山海天分局成立，在刑事犯罪侦查大队加挂经济犯罪侦查大队的牌子，履行相关职责。

第一节　经侦机制建设

一、经侦部门管辖刑事案件范围

1996 年 4 月，根据公安部《关于调整经保局、刑侦局对经济犯罪案件管辖分工的通知》，经保部门开始承担打击经济犯罪任务。

1998 年，按照公安部印发的《公安部刑事案件管辖分工》，经保部门管辖妨害公司、企业的管理秩序罪，破坏金融管理秩序罪，金融诈骗罪，危害税收管理罪，侵犯知识产权罪，扰乱市场秩序罪，职务侵占罪，挪用资金罪 8 大类 74 种经济犯罪案件。

1999 年，根据省公安厅印发的《关于明确经侦、经保部门案件管辖范围的通知》，《中华人民共和国刑法》分则第三章破坏社会主义市场经济秩序罪中的走私假币、妨害对公司企业管理秩序、破坏金融管理秩序、金融诈骗、危害税收征管、侵犯知识产权、扰乱市场秩序及第五章侵犯财产罪中的职务侵占、挪用资金、挪用特定款物等 77 种犯罪案件由经保部门管辖。此后，随着《刑法修正案》的陆续实施，出现一些新罪名，经侦部门管辖的罪名随之增至 100 余种。

2009 年，将经侦的文化保卫职责划归国保部门、经济保卫职责划归治安部门。

2011 年，省公安厅印发《关于进一步明确经侦部门案件管辖的通知》，经侦部门原管辖的重大责任事故案等 11 种案件确定由治安部门管辖，全省公安机关经侦部门管辖 89 种经济犯罪案件。主要包括《中华人民共和国刑法》分则第二章危害公共安全罪中的资助恐怖活动案件；从《中华人民共和国刑法》分则第三章破坏社会主义市场经济秩序罪中的走私，妨害对公司、企业管理秩序，破坏金融管理秩序，金融诈骗，危害税收征管，侵犯知识产权，扰乱市场秩序案件；《中华人民共和国刑法》分则第五章的侵犯财产类案件。

2014 年，将与食品药品和环境犯罪有关的工作职责移交给新成立的食品药品和环境犯罪侦查部门。

经济犯罪侦查部门管辖案件一览表

表 5-1

类别		罪名
危害国家安全（1 种）		资助恐怖活动案
破坏社会主义市场经济秩序	走私（1 种）	走私假币案
	妨害对公司、企业管理秩序（17 种）	虚报注册资本案，虚假出资、抽逃出资案，欺诈发行股票、债券案，违规披露、不披露重要信息案，妨害清算案，隐匿、故意销毁会计凭证、会计账簿、财务会计报告案，虚假破产案，非国家工作人员受贿案，对非国家工作人员行贿案，对外国公职人员或者国际公共组织官员行贿案，非法经营同类营业案，为亲友非法牟利案，签订、履行合同失职被骗案，国有公司、企业、事业单位人员失职案，国有公司、企业、事业单位人员滥用职权案，徇私舞弊低价折股、出售国有资产案，背信损害上市公司利益案

续表 5-1

类别		罪名
破坏社会主义市场经济秩序	破坏金融管理秩序（30 种）	伪造货币案，出售、购买、运输假币案，金融工作人员购买假币、以假币换取货币案，持有、使用假币案，变造货币案，擅自设立金融机构案，伪造、变造、转让金融机构经营许可证、批准文件案，高利转贷案，骗取贷款、票据承兑、金融票证案，非法吸收公众存款案，伪造、变造金融票证案，妨害信用卡管理案，窃取、收买、非法提供信用卡信息案，伪造、变造国家有价证券案，伪造、变造股票、公司、企业债券案，擅自发行股票、公司、企业债券案，内幕交易、泄露内幕信息案，利用未公开信息交易案，编造并传播证券、期货交易虚假信息案，诱骗投资者买卖证券、期货合约案，操纵证券、期货市场案，背信运用受托财产案，违法运用资金案，违法发放贷款案，吸收客户资金不入账案，违规出具金融票证案，对违法票据承兑、付款、保证案，逃汇案，骗购外汇案，洗钱案
	金融诈骗（8 种）	集资诈骗案，贷款诈骗案，票据诈骗案，金融凭证诈骗案，信用证诈骗案，信用卡诈骗案，有价证券诈骗、保险诈骗案
	危害税收征管（14 种）	逃税案，抗税案，逃避追缴欠税案，骗取出口退税案，虚开增值税专用发票、用于骗取出口退税、抵扣税款发票案，虚开发票案，伪造、出售伪造的增值税专用发票案，非法出售增值税专用发票案，非法购买增值税专用发票、购买伪造的增值税专用发票案，非法制造、出售非法制造的用于骗取出口退税、抵扣税款发票案，非法制造、出售非法制造的发票案，非法出售用于骗取出口退税、抵扣税款发票案，非法出售发票案，持有伪造的发票案
	侵犯知识产权（5 种）	假冒注册商标案，销售假冒注册商标的商品案，非法制造、销售非法制造的注册商标标识案，假冒专利案，侵犯商业秘密案
	扰乱市场秩序（10 种）	损害商业信誉、商品声誉案，虚假广告案，串通投标案，合同诈骗案，组织、领导传销活动案，非法经营案，非法转让、倒卖土地使用权案，提供虚假证明文件案，出具证明文件重大失实案，逃避商检案
侵犯财产（3 种）		职务侵占案，挪用资金案，挪用特定款物案

说明：由 2011 年山东省公安厅《关于进一步明确经侦部门案件管辖的通知》确定

二、经侦工作重要部署

1999 年，由于社会主义市场经济体制尚处于建立和完善过程中，社会结构、经济结构和人们的思想观念急剧变化，滋生经济犯罪的各种诱发因素不断增多，经济犯罪形势和经济系统安全保卫工作出现许多新情况新问题。为应对形势变化，全国、全省第一次经济犯罪侦查会议先后召开，对新时期经济犯罪侦查、防范工作作出重要部署。

1999 年 12 月 28 日，全市第一次经济犯罪侦查工作会议召开。会议提出，新时期全市经侦工作要紧紧围绕保卫和促进经济建设，以维护社会主义市场经济秩序、经济安全和社会稳定为目标，以建立覆盖全市的经济犯罪侦查专门机构和高素质的专业队伍为保障，认真履行法定职责，打防并举，主动出击，依法办案，强化管理，逐步建立和完善以经侦部门为骨干，有关部门密切协作、信息共享，打击有力、防范严密的经济犯罪侦查工作机制。会议提出“一年打基础、两年上台阶、三年创先进”的工作规划：2000 年，理顺经侦工作体制，建立市、县两级自上而下、业务对口、协调一致的经侦工作机构，充实调整人员，配备必要的交通工具和技术装备，初步建立起与有关部门办案协作制度，完善落实预防、控制经济犯罪的工作措施；2001 年，各级公安经侦部门侦查破案能力要有明显增强，办案质量、办案时效和结案率有明显提高，与有关部门的办案协作机制趋于完善，在打击犯罪和阵地控制方面初见成效；2002 年，经侦部门要力争成为各级公安机关的先进单位，做到案件来源渠道畅通，情报信息网络健全，防范措施严密到位，阵地控制隐蔽有效，基本掌握打击经济犯罪的主动权。

2004 年 12 月 3 日，第二次全市经济犯罪侦查工作会议召开，传达学习中央、省委领导批示及全国、全省第二次经侦工作会议精神，分析形势，研究部署全市经侦工作任务。会议要求，各级党委、政府要切实加强对防范和打击经济犯罪工作的领导，及时予以指导，解决工作中的各种困难和问题。各有关部门要各司其职、通力协作、密切配合，建立打击、防范经济犯罪的预警机制、防控机制和协作机制“三大机制”。探索建立以信息情报为主导、以案件侦破为重点、专群结合的防范打击经济犯罪体系，全面提高防范打击经济犯罪的能力和水平。

2011 年 4 月 21 日，市公安局组织召开贯彻第三次全国全省经侦工作会议暨派出所经侦基础工作观摩会。会议要求，不断完善领导有力、指挥灵敏、协作顺畅、监督到位的经侦工作格局，严厉打击、严密防范各类经济犯罪活动，进一步提升侦查破案和执法办案水平、经侦队伍正规化专业化水平和服务社会保障民生水平。会议作出推动经侦执法规范化建设、加强派出所经侦基础工作等重要部署。

2017 年，在经济下行压力加大、经济转型升级的背景下，很多原来被掩盖的经济领域风险大量暴露，新的矛盾问题也逐步显现，经济犯罪活动日趋增多，危害不断加剧。4 月 26 日，市政府组织召开第四次全市经济犯罪侦查工作会议。会议提出，要围绕全面深化公安改革和“四项建设”决策部署，坚持问题导向、法治思维、底线思维，坚持系统治理、依法治理、综合治理、源头治理，以全面提升遏制犯罪、防范风险、服务发展、维护稳定的效能为目标，立足改革创新和队伍正规化、专业化、职业化建设，统筹社会领域和专业领域、网上和网下、境内和境外多个战场，建立健全一体化、数据化、系统化、科学化的打击经济犯罪工作新机制，全力开创经侦工作的新局面。会议强调，要践行精准警务理念、强化主动进攻意识；强化“一盘棋”思想、完善合成作战机制；聚焦防控风险、提升执法质量效果。

图 5-1　2017 年 4 月 26 日，召开第四次全市经济犯罪侦查工作会议召开

2018 年 5 月 3 日，市公安局印发《日照市打击和防范涉众型经济犯罪工作机制（试行）》，进一步明确打击和防范涉众型经济犯罪基本原则、组织领导、预警防控、侦办协调、维稳处置、机制保障，推动建立完善“党委领导、政府主导、综治牵头、公安主抓、部门协同、属地管理”的一体化工作格局，将打防控涉众型经济犯罪纳入社会治安综合治理考评范畴，推动打击和防范涉众型经济犯罪标准规范化建设。

2002—2018 年全市查处经济犯罪案件数据统计表

表 5-2

年份	立案（起）	抓获（人）	刑拘（人）	逮捕（人）	涉案金额（万元）	挽损金额（万元）
2000	61	50				1900
2001	69	55				1100
2002	105	75	25	7	1700	1200
2003	90	135	90	21	4026	973
2004	92	150	130	35	6150	1965
2005	84	236	120	45	5682	1965
2006	108	182	161	44	7694	2981
2007	137	247	226	37	36000	3000
2008	123	296	201	56	9800	3790
2009	175	250			16000	8400
2010	134		152	39	9086.8	3008.3
2011	165	254	182	49	35600	2820
2012	404	628	628		130000	6200
2013	191	230	149	31	65600	14300
2014	202	232	180	53	293000	23000
2015	218	216	162	54	247700	46000
2016	203	286	198	67	214100	122000
2017	216	360	315	48	2768000	1336900
2018	209	234	179	38	386500	203600

三、跨区域协作机制建设

全市经济犯罪侦查机构成立后，牢固树立“一盘棋”思想，加强经侦部门区域间的协作配合，以国家利益为重，以大局为重，坚决摒弃地方保护主义，建立完善经侦部门跨区域警务协作机制，充分利用集群战役、云端打击等创新战法，不断加强和深化跨区域沟通协调、交流融合、合成作战，不断提升打击能力和办案水平。

2011 年，针对经济犯罪日趋职业化、产业化、跨区域化等特点，在打击制假售假“亮剑”行动中，公安部经侦局创新推行集群战役战法。各地经侦部门从点滴线索着手，经过深入侦查，掌握整个犯罪网络全面情况。对涉及 3 个以上省（自治区、直辖市）的经济犯罪案件，由公安部经侦局搭建集群战役作战平台、统一指挥，发起地、主战地、参战地公安机关在一个时期内统一行动，对犯罪源头、中转、流向等各个环节的系列案件同时发起全链条集中打击行动，对犯罪网络实施地毯式、“外科手术”式精准全面摧毁，达到打击效能最大化。全市公安机关经侦部门借势发力，积极搜集、经营大要案件线索，主动发起全国性集群战役，不断将打击经济犯罪工作推向纵深，壮大打击声势，对各类犯罪形成强大有力震慑。2012—2016 年，全市公安机关经侦部门共发起 11 次全国性集群战役。

2017 年后，公安部经侦局积极倡导大数据思维，强化数据意识和信息应用能力，以全环节、全链条精准打击为指向，对集群战役战法进行全面升级，探索实践情报导侦、区域联动、集约打击的云端打击主战模式。全市公安机关经侦部门深入摸排各类犯罪线索，将需要外省市协助打击处理的案件资料及协助需求及时全面录入“云端行动系统”，由“云端行动系统”顶层组织研判，集中下发线索，部署相关省市开展一体化系列集约打击。2017—2018年，借助云端打击，全市经侦部门先后发起7次集群战役。

四、“两法衔接”机制建设

“两法衔接”是指在打击经济犯罪中，刑事司法与行政执法的协作配合。全市经济犯罪侦查部门成立后，坚持信息共享、适时介入、联合行动、优势互补原则，主动与经济、行政执法管理机关和行业协会等部门、组织对接，深化双边、多边合作，固化机制、形成常态，不断增强打击防范经济犯罪的合力。

2004年1月14日，市公安局、市人民检察院、市审计局、市工商行政管理局、市质量技术监督局、市国家税务局、市地方税务局、市国土资源局、市环境保护局、市农业局、市林业局、市烟草专卖局、市药品监督管理局、市盐务局召开联席会议，决定建立行政执法和刑事司法相衔接工作机制，共同创建信息共享、沟通便捷、防范有力、查处及时的打击经济犯罪新格局，更好地打击破坏市场经济秩序的犯罪活动，整顿和规范市场经济秩序。3月1日，上述部门联合印发《关于进一步做好行政执法机关移送涉嫌犯罪案件工作的意见》，强调加强协作配合，强化打击合力，明确移送案件线索具体规定和各单位工作职责。3月25日，市公安局、人民银行日照市中心支行、国家外汇管理局日照市中心支局、中国银行业监督管理委员会日照监管分局联合转发省公安厅、中国人民银行济南分行等6单位《关于在维护金融安全和查处金融违法犯罪案件中加强协作配合的意见》，要求规范金融违法犯罪案件线索的移送和查处制度，畅通信息交流渠道、实现信息共享，完善金融安全防范制度，建立工作协作配合机制。

2005年，全市经侦部门与工商、税务、盐务、技术监督、电业、电信、邮政等行政执法部门密切配合、通力协作，共出动警力2000余人（次），先后组织20余次专项行动，联合清查400多次，查处案件60余起，行政处罚50余人，捣毁各类窝点100多个，查扣各种物资价值100余万元。其中，开展为期2个月的整治盐业市场专项行动，公安、盐政部门联合执法10余次，出动宣传车36辆次，张贴标语450余条，整顿和规范全市盐业市场秩序。

2007年10月23日，市公安局会同市盐务局印发《日照市维护盐业市场秩序确保食盐安全专项整治行动方案》，以确保全市城乡居民用盐安全为目的，充分发挥盐政、公安联合执法的优势，进行市场整治和源头治理，集中力量重点查办东港“7·8”、岚山“9·3”等一批贩销私盐数量大、危害大、影响大的违法犯罪案件，依法严惩、有效震慑涉盐违法犯罪活动。

2011年，保险诈骗及保险从业人员侵财犯罪案件增多。4月20日，市公安局联合市保险行业协会召开全市公安保险部门联合开展打击保险领域违法犯罪联席会议，印发《关于进一步加强打击保险领域违法犯罪活动的通知》，成立日照市联合打击保险诈骗违法犯罪领导小组，全市各级公安机关和保险机构对口建立相应的工作联络制度，定期、不定期召开联席会议，建立情况通报制度，通报新出台的保险政策、工作举措、法律法规和一段时期内的保险违法犯罪案件情

图5-2 2011年4月20日，召开全市公安保险联席会议召开

况、规律特点，探讨打击和预防保险违法犯罪的对策和措施，明确各方职责和相关法规及追诉标准。

2012年4月10日，市公安局、市国税局、市地税局召开联席会议，建立健全警税协作长效机制，推动协作运行制度化，规范化。10月29日、11月15日，市公安局经侦支队先后召开有关市级行政执法单位、重点大型企业和各分县局经侦部门会议，研究部署经侦工作向行政执法单位、企业延伸，以及市级行政执法部门信息共享、协作室建设等工作。2012年11月2日，市政府组织召开全市打击经济犯罪协调会商机制座谈会，通报全市行政执法部门和刑事司法部门联合打击经济犯罪工作情况，研究会商提升打击效能的新举措。市公安局、市监察局、市人民银行、市审计局、市国税局、市地税局、市工商局、市银监局、市检察院、市质监局、市盐务局、市烟草专卖局、市知识产权局等13家单位参加会议。会议要求，各行政执法单位和刑事司法部门要大胆探索、切实做好“两法衔接”工作，尽快建立健全协调会商机制，在“加强信息共享、做好案件双向移送、推动联合执法”等方面下功夫，不断增强打击合力，优化打击效果。

2013年6月5日，市公安局会同市国税局、市地税局联合召开2013年全市公安税务联席会议暨开展打击整治发票违法犯罪专项行动部署会议，总结2012年警税协作工作情况，传达学习上级相关文件精神，对开展打击整治发票违法犯罪专项行动工作进行安排部署。

2013年，市公安局着力构建严厉打击侵犯知识产权和打假长效机制。3月19日，市公安局提请市政府召开工商、食药监、质检、出入境检验检疫、盐务、知识产权、烟草专卖、农业、商务等10余家职能部门参加的联席会议，制定《日照市打击侵犯知识产权和制售伪劣商品违法犯罪互派联络员制度》。建立健全协作工作机制，加强情报线索和信息共享，切实做到对涉假侵权违法犯罪露头就打，进一步净化市场环境、规范市场秩序，维护群众切身利益。4月，市公安局组织各分县局开展保护知名品牌走访活动，先后走访全市驰名商标企业13家、著名商标企业54家，实地了解企业知识产权保护工作开展情况，积极商讨建立重点企业、行业协会品牌保护协作机制、联络员制度、警企协作机制，先后与日照市茶叶技术协会、山东五征集团有限公司、日照市钢铁有限公司、日照市水产协会，签订保护知识产权和打击侵权假冒违法犯罪协作备忘录。5月9日，全市公安、工商联合打击侵犯知识产权和制售伪劣商品座谈会在莒县召开，强调加强协作配合、联合执法，严厉打击侵犯知识产权和制售伪劣商品犯罪。6月，市公安局经侦支队被省公安厅经侦总队表彰为打假机制建设先进单位。

2014年，市公安局经侦支队与日照市保险行业协会联合成立“日照保险业反保险欺诈工作站”，进一步建立完善常态化的信息沟通交流机制，通过召开联席会议、互通情报信息等方式，拓展信息沟通交流的内容、形式、途径和方法，推动资源共享、优势互补。加快建设保险信息共享平台，建立健全多次从事保险欺诈活动的重点企业或人员基础信息库，通过信息系统分析相关线索，及时有效防范保险诈骗犯罪的发生。

2015年9月，市政府办公室印发《关于进一步加强防范和打击经济违法犯罪协调会商机制建设的意见》，健全完善部门间防范和打击经济违法犯罪长效协作机制，最大限度减少经济违法犯罪对国家、集体和个人造成的危害和损失，保障和维护规范有序的社会主义市场秩序。是年9月24日，召开公安税务联席会议，通报打击黄金票犯罪和出口退税犯罪2个专项行动工作进展情况，传达《国家税务总局关于认真做好2015年打击发票违法犯罪活动工作的通知》，讨论修订《公安税务联席会议制度》。

2016年8月25日，市公安局派驻市国税局、市地税局联络机制办公室揭牌仪式在市国税局举行，公安、税务机关形成常态化、制度化、规范化的派驻工作机制。

2017年后，全市公安机关主动融入经济发展大局，与人民银行及各金融机构加强协作配合，加大打击和挽损力度，全力推进打击逃废银行债务行动向纵深开展，全市不良贷款余额和不良贷款率实现“双降”，取得良好的社会效果和法律效果。同时，在税务、工商等部门设立各级协作联动室，积极推动信息共享、线索移交、案件协查等工作；在日照钢铁有限公司等重点企业设立警企联络室，加强内部防范，并辐射带动周边企业。

2018 年，公安经侦部门重点加强关注新经济、新业态中的风险，先后会同金融办等部门调查摸排电子商务、互联网金融等新业态企业机构 7000 余家，重点关注 100 余家。

第二节　经侦基础工作

一、经侦专业队伍建设

随着中国加入世贸组织，对外开放进一步扩大，市场竞争加剧，日照作为沿海开放城市，涉外经济犯罪、侵犯知识产权犯罪及侵犯商业秘密犯罪等国际化、智能化、专业化犯罪案件明显增多，对经侦队伍的专业知识和办案能力提出更高要求。全市公安机关按照建设高素质专业化经侦队伍要求，开展针对性、实效性强的分层分类业务大培训大练兵大比武，全面加强专业知识、专业能力培训，不断提升适应经侦事业发展的能力。

2002 年，市公安局经侦支队制定《经侦工作目标管理考核办法》，对文秘管理、案件侦办、执法监督、队伍建设等予以细化考核，确保各项工作规范、有序、高效运转。11 月 3 日，组织全市经侦民警参加全国经侦民警任职资格统一考试。为组织好此次考试，市公安局印发《2002 年度经侦民警任职资格考试实施方案》，组织部分参考民警赴省公安厅参加公安部专题辅导，下发模拟考试题目供民警反复练习，44 名参考人员全部通过此次考试。12 月 2 日，举办全市首期经济犯罪侦查暨公安经侦队伍建设培训班。特邀省公安专科学校、市委党校专家教授及检察院、国税局等部门专业人员授课。

2003 年 3 月，组织全市经侦民警参加省公安厅经侦总队“反洗钱”网络培训，派出 5 名民警参加省公安厅“反洗钱”培训班。9 月，组织全市经侦大队长和业务骨干到先进地市参观学习。12 月，举办全市经侦信息系统管理员培训班，对新版本信息系统的管理使用进行全面培训。

2004 年 12 月，组织全市经侦系统 17 名民警参加公安部组织的第三次全国经侦民警任职资格考试，参考民警均一次性通过。是年，五莲县公安局经侦大队破获多起系列大要案，立集体二等功。

2005 年，五莲县公安局经侦大队被评为全省优秀公安基层单位。

2006 年 5 月，印发《经侦队伍正规化建设规章制度汇编》，涵盖组织管理与队伍建设、监督制约、经济犯罪侦查、内务管理四大部分的 38 项制度，为经侦队伍的正规化建设和长远发展提供制度保障。是年 8 月，召开全市经侦系统正规化“三基”建设现场观摩会。是年，组织 8 次全员培训和 3 次业务技能考试，重点培训、考核情报信息搜集应用能力，及打击非法传销、证券犯罪和商业贿赂犯罪能力，计算机技能和基础业务，以考促学、以学促练、以赛促练，苦练精兵，打造懂法律、懂经济、懂侦查的“三懂”经侦队伍。2007 年 2 月 9 日，市公安局经侦支队立集体三等功。

2008 年 12 月，市公安局经侦支队积极备战，参加全省公安经侦系统岗位技能比武竞赛，被评为“优胜单位”。

2009 年 7 月，在全省公安经侦信息化工作技能比武竞赛中，市公安局取得全省总分第五名的成绩，经侦支队负责人在支队长论述题中获评优秀、1 名民警被评为全省公安经侦信息化工作技能优秀个人。

2011 年，市公安局经侦支队被省公安厅记集体二等功，五莲县公安局经侦大队被评为全省优秀

图 5-3 市公安局经侦支队荣立 2011 年度集体二等功

公安基层单位。

2012 年，东港分局经侦大队被评为全国优秀公安基层单位，莒县公安局经侦大队被评为全省优秀政法单位。全市经侦系统 2 名民警立个人二等功，1 名民警被评为全省优秀人民警察，8 名民警立个人三等功。

2014 年 5 月，对《经侦队伍正规化建设规章制度汇编》进行修订，将“组织管理与队伍建设、监督制约、经济犯罪侦查、内务管理”四大部分的38项制度增订为50项制度。10 月，举办全市公安经侦业务知识培训班，邀请省公安厅经侦总队情报导侦专家及各地市经侦办案能手授课，全市经侦系统 50 余名民警参加培训，增强经侦民警情报意识和信息化应用能力，提高执法办案水平，打造学习型经侦队伍。是年，市公安局经侦支队被省公安厅记集体二等功，开发区分局经侦大队被评为全省优秀公安基层单位。

2015 年 12 月，举办“i2 数据分析软件”应用培训班，邀请专业技术人员讲解经侦大数据分析的基本方法。

2017 年 9 月，组织开展全市经侦系统“云端 2017”专项行动业务培训，提升民警“云端”作战能力。12 月，组织召开全市经侦部门情报技术培训暨“云端 2017”专项行动推进会议，进一步明确经侦工作“信息化建设、数据化实战”发展方向，提升经侦民警信息化作战能力水平。

图 5-4 2017 年 12 月，全市经侦系统情报技术培训班

2018 年，全面推进经侦工作标准规范化建设。制定《日照市公安局经侦工作标准规范》，包括决策指挥、安保维稳、执法办案、基层基础、队伍建设、服务保障六部分，搜集、梳理、制定有关机制、制度 20 余项，完善、再造流程 12 项，明确、修订工作指引 30 余项。是年，全面梳理程序和实体执法依据 50 余项，将部、厅、局三级近 5 年的法律法规、工作细则等 136 个文件分类挂支队网站，供全市经侦民警学习、借鉴、参照。是年，在全市经侦部门开展案例讲评活动，总结推广精品案例和优秀技战法；组织民警观看庭审直播，对案件的定性、案件适用的具体法律条文、证据收集和办案程序等问题进行交流讨论，引导民警积极适应以审判为中心的诉讼制度改革新形势，提升民警执法素质。是年，组织业务骨干到枣庄、临沂等地观摩交流，学习其他地市先进经验。是年，全市经侦部门有 2 个单位被评为先进集体、15 名民警立功受奖，其中 1 人立一等功、2 人立二等功。

二、经侦信息化建设

2002 年 9 月底，省公安厅经侦总队在全省范围内进行经侦信息综合管理系统的联网、安装、调试工作。市公安局经侦支队设置专用标准机房，配备服务器、光盘刻录机、打印机、扫描仪、数码相机及其他设备，实现与省公安厅联网，开启全市经侦工作信息化之路。

2003 年上半年，随着市公安局与各分县局公安三级网改造完成，经侦信息综合管理系统实现市公安局与各分县局的联网。全市经侦部门联网微机 34 台，服务器 1 台，各大队均配备数码相机、扫描仪、刻录机、打印复印机等设备，各项信息均按省公安厅要求进行录入。

2006 年 3 月，在市公安局公安网站开通“日照经侦信息网”，实现网上传报、呈阅、下载、统计等功能，推动经侦工作信息化、办公自动化建设。

2007 年，经侦支队贯彻情报信息主导警务战略，开展情报信息工作，推动打击经济犯罪主动进攻机制建设，被省公安厅经侦总队评为 2007 年度经侦情报工作先进单位。

2008 年，全市经侦部门发挥情报工作服务决策、引领实战、指导防范的三大功能，以搜集、研判为核心，以内线侦查、并案侦查为基本战法，不断夯实阵地控制等基础，全面推进各项基础工作。

2010 年，市公安局经侦支队上报的信息被省公安厅评选为二级情报。

2011 年 9 月 30 日，启用“全国经侦信息系统”相关模块，贯彻落实第三次全国经侦工作会议关于实施重大线索统一研判经营的部署，实现跨地区线索集中打击。

2012 年，以经侦工作“三个延伸”为契机，利用公安内网、互联网及传统情报搜集模式，不断挖掘案件线索，及时发布预警信息。在不断提高信息化应用的同时，加强传统情报工作，按照一警一人、专人专管的原则，在金融、税务、工商、重点企业、内部单位等物建信息员。5 月，通过信息工作获取线索破获一起特大非法出售发票案。

2013 年，推广应用公安部资金查控系统，在服务经济犯罪侦查的同时，为其他警种提供数据分析服务。推广应用公安部经侦局依托全国经侦信息系统研发的云搜索平台，借助智能搜索功能，提升经侦情报信息工作效能。是年，多方搜集信息资源，完善情报基础，经侦支队与市内各大物流公司签订警企共建合作协议。

2014 年，加强对重点领域、重点行业的风险问题研判，提升经济犯罪预判、防范能力。主要有金融市场运行情况，特别是股市、债市、互联网金融等出现的苗头性情况及可能出现的金融风险；房地产市场运行情况，房地产市场调整对经济形势和金融安全的影响；注册资本登记制度改革实施的情况、存在的问题；“营改增”试点工作中出现的新问题；压减消化过剩产能工作遇到的困难和问题，企业兼并重组有关政策的落实情况、存在的问题等。11 月 3—7 日，从各区县大队抽调 6 人，参加全省经侦情报信息应用工作培训班，提高情报搜集研判水平和实战化应用能力。

2015 年，开展涉案资金协查、商业银行协查工作，做好对刑侦、治安、食药环、禁毒等办案部门的涉案资金协助查询工作，提供有效查询 132 次。

2016 年 4 月，制定《日照市公安局经侦情报工作制度》，明确学习培训、信息研判、同步上案、考核奖励等规章制度。5 月，采购电子数据提取箱等技术设备。9 月 27—30 日，抽调 8 名业务骨干，参加在济南举办的全省公安经侦部门情报培训班，学习资金查控、情报导侦等业务工作知识。10 月，对全市重点逃废银行债务企业开展数据研判工作。通过利用资金查控平台等系统，初步研判关联企业 176 家，并利用有关软件对资金流向、人员关系、企业架构进行分析，为打击逃废银行债务“利剑 2 号”专项行动奠定基础。

2017 年后，互联网金融等新型经济犯罪不断涌现，涉众型犯罪层出不穷，呈现更加智能化、专业化和隐蔽化特征，给经济犯罪侦查工作提出更高要求。全市公安机关经侦部门注重信息化建设和数据作战能力对经侦实战的支撑作用，贯彻落实“信息化建设、数据化实战”工作理念，推动运用大数据技术引导实战、服务实战。

2018 年 4 月，按照公安部经侦局《“两年锻造全新警种”工作规划》和省公安厅经侦总队《“两年锻造全新警种”工作实施意见》要求，开展各类培训教育、考察学习活动，参与全省“论剑”比武竞赛，购置相关技术设备，从思维理念、人员机构、软硬件设备、警务运行机制等方面，提升经侦部门核心战斗力。实施数据导侦战略，优化数据导侦运行机制，拓展数据阵地、研发数据武器、建设数据平台，推动打击能力新提升。

三、经侦执法监督

全市经济犯罪侦查部门成立后，强化经侦民警社会主义法治理念，以标准化、流程化、精细化为重点，不断细化执法管理程序，加强执法监督，促进严格规范公正文明办案，维护案件当事人合法权益。

2002年，经侦专业部门组建后，即把规范执法放在和侦查办案同等重要的位置来抓。是年，在省公安厅组织的经侦执法检查中，莒县公安局被评为全省经侦执法先进单位，侦办的于某某保险诈骗案被评为全省精品案例。

2003年，在全市经侦部门全面推行主办侦查员制，与检法等机关建立联席会议制度，开展精品案例和优秀调研文章评选活动。是年8月，在五莲经侦大队召开经侦工作现场会，推广该大队执法办案经验做法。

2004年，继续完善执法监督制度建设，各大队设立法制监督员，对本单位所办案件进行全程监督；坚持三级把关制，分别由案件侦办人员、支队（大队）领导、分管局领导逐级把关；建立完善集体通案制度，对重大复杂及疑难案件进行集体讨论；完善经济案件案前报备制度，合同诈骗、侵犯知识产权等案件立案前须到市公安局备案，赴外地侦查、抓捕等须由市公安局审核把关。

2005年，进一步规范办案程序，坚持每月大队自查、每季度支队抽查、每半年一次全面检查的考核办法，督促办案部门和办案民警提高办案质量，及时整改问题，避免违法办案和插手经济纠纷等问题的发生。

图5-5 全市经侦系统“三基”工程建设推进会

2006年，全面推进经侦“三基”建设，提升打击经济犯罪的实战能力和水平。围绕规范执法，进一步健全完善《日照市公安机关办理经济犯罪案件程序规定》《情报信息主导警务制度》《疑难案件研究协调制度》《涉案财物管理规定》等一系列规章制度；实行统一受案、“四级”审核把关和集体通案制度，强化网上督导考核，建立民警执法档案，主动接受社会监督。是年，全市各级经侦部门统一建成具有经侦特色外观标识的办公场所，建成规范的受案室、审讯室、询问室、监控室、档案室、物证室、值班备勤室等“七室”工作场所，审讯室配备具有全程录音录像功能的设备，基本实现网上办案。

2007年，优化完善办案组织形式和工作模式。推行侦查破案责任制、主办侦查员责任制、专案侦查责任制，层层落实执法办案责任，确保案件质量；严格涉案财物管理，落实专人，规范管理，固定台账，严格移交、移送手续；建立健全民警个人执法档案，严格执法考核标准，全面实行执法绩效考核制，实行一案一记录、一案一考评，调动民警办案积极性。

2009年，严格贯彻落实新出台的《山东省公安厅经侦总队关于规范执法的十二条规定》《山东省公安经侦部门九个严禁》，防止出现执法偏差，确保不发生执法不规范问题。

2010年，进一步规范经济犯罪案件立案审核工作，提高执法规范化水平，保障严格公正执法，保护当事人合法权益。经侦部门对受理的经济犯罪案件，在决定是否立案侦查前，先送同级法制部门进行审核，再报公安机关负责人审批。需要报送上级公安机关审核才能立案的案件，先由同级法制部门审核，再按规定报送上级公安机关审核。

2010年，开展经济犯罪积案清理工作，清理2008年12月31日前已立案未结的一般类和特殊类（人员涉及境外）积案，共清理出一般类积案30起、特殊类积案1起。市公安局经侦支队边查边改，是年整改26起一般类积案。2011—2013年，开展清理积案“回头看”活动，将剩余5起积案全部化解。2010年，公安部组织召开第四届打击银行卡犯罪经验交流会暨表彰会，莒县公安局侦办的牟某某团伙信用卡诈骗案被评为2009年银行卡精品案例。

2011年，开展涉案财物管理问题专项治理，解决经侦部门涉案财物管理突出问题。其间，共排查案件69起，发现问题案件2起、整改2起；排查涉案资金1400余万元，发现、整改问题52项。

2013年，印发《关于进一步明确全市公安机关办理经济犯罪案件相关问题的通知》，对支队与区县大队的案件管辖分工、自侦大要案上报、合同诈骗案立案审核等问题予以明确。并明确经侦部门根据工作需要可指导派出所办理因果关系明显、案情简单、无需专业侦查手段的假币、假发票、非法传销等简易经济犯罪案件，将打击经济犯罪力量下沉、阵地前移。是年7月起，对办理的所有经济犯罪案件当事人进行回访，并建立回访档案。是年12月，加强和改进经济犯罪案件立案工作，严格执行统一受案制度，严格依法受理案件，严格执行案件管辖规定，严格执行立案审查规定，严格落实执法公开、执法告知规定，严格落实执法监督措施。

2015年，对立案突出问题开展专项治理，发现问题7个，整改7个。7—8月，全面整改警综平台经侦执法监督系统黑色预警库内问题案件，有效解决立案、取保候审、监视居住、撤案等执法办案环节存在的超期问题，进一步规范网上办案。

2016年9—11月，集中开展为期2个月的经侦重点执法问题巡查监督活动，对历年未办结的领导批示交办案件、存在执法问题的信访案件等进行认真梳理，开展自查自纠工作。

2017年，深化开展经侦重点执法问题巡查监督活动。其间，围绕重点案件，细化活动方案，全面开展排查化解、整改稳控等工作。12月，省公安厅经侦总队在德州举办第五届全省公安经侦系统案例讲评会，岚山分局经侦大队民警讲评的案例——《筑牢基础　抽丝剥茧　日照铸福实业有限公司骗贷系列案件侦破经过》获得三等奖。

图5-6　2017年12月，岚山经侦大队侦办的铸福实业公司骗贷案参加省公安厅案例讲评活动

2017—2018年，部署开展案件评查和专项整治活动，推动“百案评查”工作。2017年，将6起涉访案件，按照上级规定的评查内容、方式进行评查。成立检查组，通过“全国经侦信息系统”平台和执法办案闭环管理系统，每个区县随机抽取2起案件，实地检查案件全部纸质案卷，对网上审批流转进行倒查核验，对电子卷宗进行抽查核对。2018年，将信访案件及检察院不批准逮捕、不起诉案件列为必查案件，从案件基本情况、民警执法事实认定、证据收集、程序应用、法律使用等方面，对每起案件进行评查，督促整改执法问题。

2018年，开展“挂案清仓”专项活动，全市共梳理排查出属于该次清理活动范围内四类情况的案件425起，逐一落实整改措施。是年，集中整治查封扣押冻结（以下简称“查扣冻”）不规范问题，对涉及“查扣冻”的未结案件和在侦案件进行全面梳理，对于尚未处理或移交的涉案赃款赃物进行登记造册，建立台账，对发现的“查扣冻”不规范问题进行自查自纠。

四、派出所经侦基础工作

地级日照市公安局成立后，各级经侦部门不断推动警务前移，充分发挥各派出所人熟、地熟、情况熟的优势，协助经侦部门打击经济犯罪、强化经济犯罪防控。

2006年，五莲县公安局下发《关于推行经侦警务前移的实施意见》和《关于在派出所建立经文保工作室的通知》，举办派出所经侦联络员培训班，率先推行经侦工作向派出所延伸。

2010年，为规范派出所收集上报经济违法犯罪情报信息、办理简易经济犯罪案件、协助侦查办案、开展经济犯罪案件维稳处置和开展经济犯罪预防工作，公安部、省公安厅先后提出加强派出所经侦基础工作的要求。2011年2月，市公安局组织各区县公安机关分管经侦工作的领导、经侦大队长及部分派出所所长赴泰安考察学习派出所经侦工作。是年，各分局、县局先后在派出所设立经侦工作室63个、确定经侦工作联络员79人。市公安局印发《派出所经侦业务工作指导手册》，指导派出所民警开展经侦业务工作。全年派出所民警协助办理经济犯罪案件6起，并广泛参与经济犯罪情报信息收集、线索摸排、案件预防和重点稳控等工作。

图5-7 2011年，举办全市经侦联络员培训班

2011—2013年，市公安局先后举办3期派出所经侦工作联络员业务知识培训班，累计培训派出所民警200余人，提升全市派出所民警经侦基础工作能力。2012年，市公安局召开全市“破案会战”暨“三个延伸”现场推进会，现场观摩东港分局昭阳路派出所、黄海路派出所经侦工作室，东港区国税局的协作联动室及山东荣信食品有限公司的警企联络室建设，在全市公安机关推动经侦工作向基层派出所、行政执法部门、重点企业延伸。

2014—2018年，全市经侦部门不断深化“三个延伸”，夯实经侦基础工作。全市派出所经侦联络员在经济犯罪线索搜集、小案侦办、经侦案件维稳，以及非法集资、传销、侵犯知识产权犯罪的宣传预防等方面发挥了积极作用。

第三节　侦办涉众型经济犯罪案件

涉众型经济犯罪主要包括非法集资（包括非法吸收公众存款和集资诈骗）、组织领导传销活动（按组织形式分为聚集型传销和网络传销）两类犯罪，涉及人员多、涉案金额大、涉及范围广、群众损失大，给案件侦办和社会稳定带来巨大压力。全市公安机关经侦部门根据涉众型经济犯罪特点和发案形势，重拳出击、主动进攻，持续组织打击整治非法集资、传销等专项行动，有力维护群众合法利益和社会和谐稳定。

一、打击非法集资犯罪

非法集资是一种最古老、最常见的投资诈骗。随着市场经济的发展，私营经济逐步活跃，非法集资犯罪在中国逐渐增多，且具有涉案金额趋大化、侵害对象多元化、作案手段多样化、蔓延趋势明显化的特点。

21世纪初期，日照市零星发现非法集资犯罪活动，全市公安经侦部门常态化深入摸排风险企业和个人，坚持“打早、打小、打苗头”，打防结合、以打促防，全力遏制发案势头。2007年10月，市公安局经侦支队查破黄某某、许某某非法吸收公众存款案。2009年6月，岚山经侦大队破获辛某某集资诈骗案。经查，辛某某以其经营的面粉厂需要周转资金为由，许以高息，先后在当地15个村向100余人非法集资300余万元。2010年4月，五莲县公安局将涉嫌集资诈骗的犯罪嫌疑人张某某抓获归案。经查，张某某在其商贸中心严重亏损、资不抵债的情况下，编造“调贷款、购钢材”等理由，许以年息1～3分的高额利息，先后向20多人非法集资400余万元，骗取银行贷款320万元。

2011年起，非法集资活动日趋活跃，涉案金额不断增大，涉及群众越来越多。11月，市公安局部署开展整治非法集资问题专项行动。

2013年8月，全市公安机关开展非法集资问题排查整治专项行动，全市摸排涉及非法集资问题企业及个人36家（人），侦办非法集资案件5起，抓获犯罪嫌疑人3名，涉案金额5000余万元，涉及群众300余人。

2014年，对非法集资问题进行“拉网式”排查，整治问题企业，维护群众利益和金融秩序安全稳定，先后排查出163家相关企业，区别施策，推动开展综合整治。2011年至2014年8月，全市公安机关共立非法吸收公众存款、集资诈骗等非法集资类案件16起，抓获犯罪嫌疑人38名，涉案金额2亿余元。其中，市公安局经侦支队侦办的新五洲投资有限公司徐某某非法吸收公众存款案，仅在日照就涉及群众280余人、涉案金额达3300余万元。

2015年，受信贷、投资、市场等多重因素影响，非法集资犯罪呈蔓延态势，集资领域由传统领域向科技环保、股权投资等新兴领域蔓延；集资手段由直接、公开向利用电子商务、互联网金融等载体发展；集资地域向跨地区、跨省甚至全国发展，多层代理、分散集资、集中隐蔽等特征明显，个别案件涉案金额达上亿元，既严重破坏金融管理秩序，侵害群众切身利益，又影响社会和谐和治安稳定。是年，组织开展非法集资专项整治活动，走访小额贷款公司、理财投资公司等相关单位742家，深入排查隐患，进行集中整治。同时，逐一分析研判，对排查出的非法集资案件线索快速打击，立案侦查非法集资案件5起，抓获犯罪嫌疑人13名，涉案金额8093万元，涉及群众243人。

2016年，坚持对非法集资犯罪打早打小打苗头，不使其坐大成势。4月，东港分局经侦大队将涉嫌非法吸收公众存款的犯罪嫌疑人刘某抓获，刘某以“投资其公司商品十倍的资金、四十天返还并赠送该商品”的名义向社会不特定人员吸收资金，涉及人员30余名，涉案金额2000余万元。

2017年，以开展打击风险型经济犯罪“云端2017”专项行动为重要载体和手段，以打促稳、以打促控，破获非法集资案件6起，抓获犯罪嫌疑人5名，涉案金额1.5亿余元。

2018年，贯彻落实党的十九大精神，深入推进防范化解重大风险攻坚战，依法严厉打击涉众型经济犯罪，先后开展涉众型经济犯罪风险专项排查、经侦涉稳风险隐患排查和问题整改专项行动，对辖区街头门店、商务楼宇等重点区域，投资理财、资金中介、消费返利以及广告资讯等涉众型经济犯罪风险高危聚集行业，逐一走访、掌握辖区基础信息资源和风险隐患。共排查出类金融企业2000余家，根据其经营方式、背景，逐一甄别，确定风险等级，对高级别风险企业责令关停或退出。同时，会同市地方金融监管局、银监局、市场监管局等部门重点关注P2P企业3家，按照缓释风险的原则，逐步压减其业务规模，直至平稳退出。

2010—2018年全市查处非法集资案件一览表

表5-3

年份	立案数（起）	抓获人数（人）	涉案金额（万元）	受损人数（人）
2010—2014	18	37	60000	1200
2015	5	13	8093	243

续表 5-3

年份	立案数（起）	抓获人数（人）	涉案金额（万元）	受损人数（人）
2016	8	15	3870	546
2017	6	11	15200	85
2018	7	9	1560	121

二、打击非法传销犯罪

非法传销特别是以“拉人头”和聚居、“洗脑”为特征的聚集型传销是社会顽疾，严重扭曲参与人员心智，侵害群众利益、侵蚀社会诚信体系、破坏社会和谐稳定。对非法传销犯罪的刑法规制，最初以非法经营入罪；2009 年 2 月 28 日，第十一届全国人大常委会第七次会议通过的《中华人民共和国刑法修正案（七）》，增设组织、领导传销活动罪。

早在 1999 年，日照市区就有非法传销组织活动。是年 9 月，新疆籍蒋某某等人窜至日照开发区林滩小区，以其虚假注册的公司招募工人为名，先后骗取 300 余人（大部分系四川、江苏省籍）到日照参加所谓“求职培训”，每人缴纳 1700 元，只给百余元的海豹油产品让受骗者非法传销，涉案金额 60 余万元。此后，传销活动开始逐渐在全市蔓延。传销分子以帮助找工作为名，打着销售“天狮”“爱博美娜”“丰韵之神”“贝莎美白”等保健品、化妆品的幌子，将急于改变现状的人员骗到日照，然后进行上课洗脑，诱使其发展下线，以收取会员费、购买产品等名目非法敛财。全市公安机关持续开展严厉打击传销活动，先后破获大批案件，抓获大批传销骨干，使其受到依法惩处。经过连续多年的整治清理，全市传销活动得到有效遏制。

2003 年，清查《国务院关于禁止传销经营活动的通知》发布后被禁止传销活动的企业，对违反规定重操旧业的，予以严肃查处。结合辖区实际，开展重点区域整治，坚决打击传销和变相传销活动，维护经济秩序和社会稳定。截至 2004 年 9 月底，全市公安机关共摧毁非法传销团伙 36 个，端掉非法传销窝点 53 处，刑事拘留犯罪嫌疑人 29 名，治安拘留 13 人，遣散非法传销人员近 4000 人次。2004 年 3 月 18 日，市公安局经侦支队、治安支队、东港区委政法委、东港分局以及市、区工商部门共 80 余名工作人员，开展联合整治行动，共捣毁传销窝点 7 处，抓获正在上课的传销人员 350 余名，刑事拘留犯罪嫌疑人 4 人。3 月 28 日，开发区分局根据获取的线索，端掉一传销窝点，查获从事所谓的“珍益胶囊”网络直销的传销人员 50 余名，刑事拘留传销骨干分子 5 名。

2004 年 3 月，市公安局组织对日照传销活动进行调查，形成调查报告呈阅市领导，市委、市政府领导先后批示，要求研究打击、治理措施，制定实施方案，部署严厉打击。5 月 19 日，市公安局经侦支队在东港分局召开全市打击传销工作座谈会，传达省公安厅打击传销和变相传销经验交流会议精神，安排部署打击传销工作。10 月 18 日，市公安局、市教育局、市工商局印发《关于严厉打击严密防范传销活动的紧急通知》。

2005 年，东港分局联合东港工商局集中开展 6 次打击传销和变相传销专项行动。取缔非法传销窝点 136 处，端掉授课点 47 个，治安拘留 5 人，刑事拘留 43 人（其中 A 级 6 人、B 级 11 人、C 级 24 人），逮捕 16 人，解救被骗参与传销者 248 人，遣散参与传销人员 4200 余名。9 月 16 日，东港分局在日照宾馆查获 170 余名正在召开“分享大会”传销人员，抓获 B 级传销头目 1 人、C 级传销头目 10 人、涉嫌妨害公务罪的传销骨干 2 人，经过研判分析，深入经营，打掉一个涉及日照、江苏连云港、河南安阳、北京等地的庞大传销网络，先后抓获 2 名 A 级、6 名 B 级传销头目，非法经营额 300 余万元。11 月，五莲经侦大队摧毁一传销组织，抓获嫌疑人 23 人（其中，B 级头目 4 人、C 级头目

10 人），遣返 100 余人。是年，开发区经侦大队打掉传销团伙 13 个，取缔传销窝点 48 处，解救受骗群众 11 名，教育遣散传销人员 600 余名。

2004—2006 年，全市公安机关先后组织开展 16 次集中清查行动，对全市辖区内村居、社区、小区进行地毯式的清查，对于抓获的传销人员进行严格审查，构成犯罪的依法追究刑事责任，不构成犯罪的全部予以遣返原籍。其间，破案 62 起，破获“4·29”“9·16”“8·31”等一批特大传销案件，抓获传销违法犯罪嫌疑人 372 名，涉案金额 1.2 亿元，追缴赃款赃物折款 5000 余万元，解救受骗群众 720 人，教育遣返参与传销人员上万名。

图 5-8 2006 年 6 月，民警审查非法传销人员

2007 年 7 月，根据中央、国务院领导指示精神，部署开展打击传销集中行动。行动期间，全市经侦部门立案 7 起，破案 7 起，刑事拘留传销骨干 19 人（其中 A 级传销头目 1 人、B 级 2 人、C 级 14 人），取缔传销窝点 21 处，解救受骗群众 52 人，教育遣返参与传销人员 450 余人，涉案金额 1300 余万元。

2008 年，针对邪教组织与传销组织相互渗透的趋势，对从事非法传销活动人员进行严格的涉恐、涉邪教审查。3 月中旬，开发区经侦大队破获一起特大传销案件，刑拘 35 名传销头目，在传销人员中发现多名曾受打击处理的邪教习练人员。是年 4 月起，市公安局利用 2 个月的时间，在全市范围内开展集中整治传销违法犯罪活动统一行动。行动期间，共打掉传销团伙 38 个，取缔传销窝点 58 处，查处非法传销人员 270 人，刑事拘留 92 人（其中 A 级头目 13 人、B 级头目 17 人、C 级头目 62 人），治安拘留 54 人，劳动教养 51 人，解救被骗陷入传销组织人员 220 余人，依法遣散参与传销人员 1200 余人。行动中，深挖细查，对藏匿在背后的非法传销上线人员严厉打击，彻底摧毁传销组织和网络。4 月 8 日，开发区分局经侦大队破获王某传销案，顺藤摸瓜，先后抓获 4 名传销头目，查扣作案用笔记本电脑 3 台、车辆 3 台，摧毁以推销“金品世家”化妆品为幌子，涉及北京、山东和云南等地的特大传销网络。

2008 年起，市公安局提出“一警多能、综合执法、合成作战”的警务理念，变打击非法传销由经侦部门一家“单打独斗”为多警联动，组织经侦、刑侦、治安、派出所、市公安局机关特别行动队、打击“两抢一盗”专业行动队及其他街面巡逻力量共同参与，将打击整治非法传销纳入流动暂住人口和出租房屋治安管理，列为街面治安巡逻盘查重要内容，强化专案侦查，提高打击效能，用足用好各种法律手段，确保打击效果，举全警之力，构建打击非法传销的长效机制，形成全警动员严打非法传销的良好态势。2009 年 5 月 26 日，市公安局以《积极构建“合成化”现代警务体系有效解决非法传销治安“顽疾”》为题，在全省创建“无传销社区（村）”工作现场经验交流会上做典型发言。

2009 年 7 月 7 日起，会同工商部门开展打击传销百日联合执法。截至 10 月 29 日，立案 4 起，破案 4 起，端掉传销团伙 4 个，抓获传销头目 19 人，刑事拘留 7 人，教育遣返参与群众 70 余人，涉案金额 60 余万元。

2010 年，非法传销活动在日照市基本绝迹。是年，立案 1 起，抓获犯罪嫌疑人 3 名。

2011 年，市综治办印发《关于在全市开展创建“无传销街道（乡镇）”活动的意见》和《关于印发〈日照市创建“无传销街道（乡镇）”两年规划〉等三个文件的通知》，对传销活动进行全方位综合治理。

2012年，传销活动呈现出手段翻新、行为更隐蔽、组织更严密的特征，各种非法传销组织通过改头换面，有死灰复燃之势。在是年“破案会战”中，市公安局将4—6月作为集中打击传销犯罪月，开展专项行动。其间，立案6起，破案3起，抓获违法犯罪嫌疑人3名，网上追逃3名。

2014年3月1日至7月31日，在全市范围内开展打击整治传销集中行动。行动期间，全市共组织开展联合整治行动7次，捣毁传销窝点23个，破案5起，抓获犯罪嫌疑人12名，涉案金额400余万元。

2016年，市打击传销领导小组办公室印发《日照市打击传销百日联合执法“迅雷”行动实施方案》。各分县局在各级党委、政府的领导下，坚持打防结合、标本兼治的工作方针，以开展创建“无传销社区（村）”活动和巩固“无传销城市”创建成果为载体，强化行政执法和刑事司法衔接，将打击传销与社会管控、案件查处、网络净化相结合，建立健全科学、高效、协调、有力的打击传销工作长效机制，进一步加强对重点区域和重点人员的巡查监控，加大对传销活动的打击查处力度，助力日照市全国文明城市创建。全市共立传销案件3起，抓获犯罪嫌疑人10名，移诉7名。

2017年，外地发生多起大学生进入聚集型传销组织后伤亡事件，舆论高度关注，社会影响恶劣。市公安局会同市工商局开展打击传销“斩草”执法行动。其间，共出动警力200余人，警车50余辆，捣毁传销窝点3处，破获传销案件8起，抓获违法犯罪嫌疑人31名。会同市工商局、市委高校工委、教育局、人力资源和社会保障局开展以“招聘、介绍工作”为名从事聚集型传销活动专项整治，东港分局查获2处传销窝点、遣散传销人员20余名。是年10月6日，山海天分局刑侦大队根据群众举报，在辖区出租屋内查获1个传销犯罪团伙，抓获罗某萍等3名组织、领导传销活动的犯罪嫌疑人。经查，该团伙以加入“自愿连锁”生意为名，谎称只要每人投资69800元，通过发展下线，未来即可获利1040万元（即所谓的“1040”工程），涉案金额350余万元。

2018年，随着互联网和智能手机的兴起，传销活动借助网络死灰复燃，依托互联网病毒式传播蔓延，给广大人民群众造成重大经济损失。全市公安机关根据上级部署并结合实际，会同工商等部门先后部署开展打击聚集型传销和网络传销两个专项行动。工作中，紧盯以“创业、就业”“招聘、介绍工作”“1040工程”“连锁销售”“直销”等为名及采取恐吓、暴力等方式实施的犯罪，共破获传销案件8起，抓获犯罪嫌疑人32名，打掉传销窝点50余处，遣散传销人员658人，冻结资金2320余万元。其中，莒县公安局侦办的“军融国际”特大网络传销案被公安部确定为部督案件，成功发起集群战役。是年2月9日，省委书记刘家义在省公安厅呈报的《公安要闻专报》（第6期）中对该案作出批示、给予肯定。2月23日，公安部发电祝贺。

2004—2018年全市查处传销案件统计表

表5-4

年份	立案（起）	破案（起）	刑事处理（人）	涉案金额（万元）	捣毁窝点
2004—2006	67	62	372	12000	120
2007	7	7	19	1300	21
2008—2009	54	46	299		58
2010—2013					
2014	8	5	12	400	23
2015	0	0	0	0	
2016	3	3	10		

续表 5-4

年份	立案（起）	破案（起）	刑事处理（人）	涉案金额（万元）	捣毁窝点
2017	8	8	31		3
2018	9	8	32	3000	50

附：典型案例

【4·29 特大非法经营案】

2005 年 4 月 29 日，东港分局经侦大队根据情报信息，迅速抓获 2 名在日照活动的 B 级传销头目。通过分析 2 名嫌疑人的通信、网络图、资金往来等信息，办案民警辗转省内有关地市及辽宁省多地，先后抓获 A 级传销头目 5 人，打掉 1 个庞大的传销网络。经查，该团伙打着直销“天狮”等系列产品的幌子，在潍坊、日照、泰安等地发展下线上千人，非法经营额 200 余万元。2006 年 4 月 3 日，经东港区人民法院审理判决，被告人周某、张某、乔某犯非法经营罪，判处三年至四年不等有期徒刑，并处罚金 7 万元。

【许某军等人特大非法经营案】

2005 年底，东港分局经侦大队在查窝点、打传销、解救被骗群众过程中，发现银行存取款业务回单等重要线索。通过循线摸排，打掉 1 个传销团伙，先后将李某某、何某某、赵某、许某荣、许某义、许某军（A 级别）抓获。经查，2005 年 1 月起，犯罪嫌疑人许某军等人在日照市东港区发展下线 700 余人参与传销活动，非法经营额 200 余万元。2006 年 6 月，经东港区人民法院审理，6 名被告人分别被判处一年至三年零六个月不等的有期徒刑，并处 3 万 ~ 20 万元不等的罚金。

【黄某某、许某某非法吸收公众存款案】

2007 年 10 月，经侦支队根据费县公安局移交案件，立查黄某某、许某某非法吸收公众存款案。经查，黄某某、许某某夫妻二人自 2001 年 2 月起，以所经营的日照澜鑫工贸有限公司购买原料、扩大厂房、购买设备急需资金为名，许以 1 ~ 5 分不等的月息，以借款形式变相吸收 50 余人存款，共计 3270 余万元，已退还本金、支付利息 1600 万元左右。黄某某同时涉嫌伪造、买卖国家机关证件、印章及虚报注册资本，许某某涉嫌虚报注册资本。2009 年 3 月，法院判决日照澜鑫工贸有限公司犯非法吸收公众存款罪，判处罚金 30 万元；被告人黄某某犯非法吸收公众存款罪，伪造、买卖国家机关证件、印章罪，虚报注册资本罪，数罪并罚，判处有期徒刑六年，并处罚金 25 万元。被告人许某某犯非法吸收公众存款罪、虚报注册资本罪，判处有期徒刑五年，并处罚金 30 万元。

【陈某某等人集资诈骗案】

2012 年 2 月，经侦支队立查陈某某等人集资诈骗案。经查，2011 年 9 月，犯罪嫌疑人陈某某（香港籍）伙同韩某，以虚构的“华尔街新能源环球基金投资公司”名义，虚构地方政府补贴项目（用水代替汽油为汽车提供动力），通过网络吸纳注册会员，以托管投资、产业投资为名，以高额回报为诱饵进行集资诈骗活动，查实受害群众 50 余人，涉及日照等 10 余个地市，涉案金额 380 余万元。2013 年 10 月 16 日，在主犯零口供的情况下，法院判决陈某某犯集资诈骗罪，判处有期徒刑十三年，并处罚金人民币 30 万元；韩某犯集资诈骗罪，判处有期徒刑十年，并处罚金人民币 20 万元。

【滕某某集资诈骗案】

2012 年 8 月，开发区经侦大队破获滕某某非法集资诈骗案。经查，2009 年 8 月至 2012 年初，滕某某以创办工程项目、与他人合伙做生意为名，以高息为诱饵，多次向秦某、李某某等 10 余人非法集资，累计 9000 余万元。截至案发，本息共计 1 亿余元。2014 年 1 月 3 日，日照市中级人民法院判决，被告人滕某某犯集资诈骗罪，判处无期徒刑，剥夺政治权利终身，并处没收个人全部财产。

【新五洲投资有限公司非法吸收公众存款案】

2013年7月，市公安局经侦支队破获日照新五洲投资有限公司非法吸收公众存款案。经查，2010年起，犯罪嫌疑人徐某海以15%的年利率在日照面向社会吸收存款，案发时未兑付金额3360余万元，涉及群众280余人；在连云港以同样方式，以连云港莫哈特投资理财有限公司面向社会吸收存款，案发时未兑付金额5760余万元，涉及投资群众438人。7月28日下午，犯罪嫌疑人徐某海到连云港新浦分局经侦大队投案自首，随即被刑事拘留。11月26日，经侦支队将案件全部材料移交连云港经侦部门一并处理。后徐某海被连云港市中级人民法院以集资诈骗罪、非法吸收公众存款罪判处有期徒刑十五年。2015年11月，东港区人民法院对日照新五洲投资有限公司员工李某、王某、焦某、厉某、许某、孙某、安某等7名被告进行宣判，以该7人犯非法吸收公众存款罪，分别判处相应刑罚。

【五莲某信息科技服务有限公司非法吸收公众存款案】

2016年7月，五莲县公安局对五莲某信息科技服务有限公司（网络业务平台为“嘉宝信创投”客户端）立案侦查。经查，2015年10月起，犯罪嫌疑人周某某在没有金融许可的情况下，通过互联网以及QQ群发布虚假宣传，通过虚构借款人在嘉宝信创投平台对外发布虚假的车辆质押标的，以高额回报为诱饵吸引社会不特定人员在该平台进行注册并投标，借以吸收客户资金，然后由犯罪嫌疑人杜某某通过线下寻找有资金需求的客户放贷，从中赚取利息差价。该平台运行后，共向全国各地150余名投资者累计吸收约300余万元资金，案发时挽回损失30余万元。犯罪嫌疑人周某武被判处有期徒刑三年，杜某锋被判处有期徒刑三年、缓刑三年。这是日照破获的首起P2P网络借贷式非法吸收公众存款案。

【鼎益投资咨询有限公司非法吸收公众存款案】

2015年10月10日，东港经侦大队对日照市鼎益投资咨询有限公司涉嫌非法吸收公众存款案立案侦查。经查，2011年起，犯罪嫌疑人王某某伙同岳某某、唐某某等人成立公司，虚构在连云港等地投资项目，以每年12%～15%的利息吸引130余名客户存款1500余万元。2017年1月16日，经东港区人民法院审理判决，被告人王某某、唐某某等8名被告人犯非法吸收公众存款罪，分别被判处一年至七年不等有期徒刑，并处5万～40万元不等罚金。

【李某某、孔某某等人组织领导传销案】

2016年7月25日，莒县公安局经侦大队立案侦查孔某某组织领导传销案，抓获9人、上网追逃9人，查扣房产9套，冻结银行账户3个，查扣涉案车辆1辆。经查，犯罪嫌疑人孔某某等人利用“1040”虚假工程，以快速致富为幌子，诱骗1000余名群众参与传销活动，涉案金额5000余万元。2017年11月，经莒县人民法院审理，判处被告人李某某、张某某、孔某某等人五年至七年不等有期徒刑，并处10万～40万元不等罚金。

【冯某某集资诈骗案】

2017年1月22日，东港分局经侦大队根据群众报案展开侦查。通过视频侦查、资金查控、技术侦控、数据分析、走访调查等手段，多轨联控、情侦融合、精准发力，破获一起集资诈骗案。经查，自2009年起，犯罪嫌疑人冯某某以3分至2角高额回报率为诱饵，进行集资诈骗活动，骗取30余人共计1.3亿余元；通过深挖扩线，发现冯某某涉嫌伪造变造金融票证罪、合同诈骗罪。2018年7月31日，日照市中级人民法院一审以集资诈骗罪、合同诈骗罪、伪造金融票证罪判处冯某某无期徒刑。

【莒县“军融国际”传销案】

2017年9月，莒县公安局在工作中发现该县小店镇山东军融农业科技有限公司人员行为异常。

经初查，莒县公安局经侦大队对张某某等人组织、领导传销活动案立案侦查。截至2018年6月17日，共抓获14名犯罪嫌疑人，其中11人被检察院批准逮捕；是年9月5日，该案移送检察院审查起诉。经查，犯罪嫌疑人张某某、王某某等人在山东省济南市登记注册成立山东军融国际农业科技有限公司，在莒县登记注册成立其下属子公司——日照市民合食品有限公司。自2017年10月至2018年1月，以投资建厂筹集资金、生产加工抗癌症饮料为名，采用“二二复制”“十二层分红”的模式，共在全国31个省、市、自治区发展传销团队22个，发展会员8300余人，吸纳资金4073.37万元。同时，张某某等人以发售所谓公司原始股为名，诈骗全国各地（含港澳台地区）群众10万余人，涉案金额3094.4万元，涉嫌集资诈骗犯罪。目前，该案已经移送检察院审查起诉。

【袁某某等人集资诈骗案】

2018年3月23日，岚山分局经侦大队对袁某某等人集资诈骗立案侦查。经查，犯罪嫌疑人袁某某伙同犯罪嫌疑人孙某、牛某某等人在日照市岚山区注册成立“老妈乐商贸有限公司”，通过散发传单、赠送礼品、外出旅游、高额返利等方式诱骗老年人出资购买公司所谓“会员资格”，造成40余名老年人被骗，涉及资金400余万元。是年，3人分别被判处三年至四年不等的有期徒刑，责令被告人继续向被害人退赔，依法追缴其违法所得。

第四节　侦办涉税领域犯罪案件

自国家实行税制改革后，税收制度在中国政治经济生活中的作用越来越重要。与此同时，危害税收征管秩序的犯罪活动日益突出，一些不法分子大肆偷税、骗税和抗税，给国家财政税收造成巨额损失。全市经侦部门本着“各司其职、通力合作”的原则，与税务机关互相支持、互相配合，充分发挥公安机关的职能作用，认真履行法定职责，不断加大对涉税犯罪的打击力度，全力维护社会主义市场经济秩序和税收征管秩序。

20世纪90年代初期，随着改革开放的深入和国民经济的发展，税收工作在国民经济中的宏观调控作用日益重要。省公安厅先后召开打击暴力抗税活动、维护税收秩序电话会议，下发《关于进一步加强配合严肃查处涉税治安刑事案件的通知》，组织开展打击伪造倒卖盗窃发票违法犯罪活动专项斗争。全市公安机关与税务、工商等各有关部门加强协作配合，互通情况，协同作战，全力维护税收秩序。

1994年始，国家对税收体制进行重大改革。在新税制实施过程中，一些不法分子采取虚开、伪造和非法买卖增值税专用发票等手段，进行逃税、骗税等犯罪活动。全市公安经侦部门深入开展打击涉税犯罪工作，保证新税制改革的顺利进行。尤其是1997年10月公安部、国家税务总局《关于打击涉税犯罪的通知》下发后，全市公安经侦部门不断加强与国税、地税等相关部门的协作配合，持续开展打击涉税犯罪行动。仅1998年，全市公安机关就侦办涉税犯罪案件12起，涉案总值4177.72万元，抓获犯罪嫌疑人11名，协助税务机关追回税款300余万元。是年5月，市公安局根据税务部门提供的线索，精心组织，抽调专门力量深挖细查，一举破获五莲县某公司虚开增值税专用发票141份、价税合计3500余万元的特大案件，并追缴税款和物资折款200多万元。同时，按照上级机关的要求，进一步强化案件协查。1997、1998年，完成6起虚开增值税专用发票犯罪案件的协查取证工作，仅浙江金华和河北南宫等2起特大案件就协助取证700余份，按时提交给案件主办单位。

1999年3月9日，市公安局与市国税局成立打击涉税犯罪工作联合办公室，联合召开打击涉税犯罪工作会议，加强打击涉税领域犯罪协作配合。

2002 年，随着打击经济犯罪专业侦查部门的建立，打击涉税犯罪进入新阶段。7 月起，开展涉税违法犯罪专项治理行动，遏制重点行业、重点地区偷税等违法犯罪活动蔓延趋势，维护税收征管秩序。期间，共破获危害税收征管犯罪案件 15 起，抓获犯罪嫌疑人 21 名，挽回经济损失 326.3 万元。

2003 年，制售假发票、建筑安装企业偷税和外贸企业骗取进口退税违法犯罪行为多发。全市公安机关经侦部门联合国税、地税部门，先后开展涉税违法犯罪专项治理工作、打击制售假发票和建筑安装企业偷税等涉税违法犯罪专项行动，重点打击非法取得发票或其他凭证虚增成本，以及编造虚假账簿隐匿收入进行偷税的行为，共立案 7 起，抓获犯罪嫌疑人 11 名，收缴假发票 8900 余份，涉案金额 6530 余万元，协助税务机关追缴税款 527 万元。

2004 年，虚开货物运输发票和制售假发票等涉税违法犯罪频发，全市公安机关经侦部门集中开展打击专项整治行动，重点打击利用虚开货物运输发票偷逃营业税、骗抵增值税的违法犯罪行为，以及虚开可抵扣税款的废旧物品发票和农产品收购发票、伪造海关代征进口增值税专用缴款书等骗取抵扣税款的违法犯罪活动。全年共受理涉税犯罪案件 7 起，立案 6 起，破案 6 起，抓获犯罪嫌疑人 14 名，移送起诉 7 名，涉案金额 5000 余万元，挽回税款 250 余万元。岚山经侦大队破获刘某锋非法出售发票案；五莲经侦大队破获王某礼虚开抵扣税款发票案。

2005 年 5 月起，全市各级经侦部门开展打击虚开用于抵扣税款发票和骗取出口退税等涉税违法犯罪专项斗争。截至 11 月底，全市经侦部门共受理案件 9 起，立案 7 起，涉案金额 1737 万元，挽回损失 170 万元，缴获非法制售的发票 3000 余张，抓获犯罪嫌疑人 6 名。10 月，岚山分局经侦大队立案查处山东先锋摩托有限公司岚山分公司特大偷税案，涉案金额 700 余万元。11 月，市公安局经侦支队破获 1 起上门散发名片或留电话号码，以推销办公用具为名，销售非法制造的假发票案件，共查获假发票 65 本，其中定额发票 48 本、总面额 65 万余元，手开万元发票 11 本（每本 25 份）、手开千元发票 6 本（每本 25 份）。

2007 年，继续深化同税务部门协作机制。4 月，根据市国税稽查局移交线索，成立专案组，历时 2 年，辗转北京、天津、浙江、上海等省市及省内各地市，破获建市后涉案金额最大、专业化程度最高、跨区域最广的特大虚开增值税专用发票案件，抓获犯罪嫌疑人 30 余名，查实虚开增值税专用发票 2500 余份，价税合计 2.88 亿元。4—5 月，五莲经侦大队会同税务部门，在街头镇开展为期 1 个月的打击偷逃税专项整治行动，调查违法犯罪线索，宣传税收法律法规政策，教育石材经营业户 42 人，追回偷、逃税款 400 余万元。

2009 年 4 月，市公安局、市国税局、市地税局三部门召开联席会议，部署开展为期 10 个月的打击整治发票违法犯罪“端点”专项行动。5 月 6 日，市公安局联合税务、城管等部门开展打击街面兜售发票和非法代开发票集中整治行动。9 月，开发区经侦大队成功破获一起特大出售非法制造的发票和伪造、买卖证件、印章案件，辗转日照、青岛、济南等地，捣毁犯罪团伙 6 个，抓获犯罪嫌疑人 13 名，缴获非法制造的发票 25.6 万份、伪造的各种证件 5380 个、印章 15892 枚，印模 17000 片，各种小广告名片 3 万余份，群呼机 73 部，笔记本电脑 1 台，刻章材料板等其他物品 1 宗。年内，全市共立发票类案件 9 起，抓获嫌疑人 25 名，缴获发票 28 万余张。

2010 年，为促进社会主义市场经济结构调整，部署开展深入打击整治发票犯罪行动。共抓获犯罪嫌疑人 8 名，其中刑事拘留 6 名、取保候审 2 名，缴获假发票 5.2 万余份。

2013 年，严厉打击整治发票违法犯罪，为推进以“营改增”为重点的税制改革创造良好环境。在打击整治行动中，以交通运输、现代服务业等“营改增”试点行业以及成品油、医药、农产品加工行业为重点，集中打击虚开增值税专用发票、骗税违法犯罪。全市立案 26 起，破案 19 起，抓获犯罪嫌疑人 33 名，涉案金额 1.42 亿元，挽回税款损失 7000 余万元，总成绩在全省名列第五。各分县局经侦部门主动适应新形势，转变工作思路，通过深度经营，实现深度、全程、规模打击，提升打击效能。莒县经侦大队通过侦破一起出售非法制造发票案，带破 6 起发票类犯罪案件。

图 5-9　2010 年 3 月 2 日，日照市开展打击发票、假币、银行卡犯罪专项行动宣传活动

2014 年，全市公安机关经侦部门强化“情报导侦”机制建设，深度应用集群战役模式，开展打击涉税犯罪专项行动，破获一批大案要案，发起并收网 2 起集群战役。其中，李某某虚开增值税专用发票案，涉及上海、江西、江苏、安徽、广东等 5 个省市，涉案金额 1.3 亿元，挽回税款损失 700 余万元。同时，坚持阵地前移，进一步拓宽案源渠道。市公安局经侦支队对 244 家交通运输、物流企业进行梳理，采取“以车查税”的方式进行深度分析研判，梳理出 30 家可疑企业，与税务部门集中开展联合执法，获取案件线索。

2015 年，利用黄金交易虚开增值税专用发票违法犯罪猖獗，全市公安机关经侦部门发挥警税协作优势，开展专项行动，对 117 家相关企业进行深入摸排，协助国税部门查补税款 470.46 万元。

2017 年，全市公安机关经侦部门深入践行精准警务理念，与税务部门密切配合，充分运用“统一研判、统一指挥、统一收网”的集约打击模式，依法严厉打击各类发票违法犯罪活动。全年共受理涉税案件 159 起，立案侦查 147 起，发起集群战役 4 起，抓获犯罪嫌疑人 181 名，移送审查起诉 13 起 119 人，涉案金额价税合计 15 亿余元，挽回经济损失 2000 多万元。

2018 年，全市公安机关充分利用信息数据对接平台，发挥信息资源共享作用，运用大数据优势，从涉税案件中犯罪地域广、涉及人员多、涉案金额大的案件入手，深入经营、重拳出击，依托“云端”平台发起集群战役，提升信息化作战和情报导侦打击效能。根据上级安排，对“暴力虚开”进行专项整治，对犯罪网络、链条、团伙实施全方位、规模化、毁灭性的打击。会同地税部门加大对制售假发票以及逃税、抗税等犯罪的打击力度，进一步遏制涉税违法犯罪的发展势头。年内，全市共立涉税类案件 42 起，抓获犯罪嫌疑人 61 名，涉案金额 3.2 亿余元。

附：典型案例

【林某某虚开增值税专用发票】

2003 年，市公安局经侦支队破获林某某虚开增值税专用发票案。经查，东港区某公司经理林某某伙同该公司业务经理陈某从河北省购买假增值税专用发票，虚构交易事实，签订虚假合同，先后给省内外数家公司虚开增值税专用发票，并到国税部门抵扣税款 50 余万元。2005 年 2 月 5 日，经东港区人民法院审理判决，被告人林某某、宋某某、提某某、陈某、张某某分别被判处一年至五年不等有期徒刑，并处 15 万～30 万元不等的罚金。

【“4 · 07”特大虚开增值税专用发票案】

2007 年 4 月起，市公安局经侦支队根据市国税局移交案件线索，成立“4 · 07”专案组，先后辗转北京、天津、浙江、上海、山东等 5 个省 13 个市，行程近 10 万公里。经过一年多深入侦查，破获 1 起特大虚开增值税专用发票案，抓获王某某、尤某某等 34 名涉案犯罪嫌疑人，为国家追回流失税款 4000 余万元，并带破临沂、烟台、连云港等地数起案件。经查，该犯罪团伙在日照、临沂、烟台、连云港等地，购买15家具有一般纳税人资格的公司，先后为北京、天津、上海、新疆等23个省（市、自治区）的226家公司虚开增值税专用发票2584份，价税合计金额2.88亿元，赚取开票费近500万元。2008年12月15日，日照市中级人民法院对该案作出判决：被告人王某传被判处有期徒刑十三年，并处罚金30万元；被告人尤某某被判处有期徒刑三年，缓刑四年，并处罚金10万元。其他犯罪嫌疑人分别被判处刑期不等的有期徒刑。

【陈某某特大非法出售非法制造的发票案】

2012年5月10日，市公安局经侦支队立案侦办陈某某非法出售非法制造的发票案。5月17日，该案主犯陈某某在临沂境内被抓获，当场查获伪造的定额发票300本共计1.5万份，涉案金额150万元。经查，陈某某从浙江购进假发票、制作假证，然后以临沂为基地，向周边贩卖，多次非法出售定额发票2万余份。2012年8月13日，日照市东港区人民法院判处被告人陈某某有期徒刑一年，并处罚金3万元，并对扣押在案的非法制造发票300本予以没收。

【薄某某等人非法经营、虚开增值税专用发票案】

2012年4月6日，市公安局经侦支队对薄某某非法经营案、虚开增值税专用发票案、日照港能电力燃料有限公司抽逃出资案立案侦查。经查，2010年9月至2011年9月，犯罪嫌疑人薄某某伙同薄某某以日照港能电力燃料有限公司、日照金岳贸易有限公司、日照开发区汇贤贸易有限公司、日照宝济物流有限公司等公司名义虚构交易、编造合同，再使用相应公司已开出增值税专用发票到日照银行营业部等金融机构办理单位贴现业务，累计共为他人贴现10亿余元，收取贴票费用80余万元。2012年10月，经东港区人民法院审理，犯罪嫌疑人薄某某被判处有期徒刑七年，并处罚金60万元；另一名犯罪嫌疑人薄某某被判处有期徒刑两年零六个月，缓刑三年，并处罚金15万元。

【张某某等人特大虚开增值税专用发票案】

2013年7月15日，岚山分局经侦大队根据岚山区国税局移送线索，对岚山区润通塑料颗粒有限公司虚开增值税专用发票案立案侦查。9月2日，在连云港市新浦区将犯罪嫌疑人张某某抓获。经查，该犯罪嫌疑人于2011年7月、2012年6月，先后注册成立2家公司，在没有任何实际货物交易的情况下，从天津、河北、上海、江苏、浙江等10余家公司取得虚开或者对上述公司虚开增值税专用发票上千份，虚开数额1.2亿余元，该案被列为公安部部督案件。2014年9月29日，经岚山区人民法院审理判决，被告人张某某、邢某某犯虚开增值税专用发票罪，分别被判处有期徒刑十年、三年（缓刑三年），并处罚金10万元、5万元。

【陈某某等人特大虚开增值税专用发票案】

2013年12月27日，莒县经侦大队接到市公安局交办的徐某某涉嫌逃税案。该案由审计署对某航空集团公司审计时发现，先后经层层交办，案情复杂，涉案数额特大。经查，2008年，陈某某经徐某某联系，成立日照市东江广告有限公司，为香港2家公司虚开广告类普通发票。2013年税制改革以后，继续对外虚开增值税专用发票。虚开发票数额累计3.6亿元，偷逃税款8300余万元，已追缴非法所得1000余万元。陈某某同时涉嫌在广东、湖南虚开发票。2014年4月28日，该案移诉起诉。2014年，经莒县人民法院审理判决，被告人陈某某犯虚开发票罪、虚开增值税专用发票罪，判处有期徒刑二年零六个月，缓刑三年，并处罚金610万元；被告人徐某某犯虚开发票罪、虚开增值税专用发票罪、挪用资金罪，判处有期徒刑二年，并处罚金40万元。

【马某某等人虚开增值税专用发票案】

2017年2月24日，五莲县公安局根据县国税局移交线索，立案侦查马某某等人虚开增值税专用发票案。经查，犯罪嫌疑人马某某、刘某某等4人为牟取非法利益，在五莲县注册8家公司，在无真实业务的情况下，经犯罪嫌疑人咸某某等中间人介绍，为全国15个省、直辖市的240家公司虚开增值税专用发票，以票面金额的5%～7%不等的比例收取开票费，涉案金额价税合计9.2亿余元。截至2018年底，该案共抓获犯罪嫌疑人85名，已经移诉76人，追回税款1600万元。该案被公安部列为部督案件，被省公安厅经侦总队评为年度十大精品案例。2019年9月，经日照市中级人民法院审理判决，马某某等4人分别被判处三年至十四年不等的有期徒刑，并处5万～40万元不等的罚金，违法所得共计407.4万元予以没收，上缴国库。

【杨某等人虚开增值税专用发票案】

2017年8月，东港分局根据区国税局移交线索，立案侦查杨某等人虚开增值税专用发票案。经查，犯罪嫌疑人杨某等6人为牟取非法利益，成立多家公司，在无真实业务的情况下，向北京、陕西等7个省市的39家公司虚开增值税专用发票，按票面金额的7%～8%不等的比例非法收取开票费。涉案金额价税合计人民币2.7亿余元，税额4000余万元。截至2018年10月，该案共抓获犯罪嫌疑人28名，移诉4人，追回税款300余万元。经人民法院审理判决，被告人杨某、陈某分别被判处有期徒刑三年零六个月，并处罚金20万元，追缴造成的税款损失245万余元。

【寇某某虚开增值税专用发票案】

2017年6月，岚山分局立案侦查寇某某虚开增值税专用发票案。经查,2015年2月至2016年8月，犯罪嫌疑人寇某某利用其经营的日照四豆油脂有限公司和日照凯瑞粮油有限公司，在没有真实业务的情况下，为上海、天津、北京、江苏、安徽、河南等6个省10个市（区）的19家公司虚开增值税专用发票1458份，收取1.2%的开票费，涉案价税合计1.43亿元，税额1808万元。经日照市中级人民法院二审判决，被告人寇某某被判处有期徒刑六年，罚金8万元，没收非法所得108万元。

【邱某某等人非法出售用于抵扣税款的发票案】

2017年9月，莒县公安局根据移送线索，经缜密侦查，破获一起特大非法出售用于抵扣税款的发票案。经查，2017年7月起，犯罪嫌疑人邱某某从网上以每家公司2万元的价格，购买在莒县注册的9家小规模纳税人公司资料（营业执照、金税盘、法人身份证、企业公章、财务专用章、发票专用章等），在无真实业务的情况下，先后雇佣孙某某等人到莒县为民服务中心办税大厅，利用自动取票机领取空白增值税普通发票2090份，以每份发票80元的价格，向全国30个省、市的332家公司进行销售，价税合计2亿余元，税额600余万元。截至2018年底，共抓获犯罪嫌疑人8名，追回税款60余万元。目前，该案已经移送检察院审查起诉。

【“4·29”特大虚开增值税专用发票案】

2018年4月29日，山海天旅游度假区分局刑侦大队对谭某某等人涉嫌虚开增值税专用发票立案侦查。经查，犯罪嫌疑人谭某某等人利用日照红镇金属材料有限公司等20余家公司，从山海天税务局申领增值税专用发票，大肆对外虚开，涉案价税合计2.3亿余元。该案共抓获犯罪嫌疑人5名，并在全国11个省、市、自治区的40余个市（县、区）发起集群战役。2018年10月30日，案件移送审查起诉。

第五节 侦办金融领域犯罪案件

金融安全是国家安全的重要组成部分，是经济平稳健康发展的重要基础。金融领域犯罪主要有破坏金融管理秩序和金融诈骗两大类。全市经侦部门自成立后，围绕维护金融秩序、保障经济发展，持续开展打击假币、银行卡、地下钱庄以及贷款诈骗、票据诈骗等金融领域经济犯罪，扎实开展打击逃废银行债务专项行动，全力防范化解贸易融资风险。

一、金融领域犯罪侦查

20世纪90年代，个别犯罪嫌疑人开始利用当时票证易于伪造、个别金融机构管理制度不健全等问题漏洞实施金融诈骗。1997—1998年，全市公安机关办理金融诈骗案件9起，抓获犯罪嫌疑人21名，涉案金额3760余万元，为国家避免经济损失2940余万元。

21世纪初期，随着经济发展和金融业的进一步开放，侵害金融秩序和影响金融安全稳定的犯罪逐渐突出，全市公安机关积极探索打击机制和侦查模式，不断加大打击力度。

2001年8月1日，市公安局与中国人民银行日照中心支行联合召开全市打击金融票证犯罪集中行动工作会议，部署开展为期3个月的打击金融票证犯罪集中行动。其间，破获金融票证犯罪案件5起，堵截假银行承兑汇票5张，避免经济损失700余万元。

2002年，开展打击信用卡诈骗专项行动，破获案件3起，为银行挽回损失6万余元。

2002—2006年，全市公安机关经侦部门先后部署开展打击保险领域的诈骗犯罪、“2005反假币工作年”、打击假币犯罪等专项行动。2004年，全市公安机关共破获金融凭证诈骗案件5起。2005年，逮捕持有、出售假币的犯罪嫌疑人3名。1998—2016年，全市公安机关经侦部门共破获假币类案7起，打击处理犯罪嫌疑人14名，缴获假人民币803张，面值7.88万元。从破获的案件看，违法犯罪地多集中在乡镇及城郊接合部，欺骗目标主要为识假水平不高的部分农民，假币面值为百元、伍拾元和贰拾元3种，多采取异地购买、异地出售形式，犯罪分子身上一般携带少量的假币，实行单线联系，下一级对上一级负责，以逃避刑事打击。

同期，莒县公安局集中打击金融领域犯罪。2002年9月，破获该县首起保险诈骗案，涉案金额25万元。2003年7月，破获1起违法发放贷款案件，犯罪嫌疑人李某某利用担任某典当行主任之便，在没有典当物质押的情况下，违法发放信用和担保贷款200余万元。2004年9月，破获1起贷款诈骗案，犯罪嫌疑人尉某某以虚假担保向莒县农村信用社联社贷款60万元，用于购买福利彩票。2005年，破获1起贷款诈骗案，某银行2名工作人员以虚假存单抵押和冒用其他客户名义办理差额承兑汇票，骗取银行贷款160余万元。

2006年6—8月，五莲县公安局经侦大队经过2个月侦查，破获李某某等人信用卡诈骗案，3名嫌疑人全部被抓获，涉案价值102.7万元。

2008年，全市共立金融犯罪案件8起，涉案金额1786万元。6月，五莲县公安局经侦大队破获一起违法发放贷款案，犯罪嫌疑人张某晓违法发放贷款23笔、贷款额114.5万元。

2009年，开展代号为“09”行动的打击假币专项行动，依法严厉打击假币犯罪，遏制假币犯罪活动的蔓延。其间，共破获假币类案件3起，抓获犯罪嫌疑人11名，缴获假人民币45.5万元，收缴总量与银行柜面收缴量比例达124%，超额完成目标。

2010年，针对部分银行金融机构盲目扩大信用卡业务，审查不严甚至违规办理信用卡，导致信用卡诈骗和妨害信用卡管理案件多发，开展打击银行卡犯罪专项行动。是年，继续开展打击假币犯罪行动，缴获假人民币14万余元。

2011年，在全市范围内开展打击银行卡犯罪“天网–2011”专项行动，加大打击伪卡诈骗犯罪力度，最大限度压缩非法套现、恶意透支犯罪活动空间，清除摧毁一批职业犯罪团伙，巩固2010年打击成果，坚决遏制银行卡犯罪反弹。同时，建立银行卡犯罪基础信息资料库，提高信息化应用水平，创新警银协作机制，推动打击假币犯罪工作由专项行动转为常态化治理。在“天网–2011”专项行动中，全市破案39起，抓获犯罪嫌疑人53名，收缴银行卡1101张、涉案POS机42台，涉案金

图 5-10　2012 年 8 月，东港经侦大队侦破 1 起贩卖假币案件

额 1.56 亿余元，行动前逃犯抓获率达 100%。先后破获涉案 4000 余万元的杨某某非法经营案，涉案 1.04 亿元的胡某某、王某非法经营案，王某某特大妨害信用卡管理案等一批大要案。在省公安厅组织的绩效考核排名中，日照总成绩排名全省第三，其中八月月度考核排名全省第一。3 月 6 日，公安部副部长刘金国对市公安局经侦支队破获王某某等人妨害信用卡管理案作出批示、给予肯定。

2012 年 11 月，市公安局被山东省反假货币联席办公室评为反假货币工作先进集体。

2013 年始，金融犯罪案件数量逐年持续激增，且大案要案大幅度上升，作案手段呈智能化、多样化、隐蔽化趋势。其中，贷款、信用卡等诈骗案件立案数占金融诈骗案件总数的 90%。全市公安经侦部门坚持从当地实际情况出发，结合公安部、省公安厅部署的专项行动，着重对金融领域中的贷款类犯罪、银行卡类犯罪等予以重拳打击，取得显著成效。是年，全市公安经侦部门共受理金融诈骗类案件 23 起，立案 19 起，其中集资诈骗 1 起、贷款诈骗 3 起、票据诈骗 2 起、信用卡诈骗 10 起、骗取贷款案 3 起，共抓获各类犯罪嫌疑人 15 名，涉案金额 5829.5 万元，挽回经济损失 1556.5 万元。

2015 年，在公安部经侦局，省公安厅经侦总队指导下，按照市公安局党委“新型犯罪首案必破”理念，抽调业务骨干成立专案组，由公安部经侦局启动内地公安机关与香港警方协作机制，在香港警务处商业罪案调查科的大力支持下，破获李某某信用证诈骗案，涉案金额 1 亿余元。该案办结后，主办侦查员在公安部举办的全国远程教学中授课介绍办案经验。是年，开展打击利用离岸公司和地下钱庄转移赃款专项行动，全市共立案 3 起，涉案金额 1.27 亿元。是年，在打击假币犯罪专项行动中，收缴假币 39480 元。

2016 年，继续开展打击假币犯罪专项行动。莒县公安局打掉 1 个贩卖假币团伙，抓获 8 名犯罪嫌疑人，缴获面额 100 元的新版假币 20.1 万元，省公安厅发电祝贺。东港分局根据情报线索端掉 1 家印制假币窝点，缴获成品、半成品假币 10 余万元。

图 5-11　2016 年 3 月，市公安局经侦支队民警与部经侦局、厅经侦总队民警赴香港调查信用证诈骗案

2017 年，东港分局在侦办“32401 专案”过程中，充分利用技术手段对大量交易流水进行大数据分析，破获 1 起“境内人民币、境外外币平行交割”的“对敲型”地下钱庄非法经营案，并研判出涉及 12 个省的非法经营犯罪、赌博犯罪、虚开增值税专用发票犯罪、骗取出口退税犯罪、洗钱犯罪等多种“地下钱庄”上游犯罪线索。该地下钱庄非法经营案于 2018 年 7 月 31 日上报公安部“云端 2018”系统，发起全国性集群战役。所涉洗钱犯罪案件于 2018 年 11 月 14 日上报公安部“云端 2018”系统，发起全国性集群战役。是年 11 月 8 日，岚山分局通过信息员提供线索，在辖区中楼镇孙由村集市抓获 2 名使用假币嫌疑人，从其身上及车上发现大量面额 10 元的假币。经查，2017 年 4 月至案发，2 名嫌

疑人在青岛胶州制作假币并到周边乡镇集市使用。

二、打击逃废银行债务

日照港是一座以大宗散货为主要吞吐货种的沿海大港，在港口的带动下，日照发展起大批贸易企业，全市进出口总值一直位居全省前列。在发展过程中，由于一段时期大宗商品价格急剧上涨，贸易企业利润可观，一些企业经营者盲目扩大经营规模，个别银行机构也跟风助长、盲目甚至违规放贷，贸易融资风险不断加大。2014 年，随着大宗商品价格急剧下跌，许多企业经营出现严重亏损，开始出现个别经营者转移隐匿资产、恶意逃废银行债务现象，严重影响地方金融生态环境。

2015 年，日照市成立化解贸易融资风险工作领导小组，召开全市打击逃废银行债务工作会议，出台《日照市打击逃废银行债务管理暂行办法》，在全市部署开展打击逃废银行债务行动，打响化解风险的攻坚战。是年，全市公安机关共破获骗取银行贷款、贷款诈骗类案件 31 起，移送审查起诉 6 起，涉案金额 19.14 亿元，查封房产 4 套、车辆 23 台，为银行挽回直接经济损失 1.73 亿元。同时，借助公安机关“严打”声势，协助银行收回贷款或达成还款协议近 4 亿元。

图 5-12 2016 年 12 月，日照银行到市公安局经侦支队赠送锦旗

2016 年，省委、省政府在日照召开“化解日照地区金融风险座谈会”，就加快健全完善失信联合惩戒机制，严厉打击恶意逃废银行债务的违法犯罪行为，努力营造更加优质的金融生态环境，作出全面部署。市委、市政府成立日照市打击逃废银行债务行动指挥部，全力落实省委、省政府部署。全市公安机关与检察院、法院等部门密切配合，积极争取上级机关业务支持和技术倾斜，会同相关部门深入开展涉企不安定因素排查，建立台账、挂图作战，纵深推进打击恶意逃废银行债务专项行动。是年，全市公安机关共受理相关线索 66 起，立案 22 起，刑事拘留 11 人，取保候审 7 人，批准逮捕 3 人，限制出境 12 人，上网追逃 2 人，为银行挽回直接经济损失 9000 余万元。约谈企业负责人 196 人，督促企业与银行达成还款协议 1.7 亿余元。

2017 年，全市经济工作会议要求，坚持化解不良与打击逃废两手发力，坚决打赢贸易融资风险化解攻坚战。市公安局党委进一步提升站位，将打击逃废银行债务工作列为全市公安机关“利剑 2 号行动”，加强统一领导，从市公安局机关、山海天分局抽调 12 名民警充实到东港、岚山、开发区分局成立的 6 个专案组，全面推动要案查处，六大专案均实现具有决定意义的关键突破。全年共立案 56 起，抓获犯罪嫌疑人 111 名，逮捕 24 人，移送起诉 12 人；扣押、查封、冻结涉案资金、资产约合 49.5 亿元。新华通讯社、人民公安报社山东记者站《动态清样》（2017 年第 67 期）对市公安局打击逃废银行债务专项行动的做法和成效进行深度报道，省公安厅以专门文件形式印发全省公安机关，推广日照市公安局经验做法。

图 5-13 2018 年 2 月，经侦民警集体审阅打击逃废银行债务案件卷宗

2018 年，市公安局成立打逃废、防风险工作领导小组，下设办公室在经侦支队，在做好 2017 年重点案件移送起诉和补充侦查的同时，建立健全精

准打击、约谈化解等长效机制，坚决打赢“防范风险攻坚战”。全年共立逃废案件31起，抓获犯罪嫌疑人29名，移诉71人，追回资金、资产约合1.8亿余元，约谈企业600余家（次），敦促其与银行达成还款协议3.5亿余元。

2015—2018年，全市公安机关在打击逃废银行债务专项行动中，共立案161起，对233人采取刑事强制措施，逮捕45人，约谈企业负责人1460人次，挽回经济损失112亿余元。

附1：典型案例

【于某某保险诈骗案】

2002年8月26日，莒县公安局经文保科接群众举报：刘官庄镇个体运输户于某某有保险诈骗行为。9月3日，将犯罪嫌疑人于某某、刘某某刑事拘留。经查，2000年12月，犯罪嫌疑人于某某伙同他人，利用个人的2台货车分别在中国人民保险公司和太平洋保险公司投保，采取其中1台车辆出险、到2个保险公司双重索赔的手段作案3起，骗取保险公司赔付金1.12万元。2002年8月17日，在赣榆故意将车开下路沟，放火焚烧车辆和所载的2台旧吹塑机、废塑料。之后，出具证明材料向中国人民保险公司莒县支公司索赔20余万元。该案被经侦总队评为年度精品案例。2003年10月8日，经莒县人民法院审理判决，被告人于某某犯保险诈骗罪，判处有期徒刑一年，缓刑一年，没收非法所得。

【“8·18”特大票据诈骗案】

2006年8月18日，市公安局经侦支队立案查处薛某某、吴某等涉嫌票据诈骗案。经查，2006年7月，犯罪嫌疑人薛某某等人以在日照投资建设芦荟饮料厂需要资金为名，以1.9万元的价格通过吴某、刘某某从王某某手中购买30万元的假承兑汇票1张，在某信用社贴现成功，骗取现金30万元。此后，薛某某2次持假承兑汇票到银行贴现未遂。上述犯罪嫌疑人还涉嫌在北京及山东省内其他地市多次实施诈骗，涉案金额460万元。2007年12月10日，日照市中级人民法院对该案作出判决，以票据诈骗罪分别判处被告人薛某某、吴某、刘某某、王某某有期徒刑十四年，并处罚金25万元。

【张某等人贷款诈骗案】

2006年1月，五莲县公安局经侦大队根据某信用社报案，立案侦查张某贷款诈骗案。经循线深挖，又先后立孙某某、陈某、万某某、何某某贷款诈骗案，张某某、王某某违法发放贷款案等系列案件7起，历时16个月，抓获犯罪嫌疑人9名，涉案总价值457.4万元，挽回经济损失229.07万元。2007年9月27日，经五莲县人民法院审理，张某、孙某某犯贷款诈骗罪，分别判处有期徒刑十一年、五年，各判处罚金30万元、20万元；张某某、王某某犯违法发放贷款罪，分别判处有期徒刑两年、缓刑三年，有期徒刑一年、缓刑一年，各判处罚金10万元。

【“12·17”非法经营高利贷案】

2009年12月至2010年3月，市公安局经侦支队根据群众举报，经深入侦查，打掉1个经营高利贷团伙，抓获陈某某、魏某等犯罪嫌疑人57名。经查，2009年8月至2010年3月，犯罪嫌疑人陈某某、魏某等人违反国家规定，未经中国人民银行批准，成立非法金融机构，以牟取暴利为目的，以5%～15%的月利率发放高利贷款374笔，共计本金人民币2000余万元，非法获利800余万元。另外，该团伙还涉嫌非法拘禁、寻衅滋事等犯罪。2011年8月，上述犯罪嫌疑人分别被判处一年至五年不等的有期徒刑，并处20万～1000万元不等的罚金。

【王某某妨害信用卡管理案】

2011年2月，市公安局经侦支队立查王某某涉嫌妨害信用卡管理一案。经查，2008—2009年，犯罪嫌疑人王某某在受害人丁某、刘某不知情的情况下，私自利用受害人身份证复印件和伪造的资信证明等资料，先后到3家银行申领信用卡15张，恶意透支或刷卡套现，给金融机构造成损失30余万元。经日照市东港区人民法院审理，王某某被判处有期徒刑五年零六个月，并处罚金人民币5万元。2011年3月6日，公安部副部长刘金国对该案破获予以批示肯定。

【胡某某、王某非法经营案】

2011年5月，市公安局经侦支队在工作中发现，商户名为"王某"的POS机涉嫌非法套现。经对相关信息线索进行深入研判，最终将犯罪嫌疑人胡某某、王某夫妇抓获，当场查获POS机14台、POS机签购单1箱、银行卡398张、银行存折169个、U盾40余枚、现金20余万元。2012年3月31日，经法院审理，胡某某被判处有期徒刑七年，并处罚金25万元；王某被判处有期徒刑三年、缓刑五年，并处罚金20万元。

【"7·23"非法经营案】

2014年8月26日至9月2日，市公安局经侦支队破获"7·23"非法经营案，先后抓获3名犯罪嫌疑人，该案是日照经侦部门侦办的首例利用POS机预授权功能进行刷卡套现的新型犯罪案件。经查，2014年1月至案发，犯罪嫌疑人袁某某伙同王某某、王某军等人，采用技术手段非法使用他人的POS机预授权功能，利用POS机预授权115%的超额套现漏洞，为10余名信用卡持卡人非法套现并从中赚取高额好处费，非法经营数额1100余万元，从中赚取非法收入40余万元，造成30余万元透支款逾期未还。2015年9月14日，经东港区人民法院审理，被告人袁某某、王某某、王某军犯非法经营罪，分别判处一年至二年不等的有期徒刑，并处5万～30万元不等的罚金。

【李某某信用证诈骗案】

2015年3月，市公安局经侦支队接到日照某贸易公司负责人报案称，其公司被香港昊明国际有限公司（简称昊明公司）诈骗1262万美元。经查，犯罪嫌疑人李某某安排他人在广州注册成立广东泓信贸易有限公司作为采购方，在香港和境外注册成立昊明国际有限公司（香港）、宏宜国际有限公司（香港）、WELL LINK公司（英国）作为贸易商，在上海成立上海广栈贸易有限公司作为货物仓储物流方，相互配合，伪造假提单、仓储单等信用证随附单据，骗取受害单位和银行信任，开具国际信用证资金1亿多元。受害方涉及香港、日照、北京、广州、杭州等地5家单位，严重危害国家金融秩序，给受害单位和金融机构造成巨大损失。2017年3月9日，在李某某零口供的情况下，经日照市中级人民法院审理，李某某犯信用证诈骗罪，判处无期徒刑，剥夺政治权利终身，没收个人全部财产，对诈骗所得财物予以追缴。

【宋某某等人骗取贷款案】

2015年3月23日，开发区分局经侦大队对宋某某等人贷款诈骗、信用证诈骗、骗取票据承兑案立案侦查。经查，日照金喜来经贸有限公司、日照卓瑞进出口有限公司实际控制人宋某某通过虚假关联交易，编造资金用途、提交不实财务报表等手段，在没有真实交易的情况下，多次骗取多家银行的贷款、票据承兑和信用证共计1.8亿余元。2016年6月25日，经日照经济技术开发区人民法院审理，被告人宋某某犯骗取贷款、票据承兑、金融票证罪，判处有期徒刑六年，并处罚金人民币300万元。

【弘鲁电力能源有限公司骗取票据承兑案】

2015年3月25日，市公安局依法对日照市弘鲁电力能源有限公司骗取贷款案立案侦查。经查，弘鲁公司及其实际控制人孙某某伙同他人骗取银行票据承兑1亿元（2笔）、骗取银行保理业务贷款1.4亿余元（5笔）、骗取国际信用证28686.5万美元（27笔）。经法院审理，依法判处日照市弘鲁电力能源有限公司犯骗取票据承兑罪，罚金1000万元；判处孙某某有期徒刑三年、并处罚金100万元；判处梁某某有期徒刑一年六个月、并处罚金20万元。

【张某某等人骗取贷款、金融票证案】

2016年11月，岚山分局立案查处某铸造公司系列案件，共立骗取贷款、票据承兑、金融票证案，窝藏、包庇案，隐匿、故意销毁会计凭证、会计账簿、财务会计报告案3起，抓获犯罪嫌疑人10名，逮捕4人。经查，2013—2015年，该公司董事长张某某、总经理张某彬，多次安排财务总监、业务员、会计通过虚构投资理由、提供虚假贸易合同等欺骗手段，骗取银行贷款、票据承兑共计3.06亿元。截至案发，该公司无力偿还银行贷款，造成多家银行巨额损失。2019年3月1日，经岚山区人民法院审理判决，被告人张某某、范某等6人分别被判处六个月至三年不等有期徒刑，并处1万～20万元不等罚金。

【耿某骗取贷款案】

2016年12月，东港分局立案侦查耿某骗取贷款案。经查，自2015年起，犯罪嫌疑人耿某伙同唐某某、刘某某等人虚构事实，隐瞒真相，骗取日照某银行信任，编造虚假业务，以其实际控制的4家公司名义骗取日照某银行贷款人民币1.2亿元。2018年10月29日，日照市东港区人民法院以骗取贷款罪，判处耿某有期徒刑四年零六个月，并处罚金人民币一百二十万元；判处唐某某有期徒刑四年零三个月，并处罚金人民币一百万元。

【山东嘉宏伟业集团公司骗取贷款、合同诈骗等系列案】

2017年4月，在打击逃废银行债务"利剑2号"行动中，市公安局经侦支队会同东港分局立案查处山东嘉宏伟业集团公司合同诈骗案，先后抓获实际控制人刘某某等28名犯罪嫌疑人。经查，该集团公司及相关人员涉嫌合同诈骗罪、诈骗罪、贷款诈骗罪、虚开增值税专用发票罪、职务侵占罪、骗取贷款罪、骗取金融票证罪、对非国家工作人员行贿罪、虚假诉讼罪、伪造国家机关印章罪及隐匿、故意销毁会计凭证、会计账簿、财务会计报告罪等11项罪名，查封扣押涉案资金、资产约合12亿元。经人民法院审理，山东嘉宏伟业集团有限公司犯信用证诈骗罪，骗取贷款、金融票证罪及隐匿、故意销毁会计凭证、会计账簿罪，判处罚金人民币1070万元；被告人刘某某犯贷款诈骗罪、信用证诈骗罪、强奸罪及隐匿、故意销毁会计凭证、会计账簿罪，数罪并罚，执行有期徒刑十八年，并处罚金人民币110万元。涉案其他11名被告人，分别被判处刑期不等的有期徒刑及并处数额不等的罚金。

附2：

打击逃废银行债务"利剑2号"专项行动

2015—2016年，全市公安机关连续2年部署开展打击逃废银行债务专项行动，取得一定战果，但是地方金融生态环境仍然不容乐观。2017年，市公安局党委主动调整工作思路，将打击逃废银行债务工作列为维护经济社会发展、打击违法犯罪"利剑"行动之一，开展代号为"利剑2号"的专项行动，推动"一个转变"，坚持"四个统一"，勇亮剑、出重拳，取得"打逃废、化风险、正风气、促发展"的效果。至2018年，共抓获犯罪嫌疑人183名，挽回经济损失69.4亿元，敦促银行企业达成还款协议30.56亿元，不良贷款率从最高点的10.68%下降至5%左右，直接带动金融风险化解。2017年9月，省公安厅以正式文件的形式转发，向全省公安机关推广日照市公安局工作经验做法。

推动"一个转变"，即打击策略由"先易后难"向"先难后易"转变。改变"先易后难"的"渐进式"

打击思路，变“打小”为“打大”，变“先易后难”为“先难后易”，将“利剑”挥向宏伟国际、昌华、阿掖山、铸福等6家不良贷款规模大，且连续亏损、不符合结构调整、转型升级的僵尸企业，或者虽有部分优良资产但恶意转移、伪造账目的企业，形成强烈震慑效应，破除涉案企业侥幸心理和抱团心理，形成多家纷纷主动偿还债务的局面。

统一组织领导，实施“一把手工程”。公安机关层面，成立由局长任指挥长，分管副局长任副指挥长，相关警种和各分局“一把手”为成员的“利剑”行动指挥部。先后6次召开党委会、局务会研究部署，推进落实；将“打逃”工作纳入督察部门重点督导范围和全市县级公安机关绩效考核范围；对于工作不力、进展缓慢的分县局，约谈“一把手”，形成打逃废工作“比着干、抢着干”的浓厚氛围。

统一执法思想，解决“执法标准不一”难题。经主动汇报请示，省公安厅专门会同省检、省高法研究形成打击骗取贷款等犯罪的指导意见，为打逃工作提供有力法律支持。在具体办案过程中，邀请检、法机关派员提前介入，在罪与非罪、证据规格和取证标准上达成一致，统一执法思想和执法标准；为每个专案组配备1～3名法制民警，负责案件各环节审查和诉讼程序的推进，全方位强化执法监督，确保每一起案件都经得起法律和历史的检验。

统一用警，集中警力打“歼灭战”。从市公安局机关和各分县局的经侦、刑侦、法制、技侦、网安、特警、食药环等警种，抽调200余名精兵强将，分6个专班集中攻坚，以优势警力实现六大专案全面突破：32401山东嘉宏伟业集团专案，2017年4月1日立案侦查，共抓获犯罪嫌疑人28名，查封、扣押及查明转移资金、资产折款共计人民币5亿余元。2019年4月18日，经日照市中级人民法院终审裁定，对山东嘉宏伟业集团判处罚金，对法定代表人刘某伟等20名被告分别判处刑期不等的有期徒刑、并处数额不等的罚金。32402昌华实业发展有限公司专案，2017年5月20日立案侦查，先后抓获13名犯罪嫌疑人。2019年10月19日，经岚山区人民法院一审判决，该公司法人代表张某某被判处有期徒刑十八年、并处罚金80万元，李某某等其他8名被告人分别被判处六个月至三年不等有期徒刑，并处2万～10万不等罚金。32403铸福实业有限公司专案，2017年3月20日立案侦查，先后抓获犯罪嫌疑人13名，查明涉案金额4.2亿元。2019年7月16日，经日照市中级人民法院终审裁定，对张某某、范某等6名被告分别判处六个月至三年不等有期徒刑、并处1万～20万元不等罚金。32404阿掖山集团有限公司专案，2017年6月10日立案侦查，抓获犯罪嫌疑人5名。2019年10月24日，经岚山区人民法院一审判决，该公司法人代表苏某山被判处有期徒刑十五年、并处罚金60万元，苏某等其他6名被告分别被判处一至三年不等有期徒刑、并处2万～10万元不等罚金。32405专案，2017年4月13日立案侦查，先后抓获19名犯罪嫌疑人，涉嫌骗取贷款案13.38亿元、逃税232万元。2018年2月，该案移送检察院审查起诉，目前正在法院审理中。32406专案，2017年5月2日立案侦查，抓获犯罪嫌疑人7人。2018年2月17日，该案移送检察院审查起诉，目前正在法院审理中。

统一工作步调，打击和化解两线齐头并进。市公安局协调市直有关职能部门共同发布《致社会各界的通告》《打击逃废银行债务服务手册》《关于实行逃废银行债务案件线索有奖举报的通告》，敦促贷款企业尽快还款，主动还款的从轻、减轻或免除处罚。同时，从全市抽调经侦民警分成若干工作组，分别进驻重点银行机构。对涉及逃废银行债务的企业法定代表人及亲属、公司股东、实际经营控制人及其关联公司的资产情况进行全面摸排，依法开展案件初查、线索梳理、相关问题询证等工作，在此基础上，对贷款过亿元的企业负责人逐一约谈，并视还款情况多轮约谈。对于屡谈无效、态度恶劣且涉嫌犯罪的，果断予以打击。通过以打促谈、以谈促还，综合施策，有效推进银行挽损工作的开展。期间，共约谈企业负责人1220余人次。

第六节　侦办其他经济犯罪案件

一、打击侵犯知识产权犯罪

侵犯知识产权犯罪是指未经知识产权权利人许可的自然人或单位违反知识产权法规，故意侵犯他人依法享有的知识产权，破坏知识产权管理秩序，依法应当受刑罚处罚的行为。主要包括假冒注册商标案、销售假冒注册商标的商品案，非法制造、销售非法制造的注册商标标识案，假冒专利案、侵犯商业秘密案等犯罪案件。

1998 年 2 月，市公安局破获张某侵犯日照某电话设备厂软件开发技术案，是日照市破获的首例侵犯商业秘密案。

进入 21 世纪后，侵犯知识产权案件的数量日益增多，且犯罪手段日益呈智能化、科技化、网络化发展趋势。全市公安机关以“打大、打多、打深”为主战目标，以开展专业化定向打击和发起专案集群战役为主战模式，严厉打击侵犯知识产权犯罪。

2004 年，全市经侦部门开展打击侵犯商标专用权犯罪“山鹰”行动、打击盗版违法犯罪和重点地区打击制售伪劣药品、食品、烟草制品等专项整治行动，将打击制假售假、保护知识产权列为整顿和规范市场经济秩序的一项重点工作，推动知识产权保护工作。

2005—2010 年，全市公安机关经侦部门先后开展“山鹰二号”专项行动、打击网络侵权盗版专项行动、侵犯第十一届全国运动会知识产权犯罪专项行动等一系列专项行动，针对制售盗版光盘、视频类和视听类网站侵权盗版等违法犯罪行为开展集中打击，加大对侵权盗版案件查处力度，依法维护权利人合法权益。

2011 年后，党和国家高度重视保护知识产权工作，打击侵犯知识产权犯罪被公安部、省公安厅上升到保障民生、保护国家核心竞争力的高度来部署开展。全市公安机关积极适应新形势，不断加大打击力度，破获一批大案要案，打掉一批侵权犯罪团伙。2011 年，全市经侦部门根据上级部署，开展打击侵犯知识产权犯罪“亮剑”行动，共破获案件 33 起，抓获犯罪嫌疑人 74 名，逮捕犯罪嫌疑人 29 名，捣毁生产窝点 21 个，打掉批发、销售犯罪团伙 12 个。市公安局经侦支队查获时某某等人假冒注册商标案，打掉生产窝点 3 个，查获假冒豆粕 35 吨，假冒注册商标的包装袋 2000 余个，涉案金额 70 余万元。开发区经侦大队破获高某非法经营案，打掉 1 个以“中国青少年读书万里行”活动的名义向开发区、东港区、莒县等地中小学销售盗版书籍的犯罪团伙，抓获 3 名犯罪嫌疑人，查获盗版图书 30 余万册。东港分局打掉 1 个在大学科技园销售假冒阿迪达斯、耐克等名牌运动鞋团伙，抓获犯罪嫌疑人 3 名，涉案价值 80 余万元。是年，市公安局刑侦支队一大队、莒县经侦大队、五莲经侦大队 3 个单位被评为全省打击侵权“亮剑”行动先进集体，5 名民警被评为先进个人。

2012 年，全市经侦部门开展贯穿全年的“打击侵犯知识产权”专项行动，共发起 4 起全国性集群战役，破获该类案件 48 起，抓获犯罪嫌疑人 74 名，打掉制假窝点 16 个，涉案价值 6700 余万元，为相关企业挽回经济损失 800 余万元。2012—2013 年，东港分局经侦大队先后打掉 3 个加工销售假冒立邦、雅士利、美巢、三棵树、美涂士等品牌腻子粉的生产窝点，涉案价值 50 余万元。

2013 年，全市经侦部门将大要案件侦办作为专项行动主攻方向，将危害创新发展、危害扩大内需和职工就业、危害人民群众生命健康、危害生产生活安全以及危害粮食安全和农民利益等关系国计民生的五类犯罪作为打击重点，常态化开展打击制假售假保护知识产权行动。行动期间，全市公安机关共发起 5 起全国性集群战役，破案 53 起，移诉案件 15 起，抓获犯罪嫌疑人 124 名，打掉制假窝点

图 5-14 2013 年 12 月，美国杜邦公司给开发区分局经侦大队送锦旗

18 个，涉案价值 2280 余万元，为企业挽回经济损失 800 余万元，查获假冒伪劣烟酒、农资、食品、名牌手表等涉案物品 1 宗。

2014 年，全市经侦部门继续组织开展打击侵犯知识产权和制售假冒伪劣商品违法犯罪专项行动。行动中，全市公安机关共立案 8 起，破案 7 起，移诉案件 3 起，抓获犯罪嫌疑人 13 人，打掉制假窝点 6 个，涉案价值 846 万余元。东港分局经侦大队成功发起孙某某销售假冒注册商标商品案全国集群战役。

2015 年，全市经侦部门持续深入推进打击侵犯知识产权犯罪工作，始终保持对该类犯罪高压严打态势。年内，全市公安机关经侦部门立案 6 起，抓获犯罪嫌疑人 8 名，逮捕 1 人，涉案金额 2200 万元。其中，东港分局经侦大队破获“王某传销售假冒注册商标的商品案”，并发起全国集群战役，捣毁制假生产工厂 2 处，销售、仓储窝点 5 处，刑事拘留犯罪嫌疑人 4 名，查获制假设备 2 部，缴获假冒“新大洲”“本田”等注册商标的燃油助力摩托车 200 余辆，包装、商标标识 1 万余件，涉案总价值 2000 万元人民币。是年，五莲经侦大队被评为全省网上打假先进集体，全市 3 名民警被评为全省网上打假先进个人。

2016 年，全市公安经侦部门从供给侧和需求侧两端协同发力，加强互联网领域侵权假冒行为治理，持续开展中国制造海外形象维护“清风”行动，深入推动软件正版化工作。是年，共破获假冒商品案 5 起，捣毁制假窝点 5 个，抓获犯罪嫌疑人 10 名，涉案金额 150 余万元。协助河南、江西等公安机关办理案件 2 起，协助抓获犯罪嫌疑人 4 名。

2017 年，市公安局会同市商务局、工商局、知识产权局等部门继续开展中国制造海外形象维护“清风”行动，强化互联网领域侵权假冒行为治理，依法严厉打击影响知识产权保护、妨碍公平竞争和侵害消费者、权利人合法权益的侵权假冒违法犯罪，助力打造国际化、法治化营商环境。通过开展联合执法行动，对移交线索从严从快立案查处，共破获侵犯知识产权和制售假冒伪劣产品案 19 起，捣毁制假窝点 8 个，抓获犯罪嫌疑人 47 名，涉案价值 345 万元。

2018 年，全市公安机关在“云端”专项行动中开展打击侵犯知识产权犯罪“春雷行动”。其间，共破获侵犯知识产权和制售假冒伪劣商品案 4 起，捣毁制假窝点 2 个，抓获犯罪嫌疑人 9 名，涉案金额 100 万余元。东港分局共开展联合清查行动 8 次，捣毁销售假冒注册商标打印耗材的窝点 1 个，当场查扣假商标 1000 余份、硒鼓（成品、半成品）400 余个、硒鼓包装盒 1200 余个及封口机、胶枪等物品 1 宗。市港航公安局破获销售假冒注册商标的商品案 1 起，抓获犯罪嫌疑人 1 名，涉案金额达 31 万余元，扣押涉案财物价值 23 万余元。岚山分局立案 1 起，收缴不法图书 2216 本，抓获犯罪嫌疑人 5 名。

二、打击合同诈骗犯罪

20 世纪 90 年代后，随着国有企业改革的推进，民营经济的迅速发展，各类违法犯罪分子伺机作案。合同诈骗案件开始逐渐增多。1998 年，全市公安机关办理合同诈骗案件 4 起，为企业挽回经济损失 100 余万元。1999 年，东港分局经文保科立案侦查吴某某合同诈骗案。经查，1996 年，时任山西省某煤炭运销公司经理的吴某某，谎称能搞到火车车皮计划运输煤炭，骗取日照市某燃料公司信任，与其签订煤炭供销合同，诈骗人民币 41.7 万元。

2000 年，破获张某某合同诈骗案，涉案金额 170 余万元，为企业挽回损失 80 余万元。2002 年，破获全某某合同诈骗案，涉案金额 30 余万元。

2003 年，市公安局经侦支队打掉 1 家跨国诈骗集团，该集团在日照、济南、莱芜等地诈骗价值近 300 万美元的大蒜。莒县公安局破获 1 起利用假身份证和假汽车牌照实施的物流合同诈骗案件，为货主追回货物价值 12 万余元。是年，随着交通运输逐渐发达，利用空车配货实施诈骗的案件开始增多。2 月，莒县公安局经侦大队破获 1 起空车配货诈骗案，苍山县某村村民刘某远（化名刘某前）伙同宋某利用假牌照、假身份证、假驾驶证，通过汽车配货诈骗莒县某水产公司鱼类产品价值约 15 万元。

2004 年，犯罪分子合同诈骗手法不断翻新，全市公安机关经侦部门加大打击力度，全力遏制发案势头。市公安局经侦支队破获山东世鼎贸易公司经理王某某“一货多卖”合同诈骗案件，为企业挽回经济损失 1200 余万元。东港分局破获 1 起合同诈骗案，犯罪嫌疑人梁某某以能够发煤炭为名，诈骗日照某经贸公司人民币 48 万元；破获 1 起以高校招生、办理留学为名的诈骗案件，涉案金额 33 万元。莒县公安局经侦大队破获 1 起利用“丝纳尔布”“高分子膜”名义实施诈骗案件，犯罪嫌疑人冒充部队军官或中国石油勘探总公司驻莒县办事处工作人员等特殊身份，设置骗局，先推销、再求购，唱“双簧”，诈骗供货单位现金 140 余万元。

2005 年 3 月 24 日，开发区经侦大队破获 1 起合同诈骗案，抓获犯罪嫌疑人黄某某、任某，追回经济损失 58 万元。经查，2004 年 11 月 29 日，犯罪嫌疑人黄某某、任某与日照某经贸有限公司签订煤炭买卖合同，并于 2005 年 1 月提供虚假铁路运输计划号，骗取该经贸公司现金 120 万元，用于偿还个人债务。是年 12 月，莒县经侦大队破获 1 起利用空车配货的合同诈骗案。经查，是年 9 月 2 日，犯罪嫌疑人穆某某、冯某某将广西人刘某在横县雄达茶厂加工的价值 7 万余元的云南特级茶，拉到山东莒县。在车主朱某某的授意下通过批发市场销售，得赃款 3 万余元。

2006 年 5 月 23 日，市公安局经侦支队立案侦查张某涉嫌合同诈骗一案。经查，犯罪嫌疑人张某等人在没有境外劳务输出中介资质的情况下，以办理到美国塞班岛的劳务输出为名，骗取荣成市 30 余名拟出国务工人员的信任，在上述人员不符合出国务工条件的情况下，分别签订书面或口头合同，收取每人 4.1 万～4.5 万元不等的劳务费，共计人民币 113 万余元，非法占有 88 万余元。

2007 年，莒县公安局经侦大队针对县域劳务市场不规范、不成熟，而大部分群众对外派劳务知识匮乏却有出国务工需求的现状，进行打击整顿。共查处 4 人，涉案金额 125 万余元，为 70 余名出国务工群众追回损失。

2008 年，全市经侦部门对各类合同诈骗案件坚定不移地贯彻严打方针，落实侦办责任，排除干扰，全力攻坚，先后破获多起大案要案。5 月，东港经侦大队破获涉案 348 万余元的张某合同诈骗案。7 月，市公安局经侦支队破获旭日房产经纪有限公司合同诈骗案，该公司以为客户办理房产过户及购房贷款手续为名，骗取 20 余名买房人缴纳的购房定金及首付款共计 148 万元。8 月，莒县经侦大队破获一起涉案 1200 余万元利用劳务输出进行合同诈骗的案件，抓获 6 名犯罪嫌疑人。9 月，市公安局经侦支队破获系列合同诈骗案件，犯罪嫌疑人赵某玺、徐某强以租赁建筑模板建设厂房为名作案 8 起，涉案金额 65 万余元。

2009 年，岚山分局经侦大队破获一起租赁汽车合同诈骗案。经查，犯罪嫌疑人秦某刚以“承包工程需用车跑业务”为由，获得出租车司机信任，骗租轿车 30 余辆，非法抵押获取高息贷款，涉案价值 100 余万元。

2011 年 2 月，东港分局经侦大队破获张某某涉嫌合同诈骗案，犯罪嫌疑人张某某以非法占有为目的，以虾池转包为名，虚构事实，骗取安某等4人131.7万元。6月，市公安局经侦支队破获1起涉案金额200余万元合同诈骗案，为最大限度挽回受害人损失，参战民警先后5次到江苏滨海、连云港等地追赃，经过不懈努力，除嫌疑人挥霍及部分偿还个人债务外，共追回财物合计180余万元。

2014年，市公安局经侦支队破获1起合同诈骗案，为受害人挽回经济损失80余万元。犯罪嫌疑人李某博虚构事实骗取日照某公司业务人员信任，以签订煤炭买卖合同方式诈骗该公司货款90万元。

2015年，市公安局经侦支队抓获特大合同诈骗犯罪嫌疑人杜某某。杜某某以代销煤炭为名，骗取日照某国际贸易公司货款270万元。

2017年，东港分局经侦大队破获孙某等人合同诈骗案。经查，孙某、许某、赵某等人以车辆过户、售后回租的形式将车辆抵押给小贷公司，与小贷公司签订车辆转让和租赁协议，回租车辆，从小贷公司套取贷款后伪造手续将车辆卖掉，涉案价值60余万元。是年12月28日，山海天分局刑侦大队破获1起合同诈骗案。经查，2017年1月24日，犯罪嫌疑人李某某在没有履约能力的情况下，与被害人汪某等人签订河沙购销合同，收取汪某全部预付款84万元挪作他用。

三、打击农村经济犯罪

2000年后，农村经济从单一的农业经济向多元化经济发展，村民自治的不断深化，农村干部在集体经济上的作用日益突出，管理经济权力扩大，村干部素质参差不齐，个别农村干部用职务上的便利和财务制度不健全、管理混乱的空隙，侵占或挪用集体资金问题日渐突出，经常引发群众信访，给社会稳定带来一定影响。

2003年1月至2006年10月，全市公安机关经侦部门共受理农村经济犯罪案件64起，立案55起，破案55起，移送纪委、检察院等部门21起，涉案金额539.37万元，挽回经济损失298.57万元，被采取强制措施64人，追究刑事责任16人，为维护农村社会稳定做出贡献。

2003年5月21日，五莲县公安局将因涉嫌挪用资金罪潜逃多年的闫某福抓获归案。是年，该县公安局经侦大队又破获1起村出纳员挪用资金为其儿子购买住房案。

2004—2008年，莒县公安局经侦大队查处农村基层干部职务犯罪案件37起49人，其中职务侵占案件29起、抓获38人；贿赂案件2起、抓获3人；挪用公款案6起、抓获8人。2004年1月14日，涉嫌职务侵占、挪用资金、故意伤害犯罪嫌疑人厉某友被批准逮捕。经查，犯罪嫌疑人厉某某在担任村保管、党支部书记等职务期间，未按有关规定建账、记账、审账，致使该村财务管理混乱，并利用职务之便侵占、挪用集体资金6万余元。

2010—2011年，东港经侦大队侦办两起非国家机关工作人员受贿案件。东港区日照街道某村党支部书记自2006年起收受他人财物6.5万元，帮助承揽该村工程；日照街道某村出纳在建设沿街楼、居民安居楼期间，收受款物共计人民币7000元。

2012年5月，岚山分局经侦大队立案查处岚山区安东卫街道某村原党支部书记陈某挪用资金案。经查，犯罪嫌疑人陈某利用担任该村党支部书记、村主任职务上的便利，挪用村集体资金160余万元归自己和他人使用；会同犯罪嫌疑人张某波、张某秀等村干部侵占工程拆迁补偿款和社区拆迁地面附着物赔偿款30余万元。2004—2005年，利用职权，在对外出售该村宅基地、出租大棚时收受数名村民贿赂10余万元。

2013年，莒县经侦大队受理农村干部职务犯罪案件30起，立案23起，打击处理32人。

2014年，全市公安经侦部门主动加强与检察、纪检等部门的联系和协作，进一步完善农村职务犯罪情况通报、线索移送和信息共享机制，形成工作合力。东港分局经侦大队针对旧城改造拆迁、土地流转中暴露出的矛盾问题，向社会公布举报电话、设立举报箱，畅通农村经济犯罪举报渠道，动员群众检举揭发职务犯罪线索，扩大案件线索来源；对群众的来信来访，坚持首问负责制，明确分工，落实责任，及时查处，做好反馈，共收到群众举报信件 56 个，摸排梳理线索 70 余条，破获村主任杨某职务侵占等村干部违法犯罪案件 7 起，抓获嫌疑人 9 名。

2015 年，莒县经侦大队从维护社会稳定的大局出发，认真对待涉及村干部犯罪各种来信来访，详细核查举报内容，对构成犯罪的人员依法打击，同时做好相关问题的解释工作，确保农村两委换届选举的顺利进行。全年共收到举报 120 起，调查核实相关问题 80 项，受理案件 15 起，立案侦查 12 起，抓获犯罪嫌疑人 19 名。是年 7 月 20 日，东港分局经侦大队破获 1 起村出纳挪用资金案，涉案价值 300 余万元。7 月 21 日，破获 1 起村干部合同诈骗案，犯罪嫌疑人安某某虚构有养殖渔船骗领燃油补贴 8 万余元，虚构海上养殖事实骗取转业转产费 9.51 万余元。

2016 年 1 月，岚山经侦大队将 1 名涉嫌职务侵占案的犯罪嫌疑人逮捕。经查，黄墩镇某村原村党支部书记王某伙同他人利用虚假工程项目，骗取市财政部门拨款 10 万元后，又利用虚假收款凭证支出 5 万元用于打点关系。3 月 22 日，五莲经侦大队根据县纪委移交线索，将涉嫌非国家工作人员受贿、串通投标、行贿、挪用资金等犯罪的某村党支部书记刑事拘留。是年，莒县经侦大队先后破获 2 起村干部职务侵占案，涉案金额共计 17.7 万元。

2017 年，莒县经侦大队连续破获多起村干部职务侵占案。4 月 16 日，将安庄镇某村主任和会计抓获，二人侵占村集体资金 10 余万元；5 月 20 日，将长岭镇某村党支部书记和保管抓获，二人采取将宅基地款不入账的手段侵占村集体 10 万余元；9 月 8 日，将涉嫌职务侵占、非国家工作人员受贿罪的城阳镇某村会计抓获。其采取虚列支出、重复下账等方式，侵占村集体资金 26 万余元，并伙同他人收受贿赂 30 万元。

四、打击商贸领域职务侵占与挪用资金犯罪

20 世纪 90 年代后，在改革进程中，由于企业管理机制不健全等诸多因素的影响，职务侵占和挪用资金犯罪开始逐渐增多。

1999 年，全市办理商贸领域经济犯罪案件 42 起，抓获犯罪嫌疑人 39 名，涉案金额 67 万元。主要是企业承包负责人、业务人员利用自身职务条件虚开支出、虚报账目非法侵占财产，以及业务人员收回企业的货款、自己挪用。

图 5-15 2003 年 12 月，受害单位到五莲县公安局赠送锦旗

2003 年，职务侵占、挪用资金案件高发，多为公司企业业务员、部门负责人利用职务上的便利和财务制度不健全以及管理混乱的空隙，侵占或挪用单位资金，作案预谋时间长，犯罪手法隐蔽，不易被察觉。莒县某厂业务员潘某某利用工作之便，5 年时间挪用货款 14 万余元。某标志服厂业务员孙某某，利用职务之便，采取虚报、冒领等手段，侵占单位资金 11 万元。全市经侦部门统一认识，加大案件查办力度，积极为企业挽回损失，维护企业利益。是年 6—10 月，五莲县公安局经侦大队破获一特大系列职务侵占、受贿、挪用资金、合同诈骗犯罪案件，涉案金额 220 余万元。其中，职务侵占涉案价值 50 余万元，受贿涉案价值 28 万余元，挪用资金涉案价值 37 万余元，合同诈骗涉案价值 97 万余元。

2004年6月20日，开发区经侦大队根据群众举报，将涉嫌职务侵占罪的某经贸公司总经理郇某某抓获。经查，郇某某伙同张某某，利用职务之便，将公司47万元存款据为己有。

2005年，岚山分局经侦大队侦破1起特大侵占案，追回价值20余万元矿砂，为企业挽回经济损失100余万元。是年，东港分局破获1起职务侵占案件。经查，2004年12月21日至2005年7月8日，犯罪嫌疑人刘某为满足自己私欲，指使并帮助在某超市担任收银员的女友徐某采取私刻印章伪造交款单的手段，多次侵占营业款共计21万余元。

2006年，个别金融机构工作人员利用单位管理不严、办理业务过程操作不规范等漏洞，侵占、挪用资金，影响金融安全。全市经侦部门坚持警银联动，在强化打击的同时，引导各金融单位落实防范措施，维护良好金融秩序。2月5日，莒县公安局经侦大队经过缜密侦查，破获1起职务侵占案，上网在逃的犯罪嫌疑人卢某某被抓获归案。经查，卢某某在担任某银行客户经理期间，利用职务之便，侵占客户存款等资金76万余元。10月23日，该大队又破获1起信用社工作人员冒用他人名义，从信用社贷款供自己和他人经营使用，挪用集体资金54.5万元的案件。是年，五莲县公安局经侦大队组织打击职务犯罪专项行动，先后破获丁某挪用资金案、王某挪用资金案、于某职务侵占案等职务犯罪案件，为企业挽回经济损失13.1万元。

2008年，全市公安机关立职务侵占案件13起、挪用资金案件12起，涉案金额共计350余万元。3月12日，莒县公安局经侦大队破获1起信用社代办员采取收储不报账、收贷不报账的方式挪用资金的案件，涉案金额40余万元。8月6日，东港分局经侦大队破获1起业务经理挪用公司货款用于赌博及个人消费案件，涉案金额28万元。

2010年，五莲县公安局破获徐某挪用资金等系列案件，涉案价值60余万元。徐某在担任某汽车配件有限公司业务员期间，利用在外地负责公司货物销售的便利，收取货款不上交，挪用资金30余万元。

2011年后，随着经济发展，职务侵占、挪用资金案件案值越来越高，危害越来越大。公安机关强化服务意识，抽调精干力量，对重特大案件集中侦办，维护企业正常经营秩序，营造良好的营商环境。2011年7月14日，日照某集团有限公司相关负责人报警称，其储存在某国家储备糖库的原糖被人运出变卖。接到报警后，开发区分局从刑侦大队、派出所抽调精干力量成立“7·14”职务侵占案专案组，连续奋战50余天，辗转3个6个市，行程万余公里，共抓获乔某男等7名犯罪嫌疑人，缴获赃款及赃物折款710余万元。经查，日照某物流有限公司职工乔某男利用其在安徽某国家储备糖库提货、发货之便，指使他人冒充其公司工作人员，将日照某集团有限公司储存在该储备库的原糖1800余吨运出并变卖，价值2000余万元。10月13日，开发区分局在开发区中心公园广场举行“7·14”特大职务侵占案退赃大会。

2013年3月29日，东港分局经侦大队民警在西安市将涉嫌职务侵占犯罪嫌疑人段某某抓获。经查，2007年7月至2012年7月，犯罪嫌疑人段某某利用担任山东某药业有限公司业务员便利，伪造客户单位公章，侵占公司应收货款55万余元。

2015年，市公安局经侦支队破获1起特大职务侵占案，将香港籍在逃犯罪嫌疑人王某某抓获。经查，犯罪嫌疑人王某某为偿还为他人担保的高利贷，利用在香港某控股有限公司掌管大陆子公司资金调拨之便，在没有公司授权的情况下，私自向日照子公司财务人员下达付款指令，多次向深圳地下钱庄汇款600余万元。

2016年1月14日，莒县经侦大队将涉嫌职务侵占的犯罪嫌疑人张某某抓获。经查，犯罪嫌疑人张某某利用担任莒县某厂行政科科长职务之便，将国家补发的下岗、退休职工个人的住房公积金销户资金40余万元占为己有。2月26日，开发区经侦大队对涉嫌职务侵占犯罪嫌疑人牟某执行逮捕。经查，该牟利用担任酒水批发公司销售业务员的职务便利，侵占公司货款60余万元。3月2日，开发区经侦大队破获1起职务侵占案。某发动机有限公司员工李某利用职务便利，采取虚报价格、虚报数量、以次充好等手段侵占公司款项175万元。

2017年8月5日，五莲县公安局立案查处姚某某涉嫌职务侵占案。经查，犯罪嫌疑人姚某某利用担任五莲某银行某村农金员的职务便利，侵占该银行90户储户存款224万余元。

2018年5月，五莲县公安局经侦大队破获1起职务侵占案。经查，犯罪嫌疑人周某担任山东某集团有限公司制造技术部主任期间，利用职务便利，伙同他人采用伪造零活工时、额外增加工人工资补贴等方式，套取公司工资薪酬共计90余万元。11月29日，该大队将涉嫌职务侵占罪的犯罪嫌疑人陈某某抓获。经查，犯罪嫌疑人陈某某与他人合伙经营石子厂期间，通过提供加盖伪造财务专用章单据的手段，虚列支出，侵占其他合伙人投资款100余万元。

五、打击商业贿赂

20世纪90年代后，随着经济体制改革的深入，经济活动不断活跃，商业贿赂等妨害对公司、企业管理秩序犯罪也随之出现。随着一批大型企业落户日照，大宗商品购销不断增多，加之个别行业竞争不充分、运作不透明，商业贿赂之风开始盛行，破坏市场经济秩序和投资环境，增加企业运行成本，影响社会稳定。全市公安机关充分发挥职能作用，严肃查处商业贿赂案件，坚决纠正影响公平竞争的不正当交易行为，遏制商业贿赂蔓延的势头，切实维护市场经济秩序，推进反腐倡廉工作，促进改革开放和经济社会健康发展。

2009年5月11日，市公安局对岚山分局侦办的某公司副总经理刘某某涉嫌非国家工作人员受贿案提级管辖，由市公安局经侦支队牵头，从刑警、治安支队及岚山、开发区分局抽调精干民警成立专案组集中彻查。经查，2004年10月至2008年9月，犯罪嫌疑人刘某某在担任某公司副总经理期间，利用分管公司原材料及产品供应、运输、销售等公司主要业务的职务便利，多次非法收受20余家供应商和客户的大量款物，其中人民币419.8万元、港币43万元、美元6.4万元、欧元5.5万元、金条1700克（价值37.6万元）、购物券5.9万元、手表一块（价值4.3万元）。办案过程中，又带破行贿、受贿案件30余起、抓获犯罪嫌疑人34名。在侦办案件的同时，针对案件暴露出某公司在管理中存在的问题，市公安局积极向企业提出建立有效的防范机制、完善企业内部权力运行机制等防范意见建议。

2012年，市公安局经侦支队通过走访企业获取线索，一举破获非国家工作人员受贿案件6起、抓获犯罪嫌疑人6名，其中有2起案件被列为部督案件，涉案价值1100余万元。6月5日，经报请公安部，将该系列商业贿赂案件在全国范围内发起集群战役，对涉及北京、上海等11个省市的43名涉案人员同时展开调查。

2014年，破获山东省第一起跨国公司管理人员涉嫌受贿案件。是年9月28日，经侦支队在侦办一起合同诈骗案件过程中发现，某跨国公司融资部业务经理彭某在操作业务过程中，利用职务之便收受巨额回扣。9月30日，立为非国家工作人员受贿案立案侦查。当晚，彭某在北京被抓获。12月3日，该案被列为公安部督办案件。经查，彭某在日照某公司融资租赁该跨国公司相关设备与软件业务中，通过中间公司获取非法利益53万元。另外，彭某在江苏省镇江市某项目和内蒙古自治区鄂尔多斯市某项目中以同样的手段收取回扣，共计受贿900万余元。

2017年1月18日，日照市委启动对日照港集团进行整顿改革。按照市委部署，1月20日，市公安局成立参与日照港集团整顿改革领导小组，启动“利剑1号”专项行动，从经侦支队、刑侦支队、法制支队及各分县局抽调17名精干力量组成专案组。通过一年多时间的强力打击，共立案20起，抓获犯罪嫌疑人23名，批准逮捕7人，挽回直接经济损失5亿元，案件全部移送起诉，部分案件法院已作出判决。同时，牢固树立“一盘棋”思想，立足公安机关职能优势，积极配合协助纪委、检察机关开展调查取证等工作。通过深挖细查、强化约谈等措施，推动日照港清欠70余亿元。2018年3月19日，日照港发布公告，2017年公司实现营业收入48.3亿元，归属于上市公司股东3.69亿元，一举实现扭亏为盈。

第七节　破案会战与经侦追逃

一、打击经济犯罪“破案会战”专项行动

2012年3—8月，全市公安机关经侦部门根据上级部署，开展严厉打击经济犯罪“破案会战”。按照“以打带建、以建促打”的方针，坚持统筹指挥、情报先导、协同作战、全面出击、注重实效，严厉打击各类经济犯罪活动，全面提升公安机关打击经济犯罪的社会影响力和服务经济发展的工作效能，全力维护市场经济秩序和国家经济安全，为党的十八大召开创造良好的社会环境。会战以“多破案、办大案、办好案”为总体目标，提出年破案总量比上年至少上升一倍，人均立案数不少于8起、破案数不少于6起、打击处理犯罪嫌疑人不少于4人的具体要求。

图5-16 2012年5月26日，召开全市“破案会战”现场推进会暨“三个延伸”现场观摩会

市公安局成立由局长任组长，2名分管局领导任副组长，指挥中心、督察、经侦、网安、技侦、宣传、警务保障等部门主要负责人为成员的“破案会战”领导小组，负责指挥协调全市“破案会战”工作。制定《破案会战奖励标准》，成立督导组，深入分县局实地督战、指导。各相关警种、部门多警联动、合力攻坚；各分县局成立相应领导机构，建立考核激励机制，全警全力推动会战全面开展，形成对经济犯罪声势浩荡的围剿之势。行动期间，公安部经侦局、省公安厅领导及专项督导组多次到日照督导“破案会战”工作。

6个月的会战中，全市公安机关共立案665起，破案581起，移送起诉1078人，分别是2011年全年的7.7倍、7.9倍、7.5倍，涉案金额13亿余元，挽回经济损失共计6200余万元，发起2起全国性集群战役。其中，市公安局经侦支队共立案51起、破案43起，移送起诉44人，办理大要案件8起、部督案件4起，发起1起全国性集群战役；东港分局共立经济犯罪案件116起、破案71起，移送起诉犯罪嫌疑人278名，挽回经济损失1600余万元；岚山分局共立各类经济犯罪案件55起，破案38起，抓获犯罪嫌疑人123名，挽回经济损失1500万元；莒县公安局共受理各类经济犯罪案件149起，立案144起，破案108起，抓获犯罪嫌疑人251名，移送起诉239人，涉案金额7200余万元，挽回经济损失1700余万元；五莲县公安局受理案件92起，立案87起，侦破案件80起，抓获犯罪嫌疑人164名，移送起诉68起153人，涉案金额总计3000余万元，通过侦破案件为企业挽回损失1000余

万元；开发区分局共受理案件54起，立案33起，破案23起，抓获犯罪嫌疑人32名，涉案金额上亿元，挽回经济损失600余万元，避免损失800余万元。

2012年7月11日，公安部副部长刘金国对市公安局经侦支队侦办的薄某某特大非法经营案专门作出批示、予以肯定。省公安厅于4月19日、5月10日和6月26日三次发贺电，分别祝贺日照破案率在全省率先突破50%、100%和200%。5月11日，市公安局在全省公安机关“破案会战”现场推进会上做典型发言。5月25日，省公安厅下发“破案会战”期间的第一个嘉奖令，对日照“破案会战”全体参战单位和民警给予通令嘉奖。东港分局、莒县桑园派出所被评为全国“破案会战”先进集体，2名民警被评为全国“破案会战”先进个人，1名民警被评为全省“破案会战”先进个人。

二、经侦追逃专项行动

经济犯罪嫌疑人一般反侦查能力较强，案发时犯罪嫌疑人往往已经逃匿。在逃经济犯罪嫌疑人迟迟不能归案，一些大要案件无法侦破，群众的损失无法挽回，严重制约打击经济犯罪的整体效果，影响司法公正，威胁社会稳定。全市经侦部门自成立之日起，就高度重视追逃工作，采取一系列措施减少存量、控制增量，确保打击效果。

2003年3月，全面梳理在逃经济犯罪嫌疑人，开展集中追逃行动。截至8月，全市在逃经济犯罪嫌疑人25名。年内，共抓获在逃犯罪嫌疑人6名。

2004年，根据省公安厅《关于印发〈全省公安机关经侦部门追逃工作实施意见（试行）〉的通知》要求，部署推进逃犯缉捕工作。经协调，在市财政设立“经侦追逃专项经费”。至2005年，全市共抓获在逃经济犯罪嫌疑人12名。至2011年5月，全市共有涉嫌经济犯罪在逃人员52名。

2011年，根据省公安厅统一部署，全市经侦部门开展追逃“清网行动”，采用发动群众、上门走访、人力摸排、架网布控、动员规劝等传统方式追逃的同时，积极创新技战法，将信息化作战作为追逃的重要方式，通过网络信息比对等方式排查线索，发现在逃嫌疑人轨迹，组织布控抓捕，在不到6个月的时间内抓获网上在逃嫌疑人45名，清网率达86.53%。东港、五莲、开发区清网率达100%。东港分局经侦大队通过信息化手段，抓获潜逃16年的合同诈骗在逃嫌疑人吴某某，工作信息被部经侦局采用，事迹被山东省电视台报道。东港分局1名民警被评为全国公安机关经侦部门“清网行动”成绩突出个人。

2014年7月22日至11月2日，根据公安部、省公安厅统一部署，开展代号为“猎狐2014”的缉捕在逃境外经济犯罪嫌疑人专项行动，缉捕3名逃往境外的嫌疑人。全市经侦部门3名民警被评为全国“猎狐2014”先进个人。

2014年8月26日，犯罪嫌疑人施某某在缅甸被抓获并押解回国。经查，2012年，施某某虚构事实，以福建嘉佳鑫（泉州）进出口贸易有限公司名义与日照某粮油公司签订镍矿购销合同，诱骗日照公司出具正本货物收据并将2160万元信用证提前议付，给日照公司造成巨额损失后潜逃。2013年7月8日，市公安局经侦支队对该案立案侦查。2014年6月11日，施某某被批准刑事拘留，6月16日，被上网追逃并发布边控。经办案民警缜密工作，掌握其逃至缅甸，且在中缅边境一带活动的线索，遂多次赴云南西双版纳开展工作，并由省公安厅经侦总队报请公安部经侦局，协调云南警方启动相关跨境协作机制。8月21日，犯罪嫌疑人施某某在缅甸掸邦东部第四特区首府孟拉市被当地警方抓获。8月26日上午11时，中缅警方在云南西双版纳中缅边境打洛口岸完成犯罪嫌疑人交接。

2014年9月25日，劝返潜逃沙特阿拉伯的犯罪嫌疑人崔某某。经查，自2011年9月至2012年6月，犯罪嫌疑人崔某某在无真实交易的情况下，联系介绍天津2家公司向岚山区某公司虚开增值税专用发票，价税合计700余万元。2013年7月15日，岚山分局经侦大队对该案立案侦查。9月12日，崔某某被批准刑事拘留，并于当日被上网追逃。在掌握犯罪嫌疑人崔某某已逃到沙特阿拉伯后，经办案民警多次到其家中做亲属规劝工作，耐心进行法律宣传和政策攻心。2014 年 9 月 25 日，嫌疑人崔某某乘机抵达首都机场投案自首。

2014 年 12 月 17 日，劝返潜逃澳大利亚 5 年之久的犯罪嫌疑人杨某某。经查，2005—2007 年，犯罪嫌疑人董某（日照某集团高管）伙同其妻杨某某收受山西某公司业务部经理等人贿赂人民币 110 余万元。2009 年 5 月 21 日，市公安局以涉嫌非国家工作人员受贿对董某、杨某某立案侦查。2 人在公安机关立案前潜逃澳大利亚，并加入该国国籍。为促使其早日归案，办案民警对犯罪嫌疑人基本情况进行认真分析，反复动员其父母、亲属对其展开劝导工作，并呈请市人民检察院对 2 名嫌疑人批准逮捕，由上级公安机关报国际刑警组织批准，对 2 名嫌疑人发布红色通报。2014 年 12 月 17 日，杨某某乘机抵达上海浦东机场投案自首。2016 年 11 月 27 日，另一名犯罪嫌疑人董某乘机抵达青岛流亭机场投案自首。

图 5-17 2016 年 11 月，市公安局经侦支队劝返潜逃澳大利亚达 7 年之久的在逃人员董某

2015 年，全市公安机关经侦部门继续开展“猎狐 2015”专项行动。东港分局经侦大队被评为全省“猎狐 2015”成绩突出集体、1 名民警被评为成绩突出个人。

2015 年 7 月 29 日，重点境外在逃人员薛某某从朝鲜回国投案自首。经查，2013 年，薛某某虚构事实，与日照市某公司签订朝鲜煤炭购销合同，骗取该公司货款人民币 170 余万元后逃匿。2014 年 6 月 18 日，东港分局以涉嫌合同诈骗案立案侦查，并对薛某某上网追逃。获取嫌疑人出境的信息后，市公安局经侦支队及时对其采取边控措施，采取法律震慑与亲情规劝相结合的方式对其实施政策攻心、敦促其回国自首。2015 年 7 月 29 日，薛某某从朝鲜回国投案自首。

在 2017 年“猎狐行动”中，劝返潜逃美国的犯罪嫌疑人戴某某。经查，2015 年，青岛中信公司为日照某公司全权负责港口接货及销售加拿大进口原木 1 宗，骗取日照公司 200 余万元，公司法人代表戴某某有重大作案嫌疑。案发后，市公安局经侦支队、岚山分局迅速启动境外追逃工作机制，确定以劝返为主、缉捕为辅的总体工作思路。经耐心细致的工作，2017 年 8 月 15 日，戴某某回国投案自首。

2014—2018 年全市“猎狐”行动战果一览表

表 5-5

抓获时间	嫌疑人姓名	案件类别	逃往国家	办案单位
2014.8.26	施某某	合同诈骗	缅甸	市公安局经侦支队
2014.9.25	崔某某	虚开增值税专用发票	沙特阿拉伯	岚山分局
2014.12.17	杨某某	非国家工作人员受贿	澳大利亚	市公安局经侦支队
2015.7.29	薛某某	合同诈骗	朝鲜	东港分局
2016.11.27	董　某	非国家工作人员受贿	澳大利亚	市公安局经侦支队
2017.8.15	戴某某	合同诈骗	美国	岚山分局

第八节　经济犯罪防范宣传

一、专题宣传活动

2005 年，全市公安经侦部门结合开展“反假币工作年”活动要求，共设立宣传点 70 多个，悬挂宣传横幅 600 余幅，印发《反假货币知识》宣传材料 10 万份，接受群众咨询 1.2 万余人次。

2006 年 7 月 12—14 日，市公安局承办全国首期经侦宣传工作培训班，公安部宣传局、经侦局、法制日报社、省公安厅及市委有关领导出席开班仪式，全国 30 个省级经侦部门、公安部经侦局 20 个处室共 120 余名民警参加培训。

2007 年 1 月 11 日，山东电视台新闻联播播出日照经侦主动出击、主动打击传销犯罪的报道。

2009 年 2 月 15 日，市公安局会同市工商局、人民银行、银监局等单位在市区联合组织开展全市防范和打击非法集资、非法证券、传销、假人民币犯罪宣传咨询日活动，市领导出席活动。活动中，现场播放公安部制作的《谎言王国的覆灭》等宣传片，并布置展板 20 块，悬挂横幅 3 幅，现场发放宣传材料 5 种、900 余份，接受群众咨询 300 余人次。

2009—2010 年，集中开展反假币宣传活动，共出动宣传车 42 辆，悬挂横 36 幅，发放宣传材料 7000 余份。

2010 年 3 月 2 日，市公安局会同市人民银行、市国地税等部门在市区联合组织开展“日照市打击发票犯罪、假币犯罪、银行卡犯罪专项行动宣传活动”，提高社会公众防骗识假能力。活动中，共设立展板 30 块，悬挂横幅 10 余幅，现场发放宣传材料 1000 余份，接受群众咨询 300 余人次，日照电视台及日照日报等媒体对宣传活动进行报道。

图 5-18 2010 年 5 月 15 日，经侦宣传日活动

2012 年，市公安局经侦支队及各分县局经侦大队均开设微博发布预警防范信息，拓宽警民互动渠道。年内，经侦支队微博发帖 596 条，粉丝 1342 人，评论 357 条，转发 261 条。2015 年 4 月，市公安局经侦支队和东港经侦大队开设微信公众号，当年分别发帖 328 条、108 条，宣传经侦部门重要活动、典型案例和防范常识。

2014 年，开展声势浩大的反传销宣传活动。5 月 23 日，经侦支队、东港经侦大队会同工商部门在日照职业技术学院开展“防止传销进校园”宣传活动。设立宣传版面 20 面、发放各类宣传材料 1000 余份。6 月 5 日，市公安局提请市委政法委组织召开全市打击传销群发预防信息协调会。会后，移动、联通、电信日照分公司 3 家电信运营商群发打击和预防传销违法犯罪信息 500 余万条。是年，山东电视台相关频道、栏目先后多次播出各分县局打击非法传销战果，通过以案释法，宣传防范传销、抵制传销知识。

2015 年 3 月 6 日，市公安局印发《防范和打击非法集资宣传教育集中活动方案》，通过微博、微信、网络、报纸、下乡赶集、深入学校等形式，宣传非法集资的表现形式和严重危害，提高人民群众的防范意识。9月，市公安局联合《齐鲁晚报》、大众网、《半岛都市报》、《黄海晨刊》及日照广播电视台等多家省市级媒体开展预防非法集资宣传教育工作，通过以案说法的方式进行法制宣传、警示教育，宣传涉众型犯罪防范要点，普及经济犯罪防范知识。

二、“5·15”打击和防范经济犯罪宣传日活动

2010年4月15日，公安部将每年的5月15日确定为打击和防范经济犯罪宣传日（以下简称“经侦宣传日”）。自此，每年一度的经侦宣传日活动成为各级公安部门集中展示打击经济犯罪成果、做好群众防范宣传工作的重要载体。

2010年，经侦宣传日活动的主题为“打击和防范经济犯罪——你我共同的责任”，旨在增强全社会对打击和防范经济犯罪的责任意识，调动社会各界和广大群众参与打击和防范经济犯罪工作的积极性，最大限度减少经济犯罪案件的发生，减轻经济犯罪造成的危害。5月15日，市公安局经侦支队组织东港、开发区经侦部门在市区繁华地段，开展打击和防范经济犯罪宣传日活动。活动中，设立展板20块，悬挂横幅10余幅，现场发放宣传材料600余份，接受群众咨询300余人次。莒县、五莲、岚山经侦部门在各自辖区组织宣传活动。

2011年5月15日，市公安局联合东港分局、开发区分局在新玛特购物广场举办主题为“打击防范经济犯罪，共建和谐美好生活”的经侦宣传活动，《日照日报》、日照电视台等新闻媒体对宣传活动进行采访报道。活动现场摆放展板16块及查扣的假茅台酒、假印章等涉案物品，集中展现全市经侦部门打击经济犯罪，特别是打击制售假冒伪劣商品犯罪“亮剑”专项行动和打击银行卡犯罪“天网2011”专项行动取得的战果，以及社会影响较大的传销、非法集资等犯罪行为的特点和防范对策。活动当天，向群众发送经侦宣传短信5000余条，发放宣传手册1000余份，接受咨询100余人次。同日，岚山分局、莒县公安局及五莲县公安局经侦大队在当地举办宣传日活动。

2012年5月15日，在东港区政府广场举办主题为“打防经济犯罪，共建美好生活”的经侦宣传日活动，市公安局、东港分局、开发区分局及国税、地税、商务、工商、质检、食品药品监管、知识产权等有关部门参与宣传活动，大众网、《齐鲁晚报》、《日照日报》等10余家省、市级新闻媒体对宣传日活动进行现场采访报道。活动现场播放经侦预警专题片，向群众发放防范宣传材料，为群众讲解假币、假发票识别方法，接受群众咨询，现场受理群众报案。同时，市公安局经侦新浪官方微博“日照经侦”首次联合市公安局官方微博“日照公安”，对宣传活动进行全程直播、在线答疑、受理举报投诉，积极与网民互动。该次活动，市公安局创新宣传模式，将“三个延伸”工作和正在开展的打击经济犯罪“破案会战”纳入宣传活动之中，以各经侦大队为龙头，以派出所为依托，联合相关行政执法部门和辖区重点企业共同参与，形成“打击和防范经济犯罪，全民在行动”的良好社会氛围。全市共布置展板100余块，发放宣传材料1.3万余份，接受市民现场咨询1200余人次，与网民交流互动200余次。

2013年5月15日，全市公安机关开展主题为“打击防范经济犯罪，携手平安法治建设”的经侦宣传日活动，人民银行、工商、国税、地税、质检、商务、食药监、知识产权等行政执法和经济管理部门应邀参加活动，结合本部门职能进行宣传。《齐鲁晚报》、大众网、法制网、日照新闻、《日照日报》、社会零距离、《半岛都市报》等省、市新闻媒体现场宣传报道，日照公安微博和日照经侦微博对活动进行现场直播。活动现场共摆放展板30余块，发放宣传资料3500余份，接受群众咨询200余人次。同时，通过主要路口电子显示屏、手机短信、经侦微博等方式宣传活动主题；发动派出所经侦联络员深入居民小区、村居等进行宣传。

2014年，全市经侦宣传日的主题为“打击防范经济犯罪，护航改革，保障民生”。全市经侦部门

提前半个月在日照经侦微博和各分县局经侦微博上造势，通过微博、微信发布信息260余条，力争最大宣传效果。5月15日上午，市公安局、东港分局联合市人民银行、工商、国税、地税、知识产权等行政执法部门在东港区政府广场开展现场宣传活动，向群众发布预警提示，宣传公安机关经侦部门严密防范、严厉打击各类经济犯罪所取得的成果。现场共设立展板60余个，发放明白纸和宣传册6000余份，接受群众咨询320余人次。同时，岚山分局、莒县公安局、五莲公安局在各自辖区组织宣传活动。公安机关和相关行政执法部门通过发送公益短信，以及利用公共场所电子屏播放宣传片、宣传标语等形式，揭露经济犯罪手法和社会危害性，提升人民群众防范意识和防范能力，营造共同打击和防范经济犯罪的良好社会氛围。其间，市公安局经侦支队通过6家媒体向社会公开发布“全市公安经侦十大典型案例”，通过案例强化宣传教育效果。

2015年，经侦宣传日活动主题为“打击经济犯罪，识假防骗，共创平安”。5月15日，市公安局、东港分局联合市金融办、人民银行、工商、国税、地税等部门在大润发超市广场开展集中宣传活动，现场展示公安机关在打击侵权假冒犯罪专项行动中查扣的假酒、假药等实物，通过公安宣传车播放防范常识，摆放展板58块，发放宣传册3500余份，接受群众咨询800余人次。同时，通过各新闻媒体发布“全市经侦十大典型案例”，借助主要路口电子显示屏、手机短信、经侦微博、微信公众平台等载体扩大宣传覆盖面。派出所经侦联络员结合“社区六进”工作，深入到居民小区、村居，通过巡逻车电子屏、发放宣传材料等方式宣传防范经济犯罪知识。岚山分局、莒县公安局、五莲县公安局在各自辖区同时进行集中宣传活动。

2016年，“5·15”经侦宣传日前后，全市公安经侦部门坚持传统媒体和新兴媒体相结合，网上宣传和现场宣传相结合，组织开展丰富多彩的系列宣传活动，多角度、多层次宣传公安机关打击经济犯罪成果和防范常识。5月5日，市公安局通过市政府新闻办公室举办专题新闻发布会，通报2015年打击、防范经济犯罪工作情况，介绍2016年工作重点，全市12家主要媒体应邀到会采访，拥有84万粉丝的日照公安微博现场直播，经侦民警在线接受咨询。5月10日，经侦支队民警走进日照电视台直播间，面对面地与群众进行沟通交流，介绍全市打击银行卡犯罪和非法集资犯罪情况，讲解两类犯罪的表现形式和防范知识。5月9—14日，通过全市经侦微信公众平台和微博，每天发布典型案例和警方提示，通报活动开展情况。共在微信平台发布信息14篇，在微博发布信息26条。5月14日（因天气原因提前一天），市公安局、东港分局、开发区分局在日照植物园开展主题为“防范风险、护航发展”的现场宣传活动，工商、国税、地税、金融办、人民银行、银监局等部门应邀参加，30余名平安志愿者参加现场宣传。现场摆放展板60张，大屏幕循环播放非法集资、传销、合同诈骗警示教育视频。活动中，共发放各类宣传资料、心防手册，以及印有防范知识和经侦微信二维码的购物袋、小扇子等宣传品共1.2万余份，现场接受群众报案、咨询500余人次。从4月下旬开始，各分县局也采取邀请新闻媒体报道采访，进社区、进校园、进企业等形式开展经济犯罪打击、防范宣传活动，营造浓厚的社会氛围。

2017年，全市经侦部门以“与民同心，为您守护”为主题，以“精准警务”理念为指导，以互联网为主要载体，开展系列宣传活动。从5月8日起，“日照经侦”微信、微博平台先后以打击防范传销、非法集资、合同诈骗、假币、侵犯知识产权、打击逃废银行债务犯罪为主题，连续策划开展7期系列宣传活动，介绍全市打击经济犯罪典型案例和最新预警防范知识，同时推送公安部经侦局、省公安厅经侦总队宣传日活动动态。5月14日，经侦支队通过日照电视台《日照警方》栏目通报打击经济犯罪各专项行动战果。5月15日，各分县局经侦大队分别联合工商、税务、监管等部门，组织民警和社区平安志愿者走进大学城、辖区广场等公共场所开展室外宣传工作，通过设立展板、悬挂横幅、发放宣传手册和主题宣传袋、播放宣传视频等形式，详细介绍常见多发经济犯罪的防范知识，结合侦办的案例揭露常见的犯罪手法、提示风险危害。活动中，共设立展板25块，发放各类宣传资料2万余份，现场解答群众疑问350余人次。

2018年，全市公安经侦部门贯彻党的十九大关于“防控风险”的部署要求，围绕非法集资、传销特别是网络传销和涉及各类商品、文化艺术品非法交易场所的犯罪，针对不同的易受侵害群体，开展精准宣传，展示公安机关打击经济犯罪、服务民生的坚定决心和显著战果，推动社会各界共同参与打击和防范经济犯罪工作。5月15日上午，市公安局会同东港、开发区、山海天分局和港航公安局，在日照职业技术学院开展打击和防范经济犯罪“5·15”经侦宣传日活动，市金融办、人民银行、工商局、税务局等相关部门应邀参加。岚山分局、莒县公安局、五莲县公安局也在各自辖区开展集中宣传活动。其间，全市各级经侦部门共设置宣传会场9处，摆放展板120余张，发放宣传材料1.8万余份。

三、典型案例宣传

2008年，东港分局经侦大队积极联系媒体，报道侦办的山东省第一起克隆并销售无线上网卡案件，提醒群众通过正规渠道购买上网卡。7月21日，《山东法制报》头版以《高科技网络犯罪引发全省第一案》为题报道该案。

2009年4月21日，《山东法制报》第4版以《黑中介诈骗购房定金百余万——老板被判刑14年罚金150万》为题，报道市公安局办理的1起房产中介诈骗20余名购房人定金148万元的案件。

2012年6月11日，《山东法制报》第4版以《莒县破获一信用卡诈骗案》为题，报道莒县公安局破获王某某信用卡诈骗案。8月2日，《人民公安报》对市公安局经侦支队破获的1起境内外犯罪嫌疑人勾结、盗取电子邮箱密码骗取货款的合同诈骗案件进行报道。

2013年11月25日，《人民公安报》第7版“探案”栏目以《“留美博士”编造网络投资神话》为题，报道市公安局经侦支队成功侦办的陈某某等人集资诈骗案。

2015年10月22日，《大众日报》以《日照首起信用证诈骗案告破》为题，报道市公安局经侦支队破获1起特大国际信用证诈骗案。

2016年5月，市公安局经侦支队向社会公开发布涉及非法吸收公众存款、集资诈骗、传销等涉众型经济犯罪，及销售假冒注册商标的商品、非法经营证券、银行卡诈骗等典型案例30起，每起案件附有警方提示，以案释法，开展法制、警示教育，介绍防范知识。

RI ZHAO SHI
GONG AN
ZHI

第六章

治安行政管理

ZHI AN XING ZHENG GUAN LI

1989年地级日照市公安局成立时，市公安局设立治安科。1996年10月，治安科改称治安管理科，对外称市公安局治安警察支队。2002年9月，市公安局治安管理科（治安警察支队）与巡逻警察支队合并，组建市公安局治安巡逻警察支队。2011年11月，市公安局治安巡逻警察支队改为市公安局治安警察支队。

30年间，全市公安机关治安管理部门围绕做实基层、做强基础、固本强基，加快社会治安防控体系建设，大力推进治安基础要素管控，集中整治突出治安问题，全方位地发挥职能作用，保安全、护稳定、促和谐。20世纪90年代，全面推行社会治安综合治理“细胞工程”，改革和加强公安派出所建设，大力强化村村联防、户户联防制度，初步构筑起完善的城乡治安防范体系。21世纪初，深入推进实施社区和农村警务战略，积极构筑完善街面、社区、内部单位和农村“四张防控网”，深入开展平安创建活动，治安防控力量和途径不断拓展，点、线、面结合的全方位治安防控网络基本形成。党的十八大后，围绕践行新时代“枫桥经验”，坚持打防结合、整体防控，创新防范和打击手段，深入推进信息化合成作战，着力提升精准打防效能，抓紧抓实社会面整体防控，全面构建完善立体化信息化治安防控体系。

第一节　派出所建设

派出所是公安机关最基层单位、第一线战斗实体，队伍建设的好坏、工作质量的高低，直接关系到公安机关的整体战斗力和社会形象。1989 年，日照市未设区带县，派出所均为市公安局派出机构，共有日照路、望海路、昭阳路、石臼、石臼所西、两城、丝山、河山、尹家河、南湖、陈疃、三庄、竖旗、黄墩、西湖、后村、大坡、巨峰、高兴、涛雒、奎山、虎山、碑廓、汾水、岚山头、水库、大沙洼林场公安派出所 27 个。1993 年 4 月，市公安局东港分局成立，市公安局直接管理的派出所全部改由东港分局管理。此后，随着岚山分局、开发区分局、山海天分局、机场分局的设立，以及区、县行政区划调整和治安形势变化需要，派出所设置不断发生变化。截至 2018 年 12 月 31 日，全市共有 88 个建制派出所、4 个非建制派出所。

2018 年底日照市公安局分局、县局派出所一览表

表 6–1

所属分县局	机构建制	数量（个）	机构名称
东港分局	建制所	16	日照路派出所、望海路派出所、昭阳路派出所、黄海路派出所、泰安路派出所、秦楼派出所、大学科技园派出所、万平口风景区派出所、河山派出所、南湖派出所、西湖派出所、涛雒派出所、三庄派出所、陈疃派出所、后村派出所、高新技术产业开发区派出所
	边防所	2	石臼边防派出所、小海边防派出所
	非建制所	2	城建派出所、水库派出所
岚山分局	建制所	10	岚山头派出所、安东卫派出所、汾水派出所、碑廓派出所、虎山派出所、工业区派出所、巨峰派出所、高兴派出所、黄墩派出所、中楼派出所
	边防所	4	岚山边防派出所、王家海屋边防派出所、韩家营子边防派出所、安东卫边防派出所
日照经济开发区分局	建制所	2	北京路派出所、奎山派出所
	边防所	3	臧家荒边防派出所、夹仓边防派出所、中心渔港边防派出所
山海天旅游度假区分局	建制所	2	卧龙山派出所、两城派出所
	边防所	3	任家台边防派出所、王家滩边防派出所、山海天边防派出所
机场分局	建制所	1	候机楼派出所（治安所）
莒县公安局	建制所	26	城关派出所、城西派出所、城东派出所、城北派出所、夏庄派出所、刘官庄派出所、浮来山派出所、阎庄派出所、果庄派出所、洛河派出所、安庄派出所、库山派出所、棋山派出所、东莞派出所、招贤派出所、桑园派出所、峤山派出所、店子集派出所、龙山派出所、寨里河派出所、陵阳派出所、长岭派出所、小店派出所、定林寺派出所（治安所）、青峰岭水库派出所（治安所）、仕阳水库派出所（治安所）
	非建制所	2	城建派出所、海右派出所

续表 6-1

所属分县局	机构建制	数量(个)	机构名称
五莲县公安局	建制所	17	城关派出所、城北派出所、洪凝派出所、街头派出所、潮河派出所、叩官派出所、户部派出所、松柏派出所、许孟派出所、高泽派出所、汪湖派出所、于里派出所、中至派出所、石场派出所、五莲山旅游风景区派出所、城东派出所（治安所）、城建派出所（治安所）
港航公安局	建制所	2	南区派出所（治安所）、北区派出所（治安所）

说明：1. 建制派出所是指经行政编制部门批准设立的派出所，非建制派出所是区、县公安机关根据工作需要成立的没有正式编制的派出机构

2. 治安所是指只履行治安管理职责，不承担户籍管理职能的派出所

一、派出所规范化建设

1989 年 10 月，市公安局针对部分派出所自身安全防范薄弱环节，要求各派出所进行自身安全检查，找出存在隐患和不安全因素并切实整改，严格枪支、警棍、手铐等武器警械管理，认真落实值班制度。同时，给各派出所安装保险锁，门、窗安装铁棂。

图 6-1 1991 年，尹家河派出所

1991 年 7 月 26—29 日，省公安厅在枣庄、临沂召开全省公安派出所规范化建设工作会议，就进一步加强派出所规范化建设，强化公安基层基础，积极参与和推进社会治安综合治理，进行专题研究部署。是年 8 月 5 日，市委政法委在尹家河乡（今属东港区南湖镇）召开派出所规范化现场会议，参观尹家河派出所、高兴派出所、石臼派出所 3 个不同的规范化典型，贯彻落实省公安厅派出所规范化建设工作会议精神。会议要求，各级党委、政府必须提高认识，迅速行动，抓好典型的普及和落实。全市派出所规范化建设分两步走，在两年内全部达标，抓出成效，干出特色，争创全省先进水平。

1992 年 6 月 8 日，市公安局主要负责人召集奎山、大坡、黄墩、西湖、巨峰等 5 个乡镇的党委书记就派出所规范化问题进行座谈，通报各乡、镇、办事处贯彻全省派出所规范化建设会议情况，带领与会人员参观陈疃、南湖、尹家河、丝山、昭阳路、望海路、日照路等 7 个派出所的规范化建设。与会的乡镇党委书记一致表示，要集中精力、集中领导、克服困难，力争在短时间内把派出所规范化建设搞上去，以适应形势发展的需要。

1994 年，按照公安部、省公安厅要求，全市公安机关对派出所管理体制进行理顺，明确公安派出所是县（市）、区公安（分）局管理治安工作的派出机构，由县（市）公安局或者区公安分局直接领导和管理，加强派出所正规化管理，保证公安机关政令、警令畅通和秉公执法，稳定公安队伍。

1995 年，全市公安派出所按照省公安厅要求，推行文明用语和服务忌语，学习落实省公安厅整理的 50 条文明用语和 80 条服务忌语，改进和提高公安机关工作质量和执法水平，推动公安队伍精神文明建设，在人民群众中更好树立人民警察良好形象。

1995 年 11 月至 1996 年 3 月底，市公安局按照《全省公安派出所建设情况调查评估工作方案》

要求，以民警队伍、业务、基础设施三大建设为重点，对全市78处公安派出所建设情况（1991—1995年）进行全面的调查评估，分析派出所建设存在的问题和困难，提出“九五”期间派出所建设的初步设想。

1996年，按照省公安厅统一要求，在全市公安派出所推行警民联系卡制度，警民联系卡载明派出所名称及民警姓名、职务、职责、联系电话或传呼机号、服务项目等，明确服务内容、联系途径和求助方法，转变工作作风，强化服务功能，密切警民关系，加强公安基层基础工作。是年，全市78个派出所在乡镇行风评比中全部进入前三名（其中47个所位居第一名）。

1997年7月，提请市委、市政府下发《关于改革和加强公安派出所工作的意见》，把派出所工作的重点放在“管理、控制、群众满意”上，积极推进派出所勤务制度、勤务方式改革，按照属地管理和管地、管人、管事相统一的原则，城市、城镇派出所和有条件的农村派出所积极推行“一警一区、一警多能，责任到人、一包到底”的警务制度，切实担负起辖区治安管理、防范和打击犯罪的任务。是年，市公安局印发《派出所工作标准》《责任区民警工作标准》《治保会规范化建设标准》《治安联防队规范化建设标准》《创建安全文明小区标准》《创建安全文明村居标准》6项标准，并出台相应考核办法，全面规范派出所建设和各项工作。

1998年，开展创建人民满意派出所活动，全面深化各项改革措施，狠抓派出所内务、执法和责任区建设规范化，夯实公安基础工作。推行满意在派出所、满意在家中、满意在心中“三满意工作法”及“便民流动服务车”等举措，在治安管理、安全防范以及警民关系等方面取得新突破。在1998年度行风评议中，全市79个派出所有74个进入各乡镇前5名，人民群众对派出所满意率达93%。

1999年，印发《全市公安派出所正规化建设实施意见的通知》和《派出所工作考核办法》，进一步加强和规范派出所队伍、业务建设，夯实基层基础。1999年度行风评议中，全市79个派出所全部进入各乡镇前5名，其中第一名的有46个派出所。

2000年，积极贯彻执行省公安厅《关于加强派出所基础工作建设的意见》和《关于规范公安派出所基础台账的通知》，结合当地实际，制定印发三大类20种派出所基础台账。

2001年，进一步加快派出所正规化建设进程，开展派出所执法考核考评工作，推行动态化的警务运作机制，将110警力下沉城区派出所，坚持边巡逻边处警，屯警街面、防线前移，提高快速反应能力，城区街面违法犯罪同比下降70%。

2002年，根据公安部《关于改革和加强派出所工作的决定》，市公安局制定实施《全市公安派出所工作三年规划实施意见》，提出派出所工作“一个重点、两大战略、三项建设”（以加强治安防范和管理工作为重点，实施社区警务战略和科技强警战略，推进规范化建设、派出所队伍建设和经费保障建设）的总体布局：大力加强以人口管理为重点的治安防范和管理工作，夯实公安工作根基；改革警务机制，积极实施社区警务战略，努力提高服务群众水平；大力加强派出所规范化建设，不断提高执法水平、工作效率和工作质量；进一步加强派出所队伍建设，不断提高民警整体素质和战斗力；加强领导，加大投入，着力解决派出所在管理体制、警力配置、经费投入、装备配备、奖惩机制等方面存在的困难和问题。切实保障派出所依法充分履行职责，提高派出所发现、预防、控制、打击违法犯罪活动的能力和服务群众的水平，努力实现“发案少、秩序好、社会稳定、群众满意”的目标。

2003年，贯彻全国、全省公安派出所工作会议精神，于6月28日、8月9日、12月9日先后3次召开全市派出所工作会议，推动各项措施落地落实，全市派出所改革工作进入高速发展期。7月16日，在五莲县公安局叩官派出所组织召开派出所规范化建设现场会。开展派出所内务管理和执法工作教育整顿活动，推进派出所规范化建设。年内，有1名派出所所长、3名派出所民警分别被表彰为全省优秀派出所所长、优秀派出所民警。

2004年，按照《公安部关于进一步加强派出所建设的意见》和《全省公安派出所三年工作规划》要求，制定并修改、完善《城区派出所考核办法》和《农村派出所考核办法》，推进派出所规范化建设。10月，在五莲县召开全市派出所规范化建设现场会。

2006年，全市公安机关贯彻落实公安部、省公安厅“抓基层、打基础、苦练基本功”的部署，强力推进“三基”工程建设。基层所队基本达到统一考录制度、统一训练标准、统一纪律要求、统一外观标识的“四统一”要求。

2008年，以落实《公安派出所执法执勤规范》和《派出所正规化建设规范》为重点，以等级评定为载体，大力加强派出所工作。

2010年，市公安局印发《全市公安机关深化基层基础工作三年规划（2010—2012年）》，从2010年到2012年大抓三年，大力加强公安基层基础工作。以深入推进社会矛盾化解、社会管理创新、公正廉洁执法“三项重点工作”为主线，以公安信息化、执法规范化、和谐警民关系“三项建设”为载体，突出“三个重点”（即基层建设以派出所建设为重点，统筹基层所队同步发展；基础工作以人口管理为重点，带动打防管控各项业务工作共同进步；基本功训练以信息化应用为重点，推进基层民警队伍整体素质稳步提高），狠抓“七个工作着力点”（即着力完善“六网联动”的社会治安防控体系、着力加强情报信息工作、着力化解矛盾纠纷、着力构建基层所队标准化体系、着力健全保障机制、着力加强基层队伍建设、着力创新服务群众工作模式），努力实现基层基础工作的新跨越，切实夯实公安工作根基，为公安事业全面协调可持续发展增强后劲和活力。

2013年，按照省公安厅《关于加强派出所基础工作的指导意见》部署要求，适应动态化信息化条件下的社会治安形势，进一步加强派出所基础工作。规范派出所的职责任务，明确派出所担负维护辖区平安稳定的属地管理责任，总体工作目标是发案少、秩序好、社会稳定、群众满意，主要职责任务是做好治安防范、人口管理、信息收集、矛盾化解、服务群众等基础防范管控工作，不得将其他警种、部门的职责任务转嫁给派出所。完善派出所勤务工作模式，把接处警、巡逻防控和开展社区警务工作作为派出所的基本勤务方式。明确派出所办理各类刑事案件的范围，派出所主要办理辖区内发生的因果关系明显、案情简单、一般无需专业侦查手段和跨县、市进行侦查的刑事案件，并协助侦查部门侦破其他案件。建立公安派出所警力使用工作规范，各部门、各警种不得向派出所下达专项行动打击处理指标，不得随意开展各种评比达标活动。通过剥离超越派出所职责的任务、减少临时性应急性任务的影响，推动派出所“主业”归位，确保派出所工作重心始终放在基础防范管控、维护辖区秩序上，更好地发挥对公安工作的综合性基础支撑作用。

2017年，加强派出所规范化建设，制发《日照市公安派出所职责清单（试行）》，进一步理顺专业警种与派出所的职责分工，切实为派出所减轻负担。9月，市公安局召开全市治安系统深入推进派出所基础工作会议，要求派出所把主要精力放在做好基础防范管控工作，通过扎实的基础工作，为侦查破案提供线索，不能代替专业部门的专门职能。严格管理涉及社区警务工作的职责任务、监督检查、业务考核，切实压减各部门、警种向社区民警下达的工作任务和考核指标。

2018年，市公安局印发《关于进一步明确派出所职责任务提升派出所基础工作水平的意见》，明确派出所和专业警种刑事案件立案管辖分工，厘清派出所和专业警种职责界限，进一步为派出所减负。各区县公安机关也相继出台文件，进一步压实专业警种打击管控效能，优化专业警种和派出所职责分工。是年，进一步规范派出所考核工作，统一设置基础信息采集、情报线索收集、实有人口管理、重点人员管控、行业场所管理、危爆物品管理、“黄赌毒”打击整治、社区警务工作机制、安全防范组织指导、企事业内部单位安全保卫、网格化巡逻、矛盾纠纷排查化解、消防监督检查、警情处置、派出所案件办理、户籍办理等16项考核项目，各分县局可自行设置不多于4项考核项目，总数控制在20项以内。是年，规范公安派出所出具证明工作，明确公安派出所出具证明的范围为户口登记项目内容变更更正证明、注销户口证明、亲属关系证明、被拐儿童身份证明、捡拾弃婴（儿童）报案证明、非正常死亡证明、临时身份证明、无犯罪记录证明及法律法规规定的由公安派出所出具证明的其他情形等9类情形，并明确受理条件、需提供的相关材料、办理地点和时限、证明样式。同时要求各派出所积极兑现承诺，按照“减到极致、放到极致”原则，公布办理各项业务服务清单，编制标准化办事指南和工作流程，坚决清理废除各类循环证明、奇葩证明等不必要材料。

二、派出所等级评定

2002年，公安部印发《公安派出所等级评定办法》，对派出所的等级评定提出具体标准。

2003年，市公安局开展派出所等级评定工作，督促派出所规范台账建设和内务管理，提升民警素质及工作质量，改善服务态度。是年，岚山分局岚山头派出所被公安部命名为一级派出所，东港分局山海天边防派出所、五莲县局叩官派出所等7个派出所被省公安厅命名为二级派出所。

2004年，东港分局黄海路派出所通过一级派出所验收，五莲县公安局城关派出所、岚山分局岚山边防派出所等6个派出所通过二级派出所验收。

2005年，东港分局山海天边防派出所、莒县公安局城关派出所被公安部命名为一级派出所，岚山分局韩家营子边防派出所等8个派出所被省公安厅命名为二级派出所。

2007年，开发区分局北京路派出所被公安部命名为一级派出所，东港分局大学城派出所等5个派出所被省公安厅命名为二级派出所。

2008年，五莲县街头派出所被公安部命名为一级派出所，东港分局日照路派出所等5个派出所被省公安厅命名为二级派出所。是年，全市二级以上派出所有40个，占参加评定派出所总数的54%。

2009年，对2008年度全市申报三级以上派出所进行考核评定，重点督促、指导申报一级派出所的东港分局大学科技园派出所、石臼边防派出所完善各项考评工作。是年，东港分局大科技园派出所、石臼边防派出所被公安部命名为一级派出所，莒县公安局龙山派出所等4个所被省公安厅命名为二级派出所。

2010年，岚山分局安东卫派出所通过省公安厅考核验收，被公安部命名为一级派出所。

图6-2 2011年5月，安东卫派出所“一级公安派出所”揭牌仪式

2011年，对全市申报三级以上的9个派出所进行考核验收。莒县公安局阎庄派出所顺利通过省公安厅考核验收，被公安部命名为一级派出所，岚山分局高兴派出所等2个派出所被省公安厅命名为二级派出所。

2012年，深入推进派出所等级化管理，健全规范业务台账和规章制度，制定下发考核实施意见，对全市申报三级以上的8个派出所进行考核验收。五莲县公安局潮河派出所被公安部命名为一级派出所，岚山分局王家海屋边防派出所、莒县招贤派出所被省公安厅命名为二级派出所。

2013年，组织各分县局对全市39个二级以上派出所进行复核。

2015年，组织开展派出所等级评定复核工作，对全市32个二级派出所、9个一级派出所进行复核。根据复核情况，对不具备评定必须条件的3个一级派出所和4个二级派出所，向省公安厅提出撤销等级派出所的建议，同时新申报二级派出所2个。

2016年，省公安厅下发《关于公布2015年度全省一级公安派出所的通知》，经报请公安部审核认定，东港分局大学科技园派出所、任家台边防派出所、石臼边防派出所、山海天边防派出所，岚山分局岚山头派出所、安东卫派出所，莒县公安局阎庄派出所，五莲县公安局街头派出所、潮河派出所，被公安部命名为2015年度一级公安派出所。

2017年，开展派出所等级评定工作，对已命名和新申报一、二级派出所，按照“同考核、同排名、同评比”的要求开展等级评定工作，重新认定一级派出所5个，撤销1个，新申报2个；重新认定二级派出所27个，撤销1个，新申报3个。是年，东港分局泰安路派出所、莒县公安局城关派出所被公安部命名为一级派出所。

截至2018年12月31日，全市共有一级派出所10个，二级派出所36个，三级派出所24个。

2018年底日照市公安局派出所等级评定一览表

表6–2

所属分县局	一级派出所	二级派出所	三级派出所
东港分局	大学科技园派出所、泰安路派出所、石臼边防派出所	昭阳路派出所、望海路派出所、秦楼派出所、南湖派出所、日照路派出所、万平口风景区派出所、后村派出所、小海边防派出所	三庄派出所、陈疃派出所、西湖派出所
岚山分局	安东卫派出所	巨峰派出所、高兴派出所、碑廓派出所、虎山派出所、王家海屋边防派出所、岚山边防派出所、韩家营子边防派出所	黄墩派出所、工业区派出所
开发区分局		臧家荒边防派出所	奎山派出所、夹仓边防派出所
山海天分局	任家台边防派出所、山海天边防派出所	两城派出所、王家滩边防派出所	
莒县公安局	阎庄派出所、城关派出所	招贤派出所、城西派出所、峤山派出所、寨里河派出所、洛河派出所、城东派出所、桑园派出所、夏庄派出所、龙山派出所、棋山派出所、店子集派出所	城北派出所、浮来山派出所、长岭派出所、小店派出所、安庄派出所、东莞派出所、库山派出所、陵阳派出所、刘官庄派出所、果庄派出所
五莲县公安局	街头派出所、潮河派出所	城关派出所、叩官派出所、城北派出所、高泽派出所、于里派出所、中至派出所、洪凝派出所	城建派出所、许孟派出所、松柏派出所、户部派出所、石场派出所、汪湖派出所、五莲山旅游风景区派出所

三、改善派出所办公条件

1991年，市政府转发《市公安局等部门关于公安派出所用房意见的报告》的通知，逐步解决全市公安派出所办公用房和干警住房困难问题。是年，东港区尹家河乡在经济比较落后的条件下，采取乡里解决一点、群众出一点、乡办企业担一点的办法，为派出所新建10间独院办公用房，设置办公室、值班室、会议室、户籍室、档案资料室、审讯室等功能室，配齐辖区立体沙盘、各种制度板、办公用具、政务公开栏及“一表、一册、三图、八簿”等业务工作规范化设施，改善派出所办公条件，推动社会治安综合治理，经验做法被全市公安派出所规范化现场会推广。

1991—1995年，全市公安机关积极推进派出所规范化建设。1991年起，各乡、镇、街道办事处因地制宜，积极为派出所建房腾房，购置车辆、通信设备、办公设备。截至1992年4月，全市22处乡、镇、街道办事处共为基层派出所新盖办公楼8栋59间，盖、腾平房100间，购买警车9辆、摩托车6辆、电台18部、警棍10根，进一步改善基层派出所的住房和交通条件。其中，日照街道办事处为日照路、望海路、昭阳路3个派出所各拨款5万元，新盖3栋办公楼。丝山乡为派出所盖楼房15间，购买雅安警车、三轮摩托车各1辆。涛雒镇为派出所盖楼房22间。汾水镇为派出所盖楼房14间，购两轮摩托车1辆、电台3部。南湖乡为派出所盖楼8间。奎山乡为派出所腾楼房16间，买吉普车、两轮摩托车各1辆、购电台4部，安装电话2部。后村乡为派出所盖平房12间，买雅安警车1辆。三庄镇为派出所腾平房10间，买雅安警车、三轮摩托车各1辆。黄墩镇为派出所盖平房2间，买雅安警车1辆、电台3部。西湖乡为派出所腾平房2间（准备盖楼），买雅安警车1辆、电台5部，巨峰镇为派出所买雅安警车1辆，计划盖楼12间。高兴乡为派出所买吉普车、两轮摩托车各1辆，腾房1间。两城镇为派出所腾房4间，买电台1部。大坡乡为派出所买三轮摩托车1辆，准备盖平房12间。河山乡为派出所腾平房8间。陈疃乡为派出所盖平房9间。竖旗山乡为派出所腾平房6间，拨付5000元经费。虎山镇为派出所盖平房4间。碑廓镇为派出所腾房4间。石臼街道办事处为所西派出所购电台2部。至1994年底，全市88个基层派出所中，已有40个达到规范化建设标准。

截至1995年底，全市78个公安派出所办公场所面积24633.5平方米，比1990年增加10744.5平方米；拥有汽车74辆、摩托车114辆，程控电话机85部、手提对讲机133部，基地台17个，用于人口信息的计算机78台。

1996年，全市公安机关继续全力改善派出所办公用房、通信、办公条件。截至年底，全市78个派出所新盖（1991年以后）办公楼房17座（其中东港区12座、莒县1座、五莲、岚山各2座）、面积9908平方米，平房58处、面积13704平方米，49个派出所实现独楼独院或独门独院（其中东港区21个，莒县13个，五莲11个，岚山4个）。全市派出所共有汽车78辆、摩托车118辆，程控电话机107部、手提电话19部、BP机136部、对讲机263部，78个派出所常住人口管理全部实现微机化。部分派出所因地制宜创造条件，建起小食堂35个，小浴室4个，小娱乐室、小图书室14个，小健身房9个，洗衣房3个。东港分局望海路派出所、巨峰派出所、莒县阎庄派出所达到“五小工程”（小食堂、小洗衣房、小浴室、小阅览室、小健身房）建设标准。

2003年，市公安局为促进派出所办公楼建设，对新建办公楼的派出所支援建设经费10万元。全年，全市公安机关共筹集投入建设资金1000余万元，新增派出所办公用房1万平方米，增加汽车42辆、摩托车19辆、计算机31台。有独立办公楼的派出所46个，“一厅两室”和“五小工程”齐全的派出所有48个，42个派出所配备枪柜。2004年8月，根据省公安厅和市公安局统一安排部署，完成全市派出所统一外观标识工作。2006年，派出所建筑外观形象统一改造工作率先通过省公安厅验收，全市80%的派出所实现楼房化办公。

2010年，制发《关于对全市公安派出所用房开展规范设置工作的通知》《关于加强派出所用房规范设置工作的通知》等文件，对全市派出所进行分类规划，突出办案区域规范建设，切实加强督导检查，稳步推进全市派出所用房规范设置工作。全市派出所共投入建设资金800余万元，完成用房规范设置工作。

2011年，公安派出所公用经费全部纳入县级公安机关经费预算并实际拨付到位，无房或危房派出所问题全部得到解决。

2013年，转发省公安厅《关于加强派出所基础工作的指导意见》，进一步规范派出所基础建设工作，明确基层派出所人均办公经费最低保障标准。7月，东港分局西湖派出所办公楼建成启用，位于东港区西湖镇西湖路，投资400余万元，建筑面积1800平方米。

2017年，会同有关部门和分局、县局，积极推进部分派出所改扩建任务。年内，完成东港分局高新区派出所，岚山分局中楼派出所、莒县公安局长岭派出所、棋山派出所，五莲县公安局高泽派出所改扩建任务。

2018年，加强派出所基层基础工作，完成莒县公安局寨里河派出所、东港分局泰安路派出所改扩建任务。3月，在山海路与山海天路交会处，开工建设山海天边防所，投资890万元，建筑面积3378平方米，预计2019年建成投入使用。岚山分局在汾水镇、高兴镇驻地新建汾水派出所和高兴派出所，预算投资2572万元（汾水派出所1375万元、高兴派出所1197万元），建筑面积8639.75平方米（汾水派出所4555.18平方米，高兴派出所4084.57平方米），预计2020年建成投入使用。5月，在莒县长岭镇驻地改建长岭派出所，投资100余万元，建筑面积1200平方米。6月，莒县公安局投资300余万元，在莒县寨里河镇驻地新建寨里河派出所办公楼，建筑面积1500平方米。至2018年底，全市实现派出所全部楼房化办公。是年，在城区派出所全面推行民警休息“一人一床”，在农村派出所全面推行“一人一房”，保障派出所民警在完成工作任务的同时得到休息休整。

图6-3 1991年，莒县夏庄派出所

图6-4 2006年，莒县公安局夏庄派出所

四、派出所队伍建设

1990年开始，全市公安机关本着“面向实战，充实一线”的原则，不断选派年轻干警充实基层。截至1995年底，全市78个公安派出所，共有民警292人。其中，党员238人、团员54人，所长、副所长113人，指导员、副指导员34人，副科级以上23人，女干警18人。大专以上文化程度的65人，中专（或高中）170人，初中57人。1991—1995年，全市公安派出所集体132个（次）、个人318人（次）受到市、县（区）及所属国家机关表彰，集体10个（次）、个人18人（次）受到省及所属国家机关表彰，25人（次）在省、市岗位练兵竞赛中取得名次。

1991年7月31日，市公安局首期派出所所长培训班在石臼派出所举行开学典礼。这次培训实行20天全日制脱产，学员32人，学员们根据教学计划系统地学习政治理论和公安业务知识，提高工作水平。1998年，认真落实从优待警措施，积极解决民警的职级待遇问题，部分派出所所长高配为副科级或进乡镇党委班子。1999年，对派出所正副职领导轮训一遍，开展岗位练兵，使民警熟知与本职工作有关的法律法规和业务技能。

2004年11月20日至12月中旬，对全市146名派出所负责人进行培训，提高派出所负责人整体素质。2005年3月21日至4月17日，组织16名城区派出所所长到青岛部分派出所实地考察，学习借鉴青岛的先进经验。年内，完成派出所综合信息系统建设，分3批对全市185名派出所综合信息系统操作员进行培训。2006年，积极争取党委、政府支持，全市公安派出所所长均解决职级高配副科级问题。2007—2008年，开展“三基”工程建设，推行警力下沉，200余名民警下沉到派出所等基层一线实战单位。

2011年，积极争取市委、市政府支持，全市派出所教导员全部解决副科级职级待遇。2014年，组织开展公安派出所警务辅助人员清理整顿。加强派出所警务辅助人员规范管理。期间，共清退不合格人员51人，从辅助户籍岗位转岗18人，下沉警力6人。2017—2018年，按照省公安厅基层基础建设三年攻坚战关于“派出所警力三年达到县级公安机关警力的45%”的要求，全面推进警力下沉，市公安局机关选调3%没有基层经历的民警，分县局机关选调2%的民警，到派出所挂职锻炼、充实基层。明确新招录民警和新接收的营以下军转干部，一律到基层派出所工作至少三年，市公安局和分县局机关一律不准从基层抽调警力。两年内，先后分两批推动机关警力下沉派出所100余人。2017年，为进一步提升派出所领导班子打好“基层基础三年攻坚战”和抓好基础工作、带好基层队伍的能力水平，开展全市公安机关基层所队教导员、副职专题轮训工作。是年，坚持从优待警，协调将各分局派（驻）城市建成区之外的乡镇派出所在编在岗工作人员纳入乡镇补贴发放范围。

至2018年底，全市派出所总警力725人，占县级公安机关民警总数（1434人）的50.56%，各分县局派出所警力全部达到县级公安机关总警力45%的要求。

第二节 责任区警务与城乡社区警务工作

一、民警包片责任制

20世纪90年代中期，治安状况相对复杂，派出所除承担日常治安管理和一些案件的查处外，临时性任务也逐年增多，加之警力不足等因素，导致治安管理和治安防范方面的漏洞增多。1997年，全市公安机关开始在派出所推行民警包片责任制。

民警包片责任制首先在城区派出所试点，各派出所根据辖区治安状况、人口密度和地理环境，本着“方便群众、便于管理”的原则，将辖区划分为3～5个片区，每个责任片区由1名民警担任警长，配备2～3名治安员，民警和治安员每天下片工作6小时以上。责任片区内设有包片民警公示栏、警民联系箱，有条件的责任区还设有包片民警办公室，办公室内悬挂责任区平面图和村居（单位）居民（职工）居住分布图，建立10余种工作台账。

包片民警的主要职责有了解、掌握、控制辖区基本情况；加强对暂住人口、特种行业、公共场所管理；搜集辖区情报信息、受理群众报警；及时调处纠纷；发现、制止、协助查处违法犯罪；积极开展便民、利民服务活动；发动和依靠群众搞好联防自治、共同维护好责任区治安秩序等7项。

县级公安机关制定包片民警奖惩细则，明确工作目标、工作标准，进行量化分解。派出所成立考核小组，通过听取包片民警工作汇报，看工作中形成的各种记录，提问考察包片民警对责任区各种情况熟知程度，群众评议每个责任区工作情况及辖区治安情况等形式，对责任区民警每季度考核一次。

民警包片责任制经试点后，迅速在全市推广，全市78个派出所共设立治安责任区256个，新增派出所民警49人，占全部警力的37%，初步实现“发案少、秩序好、群众满意”的目标。

二、组织实施社区警务战略

2000年，中办、国办转发民政部《关于在全国推进城市社区建设的意见》。是年起，全市公安机关结合实际，积极争取党委、政府和有关部门的支持，主动做好社区警务的规划和实施工作，夯实公安工作基础。2002年10月，市公安局与市民政局联合下发《关于加强社区警务建设的意见》，对社区警务工作提出明确要求，促进社区警务工作的开展。

2003年，在东港分局黄海路派出所召开全市社区警务工作现场会，对各分县局社区警务工作进行调度。组织分县局分管领导、城区派出所所长到济南参观学习社区警务建设以及派出所奖惩机制。

2004年，在东港分局召开市区派出所所长会议，制定下发社区民警工作标准，并确定在东港分局黄海路派出所、泰安路派出所开展试点工作。在充分调研的基础上，提出以社区警务室、治安巡逻队、小区门卫、治保员为主体的生活区“四位一体”防范措施，并在东港区石臼街道林海社区开展试点工作。

2007年，落实《山东省公安厅贯彻落实〈公安部关于实施社区和农村警务战略的决定〉的实施意见》，因地制宜，以规范警务室硬件建设和提升软件建设为重点，全面开展社区和农村警务工作。在日照开发区组织召开全市社区和农村警务工作现场会，对各地建设任务及完成时限提出明确要求，进一步落实责任。

2008年，落实公安部《公安派出所正规化建设规范》，按照社区警务工作要求，进一步细化、量化警务室民警的职责任务，明确工作流程，形成规范的社区警务机制、考核激励机制和保障机制。市公安局治安管理部门重点指导开发区分局北京路派出所加强警务室建设，进一步规范基础台账，理顺工作机制，树立典型，推动全市社区和农村警务工作深入开展。

2010年，制发《日照市公安局社区和农村警务工作实施细则》《日照市公安局社区和农村警务室分类规范化建设实施意见》，规范全市公安机关社区和农村警务工作。推动合成化防控体系向社区村居、厂企单位延伸，把警务室建在城镇社区、农村、项目建设工地，面对面地发动群众参与治安防范。在各派出所和有条件的警务室设立调解室，开展矛盾纠纷排查化解工作。

图6-5 2012年5月，社区民警指导小区强化技防建设

2013年，按照省公安厅统一部署，全面推动“社区六进”（指消防管理、车辆管理、危爆物品管理、境外人员管理、网络安全管理、物业管理进社区）工作，印发《进一步深入开展“社区六进”工作的实施方案》，并提交市综治委转发该《实施方案》，进一步明确任务目标和工作要求，形成部门工作合力。组织召开全市公安机关“社区六进”现场观摩会，省公安厅督导组先后三次到日照检查指导工作，给予充分肯定。是年，全市276个社区完成“六进”工作，推进率为95.2%。

2014年，进一步深化“社区六进”工作，组织召开全市公安机关“社区六进”工作现场推进会议。东港区石臼街道办事处林海社区等3个社区被命名为全省“社区六进”示范单位；东港分局黄海路派出所、五莲县公安局治安管理大队等2个单位被评为全省公安机关“社区六进”工作成绩突出集体，全市有4名民警被评为全省公安机关“社区六进”工作成绩突出个人。

2015年，按照市综治办要求，结合“社区六进”工作，制定“警官进社区”工作实施方案，以组织安全防范、掌握社情民意、落实打防责任制、提升服务群众能力等内容，继续推动“社区六进”工作向纵深发展。同时，结合日照市创建全国文明城市工作，按照大事推动原则，制发《关于完善社区治安防控设施建设的通知》，指导分县局完善社区基础防范设施建设，全市社区基础安防能力得到进一步提升。

2017 年，落实全省公安机关基层基础建设攻坚战部署要求，提请市政府办公室印发《关于整合网格化管理与基层警务推行“1+2+N”“一村一警务助理”警务模式的实施意见》，以城乡社区（村居）网格化管理为基础，进一步整合基层维稳力量，努力形成“党委政府领导、政法综治协调、公安机关主导、相关部门共建”的警务工作新格局。在城市社区，每名社区民警配备 2 名辅警人员和若干网格员，建立“1+2+N”模式并常态运行；在农村地区，全市所有行政村均配备 1 名警务助理。农村警务助理的补贴、办公和开展工作所需装备采购等经费纳入财政预算，协助社区民警开展工作，建成运行高效的警务助理工作机制。

2018 年，继续深入推进“1+2+N”和“一村一警务助理”警务模式，重点在信息化建设和充分发挥警务助理、辅警、网格员作用上下功夫。召开警信通试点应用暨全市“1+2+N”和“一村一警务助理”工作推进会，对警务助理“警信通”APP 试点应用及推进两种模式工作进行安排部署。印发《关于充分发挥警务助理等信息员作用的通知》，指导分县局组织警务助理、辅警、网格员深入开展信息收集、实有人口管理等工作，全面强化基层基础工作。

三、警务室建设与社区警务队伍建设

2001 年下半年，日照经济开发区分局在林海小区建立警务室，东港分局在太阳城市场、芙蓉小区建立警务室，由派出所民警组建治安巡逻队伍，组织群众开展群防群治工作。

2002 年，东港分局、日照经济开发区分局在城区派出所实施社区警务，调整民警责任区和警力配置，建立警务室，实施弹性工作制，做到警力下沉、警务前移。年底，东港分局、日照经济开发区分局社区警务室分别为 10 个和 3 个，并为社区民警配备必要的办公用品，购买警用自行车以及通信设备，社区民警 23 人。其他分县局在县城开展试点工作，全市社区警务工作逐渐形成雏形。

2003 年，各分县局全面实施社区警务，在相对独立和新建居民区全部建立警务室，全市建成 36 个警务室，配备 56 名社区民警，为社区民警配备警用自行车 82 辆。农村地区派出所也从实际出发，推行民警驻片制、巡防制等行之有效的做法，强化农村治安防范，掌握社情民意，搞好安全防范，保证农村治安稳定。

2004 年，全市共建立社区警务室 36 个，配备社区民警 66 名，为社区民警配备警用自行车 92 辆。

2005 年，在加强社区警务建设，全面实施社区警务的基础上，制定完善社区民警业务考核办法，进一步规范社区警务室建设，构建以社区民警为主导的社区防控网络。

2006 年，建立城市社区警务室 53 个，参照派出所统一标识，统一装备配备，按照“一区一警”或“一区多警”的要求，配备社区民警 80 名。在农村，结合辖区地理位置实际情况，重新划分农村警务区 190 余处，依托较大村庄的村委设立民警驻勤点，除内勤民警外，其他派出所民警全部管区包片，共配备警务区民警 280 余名。

2007 年，分五批对分县局 300 余名警务区民警进行培训，提高民警业务素质。是年，全市规划设立社区警务室 120 个，建成 72 个，配备社区民警 126 名；规划设立农村警务室 133 个，建成 67 个，配备农村警务室民警 149 名，社区和农村警务室民警占派出所总警力（全市派出所总警力 626 人）的 44%。

2009 年，按照“警务下移、维护稳定、服务民生、促进和谐”的思路，紧紧围绕“平安日照”“平安社区”建设，推进实施社区、农村警务战略，努力建立与新型社区管理体制、社会主义新农村建设相适应的新型社区、农村警务机制。全市规划 260 个社区和农村警务室，其中社区警务室 127 个、农村警务室 133 个。年内，投资 120 万元新建社区和农村警务室 46 个，全市已建成社区警务室 92 个，农村警务室 109 个，专兼职社区和驻村民警 345 人。

2010年，全市共设立社区警务室82个、农村警务室165个、工业园和大项目警务室27个、校园警务室53个，先后有100余名民警兼任社区或村居委员会成员。

2011年，以开展警务室等级评定工作为抓手，加强对全市警务室的分类指导。组织开展等级评定工作，东港分局昭阳路派出所沙墩警务室等4个警务室被省公安厅命名为一级警务室，开发区分局奎山派出所乐义蔬菜基地警务室等6个警务室被命名为二级警务室。印发《关于开展农村社区警务室建设的通知》，根据全市农村社区规划建设进度，统筹推进农村社区警务室建设，新建成8个农村社区警务室。按照市委政法委“一线工作室”实施意见要求，印发《关于进一步开展“警官任村官”工作的通知》等文件，组织开展“警官任村官”工作，全市351名民警兼任村居党支部副书记。

2012年，深入推进警务室等级化管理，健全规范业务台账和规章制度，制定下发考核实施意见，对全市申报二级以上的15个警务室进行考核验收。岚山分局安东卫派出所轿顶山警务室、开发区分局奎山派出所大岭警务室、莒县公安局城东派出所墩头警务室被省公安厅命名为一级警务室。制定实施《日照市公安机关服务重点项目建设十五条措施》，在工业园区、重点项目建设工地增设警务室、治安办公室等公安派驻机构30余个，近距离维护企业和项目建设工地治安稳定。

2014年，制发《关于规范警务室设置的通知》，从设置标准和报备程序等方面提出明确要求，进一步规范、完善全市社区和农村警务室设置。通过整顿，全市共撤销和整改警务室218个。

2016年，进一步规范、完善全市社区和农村警务室设置。全市共有警务室368个，其中社区警务室70个，专业警务室47个，农村警务室251个。

2017年，整合网格化管理与基层警务，推行“1+2+N”“一村一警务助理”警务模式，全市选任农村警务助理2883名，实现行政村全覆盖；城市社区全部实现“1+2+N”配备，71名社区民警、186名社区辅警扎根基层，与584名网格员对接，积极开展信息采集、纠纷调处、防范宣传等工作，缓解基层警力不足，夯实治安防控基础。

2018年，研发“警信通”警务助理APP软件，加快推进“社区智慧警务+”建设，全面提升社区警务、农村警务工作效能，全市入室盗窃、盗窃机动车等可防性案件同比下降36.2%。

图6-6 2018年，警务助理走访了解民情

四、社区警务创新

2015年起，全市公安机关按照市公安局关于推进实施社区警务战略的各项工作部署，积极推进警务创新，夯实基层基础，打造出一批工作成效好、推广价值高的工作亮点。

市公安局创新社区警务运行模式有效提升基层治安防控水平。2015年，市公安局在改进社区警务运行模式、创新社区工作机制和推进社区警务前移的同时，积极探索社区警务与可防性案件防控的有机结合，取得公安工作向社区延伸、可防性案件发案率持续下降、群众安全感和满意度不断提升的良好效果。年内，全市可防性案件警情同比下降28.8%，“两抢一盗”警情同比下降22.5%，工作经验被省公安厅《山东公安简报》刊发推广。一是积极推进警务前移，夯实社区警务工作基础。指导社区（村居）通过安装出入口大门、门禁系统、升降杆等措施，封闭小区出入口687处，安装楼宇对讲门1300余个，对下水管道及燃气管道作防攀爬处理4000余处，新建或重新启用非机动车看车棚50余个，通过物防硬件设施的升级改造，及时堵住防范漏洞，消除安全隐患。组织全市3.8万名平安志愿者积极开展可防性案件防范宣传、治安巡逻防控、心理咨询服务等志愿服务活动，协调有关部门在各企事业单位、各中小学校、幼儿园、医疗机构和公共娱乐场所等配备保安队员 4600 余人，在值勤巡逻中抓获各类违法犯罪嫌疑人 270 余名、协助破案 150 余起。在警务室设立专门户籍协警，及时掌握出租房屋和租户基本信息、重点人员动态轨迹及人员变更情况，共采集流动人口信息 4 万余条，从中梳理有价值线索 2900 余条，破获各类可防性案件 840 余起，为群众挽回经济损失 80 万余元。二是坚持实战引领建设，改善治安防控薄弱环节。通过对辖区发案情况进行深入分析，了解掌握各部位、各路段可防性案件发案规律特点，有针对性地对视频监控进行布局调整、查漏补缺，确保监控探头布建符合实战需要。积极会同专业公司研制物联网防盗技术，有效预防笔记本电脑、电动自行车、机动车等被盗案件发生。以社区警务室为依托，重点加强对可防性案件多发时段、多发地段的巡逻防控，提高社会面动态管控能力，通过街面巡逻抓获违法犯罪嫌疑人 51 人，同比提升 36.7%。三是创新完善工作机制，有效防范可防性案件发生。依托市公安局指挥中心 110 报警查询统计平台，对全市可防性案件警情进行分析，为基层公安机关开展治安防范、巡逻防控、打击整治提供导向。创新推出以民意为导向的可防性案件工作责任制，把每一起可防性案件的堵漏除患责任分解到派出所等基层单位民警，充分调动全警参与打防工作的积极性，做到更快地破大案、更多地破小案、更好地控发案。在 50 个治安重点小区设立治安通报专栏 150 余个、开通社区警务微博 90 余个，及时开展警情通报，通过对违法犯罪方法、手段的介绍和模拟演示，分析案件规律、作案特点，有针对性地普及宣传防范知识，不断提高群众的安全防范意识。

东港分局推行“三绑四联”创新社区警务模式。2016 年始，东港分局创新警务工作理念，实行社区警务与社区政务、物业事务、保安服务“三个捆绑”，推动信息联采、纠纷联调、治安联防、服务联动“四联机制”，有效整合社会资源，夯实基层基础，工作经验被《山东公安简报》刊发推广。一是同址办公、一体运转，实行“三个捆绑”。全区共有 29 个警务室实现与社区服务中心同址办公，社区民警积极学习社区政务相关知识，协同社区服务中心开展工作，实现与社区政务捆绑。各派出所与物业服务公司达成双向协作机制，物业管理员在工作中协助社区民警采集信息，社区民警与物业公司共同维护小区内的燃气、供暖、供电、供水秩序，实现与物业事务捆绑。社区民警定期对保安员进行业务培训，充分利用保安员点多面广的特点，收集各类信息和违法犯罪线索，协同打击违法犯罪，开展防范宣传，实现与保安服务捆绑。二是多元参与、警务引领，推动“四联机制”。分局自主研发社区警务综合服务管理平台、出租房屋超市平台、颜色人员管理平台，由社区警务人员通过移动采集设备，协同网格长推行信息联采，通过走访入户等方式，采集房屋、行业、人员等各类信息 24 万余条。在社区建立矛盾纠纷调处委员会，社区工作人员、物业负责人、社区民警、网格长等共同调解纠纷 550 起，实现纠纷联调。社区民警、辅警、网格长、平安志愿者、物业保安等组成的联勤联防队，采用“一警一便”步巡和电动车骑行等方式进行社区巡逻、开展防范宣传，实现治安联防。在警务室设立“社区志愿者超市”，进一步规范社区平安志愿者的招募、管理，完善积分考核激励机制，积极带动部门、组织、人员多层次、多方位联动开展社区服务管理，实现服务联动。分局研发创建的平安志愿者超市项目荣获第二届山东省青年志愿服务项目大赛金奖。三是警力下沉、细化考核，完善“四个机制”。建立组织保障机制，派出所成立社区警务中队，社区民警、辅警每周在社区工作 20 小时以上，实现社区警务队伍专职化。建立考核激励机制，根据工作绩效考核，对警务室、物业信息采集员、网格长，单元长、楼栋长予以奖励或者补贴，提供重大情报线索的予以专门奖励，提升社区民警、辅警和治安积极分子的工作积极性。建立发案责任追究机制，确定重点区域发案最大值，设定发案基数，每月进行考核，连续 2 个月发案超过发案基数的，启动问责机制，对社区民警和派出所分管领导进行诫勉谈话，督促派出所、社区加大工作力度压发案。建立防范漏洞推送整改机制，办案部门在现场勘查或者案件办理过程中，发现存在隐患漏洞，统一推送警务室进行整改，形成打防闭环，整改治安隐患52处。

*岚山分局做实“一村一警务助理”有效提升农村治安防控水平。*2017年，岚山分局立足实际，在全区选聘警务助理450人，完善经费保障、教育培训、管理使用等工作机制，推动警务助理发挥实战实效，进一步夯实农村地区社会治安根基，工作经验被省公安厅《山东公安基层基础建设三年攻坚战工作简报》刊发推广。一是严格人员招录程序。按照政治素质高、群众威信高、文化水平高和应急能力强、服务意识强、协调能力强的“三高三强”标准，通过个人自荐、组织推荐、联合考察、审核确定、体格检查、公示使用等程序，在全区择优选聘警务助理450名。二是落实工作补贴。积极协调各级政府部门，实现警务助理与安全生产监管员、交通协管员等5类人员“六员合一”，在为每人每月发放工作补贴300元的基础上，对工作突出的警务助理适时予以奖励，确保其能安心干、扎实干、长期干。三是优化工作保障。投入60余万元，在全区新建或升级改造警务助理办公室232间，配齐办公设备，统一制作悬挂警务助理工作办公室和“一村一警公开栏”标识牌，公布联系电话、服务承诺，为每名警务助理制作配备上岗证，配发服装、雨衣、公文包等必要装备，切实将警务助理办公室打造成农村基层警务主阵地。四是科学规范管理。明确各乡镇、街道负责警务助理工作的监督考核，派出所负责本辖区内警务助理的培训和具体的管理使用。制定实施《警务助理岗前培训方案》，围绕矛盾纠纷调处、情报信息收集等业务，对警务助理进行集中培训。推行轮值轮训机制，每批组织3～4名警务助理到派出所跟班参与治安案件调解、治安基础要素清查等工作，在实战中提升工作能力。各派出所分别建立“警务助理”微信群，方便实时任务部署，上传工作动态，督促工作落实。派出所每季度组织召开警务助理工作点评会，总结工作开展情况，研究解决工作中的难点问题，对重点工作进行安排部署。分局对警务助理工作进行量化打分，年终进行总结，并奖优惩劣。

第三节　群防群治工作

一、治保组织建设

1988年9月16日，公安部下发《关于新形势下加强城乡治保会工作的意见》，全市公安机关积极推动建立以治保会为主体的群防群治体系，加强治保会组织建设，优化治保会成员结构，协调合理解决治保会成员的经济补贴和活动经费，切实加强对治保会工作的指导。

1989—1993年，全市新建和加强基层治保组织486个，其中单位内保组织65个、城镇村居治保组织208个、乡村治保组织213个，共有治保人员1957人，主要从复员、退伍军人和民兵中选拔，在城区包括一些身体好的离、退休人员和下岗待业职工，以中共党员、共青团员为骨干和主力。各级治保组织在公安机关指导下，建立完善工作制度，落实安全责任制，组织开展治安巡逻、对工作对象进行控制和帮教、抓好内部单位防范等群防群治工作，全力搞好社会治安综合治理，维护社会稳定。

1994年，组织全市派出所加强对治保会工作的指导，积极支持治保人员开展工作，虚心听取他们的意见和建议，为他们解除后顾之忧，并及时查处打击报复治保人员的违法犯罪分子。进一步明确治保会的主要任务：宣传、教育群众增强法律观念和安全防范意识，组织群众开展治安巡逻、安全检查等群防群治工作，落实防盗、防火、防破坏和防其他治安灾害事故的安全防范措施；及时向政府及公安机关反映敌社情动态和有可能危害社会治安的民间纠纷和闹事苗头，并协助政府和有关部门做好教育疏导工作；对有违法犯罪行为的人进行帮助、教育、监督、考察；协助公安机关保护案件现场，积极提供破案线索，对现行违法犯罪分子进行控制或扭送公安机关；向政府及公安机关反映群众对社会治安管理工作的意见、建议和要求。是年9月9日，全市农村社会治安综合治理工作会议召开。会后，全市各级公安机关积极开展农村社会治安整治。通过一年多的整治，经群众民主推荐，调整充实治保、调解及巡逻人员1329人，98%以上的村居建立起治安、调解、普法、帮教、巡逻“五支队伍”。截至1995年底，全市“五支队伍”1.4万余支、5.6万余人，其中治安队伍2956支、12683人，调解队伍2908支、9801人，普法队伍2809支、9804人，帮教队伍2378支、5253人，巡逻队伍2977支、18499人。96%以上的治保、调解组织实现“五有”，即有房子、有牌子、有章子、有办公用具、有业务档案。

1995年，要求治保主任的产生坚持派出所考察、村（居）民会议或村（居）民代表会议民主选举、乡镇政府街道办事处备案的程序，以保证治保主任的质量。治保主任尽量进“两委”班子，以增强工作的权威性。治保、调解人员享受村党支部书记工资80%的待遇问题得到较好解决，治保、调解人员的政治业务素质明显提高，党员占比率达98%，初高中文化程度的达80%，平均年龄由原来的44岁降到38岁，成为一支素质较高、战斗力较强的重要力量。

1996年，在公安机关指导下，全市乡镇（街道）普遍建立10人以上的治安联防巡逻队，60%的社区、村庄建立综治办，80%的城区车站、饭店、商场、集贸市场等公共场所配备专职治安员，基层调解委员会发展到3436个，治保员、调解员、信息员发展到4.1万余人。

1999年，在市区1100多个公共复杂场所、12处大型集市建立由民警和专兼职保安员、治安员组成的防范队伍，与点线面上的防控工作互相补充，加大防范密度。

2002年，岚山办事处各乡镇街道均成立社会稳定工作线，设立社会治安综合治理委员会及办公室。在农村，加强“五位一体”的村居综治办建设，设立专职综治办主任，一般由村两委成员兼任。同时，配齐配强治安、调解、普法、帮教、巡逻队伍。在城区，各级各部门单位均成立综合治理领导机构和办事机构，落实分管领导和专兼职工作人员。全处共有镇村基层单位综治办246个，专兼职工作人员540人，设立警区4处，乡镇治安联防队4支32人。

图6-7　2005年4月，召开2004年度安全保卫工作总结表彰会

2006年，东港分局组织专门力量对全区83个封闭小区、41个半封闭小区和156个“城中村”“城郊村”的治保组织、保卫力量进行排查，在党委、政府和有关部门的支持配合下，将其中组织不健全、作用发挥不好的84个社区村居治保组织进行充实调整，指导93个社区、村居组建社区巡逻队和护村队。

2007年，按照“三基”工程建设要求，通过制定相应的工作规范，推动治保组织建设规范化、制度化，达到组织健全、制度完善，有必要的办公场所，有合理的工资报酬，有突出的工作成效的总体要求。2005年至2007年底，陆续对公安机关自行聘用和保障的治安员进行分流。从2008年起，不再招聘和留用自行保障的治安员，治保组织发生很大变化。

2008年，五莲县公安局抓住村两委换届的有利时机，积极争取党委、政府支持，对农村软弱、涣散的治保组织全部进行调整充实，新增农村治保力量600余人。

2011 年，按照《中华人民共和国村民委员会组织法》《治安保卫委员会暂行组织条例》的规定，积极争取党委、政府支持，完善治保组织建设，对个别不负责任的治保主任，商请乡镇领导、村（居）委会予以清退。其间，共辞退工作能力不强、素质较差，不发挥作用的治保主任和治保人员 12 人。

2014 年，东港分局在各派出所及部分社区成立联合调解委员会，设立由法院、司法、工商、卫生等各部门共同参与的民间纠纷联合调解中心（室）36 个，吸收辖区德高望重的老人与有影响的社会人士、公益律师等参加纠纷调处，与人民调解、行政调解、司法调解有效对接，加大矛盾纠纷排查化解力度。

2016 年，市公安局印发《关于进一步加强全市群防群治工作的通知》，加强 4 支主要群防群治队伍的建设。一是农村治保队伍。整顿软弱涣散、没有活力的治保会，建议撤换一些不称职的治保主任或成员，确保做到组织健全、力量到位、运转顺畅、工作落实、作用发挥，把治保组织建设成为群防群治队伍的主体。二是治安信息员队伍。扩大治安信息员的社会涵盖面，扎实开展信息搜集、研判与应用工作。建立专门收集掌握行业场所治安情况的信息员队伍，为治安管理提供信息源。三是治安联防队伍。整合各方力量，指导开展辖区治安巡逻以及防范设施使用情况的检查工作，努力实现“辖区有人巡、楼幢有人看”的目标。四是治安积极分子（志愿者）队伍，主动协助公安机关开展治安防范工作。同时，明确群防群治队伍“两项职责”：一是巡逻示警职责，指导群防群治队伍负责工作区域内巡逻示警，开展治安防范，做公安机关的“眼睛”；二是情报信息职责，畅通联系渠道，指导群防群治力量搜集辖区内的治安不稳定苗头、人民群众意见建议等，充当公安机关的“耳朵”。

2017 年，全市公安机关依法履行对治保会工作的领导职责，积极会同综治组织和有关部门，抓住各地加强基层组织建设的有利时机，以治安防范薄弱、案件多发的街道、社区、偏远农村等为重点，指导督促居（村）委会严格按照每个治保会不少于 3 人（主任 1 人、副主任 1 至 2 人）的标准，配齐配强治保会组成人员。

是年 12 月至 2018 年 2 月，对不能正常发挥作用的 64 个治保会进行调整，进一步督促各级治保组织发挥作用。截至 2018 年底，全市共有治保组织 2770 个、治保人员 1.35 万人。

1989—2018 年全市治安保卫委员会及治保人员统计表

表 6-3

年份	治安保卫委员会				人员（个）
	单位（个）	其中：单位内保组织（个）	城镇（个）	乡村（个）	
1989	1020	246	54	720	4320
1990	1129	131	411	587	4480
1991	1520	396	54	1070	6010
1992	1540	416	54	1070	6053
1993	3204	400	43	2761	13669
1994	3124	403	42	2679	11785
1995	3235	492	53	2690	12658
1996	3317	714	82	2521	13672
1997	3374	730	248	2396	13519
1998	3200	622	925	1653	13519

续表 6-3

年份	治安保卫委员会				人员（个）
	单位（个）	其中：单位内保组织（个）	城镇（个）	乡村（个）	
1999	2973	532	784	1657	12800
2000	2775	590	505	1811	12000
2001	2687	479	672	1536	11800
2002	3400	556	722	1664	14700
2003	3912	539	671	1667	9980
2008	2712	541	643	1670	7056
2009	2722	529	677	1634	7259
2010	2712	541	678	1659	7056
2011	2712	538	669	1662	8300
2012	2712	485	602	1496	9530
2013	2692	458	569	1413	9460
2014	2633	498	512	1407	9590
2015	2660	495	588	1495	10660
2016	2574	496	593	1485	15152
2017	2584	497	596	1491	15305
2018	2770	512	612	1523	13500

二、治安联防队

20 世纪 80 年代，建立各种形式的治安联防队组织，协助公安机关巡逻执勤，防范、打击现行违法犯罪活动，调解治安纠纷。

进入 20 世纪 90 年代，各级治安联防组织进一步健全完善。全市治安联防队以块为主、条块结合，主要实行 4 种形式：一是专职治安联防队，以街道为单位，从驻地企事业单位中，按在职职工人数每 250 人选派 1 人的比例抽调治安联防人员。不派人员的，由单位按在职职工的人数，每人每月交纳治安联防费 0.5 ～ 0.8 元。二是义务治安联防队，由村治保会组织、将 18 ～ 55 岁的男性村民编成若干个小组，每组 4 ～ 8 人，由村干部带班，轮流夜间巡逻。三是商业联防，在市、县、乡镇商业比较集中、治安复杂的地区，分片划段成立商业治安联防委员会，在辖区派出所的指导下，各商家派员，在划定地段内巡逻。四是厂（企）街道（村）联防，以厂矿企业事业单位为主，与周围的居民区、街道、村居组成治安联防队，划定范围巡逻执勤。在铁路沿线，建立路、村护路联防，保证铁路沿线畅通安全。1991 年，全市共有治安联防队 551 个，其中专职联防组织 161 个、业余联防组织 390 个；人员 2502 人，专职队员 907 人，义务队员 1595 人；协助公安机关查破治安案件 243 起，刑事案件 47 起，抓获违法犯罪嫌疑人 206 名，制止违法犯罪行为 147 起，消除治安隐患 64 起，提供违法犯罪线索 98 条，调解民间纠纷 289 起，为人民群众做好事 632 起。

1993 年，日照市设区带县，全市共有治安联防队 799 个，其中专职联防组织 144 个、业余联防组织 655 个；人员 3713 人，专职队员 115 人，义务队员 3598 人；协助公安机关查破治安案件 182 起，刑事案件 23 起，抓获违法犯罪嫌疑人 307 名，制止违法犯罪行为 149 起，消除治安隐患 284 起，提供违法犯罪线索 175 条，调解民间纠纷 385 起，为人民群众做好事 747 起。

1994—1996年，因治安联防费取消，部分治安联防队伍逐渐撤销。至1996年，全市共有治安联防队89个，人员595人，协助公安机关查破治安案件626起，刑事案件89起，抓获违法犯罪嫌疑人444名，制止违法犯罪行为395起，消除治安隐患371起，提供违法犯罪线索440条，调解民间纠纷781起，为人民群众做好事231起。

1997—1999年，全市治安联防队伍趋于稳定，共有80个治安联防队、队员500余人，协助公安机关破获治安案件1700余起、刑事案件600余起，制止违法犯罪600余起，消除治安隐患500余起，提供违法犯罪线索1200余条，调解民间纠纷1300余起，为群众做好事2000余起。

2000年，全市共有治安联防组织79个，其中城市19个、农村60个，人员413人；为公安机关提供线索919条，抓获违法犯罪嫌疑人323名，挽回经济损失55.4万元。

2001—2003年，按照公安部、省公安厅关于继续加强群众性治安联防工作的要求，进一步加强治安联防队组织建设，全面整顿治安联防队，明确治安联防队的任务职责，理顺管理体制，完善经费开支、带班巡逻以及联防队建设的各项规章制度，严明纪律，强化内部管理，加强治安联防队员的遵纪守法教育，在维护公共场所治安秩序和居民区昼夜治安巡逻中发挥重要作用。截至2003年底，全市群众性治安联防队组织90个，其中城市25个、农村65个，人员679人；全年为公安机关提供线索804条，协助抓获违法犯罪嫌疑人567名。

2004年8月，公安部根据全国部分地区治安联防队员违法违纪问题突出的情况，决定对治安员队伍进行专项清理，用3年时间将治安联防队员陆续从公安机关分流出去。2008年1月1日以后，各级公安机关一律不得再以任何名义留用治安联防队员。根据公安部要求，全市公安机关从2004年10月起，将有条件的治安联防组织逐步向保安队伍过渡。

三、治保会、联防队整训

1989—1999年，公安机关坚持每年对治保会进行集中整训。进行组织整顿，对组织瘫痪、不起作用的治保会，整顿重建；对软弱涣散的调整加强；对不能履行职责和不称职的治保人员予以调换。进行纪律作风整顿，对发生违法乱纪、以职谋私、欺压群众、不依法办事等问题的治保人员严肃处理，问题严重的坚决清出治保队伍。对治保人员进行教育培训，包括政治学习教育、业务知识培训和法律法规培训。同时结合整顿、培训，对年度治保、联防工作进行总结，并对先进单位和个人进行表彰奖励。

2000年，举办全市治保主任骨干培训班，市区、城镇村居治保主任共120人参加培训。在组织学习治保会的性质任务、工作方法、纪律制度的同时，开展租赁房屋和实有人口管理、社会治安防范、消防安全管理等方面的业务知识培训，以及刑法、刑事诉讼法、治安管理处罚条例等法律法规培训，提升参训人员知识水平、业务能力。培训期间，组织学员参观部分治保会规范化建设，交流经验，并对19个先进集体和19名先进个人进行表彰。是年，共培训治安联防队员9943人次，调整充实治保人员320人。

2003年，进一步加大对治安联防队的管理力度，加强法制、纪律教育，增强治安联防队员的综合素质。通过考试考核，共清理辞退不合格人员63人。

2004—2016年，统一印制《治保会和联防队整训学习材料》《治安保卫委员会暂行组织条例》等有关教材，督导各分县局集中抓好治保会集中整顿和业务培训工作，进一步提高治保人员的素质，全面推动治保组织规范化建设，确保治保队伍的健康发展。同时，加大做群众工作、搜集治安信息、解决民事纠纷以及与违法犯罪作斗争、自我防护等实战技能培训力度。2007年起，对新从事治保工作的人员经考核合格后颁发山东省治保人员资格证书，治保人员资格证书由县级公安局颁发和年审。

2017 年，随着“一村一警务助理”警务模式的全覆盖，市公安局把警务助理培训与治保会整训结合开展，促进两支基层综治力量协同发展。2017—2018 年，共举办培训 234 班次，民警授课 332 人次，培训 1.13 万人次。

2005—2018 年部分年份全市治保会、联防队集中整训统计表

表 6-4

年份	培训治保组织		培训治安联防队员（人）	清理不合格治保人员（人）	新建联防组织（个）	增加治保人员（人）
	个数（个）	人数（人）				
2005	2569	4000	300	40	46	180
2006	2700	7000	400	12	43	160
2008	2712	7056	260	23	51	210
2009	2722	7259	350	21	46	190
2010	2712	7056	460	17	39	160
2011	2712	8300	470	11	48	150
2012	2712	9530	510	18	47	210
2013	2692	9460	530	27	42	170
2014	2633	9590	560	26	31	180
2015	2660	10660	460	23	62	160
2017	2710	11253	530	64	51	170
2018	2770	13500	550	32	43	190

四、群防群治机制建设

1990 年，在重要交通干线设立路村联防点、在城镇和市区公共场所设立治安岗亭，镇办事处驻地建立巡逻队 29 个、队员 212 人，全市 1095 个村均组建形式多样的巡逻队、组，构建起市、乡、村三级巡逻体系。全市治保队伍共协助查获各类不法分子 180 余名，协助查处和制止各类案件 600 余起，调处治安纠纷 5000 余起。加强对各类不法人员的控制和帮教工作，对被判处缓刑、管制和监外执行、假释以及刑满释放、解除劳教的人员，各村（单位）治保组织配合派出所针对不同对象，把必要的控制措施和思想政治教育结合起来，依法监督改造，努力减少重新犯罪。同时，治保人员积极参加春节、亚运会和国庆节等重大节日、重大活动安全保卫工作，参与“除六害、打团伙”的专项斗争和“严打”斗争，维护社会治安秩序持续稳定，为治理整顿和深化改革创造良好的社会环境。

1991 年，开始在全市农村推行社会治安综合治理“细胞工程”，建立健全“治保、调解、帮教、普法、巡逻”五支队伍，以家庭为基础，通过争创道德星、治安星、新风星、文化星、卫生星（致富星）“五星级”文明户，推动联户联防、群防群治，建立起群众自我教育、自我约束、自我管理、自我服务的社会治安综合治理机制，使“维护治安人人有责”的原则变为人们的自觉行动，以家庭的稳定促进社会稳定。

1994 年，抓好“教、签、联、创、建”五个环节，推动“细胞工程”向城市延伸。“教”就是深入持久地开展法制教育、道德教育、社会公德教育，动员广大干部群众积极参与社会治安综合治理。“签”就是组织干部、职工签订《社会治安综合治理责任制协议书》，使每个干部、职工和家庭明确在维护社会治安和搞好精神文明建设中的责任、权利、义务和目标，切实承担起各自的责任。“联”就

是按照居住就近的原则，组织每 20 户（或按楼、院、巷）成立联户联防小组，签协议，搞好群防群治，建立起新型的社会主义人际关系。“创”就是开展以争创道德星、法治星、新风星、文化星、卫生星为主要内容的“五星级”文明家庭和文明职工活动。“建”就是建立起与争创活动相配套的检查、考核、登记、奖惩等各种制度，推动社会治安综合治理规范化建设。

1995 年，依靠基层党组织，发动人民群众，大力推进社会治安综合治理，在城镇，广泛开展争创居民安全小区和社会治安综合治理模范单位活动；在农村，积极探索改革和加强治保、联防工作的新路子，组织跨界联防、工农联防和路村联防，初步形成严密的控制体系。是年，基层群防群治组织通过治安巡逻抓获各类违法犯罪分子 183 人，由治保会、联防队及时调处的各类民间纠纷 490 起，基层基础工作进一步加强和完善，群众安全感明显增强。

图 6-8 1997 年，民警深入村居推动群防群治

1997 年，全市共划分 256 个警区，民警沉到基层，完善以治保会、联防队为主体的群防群治网络，初步实现“发案少、秩序好、群众满意”的工作目标。

1999 年，积极推进“两点一室”建设和村村联防机制建设，城乡治安防控体系初步形成。村村联防机制是把两个或两个以上的村庄，建立一个较大范围的利益共同体，建立健全联村治保会，将相邻村庄的人力、财力、物力有机地结合起来，组成较为强大的护卫力量，强化联防措施，联合调处民间纠纷，维护社会稳定。“两点一室”是指治安联防卡点、报警点和警务室。通过广布治安联防卡点、巡逻执勤点或者报警点，逐步建成一个以巡警和派出所为龙头，以群众性治保力量为依托的巡逻防范网络。同时，通过建设警务室，将责任区民警下沉到每个村居，深入群众，深入田间地头，使警务室真正成为公安机关打击犯罪、维护稳定、服务群众的最前沿阵地。是年，在市区建立以片警为主体，治安员参加的防范队伍，在居民区开展治安巡逻，重点控制、发现和打击多发性的撬盗案件。在市区周边村居开展争创安全文明村居活动，充分调动专兼职联防队员的积极性，落实复杂地域治安联防工作，提高市区治安防控能力。

2000 年，以巡警、派出所民警为主，组织村居、单位治保力量参加，加大日常治安巡逻密度，及时发现制止违法犯罪。在农村，推行村村联防、户户联防制度，不断提高自防自卫能力。会同有关部门积极协调企业与周边村居的关系，组织开展厂村联防，初步形成企地双方“保稳定、同发展”的良好局面。

2001 年，加强居民区物防建设，新建居民住宅楼防盗门、单元楼宇对讲机安装率达 100%。

2002 年，岚山办事处实行“村村抓站岗、户户抓联防”，各乡镇街道按照富裕村（居）出资组建专职治安联防队，内陆村由 18 ～ 55 周岁村民义务站岗值班巡逻的模式，强化站岗值班巡逻工作。乡镇街道成立由副科级干部带班的夜间治安巡查队，定期巡查抽查，将巡查抽查结果通报并纳入综合考核，初步建成以公安巡警为龙头，以警区、保卫科室、村居治安联防队为依托，全处联动、动静结合的治安防范体系。

2004 年，在全市推广五莲县公安局治安防范承包责任制工作经验，由各村居治保会牵头，广泛发动群众积极参与，根据实际经济状况，组建专兼职巡逻队伍，建立健全带班、值班、巡逻、记录等制度，开展巡逻防控。经济较好的村居成立专职队伍，实行治安防范承包责任制，有报酬，有奖惩，全天开展巡逻；经济较弱的村居成立由村委班子成员带队的兼职队伍，由村民轮流排班参加，主要针对夜间、冬季和农忙等案件高发时段、高发季节开展义务巡逻。通过推行承包责任制，破解基层群防群治没人干、不愿干和没钱干的问题，调动群众参与治安防范的积极性。

2006年，在全市推行“治安保险”模式。主要是由保险公司与社会治安管理部门（包括各级综治办、公安系统）或城镇治安联防部门（包括村居委会、物业管理公司、乡镇政府等）签订风险共担协议，各部门向当地村（居）民收取一定数额治安保险费，一部分向保险公司投保，由保险公司对辖区内农（居）户发生盗抢案件造成家庭财产损失予以补偿，另一部分由公安派出所用于聘用保安队员，负责辖区内治安防范。是年，依托社区和农村警务，充分依靠基层组织，大力开展安全防范宣传教育，增强群众的自我防范意识和能力；指导治保会、保安队、义务巡逻队等群防群治力量开展治安巡逻和邻里守望活动，形成严密的群防群治网络；广泛利用辖区资源，动员群众使用技防、物防设施，提高治安防范水平。推行“社区、农村警务议事会”制度，建立社区治安志愿者队伍，组织开展辖区治安巡逻，落实安全防范措施。

2007年，在全市推动构建“三防（人防、物防、技防）合一”的单位村居防范网，提高单位、村居的治安防范能力。在城区，积极协调督促强化单位内部保卫。在农村，采取三种模式推进农村群防群治网络建设：一是对经济状况较好的村庄，动员其人防、物防、技防多管齐下，全方位加强治安防控；二是对经济状况一般的村庄，重点抓好人防建设，建立健全专职巡逻队伍，提高防范能力；三是对经济条件较差的村庄，组织开展义务巡逻活动，搞好十户联防等，有效提高治安防范水平。

2011年，市综治办、共青团日照市委、市公安局三部门联合制发《关于在全市开展平安建设志愿者“红袖标工程”活动的实施方案》，在全市开展平安建设志愿者“红袖标工程”活动。

2012年，五莲县公安局积极向县政法委汇报，争取支持，规范治保组织日常管理。由县综治办牵头，县公安局联合县人民法院、检察院、司法局对全县各乡镇夜间安保情况进行明察暗访，对各乡镇政府、部门站所、辖区企业、村居的值班巡逻、监控设施运行等进行督导，督导检查结果提报县委、县政府，进一步规范基层值班巡逻工作。各派出所组织民警定期对治保人员日常管理、值班巡逻、工作台账建立等进行检查，规范基层治保工作机制，坚决纠正基层治保组织管理松散的问题，提高群防群治工作效能。

2016年，在全市推动落实社会治安情况通报制度、治保主任通气会制度、培训制度等“三项制度”，搭建沟通互动平台，及时通报预警治安动态，收集群众对治安工作的意见和建议，分析群防群治队伍状况，明确防范工作重点和队伍管理方向。通过轮值轮训、以会代训等形式，组织群防群治队伍学习法律法规，加强有关专业技能培训，增强队伍的法制意识和责任意识，熟练掌握履行职责所需的知识和本领，逐步形成邻里守望、互防联动、协作共防、覆盖全辖区的群防工作机制，实现人防、物防、技防的有效对接，严密群防群治网络。

图6-9 2016年，社区民警联合平安志愿者走访

2017年，全市公安机关进一步加强推进全市平安志愿者队伍建设，年内注册4.62万人，覆盖消防、交警、禁毒、出入境、治安、特警、经侦、食药环侦等多个领域，推动平安志愿服务从单一的社

会宣传向治安防范、安全监管、抢险救援等多个领域拓展延伸，全面提升专群结合水平，营造人民群众广泛参与社会治安防范的良好局面。

2018年，按照省公安厅、市公安局关于深化基层基础建设三年攻坚战的总体部署，紧密结合当前社会治安局势和辖区实际，各分县局积极推动群防群治工作创新，不断夯实基础防控根基。东港分局打造以社区民警为中心，警辅人员、警务助理、网格长、网格员、楼长等为骨干的社区警务工作团队，带领老党员本色平安服务队、老兵调解队、大嫂调解员等群防群治力量，常态化开展联防巡逻、信息采集、邻里守望等防范工作，协助开展各类邻里纠纷排查化解工作，形成“地上有网、网中有格、格中有人、人各有责”的治安要素网格化管控格局。岚山分局充分利用“互联网+”手段，分门别类建立行业场所管理微信群，指导、监督业主落实各项安全管理措施。五莲县公安局依靠村调解委员会等基层组织力量，调动发挥警务助理参与矛盾纠纷调解的作用，第一时间发现矛盾、化解纠纷，调解在早、处置在小，将民间的小纠纷小矛盾解决在村居内，避免矛盾纠纷升级恶化。莒县公安局在用好基层网格员、警务助理、平安志愿者的基础上，整合辖区重点单位的内部保卫力量组建巡防队伍，统一佩戴“巡防”字样红袖标，最大限度地提高对各类风险隐患的发现、预警、处置能力。开发区分局组织研发警务助理APP客户端，依托移动4G网络和群防群治力量，广泛采集各类情况信息。山海天分局围绕创新阳光旅游警务模式，组建由民俗旅游村治保主任、警务助理等组成的巡防小分队，统一佩戴红袖标，履行看门望锁、治安防范等职责，与派出所巡防力量形成“空间交叉、时间重叠”的联防共管格局。

第四节　内部单位安全防范

一、内部单位保卫工作

1989年底，日照市厂矿企业和机关团体已成立保卫科（股）73个，有保卫干部295人。全市各级公安机关认真贯彻落实公安部《要害部位保卫管理办法》及山东省公安厅有关要求，按照属地管理的原则，把辖区的党政首脑机关、国家级、省级的重点建设工程、重要科研单位、重要广播电视、邮电单位、重要动力单位、重要金融单位、重要物资储备单位作为内保工作的重中之重，督促指导单位保卫部门强化各项安全防范措施。

进入20世纪90年代，在改革开放的新形势下，全市内保部门认真贯彻“预防为主、确保重点、打击敌人、保障安全”的方针，不断改进保卫措施，加强安全防范和要害保卫，严密内部治安管理，打击各类违法犯罪分子的破坏活动，确保内部安全。

1990年，贯彻“谁主管，谁负责”原则，牵头在全市党政机关团体企事业单位继续开展创建治安安全单位的活动（简称“创安”活动），加强单位内部安全保卫工作。联合市经济委员会、市精神文明建设办公室、中国人民保险公司日照分公司成立领导小组，制定验收标准和评比办法，每年进行一次验收，经验收合格的单位，颁发治安安全单位合格证。连续3年达标的单位，由市政府授予“治安安全单位”称号。在“创安”活动中未达标的，年内不能评为先进企业和文明单位。

1991年，市公安局印发《关于全市内部单位保卫组织规范化建设的暂行规定》，明确内部单位保卫组织队伍建设、业务建设、内务管理、装备和经费等具体要求，并组织达标验收。是年7月24日，市公安局主要负责人召集当年发生被盗案件的28个内部单位的负责人和保卫科长会议，通报发生被盗案件原因和损失，提出对这些单位负责人和责任人的处理意见，研究强化单位内部安全保卫工作的措施。是年，全市大部分家属院无人看护，致使撬盗住宅等影响群众安全感的案件时有发生。市政府批转市公安局《关于建立健全城镇居民住宅安全防范体系意见的报告》，印发《关于加强居民楼院安全防范工作意见》，并专门召开现场会，推广市医院等单位居民楼院看护经验做法。

1992 年，个别单位的保卫组织在深化改革、优化组合过程中被撤销或合并，有的单位让本来就很少的保卫干部下派、驻点，搞推销等，致使单位保卫工作无人过问、无人管，导致内部单位刑事案件回升，因对改革不满而毁坏设备、破坏生产和威胁报复企业领导人的案件也开始发生，直接干扰改革、建设的顺利进行。市公安局印发《关于在深化改革、扩大对外开放过程中进一步加强机关、团体、企业、事业单位保卫工作的意见》，要求大力加强保卫组织建设，应建立保卫组织的尽快建立，人员不落实的抓紧落实，把政治上坚定、思想上过硬、作风上正派、拥护改革开放、有工作能力、热爱保卫工作的工作人员充实到保卫组织。同时，尽快完善各项规章制度，建立健全业务档案，推动保卫组织规范化建设的深入发展。

1993 年 8 月 7 日，市公安局召开全市保卫工作会议，就设区带县后如何加强内部安全保卫工作作出具体安排部署。为加强市直内部单位的保卫工作，本着有利于管理、有利于依法监督检查、有利于依法办案的原则，对市直内部单位保卫工作管理范围进行调整，实行分级管理。

1994 年，清理整顿保卫人员服装，明确服装样式、着装范围和服装购买规范。保卫人员服装一律上黄下蓝，原佩戴的帽徽、肩章、臂章一律作废收回，统一换发新式帽徽、肩章、臂章。对全市保卫干部统一编号、佩戴标志，各种符号编号由市公安局统一制作发放。

1995 年，全面贯彻实施《山东省机关、团体、企事业单位治安保卫管理办法》，公安机关对内保工作的监督、检查、指导逐步走上规范化。是年，内部单位保卫机构共提供案件线索 105 条，协助破获案件 78 起，抓获犯罪嫌疑人 97 名；提供涉及企业稳定信息 200 余条，避免聚集上访等事件 112 起。

1996 年 5 月，对市直及东港区直内部单位的安全防范情况进行检查，共检查单位 136 家，发现隐患 86 条，下达限期整改通知书 18 份，提出整改建议 125 条。被检查单位中，领导重视、保卫力量充足、安全防范措施较完善的单位 36 个，一般的单位 80 个，无技防措施、值班力量不足、无人值班或值班人员睡岗的 18 个。检查结束后，市公安局专门对抽查情况进行通报，落实整改责任。

1997 年，在全市金融系统学习、推广济南市天桥区金融保卫工作的经验，规范金融单位的各项安全制度和重点要害部位的防范设施，进一步提高金融单位的防范能力，减少犯罪空隙，确保金融安全。

1998 年，根据公安部《关于开展查岗工作落实企事业单位安全防范措施的通知》精神和省公安厅统一部署，日常检查和突击检查相结合、白天检查和夜查相结合、公安机关集中检查同各单位自查自纠相结合，对企事业单位开展查岗工作，对辖区企事业单位进行全方位检查，督促落实安全防范措施。

2000—2001 年，由市领导带队，市综治办、市公安局、东港区委政法委等单位联合，对市区重点单位进行内部安全大检查，详细查看值班人员、带班领导是否到岗到位，是否认真履行职责，财务室、仓库等重点要害部位是否落实技防、物防措施，针对发现的问题，提出整改要求。检查中，新闻单位全程录像，检查后，市综治办对检查情况进行专门通报，增强各单位安全防范意识，督促各单位落实安全防范责任。

2003 年，防治“非典”期间，督促各内部单位进一步加强安全防范工作，确保不发生非典疫情传播，维护内部单位的治安稳定，增强群众的安全感。

2004 年，国务院公布《企业事业单位内部治安保卫条例》，确立单位内部安全保卫工作“单位负责制”新机制，明确单位的主要负责人对本单位内部治安保卫工作负责。全市各级公安机关通过召开学习培训会议，组织普法宣传等方式，广泛宣传，深入贯彻落实。

2005 年，坚持打防结合、以防为主、标本兼治的方针，按照属地管理和系统抓、抓系统的原则，在城区开展为期3个月的居民小区、出租车、金融、商贸旅游、流动人口和出租房屋“五条线”治安集中整治活动，解决影响城区治安稳定的突出问题，健全完善维护社会稳定的长效机制，全面落实社会治安综合治理各项措施，深入推进平安日照建设。

2007年，认真贯彻落实国务院《企业事业单位内部治安保卫条例》，以建设社会治安防控体系为依托，积极构建“单位负责、政府监管”的经文保工作新机制，全力确保内部单位安全。

2009年，与广电、通信、供电、电厂等单位保卫部门密切配合，构建警企共建、专群结合、综合治理的“三电”安保工作新格局，加大“三电”（电力、电信、广电）保护工作力度。

2010年，全市治安部门以党政首脑机关、通信、供电、金融等关系国计民生的要害单位作为检查重点，对内部单位安全保卫工作进行检查督导，组织被盗抢应急演练。检查中发现安全隐患36处，提出整改意见80余条，城区金融单位营业网点电子监控覆盖率达100%。是年，进一步落实民警担任中小学、幼儿园法制副校（园）长或法制辅导员制度，面对面地做好师生安全防范、交通和消防安全宣传教育工作，指导学校、幼儿园按照省综治办、省教育厅、省公安厅、省财政厅《关于加强学校幼儿园安全防范基础建设工作的通知》要求，配足配好专职安保人员，配备必备的防卫器械，建立健全严格的门卫值勤、出入登记、日常巡逻、消防管理等安全保卫制度。有条件的学校、幼儿园全部安装视频监控系统，落实专人值守。

2011年，市公安局先后组织对华能日照电厂等重点要害部位安全保卫工作进行检查。各分县局、派出所根据《企业事业单位内部治安保卫条例》，加大对内部单位安全保卫工作监督指导力度。五莲县公安局组织民警白天查人防、物防、技防措施落实，夜间查领导干部值班带班及巡逻防范，对辖区内治安保卫重点单位、中小企事业单位和银行营业场所进行拉网式排查。莒县公安局对金融系统内部单位开展专门培训，加强新建、改建、扩建ATM机等项目的审批工作，加大安全检查力度，确保金融单位安全。东港分局以党政首脑机关、水电油气、供电、医院、大型商场等关系国计民生的单位为重点，采取多种形式对重点单位进行安全大检查，帮助企事业单位及时发现整改问题，把问题解决在萌芽状态，彻底消除各类安全隐患。开发区分局坚持走访和检查相结合，认真听取内部单位主要负责人对公安机关内保工作的意见和建议，对内部单位安全管理是否规范、安全制度是否落实、各类防范预案是否齐全、安保人员是否在位履职等情况进行全面检查。11月，省公安厅、省银监局组成检查组，到日照检查银行业金融机构安全评估工作。

2012年5月17日，市公安局组织召开全市经济文化保卫工作现场推进会，组织实地观摩日照外国语学校等重点单位安保工作情况，部署强化内部单位治安保卫工作。是年，市公安局组织各银行业金融机构开展以规范金融网点交接款前预清场、金库安全和武装押运队伍安全规范化管理为主要内容的金融机构安全防范专项整治行动。

图6-10 2012年1月11日，市公安局组织召开全市金融机构安全防范工作会议

是年，开展铁路平安创建活动，积极争取铁路沿线镇党委政府支持，以人口多、路段长、治安复

杂的村庄、企业、学校等为重点，持续开展护路安全村、企业和学校创建活动。同时，将农村警务向铁路护路延伸，以警务室为依托，以“警治联勤”“治安保险”等警务模式为载体，扎实开展基础工作，广泛开展铁路护路联防工作。是年，全市各级公安机关围绕重点时期及关键节点，充分发挥线路治安办公室的职能作用，突出工作重点，采取“以防为主，打防结合”的护线方针，协同通信传输部门组织开展联合检查、护线宣传、应急演练等各种形式的护线活动，严厉打击盗窃破坏通信线路等违法犯罪，有效预防和处置各类涉及通信线路安全的事件。2013 年 5 月，市公安局被表彰为全省通信线路安全保护先进单位。

2013 年 9 月 4 日，组织召开全市银行业金融机构安全保卫工作现场会，观摩招商银行、华夏银行营业厅安保工作，部署强化金融机构安全防范。是年，加快金融机构视频监控系统的更新升级步伐，逐步推广银行重点部位视频监控与公安联网，从源头问题入手，强化对银行营业网点、金库以及自助银行、自助设备等安全防护设施建设的监管，严格按照《山东省实施〈银行业金融机构安全评估办法〉细则》要求，做好银行业金融机构安全评估工作。是年，以全市公安机关开展“大回访”活动为契机，组织全市治安部门民警深入各企业详细了解企业生产、经营活动中存在的实际困难，对公安机关能够解决的问题，及时协调予以解决。同时，进一步协助企业加强内部安全保卫工作，指导制定、完善内部治安保卫制度，落实治安防范措施，保证重点要害部位安全，确保企业内部治安秩序良好。

2016 年 5 月 31 日至 6 月 1 日，公安部督导组到日照检查督导医院和学校安全防范工作，先后到市人民医院、东港区医院、市中医医院、日照外国语学校、日照外国语幼儿园、山海天旅游度假区实验小学等单位，实地检查各项安全防范措施落实情况，要求充分发挥公安机关职能作用，认真落实各项安全监管责任，指导医院、学校做好内部安全保卫工作，立足于查找问题、整改隐患，确保各项安全防范工作措施落实到位。

2017 年，全市公安机关按照“突出重点、全面检查、边查边改”的原则，采取拉网式检查方式，对列管的重点要害单位安全保卫工作进行大检查，对存在的不稳定因素和安全隐患进行排查整治。重点检查内部单位保卫制度落实情况、重点部位防护情况、内部矛盾纠纷排查和调处情况等，采取听看结合、查改结合的方法，实地查看重点部位物防、技防措施，做到隐患不整改不放过、责任不落实不放过、防范不到位不放过，坚决堵塞安全防范工作漏洞。共发现安全隐患 36 处，提出整改意见 30 条，下发隐患通知书 6 份。

2018 年 4 月，市委政法委牵头，市公安局会同市综治办、教育局组成联合检查组，对校园安全保卫工作进行明察暗访，全面检查学校保安队员在岗情况、安保器材配备情况、视频监控安装情况等，对检查中发现的问题督促整改，确保各项安全防范措施落实到位。

1989—2018 年全市企事业单位保卫机构统计表

表 6-5

年份	保卫机构（个）	保卫人员（人）	年份	保卫机构（个）	保卫人员（人）
1989	170	511	1995	513	1720
1990	165	510	1996	517	1703
1991	177	520	1997	521	1730
1992	501	1520	1998	470	1413
1993	510	1520	1999	450	1353
1994	500	1490	2000	443	1250

续表 6-5

年份	保卫机构（个）	保卫人员（人）	年份	保卫机构（个）	保卫人员（人）
2001	421	1120	2010	451	1732
2002	411	1005	2011	471	1800
2003	402	995	2012	492	1860
2004	421	1321	2013	510	1972
2005	430	1329	2014	521	1981
2006	441	1500	2015	523	2002
2007	443	1510	2016	530	2012
2008	459	1780	2017	541	2112
2009	448	1721	2018	572	2125

二、经济民警

1955 年，中央人民政府军事委员会、政务院批准组建经济警察队伍，至 1965 年撤销。1980 年，国务院批转公安部等 6 个部门《关于建立经济民警的实施方案》，恢复经济民警。1986 年，日照市第一支经济民警队伍山东第一机械厂经济民警大队正式成立。经济民警组织由公安机关负责审核设立，在保卫业务和军事训练上给予指导，接受本单位党政和保卫组织的领导，主要负责守卫重要目标和要害部位、保卫企事业单位安全，其经费、人员配备和后勤供应、设施均由本单位负责。至 1989 年，日照市经济民警队伍发展为 4 支、150 人。

1990 年起，经济民警在服装颜色（上绿下蓝）不变的情况下，改着八九式公安制式警服，服装面料由涤棉改为纯化纤面料，棉衣和棉大衣的棉花絮料改为腈纶絮片人造皮毛。单衣为仿毛凡立丁，罩衣为仿毛马裤呢，棉衣为塔夫绸面料，大衣为仿毛华达呢面料。服装型号由原来的正副号改为 5 个型。

1991 年 11 月，市公安局组织对各经济民警队的工作进行检查评比。检查采取“听、看、查、议”的方法进行，即“听”取单位领导汇报；“看”警队的组织建设、业务建设、警队队部建设、内务卫生等情况；“查”警队的军事、业务训练情况；在听看查的基础上进行评议，评出甲、乙、丙队，检查结束后发证。是年，规范经济民警奖励审批工作。全年集体立功数不超过单位总数约 1%，个人立功数不超过干警总数约 1%，集体、个人嘉奖数分别不超过单位和干警总数约 10%。受奖的个人由批准机关颁发嘉奖证书、奖章和奖章证书；受奖集体由批准机关颁发奖状。奖励决定以会议或书面形式向群众宣布，个人的奖励决定存入本人档案。受奖个人的奖金由企业单位从企业奖励基金中列支，行政事业单位从包干经费中解决。奖金的标准由各地、各单位根据实际情况，参照公安干警的规定执行。奖励工作由公安机关负责、各级公安机关的保卫部门主管。

1993 年，日照市设区带县后，全市经济民警队伍发展到 10 支 334 人。1994 年，全市经济民警队已发展到 14 支，编制人员 400 余人，在保卫经济建设和改革开放中发挥了重要作用。但是由于少数单位教育、管理跟不上，发生一些违法、违纪苗头；个别单位进人政审不细、把关不严，把有劣迹的青年吸收到队伍中，影响队伍声誉和形象。根据市公安局安排，6 月中旬，各分局、县局对全市经济民警队伍进行全面教育整顿，加强队伍建设。

1996 年 4 月，市公安局在公安干校举办经济民警骨干培训班，全市各警队的 40 余名经济民警骨干参加培训。培训坚持从严、从难、从执勤实际出发，按照革命化教育、军事化管理、正规化训练、制度化约束的要求，重点对队列、擒拿格斗和执勤业务进行培训。训练中，大力加强思想政治工作，积极开展向济南交警学习活动，在内强素质、外树形象上下功夫。经过10余天的紧张训练，完成预定课目，学员军事、业务素质显著提高。是年9月，对各警队进行纪律作风整顿，各单位认真分析研究本单位民警纪律作风状况，找准存在的问题，确定整顿重点，对个别严重违法违纪、不适合做经济民警的人员认真查清处理，纯洁队伍。

1998年，印发《一九九八年全市经济民警军政业务训练工作意见》，按照“抓班子、带队伍、促工作、保平安”的工作思路，加强政治学习，搞好教育管理，强化军事训练，进一步开展向济南交警学习活动，全面提高经济民警的整体素质，为完成执勤和各项任务打下坚实的基础。

截至2000年，全市经济民警协助公安保卫部门破获各类案件600余起，抓获各类违法犯罪嫌疑人800余名，缴获赃物折款500多万元，为单位挽回经济损失800多万元，押运物款40多万人次，执勤中发现和排除各种不安全因素及隐患9000多起。

2003年，随着《中华人民共和国人民警察法》的颁布实施，各级公安机关对经济民警体制进行改革。市公安局根据省公安厅要求，以“利于稳定，确保安全，方便工作，服务经济建设”为目标，本着“保留队伍，更改称谓，更新服装”的原则，将全市经济民警队伍统一更名为“护卫队”，成为单位保卫人员的组成部分，由单位自建自养自管自用，其人员选配、管理、经费和后勤保障均由本单位负责。年底，全市共组建新型护卫队9支，队员560人。

1989—2002年全市经济民警队伍统计表

表6-6

年份	队伍（支）	队员（人）	年份	队伍（支）	队员（人）
1989	4	150	1996	18	614
1990	6	230	1997	20	644
1991	8	254	1998	20	644
1992	10	334	1999	20	704
1993	12	444	2000	22	747
1994	14	484	2001	32	745
1995	16	564	2002	42	605

三、保安服务监管

1989年7月，市保安服务公司正式成立，为全民所有制事业单位，经济上独立核算，自负盈亏。服务项目有守护、门卫、内部巡逻、押运贵重财物和危险物品等保安服务；提供保护财产和人身安全的服务；提供展览、展销及文娱、体育、旅游活动的保安服务；经营防盗、防火、报警等安全设备器材；提供安全技术防范设备的设计、安装、咨询和维修业务。

1990年后，全市保安服务业得到较快发展，各区县相继成立保安服务公司。1992年6月，五莲县公安局成立保安服务公司。1993年9月，莒县公安局成立保安大队。1994年9月，东港公安分局成立保安大队。是年12月，边防支队成立日照市海上保安服务公司。

1998年，根据公安部、省公安厅关于清理整顿保安服务行业的要求，市公安局对全市保安组织进行清理整顿，清理取缔非法保安组织，对保安员进行专门培训、考核，达标后发放山东省保安服务从业人员资格证书。

1999年8月，开发区分局成立保安大队。11月，为适应形势发展和工作需要，市公安局对全市保安服务公司进行整合，经申报省公安厅批准，成立日照市保安服务总公司，下设东港、五莲、莒县、岚山、日照开发区、海上保安公司6个分公司和1个直属大队。2000年5月，市保安服务总公司正式挂牌营业，办公地点设在黄海二路30号。

2003年3月，市保安服务总公司成立小型汽车驾驶员培训队，开展小型汽车驾驶员培训业务。是年，市保安服务总公司五莲分公司被省公安厅、省总工会、共青团山东省委表彰为全省先进保安公司，东港分公司1人被表彰为山东省十佳保安员。

2004年，按照省公安厅部署要求，市公安局组织开展保安员业务技能培训，对全市1100名在岗保安员进行轮训、考核，对保安从业人员资格证书进行年审。是年，市保安服务总公司成立技术防范工程部，开展技术防范业务。

2005年，市保安服务总公司成立武装守押大队，开展武装守押业务。4月，市政府办公室印发《关于加强保安服务业管理工作的通知》，4—6月在全市集中开展保安服务市场清理整顿，对保安服务业从业主体和经营秩序进行规范。7月，市保安服务总公司成立日照港分公司。是年，市保安服务总公司获评山东省十佳保安服务公司，东港分公司陈见海被公安部、全国总工会、共青团中央表彰为第二届全国优秀保安员。

2007年，市保安服务总公司改直属大队为人力防范公司，改技术防范工程部为技术防范公司。11月，市委、市政府批转市公安局《关于进一步加强保安服务管理工作的报告》，由市综治办牵头，公安、工商、建设、文化、教育等部门联合行动，在全市范围内组织开展保安服务市场清理规范专项行动，取缔非法保安组织19家，将符合条件的派出所联防队员、交警协管员、消防员、物业公司保安员2990人纳入监管。

2009年，市保安服务总公司成立日照保安机动车驾驶员培训中心。是年，市保安服务总公司被评为全省先进保安服务公司，2人被评为全省优秀保安员。

2010年6月，市保安服务总公司组织举行开业十周年汇报演练，省公安厅、市委、市政府领导及省内外保安公司、客户单位200余人参加现场观摩。

2011年12月，市保安服务总公司综合办公大楼在日照市东港区潍坊路100号正式奠基开工建设。是年，市保安服务总公司被公安部、全国总工会、共青团中央表彰为第三届全国先进保安服务公司，2人被表彰为全省优秀保安员。

图6-11 2010年，日照市保安服务总公司开业十周年汇报演练

2012年4—6月，市保安服务总公司完成在岗保安员2011式保安服装换发工作。

2013年9月，市政府第十八次常务会议决定，将市保安服务总公司全部国有资产转让给市国资委办公室，市保安服务总公司正式启动脱钩改制工作。

2014年1月，市保安服务总公司综合办公大楼交付使用。8月，市保安服务总公司完成脱钩改制，16名任职民警全部脱钩并撤回归建，公安机关实现由“运动员加裁判员”管办合一模式向“裁判员”监管角色的转型。市保安服务总公司以及东港、日照港、莒县3家分公司通过省公安厅审批，核发保安服务许可证，资产和人员整体移交同级政府国资委。11 月，市公安局组织首批 48 人参加国家保安员资格考试。岚山、开发区 2 家分公司通过省公安厅审批，核发保安服务许可证。

2015 年，全市各级公安机关治安部门开始全面履行保安服务企业脱钩改制后的保安服务监管责任。2 月，五莲分公司通过省公安厅审批，核发保安服务许可证。8 月，市公安局印发《日照市公安局自招保安员单位规范管理工作实施方案》，在全市开展为期 4 个月的自招保安员单位规范管理专项行动，将 800 余家自招保安员单位、3700 余名保安员信息采集录入警务云治安管理系统。是年，市保安服务总公司被省公安厅评为全省优秀保安服务公司，5 人被评为全省优秀保安员。

2016 年，市公安局积极探索新形势下保安服务监管工作模式，在持续强化保安服务监管和保安服务整治的同时，鼓励、引导保安队伍参与社会治安防控体系建设，在大型活动安保、社会治安防范以及重点单位守卫等方面充分发挥保安队伍的治安防范辅助作用，逐步实现公安机关由“纯粹监管”向“引领发挥社会效益”的转变、保安从业单位从单纯追求经济效益到追求经济效益与社会效益双赢的转变。是年 11 月，市保安服务总公司被评为第四届全省先进保安服务公司，2 人被评为第四届全省优秀保安员。

2016—2018 年，全市公安机关治安部门开展保安服务行业清理整治，共督导检查保安从业单位 1400 余家次，查处违法违规保安从业单位 28 家，行政拘留 1 人，限期整改 17 家，清退不合格保安员 43 人，收缴非法保安员服装 96 件。

2017—2018 年，全市保安从业单位共出动保安员 5 万余人次，参与党的十九大、上合组织青岛峰会安保维稳工作，工作中参与协助抓获违法犯罪嫌疑人 27 名，发现收缴各类违禁品 238 件。

至 2018 年底，全市保安从业单位 598 家，其中保安服务公司 7 家，保安服务分公司 7 家，跨区域服务保安服务公司 1 家，自行招用保安员单位 583 家（包括 232 家物业企业），全市保安员总数达 7400 余人。

四、征兵、招飞政审

征兵、招飞（招收飞行员）政审工作是一项直接服务于军队建设的严肃政治任务，政策性强，涉及面广，工作要求高。地级日照市公安局成立后，全市公安机关在各级党委、政府的领导和征兵机关的指导下，与相关部门密切配合、通力协作，认真履行公安机关职责，严格执行征兵纪律和政策，加强征兵政治审查，确保兵员政治质量。

1994 年，组织政审工作人员集中进行培训，认真学习公安部、总参谋部、总政治部《关于征集公民服现役的政治条件的规定》，熟悉标准，领会精神，严格按规定挑选兵员，做到优中选优。在工作中，除坚持“四老”（老干部、老党员、老模范、老军人）评议、“两委”推荐、横向联审的措施外，通过各种渠道召开座谈会或走访，听取各方面的意见，把应征青年的情况特别是现实表现全面地掌握起来。同时，坚持政审工作责任制，明确政审工作责任，把政审对象落实到责任人，发生问题追究责任人和有关领导的责任。莒县公安局在征兵政审工作中，对凡是在外务工超过半年的应征青年，一律发函用工单位及当地进行查证。在是年冬季征兵中，莒县籍外地务工青年张某已经成为初定兵员，县局通过发函，发现其系外地通缉罪犯，遂依法依规处置，成功避免其混入军队造成恶劣影响，受到省征兵办的通报表扬，该做法被全省推广。

1995 年，根据国家教委、公安部、总政治部《1995 年海军、空军招收飞行员计划》和省公安厅《关于协助、配合海、空军做好招飞政审工作的通知》，全市公安机关协助、配合海、空军开展招飞政审工作，全面审查招飞检测合格的学生现实表现情况及家庭成员、直系亲属有关情况，重点查清、核实学生本人户口年龄及有无被传讯、拘留、收审等违法犯罪情况。是年，驻港部队从日照征集兵员。

全市公安机关按照国务院文件要求，严格考察政审。

1996年，全市各级公安机关加大政审工作力度，严格审查把关，新兵的政治质量比往年有明显提高，无1例政治责任退兵，完成政审任务。是年，东港分局把征兵政审工作作为阶段性的中心工作，要求各派出所填报14～22岁违法犯罪青少年统计表，分局集中汇总后再推送到各派出所，为征兵政审提供参考，分局负责征兵工作的民警被省征兵办表彰为全省征兵政审工作先进个人。

1997年，各级经文保部门把征兵政审工作作为第4季度的重点工作。建立健全各级政审班子，选调政治思想好，作风纪律、政策观念强，政审业务熟、工作认真负责的民警参加政审工作，坚持先培训后上岗，确保掌握政治审查工作的程序和方法，提高业务水平，增强政策、法纪观念和工作责任感。按照公安部、总政治部联合颁布的政治审查组织实施工作有关规定，明确各级政审项目和工作责任，责任到人。拓宽政审的渠道，分层次、全方位进行，坚持村（居）民委员会、乡镇（街道）和县（区）“三级联审”，继续抓好和完善区域联审和横向联审，对群众举报的人和事，适时派人调查核实、果断处理，坚决堵塞漏洞。在具体工作中，做到把好现实表现关、政策界限关、择优定兵关等“三关”，做到政治立场清楚、思想品质清楚、性格特点清楚、有无违法犯罪清楚“五清楚”，确保兵员质量。是年，完成新兵的政治审查任务，无1例政治责任退兵。

1999年10月14日，市公安局召开由各分、县局经文保科科长参加的全市征兵政审工作会议，传达省、市征兵工作会议精神，部署征兵政审工作。会上，市公安局与各分县局签订征兵政审工作责任书，推动政审工作责任落实。是年，莒县公安局在征兵政审中，提前介入，确保政审工作质量。对乡镇报名合格的，一律张榜公布；对初定兵，在县电视台公布名单。并设立举报电话，对群众来信来访检举的，热情接待，认真调查。对情况属实，该退回的退回，该查办的查办，确保为国家输送政治合格的优秀士兵。

2001年，严格按照《关于征集公民服现役的政治条件的规定》要求，把应征青年的现实表现放在首位，并特别注意审查其中有无邪教练习者，严防混入部队。同时，重点审查学籍、户籍变化大，人户长期分离，群众有举报或曾被公安机关审查过的人员，确保兵员质量。

2005年，全市经文保部门在其他警种配合下，采取认真审核、横向联审等方法对全市应征青年进行政审工作。参加政审的民警，本着对党和国家高度负责的精神，尽职尽责，严格把关，坚决剔除政审不合格人员，全市未出现政审责任退兵，完成全年征兵政审任务。

2006年，全市公安机关选调近百名责任心强、政策水平高的民警参加政审工作。工作中，重点把握应征青年的现实表现，通过不同形式、不同渠道，对应征青年的政治立场、思想品质、入伍动机、社会交往、性格特点、有无违法违纪等问题逐一进行政审，严格落实“谁政审、谁把关，谁签字、谁负责”的规定，坚持三级联审制度，没有出现因政审原因而出现的退兵情况，确保兵源质量；与济空招飞站密切配合，完成2006年度飞行员政审工作，全市应征飞行学员经政审全部合格。

2010年，各分县局负责政审工作民警重点对外出打工及存有疑问一时难以确定的人员，采取走村入户、发函调查等方式详细了解其现实社会表现，确保政审内容翔实、完整、准确，完成应征新兵政审任务。

2011—2016年，明确各分县局局长为政审工作的第一责任人，从分县局局长到派出所所长及政审民警逐级签订《征兵政审工作责任书》，将政审工作任务层层分解、落实到人。政审期间，市公安局政审组会同军分区深入各区县，对全市征兵政治审查工作进行督导检查，妥善处理工作中遇到的各种疑难问题，确保政审工作的顺利进行。各分县局治安部门将辖区的治安案件和刑事案件进行梳理，将历年来受到过打击处理的适龄违法犯罪人员名单汇总，实时与应征青年进行比对，择优确定预征对象，确保万无一失。本着“严而又严、细而又细、实而又实”的工作原则，紧扣政审工作重点，严格执行“四个不放过”，即家庭主要成员情况不详不放过、主要社会关系成员不详不放过、本人现实表现存疑不放过、外调材料不齐不放过，保质保量地为部队输送优秀青年。在具体工作中“严把四关”：严把初审关，在各报名站，政审民警与街道、武装部工作人员一起进行面试和文身检查、核对体检人员照片，发现有文身和劣迹问题的当即淘汰。严把年龄关，对每名政审对象，在严格查验身份证、户口簿的基础上，通过常住人口信息系统对其年龄进行认真核实，杜绝假年龄和小龄兵问题的发生。严把现实表现关，通过入村实地调查、“四老”座谈以及网上个人资料查询等方式，切实摸清搞准应征青年及其近亲属的现实表现情况，确保入伍新兵政治可靠、思想稳定。对在外地上学、打工的人员，通过向其所在城市、地区的公安机关、校方或用工单位发函协查的方式，全面了解其个人的现实表现情况。严把交叉联审关，在公安机关内部审查的同时，将应征青年的名单抄送教育、法院、检察院、综治办等部门进行联审，层层把关，确保不出纰漏。截至2016年，实现连续15年无责任退兵，日照市被省政府评为征兵工作先进市。

2017年4月18日，省公安厅治安总队、空军招飞局济南选拔中心联合召开全省招飞政治考核工作会议，市公安局治安警察支队在会议上作典型发言。

2017—2018年，在征兵、招飞政审工作中，认真落实“三走访”“四见面”“五清楚”的要求。“三走访”即走访应征青年的学校、家庭、单位；“四见面”即在走访工作中与应征青年本人见面，与其父母等长辈见面，与所在村（单位）的主要领导和治保人员见面，与所在学校的校长和班主任见面；“五清楚”即在政治考核内容上做到现实表现和社会交往人员清楚，外出务工、经商和就读人员通过外调，使之前的表现情况清楚，年龄和文化程度清楚，性格、爱好和特长清楚，家庭主要成员和社会关系清楚。通过走访、外调、公示等工作，及时掌握应征对象的思想状况、现实表现、家庭状况及社会关系等，高标准完成新兵政治考核任务。

第五节　公共秩序管理

一、公共娱乐场所治安管理

1991年3月，以人员密度大、治安秩序较差的影剧院、舞厅、车站、公园、农贸市场等公共、复杂场所为重点，集中治理整顿市区公共场所秩序。对整顿中发现的违法犯罪问题依法处理，对工作中存在的薄弱环节和各种不安全因素，逐项进行登记，注明解决办法，并督促限期整改。一时无法解决的，采取临时性安全措施或停止开放；对逾期不改的，传唤有关人员，给予批评教育或治安处罚。通过整顿，努力做到无刑事案件、无治安事故、无流氓滋扰、无打架斗殴，在建立良好治安秩序的基础上不断提高文明程度。

1992年，与市文明办联合印发《关于加强公共场所秩序管理的暂行规定》，进一步明确“谁主管，谁负责”的原则，要求所有公共场所都要建立健全规章制度，成立治保组织或配备专职治保人员，维护公共秩序和门前停车管理。是年11月3日，省政府发布《山东省公共场所治安管理办法》，明确公共场所安全要求，推行公共场所治安责任制。开办录像放映点、音乐厅（茶座）、卡拉OK厅、曲艺厅、舞厅（场）、游艺室、游乐场、电子游戏室、体育场（馆）、游泳池（场）、溜冰场、健身房、台球场（室）、保龄球场、高尔夫球场、营业性射击场、饭店、酒馆（吧）、咖啡馆、理发店、美容厅、浴室等公共场所，须持上级主管部门批准开办的文件、证件，向公安派出所申请治安审查，规模较大的向县（市、区）公安局申请治安审查，公安机关审查合格的，发给公共场所安全审查合格证；审查不合格的，提出整改意见。

1993年，市公安局全面贯彻落实《山东省公共场所治安管理办法》，利用2个月时间，集中对全市公共场所进行清理整顿，按照《办法》规定全部进行登记，通过清理整顿颁发公共场所安全审查合格证1247份，公共场所管理逐步纳入规范化管理。

1994年11月，联合市卫生局，对市区各公共场所单位进行卫生知识和治安知识培训。

1995年8月，市政府在全市部署开展查禁取缔卖淫嫖娼、色情活动和加强公共娱乐服务场所管理专项治理行动。学习借鉴先进市地的做法，对歌舞厅、桑拿洗浴等公共场所，实行未建之前先由公安、文化、工商行政管理等部门联合进行立项审批，根据社会发展的需要，从宏观上进行总量调控，防止乱批乱建。

1996年，随着市场经济的发展和人民群众对文化生活的需求，公共娱乐场所不断增多，全市共有公共娱乐场所660余家，其中歌舞厅9家、影剧院24家、卡拉OK厅329家、录像放映厅60家、电子游戏厅37家、台球摊点200余处、季节性海水游乐场4处。

1997年，根据公安部、省公安厅部署，进一步加强电子游戏机娱乐场所管理，取缔有奖电子游戏机经营活动。对于具有退币、退弹珠、退奖券、荧屏计分等中奖功能的电子游戏机，一律按照赌博机具处理。加强对电路板、电子游戏软件的审查管理，凡未经文化管理部门审查批准的电路板、电子游戏软件，不准上机使用。对奖钱、奖物和奖励内部消费等有奖游戏活动，不论采取何种形式，一经查实，一律按照赌博行为论处，坚决取缔地下经营活动。

1998年7月，集中治理整顿市区公共场所旅馆业治安秩序，整顿范围主要是市区范围内的歌舞厅、桑拿按摩室、美容美发厅、洗头洗脚房、电子游戏厅、饭店等公共场所和旅馆业，重点打击藏匿于公共场所、旅馆中的流窜犯罪分子、卖淫嫖娼、聚众赌博的不法人员以及从事卖淫嫖娼色情活动和其他容留、包庇卖淫嫖娼、聚众赌博的业户、业主。是年，实行公共娱乐服务场所派出所治安管理责任制，明确派出所所长、责任区民警的职责、任务和工作纪律。对因管理不力，致使辖区内场所存在卖淫嫖娼、赌博、制贩传播淫秽物品、吸贩毒品等严重危害社会治安秩序问题，不能及时得到解决的，追究派出所负责人和责任区民警责任。

1999年，贯彻落实国务院《娱乐场所管理条例》，集中对全市娱乐场所进行重新审核验收，同时开展集中整治。3月，开展清理整顿按摩服务场所、打击非法经营专项治理活动。活动中，东港分局清理整顿各类按摩服务、美容美发、桑拿洗浴、洗头（脚）房等场所及附带此类经营项目的宾馆、饭店、度假村等630家，停业整顿72家，抓获卖淫嫖娼人员13人，处罚违法经营11家，限期补办证照442家。

2000年7—9月，联合市监察局、市文化局、市工商局开展加强娱乐服务场所管理暨电子游戏经营场所专项治理，消除安全隐患，规范经营活动，严厉打击卖淫嫖娼、赌博、吸毒贩毒等社会丑恶现象。

2001年，开展整顿和规范歌舞娱乐服务场所秩序专项行动，开发区分局清理歌舞娱乐服务场所185家，取缔无证经营、违法违规经营场所36家。

2003年，根据国务院关于娱乐服务场所取消治安审核的规定，全市公安机关积极转变执法思想，多措并举，在服务好经济发展的同时，搞好公共场所的安全管理。强化法制教育，定期组织辖区内公共娱乐场所经营业主进行法律知识培训；明确指导思想，依法落实监管措施，坚持宽、严结合，切实保护合法经营，及时打击扰乱公共场所经营秩序的违法犯罪活动；强化日常监督管理，广泛发动群众，进一步延伸治安管理触角，堵塞管理漏洞，消除安全隐患，及时整治突出治安问题。是年，全市共有公共娱乐服务场所2919家，其中网吧296家，美容美发厅、洗头房983家，洗浴中心80家，迪厅、歌舞厅52家。

2004年，坚持宽、严结合，切实保护合法经营，在日常管理中除重大节假日或严打整治统一行动外，对场所、行业尽量减少不必要的限制，减少不必要的治安、消防检查。检查也多在非营业时间或经营活动较空闲的时间进行，为公共场所、行业营造宽松的经营环境。对违法经营的公共场所坚决依法查处，决不以罚代刑、降格处理。定期对公共场所、旅馆业的从业人员进行业务培训，提高自我防范意识，推动公共场所与公安机关建立畅通的报警联络渠道，有效预防、打击各类违法犯罪。各分县局对公共场所、行业均确定专人管理，会同责任区民警建立健全工作机制。同时，建立责任追究制度，凡管理不到位发生可防性案件或黄、赌问题严重的，追究有关人员责任。是年1—8月，发生在场所内的治安案件发案率同比下降20%，刑事案件发案率同比下降25%。

2005年，对群众反映强烈、举报线索集中或涉丑案件频发的区域，城郊接合部以及洗浴、发廊、歌厅等涉丑违法犯罪活动集中的场所进行集中整治，严厉打击黄赌毒等违法犯罪活动。

2006—2010年，持续开展整治娱乐服务场所治安秩序、禁赌禁娼专项行动。摸清娱乐场所底数，全部登记备案，纳入管理，督促娱乐场所落实有关硬件设施、标志设置、保安力量配备标准，建立从业人员名簿、营业日志，制定完善场所安全经营工作方案、应急疏散预案和安全巡查制度。对以开设娱乐场所为名，从事带有黑社会性质的有组织犯罪活动或组织带有黑社会性质团伙的，坚决依法打击；对在娱乐场所内吸毒贩毒、卖淫嫖娼、赌博、传播淫秽物品、淫秽表演等社会丑恶现象，坚决扫除；对利用娱乐场所从事贩卖毒品，组织、强迫、介绍、容留、引诱他人卖淫，聚众赌博，敲诈勒索等违法犯罪活动的，除依法追究当事人法律责任外，对娱乐场所依法进行处罚。

图6-12 2011年11月29日，查获具有赌博功能的电子游戏机

2011年，联合市文化市场综合执法局，规范游艺娱乐场所安全经营秩序：游戏设施设备不得含有国家明令禁止的内容；不得擅自增加和更换审批时通过的机型数量、机型或电路板；场所内的标志、操作方法说明和游艺内容应以国家通用语言文字为基本的用语用字；不得以现金或者有价证券为奖品，不得回购奖品；进行有奖活动的，奖品应当健康有益，奖品的最高值不得超过500元，变更奖品的应当根据市级文化执法、公安部门的要求，在规定时间内上报奖品目录备案；游艺机每次消费金额不得超过4元，消费者每人每天用于游艺的消费金额不得超过200元；营业期间，游艺娱乐场所的从业人员统一着装，佩戴工作标志并携带居民身份证或者外国人就业许可证；每日凌晨2时至上午8时，游艺娱乐场所不得营业，除国家法定节假日外，游艺娱乐场所设置的电子游戏机不得向未成年人提供；游艺娱乐场所应当制定安全工作方案和应急疏散预案，配备已取得资格证书的专业保安人员，并与从业人员签订文明服务责任书，建立从业人员名簿、营业日志和巡查制度。

2012年，严格落实民警日常检查制度，到场所检查时，要记录民警的姓名、检查时间、有无发现问题等情况，原则上每个场所每周不少于1次公开检查。建立娱乐服务场所违法行为警示记录，并按照公开、公平、公正的原则，依据娱乐服务场所治安秩序状况，实行定期考核，计分管理、分级管理，动态升降，引导、规范场所合法经营。推进娱乐服务场所治安管理信息系统建设，实行从业人员实名制管理，积极拓宽信息系统的应用，实时与其他公安信息系统对接、比对，掌握研判娱乐服务场所经营活动和从业人员活动轨迹，及时发现打击混迹其中的违法犯罪人员。

2013年7月，市公安局印发《娱乐场所管理工作备案规范》规定：娱乐、休闲服务场所在领取营业执照后，15日内向辖区公安机关（治安大队）备案；娱乐、休闲服务场所有备案项目发生变更的，自变更之日起15日内向公安机关变更备案。7—9月，开展全市娱乐服务场所集中整治，及时发现、整改娱乐服务场所无证经营、备案不规范、消防和视频监控等安全设施不达标、娱乐场所治安管理信息系统安装不到位、安全管理制度不落实等问题，依法查处无证经营、管理混乱、治安问题和安全隐患突出的娱乐服务场所，杜绝场所“黄、赌、毒”等违法犯罪行为和治安灾害事故，进一步规范娱乐服务场所经营行为，建立长效管理机制。

2014年，在夜总会、KTV、歌舞厅、酒吧等带有歌舞娱乐性质的综合娱乐场所，游艺室、电子游戏厅等游艺娱乐场所，兼营桑拿、洗浴、按摩服务项目的综合服务场所等，开展娱乐服务场所治安管理信息系统建设工作，运用科技手段提升对娱乐场所的管理和服务水平，提高公安机关发现、打击违法犯罪活动的能力，规范娱乐服务场所经营行为。截至2016年10月底，全市安装治安管理信息系统的娱乐服务场所共计200家，其中桑拿、洗浴场所54家，歌舞娱乐场所132家，酒吧7家，其他各类休闲活动场所7家，共制发从业人员IC卡1512张、上传打卡信息4.5万条，各娱乐服务场所共录入营业日志7546条。

2016年，采取公开检查、暗访、交叉检查等方式，加大对娱乐场所管理力度。公开着装检查，侧重检查场所硬件设施是否达标、安全制度是否落实以及是否建成并应用治安管理信息系统等；暗访、交叉检查，重点检查场所是否存在黄赌等违法犯罪活动。

2018年，各分县局强化措施，加大执法检查力度，进一步规范和加强娱乐服务场所治安管理。东港分局组织对辖区宾馆及酒吧、KTV等娱乐场所开展集中检查，及时发现、责令整改存在的问题，并对场所负责人及从业人员进行法律教育，召开全区娱乐场所治安管理工作会议，通报全区娱乐场所存在的问题，对管控工作进行部署。岚山分局由局领导带队，定期组织开展休闲娱乐场所夜间清查行动，下半年共检查休闲娱乐场所66家，查处9家。开发区分局全面约谈辖区KTV负责人，要求各场所杜绝盈利性陪侍，并开展自查自纠活动。莒县县局坚持巡查与抽查相结合，强化对娱乐服务场所的治安整治，对查处的涉黄涉赌场所建立“黑名单”制度，通过媒体公开曝光。五莲县局治安大队联合特巡警大队，对城区娱乐场所进行突击检查，排查整改安全隐患，对娱乐场所人员进行相关政策法律的宣传教育，规范城区娱乐场所经营秩序。

截至2018年12月底，全市安装治安管理信息系统的娱乐服务场所共计246家，包括歌舞娱乐场所148家、酒吧7家，其他各类休闲活动场所8家，桑拿洗浴场所74家，按摩场所9家。其中，东港区120家，岚山区19家，开发区24家，莒县55家，五莲县28家。共制发从业人员IC卡2562张，上传打卡信息17.6万条，各娱乐服务场所共录入营业日志3万余条。

2018年下半年，发生在娱乐场所的警情共594起，同比下降19.73%；其中刑事警情11起，同比下降52.17%；治安警情183起，同比下降30.42%。各分县局共查处娱乐服务场所15家，责令停业整顿13家，罚款2人。

2018 年日照市娱乐服务场所统计表

表 6-7　　单位：家

类别＼区域	全市	东港	岚山	开发区	莒县	五莲
娱乐服务场所总计	246	120	19	24	55	28
歌舞娱乐场所	148	63	19	18	24	24
桑拿洗浴场所	74	40	0	1	30	3
按摩	9	4	0	5	0	0
酒吧	7	7	0	0	0	0
其他各类休闲活动场所	8	6	0	0	1	1

二、大型群众性活动安全管理

20 世纪 90 年代，随着经济社会发展，日照开始举办一些大型文体商贸活动，传统民间节庆活动规模不断扩大，全市公安机关先后完成元宵节灯会、庆祝香港回归系列活动、庆祝新中国成立 50 周年暨建立地级市 10 周年庆祝大会等一系列群众性活动安保。2003 年，全市举办 7 场大型活动，参加人数 15 万余人次，公安机关投入警力 2300 人次参与安保执勤。2005 年，举办 15 场次大型活动，观众人数 40 余万人次，全市公安机关先后投入民警 5000 余人次、武警 500 余人次、保安 3000 余人次参与安保执勤。2006—2016 年，全市年均举办群众性大型活动 20～30 次。大型活动逐年增多，2017 年，全市各级公安机关完成 52 项 102 余场次大型活动及重要会议现场安保工作任务。2018 年，全市公安机关先后出动执勤警力 7200 余人次，督促承办方雇佣保安 4600 余人次参与现场安保，共完成 72 项 209 场次大型群众性活动及重要会议现场安保工作。

在大型群众性活动安保中，全市公安机关积极落实有关要求，不断摸索和积累经验，逐步从单纯维护现场秩序，发展到前期和中期监管、后期责任追究的一体化安全管理模式，初步实现群众性大型活动安保工作精细化、制度化。1999 年 11 月 18 日，公安部颁布《群众性文化体育活动安全管理办法》，全市群众性文化体育活动管理工作逐渐迈入法制化、规范化轨道。2007 年 10 月 1 日，国务院《大型群众性活动安全管理条例》正式施行，市公安局迅速组织贯彻落实，进一步规范安全监管措施。2013 年 7 月，市公安局印发《日照市公安局大型群众性活动安全管理工作规范》，对活动举办安全许可、申报材料、安全责任以及开展风险评估等工作进行规范。2018 年，市公安局组织开展《日照市大型群众性活动安全管理办法》立法筹备工作。5 月，完成初稿，先后面向社会及公安机关内部征求意见和建议，并会同市政府法制办到各区县召开立法调研会，根据意见和建议不断修改完善。12 月初，形成会签稿。

（一）传统民间节庆活动安保

1991 年起，除个别年度外，市区均举办元宵节灯会，参与人员逐年增多，经常达 10 万—20 万人次，是全市公安机关每年大型活动安保重点工作，由于准备充分、措施到位，未发生大的案件事故。

1991 年 2 月 28 日至 3 月 3 日（正月十四至十七），日照市政府在望海路、正阳路举办“振兴日照元宵灯会”，132 个厂矿事业单位组织 867 盏彩灯参展，并燃放焰火，每晚观灯人数达五六万人以上。为确保灯会安全，市公安局制定保卫工作方案，每晚组织 600 余名人员参与现场安保，其中公安民警 246 人、保卫干部 180 人，部队指战员 200 人。部队指战员在正阳路段、望海路段每间隔 1 米 1 人，实行定点执勤；保卫干部主要负责本单位灯展区域的安全保卫；公安民警以灯展区域重点单位为核心，划分责任区，开展人群疏导等工作。活动期间，在周边 9 个路口实施交通管制，安排消防车辆现场待命。值勤期间，全体参加执勤人员坚守岗位、尽职尽责，完成安保任务。

图 6-13 灯会安保

2011 年元宵节期间，在市区和各区县驻地共举办灯会、焰火晚会等大型活动 7 场（次），现场观众累计达 20 余万人次。其间，市公安局将“市区焰火燃放晚会”作为安保工作重点，多次进行现场勘查，绘制警力部署分布图，明确参勤警力部署位置，逐一定岗定位。同时，全程监管烟花运输、保管、燃放等各道程序，确保万无一失。

2015 年 3 月 2—6 日，日照市举办 2015 太阳广场游园会（元宵灯会），观众累计达 30 余万人次。市公安局先后 3 次召开局党委扩大会议或专题会议研究部署安保工作，严格按照《大型群众性活动安全管理条例》规定的许可程序对承办方进行安全许可，督导活动承办方落实人流导向硬质隔离栅栏、导向标识、监控全覆盖等基础设施，并每天雇佣 350 名保安参与现场执勤。市公安局每天安排 200 余名警力现场执勤，并在太阳广场外一环路口设置封控疏导点，保障灯会秩序安全有序。

2018 年，“讲文明·树新风”2018 日照元宵灯会在奥林匹克水上公园太阳广场举办。3 月 1—3 日（正月十四至十六）3 天，现场群众累计 32 万人次。其间，市公安局每晚组织公安民警、武警、边防、消防官兵以及警辅人员、保安队员 1000 余人参与现场执勤，确保灯会现场秩序平稳有序。

除元宵节安保外，2016 年后，各种形式的庙会活动越来越多，东港五洞府春节庙会、岚山圣公山庙会、莒县“神集庙会”、莒县洛河镇金花山庙会、五莲县灵公山庙会、山海天农乐园春节大庙会等都吸引大量群众参与，市公安局治安部门与各分县局密切配合，严格各项安全监管措施，精心做好安保力量部署、应急救援准备，确保各项活动在平安祥和的气氛中结束。

（二）文化活动安保

2004 年 4 月 25 日晚，羽泉演唱会在山东体育学院日照分院体育场举行，是当时日照建市后规模最大、演员知名度最高的一次商业性演出，现场观众 3 万余人。全市公安机关出动警力 600 余人参与现场安保工作，在演唱会票证管理、重点区域警力部署、警种协同、突发情况处置等方面积累了宝贵经验。是年 5 月 6 日、8 月 21 日，先后完成碧海蓝天金沙滩群星演唱会、中央电视台“东方时空”明星足球队日照义赛义演等活动安保工作。

2005 年 8 月 5—9 日，第十届中国电影表演艺术学会奖（金凤凰奖）颁奖晚会系列活动在日照举办。该活动持续时间 5 天，观众累计达 10 万余人次，其间举办包括颁奖晚会在内的 20 余项分类活动，是日照承办的知名度最高、规模最大、内容最庞杂的综合性文艺演出活动。颁奖晚会当晚，全市公安机关投入 1050 名警力人员和 400 名保安人员，在现场周围布设 5 道警戒线，严格落实各项安保措施，确保会场秩序井然。

2006—2016 年，全市公安机关先后完成中国移动“动感地带”水木年华大型公益巡回演出、CCTV《乡村大世界》走进日照大型演出、浮来山福寿文化节、“倾国倾城”日照主题晚会、第十届中国艺术节全国舞蹈项目会演、海洋音乐嘉年华暨 2013 中国 · 日照海洋国际音乐节等大型文化活动安保工作。

2017 年 9 月 26—28 日，新疆喀什地区歌舞团一行 80 余人到日照演出、考察，省、市领导，市援疆干部及家属等 1000 余人观看演出。省、市对此次活动高度重视，省公安厅专门派员到日照对接、调度安保工作。市公安局成立安保工作领导小组，加强对安保工作的指挥调度，制定《新疆喀什地区歌舞团来日照演出考察活动安全保卫工作方案》，明确职责任务，狠抓措施落实，确保活动安全。演出前，协调承办方租用 X 光机 1 台、安检门 2 个开展安检工作，并雇用保安队员 20 人维护现场秩序。任务期间，全市共投入公安民警、武警官兵和保安队员 180 余人次，各参勤单位精心组织、周密部署、互相配合，全面落实各项工作措施，圆满完成此次安保任务。

2018 年 8 月 17 日晚，“浪漫辉煌——理查德·克莱德曼全球纪念巡演日照站”演出活动在市奥林匹克水上公园太阳广场举行，市有关领导以及社会各界群众 7000 余人参加。市公安局超前加强与承办方的协调联系，全面掌握活动安排，督促指导活动承办方严格落实主体责任，完善预案和基础安防设施，加强安防力量。活动举办前，多次组织勘查现场。举办中，抽调专门人员，对承办方安全力量配置、到岗到位及安全措施落实等情况开展现场督导，及时消除安全隐患。同时，组织 200 余名公安民警、现役官兵参与现场执勤，在各主要出入口设置 3 处安检点，安检人员 7100 余人次、物品 2200 余件次，收缴打火机等禁限带物品 210 余件。在周边道路辅路增设临时停车位，强化指挥疏导，确保现场及周边交通秩序井然。

（三）体育活动安保

1992 年 8 月，全国摩托艇锦标赛在日照水库举行，6 个省市代表队、47 名运动员参与比赛。市公安局精密部署，做好运动员驻地、出入口等重点部位治安保卫工作，确保活动安全有序。1993—2004 年，全市公安机关先后完成“五征杯”全国山地自行车冠军赛、“日照杯”2002 年全国乒乓球锦标赛等赛事安保工作。

2005 年 8 月 28 日至 9 月 9 日，2005 年欧洲级帆船世界锦标赛暨国际游艇展览交易会在日照世帆赛基地举行，来自 20 多个国家和地区的 200 余名运动员参加比赛。其间，市公安局共出动警力 1340 余人次，完成安保任务。

2006 年 9 月，国际 470 级帆船世界锦标赛在日照举办，来自 33 个国家和地区的 200 余名运动员参加比赛。国际 470 级是国际帆船级别最高的比赛，是首次在亚洲举办，在规格、规模以及参赛国家数量方面均创日照承办体育赛事之最。市公安局成立由局长为组长的安全保卫领导小组，制定《安全保卫工作总体实施方案》《开幕式安全保卫工作方案》《世帆赛基地安全保卫工作方案》《招待酒会暨闭幕式安全保卫工作方案》等 4 个方案，并提请市政府拨专款 66 万元购买排爆服、防爆罐等安检排爆器材，其间部署警力 2310 人次，确保赛事及期间围绕世锦赛举办的 15 项活动的各现场秩序良好。

2007 年 8 月 23 日至 9 月 8 日，2007 年中国水上运动会在日照举办。来自全国 25 个省市的 5000 余名运动员、教练员、裁判员参会，中央电视台、山东电视台进行现场录制和直播。这次水运会是日照建市后承办的规模最大、规格最高、影响最广的综合性体育赛事。全市公安机关贯彻“预防在先、重点加强、内紧外松、确保安全”的要求，先后出动警力 13000 余人次，完成安全保卫任务。特别是 8 月 28 日晚，在日照太阳广场举行水运会开幕式，国家、省、市领导及参赛人员、观众 2.2 万余人参加。市公安局组织民警、保安、志愿者等在内的 1000 余名安保执勤人员，在活动现场设置 3 道安保防线，有效实现逐层封闭、逐层分流、凭证入场、分区入座，保证现场安全有序。

2008 年 5 月，按时完成《日照站火炬传递安全风险评估更新报告书》，按照一级警卫加强和责任到人的要求，制定《日照市奥运火炬接力安保工作总体方案》等 12 个安保分方案、预案以及 3 个备选路线安保方案。6 月，奥运火炬因故取消日照站的传递活动。7 月 20—21 日，组织 420 名公安民警、消防官兵赶赴青岛，全体民警在岗位上连续执勤 13 小时，完成奥运火炬青岛站传递日照责任区域的安保工作。同期，制定 5 个安保方案和应急预案，安排 600 余名警力全面加强奥运火炬转场路线重要地点和复杂部位的安全保卫，保障北京奥运火炬接力运行团队的圣火盆车队、行李运输车队及主运行车队途经日照的万无一失。

2009 年 5—9 月，全国帆板锦标赛暨全运会预赛、激流回旋测试赛、全运会火炬传递等活动相继在日照举行。10 月 10—24 日，日照承办第十一届全运会皮划艇、赛艇、帆船、帆板、激流回旋 5 大项目的比赛，产生金牌 40 枚，是列济南、青岛赛区之后承办比赛项目和产生金牌最多的赛区，中央电视台、山东电视台现场直播决赛项目比赛。市公安局按照全警化运作、实战化部署的要求，全方位开展筹备工作，制定、细化完善安保方案以及工作预案 18 份，有针对性地开展消防、安检排爆、防暴处突等40余次单项实战演练。按照“从严从紧、抓细抓实”的要求，对开赛仪式区、运动员准备区、颁奖区、兴奋剂检查站等重点部位部署足够警力定点看护；对观众区采取宽松式管理，定时巡逻。既保障赛事安全。其间，先后出动警力 1.1 万余人次、车辆 2100 余台次，没有发生一起影响赛事安全顺利举行、影响赛事参与人员人身及财产安全的治安、刑事案件，657 艘舟艇和相关比赛设施没有发生一起人为损坏问题，完成“全警全力、平安全运”和“大事不出，小事也不出”的目标要求。

2010 年 8 月 18 日至 9 月 8 日，日照承办 2010 年中国水上运动会，来自全国各地 32 个代表团 7700 余名运动员、教练员、裁判员参赛，现场观众累计 5 万余人次，中央电视台以及有关省、日照电视台对赛事进行现场录制或直播，赛事规模不仅超过 2007 年水运会，也超过青岛奥帆赛和十一运会日照赛区的承办项目。市公安局成立由局长任组长的水运安保工作领导小组，下设 15 个小组和办公室，抽调 20 余名精干力量脱产集中办公，扎实开展风险评估、场馆检查、方案制定、证件制作等安保筹备工作。经反复研讨，形成水运安保工作总体方案和场馆、住地、消防、交通、通讯、防暴处突等分方案 23 份。先后出动警力 1500 余人次，完成水运会倒计时 100 天庆祝活动、迎水运绘画展、自行车比赛以及水运宝贝选拔等 20 余项涉水运大型活动安保工作，未发生安全问题。运动会举行期间，重点围绕火炬接力传递、开闭幕式、赛事现场等安保重点，每天抽调 500 余名警力人员，划区分片，定岗定责，逐一落实安保措施，完成安保任务。

2012—2016 年，全市公安机关先后完成激光雷迪尔级帆船世界锦标赛、第十二届全国运动会帆板预赛、2013 年全国少儿游泳锦标赛、2016 中国工程机器人大赛暨国际公开赛、日照 10 公里公路沙滩马拉松比赛、全国啦啦操联赛日照站比赛等赛事安保工作。

图 6-14 2013 年，激光雷迪尔级帆船世锦赛安保

2017 年 7 月 25—27 日，2017 中国（日照）国际啦啦操精英赛举行，此后将在日照连续举办 5 届。9 月 24 日，日照国际马拉松比赛举行，此项赛事将连续举办 10 届。全程国际马拉松比赛是第一次在日照举行，来自 14 个国家和地区，包含 27 名外籍选手在内的 1.2 万余名运动员参加，市公安局将赛事安保列为全年的重点工作。赛事开始前，组织警力行程 1200 余公里，勘查现场、路线 30 余次，制定总体安保方案以及比赛起终点、6 个赛段划分、交通保障、消防安全、突发事件应急处置预案等 11 个安保分方案。租用 X 光机 10 台、安检门 24 个，设置硬隔离、拉设警戒带 100 余公里。赛事期间，出动警力 2300 余人次、雇用保安 2400 人参与现场执勤。

2018 年 7 月 12—22 日，中国体操节比赛在山东外国语学院体育馆举行，运动员、工作人员 1 万余人参与比赛，累计观众 1.2 万余人次。10 月 14 日，2018 日照国际马拉松比赛举行，1.2 万名运动员及 3000 名党员参加比赛，沿途观赛群众 6 万余人次。全市公安机关高度重视，组织执勤警力 1850 人次、保安队员 2450 人次，严密各项安保措施，规范现场执勤工作，完成安保任务。

（四）迎日出庆元旦系列活动安保

2000 年 1 月 1 日，日照市迎新千年曙光庆典活动在石臼海岸举行，有关市领导与社会各界群众 3 万余人参加活动，市公安局完成安保任务。

2012 年 1 月 1 日，中国日照“迎日出，贺新年”庆典活动在万平口演艺广场举行，省、市有关领导、市直各有关部门及社会团体、群众共计 1 万余人参加，市公安局共出动警力 80 余人次、车辆 30 余台次，完成安全保卫任务。

2013 年 1 月 1 日，2013“迎日出，贺新年”庆典暨“好客山东、多彩日照”贺年会启动仪式在万平口演艺广场举行，省旅游局、市五大班子领导以及社会各界群众 2 万余人参加启动仪式，市公安局出动警力 70 余人、警车 30 余台，完成安保任务。此后，该项活动每年元旦在万平口演艺广场举办，规模不断扩大，观众不断增多。2014 年参与人数 35000 余人，市公安局治安支队、交警支队、东港分局、消防支队共出动民警、武警官兵 160 余人次，车辆 50 余台次，完成安保任务。2015 年，3 万余人参加贺年会仪式，市公安局出动警力 100 余人，完成安保任务。

2016 年，5 万余人参加仪式，市公安局出动警力 200 余人，警车 50 余台次，并协调 260 余名安保志愿者参与现场安保，完成安保任务。观众数量激增给安保工作带来强大压力，风险隐患增加。2017 年，为确保活动安全，市公安局向承办方提出并督促落实发票模式，通过网上预订、社区、大型商场以及活动现场发票 1.5 万张，同时对无票仍聚集在现场成规模的人员采取视情放行政策，当日活动现场人员控制在 2 万人左右，有效降低因人员拥挤而造成踩踏等安全事故发生的风险。

2018 年，元旦迎日祈福大典活动共有市委、市政府领导及社会各界群众 2 万余人参加。市公安局根据现场特点，突出景区出入口、演艺广场等安保重点区域，组织东港分局、治安支队严密防范措施，实行定点执勤与流动巡查相结合，及时疏导人流，全力维护现场秩序。提前安排警力开展安全检查，强化安全防范宣传。交警部门严密周边道路交通安保工作，做好重点路口、重点路段的交通管制，及时分流和引导现场车辆，确保交通畅通。特警支队加强搜排爆工作，做好处突准备，并会同信通部门做好无人机反制工作。反恐、边防部门加强反恐检查、巡逻防范等工作，切实做好反恐处突准备。消防支队安排消防车辆及官兵现场备勤，全面做好应急救援各项准备工作。指挥中心开展信息研判，加强指挥调度，利用信息化手段，实时关注活动现场状况及人员流量变化情况，为现场安保提供有力的信息支撑。信通部门在现场设置通信保障车，启用警用无人机，实时传输现场视频，确保通信联络畅通。全市公安民警、边防、消防官兵以及保安队员等安保执勤力量 800 余人参与现场安保，完成安保任务。

三、自行车管理

1978 年 12 月 14 日，按照上级部署，日照县公安局和县工商管理局联合印发《关于自行车管理工作接管移交的通知》，自行车管理业务由工商部门移交公安机关。

1989—1992 年，全市公安机关突出审验、立户、挂牌、保险四个环节，加强路查和经常性管理，集中开展打击盗窃自行车犯罪专项行动，共破获自行车盗窃案件 280 余起，抓获犯罪嫌疑人 62 名，缴获自行车 190 余辆。

1991 年，市物价局、市财政局、市公安局联合印发《关于整顿自行车收费的通知》，要求各自行车管理机构不得擅自增加收费项目，提高收费标准。同时，按照公安部、省政府有关规定，做好自行车验证工作。

1993年，市公安局印发《关于进一步加强自行车管理的通知》，要求树立管理就是服务的思想，积极为群众排忧解难，严格自行车收费管理制度，做好自行车验证工作，预防和减少自行车被盗案件发生。

1994年春季，全市公安机关开展为期50天的专项治理整顿，缴获被盗自行车203辆（其中变速自行车占80%），全部归还失主，为群众挽回经济损失10万余元。其中，东港分局破获自行车被盗案件65起，抓获犯罪分子28名，缴获被盗自行车50余辆，价值2万余元。

1995年，莒县公安局在全县推行自行车户口化管理，使自行车管理工作由过去1名车管员管理数万辆自行车的松散型管理转变为以村户为主的系统化、网络化管理，逐步走向正规化、制度化、科学化的管理轨道，从根本上解决乡村之间、村户之间自行车管理的“断层”问题。实行户口化管理后，莒县公安局破获自行车被盗案件243起，缴获被盗自行车358辆，抓获犯罪分子34名，查出漏管自行车13861辆，自行车年审率达95%，同比增长15.3%，盗窃自行车发案率与1994年相比下降60%。

1996年1月，市公安局在莒县召开全市自行车户口化管理工作现场会，在全市范围内推广自行车户口化管理。截至10月，全市70余万辆自行车均实现户口化管理，自行车年审率提高35.7%，破获自行车被盗案件141起，抓获违法犯罪分子37人，缴获被盗自行车412辆，查出漏管自行车1125辆，报废377辆。

1998年，根据省公安厅《关于进一步加强自行车治安管理工作的通知》，把自行车管理纳入公安派出所的工作范围，建立起以派出所为根基，区、县自行车管理所为主体、治安部门为指导的打防管建为一体的管理体制，进一步加大对自行车管理工作力度，严厉打击、防范盗窃自行车违法犯罪活动。

20世纪90年代末至21世纪初，随着摩托车、汽车等机动车辆大幅度增加，城乡居民自行车的使用率大幅降低，公安机关随之调整工作重点和警力部署，一度放松对自行车的管理。直至新式自行车、电动自行车等新一代绿色出行交通工具逐渐普及，群众出行理念转变，自行车管理又成为热点问题。

2007年，根据公安部及省公安厅部署，在全市范围内开展治理自行车被盗问题专项行动。3月27日，市公安局、市社会治安综合治理委员会办公室等6部门联合印发《关于印发日照市自行车被盗问题专项行动考核标准及举报盗窃自行车等违法犯罪奖励标准的通知》，细化考核标准，鼓励群众检举揭发盗窃自行车违法犯罪线索，依法打击违法犯罪行为。其间，全市破获盗窃摩托车、自行车等违法犯罪案件187起，捣毁收赃、销赃窝点12个，打掉犯罪团伙8个，抓获违法犯罪嫌疑人103名，缴获被盗摩托车、自行车427辆，向群众返还164辆。

2008年，为解决市民反映强烈的电动自行车被盗突出治安问题，切实保障人民群众财产安全，市公安局印发《全市公安机关开展打击治理盗窃电动自行车犯罪实施方案》。7—10月，在全市范围内开展为期4个月的打击治理盗窃电动自行车专项行动。通过集中治理，全市电动自行车被盗案件明显下降，旧车交易市场及废旧收购点、车辆维修点得到有效整治，群众自防意识普遍增强。

2009年12月18日，市公安局治安巡警支队行动大队利用110警情跟踪分析研判和日常巡逻中发现的线索，通过架网守候、便衣侦查，抓获1名盗窃电动自行车惯犯，破获案件50余起，涉案金额近10万元。

2013年10月，市公安局组织召开全市电动自行车实名登记服务工作动员部署会，全面推行电动自行车实名登记服务工作。11 月，市公安局印发《全市公安机关推行电动自行车实名登记服务工作实施意见》，各分县局设置打码点，采取先行城区试点集中打码、后向农村逐步延伸推开的方式，免费为群众提供电动自行车实名登记打码服务，有效遏制电动自行车被盗案件发生。

2016 年 6 月 21 日，市公安局信息合成作战中心会同特警支队，坚持情勤联动、合成作战，及时破获系列盗窃山地自行车案，抓获犯罪嫌疑人杨某田，带破案件 4 起，涉案价值 1 万余元。

四、养犬管理

随着经济社会快速发展，2000 年后，日照市城区养犬居民逐步增多，因旧城改造等种种原因，致使流浪犬问题突出，加之部分养犬居民文明意识不到位，带来污染公共环境、影响市容市貌、干扰市民生活、威胁公共安全等问题。全市公安机关依托 110 接处警平台，受理群众关于流浪犬、养犬扰民及威胁公共安全等报警，并根据情况对犬只予以处置或对违规养犬居民予以查处。

2014 年 12 月 10 日，市公安局牵头起草并提请市政府发布《日照市城区养犬管理办法》，并于 2015 年 2 月 1 日起正式施行，有效期 5 年。

2015 年 1 月，市公安局在东港区日照街道尧沟村租赁场地约 2000 平方米，建成临时犬类留检所。配置完备捕犬工具及车辆，用于捕捉、运送违规饲养和流浪犬只。是年，全市公安机关会同行政执法、住房和城乡建设等部门，通过悬挂标幅、发布《加强城区养犬管理工作的通告》、发放《致养犬居民朋友的一封信》等方式，开展《日照市城区养犬管理办法》宣传工作，倡导依法文明养犬。

2017 年 10 月 1 日，日照市颁布实施《日照市城市管理条例》，进一步明确公安机关和相关部门的养犬管理职能。

《日照市城区养犬管理办法》实施以后，公安机关依托 110 接处警平台、12345 市长热线等，每年处置涉犬类警情 850 起左右，及时查处在禁养区养犬、违规饲养大型犬、烈性犬和养犬扰民等行为，捕杀狂犬，组织收容和管理流浪犬。同时，协同配合有关部门加大宣传力度，不断增强市民文明养犬意识，维护安全、文明、规范的城市公共秩序。

第六节　特种行业治安管理

一、特种行业治安管理范围及审批备案

1989 年，特种行业管理由各级治安管理部门负责。根据 1985 年公安部《关于改革和加强特种行业管理工作的通知》规定，列为特种行业管理的主要是旅馆业（包括经营接待旅客住宿的宾馆、饭店、招待所、车马店、浴室以及中外合资经营的宾馆、饭店等）、刻字业、收购生产性废旧金属和信托寄卖行业。经营特种行业必须向公安机关申报领取特种行业许可证，经公安机关审核批准始得营业。至 1990 年底，全市共有特种行业 233 家，其中宾馆 175 家（床位 6795 个）、旧货业 35 家、刻字业 23 家。

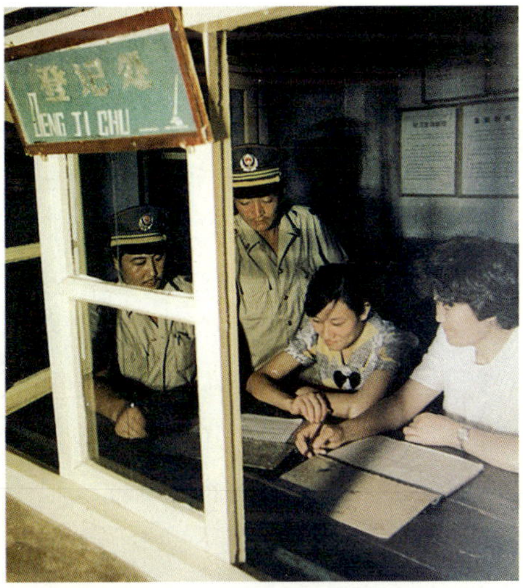

图 6-15　20 世纪 90 年代，民警检查旅馆信息登记情况

1995 年，根据省公安厅《关于对特种行业全面检查整顿的通知》，市公安局召开全市特种行业整顿会议，对特种行业进行检查整顿，符合条件的换发全国统一式样的特种行业许可证。是年，公安部发布《典当业治安管理办法》，规定申请经营

典当行须持中国人民银行批准的文件，经所在地市、县公安机关审核，并经省、自治区、直辖市公安厅、局批准后，由市、县公安机关核发特种行业许可证。

1996年，省公安厅转发公安部《关于机动车修理业纳入特种行业管理的批复》，部署加强机动车修理业治安管理。

1998年，为规范典当、拍卖、报废汽车拆解（回收）等行业的审批管理，启用省公安厅设计印发的《特种行业许可申请表（典当、拍卖等行业)》。是年，市公安局在岚山分局汾水派出所召开特种行业和公共复杂场所管理工作现场会，总结经验，研究部署进一步加强特行管理工作。

2002年，全市共有宾馆550家（其中星级宾馆8家），床位12612个，从业人员2138人；旧货业255家，其中废旧金属收购业245家、典当行4家、拍卖行5家、旧货流通企业1家，从业人员共计671人；刻字业62家，其中印章刻制企业20家、公章刻制企业6家、其他36家，从业人员共计76人；印刷业291家，其中出版物印刷6家、装潢印刷25家、其他印刷品印刷259家、彩色复印1家，从业人员共计2141人；机动车修理业共计431家，从业人员共计794人。是年12月，山东省对特种行业许可范围进行调整，取消对生产性废旧金属收购业、报废汽车回收（拆解）企业、旧货企业（市场）和印刷业的特种行业审批许可。

2004年，根据新修订的《中华人民共和国拍卖法》，取消公安机关对拍卖业的治安管理。2006年，随着社会发展，开锁业成为一种新兴服务行业，因其行业的特殊性，容易被违法犯罪人员利用。是年7月，省公安厅、省工商行政管理局、省劳动和社会保障厅联合下发《关于加强开锁行业管理的通知》。全市公安机关按照省公安厅部署，与工商行政管理、劳动保障部门密切配合，对辖区现有业户逐一进行清理，详细登记业户名称、地址、法定代表人（负责人）、从业人员、联系电话、经营范围等基本情况，摸清开锁业存在的问题，掌握业户底数，纳入治安管理。与工商行政管理部门密切配合，建立健全照后登记制度，对申请从事专门开锁业务或兼营开锁业务的经营者，督促其在领取营业执照后5个工作日内，主动到属地派出所进行登记；派出所登记后，将登记情况及时报县级公安机关治安部门，由治安部门通报指挥中心。

2011年，根据公安部、省公安厅《关于进一步加强特种行业场所治安管理工作的通知》要求，市公安局认真做好特种行业的登记备案工作。督促从业单位履行备案义务，结合备案工作，逐一与各特种行业单位、业户签订《治安责任书》，明确经营范围、管理要求和应承担的法律责任，指导帮助各业户建立健全验证登记、嫌疑物品报告等各项规章制度。为规范管理，根据公安部、省公安厅要求，市公安局统一制发《特种行业备案证明》850份。是年，严格贯彻落实山东省《关于加强开锁行业管理的通知》有关要求，进一步规范开锁业的治安管理，与已取得职业资格证书的开锁业户签订《开锁业治安管理责任书》，规范备案开锁业44家，统一制发开锁公安备案证和开锁服务凭证。

2016年，将印章刻字业特种行业审批权限下放至分县局，为群众办理印章备案证明90余份。2018年，认真贯彻落实公安部《深化治安管理“放管服”改革优化营商环境便民利民6项措施》，按照“一次办好”的要求，会同市、县（区）两级工商行政管理部门，在政务服务大厅公开印章刻制企业信息，对新设立企业，承诺在领取营业执照后0.5个工作日拿到公章，将典当行特种行业许可下放至区县公安机关，进一步方便群众。是年，公章刻制业、旅馆业、典当业等特种行业许可已由工商登记前置审批事项调整为后置审批，审批权限全部下放至县（区）级公安机关。

2018年日照市旅馆业、典当业、印章业统计表

表 6-8

分（县）局 \ 类别	旅馆业（家）	典当业（家）	印章业（家）
东港分局	565	13	32
岚山分局	214	1	2
开发区分局	28	3	3
莒县公安局	243	1	3
五莲县公安局	133	3	2
山海天分局	1722	0	1
港航公安局	7	0	0
机场分局	1	0	0
总计	2913	21	43

二、日常管理

1989年，为贯彻落实经国务院批准由公安部发布的《旅馆业治安管理办法》，市公安局制定《旅馆业治安管理处罚办法》，进一步明确对旅馆业治安管理的要求和相关违法行为的处罚标准。1990年，根据公安部、国家工商行政管理局《关于加强废旧金属收购站点治安管理和打击查处销售赃物活动的通告》及省公安厅部署要求，广泛宣传并开展废旧金属收购行业清理整顿行动。1995年，市公安局印发《关于加强对经营印章、钢印、彩色复印业管理的通知》，对旧货业和刻字业进行集中整顿，取缔非法收购点11处，非法刻字业户19家。东港分局针对辖区特种行业点多面广、管理难度大的实际，实行百分考核制度，收到明显效果。是年，该分局各派出所通过特种行业管理发现违法犯罪线索56条，抓获各类违法犯罪嫌疑人132名。

1997年7—9月，组织对市区旅馆业开展专项整治，检查旅店283家，停业整顿11家，查封4家，从中查处卖淫嫖娼案件22起，治安拘留17人、罚款58人。

2001年，根据省公安厅部署要求，开展废旧金属业、典当业清理整顿行动，对无特种行业许可证、营业执照及违法经营业户，坚决取缔。对管理混乱、违反管理规定的，责令限期整改，整改不合格的会同有关部门取消其经营资格。2002年，开展集中整治易销赃场所和保护电力设施、清查废旧物品收购站专项治理活动，规范旧货业经营秩序。2003年，全市公安机关共查处涉及特种行业刑事案件3起、治安案件91起，责令停业整顿20家、依法取缔4家。2006年，严格开锁业服务监督管理，单位或个人需要开锁服务时，可拨打“110”求助，由“110”报警服务台指令属地公安派出所通知就近开锁经营业户提供服务。群众直接到业户求助的，业户应报告110或当地派出所。固定锁在实施开锁过程中，必须在民警或社区（单位、街道、村委会）工作人员和2名以上邻居在场情况下进行；移动锁在实施开锁过程中，必须在民警监督下实施。督导开锁业户建立《受理开锁业务登记簿》，以单位名义申请开锁的，登记单位名称和具体承办人姓名及有效身份证件；个人申请开锁的，登记个人姓名和有效身份证件；求助开启机动车锁的，除登记个人信息外，还要登记行车证、驾驶证等有效证件。各种登记手续要经申请人本人签字并保管3年存档备查。加强对开锁业户的监督检查和从业人员的法制教育，公安派出所检查工作每月不少于1次。对不履行开锁登记程序、擅自上门提供开锁服务的，雇用无职业资格人员从事锁具开启的，因不认真履行规定、工作失误被违法犯罪人员利用的，予以批评教育，限期改正；对拒不改正、情节恶劣的，由公安机关建议工商行政管理部门吊销其营业执照；

构成犯罪的，依法追究其刑事责任。

2007年9月，莒县公安局对辖区特种行业进行清理登记，共检查登记旅馆（宾馆）110家、废旧物品收购站点117家、刻字业9家、典当业1家。

2010年，根据公安部《关于对旅馆业旅客身份证件认定问题的批复》规定，明确旅客登记身份证件范围。是年，联合市工商局、国税局、地税局、教育局、民政局、人民银行印发《关于加强印章业管理工作的通知》。自6月1日起，凡企事业单位、院校、社会团体和民办非企业机构申请刻制公章的（行政章、财务章、合同章、发票专用章、报关专用章），一律按照公安部、省公安厅和《印章质量规范与检测方法》的要求刻制防伪加密编码印章；各级党委、政府、人大、政协及其部门，立法、司法机关和部队使用的新型印章只加防伪无编码，钢印、铜印暂不使用编码，原有传统式印章不再刻制。所有印章根据《印章业治安管理信息系统标准》进行全国、全省入网管理，通过联网，逐步实现与工商、国税、地税、金融、民政等单位的信息共享和全省、全国范围内的印章查询比对，更好地为印章用户服务，有效避免伪造印章对社会各界的危害。是年4月，举办全市旅馆业境外人员住宿登记管理工作培训班，加强境外人员住宿登记管理工作。东港分局、开发区分局出入境管理部门负责人，13个城区派出所外管民警和全市50家重点宾馆负责人参加培训。

2011年，全市公安机关对特种行业进行专项清理整顿。3月，结合“2011春季攻势”专项行动，组织人员对全市12家典当行进行安全检查，共发现各类安全隐患以及不符合规定设施6处，并全部责令限期整改。其中1家典当行因营业场所变更，按规定收回特种行业许可证，待验收合格后重新核发。6—9月，在全市范围内组织开展旅馆业清理整治专项行动。行动中，共检查旅馆2200家次，发现并整改安全隐患108家，其中停业整顿4家、取缔1家、吊销许可证1家、现场处罚不按规定登记宾馆74家；通过整治查处治安案件13起，抓获违法人员45人，其中劳动教养1人、行政拘留并处罚款25人、罚款19人；查处刑事案件2起，抓获犯罪嫌疑人8人。9月12日，《全省旅馆业清理整治专项行动工作简报》刊发市公安局经验做法。9—12月，根据省公安厅部署，结合“打四黑除四害”专项行动，组织开展打击整治废旧金属收购“黑市场”“黑窝点”专项行动，会同工商等部门，深入重点区域、重点部位进行明察暗访，对涉嫌收赃销赃的废旧金属收购“黑市场”“黑窝点”进行“地毯式”排查，依法清理整顿。同时，进一步建立健全检查、考核、责任追究等综合治理长效工作机制，有效防止清理整治后出现反弹现象，确保废旧金属收购市场的正常秩序。其间，共出动车辆100余台次，警力200余人次，发放宣传材料5000余份，悬挂标语、横幅100余幅。是年，在全市沿海16个民俗旅游村开展民俗宾馆治安整顿，并督促安装旅馆信息系统。通过工作，共安装旅馆业治安管理信息系统155家。

2012年，对全市47家开锁业、51名从业人员换发备案证。集中对全市13家典当行的特种行业许可证进行年审，对新设立的2家典当行进行检查验收。

2013年3月，对旅馆业组织开展突击清查行动，进一步提升旅馆业阵地控制能力，摸清旅馆业存在的隐患问题和管理漏洞，全面规范旅馆业经营行为，净化旅馆业治安环境。其间，共清查旅馆40余家、住宿人员90余人，查处违规旅馆3家，发现问题5处，下达责令限期整改通知书5份。是年，全市共办理特种行业许可证219家，清理取缔开锁业户37家、刻字业户51家，规范旧货业475家、印刷业户939家，整顿二手手机业78家。为全市印章业58名从业人员发放备案证。集中对全市15家典当行的特种行业许可证进行年审，对新设立的2家典当行进行检查验收。

2014年，根据公安部和省公安厅部署，按照反恐防恐工作要求，开展旧货流通市场及经营业主和从业人员的调查摸排工作，严格落实备案、实名登记、禁收物品和可疑情况报告等制度，加强旧货流通市场的情报信息搜集工作，布建治安信息员，重点搜集掌握影响社会稳定、涉暴恐等违法犯罪苗头性、预警性信息，维护良好治安秩序。是年起，每月对各分县局及派出所宾馆治安管理情况进行抽查，并纳入月度、季度考核，当年共抽查300余家次，向有关分县局反馈整改意见40余条，制发月度、季度考核通报10份。

2015年，印发《关于加强旅馆业实名登记工作的通知》等文件，强化旅馆业治安管理工作。组织各分局、县局坚持常规检查与突击检查相结合的方式，持续开展“毛毛雨式”检查，检查结果纳入月度、季度考核，确保“四实”落实到位，共组织检查旅馆3200余家次、处罚912家次、取缔9家。是年，通过查看材料、实地检查等方式，以从业人员、安防设施落实为重点，组织各分局、县局对全市20家典当行以及3家新审批的典当行开展年审工作，整改安全隐患40余处。是年，制发《关于进一步规范开锁业治安管理工作的通知》，进一步明确市公安局、分县局、派出所三级管理职责，切实加强日常监管，规范经营行为。5月，组织摸清全市开锁业底数，向社会公开全市第一批共64家开锁行业和公安机关监督举报电话，并通过日照警务网、大众网等媒体公开发布。

2016年，为进一步加强废旧金属收购业治安管理工作，印发《关于进一步加强废旧金属收购业治安管理工作的通知》，对废旧金属收购业开展为期1个月的全面清理整顿，对重点区域、重点人员，集中力量予以整治。对不按规定如实登记业务往来相关信息、收购国家禁止收购的金属物品、收赃购赃、发现赃物或者有赃物嫌疑的物品未向公安机关报告的，按照法律、法规坚决予以查处，对构成犯罪的，追究相关单位和人员的刑事责任。通过清理整治，破获一批非法收购废旧金属的违法犯罪案件，打掉一批非法收购窝点，查处一批非法收购人员。

2017年，围绕党的十九大安保，以容易出问题的旅馆业日常监督管理为主，下发10期治安管理工作及信息系统应用情况通报，对实名登记落实不到位、信息数据零上传以及民警日常检查不到位等突出问题进行通报，指导基层公安机关有针对性地开展检查工作，落实精准管控。截至12月底，全市联网旅馆2371家，其中装机开业状态旅馆1494家。是年，对汽车租赁和二手车经营单位开展摸底排查，建立市、区（县）交易人员信息两级核查机制，共核查相关人员信息330余条。是年，组织各分县局治安大队、派出所通过召开会议、集中培训、上门指导等多种形式，加强对场所行业从业人员教育培训管理，全市共召开各类培训会45场次，参与培训1380余人次，发放各类教育宣传材料2100余份。

2018年，围绕上海合作组织青岛峰会安保维稳，从日常管理、违规处罚、督导检查三个方面入手，不断改进管理手段和管理方法，加强旅馆业治安管控。定期下发旅馆业治安管理工作及信息系统应用情况通报，对400余家住宿数据零上传宾馆进行排查清理。组织各分局、县局强化明察暗访力度，推进落实行业场所实名制。全市各级公安机关检查旅馆2.2万余家次，共处罚各类旅馆464家次，取缔、停业整顿25家，下发责令整改通知书11份。组织召开各类培训会46场次，参与培训5200余人次，发放各类教育宣传材料3300余份。是年，市公安局部署开展全市日租房摸排管理，对达到旅馆经营许可条件的，一律办理特种行业许可证，并安装旅馆业治安信息管理系统。对达不到经营许可条件的，依据《中华人民共和国治安管理处罚法》《公安机关办理行政案件程序规定》等法律法规，坚决落实取缔措施。对违反相关法律法规的，坚持顶格处罚，决不姑息。是年，依据现有行业场所法律法规，在充分征求基层公安机关意见和建议的基础上，紧密结合实际、紧扣基层需求，印发《日照市公安机关行业场所治安管理工作规范（试行）》，将行业场所分为许可、备案和关注建档3类，明确职责、分类管理，推进行业场所治安管理标准规范化建设。

三、信息化管理

地级日照市公安局成立以后，严格督导旅馆业实施旅客住宿登记制度，宾馆手工登记后，按时向所属派出所送阅。2000年起，在全市旅馆业逐步推行住宿登记计算机联网管理。截至年底，第一批38家旅馆安装运行旅馆业治安管理信息系统。2001年3月21日，旅馆业治安管理信息系统第一次成功报警，民警经现场进一步核查比对，将刚刚入住日照开发区某宾馆的网上在逃犯罪嫌疑人李某抓获。2002年4月20日，市公安局召开会议部署全市旅馆业治安管理信息系统联网任务。截至年底，全市550家50个床位以上的旅馆全部实现计算机联网管理，公安机关内部实现市公安局、分（县）局、派出所三级联网，联网率达到75%，床位覆盖率达到85%。

2008年，全市公安机关积极推进旅馆业治安管理信息系统升级改造建设。在深入调查摸清旅馆业底数的基础上，将信息管理系统升级安装任务逐一分解，划片包干，层层落实责任。邀请技术人员和专家，通过集中培训、上门现场指导等形式，开展基层民警和旅馆从业人员特别是旅馆前台登记员的应用技能培训。截至9月，全市950家旅馆（含留宿洗浴场所）全部完成旅馆业治安管理信息系统升级改造，覆盖率达100%。同时，加大督导检查力度，每天对旅馆上传信息情况进行一次网上监督检查，利用旅馆系统查询端主动查询，主动比对，主动分析，主动核查，督促旅馆从业人员认真查验住宿人员身份证件，落实“四实”（实名、实数、实情、实时）登记、上传制度，努力减少和杜绝“一人登记多人住宿”“本人登记他人住宿”“不登记住宿”等问题的发生，确保所有住宿旅客信息及时、准确、有效地录入传输。对不按规定登记和无故不使用系统的旅馆，每月进行通报批评，依法处罚、整改。对屡教不改、多次违法违规经营的，从严查处，情节严重的依法吊销其特种行业许可证，取消其经营资格。其间，先后出动警力6000余人次，检查旅馆200余次（家），处罚不按规定登记和无故不使用系统的旅馆100余家。充分发挥旅馆信息管理系统作用，提高对住宿网上逃犯的发现、抓获能力，不断挤压违法犯罪分子的生存空间，更好地服务现实斗争。截至9月1日，通过旅馆业治安管理信息系统接受各类查询1800余次，抓获网上在逃犯罪嫌疑人24名。

图6-16 2008年，民警指导旅馆业治安管理信息系统升级改造

2009年全运会期间，全市公安机关科学安排警力，对旅客信息登记、上传情况进行检查，对非正常原因未及时登记、上传旅客信息的旅馆进行处罚，避免旅客信息漏登、迟传现象发生，通过系统报警及时抓获网上在逃犯罪嫌疑人9名。是年，全市旅馆总数1111家，系统覆盖率100%，其中，890家正常营业，221家装机停业。通过系统，全年累计登记上传旅客信息172万余人次，接受各类查询3000余次，全年有效报警75次，抓获网上在逃犯罪嫌疑人73名，借助系统破获各类案件100余起。是年6月，日照被公安部确定为境外人员管理重点城市。7月16日，实现出入境管理信息系统与旅馆业治安管理信息系统数据实时对接共享、境外人员住宿信息实时传送，境外人员住宿登记信息上报的准确率、及时率和合格率进一步提高，境外人员住宿登记信息管理工作水平进一步提升。

2010年6月1日，全市印章业治安管理信息系统建成并投入使用，加密防伪印章的制作和网络建设统一使用“国盾印章治安管理信息系统”。2011年，全市安装使用旅馆业治安管理信息系统的宾馆、酒店1555家。其中，新安装155家，使用率、覆盖率100%，通过旅馆业治安管理信息系统报警抓获各类嫌疑人 53 名。全市印章业治安管理信息系统运行良好，协调税务、工商等部门加大防伪印章更换工作。

2012 年，全市安装旅馆业治安管理信息系统的宾馆（酒店、旅馆）新增 377 家，使用率、覆盖率 100%，通过旅馆治安管理工作抓获网上逃犯和市内布控嫌疑人 68 名。是年，全市安装民俗村旅馆信息系统 362 家，安装覆盖率达 100%。全市印章业治安管理信息系统运行良好，共备案印章 1.53 万枚。

2013 年，全市安装旅馆业治安管理信息系统的宾馆（酒店、旅馆）新增 118 家，使用率、覆盖率 100%，通过旅馆治安管理工作抓获各类嫌疑人 68 名。是年，全市印章业治安管理信息系统备案印章 5.26 万枚。

2014 年，部署开展旅馆 PGIS 信息系统安装工作。组织技术人员对旅馆信息系统后台进行改造，升级服务器并安装短信报警、预警软件，提高系统运行速度，实现高危人群实时布控预警。通过旅馆业信息系统报警抓获各类违法犯罪嫌疑人 91 人，其中网上在逃犯罪嫌疑人 60 名、市内布控嫌疑人 31 名。2015 年，督促民俗旅游村 1705 家家庭式宾馆安装旅馆业系统手机版。

2018 年，全市 1344 家在营宾馆、酒店借助人脸识别、后台比对，全部完成“人证合一、无证入住”升级，从技术手段上进一步确保“四实”登记落实到位，达到方便旅客登记、减轻宾馆经济负担、公安机关进一步加强住宿登记管理三方共赢效果。截至年底，无证入住人员信息上传量 10 万余人次，从中抓获网上在逃犯罪嫌疑人 3 名。是年，全市 38 家印章刻制企业全部完成印章业治安管理信息系统升级改造。

第七节　危险物品治安管理

根据《中华人民共和国枪支管理法》《民用爆炸物品安全管理条例》《烟花爆竹安全管理条例》《危险化学品安全管理条例》等法律法规和公安部工作要求，列入治安管理的危险物品包括枪支弹药、爆炸物品、烟花爆竹、剧毒化学品、易制爆危险化学品、放射性物品、仿真枪、管制刀具、弩等。自 1989 年起，全市公安机关持续开展“缉枪治爆”“枪支隐患排查”“烟花爆竹专项整治”等一系列行动，不断强化监管，持续推进长效机制建设，全市公共安全形势持续平稳。

一、枪支弹药管理

20 世纪 80 年代末期，全市公安机关对全市枪支进行清理整顿，收回不应配置和应予以报废、淘汰的枪支，对在用枪支逐一登记建卡，层层签订个人枪支安全管理合同书和单位枪支管理合同书，明确责任，确保安全。截至 1989 年底，全市共签订枪支安全管理合同书 1002 份，其中单位合同 181 份、个人合同 821 份。

1991 年，市公安局印发《日照市公安局枪支管理规定》，进一步强化枪支管理。全年共收缴各种非法枪支 31 支、子弹 42 发，及时消除隐患，避免和减少案件、事故的发生。1994 年 7—9 月，全市公安机关集中开展查缴非法枪支行动，共登记枪支 4141 支，收缴非法枪支 2249 支，取缔非法制枪窝点和经销点 22 个，查处违法犯罪分子 26 名。1995 年，根据全国、全省、全市严打斗争的统一部署，全市公安机关大力开展收枪治爆整治行动。市公安局专门印发通告，制定方案，广泛宣传发动，精心安排部署，以各个城区为重点，集中收缴各类非法枪支 401 支，捣毁非法制枪窝点 3 处，抓获违法犯罪分子 7 名。

1996 年，《中华人民共和国枪支管理法》颁布实施，标志着全面严格控枪的开始，全市公安机关

图 6-17 1996 年，群众主动上缴的枪支

从7月6日起到9月30日，集中开展《中华人民共和国枪支管理法》实施前的宣传发动和枪支清理、登记、收缴工作。充分发挥电台、电视台、报纸等新闻媒体作用，宣传《中华人民共和国枪支管理法》的重大意义和主要内容，使《中华人民共和国枪支管理法》家喻户晓、人人皆知。实行县（区）包乡镇、乡镇包村（居）、系统包部门单位和单位或村（居）包户的“四包”责任制，逐级签订收缴枪支责任状。组织党政干部、公安干警、治保干部，逐村、逐街道、逐单位检查摸排，召开持有枪支人员座谈会，动员他们按时到公安机关登记或主动上缴持有枪支，并检举揭发其他非法持有枪支人员。在此期间，主动向当地公安机关交出枪支的，视情节依法减轻、从轻或者免予处罚；逾期不交的，依法严惩。单位或者个人经公安机关批准核发持枪证件持有枪支的，到当地公安机关进行重新登记；逾期未申报登记的，以非法持有枪支处理。同时，对全市公务用枪进行全面查验登记，做到人、枪、证“三见面”。是年10月1日，《中华人民共和国枪支管理法》正式实施，公安机关按照《中华人民共和国枪支管理法》和公安部有关规定认真做好新的持枪证件换发工作，并充分发挥枪支管理主力军的作用，严格《中华人民共和国枪支管理法》的监督执行，做好枪支日常管理工作。是年，全市公安机关共出动宣传车200车次，设立举报箱130个，张贴《关于收缴非法枪支的通告》3700张。全年共收缴各类非法枪支7385支，破获涉枪案件21起，查处私藏枪支案4起，逮捕1人、治安拘留3人。

1997年，全市公安机关收缴各类非法枪支1800余支、子弹2000余发。1998年2月，市公安局召开枪支管理工作会议，传达全省保卫电话会议精神，部署加强枪支管理工作，确保万无一失。全年共收缴非法枪支76支。同时，严格公务用枪管理，采取经常性检查、不定期抽查等方式，对存在的问题及时予以整改，最大限度地消除隐患，全市没有发生公务用枪被盗、抢案件。1999年，进一步加强对公务用枪的管理，由刑侦部门牵头，对全市所有公务用枪建立痕迹档案。全年办理持枪证2120个，其中新版持枪证1200个。

2000年，对全市体育运动枪支进行调查统计，加大对非法枪支的查处和收缴力度，全市共收缴非法枪支141支。

2001年，对35家公务用枪单位进行安全大检查11次，制作检查记录560份，签订保证书5000余份、责任状900余份，发现隐患110条，当场整改87条。

2002年5月，组织开展公务用枪安全大检查，共检查公务用枪单位45个，对923支公务用枪逐一进行核对、登记，做到证、枪两见面，对921名持枪人员资格重新审核，收回持枪证34个，销毁报废公务用枪249支。12月，组织对全市金融系统165名办理持枪证人员进行资格培训。继续加大非法枪支弹药的收缴和查处打击力度，全年收缴各类非法枪支205支、子弹1557发，抓获违法犯罪嫌疑人员23名，其中刑事拘留3人、治安拘留7人、其他处理13人。

2003年，完成市公安局及5个分县局武器库（室）报警监控系统标准化建设，一线配枪单位配备专用枪柜40个，为有配枪资格的民警重新办理持枪证件。全年共收缴各类非法枪支60支、子弹246发。

2004年8月，集中销毁历年收缴非法枪支、淘汰报废枪支等各类军用枪支226支，其中51式手枪13支、54式手枪110支、64式手枪21支、56式半自动步枪48支、81式自动步枪29支、79式微型冲锋枪 2 支，85 式冲锋枪 1 支，其他枪种 2 支。

2006 年 8 月，省公安厅对全省枪支实行信息化管理，建成枪支管理信息系统，枪支管理工作初步实现科学化、规范化。

2008 年 9 月 24 日，在东港区南湖镇集中销毁收缴的各类枪支弹药，共销毁雷管 4500 枚、导火索 1200 米、炸药 171 公斤、炮弹 8 枚、手榴弹 7 枚、军用子弹 6000 颗、民用子弹 300 颗、土制爆炸装置 3 个及过期失效其他爆炸危险物品 1 宗。是年 7 月 18 日，根据上级统一部署，莒县公安局进一步规范、完善公安机关武器库（室）及枪支弹药保管设施，健全、落实枪支档案管理制度，解决枪支、弹药管理工作中的漏洞隐患和突出问题，公安机关公务用枪管理 100% 达标。

2009 年，五莲县公安局坚持严打、严治、严防、严管相结合，强化枪支弹药和爆炸物品管理，确立“六个不放过”的工作目标，即底数不清不放过、发现问题整改不到位不放过、与业主不签订责任状不放过、不落实责任领导不放过、不建立长效机制不放过、隐患不排除不放过。通过媒体、入户等形式开展涉枪法制宣传教育，通过宣传讲解各类涉枪涉爆的典型案例，用发生在群众身边的真人真事来加大宣教力度。严把审批制度，建立重点区域排查整治制度和集中行动制度，健全完善长效管理机制。

2011 年，对日照兄弟机械有限公司重新申领民用枪支（弹药）制造许可证进行初查，重点查看枪支制造、出口、车间管理安全等情况，并进行综合评价。3 月，配合公安部治安管理局、省公安厅专家组完成对该企业变更换证验收。

2012 年 4 月 12 日起，部署开展公务用枪大检查专项行动，进一步加强公务用枪管理，确保枪支安全。重点检查各区县枪支弹药的保管使用情况，24 小时值班备勤、枪库双人双锁、枪弹分离、枪支登记管理基础台账等内容。

2014 年 5 月，组织开展枪支使用安全管理及法律法规培训，市保安公司、人民银行、日照银行、农村信用社等金融单位网点看守金库和金融押运人员共计 30 余人参加培训，进一步规范金融武装押运单位枪支管理，消除安全隐患。是年 12 月 26 日，组成检查组赴五莲县石场乡，对黑虎山狩猎场建设进行督导检查，重点对猎区外网防护、内网隔离护栏进行逐一检查，对存在的隐患指导整改。2015 年 1 月 9 日，经省公安厅审批验收，黑虎山狩猎场成为山东第一家，也是华中地区首个狩猎场，总面积 3.91 平方公里，配置有 12# 猎枪 20 支、猎枪弹 5 万发。

2016 年 11 月，经过历时一年的经营，市公安局刑侦部门和东港分局破获一起网络贩卖枪支弹药案，抓获贩卖枪支弹药嫌疑人 8 名，并顺线捣毁枪械“兵工厂”1 处，缴获火药 1 公斤、654 火药手枪 1 支、654K 气体手枪 4 支、秃鹰气枪 8 支、快排 1 支、火药子弹 160 枚、电焊机、磨光机、液压钳等制造枪支工具以及其他枪支配件若干。

2017 年 1 月 10 日，市公安局采取“四不两直”（不发通知、不打招呼、不听汇报、不需陪同，直奔基层、直插现场）方式，对分局、县局枪弹管理工作进行检查督导，重点查阅工作台账，枪弹出入库登记、日常使用保管等管理制度执行情况。

2018 年 8 月起，全市公安机关开展清查收缴非法枪爆物品集中统一行动。岚山分局采取多种形式，敦促违法犯罪分子投案自首，主动交出非法枪支、弹药、爆炸物品，鼓励、保护广大人民群众积极举报违法犯罪线索，教育群众不要购买仿真枪、火药枪等易于造成危害的物品。12 月 12 日，该分局采用冶炼的方法对收缴的非法枪支等管制器具集中进行销毁，共销毁各类民用枪支等管制器具 33 支，其中猎枪 18 支、气枪 7 支、仿真手枪 4 把、弓弩 4 把，以及枪支零部件 1 宗。是年 12 月起，刑侦、治安、特警部门共同组织开展枪支建档工作。

二、烟花爆竹管理

20世纪80年代后，一些烟花爆竹生产、加工、销售、运输业户受利益驱使，忽视安全、违规生产，还有一部分业户无证经营、监管困难，导致事故不断发生。1989年后，公安机关根据《爆炸物品管理规则》和山东省《关于加强烟花爆竹企业安全生产管理办法（施行草案）》的规定，加强烟花爆竹管理。

莒县是烟花爆竹传统生产大县，有传统性制作乡镇3个、村（居）57个，其中浮来山镇、阎庄镇的鞭炮制造业，已有上百年的制造历史，曾盛极一时，是远近闻名的“鞭炮大镇”。1992年，日照市设区带县后，市公安局重点加强对莒县烟花爆竹市场整治。1993年，市公安局治安管理部门会同莒县公安局下达《关于爆炸物品制作、储存、运输、销售规定的通知》，开展联合勘察，对不符合规定的生产、加工、销售业户予以取缔。

1996年，市公安局严格烟花爆竹管理，对申报的烟花爆竹购销合同严格把关、严格登记，由市公安局治安科统一签发购买证和运输证。1998年，经省有关部门资格认证，全市确立5个烟花爆竹储存、销售点。1999年，全市共收缴非法烟花爆竹及土制鞭炮200余箱、烟花剂450公斤。是年，莒县公安局各派出所同各村各户层层签订安全管理责任书，逐级落实责任制，在全县形成取缔烟花爆竹非法生产的浓厚氛围。

2000年，全市公安机关收缴烟花爆竹15万余头，各种原材料1200余公斤，取缔非法生产、销售烟花爆竹业户21家，处理违法人员87名。

2001年6月，《莒县民用爆炸物品管理办法》正式发布实施，县政府先后组织印制宣传材料30万份，在全县张贴发放。同时，制作取缔烟花爆竹非法生产的大型宣传教育片，在有制作烟花爆竹传统的乡（镇）、村（居）巡回反复播放。各乡镇及有关部门也以宣传栏、黑板报、广播、标语等多种形式进行宣传，浮来山、阎庄镇政府制定《取缔烟花爆竹非法生产专项治理活动实施方案》，印发《致全镇人民的一封公开信》，陈述利弊，规劝非法生产业户停止非法生产、合法致富。

2002年，全市公安机关集中打击取缔烟花爆竹非法生产。5月，莒县公安局组织开展打击取缔非法生产烟花爆竹专项行动，查处非法生产烟花爆竹案件16起，抓获违法犯罪嫌疑人16名，收缴非法烟花爆竹成品、半成品及原材料1300余公斤。10月，五莲县公安局组织开展非法生产烟花爆竹专项整治行动，查处非法生产业主9户，收缴鞭炮半成品1.5万头。年底，莒县公安局再次组织对部分烟花爆竹传统生产乡镇进行拉网式清查，共收缴非法烟花爆竹成品500余公斤、原材料2000余公斤。是年，全市共收缴非法制、售、存烟花爆竹成品664万头，半成品及原材料60余吨，取缔非法生产经营业户85户；查处涉爆案件537起，追究刑事责任10人，治安处罚425人。省公安厅在济南举办全省烟花爆竹安全管理人员培训班，市公安局作“打击取缔烟花爆竹非法生产”典型发言。

2003年，全市共收缴非法制、售、存烟花爆竹76万头、原材料26万余公斤。是年，莒县成立由有关部门组成的专项整治工作小组，继续开展打击取缔烟花爆竹非法生产专项行动。县公安局治安大队组织对全县150余个传统制作烟花爆竹的村庄进行地毯式突击清查，各重点行政村逐户签订枪支弹药、爆炸物品、烟花爆竹安全管理保证书。在传统生产乡镇均成立以派出所民警为主、脱产干部为辅的专门稽查队伍，配备专门的交通、通信工具，采取逐家逐户清查、上路堵查、夜间巡查等办法，对非法生产烟花爆竹进行清缴。2000—2003年，莒县公安局共查处非法生产经营烟花爆竹案件1200余起，抓获违法犯罪人员960余名，收缴烟花爆竹成品、半成品及原材料120余吨，辖区安全生产形势明显好转。

2005年，中央机构编制委员会办公室印发《关于进一步明确民用爆炸物品安全监管部门职责分工的通知》，公安机关对烟花爆竹厂点四邻安全距离管理职能移交给安全生产监管部门，同时公安机关不再办理烟花爆竹销售许可证。至此，公安机关对烟花爆竹监管职能调整为负责烟花爆竹的公共安全管理。具体包括许可烟花爆竹运输和确定运输路线，许可焰火晚会燃放，组织销毁处置废旧和罚没的非法烟花爆竹，侦查非法生产、买卖、储存、运输、邮寄烟花爆竹的刑事案件。

2008 年 12 月，市政府在全市部署开展打击生产经营烟花爆竹“百日集中整治”专项行动。市公安局在莒县召开全市烟花爆竹“打非”工作会议，安排部署打击非法生产经营烟花爆竹各项工作。

2010 年，烟花爆竹流向信息管理系统建成启用，烟花爆竹流向纳入信息化管理。是年，全市共销毁各类烟花爆竹 350 余箱、600 万余头。

2012 年春节期间，全市公安机关全力做好烟花爆竹安全监管工作。通过电视台、报纸以及大众网日照论坛等媒体，宣传、播放《2012 年春节烟花爆竹安全警示宣传片》和《日照市公安局关于安全燃放烟花爆竹的通告》。组织民警通过入社区、入企业等方式，开展烟花爆竹安全宣传活动 10 次，播放安全燃放宣传片 43 次，散发、张贴各类宣传资料、挂图 1200 余份，宣传非法生产、违规燃放引发事故的严重危害，引导群众安全、文明燃放。组织专门力量会同安监、工商等部门，深入重点地区、村居开展集中清查收缴行动。其间，共出动警力 1200 余人次，车辆 720 余辆次，检查村居、销售点等场所 4100 余家次，查获、收缴烟花爆竹成品、半成品 20 余万头，礼花弹 200 余个。是年，莒县公安局破获一起非法运输烟花爆竹案件，当场在货车车厢查获自制成品鞭炮 1.5 万余头。是年，全市公安机关共销毁烟花爆竹 100 余万头。

2013 年，组织开展危管进社区活动。为贯彻执行公安部《大型焰火燃放作业单位资质条件及管理》《大型焰火燃放作业人员资格条件及管理》等规定，省公安厅首次开展大型焰火燃放作业单位资质评审工作，日照市 1 家燃放作业企业（丙级）进入公示名单。

2014 年 12 月 16 日，在莒县销毁各类废旧炮弹 9 枚、枪支 11 支、烟花爆竹 130 万余头。

图 6-18 2013 年 1 月，民警开展烟花爆竹安全知识宣传

2015 年，以追源头、捣窝点、摧网络、断销路为重点，不断强化辖区烟花爆竹“打非治违”工作，加大对非法制售烟花爆竹违法犯罪行为的查处打击力度，坚决杜绝发生公共安全事故。1 月 4 日，市公安局、东港分局对收缴的非法伪劣烟花爆竹进行集中销毁，共销毁各类非法烟花爆竹 80 万余头。2 月 8—9 日，省公安厅督导组赴莒县督导枪爆物品大清查行动，实地检查清查行动档案，查阅涉爆重点人员的稳控情况，并到阎庄派出所实地抽查。

2016 年，积极会同安监、工商等部门联合执法，对烟花爆竹经营、储存、运输等开展专项检查整治，严厉打击涉及烟花爆竹违法犯罪行为，全面查缴非法烟花爆竹，严密防范烟花爆竹被利用实施爆炸犯罪活动。期间，查处非法生产、运输、储存经营烟花爆竹案件 33 起，处理违法犯罪嫌疑人 36 名，收缴鞭炮 74 万余头，礼花、礼炮 280 余箱。1 月 25 日，省公安厅《山东治安管理》专门刊发市公安局经验做法。

2017 年，市公安局深刻吸取外地烟花爆竹和涉枪涉爆事故、案件教训，对辖区内可能私制私存危爆物品、烟花爆竹的重点区域、部位、人员开展拉网式、地毯式滚动排查，严查私制、私存、私用爆炸物品行为，坚决消除公共安全隐患。各级公安机关按照“公安主抓、部门联动”的原则，加强与其他部门的协作配合，始终保持对烟花爆竹违法犯罪高压打击整治态势，严禁非法销售，严禁仓库超量储存烟花爆竹。对曾经掌握制造爆炸物品、烟花爆竹技术或曾受过打击处理的涉爆重点人逐一走访，在重点区域和人员密集场所周围物建信息员，及时发现线索，实施精确打击。是年，根据市委办公室、市政府办公室印发的《日照市2017年蓝天保卫战集中攻坚行动总体方案》，市公安局印发《日照市2017年蓝天保卫战集中攻坚行动烟花爆竹禁限放严控方案》，坚持烟花爆竹燃放时间收缩、燃放区域收缩、燃放品种收缩的原则，制定和实施烟花爆竹禁限放规定，引导全市各部门、各单位和广大群众自觉遵守，改善环境空气质量，维护人民群众身体健康。是年，莒县公安局结合省公安厅安全隐患“清场”攻坚战，采取“龙头管理、源头防范、拳头打击、街头宣传”4项举措，全县烟花爆竹治理工作实现非法制造烟花爆竹行为“基本杜绝”，非法运输、储存、销售烟花爆竹行为明显减少，连续4年“不炸响、无伤亡”。

2018年，全市公安机关持续加强烟花爆竹监管工作。东港分局组织开展烟花爆竹集中排查整治行动，民警与辖区各烟花爆竹销售点分别签订责任状，确保烟花爆竹安全管理责任到人。以基层派出所为单位，以村庄结合部出租房、废弃厂房、农村闲置房等可能非法生产、储存烟花爆竹的部位为重点，开展拉网式排查，严打非法生产、储存和销售烟花爆竹违法犯罪行为。五莲县公安局深入开展烟花爆竹“打非”专项行动，民警携带摩尔探测仪，以曾受打击处理的居户为重点，对与周边区县毗邻的重点村庄开展拉网式检查。对掌握烟花爆竹制作技术的有关人员，逐个见面并签订安全责任书，严防死守，确保不发生问题。莒县公安局组织警务助理会同乡镇各职能部门开展烟花爆竹安全隐患排查整治行动。工作人员根据辖区实际情况和重点户档案信息，制定详细的排查方案，分组使用摩尔探测仪对传统生产烟花爆竹的村庄展开拉网式全方位排查，同时开展宣传教育工作，鼓励人民群众积极举报非法生产烟花爆竹行为，坚决预防安全事故发生。岚山分局、开发区分局、山海天分局对辖区烟花爆竹销售市场进行安全大检查，向群众宣传《烟花爆竹安全管理条例》，提升居民安全意识。

2018年底至2019年春节，研究施行日照市首次对烟花爆竹限制燃放措施。市政府公开发布《关于2019年春节期间限制燃放烟花爆竹的通告》（以下简称《通告》），要求春节期间（农历腊月二十三至正月底），除规定时间段允许在专门设置的燃放点燃放外，其他时间段城市建成区内一律禁止燃放烟花爆竹。春节期间，全市各级公安机关共张贴、发放《通告》等有关宣传资料3万余份，通过公共场所电子屏、微信公众号等滚动播放公安部烟花爆竹安全燃放宣传片3100余次。采取人力巡逻、视频巡逻、无人机空中巡逻相结合的方式在重点区域、重点时间节点进行巡查管控，共查处违法违规燃放烟花爆竹行为41起，处罚41人；劝阻拟违规燃放烟花爆竹行为3150余起，教育训诫390人；收缴烟花爆竹10万余头、礼花礼炮20余箱件。其间，全市未发生因燃放烟花爆竹造成的伤亡事故。

三、民用爆炸物品管理

地级日照市公安局成立以前，日照公安机关制定《爆炸物品管理暂行规定》，对全市储存、使用爆炸物品的单位和部位，逐个落实安全保卫措施，确定爆炸物品供应点2处，丝山乡高家岭炸药库和巨峰乡老龙窝炸药库。

1990年，为保证亚运会、国庆节期间安全，全市公安机关以采石场、石料厂等爆炸物品使用单位为重点，对从事爆炸物品生产、运输、储存、销售、使用的单位、村庄、个人进行清查，逐户逐人登记，对私自储存的爆炸物品全部收缴，各种爆炸物品证件（使用证、储存证、销售证、爆破员作业证）全部收回，由各派出所认真审查后报市公安局治安科重新核发。

1991年，集中时间对爆炸物品使用人员进行安全检查和技术培训，共办理各类爆炸物品储存许可证、使用证、运输证120余件。

1994 年 12 月，市公安局在五莲县召开全市爆炸物品安全管理工作现场会，传达全省爆炸物品安全管理工作会议精神，交流管理工作经验，参观五莲县化工厂、七三四厂安全生产管理情况。是年，对生产、使用、储存、销售爆炸物品的单位进行检查和清理整顿，层层落实安全岗位责任制，清理收缴散失在社会上的爆炸物品。全市收缴非法炸药 1.03 万公斤、雷管 9182 枚、导火索 2660 米。

1995 年起，根据公安部发布的《爆破作业人员安全技术考核标准》，持续开展对爆破工程技术人员和爆破员、安全员、保管员、押运员等涉爆人员的专业培训。3 月，莒县公安局组织对重点乡镇、单位的民用爆炸物品进行清理整顿，共收缴非法 TNT 炸药 4500 公斤，自制成品、半成品炸药 1470 公斤，雷管 5080 枚，取缔非法制造、销售窝点 2 处。

1996 年 2 月，市公安局组织开展爆炸物品安全大检查，对全市 11 个重点乡镇、6 处炸药库进行抽查，发现、整改隐患 16 处。

1998 年 9 月 17 日，省公安厅民用爆炸物品清理整顿检查组对五莲县生产、经营和使用爆炸物品情况进行检查。是年，经省有关部门资格认证，全市确立 4 家爆破器材储存经营单位。

1999 年，全市共收缴非法雷管 246 枚，查处违法犯罪嫌疑人 44 名。

进入 21 世纪，爆破器材经营主管部门改为国防科技部门，公安机关在加强生产、储存、运输环节管理的同时，重点加强使用环节管理。

2000 年，市公安局先后组织开展爆炸物品安全大检查 6 次，整改安全隐患 168 条，同时严格爆破工程的年审工作，加强对爆破施工单位的涉爆管理。

2001 年，公安部开始部署在县级公安机关建立民用爆炸物品信息管理系统，爆炸物品逐渐实现信息化管理。是年，市公安局督促指导涉爆单位建立健全各项安全生产、运输、储存、使用制度。同时，狠抓民用爆炸物品管理站建设，推行购买、运输、储存、保管和爆破作业“一条龙”服务。全年对 12 家涉爆单位及重点乡镇、村庄进行安全大检查 10 次，签订保证书 4 万余份、责任状 2500 余份，发现隐患 312 条，当场整改 287 条，取缔非法生产业户 29 家，收缴非法炸药 4321 公斤、雷管 584 枚、烟花爆竹 48.8 万头、原材料 1.1 万公斤。

2002 年，全市开展民用爆破器材安全生产专项整治活动，加强爆炸物品管理。是年，全市共收缴非法制、售、存炸药 4500 余公斤、雷管 470 枚、导火索 1485 米、取缔非法生产经营业户 85 户；收缴炮弹 6 枚、地雷 3 枚；查处涉爆案件 537 起，追究刑事责任 10 人，治安处罚 425 人。

2003 年，市公安局印发《全市民用爆破器材、烟花爆竹专项整治实施方案》，进一步加强对爆破公司日常管理，对 9 家爆破公司进行清理整顿，并组织人员参加全省爆破工程技术人员培训班。严把爆破工程审批关，每起爆破工程开工前，都派出专门人员对爆破公司的资格、技术力量、设计方案进行严格审查，并实地对安全距离和防护设施进行论证，确保万无一失。全年共收缴炸药 218 公斤、雷管 277 枚、导火索 835 米。

2006 年，五莲县公安局开展专项行动，对辖区所有矿山、采石场逐一进行核查，及时掌握其爆炸物品使用管理情况，严厉查处各种违法违规使用行为。行动中，共排查登记涉爆单位 360 个，及时发现整改隐患 52 处；查破 1 起花岗石矿主非法购买使用爆炸物品致人死亡案件，抓获犯罪嫌疑人 4 名。

2007 年，莒县公安局在全县推广洛河镇爆炸物品一体化作业模式。各采矿单位的爆破作业由爆破公司统一组织实施，爆破公司提前采集用药信息，用专用车辆把爆炸物品送到施爆地点，由爆破员进行爆破作业后，剩余的爆炸物品当场带回，爆破器材的领取、运输、施爆、清退等环节均由负责该项目的爆破员完成，其他人员不再接触爆炸物品，做到使用单位“用药不见药”，压缩中间环节，实现由分散管理到集中管理，避免爆炸物品的流失。

2011 年 7 月 15 日，市公安局组织召开全市民用爆炸物品生产、销售、使用单位库管员培训会议，进一步加强全市民用爆炸物品企业的治安管理，规范、提高民用爆炸物品管理信息系统的使用和考核。12 月 23 日，治安支队会同东港分局销毁一批废旧爆炸物，其中包括鱼雷 1 枚、手榴弹 2 枚、迫击炮弹 1 枚、追榴弹 –2 引信 8 发、反坦克雷 4 枚、炮弹引信 120 余发、雷管 300 余枚、导爆索 1000 余米以及其他炮弹 43 发。

2012 年 5 月，市公安局组织市看守所、拘留所在押人员集中学习最高人民法院、最高人民检察院、公安部联合发布的《关于收缴非法枪支弹药、爆炸物品严厉打击涉枪涉爆违法犯罪活动的通告》等法律法规，从政策、法律和亲情等方面对在押人员进行了教育感化，鼓励其主动坦白、检举揭发非法持有、私藏枪爆物品线索。是年 7 月 3 日，召开全市公安机关爆破作业安全标准宣传贯彻及管理工作推进会，组织与会人员认真学习《爆破作业单位资质条件和管理要求》《爆破作业项目管理要求》和公安部、省公安厅部署要求，并结合实际对贯彻执行过程中可能遇到的问题进行深入研究讨论，以贯彻执行两个标准为契机，对爆破作业单位进行全面整顿，推动全市爆破行业健康协调、可持续发展。同时，依法严格履责，进一步加强对辖区爆破作业单位的安全监督管理。认真对照两个标准的要求，做好资格申报和评审准备工作。

2013 年 7 月 19 日，组织召开全市营业性爆破作业单位安全监管暨许可证首发座谈会，为首批通过营业性爆破作业许可评审的 12 家企业发证。同时，进一步加强营业性爆破作业单位管理工作，督导相关单位树立规范管理意识，严格执行行业标准；全面做好爆破作业技术人员的培训工作，为企业持续发展做好人才储备；提高安全意识，加强爆破作业现场的检查监管；加强爆破作业人员资质审查审核，坚决防止有前科劣迹、精神病史的人员从事爆破作业，以防造成安全隐患。

2014 年，督促指导全市 12 家涉爆企业，认真执行各项工作制度，严格落实安全监管工作主体责任；加强涉爆人员背景审查及教育培训，认真开展隐患排查整改工作；加强储存库安全监管，逐一落实库房安全措施，做好出入库登记、流向管理；加强企业末端使用监管，做到台账、手持机、爆破现场记录三项合一，账目清、流向明，严防爆炸物品流失。是年 10 月 31 日，在莒县举办爆破作业人员培训班，全市共有 130 余名爆破员参加培训。

2015 年，为保障“沭水东调”大型水利工程安全顺利进行，市公安局抽调专人组成专家组对工程爆破作业进行专门指导。是年，全市各级公安机关处理好监管与服务的关系，坚持审批许可公开透明，服务发展提速增效，安全监管严格规范，推进全市民爆行业安全稳定发展。

2016 年，完善治安、刑侦、边防、消防、网安、技侦、交警、反恐、情报等警种协同机制，深入开展涉爆隐患排查整治，坚决斩断网上网下及寄递物流等非法制贩涉爆物品流通渠道。按照“破大案、追源头、捣窝点、摧网络、断销路”的原则，全面排查本地涉爆线索，特别是涉及重点区域、场所和人员的涉爆线索，切实做到深挖追查，彻查严惩。积极会同安监、交通、邮政等行业主管部门，加强对涉爆物品从业单位和寄递物流企业的安全监督检查，彻底摸排涉爆物品从业单位、易制爆物品从业单位情况，督促落实企业主体责任，依法从严查处违法违规行为，坚决消除潜在的涉爆物品安全隐患。通过多元化宣传、兑现举报奖励等措施，不断激发群众参与热情，切实形成全社会参与重点地区治理的良好格局。对涉爆犯罪发案高的区县，予以挂牌督办、逐起倒查问责。是年 11 月 30 日至 12 月 2 日，按照公安部新颁布的《爆破作业人员资格条件和管理要求》（GA53–2015）及《关于进一步做好爆破作业人员培训考核和日常监督管理工作的通知》要求，市公安局组织开展全市爆破作业人员继续教育培训，全市民爆单位 410 名爆破员、安全员、保管员参加培训。是年，对 2013 年省公安厅审批的全市 12 家营业性爆破作业单位（二级 1 家、三级 2 家、四级 9 家）组织初审、专家评审工作。

2017 年 4 月 19—28 日，市公安局组织开展全市爆破作业人员新增“三大员”首次教育培训、考核工作，共有 260 余名爆破员、安全员、保管员参加。11 月 22 日，市公安局开展 2017 年度全市爆破作业人员继续教育培训，共有 730 余名爆破作业人员参训。

2018 年，全市公安机关持续加大对危爆从业单位检查的力度和频次，全力消除各类安全隐患和风险点。东港分局经认真调查取证，依法对不按国家规范和标准实施爆破作业的两家爆破公司分别罚款 15 万元、10 万元。是年，莒县公安局深入开展民爆物品专项整治行动，建立专题研究机制、会商研判机制、激励奖惩机制“三项机制”，严把供应审批关、监督检查关“二道关口”，强化技防、台账“二个建设”，强化民爆物品监管。是年，港航公安局加强对日照港海龙湾爆破施工项目安全监管。爆破前，民警详细查看施工现场情况，检查施工人员资质证件是否齐全有效、人证是否一致，施工工地是否严格落实各项安全管理制度，要求爆破作业人员严格按照爆破作业流程程序组织实施，确保爆破施工安全有序，杜绝安全责任事故发生。

四、危险化学品及放射源管理

1990 年，国务院发布《放射性同位素与射线装置放射性防护条例》，市公安局与卫生部门密切配合，积极贯彻落实执行条例，组织专人清理、核查放射源数量，做到账物相符。

1993 年，协同市卫生部门开展清查，凡使用（包括暂存）、生产、销售（包括转让、运输）放射源未申报许可登记的，一律办理登记手续。

1997 年，卫生部、公安部联合下发《关于核查放射性同位素工作许可证和放射性同位素工作登记证的通知》，2 种证件由省级卫生、公安部门核发，市、县卫生、公安部门核查。

2000 年，检查放射性同位素使用单位 7 家，指导完善相关安全管理措施。

2001 年 5 月，市公安局组织对剧毒危险物品进行调查摸底和安全检查，督促没有证件的单位及时办理有关证件，全年共收缴氰化钠、氰化钾 407 公斤。

2002 年，加大对剧毒及放射性物品安全管理的力度，严格执行审批、使用、登记等规定，开展危险化学品安全生产专项整治行动，共收缴剧毒物品氰化钾 22 公斤、毒鼠强 30 余公斤。全市未发生剧毒物品丢失、被盗、泄漏事故或案件。

2003 年，中央编办下发《关于对放射源安全监管部门职责分工的通知》，将放射源安全监管工作作出调整，将环保部门调整为放射源的主管部门，增加公安部门负责对放射源的安全保卫及道路运输安全的监管。全市公安机关积极会同卫生、环保部门对全市 25 家放射性同位素使用单位进行安全大检查，督促办证 3 家，整改安全隐患 36 处。7 月，市环保、公安、卫生等部门联合印发《日照市辐射事故应急预案》，进一步细化相关部门职责，明确公安机关是辐射事故应急处置的牵头单位，负责辐射事故和被盗抢放射源的立案、侦查和追缴，参与辐射事故应急工作，负责对辐射事故现场的安全保卫。是年，按照上级有关规定，全市公安机关进一步加强对毒鼠强的查缴、管理工作，组织收缴并销毁毒鼠强 40 公斤。

2004 年，联合省环保局、卫生局开展“清查放射源让百姓放心”专项行动，对全市放射源进行清理。

2008 年 6 月 1 日起，按照省公安厅统一部署，组织开展道路运输危险化学品集中整治行动。行动中，在运输企业、货运站场、高速公路服务区悬挂宣传横幅 200 条，发放宣传材料 7 万余份，深入相关运输企业开展安全教育培训 55 场次，切实提高驾驶人的交通安全意识。会同市安监、交通等部门组成联合检查组，主要采取听汇报、实地检查、查阅档案资料等形式，对全市重点车辆、驾驶人管理及危险路段排查整治等工作进行检查。深入开展危化品运输车辆基础信息摸排工作，对全市 15 家涉危化品企业、233台专门运输危化品车辆全部实行台账化管理。依托全市跨警种治安检查站和固定、流动治安卡点，加强对危险化学品运输车辆的检查。至7月底，共出动警力1.7万余人次，出动警车3327辆次，检查危险化学品运输车辆7520辆次，查验危险化学品运输企业车辆756辆次，查处各类交通违法行为267起。是年，组织开展加强高锰酸钾、硫酸、盐酸、丙酮4种重点化学品专项排查整治工作，坚决防止易制毒化学品流入非法渠道或被用于制造爆炸物品，从源头上防范和遏制爆炸物品的非法生产，避免爆炸事故、案件的发生。

2011年11月，按照公安部要求，全市公安机关将易制爆危险化学品纳入日常管控。

2012年，为贯彻落实公安部《剧毒化学品、放射源存放场所治安防范要求》，严防剧毒化学品丢失、被盗案（事）件发生，确保社会公共安全，全市公安机关对辖区剧毒化学品企业进行安全检查，重点检查剧毒化学品使用、储存区域安全防范措施落实情况，购买、使用、出入库等管理制度执行情况以及日常安全保卫等工作情况。对检查中发现剧毒化学品储存场所不达标、值班守卫力量薄弱等问题，责令企业进行限期整改，共检查从业单位11家，发现并整改安全隐患3处。

2014年，根据省公安厅统一部署，开展全市公安机关危化品“五项整治”专项行动，切实消除危爆物品安全隐患。

2016年，以“严排查、打非法、强管控、重宣传、保平安”为主题，在市政府统一领导下，开展危爆物品清理整顿、安全生产隐患大排查快整治严执法等专项行动。

2017年，组织开展易制爆危险化学品专项整治行动，深入排查易制爆危化品安全隐患，从源头堵塞管控漏洞。各分县局在当地党委、政府的领导下，围绕易制爆危险化学品的生产、储存、使用、经营、运输和废弃处置等各环节、各领域，对辖区内所有易制爆危险化学品相关单位进行拉网式全面排查，列出需要改进的问题清单，推进安全管理工作常态化、规范化、制度化。9月21日，市公安局举办易制爆危险化学品、剧毒化学品流向管理信息系统应用培训班，进一步提升公安机关易制爆、剧毒危化品管控信息化水平。

2018年，指导各分县局组织民警深入辖区仓库、实验室、车间对企业易制爆化学品生产、销售、运输、储存、使用等情况进行实地全面检查，查看核对基础台账，对存在的安全隐患和问题现场指正，责令限期整改，督促相关责任人安全经营，确保易制爆化学品不漏管失控。12月20日，市公安局交警支队参加全市危险化学品生产安全事故应急救援演练，重点负责车辆、人员疏导和重点区域的交通控制。

五、寄递物流业管理

随着电子商务、网络购物和“互联网+”等因素的强力推动，寄递物流行业快速发展。部分快递企业疏于管理，特别是在收寄和验视环节存在漏洞，给公共安全带来新风险点。

2012年，公安部颁布《寄递渠道治安检查工作规定》，为公安机关开展寄递物流业治安管理提供规范和依据。全市公安机关按照公安部、省公安厅要求，加大对寄递物流行业监管力度，督促指导寄递企业全面推进收寄验视、寄递实名、X光机安检三个100%制度，避免危险物品非法寄递。

图6-19 寄递物流业检查

2013年6月6日，市公安局与市邮政管理局、市国家安全局等5部门联合印发《日照市邮政行业安全监管工作协调机制实施意见》，建立安全监督检查协调机制，推动联动执法，规范协同处置应急突发事件，加强寄递行业安全监管工作。

2015年，为进一步加强寄递行业督导管理工作，市公安局、市邮政管理局联合印发《关于加强全市寄递渠道安全管理工作的通知》，要求寄递企业强化“三个100制度”。10月26—29日，市公安局会同市邮政管理局等单位组成联合检查组，对全市物流寄递从业单位开展专项检查，重点对寄递企业是否严格落实开箱验视、实名制登记、过机安检制度进行督导，要求寄递企业严格把关，严防不法分子利用物流寄递渠道，从事贩运枪支弹药、爆炸物品、毒品、危险化学品、管制刀具和禁寄物品等违法犯罪活动。其间，共检查寄递企业40余家，发现隐患32处，当场纠正20处，提出整改意见12条。

2017—2018年，围绕党的十九大、上海合作组织青岛峰会等重大活动安保，全市公安机关会同邮政管理部门加大对寄递企业管理力度，严防违法犯罪分子利用寄递物流渠道危害公共安全。加大行业基础摸排，通过走访调查，对所有物流寄递企业逐一登记，了解其经营情况、从业人员情况、安全防范措施落实等情况，实行档案化管理，建立与寄递物流业业主的联系制度，确保底数清、情况明。对寄递行业进行全方位、拉网式安全隐患排查，对邮寄物品检查制度不落实、缺乏基本的人防物防技防设备等问题，逐一督促落实整改。强化与综治、交通安监等职能部门的协作配合，落实联席会议制度，齐抓共管、形成合力。

2017年7月18日，全市易制爆危险化学品和寄递物流专项整治行动动员部署会议召开，综治、公安、国家安全、交通运输、海关、安全监管和邮政部门参加。会议要求各单位严格落实寄递物流行业安全监管责任，会同邮政等部门，督促寄递企业认真落实安全管理主体责任，建立健全物流寄递业安全监管机制，全力维护寄递物流渠道安全秩序，推动“收寄验视、寄递实名、X光机安检三个100%”制度全面落实到位，充分利用摸、查、管、整、打工作措施，实现全方位整治、全流程监控、全要素管理。9月13日，岚山分局在对日照某快递公司检查中，发现该公司多次不按规定落实实名登记制度，存在安全隐患且拒不整改。经调查取证，依法对该公司做出罚款2万元的行政处罚，并对相关负责人于某、刘某分别做出罚款2000元、1000元的行政处罚，这是全市实施寄递业监管工作后首次对寄递行业业主进行处罚。

2018年，全市公安机关继续加强寄递物流业管理。岚山分局全面推进辖区物流寄递业监控视频与分局视频监控系统联网，通过寄递物流业管理破获一起寄递枪支案。五莲县公安局组织开展快递业安全检查集中行动，民警实地查看从业人员管理、操作流程等情况，重点检查包裹收发、视频监控运行，要求经营业主严格落实收货验视制度和物流寄递实名制管理，确保视频监控运行正常、妥善保管好监控录像资料。山海天分局筑牢宣传管理、规范运作、日常监管“三条防线”，纵向广织检查范围、横向织密检查项目，“一张网”加强辖区寄递物流业管理。东港分局、莒县公安局、开发区分局、港航公安局结合全年不同时期工作特点，不间断对寄递物流业开展安全大检查，严防违法犯罪分子利用物流快递渠道非法运输禁寄物品、违禁物品和危险物品。

六、治爆缉枪专项行动

2001年4—10月，根据省、市统一部署，市公安局在全市组织开展治爆缉枪专项行动，印发通告3.5万份，各类宣传材料1800份，悬挂张贴横幅标语73条，出动宣传车2378台次，设立举报箱16个，在日照电视台《每周视点》节目连续播出治爆缉枪专题新闻评论报道，营造行动浓厚氛围。加大对涉枪涉爆违法犯罪打击力度，共收到举报线索153条，收缴各类枪支1229支、子弹2470发、气枪铅弹约2.4万发、手榴弹12枚、反坦克地雷52枚。9月28日，在山东第一机械厂集中销毁收缴的枪支2037支。

2009年，全市公安机关围绕新中国成立60周年和全运安保工作，深入开展治爆缉枪专项行动。其间，共悬挂横幅130条、制作张贴墙报120余处、标语250余条，发放宣传材料2.5万余份。出动警力2000多人次，通过地毯式清查和重点区域反复检查等形式，检查农户5000余户、出租房屋3000余处、闲置废弃场房1200余间、治安复杂场所200余处。行动中，处理群众举报线索10条，破获各类涉枪、涉爆案件34起，查处各类违法犯罪嫌疑人64名，收缴各类枪支76支、子弹4750发、炸药200公斤、黑火药372公斤，缴获烟花2112箱、鞭炮900余万头、原材料3700余公斤。

2010年，全市公安机关开展治爆缉枪专项行动。其间，举办治爆缉枪专项行动“宣传周”活动，全市各级公安机关共悬挂大型宣传标语、横幅30条，出动警力180余人次，宣传车辆12台，发放宣传资料2万余份，公布举报电话7部，日照电视台及《日照日报》《黄海晨刊》先后对宣传活动进行报道。8月11日，对各区县治爆缉枪专项整治行动期间收缴的各类民用枪支和管制刀具进行集中销毁，共销毁枪支235支（其中，猎枪126支、土炮31支、气枪71支、仿64手枪2支、发令枪改制手枪5支）、弩38把、管制刀具5000余把、枪支零部件1260件。

2012年，市公安局举办治爆缉枪“集中宣传周启动日”活动，其间共摆放展板4块，发放、张贴《通告》及各类涉枪涉爆宣传资料1200余份，接受群众咨询200余人次，日照电视台、日照日报社等主流媒体对活动进行宣传报道。年内，全市公安机关共销毁猎枪、土枪、仿真枪等各类枪支409支、管制刀具300余把。

2013年，市公安局规范全市缉枪治爆信息统计上报工作，进一步明确报送范围、时间节点和相关要求。是年，全市公安机关共销毁收缴的各类枪支45支、仿真枪86支、各类炮弹37枚、鱼雷1枚、手榴弹3枚，管制刀具140余把。

2017年，组织开展缉枪治爆“雷霆”专项行动。东港分局先后打响“灭枪”行动、“净网”行动和集中清查收缴行动“三大战役”，共发现整改安全隐患30个，收缴各类枪支300余支、子弹5700余发、炸药500余公斤、索类爆炸物品30余米、管制刀具700余把，破获各类涉枪涉爆刑事案件5起，抓获各类违法犯罪嫌疑人9名。

第八节　旅游警务

1989—2000年，日照市旅游业开始起步，并进行小规模旅游开发，涉旅游违法犯罪案件较少。2001年，《日照旅游发展总体规划》编制完成后，全市旅游业进入高速发展阶段。2000年，日照市接待国内外游客人数仅为360万人次。2006年，突破1000万人次。2010年，突破2000万人次。2013年，突破3000万人次。2016年，突破4000万人次。2018年，已达4934万人次。游客人数激增，在给日照市经济发展带来机遇的同时，旅游纠纷和侵犯游客人身财产安全的案事件逐渐增加，维护良好旅游治安秩序成为全市公安机关的重要职责。

一、旅游旺季治安秩序集中整治

2000年，联合市旅游局、市建设委员会、市交通委员会、市工商行政管理局、市卫生局、市物价局印发《关于治理整顿旅游秩序的通知》，采取联合检查、抽查、暗访等形式，多措并举、综合整治，重点治理整顿各类违法经营、强买强卖、欺行霸市、误导欺诈游客、卖淫嫖娼、色情服务、出租车乱停乱放、随意摆摊设点违章占道以及乱收费等违法违规行为，保护游客合法权益，规范旅游市场，维护良好旅游秩序。是年6月28日，市公安局召开“创安全环境，迎旅游旺季”夏季治安综合整治动员大会，决定从7月1日开始至7月底，在全市集中开展治安整治活动。会后，各分县局迅速展开行动。东港分局对辖区41家大中型宾馆主要负责人进行集中培训，逐一签订旅馆业治安管理责任书，对景区、宾馆、饭店和公共场所全面开展治安、消防安全检查，发现并督促整改各类隐患115处。通过集中治理，灯塔风景区、第二海水浴场、山海天旅游度假区、大沙洼林场等旅游景区治安秩序明显好转，7月发生治安案件7起，同比下降57.1%。岚山分局加大景区巡防密度，巡逻中抓获各类违法犯罪嫌疑人12人；开展为期半个月的反盗窃斗争，抓获犯罪嫌疑人8名，破获盗窃案件18起，盗窃发案同比下降60%。五莲县公安局对发生在旅游风景区、公共场所的敲诈勒索、欺行霸市、流氓滋扰等案件，组织精干力量，迅速调查取证，及时打击处理，先后查处案件4起，处理6人。在打击的同时，针对辖区五莲山风景区的治安实际，制定《旅游旺季文明服务公约》，广泛张贴散发，深入宣传，营造群防群治良好氛围。莒县公安局每天派出由民警带队、联防队员参加的巡逻组到浮来山旅游景区巡逻，及时发现、处理各类治安问题，维护治安秩序，共清理违章经营摊点6处，处理看相算命人员5名；组织治安、消防部门对车站、宾馆、饭店、公共娱乐场所进行安全检查，下发隐患通知书18份。查处非法录像放映厅2处，处理传播淫秽物品人员4名，批评教育29人。

2001年，利用“五一”假期，组织治安、交警、消防等多个部门，会同市旅游局，对全市旅游风景区开展安全监督大检查。共检查旅游景区（点）11处，发现安全隐患20余处，下发整改通知书5份。

2002年，组织开展“强化治安管理，维护旅游经济秩序”专项治理行动，重点治理影响游客生命财产安全的治安秩序、交通秩序、消防安全管理等方面存在的问题。针对城区拎包、扒窃、抢夺犯罪多发的实际，组织开展打流反扒防抢专项斗争，严厉打击街面犯罪，增强广大群众和游客的安全感。对旅游景区、宾馆、饭店、公共娱乐场所开展治安检查，扫除“黄”“赌”等社会丑恶现象，减少治安隐患，净化治安环境。集中整治车辆乱停乱放和乱摆摊、乱设点等问题，确保道路交通井然有序。

2003年，结合日照市创建国家旅游城市活动，市公安局印发《关于切实加强旅游市场秩序安全管理工作的通知》，深入开展旅游治安秩序集中整治行动。通过集中整治，进一步强化治安秩序管理，维护良好旅游秩序，有效打击涉旅违法犯罪，与相关部门建立完善长效管理机制，从源头上杜绝各类问题发生，创造良好的旅游环境。

2004年，市公安局印发《关于开展旅游治安秩序整治活动的实施方案》，对全市旅游景点、旅游服务行业、场所的治安秩序进行集中整治，指导旅游单位建立健全各项安全管理规章制度，监督完善防火、防盗、防交通事故、防食物中毒和预防犯罪的安全保障措施，优化社会治安环境，增强市民和游客的安全感。

2005年6—7月，山海天边防派出所针对辖区海岸线长、夏季旅游季节高峰期外地游客多的实际，积极开展夏季治安综合整治，连续破获游客反映强烈的汽车撬盗案件3起，抓获犯罪嫌疑人3名；建立警群联动巡逻机制，强化治安防范，加强对渔民、渔船的治安管理，提高服务水平，调解各类游客纠纷1065起，调处成功率达99%，救助游客103人。市公安局总结和推广山海天边防派出所的做法，深化全市夏季社会治安集中整治活动，在打击、防范、管理、服务上下功夫、求实效，营造良好旅游环境。

2006年，本着精确打击、有效防控、严格管理的工作思路，有针对性地强化打、防、管、控措施，全力维护夏季旅游旺季社会治安稳定。6—8月旅游旺季期间，在游客人数同比大幅度上升20%

多的情况下，全市刑事发案同比下降20.7%，没有发生大的治安灾害事故。同时，集中整治道路交通秩序，在市区，会同土地管理、行政执法、建委、交通等部门联合开展为期3个月的货运车辆集中整治行动，1—9月，全市道路交通事故起数同比下降10.2%。是年，各级公安机关坚持“防”字在先，按照“谁投资、谁受益”的社会化运作模式，督促、指导旅游景区完善视频监控系统建设，建成“民俗旅游技防村”6个。7月26日，根据监控提供线索，便衣守候民警在山海天第三海水浴场将伺机作案的3名嫌疑人抓获，打掉一在市区及万平口、山海天景区持刀抢劫、抢夺作案20余起的犯罪团伙。是年5月23日，韩国平泽至日照航线“彩虹号”客箱班轮入境境外旅客723人，再次刷新该航线开航后境外人员单班次入境量新高，市公安局加大境外人员管理服务力度，确保入境游客安全。

2007年，针对夏季违法犯罪活动特点，坚持以打开路，组织多警种联合作战，集中整治旅游旺季治安秩序。5—6月，共破获各类违法犯罪案件775起，同比提高36.7%；抓获违法犯罪嫌疑人427名，同比提高33.2%；打掉犯罪团伙31个，查获团伙成员176名，抓获网上在逃犯罪嫌疑人62名。

2008年，开展旅游秩序整治行动。6—8月，共破获各类违法犯罪案件1571起，抓获违法犯罪嫌疑人794名，打掉犯罪团伙42个，查获团伙成员169名，抓获网上在逃犯罪嫌疑人382名，全市刑事案件同比下降13.6%，其中街面“两抢”犯罪和旅游景区刑事发案分别下降37.2%、28.1%。

2009年，开展旅游旺季治安秩序整治行动。6—8月，共破获抢劫、抢夺、盗窃等案件292起，抓获犯罪嫌疑人143名，在游客人数大量增加的情况下，全市刑事发案同比下降32.5%；对旅游景区、涉旅场所下发责令当场整改通知书350余份，责令限期整改通知书62份，整改火灾隐患400余处。是年旅游旺季，沿海旅游景区各派出所共接报各类警情1165起，其中旅游纠纷432起，占37.1%。其中，游客因旅馆住宿、饭店就餐等问题与经营业主引发纠纷208起；游客在景区购物与经营业主发生纠纷104起；游客之间因争抢座位、身体碰撞、言语冲突引发纠纷83起；经营业主之间争抢客源引起纠纷28起。

截至2010年，全市沿海共有海水浴场8处、旅游景点6处、民俗旅游村14个、大型宾馆43家、民俗旅馆1600余家。建有视频监控370余套、探头800余个，功能完善的停车场18处。

图6-20 2010年，旅游景区巡逻

2011年，针对旅游旺季人员流动性大、治安情况复杂、侵财案件易发、侦破难度大等特点，市公安局部署开展打击防范夏季“两抢一盗”违法犯罪专项行动。在旅游人数同比大幅增加的情况下，全市刑事警情、“两抢”警情同比分别下降4%、14.4%。

二、创建平安和谐民俗旅游品牌

2011年，市公安局印发《民俗旅游村治安整顿及旅馆业信息系统安装工作实施方案》，安排部署民俗旅游村治安整顿及旅馆业信息系统安装工作。

2012年，部署开展“迎旅游旺季，创平安和谐民俗旅游品牌”活动。全市各级公安机关紧紧围绕市委、市政府关于创建全国文明城市的部署要求，充分发挥职能作用，立足为游客提供人性化服务，依托信息化手段提升民俗旅游村治安管理水平，创建安全稳定的民俗旅游环境。是年，13个沿海民俗旅游村“家庭式”旅馆新安装信息系统231家，在12个村的旅游景点出入口、停车场等重要部位新安装高清探头60个，连同原有70个监控探头一并纳入派出所监控平台。对景区4个停车场进行规划，并新安装交通标志20面。是年5月，提请市消防委员会成立由15个政府部门为成员的全市民俗旅游场所消防安全专项整治领导小组，开展民俗旅游场所消防安全专项整治，共检查单位、场所1051个次，督促整改火灾隐患、违法行为1139处，下发责令改正通知书36份，实施行政处罚2家。组织开展各类宣传活动17次，开办培训班5次，张贴发放宣传材料6000余份。是年，在民俗旅游村客房统计系统的基础上，依托互联网建成民俗旅游房源网上发布系统，让群众足不出户就能预订客房。6月21日，人民警察网以《日照公安积极创建“平安和谐民俗旅游”品牌》为题报道市公安局创新做法。

2013年，创建“平安和谐民俗旅游”品牌活动全面铺开。开展民俗旅游治安整治集中行动20次，整治治安乱点、场所71处，抓获犯罪嫌疑人65名，破获案件113起。各民俗旅游村新增监控探头204个；通过视频侦查、巡控抓获违法犯罪嫌疑人16名、破案40余起。全市沿海民俗旅游景区、村居在接待游客同比上升18%的情况下，刑事案件发案下降6.7%，矛盾纠纷下降9.5%，道路交通、火灾事故分别下降15%、22%；撬盗机动车、砸车玻璃盗窃车内财物、扒窃等针对外来游客的侵财型犯罪比往年同期下降17%。是年，五莲县公安局在五莲山旅游风景区管委支持下，对五莲山、九仙山景区内2个民俗旅游村共34家“家庭式”旅馆进行专项整治，全部督促安装旅馆业治安管理信息系统。

2014年，市公安局印发《关于服务全市旅游经济发展的实施意见》(以下简称《意见》)。根据《意见》要求，全市各级公安机关建立旅游治安纠纷快速调处“绿色通道”、旅游交通快速通行“绿色通道”，不断优化旅游纠纷调处、旅游景区交通管理，进一步规范和加强景区、民俗旅游村消防安全管理、治安管理和游艇、渔船管理，深入推进社会治理创新，努力为旅游经济发展创造便捷高效的服务环境。进一步完善常态化信息预警研判机制、网格化治安巡防体系、社会化视频警务运行机制、经常性严打整治机制等打防机制，努力为旅游经济发展创造平安稳定的治安环境。是年，继续开展民俗旅游村旅馆信息系统安装工作，全市沿海民俗村旅馆信息系统安装覆盖率达到100%。组织有关警种、部门，对全市各旅游景区（点）宾馆、饭店、娱乐场所防护设施进行安全检查，及时发现查处强买强卖、欺诈游客、卖淫嫖娼、赌博、传播淫秽物品等违法犯罪活动，减少治安隐患，净化旅游治安环境。其间，共组织检查各类宾馆、娱乐场所650余家次，查处违规经营场所50余家次，责令停业整顿4家，依法取缔2家，及时发现整改安全隐患20余处。指导督促民俗旅游村和各沿海旅游景点在售票点、出入口、停车场、宾馆、旅游商贸市场等重点部位安装视频监控探头，并与公安视频监控平台联网，初步实现一、二类目标全覆盖。

三、旅游市场集中综合整治

2015年，根据市政府部署要求，市公安局印发《旅游秩序整治方案》，会同有关部门，重点整治旅游道路举牌揽客、占道经营问题，扎实推进停车治理工作，及时妥善处置各类涉旅游警情，维护市民和游客合法权益。通过整治，车辆停放秩序混乱、车窗抛物和翻越护栏等问题得到有效治理，发生在游客身边的扒窃、诈骗、撬盗车内物品、“两抢”等侵财犯罪大幅下降，群众和游客的安全感进一步增强。

2016年，市委、市政府提出“旅游富市”战略，促进日照市旅游业健康发展。市公安局制发《关于服务保障“旅游富市”战略实施的意见》，全市公安机关建立本层级社会联动机制，及时稳妥处置好每一起群众报警求助；建立完善旅游治安纠纷快速调处“绿色通道”，对涉案（事）外地游客依法、酌情从轻处理，尽量不耽误游客团队行程；对发生在游客身边的扒窃、诈骗、撬盗车内物品、“两抢”等侵财犯罪以及侵权假冒犯罪，组织专门力量快侦快破。是年，下发《关于做好春节期间旅游景区、群众自发聚集活动等安全管理工作的通知》，做好春节期间旅游安全管理工作。

2017年7月开始，由旅游、公安、交通运输、综合执法、工商、物价、食品药品监管、港航、质监、卫生等10个职能部门派出人员，在主城区以及沿海一线开展旅游综合执法督查活动。是年，市公安局组织开展夏季旅游治安秩序整治专项行动，共出动警力930余人次，受理旅客报警求助170余起，救助群众131人次，处置涉旅警情86起，调解纠纷41起。

2018年，全市公安机关积极参加旅游市场综合整治行动，会同相关职能部门联合执法，共发现各类问题700余个，当场督促整改600余个，交办职能部门45件，立案查处25件，取缔和停业整顿23家，行政拘留25人，罚款4人。是年，根据《日照市旅游市场诚信建设“红黑榜”制度（试行）》，定期将遵守和违反法律法规的旅游市场主体列入“红黑榜”，在日照警务网公示，并报送市旅游发展委员会。旅游旺季期间，共发布“红黑榜”2期，22家违反法律法规的旅游市场主体被列入“黑榜”。是年，全市公安机关共受理旅客报警求助906起，救助群众1251人次；调处各类涉旅矛盾纠纷763起，群众满意率100%；处理“举牌拉客”、非法占道拉客等违法行为69起，行政处罚30人，训诫18人。指导山海天分局在全市首次适用《中华人民共和国治安管理处罚法》处理经营业户欺诈游客的行为，行政拘留3人，对不法业户形成强大震慑，减少涉旅游纠纷。深入旅游景区开展调研检查，排查安全隐患42处，下达整改通知书18份，全部及时督促落实整改。

四、服务游客

2009年8月7—9日，日照沿海地区风急浪高，落水遇险游客增多，东港分局万平口风景区派出所高度重视，成立应急救援突击队，全天候待命，全力配合万平口风景区管理部门做好安全防范和遇险游客救助工作，共安全救出15名在非浴场区域落水的游客。8月11—31日，东港分局山海天边防派出所连续救助16名走失游客。

2010年1月30日，岚山分局民警在多岛海附近海域，救出2名被困海中的女游客。5月1日，市公安局特警支队巡逻民警连续救助2名受伤游客。9月24日，东港分局山海天边防派出所及时救助1名被困绝壁女游客。10月17日，东港分局万平口风景区派出所救助1名落水游客。12月4日，东港分局山海天边防派出所及时营救出3名被困海中游客。

2011年6月26日，五莲县公安局五莲山派出所民警救助1名被蛇咬伤游客。8月7日，20余名天津到日照的游客因“梅花”台风影响，滞留在日兰高速莒县服务区，与导游因食宿问题发生争执，莒县公安局夏庄派出所民警出警后，现场调处纠纷，协助导游妥善安置游客就餐休息。10月3日，东港分局石臼边防派出所救助一对被困礁石的大学生情侣，被中央电视台新闻频道报道。

2013年6月10日，东港分局山海天边防派出所协调驻地游艇公司及时救助2名被困孤岛游客。7月1日，该所联系多家游艇公司，组织快艇13艘参与救援，转移600余名被困孤岛的游客。7月13日，该所再次组织10余艘救援船艇，转移1000余名被困游客。人民网、新华网、中广网、法制网和《边防警察报》先后对该所事迹进行报道，公安部领导及省公安厅厅长、市委书记先后作出批示、予以表扬。是年旅游旺季，交警直属大队印制2万余份日照沿海景区旅游《行车服务指南》，在高速出口、景区志愿者服务站、宾馆等处发放，为游客特别是外地驾驶人提供方便，受到游客赞扬。

2015年6月14日，五莲县局松柏派出所在辖区七连山景区救出1名爬山过程中摔伤、导致右腿骨折的游客。7月18日，市公安局交警支队直属大队民警在万平口景区救助1名受伤游客，受到群众赞扬。

2017年5月29日，在山海路与北京路交会处，一辆河南旅游大巴车发生火灾，山海天分局卧龙山派出所、消防大队、交警大队迅速出警，多警种联动，密切协作配合，迅速将车上人员全部疏散，对事故现场进行交通管制，将火灾扑灭，并妥善为被救群众安排食宿。车上司乘人员共54人，无人员伤亡，游客赶制锦旗对民警表示感谢。

五、旅游警察队伍建设

2001 年，五莲山旅游度假区管委会成立，是年成立五莲县公安局五莲山旅游风景区派出所，负责维护景区良好旅游治安秩序，打击违法犯罪，保护群众，服务游客。

2004 年 8 月，莒县公安局恢复设立定林寺派出所。

2007 年 7 月，成立东港分局万平口风景区派出所。该所现辖区面积 9.6 平方公里，辖区内有万平口风景区、灯塔风景区、太阳广场、世帆赛基地、东夷小镇、海洋公园、科技馆、网球馆、游泳馆等重点景区及单位。

图 6-21　山海天分局旅游警察大队女子骑警队

2017 年 4 月，山海天分局组建首支旅游警察队伍。2018 年 10 月，正式设立旅游警察大队。50 名旅游警察统一佩戴“旅游警察（Tourist Police）”袖标，以“快速反应，争取处理不过夜，不耽误游客行程”为宗旨，依托旅游警务室全域布警，实现对涉旅游警情第一时间出警、第一时间处置。同时，成立男、女骑警队，配备警用自行车，对景区案件高发部位、游客密集部位、治安复杂部位和重点部位开展常态化巡逻，全时段为游客提供各种帮助及咨询服务。6 月 20 日，《人民公安报》刊发稿件《“阳光旅游警务”擦亮“港城”名片》，报道山海天分局做法。

2017 年 9 月 27 日，五莲县公安局在县公安局治安管理大队设立旅游管理中队，为股级内设机构，主要负责开展旅游安全执法检查、旅游突发事件救援、接受群众和游客对旅游业方面的报警投诉、处理涉及旅游方面的治安刑事案件及纠纷、开展服务游客等工作。

2018 年 8 月，市公安局成立旅游警察支队，负责全市旅游警务工作，拟定《旅游警务工作机制（试行）》，按照属地管辖、分级负责的原则，细化职责分工，明确工作运行模式，建立完善全警参与、齐抓共管、联勤联动的旅游警务工作机制，为打造全国最平安旅游城市提供“公安支持”。11 月 5 日，《山东法制报》刊发稿件《“阳光旅游警务”新模式　筑牢“港城”景区安全线，日照公安全力打造全国最安全目的地》，报道市公安局做法。

第九节　治安案件查处

治安案件是指扰乱公共秩序，妨害公共安全，侵犯人身权利、财产权利，妨害社会管理，具有社会危害性，尚不够刑事处罚的案件。对治安案件依法立案查处，是公安机关及其人民警察依法履行治安管理职责的重要保障。为规范治安案件查处，新中国成立后，于 1957 年、1986 年（1987 年 1 月 1 日起施行）先后颁布和修订《中华人民共和国治安管理处罚条例》，2006 年 3 月 1 日，《中华人民共和国治安管理处罚法》施行。2012 年 10 月 26 日，第十一届全国人大常委会第二十九次会议对《治安管理处罚法》作了修订，自 2013 年 1 月 1 日起施行。

治安案件案别一览表

表 6-9

类别	违法行为
扰乱公共秩序类	扰乱机关、团体、企业、事业单位秩序，尚未造成严重损失的；扰乱公共场所秩序的；扰乱公共交通工具上的秩序的；影响交通工具正常行驶的；破坏依法进行的选举秩序的；扰乱大型群众性活动秩序的；散布谣言，谎报险情、疫情、警情，扬言实施放火、爆炸、投放危险物质或投放虚假危险物质扰乱公共秩序的；结伙斗殴，追逐、拦截他人，强拿硬要或者任意损毁、占用公私财物等寻衅滋事行为；组织、教唆、胁迫、诱骗、煽动他人从事邪教、会道门活动或者利用邪教、会道门、迷信活动或者冒用宗教、气功名义，扰乱社会秩序、损害他人身体健康的；故意干扰无线电业务，拒不采取有效措施消除的；违反国家规定，侵入计算机信息系统，造成危害的；违反国家规定，对计算机信息系统功能和数据进行删除、修改、增加、干扰或故意制作、传播计算机病毒等破坏性程序，影响计算机信息系统正常运行的
妨害公共安全类	违反国家规定，制造、买卖、储存、运输、邮寄、携带、使用、提供、处置爆炸性、毒害性、放射性、腐蚀性物质或者传染病病原体等危险物质的或以上危险物质丢失，未按规定报告的；非法携带管制器具的；盗窃、损毁公共设施的；移动、损毁边境标志设施的；盗窃、损坏、擅自移动使用中的铁路、航空设施，强行进入航空器驾驶舱的，影响行驶安全的；违规安装、使用电网的；在车辆、行人通行的地方施工，对沟井坎穴不设覆盖物、防围和警示标志的，或者故意损毁、移动覆盖物、防围和警示标志的；盗窃、损毁路面井盖、照明等公共设施的；举办大型群众性活动，违反有关规定，有发生安全事故危险的；社会公众活动的场所的经营管理人员，违反安全规定，致使该场所有发生安全事故危险，或经公安机关责令改正，拒不改正的
侵犯人身权利、财产权利类	组织、胁迫、诱骗不满十六周岁的人或者残疾人进行恐怖、残忍表演的；以暴力、威胁或者其他手段强迫他人劳动的；非法限制他人人身自由、非法侵入他人住宅或者非法搜查他人身体的；胁迫、诱骗或者利用他人乞讨的，以滋扰他人的方式乞讨的；威胁他人人身安全的；公然侮辱他人或者捏造事实诽谤、诬告陷害他人，企图使他人受到刑事追究或者受到治安管理处罚的；对证人及其近亲属进行威胁、侮辱、殴打或者打击报复的；多次发送淫秽、侮辱、恐吓等信息，干扰他人正常生活的；偷窥、偷拍、窃听、散布他人隐私的；殴打他人的，或者故意伤害他人身体的；猥亵他人的，或者在公共场所故意裸露身体；虐待家庭成员，被虐待人要求处理的；遗弃没有独立生活能力的被扶养人的；强买强卖商品，强迫他人提供服务或者强迫他人接受服务的；煽动民族仇恨、民族歧视的；冒领、隐匿、毁弃、私自开拆或者非法检查他人邮件的；盗窃、诈骗、哄抢、抢夺、敲诈勒索或者故意损毁公私财物的
妨害社会管理类	拒不执行人民政府在紧急状态情况下依法发布的决定、命令的；阻碍国家机关工作人员依法执行职务的；阻碍执行紧急任务的车辆通行的；强行冲闯公安机关设置的警戒带、警戒区的；冒充国家机关工作人员或以其他虚假身份招摇撞骗的；买卖或者使用伪造、变造公文、证件、证明文件、印章、号牌、有价票证的；船舶擅自进入、停靠国家禁止、限制进入的水域或者岛屿的；违规社会团体进行活动的；未经许可，擅自经营的；煽动、策划非法集会、游行、示威，不听劝阻的；旅馆业的工作人员对住宿的旅客不按规定登记，或者明知住宿的旅客将危险物质带入旅馆，不予制止的，明知住宿的旅客是犯罪嫌疑人员或者被公安机关通缉的人员，不向公安机关报告的；房屋出租人不按规定出租房屋的；制造噪声干扰他人正常生活的；典当业工作人员违规作业的；违反国家规定，收购废旧专用器材、有赃物嫌疑的物品或者国家禁止收购的物品的；隐藏、转移、变卖或者损毁行政执法机关依法扣押、查封、冻结的财物的；伪造、隐匿、毁灭证据或者提供虚假证言、谎报案情，影响行政执法机关依法办案的；明知是赃物而窝藏、转移或者代为销售的；违反法律、行政法规或者国务院有关部门的监督管理规定的行为；协助组织或者运送他人偷越国（边）境的；刻划、涂污或者以其他方式故意损坏国家保护的文物、名胜古迹的或危及文物安全的；未取得驾驶证驾驶或者偷开他人航空器、机动船舶、机动车的；故意破坏、污损他人坟墓或者毁坏、丢弃他人尸骨、骨灰的；在公共场所停放尸体或者因停放尸体影响他人正常生活、工作秩序，不听劝阻的；卖淫、嫖娼、拉客招嫖的，引诱、容留、介绍他人卖淫的；传播淫秽信息、组织或者进行淫秽表演、参与聚众淫乱活动的；以营利为目的，为赌博提供条件的，或者参与赌博赌资较大的；非法种植少量毒品原植物的；教唆、引诱、欺骗他人、吸食、注射或向他人提供毒品的；为违法犯罪行为人通风报信的；饲养动物，干扰他人正常生活的

一、规范治安案件查处

1994年，根据八届全国人大常委会第七次会议通过的《关于修改〈中华人民共和国治安管理处罚条例〉的决定》，公安机关政保、经文保等有关警种部门根据业务分工，办理修改后的《治安管理处罚条例》第十九条第五项，第二十四条第四项、第六项、第七项中所列举的与隐蔽斗争有关的治安案件。

1997年，根据公安部、省公安厅部署要求，认真纠正以罚款代替治安拘留、以罚款代替收容教育的错误做法，各级公安机关不得以任何形式、任何名义给基层公安机关规定罚款指标，已经下达的指标一律停止执行。是年，印发《日照市公安机关行政案件审核暂行规定》，全市公安机关法制部门统一履行对行政案件审核职责，强化治安案件查处的事前监督。之后，各级公安机关在查处治安案件工作中，坚持“以事实为根据，以法律为准绳”的原则，严把“事实关、材料关、定性关”，办案质量有效提升。

图6-22 民警查获的淫秽光碟

2003年，为认真做好公安部《公安机关办理行政案件程序规定》实施前的准备工作，市公安局举办《公安机关办理行政案件程序规定》师资骨干培训班。各分县局，日照港公安局从事法制、交通管理、治安、消防、边防、出入境、网监等一线行政执法的民警，市公安局出入境、网监、刑警、治安、交警支队等部门业务骨干，共80人参加培训。

2005年7月29日，市公安局主要负责人受市政府委托，向市十五届人大常委会第二十次会议作《中华人民共和国治安管理处罚条例》贯彻实施情况汇报。

2006年2月17日，为提高全市公安机关掌握运用《中华人民共和国治安管理处罚法》的能力，进一步做好该法实施前的准备工作，市公安局举办《中华人民共和国治安管理处罚法》培训班。各分局、县局和边防、消防支队法制科长、业务骨干，部分派出所所长和市公安局机关民警，共170人参加培训。是年，认真做好修订后的《公安机关办理行政案件程序规定》学习、培训和宣传工作，健全完善行政执法机制，提升依法行政效能。

2010年，认真执行省公安厅治安警察总队制定的《山东省公安机关治安系统人民警察办理行政案件基本执法语言规范》，在办理行政案件工作中，注意使用法言法语，规范办案用语，避免使用外行话。

2011年9月20日，召开专题会议，传达省公安厅《2011年上半年全省治安案件有关情况的通报》，分析存在的问题和不足，对下步工作提出要求。是年，治安巡警支队通过听汇报、实地看、上网察、面对面等方式，对5个区县9个派出所查处治安案件数量、基础台账以及受案等情况进行调研，摸清治安案件查处现状和存在的问题，督促基层公安机关如实受案，建立健全治安案件受理考评机制，规范治安案件受理和统计工作。年内，全市公安机关派出所民警人均查处治安案件23.87起，治安调解案件所占比例进一步提高。

2016年，莒县公安局部署开展“治安案件结案会战”，以殴打他人、损毁财物、侮辱诽谤等现行案件和久拖不决易引发当事人上访投诉的治安积案为重点，坚持逢案必查、同步上案、并案查办，充分收集证据资料，全力查清案件事实，及时办结案件，提升结案率。五莲县公安局成立由纪委督察室、法制大队组成的联合督导组，对各派出所行政案件处结、主要负责人周例会研究案件等工作进行督导检查。

2016—2017年，市公安局先后印发《日照市公安局行政案件审核审批监督工作规定（试行）》《日照市公安局常见行政案件证据规格指导意见（试行）》，规范包括治安案件在内的行政案件办理。

1989—2018年全市治安案件统计表

表6-10

年份	治安案件（起）		查处违法人员（人）						
	发案数	查处数	警告	治安罚款	治安拘留	劳教	移交有关部门	其他	合计
1989	875	875	49	531	519	10	5	215	1329
1990	751	737	151	691	432	13	8	389	1684
1991	1377	1308	366	753	465	30	6	481	2101
1992	1865	1826	306	1031	643	17	31	267	2279
1993	1672	1591	171	672	1064	14	7	204	2132
1994	1917	1891	387	730	1386	25	10	623	3161
1995	2341	2248	286	1024	1388	21	12	325	3056
1996	2057	2046	202	1078	1413	44	15	166	2918
1997	1668	1661	148	753	1277	32	13	100	2323
1998	1655	1653	111	902	1163	13	5	47	2241
1999	2984	2567	291	1764	853	9	31	259	3207
2000	3495	2792	572	1290	1226	4	84	431	3607
2001	5409	4311	758	3238	1346	17	23	651	6033
2002	5163	3978	938	2288	1221	13	33	429	4922
2003	3585	2563	459	1697	971	1	4	290	3422
2004	3294	2912	293	2049	808	6	20	272	3512
2005	2859	2608	259	780	908	10	19	230	2912
2006	6512	5448	228	1524	1275	40	27	805	6114
2007	8318	6730	134	2042	1506	32	35	1846	7140
2008	17730	14481	788	3693	1463	65	21	5072	11302
2009	14543	12934	664	2888	1732	67	25	3589	9179
2010	12713	11026	390	2286	1480	28	27	3558	7987
2011	18116	14490	598	4064	1314	28	32	4337	10594
2012	22399	19349	2262	7664	1688	40	21	1848	13738
2013	25581	21468	2732	5945	1877	5	25	3561	14361
2014	19754	16388	1327	4096	2316	0	39	2116	10125
2015	18361	14889	213	2521	2456	0	19	2228	7657
2016	17600	14467	207	1855	2101	0	28	1804	6211
2017	13376	11593	112	1838	2485	0	24	1275	5952
2018	11644	10390	60	2154	2888	0	30	945	6300

二、查处黄赌违法犯罪案件

20 世纪 80 年代后，日照市流动人口逐步增多，娱乐服务业加速发展，卖淫嫖娼、赌博等社会丑恶现象滋生蔓延，全市公安机关持续开展扫除社会丑恶现象的专项斗争，净化社会环境。

1989 年，根据中央、省、市统一部署，全市公安机关组织开展“扫黄打非”专项行动，查处复制、贩卖、传播淫秽物品案件 87 起，打掉传播淫秽物品团伙 5 个，查处违法人员 466 人，收缴淫秽书刊、扑克、录像带等 200 余份；查处赌博案件 245 起，治安处罚 447 人。

1990 年 12 月，公安部、全国妇联联合召开打击拐卖妇女儿童犯罪、查禁取缔卖淫嫖娼活动工作会议。按照会议要求，全市公安机关在 1991 年春节前后，集中组织开展大规模“扫黄”、扫除“六害”（卖淫嫖娼、制作贩卖传播淫秽物品、拐卖妇女儿童、私种吸食贩运毒品、聚众赌博和利用封建迷信骗财害人）专项斗争。

1991 年，一些路边旅馆、饭店为追求经济利益，以色情招徕生意，甚至容留、介绍卖淫嫖娼。全市公安机关加强对饭店特别是“路边店”、录像放映点、旅馆的治安管理，多次组织专项行动，进行集中治理。全年共查处卖淫嫖娼案件 67 起，治安处罚 84 人，劳教 3 人，取缔卖淫窝点 9 处。

1993 年 7 月 26—27 日，对市区日照路长途汽车站周围 20 余家固定书社、30 余个夜间售书摊及录像店、小卖店等进行突击清查，收缴非法出版物和黄色书刊 2000 余册，淫画 80 余张、淫秽录像带 30 盒。

1994 年，组织开展扫黄打非专项行动，共摧毁卖淫窝点 2 个，破获卖淫嫖娼案件 61 起，查处违法人员 91 人；破获介绍、容留卖淫嫖娼案件 7 起，处罚违法人员 7 人；查封淫秽录像放映点 9 处，收缴淫秽录像带 55 盒，录音带 160 盘、淫秽书刊 6200 余册。全年共查处赌博案件 84 起，治安处罚 160 人，劳动教养 1 人。

1995 年，结合“春季严打攻势”集中统一行动，抓获违法犯罪嫌疑人 52 名，捣毁卖淫嫖娼窝点 7 处，取缔旅社 1 处，责令停业整顿饭店、旅社 6 处，缴获淫秽物品 700 余件。

1995 年 1 月至 1996 年 10 月，全市共查封有赌博行为的电子游戏厅 7 处，取缔涉黄录像放映厅 29 处，查处违法业主 32 人。全市查处的 279 起卖淫嫖娼案件中，有 71 名失足妇女是宾馆、饭店、卡拉 OK 厅的服务人员，占抓获的全部失足妇女的 61%。1995—1996 年，全市公安机关共查处赌博案件 373 起，查处嫌疑人员 1208 名。

1996 年 2—6 月，市公安局与工商、文化、宣传等部门联合行动，对市区 90 余家音像制品销售、租赁点和出售、租赁书摊进行突击清查，收缴非法书刊 500 余册、淫秽物品 3500 余件。是年 5 月，对日照长途汽车站周边，日照南路、福海路两侧 64 家旅馆逐一排查，对利用“色情”引诱旅客住宿、敲诈勒索、殴打顾客和容留妇女卖淫问题进行清理整顿，查处违法经营业户 11 家。

1998 年 4 月 11 日，市公安局召开打击卖淫嫖娼活动紧急会议，按照省公安厅《关于进一步深入开展打击卖淫嫖娼活动的通知》，在全市部署开展为期 4 个月的打击卖淫嫖娼行动。是年，共查处卖淫嫖娼案件 201 起，查处嫌疑人员 256 名，查获卖淫、传播淫秽物品团伙 3 个，取缔卖淫窝点 10 个，查封旅馆 15 家、洗头房 100 家，收缴淫秽物品 86 件。

1999 年 1 月 26 日 22 时至 27 日 8 时，市公安局治安科组织 500 余名民警、联防队员，开展查禁卖淫嫖娼集中统一行动，共清查旅店、洗头房、洗脚房、美容美发厅、歌舞厅、夜总会、桑拿按摩室等公共娱乐场所及出租房屋 460 余家，查处嫌疑人员 26 名。3 月，市公安局与市劳动、卫生、工商部门召开联席会议，联合清理整顿按摩场所、严厉打击非法经营活动，清理整顿各类按摩服务、美容美发、桑拿浴、洗头（脚）房等场所及附带此类经营项目的宾馆、饭店、度假村 630 家，停业整顿

72家，抓获卖淫嫖娼人员13人，处罚违法经营业户11家。

2001年，市公安局贯彻落实省公安厅《关于加强娱乐服务场所管理严厉打击赌博卖淫嫖娼等社会丑恶现象的通知》，集中开展“扫黄打丑”工作，重点打击以经营洗头房、茶座和歌厅为掩护，介绍、容留妇女卖淫等违法犯罪行为。全年共查获卖淫团伙34个，取缔卖淫窝点43个，破获卖淫嫖娼案件445起，治安处罚769人。

2002年4月，对日照长途汽车总站周边旅馆进行突击检查，查处卖淫女21名、嫖客15名，收缴淫秽光碟11盘，会同相关部门对违法经营业户予以查处。

2004年，市公安局与文化、工商等部门密切合作，重点在行政区划接合部、城乡接合部、流动人口聚集区、镇街驻地等部位开展“扫黄打非”工作，打击非法出版物、查处色情“口袋本”等黄色书刊、打击非法经营音像制品活动、开展网吧专项整治，集中力量解决群众反映强烈、影响未成年人成长的突出问题。全年共组织执法行动128次，查缴非法出版物563册、非法音像制品6237盘，查扣机箱32台，查处演出团体2个，联合取缔5个音像店、4个书摊、3个黑网吧。

2005年，针对群众反映东港区正阳路南段沿街洗头房较多、影响城市文明形象的问题，市公安局组织警力60余人，会同工商部门联合开展集中整治，共取缔违规经营的洗头房、美发厅21家，依法查处违法人员41名。

2006年，对全市宾馆旅社加大治安清查力度，全年共查处涉嫌卖淫嫖娼的宾馆旅社54家，刑事处理12人，治安处罚74人。加大对赌博类游戏厅的打击整治，5月12日，五莲县公安局组织查处文化路、东罗山商场、华联商场等4处利用电子游戏机进行赌博的窝点，查缴各类麻将机、苹果机50台，对相关赌博人员及4名游戏厅业主予以治安处罚，并将该4处赌博窝点依法取缔。

2008年1月下旬起，全市13个部门联合开展依法打击整治网络淫秽色情等有害信息专项行动，全面清除网上淫秽色情等信息，铲除违法网站，集中查处组织淫秽表演、介绍卖淫嫖娼和网络诈骗等违法犯罪案件，净化网络环境。全年共查处卖淫嫖娼案件45起，查获组织卖淫嫖娼团伙1个，抓获违法犯罪嫌疑人97名，刑事拘留30人，行政拘留49人，治安罚款18人。

2009年，市公安局突出“宣传发动、重拳出击、强化整治、长效管理”四个重点，深入开展打击卖淫嫖娼专项行动。对宾馆、茶社、美容美发、洗浴中心等复杂娱乐场所进行深入摸排，共捣毁卖淫窝点16处，抓获违法犯罪嫌疑人95人，破获违法犯罪案件100余起，处罚违法场所39家，收缴淫秽光碟2000余盘、书籍600余册。

2010年，按照省公安厅统一部署，市公安局治安部门组织开展社会治安“冬季行动”，加大对歌舞、洗浴等娱乐场所的治安清查力度，严厉打击卖淫嫖娼违法犯罪活动，清理整治形成一定气候的“卖淫嫖娼活动一条街”等混乱区域，重点打击在农贸物资交易会、农村大集进行淫秽演出活动的非法文艺演出团体。全年共查处涉黄案件39起，抓获犯罪嫌疑人62人，其中刑事拘留10人、治安处罚52人。

是年，严厉打击网络赌博、电子游戏机赌博等违法犯罪活动，彻底打掉一批赌博窝点，抓获一批赌博活动的组织者、庄家、赌头以及教唆、引诱群众参与赌博活动的违法犯罪嫌疑人。共查处赌博案件33起，抓获犯罪嫌疑人202人，其中刑事拘留5人、行政拘留90人、治安罚款107人。

2011年，省公安厅印发《关于办理利用具有赌博功能的电子游戏机赌博案件适用法律问题的意见》，全市公安机关全面清查整治辖区电子游艺经营场所，严厉打击各类赌博违法犯罪活动。全年共查获赌博案53起，端掉赌博窝点17个，抓获犯罪嫌疑人298人，其中刑事拘留19人、行政拘留126人、治安罚款153人。

2012年，按照省公安厅部署，开展代号为“无声风暴”的专项行动及“铲赌患·正风气”集中行动，加大对“黄赌”等社会丑恶现象的打击力度。全年共查处涉黄案件57起，打掉组织卖淫团伙5个，抓获违法犯罪嫌疑人101名，其中刑事拘留15人、行政拘留86人；查处赌博案件108起，端掉赌博窝点6个，抓获违法犯罪嫌疑人583名，其中刑事拘留7人、行政拘留143人、治安罚款433人。是年，继续加大对电子游艺经营场所的清理整顿力度，查处利用游戏机赌博场所7个，其中停业整顿4个，取缔3个，收缴各类赌博机218台，追缴赌资100余万元，抓获违法犯罪嫌疑人38名。11月6日，市公安局联合市文明办、市文化市场综合执法局、市工商局集中销毁缴获的赌博机，日照电视台、日照日报社等有关媒体记者及群众100余人参加活动。

2013年，全市公安机关开展代号为“无声风暴·齐鲁Ⅲ号”的集中扫丑行动，先后出动警力260余人、警车100余台次，对辖区328家宾馆、196家酒店、42家歌舞娱乐场所、28家桑拿按摩场所、12家动漫娱乐场所和小旅店、出租屋、网吧等复杂场所进行全面清查，对日照街道十一村、福海路、石臼街道马家庄等治安复杂区域开展清查整顿，共查处各类违法犯罪案件47起，打掉涉黄犯罪团伙3个，抓获犯罪嫌疑人162名，其中刑事拘留36人、行政拘留126人。

2014年，全市公安机关开展“打黄赌·铲源头”百日行动，严打黄赌违法犯罪。全年共查获涉黄案件127起，打掉组织卖淫团伙4个，抓获违法犯罪嫌疑人269名，其中刑事拘留43名、行政拘留226名；查获赌博案件127起，端掉66个赌博窝点，抓获违法犯罪嫌疑人740名，其中刑事拘留74人、行政拘留226名、治安罚款440名。

2015年后，借助网络社交平台、卡片、站街等搭识招嫖活动明显上升，逐步形成新的跨区域、跨行业有组织卖淫群体。全市基层治安部门及派出所充分运用暗访侦查、人力情报、警情研判、案件解析等措施手段，密切关注掌握本地区及区域性卖淫嫖娼活动的最新规律和特点，始终保持前瞻性、主动权，持续深入打击各类卖淫嫖娼活动。

2016年，莒县公安局建立“黄赌”违法犯罪人员记录制度。对“黄赌”违法犯罪案件中的出资者、组织者、经营者、非法获利者和积极参与者，全部登记造册，对涉案人员各类信息，应采尽采、应查尽查，按时保质保量录入，持续关注追踪，为案件串并、分析研判提供支持，从源头上遏制“黄赌”违法犯罪发案。

2017年，东港分局深入研究网络招嫖案件作案特点和发展动向，充分利用网安、情报等技术支撑，综合运用多种侦查手段，合成作战、精准打击，取得明显成效。1—5月，共破获网络招嫖案件18起，刑事拘留犯罪嫌疑人8名，行政拘留68人、治安罚款8人。

2018年5月起，组织全市治安系统集中开展为期3个月的“打生产厂家、清赌机源头，打销售体系、清组织网络，打设赌团伙、清幕后保护”治理涉赌博机违法犯罪工作。是年，共查处赌博案件139起，查处犯罪嫌疑人75名，其中刑事拘留5人、行政拘留241人、治安罚款561人；查处涉黄案件206起，打掉组织卖淫团伙12个，抓获犯罪嫌疑人670名，其中刑事拘留43人、行政拘留627人。

三、行政执法协作机制

20世纪90年代起，随着经济发展和改革开放的深入，涉及烟草、国土、城市管理等领域的违法犯罪日趋增多。公安机关为保障社会治安稳定和经济健康发展，逐渐加大对行政执法的保障力度和联合打击力度。2000年之后，市公安局开始在相关行政部门设立公安办公室等机构，建立联合执法机制，完善案件移交、重大案件督办等协作制度，及时查处打击暴力抗法和有关违法犯罪行为。

烟草专卖执法协作。2002年1月，市公安局在市烟草局设立烟草公安办公室，配合烟草专卖局查处涉烟违法犯罪。2003 年，市公安局会同市烟草局侦办的“8·18”非法经营案，涉案金额 9000 余万元，是日照市第一起涉烟犯罪部督案件。2011 年起，涉烟犯罪由传统领域向“三路”（水路、铁路、公路）、“两网”（互联网、物流网）等新渠道转变，隐蔽性更强。为适应新形势，市公安局、烟草专卖局、邮政局、工商局等部门联合印发《联合打击非法运输烟草专卖品协作办法》，进一步强化公安机关与烟草专卖等部门联合打击机制。2010—2014 年，市公安局与市烟草专卖局先后开展“利剑行动”“春雷行动”“双维（维护国家利益、维护消费者利益）行动”等 9 次专项行动，侦破重要案件 42 起，有 6 起被省公安厅、省烟草专卖局挂牌督办，1 起被公安部、国家烟草专卖局挂牌督办，共刑事拘留犯罪嫌疑人 163 名。2015 年 6 月 26 日，以各种方式集中宣传省公安厅、省烟草专卖局《关于严厉打击涉烟违法犯罪行为的通告》，引导广大市民协助做好烟草市场秩序集中整治工作。2016—2017 年，市公安局、市烟草专卖局等 6 部门联合开展“齐鲁之盾”集中行动，共查处涉案价值 5 万元以上大要案件 10 起、省级以上督办案件 4 起，案值 405 万余元。2018 年，市公安局、烟草专卖局、海关、邮政管理等 8 部门联合开展“齐鲁利剑”专项行动，共查处涉案价值 5 万元以上大要案件 11 起，省级以上督办案件 2 起，案值 291 万余元。2019 年 4 月，根据烟草执法形势变化需要，烟草公安办公室撤销，民警撤回归建。

城市管理执法协作。2004 年 6 月，经市政府编办批准，市公安局成立治安支队城市管理大队，副科级建制，设大队长、教导员各 1 名，在综合行政执法局办公，主要职责是配合行政执法局日常执法，保障违建拆除、清理占道经营等城市管理工作顺利开展。2014 年 5 月 23 日，城市管理大队合并到治安支队治安三大队。2015 年 1 月 25 日，原城市管理大队民警正式撤回归建。

国土监察执法协作。2008 年 1 月，市公安局设立市国土局公安办公室，配合国土监察支队查处非法占地、非法采矿等违法犯罪活动。2018 年 11 月，市国土局公安办公室撤销，民警撤回归建。

第十节　视频监控与公安检查站建设

一、视频监控建设

2005 年 10 月，市公安局印发《日照市公安局治安动态监控系统建设实施方案》，部署开展社会治安动态监控系统建设。投资 300 余万元，在市政府广场、长途汽车站、火车站、旅游景点、城区主要街道、主要路口建设 23 个视频监控点、15 个电子警察，在城区派出所 110 巡逻车上安装远程监控拍摄刻录传输系统，图像接入指挥中心，实现可视化指挥调度。

2006 年 6 月，市公安局投资 600 余万元，在市区 40 处主干道、复杂场所安装视频监控及电子警察。是年，全市公安机关先后投入资金 500 余万元，完成 8 个派出所视频监控平台建设任务，纳入监控探头 500 余个。至年底，全市视频监控系统有 600 余套，安装探头 5560 余个；建设投资 100 万元以上的技防镇 8 个、技防村 40 余个。

2007 年，重点加强社会面技防资源应用，推进技术防范向乡镇、农村延伸。在全市金融系统营业网点全部安装视频监控器和暗藏式触摸报警器，与 110 指挥中心监控平台联网。是年，全市视频监控系统有 900 余套，安装探头 8000 余个，建成派出所监控中心（室）20 个，接入公安机关监控系统和纳入公安机关管理的视频监控系统 550 余套、视频监控探头 5470 余个；建成“技防镇”12 个、“技防村”80 余个，在农村安装简易报警装置 11420 套。是年，全市利用视频监控系统共破获案件 180 余起，370 余家小区、村居、单位实现“零发案”。

2010 年 5 月，由国家海防委和山东省海防委投资 60 万元，在开发区臧家荒边防派出所建设完成海防视频监控站，该系统集雷达导引、扫描、跟踪、远程报警、红外监控和普通监控等功能于一体，最大覆盖范围直径 40 公里，最佳视角范围 20 公里，实现全天候对港口、码头船舶进出港及人员动态的实时监控。

2011 年，优化完善“三台合一”接处警系统，新建 GPS 卫星定位系统和覆盖全市的 350 兆无线对讲系统，加强治安和交通动态视频监控系统建设，社会面视频监控达 1.3 万余个，基本实现对重点区域、要害部位、治安卡点和交通路口的全天候、高清晰动态视频监控覆盖。

图 6-23　2012 年，高兴镇在全市农村地区率先建成“村村连”视频监控系统

2012 年 3 月，市公安局与市综治办联合印发《日照市社会治安动态监控系统建设工作二年规划（2012—2013 年）》，市公安局印发《全市社会治安动态视频监控系统规划布建工作实施方案》，部署开展视频监控全覆盖工程建设，又名“天网工程”。4 月，市公安局印发《日照市公安局社会化视频监控网络建设联网技术要求》，对视频监控联网技术要求进行明确、规范。9 月，市公安局印发《全市“环市”边界公路动态视频监控卡口规划建设工作实施方案》，对“环市”边界主干道公路末端 33 处主要出入口全部建成视频卡口，将道路视频监控系统视频图像信息全部接入市、县公安机关监控平台。至年底，全市累计投入建设资金 1.1 亿元，社会面新增监控探头 2.04 余万个，完成全市 76 个派出所监控平台新建或改造升级任务（其中新建 64 个、升级改造 12 个），与公安机关联网探头数达 5600 余个，初步实现视频监控村村联、厂厂联、校校联、网络化、全覆盖。

是年，岚山分局高兴派出所借助“农村综合信息网”试点工程的有利机遇，由广电部门投资 600 余万元，一次性解决视频监控系统建设和维护资金，在全镇所有村居、镇驻地重点单位、部位，安装 130 万像素以上的监控探头，全镇的有线电视安装率和广电互联网用户市场占有率均达到 80%。

2013 年 3 月，市公安局联合市综治办印发《全市进一步优化完善视频监控建设全覆盖工程实施方案》，将视频监控全覆盖工程纳入综治工程，加快形成以市区、城区重要交通路口和治安卡点为主的“监控圈”、以城区主干道及两侧公共区域为主的“监控线”和以机关、企事业单位、学校、社区、村居为主的“监控块”。按照“谁使用、谁管理、谁负责”的原则，在市公安局和各分县局建立视频监控运维中心，抽调专业技术力量 4 ～ 6 人组成专职视频运行维护队伍，担负起视频监控系统的故障巡查和维护抢修工作。是年，全市各级党委、政府先后投资 1070 余万元，社会单位投资 650 余万元，新建视频监控 4960 余个；通过视频监控系统直接破获案件 160 余起，抓获违法犯罪嫌疑人 230 余名，查处故意损坏城市公共设施违法行为 70 余起。

2014 年，全市各级党委、政府先后投入资金 1500 余万元，发动社会单位自筹资金 270 余万元，着力优化完善视频监控全覆盖工程，完成视频监控一、二、三类目标全覆盖建设的目标任务，全市社会化视频监控达 5.51 万个。

2015 年，市委办公室、市政府办公室及市综治委先后印发《关于进一步完善立体化社会治安防控体系建设的意见》《日照市立体化社会治安防控体系建设三年规划（2015 年—2017 年）》《关于进一

图 6-24 2015 年 4 月，指导企业加强社会化视频监控建设

步加强全市铁路沿线、公交站点暨农村地区视频监控全覆盖工程建设的意见》，要求不断优化实施视频监控全覆盖工程，不断扩大、完善视频监控建设规模和应用领域，加快推进县级以下，特别是农村和公路客运车辆、铁路沿线桥梁、涵洞等部位的视频监控全覆盖工程建设，确保全域覆盖、全网共享、全时可用。是年 11 月，市公安局召开全市社会化视频资源联网协调会，推进社会化视频监控联网应用工作。借力市公安局新综合业务大楼启用的有利契机，建成全市社会化视频监控联网应用平台，将市住建局、水利局、环保局、文物局、海事局、海洋局、日照港等 9 个单位的 600 余个视频监控全部联入公安机关，实现联勤联动报警。

2016 年，市公安局结合智慧城市建设，集中对商铺集中区、老旧小区、城乡接合部、农村道路、易发案部位等治安防控关键节点进行视频监控“扫盲”建设，并按照公安部《关于进一步加强公安机关视频图像信息应用工作的意见》中关于新的一、二、三类目标划分标准，组织各分县局对全市社会化视频监控进行摸底、梳理、分类。4 月，市公安局印发《日照市公安局社会化视频监控系统定点完善运行机制暂行规定》，将 110 警情作为视频监控建设的“风向标”，创造性开展社会化视频监控定点完善工作。全市共投资 6095.2 万余元，新增视频监控 10269 个，通过视频监控直接破获案件 340 余起，抓获违法犯罪嫌疑人 350 余名。

2017 年 8 月，市委办公室、市政府办公室印发《关于推进“天网工程”建设争创全国综治“长安杯”的实施意见》，在市委、市政府层面成立推动“天网工程”建设专项领导小组，将“天网工程”正式提升为“党政工程”。市公安局制定《日照市“天网工程”建设配档表（2017—2019）》，对“天网工程”建设实施目标进度管理，实行倒排工期、挂图作战，以“天网工程”工作专刊、督查专报的形式将工作情况直接通报各单位“一把手”，确保“天网工程”顺利推进。

2018 年，市公安局坚持大事推动，以上合组织青岛峰会安保维稳为契机，积极争取市委、市政府支持，将“天网工程”建设纳入市委督查考核和市综治考核项目，全面推动“天网工程”建设与应用。4 月，市公安局印发《日照公安视频监控系统建设应用管理工作规范》，建立“天网工程”建设常态化工作机制。2017—2018 年，全市共投入建设资金 1.46 亿元，新建视频监控 2.78 万个，全市视频监控达 11 万余个，创建“技防村”526 个，创建比例达 35.1%。

二、公安检查站

1987 年，原临沂地区设立第一批公安交通检查站。公安交通检查站设立长方形标牌，定员 3 人，指定一人负责。其中，日照市（县级）设立城关、汾水 2 处公安交通检查站。

20 世纪 90 年代，按照省公安厅要求，对公安交通检查站进行规范。公安交通检查站在指定地点（位置）设置，不得擅自变动。确需调整位置时，须经省公安厅审查，报省安全生产委员会审批。道路检查站实行政务、警务公开，自觉接受社会监督，检查站工作人员执勤时，须按规定着装，佩带检查证，按检查证上标明的类别、执勤地点依法执行任务；无特殊紧急任务不准设置各种拦车路障。同时，在有安保任务或统一行动时，依托交警中队、派出所、治安警务室、警务工作站等现有场所和设施，采取治安民警、交警和武警联合设站、混编执勤模式执行查控任务。受制于当时科技水平，检查手段以人工查控为主。

2000年之后，随着治安防控体系建设的深入推进，公安检查站建设不断规范强化。2002年，在离市城区主要道路设立6处治安堵截点，检查可疑人员和车辆，根据工作需要随时对城区进行外围封锁。

2003年，各级各警种密切协作配合，充分发挥警务工作站及各公路部门收费站的作用，加大对过往车辆和人员的监控力度，及时查获犯罪，服务现实斗争。加强市区各出城口堵截点和治安检查站建设，不定期地组织警力上路查堵，及时发现、打击流窜犯罪活动。

2005年，在国道、省道和高速公路经过的省、市交界处及交通流量大、易发生事故路段，依托公路巡逻民警中队建立警务工作站；在进出城区主要路口依托县（市、区）公安局建立治安检查站；在易发案区域依托派出所建立治安卡点，并配备交通通信工具、武器警械、堵截设施、电视监控设备和安全防护器材等。

2006年，在全市进出城区（包括县城）主要路口依托分县局建成治安检查站6处（204国道奎山收费站、204国道与山海路交会路口、206国道收费处、城阳路与126省道交会口、西环路与巨新路交会路口、振兴路与莒南路交会路口），按省公安厅要求统一外观标识，统一警力配置和警械装备，依托治安检查站在周边开展巡逻防控工作。

2007年9月，以2008年北京奥运会安保为契机，按照省公安厅布建"环青奥保圈""环鲁防控圈"以及市公安局"五张防控网"中的治安卡点堵控网建设要求，在进出城区（包括县城）主要路口或市、县交界处，建成或改造完成岚山绣针河治安检查站、碑廓治安检查站、204国道收费处治安检查站、蔡家滩治安检查站、莒县陵阳段沭河桥头治安检查站、城东沭河桥头治安检查站、206国道招贤路段治安检查站、莒县后城子桥头治安检查站、莒县至浮来山小湖桥头治安检查站、222省道高泽治安检查站、222省道街头收费处治安检查站、烟墩岭治安检查站、高速公路零点收费站治安检查站、高速公路小莲村治安检查站等14处治安检查站，配备必需的装备器材，规范台账设置，统一外观标识，站内全部装配电视监控，并与分县局、市公安局监控平台联网，初步实现"三面设卡"的战略部署。

2008年，根据省公安厅统一部署，204国道汾水警务工作站、两城警务工作站、高速公路警务工作站、五莲潮河警务工作站等4处警务工作站改造成治安检查站。奥运会期间，为两城治安检查站协调人员、配备装备器材，制定《奥保期间治安检查站工作规范》，促进治安检查站的规范化、制度化运转。建设完成五莲县342省道潮河治安检查站、岚山区东湖沿海路治安检查站和东港区青岛路治安检查站。对检查站进行改造和完善，进一步健全工作制度、勤务制度，规范值勤记录、交接记录，改进查缉堵截方式方法，密切协作配合，依托好治安检查站，截断违法犯罪分子进出辖区的通道，力争实现"让犯罪分子不敢来日照，来了不敢作案，作案后逃不了"的工作目标。

2010年，为保障第四十一届世界博览会（上海）的顺利举行，按照省公安厅统一部署，作为"环沪护城河"的岚山绣针河治安检查站于4月15日启动查控勤务，先后出动警力5528人次，检查车辆6200余辆、人员1600余人，查获各类违法嫌疑人13名，其中网上在逃犯罪嫌疑人1名。

2011年，按照省公安厅统一要求，治安检查站统一更名为公安检查站。市公安局出台《环市公安检查站规划意见》，对公安检查站进行重新布局和调整，形成环市、环城两道防线，实行分类管理。环市防线包括6处公安检查站：莒县浮来山公安检查站、五莲县高泽公安检查站、两城公安检查站，岚山区巨峰镇与莒南县交界处公安检查站、五莲县潮河镇与胶南市交界处公安检查站、莒县与沂水县交界城子桥处公安检查站。环城防线包括6处公安检查站：日东高速零点公安检查站、烟墩岭公安检查站、沈海高速大莲村公安检查站、开发区蔡家滩公安检查站、204 国道收费处公安检查站，山海路与青岛路路口公安检查站。各公安检查站参照派出所标准统一外观标识，建设检查区、办公（办案）区和生活区 3 大功能区。建设车辆识别系统和视频监控系统，配备交通类、通信信息类、防护类、武器警械类、安检排爆类、检查取证类等 6 大类装备。

2012 年，重点加强环鲁公安检查站建设，升级扩建岚山绣针河公安检查站，建设沈海高速鲁苏界公安检查站。是年，党的十八大安保期间，启动 2 个“环鲁防控圈”公安检查站，组织 5 个环市、5 个环城公安检查站和 6 个交通安全检查服务站实行 24 小时勤务制度，并依托省公安厅配发的卡口系统和市公安局研发的覆盖各治安检查站和火车站、汽车站的客流统计系统，严防重点人员、危险物品流出日照、进入北京，累计检查过往重点车辆 1.8 万辆次，登记客流量 2.6 万人次，抓获网上在逃犯罪嫌疑人 7 名。

2013 年，根据省公安厅《关于调整环京护城河、环鲁防控圈公安检查站的通知》，将建成后的沈海高速鲁苏界公安检查站纳入环鲁防护圈。市公安局印发《关于全市公安检查站规范化建设的实施意见》，升级改造及新建 2 处环鲁、12 处环市、环城及 2 处流动公安检查站，制定完善《全市公安检查站勤务启动机制》，进一步规范查控勤务机制，严密治安防线。

2015 年，根据省公安厅统一规划部署，结合日照市路网布局、人车流量、实战功能发挥等实际情况，新建和升级改造 14 处环市、环城公安检查站，严密构筑环鲁、环市、环城、环县（区）公安检查站四道治安防线。环市防线调整为 8 处：已建的莒县浮来山公安检查站和二十里公安检查站、五莲县高泽公安检查站、东港区两城公安检查站 4 处市级公安检查站；在岚山区巨峰镇与莒南县交界处、五莲县潮河镇与胶南市交界处新建 2 处市级公安检查站；在 206 国道莒县夏庄镇和五莲县管帅镇，依托原有的交警警务工作站升级 2 处公安检查站。环城公安检查站 6 处：包括已建的东港日东高速零点公安检查站、烟墩岭公安检查站和开发区 204 国道原收费处 3 处市级公安检查站；将东港区沈海高速大莲村公安检查站、开发区蔡家滩检查站改为流动公安检查站，在东港区山海路与青岛路路口处新建 1 处流动公安检查站。

2017 年，市公安局下发《关于加强全市公安检查站规划建设工作的通知》，全面提升公安机关对社会面防控效能和封堵查控能力，积极构建重点防护圈（环鲁、环青）、环市防护圈、环城防护圈，形成覆盖全市的治安查控网络，打造立体化信息化社会治安防控体系升级版，为党的十九大顺利召开保驾护航。对“三个防护圈”检查站的建设标准、启动要求和警力配备等做出详细规定。“重点防护圈”公安检查站 3 处：岚山绣针河公安检查站、山海天两城公安检查站、五莲潮河公安检查站。“环城防护圈”公安检查站 6 处：日照高速北出口公安检查站、烟墩岭公安检查站、日东高速零点公安检查站、河山公安检查站、奎山公安检查站、臧家荒公安检查站。“环市防护圈”公安检查站 8 处：高泽公安检查

图 6-25 2018 年 6 月，公安检查站执勤

站、管帅公安检查站、二十里公安检查站、浮来山公安检查站、夏庄公安检查站、小店公安检查站、巨峰公安检查站、碑廓公安检查站。是年，党的十九大安保期间，10 月 10 日起全面执行公安检查站一级查控勤务，其中 10 月 18—27 日提升至一级加强查控勤务，坚持公安检查站“关门”与城乡小道“封边”相结合，形成纵览全局、掌控细节的前端封控体系，严密进京通道防控，圆满完成安保勤务任务。

2018 年，将岚山绣针河公安检查站、日照沈海高速鲁苏界公安检查站纳入“环鲁防控圈”，将两城公安检查站和潮河公安检查站纳入“环青安保圈”，按照 2 级站标准升级建设。5 月 2 日至 6 月 12 日，公安检查站按要求启动上合组织青岛峰会安保等级查控勤务，共出动警力 9526 人次，盘查可疑车辆 20.9 万台次，检查人员 40.4 万人次，查获各类违法犯罪嫌疑人 931 人。公安部督察局“上合组织峰会”安保网上督察快报第 6 期、第 7 期，对日照 4 处环鲁、环青公安检查站精准规范查控工作予以表彰。

日照灯塔

RI ZHAO SHI
GONG AN
ZHI

第七章

道路交通安全管理

DAO LU JIAO TONG
AN QUAN GUAN LI

作为公安机关的重要业务之一，道路交通安全管理是公安机关依据国家道路交通管理法规，对境内道路、车辆以及进行与交通有关活动的人员实施依法管理的专门行政行为，是一项以实现预防道路交通事故，减少人员伤亡和财产缺失，保证道路交通安全、畅通目标的管理活动。

地级日照市建立前，日照市（筒子市）和莒县（属临沂地区）、五莲县（属潍坊市）均设有专门的道路交通管理机构。1990年1月，日照市公安交通警察队改称交通警察支队，升格为副处级单位；6月，完成组建交通警察支队工作。1991年4月，日照市公安交通警察支队改称日照市公安局交通警察支队；5月，莒县公安交通警察队改称莒县公安局交通警察大队；12月，五莲县公安交通警察队改称五莲县公安局交通警察大队。1993年，日照市公安局交通警察支队对东港、莒县、五莲交警大队实行人、财、物直管，形成全市道路交通统一管理体制。1997年，为加强公路治安管理和交通秩序管理，根据公安部和省公安厅规定，成立日照市公安局公路巡逻民警支队，与交警支队一个机构、两块牌子，各级公路巡逻民警大队、中队也随之成立。2013年9月，设立日照市公安局高速公路交通警察支队，挂“山东省公安厅高速公路交通警察总队日照支队”牌子，为市公安局副处级直属行政机构。2014年2月，日照市公安局高速公路交通警察支队正式组建运行。2015年12月，全市道路交通安全管理体制调整，莒县大队、五莲大队划归莒县公安局、五莲县公安局管理，为县公安局内设机构，负责本行政区域的道路交通安全管理。至2018年底，市公安局交通警察支队内设指挥中心、政工科等9个科室和直属、东港等5个大队14个正科级机构；市公安局高速公路交通警察支队内设综合科、业务指导大队等6个正科级机构；市公安局车辆管理所内设综合科、考试科等6个股级机构。

30年间，市公安局交警支队先后被省委、省政府、省公安厅表彰为全省公安交通管理先进单位、学习济南交警经验先进集体、全省实施畅通工程先进集体、山东省爱国拥军模范单位等，被省文明委命名为省级文明单位，被省公安厅记集体二等功。交警直属大队、岚山大队和市公安局车管所等基层单位先后被命名或表彰为全国工人先锋号、全国公安机关执法示范单位、全国优秀公安基层单位。

第一节　交通秩序管理

交通秩序管理是公安交通管理部门的主体工作之一，主要包括交通秩序管理、交通设施、交通事故预防、交通安全目标管理、勤务制度落实等。

一、道路交通管理设施

（一）岗亭及信号灯

1988年以前，日照市区只有海曲路日照百货大楼路口、人民商场路口、海曲公园路口3处红绿灯。其中，百货大楼路口红绿灯设施为曲臂式，人民商场路口为直臂式，公园路口为“T”型路口红绿灯，3处路口均设有交通岗亭。是年，五莲县投资10万余元，在城区解放路新华书店和电影院十字路口处设立五莲县首个交通信号灯。

图7-1 20世纪90年代交通岗亭

图7-2 2000年，对百货大楼路口的老式交通信号灯进行改造

1989年，随着日照市区道路路面硬化、车流增加，在市区黄海一路与海滨二路路口、黄海一路与海滨三路路口增设2处曲臂式红绿灯。1990年，在市区日照振兴宾馆路口增设红绿灯1处。是年，日照市区西环路开通，在钟楼商厦西侧西环路路口增设红绿灯1处。1991年，莒县在城区浮来中路、浮来西路首次设立交通信号指挥设施2处。1992年，根据市区部分宾馆门前路段车辆较为集中的实际，投资20万元，在日照路黄山宾馆路口、海曲路凯莱大酒店路口、兴海路红都大酒店路口设置红绿灯3处，其中凯莱路口为曲臂式红绿灯。是年，五莲县在省道222线城区河西大桥设立直臂式信号灯1处，县城主要路口信号灯指挥设施增至3处。1993年，在市区日照路与兴海路路口增设交通岗亭1处。1995年，在市区山东路与日照路路口、东岭高杆灯路口增设交通岗亭2处。莒县城区新建岗亭2处。1997年4月，五莲县投资12万元，在沿河路黄海大桥和外贸路十字路口增设曲臂式信号灯2处，五莲县城区信号灯指挥路口增至5处。1998年，在市区黄海二路与海滨五路路口、黄海二路与海滨三路路口、海曲路与烟台路路口、海曲路与青岛路路口、兴海路与正阳路路口、泰安路与烟台路路口增设红绿灯6处。1999年，五莲县在城区解放路黄海水泥厂和人民路工会十字路口设立交通信号灯2处，城区主要十字路口信号灯指挥设施增至7处。

1999年以前的交通信号灯为老式灯泡光源。2000年，根据公安部、建设部“畅通工程”部署要求，日照市从上海引进LED光源的长臂式交通信号灯，在市区海曲路与北京路路口、北京路与泰安路路口、北京路与黄海一路路口等3处路口安装并设置人行横道灯。同时，对百货大楼路口的老式交通信号灯进行改造，在海曲路与昭阳路路口安装闯红灯电子监控系统。7月，将市区第一座交通指挥岗台——百货大楼岗台和原有灯控装置拆除，更换为长臂式灯控装置。

2001年，结合“畅通工程”C类城市三等管理水平达标验收，投资引进高亮度LED光源信号灯和倒计时器，在市区海曲路与兖州路等路口增设交通信号灯4处，并对5处信号灯设施进行技术改造。2001—2002年，五莲县投资180万元，购置数字式信号灯指挥设施11套，在城区幸福路妇幼保健站路口等增设信号灯4处，并更新老旧交通信号设施7处。2002年，按照“畅通工程”C类城市二等管理水平的申报要求，投资230万元，在市区山东路与丹阳路路口、济南路与威海路路口等增设交通信号灯21处。投资200万元，在海曲路东港区政府人民广场前、海曲路与昭阳路路口、海曲路与北京路路口安装交通电子诱导屏3块，用于发布交通信息、违章信息公告、宣传交通法规等。2003年，配合全市创建中国优秀旅游城市活动，在市区日照路与同三高速公路引线路口等增设交通信号灯5处，其中4处为太阳能黄闪灯。2004年，在市区增设交通信号灯16处，莒县在县城文心路与莒州路路口增设信号灯1处。2005年，在市区安装交通信号灯16处。2008年，在市区改造、安装交通信号灯21处。

2011年，在车流量大、易堵和易发生交通事故的危险路口、路段增设交通信号灯50处。2014年，在市区环翠路与五莲路路口等路口增设交通信号灯11处。2015年，更换、维修信号灯主机9台，清除信号灯遮挡7处。2016年，通过积极争取当地政府和社会资金支持，新增路口交通信号灯50余处。2017年，在市区增设交通信号灯17处。2018年，协调有关部门安装交通信号灯15处，并完成市区150处路口交通信号灯的联网优化配时任务，市区“六纵六横”12条道路实现“绿波”通行。是年，在烟台路与滨州路设置首个灯带颜色与信号灯颜色同步显示的交通信号灯。

（二）交通标志标线及其他交通设施

1989年以前，全市公路硬化里程不足30公里，大部分道路无法施划交通标线，公路护栏、隔离墩等交通设施较少，日照城区有护栏3000米。

1989年7月，交警莒县大队组织民警自行划线冒酷暑，加班加点，用3天半的时间施划人车分道线3000米，设立单行线700米，安装隔离墩500个。1991年6月21日，市政府印发会议纪要，落实省政府办公厅统一部署。自7月1日起，全市公路标志标线由公安部门划归交通部门统一设置、维护和管理。穿过市区的主要公路干线上的标志标线由交通部门负责设置、维护、管理；其他街道的标志标线由公安部门负责。是年，对市区交通标线、隔离墩、护栏、岗亭等交通安全设施施划并漆刷两遍，更换和新增标志牌11块。1992年，在市区购置安装反光标志牌42块，新增、更新隔离墩护栏1630米，组织海曲东路沿街两侧40余个单位，出资在各自的大门口制作安装隔离铁梯子，作为车辆、行人各行其道的制约措施。1993年，在市区增设高标准铁隔离护栏820米，水泥隔离栏2400余米，高标准反光标志牌20块，漆划交通标线31.1公里。1994年，增设标志牌69块，新安装隔离护栏2700米，漆划交通标线181公里。1995年，对市区道路标线重新漆划，新安装高标准隔离护栏1350米。莒县城区新安装水泥隔离墩护栏500米。

1999年以前，公安交警部门主要集中对市区海曲路及莒县、五莲县城区内的主要道路施划交通标线，累计施划交通标线总长40余公里，安装交通标志70块（部分后期已拆除），其中摩托车专用车道标志30余块。1999年起，道路交通标线工作得以快速发展。是年，市区施划交通标线190公里，并在海曲东路施划摩托车专用车道。

2000年，投资30万元，施划交通标线250公里，对海曲路烟墩岭路口进行物理渠化。投资40万元，在市区道路安装交通标志、标牌120块。2001年，结合“畅通工程”达标验收，在市区主要道路施划标线300余公里，在广场、大型单位门前及道路上施划临时停车位900余个；对市区日照路、碧海路的路口进行物理渠化；在沿海公路、各景点及通往景点的主要道路新增交通标志85块。2002

年，施划交通标线180公里，在烟台路、泰安路、海曲路施划摩托车专用车道，对海曲路与青岛路路口、海曲路与昭阳路路口进行物理渠化。是年，投资24万元，在市区制作安装交通标志52块，其中指路标志40块。2003年，投资120万元，在市区施划标线670公里，在市区主要道路、大型单位门前、学校门口施划临时停车位1300余个。投资45万元，在市区交通主干道新增交通标志、标牌90余块。至年底，市区共有交通标志牌405块，其中禁令标志147块，指路标志66块，指示标志85块，停车场标志67块，让行标志28块，学校及村庄标志25块。2004年，在市区施划人行横道线110余处、临时停车泊位110余个，并协调交通、公路部门在重点路口、路段设置限速、让行标志12块。2005年，投资340万元，在市区安装16处交通信号灯的基础上，在市区道路安装塑钢隔离护栏1000米，并对52条道路和部分路口进行漆化和渠化。2008年，北京奥运会奥运火炬传递车队途经日照，为确保车队行车安全，并防止机动车随意掉头、压线、不按规定车道行驶等交通违法行为的发生，在迎宾路（G204至北京路）、海曲路（日照路至北京路）、济南路（兖州路至烟台路）等道路新增隔离护栏17.4公里。道路采取物理隔离后，车辆正面相撞几率大幅降低，有效预防道路交通事故，此后，日照市开始大规模增设隔离护栏设施。

图7-3 2010年12月，市区北京路与海曲路路口施划的首个“左转弯待转区”

2010年12月，在市区北京路与海曲路路口施划首个“左转弯待转区”。2011年，在市区主要道路安装交通指路标志280块。2012年，在市区公园周边和集中办公单位周边路段确定车辆停放区域，在具备条件的路段施划临时停车位5000余个，协调有条件的政府部门、企事业单位将内部停车场对外开放，整合停车资源，缓解重点部位、重点旅游景区停车难问题；在市区北京路、烟台路等路口设置左转弯待转区9处，在17处路口增加直行车道，提高车辆通行效率；在旅游景区增设“即乘即走”式出租车乘降点6处，在市长途汽车站设置“港湾式”出租车停靠站，解决出租车频繁上下客影响交通畅通问题；在海曲公园路口安装首个“禁左”标志，实行高峰期机动车禁止左转弯措施；根据路口情况新增隔离设施10公里，设置分道提示标志120个。

2014年，协调有关部门在日照一中和文登路小学周边重新施划交通标线；对望海路、正阳路交通标线进行重新施划，并实行望海路由东向西单行、正阳路由北向南单行措施。同时，借助北京路（山东路以南段）罩面的时机，合理渠化路口，在北京路与泰安路、海曲路等6条道路路口分别增加一条直行车道，提高道路通行效率。

2015年，对山海天等重点区域的道路标线进行重新施划，施划标线80公里，在太公岛二路、潮石路等重点道路新增隔离护栏26.5公里，新设、维修标志牌51块。

2016年，积极争取当地政府和社会资金支持，加大隔离设施设置力度，杜绝和减少市区机动车和非机动车违法掉头行为，净化道路通行秩序，全年累计增设停车位5600个，新增交通标志116块，安装隔离护栏4000余米。

2017年，对市区29处主要路口、10处主要路段进行科学渠划，在车流密集路口实行禁左、四面红灯、间隔放行、不对称放行，在较大路口实行提前分流右转车辆、施划直行左转待行区、机动车道瘦身增道，路段单向通行、区域绿波带、潮汐交通管控等措施，保障安全、提高道路资源利用率；按照城市“两化”要求，漆化交通标线9700余米，增设交通标志牌450余块，喷涂斑马线“礼让行人”醒目提示66处；根据文明城市创建工作部署，在市区规范交通标志175块，清理整合箱线47处；配合违停治理需求，在泰安路、北京路等10处重点路段安装禁停标志35块。

2018年，累计增设停车泊位392个，取消不合理停车泊位740个，对市区48处路口重新进行科学渠划，对青岛路等8条道路分类分车型提速，整改设置间距低于6公里的测速设备30处、导航播报与实际不符点位55处。

二、道路交通安全秩序管理

（一）路面勤务管理

1989年，各级公安交警部门认真贯彻“安全第一，预防为主，综合治理”的方针，每天安排三分之二的民警上路查纠违章。日照市（简子市）13处乡镇办事处设立公安交通管理站，汾水检查站除白天正常查车外，侧重早、中、晚三个饭时；日照检查站专门进行夜查。五莲县交警队执勤民警主要在管帅139号检查站、高泽140号检查站固定查车。

1992年，实行“245上路巡查”工作模式：支队领导每人每周确保至少有2天上路，大队领导每人每周确保至少有4天上路，科室负责人及一般干警每人每周要确保5天上路。领导干部上路与一线民警一同疏拥堵、查违法、防事故、保安全，并对路面管控工作情况进行督导检查，确保始终有人盯着路，始终有人盯着车。同时，在交通高峰时段，包括支队党委成员、机关科室所民警在内的全体民警全员上路，协助路面民警进行指挥疏导，高峰时段警力配置达到总警力的80%以上。

图 7-4 1992年，支队机关全员上路疏导交通

1993年，贯彻落实《中华人民共和国道路交通管理条例》规定和市政府有关精神，在路面管理中落实路段包干责任制，每天保证三分之二的民警上车上路，坚持“当扣则扣、当罚则罚”原则，以“有违则纠、无违则巡”为工作方法，积极开展巡回检查。同时，把路段承包责任制与干警的经济利益挂钩，将民警的奖励工资、岗位补贴、考勤费等81元从工资中抽出来按考核成绩发放，奖勤罚懒，促进路段承包责任制的落实。

1998年，实行“三长”（支队长、大队长、中队长）路段承包责任制，定人员、定车辆、定时间、定路线，保安全畅通。

1999年7月，落实创建平安大道“四定一包”责任制，实行支队领导重点路段承包责任制。10月，召开专题会议研究市区勤务制度改革措施，确定除保留6个形象岗外，其余岗点实行“高峰站点、低峰巡线”的勤务制度。

2002—2005年，204国道汾水、206国道夏庄、204国道两城、106国道陈疃、206国道管帅“平安大道”警务工作站陆续建成启用，集中开展道路交通事故多发点段、摩托车农用车严重交通违章、超载等7个方面的专项整治，提高道路交通管理和治安管控能力。2005年，按照道路交通管理“包保责任制”的要求，全面落实“定路段、定时间、定人员、定职责、定奖惩、包安全畅通”的“五定一包”路面管控工作机制，实行支队、大队、中队“三级巡查”工作模式，按照“警力跟着流量走”的警力配置要求，高峰站点、平峰巡线，日常巡查与集中整治相结合，发挥警力的最大效能。

2007 年 1 月，结合春运安保，实行夜间巡逻制度，维护夜间交通、治安秩序，预防和遏制重特大道路交通事故、涉车及其他违法犯罪案件。交警支队机关和各大队巡逻民警每天 19—23 时，以市区、城区主要路段为巡逻重点，查处无牌无证、假牌假证、套牌车辆上路行驶等交通违法行为，并与其他警种配合，预防和打击涉车涉驾、街面“双抢”等违法犯罪。

2011 年，按照合成化现代警务体系部署，加强与区县公安机关协作配合，严格落实路段承包责任制，实行“定路段、定民警、定职责、定奖惩”和“包路段交通秩序管理、包路段事故处理、包路段安全预防”的“四定三包”路段交通安全管理承包责任制，将全市国道、省道、高速公路和城区主干道层层承包到分县局、派出所和各级交警部门，明确各级承包人的责任，通过合成化作战查处交通违法行为，预防和遏制交通肇事逃逸案件。

2013 年，落实路段承包责任制，科学部署警力，合理划分巡逻区域，市区一张防控网内分为直属辖区、东港辖区、开发区辖区 3 个大格，格内再细化为 13 个小格，每中队负责 1 个小格，小格下又进行细化，把管控责任落实到班组，实行定人、定线、定片管理。

2017 年，落实“三长负责制”，市区 5 个交警大队共设置片长 30 人、路长 68 人、段长 196 人，最大限度屯警街面，并依托道路卡口与视频监控系统，建立起“路面 + 网上”巡逻、视频抓拍点线结合、微信实时互动的动态管理机制，牢牢掌握路面管控主动权。

图 7-5　2013 年 2 月，全市公安交警系统警用摩托车配发暨市区网格化交通巡控机制启动仪式

2018 年，完成黄墩、东关路 2 个中队组建工作，建设农村交管站 53 个、劝导站 2681 个，聘用交通安全管理员、交通安全协管员（劝导员）“两员”2863 人；推广应用农村交管信息系统、“乡安”平台，录入基础数据 20 万条，建成汾水等 10 个中队数字警务室，中队管控能力全面提升。是年 12 月 25 日，交警支队调配 100 名执法队员成立特勤执法队。支队机关及直属大队 30 人为 1 个作战单元，东港、岚山、开发区、山海天、莒县、五莲、港航等 7 个大队各 10 人为作战单元（均为 3 名正式民警、7 名辅警），分别配备警车 1 辆。12 月 25—30 日，组织首期巡查特勤队集训班，围绕阻碍执行公务案件处置、单警装备使用、假牌假证识别、路面查缉战术等开展集训。

（二）交通秩序整治

1989 年地级日照市建立前后，全市汽车保有量较少，交警部门主要围绕整治打场晒粮、违章摆摊设点、无牌无证摩托车等开展专项活动，查处酒驾主要依据民警执法中发现及当事人的认可，不存在酒精度的检测。至 1991 年底，共检查机动车 40 余万台，查纠交通违章 23.8 万余起，清除违章占道摊点 7750 个，货篷 210 余处，清理压稻草、打场、晒粮 3200 余处，占道堆物作业 315 处，群众的交通安全意识开始有所增强。

1992 年，组织开展大干 60 天“压事故、保畅通、依法维护道路交通秩序”活动和无牌无证摩托车、酒后驾车、闯红灯、占用公路打场晒粮等重点违章行为专项治理整顿行动，依法清除非交通占道

图 7-6 1990 年，整治打场晒粮专项行动

等事故隐患 2360 余处（份）。

1993 年，部署开展以查纠无牌无证上路、整顿麦季交通秩序、治理大客车严重违章行为为主要内容的治理整顿活动 3 个，全年纠正处理机动车、非机动车、行人等各种交通违章 18.4 万余辆（人）次，及时消除大量事故隐患。

1994—1995 年，常态化开展无牌无证车辆交通秩序整治，将酒驾治理作为夜间统一行动和平时交通违章行为整治中的重要工作。

1996 年 4 月和 9 月，2 次组织开展全国性“交通秩序整顿月”活动，11 月，开展为期 2 个月的“压事故、保畅通”专项治理活动，重点整顿无牌无证车辆上路行驶、酒后驾驶、乱停乱放、闯信号灯等交通违章。是年，以实行新交通指挥手势和加大路巡、路查为重点，组织开展专项治理行动 38 次。

1997 年前后，部分国、省道车匪路霸问题日益突出。是年 11 月，贯彻公安部《关于组建公路巡逻民警队在公路上实施统一执法工作的通知》，成立公路巡逻民警支队，对辖区内公路上的治安和交通管理问题实行统一执法，遏制车匪路霸犯罪。12 月，组织交警、刑警、巡警、交通等部门，对易发生恶性车匪路霸事件的公路和城区路段开展联合巡逻，加大打击力度。是年，采取定点与流动查扣相结合、白天与夜间查扣相结合的方式，对市区无牌无证摩托车进行专项治理，经过半个月专项治理，市区交通秩序持续好转。

1998 年 5 月 5 日，联合市交通委下发通告，对在市区从事客运出租的正三轮摩托车进行清理整顿，规定海曲中路西起人民商场东至昭阳路早 7 点至晚 9 点禁止客、货运正三轮摩托车、拖拉机、农用车、货运汽车、人畜力车通行。10 月 14 日，贯彻公安部《关于做好打击盗抢、走私机动车犯罪专项斗争准备工作的通知》，抽调交警、刑侦部门警力开展夜间巡逻和设卡堵截，全市机动车被盗现象得以遏制。是年，针对市区夜间酒后驾驶比较多的实际，集中警力开展 3 次专项治理整顿，共查处酒后驾驶违章行为 320 余起，酒后驾车风有效遏制；开展大规模道路交通秩序治理整顿活动 1 次，查扣无牌无证摩托车 90 余辆。

1999 年，按照“创良好交通秩序，迎国庆五十周年和澳门回归”的要求，集中开展城市交通秩序整顿活动。8 月，组织开展无牌无证机动车专项治理整顿活动，查扣无牌无证机动车 2.16 万余辆。是年，查纠交通违章 19.98 万余起，暂扣违章车辆 2174 台。

2000 年，按照上级统一部署，组织开展“万名交警上路，遏制重大事故”活动、春运交通安全管理及严查严纠超载、擅自改装、改型等专项治理活动。5—7 月，贯彻公安部《关于加强对机动车超载违章管理的通知》，集中 3 个月时间，加强对全市公路机动车超载违章行为治理，查处超载超员车辆 1890 余辆。是年，针对摩托车发生交通事故占比较大的实际，组织交警支队开展专题研究，联合市交通委、市建委等 5 部门召开加强市区摩托车管理协调会，在市区海曲东路设立摩托车专用道，建成交通管理“严管示范街”，促进道路交通安全形势的稳定。

2001 年，按照公安部《全国集中治理严重超载违章行动实施方案》规定的 7 项工作目标，组织全市交警开展治理严重超载违章统一行动周活动。7 月 5 日至 8 月 31 日，贯彻关于整治机动车假牌假证、无牌无证工作有关部署，开展集中整治行动，遏制假牌假证、无牌无证车辆上路等违章行为。2001—2004 年，以创建“平安大道”和实施“畅通工程”为重点，加强与国省道沿线派出所和治安、刑侦部门的协作配合，完善公路报警点、监控点、堵截点建设，先后开展全市路面行车秩序治理、春运交通安全管理、遏制重特大事故、涉牌涉证整顿等活动。同时，借助204国道汾水等5处警务工作站和科技手段，查处各类交通违法行为51.8万余起，暂扣违法违章车辆1.88万台次。

2002年，针对由摩托车引发的交通事故大量增多的实际，加强市区摩托车专项治理。3月25日始，在市区开展为期40天的摩托车专项治理，组织交警直属大队民警全员上路，分成10个整治工作组，利用早7—8点的交通高峰期，以海曲路、日照路、山东路、北京路、黄海一路等交通要道为重点，对摩托车违规违章特别是驾乘人员不戴头盔问题进行查纠，对违章驾驶员除当场办理车辆暂扣手续外，还发放学习通知书，限当日上午8：30—9：30或下午2：30—3：30参加1个小时的交通安全知识教育学习。接受教育的驾驶员学习结束后，由授课民警在学习通知书上签字，凭通知书及开具的暂扣凭证到停车场接受依法处罚后方可提车。其间，累计教育、处罚摩托车驾驶员1200余人。

2003年，204国道汾水、206国道夏庄“平安大道”警务工作站通过省公安厅交警总队验收，204国道两城、106国道陈疃、206国道管帅“平安大道”警务工作站全部建成启用。是年，组织开展整治道路交通事故多发点段、摩托车农用车严重交通违章、超载等7个方面的专项整治活动。全年共查纠交通违章38.74万起，暂扣车辆3253辆次。

2004年6月20日，贯彻落实《中华人民共和国公路法》《中华人民共和国道路交通安全法》等法规，联合市交通局等部门开展超限整治工作，查处超载超限违法车辆5121台次，卸载货物197吨。

2005年3月1日始，按照公安部统一部署，在全市开展为期10个月的打击盗抢机动车等违法犯罪专项行动，在交警支队成立领导小组，由支队长任组长，各大队建立由大队长具体负责的专项行动队伍，在城区110中队协同配合下，全市累计查处盗抢机动车等案件110余起。6月1日，落实国务院办公厅《关于加强车辆超限超载治理工作的通知》，进一步加大路面执法力度，加大对现有“大吨小标”车辆的更正力度，对现有“大吨小标”车辆，按照发改委公布的车型更正表，加快车辆吨位参数更正和行驶证换发工作；整顿汽车改装企业；加强对运输市场和货物卸载的监管。

2006年3月1日，落实交通部、公安部等9部委印发的《2006年全国治超工作要点》，治理超限超载违法行为成为日常性的重点整治工作。是年，查处超载超限违法车辆6200余辆次，卸载货物2400余吨。

2007年，根据省公安厅统一部署，在全市深入开展打击“两抢一盗”犯罪专项斗争，成立夜间巡逻工作领导小组，以每天19—23时为重点，对嫌疑人员与车辆进行盘查，全年查获被盗抢机动车4台，抓获犯罪嫌疑人1名。6月底至7月20日，在全市开展为期1个月的治理无牌无证摩托车专项行动，检查摩托车4520余台次，查处牌证不齐摩托车467起。是年，为遏制节日期间酒后驾驶违法行为多发态势，多次在全市组织开展查处酒后驾驶违法行为专项整治行动。

2008年，围绕做好北京奥运会道路交通安全保卫工作，连续开展道路交通秩序集中整治、涉牌涉证机动车专项整治、农村道路交通秩序集中整治、危险化学品道路运输集中整治等专项行动，查处各类交通违法行为40余万起，查获被盗抢嫌疑机动车20台，抓获犯罪嫌疑人11名。

2009年8月，按照公安部统一部署，在全市集中整治酒后驾驶违法行为，专门印发工作方案，成立领导机构，并将酒驾查处纳入考核机制。自此，酒驾查处成为交警业务工作考核的重要指标。9月17日始，部署开展决战一百天坚决遏制重特大道路交通事故集中行动，全市交警部门中队民警全员上路，机关科室民警分组分时段上路，汾水、两城、夏庄、管帅、日东高速公路零点等5处交通安全检查服务站24小时正常执勤，严密路面管控，为新中国成立60周年和全运会顺利举办创造良好的道路交通环境。是年，全市查处酒驾760起，其中酒后驾驶470起，醉驾282起，行政拘留282人次。

2010 年 4 月 9 日，启动打击“两抢一盗”犯罪大会战。4 月至年底，落实《公安交警部门打击防范“两抢一盗”犯罪大会战三十项工作措施》，组织全市交警系统积极参与打击“两抢一盗”犯罪大会战行动，参与抓获“两抢一盗”犯罪嫌疑人 4 名，抓获网上在逃犯罪嫌疑人 6 名，查处交通肇事、醉酒驾驶、无证驾驶、妨害公务等违法犯罪嫌疑人 78 名；持续推进机动车涉牌涉证违法行为专项整治，查纠使用伪造、变造机动车牌证 39 起，不按规定安装号牌 215 起，故意遮挡污损机动车号牌 85 起。是年，建立健全严格查处酒后驾驶的五项长效工作机制（勤务机制、执法保障机制、考核监督机制、与相关部门联动机制、社会宣传、舆论引导工作机制），要求各大队组建机动执法队伍，每周不定期组织不少于 2 次查处酒后驾驶的统一行动，并为各勤务中队配备酒精检测仪等执法装备；酒后驾驶违法行为 24 小时内录入系统，异地驾驶人酒后驾驶及时转递。是年，全市查处酒后驾驶违法行为 3477 起，其中酒驾 2182 起，醉酒 1295 起，列全省各地市第一名；查处超员超载 1.33 万起。

2011 年，《中华人民共和国刑法修正案（八）》和《中华人民共和国道路交通安全法》修改案颁布实施，将醉酒驾驶行为列入刑事处罚，全市公安交警系统以此为契机，加大查处力度，全年查处酒后驾驶违法行为 2177 起，其中醉酒驾驶 54 起。是年，围绕超速超员超载和疲劳驾驶、机动车涉牌涉证等违法行为，组织开展春运交通安全管理、道路交通安全突出问题集中整治、安全隐患排查整治、酒后驾驶集中整治、迎文明城市创建交通秩序整治、客运安全整治、“三超一疲劳”整治、接送学生车辆排查整治等专项行动，全年查处各类交通违法行为 77.9 万余起，交通事故四项指标（交通事故起数、死亡人数、受伤人数、直接财产损失）持续稳中有降。

2012 年，针对市区三轮车开始大量增加，由此引发的交通安全问题显现的新情况，市公安局联合市交通局等 5 部门发布《关于整治市区三轮车交通秩序的通告》，规范三轮车在市区内行驶，禁止三轮车驶入相关道路，对无牌三轮车严格依法查扣，在全市张贴通告 1500 份，设立禁行标志 30 块，查扣无牌三轮车 223 辆。是年，在全市范围内异地用警，加强对重点交通违法行为集中整治，从交警各大队抽调专门警力，开展以酒后驾驶、“三超一疲劳”、涉牌涉证等为重点的查处行动，全市查处各类交通违法行为 100.6 万起，其中无证驾驶 9237 起，酒后驾驶 2123 起。

图 7-7 2013 年 8 月，三、四轮车综合治理

2013 年，随着市区载客三轮车特别是电动三轮车的增多，给交通秩序管理造成很大压力，各级领导关注、市民反映强烈。交警部门坚持宣传教育与路面设岗查处相结合，继续加强市区三轮车问题治理。7 月 29 日，市政府发布《关于加强市区交通秩序管理的通告》，严禁三轮摩托车、电动三（四）轮车驶入临沂路（含）以东、青岛路（含）以西，迎宾路（含）和海曲东路（含）连线以北，山东路（含）以南区域内道路及海曲东路（青岛路至万平口段）、东营路（青岛路至碧海路段）、绿舟路、碧海路（万平口至山海路段）、太公岛一路、太公岛二路，禁行时间为每天 6：00—24：00。交警部门依法对三轮摩托车、电动三（四）轮车驶入禁行区域、闯信号、违反规定停放、逆向行驶等违法行为开展治理。是年，以乡镇交警中队、交通安全检查服务站、治安检查站为依托，采取设立临时执勤点、流动巡检等方式，将酒驾整治重点向国省道、城郊接合部和县乡道路延伸。全年查处各类交通违法行为 102.8 万起。

2014 年 1 月 23 日，市政府发布《关于扩大市区三轮摩托车、电动三（四）轮车禁行区域的通告》，决定自2月15日起，在原有三轮摩托车、电动三（四）轮车禁行区域的基础上，增加烟台路（含）以东，山海路（不含）以南，青岛路（含）以西，山东路（含）以北为禁行区域，禁行时间为每天6：00—24：00。

2015年，三轮车、四轮代步车集中整治全面发力。7月1日，市委、市政府召开专题会议，研究部署市区核心区非法营运三轮车、四轮代步车集中整治工作。会后，市政府印发《市区主城区三轮车、四轮代步车非法载客、闯禁区集中整治工作方案》，分阶段、分情况在主城区全力开展三轮车、四轮代步车整治。市委、市政府成立由3名市领导牵头，东港区、日照经济技术开发区、山海天旅游度假区和市直26个部门“一把手”参加的市区整治三轮车、四轮代步车集中整治工作领导小组，下设8个专项工作组，从有关部门抽调18名人员集中办公。是年，坚持酒驾“周末假日必查、深夜集中时段必查、事故高发路段必查、聚餐集中场所必查、举止反常必查”五必查措施，对查获的酒后违法行为，按照“快速取证、快速处理、从严惩治”的原则，一律高限处罚。全年查处酒后驾驶2482起。

2016年，三轮车、四轮代步车禁行区扩大至整个建成区。3月，三轮车整治办印发《市区三轮车四轮代步车综合整治管控考核办法》，对各责任区综合整治情况进行考核。至11月11日，持续一年多的三轮车、四轮代步车整治行动结束，全市共摸排登记三、四轮车1.16万余辆，收缴2425辆，报废拆解2325辆。督促49家经营户退货或转行，责成35家快递企业更新车辆370辆，三、四轮车非法载客、闯禁区等基本杜绝，市区1万余台“红三轮”基本淘汰。《人民公安报》等多家媒体刊发日照市创造三轮车、四轮代步车整治“全国经验”，省政府主要领导批示肯定，要求总结推广日照经验。

图7-8　2017年，民警查纠非机动车和行人闯红灯、越线停车等交通违法行为

2017年，以为党的十九大胜利召开创造良好道路交通环境为主线，以实现不发生重特大道路交通事故为重点，组织开展隐患歼灭战、路面防控战、宣传攻势战、共治合成战等四场交通安全整治攻坚战，充分发挥“四站”（交警执法站、公路超限检测站、乡镇交管站、农村劝导站）作用，严格加强“四车”（“两客一危”和严重超载货车）监管，集中查处四类违法（超速、超员、超载、疲劳驾驶）。继续加大酒驾查处力度，将整治触角覆盖至城郊接合部、县乡道路、事故易发路段等重点区域，根据交通违法行为和交通事故发生规律，确定每日13—14时、20—21时、22时至次日2时为酒驾高发时段，通过异地用警、错时用警等措施，不间断查处酒驾醉驾。巩固三轮车、四轮代步车整治成果，牵头从公安、交通、城管部门抽调执法人员290人，组成3个整治组，对禁行区域实行划片分段治理。是年，查处各类交通违法126万余起，其中查处酒后驾驶5184起；查扣三轮车503辆、四轮代步车58辆。

2018年，开展道路交通安全净化、突出交通违法整治“百日会战”等系列专项行动，常态化开展酒驾醉驾毒驾及其他严重交通违法整治统一行动，全员上路、错峰严查，消除道路交通安全隐患，预防道路交通事故。是年，查处酒驾6708起、醉驾1348起。组织开展醉驾案件“清仓”行动，醉驾案件立案1322起、起诉1016起；协调东港、开发区法院集中宣判醉驾案件37起。

三、平安畅通工程

畅通工程是公安部、建设部在国务院的领导下，为提高全国地级以上城市及部分县级市城市道路交通管理水平而开展的一项重要工作。

2000年2月，国务院办公厅转发公安部、建设部《关于实施全国城市道路交通“畅通工程”的意见》，在全国36个大城市开展道路交通“畅通工程”活动。3月27日，省公安厅联合省经贸委印发《山东省创建“平安大道”实施方案》，决定在104国道、寿光至北京、寿光至哈尔滨“绿色通道”山东段和省内已开通的高速公路开展创建“平安大道”活动。5月，市政府印发《日照市创建“平安大道”实施方案》和《日照市城市交通管理“畅通工程”实施方案》，将204国道、206国道、222省道、335省道日照段及日照至河山、五莲山、九仙山、浮来山旅游线路等重点路段作为平安大道创建路段，根据城市交通管理现状，制定“畅通工程”管理水平的创建工作目标。6月12日，公安部交管局印发《严管街建设要点》。日照市的严管街定于海曲路从城西烟墩岭至万平口海水浴场市区最重要最繁华路段，共计21.3公里。

2001年，公安部、建设部联合印发《2001年全国城市道路交通管理畅通工程总体方案》《城市道路交通管理评价指标体系》(2001年版)和《城市道路交通管理评价指标体系说明》(2001年版)，公安部印发《关于2001年全国创建平安大道工作的意见》，指导各地深化扩展实施畅通工程和创建平安大道工作成果。市公安局贯彻上级部署要求，加大宣传教育，提高群众交通安全意识，加强交通安全设施改造，规范道路交通秩序，严肃查处各类交通违章行为，预防和减少交通事故。是年，市区达到C类城市三等管理水平。

2002年，对照畅通工程评价体系和标准，继续实施畅通工程、创建平安大道，并按照上级部署，进一步规范和深化“交通安全村”和“交通安全社区”建设。是年，莒县、五莲县城区分别通过D类城市三等管理水平的评价。

2004年，市区和莒县城区达到二等即优秀管理水平，五莲县城区达到三等即合格管理水平。

2007年，市政府召开会议，启动全市道路交通安全联席会议制度，传达贯彻省政府创建“平安畅通县区”活动威海现场会精神，安排部署全市“平安畅通县区”创建工作。4月，在莒县召开创建“平安畅通县区”工作现场会。

2010年1月13日，省公安厅联合省经信委、省住建厅等6厅局通报2008年度全省创建“平安畅通县区”工作评价情况，东港区成为受国家6部委通报表彰的全省10个县(市、区)之一，并被省道路交通安全联席会议考评确定为模范等级，莒县、岚山区、五莲县被考评确定为优秀等级。

2011年1月6日，省公安厅联合省经信委、省住房和城乡建设厅等6厅(局)通报2009年度全省创建“平安畅通县区”工作评价情况，东港区被省道路交通安全联席会议考评确定为模范等级，岚山区、五莲县被考评确定为优秀等级。

2012—2017年，根据“平安畅通县区”评价工作要求，常态化开展城市道路交通管理工作。

2018年，根据上级城市道路交通文明畅通提升行动工作要求，市委、市政府专门部署安排有关测评工作，着力构建党政同责、齐抓共管的城市道路交通管理格局。市公安局联合市住建局、市文明办、市交通运输局印发《日照市城市道路交通文明畅通提升行动实施方案》，成立由市政府副市长、市公安局局长任组长，市政府副秘书长、交警支队主要负责人任副组长的行动计划领导小组，围绕市区主干道的堵点乱点，持续强化法治、精治、共治，全力推进“依法治理提升”“交通组织提升”“交通建设优化”“交通结构优化”“交通文明提升”五大工程。

四、交通违法处理

1989年地级日照市建立后，日照市(筒子市)、莒县、五莲县交警部门依据《中华人民共和国道路交通安全管理条例》和公安部《交通管理处罚程序规定》，对交通违章行为进行处理。处理违章业务主要以现场查获为主；对轻微交通违章行为，采取当面批评教育或口头警告等方法处理；对情节较重、可能导致交通事故和造成交通堵塞的，适用简易程序现场处罚或一般程序交大队处罚，除依照《中华人民共和国治安管理处罚条例》的规定处罚外，处200元以下罚款或警告，还可并处吊扣12个月以下驾驶证。

1991年1月3日，公安部印发《交通管理处罚程序补充规定》，补充规定中对滞留或者暂扣车辆、暂扣车辆或者机动车驾驶证、开具暂扣凭证和驾驶人接受处理等情形予以明确。公安交警部门严格依据条例法规进行处罚，由民警自行收缴罚款。

1996年2月，日照港公安局交警大队依据《中华人民共和国行政处罚法》和《罚款决定与罚款收缴分离实施办法》的规定，试行委托银行代收交通管理违章罚款。9月27日起，在全市交警系统推广罚缴分离工作做法。12月，落实公安部《交通民警道路执勤执法规则》，要求交通民警严格按照规则规定，在道路上执行指挥交通，维护交通秩序，纠正和处罚交通违章行为，处理交通事故、维护治安秩序，并加大对交通违章的处罚力度。

2000年3月1日，《交通违章处理程序规定》和《机动车驾驶员交通违章记分办法》(简称“记分办法”)两个规章正式施行。记分办法规定，一次记分的分值，依据违章行为的严重程度，分为12分、6分、3分、2分、1分5种，一个年度为一个记分周期，共计74种违章行为，公安交警部门发现机动车驾驶员记分分值已满12分的，滞留其机动车驾驶证正证与副证，经考试合格后及时发还，记分分值予以消除。同时，启用新的公安交通管理当场处罚决定书和公安交通管理行政强制措施凭证，原当场处罚决定书和交通管理暂扣凭证不再使用。

2002年7月30日，省公安厅召开交通违章管理系统应用现场会，在全省推广使用交通违章管理系统。会后，立即组织全市交警系统进行培训推广。

2004年，省公安厅交警总队启用具备全省联网功能的驾驶员记分违法处理系统。12月1日，举办全市首期道路交通违法信息系统应用培训班，组织培训推广。

图7-9 2006年8月，全市交警信息平台应用培训

2006年7月，驾驶员记分违法处理系统在全省联网的基础上，实现与全国部分省、市的违法处理系统联网，达到全国驾驶人交通违法信息共享，市外省内群众可在日照市异地交纳交通罚款。是年，随着交通违法业务的增加及交通科技的发展，非现场执法逐年大量增加，全市各交警大队相继成立违法处理办公室，实行柜台式办公。

2008年，在全市开始推广应用新版交通违法业务处理系统。

2011年3月7日，将交警直属大队违法处理窗口进驻市政务审批大厅，主要办理业务包括违法处理、三年五年无重大事故证明、货车通行证审批、临时占用道路从事大型活动审批和占用、挖掘道路施工审批等。

2012年，交警东港大队违法处理窗口入驻东港区行政服务中心，主要办理交通违法处理业务。

2015年8月，交警五莲大队违法处理窗口进驻五莲县行政审批局，主要办理违章查询、违章自助处理、城区货运车辆通行证业务。

五、交通科技建设

（一）智能交通设备建设

1997年，日照市智能交通设备开始启动建设。12月，投资25万元，在市区部分路口和路段安装电子监控、闯红灯以及超速检测系统，1998年安装调试成功并开始启用。

1998年，投资30余万元，在市区东关路与兴海路路口、海曲路日凯酒店路段分别安装1套闭路电视监控系统和超速监测仪。

2002年，在凯莱大酒店路口、东港区政府门前和营子路口建设3处大型交通诱导屏，用于播放交通宣传口号、交通路况信息、交通法规和安全常识、通报违章车辆及驾驶员，提醒广大驾驶人遵守法律法规安全驾驶并及时处理违法业务。根据省公安厅交警总队统一部署，在交警东港大队两城中队与陈疃中队、交警莒县大队夏庄中队、交警岚山大队汾水中队、交警五莲大队于里中队建设全省第一批“公路车辆检测记录系统”，建成的5处警务工作站依托335省道、204国道、206国道沿线进行全天候监控，对查纠交通违法行为、侦破交通肇事逃逸、治安、刑事案件发挥重要作用。

图7-10 2004年11月，电子警察测速车

2004年，启动日照市智能交通指挥控制中心一期工程建设。2月，投资800余万建设交警支队指挥中心大厅、122接处警系统及电子警察5处、视频监控10处、执法警务工作站5处，并同步推广应用“车载移动电子警察”。至7月，建设项目正式投入运行。这是日照首批建设的视频抓拍系统，交警部门从此开启非现场执法程序。

2005年6月，启动智能交通指挥控制中心二期工程建设。按照先莒县后市区的顺序，首先进行莒县指挥中心的建设，至年底基本完工。

2006年4月，开始市区路口基础设施建设，共建设视频监控59处、电子警察14处、道路治安卡口（警务工作站）11处、交通诱导屏系统6处等组成的道路交通监控系统，至8月底完成验收。同时，对5处警务工作站进行系统升级改造，为乡镇中队巡逻车全部安装移动电子警察，加强非现场执法工作。

2007年，结合全国水运会安全保卫工作，将水运会基地周边道路交通监控系统纳入水运会基地建设项目中，道路交通监控系统与基地建设同步规划、同步建设。同时，启动204国道、206国道日照段公路全程监控系统及市区道路的监控建设项目。

2008年，根据《市区道路交通设施计划》，在市区16处交叉路口设置交通信号灯并对部分路口信号机联网，实时控制路口交通信号灯配时和均衡交通流量。是年，投资400余万元建设沿海公路东湖卡口、刘家湾双向卡口等10处交通治安卡口。

2009年，投资260余万元增添城区部分视频监控，为各交警大队配备移动测速设备。至年底，非现场执法率达到45%以上。

2011年，落实市政府为民办实事重点项目，新增卡口及卡口型电子警察37处，新建视频监控43处，完成交警支队机房安全改造及系统升级。

2012年，落实市公安局重点工作部署，利用市公安局PGIS（警用地理信息系统），联合科技公司开发应用日照市智能交通综合平台，平台通过展示一张警用地图，在地图上标注市区交通信号灯与智能设备点位的详细信息，并可查询车辆的行驶轨迹。

2013年3月21日，落实《山东省公安机关实施交通管理科技信息化“853示范工程”建设工作意见》，成立“853示范工程”领导小组，围绕加强公安交通管理科技信息化基础建设，改善科技信息化装备，提高科技信息化水平，启动为期3年的“853示范工程”视频监控建设工作。至9月，全市建成视频监控170处，高清卡口型电子警察119处，形成对全市2条国道、3条高速、10条省道的道路交通状况24小时网格化监控格局。

2014年，对智能卡口及违法处理系统进行升级改造，将辖区所有的视频、卡口、电子警察集成到智能卡口及违法处理系统，系统升级改造完成后，违法数据将通过接口整合到交警支队违法处理平台，交警支队违法处理平台审核有效的违法数据再通过六合一统一上传接口，传到公安交通管理综合应用平台违法处理模块，从而改变以往各交警大队违法数据各自上传的模式，实现全市违法数据通过统一平台审核并上传。是年，为全市道路执勤执法岗位和事故处理岗位民警配发执法记录仪，建立并实施执法记录仪声像资料管理制度，同时使用国迈后台软硬件系统高效管理。

2016年，按照道路智能交通安全系统建设统一部署，启动日照市“智能化交通管控系统”（国省道智能交通安全系统）工程，总体规划覆盖日照市12条国省道及部分重点县乡道的路面监控及市级指挥中心（含平台）建设。至年底，全市新增交通流采集点72处、视频监控66处、高点监控6处、卡口55处、卡口型电子警察50处、诱导屏4处、区间测速2处，国省道监控设备基本实现全覆盖，进出城区关键的36处路口建设卡口及卡口型电子警察覆盖率达90%以上。

2018年3月，根据《全省公安交通管理基层基础建设三年攻坚实施意见》及《山东省县乡道路智能交通安全系统建设规范（试行）》标准要求，开展日照市县乡道路智能交通安全系统一期项目，加强县乡道重点路口路段前端交通监控系统、县乡道智能交通安全系统平台建设，逐步在县乡道重点路口路段增设视频监控、电子警察、流量监测、诱导屏等智能化设备。6月，开展信号灯智能管控系统二期建设，安装流量相机126台，更换信号机30台，信号机联网联控156处，安装无线特勤设备77个，安装菏泽路与淄博路行人过街语音提示柱。6—11月，按照市公安局统一部署，开展“天网工程”建设项目，完成业务监管平台、市公安局对接平台、AR海康实战平台、视频结构化分析软件建设研发，新增球机330个、枪机600个、行人闯红灯抓拍设备1套、快速布防设备1套、流量采集设备130处、电子警察22套、高空瞭望10处、雷达测速33套以及远光灯监测设备1套。

至2018年底，全市共有高清视频监控876处、电子警察226处、卡口257处、诱导屏3处、流量相机276套、执法警务通200台。

（二）业务系统建设

1993年6月，全省统一启用全国道路交通事故信息管理系统，交警支队配备专职业务技术人员，每月负责业务数据报送工作。

1994年，按照省公安厅统一部署，开始使用车驾管系统办理车辆以及驾驶证业务，并购置1台服务器与多台台式电脑，建成日照市首套车驾管系统在市公安局车管所运行启用。

1997年，在市公安局车管所业务大厅安装并使用车管业务咨询触摸器，通过触摸器可进行车驾管业务的简单查询。

2000年，按照省公安厅统一部署，投资400万元，购置车驾管系统软件1套、IBM服务器5台及多台台式电脑，建设基于数据库技术的全省统一版车驾管系统，至年底投入使用。系统改变全省各地市自行建设车驾管系统的模式，实现全省车驾管业务网上查询、统一管理与监管。

2003年，按照公安部统一部署，在全市推广应用全国道路交通事故信息管理系统（2003版）以及交通管理信息系统。事故处理系统开始采用web访问方式，连接交警大队事故处理电脑，通过网络将数据直接传输至总队服务器。

2004年6月，启用集违法信息采集、审核、录入于一体的交通违法非现场抓拍程序，该程序可实现对未按规定使用安全带、停车压线、闯红灯、超速等车辆违法行为的抓拍，抓拍的证据照片通过网络上传交警支队服务器，经后台审核后上传到违法处理系统。8月，按照省公安厅统一部署，对车驾管业务系统进行升级，同时将网络传输升级到100兆，升级改造完成后，全市交警警务工作站、城区电子监控系统、路面“车载移动电子警察”等与车辆和驾驶员管理系统、违章处理系统、事故信息系统能够互连互通，违章记分可进行异地交换、信息共享。

2006年8月，按照省公安厅统一部署，启用交警队信息平台，平台以中队为基本管理主体，以社区为基本管理单元，对机动车和驾驶人进行管理，是规范基础执勤执法、落实工作台账电子化的综合信息平台，在基层管理、执法和业务处理时提供服务功能。

2007年，建成日照市第一套信号机绿波带系统，绿波带起始位置为高速零点收费站，贯通迎宾路、海曲路、青岛路、太公岛一路至碧海路。通过后台控制系统对这几条主干道信号机实行绿波控制策略，实现重大警卫任务、安保活动期间车队不停顿放行。

2009年，全市启用公安部研发的交通违法业务处理系统，系统根据《中华人民共和国道路交通安全法》和《道路交通安全违法行为处理程序规定》等标准开发，可实现与“机动车/驾驶人管理系统”统一版软件的无缝衔接。

2010年，落实省公安厅《关于加快“网上车管所”互联网服务平台建设的通知》，依托市公安局安全接入平台，建成网上车驾管系统，群众可通过互联网下载表格、办理补换牌证、提交体检证明、小型汽车预选号牌4项车驾管业务。

2012年，公安部对交警业务系统进行升级改造，将交警队信息平台、交通违法处理平台、事故处理平台、车辆管理平台、驾驶人管理平台以及危化品运输管理平台六大应用系统整合为公安交通管理综合应用平台（简称六合一平台）。年初，配合省公安厅交警总队完成六大系统历史数据库转换以及平台软硬件升级工作，完成本地自行开发外挂软件改造工作，按照新的接口规范，对自行开发的15个外挂软件进行改造。3月26日，全市正式启用公安交通管理综合应用平台。

2016年，建成全市交通智能管控平台，平台以公安交通管理基础信息库为依托，以PGIS平台为支撑，是基于大数据警务云为运算基础，集道路监控、警用GPS、信息采集发布、应急预案管理、指挥调度、缉查布控、执勤执法监督、信息分析研判等功能于一体的公安交通综合智能管控平台。是年，对市区45处信号机联网联控，在信号机管理系统对信号机进行优化配时，增加部分路段信号灯绿波控制。

2017年7月，根据公安部、省公安厅统一要求，开始建设交通管理移动警务系统，采购天宇22–1多功能专用移动终端200台，配发给基层一线民警。当月即开出启用执法警务通后的首张罚单。

2018年4月，结合开展日照市县乡道智能交通安全系统建设项目，将平台新增的交通流信息采集、交通事件检测、警车警员定位、交通信息研判、交通信号控制系统、停车服务与管理、交通设施设备管理、交通信息发布八大功能模块等业务系统，无缝接入日照交警智能交管平台，并根据不同层级、不同岗位授权应用，实现业务系统一个门户进入。11月，按照市公安局统一部署，启动交警部门计算机信息系统保密技术防护项目。

六、指挥调度

1989年地级日照市建立后，公安交警部门在日照路与兴海路交会处的6间平房内办公（现交警东港大队日照路中队），使用对外公布的办公电话接警、派警。

1992 年，交警支队办公地点迁至兴海路与东关南路交会处办公（现东港交警大队所在地），接警、派警电话仍使用原电话号码。

1994 年，投资 30 万元为交警直属大队和交警东港大队两城中队配备执勤巡逻摩托 25 辆、长安警车 5 辆，用于巡逻巡查。

图 7-11 1989 年地级日照市建立时，交警支队办公场所

1997 年 6 月 16 日，投资 60 万元建成的交警支队 122 指挥控制中心正式投入使用。指挥控制中心使用 122 交通事故报警系统，负责接受群众报警求助、接派警、指挥调度工作，24 小时全天候值班备勤。122 交通事故报警系统是市公安局 110 报警系统的一个子系统，网络服务器和通信主机在市公安局指挥中心，接派警为三方接警、四方通话、两级监听。是年，各交警大队“122”报警服务台实现全市联动。

图 7-12 投入使用的 122 交通事故报警系统

2000 年，印发《日照市公安局交通警察支队 122 建设规范》，对 122 接处警工作进行规范，重点加强 122 报警服务台的规范化建设。

2003 年，按照省公安厅统一要求，为部分基层民警配发 350 兆对讲机。

2004 年，在交警支队办公楼 18 楼建成指挥调度大厅，负责非现场违法行为的抓拍、录入和审核等工作。

2005 年，成立“三警合一”指挥调度中心后，将交警支队“122”报警服务台并入市公安局指挥调度平台。

2010 年，全市推广应用 GPS 定位系统，为交警支队 67 辆警用巡逻车辆配备 GPS 卫星定位车载终端设备和无线对讲设备，加强指挥中心对路面巡逻警车的统一指挥调度。同时，为规范基层民警执法，为基层民警配备现场执法记录仪 54 部和录音笔 53 部。

2011 年，完成交警系统 350 兆集群系统二期工程建设，基层民警对讲机配备率达到 100%。

2012 年 1 月，对承担巡逻、处警工作车辆 GPS 系统进行改造，并为 77 台巡逻处警车辆增装 GPS 系统。是年，交警支队指挥调度大厅停止使用，职能下放至各交警大队。交警支队指挥中心办公室负责政令警令上传下达，整体工作协调调度和报送信息等工作。

2013 年，在全市交警系统统一建设视频会议系统，实现交警支队、大队及部分乡镇中队音视频实时传输，完成直属、东港、开发区大队 3 个大队级指挥中心建设，将电子警察设备通过智能平台及后台建设按辖区分配到各交警大队，各交警大队指挥中心均实现可控、可看和可抓拍。

2016 年 11 月，对交警支队指挥调度大厅进行升级改造。升级完成后，指挥调度大厅主要负责与和市公安局、省公安厅交警总队指挥中心对接，对高速支队、全市 8 个交警大队指挥中心进行督导检查和指挥调度。

2017 年 2 月，为进一步提高快速反应能力，实现扁平化指挥模式，采购 350 兆手持数字对讲机 357 台，车载对讲机 33 台，保证基层一线的对讲机配备率及使用率达 100%。按照全市警用 350 兆数字集群无线通信网（二期）建设要求，在日兰高速公路竖旗岭处新建基站 1 个。

附 1：

关于市区三轮车、四轮代步车综合整治工作报告

近年来，市区三轮车、四轮代步车无序发展，至去年集中整治前已达11000余辆，其中主城区6360辆，从事非法营运的三轮车2180辆。这些车辆无牌无证、无保险，在商场、车站、旅游景区非法载客、争道抢行，影响正常客运和交通秩序，危害交通安全，损害城市文明形象。整治“红三轮”是全国难题，我市和其他城市一样，虽历经整治，效果有限且每次都发生反弹，但市民要求根治这一顽疾的呼声越来越高。市委、市政府坚持问题导向，顺应群众期盼，勇于担当，迎难而上，在深入调研的基础上，自2015年7月1日起，以创建全国文明城市为契机，组织由公安、交通、综合执法部门牵头，东港区、开发区、山海天及市直25个部门单位参加，开展了一场综合整治、集中攻坚行动。经过一年多持之以恒不懈努力，市区三轮车、四轮代步车非法载客、闯禁区等违法行为基本杜绝，交通秩序和城市环境显著改善，人民群众拍手称快，车主情绪基本稳定，社会效果非常明显。《人民公安报》等多家媒体称日照市创造了“全国经验”，广东清远、贵州遵义和山东省枣庄、淄博、青岛市黄岛区、即墨市等10余个城市前来考察学习。在7月14日全省多元化解矛盾纠纷工作现场会上，张江汀、孙立成等领导给予高度评价，省长郭树清指示要总结日照经验并全省推广。现将有关情况总结如下：

一、基本情况和主要做法

这次综合整治，以稳妥有序不发生较大规模群体事件为底线，以清除顽疾不反弹为根本目的，坚持边整治边巩固、逐步向外拓展、最终实现全覆盖的原则，紧紧围绕“疏、堵、处、保”四个方面，按照市委、市政府统一部署，在市综合整治领导小组直接指挥下，疏堵结合、处保配套，上下同步、部门协同，综合施策、勠力攻坚，对禁行区内电动、燃油三轮车和未列入工信部《道路机动车辆生产企业及产品公告》四轮代步车进行综合整治。共收缴三轮车、四轮代步车2425辆（东港区2018辆、开发区224辆、山海天183辆），报废拆解三四轮车2325辆。

整个行动共分三个批次进行：第一批次（2015年8月11日至11月10日），对新市区（含山海天、开发区部分区域）实行禁行。8月11日之前为宣传发动、摸底调查阶段，8月11日至10月10日为集中整治阶段，公安、交通、综合执法部门联合上路，实行路面管控。第二批次（2015年11月11日至2016年1月5日），将禁行区扩大至东港区、开发区大部分区域。对燃油三轮车、快递三轮车和运送蔬菜、生活必需品的三轮车，实行特殊处置政策。第三批次（2016年1月6日至11月11日），将禁行区扩大至整个建成区。逐步压减执法力量，有针对性开展“拔钉子”专项行动。研究针对残疾人等弱势群体管理政策，建立常态管控机制。

图 7-13 第二批调整时间后的禁行区域

主要采取以下措施和做法：

（一）加强组织领导，层层动员部署。市委、市政府高度重视，列为创建

文明城市突出问题予以重点整治。市委书记刘星泰3次作出批示指示，市政府2次召开常务会议专题研究，成立市委副书记孟庆斌挂帅任组长，市委常委、副市长刘兆亮，副市长、公安局局长丛培浩任副组长，公安、交通、综合执法部门牵头，东港区、日照经济技术开发区、山海天旅游度假区和市直25个部门参加的领导小组，下设8个专项工作组，分线落实有关措施。领导小组在不同节点召开3次重要会议进行动员部署，孟庆斌、刘兆亮多次听取汇报、现场督导。丛培浩每周召开调度会或现场督导，研究解决工作推进中的具体问题。市、区、街道和公安、交通等部门层层进行动员部署，强化各项措施落实。从各部门抽调18名科级干部集中办公，负责综合调度、情况控制和督查督办工作。市政府发布通告2次，市领导小组及办公室印发各类方案、通知等70余件，编发工作专报56期。

（二）高度重视前期宣传引导，坚持梯次推进平稳进行。一是广泛征求意见。整治通告印发前，市领导小组办公室、市法制办通过网络投票站、手机客户端广泛征求意见，群众参与投票9475人，其中赞成票占79.4%。对群众提出的意见建议，能够直接联系到当事人的，由专人上门答复；无法直接联系到当事人的，通过当事人留言的网络、邮箱回复答复意见；对共性问题，梳理印制《市区三四轮车综合整治12个问题的答复》明白纸2.5万份，在窗口单位、执勤点广泛发放。二是实施“攻心式”宣传。按照“大张旗鼓、铺天盖地、家喻户晓”目标，在报刊重要版面刊发通告20余次，在电视台、专栏播稿650件（次）。利用网络、手机快报、微信微博等平台集中推送消息、发表评论6300余条，正面引导性帖文1000余条，微博转发2100余次。区及部门采取5+N的模式，“5”即三四轮车主人手一张通告、一张倡议书、一张明白纸，小区重要位置安装一个小喇叭，重点单位组装一台宣传车。“N”为自选动作，利用宣传栏、户外电子屏、楼宇电视、市内交通工具等，实行宣传全方位、全覆盖。设计26条标语口号，由街道、社区制作800条横幅悬挂到大街小巷。东港区还组建机关干部参加的党员宣传队，走村入户宣传。三是实行“渐进式”管控。将建成区分成三个片区依次整治。在区域选择上，坚持打“阵地战”，由易到难、步步为营，避免因“粗放式”整治造成矛盾激化；在时间安排上，坚持打“持久战”，进度服从质量、时间服从效果，不搞短期行为、不搞一刀切，引导车主心理预期，实现平稳整治。

（三）强化属地管理，实施综合执法。一是严格属地管理实施包保作业。有关区（管委）层层召开乡镇、街道和部门参加的动员会，组织村居、社区逐户上门摸排三四轮车11632辆，其中东港区9632辆、开发区1200辆、山海天800辆。通过落实“四明五包”责任制，将常住、暂住、租住的三四轮车主建立台账，并根据摸排底数，由街道、社区干部上门劝导，与车主签订承诺书，引导车主上缴车辆。8月11日，第一批次禁行前，就有654名车主自愿上缴车辆，其中收缴“红三轮”155辆。二是实行部门联合执法。从公安、交通、综合执法部门抽调341名执法人员，从街道、社区抽调224名干部职工组成10个管控小组，由区（管委）负责同志担任总指挥，执法部门、街道负责同志任副总指挥，将禁行区划为10个片区，一个小组负责一个片区，实行定点与巡线结合的管控方式。9月份，根据管控情况，适时将10个管控组整合为4个，实行以巡逻为主的管控。同时，实行部门联系街道制度，公安、交通、综合执法、工商、质监部门分别包联5个街道，由5名处级干部带队，不定期上路督导，帮助解决实际问题。三是落实源头堵控措施。工商、质监部门组建联合执法队伍，对57家经营业户进行教育劝导，督促转行49家，责令8家经营业户退货或限期转产，依法查封2家（山东世纪星车业、东港金慧车辆制造公司）涉嫌产品质量问题的生产企业。交通部门对禁行区200余家修理厂进行检查，要求不拼装、不改装、不维修无牌照三四轮车。邮政部门督促市内35家快递公司通过自购、单位补贴等方式，淘汰更新快递车辆370辆。

（四）实行政府补偿和困难救助，引导车主转岗就业。一是实行缴车补偿政策。对按规定时限上缴车辆的，电动三轮车按购车年限和价格给予800～1500元补偿，电动四轮车给予1000～3000元补偿。对有合法牌照、未到报废期的三轮摩托车，按购车年限给予90%～30%补偿。区（管委）设立由工商、税物、财政部门参加的办理点，提供“一站式”服务，期间共发放财政补偿资金668万元，有2425名车主缴车后领到补偿款。二是引导车主转岗就业。鼓励车主通过技能培训、小额创业贷款、一次性创业补贴等转岗就业。对有创业或再就业意愿的车主，协调岚桥富凯、日照港、保安公司等30家单位提供就业岗位356个，安排320人参加电焊工、挖掘机装载、营养配餐等等技能培训，有11名车主参加“好的快运”项目并与运总集团签订协议，为33名车主发放创业担保贷款330万元。三是落实困难车主救助措施。对禁行区380名低保对象进行走访，对符合条件的车主，落实低保和转岗就业等政策。其间，有141名车主享受到低保，16人办理保险补贴，54名残疾车人享受惠残助残政策。同时，对残疾人乘坐市内公共汽车的，一律实行免费乘车。

（五）完善公共交通，保障群众出行。一是提高公交覆盖面。新购进50辆新能源公交车、抽调100辆公交车，充实到禁行区客流大的6条公交线路，缩短了公交车运行间隔。对7条线路末班车停驶时间延后50分钟，开通区间公交、定制公交，市民出行更加方便。二是投放公共自行车。从去年9月开始，市公交集团以市区公园、商场等人流集中区域为重点，分期建设自行车站点294处，投放公共自行车6710辆，基本实现小区、商业区全覆盖，为市民出行提供更多选择。三是解决残疾人出行问题。为切实保障残疾人出行，经残联、公安交警、质监、工商等部门组成专项考察组联合考察，确定知名度高、性价比好的江苏山崎公司生产的残疾人专用代步车为我市指定车型，出台《市区残疾人代步车购置登记及管理暂行规定》，对专用代步车管理进行规范。目前市区2300名下肢残疾人员中，有544名提出购车申请，残联、财政部门印发《关于市区残疾人购买专用代步车补贴的通知》，购车费用由财政承担65%，个人承担35%。11月8日首批残疾人专用代步车已配发到位。

（六）搞好风险评估，联合化解上访矛盾。市维稳办牵头先期对整治社会风险进行评估，根据风险评估报告，各部门完善预案，做好处置突发情况的准备。信访部门牵头，民政、残联、公安等部门实行联合接访，现场解决群众诉求。其间，接待上访群体4起950人次、个访9人次。

（七）建立监督考核机制，推动整治常态化。一是出台路面管控考评办法。领导小组印发《路面查控考核办法》，定期通过明察暗访、视频监控方式，对整治情况进行督察，每月通报成绩，问题突出的随时通报。对扣分达到一定分值的，建议派出单位在年度考核中，不得将其评为称职或合格等次。对治理成效明显的，建议派出单位评先树优时，优先考虑。二是建立整治长效机制。9月，领导小组印发《关于调整路面执法机制的通知》，进一步强化属地责任，规定区（管委）主要负责同志为整治第一责任人，把三四轮车整治作为长期任务，定期督察，保障整治成果不反弹。

二、经验体会

近年来，市区三轮车、四轮代步车违反交通秩序、危害交通安全、影响城市环境问题之所以得不到根治，是因为一直以来遇到诸多困难和问题：一是该问题成疾已久，短期整治只能治标不能治本；二是法律还不够完善，整治的法律依据不充分；三是三轮车、四轮代步车主多数是弱势群体，营运易得到少部分人的同情，且已成规模；四是从其他城市的整治过程看，稍有不慎易引发群体性事件，致使整治偃旗息鼓不了了之。面对以上困难和问题，日照市三轮车、四轮代步车综合整治能够取得如此成效，主要得益于以下几个方面的经验：

（一）得益于市委、市政府的坚定决心、坚强领导和坚强意志。市委市政府高度重视整治工作，成立了高规格的领导小组，从全局的角度、全市的高度进行高层次设计、高标准要求、高起点部署。在指导思想和总体安排上，市委市政府坚持由易入难、梯次推进的“渐进式”治理模式，符合日照实际和城市发展的阶段性要求。市委书记刘星泰在关键节点分别作出3次重要批示，并亲自带队现场检查督导。在充分肯定整治成效的同时，强调切忌不可虎头蛇尾，轰轰烈烈开场、悄无声息收场，要求一鼓作气抓整治、持之以恒抓巩固，彻底清除这一城市发展顽疾，极大地鼓舞了参战人员的斗志，坚定了整治人员的信心。领导小组统筹安排、调度、指挥有关区（管委）和部门力量，孟庆斌副书记、刘兆亮副市长、从培浩副市长多次召集研究禁行通告、禁行范围、政策补贴、工作方案等整治重要事项，听取重要问题汇报，多次带队现场调研、一线督导。从培浩副市长直接指挥整个整治行动，每周调度解决整治进程中的具体问题。与以往的整治相比，这次集中整治涉及范围之广、参战人员之多、规模之大、时间之长都前所未有，实践和成效也充分证明了市委市政府的决策指挥正确，组织保障有力，思想行动统一。

（二）得益于舆论先行，宣传引导到位。社会的转型，同样需要社会治理方式的变革，一种政府治理方式的成功，必须首先要与相对管理人达成广泛的共知共识，达到政策入耳、入脑、入心，尽可能取得绝大部分群众理解，进而在行动上取得支持和配合。基于这样的认识，集中整治行动开始之前，采取了四步走：一是先期引导。在大众论坛等社交媒体上公布近年来三轮车四轮代步车非法出行引发的案例，用血淋淋的事实引导对治理需要的共鸣。二是多渠道征集群众意见。通过网络投票站、手机客户端等多种方式发布《禁行通告》征求意见稿，精准摸清民意，掌握不同诉求，同时引导群众预期。通过归纳整理意见建议，领导小组办公室有针对性地拟制定了《市区三四轮车综合整治12个问题的答复》，收到很好的效果。事实证明，在这一阶段就有相当一部分车主主动处置了现有车辆。三是大规模集中宣传。通告下发后，集中一周时间大张旗鼓、铺天盖地进行多方式、全方位、立体式宣传，把整治目的意义、方法步骤、政策措施让每一名群众特别是三轮车主知晓。四是紧盯少数持异议群众不放。我们深知，这次整治是否如期顺利进行，不在于“沉默的多数”，而在于能否取得“不同意见的少数”人的理解支持。为此，对提不同意见的群众，落实包保责任，安排专人逐一登门，了解意见背后的真实诉求，并妥善予以解决。家住山海天的70岁老人邓延禄，2014年以1.4万元价格购置了一辆坤驰牌电动四轮代步车，该车为场内用车不能上路行驶，市政府发布禁行《通告》后，老人向省政府提出行政复议，并声称问题不解决就寻求其他渠道。领导小组组织市法制办、区信访办派员7次登门，有一次大雪天在老人楼下等待2个小时，老人很受感动。了解他的真实诉求后，管委协调辖区企业购买该车用于场内使用，帮老人解决困难，最终老人主动撤回复议申请。

（三）得益于标本兼治，“疏、堵、处、保”综合施策。呼呼隆隆一阵风式的集中整治固然能收到短期效果，但外地的教训警示我们不能走这种模式。三轮车四轮代步车乱象，表面出在“车”上，但根子在“人”上，只有重点解决“人”的生活出路问题，才能从根本解决这一“顽疾”。在本次集中整治中，我们以解决车主的转岗就业为重点工作方向，围绕“人”和“车”综合施策。在车的处置上实施财政补贴、政府回购，鼓励自行处置，保证车主利益最大化。在加大路面管控、源头治理的同时，以保稳定为底线，为车主推送了就业培训、小额贷款、低保救助、保险补贴、岗位扶持等各种帮扶政策。为保证市民的出行权，在现有条件下着力发展公共交通，增加公交车投送，科学调配公交线路和运行时间，织密公共自行车站点，压缩了三、四轮车非法载客空间。在维护绝大多数群众利益的同时，保障好少数人的权益，是公平正义的应有之义。这次集中整治，还充分考虑了特殊群体不同需求，先后制定出台针对残疾人、弱势群体的一系列保障措施，同时对快递三轮车、农村进城蔬菜运输车等特殊车辆通行时段、禁行时间也做出了一些特殊的规定。正是这些规定和措施的落实，极大地体现了政府的诚意，才托住了稳定的底线，保证了集中活动的顺利进行。家住石臼文化社区的刘涛，患有小儿麻痹症，不能干体力活，靠三轮车维持生计，街道多次给他安排工作岗位，他要么干不了、要么不想干，最后经多方做工作，在其居住的小区安排一个保安辅助岗位，彻底解决了他的就业和生活问题。

（四）得益于以人为本，坚持柔性执法。总结分析全国各地整治过程中出现的矛盾和问题，在法律规定尚不明确，执法面临很多盲区的情况下，如果简单采取对上路车辆查扣的执法方式，极易引发极端事件，哪怕一起事件就可能引发炒作，从而影响甚至全盘否定整个整治行动。为了极力避免因刚性执法引发车主对抗，从化解矛盾、减少对抗的思路入手，领导小组特别强调以劝导教育为主，实行柔性执法，其间没有对一名车主实施强制措施，对车主罚款处罚的只有512起。在查处非法上路车辆时，对查扣的车辆交由所属街道、社区，由街道、社区实施劝导教育，车主出具不再非法上路的承诺书后，再领回车辆。“宁让群众对不起政府，不能让政府对不起群众”，路面管控执法的过程中，始终贯彻了这一指导思想。家住城关七村的荣生美，车辆多次被查扣后，每次向社区人员承诺不再上路，领车后依然上路营运，车辆被执法组“扣了放、放了扣”，上演了现实版“诸葛亮七擒孟获”的故事，经过街道、社区联合反复做工作，最终放弃上路营运。整治过程中，通过查扣、教育、放车，再查扣、再教育、再放车，直到车主放弃上路。开发区山后小区李茂芬、东港区文化路社区居委赵维东先后被执法组扣车达八、九次，成为路面执法组的“老熟人”。

（五）得益于“钉钉子”精神，久久为功不懈努力。三四轮非法营运、闯禁区这一城市顽疾形成非一日之功，决定着对其治理也绝不可能毕其功于一役，必须从开始就拿出不达目的誓不罢休的态势，必须做深入细致持之以恒的工作，必须坚定参战人员一以贯之的信念，一方面要克服参战人员疲劳懈怠的情绪，另一方面要打消从业车主等待观望的心理。从指挥调度上，市整治领导小组坚持每周一调度或者现场督导，据不完全统计，从2015年7月起，从培浩副市长亲自主持召开调度会、协调会达72次，亲自深入一线督导检查16次，对整治过程中遇到的新情况、新问题，及时研究对策，一个问题一个问题解决，为整治工作扎实推进提供了强有力的保障。在具体行动上，2016年7月，针对个别车主不听劝阻、顶风上路的实际，开展为期一个月的“拔钉子”专项行动，由街道、社区包户上门劝导。11月又开展“拔钉子”专项行动回头看，对梳理统计的15名上路难缠户，从培浩副市长帮助所在区（管委）、街道逐一研究确定救助帮扶措施，并跟踪落实，最终使他们全部放弃上路。在督导落实上，市领导小组办公室出台路面管控考核办法，压实划区责任，明查和暗访相结合，不定期通报情况，保证了路面执法力量能够责任不弱化、思想不懈怠、工作不松劲、成效不下滑。

（六）得益于各级各部门通力协作、密切配合。跨度时间长、部门参与较多的综合行动往往开始时轰轰烈烈、收场时悄无声息，原因是时间久了会出现责任不具体、相互推诿、出工不出力的现象。这次综合整治，涉及了市、区（管委）、街道、社区（居）四个层面，市级25个部门单位，整合了公安交警、交通执法、城管执法三支执法力量，规模之大创历次整治之最。从市区街道三级领导干部，到具体执法人员，基层村居、社区基层干部，都充分体现了“重担面前、责任在我”“靠前一步、解决问题”的责任担当和实干精神。各个层面的力量心往一片想、劲往一处使，形成了推进整治行动的强大动力。绝大多数执法人员历经严寒、酷暑，风里来雨里去，涌现出了许许多多可歌可泣的典型。

这些经验做法，必须长期坚持并不断完善，使之成为今后解决城市突出问题的有益借鉴。

三、面临的困难、问题和下步打算

从其他城市整治实践看，整治成果具有较强的不确定性，很多城市在整治后很快反弹，甚至不断陷入“整治、反弹、再整治、再反弹”的怪圈。我市虽然取得了明显成效，但冷静分析，仍面临很多不确定的因素和问题：一是面临随时反弹的风险。三轮车经营门槛低，投入成本低，而且收益相对很高，不排除个别老车主重操旧业。加上当前经济下行压力增大，一些无业人员、下岗职工可能参与其中去，形成新的违法营运力量。二是执法管理盲区依然存在。目前电动车管理政策尚不明确，而在国家倡导发展新能源机动车的形势下，电动车三、四轮车等可能会有较快发展。三是城市公共交通虽经大力发展但仍相对滞后。我市城乡公交一体化尚未最终实现，市区公共交通分担率仍然很低，市场对三轮车需求还很大，特别是城郊接合部、禁行区与非禁行区之间，三轮车非法营运仍未杜绝，路面执法仍然面临很大压力。

实践证明，城市突出问题治理不可能一蹴而就，集中整治作为阶段工作虽已结束，但保持成效的战役才刚刚打响，城市突出问题治理永远在路上。为深入贯彻落实刘星泰书记“持之以恒，发现新情况，解决新问题，建立长效机制”的批示精神，结合当前实际，提出以下建议：

（一）进一步落实管理责任。集中整治结束后，市整治领导小组及办公室保持正常工作。东港区，开发区、山海天要按照属地管理原则，接继开展本辖区三轮车、四轮代步车整治工作，区政府、管委主要负责同志为整治工作第一责任人，对辖区整治工作成效负总责。各部门、单位要依据集中整治中承担的职责、任务和要求，履行好本系统监督管理职能，特别是八个专项工作组的牵头部门要不定期协调组织相关部门开展联合行动。

（二）继续实行路面联合执法。改变点线结合的管理模式，变为以巡逻为主的管控模式，调整路面执法力量，由原来的10个执法组，以区（管委）辖区为责任范围，新组建4支（东港区2支，开发区、山海天各1支）由公安、交通、综合执法部门参加的联合执法组，所在乡镇、街道全力配合，开展区域联合执法行动。对路面依法查扣的车辆，由执法组通报车主所在区（管委）进行教育劝导。乡镇、街道要充分利用村居、社区视频监控系统，发现三轮车、四轮代步车违法行为，及时跟踪劝导教育。

（三）通过人大立法支撑保障执法成效。将这次集中整治的经验做法纳入正在起草的《日照市城市管理条例》中，单列2～3条款对市区三轮车、四轮代步车通行作出系统的、专项的禁止性规定，并明确违法处罚条款和处罚实施主体。

（四）持续加大宣传引导力度。宣传、教育、公安、交通、综合执法等部门，要警示引导市民不要乘坐营运三轮车。学校、幼儿园要通过在校学生，引导家长不要用三轮电动车、四轮代步车接送中小学生，坚决不乘坐非法营运三轮车。鼓励群众举报，引导社会群众主动参与，保持抵制三四轮车违法行为的强大声势。

（五）强化日常督导考核。有关区（管委）主要领导要高度重视，定期调度，分管领导每月至少召开一次专题会议，组织一次集中督查行动，及时发现和整改工作中的问题。市创城办要将市区三四轮车整治情况纳入文明城市创建工作的重要考评内容。对措施不落实、效果不明显的，市委、市政府约谈区（管委）及部门责任人。出现反弹的，对所属区（管委）、街道及有关部门单位负责人追责。

（六）组织召开总结表彰会议。为激励先进鼓舞士气，建议近期召开会议，对前段工作情况、基本经验进行全面总结，结合当前创城工作，对后续巩固整治成果、建立常态化整治工作机制进行再动员再部署。并以市人力资源和社会保障局、市创城突出问题集中整治指挥部办公室的名义，表彰一批整治中涌现的先进集体和先进个人。

（七）对政府补偿、车主自愿上缴的车辆中，购置时间不超2年、车辆状况较好的100辆三轮车，由市扶贫办公室作为扶贫物资，研究妥善合理方案，年底前免费发放给边远农村贫困家庭使用。

市三轮车四轮代步车集中整治
工作领导小组办公室
2016年11月19日

附 2：

2018年日照市道路情况

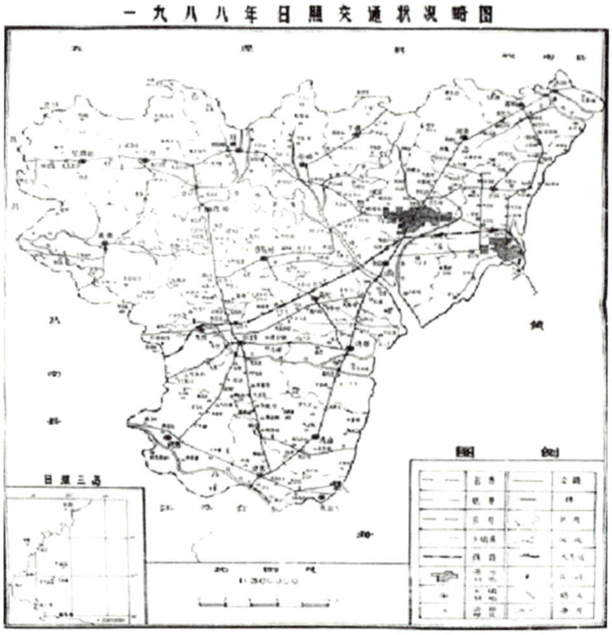

图 7-14 1988 年，日照干线公路路网示意图

日照地处沿海，地理位置重要，历史上有7个自然口岸，是周边地区货物集散地。清朝以前，境内道路多为驿道、官道和从海口通往内地的乡间道路。随着渔商往来频繁和沿海军事的需要，从1918年起，在驿道基础上，修建起通往胶县、诸城、莒县、临沂的4条公路。抗日战争期间，敌我双方根据各自需要不断破坏。新中国成立后，为发展经济，巩固海防，从1949年起开始修复公路，到升格为地级日照市前共修复和新建公路504公里。

地级市建立后，日照市公路建设迅速发展。2003年，“村村通”工程开始建设。2009年，全市2992个行政村，全部实现村村通硬化路。至2018年，境内高速公路和国省道干线公路发展至16条，通车里程800.69公里。其中，高速公路6条，分别为沈海、日兰、长深、疏港、潍日高速、日照机场至沈海高速连接线，全长216.35公里，呈“三纵一横一连”分布；干线公路11条，其中国道5条、省道6条，全长584.34公里。县乡道路212条，总里程1977.32公里。“村村通”道路总程6500.47公里。专用道路10.11公里。全市城区道路总里程1310.41公里。

（一）高速公路

沈海高速公路（G15） 是交通部规划的全国“三纵三横三个重要路段”及山东省规划的“五纵连四横，一环绕山东”公路主框架中的重要线路。沈海高速公路日照段，北从青岛市黄岛区大场镇进入日照境内，经两城、河山、日照、奎山、高兴、涛雒、虎山、汾水等乡镇（街道），南至岚山区汾水镇与连云港段相接，线路全长61.07公里。设计行车速度120公里/小时，全封闭、全立交，双向4车道、路基宽28米。设有日照北、涛雒、汾水、鲁苏4个出入口（收费站），服务区（涛雒）1个。2001年11月开工建设，2003年12月竣工通车。

日兰高速公路（G1511） 起点是日照市，终点是河南省兰考县。日兰高速公路日照段东起日照城西孔家湖子村北，与206国道、222省道、225省道互通，与204国道、335省道和疏港高速路相连接，途经东港区、莒县12个乡镇，西至莒县夏庄镇北汀水村与临沂段相接，全长78.45公里。设计行车速度100公里/小时，全封闭、全立交，双向4车道，路基宽26米，设有日照、西湖、龙山、莒县东、莒县5个出入口（收费站）。日兰高速公路日照段于1998年10月开工建设，2000年11月建成通车。

长深高速公路（G25）日照段（莒县） 线路全长9.72公里。日照段北起莒县与沂水交界，南至莒县与莒南县交界。于2009年6月开工建设，2013年1月20日建成通车。

日照疏港高速公路 东起日照港，沿香港路向西通过奎山南，再向西北方向跨越崮子河，上跨

204国道和菏日铁路，在傅疃河以北接沈海高速公路，路线全长13.63公里，设计时速100公里，全封闭、全立交，双向6车道，路基宽33.5米。2009年5月开工建设，2011年11月26日建成通车。

潍日高速公路（G1815） 起点位于潍坊寿光东北部荣乌高速公路，向南延伸，在潍坊附近跨越济青高速公路，经潍城区、昌乐县、安丘市、诸城市、五莲县，终点位于日照市东港区南湖镇，与日兰高速公路相接。潍日高速公路日照段全长49.6公里。2016年开工建设,2018年11月1日竣工通车。

日照机场至沈海高速连接线（S7801） 起于日照机场快速路，止于日照疏港高速公路日照南互通立交，全长3.89公里（高速公路2.58公里，一级公路1.31公里），设计时速80公里，采用双向4车道高速公路及一级公路标准，设收费站1处。于2016年6月6日开工建设,2017年12月26日建成通车。

（二）国道

烟上线（G204，烟台—上海） 日照境内，2019年路网编号调整后，烟上线（与G228丹东线共线）由原G204、G204烟上线日照绕城段改建工程调整而成。该路北起青岛与日照交界处，向南途经两城镇、河山镇、香河街道、日照街道、奎山街道、涛雒镇、虎山镇、汾水镇，终点为日照与连云港交界处，路线总长73.18公里。全线按照一级公路标准建设，设计时速80公里。

威汕线（G206，威海—汕头） 日照境内，北起诸城与五莲交界处，向南途经汪湖镇、管帅镇、于里镇、招贤镇、城阳镇、刘官庄镇、夏庄镇，终点为莒县与莒南交界处，路线总长84.304公里，全线按照一级公路标准建设，设计速度80公里/小时。

胶海线（G341，胶南—海晏） 2019年路网编号调整后，由原S329薛馆线调整而成。该路日照段（莒县）穿越莒县西北部的东莞镇，东起诸城与莒县交界，终点为莒县与沂水交界处，境内全长2.64公里。全线按照二级公路标准建设，设计时速60公里。1960年修建，2004年改建。

日凤线（G342，日照—凤县） 2019年路网编号调整后，由原S334张李线、S220平日线、S335石兖线调整而成。该路起点为日照市东港区，终点在陕西省宝鸡凤县。日照段（东港段）起点为与G204交叉口处，终点位于东港与黄岛交界处，长0.795公里；日照段（五莲莒县段）起点位于五莲与黄岛交界处，向西途经潮河镇、叩关镇、松柏镇、山阳乡，洪凝镇（含五莲城区）、中至镇、于里镇、招贤镇、城阳镇（含莒县城区）、浮来山镇，终点为莒县与沂水交界处，路线全长97.13公里。G342日凤线日照段自东向西先后与G204烟上线、G1815潍日高速、S222央赣线、G206威汕线、S313日滕线等5条国省干线公路交叉。

G342日凤线日照段重合路段2处：在两城镇与S220平日线重合，重合段里程0.79公里。五莲县境内G342与G206交叉口至莒县城北G342与G206交叉口与G206威汕线重合，重合段里程32.15公里。

日定线（G518，日照—定陶） 2019年路网编号调整后，由原疏港大道、S342岚济线调整而成。该路起点为日照岚山区，经临沂、山亭、枣庄、丰县等地至山东定陶。日照段东起岚山区，向西延伸至终点为日照与临沂交界处，路线总长23.81公里。G518日定线日照段自东向西先后与G204烟上线、G15沈海高速、S222央赣线等3条国省干线公路交叉。

（三）省道

平日线（S220，平度—日照） 2019年路网编号调整后，由原S220、海滨二路、上海路、S613同三线日照连接线调整而成。该路日照段起点位于东港与黄岛交界，途经两城街道、卧龙山街道、日照市区、石臼、开发区、后村镇，终点位于路线与S222交会处，全长55.29公里。S220平日线日照段由起点到终点与G204烟上线、S506陶大线、S313日滕线、G15沈海高速、S222央赣线等5条国省干线交叉；在两城镇与G342日凤线重合，重合里程0.79公里；在两城镇与G204烟上线重合，重合里程 2.68 公里。

央赣线（S222，潍坊市央子—赣榆县） 2019 年路网编号调整后，由原 S222、S222 改建段调整而成。原名平（山东平度县）日（日照市）路，日照段全长 90.46 公里，起于五莲县与诸城市交界处，途经五莲县的高泽镇、洪凝镇、街头镇，东港区的陈疃镇、西湖镇、后村镇，岚山区的巨峰镇、虎山镇，于岚山办事处汾水镇界牌岭与 G204 交会。S222 央赣线日照段由北向南分别与 G342 日凤线、S313 日滕线、G1511 日兰高速、S220 平日线、S314 涛汤线、G15 沈海高速、G204 烟台上线 7 条国省干线公路交叉。

莒阿线（S225，莒县—阿湖） 该路北起莒县城阳，经长岭、小店至莒南交界，其中莒县境内 26.39 公里，路基宽 20 米，路面宽 12 米。1990—1992 年，全线加宽改建。1999 年改建，跨沭河修建小岭大桥，路面宽 9 米。全线共有特大桥 1 座，大桥 1 座，中桥 2 座，小桥 8 座。2006 年，对莒县沭河大桥至长岭 12.3 公里的二级路进行路面维修。2010 年，对沭河大桥至 206 国道段 6.3 公里的二级路进行路面大修。

日滕线（S313，日照—滕州） 2019 年路网编号调整后，由原 S335 石兖线、S313 绕城段、原 S336 莒界线调整而成。该路日照段起点位于日照万平口海洋公园，向西途经东港区、南湖镇、陈疃镇、三庄镇、龙山镇、莒县城区、浮来山镇，终点为莒县与沂南县交界，路线总长 99.56 公里。日照段自东向西先后与 S220 平日线、G204 烟上线、S222 央赣线、G1511 日兰高速、G206 威汕线、G342 日凤线 6 条国省干线公路交叉。S313 日滕线日照段在起点万平口海洋公园至烟墩岭处穿越日照市区，长度约 15 公里。路线在日照市区内与青岛路、烟台路、北京路、临沂路、迎宾路、昭阳路等多条城市主干道平交。

涛汤线（S314，涛雒—汤头） 2019 年路网编号调整后，由原 S341 涛坪线调整而成。该路日照段全长 23.34 公里，东起东港区涛雒镇刘家湾村，与日照—岚山沿海公路平交，自东向西经东港区涛雒镇、岚山区巨峰镇，终点位于日照临沂界（K23+342）。S314 涛汤线日照段按二级公路标准建设，设计时速 60 公里。日照段自东向西先后与 G204 烟上线、G15 沈海高速、S222 央赣线 3 条国省干线公路交叉。

陶大线（S506，陶家村—大莲村） 2019 年路网编号调整后，由原 S613 同三线日照连接线调整而成。该路东起与 S220 交叉口，西至与 G204 交叉口，路线总长 8.22 公里，S506 陶大线按一级公路标准建设，设计时速 80 公里。S506 陶大线日照段自东向西先后与 S220 平日线、原 G204 烟上线国省干线公路交叉，路线全线穿越日照市区。

（四）县乡道路

1989 年，全市县乡公路通车里程 241.37 公里，其中，县道 17 条。公路硬化里程不足 30 公里，且公路普遍弯度大、坡度长、路况差、等级低。为此，日照市从 1990—1992 年连续开展三年的“公路建设年”活动，提升路基技术标准，进行路基拓宽，改造砂土路 200 余公里。新建改建一批标准高、质量好的县乡公路，建设里程达 530 余公里，改善市县乡公路通行能力，提高路面等级水平。

1995—1997 年，连续开展三年“公路建设质量年”活动，公路等级里程增加较快。1997 年，全市县乡公路达到 830.7 公里。

2002 年，县乡公路通车总里程达到 1740.2 公里。其中，乡道升级为县道 85.2 公里，村道升级为乡道 119.5 公里。

2003 年，日照市启动“村村通油路”工程。至 2005 年，“村村通油路”工程完成率达到 95.18%；2009 年，全市 2992 个行政村全部实现村村通硬化路。2013 年，县乡公路通车里程达 7479.6 公里。

至 2018 年 12 月，县乡道路通车总里程达 8487.9 公里。

2018年日照市县乡公路等级表

表7-1　　　　单位：公里

项目	等级公路合计	一级	二级	三级	四级
年底到达数	8487.90	43.60	936.37	501.61	7006.34
县道	951.86	26	605.10	218.64	102.11
乡道	1025.46	8.27	96.50	129.32	791.38
专用公路	10.11	—	—	1.96	8.15
村道	6500.47	9.33	234.77	151.69	6104.68

1997—2018年日照市公路通车里程一览表

表7-2　　　　单位：公里

年份	县乡公路	干线公路	合计
1997	830.7	449.2	1279.9
1998	1157.0	478.3	1635.3
1999	1157.0	482.3	1639.3
2000	1618.9	562.2	2181.1
2001	1620.7	560.5	2181.2
2002	1740.2	560.5	2300.7
2003	2094.9	642.8	2737.7
2004	3188.9	642.8	3831.7
2005	4583.2	642.8	5226.0
2006	5372.6	642.8	6015.4
2007	5481.1	643.6	6124.7
2008	5673.8	640.8	6314.6
2009	5671.6	650.0	6321.6
2010	5849.2	650.0	6499.2
2011	6009.0	663.6	6672.6
2012	6827.9	673.2	7501.1
2013	7479.6	673.4	8153.0
2014	7537.0	672.72	8209.72
2015	7535.86	673.85	8209.72
2016	7588.4	673.85	8262.25
2017	7986.79	689.37	8676.16
2018	8487.9	796.8	9284.7

（五）城市道路

日照城始建于金大定二十四年（1184年），到明代有街道12条，清代有14条，民国时期有26条。中华人民共和国成立后，1954年主街（今海曲中路）拓宽为12米，1956年拓宽为18米，1958年拓宽为20米，1972年拓宽为30米，1979年主街路面铺沥青1.5公里，并铺设人行道。1982年随着日照港和兖日铁路的相继兴建，特别1989年地级日照市建立后，市行政中心东移，日照市的城市建设迅速发展。至2013年底，城区主干道18条，次干道59条，总长303公里，硬化面积710万平方米。

2018年，日照城市道路主干道共有20条，其中东西向11条，南北向9条，总长度192.1公里，硬化面积484.5万平方米。次干道59条，其中东西向25条，南北向34条。总长度120公里，硬化面积260万平方米。

2018年城市东西向主干道情况表（11条）

表7-3　　单位：米

道路名称	起始点	长度	基本情况
山海路	青岛路至同三高速公路	8200	红线宽120米，主车道宽30.5米，一块板形式，沥青路面，2003年建成
学苑路	青岛路至丹阳路	8100	红线宽60米，主车道宽24米，一块板形式，沥青路面
山东路	青岛路至烟墩岭	13000	红线宽60米，主车道宽24米，慢车道宽2×6米，人行道2×8米，三块板形式，沥青路面，于1995年修建，2001年部分重建
济南路	青岛路至海曲路	7000	红线宽50米，主车道宽24米，慢车道宽2×6米，人行道宽2×6米，三块板形式，沥青路面，于2001年建成
海曲路	碧海路至烟墩岭	15000	红线宽50米，主车道宽17米，慢车道宽2×6米，人行道宽2×6米，三块板形式，沥青路面，于1988年修建，1997年重建
迎宾路	海曲东路至日照路	6700	红线宽100米，主车道宽30.5米，一块板形式，沥青路面，于2004年建成
黄海二路（西段为大连路）	海滨二路至现代路	8000	红线宽30米，主车道宽18米，一块板形式，沥青路面，2000年建成
黄海一路（西段为秦皇岛路）	绿舟路至临沂南路	4600	红线宽50米，主车道宽30米，人行道宽2×5米，一块板形式，沥青路面，1987年修建，2003年重建
上海路	海滨二路至204国道	11000	红线宽80米。东段为一块板、西段为两块板形式，沥青路面，于2001年修建，2003年建成
淄博路	青岛路至兖州路	4500	共11段分路，面积79975平方米
泰安路	临沂路至青岛路	3800	共7段分路，面积95205平方米

2018年城市南北向主干道情况表（9条）

表7-4　　单位：米

道路名称	起始点	长度	基本情况
丹阳路	迎宾路至潍坊路	5300	红线宽40米，中央分隔带3米，两侧行车道各12米，1994年修建，2012年重建
日照路	迎宾路至丹阳路	10000	红线宽60米，一块板形式，沥青路面，于1985年修建
昭阳路	迎宾路至山海路	8000	红线宽40米，主车道宽14米，慢车道2×6米，三块板形式，沥青路面，于1990年修建
临沂路	204国道至山海路	17300	红线宽40米，主车道宽25米，三块板形式，沥青路面，2005年建成

续表 7-4

道路名称	起始点	长度	基本情况
北京路	日照电厂至山海路	13000	红线宽 100 米，主车道宽 2×19 米，人行道 2×6 米，两块板形式，沥青路面（开发区段水泥混凝土路面）于 1998 年建成
烟台路	海曲路至山海路	6800	红线宽 50 米，主车道宽 16 米，慢车道宽 2×7 米，人行道宽 2×4 米，三块板形式，沥青路面，于 1994 年修建，2001 年建成
青岛路（南段海滨二路）	山海路至海曲路	9500	红线宽 100 米，主车道宽 24 米，慢车道宽 2×10 米，一块板形式，沥青路面，于 1996 年修建，2002 年重建
碧海路	石白灯塔广场至大沙洼林场	15000	红线宽 30 米，主车道宽 18 米，人行道宽 2×6 米，一块板形式，沥青路面，于 1998 年修建，2001 年建成
北海路	山海路至 204 国道	17300	红线宽 40 米，主车道宽 30 米，两块板形式，沥青路面，2011 年建成

第二节 车辆与驾驶人管理

公安交警各级车辆管理所是机动车与机动车驾驶人的管理机构。至 2018 年底，全市共有市公安局车辆管理所和 8 个交警大队车辆管理所（车管分所）。

一、机动车管理

（一）机动车登记

1989 年地级日照市建立后，日照市（筒子市）公安交通警察队车辆管理所承担市内机动车登记业务办理，大型、小型拖拉机委托农机部门管理。这一阶段，初次申领牌证业务需要提交《机动车登记申请表》、介绍信、机动车合格证、购车发票、车辆购置税附费、车辆保险费等资料。机动车登记业务的种类有申请领用车辆正式号牌和行驶证、过户、变更、停驶、复驶、报废等。至年底，全市机动车保有量 4151 辆。

1990 年开始，全市机动车数量连年快速增加。至 1995 年底，全市机动车保有量 4.25 万余辆。公安交警系统按照规定，认真做好机动车登记各项业务。

1996 年 6 月 1 日，开始执行《山东省机动车牌证管理办法（试行）》，将机动车各项登记业务统称为机动车注册登记，并将注册登记分为初次注册登记，变更登记、转籍、过户登记，停驶、复驶登记，注销登记。

1997 年 5 月，开始按照新的《汽车生产企业及产品目录》，对照《目录》中的车型技术参数和照片办理机动车注册登记。

1999 年 1 月 1 日，在办理注册登记业务时，开始审查机动车销售统一发票。6 月 21 日，落实公安部《车辆管理所业务岗位规范》，将机动车管理业务岗位细化区分机动车检验、登记审核、牌证管理、业务领导、档案管理 6 个岗位。10 月，启用“被盗抢机动车核查比对系统”和“进口机动车计算机核查比对系统”，在机动车注册登记环节打击盗抢、走私机动车犯罪活动。

2000 年 1 月 1 日，按照列入国家机械工业局发布的目录，为国产汽车、摩托车、农用运输车办理注册登记。10 月，使用全国统一的车辆管理所行政印章、业务专用章、“机动车行驶证”“机动车登记证书”印章、证件及车辆管理所民警业务手续专用名章。

2001 年 5 月，按照《车辆生产企业及产品公告》，办理机动车注册登记，不再执行《汽车生产企业及产品目录》。10 月 1 日，落实公安部《中华人民共和国机动车登记办法》和《机动车登记工作规范》，将机动车登记的种类分为注册、过户、转出、转入、变更、抵押、停驶、复驶、临时入境和注销登记。是月，落实公安部《中华人民共和国机动车登记办法》，开始办理机动车注册抵押登记业务。

2004 年 6 月 11 日，按照省公安厅《关于做好在用“大吨小标”车辆载质量更正工作有关问题的通知》，对全市在用“大吨小标”车辆标准吨位进行恢复更正。10 月 1 日，启用全国机动车 / 驾驶证信息管理系统统一版，机动车登记取消机动车停驶、复驶登记，注册登记申请资料增加机动车第三者责任强制保险凭证，抵押登记取消检测和确认机动车。

2005—2007 年，将货车、挂车、小型汽车注册登记业务先后下放至莒县、五莲县、岚山区交警大队车管分所办理。

2008 年 10 月 1 日，执行公安部《机动车登记规定》和《机动车登记工作规范》，取消变更车身颜色、发动机、车架等业务的事前审批，可以先变更再申请变更登记；注册登记申请资料中的《机动车第三者责任强制保险凭证》改为《机动车交通事故责任强制保险凭证》；原机动车所有人申请办理新购机动车注册登记时，可以向车辆管理所申请使用原机动车号牌号码。同时，将机动车管理岗位调整为机动车查验、登记审核、档案管理 3 个岗位，并启用新的全国版机动车登记系统。同时，市公安局车管所以搬迁至东港区河山镇新址为契机，在业务大厅设立人性化等候区，按照排队叫号系统，推广车驾管业务“一窗式”服务模式。是月，交警直属、东港、岚山、莒县、五莲、日照港大队的车管所全称由“日照市公安局车辆管理所 ** 分所”更名为“日照市公安局交通警察支队 ** 大队车辆管理所”。

2009 年 3 月 1 日，结合实施汽车、摩托车下乡政策，市公安局车管所将小型汽车挂牌业务延伸至奎山汽车城，在日照市乾通汽车销售服务有限公司设立服务站。7 月，按照省公安厅关于加装天然气车辆备案业务要求，对经批准加装压缩天然气等燃料的机动车进行备案。8 月，市公安局车管所凌云机动车登记服务站正式对外办理业务。12 月，在全市车辆注册登记受理岗位配备居民二代身份证验证机。

图 7-15 2009 年 8 月，市公安局车管所设置凌云机动车登记服务站

2010 年 10 月 25 日，日照“网上车管所”通过日照公安服务在线互联网平台正式启动运行，群众可通过互联网办理部分车驾管业务。

2011 年，市公安局车管所在日照市远通大发汽车销售公司、福士汽车销售公司设立机动车登记服务站；交警各大队车管所均成立“流动车管所”，拓展服务范围，开展流动服务。

2012 年 9 月 12 日，执行公安部《机动车登记规定》《机动车登记工作规范》，机动车结构术语增加“专用校车”，校车登记查验流程使用专门的《校车查验记录表》，车管部门开始办理核发校车标牌业务。是年，互联网业务增加网上预选号牌等业务种类，增加车辆转入、转移

图 7-16 2012 年，校车检验

（过户）的预选号功能。

2013 年 1 月 9 日，执行新修订的《机动车查验工作规程》，增加校车查验规程和查验项目、标准。5 月 1 日，落实《机动车强制报废标准规定》实施，执行新的机动车报废政策，小、微型非营运载客汽车、大型非营运轿车、轮式专用机械车取消强制报废期限；增加机动车在检验有效期届满后连续 3 个机动车检验周期内未取得机动车检验合格标志的应当强制报废；其他类型机动车强制报废年限标准也进行调整。12 月，落实公安部《关于车辆管理部门进一步加强和改进服务群众工作的意见》的通知，全市除大型客车、校车外的机动车，可在全省范围内异地检验，无需办理委托检验手续。是年，开始使用升级后的公安交通管理综合应用平台（1.1 版）办理机动车业务。

2014 年 2 月 21 日，《机动车和驾驶证件电子影像档案技术规范》实施。9 月，执行《机动车类型术语和定义》（GA802—2014），增加“面包车”“专用校车”“车辆运输车”“无载货功能的专项作业车”“有载货功能的专项作业车”“中置轴挂车”“车辆运输半挂车”等相关机动车结构术语说明。

2015 年 8 月 5 日，落实《互联网交通管理业务工作规范（试行）》，进一步明确互联网交通安全综合服务管理平台可以办理的业务种类，并对业务办理的流程、具体事项等作出规定。12 月，全市试运行互联网交通安全综合服务管理平台，市民通过互联网交通安全综合服务管理平台可以办理预选机动车号牌号码，补、换领号牌、行驶证、检验合格标志，补、换领驾驶证等业务。

2016 年 1 月，在办理机动车登记业务查验环节，开始启用 PDA 查验终端，不再手工填写查验记录表。7 月，落实《机动车号牌监制规范》《山东省机动车查验监管工作规范（试行）》《山东省机动车安全技术检验监管工作规范（试行）》，全市车管部门采取联网审核、现场检查、远程抽查等方式，对辖区内机动车安检机构的安全技术检验行为进行监督，定期分析核查机动车安全技术检验情况，依法查处违规检验问题。9 月，启用机动车和驾驶证件电子影像化档案管理系统，对新增的机动车档案进行影像化采集。

2017 年 5 月，落实《日照市车辆购置税信息共享核查工作制度》，在办理机动车注册登记时，对车辆购置税、机动车销售发票联网核查。

2018 年 1 月 1 日，落实《机动车运行安全技术条件》，新的标准提升大中型客车的运行安全性和防火安全性；扩大载货车辆的安全装置配置要求，明确其载货部位技术要求，增加新能源汽车、旅居车辆的特殊要求，强化汽车运行安全管理要求等。7 月，落实《公安交管部门进一步深化“放管服”改革提升交管服务便利化措施》，全市各车管业务大厅实行“一窗通”办理，业务受理、制证、交费在一个窗口即可办结；申请资料可联网核查、影像化采集的，不再收存复印件、纸质凭证；设置自动办理区，办事群众可用自助受理机自助申请补换证等业务。10 月，启动一次排队、一次办结的“通道式”查验区建设。12 月，全面启动库存机动车和驾驶人档案的影像化采集工作，通过招标采购社会化服务的形式，影像化采集档案资料 65.3 万余份。

1989—2018 年日照市机动车（不含拖拉机）保有量统计表

表 7–5　　　　单位：辆

年份	机动车保有量合计	汽车摩托车其他（三轮、低速货车）			摩托车	挂车
		载客	载货	其他（三轮、低速货车）		
1989	4151	2439		762	950	
1990	16292					
1991	18564					

续表 7–5

年份	机动车保有量合计	汽车摩托车其他（三轮、低速货车）			摩托车	挂车
		载客	载货	其他（三轮、低速货车）		
1992	21579					
1993	24019					
1994	29660					
1995	42511					
1996	60480					
1997	75763					
1998	84903					
1999	94043					
2000	103183	21372			80949	862
2001	112324	26021			84517	1786
2002	139926	17052	9171	6894	104255	2554
2003	201306	23473	12877	10038	151426	3492
2004	269360	31509	16484	16883	199746	4738
2005	291875	43362	17556	16880	209278	4799
2006	349133	58094	20598	17533	247465	5443
2007	377899	74587	23532	16039	257758	5983
2008	404130	90885	26423	16038	264542	6242
2009	499151	114627	31640	21113	325183	6588
2010	609023	149481	39104	23688	389380	7370
2011	660356	189194	44773	21389	396795	8205
2012	710175	233308	45096	17995	408236	5540
2013	606988	282937	52676	13009	252362	6004
2014	670280	335321	52362	12867	262977	6753
2015	718588	393169	52240	7371	258877	6931
2016	723874	452545	60090	7192	195912	8135
2017	785375	508298	68788	7016	192318	8955
2018	835028	562418	79178	7242	176212	9978

（二）机动车年检

1989 年地级日照市建立后，按《机动车运行安全技术条件》标准对机动车辆进行检验，分整车、发动机、转向系、制动系、照明信号、电气设备行驶系、传动系、车身、安全防护装置 9 项，对特种车辆的附加要求和汽车尾气排放、噪声控制 3 项予以严格要求。

1994 年，投资 35.3 万元，在市公安局车管所院内设立日照市机动车安全技术检测站，配备包括轴重仪、侧滑台、制动台、车速表实验器、废气分析仪和计算机分析打印器等 7 个系统，采取全自动控制和数据自动化处理，长期靠耳听、目测、手摸、脚踩的传统检验方法得以改善。

1995 年，投资 46 万元添置车载流动检测线，重点为区县和偏远地区上门检验。

1997 年，落实新修订的《机动车运行安全技术条件》，按照新的标准和检验方法对整车及发动机、转向系、制动系、照明与信号装置、行驶系、传动系等开展车辆检验。新标准提高机动车运行安全性要求，提高车辆路试制动检验的初速度，增加车辆安全结构、装备和减少机动车公害等方面的要求，对农用运输车做出相应的规定。

2001年6月，投资36万元，对车检线进行升级改造，并与车管大厅微机联网、信息共享，提高检测效率。是年，年检车辆1.34万余台次。

2002—2003年，投资470余万元，先后在交警东港大队、五莲大队、岚山大队、莒县大队建成全自动复合检测线4条。

2006年，按照《中华人民共和国道路交通安全法》关于“机动车安全技术检验实行社会化”之规定，将市车管部门管理的机动车检测机构移交日照市安通总公司管理。6月，日照大陆机动车综合检测有限公司、莒县汇众汽车检测有限公司等社会化机动车检测机构，开始承担全市机动车检测业务。9月，日照市安通总公司设立日照市安通机动车安全技术检测中心。交警各大队车管分所管理的机动车检测机构分别成为日照市安通机动车安全技术检测中心下属的直属站、莒县站、岚山站、五莲站，4处检测站均通过当年的省质监部门计量认证。

2014年5月，启用机动车安检机构远程监管系统，交警部门可对全市检测机构实施监管。9月1日，落实《关于加强和改进机动车检验工作的意见》要求，非营运轿车（含大型轿车）、非营运小型和微型载客汽车（不含面包车、7座及7座以上车辆）实行6年内免检政策，除免检范围的车辆发生过造成人员伤亡交通事故的，可直接申领免检检验标志。为方便群众，车管部门在保险公司、汽车4S店开通申领免检检验标志业务。

2018年7月30日，按照“放管服”改革措施，行驶证副页上不再签注检验有效期；机动车所有人通过互联网服务平台申领免检车辆检验标志的，不再要求提交行驶证。9月1日，对符合跨省异地检验适用车型的，不再出具、审核异地检验委托书。12月，市公安局车管所设立综合业务监管中心，作为专门机构负责对全市机动车检测机构实施监管。至年底，全市共有机动车安全技术检测机构24家。

（三）机动车牌照管理

1989年地级日照市建立后，仍然发放和使用“85”式机动车号牌。车牌材质为铝合金材质，样式采用上、下排结构，上排用汉字注明省、自治区、直辖市的名称，并用2个阿拉伯数字表示发牌机关的代号，下排用数字排列。大型汽车挂铁质朱红底白字大面号牌，小型汽车和摩托车挂铁质中绿底白字小面号牌，全挂车为白底黑字号牌，农用运输车、拖拉机挂淡黄底黑字大面号牌，其余（包括轻便摩托车）均挂白底朱红字小面号牌。日照市车辆号牌为“山东90*****”。

1990年2月，日照市车辆号牌更换为“山东11*****”。1994年7月1日，根据公安部、省公安厅统一部署，全市启用、换发“92”式号牌，日照市汽车号牌由“山东11*****”更换成“鲁L*****”。新号牌分汽车、摩托车、农用运输车、拖拉机、挂车和临时等6类22种；使用性质分为普通车、外籍车、教练车、试验车4种，其中外籍车号牌分为大使馆车、领事馆车、外籍车、普通外籍车、临时入境车5种；号牌有蓝、黄、黑3种底色，大小7种规格，大型汽车、摩托车号牌分前后两种

图7-17 1994年，车管民警为车辆换发“92”式号牌

规格，摩托车前号牌为双可视面。至 1996 年 7 月，全市共换发“92”式各类机动车号牌 29981 副，其中市直 15265 副，东港 8331 副，莒县 1021 副，五莲 677 副，经济开发区 182 副，个体 1502 副，其他 3003 副。同时，“85”式机动车号牌于 1996 年 7 月 1 日废止。

2000 年 8 月，全市开始使用计算机公开自动选择号牌，机动车车主可从系统随机给出的 5 个号牌号码中选择 1 个作为自己的机动车号牌号码，每车共有 3 次选择机会。

2007 年 11 月 1 日，落实《中华人民共和国机动车号牌》（GA36—2007），对大型汽车号牌的适用范围进行修改并取消“外籍车号牌”种类；是年，市公安局车管所及莒县、五莲、岚山 3 个县区车管分所启用“92”式小型汽车自选号牌系统。

图 7-18 2012 年 4 月 18 日，日照自选号牌首次发放仪式

2010 年 8 月，正式启用机动车自编号牌选号程序。在公示的可以自编选号的号牌号段，车主可以将自编的号码输入选号系统，如果该自编的号码可以使用，系统显示相关提示信息，车主便可确认选取该号牌号码。

2014 年 1 月 24 日，落实《中华人民共和国机动车号牌》（GA36—2014），取消摩托车前号牌，同时增加号牌生产序列标识等技术要求。

2017 年 5 月，全市启用全国统一版机动车号牌选号系统，统一版选号系统分为公安网选号和互联网选号两种，公安网采用的是“50 选 1”随机选号，互联网选号可以通过交通安全综合服务管理平台或交管 12123 手机客户端选取，有“自编自选”和“50 选 1”两种方式。是年，市公安局车管所与市邮政公司启动警邮合作，邮政代办交管服务网点可以代办补换机动车牌证、申领 6 年内免检车辆检验标志等业务。

2018 年 1 月 30 日，日照市正式启用新能源汽车专用号牌。5 月 1 日，《中华人民共和国机动车号牌》（GA36—2018）实施，确定增加大型新能源汽车号牌和小型新能源汽车号牌的颜色、数量和适用范围。至年底，全市核发（注册、转入）大型新能源汽车号牌 346 副，小型新能源汽车号牌 2134 副。

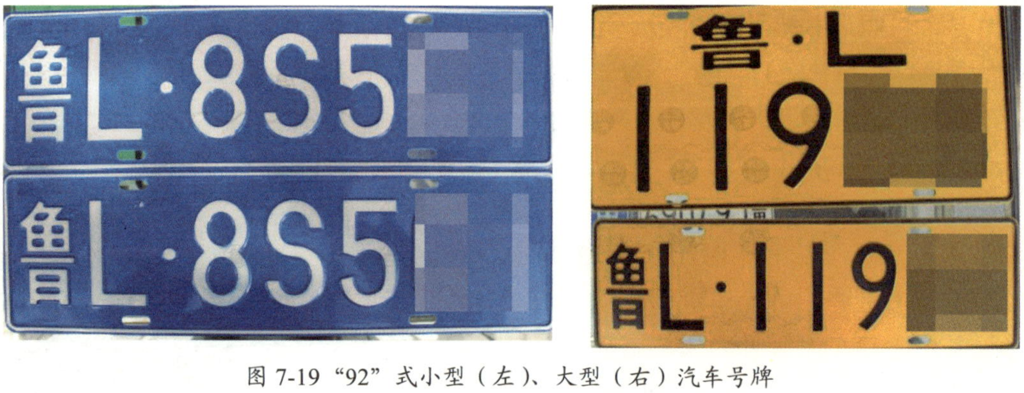

图 7-19 “92”式小型（左）、大型（右）汽车号牌

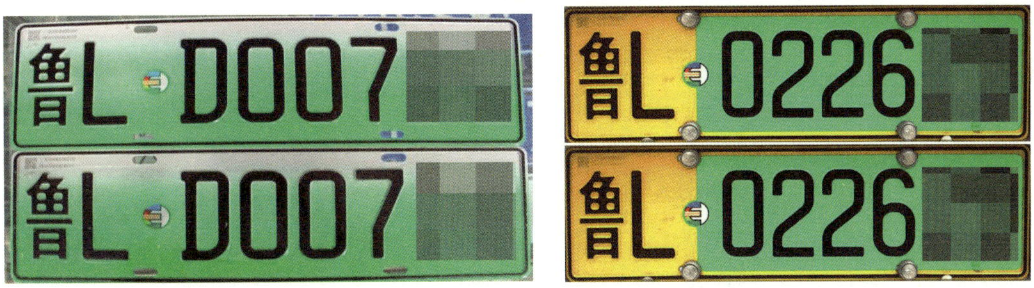

图 7-20 小型（左）、大型（右）新能源汽车号牌

（四）警用车辆管理

1987 年，全国道路交通管理体制改革后，全市警用车辆开始纳入规范化管理。

1995 年 10 月 1 日，公安部印发《警车管理规定》，对警车范围、种类、标志、用途、登记通行原则等做出明确规定，要求警车登记应填写“警车申请审批表”，实行定编管理，统一核发警车号牌、行驶证，由省公安厅车管所建立车辆档案。

1996 年，配合省公安厅车管所换发公、检、法、司、安部门的警车号牌和鲁 O 公安专段民用号牌，累计换发 256 副。

2002 年，审验警车 442 辆，公安专用号段车 29 辆，警车参检率及合格率均达 100%。2003 年，审验警车 466 辆，公安专用号段车 52 辆，换发警车号牌 189 副。2004 年，启动“2004 式”警车外观制式喷涂、粘贴工作，全市 463 辆警车改换新的警用车辆外观制式。

2006 年，全省警用车辆年度检验工作首次采取委托各市公安局组织实施的方法，省公安厅车管所授权各市公安局车管所，市公安局车管所指定专人直接登录省公安厅车管所机动车登记信息管理系统办理定期检验业务。11 月，全市警车管理执行公安部《警车管理规定》，新的警车外观标识采用白底，由专用的图形、车徽、编号、汉字“警察”和部门的汉字简称以及英文“POLICE”等要素构成。

2009 年 4 月，“全省警车号牌（含 O 牌专段）查询系统”正式启用，省公安厅车管所公开各地警车号牌（含 O 牌专段）资源，实行号牌号码预确定和手续审批同步进行。办理警车注册登记业务启用新的《山东省警车（含鲁 O 专段）登记申请审批表》，市公安局车管所开始承担机动车查验、预确定警车号牌号码等环节工作。

2010 年 6 月，按照全市统一要求，市公安局车管所常年开设警车定期检验窗口，保障市内警车能随时参检。2014 年 7 月，省公安厅车管所将警车定期检验业务授权下放到市、县两级车管所，全市警用车辆年审业务由交警各大队车管所承担。是年，按照省公安厅《关于治理淘汰警用车辆黄标车的通知》要求，为全市 51 辆警车办理报废注销登记业务。2015 年 5 月，全市警车定期检验直接在机动车安全技术检测机构进行检测，由检测机构签注机动车行驶证、签发年检合格标志。2018 年，全市警用汽车保有量 638 辆，警用摩托车 215 辆。

2005—2018 年全市办理机动车业务量统计表

表 7-6　　　　单位：笔

年份	全市业务量总计	注册登记	转移登记（转入）	变更登记	抵押登记	注销登记	年检业务	补换牌证、登记证书	其他
2005	104808	26670	8302	4589	5398	4465	39554	14438	1392
2006	150708	58420	11937	3223	7366	1227	48440	19038	1057

续表 7-6

年份	全市业务量总计	注册登记	转移登记（转入）	变更登记	抵押登记	注销登记	年检业务	补换牌证、登记证书	其他
2007	144372	39226	14872	2926	7607	11199	53234	13955	1353
2008	142445	28801	19176	3560	6873	1400	69482	11697	1456
2009	199214	66375	22170	2662	8890	217	78245	9230	11425
2010	272226	100377	25169	3246	10861	1189	90385	10162	30837
2011	292876	88321	29720	3355	11949	152	121842	10629	26908
2012	340627	91436	31377	5714	17534	10666	144044	12007	27849
2013	770767	81618	37256	89645	22765	320693	178281	14844	25665
2014	461024	83529	49866	20392	31230	23918	208618	16792	26679
2015	488657	77258	55585	14893	34685	31457	232771	16880	25128
2016	572180	79527	68287	19133	47206	17700	284864	18822	36641
2017	628358	62968	74826	14972	50487	53161	309283	18448	44213
2018	749580	61796	97485	18298	58126	16778	395333	22460	79304

二、机动车驾驶人管理

（一）驾驶人考试

新中国成立后至 1991 年前，日照地区的汽车驾驶员，大多数是从外地学会汽车驾驶技术后，再回到当地从事驾驶工作。

1991 年 6 月，经市编委批准，成立日照市机动车驾驶员培训队，根据公安部统一制定的教学大纲，组织教学。培训驾驶证种类有三种：一是由 B 证增驾的 A 证；二是大型机动车驾驶员即 B 证；三是小型机动车驾驶员即 C 证。培训程序按照先学习交通法规与机械常识理论，再模拟驾驶、道路驾驶和场地内移库穿桩等顺序进行。训练时间因培训对象而异，如增驾 A 证的为 2 周，申请学习 B 证的为 14 周，申请 C 证的为 7 周。12 月 31 日，首期汽车驾驶员培训班开班，学期 6 个月，参训学员 141 人，合格 127 人，合格率 90.1%。1992 年，培训汽车驾驶员 750 余人。1993 年，投资 980 万元，建成集检测线、实验楼、加油、修理等“六位一体”的培训中心，驾驶员培训规模不断扩大。1993—1996 年，每年培训学员 1100 余人。

1996 年 9 月，执行《中华人民共和国机动车驾驶证管理办法》《中华人民共和国机动车驾驶员考试办法》，市公安局车管所办理 A、B、C 类汽车驾驶证业务，其中汽车类驾驶证报名资料审查、身体条件检测下放莒县、五莲县车管所，身检条件检测合格的加盖“日照市机动车身体条件检测站检测专用章（莒）（莲）”，汽车类驾驶证以外的 D、E、F、J、L 等摩托车、农用运输车等驾驶证业务由各大队车管所办理。

1997 年，落实《中华人民共和国机动车驾驶员考试办法》，全市第一批经省公安厅交警总队考试通过的 3 名考试员正式上岗。

图 7-21 小型汽车考试现场

随着经济和社会的不断发展，学习汽车驾驶的学员逐年增多。2000年，培训学员3000人，2001年、2002年每年培训学员4500余人。2003年，随着教学培训规模和水平的提高，交警支队培训大队先后设立莒县、五莲县、市保安总公司小车培训队，教练车辆由1991年的23台发展到120台。全年培训学员5000余人，累计培训驾驶员2.6万余人。

2004年5月，随着《中华人民共和国道路交通安全法》的实施，驾驶人培训机构实行社会化，驾驶人培训业务与交警系统脱钩，由交通部门负责。是月，执行公安部《机动车驾驶证申领和使用规定》，新增满分教育学习的组织实施，由交警支队宣传教育科交通安全教育学校负责。

2007年4月，执行新修订的《机动车驾驶证申领和使用规定》，将场内道路考试并入科目二桩考中，科目三只考试实际道路驾驶，增加夜间驾驶及低能见度条件下驾驶科目，取消桩考不合格的两项评判标准。12月，市公安局车管所增设考试科，承担驾驶人科目二、三考试业务；驾驶人管理科负责驾驶证初学、增驾业务受理、科目一考试；市所车管业务大厅负责驾驶证业务受理、业务复核、制证、归档等。

2008年3月，将交警支队培训大队与宣传教育科交通安全教育学校整合合并，教育培训职能从驾驶员驾驶培训转为驾驶员安全教育培训，负责对记分达到满分（12分）的驾驶人进行教育，并组织接受教育的驾驶人进行科目一考试。

2010年4月，执行新修订的《机动车驾驶证申领和使用规定》，并自7月1日起，关闭驾驶证管理系统人工录入科目二考试成绩接口，科目二场地驾驶技能考试项目全部实现计算机自动评判，考试成绩实时自动上传；科目三考试实行摄像录音设备监控，并具备存储和查询功能，保存期为1年以上。

2011年，驾驶证初学、增驾受理业务下放到交警直属、东港、岚山大队车管所。2012年4月9日，落实省公安厅《助理考试员管理规定》，日照市第一批20名助理考试员上岗助理考试业务。2013年1月，执行新修订的《机动车驾驶证申领和使用规定》，科目二场地驾驶技能考试中，大中型客货车增设窄路掉头、模拟高速公路、连续急弯山区路、隧道、雨（雾）天、湿滑路和紧急情况处置等7个考试项目，将百米加减挡、起伏路行驶等两个项目调整至实际道路驾驶考试中；科目三道路驾驶技能增加安全文明驾驶常识考试、夜间考试，考试项目增加到16项，增设加减挡位操作、路口左转弯、路口右转弯3个考试项目；原C1以下准驾车型科目三合格成绩由80分调整为90分，驾驶技能准考证明的有效期由2年调整为3年。5月，市公安局车管所启用实际道路驾驶技能考试计算机评判系统，实现路考人工随车和计算机考试系统相结合的方式进行评判。2015年6月，将C1、C2科目二考试下放至交警莒县、五莲、岚山大队车管所。2016年4月1日，执行新修订的《机动车驾驶证申领和使用规定》和《机动车驾驶人考试工作规范》。各车管所考试业务增设受理岗、监督岗，准驾车型C1、C2、C3、C5科目三夜间抽考调整为白天模拟夜间灯光考试；取消前一科目考试合格方准参加下一科目考试的规定，即科目一考试合格后，科目二、三达到规定预约日期可随意预约，也可科目二、三可同时预约，连续考试；明确科目一考试合格后“六十日不能安排科目二、三考试的”，可以在省内异地参加考试。同时，初次申请和增驾B2以上及C1、C2、C5准驾车型的，全部实行互联网自主约考。

至2018年底，全市共有驾校17家，各种教练车1872辆，教练员1539人，考试员138人，助理考试员30人。

（二）驾驶证证件

1989年11月1日，在全市开始换发“89”式机动车驾驶人驾驶证。驾驶证分为正式驾驶证、实习驾驶证、学习驾驶证、临时驾驶证4种。是年，执行《汽车驾驶员管理暂行规则》，汽车驾驶人领取执照后每年度由公安部门审验一次。审验日期由公安局公告，审验相符后在执照上签章加盖年度戳记。审验内容包括核对执照上各项记录和照片是否与现状相符，有无漏办审验及其他登记的情况；审查驾驶员的身体有无妨碍驾驶工作的情况，持有职业驾驶员执照的是否还在担任职业驾驶员，持有实习职业驾驶员执照或非职业驾驶员执照的是否经常开车，以及驾驶技术情况；考核安全与违章肇事情况，有无未处理的违章或肇事事故。当年度内所发新驾驶执照免于审验。审验合格的由车辆管理机关在驾驶执照上签证；不合格的予以复试或注销执照。

1996年9月1日，执行《中华人民共和国机动车驾驶证管理办法》，取消实习驾驶证，初次领取驾驶证第1年为实习期。首次使用准驾车型代号（英文字母）表示准予驾驶车辆，全部车型用15个英文字母代表15种准驾车型。驾驶证有效期6年，持有准驾车型A、B证的、持有准驾车型C证从事营业性运输的和年龄超过60周岁的，每年审验一次；持有其他准驾车型驾驶证的，2年审验一次，免身体检查。学习驾驶证有效期为2年；临时驾驶证有效期不超过1年。1998年，全市使用机动车驾驶证防伪膜。

2004年4月1日，全市驾驶证审验改为年龄在60周岁以上或者持有大型客车、牵引车、城市公交车、中型客车、大型货车准驾车型的机动车驾驶人，每年进行一次身体检查，在记分周期结束后15日内，提交县级或者部队团级以上医疗机构出具的身体条件证明；C1以下驾驶证不再每年进行审验，也不用每年提交身体条件证明，只需在机动车驾驶证有效期满前90日内，向机动车驾驶证核发地车辆管理所申请换证。10月，执行新修订的《中华人民共和国机动车驾驶证件》标准，对驾驶证分类予以取消；将驾驶证正证、副证改为驾驶证主、副页，并不再加盖发证机关钢印章；修改准驾车型代号；在驾驶证主页增加“国籍”“有效起始日期”“有效期限”等，删除原来的“有效终止日期”，并增加签注栏英文注释；在副页增加“档案编号”，将“审验”改为“记录”；对机动车驾驶证准驾车型重新分类，审核确定15种准驾车型及相应准驾代号。

2008年4月，执行新修订的《中华人民共和国机动车驾驶证件》标准，全市启用新版机动车驾驶证。新版驾驶证在保持原式样基本不变的基础上，使用塑封套的防伪技术、唯一性识别条码，在机动车驾驶证的副页上增加证芯编号，在打印机动车驾驶证时，需录入相应的证芯编号，机动车驾驶证的防伪能力得以提高。

2010年4月1日，执行新修订的《机动车驾驶证申领和使用规定》，驾驶证准驾车型由原来的15个增加到16个，增加残疾人专用小型自动挡载客汽车即（C5）准驾车型。换发机动车驾驶证时，持有准驾车型为大型客车、牵引车、城市公交车、中型客车、大型货车的机动车驾驶人，每2年进行一次身体检查；年龄在60周岁以上的机动车驾驶人，每年进行一次身体检查；残疾人专用小型自动挡载客汽车的机动车驾驶人，每3年进行一次身体检查。在驾驶证提交身体条件证明或换证后，车管部门在驾驶证副页上用计算机打印下次提交身体条件证明日期或下次换证日期。

2013年1月1日，执行新修订的《机动车驾驶证申领和使用规定》，学习驾驶证明有效期改为3年；持有B2以上准驾车型驾驶证的驾驶人，在每个记分周期结束后30日内到公安机关交通管理部门接受审验；但在一个记分周期内没有记分记录的，免予本记分周期审验。其他准驾车型发生交通事故造成人员死亡承担同等以上责任未被吊销机动车驾驶证的，在本记分周期结束后30日内到公安机关交通管理部门接受审验。参加审验时，要求申报身体条件情况，不再进行身体检查。是年，车管业务大厅开始实行机动车和驾驶证业务一窗式受理。

2016年4月1日，执行新修订的《机动车驾驶证申领和使用规定》，机动车驾驶人可以在机动车驾驶证核发地或者核发地以外的地方参加审验、提交身体条件证明。将年龄在60周岁以上的机动车驾驶人应当每年进行一次身体检查，调整为年龄在70周岁以上。同日，《中华人民共和国机动车驾驶证件》行业标准第1号修改单实施，机动车驾驶证件包括机动车驾驶证、临时机动车驾驶许可和学习驾驶证明，新的学习驾驶证明可采用纸质形式或电子形式。

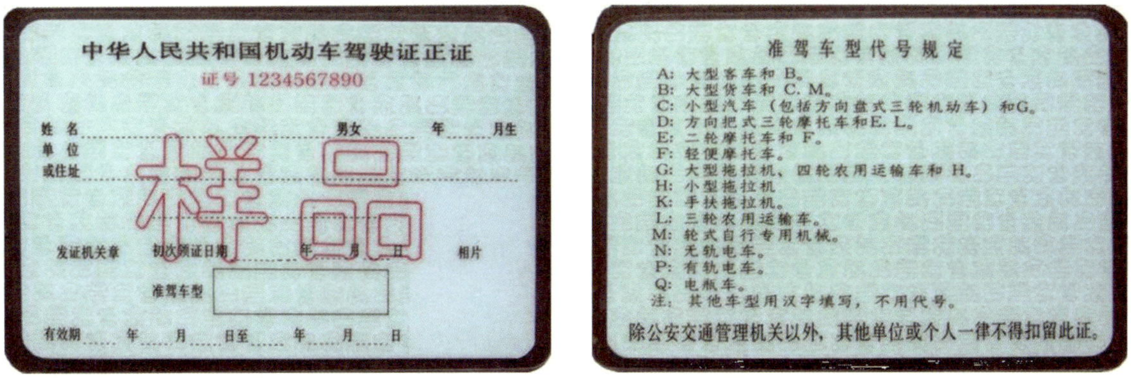

图 7-22 1989 版机动车驾驶证

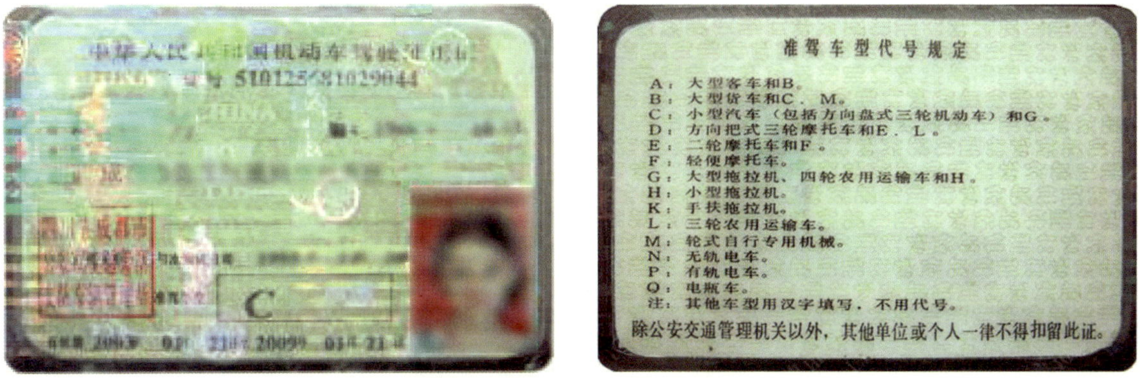

图 7-23 1996 版机动车驾驶证

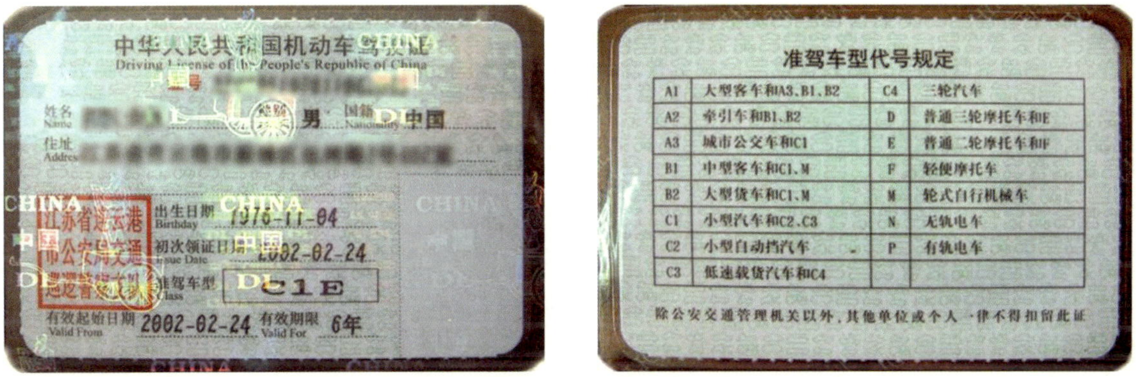

图 7-24 2004 版机动车驾驶证

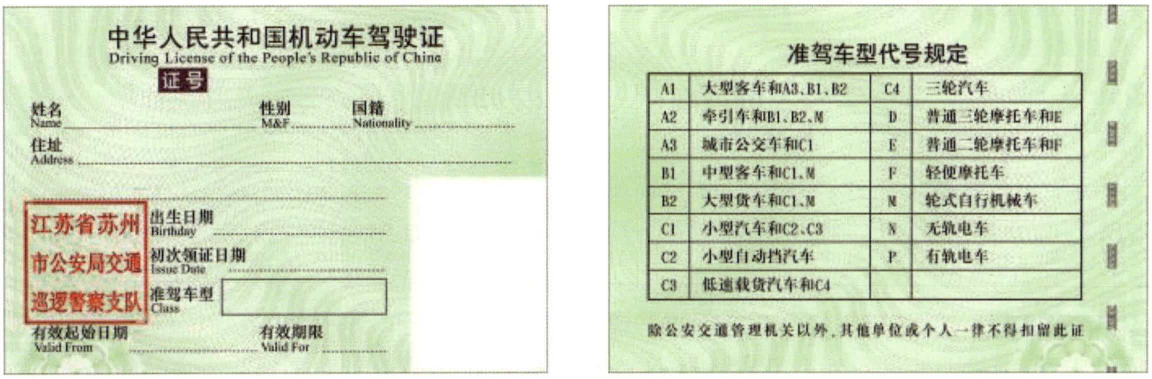

图 7-25 2008 版机动车驾驶证

1989—2018年日照市机动车驾驶人保有量统计表

表 7–7　　　　单位：人

年份	机动车驾驶人保有量	汽车驾驶人保有量	年份	机动车驾驶人保有量	汽车驾驶人保有量
1989	8244	3707	2004	211394	108418
1990	10387		2005	233556	129617
1991	11423		2006	269259	164116
1992	13021		2007	307167	201353
1993	15813		2008	346406	240143
1994	20903		2009	394696	275647
1995	28833		2010	402983	313615
1996	43972		2011	448185	369726
1997	71177		2012	468067	412472
1998	90050		2013	497324	469330
1999			2014	577692	553428
2000	105159		2015	679103	658315
2001	132671		2016	750697	732299
2002	156117	89100	2017	798444	781931
2003	188111	98774	2018	849884	836480

（三）考试设施

科目一考试设施

1989—1996年，全市道路交通安全法律、法规及相关知识考试采用纸质试卷考试，人工判卷。1997年12月，投资19.8万元，全市启用无纸化考试系统。1998年，驾驶员交通法规及相关知识考试，实现微机化管理。

2008年10月，科目一考场迁往日照市机动车驾驶人考试中心（东港区河山镇驻地北6公里），中心拥有84个考台的科目一考场，可以对84名考生进行同时考试。考场安装监控设施，科目一考试实现视频监控和成绩单自动打印。

2010年，对科目一考试系统增加考试即时抓拍系统，并在成绩单上随机打印三张抓拍照片，科目一考试杜绝替考、作弊现象。

科目二考试设施

1989—1997年，全市对场地驾驶技能桩考未有详细规定，主要采取在场地上画线、插杆进行考试，采取人工评判。1998年，投资18.6万元，建成汽车驾驶员全电脑桩考仪。

2003年，从安徽三联公司订购安装汽车驾驶员全自动桩考仪1套，实现汽车驾驶员考试全自动化。2008年10月，随着日照市机动车驾驶人考试中心建成，开始启用科目二专用考场，购置安徽三联公司生产的桩考仪及场地驾驶技能考试系统，考场设置自动桩考系统4套。

2016年4月，《机动车驾驶证申领和使用规定》实施后，考试项目、内容、操作要求有较大改动，原有科目二考场已不能满足标准需求。投资1100万元，在日照市机动车驾驶人考试中心西侧场地建设新的小型车科目二考场。至2018年8月，新的科目二考场建成并投入使用，新考场设有8条考试路线，考试车辆 19 辆，单日可供 300 名考生考试。

科目三考试设施

2004 年前，全市道路驾驶技能考试在社会道路上进行，没有专门考试设施。2004 年后，社会驾校开始运营，在未使用电子评判考试系统前，科目三实际道路驾驶技能考试在临近驾校的路段设置考试标志进行考试，无候考室、主控室等场地设施。

2012 年 8 月，启动科目三场地建设，在日照市市北经济开发区莲海大道社会道路上规划 3 条小型车考试路线和 1 条大型车考试路线用于科目三实际道路考试。

2013 年 3 月，科目三考场投入使用，购置科目三实际道路驾驶技能路考系统（RET.2000 电子路考系统），安装电子路考 6 条线路，考试车辆 31 辆，单日可供 500 名考生考试。启用道路驾驶技能考试计算机评判系统，实现路考人工随车和计算机考试系统相结合的方式进行评判。两套系统均连接考试业务监管系统，可实现考试成绩、考试视频即时上传，全程监控，防止考试作弊、降低考试标准现象的发生。

2018 年 12 月，日照市公安局车管所设立综合业务监管中心，对全市驾驶人考试业务实施监管。

2010—2018 年驾驶证业务量情况表

表 7-8

年份	驾驶证业务受理量				考试合格人数（人）
	合计（笔）	初领、增驾业务受理量（笔）	补证、换证业务受理量（笔）	其他业务（笔）	
2010	135400	48437	81387	5576	40228
2011	155198	79456	66365	9377	61881
2012	231227	91002	72723	67502	76567
2013	148410	62406	60530	25474	30454
2014	199028	86368	71164	41496	87274
2015	207811	82662	85839	39310	100378
2016	206511	91114	77562	37835	72387
2017	218121	91269	77913	48939	51789
2018	240679	72335	91393	76951	55955

第三节 道路交通事故处理

道路交通事故处理是公安机关交通管理部门依据有关法律、法规和规章的规定，进行交通事故调查取证，对道路交通安全违法行为人行政处罚，办理交通肇事刑事案件，调解道路交通事故损害赔偿纠纷等工作的总称。

一、综合业务建设

（一）依据与分类

1989 年，《中华人民共和国道路交通管理条例》颁布实施后，省政府制定出台《山东省道路交通事故处理暂行规定》，对事故处理、侦破逃逸案件、经济补偿等方面工作进行规范。1992 年，国务院颁布《道路交通事故处理办法》，公安部发布《道路交通事故处理程序规定》，对交通事故受理范围进行明确，对一些具体程序和法律文书进行统一与补充，促进交通事故处理工作法制化、规范化发展。是年，公安部实施《道路交通事故等级分类与代码（GA16.1—1992）》。1997年，省政府印发《山东省实施〈道路交通事故处理办法〉若干规定》，对损害赔偿、责任认定等事项进行进一步明确。

2000年8月，《山东省道路交通事故处理工作规范》出台，对事故处理机构人员装备、职责分工、值班备勤、调查取证、赔偿调解、简易程序事故处理、档案信息等方面工作进行规范。2003年10月22日，公安部印发《道路交通事故等级代码（GA16.1—2003）》，对道路交通事故等级分类与代码进行修订，按造成的人员伤亡情况和直接经济损失大小，道路交通事故分为特大事故、重大事故、一般事故、轻微事故4类。道路交通事故责任分为全部责任、主要责任、同等责任、次要责任、无责任5类。

2004年5月1日，《中华人民共和国道路交通安全法》及其实施条例颁布实施，全国道路交通事故处理进入一个新的阶段。公安部同步印发《交通事故处理程序规定》，对交通事故处理程序进行全面改革，增加便民、利民的原则和措施，允许当事人自行协商处理部分交通事故，对造成轻微财产损失的事故，适用简易程序现场快速处理，减少拥堵，检验、鉴定、评估实行社会化，取消公安机关交通管理部门调解损害赔偿为必经前置程序的规定、调解损害赔偿的时间，并设定公安机关交通管理部门受理条件。

2007年4月9日，根据国务院《生产安全事故报告和调查处理条例》规定，按照生产安全事故（以下简称事故）造成的人员伤亡或者直接经济损失，将事故分为特别重大事故、重大事故、较大事故、一般事故4个等级。

2009年1月1日，公安部印发《道路交通事故处理程序规定》，进一步明确自行协商和简易程序处理轻微事故流程，扩大轻微事故的范围，当事人可自行协商处理部分交通事故，对造成轻微财产损失的事故，适用简易程序现场快速处理。

2018年5月1日，公安部印发新修订的《道路交通事故处理程序规定》，对简易程序的适用范围、申请复核的种类及流程等方面工作进行修改，对开展深度调查的条件、申请重新检验鉴定的依据进行明确和规范。同时，将道路交通事故分为财产损失事故、伤人事故和死亡事故3类。财产损失事故是指造成财产损失，尚未造成人员伤亡的道路交通事故。伤人事故是指造成人员受伤，尚未造成人员死亡的道路交通事故。死亡事故是指造成人员死亡的道路交通事故。

（二）交通事故处理业务

1989年地级日照市建立后，公安交警部门进一步明确事故处理岗位的工作制度、工作职责、业务考核及档案管理等制度。要求交警各大队必须做到：坚持24小时值班，按辖区受理电话和来人报案，接到事故报案后，立即组织警力赶赴现场；建立健全交通事故报案登记制度；根据事故性质、类别，及时向当地政府、公安局、上级交警部门和支队领导报告。

1991年，组织全市交通事故处理民警对国务院新颁布的《道路交通事故处理办法》进行集中培训。1992年，组织交通事故处理民警认真学习交通事故处理法规，工作中以《道路交通事故处理办法》为准绳，秉公处理，提高效率。是年，全市道路交通事故处结率达到85%，吊扣驾驶证78件次，吊销驾驶证21件次，追究刑事责任9人，治安拘留18人。

1993年，根据《道路交通事故处理办法》，印发《日照市公安局交通警察支队道路交通事故处理工作职责范围规定》，进一步规范道路交通事故的管辖和处理权限。组织全市从事交通事故处理工作3年以上的民警举办业务培训班，参训人员考试合格者颁发道路交通事故处理证，不合格者调出事故处理工作岗位。

1994年，组织召开专题道路交通事故处理工作会议，下发规范性文件，对全年事故处理工作进行安排部署，并对全市道路交通事故处理工作进行全面检查。交通事故处理工作中，全年共追究刑事责任24人，治安拘留48人，吊扣、吊销驾驶证169件次。

1995年，印发《1995年道路交通事故处理工作考核办法》和《全市道路交通事故处理干警培训实施方案》，定期组织培训考核，增强事故处理民警的综合素质。

1996年，全市道路交通事故处理工作推行“四快”（赶赴现场快、现场勘查快、疏导交通快、善后处理快）、“五公开”（事故现场勘查公开、事故责任认定公开、事故损害赔偿公开、事故责任人处理公开、受害人伤残评定公开）工作法。是年，交警支队与各大队全部开通“122”报警特服电话。全年追究刑事责任46人，治安拘留55人，吊扣、吊销驾驶证170件次，结案率85%。

1997年，对全市道路交通事故法医鉴定工作进行规范，并继续完善“四快”“五公开”工作法，提高全市事故处理工作的整体水平。9月，落实省公安厅与省高院联合印发的《关于使用简易程序处理道路交通事故的规定》，对事实清楚，因果关系明确，当事人无争议或争议不大的轻微事故和仅造成财产损失的一般事故，使用简易程序进行处理。11—12月，开展交通事故积案处理会战活动，共处结以前年度事故积案1972起，结案率达98%以上。

1999年，为确保事故处理民警队伍廉洁和做好各项交通事故处理工作，印发《事故处理民警约法三章》和《事故处理民警守则》，并层层与民警签订责任状。

2000年，按照“规范、公开、公正、满意”的要求，推行道路交通事故处理工作“阳光作业”，实行全市道路交通事故处理工作季度考核和例会制度。3月21日，与市人民医院、市中医院、东港区人民医院协商并形成会议纪要，开通交通事故生命救助“绿色通道”。全年追究刑事责任135人，治安拘留78人，吊扣、吊销驾驶证1124件次。

2002年，实行明白纸告知制度，在现场勘查结束后，为事故当事人发放载有民警姓名、职务、联系方式、监督电话、事故处理规定的警民联系卡和明白纸，告知当事人处理途径和接受社会监督。11月，组建交警支队事故处理科法医室和技术室，配齐专业人员、装备，并在市中医院、莒县人民医院和五莲县人民医院开设交通事故法医门诊，全年检测酒精血样91件，检验尸体43具，作出伤残评定142例、伤情鉴定2例。是年，交警各大队均设立物价核损室，由物价人员对事故车辆及其他物品进行定损，年内共组织车物核、定损4326次，认定损失520余万元，一次核准率为99%以上。全年处理各类交通事故2143起。

2003年，全市开始使用“道路交通事故信息系统”，进一步规范道路交通事故处理工作，加强对道路交通事故执法办案监督，提高执法办案质量和工作效率。

2004年3—4月，在《中华人民共和国道路交通安全法》实施前，开展为期2个月的交通事故积案会战活动，处理1102起事故积案。《中华人民共和国道路交通安全法》及其实施条例实施后，对发生重大交通事故，构成犯罪的，依法追究刑事责任，并吊销机动车驾驶证。是年，购买进口气相色谱仪用于事故肇事者血液酒精检测等检验鉴定工作，购置直接刻制DVD的数字摄像机，用于事故现场证据采集和特大事故录像。全年共处理一般以上道路交通事故1557起，交通事故4项指标同比上年度均大幅度下降。

2005年，落实公安部《交通警察处理交通事故资格管理规定（试行）》，对事故处理岗位民警实行资格等级管理，分为初级、中级、高级3个等级。

2007年，与市中级人民法院协同合作，在全省首推道路交通事故法庭进驻交通事故处理部门调处损害赔偿，创新事故纠纷化解调处机制。5 月 11 日，联合市中级人民法院在交警岚山大队召开全市道路交通事故法庭建设现场会。省高院、省公安厅交警总队领导同志应邀出席会议。截至 2018 年底，各区县全部成立具有独立编制的，集立案、财产保全、调解、审判、执行等功能于一体的道路交通事故法庭，专门审理道路交通事故案件。

2008 年 11 月，举办《道路交通事故处理程序规定》培训班，邀请山东警察学院教授对新发布的《道路交通事故处理程序规定》变化内容进行系统讲解。是年，道路交通事故信息系统纳入交通管理综合应用平台运行。

2009 年，结合道路交通事故信息系统建设，为事故处理民警统一配发笔记本电脑和现场绘图软件系统，交通事故案卷文书电子化率达 91%。继续推行轻微交通事故互碰自赔办法。12 月 18 日，在兖州路直属大队事故处理科举行“日照市道路交通事故快速理赔中心”启用揭牌仪式。

2010 年 4 月，省公安厅在日照召开推进 3 项重点工作全省道路交通事故处理现场会，交警支队作为 7 个单位之一作典型发言。会后，与会人员到市区及东港大队道路交通事故处理中心参观考察。

2012 年，贯彻落实全省道路交通事故现场推进会精神，推进事故处理岗位基础建设，直属、开发区、莒县 3 个交警大队分别新建综合性事故处理中心，并完善多元调解机制。推进事故处理下放中队工作，五莲大队叩官中队，莒县大队陵阳和夏庄中队，东港大队的乡镇中队逐步推行乡镇中队处理交通事故工作。是年，举办道路交通事故处理业务培训班 2 期。

图 7-26 2012 年，事故处理民警在勘查现场

2013 年，印发《日照市道路交通事故处理服务中心建设方案》，协调法院、司法、物价、仲裁等部门以及保协、律协、检验鉴定、救援救助等组织，开始覆盖市区、各区县的道路交通事故处理服务中心建设，推行集事故处理（包括快速处理）、诉讼仲裁、法律服务、人民调解、保险理赔、价值认定、救援救助、检验鉴定、心理辅导、宣传教育“十位一体”的综合便民服务。7 月，莒县道路交通事故处理中心建成启用，公安交警、法院、司法行政、物件、保险等部门联合办公，建立起融责任认定、行政调解、人民调解、价格认证、保险理赔、司法确认、诉讼审批、法律援助“八位一体一站式服务”的多元化道路交通事故处理新模式。

2014 年，进一步推进事故处理下放中队工作，全市 34 个交警中队已全部开展事故处理工作，简易程序事故处理率占总量的 90.68%。7 月，集事故处理、诉讼仲裁、法律服务等 10 项功能于一体的市区道路交通事故处理服务中心建成启用，直属、开发区、东港大队 3 个事故科进驻，推出 6 类项目由当事人自主选择调处方式，提高事故处理效率、执法公信力和群众满意度。同时，建立完善 5 种轻微事故快处快赔机制、专业化联调速裁工作机制、交通肇事逃逸集中侦办机制、当事人回访救助机制，努力建成便民惠民的“群众满意工程”。

2015 年，依托日照市道路交通事故保险理赔中心，设立简易程序事故处理岗位和市区道路交通事故拆检中心，推进市区道路交通事故快速处理工作；建立道路交通事故分析研判和预警机制，强化对社会单位道路交通安全责任追究工作。

2016年，构筑公安、司法、社会“多元化”矛盾纠纷调解体系，推出集自行调解、交警调解、人民调解等“八调合一”的交通事故复合型调解模式。7月14—15日，全省多元化解矛盾纠纷工作会议在日照召开，省委、省政府分管领导带领与会省直有关部门、各市政法各部门主要负责同志到市公安局道路交通事故处理服务中心观摩指导工作。是年，交警支队自主研发“日照市道路交通事故处理服务平台”，所有事故线上流转，事故案卷管理全部实现电子化。

图7-27 道路交通事故处理服务中心

2017年，分批次对全市道路交通事故处理民警进行业务培训，重点培训事故现场勘查、交通事故法制信访、危化品道路交通事故现场处置、涉案车辆管理系统使用、较大以上道路交通事故适用法律责任、轻微道路交通事故快处快赔、较大以上道路交通事故现场处置等内容。

2018年，在全省率先研发运行“日照市道路交通事故处理服务平台”，推行“道交一体化”工作。平台打破公安、法院、保险、人民调解、仲裁等参与事故处理部门间的信息壁垒，实现公安110、交警事故处理、法院道路交通事故法庭、司法人民调解、保险理赔岗位以及价格评估、司法鉴定、道路救援、车辆看管等各个单位间的数据共享与业务集成，交通事故当事人在家中登录日照市道路交通事故处理服务平台，可自主查询事故文书、处理进程、车辆施救及停放状态，并可在线办理调解预约、价值评估、检验鉴定、伤残评定、赔偿计算、在线调解、诉讼、一键理赔等业务。8月2日，为进一步深化交管“放管服”改革，提升协同共治、更好服务群众的能力，交警支队与中国人保财险日照市分公司在市道路交通事故处理服务中心联合举行“警保联动”启动仪式。启动仪式结束后，与人保财险组织开展交通事故空中救援演练活动。8月22日，省公安厅交警总队在日照市召开全省道路交通事故处理重点工作暨“放管服”改革现场推进会，推广交警支队事故处理工作经验做法。

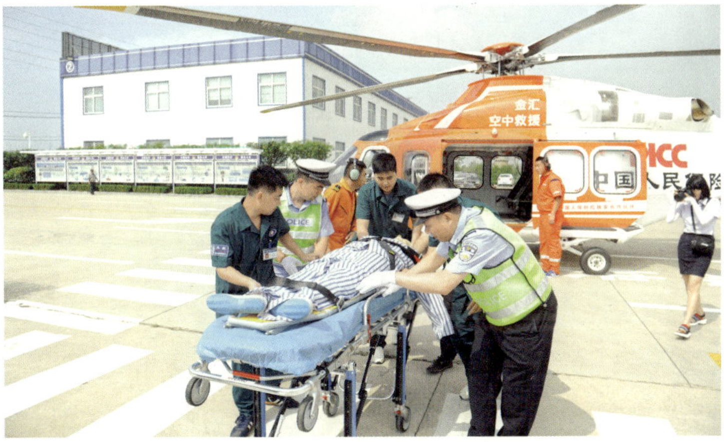

图7-28 2018年8月2日，与人保财险开展交通事故空中救援演练活动

1989—2018年全市道路交通事故四项指标情况表

表7–9

年份	交通事故（起）	死亡人数（人）	受伤人数（人）	直接损失（元）
1989	126	44	75	318150
1990	174	63	83	678280
1991	136	50	82	619100

续表 7–9

年份	交通事故（起）	死亡人数（人）	受伤人数（人）	直接损失（元）
1992	312	120	195	988497
1993	283	108	193	1231955
1994	272	105	185	1313870
1995	274	104	182	1659190
1996	283	111	192	1632510
1997	311	108	224	1788725
1998	2162	304	1589	4963321
1999	2210	328	2226	6306696
2000	2184	391	1567	3725306
2001	2807	361	2497	7781710
2002	2338	344	2348	7488087
2003	1703	313	1370	5165644
2004	1557	278	1262	4974604
2005	1513	267	1134	5820578
2006	1334	232	918	3896473
2007	1120	208	854	3193554
2008	736	153	588	1881248
2009	609	149	515	2006366
2010	568	145	451	2434666
2011	530	134	419	2542778
2012	512	132	398	2310066
2013	479	127	355	1710050
2014	451	119	321	1527500
2015	439	116	334	1584500
2016	430	115	316	1765500
2017	425	114	350	2214000
2018	424	113	328	2133000

（三）重大道路交通事故典型案例

1989 年 3 月 23 日 9 时许，莒县某单位一行 26 人分乘 2 辆面包车去五莲县，途中一辆面包车在 206 线（K419+873 处）与高密县拒城河级供销社吕某某驾驶的东风车相撞，致使该单位 2 人死亡，5 人重伤，7 人轻伤，直接经济损失 20 余万元。

1993 年 6 月 22 日 23 时许，在 206 国道五莲县管帅镇李家坡村西路段的桥上，一辆从莱阳开往临沂的东风牌大客车在会车时发生侧翻，车辆翻到 5 米深的桥下，造成 1 人死亡，10 人重伤，12 人轻伤。

1996 年 5 月 2 日 19 时 30 分，莒县 206 国道招贤镇路段大普村西 1 辆运浓硝酸的解放 141 大罐车发生侧翻。大罐阀门破损，致使大量浓硝酸外流，现场周围一片浓烟，车厢后部和后备轮胎失火。经过 3 小时的紧张战斗，火终被扑灭，共挽回经济损失 10 万余元。

2003 年 3 月 2 日 1 时 25 分，在市内某公司临时工作的一名奥地利籍技术人员酒后驾驶鲁 L***** 号牌小型客车，沿日照市区黄海一路由西向东行驶至日照福达海运有限公司门前路段处时，与步行横过机动车道的潘某（女）相撞，潘某受伤经医院抢救无效于当日死亡，车辆受损，此技术员承担事故的主要责任。2003 年 3 月 9 日，此外籍技术员因涉嫌交通肇事罪被刑事拘留，3 月 14 日被取保候审。

2005 年 11 月 16 日 20 时 40 分，五莲县仲某（男，27 岁）酒后无证驾驶二轮摩托车行驶至城区解放路五莲县钢球总厂南侧时，与对行的一辆二轮摩托车相撞，致对方摩托车驾驶人当场死亡。仲某被依法追究刑事责任。

2016 年 1 月 30 日 22 时 22 分，临沂市沂水县孙某某（男，26 岁）无证醉酒驾驶鲁 Q***** 号牌雪弗兰轿车沿 335 省道由西向东行至 K83+600 路段（莒县浮来山镇韩家村）处驶入逆行车道，与莒县夏庄镇薛某某（男，29 岁）驾驶的鲁 L***** 号牌重型货车相撞，致轿车驾驶人孙某某、乘车人赵某某 2 人当场死亡，乘车人孙某某等 4 人经医院抢救无效死亡，造成较大道路交通事故。

2016 年 11 月 14 日 14 时 53 分，莒县城阳街道王某某驾驶鲁 L***** 号牌轿车，沿莒安路由北向南行驶至莒安路八里庄子路段时，驶入道路左侧，与对行的莒县城阳街道刘某某驾驶的车号为鲁 V*****（未悬挂号牌）的三轮汽车正面相撞，致轿车驾驶人王某某当场死亡，三轮汽车驾驶人刘某某受伤，轿车乘车人杨某某等 3 人受伤经抢救无效死亡，造成较大道路交通事故。

二、交通事故快处快赔与人民调解工作机制

（一）轻微道路交通事故快处快赔

2009 年 12 月 16 日，为保障道路交通安全畅通，缓解因道路交通事故引起的交通拥堵，联合市政府金融办印发《日照市机动车轻微道路交通事故快速处理办法（试行）》，在市区内道路机动车与机动车发生事故，造成每车 2000 元以下车物损失，机动车可继续驾驶，双方当事人对道路交通事故责任没有争议的，可以适用交通事故快速处理办法进行处理。

2014 年 7 月 23 日，印发《关于开展市区轻微道路交通事故快处快赔工作的通知》，决定于 7 月 24 日起开展市区轻微道路交通事故快处快赔工作，每日 7：00—19：00 在东港区、日照经济技术开发区、日照国际海洋城和山海天旅游度假区行政区内的道路上发生的机动车轻微道路交通事故，可以适用快处快赔进行处理。12 月 23 日，联合市保险行业协会印发《日照市机动车轻微道路交通事故快速处理办法》，规定自 2015 年 1 月 1 日起，全市行政区内道路上机动车发生的没有人员伤亡、仅造成轻微财产损失（单车车物损失 5000 元以下）且车辆可以继续驾驶的轻微道路交通事故，适用快速处理办法。

2016 年 10 月 26 日，印发《关于进一步推进机动车轻微道路交通事故快处快赔工作实施方案》，市区自 11 月 1 日起，每日 7：30—17：30（夏季时间 7：00—19：30）发生的机动车轻微道路交通事故，适用当事人自行快处快赔。其他时间段内发生的机动车轻微道路交通事故，由辖区中队民警就近快速处理；区县各交警大队根据辖区实际，在年内开展机动车轻微道路交通事故快处快赔工作；高速公路交警支队根据辖区实际进一步推进机动车轻微道路交通事故快处快赔工作。

2017 年 8 月 15 日，印发《关于全面推广应用 12123 快处平台进一步推进机动车轻微道路交通事故快处快赔工作实施方案》，市区自 9 月 1 日起全面推行使用交管 12123 在线道路交通事故快处平台，发生符合快处快赔轻微道路交通事故后，当事人应当自行选择使用 12123 快处平台或微信快处系统自助快处处理。同时制定《市区轻微道路交通事故快处快赔操作流程》，编订《轻微道路交通事故快处

快赔宣传手册》和《日照市机动车轻微道路交通事故现场记录书》等。至2018年12月31日，全市使用交管12123快处平台处理的轻微道路交通事故共7196起。

（二）交通事故纠纷人民调解机制

2010年，根据省公安厅交警总队的安排部署，交警支队组织人员到广西南宁和浙江宁波对“人民调解”工作进行实地考察，结合全市道路交通工作实际，会同市中级人民法院、市司法局在全省率先推出“人民调解工作机制”并成立人民调解委员会。在直属大队事故处理中心设立交通事故人民调解室，由司法局法律服务中心派驻人民调解员，全面推行人民调解、法律援助等服务，特别是对超诉讼时限的交通事故案件可以直接受理，并协助经济困难的当事人申请司法救助或法律援助。4月，省公安厅交警总队在日照召开现场会并向全省推广这一做法。

图 7-29 人民调解工作机制

2011年3月1日，岚山区道路交通事故纠纷人民调解委员会成立，同岚山区道路交通事故法律服务中心合署办公，受岚山区司法局的领导和交警岚山大队的业务指导，负责调解处理道路交通事故损害赔偿纠纷。5月，五莲县道路交通事故人民调解委员会成立，由县司法局选派4名人民调解员具体负责日常调解工作。是年，交警支队从中保财险公司挑选理赔业务骨干，考取人民调解员资格，组建保险服务室，在兼职人民调解服务的同时，向当事人提供保险业务咨询、保险内部和解以及办理理赔事宜等服务。在道路交通事故处理岗位设立法律服务中心，组织律师、公证人员轮流进驻，向当事人提供免费法律咨询、法律援助、诉讼代理、公证等便民服务，解决事故当事人对法律程序不熟悉以及部分事故受害人打不起“官司”的实际困难。同时，在建立自行协商、交警调解、人民调解、司法调解、保险和解“五调合一”的联调速裁服务体系的基础上，挂牌成立联调速裁中心。

2014年，推出自主选择事故调处方式，对适用简易程序处理的事故，当事人可选择自行协商处理、“彩信通”自助处理、手机客户端自助处理、微信平台自助处理、122电话引导处理和路面民警快速处理6种处理方式；对适用一般程序处理的事故，可选择自行协商、交警调解、人民调解、司法调解、保险调解5种调处方式，也可选择事故仲裁、法庭审理、“联调速裁”等损害赔偿纠纷化解方式。同时，公开所有事故调解民警、人民调解员信息，供当事人选择。

2016年，构筑公安、司法、社会“多元化”矛盾纠纷调解体系，推出集自行调解、交警调解、人民调解、保险调解、仲裁调解、法庭调解、救助调解、信访调解“八调合一”的交通事故复合型调解模式，将以往由公安交警“大包大揽”，交由更多的社会力量共同负责。同时，将涉及各方利益的事故民警、处理时间、调处方式、法律服务、鉴定评估、车辆维修六类事项“一揽子”交由当事人自主选择，并将调解方式、人员、流程、政策规定、救济渠道向当事人“五公开”。是年，多元调处交通事故处结率达97.62%，群众满意率达99.18%。

2018年，市综治办、中级人民法院等7部门联合下发《关于开展“道交一体化处理”工作进一步完善矛盾纠纷多元化解工作机制的实施意见》，明确服务理念，健全组织领导，完善服务流程。联合市中级人民法院、市司法局、保险协会制定《日照市机动车交通事故责任纠纷赔偿标准参考意见》，明确同一案件适用证据标准相同，统一调判标准一致。同时，开发应用通用的“损害赔偿计算器”，供各职能部门和当事人在调解案件中使用一个标准、一个模式和一样的证据规格。

三、交通事故逃逸案件查缉与追逃

20世纪80年代末至90年代初，全市发生的交通事故数量较少，对发生的交通事故逃逸案件，公安交警部门立即组织力量追截，并报告上级机关及有关单位协查，接到事故协查通知后，积极配合，协助破案。

1992年，日照市（筒子市）发生交通肇事逃逸案件10起，破获8起，破案率为80%。1994年，全市发生交通肇事逃逸案18起，破获15起，破案率为83.3%。

20世纪90年代后期，全市以摩托车为主的小型机动车保有量迅速增长，每年涉及摩托车的事故占全年交通事故一半左右。公安交警部门全力开展以摩托车肇事逃逸为主的案件侦破工作。2000年，查破交通肇事逃逸案件143起。

2005年1月20日至3月10日，部署开展全市集中打击交通肇事犯罪专项行动，对2004年发生的致人死亡或者重伤、直接经济损失超过30万元的交通事故，驾车人已构成交通肇事罪，但尚未破获的案件，进行集中重点打击。

图7-30　2004年6月14日，交警支队直属大队快速破案收到群众锦旗

2008年，健全和完善交通肇事逃逸案件查缉长效机制，落实经费保障和考核奖惩制度。开展冬季集中追逃专项行动和集中查破交通肇事逃逸案件专项行动，全市发生逃逸事故264起，侦破227起，侦破率86%。

2009年，全市发生交通肇事逃逸案件464起，侦破433起，侦破率为93.31%，其中，侦破死亡肇事逃逸案件17起。交警支队被省公安厅交警总队评为追逃工作先进支队。

2012年，组织开展缉捕网上逃犯专项攻坚行动。9月1日，组织开展集中侦破交通肇事逃逸案件专项行动，共侦破各类交通肇事逃逸案件52起，抓获肇事逃逸犯罪嫌疑人12名，抓获扒车盗窃犯罪嫌疑人3名，协助外地抓获2名。通过专项行动，侦破逃逸4年之久的“2008·12·5”交通肇事案。10月24日，成立道路交通事故应急处置和逃逸事故侦破专业行动队，专业行动队下设4个分队，实行分片分工负责制。是年，累计侦破交通肇事逃逸案件220起，其中重大逃逸案件45起，侦破率96.17%。

2013年1—3月，根据省公安厅交警总队统一部署，开展集中侦破交通肇事逃逸案件专项行动，进一步加大对交通肇事逃逸违法犯罪行为的打击力度，集中侦破一批交通肇事逃逸案件。行动期间，侦破各类逃逸事故87起，侦破率达到95.8%，其中，致人死亡案件24起，省公安厅交警总队督办案件1起，抓获外地网上在逃犯罪嫌疑人1人，现发致人死亡逃逸案件侦破率达100%。

2014年，组织开展交通肇事逃逸案件集中侦破和集中处理事故积案专项行动，全年侦破交通肇事逃逸案件279起，侦破率达100%。

2015年，印发《关于进一步加强道路交通肇事逃逸案件侦破有关工作的通知》，对全市追逃工作进行安排部署，全年共侦破交通肇事逃逸案件260余起，抓获网上在逃犯罪嫌疑人11名。

2016年7月，印发《道路交通肇事逃逸案件调查定性标准（试行）》，建立侦破查缉交通肇事逃逸案队伍，配备先进装备，制定周密的查缉工作细则，进一步规范道路交通肇事逃逸案件侦破工作。

2018年，全年共侦破逃逸案件282起，其中死亡逃逸案件29起。

图7-31 山海天交警大队利用无人机进行交通事故勘查

附：典型案例

2002年8月13日15时12分，交警莒县大队122报警中心接群众报警称，在206国道莒县刘官庄镇党委路口处，一辆由北向南行驶的鲁L0****或0****（当事人不确定）、****挂号牌大货车，将1名骑自行车的老年男性撞死后向南逃逸。大队指令事故处理民警迅速赶赴现场调查取证、正在206国道执行巡逻任务的巡查民警由北向南快速追缉，同时命令夏庄中队组织民警设卡堵截，并通过网上查询得知肇事逃逸嫌疑车辆系鲁L*****—*****挂，并将查询资料及时反馈给追缉、堵截点民警。在追缉到206国道临沂市董官庄路段时，从西、南、北三个方向对逃逸车辆形成合围之势，最终将该车与肇事驾驶人抓获。

2003年11月4日，东港区陈疃镇许某某（男，35岁），驾驶鲁L*****号牌三轮汽车，在市区滨州路某路段与一辆自行车相撞，致骑车人重伤后经医院抢救无效死亡，许某某案发后潜逃外地。行动中，交警支队统一调配多组追逃民警，多次前往其父母及亲属家中，进行耐心细致的说服教育，并积极争取村党支部书记和镇领导帮助做工作，最终促使许某某于2011年11月28日投案自首。

2011年10月5日，在莒县青年路技术监督局门口路段处，一辆白色轿车与一辆摩托车相撞后逃逸，摩托车驾驶人受伤经医院抢救无效死亡。根据现场散落物，追逃民警确定肇事车辆为白色大众波罗牌轿车。经对比全县所有符合条件的48辆轿车排查未果。10月20日，追逃民警根据交通安全信息员提供的线索，将藏匿于莒县寨里河镇某厂院内的鲁J*****号牌肇事车辆查扣，并顺藤摸瓜，锁定肇事人。是月23日，追逃民警在当地警方的协助下，在新泰市将苏某某抓获。

2012年7月30日11时28分，206国道五莲县于里镇车站北路段，一辆二轮摩托车被撞倒，肇事车辆逃逸，受害者经医院抢救无效死亡。接警后，交警五莲大队值班民警立即赶赴现场。经查，肇事车辆系一辆蓝色货车。经排查事故周边企业、村庄的视频监控，发现一辆蓝色厢式货车右侧后视镜有破损迹象，遂列为重大嫌疑，但无法看清车辆牌号。追逃民警遂扩大调查范围，先后赴206国道招贤中队和管帅中队调取交通卡口监控信息，从数万条信息中进行综合碰撞比对和运行轨迹分析，最终筛选出嫌疑蓝色厢式货车系鲁Q*****号牌。追逃民警通过公安交通管理综合应用平台，联系到车主张某某并最终促使其归案。

2018年2月2日18时30分，交警莒县大队122指挥中心接到群众报警称，在G206线莒县道达尔物流公司路段，有一名男子躺在公路中间，疑似发生交通事故。接警后，值班民警立即赶赴现场，经勘查确认为一起致人死亡的交通肇事逃逸案件。大队立即启动重大交通肇事逃逸案件侦办预案，成立“2·2”专案组，兵分两路开展侦查工作。一路民警根据现场遗留的汽车散落碎片比对，确认肇事车辆型号；另一路民警调取案发现场周边监控寻找破案线索。最终确认肇事车是一辆车号为鲁

L***** 的面包车，肇事驾驶人系张某。2 月 3 日夜间至 2 月 4 日凌晨，民警先后 3 次到张某家中抓捕未果。迫于压力，张某于 2 月 4 日下午主动到大队投案，并主动交代其交通肇事逃逸致人死亡的犯罪事实。

第四节 交通安全宣传教育

交通安全宣传教育是整个交通安全管理工作的先导和基础工作，是预防道路交通事故的治本之策，是各级人民政府、机关、部队、企业事业单位、社会团体、教育行政部门、学校的一项共同责任。

一、社会化宣传教育

1989 年，日照市（筒子市）、莒县、五莲县公安交警部门认真贯彻“安全第一，预防为主，综合治理”的方针，宣教工作重点以《中华人民共和国道路交通管理条例》的深化宣传和贯彻实施为主，重点加强对驾驶员的集中学习教育和面向群众教育。全年出动宣传车 50 余台次，在 204 国道沿线 11 所学校播放交通安全电视录像 20 场次。

1991 年，日照市（筒子市）、莒县、五莲县公安交警部门印发《禁止在公路上打场晒粮的通告》1500 余份，先后两次组装宣传车，深入到公路沿线村庄、集贸市场进行交通安全宣传，到学校、厂矿、车队宣讲交通法规，播放交通安全录像 32 场次。

1993 年，与日照电视台合办《红绿灯 · 你我他》专题栏目，每两周播出 1 期，向市民播放交通案例法律法规、典型案例、出行指南以及各类交通信息；与日照广播电台合办《港城红绿灯》专题栏目，正面宣传交通安全管理做法与交通安全防范、社会关注的交通问题、热点新闻等。

1994 年，在日照广播电视台《社会零距离》设立《道路交通秩序集中整治行动》栏目，扩大集中整治行动影响面。是年，《红绿灯 · 你我他》电视专题栏目获省公安厅交警总队交通安全电视宣传栏目和省电视台法制宣传栏目 2 个一等奖。

图 7-32 1995 年，上路进行道路交通安全宣传

1995 年，在《日照日报》开设《红绿灯下》报纸宣传专栏，每半月刊发一期；与日照广播电台经济文艺台联办《港城红绿灯》栏目，每日午间播出，重点播出交通事故典型案例、发布预警防范措施、曝光违法行为和民生热点问题等。

1996 年 4 月 1—7 日，举行全国第一个“交通安全宣传周”活动，邀请市人大、市政府、市政协、市纪委和日照军分区领导，与民警一起走上街头发放宣传材料、宣传交通安全常识，组织山东尧王城酒厂轻骑摩托车方队、市区中小学生 2 个步行方队行进在市区繁华道路上进行交通安全宣传。期间，累计悬挂横幅 150 余条、书写宣传版面 360 余块、发放宣传材料 2 万份。

1998 年，与中保财险公司日照分公司、日照广播电台联合举办“中保财险杯我看交通安全与保险”广播演讲比赛。是年，日照市机动车驾驶员协会成立，全市创建交通安全村 45 个。

2000 年 2 月 26 日，组织开展“平安大道”和“畅通工程”启动日宣传活动。9 月，开展以“遵

图 7-33 1999 年 11 月 2 日，莒县交警大队民警利用下乡放电影的形式宣传交通安全

守交通法规，保护个人和他人的安全；崇尚现代文明，塑自己和城市的形象”为主题的交通安全宣传月活动。

2002 年，印发《关于开展百日交通安全竞赛争创先进单位和优秀驾驶员活动的通知》，组织全市冬季交通安全巡回大型宣传活动。5 月，组织开展“5·11”全国预防交通事故集中宣传日活动。是年，发放宣传材料 4.1 万份，展出宣传版面 60 块，直接受教育群众 5 万余人次。

2003 年 8 月，组织开展全市“遵章出行·平安回家”大型系列交通安全宣传教育活动。10 月，部署开展 2003 年度“争创道路交通安全先进单位、争做优秀驾驶员”活动，组织开展全市第二套小交警韵律操比赛暨“遵章出行·平安回家”大型广场主题宣传活动。是年，全市有 3 个村庄、2 个社区和 3 所学校被表彰为全省优秀交通安全村、全省优秀交通安全社区和全省优秀交通安全学校。

2004 年，组织开展《中华人民共和国道路交通安全法》普法宣传活动，并在万平口生态公园举行大型集中宣传活动。9 月，印发《日照市道路交通安全宣传“五进”（进农村、进社区、进单位、进学校、进家庭）工作实施方案》，部署开展道路交通安全宣传“五进”活动。10 月 28 日，以“珍爱生命·安全出行”为主题，在东港区政府广场举行庆祝交通安全法颁布一周年大型系列宣传活动。是年，日照市荣获全省“双争”（争创道路交通安全先进单位、争做优秀驾驶员）活动 5 个组织奖第二名。

图 7-34 2004 年 4 月，举办日照市“人保杯”《中华人民共和国道路交通安全法》知识竞赛

2006 年，通过报纸、电台、电视台等新闻媒体，向社会发布《关于开展有奖评选“十大不文明交通行为”活动的通告》，发动社会各界、各行各业通过信件或电子邮件等形式，利用 1 个月的时间参与评选活动。4 月 29 日，在东港区政府广场开展以“保护生命·安全出行”为主题的纪念《中华人民共和国道路交通安全法》实施两周年暨“五一”黄金周集中宣传日活动。6 月 18 日，在东港区政府广场举行“关注交通·保护生命”集中宣传日大型广场交通安全宣传教育活动。12 月 22 日，在日照长途汽车站开展《山东省高速公路交通安全条例》集中宣传日活动。

2007 年，联合市文明办以“四不四让”（不违反信号，不争道抢行，不乱停乱放，不随意变道；车辆让行人，转弯让直行，右转让左转，超车让对行）为主题，在全市开展“倡导文明行车，构建和谐交通”宣传教育活动。根据市委办公室、市政府办公室《关于认真做好移风易俗工作的通知》部署，组织开展婚嫁用车交通违法行为专项整治和宣传行动。

2008 年，以“文明驾驶·安全出行”为主题，在全市开展“十个一”（张贴一张交通秩序整治通告、发放一张温馨提示卡、做一期交警支队长专访、开通一轮交警大队长走进直播间栏目、设立一个媒体曝光栏目、普及一条“文明行车走路”交通安全理念、开办一个报纸专栏、举办一次道路交通安全有奖知识竞赛、制作一期电视专题片、制作一期齐鲁电视台电视节目）交通安全宣传系列活动。10

月，联合人保财险日照分公司，汇总12类严重交通违法行为引发的36例典型交通事故案例，设计编印《日照市典型道路交通事故警示录》，配合“五进”宣传开展警示教育。是年，以“拒绝‘三超’·平安出行”“拒绝超速超员·平安迎新年”为主题，连续开展交通安全宣传活动。

2009年，根据全省“迎全运文明出行”的安排部署，围绕“为‘平安全运’增光，做‘文明出行’模范”主题，突出拒绝交通违法行为、乘坐安全车辆等内容开展宣传活动，共悬挂宣传横幅130条，发放提示卡等各类宣传材料4万余张。结合查处酒驾行为，开展以“珍爱生命·拒绝酒后驾驶”为主题的宣传活动。

2011年，联合市文明办印发《2011年推进实施“文明交通行动计划”指导意见》，以“关爱生命·文明出行”为主题，以开展“畅通安全行”活动、落实道路交通安全管理“包保责任制”为载体，在全市开展“文明交通从我做起”主题宣传教育活动。5月，举行主题宣传教育活动启动仪式，向全社会发出“文明交通从我做起”倡议。9月1—30日，在全市开展“文明交通你我同行”为主题的交通安全宣传月活动，全市设置集中宣传点10个，开展交通安全宣讲60场次，展出交通安全宣传展板120余块，发放各类宣传资料、宣传品5万余份。是年，组织大众论坛日照社区部分网友和新闻媒体记者开展“我来当交警”体验活动；在《黄海晨刊》开辟《交警队的故事》宣传专栏，专栏每半月一期，每期一个版面，集中宣传报道交警主要工作、道路交通安全法律法规和文明交通内容。

2012年5月1日，在“醉驾入刑”实施一周年之际，组织全市客运企业、危化品运输企业负责人及驾驶人、校车车主及驾驶人等重点人群上交通安全课，集中宣传“醉驾入刑”的有关规定，并结合“三访三评”活动，组织开展重点单位宣传、重点场所宣传和重点媒体宣传。6—9月，联合市文明办开展“港城文明交通之星”评选活动，分别从私家车主、出租车行业、公交车系统、客运企业、货运企业、农用运输行业、行政事业单位、摩托车主、大中小学生、交通志愿者10类部门（行业）和群体中评选出60名个人，命名为“港城文明交通之星”。是年，国务院正式批复同意将每年12月2日设立为“全国交通安全日”。交警支队创办《日照交警》专业报纸，每两周出版发行一期，在新浪网开通实名认证“日照交警”官方微博，公安交通管理工作动态宣传渠道更加丰富。

图7-35 2012年，开通“日照交警”官方微博

2013年，按照省公安厅部署，在全市开展以“广场有（展）板、道路有（显示）屏、社区有（宣传）栏、学校有（交通安全）课、单位有（交通安全）员、电视有影、广播有声、报纸有字、网络有文、手机有信（息）”为主要内容的“十有”交通安全宣传教育主题活动。4—9月，按照省、市“大排查、大教育、大整治”货车违法行为专项行动的安排部署，在全市组织民警、交通事故受害人、货运企业负责人、交通安全宣传志愿者、媒体记者开展交通安全大宣讲和交通安全公益宣传活动。5月3日，在万平口广场参加全市“青春驿站”志愿服务启动仪式。12月2日，全市各地公安、文明办、教育、司法行政、交通运输、安监等部门联合组织开展大型集中宣传活动，在广场、车站、大型社区、城市主干道等人员密集场所进行主题宣传。

2014年，围绕“情满旅途·交警同行”主题，组织开展春运“交警平安播报”、微博微信主题发布、治理机动车“四非”问题专项行动宣传等工作，在长途客运车站、货运站场以及各乡镇中队驻地重要路段张贴、悬挂各类春运交通安全宣传标语、横幅，广泛向驾驶人及乘客发放交通安全宣传材料，营造浓厚的春运交通安全氛围。10月31日，市公安、交通、环保、商务、财政等部门在市区人民广场联合开展黄标车淘汰治理工作主题宣传活动，各区县、管委等也在辖区广场开展相关活动。以市交安委名义印发《2014年“全国交通安全日”主题活动工作方案》，下发公益广告、典型事故案例、宣传通稿等各类宣传资料，广泛开展主题宣传活动。是年，进一步提升《红绿灯·你我他》电视栏目策划制作水平，全年播出26期，获全省第十届文明交通宣传作品评选电视专栏类二等奖；“日照交警”微博粉丝达48.7万，发布微博2.3万余条，解决网民诉求1.2万余件次。

2015年，《中华人民共和国刑法修正案（九）》正式施行，对客车严重超员、严重超速，违反规定运输危险化学品等危及公共安全的行为，由原来的行政处罚上升为刑事处罚。交警支队以此为契机，组织民警深入客运企业、危化品运输企业开展宣传，提升企业交通安全观念。6—12月，在全市组织开展“抵制交通违法·安全文明出行”主题宣传教育活动，倡导车辆让行人、车辆让斑马线等“七大文明交通行为”，摒弃车辆随意变更车道、强超强会等“七大交通陋习”，抵制超员、超速、超载等“七大交通违法行为”。12月2日，在全市开展以“拒绝危险驾驶·安全文明出行”为主题的“全国交通安全日”宣传活动。同时，结合“12·4国家宪法日”主题活动，着重开展“危险驾驶罪”案例宣传，提升“全国交通安全日”的影响力。是年，交警支队编撰出版《日照公安交警的话与画》丛书1万套向社会免费赠阅。

2016年8月，日照市公共安全宣传教育基地建成并对外开放。道路交通安全宣传教育功能区分为内外两部分，外场为“交通安全主题文化公园”，市民可在微缩道路环境内学习、感受和体验交通安全文明知识。内场共有三层、一厅、七区，设置步行、骑车、乘车体验教育区，普通驾驶人体验区、专业驾驶人体验区、3D影院等区域，以寓教于乐、学习体验的形式向市民开展道路交通宣传教育。12月2日，开展以“社会协同治理·安全文明出行”为主题的“全国交通安全日”宣传活动，在辖区城市广场、客运场站、农村集市等人员密集场所，开展文艺演出、有奖竞答、承诺签名等各类宣传活动。

图7-36 2017年11月21日，日照交警部门酒驾“零容忍”整治行动新闻通报会

2017年，组织开展以“每月组织一次新闻通气会、曝光一次典型案例、组织一次随警作战活动、开展一次警示教育活动、组织一次安全演练活动、组织一次集中劝导活动、开展一次教育实践活动、组织一次公益体验活动、每月树立一个先进典型”为主要内容的全市预防重特大道路交通事故宣传教育“九个一”活动。11月，下发《关于进一步加强农村交通安全宣传栏建设的通知》，组织全市交警系统做好辖区农村交通安全宣传栏建设工作，在全市2563个行政村选择人员密集场所或主要通行道路安装设置固定交通安全宣传栏，并分三年实现全覆盖（2017年完成20%，2018年完成80%，2019年全部完成）。12月1日，以“一路同行·平安万家”为主题，联合市网信办、市文明办等七个部门，在日照广播电视台演播大厅，首次以晚会的形式举办日照市“全国交通安全日”主题宣传活动。

2018年，牵头市交安委成员单位9个部门联合举办第七个122“全国交通安全日”主题活动，组织开展在市区、城区重点组织拒绝分心驾驶、交替通行等交通规则大普及；在城镇、乡村重点组织面包车、电动车交通安全法律知识大宣讲等“八大活动”。11 月 30 日，举办“一路同行·平安万家”日照市“全国交通安全日”主题宣传活动，围绕“细节关乎生命、安全文明出行”主题，通过情景演绎、个人讲述、短视频、文艺节目等形式，普及交通安全法律法规知识，提升广大群众的交通安全意识。是月，下发《日照市严重道路交通违法行为举报受理及查处奖励办法（试行）》，对举报从事接送学生车辆，公路客运车辆、旅游客运、面包车等车辆严重超过额定乘员载客数量等 12 类严重交通违法行为的举报人进行 50 ～ 5000 元不等的奖励，调动和发挥社会力量共同参与打击严重道路交通违法行为。是年，交警支队建成文化传媒中心，设置电视制作、广播录音、双微平台等功能区，日照电视台公共频道、日照广播电台《畅行日照》栏目常驻中心录制节目定期播出。至年底，“日照交警”新浪官方微博拥有粉丝 55 万余人，发布微博 3.2 万余条。

二、中小学生安全宣传教育

1993 年，组织开展推广交通安全小黄帽活动，为市区小学生购买发放 1.9 万余顶小黄帽。1994 年，从东港区城关二中挑选 40 多名中学生，成立“小交警队”，利用星期天、节假日上路协助民警上岗执勤，维护交通秩序和劝纠不文明交通行为。1997 年 3 月 17 日，组织开展以交通安全为主题的中小学生“安全教育日”“交通安全宣传周”活动。

2001 年，与市教委、团市委联合组织全市中小学生交通安全教育活动 2 次。2002 年 5 月，组织青少年“交警杯”交通法规知识竞赛活动。2003 年 4 月，印发《关于集中开展交通安全示范学校创建工作和举行第二套小交警韵律操比赛的通知》，在全市范围内部署开展“小交警韵律操”比赛。2009 年 6 月 1 日，组织全市交警部门到各中小学校开展“小手拉大手”交通安全宣传活动。

图 7-37 “小交警”上岗执勤

图 7-38 2003 年 8 月，全市第二套小交警韵律操比赛暨“遵章出行，平安回家”大型广场主题宣传活动

2011 年，按照省、市统一部署，组织开展“春风行动”，通过在全市初中、小学举办“文明出行从我做起”征文比赛，组织学生参观交通安全教育基地、观看交通安全教育宣传作品等活动，加强中小学生道路交通安全宣传教育。4 月，交警支队直属大队与市义工联共同开展“牵手斑马线”爱心护学岗活动；10 月 21 日，面向社会公开有奖征集“牵手”品牌形象标识（LOGO）和主题口号。11 月 25 日，召开创新管理服务座谈会暨牵手品牌发布会，以牵手斑马线为代表的牵手服务品牌正式建立。12 月 16 日，组织文明交通宣讲团成员到市青少年校外教育实践基地，开展“与校车同行，与安全同行”宣传活动，向驾驶人、学生发放《集中整治“三超一疲劳”专项行动宣传手册》1 万份。是年，“牵手斑马线”获 2011 年度日照市最具影响力的慈善项目。

2012 年，深入开展“护卫天使行动”和“五进”“四个创建”活动，以“普及安全知识，提高避险能力”为主题，组织中小学生到交通安全宣传教育基地参观、宣誓、进行交通安全体验等活动。3

月31日，成立日照市牵手志愿者协会。12月2日，交警支队在市青少年校外教育实践基地组织开展以“文明交通告别陋习”为主题的“122”交通安全宣传活动。是年，牵手志愿者协会在日照街道第三小学、日照市实验三小启动“牵手斑马线”爱心护学活动，在济宁医学院成立志愿者服务大队。

2013年，以“普及安全知识确保生命安全”为主题，组织民警深入中小学校与学校师生开展交通安全互动宣传，推进“警校共建”活动深入开展。1月，向社会公布牵手服务品牌吉祥物名称——“暖暖”。9月，联合教育部门，以“美好梦想安全起步”为主题，开展为期一个月的全市中小学生交通安全宣传月活动，在全社会营造关注未成年人交通安全的良好氛围。12月，市委书记杨军批示肯定交警直属大队和牵手志愿者协会募捐患病女童的善举；“牵手斑马线”爱心护学活动获“青春·公益·梦想”首届山东青年社会组织优秀公益项目第一名。是年，牵手志愿者协会获第八届山东省青年志愿服务先进集体，5名志愿者分获2012年山东省优秀志愿者、山东好人、齐鲁文明交通之星等。

2014年，联合市文明办、市教育局开展“荧光童行——为日照小学生捐赠荧光衣”大型公益活动，4月18日活动启动日首批发放1万件爱心荧光衣。活动期间，以“关爱童行”为主题，组织师生、家长参与网络作文大赛。该公益计划利用一年半时间，为全市小学生发放爱心荧光衣，2015年4月前，将爱心荧光衣发放到全市每一位城区小学生手中；2015年12月前，发放范围覆盖到全市农村小学生。是年，“牵手”服务品牌被日照市精神文明建设委员会评为全市精神文明建设优秀品牌。

图7-39“牵手斑马线”爱心护学活动

2015年5月，牵手志愿者协会党支部被评为省级社会组织党建工作示范点。

2016年3月28日，启动全市“守护平安幸福童年”中小学生交通安全主题宣传教育活动，围绕“文明交通我知晓”交通安全知识闯关赛、“文明交通我见证”交通安全作品创作比赛、“文明交通我倡导”交通安全宣讲活动、“文明交通我代言”交通安全实践活动、“文明交通我示范”文明交通之星推选活动等五项主题，整个活动贯穿全年。5月，由人民公安报社发起的“平安共建·关爱少儿安全”教育活动（山东站）启动仪式在市公共安全宣传教育基地举行。12月，“牵手斑马线”爱心护学项目被团中央评为第十一届全国优秀志愿者组织奖。

2017年，联合教育部门印发《日照市中小学生公共安全宣传教育活动实施方案》《日照市公共安全宣传教育基地年度宣教活动日程表》，合理安排课时，科学设置内容，分区县、分学校、分年级有步骤推进，常态化组织全市中小学生到基地接受宣传教育，全年有31所中小学校、1.3万名学生到基地参观学习。2月，“牵手斑马线”爱心护学项目获首届日照市志愿项目服务大赛金奖、“文明交通劝导”获铜奖；3月，被省文明办评为2016年度“最佳志愿者组织”、牵手志愿者协会提报的“青春志愿驿站”志愿活动被评为最佳志愿服务项目。是年，成立开发区实验小学、日照市第二中学、第三中学3个牵手斑马线护学服务大队。

2018年4月和10月，分别在曲师大附属学校和日照港第一小学成立牵手斑马线护学服务大队。

三、驾驶人安全教育

1999年10月，交警支队开始筹建日照市安全教育学校，办公楼由原交警东港大队办公楼改建而成。

2000年10月24日，日照市交通安全教育学校成立，设校长1名（由支队领导兼任），内设总务处、教务处，总务处人员3人，教务处教职工15人。学校有教室两间可一次性容纳学员150人，宿舍铺位160个，教学设备有电视、VCD、模拟测试仪、无纸化考试设备等。学员主要是被交警部门依法暂扣驾驶证的人员。教学内容为道路交通管理法规、规章，交通安全基本知识，驾驶员交通行为规范和职业道德，道路交通现状和安全形势，交通事故现场保护和现场救护常识等。方式为脱产集中教育，时间为18学时，每天6学时，总计3天时间；机动车驾驶员年审、换证期间的教育培训时间为12课时，计两天时间。学员按教学计划规定完成全部课程学习任务，经考试合格，发给合格证。

2005年10月，根据省公安厅统一部署，日照市安全教育学校更名为日照市公安局交通警察支队交通安全教育中心。

2008年3月，交警支队交通安全教育中心与交警支队培训大队整合合并，一个单位两块牌子。

2011年1月，安全培训教育对象调整为驾驶证记满12分机动车驾驶人、在发生交通事故并承担相应责任的事故责任人。

2012年6月，安全教育中心率先在全省交警系统实行交通违法驾驶人安全教育“一站式”服务，实现报名、缴费、培训、考试、复核消分、返证等业务集中一站办理。省公安厅交警总队刊发简报在全省予以推广。

2015年，安全教育培训对象与内容调整为驾驶证记满12分机动车驾驶人安全教育培训和大中型客货车驾驶人审验教育。

2018年10月，根据公安部“两个教育”《工作规范》，结合“放管服”工作的推进落实，调整业务工作流程和教学大纲，根据实际设置受理岗、管理岗、考试岗、监督岗，安全教育培训实现缴费电子化、免复印、免填表、一证受理、内部流转。

2008—2018年违法驾驶员安全教育培训情况表

表7-10

年份	期数（期）	参训人数（人）			
		合计	满分驾驶人	事故责任人	大中型客货车驾驶人审验教育
2008	38	2428	—	—	—
2009	49	2476	—	—	—
2010	47	1216	—	—	—
2011	48	2587	2561	26	—
2012	46	3122	3080	42	—
2013	44	3359	3312	47	—
2014	48	5702	5647	55	—
2015	50	13449	5897	—	7552
2016	50	13664	5448	—	8216
2017	50	16648	8371	—	8277
2018	48	17889	8637	—	9252

附：

深化“牵手”志愿服务品牌创建
构建共治共享道路交通治理新格局

近年来，日照市公安局交通警察支队在市公安局党委和省公安厅交管局的领导下，坚持以人民为中心的发展思想，以“精准警务”理念为指导，以深化“平安行·你我他”活动为重点，以交通安全精细化管理为目标，破除思想藩篱，拧开创新驱动“总开关”，直面困难挑战，融合社会力量持续跑出“加速度”，在实践中精心打造“牵手”服务品牌破解社会形成的交通难题，实现由“管理”到“治理”的深度转变，形成“党政领导、交警主导、部门联动、社会参与”的社会化道路交通综合治理格局，建成“可用、实用、管用”的城市交通管理经验。

一、从牵手斑马线到牵手服务品牌，用人人参与的社会化管理精准破解新形成的交通难题

（一）从牵手斑马线起步，筑起校园周边道路交通安全屏障。为解决好市区中小学校密集、校园周边秩序乱、安全隐患多等突出问题，交警支队现场研究对策，广泛征求学校、村居和学生家长的意见建议，确定动员社会力量齐抓共管、加大重点路段时段的交通指挥疏导、规范人车通行秩序的创改思路。在团市委等有关部门的支持下，于2011年4月与市义工联共同在市新营小学启动“牵手斑马线”爱心护学行动。在学校周边道路合理设置学生乘降点，接送学生车辆在乘降点将学生放下后，由交警、义工安全护送过马路、送进校园，学校周边道路交通乱象明显改观，学生安全得以保障。同时，学生们也在潜移默化中养成自觉遵守交通法规和传播文明理念的好习惯。经过短时间运作，市区很多学校纷纷加入，志愿者群体由义工向学校老师、家长、大学生辐射，形成以交警为主导，市民广泛参与的良好局面。

（二）不断丰富“牵手”活动的载体模式，集众智众力破解警力不足难题。“牵手斑马线”活动的成功开展，为坚持走社会化道路破解警力不足难题提供实践支持，在此基础上，交警支队从社会管理的源头着手，把重点放在基层。通过牵手民俗村，与旅游景区4个民俗村合作，警民共管景区交通秩序；通过牵手企业，在港务局铁运公司组建内部交通安全管理队伍，护航企业经济发展；通过牵手社区，打造“家门口的交警队”，将车驾管、交通安全宣传送到居民楼前；通过牵手“重点人”，构筑交通安全联络员、引导员、志愿者三条联系群众渠道，共同维护交通安全。通过一系列行之有效的举措，不仅实现由“末端管理”到“前端治理”的转变，又在警力无改善的情况下提升警务工作效能。

（三）打造“牵手”服务品牌，不断提升社会知晓广度。在建立系统的牵手服务体系后，交警支队与日照日报社《黄海晨刊》合作，面向全国征集“牵手”LOGO和主题口号，最终确定立意鲜明、简洁明丽的LOGO标识和“牵手你我，平安万家”的主题口号，使“牵手”行动逐步抽象化、品牌化，提炼为“牵手”品牌，赋予深刻的文化内涵。2011年11月，交警支队与黄海晨刊联合召开“创新管理服务座谈会暨牵手品牌发布会”，社会各界代表参加会议，市各大主流媒体跟踪报道。2011年12月，山东省文明交通行动计划领导小组办公室以《高度重视　多方联动　日照打造“牵手”服务品牌推进文明交通行动计划》为题刊发简报，省市多家媒体给予报道，有效提升“牵手”服务品牌的社会影响力。

二、以牵手志愿者协会的成立为契机，走规范发展的道路精准构筑共建、共治、共享格局

（一）成立志愿者协会，步入规范发展快车道。为让市民更加真切感受到社会创新管理工作的实效，2012年3月，交警支队经报请团市委审批，成立日照市首支交通安全志愿服务组织——“牵手志愿者”协会，短时间内就发展会员2000余人。协会通过建章立制，按照“成熟一个、推开一个”和先培训后上岗的原则，由点到面、由中心到外围，依次将“牵手斑马线”爱心护学活动向市金海岸小学、实验小学、日照街道三小等7所学校推开，并在市区高校内成立9支护学大队，进行“点对点”护学。至2018年，协会已发展涵盖社会各个层面的志愿者5000余人，累计参与护学600余万小时，安全护送学生860万人次。协会还相继组织文明交通劝导、扶老助残、景区青春驿站服务等各类公益活动170余次，为弘扬时代精神奉献责任与担当。

（二）夯实文明交通创建体系，提升文明交通意识。为进一步优化市区文明交通创建体系，整合社会资源形成创建合力，交警支队以“牵手”志愿服务品牌为载体，按照“3+2”“警协工志学”的模式，以民警、协勤员、暑假工和志愿者、新学驾驶人为主架构，在交警部门的指导下，常态化进行疏导调流和纠违劝导工作，有效提升城市文明交通指数。按照市委、市政府的要求，在组织市级文明单位常态化开展文明劝导工作的基础上，开展以“礼汇文明，让成习惯”为主题的三礼三让三示范活动，制作显见醒目的“车不越线”“礼让行人”等示范用旗，倡导“守礼仪、懂谦让”的文明交通理念。近年特别是日照市创建全国文明城市进程中，每年有至少1.8万人参与文明交通志愿服务，为“创城创成”书写志愿者风采。

（三）整合各类社会资源，形成共治合力。为切实优化城市交通自治体系，通过开放小学周边村居单位停车场、设置学生绿道、非机动车行人等候区，在实验高中周边施划倾斜式停车位、组建学校安监小组与家长护卫队等措施，实现警校联动齐抓共管。为有效挤压大学科技园区“黑出租”的生存空间和减少安全隐患，联合市高教工委和公交公司，开通8个“校园直通车”专班，为大学生上放学和假期往返提供便利，园区内交通秩序逐步优化。为及时迅速处置突发情况和获取各类交通安全线索，提高路面管控能力，从城市重要交通参与者群体出租车行业中，聘请30名素质高、技能强的出租车驾驶人担任义务交通安全信息员，成为服务交通安全的生力军。同时，在市医院、火车站等交通密集区域，综合采取打造“微循环”、划设出租车待客区、警企联动等措施，有效提升行车与停车能力，形成群防群治合力。

三、不断巩固深化牵手服务活动，用创新驱动精准提升交通治理体系与治理能力的现代化水平

（一）做实微警务，提升事故预防能力。结合大数据分析与农村面包车管理实际，推出以“盯紧一老一少、控牢一早一晚、严查一车一证、做细一堵一疏”为内容的“四个双一”整治农村面包车工作法，在辖区建筑施工单位的配合下，联合检查面包车1700余台，并将51名多次违法驾驶人列入“黑名单”库，坚持见面就查，全力消除农村面包车安全隐患。积极问计于民，找准“重点时段、重点区域、重点车辆、重点人群”四个管理短板，推出“一名路长制、一套长效机制、一条样板路、一个示范学区、一系列小举措、一张挂图”在内的“六个一”工作法，对标解决市区突出交通问题，提升精细化管理水平。开发“交通违法者体检”平台，用“望闻问切”手段为多次交通违法者号脉问诊，再针对“症结”所在开出“遇事找依据、解决问题用法律”的体检单，管理者与服务对象共同从源头上预防违法，远离事故。

（二）坚持创意引领，推进阳光警队建设。围绕路口管理精耕细作和提质升级，在北京路与济南路路口设立以民警徐德助名字命名的“德助文明交通示范岗组”，以“身子动起来、哨子响起来、话语暖起来”为理念，综合采取前置分流、约束劝导等措施，使路口的管控效果实现最佳化。该岗组的网红辅警李帅，每天在路口走3万多步、说1万多句话，用温情的服务赢得了市民的赞誉，被称为“礼帅小哥”。注重发挥一线民警的首创精神，设立以民警张文忠名字命名的“小警文重工作室”，策划“文明交通大家写”系列活动，原创作品“礼让斑马线赋”“文明行路赋”“文明骑车赋”文明交通三赋，被公安部交管局通过微信、报刊杂志向全国推送。为进一步建立健全执法公开、公众参与的沟通联络机制，联合市报《黄海晨刊》开办60期“到底谁有理，大家评评看”警民直线沟通活动，用两个形象幽默的卡通人物“一毛”“一嘴”解读已发生和易发生误解的典型案例，将执法活动“晒”在阳光下，有效消除群众的误解。

（三）寓管理于服务之中，实现多赢效果。编撰一套集“知识面、操作性、趣味性”的《中小学生交通安全读本》，并列入校本教程，成为解决学生“交通顽疾”的可持续性良方。与辖区重点管理对象牵手，成立“渣土车管理群”“重点运输企业联系群”等17个微信工作群，既及时发布安全信息，又敦促落实安全管理主体责任，还为运输企业提供便民服务。创新酒驾查处模式，联合“滴滴代驾”媒体随警作战，在提高震慑力的同时，为酒驾司机提供人性化安全保障。“牵手”服务品牌硕果累累，相继获得2011年度全市最具影响力的慈善项目、2011年度日照十大民生新闻、全市精神文明工作创新奖、全市志愿项目服务大赛金奖、“青春·公益·梦想”首届山东青年社会组织优秀公益项目第一名、全省2012年度山东公安政治工作创新奖和全国优秀志愿者组织奖等荣誉，取得安全效益和社会效益的多赢效果。

第五节　高速公路交通管理

高速公路交通警察支队（简称高速支队）是履行高速公路交通秩序管理、交通事故处理、交通安全宣传教育等管理职责的专门机构。

2000年11月，日照市第一条高速公路——日兰高速建成通车前，市公安局设立交警支队日竹高速公路大队筹建处，负责高速公路交通管理工作。2001年8月，日竹高速公路大队正式成立。2003年11月，同三高速（现称沈海高速）公路通车前，市公安局设立交警支队同三高速公路大队筹建处。2004年，日竹高速公路大队更名高速公路大队，同三高速公路大队筹建处与高速公路大队合并办公。

2013年9月，市公安局交通警察支队高速公路大队改为市公安局高速公路交通警察支队，挂“山东省公安厅高速公路交通警察总队日照支队”牌子，为市公安局副处级直属行政机构，负责研究、分析全市高速公路交通安全形势并制定对策；指挥、协调全市高速公路疏堵保畅工作；指导全市高速公路交警大队依法查处交通违法行为、处理交通事故、维护交通秩序；组织、协调全市高速公路交通警卫工作和跨区域机动执勤任务。

至2018年底，高速支队辖区有日兰、沈海、疏港、长深、潍日和机场连接线共6条高速公路，全长212.46公里。

一、交通安全秩序管理

2000年11月，日兰高速公路建成通车后，高速公路大队筹建处加强路面巡查，及时查处交通违法行为，消除交通隐患，预防交通事故发生，确保道路安全畅通。

2003年，根据省公安厅交警总队统一部署，组织开展严查严纠各类机动车高速公路交通违章活动。6月，高速公路交警路面巡逻检查执行《山东省高速公路巡逻民警勤务规范》。12月，同三高速公路建成通车，道路交通安全管理职责由同三高速公路大筹建处履行。

2005年，围绕“创建高速公路行车秩序示范路”工作目标，组织开展交通秩序专项整治活动。2月，部署开展“双超”整治活动。

2007年，针对大货车长期占道行驶和超速、超载等交通违法行为，组织开展为期一个月的春运交通秩序整治活动。8月10日至10月31日，开展为期80天的创建“平安畅通高速”暨超速行驶专项整治活动。

2008 年 3 月，集中开展交通违法行为整治行动，对行人进入高速公路和客车随意在高速公路停车上下客等违法行为进行集中查处。至 4 月初，查纠行人上高速交通违法行为 59 起，客车在高速公路上下客交通违法行为 42 起。12 月 2 日，在日东高速公路零点收费站、同三高速公路日照服务区，以“文明出行・和谐交通”为主题，组织开展“12・2 交通安全日”宣传活动。

2009 年，在日东高速公路零点收费站举办春运交通安全服务站启动仪式。8 月 31 日，在日东高速公路零点收费站、同三高速公路日照服务区同时举行“珍爱生命·拒绝酒后驾驶”万人签名活动。10 月，组织开展“畅通安全行”交通安全主题日宣传活动。

图 7-40　2010 年 12 月，高速交警支队组织开展酒驾集中整治活动

2011 年 2 月，以“关爱生命，文明出行，平安回家”为主题，开展交通安全宣传教育活动。4 月 18 日，组织开展高速交警系统首次警营开放日活动，宣传高速公路超速超载、机动车占用应急车道路行驶等严重交通违法的危害及查处措施。11 月 26 日，日照疏港高速公路建成通车后，加强日照疏港高速公路交通秩序管理。12 月，组织开展“三超一疲劳”专项整治统一行动月活动。

2012 年 2 月，组织开展“春运启动仪式”与文明交通示范公路创建活动全国集中统一行动日启动仪式。12 月，组织开展“百日交通安全集中整治行动”、机动车涉牌涉证违法行为集中整治行动。

2013 年 1 月 20 日，长深高速公路日照段（莒县）建成通车。3 月 17 日至 4 月 13 日，组织开展严厉整治重点交通违法行为专项行动。4 月 1 日至 9 月 30 日，组织开展“大排查、大教育、大整治”货车违法行为专项行动。5 月，组织开展“平安行・你我他”行动集中宣传日活动。

2014 年，对包保路段进行重新划分，实行片长、路长、段长“三长负责制”，对辖区道路进行分段管理。2 月，组织开展春运期间集中整治违法停车上下客行动。4—6 月，组织开展大货车长时间占用左侧车道通行统一行动。8 月 1 日，在日兰高速日照收费站举行“行万里无违法，奖万元通行卡”活动启动仪式，现场受理符合条件的车辆驾驶人报名。是年起，高速支队执法检查服务站承担定点管理的主要工作任务，履行维护周边交通秩序、查处交通违法行为、进行交通安全警卫等职责；同时，由高速支队牵头高速路政、路权单位对辖区危险路段进行排查，对通行辖区“两客一危”重点车辆进行严格检查，对于发现的严重交通违法行为，由高速支队统一函告车辆所属企业及当地主管部门，进一步加强安全监管。

2015 年，启动规模性智能设备和高清视频监控摄像头建设。至 11 月，建成高速公路智能交通安全系统一期工程，沈海高速、日兰高速、日照石臼港区疏港高速安装测速卡口设备，各主要收费站安装预警卡口设备。8 月 1 日至 9 月 27 日，在全市高速公路部署开展“打非治违”集中整治交通违法统一行动。是年，组织开展“七类重点车辆、七类违法行为”集中整治行动。

2016 年 3 月 20 日至 6 月 30 日，组织开展商品车运输车违法行为集中整治行动。4 月 30 日至 5 月 31 日，开展集中整治酒驾醉驾违法犯罪行为统一行动，并在服务区、执法站、高速出入口等地，开展助力“旅游富市十项措施”宣传活动。7 月 1 日至 10 月 10 日，开展高速公路违法占用应急车道专项整治行动。10 月 1 日起，联合市文明办、市教育局开展“出行高速·平安你我”交通安全知识进校园活动。

2017 年，广泛利用媒体加强高速公路秩序管理宣传。2 月和 6 月，分别发布日照高速公路新启用

10处卡口测速设备、沈海高速日照段双向限速公告。6月，组织开展高速公路“交通秩序百日整治行动”。是年，加大高速公路机动车驾驶员酒驾与超员超载交通违法查处力度，共查处酒后驾驶违法行为5起、醉酒驾驶7起、超员超载5513起。

2018年3月27日至5月31日，组织开展高速公路“净化”系列交通秩序集中整治行动。是年，在新修建的日照机场至沈海高速公路连接线进行卡口建设，并依托卡口继续加大酒醉驾、超员超载查处力度，累计查处酒后驾驶16起、醉酒驾驶10起、超员超载10435起。

二、高速公路交通事故处理

2000年11月起，日竹高速公路大队筹建处按照《关于高速公路交通管理有关执法问题的通知》，负责处理日竹（日兰）高速公路上发生的交通事故。2001年8月，日竹高速公路大队成立，交通事故处理工作由日竹高速公路大队负责。2003年11月，同三高速公路大队筹建处负责处理同三（沈海）高速公路上发生的道路交通事故。2004年2月，日竹高速公路大队改称高速公路大队后，设立交通事故处理科，专司高速公路事故调查处理、事故统计等工作。

图7-41 2008年，在服务区设置的事故警示台

图7-42 2015年8月，高速交警莒县大队民警为群众现场处置简易交通事故

2014年2月，高速公路交通警察支队组建成立后，在原高速大队事故处理科的基础上，组建事故处理部门，由业务指导大队管理，负责各大队辖区车损较大、伤人、死亡、逃逸及案情较复杂案件的勘查、处理工作及事故统计，其他无人员受伤、仅造成财产损失、适用简易程序处理的事故由辖区大队处理。10月，成立高速交警道路交通事故快速处理理赔服务站。全市8家承保机动车交强险的财产保险公司派员常驻理赔服务站进行集中办公，现场勘验、定损，受理各方轻微机动车交通事故当事人的索赔申请。辖区各大队安排专人负责符合快速处理情形案件的受理、审核和事故认定。

2015年4月起，每年按季度定期组织交通事故办案人员进行相关业务培训班学习和考试，对申报初、中级处理资格和到期换证的事故处理民警进行业务培训。

2016年4月，事故处理工作下放各大队，原事故处理人员分流到各大队，并要求各大队由1名大队领导分管事故处理工作，明确1名事故处理民警，对于发生的车损较大、伤人、死亡、逃逸及案情较复杂的事故，中队民警与事故处理民警同时出警，大队路面勤务民警到达时先期维护现场、抢救伤员，事故处理民警到达后开展现场勘查、调查，其他无人员受伤仅造成财产损失适用简易程序处理的事故由辖区大队勤务民警处理。5月，高速支队联合市高速路政大队、齐鲁交通发展集团日照分公司开展高速公路突发交通事故应急处置应急演练和高速公路安全防护演练。演练结束后，三家联勤联动单位先后投入30余万元，补足配齐应急处置和安全防护必需的标志牌、防闯入系统、反光服、勘查灯、肩闪灯等设施设备。是年，探索建立“1221”路警联动事故处理模式，即1辆警车或路政执法车，配备2名交警、2名路政员、1名高速集团公司巡查员，实行定点、定时、定车、定人及人员、车辆、信息共享的“四定三共享”勤务机制，高速交警负责现场勘查、交通管制等事宜；高速路政大队执法人员负责路损勘验工作；高速集团公司巡查员负责勘验公路资产损失和清障施救。

2017 年，根据高速支队道路交通事故处理实际需要，筹划建设交通事故处理中心。8 月 1 日，位于东港区日兰高速公路日照收费站院内的事故处理中心投入使用，设多功能办案区、案件管理室、勘查一室、勘查二室、勘查三室，由业务指导大队管理，东港、岚山、莒县大队使用，处理一般程序以上道路交通事故。

图 7-43 2016 年 8 月，高速交警支队智能交通新增门架式可变限速标志

2018 年，将齐鲁交通发展集团日照分公司原信息楼改造建设为路产理赔中心，设立事故快处快赔办公室、应急救援中心、保险核损中心、一级清障中心。11 月，日照市公安局高速公路交通警察支队道路交通事故社会救助基金服务站（简称社会救助基金服务站）挂牌成立，与事故处理中心同地点办公。12 月 10—12 日，组队参加第四届日照市“技能之星”职业技能大赛暨日照高速公路职业技能竞赛（应急清障）个人和团体竞赛项目，2 名民警分别获个人综合成绩一等奖和三等奖，3 支代表队分别获得团体一等奖、二等奖和优秀组织奖。是年，“1221”路警联动事故处理模式共接警 1410 余起（包括事故救援、车辆故障救援），日照零点收费站、岚山、莒县 3 处路警联动点共计处理路损路赔案件 1300 余起，救援案件 1207 起，适用快处快赔交通事故 612 起。

附：高速公路交通事故案例

2004 年 11 月 4 日 6 时许，虎某驾驶豫 C***** 号牌中型普通客车沿日东高速公路由西向东行驶至 K19+200 处时，与前方顺行的王某某驾驶的鲁 H***** 号牌重型半挂货车发生追尾相撞。之后，付某驾驶的鲁 L***** 号牌重型半挂货车又与豫 C***** 号牌中型普通客车发生追尾相撞，致 17 人当场死亡，数人受伤，2 人经医院抢救无效后死亡，以上 3 车不同程度损坏，造成特大交通事故。

2008 年 12 月 13 日 16 时许，姜某某驾驶鲁 HH**** 号牌现代伊兰特轿车沿日东高速由东向西行驶至 K46+100 时，因采取措施不当致使车辆向右偏，后向左打方向过猛与中央护栏相撞后逆时针旋转弹出路外，造成车上乘员 1 人死亡，3 人受伤，车辆及路政设施不同程度受损。

2015 年 8 月 25 日 13 时 10 分许，驾驶人徐某某驾驶无锡市某旅游客运公司所属大型普通客车由无锡出发，行驶至沈海高速 K742+700 处时，因采取措施不当，致车辆失控与右边护栏相撞，后侧翻滑下护坡，致 1 人当场死亡，3 人在抢救过程中死亡，9 人受伤，车辆及高速公路设施部分损坏。

2017 年 6 月 6 日 9 时 47 分许，高某某驾驶鲁 D***** 号牌大型客车行驶至沈海高速日照东港段 K713＋900 处时，车辆失控，冲破高速防撞护栏，驶出路面并发生翻滚，造成 11 人死亡（7 人当场死亡，1 人当日抢救无效死亡，3 人 7 日后抢救无效死亡）、22 人受伤，直接经济损失 100 余万元。事故发生后，市政府成立由市安监局、市监察局、市公安局等单位负责同志参加的事故责任调查组，开展事故调查工作。经调查认定，该事故直接原因为高某某驾驶安全机件不符合安全技术规范的车辆上路行驶，未按操作规范安全驾驶，雨天未降低行驶速度，发生道路交通事故，是一起较大生产安全责任事故。

帆船之都

第八章

8

消防管理

XIAO FANG GUAN LI

消防管理是公安消防部门按照《中华人民共和国消防法》和国家有关规定，依法履行消防监督、火灾预防和扑救、消防应急抢险救援等职责的专门工作，也是一项政府统一领导、部门依法监管、单位全面负责、公民积极参与的整体性社会工作。

地级日照市建立前，日照市（县级）公安局和莒县、五莲县公安局均已设立公安消防机构（现役），分别由临沂地区公安处、潍坊市公安局负责管理。地级日照市建立后，1990 年 8 月，设立中国人民武装警察部队日照市消防大队（简称武警日照市消防大队，副团级），对内称消防科。12 月，经公安部批准，武警日照市消防大队改为武警日照市消防支队，对内称市公安局消防分局，升格为正团级。1993 年 3 月，五莲县公安局消防科、莒县公安局消防科分别划归日照市公安消防分局管理。1996 年 6 月，落实公安消防部队新编制，公安消防部门保留市公安消防分局、市公安消防支队、武警日照市消防支队三个称谓。至 2018 年 10 月，市公安消防支队辖 3 个副团级大队、3 个正营级大队、7 个中队。2018 年 3 月，中共中央印发《深化党和国家机构改革方案》，明确公安消防部队不再列武警部队序列，全部退出现役。10 月 9 日，公安消防部队举行移交仪式，撤销中国人民武装警察消防部队及其所属部队番号，消防官兵集体退出现役，组建国家综合性消防救援队伍，成建制划归应急管理部。

30 年间，全市公安消防部门贯彻执行“预防为主、防消结合”的工作方针，严格消防监督检查和监督管理，建立和完善消防监督机制，加强火灾隐患排查整治，加强社会消防宣传与培训，推进城镇公共消防设施建设，加强消防装备与设施建设，完成一系列急、难、险、重的灭火和应急救援任务。

第一节　火灾预防

火灾预防是公安消防部门的主要职责之一，是“预防为主、防消结合”工作方针的主要体现，主要包括监督执法、建筑审核、消防宣传培训、火灾调查等。

一、消防监督

1989年地级日照市建立后，公安消防部门贯彻落实《中华人民共和国消防条例》《中华人民共和国消防条例实施细则》等法律法规，深入开展消防安全检查，督促整改火险隐患，减少火灾事故发生。

1990年，联合10个部门开展防火安全百日竞赛活动，排查火险隐患及不安全因素1138处，下发重大火险隐患通知书3份，市政府在市石油公司召开现场办公会议，研究解决市石油公司重大火险隐患问题。是年，开始实行火险隐患立案销案制度，对存在重大火险隐患的单位，按规定程序发出《火险隐患整改通知书》，限期整改、跟踪督促，直至隐患解决。

1991年5月18日，市政府召开全市麦收防火安全保卫工作会议，对做好麦收防火工作进行部署。11月，结合贯彻《消防监督程序规定》，增加《防火检查记录》，由消防监督员在依法进行消防监督检查时填写，作为督促整改一般火险隐患的依据。是年，莒县消防大队实行麦收“三包一保”（三包：县麦收防火领导小组成员包乡镇、乡镇干部包村、村干部包麦场；一保：保证麦场不发生火灾）防火责任，逐级签订责任状，一级抓一级，层层抓落实。全市组织开展消防检查425次，发现隐患并提出建议493条。

1992年3月，市政府在日照剧院召开全市防火安全“双百”暨“百安赛”总结表彰大会，对10年来防火安全工作中涌现出的64个先进集体、139名先进个人及防火安全百日竞赛中表现突出的58个优胜单位、95名先进个人进行隆重表彰。10月，制定《派出所、边防工作站消防监督职责》和《考核标准》，落实分级管理，把派出所、边防工作站的消防工作纳入目标化管理。是月，组织全市派出所专兼职消防监督员开展业务培训。12月1日，开展为期3个月的“安保杯”冬季防火安全活动，将重点单位、农村防火作为工作重点，通过形式多样的宣传教育、安全检查，抓好冬春季节消防工作。是月，在西湖、后村乡召开全市农村防火工作现场会，部署加强农村消防工作。

1993年，市政府召开第四次市长办公会议，决定从1993年1月1日起，向全市所有建设单位一次性征收城市消防设施配套费，征收标准为一般建筑按建筑面积每平方米收取1元；高层、地下建筑按建筑面积每平方米收取2元；易燃易爆危险场所按占地面积每平方米收取2元。是年，下发《火险隐患整改通知书》52份，查封单位20家。

图8-1　1994年6月，消防官兵深入田间地头开展麦收季节性防火检查

1994年，先后组织开展“冬季安保杯”、麦收防火、化学危险物品、公共场所、冬季消防安全专项治理等5次大型季节性防火活动和消防安全专项治理，开展防火检查1287次，落实整改措施1374条，其中整改重大隐患28处，下发整改通知书37份，查封和停产、停业单位23家。12月31日，印发《城市消防设施配套费征收、管理、使用规定》，规范执行市政府关于收取城市消防设施配套费的决

定，进一步收好、管好、用好城市消防设施配套费。

1995年，进一步加强对建筑工地防火管理，与市建委联合开展建筑工地安全防火联合大检查，检查工地53家，排除隐患57处。是年，检查单位1270家，整改隐患1850处，其中重大隐患32处。

1996年，先后开展邮电系统消防安全检查、麦收防火检查、建筑消防设施专项治理、防雷检测管理、重大火险隐患排查和行政执法年活动，全年开展防火检查624次，下发《火险隐患整改通知书》15份，提出落实意见1932条。

1997年10月，市委、市政府召开全市城镇消防工作会议，对加强城镇消防工作进行全面部署。11月20日，印发《日照市消防产品监督管理暂行规定》，对消防产品生产、维修、销售等环节作出具体规定。是年，检查单位660个，排查隐患1700余处，整改820处，下发《火险隐患整改通知书》13份，取缔无证经营户128家，没收非法工具38套，处罚单位和个人67个（人）。

1998年9月1日，贯彻执行《中华人民共和国消防法》，派出所开始履行日常消防监督检查职责。11月，印发《派出所消防管理规定》，明确派出所消防职责权限，统一规范工作程序。落实公安部《消防监督检查规定》，全年检查单位984个，查出隐患2294处；办理消防安全许可证55个，准运证29个；举办培训班26期，培训人员6734人，发放合格证245个；处罚个人78名，处罚单位12个。

1999年6月20日至9月30日，在全市部署开展百日消防执法整治活动，对建筑工程未经公安消防机构审核擅自施工、擅自使用，公共场所未经消防检查，擅自使用或开业等8项重点行为进行集中整治。11月19日，印发《日照市建筑消防设施设计施工安装使用维修保养管理规定》，对建筑消防设施的设计、施工安装、使用和维护保养做进一步规范，并明确对未按规定落实情形的处罚依据。12月22日，在五莲县街头镇召开全市农村消防工作现场会。是年，检查单位1200余个，查出隐患1980余项，消防行政处罚173起，处罚单位36家。

2000年5月24日，印发《关于进一步加强易燃易爆日用品消防安全管理的通知》，组织对经营一次性气体打火机、气雾杀虫剂、发胶、香水、火柴等易燃易爆日用品摊位进行消防安全大检查，要求经营摊位要设在相对独立区域，远离经营布匹等易燃可燃物品摊位，不得使用活动房屋、简易棚亭作为经营场所，并配备适当种类和足够数量的轻便灭火器材。是年，组织全市性消防安全大检查5次，检查发现火灾隐患3000余处，整改火灾隐患1600余处。

2001年，在全市部署贯穿全年的消防安全整顿，围绕公共场所、易燃易爆化学物品、建筑消防设施、消防产品市场4个重点方面，划分时间节点，明确整顿范围，逐项集中开展整顿。5月，举办全市公安派出所、边防工作站消防监督员业务培训班，对《山东省消防条例》《消防监督检查规定》等制度规定进行系统培训。

2003年，响应市政府“革除障碍，跨越发展”号召，消防行政收费项目全部取消，消防行政审批项目从过去的26项精减为6项。制定实施《日照市城市社区消防安全管理规定》，把城市社区消防工作纳入法制化轨道。印发《日照市村镇消防建设示范标准（试行）》，并在莒县岳家村召开全市农村防火工作现场会，开展中心村镇消防规划工作和农村防火工作。

2004年，印发《关于在全市开展消防安全环境集中整治活动的实施意见》，利用2个月时间在全市开展消防安全大检查。以市消防安全生产委员会（简称市消安委）名义印发《全市今冬明春消防安全工作实施方案的通知》。由市政府牵头联合相关部门对全市学校、燃气市场（燃气器具经营市场）进行消防安全检查。

2005年3月2日，落实《山东省公安派出所实施消防监督检查规定》，公安派出所开始对本辖区“九小场所”实施消防监督检查，指导居民住宅区的管理单位、居民委员会、村民委员会做好消防工作。6 月 8 日，印发《日照市公安派出所消防管理暂行规定》，要求每个派出所每次抽查单位数量不少于 40 个，每半年不少于一次；派出所负责办理“九小场所”公众聚集场所开业前消防安全检查。10 月 13 日，印发《日照市公安派出所履行消防监督管理职责奖惩办法（试行）》，将派出所和责任（社）区民警消防监督工作列入公安派出所等级评定和责任（社）区民警等级评定内容。

2007 年，以市消安委名义印发通知，在全市范围内集中开展“九小场所”消防安全检查行动，凡是消防设施未达要求的，坚决进行整顿。联合市综治委等 7 部门印发《日照市加强社会主义新农村建设消防工作指导意见的通知》，对“十一五”期间，农村消防工作机制、公共消防设施、多种形式消防队伍建设等作出系统规划，确立农民消防安全意识普遍增强、农村消防安全条件明显改善、农村防控火灾能力明显提升的整体目标。

2008 年，召开全市公安派出所消防监督管理工作推进会议，在全市部署开展“九小场所”火灾隐患整治工作，在“九小场所”推广应用独立式火灾探测报警器。联合市文化局开展日照市文化市场安全生产隐患治理活动，推动市文化局、市广播电视局、市教育局、市农业局、市人民医院、市人防办落实行业内消防安全责任，开展行业系统消防安全检查。

2009 年，联合市质监局、市工商局印发《关于集中开展消防产品专项整治活动的通知》，重点整治消防产品中直接关系人身财产安全的火灾报警产品、固定灭火系统产品、灭火器、防火门、防火涂料、消防应急灯具等产品，重点检查可能发生群死群伤火灾的人员密集大型公共场所及其在建工程的建筑消防设施，重点检查假冒伪劣消防产品相对集中的生产、营销区域。9 月 11 日，落实《山东省公安派出所消防监督检查规定》，进一步明确公安派出所履行对社区、农村、“九小场所”消防监督检查的职责，要求各分县局将消防监督工作纳入对派出所及其民警的责任目标体系和绩效考核必考内容。

2010 年，以市消安委名义印发《全市开展城乡消防安全基础建设推进年活动的意见》，进一步巩固和深化“消防平安创建”活动成果，切实打牢城乡消防工作基础。联合市综治委、市安监局印发《开展建筑消防设施专项治理工作实施方案的通知》，对全面提升社会单位消防安全“四个能力”（检查消除火灾隐患、组织扑救初起火灾、组织人员疏散逃生、消防宣传教育培训能力），提高单位消防管理水平，保障建筑消防设施完好有效提出要求。12 月 10 日，印发《全市消防安全大排查大整治大宣传大培训大练兵活动方案》，通过大排查、大整治，摸清火灾隐患底数，加大消防监督执法力度，推动整改消除火灾隐患。

2011 年，联合市住建委印发《关于开展建筑工程外墙保温材料消防安全专项检查治理的通知》，全面加强建筑工程外墙保温材料消防监督和辖区内建筑工程的消防监督管理，彻底消除影响建筑工程消防安全的火灾隐患，确保工程消防安全。7—11 月，对派出所开展消防监督执法情况进行督察，采取明查与暗查相结合的方式，对 2010 年 12 月以后派出所消防监督检查、行政处罚等开展全面督察。9 月，落实公安部统一部署，在全市全面开展“清剿火患”战役，要求全市有关警种部门按照“网格化”排查要求，对辖区单位场所逐一检查治理，逐一建立台账。

2012 年，在全市街道乡镇推行消防安全网格化管理，按照属地管理原则，划分以街道办事处、乡镇人民政府行政辖区为“大网格”，以社区和村庄为“中网格”，以单位、场所、居（村）民楼院为“小网格”的三级网络，开展常态化消防安全检查、经常性消防宣传教育，构建“全覆盖、无盲区”的消防管理网络。

2013 年 6 月 15 日，结合夏季旅游高峰时期消防工作特点，集中 1 个月时间，在全市开展夏季防火安全大检查，按照消防分级管理范围，消防支队、大队、派出所分别负责本级管理范围场所安全检查。6 月 26 日至 10 月 31 日，在全市开展消防安全大排查大整改活动，印发《关于开展消防安全大排查大整治活动的通告》，组织召开社会单位消防安全责任人和管理人会议，举办消防安全培训班，落实街道、乡镇消防安全网格化管理，对所有单位、场所进行全面排查。是年，在全市开展“除火患、保平安”冬季专项行动、第二次“清剿火患”战役；加强重点节点和时段消防安全夜查，实施实名制检查，对消防监督网格化管理，实行定人、定网格“实名制”监管，谁检查、谁签字、谁负责；认真开展消防进社区工作，以建立健全消防网络化管理体系为核心，在全市建立大网格 40 个、中网格 232 个、小网格 1255 个，发展群众性消防队员 1.2 万余名，消除火灾隐患 2300 余处，为每个社区新划消防通道，增配各类消防设施 4180 件（套），开展消防培训、灭火演练 175 次。

图 8-2 2014 年 7 月，消防执勤摩托在民俗旅游村巡逻

2014 年 2 月，落实省公安厅《关于进一步明确公安派出所消防监督工作职责切实加强“九小场所”、村庄、住宅区消防监管的通知》要求，部署全市公安派出所按照管辖范围和职责分工，结合第二次“清剿火患”战役，对“九小场所”进行拉网式排查整治，逐一登记造册，彻底查清底数；利用广播、电视、报刊等各类传媒，加强针对性“入户”式消防宣传，动员居民及时清理楼道、阳台堆积的可燃物。是年，印发《关于切实加强消防监督基层基础工作的通知》，围绕提升全市火灾防控能力和公共消防安全水平，对常态化火灾隐患排查整治、消防基础设施建设、构建社会化大宣传大教育大培训格局等做进一步要求。

2015 年，落实公安部《行业系统火灾隐患及火灾事故通报办法》，对在消防监督管理中发现单位存在重大火灾隐患，或者同类型单位普遍存在具有行业特点的火灾隐患的，在查明有人员伤亡和较大社会影响的典型火灾原因除依法向被检查单位送达法律文书外，还根据管辖分工和单位隶属情况，向本级有关行业系统发函通报火灾隐患概况、违反消防法律法规情况以及整改意见。是年，在莒县召开全市农村消防工作现场会。

2016 年 5 月 16 日，印发《关于加强住宅小区消防安全管理的通告》，对全市各住宅小区落实消防安全责任、开展消防安全检查、保持消防车通道畅通、加强电动车管理等提出 7 项具体要求。是年，印发《消防监督随机抽查工作机制试点方案》，在东港、五莲消防大队试点推广消防监督检查随机抽查工作机制。是年，莒县消防大队在全市率先推广“区域联防”，在城区建立 5 大片区，由各防火监督干部分片包干、牵头推进，各区域通过相互检查，相互学习，相互支援，提高区域火灾防控能力和员工消防安全意识。

2017 年，围绕党的十九大消防安全保卫工作，推动市政府召开全市区域性火灾隐患整治暨劳动密集型企业联防联治现场会，进一步加快区域性火灾隐患整改进程，提升消防安全管理整体水平，在全市范围内部署开展区域联防、行业联防、乡镇企业联防及“九小场所”联防“四防联动”建设，维护消防安全形势持续稳定。12 月 19 日，召开全市创建消防安全社区工作现场会议，总结推广东港区日照街道沙墩村消防安全社区创建工作经验，提升全市社区、住宅小区消防安全自我管理水平。

2018 年，举办全市消防监督业务培训班，围绕建设工程审核、火灾事故调查、执法规范化建设、消防产品监督、消防验收等主要业务知识，组织教学培训。4 月 12 日，全省消防监督执法暨消防安全联防联治现场会在日照市召开，推广日照市消防安全“四级联防联治”工作。10月8日，市委、市政府将农村消防安全建设纳入《全市乡村振兴专项实施方案》，将具有日照消防特色的消防安全“四级联防联治”管理模式在全市实体化运行，围绕消防安全责任制落实和消防基础设施建设“两条主线”“五个方面”，计划用3年时间推动农村消防安全标准化建设达标。

二、消防重点单位管理

消防安全重点单位是指发生火灾可能性较大以及发生火灾可能造成重大的人身伤亡或者财产损失的单位。1989年，公安消防部门根据消防重点单位管理有关规定，加强日常监督管理，检查考核消防重点单位责任落实情况。要求符合消防安全重点单位界定标准的单位，依法向公安消防机构申报，经公安机关消防机构确定、报本级人民政府办公室后，纳入消防安全重点单位管理，并通过一定形式向社会公告。

1990年11月，印发《公安、边防派出所、工作站消防监督职责（试行）》，要求对重点保卫单位，每年进行防火检查不少于6次，一般单位不少于4次。对重大火险隐患，及时发出《重大火险隐患整改通知书》，限期整改。督促各单位组建专职或义务消防队，每年业务培训不少于2次，并加强领导和管理。

1991年1月1日，全市消防重点单位实行两级分级管理。市公安局负责管理市内中央、省、市直属单位，各公安、边防派出所、工作站负责管理本辖区内乡、镇、街道办事处所属单位。各公安、边防派出所、工作站都要求明确1名分管领导和1名专兼职消防民警。10月1日，落实公安部《消防监督程序规定》，按照《化学危险物品安全管理条例》等有关规定，对生产、储存、使用易燃易爆化学物品的单位实施消防监督。省公安厅结合贯彻《消防监督程序规定》，增加易燃易爆化学物品准运证，由运输单位所在地县以上公安消防监督机构审核签发。10月10日，市公安消防分局印发《加油站消防安全管理规定》，统一全市加油站、小型油库、贮油罐消防安全管理标准。11月1日起，对符合规定的场所，经公安消防部门考核验收合格，发给消防安全合格证；不合格的要求停业整顿；已领到合格证，发现有严重违反规定或发生事故的，收回合格证并停业整顿。是年，办理化学危险物品经营许可证86个，办理危险品运输证132个。

1992年4—5月，按照省公安厅统一部署，在全市开展化学物品消防安全专项治理活动，检查出不安全因素314条，提出整改意见276条，当场改正215条；对58家单位和45辆常年运输化危品车辆进行申领申报，对17个化危品经营单位办理“化学危险物品经营许可证”，对3个不合规定的单位给予暂停经营的处理，对23个未办理“化学危险物品经营许可证”的单位，做出限期补办手续的处理。

1993年4月6日起，用1个月时间，联合市商业局、市供销合作社联社等6部门开展公共场所消防安全专项治理，对52家宾馆饭店、6家影剧院、16家歌舞厅、26家大型商店（场）、10栋高层建设进行内部装修、疏散通道、消防器材、用火用电管理为重点的检查，整改隐患430余条。9月，在全市部署开展化学危险物品消防安全专项治理，对未经审批擅自生产、储存、无证经营运输以及防火、防爆、防潮、通风等安全措施不落实的单位进行重点治理。

1994年4月10日起，联合市经委、市劳动局等7部门用1个月时间在全市开展公共场所消防安全专项治理活动，围绕消防管理制度、消防器材设施、明火管理和用电安全等7个方面，对商店（场）、歌舞厅、游艺娱乐场所和封闭式集贸市场开展重点治理。是年，省消防总队在岚山港召开岚山液体石油化工品储运有限公司油库联合灭火预案研讨会。是年，莒县消防大队为24个单位建立一、二、三级防火档案。

1995 年，联合工商部门开展集贸市场消防安全专项治理活动，检查单位 23 个，整改隐患 35 处。同时，继续开展文化娱乐场所安全大检查活动，为配合公共娱乐场所消防安全专项治理，与纺织、商业部门共同加强对阻燃织物的监督管理，对生产、经营阻燃织物、防火材料的单位和个人进行登记备案。印发《日照市液化气站管理规定》，对全市 22 家液化气站进行全面检查。

1996 年 4 月 1 日，对全市消防监督分级管理范围进行调整：市公安消防支队分管东港区行政区域内市属单位，国家和省属驻日照单位，市规划区内达到消防重点单位标准的外商独资企业和外地驻日照单位，在日照开发区分局未设消防科之前，临时代管开发区内所有单位；东港区消防大队分管东港区行政区域内、市消防支队分管范围之外的所有单位；岚山、莒县、五莲县消防大队各分管所在行政区域内所有单位。是年，列管市一级消防重点单位 36 个、市二级消防重点单位 24 个、市三级消防重点单位 23 个；办理化危品准运证、消防安全许可证 106 个。

1997 年 10 月 1 日至 12 月 31 日，按照省公安厅统一部署，开展建筑消防设施专项检查治理，对全市已投用的一切安装和应该安装建设消防设施的工业与民用建筑消防设施数量、种类进行摸底，督促落实消防工作制度，并推行消防控制室值班员和消防设施管理维护人员持证上岗制度，未经消防安全培训并取得消防安全培训证书的一律不得从事建筑消防设施的操作、维护和管理工作。是年，日照开发区分局消防科成立后，对其列管的消防重点单位范围进行划分，其他均未改变。

1998 年 12 月 11 日，重新调整消防监督管理范围，实行市、县、派出所三级管理。市公安消防支队列管市规划区域内达到一级消防重点单位标准的单位及直属单位；东港、开发区消防大队分管行政区域内市公安消防支队分管范围之外的所有单位，岚山、莒县、五莲县消防大队各分管所在行政区域内所有单位；各派出所分管各自区域内市、区县级分管之外的所有单位。

1999 年 3 月，落实省公安厅《关于加强消防安全重点单位监督管理工作的通知》，对全市消防重点单位进行调整，列管市级消防重点单位 38 个。5 月，落实公安部《公共娱乐场所消防安全管理规定》，加大监督检查力度，督促公共娱乐场所按照新规定要求自查自改。9 月，组织 6 个检查组分赴全市消防重点单位和重大活动现场，开展消防安全大检查。是年，在全市开展易燃易爆化学品消防安全专项治理、建筑消防设施专项治理。

2000 年，把重大火灾隐患作为整改重点，加大消防监督执法力度，组织对太阳城市场、蓝天批发市场、日照火车站西站等场所重大火灾隐患进行整改。6 月，邀请省消防总队专家组到日照市就太阳城市场重大火灾隐患整改方案进行论证。

图 8-3 2001 年 5 月，部署开展公共场所消防安全专项治理活动

2001 年，结合开展消防安全整顿，制定《公共场所消防管理标准》和《公共场所消防安全设施配备标准》；在全市 200 多家宾馆、饭店张贴疏散逃生常识挂图 1 万余份，督促安装独立式火灾自动报警器 1500 余台，配备灭火器 1600 余具，新设置火灾应急照明灯 500 余台。2 月，印发《日照市消防安全重点单位管理规定》，分别对消防机构、消防安全重点单位责任、保障、制度等进行明确。7 月，联合市卫生局印发《日照市医院消防安全管理规定》，作为全市所有医院和医疗性疗养院落

实消防安全管理的指导性文件。是年，调整列管市级消防安全重点单位42个。

2002年，执行新修订的《山东省消防安全重点单位界定标准》，确认全市消防安全重点单位621个。

2003年7—10月，按照公安部、国家安监局统一部署，在全市集中开展人员密集场所消防安全疏散通道、安全出口专项治理。按照分工分片原则，组织教育、卫生、民政、文化、旅游等部门按各自职责分工，开展行业内自查整改，由市政府组织抽查验收和监督，对堵塞疏散通道和锁闭安全出口的违法行为进行处罚。开展古建筑消防安全检查活动，对全市的3处古建筑进行一次大检查，发现隐患10处，当场整改8处。

2004年3—6月，按照公安部、国家旅游局等4部局统一部署，在全市开展古建筑消防安全专项治理，对古建筑内设置的公共娱乐场所、私搭乱建的棚房、未经穿管保护私拉乱接电气线路等7个方面开展重点专项治理。6—9月，落实省委、省政府“平安山东”建设部署，联合市教育局、市文化局、市卫生局开展“平安商场”“平安场所”“平安医院”“平安学校”消防安全创建活动，分工督导系统内相关场所建立健全消防安全工作制度、落实消防安全责任制、配齐消防器材等。

2005年8—12月，联合市质量技术监督局、市工商局开展消防产品专项整治行动，对全市消防产品行业的生产、销售、使用等各环节开展深入检查。是年，调整全市消防安全重点单位共547个。

2006年，联合市文化局印发《日照市文化市场消防安全管理办法》，规范文化市场消防安全管理。

2007年8月22—23日，为确保水运会期间全市消防环境安全，组织对有接待任务的宾馆、酒店和消防安全重点单位中的餐饮、住宿、休闲娱乐等公众聚集场所，集中开展消防平安夜查行动，出动警力570人次，检查单位1157个，督促消除火灾隐患1520处。是年，调整全市消防安全重点单位共616个。

2008年，按照上级统一部署，开展奥运消防安全保卫攻坚战，以市消安委名义印发《全市深入开展人员密集场所消防安全专项治理实施方案的通知》，对人员密集场所开展消防安全监督检查。12月，按照全省统一部署，开展“迎全运、除隐患”冬季消防安全专项整治活动，对人员密集场所、易燃易爆单位、全运会比赛场馆等开展深入排查整治。

图8-4　2009年5月，组织消防重点单位围绕全运会保卫工作加强日照演练

2009年6月，印发《全市旅游场所消防安全专项整治行动方案》，围绕第十一届全运会消防保卫工作，部署对全市宾馆、饭店等公众聚集场所等进行消防安全大检查，督促消除火灾隐患。联合市文化局、市安监局印发《全市开展公众聚集场所易燃可燃装修材料消防安全专项整治工作方案的通知》，全面排查、集中整治公众聚集场所火灾隐患，改善公众聚集场所消防安全条件。是年，建成岚山区危险化学品消防安全联防机制，调整列管市级消防安全重点单位97个。

2010年3月，省公安厅对消防安全重点单位界定标准进行修订，要求各级严格落实三级管理规定，进一步加强重点单位消防监管工作力度，强化分级分类管理和消防安全标准化建设。10月，按照上级统一部署，联合相关主管部门，分别在全市医疗卫生和烟草系统、体育运动场所以及所有已开发利用人防工程项目等系统单位开展消防安全“四个能力”建设，公布医院消防安全“四个能力”验收标准，发放《消防安全告知书》，组织签订《消防安全承诺书》，加强培训演练，确保年底各系统所有单位全部达到“四个能力”建设标准。

2011 年 5 月 10 日至 10 月 30 日，在全市部署开展建筑消防设施健康运行年活动，采取分片包干、分组落实、责任到人的方式，重点对人员密集场所消防安全重点单位存在自动消防设施关停、瘫痪或不能发挥报警灭火功能等重大火灾隐患开展集中核查、治理整改、挂牌督办。9 月，结合开展“清剿火患”战役，强化对消防安全重点单位、重大活动场所的“六熟悉”，制定灭火救援预案，组织开展实地演练，加强装备检查和维护保养，全力做好灭火救援准备工作。

2013 年，印发《关于集中开展餐饮场所消防安全专项检查的通知》，重点整治全市范围内使用液化气等易燃易爆化学危险品的火锅店、酒店饭馆及酒吧茶馆等餐饮场所。11 月 27 日至 12 月 20 日，开展易燃易爆场所火灾隐患排查整治，对全市易燃易爆化学物品生产、充装、储存、供应、销售单位消防安全进行全面排查，对易燃易爆场所未经消防验收合格擅自投入使用的、易燃易爆场所与居住场所设置在同一建筑物内的，消防设施、器材配置、设置不符合标准或者未保持完好有效的等 5 种情形，按照情节分别责令停产停业、责令停产停业并处罚款、从重处罚等。是年，对全市 931 个消防安全重点单位实施“户籍化”管理。

2014 年 2 月，按照省公安厅统一部署，在全市开展消防控制室专项检查，围绕消防控制室设置、日常管理、操作员持证上岗情况等开展重点检查，并大力推进消防控制室规范化建设。4 月 30 日，印发《高层住宅社区、商业综合体、企业集团公司、易燃易爆危险化学品场所消防安全管理标准》，全市社区及相关单位消防安全逐步迈入标准化管理轨道。是月，联合市保险行业协会建立消防安全评估与保险费率挂钩机制，对火灾高危单位消防安全评估引入第三方中介机构评定，评定结果分“好、一般、差”三个等级，保险机构承保时，以“一般”等级单位为基准，保险费率调整系数为 1，“好”等级的单位，保险费率调整系数为 0.9；“差”等级的单位，保险费率调整系数为 1.1。

2015 年 9 月至是年底，按照省公安厅统一部署，在全市开展未经消防审核验收建设工程集中查处专项行动，对所有未报消防设计审核、消防验收和经审核、验收不合格擅自施工、投入使用的建设工程，以及属于备案范围但未报备案或经现场抽查不合格的建设工程，依法给予责令停止施工、停止使用并罚款的处罚。对拒不履行责令停工、停止使用决定的，依法予以查封；拒不缴纳罚款的，依法申请人民法院强制执行。

2016 年 3 月，在全市开展为期 6 个月的商（市）场消防安全专项治理，对建筑面积 300 平方米以上的室内商（市）场、建筑面积 1000 平方米以上或者摊位 100 个以上的室外市场、设在地下建筑内的商（市）场进行重点治理。是月，印发《关于开展消防控制室管理标准化建设的通知》，推进全市消防控制室标准化管理工作，提升重点单位消防控制室值班操作人员综合素质和火灾应急处置能力。4 月，部署开展未经消防审核验收建设工程集中查处专项行动“回头看”活动。6 月 12 日，印发《两类场所消防安全专项整治行动实施方案》，在公众聚集场所和民俗旅游场所、易燃易爆危险品场所部署开展为期 2 个月的消防安全专项整治行动。12 月，联合市商务局、市工商局、市综合行政执法局印发《市场消防安全管理八项规定》，对全市各市场履行消防安全管理职责进行细化明确。

图 8-5 到消防重点单位开展集中夜查

2017 年 8 月 7 日，印发《全市学校幼儿园及周边消防安全集中整治工作方案》，组织消防部门和派出所按照职责分工，分别对全市中小学校、幼儿园，助学园等托管场所，校园周边200米范围内的“九小场所”及大学科技园区，开展消防安全集中整治。是年，莒县消防大队落实《日照市安全生产约谈制度》，对辖区17家火灾高危单位负责人进行集体约谈。

2018年，召开全市大型商业综合体和高层多家合用场所消防安全整治工作会议，围绕大型商业综合体和高层多家合用场所存在的消防安全责任不明晰、日常管理不到位、消防设施维护保养不及时、常处于故障状态等问题，部署进行集中整治。5月30日，市政府召开全市危化品企业应急救援综合演练暨消防安全标准化管理现场推进会，推广岚桥石化消防安全精细化管理模式，观摩危化品企业灭火救援综合演练。至2018年底，全市共有消防安全重点单位1185个，其中火灾高危单位147个，市级列管消防安全重点单位90个。

2018年日照市市级列管消防安全重点单位一览表

表8-1

单位名称	单位名称
中国共产党日照市委员会	日照校友酒店管理有限公司
日照市人民代表大会常务委员会	日照俊铖娱乐公司日照宾果无限电玩城
日照市人民政府	日照云商销售有限公司海曲东路店
中国人民政治协商会议日照市委员会	日照水晶城美食广场
日照市中级人民法院	日照市海曲东路格林豪泰商务酒店
日照市人民检察院	日照市东港区五星派对歌厅
中国共产党日照市委员会党校	日照市东港区网鱼网咖
日照市公安局	日照泽润福假日酒店
日照市人民防空办公室人防指挥中心暨政府应急指挥中心	日照兴业财富广场
日照会展中心	山东莲公馆健康管理有限公司
日照游泳馆	日照潮牛帮餐饮管理公司潮牛帮火锅城
日照市中医医院	日照大象健康管理公司大象健身俱乐部
日照市人民医院	日照儒风酒店
曲阜师范大学日照校区	日照世纪之帆酒店
济宁医学院日照校区	日照恩佐餐饮娱乐管理有限公司
山东水利职业学院	日照希岸轻雅酒店
日照职业技术学院	日照宇思美食购物广场
山东体育学院日照校区	日照大润发商业有限公司
山东外国语职业学院	日照银座商城
山东日照海事专修学院	广东大地影院建设公司日照东港分公司
日照市技师学院	日照苏宁诺富特酒店
中国移动日照分公司	日照市保利影城
中国电信日照分公司	上海红星美凯龙日照分公司
山东广电网络有限公司日照分公司	日照英派斯健身俱乐部
中国联通日照分公司	日照市东港区皇家壹號娱乐有限公司

续表 8-1

单位名称	单位名称
日照广播电视台	日照新玛特购物广场
日照运总交通集团有限公司	日照凯德广场
日照机场建设投资有限公司（日照机场）	日照岚桥国际酒店
日照市档案馆	日照蓝海国际大饭店
日照市图书馆	日照君临观海大酒店
日照市城市规划展览馆	山东荣安集团荣安福购物广场
日照新华书店图书发行大厦	日照市东港区沂景假日酒店
华能国际电力日照电厂（含览海宾馆）	山东贵和物业管理公司（时代名苑综合楼）
国网山东省电力公司日照供电公司	日照华润万象汇
日照市机关事务管理局	日照苏宁云商销售有限公司
中国人民银行日照市中心支行	日照苏宁影城
中国工商银行日照分行	亚太森博（山东）浆纸有限责任公司
中国银行日照分行	日照华润中心（14#–C、D 楼）
中国建设银行日照分行	日照维嘉物业管理有限公司（石化大厦）
日照银行股份有限公司	兴业喜来登广场 6# 楼
中国农业银行日照分行	华润置地广场（1# 办公楼、2# 公寓）
日照山海天物业管理有限责任公司（大象国际办公楼 A 座、B 座）	日照都市物业管理有限公司（日照安泰房地产开发有限公司日照金融中心）
兖矿东华物业管理日照分公司（华商国际）	希界维（青岛）影城日照分公司（CGV 星聚汇影城日照银河公园店）
日照市淄博路综合工程	天德海景城 1#–a 楼
日照都市物业管理有限公司（日照安泰房地产开发有限公司水晶城 35#、36# 楼及 37# 楼局部）	山东海纳物业服务有限公司（国际大厦 A、B 座写字楼）

三、建筑防火审验

1989 年地级日照市建立后，公安消防部门依照《建筑设计防火规范》监督检查建设项目的防火设计和施工情况，并参加竣工验收。

1990 年，审核工程 101 个，提出改进意见 213 条，审核面积 13 万平方米；验收工程 36 个，提出改进意见 67 条。

1991 年 10 月 1 日，落实公安部《消防监督程序规定》，加强对新建、扩建、改建建筑工程的防火设计、施工、验收工作。重点工程一般在 30 日内、一般工程在 20 日内审核完毕，并填发《建筑设计防火审核意见书》；对未经防火审核擅自施工或施工中擅自改变防火设计的工程，监督建设单位和施工单位予以整改，并填发《违反建筑设计防火审核通知书》；参加重点工程验收后 15 日内向建设单位填发《建筑工程竣工消防验收意见书》。是年，审核建筑工程项目 218 个，审核建筑面积 47.8 万平方米，提出审核意见 345 条；验收工程 85 个，提出整改意见 168 条。

1993 年，改进建筑设计防火审核手续，各乡镇、街道办事处、村居的建设项目原则上报工程所在地派出所、边防工作站审核、验收；市重点工程、高层建筑、易燃易爆化学危险物品项目、乡镇总体规划和建筑面积超过 2000 平方米的生产、公共建设项目，由派出所、边防工作站填写初审意见，报消防分局复审。是年，下发《违法建筑防火设计意见书》38 个，停建工程 40 余个。

1994 年，审核建筑工程项目 254 个，审核建筑面积 82.4 万平方米，提出审核意见 952 条，对违反消防法规的 25 个工程项目下发通知书进行停工。

1995 年 4 月 1 日，执行《山东省建筑工程消防监督管理办法》，市、县公安消防监督机构按照消防监督管辖分工，负责对违反建筑工程消防监督管理的行为实施罚款、停止施工处罚；各消防机构实施处罚前，对责任单位有关责任人和证人进行询问和取证，制作笔录，出具《违反建筑工程消防监督管理处罚裁决书》。是年，审核建筑工程项目 290 个，审核建筑面积 86 万平方米，提出审核意见 430 条；验收工程 58 个。

1996 年 4 月 1 日，结合全市消防监督分级管理调整，对建设项目防火审核工作进行明确，消防支队分管市规划区内所有建设项目的建筑设计防火审核，负责对国家、省重点工程、市重点工程（市长工程）、高层建筑等防火审查和工程竣工验收。是年，审核建筑工程项目 274 个，审核建筑面积 77.8 万平方米，提出审核意见 1023 条；下发《违反建筑设计防火审核通知书》48 份。

1997 年 3 月 1 日，落实公安部《建筑工程消防监督审核管理规定》，探索实行消防设计审核管理权和消防验收管理权分离制度。同时，公安部《消防监督程序规定》中有关建筑工程消防监督的规定及其法律文书废止。

1998 年，审核建筑工程项目 226 个，审核建筑面积 83.5 万平方米，提出审核意见 673 条；验收工程 33 个。

1999 年，审核建筑工程项目 340 个，提出审核意见 27 条。

2000 年 6 月 1 日，执行新版《山东省建筑工程消防监督管理办法》，建立消防产品选用审核制度，建筑工程在安装使用消防产品前，由消防部门对消防产品进行审核。

2004 年 6 月 22 日，联合市规划建设委员会印发《关于进一步加强和规范建筑工程消防安全监督工作的通知》，要求各建设单位严格建筑工程消防设计审核和消防验收申报，各建筑消防设施安装、维修保养企业严格按照资质施工，各建设、施工单位严格依法选用建设消防产品。1—11 月，审核建筑工程项目 440 个，验收工程 264 个。

2007 年，印发《日照消防便民服务十项措施》，缩短消防行政审批时限，对使用功能单一、建筑或内装修面积小、火灾危险性小的新建、扩建、改建及室内装修工程，实行简易审批制度，即到即办；一般工程自收图之日起 5 个工作日（下同）内、国家和省级重点工作及设有自动消防系统的工程 7 日内办理消防设计防火审核手续；申请消防验收的，4 日内组织验收，验收后 2 日内办结验收手续。需组织专家论证的消防工程，自接到申请之日起 10 日内组织论证。对人员密集场所需要办理使用或开业前消防安全检查手续的，能在验收时一并办理的同时办理。

2009 年，落实《中华人民共和国消防法》《建设工程消防监督管理规定》，对建设工程消防设计审核、竣工验收及备案抽查明确职责分工。印发《关于贯彻执行〈建设工程消防监督管理规定〉有关问题的通知》，对支队、大队辖区分工范围进行补充规定，对消防办事大厅系统进行使用管理。是年，开展建设工程消防安全专项整治，对未经消防审核、验收或验收不合格和未进行备案违法投入使用的建设工程依法整治；在岚山区行政审批中心开设窗口，集中办理消防行政审批业务。

2010 年，进一步简化消防便民服务举措：1. 投资额在 30 万元以下或者建筑面积在 300 平方米以下的新建、改建（含内部装修）、扩建工程，无需办理建设工程消防设计备案及消防竣工验收备案。在此类工程开办的公众聚集场所，办理投入使用、营业前消防安全检查时，可不提供消防竣工验收备案手续；2. 建设工程需要办理投入使用、营业前消防安全检查的，原则上与其消防验收（备案）同时进行，法律文书同步发出；3. 设在单层、多层建筑首层且建筑面积在 200 平方米（含本数）以下人数不超过 50 人的小商店、小饭店、小超市可以不办理投入使用、营业前消防安全检查；4. 凡申报资料齐全且符合法定形式的建设工程消防许可和备案抽查时限，由法定 20 个工作日缩短至 15 个工作日内办结；5. 公众聚集场所投入使用、营业前消防安全检查，符合法定条件的，可以与验收合并申报，审批时限由法定 13 个工作日缩短至 10 个工作日内办结。是年，试行辖区大队协助办理部分建设工程消防设计审核、验收和备案抽查工作。

2011 年，消防支队成立工程审验科，负责全市建设工程的消防审核、验收工作。是年，日照市 365 消防服务中心成立。

2013 年，落实省公安厅《关于调整建设工程消防设计审核验收和备案抽查工作范围的通知》，“消防办事大厅”系统停止使用，不再受理备案业务，也不公告行政许可及备案抽查结果。凡申请备案的建设工程，公安机关消防机构受理备案材料、履行备案程序即视为确定为检查对象。

图 8-6 消防官兵检查建筑工地施工情况

2014 年，加强建设工程消防设计审核验收工作，规范完善申报、审核、审批、专家评审等相关流程。

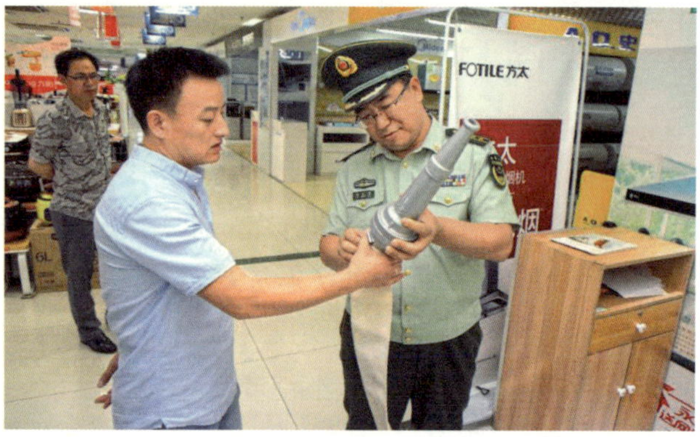

图 8-7 抽查消防设施设备配备使用情况

2015 年，修订《日照市消防便民服务十项措施》，进一步精简审批事项、减少审批手续：1. 取消建筑面积在 200 平方米以下、人数不超过 50 人且设在单层建筑或多层建筑首层的小商店、小超市、小餐馆投入使用、营业前消防安全检查；2. 取消电气防火技术检测、工程建设领域选用消防产品委托检验、建筑内部装修材料及外墙保温材料见证取样检验作为建设工程消防验收及竣工验收消防备案前置，减少申报材料；3. 对于建筑面积在 1000 平方米以下的办公场所装修工程，不必提交设计单位资质证明文件，消防设计文件可采用能真实反映建设工程情形的示意图。

2016 年，将消防审批大厅纳入市政务服务中心统一管理。执行公安部《公安机关消防机构法律审核、审批和集体议案工作规范》，开展建筑设计防火审核业务，加强内部执法监督工作，规范法律审核、审批和集体议案工作。

2017 年 11 月，365 消防服务中心入驻市行政服务中心，成立日照市政务服务中心消防分中心，工作人员 14 人，设对外办事窗口 10 个，主要受理建设工程消防设计审核（备案）、验收（备案）、公众聚集场所消防安全检查 3 项行政审批业务，同时办理火灾事故调查、消防产品及消防技术服务咨询等业务。是年，消防分中心创新开展“不找人、少跑腿、多帮忙、好办事”的便民服务活动，完善便民措施，建立限时办结制、一次性告知制，推行一站式办公和一条龙服务；推出“阳光执法 · 精准服务”365 消防服务品牌，开通绿色通道，对事关民生的重大项目，实行优先办理，压缩审批时限，上门服务；在窗口采取摆放文件资料、设置公开专栏等形式，公开审核验收工作的申请条件、审批程序、受理期限、工作标准和审批所需提交的全部材料等。同时，在窗口公开举报投诉渠道，安装服务满意评价器，摆放消防监督执法工作调查反馈表等，方便办事群众监督评议。

2018 年，推出《日照市新旧动能转换重大工程消防服务二十条措施》，实行“容缺受理、并联审批”，在市政务服务中心网站和市消防支队网站上公布办事流程、所需材料、办事人员联系方式，提供“全流程、全要素、全时段”便民服务。

2011—2018 年建筑防火审验业务办理统计表

表 8-2　　单位：个

年份	审核	审核备案	验收	验收备案	公众聚集场所开业前检查
2011	88	109	51	33	8
2012	60	81	42	30	10
2013	126	69	73	65	28
2014	207	33	64	16	13
2015	181	23	82	11	21
2016	193	17	117	18	12
2017	184	23	96	15	29
2018	342	16	178	18	30

四、防火宣传

1989 年地级日照市建立后，公安消防部门主要围绕《中华人民共和国消防条例》开展防火宣传。

1990 年 5 月 5—7 日，省公安厅“火与法”专题消防文艺演出团到日照宣传演出，组织全市 20 余个单位的重点防火岗位工作人员、专职、义务消防队员等 1100 余人观看。

1991 年，根据全市麦收防火安全保卫工作会议要求，联合相关部门深入田间地头开展麦收防火专项宣传活动，发放宣传材料 2 万余份。是年，开展防火安全百日竞赛活动，出黑板报、办宣传栏 1900 余期，张贴大小标语 600 余条，下发各种简报 1800 余份，发“百日竞赛”试题 5600 余道，5000 多名职工参加考试。

1992 年 1 月 23—29 日，在全市开展《山东省消防管理办法》宣传周活动，在市区主要街道、商场、影剧院、车站等悬挂宣传横幅、标语口号，在广播电台、报纸、电视台播出专题报道，开辟消防知识问答专栏，连续刊登《山东省消防管理办法》内容。其间，悬挂过街横幅 100 余幅，办黑板报 1240 余期，发放宣传材料 5000 余份。12 月，结合“安保杯”冬季防火安全活动，组织消防官兵深入辖区进行防火宣传教育，印制并发放冬季防火宣传材料 5 万份。

1993 年 10 月，联合市经济委员会、广播电视局等部门印发《关于在全市开展“119”消防宣传活动的实施方案》，召开全市首届“119”消防宣传活动动员大会，部署开展全市范围的消防宣传活动。期间，牵头市有关单位围绕“消防与经济”主题，在电视台、广播电台等播出分管副市长电视讲话、消防节目，悬挂消防标语、过街横幅，进行消防表演、消防咨询等，首次与日照电视台联合摄制消防宣传专题片《港城 119》，与市经济文艺广播电台制作《港城卫士》专题节目。

1994 年 6 月，与日照广播电台联合开设《消防之声》（后改为《消防园地》）节目，每天早上播出。是年，莒县消防大队举办消防培训班 16 期，培训消防人员 500 人。

1995 年，在岚山开展中、小学普遍实施消防知识教育试点，由岚山消防科与岚山科教委联合部署，在各学校利用课外活动、团队活动、升国旗等时间，讲授消防常识，并通过学生向家长、向社会进行间接宣传。

1996 年，以防火灭火知识、火灾案例和消防法规等为主要内容，采取多种形式开展“119”宣传日活动，全市出动宣传车 10 台，发放宣传材料 1 万余份，播出《消防园地》320 余期。

1997 年 11 月，以市防火安全委员会名义组织开展市消防支队建队后规模最大的一次宣传活动，市领导及各界群众近 3000 人观看消防装备演示和中小学生消防书画展览、征文颁奖仪式。是年，组织全市首次中学生消防夏令营活动，由市实验中学学生组成的夏令营先后参观五莲县消防大队、消防二中队工作。

1998 年，以《中华人民共和国消防法》正式实施为契机，在全市广泛开展《消防法》学习、宣传、普及工作。市政府专题研究将《消防法》纳入“三五”普法内容。8 月 31 日，以市政府名义召开《消防法》宣传贯彻动员大会。与电视台、广播电台合作，每天晚上在天气预报之前黄金时间打出学习宣传贯彻《消防法》的标语，在电视台播放《消防法》宣传文章，在广播电台开办专题栏目。11 月，组织全市认真学习贯彻落实《山东省消防条例》。是年，在莒县召开全市中小学生消防安全教育现场会，全面推广莒县进修学校附小开展“教育一个学生，带动一个家庭，影响整个社会，促进一方平安”的经验做法。

1999 年 1 月，与市妇联共同成立日照市妇女消防教育活动指导委员会，负责全市妇女消防教育工作的协调和指导，要求凡女工占员工总数 70% 以上的企事业单位以及有条件的社区、街道居（村）委会都要建立妇女义务消防组织，开展积极有效的消防教育活动。11 月，开展“消防与法制”为主题的消防安全宣传活动，联合日照电视台举办“为了生命、为了家园”119 专题晚会，并分别在日照百货大楼、日照太阳城市场、海纳商城设立 3 个消防宣传咨询站，现场接受群众咨询。是年，举办消防安全培训班 10 期，培训法定代表人、危险品从业人员等 800 余人次。

图 8-8 1999 年 11 月 9 日，联合日照电视台举办 119 消防专题晚会

2000 年，结合开展公共场所、易燃易爆场所消防安全专项大检查，对全市重点场所开展消防宣传教育培训活动，重点加强对企业员工的宣传教育，开展培训 320 余次。3—6 月，开展全市职工消防知识答卷竞赛活动，调动参与学习消防知识的积极性。11 月 17 日，市公安局召开公安消防部队抢险救援社会承诺新闻发布会，自当日起，全市公安消防部队除承担防火、灭火任务外，还将承担抢险救援、社会救助和处置突发事件等任务，做到“有警必出、有险必抢、有灾必救、热情服务”。消防安全宣法活动期间，举办全市“太平洋保险杯”妇女与消防演讲比赛、全市首届“消防杯”围棋赛。

2001 年，加强消防宣传教育基地建设，筹资 60 余万元，依托各消防站，在东港、岚山、开发区、莒县、五莲建成 5 处消防宣传教育基地，并于 11 月 8 日全部开始对社会开放。8 月，与市建消防工程公司、《齐鲁晚报》棋院和日照围棋协会联合主办山东省第二届“日照消防杯”围棋赛，并结合比赛实际，开展 10 余场以防火灭火自救逃生为主要内容的消防宣传培训。

2002 年，围绕党的十六大消防安全保卫任务，以“预防火灾是全社会的共同责任”为主题，通过开展消防宣传进社区，到居民家中赠送消防警示提示牌，组织宣传车队进行巡回宣传，在《日照日报》设立消防摄影专版等方式，开展 119 消防安全宣传活动。全年出动车辆 20 余台，悬挂标语口号

200余条，发布消防公益广告180余条，发放宣传材料2万余份。

2003年，在日照广播电台、《黄海晨刊》开设消防专栏，向群众定期发布消防动态，科普消防知识。9月1日至10月15日，联合市委组织部、市人大法工委等9个单位开展《中华人民共和国消防法》颁布实施五周年消防知识竞赛。11月，联合市总工会对全市职工开展消防宣传教育，组织全市50多家企事业单位的1500余名职工，分18天到位于特勤消防站的市消防宣传教育基地参观学习。

2004年5月，与共青团日照市委联手策划和启动消防志愿服务行动，在全市各行各业广泛招募志愿者，参与消防志愿服务。全国第十三个消防宣传日前夕，联合市消防艺术团首次举办“119”消防文艺晚会，并将这一行之有效的宣传形式长期延续。是年，加强农村消防宣传教育工作，在农村推行消防宣传瓷砖壁画。

2005年6月，成立日照市青年消防志愿者服务支队，并在曲阜师范大学（日照校区）、山东外国语职业学院等市内高校成立7个消防志愿者服务大队。以成立志愿者服务队伍为契机，将全市划分为7个责任区域，分别指定责任区服务大队（以大学的服务大队为主），以“九小场所”为主要宣传对象，不间断地开展宣传活动，消防志愿者工作走上规范化发展的道路。

2006年，采取生动活泼、喜闻乐见的宣传形式，开展消防宣传“五进”（进社区、进企业、进学校、进农村、进家庭）活动，印制发放各类宣传彩页20余万份、消防案例警示教育光盘5万余张。

2007年，加强专业宣传队伍建设，组建消防支队宣传中心，配备专职宣传人员3人，以及照相机、摄影机等宣传器材装备。11月，举办“平安是福”119消防宣传大型综艺晚会。12月，举行日照市消防志愿者服务启动仪式，并成立学校、幼儿园、社区消防志愿服务大队，将每8—12名消防志愿者划为1个小组，定人定点开展防火、灭火知识宣传和消防咨询服务等活动。

2008年，注册成立日照市青年消防志愿者协会，注册消防志愿者达1万余名。组织消防官兵和消防志愿者结合消防宣传“五进”工作开展消防志愿服务活动，在全市社区、商场、市场设置消防宣传服务站30余个，悬挂横幅1000余条，制作展板100余个，全市注册消防志愿者开展宣传活动共计280余次。其中，5月，组织汶川5·12地震抗震救灾募捐文艺演出10余场，开展防灾救灾专项宣传活动20余次。11月，省消防总队、共青团山东省委在日照联合召开“山东省消防志愿者行动推进会”，推广日照消防志愿者工作经验。是年，日照市青年消防志愿者服务支队被共青团中央表彰为“中国百个优秀志愿服务集体”。

2009年，围绕新中国成立60周年和全运会消防安全保卫，深入开展公众聚集场所、旅游场所、易燃易爆场所、中小学校舍、全运会涉赛场馆及周边场所等10项专项行动消防宣传教育活动，重点加强对涉赛场所的消防宣传教育培训，开展大培训大演练。消防志愿者协会成立放映服务队，深入城市社区和周边农村，开展消防宣传放映服务活动30余场。6月1日，公安部联合教育部、民政部、人社部等9部委发布《社会消防安全教育培训规定》，对消防安全教育培训的形式和内容，消防安全专业培训机构管理等进行明确。是年，岚山区消防志愿服务大队成立。

2010年，结合世博会、亚运会和水运会等重大安保任务，针对社区、农村、企业、学校、家庭开展不同层次、有重点的防火宣传活动110余场。消防志愿者协会组织首届大学生消防安全“四个能力”知识竞赛和首届大学生消防趣味运动会，7所高校的5万余名大学生接受宣传教育。是年，按照上级统一部署，联合市教育局、共青团市委和市少工委在全市中小学校启动为期3年的“消防安全教育示范学校”创建活动，要求2010年全市各区、县至少确保消防安全教育示范中学和小学各1所，往后每年各增加1所。

2011年7月，由消防支队主编的《日照消防》季刊杂志正式创刊发行。11月，市政府在日照大厦举行消防安全宣传月启动仪式暨紧急疏散及应急救援演练，来自全市10余个行业部门的800余名代表参加演练活动。是月8日，举办“119橙色闪耀”暨青年消防志愿者表彰晚会。12月，按照上级统一部署，联合联通、移动、电信等通信企业开展公益消防短信宣传，充分发挥移动通信迅捷、便利、受众范围广的优势，组织人员编写适于不同季节、节日的短信内容，根据季节变化确定发送时间、区域和频次。

2012年，围绕党的十八大消防安全保卫开展消防宣传教育活动。4—12月，在全市实施消防安全宣传教育五个专项行动、十万宣传计划（五个专项行动指家庭社区、学校、农村、人员密集场所、单位消防安全宣传教育，十万宣传计划指万个社区设立固定消防宣传牌、栏，万个学校建立固定消防宣传教育活动室，万个农村行政村建立固定消防宣传橱窗，万个商城、超市建立固定消防角，万个宾馆、饭店建立消防长廊，万个加油站建立消防窗，万个网吧、歌厅实行消防安全知识普及计划，万个公交车、出租车开展消防志愿服务活动，万处在建建筑工地设立消防宣传栏，为万个贫困家庭配备灭火器）。7月15日，联合市总工会、共青团市委等6部门启动“人人参与消防、共创平安和谐”大型宣传活动，举办“帮扶亟需群体、普及消防知识”“喜迎十八大，消防送平安”“消防安全在我身边”主题征文等8项主题活动。是年，在市总工会、市妇联、市科协等单位成立12支行业单位消防志愿者服务大队；组织全市30余支消防志愿者服务大队深入全市各区县，对10人以上单位至少开展1次消防培训，全年举办消防培训活动530余次，受教育群众20余万人。

图8-9 2012年11月9日，举办日照市119橙色闪耀消防安全月主题文艺晚会

2013年4月，投资300余万元、总面积460平方米的日照市消防科普教育馆建成并开馆，当年接待群众1.3万余人。6月，启动“港城平安夏”消防安全宣传系列活动，在全市各大社区、学校、企业、和农村，开展放映和演出活动达100场。8月，全市首部消防微电影《消防“事多多”》制作完成，并在各大影院及各视频网站播放，播放点击率达10万余次。10月，印发《家庭、社区消防安全“五自查四应会三提示”宣传教育活动实施方案》，部署自是年10月至2014年11月，在全市开展以查危险火源、疏散通道、消防器材、电器设备、电气线路，会报火警与火患、会使用消防器材、会处置初期火灾、会火场逃生自救，提示开展防火巡查、加强火源管理、做好防火措施为主要内容的家庭、社区消防安全“五自查四应会三提示”宣传教育活动，引导社会各界普遍关注消防安全、学习消防常识、掌握消防技能。是年，举办“烈火忠诚”全市消防安全宣传月文艺演出和大学生消防知识竞赛，开展微博互动和火灾隐患随手拍行动。

2014年，坚持全民消防，利用各类媒体和各种活动载体，开展全民消防安全宣传教育。8月，在全市启动消防志愿服务十周年系列活动，组织开展火灾预防、灭火以及消防安全救助、消防宣传巡演巡映、敬老助残、消防宣传进社区、“萤火书院”农民工子女义务辅导班、“消防小课堂”等十大系列志愿服务活动。10月，依托山海天旅游度假区湿地公园，投入20万元完成“山海天消防文化公园”规划建设。11月，在全市启动以“消防安全、你我有责”为主题的消防安全宣传月活动，开展首届热心消防公益奖大型宣传活动、《日照消防·画与话》漫画作品征集大赛和“我与消防”征文比赛等内容的集中宣传活动，收集漫画作品300余幅，征文作品1600余篇。是年，日照消防志愿者协会作为全省唯一获奖集体，被公安部表彰为“第二届全国119消防奖先进集体”。

2015年，积极拓展宣传阵地，在报纸、电视及主要网站开设消防专栏6个，开通消防官方微博5个、微信公众平台6个，建设20个社区消防体验室和消防主题文化公园，制作1500套消防安全课件向全市1000余所中小学免费发放，开展消防宣传志愿服务活动112次，受教育群众7万余人。

图8-10 2014年11月，举办日照市首届热心消防公益奖颁奖晚会

2016年5月，联合市文明网、日照康辉国际旅行社等部门启动“走进军营、体验消防”大型公益宣传活动，邀请全市100余所中小学走进红门体验消防。是年，拍摄《谨防火灾，守护平安》等消防系列公益广告和《新年愿望》等消防微电影20余部，并在各大影院和商场大屏幕放映。

图8-11 2015年11月，开展消防宣传进学校

2017年9月，在东港区南湖镇两河公园建成全市首座乡镇级消防主题公园。11月，围绕“关注消防·平安你我”主题，连续开展“信仰铸忠诚”大型消防宣传文艺演出、日照市第一届消防运动会、商场快闪等宣传活动。是月24日，联合共青团日照市委、市教育局在东港区南湖镇代疃希望小学举行消防“愿安学堂”进校园启动仪式，为代疃希望小学赠送书籍《中小学消防安全教育读本》《消防儿歌》，赠送部分消防器材。是月，组建全市快递员消防志愿服务队，现场发放快递员“消防马甲”1000余件，发放消防宣传贴纸3万余张。是年，对全市10个消防主题文化公园主题展板进行升级，新增主题展板200余块。

2018年，将可视化呈现、互动化传播作为消防宣传的着力点，策划推出消防微电影10余部，创编《我的消防女朋友之分手系列》《刘科学话消防》《没有父亲的父亲节》等微视频20余部，邀请传媒公司拍摄各类消防公益广告及宣传片30余个。7月16日，举行“传承橙色印记·共建平安旅游”消防志愿服务活动暨平安旅游大队成立仪式。11月，举办全市第二届消防运动会，连续第十五年举办119消防宣传月文艺晚会。

五、消防法制

1989年，消防法制工作由防火科负责，依据《中华人民共和国消防条例》规定，对造成火灾的有关责任人员依法追究刑事责任；情节较轻的，由公安机关依照治安管理处罚条例给予处罚，或者由主管机关给予行政处分。

1993年11月2日，日照市第一部以地方政府名义出台的《日照市建筑装饰工程消防安全管理规定》正式实施。12月27日，《日照市城市消防规划》实施，对消防管理体系和组织网络做出合理规划。

1995年12月10日，落实省公安厅《关于执行〈山东省消防管理办法〉处罚程序有关问题的通知》，消防执法开始使用新版法律文书。

1996年2月6日，按照全省统一部署，开展消防行政严格执法活动，组织执法人员认真学习消防法规，提高行政执法素质；落实执法岗位责任制，逐级签订消防执法责任状，一级对一级负责；建立健全行政执法监督制约机制，通过设立消防违章举报电话、公开办事制度、从社会各界聘请执法监督员等形式，加大社会监督力度。6月19日，根据省公安厅新下达的机构编制，市消防支队在防火监督处设法制科，专门负责消防法制工作。

1998年，印发《关于防火监督处消防监督员工作实行分工的通知》，明确消防法制工作由防火监督处1名同志具体负责。11月，印发《派出所消防管理规定》，将派出所消防执法工作纳入年终考核，按照《山东省消防条例》规定进行消防执法。

1999年2月10日，落实省公安厅通知，对执行《山东省消防条例》(简称《条例》)有关问题进行明确：1.公安消防机构发现违法行为，经初步调查后认为需要给予行政处罚的，填写《违反消防管理案件立案审批表》，及时予以立案并进行调查取证；2.对依照《条例》规定实施行政处罚的，填写《公安消防行政处罚审批表》，由本级公安消防机构负责人审批后，依法填发行政处罚决定书；3.在责令消除重大火灾隐患、调查火灾原因和查处违法行为，需要传唤有关人员时，使用传唤证，对当事人无正当理由拒不接受传唤或者逃避传唤的，经公安消防机构负责人批准，可以强制传唤。5月，落实省公安厅要求，开展消防大队消防执法监督规范化建设达标工作。11月，东港区、莒县、五莲县消防大队3个单位通过省公安厅验收达标。是年，印发《关于消防执法制度的通知》，进一步规范消防执法规范化建设。

2000年8月，落实省公安厅《山东省公安消防机构执法过错责任追究暂行规定》，督促教育消防执法人员依法履行职责，严格、公正、文明执法。

2002年3月14日，市政府批转市公安局《关于日照市“十五”期间消防工作的指导意见》，调度全市各部门建立完善消防安全保证体系，抓好消防规划和公共消防设施建设，全面落实消防工作责任制。是年，印发《日照市基层消防监督业务程序暂行规定》与《日照市公安消防分局消防执法制度》，进一步规范消防制度建设。

2003年，印发《关于明确建筑工程消防监督职责的通知》，对建筑工程消防监督环节执法工作进行规范。

2004年4月起，按照上级统一部署，集中开展执法为民教育整顿，通过举办端正执法思想、坚持执法为民培训班，开展消防执法“三快一提高”(快审批、快办理、快落实，提高工作效率)活动等，增强教育整顿实效。

2005年，按照上级统一部署，组织开展“规范执法行为，促进执法公正”专项整改活动，推进消防执法队伍建设。

2006年9月，部署在全市派出所统一安装消防监督执法系统，通过公安专网，实现各分县局、消防部门、派出所之间的互联互通，实现消防监督法律文书的网上制作和传输。是年，全面推行消防法制员制度，消防法制员负责行政案件法制审核和组织听证、参与重大消防执法行为集体讨论、法律文书签发之前的形式审查等7项职责。

2007年6月1日，执行国务院《生产安全事故报告和调查处理条例》，对瞒报火灾或故意推延报告期限，伪造、篡改统计账目，干扰阻碍火灾统计调查，无正当理由拒绝提供有关情况和资料的，联合统计部门依照有关规定追究法律责任。

2008年，落实公安部《火灾事故调查规定修正案》(简称《修正案》)和省公安厅关于执行《修正案》有关要求，建立火灾调查法制审核制度，凡县级公安消防机构调查认定的火灾，在出具火灾原因认定书和火灾事故责任书之前，必须报经市公安消防支队对调查认定的事实、证据及程序进行法制审核，确保办案质量。

2010年，按照统一部署，大力加强执法规范化建设。认真落实省公安厅《关于印发消防行政处罚裁量基准的通知》、省公安消防总队《关于实行消防监督执法数据定期公布制度的通知》，印发《全市公安机关消防机构加快推进执法规范化建设三年规划实施意见》，对全市公安消防法制工作作出系统谋划。

2011年3月，执行市公安消防支队新编制，防火监督处法制科改称法制宣传科，继续负责消防法制工作。是年，落实公安部《消防行政处罚裁量导则》《公安机关消防机构法制部门和法制员队伍建设规范》和《公安机关消防机构法律审核和集体议案工作规范》，消防法制工作得到进一步规范。

2012年，市政府颁布《日照市乡镇消防队管理规定》，赋予乡镇消防队开展消防宣传和防火巡查权力。

2013年，部署开展全市公安消防机构填补"消防执法空白点"暨评选典型消防行政处罚案例活动，以开展填补"消防执法空白点"和评选典型执法案例活动为抓手，促进消防法律法规严格贯彻落实。

2014年，落实《山东省消防文员协助开展消防监督工作规定（试行）》，组织消防文员按照规定协助开展消防监督执法工作。部署开展消防监督执法检查"回头看"活动，对2013年以后办理的消防行政许可、消防监督检查、火灾事故调查、消防产品监督、行政处罚和行政强制等消防监督执法业务，以"回头看"的方式对该地区、该单位前期暴露出的执法突出问题进行再梳理、再排查、再剖析。

2015年4月，修订印发《日照市消防便民服务十项措施》，实行消防安全违法行为举报投诉奖励、不良行为公布、"轻微违法、首错不罚"等制度。

2016年，印发《全市深化执法规范化建设全面建设法治消防的实施意见》，计划利用3年时间，通过建立健全完备的法治制度体系、高效的法治实施体系、严密的法治监督体系、有力的法治保障体系，实现消防执法队伍专业化、执法行为标准化、执法管理系统化、执法流程信息化、执法活动公开化，不断提升依法履职能力，严格规范公正文明执法。是年，全面使用移动执法终端、消防执法记录仪。

2017年，抓住日照市获得地方立法权有利时机，加快消防立法步伐。结合贯彻国务院《消防安全责任制实施办法》，将城乡消防水源设施管理首先纳入立法程序，市公安消防支队在市政府法制办指导下，起草文件草稿、到各区县开展立法调研，广泛征求意见建议。12月29日，市政府第十八次常务会议审议通过《日照市城乡消防水源设施管理规定》（简称《规定》），《规定》共32条，明确城乡消防水源设施的范围、政府及部门职责、建设维护经费来源、消防设施建设标准、维护单位责任义务等，2018年3月1日正式实施。

2018年，结合公安消防部队改革，落实省公安厅《关于公安机关做好消防机构转制过渡期有关工作的通知》，明确在国家消防法律法规规章修订前，各级公安机关仍执行在用的消防法律法规规章，各级依法履行原有的消防监督职责，积极做好消防案件办理工作。同时，市公安局继续保留对各分县局综合考核中消防工作考核项目，确保消防机构转制过渡期各项工作平稳有序。

六、火灾调查

1990年11月，印发《公安、边防派出所、工作站消防监督职责（试行）》，明确对损失1000元以下的火灾（市管单位除外）由派出所（站）调查处理，并把火灾损失和处理情况报市公安局消防大队；对损失在1000元以上的火灾，由市公安局消防大队和派出所（站）共同查处。

1991年10月1日，落实公安部《消防监督程序规定》，一般火灾和重大火灾，由公安消防监督机构组织调查，上一级消防监督机构予以指导；特大火灾，由公安消防监督机构或上一级公安消防监督机构组织调查，并邀请当地人民检察院和监察、劳动、工会、保险等部门以及安全生产委员会参加；重大放火嫌疑案件，由刑事侦查部门立案侦查，消防监督机构积极配合。对已经查明原因的火灾，出具《火灾原因鉴定书》或《火灾原因认定书》。对难以认定的火灾原因，可聘请有关专家鉴定，并出具鉴定书。

1992年10月，印发《公安、边防派出所、工作站消防监督职责》，明确各公安、边防派出所、工作站对辖区内发生的损失2000元以下的火灾由派出所（站）调查处理。对损失在2000元以上的火灾，由市公安局消防分局和派出所（站）共同查处。

1999年3月15日，落实公安部《火灾事故调查规定》：1. 火灾事故调查按分工进行，一般火灾事故由发生地的县（区）公安消防机构进行调查，重大火灾事故由发生地的县（区）或市公安消防机构进行调查，特大火灾事故由市或省级公安消防机构进行调查；2. 公安消防机构对发生群死群伤和政治、社会影响大的火灾或认为具有放火嫌疑的案件，及时通知刑事侦查人员参加调查，构成放火案件的，移交公安刑事侦查部门立案侦查；3. 火灾事故调查人员实行资格管理，必须按照规定取得岗位资格；4. 火灾事故责任分直接责任、间接责任、直接领导责任、领导责任四类；5. 当事人对火灾原因、火灾事故责任认定不服的，可以向主管公安机关或上一级公安消防机构申请重新认定。是年，市公安消防支队成立重大或疑难火灾原因认定技术组。

2002年12月，落实省公安厅《关于加强和改进全省火灾事故调查工作的意见》，加强火灾事故调查队伍建设，在市公安消防支队成立火灾事故调查组，协助区县辖区内火灾事故调查；加强火灾事故调查装备建设，逐步配备火场照相、物证摄像、火灾物证收集等火灾现场勘察仪器设备；严格按照法定程序实施调查，并加强火灾档案管理，实行一案一卷保存。

2003年，印发《关于进一步做好火灾事故报告、调查处理及统计工作的通知》，对火灾事故报告、调查处理工作作出进一步明确和规范。

2004年，市公安消防支队成立火灾事故调查组，在各公安消防大队明确专兼职火灾事故调查人员，加强火灾事故调查力量建设。此后，根据人员变动情况，及时进行调整。

2008年，落实公安部《火灾事故调查规定修正案》（简称《修正案》）和省公安厅关于执行《修正案》有关要求，进一步明确火灾事故调查分级管辖责任，市公安消防支队负责直接财产损失100～5000万元的火灾调查，县级公安消防机构负责直接财产损失100万元（不含）以下的火灾调查，5000万元（含）以上的火灾调查由省级公安消防机构负责；建立各警种之间的协作机制，加强与刑侦、公安派出所的配合；对需要保护的火灾现场，采取设立警戒线或封闭现场出入口等方法，划定保护范围，制作并送达封闭火灾现场通知书，火灾事故调查结束后，制作并送达解除火灾现场封闭通知书。

2009年，公安部修订的《火灾事故调查规定》发布实施后，对新增消防安全重点单位发生火灾的调查和适用简易调查程序的火灾管辖进行分工，市公安消防支队列管的消防安全重点单位发生的火灾，直接财产损失在500万元（不含）以下的，原则上由市公安消防支队负责调查，如果由火灾发生地的公安消防大队调查更为适宜的，由市公安消防支队交火灾发生地公安消防大队负责调查；适用简易调查程序的火灾，直接财产损失限定为5万元（不含）以下。是年，印发《关于进一步加强火灾事故调查工作的通知》，对落实公安部《火灾事故调查规定》，加强火灾事故调查装备建设、强化火灾事故调查人员业务素质等提出要求。

2013年5月，落实省公安厅《关于明确火灾事故调查管辖分工和火灾直接财产损失轻微标准的通知》，对无人员伤亡、仅有财产损失的火灾事故调查管辖进行调整：一次火灾直接财产损失在1000

万元以上、1 亿元以下的，由市公安消防支队负责组织调查，一次火灾直接损失在 1000 万元（不含）以下的，由县级公安消防大队负责调查，一次火灾直接财产损失在 1 亿元（含）以上的，报省公安消防总队。同时，将直接财产损失轻微界定标准提升至 10 万元（不含）以下。是年，市公安消防支队组织开展全市火灾事故调查及优秀火灾案例评选，评出一等奖 2 个、二等奖 3 个、三等奖 5 个，分别给予主责调查人员奖励，并在年度防火业务考核中相应加分。

2014 年，市公安消防支队组织开展“优秀火灾事故调查案例评选”和年度火灾事故调查业务培训，加强对火灾事故调查工作的管理和业务指导。

2016 年，在全市范围内遴选火灾、刑侦（法医）、安全生产等领域专业人员，成立日照市第一届火灾事故调查专家组，并印发《日照市火灾事故调查专家管理办法》，加强重大火灾事故专业化调查力量建设。10 月，联合岚山分局对某精品钢基地传送带着火事故进行调查，认定事故原因为违规使用明火作业引发火灾，按重大责任事故立案，移交岚山分局侦办。

2018 年，市公安消防支队召开火灾事故调查人员工作交流会议，提升火灾事故调查人员业务水平。11 月，组织对某汽车 4S 店火灾进行调查，认定事故原因为事发建筑电气线路故障引燃周围可燃物引发火灾，按重大责任事故立案，移交日照经济技术开发区分局侦办。

第二节　消防设施与装备

消防设施与装备主要包括消防队站建设、消防车辆和器材装备配备等，是公安消防部门执行灭火救灾、抢险救援任务的主要武器。

一、消防队站建设

（一）市级消防队站

市消防支队　1991 年 8 月，市消防支队在东港区艳阳路 17 号建成投入使用，总投资 176 万元，占地面积 4825.7 平方米，建筑面积 3940.89 平方米，建设 6 层。2009 年底，在东港区山东路 639 号开工建设新消防支队，总投资 5230 余万元，占地面积 3.34 万平方米，建筑面积 1.14 万平方米，建设 11 层。2012 年 11 月 9 日建成投入使用。

图 8-12　2012 年 11 月 9 日，市公安消防支队迁址日照市东港区山东路 639 号

战勤保障大队　在东港区艳阳路 17 号原消防指挥中心基础上，投资 320 余万元翻新、修建而成，2014 年投入使用。主要负责全市灭火救援物资储备，承担灭火救援现场技术、物资、社会联勤保障和装备业务培训等保障工作，平时组织编制装备应急保障预案，开展业务训练和实战演练储备装备，实施装备日常巡检、维护。

特勤消防站　2001 年 3 月组建成立，位于山东路 639 号（现市消防指挥中心东临），建筑面积 3032.73 平方米，2000 年建成投入使用。主要担负日照新市区、秦楼街道消防安全保卫及抢险救援任务，全市各类重大灭火救援任务。

（二）东港区消防队站

东港区共有4个消防站，分别为海曲路消防站、南湖消防站、涛雒消防站、太阳城消防站。每个消防站分别驻守1个中队。

海曲路消防站　1979年11月组建，时称日照县第一消防中队，位于东港区海曲东路11号。2003年和2013年，消防站分别在原址改建升级。主要担负丹阳路以东、山海路以南、迎宾路以北、临沂路以西区域的消防安全保卫及抢险救援任务。

南湖消防站　2017年11月组建，位于东港区204国道与335省道交会处西100米路南。消防站现有6层办公执勤楼1栋，占地面积1.53万平方米，建筑面积7220平方米。主要担负丹阳路以西、三庄镇以东区域的消防安全保卫及抢险救援任务。

涛雒消防站　2009年4月组建，位于涛雒镇中盛北路，原属涛雒镇党委政府管辖。2018年7月，移交至东港区消防大队管辖。消防站现有2层办公执勤楼1栋，占地面积3500平方米，建筑面积600平方米。主要担负涛雒镇75个行政村的消防安全保卫及抢险救援任务。

太阳城消防站　太阳城消防站建于2018年12月，位于正阳路32号。消防站现有2层办公执勤楼1栋，建设面积382平方米。主要担负太阳城市场及周边商业区域的消防安全保卫及抢险救援任务。

（三）岚山区消防队站

岚山区共有6个消防站，分别为轿顶山路消防站、沿海路消防站、化工园区消防站、碑廓消防站、巨峰消防站、中楼消防站。每个消防站分别驻守1个中队。

轿顶山路消防站　1991年11月组建，原址位于岚山东路（岚山东路与安岚大道交会处东50米）。2008年，迁至沿海路（日照钢铁集团东二门与东三门之间）。2010年5月，迁至轿顶山路567号。消防站占地面积1万平方米，建筑面积3121.4平方米。主要担负安东卫街道和岚山头街道金牛岭路以西区域的消防安全保卫及抢险救援任务。

沿海路消防站　2010年5月组建，位于沿海路（日照钢铁集团东二门与东三门之间）。消防站占地1.96万平方米，建筑面积为3646平方米。主要担负虎山镇以及岚山头街道金牛岭路以东区域消防安全保卫及抢险救援任务。

化工园区消防站　2013年7月组建，位于化工大道与厦门路交会处西北侧。消防站占地面积2.03万平方米，建筑面积5000平方米。主要担负岚山化工园区东区内危险化学品企业的消防监护和保卫任务及周边村镇的抢险救援任务。

中楼消防站　2016年11月组建，位于日夏线中楼镇中心小学西南侧，与中楼镇派出所合用办公场所，建筑面积679.93平方米。主要担负中楼镇、黄墩镇的消防安全保卫及抢险救援任务。

碑廓消防站　2017年10月组建，位于碑廓镇巨碑路东侧、碑廓国土资源所东临。消防站占地面积8667平方米，总建筑面积4157平方米。主要担负岚山区化工园区西区和碑廓镇消防安全保卫及灭火救援任务。

巨峰消防站　2018年11月组建，位于巨峰镇金港路以东、规划五路以北。消防站占地面积6938.68平方米，建筑面积3206.84平方米。主要担负巨峰镇、高兴镇消防安全保卫及灭火救援任务。

（四）莒县消防队站

莒县共有4个消防站，分别为城阳路消防站、招贤消防站、夏庄消防站、浮来山街道消防站。每个消防站分别驻守1个中队。

城阳路消防站　2002年8月组建，时为市公安消防支队第五中队，负责莒县的消防安全工作。2009年4月，中队搬迁至城阳路519号。消防站占地面积8988平方米，总建筑面积3143平方米。

主要担负城阳（城区）、店子集镇、龙山镇、陵阳镇、寨里河镇的消防安全保卫及抢险救援任务。

招贤消防站 2014年11月组建，位于招贤镇新华路9号，招贤镇政府东500米路北。消防站占地面积6336.5平方米，建筑面积3219平方米。主要担负招贤镇、峤山镇、桑园镇、洛河镇、安庄镇、果庄镇、碁山镇、库山镇、东莞镇的消防安全保卫及抢险救援任务。

夏庄消防站 2016年7月组建，位于莒县夏庄镇石屯社区。消防站占地面积1.65万平方米，建筑面积2796.65平方米，主要担负夏庄镇、刘官庄镇、小店镇、长岭镇、日东高速莒县段、海右化工园区内危险化学品企业的消防监护和保卫任务及周边村镇的抢险救援任务。

浮来山街道消防站 2017年4月组建，位于莒县浮来山街道浮来山风景区东门。消防站占地面积4463平方米，建筑面积2056平方米。主要担负浮来山街道、阎庄镇、城区以西工业园区、田甸园风景区、浮来山风景名胜区的消防监护和保卫任务及周边村镇的抢险救援任务。

（五）五莲县消防队站

五莲县共有5个消防站，分别为五莲山路消防站、白鹭湾消防站、街头消防站、许孟消防站、于里消防站。每个消防站分别驻守1个中队。

五莲山路消防站 2002年8月组建，时称市公安消防支队第六中队。2011年8月，改称五莲县消防大队五莲山路中队。消防站占地802平方米，建筑面积3006平方米。主要担负城区、洪凝街道、高泽街道、中至镇东部的消防安全保卫及抢险救援任务。

白鹭湾消防站 2015年11月组建，位于潮河镇潮河路西首。消防站占地面积4670平方米，建筑面积1900平方米。主要担负潮河镇（日照市北开发区）、叩官镇、户部乡的消防安全保卫及抢险救援任务。

街头消防站 2016年11月组建，位于街头镇向阳路18号。消防站占地面积3000平方米，建筑面积1300平方米。主要担负街头镇、石场乡、松柏镇的消防安全保卫及抢险救援任务。

许孟消防站 2017年11月组建，位于许孟镇泰安街东首，与许孟镇派出所合用办公场所，建筑面积1100平方米，占地面积1800平方米。主要担负许孟镇的消防安全保卫及抢险救援任务。

于里消防站 2018年2月组建，位于于里镇宏图路与206国道交会处北。消防站占地面积2660平方米，建筑面积1500平方米。主要担负于里镇、汪湖镇、中至镇西部的消防安全保卫及抢险救援任务。

（六）日照经济技术开发区消防队站

日照经济技术开发区共有2个消防站，分别为深圳路消防站、奎山特勤消防站。每个消防站分别驻守1个中队。

深圳路消防站 1986年，深圳路消防站作为日照港务局的配套设施建成投入执勤，位于经济技术开发区秦皇岛路119号。1987年，由市公安消防支队接管。2008年3月，在经济技术开发区深圳路东段新建执勤楼并投入使用。消防站占地面积1.41万平方米，建筑面积约4200平方米。主要担负经济技术开发区消防安全保卫及抢险救援任务，同时还担负东港区（石臼街道、涛雒镇）、岚山区（高兴镇）部分地区的灭火保卫任务。

奎山特勤消防站 2018年7月10日开工建设，2019年1月投入执勤。消防站占地面积1.2万平方米，总建筑面积4448平方米。主要担负汽车及汽车零部件产业园、化工产业园、奎山综合交通枢纽、汽车商贸产业园以及开发区中西部住宅小区、村居等单位和场所的消防安全保卫及抢险救援任务。

（七）山海天旅游度假区消防队站

山海天旅游度假区共有 3 个消防站，分别为山海天路消防站、两城消防站、森林公园消防站。每个消防站分别驻守 1 个中队。

山海天路消防站　2009 年 9 月组建，原址位于山海天路与太公岛三路交会处北 50 米路西，由东港区消防大队管辖。2012 年 10 月，山海天旅游度假区消防大队成立后移交。2018 年 5 月，因驻地整体规划调整，搬迁至海天四路与太公岛一路交会处北 50 米路西的消防大队临时安置点。主要担负山海天太公岛一路以北青岛路以东，山海路以北河山镇、两城镇区域消防安全保卫及抢险救援任务。

两城消防站　2018 年 5 月组建，位于两城大道与 204 国道交会处南 500 米路西。消防站占地 8000 平方米，建筑面积 2580 平方米。主要担负河山镇以及两城街道部分区域消防安全保卫及抢险救援任务。

森林公园消防站　2018 年 10 月 22 日组建，位于鲁南海滨国家森林公园内，属企业消防站，由山海天旅游度假区消防大队调度。消防站占地面积 2000 平方米，总建筑面积 700 平方米。主要担负森林公园景区内及周边临近村庄消防安全保卫及抢险救援任务。

二、装备器材

1989 年，全市（筒子市）有消防车 5 台，市政消火栓 12 个。1990 年，投资 200 万元在岚山建设消防站，并购置消防车 3 台。1991 年，购置消防车 3 台，新购 10 马力消防泵 3 台，打消防水井 2 眼，购置小型灭火器具 208 件。1992 年，购置水罐消防车 2 台、干粉消防车 1 台。莒县消防队购买消防车 1 台。1993 年，投资 300 万元，购置水罐车 2 台、行政用车 1 台。莒县企业专职消防队配备消防水罐车 1 台、消防水炮车 1 台。1994 年，新购置大型水罐消防车 1 台。1995 年，市政府召开筹措资金改善消防装备专题会议，筹集资金 65 万元，购置大型泡沫、水罐、干粉消防车、照明车 6 台，在市区新建公共消火栓 40 余个。1996 年，市政府批准《日照市市政消火栓建设维修使用管理规定》，增设市政消火栓 40 个；购置中低压泵水罐消防车 1 辆。1997 年，投资 500 余万元，购置 41 米登高消防车 1 台，购置部分消防装备。9 月，在市区一次性安装市政消火栓 280 个，市区消火栓设置基本达到规范标准要求。1998 年，购置水罐消防车 3 台。1999 年，投资 90 万元，购置中低压泵水罐消防车 3 台，购置空气呼吸器 20 套、备用钢瓶 40 具。

进入 21 世纪后，公安消防部门积极拓展资金来源渠道，推动消防装备器材建设加快发展。

2000 年，投资 300 余万元，购置抢险救援、高喷、中低压泵消防车 4 台，购置排烟机、救生气垫、避火服等部分特勤器材。2001 年，投资 70 万元，购置大型泡沫水罐消防车 1 台。2002 年 3 月 14 日，市政府印发《日照市“十五”期间消防工作指导意见》，对消防设施与装备建设作出整体全面规划。是年，投资 80 余万元，购置消防车 3 辆、新建市政消防栓 60 余个。2004 年，投资 150 万元，购置个人防护装备，消防员个人防护装备达到国家标准要求；投资 280 余万元，购置消防车 7 台。2005 年，投资 150 余万元，购置消防车 2 台，购置部分灭火救援器材装备及火场指挥服、空气呼吸器等个人防护装备。2006 年，投资 180 余万元，购置常规灭火车 2 台，购置部分氧气呼吸器、个人防护装备、手抬泵等特勤器材。2007 年，投资 360 余万元，购置空气压缩泡沫车、消防通讯指挥车、抢险救援车、消防宣传车等消防车 6 台，购置部分个人防护装备和器材。2008 年，投资 430 余万元，购置火场指挥车、水罐消防车、森田消防车各 1 台，购置防火隔热服、避火服、防化服、空气呼吸器、呼救器、方位灯、救生气垫、液压钳、缓降器等部分个人防护装备和器材。莒县消防大队在城区重点部位设置市政消火栓 183 个。2009 年，投资 660 余万元，购置重型水罐泡沫车 3 台、泡沫消防车 2 台、水罐消防车 2 台、A 类压缩空气泡沫车 1 台、高喷车 1 台，购置个人防护装备 60 套、无线通信设备 34 件套，特种防护装备 12 项。

图 8-13 市消防特勤站部分消防救援车辆

2010 年，投资 840 万元，购置 A 类压缩空气泡沫车 2 台，国产 53 米登高平台消防车 1 台，购置个人防护装备 800 余件套。岚山消防大队投资 80 万元，购置抢险救援车 1 台及配套救援器材，莒县消防大队投资 148 万元，购置 A 类压缩空气泡沫车 1 台。是年，市政府确定年度“一乡（镇）一站一车”的乡镇消防站建设标准，投入资金 300 余万元，配备农用消防车 42 台，全市有 43 个乡镇达到“一队一车”标准，走在全省前列。2011 年，投资 400 余万元，购置执勤高喷消防车 2 台、抢险救援车 1 台和部分农用消防车，购置灭火救援器材装备和个人防护装备。6 月，迎接并完成省政府消防装备评估专家组对日照市公共消防安全和消防装备建设的综合评估论证。2012 年，投资 1060 余万元，购置 60 米高喷车 1 台、通信指挥车 1 台、供气消防车 1 台、供液消防车 1 台、装备抢修车 1 台及器材装备。2013 年，投资 1986 万元，招标采购远程供水系统。全市各区县累计投资 720 万元，购置城市主战消防车 6 辆。争取山海天旅游度假区管委出资近 10 万元，为吴家台、肥家庄等 5 个民俗旅游村 1043 户免费配备灭火器、应急照明、安全出口标志、独立式感烟探测器等器材。是年，全市新建市政消火栓 141 个。2014 年，投资 2609 万元，购置消防特种车辆和装备。投资 240 万元，依托岚山区化工园区消防站建成 500 吨储量泡沫库。投资 100 余万元，为山海天旅游度假区乔家墩子、王家皂、桃花岛、李家台、张家台、大泉沟、大陈家村 7 个民俗旅游村 1304 户免费配备应急照明灯、疏散指示标志、灭火器、独立式烟感、消火栓、水带等。2015 年，投资 900 万元，购置特种消防车 3 台及相关器材装备；投资 1000 万元购置远程供水系统。2016 年，投资 1024 万元，购置泡沫消防车 3 台、云梯消防车 1 台、水罐消防车 1 台、装备器材 1217 件（套）。是年，山海天旅游度假区将管区、社区“微型消防站”建设纳入惠民项目工程，投资 58.5 万元，在 11 个农村管区、2 个城市社区建成集“灭火、监督、宣传”功能为一体的“微型消防站”，实现全区“微型消防站”全覆盖。2017 年，投资 970 余万元，购置泡沫消防车 4 台、水罐消防车 2 台、举高喷射消防车 1 台、抢险救援消防车 1 台、器材消防车 1 台；投资 245.5 万元，购置灭火救援器材 844 件（套）；投资 299.7 万元，购置消防员防护装备 3620 件（套）。2018 年，投资 1920 余万元，购置各类消防车 13 辆；投资 460 余万元，购置器材装备 3600 余件（套）。

三、消防装备科研

市公安消防支队成立后，依托信息化科技手段，加强自主研发技术、力量建设，组织消防官兵成立研发小组，先后研制出火场远距离移动供气保障系统、一种手提式干粉灭火器、泡沫钩管自主悬挂装置、多功能变向水枪等，较好地服务灭火救援实战。

图 8-14 2017 年 4 月，研发远距离移动供气保障系统

远距离移动供气保障系统　2017 年 4 月研发。该系统依托供气照明车将纯净空气经空气压缩机、过滤器，用高压导管引出气源，再经过减压器后，

将压缩空气直接供给火场前方，可以实现为救援人员直接供气或空呼气瓶充装等功能，特别是在狭小空间、大跨度场所、地下等某些特定灭火救援环境中，能够充分发挥其作用。有效解决以往佩戴空气呼吸器深入救援现场内部负载重、行动不便、供气时间短、距离受限等短板，实现远距离、长时间、不间断、多人同时供气的功能。

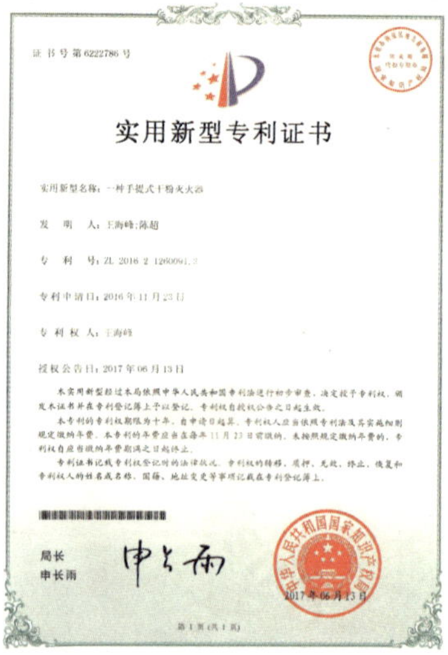
证书号第6222786号

实用新型专利证书

实用新型名称：一种手提式干粉灭火器

发　明　人：王海峰;陈超

专　利　号：ZL 2016 2 1260091.3

专利申请日：2016年11月23日

专利权人：王海峰

授权公告日：2017年06月13日

本实用新型经过本局依照中华人民共和国专利法进行初步审查，决定授予专利权，颁发本证书并在专利登记簿上予以登记。专利权自授权公告之日起生效。

本专利的专利权期限为十年，自申请日起算。专利权人应当依照专利法及其实施细则规定缴纳年费。本专利的年费应当在每年11月23日前缴纳。未按照规定缴纳年费的，专利权自应当缴纳年费期满之日起终止。

专利证书记载专利权登记时的法律状况。专利权的转移、质押、无效、终止、恢复和专利权人的姓名或名称、国籍、地址变更等事项记载在专利登记簿上。

局长
申长雨

2017年06月13日

第1页(共1页)

图 8-15 2017 年 6 月，研发一种手提式干粉灭火器

一种手提式干粉灭火器 2017 年 6 月研发。该灭火器在压把处安装 LED 射灯（泛光灯），帮助在烟雾中快速辨识火源位置，精确迅速进行灭火；采用可充电式，如遇到紧急情况被困人员可作为应急灯使用；在灭火器瓶体涂制永久性发光标识，可在夜间被快速识别并发现，赢得灭火时间；在喷筒与软管之间安装可调节头，通过转动调节手柄调节喷射大小，遇到小火时在保证安全灭火的情况下，节省灭火耗材，且增加喷射距离。

多功能变向水枪 2018 年 8 月研发，并申请发明专利。多功能变向水枪通过在消防水枪喷嘴处设置球形座和卡槽以改变射流方向，在扑救室内火灾时，相对减少消防员移动位置，可有效防止尖锐物和房顶坠物的危害，避免水带易扭结产生反弹力、伤及消防员的问题，解决水带拖动不便和摆动频率高、磨损严重的弊端。通过两种接口方式的灵活转换，使得消防水枪与楼宇建筑室内消火栓水带接口的连接具有通用性。

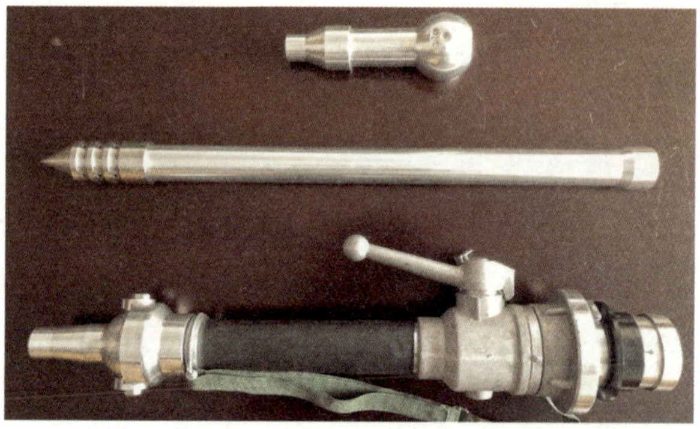
图 8-16 2018 年 8 月，研发多功能变向水枪

泡沫钩管自主悬挂装置 2018 年 10 月研发。该泡沫钩管悬挂装置可跨过大型石化单位储罐防护堤、输油管廊、草坪隔离带等障碍，自主将泡沫钩管悬挂至指定位置，具有悬挂速度快、节约时间的特点，打破传统人工悬挂泡沫钩管进行石油化工总攻灭火的理念，解决消防员利用拉梯、楼梯等辅助装备进行人工悬挂的安全隐患，减少不必要的伤亡。

图 8-17 2018 年 10 月，研发泡沫钩管自主悬挂装置

第三节　灭火救援

灭火救援是公安消防部门最本职的工作，主要包括火灾扑救和危险化学品泄漏事故、道路交通事故、地震及其次生灾害、建筑坍塌事故、重大安全生产事故、空难事故、爆炸及恐怖事件、群众遇险事件等重大灾害事故以及其他以抢救人员生命为主的应急救援工作。

一、业务训练

（一）练兵与比武

1989 年地级日照市建立后，公安消防部门以《公安消防队执勤条令》《公安消防队灭火战斗条令》

和《灭火救援执勤业务训练大纲》为依据，科学设置共同科目和岗位科目，组织开展以灭火基础知识、基本战术、体能和岗位职责为主的各项业务训练。

1990 年，部署开展大练兵活动，组织学习《公安消防队执勤条令》《公安消防队灭火战斗条令》和《灭火战术》《消防供水》《消防技术装备》等；开展装备器材“五知一能”（知道器材名称、知道技术参数、知道功能用途，知道操作程序、知道保养方法，火场上能熟练操作使用）和供水灭火操训练；组织对辖区交通道路、消防水源、重点单位和相关灭火作战预案进行熟悉演练；开展灭火救援组织指挥训练，掌握不同类型单位的处置对策。

1992 年初，开展以消防技能弱项和体能训练为主要内容的冬季大练兵活动。1993 年，大力加强消防技能训练，在年度考核中，全市 80% 的人员挂钩梯成绩达 17 秒左右，百米障碍均在 22 秒以内。1995 年 5—6 月，莒县消防大队采取邀请市公安消防支队教员来队授课、组织队员到市消防支队一中队接受学习训练等方式，开展为期 2 个月的全员培训。10 月 16 日，消防支队举办全市首届消防业务尖兵对抗赛，莒县消防大队获得 5 个单项比赛中 2 个第一名和团体总分第一名。1996 年，组织各消防队伍落实《公安消防部队执勤业务训练大纲（试行）》，认真开展体能、业务训练。消防支队派员为莒县、五莲县 2 个公安专职队各进行为期一周的强化训练。9 月 20—21 日，举办全市第二届消防业务尖兵对抗赛。

2000 年，组织开展大练兵活动，为提高练兵效果，分别举办指挥员、战斗员、通信员等各类岗位培训班，对相关岗位人员进行集中培训。2001 年 3 月 14 日，按照上级统一部署，组织开展以“打基础、强素质”为重点的全员岗位练兵比武。2003 年，根据省消防总队统一部署，组织开展防护、侦检、救生、堵漏、洗消等专业训练，以及高温浓烟、高空地下等适应性训练和模拟实战演练。7—9 月，组织开展特勤业务比武集训。是年，组织官兵参加全国消防灭火岗位资格考试，合格率达 90% 以上。2004 年，继续深入开展大练兵活动，坚持每日必学、每周必练、每月必考，实行集中培训与个人自学、全员岗位练兵与重点岗位练兵、共同训练与专业训练、岗位练兵与实际工作 4 个结合，增强大练兵活动的针对性、科学性。是年，在总队组织的机关干部、大队长、教导员大练兵共同科目考核中，参考人员理论考试成绩全部优秀、体能考核达标率 100%。

2006 年 10 月，举办全市消防部队百项练兵比武活动，特勤中队、东港消防大队、莒县消防大队分获团体总分第一至三名。11 月 7 日，举行全市公安消防部队岗位大练兵汇报表演。12 月，落实省消防总队《高空训练安全管理规定（试行）》，结合部队日常高空训练情况，抓好高空训练安全工作，确保在高空训练和实战演习中不发生任何事故。

2007 年 3 月，印发《2007 年公安、企事业专职消防队执勤业务训练计划》，以灭火救援基础工作为重点，本着“学练结合、练战结合”的原则，推动全员苦练基本功。7 月，举办全市公安消防部队、企业专职消防队岗位练兵大比武，比武科目设置 5 个岗位、6 个大项、21 个小项。第三中队、特勤中队、第五中队分获消防部队团体总分第一至三名，日照港务局消防支队、亚太森博浆纸专职消防队、童海港业专职消防队分获企业专职消防队团体总分第一至三名。

2008 年 7 月 3 日，举办全市公安消防部队岗位练兵大比武，组织基层中队干部、战士、合同制消防员围绕 10 个项目进行比武考核，特勤中队、第六中队、第一中队分获团体总分第一至三名。9 月，落实省消防总队灭火救援业务训练等级评价现场会和“三台合一”消防接处警系统暨灭火救援业务基础资料规范化建设现场会精神，举办专题培训班，推广济宁、烟台 2 市消防支队经验做法，进一步提高部队训练水平和灭火救援能力。11 月 27 日，举办全市公安消防部队“四会”教练员比武，组织基层中队干部、队长助理围绕消防装备、讲解示范、300 米综合测试和想定作业等开展比武竞赛，特勤中队、第二中队、第三中队分获团体总分第一至三名。

2009年3月，印发《全市消防部队2009年灭火救援业务训练计划》，组织全市消防队伍围绕全运会安全保卫，开展业务训练。9月，全面贯彻落实新修订的《公安消防部队执勤战斗条令》和《公安消防部队灭火救援业务训练与考核大纲（试行）》，规范全市公安消防部队的战备秩序、执勤战斗行动和业务训练工作。11月13日，开展全市消防部队2009年度执勤岗位练兵业务技能比武，对全市官兵进行消防业务技能考核，第五中队、特勤中队、第六中队分获团体总分第一至三名。12月，印发《全市消防部队冬季执勤业务训练计划》，围绕打造“消防铁军”目标，组织开展业务理论、体能技能科目训练，进一步提高灭火救援实战能力。

图8-18 2009年7月，消防官兵开展岗位练兵

图8-19 2010年7月，全市打造公安消防铁军攻坚组比武

2010年4月，印发《全市公安消防部队作战训练安全专项教育培训活动方案》，指导加强业务训练和安全教育培训。7月9日，举行全市公安消防部队打造公安消防铁军攻坚组比武，全市消防部队参加5个项目的比武，第二中队、源丰中队、特勤中队分获团体总分第一至三名。8月，印发《全市公安消防部队作战训练安全要则》，进一步加强和规范作战与训练安全工作，要求在作战训练工作中，严密组织、科学实施，预防和减少各类安全事故的发生。10月26日，举行全市公安消防部队打造消防铁军执勤中队大比武，全市消防部队官兵参加6个项目的比武，第一中队、特勤中队、第七中队分获团体总分第一至三名。

2011年，开展全市公安消防部队冬季百日大练兵、执勤岗位全员练兵、千名基层指挥员大培训活动，进一步加强业务训练。9月22—23日，组织开展“万人百项”大比武活动，全市官兵参加4个岗位10个单兵项目和4个攻坚组项目的比武，特勤中队、东港区消防大队海曲路中队、五莲县消防大队五莲山路中队分获团体总分第一至三名。

2012年，印发《全市公安消防部队执勤岗位全员大比武实施方案》《日照市企事业专职消防队2012年执勤业务训练方案》，并全力做好全省公安消防部队基层指挥员比武竞赛备战。6月，成立备战全省基层指挥员比武竞赛集训队，开展为期3个月的集训。9月，在全省比武竞赛中，夺得全省团体总分第六名。10月，印发《日照市公安消防支队政府专职消防员岗前教育训练规定》，对新招收政府专职消防员岗前教育训练工作进行规范，进一步提高新招收政府专职消防员履职能力。10月16—17日，分别举行执勤岗位全员比武竞赛、全市企事业专职消防队执勤岗位大比武，特勤中队、深圳路中队、海曲路中队分获消防部队组团体总分第1至3名，日照港公安局消防支队、日照港油品公司消防站、涛雒镇消防站分获企事业专职消防队组团体总分第一至三名。

2013年，深入开展“大练兵、大培训、大熟悉、大演练、大比武”活动，检验和促进专业化、实战化、科学化训练。8月，印发《关于切实做好夏季高温天气下作战训练安全工作的通知》，对训练和灭火救援战斗安全提出要求。8月19—29日，参加总队第二届基层指挥员比武竞赛，取得全省团体总分第六名。9月24日，组织全市官兵开展执勤岗位全员比武竞赛，特勤中队、沿海路中队、深圳路中队分获团体总分第一至三名。11月15—20日，举行全市公安消防部队后勤岗位练兵比武，山海天大队、岚山大队、五莲县大队分获团体总分第一至三名。

图 8-20 2012年10月，全市执勤岗位大比武

2014年3月6—7日，组织全市消防部队体能科目全员达标考核。3月12日，举行尖兵对抗比武竞赛，轿顶山路中队、海曲路中队、化工园区中队分获团体总分第一至三名。4月，印发《全市公安消防部队内攻和紧急避险训练专项行动实施方案》，抓好辖区建筑情况调查摸底、内攻和紧急避险专业训练，最大限度地减少人员伤亡。5月23日、30日，分别组织全体消防监督干部和消防文员进行消防监督岗位练兵比武考试，重点对消防专业基本理论知识、法律法规和专业实践进行考核。9月，印发《全市公安消防部队全勤指挥部和整建制中队实战化训练与考核工作实施方案》，立足辖区灾害事故、人员装备和作战编成，强化全勤指挥部业务技能训练、中队全员全装实战训练，提升部队灭火救援实战能力。10月9—10日，组织全市执勤岗位全员比武竞赛，特勤中队、海曲路中队、五莲山路中队分获团体总分第一至三名。

2015年5月，印发《全市消防部队应急通信实战化训练方案》，以保障灭火救援工作高效率高标准为总要求，以“第一时间通信联络、上传图像”和“持续通信保障”为目标，开展灭火救援作战指挥、应急宣传、跨区域救援等应急通信保障训练。

2016年4月，印发《全市公安消防部队“结绳训练月”活动实施方案》，要求官兵在学会27种基本绳结制作的基础上，对绳结进行灵活运用，重点进行拉梯水平救助、一点吊救助、竖井救助等救援操法训练，提升灭火救援实战能力。4月12—14日，组织对全市执勤中队和战勤保障大队官兵进行体能科目全员达标考核，对指挥员增加理论考试、预案制作和预案提问3个科目，并首次采取擂台模式组织尖兵对抗比武竞赛，五莲山路中队、特勤中队、轿顶山路中队分获团体总分第一至三名。5月13日，组织全体消防监督干部和政府专职消防文员进行消防监督岗位练兵比武考核。10月13—17日，参加全省公安消防部队整建制特勤中队实战化练兵大比武活动，取得团体总分第七名。年底前，部署开展全市公安消防部队冬季百日大练兵活动。

2017年2月，印发《关于进一步规范支队、大队日常训练的通知》，进一步规范训练秩序，提升支队机关、各大队干部、政府专职消防文员的队列素质、体能水平和相关业务技能。3月7—10日，举行冬季百日大练兵全员考核暨尖兵比武竞赛，特勤中队、五莲山路中队、城阳路中队分获A组第一至三名，街头中队、战勤保障大队、中楼中队分获B组第一至三名。11月27日，组织对全市14个执勤中队和战勤保障大队官兵进行实战化练兵比武竞赛，特勤中队、五莲山路中队、海曲路中队分获A组第1至3名，招贤中队、白鹭湾中队、中楼中队分获B组第一至三名。

2018 年 1 月，印发《全市公安消防部队 2018 年训练工作实施方案》，坚持“练体能与练技能、练指挥与练战术、练协同和练保障”相结合，加强训战一体建设。4 月 13—15 日，参加省公安消防总队冬季百日大练兵比武竞赛，取得团体总分第九名，1 人获干部组个人总分第一名，1 人获政府专职消防员组个人总分第三名。10 月 28—31 日，在省公安总队夏季训练比武竞赛中取得团体总分第三名。

（二）战法研究

市公安消防支队建队以后，根据《公安消防部队执勤条令》《公安消防部队灭火战斗条令》，坚持灭火战术研究，建立战评总结制度，严格落实专题战评、简要战评和集中战评机制，做到典型案例专题战评、一般战例简要战评、连续战例集中战评，分析战术运用情况，剖析作战存在问题，共同研究改进对策。

1995 年，大力开展灭火技术、战术研讨，拟制《日照市扑救特大火灾预案》，研究制定 5 个消防重点单位的全市联合灭火作战方案。

2009 年 1 月，组织研讨日照“12・11”邻二甲苯泄漏事故处置战例、“12・13”中联水泥公司救援事故处置战例及济南、临沂、烟台、新疆乌鲁木齐等地灭火救援典型案例，提升基层指挥员的组织指挥能力和技战术水平。

2010 年，组织“大跨度、大空间”建筑、高速公路隧道等灭火救援处置研讨，开展“百场灭火救援战例剖析”等活动。

2011 年，结合石油化工单位灭火救援准备工作，认真做好重点单位的调查摸底和实地演练，逐一修订、完善灭火救援预案。

2012 年起，利用视频会议系统，广泛开展全国范围内灭火救援案例学习研究。

2013 年，建立各级指挥人员遂行出警机制，规范建筑内攻、危化品处置等灭火救援行动程序。成立全市石油化工消防安全管理和灭火救援专家组，专题调研输油输气管道消防安全情况。是年，修订完善应急救援预案 943 份，更新消防地图、水源手册、社会力量等基础档案资料 120 份。

2015 年 7 月，召开专题战例研讨会，研讨“7・16”日照石大科技泄漏爆燃事故处置过程，总结灭火救援经验，剖析查找存在不足，制定下步工作措施。是年，制定《日照市灭火救援专家管理办法》，加强日照市灭火救援专家队伍建设与管理。

2017 年 6 月，利用视频会议形式组织研讨爆燃事故、隧道客车放火案、货车相撞爆炸事故等案例。

（三）熟悉演练

市公安消防支队建队以后，坚持每年制定演练计划，定期开展拉动演练，为完成灭火救援任务打下坚实基础。

2005 年 5 月 16 日，省公安消防总队在岚山区组织全省第一次危险化学品事故灭火抢险救援跨区域联合作战演练。

2007 年 1 月，在全市部署开展为期 1 个月的辖区“六熟悉”、消防水源普查、重点单位灭火作战计划演练和车辆器材装备熟悉保养工作。

2011 年 6 月，印发《进一步加强和规范熟悉演练工作的通知》，结合开展全员岗位大练兵、石油化工单位灭火救援准备工作等活动，区分支队指挥员、大队和中队指挥员、战斗员、驾驶员、通信员、供水员等岗位抓好本职岗位职责范围内应知应会知识的熟悉强化。11 月，部署全市公安消防部队开展冬季“六熟悉”大会战，全面掌握辖区交通道路、消防水源、消防安全重点单位、重大危险源等基本情况。

2012 年 7 月，围绕开展党的十八大消防安全保卫工作，开展灭火救援准备“大熟悉、大演练、大检查”行动，集中抓好对消防安全重点单位的情况熟悉和实战演练及跨区域实战拉动演练，集中持续开展执勤战备检查，充分做好各项灭火救援准备工作。8 月，开展“灭火救援实战熟悉演练月”活动。是年起，每年组织开展灭火救援拉动演练周活动，通过选取重点单位开展“无预案、多部门、全要素、全过程”拉动演练，提升应急反应能力。

2016 年 8 月，印发《全市高层建筑和城市综合体调查熟悉与灭火救援能力建设专项行动方案》，全面掌握全市高层建筑和城市综合体总体情况。

2017 年 1 月 12 日，在日照苏宁广场组织开展大型城市综合体灭火救援实战演练，检验和提升全市公安消防部队处置大型城市综合体火灾和协同作战能力。7 月 7 日，在日照华润中心万象汇开展灭火救援实战拉动演练。

2018 年 4 月，部署开展全市公安消防部队“细检查、深熟悉、强联勤”灭火救援 3 项行动，全力做好上合组织青岛峰会消防安保各项灭火救援准备工作。

图 8-21　2014 年 1 月，在市区银座商城开展灭火救援拉动演练

二、调度指挥与执勤战备

1989 年，公安消防部门按照《公安消防队执勤条令》《公安消防队灭火战斗条令》，建立健全执勤备战、火警调度制度，中队实行 24 小时全勤值班，人员安排轮休，保障高效接处警。

1995 年，由岚山分局与岚山港务管理局、岚山液体石油化工品储运有限公司等单位联合成立岚山港区消防指挥中心，统一指挥调度，履行消防管理、灭火作战职责。

1996 年，将 119 火警报警系统纳入市公安局 110 报警服务系统，119 信号经市公安局 110 指挥中心中转处理后送往市公安消防支队火警调度室和各执勤消防大队、中队。12 月，执行公安部新修订《公安消防部队执勤条令（试行）》和省公安消防总队关于战备值班有关要求，严格落实执勤战备工作。

1997 年 6 月 16 日，全市 110、119、120 实现联网，拨打的 119 全部汇集到市公安局指挥中心，由市公安局指挥中心计算机网络自动分流到市消防支队。8 月，消防支队机关安装第一部内线电话交换机，接到 0633-8224594 上，支队领导与各部门都分别设置内线电话。是年，开通运行火警调度指挥中心，实现全市统一接处火警；开始 350 兆无线通信系统建设，适应灭火抢险工作需要。

1999 年，按照省公安厅统一部署，启动消防电话会议系统建设，采用拨号汇接入网，实现话音信号传输。

2000 年 2 月，在全市试行“火警回执”制度，要求消防部门在参加灭火、抢险救援、处理公民报警求助等行动后，将回执单送达报警人、受灾单位（户），从服务态度、内容和质量等方面征求对处置工作的意见和建议。市消防支队围绕回执制作、发放、回收、处理、情况通报、监督等方面进行具体规定，做法被《消防周刊》头版头条刊登推广。4 月，统一采购 350 兆常规电台，分配给支队机关、各中队使用。是年，新上 119 集中接处警系统 1 套，设立接警席位 2 个、班长席 1 个，统一接处全市除五莲县、莒县之外的全部火警。五莲县、莒县还是使用单向接入的火警电话接处该县区域内 119 报警。

2002 年，省消防总队在全省公安消防部队推广由日照市公安消防部队首创的“119 火警回执”制度。2003年，投入200余万元，完善350兆无线通信系统。2004年，淘汰原119接处警系统，新安装上海迪爱斯“三台合一”119接处警系统1套。

2005年5月20日，119接警系统作为全市公安“三台合一”综合接处警系统的分控中心联网运行。东港区、经济技术开发区、山海天旅游度假区的119报警电话，由“三台合一”系统自动分流，消防支队及辖区大队负责接处警，市公安局指挥中心实行监听、监控，必要时可直接指挥；莒县、五莲、岚山在本辖区实现独立接处警，并将溢出火警转到市消防指挥中心接警台。落实《山东省公安消防部队火警等级与力量调集暂定规定》，依据火灾发生单位或场所的火灾危险性，将火警等级分为一、二、三、四级，依据火警等级调集火警力量。

2006年6月1日，按照省公安消防总队统一部署，全面实行总队、支队和大队三级灭火救援指挥长制度，支队指挥长由从事灭火救援岗位累计满8年的行政正营职以上干部或任灭火技术工程师的人员担任，大队指挥长由从事灭火救援岗位累计满5年的行政副营职以上干部担任。12月12日，消防支队印发《关于严格落实“四个第一时间”要求进一步加强部队执勤战备工作的通知》，要求消防队伍在紧急情况做到“第一时间调动足够力量、第一时间到达现场、第一时间营救被困人员、第一时间控制火势，最大限度地减少人员伤亡和财产损失”。

2007年，重点加强“两节”和党的十七大、全国水运会期间消防执勤战备。9月17日，全市公安消防部队落实二级战备：1.全体官兵停止休假，停止一切外出参观、考察等活动，大队每天保证一名负责同志带班（大队长、教导员或副大队长），中队干部保证全天在岗在位，周末也要保证2名以上中队干部在位；2.各单位普遍开展一次集中战备执勤教育，从思想上做好灭火救援准备；3.各单位普遍进行一次执勤装备器材检查和维护保养；4.做好辖区“六熟悉”工作，对重点单位灭火预案进行演练熟悉；5.严格车辆使用审批手续，严格控制车辆外出，严禁酒后驾驶、公车私用、超速行驶、开特权车等违规驾驶现象，坚决杜绝车辆事故的发生。

2008年，在市公安消防支队组建灭火救援全勤指挥部，设总指挥、副总指挥、指挥长、指挥助理等岗位，负责掌握部队执勤战斗实力，熟悉辖区类型预案、公安、企业专职消防队人员、装备，以及可利用社会资源等情况；拟制战备工作的命令、指示，督促部队贯彻落实；检查部队“六熟悉”、灭火救援预案编制、演练和战术研讨等灭火救援准备工作开展情况；对通信调度指挥网络的规划、建设提出意见，做好通信器材的检查、维护、保养；做好重大活动现场的消防安全保卫工作；做好战备值班、火灾和救援信息报送工作。5月15日，调集30名官兵赴四川汶川支援抗震救灾，并对加强战备值班工作做进一步要求：1.停止举行各类培训班，休假的干部、战士全部停止休假，立即返回工作岗位；2.大中队干部停止星期三回家休息，星期六、星期日大中队干部保持三分之二在岗在位；3.有针对性地做好抗震救灾的准备工作；4.扎实推进奥运会消防安全保卫工作。是年，围绕新《中华人民共和国消防法》颁布实施，将火警处警等级划分为5级，社会抢险处警等级划分为4级，明确各类各级警情的参战人员和车辆装备的数量、类别，实行等级调动。

2009年，执行《公安消防部队执勤战斗条令》。9月1日，印发《〈公安消防部队执勤战斗条令〉和〈公安消防部队灭火救援业务训练与考核大纲（试行）〉宣传贯彻方案》，规范全市公安消防部队的战备秩序、执勤战斗行动和业务训练工作。9月22日，下发通知部署做好国庆节和第十一届全运会期间部队执勤战备工作：1.全市公安消防部队立即进入二级战备状态，至10月28日24时结束；2.战备期间，从思想、组织、装备、训练和预案等方面，做好各项灭火救援准备工作，对全运会场馆和涉赛宾馆等消防重点单位，及时组织开展“六熟悉”和灭火救援预案演练工作；3.对所有车辆器材装备开展一次大排查活动，及时补充油料、灭火药剂。

2010年11月，采购3G图传系统，并配发各个中队辅助各级指挥员远程指挥作战。在参加较大灭火救援行动中，前方指挥员能够第一时间通过3G图传设备将现场图像上传至支队、总队，建立远程指挥的音视频通信。

2011年1月17日，印发《日照市公安消防支队执勤装备使用管理暂行规定（试行）》《日照市公安消防支队执勤人员管理规定（试行）》，进一步规范执勤装备的使用，规范执勤人员的管理。是年，招标采购通信指挥车1台。

2012年，围绕做好夏季执勤战备和灭火救援准备工作，要求5月31日至7月31日，全市公安消防部队基层中队官兵停止探亲休假，加强执勤战备，完善各类灭火和应急救援预案，强化"六熟悉"和实战演练，成立不少于20人的抗洪抢险救援突击队，制定抗洪抢险方案，开展抗洪抢险救援、水面救生等专业知识的学习和安全教育，提高官兵应对水灾、处置险情的能力。10月，印发《日照市公安消防支队政府专职消防队员轮班执勤规定》，政府专职消防队以单编执勤为主，实行24小时执勤制度，承担火灾扑救和应急救援工作。单编执勤的政府专职消防队轮班执勤模式一般为工作5日休息1日，日常在位执勤人员每队不少于20人。混编执勤的政府专职消防队根据执勤战备实力，一般实行集中轮休，每人每月可集中休息4天。是年，通信指挥车正式配备使用，指挥车具有图传、照明、实时通信功能，能够第一时间利用车载摄像机、2套微波无线图传单兵系统通过3G图像设备，将现场画面传向后方指挥部及各级指挥中心；为全市69辆消防执勤车安装GPS车辆定位系统。

2013年11月，市公安消防支队调度指挥中心正式建成并投入使用。接到火警后，火警受理席自动显示火警电话、火灾地点和相关道路、水源信息，生成作战预案。在调度员确定作战指令后，出动命令单自动传输到相关作战单位接警终端，全市火警实现计算机联网、电话专线、无线通信等3种调度指挥模式。

2014年，引进深圳天维尔通讯技术有限公司119调度指挥系统，升级消防支队调度指挥中心，新版调度指挥系统采用现代数字通讯技术、计算机技术、自动控制技术，整合消防水源、消防道路、消防实力、消防装备、重点单位、作战预案等基础数据，可同时接入30路119报警电话，同时受理5起火警，实现接处警工作的计算机自动化管理。配备1部卫星便携站，在公网瘫痪情况下，能够快速、有效与上级进行音视频通话，并及时传输灾害现场情况。为基层单位安装高清视频会议系统，实现部局、总队、支队、大（中）队"四级联网"视频会议功能。

2015年6月17日，印发《日照市公安消防支队实施"防消联勤"勤务模式十项措施》，进一步改进消防联勤勤务模式，落实消防监督与灭火救援业务互学、消防监督与灭火救援信息互通、建设工程消防设计防消联合会审、建设工程防消联合实地验收、重大安全保卫任务防消联合检查执勤、执勤中队官兵参与消防监督检查、消防监督和宣传人员遂行作战、执勤中队干部实施简易程序火灾调查、消防监督员参加灭火救援演练和站评、执行防消联勤工作例会制度等10项措施，建立完善"检查、演练、作战、宣传、培训"五位一体工作机制。9月，印发《日照市公安消防支队指挥体系建设暂行规定》，进一步落实等级力量调派制度，针对不同警情等级，成立指挥部，明确人员组成、指挥层级、各级指挥员、各部门任务分工，建立高效、准确、层次清晰的公安消防部队决策处置指挥体系。是年，优化作战模式，制定"两区四组五员"（两区为前方作战区、后方保障区；四组为指挥侦察组、灭火攻坚组、抢险救援组、供水保障组；五员为驾驶员、安全员、供水员、现场宣传员、通信联络员）作战方法，解决灭火战斗中存在的前后混乱、号员职能不清、班组配合不默契等问题，提升灭火和应急救援能力。

2016年2月，印发《日照市公安消防支队全勤指挥部值班规定及岗位职责（试行）》，成立36人的消防支队全勤指挥部，指挥部分三组，按照主班值班、副班备勤模式运转。每组连续值班2天，均设火场总指挥1人、指挥长1人、参谋8人、后方行政调度2人。6月，岚山消防大队购置大疆精灵无人机1架，用于灭火战斗及高空侦察。10月，印发《日照市公安消防支队火警和应急救援分级暨等级调度规定（试行）》，细化《火警和应急救援分级》中涉及等级评定的内容，明确各级灾情必须调派的最少力量。11月，落实省公安厅《关于建立消防交警应急联动机制畅通灭火救援通道的通知》，在消防支队与交警支队建立警情信息互通平台，加强重大灾害事故的应急联动处置，完善应急联动保障措施。

2017年，围绕党的十九大消防安保，加强应急通信装备配备。3月，为基层单位配发通信讯号强、信号覆盖面广的公网集群对讲机及集群基地台79台，解决基层单位远程无线通信指挥不畅难题。5月，省公安消防总队配发多功能消防无人机1架，飞行高度可达1000米，单次续航30分钟，30倍变焦，超高图像质量，传输距离2公里图像无间断，能够将现场图像实时回传至各级指挥中心或现场应用终端。9月，市政府召开护航十九大消防安全攻坚誓师大会，全市公安消防力量进入重大任务执勤战备状态。10月，对灭火救援作战力量编成进行规范，成立灭火、供水、举高、高喷、抢险、防化、远程供水、战勤保障等编队，每个编队固定到具体执勤中队、车辆、人员，遇有警情时由消防指挥中心根据灾情类型等级信息，按照编队模式立体化调集参战力量，提升接警调派的针对性和科学性水平。是年，加强公安高清视频监控综合应用系统利用，对重点路段、路况实施监控，第一时间引导参战力量迅速、准确、安全抵达灾害现场。

2018年，改造“动中通”卫星通信指挥车，车内配置计算机通信系统、有线通信系统、无线通信系统、卫星通信系统、广播通信系统、图像传输系统、供配电系统、照明以及空调系统，具有指挥调度、通信保障、信息接收与处理、决策支持、指挥协同等功能，能够在各类灾害事故处置中，快速建立有线、无线通信网络，确保事故现场与各级指挥部之间的图像、数据和语言传输，为远程指挥奠定基础。上合组织青岛峰会期间，印发《重大活动安保灭火救援工作“八项措施”》，加强灭火救援准备工作。8月24日，根据省公安消防总队统一调度，紧急组织200余名消防官兵赴潍坊寿光市支援抢险救灾。是年，消防指挥中心及6个消防大队分别购置大疆精灵无人机，加强灭火战斗及高空侦察工作。

附：火警、应急救援登记划分及灭火救援指挥体系

（一）火警分级

火警划分为一、二、三、四、五级。其中，一级最低，五级最高。

一级火警。无人员被困，燃烧面积小于100平方米、扑救难度小、影响小，辖区单个中队力量能够控制的各类火灾事故。通常指“九小场所”、多层居民用住宅等普通建筑、带电设备/线路、汽车、露天商铺（摊位）、城市绿化、田间农作物，生活垃圾发生的火灾，其他非消防安全重点单位（场所）发生的初期火灾。

二级火警。有3人以下被困，火场面积为100～300平方米、扑救难度较大、影响较大，辖区单个中队力量难以控制的火灾事故。通常指一般单位、“九小场所”的较大火灾，非火灾高危消防重点单位的一般火灾。

三级火警。有3人以上、20人以下人员被困，燃烧面积为300～1000平方米、扑救难度大、火势可能突变、影响大，县级辖区消防力量难以控制的火灾事故。通常指一般单位、“九小场所”的成片火灾，非火灾高危消防安全重点单位发生的较大火灾，火灾高危单位如高层建筑、地下建筑（地下

商场、停车场、地下通道等)、人员密集场所、易燃易爆危险品场所、重要场所、特殊场所的火灾。

四级火警。有20人以上、50人以下人员被困，燃烧面积大于1000平方米、火势猛烈、蔓延迅速、危险程度高、扑救难度大、影响很大，需要市级行政区消防力量充分参与作战才能控制的火灾。通常指火灾高危单位发生的较大以上火灾。

五级火警。有50人以上人员被困，燃烧面积大于1000平方米、火情发展复杂、极难扑救、可能引发其他灾害事故、造成极大影响，需要调集跨市级行政区域消防力量和社会联动力量增援的火灾。通常指火灾高危单位发生的大型火灾。

（二）应急救援分级

应急救援划分为一、二、三、四级，一级最低、四级最高。

一级救援。灾情危害程度轻，社会影响小，无潜在危险或次生灾害，被困人员一般不超过3人（含3人）的灾情救援。通常指小型建筑物倒塌事故、损害较轻的交通事故、一般性自然灾害、一般性群众遇险、其他社会救助等。

二级救援。灾情危害程度重，社会影响大，有潜在危险或次生灾害，被困人员4人及以上的灾情救援。通常指在短时间内难以排除的少量危险化学品泄漏、较严重的交通事故、较大型建筑物倒塌事故、小面积爆炸事故、自然灾害和群众遇险等，辖区内单个消防中队不能控制的灾情。

三级救援。灾情危害程度较大，处置难度较大，被困人员为10～30人，在短时间内难以排除的灾害事故救援。通常指重大交通事故、大型建筑物倒塌、较大规模公共突发事件和自然灾害、群众遇险以及大量危险化学品泄漏、可能出现二次污染，县级辖区消防力量不能控制的灾情。

四级救援。灾情危害程度大，处置难度大，被困人员大于30人，需要长时间大区域展开作战行动的灾情救援。通常指大规模危险化学品泄漏，大量建筑物发生倒塌，特大爆炸事故，恐怖事件，严重自然灾害等，非市级全部消防力量不能控制的灾情。

日照市公安消防支队灭火救援指挥体系明细表

表8-3

警情等级	处置力量	指挥层级	指挥中心调度	任务
一级火警 一级应急救援	辖区中队	中队级指挥	1. 按照灾害事故类型进行调派 2. 随时做好灾情升级准备	1. 确定火场联络员，与指挥中心和值班室联系 2. 进行火情侦查，视情提升灾害等级 3. 明确一名总指挥，全权负责指挥工作
二级火警 二级应急救援	辖区大队 2个中队	1. 大队级指挥 2. 支队值班人员到场 3. 全勤指挥部做好准备	1. 按照灾害事故类型进行调派 2. 随时做好灾情升级准备 3. 通知支队值班首长到场	1. 确定火场联络员，与指挥中心和值班室联系 2. 大队值班领导、作战参谋和负责事故单位的监督干部遂行出动 3. 大队指挥员到场建立火场指挥部 4. 协调辖区联动力量到场协助处置 5. 支队值班首长带领作战参谋到场指挥

续表 8–3

警情等级	处置力量	指挥层级	指挥中心调度	任务
三级火警	支队力量	支队级指挥	1. 按照灾害事故类型进行调派 2. 随时做好灾情升级准备 3. 通知支队值班首长、值班员第一时间出动；通知支队军政主官和当日全勤指挥部值班人员 4. 上报总队指挥中心和市政府应急办公室，通知灭火救援专家组	1. 大队值班员遂行出动。大队其他干部迅速集结赶赴现场 2. 辖区大队成立指挥部，实施属地指挥 3. 支队值班人员第一时间出动 4. 支队军政主官、当日全勤指挥部值班人员及司令部全体人员乘指挥车赶往现场。指定 1 名党委常委坐镇指挥中心指挥，及时向总队、市公安局汇报 5. 辖区大队向支队全勤指挥部移交指挥权，参战大队主官向指挥部报道，领受任务。指挥部视情征调大队作战参谋 6.1 名支队主官参加总指挥部工作，1 名支队主官坐镇前沿指挥部指挥
四级以上火警三级以上应急救援	跨区域力量联合处置	总队级指挥	1. 按照灾害事故类型进行调派 2. 随时做好灾情升级准备 3. 通知支队值班首长、值班员第一时间出动；通知支队军政主官和当日全勤指挥部值班人员 4. 上报总队指挥中心和市政府应急办公室，通知灭火救援专家组	1. 当日值班干部、全勤指挥部遂行出动 2. 支队、大队、中队全体干部立即返回单位集结 3. 支队除 1 个全勤指挥部编组外，支队全体干部赶往现场 4. 及时向总队指挥部移交指挥权 5. 支队领受任务后，仍按照逐级指挥的原则进行任务分解部署

三、火灾扑救

（一）火灾统计

火灾统计是消防业务统计的重要内容之一。

1989 年地级日照市建立后，公安消防部门对火灾按照三级标准进行统计：个人烧毁财物直接损失折款 50 元以上，国家、集体烧毁财物直接损失折款 100 元以上，因火灾死亡或重伤 1 人以上的为一般火灾；一次火灾损失 1 万元以上，一次死亡 3 人或死伤 5 人、伤 10 人以上、一次受灾 30 户以上为重大火灾；一次损失折款 30 万元以上、死亡 10 人以上，受灾 50 户以上列为特大火灾。

1990 年 1 月 1 日起，执行公安部、劳动部、国家统计局《火灾统计管理规定》，凡是在时间或空间上失去控制，需要扑救的燃烧现象，无论损失大小，都列入火灾统计范围。火灾统计分为三类：一、死亡 10 人以上；重伤 20 人以上；死亡重伤 20 人以上；受灾 50 户以上；烧毁财物损失 50 万元以上为特大火灾。二、死亡 3 人以上；重伤 10 人以上；死亡、重伤 10 人以上；受灾 30 户以上；烧毁财物损 5 万元以上为重大火灾。三、不具备前两项情形的燃烧事故为一般火灾。火灾损失分直接经济损失和间接经济损失两项。

1997 年 1 月 1 日，执行新修订《火灾统计管理规定》，将烧毁财物 100 万元以上的定为特大火灾，烧毁财物 30 万元以上、100 万元以下定为重大火灾，间接经济损失不计算统计。其他火灾统计标准不变。

2007 年 6 月 1 日，执行国务院《生产安全事故报告和调查处理条例》，将火灾划分为 4 个等级：1. 造成 30 人以上死亡，或者 100 人以上重伤，或者 1 亿元以上直接财产损失的火灾为特别重大火灾；2. 造成 10 人以上 30 人以下死亡，或者 50 人以上 100 人以下重伤，或者 5000 万元以上 1 亿元以下直接财产损失的火灾为重大火灾；3. 造成 3 人以上 10 人以下死亡，或者 10 人以上 50 人以下重伤，或者 1000 万元以上 5000 万元以下直接财产损失的火灾为较大火灾；4. 造成 3 人以下死亡，或者 10 人以下重伤，或者 1000 万元以下直接财产损失的火灾为一般火灾。（“以上”包括本数，“以下”不包括本数）

1989—2018 年全市火灾情况统计表

表 8-4

年份	火灾（起）	死亡（人）	受伤（人）	直接财产损失（万元）
1989	9	1	1	9.06
1990	33	0	4	39.67
1991	34	3	1	31.36
1992	31	0	0	32.05
1993	47	4	3	26.87
1994	58	1	2	98.43
1995	68	3	3	103.37
1996	64	10	11	132.67
1997	460	12	21	455.71
1998	469	4	15	297.6
1999	709	5	4	196.19
2000	602	11	9	226.14
2001	784	5	7	256.51
2002	1140	10	7	306.31
2003	793	8	8	335.36
2004	653	1	3	363.25
2005	486	0	6	318.42
2006	449	2	1	250.46
2007	282	0	0	440.2
2008	228	0	0	574.55
2009	158	1	0	464.17
2010	196	0	0	1114.87
2011	160	0	0	417.98
2012	310	0	1	336.49
2013	440	2	2	1542.16
2014	395	0	7	2138.87
2015	290	2	0	2822.42
2016	306	0	3	1538.96
2017	314	8	0	2520.38
2018	289	0	1	2450.42

说明：1993 年以前统计数据未包括莒县、五莲县

（二）火灾扑救

全市各级消防部门依据《公安消防部队执勤战斗条令（试行）》，时刻处于战备值守状态，接到报警迅速出动，抢救遇险人员，保护和疏散物资，控制消除灾情，减少灾害损失。

1990年11月，印发《公安、边防派出所、工作站消防监督职责（试行）》，明确各公安、边防派出所、工作站对辖区内发生的火灾，要及时赶赴现场组织扑救，保护火灾现场。

1991年10月26日，莒县某造纸厂垛机线路损坏迸出火花引起火灾，11个草垛相继着火。接警后，县公安局消防民警迅速出动，成立火场指挥部，组织纸厂职工和附近群众立即投入灭火战斗，及时从友邻县市和附近乡镇调集7辆消防车、108辆喷灌机参加灭火行动。经过5个多小时的扑救，将大火扑灭，大火烧掉麦草200余吨，麦草降质使用600余吨，垛草机部分烧坏，直接经济损失16万元。

1993年12月30日19时许，日照港煤炭码头发生火灾，市公安局调派消防支队、日照港公安局消防队等10余台消防车和260余名公安民警、武警官兵进行扑救。至22时35分，大火被扑灭。大火烧毁栈桥1000余米及部分电缆、传送带等，直接经济损失214万元，除1人轻伤外无其他伤亡。

1994年6月26日20时30分许，五莲县某贸易公司包装仓库突发大火。接警后，五莲消防大队组织官兵赶赴现场处置，经过5个多小时战斗，将大火扑灭，挽回经济损失10万余元。

1995年6月19日14时10分，莒县城阳镇某村村民焚烧麦茬引发麦场火灾。接警后，消防队员迅速赶赴现场进行扑救。经1个多小时的奋战，将大火扑灭。大火造成直接经济损失1.5万元。

1997年4月26日21时5分，五莲县某造纸厂草料场发生火灾。接警后，市公安消防支队先后调集五莲县、莒县和市公安消防支队直属一、二中队9辆消防车前往灭火，并报省公安厅请求青岛市、潍坊市公安消防支队增援。次日6时许，大火被扑灭。大火烧毁草料1000吨，经济损失28万余元。

1998年9月7日7时许，停靠在某码头的2条渔船突然起火。接警后，市消防指挥中心先后调集消防二中队、日照港拖消船赶赴现场处置。经过2个小时扑救，将大火扑灭。大火造成经济损失20余万元。

2002年12月1日9时许，新市区某宾馆桑拿浴室因电气线路短路引发火灾，火势迅速向周边蔓延。接警后，市消防指挥中心调集2辆消防车赶赴现场处置。经过1个多小时战斗，大火被扑灭，保护财产700余万元，无人员伤亡。

2003年4月4日15时许，日照市某风景区发生山林火灾，山林大火借着6～8级大风，对风景区2.4万亩山林和附近村庄居民构成严重威胁。接警后，市军分区、解放军某团官兵以及全市公安干警、武警、边防、消防官兵迅速投入火灾扑救，市公安消防支队在市政府授权下，负责对整个火灾扑救的统一组织指挥。经过9个小时战斗，将山林大火扑灭。

2005年4月18日2时18分，岚山路与童海路丁字路口处，一辆满载50吨汽油的油罐车因交通事故引发爆炸起火并引燃附近建筑物。接警后，市消防指挥中心先后调派8个消防中队、企业专职消防队共18辆消防车、107名消防官兵赶赴现场进行灭火救援。经3个多小时的扑救，将大火扑灭，3座沿街楼56名遇险人员无一伤亡。

2007年3月14日2时许，222省道五莲县洪凝镇小古家沟十字路口处，一满载50吨汽油的油罐车发生侧翻，导致汽油泄漏引发大火。接警后，市消防指挥中心调集4辆消防车、40名消防官兵赶往现场处置。经过2个多小时扑救，大火被扑灭。

2010年1月9日1时9分，日照市某印务包装有限公司厂房发生火灾。接警后，市消防指挥中心先后调集3个中队、9辆消防车赶赴现场处置。经过7个多小时战斗，8时30分大火被彻底扑灭。

2010年10月12日23时许，日照市某酒店发生火灾。接警后，市公安消防指挥中心立即启动《日照市重特大火灾事故应急救援预案》，先后调集7个现役中队、1个公安专职消防队、1个乡镇专职消防队，共29辆消防车、230名消防官兵赶赴现场扑救。经过2个多小时战斗，1时20分明火被完全扑灭。期间，疏散酒店入住人员156人（包括1名日本人，1名德国人和38名韩国人）和工作人员30人，抢救财产价值1.4亿元，无人员伤亡。11月15日，国务委员、公安部部长孟建柱在长篇通讯《“五推法”：助推山东夯实“防火墙”工程》上作出批示，对日照市扑救“10·12”某酒店火灾的经验做法给予肯定。

图8-22 火灾扑救现场

2011年5月2日3时15分，在S222省道巨峰镇十字路口处，2辆各装载28吨轻油的油罐车因追尾造成交通火灾事故。接警后，市消防指挥中心调派8个消防中队、企业专职消防队16辆消防车、102名消防指战员进行灭火救援。经过1个多小时扑救，4时50分将大火扑灭。

2011年7月22日17时51分，日照市某港口石化有限公司硫磺单元1000立方米原料水B罐（简称V5402B）发生爆炸火灾事故，火焰直接威胁着该罐相邻的西侧脱硫装置和东侧的化工原料罐、焦化装置。接警后，市消防指挥中心先后调集6个消防中队、31辆消防车，6个专职消防队、11辆消防车赶赴现场处置。18时50分，大火得到控制，19时30分，大火被彻底扑灭。

2013年1月18日0时14分，日照市某国际贸易有限公司发生火灾。接警后，市消防指挥中心先后调集海曲路中队、特勤中队、山海天路中队、深圳路中队及支队全勤指挥部，13辆消防车、82名官兵到场处置。经过3个多小时扑救，大火被扑灭。

2014年5月6日13时30分，五莲县某风景区附近因车辆自燃引燃附近山林，火势在风力作用下严重威胁风景区和村庄安全。接警后，市消防指挥中心先后调集5个消防中队、1个专职消防队赶赴现场处置，省公安消防总队作战指挥中心，以及潍坊市、临沂市公安消防支队分别调派消防车、指战员及灭火装备赶赴现场支援。至5月7日11时，山火基本扑灭，转入消灭残火阶段，17时30分，残火全部消灭，8日22时7分处置完毕，10日18时左右，全部消防监护力量返回。

图8-23 2015年7月16日，岚山区某公司爆燃事故灭火救援现场

2015年2月19日3时10分许，日照市东港区某物流有限公司库房发生火灾。接警后，消防指挥中心调集2个消防中队赶赴现场处置。战斗1个小时后，火势逐步得到控制，2个小时后，大火进入消灭余火阶段。6时30分，大火被扑灭。

2015年7月16日7时38分，日照市岚山区某公司1000立方米液化烃球罐在倒罐作业过程中发生泄漏，起火爆燃。接警后，市公安消防部队全员全力投入战斗，省委副书记、省长郭树清到事故现场指导处置工作，全省部分支队和江苏省公安消防总队部分支队赶赴增援。历经近24个小时艰苦奋战，处置该爆燃事故，无人员伤亡。

2016年12月5日17时16分，两城镇青岛路与204国道某食品厂起火。接警后，市消防指挥中心调派2个消防中队、6辆消防车、37名官兵赶往处置，并联系社会联动部门调集1台挖掘机和1台装载机到场协助处置。经过2个多小时扑救，火势基本扑灭。次日凌晨1时46分，残火彻底清理完毕。

2017年8月17日16时58分，沈海高速（G15）K723+400处，一辆双层挂车与一辆集装箱货车发生追尾事故，造成双层挂车起火。接警后，市消防指挥中心调派东港消防大队海曲路中队、特勤中队7辆消防车、30名官兵赶赴现场，随后市消防支队1名主官率全勤指挥部到达现场指挥调度。17时50分许，大火被彻底扑灭。

2017年10月24日19时2分，某精品钢基地因生产作业不慎，导致车间传送带起火。接警后，市消防指挥中心调派4个中队、11辆消防车和指战员赶赴现场处置。21时45分大火被扑灭，现场无人员伤亡。

2018年2月13日13时许，岚山区巨峰镇某村因村民上坟烧纸发生山火。接警后，市消防指挥中心先后调派6个中队、12辆消防车、82名消防指战员及3个企业消防队、5辆消防车、30名消防指战员前往增援，消防支队全勤指挥部遂行出动，市政府启动应急救援响应，1名副市长在市政府应急指挥中心坐镇指挥，并调集林业部门、公安派出所、当地村民全力组织扑救。至2月14日8时28分，明火被基本扑灭，13时20分，现场处置完毕。

2018年11月14日18时28分，日照经济技术开发区奎山某汽车4S店发生火灾。接警后，市消防指挥中心调派6个消防中队17辆消防车、95名指战员赶赴现场处置。经2个多小时战斗，现场火势被扑灭。至23时25分，现场清理完毕，参战中队返回。该起火灾过火面积2000余平方米，财产损失716万元，无人员伤亡。

附：火灾扑救典型案例

“10·12”日照华美大酒店火灾战例

2010年10月12日23时许，日照华美酒店发生火灾。接报后，市公安消防指挥中心立即启动《日照市重特大火灾事故应急救援预案》，先后调集7个现役中队、1个公安专职消防队、1个乡镇专职消防队，共29辆消防车、230名消防官兵赶赴现场扑救。在全体参战官兵的共同努力下，大火于次日1时被全面控制，1时20分明火被完全扑灭，共疏散156名酒店入住人员（其中包括1名日本人，1名德国人和38名韩国人）和30名工作人员。此次火灾过火面积120平方米，损失570万元，抢救财产价值1.4亿元，无人员伤亡。

一、基本情况

日照华美酒店位于日照市黄海一路1号，地处日照金融中心和商业中心，是按照四星级标准投资兴建的涉外旅游饭店，2006年6月23日正式开业，酒店地上19层，地下2层，裙楼5层，外墙为全封闭玻璃与大理石幕墙。楼高72米，总建筑面积1.8万平方米，占地面积9332平方米，拥有各类豪华客房233间/套，大小会议室5个，能容纳300人的中餐厅，餐厅包厢14个。其中1楼为大厅，2～4楼为办公区域，5～6楼为餐厅和包厢，7～19楼为客房。

日照华美酒店200米范围内有市政消火栓7个，其中在南侧北京路中间绿化隔离带上每间隔120米有一个消火栓（分别对应日照广播电视大学、北京路市场、中国农业银行日照分行），东侧黄海一路东兴商贸城附近有1个消火栓，东侧海滨六路上有2个，均为室外消火栓。周边市政消火栓属环状管网，进口管径100毫米，出口压力约为0.3Mpa。华美酒店东侧有水泵结合器5个。

华美酒店消防控制室位于地下1层，消防水泵房位于楼内地下2层，有消防水池1个，蓄水量540立方米；华美酒店顶层设置18立方米的消防水箱；楼内设有消防电梯3部，疏散通道2个，均为防烟楼梯间；楼内设有室内消火栓系统87个（1楼3个、2楼2个、4楼1个、5楼10个、6楼5个，7—19楼为酒店客房区，每层5个，顶楼天台1个）、自动喷淋系统，消防泵控制及联动系统、防排烟系统以及防火卷帘、火灾应急广播。

二、火灾特点

（一）外部燃烧猛烈，火势蔓延迅速。日照华美酒店地上19层，高72米，属高层建筑，起火后因“烟囱效应”和风力影响，燃烧猛烈，垂直蔓延速度很快。辖区责任中队到场后，火势已经呈猛烈燃烧阶段，不到20分钟，火势已经迅速蔓延至楼顶。

（二）极易形成“立体燃烧”。发生火灾后，猛烈燃烧的火焰及高温烟气沿外墙窗户向楼内蔓延，导致华美酒店西南侧的10余个房间被引燃，100多个房间和多个楼层内烟雾聚集，其中5层、6层南侧餐厅包厢、16层1602房间、17层1702房间过火面积较大，火势燃烧猛烈，如不立即堵截控制，火势将迅速向内走廊蔓延，极易形成上下贯通，内外相连的“立体燃烧”，后果不堪设想。

（三）现场形成飞火及玻璃雨，扑救难度大。发生火灾后，由于着火部位高、蔓延快，支队配备的4台高喷消防车，作业极限高度不到50米，难以有效实施外攻。同时，外部猛烈燃烧形成飞火，产生大量着火坠落物及玻璃雨，影响消防车停靠灭火，且极易引燃毗邻建筑，产生新的火点。

气象情况：起火当日天气晴，气温13～22℃，东北风3～4级。

三、战斗经过

12日23时51分，119指挥中心接到报警后，立即按照三级火警，先后调集二中队、特勤中队、一中队、八中队、七中队、源丰中队、三中队、日照港公安局消防支队、涛雒镇专职消防队等7个现役中队、1个公安专职消防队、1个乡镇专职消防队，共29辆消防车、230余名队员赶赴现场，消防支队全勤指挥部人员随警出动；并通知市公安局指挥中心实施交通管制。

第一阶段力量部署：迅速展开，控制火势。12日23时59分，消防二中队、特勤中队、消防一中队几乎同时到达现场。通过外部观察发现华美酒店火势突破外墙火势较大，酒店西南和东南两侧的外墙大面积过火，伴有大量浓烟和飞火，并有向楼内蔓延的趋势。通过询问酒店工作人员和已经逃生的入住人员得知，楼里尚有大量人员被困，需要紧急疏散。先期到达的指挥员立即进入酒店地下一层消防控制室，启动消防泵及防排烟系统等固定设施，运用火灾应急广播通知楼内人员疏散。

第二阶段力量部署：强攻近战，内外合击。由于火势发展迅速，仅20分钟不到，大楼外墙的火焰便蔓延至顶楼，并从楼梯的西侧蔓延至南侧，参战的举高消防车和高喷消防车都在极限高度作业，火情的发展令各方面的灭火救援工作都面临着相当的困难。此时，除岚山消防大队所属的三个中队外，其余各增援力量陆续到达现场，针对现场灭火力量较为充足的实际情况，现场灭火指挥部研究决定各大队带队领导分别带领所属中队攻坚组逐层进行内攻灭火，搜救被困人员。

第三阶段力量部署：逐层搜索，强攻近战，消除残火。此时，酒店大火已经被控制，现场灭火指挥部命令全体参战人员转入搜寻残火，排查遗漏人员。将大楼分为六个战斗段，由6个参战中队组成12个战斗小组，参战中队指挥员负责以每个楼层受火势严重威胁的02、03、04、05、06房间为重点，进行“地毯式”排查，每15分钟向指挥部报告情况。此次搜救，救援人员对没有开门的房间采取破拆的方法挨个进行排查。在确认楼内无被困人员后，根据灭火指挥部的观察，在楼顶天台和15、16楼处尚有部分残火。根据此时室内消火栓压力不足的实际情况，灭火指挥部命令特勤中队斯太尔水罐消防车利用水泵结合器向楼内消火栓供水，保证灭火用水不间断。

13日凌晨1时20分左右，火灾得到成功扑救。凌晨2时40分左右，确认再无人员被困。凌晨3时，参加战斗的支队首长讲评后，各队清点器材装备人员完毕，返队恢复执勤战备。

“7·16”石大科技化工有限公司液化气储罐区泄漏爆燃事故战例

2015年7月16日7时38分，日照市岚山区石大科技化工有限公司总容量1.5万立方米的液化气储罐区发生泄漏并引发爆燃。119指挥中心接到报警后，立即按照石油化工四级火警一次性调派全市9个消防中队和1个战勤保障大队的37辆消防车、15门移动炮、215名指战员，以及7个企业专职消防队、13辆消防车、78名消防员赶赴现场处置，同时启动日照市政府应急预案和联动机制，协调公安、安监、交通、气象、卫生、供水、供电、环保等相关部门到场。正在日照调研工作的省公安消防总队总队长马先宏指示立即启动重特大火灾事故预案，带领消防支队领导赶赴现场指挥。省公安消防总队政委刘海在总队作战指挥中心坐镇指挥，将火警提升为五级（红色），调集济南、青岛、东营、潍坊、济宁、泰安、临沂等7个支队、24个灭火冷却供水编队、99辆消防车、542名指战员、65门移动炮、6套远程供水系统及2名化工专家增援，总队全勤指挥部及战勤保障力量遂行到场。公安部消防局调派江苏总队连云港、淮安2个支队58名指战员、2套远程供水系统增援。公安部消防局副局长牛跃光率相关人员和化工专家紧急赶赴现场指导事故处置工作。

一、基本情况

事故单位位于日照市岚山区虎山镇港北工业园区，占地面积1300亩，东邻沿海公路，西侧、西南侧为3个村庄，南临安岚大道，北邻凤凰河和日照钢厂。主要生产汽油、柴油、液化气、沥青、硫磺等产品，共有生产装置7座，年生产能力230万吨；各类油品、气体储罐86座，最大储存能力53万立方米。发生事故的311罐区共有12个储罐。由东至西，北侧为1、3、5、7、9、11号储罐，南侧为2、4、6、8、10、12号储罐。其中8、10、12号3个罐为2000立方米球罐，其他罐均为1000立方米球罐。储罐总容量1.5万立方米，总储量3240立方米。罐区东侧为空地，南侧为装卸区，西侧为原油罐区，北侧为厂房和生产装置。当时全厂处于停产检修期间，生产装置管道内均充填氮气。311罐区与其他罐区和生产装置相连的管线全部打盲板，处于相对独立状态。

该单位东邻沿海公路，西侧、西南侧为3个村庄，南临安岚大道，北邻凤凰河和日照钢厂，内部有可用消火栓。单位1000米范围内有12个地上消火栓，管网直径150毫米，管网压力为0.4Mpa，分散于沿海路、黄海路、厦门路。

二、火灾特点

（一）罐区储量大，爆炸燃烧并存，事故潜在威胁大。罐区内液化气总储量高达3541立方米，8号、6号罐相继发生爆炸，使火势迅速扩大，严重威胁总储量超过3000立方米的7号、9号等6个储罐，一旦冷却强度不足、火势控制不力，极有可能继续发生威力更大的连环爆炸，引燃距罐区不足100米的原油罐、轻质油罐，甚至影响到整个岚山区，后果不堪设想。

（二）爆炸速度快，破坏性强，灭火救援危险性大。液化气储罐泄漏燃烧事故比油罐火灾危险性更大、波及范围更广，6号罐爆炸时火焰高达上百米，整个罐体被撕裂为两半，支撑钢柱被连根拔起，冲击波将10余吨的罐体碎片抛出300余米，罐区南侧的营销楼、办公楼、消防队执勤楼玻璃全部被震碎，东南侧的厂区围墙全部被震倒，砖块、碎石洒满进厂的整条道路，辐射热烤焦厂区东侧道路以东的树木和农作物。

（三）泄漏点多，隐蔽性强，复燃复爆处置难度大。罐区内法兰多、管线复杂，受到爆炸冲击及长时间高温烘烤，法兰、管线、液位计、压力表等极易出现松动或损坏，形成不易被发现的泄漏点。明火扑灭后，如果不能及时发现处置，泄漏气体在罐区内不断聚集，一旦遇到火源，极易发生复燃复爆。

三、战斗经过

第一阶段力量部署：疏散群众、警戒侦查、冷却降温。

16日7时45分至8时52分，日照市消防力量陆续到场后，迅速启动2门固定水炮，利用消防车部署5门移动炮、3门车载炮、2门高喷炮共计10门水炮，对受火势直接烘烤的6号、8号罐和临近的4号罐进行冷却。

8时50分，马先宏总队长到达现场，立即成立指挥部，制定六项处置对策：一是进一步组织单位技术人员关阀断料；二是紧急疏散厂区工作人员及周边村庄群众；三是启动罐区固定喷淋设施；四是减少一线作战人员，尽量在南侧装卸区利用高喷车冷却；五是通知自来水公司为厂区市政管网加压；六是实施交通管制，加强警戒。

9时10分，火势突然增大，火焰几乎将6号罐和8号罐全部包裹，安全员立即发出撤离信号，全体指战员撤离到100米外利用单位建筑作掩体避险。

9时16分，火焰变白发亮，接着发生第一次爆炸，因爆炸声音和威力不大，指挥员决定观察火情、伺机进攻。

9时27分，8号罐发生第二次爆炸，声音和威力明显增大，罐体被撕裂垮塌，罐区一片火海，不再具备强攻近战的条件，马先宏总队长果断下达全体参战指战员紧急撤离的命令。

9时38分，6号罐发生最为猛烈的第三次爆炸，罐体被炸为两半，十几吨的钢板被炸飞300多米，最远的碎片距离达500多米，部分正在撤离的指战员被强大的冲击波推翻倒地，2名指战员受轻伤，7辆消防车来不及撤离被烧毁。

10时12分，所有人员撤离到事故单位南侧1500米处的东潘水产城，指挥员对所有人员进行逐一清点，并重新建立指挥部。根据现场力量不足的情况，指挥部研究制定六项措施：一是进一步扩大疏散范围，1500米范围内的群众全部疏散，严格设立警戒；二是通知周边其他化工企业全部启动固定消防设施；三是派出2个侦察组分别利用无人机和抵近现场的方式进行火情侦察，研判灾情；四是等待增援力量，在沿海公路南北两侧分别设立力量集结点，做好增援力量到场后的进攻灭火准备；五是进一步确认通向单位的输气管线总阀门是否关闭；六是进一步确认罐区所有储罐的实际存量，分析爆炸危险性。

第二阶段力量部署：集中优势兵力、强力冷却控制、全力保障供水、适时关阀断料。

11时20分至12时30分，经过无人机高空侦察和攻坚组2次抵进火场近距离侦查，发现6号罐整体被炸飞，8号罐炸裂坍塌，2号、4号罐不同程度倾斜，罐区南侧2个消火栓被炸断，消防管网供水中断、固定喷淋失效，罐区内多处管线泄漏起火，2号罐顶部起火，7号罐周围呈猛烈燃烧状态，严重威胁下风方向的9号、11号、12号3个储罐。指挥部研究制定“集中优势兵力、强力冷却控制、全力保障供水、适时关阀断料”的战术措施。此时，增援力量陆续到场，参战指战员在罐区周围近距离架设14门水炮，对着火的2号、7号罐，以及存有液化气且受火势严重威胁1号、9号、11号、12号罐进行全面冷却，将火势控制在稳定燃烧状态。罐区南段东侧3门移动炮冷却1号、2号罐，西侧4门冷却10号、12号罐，山东济南、济宁和江苏连云港、淮安4套远程供水系统供水；罐区北段7门移动炮均匀布置，冷却7号罐和相邻的5号、9号、11号罐，山东青岛、东营、泰安3套远程供水系统供水。在持续冷却过程中，指挥部命令日照支队每小时检测所有罐体温度。至17日2时，各罐体温度普遍下降，特别是着火的7号罐，温度从153℃下降到41℃，2号、7号罐的火势已熄灭，地面管线仍有5处火点，7号罐东西两侧的火点火势仍然很大。指挥部立即组织单位技术人员对罐区内的地面管线阀门进行检查关闭，同时出4支喷雾水枪进行掩护，阀门全部关闭后火势仍然没有减弱。

17日5时30分，经过逐一排除各种气源可能，指挥部认为地面管线火的气源由7号、9号、11号罐通过罐顶的气相管提供，决定掩护单位技术人员登顶关阀。

7时24分，随着3个罐的气相管阀门被关闭，大火被全部扑灭。指挥部指示继续保持冷却，利用喷雾水枪对罐区内残留液化气进行驱散稀释，同时对罐体温度和罐区气体浓度进行检测。

第三阶段力量部署：留守看护、防止复燃、各队返回。

17日9时30分，罐区内所有储罐的温度降至30度以下，气体浓度降至安全水平，指挥部遂命令日照、临沂、济宁支队保留80名指战员、11辆消防车、1套远程供水系统继续冷却，实施72小时的监护，防止发生复燃复爆和泄漏，其余力量全部归建。

四、经验体会

（一）领导重视、正确指挥是先决条件。事故发生后，国务委员、公安部部长郭声琨，副部长李伟8次作出批示指示，4次通过视频连线现场指挥部决策指挥；省委副书记、省长郭树清，省委常委、秘书长、副省长于晓明，省政府党组成员张务锋，省公安厅副厅长任建军等领导第一时间赶赴现场指挥；公安部消防局局长于建华坐镇部消防局指挥中心指导灭火救援工作，副局长牛跃光率工作组紧急赶赴现场，研究处置措施；省公安厅常务副厅长毕宝文多次电话调度指挥；日照市、区两级主要领导始终坚守一线指挥部，协调有关部门配合处置，为救援工作提供有力的组织领导保障。

（二）基础扎实、装备精良是坚实支撑。自2013年起，省政府和消防总队狠抓石油化工灭火救援能力建设，新购一批大功率、大流量、远射程的泡沫消防车、城市主战车、移动遥控水炮、远程供水系统等先进装备，不断加强消防水源建设，广泛开展大练兵、大培训、大比武、大熟悉、大演练五大活动。此次事故处置中，紧急调运80门移动炮、8套远程供水系统、3架无人机等先进装备投入战斗，实施航拍侦查、远程供水、遥控灭火，2省、10市、930余名参战指战员密切配合，有条不紊地展开各项战斗行动，前方阵地和后方供水不交叉，火场秩序井然有序，彰显消防装备建设和实战化练兵的突出成果。

（三）联动高效、保障有力是重要基础。事故发生后，日照市政府迅速启动应急预案和联动机制，公安、安监、交通、气象、卫生、供水、供电、环保等相关部门第一时间到场，协同作战，分别开展现场警戒、外围疏散、宣传报道、后勤保障等工作。调集2辆挖掘机、7辆平板运输车、2辆叉车、2辆120救护车、10辆运沙车到场待命，调集15辆大客车供指战员休息。总队、支队两级战勤保障力量遂行作战，调集器材保障、装备抢修、供液、油料、饮食、医疗等战勤保障车辆29辆，以及器材装备700余件套、水带1.3万米、泡沫灭火剂600吨、油料50吨，现场加油近200车次、装备抢修100余次，为事故的成功处置提供强有力的保障。

（四）英勇顽强、舍生忘死是根本保证。到场初期，全体参战指战员始终坚持强攻近战，接连三次爆炸后，第一时间返回前沿阵地，无一人退缩，最近的水枪阵地距离着火罐仅七八米，特别是在关阀断料时，在随时可能再次发生爆炸危险的情况下，指战员顶着巨大心理压力直接深入罐区内部掩护、稀释，迎难而上，舍生忘死。面对长时间作战的极度疲劳，许多指战员都是在阵地上就餐休整。各级指挥员靠前指挥，公安部消防局副局长牛跃光身先士卒，5次直播着火罐区查看火情，极大地鼓舞战斗士气，体现齐鲁消防铁军英勇善战、敢打必胜的战斗精神。

四、应急救援

1989 年地级日照市建立后，公安消防队伍作为公安机关的一个警种，根据全市公安工作整体部署，除承担火灾扑救工作外，还广泛参与防汛、防震、抢险救援各项工作。

1995 年 2 月，国务院转批《消防改革和发展纲要》规定：消防部队除防火和灭火任务外，还要承担参加其他灾害事故的抢险救援。1998 年 4 月 29 日，《中华人民共和国消防法》规定：公安消防部队除保证完成本法规定的火灾补救工作外，还要参加其他灾害或者事故的抢险救援工作。至此，抢险救援工作成为法律赋予公安消防部队的神圣职责。此后，全市公安消防队伍着眼抢险救援任务需要，制定社会抢险救援预案，优化装备器材采购，广泛开展社会抢险救灾、救助活动。

2000 年 11 月 17 日，召开公安消防部队抢险救援社会承诺新闻发布会，公开向社会承诺：自当日起，全市公安消防部队除承担防火、灭火任务外，还将承担抢险救援、社会救助和处置突发事件等任务，做到“有警必出、有险必抢、有灾必救、热情服务”。

2002 年 10 月，落实公安部《关于进一步加强和规范公安消防部队抢险救援工作的通知》，明确参与处置化学危险品泄漏事故，地震、洪灾、风灾等自然灾害，空难、重大交通事故，建筑物倒塌事故，恐怖袭击和破坏等突发性事件，有关单位和群众遇险求助等 6 类应急救援和救助工作，并进一步规范抢险救援工作预案、工作程序，加强针对性实战训练，做好安全防护工作，加快消防特勤队站等抢险救援突击队建设。

2006 年，国务院印发《关于进一步加强消防工作的意见》，明确规定公安消防部队在地方人民政府统一领导下，除完成火灾扑救任务外，还要积极参加以抢救人员生命为主的社会抢险救援。

2007 年，投入 30 余万元组建五莲消防山岳救助队，组建东港、开发区、岚山、莒县高速公路抢险救援班。8 月 10—11 日，市区沿海地区普降暴雨，市区低洼地区积水严重，东港区林家滩、小滩村、张郭村等 8 个村，日照经济技术开发区东海峪村、大董家村等 7 个村部分居民家中和部分企业进水，有的村庄积水超过 1.5 米。市公安消防支队紧急调动 7 辆消防车、50 余名官兵赶赴现场参加救援，解救被困群众 82 人，引导疏散 200 余人。

2008 年 5 月 15 日，按照上级统一部署，市公安消防支队调派 30 名官兵携带生命探测仪，抢险、破拆等 20 多种器械装备赴汶川开展抗震救灾，经过 7 个昼夜连续奋战，安全转移受灾群众近 4000 人，救治伤员 200 余人。

图 8-24 2008 年，日照公安消防官兵在汶川大地震中救援小女孩——叔叔，请把我和小熊一起救走

2009 年 5 月 1 日，落实新修订的《中华人民共和国消防法》，做好重大灾害事故和其他以抢救人员生命为主的应急救援工作。是年，落实省政府关于应急救援队伍建设工作部署，依托市公安消防支队和县（区）公安消防大队，分别组建应急救援支队和大队，由公安消防部队支队、大队两级主官兼任应急救援支队、大队主要领导。

2011 年 6 月，落实省公安厅《关于进一步加强公安消防应急救援工作的意见》，围绕应急救援力量、应急救援机制和应急救援能力建设，加强与其他社会应急救援专业力量的联勤联训，配备生命探测仪、核生化侦检、破拆起吊、排烟照明、防化洗消等特种装备。

2012年7月，牵头成立市消防应急志愿者服务支队，下设11支消防应急志愿者服务大队，履行应急知识宣传普及、隐患排查、信息报告与传递等6项职责。8月2日，台风“达维”登陆岚山，岚山消防大队启动自然灾害应急救援预案，自8月2日晚至3日10时，共接警12起，出动车辆15台次、官兵101人次，从各类灾害现场解救被困群众23人，疏散群众300余人，完成抢险救援任务，被省公安厅记集体三等功。

图8-25 2011年5月，市公安消防支队轻型救援队开展拉动演练

2013年8月9日10时左右，岚山区某沥青股份有限公司一个5000立方米容量的油罐底部阀门发生故障，导致柴油井喷状大量泄漏。接警后，岚山消防大队轿顶山路中队、沿海路中队、化工园区中队出动9辆消防车、58名官兵赶赴现场处置。经过2个小时紧急抢修，泄漏的阀门被基本封堵。随后，现场救援人员组织对泄漏的柴油进行回收。21时30分，罐区路面上的柴油基本回收完毕。

2014年3月16日12时左右，市区某企业一个在建项目脚手架发生倒塌，3名工人被困。接警后，市消防指挥中心调派1辆抢险救援车、7名官兵赶往现场救援。经过4个多小时的紧张救援，3名被困工人被救出并送往急救中心进行救治。

2015年9月7日2时29分，岚山区某冷藏厂发生氨气泄漏事故。接警后，岚山消防大队调派3辆消防车、21名指战员到场处置。经过1个多小时紧张救援，完成泄漏阀门排查关闭、周边居民疏散，并将氨气浓度稀释降低至安全范围。

2016年12月8日10时32分，莒县店子集镇某工地因电路维修突然停电，导致8名在蓄水池施工工人被困井下，被困人员情绪波动较大，个别工人已无法自控，有极端行为。接警后，莒县消防大队调派2辆消防车、13名官兵到场处置。经过半个多小时的紧张救援，8名被困人员被救出。

2018年8月，台风“摩羯”“温比亚”等相继影响山东，日照及周边地市分别出现大水或内涝。8月20日14时51分，莒县招贤镇张家曲坊村一村民在下水时不慎被波浪卷进洪水，被困到河中央的大树上。接警后，莒县消防大队立即调派招贤中队2辆车12名消防员赶赴现场进行救援。经6小时生死营救，将被困男子救上岸。8月24日，按照省公安消防总队统一部署，紧急组织200余名消防指战员赴潍坊寿光市支援抢险救灾。经过连续5天紧急救援，排洪排涝作业170小时，累计排水量18.95万余吨，清淤2000余立方米。是年8月30日8时许，204国道日照和胶南交会处，一辆载有40立方米原油的罐车被另一辆集装箱货车追尾，发生原油泄漏。接警后，市消防指挥中心调集2个中队、4辆消防车、24名官兵赶往现场处置。现场侦查后，一方面利用泡沫消防车对泄漏的原油进行泡沫覆盖，另一方面协调油罐车司机紧急联系车辆及输转装备进行倒罐，同时联系两城街道协调沙土对泄漏的原油、后方货车发动机破裂泄漏的机油进行覆盖。经过5个小时紧张处置，油罐车在消防官兵

图8-26 危化品事故处理现场

监护下完成倒罐作业，险情得到排除。

2001—2018 年全市救援情况统计表

表 8-5

年份	救援（起）	出动车辆（车次）	出动人员（人）	救出人员（人）	疏散人员（人）	保护财产价值（万元）
2001	939	1205	4614	34	0	1396
2002	1255	1325	5991	5	0	5286
2003	1053	1122	4818	17	0	1823
2004	1066	1122	5190	79	0	30185
2005	1095	1523	9055	40	0	90584
2006	1317	1726	9923	111	0	29673
2007	572	711	4780	243	369	11476
2008	1115	2156	14999	299	240	25576
2009	1284	2343	16500	248	278	80025
2010	1769	3302	22527	290	274	21873
2011	1919	3643	23544	280	409	31614
2012	1867	3634	23207	351	480	7210
2013	1909	3270	21583	350	343	10567
2014	2201	3544	23659	355	864	22037
2015	2355	4208	27218	371	6007	191712
2016	2568	4619	28060	337	893	15940
2017	3128	5394	34411	536	1743	32570
2018	3491	5756	36720	494	1231	15523

附：应急救援典型案例

“9·24” 亚太森博浆纸有限公司蒸煮塔脚手架坍塌抢险救援

2010 年 9 月 24 日 13 时 41 分，中冶宝钢技术服务有限公司在为山东亚太森博浆纸有限公司检修蒸煮塔过程中发生脚手架倒塌事故，造成 20 人被困。119 消防指挥中心立即调派消防人员赶赴现场处置。在市公安消防支队全勤指挥部的统一领导下，参战官兵发扬不畏艰难、英勇顽强、连续作战的精神，经紧急救援，从事故现场救出被困人员 12 人（其余 8 人通过自救逃生），完成抢险救援任务。

一、基本情况

山东亚太森博浆纸有限公司位于日照市北京路南首，是新加坡金鹰国际集团旗下亚太资源集团控股的大型制浆造纸现代化合资企业。公司一期工程总投资 29.3 亿元人民币，2002 年 10 月正式竣工投产，2005 年 8 月在原山东日照森博浆纸有限责任公司基础上经股权转让改制而成中外合资企业，2006 年完成技术改造，年产漂白硫酸盐木浆 31.5 万吨、高档白卡纸板 17 万吨。

发生事故的部位位于该公司一期工程的蒸煮塔，塔呈圆柱状，塔高 53 米、直径 6 米，由底至顶逐渐减小，最顶端外径 1.8 米，在塔外侧有通往顶部的楼梯，发生事故时，该塔正处于维修施工中，因施工用脚手架的搭建不符合安全要求，在对脚手架加固的时候突然发生坍塌，共有 20 名施工人员被不同程度埋压。

气象情况：当日天气晴，局部多云，气温14℃～23℃，东风3～4级，风力对高空作业产生一定的影响。

二、事故特点

一是被困人员多，位置分散。发生事故后，共计有20名施工人员被困（8人自救逃生），分散在塔内，位置不明。二是救援现场坍塌物多，根基不稳，易发生二次坍塌，阻碍救援工作的进展。在通过塔顶和二楼的两个通风口对塔内进行观察，发现有大量的钢管和建筑跳板等坍塌物堆积，多数钢管都已经弯曲变形，互相之间被连接扣固定在一起，跳板横七竖八的和钢管堆积在一起，高达十几米，如果贸然进入救人，由于根基不稳很容易发生二次坍塌，对被困人员造成二次伤害，对救援人员的人身安全也是极大威胁。三是塔高，出口少，救援难度大。发生事故的蒸煮塔可以逃生的出口只有二楼和顶部2处通风口，其他的都是直径不足20厘米的小口。在从53米高的塔顶护送伤员转移的过程中，救援人员消耗体力大。

三、救援过程

救援力量到达现场后，通过询问得知，有8名被困人员已自救脱险并被送往医院。开发区消防大队指挥员先后通过二楼的通风口对塔内进行观察，发现被困的施工人员就被埋压在坍塌物下。通过喊话可以听到被困人员的呼救声，但由于视线受阻，不能确定具体的位置。如果在此处贸然破拆救人的话，由于根基不稳很容易发生二次坍塌，对被困人员造成二次伤害。该塔可以逃生的出口只有二楼和顶部2处通风口，基于这种情况，现场指挥部经过慎重分析决定首先从顶部开始救援。

24日14时许，消防支队主要负责同志赶到现场。市委、市政府组织成立由公安、安监、卫生、消防及事故单位等有关单位和部门组成的现场总指挥部，总指挥部下设现场救援指挥部，由消防支队支队长任现场救援总指挥。现场救援指挥部根据现场情况，迅速对救援工作做出部署：一是要尽快从二层通风口处向塔内进行送风，保证塔内空气流通，防止发生窒息；二是要迅速联系熟悉塔内情况的工程人员准备对内部的脚手架进行拆除；三是尽快与被困人员联系，保持通信畅通，了解内部情况以制定救援计划。

救援开始后，现场救援人员通过手机联系到1名被困人员，该被困人员在发生事故时位于脚手架的顶部，脚手架坍塌后曾短时间昏迷，醒来后发现受伤较轻，遂拨打电话与外界取得联系。为方便沟通，救援人员用绳子将对讲机送给被困人员，下放饮用水供其饮用，通过下放的绳索长度推算出该被困人员的位置距塔顶约40米。现场救援指挥部紧急制定用绳索穿过滑轮放下安全带使其将自己系牢，用绳子将其从蒸煮塔顶部的圆形通风口拉出塔外的救援方案。

15时4分，救援人员从塔顶救出第一名被困者。该被困人员被救出后叙述，脚手架坍塌后，塔内大部分人员随坍塌掉到下方，而他则是幸运地被跳板撑住，没有掉到下方，只是短暂的昏迷。在塔内清醒过来后，他立即通过喊话和组织幸存者“报数”的方式确定至少还有10名幸存的施工人员被困塔内，这些被困者都被压在钢管和跳板下面，如果不把这些坍塌物拆除运送出的话，人员就无法救出。

根据现场的实际情况以及当事人的叙述，现场救援指挥部迅速调整部署：由现场的施工人员从二楼的通风口进入，自上而下拆除脚手架，并将拆下的钢管和铁板通过二楼通风口运送出，特勤中队在塔顶部继续利用起吊装置救援坍塌物上方的幸存者，开发区大队在二楼通风口处协助内部施工人员拆除坍塌下来的脚手架和跳板。

二楼通风口处（救出8人）：经过紧张地救援和清障工作，18时许，在拆除二楼部分脚手架之后，救援人员在二楼通风口南侧上方不远处发现1名被困者，1名救援人员钻进塔内抱着该被困者慢慢穿过障碍物向通风口靠近，在其余救援人员的接应下将其救出。此举鼓舞现场所有救援人员的干劲，也让官兵们看到救援的希望。随着脚手架的不断拆除并运出，塔内的坍塌物不断减少，被困人员也不断地出现在救援人员的视线之内。19时22分、19时45分、20时03分，3名被困者被依次救出。

由于蒸煮塔外径只有6米，内径更小，搭建脚手架的钢管大部分长度在6米左右，无法将其从底部运送出来，只能插在周围有空隙的地方。随着救援的深入，长钢管在塔内越积越多，严重阻碍清障工作和救援工作的进行。现场救援指挥部决定利用“气割”将长钢管切断，然后运出塔外。在消防官兵水枪的掩护下，钢管被顺利的切断并不断被运出塔外，救援道路又恢复畅通。20时57分、21时02分，五分钟内2名被困者被先后救出。救援工作已经进入最后的冲刺阶段，最后的2名被困人员被埋压在塔内东北侧的最底层。此时，塔内的脚手架也大半被清理出去，不可能发生二次坍塌。为加快救援进度，现场救援指挥部决定再加一个“气割”刀对被困人员周围的障碍物进行清除。21时49分，22时21分，最后2名被困人员被救出。消防官兵继续帮助现场施工人员对塔内残余脚手架进行拆除，确认无被困人员后撤出现场。至此，共计有8名被困人员从二楼通风口处被救出。

蒸煮塔顶部（救出4人）：在二楼通风口处救人的同时，顶部也处于紧张的忙碌中，先后有3名伤势严重、不方便从二楼通风口处救出的被困者通过顶部的起重机救出，在救援时，1名救援人员乘坐一个临时制作的大铁桶，通过起重机钢丝绳放到塔内，桶内的救援人员将被困者抱进桶内，再由起重机升到顶部，固定在担架上抬到地面。

9月25日凌晨0点30分许，全部被困人员被救出。凌晨3时许，最后一批救援的消防官兵撤离现场，至此，救援结束。

“11·24”日照市丹阳路液化天然气罐车泄漏事故

2018年11月24日21时25分，东港区丹阳路由北向南行驶至迎宾路口北30米处发生车祸，导致一辆液化天然气罐车泄漏。119消防指挥中心立即调派海曲路中队、特勤中队的消防指战员前往处置，消防支队主要负责同志带领支队全勤指挥部随警出动。

一、基本情况

救援人员到达现场发现，一辆装载废铁的半挂车沿丹阳路由北向南行驶至迎宾路口北30米处时，与前方同车道行驶的一辆液化天然气罐车（满载22吨，约56.23立方米天然气）发生碰撞，导致罐体后侧液相阀破裂，天然气泄漏，罐车司机已利用手帕对受损部位进行堵漏，受损部位已结冰。半挂车右侧油箱破裂，柴油泄漏。事故发生在车流量较大的交通要道，虽发生在夜间，但路上行驶的车辆数量并未减少。如发生二次事故，则造成的损失将无法估量。

当日天气情况：气温4℃～14℃，北风2级，晴天。

二、救援过程

经侦查掌握情况后，现场指挥员立即派出1个警戒组对事故现场进行警戒，疏散周边人员和车辆，并通知毗邻加油站停止营业。后在交警协助下将上风方向的警戒范围扩大到1000米左右，下风方向扩大至2000米左右。成立侦检小组，使用可燃气体探测仪对事故现场进行检测，发现天然气浓度远未达到爆炸下限。单干线出两支水枪，对泄漏气体和柴油进行稀释。

支队全勤指挥部到场后，协调东港区政府调集吊车准备分离事故车辆进行堵漏，后经专家会商，确定现场不具备堵漏条件。指挥部决定将车辆牵引到空旷地点，放空点燃。

11月25日2时，罐车被牵引至放空地点后，海曲路中队单干线出两支枪负责罐车南侧监护，南湖中队负责北侧监护。夜间，因受气温和气压等因素的影响，放空的液化天然气会聚集在罐车周围，造成一定范围内的浓度增加。监护人员通过开花水枪进行驱散，从而保证放空现场的安全。由于天气及罐车结构限制，放空速度缓慢，预计完成时间不明，厂家技术人员勘察确认罐体稳定后建议转移处置，节省时间。11 月 27 日 11 时，在东港区政府的统一调度下，事故罐车更换牵引车头。12 时 50 分，在消防、交警人员车辆的护送下，事故车辆被安全转移至青岛某加气站处理。经 64 小时的奋战与守候，事故处置结束。

第四节　多种形式消防组织

日照市消防组织、队伍除全市公安消防部队外，还包括市、县（区）两级消防安全委员会这一常设政府协调组织机构，以及政府专职消防队、企业专职消防队、义务消防队、乡镇消防队、志愿者消防队和微型消防站等多种形式消防队伍。

一、消防安全委员会

消防安全委员会是加强政府对消防工作的统一领导和管理，进一步推动消防工作社会化，层层落实消防安全责任的专门机构。

1982 年，日照县正式成立县第一届防火安全委员会。1989 年地级日照市建立后，在县级防火委员会的基础上，成立市防火安全委员会。1993 年，根据市政府人员变动，市防火安全委员会组成人员进行调整，确立由市政府分管副市长任主任，市政府副秘书长、市委政法委、市公安局等领导任副主任，市劳动局、商业局、供销总社、公安消防分局等单位领导任委员的组织机构。此后，市防火委员会根据人事和机构变化，适时对机构组成人员进行调整。

2000 年 4 月 25 日，市防火安全委员会印发《日照市防火安全委员会各成员单位及办公室职责》《日照市防火安全委员会会议制度》，对各成员单位及办公室工作职责进行明确，并确定每半年召开一次全委会、专门会议随时召开的会议制度。

2012 年，市防火安全委员会改称市消防安全委员会。此后工作中，市消安委根据全市消防安全形势，定期召开联席会议，部署全市范围的联合专项行动，并对各项工作落实情况进行通报、跟踪办理。结合人事和机构变化，适时对消安委成员单位和责任科室、联络员进行调整。

二、企业专职消防队

1989 年地级日照市建立后，公安消防部门依据国家《企业事业单位专职消防队组织条例》，要求全市大型发电厂、港口、生产、储存易燃易爆危险物品的大型企业按规定成立专职消防队。

1992 年 1 月 17 日，省公安厅批复同意日照市液体石油化工品储运站建立 25 人的专职消防队。

1996 年 9 月，省公安厅批复同意豫鲁石油运输有限公司建立 24 人的专职消防队、同意三木集团有限公司组建专职消防队。是年，石油公司专职消防队在全省石油系统消防业务比武中取得团体总分第一名。1997 年，全市企业专职消防队 8 支。配备人员 160 名，消防车 11 台。

2001 年 3 月，省公安厅批复同意山东童海港业股份有限公司建立 18 人的专职消防队。2003 年 1 月，市公安局批复同意黄海粮油工业（山东）有限公司建立 10 人的专职消防队。12 月，批复同意日照森博浆纸有限公司建立专职消防队。2004 年 2 月，市公安局批复同意日照钢铁有限公司组建 30 人的专职消防队。2005 年，全市共有企业专职消防队 8 支，共 136 人；日照港公安消防支队 1 支，下辖中队 3 支共 113 人。各企业专职消防队共有消防车 19 辆，其中抢险救援车 1 辆，水罐车 6 辆，干粉车 2 辆，泡沫车 9 辆，干粉泡沫联用消防车 1 辆。2007 年，消防支队印发《2007 年全市公安消防部队和公安、企业专职队岗位练兵比武方案》，加强公安、企业专职队岗位技能训练，提升执勤水平和灭火救援实战能力。

2008 年，全市共有企业专职消防队 7 支，共 150 人；日照港公安消防支队 1 支，下辖中队 3 支，共 113 人。各企业专职消防队共有消防车 19 辆，其中举高车 1 辆，抢险救援车 1 辆，水罐车 5 辆，干粉车 2 辆，泡沫车 9 辆，干粉泡沫联用消防车 1 辆。2009 年，新增举高车 1 辆。

2010 年，新增泡沫车 1 辆，干粉泡沫联用消防车 1 辆。2014 年，全市企业专职消防队数量和规模开始不断扩大。是年，企业专职消防队增至 9 支，共 259 人，装备消防车 40 辆，其中举高车 6 辆，抢险救援车 3 辆，水罐车 8 辆，干粉车 4 辆，泡沫车 16 辆，干粉泡沫联用消防车 3 辆。2015 年，全市公安和企业专职消防队增至 10 支，共 271 人。

2016 年，全市公安和企业专职消防队增至 11 支，共 306 人。

2018 年 1 月 30 日，市政府在岚山区召开全市化工企业消防安全管理暨企业专职消防队伍建设现场推进会，观摩山东钢铁日照有限公司、岚山港油品公司消防站车辆装备配备、营房建设、三警合一指挥调度中心建设，并实地观摩实战拉动演练。是年，全市公安和企业专职消防队增至 17 支，474 人，装备消防车 58 辆，其中举高车 9 辆、水罐车 10 辆、抢险救援车 4 辆、照明消防车 4 辆、排烟消防车 1 辆、登高消防车 1 辆、干粉车 8 辆、泡沫车 19 辆、干粉泡沫联用消防车 2 辆。

2018 年全市企业专职消防队情况统计表

表 8-6

序号	单位	人员	车辆
1	日照市港航公安局消防支队一中队	22	4
2	日照市港航公安局消防支队二中队	21	3
3	山东孚宝仓储股份有限公司专职队	18	1
4	日照滨海石化股份有限公司专职队	12	1
5	山东童海港业股份有限公司专职队	20	2
6	日照港油品码头专职队（新绿洲）	32	3
7	亚太森博浆纸有限公司专职队	38	5
8	山东海右石化集团有限公司专职队	61	5
9	日照港公司油品码头岚中消防站	55	8
10	岚桥石化专职队	13	2
11	中海外能源专职队	24	5
12	金石沥青专职队	10	2
13	日照市瀚坤能源发展有限公司专职队	27	4
14	山东浩宇能源有限公司专职队	8	1
15	山东钢铁日照有限公司专职队	37	6
16	广信化工专职队 / 中博专职队	16	1
17	日钢集团专职队	60	5

三、其他形式消防队伍

1989—2000 年，日照市各区县均设立现役消防队伍，在重点企业均设有企业专职消防队，加上当时灭火救援任务相对较少，全市义务消防队、乡镇消防队、政府专职消防队等其他形式消防队伍数量较少、建设相对滞后。进入21世纪后，随着全市经济社会的快速发展，公安消防部队现役警力不足与灭火应急救援任务日益繁重之间的矛盾日益突出。全市义务消防队、乡镇消防队和政府专职消防队建设开始提上重要日程。公安消防部门以此为契机，加强多种形式消防队伍的指导、管理、训练和使用。

2003年2月，组织全市9支专职消防队业务骨干开展为期20天的封闭式培训。6月，落实《山东省公安消防部队合同制消防员招收管理办法》，招收合同制消防员2人，并为其购买人社保险。2004—2005年，招收合同制消防员68人、文职雇员7人。2006年7月3日，组织对新招收的合同制消防员开展为期1个月的集训。是年，合同制消防员122人，现役消防警力不足的状况得到缓解。

2010年，先后印发《关于进一步规范和加强合同制消防员队伍建设的通知》《合同制消防员经费管理暂行规定》《合同制消防员期满离队和补招相关工作的通知》等，进一步明确合同制消防队伍建设标准，规范专职消防员管理。是年，加强乡镇消防队建设，涛雒消防站投入执勤。2011年7月，召开岚山区乡镇消防队管理座谈会，围绕制定的《日照市乡镇消防队管理规定（征求意见稿）》征求意见。

2012年，全市多种形式消防队伍建设开始快速发展，以公安消防部队为主要力量，以专职消防队伍、义务消防队伍等多种形式消防力量为补充的社会消防体系初步形成。7月，市政府印发《日照市乡镇消防队管理规定》，对乡镇消防队职责任务、人员管理、值班备勤、经费保障等多个层面作出规范和要求。明确乡镇消防队由乡镇政府负责管理，乡镇政府主要负责人为第一责任人；乡镇消防队实行准军事化管理，执行公安机关统一制定的学习、训练、执勤、防火巡查、消防宣传、评比奖惩、安全管理等规章制度；乡镇专职消防队员劳动报酬、职业补贴、社会保险和福利待遇等由组建单位承担，劳动报酬、职业补贴、社会保险和福利待遇、休假标准参照县级以上人民政府公安消防队中编制的合同制消防队员标准执行。9月，落实《乡镇消防队个人防护装备、随车器材配备及备用品最低配备标准（试行）》，要求按照消防头盔、消防员灭火防护服、灭火防护靴、消防手套等一人一顶（套、双）标准配备。是年，贯彻全省消防工作菏泽现场会议精神，市政府出台《日照市政府专职消防员招收管理办法》，在消防支队成立全市消防部队政府专职消防员队伍建设领导办公室。消防支队先后印发《政府专职消防员岗前教育训练规定》《政府专职消防员工作证管理规定》《政府专职消防员轮班执勤规定》《政府专职消防员等级管理规定（试行）》等规范性文件，对管理体制、招收录用、劳动关系、业务管理、执勤模式、等级管理、经费保障等进行明确和规范。

2013年，政府专职消防队员114名，消防文员66名。2014年，莒县小店社区组建义务消防队，配备防护服、风力灭火机等设备。2015年11月5日，以市政府名义召开全市公共消防设施建设、乡镇消防暨冬春火灾防控工作会议，重点就解决全市农村消防工作发展不平衡问题进行部署，要求全市8个国家重点镇和2个历史文化名镇建设区域专职消防队，其他33个乡镇要优先建设区域专职消防队或一级乡镇专职消防队，加强农村消防基础工作，构建区域联防乡镇消防力量体系。是年，消防支队印发《全市公安消防队与乡镇消防队“双向驻勤联训”实施方案》，将乡镇消防队纳入统一的执勤、训练、作战体系。专门设立乡镇消防队管理办公室，在每个消防大队确定1名干部负责“双向驻勤联训”工作。各消防大队业务骨干每周五到乡镇消防队开展业务帮扶，各乡镇消防队每月选派3～5名消防队员到公安消防队跟班轮训不少于20天。岚山区组建7个社区义务消防队，并配备灭火器、防护服、风力灭火机等装备。

2016年，岚山区新组建4个社区义务消防队，并配备灭火器、防护服、风力灭火机等装备。是年起，进一步加快全市政府专职消防队伍专业化、职业化、规范化建设，规范政府专职消防队机构运行。至2017年，经日照市机构编制委员会批准，完成8个消防站事业单位法人登记、组织机构代码、税务登记证办理工作。至2018年底，全市共有乡镇消防队（站)9处、政府专职消防队员322名，消防文员达到148名，并基本实现“管理规范化、训练实战化、执勤科学化、生活条令化、警务信息化”的目标。

2018年全市乡镇消防队（站）统计表

表8-7

序号	名称	消防员（名）	消防车辆（辆）	建队时间
1	涛雒消防站	12	2	2010
2	招贤消防队	15	3	2014
3	白鹭湾消防队	14	2	2015
4	夏庄消防队	19	2	2016
5	街头消防队	14	2	2016
6	中楼消防队	21	2	2016
7	碑廓消防队	17	4	2017
8	于里消防队	13	2	2018
9	巨峰消防队	19	2	2018

第五节　部队建设

一、政治教育

1989年，全市公安消防部门围绕党对军队的绝对领导、国际形势、党的基本路线等开展专题教育，教育引导官兵服从党的绝对领导，明确新形势下消防部队肩负的神圣职责，自觉服从、服务国家和地方经济建设大局。

1990年7—9月，根据省公安消防总队统一部署，组织官兵开展坚定社会主义信念教育，针对国际形势，全面开展时事政策教育。1991年，贯彻落实全军《政工会议纪要》和《军队基层建设纲要》，紧密结合部队实际，联系国际国内形势，注重把形势教育、理论学习和经常性思想教育相结合，按照党的十三届七中全会精神，开展四项基本原则、党的现行政策和精神文明教育，提高官兵思想觉悟，确保队伍稳定。5月28日，举办学雷锋、树形象演讲会。1992年7月，按照省公安消防总队统一部署，开展学习党史、深化社会主义教育活动，对党的光辉历史、丰功伟绩、政治优势和邓小平同志关于建设有中国特色的社会主义理论进行系统讲解、学习。1993年，开展党的十四大报告学习和坚持党的基本路线、建设有中国特色社会主义理论和社会主义市场经济理论的学习教育。采取以理论灌输为主，集中学与自学相结合、辅导与讨论相结合的形式，定期开展评教评学活动。同时，注重做好经常性思想工作，把深入细致的思想工作渗透到队伍管理的各个方面。3月，举办干部、志愿兵培训班，同时开展反腐倡廉教育，进行纪律作风整顿。1994年，围绕纪念新中国成立45周年，在全市消防部队开展爱国主义教育。1995年，在全市消防部队开展纪律作风整顿、社会主义思想教育、“学济南交警、树行业新风”等专题教育。1996年，开展做合格党员、反腐倡廉教育和爱国奉献、革命人生观、尊干爱兵、艰苦奋斗4个专题教育活动。七一期间，召开表彰大会，对1个先进党支部和10名优秀共产党员进行表彰。1997年，举办篮球、羽毛球、乒乓球等文体活动，庆祝建党76周年和香港回归。1998年6月，按照省公安消防总队统一部署，在全市消防部队开展党性教育，支队党委成员分工负责、分片包队指导教育活动。8月18—19日，全省消防部队政治工作会议在日照召开。会议就如何加强新时期消防部队政治教育工作进行座谈，对加强消防部队政治教育和增强政治干部素质提出要求。1999年，组织开展以“赞颂辉煌成就、迎接新的世纪”为主题的爱国奉献教育和法纪教育。

2000年，开展“学理论、学法规、学业务、查思想、查工作、查作风、查纪律”为主要内容的“三学四查”教育。根据省公安消防总队统一部署，利用2个月时间，组织开展唯物论、无神论教育。按照市公安局统一部署，开展“全心全意为人民服务的宗旨教育、实事求是的思想路线教育和严格公正文明执法的法制教育”为主要内容的“三项教育”。2001年，组织学习江泽民总书记“七一”讲话，举办主题知识竞赛，官兵撰写政治教育心得体会200余篇。2002年，组织开展党的十六大精神专题学习，举办十六大精神心得体会征文评比活动。2003年，开展“贯彻十六大，全面建小康，消防怎么办”大讨论和“革除障碍、跨越发展”主题教育活动，组织官兵开展向湖南衡阳“11·3”灭火抢险牺牲官兵学习活动。

2004年，组织全体党员学习《中国共产党纪律处分条例》《中国共产党党内监督条例》。把学习任长霞先进事迹和文明执法教育相结合，强化部队官兵思想政治教育。2005年1月，以“查思想、查作风、查纪律、查管理”为主要内容，集中开展为期2个月的教育整顿活动。按照上级统一部署，组织开展保持共产党员先进性教育，在消防支队网站开辟先进性教育专栏，集中刊发教育工作动态。2006年，以“抓基层、打基础，练内功、强素质，铸警魂、树形象”为主题，组织开展“立警为公、执法为民”专题教育活动。2007年，开展“坚持执法为民、反对特权思想、树立良好警风”和集中学习教育活动。2008年，开展“向人民负责，让人民满意”主题教育。组织官兵学习“忠诚可靠、赴汤蹈火、服务人民”的新时期公安消防精神，通过举办演讲比赛、征文评比，召开座谈讨论会，悬挂标语等灵活多样的宣传形式，营造全体官兵活学活用公安消防精神。2009年，围绕学习贯彻胡锦涛总书记关于大力培育当代革命军人核心价值观重要指示要求，开展“弘扬公安消防精神，忠诚履行职责使命”主题教育。

2010年，开展十七届五中全会精神、胡锦涛总书记“三句话”总要求等学习实践活动。学习宣传贯彻《公安消防部队思想政治教育大纲》，采取党委中心组学习、集中培训、知识竞赛、理论测试等多种形式，不断提高学习质量和效果。2011年，开展学习实践“三句话”总要求主题教育活动。2012年，开展“喜迎十八大、全力保安全”主题教育和“忠诚、为民、公正、廉洁”人民警察核心价值观教育实践活动，组织开展“火红青春”系列教育活动。2013年，开展“坚定信念、铸牢警魂”主题教育活动和党的群众路线教育实践活动，分批组织赴临沂市公安消防支队思想教育基地参观。2014年，开展“牢记强军目标、献身强军实践”等主题教育活动，邀请驻

图8-27 2015年8月13日，消防支队组织开展“三严三实”专题教育知识竞赛活动

地高校、党校专家举办习近平总书记系列讲话精神、古典传统文化知识、礼仪文化知识讲座，开设专题专栏实时展示主题教育学习动态。2015 年，开展“学习践行强军目标，做新一代革命军人”主题教育和“三严三实”专题教育，支队主官为官兵作专题辅导授课，举办主题教育征文、诗歌朗诵会和演讲比赛、课件制作评比、板报评比活动。2016 年，以学习贯彻落实全军和公安现役部队政治工作会议精神为载体，开展改革强警主题教育和“两学一做”学习教育。2017 年，开展维护核心、听从指挥主题教育活动和推进“两学一做”学习教育常态化制度化。围绕党的十九大、“一带一路”国际合作高峰论坛、金砖国家领导人峰会等重大活动安保任务，开展战时思想政治工作。2018 年，围绕党中央关于公安消防部队改革有关部署，开展改革教育活动和集中教育整训。上合组织青岛峰会期间，修订印发《日照市公安消防支队战时思想政治工作实施办法（试行）》，实施战斗动员、内部稳定、即时激励、战地宣传、从优待警、组织领导 6 项工作措施，建立每日研判制度，及时分析官兵思想动态和队伍形势，形成战时互通、战时动员新机制。按照“短平快实”要求，及时组织“火线记功”“火线入党”活动，火线入党官兵 6 人、火线记功官兵 4 人。

二、警营文化

1990 年，本着“陶冶情操、振奋精神、增长见识、强健体魄、培养人才、稳定部队”的基本原则，结合部队实际，大力开展以基层俱乐部建设为龙头、全面提高官兵文化素质的警营文化工作。1993 年 4 月，举办全市公安消防部队庆“五四”系列活动，相继举办篮球、乒乓球、登山比赛等，丰富官兵的警营文化生活。此后，每年固定举办庆“五四”系列活动。

2003 年，与市艺术团合作，组建市消防艺术团，大力培养部队文艺骨干。2005 年，落实《公安消防部队基层俱乐部建设暂行规定》和基层建设 2 个标准，为每个中队配发电脑、多媒体投影仪、中外名著电子图书。2006 年，举办“我为党旗添光彩”庆七一比赛活动，分诗歌、散文竞赛和反腐倡廉组歌比赛两项内容。2007 年，举办“党在我心中”演讲比赛活动，庆祝中国共产党建党 86 周年。2009 年，在省公安消防总队举办的“弘扬公安消防精神，忠诚履行职责使命”主题演讲比赛中获得一等奖。

2010 年，在省公安消防总队举办的全省消防安全“四个能力”演讲比赛中获银奖。2011 年，在省公安消防总队举办的“红歌唱响警营”歌咏比赛中获得一等奖。2013 年 10 月，组织开展“庆十一，唱响警营”合唱比赛，纪念中华人民共和国成立 64 周年。2014 年 9 月，在省公安消防总队举办的“与祖国同行”主题合唱比赛中获得二等奖。2015 年 10 月，在全省消防部队第一届男子篮球比赛中夺得亚军。2016 年，在省消防总队举办的“两个法规”主题书画展评中获得优秀组织奖，2 件作品获美术类一等奖。2017 年 1 月，为基层中队配发红门影院播放设备，丰富官兵文化生活。12 月，建制中队全部完成红门影院建设。2018 年 8 月，日照消防史馆正式开馆。是年，在全省消防部队第二届男子篮球比赛中夺得冠军。

三、拥政爱民

1989 年地级日照市建立后，公安消防部门围绕密切警地关系，巩固发展共享成果，开展支援灾区、慰问孤寡老人等形式多样的警民共建活动。

1991 年，积极参与全市“双拥”建设，组织各中队与驻地 7 个单位开展共建活动，为困难群众捐款 1800 余元，收到表扬信、感谢信 19 封，锦旗 11 面。1992 年，全年参加义务劳动 43 次，出动警力 200 余人次、车辆 40 余台次，与驻地 8 个单位结成帮扶对子。1993 年，号召全体官兵开展岗位学雷锋、行业创新风活动。全年收到感谢信、锦旗 9 封（面），消防支队被市精神文明委员会表彰为共建精神文明先进单位，被市委、市政府、市人武部表彰为拥政爱民先进单位。1995 年，与市保险公司、岚山港务局等28个单位建立长期、密切警民共建关系。全年为希望工程捐款4229.2元，捐赠衣物102件，为群众做好事50余件，收到锦旗、镜匾14面。1996年，按照《中共中央关于加强社会主义精神文明建设若干重要问题的决议》和中央军委关于军队精神文明建设要走在全社会的前列的要求，本着“讲求实效、充实内容”的原则，开展窗口行业优质服务、岗位学雷锋、学济南交警活动，为驻地群众排忧解难。1998年，响应共青团日照市委号召，资助困难儿童7人，帮助驻地单位军训职工、学生300余人次，开展义务劳动36次。1999年，积极参与各种精神文明建设、开展警民共建活动。全年植树130余棵，清理垃圾60余吨。

2001年，组织开展“学雷锋”义务劳动，对道路、小区、宣传牌等处进行全面清扫。2007年8月10—11日，出动车辆7台次、官兵50余人，参与市区15个村庄抢险救援任务，解救被困群众82人，引导疏散群众200余人。2008年，开展向四川汶川地震灾区捐款活动，到驻地敬老院开展义务劳动5次，开展消防知识宣传12次。

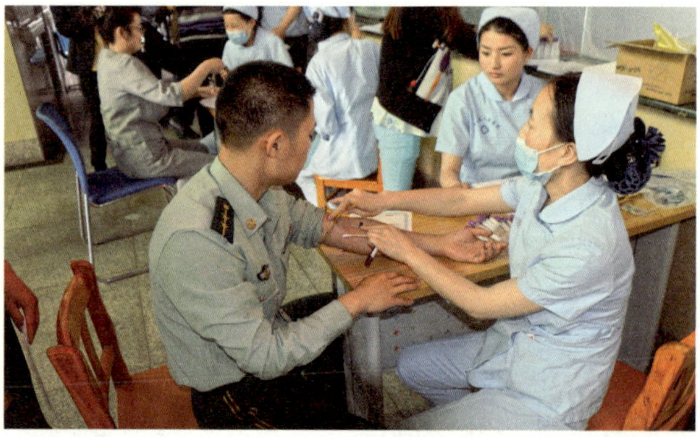
图8-28 2010年9月，组织消防官兵开展献血活动

2010年，与市中心血站结成文明共建对子，组织官兵开展无偿献血活动。2011年，消防支队被市委、市政府表彰为全市城乡社区建设工作共驻共建先进单位，是日照市唯一获奖的驻军单位。与日照街道昭阳社区结成创城共建对子，帮助昭阳社区开展创建文明城市相关工作。2012年，与驻地学校开展结对帮扶行动，专门抽调防火监督骨干和消防志愿者深入辖区各大、中、小学校开展帮扶共建活动，在学校内部筹建火患巡逻队、学生纠察队、消防宣传队和艺术表演队4支消防小分队，助力学校消防安全保驾护航。2013年，开展争创“最美窗口”、争当“最美官兵”活动和“热心志愿服务，践行群众路线”主题实践活动。2015年，春节前看望慰问与支队结成共建对子的14名新中国成立前老党员。组织开展无偿献血活动7次，累计献血1.46万毫升。2016年，组织开展“摒弃十大陋习，倡树文明日照20条”道德讲堂。12月，消防支队被省文明委表彰为省级文明单位。2017年，积极参与日照市创建全国文明城市工作，为包联街道山海天旅游度假区两城街道购置卫生用具，定期开展卫生清扫、消防安全宣传进社区活动。4月，消防支队被共青团山东省委、山东省青年联合会命名为山东青年五四奖章集体。2018年4月，制定实施《日照市新旧动能转换重大工程消防服务二十条措施》，服务保障全市新旧动能转换重大工程建设。

四、后勤保障

各级公安消防部门在抓好生活、训练基本保障的同时，组织官兵因地制宜开展小范围种植养殖和营房改造，不断改善工作生活条件。

1993年，开展小种植、小养殖，全年生产青菜5000余公斤，养猪12头。筹集资金173万元，完成消防支队宿舍楼工程、锅炉房建设以及“119消防指挥中心”主体工程建设。9月，开始实行党委理财，年度预算由集体研究决定，认真执行溶质账簿，统一凭证，统一科目，统一管理，保证各项经费合理使用。是年，为两个中队安装取暖用锅炉，解决岚山中队用电问题。

1994年，市消防指挥中心办公大楼投入使用。1996年，卫生队配备两名医务人员，开展门诊咨询、输液、部队健康教育，营区卫生及计划生育管理，市区大中队官兵及家属均可到卫生队就诊。二中队自己动手硬化营区路面300余平方米，绿化200余平方米；三中队对伙房、餐厅进行改造。3月，举办首届驾驶员业务比武。1998年，一次性投入5万元，在3个中队各建1个占地近1亩的蔬菜大棚。

2002年5月1日起，全国公安消防部队统一换着99式武警服装，后勤部门认真做好新式服装统计发放工作。2003年，开展抗击“非典”常识宣传，组织官兵每日体温检测，隔离发烧人员，对营区及办公场所药物喷洒。2004年，因支队办公用房紧张，卫生队治疗室取消，卫生队门诊取消输液。军医除日常门诊，健康教育等卫生队正常工作外同时兼职结算中心财务、车辆装备、军需、基建营房、内勤等工作。2005年，组织军医参加国家心理咨询师培训，取得国家二级心理咨询师资格。按省公安消防总队统一部署，建设心理咨询室，开展心理健康教育，接受官兵心理咨询工作。2006年，为官兵建立心理健康档案。是年，公安消防部队配发05式武警服装，后勤部门认真做好新式服装统计发放工作。2007年，开展基层单位巡诊活动，在全市消防文员培训班上做心理健康授课。是年，军队开始历史上最大规模的换装，后勤部门按照统一部署，组织官兵量体，并陆续开展07式服装换发工作。2008年，组织6名士兵参加全省消防部队卫生员培训。为新兵开展心理测查，举办新兵健康教育辅导。

2010年5月，消防支队成立财务集中核算中心，各基层单位经费开支经本单位主要领导把关审批后，由司务长和兼职出纳定期到财务结算中心报账。是年，组织开展健康巡诊和一线官兵救护培训，一线官兵70%取得救护员资格；举办新兵健康教育辅导。2011年，组织开展一线官兵救护复训，每周编写《健康加油站》以短信形式开展健康知识宣传。是年，开始实行全额预算管理，所有经费全部纳入经费预算管理，严控预算外开支，严格落实经费开支审批、报销程序，严格控制行政性开支。2012年，市消防指挥中心搬迁使用后，卫生队重新设置门诊、药房、治疗室、理疗室、档案室等库室，办公用房200余平方米。开展基层卫生室达标活动，为中队配备诊疗器材。2015年，开展全市消防部队心理健康评估，对全市消防部队600余名消防官兵、专职、文员进行心理测量并作出评估。开展团体咨询11场次。是年，“7·16”爆燃事故救援任务结束后，开展重大救援后官兵心理援助。2016年，印发《日照市公安消防支队经费资产审批管理规定》，经费开支按照权限分级审批；开始执行公务卡有关管理规定，要求所有公务开始统一使用公务卡支付结算；在支队公安网网页开设健康专栏，每月编写一期《健康多报点》。2017年5月19日，省公安消防总队在日照召开全省公安消防部队后勤工作现场推进会，总结推广日照公安消防支队后勤建设经验做法。2018年，印发《关于明确改革期间“三重一大”事项上提一级研究审批有关事宜的通知》，加强改革期间经费管理使用。全年开展基层单位健康巡诊及送医送药活动4次。

莒县浮来山银杏树

RI ZHAO SHI
GONG AN
ZHI

第九章

9

边防工作

BIAN FANG GONG ZUO

作为党和国家部署在沿海地区的一支重要武装执法力量，市公安边防支队既是承担治安行政和刑事司法职能的现役部队，又是实行武装警察体制和享受军队待遇的公安执法队伍。主要职能是沿边沿海地区边防管理；边境沿海地区、海上治安管理及渔船民管理；涉外边防合作；防范和打击沿边沿海各种违法犯罪活动等。

1989年地级日照市建立时，边防业务由临沂地区公安处边防保卫分局负责，辖10个边防派出所。1990年3月，临沂地区公安处边防保卫分局撤销，中国人民武装警察部队日照市边防支队（正团级）组建，又称日照市公安局边防保卫分局，实行“条块结合，以块为主”的领导体制。2001年3月，武警边防部队调整为“统一领导与分级指挥相结合”的管理体制，实行垂直领导、双重管理，同时，日照市公安局边防保卫分局改为日照市公安边防支队，中国人民武装警察部队日照市边防支队番号保持不变。至2018年，市公安边防支队下设3个边防大队、12个边防派出所，1个直属船艇大队和1个勤务中队。2018年3月，中共中央印发《深化党和国家机构改革方案》，明确公安现役部队不再列武警部队序列，全部退出现役。按照上级统一部署，至2018年底，除完成船艇大队划归武警海警总队管理外，其他改革事项稳步推进。

30年间，市公安边防支队积极应对形势发展变化，以巩固边防、维护稳定为目标，加强海上反偷渡反走私斗争，持续整顿辖区治安秩序，严密港口治安管理，加强船舶和渔船民管理，保卫日照市海岸线及沿海地区人民生命财产安全。

第一节　边防保卫基础建设

一、划定边防区域

根据 1951 年全国边防保卫工作会议对边防辖区规定的原则，划定沿海向内陆延伸 3 ～ 5 公里的乡、村辖区和领海线以内海域、岛屿为边防辖区。

1989 年地级日照市建立后，日照市边防辖区依据上述原则划定，陆上南起绣针河口与江苏赣榆县接壤，北至白马河口与青岛胶南市毗邻。在边防辖区内，公安边防部队贯彻执行专门工作和群众工作相结合的方针，依靠发动人民群众，落实边防保卫措施，加强治安管理，防范和打击境内外敌对势力和敌对分子内潜外逃。

至 2018 年底，日照市边防辖区共涉及沿海 4 个区、9 个乡镇街道、141 个行政村，陆地总面积 305.5 平方公里，海域总面积 6000 平方公里，实有人口 20.51 万（常住人口 18.53 万、流动人口 1.98 万），岛屿 5 个，港岙口、码头 35 个，沿海共有各类船舶 4791 艘，渔船民 16481 人，设台轮停泊点 1 个。

二、建立边防网络

从 1989 年起，边防辖区各村居、街道普遍建立治保会组织，边防部队以治保会组织为骨干，带领广大群众共同开展边防保卫工作，在维护辖区治安稳定、控制边境地区敌社情、防范和打击国内外敌对势力的颠覆、破坏活动中，发挥积极作用。至 2018 年底，辖区 141 个村队、328 个企事业单位、176 个公共场所、557 个特种行业、1 个宗教场所、20 个重点行业共有治保会 145 个、巡逻队 114 个、船管组织 13 个、渔业协会 7 个、企业内部保卫组织 58 个，各类群防群治组织成员 1832 人。地级监控中心 1 个、海防视频监控站 9 个、安装社会面视频监控 295 套、探头 3025 个，接入边防派出所或警务室 24 套、探头 428 个。

图 9-1　海防视频监控站实现对出海船舶的实时动态监控

第二节　船舶、渔船民管理

1989 年，全市共有登记在册船舶 3800 余艘、渔船民 17194 人，公安机关边防部门主要依靠出海船舶户口簿、出海船民证对船舶和渔船民进行管理。组织渔民开展“文明船”“信得过渔民”评选活动。

1990 年，围绕亚运会安全保卫，对船舶逐船进行年审和安全检查，完善船舶看护制度，指导、整顿充实 36 个船只看管组；对渔船民开展形势教育、法制教育，采取上课、考核、印发宣传品、播放录音、发表电视讲话、录制专题报道、印发渔民须知等，保证教育内容落实。10 月，公安部印发《关于加强沿海边防管理工作的意见》，要求两年内对出海船舶和渔船民边防证件进行一次全面清理整顿，换发新证，以后每年都要对出海船舶和渔船民证件进行年度审验。

1991 年，针对日照市边防辖区船舶作业和停泊规律，结合潮汐情况，制发《船只报结关暂行规定》，实现船只报结关制度化。严格船舶年审和渔民政审，年初对全市4369艘船舶逐条审验，并结合船只年审对全体出海渔民进行考试，合格者准予出海，不合格者办班学习直到合格方予办证。对新添渔民，落实“先学习培训，后办证出海”。对看船护港队伍实行四统一管理（统一人员标准、工作制度、学习培训和服装）。至年底，全市5处港湾、36处停泊点分别建立船舶治安管理站和看船屋，看船护港人员140余人。

图9-2 20世纪90年代，边防民警登船开展渔船民教育

1992年，贯彻执行《山东省沿海集体和个体船舶边防治安管理办法》，根据海上生产特点，深入出海渔船民中开展宣传教育和登船检查，对违反边防治安管理的行为，坚持教育与处罚相结合的原则，严格按照办案程序进行处罚。是年，检查船舶近3万船次，处罚违章船舶140余只，举办一期严重违章船舶、违规渔民培训班，56人参加。按照人手一册的标准，摘编印制集法律常识、边防常识、海洋气象常识等于一体的《渔船民常识手册》2万份，发至辖区渔民手中。4月28日，根据省公安厅、省物价局、省财政厅联合下发《关于船舶看管费收费标准的通知》，开始对停靠在辖区的船舶收取船舶看管费，本船籍港船舶按照马力大小每船每月收取6～30元不等，外省市船舶19马力以下每船每日1元，20马力以上每船每日5元。

1993年，突出船舶年审关、检查关、买卖关、租赁关、报结关“五关”，狠抓船舶安全管理，集中对全市4200余条渔船进行逐一年审，签订安全保证书；除日常船管站不间断地检查外，每月对船舶开展一次集中检查；对船只买卖进行严格审查；船只租赁必须征得公安边防部门批准。

1994年，对全市出海船民证和出海船舶户口簿进行收旧换新，出海船民证改为手写封塑卡片，出海船舶户口簿改为手写硬皮本。年底，经市政府和省公安厅批准，成立海上保安服务公司，实行经济独立核算，自负亏盈，经营服务范围是负责全市海上保安服务公司的业务指导，培训管理干部及保安人员，负责对船管站、港口及海上养殖区提供保安服务，承担客户要求的其他保安服务业务。

1995年，集中精力组建海上保安服务公司。5月初，招收30名海保队员，经过训练后走上工作岗位，各项保安服务业务全面展开。组织开展以道德星、治安星、新风星、卫生星、文化星为内容的“五星级文明船”争创活动，实行每月一考评、每季一小结、每年一总评，并分别与全市4125条渔船签订“五星级”船只治安责任书。

1996年，以加强船管工作和沿海巡逻为重点，加强船管站正规化建设，在原有37处看船点的基础上，全市沿海重新调整建设标准船管站37个，看船点11处，加大防范密度。对船管站进行六统一：统一挂牌；统一配备办公生活用品及必要的交通工具；统一上墙制度；统一印制七个工作记录本；统一使用150兆无线通信；统一看船人员聘用、着装、管理、培训。

1997年，坚持政审、办证和经常性教育管理相结合的原则，加强对船只和渔船民管理，全年召开渔船民教育会160余场次，组织各类查船活动200余次。7月，日照市海上保安服务公司变更为日照市保安服务总公司海上分公司，作为日照市保安服务总公司的下设单位，继续开展海上保安服务工作。

1998 年，深化开展“为人民服务，树公安边防新风”活动，推行“三满意工作法”，制定《办理出海船舶和渔船民证件责任制度》和《船舶管理工作规定》，要求简化手续，规范程序，实行限时服务，做到能办的是马上办，手续不全的解释清楚，不让群众跑第二趟。通过推行“便民服务车”，为群众办理船舶证件 885 次，办理渔船民证件 2737 个。

1999 年，结合打击偷渡专项斗争与整顿海上治安秩序活动，加强对船只的检查和违章船只的处理，采取集中与分散、登门与登船、普遍与重点相结合等多种方法，对渔船民进行政策法规、爱国主义和安全生产常识教育。

2000 年，公安部《沿海船舶边防治安管理规定》发布实施，公安边防部门通过宣传车进码头、制作电视专题片、粉刷标语、发放宣传材料、召开渔船民座谈会等方式，广泛进行宣传教育；系统举办6起学习培训班。推行警务公开，把办理船舶户口簿、渔船民证等制度上墙，方便群众办事。6月起，根据停靠船只数量、水深、交通条件等，按照一、二、三类标准，开始对一线船管站实行分类管理。

2001 年 1 月，启用新式出海船舶户口簿、出海船舶边防登记簿、出海船民证、合资船船员登轮证和合资船船员登陆证，根据统一要求，利用 1 个月时间为边防辖区 3800 余条船舶和 13000 余名渔船民换发新式证，并统一实行微机化管理。是年，召开渔船民教育会议 267 场次，受教育渔民 14000 余人次。

2002 年，结合船只年审，对全市 3104 条出海船舶和 1.3 万名出海渔船民进行一次彻底的清查摸底，建档立卷；利用 7 月休渔季节，对全市的出海渔船民进行法制教育和边防政策教育。响应上级关于“提高行政效率，优化发展环境”号召，将出海船舶户口簿、出海船民证由原来的 10 个工作日办结，缩短为由边防派出所办理的当日办结，由边防支队办理的 3 个工作日办结。

2003 年 2 月下旬至 3 月上旬，根据省公安边防总队《关于加强海保队伍管理的通知》要求，对海保队伍开展一次为期 20 天的清理整顿，通过开展岗位培训，实行“一人一档”建档管理，落实年度考评制度等，对全市原有 31 处船管站和海保队伍进行清理整顿。整顿后，船管站由 31 处缩减为 28 处，海保队员由 78 人精减为 56 人。4 月，经边防支队党委研究决定，全市船管站停止收取海保服务费。

2004 年，结合正在推行的治保工作岗位目标管理责任制，采取治保主任、治保员“包村、包片、抓零星教育”的方式，拓宽渔船民教育渠道，减少教育“盲区”。全年检查船舶 8000 余艘次，船员 1.6 万余人次，处理违规船舶 39 艘，船员 152 人，救助遇险渔船 9 艘、渔船民 42 人次，救助遇险群众 12 人次。

2005 年 4 月 27 日，公安部下发《关于取消出海船舶户口簿等出海渔船民证件工本费的通知》，边防支队严格按照要求，自 5 月 1 日起取消出海船舶户口簿、出海船民证等 7 种出海渔船民证件工本费。5 月，印发《关于加强沿海船舶管理工作的通知》，要求各边防派出所：1. 加大沿海船舶、渔船民列管率，结合船舶证件换发审验工作，摸清船舶、船员底数，全部纳入列管范围。2. 争取党委、政府支持，做好制止越界捕捞工作，加强涉海职能部门之间的沟通，共同查处各类海上违法违规案件，整顿海上生产、作业秩序。3. 规范船舶档案管理，船舶和渔船民基本情况录入边境管理系统。7 月，结合公安边防部队在全国部署开展的“三访四见”（访贫问苦、访疾问难、访外问弱，人民群众对边防民警看见、敢见、愿见、想见）活动，围绕提高船舶和船舶负责人熟悉率开展大走访，围绕反偷渡、制止越界捕捞和同违法犯罪分子做斗争等开展船舶管理和渔船民教育，全年检查船舶 3800 余艘次，船员 8100 余人次。

2006 年，突出“三个重点”（法制教育、国家制止越界捕捞的有关规定和海上安全生产）开展船舶管理和渔船民集中教育，将渔船民教育和“三访四见”活动有机结合，利用走访之机，征求对海上治安管理工作的意见和建议，不断改进工作。与市海洋与渔业局召开联席会议，围绕当前海上生产纠纷、海域纠纷、船只管理、渔船民管理等方面，进行探讨磋商，认真分析存在的问题，积极研究解决办法。是年，检查船舶4100余艘次，船员6800余人次。

2007年，强化船舶检查，重点对停靠当地的外地船舶、当地人购买租赁挂外地船名号的船舶，船证不符的重点船舶、有不法活动记录的重点船舶进行摸排清查，做到对辖区实有船只管理底数清、情况明、控制到位。推出便民服务措施，依托警务室将船舶进出港报关、船员变更等以往必须前往派出所办理的业务下沉至警务室，方便广大渔船民办理。全年检查船舶3200余艘次，船员6600余人次。

2008年，围绕奥运安保核心工作，组织官兵深入沿海一线，广泛宣传奥运期间船舶、渔民管理规定，创建岚山区西潘家村爱民固边模范渔港，依托海上警务室靠前服务管理，开展“从我做起，争做支持奥运模范船”宣传活动。是年，检查船舶6500余艘次，渔船民1.32万余人次。

2009年4月8日，印发《关于加强出海船舶管理工作的通知》，对新形势下的船舶管理工作提出要求：1. 抓住船舶和渔民大量出海、船舶出海证件集中换发的有利时机，利用一个月的时间开展一次出海船舶集中普查行动。2. 规范做好港船信息系统数据录入工作，对基础信息及时进行调整更新和补充完善。3. 加强特殊船舶日常管理，区分非营业性游览观光休闲娱乐等活动的游艇、从事经营性运输的旅游船、摩托艇等，落实管理措施。4. 加强对船舶买卖、租借等行为的管控。5. 规范出海船舶边防登记簿的发放，明确出海船舶边防登记簿发放范围，与出海船舶户口簿互补使用，实现沿海船舶全部列管。

是年10月14日，下发《关于进一步加强全运会期间港船管理工作的通知》，围绕做好第十一届全运会海上安保工作要求：1. 加大船舶清查力度，强化渔船民宣传教育；2. 严格出海船舶检查，加强重点海域、港湾、码头管控，全运会期间，辖区主要港口、码头都要专门安排警力对出海船舶进行检查；3. 实行分片包干，工作中做到逐船清查、逐人见面、逐个船主确定联系方式和家庭住址，结合日常工作，教育引导渔船民遵守比赛期间禁航规定，远离比赛海域生产作业。

2010年，充分利用伏季休渔期加强渔船民教育，通过悬挂横幅、张贴标语、发放宣传单等方式，广泛开展法律宣传和安全生产教育。5月19—23日，先后在山后、童海、张家台等主要海域和码头开展集中清查，检查船舶177条、渔船民467人，查处违规船舶4条、处罚4人，涂刷新船名号17条。

2011年，以《山东省沿海船舶边防治安管理条例》颁布实施为契机，加强集中宣传，改进管理服务举措：1. 部署开展宣传月活动，派出宣传车、发放宣传单、张贴公告等开展集中宣传。2月25日，牵头召开全市沿海船舶边防治安管理工作座谈会。2. 以派出所为单位与辖区船主签订责任状。3. 与市渔政部门实现“渔船三网合一救援指挥系统”资源共享，与市海事局建立船舶管控信息即时查询交流机制，弥补公安机关在监控出海船舶方面存在的不足。4. 推出“建立码头流动服务点、开设夜间办证服务大厅”举措，确保沿海船舶、渔船民边防证件办理工作正常顺利开展，共办理户口簿322本，船民证2530件。是年，列管船舶3959艘次，船员1.35万余人次。

随着沿海旅游业的蓬勃发展，全市沿海摩托艇、垂钓船、游艇等旅游船舶激增，由于相关法律、行政法规涉及旅游船舶治安管理领域的很少，这些船舶未能及时纳入管理视线，给沿海地区海上治安稳定带来挑战。市公安边防支队从加强旅游船舶管理、维护海上治安秩序稳定出发，多次组织和联合有关部门开展旅游船舶管理专项调研，并上报市委、市政府和有关主管部门，引起市委、市政府和有关部门的高度重视。2012年，市委、市政府将旅游船舶管理立法列入议事日程，8月31日，市政府颁布出台《日照市旅游船艇管理办法》，首次立法将沿海摩托艇、垂钓船、游艇等旅游船舶纳入管理，堵塞特殊船舶管理漏洞。针对少数省份民间发起的出海“保钓”事件，专门部署做好大马力渔船管理工作，组织所有渔船安装RFID渔港渔船进出港监管系统和市渔业安全信息救助系统，坚持每日调度渔船动态，定期开展码头清查、出海船舶检查，加强赴敏感海域作业船民教育，推出渔船手续代办、电话短信签关、天气预警、治安防范预警等便民利民措施，辖区未发生渔船涉外事件。是年，检查船舶 3200 余艘次，船员 7500 余人次。

是年，将公安边防部队开展的创建模范党组织生活活动作为创新船舶和渔船民管理的抓手，部署开展“海上党旗红”工程，以船籍港为单位，将来自不同地区的渔民党员聚拢起来，成立“海上流动党支部”，组建“海上党员之家”。是年，共建立“海上流动党支部”5 个，划分“流动党小组”65 个，建立“海上党员之家”5 个，将 544 名流动渔船民党员纳入管理。

2013 年，充分借助出海船舶、渔船民边防证件全部换发新证的契机，推行“一艘船舶一本账”工作法，逐一建立船舶档案，依据船舶日常表现，将辖区船舶分成“红、黄、蓝”三类，并按照不同类别对辖区船舶分别按照重点管控、一般管理、互助管理等方法进行分别管理。7 月 15 日，举办一期港船管理信息化系统应用专题培训班，围绕日照市渔业救援应急系统、RFID 渔船射频识别系统、旅游船艇进出港管理系统应用进行集中授课。8 月 14 日，全市首个船舶管理服务站——石臼边防派出所船舶管理服务站在万平口风景区挂牌成立，管理服务站集信息采集、日常监管、证件办理、渔船民服务、海上救助于一体，科学整合 RFID 渔港渔船进出港监管系统、日照市渔业安全信息救助系统、海防雷达系统和视频监控系统，实现“电子化、可视化、动态化”的信息查询、轨迹跟踪和人员管理。是年，为全市 4200 余艘船舶，1.5 万余名渔民换发新证。

2014 年，以提升船舶规范化管理水平为目标，加强《山东省沿海船舶边防治安管理条例》宣传教育，通过现场讲解、网上宣传、短信提示、典型案例相结合的方式，积极引导渔船民遵规生产、依法解决利益冲突，从源头防范各类矛盾冲突的发生。6 月 7 日，印发《深化推进港船管理工作意见》，部署开展港船信息采集会战，加强特殊船舶登记管理，按照外观标识统一、硬件设施齐全、日常管理规范的要求，在停靠 100 艘船舶以上渔港码头全部建立船管警务室并实体运行，每个重点渔港码头至少有 3 ～ 4 处监控探头联入边防派出所，强化沿海一线管控效能。10 月 14 日，新版“沿海船舶渔船民边防治安管理系统”推广应用前，在边防支队机关举办沿海船舶渔船民边防治安管理系统培训班，组织各边防派出所船管民警对新版系统的功能及业务流转方法进行培训演示。11 月 10 日，组织召开制止越界捕捞专项行动动员部署会议，印发《制止越界捕捞专项行动实施方案》，对做好越界捕捞工作进行安排部署。

图 9-3　开展《山东省沿海船舶边防治安管理条例》宣讲

2015 年，重点加强第三届中国—中亚合作论坛安保期间的船舶和渔船民管理工作，部署开展出海、旅游船舶、人员的基本情况和动态集中摸排，组织渔港“治安巡逻队”共同参与治安巡逻、区域联防活动，加强对港口、码头、停泊点的巡防看护，通过视频监控加强对港内船只的管控；按照“谁受益、谁建设”的原则，全力开展视频监控系统建设，逐步建立“港口有监控、地面有巡逻、社区有联防”的技防、人防、物防一体化防控格局；联合安监、海事、旅游等部门开展旅游船舶大检查活动，集中查处各类违法违规行为，对不办证、不带证、不年审等船舶进行重点整治。是年，办理边防行政案件 441 起，处罚违法船舶 73 艘、违法人员 501 人。

2016 年，重点加强二十国集团民间社会（C20）会议安保期间的船舶和渔船民管理工作，6 月 16 日，集中开展为期 1 个月的港船基础信息大排查专项行动，全面摸排核查各类港船、渔船民基础信息，对沿海船舶渔船民边防治安管理系统和船舶档案信息进行修正、完善，至休渔期结束前，支队、大队两级对船舶信息摸排、管控措施及船舶在港情况，落实每日一调度、每周一研判。8 月 3 日，与市海洋与渔业局签订《共建共管合作框架协议》，明确海上联合执法、渔业船员管理、渔港码头联管共建、信息共享交流、涉渔“三无”船舶（无船名船号、无船舶证书、无船籍港）治理等 8 项具体工作内容，将全市渔港码头高清渔业监控探头并网接入市海防监控中心，完成对 RFID、北斗定位、渔业安全信息救助系统全面维护升级。是年，检查船舶 5800 余艘次，船员 8300 余人次。

2017 年是党的十九大召开之年，全市公安边防部门围绕“三个不发生”创建活动，进一步加强船舶管理：1. 着重对部分生产作业区域较大、较远、易进入敏感区域的船舶进行系统归类、整理，作为重点管控、教育对象，对存在违规出海、有违规违法行为的船舶及人员进行掌控，建立“特别档案”；2. 加大海上清查力度和频度，联合市海洋与渔业局等涉海部门对“三无”船舶、海上违法违规生产作业等行为进行集中打击，清理和取缔各类“三无”、套牌、非法改装船舶，至 7 月中旬，与各涉海部门开展联合执法行动 8 次，出动执法人员 1260 余人次，航程 5500 余海里，查处违规渔船 88 艘，查获“三无”船舶 25 艘，清理收缴各类违规渔具 6000 余套（条）。全年列管渔船 4700 余艘，办理边防行政案件 244 起。

2018 年，主动应对公安边防部队即将启动领导管理体制改革的影响，继续狠抓公安边防主业不放松。1 月 12 日，召开海防暨船舶管控工作会议，对开展出海船舶整治和沿海基础信息采集大会战、今冬明春渔船民管理教育等重点工作进行部署，组织边防大队、船艇大队每月至少开展 1 次海上联合清查活动，对存在未办证、未年审、人船不符等问题的船舶，依法严厉打击。是年，开展渔船民教育 24 场次，签订责任状 2900 余份，对 35 处港口、码头开展地毯式摸排，高标准采集涉海治安要素 1.7 万余条，与涉海部门开展联合执法行动 20 次，查处涉渔“三无”船舶 788 艘，查获各类违法船舶 140 艘。

第三节　海上巡逻与安保

1990 年，做好以防潜出潜入为主要内容的海上巡逻防控工作，针对警力不足的实际，组织指导组建民兵海岸巡逻队，充实海防一线巡逻防范力量。

图 9-4　20 世纪 90 年代，边防官兵沿海岸线徒步巡逻

1991 年，日照市建立由市委分管领导任组长、市政府分管领导等任副组长、沿海 7 个乡镇办事处党委书记等有关部门主要负责人为成员的全市边防工作领导小组，加强对边防保卫工作的领导。在石臼、岚山两港建立 2

图 9-5 20 世纪 90 年代，海上救助演练

处观通站，配备高倍望远器材和通信工具，加强对近海、外轮锚地、沿海一线及船只活动情况监控。

1992 年，针对海上定置网具被盗问题严重的问题，组织成立 13 人的打击海上犯罪专案组，对海上盗网犯罪进行严厉打击，通过破案会战，挖出盗网渔船 100 余只、渔民 350 余人，追回被盗大网 320 条，价值 30 余万元，同时带破一大批网具被盗积案。是年，加强巡逻装备设施建设，为基层站、所配备摩托艇 8 艘、喷水快艇 2 艘。

1993 年，在深入开展人防、物防建设的基础上，加强技防建设，投资 50 余万元，为岚山、石臼等沿海重点经济单位、企业安装微机监控，海上巡逻逐渐开始步入信息化轨道。

1994 年 4 月，开展海上治安秩序问题集中整顿，并在石臼、岚山片区重点港口进行集中查船行动，检查船只 3000 余艘，查处违规渔船 35 只。是年，查处海上纠纷 28 起、海上各类案件 43 起、违规人员 82 人。

1995 年，将社会治安综合治理“细胞工程”建设延伸到海上，同各所站分别签订《海上治安“细胞工程”工作责任书》。要求船长报关时一并汇报出海过程中的情况，便于公安机关掌握海上状况。

图 9-6 20 世纪 90 年代，海上 110 救助

1996 年，按照中央和省、市部署，组织开展“打击海上盗窃、整顿海上治安”专项斗争，破获海上盗窃案 23 起，打击处理违法犯罪人员 23 名，收缴网具 52 条、船用海上捕捞工具 1 宗。

1997 年 9 月，根据省边防总队部署要求，起草《日照市海上 110 建设方案》，决定用 3 年时间分 3 期开展海上 110 建设。12 月 26 日，海上 110 报警服务系统第一期工程建成开通，正式承担海上 110 接处警任务。市公安局边防分局海上 110 指挥中心负责全市海上 110 接处警的组织指挥，为一级接警点，10 个边防工作站和海上保安服务公司为二级接警点，在石臼、岚山边防工作站分别成立 2 个处警机动分队，37 个船舶治安管理站为三级接警点，各接警点均设立海上 110 值班室，昼夜值班，负责一般警情处置；在边防分局和石臼、岚山边防工作站分别设处警机动队，负责重大警情处置。根据业务量情况，为各报警服务站配备巡逻艇 1 艘、摩托艇 2 艘、巡逻处警专用吉普车 5 辆，合用或租用地方船艇 4 艘，安装海用雷达 3 部。

1998 年，按照海上 110 建设二期规划，继续加大建设投入，1. 配备 350 兆对讲机 41 部，装备吉普车 6 辆，安装接警专用电话 13 部，用于海上 110 接处警，与水产、渔政等部门签订《船只联用协议书》，联用地方船只 4 条，处警时统一悬挂“海上 110”标志；2. 坚持每天 24 小时值班制度，规范接处警工作，推广使用文明用语，制定接处警工作预案，规范海上 110 接处警运行机制。是年，海上 110 接警 324 次，处理案件纠纷 180 起，打击违法犯罪人员 153 名，救助遇险 30 次，救助人员 71 人，挽回经济损失 286.4 万元。

1999 年，继续本着“边建设边开展工作边完善提高”的指导思想，不断总结经验、改进工作，海上110建设不断发展。5—6月，集中开展一次海上治安专项治理整顿。是年，海上110接处警450次，处理案件纠纷122起，打击违法犯罪人员56名，救助遇险39次，救助人员79人，为国家和群众挽回损失160余万元。

2000年，严格落实《全省公安机关110服务工作规范》和《联动工作规范》，进一步规范接处警规范用语，组织接处警演练，不断加强海上110报警服务工作规范化建设。是年，海上110接处警181次，处理案件、纠纷69起，打击违法犯罪人员60人，救助遇险船只26条，救助人员50人。

2001年，进一步加大海上110科技投入，完善指挥中心通信网络系统，建成集办公自动化、雷达、图像监控、内部局域网、电视电话会议等多功能于一体的指挥中心综合管理系统，提高海上执勤和处置海上突发事件的能力。是年，共接处警185次，处理案件、纠纷66起，打击违法犯罪人员62人，救助群众45人，救助船只23艘。

2002年，省边防总队下发《海上110接、出（处）警工作规范》，对主要任务和基本原则、接警范围、组织指挥、工作程序、警情处置、协调配合等事项做进一步明确规范，公安边防部门严格贯彻落实上级要求，接警文明、出警迅速、处警规范。是年，海上110接处警100余起，救助遇险渔船21条、遇险人员43人。

2003年，海上110共接处警168起，救助遇险渔船21条，救助遇险人员43人。7月19日，山海天边防派出所接到群众报警，及时处警，救助1名跳海自杀妇女。10月12日晚，臧家荒边防派出所官兵经3个多小时的救援，将2名海上被困遇险船员安全救出。

2004年，随着日照城市知名度的不断提高，到边防辖区旅游人员、在边防辖区举办的大型活动日益增多。公安边防部门积极调整勤务工作，7—10月，组建12人的巡逻队深入海水浴场、沙滩等沿海旅游景区巡逻、检查。9月，圆满完成全国帆船锦标赛海上安保任务。是年，救助遇险渔船9艘、渔船民42人次，救助遇险群众12人次，破获刑事案件42起，查处治安案件221起，处理各类违法人员237名。

2005年5月18日，开展为期一个月的基础情况调查会战。是年，海上接处警500余起，查破案件55起，救助遇险渔船12艘、渔船民42人次，救助遇险群众16人次。承担并完成省委理论中心组读书会、欧洲级帆船锦标赛海上安保任务。

2006年，针对海上开始出现盗采海砂动向，市公安边防支队协调市海洋与渔业局集中联合开展为期一个月的海砂资源管理集中整治专项活动，有力打击沿海地区盗采海砂问题。是年，岚山边防派出所打掉1个暴力抢劫出海船舶的犯罪团伙，为群众挽回损失30余万元。是年，完成470级帆船世界锦标赛海上安保任务。

2007年始，日照市连续承办海上重大赛事，市公安边防支队围绕重大赛事海上安保任务，超前谋划部署，科学组织安保勤务，反复修订完善安保方案，加强安保专业训练和对抗演练，文明执勤、热情服务，在历次重大安保中发挥积极作用。2007年8月，圆满完成2007年中国水上运动会水上安保、机动处突和部分陆上安保任务。8月11日，日照市沿海地区普降暴雨，部分地段严重内涝，边防官兵闻令而动、奋勇抢险，解救遇险群众100余人，疏散人员1000余人，转移物资2000余宗。

图9-7 2008年，奥运安保海上反恐演习

2008年，围绕“平安奥运、和谐奥运”的目标要求，履行青岛奥帆赛、残奥帆赛安保护城河职能，与江苏连云港边防支队签署《奥运安保警务联动联勤协议书》，实现跨省海陆警务联动联勤，联合渔政、海事等部门成功实施“2008奥运安保海上反恐演习”。6月22日，经过2个小时的反复搜索，救助海上遇险船只，救助船员2人。

2009年，直接担负第十一届全运会日照赛区海上安保任务，3月初开始，成立全运会日照赛区安保工作领导小组，研究制定《全运会日照赛区安保工作方案》，组织参战部队开展适应性勤务训练和实战演练；以“平安全运百日攻坚行动”为抓手，加大船舶和赛场周边清查力度，实现对重点人口、重点船舶、突出治安隐患的全面掌控；建成4个海防视频监控站，实现海防监控和治安监控的并网运行。累计出动船艇147航次、警力1700余人次，圆满完成比赛港池封闭看护、比赛海域安全警戒、陆域管控等多项勤务。

2010年，围绕水运会安保重大勤务，借鉴历次重大勤务经验，研究制定安保工作方案，组织执勤船只集结、参战部队开展适应性勤务训练和实战演练，对沿海船舶和赛场周围，开展严打整治行动，完成海上安保勤务。

2011年，立足沿海一线实际，主动应对海上管控形势变化，加强以信息化为支撑的海陆巡逻防控体系建设，市委专门召开常委会议，研究部署海防建设，加大对海防设施建设的支持力度。是年，建成1个市级海防指挥中心、6个海防视频监控站。针对海上盗采海砂问题重新抬头趋势，4月，联合涉海相关部门开展非法盗采海砂整治行动，抓获盗采海砂船3艘，查获盗采海砂5000吨，抓获违法犯罪嫌疑人34名。

2012年，民间出现渔船自发出海“保钓”行为，海上维稳形势严峻。公安边防部门以打造沿海平安带为抓手，加强海上巡逻检查，严防非法出海行为。9月，部署开展海上治安暨沿海船舶集中整治行动，严厉打击海上偷运沙土、非法盗采海砂等违法犯罪行为，共检查船舶120余艘，查处违规船舶6艘，处罚18人。

2013年，全市海防基础工作快速发展，公安边防部门海上职能不断凸显。5月15日，印发《全市公安机关进一步完善海上信息化防控机制实施意见》，将海上信息化防控机制建设列为年度工作重点，明确5月底前完成3处海防视频监控站新建任务，争取省海防委将原有6处海防视频监控站列入省级改造计划。6月6日，省边防总队配发1艘BF630型号摩托艇，充实海上巡逻力量。7月15日，举办一期海防业务培训班，组织对海防监控站视频及雷达设备的功能原理、操作技能、维护管理等进行详细讲解，提升信息化海上巡逻效能。11月21日，承办全省海防工作座谈会，向省海防委员会成员单位，沿海七市海防委主任、办公室主任等参会领导展示日照海防建设成果。是年，完成第十二届全运会帆板预赛、激光雷迪尔级帆船世界锦标赛等国内外重大赛事安保和抗击风暴潮任务。

2014年，落实全省海防工作座谈会精神，不断加强海防工作的组织领导和政策支持，提升海上巡防能力。3月，同市海洋与渔业局联合印发《“卫海2014”联合执法活动方案》，开展海上联合执法、渔港码头联管共建、管控资源共享、情报信息沟通、海洋监察执法、渔船民基础数据采集会战、特殊船舶登记列管会战、出海渔船民联合教育、联席会议制度等9项行动。5月，市委、市政府联合印发《关于加强新形势下海防工作的意见》，将边防部队海上执法装备配备、党政军警民联防联控等工作纳入海防工作规划。8月，与市海洋与渔业局就海上联合执法、海上打非治违、沿海渔港监控系统共享等，建立执法执勤工作机制。是年，市政府拨款2000万元，为市边防支队建造一艘318B型巡逻艇，市海洋渔业部门将沿海码头视频监控全部接入海防指挥中心。年内，破获盗采海砂案件2起，查获盗采海砂船舶8艘，抓获违法犯罪嫌疑人35名，缴获被盗采海砂3000余吨。

2015 年，围绕构建海上立体化防控体系建设，加强顶层设计，优化力量布局，推动形成陆海统筹、军民融合的多元系统现代海防。1 月 7 日，筹备召开全市海防工作会议，贯彻落实第五次全国边海防工作会议、全省海防工作电视电话会议精神，要求加大对一线公安边防部队营房建设、执法船艇、海防辅警力量的支持力度，改善军警民等一线海防专业队伍的工作、训练、生活条件。是月，市政府将 318B 巡逻艇建造专项经费 2000 万元列入 2015 年度市级财政预算并拨付。4—11 月，部署开展“卫海 -2015”平安海区创建专项行动，围绕海上治安秩序，联合海洋与渔业局、海事局等海上职能单位开展联合执法 5 次。6 月，独立承担第三届中国—中亚合作论坛海上安保任务，抽调 20 名海上作战经验丰富的骨干官兵成立“海上处突警卫分队”，每日开展风险评估和综合信息研判，对边防辖区及海上安全进行风险评估，开展安保任务模拟演练 4 次，出动海上执勤船艇 66 艘次，总航时 175 小时，总航程 1900 余海里，临检各类海上船舶 720 余艘次，拦截、劝离无关船只 40 余艘次，圆满完成安保任务。是月，山海天边防派出所被济南军区表彰为“军区海防工作先进单位”。10 月 15 日，省边防总队配发 1 艘 BF1300 型摩托艇。11 月 3—4 日，指挥调度海上“党员先锋船”历时 11 小时处置 1 起渔船海上遇险事件，救助 8 名被困渔民。11 月，组建市公安边防支队船艇大队，将分散在各边防派出所的 7 艘船艇统一管理。

2016 年，以加强船艇大队各项建设为着力点，继续深化“卫海 -2016”平海海区创建专项行动，不断增强海上管控能力。7 月，围绕二十国集团民间社会（C20）会议外围海上安保，研究制定《海上巡防工作方案》，抽调 2 艘摩托艇、12 名官兵骨干成立“海上巡逻队”，不间断到重点海域开展武装巡逻警戒，依托渔业安全信息救助系统、RFID，海防、港口码头监控等系统平台，对近海及船舶在港情况进行动态巡查，严防可疑人员租赁渔船、快艇、摩托艇等水上交通工具前往青岛海域活动，累计出动摩托艇 30 余艘次，总航时 50 余小时，总航程 600 余海里，完成船艇大队成立后首次海上重大安保勤务。8 月 3 日，与市海洋与渔业局签订《共建共管合作框架协议》，以全方位加强两部门执法协作为重点，明确海上联合执法、渔业船员管理、渔港码头联管共建、信息共享交流、涉渔“三无”船舶治理等 8 项具体工作内容。是月 31 日，318B 型巡逻艇完成既定建造项目顺利抵达日照，10 月 21 日，省边防总队在日照港举行公边 37401 艇交接入列仪式，该船艇总长 43 米、宽 6.8 米、深 3.4 米，满载出港设计航速不少于 24 节，配备 14.5MM 高速双管机枪和大功率高压水枪，可保证 18 名乘员不靠岸连续生活 7 天，是公安机关第一艘大型水面执法船艇。11 月 17 日，联合市海洋与渔业局开展全海域海上执法行动，通过海上巡航、登临检查等方式，对日照近海“三无”船舶、违法违规生产作业渔船进行集中查缉，行动总航程 60 余海里，临船检查作业渔船 30 余艘、渔船民 100 余人。

图 9-8 公边 37401 艇归建

2017 年，按照“稳边、控海”的思路，强化以党的十九大安保为主线的海上巡防工作：1. 坚持“信息先导、屯兵海上、警力前移”，将船艇执勤、训练与走访工作相结合，集走访、设防和管理服务为一体，党的十九大召开前，每日派 1 艘摩托艇到辖区海域驻巡，安排 1 艘船艇、2 艘摩托艇在日照港码头和世帆赛基地码头备勤，会议期间，每日派 2 艘摩托艇到辖区海域驻巡。2. 完善处置海上群体性事件、海上反恐、海上救助等 6 个方面的应急处置预案，反复训练推演，进一步提升海上应急处突能力。3. 出台《违法犯罪活动线索举报奖励办法》，试点运行微信“有奖举报平台”，鼓励群众参与破案。是年，通过群众举报获取线索破获 1 起海上敲诈勒索案。7 月 29 日至 8 月 7 日，完成海军北海舰队演习期间的海区管控任务。

2018 年，以开展“平安海区”创建为主线，发挥市海防委办公室职能，强化统筹协调，整合各方力量，推动党政军警民联防联管建设的海上防控体系建设。3 月，围绕提升海上执法执勤远程调度指挥能力，为 1 艘 318B 巡逻艇和 5 艘摩托艇装备执法终端、微波动中通船载远端站等信息化设备，对接山东省渔船渔港动态监控管理系统，实现船舶位置、海上周边情况和执勤执法音视频文件实时回传。4 月，开展全市海域生产作业现状调查，海域管理、船舶管控、海上治安维稳等开展细致调查研究，形成专题调研报告呈报市委、市政府主要领导。是月，研究制定《海上流动治安检查站建设暨联合巡航工作方案》，牵头市海洋与渔业局、海事局、边防支队、日照海警大队等海域管控工作协调组成员单位，抽调全市 14 艘公务船艇和 100 余名执法人员，组成 3 支海上流动治安巡查编队开展海域联合巡航。5 月，举办“重大安保任务海上誓师大会”，联合市军分区以“海上流动党支部”名义组织海上民兵集训。5 月 15 日，市公安局牵头以市政府名义召开日照市创建“平安海区”专项整治工作动员部署会议，决定利用 4 个月的时间，分三个阶段，开展以航道和锚地专项整治、海上养殖区专项整治、船舶专项整治、海上“扫黑除恶”等 4 大行动为重点的创建“平安海区”专项整治。公安机关围绕打击海上违法犯罪活动开展联勤联动，截至是年 9 月初，打掉强占海域从事寻衅滋事、敲诈勒索的恶势力犯罪团伙 3 个，查处盗采海砂案 6 起，破获非法捕捞案件 7 起，打击处理涉案人员 80 余名，总涉案价值 1600 余万元。9 月 4 日，市委召开日照市十三届市委常委会第五十一次会议专题听取“平安海区”专项整治情况汇报，并形成决议：1. 将“平安海区”专项整治时间延长至 2018 年 12 月 15 日；2. 由市法制办统筹，启动《日照市平安海区综合管理办法（试行）》制定工作；3. 将 80 名海防辅警列入市财政预算，由市公安局统一招录。截至 2018 年底，全市共整治航道和锚地问题海域近 11 万亩，清理整治问题用海 16.8 万亩，查获涉渔“三无”船舶 60 艘，拆除非法矿石运输装卸点 10 处，打掉涉海恶势力犯罪团伙 7 个，依法打击处理犯罪嫌疑人 43 名。是年，公安机关依托海上流动治安检查站建设，开展海上联合巡航 30 次，出动船艇 72 艘次，圆满完成上合组织青岛峰会海上船舶管控。按照中央跨军地改革整体部署，7 月 1 日零时起，市公安边防支队船艇大队所属官兵和船艇全部划转武警海警部队，继续承担海上执法执勤任务。

第四节 打击走私、偷渡

图 9-9 缴获走私香烟

1989—1992 年，公安边防部门认真履行海上管理职能，牢牢把握船舶买卖、建造、租赁、变更等主要环节，完善船舶看管制度，加强渔船民教育管理，一段时间内全市未发生走私、偷渡案件。

1993 年以后，受海上走私活动由南北移和有关市地走私活动影响，日照出现海上小批量贩私活动。市公安局积极应对走私新动向，采取海上抓、岸边堵、路上查、市场管的方针，严厉打击海上走私犯罪活动。8 月 24 日，市公安局党委印发《关于打击走私工作的几项规定》，明确公安机关除边防部门外，其他任何部门不准到海上缉私，不准雇佣地方人员、船舶进行缉私等11项规定。是年，查处走私案件12起，查获走私汽车107台、摩托车11台，香烟1300余箱，涉案价值2000余万元。

1994年，加大对沿海一线巡逻密度，要求各单位进一步完善巡逻制度，补充巡逻力量，实行昼夜不间断巡逻，同时在基层单位之间实行“链条式”防范，辖区沿海一线管理要相互延伸一华里。是年，全市边防辖区没有发生走私和偷渡外逃事件。

1995年，进一步完善落实“链条式”防范措施，与辖区村居、企事业单位、船只签订反偷渡合同书。3月28日，印发《关于加强沿海打击走私和反偷渡工作的通知》，部署落实防管措施。11月10日，破获日照市自新中国成立后第一起偷渡案，抓获预谋偷渡韩国的不法分子6名。

1996年11月10日，根据线索破获1起利用外轮走私文物案，抓获走私分子2名，缴获价值9万余元的商代铜鼎。

1997年5—7月，按照省边防总队统一部署，开展打击偷渡专项斗争。根据工作获取线索，于5月16日夜在岚山港东南6海里处，破获1起租用渔船偷渡韩国案件，抓获偷渡分子29名，抓获“蛇头”（即偷渡组织者）5名。

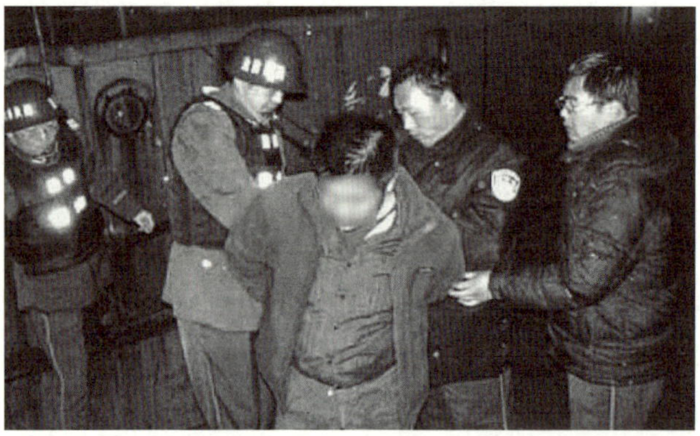
图9-10 1997年5月，边防支队破获“5·16”偷渡案件

1998年，贯彻落实全国、全省和全市打私工作会议精神，持续开展反走私、反偷渡专项打击斗争，查获偷渡案件2起，抓获偷渡分子12名。

1999年6月，大张旗鼓开展反偷渡反走私斗争，采取召开渔民会议、书写标语、公布举报电话等多种方式大造斗争声势，发动群众检举揭发犯罪。3月22日，破获一起集体偷渡韩国案件，抓获福建籍偷渡分子11名、“蛇头”4名。

2000年，贯彻“打现行、挖团伙、抓蛇头、严查处”的工作原则，持续开展反偷渡反走私斗争，制定《重点船舶管理规定》，对有偷渡走私、海上违法犯罪嫌疑的船只进行重点管理控制；上级与下级、单位与个人分别签订《反偷渡反走私工作责任书》，划分责任范围。5月、9月、11月分别开展3次打击偷渡专项斗争。通过强有力打击管控，全年未发生偷渡走私案件。

2001年，结合严打整治斗争和海上治安形势，部署开展打击偷渡犯罪专项斗争，加强舆论宣传，发动群众参与，形成高压态势。是年，破获偷渡案件3起，抓获“蛇头”5名，偷渡人员8名，其他涉案人员3名。

2002年，组织进行反偷渡专项打击行动，针对易被偷渡分子利用的重点区域、重点部位、重点场所，各部门实施严密控制，集中精力时间对辖区公共场所、饭店、旅馆、码头、租赁房屋进行多次清理整顿；全面清查非法入境、非法居留、非法就业的外国人；加强对港口集装箱码头控制，大力整治利用集装箱偷渡活动。4月12日，边防支队会同日照边防检查站、日照港公安局联合破获一起利用集装箱船偷渡日本的案件，抓获偷渡运送者3名，偷渡人员6名。

2003年6月，在全市边防辖区开展为期1个月的反偷渡专项行动，利用宣传车、发放宣传单等方式，广泛宣传《公民举报、协助公安边防机关查获偷渡案件暂行奖励办法》；对偷渡人员易于落脚藏身的场所开展“地毯式”统一清查；利用休渔期开展船舶统一普查行动；各边防派出所与40马力以上船舶逐船签订《反偷渡反走私责任书》。

2004年，完善“打、防、控”一体反偷渡长效机制，对辖区渔船民开展以反偷渡为核心的“三反”

（即反偷渡、反走私、反贩毒）教育，与辖区养殖业主、厂企单位和船主签订“三反”责任状。4 月，侦破公安部边防局挂牌督办的“4·24”预谋偷越国（边）境案，抓获组织他人偷越国（边）境者 6 名、运送者 2 名、偷越国（边）境者 12 名。

2005—2006 年，以公安边防部队开展“三访四见”（即访贫问苦、访外问弱、访疾问难，从而达到人民群众对边防官兵“看见、敢见、愿见、想见”效果）为契机，加大对渔船民走访力度，在群众中广泛开展政策法律教育和反偷渡、制止越界捕捞宣传，同渔民签订反偷渡责任状和制止越界捕捞责任书，增强群众遵纪守法的自觉性。2 年未发生偷渡案。2006 年，查破 1 起朝鲜人非法入境非法居留案，遣返朝鲜妇女 2 名。

随着公安边防部门严格海上管理和不间断严厉打击，特别是随着开通日照至韩国平泽客箱班轮、周边城市飞机等快捷交通工具的普及，日照海域极少发生利用船舶走私、偷渡案件，违法犯罪人员转而通过伪造或非法骗取证件等方式，通过口岸偷渡他国。公安边防部门根据边防检查机关移交线索开展顺线侦查，对违法犯罪行为进行严厉打击。

2007 年 12 月 11 日，根据有关单位移交线索，破获 1 起组织他人偷越国（边）境案，抓获组织他人偷越国（边）境人员 1 名。

2008 年，围绕北京奥运会安保，部署开展“打击偷渡走私专项行动”。是年，侦办组织他人偷越国（边）境案件 6 起，抓获组织他人偷越国（边）境者 10 名。

2009 年，围绕做好国庆 60 周年安保工作，集中开展“反偷渡、反走私、反越界捕捞”专项整治行动。是年，侦办偷渡案件 2 起，抓获组织人员 5 名，偷渡人员 2 名。

2012 年，围绕党的十八大安保，部署开展反偷渡专项行动，严防违法犯罪分子潜入潜出。是年，未发生海上走私、偷渡案件。

2013 年，开展“反偷渡和混乱海域集中整治”专项行动，侦办 2 起组织他人偷越国（边）境案，抓获犯罪嫌疑人 4 名。

2014 年 8 月，根据省边防总队移交线索，经过 2 个多月的经营和侦查，侦破 1 起预谋从威海购买游艇偷渡韩国案，抓获违法嫌疑人 10 名。

2015—2016 年，依托“卫海”系列，继续保持对海上偷渡走私活动的严打高压态势，未发生海上走私活动。2016 年，侦破偷越国（边）境案件 6 起，抓获违法人员 9 人。

2017 年，加强走私偷渡案件情报信息获取和互通共享，以《情报线索举报奖励机制》为契机，动员群众参与信息搜集和线索举报。8 月，根据工作中发现线索，侦破 1 起特大组织他人偷越国（边）境案，抓获 99 名涉案人员，遣返 97 名缅甸籍人员。是年，配合有关警种部门连续侦破 3 起海上走私毒品案，共缴获可卡因 88 公斤。

第五节　部队建设

一、思想政治建设

1990 年，开展部队性质、任务、宗旨和反“和平演变”教育，举办“为警徽增光”和“弘扬亚运精神”演讲会；7—8 月，开展“学党章、正党风”教育活动，组织全体党员认真学习党的基础理论知识，支队领导分专题宣讲并灌制录像带发到各站、所，组织全体官兵听课。

1991 年，组织开展“双基”知识竞赛和党的基础理论知识考核；组织开展 45 天的廉政暨职业道德教育。广泛开展学雷锋、学苏宁活动，发动官兵捐款 1460 余元，捐棉衣被 106 件支援灾区。

1992年，深入贯彻全国“十八公（即第十八次全国公安会议）”精神，认真学习党的十四大报告等一系列纲领性文件，围绕增强为改革开放保驾护航责任感和使命感，开展坚定社会主义信念和反“和平演变”教育及人生观、价值观、苦乐观教育。

1993年，针对海上对敌斗争形势变化，开展反腐倡廉教育，条令条例教育和法制、法律教育，引导官兵在反走私斗争中坚定立场。

1994年，结合“二五”普法教育，狠抓条令条例、职业道德教育以及公安部《公安机关和公安干警十不准》等学习教育，组织全员开展法律、法规测验2次。修订《廉洁勤政秉公用权守则》和《违则处罚办法》，制发《关于开展勤俭节约，反对铺张浪费，发扬艰苦奋斗革命精神，推进部队反腐倡廉工作意见》和《关于反腐倡廉规定》，分层级签订《遵纪守法保证书》。组织官兵为“希望工程”、见义勇为基金会和抗旱救灾捐款4371元。

1995年，组织干警开展学习孔繁森、王廷江、韩素云的“三学”活动及“学红其拉甫边检站”“学济南交警”活动。

1996年，继续深入学习济南交警和红其拉甫边检站，开展“学交警见行动，立足岗位练精兵”“学交警、学红站，工作岗位比比看”等系列活动。3月，根据省边防总队统一部署，采取专题教育、对照检查、民主评议等方式，在全体党员中深入进行做合格党员教育。

1997年，加强行风和廉政建设，成立作风建设督查小组，向社会公布举报电话，设立行风监督箱，聘请社会监督员200余人。7月，集中举办2期干部思想、纪律、作风整顿学习班。10月，分2期举办副营以上干部学习党的十五大精神、学习《党章》培训班。

1998年，认真抓好时事政策教育，落实每周半天政治学习制度，坚持每天组织学习电视新闻。开展“爱国主义、无私奉献和革命人生观、尊干爱兵、艰苦奋斗”4个教育活动，8月，开展“预防违法犯罪和反腐败教育整顿”活动，9月，举办两期“邓小平理论学习班”。

1999年，新中国成立50周年、澳门回归、日照市建立地级市10周年等大事喜事多，系统抓好邓小平理论和党的十五大精神学习贯彻，5月，分2期对副营以下干部和志愿兵进行封闭式教育培训，10月起，分阶段在副团以上干部中开展“三讲”教育活动。

2000年，用“打得赢、不变质”的最高要求指导部队全面建设，开展“三项教育”和整顿教育活动、部队“四个教育”活动，进行纪律作风整顿。

2001年3月，中央组织部、中央政法委和公安部党委联合下发《关于改进公安武警边防部队领导管理体制的通知》，对边防部队领导管理体制进行改革，由过去的“分级管理、分级指挥”调整为“统一领导管理与分级指挥相结合”的体制，公安边防部门坚持“六个没有变”原则，用“三个代表”重要理论统一思想，强化“三讲”教育，巩固“三项教育”和整顿教育成果，一如既往地接受地方党委政府和公安机关的领导，积极服务地方经济建设。

2002年5—8月，根据上级部署要求，组织开展“让党放心、让人民满意”主题教育活动，结合边防工作任务和形势需要，实施分层施教、分类指导，建立完善备课授课、考勤登记、补课讲评、巡回检查等制度，确保教育质量效果。加强部队文化建设，为基层更新配置电视机、影碟机，建立流动影库，配发图书和建设器材等。

2003年3月，根据上级统一部署，开展“大讨论”活动。组建东港、岚山边防大队党委班子，配合支队党委分级抓好部队建设。9月，分别组织团职、正营职以下干部进行党员干部廉洁从政知识测试。按照公安边防部队《基层文化建设基本标准》，投资3.6万元为基层更新配置篮球架、乒乓球台、电视机、影碟机、图书等，80%的基层单位达到基本标准。

2004年，围绕学习贯彻“三个代表”重要思想和“二十公（即第二十次全国公安会议）”精神，在支队机关开展以“改变工作作风、提高工作效率”为主题的纪律作风整顿，在基层开展以“端正执法思想、规范执法行为”为主题的执法整顿，打牢官兵“立警为公、执法为民”的思想基础。牵头成立日照边防部队军人军属法律援助工作站，是年，解决官兵涉法问题4件。5月，召开武警日照市边防支队第一次党员大会，选举产生新一届党委班子。6月，举办“庆七一、迎接总队党代会”党的知识竞赛活动。

2005年，部署开展先进性教育，举办3期先进性教育脱产培训班，2次邀请日照市委党校教授举办讲座，组织党员参观临沂市华东革命烈士纪念馆、孟良崮战役遗址和纪念馆，观看任长霞同志先进事迹大型歌舞文艺专场晚会。

2006年，开展党风廉政教育和荣辱观教育，采取观看警示教育片、剖析重大违纪违法典型案例等，督促提醒官兵加强自我约束。加强心理工作的硬件建设，投资5万余元建设心理网吧和心理咨询室。七一前夕，召开集中党课教育会。

2007年，抓好以党的十七大精神为主要内容的政治教育，开展弘扬公安边防精神主题教育，按照省边防总队统一部署，市边防支队作为日照教育协作区（市边防支队、日照边检站、岚山边检站）牵头单位，制定《日照协作区教育实施计划》，召开日照协作区会议，开展3次网络视频授课；结合支队实际，开展一次主题演讲、一场座谈讨论、一篇心得体会等八个一活动，开展群众工作标兵、执法办案能手、优秀警务区民警等多项评选活动，激发官兵工作热情。邀请海军潜艇学院专家为官兵进行心理测查，选派2名心理工作骨干参加总队心理咨询师培训。

2008年，开展“忠诚教育”活动和“安全保密教育”活动，与日照市国家安全局协商，牵头驻日照边防部队建立“四反”协作机制，共同开展“四反”工作。各边防派出所普遍设立警营文化灯箱和警营文化走廊，营造浓厚的警营文化氛围。

2009年，结合部队遂行重大勤务需要，开展学习实践科学发展观教育、纪律作风教育整顿、党风廉政教育和忠诚教育，确保重大勤务期间部队思想稳定；召开宣传工作研讨会，举办宣传骨干培训班。4月，召开武警日照市边防支队第二次党员大会，选举产生新一届党委、纪委和出席总队党代会代表。

2010年，落实公安边防部队党建工作会议精神，加强大队级党委班子建设，逐步推行支队级以下单位政治主官任书记，是年，完成2个边防大队党委班子组建，5个基层派出所政治主官改任党支部书记。开展“大力弘扬海地维和精神，培育当代革命军人核心价值观”主题教育、集中警示教育等活动，以大课教育、小课讨论、授课比赛、征文比赛等活动丰富教育形式，集中开展纪念建党89周年重温入党誓词、新党章知识竞赛。世博会、水运会安保期间，通过政治审核、心理测查、开展心理知识讲座、观看警示教育片等形式开展经常性思想工作，组织200余名官兵开展心理测查。按照基层文化建设三年规划要求，对支队机关的文化设施进行全面升级改造，是年，建成警营文化中心、休闲广场、绿色警营网吧、阅览室、陈列馆、电影院等文体活动室。

2011年2月，公安边防部队部署开展“发扬党的优良传统，创建模范组织生活”活动，市边防支队作为“四评”（群众评价党员，党支部评价党员，下级党组织评价上级党组织，上级党组织点评下级党组织）活动试点单位，1. 创新开展“阳光民主党务”，先后建立党务公开、党委议事决策、党员代表提案等7项制度规范。2. 举办2期书记培训班，现场模拟演示召开支部委员会、支部党员大会、民主生活会、民主评议党员等场景，推动党组织生活七项制度落实规范化。3. 打造“星火”党员主题活动，选取优秀党员作为“火种”，评选产生10名“火炬手”和42名“星火党员”，开展“党员示范窗口”和“党员先锋岗”争创评比活动。4. 建党 90 周年纪念日之际，广泛开展唱红色歌曲、看红色电影、听老红军做报告、组织“百名党员在线重温入党誓词”等红色教育活动。3 月 25 日，牵头驻日照边防部队和共青团日照市委联合下发文件，将公安边防部队作为“青年文明号”创建系统单列表彰。

2012 年，继续推行支队级以下单位政治主官任书记，是年，实现全部 3 个大队、11 个基层单位政治主官担任党支部书记。围绕“发扬党的优良传统，创建模范组织生活”活动，继续推进试点，加强理论与形式创新，1. 组织编写《基层党支部党务工作手册》，对 7 项组织生活制度进行系统阐述；2. 利用一体化平台开设“星火论坛”，搭建党建交流学习平台；3. 开展“海上党旗红”创建活动，在党员渔船民中建立“海上临时党支部”，在渔港码头建立“海上党员之家”，发挥党员渔船民的“传话筒”“主心骨”“信息员”和“带头人”作用。7 月，举办庆“八一”军警民联谊会、军旅歌手走进警营、警营开放日等活动，邀请日照市书法家协会、军旅歌手、辖区群众等与官兵共庆建军节。在支队机关建立心理咨询室，组建心理工作骨干队伍，组织 1 期心理行为拓展训练，提供心理咨询服务 180 余人次。

2013 年，经省边防总队批准，边防支队党委设立党委常委会，支队党委以此为契机，认真践行党的群众路线教育实践活动，继续抓好以严格党内生活创建模范党组织生活活动为主要内容的思想政治建设各项工作。1. 研究制定加强和改进作风建设 9 项举措；2. 充分运用“三色”党务公开栏，大力推行“阳光民主党务”，开展争创党员示范岗、党员先锋岗、“星火党员”等活动，激发党员活力，“星火党员”活动经验在全省公安现役部队基层党建工作现场会上做书面交流；3. 开展“深入学习贯彻十八大，做为民务实清廉的忠诚卫士”主题教育，创办主题教育宣传栏、专题网站，通过主官讲堂、道德讲堂、巡回宣讲、授课比赛、主题实践等形式，增强教育的吸引力、说服力、感染力。1 月，与市妇联、市文明办联合开展首届“五好文明家庭”“十佳边防警嫂”评选表彰，10 位警嫂被授予“十佳边防警嫂”和市“三八”红旗手称号，5 个家庭被联合表彰。3 月，开展“十大边防卫士”评选表彰，10 名在完成中心工作、执法执勤、抢险救助等任务中表现突出的个人被表彰为“十大边防卫士”。

图 9-11 2014 年，边防民警在海疆数字文化导航站向渔民演示电子阅报机使用方法

2014 年，继续开展“三学”活动，系统抓好党的十八届三中全会、全军政治工作会议精神等新思想、新论断、新部署的学习贯彻。1 月，连续举办 2 期党的十八届三中全会精神读书班，通过邀请专家授课、个人自学和观看视频等形式，每名参训学员撰写一篇心得体会。是月，公安边防部队决定由山东省边防总队独立组建第三支赴利比里亚维和警察防暴队，市边防支队 3 名官兵踊跃报名，并在年底顺利通过联合国甄选评估（2015 年 3 月随队出征）。5 月，举办基层党委（支部）书记素质能力建设培训班，解读全国、全省公安现役部队党建工作会议精神，进行专题授课；开展党支部会议模拟演练，并进行党务工作知识考试。7 月，举办“牢记强警目标、履行边防使命”主题演讲比赛，举行警营文化器材发放仪式，为基层发放电脑、电视机、跑步机、卡拉 OK、综合健身器等文化器材。是年，“海上流动党支

部”做法在全省海防工作会议上推广，获评“2013年度日照市社会管理创新奖”；依托“海上流动党支部”活动场所建立“海疆数字文化导航站”2处，经验做法在“全省万里书香万里海疆建设推进会”上作交流发言。

2015年，围绕全面工作“创一流走前列”总目标，制定出台《关于进一步加强基层党组织建设的实施意见》，认真抓好“海上党旗红”工程建设，在服务生产、文化惠民、警地联建等方面制定出台建设标准和措施。1月，组织副营职以上干部前往日照市反腐倡廉教育基地（鲁南监狱日照关押点）接受警示教育。3月，召开政治工作会议，认真学习贯彻全军、公安现役部队和公安边防部队政治工作会议精神，6月，开展“新一代革命军人样子”大讨论，9月，分两批组织学习贯彻政治工作会议精神轮训。是年，协调省、市图书馆配备多媒体设备25台，图书6000余册，联合市文联举办庆“八一”警民联欢会、艺术家进警营等活动5场次。山海天边防派出所被国家机关工委列为严格支部组织生活试点单位。

2016年，围绕全面从严治党、依法从严治警总要求，开展“两学一做”学习教育、“讲党性迎考验”主题教育，连续组织党员官兵开展手抄党章、签订义务承诺书、佩戴党徽活动，5月，举办“两学一做”知识竞赛；8月，结合纪念长征胜利80周年，开展军歌大合唱、主题书画摄影展。9月，召开武警日照市边防支队第三次党代会，选举新一届领导班子，完成基层班子换届。是年，围绕严格支部组织生活试点，研发应用“智慧党建”手机APP，创新推出“五分钟党课”等党员教育模式，“海上党旗红”工程经验做法连续3次在全省海防工作座谈会上推广。

2017年，紧贴实际开展党的十九大精神学习、“维护核心、听从指挥”等专题教育活动。2月，举办营以下干部学习贯彻党的十八届六中全会精神专题培训班。3月，围绕发挥大队级党委作用和加强干部队伍考核引导激励作用，分别召开研讨会、座谈会，初步拟定通过实施层级考核、发挥考核激励作用、提高考核效能和畅通大队级机关干部轮岗交流机制等方式，解决好大队级党委作用空虚化问题，发挥好考核激励作用。4月，印发《关于2017年为基层办实事的决定》，围绕帮助基层解决实际困难、改善部队工作生活条件、维护基层官兵切身利益等9个大项、15个子项目为基层办实事。年内，举办各类主题演讲比赛、党日活动、文艺会演等7场次。是年，“三位一体”党员教育法作为严格支部组织生活试点成果，被中央国家机关工委表彰为“优秀工作法”。

2018年，坚持“一切服从改革，一切围绕改革，一切服务改革”开展部队思想政治工作，通过开展形式多样的改革教育宣讲，增强部队坚定拥护和投身改革的信心。3月19日，召开“知敬畏、存戒惧、守底线”专题纪律教育活动动员部署会，严明改革纪律。4月19日，根据省边防总队党委统一部署，开展争当“三个表率”活动，要求各级党委、机关和领导干部在部队改革期间充分发挥“三个表率”作用。5月4日，召开改革教育宣传动员部署会，学习贯彻公安边防部队改革推进会、总队级单位军政主官座谈会和总队改革动员部署会精神，对部队改革进行全面动员部署。11月14日，召开改革划转教育宣讲暨集中警示教育整顿活动动

图9-12 2018年，举行晋升武警警衔暨颁发纪念章仪式

员部署会，在改革关键期集中开展改革划转教育宣讲，传达落实党中央和公安部党委关于部队改革的“六大纪律”和“六个必须”要求。是年，举办庆八一暨“拥护改革奋勇开篇”主题朗诵比赛、向党旗宣誓、晋升武警警衔暨颁发国防服役纪念章仪式等系列活动 5 场次。支队党委常委逐一与基层官兵开展“一对一”谈心，组建专班谋划并拍摄纪录片《时光带不走的橄榄情》，为官兵最后的军旅生涯留下光荣记忆。

二、部队正规化

1990 年，围绕强化条令意识和纪律观念，广泛开展“如何做好一个合格军人”专题讨论；狠抓共同条令学习贯彻，在石臼边防派出所开展“条令化”管理试点工作。

1991 年，从提高认识、强化条令意识，完善规章制度入手，强化职责、制度落实，抓养成、抓干部、抓机关、抓整顿，加强正规化建设。省边防总队在石臼边防派出所召开贯彻条令条例现场会。

1992 年，参照企业转化经营机制，围绕引入竞争机制、选能任贤罚懒，制发《关于破除“三铁”思想，强化干部队伍管理试行办法》，明确各级各类干部职责、工作标准、奖惩办法，推行领导干部和一般干部的任期目标责任制，激发干部的竞争和进取意识。开展为期 2 个月的队伍建设整顿，巩固正规化建设成果。

1993 年，重新修订《干部工作目标责任制奖惩管理办法》，将干部工作态度、工作成效直接与本人职务、警衔晋升、奖励等挂钩，调动积极性。印发《日常管理及纪律作风规范》，8—9 月，开展纪律作风和廉政建设整顿，采取半天工作、半天学习整顿的方式，学习上级有关文件，开展对照检查，支队党委成员和站、所领导人人写出廉政执法保证书。

1994 年，按照《部队日常管理工作八项要求》，从一日生活、礼节礼貌和日常工作入手，狠抓养成训练。针对不同时期部队出现或可能出现的纪律松散、办公秩序不正常等不良现象，进行纪律作风、警容风纪、办公秩序、反腐倡廉等整顿近 10 次。

1995 年，落实省边防总队《安全防事故工作暂行规定》，把安全防事故工作纳入领导任期责任制目标化管理，与各所站分别签订《安全防事故工作责任书》。

1996 年，制定出台《部队建设规范》，作为指导部队正规化建设的规范性文件。9 月，为机关和各基层单位配备 AST486 型微机，并对官兵进行微机操作专门培训。

1997 年，制定《收费、罚没款管理规定》，严禁擅自提高收费标准，杜绝乱收费、乱罚款，对收缴的款项全部及时上交市财政。严格执行“禁酒令”，并作为一项铁的纪律常抓不懈。12 月 30 日，省公安厅批复同意在边防支队机关增设业务处（副团级）。

1998 年，围绕“队伍素质年”活动，举办警长培训班、新条令培训班，组织对干部进行全面工作考察。2 月，组织开展纪律作风教育整顿活动，采取集中和分散相结合的方法，反复学习党的路线、方针、政策和部队条令条例。5 月，分 3 批组织全体官兵系统学习新《中国人民解放军内务条令》《中国人民解放军纪律条令》《中国人民解放军队列条令》和《中国人民解放军警备条令》。

1999 年，贯彻《军队基层建设纲要》，采取领导包干、达标验收等方式狠抓正规化建设，在岚山、臧家荒边防工作站试点基层正规化建设。是年，10 个基层派出所全部被省公安厅评为档案规范化达标先进单位。

2000 年，用“打得赢、不变质”的最高要求指导部队全面建设，进行岗位练兵、条令学习和纪律作风整顿。为支队机关和基层单位配置微机 25 台，增配 350 兆无线通信设备、传真机、录音、照相器材等，机关干部开始使用微机办公，基层单位开始对档案实行微机化管理、应用边境管理业务系统软件。11 月底，开通 DVVID 专网语音系统。

2001年，根据省边防总队统一要求，推行干部“双考”制度。制作公安网日照市边防支队网页，初步实现与总队和全省部分支队级单位的信息共享。4月，组织官兵进行1个月的条令学习。

2002年初，投入3万余元，开通边防支队机关与各边防大队、边防派出所350兆超短波无线通信网，联通支队机关与市公安局350兆集群群呼网。9月，投资2万元，联通边防支队机关与市政府电子公文传输系统。10月15日，边防派出所开始履行户口管理职责。为做好户籍管理工作，市边防支队为全市边防派出所统一配备户籍管理专用微机和有关橱柜等器材。落实新编制，撤销边防支队业务处，将边防业务工作移交司令部；成立机关勤务中队，建立中队党支部，将机关士兵全部纳入中队统一管理。

2003年，分2批对35岁以下干部进行计算机技能培训；倡导干部参加自学、函授等教育，边防支队干部取得大专以上学历的占干部总数的86%。8月，开展为期1个月的加强执法工作和内部管理教育整顿活动，进一步加强留置室管理、“三乱”问题整治和警务公开建设。

2004年，出台派出所主官每月向地方党委、政府和公安机关汇报工作举措。落实大练兵活动部署要求，研究制定练兵方案，结合实际举办实战技能、法律、情报业务、政工、军需财务等7期培训班，受训官兵130余人，占全部警力的65%。制定出台《日照市边防支队正规化管理暂行规定》《关于进一步加强基层基础工作的意见》《边防业务暨法律法规汇编》等规范性文件5个。

2005年，举办实战技能教练员培训班，突出实战技术训练，为基层培养训练骨干27人。继续推进信息化建设，完成边防支队与边防派出所四级联网建设，开通办公自动化系统，提高信息处理和快速反应能力。是年，全市10个边防派出所中，有一级所1个、二级所4个、三级所5个，无四、五级派出所。

2006年，牢固树立“三个第一”指导思想，注重服务基层，加强从优待警，出资为边防派出所购置防弹头盔、强光手电、防割手套等警用防护装备100套，每个边防派出所都配有警务用车两辆以上。3月28日，印发《边防派出所军政主官考评办法》，按照日常工作与年终检查相结合、内部测评与支队党委、地方党委政府和公安机关评议相结合的原则，分级分类对派出所军政主管、副职领导进行考核，对考核前五名的，进行通报表扬和物质奖励，对后两名的，予以诫勉谈话；连续两年列后两名的，予以调整或转业。出台《深化大练兵苦练基本功实施方案》，组织举办2期集中轮训班，举办法制业务、情报信息、实战技能、射击、宣传报道、财务军械等各类培训班和训练活动10余期。落实公安部边防局要求，统一边防派出所办公场所外观标识和车辆外观标识。大力加强科技强警工作，支队机关公文流转基本实现无纸化。

2007年，认真落实《公安边防部队内务规定》，通过确定标兵派出所，带动各单位从库室设置、内务卫生、请示报告等经常性、细微性的工作抓起，逐步形成规范。6月，举办3期《公安边防部队内务规定》集训班，对党委成员在内的全体官兵进行封闭式集训。9月，开展《公安边防部队内务规定》知识竞赛，检验官兵学习情况。安全工作纳入基层班子年终考核内容，先后签订“三无”目标责任书、公安网络和信息安全保密责任书、“预防乱收费、乱罚款、乱摊派责任书”，建立起严格的奖惩机制。

2008年，支队严格执行《边防派出所军政主官考评办法》，激发军政主官的竞争意识和责任意识。积极开展派出所主官进入地方党委政府班子和民警兼任村官工作，出台《民警兼任村官工作规范》等指导性文件，10个边防派出所所长全部进入乡镇党委班子，辖区119个村居全部有民警兼任村官。投资5.7万元为装备车辆安装GPS卫星定位系统，加强车辆管理，保障行车安全。

2009年5—8月，根据总队统一部署，开展安全稳定教育整顿，从领导作风、执法执勤、内外关系、安全管理等方面全面排查影响部队安全稳定的隐患和问题，对排查出的问题逐一落实登记，定人定责、限期整改。

2010 年，大抓基层建设，利用到基层检查、调研和当兵等多种形式，加强基层工作调研。投入资金 140 万余元，全面完成 10 个派出所的办公、办案、生活、服务 4 个功能区改造工作。

2011 年，制定出台《支队正规化管理暂行规定》，投资 43.3 万元完成支队指挥中心、值班室、侦察队、党员活动室等装修改造，投资 25 万余元更换支队机关办公桌椅等办公设施。依托总队 GPS 车辆管理系统，投资 6 万余元对 41 台装备车辆重新安装监控。7 月 4—22 日，在任家台培训中心举办 3 期军事业务岗位技能培训班，对 160 余名民警进行脱产培训。投入 70 余万元全部开通营区监控、周界报警系统及边防派出所视频会议系统，投入 5 万余元建设支队级语音网关，支队与各基层单位之间实现网络 IP 电话互通。

2012 年，针对部队管理教育工作存在的问题隐患，部署开展为期 2 个月的安全稳定、纪律作风教育整顿活动。1. 出台《支队干部休假探亲实施办法》，对干部休假探亲做进一步规范；2. 投入资金 10 余万元对计算机软硬件进行更新，重新更换 161 台电脑硬盘，封闭全部内网电脑 USB 插口和无线网卡；3. 投资 11.5 万元建设兵器室指纹门禁系统，实现对兵器室上下联控。6 月，制发《日照市公安边防支队实行单位和个人绩效考核工作实施方案》，成立专门领导小组，制定考核办法，开始探索日常考核与年度考核相结合、以工作实绩为核心的评价体系建设。

2013 年 5 月，分 2 批举办岗位技能练兵培训，组织全体官兵围绕队列指挥、体能训练、新式擒敌拳、实战应用技术开展为期 8 天的集中培训。7 月 19 日，印发《关于进一步加强边防派出所基层基础工作的意见》，围绕加强信息收集、优化警务模式、健全防控网络、深化科技应用、完善机制建设、打造爱民品牌六大方面，提出 30 项具体措施。是年，研发干部请销假管理系统，启用一体化平台士兵请（休）假系统，加强对官兵“两个以外”管理。投资 5 万余元安装电子巡更系统，增设 98 个巡更点，加强重点部位巡查。

2014 年初，抓住冬季业务工作相对较少的时机，围绕提升执法执勤能力素质，部署开展以队列、技能、体能和处置突发事件为主要内容的冬季练兵活动。1 月，开展以尊干爱兵为主题的专项教育整顿，通过开展广泛谈心、公布举报电话和电子邮箱、加强人文关怀等，全面排查整改影响部队安全稳定和内部关系不和谐的突出问题，彻底整治打骂体罚士兵等不良风气。4 月，部署开展“学条令守条令”活动，组织官兵系统学习共同条令、中央“八项规定”、公安部“三项纪律”等禁令铁规、规范部队四个秩序，巩固深化部队正规化管理成果。是月，制发《日照边防支队、大队党委领导督察工作办法》，探索实行“2·1·1”督查工作模式（即每次督察组由 2 名司令部参谋、1 名政治处干事、1 名后勤处助理员组成）。是年，修订完善《支队领导班子和干部绩效考核办法》，探索以每月考核一次的模式，将单位和个人的日常考核工作固化；围绕岗位练兵，分 3 批次组织官兵开展岗位技能轮训，分别进行警棍盾牌操会操和实弹射击考核。

2015 年，贯彻中央军委主席习近平关于依法从严治军重要指示精神，进一步严密安全管理措施，健全预防长效机制。6 月，印发《日照边防支队安全管理工作实施意见》，围绕无行政责任事故、无执法执勤事故、无违法犯罪案件、无自杀事件、无违反条令禁令行为的安全工作目标，要求每月至少召开一次安全形势分析会议、组织一次安全教育、开展一次安全隐患排查。7 月，制发《日照边防支队士兵请（休）假管理规定》，对士兵日常请休假程序及权限进一步规范。7 月 15 日至 10 月 22 日，部署开展“百日安全竞赛”活动，围绕人、车、枪、保密等八个方面内容开展专项排查、专项整改。是年，岗位练兵、督察式日常考核步入常态化轨道，全年开展集中练兵普考 4 次、日常督查考核 12 次。

2016 年，紧紧围绕党在新形势下的强军目标，实战化岗位练兵、安全管理交叉贯穿全年。1 月 8 日至 3 月 31 日，部署开展冬季岗位练兵，按照逐人考核、逐人达标标准进行验收，巩固 2015 年岗位练兵成效。3—8月，部署开展“大排查、大清理、大整改”专项活动，以政治纪律、组织纪律、廉洁纪律、执法执勤纪律和安全管理、履职尽责等重点，开展全员纪律整顿。3—11月，按照上级统一部署，围绕履职尽责必需的基本知识、基本体能、基本技能、基本战术以及各系统专业技能和实战应用技能，开展岗位技能练兵暨实战化训练，并将考核成绩与个人考核成绩、单位考核成绩挂钩。5月23日至6月6日，分3批举办警务实战轮训班，围绕警务实战法律依据、警械武器使用原则和规范、武力升级应对措施、实战应用射击技巧、急救基础技能及基础体能训练等科目进行学习强化。是年，着眼应急处突建设需要，配置9类300余件反恐防暴器材，每月组织实兵实装拉动。

2017年3月，下发《深化推进正规化管理实施方案》，选取4个单位开展正规化建设试点。是月，制发《日照市边防支队领导班子绩效考核办法（试行）》，每季度确定下发考核标准，每季度最后一个月对各边防大队、边防派出所进行考核。5月，省边防总队统一部署干部日常考核，首次对干部实行日常考核与年度考核相结合的形式进行绩效考核，自当月起，干部绩效考核成绩由支队每月汇总研究，并在省边防总队网站公示存档。10月，制发《基层单位日常精细化工作清单》，区分日工作、周工作、年度工作，将部队重点解决的问题细化为18个大项、79个小项，构建精细化管理模式。是年，结合从严治警教育整顿活动，常态化抓好中央军委禁酒令落实。

2018年，围绕部队改革，加强内部管理、强化专业训练、树立良好形象。1月11日，召开精细化正规化现场观摩会，实地观摩4个边防派出所部队精细化建设情况，检验正规化建设成果。8月13日至10月12日，分批组织士兵进行部队改革培训。10月，部署开展“全员大培训、全面大提升、全力迎考验”集中强化培训，着眼部队改革特殊时期，开展“查隐患、解困忧、迎改革”帮扶活动，派出工作组对基层单位规章学习、警示教育、隐患排查、制度落实等工作进行深入督导检查。

三、后勤保障

1990年，自购12辆摩托车、2辆吉普车配发至基层单位。开展花园式边防所创建，组织干警自己动手修缮房屋、美化营区。

1991年，贯彻省边防总队后勤工作会议精神，加强后勤工作的标准化、制度化、规范化建设。修订完善《财务管理制度》《车辆管理制度》《公用物资管理制度》等管理规范5个。为基层办实事4件：1.举办一期摩托车驾驶员培训班；2.组织基层官兵普遍进行一次查体；3.保障官兵生活方便，联系价格较低的烤火煤40吨、大白菜10吨分送基层；4.争取资金10万余元，改善基层居住和办公环境。

1992年，采取多种措施改善营区环境，半数以上的站、所达到花园式标准。

1993年，加强经费管理和使用，取消市内出差补助，实行油料费包干使用，实行医疗费定点医疗和集体与个人共同负担费用。为基层办实事三件：1.为2站、所建设共1000余平方米的办公楼；2.为4个站、所配备指挥车辆；3.为6站、所开通有线直拨电话，更新部分对讲机。

1994年，树立“过紧日子”的思想，进一步完善财务管理制度和经费开支规定，要求小项开支先请示，大项开支党委定。是年，边防支队新机关办公楼开始动工，投资110万元建成1座宿舍楼，解决干警住房困难。

1995年，完成边防支队机关办公楼建设，为5个基层单位进行搬迁、修建和扩建，自购汽车8辆解决交通困难。

1996年，加强财务规范化建设，进一步完善《医疗卫生管理制度》《车辆油料包干使用制度》及差旅费报销标准等规章制度，在石臼边防工作站召开财务工作规范化管理现场会，贯彻落实省边防总队现场会精神。把食堂管理列入后勤保障工作重要内容，组织各伙食单位修缮改造食堂，增置炊具，保证官兵吃好。是年，新建车库、食堂、微机房等营房1000余平方米。

1997年，贯彻省边防总队《基层财务规范化管理目标》和《基层财务规范化管理达标标准》，支队机关和10个基层工作站均设立专用财务室。

1998年，开展后勤管理达标活动，圆满完成财务、军需、运输、装备、营产、审计、生产经营、卫生7项达标任务。

1999年，加大营房改造力度和营区基础设施建设，2个边防工作站列入改造计划，为部分偏远单位铺设自来水管道，解决吃水难问题。

2000年，加大营房改造力度，5个边防工作站完成营房改造任务，经过连续多年营房改造，10个边防工作站有8个实现楼房化办公。6月29日，全省边防部队“营房建设、菜篮子工程、卫生工作”现场会在日照召开。

2001年，加强“菜篮子工程”建设，充分利用营区房前屋后发展种植、养殖，臧家荒边防工作站新建一座蔬菜大棚。

2002年，按照“保障有力”标准狠抓各项后勤保障工作，9个基层单位达到省边防总队《营房改造三年基本规划》标准，6个边防派出所蔬菜基本能够保证自给。

2003年，按照省边防总队要求，成立支队财务结算中心，对大队及所属派出所的各项财务进行集中核算。“非典”疫情发生后，成立指挥部和机动队，制定处置预案，投资6万余元购买药品、口罩、消毒剂等，疫情期间部队内部安全稳定。是年，开始探索后勤保障社会化试点。

2004年，协调地方党委、政府为3个边防派出所铺建5000余米水泥路，解决出行难。启用公安边防部队运输管理系统，支队37辆装备车和30名驾驶员信息实现微机化管理；投资2万余元为支队军械库、弹药库和2个基层单位兵器室安装带有指纹锁的防盗门。自行研制开发“医药费及药品网上管理系统”，官兵医药报销和药品实现微机化管理。2月，在全省边防部队率先开通大队级网上银行，实现对基层单位银行资金的实时监控。

2005年，在省边防总队拨款支持的基础上，投资50余万元，为基层配发警用捷达车10辆、电脑10台、洗衣机12台和部分警用防护装备。

2006年，牢固树立“三个第一”指导思想，全部解决基层单位吃水、照明、取暖等困难。是年，安排全体官兵及家属200余人参加体检。

2007年，加强车船管理，投资8万元对5艘船艇进行维修，投资10万余元安装GPS车辆实时监控系统，于春节前投入使用。为10个边防派出所新装备警务用车9台，检修保养执勤用车20余台。是年，完成06式车辆号牌和07式服装发放工作。

2008年，引导基层单位搞好农副业生产，在王家滩边防派出所投资7万元建立生猪养殖基地，养殖生猪60余头，指导臧家荒边防派出所筹集资金近20万元建成蔬菜生产基地，建成当年即投入生产。其他各单位也都利用空闲地种植各类瓜果蔬菜，丰富官兵的“菜篮子”。是年，为基层配发警务用车6辆。

2009年，边防派出所公安业务经费首次纳入市级财政预算。做好第十一届全运会日照赛区安保参战船艇和车辆的油料保障工作，共为执勤船艇、车辆补给柴油60吨，汽油1万余升；发放各类药品160余份，配发御寒衣物96套；协调卫生部门为350名官兵接种H1N1流感疫苗。5月25日，承办全省边防部队农副业生产工作现场会，向与会代表展示生猪养殖、蔬菜种植等农副业生产成果。

2010年，着力推进营房建设，对机关办公楼、会议室、办公室等进行维修改造，更换添置电脑、办公桌等办公设备，改善官兵工作生活条件。7月，王家海屋边防派出所新营房建成并投入使用。是年，岚山区政府为岚山边防大队划拨军事训练用地30余亩，日照经济技术开发区管委会为夹仓边防派出所划拨新营房用地 15 亩。

2011 年，牵头召开山东省公安边防总队应急处突和重大勤务后勤保障日照协作区联席会议及军地座谈会，完善日照协作区应急处突和重大勤务后勤保障方案，与日照市人民医院、日照东方高速运输集团、日照永达汽车修理厂建立应急处突后勤保障协作机制。加大农副业生产指导帮扶，基层单位充分利用空闲土地营区开展形式多样的农副业生产活动，王家滩边防派出所生猪养殖基地、臧家荒边防派出所蔬菜种植基地和小海边防派出所农副业生产基地产肉 2000 余公斤、蔬菜 1.5 万余公斤、家禽 400 余只、产蛋 750 余公斤。

2012 年，制定出台《办公用品及公用物品集中采购及使用管理规定》，对办公用品及公用物品实行集中统一采购、统一入库管理。制定《医药卫生管理规定》，启用自主研发的新版“医药费管理系统”，对就医程序、审批制度、药品管理进行重新规范。

2013 年，印发《采购管理暂行规定》，完善经费审批、医药费报销和基本建设管理等制度和程序。研发“被装数据查询系统”，提高被装管理信息化水平。完成新式车辆号牌更换工作，按照“收旧换新”的模式，更换新式武警车辆号牌 41 副。利用部队医务室开展日常巡诊，重点做好 H7N9 疫情防范，组织官兵及家属健康体检，投资 2 万余元为 43 名基层官兵接种乙肝疫苗。

2014 年，探索医疗和副食品社会化保障模式，实行官兵定点门诊首诊制度，将家属纳入日照市社会居民医疗保障范畴，选取 3 个伙食单位探索实行“定点采购、统一配送、集中支付”副食品集中配送模式。加快推进营房项目建设，夹仓、安东卫边防派出所 2 处新建营房工程项目开工，山海天公寓房项目完成可行性研究报告编制、环评、水保、权属坐标图绘制等工作。2 月，召开“两证”办理工作推进会，按照上级土地房屋专项治理工作部署，开展土地房屋专项治理暨“两证”办理工作，是年，办理土地证 2 本，面积 10740 平方米，办理公共用房房产证 6 本，面积 6682.89 平方米。

2015 年 1 月，在全支队 13 个伙食单位推行副食品集中配送模式，在机关食堂推行分餐制试点。3 月，完成宏福小区 9 套公寓房的清退任务。4 月，落实上级统一部署，开展财务工作大清查，围绕内控制度、原始单据、经费流向、集中采购、资产管理等方面，对 2013 年后的财务工作情况进行全面梳理。八一建军节前夕，夹仓、安东卫两处新营房竣工投入使用。10 月，建成应急物资储备库一处，着眼抢险救援、维稳处突等实战保障需要，配备战备食品、公用被装物资、帐篷等应急物资等 4 大类、32 小类、840 余件。12 月 4 日，山海天公寓楼项目开工建设，项目建筑面积 4826 平方米，总投资 1180 万元。

图 9-13 2015 年，岚山分局安东卫边防派出所新办公楼启用仪式

2016 年，加强后勤规范化建设，结合公安部巡视工作，深入开展财务大清查“回头看”，对 2013 年后的财务工作情况进行全面梳理；完善大队审核制度、基层报账员培训制度和基层财务管理每月点评制度，研究制定财务报销、集中采购、医疗费报销等后勤业务工作流程图，进一步提升后勤管理规范化水平。5 月，山海天公寓房项目主体竣工，进入后期装修阶段。10 月，修订完善《官兵及随军家属医疗费用管理规定》，将门诊费报销比例提高 5%，为全部随军未就业家属及未成年子女居民购买基本医疗保险。是年，拿出专项资金为基层购置 16 辆执法执勤车辆，对山海天、石臼、臧家荒、小海、

王家海屋5个基层派出所食堂进行统一升级改造并全部配发炊事器械。

2017年，营房和基础设施建设取得大发展。年初，在广泛调研论证的基础上，支队党委把营房建设列为全年“头号工程”，对市海防指挥中心建设、基层派出所营房新建及改造等14个项目作出细致规划。1月9日，经积极汇报争取，市政府下发《日照市公安边防支队营房基础设施建设方案》（以下简称《方案》），对市边防支队营房建设作出总体部署：1.确定市海防指挥中心等4处营房新建为政府“交钥匙”项目，各相关区政府（管委）为项目建设实施主体，市直有关部门配合；2.确定山海天边防派出所、船艇大队、中心渔港边防派出所营房新建项目，由边防支队负责项目设计建设，各新建营房缺口资金部分分别由属地区政府（管委）负责；3.《方案》对各建设项目责任主体、具体任务、时间进度等进行量化分解，市政府办公室负责督办落实。4月，完成16式武警贝雷帽发放工作。9月29日，举行市海防指挥中心项目开工奠基仪式。

2018年，加快推进市政府1号文件落实，围绕部队改革，做好资产清查移交各项工作。1月10日，举行东港边防大队暨山海天边防派出所营房建设项目奠基仪式，项目建筑面积3371平方米，主体为4层框架结构，计划总工期8个月。3月1日，召开2018年度营房基建工作推进会，7月18日，召开营房建设推进会，对照项目推进表，梳理问题和困难，明确阶段工作重点。是年，市海防指挥中心主体建设项目全部竣工，6个边防派出所勤务指挥室和7个边防派出所营房升级改造项目全部完成。10月，按照上级统一部署，市公安局委托第三方机构开展为期2周的后勤数据统计和财务事项清查，逐一核对，确保账物相符，为部队改革移交做好充足准备。

RI ZHAO SHI
GONG AN
ZHI

第十章

10

特巡警工作

TE XUN JING GONG ZUO

随着市场经济的发展，人员、物资、技术和信息大流动，社会治安形势呈动态化趋势，反恐防暴形势日趋严峻复杂。地级日照市公安机关成立后，不断建立和完善人民警察巡逻体制及应急处突机制，适应改革开放和社会主义市场经济发展的新形势，维护公共安全，提高社会治安管控能力。

1994 年 7 月，市公安局成立巡逻警察支队，各分县局随后建立专职巡逻队伍，坚持“一警多能、一专多用”，实行徒步为主、自行车与机动车相结合的 24 小时巡逻勤务方式，及时发现、预防、制止和打击街面违法犯罪，初步建立起动态化巡逻防控体制。2002 年 9 月，市公安局巡逻警察支队与治安管理科（治安警察支队）合并，组建市公安局治安巡逻警察支队，有效整合巡防队、治安巡警、派出所 110 机动队及村居、社区巡逻队等多种巡逻力量，构建合成化大巡防格局。2008 年 6 月，市公安局特警支队正式成立以后，全市特巡警队伍按照“专业化建队、单元式作战”的基本思路，树立“统筹资源、协同联动、区分警情、精准用警”的理念，强化协作配合、强化资源战力科学配置、强化作战单元建设、强化战备保障，不断创新特巡警工作模式，打造纪律严明、作风顽强、善打硬仗、保障有力的日照特警铁军，成为巡逻防控、应急处突、反恐维稳等工作的尖刀、骨干力量。

第一节　巡逻防控

一、建立人民警察巡逻体制

地级日照市公安局成立后，巡逻警察大队负责对市区、城区主要路段、街道、小区夜间治安以及公共复杂场所进行巡逻管控。

1993 年 11 月，省公安厅在青岛召开全省人民警察巡逻体制工作会议，要求在 1994 年底前完成城市人民警察巡逻体制建设。

1994 年 2 月，公安部颁布《城市人民警察巡逻规定》。7 月，经日照市委、市政府批准，撤销东港分局巡警大队，设立日照市公安局巡逻警察支队，暂编巡警队员 100 人。10 月 1 日，巡警支队正式上岗执勤，实行 24 小时市区街面巡逻巡查防范，提高动态控制能力，维护城区治安秩序。至 12 月底，共查处各类案件 213 起，抓获各类违法犯罪分子 304 人；捣毁淫秽放像点 5 个，收缴淫秽录像带 70 盒、淫秽书刊 845 册、管制刀具 92 把；纠正交通违章 8562 次。

1995 年，全市公安巡警坚持“一警多能、一专多用”，科学部署警力，明确警区、警段和责任分工，实行徒步为主、自行车与机动车相结合的 24 小时巡逻勤务方式，及时发现、预防、制止和打击街面违法犯罪，强化市区交通秩序和市容市貌等方面的综合管理。是年，在巡逻中查处案件 697 起，查获各类违法犯罪分子 954 名，调解各类纠纷 351 起，服务群众 684 起。是年 5 月，莒县公安局设立巡警大队，编制 18 人，通过封闭式管理、军事化训练、正规化教育，于 1996 年 1 月 1 日正式上岗执勤。

图 10-1 1995 年，巡警支队上岗执勤一周年工作总结表彰大会

1996 年 10 月 1 日，市公安局完成 110 报警服务台筹建工作。在巡警支队二大队、三大队设立 110 处警机动队，实行 24 小时值班备勤，在开展街面巡逻防控的同时，承担市区 110 处警职责。是年 7 月，五莲县公安局巡警大队成立，编制 20 人。

1997 年 3 月，岚山分局设立巡警大队，编制 20 人。至此，覆盖区县的专业巡逻力量体系初步组建完成。

二、建立动态巡逻防控模式

1997年，根据形势任务的变化，市公安局巡警支队主要承担辖区巡逻、110接处警、市公安局机关办公楼夜间警卫等任务。在巡逻防控方面，聚焦严打整治、扫黄打非、清除社会不良现象等，努力解决群众反映强烈的治安问题，维护社会面治安秩序，共查处各类案件687起，抓获各类违法犯罪嫌疑人726人，其中刑事案件137起151人。

1998年，市公安局推动巡警警力下沉，优化市区街面巡逻机制。巡警支队二大队、三大队分别整建制划属东港分局、开发区分局，成立东港分局巡逻警察大队（编制40人）、开发区分局巡逻警察大队（编制20人）。改隶后，东港分局巡警大队将警力分为4个中队，每晚安排两个中队以路面步巡为主，自行车、机动车巡逻为辅，在老城区主要街道有警处警、无警巡逻。

1999年，市公安局围绕做好庆祝新中国成立50周年、建市10周年等重大安保任务，进一步加大巡逻防控力度。坚持严打、严管、严防、严治，提高打防实效，增强工作的针对性和主动性，稳控社会治安局势。在城区，以巡警、派出所为主体，依托大的村居、单位，建立健全专兼职巡逻队伍，加大巡逻力度和密度，提高动态巡防能力。在农村，大力推行村村联防、户户联防制度。是年，推广东港分局巡警大队经验，改变110处警机动队坐等接警、被动出警做法，划定区域、规定路线，以巡为主、动静结合、有警处警、无警巡逻。同时，巡警支队直属大队抽调力量组建反扒分队，深入城区公共汽车、太阳城市场、集贸市场和市医院等重点区域，严厉打击群众反映强烈的流窜扒窃违法犯罪。

2000年，针对社会治安动态化的特点，全市公安巡警坚持以巡为主、动静结合、有警处警、无警巡逻勤务模式，针对不同季节、不同区域的发案规律、发案特点及群众反映的治安问题，及时调整警力部署，加大巡逻密度，扩大社会控制面，以快制快、以动制动，稳控治安局势，共接处警10954起，查处各类案件356起，抓获各类违法犯罪嫌疑人534名（其中破获刑事案件220起、刑事拘留173名）。是年，扎实开展夏季反扒专项行动，打掉扒窃团伙8个，抓获违法犯罪嫌疑人71名。是年2月8日凌晨2时许，开发区巡警大队一中队民警在林滩小区巡逻中查获携带小口径手枪的犯罪嫌疑人周某、沈某，经审讯，二人交代伙同他人在东北抢劫1辆捷达轿车的犯罪事实。

2001年，市公安局在东港分局试点推行110警务运作机制改革，将东港分局巡逻警察大队3个中队分别划归老城区日照路、望海路、昭阳路3个派出所。2002年4月7日，市公安局在东港分局成功试点的基础上，将开发区分局巡逻警察大队两个中队整建制划归东港分局，配置到东港分局黄海路、泰安路2个派出所。巡逻中队下所后，与派出所原有巡逻力量统一编组，组成新的巡逻中队，屯警街面、就近处警。

三、构建“大巡防”格局

2002年9月，市公安局巡逻警察支队与治安管理科合并，组建治安巡逻警察支队。东港、岚山、开发区分局治安管理科与各分局巡逻警察大队合并，改称治安巡逻警察大队（副科级），各派出所设立治安巡逻中队。

2003年，实行“政府出资，公安运作”的做法，全市组建市区、城区专职治安巡防队伍5支、290余人，与治安巡警、武警、派出所110机动队和村居、社区巡逻队等密切配合、协同作战，24小时加强对城区重点路段、重点部位、重点时间段的巡逻防范，构建以巡防、110巡警力量为主导的街面防控网，防范和打击城区街面违法犯罪。

2004年，深入开展“治安防控年”建设活动，全市公安机关组织300余名警力，成立22个巡逻组，加大夜间巡逻密度，严厉打击盗窃等多发性犯罪，及时抓获现行，初步形成大巡逻格局。市区各警种联合作战，加强市区繁华街道、重点部位及旅游景点的治安巡逻，共抓获“两抢”犯罪嫌疑人67名，破获案件38起。

图 10-2 2005 年，东港分局巡防大队开展街面巡逻

2005年，充分发挥治安防暴警、派出所民警、机关民警、武警、交警、保安员和治安人员7种力量的作用，最大限度地向街面投入警力，依托徒步、机动车和便车3种街面巡逻方式，不断强化市公安局、分县局、派出所和社区四级街面巡逻运行机制，提高驾驭街面社会治安局势能力。

是年，各分县局组建保安化的市区、城区治安巡防队伍，加大城乡治安巡逻密度。东港分局由市、区两级财政拨款，组建120人的巡防队伍，4个月内抓获各类现行违法犯罪人员380名。岚山分局组建40人专职巡逻队，投入50万元，购置3台巡逻车及警械、防护器材。开发区分局招收40名巡防队员，投资10万元，购置2辆电瓶车以及警用器材。莒县公安局组建50人城区专职巡逻队，购置6辆摩托车、2辆电瓶车及警用器材。五莲县公安局招收37名巡防队员，购置电瓶车，加强城区街面巡逻。

2006年，紧密结合“基层基础建设年”活动，立足于构建“大巡防”格局，有效整合巡防队、治安巡警、派出所110机动队及村居、社区巡逻队等多种巡逻力量，加强对重点路段、部位、时段的巡控，提高街面治安管控能力。是年10月，市公安局从东港分局和交警部门抽调70余名警力成立专门行动队，坚持公开巡逻与便衣守候相结合，严厉打击和防范街面“两抢”犯罪。至12月，市区街面违法犯罪同比下降49.2%。

四、创新合成化街面防控打击机制

2007—2011年，实行网格化布警模式，以派出所、交警中队为单位划片分段、设置巡逻责任区域，组织机关民警利用夜间、节假日等业余时间参与巡逻，全面强化街面巡逻防控。在省际、市际、县际交界处设立10个跨警种治安检查站，在进出市区、城区的主要路口设立41个固定或流动治安卡点，以每晚10时至次日凌晨4时为主要时间段，加强对过往可疑车辆、人员的盘查。推行“一体化”执勤，做到巡逻到哪里，治安管控措施就落实到哪里，在全国率先推出“警车上路即亮警灯、承担治安巡逻任务”制度和“将巡逻车改装成出租车的便衣警务”新模式。对民警在巡逻中抓获现行、破获案件等13种情形，视情通报表彰，并与年度考核、立功受奖、晋职晋级、调整交流、经济待遇直接挂钩。2007、2008、2009、2010、2011年，街面抢劫、抢夺警情连续下降33.8%、15.6%、15.5%、26.5%、23.9%。

2007年3月17日，东港分局日照路派出所巡防队员李业波在抓捕持刀抢劫犯罪嫌疑人时英勇负伤，住院期间，省见义勇为基金会主任、原省公安厅厅长孟庆丰，省综治办副主任窦广平，市委书记李兆前等市领导，先后到医院看望慰问。

2008年6月，市公安局成立特警支队，发挥治安巡逻防控“机动队”作用，采取公开与便衣巡逻相结合的形式，分组编队，以案件多发部位、多发时段为重点，强化街面治安巡逻防控，做到既管治安、又管交通，一警多能、综合执法，进一步严密城乡治安防控体系。是年，全市公安机关通过巡逻抓获违法犯罪嫌疑人110余名。

2009年6月，根据市公安局部署，特警支队探索实行“轮训轮值、战训合一”警务运作模式，即1/3警力到交警直属大队轮岗培训，1/3警力参加市区治安巡逻，1/3警力加强训练备勤，按大队建制2个月轮岗一次。10月29日，特警一大队21名民警完成交警直属大队为期2个月轮岗执勤。期间，累计完成高峰示范岗任务980小时，警卫任务70次，带班夜间巡逻180人次，参与酒驾集中整治120次，刑事拘留1人，治安拘留3人。

2010年4月28日，五莲县公安局巡防大队指导员孙金友带领巡逻人员追缉1个持枪严重暴力犯罪团伙，在左眼被枪击中的情况下，带领巡逻人员将2名犯罪嫌疑人当场抓获。经查，该犯罪团伙自2007年后结伙盗窃、持刀抢劫等多次，涉案价值近30万元。当日，该团伙预谋尾随抢劫银行提款人员，被巡逻人员发现并抓获。2012年，孙金友被公安部授予全国公安系统二级英雄模范荣誉称号。

2011年1月24日至2月22日（腊月二十一至正月二十），为确保春节、元宵节和全国“两会”期间全市社会治安稳定，按照公安部、省公安厅统一部署，市公安局、武警日照市支队在市区首次启动以特警、武警为主要力量的公安武警联勤武装巡逻工作，通过合成编组，采取步巡、车巡相结合的方式，每天出动公安警力10人次、武警18人次，自上午8时至下午6时30分，在万平口生态公园风景区、市级机关办公大楼及周边区域开展联合武装巡逻。

五、建设立体化治安防控体系

2012年，市公安局将治安支队行动大队整建制划归特警支队，为特警四大队，新招聘100名巡防力量全部充实到特警支队，并配发15辆巡逻警车，启动“特警全天候巡逻防控”警务模式。特警二大队、三大队设立12个中队，对应市区12个派出所，承担上半夜（17时30分至23时30分）辖区街面巡逻和下半夜（23时30分至次日6时）巡逻接处警工作，有警接警、无警巡逻，全天候加强街面治安巡逻工作。同时，成立特警支队便衣反扒中队，承担市区打流反扒任务。是年，特警支队共处置夜间有效110警情3380起，巡逻抓获各类违法犯罪嫌疑人261名；打掉扒窃作案团伙10个，抓获犯罪嫌疑人36名（刑事拘留25人，逮捕17人，取保候审7人，起诉21人），破获扒窃案件65起，市区扒窃发案同比下降31.54%。

图10-3 2012年5月28日，市公安局启动“特警全天候巡逻防控”警务模式

2014—2015年，东港分局成立100人组成的特勤大队，随后又增加山海天旅游度假区、日照国际海洋城50名特勤力量，以市区为重点、兼顾乡村，将市区和沿海旅游地区划分为13个封闭防区，依托政府投资、公安机关建设的9个警银亭、57个社区警务室、4个流动警务室以及单位村居保卫组织，通过人力防控、视频巡查等方式，构筑警银亭互联、警务室并联警务站、警务站串联各小区单位的“三联”网格化动态巡防机制，开展全天候动态巡逻防控，抓获违法犯罪分子74人，制止犯罪31起。

2014年，市公安局特警支队招聘40余名辅警，充实街面巡防力量。

2016年，升级改造特警支队信息合成作战中心，充分发挥特警直接参与街面巡逻处警的优势，通过与市公安局信息合成作战中心的协作配合，对阶段性、季节性、地域性高发案件开展深度研判，形成“线上信息研判，线下查缉追捕”的“信息合成作战+特警巡逻”特色模式。全年，共排查可疑车辆406台，可疑人员476名，查询车辆卡口数据2200车次，调取视频监控7850次；通过信息合成作战破获案件149起，抓获违法犯罪嫌疑人98名，其中网上在逃犯罪嫌疑人7名。是年，特警支队对便衣行动队警力进行优化调整，将4名民警和4名辅警充实到反扒队伍。全年，共破获扒窃、盗窃等街面侵财类案件133起，抓获各类违法犯罪嫌疑人109人，打掉各类犯罪团伙7个，查获被盗面包车、摩托车、电动车、山地自行车等共计90余辆，涉案价值52万元。全年市区扒窃发案同比下降18.8%。

六、打造精准化等级巡逻防控体系

2017年3月，市公安局印发《关于进一步加强等级化巡防工作的实施意见》，进一步明确等级巡防启动依据、具体巡防措施及运行机制等事项，健全完善精准化、等级化巡防机制。全市各级公安机关巡防力量坚持综合巡逻、分级巡逻和精准巡逻，实行社会面最高等级防控，强化街面显性布警，对重点区域、重点时段实行特警、武警联勤联动、武装巡逻，并在党的十九大安保期间抽调局机关1/3警力参与街面一线巡逻，形成密集布防的高压震慑态势。其间，全市8类案件同比下降37.2%，街面"两抢"警情同比下降66.7%。

自2017年下半年起，特警支队逐步不再担负市区下半夜110接处警任务。

2018年10月，印发《日照市公安局社会面巡逻防控等级勤务工作实施意见》和《日照市公安局公安武警联勤武装巡逻工作方案》，按照"全面覆盖、整体防控，情报主导、等级响应，突出重点、精准防控"总体思路，构建以各级指挥中心为中枢，以特巡警（治安）、派出所为骨干支撑，以武警、交警及机关警力为补充加强的巡防力量体系，建立健全巡逻防控等级勤务运行机制，最大限度实现社会面巡逻防控科学化、集约化、精细化。市公安局特警支队负责主城区重要区域、重点部位加强性叠加巡逻值守，并不再担负市区下半夜110接处警任务；各分县局、港航公安局特巡警（治安）部门负责辖区主、次干道"线"上的巡逻防控；派出所负责辖区居民区以及非主、次干道等"面"上的巡逻勤务。遇有重要安保维稳工作任务需要，市、县公安机关自行调派机关警力，配合开展巡逻工作。全市公安机关社会面巡逻防控勤务划分为三个等级，由市公安局根据上级指令及治安形势需要，适时启动相应等级勤务。

2018年上海合作组织青岛峰会安保和2019年多国海军青岛活动安保期间，全市公安机关坚持以面保点，抓紧抓实社会面整体防控，梯次提升巡防查控勤务等级，严格落实公安武警联勤武装巡逻、重点部位定点武装执勤、公安特警屯警街面动中备勤、人员密集场所高峰勤务"四项机制"，优化"1、3、5分钟"应急响应机制，最大限度把警力前置到街头路面，形成密集布防、重兵把守的高压震慑态势。上合峰会召开期间，全市刑事警情同比下降59%。多国海军活动期间，全市"两抢"警情同比下降50%。

第二节　防暴处突

一、应急处突专业队伍

1996年，市公安局巡警支队在内部设立特警队，重点承担突发性案事件的先期处置。

2002年，市公安局机构改革，在治安巡逻警察支队下设防暴行动大队，东港、岚山、开发区分局在治安巡逻大队内设防暴行动中队，承担群体性、突发性案事件处置等任务。

2006年，莒县公安局设立防暴警察大队。2009年4月，更名为莒县公安局特警大队。

2007年12月，公安部发布《公安特警队建设规范》。2008年6月，市公安局成立特警支队，治安巡逻警察支队治安防暴行动大队更名为治安行动大队，不再承担应急处置、防暴职能。

2017年10月，五莲县公安局设立特巡警大队，随后招录辅警57人。

2018年3月，市公安局设立东港分局特巡警大队和岚山分局特巡警大队。同时，撤销特警支队四大队，原四大队人员整体划归东港分局特巡警大队。是年，市公安局特警支队围绕做专做强安检排爆和攻坚处突2支队伍的要求，对各大队职能进行科学调整，实施专业化建队和单元式作战，明确一大队负责反恐处突（警力不低于特警支队民警总数的20%），二大队负责安检排爆，三大队负责维护到市信访秩序和监察留置看护，3个大队同时承担市区武装巡逻、安保警卫等任务。围绕做好上海合作组织青岛峰会安保，全市特巡警根据应急增援任务需要，先后采取自训与集训的方式，重点强化跨区域应急拉动、突发事件现场处置等科目训练、演练。是年，市公安局累计投入1000余万元，为特警支队购置攀登突击车、布障车、宣传照明车、搜排爆装备车、武装巡逻车、大型排爆机器人等一批先进反恐处突装备，更新配齐执法记录仪、350兆对讲机、单兵图传等执勤装备，达到公安部公安特警装备配备标准。区县层面，各分县局积极争取财政支持，相继购置配备运兵车、防暴装甲车、防暴防护器材等一批处突装备。

截至2018年底，特警支队和各区县特巡警大队均达到省公安厅提出的100人特巡警力量建设标准，其中区县特巡警大队常态备勤力量不少于50人。

二、应急处突演练

1990年，为提高公安、武警、民兵防范动乱、处置突发事件的实战能力，自4月中旬开始，市公安局组织巡警、交警、边防等警种，会同市武装部、石臼边检站、石臼港公安局、石臼石油公司及武警日照市支队等单位的公安民警、武警官兵和武装民兵集中进行防暴训练。5月14日，向市五大班子领导和全市政法工作会议与会人员作汇报表演。

1991年5月1日，市公安局组织公安民警、武警官兵400余名，进行以处置突发事件为主要内容的紧急防暴行动演练。1993年6月2日，市公安局组织进行以处置紧急事件为背景的紧急出动演练，公安民警、武警官兵沿规定路线快速出击，10分钟内到达指定地区。1994年5月13日，市公安局组织开展多警种处置突发事件联合行动演练活动。1995年5月29日，市公安局组织举行全市公安机关多警种联合行动演练。

2006年，第六次泛黄海中日韩经济技术交流会在日照召开。9月16日，市公安局组织有关警种举行突发事件处置模拟演练，扎实做好各项前期准备工作，为会议活动安保工作打好基础。

2008年6月20日，市公安局与日照边防检查站联合开展奥运安保口岸突发事件应急模拟演练。参演双方单位严格按照奥运安保模拟演练方案，根据各自岗位职责，主要针对不准入境旅客被拒发签证后企图闯关、口岸签证中发现持用伪假护照涉恐嫌疑人员以及被遣送出境人员在旅检现场闹事等三种情形，从受理审查、人员控制、联系协调、联合处理等方面进行实战模拟演练。

2009年，针对甲型H1N1流感病毒传播特点和日照实际，立足公安机关的职责，制定《甲型H1N1流感疫情防控应急处置预案》，并根据市政府部署要求，模拟发生的疫情制定桌面推演方案，进行实战演练，明确各警种职责，提高快速反应能力。

2011年，特警支队每月不定期开展处置群体性事件紧急拉动和现场处置演练，联合武警日照市支队开展大客车反劫持等实战模拟演练。

2013年，市公安局印发《市区涉枪暴力性突发警情处置演练机制》，每月举行1次涉枪暴力性突发警情处置演练，不提前通知，不设预案，由市公安局指挥中心通过对讲机、电话等形式通报模拟警情，各单位根据指挥中心指令立即进入演练状态，开展演练活动，提高应急处置水平。

2014年7月9—11日，全省公安特警跨区域拉动演练活动在德州、东营市举行。市公安局分管领导带领特警支队30名民警参演，完成各项演练任务。

2018年4月24—26日，全省公安特巡警跨区域增援日照协作区（山东特警三支队）拉动演练活动在日照军分区山海基地举办。枣庄、济宁、日照、临沂、菏泽市公安局的公安特巡警参加拉动演练。是年5月13日，全市公安机关首次开展应急处突机动队拉动集结演练。市公安局有关支队处室及各分县局以大队为单位，携带必配装备，在市公安局警务实战教官指导下进行防暴队形合成训练。5月19日，开展第二次拉动集结演练，采取事先不打招呼、不下通知的方式，通过350兆对讲机下达拉动集结指令，全市应急增援力量闻警以大队为单位，全部按时拉动集结到位。

图10-4　2018年，特警跨区域拉练

三、群体性、突发性案事件应急处置

1990年，市公安局修订下发《关于处置突发性事件的工作预案》和《关于进行防暴训练的实施方案》。全年参与制止并查处群体性治安事件8起。

1993年设区带县后，根据不断变化的形势任务要求，研究制定《应急行动预案》，做到定人、定位、定任务，组织全市各级公安机关进一步加强统一行动和快速反应训练，常态组织模拟演练、比武竞赛及综合演练，提高公安机关应对突发事件的组织指挥和临场处置能力。是年，全市公安机关协助各级党委、政府妥善处置群体性治安案事件10起。

1994年，市公安局制定并提请市委、市政府转发《日照市处置突发事件工作预案》，同时建立城市人民警察巡逻体制，巡逻民警及巡防队员在常态化开展街面巡逻防控、打击震慑违法犯罪的同时，作为应急处突第一梯队随时参与处置各类群体性、突发性案事件。10月，市公安局指挥调度应急力量，通过说服教育引导，及时妥善处置1起个体客运户集体上访案件。

1995年，修订完善《日照市处置紧急治安事件预案》，举行多警种处置紧急治安事件联合演练，从思想、组织、装备、行动上，做好处置紧急治安事件准备工作。5月，调动市区应急力量，通过法制宣传和耐心调解，妥善处置1起企业间因经济纠纷引发的聚众闹事事件。是年，依靠各级党委、政府，妥善处置群体性案事件32起。

1997年，印发《日照市公安局关于维护信访秩序的通告》，加大力度，强化措施，依法规范信访秩序。全年妥善处置较大规模的群体性上访事件60余起，群体性械斗事件和哄抢案件3起。

1998年，印发《关于人民内部矛盾引发的群体性事件处置意见》和《关于处置突发性暴力犯罪工作预案》，规范群体性事件处置工作，提升突发性暴力犯罪应对水平，依法妥善处置群体性械斗、哄抢事件4起。

1999年，印制《关于维护信访秩序的通告》，发放到村庄、企事业单位。6月，全市公安机关调度100余名民警，妥善处置1起因企业吹管噪音引发的群体性事件。莒县公安局制止1起因地界纠纷引发的村民聚众对峙事件。

2001年，印发《日照市公安局处置市级综合办公大楼集体上访突发性事件工作预案》。8月，市公安局巡警支队成立维护信访秩序机动大队，主要负责维护市级机关综合办公大楼信访秩序。9月，连续工作四天三夜，处置1起集访事件。

2002年，印发《日照市公安局关于群体性治安事件的处置意见》《关于防范和处置冲击阻断铁路交通事件的工作预案》。8月，五莲县公安局查处1起哄抢巨额出口物资事件，追回全部被哄抢物资，挽回损失86万元。

2004—2006年，进一步修订完善各类突发性案事件处置预案，制定矛盾纠纷排查、事前预警、事中法制宣传、事后总结分析4项制度，不定期开展多警种合成演练，按照慎用警力、慎用武器警械、慎用强制措施的原则，发生的群体性事件均得到依法妥善处置。

2007—2011年，实现“多警联动、合成作战”常态化，遇有突发案事件，各级各警种一呼百应、快速联动、及时妥善处置。

2012年，在特警支队建立武装机动分队，24小时配备枪械，保持警戒待命状态，并每月开展一次不设预案、不事先通知的涉枪暴力警情处置演练，提升应急处置水平。是年，市公安局进一步建立完善到市集访秩序维护、处置指挥机制，依法维护到市集访活动秩序。

2013年，特警支队制定《维护到市集访秩序工作规范（试行）》，对事前信息研判、萌芽处置、现场指挥处置、事后处置及责任追究等工作环节进行规范。

2014年，按照“萌芽处置”理念，特警支队对内主动加强与东港分局、交警等警种部门的沟通对接，明确分工，落实责任，形成工作合力。对外建立与市信访局等部门的协作配合机制，特别是针对涉法涉诉案件，密切与法院、检察院联系，建立依法处理涉法涉诉信访问题例会制度、案件通报和信息共享机制，为依法处理涉法涉诉信访问题提供支持。

2015年，组织特警、武警力量对火车站、汽车站、人员密集场所开展常态化武装巡逻，提升反恐防范和应急处置能力。特警支队30余名警力24小时驻守市级机关综合办公大楼，并将大楼周边视频监控纳入特警支队信息合成作战中心，组织专人进行常态视频巡查，实时掌控现场动态。同时，坚持“一事一总结、事事有提高”，定期开展现场应急处置培训。

2016年，特警支队制定《处置群体性上访事件工作预案》，确定三级响应程序，明确不同等级的警力部署、人员分工、处置措施等，进一步规范信访秩序维护工作流程。

2017年9月，特警支队联合东港分局修改制订《市区网格化巡防与一分钟处置布警工作实施方案》，以党政机关、重点单位和市区汽车站、火车站、医院、商场等重点部位和人员密集场所安全防范为重点，确定“十个战斗单元”区域（特警支队负责4个战斗单元，东港分局负责6个战斗单元），明确具体巡逻路线和执勤点位，打造单元区域“一分钟处置圈”，有效提升防控处置效能。

2018年4月，市公安局制定《应急处置机动增援工作方案》，强化应急力量建设，整合各分局、县局，港航公安局以及市公安局各处室、支队应急警力，形成由1000名民警、辅警组成的应急处突机动队伍，编为5个大队，配备突击攻坚、防暴处置（重装/轻装）等作战单元，一旦发生大规模突发事件，随时集结应对处置。是年，综合辖区治安形势、道路状况、重点目标等，将全市巡区分为三类，要求一类核心巡区1分钟内、二类重点巡区3分钟内、三类其他巡区5分钟内警力到达现场处置。

四、特警跨区域应急增援

2009年12月25日，根据省公安厅指令，市公安局特警支队50名民警，作为山东省第二批援疆特警，赴乌鲁木齐执行任务，于2010年4月15日完成任务归建。此次援疆系日照公安历史上首次大规模、跨区域增援行动。其间，援疆民警克服异地作战、水土不服等困难，扎实开展武装巡逻、卡点堵截、治安清查、驻地保卫、重大活动安保警卫及新警带勤带训等工作，累计出动警力9350人次，执行重大堵截、警卫任务11次，开展治安清查4次，抓获违法犯罪嫌疑人9名，顺利完成各项工作任务。同时，高举维护民族团结的旗帜，积极服务各族群众，为群众排忧解难，先后组织开展走访慰问老党员，捐款帮扶贫困学生等警民共建活动，受到群众慰问33次，接收锦旗16面、感谢信27封。特警支队被公安部记集体一等功，2人立个人一等功，8人立个人二等功，18人立个人三等功，1人获“百名新疆青少年维护民族团结标兵”称号，5人受到公安部通报表彰。

图 10-5 2010 年，赴新疆维稳特警凯旋归建仪式

2017年11月29日，根据省公安厅部署，特警支队22名民警组成安保执勤队，赶赴济南执行安保任务，历时278天，于2018年9月4日顺利归建，实现安保工作“零失误”的目标。

2018年5月21日至6月13日，日照市50余名特警力量、4辆特种车先后入驻青岛城阳、烟台牟平执勤点，执行上海合作组织青岛峰会安保异地增援任务，完成任务后回撤归建。10月，日照特警先后2次集结143名警力（特警支队25人，东港特巡警31人，岚山特巡警20人，莒县特巡警27人，五莲特巡警20人，开发区分局10人，山海天分局10人）、17台车辆，携带防暴处置、单警装备等410余件（套）处突装备，历经8天7夜，完成省公安厅部署的异地增援任务。

第三节 警犬技术与搜排爆工作

一、警犬技术

1990年，市公安局刑警大队建立警犬基地，配备驯导员3人，驯养警犬5头。5月，莒县公安局选派2名民警到省公安厅警犬训练基地培训，培训结束后省公安厅配发县局2头警犬，一只公犬“麦克”，一只母犬“麦迪”。12月，2名警犬驯导员到临沂市公安局警犬训练中心复训2个月。随后，坚持边训练边使用，多次带犬参加追踪、抓捕、鉴别任务，为侦查破案发挥积极作用。1993年，省公安厅分配给市公安局6头警犬。是年，莒县公安局警犬收归市公安局统一管理使用。

2004年，五莲县公安局投资10万元，在县局治安拘留所内建设警犬犬舍及基础训练场地，选派4人到省公安厅警犬训练基地培训，结束后带回警犬6头，填补五莲县公安局警犬技术工作的空白。2006年，五莲县公安局进一步加强警犬基地建设，扩建犬舍6间，自省公安厅警犬训练基地新购藏獒3头，并繁殖幼犬8头。

2007年4月，莒县公安局刑警大队招聘2名警犬驯导员，赴省公安厅警犬训练基地参加培训2个月，并从基地购回德国牧羊犬2头。8月，莒县县局投资10万元，在青峰岭水库建立警犬训练基地。

2009年初，市公安局特警支队在海汇佳园训练场建成基础犬舍及训练设施，招聘两名警犬驯导员，配备2头警犬（德国牧羊犬、拉布拉多），遇有重大安保任务，民警携犬开展武装巡逻。

2012年5月，特警支队自南京警犬研究所新购3条幼犬（1条史宾格“哈雷”、2条德国牧羊犬），警犬驯导员增至4人。5月28日，在市公安局“特警全天候巡逻防控”警务模式启动仪式上，警犬驯导员携6头警犬组成警犬分队接受检阅。

2015年，特警支队新招聘警犬驯导员5人，经考核筛选后留用3人，警犬驯导员共6人，警犬8

图 10-6 2012 年，特警队员携犬巡逻

头，犬种包括拉布拉多、德国牧羊犬、史宾格、马犬，先后参与完成中国中亚合作论坛等重大活动搜爆、巡逻等安保任务。

2018 年 4 月，市公安局在东港区南湖镇建成警犬基地，总占地面积 24 亩，净用地面积 18 亩，建筑总面积 1513 平方米。主要包括综合驯养中心、犬舍、服务用房、训练场地。其中综合驯养中心为主体一层、局部二层式楼房，建筑面积 899 平方米，设教学中心、鉴别室、办公室、宿舍、值班室、会议室等；犬舍建筑面积 639.19 平方米，有标准犬舍 50 间，其中产犬房 2 间、病犬舍 1 间。服务用房面积 198 平方米，主要用于加工犬粮、存放杂物等。训练场地面积 3173 平方米，主要用于警犬日常训练。

2018 年，根据省公安厅基层基础建设三年攻坚战任务要求，确定全市公安机关民警与警犬比例需达到 65∶1 的目标。是年，市公安局招录 3 名事业编警犬驯导员，全市警犬数量增至 34 头，警犬技术工作在硬件、软件方面实现突破式发展。同时，针对区县警犬技术建设相对滞后的现状，依托市公安局警犬基地，探索建立区县警犬技术人员带训制度，推动全市警犬装备技术均衡发展。12 月 11 日，全市警犬驯导员培训班在市公安局警犬基地开班，邀请省公安厅警犬专家进行授课，主要培训内容为服从科目与使用科目，现场开展实际训练操作，并进行针对性现场辅导训练。各分县局、特警支队从事警犬技术工作专业人员共 26 人参加培训。截至 2019 年上半年，全市警犬增至 54 头，警犬驯导员增至 33 人。其中，市公安局警犬基地警犬 38 头，警犬驯导员 6 人，犬种包括德国牧羊犬、史宾格、拉布拉多、昆明犬、马犬、罗威纳、荷兰牧羊犬、寻血猎犬等，主要承担搜爆、搜毒、追踪、搜捕、治安防范、血迹搜索等任务。

二、搜排爆工作

2008 年以前，搜排爆工作由治安部门负责，主要是处置群众发现的遗弃爆炸物，先后排除大量公共安全隐患。2008 年特警支队成立以后，适应反恐形势发展需要，不断提升搜排爆装备建设水平，通过内部培养和对外招聘相结合的方式不断充实搜排爆专业人才队伍，加强日常搜排爆训练和实战演练，多次圆满完成重大活动搜排爆任务和涉爆警情排爆任务。

2010 年，市公安局特警支队组织搜排爆小组开展以可遥控式炸弹拆解作业为重点的专项技能训练，通过对遥控式炸弹的工作原理和构造知识的学习和模拟作业，排爆民警的专业知识和技能得到明显提高。是年 8 月，中国水上运动会水球比赛在日照市游泳馆举行，特警支队搜排爆小组根据赛事安保工作方案及游泳馆场地设置，携带便携式炸药探测仪、摩尔搜爆仪、搜爆犬，对比赛场馆内外进行全面搜排爆检查。

2011 年，特警支队组织“以老带新”，由搜排爆小组老队员对新队员示范仪器操作使用方法，讲授注意事项，使新队员较快掌握相关业务知识。同时，加强日常专门训练，不断熟练业务知识，规范操作步骤，使队员设备操作更加熟练规范。6 月 28 日，为迎接全省城市间反恐怖对抗演习，搜排爆小组组织开展模拟排除爆炸物内部红蓝对抗演练，根据掌握的爆破原理对模拟可遥控式定时炸弹进行拆解作业，然后将其在指定地点安全销毁。9 月 16 日，2011 年全省城市间反恐怖对抗演习（临沂—日照）在日照举行，特警支队搜排爆小组完成排爆科目演习任务。

2013年，市公安局选派特警支队2名民警赴北京特警总队，进行为期1个月的安检排爆技能跟班学习。其间，除参加理论专题培训外，参与人民大会堂安检、中俄经济高峰论坛场地安检、全国妇女第十一届代表大会的车辆、场地安检等安保勤务40余次，参与涉爆现场处置1次。9月29日至10月7日，2013年激光雷迪尔级帆船世界锦标赛在日照世帆赛基地举行，31个国家的100余名运动员参加比赛，特警支队完成现场搜排爆任务。

2014年10月14日，特警支队排爆小组按照市公安局指挥中心指令，通过远距离操作排爆机器人，成功将犯罪嫌疑人放置在某集团公司办公楼内的爆炸物从7楼移至1楼排爆罐内。为固定犯罪证据和消除爆炸隐患，排爆小组放弃水炮销毁的方式，历时40余分钟，将爆炸物完全拆解、引爆装置拆除，彻底消除危险。

2015年，在强化排爆机器人、排爆机械手操作训练的同时，为武装机动分队排爆组配备新型EOD 9排爆服，为排爆队员提供高效稳定的安全防护。6月，第三届中国—中亚合作论坛在日照举行，特警支队成立专门的搜排爆小组，对驻地和会场400余间房间进行严密细致的搜排作业。搜排爆民警每天行走近60公里，工作10小时以上，完成各项工作任务。

图10-7 2015年，安保搜排爆

2016年，特警支队坚持理论与操作相结合，着重加强红外视频检查镜、节点探测仪和炸药探测仪等搜排爆设备使用培训。

2017年，为进一步加强应急处突力量建设，提高队伍安检、搜排爆专业技能，特警支队成立安检搜排爆专业队，共有9个作战单元：1～3单元为排爆作战单元，主要负责各种场地涉爆事件的处置，配备排爆服、便携式X光机、排爆机器人、排爆绳钩组、排爆机械手、爆炸物销毁器、防爆罐、信号屏蔽干扰仪、对讲机等设备器材；4～5单元为搜爆作战单元，主要负责对场地、车辆进行搜爆，配备炸药探测仪、红外视频检查镜、光学检查镜、折叠镜、非线性节点探测仪、金属探测仪、强光手电等装备器材；6～7单元为通道安检作战单元，主要职能是对与会人员及所携带物品进行安全检查，配备通道式X光机、安检门、手持式金属探测仪等设备器材；8～9作战单元为警犬作战单元，主要职责是搜爆、大型活动安保、搜毒、巡逻，配备防弹衣、防弹头盔、防爆盾牌、抓捕叉、单警装备、物证袋、警犬背心等装备器材。是年7月1日，在机场分局举行安检通道防爆排爆演练，以安检人员在执行某航班安检任务时，发现1名男性旅客随身携带可疑物品为模拟背景，完成现场警戒、嫌疑人抓捕、爆炸物处置、现场勘察等应急处突科目演练。9月，市公安局举办全市公安机关搜排爆安检培训班，来自各分县局特巡警、治安部门及特警支队的30余名搜排爆安检业务骨干参加培训。培训专门邀请北京市公安局反恐怖与特警总队专家授课，重点讲授爆炸基础理论、爆炸装置识别及制作、涉爆现场处置、安检检查程序与步骤等最基础、最实用的内容，并立足日照国际马拉松赛事安保提前进行实地实操演练。是年，特警支队先后完成2017中国（日照）太阳文化国际研讨会、2017日照国际马拉松等大型活动排爆任务。

2018年，上海合作组织青岛峰会安保期间，市公安局特警支队3名民警被省公安厅抽调执行峰会防爆安检任务，1人担任场地安检组二大队大队长，带领全省各地增援民警查获违禁物品793件。

其中，各类刀具608件，钝器类工具54件，易燃易爆物品129件，模拟定时爆炸装置1件，毒品1宗，发现安全隐患 11 处，安检面积 250.7 万平方米。

2018 年 12 月，特警支队成立以民警名字命名的高墩伟、王保防爆安检工作室，以重大活动防爆安检及涉爆案事件的预警、处置、侦查需求为导向，以工作室为平台，坚持教研一体，常态开展防爆安检工作研究和实操训练。

第四节　特巡警队伍训练

1994 年 7 月，市公安局组织第一批巡警队员在日照师范进行近一个月的集中强化训练，圆满完成队列、军体、擒敌基本功及有关法律、法规等训练任务。8 月 16 日，市公安局举行巡警阅警仪式暨汇报表演大会。随后，巡警队员在市区开展上岗前模拟执法，对市区营运客车、街面摊点等进行集中清理整顿。

1996 年 8 月，市公安局巡警支队制定《特警队教育训练计划》，对巡警系统特警（防暴）队员实施特殊教育、特殊训练和特殊管理，重点加强实战技能、突发事件处置等训练，实现出动快、攀得上、打得准、制敌狠、素质强，一警多能、一警多用目标。

1999 年起，市公安局制定训练计划，分层次、多形式对全市巡警、防暴警进行教育培训，培训采取脱岗集中培训的形式，时间每人不少于 20 天（120 学时）。必训科目包括射击、擒敌拳、查缉战术、五公里武装越野、群体性事件处置演练、快速集结等。

2004 年，在全市公安机关治安、巡警、防暴警中开展大练兵活动，参训民警不得少于 30 个训练日。

2008 年 4—7 月，为确保奥运安全和奥运火炬传递途经日照期间社会治安稳定，更加有效地防范和处置恐怖和突发事件，市公安局治安巡警支队集中开展防暴处突训练，模拟各类突发警情，搞好处置演练，不断完善各项预案，提高快速反应能力和现场处置水平。是年 9 月，市公安局特警支队首批 77 名专业特警队员正式报到，按照会反恐处突、会巡逻盘查、会交通管理、会侦办案件、会做群众工作的“五会”目标，集中开展“全员、全时段、全天候”封闭性常态化训练，邀请武警日照市支队官兵担任教官，系统学习训练队列、攀登、擒拿格斗、警棍盾牌、射击等基础科目和查缉战术、攻防技术、防暴队形、群体性事件处置等科目，并对所训科目实施“周汇操、月考核”，考核情况及时通报，考核成绩纳入绩效管理，着力打造集反恐“专业队”、打击暴力犯罪“突击队”、处置群体性事件“工作队”、治安巡逻防控“机动队”为一体的多功能战斗实体。

2009 年，围绕十一届全运会日照赛区安保，特警支队重点加强民警体能和技战术培训，针对性组织开展群体性事件模拟处置演练和夏季防汛应急拉动演练，参与完成“泰山 2 号”反恐实战演习。

图 10-8 2010 年，特警训练

2000 年 10 月，开发区巡警队大队民警在参加全国巡警防暴警比武 3 公里武装越野比赛中，跑出 11 分 2 秒的好成绩，为山东公安、日照公安争得荣誉。

2010 年，科学制定训练计划，坚持全天候训练。3 月，选派 6 名训练尖子赴北京特警总队开展为期3个月的攻坚处突技能培训。9月，在全省第一批建成攀登楼，进行专业化攻坚处突训练。9月13日至12月7日，组织开展为期两个半月的“秋季大练兵”，在强化基础科目训练基础上，突出战术训练和实战演练，并邀请济南特警教官来队教授反恐战术。其间，先后开展小组战术、楼道搜索、反劫持客车、群体性上访事件处置、堵截查控嫌疑车辆、嫌疑人及搜排爆等实战应用科目训练。是年，共开展日常训练1980课时，平均每天训练3小时，开展夜间防汛抢险、突发事件紧急拉动等各类实战演练15次，组织开展上半年训练考核、秋季大练兵验收考核、每月警体技能测试等各类考核20余次。

2011年，特警支队以“锻造高素质复合型公安特警队伍”为目标，集中开展技能教育、公安业务教育、综合素质教育，提升维稳处突能力和队伍正规化建设水平。7—10月，开展为期3个月的“夏季大练兵”活动，组织进行体能、队列、擒敌拳、射击等基本警体技能训练和狙击、小组战术、群体性事件处置等实战演练，定期组织阶段验收考核，逐员验收，不达标人员“回炉”复训。其间，累计训练433课时。是年9月，特警支队两名民警在全省公安系统武装越野比赛中，分别获得第一名和第三名的成绩。

2012年，市公安局进行特警勤务训练机制改革，明确由特警支队一大队承担处突防暴和维护群体性上访秩序职责，继续开展全员全天候训练，常态组织攀登速降、搜排爆、搏击、查缉战术、狙击等实战科目训练和市区涉枪等暴力性、突发性警情的现场处置演练，并实行24小时武装备勤，随时接受市公安局指挥中心调度。二、三、四大队不再实行全员全天候训练，日常利用勤务间隙开展基础体技能及执法勤务练兵。

2013年11月，全省公安特巡警技能比武竞赛活动在济南举行，全省17个市公安局代表队102名特巡警队员参加比赛，比武竞赛设理论业务考试、综合体技能和实弹射击3个项目。日照市公安局特警支队荣获综合体技能团体第二名、总分第三名的成绩。

2014年9—11月，特警支队组织开展秋季大练兵，采取新警集中训练、老警轮流培训和专业人才特殊技能强化训练的方法，实行“三个一”训练考核制度，即每周一总结、每月一考核、每季一比武，训练考核成绩纳入绩效考核，训练成绩不合格民警限时补训。

2016年9—11月，特警支队扎实开展新警教育培训，共举办室内讲座、交流会14场，室外训练6场，理论考试、体能测试2场，新警参训率达100%。12月29日下午，市公安局举办沙场点兵——2016年特警支队新警训练成果汇报演练，65名新警先后表演处置群体性事件队形演练、涉恐涉爆警情模拟处置演练及实弹射击等训练成果。

2017年11—12月，特警支队以轮值轮训的方式，开展为期2个月的冬季大练兵。特警支队警务实战教官及训练骨干担任教员，采取情景模拟、“红蓝”对抗等方法，以队列、装备规范使用、基本枪支技能训练、巡逻盘查技战术以及各类突发性（案）事件处置为训练内容，按照2/3警力执勤，1/3警力训练的模式，对全体民警、辅警实行分层次、分批次、全覆盖轮值轮训。

2018年1月22—26日，全省特巡警跨区域增援应急处置日照协作区业务骨干培训班在日照举办。培训内容包括国内外反恐活动形势及对策、反恐处突单兵与协同作战技战术、突发事件应急指挥以及处置暴恐事件技战术应用等，枣庄、济宁、日照、临沂、菏泽特警指挥员、业务骨干，市公安局涉及反恐工作的警种部门业务骨干，市公安局警务实战教官，东港分局基层所队长等150人参加培训。

五莲山

RI ZHAO SHI
GONG AN
ZHI

第十一章

11

户政管理

HU ZHENG GUAN LI

户政管理是国家行政机关依据相关法律法规，搜集、确认、调查和登记该地区居民的公民身份、亲属关系、居住地址等人口基本信息的行政活动。

日照市公安局升格后，设立户政科，后改为户政管理科，负责全市的户政管理工作。1992年，日照市设区带县后，各分县局设立户政科，各派出所设立户籍室，专司户口管理工作，初步形成市公安局—分（县）局—派出所三级户政管理网络。2004年1月，市公安局户政管理科更名为户政管理处，主要负责常住（户籍）人口、流动（暂住）人口、居民身份证、租赁（出租）房屋、人口统计、户籍管理制度改革等工作职责。

30年间，全市公安机关户政管理部门认真贯彻执行国家法律、法规和有关政策规定，严格落实户口管理制度，认真开展户口普查清理整顿工作，稳妥落实城镇户口迁移制度，逐步放宽户口迁移政策，推动实施小城镇户籍制度、城乡统一户口登记制度和居住证制度等改革，引导各类人才的合理流动；加强对暂住人口的管理并向流动人口管理服务转变，不断探索实践符合日照社会和经济发展需要的人口管理服务新模式；推进各类人口信息管理系统建设，先后完成第一代和第二代居民身份证换发工作，并启动受理登记指纹信息居民身份证，相继出台多项便民利民惠民措施，在加快城市化进程、促进改革开放和经济社会发展中发挥着重要作用。

第一节 常住人口服务管理

常住人口管理是指户口管理部门对公民在经常居住的地方登记的户口所进行的管理，是公安机关的一项主要业务，包括户口的登记注销、登记项目的变更更正、户口的迁入迁出等管理服务工作。

一、户口登记

1989 年，日照升格为地级市后，市公安局继续严格按照上级的户口管理政策，对城市人口以户为单位进行管理，对农村人口沿用集体登记户口进行管理。是年底，全市（不包括莒县、五莲县）登记常住人口 29.1 余万户、103.48 余万。其中，男性 52.87 余万，女性 50.61 余万；非农业人口 10.82 余万，农业人口 92.66 余万。

1990 年，劳动部门招收的农民合同工以及义务兵退伍安置，需由公安机关出具有关户口证明，公安机关出具户口证明的业务明显增多。针对这一新情况，3 月 18 日，市公安局制定《关于严格出具户口证明的通知》，要求各级公安机关严格按照政策规定，依据原始证据，由村委（单位）、派出所两级严格把关核实，实事求是地出具相关证明，市公安局不签署证明意见。3 月 12 日，省公安厅下发《关于认真解决户口迁移落户问题的通知》，明确新生婴儿随母落户的原则。

1991 年，市政府根据市公安局的报告，在全市农村地区推行农村户口城市化管理，对农村户口实行户口簿、门牌号、方位图“三位一体”管理体制，建立“一户一簿、一家一牌、一村一图”管理模式。市公安局研究制定实施方案，从宣传发动入手，广泛宣传农村户口实行城市化管理的重要意义，并在市区和农村选择 2 个派出所进行试点。8 月 7 日，在尹家河乡召开全市派出所户籍员会议，推广农村户口城市化管理试点经验。至 1992 年 3 月，全市 1097 个村居的 29 万余户全部完成家庭户口簿、门牌的发放和村民居住方位图的绘制，以及建立《家庭情况登记表》等各项工作任务。

1993 年 6 月 4 日，省公安厅试行《山东省农村户口管理暂行办法》（以下简称《暂行办法》），对农村户口登记管理工作进行整顿规范：1. 明确市、县（区）、派出所公安机关在农村户口管理中的职责；2. 要求派出所所长分管户口管理工作；3. 在村设置户籍协管员，协助公安派出所做好本村的户口管理工作。市公安局结合贯彻落实《暂行办法》，对农村地区的户口登记注销、户口迁入迁出、户口登记项目内容及变更更正条件等事项作出具体规定，规范全市的农村户口管理工作。是年底，全市登记农村人口 244.8 万余。1995 年 11 月，卫生部、公安部联合下发通知，在全国范围内统一使用依法制发的出生医学证明，作为新生儿申报出生登记的依据。按照上级部署，自 1996 年 1 月 1 日起，凡在日照市境内出生的新生儿，公安机关凭出生医学证明为新生儿办理出生登记手续，无出生医学证明者，一律不予办理，并保留附页作为新生儿进行出生登记的原始凭证存档。

图 11-1 1993 年，派出所户籍民警与辖区村居、单位户籍协管员进行户口核对

1997 年，按照上级部署，围绕贯彻《中华人民共和国收养法》，保障收养关系当事人的合法权益，对公民收养查找不到生父母的婴孩户口登记进行规范：1.1992 年 4 月 1 日《中华人民共和国收养法》实施以前，查找不到生父母的弃婴和儿童以及社会福利机构抚养的孤儿，且已建立事实收养关系的，

收养人可以凭主管部门出具的收养公证书或收养证到公安机关申请户口登记；2. 因故未能取得收养公证书或收养证的，由户口登记机关调查核实并报县级公安机关审批后准予落户。

1999 年 4 月，省民政厅、公安厅联合下发《关于进一步做好退役士兵落户工作的通知》，对退役士兵落户问题做进一步明确，市公安局严格按照通知要求：1. 对转业志愿兵，凭安置部门出具的《接收安置转业志愿兵通知书》、落户介绍信和士兵退出现役证办理落户手续；2. 对退伍义务兵在服役期间家庭住址变迁的，允许到父母户口所在地落户安置。

2000 年，按照上级部署要求，与卫生部门紧密配合，加强出生医学证明的使用管理。新生婴儿父亲、母亲或其监护人持卫生部门签发的出生医学证明到公安机关办理户口登记。1996 年以后出生的婴儿可以补领出生医学证明。

2001 年，贯彻落实市政府《批转市公安局等部门关于进一步改进户籍管理的报告的通知》，按照在常住地登记户口和随父随母落户自愿的原则，准许 1998 年 7 月 22 日以后出生的婴儿随父落户。1998 年 7 月 22 日以前出生并要求随父落户的未成年人，可在随母登记落户后，按照相关规定申报“农转非”“非迁非”或“农迁农”户口；1998 年 7 月 22 日以后出生的，已随母落户的，可由其父提出“农转非”“非迁非”或“农迁农”申请。

2003 年，全市开始使用统一由计算机管理的出生医学证明，其登记内容全部由计算机打印，保障登记项目的内容准确。规范出生医学证明管理，为公民出生到户口登记提供有效衔接，提高公民户口登记来源的唯一性和登记信息的准确性。

2004—2005 年，结合第二代居民身份证的换发，开展户口核对工作，配合，组织社区、村居、单位户口协管员，采取内部核对和入户调查的方法，逐户逐人核对常住人口登记地址等户口登记项目和辖区居民实际情况，发现清理重人重户问题，更正户口登记项目差错，变更户口登记地址。2004 年，共清理出人口信息差错 6000 余项，身份证重错号 3326 个。

2006 年 7 月 31 日，印发《关于进一步明确户籍管理工作中有关问题的通知》，对计划外生育婴儿落户、恢复户口、更正出生日期等项目的办理程序进行规范：1. 对计划外生育的婴儿，凭依法制发的出生医学证明到派出所办理出生登记。1996 年出生医学证明制度实施以前出生的，凭医院的出生证明等材料办理落户手续。2. 对公民申请恢复户口的，从严控制、严格审批，恢复户口的材料由派出所所长期保存，分、县局留存复印件。3. 对有正当理由申请更正出生日期的，除每年的 12 月份外，其他时间一律不得审批办理。公民通过不正当渠道将出生日期更改后要求改回的，公安机关一律不予受理。是年 12 月，省公安厅印发《关于规范常住户口管理若干问题的意见（试行）》，对出生登记、变更更正等日常户口管理业务做进一步明确规范。

2008 年，按照省公安厅工作部署，在全市集中开展死亡、应征入伍公民户口注销专项行动，组织户籍、社区民警和户口协管员深入社区、单位、乡村，对 80 岁以上和年满 16 周岁未申领居民身份证的人员进行走访核实，逐人见面，并从民政和武装部等部门获取相关信息资料，交叉比对户口登记信息，全面清理、及时注销死亡、应征入伍公民户口，促进户口登记应销未销户口的注销率与实际保持一致，提升人口数据质量。

2009 年，贯彻落实省公安厅《关于认真解决我省农村地区无户口人员落户问题的通知》，针对因逃避“三提五统”义务、长期外出等被人为注销户口、人口信息系统遗漏以及从未申报过户口登记的人员，制定落户原则，规范落户申请及办事流程。

2011 年，按照上级部署要求，在全市开展户口登记管理专项清理整治：1. 各分县局和派出所结合人口信息登记项目采集录入工作，在全面采集人像照片、身高、职业、服务处所、联系电话等人口信息登记项目的同时，对人口信息数据进行系统检索、分析，梳理、发现户口登记可疑情况；2. 结合纠正公民身份号码重号攻坚行动，对2000年后的外地迁入、收养登记、恢复户口以及重复户口、重号人员的户籍档案资料进行全面复核；3. 结合“大走访”开门评警活动，将发现的可疑线索逐一上门核实确认；4. 对查证属实的违法违规办理落户问题，坚决予以清理、撤销，依法注销户口。通过专项清理整治，全市清理人口管理信息系统数据项33.83万余个，复核各类户口卷宗1.05万余卷，发现违规落户线索6条，查实纠正户口问题23个，从中抓获违法犯罪嫌疑人5名。

2013年3月，印发《日照市“户房一体化”工程实施方案》，重点解决因单位、村居管理户口不善，造成大量空挂户口、人户分离问题，逐步取消集体户中的家庭户，按照居住地登记户口的原则，对本市范围内单位集体户中的家庭户口及户口登记地址与实际居住地址不一致的常住户口居民，开展集中规范登记。至2014年，“户房一体化”工程基本结束，全市核实居民实际居住情况28.5万余人，变动居民户口27.3万余人，“户房一体化”格局基本形成。

2014年2月，省公安厅下发《关于进一步规范出生登记管理有关问题的通知》，全面放开未婚生育、计划外生育、超计划生育等违反计划生育政策的出生人员的户口登记，市公安局按照省公安厅文件要求，全面废除不符合计划生育政策出生婴儿落户所需的缴纳社会抚养费证明材料，依公民申请为出生婴儿办理户口登记，年内新登记出生人口64270人，创历史之最。3月，公安部在全国部署开展为期3年的户口登记管理清理整顿工作，着力整治户口登记管理中存在的“错、重、假”等突出问题，实现户口和公民身份号码准确性、唯一性、权威性。市公安局按照上级统一部署，全面开展自查自纠，整改人口信息与户籍档案材料不符的情况，严密户籍业务办理，严打涉及户口和居民身份证违法犯罪案件。9月18日，在岚山召开全市公安机关户口登记管理清理整顿工作现场推进会议，总结交流工作经验，推进工作开展。是年，根据省公安厅通报的案件线索，在全市部署开展打击利用安徽省蒙城县被盗出生医学证明买卖、伪造、骗领户口的案件，在岚山区、莒县发现涉被盗号段出生医学证明31份，抓获涉嫌伪造、买卖虚假出生医学证明犯罪嫌疑人19名。

图11-2 2014年4月，市公安局放开新生婴儿落户限制，群众到派出所申报出生登记

2015年，按照省公安厅部署要求，在全市开展出生登记档案专项清理行动，全市各户籍派出所以警务云治安管理系统为载体，以出生医学证明核查比对为切入点，依次对2010年1月1日至2014年12月31日期间全市出生登记人员的户籍档案进行核查。专项清理行动期间，全市核查出生户籍档案12余万份，发现假出生医学证明22张，处理相关违法人员14人。

2016年，按照省公安厅部署要求，在全市开展无照片人员“百日清理攻坚战”专项清理活动，组织各分县局、派出所对照省公安厅下发的无照片人员名单进行逐个梳理，并认真研究分析无相片人员信息的成因，分类研究具体对策，对服刑、在逃等情况较为复杂人员，逐一摸排调查情况，想方设法采集人像信息录入系统。是年，全市共处理无照片人员信息1788人，清理率达到100%。4月，印发《日照市公安局关于切实做好无户口人员登记户口工作的通知》，贯彻落实国务院、省政府、省公安厅关于解决无户口人员登记户口问题的文件精神，在2014年为计划外生育婴儿解决户口登记难问题的基础上，对既不符合《中华人民共和国收养法》规定又无法办理事实收养公证的被收养人员的户口登记、来历不明的“外来媳妇”等无户口人员户口登记、生活无着的滞站流浪乞讨人员户口登记以及长期外出被注销户口人员4类无户口情形，明确具体操作规程，全面、彻底根除无户口人员问题。是年，摸排登记无户口人员2720人，办理落户登记991人。7月，按照中央、省有关通知要求，对干部出生日期更正工作作出调整：1.将干部出生日期认定以公安机关户籍管理登记的最早的户口底册为主要依据调整为以组织认定为主要依据；2.组织认定的干部出生日期与户籍登记不一致的，按照干部管理权限，由相应的组织人事部门出具干部出生日期认定函，并由所在地市级或中央单位驻地市级机关以上的组织人事部门汇总相关人员信息后，以公函形式统一提供给干部户籍所在地地市级以上公安机关。干部本人持组织出具的认定函、户口簿、身份证和书面申请到户籍地派出所申请更正。8月，公安部等12部门联合下发《关于改进和规范公安派出所出具证明工作的意见》，统一规范公安派出所出具证明行为。9月1日起，全市公安派出所按照上级通知要求，规范出具证明：1.对于居民户口簿、身份证能够证明公民个人信息、户口迁移情况等11类事项，公安派出所不再出具;2.对于无法用法定身份证件证明的户口登记项目内容变更更正、注销户口、亲属关系、临时身份证明等9类情形，派出所在调查核实确切的基础上出具。

图11-3 莒县公安局“外来媳妇”户口迁移工作组在云南省勐海县拉祜族寨居民家中走访

2017年，按照公安部、省公安厅统一部署，对下发的4批死亡未注销户口和1批应征入伍未注销户口人员名单进行调查走访核对，注销死亡未注销户口2.1万余个，核实未死亡人员户口336个、注销应征入伍人员户口912个，核实未服兵役人员5人，在全省率先完成工作任务。是年，按照公安部的部署，依托部级人口信息人像比对系统开展疑似重复户口问题线索调查，完成7批人像比对疑似重复户口线索核查2056条，注销重复户口92个，排除嫌疑线索1964条。

2018年，继续开展疑似重复户口人员线索的核查清理，综合运用询问笔录、户籍登记资料、走访知情人、协查通报等手段，彻底查清户口登记的过程，并对调查材料、协查情况、证言材料等建档归卷，确保调查核实的真实性。是年，调查核实处理省内疑似重复户口5298个，调查核实处理跨省疑似重复户口2014个，完成部、省两级疑似重复户口问题线索核查处理任务。

二、户口迁移

地级日照市建立后，日照市继续实行城乡严格分离的户籍制度，运用户籍制度控制人口流动，特别是控制农村人口向城市迁徙，每年按照下达的“农转非”指标，批准从农村迁入市镇和转为非农业人口。

1989年11月，根据省公安厅下发的《关于追加一九八九年“农转非”计划指标的通知》，将石臼火车站等12个单位360名技术骨干的1087名家属子女迁入石臼转为非农业户口。

1990年3月，严格落实省公安厅下发的《关于认真解决户口迁移落户问题的通知》，要求凡迁往城镇的农村户口，迁出地必须凭城镇的准予迁入证明办理迁移手续，没有“准迁证”的，不得擅自将农村户口迁往城镇。7月，印发《关于户口管理工作的暂行规定》，对“二元化”户籍制度下农业户口迁农业户口、非农业户口迁非农业户口的户口迁移工作作出具体规定：1.对迁往日照、石臼、岚山、丝山从严控制村和二类村的农业户口，规定夫妻投靠、抱养婴儿、返回原籍等7类允许落户的情形；2.明确派出所自行办理的现役军人转业退伍、大中专及技校毕业生、市内调动的干部职工等5类非农业户口迁入情形；3. 外地调入当地的干部职工、市内未成年人投靠亲属等 7 类迁入日照市的非农业户口由市公安局户政科审批；4. 外地退休回原籍带子女的夫妇、外地非农业户口人员投靠当地亲属等 5 类迁入日照市的非农业户口需提请市公安局党组研究后方可办理。

1991 年，落实省公安厅《关于坚决制止用伪造户口迁移证办理落户的通知》，办理落户手续时，对要求迁入的非农业户口，按照规定对迁移证件进行认真审查、严格把关，凡不符合规定，以及无正当迁移理由的，一律不批准入户。对发现的伪造户口迁移证案件，作为重要刑事案件及时组织侦破。

1992 年，按照省公安厅要求，明确办理招工类“农转非”手续，方便群众办理“农转非”户口，提高工作效率。对子女顶替父母招工“农转非”、普通招工“农转非”等情形，县级公安机关根据省、市公安机关批件，在有关文件上签署“请办理迁移手续”，由派出所据以办理户口迁移。

1993 年 5 月，市政府办公室下发《日照市非农业户口迁移暂行管理办法》，明确可办理市外非农业人口向日照市户口迁移的情形：1. 原籍系日照市在外地离退休人员，不符合有关易地安置条件，申请本人、配偶返回原籍携带子女 1 人的；2. 夫妻分居两地生活，申请将配偶及未成年子女迁入日照市的；3. 工作调动随迁的非直系亲属；4. 外地到日照经商、办企业，固定设施投资在 10 万元以下，并在日照市居住半年以上的人员及其直系亲属；5. 在外地落实政策“农转非”，要求返回原籍的；6. 日照市居民申请直系或旁系亲属迁入的。符合迁入办理条件的，按照每口人 2000 元的标准收取城市增容配套费和人口管理费。

1994 年，按照上级工作部署，要求各分县局使用人事、劳动部门出具的《调动人员情况登记表》等相关材料为调动工作的干部、职工及随迁家属办理户口迁移手续。

1995 年，为适应户口迁移形势的变化，顺应人口变动趋势，对“农迁农”“非迁非”户口迁移有关规定进行调整：1. 农业户口之间的迁移，东港区、开发区、岚山办事处由市公安局统一确定、划分重点控制村居，该范围内的二类控制村居由各分县局自行确定；莒县、五莲县公安局可以分别结合当地实际，自行确定划分控制村居。2. 非农业户口之间的迁移，凡属于日照市外非农业户口迁入本市的，均由市公安局审批；属于日照市以内区、县间非农业户口迁移的，除迁入经济开发区的由市公安局审批外，均由各分县局审批。

1996 年，根据市政府制发的《关于大力实施陆桥区域共同发展战略的若干暂行规定》，对符合一定条件的内联外引企业的职工及其直系亲属，准予在日照市办理常住户口。在日照城区、开发区投资 8 万元以上购买商品房，可以根据原户口性质，在日照城区办理常住户口，其直系亲属户口可以随迁。根据规定办理的常住户口，免收城市增容配套费。

1997 年，根据市委、市政府印发的《关于加快个体私营经济发展的实施意见》，进一步放宽个体、私营从业人员在城镇落户的条件：对实际经营一年以上，购买、拥有 5 万元以上房产，有固定经营场所的，由工商部门提报，各分县局根据其户口性质，报市公安局统一审批，其业主及其家属子女的户口，可以迁入市场管理委员会或居委会，免收城市增容费。各分县局在本辖区设立市场管理委员会集体户，或成立相应的居委会用以专门管理该类人员户口，方便其办理各类业务。

1998 年 5 月 5 日，省公安厅印发《关于严格控制人口机械增长的通知》，规定除夫妻投靠、未成年子女投靠父母、老年人投靠成年子女“三投靠”人员外，其他由公安机关直接负责审批的省外人员原则上不予落户。5 月 7 日，市委办公室、市政府办公室印发《关于暂停办理有关人员接收、调入及户口迁入的紧急通知》，决定一律暂停办理市外干部、工人调入及市外户口迁入。市公安局严格贯彻落实上级通知，对贯彻执行严控人口机械增长的要求作出具体规定：1. 严格控制户口迁入范围，除“三投靠”以外的市外人员原则上不予落户；2. 严格审批手续，对符合条件、材料齐全的市外人口申请落户的，逐级上报《省外人口迁入呈批表》；3. 要求分县局户政部门对符合条件的市外人口严格审查，不符合条件的一律不准上报；4. 落实市外迁入人员季报制度。

8 月，根据国务院批转公安部《关于当前户籍管理中几个突出问题的意见》，对户口迁移政策作适当调整：1. 放宽解决夫妻分居问题的户口政策；2. 投靠子女的老人可以在城市落户；3. 在城市投资、兴办实业、购买商品房的公民及其共同居住的直系亲属，符合一定条件可以落户。同时，继续严格限制省外农村人口和城镇无业人员的迁入，凡不符合条件的，不能批准入户。

2000 年 7 月，省委、省政府印发《关于加快城市化进程的意见》，决定实行积极的人口迁移政策，逐步建立以居住地划分城镇户口和农村户口，以职业划分农业人口和非农业人口的户籍登记制度，实行城乡户口一体化管理。市公安局按照上级有关精神办理，对在城市有合法的职业、有稳定的生活来源、有固定住所的，其本人及其随同居住的直系亲属，均登记为城镇居民户口，与原有居民享有同等权利，履行同等义务。

2001 年 5 月，市公安局印发《关于认真贯彻落实市政府批转市公安局等部门关于进一步改进户籍管理报告的通知》，对婴儿出生随父落户、投靠亲属落户、投资兴办企业落户等作出详细规定，明确落户范围、落户手续、落户程序。全市各级公安机关加大宣传发动力度，加强教育培训，对符合落户条件的及时申报、及时办理，逐步解决干部群众的后顾之忧，推动城市化进程。仅上半年，全市共办理“农转非”户口 5000 余人，“三投靠”户口 1000 余人；婴儿随父落户 200 余人，投资兴办企业和购买商品房落户 100 余人，引进人才落户 20 余人，小城镇经商落户 80 余人。

2002—2005 年，受高等院校扩招毕业生增多以及就业岗位短缺的影响，大中专院校毕业生落户成为社会的焦点问题。为与时俱进地推动大中专院校毕业生户口迁移政策改革，切实保障到日照市落户人才的合法权益，市公安局认真贯彻省公安厅《关于办理大中专学校毕业生落户手续有关问题的通知》《关于集中解决持迁移证件未落户口大中专毕业生落户问题的通知》等文件精神，结合日照市人才落户实际，协调教育、人事等部门规范已落实就业单位和未落实就业单位的毕业生的户口迁移工作，不断调整、完善大中专院校毕业生户口迁移管理，促进毕业生就业工作顺利开展，着力解决大中专院校毕业生“口袋户口”“滞校户口”问题。

2005 年 12 月，市公安局印发《日照市常住户口网上迁移暂行规定》，决定自 2006 年 1 月 1 日起，日照市范围内的户口实行网上迁移，凡符合市内户口迁移条件的，全部由迁入地县级公安机关审批后由迁入地派出所“一站式”办结，不再签发准迁证，不再到迁出地派出所办理迁出手续。至此，市内户口迁移签发纸质准迁证、迁移证的时代结束。

2006 年，按照省公安厅等三部门联合印发的《关于办理全省大中专学校毕业生落户手续有关事宜的通知》要求，再次简化大中专院校毕业生落户手续。7 月，印发《关于进一步明确户籍管理工作中有关问题的通知》，对落户、户口迁移等业务做进一步规范。9 月，联合市人事局印发《关于大中专毕业生和委托人事代理人员落户有关问题的通知》，规范毕业生落户，鼓励和支持大中专毕业生到非国有单位就业，明确已落实就业单位的应往届毕业生，市内生源未落实就业单位的应往届毕业生，市外生源未落实就业单位和市内不具备落户条件的毕业生以及辞职、辞退、解聘人员和调动人员四类人员的落户手续和办事流程，进一步解决大中专院校毕业生“口袋户口”的问题。

2008 年 5 月，贯彻落实省公安厅等部门联合下发的《关于认真做好我省大中专院校（技工院校）录取本省新生暂住户口登记等有关问题的通知》，对省内大中专学生户口迁移工作进行改革。自是年起，省内普通大中专院校录取本省新生不再办理户口迁移手续，纳入暂住人口管理，从根本上减少和缓解大中专院校毕业生落户难的问题。

2009年，再次放宽高等院校毕业生到日照落户限制：1.高等院校专科及以上学历毕业生到日照市区、城区各类机关、企事业单位正式就业的，取消工作年限等落户条件限制；2.进一步简化办事程序，对符合户口迁移条件的毕业生凭报到证、毕业证、单位接收证明等材料直接办理落户。

2010—2011年，围绕保障和服务蓝色经济区建设，对涉及公安机关行政审批与许可事项的，实行特事特办，简化程序，放宽户口迁移条件，以具有合法固定住所、稳定生活来源为基本条件，逐步放开县域内的户口迁移限制，全面完善市内户口网上迁移制度。

2012年，结合户籍制度改革，实施更加积极灵活的户口迁移政策：1.在城区连续工作满2年，缴纳社会保险1年以上且有合法稳定住所（不含租赁）的进城务工农业转移人口可以在城区落户；2.在购房落户方面，去除以往要求购房人购买一手商品房且面积在80平方米以上的限制，通过合法途径购买、自建、继承房屋，取得房屋所有权证的均可落户。

2014年11月，按照省公安厅部署，依托部级、省级人口信息管理系统，在全市范围内建立省内跨地市户口迁移网上流转机制，省内市外居民申请将户口迁入日照市并符合户口迁移政策的，直接到拟迁入地派出所申请户口迁移，经分县局审批后，电子准迁证推送到户籍地公安机关，户籍地公安机关签发电子迁移证，推送到拟迁入地公安机关，居民不需再回户籍地办理户口迁出手续。省内居民跨地市户口迁移开始进入电子化、信息化、网络化办理时期，基本实现“一站式”办理。

2015年2月，市公安局会同市教育局、市人社局3个部门联合转发《关于进一步简化全省普通大中专学校毕业生就业手续有关事项的通知》，统一应届、往届，省外、省内，以及就业、未就业等各类情况的大中专院校学生落户事项，明确主要以毕业证、报到证、就业协议书（劳动合同等）、户口迁移证为主要材料的大中专院校学生落户流程，使得各种不同情形的大中专院校学生落户办理程序大大简化、便捷，相对统一、明确，基本上扫除大中专院校毕业生户口迁移壁垒，“口袋户口”等问题得以根治。

2016年，按照省公安厅的部署要求，全面落实跨地域户口迁移信息网上流转和业务协作机制，对大中专院校毕业生户口迁移工作进行调整和规范：1.大中专院校学生户口在省内迁移的，迁入地公安机关通过全国跨地域户口迁移信息网上流转核验系统推送电子准迁证，迁出地公安机关在核验准迁证信息后推送电子迁移证并将其户口迁出，迁入地公安机关办理落户；2.户口从省外迁入省内的，通过系统对毕业生持有的纸质户口迁移证进行核验无误后予以落户；3.户口从省内迁往省外的，为其出具纸质户口迁移证，在备注栏中打印电子迁移证编号，并在证件原编号区域加盖省公安厅统一刻制的印章进行提示，同时通过全国跨地域户口迁移信息网上流转核验系统推送迁移证信息。

2017—2018年，落实省公安厅关于普通高等学校录取新生自愿选择迁移户口的规定。自2017年起，实行普通高等学校录取新生自愿选择将户口迁至学校所在地的户口迁移规定：1.申请迁移户口的新生可持户口簿中的本人常住人口登记卡到学校报到，学校要在入学年度的11月1日前统一到驻地公安机关办理户口登记；2.不愿将户口迁入学校，保留在原籍的，纳入流动人口管理，大中专院校录取新生实现户口自由迁移。

三、常住人口信息管理

地级日照市建立初期，公安机关对常住人口信息采用手工管理。

1992年，开始建设人口信息计算机管理系统。是年底，采用公开招标的方式，为东港分局日照路、望海路等5个城区派出所配备微机，引进内蒙古包头市公安局研制开发的DOS版常住人口信息系统2.0版本作为人口信息管理软件。

1993年，制定《人口信息计算机管理系统建设实施方案》，对全市人口信息计算机管理系统建设作出规划和部署，总的思路是本着先城区、再城镇、后农村的步骤，按照派出所、县局、市公安局顺序，交叉进行建设，1993 年首先完成东港分局 5 个派出所和莒县、五莲 2 个县公安局派出所试点单位系统建设。是年 2 月，举办第一期人口信息系统培训班，试点派出所分别选送 2 名具有高中以上文化、年龄在 35 岁以下、责任心强的正式干警集中进行培训；2 月 22 日起，将东港分局 5 个试点派出所的户口冻结 3 个月，集中开展常住人口数据录入；至 5 月底，录入工作全部完成；6 月，5 个试点派出所的人口信息系统正式对外办公。

1994 年，继续抓好人口信息管理系统的推广应用。8 月，东港分局昭阳路派出所试点应用“公安派出所综合信息系统”3.0 版本，新版系统增加重点人口管理、暂住人口管理、图像管理等功能。9 月 13 日，召开全市派出所人口信息系统建设现场会，观摩东港分局昭阳路派出所人口信息系统 3.0 版本的现场操作演示，对全市派出所人口信息系统建设推广做进一步部署，要求各分县局加强人口信息管理系统建设应用的组织领导，每季度向市公安局报告一次工作情况。至年底，全市 77 个户籍派出所全部实现常住人口信息微机化管理，270 万人口的数据信息全部录入到微机进行管理，日照市人口信息系统建设走在全省乃至全国的前列。

图 11-4 1995 年，举办全市户口管理工作培训班，对民警使用微机管理户籍业务进行培训

1995 年，全市派出所按单位、村（居），为居委会更换常表上的户号，实现常表、微机上的户号一致，户口登记“四项变动”按月由微机自动记录、打印，人口统计摆脱手工管理。是年，东港分局辖区 25 个派出所全部利用微机进行人口统计年报。

1996 年 1 月，开始实行户籍员、微机操作员持证上岗制度，户籍员、微机操作员首次上岗必须经过考核，考核合格者颁发合格证，准予上岗操作微机，对外办理户口，市公安局每年对考核合格者进行复核。3 月，对全市 60 个派出所的 68 名户籍员、微机操作员进行考核。6 月，组织各分县局户政部门技术骨干赴内蒙古包头市公安局学习“公安派出所人口信息系统”3.0 版本的有关知识，为版本升级、系统网络化建设做准备。至年底，全市公安机关全部实现人口统计微机化管理，率先在全省实现派出所一分县局一市公安局三级人口统计微机化管理模式。是年，全市举办派出所人口信息管理系统培训班 8 期，培训户籍员、微机操作员 180 余人次；采用公开招标的方式，为全市 77 个户籍派出所统一配置档次较高的 AST386、486 微机，人口信息管理软件使用公安部委托包头市公安局开发的“公安派出所人口信息系统”2.0 和 3.0 版本。

随着人口信息微机化管理机制的建立，户口管理在服务人民群众、经济建设、现实斗争方面发挥的效益越来越明显。仅 1996 年上半年，通过人口信息系统为刑事案件提供侦查线索 190 余件，治安案件 480 余件，寻找亲属 129 人次，为计生、民政等部门提供服务 3261 人次，挽回经济损失 10 余万元。8 月 10 日，日照市玻璃厂 1 名女职工在下班回家途中，被犯罪分子强奸并杀害。案件侦办单位根据案情分析，利用微机对人口信息数据进行模糊查询，将重点村庄年龄在 20 ～ 40 岁的男性青年打印成名单，发放到参战民警手中进行摸底排查，仅用 33 个小时就将犯罪嫌疑人抓获。

1998 年，全市公安机关使用人口信息管理系统为政府部门、社会有关单位和人民群众提供查询服务 5 万余次，为公安刑侦等业务部门提供线索 8000 余条，从中破获案件 789 起，挽回经济损失 38 万余元。

由于早期生产的计算机和开发的人口管理系统应用软件采用两位十进制数记录年份的最后 2 位，

当时间跨入2000年时，计算机会将2000年解释为1900年，由此造成的一系列连锁反应，后果十分严重。为防止计算机2000年问题对人口信息管理系统的影响，1999年初，公安部、省公安厅分别对解决计算机2000年问题进行研究部署，要求必须强制解决。3月，市公安局印发《日照市解决人口信息管理系统2000年问题工作方案》和《关于全市人口信息计算机管理系统发展目标及1999年度建设任务的意见》，提出2000年以前全市人口信息计算机管理系统发展目标，推进人口信息计算机管理系统版本升级和数据转换，在2000年前全面、彻底解决和根治计算机2000年问题。4月2日，在东港分局望海路派出所召开全市人口信息计算机管理系统建设工作会议，传达全省解决人口信息管理系统2000问题工作会议精神，组织全市各派出所参观学习望海路派出所新的人口信息管理系统使用情况，部署推进各分县局更换计算机硬件、升级人口信息管理系统、做好人口数据转换、居民身份证号码编码升位工作。是年，人口信息管理软件全部升级为吉林天成公司研制开发的windows版派出所综合信息系统，解决人口信息管理软件存在的“千年虫”问题。同时，筹集资金80余万元，为基层派出所配备74台高配置计算机。

2000年5月，印发《日照市人口信息管理系统三级网络建设实施方案》，部署开展人口信息管理系统三级网络建设，要求年底完成人口信息系统网络化建设目标：1. 全市人口信息网络采用市公安局—分县局—派出所三级管理模式，人口数据采取三级存储方式，业务工作实行三级管理；2. 派出所采取电话拨号上网的方式，分县局采取专网电话上网的方式，实现市、区、所人口信息数据的纵向网络互通；3. 全市78个派出所从原来的486微机更换为更为先进的联想公司系列微机，操作系统从DOS更换为WINDOWS98系统，人口信息管理软件更换为吉林天成公司研制开发的windows版派出所综合信息系统。12月，完成市级人口信息查询库的组建，并接入“百城联网”工程。

2001年，建成市级、区县级人口信息数据库，并全面开展常住人口照片扫描工作，将全市276万常住人口和30万人口的照片等信息纳入微机化、信息化管理。东港分局在抓好批量扫描的基础上，对年满16周岁以上的迁入人员，在办理落户的同时扫描、采集人像照片。东港分局望海路派出所从宣传发动、定点照相、上门服务、严把质量关等方面入手，扫描照片3万余张，完成扫描任务的85%以上，开展上门服务80余人次，代捎代办户口100余份，工作走在全市前列。

2003年，按照省公安厅部署，印发《关于认真做好人口基本信息清理纠错工作的实施方案》，开展人口基本信息清理纠错工作，为第二代居民身份证的申领发放做准备。全市公安机关围绕该项工作，加大宣传、清理纠错力度，将工作细化、量化，分层次、分阶段推进。莒县公安局研制开发“查找重号和重复人员”软件，使用微机迅速查询本地重复编号人员信息，在全市范围内进行推广。岚山分局编写《人口基本信息清理纠错问题解答》，通过板报、村广播在每天早中晚时间段进行宣传发动。7月，采取全面检查分县局、随机抽查派出所的办法，对各分县局人口基本信息清理纠错工作进行验收。是年，共核实出差错项目8.06万余项，纠正7.1万余项，基本实现实际人口项目与常住人口登记表以及计算机人口信息正确一致。

2004—2005年，按照公安部、省公安厅部署，继续完善人口信息系统建设，做好换发第二代居民身份证筹备工作。为解决人口信息系统派出所、市公安局两级分布式数据存储模式造成的数据不统一的问题，2005年4月，市公安局采购“北联晨光”人口信息管理系统，建设中心机房，集中存储管理全市人口信息数据，市、县（区）、派出所按照业务权限，采用服务器—客户端的方式，对市级人口信息资源数据库进行操作。是年，顺利完成向省级、部级人口信息数据库远程报送人口基础数据的任务。至此，日照市人口信息管理模式实现人工→微机化→信息化的蜕变。

2006—2012年，持续增强、完善“北联晨光”人口信息管理系统功能，深化系统应用，发挥人口信息管理系统在户政业务办公、人口查询统计、服务公安实战、服务政府部门、服务社会和人民群众方面的作用，日照市人口信息管理系统成为公安信息化建设的一项重要项目和使用最为频繁的系统。“北联晨光”人口信息管理系统是日照市首次采用市一级建设中心数据库存储人口信息数据模式的系统，这一系统开启应用后，分县局、派出所不再存储人口信息数据，所有业务办公全部在市一级层面上实现，从结构上完全避免派出所、分县局、市公安局存储人口信息数据所造成的数据传输交换以及数据不一致的问题。这一时期，人口信息数据维护成为市公安局户政管理外的一项重要工作内容。2008 年，在公安部对全国人口信息管理系统数据质量和维护工作考核中，市公安局在全国 363 个地级以上城市中取得第八名的成绩。

为配合第二代居民身份证加载指纹信息工作，2013 年 7 月，市公安局投入资金 110 余万元，对人口信息管理系统硬件和软件进行整体升级，人口信息管理系统软件升级为长春鸿达公司的集中标准版人口信息管理系统。同时，把省市两级库的维护时间缩短至 20 分钟以内，并实现人像嵌入式比对功能。人口信息系统升级完成后，市公安局举办全市户籍民警业务培训班，围绕《中华人民共和国居民身份证法》、新系统的具体操作、居民身份证登记指纹信息应用及相关的户籍管理业务知识开展系统培训学习。12 月，公安部印发《全国人口信息管理系统升级改造工作方案》，组织开展部级人口信息管理系统二期的升级改造，优化改进人口信息维护管理机制，实现自下而上的人口信息数据自动维护功能，建立跨省市户口迁移信息网上核验接口。

2014 年，按照上级部署，与长春鸿达信息技术有限公司紧密合作，对人口信息管理系统进行改进，完成与部、省跨地域户口迁移网上协作接口的对接任务，支持向部、省两级同步推送“准迁证信息”和“迁移证信息”的功能，自动和手动接收公安部向当地推送的“准迁证信息”和“迁移证信息”，为全面开展户口迁移网上协作和信息流转工作打牢基础。是年，完成当地治安管理信息数据归属单位编码（至警务责任区一级）上报到公安部数据归属单位管理系统平台的任务，进一步提高本地人口信息数据与公安部之间传输、交换的契合度。至 2015 年，日照市基本实现省内（除青岛外）居民户口迁移的网上办理。

2016 年，为适应公安部人口统计口径的调整，市公安局组织各分县局、派出所对该辖区社区、村居委会及居民小组等县级以下行政区划进行集中梳理规范，在原有 12 位区划代码的基础上，在居（村）委会代码之后扩展 3 位形成 15 位区划代码，细化到居民小组和自然村，并对应标注城乡分类属性。分类标注工作完成后，将全市社区、村居委会和居民小组 8000 余条相关信息上报省公安厅，并全部维护到公安部治安应用门户行政区划管理平台，打通部、省、市三级行政区划与人口信息对应的户籍业务和人口统计通道。

2017 年，为建立完善与统一城乡户口性质相适应的人口统计制度，全面及时掌握户籍人口城镇化率发展变化以及农业转移人口在城镇落户情况，市公安局对全市人口信息管理系统相关数据表段进行改进和调整：1. 在“迁（划）入信息”表中增加“农业转移人口落户城镇原因”“具有专业技术职称的落户城镇—判断标识”“具有技能等级的落户城镇—判断标识”“农村籍大中专院校毕业生落户城镇—判断标识”“举家迁徙的农业转移人口落户城镇—判断标识”“在城镇就业和居住五年以上的农业转移人口落户城镇—判断标识”字段；2. 在“退伍转业落户信息”表中增加“农村籍士兵退出现役落户城镇—判断标识”；3. 在“住址变动（划转）及城乡属性调整信息”表中增加“农业转移人口落户城镇原因”“现住址—城乡分类”“原住址—城乡分类”“城乡属性调整—判断标识”“举家迁徙的农业转移人口落户城镇—判断标识”“在城镇就业和居住五年以上的农业转移人口落户城镇—判断标识”。工作中，还对是年办理的全部涉及人口增加和地址信息变动的户籍管理业务进行梳理，对照标准补齐相关备案信息中缺失的迁出地城乡属性、户籍地城乡属性和农业转移人口落户城镇原因字段的代码。

2018年，进一步加强人口管理信息化建设，健全人口信息数据更新维护机制，完善标准地址及城乡分类属性等人口登记项目，按照公安部、省公安厅有关工作部署，市公安局投入68万余元对人口信息管理系统进行升级改造，使用长春鸿达信息技术股份有限公司新一代软件作为人口信息管理系统。4月12日，举办全市人口信息管理系统培训视频会议，对全市户籍民警和警务辅助人员进行新系统使用讲解培训。

四、户口簿册

1989年地级日照市建立后，公安机关按照上级有关规定，为常住居民发放全国统一的户口簿，凭户口迁移证、户口准迁证为群众办理户口迁移手续。

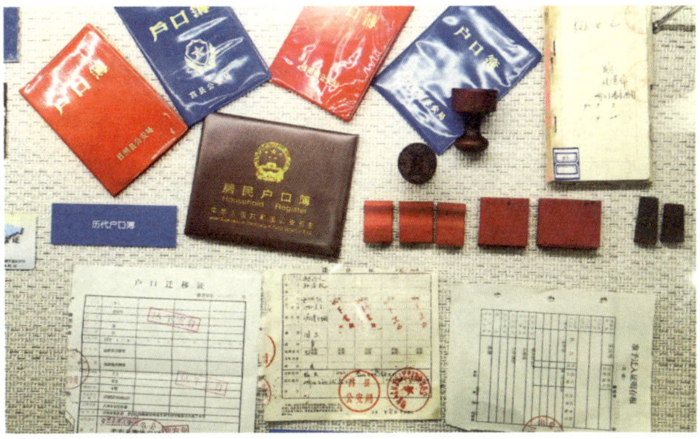

图 11-5　1989—2018 年使用过的户口簿册

1991年，在全市范围内开展对1988年以后迁入该辖区的非农业户口迁移证和迁出的非农业户口进行清理清查。全市各派出所按照有关规定，逐人逐份查阅非农业户口迁移证和迁出的非农业户口迁移证存根，对照证件样式、规格、户口专用章等标识印记进行清理整理，凡不符合规定的，以及无正当迁移理由的，一律不允许办理迁移手续，并对发现的伪造户口迁移证件的案件展开侦办。

1993年，全市公安机关使用落户证明书加强农村户口管理。公民到派出所办理落户手续后，派出所为其出具落户证明书，由本人带回村委会办理村级户口登记手续。

1995年1月1日，根据公安部《关于启用新的户口迁移证、户口准迁证的通知》，全市开始使用新的户口迁移证件，市公安局对户口迁移证的使用作出规定：1. 日照市区、县范围外的户口迁移必须使用省公安厅统一印制的新户口迁移证件；2. 区、县范围的户口迁移是否继续使用老户口迁移证件，由各分县局结合实际自行决定，并报市公安局备案。

1996年7月1日，根据公安部《关于启用新的常住人口登记表和居民户口簿有关事项的通知》，全市使用新的常住人口登记表和居民户口簿。根据上级统一部署，全市认真做好户口登记簿册“双换”准备工作。11月，省物价局、省财政厅核定新式户口簿的收费标准，公安机关严格按照核定的标准收费，城镇户口簿每本收费6元，农村户口簿每本收费5元，城镇集体户口簿每本收费20元，农村集体户口簿每本收费10元，户口簿使用期间加页、减页、变更等不再另行收费。

图 11-6　1997 年，户籍民警为行动不便的老人上门送户口簿

1997年9月，印发《关于认真做好新的常住人口登记表、居民户口簿启用和十年有效期满居民身份证换发、居民身份证编号清理纠错工作的通知》，在全市范围内开展换发新的常住人口登记表、居民户口簿“双换”工作。“双换”工作计划3年完成，1997年为准备、试点、户口整顿阶段；1998—1999年为全面铺开推进阶段；1999年底为检查验收和总结表彰阶段。常住人口登记表基本沿用公安部的样式，设置34个登记项目，公民在申报常住户口时，

公安派出所为其建表。居民户口簿分为家庭户口簿和集体户口簿。家庭户口簿为插页式，一户一簿，由封皮、首页、索引页、常住人口登记卡组成；集体户口簿为活页装订式，由首页、索引页和常住人口登记卡组成，一般由单位指定集体户户主。

1998 年 8 月，印发《关于进一步加快新式常表和居民户口簿换发工作的通知》，针对当时全市常住人口登记表换发工作基本结束但居民户口簿工作进展缓慢的实际，逐月列出“双换”工作任务量，推动各分县局和派出所加快换发新的常住人口登记表和居民户口簿的进度。东港分局、五莲县局、莒县县局多方筹集资金，一次到省公安厅购置户口簿达 10 万本；东港分局制定奖励办法，对换发任务完成较快的派出所，直接奖励所长和户籍民警，调动工作积极性。至 12 月底，全市“双换”工作基本完成，共换发居民户口簿 90 万本，启用新式常住人口登记表 350 余万张。

2000 年 1 月，按照省公安厅部署，全市在户口簿中增设常住人口居民身份号码登录表，用以解决 15 位居民身份证编码向 18 位公民身份号码升位后对应关系问题。

2009 年，针对因家庭矛盾导致家庭户内成员无法使用居民户口簿的问题，规定户主或家庭成员一方因家庭内部矛盾不愿将居民户口簿交与其他家庭成员使用以致无法办理个人相关事务，且经户口所在地派出所说服无效的，可以凭该家庭成员的书面申请以及相关证明，为其制发仅含首页和其本人常住人口登记卡的居民户口簿，保障公民依法使用居民户口簿的权利。

2015 年 6 月，按照公安部、省公安厅通知要求，对户口迁移证使用管理作出调整：停止使用 2015 年以前购买的户口迁移证，便于做好跨地区户口迁移信息网上流转工作，杜绝户口迁移证的重复编号问题。在填写户口迁移证“原住址”时，根据地址实际城乡地域属性情况，在地址内容后加注“(城镇)”或者“(乡村)”，便于掌握迁出地城乡地域属性，为做好城乡人口迁移变动统计打好基础。

2016 年，按照省公安厅要求，加强户口登记簿册的规范管理：1. 居民户口簿、集体户口簿、户口准迁证、户口迁移证全部向省公安厅特种证件制作中心统一订购，不再由各分县局自行从其他渠道购买；2. 居民户口簿首页、索引、内页以及常住人口登记表均加盖承办人签章和户口专用章；3. 省内户口迁移依托跨地域户口迁移协作平台办理，不再签发户口准迁证、户口迁移证；跨省户口迁移仍需签发户口准迁证、户口迁移证，发往省外的户口准迁证、户口迁移证在备注栏打印电子准迁（迁移）证编号，并在户口准迁（迁移）证上加盖“证件编号以备注栏登记编号为准”条形章。

五、门楼牌管理

1991 年，市政府根据市公安局的报告，在全市农村地区推行农村户口城市化管理，对农村户口门牌号进行管理。

1993 年 6 月，根据省公安厅《山东省农村户口管理暂行办法》，以村、街、路、巷（胡同）为基础，每一户住宅安装一个门牌号码；门牌号码以村、自然村为单位进行编排，不能设置重号。

1999 年 5 月，按照国务院关于门（楼）牌编制管理有关要求，省公安厅印发《门楼牌编制管理规范化意见（试行）》，明确公安机关作为门楼牌的主管负责部门，并规定门楼牌的种类、规格、式样以及门楼牌的设置、编划、安装规则。

2000 年 6 月，市政府办公室转发市公安局《关于做好全市门楼牌清理整顿工作的报告》，明确公安机关是日照市门楼牌管理的主管部门，成立工作领导小组，下设办公室在市公安局，统一门楼牌制作、编划、安装标准，集中人力和时间对全市门楼牌管理工作进行全面清理整顿。7 月，省财政厅、省物价局批复公安机关对门楼牌收取工本费，居民住宅的门牌工本费由居民缴纳；单位的门楼牌由单位缴纳；门楼牌由公安机关负责组织安装。全年共清理门楼牌 15.2 万块，新编制门楼牌 5.7 万块，更换门楼牌 1.1 万个。

2001—2002 年，全市公安机关下大力气抓好门楼牌清理整顿工作，莒县公安局重点开展城区门楼牌的编划、制作、安装等工作，制定《城区门楼牌管理工作意见》，多次召开会议，研究部署工作任务；五莲县公安局对城区门楼牌逐街、逐巷、逐楼进行调查摸底，绘制详细的城区街道图，并对城区的街路巷重新进行编号。至 2002 年，全市基本完成门楼牌的清理整顿、号码编制等工作。

2004—2007 年，结合换发第二代居民身份证，开展门楼牌的清理整顿、制作安装和查漏补缺工作，在积极协调民政部门对未命名的街、路、巷进行命名的基础上，对村居、生活小区逐一绘制平面图，编制安装新增门牌，更换已损坏或模糊不清的牌号；岚山分局制定《门楼牌清理整顿和电子平面图系统建设工作方案》；开发区分局组织人员上门核对绘制的草图；莒县公安局将全县 26 万户、90 余万人的门楼牌号码录入到人口信息系统“地址栏”内，初步建立人口信息和居住地址的关联。是年，各分县局完成方位图的绘制，绘制方位图 2000 余张，全市制作大门牌 5000 余块，小门牌及户口号牌 10 万余块。

2008 年 3 月，按照省公安厅部署，印发《全市门楼牌清理整顿工作方案》，开展为期 4 个月的门楼牌专项清理整顿工作。全市公安机关深入调查摸底，登记造册，规范门楼牌编制，上门安装门楼牌，各项管理趋于规范化、科学化。是年，清理门楼牌 6.16 万余个，制作及安装门楼牌 5.13 万余个。

图 11-7 民警在辖区安装门楼牌

2010 年，按照第六次人口普查户口整顿工作的要求，对全市门楼牌的编制管理进行集中清理整顿，各级公安机关从门楼牌调查摸底入手，组织和动员单位、村居、治保会有关人员配合公安机关逐街、逐巷、逐院、逐户进行全面清查，达到辖区不漏街巷、街巷不漏门牌、宅院不漏住户，在此基础上编制、补钉缺漏的门楼牌，使全市各单位、村居住户都有相对固定的门楼牌号码。

2011 年，全市公安机关按照《山东省门楼牌编制管理办法》，以正式命名的地名为标准，对城市、农村门楼牌编制进行规范：城市门楼牌依路、街、巷顺序编排号码，农村门楼牌以行政村或者自然村为单位，逐街、巷、胡同编排号码。是年，编制门楼牌 15.12 万余块。自此，全市门楼牌管理纳入规范化轨道。

第二节　流动人口服务管理

公民离开常住户口所在地跨县（市、区）居住 3 日以上的，应当向所在地公安机关申报流动人口登记。2012 年，《山东省流动人口服务管理办法》施行之前，主要采取“暂住人口”的称谓，之后统一称之为流动人口。

一、暂住人口、租赁房屋管理

1989 年，在全市首次推行租赁房屋治安管理许可证和租赁房屋治安管理责任书制度，加强租赁房屋的治安管理。

1990 年 8 月，召开公安基层基础工作现场会，总结推广望海路派出所租赁房屋管理、石臼派出所暂住人口管理等经验做法。是年，全市公安机关登记、管理暂住人口 6283 人。

1991 年 4 月，印发《关于对市区暂住人口、房屋租赁户进行调查清理的实施方案》，开展集中清查整顿专项行动，调查清理对象是暂住 3 个月以上的年满 16 周岁的暂住人口和房屋租赁户。1994 年，全市共破获流动暂住人口犯罪团伙 28 个，抓获团伙成员 96 名。

1995 年 3 月，公安部颁布实施《租赁房屋治安管理规定》，规定房主出租房屋、居民承租房屋需得到房屋所在地公安派出所批准，派出所可以按照《租赁房屋治安管理规定》相关条款对违反规定的出租人、承租人作出处罚，并作出停止房屋出租的决定。5 月，公安部颁布实施《暂住证申领办法》，规定居民离开常住户口所在地，拟在暂住地居住一个月以上年满 16 周岁的相关人员，在申报暂住户口登记的同时，应当申领暂住证，暂住证一人一证，有效期限最长为一年。为贯彻公安部的文件要求，11 月，省政府制定实施《山东省暂住人口管理办法》，对暂住人口和租赁房屋管理工作做出更加详细、更加明确规定。全市各级公安机关围绕贯彻执行上级规定办法，强化管理职能，完善管理措施，加强暂住人口管理。年内，全市共抓获流动暂住人口犯罪分子 233 名，破获案件 354 起，分别比上年上升 9.8% 和 15.5%。

图 11-8 1996 年，莒县公安局夏庄派出所成立暂住人口管理站

1996 年 1 月 26 日，召开全市流动人口管理工作会议，对加强暂住人口管理工作进行部署。4 月 10 日，召开全市户政管理工作会议，传发《关于对租赁房屋、暂住人口进行清理整顿的实施方案》，决定自 4 月 10 日至 6 月底集中力量在全市开展一次对暂住人口和租赁房屋的全面清理整顿。各分县局按照市公安局部署，组织开展暂住人口和租赁房屋的清理整顿工作。4 月 23 日，市委办公室、市政府办公室转发市综治委《关于加强流动人口管理工作的意见》，成立由分管副市长任组长、市综治办、公安局、劳动局等部门负责同志参与的流动人口管理协调领导小组，并就做好流动人口管理工作从十个方面提出具体意见。6 月，边防派出所开始管理治安辖区内的暂住人口和租赁房屋。是年 7 月 1 日起，按照公安部和省公安厅统一部署，日照市启用新式《暂住人口登记表》。至年底，全市各派出所分别成立暂住人口管理站，配备专管员，共设立暂住人口管理站 73 个，配备专管员 169 人。各管理站主动加强与工商、计生等部门和流出地公安机关联系配合，对来历不明、身份不清、证件不全、形迹可疑人员，及时发函调查或电话协查，获取线索，深挖混迹其中的违法犯罪分子。全年通过暂住人口管理获取违法犯罪线索 309 条，查处治安案件 186 起，破获刑事案件 87 起，其中重大刑事案件 27 起，抓获违法犯罪嫌疑人 239 名。

1997 年，贯彻省政府《关于征收暂住人口管理费的通知》，对年满 16 周岁、暂住 30 日以上的暂住人员征收管理费，凡在日照市从事组织生产经营活动的私营业主、个体户主、承包工程责任人以及外地企业驻本地机构人员，按每人每月 10 元标准收取；从事其他劳务活动的暂住人口，按每人每月 7 元标准收取（不包括暂住证工本费）。1 月 17 日，召开暂住人口管理工作会议，决定自 1 月中旬至 2 月底，在全市范围内开展暂住人口函调工作，加强对流动暂住人口的治安管理，及时打击处理混迹于其中的违法犯罪嫌疑人。市、县两级公安机关成立工作专班，组织 1000 余名警力，投入资金 4 万余元，在对暂住人口清查的基础上，逐人向暂住人口户籍地公安机关发函调查身份背景情况，并随函附赠慰问信、暂住人口协查通报联系单、回函所用的信封和邮票。至 2 月底，全市登记的 37830 名暂住人口全部发函，户籍地公安机关回函 23725 封，在函调中发现侦查线索 76 件，查处治安案件 28 起，破获刑事案件 16 起，抓获违法犯罪嫌疑人 22 名。

1998—1999年，为切实加强流动暂住人口管理工作，彻底清除治安隐患，严厉打击各类违法犯罪活动，每年都组织开展不少于2次的大规模清理整顿行动，集中时间、集中人员，重点对大型集贸市场及城乡接合部、建筑工地、租赁房屋等暂住人口集中聚居地进行清理。

1998年6月，印发《全市流动人口和租赁房屋清理整顿实施方案》，集中时间和人员，对全市流动暂住人口和租赁房屋进行清理整顿。全市各级公安机关按照“登记办证、教育处理、收容遣送、打击处理”的要求，采取逐行业、逐单位、逐街道、逐村居、逐户逐人的方法进行清理整顿，重点清理城区、公共场所、特种行业，日照、石臼、秦楼、岚山办事处，林滩、昭阳、星海小区等暂住人口和租赁房屋较为集中的区域。各分县局结合当地实际，扎实开展暂住人口和租赁房屋清理整顿工作，五莲县成立由公安、劳动、民政、城建、计生、工商等部门负责人组成的领导小组，配备专用车辆，设立办公室，辖区各派出所成立暂住人口管理站，警务责任区设分站，在用工单位、村居聘任847名基层协管员，建立流动暂住人口和租赁房屋治安管理的四级管理网络；东港分局全年召开26次专题工作会议，对派出所暂住人口管理人员、单位协管员进行业务培训，印制《暂住人口、租赁房屋清理清查通告》等材料2万余份；莒县公安局争取县委、县政府的支持，实行“四联动”，与劳动、工商、计生、房管部门结成联动单位，协同对全县流动人口和租赁房屋进行清理整顿。专项清理整顿期间，全市共清理租赁房屋7738户17128间，办理暂住登记手续8832人，发放暂住证12383个，发函12374份，收容遣送无合法证件、无固定住所、无正当经济来源的“三无”人员28人，提供案件线索86条，查处治安案件108起，破获刑事案件20起，抓获违法犯罪嫌疑人156名。

1999年4月28日，召开流动人口和租赁房屋清理整顿工作会议，下发《日照市流动人口和租赁房屋清理整顿实施方案》，利用一个月的时间，以城区及城乡接合部、大型集贸市场、建筑工地、租赁房屋、公共场所为重点，对暂住人口和租赁房屋进行一次彻底清理整顿，对发现的问题采取针对性措施加以整改，促进暂住人口和租赁房屋的规范管理。是年，全市共清理租赁房屋4268户8261间。通过清理整顿，新办理登记手续8907人次，发放暂住证6758个，签订租赁房屋治安管理责任书3296份；收容遣送“三无”人员32人，查处治安案件201起，破获刑事案件47起，抓获违法犯罪嫌疑人307名。

2000年5月，印发《全市暂住人口和租赁房屋规范化管理工作意见》，制定暂住人口规范化管理达标内容及标准，实行暂住人口和租赁房屋管理机构、日常管理、行政处罚、考核制度、微机管理“五个规范化”，要求各分县局成立暂住人口管理稽查大队，配备专职稽查民警；派出所设立暂住人口管理站，按照暂住人口800∶1的比例配备专管员，全面规范暂住人口和租赁房屋治安管理。9月8日，在岚山召开全市户口整顿和暂住人口管理现场会议，下发《关于对暂住人口和租赁房屋加强治安管理的暂行规定》，加强对全市的流动（暂住）人口和租赁房屋的治安管理。

2001年4月，全市各级公安机关积极配合严打整治专项斗争，进一步加强暂住人口和租赁房屋治安管理。五莲县公安局在严打整治斗争期间，对城区警务区进行改革，重新将城区划分5个警区，每个警区分别配备2名正式民警担任警长，仅两个月，城区5个警区就通过暂住人口管理，提供侦查线索106条，查处治安案件51起，破获刑事案件8起，抓获违法犯罪嫌疑人57名。4—8月，全市共清理清查租赁房屋1万余间，为严打提供信息查询3521人次，提供破案线索100余条。是年8月14日，组织召开全市清理整顿租赁房屋规范流动人口管理专项行动工作会议，贯彻市综治委《日照市清理整顿租赁房屋规范流动人口管理专项行动工作方案》，在全市部署开展整顿租赁房屋、规范流动人口管理专项行动。全市各级公安机关主动对接房管、劳动、计生、工商、民政等部门，将辖区租赁房屋列出清单，集中力量逐村（居）、逐单位、逐户、逐人进行核对。在工作方式上，采取集中清查和重点抽查相结合，公开检查与秘密调查相结合，保护合法，取缔非法，严厉打击各类违法犯罪活动。在区域上，以城区及城乡接合部、大型集贸市场、暂住人口聚居区为重点，组织优势警力集中整治。在时间上，针对流动人口大多白天务工、早出晚归的特点，利用早上，晚上时间，分组包片，对重点户、重点人进行重点检查，做到人人见面、户户过关，彻底摸清房屋出租人和流动人口的基本情况。对检查中发现的符合房屋出租条件，但未按规定办理相关手续的房屋出租户，责令限期补办；对不符合出租条件的，责令房主停止出租；对不按规定履行治安责任甚至包庇、容留、参与违法犯罪的房主，依法予以处罚直至追究其法律责任；对发现的形迹可疑人员，严格进行审查。其间，共清理整顿租赁房屋 10179 间，新登记暂住人口 5231 人，补办暂住证 2901 本，发现违法犯罪线索 461 条，抓获违法犯罪嫌疑人 89 名。是年 10 月 1 日起，按照省公安厅要求，全市启用新式暂住证，原暂住证停止发放，在有效期内可继续使用，期满后换发新证，新式暂住证按照规则统一实行 13 位编号。

2002 年 3 月，按照国家规定，全市取消暂住人口管理费，暂住证工本费由 10 元降为 5 元。7 月，在开发区分局召开暂住人口管理工作现场经验交流会，加强推进暂住人口和租赁房屋管理工作。是年，全市暂住人口和租赁房屋管理工作取得长足进步，管理组织网络方面：以派出所警务制度改革为契机，实行警区民警责任制，分解量化暂住人口管理责任。建立稽查大队 6 个，配备稽查民警 20 余人，建立暂住人口管理站 64 个，配备专管员 170 人。基本形成以派出所为龙头，责任区民警为骨干、暂住人口管理站和基层治保组织为依托、户口协管员为纽带的暂住人口管理网络。清理整顿方面：上半年，各分县局根据严打整治斗争工作部署，在强化日常管理的基础上，适时开展清理整顿活动，减少漏管失控面，全市登记暂住人口 33645 人，制发暂住证 14062 本，通过暂住人口管理破获刑事案件 51 起，查处治安案件 182 起，抓获在逃犯罪嫌疑人 59 名。在省公安厅召开的暂住人口管理工作现场会议上，全市公安机关有 3 个单位被授予先进集体称号，6 名民警被授予先进个人称号。

2003 年 4 月开始，在东港分局黄海路派出所进行暂住人口管理试点工作，在建立长效机制上下功夫，解决暂住人口管理抓一阵、放一阵，时紧时松的问题。市、区两级公安机关召开专题会、座谈会等会议 20 余次研究部署，抽调 10 名户籍民警和社区民警组成试点工作组，坚持边清查边整治、边整治边规范的工作思路，采取逐户核对、人人见面的方式，摸排暂住人口和租赁房屋的底数和登记、办证情况，填写各种表、册，每周拿出一个下午的时间集中进行办证。6 月，为配合党委、政府及有关部门应对防治突如其来的“非典”疫情，组织开展多次全市范围的清理整顿活动，加强情况报告，加大对外来人口的控制力度，杜绝“非典”疫情的流入和传播：1. 对 2003 年 4 月 1 日以后外省流入人员和返乡人员进行全面调查摸底；2. 对居住在村民家中和出租房屋的，组织社区民警、户口协管员进行登记；3. 对居住在企事业单位内部的，发动指导单位内部保卫组织协助公安机关搞好调查摸底，填写《山东省外来（返乡）人员花名册》，逐级汇总上报；4. 对工作中发现的无暂住证、无身份证以及形迹可疑的人员，认真进行审查，并采取网上比对、发函调查等方式，及时发现违法犯罪线索。

2004 年 5 月，按照国务院、公安部和省公安厅的要求，租赁房屋治安管理工作采取房屋出租后跟踪登记的管理方式，取消房屋出租必须由公安机关审核批准的规定，停止使用出租房屋审批表和租赁房屋治安管理许可证。

2005 年，贯彻落实公安部、中央综治办等 6 部委《关于进一步加强和改进出租房屋管理工作有关问题的通知》精神，落实公安机关在出租房屋管理工作中的职责和任务，加强出租房屋管理，严厉依法打击利用出租房屋进行的各类违法犯罪活动。是年，全市公安机关开展两次暂住人口和租赁房屋集中清理整顿行动，清理排查暂住人口 3 万余人，租赁房屋 1.2 万户 2.5 万间，办理暂住人口登记 7739 人，发放暂住证 6141 本，签订租赁房屋治安管理责任书 5532 份，行政处罚违反规定的暂住人

第一节　常住人口服务管理

常住人口管理是指户口管理部门对公民在经常居住的地方登记的户口所进行的管理，是公安机关的一项主要业务，包括户口的登记注销、登记项目的变更更正、户口的迁入迁出等管理服务工作。

一、户口登记

1989年，日照升格为地级市后，市公安局继续严格按照上级的户口管理政策，对城市人口以户为单位进行管理，对农村人口沿用集体登记户口进行管理。是年底，全市（不包括莒县、五莲县）登记常住人口29.1余万户、103.48余万。其中，男性52.87余万，女性50.61余万；非农业人口10.82余万，农业人口92.66余万。

1990年，劳动部门招收的农民合同工以及义务兵退伍安置，需由公安机关出具有关户口证明，公安机关出具户口证明的业务明显增多。针对这一新情况，3月18日，市公安局制定《关于严格出具户口证明的通知》，要求各级公安机关严格按照政策规定，依据原始证据，由村委（单位）、派出所两级严格把关核实，实事求是地出具相关证明，市公安局不签署证明意见。3月12日，省公安厅下发《关于认真解决户口迁移落户问题的通知》，明确新生婴儿随母落户的原则。

1991年，市政府根据市公安局的报告，在全市农村地区推行农村户口城市化管理，对农村户口实行户口簿、门牌号、方位图“三位一体”管理体制，建立“一户一簿、一家一牌、一村一图”管理模式。市公安局研究制定实施方案，从宣传发动入手，广泛宣传农村户口实行城市化管理的重要意义，并在市区和农村选择2个派出所进行试点。8月7日，在尹家河乡召开全市派出所户籍员会议，推广农村户口城市化管理试点经验。至1992年3月，全市1097个村居的29万余户全部完成家庭户口簿、门牌的发放和村民居住方位图的绘制，以及建立《家庭情况登记表》等各项工作任务。

图11-1　1993年，派出所户籍民警与辖区村居、单位户籍协管员进行户口核对

1993年6月4日，省公安厅试行《山东省农村户口管理暂行办法》（以下简称《暂行办法》），对农村户口登记管理工作进行整顿规范：1.明确市、县（区）、派出所公安机关在农村户口管理中的职责；2.要求派出所所长分管户口管理工作；3.在村设置户籍协管员，协助公安派出所做好本村的户口管理工作。市公安局结合贯彻落实《暂行办法》，对农村地区的户口登记注销、户口迁入迁出、户口登记项目内容及变更更正条件等事项作出具体规定，规范全市的农村户口管理工作。是年底，全市登记农村人口244.8万余。1995年11月，卫生部、公安部联合下发通知，在全国范围内统一使用依法制发的出生医学证明，作为新生儿申报出生登记的依据。按照上级部署，自1996年1月1日起，凡在日照市境内出生的新生儿，公安机关凭出生医学证明为新生儿办理出生登记手续，无出生医学证明者，一律不予办理，并保留附页作为新生儿进行出生登记的原始凭证存档。

1997年，按照上级部署，围绕贯彻《中华人民共和国收养法》，保障收养关系当事人的合法权益，对公民收养查找不到生父母的婴孩户口登记进行规范：1.1992年4月1日《中华人民共和国收养法》实施以前，查找不到生父母的弃婴和儿童以及社会福利机构抚养的孤儿，且已建立事实收养关系的，收养人可以凭主管部门出具的收养公证书或收养证到公安机关申请户口登记；2. 因故未能取得收养公证书或收养证的，由户口登记机关调查核实并报县级公安机关审批后准予落户。

1999 年 4 月，省民政厅、公安厅联合下发《关于进一步做好退役士兵落户工作的通知》，对退役士兵落户问题做进一步明确，市公安局严格按照通知要求：1. 对转业志愿兵，凭安置部门出具的《接收安置转业志愿兵通知书》、落户介绍信和士兵退出现役证办理落户手续；2. 对退伍义务兵在服役期间家庭住址变迁的，允许到父母户口所在地落户安置。

2000 年，按照上级部署要求，与卫生部门紧密配合，加强出生医学证明的使用管理。新生婴儿父亲、母亲或其监护人持卫生部门签发的出生医学证明到公安机关办理户口登记。1996 年以后出生的婴儿可以补领出生医学证明。

2001 年，贯彻落实市政府《批转市公安局等部门关于进一步改进户籍管理的报告的通知》，按照在常住地登记户口和随父随母落户自愿的原则，准许 1998 年 7 月 22 日以后出生的婴儿随父落户。1998 年 7 月 22 日以前出生并要求随父落户的未成年人，可在随母登记落户后，按照相关规定申报“农转非”“非迁非”或“农迁农”户口；1998 年 7 月 22 日以后出生的，已随母落户的，可由其父提出“农转非”“非迁非”或“农迁农”申请。

2003 年，全市开始使用统一由计算机管理的出生医学证明，其登记内容全部由计算机打印，保障登记项目的内容准确。规范出生医学证明管理，为公民出生到户口登记提供有效衔接，提高公民户口登记来源的唯一性和登记信息的准确性。

2004—2005 年，结合第二代居民身份证的换发，开展户口核对工作，配合，组织社区、村居、单位户口协管员，采取内部核对和入户调查的方法，逐户逐人核对常住人口登记地址等户口登记项目和辖区居民实际情况，发现清理重人重户问题，更正户口登记项目差错，变更户口登记地址。2004年，共清理出人口信息差错 6000 余项，身份证重错号 3326 个。

2006 年 7 月 31 日，印发《关于进一步明确户籍管理工作中有关问题的通知》，对计划外生育婴儿落户、恢复户口、更正出生日期等项目的办理程序进行规范：1. 对计划外生育的婴儿，凭依法制发的出生医学证明到派出所办理出生登记。1996 年出生医学证明制度实施以前出生的，凭医院的出生证明等材料办理落户手续。2. 对公民申请恢复户口的，从严控制、严格审批，恢复户口的材料由派出所所长期保存，分、县局留存复印件。3. 对有正当理由申请更正出生日期的，除每年的 12 月份外，其他时间一律不得审批办理。公民通过不正当渠道将出生日期更改后要求改回的，公安机关一律不予受理。是年 12 月，省公安厅印发《关于规范常住户口管理若干问题的意见（试行）》，对出生登记、变更更正等日常户口管理业务做进一步明确规范。

2008 年，按照省公安厅工作部署，在全市集中开展死亡、应征入伍公民户口注销专项行动，组织户籍、社区民警和户口协管员深入社区、单位、乡村，对 80 岁以上和年满 16 周岁未申领居民身份证的人员进行走访核实，逐人见面，并从民政和武装部等部门获取相关信息资料，交叉比对户口登记信息，全面清理、及时注销死亡、应征入伍公民户口，促进户口登记应销未销户口的注销率与实际保持一致，提升人口数据质量。

2009 年，贯彻落实省公安厅《关于认真解决我省农村地区无户口人员落户问题的通知》，针对因逃避“三提五统”义务、长期外出等被人为注销户口、人口信息系统遗漏以及从未申报过户口登记的人员，制定落户原则，规范落户申请及办事流程。

2011 年，按照上级部署要求，在全市开展户口登记管理专项清理整治：1. 各分县局和派出所结合人口信息登记项目采集录入工作，在全面采集人像照片、身高、职业、服务处所、联系电话等人口督促指导符合条件的厂企单位配齐协管员和联入互联网的电脑。是年，基本建立覆盖全市厂企用工单位的协管员队伍，初步建立起暂住人口管理社会化联动新机制。

二、流动人口管理

2012 年 10 月 1 日，《山东省流动人口服务管理办法》（简称《办法》）施行。《办法》取消暂住人口的称谓，统一称为“流动人口”；取消暂住证，改为居住证管理。规定流动人口应当自到达居住地之日起 3 个工作日内，持本人居民身份证等有效身份证件和有关材料，向居住地公安派出所申报居住登记。流动人口在宾馆、酒店、旅店等旅馆业内住宿以及在医疗机构住院就医，按照有关规定办理旅馆业住宿登记或者住院登记的，可以不办理居住登记。流动人口拟在居住地居住 30 日以上的，公安派出所应当发放居住证。暂住人口和暂住证成为历史名词，流动人口服务管理进入居住登记和居住证时代。是年 10 月 19 日，日照市首批 31 张居住证，经省公安厅复核通过并制作完毕发放到群众手中。为避免因居住证制发时间耽误群众使用，是年，市公安局印发《关于启用流动人口居住登记专用章及居住登记证明的通知》，群众可持加盖流动人口居住登记专用章的流动人口居住登记证明办理相关业务。

2013 年，继续加大流动人口信息社会化采集平台的推广应用，流动人口在 10 人以上的场所、单位，全部实现信息自行采集录入。是年，全市 1406 家厂企单位安装暂住人口信息管理系统，录入流动人口信息 24.36 万余条，出租房屋信息 2.81 万余条，通过流动人口互联网申报平台，企业和个人足不出户就可以在互联网上自主申报流动人口和出租房屋信息，基层公安机关通过数据的比对碰撞及时掌握人员违法犯罪和是否在逃等情况，基本实现“让数据多跑路，让群众少跑腿”的目标。

图 11-10　2013 年，莒县公安局配备流动人口服务车，专用于流动人口和出租房屋管理服务工作

2015 年 3 月，按照省公安厅统一部署，在全市范围内开展流动人口服务管理宣传周活动，向社会和广大群众广泛宣传《山东省流动人口服务管理办法》、居住证制度、户籍制度改革等法律法规和政策规定，以及防范、打击流动人口违法犯罪等有关情况。同时，充分借助传统平台和新兴媒体，采取多种形式，广泛宣传流动人口服务管理法规政策以及申报居住登记的方法渠道，引导流动人口主动申报居住登记，不断提高申报登记的积极性、主动性。

2016 年，贯彻国务院《居住证暂行条例》和省政府《山东省流动人口服务管理办法》，利用主动上门服务和微信公众平台发布信息的形式，开展流动人口宣传活动。加强山东省流动人口服务综合管理信息系统推广应用，由基层派出所在辖区厂企单位建立终端，厂企单位通过该终端对本单位的流动人口在互联网上进行自主申报。至年底，全市有 4242 家厂企单位安装流动人口信息管理系统，录入流动人口信息 27.7 万人、登记出租房屋信息 4.9 万条。

2017 年，结合公安部、省公安厅部署的“一标三实”（标准地址、实有人口、实有房屋、实有单位）基础信息工作，依托市公安局“三维建模”+ 精准数据应用系统及全省流动人口信息系统，大力推行“互联网 + 流动人口”“互联网 + 出租房屋”等模式，加强流动人口、出租房屋的摸底清理登记。牵头起草下发《日照市人民政府办公室关于深入贯彻山东省流动人口服务管理暂行办法的通知》（简称《办法》），明确流动人口登记服务范围，细化流动人口享有的基本权益和公共服务，规范政府有关部门流动人口服务管理工作职责，简化申报居住登记、申领居住证手续、流程，建立健全流动人口服务管理工作考核奖惩工作机制，将流动人口服务管理工作纳入县级、乡镇（街道）目标管理考核内容。对违反《办法》不申报居住登记、注销、报告外来务工流动人口信息的个人、房屋出租人或者其委托代理人、用人单位、物业服务企业、从事房屋租赁的中介机构和从事职业介绍的人力资源服务机构以及大型集贸市场、商品集散地管理机构，加大惩处力度，提高个人和单位流动人口和出租房屋管理的主动性和责任感。是年，全市有5115家厂企单位实现流动人口居住登记网上自主申报，新登记流动人口7.14万余人、出租房屋8280间，制发居住证6.7万余本，查处违规申报案件741起，行政拘留17人，行政罚款1149人。

2018年9月1日起，按照公安部、省公安厅部署，依托公安部港澳台居民居住证系统开展港澳台居民居住证申领工作。港澳台居民前往内地（大陆）居住半年以上，符合有合法稳定就业、合法稳定住所、连续就读条件之一的，根据本人意愿，可以申请领取居住证。港澳台居民居住证采用居民身份证技术标准制作，有效期限为5年，港澳台居民居住证持有人在居住地依法享受劳动就业，参加社会保险，缴存、提取和使用住房公积金的权利。市公安局按照公安部、省公安厅确定的宣传口径，通过公安门户网站、微信公众号等方式，向社会公布相关内容，在全市范围内确定6个证件受理点。是年，为港澳台居民办理居住证38本。

三、流动暂住人口信息管理

1989—2001年，暂住人口信息主要依靠手工采集管理，符合暂住人口管理条件的人员，需持居民身份证、个人免冠照片、外出务工、经商证明等材料（不同时期要求材料略有差异），到暂住地派出所填写《暂住人口登记表》留存备案，并办理暂住证。

2001—2002年，开始在全市范围筹建部署暂住人口信息管理系统和三级人口信息网络。至2002年底，全市71个户籍派出所全部完成建设任务，录入暂住人口3万余人，暂住人口信息实现三级分散式管理。2003年，莒县公安局在全部完成系统建设的基础上，又筹建县级暂住人口信息数据库。2006年10月，全市公安机关开始使用“北联晨光”暂住人口信息管理系统对暂住人口和出租房屋信息进行登记管理，暂住人口和出租房屋信息实现集中存储管理。至年底，全市73个户籍派出所、1个治安派出所实现暂住人口信息数据的集中存储和联网实时办公，采集录入暂住人口信息数据11796人。是年，在全市推行电子平面图系统，实现“房屋—人口”信息双向查询。

2012年2月，投入资金20余万元，建设部署流动暂住人口网上申报和预警平台，公安机关开始依托平台在公安网对暂住人口和出租房屋信息进行审核管理。

2013年，根据省综治办、省公安厅等6部门统一部署，开始推广应用山东省流动人口服务管理综合信息系统，将市公安局自主研发的流动暂住人口信息管理系统切换到该系统。自此，流动人口管理纳入信息化、规范化轨道。

第三节　居民身份证管理

一、居民身份证登记发放

日照市实行居民身份证制度相对较早。1989年以前，全市（不含莒县、五莲县）贯彻《中华人民共和国居民身份证条例》，为16周岁以上的中国公民（不包括现役军人）制发居民身份证。16～25周岁的，发给有效期10年的居民身份证；26～45周岁的，发给有效期20年的居民身份证；46周岁以上的，发给长期有效的居民身份证。居民身份证编号15位，底卡采用手工填写，照片是黑白照片。

1989年，继续为符合发证范围的公民制发身份证。至年底，全市（不含莒县、五莲县）居民身份证集中颁发工作全部完成，当年共制发证件60多万张，发证率达98.1%。1990年，在部分派出所建立户口卡室，制发临时居民身份证，逐步探索建立以居民身份证管理为中心的户口管理模式。是年，全市办理居民身份证8万多张。

图11-11 1989年，全市公安机关开展换发第一代居民身份证宣传活动

1991—1994年，年满16周岁公民的居民身份证集中申领工作基本完成，4年共制发居民身份证15万张。

1995年7月，公安部印发《关于启用新的防伪居民身份证有关问题的通知》，决定自是年7月1日起，在全国启用新的防伪居民身份证，从1996年1月1日起，停止用老工艺制作居民身份证。

图11-12 公安民警送证上门

1996年，全市居民身份证颁发工作取得较大成绩，共办理居民身份证248.7万张，发证率为98.9%。

1997年8月，在全市逐次分批开展10年有效期满居民身份证的换发工作。全市公安机关认真做好居民身份证登记项目的清理整顿工作，发现更正发证日期、有效期限错误；使用微机逐单位打印10年有效期满人员名单，会同单位户籍协管员进行核对、修改，收缴原居民身份证，发放新的居民身份证；对换证人员较多的单位，公安机关主动开展上门照相、收费，包片民警将制作好的证件送证上门，保证工作进度。至1998年底，换发工作全部完成，累计制发居民身份证件30万余件。

1999—2002年，执行修订后的《中华人民共和国居民身份证条例实施细则》有关规定，开展居民身份证号码升位工作，身份证号码由原来的15位升至18位（在原来15位号码的6～7位增加出生年度的前两位，在最后增加一位校验码），并使用公民身份号码顺序码登记表取代原居民身份证编号顺序码登记表。

2003年4月，印发《关于进一步加强居民身份证管理工作的通知》，从严格居民身份证日常制证、严格居民身份证“快证”申办、严格微机操作管理、严格居民身份证使用查验、严格执行政策和工作纪律5个方面，加强居民身份证的管理。

2004年1月1日，《中华人民共和国居民身份证法》施行。作为中国户籍管理类的第一部法律，《居民身份证法》规定居民身份证具备视读与机读两种功能，第一代居民身份证的制作技术与材质并不具备机读功能。是年起，公安部从试点开始，陆续在全国各地换发第二代居民身份证（简称“二代证”）。“二代证”使用非接触式IC卡芯片为“机读”存储器，证件信息的采集和传输，采用数码照片和计算机技术，证件信息的存储和证件查询，采用数据库技术和网络技术等。申领范围也扩大到16周岁以下的公民及现役军人。一代居民身份证在有效期内可以继续使用。8月，市政府办公室印发《关于做好全市换发第二代居民身份证工作的通知》，部署换发第二代居民身份证工作。市公安局围绕换发第二代居民身份证，积极协调解决换发二代证经费、开展户口核对、公民身份号码重错号纠错、升级人口信息管理系统等工作。

2005年4月28日，市政府召开会议，在全市部署启动第二代居民身份证换发工作。市公安局按照公安部、省公安厅和市政府的部署，迅速成立领导机构、落实工作经费，以户口核对、门楼牌清理整顿为基础，以人口信息管理系统升级改造为中心，全面做好换发“二代证”前的各项准备工作。5月22日，日照市人像采集、信息合成、打包上传、接受回馈等“二代证”制作流程通过省公安厅测试，具备启动换发“二代证”的条件。6月14日，日照市举行第二代居民身份证首发式，为第一批申领第二代居民身份证的30名群众代表颁发证件。8月1日，市公安局与邮递部门签订第二代居民身份证邮政特快寄递合作协议，提高“二代证”送达速度和质量，缩短办证周期，方便群众。年内，全市受理第二代居民身份证43万张，制发“二代证”30万余张，提前完成省公安厅年初下达20万张的换发任务。

2005年10月1日，公安部《中华人民共和国临时居民身份证管理办法》正式施行。明确公民在申请领取、换领、补领居民身份证期间，急需使用居民身份证的，可以申请领取临时居民身份证。临时居民身份证具有证明公民身份的法律效力。据此，市公安局开始为群众办理临时居民身份证。

图 11-13 2006年11月，莒县公安局远赴辽宁省大连市为该县外出务工人员集中办理第二代居民身份证

“二代证”的大规模换发普及和信息技术应用，居民身份证件承载的信息也不断丰富，并被应用到公安机关执法办案等各个环节。2006年，全市公安机关在做好换发“二代证”工作的同时，开展加强信息比对抓捕在逃犯罪嫌疑人工作。9月，制定《关于切实做好人口信息与追逃系统比对工作的通知》，召开专题工作会议，明确户政部门、有关警种和分县局、基层派出所的工作职责，要求全市各派出所定时下载该辖区的在逃犯罪嫌疑人名单，在办理各类户籍业务过程发现抓捕相关人员。10月30日，东港分局河山派出所户籍民警在办理“二代证”时，将网上在逃犯罪嫌疑人管某某当场抓获。是年10月，开发区分局奎山派出所根据市公安局下发的在逃人员线索，快速将网上在逃犯罪嫌疑人徐某抓获。11月3日，市公安局户政处在审核“二代证”人员信息时，发现网上在逃犯罪嫌疑人线索，指令岚山分局碑廓派出所组织实施抓捕，将在逃人员魏某抓获。是年，全市公安机关换发第二代居民身份证突破百万个，通过换发“二代证”抓获网上在逃犯罪嫌疑人16名。

2007年，为确保完成省公安厅下达的年度换发任务，通过开展集中宣传、督导考核、推出便民举措等多种方式，加快集中换发“二代证”工作进度。3月，开展换发第二代居民身份证集中宣传周活动，在城区繁华街道、广场、农村集市等人员密集地段通过悬挂横幅、标语，张贴宣传画，设立咨询台，播放录音等形式，增进群众对换发“二代证”工作的了解和支持。9—12月，开展集中换发“二代证”“百日会战”活动，对照未办理“二代证”人员名单，深入社区、村居、单位、厂企，逐户上门催办。其间，共办理第二代居民身份证38万余张，年满16周岁以上居民的换证比例达100%。建立换发“二代证”工作奖惩机制，对完成换发任务、综合评比前6名的派出所，在绩效考核中予以加分；对完不成任务的派出所在绩效考核中予以扣分。围绕打造换发“二代证”“民心工程”目标，推出针对本市居民换发“二代证”上门服务、延时服务、特事特办、异地办证和集中办证等新举措，在全省率先推出针对在外省市本地居民的“务工地照相、原籍地办证”以及“免费照相、网上传输、异地受理”的新举措。11 月，莒县公安局派出工作组到大连，为莒县籍务工经商群众集中办理“二代证”5000 余张。至 2007 年底，全市受理“二代证”信息 191.2 万余条，提前完成集中换发“二代证”任务。

2008 年，按照公安部、省公安厅部署，开始为现役军人制发居民身份证。12 月 19 日，联合日照军分区召开驻本市现役军人和人民武装警察申领发放居民身份证工作协调会议，通报全市军人换发居民身份证的各项准备工作情况，统一规范军人换发证件工作的办理程序、信息受理、录入、人像采集、信息审核、签发等相关内容的工作制度。公安机关主动加强与驻日照部队的联系，逐一核实军人身份号码，确保军人身份号码不重、不错，军人身份登记内容完整、准确，同时派员协助部队官兵做好采集人像信息、规范住址等工作，确保采集的各类制证信息一次性全部合格。至 2009 年 6 月，全市受理军人身份证制证信息 491 条，提前完成申领发放工作任务。

2010 年，针对“二代证”丢失现象不断增多的状况，对“二代证”丢失补领进行规范。居民身份证丢失被他人冒用的，冒用者及相关证件核查部门应承担相应的法律责任，丢失证件者无须对自己未实施的行为承担责任；对丢失补领居民身份证的群众，派出所一律不得要求群众办理挂失和登报声明。

2011 年 10 月 29 日，第十一届全国人大常委会第二十三次会议通过新修订的《中华人民共和国居民身份证法》，自 2012 年 1 月 1 日施行。新的《中华人民共和国居民身份证法》规定自 2013 年 1 月 1 日起停止使用第一代居民身份证，并在新办理的居民身份证中增加指纹信息。

2012 年，开展为持“一代证”公民集中换发“二代证”活动。市公安局成立领导机构，召开专题会议，安排部署有关工作任务。通过人口信息管理系统生成未换发“二代证”人员催办名单，以派出所为单位细化分解任务；协调移动、联通、电信 3 家移动通信服务运营商，开通“二代证”换发短信提醒业务；协调省公安厅制证中心、邮政物流快递公司，在东港、开发区开辟“办证直通车”业务，成为全省开通该项业务的 7 个市之一。邮政速递物流公司派专人每日对“二代证”制作信息进行分拣，快递信息与制证信息进行同步比对，提高证件邮递效率，使群众办理“二代证”时间由原来的 10 个工作日缩短为 4 个工作日。五莲县公安局为城区“二代证”换发工作增加 3 名工作人员，增设 1 个受理点，成立“二代证”换发流动服务小分队，早出晚归，深入 80 余个村庄为群众采集“二代证”照片。岚山分局从组织领导、宣传发动、优化服务、社会联动等环节入手，由户籍民警联系各村委成员，由村委对村内的老弱病残人员进行统计，统一安排预约上门办证，主动上门采集照片 1 万余人次。至 2012 年底，受理、制作第二代居民身份证 22 万余张，全市 16 周岁以上公民全部换领第二代居民身份证。

2013 年，做好新办理的居民身份证中增加指纹信息相关工作，升级人口信息管理系统，采购相应指纹设备，采取试点推进，逐步铺开的方式，受理制作加载公民指纹信息的第二代居民身份证。6 月，开始在新受理的第二代居民身份证件中登记居民指纹信息。是年，制发加载指纹信息的第二代居民身份证 58113 张。

2014 年，在全市推行自主研发的居民身份证人像采集“满意自主拍”系统。群众在办理第二代居民身份证业务时，使用该系统自主拍摄符合要求的“二代证”照片，实时掌握拍摄效果，并选择自己满意的照片作为“二代证”人像照片。各分县局按照市公安局要求，多方筹措资金，在全市 74 个户籍窗口安装该系统，实现第二代居民身份证人像采集的自主拍摄。10 月，落实省公安厅《关于在全省开展异地办理居民身份证工作的通知》，在人口信息管理系统中增设居民身份证异地办理功能模块，为具有省内市外户籍，身份证件丢失、损坏需要在日照市补办、换领新的居民身份证的居民提供异地

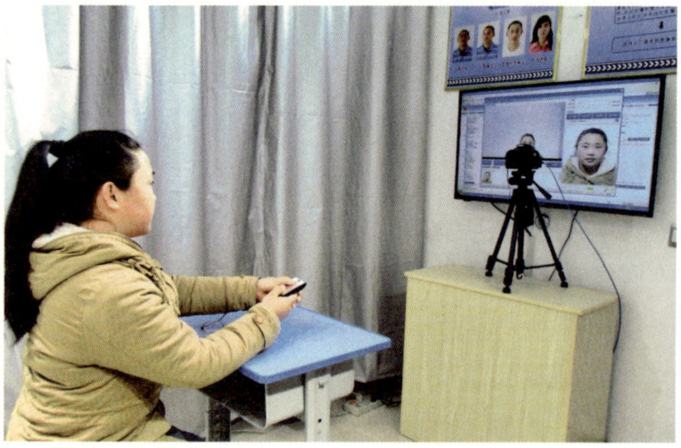

图 11-14 2014 年 3 月，群众在使用“满意自主拍”居民身份证人像采集系统

办证服务，群众可凭户口簿或居住证在当地异地受理居民身份证。依托省级人口信息管理系统，将受理的异地居民身份证信息上传至省级系统，居民户籍地公安机关审核签发后由省公安厅统一制证。各分县局每日 2 次登录省级人口信息管理系统，查看外地公安机关受理的当地户籍居民身份证信息，核实后及时签发。

2015 年 3 月，在开展好省内跨地市受理居民身份证的基础上，陆续开通市内跨区县、区县内跨派出所异地办理居民身份证业务，省内市外、市内户籍居民，可就近到任一个公安户籍窗口办理居民身份证到期换领、损坏丢失补领业务。11 月，公安部印发《关于建立居民身份证异地受理、挂失申报和丢失招领制度的意见》，针对社会上因居民身份证丢失、被盗存在被不法人员冒用实施违法犯罪日益增多的问题，以及公民来往户籍地、居住地办理居民身份证不便的实际，逐步在全国范围内实行居民身份证挂失申报、丢失招领和异地受理制度。

2016 年，按照公安部、省公安厅部署，逐步开展全国居民身份证异地受理业务。7 月，首批开通天津、江苏、安徽、湖北、四川 5 个省户籍人口的全国异地居民身份证办理服务，受理居民身份证挂失申报和丢失招领业务。至年底，除西藏、内蒙古、新疆、广西 4 个自治区，吉林、四川、黑龙江、辽宁、青海的部分少数民族自治州（县）的公民外，其他省（市、区）在日照市工作和生活的公民符合受理条件的，均可在居住地公安机关受理窗口申领居民身份证。是年，全市设立跨省异地居民身份证受理窗口 13 个，受理来自全国 18 个省、市、自治区的跨省异地居民身份证 493 张，其中换领证件 213 张，丢失补领证件 228 个；设立身份证挂失申报和丢失招领窗口 80 个，受理挂失申报证件 2189 个。

2017 年，在全市全面推广居民身份证异地申领机制，在全市 81 个户籍窗口设立异地证受理点，年内，办理省外异地居民身份证 4136 张、省内市外异地居民身份证 5613 张、市内异地居民身份证 3740 个。居民身份证全国、全省、全市异地受理的机制基本形成。

2018 年 4 月 1 日起，按照省公安厅、省发改委、省财政厅的通知要求，停征居民身份证首次申领工本费。是年 9 月，全市公安机关依托省级实有人口信息管理系统，开展居民身份证工本费第三方支付，原则上不再收取现金，通过电子支付的居民身份证工本费直接汇入财政专用账户。

二、居民身份证信息管理

在计算机办公没有普及前，居民身份证信息主要依托人口信息进行手工管理。随着计算机应用系统的普及，身份证号码错号、重号、一人多号等问题逐渐显露，居民身份证信息的规范管理被纳入视线。

1997 年 5 月，公安部印发《关于认真做好居民身份证编号清理纠错工作的通知》，要求各地尽快对当时居民身份证编号中存在的问题进行清理、纠正。9 月，部署开展居民身份证号码清理纠错和新的身份证号码的计算机编制工作：1. 各分县局结合新的常住人口登记表和居民户口簿启用、换证和日常办理户口等工作，对居民身份证证号索引表、常住人口登记表等资料进行全面检查，及时发现重号、错号；2. 派出所利用人口信息系统“查找重复记录”模块进行自动检索；3. 对重、错号换证和年满 16 周岁发证人员编号，必须由计算机自动完成，禁止随意编号；4. 外地迁入换领新证的，要使用其原居民身份证编号，不得重新编号，避免和消除重号、错号和一人多号隐患。是年，共清理居民身份证 80 万张，纠错居民身份证编号 18088 个，其中重号 15200 个，错号 2308 个，一人多证号 580 个。

1998 年 2 月，在莒县召开居民身份证编号清理纠错经验交流会，总结回顾工作经验，研究分析存在问题，传发《全市居民身份证编号清理纠错工作意见》，对下步工作进行部署。莒县公安局选取二十里派出所作为试点单位，逐步全面展开，全县纠正居民身份证编号 19120 个，其中重证号 13800 个，错号 5000 个，一人多证号 320 个。其中，试点单位清理居民身份证 15568 张，清理重号 142 个，收缴重号证 39 张，错号 297 个，收缴错号证 87 张。岚山分局将辖区年满 16 周岁以上的发证人员全部打印下发至村居、单位核对，并做好居民身份证编号的函查工作。6 月，全市居民身份证编号清理纠错工作全部完成，累计清理居民身份证 180 万张，纠错居民身份证编号 58502 个，其中重号 34803 个、错号 23432 个，收缴错证 56221 张。

1999 年 8 月，国务院印发《关于实行公民身份号码制度的决定》，决定自 1999 年 10 月 1 日起在全国建立和实行公民身份号码制度，明确公民身份号码是国家为每个公民从出生之日起编定的唯一的、终身不变的身份代码，由 18 位数字组成。自此，原 15 位的居民身份证编号被公民身份号码所取代。是年 11 月，按照公安部、省公安厅部署要求，着手筹备公民身份号码编制工作的具体实施细则。

1999 年 10 月至 2000 年底，全市公安机关放弃节假日休息时间，加班加点，完成 15 位居民身份证编号升 18 位公民身份号码，以及为 16 周岁以下等未发放居民身份证的公民补编号码的编号赋码、18 位居民身份证的制发和编号登录等工作，累计编制公民身份号码 275 万张，制发 18 位居民身份证 5 万余张。

2007 年，集中开展公民身份号码跨省重错号纠正工作，制定《关于集中开展纠正公民身份号码跨省重号工作的实施方案》和《全市集中开展纠正公民身份号码重、错号工作考核办法》，分别 4 次召开专题会议，安排部署工作，指导帮助基层单位解决遇到的困难和问题。将省公安厅下发的跨省公民身份号码重号清单按照类型、辖区详细分类为《公民身份号码错号清单》《公民身份号码跨市重号清单》《公民身份号码跨省重号清单》和《公民身份号码跨省重号第三方编号清单》，直接明细至各派出所。每月通过专门软件对各类需修改的纠错清单与市级人口信息数据库进行比对，将未修改人员重新列出清单下发各基层派出所。各分县局和派出所将纠错工作与换发“二代证”宣传工作密切结合，按照市公安局提供的名单，积极走访当事人，翻阅户籍档案资料，厘清重错号问题来源，坚持具体问题具体分析处理的原则，开展重错号纠错工作。是年，清理纠正跨省重证号 8979 个，省内跨市重证号 111 个，错证号 976 个。

2010 年，按照公安部、省公安厅部署，开展新一轮跨省公民身份号码重号纠正工作。参照往年工作经验做法，将公安部下发的人员名单分解到各责任派出所，由户籍地派出所走访当事人，查阅档案，函查调查。全市公安机关共上门做群众工作 867 人次、电话联系 310 余次，向外省公安机关发函 52 件。至 2011 年，累计纠正全省编码重号 134 个，其中第三方编码重号 22 个。至此，日照市居民身份证重证号、错证号基本纠正完毕。

三、居民身份证制作所

地级日照市建立之初，日照市没有居民身份证制作所，居民身份证制作由省公安厅制证中心承担。

1997 年 1 月，省公安厅批复同意市公安局成立居民身份证制作所。7 月，市机构编制委员会批准组建居民身份证制作所，属正科级事业单位，编制 10 人。11 月，市公安局启动居民身份证制作所筹建工作。

1998 年初，居民身份证制作所筹建工作基本完成，厂房及办公场所设在市公安局，制证车间及办公场所 210 平方米，配备 SFZ-421 居民身份证摄影仪 1 台，麦士 -Z300CBW 制证机 1 台，CD-CSB-128 居民身份证自动印章冲切机 1 台，法国产 3204 型塑封机 2 台，法国产视频制证系统 1 套，包括康伯486微机1台、热升华彩色打印机1台、彩色扫描仪1台、松下摄像机1台，以及空调、空气调节器等设施。3月，居民身份证制作所做出样证，报省公安厅检验。11月，省公安厅开始给居民身份证制作所批准提供制证原材料，居民身份证制作所正式营业生产。

2002年12月，市公安局居民身份证制作所搬迁到昭阳路11号，办公楼面积1000平方米。

2005年2月，省公安厅下发《关于压减居民身份证制证所有关问题的通知》，全省只保留省公安厅特种证件制作中心和济南、青岛两个居民身份证制作所负责制作“二代证”。是年9月，市公安局居民身份证制作所停止制证。

第四节　人口统计与普查

人口统计是国家统计工作的重要组成部分。30年间，按照公安部、省公安厅有关人口统计工作要求，日照市历次人口统计均周密制定方案，开展重点培训，认真做好户口核对，并积极推动人口统计由人工向微机化、由微机化向信息化转变，确保人口统计的准确性、时效性、完整性。

一、常住人口统计

1991年，按照公安部、省公安厅部署，及时、准确地完成年度人口统计年报工作任务，各项人口数据指标全部合格，市公安局被省公安厅表彰为1991年度全省人口统计先进单位。

1996年，充分发挥微机化人口信息管理系统在人口统计年报工作中的作用，在全省率先实现派出所—分县局—市公安局三级微机化人口统计年报工作流程，有效改变手工查阅、汇总人口统计数据的传统工作方法，大大减轻人口统计的工作量，人口统计数据的准确性、及时性得到有效提升。

1997年，加强对人口统计工作的组织领导，培训分县局、派出所户籍民警100余人次，核查未落常住户口3785人，并为其中符合条件的2629人办理落户。五莲县公安局在人口统计年报期间，配备专用车辆，由分管副局长带队到各派出所检查督促户口核对工作。是年，市公安局被省公安厅表彰为全省人口统计组织工作优秀奖，东港分局、五莲县公安局被省公安厅表彰为全省人口统计先进单位。

1998年，按照省公安厅要求，人口统计年报中新增三种报表：一是省外迁入人员情况明细表，用以反映省外迁入该市人员的文化构成、来自地区、户口性质、性别及迁移原因等；二是人口年龄统计表，用以为教育、民政、计生等部门制定有关教育、中小学设置、老年人福利、育龄妇女生育等政策和计划提供数据参考；三是乡人口及其变动情况统计表，用以反映乡的人口变动情况。是年，全部利用微机进行数据汇总、报表打印，加快工作速度，提高数据质量，节省人力物力财力，连续三年在全省率先实现人口统计年报三级网络化数据汇总。市公安局被省公安厅表彰为全省人口统计组织工作优秀奖，莒县公安局被省公安厅表彰为全省人口统计先进单位。

1999年，五莲县公安局被省公安厅表彰为县级人口统计工作先进单位，3名民警被表彰为人口统计工作先进个人。

2000年，市公安局户政科被省公安厅表彰为市级人口统计工作组织奖，东港分局被表彰为县级人口统计工作先进单位，3名民警被表彰为人口统计工作先进个人。

2002年，市公安局户政科被省公安厅表彰为市级人口统计工作组织奖，莒县公安局被表彰为县级人口统计工作先进单位，4名民警被表彰为人口统计工作先进个人。

2003年9月，公安部对人口统计年报表进行调整，报表由原来的13种调整为7种，分别是人口及其变动情况统计表、非农业人口增减情况统计表、非农业人口增减情况统计表第14、19、26栏明细表、省外迁入人员情况明细表、农业人口从事非农业情况统计表、人口变动情况审查报告表、行政区划及其变动情况统计表。此次人口统计报表调整，除修改报表的结构、项目外，其显著特点就是列表最小统计行政区划确定为乡、镇、街道办事处等乡级行政区划。市公安局按照公安部人口统计报表的调整要求，部署各分县局将公安派出所与乡级行政区划进行关联对应，完成全市 71 个派出所和 50 个乡级行政区划的对应工作。是年底，全市实际统计总户数 924115 户、人口 2784821 人，其中男性 1410627 人、女性 1374194 人。

2005 年，针对山东省取消农业户口、非农业户口性质划分，统一为居民户口的改革变化，公安部取消山东省的非农业人口增减情况统计年报表、非农业人口增减明细表和农业人口从事非农产业统计表 3 种报表。由于除山东省外，全国大部分省、市、自治区仍然采取农业户口和非农业户口之分，为确保人口统计的一致性，需要继续报送非农业人口的统计数据，但对非农业人口做出相应界定：一是街道办事处所辖区域内的人口统计为非农业人口；二是镇所辖居委会或镇政府驻地村委会内的人口统计为非农业人口。市公安局部署各分县局、派出所根据人口统计口径的第一次变动，全面开展户口核对，做好人口统计年报工作。

2007 年 1 月，省公安厅表彰 2005—2006 年度人口统计先进单位和先进个人，莒县公安局被表彰为全省人口统计先进单位，3 名民警被表彰为全省人口统计先进个人。

2011 年，省公安厅在人口统计年报工作中，恢复非农业人口增减情况统计表。是年，日照市常住人口统计上报 5 种报表，分别为：人口及其变动情况统计表、非农业人口增减情况统计表、省外迁入人员情况明细表、人口变动情况审查报告表、行政区划及其变动情况统计表。

2015 年，为建立与统一城乡户口登记相适应的人口统计制度，公安部再次修改人口统计报表。自当年起，启用新的人口及其变动情况统计年报表和城镇人口增减情况统计年报表。公安部开发人口统计数据直报系统，县级公安机关人口统计数据通过该系统直接报送公安部。市公安局按照上级人口统计工作的部署，采用国家统计局下发的上一年度《统计用行政区划代码和属性代码》，以居民户口所登记的村、居委会的城乡分类作为统计“城镇居民”和“乡村居民”依据。是年，全市登记人口户数 108.07 万余户、户籍人口 295.95 万余人，其中城镇居民 135.52 万余人，乡村居民 160.43 万余人，户籍人口城镇化率为 45.79%。受城镇居民人口统计口径重大调整的影响，全市户籍人口城镇化率比 2014 年增加 9.49 个百分点，创历史新高。

1989—2018 年全市常住人口统计表

表 11-1

年份	总户数（户）	总人口（人）	人口性别		户口性质			自然增长			机械增长		
			男（人）	女（人）	城镇（人）	农村（人）	城镇化率 %	出生（人）	死亡（人）	自然增长率‰	迁入（人）	迁出（人）	机械增长率‰
1989	291720	1034768	528676	506092	108203	926565	10.46	16596	5372	10.07	9164	4876	4.2
1990								20061		13.01	8003	5312	
1991		1060796						14233		7.87	5864	4843	
1992	310915	1072341	546080	526261	123532	948809	11.52	11972	6507	3.91	11476	5444	
1993	765768	2668219	1359309	1308910	219657	2448562	8.2	26070	15542	3.95	14840	17324	−1.3
1994	781668	2670446	1358107	1312339	302344	2368102	11.3	23108	16233	2.58	57414	62314	−1.8
1995	819124	2684271	1364691	1319580	332908	2351363	12.4	28767	16087	4.72	38051	39167	−0.42
1996	831820	2699607	1372140	1327467	362071	2337536	13.4	31099	16660	5.36	36414	36748	−0.1

续表 11–1

年份	总户数（户）	总人口（人）	人口性别		户口性质			自然增长			机械增长		
			男（人）	女（人）	城镇（人）	农村（人）	城镇化率 %	出生（人）	死亡（人）	自然增长率‰	迁入（人）	迁出（人）	机械增长率‰
1997	857016	2715556	1379512	1336044	384964	2330592	14.2	33099	16369	6.17	31002	31943	–0.3
1998	875479	2738037	1390175	1347862	404931	2333106	14.8	35366	16369	6.8	29242	27199	0.7
1999	888504	2753324	1397478	1355846				30445	15303	5.5	21354	28414	–2.6
2000	896573	2760642	1400429	1360213	464228	2296414	16.82	33362	19302	5.67	22124	28277	–2.23
2001	905774	2767929	1403496	1364433	476556	2291373	17.22	28913	15802	4.74	20956	28265	–2.6
2002	913002	2775179	1406747	1368432	488851	2286328	17.62	28247	16169	4.35	21009	29999	–3.24
2003	924115	2784821	1410627	1374194	715056	2069765	25.68	28655	16345	4.42	23884	25956	–0.74
2004	949195	2804807	1421580	1383227	758756	2046051	27.1	30180	14262	5.68	33908	30322	1.28
2005	948637	2817066	1427661	1389405	954001	1863065	33.9	29403	16388	5.82	31616	33194	–0.6
2006	953118	2823983	1431063	1392920	931159	1892824	32.97	26306	14429	4.21	20998	27274	–2.2
2007	947046	2833812	1435810	1398002	995357	1838455	35.1	27167	21445	2.2	30449	28044	0.9
2008	954709	2845728	1442071	1403657	1006553	1839175	35.37	28427	19203	3.25	25283	25089	0.07
2009	984480	2857644	1448514	1409130	1007641	1850003	35.26	30484	18427	4.23	23775	23721	0.02
2010	994455	2879225	1462131	1417094	1015736	1863489	35.28	34747	24793	3.47	28576	28051	0.18
2011	1004060	2890286	1468095	1422191	1030353	1859933	35.65	27372	18010	3.25	19416	17829	0.55
2012	1005918	2880986	1464891	1416095	1032204	1848782	35.83	29297	22652	2.3	19022	20073	–0.4
2013	1029397	2901330	1479758	1421572	1040987	1860343	35.88	37004	13150	8.25	47162	40869	2.18
2014	1064026	2939236	1498797	1440439	1066891	1872345	36.3	64270	20833	14.87	24169	24123	0.015
2015	1080779	2959527	1509712	1449815	1355219	1604308	45.79	42592	18647	8.12	9590	18182	–2.9
2016	1090274	2997233	1528732	1468501	1397657	1599576	46.63	49246	13533	11.99	10931	8488	0.82
2017	1095550	3036768	1547002	1489766	1433280	1603488	47.2	75625	38397	12.34	13227	11384	0.61
2018	1106458	3066460	1560981	1505479	1472993	1593467	48.04	49063	18191	10.12	13034	13722	–0.23

二、流动人口统计

1997 年，按照公安部《关于修改暂住人口统计报表的通知》要求，市公安局对暂住人口统计报表作出调整：一是将暂住人口统计时点改为每年的 6 月 30 日 24 时；二是取消“查处违法犯罪人员”统计项目。

2006 年，省公安厅开始使用暂住人口统计程序对各地市进行暂住人口的汇总统计。市公安局在对各分县局、派出所进行充分培训的基础上，利用暂住人口统计程序对当年暂住人口进行核对、汇总、统计、上报。

2012 年，《山东省流动人口服务管理办法》实施，其中明确规定流动人口是指离开常住户口所在地跨县（市、区）居住 3 日以上的人员，因而流动人口的统计口径也有较大变化。同一县、区中的乡镇人口在市区或城区居住的，不再作为流动人口统计，日照市流动人口只统计户籍在市外和该市户籍跨区、县流动的人口。受流动人口统计口径调整的影响，2012 年，日照市登记的流动人口比上一年度减少 171422 人。

2017 年，公安部对流动人口统计年报表项目作出调整。暂住时间由原来的“一个月以下”“一个月至一年”“一年以上”三类调整为“半年以下”“半年至年”“一年至五年”“五年以上”4类。港澳台居民和外国人不再作为流动人口进行统计，去除“来自地区”中的“港澳台”和“国外”2项。另外，“来自地区”中的“市”“县”小类改为“乡村”和“城镇”。

1989—2018年全市流动人口统计表

表11-2　　单位：人

年份	合计	人口性别		来自地区			居住时间	
		男	女	省内	省外	其他	1年以下	1年以上
1994	21456	9797	11659	19031	2397	28	8514	12942
1995	28288	17100	11188	23079	5026	183	10823	17465
1996	37830	21333	16497	29368	8426	36	20221	17609
1997	32590	18748	13842	26118	6440	32	16964	15626
1998	38357	21799	16558	27181	11160	16	27763	10594
1999								
2000	33730	17001	16729	23920	9798	12	26616	7114
2001	33046	17520	15526	20993	12042	11	22798	10248
2002	35529	19244	16285	21640	13870	19	25325	10204
2003	30323	17890	12433	17794	12518	11	19913	10410
2004	34544	19892	14652	20484	14056	4	25001	9543
2005	37373	22333	15040	19878	17345	150	29263	8110
2006	40852	24835	16017	19002	21850	151	34338	6514
2007	90730	55016	35714	55031	34882	817	55501	35229
2008	221674	130886	90788	140254	81418	2	117476	104198
2009	262961	154696	108265	179499	83437	25	138113	124848
2010	321212	184533	136679	220485	100706	21	134652	186560
2011	406652	230772	175880	278771	127739	142	179815	226837
2012	235230	138031	97199	133849	101311	70	103442	131788
2013	—	—	—	—	—	—	—	—
2014	211281	117855	93426	113722	96345	1214	99735	111546
2015	261798	154463	107335	156489	105065	244	103746	158052
2016	277565	151839	125726	172854	104514	197	150023	127542
2017	254746	151903	102843	145398	109348	0	133105	121641
2018	—	—	—	—	—	—	—	—

说明：2013、2018年未统计

三、姓氏统计

日照市姓氏文化源远流长。改革开放后，日照市经济社会快速发展，人员交流日益频繁，人口迁入在给经济社会注入动力的同时，也繁荣了日照市的姓氏文化，特别是内地和边疆地区少数民族人口的迁入促进了日照市姓氏数量的增长和多样化。至2018年，全市共有姓氏881个，其中复姓26个。

在诸姓氏中，万人以上姓氏57个，其中以王姓人口最多，310574人；其次是张姓250728人；排在前5位的还有李姓212126人，刘姓195608人，陈姓112544人。1000人以上姓氏有128个，100人以上姓氏有101个，不足百人者姓氏有595个。按人口数量，全市排在前100位的姓氏依次是王、张、李、刘、陈、孙、赵、徐、杨、于、宋、郑、丁、马、朱、周、高、秦、董、许、崔、韩、胡、安、郭、厉、卢、何、牟、庄、魏、林、梁、葛、吴、田、申、潘、尹、冯、范、孟、杜、辛、袁、焦、孔、苏、唐、曹、吕、史、姚、盛、薛、任、黄、贾、费、段、房、迟、滕、侯、管、付、姜、金、解、来、贺、纪、单、严、邢、夏、邵、时、白、牛、战、相、程、翟、岳、汤、万、闫、商、穆、蔡、荆、柳、臧、卜、季、苑、肖、尚、蒋。

2018年日照市姓氏种类及人数表

表11-3　　　　单位：人

姓氏	数量	姓氏	数量	姓氏	数量	姓氏	数量
王	310574	何	22884	薛	10744	相	6661
张	250728	牟	22504	任	10679	程	6639
李	212126	庄	20150	黄	10496	翟	6100
刘	195608	魏	19897	贾	9969	岳	6081
陈	112544	林	19546	费	9876	汤	6075
孙	97895	梁	19163	段	9789	万	5983
赵	79747	葛	18806	房	9764	闫	5835
徐	75252	吴	18767	迟	9605	商	5787
杨	56082	田	18434	滕	9464	穆	5476
于	52442	申	18378	侯	8966	蔡	5404
宋	50356	潘	17951	管	8887	荆	5404
郑	46532	尹	17386	付	8849	柳	5368
丁	45894	冯	17303	姜	8199	臧	5284
马	43718	范	17211	金	8110	卜	5082
朱	38579	孟	16414	解	8096	季	5058
周	36663	杜	16070	来	7694	苑	5015
高	36082	辛	15259	贺	7689	肖	5007
秦	35441	袁	14855	纪	7412	尚	4995
董	35281	焦	14496	单	7338	蒋	4968
许	33823	孔	13842	严	7271	惠	4831
崔	32803	苏	13614	邢	7228	彭	4732
韩	31546	唐	12702	夏	7150	苗	4615
胡	29312	曹	12647	邵	6992	郝	4560
安	26913	吕	11989	时	6962	左	4519
郭	25794	史	11729	白	6958	谢	4500
厉	24020	姚	11265	牛	6944	邱	4418
卢	23416	盛	10861	战	6934	石	4409

续表 11-3

姓氏	数量	姓氏	数量	姓氏	数量	姓氏	数量
乔	4169	井	2164	樊	1086	郁	481
代	4058	尉	2163	邸	1060	宿	479
殷	4047	薄	2150	柴	1053	刁	473
庞	4010	车	2138	生	935	熊	443
邹	3890	汉	2120	傅	931	雷	442
司	3855	韦	2118	公	929	南	440
毛	3793	康	2102	门	921	候	418
沈	3567	鲍	1965	仇	910	童	394
聂	3560	祝	1937	谭	878	束	387
毕	3518	钟	1874	楚	878	廖	367
常	3503	曾	1869	褚	850	咸	351
邴	3455	席	1809	嵇	845	景	339
仲	3388	梅	1778	闵	841	江	336
路	3318	虢	1777	项	821	芦	308
邓	3286	卞	1770	甄	819	闻	305
古	3236	历	1724	郜	816	亓	299
汪	3180	叶	1631	仕	812	佘	294
钱	3153	冷	1631	慕	795	关	292
戚	3135	荣	1574	宓	790	党	290
成	3045	阎	1500	扈	778	洪	285
裴	2988	寇	1405	曲	763	荀	285
齐	2982	莫	1385	宫	763	钊	285
罗	2946	方	1379	平	728	腾	285
匡	2921	陆	1369	舒	669	班	283
窦	2755	巩	1365	封	667	信	280
娄	2746	柏	1350	吉	636	艾	277
阚	2676	伦	1349	仝	636	逄	274
顾	2621	靳	1344	祁	634	邬	270
鞠	2601	耿	1341	施	601	姬	269
倪	2502	兰	1314	庙	599	訾	261
丰	2435	宗	1288	法	596	颜	260
凌	2396	谷	1275	栾	575	国	252
鲁	2383	别	1181	蒲	551	文	252
隋	2359	陶	1172	桑	540	翁	245
戴	2244	宁	1142	沙	515	屈	232
武	2187	明	1132	佟	510	铁	225
山	2183	接	1109	隽	507	霍	225

续表 11–3

姓氏	数量	姓氏	数量	姓氏	数量	姓氏	数量
包	217	郎	77	寻	34	禚	22
涂	213	燕	76	池	33	晁	22
温	212	泮	75	慈	33	矫	22
主	211	粱	72	易	33	郜	22
蔺	204	缪	71	东	32	蔚	21
余	204	藏	69	展	30	符	21
从	192	欧	69	刑	30	步	21
米	181	满	66	台	30	谈	21
汲	171	冀	65	全	30	冉	21
晋	167	化	63	隆	29	云	20
丛	165	边	63	诸葛	29	师	20
律	161	乜	61	覃	29	赫	19
都	160	朴	60	卫	29	潭	19
廉	157	鹿	56	娜	28	普	19
詹	156	狄	54	祖	28	宣	19
尤	155	裘	54	索	28	佐	18
龚	152	随	53	菅	28	綦	18
原	149	伏	52	骆	27	木	18
藤	144	俞	52	那	27	令	17
郇	131	润	51	栗	27	恰	17
支	131	向	50	官	27	节	16
龙	130	阮	49	神	27	皮	16
崇	129	胥	48	戈	27	你	16
仪	126	黎	46	由	27	郅	15
帅	126	英	45	西	26	阿	15
钮	121	卓	44	占	26	智	15
密	119	逯	39	和	26	类	15
章	114	修	38	喻	25	勇	14
伊	113	伍	37	禹	25	才	14
衣	101	孝	37	蹇	25	巴	14
瞿	92	叩	36	仁	25	昝	14
初	84	连	36	权	24	奚	14
甘	84	赖	35	桂	24	渠	14
晏	82	麻	35	续	23	桓	14
蓝	80	游	35	玄	23	况	13
盖	79	鄢	35	柯	23	储	13
华	78	欧阳	34	苟	23	扬	13

续表 11-3

姓氏	数量	姓氏	数量	姓氏	数量	姓氏	数量
敖	13	印	8	经	6	彦	4
豆	13	强	8	麋	6	么	4
位	13	虞	8	宰	6	贝	4
种	13	枚	8	同	6	自	4
查	13	劳	8	线	6	秘	4
延	13	海	8	应	6	丙	4
花	12	暴	8	雒	6	将	4
侍	12	轩	8	檀	5	者	4
浦	12	甲	8	锡	5	萧	4
蒙	12	隗	8	辜	5	乐	4
雍	12	於	8	赛	5	敬	4
鄂	12	拜	8	伞	5	纵	4
阳	12	元	7	率	5	敦	4
简	11	楼	7	胜	5	鲜	4
居	11	计	7	油	5	弋	4
饶	11	克	7	库	5	菊	4
羊	11	岑	7	粘	5	倖	4
弓	11	看	7	芷	5	夹	4
母	11	考	7	巢	5	提	4
阴	11	怀	7	褚	5	干	4
良	10	焉	7	茶	5	哭	4
呼	10	博	7	衡	5	粟	3
起	10	绳	7	裔	5	宝	3
仉	10	贲	7	蔻	5	闰	3
农	10	吝	7	公玉	5	刀	3
巨	10	负	7	三	5	雪	3
字	10	汝	7	屠	5	光	3
靖	10	亢	7	弭	5	厍	3
杭	9	上官	6	庹	5	催	3
杲	9	竹	6	闭	4	税	3
踪	9	前	6	习	4	乌	3
营	9	言	6	丘	4	力	3
郗	9	年	6	尼	4	逄	3
玉	9	妮	6	勾	4	紫	3
芮	9	黑	6	茌	4	果	3
富	9	楮	6	皇甫	4	苍	3
簿	9	宇	6	凡	4	远	3

续表 11-3

姓氏	数量	姓氏	数量	姓氏	数量	姓氏	数量
仵	3	轩辕	2	增	2	聊	2
友	3	传	2	洛	2	底	2
蒿	3	却	2	召	2	地	2
盘	3	念	2	桃	2	劭	2
泥	3	五	2	卖	2	香	2
戢	3	遇	2	掌	2	邝	2
朵	3	贡	2	贷	2	呈	2
连	3	火	2	老	2	斐	2
练	3	公冶	2	达	2	蒽	2
帝	3	固	2	旷	2	衢	2
会	3	慕容	2	见	2	镡	1
阙	3	闯	2	兆	2	朗	1
苇	3	籍	2	茹	2	芬	1
巫	3	端木	2	夏侯	2	赤	1
教	3	双	2	袭	2	骞	1
照	3	独	2	尧	2	艾玛	1
锁	3	记	2	寥	2	闭	1
诸	3	波	2	宾	2	项	1
竺	3	江	2	罕	2	蔺	1
皇	3	勃	2	哈	2	贵	1
户	3	蔺	2	颉	2	李	1
昌	3	松	2	羿	2	央	1
泽	3	结	2	斗	2	渐	1
蜂	3	郏	2	员	2	蓬	1
岩	3	濮	2	问	2	春	1
小	3	寸	2	怒	2	维	1
茅	3	湛	2	闪	2	予	1
但	3	青	2	恒	2	拓	1
寿	3	荷	2	作	2	依	1
刚	3	炳	2	京	2	另	1
毋	3	院	2	绪	2	拉	1
危	3	菜	2	雇	2	尘	1
新	3	稽	2	妳	2	奉	1
杏	3	麦	2	南宫	2	睢	1
广	3	秋	2	司马	2	俎	1
谌	3	塔	2	虎	2	用	1
肇	2	多	2	蕲	2	风	1

续表 11-3

姓氏	数量	姓氏	数量	姓氏	数量	姓氏	数量
祈	1	宛	1	银	1	拱	1
哥	1	穆罕默德	1	吾	1	艾海提卡日	1
群	1	水	1	妈	1	旬	1
禾	1	舍	1	效	1	贤	1
庚	1	疏	1	知	1	巍	1
肃	1	排	1	繁	1	芳	1
薜	1	励	1	的	1	伽	1
竭	1	熟	1	过	1	韵	1
禅	1	大	1	后	1	蕉	1
蒯	1	萍	1	壮	1	上	1
图尔荪阿依	1	缴	1	泉	1	语	1
线	1	番	1	藩	1	冠	1
璩	1	断	1	麦麦提阿卜杜拉	1	堂	1
茆	1	浩	1	句	1	哀	1
素	1	滑	1	仁增	1	鱼	1
芈	1	沪	1	容	1	夫	1
浮	1	溥	1	形	1	沐	1
吾甫尔卡斯木	1	幸	1	岱	1	附	1
立	1	谯	1	侃	1	梦	1
伯	1	卯	1	慎	1	尔	1
哪	1	度	1	要	1	斋	1
打	1	苌	1	培	1	竟	1
浑	1	福	1	槐	1	纽	1
篯	1	阁	1	殴	1	遆	1
迎	1	陵	1	业	1	剧	1
思	1	具	1	呼延	1	喜	1
开	1	钦	1	戎	1	布	1
宦	1	敏	1	翠	1	建	1
荘	1	保	1	介	1	运	1
改	1	消	1	藕	1	凯日麦	1
缑	1	益	1	苏麦叶	1	卿	1
采	1	阿孜古丽	1	琚	1	副	1
志	1	喇	1	部	1	沉	1
美	1	百	1	漆	1	锺	1
待	1	侬	1	乾	1	澎	1

续表 11-3

姓氏	数量	姓氏	数量	姓氏	数量	姓氏	数量
木斯塔帕	1	旺	1	模	1	送	1
页	1	邵	1	雄	1	阿赫尔	1
懂	1	篮	1	杞	1	德	1
奎	1	有	1	冶	1	绍	1
北	1	邦	1	庭	1	件	1
迁	1	未	1	惹格	1	愿	1
辉	1	星	1	秧	1	汗	1
久	1	兴	1	红	1	箔	1
早	1	侨	1	启	1	葫	1
弥	1	剑	1	宏	1	锋	1
仓	1						

四、民族构成

改革开放后，特别是地级日照市建立地级市后，经济社会的发展吸引少数民族居民向日照市不断迁移，市内少数民族居民数量持续增长。至 2018 年，市内居民以汉族为主，全市除汉族外，共有少数民族 46 个，少数民族 5906 人，占全市总人口的 0.052%，其中以满族人口为最多，有 1673 人。

2018 年日照市少数民族人口分布表

表 11-4　　单位：人

序号	民族	全市	东港	莒县	五莲	岚山
1	满族	1673	1094	221	209	149
2	朝鲜族	585	449	82	29	25
3	回族	1109	423	623	33	30
4	蒙古族	488	296	75	47	70
5	壮族	268	166	60	13	29
6	彝族	316	78	140	69	29
7	哈尼族	156	58	57	22	19
8	土家族	133	57	39	16	21
9	达斡尔族	69	46	7	11	5
10	傈僳族	220	43	96	21	60
11	苗族	174	38	71	30	35
12	锡伯族	48	36	3	1	8
13	侗族	48	31	14	1	2
14	黎族	67	30	26	3	8
15	鄂温克族	21	19	0	0	2
16	布依族	39	14	13	10	2
17	拉祜族	53	12	31	8	2

续表 11-4

序号	民族	全市	东港	莒县	五莲	岚山
18	白族	127	11	97	15	4
19	畲族	15	11	1	1	2
20	其他	14	11	1	1	1
21	藏族	37	11	11	8	7
22	土族	11	10	1	0	0
23	高山族	9	9	0	0	0
24	瑶族	36	8	18	8	2
25	鄂伦春族	8	8	0	0	0
26	俄罗斯族	8	7	1	0	0
27	赫哲族	7	7	0	0	0
28	傣族	27	6	17	4	0
29	水族	7	4	3	0	0
30	阿昌族	8	4	1	3	0
31	佤族	48	3	15	27	3
32	珞巴族	2	2	0	0	0
33	京族	2	2	0	0	0
34	怒族	25	2	10	9	4
35	德昂族	5	2	1	0	2
36	撒拉族	3	1	0	1	1
37	纳西族	2	1	3	0	1
38	维吾尔族	7	0	7	0	0
39	景颇族	13	0	7	6	0
40	仡佬族	6	0	6	0	0
41	毛南族	3	0	2	1	0
42	独龙族	2	0	2	0	0
43	布朗族	1	0	1	0	0
44	仫佬族	4	0	1	3	

五、人口普查

1990 年 7 月 1 日起，全市参与开展第四次全国人口普查。人口普查工作开始前，按照上级部署，自 1 月至 5 月底开展一次人口普查前的户口整顿。会同市人口普查办公室研究制定《户口整顿工作方案》，成立人口普查户口整顿组，在全市各乡镇、街道办事处人口普查办公室成立户口整顿工作专班。3 月 25 日至 4 月上旬，在石臼街道进行人口普查户口整顿试点工作，为全面开展户口整顿积累经验。全市各级人口普查办公室把户口整顿纳入人口普查宣传工作总体规划，广泛开展入户登记户口整顿宣传工作，积极争取广大人民群众的理解和支持。各级公安机关充分发动基层组织和社会各界力量，开展入户走访和户口登记核实工作，细致登记常住人口、暂住人口、无户口等人员；认真整改在户口整顿中查出的重户重口、漏口漏户，以及各种登记项目差错。同时，通过户口整顿加强公安机关自身业务建设，及时解决在户口整顿工作中发现户口管理问题，完善户口登记管理制度，推动户籍管理规范化。此次人口普查，全市登记人口 1027724 人。其中，男性 520978 人，女性 506746 人；总户数 290015 户，其中家庭户 288962 户 1013016 人，集体户 1053 户 14708 人；家庭户平均每户 3.51 人。

2000 年，开展第五次全国人口普查，制发《日照市第五次人口普查户口整顿实施方案》，做好人口普查前的户口整顿工作；逐级成立人口普查户口整顿工作领导机构，组建工作班子，设立办公室，制定《户口整顿实施细则》；按照 350∶1 的比例选调工作人员，采取以会代训或举办培训班的形式，层层培训学习，层层动员部署。岚山分局先后 3 次召开党委会议，积极向岚山党工委、办事处汇报，争取支持，保证人力、物力、财力三落实；借用当地普查办公室的普查员和普查指导员，按照一定的比例组成户口整顿入户调查队伍，集中时间举办由各派出所户籍员、暂住人口管理员参加的培训班；结合人口普查办划分的普查区，明确户口整顿区域，做到人口不重登、不漏登；采取以屋找人的方法，依照房屋方位平面图上所标示的房屋，携带各种表格，实行弹性工作制，逐村居、逐单位、逐户、逐人、逐项进行入户核对，做到“稳、准、细、严、活”；将户口整顿与暂住人口规范化管理、门楼牌清理整顿有机地结合起来，使用同一套班子、同一组人员。开发区分局制定《日照开发区第五次人口普查户口整顿实施方案》，下发《关于选调第五次人口普查户口整顿人员的通知》，与有关单位负责人签订全区户口整顿目标责任书，在集中培训的基础上，增加单独培训、边整顿边培训等形式。其他分县局结合辖区实际，突出工作重点和难点，主动调整工作时间和工作方法，采取行之有效的工作措施，做到户户上门、人人核对。是年，全市共选调户口整顿工作人员 7200 余人，召开会议 100 余次，举办培训班 80 余期，培训 8000 余人次。完成第五次人口普查前的户口整顿工作，共登记实有常住人口 2642442 人，户籍人口 2750633 人，暂住人口 58300 人，其中有户口无人 266448 人，人户分离 191944 人，重登户口 4628 人，应销未销户口 6134 人；有人无户口 158257 人，人户分离 136037 人，户口待定人员 20730 人，漏登户口 1490 人。

2009 年 6 月 1 日至 10 月 20 日，全市开展第六次全国人口普查。结合人口普查户口整顿工作，全市共入户调查核对 1063209 户、3288237 人，新登记暂口人员 100640 人，登记出租房屋 99279 间，境外人员 1264 人，人户分离人员 92626 人，流出人口 305847 人，清查出户口待定人员 30717 人，其中计划外生育 11040 人，户口应销未销 17499 人，户口登记项目错误 149771 人，纠正公民身份号码重错号 692 个，清理废弃地址 3893 个。

第五节　户籍制度改革

户籍制度是由政府相关职能部门对当地管辖人口的出生、死亡、迁移、家属关系等基本状况进行登记、统计、归档和管理的制度。地级日照市建立后，公安机关通过对户籍制度进行改革调整，从严格分离的城乡二元化户籍制度，逐步过渡到居民户口一元化登记，适应和促进全市经济社会发展。

一、二元化户籍制度

1958 年 1 月，新中国第一部户籍制度《中华人民共和国户口登记条例》颁布。《中华人民共和国户口登记条例》以法律形式严格限制农民进入城市，限制城市间人口流动，农业户口、非农业户口严格的城乡分离的二元化户籍登记制度建立，在其后一个相当长的历史时期内对日照市户籍制度产生深远影响。“文化大革命”期间，公安机关户籍管理受到严重冲击和破坏。为恢复人口管理，制止人口的无序流动，1977 年 11 月，国务院批转《公安部关于处理户口迁移的规定》，运用户籍制度控制人口流动，限制农村人口向城市迁徙，严格控制由农业人口转为非农业人口，“农转非”的概念首次出现。为贯彻国务院决定，公安部对全国各地下达“农转非”指标，规定每年批准从农村迁入市镇和转为非农业人口职工家属人数，不得超过非农业人口数的1.5‰，后调整为2‰，成为每年2‰“农转非”指标分配的依据和惯例。

1985年始，本着沟通城乡、放活人才、解民之忧的原则，公安机关对户籍管理制度进行一系列改革，先后实施居民身份证制度、城镇暂住人口管理制度，制定调整专业技术干部家属“农转非”、留学生子女回国落户、大中专学生户口迁移等多项户籍政策。

1986年8月，印发《关于严格办理户口迁移和出具年龄证明的通知》，对非农业人口和农业人口的迁出、迁入进行调整规范。非农业人口的迁入迁出，按照业务种类区别对待，使用或不使用户口准迁证，逐步与是否享受商品粮待遇脱钩。限制城镇人口过快增长，从农业乡镇向城镇乡镇迁移的人口，采用户口准迁证制度。

1988—1989年，针对办理“农转非”户口工作中存在的弊端，改革“农转非”户口审批，在办理“农转非”工作中实行指标公开、条件公开、程序公开、结果公开的“四个公开”制度，将“农转非”指标分配适当向亟需的干部、职工和普通群众倾斜，推进办理“农转非”工作公平、公正和透明。

1991—1992年，做好当年度市计委下发的职工居民家属“农转非”指标的分配和办理工作。申请“农转非”的干部职工，必须成绩突出，年龄在40周岁以上，家庭确有实际困难，子女年龄较大。在乡镇工作的干部职工，在同等条件下，可以优先予以考虑办理。为解决“农转非”申请人数较多，而分配指标少的矛盾，按照每户先转家属和一个即将超龄子女的方法办理。

1995年，制定《关于办理1995年度国家计划内农转非工作意见》，对山东省分配的“农转非”计划指标进行分配，并明确办理范围和办理审批流程、时限。是年的“农转非”计划指标重点用于解决科技干部家属、1959年以前参加工作的老工人的农村子女、基层计划生育工作人员、军队干部家属、职工居民家属、技校招生、煤矿井下职工家属、离休干部家属及其他符合政策的“农转非”人员。至1996年7月，1995年度的2‰“农转非”办理工作基本完成，办理“农转非”1622人，上缴城镇增容配套费97.75万元。

图11-15 1995年，东港分局涛雒派出所配备户政管理流动服务车

1997年12月，印发《关于认真做好1997年度千分之二干部职工家属“农转非”工作的通知》，对于全市年龄在40周岁以上，工龄满20年，工作政绩突出的在职干部职工，明确五类办理“农转非”的条件：一是家庭困难，在农村生活的在职干部职工的家属；二是15周岁以下或不满18周岁仍在校读书的子女；三是因身体病残，生活不能自理的成年子女；四是年满55周岁，生活无人照顾，需投靠子女生活的父母；五是对日照市经济建设做出突出贡献的干部职工。该文件还规定“农转非”审批办理程序为市直单位的“农转非”手续由市公安局直接审批办理；其他企事业单位的，由本人提出申请，所在单位汇总上报，迁入地公安派出所审查，分县局审核，市公安局审批；所有“农转非”必须成户办理，不允许分散办理。

1999—2000年，根据从严控制、保证重点、合理安排、稳定社会的原则，认真做好省、市计委每年分配的4000个“农转非”指标的办理工作。“农转非”指标主要用于职工居民家属、离退休干部家属、知识分子家属、老工人子女、烈士子女、随军家属等符合国家政策的人员。“农转非”每个计划指标均有1张凭证，用于办理“农转非”手续。各区县、市直有关部门按政策管理范围进行初审，再将初审材料报市公安局审批。

二、地方城镇居民户口

地方城镇居民户口是在国家严格控制“农转非”户口指标的背景下，为解决当地大量、快速增加的农业转移人口对城镇户口的需求的过渡性措施，是介于城市农业户口和非农业户口之外的第三元户口形式。

1994年3月，为贯彻落实公安部、省政府关于实施地方城镇居民户口的工作部署，市政府印发《关于办理地方城镇户口的通知》（简称《通知》），决定在全市实行地方城镇居民户口制度。除符合土地管理法规定的无地农民外，对符合下列条件之一的人员，如其自愿，可予以办理地方城镇居民户口：一是已符合国家“农转非”政策，因“农转非”指标所限不能办理“农转非”的人员；二是按市人事部门下达的计划，经区、县、岚山办事处、日照开发区组织、人事部门批准选聘的乡镇党政群机关任职满4年的干部及女干部的未成年子女；三是经劳动部门批准招收的、在城镇企事业单位工作满5年以上的农业户口职工及女职工的未成年子女；四是1985年登记在编并持有省教委颁发的“任教证书”的在职民办教师及女民办教师的未成年子女（包括已办理“农转非”的公办教师的未成年子女）；五是在乡镇以上计划生育部门工作满5年的农民合同制工人或专职计划生育工作人员以及女职工的未成年子女；六是经批准招收的农、林、牧、渔场原农场户口的职工以及女职工的未成年子女；七是原户口已被注销、在城镇居住10年以上、有住房并有稳定生活收入来源的户口待定人员；八是在县及县以下的小城镇、集镇购建住房、自己解决经营场地、经营资金、在工商行政管理部门注册登记、生产经营3年以上的业主及其配偶和未成年子女；九是经批准招收的农业户口的大中专自费生（含技工学校），毕业后被城镇企事业单位录用的；十是开发区内的企事业单位招收的在开发区连续工作5年以上的农业户口职工；引进的人才连续任职2年以上，并被用人单位认定作出贡献的人员及其配偶和未成年子女；十一是县及县以下城镇企事业单位引进的具有大专学历或具有中级以上职称（含技师），在受聘单位工作2年以上并被用人单位认定作出贡献的人员及其配偶和未成年子女；十二是被分配在县以下城镇企事业单位工作5年以上的大专毕业生、工作7年以上的中专毕业生（含技校毕业生）的配偶及未成年子女；十三是被评聘为中级以上专业技术职务（含技师）的城镇企事业单位的农业户口职工；十四是外商、华侨和港澳台同胞投资40万美元以上兴办实业所聘用的在投资所在地有固定住所的管理人员、生产技术骨干及投资者的市内亲属（只限5人）；十五是华侨和港澳台同胞用折合人民币20万元以上的侨汇在城镇购建房屋、需要照顾的大陆亲属（只限2人）。《通知》要求，各区县、办事处及管委对办理的地方城镇居民户口必须纳入计划管理，由市计委根据全市经济和社会发展水平以及城镇对人口的承受能力进行总量控制，每年下达年度计划指标。日照市地方城镇居民户口属于山东省非农业户口性质，由公安机关单独统计，办理地方城镇居民户口的人员原则上在粮油供应、劳动就业、子女上学、计划生育等方面与国家统一管理的城镇居民享有同等权利和义务，使用统一的非农业户口簿。地方城镇居民户口人员有正当理由需要迁移的，在山东省境内县及县以下城镇可以迁移流动，迁往省外的，按全国城镇居民户口手续办理；自愿迁回农村落户的，准予落农业户口。地方城镇居民户口不在国家统一的“农转非”计划之列，是地方政府的行为，只在当地有效，在待遇上基本上与当地非农业户口相同。

1995年12月，市政府批转市公安局《关于办理1995年地方城镇居民户口的意见》：1.新增凡在“百新工程”试点镇有固定住所、稳定生活来源的农村人口，都可以在试点镇登记为地方城镇居民户口的规定。2.对省计委分配给日照市的1.21万个地方城镇居民户口指标进行分配：东港区地方城镇户口指标3500个，其中用于涛雒、巨峰、两城3个试点镇2500个；莒县地方城镇户口指标2800个，其中用于夏庄、龙山两个试点镇2000个；五莲县地方城镇居民户口指标2800个，其中用于街头、管帅两个试点镇2000个；岚山街道办事处地方城镇户口指标1000个，其中用于汾水镇600个；开发区地方城镇居民户口指标500个；市直单位地方城镇居民户口指标1500个。

1996年，本着“突出市区、照顾全面、适当放宽条件”的原则，对省计委分配给日照市的1万个地方城镇居民户口指标进行分配。此次分配重点向已符合国家“农转非”政策，但受限于“农转非”计划指标暂不能办理的人员倾斜，主要分配给市直各单位，国家、省属驻日照单位，东港区、岚山办事处、经济开发区等单位、部门。

1997年3月，市政府批转市公安局《关于办理地方城镇居民户口的实施意见的通知》，再次放宽办理地方城镇居民户口的条件。1994—1997年，日照市共办理地方城镇居民户口10万余人。

1998年12月，经报请省政府批准，市政府印发《关于将部分无地农民的农业户口转为城镇居民户口的通知》，决定将东港区日照街道办事处利民街居委、营子街居委、文化村、东关北路居委、迟家村、文华街居委，秦楼街道办事处东明望台村、西明望台村、高家村、沟南村，岚山办事处王家庄子村、王家海屋村、刘家海屋村、周家庄子村、戴家庄子村，五莲县洪凝镇莫家庄子村、却坡村、和子沟村、同俗村，莒县城阳镇护城官庄村、东关五街居委等21个村（居）的常住人口，共计12853户，38548人户口转为地方城镇居民户口，这是日照市首次实施无地农民“农转非”工作。市公安局组织各分县局及有关派出所，以村（居）为单位对转户人员进行认真细致的户口核对，对符合条件拟办理的分类别张榜公布，确保无异议后按照相关规定履行受理审批流程，确保无地农民“农转非”工作有序进行。

2000年1月，省政府批转省公安厅等部门《关于进一步改进户籍管理扩大办理城镇居民户口范围意见的报告的通知》，除《关于实施地方城镇居民户口有关问题的通知》中规定的范围以外，新增5种符合条件的人员可以办理地方城镇居民户口，促进农村剩余劳动力向城镇转移，加快二、三产业发展，推动城市特别是小城镇建设快速发展。2月，市公安局印发《关于贯彻省政府鲁政发〔1998〕108号文件认真解决好户口管理工作中几个突出问题的意见》，调整有关户口登记管理政策，回应人民群众实际户口需求：一是对1998年7月22日以后出生的婴儿，可以按照在常住地登记户口和随父随母自愿的原则申报出生登记。1998年7月22日以前出生的未成年子女，仍按有关规定随母申报户口。二是对以往出生并要求随父落户的未成年人，可在随母登记出生后，本着先急后缓的原则，逐步解决随父落户的迁移问题。三是夫妻分居需要到日照市投靠落户的公民，在配偶所在地有居住条件，原则上结婚3年以上，准予落户。四是男性60周岁以上、女性55周岁以上，身边无子女照顾的公民，需要投靠子女的，可予以落户。对夫妻双方共同投靠子女的，只要一方符合规定，准予共同迁入户口。离、退休人员返回原籍投靠配偶或子女的，应优先予以解决。五是允许在日照市投资、兴办实业、购买商品住宅的人员及其共同居住的直系亲属办理落户，并按照自愿的原则，可以申请办理地方城镇居民户口。

三、统一户口性质

2004年5月，市政府印发《关于进一步改革我市户籍管理制度的意见》，决定在日照市逐步取消原农业、非农业和地方城镇居民户口性质分类，实行统一的居民户口登记管理制度。随后，市公安局印发《关于认真贯彻落实市政府〈关于进一步改革我市户籍管理制度的意见〉的通知》，对落户条件、落户程序、办理手续等作出明确规定：1. 将非农业、地方城镇居民户口和按户口迁移政策迁入的城镇户口，统一登记为“居民户口”；2. 放宽投资经营、购房、引进人才、投靠亲属等落户限制；3. 改革大中专院校户口迁移政策，考取普通高等院校、普通中等专业学校的学生，入学时可以自愿选择是否办理户口迁移手续；4. 简化审批手续，取消购房落户的公证书等材料，取消婴儿出生随父落户的随父落户介绍信等材料；5. 下放大中专毕业生、部队退伍转业军人、出国（境）回归等业务审批手续到分县局一级，市公安局不再审批。围绕贯彻落实意见，市公安局举办 2 期全市户籍管理工作培训班，组织各分县局户籍内勤、派出所户籍员进行集中培训，为全市户籍管理制度改革的顺利进行打下基础。各区县公安机关按照实际居住地登记户口的原则，认真执行市政府和市公安局的文件精神，加大宣传发动力度，加强教育培训，对符合落户条件的及时申报、及时办理，解决群众的后顾之忧，加快推动城市化进程，促进经济社会发展。是年 1—8 月，全市办理“农转非”户口 5000 余人、“三投靠”户口 1500 余人；婴儿随父落户 400 余人，投资兴办企业和购买商品房落户 100 余人，引进人才落户 20 余人。

2004 年，落实省政府办公厅转发省公安厅《关于进一步深化户籍管理制度改革的意见》，从 10 月 1 日起，停止涉及户口性质变更的户口审批业务。为保障统一居民户口性质制度的平稳实施，按照上级要求，预留一年的过渡期，在 2005 年 9 月 30 日前，公安机关常住人口登记表户口性质标注保持不变：1. 过渡期内原农业户口居民省内迁移的，除迁往城镇外，其余的户口迁移一律在户口迁移证备注栏加注“☆”号，代表其原为农业户口，方便迁入地公安机关在人口信息系统、常住人口登记表中标注和向有关部门提供；2. 过渡期以后，公安机关人口信息系统中不再保留户口性质的标注。鉴于当时全国大部分省、市、自治区还未取消户口性质划分，为确保户口迁移外部对接，凡迁出省外人员，仍需在迁移证“备注”栏内标注户口性质。

四、社区户籍管理改革

2006 年，按照市委、市政府部署，全市开展社区户籍管理改革试点工作。5 月，组织人员赴威海市考察学习户口属地化管理工作。6 月，起草《日照市社区户籍管理改革试点工作方案》，明确试点指导思想、方法步骤等。7 月，按照试点工作的登记口径，印制社区户籍管理改革调查摸底情况登记表、租赁房屋登记表、致社区居民的公开信等材料。8 月 11 日，东港区组织召开社区户籍管理改革试点工作动员会议，在东港区秦楼街道泰安路社区、日照街道芙蓉社区、石臼街道阳光社区 3 个社区开展试点，明确社区户籍管理改革政策：对东港区内有常住户口且房屋产权是居住者本人的，由其原常住户口所在单位（村）、派出所迁出，迁入到居住地派出所、社区；对无常住户口但房屋产权是居住者本人的，根据有关规定，由公安机关分期、分批审批并签发户口准迁证，将户口迁入该社区；对暂时不符合迁移政策的，纳入暂住人口管理，对应建立常住人口登记表、四项变动登记簿、暂住人口登记簿、暂住人口登记表、租赁房屋登记簿、空闲房屋登记簿等户口档案。试点工作期间，共上门登记 111 个单位、5533 户、12779 人。

2009 年 2 月，印发《日照市社区户籍管理改革工作方案》，改革社区户籍管理制度，推广居住地管理人口、以房管人的城市居民属地化管理机制，对符合条件及本人自愿的，实行居住地和户口地一体化管理；对不愿迁移户口的居民，纳入暂住人口或寄住人口管理。是年，对全市 33 个社区上门走访登记 73986 人，迁入社区常住人口 1030 人，建立实有人口档案 1000 余份，为群众办理二代居民身份证 300 余个，从中抓获在逃犯罪嫌疑人 2 名。

2010 年 5 月，市公安局联合市民政局、财政局、教育局、计生委、住建局等部门联合下发《关于进一步深化和完善社区户籍管理改革工作的意见》，加快推进城区户籍管理由单位协管向社区实有人口分类管理模式转变，将做好居住地实有人口管理作为户籍管理改革的重点。

2011 年，继续稳步推进社区户籍管理改革，在已解决配套用房并配备工作人员的东港区日照街道高新社区等12个社区，开展社区户籍管理改革工作。通过入户调查登记，逐一核对社区居民的身份、家庭、房产等信息，摸清居住人员基本情况，查清社区内实有人口的户数、人数及其分布情况，核对户口登记项目，提倡鼓励居民户籍依托社区管理，建立和规范实有人口管理的登记和档案，逐步实现以居住地管理人口新机制。

五、加快推动城镇化进程

2011年2月，国务院办公厅印发《关于积极稳妥推进户籍管理制度改革的通知》。8月，省政府办公厅印发《关于贯彻国办发〔2011〕9号文件积极稳妥推进户籍管理制度改革的通知》。2012年11月1日，市政府《关于积极稳妥推进户籍管理制度改革加快新型城镇化进程的实施意见》（简称《意见》）经省政府审核通过，正式下发实施。市公安局根据《意见》精神，印发《关于认真贯彻日政发〔2012〕35号文件精神做好户籍管理制度改革配套服务工作的通知》，制定户口迁移实施细则。日照市这次户籍制度改革，按照加快农村人口向城镇转移，解决符合条件的农业转移人口落户城镇问题的基本思路，在中心城区、县区、建制镇实施积极的户口迁移和登记政策，允许在城镇租赁房屋实际居住的人员在城镇落户。为推进农业转移人口向城镇有序流动，对落户城镇的农村人口，保护其宅基地使用权和土地承包权，并为其保留为期5年的享受原户籍地计划生育政策的权利。《意见》实施后，全市落户城镇人员的数量明显增加。2012年11月至2013年底，全市办理落户城镇的户口2.32余万人，同比增长4787人，2013年全市户籍人口机械增长率为2.18‰；城镇人口为104.09余万人，占总人口的比例为35.88%，比2012年增加8783人。

2014年4月，创新推出以严密新生婴儿出生登记、明确返乡人员户口迁移、强化“外来媳妇”户管服务、规范城镇人口回乡落户、简化户籍业务办理流程、健全社区户籍协管体制为主要内容的《日照市公安机关关于深化户籍管理制度改革便民利民服务六项措施》。是年，全市新登记出生人口64270人，办理返乡人员户口迁移458人，帮助“外来媳妇”办理户口迁移178人。是年，市公安局课题组提报的《关于“三位一体”户籍管理模式助推城镇化进程的调研报告》荣获2013年度省政府系统优秀调研成果三等奖，并被省发展和改革委员会收录于《山东省重点领域改革典型材料选编》，是日照市唯一一篇收录于该图书的文献。

2015年8月，贯彻落实国务院、省政府关于新一轮户籍制度改革的文件精神，市政府印发《日照市人民政府关于进一步深化推进户籍制度改革的意见》。至2015年底，全市户籍人口295.95余万人，其中城镇人口135.52余万人，户籍城镇化率达到45.79%。

2017年5月，制定《日照市公安局深化户籍制度改革加快提高户籍人口城镇化率服务人民群众四项措施》，最大限度推进各类人才、外来务工人员、农业转移人口等群体落户城镇：1.健全完善集体户管理制度，为各类人员落户提供基础条件；2.取消户籍证明、无违法犯罪记录证明等材料，简化手续、优化流程；3.对出生登记、死亡注销、立户分户等10项户籍业务实行当场办结；4.深化实施居住证制度，允许未成年人和行动不便人员的监护人或近亲属代为其申报居住登记、申领居住证；5.流动人口持居住证可以享有机动车登记、申领机动车驾驶证和按照有关规定办理出入境证件的便利，积极推进户籍制度改革。

2018年10月19日，市政府召开全市提高户籍人口城镇化率推进会议，听取各区县、市直有关部门开展户籍制度改革、提高户籍人口城镇化率工作汇报，分析研究面临形势和问题，安排部署相关工作。全市公安机关落实加快推进户籍制度改革、加快提高户籍人口城镇化率“两个加快”要求，细化合法稳定住所、合法稳定就业“两个合法”内涵，积极探索吸引外来人口落户日照的新办法，不断深化“放管服”“一次办好”改革，落地实施更加快捷、更加高效、更加便民的服务举措，全面实现城镇落户“零障碍”。是年底，全市共登记户籍人口3066460人，比2017年增加29692人。其中，城镇人口1472976人，比2017年增加39696人；农村人口1593484人，比2017年减少10020人。全市户籍人口城镇化率达48.04%、比2017年增长0.84个百分点。

六、户籍窗口和队伍建设

地级日照市建立之初，针对办理“农转非”户口工作中存在的弊端，改革“农转非”户口审批，市公安局在办理“农转非”户口工作中实行“四个公开”，公平、公正办理“农转非”户口，促进公安机关廉政建设，密切警民联系，提高公安机关公信力。“四个公开”即：1.指标公开，把每年度省公安厅分配给日照市的“千分之二”“农转非”指标，按比例全部分配到各乡镇、街道办事处和市直部门单位，由各派出所向社会公开发布；2.条件公开，将省、市有关办理“农转非”户口的政策、规定汇总成文，印发到各单位公布，让广大群众充分知晓，对照自身实际条件申请，并方便社会监督；3.程序公开，对申报、审查、审批等环节做到透明化、公开化运作；申请人所在单位按照公开的条件组织平衡提名，派出所对单位上报的材料进行实地调查，并将调查结果在辖区张榜公布，对无异议的，经市公安局核实后提交党委会逐一研究批准；4.结果公开，对经审批同意办理“农转非”户口的人员情况向社会公开，公布举报电话，待公开时间截止后再行办理“农转非”户口。

1993年10月，为推进全市公安机关岗位练兵活动的深入开展，提高公安民警整体素质，市公安局举办户籍警岗位练兵知识竞赛活动。参赛的4支代表队经过现场角逐，莒县公安局代表队获得竞赛第一名，东港分局代表队获得第二名，岚山分局代表队、五莲县公安局代表队同获第三名。

1994年，开展户籍警岗位练兵活动，加强户籍民警队伍建设，提升户籍民警业务工作水平。全市广大户籍民警及警务辅助人员坚持边工作、边学习、边训练，刻苦钻研、奋力拼搏，政治、业务素质都有普遍提高。全市6名户籍民警在全市户籍警岗位练兵活动中经层层考核，成绩突出，被市公安局通报表彰为户籍警岗位练兵活动标兵。

图11-16 1996年，全市开展创建文明户籍室活动，户籍窗口硬件建设和户籍民警业务水平逐步提升

1996年，开展户政管理部门学习济南交警，创建文明户籍室活动，制定《文明户籍室标准》，各分县局设立试点，组织辖区派出所到试点单位交流学习。各派出所户籍室制作“同志您好”“马上办理”等文明用语标牌，设立征求意见簿，公布监督电话，户籍室摆放暖水瓶、水杯等便民设施。派出所户籍民警上岗期间实行挂牌服务，向群众公开民警姓名、单位和编号，主动接受群众监督。岚山分局辖区派出所将逢集日办户口改为群众随到随办；东港分局、岚山分局印制《群众办理户口须知》等宣传材料，发放给辖区各单位和广大群众，深受欢迎。是年，市公安局对试点派出所分两批进行检查评比，评出全市首批13个“文明户籍室”。

1998年7月，公安部制发《办理户口、居民身份证工作规范》，建立健全公开办事和接待制度，明确办理户口、居民身份证工作的基本要求，严格执行国家有关的收费规定，加强公安户政业务的内外监督。1998年，市公安局先后印发《实行办理户口责任制实施方案》《日照市公安局办理户口责任制度》，明确全市各级户政管理部门办理户口时限、程序方面的责任，改进公安户政工作作风，推进警务工作公开，强化工作监督，制定办理户口业务的责任追究措施。市公安局印制16种1800余本便民服务条、7种800余本办理户口责任书，下发各分县局和派出所使用，起草10条户籍管理办事制度用于版面上墙。东港分局统一制作户籍室监督台和服务台，辖区所有21个派出所全部实行限时预约上门服务；岚山分局统一制作版面上墙，辖区派出所投资2万多元添置警民联系箱，更换便民服务台和办公微机，提升工作效率。

1999年3月，印发《关于移交日照开发区范围内户籍和治安管理工作的通知》，决定按照属地管理原则，将日照开发区范围内11个村（居）和机关、企事业单位的户籍管理职责移交开发区分局管理。鉴于日照开发区暂不属于独立的行政区划，开发区分局未设立派出所的实际情况，日照开发区范围内的户籍管理工作移交完毕后，由开发区分局负责对外办理户口手续，但证件、表册的签发机关仍为东港分局北京路派出所。

2002年，推进户政管理工作提速，制定出台全市户政工作提速措施，对办理各类户口、居民身份证时限作出明确规定。实行区县级户政部门主要工作季度考核制度，在推动全市户政工作和队伍建设中发挥积极作用。东港分局结合派出所工作实际，制定《户政工作季度考核内容及评分标准》，推行大厅式“一站式”服务，拆除封闭式柜台，建成以户政服务为主，集出入境、特行管理为一体的派出所警务服务大厅，实行低柜台、面对面办公；五莲县公安局削减、下放部分审批事项，简化审批程序，减少审批环节。

2002年，按照属地管理原则，决定赋予边防派出所户籍管理职责。6月，举办边防户籍管理工作培训班，对户籍内勤、户籍员开展培训。10月，印发《关于印发日照市边防派出所户籍管理移交工作方案的通知》，决定从2002年10月15日起，将边防辖区的常住人口逐步由公安派出所移交边防派出所管理，公安边防派出所开始履行户口管理职能。

2003年，认真贯彻落实省公安厅《关于进一步规范户籍管理工作的通知》，针对当时户籍管理工作中存在的违反规定办理虚假户口和身份证、人口信息外泄、办事拖沓、乱收费等问题进行治理，加强户籍民警队伍建设，进一步严密户籍登记管理，严格人口信息计算机网络管理。

2004年，贯彻落实全国和省市公安机关大练兵活动部署，制定《全市公安机关户政系统练兵实施方案》，开展以政治理论、户籍管理业务、计算机基础知识、公文写作、体能为主要内容的全市公安户政系统大练兵活动。6月，连续举办两期全市户籍管理工作培训班。7月，举办户籍民警岗位练兵理论考试和微机操作考核。是年，印发《日照市公安机关户政管理部门工作规范》，进一步明确各级户政部门的职责规范、服务规范以及工作规范等，并作为比武考核的重要内容。

图11-17 2004年，全市公安机关户籍窗口基本实现“低敞开”式柜台改建和微机化办公

2009年，按照《山东省公安机关户籍窗口服务规范》要求，规范全市公安机关户籍窗口建设标准，配齐配全各种办公和便民利民服务设施，完善警务公开制度，接受社会和群众监督。实行首问责任制度、一次性告知制度、承诺服务制度、预约和定期服务制度，加强户籍窗口建设。

2010年，对照省公安厅《全省公安机关“文明户籍窗口”评定办法（试行）》标准，部署全市公安机关开展“文明户籍窗口”创建。是年，东港分局泰安路派出所户籍室、南湖派出所户籍室、秦楼派出所户籍室，岚山分局安东卫派出所户籍室，开发区分局臧家荒边防派出所户籍室，五莲县公安局户政综合服务大厅，莒县公安局城关派出所户籍室、阎庄派出所户籍室8个户籍窗口被命名为2010年度全省公安机关“文明户籍窗口”。

2011年，省公安厅重新修订下发《全省公安机关“文明户籍窗口”评定办法（试行）》。全市公安机关户政管理部门以创建“文明户籍窗口”为载体，深入推进“三项重点工作”和“四大建设”，积极开展“三访三评”和“深化小警务、五访创满意”大走访活动，努力打造人民满意的服务窗口、平安窗口、管理窗口、形象窗口。东港分局大学科技园派出所、三庄派出所、岚山分局汾水派出所、开发区分局北京路派出所、五莲县公安局潮河派出所、莒县公安局招贤派出所、龙山派出所、浮来山派出所的8个户籍室被命名为2011年度全省公安机关“文明户籍窗口”。

2012年，东港分局大学科技园派出所、望海路派出所、秦楼派出所、岚山分局虎山派出所、开发区分局北京路派出所、五莲县公安局街头派出所、莒县公安局陵阳派出所、夏庄派出所的8个户籍室被命名为2012年度全省公安机关“文明户籍窗口”。

2013年，印发《日照市公安机关办理户籍业务工作规范》，对出生登记、户口注销、公民姓名和民族登记、公民户口迁移、大中专院校毕业生户口迁移、恢复补录户口等11项户政管理业务办理条件、流程、材料等环节做进一步规范，指导全市各级户政管理部门的业务开展。

2015年4月，印发《日照市公安机关积极推进户籍制度改革便民利民九项新举措》，积极适应新常态下人民群众对户籍服务管理的新要求、新期待，对群众反映比较集中的租房落户、购房落户（暂时未取得房产证）等问题，在程序、流程等方面进行再规范、再简化，同时全面开展省内跨地域户口迁移“一站式”办结等便民新业务。是年，办理出生登记落户42592人，其中公民私自收留弃婴落户90余人；全市共收到省内跨地域户口迁移准迁信息1321人次，办理网上户口迁移1200余人次。

2016年9月，贯彻执行省公安厅《山东省户口登记管理规范（试行）》（简称《规范》），对涵盖立户分户、户口登记、户口注销、户口迁移、变更更正等7大类22个大项102个小项户政业务的办理条件、所需材料、办理流程和时限等做进一步明确。该《规范》是户政工作的综合性指导文件，成为此后全市公安机关办理户政业务的主要依据。

图11-18 2016年5月11日，户籍民警为向办理业务的群众展示“阳光户政综合服务系统”

2016年4月，落实市委、市政府关于简政放权、提速增效促进经济发展、服务群众的要求，在市政务服务中心大厅设立公安户籍窗口。户籍窗口配备正式民警1人，警务辅助人员2人，有2个前台受理位，1间人像采集室、1间办公室（兼制证室、档案室），2台计算机、1台打印机、1套“二代证”人像采集设备、1套临时身份证制证设备、2台“二代证”指纹采集仪、2台“二代证”验证机具及办公桌椅、档案柜等，可对外提供居民身份证异地办理、临时身份证办理、居民身份证挂失申报和丢失招领、打印户籍证明、为急需人员提供身份证明服务、新生儿取名重名查询、信息查询及业务咨询等业务。是年，全市公安机关户籍窗口以完善民生警务体系建设为载体，结合文明户籍窗口的标准要求，对户籍业务办理窗口进行统一规划，有条件的户籍业务大厅全部划分为“四区一室”：办公区实行“低台敞开式”办公；等候区配置便民椅、电视机、报纸杂志等服务设施，设置警务公开栏，随时更新各项政策、收费标准等；服务区设置群众填写示范台，各类户口办理须知、审批表格以及申请的实例文本等；体验区由各单位自行设计消防墙、展示柜等，通过模型、实物、图文等形式，促进与办事群众互动，开展“心防”宣传；照相室全部安装“满意自主拍”居民身份证人像采集系统，并放置深色衣物、梳妆用品，让群众对照片自拍自选、满意“出镜”。在全市户籍窗口推广应用莒县公安局自主研发的“阳光户政综合服务系统”，通过在服务窗口设置可触摸操作屏，借助后台系统的支持，在群众办理户籍业务的同时实现业务自助查询、民警服务评价、群众留言建议、公安工作宣传等多项群众自助式服务监督功能，有效提升群众满意度。

2018 年，深化“放管服”改革，按照“能放尽放、一放到底”原则，再次将大中专毕业生落户等 12 项户籍业务下放至派出所“一次办好”；临时身份证办理时限由 3 个工作日缩短为 1 个工作日，特殊情况群众急需用证的承诺“立等可取”；将居住证由省公安厅制证中心统一制证调整为市内当场制发，将 10 个工作日的制证周期缩短为现场领证。

日照港码头

RI ZHAO SHI
GONG AN
ZHI

第十二章

12

预审与监所管理

YU SHEN YU JIAN SUO GUAN LI

公安监管场所是公安机关依法对违法犯罪人员进行警戒看管、执行刑罚、行政处罚、教育、特定疾病治疗、心理及行为矫治的场所，主要包括看守所、拘留所和强制隔离戒毒所、强制医疗所、收容教育所、市监委留置场所公安执勤点等。

市公安局成立后，设预审科，履行相关职责。1996年，预审科改为预审监管科，负责指导全市看守所拘留所的监管业务工作。其前，拘留所业务工作由治安部门负责指导。1997年，根据刑侦、预审工作改革部署，区、县公安局预审部门整建制并入刑警部门，市公安局预审监管科改为监所管理科，后改为监所管理处。2011年，监所管理处改为监所管理支队。2017年，在市精神卫生中心设临时强制医疗执行场所，纳入市公安局的业务指导范围。2018年，市公安局成立市监委留置场所公安勤务专班，由监管支队对其进行业务指导。至2018年底，全市公安机关管理的监管场所有看守所3处，拘留所3处，临时强制医疗执行场所1处，另有市监委留置场所公安执勤点1处。

30年间，全市公安监管部门落实“以人为本”和“文明管理”方针，不断改进公安监管场所勤务与执法机制，加强公安监管场所的安全管理，深化被监管人员的教育感化工作，加强监所基础设施建设，改善被监管人员的生活和医疗保障条件，公安监所安全管理能力和文明管理水平不断提升。

第一节　预审工作

预审工作是公安机关的一项重要专门业务，主要任务是承办公安机关管辖案件的审讯工作，依照法律及时准确地查明被告人的全部犯罪事实，追究被告人的刑事责任；组织实施逮捕人犯，防止逃跑、行凶、自杀等事件发生；在法定时限内完成一般案件、重大案件、特大案件的审理工作；收集敌情资料和犯罪线索，研究犯罪活动规律。

1990 年，制定《预审科岗位责任制》，明确预审科“实事求是，重证据，重调查取证，严禁逼、供、信”的工作方针。积极参与全国、全省严厉打击严重刑事犯罪斗争，保证治理整顿、深化改革的顺利进行和亚运会期间社会治安稳定。是年，检察机关批捕 126 件 180 人，批捕率为 98%。当年审结 121 件 179 人，审结率为 96%。

1991 年 5 月 24 日，市公安局与市区两级检察院、法院联合召开预审办案质量问题座谈会，点评预审办案工作，围绕讯问被告人、证据收集、法律文书规范等提出意见，进一步提高办案质量。是年，对拘留逮捕的在押人员坚持快审快结，检察机关批捕 150 件 219 人，批捕率为 96%，受理案件当年审结 142 件 227 人，及时审结率为 90%。

1992 年，落实省公安厅《关于预审办案中保密工作的几项规定》，明确办案人员和看守、收审管理人员回避，不准私自打听他人审理的案件，严禁为人犯和收审人员说情开脱、通风报信等 10 项保密规定。是年，认真贯彻“从重从快”的方针和稳、准、狠的原则，准确、及时做好案件处理，全年提请检察机关批准逮捕 120 件 184 人，批捕率为 94%；移送起诉 118 件 207 人，起诉率为 99%。

1993 年 4 月 21 日，召开全市预审工作会议，要求各区县按照干警总数的 5% 以上配备预审干警；把深挖犯罪当作预审工作的硬任务、硬指标，引进竞争机制，建立深挖犯罪实绩登记台账，作为年终干警立功创模、评选先进的重要条件之一。是年，全市公安机关预审部门不断提高办案质量，受理拘留、逮捕案件 420 起 956 人，均在法定时限内审结。

1994 年，落实全市预审工作会议精神，为市公安局预审科增加 3 名干警，开始受理东港、岚山两区的“三类”案件（反革命案件、可能判处无期徒刑以上刑罚的普通刑事案件、外国人犯罪或中国公民侵犯外国人合法权益的案件）。是年，市公安局预审科受理各类刑事案件 592 起 1216 人，其中刑拘 510 人，审结 493 起；逮捕 692 人，审结 624 人，其他强制措施 14 人，审结 14 人。受理走私案件 7 起 8 人。

1995 年 8 月 15 日至 9 月 15 日，按照省公安厅统一部署，组织开展全市预审办案质量检查专项行动，围绕办案速度、深挖犯罪扩大战果、执法情况等，对上半年承办案件开展自查自评。是年，结合“严打整治”斗争，加大对大要案件的审理，发挥继续侦查职能，强化深挖犯罪，扩大打击战果，共查破各类刑事案件 397 起。

1996 年，根据上级统一部署，全市开展“严打”斗争。全市预审部门按照全力服务“严打”斗争的指导思想，制定《“严打”斗争具体行动方案》，组织清理积存案件，加快案件办理效率。五莲县公安局预审科通过开展“清案会战”，“严打”行动前未结案件仅剩 1 起 1 人，莒县公安局预审科将未结案件数降到最低点。是年，全市公安机关预审部门共受理刑事案件 701 起，审结 651 起。

1997 年，以落实新修改实施的《中华人民共和国刑事诉讼法》为契机，把抓好规范法律文书制作与使用作为突破口，加强预审办案规范化建设。截至 6 月 25 日，全市预审部门受理刑事案件 249 起 465 人，审结 206 起 372 人，移送起诉 197 起 292 人，案件起诉率达 96.9%。

1997 年 11 月，市公安局预审监管科改为监所管理科，预审工作职能移交刑警部门，实行“侦审合一”。

第二节　公安监管业务

加强被监管人员安全管理、保障公安监管场所安全、做好被监管人员教育转化以及发动引导其协助破案，是公安监管场所的主要业务工作。

一、看守所

（一）安全管理

1989 年，全市看守所根据公安部《看守所工作制度》，落实收押、看守、提审押解、犯人劳动、生活卫生、通信会见、财物保管、犯人出所等工作制度，确保安全。

1990 年 3 月 17 日，看守工作的第一部全国性法规《中华人民共和国看守所条例》发布施行。市公安局根据《中华人民共和国看守所条例》，对提审、探监、劳动、看病和押解等规章制度进行修改，制定出台《看守所岗位责任制》，明确看守所看管犯人、对在押人犯进行教育改造、配合预审起诉审判工作、搞好人犯伙食管理等四项任务。

1991 年 10 月 5 日，公安部印发《中华人民共和国看守所条例实施办法（试行）》，对《中华人民共和国看守所条例》的施行进行具体指导和规范。市看守所严格按照实施办法，做好在押人员收押、警戒看守、提讯押解、生活卫生、会见通信、教育奖惩、财物保管、出所等相关工作，实行日常管理秩序“五统一”，即铺盖、用品的摆放统一，洗晒被服统一，理发统一，狱内坐法统一，作息时间统一，由值班干警每日进行监督，定期进行检查评比，规范狱内秩序管理。

1992 年，加强看守所规范化建设，提升安全管理水平。1. 制定《看守所关于加强对经济犯看管工作的规定》，规定经济犯由专人负责管理，平时探监、送衣物一律由驻所检察室检查；2. 制定《探监须知》，明确规定犯人会见必须持探监证及有关办案单位的证明，并给在押人员戴械具，由干警看管，在会见室进行，且每月探监不得超过 2 次；3. 制定《犯人日常生活规定》，从在押人员坐姿、开饭、在押人员之间关系、监室内卫生、爱护公共设施等几个方面具体规定，做到统一标准，整齐划一；4. 改革民警值班制度，将原来 3 人值班制改为 24 小时双人坐班值班，由原来正班、副班、白班 3 个班次改为正班、教育班、副班、夜班、生产班 5 个班次，谁值班、谁负责。是年，开展“抓整顿、促管理、保安全”专项活动，分别在“五一”劳动节和国庆节前夕，进行 2 次大的集中整顿，确保重大节日期间监所安全；开展打击“牢头狱霸”百日专项斗争，把有“牢头狱霸”苗头和行为的押犯作为主要管理对象，发现一个、打击一个、露头就打。莒县看守所、五莲县看守所分别被省公安厅评为省先进看守所。

1993 年，落实公安部 政策，制定《看守所安全大检查与值班巡视暂行规定》，要求每月对监室铺板、卫生间、窗户、门、放风场、电教设施及在押人员自身进行检查，及时发现问题或违禁品、危险品；干警值班过程中加强各监室巡视，通过巡视发现的问题要及时报告，及时处理。8 月 10 日至 9 月 25 日，联合市法院、检察院在全市看守所开展打击“牢头狱霸”专项活动，要求通过“三长”（公安局局长、检察院检察长、法院院长）上大课，在人犯中开展揭露有“牢头狱霸”行为的人和事；对检举出的“牢头狱霸”，加强与检、法部门配合，做到快审结、快移诉、快判处，并在监所内公开宣判。

1994 年，随着反盗窃、百日破案会战、“严打”集中收捕等活动深入开展，看守所在押人员数量不断上升。市公安局积极抓好事故预防和隐患整改，严格落实民警值班巡视等各项规章制度，指导各看守所在严格管理、保证安全的前提下，组织人犯开展生产劳动。在市看守所试点武警驻所中队撤出内卫看守，内部看守由公安监管民警负责（简称武警“内转外”），总结经验后全市推开，条件成熟一个撤出一个。是年，组织安全检查6次，发现事故隐患20余条，实现县级看守所并入日照后第一个安全年。

图12-1 1994年6月，五莲县看守所获全省先进看守所称号

1995年，依照《中华人民共和国看守所条例》《中华人民共和国看守所条例实施办法》及其他有关规定，制定《看守所工作规范》，下发执行“所长职责”“值班制度”等20个制度，深化四个管理，保持良好的监所秩序。是年，落实省公安厅部署开展的“两所”（看守所、收审所）安全大检查活动，全市看守所所有监室安装防冲链。

1996年，“严打”斗争第一次行动后，全市各看守所在押犯增多、监室相对爆满的情况下，采取多项措施做好监所安全工作。市看守所联合武警驻所中队制定《保障看守所安全责任书》，对在押人员的管理教育由干警、武警共同管理转为看守干警负责狱内武装警戒，武警负责外围警戒，并对在押人员管理开始实行所领导、中队长、民警三级承包责任制。莒县看守所开展“百日安全竞赛”活动，在干警中开展“五比五看”活动（即比办理收、提人犯手续，看谁不出差错；比承包监室安全，看谁不出事故；比对人犯教育，看谁效果最好；比对狱情的控制，看谁摸底最清；比对人犯押解工作，看谁确保安全）。5月，市公安局制定《关于提讯、会见人犯等问题的规定》，对提讯人员和律师凭证提讯、审判终结案犯投劳、异地羁押人犯批准权限等事项做进一步明确。是年，莒县看守所、五莲县看守所积极探索实行武警驻所中队“内转外”；全市看守所开展安全大检查102次，给人犯上大课141次，预防制止各类事故56起63人。

1997年，围绕贯彻新修订的刑事诉讼法和确保香港回归期间看守所安全两项重点工作，加强看守所规范化建设，提升监管工作水平。市公安局制定实施《看守所工作规程》，围绕收押、看守、警戒、提讯、押解等9个方面提出42项具体要求；市看守所出台《看守干警十不准》，要求干警对在押人员要依法严格管理、文明管理，对外来办事的工作人员和会见在押人员的家属，要文明用语、以礼相待，严禁冷硬横的工作态度；莒县看守所制订《莒县看守所工作规则及考核奖惩办法》，将干警的执法活动纳入法制化、规范化的轨道，用制度规范干警的工作和行为，全市看守工作步入管理有序、标准统一的规范化轨道。3月29日，莒县看守所、五莲县看守所武警驻所中队撤出内卫看守工作后，全市看守所完成武警“内转外”工作，监所安全由原来看守民警、武警共管的一道防线，变成看守民警管内、武警管外两道防线，监所安全系数进一步增大。是年，公安部制定《看守所等级评定办法》，自当年起对看守所开始实行等级化管理，每年等级评定一次。市公安局指导各看守所对照评定办法，按照先行自查自纠、市公安局初步检查考核的形式，逐条逐项落实考核要求。在首次看守所等级评定中，莒县看守所被评定为二级看守所，市看守所、五莲县看守所被评定为三级所。

1998年，继续通过建章立制加强监所规范化建设。4月29日，制定《关于加强市看守所规范化建设的通知》，对进出市看守所送押、提审犯罪嫌疑人、律师会见、被告人亲属探视等事项做进一步规范。6月，在全市看守所开展“严格执法、文明管理”创建活动，制定实施《看守民警严格遵守廉洁自律十不准》，向社会各界公布看守所“严格执法、文明管理”八项承诺，公开执法监督电话，随时接受群众咨询及检举、控告。12月，指导莒县看守所搬迁新所，安全转移在押人员112名。年内，采取五统一、五条线的管理方式，开展监室内务卫生流动红旗活动和开展评选文明监室，促进在押人员管理改造和监室内务秩序。是年，五莲县看守所被确定为市对外开放看守所。

1999年，围绕新中国成立50周年和澳门回归等重大活动安保，加大监所安全管理力度。严格实行换押和超期羁押报告通报制度；每月召开一次狱情分析会；建立并实行与武警、检察院、法院等部门的联席会议制度，每月召开一次联席会议；制定《监室“四熟知”考查制度》，严格民警考勤及请销假制度，全面提高干警业务技能；加强留所服刑犯管理，组织留所服刑人员进行生产劳动，以安全促生产、以生产保安全。

2000年，全市看守所羁押犯罪嫌疑人、被告人实行换押制度，各办案单位凭换押手续办理相关业务，证明手续不全或者不符合规定以及超过法定办案期限的，看守所一律拒绝提讯、提解。9月，落实省公安厅《关于加强看守民警队伍建设的意见》，启动看守民警全员正规培训教育活动，大力开展岗位练兵，广泛开展“三个一”活动（即每天练习正规书写一页纸，每周练习写作一篇公文，每月熟读一部法律）；建立和实行看守民警定期轮岗制度，有计划地对看守民警进行岗位轮换。是年，开展“无脱逃事故年”活动和争创先进看守所活动，每季度对全市看守所进行一遍安全大检查，发现问题及时督促整改。

2001年，加强监管工作规范化建设，抓好在押人员一日生活制度的养成，规范在押人员的生活秩序；加大清监查狱工作力度，严禁各种违禁品流入监室，重大节日和重要节点加大对监室铺面、人身、放风场和监墙周围照明设施的检查，对发现的问题隐患及时整改落实。7月，部署开展实施《看守所民警执勤行为规范》主题活动，举办行为规范学习培训班、开展警姿警体训练、召开现场会等方式，加强看守民警队伍建设和监管工作规范化建设。

2002年，指导全市看守所以防暴狱、防脱逃、防袭警为重点，狠抓制度落实。严格规范送衣物和会见制度，规定对在押人员家中送的衣物实行专人负责，逐衣、逐件详细检查，核实没有问题后方可凭票送进。对来所会见的已决犯亲属认真审核身份，会见时，由值班民警向在押人员及会见人员宣布注意事项，并由民警全程监视。

2003年，出台加强和改进监管工作八项规定，指导全市看守所防事故、保安全，深入开展打击“牢头狱霸”活动。“非典”疫情发生后，把防治非典型肺炎作为重中之重的工作，做好做细各项预防措施，严格把住入所健康检查关，全市看守所无1例疑似病例和“非典”患者。

2004年，全市看守所羁押量大幅增加。市公安局指导各看守所严格落实公安部《关于进一步加强看守所工作的意见》《看守所重大责任追究五项规定》《看守所严管牢头狱霸规定》，制定《日照市公安机关看守所收押提讯提解规定》，组织开展监管场所管理工作大整治活动，规范提升监管秩序，保障监管场所安全。市看守所制定《日照市看守所在押人员约见驻所检察官制度》，规定在押人员有权约见驻所检察官，看守所民警不得以任何方式对反映问题的在押人员进行虐待和体罚。

2005年，落实公安部《看守所组织在押人员劳动管理办法》《关于加强看守所在押人员财物管理的通知》，规范在押人员劳动生产和财物管理；实施《日照市公安机关看守所收押提讯提解会见规定（试行）》，再次对到看守所办理业务所属文书、送押程序以及特殊情况处理等进行明确，提升看守所安全管理水平。是年，持续开展监管场所管理整治活动，对全市监所进行专项督察检查2次。

2006年，全面开展看守所勤务模式改革，按照公安部、省公安厅部署要求，科学设置勤务岗位、健全勤务工作制度、合理配置警力、建立监管动态信息主导勤务机制，开展看守所管理整顿，实行巡视和监控岗位二岗合一，管教民警包监室管理制度，监区全方位24小时无缝衔接管理，看守所勤务运行进一步规范。是年，省公安厅联合武警山东省总队在日照召开监管执勤改革现场会，观摩日照市

3 个看守所勤务模式改革成果。

2007 年，开展“监所管理整顿年”和创建“双无”监所（民警队伍无违法违纪、在押人员无责任事故）活动，严格落实监所安全工作责任，明确民警岗位职责，建立健全人防、物防、技防一体，公安、武警“双向监督”立体安全防控体系，不断推动监所正规化、等级化建设。

2008 年，印发《全市公安监管部门专项整顿活动工作方案》，围绕实现“平安奥运”目标，在全市开展“两整顿两规范”专项整治活动。市看守所邀请驻所检察官就监管场所职务犯罪预防开展专题教育；组织全体民警分批观看教育片，转变民警管理理念，根除打骂体罚在押人员的陋习，看守工作向科学文明方向良性发展。

2009 年 4 月 21 日至 7 月 10 日，组织全市各看守所开展“三查六看”集中整治活动，围绕查队伍、查落实、查设施，看是否存在刑讯逼供、体罚虐待等侵害在押人员人身权益的情况，看是否存在“牢头狱霸”或在押人员互殴、欺压现象，看是否存在自杀自残等隐患，看是否存在患病在押人员得不到及时治疗的情况，看是否存在在押人员伙食费不足导致体质下降危及生命健康的情况，看是否存在不适宜羁押应当改变强制措施的情况等方面，认真开展对照检查、整改落实。5 月，落实公安部《对看守所女性在押人员实行集中关押管理的通知》，研究确定市看守所为全市女性在押人员集中统一关押场所。是月，落实公安部《看守所防范和打击“牢头狱霸”十条规定》，维护看守所正常监管秩序，保障在押人员合法权益。6 月 19 日，落实公安部《关于禁止看守所使用留所服刑罪犯从事工勤工作的通知》，全市看守所停止使用留所服刑罪犯承担炊事员（含帮厨、为在押人员送饭）、电工、水暖工等工勤工作。是年，围绕加强和改进公安监管工作，强化带班所领导参与一线值班巡视，每日交班有讲评、每周形势有分析、每月工作有计划等工作措施落实。

2010 年，按照中央综治委等 9 部门意见，看守所安全开始纳入社会治安综合治理考评范围。开展看守所与驻所检察室监控联网建设，将在押人员监室、放风场，监管民警巡视通道、管理通道等 9 个重点部位监控录像连接至驻所检察室。7 月 26 日，落实公安部通知要求，加强对在押人员管理，对具有严重危险行为的在押人员，经批准后可使用禁闭性约束措施，防止在押人员发生自残、自杀等危险行为。

2011 年，抓好以看守所安全建设、保障在押人员合法权益为主要内容的规范化建设，落实公安部有关规定，完善《看守所告知在押人员权利和义务的规定》，出台《看守所特邀监督员巡查监督工作规定》《看守所受理在押人员投诉规定》，对在押人员权益保障和安全管理作出具体规定和指导；投入 100 余万元，在全市 3 个看守所审讯室全部安装录音录像设备。是年，对全市监所开展专项督察 4 次，发现问题 16 处。

2012 年 2 月，落实公安部《关于切实加强看守所在押人员消费管理的通知》，加强在押人员消费管理，全市看守所在押人员的现金一律实行记账式管理。6 月，落实公安部《关于进一步细化看守所勤务工作的指导意见》，指导全市看守所合理划分监控和巡视范围、完善巡视监控民警职责，实行管教专业化、实现岗位信息联动。10 月，落实公安部《关于对看守所未成年在押人员实行集中关押管理的通知》，确定市看守所为未成年在押人员集中关押场所。是年，完成市级监管网上监督考核平台建设。

2013 年，围绕监所安全管理，开展“查找不放心问题”“我在岗、请放心”“法治文明窗口建设年”等活动，组织绘制工作流程风险点和关系人“两张图”，逐一确定责任人。各监所与民警层层签订责任状，集体学习《看守所执法细则》，推行在押人员安全风险评估分级管理机制，不断提升监所安全管理水平。5 月，落实公安部部署要求，全市看守所深入排查、坚决纠正违规组织在押人员劳动、使用留所服刑犯从事工勤工作、违规为在押人员代购物品等行为。

2014—2015年，以开展为期2年的看守所“五化建设”（勤务模式科学化、执法行为规范化、管理工作精细化、监管手段信息化、设施保障标准化）为主线，严格落实“蹲点下所”指导制度，开展监管民警轮岗交流和业务培训，加强对警务辅助人员的管理和使用，做好视频监控高清数字化改造。2014年3月，落实最高人民法院、最高人民检察院、公安部《关于羁押犯罪嫌疑人、被告人实行换押和羁押期限变更通知制度的通知》，准确掌握在押犯罪嫌疑人、被告人羁押期限，预防和纠正超期羁押，维护在押犯罪嫌疑人、被告人合法权益。10月，执行最高人民法院、最高人民检察院、公安部、司法部、国家卫计委《暂予监外执行规定》，对在看守所服刑、符合暂予监外执行人员进行严格审核，按照程序报批。

2015年1月，落实公安部、武警部队《关于加强看守所安全工作的指导意见》，指导全市看守所明确AB门建设和监门哨上勤标准、严密管控监区出入口、务实解决监管和执勤隐患问题。6月19日，落实公安部《关于进一步加强看守所在押人员出所就医安全管理工作的通知》，指导全市看守所严格出所就医审批报告制度，加强出所就医的督导检查，并加快监管病房建设。

2016年6月，落实公安部《关于降低看守所在押人员因病死亡风险的指导意见》，全市看守所在落实好入所体检和定期检查制度的同时，认真开展风险评估和分级管理，筛选严重病患，实施重点管理；建立科学的一日生活制度，减少患病概率；加强心理干预，减少疾病诱因。10月，落实公安部《关于规范和加强公安监所数据采集与质量控制的通知》，组织全市看守所建立健全数据采集长效机制，提高数据质量，解决基础数据填报不全、影响统计和使用的问题。是年，全市监管场所调入民警33人、交流轮岗15人，重点视频点位全部通过网络上传。

2017年，以做好党的十九大安保为主线，通过突击检查、网上巡查、业务比武等，狠抓监所管理安全规范建设，全年开展突击检查102次，其中凌晨突击检查22次，下发问题整改通知书4份，网上巡查系统发现整改安全隐患45处，跟进督导问题72项。是年，市看守所、五莲县看守所实现监管医院病房监控联网上传。

2018年，推进监所智慧监管建设，组织全市看守所开展伙房及监室悬挂点安全隐患排查整治；深入开展“三不一清”活动，做到问题隐患“动态清零”，完善问题隐患排查、在押人员风险等级评估、“牢头狱霸”防治、重点病人跟踪防控等监所安全机制，将各类安全隐患消灭在萌芽状态。是年，对全市18名监管民警进行轮岗交流，开展突击检查86次，其中凌晨突击检查14次，下发问题整改通知书2份、督办单5份，跟进督导整改安全隐患50处。

截至2018年底，日照市看守所连续21年监所安全无事故，莒县看守所连续25年监所安全无事故，五莲县看守所连续23年监所安全无事故。

1997—2018年全市看守所等级评定情况表

表12-1

单位 年份	日照市看守所	莒县看守所	五莲县看守所
1997	三级	二级	三级
1998	三级	二级	三级
1999	三级	二级	三级
2000	三级	二级	三级
2001	三级	二级	二级

续表 12-1

年份＼单位	日照市看守所	莒县看守所	五莲县看守所
2002	二级	二级	二级
2003	二级	二级	三级
2004	二级	二级	三级
2005	二级	二级	三级
2006	二级	二级	三级
2007	不达标	二级	三级
2008	未申报	二级	三级
2009	三级	三级	三级
2010	三级	三级	二级
2011	二级	三级	二级
2012	二级	三级	二级
2013	二级	三级	二级
2014	二级	三级	二级
2015	二级	三级	二级
2016	二级	三级	二级
2017	二级	三级	二级
2018	二级	三级	二级

（二）教育转化

加强对在押人员的教育、转化，是看守所工作的一项重要内容。

1989 年，指导市看守所与预审部门加强配合，对在押人员进行政策法律教育，并开展敦促在押人员坦白检举活动。

1990 年，指导市看守所在团伙犯罪成员多、重型犯、死刑犯多、看押任务重的情况下，采取个别谈话和集体教育，监区内早晨开放广播，晚上开放电视，邀请市公安局、检察院、法院及司法局的负责同志到所给在押人员上大课等不同形式，对人犯进行时政形势教育、法律政策教育，配合做好人犯的思想教育转化，促使他们认罪服法，走坦白从宽道路。

1993 年，全市各看守所通过在押人员个别谈话、发挥监控设备作用等方式方法，严密控制好在押人员的思想动态；开展多种形式教育促使在押人员转化思想，自觉接受管理，做到跟踪教育，消除思想疑虑，维护监室内的安全稳定。

1997 年，实行看守所等级化管理后，全市各看守所逐步按照等级化要求进行管理教育：1. 进行大课教育；2. 监管民警进行个别谈话教育；3. 家属规劝教育；4. 通过让在押人员读书、阅报、收听广播、收看电视进行教育；5. 实行感化教育，同时增加社会帮教，聘请社会监督员。

1998 年，积极转变在押人员教育转化理念，市看守所推行文明管理，对在押人员进行法律、道德、政策、亲情、社会等多内容、多方面的大课教育，经常性开展监规常识教育、干警面对面谈话教育。是年，开展大课教育 12 场次，干警面对面谈话教育 4300 余人次。

1999 年，积极开展“严格执法、文明管理”创建活动，加强对新入所及留所服刑犯的教育，设置过渡监室，对新入监人员做到 24 小时内进行教育和跟踪观察。

2000年，逐步加强教育改造力度，落实监管民警承包监室等制度，每名在押人员每月都要接受2次谈话教育。

2001年，在全市各看守所落实面对面谈话教育，针对在押人员不同的诉讼环节，有针对性地开展谈话教育，促使他们认罪服法、服从管教。市看守所拿出专门资金，统一印发学习、宣传材料2000本，组织在押人员进行学习。

2007年，在全市各看守所开展“监所管理整顿年”活动，市看守所对管教队伍进行全面整顿，落实民警直接管理监室事务及面对面谈话教育制度，并开创“号务会”管理模式，保证民警及时了解在押人员的思想动态。

2009年，结合开展“三查六看”集中整治活动，对初入所人员进行七日跟踪教育，落实中队承包监区、民警承包监室、民警管理监室内一切事务等工作制度。

2012年，探索和实践新的教育转化工作机制，丰富在押人员文化娱乐生活，合理安排休息，增加娱乐时间，开展读书、唱歌、下棋等文化活动，组织开展“预防犯罪，共建和谐”“大众网友监督阳光监管”“母亲节亲情会见”等宣传开放活动，逐步形成以法制教育、思想教育、文化教育为内容，以集体教育与个别谈话教育相结合、所内教育与所外教育相结合为主要形式的系统化、规范化的教育改造体系。

2013年，加强传统文化对在押人员的感化教育功效，母亲节开展以“孝”文化为主题的“真诚悔过，回馈母恩”亲情帮教活动，把部分留所服刑人员的母亲请进看守所，让服刑人员给母亲洗脚、为母亲梳头、给母亲朗诵诗歌、真心向母亲忏悔；对家庭困难、被家属厌弃或者有精神障碍的在押人员，实行统一的救助制度，按照季节免费发衣服、发棉被，通过多种形式教育，触动在押人员认罪悔罪。

图12-2 2013年5月8日，日照市看守所母亲节组织开展“真诚悔过，回馈母恩”亲情帮教活动

2015年，结合开展“五化”建设专项活动，开通救济渠道、改革一日生活制度、营造良好文化氛围，进一步细化人性化管理措施。

2017年，以确保党的十九大期间监所安全和谐稳定为主线，丰富监区文化建设和硬件设施改造，组织在押人员开展多种形式的文化活动，加强在押人员教育，丰富在押人员生活。

2018年，结合开展“牢记使命、规范执法、严守纪律”教育整顿百日会战，开展心理咨询、电教化教育、个性化教育等。

（三）协助破案

不同时期，全市各看守所把协助侦破案件列入职能范围，利用谈话教育、政策攻心、监控手段等措施，积极开展深挖犯罪、协助破案工作。

1996年，“严打”斗争第一次行动后，全市各看守所在押犯增多，指导各看守所大力开展狱内政治攻势，配合“严打”深挖犯罪工作。五莲县看守所动员在押犯坦白交代余罪，检举揭发他人犯罪线索46条，破获案件10余起，挖出犯罪分子2名。

1997年，在全市各看守所开展政治攻势，获取犯罪线索120条，破获案件67起。

1999年，五莲县看守所值班民警发现刚入监的王某某思想压力较大，情绪低落，遂通过积极跟上教育，使其及时交代参与团伙抢劫出租车、杀害出租车司机的犯罪事实。王某某因交代余罪，得到从宽处理。

2002 年 6 月，公安部印发《公安机关深挖犯罪工作规则》，将看守所深挖犯罪、协助破案工作纳入工作目标任务范围。是年，各看守所采取对在押人员政策宣传、法律教育、现身说法、感化帮教等手段，深挖犯罪线索，及时将检举揭发材料呈交有关办案单位，并建立信息反馈制度，对查证落实提供重要破案线索的在押人员兑现政策，为其报请立功或减刑，提高在押人员检举揭发的积极性。莒县看守所制定《看守所深挖犯罪实施方案》，积极开展狱内侦查，相继获取重大犯罪线索 78 条，使一批久侦未破的疑难案件取得实质性进展，经验做法受到省公安厅肯定。市看守所发现因故意杀人一审被判处死刑的于某某神志恍惚，坐立不安，似有心事。所领导和包室民警将其列为重点工作对象，定期不定期进行政策法律宣传，促使其检举揭发另 1 名案犯王某某抢劫杀害 1 名女青年的犯罪事实。经查证属实，一起 5 年前的悬案告破。于某某因检举立功，被山东省高级人民法院改判为死缓。

2004 年，在全市各看守所集中开展深挖犯罪专项斗争，把死刑犯、重刑犯和涉嫌严重刑事犯罪以及多次作案、连续作案的在押人员作为深挖重点。市看守所通过深挖破获重大杀人案件 1 起，抓获违法犯罪人员 4 名，缴获赃款、赃物折合人民币价值 4 万余元。

2007 年，市看守所成立深挖犯罪特别行动组，专门开展狱侦工作，采取多种教育方法，积极引导在押人员检举揭发犯罪、走立功赎罪之路，挖出犯罪线索 30 条。五莲县看守所管教民警通过对涉嫌绑架罪的在押人员唐某进行耐心细致的法律、政策、情感教育，促使其交代真实姓名，并坦白其曾于 2002 年在广东省阳春市伙同他人重伤 1 人致死的犯罪事实。

2008 年，市看守所制定《深挖犯罪情报信息奖励办法（试行）》，激发民警参与深挖犯罪情报信息等工作的积极性，深挖破获 1 起涉案金额达 50 万元的特大合同诈骗案，抓获犯罪嫌疑人 6 名，追回赃款 20 余万元；抓获公安部网上在逃犯罪嫌疑人 1 名。莒县看守所通过协助破案，打掉 1 个重大盗窃团伙。

2009 年，市看守所制定《案件线索转递、查证、反馈工作制度》，推动深挖犯罪的工作机制流程化。

2010 年，市公安局加大深挖犯罪工作的表彰力度，按照《通报表彰管理办法》规定，对深挖犯罪工作突出者，可逐级提请通报表彰，增强管教民警深挖犯罪积极性；要求各看守所将查证结果及时反馈给检举人和原办案单位，及时兑现政策，给予减轻处罚，充分调动在押人员检举揭发积极性。市看守所完善深挖犯罪奖励办法，实行“一案一奖”，全年收集犯罪线索 50 条，破案 20 起，抓获 8 人。市看守所在押人员张某因奸杀幼女被刑事拘留，入所后情绪低落，很少与人沟通，民警在日常工作中加强谈话教育，通过耐心细致的工作，张某交代其于 2009 年在黑龙江省双鸭山市强奸杀人的犯罪事实。经办案单位缜密侦查和 DNA 样本比对，确认张某为强奸杀人案的作案人。

2011 年，在全市各看守所开展“清网行动”，邀请刑侦支队技术骨干到所进行深挖犯罪技能培训，增强监管民警深挖犯罪技能。是年，全市各看守所在押人员提供各类犯罪线索 1163 条，协助抓获犯罪嫌疑人 72 名、破案 92 起，追缴赃款赃物折款 43 万余元。

2012 年，市看守所通过积极政策教育，促使在押人员吕某某检举 1 名出租车司机被杀害的线索，岚山分局刑侦大队整合相关线索开展调查工作，最终将犯罪嫌疑人崔某某抓获，1 起发生 15 年的抢劫杀害出租车司机案件告破。

2013 年，组织全市各看守所开展犯罪线索征集专项行动，着重收集破坏市场秩序的制假售假、危害食品安全、命案等恶性刑事犯罪、涉黑涉毒涉枪、多发性侵财类犯罪、诈骗、敲诈勒索、寻衅滋事、故意伤害、命案在逃犯及其他网上在逃犯线索，并加强对线索来源合法性的甄别，充分发挥打击犯罪“第二战场”的职能作用。

2014年，围绕打击赌博犯罪、食品药品环境卫生犯罪等专项行动，组织全市看守所积极从狱内获取相关线索。

2016年，组织全市各看守所积极进行真情感化、细致甄别，搞好线索收集筛选，及时将有侦破价值的线索转递相关办案单位。是年，转递犯罪线索23条，协助破获交通肇事冒名顶替案件2起。

2018年，组织全市各看守所配合开展扫黑除恶、打击电信诈骗等百日会战，积极开展线索深挖。是年，深挖犯罪线索31条，破获案件5起。

二、拘留所

（一）安全管理

1989年，全市各治安拘留所按照《山东省治安拘留所管理暂行办法》规定，对违反治安管理、违反出入境管理或妨碍民事诉讼的人执行拘留，凭公安机关拘留通知书或人民法院拘留决定书收拘管理。

1991年，全面落实《治安拘留所管理办法（试行）》，坚持依法从严、科学管理、确保安全的原则加强拘留所安全管理：1. 严把收拘关，不属于拘留所收拘范围内的人员一律禁止收拘、代拘，不得违规收拘；2. 坚持抓好“七个制度”，即：值班制度、安全检查制度、提审押解制度、接见和物品信件检查制度、戒具使用制度、出所制度；3. 严格管理，加强拘室内的拘情动态管控，对不服从管教的人员进行训诫或约束，借以震慑“刺头号痞”，教育其他被拘留人，维护拘室安全。

1992年，省公安厅下发通知，将全省治安拘留所检查评比由每2年1次改为每3年1次，并组织对评比标准进行修改。1993年，省公安厅组织对全省治安拘留所进行检查评比，五莲县公安局治安拘留所被表彰为全省先进治安拘留所。

1996年，莒县公安局治安拘留所制定《治安拘留所系统化目标管理实施方案》《行政拘留所目标管理实施方案达标办法》，出台“五项制度”，要求落实值班干警24小时坐班，密切注视被拘留人动态和行为变化；严格交接班制度，做到既交人员、又交情况；坚持每周例会制度；不准擅离职守；不准用被拘留人帮助做饭；不准私提被拘留人干私活；不准搞人情会见；不准将外来物品和烟火带入拘室。

2001年5月，公安部印发《治安拘留所达标办法》，自是年起在全国治安拘留所开展首次达标评定工作。市公安局指导全市治安拘留所对照达标标准，严格拘押纪律，加强拘押人员管理教育，落实安全工作制度，保证各项工作顺利进行。6月，落实公安部《治安拘留所被拘留人员行为规范》，严格执行基本规范、生活规范、学习规范等5个方面36条措施，维护拘室秩序，培植被拘留人遵守规定、服从管理、接受教育的良好意识和习惯。是年，全市各治安拘留所均被省公安厅评定为达标拘留所。

2003年，加强“非典”期间拘留所安全管理，制定《防治非典疫情紧急处置方案》，对拘留所的医疗卫生工作及突发状况时的应急处置工作进行规范完善，确保拘留所安全。

2004年5月，省公安厅印发《山东省治安拘留所等级评定办法（试行）》，开始对治安拘留所试行等级化管理，等级评定每年进行一次，分一、二、三级和未达标级4个等次。市公安局组织各拘留所对照评定标准，抓好以安全管理为主要内容的各项拘留工作。

2005年，制定出台《治安拘留所业务工作目标及考评标准》，将值班制度、拘区安全、执法动作、被拘留人权益保障、入出所流程、突发事件处置等事项纳入考评范围，作为民警评先树优、立功受奖的依据。

2006 年，出台《关于加强治安拘留所管理的补充规定》，对通讯联络、值班制度、工作纪律、生活保障等事项进行明确，日常管理得到进一步规范。制定《拘留所大练兵实施方案》，在确保监管场所绝对安全的同时，组织民警围绕应知的基本知识、应会的基本技能、应有的基本体能开展全警练兵。

2007 年，市拘留所制定《绩效考核个人考评细则》，从德、廉、勤、能、绩五个部分进行全面考核，进一步强化民警规范执法的意识，促进各项管理制度的落实。

2008 年，全市各拘留所开始使用“拘留所信息管理系统”，对被拘留人信息进行信息化录入和管理，按照分别、分级管理规定，将被拘留人送入指定拘室、床位，并在 24 小时内告知其依法享有的权利、应当履行的义务以及权利受到侵害时的救济途径。出台《对被拘留人员普管和严管制度》，对思想转化好、认真学习法律法规、服从管理、自觉遵守所规、被拘留人行为规范和一日生活制度的被拘留人实行普管，进行开放式管理，组织开展集体学习、文体娱乐活动和生产劳动，并对表现突出的被拘留人视情给予表扬或定额物质奖励；对有严重抵触情绪，经多次思想教育仍然不思悔改的被拘留人实行严管，并设立专门严管室对严管对象实行封闭式管理，实施 24 小时巡视监控，强化谈话教育，确保安全。

2010 年 2 月，落实公安部《推行拘留所管理教育新模式指导意见》，指导全市各拘留所按照宽严结合、严而有据、宽而有度，处罚与教育相结合的管理教育尺度，抓好以教育矫治违法人员为根本目的的各项拘押工作。日照市拘留所争取经费 20 万元，购置器材设备和宣传工具，积极推行管理教育新模式和对社会开放工作。7 月 1 日，日照市拘留所首次举行“社会开放日”活动，组织社会各界代表参观拘留所管理教育工作和基础设施。

图 12-3　2010 年 7 月 1 日，日照市拘留所首次举行“社会开放日”

2011 年 2 月，公安部制定《拘留所推行管理教育新模式验收标准》，对推进和深化管理教育新模式情况进行验收。是年底，全市各拘留所全部实现管理教育新模式的目标。

2012 年，国务院《拘留所条例》和公安部《拘留所条例实施办法》实施，市公安局指导全市各拘留所按照条例办法，严格规范拘留所的设置和管理，做好收拘、管理、生活卫生、通信、会见、询问、请假出所、教育、解除拘留等相关工作。9 月 10 日，在市拘留所召开全市贯彻执行《拘留所条例》暨监所文化建设会议，总结推广市拘留所经验做法。

2013 年 1 月，印发《关于规范市拘留所被拘留人提前出所审批事项的通知》，对被拘留人请假出所的审批程序、审批时限等方面作出明确的规范。是年，落实公安部《拘留所法律文书式样》和《拘留所民警使用约束性警械规定》，规范拘留所执法工作，依法正确使用约束性警械，维护拘留所安全和监管秩序。

2014 年 2 月，落实公安部《关于行政拘留执行有关问题的意见》和《拘留所执法细则》，做好收拘、管理、通信、会见、询问、提解、请假出所、教育感化、解除拘留等各项工作。4 月，根据上级部署要求，开展“三项重点工作”（规范执法、创新管理、化解矛盾工作）推进落实活动，全市拘留所坚持“教育、感化、挽救”的基本方针，围绕 3 个方面 22 项具体内容，逐项落实、全面整改。10 月，落实公安部《拘留所标识标牌名称及式样》，全市各拘留所开始对拘留所标识标牌进行规范。

2015 年，落实省公安厅《关于加强和改进拘留所工作的意见》，在强化对拘留所的领导、加强民警队伍建设的同时，着力推行集约化管理、规范日常管理工作，拘留所各项工作有序开展。

2016 年，市拘留所制定《拘留所常用法律文书使用规范》，将各类法律法规、管理制度汇编成工作手册，进一步健全完善拘留所的日常管理制度、规范各类监管业务的办理流程。

2017 年，市拘留所针对外籍被拘留审查人员拘押量增多的情况，不断创新方式方法，总结经验做法，摸索出一套行之有效的外籍人员管理教育方法，确保外籍人员的安全。是年 9 月，市拘留所经过连续 3 天奋战，完成日照经济技术开发区分局办理的“8・30”缅甸籍人员非法居留、非法就业一案的被拘留审查人集中拘押任务，为十九大安保营造稳定的涉外治安环境。该案被拘留审查人 97 名，创市拘留所建所后一次性集中收拘人员数量、收拘外籍人员数量以及最大日拘押量 3 项最高纪录，同时也创全省近年来集中收拘外籍人员数量最高纪录。2018 年 6 月，上合组织青岛峰会期间，市拘留所充分借鉴既有经验做法，完成省公安厅交付的代青岛市收拘 60 名缅甸籍非法入境人员的安全拘押和移交遣返任务，受到省公安厅的高度评价，并在全省公安监管工作会议上做典型汇报。

（二）教育转化

1989 年地级日照市建立后，全市各拘留所遵照“教育、感化、挽救”工作方针，按照相关管理规定，对被拘留人开展法制、时政、道德观和前途教育，帮助被拘留人做好改造转化。

1996 年，莒县拘留所坚持入所教育和出所教育、普遍教育与个别教育、教育与处罚相结合，被拘留人入所时发放《入所教育书》，指明其违法行为社会危险性，出所前进行法律考试，考试不及格进行补课，出所时发给《出所忠告书》，告诫其痛改前非；在所期间发放《治安管理处罚条例》小教材，每天由值班干警组织法制教育课学习；建立出所人员定期回访制度，出所人员重新违法率大大降低。经验做法在《人民公安报》登载。

2001 年，随着《治安拘留所达标办法》和《治安拘留所达标办法实施细则（试行）》等规范性文件的颁布，各拘留所对被拘留人的教育工作越来越重视，并开始有计划地开展各类教育：1. 要求被拘留人入所后要熟知《治安拘留所规则》《被拘留人员行为规范》的主要内容，不得互相欺压和任意打闹、高声喧哗等，服从民警管理；2. 对被拘留人进行法制、时事政治教育，将《治安处罚条例》《被拘留人员行为规范》《民法通则》等有关法律法规印制成小册子，发放给被拘留人学习；3. 采取多种形式开展集体教育和个别谈话教育，做到每周开展两次集体教育，每名被拘留人在拘期间个别谈话教育两次，特殊情况的及时进行谈话教育，集体上课有登记、个别谈话有记录；4. 对被拘留人实行分别管理、分类教育，及时利用亲属探视的机会开展亲情教育和知错、记错、改错教育。

2006 年 6 月，组织开展社会主义法治理念教育活动，要求各拘留所和民警注重使用法治思维开展对被拘留人教育转化工作，以人道的方式对待被拘留人，充分体现法治的人文精神和执法管理的人文关怀，以实际行动感化教育被拘留人，使之感受到党和政府的关怀和温暖。

2009 年，指导全市各拘留所进一步丰富被拘留人教育内容，按照监管民警各自擅长的知识，对被拘留人开展分门别类地教育；播放教育系列片《与法同行》，要求被拘留人写出心得体会。

2010 年以后，指导全市各拘留所按照处罚与教育相结合，重在“教育矫治”和“思想转化”的工作原则，加大被拘留人教育转化力度：1. 抓常规教育。及时与被拘留人进行谈话，告知其在拘留期间享有的权利、履行的义务，注意事项以及必须遵守的纪律和规章制度；2. 进行集体大课教育。每周不少于 10 课时，每晚安排 1 个小时，组织集体学习法律法规、收看新闻和法制类节目；3. 开展个别谈话教育，并做到办案人员到所内提询后必谈，亲属会见后必谈，被拘留人情绪异常时必谈，被拘留人解除拘留时必谈；4. 电话预约其亲属来所会见教育。对年龄尚小或抵触情绪较强的被拘留人，有选择的电话预约其亲属来所会见，进行亲情感化说服教育；5. 进行心理减压教育。对未成年、心理不健康或个别女性被拘留人，视情邀请有资质的心理辅导专家进行心理疏导。

2011 年，指导各拘留所开展所内文化建设活动，设置图书阅览室、文体活动室等用房，开辟学习园地，定期组织被拘留人开展丰富多彩的文体活动、知识讲座；在拘区过道、功能用房内设置健康向上的格言警句、书画作品，开展传统文化和社会公德教育，营造有益于被拘留人身心健康，促进被拘留人知错、认错、改错的文化环境和氛围。2012 年 6 月，市拘留所被省公安厅监管总队确定为全省公安监管文化建设示范点。

2014 年，指导全市拘留所探索管理教育新模式，通过播放教育片，发放学习资料进行大课教育，组织集体讨论交流心得等方式，对被拘留人进行"三字经""弟子规""社会道德与礼仪"以及法律法规等传统文化和道德、法制教育；加强与办案单位、村居社区及社会各界的联系，充分利用社会资源和社会力量参与对被拘留人的社会帮教工作；设置心理咨询室，由具有心理咨询师资格证的民警作为兼职心理咨询师，开展心理咨询和矫治，使被拘留人树立正确的人生观。

2015 年，市拘留所成立管教工作专班，由 1 名所领导和 2 名民警专门开展对被拘留人的管理教育工作，逐步探索建立起"日常管理与拘情动态相结合、集体教育与个别教育相结合、所内教育与社会帮教相结合、思想转化与矛盾化解相结合"的工作机制。五莲县拘留所结合开展"三项重点工作"推进落实活动，出资购买乒乓球、羽毛球等文体器械，组织被拘留人开展文体活动；设置心理咨询室，为被拘留人开展心理疏导；严格实行被拘留人一日生活制度，对被拘留人实行人性化管理，推行病号餐、节日餐，并对缺衣少裳的给予捐助、对没有路费的给予补助、对家境贫寒的给予帮扶。

2016 年，针对因酒驾、毒驾等被拘留人增多的情况，市拘留所通过举办法律讲座，制作播放《珍爱生命、远离毒品》《文明出行、拒绝酒驾》等系列教学课件，对被拘留人群体开展针对性教育。是年，市拘留所专门在所内设立教育转化室，加强对参加邪教人员的教育转化，多名受毒害的被拘留人承诺与邪教划清界限，经验做法被上级转发。

2017 年，市拘留所不断完善教育转化工作机制，邀请禁毒、治安等警种民警到所开展专题教育，邀请社会志愿者到所举办道德讲堂，并将《弟子规》作为一项重要教育内容，通过制作悬挂文化版面、发放《弟子规详解》小册子、组织大课教育等方式，对被拘留人开展传统文化教育。

2018 年，市拘留所进一步探索管理教育新模式：1. 邀请法制、信访、法院、律师事务所等警种部门的法律工作者及拘留所退休老民警到所开展社会帮教，邀请出所被拘留人回所现身说法；2. 设置心理减压室，聘请具有心理咨询师资格证的民警作为兼职心理咨询师，对被拘留人开展心理咨询和矫治；3. 对出所的重点人员定期组织电话回访或现场走访，及时掌握思想动态，巩固教育转化成果。

（三）社会矛盾化解

1989—2012 年，全市各拘留所通过对拘留人谈心谈话获取社会矛盾纠纷线索，利用法律知识积极协助调解化解，有效化解一大批社会矛盾。

2013 年，公安部印发《拘留所社会矛盾化解工作指导意见》，正式将拘留所社会矛盾化解工作提升到政策层面；省公安厅下发《关于在全省拘留所推行社会矛盾调解化解工作的通知》，要求拘留所设立矛盾调解化解工作室，并将矛盾调解化解工作成效作为等级评定检查的重要内容。全市各拘留所按照上级统一部署，将社会矛盾化解作为一项重点工作推进落实。

2014 年，结合开展"三项重点工作"推进落实活动，进一步加强化解矛盾工作机制建设。市拘留所制定出台《社会矛盾化解工作实施方案》《社会矛盾化解工作流程》等，专门成立矛盾化解室，

图 12-4 日照市拘留所民警开展矛盾化解工作

组织管教民警开展针对性化解工作。

2015 年 11 月，公安部印发《拘留所社会矛盾化解工作规范》，对拘留所社会矛盾化解工作的内容、方针、原则、经费保障、设施人员配备、开展方法进行明确。全市拘留所的矛盾化解工作进一步规范。市拘留所将打架斗殴、家庭邻里矛盾、社会关注性强的涉访案件，以及因民事、债务纠纷引发的司法案件等 6 大类被拘留人作为重点，采取不同策略开展化解工作。

2016 年 11 月，落实最高人民法院、公安部《关于开展司法拘留社会矛盾化解工作的意见》，明确与各级法院开展被司法拘留人矛盾化解工作的方式和程序，共同推进司法拘留社会矛盾化解工作，合力解决人民法院判决、裁定执行难问题。是年，市拘留所调解、化解各类社会矛盾纠纷 48 起。

2017 年，全市拘留所进一步拓展社会矛盾化解渠道，注重多方联动，加强社会帮教，综合利用“法、义、情、理”等各个角度开展矛盾化解。是年，市拘留所化解社会矛盾纠纷 100 余起，其中化解上访积案 14 起，协助法院调解拒不履行类案件 22 起、履行金额 240 万余元。

2018 年，按照省公安厅《关于在全省监管系统开展坚持发展新时代“枫桥经验”的通知》，全市各拘留所积极开展“枫桥经验在监所”活动，坚持“化解是最好的稳控”理念，切实在源头上下功夫，努力将被监管人员的矛盾化解在高墙之内。是年，市拘留所共化解社会矛盾 65 起，协助法院部门化解拒不履行类司法案件 20 余起。

附：社会矛盾化解案例

【化解邻里纠纷】

2013 年 5 月，被拘留人陈某与陈某某因村提留地征用一事发生矛盾，继而互相殴打，后均被行政拘留。拘留期间，双方的敌对情绪仍然十分明显。管教民警及时向所领导汇报，通过管教民警的真诚关心和不懈努力，最终赢得双方的信任，两人均表示愿意和解。

【解决司法纠纷】

2015 年 1 月，秦某因拒不履行法院生效法律文书被日照市东港区人民法院司法拘留。入所后，秦某情绪低落。管教民警谈话教育得知秦某想法后，及时向所领导汇报，并跟进对秦某进行法制教育，使秦某消除错误认识，认错服法；推心置腹地给秦某算“成本账”，使其认识到失去人身自由的代价以及经济成本；教育其做换位思考，敢于担当，勇于承担责任。经过持续工作，最终秦某表示愿意马上还款，履行义务。值班民警立即帮助其联系法院执行局工作人员，在征得法院同意后，秦某联系家人偿还了全部款项。

【化解涉访人员】

2016 年，刘某某因屡次非法上访，多次扰乱公共场所及党政机关办公秩序、殴打依法履职的工作人员被行政拘留 2 次。第二次入所后，刘某某情绪激动、绝食多日。鉴于刘某某的特殊经历和家庭情况，日照市拘留所社会矛盾化解工作小组对该案进行深入讨论研究，确立实施“亲情感化、法制教育、帮教帮扶”的教育转化方案。刘某某期满出所后，在市拘留所的多方跟进协调下，当地镇政府和村委依据相关政策，为刘某某办理低保，联系当地企业为刘某某解决工作问题，并加大扶贫力度。其间，市拘留所多次组织工作组对刘某某和当地村居进行跟进走访，了解家庭生活状况，解决实际困难，2018 年刘某某完全息访。

【挽救轻生妇女】

2017 年 7 月，姜某某因扰乱单位秩序被行政拘留。姜某某入所时，情绪极为低落，不配合民警的询问和管理安排，抵触态度明显。管教民警通过分析研判其行为和心理状态，认为姜某某存在重大思想包袱，遂启动重点人员教育转化预案，将姜某某列为重点教育转化对象。通过一系列措施，姜某某向民警坦承自己计划在拘留所内自杀的危险想法。经拘留所多日的关心和教育，姜某某表示彻底认识到错误，打消自杀的念头，服从管理、接受教育，再也不做糊涂事。

第三节 监管保障

一、看守所保障

（一）生活保障

1989 年后，全市各看守所在确保看守安全的前提下，落实给养费标准保障在押人员生活。在押人员的衣被一般自带，确无衣被者，看守所予以保障。

1994 年，执行省公安厅、财政厅联合印发《关于提高看守所、收审所在押人员给养费标准的通知》，提高在押人员伙食费的同时，患病者经医生检查证明需吃病号饭的，每人每天增加伙食费；元旦、春节、五一、国庆节每人每天增加伙食费。

1997 年 1 月 1 日，全市看守所再次提升在押人员伙食标准。各看守所在规定的标准内，逢中秋节、国庆节、春节等节日时，增加供应月饼、糖果、水饺等。

2002 年，全市看守所开始整顿在押人员着装，出资购置统一的标识服。

2007 年，为方便管理，避免夹带不安全物品，全市看守所停止家属到所送衣被业务，从内衣到外套，所有衣被均由看守所统一配发。是年，在押人员现金实现计算机记账管理。

2013 年 9 月，全市看守所进一步提高在押人员生活保障，看守所每日饮食列出一日食谱，保证在押人员一日三餐吃饱、吃得卫生；逢年过节，改善生活，春节吃饺子，端午节吃粽子，中秋吃月饼。

2017 年 7 月 1 日，再次调整在押人员的伙食费标准，各看守所在规定的标准内，定期改善在押人员生活，夏天供应绿豆汤防暑、发放防暑药，冬天喝姜汤预防感冒。

2017 年 11 月至 2018 年 10 月，全国看守所开展伙房管理专项检查整治活动。全市看守所进一步规范伙房管理工作，对在押人员伙食费单独设立账目，办理食品经营许可证、伙房从业人员健康证，在伙房安装视频监控并联网，对食品进行 48 小时留样，设置清真灶，建立食物中毒或者其他食源性疾患等突发事件的应急处理机制，切实保障在押人员合法权益。

（二）医疗卫生

1989 年以后，全市看守所购置医疗设备，设立医务室，配备狱医，配备血压计、听诊器、医诊床、注射器等设备及部分常见药品，专为在押人员看病，并每月对监室消毒 1 ～ 2 次。做到轻病不出所，重病及时送医院治疗。

1992 年，全市开展打击卖淫嫖娼专项斗争，在押人员患性病者较多。看守所积极申请联系防疫站专家医生到所重点检查治疗，及时送病犯去医院治疗，防控疾病传播。

2001 年后，全市看守所医务室除配备常规的医疗检查器械及常用药品外，不断改善在押人员就医条件，减少出所就医人次，节省医疗经费支出，保障监所安全；严格监管场所消毒制度，消毒次数增至每周 2 次；定期开展艾滋病病毒抗体检测；医务人员积极学习，增强业务能力，为在押人员提供专业及时的医疗保障。

2009 年 12 月，落实公安部、卫生部《关于切实加强和改进公安监管场所医疗卫生工作的通知》，全市看守所以满足被监管人员基本医疗需求为目标，按照“正确诊断病情、快速处置危重病人、有效防止重大疫情发生”的要求，全面加强医疗卫生工作。办案单位送押犯罪嫌疑人前，要求到县级以上医院体检，没有医院体检报告一律不予收押；H1N1 流感期间，体温超过 37.5℃的一律不予收押；对新收押人员认真进行体表检查和伤情登记，并进行活体信息采集，信息采集率达到 100%。

2010 年，落实公安部《关于规范和加强看守所管理确保在押人员身体健康的通知》，市公安局制定《看守所收押体检工作规范》《在押人员健康检查登记表》，进一步规范和加强看守所在押人员入所健康检查、日常医疗、生活卫生等工作。全市看守所凭县级以上医院体检报告收押犯罪嫌疑人、被告人，对老弱病残在押人员给予特殊照顾。五莲县公安局协调县人民医院成立专门面向被监管人员的育新医院，配备相关医疗设备及医生 2 人、护士 1 人，每天在监区内巡诊 2 次，及时发现掌握在押人员病情，做到“小病不出所，大病及时救治”。

2011 年，落实公安部、卫生部《看守所医疗机构设置基本标准》，全市各看守所按照医疗机构、医务人员、医疗器材设备等设置配置标准，建立监区医务室，落实入所健康检查和日常巡诊，逐步规范完善医疗工作。

2012 年，市看守所同日照市中医医院合作，在医院内设置监管病区，设民警值班室 1 间、病房 2 间、休息室 1 间，并安装视频监控，供民警看护因病住院治疗的在押人员。同时，制定监管病区就医制度，最大限度收治犯罪嫌疑人，实现看守所医疗卫生社会化。

2014 年，落实公安部、国家卫计委《公安监管场所医疗卫生专业化建设工作方案》，围绕实现“公安监管部门负责监管安全，卫生计生部门负责医疗卫生”的专业化运作模式，加快全市监所医疗卫生专业化进程，做好肺结核、艾滋病等被监管人员的医疗和羁押看管工作。

2015 年，最高人民检察院、公安部、国家卫计委联合印发《监管场所艾滋病防治管理办法》，部署加强监管场所艾滋病防治工作。全市看守所对监管期限 3 个月以上人员，监管前有卖淫嫖娼、吸毒行为的人员全员进行艾滋病病毒抗体检测；每年国际禁毒日、世界艾滋病日前后开展艾滋病防治专题宣传教育；定期要求疾控部门到看守所进行艾滋病检验。

2016 年，持续推进《公安监管场所医疗卫生专业化建设工作方案》落实，日照市看守所同日照市东港区人民医院（后改称日照市中心医院）开展协作，由看守所提供功能房 40 余平方米，成立驻所卫生所，办理医疗机构执业许可证，由医院派驻有执业资格的医生到所值班巡诊；同院方签订绿色通道协议，优先抢救患病在押人员，并在费用结算、用药护理等方面给予政策倾斜。五莲县看守所与五莲县人民医院协调成立驻所卫生所，办理医疗机构执业许可证，县人民医院派驻驻所医生，并在医院急诊科专门设立一间监管病房，专门用于在押人员住院治疗。莒县看守所与莒县中医院协调成立驻所卫生所，办理医疗机构执业许可证，派驻驻所医生，实行 24 小时值班。至年底，全市看守所基本实现医疗卫生专业化。

2017 年，落实省公安厅《关于进一步加强看守所在押人员入所体检工作的通知》，全市看守所严格落实新入所人员健康和体表检查制度、临时出所人员体表检查制度、在押人员体表定期检查制度，保证监所医疗卫生。

2018 年，落实省检察院、省公安厅《关于降低看守所在押人员突发疾病风险的通知》，严格落实入所搜身体检制度和监室值班制度，提高在押人员生活保障水平，加强医疗卫生和诊疗工作。

（三）设施设备

1989年，市看守所在市区丹阳路与兴海路交会处原址进行重建，建设平房20间，1200平方米。

1990年，市看守所开始使用监控设备，使用录像带、录音带存储，受限于当时技术条件，无法做到24小时开机，每天只能开机4小时，监控技术人员实行2人轮流值班，与其他岗位民警密切配合，较好地发挥监控技术的作用。通过监控技术，全年发现和制止2起在押人员预谋脱逃事故。

图12-5 1989年7月，日照市看守所原址大门

1993年春，五莲县新看守所在五莲县城区西南、五莲山路161号动工建设，占地面积1.19万余平方米，建筑面积943平方米，建有监室16间，放风场16间，内设配电室、教育室、医务室、图书室、监控室。

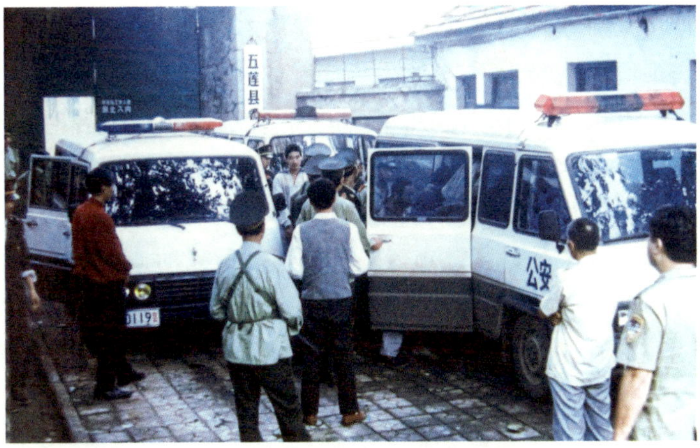
图12-6 1994年9月，五莲县看守所搬迁期间转移在押人员

1996年，莒县看守所争取拨款340万元，在莒县南环路以南、马家屯西新建莒县看守所和武警中队楼，占地总面积1.33万余平方米，总建筑面积1986平方米，设办公室8间，值班室3间，宿舍6间，伙房、仓库6间，卫生室1间，审讯室6间，监控室2间，图书室1间，检察室2间，监室14间。是年，五莲县看守所完成建设，并于9月13日正式搬迁启用。

1997年，市看守所争取省公安厅支持，建设监控设备48路和高标准监控室，监控设备全天开机工作，使看守所基本达到“监室坚固、周边封闭、报警灵敏、照明配套”的要求。同时，改造监室内床铺下放物空洞，修缮在押人员伙房。是年12月8日，新建莒县看守所正式启用。

1998年，市看守所监区建设烧水炉、晒衣被竿线；改建门卫警卫室、所中队办公室、审讯室、律师会见室、家属会见室、会议接待室，建下水道，拆迁破旧房，并在监墙周围铺设1米宽的水泥警戒线。莒县看守所争取到省公安厅支援的电教设施。

1999年3月，争取市财政800余万元，在原址重建市看守所，建设占地33亩，监室40间，总建筑面积9800多平方米，设计为关押480人的中型所。分监区、武警营房区、提讯区、办公区等功能区，装备交通工具、信息设备、取证设备、监控设备、高压电网、应急报警设备、会见管理设备、监区门禁设备、在押人员报告设备、供电设备等，收押及档案实行电脑管理，配有内部程控电话36部，外线电话2部；监区内设有值班室、卫生室、淋浴室、供水室和管教室。

2000年11月，市看守所竣工并投入使用，并争取省公安厅支持安装全套价值70万元的监控设备，监控图像覆盖全部监室，极大提高监所管控和预警能力。莒县看守所安装第一台电脑和打印机，用于在押人员出所、入所信息录入。

2001年，市看守所投资12万元，绿化、硬化所院，更换在押人员伙食设备和照相器材、文档管理器材。

图 12-7 2006 年 10 月 11 日，日照市看守所外貌

2006 年，五莲县公安局投资近百万元，对五莲县看守所监控系统、提审室、单位大门、武警值班室等进行全面更新、建设和改造，基本实现监控对监区全覆盖；以“看守所信息管理系统”（单机版）为平台，各个岗位进行微机联网，实现区域网内微机办公，并逐步升级完善接入公安内网，实现在押人员基础台账网上录入管理，数据实时上传。市看守所建立信息采集室，建成集收押、提审、会见、释放多功能一体的收押业务大厅，购置数码照相机、活体指纹采集仪器等设备；升级所有监控设备，实现所有监室无死角覆盖，改造原有监控室，新配电视墙、中心调度台，实现同时查看所有监室监控画面；在原有监墙的基础上增加钢网墙。

2007 年，市看守所采购厦门金龙牌囚车 1 辆，并予以改装加固，保障投劳押解用车需求。

2009 年，五莲县公安局投资 60 余万元，对五莲县看守所监控设备进行更新换代升级，全面实现全监区无死角监控，将重要部位分别与驻所武警中队、检察室进行联网共享，并借助公安内网对监控画面实时上传，省、市、县三级可随时实时查看。

2011 年，市看守所投资更换监控设施，加大硬盘存储容量，信息存储可达 15 天以上。

2014 年，市看守所进行“脸面、桌面、地面”改造工程，更换外值班桌椅、定做提审室械具柜，清理规整监区仓库。更换提审室、值班室门锁，AB 门之间加装一道安全门并实现通视。外值班出入监区位置安装可视门铃，方便夜间出入监区值班民警应答。6 月，莒县看守所在原址西侧进行扩建，占地 1.49 万余平方米，总建筑面积 9170 平方米，设计关押 325 人。

2015 年，市看守所争取资金 131 万元，全面改造监区机房，建成智慧监室和智能监控系统；依托内部局域网，建成“日照市看守所智慧监管平台”，集成智能巡控、提审会见、管教、医疗、监所消费、安防、风险评估等功能，实现所内业务向数字化、网络化、智能化方向转变；监控设备由模拟设备升级为数字高清设备，实时图像可同步上传至市公安局、省公安厅平台；购置 200 千瓦发电机和 UPS 电源，停电时自动启用；购买安装符合省级公安监管部门要求的在押人员讯问椅，按照公安部及省公安厅要求设置翻新标识标牌；安装实时对讲设备，实现监控值班室与省、市两级业务指导部门实时对讲。年内，莒县看守所扩建工程主体完成建设。

2016 年 8 月，五莲县看守所在县城东北 5 公里处易址新建，总建筑面积 1.34 万余平方米，设计关押 400 人。市看守所申请专项修缮资金 10 万余元，对监区卫生间门窗进行更换。

2017 年 5 月，莒县看守所搬迁并启用。

2018 年 1 月，在东港区南湖镇、335 省道北、鲁南监狱西南，动工兴建市看守所新所，规划用地 6.61 万余平方米，总建筑面积 2.79 万余平方米，设计关押 960 人，包括监区、提审楼、办公综合楼、武警综合楼、体检中心和小法庭等。市看守所对在用监所监区功能房、走廊内所有非钢化玻璃双面贴防爆膜；争取专项资金整改悬挂点隐患，切除所有放风场金属晾衣杆，加装放风场金刚网及监室内电视机罩，更换钢网墙、刀刺网。年内，五莲县看守所完成主体工程建设。

二、拘留所保障

（一）生活保障

1989年，按照省公安厅《山东省治安拘留所管理暂行办法》规定，被拘留人的伙食费由被拘留人自己负担，确实无力缴纳的，按规定予以报销。拘留所的经费、粮食，必须专款专用、专粮专用，建立严格的支付审批手续和会计财务制度。

1990年，执行公安部《治安拘留所管理办法（试行）》规定，市拘留所根据生活和物价水平，按照每人每天1.25～1.5元的标准收取生活费用。

至2009年，全市各拘留所按照上级有关规定，向被拘留人收取伙食费，并适当调整伙食标准。

2010年3月，落实财政部、公安部《关于拘留所强制隔离戒毒所被监管人员伙食费和医疗费有关问题的通知》，全市拘留所伙食参照看守所在押人员伙食实物量标准供应。被拘留人伙食费用，原则上仍由本人负担。生活确有困难、无力交纳伙食费的，由拘留所为其免费提供生活必需品和伙食。

2012年，《拘留所条例》和公安部《拘留所条例实施办法》实施后，全市各拘留所的基础建设经费、修缮费、日常运行公用经费、办案（业务）经费、装备经费、被拘留人给养经费等，列入本级人民政府财政预算予以保障。

2015年，落实《山东省公安厅关于加强和改进拘留所工作的意见》，全市被拘留人给养经费等列入政府财政预算，得到保障。

2017—2018年，参照公安部《看守所伙房管理办法（试行）》，对拘留所伙房管理进行全面规范，制定《拘留所食堂管理制度》《食堂工作人员岗位职责》《被拘留人生活量标准》及《被拘留人每周食谱》等；将被拘留人伙房与民警伙房进行分设、分别建立账目管理，在重点部位安装监控设备并联网上传；设立“清真灶”，为有清真饮食习惯的少数民族被拘留人、外籍人员提供清真饮食；建立《拘留所食物中毒及食源性疾患等突发事件应急处理预案》，落实食品留样制度，严防发生食物中毒事件。

（二）医疗卫生

2004年以前，全市各拘留所既无所医，也缺乏必要的医疗卫生设施设备，被拘留人的入所体检工作由收拘民警口头询问或观察进行。遇有被拘留人患病的，轻微病情依靠民警医疗常识为被拘留人提供口服药，病情较为严重的送医院检查治疗，并视情协调相关单位变更处罚措施。

2004年5月，市拘留所配备1名兼职所医和部分血压计、听诊器、诊疗床等简单的医疗器具和常用药品，一般患病被拘留人可在所内就医。同时，每周定期对拘留区进行消毒，每天定时对被拘留人进行医疗巡诊，防病防疫。

2007年，市拘留所搬迁到新址后，设立医务室，增配更多的常用医疗器械和常备药品，进一步改善医疗条件，并根据相关规定制定《被拘留人所内就医制度》《被拘留人出所就医制度》《拘留所卫生防疫制度》《被拘留人突发疾病应急处置预案》等规章制度，确保患病被拘留人能够得到及时诊治。

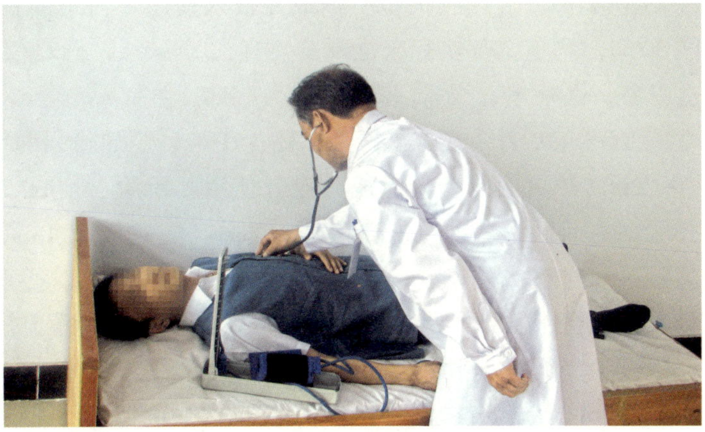

图12-8　2009年6月8日，日照市拘留所医生医疗巡诊

2009年，落实公安部、卫生部《关于切实加强和改进公安监管场所医疗卫生工作的通知》，全市各拘留所积极对接卫生部

门，积极改善医疗卫生条件，维护和保障被拘留人的生命权、健康权。

2010 年 3 月，五莲县公安局协调五莲县人民医院成立的育新医院，同时面向县看守所和拘留所，初步建立协作医疗制度。

2011 年，落实公安部、卫生部《看守所医疗机构设置基本标准》，全市各拘留所开始逐步规范完善医疗卫生工作。

2014 年，市拘留所与东港区人民医院建立协作医疗机制，定期、定时做好健康检查、防病、消毒防疫、日常巡诊、所内治疗、出所医疗等工作。

2016 年，全市拘留所大力推进医疗卫生专业化建设。11 月，市拘留所协调东港区卫生局及东港区人民医院（后改为日照市中心医院）设立市拘留所驻所卫生所，建立标准化医疗室并取得医疗机构执业许可证，配备常规及急救器材和药品，由东港区人民医院选派医护人员轮流到所驻诊，为被拘留人提供防病防疫和诊疗服务，对拘留区进行定期消毒防疫；同时还与市第三人民医院、东港区人民医院建立绿色通道，为需要急救的危重病患提供免费 120 上门接诊、优先检查抢救等服务，确保被拘留人的健康安全。12 月，五莲县看守所、拘留所与五莲县人民医院合作，成立五莲县看守所卫生所（拘留所与看守所共用），办理医疗机构执业许可证。

（三）设施装备

1989 年，市拘留所位于兴海路 3 号，与原边防分局毗邻。

图 12-9 1989 年 9 月，日照市拘留所原址大门

1992 年，市拘留所搬迁至兴海路 25 号，有平房 20 间，其中拘室 8 间，共 1200 平方米，日常可拘押 80 人左右。

1993 年，日照设区带县后，莒县拘留所在莒县城阳街道大湖村南办公，五莲县拘留所在原县公安局院内西南侧办公。

1996 年 5 月，五莲县看守所搬迁后，将看守所原址改为五莲县治安拘留所使用，共有平屋 10 间，约 150 平方米。

2001 年，五莲县拘留所新设外国人拘室，内设电视机、席梦思床、沙发等。

2003 年，五莲县局投资 100 余万元，在县城外贸路西段启建“四合院”式拘留所。

2004 年，五莲县拘留所建成并投入使用，占地面积 4800 平方米，总建筑面积 1380 平方米，房间 50 间，拘室全部实行床位制，共有 32 个床位，附设值班室、社会矛盾化解室、心理咨询室、教室、会见室、医疗室、娱乐活动室等业务用房。

2006 年 9 月，在东港区山东路 151 号开工建设日照市拘留所新所。

2007 年，市拘留所建成并投入使用，新所占地 60 亩，总建筑面积 8100 平方米，分拘留区、办公区、生活区和劳动技能训练区 4 部分，建拘留室 48 间，设计日均拘押量 300 人，内设值班室、会见室、询问室、医务室、图书阅览室、电化教育室、心理减压室、文体活动室、亲情会见室、谈话教育室、社会矛盾化解室等多功能用房，逐步开始装备监控、巡视、应急报警、对讲、单警装备等安防设施设备，配备工作、执法、生活用车，添置电教设施、文体娱乐器材和信息化自动办公系统。

2010 年后，市拘留所先后在拘留区收拘大厅新设 AB 门 1 套，对会见室、集体餐厅、询问室、被服仓库等功能用房进行改造，在拘区周界增设安全防护网墙和刀刺网 1000 余米，并投入 70 余万元对外围墙进行加固和增高，初步建立起网格状、全覆盖式的安全防线。

2014 年 11 月，莒县拘留所因设施严重老化，被省公安厅停用，所收被拘留人统一送日照市拘留所收拘。

图 12-10　2011 年 11 月 17 日，日照市拘留所民警在视频监控岗位值班

2015 年，落实省公安厅《关于加强和改进拘留所工作的意见》《全省拘留所集约化管理工作意见》，五莲县公安局进一步加强拘留所设施建设：1. 投资 10 万余元，对有关电子设施设备进行升级改造；2. 对监控设施升级更新，将原模拟的监控更换为数字高清晰监控，增设重点部位探头，实现全方位无死角监控，监控录像资料保存 15 天；3. 安装应急报警系统、被拘留人报告系统（对讲系统）；4. 将拘留区原两侧栅栏门加装门禁系统，在围墙上加挂双螺旋镀锌刀刺网。

2017 年 9 月 29 日，在原莒县看守所老址，莒县南环路以南、马家屯西，动工建设莒县拘留所新所。

2018 年，市拘留所投资 280 余万元，对拘留所建筑主体进行修缮维护；对监控系统进行全面改造，淘汰落后的模拟数字信号监控系统，全部升级为高清监控系统，监控通道增加到 130 余路，并联网上传至各级业务指导部门监控平台；在拘留区各出入通道、走廊增设 8 道安全门并全部安装门禁系统；对可能存在安全隐患的水暖管道、栅栏门窗、电器电线等悬挂点全部采取加装密织网或封闭处理，将普通玻璃更换为钢化玻璃，进一步提升拘留区的安防水平。五莲县公安局投资 6 万余元升级改造拘留所，将拘室内的门窗安装密织网，电视机、裸露的电线进行消除挂点处理，拘室内的床全部更换为与地面固定的制式床；投资 2 万元，配备应急供电设备，实现 24 小时不间断供电；将拘留所拘室及走廊玻璃全部更换为“3C”认证的钢化玻璃。是年 10 月，莒县拘留所正式搬迁启用，总建筑面积 1761 平方米，设计关押 82 人。

第四节　其他监所及市监委留置场所公安执勤点

一、收容审查

1983 年全国开展“严打”斗争后，公安机关开始依法行使收容审查权，主要是对流窜作案，有多次作案重大嫌疑的不报真实姓名、身份不明的犯罪嫌疑人进行关押审查。

1994 年，市公安局增设收审所，从各看守所划出监室作为收审场所。1996 年，按照新修订的《中华人民共和国刑事诉讼法》，公安机关将于 1997 年 1 月 1 日同时废除收容审查措施。6 月起，按照《全省清理收审人员实施方案》，全市严格控制收审范围，本着“谁收谁审、谁收谁清”的原则，认真抓好在押收审人员清理工作。7 月，市公安局下发《关于严格控制延期收容审查的通知》，从 8 月 1 日起，全市各级公安机关原则上不再使用延期收容审查措施，对以前查获并收容的重大流窜犯罪团伙成员，确因人员多，案情复杂，1 月内无法结案的，需提前 5 日由分管局长和主要办案人员一并带案卷材料，到市公安局业务部门汇报，业务部门核查后，认为确有延期必要的，再报市公安局分管局长审批。至 12 月 10 日，全市收容审查人员全部清理完毕，提前完成任务。1997 年，全市收容审查场所全部撤销。

二、临时强制医疗执行场所

2017年7月6日，省公安厅联合省民政厅、财政厅等4部门联合印发《关于做好强制医疗执行工作的通知》，要求全省各市成立临时强制医疗场所，集中收治被人民法院判决免于刑罚但必须强制医疗的特殊群体。8月23日，市公安局印发《关于全市公安机关做好强制医疗执行工作的通知》，决定在市精神卫生中心设临时强制医疗执行场所，通过对病房进行适当改造，实行封闭管理，设置功能区域，安装视频监控系统，配备相应的装备设施，满足对被强制医疗人员进行安全看护和临床治疗、康复的需要。8月31日，日照市临时强制医疗执行场所正式成立，收治被强制医疗人员4人。截至2018年底，共收治被强制医疗人员5人。

三、市监委留置场所公安执勤点

2018年，市监委参照省监委留置场所运行模式，协调公安机关组建公安勤务专班，负责协助执行留置措施。5月，公安勤务专班正式组建成立。至年底，公安勤务专班坚持边组建、边运行，制定市监察留置场所监管看护工作规定、设立每周例会制度、定期开展警示教育和法律培训，完成监察留置场所看护任务。

附：

日照市看守所女子看守中队工作侧记

日照市看守所女子看守中队于2010年12月组建运行，2011年9月批复成立，负责收押全市女性犯罪嫌疑人、刑事被告人及留所服刑人员，月均在押人员数量为80人左右。自女子看守中队成立8年来，中队先后被命名为市级巾帼文明岗、省市级青年文明号、山东省维护妇女儿童权益先进集体、省三八红旗集体等，被市公安局记集体三等功一次。

一、为爱出发，助力留守儿童健康成长

2011年，女子看守中队民警从媒体上看到，东港区三庄镇石沟崖小学的留守儿童，有买芭比娃娃、书包、文具、篮球的“小小梦想”后，就来到学校，帮他们完成了梦想。民警们从该校校长的口中得知，学校里还有许多家庭困难的孩子。回到所里后，民警组织所有女民警，从学校选3位不同年级的没有母亲的贫困儿童，通过“春蕾计划”，自发为她们捐款捐物。8年间，民警们时常带着自发捐助的钱和书包、文具等学习用品和棉衣等生活用品去看望她们，将钱物送到她们手中，了解她们的成长进步和现实生活情况，帮助她们解决实际困难。女子中队民警经过了解1名无户口的女童情况后，积极协调派出所、户政、计生委等有关部门，帮她补齐办理户口的手续，终于完成落户。

图12-11 2011年11月，日照市看守所民警捐款为贫困山区留守儿童圆梦

截至2018年，女子看守中队累计捐款2万余元，让这些远离父母，甚至失去亲人的儿童感受到

了家的温暖和社会的关怀。

二、真情感化，帮助叛逆少女迷途知返

2016年12月25日，市看守所举行了一场不同寻常的见面会——留所服刑人员杨某刑满释放出所时与其家人的见面。在市看守所民警的真情帮教和感化下,21岁的杨某终于刑满释放，与其家人团聚。

21岁的杨某老家在潍坊市，花样的年纪，本应坐在教室里接受知识，然而她却只读到初中，就不听父母劝阻，早早辍学，踏入社会。由于文化水平低，加之缺乏社会经验，杨某并没有稳定的工作。青春期的叛逆使得她对家人的好言相劝充耳不闻，渐渐地走上了犯罪的道路。杨某因混迹于KTV，结识了社会上的“小混混”，在这些“朋友”的蛊惑下，杨某开始贩卖毒品。2015年8月，杨某被岚山警方抓获，羁押于市看守所，后被判刑一年零四个月。刚入所时，她脾气暴躁，不服从民警管教。女子看守中队民警多次对其谈话教育，动之以情、晓之以理，对她的家庭、生活、案件进程进行无微不至的关怀。在管教民警的真情帮助下，杨某慢慢地开始认识到自己的错误并积极配合改造。

当杨某得知自己快要刑满释放、回归自由时，在兴奋之余，却羞于与家人见面：自己犯罪了，给家人丢脸，怕家人不接纳自己。她把这种想法告诉了管教民警。得知此事，女子中队长韩霞、指导员代春红带领管教民警，主动联系杨某的家人，组织了这次不同寻常的见面会。管教民警将杨某在看守所的表现以及这一年多时间杨某思想的变化都说给杨某的家人听，杨某父母一再感谢女子中队对杨某耐心细致的教导与帮助，不辜负女子中队全体民警对杨某的关怀和期望。

三、亲情挽救，母亲节我们在行动

每一位女性对母亲节都有特殊的感情。为保障女性在押人员权益，让其感受到高墙内的温暖，女子看守中队借助“母亲节”这一特殊的节日，缓解在押人员对家人的想念情绪，践行“以人为本，真情帮教”的管教理念。

2018年5月，女子看守中队利用“母亲节”邀请大众网记者们一起在女子监区开展了“感恩母亲　亲情挽救”活动。活动中，组织女性在押人员用手抄报、诗歌、书信等形式，表达对亲人的思念和自己认真悔罪、改变自己，争取早日回归家庭的决心。特别是对已判决的2名在押人员，民警们安排父母与她们面对面会见，当在押人员将鲜花和信献给父母时，老人眼泪纵横。女子监区在押人员深受感动，自发在监室内表演节目表达对民警“送温暖”的感恩。事后民警还陆续收到悔过书、手抄报等各种形式的材料，表达她们对自己违法犯罪的悔过之意和对民警真诚管教的感激之情，取得了良好的法律效果和社会效果。

岚山海上碑

RI ZHAO SHI
GONG AN
ZHI

第十三章

13

CHAPTER

出入境管理

CHU RU JING GUAN LI

出入境管理是公安机关根据国际法、国内法的有关规定，对出入国（边）境的中国公民或外国人进行管理服务的行政行为，是国家涉外管辖的一个重要组成部分，是公安机关的一项专门业务。

日照市公安局成立后，设外事科。此后，出入境管理机构名称多次变更，职责任务未变。2011年11月，称出入境管理支队（加挂出入境管理分局牌子），主要负责依法对外国人入境、出境、停留、居留和中国公民因私出入国、往来港澳台地区以及其他相关事务实施管理，承担各类出入境证件的受理、审批，负责签发制作有关签证、签注，查处出入境违法犯罪活动，实施对不准出入境人员的布控、查控，收集掌握出入境信息情报，以及其他出入境管理工作。至2018年底，东港、岚山、日照经济技术开发区分局及莒县、五莲县公安局均设立出入境管理机构。

30年间，市公安局出入境管理部门贯彻执行国家出入境管理法律、法规，改革和完善各项管理工作，不断增强服务意识，出台便民利民措施，依法打击出入境领域违法犯罪活动，维护国内外人员出入境的正常秩序。

第一节 公民出国（境）管理

公民出国（境）管理主要通过落实公民出国（境）证件的审批和签发来实现，包括公民因私出国（境）、因私赴港澳、大陆居民往来台湾和法定不批准出入境人员管理等。

一、公民因私出国管理

1989 年，市公安局严格执行《中华人民共和国公民出境入境管理法》，公民因私出国须向户口所在地的市、县公安局出入境管理部门提出申请，受理申请时，严格审查申请人户口簿、身份证原件或其他户籍证明，并鉴别申请人所在单位意见、出境事由相应证明等材料原件，防止伪造。不受理异地申请。

图 13-1 1993 年 4 月 1 日，全市启用中华人民共和国 92 版因私普通护照

1990 年 12 月，公安部下发《关于外派劳务人员出国审批手续和办理护照的暂行办法》，规定除为执行政府或政府部门对外签订的协定而派出的劳务人员、外派单位对外签订合同并完全由其选派的劳务人员及个别国家和地区要求持因公普通护照的劳务人员外，其他劳务人员原则上持用因私普通护照，由外派单位向省级公安部门申请办理。此间，全市出国劳务仍基本属于公派形式出国，申领因私普通护照出国劳务的人员很少。

1993 年 4 月 1 日，全市启用 92 版因私普通护照，新版护照增加持照人的身份、婚姻状况、身份证号等内容，由过去的手工填写改为机器制作。5 月 1 日，启用新版出境登记卡。7 月 1 日，落实省公安厅《关于下放部分出入境审批权限的通知》，开始负责全市公民因私出国审批。9 月起，按照全国统一部署，全市公派出国留学开始纳入因私出境范围，由市公安局负责审批。

1995 年，随着对外开放的日益扩大和国际形势的不断变化，申请因私出国公民数量快速增加。市公安局严把公民出境审查审批关，严格执行不准异地申请和办证的规定，严防申请人弄虚作假骗取证件出境。是年，受理审批公民因私出国探亲、访友、就业、培训等 67 人次，数量较上一年度增加 103%。

1996 年，结合学习济南交警活动，推行警务公开，规范出入境窗口接待服务工作，印制《申请出境人员须知》《怎样写出境申请书》等宣传材料，将出入境证件的申请条件、手续、审批结果、收费项目和标准等全部向群众公开，公布监督咨询电话，接受群众监督。

1997 年 1 月 11 日，公安部《公民因私事出国护照申请、审批管理工作规范》实施，全国开始实行公民因私出国统一申请办法，统一审批条件、统一办事时限、统一收费标准的申请、审批管理制度；公民因私出国（境）手续开始放宽限制，减少中间环节程序。市公安局严格执行上级有关规定，加强出国出境申请的受理和审批，重点加强对申请出国研修和劳务事项的审核把关。是年，查处提供假证明材料和编造假情况案件 2 起。

1998 年，加强出入境证照签发管理，严格执行申请人签名领证制度，对旅游护照采取发放护照同时发放回收通知和在存根上签名，旅游护照回收率达 100%。是年，在出国证照受理审批环节，查处提供假证明材料、编造假情况的案件 4 起。

1999 年，根据省公安厅统一部署，市公安局开始负责公派留学、公民自费参团出国旅游、外派劳务人员出国、境外人员就业等事项审批工作。

2000年7月，执行公安部新修订的《中华人民共和国普通护照审批、签发管理规范》，全市进一步简化公民出国探亲、劳务、商务等申请材料：1.出国申请材料取消部分境外邀请材料、经济担保书和我驻外使领馆的公证、认证；2.个人出国旅游免交资金或外汇证明。8月，全市开始启用1997-1版中华人民共和国护照。随着97版护照的启用，县级公安机关受理、市级公安机关受理、审批，省级公安机关监督指导并集中制作、颁发护照的三级管理模式基本建立。9月18日，日照市居民因私护照出境卡换发、加注、延期的申请由市公安局直接予以受理、审批、制证。

2001年，随着出国劳务人员的增多，部分无资金、无资质的中介组织和个人，非法从事出国劳务业务，骗取群众钱财。市政府成立以分管市领导任组长的全市清理整顿非法出入境中介活动领导小组，集中开展打击非法出入境中介活动专项行动。市公安局会同市工商、教育、劳动和社会保障等部门，将未经批准和登记注册，擅自从事境外就业、自费出国留学、领事认证等出入境中介和组织出国劳务、出国（境）旅游活动的行为，以及超越范围、违规经营等行为作为打击重点，开展集中打击，查处无证或超范围经营出入境中介活动的单位、业户18家。1月，落实省公安厅《关于简化劳务人员办理出国手续有关问题的通知》，日照市劳务人员出国不再实行“双重审批”（先按照办理因公出国程序履行劳务项目审批手续，再按照劳务人员因私出国申请审批程序向公安机关申办护照），改为除经营公司管理人员外，根据企业等级，直接向公安机关申领护照。

2002年2月，根据公安部规定，全市不再签发护照出境卡，也不再办理出境卡的换发和补发，公民申请出国免交境外邀请函。4月1日，执行公安部《关于执行办理劳务人员出国手续办法有关问题的通知》和《办理劳务人员出国手续办法》，全市出国劳务人员办理护照统一由公安机关受理审批，外派劳务人员统一改持因私普通护照，不再持因公护照。

2003年2月，公安部取消对中国公民因私出国（境）从事文化活动及具有大专以上学历人员申请自费出国留学行政审批事项，全市居民申请因私出国（境）从事文化交流活动，不再要求提交省级教育主管部门出具的自费留学资格审核证明。4—6月，联合市工商局、劳动和社会保障局等7个部门开展为期2个月的打击非法出入境中介活动专项行动，制定行动方案，成立领导小组，印发《关于严厉打击各类非法出入境中介活动的通告》，清理整顿各类非法出入境中介机构9家。12月29日，全市实行公民按需申领护照，除特殊身份人员外，其他居民均可直接凭身份证、户口簿到市、县公安出入境管理部门申请办理护照，不需提交派出所或单位意见，成为全国率先实行公民按需申领护照的100个大中城市之一。

2004年，按照省公安厅统一部署，联合有关部门在全市广泛、深入开展集中打击各类非法出入境中介活动专项行动，根据全市出入境中介活动情况，确定各类中介机构比较集中的东港区、莒县为重点清理整顿区域，确定出国劳务、旅游等中介活动为重点清理整顿范围，以辖区为界，分片包干，充分发挥各部门协同作战的优势，在全市进行拉网式排查、清理。专项行动中，全市组织统一联合行动11次，排查整顿违法违规经营出入境中介机构22家。5月10日，实施公安部新修订的《中华人民共和国普通护照受理、审批、签发管理工作规范》，不再要求申请人提供与出境事由相应的证明；取消人户分离人员异地申办护照政策，所有在日照市工作的外省人员须回常住户口所在地申请护照。

2005年4—11月，根据省公安厅统一部署，全市开展违法违规办理出入境证件专项清理整治工作，加强公民因私出入境证件审批签发管理工作，坚决杜绝弄虚作假、冒（骗）领等违法违规办理出入境证件情况。各级出入境管理部门严格落实面见申请人和询问制度，核实申办信息的真实性，对存在疑点的，及时与人口等部门沟通核查，并通过家人或单位了解情况，确保办理“放心证”；加大对弄虚作假骗领证件案件的查处、防控力度，在受理过程中严把申请材料原件审核关，与属地派出所建立联动机制，一旦发现冒用他人证件或使用伪造证件人员，立即依法处理；开展专业培训，提高前台受理民警受理审批、证件真伪识别、询问技巧、信息快速比对核查等方面能力。

2006 年，随着出国政策的进一步放宽和手续的简化，日照市居民申办出国证件人数大幅增加。公安机关主动采取延长服务时间、缩短制证周期、节假日和休息时间开通办证“绿色通道”等措施，高效率、高质量受理居民办证需求，第一季度受理审批公民因私出国申请 1488 件次，与上一年度同比增长 139.2%。

2007 年 1 月 1 日，《中华人民共和国护照法》正式实施。5 月 25 日至 7 月 3 日，按照统一部署，在全市开展打击非法出入境中介活动专项行动，对从事出国劳务、境外就业、出国定居、自费留学等中介活动的机构进行全面清理整顿。重点清理和查处未经主管部门资格认定的非法中介机构和无资金、无场所、无机构的“三无”中介组织；严厉打击虚假违法广告宣传、虚构劳务项目欺骗群众出国劳务的行为，以及利用出境旅游、商务等名义组织他人偷越国（边）境等违法犯罪活动。12 月 15 日，落实公安部《中华人民共和国普通护照和出入境通行证签发管理办法》，规范普通护照和出入境通行证的申请、审批签发和管理工作，丢失补发护照的受理时限由原来的 3 个月，缩短为 15 天，并且取消登报声明作废的程序。是年，全市开始启用 1997–2 版护照。

2009 年 1 月 20 日，日照市开展省内跨户籍地办理出入境证件试点工作，各级出入境管理部门及时宣传公布提交材料目录、收费标准等事项，严格落实工作制度，认真审查申请材料，跨户籍地办理出入境证件人数快速增长。7 月，按照统一部署，在全市开展清理整顿外派劳务市场秩序专项行动，认真落实外派劳务人员凭《外派劳务人员招收备案表》依法办理护照办法的规定，对以组织出国（境）务工为名从事伪造、编造、骗取出入境证件和签证、组织偷越国（边）境等妨害国（边）境管理的行为进行立案查处。10 月 28 日，全省统一启用出入境语音查询系统，申领出入境证件的居民可通过拨打公布的查询电话，输入 18 位回执单号码查询办证进度。

2010 年，推广实施出入境证件互联网预受理服务举措，实行公民出国（境）申请网上预约受理。严密防范、严厉打击冒用他人身份骗取出入境证件、非法出入境中介等违法犯罪活动，发现查处弄虚作假骗取出入境证件 40 余人次、非法出国（境）务工 400 余人次。

2011 年，鉴于到国外务工人员逐年上升，因组织劳务不规范、盲目出国、隐瞒真实目的出国等不规范行为，导致出国务工者因非法就业受查处、劳动报酬无保障及产生劳资纠纷等问题开始增多等一系列新情况，市公安局下发《关于受理出国劳务人员护照申请有关事项的通知》，规范出国务工人员护照受理签发工作，加大出国劳务有关政策法规的宣传力度，制作发放针对出国务工人员的《温馨提示》资料，公布合法的劳务经营公司和境外就业中介机构名单，有针对性地引导申请人通过合法途径出国劳务。是年，查处弄虚作假、骗取出国（境）案件 4 起 45 人次，劝阻、查处非法出入境中介组织的出国务工事件 18 起 500 余人次。

2012 年，积极做好电子普通护照申领、发放各项工作。3 月 15 日，全市停止受理签发 97–2 版普通护照，开始试点受理电子普通护照申请。5 月 15 日，日照市正式启用签发电子护照。电子护照增加存储申请人指纹及签名等数字化个人资料的智能芯片，采用数字技术对存储的个人资料加以保护，提高护照防伪和安全性能。

2013 年 4 月 1 日，岚山分局出入境管理部门承担公民出国（境）申请受理职能。2013 年 7 月，落实《山东省公安机关出入境管理部门为流动人口异地办理出入境证件操作办法（试行）》，在日照居住、就业、就学的（含登记备案的国家工作人员）市外省内户籍人员，可在居住地申请办理普通护照。

2014 年 4 月 1 日，启用中国公民出入境证件申请表，简化填表内容，实现护照、港澳证、赴台证申请表“三表合一”，群众办理出入境证件更加方便快捷。10 月，开展文明出境旅游宣传活动，倡导出入境旅客文明出行，在各级公安机关出入境接待大厅张贴“文明旅游十大提醒语”，放置“中国公民出境旅游文明行为指南”，提示公民掌握基本的文明旅游常识，尊重所去国家的风俗禁忌，掌握基本的公共场所通用标志，提升公民旅游文明素质。

2015 年 5—9 月，按照《中组部、公安部关于开展违规办理和持有私出国（境）证件专项治理工作的通知》的要求，扎实开展专项治理工作，全市未发现弄虚作假甚至伪造、变造或者买卖、使用伪造的出国（境）证件的情形，未发现未经组织人事部门审批擅自为登记备案人员办理因私出国（境）证件的情形。7 月 1 日，落实《山东公安机关简政放权促进经济发展服务群众三十条》，实行省内户籍居民办证免提交户口簿、增设公民出入境证件受理点、缩短海外高层次人才及其亲属办证时限、缩短公民加急证件办理时限等 4 项便利措施。

2016 年 4 月 1 日，落实公安部规定，实行居住证持有人在居住地申请办理因私出入境证件的便民措施。11 月 1 日，根据省公安厅关于调整证件领取方式的通知，申请人可根据实际情况自愿选择“到审批机关领取”“邮政速递”或“邮政速递（同寄）”3 种领证方式。是年，将急事急办、特事特办等措施制度化，设立出入境证件办理“绿色通道”，为因留学、探望危重病人、处理境外突发事件等特殊使用需要立即出国（境）的申请人办理加急 5000 余件次。

2017 年，全面落实上级、本级各项便民举措，实行申请人到申请地公安机关领取出入境证件，为群众节省邮寄费用；将电子出入境证签注制作权限下放至莒县公安局，进一步精简办证手续，简化办证流程，缩短办证时限。

2018 年 2 月，围绕推进“放管服”改革落地，推出多项便民利民举措：1. 异地户籍就近办理、自助办理出入境证件；2. 自助查询签注信息；3. 免费提供出入境证件电子照片采集服务；4. 全面实现申办出入境证件“只跑一次”制度；5. 拓宽“绿色服务通道”范围，新增“紧急出国（境）参加会议、谈判、签订合同、留学报到时间邻近、行前证件遗失损毁”5 种加急办证情形；6. 提供周六办证服务；7. 将跨省异地办证缩短至 20 日。9 月 1 日，日照市正式实施内地居民可在全国范围内异地申请换（补）发出入境证件政策。同时，内地居民办理出入境证件签发时限缩短到 7 个工作日，并提供免费复印，免费为 65 周岁以上老人邮寄出国（境）证件服务。

二、内地居民因私赴港澳管理

短期赴港澳

1986 年 12 月，《中国公民因私事往来香港地区或澳门地区的暂行管理办法》公布施行，内地居民因私事赴港澳，凭公安机关签发的前往港澳通行证（即单程证）或者往来港澳通行证（即双程证）从指定的口岸通行。

1989—1997 年，日照市居民申请赴港澳的极少，年均少于 7 人次。市公安局严格按照政策规定，市内居民因私事申请赴港澳地区，由市公安局受理申请、省公安厅审批发证。

1998 年 3 月，山东省取消 1983 年起在往来港澳通行证上作儿童偕行人加注的做法，12 岁以下儿童双程赴港澳探亲、旅游或从事其他活动，单独持用往来港澳通行证。是月，落实公安部《内地居民从事商务、培训、就业等非公务活动来往香港特别行政区暂行管理办法》，取消 1996 年之后为赴港从事商务、培训、就业等非公务活动的内地居民签发护照的做法。为支持香港回归后旅游业发展，国务院批准自 7 月起，新增中国国际旅行社为内地居民赴香港旅游组团社。市、县公安机关出入境管理部门依法受理本辖区居民参加“香港游”申请，审核后报省公安厅审批发证。日照市赴港澳申请人逐渐增多。

1999 年 4 月，根据统一部署，放宽内地居民“港澳游”团队赴香港、澳门旅游限制，持有效往来港澳通行证及一次往来香港、澳门旅游签注的内地居民“港澳游”团队在签注有效期内，可从各开放口岸赴香港、澳门，出境后可从澳门直接进入香港或从香港直接进入澳门，然后返回内地。5 月，推出《出入境管理工作服务经济建设十条措施》，简化企业人员因商务活动赴香港的申请手续。

2000 年后，全市居民申请赴港澳的人数开始快速增长。3 月，开始执行公安部《内地居民赴港澳地区探亲审批管理工作规范》，赴港澳探亲的条件、须履行的手续、审批程序和时间等进一步规范。

2001 年 4 月 1 日，获省公安厅授权，依法对本市居民赴港澳地区探亲、旅游、商务等活动的申请进行审批。6 月，香港特区政府实施“输入内地专业人才计划”，日照市自 6 月 1 日起受理审批赴香港就业的内地“专业人才”办理赴香港通行证的申请。专业人员凭往来港澳通行证、就业签注及香港入境事务处签发的进入许可证赴港。

2002 年 2 月，落实上级通知，进一步简化内地居民赴港澳申请手续，取消申请赴港澳商务须提交邀请函和企业注册资金、进出口额证明以及申请赴港澳探亲须提交邀请函的做法；一年内再次申请赴港澳商务的，可免交单位或派出所意见及纳税证明；申请有效期 3 个月以下的赴港澳商务签注，实行按需申请，一年内再次赴港澳探亲，免交在港澳亲属的身份证或旅行证复印件、单位或派出所意见。5 月 20 日，执行公安部《中华人民共和国往来港澳通行证和签注审批、签发管理工作规范》，推出多项简化手续和放宽限制的政策，同时启用 2000 版前往港澳通行证、往来港澳通行证和贴纸签注。8 月 30 日，根据省公安厅授权，开始依法审批签发本市居民再次申请往来港澳台地区签注。此后，公民首次申请赴港澳由省公安厅签发证件和签注，再次赴港澳签注由市公安局签发。12 月起，对申请需要两次进入香港或者澳门的人员，给予 2 次进入有效的赴香港或者澳门的旅游签注。

2003 年，落实《山东省公安机关服务群众、服务经济发展的若干规定》，除规定的国家工作人员外，居民申请办理往来港澳通行证免交单位或派出所意见；往来港澳商务签注的申请范围由原来的具有独立法人资格省内企业的员工，扩大到省内个体工商户和港澳地区注册企业的员工，申请一年多次赴港澳商务签注须提交的企业上年度的纳税证明由 30 万元降为 5 万元。

2004 年 6 月，落实公安部《关于为内地居民申请赴港澳地区探望父母签发多次探亲签注的通知》，根据申请人需要，可对探望父母人员签发 3 个月多次赴港澳地区探亲签注。8 月 1 日，落实公安部《内地居民从事劳务往来香港或者澳门特别行政区审批管理工作暂行办法》，开始受理审批内地居民赴港澳地区从事劳务相关证件的申请。

2006 年 4 月，贯彻公安部《往来港澳通行证和签注受理、审批、签发管理工作规范》，启用 2005 版往来港澳签注，进一步简化签注种类，将 14 种签注减为 6 种；个人旅游、团队旅游在保留“三个月一次有效”“三个月二次有效”签注基础上，增加“一年一次有效”和“一年二次有效”签注，方便申请人自行选择出行时间；取消内地居民遗失往来港澳通行证重新申请需登报声明的规定，由申请人提交遗失证明即可重新办证。同时，内地居民所持往来港澳通行证在香港或澳门遗失或损坏，可以通过香港或澳门中国旅行社向广东省公安厅深圳或者珠海出入境签证办事处申请出入境通行证返回内地。12 月 30 日，经省公安厅资格认定，日照润泽因私出入境咨询服务有限公司成为全市第一家因私出入境中介机构。

2009 年 1 月 1 日起，取消内地居民申请赴港澳地区团队旅游提交国家旅游局指定旅行社出具的旅游费用发票的规定，此后日照市赴港澳旅游人数骤增。

2010 年，为严控内地居民在港澳地区从事违法犯罪活动，省公安厅研制往来港澳类特别提醒卡，与各地签订防控工作责任书，将防控工作纳入年度基础业务考评。市公安局在办理居民往来港澳业务时，进一步加强审批管控，并主动发放特别提醒卡。

2013 年 7 月，根据上级统一部署，在日照市居住、就业、就学的市外省内人员（含登记备案的国家工作人员），可在居住地申请办理往来港澳通行证及团队旅游签注。7 月 19 日，在全市开始试行利用“双向速递”办理赴港澳团队旅游再次签注业务，选定山东省邮政速递物流公司日照市分公司作为“双向速递”业务合作公司，编写《利用“双向速递”办理港澳团队旅游再次签注业务须知》，并通过媒体进行集中宣传报道。

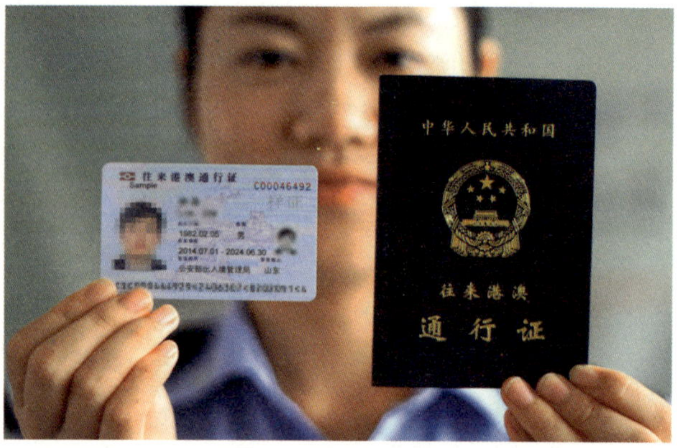

图 13-2 2014 年 9 月 15 日，全市启用签发 2014 版电子往来港澳通行证

2014 年 9 月 15 日，根据省公安厅统一部署，日照市启用签发 2014 版电子往来港澳通行证，新版证件由本式改为卡式，增加自助查验通道功能，16 周岁（含）以上申请人证件的有效期由 5 年改为 10 年，可以选择免登记使用港澳区自助查验通道通关。

2015 年 4 月 1 日，落实《往来港澳通行证签注签发规范（试行）》，启用新版港澳通行证签注签发业务受理审核系统。调整往来港澳通行证签注种类及有效期，增加 1 年多次赴澳门探亲签注，增加 3 个月多次赴香港其他签注，增加 3 个月多次赴澳门其他签注；取消 1 年 1 次赴香港、澳门其他签注，取消 1 年 2 次赴香港、澳门其他签注。

2017 年 1 月，经省公安厅批复同意，莒县公安局出入境管理科成为全市首批承担签注制作工作的县级出入境管理机构。是年，在日照已备案的企业机构人员可以申请办理 1 年多次商务签注。2017 年 11 月 23 日，省公安厅批复同意岚山分局、五莲县公安局承担电子出入境证件签注制作职能，市内港澳台通行证签注权限再下放一级。是年，全市开通赴澳门 3 个月或者 1 年多次商务签注；为 60 周岁以上赴港澳探亲签发 1 年多次有效探亲签注；简化往来港澳商务单位登记备案和商务签注办理手续，并将赴港澳紧急商务纳入绿色通道办理范围，缩短商务单位登记备案办理时限和往来港澳商务签注办理时限。

赴港澳定居

1989—1992 年，市公安局依据《中国公民因私事往来香港地区或者澳门地区的暂行管理办法》，受理全市居民赴港澳定居申请，要求夫妻一方在香港、澳门定居，另一方申请前往团聚的，夫妻分居的时间需满 2 年以上。在香港、澳门定居的无依无靠的老人需内地直系亲属前往照料等可申请赴港澳定居。

1993 年，根据《中华人民共和国香港特别行政区基本法》第二十四条的规定以及中英双方达成的原则协议，开始受理香港永久性居民子女赴港澳定居申请，要求香港永久性居民内地子女的出生日期必须早于其父亲或母亲的香港永久性居民的身份证日期，1997 年前只受理未成年儿童。是年，在受理夫妻团聚类定居申请时如需申请偕行 12 岁以下子女去香港定居的，分居时间需达 3 年以上方可受理。

1997 年 1 月，山东省取消过去规定的夫妻团聚类申请须分居满 3 年方可受理的限制，对符合条件的申请，按照打分标准一次排队审批。5 月，按照公安部《内地居民赴港澳定居审批管理工作规范》，对申请赴港澳定居人员实行统一申请办法、统一审批条件、统一审批进度、统一收费标准的“四统一”工作制度，对经审核符合赴港澳定居条件的人员实行电脑排队打分，依得分高低排队审批办理。

1998年，内地居民赴港澳定居由原来的定额审批改为划线审批，日照市居民只要超过公安部划定的赴港澳定居分数线，即可按得分高低逐月有序办理定居手续。

1999年12月20日，澳门回归祖国后，澳门永久性居民在内地所生中国籍子女自1999年12月20日起享有澳门特别行政区居留权。

2000年1月1日，落实省公安厅部署，全市取消赴港澳定居夫妻团聚类申请人须结婚满3年方可申请的限制，日照居民在与港澳居民进行合法的婚姻登记注册后，即可向户口所在地的公安出入境管理部门提出申请。8月，落实公安部《澳门永久性居民在内地所生中国籍子女赴澳门定居审批办法》，开始受理审批在内地的澳门永久性居民子女的赴澳门定居申请。是年，全省启用山东公安出入境综合信息系统，可自动给赴港澳定居申请人排队打分。

2002年，为避免赴港澳定居团聚类申请人在排队等候放行期间，因婚姻状况变化、新增携行子女等问题给审批放行工作带来不便，从6月10日起，对此类申请人赴港澳定居实行预约申请。

2008年，落实公安部《2008年内地居民赴港澳地区定居审批办法》，全市夫妻团聚类偕行子女受理条件由原先的只受理1名偕行子女改成所有未满18周岁子女均可申请。

2009年4月1日起，省公安厅将内地居民前往香港或澳门定居申请审批权下放到各市地，市公安局出入境管理处开始负责审批日照市居民前往香港或澳门定居申请。

2011年8月10日，落实公安部《关于严格执行赴港澳地区定居申请人名单公示制度的通知》，在公安机关和出入境管理部门接待场所公布赴港澳地区定居申请人公示名单。

2012年，落实公安部《关于调整香港超龄子女申请赴港澳定居审批工作安排的通知》，简化申请材料，对香港超龄子女申请人无法提交父母结婚证明或者本人出生证明的，如本人同意做亲自鉴定，在申请时免交父母结婚证明和本人出生证明。

2018年1月29日，全市启用2017版前往港澳通行证。2000—2018年，全市审批赴港澳定居34人。

三、大陆居民因私赴台湾管理

20世纪80年代以前，大陆居民赴台湾受名额限制，审核严格。1987年11月开始，台湾当局允许台湾一般民众赴大陆探亲、旅游，并于1988年10月开始有限制地允许大陆居民前往台湾探病、奔丧等。

1988—1991年，日照市（筒子市）、莒县、五莲县公安机关开始受理经香港去台湾定居、探亲、探病、处理财产等事项。当时，申请去台湾人员须事先办妥大陆同胞旅行证或接到香港中旅社确认入台手续通知书后，方可受理。4年共受理赴台申请27人次。

1992年5月，《中国公民往来台湾地区管理办法》实行。根据《公安部关于执行〈中国公民往来台湾地区管理办法〉若干问题的通知》，日照市民赴台进行各项交流活动及参观、访问、考察、采访、举办展览等，均需报国务院台湾事务办公室审批。日照市（筒子市）、莒县、五莲县公安局严格按照通知要求办理审批、签发等事项，并向全市（县）台胞家属发出《致全市（县）台胞亲属的公开信》，宣传“和平统一、一国两制”方针和《中国公民往来台湾地区管理办法》。

1993年7月1日，省公安厅将大陆居民因私赴台探亲审批权下放各地市。市公安局在内部建立民警受理、科长审核、分管局长审批的分工负责制。

1994年3月，公安部取消赴台出境口岸限制，规定持证人可以从任何开放口岸经香港赴台湾。根据公安部通知，鉴于内地居民须经香港去台湾，中间要办理、领取入台证明等实际情况，市公安局适当延长赴台人员证件签注的有效期，对因私赴台的，签发一年有效签注；对应邀赴台的，签发半年有效签注。申请人可以办理英文姓名加注、不再办理12岁以下儿童的往来港澳通行证偕行加注。

1996年8月1日，山东省正式启用大陆居民往来台湾通行证，日照居民赴台不再使用加盖经香港去台湾的往来港澳通行证，但仍需经港赴台。持证人可从开放的、并与香港通航或毗邻的口岸出境，从任何开放口岸入境。11月，公安部发布《关于大陆居民经澳门去台有关事项的通知》，澳门葡萄牙政府同意大陆居民持大陆居民往来台湾通行证经澳门去台湾，并可在澳过境停留20天。

1998年2月5日，按照省公安厅统一部署，对省内居民申请赴台湾探亲、探病，在签发大陆居民往来台湾通行证的同时，签发3年有效的往来台湾签注；对应邀赴台讲学、工作等超过半年的，根据国务院台办批准的在台停留期限，签发相应有效期限的往来台湾签注；赴台返回的大陆居民，凡持有效证件、签注逾期的，边检站凭有效证件查验放行。

2003年，为适应两岸交流发展，按照公安部简化赴台审批手续的要求，日照市居民申请办理《大陆居民往来台湾通行证》不再要求提交单位或派出所意见。12月，按照上级统一要求，日照市居民可凭本人居民身份证、户口簿及“入台许可”申请办理大陆居民往来台湾通行证及签注；经国务院台湾事务办公室批准赴台湾进行交流活动的人员，凭“赴台批件”即可办理大陆居民往来台湾通行证及签注，不再要求提交所在单位意见；未满16周岁或70周岁以上人员，可由其监护人或直系亲属代办；应邀组团赴台湾从事交流活动的，可由组团单位代办；居民在台湾期间自行取得台湾居民身份证件的，可自愿选择保留大陆居民身份或者台湾居民身份，但不得具有双重身份。

2004年2月，公安部、国务院台办制定《大陆居民往来台湾通行证、签注审批签发管理工作规范》，对大陆居民往来台湾通行证的受理、审批、签发、工作时限，证件的补换发及吊销和宣布作废工作作出明确规定。4月1日，全省启用新版大陆居民往来台湾通行证及贴纸签证，进一步简化大陆居民申请赴台湾手续，大陆居民赴台湾更加方便。

2008年，台湾当局开放大陆居民赴台团队游。7月，公安部下发《关于做好大陆居民赴台湾地区旅游出入境管理工作的通知》，正式启动内地居民赴台湾旅游，山东省被定为首批开放大陆居民赴台旅游地区。大陆居民赴台旅游，由大陆海峡两岸旅游交流协会和台湾海峡两岸观光旅游协会联系实施，由国家旅游局会同有关部门指定的旅行社组织，以团队形式整团往返，并实行配额管理。旅游团在台停留时间为自入境次日起不超过10天。申请人的“入台许可”在办妥大陆居民往来台湾通行证及签注后，由旅行社通过台湾接待社办理。

2009年3月13日，根据中央组织部、公安部等五部门《关于加强国家工作人员因私出国（境）管理的暂行规定》，在公安机关出入境管理部门登记备案的国家工作人员，赴台旅游的，必须按照组织、人事管理权限履行审批手续后，方可申请赴台旅游。市公安局凭申请人所属工作单位或者上级主管单位出具的同意赴台旅游的证明，审批签发赴台证件。

2010年，对未经批准，组织跨省、自治区、直辖市人员赴台旅游的，不予受理其大陆居民往来台湾通行证申请。

2012年，日照市开始实施跨户籍地申办大陆居民往来台湾通行证政策。凡在日照市工作、学习、居住满1年以上的山东省其他地市居民（含登记备案的国家工作人员），可在日照市申办赴台证件。在日照市的暂住人员需提交由公安机关出具的居住满1年以上的证明。

2014年，开始签发赴台探亲多次签注，大陆居民赴台探亲签注分为一次有效和多次有效2种。5月，可以为日照市居民单独签发大陆居民往来台湾通行证，不再要求申请证件时必须申请赴台签注；日照市居民单独申请办理大陆居民往来台湾通行证的，无须提交入台许可证明以及与申请事由相应的证明材料。6月，按照上级统一部署，大陆居民赴台团队旅游申请人无须提交赴台旅游组团旅行社发票，取消查验发票手续。

2015 年 12 月，实施《往来台湾通行证及签注签发管理工作规范》，将团队游签注有效期由 3 个月一次有效延长至 6 个月一次有效，为申请人申办入台许可预留充分时间，合并探亲和居留签注为探亲签注；赴台乘务签注可签发 1～3 年多次有效签注；增加其他类签注 1 年多次的适用情形，方便居民赴台办理有关事务。同时，取消全部 6 项大陆证加注，明确可直接进行计算机信息系统审核的业务范围，限定允许代办情形，明确证件换补发、宣布作废、注销的业务规则。

2016 年，按照公安部统一部署，外省外市居民凭本人居住证和身份证即可在日照申办往来台湾通行证及签注（赴台定居除外）。2017 年 4 月 24 日，按照公安部统一部署，日照市全面启用 2015 版电子往来台湾通行证，同时停止签发本式往来台湾通行证，证件由本式变更为卡式。

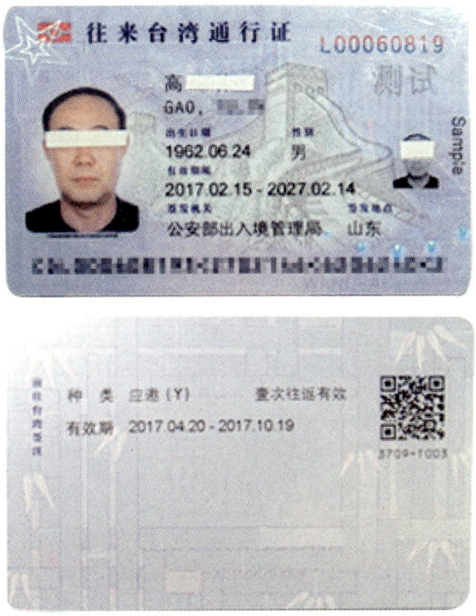

图 13-3 2017 年 4 月 24 日，全市新启用的 2015 版电子往来台湾通行证

1989—2018 年日照市公民因私出国（境）统计表

表 13-1　　单位：人

年份	因私出国	赴港澳	赴台	合计
1989	3	11	6	20
1990	11	9	12	32
1991	15	0	6	21
1992	14	7	31	52
1993	6	2	34	42
1994	33	3	37	73
1995	67	8	70	145
1996	66	2	59	127
1997	264	14	108	386
1998	317	4	89	410
1999	456	20	95	571
2000	961	62	92	1115
2001	1072	90	69	1231
2002	2473	230	75	2778
2003	2954	568	39	3561
2004	3607	537	59	4203
2005	4598	1190	48	5836
2006	7329	1274	57	8660
2007	10254	3133	66	13453
2008	11172	3464	64	14700
2009	8920	7713	452	17085

续表 13–1

年份	因私出国	赴港澳	赴台	合计
2010	11281	11021	1108	23410
2011	13117	16055	2021	31193
2012	15560	19725	3349	38634
2013	18433	27866	3916	50215
2014	29426	38420	5879	73725
2015	30722	39327	4991	75040
2016	36874	33487	6410	76771
2017	35313	38397	5407	79117
2018	36727	43664	6192	86583

说明：1993年以前的数字未包括莒县、五莲县

四、法定不批准出境人员通报备案和特殊身份人员登记备案制度

从1989年开始，市公安局按照《中华人民共和国公民出境入境管理法》，对5种情形不批准出境，并将人员名单录入微机，实行信息化管理。

1998年5月，为适应新形势的变化，公安部联合最高人民法院、最高人民检察院等6部委制定《关于实行对法定不批准出境人员通报备案制度的规定》，加强公民因私事出境活动的审批管理，有效控制法定不批准出境人员办理出境手续。通过执法机关和有关部门依法事先向公安机关通报备案的方式，有期限地限制5种不批准出境人员办理出境手续，达到控制法定不批准人员出境的目的。是年，落实上级要求，进一步加强法定不批准出境人员通报备案工作。

2000年6月23日，召开全市公安机关报备（即开展法定不批准出境人员通报备案，简称报备）工作会议，对报备工作进行部署。7月，印发《关于认真做好报备工作的通知》，对提高报备工作的规范化、制度化和程序化水平提出意见，要求严格落实责任制，各单位、部门都要确定分管领导和联络员；各派出所作为为申请出国（境）人员出具意见的第一道关口，要准确掌握辖区内应报备人员情况，决不让有法定不批准出境情况的人员蒙混出境。

2002年6月13日，联合市委组织部、市人事局召开全市特殊身份人员登记备案工作会议，下发《关于对特殊身份人员出国实行登记备案制度的通知》，开展集中登记备案专项行动，对全市520余家单位1.9万余名特殊身份人员登记备案。成立特殊身份人员登记备案办公室，抽调4名民警负责登记备案工作。

2003年8月，市公安局与市委组织部、市人事局联合下发《关于进一步加强对特殊身份人员出国实行登记备案制度的通知》，利用1个月的时间对特殊身份人员进行清理登记备案。

2005年7月4日，以市委政法委名义再次下发《关于进一步加强我市法定不批准出境人员通报备案工作的通知》，利用1个月时间在全市再开展一次集中清理报备行动，要求全市各相关单位按照《法定不批准出境人员通报备案工作责任书》规定，严格落实领导责任制和报备责任追究制度，做到谁主管谁负责、谁报备谁负责。

2011年，根据公安部、省公安厅的有关规定，研究制定《日照市公安局关于实行法定不批准出境人员通报备案制度的工作制度》，对报备程序、权限、期限作详细规定，明确报备的法律依据，有效防止基层办案单位违规报备和侵犯公民出境权利等问题的发生，确保报备数据库的准确和鲜活。

2012 年，公安出入境信息系统升级后，按照省公安厅统一部署，完成日照市国家工作人员备案单位公章和领导签名采集工作。

2014 年，通过向备案管理单位发函，与备案管理单位签订责任书等方式，落实工作责任，进一步完善国家工作人员登记备案和法定不予签发出国（境）证件人员报备管理制度。

2015 年，落实中组部、公安部违规办理和持有因私出国（境）证件专项治理工作部署，加强与市委组织部门联系，联合印发文件部署专项治理工作，跟进督导专项整治工作进度、力度、成果。是年，接收、更新报备人员信息 8865 人次。

2016 年，主动与组织部门加强联系，坚持“双报备”（法定不准出境人员和国家工作人员报备）工作日常化，坚决防范违法违纪因私出国（境）行为发生。是年，接收、更新“双报备”信息 7000 余人次。

2017 年，落实省公安厅《关于进一步做好国家工作人员登记备案问题数据清理工作的通知》，组织全市出入境管理部门开展登记备案国家工作人员信息数据专项清理工作，对省公安厅筛检出的登记备案国家工作人员问题数据进行归类梳理，主动与组织部门、党政机关、金融系统等单位做好对接，做好问题数据的核实和清理工作，至 10 月下旬，问题数据清理整改到位。

2018 年 4 月，落实省公安厅《关于做好机构改革期间国家工作人员登记备案管理工作的通知》，对机构改革期间国家工作人员登记备案管理工作进行明确：1. 登记备案国家工作人员所在原单位报备公章被封存停用、新单位尚未重新报备的过渡期，由新单位出具公函表明同意申请人办理出入境证件，并说明因机构改革原单位报备公章不能使用的原因以及目前申请人的具体情况。2. 登记备案国家工作人员所在新单位重新报备的，应同时要求其撤销原单位报备数据。对重新报备的国家工作人员一律按新单位报备公章、签字式样进行核验。3. 在机构改革期间，加强对涉及单位调整的登记备案国家工作人员申请办理出入境证件审核把关，逐人与其所在单位核实，确保不出现管控漏洞。

第二节　境外人员管理

公安机关对境外人员的管理主要包括境外人员的入出过境、停居留管理、境外人员各类出入境证件的审批签发、口岸签证、预防和依法查处外国人的违法犯罪活动等。

一、在日照外国人管理

20 世纪 80 年代，少有外国人在日照常住。对抵达日照的入境人员，由公安派出所、边防派出所、工作站负责办理暂住登记和户口申报。公安机关在日常工作中，加强沟通联系，掌握日常情况，关注居留期限，及时为在日照外国人办理居留延期加签手续，防止发生非法居留问题。依法保护外国侨民在华合法权益，确保外国人在日照期间的人身、财产安全。同时，加强管理，依法查验身份证件、及时掌握动态，切实掌握常住外国人活动轨迹。

进入 20 世纪 90 年代，随着经济的发展，日照市“三资”企业（中外合资经营企业、中外合作经营企业和外资企业）逐渐增多，常住外国人随之增加。1990 年，日照市（筒子市）“三资”企业达 10 余家。是年，市公安局举办全市公安派出所境外人员管理业务培训班，会同市口岸办、石臼办事处召开口岸单位座谈会，召开旅店业、服务业单位负责人会议，分析研究涉外情况，强化涉外管理措施。莒县、五莲县公安局分别对县内涉外招待所户管小组进行调整、充实，组织两次比较系统的业务培训和涉外教育，落实安全保卫措施和责任制。是年，全市（含莒县、五莲县）接待临时入境人员 3545 人次，其中外国人 2740 人次（含外国船员 2431 人次），外籍华人 13 人次，常住外国人、外国侨民 7

人，办理各类外国人签证、证件及延期手续10件次。

1991年，全市注册“三资”企业18家，常住外国人有15人。5月6日，与市政府外事办公室、旅游局等单位联合印发《日照市涉外宾馆管理规定》，制定《日照市涉外宾馆外管工作标准》，开始对全市涉外宾馆实行规范化管理。是年，全市（含莒县、五莲县）接待境外人员6606人次，其中外国人5545人次（含外籍船员5142人次），外籍华人7人次，办理各种签证、证件61件次。

1992年，境外人员到日照数量快速增长。全市（含莒县、五莲县）接待境外人员9196人次，其中外国人7758人次（含外轮船员7308人次），外籍华人25人次。在日照市合法就业、任职的境外人员共12人，其中日本籍9人，加拿大籍2人，韩国籍1人。

1993年，外交部、公安部分别印发《关于进一步简化签证手续的若干规定》《关于落实基层公安机关外国人管理工作的意见》，进一步放宽外国人入境限制，并部署加强外国人管理工作。9月10日，制发《日照市涉外单位、“三资”企业境外人员管理暂行规定》，会同市政府外事办公室、市国家安全局，对市及国家、省驻日照市的涉外单位进行联检，加强涉外单位、“三资”企业境外人员管理。10月，先后在东港区、莒县、五莲、岚山分片召开外管工作会议，对境外人员管理工作作具体部署。年内，全市新增涉外宾馆2家，举办涉外户管知识培训班2期，培训户管员35人。是年，省公安厅将“三资”企业以及常住外国人申请多次入出境有效签证受理审批权下放到地市公安局，市公安局开始依法对在日照常住外国人申请多次入境有效签证进行受理和审批。年内，接待临时入境人员6409人次，其中外国人5554人次，办理各类签证、证件272件次。

1994年，落实公安部《关于公安机关出入境管理部门对“三资”企业内外国人实行管理的意见》，外国人管理工作被纳入分县（市）局、派出所等各级公安机关的日常业务范围，依法对“三资”企业内的外国人进行管理。是年，全市接待境外人员8052人次，其中外国人7453人次。在日照市临时住宿境外人员1887人次，其中外国人1298人次。

1995年7月，联合市外事办、市国家安全局对全市重点涉外单位、“三资”企业、涉外宾馆等单位进行联检。12月，制定并提请市政府转发《关于加强外国人购买或租赁房屋管理的意见》，进一步规范外国人购买或租赁房屋。是年，全市接待临时入境人员8708人次，其中外国人8024人次，华侨35人次，办理外国人证件、签注等204件次。

1996年1月，召开“三资”企业常住境外人员居住点座谈会，召集12个“三资”企业负责人广泛征求意见与建议，加强和改善外事管理工作。11月14日，召开全市涉外单位、“三资”企业外管工作会议，传达《日照市涉外单位、“三资”企业、境外人员管理有关事项》及《公安外管联系员职责范围》等有关文件，对涉外单位、“三资企业”外管工作提出要求。是年，全市接待境外人员1.02万余人次，其中外国人（含外轮船员）9597人次；境外人员临时住宿登记2518人次，其中外国人2056人次；办理外国人居留证件、签证及延期等195件次。

1997年7月，落实省公安厅《县级公安机关境外人员管理工作职责》《县级公安机关境外人员工作考评标准》和《公安派出所入出境人员管理工作职责》，开始对县级公安机关和派出所实施分级考核，考核每年开展1次。其中，市公安局负责对县级公安机关境外人员管理工作的职责落实和组织考评，分县局负责对派出所实施考核（边防工作站由边防分局负责）。根据省公安厅统一部署，对各分县局及涉外宾馆临时住宿登记系统软件全部更换。是年，全市接待境外人员1.16万余人次，其中外国人1.10万余人次，临时住宿登记4061人次，办理境外人员各类证件、签证及延期313件次。

1998年8月24日，在莒县召开查处“三非”（即非法入境、非法居留、非法就业）外国人口、打击拐卖外国妇女专项治理工作会议，在全市集中开展查处“三非”人员、打击拐卖外国妇女专项治理。9 月 14 日，会同莒县公安局查处非法入境的朝鲜籍妇女 15 名，全部遣送回国。是年，与接待外国人较多的 10 余家企业和涉外宾馆签订外国人管理安全责任书。年内，全市接待临时入境人员 9233 人次，其中外国人 8779 人次（含外轮船员），办理境外人员各类证件、签证 900 件次。

2000 年 6 月 16 日，组织市区涉外宾馆、“三资”企业的 42 名户管员（外管联络员）开展业务培训，围绕出入境管理有关法律法规，境外人员住宿登记管理有关规定，以及护照、签证等各类证件的识别等进行系统培训。10 月 1 日，启用 99 版外国人贴纸签证。是年、全市接待境外人员 1.62 万余人次，办理各类签证、证件 273 人次；全市注册“三资”企业及境外常驻代表机构 276 家，常住境外人员 180 人。

2001 年 4 月，联合市政府外事办等单位对全市外国人居住、就业较集中的涉外单位、企业进行安全检查，对在检查中发现的隐患，限期进行整改。是月，印发《关于积极配合边防部门开展反偷渡专项行动的意见》和《关于全市公安出入境管理部门积极投入严打整治斗争的通知》，组织全市公安出入境管理部门结合工作特点，扎实开展反偷渡专项行动和严打整治斗争。11 月，组织各分县局对全市的宾馆、酒店进行调查摸底，为下一步取消境外人员住宿定点限制做准备。是年，接待临时入境人员 1.84 万余人次，其中外国人 1.79 万余人次（含外国船员）；办理境外人员各类签证、证件 408 件次。

2002 年 4 月 13 日，召开反偷渡暨清理“三非”外国人工作会议，部署开展为期 3 个月的集中清理“三非”外国人专项行动。12 月，会同市政府外事办对全市涉外单位、宾馆、“三资”企业进行走访检查。是年，全市接待临时入境人员 1.93 万余人次，办理境外人员各类签证、证件等 570 件次。

2003 年 4 月，印发《关于做好境外人员非典型性肺炎防治工作的通知》，组织各分县局及有关涉外单位加强境外人员临时住宿登记管理工作，控制非典型性肺炎传播渠道。7 月 1 日，日照市首次开通日照至韩国平泽客货箱班轮航线，针对临时到日照的境外人员大量增多的实际，印发《涉外案（事）件处置工作规范》，加强和规范涉外案（事）件处置工作。11 月 4 日，召开全市开展打击非法出入境非法移民活动专项行动会议，部署开展打击非法出入境非法移民活动专项行动。是年，全市接待临时入境人员 2.06 万余人次，办理各类签证证件 341 件次。

2004 年 2 月 26 日，在东港区开展取消境外人员定点住宿限制试点，凡在东港辖区内的境外人员，可以入住涉外酒店、宾馆，也可以入住具有一定接待条件和能力的中小宾馆、旅店、招待所，还可以居住在居民家中；同时，要求各分局和派出所有条件的要建立外管工作室，条件达不到的要建立外管工作窗口。8 月，落实公安部、外交部《外国人在中国永久居留审批管理办法》，开始受理外国人在中国永久居留（即绿卡）申请。为确保首批受理工作顺利开展，市公安局安排专人到涉外单位走访、通过媒体广泛开展政策宣传、完成外国人永久居留计算机信息系统安装调试工作，明确申请条件、申请材料和时限，在确保质量的前提下，尽量缩短受理、调查时间，尽快报省公安厅审核。

2005 年 1 月 10 日，全市启用新版签证和外国人居留许可。年底，日照至韩国平泽航线更换载客量大、航速快的新客轮后，韩国籍临时入境人员开始迅猛增加。是年，全市接待临时入境人员 5.66 万余人次；受理 1 名韩国籍人员“绿卡”申请，为首批 5 名外籍侨民申请“绿卡”。市区公安派出所全部安装外国人临时住宿登记管理信息系统并联网共享。

2006 年，随着对外政策的不断开放和全市经济的持续发展，大批境外人员到日照投资考察、旅游观光，全市境外人员入境数量呈持续增长趋势，全年临时入境境外人员 9.39 万余人次。同时，长期居留日照的外国人也较大幅度增加，全年为常住外国人新办居留许可证件 250 证次，同比增长 2 倍，常住日照的境外人员 260 人。

2007 年 2 月 1 日，举行外国人永久居留证颁发仪式，为在日照市首位获得外国人永久居留资格的韩国籍投资商全道学先生颁发中国“绿卡”。8月，围绕确保全国水运会在日照举办期间的涉外安全，制定涉外安保处置预案，集中对16家承担水运会接待任务的宾馆、酒店相关责任人和派出所分管民警进行涉外安全管理业务培训。11月13日，国务院正式批复同意在日照港口岸开展外国人签证工作。12月28日，公安部批准日照港开展外国人口岸签证工作，日照港正式获准开展口岸签证工作。日照市成为全国第37个、全省第5个口岸签证城市。公安机关积极做好开通口岸签证业务筹备工作。

图 13-4 2008年3月11日，市政府举行日照口岸签证启动仪式

2008年3月11日，市政府举行日照口岸签证启动仪式，全市正式启动口岸签证工作，市领导向第一位获得口岸签证的韩国客人颁发签证。

2009年，围绕新中国成立60周年和全运会涉外安保工作，大力加强在日照外国人管理工作。7月1日至8月31日，根据省公安厅统一部署，组织开展外国人管理专项排查整治工作，进一步落实各项出入境管控措施，筑牢口岸查控和境内管理“防线”。

2010年，日照市出入境人数继续保持迅猛增长。5月，落实省公安厅《关于扩大外国人居留许可签发对象有关工作的通知》，扩大外国人居留许可签发对象范围，开始受理新增五类人员的外国人居留许可申请：中国公民和具有在中国永久居留资格外国人的外籍配偶、外籍父母及未满18周岁外籍子女；年满60周岁在境外无直系亲属、投靠境内直系亲属的外国人及其外籍配偶；年满60周岁在中国内地购置房产的外籍华人及其外籍配偶和未满18周岁外籍子女；来中国照顾年满60周岁、在国内无子女的中国籍父母且已满18周岁的外籍华人；外籍华人、定居国外的中国公民在中国内地寄养的未满18周岁的外籍子女。

2011年，日照至韩国平泽客箱班轮航线复航后，近500名韩国籍带工相对固定地往返中韩从事贸易活动。围绕做好外国人管理工作，充分发挥“派出所—社区—村居”三级管理作用，由派出所为社区、村居制定任务目标，社区民警牵头街道小组长、楼长、公寓物业管理人员、村居治安积极分子组成境外人员管理队伍，在社区、村居进行巡逻检查，督促境外人员申报住宿登记，做到不漏管失控。是年，受理审批境外人员各类签证、居留许可、签注4107件次，同比增长27.3%；全市临时入境境外人员12.5万人次，同比增长60%；常住境外人员1620人，同比增长35%；全市“三资”企业和外国商务机构200多家，接收留学生和聘请外教的院校20余所。

2012年，围绕做好党的十八大安保工作，认真做好特殊时期签证调控政策，加强重点国家人员管控。在全市开展在华滞留毗邻国家妇女专项排查和打击“三非”等违法犯罪外国人百日专项行动，以住宿登记为突破口，以实有人口管理为抓手，全面展开清理排查。

2013年，《中华人民共和国出境入境管理法》《中华人民共和国外国人入境出境管理条例》先后施行，对外国人签证证件签发制度进行调整，新增停留证件，对外国人签证、居留证件种类等进行调整。9月1日，落实公安部《外国人签证证件签发工作规范》《外国人口岸签证签发工作规范》，增加符合规定条件的外国人委托亲属代为申请的受理服务方式，放宽包括外籍华人在内的赴团聚和探亲人员的入境和停留居留政策，完善口岸签证签发制度等，市公安局在受理窗口加大审核审查力度，严格按照新法受理签证、居留许可等证件。9月27日，落实公安部修订的外国人住宿登记表，将外国人住宿登记项目由原来的26项简化为9项，突出住宿登记管理的针对性。

2014年，外交部、公安部等四部委联合印发《外国人入境完成短期工作任务的相关办理程序（试行）》，进一步明确外国人入境完成短期工作任务的有关情形，对于完成短期任务相似的其他情形明确签发种类，重新规范外国人申请入境完成短期工作任务的办理程序。市公安局坚持服务与管理并重，在依法查处外国人在日照非法就业活动的同时，为到日照完成短期工作任务的外国人提供出入境和停居留便利。是年，受理审批境外人员各类签证、居留许可、签注等证件5400余人次，同比增长9.15%；在日照常住境外人员1216人，同比增加15.73%；临时入境日照境外人员13.5万人（次），同比增长25%；境外人员临时住宿登记27442人次，同比增长11.94%。

2015年，落实公安部《关于为备案引才计划引进的外籍高层次人才提供签证及居留便利的通知》，结合市委、市政府“聚力招引，突破园区”整体部署，进一步为符合条件的外籍人才提供便利服务。11月，为1名获得2015年度外国专家“齐鲁友谊奖”的在日照韩国籍人才签发3年期居留许可。

2016年，围绕做好重要节点、重大会议期间安全保卫工作，强化住宿登记监控管理、基层基础走访、签证证件抽查回访等，对重点场所、区域、人员进行重点排查和严格掌控。是年，全市常住境外人员1145人，其中70%为韩籍人员。全年临时入境境外人员12万余人次；办理境外人员证件4226件次。

2017年，以中共十九大安保维稳工作为重点，强化对免签过境、入境外国人的基础管控，严格签证证件审批签发管理，加强外国人住宿登记管理和重点人员管控，加大对“三非”外国人防范打击力度。5月，落实公安部《关于做好外国人永久居留身份证换发工作的通知》，允许持证人按需申领换发，享受审批绿色通道便利，进一步简化内部流程、提高效率。

2018年，以上合青岛峰会重大活动安保为重点，严把外国人证件受理审批关，围绕反恐“防回流”“防渗透”，完善警种部门之间的出入境管控协作机制，与出入境边防检查部门建立信息通报制度，严防不法分子潜入潜出。6月28日，为1名美籍专家颁发全市首张外籍高层次人才中国“绿卡”。是年，受理审批境外人员证件4248件次，在日照常住境外人员948人，境外人员临时住宿登记28997人次。

2011—2018年日照市临时住宿登记人数统计表

表13-2　　单位：人

年份	外国人	港澳居民	台湾居民	华侨	合计
2011	14017	173	931	301	15422
2012	16890	177	902	217	18186
2013	17691	138	770	32	18631
2014	20689	210	1145	0	22044
2015	20962	247	1348	0	22557
2016	19465	305	926	0	20696
2017	23203	564	1773	0	25540
2018	25767	639	2242	40	28688

二、在日照华侨、港澳台人员管理

20世纪90年代初期，到日照的港澳台同胞极少。当时，港澳同胞到内地凭港澳同胞回乡证或公民入出境通行证入出境，台湾同胞到内地凭台湾同胞旅行证明入出境，住宿在宾馆、饭店、招待所需办理住宿登记，住亲友家中须在规定时间内向公安派出所办理暂住户口登记；港澳同胞要求定居的向拟定居的市县公安局申请，获准后持注有回乡定居签注的港澳同胞回乡证入境，办理常住户口手续后定居。

1998年5月1日，公安机关开始启用97版台湾居民来往大陆通行证。是年，全市办理华侨、港澳台人员暂住、签注延期等64件次。

1999年12月8日，省公安厅印发《关于下放台湾居民多次出入境签注审批权的通知》，自2000年1月1日起，将台湾居民多次出入境签注审批权下放。市公安局严格审查台胞提交的材料，强化管理，同时尽量简化审批手续、缩短办事时限，不断提高台湾居民多次签注审批管理工作水平。

2000年10月，落实公安部、中央统战部、国务院台办《关于台湾居民来祖国大陆定居受理审批工作的通知》，依法受理台湾居民回日照定居申请，对符合条件的定居申请，在规定时限内报省公安厅审批。11月2日，召开全市台湾居民管理工作会议，总结1998年以后全市台湾居民管理工作，对下步工作进行部署。

2004年4月1日，进一步简化台湾居民办理来往大陆及多次入出境手续，扩大台湾居民在大陆长期居留和多次入出签注使用范围，吸引台商到大陆投资和进行商务活动。

2010年，在依法加强涉台管理工作的同时，不断优化服务台湾居民便利措施，在政策和法律允许的范围内，放宽长期居留和多次入出境签注的适用范围，在日照投资经营超过2年、生产规模大、效益好的台资企业台商、高级管理人员以及上述人员的随行配偶子女，可一次性申请办理2～5年的居留签注。并简化台胞办理大陆居留签注及多次入出境签注手续，提供超前服务、提醒服务、急事急办等便利服务。

2012年7月25日，落实公安部《关于实施台湾居民来往大陆便利措施的通知》，将台湾居民来往大陆签注最长有效期由1年延长至2年；为台湾居民免费提供其旧台湾居民来往大陆通行证（以下简称台胞证）号码加注服务。

2015年7月1日，按照上级统一部署，全面停止受理、签发台胞签注。此后，台胞持有效台湾居民来往大陆通行证即可经开放口岸来往大陆并在大陆停居留。9月21日，开始签发启用2015版台湾居民来往大陆通行证（即电子台胞证），台胞到日照更为便利。

2018年1月29日，按照上级统一部署，启用2017版一次有效台湾居民来往大陆通行证和2017版一次有效出入境通行证，同时停止签发现行版本通行证。

第三节　基层基础工作

1989年地级日照市建立后，外管工作基层基础相对薄弱。当时，专职外管民警少，业务工作体系还不健全，工作手段比较单一。

1991年4月，分2期对全市公安派出所，边防工作站内勤进行外管业务培训。6月，在全市5个涉外留宿单位建立健全外国人户口管理小组，逐人填报外国人户口管理员呈批表，分2期对涉外招待所的经理、服务员、户管员进行培训，并组织开展争创外管工作先进单位和优秀外管员活动。

1992年4月15日，印发《派出所出入境管理工作职责范围（试行）》，明确派出所督促、办理、审查、宣传等10项职责，加强基层公安机关境外人员管理工作。

1993年7月5—7日，召开全市公安外管工作会议，传达上级有关文件精神，对公安外管队伍进行系统培训。

1994年6月1日，印发《基层公安机关出入境管理工作意见》，把外管工作部分纳入基层公安机关的职责范围，建立起多层次的管理网络。10月7日，召开全市出入境管理工作会议，传达省公安厅出入境处科长座谈会精神，印发《关于加强外事工作的意见》《各分局、县局出入境和外国人管理工作职责范围》，对加强外管队伍和基层公安机关外管机构建设作具体部署。12月1—2日，在五莲县举办公安外管联络员培训班，对五莲县、莒县、岚山办事处所辖“三资”企业、涉外单位的46名外管联络员进行培训。至年底，在全市涉外宾馆及涉外单位建立涉外户管小组12个，外管联络员队伍150余人。

1995年3月16—17日，举办外管联络员培训班，对市直和东港区涉外单位、“三资”企业、外企代表机构的外管联络员进行培训，培训后颁发外管联络员证。5月，在全市公安外管部门部署开展为期3个月的岗位练兵活动。10月，为检验外管民警岗位练兵情况，对全市外管民警进行基层外管业务测试，成绩良好。11月22日，开展纪念“两法”(《中华人民共和国公民出境入境管理法》和《中华人民共和国外国人入境出境管理法》)颁布十周年活动，专门成立宣传小组，制定实施方案，全市共出动宣传车40余辆次，出动警力120余人次，设立咨询服务点9处，挂横幅11幅，散发宣传单2万余份，在电视、广播、报刊发表宣传稿件9件，宣传范围涉及45个乡镇驻地。是年，培训外管联络员82人，培训基层派出所兼职外管民警97人，市公安局、分县局、派出所（边防工作站）三级出入境管理网络逐步形成。

1996年，重点加强涉外宾馆、分县局涉外计算机联网建设应用。8月15日，召开全市公安出入境管理计算机建设会议，邀请市外事办、侨办等部门负责人与会，对涉外宾馆与公安机关计算机联网工作进行部署，并与第二批联网的涉外宾馆签订责任书。9月2—25日，在创克电脑公司举办2期微机操作员培训班。是年，全市涉外宾馆、各分县局分别完成与市公安局外管部门的联网工作。

1997年，组织全市出入境管理部门深入开展岗位优质服务活动，开展以学政治、学外语、学微机和背法律为主要内容的“三学一背”活动，制定出台出入境管理工作文明服务十条措施，提高政治素质和业务技能。健全受理接待、急事急办、对外服务承诺制度，践行“不让申请人跑第三趟”承诺。9月，举办全市出入境管理业务培训班，组织市公安局、各分县局及各边防工作站22名专（兼）职出入境管理民警进行培训。12月15—19日，抽调警力组成考核小组，对各分县局和边防支队年度外管工作进行检查考核。

1998年，印发《出入境管理工作责任制度》《县级公安机关境外人员管理工作考评标准》，明确各级出入境管理工作责任和考评标准。9月，部署开展为期1年的境外人员管理工作达标活动，制定活动方案，明确工作措施和达标内容，活动结束后对各县级公安机关进行达标验收。出入境管理工作进一步制度化、规范化。

1999年，根据省公安厅关于“九五”期间全省公安出入境管理计算机建设部署要求，加强全市出入境管理信息系统建设，先后投入数万元购置服务器、微机等设备，实现与省公安厅出入境管理信息系统联网。12月，印发《关于进一步加强境外人员管理工作通知》。是年，分别举办涉外住宿登记管理工作座谈会、全市涉外宾馆（酒店）户管员培训、东港分局派出所所长业务培训，对相关范围人员开展培训，提高业务能力。

2000年1月，全省统一启用“山东公安出入境管理综合信息系统”，开始使用计算机受理、审核、审批出入境管理各项业务，实现制证网上运行。至10月，出入境管理综合信息系统全部开通，出入境计算机网络建设逐步趋向成熟。7月，围绕97版护照启用及新《中华人民共和国普通护照审批、签发管理规范》实施，开展多种形式的宣传活动，并组织全市公安出入境管理民警进行业务培训，集中力量做好各项准备工作。

2002年，按照上级统一部署，开展电子护照受理前软硬件准备工作。3月，按照《电子护照签发准备工作验收标准》，在市公安局出入境接待大厅受理窗口配置高性能的台式双显卡电脑、音箱、指纹采集仪、高速扫描仪、固定式条码枪、摄像头等。7月28日，完成出入境综合信息系统与人口信息查询系统的联网。

2003年，以新建出入境接待大厅为契机，全面加强出入境对外服务工作。4月4日，举行市公安局出入境管理服务大厅揭牌仪式。新大厅设置标准管理服务窗口，配备全新办公设备及照相复印、电子显示屏、触摸屏、饮水机、便民桌椅、空调、IC卡电话等便民利民服务设施，实行柜台式办公、“一条龙”服务，在厅外新建警务公开宣传栏，在厅内设立监督台、举报箱，放置明白纸、征求意见卡、警民联系卡、便民服务卡等，加强办事群众政策宣传；选调3名懂计算机管理及英、韩语专业人才到出入境大厅工作，提升服务能力水平。根据公安部、省公安厅服务群众、服务经济发展有关规定，推出《出入境管理工作服务群众、服务经济发展十项措施》，办理出国境证照由原对外承诺的15个工作日缩短为10个工作日，加急申请在5个工作日以内完成；严格实行急事急办、特事特办制度，对年老体弱申请人及紧急申请实行特殊服务、预约服务、上门服务，对从事商贸活动的，从速优先办理。4月13日，根据省公安厅统一部署，组织全市出入境管理民警进行首次任职资格考试，并将省公安厅组织编写的《基层境外人员管理手册》下发至全市公安出入境管理部门和基层派出所，提高基层公安机关境外人员管理水平。是年，全面实现省、市、县三级公安出入境管理部门的计算机联网，全市出入境管理各项业务和数据统计全部实现网上运行。

2004年，落实《山东省公安厅关于外国人管理工作分工配合机制实施办法（试行）》，加强外国人管理基础基础工作。6月23日，市公安局印发《关于进一步加强外国人管理工作的意见》。7月14日，召开全市外国人管理分工配合机制工作会议，进一步明确全市公安机关各业务部门对外国人管理工作的职责分工，强调涉外案件的归口管理，统一规范对外交涉的工作要求和程序，建立处理涉外案件工作联席会议和联络员制度，促进外国人管理工作全面规范开展。

2005年6月，按照省公安厅统一部署，在全市公安出入境管理部门开展“出入有境、服务无境”暨“创建文明窗口，实现零投诉”活动，并围绕两项活动，对全市出入境管理民警、外管联络员、户管员进行外管业务培训。12月，启用公安部6.0版本的境外人员管理信息系统，全市实现境外人员签证网上审批。

2006年5月，落实《全省公安出入境管理基层基础建设实施意见》，全市出入境管理部门围绕基层境外人员管理、公民出国（境）管理备案工作、信息系统建设、文明窗口建设和出入境管理队伍建设为主要内容，进一步加强基层基础建设。7月25日，全省统一启用新一代出入境管理信息系统。10月1日，中央文明办、国家旅游局联合公布《中国公民出国（境）旅游文明行为指

图13-5 2005年8月，上门为酒店宾馆现场培训境外人员住宿登记

南》后，市公安局将行为指南印成宣传页，放置于出入境大厅醒目位置，供群众免费领取。

2008 年 4 月 17 日至 7 月 15 日，围绕加强北京奥运会期间涉外安全保卫工作，在全市开展为期 3 个月的外国人管理基层基础专项行动，加强境外人员的临时住宿登记，推进将外国人纳入派出所实有人口管理，并组织对“三非”（非法入境、非法居留、非法就业）外国人进行清理整治。8 月 30 日，根据工作需要，市政府办公室成立日照市外国人管理工作领导小组，全面加强对外国人管理工作的组织领导。

2009 年，出台《涉外单位和外国人信用等级评定办法》，试行涉外单位和外国人信用等级评定管理制度，在全市推广“从业到人”外国人管理工作模式和“境 e 通”单位网上备案系统，加强基层基础工作。是年，实现旅馆业治安管理信息系统与出入境管理信息系统在地市级的联网对接，境外人员住宿登记信息数据及时率、登记率、准确率稳步上升。

2010 年 4 月 15 日，印发《日照市公安局出入境管理部门服务经济社会发展十项措施》，明确为省内异地户籍人员办理申领出入境证件业务、为境外人员办理入出境手续、非工作时间预约办证等十项服务举措，进一步提高行政效能，压缩办理时限，服务涉外经济发展。5 月 5 日，印发《日照市公安局派出所境外人员管理工作基础业务考核办法（试行）》。

2011 年，推行《涉外单位和外国人信用等级评定办法》，提高企业自主管理的积极性。在全市 256 家涉外企业安装“境 e 通”信息系统，企业通过互联网将企业内的所有境外人员录入该系统，并将外国人办理居留许可、签证和政策法律咨询等信息通过系统及时传输至派出所，派出所 3 个工作日内逐项落实后，再将审核结果通过系统传至分局、市公安局，进行层级审核。通过企业自主申报、派出所核实、分局复核以及市公安局备案 4 个步骤，实现对企业内外国人的有效管控。8 月 18—19 日，省公安厅在日照召开全省公安出入境管理部门外管业务培训暨经验交流会，推广市公安局推进出入境管理工作创新发展经验做法。9 月 1 日，举办全市集中清理因私出入境证件专项行动部署会暨电子护照签发技术准备工作培训班，确定全市自 9 月开始试运行数字化材料审批工作。

2012 年 1 月，全市开始实行出入境证件纸质材料审批和数字化审批“双轨并行”，在全市全面实行公民出国境申请材料数字化审批。3 月 30 日，开始启用出入境证件 POS 缴费系统，申请人可在出入境接待大厅使用银联卡现场自助刷卡缴费。10 月，围绕“社区六进”工作部署，积极开展“外管进社区”，先后建成山东荣信水产集团、山东外国语职业学院、天诚时尚 Party 社区等境外人员服务站并投入使用。

2013 年 3 月 25 日，建立民生警务回访中心，开始对出入境办证群众全部实行回访和温馨提示，倾听群众诉求，提升群众满意度。针对申请人同时申办多种出入境证件或一家人同时申办出入境证件情况增多的情况，6 月，试行出入境证件同寄便民服务工作，一次可为申请人同时邮寄 3 本证件，节约快递费用。至 8 月底，全市出入境证件申请材料数字化比率达到 100%。9 月 1 日，正式开始数字化审批。是年，继续抓好“外管进社区”工作，全市建立境外人员服务站 29 处，依托服务站走访境外

图 13-6 2013 年 3 月 25 日，通过民生警务回访中心，对出入境办证群众实行回访

人员 2767 人次；在省公安厅对因私出国（境）证件申请人回访中，日照市群众满意率达 100%。

2014 年，在前期推进“境 e 通”信息系统进企业的基础上，结合“外管进社区”工作，在全市 39 个外国人居住生活相对集中的社区推广应用“境 e 通”服务系统，实现外国人在社区就能申报住宿登记、就能预约申请签证证件，实现外管工作进社区“信息化、现代化、智能化、无纸化”。设立“绿色服务窗口”，对市重点企业、大型项目建设外派、邀请的中外高层次管理人才、技术人员及境外劳务等其他紧急需要人员，提供从接待、咨询、受理、照相等方面一站式便捷服务。是年，在全市建成各类境外人员管理服务站 60 余处，发展外管信息员、联络员 170 人。

2015 年，以市公安局新建业务技术楼搬迁启用为契机，对市公安局新出入境接待大厅继续升级、改造，加强软硬件建设和信息化应用。合理划分咨询引导区、填表区、等候区、综合受理区、自助受理区、便民服务区、缴费区等区域；增设叫号机、宽屏 LED 电子显示屏、视频监控系统等电子信息化设备，以及出入境证件办理自助填表、自助查询等自助设备，推动网上自动审批签发工作模式，提升科技信息化应用水平。按照平安志愿者创建整体部署，加强涉外企业外管员志愿者队伍、文明出境游宣传志愿者队伍、社会翻译人才志愿者队伍建设。是年，招募外管员志愿者 500 余人、出境文明游宣传志愿者 120 人，深入高校、涉外企业招募涉及 8 个语种的外语人才志愿者 100 余人。

2016 年 5 月 9 日，全省统一启动系统审核工作。对省内户籍居民申请往来港澳通行证、往来台湾通行证及赴港澳台团队，审批民警可利用出入境管理信息系统相关数据库进行自动比对、批量审批。

2017 年，在市公安局出入境接待大厅增设自助签注机和自助发证机各 1 台。港澳旅游团队通过自助签注一体机，过去在窗口办理需要 7 个工作日完成的业务流程，实现 3 分钟立等可取。5 月 5 日，召开全市公安机关出入境管理工作会议，安排部署基层基础 3 年攻坚工作任务，对加强外国人实有人口管理和住宿登记“三率”，强化涉外动态管理提出要求。是年底，启用“全国公安出入境管理信息系统”。

2018 年，进一步强化外国人实有人口管理，对全市外国人住宿登记情况进行网上巡查，及时发现并妥善处置各类临住登记问题，对屡次出现差错的宾馆，派员会同派出所民警现场检查指导；分批次、分层次组织各分县局、涉外酒店、企业等进行住宿登记培训，全年在分县局组织大型培训会 8 次，培训单位 128 家、698 人。加强智能化自助设备应用，市公安局出入境接待大厅增设自助缴费机、自助照相机各 1 台；岚山分局投资 24 万余元，购置自助填表照相一体受理机、港澳台团队旅游自助签注机等设备；莒县公安局投资 45 万余元，购置智能机器人、港澳台团队旅游自助签注机，自助发证机等设备；五莲县公安局投资近 30 万元，购置自助照相机、自助缴费机、自助填表机、港澳台团队旅游自助签注机等设备，全市智能化自主设备开始逐步普及。11 月 20 日，全市统一启用出入境证件微信和支付宝线上缴费系统，办理出入境证件可通过微信或支付宝“扫一扫”功能快速完成缴费，缴费耗时由过去人工或 POS 机平均的 2 ～ 3 分钟压缩至 1 分钟以内。

第四节　涉外案（事）件查处

1990 年前，日照市发生的涉外案（事）件很少，案件主要以外国人未携带有效证件前往非开放地区旅行、停留，以及违反住宿规定为主。1988—1990 年，全市（含莒县、五莲县）查处涉外案（事）件 11 起，其中外国人无证旅行案件 5 起，外国记者无证采访 1 起，其他违法案件 5 起。在案（事）件查处过程中，公安机关依照中华人民共和国有关法律、法规，并参照国际法有关规定，做到既严肃认真、坚持原则、一丝不苟，又文明礼貌、不卑不亢、讲究方法，以批评教育为主，对少数情节严重者，依据法规查明情况、取得证据，及时进行严肃处理，维护国家的尊严。

1991 年 7 月 31 日和 8 月 1 日，在岚山港装运水泥的圣文森特籍“明城”号货轮，先后两次共 13 名韩国船员未向公安机关申办签证，非法入境到江苏省连云港市购买大量药材等物品。市公安局经过调查取证后，根据有关法律，分别对 13 名船员作出处罚。是年，全市（含莒县、五莲县）查处各类涉外案（事）件 7 起、26 人次，其中非法入境 1 起、13 人，非法居（停）留 5 起 10 人，其他 1 起、3 人。

1992 年 7 月 12 日，到日照市投资的 2 名台湾商人，向本地职工李某某问路，因语言不通造成误解，继而发生口角。后李返回住处约来同事陈某某骑自行车追赶，将 2 人截住进行殴打，致使 1 人多处受伤。市公安局接报案后，立即组织警力展开调查，于当晚将李、陈 2 人抓获。是年，全市查处涉外案（事）件 7 起，其中违反户口管理规定案件 4 起、未随身携带有效证件 2 起、治安案件 1 起。

1994 年 2 月 1 日，利比里亚“天木号”轮船泊靠日照港后，11 名外轮船员上岸在餐厅就餐期间与 3 名餐厅工作人员发生斗殴。事发后，市公安局会同日照港公安局、石臼边检站及时展开调查，对参与斗殴的 3 名餐厅人员和 2 名外轮船员分别作出处罚。12 月 31 日，市公安局将非法入境的 6 名越南人遣送出境。

1995 年，全市查处涉外案（事）件 12 起、16 人次，其中境外人员违反住宿管理规定案件 8 起、12 人，台湾居民非法停留案件 4 起、4 人。

1996 年，因内部经济纠纷，某“三资”企业的 2 名日本外商被日照某公司变相非法拘禁，护照也被扣留。市公安局接报案后，迅速组织警力，妥善进行查处。是年，全市共查处涉外案（事）件 12 起、13 人次，其中外国人非法居留和违反住宿登记管理案件 5 起，酒后滋事、扰乱公共秩序案件 1 起，交通肇事死亡事件 1 起，台湾居民违反住宿管理规定和逾期非法停留案件 3 起。

1997 年，全市查处涉外案（事）件 15 起、22 人次，其中非法居留和违反住宿登记管理案件 11 起、16 人，殴打外国人违反治安管理处罚条例案件 1 起、2 人，非法入境案件 2 起、2 人，组织他人偷越国境案件 1 起、1 人。

1999 年，全市查处涉外案（事）件 17 起、19 人次，其中逾期非法居留案件 8 起、8 人，违反住宿登记管理规定案件 4 起、4 人，查处并遣送非法入境外国人 4 起、4 人，非法就业外国人 1 起、3 人。

2000 年，全市查处涉外案（事）件 6 起、10 人次，其中外国人“三非”案件 5 起、9 人，违反住宿登记管理案件 1 起、1 人，遣送非法入境外国人 6 人。2001 年 7 月 28 日，根据掌握的情况，公安机关迅速出击，在第二海水浴场北防护林中将从事非法宗教活动的 5 名非法入境朝鲜人抓获，并遣送出境。是年，全市查处涉外案（事）件 8 起、14 人次。2003 年，市公安局印发《涉外案（事）件处置工作规范》，指导各单位办理涉外案（事）件。2002—2004 年，全市公安机关共查处涉外案（事）件 52 起、77 人次。2006 年，妥善做好涉外交通事故死亡事件、故意伤害案件、涉外非法传教案件等案（事）件处置工作。是年，查处各类涉外案（事）件 26 起 28 人次。2007 年，通过举办培训班，对查办出入境违法犯罪案件进行学习培训。是年，查处各类涉外案（事）件 27 起 32 人次。2008 年，围绕北京奥运会安全保卫，加大对涉外违法犯罪活动的打击力度，既严格依法查处外国人的违法犯罪活动，又严厉打击侵害外国人人身、财产的违法犯罪，切实提高办案能力和执法水平。2009 年，查获非法传教案 1 起，遣送出境外国人 2 名，报列不准入境外国人 2 名。

2011 年，加大“三非”活动的打击力度，在全市开展为期半个月的清理整治“三非”违法犯罪外国人专项行动，查获“三非”外国人 10 名。是年，会同东港分局、五莲县局查处一起拐卖朝鲜妇女案，解救被拐卖朝鲜妇女 12 名。

2012 年，继续集中开展打击外国人“三非”案件行动，严密监控重点地区和重点人员，做到发现一起查处一起；抽调警力成立案查队伍，建立侦办妨害国（边）境犯罪案件、查处外国人“三非”案件、防范出国非法劳务问题等常态化工作机制。是年，查处各类涉外案（事）件36起50人次。

2014年3月，市内发生1起外籍人员交通事故致人死亡案，市公安局各有关警种部门全程跟进案件处理，协调其所在单位积极开展经济赔偿，保证既维护受害人的合法权益，又妥善处置涉外案件。是年，全市处理各类涉外案（事）件33起36人次。

2015年，坚持打击与防范并重，始终保持对外国人“三非”活动的高压严打态势，组织开展为期6个月的清理毗邻国家“三非”人员专项行动。是年，全市查处涉外案（事）件33起35人次。

2016年，持续开展打击“三非”人员违法犯罪活动，加大查处及遣送力度，健全常态打击协作机制，防范“三非”外国人问题在日照蔓延和反弹。是年，查处涉案（事）43起48人次，其中，查处“三非”案件18起23人，遣送出境5人。

2017年，坚持露头就打，严厉打击各类涉外违法犯罪活动。是年，查处涉外案事件41起。其中，查处境外人员违反住宿登记17起，“三非”案件8起113人次，遣送出境98人次。侦破山东省首起提供虚假邀请函组织他人偷越国（边）境案。党的十九大安保期间，侦破1起组织他人偷越国（边）境案，首次包租民航专机在短时间内大规模一次性遣送缅甸籍非法务工人员97名。

2018年10月，市公安局联合五部门印发《全市“三非”外国人专项治理工作实施方案》，开展为期一年的清查“三非”外国人专项行动，重点强化毗邻国家“三非”人员的防范打击。上合组织青岛峰会安保期间，先后查获非法入境人员3批次56人，并遣返出境。是年，全市查处涉外案事件32起91人次。